Stein/Jonas

Kommentar zur

Zivilprozessordnung

Stein/Jonas

Kommentar zur

Zivilprozessordnung

22. Auflage
bearbeitet von

Christian Berger
Reinhard Bork · Wolfgang Brehm
Wolfgang Grunsky · Dieter Leipold
Wolfgang Münzberg · Paul Oberhammer
Herbert Roth · Peter Schlosser
Gerhard Wagner

Band 5

§§ 328–510b

Mohr Siebeck

Bearbeiter:

Prof. Dr. jur. CHRISTIAN BERGER, Leipzig
Prof. Dr. jur. REINHARD BORK, Hamburg
Prof. Dr. jur. WOLFGANG BREHM, Bayreuth
Prof. Dr. jur. WOLFGANG GRUNSKY, Bielefeld
Prof. Dr. jur. Dr. h.c. DIETER LEIPOLD, Freiburg i. Br.
Prof. Dr. jur. WOLFGANG MÜNZBERG, Tübingen
Prof. Dr. jur. PAUL OBERHAMMER, Zürich
Prof. Dr. jur. HERBERT ROTH, Regensburg
Prof. Dr. jur. PETER SCHLOSSER, München
Prof. Dr. jur. GERHARD WAGNER, Bonn

Zitiervorschlag: Stein/Jonas/Bearbeiter[22] § 29a Rdnr. 2

§§ 328–329 Roth VIII/2006
§§ 330–354 Grunsky II/2006
§§ 355–401 Berger IV/2006
§§ 402–510b Leipold VIII/2006

ISBN 3-16-147819-3
ISBN-13 978-3-16-147819-2

Die Deutsche Nationalbibliothek verzeichnet diese Publikation in der Deutschen Nationalbibliographie; detaillierte bibliographische Daten sind im Internet über *http://dnb.d-nb.de* abrufbar.

Das Buch wurde von Gulde-Druck in Tübingen aus der Rotation gesetzt, auf alterungsbeständiges Werkdruckpapier gedruckt und von der Großbuchbinderei Josef Spinner in Ottersweier gebunden. Den Einband entwarf Uli Gleis in Tübingen.

§328 Anerkennung ausländischer Urteile

(1) Die Anerkennung des Urteils eines ausländischen Gerichts ist ausgeschlossen:
1. wenn die Gerichte des Staates, dem das ausländische Gericht angehört, nach den deutschen Gesetzen nicht zuständig sind;
2. wenn dem Beklagten, der sich auf das Verfahren nicht eingelassen hat und sich hierauf beruft, das verfahrenseinleitende Dokument nicht ordnungsmäßig oder nicht so rechtzeitig zugestellt worden ist, dass er sich verteidigen konnte;
3. wenn das Urteil mit einem hier erlassenen oder einem anzuerkennenden früheren ausländischen Urteil oder wenn das ihm zugrunde liegende Verfahren mit einem früher hier rechtshängig gewordenen Verfahren unvereinbar ist;
4. wenn die Anerkennung des Urteils zu einem Ergebnis führt, das mit wesentlichen Grundsätzen des deutschen Rechts offensichtlich unvereinbar ist, insbesondere wenn die Anerkennung mit den Grundrechten unvereinbar ist;
5. wenn die Gegenseitigkeit nicht verbürgt ist.
(2) Die Vorschrift der Nummer 5 steht der Anerkennung des Urteils nicht entgegen, wenn das Urteil einen nichtvermögensrechtlichen Anspruch betrifft und nach den deutschen Gesetzen ein Gerichtsstand im Inland nicht begründet war oder wenn es sich um eine Kindschaftssache (§640) oder um eine Lebenspartnerschaftssache im Sinne des §661 Abs.1 Nr.1 und 2 handelt.

Gesetzesgeschichte: Eingefügt durch die Novelle 1898 (RGBl. 1898, 256, → *Brehm* Einl. Rdnr.146). Abs.2 neu gefaßt durch das 1.EheRG 1976 (→ *Brehm* Einl. Rdnr.195). Abs.1 Nrn.2 bis 4 neu gefaßt durch das Gesetz zur Neuregelung des Internationalen Privatrechts vom 25.7. 1986 (BGBl.I 1142). Abs.2 geändert durch Art.3 §16 des Gesetzes zur Beendigung der Diskriminierung gleichgeschlechtlicher Gemeinschaften: Lebenspartnerschaften vom 16.2. 2001 (BGBl.I 266) und Abs.1 Nr.2 geändert durch Art.1 JKomG vom 22.3. 2005 (BGBl. I 837). Die beigefügte amtliche Überschrift beruht auf Art.2 Abs.2 ZPO-RG vom 27.7. 2001 (BGBl.I 1887) in Verbindung mit der dazu erlassenen Anlage.

Literatur:

(*Neuere Darstellungen*): *Bachmann* Neue Rechtsentwicklungen bei punitive damages? in: Festschr. für Schlosser (2005) 1; *von Bar/Mankowski* Internationales Privatrecht Band I Allgemeine Lehren 2. Aufl.(2003) 428ff.; *Basedow* Europäisches Zivilprozeßrecht – Generalia in: Hdb.IZVR I Kap. II (1982); *ders.* Variationen über die spiegelbildliche Anwendung deutschen Zuständigkeitsrechts IPRax 1994, 183; *Baumann* Die Anerkennung und Vollstreckung ausländischer Entscheidungen in Unterhaltssachen (1989); *F. Baur* Einige Bemerkungen zum verfahrensrechtlichen ordre public in: Festschr. für Guldener (Zürich 1973) 1; *M. Becker* Zwingendes Eingriffsrecht in der Urteilsanerkennung RabelsZ 60 (1996) 691; *Bernstein* Prozessuale Risiken im Handel mit den USA: Ausgewählte Fragen zu § 328 ZPO in: Festschr. für Ferid (1978) 75; *Brockmeier* Punitive damages, multiple damages und deutscher ordre public (1999); *A. Bruns* Der anerkennungsrechtliche ordre public in Europa und den USA JZ 1999, 278; *B. Buchner* Die Grenzen zulässiger Strafschadensersatzurteile nach der neuesten Rechtsprechung des US Supreme Court VersR 2003, 1203; *Coester-Waltjen* Das Spiegelbildprinzip bei der Anerkennungszuständigkeit in: Corporations, Capital Markets and Business in the Law. Liber amicorum Buxbaum (2000) 101; *dies.* Das Anerkennungsprinzip im Dornröschenschlaf? in: Festschr. für Jayme (2004) 121; *Decker* Die Anerkennung ausländischer Entscheidungen im Zivilprozeß (1984); *Doser* Gegenseitigkeit und Anerkennung ausländischer Entscheidungen (§ 328 Abs. 1 Nr. 5 ZPO), dargestellt am Beispiel Südafrika (1999); *Fadlalla* Die Problematik der Anerkennung ausländischer Gerichtsurteile (2004); *Finger* Anerkennung und Vollstrekkung ausländischer (Unterhalts-)Urteile im Inland FuR 2001, 97; *G. Fischer* Objektive Grenzen der Rechtskraft im internationalen Zivilprozeßrecht in: Festschr. für Henckel (1995) 199; *Fricke* Anerkennungszuständigkeit zwischen Spiegelbildgrundsatz und Generalklausel (1990); *ders.* Die autonome Anerkennungszuständigkeitsregel im deutschen Recht des 19. Jahrhunderts (1993); *Gebauer/Schulze* Kalifornische Holocaust-Gesetze zugunsten von NS-Zwangsarbeitern und geschädigten Versicherungsnehmern und die Urteilsanerkennung in Deutschland IPRax 1999, 478; *Geimer* Internationales Zivilprozeßrecht 5. Aufl. 2005 Rdnr. 2751ff., 2851ff.; *ders.* Zur Prüfung der Gerichtsbarkeit und der internationalen Zuständigkeit bei der Anerkennung ausländischer Urteile (1966); *ders.* Anerkennung ausländischer Entscheidungen in Deutschland (1995); *ders.* Zur Nichtanerkennung ausländischer Urteile wegen nicht ordnungsgemäßen erststaatlichen Verfahrens JZ 1969, 12; *Geimer/Schütze* Europäisches Zivilverfahrensrecht 2. Aufl.(2004) Zweiter Teil. Nationale Rechte E 1 Rdnr. 38ff. (Bearbeiter: *Schütze*); *dies.* Internationale Urteilsanerkennung Band I/1 (1983); I/2 (1984); II (1971); *Gottwald* Grundfragen der Anerkennung und Vollstreckung ausländischer Entscheidungen in Zivilsachen ZZP 103 (1990) 257; *ders.* Anerkennungszuständigkeit und doppeltrelevante Tatsachen IPRax 1995, 75; *Götze* Vouching In und Third-Party-Practice: Formen unfreiwilliger Drittbeteiligung im amerikanischen Zivilprozeß und ihre Anerkennung in Deutschland (1993); *Grabau/Hennecka* Entwicklung des weltweiten Zuständigkeits- und Anerkennungsübereinkommens – Aktueller Überblick RIW 2001, 569; *Greiner* Die Class Action im amerikanischen Recht und deutscher Ordre Public (1998); *Haas* Zur Anerkennung US-amerikanischer Urteile in der Bundesrepublik Deutschland IPRax 2001, 195; *Haas/Stangl* Prozeßkostensicherheit (§110 ZPO) und internationale Anerkennungszuständigkeit (§328 Abs. 1 Nr. 1 ZPO) im deutsch-amerikanischen Verhältnis IPRax 1998, 452; *Hausmann* Die kollisionsrechtlichen Schranken der Gestaltungskraft von Scheidungsurteilen (1980); *von Hein* Der ausschließliche Gerichtsstand für Kapitalanleger-Musterverfahren – eine Lex Anti-Americana? RIW 2004, 602; *Hepting* Die Gegenseitigkeit im internationalen Privatrecht und internationalen Zivilprozeßrecht (1973); *D.Herrmann* Die Anerkennung US-amerikanischer Urteile in Deutschland unter Berücksichtigung des ordre public (2000); *Heß* Die Anerkennung eines Class Action Settlement in Deutschland JZ 2000, 373; *ders.* Entschädigung für NS-Zwangsarbeit vor US-amerikanischen und deutschen Zivilgerichten AG 1999, 145; *von Hoffmann/Thorn* Internationales Privatrecht 8. Aufl.(2005) §3 Rdnr. 149–176; *von Hoffmann/Hau* Zur internationalen Anerkennungszuständigkeit US-amerikanischer Zivilgerichte RIW 1998, 344; *Hohloch* Staatsexistenz und internationale Zuständigkeit IPRax 2000, 96; *Jellinek* Die zweiseitigen Staatsverträge über Anerkennung ausländischer Zivilurteile. Erstes Heft: Abhandlung (1953); *Kegel/Schurig* Internationales Privatrecht 9. Aufl.(2004) 1060ff.; *Koch* Anerkennung und Vollstreckung ausländischer Urteile und ausländischer Schiedssprüche in der Bundesrepublik Deutschland in: Gilles (Hrsg.) Effiziente Rechtsverfolgung (1987) 161; *ders.* Ausländischer Schadensersatz vor deutschen Gerichten NJW 1992, 3073; *Koshiyama* Rechtskraftwirkungen und Urteilsanerkennung nach amerikanischem, deutschem und japanischem Recht (1996); *Krätzschmar* Der deutsch-amerikanische Rechtsverkehr – mehr als ein »Justizkonflikt« in: Balancing of Interests. Liber amicorum Peter Hay (2005) 241; *Kropholler* Internationales Privatrecht 5. Aufl.(2004) 640ff.; *Leipold* Neuere Erkenntnisse des EuGH und des BGH zum anerkennungsrechtlichen ordre public in: Festschr. für Stoll (2001) 625; *Linke* Internationales Zivilprozeßrecht 4. Aufl. (2006) Rdnr. 331ff.; *ders.* Zum Wert oder Unwert der Vollstreckungsklage (§§722, 723 ZPO) in: Wege zur Globalisierung des Rechts. Festschr. für Schütze (1999) 427; *Mann* Die Anerkennungsfähigkeit von US-amerikanischen »class-action« Urteilen NJW 1994, 1187; *Mansel* Streitverkündung (vouching in) und Drittklage (third party complaint) im US-Zivilprozeß und die Urteilsanerkennung in Deutschland in: Heldrich/Kono (Hrsg.) Herausforderungen des Internationalen Zivilverfahrensrechts (1994) 63; *ders.* Vermögensgerichtsstand und Inlandsbezug bei der Entscheidungs- und Anerkennungszuständigkeit am Beispiel der Anerkennung US-amerikanischer Urteile in Deutschland in: Festschr. für Jayme (2004) 561; *Mark* Amerikanische Class Action und deutsches Zivilprozeßrecht EuZW 1994, 238; *Martiny* Anerkennung ausländischer Entscheidungen nach autonomem Recht in: Hdb.IZVR III/1 Kap. I (1984); *Matscher* Zuständigkeitsvereinbarungen im österreichischen und im internationalen Zivilprozeßrecht (1967); *M.Meier* Grenzüberschreitende Drittbeteiligung usw. (1994); *Milleker* Inlandswirkungen der Streitverkündung im ausländischen Verfahren ZZP 80 (1967) 288; *Mörsdorf-Schulte* Funktion und Dogmatik US-amerikanischer punitive damages (1999); *K.Müller* Zum Begriff der »Anerkennung« von Urteilen in §328 ZPO ZZP 79 (1966) 199; *P.Müller* Sind US-amerikanische Punitive-damages-Urteile in Deutschland vollstreckbar? DB 2001, 83; *ders.* Punitive Damages und deutsches Schadensersatzrecht (2000); *Nagel* Die Anerkennung und Vollstrekkung ausländischer Urteile nach der geltenden deutschen ZPO im besonderen Verhältnis zu Japan in: Recht in Ost und West. Festschr. für Waseda-Universität (Tokio 1988) 757; *Nagel/Gottwald* Internationales Zivilprozessrecht 5. Aufl.(2002) §11 Rdnr. 101–245; *Nelle* Anspruch, Titel und Vollstreckung im internationalen Rechtsverkehr (2000); *Pfeiffer* Kooperative Reziprozität, §328 I Nr. 5 ZPO neu besichtigt RabelsZ 55 (1991) 734; *Rauscher* Internationales Privatrecht 2. Aufl.(2002) 452ff.; *Reinl* Die Anerkennung ausländischer Eheauflösungen (1966); *Riezler* Internationales Zivilprozeßrecht und prozessuales Fremdenrecht (1949) 509ff.; *Rosengarten* Punitive damages und ihre Anerkennung und Vollstreckung in der Bundesrepublik Deutschland (1994) 128ff.; *G.H.Roth* Der Vorbehalt des ordre public gegenüber fremden gerichtlichen Entscheidungen (1967); *H.Roth* Die Reichweite der lex-fori-Regel im internationalen Zivilprozeßrecht in: Festschr. für Stree/Wessels (1993) 1045; *Schack* Internationales Zivilverfahrensrecht 4. Aufl.(2006) Rdnr. 774ff.; *Schärtl* Die Anwendung des Spiegelbildprinzips im Rechtsverkehr mit ausländischen Staatenverbindungen unter besonderer Berücksichtigung des deutsch-amerikanischen Rechtsverkehrs (2005); *ders.* Bezieht sich das Spiegelbildprinzip des §328 I Nr. 1 ZPO auch auf die Zuständigkeitsvorschriften der EuGVO? IPRax 2006; *Schindler* Durchbrechungen des Spiegelbildprinzips bei der Anerkennung ausländischer Entscheidungen (2004); *H. Schneider* Class Actions – Rechtspolitische Fragen in den USA und Anerkennung in Deutschland (1999); *Schreiner* Die internationale Zuständigkeit als Anerkennungsvoraussetzung nach § 328 I Nr. 1 ZPO unter besonderer Berücksichtigung des Spiegelbildprinzips (2000); *Schröder* Die Vorschläge des deutschen Rats zur internationalen Zuständigkeit und zur Anerkennung ausländischer Entscheidungen in: Beitzke (Hrsg.) Vorschläge und Gutachten zur Reform des deutschen internationalen Personen-, Familien- und Erbrechts (1981) 226; *Schulz* Subsumtion ausländischer Rechtstatsachen (1997); *Schütze* Deutsches internationales Zivilprozessrecht unter Einschluss des Europäischen Zivilprozessrechts 2. Aufl. (2005) 127ff.; *ders.* Deutsch-amerikanische Urteilsanerkennung (1992); *ders.* Die Anerkennung und Vollstreckung ausländischer Zivilurteile in der Bundesrepublik Deutschland als verfahrensrechtliches Problem (1960); *ders.* Forum non conveniens und Rechtschauvinismus in: Festschr. für Jayme (2004) 849; *ders.* Kostenerstattung und ordre public Überlegungen zur deutsch-amerikanischen Urteilsanerkennung in: Festschr. für Németh (2003) 795; *ders.* Überlegungen zur Anerkennung und Vollstreckbarerklärung US-amerikanischer Zivilurteile in Deutschland – Zur Kumulierung von Ordre-public-Verstößen in: Einheit und Vielfalt des Rechts. Festschr. für Geimer (2002) 1025; *ders.* Richterwahlsponsoring: Überlegungen zur ordre public-Widrigkeit von Urteilen US-amerikanischer Staatsgerichte ZVglRWiss 100 (2001) 464; *ders.* Zur Verbürgung der Gegenseitigkeit bei der deutsch-amerikanischen Urteilsanerkennung ZVglRWiss 98 (1999) 131; *ders.* Die Anerkennung und Vollstreckbarerklärung US-amerikanischer Schadensersatzurteile in Produkthaftungssachen in der Bundesrepublik Deutschland in: Festschr. für Nagel (1987) 392; *ders.* Die Anerkennung und Vollstreckbarerklärung US-amerikanischer Zivilurteile, die nach einer pre-trial-discovery ergangen sind, in der Bundesrepublik Deutschland in: Festschr. für Stiefel (1987) 697; *ders.* Zur Anerkennung ausländischer Zivilurteile JZ 1982, 636; *Sieg* Internationale Anerkennungszuständigkeit bei US-amerikanischen Urteilen IPRax 1996, 77; *Siehr* Zur Anerkennung und Vollstreckung ausländischer Verurteilungen zu »punitive damages« RIW 1991, 705; *Spickhoff* Möglichkeiten und Grenzen neuer Tatsachenfeststellungen bei der Anerkennung ausländischer Entscheidungen ZZP 108 (1995) 475; *Spiecker* (genannt *Döhmann)* Die Anerkennung von Rechtskraftwirkungen ausländischer Urteile (2002); *Spindler* Anerkennung und Vollstreckung ausländischer Prozessvergleiche unter besonderer Berücksichtigung der U.S.-amerikanischen Class Action Settlements (2001); *Staudinger/Spellenberg* EGBGB/IPR Internationales Verfahrensrecht in Ehesachen, Zweiter Abschnitt. Anerkennung ausländischer Eheurteile, § 328 ZPO (Neubearbeitung 2005); *Stiefel/Bungert* US-amerikanische RICO-Urteile im Licht der neuesten Entscheidungen des Bundesgerichtshofs und des Bundesverfassungsgerichts in: Festschr. für Trinkner (1995) 749; *Stiefel/Stürner* Die Vollstreckbarkeit US-amerikanischer Schadensersatzurteile in exzessiver Höhe VersR 1987, 829; *Stojan* Die Anerkennung und Vollstreckung ausländischer Zivilurteile in Handelssachen (Zürich 1986); *Stürner* Anerkennungsrechtlicher und europäischer Ordre Public als Schranke der Vollstreckbarerklärung – der Bundesgerichtshof und die Staatlichkeit in der Europäischen Union in: 50 Jahre Bundesgerichtshof. Festgabe aus der Wissenschaft Bd. III (2000) 677; *ders.* Die Vereinbarkeit von »treble damages« mit dem deutschen ordre public in: Festschr. für Schlosser (2005) 967; *Stürner/Bormann* Internationale Anerkennungszuständigkeit US-amerikanischer Bundesgerichte und Zustellungsfragen im deutsch-amerikanischen Verhältnis JZ 2000, 81; *Völker* Zur Dogmatik des ordre public (1998); *Waehler* Anerkennung ausländischer Entscheidungen aufgrund bilateraler Staatsverträge in: Hdb.IZVR III/2 Kap. III (1984); *R. Wagner* Die Bemühungen der Haager Konferenz für Internationales Privatrecht um ein Übereinkommen über die gerichtliche Zuständigkeit und ausländische Entscheidungen in Zivil- und Handelssachen IPRax 2001, 533; *Wazlawik* Persönliche Zuständigkeit im US-amerikanischen Prozessrecht und ihre Bedeutung im deutschen Exequaturverfahren RIW 2002, 691; *M. Wolf* Die grenzüberschreitende Verjährung zwischen internationalem und europäischem Privat- und Prozeßrecht in: Festschr. für Beys (2003) 1741; *M. K. Wolff* Vollstreckbarerklärung in: Hdb.IZVR III/2 Kap. IV (1984); *Zekoll* US-amerikanisches Produkthaftpflichtrecht vor deutschen Gerichten (1987); *ders.* Zur Vollstreckbarkeit eines US-amerikanischen Schadensurteils RIW 1990, 302; *Zekoll/Rahlf* US-amerikanische Antitrust-Treble-Damages-Urteile und deutscher ordre public JZ 1999, 384.

(*Ältere Darstellungen*): *Eckstein* Grundsätze der Zwangsvollstreckung ausländischer Exekutionstitel (1897); *Francke* Die Entscheidungen ausländischer Gerichte über bürgerliche Rechtsstreitigkeiten in ihrer Wirksamkeit nach deutschem Reichsrecht ZZP 8 (1885) 1; *Fuld* Ausländische Urteile und die deutsche Civilprozeßordnung BöhmsZ 8 (1898) 369; *Gesler* § 328 ZPO, ein Beitrag zu der Lehre von der zwingenden Natur der Kollisionsnormen in: Beiträge zum Zivilprozeß 14 (1933); *J. v. Gierke* Wann verstößt die Anerkennung eines ausländischen Urteils gegen den Zweck eines deutschen Gesetzes? (§ 328 Ziff. 4 ZPO) ZHR 88 (1926) 143f.; *Haeger* Vollstreckung von Urteilen und Schiedssprüchen (1910); *Hei-*

decker Über die materielle Rechtskraft ausländischer Urtheile, insbesondere ausländische Ehescheidungsurtheile in Deutschland ZZP 18 (1893) 453; *Kallmann* Anerkennung und Vollstreckung ausländischer Zivilurteile und gerichtlicher Vergleiche (Basel 1946); *Klein* Das Erfordernis der verbürgten Gegenseitigkeit bei Vollstreckung ausländischer Urteile in Deutschland BöhmsZ 9 (1899) 206 (226f.); *Kohler* Zum internationalen Civilprozeßrecht ZZP 10 (1887) 449; *Meili* Reflexionen über die Exekution auswärtiger Zivilurteile (Zürich 1902); *ders.* Das internationale Civilprozeßrecht (1906) 438ff.; *Meili/Mamelok* Internationales Privat- und Zivilprozeßrecht (1911) 225ff.; *Mittermaier* Von der Vollstreckung eines von einem ausländischen Gerichte gefällten Urtheils AcP 14 (1831) 84; *Nußbaum* Deutsches Internationales Privatrecht (1932) 423ff.; *Pagenstecher* Gerichtsbarkeit und internationale Zuständigkeit als selbständige Prozeßvoraussetzungen RabelsZ 11 (1937) 337 (361); *Richard* Die exceptio rei iudicatae aus einem ausländischen Urtheile nach deutschem Reichsrecht BöhmsZ 3 (1893) 10; *Sperl* Internationale Vollstreckung (1912); *Süß* Die Anerkennung ausländischer Urteile in: Festgabe für Rosenberg (1949) 229; *Werneburg* Zur Anerkennung und Vollstreckbarkeit ausländischer Urteile (§§328, 722, 723 ZPO) ZZP 56 (1931) 239.

(*Fremdsprachliche Darstellungen*): Nachweise bei → *Kegel/Schurig* IPR[9] 1060; *Soergel/Kronke*[12] Anhang IV Art.38 EGBGB vor Rdnr.140.

Anerkennungsschlüssel (Stichwortverzeichnis zur Anerkennung ausländischer Urteile)

Das nachfolgende Stichwortverzeichnis erschließt die Kommentierung des §328 ZPO und des Art.7 §1 und §2 FamRÄndG. Die dort genannten **Staaten** sind im sich anschließenden »Staatenschlüssel« aufgeführt.

Staatenschlüssel

Das nachfolgende Staatenverzeichnis führt diejenigen Stellen der Kommentierung des §328 ZPO und des Art. 7 §1 und §2 FamRÄndG auf, an denen die genannten Staaten behandelt sind. Die Schreibweise der Staatennamen wurde am Gebrauch in der Rechtshilfeordnung für Zivilsachen (ZRHO) (Stand: 28.Ergänzungslieferung November 2003) und dem »Verzeichnis der Staatennamen für den amtlichen Gebrauch in der Bundesrepublik Deutschland« (Stand: 4.1. 2005) orientiert.

I. Allgemeines

1. Funktion

1 §328 enthält die allgemeine Regel des **autonomen deutschen Anerkennungsrechts**. Eine gesetzliche Regelung der Anerkennung ist erforderlich, weil ausländische gerichtliche Entscheidungen als Akte hoheitlicher Gewalt nicht über die Grenzen des Urteilsstaates hinauswirken können. Vielmehr ist ein deutscher Rechtsanwendungsbefehl erforderlich. Die in §328 genannten Urteile eines ausländischen Gerichts (→ Rdnr. 54) können daher in Deutschland nur Wirkungen entfalten, wenn sie von der inländischen Gerichtsbarkeit oder Behörde anerkannt werden. Die Überprüfung der ausländischen Entscheidung auf ihre Wirksamkeit bedeutet keinen Eingriff in die **Gerichtsbarkeit** des ausländischen Staates. Es wird im Falle der Ablehnung der Anerkennung lediglich die Wirkung der Entscheidung nicht für das Inland übernommen. Aus dem allgemeinen Völkerrecht läßt sich **keine staatliche Anerkennungspflicht** herleiten[1]. Vielmehr liegt es in der souveränen Entscheidung des jeweiligen Staates, ob und unter welchen Voraussetzungen er anerkennt. Eine für **Statusentscheidungen** gelegentlich behauptete und auf den Justizgewährungsanspruch gestützte Ausnahme läßt sich nicht hinreichend begründen[2]. §328 regelt lediglich die Wirkungen ausländischer Urteile in Deutschland. Dagegen sagt die Norm nichts aus über die Wirkung eines noch **rechtshängigen**

---

[1] *BGHZ* 112, 127 (133); *Martiny* Hdb.IZVR III/1 Kap. I Rdnr. 156ff.; *Schack* IZVR[4] Rdnr. 775; *R. Wagner* FamRZ 2006, 744 (746); *Schütze* in: Festschr. für Geimer (2002) 1025; *ders.* JZ 1982, 636.

[2] Zweifelnd auch *Schack* IZVR[4] Rdnr. 775 Fn. 1; a. A. MünchKommZPO/*Gottwald*[2] Rdnr. 1; *Staudinger/Spellenberg* (2005) §328 ZPO Rdnr. 8; *Geimer* ZfRV 33 (1992) 405f.

ausländischen Verfahrens auf die Zulässigkeit einer Klage im Inland. Nach h.L. muß die deutsche Klage wegen entgegenstehender Rechtshängigkeit abgewiesen werden, wenn bei gleichem Streitgegenstand das auf die ausländische Klage hin ergehende Urteil **voraussichtlich anerkennungsfähig** ist (→ *H.Roth*[22] §261).

2. Konkurrenzen; Günstigkeitsprinzip

2 §328 muß gegenüber **vorrangigen Rechtsquellen** grundsätzlich zurücktreten, soweit diese abweichende Bestimmungen enthalten (→ Rdnr. 41). Vor allem geht **EG-Verordnungsrecht** dem nationalen Anerkennungsrecht der §§328, 722f. ZPO, Art. 7 §1 FamRÄndG vor. Zu nennen sind für Zivil- und Handelssachen die praktisch überragend wichtige **EuGVO** (Art. 34) (gesondert kommentiert in → Band 10)[3] und für Ehesachen (sowie [hier nicht interessierend] Angelegenheiten der elterlichen Verantwortung) die **Brüssel-IIa-VO** (Art. 22, 23) (gesondert kommentiert in → Band 10)[4]. So darf einer Entscheidung, die nach Art. 34 EuGVO anerkannt werden muß, in Deutschland die Anerkennung nicht mit der Begründung verweigert werden, §328 ZPO lasse eine Anerkennung nicht zu[5]. Selbst wenn die genannten Verordnungen (praktisch kaum vorstellbar) die Anerkennung gegenüber §328 ausnahmsweise nicht erleichtern, sondern erschweren sollten, genießen sie Anwendungsvorrang, da der Beklagte innerhalb der EG im Rahmen der Art. 34 EuGVO, Art. 22 Brüssel-IIa-VO wegen deren abschließenden Charakters auch auf die Nichtanerkennung soll vertrauen dürfen[6]. Insoweit gilt das **Günstigkeitsprinzip** nicht (→ Rdnr. 41). Vergleichbar wird man es wohl ausschalten müssen im Verhältnis von §328 ZPO zu Art. 27 **EuGVÜ**[7] (im Verhältnis von Deutschland und Dänemark) und zu Art. 27 **LugÜ**[8] (gesondert kommentiert in → Band 10). Ein Konkurrenzproblem entsteht von vornherein nicht im Anwendungsbereich der EG-VO über einen **europäischen Vollstreckungstitels** für unbestrittene Forderungen[9]. Ab 21. 10. 2005 (Art. 33) ist insoweit ein Anerkennungs- und Vollstreckungsverfahren entfallen. Damit können unbestrittene titulierte Forderungen wie Versäumnis- und Anerkenntnisurteile, Prozeßvergleiche und öffentliche Urkunde mit Ausnahme Dänemarks grundsätzlich EU-weit vollstreckt werden. Noch darüber hinausreichende Pläne betreffen **Unterhaltsentscheidungen** aus Mitgliedstaaten, für die das Vollstreckbarerklärungsverfahren ganz abgeschafft werden soll[10]. §328 hat heute vor allem Bedeutung für die Anerkennung von US-amerikanischen und kanadischen Urteilen. Der Plan eines **Haager Projekts** eines Übereinkommens über die gerichtliche Zuständigkeit und auslän-

---

[3] Abgedruckt im *Schönfelder* Ergänzungsband Nr. 103.

[4] Abgedruckt im *Schönfelder* Ergänzungsband Nr. 103b sowie bei *Jayme/Hausmann* Internationales Privat- und Verfahrensrecht[12] (2004) Nr. 162. – Die VO gilt seit 1.3. 2005 für die Mitgliedstaaten der EG (mit Ausnahme Dänemarks).

[5] *Kropholler* Europäisches Zivilprozeßrecht[8] (2005) Art. 32 Rdnr. 6.

[6] Vorzugswürdig *Schack* IZVR[4] Rdnr. 809; HK-ZPO/*Dörner* (2006) Rdnr. 4; *Musielak/Musielak*[4] Rdnr. 3; *R. Wagner* FamRZ 2006, 744 (745); anders *Kropholler* IPR[5] 642f.; *Nagel/Gottwald* IZVR[5] §11 Rdnr. 4 → *Voraufl.* Rdnr. 3.

[7] Abgedruckt bei *Jayme/Hausmann*[10] Nr. 150.

[8] *Basedow* Hdb.IZVR I Kap. II Rdnr. 129. – Abgedruckt bei *Jayme/Hausmann*[12] Nr. 152.

[9] VO (EG) Nr. 805/2004 des Europäischen Parlaments und des Rates vom 21.4. 2004, ABl.EG Nr.L 143/15 vom 30.4. 2004 mit dem EG-Vollstreckungstitel-Durchführungsgesetz vom 18.8. 2005, BGBl. I 2477; dazu ausführlich *Rauscher* Der europäische Vollstreckungstitel für unbestrittene Forderungen (2004) Rdnr. 63ff. (Verhältnis zur EuGVO); *Klippstein* in: Gebauer/Wiedmann (Hrsg.) Zivilrecht unter europäischem Einfluß (2005) 1537ff.; *Hüßtege* in: Festschr. für Jayme (2004) 371; *Rellermeyer* Rpfleger 2005, 389; *Stadler* RIW 2004, 801; *R. Wagner* NJW 2005, 1157; *ders.* IPRax 2005, 189; *ders.* IPRax 2005, 401.

[10] Grünbuch der Kommission »Unterhaltspflichten«, Dok. KOM (2004) 254 endgültig, dazu *R. Wagner* FamRZ 2005, 410 (411); *Looschelders/Boos* FamRZ 2006, 374 (381); Vorschlag der Kommission, KOM (2005) 649 endgültig (= BR-Drucks 30/06 vom 17.1. 2006); *Linke* FPR 2006, 237ff.

dische Entscheidungen in Zivil- und Handelssachen mit weltweiter Bedeutung hat sich wegen der auseinandergehenden europäischen und amerikanischen Vorstellungen nicht durchsetzen lassen. In dem jetzt verabschiedeten **Haager Übereinkommen über die Vereinbarung gerichtlicher Zuständigkeiten** (Convention on Choice of Court Agreements) geht es nicht mehr um ein umfassendes Übereinkommen, sondern nur noch um die Anerkennung und Vollstreckung von Entscheidungen aus Vertragsstaaten, die in internationalen Sachen einem von Unternehmen **vereinbarten Gericht** ergangen sind[11].

3 Im übrigen gilt für das Verhältnis von §328 zu multilateralen Übereinkommen (→ Rdnr. 45ff.) und bilateralen Anerkennungs- und Vollstreckungsverträgen (→ Rdnr. 42f.) das **Günstigkeitsprinzip**. Danach findet §328 Anwendung, wenn das Vertragsrecht anerkennungsfeindlicher ist als das nationale Recht und das Vertragsrecht nach dem Willen des deutschen Gesetzgebers das anerkennungsfreundlichere nationale Recht nicht verdrängt[12]. Im Anwendungsbereich bilateraler Verträge (→ Rdnr. 42f.) ist das Günstigkeitsprinzip bisweilen ausdrücklich niedergelegt. Es gilt aber auch jenseits dieser speziellen Fälle (Art. 23 Abs. 2 deutsch-spanisches Abkommen; Art. 22 deutsch-griechisches Abkommen; Art. II Abs. 3 deutsch-britisches Abkommen; Art. 23 [des multilateralen] Haager Übereinkommens vom 2.10. 1973 über die Anerkennung und Vollstreckung von Unterhaltsentscheidungen[13], → Rdnr. 52). Doch haben die bilateralen Abkommen unter Beteiligung Deutschlands und der europäischen Vertragsstaaten wegen der Konkurrenzregeln der Art. 69 EuGVO, 59 Brüssel-IIa-VO, 55 LugÜ, 55 EuGVÜ ohnehin kaum mehr praktische Bedeutung (→ Rdnr. 42f.). Mit Inkrafttreten des geplanten Rechtsakts über die Anerkennung und Vollstreckung gerichtlicher Entscheidungen in **Güterstands- und Erbrechtssachen**[14] werden die Abkommen künftig weithin ausgedient haben[15]. Ein restlicher Anwendungsbereich kann sich vor allem noch ergeben, soweit in einzelnen Abkommen der Begriff der »Zivilsachen« weiter ausgelegt wird als in Art. 1 Abs. 1 EuGVO[16]. Im übrigen verdrängt das europäische Anerkennungsrecht die betreffenden bilateralen Abkommen, die sich auf die dort geregelten Rechtsgebiete erstrecken, selbst dann, wenn diese die Anerkennung unter erleichterten Voraussetzungen zulassen[17]. Als Folge davon wird das autonome Recht des §328 wiederum durch das europäische Anerkennungsrecht verdrängt, weil auch insoweit das Günstigkeitsprinzip nicht gilt (→ Rdnr. 2). Es wird sich daher am ehesten noch in den bilateralen Verträgen zwischen Deutschland und **Israel** sowie **Tunesien** auswirken können (→ Rdnr. 42). Zudem bleibt für Ehesachen im Verhältnis von Deutschland und der **Schweiz** das deutsch-schweizerische Abkommen neben dem LugÜ (Art. 1 Abs. 2) von Bedeutung, so daß sich auch hier der im Einzelfall vielleicht anerkennungsfreundlichere §328 ZPO durchsetzt.

---

[11] Zur Verabschiedung im Jahre 2005 ein Überblick bei *Rühl* IPRax 2005, 410; ferner die früheren Berichte von *Grabau/Hennecka* RIW 2001, 569; *vMehren* IPRax 2000, 465; *R. Wagner* IPRax 2001, 533; *Gottwald* Ritsumeikan Law Review 2005, 69 (72).

[12] *BGH* IPRax 1989, 104 (106) mit Anm. *Siehr* 93 (96) (Schweiz); FamRZ 1987, 580 (582) mit Anm. *Gottwald* (Schweiz); *BayObLG* NJW-RR 1990, 842f. (Italien); *OLG Hamm* RIW 1978, 689 (Österreich [Fakturengerichtsstand]); *JM Baden-Württemberg* FamRZ 2001, 1015 (1016)(Tunesien); *Brödermann/Rosengarten* IPR/IZVR 3. Aufl.(2004) Rdnr. 555; *Siehr* in: Festschr. für Walder (1994) 409.

[13] Abgedruckt bei *Jayme/Hausmann*[12] Nr. 181.

[14] Maßnahmenprogramm des Rates zur Umsetzung des Grundsatzes der gegenseitigen Anerkennung gerichtlicher Entscheidungen in Zivil- und Handelssachen, ABl.EG Nr. C 12/1 vom 15. 1. 2001; *Lagarde, Lipp* und *Haas* in: Gottwald (Hrsg.) Perspektiven der justiziellen Zusammenarbeit in Zivilsachen in der Europäischen Union (2004) 2ff.; 21ff.; 43ff.; *Dörner/Hertel/Lagarde/Riering* IPRax 2005, 1; *Kohler* FamRZ 2002, 709; *Fridolin Walther* ZBJV 137 (2001) 120; Grünbuch (KOM [2006] 400).

[15] Auch *von Bar/Mankowski* IPR[2] Band I §5 Rdnr. 49; bereits zur früheren Rechtslage *Waehler* Hdb.IZVR III/2 Kap. III Rdnr. 75ff.

[16] Dazu *BGH* NJW 1978, 1113 (deutsch-belgisches Abkommen).

[17] *BGH* NJW 1983, 2688 (deutsch-britisches Abkommen).

3. Anerkennung und Vollstreckbarerklärung

4 Die CPO (→ *Brehm*[22] Einl.Rdnr. 143) hatte ursprünglich nur in den §§660f. (jetzt §§722, 723 ZPO) die Vollstreckbarkeit ausländischer Urteile und das anwendbare Verfahren geregelt. Durch die **Novelle 1898** (→ Gesetzesgeschichte) wurde §328 zur maßgeblichen Vorschrift über die Voraussetzungen der Anerkennung ausländischer Urteile. Diese Voraussetzungen decken sich im wesentlichen mit dem früheren §661 CPO. Im heutigen §723 Abs. 2 S. 2 ist nur hierauf verwiesen.

5 Die ZPO trennt scharf zwischen der Anerkennung eines ausländischen Urteils in §328 und der **Vollstreckbarerklärung** eines ausländischen Urteils in den §§722, 723. Es gilt der Grundsatz der »**automatischen Anerkennung**«[18]. Die Anerkennung eines ausländischen Urteils tritt »von selbst« ein, »ohne daß es eines besonderen Ausspruches der Anerkennung bedarf«[19]. Liegen sonach die Anerkennungsvoraussetzungen vor (→ Rdnr. 54ff.), so ist das Urteil kraft Gesetzes anerkannt, so daß diese nicht in einem eigenen Verfahren geprüft zu werden brauchen. Vergleichbar liegt es etwa für Art. 33 Abs. 1 EuGVO, 26 Abs. 1 LugÜ, 26 Abs. 1 EuGVÜ. Ob ein Urteil die Voraussetzungen des §328 erfüllt, wird daher im Bedarfsfall in jedem Einzelfall als **Vorfrage** von der jeweils mit der Anerkennung befaßten Behörde oder dem Gericht geprüft. Eine **Ausnahme** findet sich in Art. 7 §1 FamRÄndG für die Anerkennung ausländischer Urteile in Ehesachen (→ Rdnr. 152).

6 Dagegen muß dem ausländischen Urteil die **Vollstreckbarkeit** nach §722 durch einen deutschen Hoheitsakt gesondert verliehen werden. Für die Zwangsvollstreckung ist danach gemäß §§722f. eine ausdrückliche Vollstreckbarerklärung durch ein deutsches Vollstreckungsurteil erforderlich (→ Rdnr. 13 a.E.)[20]. Sie wird auch als das **Exequatur** (»er möge vollziehen«) im Sinne der Zustimmung des Anerkennungsstaates bezeichnet (→ *Münzberg*[22] §722 Rdnr. 3). Die Voraussetzungen der Vollstreckbarkeit durch ein deutsches Gerichtsurteil richten sich wegen §723 Abs. 2 S. 2 wiederum nach §328. Deshalb hängt auch die Vollstreckbarerklärung in der Sache von einer inzidenten Anerkennung des ausländischen Urteils ab. Für die Eintragung in **öffentliche Register**, die nicht der Vollstreckung im engeren Sinn zuzurechnen ist, ist dagegen keine Vollstreckbarerklärung erforderlich (→ *Münzberg*[22] §722 Rdnr. 5). Zudem gibt es auch anerkennungsfähige Entscheidungen, die nicht mehr für vollstreckbar erklärt werden müssen, weil z.B. der Schuldner schon freiwillig bezahlt hat.

II. Gleichstellungs-, Wirkungserstreckungs- und Kumulationstheorie

1. Bedeutung des Theorienstreits

7 §328 ZPO regelt (ebenso wie Art. 34 EuGVO) die Voraussetzungen der Anerkennung ausländischer Urteile in negativer Fassung, also durch Festlegung der Anerkennungshindernisse (→ Rdnr. 29). Die Norm schreibt jedoch nicht fest, was unter »Anerkennung« zu verstehen ist. Dem **Ausgangspunkt** nach bedeutet Anerkennung eines Urteils die automatische Erstrekkung der einem ausländischen Urteil zukommenden Wirkungen auf das Inland, sofern die Anerkennungsvoraussetzungen vorliegen (→ Rdnr. 5). Stets ist erforderlich, daß das Urteil nach dem Recht des Erststaates wirksam und **nicht nichtig** ist (→ Rdnr. 29). Das deutsche Anerkennungsrecht ist **Verfahrensrecht** und nicht Sachrecht. Die Anerkennung hängt also nicht davon ab, daß sich die ausländische Entscheidung auf ein Recht stützt, das auch nach deutschem in-

---

[18] Heute einhellige Auffassung, z.B. *Kropholler* IPR[5] 643; *Thomas/Putzo/Hüßtege*[27] Rdnr. 1; *Zöller/Geimer*[25] Rdnr. 187; MünchKommZPO/*Gottwald*[2] Rdnr. 7; HK-ZPO/*Dörner* (2006) Rdnr. 2.

[19] *RGZ* 166, 367 (376); *BayObLGZ* 1999, 211 (213).

[20] Etwa *BGH* LM §328 ZPO Nr. 2 mit Anm. *Geimer* (deutsch-österreichischer Vertrag).

ternationalem Privatrecht als das »richtige Recht« zur Anwendung gekommen wäre. Das bisweilen vertretene Verständnis des Anerkennungsrechts als eines »**verdeckten zweiten Kollisionsrechts**« bleibt daher folgenlos (auch → Rdnr. 12)[21]. Streit besteht darüber, ob sich die Wirkungen der Entscheidung nach dem Recht des **Entscheidungsstaates** (Ursprungsstaat, Erststaat) oder nach dem Recht des **anerkennenden Staates** (Anerkennungsstaat, Zweitstaat) richten. Die erste Auffassung liegt der »**Wirkungserstreckungstheorie**« zugrunde, wonach dem ausländischen Urteil in Deutschland die gleiche Wirkung zugeschrieben wird wie im Entscheidungsstaat. Als Folge davon kann die ausländische Entscheidung in Deutschland keine anderen (vor allem nicht mehr) Wirkungen entfalten, als ihr nach dem Recht des Entscheidungsstaates zukommen. Der Nachteil dieser Lehre besteht darin, daß aufgrund der Wirkungserstreckung auch solche Urteilswirkungen des Entscheidungsstaates anzuerkennen sind, die in Deutschland unbekannt sind. Gleichwohl ist diese Lehre wenigstens als Ausgangspunkt für §328 ZPO (wie auch für Art. 33 EuGVO) herrschend geworden[22]. Zudem liegt sie als Rechtsprinzip etwa Art. 1 Abs. 1 S. 3 des deutsch-belgischen, Art. 1 Abs. 1 S. 2 des deutsch-niederländischen und Art. 1 Abs. 1 des deutsch-italienischen Abkommens zugrunde (→ Rdnr. 42). Sie vermeidet die Nachteile der »**Gleichstellungstheorie**«, welche das ausländische Urteil mit der Anerkennung einem deutschen Urteil gleichstellt[23]. Nach ihr kann das ausländische Urteil in Deutschland andere (und vor allem mehr) Wirkungen entfalten, als ihm das Recht des Entscheidungsstaates zubilligt. Dadurch werden die Parteien mit unvorhersehbaren Rechtsfolgen belastet, auf die sie sich im Verfahren des Entscheidungsstaates nicht einstellen konnten. Ein weiterer Nachteil besteht in der Störung der internationalen Gleichheit, weil nach dieser Lehre einem ausländischen Urteil in jedem Zweitstaat eine je abweichende Wirkung zugemessen werden kann. Eine Gleichstellung ausländischer Urteile mit einem inländischen Urteil ist danach nur für ihre **Vollstreckbarkeit** geboten[24].

8 Allerdings ist die Wirkungserstreckung nur der gedankliche Ausgangspunkt. Ausschlaggebend ist im Einzelfall nicht die begriffliche Herleitung, sondern die **typisierbare Interessenlage der Parteien**[25]. Danach richtet sich letztlich, welche Rechtsordnung sich bei unterschiedlicher nationaler Ausgestaltung des Wirkungsumfangs der Entscheidung durchsetzt (→ Rdnr. 9ff.). Vor allem kann es dem deutschen Anerkennungsstaat nicht verwehrt sein, die Rechtsfolgen der grundsätzlich befolgten Wirkungserstreckung nach oben hin zu begrenzen. Die herkömmliche scharfe Gegenüberstellung der beiden Lehren ist nicht gerechtfertigt, weil sich jede »Theorie« zu Einschränkungen genötigt sieht[26], und die beiden Lehren auch bisweilen in unterschiedlicher Bedeutung verwendet werden. Vorzuziehen ist die »**Kumulationstheorie**«. Sie beschneidet die Wirkungserstreckung des ausländischen Urteils auf die möglichen Wirkungen eines entsprechenden deutschen Urteils und bietet so einen angemessenen

---

[21] Zurückhaltend daher MünchKommZPO/*Gottwald*[2] Rdnr. 6; nähere Entfaltung bei *von Bar/Mankowski* IPR[2] Band I §5 Rdnr. 134ff.

[22] *OLG Hamm* FamRZ 1993, 213 (214); *Zöller/Geimer*[25] Rdnr. 18; *Rosenberg/Schwab/Gottwald* ZPO[16] §156 Rdnr. 8; *Kegel/Schurig* IPR[9] 1061; *Kropholler* IPR[5] 659ff.; *Rauscher* IPR[2] 453; *Martiny* Hdb.IZVR III/1 Kap. I Rdnr. 367; *Riezler* 512, 520; *Coester-Waltjen* in: Festschr. für Jayme (2004) 121 (124); *Koshiyama* 131ff.; *Götze* 134ff.; *Gottwald* ZZP 103 (1990) 257 (261); *Schütze* JZ 1982, 636; *K.Müller* ZZP 79 (1966) 199 (204f.).

[23] Für sie in knapper Stellungnahme *BGH* NJW 1983, 514 (515); 1983, 1976 (1977) mit kritischer Anm. *Spellenberg* IPRax 1984, 304; *Thomas/Putzo/Hüßtege*[27] Rdnr. 7; *Spiecker* (genannt *Döhmann*) 70ff.; *Reinl* 58; *Matscher* in: Festschr. für Schima (Wien 1969) 265 (277f.).

[24] *Geimer* Anerkennung 86.

[25] *H.Roth* in: Festschr. für Stree/Wessels (1993) 1045 (1057).

[26] Darstellung bei *Staudinger/Spellenberg* (2005) §328 ZPO Rdnr. 121ff.; *Schack* IZVR[4] Rdnr. 792ff.; *Matscher* ZZP 103 (1990) 294 (308).

Ausgleich der auseinander strebenden Parteiinteressen[27]. Im einzelnen ergeben sich daraus folgende Rechtsfolgen:

2. Durchsetzung der Wertungen der deutschen lex fori

a) Objektive Grenzen der Rechtskraft

9 Gehen die ausländischen über die inländischen Urteilswirkungen hinaus, weil etwa auch **Vorfragen** von der Rechtskraftwirkung erfaßt werden, so setzen sich die Wertungen der deutschen lex fori mit der Respektierung des verfahrensrechtlichen Gerechtigkeitsgehalts einer engen Rechtskraftwirkung (§322 Abs. 1) durch[28]. Ebenso liegt es, wenn ein fremdes Prozeßrecht eine Rechtskrafterstreckung hinsichtlich des Bestehens einer zur **Aufrechnung** gestellten Gegenforderung über §322 Abs. 2 hinaus eintreten ließe. Die deutsche lex fori verdient den Vorrang, obwohl sich die Parteien des ausländischen Verfahrens auf solche weiterreichenden Urteilswirkungen eingestellt haben oder wenigstens einstellen konnten. Das deutsche Prozeßrecht hat kein Interesse an einer Verstetigung von Fehlurteilen, die durch den Ausschluß entgegenstehenden tatsächlichen Vorbringens auch auf Folgeprozesse ausstrahlen können. Erst recht muß eine Wirkungserstreckung ausscheiden, wenn das ausländische Urteil eine Bindung an sämtliche in einem Urteil festgestellten **Tatsachen** kennt. Derartige Wirkungen sind dem deutschen Prozeßrecht schon der Art nach nicht bekannt[29]. Aus diesem Grunde scheitert die Anerkennung von **issue preclusion inter partes** nach dem Umfang des Erststaates[30]. Nach dieser Lehre des US-amerikanischen Prozeßrechts erwachsen Tatsachenfeststellungen in Rechtskraft, wenn ihre Feststellung für die Entscheidung des Rechtsstreits ausschlaggebend war. Erst recht ist eine issue preclusion-Bindung **zugunsten Dritter** nicht anerkennungsfähig. Ein Kläger kann sich also nicht Feststellungen eines Erstprozesses zunutze machen, aufgrund derer die Klage eines anderen gegen denselben Beklagten erfolgreich war (**nonmutual offensive use of collateral estoppel**)[31]. Verhindert wird aber nicht die Anerkennung der gesamten ausländischen Entscheidung, sondern lediglich die Erstreckung der betreffenden **einzelnen Urteilswirkung**.

b) Subjektive Grenzen der Rechtskraft

10 Die Wirkungen der deutschen lex fori setzen sich nicht mit gleicher Deutlichkeit durch, wenn das ausländische Prozeßrecht den subjektiven Umfang der Rechtskraft weiter reichen läßt als die ZPO. So scheidet eine Anerkennung nicht schon grundsätzlich aus, weil ein frem-

---

[27] Dafür *OLG Nürnberg* FamRZ 1996, 353 (354); *OLG Frankfurt a.M.* IPRax 1986, 297 mit Anm. *Nagel* 282; *LG Hamburg* IPRax 1992, 251 (254); *VG Stuttgart* StAZ 1982, 218; *Soergel/Kronke*[12] Art. 38 EGBGB Anhang IV Rdnr. 141; *Geimer/Schütze* I/2 1391; *Schack* IZVR[4] Rdnr. 796; *Hausmann* 178ff.; *D.Herrmann* 44; *Martiny* Hdb.IZVR III/1 Kap. I Rdnr. 369f.; *K.Müller* ZZP 79 (1966) 199 (207); *H.Roth* in: Festschr. für Stree/Wessels (1993) 1045 (1057); **a.A.** *Rosenberg/Schwab/Gottwald* ZPO[16] §156 Rdnr. 8; *Staudinger/Spellenberg* (2005) §328 ZPO Rdnr. 125; *Musielak/Musielak*[4] Rdnr. 34; *Riezler* 520; *Kropholler* IPR[5] §60 V 1b (aber mit Einschränkungen in Fn. 73).

[28] *Geimer* IZVR[5] Rdnr. 2781; Streitstand bei *Martiny* Hdb.IZVR III/1 Kap. I Rdnr. 382; offenlassend *Kropholler* IPR[5] §60 V Fn. 73; a.A. *Musielak/Musielak*[4] Rdnr. 35.

[29] Ebenso *Kropholler* IPR[5] §60 V 1b; *Musielak/Musielak*[4] Rdnr. 35; *Martiny* Hdb.IZVR III/1 Kap. I Rdnr. 381; für eine Anerkennung aber *Riezler* 520; *G.Fischer* in: Festschr. für Henckel (1995) 199 (209f.).

[30] A.A. *Gottwald* Präjudizialwirkung der Rechtskraft zugunsten Dritter? in: Festschr. für Musielak (2004) 183 (189ff.); *Martiny* Hdb.IZVR III/1 Kap. I Rdnr. 382.

[31] Insoweit ebenso *Gottwald* in: Festschr. für Musielak (2004) 183 (193f.); zu diesem Institut *Hay* US-amerikanisches Recht[2] (2002) Rdnr. 206; *Schack* Einführung in das US-amerikanische Zivilprozeßrecht[3] 74ff.

des Prozeßrecht in die Rechtskraftwirkungen auch dritte Personen einbezieht, die nach deutschem Prozeßrecht nicht durch das Urteil gebunden wären. So wird etwa ein auf »**Garantieklage**« im Sinne eines Regreßprozesses (etwa **third party complaint** des amerikanischen Zivilprozesses) ergangenes Urteil gegenüber einem Dritten anerkannt, wenn eine selbständige Anerkennungszuständigkeit im Hinblick auf den Garantiebeklagten zu bejahen ist (→ Rdnr. 22). Doch reicht für das autonome deutsche Prozeßrecht die bloße internationale Zuständigkeit für den Hauptprozeß nicht aus[32] (→ Rdnr. 22). Im Anwendungsbereich der **EuGVO** ergibt sich die (erleichterte) Anerkennungsfähigkeit derartiger und vergleichbarer prozessualer Gebilde aus Art. 65 Abs. 2 EuGVO (→ Rdnr. 24). Vergleichbares folgt aus den Art. 3 Abs. 1 Nr. 10 des deutsch-belgischen und Art. 4 Abs. 1 Buchst. i des deutsch-niederländischen Abkommens (→ Rdnr. 42).

3. Durchsetzung der Wertungen des Urteilsstaates

11 Weniger häufig ist der zu → Rdnr. 9 entgegengesetzte Fall, daß die Urteilswirkungen nach dem Recht des Urteilsstaates hinter denjenigen des Anerkennungsstaates zurückbleiben. So liegt es etwa, wenn das ausländische Prozeßrecht die objektiven oder subjektiven Grenzen der **Rechtskraft enger** zieht, z. B. weil das ausländische Recht keine dem deutschen Recht entsprechende **Rechtskrafterstreckung** wie in § 325 kennt, oder ihm eine Rechtskraftwirkung bei **Aufrechnung** wie in § 322 Abs. 2 fremd ist (→ *Leipold*[21] § 322 Rdnr. 166ff.)[33]. In diesen und in vergleichbaren Fällen sind die engeren **ausländischen Rechtskraftwirkungen** maßgebend, weil die Parteien in Deutschland nicht mit einer ihnen fremden Rechtskraftwirkung überrascht werden sollen. Zudem ist die Ausgestaltung einer ausländischen Prozeßordnung nicht zuletzt davon bestimmt, welchen Rechtskraftumfang die zu treffenden Entscheidungen haben. War im ausländischen Verfahren nur mit einer geringeren Urteilswirkung zu rechnen, so ist das Verfahren von vornherein nur auf diesen geminderten Umfang ausgerichtet gewesen[34]. Damit wird das rechtliche Gehör gesichert und es werden Überraschungsentscheidungen vermieden. Deshalb kann ein **ausländisches Trennungsurteil** im Inland nicht als Scheidungsurteil[35] oder ein **Feststellungsurteil** nicht als Gestaltungsurteil anerkannt werden[36]. Vergleichbar kann ein die bloße **Zahlvaterschaft** feststellendes Urteil nicht durch Anerkennung zum Statusurteil veredelt werden (auch → Rdnr. 110).

4. Qualifikation der Urteilswirkungen nach der deutschen lex fori

12 Aus § 328 ergibt sich nicht, ob nur solche Wirkungen ausländischer Entscheidungen anerkannt werden sollen, die auch nach Auffassung des Entscheidungsstaates als **prozeßrechtliche Wirkungen** einzuordnen sind. Nach vorzugswürdiger Auffassung ist es unerheblich, ob die anzuerkennende Urteilswirkung nach ausländischer Ansicht systematisch auf prozessualem oder auf materiellrechtlichem Gebiet liegt. Maßgebend ist allein, ob Wirkungen vorliegen, die nach deutschem Verständnis prozessual zu qualifizieren sind. So ist aus deutscher Sicht »**estoppel by record**« eine der materiellen Rechtskraft ähnelnde prozessuale Urteilswirkung,

---

32 Großzügiger *Geimer* IZVR[5] Rdnr. 2820 mit Nachweisen.
33 *K. Müller* ZZP 79 (1966) 199 (204).
34 So MünchKommZPO/*Gottwald*[2] Rdnr. 4; *Kropholler* IPR[5] § 60 V 1b; *Schack* IZVR[4] Rdnr. 794; *G. Fischer* in: Festschr. für Henckel (1995) 199 (204); *Gottwald* ZZP 103 (1990) 257 (260f.); *K. Müller* ZZP 79 (1966) 199 (205); *H. Roth* in: Festschr. für Stree/Wessels (1993) 1045 (1058).
35 *OLG Hamburg* IPRsp 1983 Nr. 184.
36 *KG* FamRZ 1976, 353; *Staudinger/Spellenberg* (2005) § 328 ZPO Rdnr. 124; *Görgens* StAZ 1977, 79.

die nach §328 zu überprüfen ist[37]. Die Urteilsanerkennung setzt sich damit gegen das durch das inländische IPR berufene Sachrecht (lex causae) durch (auch → Rdnr. 7)[38]. So ist es gleichgültig, wenn etwa das ausländische Recht die **materielle Rechtskraft** materiellrechtlich versteht (z.B. Art. 1351 C.civ. für Frankreich). Entscheidend ist allein, ob das ausländische Recht aus deutscher Sicht dem Urteil prozessuale Wirkungen beilegt, sowie welche Wirkungen es sind und wie weit ihr Umfang reicht. Deshalb entsteht auch von vornherein **kein Normenmangel** mit den sich daraus ergebenden Angleichungsproblemen, wenn etwa bei deutscher lex causae der (französische) Urteilsstaat keine prozessualen Rechtskraftwirkungen vorsieht. Auch müssen die Rechtskraftwirkungen des materiellen Rechts des Entscheidungsstaates nicht erst in anerkennungsfähige prozessuale Urteilswirkungen umgedeutet werden[39]: Die Urteilswirkungen (z.B. materielle Rechtskraft) werden vielmehr nach der maßgebenden deutschen lex fori ohne weiteres als prozessuale Wirkungen **qualifiziert**[40]. Begrenzt das deutsche Prozeßrecht den Umfang ausländischer Urteilswirkungen (→ Rdnr. 9), so geschieht das ebenfalls unabhängig von der im Ausland vorherrschenden Qualifikation. Im übrigen enthebt die hier vertretene Ansicht den deutschen Richter von der oft mühevollen Untersuchung, die Qualifikation der ausländischen Rechtsfolgen nach ausländischem Recht nachprüfen zu müssen.

III. Anerkennungsfähige Urteilswirkungen

1. Überblick

13 **Anerkennungsgegenstand** ist nicht das Urteil im ganzen; vielmehr sind es die betreffenden einzelnen Urteilswirkungen. In Betracht kommen *materielle Rechtskraft* (→ Rdnr. 14), *Gestaltungswirkung* (→ Rdnr. 17), *Präklusionswirkung* (→ Rdnr. 18), *Streitverkündungs- und Interventionswirkung* (→ Rdnr. 19), *Garantieurteilswirkung und verwandte Erscheinungen* (→ Rdnr. 22). Dagegen gehört die *Tatbestandswirkung* (→ Rdnr. 25) nicht zu den anerkennungsfähigen Urteilwirkungen i.S. des §328. Nicht anerkennungsfähig ist auch die nach dem Recht des Urteilsstaates eintretende **Vollstreckungswirkung**, die deshalb nicht mit der Anerkennung auf den Anerkennungsstaat erstreckt wird. Die Vollstreckbarkeit muß vielmehr durch einen deutschen Hoheitsakt gesondert verliehen werden (→ Rdnr. 6). Keine anerkennungsfähige Urteilswirkung ist auch eine **innerprozessuale Bindungswirkung** (§318)[41]. Die **formelle Rechtskraft** (§705) ist eine Eigenschaft des ausländischen Urteils und richtet sich allein nach dem Recht des Entscheidungsstaates (→ Rdnr. 65)[42].

2. Materielle Rechtskraft

14 Sie ist die wichtigste Entscheidungswirkung eines ausländischen Urteils, die durch Anerkennung auf das Inland erstreckt werden kann (zum Umfang → Rdnr. 7ff.). Im Umfang der Anerkennung tritt für das deutsche Gericht eine **Bindungswirkung** ein, so daß über den Streitgegenstand in Deutschland nicht abweichend entschieden werden darf. Die Rechtskraft eines

---

[37] *Geimer* IZVR[5] Rdnr. 2297.

[38] *Martiny* Hdb.IZVR III/1 Kap. I Rdnr. 279; *Schack* IZVR[4] Rdnr. 926, 24; *Zöller/Geimer*[25] Rdnr. 25; *G. Fischer* in: Festschr. für Henckel (1995) 199 (204); a.A. etwa *A. Blomeyer* ZPR[2] 473.

[39] So aber der Lösungsvorschlag von *Schack* IZVR[4] Rdnr. 926, 927.

[40] Näher zur Struktur dieser Qualifikation *H. Roth* in: Festschr. für Stree/Wessels (1993) 1045 (1051); abweichend *Grunsky* ZZP 89 (1976) 241 (246).

[41] *Zöller/Geimer*[25] Rdnr. 27; *Schack* IZVR[4] Rdnr. 776; *Lenenbach* Die Behandlung von Unvereinbarkeiten zwischen rechtskräftigen Zivilurteilen nach deutschem und europäischem Recht (1997) 155.

[42] *Schack* IZVR[4] Rdnr. 776.

anzuerkennenden ausländischen Urteils schließt grundsätzlich jede Nachprüfung des Verfahrens oder der Entscheidung in rechtlicher und tatsächlicher Beziehung aus. Auch ein Verstoß gegen zwingende ausländische Rechtsnormen ist unerheblich, soweit er nicht nach dem ausländischen Recht zur **Nichtigkeit** des Urteils führt (→ Rdnr. 7). Unvereinbarkeiten mit dem deutschen Recht sind für den Richter nur beachtlich, soweit sie eine Verletzung des **deutschen ordre public** bedeuten (→ Rdnr. 100). Auch wenn der Urteilsstaat die Rechtskraft nur auf Einrede hin beachtet, setzt sich die deutsche lex fori mit der Beachtung der Rechtskraft im Anerkennungsstaat zur Sicherung des öffentlichen Rechtsfriedens **von Amts wegen** durch[43]. Doch muß das Gericht keine Ermittlungen von Amts wegen anstellen, ob eine ausländische Entscheidung vorliegt.

15 In reinen Inlandsfällen bewirkt die materielle Rechtskraft, daß eine erneute Klage mit gleichem Streitgegenstand als **unzulässig** abgewiesen wird. Vergleichbar liegt es etwa im Anwendungsbereich der EuGVO, wo eine erneute Klage im Zweitstaat ebenfalls für unzulässig gehalten wird. Der Gläubiger kann dort sein Recht vielmehr nur im einfacheren Verfahren der Vollstreckbarerklärung nach den Art. 38ff. EuGVO durchsetzen[44]. Anders liegt es außerhalb des europäischen Rechtsraums im Anwendungsbereich des §328: Liegt ein rechtskräftiges anzuerkennendes fremdes Urteil vor, so steht nach h.L. einer gleichwohl in Deutschland mit demselben Streitgegenstand erhobenen Klage nicht schon die materielle Rechtskraft des ausländischen Urteils entgegen, so daß es nicht deshalb zur **Prozeßabweisung** als unzulässig kommt. Das rechtfertigt sich nach h.L. daraus, daß sich die Verbindlichkeit einer ausländischen Entscheidung für das deutsche Rechtsgebiet nicht von selbst versteht[45]. Aus bloßen Gründen der Rechtskraft ist also eine erneute Leistungsklage nicht unzulässig. Die materielle Rechtskraft der anzuerkennenden ausländischen Entscheidung erfordert lediglich ohne erneute Sachprüfung eine **inhaltlich übereinstimmende Sachentscheidung** des deutschen Gerichts. Insbesondere muß die Entscheidung auch auf die gleiche **Währung** lauten.

16 Eine von der Rechtskraftwirkung zu unterscheidende Frage ist es, ob der die Vollstreckung anstrebende Gläubiger zwischen einer Leistungsklage und einer **Vollstreckungsklage** (§722) wählen kann, oder ob der Leistungsklage das **Rechtsschutzbedürfnis** fehlt oder aus Gründen der Spezialität unzulässig ist (Darstellung und Streitstand → *Münzberg*[22] §722 Rdnr. 6). Die Rechtsprechung läßt eine Leistungsklage nicht am Rechtsschutzbedürfnis scheitern, weil der Weg über die Vollstreckungsklage weder einfacher noch billiger sei[46]. Der in der Praxis sicherste Weg für den Gläubiger bei **unsicherer Anerkennungsprognose** oder zweifelhafter Urkundenlage ist die Erhebung der Vollstreckungsklage (§722) mit **hilfsweiser Leistungsklage** im Wege der Klagehäufung[47]. Wird das ausländische Urteil anerkannt, so ergeht ein Vollstreckungsurteil nach §722. Wird das ausländische Urteil nicht anerkannt, so wird die Klage auf Vollstreckbarerklärung (§722) abgewiesen, so daß das Gericht jetzt über die Leistungsklage urteilen kann. Die Rechtskraftwirkung der die Vollstreckung **abweisenden Entscheidung** besteht nur darin, daß eine Vollstreckung im Inland nicht zulässig ist[48]. Das nicht anzuerkennen-

---

[43] *Martiny* Hdb.IZVR III/1 Kap. I Rdnr. 392; *Schack* IZVR[4] Rdnr. 888; *Koch* Unvereinbare Entscheidungen i.S. des Art. 27 Nr. 3 und 5 EuGVÜ und ihre Vermeidung (1993) 160f.; *Georgiades* in: Festschr. für Zepos II (1973) 189 (201f.); a.A. *Geimer* IZVR[5] Rdnr. 2807.

[44] *EuGH*, Urt.v.30.11. 1976 Rs.42/76 Slg.1976, 1759 (= NJW 1977, 495)(LS)(De Wolf/Cox).

[45] *BGH* NJW 1987, 1146f.; 1964, 1626; *OLG Zweibrücken* OLGR 2005, 534; anders etwa *Musielak/Musielak*[4] Rdnr. 37; *Linke* IZVR[4] Rdnr. 360; ausführlich *ders.* in: Festschr. für Schütze (1999) 427 (431).

[46] *BGHZ* 155, 279 (281); *BGH* NJW 1964, 1626; *OLG Karlsruhe* NJW-RR 1999, 82 (polnisches Unterhaltsurteil); Streitstand bei *Spiecker* (genannt *Döhmann*) 119ff.

[47] *Schack* IZVR[4] Rdnr. 889; *Geimer/Schütze* Europäisches Zivilverfahrensrecht[2] 2.Teil E 1 III Rdnr. 42; *Schütze* IZVR[2] Rdnr. 374; *Linke* in: Festschr. für Schütze (1999) 427 (435); → *Münzberg*[22] §722 Rdnr. 6 Fn. 26. – Dieser Weg wurde etwa begangen in *OLG Zweibrücken* OLGR 2005, 534.

[48] *BGH* NJW 1987, 1146.

de ausländische Urteil entfaltet dabei keinerlei Bindungswirkung, so daß der deutsche Richter über das zugrunde liegende Rechtsverhältnis frei entscheiden kann (→ Rdnr. 39)[49].

3. Gestaltungswirkung

17 Im europäischen Rechtsraum werden ausländische Ehescheidungen in Deutschland nach Art. 21 Abs. 1 Brüssel-IIa-Verordnung (→ Kommentierung Band 10) anerkannt (→ Rdnr. 150). Im übrigen gilt: Die **Gestaltungswirkung**, die ausländischen Gestaltungsurteilen (vor allem **Ehescheidungen**, zum besonderen Anerkennungsverfahren nach Art. 7 § 1 FamRÄndG → Rdnr. 150) neben der Rechtskraftwirkung zukommt, ist nach § 328 ZPO als prozessuale Urteilswirkung anerkennungsfähig (»**prozessuale Auffassung**«)[50]. Liegen die Voraussetzungen des § 328 ZPO (Art. 7 § 1 FamRÄndG) vor, so ist die Ehe auch für das Inland geschieden, auch wenn das nach deutschem IPR an sich maßgebliche materielle Recht die Scheidung nicht anerkennt. Dagegen tritt die sogenannte »**kollisionsrechtliche Auffassung**« (lex causae-Theorie) dafür ein, daß sich das Eintreten der Gestaltungswirkung nach der vom deutschen IPR berufenen lex causae richten soll[51]. Das wird vor allem für den Fall angenommen, daß das gestaltete Rechtsverhältnis nach den Regeln des deutschen IPR materiellrechtlich nicht dem Recht des Urteilsstaates, sondern demjenigen eines **Drittstaates** unterworfen ist, der das Urteil nicht anerkennt. Die Begründungen schwanken. Teils wird angeführt, daß dem materiellen Recht der Vorrang vor § 328 zukomme[52], teils wird vertreten, § 328 solle nur die Urteilswirkung der materiellen Rechtskraft (→ Rdnr. 14) regeln[53]. Schließlich wird gesagt, daß eine Anerkennung gegen den ordre public (§ 328 Abs. 1 Nr. 4) verstoße[54]. Doch zeigt die Aufhebung von § 328 Abs. 1 Nr. 3 a.F. durch die IPR-Novelle 1986 (→ Gesetzesgeschichte) deutlich, daß z.B. die Anerkennung eines ausländischen Scheidungsurteils nicht von der Anwendung des gleichen materiellen Rechts abhängen soll, das vom deutschen IPR berufen wird. Endlich scheitert der Rückgriff auf das materielle Recht daran, daß es keinen Gleichlauf zwischen internationaler Zuständigkeit und dem anwendbaren materiellen Recht gibt[55]. Die prozessuale Wirkung wird also nicht durch das Kollisionsrecht relativiert. Soweit Gestaltungsurteilen neben der Gestaltungswirkung eine **Rechtskraftwirkung** zukommt (→ *Leipold*[21] § 322 Rdnr. 66f.), ist deren Anerkennung nach den Grundsätzen von → Rdnr. 14ff. zu beurteilen. Für die Bestimmung des **Umfangs** der Gestaltungswirkung gelten die Grundsätze von → Rdnr. 8ff., 11. Ist der Eintritt der Gestaltungswirkung im Ausland an die Eintragung in ein **Register** gebunden, so wird die Statuswirkung in Deutschland erst mit der Eintragung anerkannt[56]. Die Anerkennung **ausländischer Entmündigungen** ist durch die Abschaffung der Entmündigung im deutschen Recht nicht ausgeschlossen. Die Anerkennung richtet sich freilich

---

49 *BGHZ* 155, 279 (281); *J.Hager* ZZP 117 (2004) 395 (396).

50 *RGZ* 166, 367 (376); *Geimer* IZVR[5] Rdnr. 2813; *Martiny* Hdb.IZVR III/1 Kap. I Rdnr. 403ff.; *Soergel/Kronke*[12] Art. 38 EGBGB Anhang IV Rdnr. 141; HK-ZPO/*Dörner* (2006) Rdnr. 9; MünchKommZPO/*Gottwald*[2] Rdnr. 147; *Musielak/Musielak*[4] Rdnr. 38; MünchKommBGB/*Sonnenberger*[4] EGBGB Einl. IPR Rdnr. 475; *Kropholler* IPR[5] § 60 V 2e; *Linke* IZVR[4] Rdnr. 362; *Schack* IZVR[4] Rdnr. 779; *P.Schlosser* Gestaltungsklagen und Gestaltungsurteile (1966) 298 Fn. 4; *K.Müller* ZZP 79 (1966) 199 (220ff.).

51 *OLG München* NJW 1963, 1158; *Hausmann* 199, 204ff.; *Raape* IPR[5] 314; *Süß* in: Festgabe für Rosenberg (1949) 229 (252ff.); *Jansen* FGG[2] Art. 7 § 1 FamRÄndG Anm. 24; *Neuhaus* FamRZ 1964, 18 (22).

52 *Jonas* JW 1934, 2555 (2556); 1936, 283; dagegen *Lorenz* FamRZ 1966, 465 (477).

53 *RGZ* 55, 236 (238); *Süß* in: Festgabe für Rosenberg (1949) 229 (251f.).

54 *OLG Hamburg* JW 1935, 3488 Nr. 66; *Raape* IPR[5] § 30 B II 2.

55 *Zöller/Geimer*[25] Rdnr. 46; *Walchshöfer* ZZP 80 (1967) 165 (198); → *H.Roth*[22] vor § 12 Rdnr. 40.

56 *BayObLG* FamRZ 1977, 395; MünchKommZPO/*Gottwald*[2] Rdnr. 148; *Staudinger/Spellenberg* (2005) § 328 ZPO Rdnr. 206.

nach §16a FGG und nicht nach §328 ZPO[57]. In Anwendung der Kumulationstheorie (→ Rdnr. 8) kann aber die Entmündigung eines Deutschen im Ausland an seinem gewöhnlichen Aufenthaltsort nur die Wirkung einer Betreuung nach deutschem Recht in dem weitest möglichen Umfang haben[58].

4. Präklusionswirkung

18 Die Präklusionswirkung im Sinne des Ausschließens von Tatsachen und Beweismitteln (→ *Leipold*[21] §322 Rdnr. 228ff.) ist eine Folge der **materiellen Rechtskraft**. Deshalb richtet sich ihre Anerkennung nach den Grundsätzen von → Rdnr. 9ff.[59]. Kennt das Recht des Urteilsstaates eine von der materiellen Rechtskraft zu unterscheidende Präklusionswirkung, so wird diese Wirkung durch das deutsche Prozeßrecht begrenzt (→ Rdnr. 8).

5. Streitverkündungs- und Interventionswirkung

19 Nach deutschem Prozeßrecht ist die Streitverkündungswirkung (Interventionswirkung) (§§68, 74) von der Rechtskraftwirkung zu unterscheiden (→ *Leipold*[21] §322 Rdnr. 87; → *Bork*[22] §68 Rdnr. 1f.). Einerseits geht die Interventionswirkung über die Rechtskraftwirkung hinaus, weil sie auch vorgreifliche rechtliche und tatsächliche Feststellungen umfaßt. Andererseits bleibt sie dahinter zurück, weil sie nach h.L. anders als die Drittwirkung der Rechtskraft nur zu Lasten des Streitverkündeten wirkt[60]. Gleichwohl sind ihre Wirkungen in gleicher Weise wie Rechtskraftwirkungen **anerkennungsfähig**, wenn das ausländische Urteil nach dem Recht des Urteilsstaates Interventionswirkungen aufweist, die der Ausgestaltung der §§68, 74 nach Verfahren und Rechtsfolgen im wesentlichen entsprechen[61]. Doch müssen für das ausländische Urteil, auf dem die Interventionswirkung beruht, **sämtliche Anerkennungsvoraussetzungen** des §328 gegeben sein[62]. Im europäischen Rechtsraum ergibt sich die Anerkennungsfähigkeit von Interventionswirkungen aus Art. 65 Abs. 2 S. 2 EuGVO und für das Lugano-Übereinkommen aus Art. V Abs. 2 S. 2 des Protokolls Nr. 1[63].

20 Gegenüber dem **Streitverkündeten** müssen die Voraussetzungen des §328 dagegen nicht in vollem Umfang gegeben sein. Vor allem braucht ihm gegenüber keine gesonderte **Anerkennungszuständigkeit** nach §328 Abs. 1 Nr. 1 geprüft zu werden, weil seine Zuständigkeitsinteressen vom deutschen Recht nicht geschützt sind. Die Interventionswirkung tritt daher auch dann ein, wenn es an der internationalen Zuständigkeit des Prozeßgerichts für eine gegen ihn angestrengte Klage fehlte[64]. Doch ist in entsprechender Anwendung des §328 Abs. 1 Nr. 2 sein **rechtliches Gehör** zu wahren[65]. Für die **Nebenintervention** ist das unproblematisch, weil

---

57 *Palandt/Heldrich*[65] Art. 7 EGBGB Rdnr. 9; anders *Erman/Hohloch*[11] Art. 8 EGBGB Rdnr. 3.

58 *Palandt/Heldrich*[65] Art. 7 EGBGB Rdnr. 9; a.A. Bamberger/Roth/*Mäsch* (2003) Art. 7 EGBGB Rdnr. 52.

59 Im Ergebnis einhellige Ansicht, MünchKommZPO/*Gottwald*[2] Rdnr. 146; *Geimer* IZVR[5] Rdnr. 2812.

60 *BGHZ* 100, 257 (260) mit Nachweisen; *Schack* IZVR[4] Rdnr. 785.

61 *RGZ* 61, 390 (393); MünchKommZPO/*Gottwald*[2] Rdnr. 152; *Musielak/Musielak*[4] Rdnr. 39; HK-ZPO/*Dörner* (2006) Rdnr. 10; *Schack* IZVR[4] Rdnr. 785; *Milleker* ZZP 80 (1967) 288 (293ff.); a.A. *RGZ* 55, 236 (240).

62 H.L., *Wieczorek/Mansel*[3] §68 Rdnr. 32ff.; *Mansel* 63 (75); MünchKommZPO/*Gottwald*[2] Rdnr. 152; *Musielak/Musielak*[4] Rdnr. 39; AK-ZPO/*Koch* Rdnr. 19; *Martiny* Hdb.IZVR III/1 Kap. I Rdnr. 400; *Götze* 121ff., 144ff.; a.A. *Zöller/Geimer*[25] Rdnr. 62 (nur §328 Abs. 1 Nr. 1 und Nr. 4).

63 Abgedruckt bei *Jayme/Hausmann*[12] Nr. 152 Anhang.

64 *Wieczorek/Mansel*[3] §68 Rdnr. 35; MünchKommZPO/*Gottwald*[2] Rdnr. 152; *Götze* 146ff.; *Schulz* 141ff.; *Linke* IZVR[4] Rdnr. 365; *Schack* IZVR[4] Rdnr. 923; a.A. *Martiny* Hdb.IZVR III/1 Kap. I Rdnr. 702.

65 *Wieczorek/Mansel*[3] §68 Rdnr. 36; *Schack* IZVR[4] Rdnr. 923.

sich der Nebenintervenient stets auf den Prozeß einlassen muß. Analog anzuwenden auf den Dritten ist auch §328 Abs.1 Nr.3 und 4, nicht aber Nr.5[66].

21 Es ist stets erforderlich, daß die **ausländische Streitverkündung** eine der deutschen Streitverkündung wenigstens ähnliche verfahrensrechtliche Regelung und Wirkung besitzt. Doch hängt die Wirkungsanerkennung nicht von der völligen Übereinstimmung mit dem deutschen Recht ab. Insbesondere sind daher auch die Streitverkündungswirkungen (**vouching in**) des US-amerikanischen Zivilprozesses anerkennungsfähig, soweit sie nicht lediglich auf einem Vergleich, sondern auf einem **Urteil** beruhen[67]. Im übrigen gelten vergleichbare Wirkungsbegrenzungen, wie sie in → Rdnr.8ff. allgemein für die Urteilswirkungen dargestellt wurden. Unerheblich ist es, ob die anzuerkennende Streitverkündungs- oder Interventionswirkung nach ausländischer Auffassung prozessual oder materiellrechtlich einzuordnen ist (→ Rdnr.12). Aufgrund der ausländischen Streitverkündung können auch **materielle Wirkungen** eintreten[68].

6. Garantieurteilswirkung

22 Die **Gewährleistungsklage** des romanischen Rechtskreises (»demande en garantie«)[69] und die **third party complaint** des US-amerikanischen Zivilprozesses[70] ermöglichen (anders als die deutsche Streitverkündung im Ausgangsprozeß) die Entscheidung des **Regreßprozesses** bereits im Ausgangsverfahren und münden bereits dort in einen Vollstreckungstitel. Dem Beklagten des Ausgangsprozesses (Hauptprozeß) wird damit die Möglichkeit eröffnet, gegen einen Dritten zu klagen, den er im Falle seines Unterliegens regreßpflichtig machen will. Wird dem Klageantrag gegenüber dem Beklagten im Ausgangsprozeß stattgegeben, so wird in demselben Verfahren über die Garantieklage gegen den Dritten entschieden. Nach der zutreffenden h.L. muß auch in Richtung auf den **Dritten** (Garantiebeklagten) die **Anerkennungszuständigkeit** nach §328 Abs.1 Nr.1 (§§12ff. analog) gegeben sein, da es um die Anerkennung des Garantieurteils selbst geht[71]. Im Verhältnis zwischen dem Dritten und dem Erstbeklagten gilt §328 direkt, da es sich um eine reguläre Klage handelt. Deshalb genügt die internationale Anerkennungszuständigkeit für den Hauptprozeß in Ansehung des Beklagten (Garantiekläger) nicht. Auch muß dem Garantiebeklagten die Klage wegen §328 Abs.1 Nr.2 in der dort vorgesehenen Form **zugestellt** worden sein.

23 Kann das Garantieurteil wegen der fehlenden Anerkennungszuständigkeit nicht anerkannt werden, so wird bisweilen vertreten, dem Urteil im Wege der prozessualen Umdeutung wenigstens die Wirkungen einer **Streitverkündung** beizulegen, die dann das nachfolgende Re-

---

66 *Wieczorek/Mansel*[3] §68 Rdnr.39ff.

67 *Mansel* 63 (70ff.); *Götze* 121ff.; MünchKommZPO/*Gottwald*[2] Rdnr.152.

68 *RGZ* 61, 390ff. (zur Streitverkündungswirkung einer niederländischen »demande en garantie«); dazu *Martiny* Hdb.IZVR III/1 Kap.I Rdnr.399; *Milleker* ZZP 80 (1967) 288 (293ff.).

69 Etwa *OLG Düsseldorf* RIW 1997, 330; dazu *Reinmüller* IPRax 1998, 460; weitere Nachweise bei *Martiny* Hdb.IZVR III/1 Kap.I Rdnr.401 Fn.1208; *Nagel/Gottwald* IZVR[5] §11 Rdnr.129; *Grunsky* in Grunsky/Stürner u.a. (Hrsg.) Wege zu einem europäischen Zivilprozeßrecht (1992) 25 (28ff.); *Mansel* IPRax 1995, 362.

70 Ausführlich *Götze* 82ff.; *W.Lüke* Die Beteiligung Dritter im Zivilprozeß (1993) 64ff.; *Mansel* 63 (67ff.).

71 *BGH* NJW 1970, 387 mit ablehnender Anm. *Geimer*; *OLG Karlsruhe* NJW 1974, 1059; MünchKommZPO/*Gottwald*[2] Rdnr.153; *Linke* IZVR[4] Rdnr.365; *Schack* IZVR[4] Rdnr.924; *Martiny* Hdb.IZVR III/1 Kap.I Rdnr.402; *Götze* 168ff.; *Meier* 223ff.; *Mansel* 63 (83f.); *Koch* ZVglRWiss 85 (1986) 11 (53f.); *Bernstein* in: Festschr. für Ferid (1978) 75 (88f.); a.A. *Zöller/Geimer*[25] Rdnr.63; *Geimer* IZVR[5] Rdnr.2821; *ders.* ZZP 85 (1972) 196.

greßverfahren gegen den Dritten (Garantiebeklagten) fördert[72]: Für die Streitverkündungswirkung ist ja eine gesonderte Zuständigkeitsprüfung in Richtung auf den Dritten nicht erforderlich (→ Rdnr. 20). Doch mutete man damit dem Garantiebeklagten zu, den Prozeß vor einem international unzuständigen Gericht führen zu müssen. Auch wird er seine Verteidigung in derartigen Fällen möglicherweise anders einrichten wollen[73]. Aus vergleichbaren Gründen kann auch eine **third party complaint** bei fehlender Anerkennungszuständigkeit nicht mit den Wirkungen eines »**vouching in**« belegt werden. Maßgebend sind vielmehr die allgemeinen Regeln für die Anerkennung.

24 Im **europäischen Rechtsraum** ist die Anerkennung für Gewährleistungsklagen in den Art. 65 Abs. 2 EuGVO (→ Kommentierung Band 10) für Art. 6 Nr. 2 EuGVO und in Art. V Abs. 2 S. 1 Protokoll Nr. 1 für Art. 6 Nr. 2 LugÜ (→ Kommentierung Band 10) gesondert geregelt. Hier reicht für die Anerkennung bereits die internationale Zuständigkeit für den **Hauptsacheprozeß** aus, wobei die Zuständigkeitsinteressen des Dritten in diesen Normen hintangesetzt werden (auch → Rdnr. 10). Diese Regelungen gehen in ihrem Anwendungsbereich der Rechtslage zum **autonomen deutschen** Recht (→ Rdnr. 22f.) vor. Wegen Art. 65 Abs. 1 EuGVO kann freilich die Entscheidungszuständigkeit des Art. 6 Nr. 2 EuGVO in Deutschland nicht geltend gemacht werden.

7. Abgrenzung: Tatbestandswirkung

25 Die Tatbestandswirkung (**Nebenwirkung**) eines Urteils bedeutet, daß das Vorliegen eines Urteils Merkmal eines gesetzlichen Tatbestandes ist (→ *Leipold*[21] § 322 Rdnr. 16f.), wie z.B. in den §§ 197 Abs. 1 Nr. 3, 775 Abs. 1 Nr. 4 BGB. Sie gehört nach allgemeiner Meinung nicht zu den anerkennungsfähigen Urteilswirkungen im Sinne des § 328[74]. Vielmehr bestimmt das vom deutschen IPR berufene materielle Recht (**lex causae**), ob und welche Tatbestandswirkungen einem ausländischen Urteil zukommen[75]. Aus ihm ergibt sich, ob das Tatbestandsmerkmal »Urteil« auch durch ein ausländisches Urteil ausgefüllt werden kann. Es geht um das Problem der **Substitution**[76]. Maßgebend ist sonach die Auslegung der inländischen (oder berufenen ausländischen) Sachnorm. Es ist durch Auslegung des jeweils in Betracht kommenden Tatbestandes einer Rechtsnorm zu klären, ob auch ausländische Entscheidungen »Urteile« im Sinne der zu prüfenden Bestimmung sind. Bleiben nach der Auslegung (wie meist) noch Zweifel, so können ausländische Urteile nach der vorzugswürdigen h.L. nur dann eine Tatbestandswirkung entfalten, wenn sie nach § 328 **anerkennungsfähig** sind (→ *H. Roth*[22] § 262 Rdnr. 9).

26 Für den praktisch wichtigen Fall der **Verjährungshemmung** (§ 204 Abs. 1 Nr. 1 BGB) durch eine im Ausland erhobene Klage verlangt die h.L. wenigstens für eine Tatbestandswirkung nach deutschem Recht aus Gründen des **Schuldnerschutzes** mit Recht, daß hinsichtlich der zu erwartenden fremden Entscheidung eine positive Anerkennungsprognose nach § 328 ZPO zu

---

72 So grundsätzlich *Schack* IZVR[4] Rdnr. 925; *Milleker* ZZP 80 (1967) 288; *Koch* ZVglRWiss 85 (1986) 11 (58).

73 Mit Recht ablehnend daher *Martiny* Hdb.IZVR III/1 Kap. I Rdnr. 705; *Bernstein* in: Festschr. für Ferid (1978) 75 (88f.); *Mansel* 63 (84).

74 *Soergel/Kronke*[12] Art. 38 EGBGB Anhang IV Rdnr. 141; *Zöller/Geimer*[25] Rdnr. 28, 65; *Schack* IZVR[4] Rdnr. 780; *Linke* in: Festschr. für Nagel (1987) 209; *P. Schlosser* in: Festschr. für Bosch (1976) 859 (862).

75 *Martiny* Hdb.IZVR III/1 Kap. I Rdnr. 428; *Musielak/Musielak*[4] Rdnr. 39; *Nagel/Gottwald* IZVR[5] § 11 Rdnr. 131; *Geimer* IZVR[5] Rdnr. 2786, 2827ff.; *K. Müller* ZZP 79 (1966) 199 (242).

76 *BGH* NJW-RR 2002, 937 (zur Gleichwertigkeit von schweizerischem Zahlungsbefehl und deutschem Mahnbescheid).

erwarten ist[77]. Der ausländischen Klage kommt also in Deutschland nur verjährungshemmende Wirkung zu, wenn ein ausländisches Urteil anerkennungsfähig wäre. Das gleiche gilt für die Wirkung einer ausländischen **Streitverkündung**. Untersteht die Verjährung dem berufenen **ausländischen Sachrecht**, so muß die Auslegung des ausländischen materiellen Rechts ergeben, ob dem betreffenden Verfahrensakt verjährungshemmende Wirkung zukommt. Wurde die Klage vor einem **international unzuständigen** Gericht erhoben und endet das ausländische Verfahren daher durch abweisendes Prozeßurteil, so kann der Gläubiger in analoger Anwendung des §204 Abs. 2 BGB innerhalb der **Sechsmonatsfrist** erneut Klage vor dem international zuständigen Gericht erheben, um sich die Verjährungshemmung zu erhalten[78]. Der Gedanke des §204 Abs. 2 BGB, wonach dem Gläubiger auch bei Verfahren, die nicht mit einer Sachentscheidung enden, noch eine Frist zur Einleitung von Verfolgungsmaßnahmen verbleiben soll, um die drohende Verjährung zu vermeiden, paßt auch auf die Anrufung eines international unzuständigen ausländischen Gerichts.

27 Nach der **Gegenauffassung** soll es auf die Anerkennungsfähigkeit des ausländischen Urteils nicht ankommen. Vielmehr genüge bereits die **funktionale Gleichwertigkeit** der Unterbrechungshandlung (Hemmungshandlung) und die Wahrung des rechtlichen Gehörs durch Mitteilung der verjährungshemmenden Prozeßhandlung an den Schuldner[79]. Danach soll es zugunsten des Gläubigers auf das Vorliegen der Anerkennungszuständigkeit nach §328 Abs. 1 Nr. 1 nicht ankommen. Noch gläubigerfreundlicher ist die Auffassung, wonach jede im Ausland erhobene Klage (oder Streitverkündung) ohne weitere Voraussetzungen die Verjährung hemmt[80]. Eine vermittelnde Auffassung verlangt, daß das ausländische Gericht international aus deutscher Sicht zuständig war, wendet also lediglich §328 Abs. 1 Nr. 1 an[81].

28 Von der Tatbestandswirkung eines ausländischen Urteils zu unterscheiden ist der Fall, daß jedes ausländische Urteil als **Tatsache** Bedeutung gewinnen kann. So liegt es etwa für eine auf **sittenwidrige Erschleichung** gestützte Schadensersatzklage[82]. Das ausländische Urteil kann auch als **Beweismittel** gewürdigt werden. Da es sich nicht um prozessuale Wirkungen im Sinne des §328 handelt, spielt es dafür keine Rolle, ob das Urteil anerkennungsfähig ist. Das Urteil hat die Beweiskraft einer **ausländischen öffentlichen Urkunde**[83].

---

[77] *RGZ* 129, 385 (389); *RG* JW 1926, 374 mit ablehnender Anm. *Neumeyer*; *OLG Breslau* OLGRsp 17, 324 (326); *LG Deggendorf* IPRax 1983, 125 (126); *Nagel/Gottwald* IZVR^5 §11 Rdnr. 132; *Palandt/Heinrichs*^{65} §204 Rdnr. 3; *Merschformann* Der Umfang der Verjährungsunterbrechung durch Klageerhebung (1992) 101ff.; *Taupitz* ZZP 102 (1989) 288 (307ff.); *ders.* IPRax 1996, 140 (145); Streitstand bei *Looschelders* IPRax 1998, 300; gegen die h.L. *Schütze* IZVR^2 Rdnr. 415ff.

[78] *M. Wolf* in: Festschr. für Beys (2003) 1741 (1747 Fn. 21).

[79] *Schack* IZVR^4 Rdnr. 783; *ders.* RIW 1981, 301 (302); ebenso MünchKommBGB/*Grothe*^{4} (2003) §204 Rdnr. 9 mit dem Argument, §204 Abs. 2 BGB bringe zum Ausdruck, daß auch solche Verfahren zur Verjährungshemmung geeignet sind, die nicht zu einem (anerkennungsfähigen) Sachurteil führen; Bamberger/Roth/*Henrich* (2003) §204 Rdnr. 20; unentschieden *BGH* LM §328 ZPO Nr. 14.

[80] *Frank* IPRax 1983, 108; *Katinszky* RabelsZ 9 (1935) 855 (863).

[81] *Geimer* IZVR^5 Rdnr. 2828, 2828a; *M. Wolf* in: Festschr. für Beys (2003) 1741 (1747); ähnlich *Staudinger/Peters* (Neubearbeitung 2004) §204 Rdnr. 41, der aber gegen *Geimer* wegen §328 Abs. 1 Nr. 2 die ordnungsgemäße Ladung des Schuldners verlangt.

[82] *Riezler* 523 mit Nachweisen; gegen die Möglichkeit des §826 BGB MünchKommZPO/*Gottwald*^{2} Rdnr. 161.

[83] *RGZ* 129, 387; *Riezler* 522.

IV. Allgemeine Anerkennungsvoraussetzungen

1. Regelungsgehalt des §328

29 §328 regelt die Erfordernisse (**Voraussetzungen**) der Anerkennung[84]. Lassen sie sich nicht feststellen, so ist die Anerkennung zu verweigern. Mißverständlich ist die in Nrn. 1 bis 5 die Verweigerungsgründe aufzählende Fassung des §328, wonach die Anerkennung die Regel zu bilden scheint (demgegenüber §723 Abs. 2)[85]. Für die Anerkennung ist der in der Literatur bisweilen geforderte **Inlandsbezug** als zusätzliche Voraussetzung nicht erforderlich und im übrigen ohnehin regelmäßig gegeben[86]. Das deutsche Anerkennungsrecht verbietet eine **inhaltliche Kontrolle** des ausländischen Urteils (Verbot der »**révision au fond**«, → Rdnr. 100). Zwar enthält §328 dazu keine ausdrückliche Regelung, doch gilt das in §723 Abs. 1 am unrichtigen systematischen Standort enthaltene Verbot, die »Gesetzmäßigkeit« der ausländischen Entscheidung nachzuprüfen, auch für §328[87]. Das Ergebnis des ausländischen Urteils kann in sehr engen Grenzen über den in §328 Abs. 1 Nr. 4 aufgeführten Versagungsgrund der Verletzung des **ordre public** nachgeprüft werden (→ Rdnr. 100f.). Das gleiche gilt für die Nachprüfung des ausländischen Verfahrens (→ Rdnr. 105). Über die in §328 niedergelegten Versagungsgründe hinaus gibt es noch zwei weitere ungeschriebene Verweigerungsgründe: So darf die Entscheidung des Urteilsstaates nach seinem Recht **nicht nichtig** sein (→ Rdnr. 57)[88] und dem Urteilsstaat muß **Gerichtsbarkeit** zugestanden haben (→ Rdnr. 57).

30 Im einzelnen dienen die Versagungsgründe des Abs. 1 Nr. 1 und 2 dem Schutz des im **Ausland Verklagten** (→ Rdnr. 73ff. und → Rdnr. 86ff.). Abs. 1 Nr. 3 schützt unabhängig von der Parteirolle die (frühere) Rechtskraft oder Rechtshängigkeit (→ Rdnr. 94ff.) und will **internationale Doppelprozesse** über denselben Streitgegenstand einschränken. Abs. 1 Nr. 4 bewahrt **Fundamentalgrundsätze** des deutschen Rechts (→ Rdnr. 100ff.). Abs. 1 Nr. 5 enthält mit dem Erfordernis der **Gegenseitigkeit** einen rechtspolitisch fragwürdigen Versagungsgrund, der nicht mit dem konkreten Streitfall zusammenhängt (→ Rdnr. 116ff.).

31 Die in §328 Abs. 1 Nr. 1, 3–5 niedergelegten Versagungsgründe sind **von Amts wegen** zu beachten und ihre tatsächlichen Grundlagen sind von Amts wegen zu prüfen (dazu → *Leipold*[22] Vor §128 Rdnr. 162ff.)[89]. Dagegen wird Abs. 1 Nr. 2 entsprechend seiner Formulierung nur auf **Einrede** hin geprüft (→ Rdnr. 89). Die Parteien können zudem die Prüfung des Abs. 1 Nr. 1 beeinflussen, soweit keine ausschließlichen (deutschen) Zuständigkeiten berührt werden (→ Rdnr. 83ff.). Im übrigen ist entsprechend den bei den Rechtskraftwirkungen auch sonst maßgebenden Grundsätzen der **Parteieinfluß eingeschränkt**. So ist ein Geständnis der Tatsachen ebenso ausgeschlossen (→ *Leipold*[21] §288 Rdnr. 17) wie ein Verzicht auf die Prüfung der Anerkennungsvoraussetzungen oder sonst eine Heilung von Verstößen nach §295. Freilich besteht andererseits **keine Forschungspflicht** des Gerichts in bezug auf die Tatsachen (→ *Leipold*[22] vor §128 Rdnr. 168)[90]. Vor allem kann der Partei, die sich auf die Anerkennung

---

[84] *BGHZ* 141, 286 (302); *OLG Koblenz* NJOZ 2004, 3369; *Pagenstecher* RabelsZ (1949/1950) 189 (197 Fn. 4); a.A. *Mendelssohn-Bartholdy* BöhmsZ 24 (1914) 236 (241); *ders.* in Festschr. für Franz Klein (1914) 161; *Gesler* 13f.

[85] Gegen die Herleitung unterschiedlicher Rechtsfolgen aus der sprachlichen Formulierung auch *Kropholler* IPR[5] §60 IV 1b; *D.Herrmann* 55.

[86] *Staudinger/Spellenberg* (2005) §328 ZPO Rdnr. 292; zum Meinungsstand *Geimer/Schütze* I/2 (1984) 1774; *Raape/Sturm* IPR[6] 217. – Für das Anerkennungsverfahren bedarf es über §23 hinaus keines weiteren Inlandsbezuges, *BGH* WM 1996, 2351 (2352).

[87] Z.B. *BayObLG* FamRZ 1993, 1469.

[88] *BGH* NJW 1992, 3098; *BayObLGZ* 1999, 211 (214); *Coester-Waltjen* in: Festschr. für Jayme (2004) 121 (127).

[89] *RGZ* 36, 381 (385); 75, 147f.; *Thomas/Putzo/Hüßtege*[27] Rdnr. 7.

[90] MünchKommZPO/*Gottwald*[2] Rdnr. 9.

beruft, vom Gericht die **Beibringung** von entscheidungserheblichen Unterlagen aufgegeben werden. Kommt die Partei dieser Aufforderung nicht nach, obwohl ihr das ohne größere Schwierigkeiten möglich wäre, kann das Gericht von weiteren Ermittlungen absehen[91]. Die **Beweislast** trifft grundsätzlich diejenige Partei, die sich auf das anzuerkennende Urteil beruft[92]. Das gilt vor allem für den Beweis der Gegenseitigkeit, den derjenige zu führen hat, der ein Vollstreckungsurteil erreichen will (→ Rdnr. 117)[93]. Anders liegt es für den Verstoß gegen den ordre public (→ Rdnr. 105). Für die Feststellung **ausländischen Rechts** gelten die in → §293 Rdnr. 31ff. dargestellten Grundsätze.

2. Maßgebender Zeitpunkt

a) Deutsches Verfahrensrecht

32 Das für das Anerkennungsverfahren maßgebende **deutsche Verfahrensrecht** richtet sich grundsätzlich nach dem Zeitpunkt der Anerkennung, soweit sich nicht aus Sondervorschriften etwas anderes ergibt[94].

b) Wegfall von Anerkennungsvoraussetzungen

33 Sind in der Zeit zwischen dem Erlaß des ausländischen Urteils und der Beurteilung der Anerkennung durch das deutsche Gericht die Anerkennungsvoraussetzungen **nachträglich weggefallen**, so ist das Urteil gleichwohl grundsätzlich anerkennungsfähig[95]. War also etwa (genauer) zu demjenigen Zeitpunkt, der dem **Schluß der mündlichen Verhandlung** nach deutschem Prozeßrecht entspricht, das ausländische Gericht zuständig (§328 Abs. 1 Nr. 1, → Rdnr. 73) oder die Gegenseitigkeit verbürgt (§328 Abs. 1 Nr. 5, → Rdnr. 126), so hindert es die Anerkennung nicht, daß zwischenzeitlich die Zuständigkeit (z.B. durch eine deutsche Gesetzesänderung oder durch Entäußerung des Vermögensstücks oder durch Wegzug)[96], oder die Gegenseitigkeit[97] entfallen sind. Andernfalls ergäbe sich vor allem die nicht hinnehmbare Konsequenz, daß etwa die bereits eingetretene Gestaltungswirkung eines ausländischen Urteils wieder entfiele. Das Gesagte ergibt sich als Rechtsfolge aus dem Grundsatz der »automatischen Anerkennung« (→ Rdnr. 5). Es kommt daher nicht auf den Zeitpunkt an, in dem die Anerkennungsvoraussetzungen vom Anerkennungsgericht geprüft werden und auch nicht darauf, ob zusätzlich eine Inlandsbeziehung eintritt[98].

---

[91] *BayObLG* NJW-RR 1990, 842f.

[92] *BGHZ* 141, 286 (302); *Schütze* 162; vorsichtiger *Staudinger/Spellenberg* (2005) §328 ZPO Rdnr. 265ff. unter Verweis auf Art. 22 EheGVO Rdnr. 90; anders für §328 Abs. 1 Nr. 5 *Pfeiffer* RabelsZ 55 (1991) 734 (750ff.); gegen ihn *BGHZ* 141, 286 (302).

[93] *BGHZ* 141, 286 (302).

[94] *BGHZ* 22, 24 (26f.) (Verbürgung der Gegenseitigkeit); *Thomas/Putzo/Hüßtege*[27] Rdnr. 7; MünchKommZPO/*Gottwald*[2] Rdnr. 8.

[95] *BGHZ* 141, 286 (290); *BayObLG* FamRZ 1990, 1265; *Schack* IZVR[4] Rdnr. 881; *Schütze* IZPR[2] Rdnr. 365; MünchKommZPO/*Gottwald*[2] Rdnr. 8 Fn. 14; *Pollinger* Intertemporales Zivilprozeßrecht (1988) 208ff.; a.A. für die Vollstreckungswirkung *OLG Köln* RIW 1995, 247 (Bosnien-Herzegowina); *KG* FamRZ 2004, 275 (276) wendet das im Zeitpunkt des ausländischen Verfahrens geltende deutsche Zuständigkeits- und sonstige Anerkennungsrecht an.

[96] *BGHZ* 141, 286 (290).

[97] *RGZ* 166, 367 (376); *von Wedel* Judicium 5 (1933) Sp. 77ff. (grundlegend); MünchKommZPO/*Gottwald*[2] Rdnr. 106; *Geimer* NJW 1968, 2198 (2200); *Schütze* NJW 1969, 293 (295); *Riezler* 554f.; vor allem für Gestaltungsurteile a.A. *RGZ* 41, 422 (424).

[98] *Zöller/Geimer*[25] Rdnr. 272; a.A. *Schütze* IZPR[2] Rdnr. 366.

34 Abweichenden Grundsätzen ist das Anerkennungshindernis eines Verstoßes gegen den **ordre public** (§328 Abs. 1 Nr. 4) unterworfen (→ Rdnr. 100). Enthält das ausländische Urteil eine dem deutschen ordre public widersprechende Rechtsfolge, so muß ausnahmsweise der Zeitpunkt der Anerkennung entscheidend sein[99]. Deshalb kann ein Urteil unter Umständen nicht mehr anerkannt werden, weil sich seit seinem Erlaß die Maßstäbe des ordre public verschärft haben oder die Umstände, die eine Verletzung des ordre public begründen, erst nachträglich entstanden sind. So kann etwa das **Kindeswohl** wegen der Entwicklung der Kinder über mehrere Jahre hinweg abweichend beurteilt werden. Unsicherer sind die Maßstäbe bei ordre public-Verstößen des **ausländischen Verfahrens**. Wenngleich hier regelmäßig den Grundsätzen von → Rdnr. 33 folgend auf die Rechtslage zum Zeitpunkt des ausländischen Verfahrens abzustellen ist, wird bei einem grundlegenden Vorstellungswandel auch hier der Zeitpunkt der Anerkennung maßgebend sein müssen.

c) Eintritt von Anerkennungsvoraussetzungen

35 Treten die Anerkennungsvoraussetzungen erst **später** in der Zeit zwischen dem Erlaß des ausländischen Urteils und der Anerkennung in Deutschland ein, so wird die ausländische Entscheidung ab dem Zeitpunkt anerkannt, in dem die gelockerten Voraussetzungen erfüllt sind. So reicht es etwa aus, wenn die Verbürgung der **Gegenseitigkeit** zu demjenigen Zeitpunkt gegeben ist, in dem über die Anerkennung entschieden oder das Vollstreckungsurteil nach §722 erlassen werden soll (→ Rdnr. 126)[100]. Auch ist es genügend, wenn erst nach dem Ende des ausländischen Prozesses die **Anerkennungszuständigkeit** durch eine deutsche Gesetzesänderung im Sinne einer Lockerung bejaht werden kann[101]. Es gibt **keinen Vertrauensschutz** auf die Nichtanerkennungsfähigkeit der ausländischen Entscheidung. Allerdings müssen zwischenzeitlich eingetretene inländische Rechtswirkungen weiterhin beachtet werden[102].

3. Klage auf Vollstreckbarerklärung

36 Im Anwendungsbereich des §328 klagt der Kläger typischerweise auf Erlaß eines Vollstreckungsurteils nach §722 mit dem Ziel, der ausländischen Entscheidung **originär** die Vollstreckbarkeit zu verleihen (→ Rdnr. 6; ausführlich → *Münzberg*[22] §722 Rdnr. 3ff.). Eine die Vollstreckbarkeit aussprechende Entscheidung stellt im Verfahren des §722 die Anerkennungswirkung als **Gestaltungsgrund mit Rechtskraft** fest (→ *Leipold*[21] §322 Rdnr. 67)[103]. Deshalb ist neben der Klage auf Vollstreckbarerklärung eine gleichzeitig betriebene **selbständige Feststellungsklage** über die Anerkennungsfähigkeit weder erforderlich noch auch zulässig. Wegen

---

99 *BGHZ* 138, 331 (335); *BGH* NJW 1980, 529 (531); *BSG* NJW-RR 1997, 1433 (1434); *BayObLG* FamRZ 2002, 1638; StAZ 2001, 174 (175); *OLG Düsseldorf* FamRZ 1982, 534; *OLG Stuttgart* FamRZ 2005, 636 (637)(FG-Verfahren); zustimmend MünchKommZPO/*Gottwald*[2] Rdnr. 8; *Thomas/Putzo/Hüßtege*[27] Rdnr. 15; *von Hoffmann/Thorn*[8] §3 Rdnr. 174; *H.Roth* JZ 1999, 1121; a.A. *Geimer* IZVR[5] Rdnr. 2798; *ders.* DNotZ 1990, 524 (525).

100 *BGHZ* 22, 24 (27) (Dänemark); *RGZ* 41, 424; 70, 434f.; *RG* JW 1928, 3044; *BayObLG* NJW-RR 1992, 514; *Martiny* Hdb.IZVR III/1 Kap. I Rdnr. 232, 775; *Schack* IZVR[4] Rdnr. 883; MünchKommZPO/*Gottwald*[2] Rdnr. 8; *Kleinfeller* BöhmsZ 19 (1909) 561 (564f.); a.A. *Kohler* DJZ 1908, 276 (278); *v. Wedel* Judicium 5 (1933) Sp. 77ff.; *öst. Oberster Gerichtshof* DAVorm 1993, 955 (DDR-Titel).

101 *BayObLG* NJW 1988, 2178 mit ablehnender Anm. *Geimer* (zu §606a n.F.); *Kohler* ZZP 10 (1887) 449 (471); a.A. *KG* NJW 1988, 649 (bestätigt durch *KG* FamRZ 2004, 275f.); *Geimer* Anerkennung 64; *Krzywon* StAZ 1989, 93 (102); offenlassend *LJV Baden-Württemberg* FamRZ 1990, 1015 (1017).

102 MünchKommZPO/*Gottwald*[2] Rdnr. 8 Fn. 20.

103 So für eine die Vollstreckbarkeit *bewilligende* Entscheidung auch *BGH* NJW 1987, 1146 (obiter dictum); *Martiny* Hdb.IZVR III/1 Kap. I Rdnr. 426; *Wolff* Hdb.IZVR III/2 Kap. IV Rdnr. 9ff.; 110ff., 126; *Schack* IZVR[4] Rdnr. 941, 885; *Spiecker* (genannt *Döhmann*) 184ff. (189).

dieser Rechtskraftwirkung ist auch kein Raum für eine Zwischenfeststellungsklage des Klägers nach §256 Abs.2, mit der die Wirksamkeit der ausländischen Entscheidung in Deutschland festgestellt werden könnte[104]. Unzulässig ist auch eine parallel geführte Leistungsklage. Die Erstreckung der Rechtskraftwirkung des Vollstreckungsurteils auf die Anerkennungswirkung hindert den Schuldner daran, in einem weiteren Prozeß vom Gläubiger das in der **Zwangsvollstreckung Erlangte** mit der Begründung herauszuverlangen, die Anerkennungsvoraussetzungen hätten nicht vorgelegen[105].

37 **Lehnt** die auf §722 hin ergehende Entscheidung die **Vollstreckbarerklärung ab**, so besteht die Rechtskraftwirkung nach h.L. allerdings nur darin, daß eine Vollstreckung im Inland nicht zulässig ist (→ Rdnr. 16)[106]. Jetzt ist eine sich anschließende Leistungsklage zulässig, wobei ein ausländisches nicht anzuerkennendes Urteil keine Bindungswirkung entfaltet (→ Rdnr. 16)[107]. Die Leistungsklage kann etwa dann mit einem inhaltlich mit dem ausländischen Urteil übereinstimmenden deutschen Sachurteil erfolgreich sein, wenn die lediglich für das Vollstreckbarerklärungsverfahren nach §722 erforderlichen Unterlagen nicht beigebracht werden können. Die **Leistungsklage** kann aber auch dann **erfolgreich** sein, wenn das Gericht der Leistungsklage, anders als das Gericht der Vollstreckungsklage, die Anerkennungsfähigkeit des ausländischen Urteils bejaht. Das ist die (wenig überzeugende) Konsequenz der eingeschränkten Rechtskraftwirkung der die Vollstreckbarkeit ablehnenden Entscheidung.

4. Feststellungsklage über die Anerkennung

38 Das rechtliche Interesse für eine Feststellungsklage (§256 Abs.1) liegt vor, wenn die Partei sich der Gefahr einander widersprechender Entscheidungen ausgesetzt sieht (zu Parallelklagen → Rdnr. 36). Da die Entscheidung über **Vorfragen nicht in Rechtskraft** erwächst und deshalb die automatisch eintretende Anerkennungswirkung (→ Rdnr. 5) als auftretende Vorfrage in verschiedenen Gerichtsverfahren jeweils unterschiedlich beurteilt werden kann, ist diese Gefahr für die Parteien regelmäßig gegeben[108]. Eine mögliche Leistungsklage z.B. auf Zahlung (→ Rdnr. 37) steht einer Feststellungsklage nicht entgegen, weil für die Leistungsklage die Anerkennung ebenfalls nur Vorfrage ist. Liegen die Anerkennungsvoraussetzungen vor, so geht die gerichtliche Feststellung dahin, daß das ausländische Urteil auch im Inland **Rechtskraft** schafft. Fehlen die Anerkennungsvoraussetzungen, so wird die positive Feststellungsklage in der Sache abgewiesen. Deshalb empfiehlt sich auch hier eine hilfsweise erhobene Leistungsklage mit dem im Ausland verfolgten Klagebegehren (→ Rdnr. 16). Das nicht anzuerkennende ausländische Urteil entfaltet keine Bindungswirkungen (→ Rdnr. 16, 37). Möglich ist auch eine **negative Feststellungsklage** z.B. des im Ausland wohnenden Beklagten auf Feststellung der fehlenden Wirksamkeit des ausländischen Urteils.

5. Folgen der Nichtanerkennung

39 Das ausländische Urteil ist **unbeachtlich,** wenn nur eine der Anerkennungsvoraussetzungen fehlt. Dem Prinzip der automatischen Anerkennung (→ Rdnr. 5) entspricht damit die **Nichtanerkennung ipso iure**. Das deutsche Gericht entscheidet in dem betreffenden Verfah-

---

[104] A.A. → *Münzberg*[22] §722 Rdnr. 7 Fn. 33; → *Voraufl.* Rdnr. 36.
[105] Nicht gesehen von *Nelle* 464.
[106] *BGH* NJW 1987, 1146; *Martiny* Hdb.IZVR III/1 Kap. I Rdnr. 426; a.A. *Geimer* IZVR[5] Rdnr. 3164.
[107] Etwa *BGH* NJW 1987, 1146; zur Wiederholung einer Vaterschaftsfeststellungsklage *OLG Oldenburg* FamRZ 1993, 1486; vergleichbar *KG* IPRax 1994, 455; *Baumann* 122.
[108] *RGZ* 167, 373 (380f.); *Riezler* 515; *OLG Hamm* DAVorm 1993, 104 (Feststellungsklage auf Vorliegen der Anerkennungsvoraussetzungen für ein polnisches Vaterschaftsurteil).

ren, als ob das ausländische Urteil nicht ergangen wäre[109]. Das ausländische Urteil entfaltet keinerlei Bindungswirkungen. Demnach ist eine **negative Feststellungsklage** vor einem deutschen Gericht, wonach der Kläger nicht der Vater ist, zulässig, wenn das die Vaterschaft feststellende ausländische Urteil nicht anerkannt wird. Zudem kann das deutsche Gericht das zugrunde liegende Rechtsverhältnis inhaltlich überprüfen[110]. Vor allem kann das nicht anerkennungsfähige ausländische Urteil die **Verjährung** nicht hemmen (→ Rdnr. 26). Aus einem solchen Urteil kann auch nicht auf **Erfüllung** geklagt werden (»actio iudicati«) (→ Rdnr. 16)[111]. Gleichwohl kann es als **Tatsache** in einem Verfahren von Bedeutung sein. So liegt es z.B. für eine Schadensersatzklage wegen **Erschleichung** des Urteils im Ausland und anschließender Vollstreckung (→ Rdnr. 28). Ein Schuldner, der im Ausland die titulierte Forderung aufgrund eines nicht anerkennungsfähigen ausländischen Urteils erfüllt hat oder gegen den vollstreckt worden ist (z.B. ein Urteil auf punitive damages), kann in Deutschland die Urteilssumme im Wege eines Anspruches auf **ungerechtfertigte Bereicherung** wieder herausverlangen. Ein nicht anerkennungsfähiges ausländisches Urteil schafft keinen Rechtsgrund im Sinne der §§812ff.[112]. Ansonsten käme man doch zu mittelbaren Anerkennungswirkungen. Die möglichen Gefahren eines Justizkonfliktes zwischen den beteiligten Staaten müssen hinter den legitimen Interessen der Partei zurücktreten. Das Bereicherungsrecht führt damit zum selben Ergebnis wie die »clawback statutes« mancher Staaten wie Sec.6 (2) des britischen Protection of Trading Interests Act 1980[113].

40 Die Parteien können nicht mit prozessualer Wirkung **vereinbaren**, ein nicht anerkennungsfähiges Urteil so zu behandeln, als ob es im Inland Rechtskraftwirkung hätte[114]. Sie unterliegt nicht der Disposition der Parteien (→ *Leipold*[21] §322 Rdnr. 222). Doch können die Parteien über die im Urteil festgestellte Rechtsfolge disponieren, soweit es sich um verzichtbare Ansprüche handelt. Dann kann eine derartige unwirksame Vereinbarung u.U. in einen materiellrechtlichen Vergleich oder in ein Anerkenntnis **umgedeutet** werden, bedingt durch die im Ausland nach ausländischem Recht eingetretene Rechtskraft[115].

V. Verdrängende Regelungen durch europäische Verordnungen, bilaterale und multilaterale Staatsverträge

1. EuGVO; Brüssel-IIa-VO; EuGVÜ; LugÜ

41 Im Verhältnis der **EU-Mitgliedstaaten** (Deutschland, Belgien, Estland, Finnland, Frankreich, Griechenland, Irland, Italien, Lettland, Litauen, Luxemburg, Malta, Niederlande, Österreich, Polen, Portugal, Schweden, Slowakei, Slowenien, Spanien, Tschechische Republik, Ungarn, Vereinigtes Königreich und Zypern)[116] verdrängen die **EuGVO** (Kommentierung → Band 10)[117] und die Brüssel-IIa-VO (**EheVO II**) (Kommentierung → Band 10)[118] fast voll-

---

[109] *BGHZ* 155, 279 (281); *OLG Düsseldorf* DAVorm 1998, 939f.

[110] Z.B. *OLG Düsseldorf* DAVorm 1998, 939f.

[111] *OLG Hamburg* OLGRsp 25, 103f.; *OLG München* HRR 1931 Nr. 1972.

[112] H.L., *Martiny* Hdb.IZVR III/1 Kap. I Rdnr. 339; MünchKommZPO/*Gottwald*[2] Rdnr. 162 (aber in Rdnr. 163 mit einer Ausnahme für einen Verstoß gegen den materiellen ordre public); *Geimer* IZVR[5] Rdnr. 3052; a.A. *KG* OLGRsp 18 (1909); *Schack* IZVR[4] Rdnr. 1029; *Matscher* JBl 1954, 54.

[113] *Brinkhaus* Das britische Abwehrgesetz von 1980 (1989) 97ff.

[114] *RGZ* 36, 381 (385); *OLG München* LZ 1931, 863 (864f.); MünchKommZPO/*Gottwald*[2] Rdnr. 158; *Martiny* Hdb.IZVR III/1 Kap. I Rdnr. 288ff.

[115] *Zöller/Geimer*[25] Rdnr. 278; *Baumbach/Lauterbach/Hartmann*[64] Rdnr. 6.

[116] EG-Beitrittsvertragsgesetz vom 18.9. 2003, BGBl. II 1408.

[117] Abgedruckt bei *Jayme/Hausmann*[12] Nr. 160.

[118] Abgedruckt bei *Jayme/Hausmann*[12] Nr. 162; dazu das »Gesetz zum internationalen Familienrecht« vom 26.1. 2005, BGBl. I 162.

ständig das autonome Anerkennungsrecht des §328 ZPO. Für das Verhältnis von Deutschland und Dänemark gilt das **EuGVÜ** (als vertragliche Regelung) (Kommentierung → Band 10)[119] und für das Verhältnis von Deutschland, Norwegen, Island und der Schweiz gilt das **LugÜ** (als vertragliche Regelung) (Kommentierung → Band 10)[120]. Gegenüber dem europäischen Recht gilt das **Günstigkeitsprinzip** nicht (→ Rdnr. 2), so daß §328 auch dann nicht zur Anwendung kommen kann, wenn seine Voraussetzungen, nicht aber diejenigen des europäischen Rechts, vorliegen. Daher hat §328 seinen wesentlichen Anwendungsbereich heute im Rechtsverkehr **Deutschlands** mit den **USA** und **Kanada**.

2. Bilaterale Verträge

a) Bedeutung

42 In der Praxis heute nahezu bedeutungslos sind die meisten der bestehenden bilateralen Anerkennungs- und Vollstreckungsverträge Deutschlands mit **11 Staaten**. Auf den Abdruck und die Kommentierung wird daher ab dieser Auflage weitgehend verzichtet und für Interessenten auf die Fundstellen und die Kommentierung in der → 21. Auflage 1998 Rdnr. 271ff. (*Voraufl.*) verwiesen[121]. Es handelt sich (in der Reihenfolge ihrer Entstehung) um Verträge Deutschlands mit der Schweiz (2. 11. 1929, → *Voraufl.*Rdnr. 278), Italien (9. 3. 1936, → *Voraufl.*Rdnr. 302), Belgien (30. 6. 1958, → *Voraufl.*Rdnr. 321), Österreich (6. 6. 1959, → *Voraufl.*Rdnr. 340), dem Vereinigten Königreich (14. 7. 1960, → *Voraufl.*Rdnr. 353), Griechenland (4. 11. 1961, → *Voraufl.*Rdnr. 368[122]), den Niederlanden (30. 8. 1962, → *Voraufl.*Rdnr. 384), Tunesien (19. 7. 1966, → *Voraufl.*Rdnr. 399), Norwegen (17. 6. 1977, → *Voraufl.*Rdnr. 443), Israel (20. 7. 1977, → *Voraufl.*Rdnr. 422) und Spanien (14. 11. 1983, → *Voraufl.*Rdnr. 467). Soweit beide Vertragsstaaten der EuGVO (→ Rdnr. 41) angehören (Deutschland, Italien, Belgien, Österreich, Vereinigtes Königreich, Griechenland, Niederlande, Spanien) beansprucht Art. 69 EuGVO in seinem Anwendungsbereich auch dann den **Vorrang**, wenn der betreffende bilaterale Vertrag günstiger ist (auch → Rdnr. 2)[123]. Das gleiche gilt nach Art. 59 Brüssel-II-VO (→ Rdnr. 41) in deren Anwendungsbereich. Betroffen sind hier in erster Linie die Verträge Deutschlands mit Italien, Belgien, dem Vereinigten Königreich, Griechenland und Spanien. Soweit beide Vertragsstaaten dem LugÜ (→ Rdnr. 41) angehören (Deutschland, Schweiz, Norwegen) beansprucht Art. 55 LugÜ in seinem Anwendungsbereich ebenfalls den **Vorrang**. Vollends funktionslos werden die genannten Abkommen, soweit für darin geregelte **Erbschaftssachen** der europäische Rechtsakt über die Anerkennung und Vollstreckung gerichtlicher Entscheidungen in Güterstands- und Erbschaftssachen in Kraft getreten ist[124]. Im **Anwendungsbereich des § 328 ZPO** können die Abkommen daher am ehesten noch von Bedeutung sein, wenn der Begriff der »Zivilsache« weiter ausgelegt wird als im EuGVO (Art. 70 Abs. 1 EuGVO) usw.[125]. Ferner können sie noch Altfälle betreffen (Art. 70 Abs. 2 EuGVO). Endlich bleiben noch diejenigen Rechtsgebiete, die vom Anwendungsgebiet der betreffenden Regelungen sonst ausgeschlossen sind (Art. 1 Abs. 2 EuGVO; 1 Abs. 2 EuGVÜ; 1 Abs. 2 LugÜ). Von größerer Bedeutung sind daher derzeit nur noch die Verträge mit **Israel** (→ *Vor-*

---

119 Abgedruckt bei *Jayme/Hausmann*[10] Nr. 150.
120 Abgedruckt bei *Jayme/Hausmann*[12] Nr. 152.
121 Die vollstreckungsrechtlichen Teile dieser Verträge finden sich bei → *Münzberg*[22] §723 Rdnr. 50ff.
122 *BGHZ* 155, 279 (281f.).
123 *BGH* NJW 1993, 2688.
124 Dazu Maßnahmenprogramm des Rates vom 15.1. 2001, ABl.EG Nr.C 12/1; *Kohler* IPRax 2002, 709, → Rdnr. 3.
125 Zum EuGVÜ *BGH* NJW 1978, 1113.

*aufl.*Rdnr. 422)[126] und **Tunesien** (→ *Voraufl.*Rdnr. 399)[127], die von den angegebenen Konkurrenzen nicht betroffen sind. Im Verhältnis zu § 328 gilt das **Günstigkeitsprinzip**[128]. Im Verhältnis zur **Schweiz** kann der bilaterale Vertrag noch Bedeutung für Status (Art. 3 des Vertrages)- und Erbschaftssachen haben, die das LuGÜ nicht erfaßt (Art. 56, 1 Abs. 2 Nr. 1 LugÜ).

43 Eine Sonderregelung über die Vollstreckbarerklärung von **Kostenentscheidungen** enthalten Art. 3f. des Rechtsverkehrsabkommens in Zivil- und Handelssachen mit der **Türkei** vom 28. 5. 1929[129].

b) DDR (ehemalige); Urteilsanerkennung

44 Aufgrund von Art. 12 EinV[130] ist das Erlöschen sämtlicher bilateraler Rechtshilfeabkommen der **ehemaligen DDR** festgestellt worden[131]. In diesen Abkommen waren häufig auch Normen über die Anerkennung und Vollstreckung enthalten. Die Abkommen sind von den Gerichten und Behörden der alten wie der neuen Bundesländer nicht mehr zu beachten. Doch können **ausländische Urteile** in den neuen Bundesländern weiterhin vollstreckt werden, sofern sie in der ehemaligen DDR bis zum 2. 10. 1990 mit der Vollstreckungsklausel versehen worden waren (ausführlich → *Münzberg*[22] Vor § 704 Rdnr. 144ff.). In umgekehrter Richtung erstrecken sich gemäß Art. 11 EinV die von der Bundesrepublik Deutschland abgeschlossenen multilateralen und bilateralen Anerkennungs- und Vollstreckungsverträge auf das Gebiet der neuen Bundesländer (Prinzip der beweglichen Vertragsgrenzen). **Entscheidungen der DDR-Gerichte** bleiben nach Art. 18 EinV wirksam und können nach den Normen des 8.Buches der ZPO vollstreckt werden. Doch bleiben Rechtskraft und Vollstreckbarkeit von vor dem 3. 10. 1990 rechtskräftig gewordenen Entscheidungen nicht uneingeschränkt bestehen. Vielmehr ist nach Art. 18 Abs. 1 S. 2 EinV eine Überprüfung der Vereinbarkeit mit **rechtsstaatlichen Grundsätzen** vorbehalten. Es muß daher im Erinnerungsverfahren des § 766 oder im Wege der Feststellungsklage vorgebracht werden können, daß die Entscheidung und ihre Vollstreckbarkeit mit rechtsstaatlichen Grundsätzen nicht übereinstimmen. Als Maßstab für einen Verstoß kann § 328 Abs. 1 Nr. 1 bis 4 herangezogen werden (→ *Münzberg*[22] Vor § 704 Rdnr. 144ff.)[132].

---

126 *BGH* NJW-RR 2005, 929 (internationale Zuständigkeit durch Gerichtsstandsvereinbarung); 2002, 1357 (Zuständigkeit kraft rügeloser Einlassung); *OLG München* FamRZ 2000, 1172 (Entscheidung durch ein in Palästina gelegenes moslemisches Gericht). – Der vollstreckungsrechtliche Teil ist kommentiert bei → *Münzberg*[22] § 723 Rdnr. 154ff.

127 Zur Anerkennung eines tunesischen Scheidungsurteils etwa *JM Baden-Württemberg* FamRZ 2001, 1015 mit Anm. *Gottwald*; der vollstreckungsrechtliche Teil ist kommentiert bei → *Münzberg*[22] § 723 Rdnr. 141ff.

128 *JM Baden-Württemberg* FamRZ 2001, 1015 (1016) (Tunesien).

129 RGBl.1930 II 6, 1931 II 539; BGBl. 1952 II 608 mit AusführungsVO vom 26.8. 1931 (RGBl.II 537); zum Verhältnis zum Haager Übereinkommen über den Zivilprozeß vom 1.3. 1954 → *Wolff* Hdb.IZVR III/2 Kap.IV Rdnr. 352f.

130 Vertrag zwischen der Bundesrepublik Deutschland und der Deutschen Demokratischen Republik über die Herstellung der Einheit Deutschlands vom 31.8. 1990, BGBl. II 1360.

131 Die betreffenden Bekanntmachungen sind (ohne Anspruch auf Vollständigkeit) im BGBl. II Fundstellennachweis B zum 31.12. 2000, S. 666ff. aufgeführt.

132 *BGH* NJW 1997, 2051 (Statusurteil: Art. 234 § 7 EGBGB); *OLG Naumburg* FamRZ 2001, 1013; *H.Roth* Änderungen und Angleichungen im Zivilverfahrens-, Insolvenz- und Gerichtsverfassungsrecht in: Jayme/Furtak (Hrsg.) Der Weg zur deutschen Rechtseinheit (1991) 175 (183f.); kritisch *Andrae* NJ 2002, 15.

3. Multilaterale Verträge

a) Haager Übereinkommen über den Zivilprozeß vom 1.3. 1954

45 Praktisch bedeutsam sind die Art. 18ff. für die Anerkennung von **Kostenentscheidungen**[133] samt dem Ausführungsgesetz vom 18.12. 1958[134] (abgedruckt und kommentiert → *Voraufl.* Rdnr. 247ff.). Nach Art. 71 Abs. 1 EuGVO bleibt das Haager Übereinkommen unberührt (Einzelheiten → Kommentierung Art. 71 EuGVO Band 10; näher → *Voraufl.* Rdnr. 265 zum EuGVÜ). Der Kostengläubiger hat nach h.L. die **Wahl**, ob er die Vollstreckbarerklärung nach den Vorschriften des Haager Übereinkommens oder nach den Normen der EuGVO betreibt. Gegenüber bilateralen Verträgen (z.B. mit der Türkei → Rdnr. 43) gilt das **Günstigkeitsprinzip**.

b) Haager Abkommen über den Zivilprozeß vom 17.7. 1905

46 Art. 18 regelt ebenfalls die Anerkennung von **Kostenentscheidungen**[135]. Das Abkommen gilt heute nur noch im Verhältnis der Bundesrepublik Deutschland zu **Island**. Im übrigen ist es durch das Haager Übereinkommen über den Zivilprozeß vom 1.3. 1954 (→ Rdnr. 45) abgelöst worden.

c) Revidierte Rheinschiffahrtsakte vom 17.10. 1868 (Mannheimer Akte)

47 **Anerkennungsregelungen** enthält Art. 40 mit § 21 des deutschen Ausführungsgesetzes vom 27.11. 1952[136]. Maßgebend ist die Fassung vom 20.11. 1963[137].

d) Übereinkommen über den internationalen Eisenbahnverkehr (COTIF)

48 Das Übereinkommen vom 9.5. 1980 ist seit 1.5. 1985 in Kraft und enthält in Art. 18 Vorschriften über die **Urteilsvollstreckung** (→ *Münzberg*[22] § 723 Rdnr. 4, 18).

e) Genfer Übereinkommen über den Beförderungsvertrag im internationalen Straßengüterverkehr (CMR)

49 Art. 31 Abs. 2 bis 4 CMR des Übereinkommens vom 19.5. 1956, das für Deutschland seit dem 5.2. 1962 in Kraft ist[138], trifft Regelungen über die **Vollstreckbarkeit**.

---

133 BGBl. 1958 II 577, in Kraft seit dem 1.1. 1960, BGBl. 1959 II 1388. – Abgedruckt bei *Jayme/Hausmann*[12] Nr. 210 mit Angabe der Vertragsstaaten in Fn. 1; *Nagel/Gottwald* IZVR[5] § 13 Rdnr. 200ff.; dazu auch *OLG Zweibrücken* OLGR 2005, 534.

134 G. vom 18.12. 1958 (BGBl. I 939); abgedruckt bei *Jayme/Hausmann*[12] Nr. 210a.

135 RGBl. 1909, 409 mit dem deutschen Ausführungsgesetz vom 5.4. 1909 (RGBl. 430); abgedruckt bei *Bülow/Böckstiegel/Geimer/Schütze* Nr. 102.

136 BGBl. I 641.

137 BGBl. 1966 II 560; Bekanntmachung der Neufassung des deutschen Wortlauts vom 11.3. 1969, BGBl. II 597; näher *Bülow/Böckstiegel/Geimer/Schütze* Nr. 793.

138 BGBl. 1961 II 1119; 1962 II 12; → *Münzberg*[22] § 723 Rdnr. 4; Abdruck bei *Jayme/Hausmann*[12] Nr. 153.

f) Internationales Übereinkommen über die zivilrechtliche Haftung von Ölverschmutzungsschäden

50 Art.X des Übereinkommens vom 25.5. 1984 (Neufassung des internationalen Übereinkommens vom 29.11. 1969) regelt die **Urteilsanerkennung** und die Vollstreckbarkeit[139].

g) Pariser Übereinkommen über die Haftung gegenüber Dritten auf dem Gebiet der Kernenergie

51 Art.13d des Übereinkommens vom 29.7. 1960[140] betrifft die Vollstreckbarkeit.

h) Haager Übereinkommen vom 2.10. 1973 über die Anerkennung und Vollstreckung von Unterhaltsentscheidungen

52 Das Übereinkommen ist am 1.4.1987 in Kraft getreten[141]. Die Art. 13 bis 21 mit dem Verfahren der Anerkennung und Vollstreckung sind kommentiert bei → *Münzberg*[22] §723 Rdnr.39ff.[142]. **Vertragsstaaten** sind neben Deutschland: Australien, Dänemark, Estland, Finnland, Frankreich, Griechenland, Italien, Litauen, Luxemburg, Niederlande, Norwegen, Polen, Portugal, Schweden, Schweiz, Slowakei, Spanien, Tschechische Republik, Türkei und das Vereinigte Königreich[143]. Für das Verhältnis zur EuGVO gilt Art.23 des Übereinkommens 1973, also das **Günstigkeitsprinzip** (Verhältnis zu Estland, Finnland, Frankreich, Griechenland, Italien, Litauen, Luxemburg, Niederlande, Polen, Portugal, Schweden, Slowakei, Spanien, Tschechische Republik, Vereinigtes Königreich). Das gleiche gilt für das EuGVÜ (im Verhältnis von Deutschland und Dänemark) und das LugÜ (im Verhältnis zu Norwegen und der Schweiz). Hier werden die Regelungen der EuGVO, des EuGVÜ und des LugÜ (sowie jetzt der EuVTO [→ Rdnr.2] mit dem Absehen von einem Exequaturverfahren [Art.5]) für den Urteilsgläubiger regelmäßig günstiger sein. Doch kann die Vollstreckbarerklärung auf beide Rechtsgrundlagen gestützt werden[144]. Im Verhältnis zum **autonomen Recht des §328 ZPO** (z.B. Verhältnis Deutschland zur Türkei) wird das Übereinkommen regelmäßig günstiger als das deutsche Recht sein. Dagegen hat die **Brüssel-IIa-VO** für die Vollstreckung von Unterhaltsentscheidungen keine Bedeutung, weil sie diese nicht betrifft[145]. Derzeit wird von der Haager Konferenz für Internationales Privatrecht ein neues unterhaltsrechtliches Übereinkommen ausgearbeitet[146].

53 Das Übereinkommen 1973 ersetzt nach seinem Art.29 im Verhältnis zwischen den Vertragsparteien das **Haager Übereinkommen vom 15.4. 1958** über die Anerkennung und Vollstreckung von Entscheidungen auf dem Gebiet der Unterhaltspflicht gegenüber Kindern[147]. Dieses Übereinkommen gilt nur noch im Verhältnis zu den Staaten, die das Haager Überein-

---

139 BGBl.1988 II 825; auch §6a Ölschadengesetz (BGBl. 2006 I 1461).

140 BGBl.1976 II 308; Neufassung BGBl.1985 II 963, abgedruckt bei *Jayme/Hausmann*[12] Nr.156.

141 BGBl.1986 II 826; abgedruckt bei *Jayme/Hausmann*[12] Nr.181 mit §§37ff. AVAG, abgedruckt bei *Jayme/Hausmann*[12] Nr.181a.

142 Ausführliche Kommentierung bei *Staudinger/Kropholler* (Neubearbeitung 2003) Anhang III zu Art.18 EGBGB Rdnr.133ff.

143 *Jayme/Hausmann*[12] Nr.181 (S.459 Fn.1).

144 *OLG Hamm* FamRZ 2004, 719; NJW-RR 2006, 293 [Altfall Polen]; zu den möglichen Konkurrenzen ausführlich *Hohloch* Grenzüberschreitende Unterhaltsvollstreckung FPR 2004, 315 (321); *Finger* FuR 2001, 97; zur intertemporalen Abgrenzung *OLG Zweibrücken* FamRZ 2005, 997 (Polen); *Looschelders/Boos* FamRZ 2006, 374 (380).

145 Abgedruckt bei *Jayme/Hausmann*[12] Nr.162.

146 *R.Wagner* FamRZ 2005, 410; auch → Rdnr.2.

147 BGBl.1961 II 1006 mit deutschem Ausführungsgesetz vom 18.7.1961, BGBl.I 1033; abgedruckt bei *Jayme/Hausmann*[12] Nr.180; Kommentierung → *Münzberg*[22] §723 Rdnr.21ff.; *Staudinger/Kropholler* (Neubearbeitung 2003) Anhang III zu Art.18 EGBGB Rdnr.31ff.

kommen vom 2.10.1973 (→ Rdnr. 52) noch nicht ratifiziert haben. Daher ist es derzeit nur im Verhältnis zu Belgien, Liechtenstein, Österreich[148], Suriname, Ungarn und den überseeischen französischen Départements und Hoheitsgebieten anzuwenden[149]. Im Verhältnis zur EuGVO gilt das **Wahlrecht** des Art. 11 Übereinkommen 1958 (im Verhältnis Deutschland, Belgien, Österreich[150], Ungarn). Auch im Verhältnis zum **autonomen Recht des §328 ZPO** (Verhältnis Deutschland und Suriname) wird das Übereinkommen wohl regelmäßig **günstiger** als das deutsche Recht sein[151].

VI. Anzuerkennende Urteile (§328 Abs. 1)

1. Begriff

a) Form und Name

54

§328 Abs. 1 verlangt das »Urteil« eines ausländischen Gerichts, das **außerhalb der Grenzen Deutschlands** erlassen wurde. Maßgebend sind die staatsrechtlichen Verhältnisse zur **Zeit des Urteilserlasses**[152]. Unerheblich ist, ob der betreffende ausländische Staat von der Bundesrepublik Deutschland völkerrechtlich anerkannt worden ist oder nicht[153], ob diplomatische Beziehungen bestehen und ob Deutschland die Tätigkeit der Gerichte des Urteilsstaates völkerrechtlich billigt. Deshalb sind auch die Urteile solcher Gerichte anerkennungsfähig, die in Gebieten tätig sind, bei denen nach deutscher völkerrechtlicher oder außenpolitischer Sicht eine andere staatliche Gewalt herrschen sollte. Eine Rolle spielt das bei Gerichten in annektierten oder in besetzten Gebieten. Ein **Urteil im technischen Sinn** ist nicht erforderlich, so daß es auf Form und Benennung der Entscheidung nicht ankommt[154]. Vielmehr genügt jede streitbeendende, in einem justizförmigen Verfahren ergangene, gerichtliche Entscheidung, die einen Rechtsstreit zwischen den Parteien aufgrund eines beiden Parteien rechtliches Gehör gewährenden, ordentlichen oder summarischen prozessualen Verfahrens in der Hauptsache (→ Rdnr. 56) **rechtskraftfähig erledigt**. Es kommt nicht darauf an, ob verhandelt wurde, ob das Urteil in der Sache zusprechenden oder abweisenden Inhalt hat, oder welche Rechtsschutzform vorliegt (Leistungs-, Feststellungs- oder Gestaltungsurteil). Doch muß die Entscheidung inhaltlich nach dem ausländischen Recht der **materiellen Rechtskraft** fähig sein. Das »Urteil« im Sinn des §328 ZPO deckt sich im wesentlichen mit dem Begriff der »Entscheidung« in Art. 32 EuGVO. Anerkennungsfähig sind damit Entscheidungen wie **Versäumnisurteile, Anerkenntnisurteile**[155], **Beschlüsse,** Mandate oder Bescheide. Hierher gehören auch Zahlungsaufforderungen nach Art des deutschen **Vollstreckungsbescheides** (§700), die durch Fristablauf die Eigenschaften eines rechtskräftigen Urteils erlangt haben, z.B. (hier nicht interessierend) die französische **injonction de payer** oder der schweizerische **provisorische Rechtsöffnungsentscheid**[156]. Ausreichend sind auch vom Rechtspfleger erlassene (§21

148 Dazu *OLG München* FamRZ 2003, 462.

149 *Jayme/Hausmann*[12] Nr. 180 (S. 456 Fn. 2).

150 Zum Verhältnis von deutsch-österreichischem Vertrag (→ Rdnr. 42), HUVÜ 1958 und (damals) EuGVÜ ausführlich *OLG München* FamRZ 2003, 462 (Günstigkeitsprinzip); zu einem Altfall auch *OLG Rostock* IPRax 2000, 214 (Verhältnis des HUVÜ 1958 zum deutsch-österreichischen Vertrag und zum [damals] LugÜ); dazu *Mankowski* IPRax 2000, 188; zu Reformbestrebungen *Looschelder/Boos* FamRZ 2006, 374.

151 *Staudinger/Kropholler* (Fn. 147) Art. 11 Rdnr. 125; *Martiny* Hdb.IZVR III/2 Kap. II Rdnr. 319.

152 *OLG Danzig* JW 1921, 541.

153 *OLG Schleswig* SchlHA 1957, 127.

154 *BGHZ* 20, 323 (329); *RGZ* 16, 427 (428); *OLG Dresden* SächsAnn 17, 158f.; *OLG Hamburg* OLGRsp 18, 392f.; *Riezler* 529; *Schack* IZVR[4] Rdnr. 810.

155 *OLG Nürnberg* FamRZ 1996, 353 (Rumänien).

156 *Markus* Lugano-Übereinkommen und SchK-Zuständigkeiten: Provisorische Rechtsöffnung, Aber-

RPflG) **Kostenfestsetzungsbeschlüsse**, wenn sie auf einer Entscheidung im Sinne des §328 Abs. 1 beruhen[157]. Ausländische **Abänderungsurteile**, die deutsche Titel abändern, sind ihrerseits anerkennungsfähig[158]. Dagegen ist das **Exequatur**, auch wenn es etwa in der Form eines Leistungsurteils (actio iudicati) ergangen ist, keine anerkennungsfähige Entscheidung, da jeder Staat selbständig bestimmt, welche ausländischen Urteile er anerkennt (»**Verbot des Doppelexequatur**«). Deshalb können Anerkennungsurteile dritter Staaten nicht binden[159]. Auf diese Weise wird auch die Beachtung des Gegenseitigkeitserfordernisses von Abs. 1 Nr. 5 gesichert. Anerkennungsfähig ist aber die im fremden Anerkennungsurteil getroffene **Kostenentscheidung**[160].

b) Endgültigkeit

55 Die Entscheidung muß endgültig sein, also einen **vorbehaltslosen Ausspruch** über die Begründetheit des Klagebegehrens enthalten. Daher sind **Vorbehaltsurteile** nicht anerkennungsfähig[161]. Ein endgültiger Ausspruch zur Hauptsache liegt dagegen vor, wenn es sich um **befristete Leistungsurteile** handelt oder wenn das Urteil zu einer Leistung verurteilt, die von einer **Gegenleistung abhängig** ist, wie z.B. vergleichbar den deutschen Fällen der §§259, 726, 756, 765, 895. Nicht anerkennungsfähig sind ausländische **Prozeßurteile**, da sie keinen endgültigen Ausspruch zur Hauptsache enthalten[162]. Weist das fremde Gericht die Klage als unzulässig ab, weil es ein deutsches Gericht für zuständig hält, so ist das deutsche Gericht in einem Zweitprozeß daran nicht gebunden. Es ist das **deutsche Verständnis** dafür entscheidend (**Qualifikation**), ob eine anerkennungsfähige Entscheidung zur Hauptsache vorliegt oder nicht (auch → Rdnr. 12, 60)[163]. Weist etwa ein ausländisches Urteil die Klage als unzulässig ab, weil die Klageforderung verjährt ist, so kann das Urteil gleichwohl anerkannt werden, weil das deutsche Recht in einer derartigen Entscheidung ein Urteil zur Hauptsache sieht. Keine Anerkennung ist möglich für »**antisuit injunctions**«, da diese ausländischen Klageverbote ebenfalls eine prozeßrechtliche Zielsetzung haben (→ Rdnr. 112)[164]. Allein das deutsche Prozeßrecht bestimmt, ob vor einem deutschen Gericht prozessiert werden kann. Nicht anerkennungsfähig sind auch **Zwischenentscheidungen** mit lediglich innerprozessualer Bedeutung wie Beweisbeschlüsse, prozeßleitende Maßnahmen, Ladungen und Vergleichbares[165]. Anderes gilt, wenn die betreffende ausländische Verfügung über die bloße Prozeßleitung hinausreicht, z.B. Institute vergleichbar der »**ordonnance de référé**« des französischen Gerichtspräsidenten nach Art. 484 n.c.p.c. oder der italienischen »**ingiunzione di pagamento**«[166].

---

kennungsklage und Zahlungsbefehl (Basel 1997)[2]; *Schack* IZVR[4] Rdnr. 810; *Stoffel* in: Festschr. für Vogel (Freiburg [Schweiz] 1991) 357 (376ff.).

157 *RG* Warn 1908, 556 Nr. 686; *OLG Danzig* JW 1934, 1916 Nr. 1; *H.Roth* ZZP 104 (1991) 449 (462)(zu §19 BRAGO); *M.J.Schmidt* Die internationale Durchsetzung von Rechtsanwaltshonoraren (1991) 88ff.; *ders.* RIW 1991, 630.

158 *Martiny* Hdb.IZVR III/1 Kap. I Rdnr. 307; *Geimer* IZVR[5] Rdnr. 74.

159 *Geimer* Gerichtsbarkeit 26 Fn. 7; *Martiny* Hdb.IZVR III/1 Kap. I Rdnr. 371; *Schack* IZVR[4] Rdnr. 812; *Kegel* in: Festschr. für Müller-Freienfels (1986) 377 (383); *Kallmann* 38; ein abweichendes Verständnis bei *Glenn* in: Aufbruch nach Europa. 75 Jahre Max-Planck-Institut für Privatrecht (2001) 705 (708).

160 *Geimer* IPRax 1990, 190 (192).

161 *Martiny* Hdb.IZVR III/1 Kap. I Rdnr. 496; *Schack* IZVR[4] Rdnr. 821; *Thomas/Putzo/Hüßtege*[27] Rdnr. 2; a.A. *Zöller/Geimer*[25] Rdnr. 67a.

162 *BGH* NJW 1985, 552 (553) mit Anm. *Henrich* IPRax 1985, 207; *Linke* IZVR[4] Rdnr. 349.

163 *Linke* IZVR[4] Rdnr. 352.

164 MünchKommZPO/*Gottwald*[2] Rdnr. 42; *Geimer* IZVR[5] Rdnr. 2792.

165 *OLG Hamm* RIW 1989, 566 mit Anm. *Bloch.*

166 *OLG Stuttgart* RIW 1997, 684f.; *Schack* IZVR[4] Rdnr. 810.

56 **Arrestbefehle** und **einstweilige Verfügungen** kommen grundsätzlich ebenfalls nicht für eine Anerkennung in Betracht[167]. Doch wird man auch Entscheidungen im summarischen Verfahren für anerkennungsfähig halten dürfen, sofern sie zu einem endgültigen Ausspruch über das geltend gemachte Begehren führen können. So liegt es etwa für Leistungsverfügungen, bei denen ein Hauptverfahren nicht mehr stattfinden kann[168], aber auch bei vorläufigen Regelungen zum Kindesunterhalt kraft **einstweiliger Anordnung**[169] oder **Befriedigungsverfügungen** mit der Funktion des §1615o BGB[170].

c) Wirksamkeit

57 Die ausländische Entscheidung muß nach dem Recht des **Urteilsstaates**[171] als bindender Richterspruch angesehen werden und wirksam sein. Damit sind **Nichturteile** ebensowenig anerkennungsfähig wie Urteile, die nach ausländischem Recht **nichtig** sind[172]. Es fehlt dann stets an einer auf das Inland erstreckbaren Urteilswirkung, selbst wenn derartige Urteile nach dortigem Recht in formelle Rechtskraft erwachsen können. Entscheidend ist, daß sie der materiellen Rechtskraft nicht fähig sind (→ Rdnr. 54). Ferner muß als ungeschriebene Anerkennungsvoraussetzung die **Gerichtsbarkeit** des ausländischen Staates über den von der Anerkennung betroffenen Streitgegenstand gegeben sein (→ Rdnr. 1, 29), da völkerrechtswidrige Entscheidungen eines anderen Staates nicht anerkannt werden dürfen[173]. So war die Anerkennung des Urteils eines griechischen Gerichts ausgeschlossen, durch das die Bundesrepublik Deutschland wegen Kriegsverbrechen der deutschen Wehrmacht in Griechenland im zweiten Weltkrieg zu Schadensersatzleistungen an verletzte griechische Staatsangehörige verurteilt wurde. Die Verurteilung widerspricht dem Grundsatz der **Staatenimmunität**[174]. Ob etwa hoheitliches Handeln eines Staates vorliegt oder nicht, bemißt sich aus deutscher Sicht (lex fori)[175]. Es ist gleichgültig, ob das gegen die Gerichtsbarkeit verstoßende ausländische Urteil nach dem ausländischen Recht nichtig ist oder nicht[176].

d) Prozeßvergleiche

58 Der vor einem ausländischen Gericht abgeschlossene **Prozeßvergleich** ist keine anerkennungsfähige Entscheidung i.S. des §328 Abs. 1, sofern sich das Gericht auf eine **rein beurkun-**

---

167 *OLG Dresden* OLGRsp 17, 347f.; *Thomas/Putzo/Hüßtege*[27] Rdnr. 2; Überblick bei *Eilers* Maßnahmen des einstweiligen Rechtsschutzes im Europäischen Zivilrechtsverkehr (1991) 223ff.; differenzierend *Schack* IZVR[4] Rdnr. 826: Anerkennung einstweiliger Maßnahmen, die im Gerichtsstand der Hauptsache ergangen sind.

168 *OLG Hamburg* OLGRsp 18, 392f.(Beschluß über Unterhaltszahlung im österreichischen Eheprozeß); weitergehend *Zöller/Geimer*[25] Rdnr. 70: ausnahmsweise Eignung nach dem Recht des Urteilsstaates, den Rechtsstreit de facto zu erledigen.

169 *OLG Hamm* FamRZ 1993, 213 (214); *OLG München* IPRax 1992, 174 (175)(Kindesunterhalt für die Dauer des Scheidungsverfahrens); ausführlicher *St.Grundmann* Anerkennung und Vollstreckung ausländischer einstweiliger Maßnahmen nach IPRG und Lugano-Übereinkommen (1996).

170 *Thomas/Putzo/Hüßtege*[27] Rdnr. 2.

171 *BGHZ* 141, 286 (294); *BayObLGZ* 1999, 211 (214).

172 *BGHZ* 118, 312 (318); *OLG Hamm* IPRax 1994, 289 mit Anm. *Schütze* 266; *Geimer* JuS 1965, 475 (477).

173 Dazu allgemein *H.Roth* Inländische Gerichtsbarkeit ZVglRWiss 90 (1991) 298 (299); *OLG Frankfurt a.M.* RIW 1980, 874 (876).

174 *BGHZ* 155, 279 (282: §328 Abs. 1 Nr. 1 analog) mit zustimmender Anm. *Geimer* LMK 2003, 215.

175 Offengelassen in *BGHZ* 155, 279 (282f.).

176 Dazu *Geimer* Prüfung (1966) 75ff.; *Beitzke* in: Festschr. für Nipperdey 1 (1965) 855 (869f.); *Mann* NJW 1961, 705 (708).

dende Tätigkeit (wie z.B. auch in §160 Abs.3 Nr.1, §162) beschränkt hat[177]. In diesem Fall ist wenigstens nach autonomem deutschen Prozeßrecht auch keine Vollstreckbarerklärung möglich, da §795 nicht auf die §§722f. verweist (→ *Münzberg*[22] §722 Rdnr.11)[178]. Im europäischen Justizraum ist mit Art.58 EuGVO eine abweichende Regelung getroffen worden (→ Kommentierung Band10). Anerkennungsfähigkeit ist aber jedenfalls gegeben, wenn der Vergleich in eine rechtskraftfähige gerichtliche Entscheidung aufgenommen wurde. Daher ist auch das US-amerikanische **class action settlement** (Rule 23 (e) F.R.C.P.) eine anerkennungsfähige Entscheidung nach §328 Abs.1 ZPO, wenn es vom Gericht genehmigt wurde. Dabei ist es gleichgültig, ob die Genehmigung als **consent decree** erteilt wurde, indem das förmliche Urteil den Vergleich inhaltlich wiedergibt, oder ob ein **approval order** ergeht, der den Vergleichstext unter Bezugnahme genehmigt[179]. Ein nicht anerkennungsfähiger Vergleich wird im Inland wie ein außergerichtlicher Vergleich behandelt (→ auch *Münzberg*[22] §794 Rdnr.27 zu abweichenden multilateralen und bilateralen Vereinbarungen). Anerkennungsfähige Vergleiche liegen wohl auch bei einer **weniger intensiven** richterlichen Überprüfung vor, wenn sie in der Funktion etwa dem §1053 Abs.1 S.2 entspricht.

e) Notarielle Urkunden

59 Ausländische notarielle Urkunden sind ebenfalls keine anerkennungsfähigen Entscheidungen im Sinne des §328 Abs.1, weil ihnen **keine Rechtskraftwirkung** zukommt[180]. Auch hier verweist §795 nicht auf die §§722f., so daß diese Urkunden auch nicht nach §722 für vollstreckbar erklärt werden können (→ *Münzberg*[22] §722 Rdnr.11). Anders liegt es wegen Art.57 EuGVO für den europäischen Rechtsraum.

2. Zivilgerichtliche Entscheidung

a) Qualifikation

60 Das Urteil muß eine **bürgerliche Rechtsstreitigkeit** im Sinne des §13 GVG betreffen. Im autonomen Anerkennungsrecht des §328 Abs.1 ist die **Qualifikation** nach dem Recht des Anerkennungsstaates (**lex fori**) entscheidend, also das deutsche Verständnis davon, was als Zivilsache anzusehen ist (auch → Rdnr.12, 55, 57 a.E.)[181]. Ist aus deutscher Sicht eine bürgerliche Rechtsstreitigkeit anzunehmen (→ Kommentierung §13 GVG Band10), so wird selbst dann anerkannt, wenn das ausländische Recht abweichend qualifiziert, z.B. eine öffentlich-rechtliche Streitigkeit zugrunde legt. Dagegen scheidet eine Anerkennung aus, wenn nach deutscher Auffassung eine Angelegenheit öffentlich-rechtlich zu qualifizieren ist, die im Ausland zivil-

---

177 MünchKommZPO/*Gottwald*[2] Rdnr.54; *Schack* IZVR[4] Rdnr.816.

178 *Schack* IZVR[4] Rdnr.816; *Martiny* Hdb.IZVR III/1 Kap.I Rdnr.543; ausführlich *Heß* JZ 2000, 373 (376); a.A. *Zöller/Geimer*[25] Rdnr.76c; *Riezler* 530; *Wieczorek/Schütze*[3] §722 Rdnr.2.

179 Ausführlich zu diesen Instituten *Hohl* Die US-Sammelklage im Wandel (2006) (im Erscheinen, zu dem den Mißbrauch von Vergleichssammelklagen bekämpfenden Class Action Fairness Act 2005); zudem *Heß* JZ 2000, 373 (376f.); für Anerkennungsfähigkeit *Spindler* 200ff.; a.A. *Greiner* 220f.

180 H.L., *Schack* IZVR[4] Rdnr.816; MünchKommZPO/*Gottwald*[2] Rdnr.54; *Geimer* DNotZ 2000, 159; a.A. *Schütze* DNotZ 1992, 66 (81).

181 So in der Sache *BGH* NJW 1977, 150; *Martiny* Hdb.IZVR III/1 Kap.I Rdnr.500; *Thomas/Putzo/Hüßtege*[27] Rdnr.4; *Musielak/Musielak*[4] Rdnr.8; MünchKommZPO/*Gottwald*[2] Rdnr.41; *Schack* IZVR[4] Rdnr.820; *Geimer* IZVR[5] Rdnr.2867; *Koch* 161 (164); für eine Doppelqualifikation *Schütze* IZVR[2] Rdnr.327; für eine alternative Qualifikation *Cramer-Frank* Auslegung und Qualifikation bilateraler Anerkennungs- und Vollstreckungsverträge mit Nicht-EG-Staaten (1987) 34ff.; offengelassen durch *BGHZ* 118, 312 (336f.).

rechtlich eingeordnet wird[182]. Bei der Verurteilung zu Strafschadensersatz (»**punitive damages**«) handelt es sich jedenfalls dann um einen zivilrechtlichen Streitgegenstand, wenn der Schadensersatz an den Geschädigten selbst zu entrichten ist und nicht der Staatskasse zugute kommt (→ Rdnr. 108)[183]. Das gleiche gilt bei Wettbewerbs- oder kartellrechtlichen Verstößen für die Verurteilung zu dreifachem Schadensersatz (»**treble damages**«) (→ Rdnr. 108)[184]. Anerkennungsfähig sind auch Urteile ausländischer Strafgerichte, die im **Adhäsionsverfahren** oder auf Nebenklage hin über zivilrechtliche Ansprüche ergehen[185]. Nicht anerkennungsfähig sind von einem Zivilgericht ausgesprochene Ordnungsstrafen wegen »**contempt of court**« im anglo-amerikanischen Zivilprozeß oder Rechtsfolgen aus einem Prozeßinstitut vergleichbar einer »**amende civile**« (art.559 n.c.p.c.) des französischen Rechts[186]. Das betreffende Urteil selbst bleibt aber anerkennungsfähig.

b) Gerichtsorganisation

61 Die Entscheidung muß von einem **staatlichen Gericht** erlassen worden sein, ohne daß den Anforderungen der Art. 92, 97 GG Genüge getan werden müßte. Es reicht aus, daß es sich um eine mit staatlicher Autorität ausgestattete Stelle handelt, die nach dem betreffenden ausländischen Recht zur Entscheidung zivilrechtlicher Streitigkeiten in einem prozeßförmigen Verfahren berufen ist[187]. Entscheidungen **privater Vereins- oder Schiedsgerichte** fallen daher nicht unter §328. Ausschlaggebend ist, daß die anzuerkennende Entscheidung nach dem maßgeblichen ausländischen Recht als **rechtsprechender Hoheitsakt** anzusehen ist[188]. Daher ist es ohne Bedeutung, ob die Gerichtsbarkeit durch den Staat selbst oder durch eine von ihm beauftragte oder anerkannte Stelle ausgeübt wird, wie z.B. durch eine **Selbstverwaltungskörperschaft** oder eine **geistliche Behörde**[189]. Anerkennungsfähig sind deshalb auch Ehescheidungen durch vom Staat anerkannte kirchliche Stellen, wobei sich das Anerkennungsverfahren im allgemeinen nach Art. 1 § 7 FamRÄndG richtet (→ Rdnr. 159). Davon zu unterscheiden sind **rechtsgeschäftliche Privatscheidungen.** Ihre Gestaltungswirkung wird nicht nach §328 ZPO anerkannt, sondern im Wege des Kollisionsrechts über die Art. 17, 14 EGBGB beurteilt, sofern die Voraussetzungen des berufenen ausländischen Rechts eingehalten sind (Einzelheiten → Rdnr. 161f.).

62 Besonderheiten des jeweiligen Gerichtsorganisationsrechts bleiben außer Betracht. So ist es unerheblich, wenn das ausländische Gericht nur mit **Laien** besetzt ist wie das französische Handelsgericht[190]. Anerkennungsfähig sind auch Entscheidungen von **Handels- und Arbeitsgerichten** sowie von **Sondergerichten**, die in staatlichem Auftrag über Zivilsachen entscheiden wie die Börsenschiedsgerichte[191]. Auch können Entscheidungen von **Verwaltungsgerich-**

---

182 Vergleichbar zur Beurteilung der Gerichtsbarkeit *BGHZ* 155, 279 (283).

183 *BGHZ* 118, 312 (337); *Schack* IZVR[4] Rdnr. 818; MünchKommZPO/*Gottwald*[2] Rdnr. 41; *Brockmeier* 75; *Stiefel/Stürner* VersR 1987, 829 (837); *Siehr* RIW 1991, 705 (708); *Bungert* ZIP 1992, 1707 (1709); a.A. *Mörsdorf-Schulte* 19ff., 300; *Schütze* in: Festschr. für Nagel (1987) 392 (397).

184 *Geimer* IZVR[5] Rdnr. 2868.

185 *LG München I* BöhmsZ 16 (1909) 252; *Schack* IZVR[4] Rdnr. 817; *Riezler* 530; *Kohlrausch* RheinZ 12 (1922/1923) 129; *Nußbaum* 430; a.A. *LG Wiesbaden* RheinZ 13 (1924) 109 (110); *Pagenstecher* RheinZ 12 (1922/1923) 139; *Baumbach/Lauterbach/Hartmann*[64] Rdnr. 9.

186 *Schack* IZVR[4] Rdnr. 817.

187 *BGHZ* 20, 323 (329); *RG* JW 1938, 468 Nr. 32.

188 *BGHZ* 20, 323 (329); *Riezler* 418; *Rosenberg/Schwab/Gottwald* ZPO[16] § 156 Rdnr. 27.

189 *Rosenberg/Schwab/Gottwald* ZPO[16] §156 Rdnr. 27; *Geimer* IZVR[5] Rdnr. 2872 (Tätigwerden im staatlichen Auftrag).

190 *OLG Saarbrücken* NJW 1988, 3100; dazu *H.Roth* IPRax 1989, 14.

191 *RG* Gruchot 39 (1905) 1153; *BayObLG* SeuffArch 46, 116; *OLG Dresden* OLGRsp 5, 209.

ten oder sogar von **Verwaltungsbehörden** dann unter §328 fallen, wenn sie streitige Zivilgerichtsbarkeit im materiellen Sinne ausüben, wie z.B. bei Unterhaltssachen in Dänemark[192].

c) Entscheidungen der Freiwilligen Gerichtsbarkeit

63 Die Anerkennung ausländischer Entscheidungen auf dem Gebiet der FGG regelt nicht §328 ZPO, sondern §16a FGG, der auf das Gegenseitigkeitserfordernis verzichtet. §328 erfaßt alle Verfahren, die nach deutschen Vorstellungen als **Zivilprozeßsachen** eingeordnet werden, auch wenn sie im Entscheidungsstaat in einem FGG-Verfahren ergangen sind[193]. Dagegen kommt §16a FGG zur Anwendung, wenn nach deutschen Vorstellungen ein Verfahren der FGG vorliegt, auch wenn der ausländische Gesetzgeber die Form des streitigen Zivilprozesses gewählt hat[194]. Entscheidend ist damit die **Qualifikation** nach der deutschen lex fori. Sondernormen, die den §16a FGG verdrängen, enthalten etwa für Entscheidungen eines EU-Staates über die **elterliche Verantwortung** Art.21, 23 Brüssel-IIa-Verordnung[195] (Grundsatz der automatischen Anerkennung).

d) Vollstreckungsakte; Sonstiges

64 Ausländische **Vollstreckungsakte** (z.B. Pfändungs- und Überweisungsbeschlüsse) unterfallen nicht dem §328, weil sie nicht wie Urteile der materiellen Rechtskraft fähig sind (zur Anerkennung ausländischer Pfändungen → *Brehm*[22] §829 Rdnr.105 mit Nachweisen). Ein ausländischer **Schiedsspruch** ist keine nach §328 anerkennungsfähige Entscheidung. Es gilt vielmehr §1061 (→ *P.Schlosser*[22] §1061 Rdnr.3, → Anhang §1061 Rdnr.72ff.). Die Anerkennung von Wirkungen ausländischer **Insolvenzen** richtet sich für den europäischen Rechtsraum nach Art.16ff. EuInsVO (Eröffnungsentscheidung), Art.25f. EuInsVO (Sonstige Entscheidungen)[196], und für sonstige Fälle nach dem autonomen deutschen Recht der §§343ff. InsO.

3. Formelle Rechtskraft

65 Nach der zutreffenden h.L.[197] ist Voraussetzung für die **Anerkennung** nach §328 ebenso wie für die Vollstreckbarerklärung (§723 Abs.2 S.1) die formelle Rechtskraft (→ Rdnr.13) der anzuerkennenden Entscheidung im Sinne der Unanfechtbarkeit mit ordentlichen Rechtsmitteln. Obwohl §328 dazu anders als §723 Abs.2 S.1 keine Regelung enthält, gilt dieses Er-

---

192 *OLG Schleswig* DAVorm 1978, 687 (690f.); *Schack* IZVR[4] Rdnr.813.

193 *KG* FamRZ 2004, 275 (276) (österreichischer Scheidungsbeschluß); *Staudinger/Spellenberg* (2005) §328 ZPO Rdnr.178; *Kropholler* IPR[5] §60 II 1; *Bassenge* in: *Bassenge/Herbst/Roth* FGG/RPflG[10] (2004) §16a FGG Rdnr.3; *Keidel/Zimmermann* FGG[15] (2003) §16a Rdnr.2a; *Geimer* Internationale Freiwillige Gerichtsbarkeit in: Festschr. für Jayme (2004) 241 (252); *H.Roth* Zwangsvollstreckung aus ausländischen Entscheidungen der Freiwilligen Gerichtsbarkeit IPRax 1988, 75 (78)(zur möglichen Sonderrolle von echten Streitsachen der FGG bei der Vollstreckung). – Einzelheiten bei *Krefft* Vollstreckung und Abänderung ausländischer Entscheidungen der freiwilligen Gerichtsbarkeit (1993) 15f.; *J.Richardi* Die Anerkennung und Vollstreckung ausländischer Akte der freiwilligen Gerichtsbarkeit unter besonderer Berücksichtigung des autonomen Rechts (1991)(dazu *H.Roth* RabelsZ 58 [1994] 123). Dagegen will *Schack* IZVR[4] Rdnr.811 *echte Streitsachen* der FGG dem §328 ZPO unterstellen, ebenso → *Voraufl.*Rdnr.71.

194 *OLG Karlsruhe* NJW 2004, 516 (ukrainische Adoptionsentscheidung); *R. Wagner* FamRZ 2006, 744 (748).

195 Abgedruckt bei *Jayme/Hausmann*[12] Nr.162.

196 Abgedruckt bei *Jayme/Hausmann*[12] Nr.260.

197 *BayObLG* NJW-RR 1990, 842 (843); MünchKommZPO/*Gottwald*[2] Rdnr.49; *Martiny* Hdb.IZVR III/1 Kap.I Rdnr.487; *Linke* IZVR[4] Rdnr.379; *Schack* IZVR[4] Rdnr.821; *Riezler* 531; *Musielak/Musielak*[4] Rdnr.5; *W.Gerhardt* ZZP 114 (2001) 249; a.A. HK-ZPO/*Dörner* (2006) Rdnr.18; → *Voraufl.*Rdnr.73f.

fordernis über die Vollstreckungswirkung hinaus wegen der systematischen Stellung des §328 innerhalb der Regelung der Rechtskraft auch für die übrigen Urteilswirkungen. Nach der Gegenauffassung setzt §328 keine formelle Rechtskraft voraus. Vielmehr reiche es aus, daß nach dem Recht des Urteilsstaates die betreffenden **Urteilswirkungen** eintreten[198]. Abgesehen von der Vollstreckungswirkung könnten daher in Deutschland auch diejenigen Wirkungen anerkannt werden, die der Urteilsstaat nach seinem Recht der Entscheidung schon vor dem Eintritt der formellen Rechtskraft zumißt. So beginnt in manchen von der französischen Zivilprozeßordnung beeinflußten Rechtsordnungen die Rechtskraftwirkung bereits mit Erlaß des Urteils (»autorité de la chose jugée«)[199]. Auch im anglo-amerikanischen Rechtskreis entfaltet ein Urteil bereits mit Erlaß Rechtskraftwirkungen[200]. Nach der hier vertretenen »**Kumulationstheorie**« wird dagegen die überschießende Wirkung eines ausländischen Urteils auf die möglichen Wirkungen eines deutschen Urteils beschränkt (→ Rdnr. 8ff.). Daher kann das Recht des Urteilsstaates nicht entscheidend sein.

66 Folgt man der **h.L.**, so kommt eine Anerkennung nach §328 nur in Betracht, wenn das Urteil nach dem maßgebenden ausländischen Recht diejenigen Eigenschaften aufweist, die das deutsche Recht mit den Rechtsfolgen der **formellen Rechtskraft** verbindet (→ *Leipold*[21] §322 Rdnr. 3ff., 9). Danach werden im ausländischen Instanzenzug **noch anfechtbare Entscheidungen** nicht anerkannt, auch wenn sie vorläufig vollstreckbar sind. Außer Betracht bleiben aber die Anfechtungsmöglichkeiten in einem neuen oder anderen Verfahren, z.B. durch Wiederaufnahme, Verfassungsbeschwerde oder Menschenrechtsbeschwerde u.a.

4. Urteile internationaler Gerichte

67 §328 spricht von der Anerkennung des Urteils eines »ausländischen« Gerichts. Ob darunter auch »internationale« (überstaatliche) Gerichte fallen, richtet sich nach den bestehenden Staatsverträgen. Für die Rechtsfolgen ist zu unterscheiden, ob **Deutschland Vertragsstaat** des betreffenden völkerrechtlichen Abkommens ist, das zur Errichtung des jeweiligen Gerichts führte (sogleich unten → Rdnr. 68ff.) oder nicht (→ Rdnr. 70).

a) Deutschland als Vertragsstaat

68 Die in diesen Abkommen und Ausführungsgesetzen regelmäßig enthaltenen Vorschriften über die Anerkennung und Vollstreckung der Entscheidungen des betreffenden internationalen Gerichts **verdrängen den §328**. Zu nennen sind vor allem Entscheidungen des **EuGH (Gerichtshof)** und des **Gerichts erster Instanz** (Art. 225 EGV)(Art. 244, 256 EGV[201]) mit vergleichbaren Regelungen in den Art. 159, 164 EAG-Vertrag[202], Entscheidungen des **EFTA-Gerichtshofes** sowie des EuGH und des Gerichts erster Instanz (Art. 110 Abs. 1 S. 2 des Abkommens über den Europäischen Wirtschaftsraum [EWR-Abkommen])[203], Entscheidungen der **Kammer für Meeresbodenstreitigkeiten** nach dem Seerechtsübereinkommen der Vereinten

---

198 *Kropholler* IPR[5] §60 III 3a; *Thomas/Putzo/Hüßtege*[27] Rdnr. 1; *Zöller/Geimer*[25] Rdnr. 69; HK-ZPO/*Dörner* (2006) Rdnr. 18; *P. Schlosser* RIW 1983, 473 (480).

199 *Geimer* RIW 1976, 142; *ders.* IZVR[5] Rdnr. 2804, 2856.

200 *Schack* Einführung in das US-amerikanische Zivilprozessrecht[3] 73.

201 Abgedruckt im *Sartorius* II Nr. 150. – Dazu *Basse* Das Verhältnis zwischen der Gerichtsbarkeit des Gerichtshofes der Europäischen Gemeinschaften und der deutschen Zivilgerichtsbarkeit (1967) 310ff. mit Nachweisen auch über die Rechtslage bei anderen internationalen Gerichten; *Zuleeg* Das Recht der europäischen Gemeinschaften im innerstaatlichen Bereich (1969) 347f.

202 Abgedruckt im *Sartorius* II Nr. 200.

203 Abgedruckt im *Sartorius* II Nr. 310.

Nationen (Art. 39 Anlage VI zum Seerechtsübereinkommen[204] i.V. mit dem Seegerichtsvollstreckungsgesetz vom 6.6. 1995, BGBl. I 786).

69 Eine **Anerkennung** der Entscheidungen der in → Rdnr. 68 genannten und vergleichbarer Gerichte nach §328 ist ausgeschlossen. Unzulässig ist aber auch die **Verweigerung** der Anerkennung aus den in §328 aufgeführten Gründen, selbst wenn diese Gründe bei dem internationalen Urteil durchgreifen würden. Vielmehr stehen diese Urteile den Entscheidungen deutscher Gerichte aufgrund der jeweiligen Verträge gleich. Enthält das betreffende Abkommen ausnahmsweise keine Normen über die Wirkungen der internationalen Entscheidung im Inland, so ist der Rückgriff auf §328 im Regelfall gleichwohl ausgeschlossen: Vorrangig ist stets zu prüfen, ob das betreffende Abkommen eine **planwidrige Regelungslücke** aufweist, die entsprechend den vorhandenen völkerrechtlichen Regelungen dadurch geschlossen werden könnte, daß man das internationale Urteil einem deutschen Urteil gleichstellt. Das wird regelmäßig der Fall sein, so daß sich die Frage nach der Anwendbarkeit des §328 nicht mehr stellt.

b) Deutschland als Nichtvertragsstaat

70 Ist Deutschland nicht Vertragsstaat des betreffenden Abkommens, das zur Errichtung des jeweiligen internationalen Gerichts führte, so besteht gegenüber §328 keine spezielle Regelung des Völkerrechts. Der enge Wortlaut des §328 hindert für sich genommen eine Anerkennungsmöglichkeit nicht, weil sich erst nach der Schaffung dieser Bestimmung eine weitverzweigte internationale Gerichtsbarkeit in Zivilsachen gebildet hat. Für die Anwendung des §328 kommt es auch nicht darauf an, mit welchen gerichtsorganisatorischen Mitteln andere Staaten zivilgerichtliche Instanzen schaffen. Entscheidend ist, ob in der Sache **Zivilrechtsprechung** ausgeübt wird (→ Rdnr. 60). Deshalb können grundsätzlich auch Entscheidungen internationaler Gerichte nach §328 anerkannt werden, ohne daß wegen der darin aufgeführten **Versagungsgründe** Besonderheiten bestünden.

71 Fraglich ist aber, ob die geforderte **Gegenseitigkeit** gegenüber sämtlichen Vertragsstaaten desjenigen Abkommens bestehen muß, auf dessen Grundlage das internationale Gericht tätig wurde, oder ob sie lediglich mit denjenigen Staaten bestehen muß, deren Staatsangehörigkeit die Parteien besitzen. Vergleichbar zweifelhaft ist, ob es lediglich auf die Gegenseitigkeit gegenüber demjenigen Staat ankommt, dem die Partei angehört, die im Inland Rechte aus dem internationalen Urteil herleitet, oder auf eine Prüfung der Gegenseitigkeit überhaupt verzichtet werden sollte. Nach vorzugswürdiger Auffassung muß wohl unterschieden werden: Bei **bilateralen Abkommen** läßt sich auf die Voraussetzung der Gegenseitigkeit gegenüber beiden Vertragsstaaten nicht verzichten, damit nicht internationale Gerichte errichtet werden, um der Gegenseitigkeit zu entgehen. Diese Gefahr besteht bei **multilateralen Verträgen** mit zahlreichen Vertragsstaaten nicht, so daß hier vom Erfordernis der Gegenseitigkeit im Parteiinteresse abgesehen werden kann. Ein Abstellen auf die ausnahmslose Gegenseitigkeit würde sie unter Umständen nur deshalb zerstören, weil ein einzelner Vertragsstaat die Gegenseitigkeit nicht wahrt.

72 In jedem Fall müssen freilich die betreffenden internationalen Urteile nach dem Recht der einzelnen Drittstaaten deren nationalen Entscheidungen **gleichgestellt** werden. Über die Anwendung des §328 kann fremden Urteilen keine weitere Wirkung beigelegt werden, als ihnen nach der eigenen Rechtsordnung zukommt (→ Rdnr. 7). Entscheidungen internationaler Gerichte, die nach dem Recht der einzelnen Vertragsstaaten keine nationale Rechtskraftwirkung besitzen, können deshalb nicht nach §328 anerkannt werden.

---

[204] Abgedruckt im *Sartorius* II Nr. 350.

VII. Anerkennungszuständigkeit (Abs. 1 Nr. 1)

1. Normzweck

a) Spiegelbildprinzip

73 Nr. 1 verwirklicht das **Spiegelbildprinzip**, wonach das Urteil des ausländischen Gerichts anerkannt wird, wenn dieses Gericht unter der hypothetischen Geltung deutschen Zuständigkeitsrechts für die Entscheidung zuständig gewesen wäre. Danach reicht der Umfang der **Anerkennungszuständigkeit** (indirekte internationale Zuständigkeit, Beurteilungsregeln) genauso weit wie die Entscheidungszuständigkeit (direkte internationale Zuständigkeit, Befolgungsregeln), die Deutschland für sich selbst in Anspruch nimmt[205]. Überprüft wird über die Nr. 1 die **internationale Zuständigkeit** der Gerichte des ausländischen Staates, nicht jedoch deren örtliche, sachliche, funktionelle Zuständigkeit[206] oder die Einhaltung des Rechtswegs[207]. Nicht nachgeprüft wird, ob das ausländische Gericht **nach seinem eigenen Recht** international zuständig war (→ Rdnr. 76). Das dortige Zuständigkeitsrecht spielt für die Prüfung nach Nr. 1 keine Rolle[208]. Nach dem **Normzweck** des §328 soll zum einen sichergestellt werden, daß das Prozeßrecht des Urteilsstaates auf international akzeptierte Grundsätze Rücksicht nimmt[209]. Zum anderen soll sich der Beklagte nicht vor ausländischen Gerichten verteidigen müssen, die nach deutschen Vorstellungen keine ausreichende Nähe zum Streitgegenstand haben. Die Norm dient damit (auch und vor allem) dem **Beklagtenschutz**[210]. Das Spiegelbildprinzip hat sich in der Praxis bewährt und ist auch **rechtspolitisch** beifallswert, weil es die Zuständigkeitsgleichheit zwischen den Staaten und damit deren internationale Gleichberechtigung verwirklicht[211]. Die internationale Zuständigkeit setzt nach den allgemeinen Regeln die **Gerichtsbarkeit** des Urteilsstaates voraus (→ Rdnr. 57). Ist die internationale Zuständigkeit nach Nr. 1 zu bejahen, so darf das Ergebnis in Ansehung der Zuständigkeit nicht durch den Rückgriff auf den **ordre public** (Nr. 4) relativiert oder gar obsolet gemacht werden (aber → Rdnr. 121)[212]. Eine andere Konzeption als §328 Abs. 1 Nr. 1 ZPO verfolgen **Art. 35 Abs. 3 EuGVO**, 28 Abs. 3 EuGVÜ, 28 Abs. 4 LugÜ, wonach der Beklagte die internationale Unzuständigkeit des Urteilsstaates nicht einwenden kann (→ Kommentierung Band 10).

b) Einschränkungen und Erweiterungen

74 Nr. 1 nimmt für die Zuständigkeitsprüfung Bezug auf die »**deutschen Gesetze**«, also vor allem auf die §§12ff. ZPO (analog), soweit sie für die Begründung der internationalen Zuständigkeit nach dem Grundsatz der Doppelfunktionalität herangezogen werden (→ *H. Roth*[22] Vor §12 Rdnr. 32). Daneben kann sich die ausländische Zuständigkeit auch aus den vereinzelten

---

205 Etwa *BGHZ* 141, 286 (290); RIW 1996, 966; *BayObLG* StAZ 2001, 174; NJW-RR 1992, 514; näher *Fricke* Anerkennungszuständigkeit (1990) 87ff.; 104ff.; ausführlich *Schärtl* 9 ff.; kritisch *Gottwald* ZZP 103 (1990) 257 (273); *Basedow* IPRax 1994, 183f. (186).

206 *BGHZ* 141, 286 (289); HK-ZPO/*Dörner* (2006) Rdnr. 21; *von Hoffmann/Hau* RIW 1998, 344 (346).

207 Allgemeine Meinung, etwa *Zöller/Geimer*[25] Rdnr. 97; a.A. *Hellwig* Lb. 1, 132.

208 *Wazlawik* RIW 2002, 691 (695); *H. Roth* ZZP 112 (1999) 486; *Musielak/Musielak*[4] Rdnr. 9.

209 Insoweit kritisch *Geimer* in: Festschr. für Nakamura (1996) 169; *ders.* LM §328 ZPO Nr. 48–52 (»Internationalpädagogik«).

210 *BGHZ* 141, 286 (292f.); 120, 334 (340f.); MünchKommZPO/*Gottwald*[2] Rdnr. 55, 58; *Haas/Stangl* IPRax 1998, 452 (454); *Geimer* LM §328 ZPO Nrn. 48–52.

211 Rechtspolitische Kritik etwa bei *Martiny* Hdb.IZVR III/1 Kap. I Rdnr. 801ff.; 642ff.; *Kropholler* IPR[5] §60 IV 5c; *Schreiner* 75ff. (»additive Generalklausel«); für die Beibehaltung de lege ferenda *Schindler* 347ff. (Zusammenfassung).

212 *Zöller/Geimer*[25] Rdnr. 96; *Wazlawik* RIW 2002, 691 (695); nicht überzeugend *Herrmann* 143.

deutschen Vorschriften über die internationale Zuständigkeit wie den §§606a (→ Rdnr. 171), 640a Abs. 2 ergeben. Die Anerkennungszuständigkeit kann daher auf jede internationale Entscheidungszuständigkeit des autonomen deutschen Rechts einschließlich der Verbundzuständigkeit gestützt werden (»**Kongruenzregel**«). Dagegen eignen sich etwa die ebenfalls die direkte internationale Zuständigkeit betreffenden Normen der **Art. 2ff. EuGVO** nicht für die Annahme oder Verneinung der Anerkennungszuständigkeit nach §328 Abs. 1 Nr. 1 ZPO[213]. Diese Normen beruhen nicht auf der Wertentscheidung des deutschen Gesetzgebers, auf die Nr. 1 nach Wortlaut und Sinn abstellt. Der Anwendungsvorrang des Art. 23 GG läßt die nationalen Wertentscheidungen außerhalb der von der EuGVO geregelten Bereiche unberührt. Diese Haltung entspricht zudem der hier vertretenen Auffassung, wonach die Anwendung der EuGVO voraussetzt, daß Berührungspunkte zu wenigstens zwei Mitgliedstaaten bestehen (→ *H.Roth*[22] vor §12 Rdnr. 32). Die Anerkennungszuständigkeit kann auch über **exorbitante Gerichtsstände** wie z.B. den Gerichtsstand des Vermögens (§23) begründet werden[214]. Deshalb wird hier von manchen Autoren eine **Einschränkung** des Spiegelbildprinzips im Wege einer Einschränkung des Anwendungsbereiches des §23 durch Annahme eines hinreichenden Inlandsbezuges vertreten, was dann direkt auf die Anerkennungszuständigkeit durchschlägt[215]. Die Anerkennungszuständigkeit des ausländischen Gerichts ist dann nur gegeben, wenn ein hinreichender Inlandsbezug zum Urteilsstaat vorliegt[216]. Nach der in diesem Kommentar dargestellten Auffassung besteht für eine Einschränkung des §23 weder für die direkte Zuständigkeit (→ *H.Roth*[22] §23 Rdnr. 10) noch auch für die Anerkennungszuständigkeit Anlaß. Eine **Erweiterung** des Spiegelbildprinzips wird vertreten, wenn das ausländische Urteil deshalb nicht anerkennungsfähig wäre, weil das deutsche autonome Verfahrensrecht eine betreffende (als vernünftig beurteilte) Zuständigkeit nicht kennt, wie etwa den Gerichtsstand der **Streitgenossenschaft**. Eine Anwendung des Art. 6 Nr. 1 EuGVO im Rahmen der Anerkennungszuständigkeit scheidet aus. Entscheidend ist nach dem Gesagten, ob das deutsche Prozeßrecht diesen Gerichtsstand kennt. Methodisch sachgerecht wäre es allein, für die Beurteilung der deutschen direkten internationalen Zuständigkeit diesen Gerichtsstand als Ausdruck eines Rechtsprinzips zu billigen und ihn dann auf diesem Wege auf die Beurteilung der Anerkennungszuständigkeit durchschlagen zu lassen[217].

c) Ausschließliche Entscheidungszuständigkeit

75 In Anwendung des Spiegelbildprinzips können ausländische Entscheidungen nach §328 Abs. 1 Nr. 1 nicht anerkannt werden, für deren Streitgegenstand Deutschland die international ausschließliche Entscheidungszuständigkeit beansprucht. Ein ausschließlicher deutscher Gerichtsstand, wie z.B. §24 für **dingliche Rechte** an deutschen Grundstücken, verneint die fremde internationale Anerkennungszuständigkeit (→ *H.Roth*[22] §24 Rdnr. 3, 4)[218]. So wird wohl auch §32b ZPO n.F.[219] die Anerkennung US-amerikanischer Urteile gegen einen **deutschen Emit-**

---

213 Eingehend *Schärtl* IPRax 2006 (im Erscheinen); *von Hein* RIW 2004, 602 (605).

214 *Schindler* 283; a.A. *Schröder* IPRax 1988, 144 (146).

215 *Kropholler* IPR[5] §60 IV 5c; offengelassen durch *BGHZ* 141, 286 (290).

216 So vor allem *Mansel* in: Festschr. für Jayme (2004) 561 (571); ablehnend *Basedow* IPRax 1994, 183 (186); *Haas* IPRax 2001, 195 (197); *Zöller/Geimer*[25] Rdnr. 96b.

217 *Kropholler* IPR[5] §60 IV 5 c (S. 655 Fn. 47) wendet dagegen Art. 6 Nr. 1 EuGVO ohne diese Betrachtung im Rahmen der Beurteilung der Anerkennungszuständigkeit an.

218 Z.B. *BGH* ZEV 1995, 298 mit Aufsatz *Bürck* ZEV 1995, 283 (284) (Grundbuchberichtigung: §24); *RG* JW 1906, 167 (168); LZ 1914, 774 (vereinbarter ausschließlicher Gerichtsstand); SeuffArch 76, 169; *BayObLG* JW 1925, 63; anders *Zöller/Geimer*[25] Rdnr. 119c.

219 Eingefügt durch das Kapitalanlegermusterverfahrensgesetz v. 16.8. 2005, BGBl. I 2437.

tenten ausschließen[220]. Die Anerkennungszuständigkeit der Nr. 1 fehlte auch dann, wenn zwar keine deutsche ausschließliche Entscheidungszuständigkeit gegeben ist, aber nach deutschem Recht ein **Drittstaat** ausschließlich zuständig wäre. Das Gesagte gilt selbst dann, wenn der Drittstaat keine ausschließliche Zuständigkeit für sich in Anspruch nimmt und die Zuständigkeit des Urteilsstaates nicht beanstandet[221]. Außerhalb einer ausschließlichen Zuständigkeit schadet es nicht, wenn auch deutsche oder Gerichte eines anderen Staates zuständig sind.

d) Abstrakte Zuständigkeitskontrolle

76 Für § 328 ist nur von Belang, ob »die« Gerichte des ausländischen Staates, d.h. **irgendeines** von ihnen, zuständig sind[222]. Gleichgültig ist, ob im konkreten Fall die **fremde Zuständigkeitsordnung** des Urteilsstaates eingehalten wurde. Die abstrakte Zuständigkeitsprüfung bedeutet, daß die Anerkennung nach § 328 Abs. 1 Nr. 1 nicht versagt wird, wenn das ausländische Gericht seine Kompetenz aus einem Grund ableitet, der nach deutscher Auffassung keine internationale Zuständigkeit begründet. Es reicht vielmehr aus, wenn die Gerichte des ausländischen Staates für den Streitfall aufgrund eines **anderen Grundes** (aus deutscher Sicht) international berufen sind. Der **konkrete** zugrunde gelegte Zuständigkeitsgrund braucht mit dem deutschen nicht übereinzustimmen[223]. Das fremde Urteil ist selbst dann anzuerkennen, wenn dem ausländischen Staat dieser andere Zuständigkeitsgrund unbekannt ist und das Urteilsgericht das anzuerkennende Urteil aufgrund *dieses* Grundes nicht hätte erlassen dürfen[224]. Das Gesagte ergibt sich ohne weiteres aus dem Grundsatz, daß das deutsche Gericht nicht nachprüft, ob das ausländische Gericht nach seinem eigenen Zuständigkeitsrecht international zuständig war (→ Rdnr. 73).

e) Mehrrechtsstaaten

77 Bei **Mehrrechtsstaaten** mit eigenständigen Teilrechtsordnungen und jeweils eigenem Gerichtsaufbau wie vor allem den **USA** reicht der Zuständigkeitsbezug zum gesamten Hoheitsgebiet des Urteilsstaates nicht aus. Das gilt nicht nur für die US-amerikanischen **einzelstaatlichen Gerichte**[225], sondern auch und in erster Linie für die Anerkennung der internationalen Zuständigkeit US-amerikanischer **Bundesgerichte**. Es ist daher nicht ausreichend, ob irgendein Gericht innerhalb der gesamten USA zuständig ist. Vielmehr ist erforderlich, ob das Gericht des **konkreten** US-Bundesstaates zuständig ist, zu ihm also der erforderliche Zuständigkeitsbezug bestand[226]. In den diversity-Fällen repräsentiert das Bundesgericht das Staatenge-

---

[220] *Heß* WM 2004, 2329 (2332); *von Hein* RIW 2004, 602 (604); *Reuschle* WM 2004, 2334 (2343).

[221] *Riezler* 533; MünchKommZPO/*Gottwald*[2] Rdnr. 65; a.A. *Zöller/Geimer*[25] Rdnr. 129a.

[222] So dem Grundsatz nach zutreffend *BGHZ* 141, 286 (289); *RGZ* 75, 147f.; 107, 308f.; auch *BGHZ* 34, 134 (138); *OLG Frankfurt a.M.* NJW 1979, 1787; *Fricke* VersR 1997, 399 (408).

[223] Grundlegend *RGZ* 51, 135 (139) unter Aufgabe der früher geübten konkreten Kompetenzkontrolle (z.B. *RGZ* 27, 409); zustimmend *Pagenstecher* RabelsZ 11 (1937) 337ff.; auch *RGZ* 65, 329 (330ff.) (statt des vom österreichischen Gericht angewandten Fakturengerichtsstandes [Art. 2 Nr. 5 deutsch-österreichischer Vertrag, → Rdnr. 42] wurde die Zuständigkeit unter dem Gesichtspunkt des Gerichtsstandes des Erfüllungsortes geprüft).

[224] *Zöller/Geimer*[25] Rdnr. 97.

[225] Mit Recht *Schack* IZVR[4] Rdnr. 906; *Haas/Stangl* IPRax 1998, 452 (454f.); *Jayme* IPRax 1991, 262 (Puerto Rico); a.A. MünchKommZPO/*Gottwald*[2] Rdnr. 64; *von Hoffmann/Hau* RIW 1998, 349 (352); *Haas* IPRax 2001, 198.

[226] A.A. *BGHZ* 141, 286 (292f.); MünchKommZPO/*Gottwald*[2] Rdnr. 64; HK-ZPO/*Dörner* (2006) Rdnr. 25; *Musielak/Musielak*[4] Rdnr. 9; *Zöller/Geimer*[25] Rdnr. 97a; *Schärtl* 115ff., 270ff. (mit verfassungsrechtlicher Herleitung); *Geimer* LM § 328 ZPO Nr. 48–52; *gegen* diese Entscheidung *Thomas/Putzo/Hüßtege*[27] Rdnr. 8a; *H.Roth* ZZP 112 (1999) 484; *Stürner/Bormann* JZ 2000, 81 (85); *Coester-Waltjen*

richt der Funktion nach[227]. Maßgebend ist nicht die organisationsrechtliche oder verfassungsrechtliche, sondern die **funktionale Betrachtungsweise**[228].

f) Maßgebender Zeitpunkt

78 Für das Vorliegen der **Zuständigkeitstatsachen** kommt es auf den Schluß der ausländischen mündlichen Verhandlung nach deutschem Verständnis an (→ Rdnr. 33). Entscheidend ist, ob das ausländische Gericht bei seiner Entscheidung seine internationale Zuständigkeit aus deutscher Sicht mit Recht annehmen konnte[229]. Unerheblich ist daher, ob der Beklagte nach Urteilserlaß seinen **Wohnsitz verlegt** oder sein **Vermögen veräußert** hat. Umgekehrt kann die Zuständigkeit des ausländischen Gerichts nicht mehr begründet werden, wenn der Beklagte nach Urteilserlaß wieder seinen Wohnsitz im Gerichtsstaat begründet[230]. Es genügt auch, wenn das fremde Gericht im Laufe des Rechtsstreits zuständig geworden ist, weil etwa der Beklagte jetzt dort seinen Wohnsitz hatte, auch wenn die Zuständigkeit bei Prozeßbeginn fehlte. In **spiegelbildlicher Anwendung des §261 Abs. 3 Nr. 2** reicht es für die internationale Zuständigkeit auch aus, wenn das zu Prozeßbeginn zuständige ausländische Gericht im Laufe des Verfahrens unzuständig geworden ist, etwa weil der Beklagte weggezogen ist oder sein Vermögen veräußert hat[231]. Insoweit gilt auch für die internationale Zuständigkeit der Grundsatz der **perpetuatio fori** (zur Diskussion möglicher Ausnahmen → *H.Roth*[22] §261 Rdnr. 53).

79 Von einer Änderung der zuständigkeitsbegründenden Tatsachen (→ Rdnr. 78) zu unterscheiden ist die Frage einer **Verschärfung oder Lockerung der Gesetzeslage** (→ Rdnr. 32ff.). Ausreichend ist es, wenn erst nach dem Ende des ausländischen Prozesses die damals fehlende Anerkennungszuständigkeit durch eine Lockerung der deutschen Gesetzgebung bejaht werden kann (→ Rdnr. 35). Sind die Anerkennungsvoraussetzungen zwischen Urteilserlaß und Anerkennung infolge einer zwischenzeitlichen Verschärfung der deutschen Zuständigkeitsregeln nachträglich weggefallen, so ändert sich an der Anerkennungsfähigkeit nichts (→ Rdnr. 33). So liegt es etwa, wenn Deutschland jetzt (oder schon im Verlauf des ausländischen Verfahrens) die ausschließliche Zuständigkeit beansprucht (→ Rdnr. 75; a.A. → *Voraufl.* Rdnr. 90).

2. Tatsächliche Grundlagen der Zuständigkeit

a) Keine Bindung an Feststellungen des Ersturteils

80 Die tatsächlichen Grundlagen der in §328 niedergelegten Versagungsgründe werden grundsätzlich **von Amts wegen** geprüft (→ Rdnr. 31)[232]. Nr. 1 setzt wegen des Beklagtenschutzes und des deutschen Interesses an einer ausgewogenen internationalen Zuständigkeitsordnung eine selbständige Prüfung durch die deutschen Gerichte in rechtlicher wie in tatsächlicher Hinsicht

---

in: Festschr. für Buxbaum (2000) 101 (112); auch *OLG Hamm* IPRax 1998, 474 mit zustimmender Anm. *Schütze* RIW 1997, 1039 (Vorinstanz zu *BGHZ* 141, 286) und mit ablehnender Anm. *Haas/Stangl* 452 (454f.); *Sieg* IPRax 1996, 77 (79).

[227] Näher *H.Roth* ZZP 112 (1999) 485.

[228] *H.Roth* ZZP 112 (1999) 484; *Stürner/Bormann* JZ 2000, 81 (87).

[229] *BGHZ* 141, 286 (290f.); *Thomas/Putzo/Hüßtege*[27] Rdnr. 8b.

[230] *Martiny* Hdb.IZVR III/1 Kap. I Rdnr. 779.

[231] *BGHZ* 141, 286 (291); *Geimer* LM §328 ZPO Nr. 48–52; MünchKommZPO/*Gottwald*[2] Rdnr. 71; *Zöller/Geimer*[25] Rdnr. 124.

[232] *BGHZ* 124, 237 (245) mit zustimmender Anm. *Gottwald* IPRax 1995, 75 (76); *Schack* IZVR[4] Rdnr. 839; *Pagenstecher* RabelsZ 11 (1937) 337 (361, 428ff.); a.A. *Geimer* in: Festschr. für Nakamura (1996) 180f.; *ders.* IPRax 1997, 137 (139).

voraus. Einer Rüge des Beklagten bedarf es nicht. Gericht und Parteien sind deshalb nicht an die **tatsächlichen Feststellungen** gebunden, die das Gericht des Urteilsstaates der Annahme seiner internationalen Zuständigkeit zugrunde gelegt hat. Grundsätzlich können beide Parteien auch **neue Tatsachen und Beweismittel** vorbringen oder neue tatsächliche Behauptungen aufstellen, um die Zuständigkeit des ausländischen Gerichts aus einem anderen Gesichtspunkt herzuleiten, als ihn der dortige Richter annahm (→ Rdnr. 76)[233]. Diese Möglichkeit besteht selbst dann, wenn insoweit vor dem ausländischen Gericht eine **Beweisaufnahme** durchgeführt wurde[234]. Wenn die Anerkennungszuständigkeit **nicht nachgewiesen** werden kann, wird die ausländische Entscheidung nicht anerkannt[235]. Es müssen alle Tatsachen bewiesen sein, die eine Zuständigkeit des Urteilsstaates nach den deutschen Normen (§§ 12ff. analog) begründen (→ auch Rdnr. 31). Die **Beweislast** trägt daher der die Anerkennung betreibende Kläger[236]. Eine gegenüber § 328 Abs. 1 Nr. 1 ZPO abweichende Konzeption verfolgt vor allem **Art. 35 Abs. 2 EuGVO** für die in Abs. 1 der Norm aufgeführten Fälle (→ Kommentierung Band 10).

b) Anerkennung von Versäumnisurteilen

81 Hat der Beklagte im Ausland gegen sich ein Versäumnisurteil ergehen lassen, so fußt die fremde Entscheidung auf einer **unterstellten Zuständigkeit**, wenn sie auf der Behauptung des Klägers beruht, die tatsächlichen Voraussetzungen für einen Gerichtsstand lägen vor. So kann der Kläger etwa vorgetragen haben, der Beklagte habe im Gerichtsstand seinen Wohnsitz oder Vermögen, das Gericht sei prorogiert oder es liege dort der Erfüllungsort oder das forum delicti commissi. Der **Normzweck** des § 328 Abs. 1 Nr. 1 mit dem angestrebten Gleichklang der internationalen Zuständigkeit (→ Rdnr. 73) verlangt jedoch das Vorliegen der tatsächlichen Voraussetzungen der internationalen Zuständigkeit und läßt die bloße Behauptung nicht ausreichen. Die im Ausland aufgrund der Untätigkeit des Beklagten unterstellte Zuständigkeit begründet daher nicht die internationale Anerkennungszuständigkeit der Nr. 1. Vielmehr kann das fremde Versäumnisurteil nur anerkannt werden, wenn die von dem Kläger behauptete internationale Zuständigkeit tatsächlich vorlag[237]. Diese Frage muß der deutsche Anerkennungsrichter klären (→ Rdnr. 80). Ansonsten müßte letztlich jedes Versäumnisurteil anerkannt werden, wo immer es erlassen worden ist, selbst wenn der Beklagte sich niemals im Ausland aufgehalten hat.

c) Doppeltrelevante Tatsachen

82 Für das deutsche Zivilprozeßrecht gilt der Grundsatz, wonach Tatsachen, die sowohl für die Zulässigkeit als auch für die Begründetheit der Klage notwendigerweise erheblich sind (»doppeltrelevante Tatsachen«, z.B. § 32), erst bei der Prüfung der Begründetheit festgestellt werden, wogegen für die Bejahung der Zulässigkeit die einseitige Behauptung der erforderlichen Tatsachen durch den Kläger ausreicht (→ *H. Roth*[22] § 1 Rdnr. 24ff., → *H. Roth*[22] § 32 Rdnr. 15). Dieser Grundsatz gilt nicht für die **internationale Anerkennungszuständigkeit** des § 328

---

[233] *BGHZ* 124, 237 (245f.); *RG* WarnRsp 1908 Nr. 678; *RGZ* 75, 147 (151f.); *OLG Dresden* OLGRsp 5, 120; *KG* OLGRsp 13, 182; *Gottwald* IPRax 1995, 75 (76); kritisch und eingehend *Spickhoff* ZZP 108 (1995) 475 (486ff.).

[234] *Geimer* Prüfung 159; offengelassen durch *BGHZ* 124, 237 (246).

[235] MünchKommZPO/*Gottwald*[2] Rdnr. 69; *Staudinger/Spellenberg* (2005) § 328 ZPO Rdnr. 267f.

[236] *OLG Koblenz* NJOZ 2004, 3369 (3370).

[237] *BGHZ* 124, 237 (246); 52, 30 (37); *H. Roth* ZZP 112 (1999) 483 (490); *Zöller/Geimer*[25] Rdnr. 105; gegen *RGZ* 75, 147 (149ff.); ablehnend zur Judikatur des *RG* vor allem *Riezler* 318; *Kallmann* 69f. Fn. 64; *Pagenstecher* RabelsZ 11 (1937) 337 (361, 432ff.).

Abs. 1 Nr. 1. Vielmehr müssen die tatsächlichen Umstände durch den deutschen Anerkennungsrichter selbständig festgestellt werden; die bloße schlüssige Behauptung der die Zuständigkeit begründenden Tatsachen genügt nicht. Andernfalls wäre ein deutscher Beklagter wenigstens mittelbar gezwungen, sich in einem ausländischen Staat zu verteidigen, selbst wenn dessen Gerichte nicht zuständig sind[238].

3. Parteieinfluß auf die Zuständigkeitsprüfung

a) Prorogation; Derogation

83 Die Anerkennungszuständigkeit kann auch auf internationale Gerichtsstandsvereinbarungen (§§38, 40) gestützt werden. Die **zulässige Prorogation** gehört damit zu den heranzuziehenden Zuständigkeitsgründen des deutschen Rechts[239]. Wurde der Beklagte im ausländischen Verfahren trotz einer wirksamen **Derogation** oder der Vereinbarung eines **Schiedsgerichts** verurteilt, so wird die ausländische Entscheidung nicht anerkannt, selbst wenn sich der Beklagte nicht gegen das Versäumnisurteil gewehrt hat (z.B. Einspruch usw.). Es kann ihm nicht angesonnen werden, sich am derogierten Gericht lediglich zu dem Zweck einzulassen, dessen Unzuständigkeit zu rügen[240].

b) Rügelose Einlassung zur Hauptsache

84 Die Anerkennungszuständigkeit der Nr. 1 kann auch auf die spiegelbildliche Anwendung des §39 gestützt werden, wenn sich der Beklagte im ausländischen Prozeß ohne Rüge zur Sache eingelassen hat und das ausländische Gericht nach seinem eigenen Recht **sonst unzuständig** gewesen wäre. Die Begründung der Zuständigkeit durch rügeloses Verhandeln hängt nicht davon ab, daß der Beklagte auf diese Rechtsfolge im ausländischen Verfahren **hingewiesen** worden ist. Die §§39 S. 2, 504 sind auf die internationale Zuständigkeit nicht übertragbar[241]. Dagegen reicht vorbehaltloses Verhandeln nach §39 allein nicht aus, wenn das ausländische Gericht unabhängig davon bereits nach seinem eigenen internen Prozeßrecht international zuständig war. Da in diesem Fall eine erhobene **Zuständigkeitsrüge aussichtslos** wäre, kann der Beklagte den Einwand der fehlenden internationalen Zuständigkeit vor dem deutschen Anerkennungsgericht noch geltend machen[242]. Freilich ist eine Zuständigkeitsrüge im Urteilsstaat stets empfehlenswert, weil im Anerkennungsverfahren Zweifel bleiben können, ob der Erstrichter nach seinem Recht tatsächlich zuständig war[243]. In keinem Fall kann sich der Beklagte im Ausland durch schlüssiges Verhalten der internationalen Anerkennungszuständigkeit unterwerfen, weil sie von der **Parteidisposition** ausgeschlossen ist[244]. Läßt sich die interna-

---

238 *BGHZ* 124, 237 (242ff.); *Thomas/Putzo/Hüßtege*[27] Rdnr. 8a; *Musielak/Musielak*[4] Rdnr. 12; *Gottwald* IPRax 1995, 75f.; *Zöller/Geimer*[25] Rdnr. 128; *Geimer* LM §32 ZPO Nr. 15; kritisch *Koch* ZZP 108 (1995) 359 (371).

239 *Thomas/Putzo/Hüßtege*[27] Rdnr. 8a; *Geimer* IZVR[5] Rdnr. 2899.

240 MünchKommZPO/*Gottwald*[2] Rdnr. 69; *Schack* IZVR[4] Rdnr. 838; a.A. *Geimer* in: Festschr. für Nakamura (1996) 169 (177f.).

241 *OLG Frankfurt a.M.* NJW 1979, 1787; *Musielak/Musielak*[4] Rdnr. 11.

242 *BGHZ* 120, 334 (339f.); *BGH* RIW 1996, 966; *OLG Hamm* NJW 1988, 653f. mit Anm. *Schröder* IPRax 1988, 144; *Musielak/Musielak*[4] Rdnr. 11; *Thomas/Putzo/Hüßtege*[27] Rdnr. 8a; *Zöller/Geimer*[25] Rdnr. 101; *Doser* 153ff.; *Schreiner* 93ff.; *Geimer* IPRax 1994, 187; *Basedow* IPRax 1994, 183; ablehnend *Schack* ZZP 107 (1994) 75; einschränkend MünchKommZPO/*Gottwald*[2] Rdnr. 67 (entscheidend sei ausschließlich die fehlende Erfolgsaussicht einer Rüge).

243 *BGHZ* 120, 334 (341); *Schack* IZVR[4] Rdnr. 837 a.E.; *Linke* IZVR[4] Rdnr. 393.

244 MünchKommZPO/*Gottwald*[2] Rdnr. 67; *Schack* ZZP 107 (1994) 75 (77ff.); a.A. (für Einzelfälle) *BGHZ* 120, 334 (342ff.); → *Voraufl.* Rdnr. 101.

tionale Zuständigkeit des fremden Gerichts nach dessen eigenem Prozeßrecht nicht beweisen, so trägt diejenige Partei das Risiko der **Unaufklärbarkeit**, welche die Zuständigkeit des ausländischen Gerichts in Abrede stellt[245].

c) Parteiverhalten vor dem deutschen Anerkennungsgericht

85 Der deutsche Anerkennungsrichter prüft die Anerkennungsvoraussetzungen grundsätzlich **von Amts wegen** (→ Rdnr. 80, 31). Doch gelten die Grundsätze der **Verhandlungsmaxime**, soweit die Parteien in gewissen Grenzen auf die Zuständigkeitsfrage Einfluß nehmen können. Danach kann der Beklagte des ausländischen Prozesses vor dem deutschen Anerkennungsgericht auf die Rüge fehlender internationaler Zuständigkeit des ausländischen Gerichts **verzichten,** wenn die Gerichtsbarkeit des ausländischen Staates zu bejahen ist (→ Rdnr. 1, 31) und keine ausschließliche deutsche oder dritte internationale Zuständigkeit vorliegt (→ Rdnr. 75). Der deutsche Anerkennungsrichter kann dann von der Zuständigkeit des Erstgerichts ausgehen[246]. Auch darf sich die Partei nicht in **Widerspruch** zu ihrem Verhalten vor dem ausländischen Gericht setzen. So kann der Kläger im Ausland nicht ein Sachurteil erwirken, um sich dann bei verlorenem Prozeß bei der Prüfung der Anerkennung vor dem deutschen Gericht auf den Standpunkt fehlender internationaler Zuständigkeit zu stellen.

VIII. Rechtliches Gehör (Abs. 1 Nr. 2)

1. Normzweck

86 Nr. 2 schützt das **rechtliche Gehör** des säumigen Beklagten im Stadium der Verfahrenseröffnung und will daher sicherstellen, daß ein **fremdes Versäumnisurteil** oder sonst eine Entscheidung aufgrund eines einseitigen Verfahrens weder anerkannt noch vollstreckt werden können, wenn es dem Beklagten in diesem Prozeßabschnitt nicht möglich war, sich vor dem Gericht des Urteilsstaates zu verteidigen[247]. Nr. 2 ist nicht anwendbar nach Art. 18 § 1 **COTIF** (→ Rdnr. 48). Unerheblich ist es, ob der Beklagte **Deutscher** ist oder nicht. Mit seiner **Einlassung** auf das fremde Verfahren begibt sich der Beklagte dieses Schutzes. Im Anerkennungs- und Vollstreckbarkeitsverfahren kann er dann vor dem deutschen Gericht Mängel bei der Zustellung des verfahrenseinleitenden Schriftstücks nicht mehr geltend machen. § 328 Abs. 1 Nr. 2 ZPO ist dem Art. 27 Nr. 2 EuGVÜ nachgebildet und läßt sich wie diese Norm als systematisch verselbständigter Spezialfall des **ordre public** verstehen, der den allgemeinen ordre public-Vorbehalt des § 328 Abs. 1 Nr. 4 ZPO entlastet und im Stadium der Verfahrenseröffnung verdrängt[248]. Verstöße gegen das Recht auf rechtliches Gehör im **weiteren Verfahrensverlauf** unterfallen dagegen dem Anwendungsbereich des § 328 Abs. 1 Nr. 4 (»verfahrensrechtlicher ordre public«, → Rdnr. 105)[249]. Sieht man von der Ausgestaltung als **Einrede** einmal ab, kann § 328 Abs. 1 Nr. 2 ZPO im wesentlichen gleich ausgelegt werden wie Art. 27 Nr. 2 EuGVÜ in der Rechtsprechung des *EuGH* (sogleich unten → Rdnr. 87)[250].

87 Das ausländische Versäumnisurteil kann im Falle der Nichteinlassung des Beklagten dem Wortlaut der Nr. 2 folgend nur anerkannt werden, wenn das verfahrenseinleitende Schrift-

---

245 *BGHZ* 120, 334 (342).
246 MünchKommZPO/*Gottwald*[2] Rdnr. 70.
247 *BayObLG* FamRZ 2005, 638 (639); 2004, 274 (275); 2002, 1423 (1424); 1998, 1305 (1306); *Kissner* StAZ 2004, 117.
248 *H.Roth* in: Festschr. für W.Gerhardt (2004) 799 (807); *ders.* ZZPInt 2 (1997) 140 (147).
249 *BGHZ* 141, 286 (296); HK-ZPO/*Dörner* (2006) Rdnr. 29; *Kissner* StAZ 2004, 117.
250 *BGHZ* 120, 305 (310); *H.Roth* ZZPInt 2 (1997) 140 (141).

stück **sowohl ordnungsmäßig als auch rechtzeitig** zugestellt worden ist[251]. Das entspricht der Auslegung des (insoweit mißverständlich formulierten [»und«]) Art. 27 Nr. 2 EuGVÜ durch den *EuGH*, die keineswegs überholt ist[252]. Zur Ablehnung der Anerkennung führt die ordnungsmäßige, aber nicht rechtzeitige Zustellung ebenso wie umgekehrt die rechtzeitige, aber nicht ordnungsmäßige Zustellung. An dieser Auslegung ist auch nach der Neufassung des Art. 34 Nr. 2 EuGVO festzuhalten, der die »Ordnungsmäßigkeit« der Zustellung als Voraussetzung der Anerkennung nicht mehr kennt und nur noch auf die **bestehende Verteidigungsmöglichkeit** des Beklagten abstellt[253]. Art. 34 Nr. 2 EuGVO hat sich für den europäischen Rechtsraum von der entgegenstehenden Auslegung des *EuGH* zu Art. 27 Nr. 2 EuGVÜ bewußt abgekehrt und kann nicht im Wege einer gesetzesübersteigenden Rechtsfortbildung für die Auslegung des §328 Abs. 1 Nr. 2 ZPO nutzbar gemacht werden. Die Regelung des §328 Abs. 1 Nr. 2 hat auch die besseren Gründe für sich, so daß neben dem Wortlaut auch das wichtigere Normzweckargument bestehen bleibt: Stellte man nur auf die zumutbare Verteidigungsmöglichkeit für den Beklagten ab, so hätte kein Zustellungsveranlasser mehr Anlaß, sich um die Ordnungsmäßigkeit der Zustellung zu kümmern. In den Zustellungsformalien sind aber Beklagteninteressen vertypt, so daß es nicht nur um Förmlichkeiten, sondern sehr wohl auch um **Billigkeit** geht[254].

88 Der Versagungsgrund der Nr. 2 entfällt nicht dadurch, daß der Beklagte im Urteilsstaat nicht ihm **mögliche Rechtsbehelfe** gegen das Versäumnisurteil einlegt, nachdem er von der ausländischen Entscheidung Kenntnis erlangt hat[255]. Die Möglichkeit, später einen Rechtsbehelf gegen die ergangene Entscheidung einzulegen, ist der Verteidigung vor deren Erlaß nicht gleichwertig. Es gibt kein allgemeines Rechtsprinzip, wonach dem Beklagten die prozessuale Last auferlegt wäre, das im Ausland zulässige Rechtsmittel einzulegen. Auch insoweit läßt sich die Einschränkung der Beklagtenrechte in Art. 34 Nr. 2 EuGVO nicht auf §328 Abs. 1 Nr. 2 ZPO übertragen[256]. Diese Auffassung entspricht der Rechtsprechung des *EuGH* zu Art. 27 Nr. 2 EuGVÜ[257].

2. Einrede

89 Nr. 2 wird nach dem eindeutigen Wortlaut nur auf **Einrede des Beklagten** hin berücksichtigt[258]. Das entspricht auch dem Normzweck, da die Vorschrift ausschließlich im Interesse des Beklagten gegeben ist. Der Beklagte muß sich im Anerkennungsverfahren auf seine Nichteinlassung berufen. Nach dem in den §§532, 556, 295 ausgedrückten Rechtsgedanken muß die

---

[251] H.L., *BGHZ* 141, 286 (303); 120, 305 (310); *BayObLG* FamRZ 2005, 638 (639); 2004, 274 (275); *Musielak/Musielak*[4] Rdnr. 14; *Thomas/Putzo/Hüßtege*[27] Rdnr. 11; *Schack* IZVR[4] Rdnr. 846; *Lindacher* in: Festschr. für Gáspárdy László (1997) 247 (250); *H.Roth* in: Festschr. für W.Gerhardt (2004) 799 (804); *ders.* ZZP 112 (1999) 483 (490).

[252] *EuGH* Urt.v.3.7. 1990 – Rs C-305/88, Slg.1990 I-2725 Tz.15ff. (*Lancray/Peters*); Urt.v.12.11. 1992 – Rs C-123/91, Slg.1992 I-5661, 5678 Tz.13 (*Minalmet/Brandeis*).

[253] A.A. *Zöller/Geimer*[25] Rdnr. 134a; *Linke* IZVR[4] Rdnr. 408; *Gottwald* in: Festschr. für Schumann (2001) 149 (156).

[254] Zu sehr hintangesetzt durch *Schack* IZVR[4] Rdnr. 845.

[255] H.L., *BGHZ* 120, 305 (313) mit Anm. *Schack* JZ 1993, 621; *Schütze* ZZP 106 (1993) 396; *Rauscher* JR 1993, 413; *BayObLG* FamRZ 2004, 274 (275); 2000, 1170 (1172); *JM Baden-Württemberg* FamRZ 2001, 1379 (1380); *Thomas/Putzo/Hüßtege*[27] Rdnr. 11; *Musielak/Musielak*[4] Rdnr. 16; anders vor allem *Zöller/Geimer*[25] Rdnr. 137 mit weiteren Nachweisen.

[256] Ebenso für den mit §328 Abs. 1 Nr. 2 ZPO funktionsgleichen Art. 27 Nr. 2 EuGVÜ *BGH* NJW 2004, 3189; anders *OLG Köln* IPRax 2004, 115 (116).

[257] *EuGH* Urt.v.12.11. 1992 – Rs 123/91, Slg.1992 I-5661 Tz.19 (*Minalmet/Brandeis*) mit Anm. *Stürner* JZ 1993, 357.

[258] Allgemein zu den Erfordernissen *H.Roth* Die Einrede des Bürgerlichen Rechts (1988) 141ff.

Rüge im Anerkennungsverfahren **rechtzeitig** erhoben worden sein; andernfalls tritt Präklusion ein[259]. Der Beklagte kann auf seinen Schutz ohne weiteres **verzichten**[260]. Den Hauptfall bildet es, wenn der Beklagte selbst im Inland die Anerkennung oder Vollstreckung des ausländischen Urteils betreibt (→ Rdnr. 172)[261]. Damit kommt zum Ausdruck, daß er z.B. mit der Scheidung einverstanden ist. Der Rügeverzicht steht auch dem **Rechtsnachfolger** des Beklagten zu. Das gilt auch für **höchstpersönliche Streitigkeiten** wie für die Anerkennung einer Ehescheidung[262]. Bedeutung gewinnt das, wenn es dem Antragsteller (z.B. dem Erben des im Ausland Beklagten) gerade um vermögensrechtliche Belange geht. So können die Angehörigen eines im Ausland geschiedenen und inzwischen verstorbenen Ehegatten durch den Verzicht erreichen, daß die ausländische Ehescheidung nunmehr in Deutschland wirksam wird und sich damit ihr Erbteil erhöht[263]. Ein in Deutschland erklärter Verzicht auf die Einhaltung der Schutzvorschrift der Nr. 2 ist unwirksam, wenn er in einem von einer unzuständigen deutschen Behörde eingeleiteten Anerkennungsverfahren ausgesprochen und im Verfahren vor der zuständigen deutschen Instanz widerrufen worden ist[264].

3. Nichteinlassung

90

Im **Säumnisverfahren** ist stets vorausgesetzt, daß sich der Beklagte bei dem ausländischen Gericht auf die Klage nicht eingelassen hat. Hat er sich eingelassen, so ist eine Säumnis im weiteren Verlauf des Verfahrens unter dem Aspekt der Nr. 2 gleichgültig (→ Rdnr. 86). Entsprechend wird der vergleichbare Art. 27 Nr. 2 EuGVÜ ausgelegt[265]. Als Einlassung genügt **jede wirksame Prozeßhandlung**, mit der der Beklagte zu erkennen gibt, daß er sich am Verfahren beteiligen will, sofern diese Handlung im fremden Verfahren berücksichtigt wurde[266]. Entscheidend ist, daß der Beklagte über die Elemente des Rechtsstreits in Kenntnis gesetzt worden ist (→ Rdnr. 92) und **Gelegenheit zur Verteidigung** hatte. Die Einlassung kann, muß aber nicht die Hauptsache betreffen. Vielmehr reichen Zuständigkeitsrügen, Vertagungsanträge oder die Forderung nach einer Sicherheitsleistung im Falle der Verurteilung aus[267]. Unschädlich ist es aber, wenn sich das Vorbringen des Beklagten gerade auf die Verfahrensrüge beschränkt, die Zustellung sei nicht ordnungsgemäß oder verspätet, und er wolle sich deshalb nicht am Verfahren beteiligen[268]. Die Einlassung kann auch durch einen gesetzlichen oder bevollmächtigten **Vertreter** bewirkt werden. Keine Einlassung liegt im Auftreten eines ohne Mitwirkung des Beklagten oder gegen seinen Willen vom Gericht bestellten Vertreters (z.B. **Verfahrenspfleger**) oder Zustellungsbevollmächtigten[269]. So kann Nr. 2 auch auf eine ausländische Entscheidung Anwendung finden, die nicht als Versäumnisurteil ergangen ist, weil vor

---

[259] *Zöller/Geimer*[25] Rdnr. 131; *Musielak/Musielak*[4] Rdnr. 14.

[260] *BGH* FamRZ 1990, 1100 (1101) (zur alten Fassung).

[261] *OLG Bremen* FamRZ 2004, 1975; MünchKommZPO/*Gottwald*[2] Rdnr. 73.

[262] MünchKommZPO/*Gottwald*[2] Rdnr. 73; a.A. *KG* FamRZ 1988, 641 (644); NJW 1969, 382.

[263] So im Fall von *KG* FamRZ 1988, 641 mit kritischer Anm. *Gottwald*.

[264] *OLG Celle* FamRZ 1963, 365: Anerkennung eines Eheurteils im Verfahren nach Art. 7 §1 FamRÄndG.

[265] *Kropholler* EuGVÜ[6] Art. 27 Rdnr. 11, 17.

[266] *BayObLG* NJOZ 2004, 4290 (4291); FamRZ 2000, 1170; *LJV Baden-Württemberg* FamRZ 1990, 1015 (1018); MünchKommZPO/*Gottwald*[2] Rdnr. 84.

[267] *OLG Düsseldorf* RIW 1996, 1043; *OLG Hamm* RIW 1994, 243 (244); *Thomas/Putzo/Hüßtege*[27] Rdnr. 10; *Linke* IZVR[4] Rdnr. 403; *Schack* IZVR[4] Rdnr. 843; *Schütze* 141; *Martiny* Hdb.IZVR III/1 Kap. I Rdnr. 852f.

[268] *Linke* IZVR[4] Rdnr. 403; *Schütze* IZPR[2] Rdnr. 333; ebenso zum vergleichbaren Art. 27 Nr. 2 EuGVÜ *Kropholler* EuGVÜ[6] Rdnr. 22; a.A. zu Art. 34 Nr. 2 EuGVO *Schlosser* EU-Zivilprozessrecht[2] Art. 34–36 EuGVO Rdnr. 20.

[269] *BayObLG* FamRZ 2002, 1423 (1424); *Kissner* StAZ 2004, 117.

Gericht ein angeblicher Vertreter des Beklagten erschienen ist, der Beklagte also im Verfahren nicht wirksam vertreten war[270]. Hier fehlt es an der Verteidigungsmöglichkeit. Auch im übrigen ist ein vor dem ausländischen Gericht ohne Mitwirkung oder gegen den Willen des Beklagten **besonders bestellter Vertreter** nicht ausreichend[271].

91 Hat sich der Beklagte in einem **unselbständigen Vorverfahren** beteiligt, an das sich von Amts wegen das Hauptverfahren anschließt, so kann er die Nichteinlassung auf das Hauptverfahren nicht mehr rügen[272]. Anders liegt es, wenn das betreffende Verfahren (dänisches Separationsverfahren) gegenüber dem Scheidungsverfahren selbständig ist und der Beklagte nochmals geladen werden muß[273]. Nimmt der Beklagte im Rahmen eines **Strafverfahrens** durch seinen Verteidiger zu den gegen ihn erhobenen Vorwürfen in Kenntnis einer in demselben Verfahren gegen ihn geltend gemachten zivilrechtlichen Forderung Stellung, so ist das Verhalten als Einlassung auf das Verfahren insgesamt anzusehen[274].

4. Fehlerhafte Zustellung

92 Hat sich der Beklagte nicht auf das Verfahren eingelassen (→ Rdnr. 90), so führt bereits die fehlerhafte Zustellung des **verfahrenseinleitenden Schriftstücks** für sich allein zur Nichtanerkennung (→ Rdnr. 87). Das Prozeßrecht des Urteilsstaates entscheidet, welches Schriftstück zuzustellen ist (z.B. Klage, Antrag). Es handelt sich um die Urkunde, durch deren Zustellung der Beklagte zum erstenmal Kenntnis vom Verfahren erlangt[275]. Anders als nach §253 Abs. 2 muß das Schriftstück **keinen bestimmten Antrag** enthalten, wenn dem Beklagten hinreichend erkennbar ist, aus welchem Rechtsgrund von ihm Zahlungen verlangt werden und welchen Umfang der Antrag wenigstens in der Größenordnung hat[276]. Auch die Ankündigung eines bestimmten **Verhandlungstermins** gehört nicht zwingend zur Zustellung der Klage[277]. Zustellungen im weiteren Verlauf des Verfahrens fallen nach h.L. unter §328 Abs. 1 Nr. 4 und nicht unter Nr. 2, auch wenn sie **Klageänderungen** betreffen (→ Rdnr. 86, 114)[278]. Gleichwohl bedürfen wesentliche Klageänderungen entgegen der h.L. der erneuten Zustellung (→ Rdnr. 114). Für die Ordnungsmäßigkeit der **Zustellung** sind die im Urteilsstaat geltenden Zustellungsnormen einschließlich der dort geltenden völkerrechtlichen Abkommen, vor allem des Haager Zustellungsübereinkommens 1965, maßgebend (Einzelheiten → *H.Roth*[22] §183 Rdnr. 6ff.). Einschlägig ist vom Ansatzpunkt her die **lex fori des Erstgerichts** einschließlich der dort geltenden völkerrechtlichen Verträge[279]. Gleichwohl wird eine in Deutschland erfolgende Zustellung in aller Regel nach **deutschem Zustellungsrecht** ausgeführt und beurteilt, weil vor al-

---

270 So für Art. 27 Nr. 2 EuGVÜ *EuGH* Urt.v.10.10.1996, Rs C-78/95 NJW 1997, 1061 (*Hendrikman/Magenta*) mit Anm. *H.Roth* ZZPInt 2 (1997) 140; auch *OLG Hamm* FamRZ 1996, 178 (179); *BayObLG* SeuffArch 46 (1891) 116; noch weitergehend *BayObLG* IPRsp 78 Nr. 176.

271 *OLG Hamm* FamRZ 1996, 178; 1996, 951 (952).

272 *BayObLGZ* 1978, 132.

273 So *BayObLGZ* 1978, 132.

274 So zum funktionsverwandten Art. 27 Nr. 2 EuGVÜ *EuGH* Urt.v.21.4.1993, Rs C-172/91 Slg.1993 I-1963, 2001 (*Sonntag/Waidmann*).

275 *BayObLG* FamRZ 2000, 1170.

276 *BGHZ* 141, 286 (295); *Stürner/Bormann* JZ 2000, 81 (86); *H.Roth* ZZP 112 (1999) 483 (490); a.A. *Grunsky* IPRax 1987, 219f.

277 *BGHZ* 141, 286 (296).

278 *BGH* IPRax 1987, 236 (237); *Thomas/Putzo/Hüßtege*[27] Rdnr. 12; anders *Heß* IPRax 1994, 10 (16); *Stürner* JZ 1992, 325 (333).

279 *BGHZ* 120, 305 (311); *BayObLG* FamRZ 2000, 1170 (1171); für Art. 27 Nr. 2 EuGVÜ ebenso *EuGH* Urt.v.3.7.1990, Rs 305/88 Slg.1990 I-2725, 2750 Tz.29 (*Lancray/Peters*); *Kissner* StAZ 2004, 117; eingehend zu diesem zu Mißverständnissen führenden Grundsatz *H.Roth* in: Festschr. für W.Gerhardt (2004) 799 (806).

lem Art. 5 Abs. 1 Buchst.a HZÜ 1965 für die förmliche Zustellung auf dessen Anwendbarkeit verweist (→ *H.Roth*[22] §183 Rdnr. 75). Zu beachten sind auch bestehende bilaterale Zusatzvereinbarungen[280]. Dagegen ist das fremde Zustellungsrecht maßgebend, wenn im Urteilsstaat selbst an den Beklagten zugestellt wird[281]. Die Frage der Ordnungsmäßigkeit ist im deutschen Anerkennungsverfahren **ohne Bindung** an die Beurteilung des ausländischen Gerichts zu entscheiden[282]. Nr. 2 verlangt keine Zustellung im Sinne einer körperlichen Übergabe an den Beklagten persönlich. Vielmehr genügen auch **Ersatzzustellungen** (z.B. an den Hausgenossen), wenn sie nach dem Recht des Urteilsstaates bei dortiger Zustellung oder nach deutschem Recht bei Zustellung in Deutschland zulässig sind[283]. Auch eine **öffentliche Zustellung** reicht aus, wenn das Prozeßrecht des Erstgerichts eine derartige Zustellung kennt[284]. **Beweispflichtig** für die ordnungsgemäße Zustellung ist diejenige Partei, welche die Anerkennung des Versäumnisurteils verlangt[285]. Für **Heilungsmöglichkeiten** muß grundsätzlich nach verschiedenen Situationen und vor allem danach unterschieden werden, ob Verstöße gegen nationales oder gegen völkervertragliches Zustellungsrecht in Frage stehen (ausführlich → *H.Roth*[22] §183 Rdnr. 75ff.).

5. Rechtzeitigkeit

93

Es ist zusätzlich (→ Rdnr. 87) zu einer ordnungsgemäßen Zustellung (→ Rdnr. 92) erforderlich, daß dem Beklagten das verfahrenseinleitende Schriftstück (→ Rdnr. 92) **rechtzeitig** zugestellt wird. Das ist der Fall, wenn der von dem Zeitpunkt der ordnungsgemäßen Zustellung an zu berechnende Zeitraum dem Beklagten ausreichend Zeit für seine **Verteidigung**, nämlich die Verhinderung des Erlasses eines Versäumnisurteils, gelassen hat[286]. Der Zeitraum beginnt erst zu laufen, wenn der Adressat von dem zugestellten Schriftstück Kenntnis nehmen konnte[287]. Bei der **Ladung** zu einem bestimmten Termin ist dieser Termin der Endpunkt für die zu berücksichtigende Zeitspanne[288]. Der Begriff »rechtzeitig« ist wertausfüllungsbedürftig. Zu berücksichtigen sind alle Umstände, die vor der Zustellung liegen und auch solche, die erst nach ihr bekannt geworden sind. In die Abwägung einzustellen sind **Förderung, Vernachlässigung oder Verhinderung** einer rechtzeitigen Zustellung durch den Kläger (z.B. Verschweigen des ihm bekannten oder ohne weiteres zu ermittelnden Aufenthaltsorts des Beklagten) und des Beklagten (z.B. Verschleiern der neuen Adresse)[289]. Entscheidend sind die Umstände des **konkreten Einzelfalles**, die das deutsche Anerkennungsgericht **ohne Bindung** an die tatsächlichen oder rechtlichen Feststellungen des ausländischen Erstgerichts zu würdigen hat[290]. Es

---

280 Z.B. *BayObLG* FamRZ 2000, 1170 (1171: Deutschland-Belgien; heute obsolet → *H.Roth*[22] §183 Rdnr. 5.

281 Z.B. *BayObLG* FamRZ 2005, 638 (639: rumänisches Zustellungsrecht); 2005, 923 (924: rumänisches Zustellungsrecht); 2004, 274 (275: mazedonisches Zustellungsrecht); *Kissner* StAZ 2004, 117.

282 *BGHZ* 120, 305 (309); *BayObLG* FamRZ 2000, 1170f. (Belgien/Deutschland); *H.Roth* in: Festschr. für W.Gerhardt (2004) 799 (801).

283 *BayObLG* FamRZ 2004, 274 (275); offengelassen in FamRZ 2005, 923 (924); 2002, 1423 (1424).

284 *Nagel/Gottwald* IZVR[5] §11 Rdnr. 162; auch *H.Roth* IPRax 2000, 497.

285 *Kissner* StAZ 2004, 117.

286 *BayObLG* FamRZ 2005, 923 (924); FamRZ 2002, 1423; 2000, 1170 (1171).

287 *BayObLG* FamRZ 2005, 923 (924).

288 Offengelassen durch *BayObLG* FamRZ 2000, 1170 (1171) mit Nachweisen der Streitfrage; a.A. als hier z.B. *OLG Hamm* RIW 1993, 764: gesamte Zeitspanne zwischen Zugang des verfahrenseinleitenden Schriftstücks und Entscheidungstermin.

289 *BayObLG* FamRZ 2005, 923 (924); 2002, 1423 (1424).

290 *BayObLG* FamRZ 2000, 1170 (1171); *Thomas/Putzo/Hüßtege*[27] Rdnr. 12a; *Musielak/Musielak*[4] Rdnr. 18; ebenso *EuGH* Urt.v.16.6. 1981, Rs 166/80 Slg.1981, 1593, 1607 Tz.14 (*Klomps/Michel*)(zu Art. 27 Nr. 2 EuGVÜ).

kommt nicht darauf an, ob das ausländische Verfahrensrecht eingehalten wurde[291]. Zu würdigen sind z.B. neben den verfahrensfördernden Bemühungen der Parteien die rechtliche und tatsächliche Schwierigkeit des Rechtsstreits, die Verfahrensart, Entfernungen zum Gerichtsort, erforderliche Zeit für die Suche nach einem Anwalt oder für eine Übersetzung, oder Sprachschwierigkeiten[292]. Rechtzeitigkeit ist nicht ohne weiteres zu bejahen, wenn die betreffenden **Ladungsfristen** des nationalen Rechts eingehalten sind. Doch gibt deren Beachtung ein Indiz für die Rechtzeitigkeit[293]. Im Einzelfall hat das deutsche Anerkennungsgericht das Vorliegen außergewöhnlicher Umstände zu prüfen, welche die Annahme rechtfertigen, daß der Beklagte nicht in der Lage war, die erforderlichen Schritte zu seiner Verteidigung einzuleiten, so daß deshalb der in Nr. 2 geforderte Zeitraum nicht beginnen konnte. Für ein **Eilverfahren** wurde eine Frist von 11 Tagen für ausreichend gehalten[294]. Für den **Normalfall** reichen 8 Tage nicht aus[295]. Bei **Haft** in Belgien wurden 32 Tage nicht für genügend angesehen[296]. Auch im Falle einer flämischen Schadensersatzklage, die gegen einen in einer »eher entlegenen ostwestfälischen Kleinstadt ansässigen« Verkäufer gerichtet war, wurden 20 Tage nicht für ausreichend gehalten[297]. **Fiktive Zustellungen** können als rechtzeitig angesehen werden, wenn an den Adressaten aufgrund seiner Flucht an einen unbekannten Aufenthaltsort nicht zugestellt werden konnte[298].

IX. Urteilskollisionen (Abs. 1 Nr. 3)

1. Normzweck

94 Nr. 3 will die Konflikte lösen, die sich aus Urteilskollisionen bei einander widersprechenden Entscheidungen ergeben. Die Norm legt drei **Versagungsgründe** nieder, nämlich (1) die Unvereinbarkeit des anzuerkennenden fremden Urteils mit einer deutschen Entscheidung (Nr. 3 Alt. 1, → Rdnr. 95), oder (2) mit einer früheren anzuerkennenden ausländischen Entscheidung (Nr. 3 Alt. 2, → Rdnr. 97) sowie (3) den Verstoß gegen frühere deutsche Rechtshängigkeit (Nr. 3 Alt. 3, → Rdnr. 98). Nr. 3 Alt. 1 wahrt mit dem stets zu beachtenden **Vorrang des deutschen Urteils** die Rechtskraft deutscher Entscheidungen. Dasselbe Prinzip verfolgen Art. 34 Nr. 3 EuGVO und Art. 27 Nr. 3 EuGVÜ. Nr. 3 Alt. 2 regelt die Kollision zweier ausländischer Urteile und wählt insoweit das **Prioritätsprinzip**, das auch Art. 34 Nr. 2 EuGVO und Art. 27 Nr. 5 EuGVÜ zugrunde liegt. Nr. 3 Alt. 3 bildet schließlich einen weiteren selbständigen Versagungsgrund, der die Nichtbeachtung einer **früheren deutschen Rechtshängigkeit** für den Fall betrifft, daß zwar das ausländische, aber noch nicht das deutsche Urteil rechtskräftig ist. Die durch die Neuregelung im IPR-Gesetz vom 25. 7. 1986 (→ Gesetzesgeschichte) ausdrücklich in die Vorschrift aufgenommenen Fälle standen auch schon bisher einer Anerkennung ausländischer Entscheidungen entgegen. Die Rechtsprechung hatte früher bei derartigen Rechtskraftkonflikten einen Verstoß gegen den verfahrensrechtlichen ordre public bejaht, was bei der Auslegung von Nr. 3 zu beachten ist (→ Rdnr. 96)[299].

---

291 *BayObLG* FamRZ 2000, 1170 (1171) (Zugang der Ladung erst nach dem Verhandlungstermin).
292 Dazu *BayObLG* FamRZ 2002, 1423; *OLG Düsseldorf* RIW 2001, 143 (»dagvaarding« nach niederländischem Recht).
293 Z.B. *BGHZ* 141, 286 (296): 20 Tage Einlassungsfrist mit Verlängerungsmöglichkeit nach Rule 12 Abs.a F.R.C.P.; *OLG Köln* NJW-RR 1995, 446 (447).
294 *OLG Düsseldorf* RIW 1987, 871.
295 *OLG Düsseldorf* RIW 2000, 230 (231).
296 *BayObLG* FamRZ 2000, 1170.
297 *OLG Hamm* RIW 1987, 871.
298 *BGH* IPRax 1993, 324 (326) mit Anm. *Linke* 295.
299 *RG* JW 1915, 1264; *BayObLGZ* 1983, 21; *OLG München* NJW 1964, 979; *OLG Frankfurt a.M.* OLGZ 1971, 57.

2. Deutsches Urteil (Nr. 3 Alt. 1)

95 Nr. 3 Alt. 1 verfolgt das Prinzip der **Nationalität**, wenn es sich um ein deutsches Urteil handelt. Es genießt stets den Vorrang, auch wenn es nach der fremden Entscheidung erlassen worden ist, um deren Anerkennung es geht, oder es die frühere ausländische Rechtshängigkeit nicht respektiert hat. Gemeint sind nur deutsche Titel, die in **Rechtskraft** erwachsen können, auch wenn der Wortlaut von Nr. 3 Alt. 1 dazu schweigt[300]. Die gegen den unbedingten Vorrang des inländischen Urteils bestehenden rechtspolitischen Bedenken haben den Änderungsgesetzgeber des §328 (→ Rdnr. 94) offenbar nicht überzeugt[301]. Vorzugswürdig wäre es gewesen, die Beseitigung des später ergangenen deutschen Urteils im Wege der **Restitutionsklage** nach §580 Nr. 7a (→ *Leipold*[21] §322 Rdnr. 226) zu ermöglichen, anstatt den schweren Verfahrensmangel über §328 Abs. 1 Nr. 3 Alt. 1 bestandsfest zu machen. Doch ist eine derartige Restitutionsmöglichkeit nach geltendem Recht nicht vorgesehen[302].

96 Nr. 3 Alt. 1 sagt nichts darüber aus, wann die beiden Entscheidungen »**unvereinbar**« sind. Betroffen sind nur Entscheidungen **in der Sache**. Unvereinbarkeit der beiden Urteile liegt stets vor, wenn die Streitgegenstände der in Betracht kommenden Entscheidungen identisch sind, so daß der Einwand der materiellen Rechtskraft ein erneutes Urteil verbietet (→ *Leipold*[21] §322 Rdnr. 196ff.). Das schließt nach den allgemeinen Grundsätzen das kontradiktorische Gegenteil mit ein. Eine Unvereinbarkeit von Entscheidungen ist aber nicht anzunehmen, wenn eine **Vorfrage** in beiden Urteilen widersprüchlich beurteilt wurde. Der weitere Unvereinbarkeitsbegriff des Art. 27 Nr. 3 EuGVÜ[303], Art. 34 Nr. 3 EuGVO kann dagegen für §328 Abs. 1 Nr. 3 Alt. 1 ZPO nicht zugrunde gelegt werden, auch wenn die deutsche Vorschrift dem Art. 27 Nr. 3 EuGVÜ nachgeformt worden ist[304]: Nr. 3 ist ein Sonderfall des verfahrensrechtlichen ordre public der Nr. 4 (→ Rdnr. 94) und muß im Sinne der erwünschten anerkennungsfreundlichen Tendenz ebenso wie dieser **eng ausgelegt** werden. Zudem verkennt die Gegenauffassung, daß auch der in Art. 27 Nr. 3 EuGVÜ, Art. 34 Nr. 3 EuGVO verwendete Begriff »Unvereinbarkeit« eng gefaßt werden muß und sich nicht mit der weiteren Auslegung des Art. 27 EuGVO (Klagen wegen »desselben Anspruchs«) deckt[305]. Der Anerkennung eines ausländischen Urteils steht nicht entgegen, daß dem Kläger vorher in Deutschland **Prozeßkostenhilfe** wegen fehlender Erfolgsaussicht verweigert worden ist[306].

3. Früheres ausländisches Urteil (Nr. 3 Alt. 2)

97 Die Anerkennung wird versagt, wenn das jetzt anzuerkennende ausländische Urteil unvereinbar ist mit einem bereits anerkannten oder einem anzuerkennenden **früheren ausländischen** Urteil. Dabei kommt es nicht darauf an, ob das Anerkennungsverfahren bereits betrieben wird oder nicht. Es gilt das **Prioritätsprinzip**. Bei parallelen Verfahren ist nicht der Zeitpunkt der Rechtshängigkeit, sondern derjenige des Eintritts der Rechtskraft entscheidend[307]. Der Begriff »Unvereinbarkeit« ist ebenso auszulegen wie für Nr. 3 Alt. 1 (→ Rdnr. 96). Nr. 3

---

300 *OLG Hamm* FamRZ 1993, 339; anders wohl *Thomas/Putzo/Hüßtege*[27] Rdnr. 13.

301 Kritisch *Schack* IZVR[4] Rdnr. 855; *Geimer* IZVR[5] Rdnr. 2891.

302 *Lenenbach* Die Behandlung von Unvereinbarkeiten zwischen rechtskräftigen Zivilurteilen (1997) 208; a.A. *Staudinger/Spellenberg* (2005) §328 ZPO Rdnr. 426; MünchKommZPO/*Gottwald*[2] Rdnr. 89.

303 *EuGH* Urt.v.4.2. 1988, Rs 145/86 Slg.1988, 645 Tz.22 (*Hoffmann/Krieg*): sich gegenseitig ausschließende Rechtsfolgen.

304 A.A. *OLG Hamm* FamRZ 2001, 1015; *Rosenberg/Schwab/Gottwald* ZPO[16] §156 Rdnr. 36; *Thomas/Putzo/Hüßtege*[27] Rdnr. 13; *Musielak/Musielak*[4] Rdnr. 20; wie hier HK-ZPO/*Dörner* (2006) Rdnr. 44.

305 *Schack* IPRax 1989, 140f.; *ders.* IZVR[4] Rdnr. 859 mit Nachweisen der Gegenauffassung.

306 *BGHZ* 88, 17 (20) (zum EuGVÜ).

307 MünchKommZPO/*Gottwald*[2] Rdnr. 88.

Alt.2 ist dem Art.27 Nr.5 EuGVÜ nachgebildet, für den der Begriff »Unvereinbarkeit« ebenso ausgelegt wird wie für Art.27 Nr.3 EuGVÜ[308].

4. Früheres deutsches Verfahren (Nr.3 Alt.3)

98 Nr.3 Alt.3 schließt die Anerkennung des ausländischen Urteils aus, wenn das ausländische Gericht die bereits früher bestehende **deutsche Rechtshängigkeit** nicht berücksichtigt hat (zu deren Eintritt → *H.Roth*[22] §261 Rdnr.10)[309]. Dabei spielt es keine Rolle, ob dem ausländischen Gericht die deutsche Rechtshängigkeit bekannt gewesen ist oder nicht[310]. Der **Zeitpunkt** der ausländischen Rechtshängigkeit wird vom ausländischen Recht auch dann beurteilt, wenn das deutsche Verfahren bereits anhängig war, bevor das ausländische Verfahren rechtshängig wurde[311]. Nr.3 Alt.3 setzt voraus, daß im ausländischen und inländischen Verfahren der gleiche **Streitgegenstand** betroffen ist. Dafür genügt es nicht, daß der »**Kernpunkt**« der beiden Rechtsstreitigkeiten übereinstimmt[312]. Deshalb reicht es nicht aus, wenn in dem in Deutschland früher rechtshängig gewordenen Verfahren eine für das anzuerkennende ausländische Urteil präjudizielle Rechtsfrage entschieden worden ist (→ Rdnr.96). **EuGVÜ** und **EuGVO** kennen eine entsprechende Parallelvorschrift nicht. Wird die deutsche Klage **zurückgenommen**, so kann der Versagungsgrund der Nr.3 vermieden werden[313].

5. Form und Name der Entscheidung

99 Nr.3 spricht von »**Urteil**«. Die Anerkennung ist jedoch auch dann unter den gegebenen Voraussetzungen zu versagen, wenn es sich nicht um eine als »Urteil« bezeichnete Entscheidung handelt, sofern sie sich nur als Richterspruch im Sinne des Anerkennungsrechts darstellt (→ Rdnr.54ff.). Deshalb ist eine Anerkennung auch dann ausgeschlossen, wenn sie für eine ausländische Sorgerechtsentscheidung begehrt wird, die mit einem früher ergangenen deutschen **Beschluß** in Widerspruch steht[314]. Dagegen steht ein deutscher **Prozeßvergleich** der Anerkennung einer ausländischen Entscheidung nicht entgegen[315].

X. Ordre public (Abs.1 Nr.4)

1. Normzweck

100 §328 Abs.1 Nr.4 kommt zur Wahrung des Verbots der »révision au fond« (→ Rdnr.29) nur in **krassen Ausnahmefällen** als »Notbremse« zur Anwendung, wenn das fremde Urteil einen

---

308 *Kropholler* EuGVÜ[6] Art.27 Rdnr.58.

309 *OLG Stuttgart* GmbHR 2002, 1123 (1130)(frühere deutsche Zahlungsklage und spätere negative Feststellungsklage auf Nichtbestehen des Anspruchs vor einem kalifornischen Gericht) mit weiterführender Anm. *Emde*; *OLG Frankfurt a.M.* FamRZ 1997, 92f.; umfassend *Philippi* FamRZ 2000, 525; *Gruber* FamRZ 1999, 1563.

310 *OLG Stuttgart* GmbHR 2002, 1123; zur alten Rechtslage *BayObLGZ* 1983, 21 (25). – Nr.3 wurde wohl übersehen von *OLG Bamberg* FamRZ 1997, 95 mit Anm. *Gottwald*.

311 *OLG Frankfurt a.M.* FamRZ 2000, 35; *Thomas/Putzo/Hüßtege*[27] Rdnr.14; kritisch *Schack* IZVR[4] Rdnr.757.

312 A.A. *OLG Hamm* FamRZ 2001, 1015; *Thomas/Putzo/Hüßtege*[27] Rdnr.15; *Rosenberg/Schwab/Gottwald* ZPO[16] §156 Rdnr.37.

313 *OLG Frankfurt a.M.* FamRZ 1997, 92.

314 *OLG Hamm* OLGZ 1976, 426; *OVG Münster* FamRZ 1975, 47 (noch zur früheren Rechtslage vor der Gesetzesänderung des §328, gestützt auf den verfahrensrechtlichen ordre public).

315 Zu Art.27 Nr.3 EuGVÜ *EuGH* Urt.v.2.6.1994, Rs.C-414/92 Slg.1994 I-2237 (*Solo Kleinmotoren/Boch*).

Verstoß begangen hat, der sich als »offensichtliche Verletzung« einer in Deutschland »als wesentlich geltenden Rechtsnorm oder eines dort als grundlegend anerkannten Rechts« darstellt[316]. Im gleichen Sinn wird davon gesprochen, daß das Ergebnis der Anwendung ausländischen Rechts zu den »Grundgedanken der deutschen Regelungen und den in ihnen enthaltenen Gerechtigkeitsvorstellungen in so starkem Widerspruch steht, daß es nach inländischen Vorstellungen untragbar erscheint«[317]. Diese Formulierungen gelten gleichermaßen für den materiellen wie für den verfahrensrechtlichen ordre public[318]. **Schutzgut** der Klausel ist nicht die staatliche Autorität, sondern der Gedanke der materiellen Gerechtigkeit. Die Vorschrift bildet das verfahrensrechtliche Gegenstück zu der international-privatrechtlichen Bestimmung des Art. 6 EGBGB, die vergleichbare Voraussetzungen für fremde Rechtsnormen aufstellt (zu Unterschieden → Rdnr. 101). Dort ist in der amtlichen Überschrift »ordre public« mit »Öffentliche Ordnung« gleichgesetzt. Nr. 4 muß als Ausnahme zu dem Verbot der »révision au fond« zur Sicherung einer gleichmäßigen Urteilsanerkennung **eng ausgelegt** werden (zu vergleichbaren Erwägungen bei Nr. 3 → Rdnr. 96). Die Nachprüfungsmöglichkeit des deutschen Anerkennungsgerichts reicht (von den Fällen der Nrn. 1, 2, 3 und 5 abgesehen) nur so weit, wie es Nr. 4 erlaubt. § 328 Abs. 1 Nr. 4 ZPO entspricht trotz unterschiedlicher Formulierung in der Sache dem Art. 34 Nr. 1 EuGVO und dem Art. 27 Nr. 1 EuGVÜ. Der Ausnahmecharakter der ordre public-Prüfung wird jetzt auch in Art. 34 Nr. 1 EuGVO (ohne Änderung in der Sache) ausdrücklich hervorgehoben, so daß die zu Art. 34 Nr. 1 EuGVO und Art. 27 Nr. 1 EuGVÜ gewonnenen Auslegungsergebnisse auch für § 328 Abs. 1 Nr. 4 ZPO fruchtbar gemacht werden können[319]. Dem § 328 Abs. 1 Nr. 4 vergleichbare Regelungen kennen zahlreiche europäische Staaten[320]. Maßgebend für die Überprüfung nach Nr. 4 ist der **Zeitpunkt** der Anerkennungsentscheidung des deutschen Gerichts (→ Rdnr. 34). Hat eine mehrere Punkte umfassende Einzelprüfung des fremden Urteils durch das deutsche Anerkennungsgericht für keinen Punkt einen ordre public-Verstoß ergeben, so ist es unzulässig, einen Verstoß aufgrund einer »**Gesamtschau**« (»Faktorenlehre«) anzunehmen[321]. Letztlich liefe das auf eine pauschale Diskreditierung von vom deutschen System abweichenden Prozeßrechtssystemen, insbesondere des US-amerikanischen Gerichtssystems, hinaus[322]. Eher ist die umgekehrte Tendenz zu bevorzugen, die isolierte (schädliche) Einzelprüfung im Lichte des ausländischen Gesamtsystems zu überprüfen, was die Beurteilung als ordre-public-widrig häufiger vermeiden wird. **Rechtspolitisch** ist die Zeit für eine Abschaffung der Nr. 4 noch nicht reif. Das gleiche gilt für den europäischen Prozeßraum[323]. Principle 30 der »principles and rules of transnational civil procedure« kennt ebenfalls eine ordre public-Kontrolle[324].

---

316 Etwa für den europäischen Rechtsraum *EuGH* Urt.v.28. 3. 2000, Rs.C-7/98 Slg.2000 I-1935 Tz.37 (*Krombach/Bamberski*) (zu Art. 27 Nr. 1 EuGVÜ); *BGHZ* 123, 268 (272). – Für einen offensiveren Einsatz von Nr. 4 tritt vor allem ein *Schütze* in: Festschr. für Geimer (2002) 1025 (1027ff.) und öfter.

317 *BGHZ* 138, 331 (334) (Termineinwand); 134, 79 (91) (Zwangsvergleich); *BGH* NJW 2002, 960 (961: im Ausland erteilte Restschuldbefreiung); *BayObLG* StAZ 2001, 174 (175); eingehend *Stürner* in: Festgabe BGH (2000) 677.

318 *BayObLG* StAZ 2001, 174 (175).

319 *Kropholler* Europäisches Zivilprozessrecht[8] Art. 34 EuGVO Rdnr. 11; *H.Roth* ZZPInt 2 (1997) 140 (141).

320 *A.Bruns* JZ 1999, 278 (280).

321 Zutreffend *Herrmann* 274; *Bungert* ZIP 1992, 1707 (1711); *Krätzschmar* in: Liber amicorum Hay (2005) 241 (249); a.A. *Schütze* in: Festschr. für Geimer (2002) 1025 (1029ff.).

322 So ohnehin die Tendenz bei *Schütze* in: Festschr. für Geimer (2002) 1025 und öfter.

323 Eingehend *A.Bruns* JZ 1999, 278 (gegen die Abschaffung innerhalb der EG); auch *Laptew* IPRax 2004, 495 (498); Überblick bei *Martiny* in: Festschr. für Sonnenberger (2004) 523.

324 Diskussionsentwurf Nr. 4 (Stand: 18.April 2003), herausgegeben durch das American Law Institute und Unidroit.

2. Ergebniskontrolle

a) Abgrenzung

101 Dem Normzweck entsprechend (→ Rdnr. 100) ist die Anerkennung des konkreten ausländischen Urteils nach dem Wortlaut der Nr. 4 nur zu verweigern, wenn sie zu einem »**Ergebnis**« führt[325], das mit wesentlichen Grundsätzen des deutschen Rechts »offensichtlich« unvereinbar ist, insbesondere wenn sie mit den Grundrechten kollidiert[326]. Dagegen ist nicht Gegenstand der Anerkennungsprüfung, ob ein oder mehrere ausländische **Rechtsinstitute abstrakt** gegen deutsche Wertungen verstoßen[327]. Neben dem erforderlichen Verstoß gegen grundlegende deutsche Rechtsprinzipien spielt vor allem eine Rolle, wie weitgehend die Abweichungen vom deutschen Recht sind und wie groß die **Inlandsbeziehungen** des Falles sind[328]. Die Neufassung der Nr. 4 durch das IPR-Gesetz (→ Gesetzesgeschichte) hat keine inhaltliche Änderung der ordre public-Klausel gebracht. Vorbereitet wurde der jetzige Rechtszustand schon vor der Textänderung durch das Bundesverfassungsgericht[329]. Die Anerkennung des fremden Urteils scheitert nach dem Gesagten nicht allein daran, daß der betreffende Richterspruch nach deutschem Verständnis eine **unrichtige Begründung** oder Erwägung aufweist[330], oder daß das **falsche Recht** angewendet worden ist. **Überprüfungsgegenstand** ist die anzuerkennende fremde Entscheidung, und nicht das vom ausländischen Richter angewendete materielle Recht oder Verfahrensrecht als solches[331]. Ein Widerspruch zum **IPR** des deutschen Anerkennungsstaates schadet also nicht. Entsprechend findet sich der Versagungsgrund des Art. 27 Nr. 4 EuGVÜ in Art. 34 EuGVO nicht mehr wieder. Da es auf das von der ausländischen Entscheidung bewirkte Ergebnis ankommt, scheitert die Anerkennung auch nicht ohne weiteres daran, daß ein nach deutschem Verständnis **ordre public-widriger Rechtssatz** angewendet wurde[332]. Auch wenn im Falle der Entscheidung durch einen deutschen Richter die Anwendung des ausländischen Gesetzes wegen Art. 6 EGBGB ausscheidet, ist die Anerkennung des ausländischen Urteils, das auf diesem Gesetz beruht, nicht von vornherein ausgeschlossen. Der **anerkennungsfreundliche** liberale Standpunkt entspricht der ganz überwiegenden in- und ausländischen Gerichtspraxis[333].

b) Materieller ordre public

102 Er bildet den Schwerpunkt der ordre public-Kontrolle (Rechtsprechung → Rdnr. 107). Verstöße gegen das materielle Recht können das Ergebnis der Anerkennung vor allem dann als unerträglich erscheinen lassen, wenn neben der tiefgreifenden Abweichung von grundlegenden deutschen Rechtsprinzipien der Sachverhalt zum **Inland enge Verbindungen** aufweist (→ Rdnr. 101)[334]. Doch können geringere Inlandsbeziehungen durch größere Abweichungen von

---

[325] *BGHZ* 138, 331 (334); 134, 79 (91); *BayObLG* FamRZ 2001, 1622; *OLG Düsseldorf* NJW 1997, 572; *von Hoffmann/Thorn* IPR[8] §3 Rdnr. 173.

[326] Z.B. *OLG Saarbrücken* IPRax 1989, 37 (38) mit Anm. *H.Roth* 14 (18).

[327] Mit Recht *Bungert* ZIP 1992, 1707 (1711); anders dagegen das Verständnis von *Schütze* in: Festschr. für Jayme (2004) 849 (855ff.) und in vielen weiteren Arbeiten.

[328] Eingehend *Völker* 115ff.

[329] *BVerfGE* 31, 58 (70ff.).

[330] *Musielak/Musielak*[4] Rdnr. 24.

[331] *KG* FamRZ 2004, 275 (277).

[332] *BGHZ* 138, 331 (334); *Staudinger/Blumenwitz* (Neubearbeitung 2003) Art. 6 EGBGB Rdnr. 106; *Zöller/Geimer*[25] Rdnr. 152a; anders *Brockmeier* 92ff.; *Völker* 51ff.; *Schütze* RIW 1993, 139 (140).

[333] Zur griechischen Entscheidungspraxis etwa *Anthomos* IPRax 2000, 327.

[334] *BGHZ* 118, 312 (330).

den deutschen Prinzipien aufgewogen werden[335]. Die Rechtsprechung stellt im übrigen für die Anwendung der Nr. 4 nicht auf den nationalen ordre public des Art. 6 EGBGB ab, den das deutsche Gericht zu beachten hätte, wenn es das ausländische Recht selbst anwendet. Vielmehr nimmt sie den im Vergleich dazu großzügigeren **anerkennungsrechtlichen ordre public international** an[336]. Das bedeutet eine abgeschwächte Wirkung des ordre public (»**effet atténué de l'ordre public**«). Diese Auffassung ist zutreffend, weil man sich mit einem abweichenden sachlichen Ergebnis leichter abfinden kann, wenn bereits ein ausländisches Gericht rechtskräftig entschieden hat.

103 Ein Verstoß gegen eine **zwingende Norm** des deutschen Rechts, deren Nicht- oder Falschanwendung, verletzt nicht notwendigerweise den ordre public, »wenn nicht das Ergebnis der Anwendung ausländischen Rechts im konkreten Fall zu den Grundgedanken der deutschen Regelungen und den in ihnen enthaltenen Gerechtigkeitsvorstellungen in so starkem Widerspruch steht, daß es nach deutscher Vorstellung untragbar erscheint«[337]. Umgekehrt ist es nicht gänzlich ausgeschlossen, daß die bloße Verletzung **dispositiven Rechts** einen ordre public-Verstoß begründet. Die Anerkennung wird versagt, wenn ihr Ergebnis ein **Grundrecht** verletzt. Dabei handelt es sich nur um einen in Nr. 4 (»insbesondere«) herausgehobenen Sonderfall des ordre public. Ausreichend ist mit Rücksicht auf den Rang der Grundrechte ein »einfacher« Grundrechtsverstoß, ohne daß er »wesentlich« sein müßte[338]. Neben den Grundrechten des GG und der Länderverfassungen zählt dazu auch die europäische Menschenrechtskonvention[339]. Nicht jeder Verstoß gegen eine Norm mit Verfassungsrang begründet für sich allein einen Verstoß gegen den ordre public, solange kein Grundrecht berührt wird[340]. Es liegt auch kein Verstoß gegen die wesentlichen Grundsätze des deutschen Rechts vor, wenn das fremde Recht lediglich vom deutschen Recht, wenn auch in erheblichem Umfang, abweicht, oder bestimmte politische, soziale, rechtliche, wirtschaftliche oder kulturelle Tendenzen schwächer oder stärker betont[341]. Der Verstoß gegen den **deutschen Gesetzeszweck** kann einer Anerkennung entgegenstehen, wenn es nicht um die Staatsautorität geht, sondern um die Grundlagen des Gesamtsystems eines Rechtsinstituts, das Ausdruck eines vom Gesetzgeber als umfassend gewollten Interessenausgleichs ist (→ Rdnr. 107)[342].

104 Der Verstoß gegen den materiellen ordre public kann **rechtssystematisch** (1) in der in dem fremden Urteil ausgesprochenen **Rechtsfolge** als solcher liegen. Ein derartiger Verstoß liegt etwa in der Verurteilung zu einer Leistung, die lediglich im Wege einer strafbaren Handlung, z.B. durch einen Verstoß gegen außenwirtschaftliche Bestimmungen, bewirkt werden kann[343]. Gleichgültig ist es, ob sich der Verstoß bereits aus dem Tenor oder aus den Entscheidungsgründen ergibt. (2) Verstößt die Rechtsfolge als solche nicht gegen den ordre public, so kann die Anerkennung gleichwohl scheitern, weil das Urteil auf **Normen** beruht, die den deutschen or-

---

335 *Schack* IZVR[4] Rdnr. 867.

336 *BGHZ* 138, 331 (334) mit Anm. *Fischer* IPRax 1999, 450; *BayObLG* FamRZ 2004, 275 (277); *BayObLGZ* 1967, 218; *Jayme* Methoden der Konkretisierung des ordre public im Internationalen Privatrecht (1989) 17 Fn. 22; *Kropholler* IPR[5] § 60 IV 2; *Martiny* Hdb.IZVR III/1 Kap. I Rdnr. 1014; *Zöller/Geimer*[25] Rdnr. 152a; *Kallmann* 228; *Bachmann* in: Festschr. für Schlosser (2005) 1 (13); *Mülbert/Bruinier* WM 2005, 105 (115); *Gebauer/Schulze* IPRax 1999, 478 (484); *H. Roth* JZ 1999, 1121; *A. Bruns* JZ 1999, 278 (279); *Bungert* ZIP 1992, 1707 (1711); kritisch *Völker* 51; *Leipold* in: Festschr. für Stoll (2001) 625 (636); *Becker* RabelsZ 60 (1996) 691 (720ff., Wirtschaftsrecht, insbesondere Kartellrecht).

337 *BGHZ* 138, 331 (334) im Anschluß an *BGHZ* 123, 268 (270); 118, 312 (330); MünchKommZPO/*Gottwald*[2] Rdnr. 93; *Leipold* in: Festschr. für Stoll (2001) 625 (636); *H. Roth* JZ 1999, 1119 (1120).

338 Anders *Leipold* in: Festschr. für Stoll (2001) 625ff.

339 *EuGH* Urt.v. 28. 3. 2000, Rs.C-7/90, Slg. 2000 I-1935 Tz. 25 (*Krombach/Bamberski*).

340 *BGHZ* 123, 268 (271ff.).

341 *RG* JW 1912, 79; *RGZ* 82, 29; 119, 259 (263); 132, 193.

342 *BGHZ* 123, 268 (275ff.)(Abweichung von den §§ 636, 637 RVO, ergangen zu Art. 27 Nr. 1 EuGVÜ).

343 *BGHZ* 22, 24 (31); *Schack* IZVR[4] Rdnr. 868.

dre public verletzen. Dabei kommt es jedoch auf die Anwendung im konkreten Fall an, wenn sie vom deutschen Standpunkt aus zu beanstanden ist (→ Rdnr. 101 a.E.). (3) Schließlich kann der ordre public auch durch **fehlerhafte Rechtsanwendung** verletzt werden. Doch kommt es auch hier auf das unerträgliche Ergebnis an und nicht auf die unrichtige Anwendung als solche (→ Rdnr. 101). Selbst richterliche Rechtsfortbildungen, die dem Wortlaut der ausländischen Regelung und ihrem ursprünglichen Sinn widersprechen, führen nicht per se zu einem Verstoß gegen den ordre public[344].

c) Verfahrensrechtlicher ordre public

105 Die Anerkennung des Urteils kann nicht nur wegen seines Inhalts scheitern (»materieller ordre public«, → Rdnr. 102ff.). Vielmehr kann sie auch wegen des »**vorangegangenen Verfahrens**« ausgeschlossen sein, was aus dem Wortlaut von Nr. 4 nicht deutlich hervorgeht (Rechtsprechung → Rdnr. 111)[345]. Nach der zutreffenden h.L. müssen aber Verfahrensfehler des ausländischen Urteils primär mit den nach dortigem Recht **gegebenen Rechtsbehelfen** bekämpft werden, sofern die betroffene Partei dazu die Möglichkeit hatte[346]. Werden die im ausländischen Erstverfahren vorgesehenen Rechtsmittel nicht ausgeschöpft, so kann der Mangel im deutschen Anerkennungsverfahren nicht mehr gerügt werden. Verstöße gegen den verfahrensrechtlichen ordre public werden nur selten anzunehmen sein. **Verfahrensunterschiede** der einzelnen Rechtsordnungen müssen grundsätzlich hingenommen werden. Das Verfahren vor dem ausländischen Gericht verstößt erst dann gegen den ordre public, wenn es von den **Grundprinzipien des deutschen Verfahrensrechts** in einem solchen Maße abweicht, daß rechtsstaatliche Anforderungen nicht mehr gewahrt sind[347]. Dagegen spielt es keine Rolle, ob der fremde Richter nach seinem eigenen Recht richtig verfahren ist[348]. Zu den wesentlichen Grundsätzen des deutschen Rechts gehören auch die grundgesetzlich abgesicherten prozessualen Positionen (→ *Brehm*[22] Einl.Rdnr. 294). Die **Darlegungs- und Beweislast** für die tatsächlichen Voraussetzungen eines ordre public-Verstoßes trägt derjenige, der sich gegen die Anerkennung wendet[349]. Bei US-amerikanischen Urteilen spricht keine Vermutung für ordre public-Widrigkeit[350].

---

344 *OLG Stuttgart* FamRZ 1973, 38 (39).

345 Z.B. *BayObLGZ* 1999, 211 (213); präziser daher der Vorschlag des MPI RabelsZ 47 (1983) 673; gegen einen verfahrensrechtlichen ordre public *G.H.Roth* 60ff.

346 *BGH* NJW 1997, 2051; *BayObLG* FamRZ 2002, 1638 (1639); StAZ 2001, 174 (175); *KG* FamRZ 2004, 275 (277); *OLG Koblenz* NJOZ 2004, 3369 (3376); *OLG Köln* IPRax 2000, 528 (529); *OLG Düsseldorf* DAVorm 1998, 939 (941); StAZ 1996, 207; MünchKommZPO/*Gottwald*[2] Rdnr. 101; *Thomas/Putzo/Hüßtege*[27] Rdnr. 16; *Martiny* Hdb.IZVR III/1 Kap. I Rdnr. 1155; *Völker* 219ff.; *Geimer* JZ 1969, 12 (15); *ders.* IPRax 1993, 292 (293); *H.Roth* ZZP 112 (1999) 483 (491); a.A. *Schack* IZVR[4] Rdnr. 866; *Musielak/Musielak*[4] Rdnr. 29; *Schütze* 143.

347 *BGHZ* 141, 286 (297); 118, 312 (320f.); 48, 327 (331); 73, 378; *BGH* IPRax 1992, 33 (35); RIW 1984, 557 (558); NJW 1978, 1114 (1115); *BayObLG* FamRZ 2002, 1638 (1639); *BayObLGZ* 1999, 211 (214); *BayObLG* NJW 1974, 418; *OLG Düsseldorf* DAVorm 1998, 939f.; *Geimer* IZVR[5] Rdnr. 2946; MünchKommZPO/*Gottwald*[2] Rdnr. 102; *Völker* 94ff.; *G.H.Roth* 43.

348 *BayObLGZ* 1999, 211 (214).

349 *BGHZ* 134, 79 (91f.) (ausländischer Zwangsvergleich); *BGH* NJW-RR 2002, 1151 (zu Art. 27 Nr. 1 EuGVÜ) mit Anm. *Geimer* IPRax 2002, 378; *OLG Koblenz* NJOZ 2004, 3369 (3370); a.A. *Schütze* in: Festschr. für Geimer (2002) 1025 (1041); *ders.* in: Festschr. für Jayme (2004) 849 (856): bei US-amerikanischen Urteilen stets der Gläubiger.

350 Anders *Schütze* in: Festschr. für Jayme (2004) 849 (856).

d) Bindung an Tatsachenfeststellungen

106 Das deutsche Anerkennungsgericht ist nach h.L. bei der Prüfung des ordre public-Verstoßes grundsätzlich an die Tatsachenfeststellungen des ausländischen Gerichts **gebunden**, soweit sie ohne Verletzung des deutschen ordre public zustande gekommen sind[351]. **Zwischenzeitlich** seit Erlaß des fremden Urteils eingetretene Tatsachen sollen aber berücksichtigt werden dürfen, soweit auf sie ein Verstoß gegen den ordre public gestützt werden kann[352]. Auch soll wenigstens der Beklagte, der sich im Ausland nicht eingelassen hat, im deutschen Anerkennungsverfahren rügen können, der Gegner habe das Urteil durch falschen Prozeßvortrag im Urteilsstaat **erschlichen**[353]. Dafür trägt er die **Beweislast**. Man wird aber noch darüber hinaus annehmen müssen, daß der deutsche Anerkennungsrichter nicht an die vom fremden Urteilsgericht festgestellten Tatsachen gebunden ist, sofern die von der Partei vorgebrachten Tatsachen gerade einen ordre public-Verstoß begründen können[354]. Ansonsten liefe der Schutzzweck des ordre public leer.

3. Judikatur

a) Materieller ordre public

107 An die Vereinbarkeit mit dem materiellen ordre public werden wohl strengere Anforderungen gestellt als an die Kontrolle durch den verfahrensrechtlichen ordre public (→ Rdnr. 111). Zu den zu beachtenden wesentlichen Grundsätzen des deutschen Rechts gehört die Beachtung der **guten Sitten** (§§ 138, 826 BGB)[355]. Ausländische Urteile, die den darin ausgedrückten Maßstab verfehlen, sind grundsätzlich genausowenig anerkennungsfähig wie durch **Prozeßbetrug** (Falschaussage, Vorlage gefälschter Urkunden) oder in sonstiger Weise durch den Kläger, die Beteiligten und Zeugen ohne oder mit Mitwirkung des Gerichts sittenwidrig erschlichene Urteile (zur Tatsachenfeststellung → Rdnr. 106)[356]. Doch müssen sich die Maßstäbe nicht immer decken. So wird die deutsche Rechtsprechung zur Überforderung des **Bürgen**, die weitgehend auf § 138 Abs. 1 BGB gestützt wird, schwerlich die Anerkennung eines ausländischen Urteils hindern können, das nach seinem Recht derart weitreichende Einschränkungen der Privatautonomie nicht kennt[357]. Die Anerkennung mag ausnahmsweise dann scheitern, wenn der Gläubiger für den Bürgen bewußt eine aussichtslose Situation geschaffen hat. Auch respektieren wir **vereinbarte Erfolgshonorare von Rechtsanwälten**, obwohl sie nach

---

[351] *BGHZ* 118, 312 (320); *BGH* RIW 1998, 626 (628); NJW 1980, 528 (529); *RGZ* 72, 124 (127); 75, 147 (150); 166, 367 (373f.); *RG* JW 1928, 3044 (3045f.); *Thomas/Putzo/Hüßtege*[27] Rdnr. 15; MünchKommZPO/*Gottwald*[2] Rdnr. 94; *Martiny* Hdb.IZVR III/1 Kap. I Rdnr. 1157f.; *Völker* 225ff.; *Riezler* 543; ausführlich *Spickhoff* ZZP 108 (1995) 475 (501: Zusammenfassung).

[352] *Musielak/Musielak*[4] Rdnr. 24.

[353] *BGHZ* 141, 286 (306) in Abgrenzung zu *BGH* NJW 1978, 1114 (1115); *BGH* NJW 2004, 2386 (2388: zu Art. 27 Nr. 1 EuGVÜ); *BSG* NJW-RR 1997, 1433 (Statusfeststellung eines türkischen Gerichts).

[354] *Schack* IZVR[4] Rdnr. 866, 868; *G.H.Roth* 60ff.

[355] *K.Simitis* Gute Sitten und ordre public (1960) 168ff.; MünchKommZPO/*Gottwald*[2] Rdnr. 96.

[356] *BGHZ* 141, 286 (304); *BGH* NJW 1993, 1270 (1272) mit Anm. *Geimer* LM § 328 ZPO Nr. 2 Deutsch-österreichischer Anerkennungsvertrag; IPRax 1987, 236 (237) mit Besprechung *Grunsky* 219; *BSG* NJW-RR 1997, 1433 (1434) (türkisches Statusurteil) mit zustimmender Anm. *Jayme* SGb 1997, 598; *BayObLG* NJW-RR 2000, 885; *BayObLGZ* 1999, 211 (iranische Ehescheidung; aber eingeordnet unter den verfahrensrechtlichen ordre public); *AG Weilburg* NJW-RR 1999, 1382 (1383); *Geimer* IPRax 1993, 292 (293).

[357] Zutreffend *BGH* JZ 1999, 1117 (zu Art. 27 Nr. 1 EuGVÜ) mit insoweit zustimmender Anm. *H.Roth* JZ 1999, 1119; ferner *Schulze* IPRax 1999, 342.

deutschen Rechtsvorstellungen gegen das gesetzliche Verbot des §49b Abs. 2 BRAO i.V. mit §134 BGB fallen[358].

108 Bei fremden **Schadensersatzurteilen** unterzieht die Rechtsprechung die verschiedenen Schadenspositionen je einer isolierten Anerkennungsprüfung und lehnt eine Gesamtbetrachtung aller ausgeurteilten Schäden unter einem Vergleich mit deutschen Vorstellungen mit teilweiser Anerkennung nach einem Toleranzzuschlag ab[359]. **Punitive damages** werden ohne die Möglichkeit einer geltungserhaltenden Reduktion auf einen angemessenen Teil im ganzen die Anerkennung versagt. US-amerikanische Urteile, die auf derartigen zusätzlichen pauschalierten Strafschadensersatz von nicht unerheblicher Höhe gerichtet sind, die über den bloßen Schadensausgleich hinausgehen und überwiegend reinen Strafcharakter haben, verstoßen im ganzen gegen den materiellen ordre public[360]. Die Anerkennungsverweigerung in toto gilt jedenfalls dann, wenn das ausländische Urteil (wie fast immer) keine ausreichenden Anhaltspunkte für eine sichere Aufspaltung in hinzunehmende oder unverträgliche Rechtsfolgen enthält. Eine Aufteilung nach dem freien Ermessen des Anerkennungsrichters ist ausgeschlossen[361]. Eine Ausnahme zugunsten der Anerkennungsfähigkeit wird für möglich gehalten, soweit mit der Verhängung von punitive damages »restliche, nicht besonders abgegoltene oder schlecht nachweisbare wirtschaftliche Nachteile pauschal ausgeglichen oder vom Schädiger durch die unerlaubte Handlung erzielte Gewinne abgeschöpft werden sollen«[362]. Die zunehmende Betonung von Präventionsgesichtspunkten bei der Verletzung des allgemeinen Persönlichkeitsrechts im deutschen Recht[363] zwingt im Anerkennungsrecht mit den dort inmitten stehenden exorbitanten Summen nicht zu einer Kehrtwendung[364]. Die totale Anerkennungsverweigerung bei punitive damages läßt sich selbst bei einer analogen (von der h.L. abgelehnten) Anwendung des Art. 40 Abs. 3 Nr. 2 EGBGB stützen: Der sachfremden Zwecken dienende Anspruch ist insgesamt ausgeschlossen[365]. Das Problem dürfte sich in Zukunft vielleicht nicht mehr in gleicher Schärfe stellen, da der U.S. Supreme Court die Wahrung der Verhältnismäßigkeit von Pflichtverletzung und Höhe des Ersatzes einfordert[366]. Gleichwohl sind auch unter Beachtung dieser Rechtsprechung durch die US-amerikanischen Gerichte exzessive

[358] *BGHZ* 118, 312 (332f.: 40% der Urteilssumme); *OLG Koblenz* NJOZ 2004, 3369 (3377); *H.Roth* JZ 1999, 1119 (1120); *Pisani* IPRax 2001, 293; a.A. *Schütze* in: Festschr. für Németh (2003) 795 (803).

[359] *BGHZ* 118, 312; ebenso *Bungert* ZIP 1992, 1707 (1714); wohl auch *Kronke* LM §328 ZPO Nr. 38/39/40; anders die Vorschläge von *Stiefel/Stürner* VersR 1987, 829 (837ff.); *Nagel/Gottwald* IZVR[5] §11 Rdnr. 175.

[360] *BGHZ* 118, 312 (334); *Thomas/Putzo/Hüßtege*[27] Rdnr. 18; MünchKommZPO/*Gottwald*[2] Rdnr. 98; *Schack* IZVR[4] Rdnr. 869; *Mörsdorf-Schulte* 300; *Bachmann* in: Festschr. für Schlosser (2005) 1 (17); *Schütze* in: Festschr. für Nagel (1987) 392 (399f.); *Baumbach/Henkel* RIW 1997, 727 (731ff.); *Koch* NJW 1992, 3073 (3075, mit gewissen Zweifeln); *Bungert* ZIP 1992, 1707 (1721); *Kronke* LM §328 ZPO Nr. 38, 39, 40; *Deutsch* JZ 1993, 266 (267); für Anerkennungsfähigkeit *P.Müller* 360ff. (aber Kappungsgrenze orientiert an den Spitzenwerten der in Deutschland zuerkannten Schmerzensgeldbeträge [2000: 800000 DM mit zusätzlichem Vollstreckungsschutz nach §765a bei Existenzverlust]); *ders.* DB 2001, 83; *Rosengarten* 207f. (im Grundsatz anerkennungsfähig); *ders.* NJW 1996, 1935 (1937); *Krätzschmar* in: Liber amicorum Hay (2005) 241 (249) weist darauf hin, daß punitive damages auch den Kläger für die aufgewendeten Anwaltskosten entschädigen sollen, auf denen er nach der »American rule of costs« sonst sitzen bliebe.

[361] *BGHZ* 118, 312 (334) (400000 Dollar punitive damages wegen sexuellen Mißbrauchs); dazu *Schack* ZZP 106 (1993) 104 (112) (insoweit ebenfalls gegen eine Herabsetzungsmöglichkeit).

[362] *BGHZ* 118, 312 (340).

[363] Gebilligt durch *BVerfG* NJW 2000, 2187; *BGHZ* 128, 1; *BGH* NJW 1996, 984.

[364] Entschieden anders *P.Müller* DB 2001, 83; vorsichtig *Stürner* in: Festgabe BGH (2000) 677 (679).

[365] Generell für Anerkennungsfähigkeit von punitive damages und gegen Art. 40 Abs. 3 EGBGB *P.Müller* 23.

[366] BMW of North America, Inc.v.Gore, 116 S.Ct.1589 (1996) (in der Vorinstanz 2 Millionen Dollar punitive damages wegen fehlerhafter Autolackierung bei tatsächlichem Schaden von 4000 Dollar); State Farm Mut.Ins.C.v.Campbell 123 S.Ct.1513 (2003)(in der Vorinstanz 145 Millionen Dollar punitive dama-

Verurteilungen nach deutschem Verständnis weiterhin nicht ausgeschlossen[367]. Das dort genannte Verhältnis von 9:1 als regelmäßige Höchstgrenze zwischen punitive damages und tatsächlich entstandenem Schaden bleibt insbesondere dann Lippenbekenntnis, wenn der tatsächliche Schaden wiederum auf einer nicht nachprüfbaren willkürlichen Schätzung der jury beruht. Daher dürfte weiterhin von »Strafschadensersatz in nicht unerheblicher Höhe«[368] mit der Folge der Totalablehnung auszugehen sein. Erkennt ein fremdes Urteil ein **höheres Schmerzensgeld** zu als nach deutschen Vorstellungen üblich (»damages for pain and suffering«), so hängt die anzustellende Verhältnismäßigkeitsprüfung nach h.L. vor allem vom Grad der Inlandsbeziehung ab[369]. Vorzugswürdig ist es demgegenüber aber wohl, die ausgeurteilte Summe im Wege des **Teilexequatur** auf den für deutsche Rechtsvorstellungen **noch hinnehmbaren Teil** zurückzuführen. Einen Ansatz zur Konkretisierung des ordre public bildet insoweit die analoge Anwendung des Art. 40 Abs. 3 Nr. 1 EGBGB im Anerkennungsverfahren[370]. Hierbei ist auf einen großzügigen Maßstab zu achten, weil auch die »Kappungsgrenze« des Art. 40 Abs. 3 Nr. 1 EGBGB wesentlich über der höchsten Vorstellung des deutschen Rechts liegen muß (→ Rdnr. 102). Letztlich läuft das auf eine **geltungserhaltende Reduktion** der ausländischen Verurteilung hinaus[371]. Nicht in voller Höhe anerkennungsfähig sind auch die im US-amerikanischen Kartellrecht geläufigen Verurteilungen zu **treble damages**[372] oder die Verdreifachung des Schadensersatzes nach dem »**Rico-Act**«[373], einem Gesetz zur Bekämpfung der Wirtschaftskriminalität, wenngleich hier der beabsichtigte Abschreckungseffekt wohl weniger ausgeprägt ist als bei reinen punitive damages[374]. Auch weicht z.B. das deutsche Recht des gewerblichen Rechtsschutzes ebenfalls von der Differenzhypothese des allgemeinen Schadensersatzrechts ab. Im Ergebnis sollte aber im Wege der Teilanerkennung nur der einfache der Kompensation dienende Schaden anerkannt werden und das Ausmaß der Reduktion aus Gründen der Rechtssicherheit nicht an die Intensität des Inlandsbezuges gebunden

ges bei tatsächlichem Schaden von 1 Million Dollar); dazu *Buchner* VersR 2003, 1203; *Krätzschmar* in: Liber amicorum Hay (2005) 241 (244), je mit Nachweisen.

[367] Mit Recht *Buchner* VersR 2003, 1203 (1207); *Bachmann* in: Festschr. für Schlosser (2005) 1 (16: Willkürverbot); eine positivere Sicht bei *Prütting* in: Festschr. für Jayme (2004) 709 (712).

[368] *BGHZ* 118, 312 (Leitsatz h).

[369] *BGHZ* 118, 312 (346ff.: wegen des schwachen Inlandsbezugs mit dem Schadensereignis in den USA und der amerikanischen Staatsbürgerschaft des Beklagten wurde ein von einem US-amerikanischen Gericht wegen gemeinsamen Masturbierens mit einem 13jährigen Jungen ausgeurteiltes Schmerzensgeld in Höhe von 200000 Dollar anerkannt, auch wenn ein deutsches Gericht allenfalls 30000 DM gewährt hätte); kritisch *Schack* ZZP 106 (1993) 104 (112: höchstens das Doppelte der deutschen Vorstellung).

[370] *Schack* IZVR[4] Rdnr. 869; *Zöller/Geimer*[25] Rdnr. 169a; *Geimer* IZVR[5] Rdnr. 2974 (mit umfassenden Nachweisen); *Völker* 81ff.; *Deutsch* JZ 1993, 266 (267: Art. 38 EGBGB a.F. als »Anleitungswirkung«); vergleichbar wohl (im Ergebnis) *Stiefel/Stürner* VersR 1987, 829 (842f.); *Siehr* RIW 1991, 705 (709); a.A. MünchKommZPO/*Gottwald*[2] Rdnr. 97; *Thomas/Putzo/Hüßtege*[27] Rdnr. 19 a.E.; ausdrücklich gegen die Methode *Stürner* in: Festgabe BGH (2000) 677 (680); *BGHZ* 118, 312 (328f.); 88, 17 (24f.) (noch zu Art. 38 EGBGB a.F. ergangene Entscheidungen, die wegen des weniger starren Art. 40 Abs. 3 EGBGB möglicherweise zu überdenken sind).

[371] Allgemein zu deren Voraussetzungen *H. Roth* JZ 1989, 411.

[372] *OLG Koblenz* NJOZ 2005, 3122 (3144); MünchKommZPO/*Gottwald*[2] Rdnr. 98; *Burst* Pönale Momente im ausländischen Privatrecht und deutscher ordre public (1994) 204ff.; *Merkt* Abwehr der Zustellung von »punitive damages«- Klagen (1995) 158ff.; *Stürner* in: Festschr. für Schlosser (2005) 967; für Anerkennungsfähigkeit dagegen *Zekoll/Rahlf* JZ 1999, 384 (392ff. mit der Möglichkeit einer Teilanerkennung bei Existenzgefährdung); *Stiefel/Bungert* ZIP 1994, 1905 (1915).

[373] Ausführlich *Stiefel/Bungert* in: Festschr. für Trinkner (1995) 749; *dies.* ZIP 1994, 1905 (1917: Teilanerkennung des einfachen Schadensersatzes unter Nichtanerkennung des dreifachen Schadensersatzes möglich).

[374] Ausführlich *Stürner* in: Festschr. für Schlosser (2005) 967 (974ff.).

werden[375]. Auch exzessive Verurteilungen im Rahmen US-amerikanischer **Produzentenhaftung** sind selbst bei ausreichendem Inlandsbezug nicht in vollem Umfang anerkennungsfähig, selbst wenn sie in § 823 Abs. 1 BGB ihr deutsches Äquivalent haben[376]. Andererseits kann deren Anerkennung auch nicht total verweigert werden, wenn und soweit sich das betreffende Unternehmen zum Produktabsatz auf den amerikanischen Markt begeben hat. In den genannten Fällen ist einer Teilanerkennung wegen des hinnehmbaren Teils vor einer Totalverweigerung der Anerkennung der Vorrang zu geben. Auch müssen derartige Urteile grundsätzlich in Deutschland **zugestellt** werden (→ *H. Roth*[22] § 183 Rdnr. 60). Kein Verstoß gegen den ordre public liegt vor, wenn das fremde Urteil **fiktive Heilungskosten** zuspricht[377]. Nicht anerkennungsfähig ist eine Verurteilung zu Schadensersatz unter Verstoß gegen die **§§ 104f. SGB VII** (→ Rdnr. 103)[378]. Kein Anerkennungshindernis liegt in der Verurteilung eines **deutschen Beamten** zum Ersatz des Sachschadens wegen einer im Ausland begangenen Amtspflichtverletzung[379]. Auch die Zuerkennung von **abstraktem Schadensersatz** in einer für Deutschland unbekannten Form führt nicht zu einem ordre public-Verstoß[380]. Erkennt (wie häufig in Schadensersatzprozessen) ein ausländisches Urteil mehrere rechtlich selbständige Ansprüche (Heilungskosten, Schmerzensgeld, Strafschadensersatz) zu, so können diese jeweils einzeln auf ihre Anerkennungsvoraussetzungen hin geprüft werden. Möglich ist deshalb auch ein **Teilanerkenntnis**, ohne daß ein entsprechender Antrag gestellt werden müßte[381].

109 Die Anerkennung wird nicht gehindert, wenn der Termin- und Differenzeinwand bei im Ausland geschlossenen **Börsengeschäften** über Waren bei nicht aufklärungsbedürftigen, nicht termingeschäftsfähigen Inländern nicht berücksichtigt wird[382].

110 Unvereinbar mit den Grundsätzen des deutschen Eherechts sind »**pro-forma-Ehescheidungen**« im Ausland[383]. Ebenso ist ein Ehescheidungsurteil nicht anerkennungsfähig, das auf **Druck** staatlicher Behörden auf die Ehegatten oder deren nahe Angehörige ergangen ist[384]. Gegen den ordre public verstößt auch die Anwendung einer fremden Gesetzesbestimmung, welche die **Legitimation** eines im Ehebruch erzeugten Kindes durch nachfolgende Eheschließung der Eltern nicht zuläßt, solange noch minderjährige eheliche Kinder aus der aufgelösten Ehe vorhanden sind, auf eine im Inland wohnende Familie[385]. Nicht anerkannt werden **Sorgerechtsentscheidungen**, die aus deutscher Sicht in unerträglicher Weise gegen das Kindeswohl verstoßen[386]. Ein Verstoß gegen den ordre public liegt vor, wenn Kindern aus einer »Zufallsverbindung« keine **Vaterschaftsfeststellung** ermöglicht wird[387]. Dagegen liegt kein Verstoß vor, wenn die **Unterhaltspflicht** des Stiefvaters gegenüber dem Stiefkind ausgesprochen

---

375 *Stürner* in: Festschr. für Schlosser (2005) 967 (983). – *Bungert* ZIP 1993, 815 (823) verneint bei geringem Inlandsbezug jeglichen ordre public-Verstoß.

376 Näher *Bungert* ZIP 1993, 815 (824)(aber zu starr auf die Höchstsummen der §§ 15 UmweltHG, 10 ProdHG verweisend); großzügiger *Zekoll* 158ff.; *Rosengarten* NJW 1996, 1935 (1938: grundsätzlich anerkennungsfähig).

377 *BGHZ* 118, 312 (327ff.); *Bungert* ZIP 1992, 1707 (1714); *Koch* NJW 1992, 3073 (3075); Bedenken wegen der unverhältnismäßigen Höhe bei *Schack* ZZP 108 (1993) 104 (108ff.).

378 *BGHZ* 123, 268 (275ff. [noch zu §§ 636, 637 RVO]); a.A. MünchKommZPO/*Gottwald*[2] Rdnr. 97.

379 *BGHZ* 123, 268.

380 In diese Richtung wohl *BGH* NJW-RR 2000, 1372; *Geimer* IZVR[5] Rdnr. 2973.

381 *BGHZ* 118, 312 (354f.).

382 *BGHZ* 138, 331 unter Aufgabe von *BGH* NJW 1975, 1600; WM 1978, 1203; 1981, 758; 1987, 1153.

383 *JM Nordrhein-Westfalen* IPRax 1986, 167.

384 *BayObLGZ* 1992, 195; bestätigt durch *BayObLG* StAZ 2001, 174 (175).

385 *BGHZ* 50, 370 (375f.) (zum früheren italienischen Recht).

386 *BGH* NJW 1980, 529 (531); 1983, 2775 (2778).

387 *OLG Oldenburg* FamRZ 1993, 1486 (1487).

wird[388], oder eine **Ehe für nichtig** erklärt wird, die vor einem unzuständigen Standesbeamten geschlossen wurde[389]. Anerkennungsfähig sind auch Urteile, die entgegen der Wertung des §1600d Abs. 4 BGB ohne vorherige statusrechtliche Feststellung der Vaterschaft eine **Zahlvaterschaft** (Verurteilung zu Unterhalt) feststellen[390]. Die Anerkennung eines Urteils auf **Zugewinn** scheitert, wenn er durch Festhalten einzelner Kontenbewegungen während der Ehezeit errechnet wurde[391]. Nicht anerkannt wird die Versagung von **nachehelichem Unterhalt** der ein Kind betreuenden geschiedenen Frau, wenn sie keine Möglichkeit hat, ohne Vernachlässigung des Kindes den Lebensunterhalt zu verdienen[392]. Die Anerkennung eines zweiten Scheidungsurteils eines amerikanischen Bundesstaates ist auch dann möglich, wenn durch dieses ein früheres, nach einem sogenannten »**ex-parte-Verfahren**« in einem anderen Bundesstaat erlassenes, formell rechtskräftig gewordenes erstes Scheidungsurteil, gegenstandslos wurde[393].

b) Verfahrensrechtlicher ordre public

111 Es gibt nur wenige höchstrichterliche Entscheidungen, die die Anerkennung wegen Verfahrensmängeln scheitern lassen. Anerkennungsfähig ist ein aufgrund von »**forum-shopping**« in zulässiger Weise von einem ausländischen Gericht erwirktes Urteil (dazu → *H. Roth*[22] vor §12 Rdnr. 53), das mehr oder unter erleichterten Voraussetzungen zuspricht, als es das vergleichbare deutsche Gericht getan hätte[394]. Da »forum-shopping« legal ist, kann die Anerkennung eines derartigen Urteils nicht scheitern. Anders liegt es in Fällen der **Zuständigkeitserschleichung** (dazu → *H. Roth*[22] vor §12 Rdnr. 42)[395]. Nicht anerkennungsfähig sind Urteile bei **institutionellem Rechtsmißbrauch** verfahrensrechtlicher Institute durch das ausländische Gericht durch bewußte und zweckgerichtete Schlechterstellung des ausländischen Beklagten zu seinem Schaden. So lag es etwa bei der Anwendung eines gegen Piraterie gerichteten Gesetzes aus dem Jahre 1789 (»alien tort claims act«) gegen deutsche Unternehmen in Zwangsarbeiterprozessen[396].

112 Ein ordre public-Verstoß liegt nicht schon darin, daß das ausländische Verfahrensrecht dem fremden Richter größere Freiheit einräumt als dem deutschen Richter. Schädlich sind nur **eklatante Mängel** (→ Rdnr. 105). Verstöße gegen das **ausländische Verfahrensrecht** genügen für sich nicht[397]. Es liegt kein Verstoß vor, wenn eine ausländische **Vaterschaftsfeststellung** allein auf der Aussage der Kindsmutter (oder der Parteien oder Zeugenaussagen) beruht und kein Abstammungsgutachten eingeholt wird[398]. Unschädlich ist auch die **unterbliebene Ver-**

---

388 *Gottwald* FamRZ 1991, 581 gegen *LG Düsseldorf* ebd.
389 *BayObLG* StAZ 1967, 292; *OLG Celle* NJW 1963, 2235.
390 *Geimer* IPRax 2004, 419 (420); a.A.; *OLG Hamm* FamRZ 2006, 968.
391 *OLG Köln* FamRZ 1995, 306.
392 *OLG Zweibrücken* FamRZ 1997, 93.
393 *BayObLGZ* 1967, 218 (228).
394 MünchKommZPO/*Gottwald*[2] Rdnr. 96; wohl auch *Thomas/Weidmann* DB 2004, 2694 (2698).
395 *OLG Hamm* NJW-RR 1996, 773; *Thomas/Weidmann* DB 2004, 2694 (2698).
396 *Schütze* in: Festschr. für Geimer (2002) 1025 (1036); *ders.* RIW 2004, 162 (165); *Heß* AG 1999, 145 (148, 154: Machtfragen statt Rechtsfragen, ohne Erörterung der Anerkennungsproblematik); vergleichbar problematisch ist die spezielle (inzwischen überholte) Holocaust-Gesetzgebung mit der Zuständigkeit kalifornischer Gerichte, dazu *Schütze* RIW 2004, 162 (165); *Gebauer/Schulze* IPRax 1999, 478 (483f. mit offenem Ergebnis); zu den Mißbrauchsmöglichkeiten des US-amerikanischen Prozeßrechts auch *Prütting* in: Festschr. für Jayme (2004) 709.
397 *OLG Düsseldorf* NJW-RR 1997, 572.
398 *BGH* NJW 1986, 2193; 1997, 2051 (DDR-Statusurteil); *BSG* NJW-RR 1997, 1433 (1434) mit Anm. *Jayme* SGb 1997, 598; *OLG Stuttgart* FamRZ 2005, 636 (637); *OLG Hamm* FamRZ 2004, 719; 2003, 1855; DAVorm 1993, 104 (105); *OLG München* FamRZ 2003, 462; *OLG Düsseldorf* FamRZ 1996, 176

nehmung der Kindsmutter zur bestrittenen Frage der Beiwohnung innerhalb der Empfängniszeit, wenn das ausländische Gericht die Frage der Vaterschaft schon auf Grund eines erbbiologischen Gutachtens für geklärt hält[399]. Kein Anerkennungshindernis liegt darin, daß ein englisches Gericht den Beklagten nach Nichtbefolgung einer »interim order« wegen **contempt of court** von der weiteren Teilnahme am Rechtsstreit ausgeschlossen hat[400]. Großzügigkeit ist auch bei Unterschieden in der **Gerichtsverfassung** angebracht. So schadet es nicht, wenn das Urteil nur von **Laienrichtern** erlassen wurde[401], oder eine amerikanische **jury** entschieden hat[402]. Doch liegt ein Verstoß gegen Nr. 4 vor, wenn die **Unabhängigkeit und Unparteilichkeit** des Gerichts nicht gewahrt sind[403], oder sich der ausländische Richter sogar der Rechtsbeugung schuldig gemacht hat[404]. Das »Richterwahlsponsoring« bei US-amerikanischen Staatsgerichten führt nicht zu einer »konzeptionellen« Befangenheit der beteiligten Richter mit der Folge der Nichtanerkennungsfähigkeit deren Urteile[405]. Nicht anerkennungsfähig sind ausländische **antisuit injunctions**, weil ausländische Klageverbote die Deutschland vorbehaltene Entscheidung aushebeln, ob deutsche Gerichte entscheiden sollen oder nicht[406]. Zudem fehlt es hier bereits an der erforderlichen Sachentscheidung (→ Rdnr. 55).

113 Die Anerkennung wird nicht versagt, wenn das Urteil nur einen **unzulänglichen Tatbestand** und keine ins einzelne gehende **Begründung** enthält[407]. Das gilt häufig für US-amerikanische Zivilurteile, soweit sie auf einem nicht näher begründeten verdict der jury beruhen. Allerdings werden auch exzessive »compensatory damages-Urteile« nicht anzuerkennen sein, wenn sie ersichtlich ihrerseits auf einer bloßen Schätzung beruhen, die wegen der fehlenden Begründung nicht nachprüfbar ist[408]. Auch die den anglo-amerikanischen Prozeßrechten eigentümliche Durchführung einer **pre-trial-discovery** unter weitgehender Parteiherrschaft mit der Möglichkeit des Ausforschungsbeweises begründet für sich noch keinen Verstoß gegen den ordre public. In den gebotenen Gesamtvergleich sind nämlich auch die dem deutschen Recht bekannten materiellrechtlichen Auskunftspflichten mit einzubeziehen[409]. Grundsätzlich bestehen auch keine Bedenken dagegen, daß US-amerikanische Zivilurteile in der Regel **keine Kostenerstattung** zugunsten der obsiegenden Partei vorsehen (»American rule of

---

(177); *OLG Brandenburg* FamRZ 1995, 503; *LG Hamburg* FamRZ 1993, 980; zustimmend *Geimer* IPRax 2004, 419 (420); *Stürner* in: Festgabe BGH (2000) 677 (681). – Anders aber, wenn durch Versäumnisurteil entschieden wird und keinerlei Erkenntnisse vorliegen, *OLG Hamm* NJW-RR 2006, 293.

[399] *OLG Düsseldorf* DAVorm 1998, 939f. (Schweiz).

[400] *BGHZ* 48, 327 (332f.); *OLG Frankfurt a.M.* IPRax 2002, 523; *G.H.Roth* ZZP 82 (1969) 152; *Wengler* JZ 1968, 596f.; a.A. *F.Baur* in: Festschr. für Guldener (Zürich 1973) 1 (20).

[401] *OLG Saarbrücken* NJW 1988, 3100 mit Anm. *H.Roth* IPRax 1989, 14 (17).

[402] *Herrmann* 208; zweifelnd *Schütze* in: Festschr. für Geimer (2002) 1025 (1030f.).

[403] *Riezler* 552.

[404] *Hellwig* Lb 1, 135f.

[405] Zu weitgehend daher *Schütze* ZVglRWiss 100 (2001) 464.

[406] *Maack* Englische antisuit injunctions im europäischen Zivilrechtsverkehr (1999) 156ff.; *Martiny* Hdb.IZVR III/1 Kap. I Rdnr. 477; *Schack* IZVR[4] Rdnr. 773; *Geimer* IZVR[5] Rdnr. 1014; *Mansel* EuZW 1996, 336f.; a.A. *Koch* Grenzüberschreitender einstweiliger Rechtsschutz in: Heldrich/Kono (Hrsg.) Herausforderungen des internationalen Zivilverfahrensrechts (1994) 85 (96).

[407] *BGHZ* 118, 312 hat das nicht beanstandet; im Ergebnis zustimmend *Schack* ZZP 106 (1993) 108.

[408] *Schütze* in: Festschr. für Geimer (2002) 1025 (1038).

[409] *BGHZ* 118, 312 (323f.); *Thomas/Putzo/Hüßtege*[27] Rdnr. 19; MünchKommZPO/*Gottwald*[2] Rdnr. 104; *Schack* IZVR[4] Rdnr. 865; *Geimer* Anerkennung 137; *Zekoll* 137ff.; *Stürner* in: Festgabe BGH (2000) 677 (681); a.A. *Hök* Discovery-proceedings als Anerkennungshindernis (1993) 206ff., 229ff.; *Schütze* in: Festschr. für Stiefel (1987) 697 (701ff.); *ders.* in: Festschr. für Geimer (2002) 1025 (1032ff.); *Rosengarten* 107. – Zur Bedeutung des Rechtsinstituts in den USA *Schack* Einführung in das US-amerikanische Zivilprozeßrecht[3] 44ff.; *Junker* ZZPInt 1 (1996) 235; zu den Einschränkungen exzessiver Regeln *Krätzschmar* in: Liber amicorum Hay (2005) 241 (245); zum englischen Recht *H.Roth* ZZP 109 (1996) 271 (291ff.).

costs«)[410], oder das ausländische Verfahren keinen **Anwaltszwang** kennt[411]. Es bildet kein Anerkennungshindernis, wenn das ausländische Recht für die Bewilligung der **Prozeßkostenhilfe** schärfere Anforderungen als das deutsche Recht stellt[412]. Ein Verstoß gegen den ordre public (Sozialstaatsprinzip) liegt aber wohl vor, wenn das fremde Recht Bedürftigen keine Möglichkeit gibt, ohne eigenen wirtschaftlich tragbaren Kostenvorschuß eine rechtskundige Prozeßvertretung zu erhalten mit der Folge, daß sie tatsächlich außerstande sind, im fremden Verfahren ordnungsgemäß vertreten zu sein[413]. Für Entscheidungen US-amerikanischer Gerichte ist allerdings der Zusammenhang mit der »American rule of costs« zu bedenken, die häufig im Ergebnis das Prozeßkostenrisiko des Klägers minimiert und daher ein strengeres Prozeßkostenhilferecht erträglicher macht. Differenziert zu beurteilen ist die Anerkennung von Urteilen auf **class actions**. Sie binden nach (dem mehrfach geänderten) Art. 23 F.R.C.P nach amerikanischem Prozeßrecht alle Klassenmitglieder, auch wenn sie nicht am Verfahren beteiligt waren[414]. Soweit Inländer davon betroffen sind, wird man die Anerkennung versagen müssen[415]. Das Ergebnis entspricht auch der hier vertretenen »Kumulationstheorie« (→ Rdnr. 8ff.), weil dem deutschen Prozeßrecht diese Urteilswirkungen nicht bekannt sind. In Sonderfällen wird sogar die **Zustellung** einer derartigen Klage in Deutschland zu versagen sein (→ *H.Roth*[22] § 183 Rdnr. 69)[416]. Einen ordre public-Verstoß begründet ein ausländisches Unterhaltsurteil, das ein **Verbot der Unterhaltsabänderung** vorsieht[417].

114 Hauptfall für eine Verweigerung der Anerkennung sind Verstöße gegen das **rechtliche Gehör** während des Verfahrens, also außerhalb des Anwendungsbereichs der Nr. 2 (→ Rdnr. 86)[418]. Die Gewährung rechtlichen Gehörs zählt als tragender Grundsatz des Verfahrensrechts zum deutschen ordre public international (→ Rdnr. 105)[419]. Danach darf eine Entscheidung nicht erlassen werden, bevor der Betroffene Gelegenheit zur Äußerung hatte, und ohne daß er auf den Verfahrensablauf aktiv Einfluß nehmen konnte[420]. Die beschwerte Partei muß aber darlegen, was sie im Falle der Gewährung rechtlichen Gehörs vorgetragen hätte und

---

410 *BGHZ* 118, 312 (325); *OLG Koblenz* NJOZ 2004, 3369 (3376); MünchKommZPO/*Gottwald*[2] Rdnr. 104; *Schack* ZZP 106 (1993) 107f.; anders für unverhältnismäßig hohe Kosten *Schütze* WM 1979, 1174 (1176); grundsätzliche Bedenken wegen Verstoßes gegen die Waffengleichheit bei *Herrmann* 218; *Schütze* RIW 1993, 139; *ders.* in: Festschr. für Geimer (2002) 1025 (1034); dagegen weist *Krätzschmar* in: Liber amicorum Hay (2005) 241 (249 Fn. 43) auf die bestehenden Durchbrechungen der American Rule hin.

411 *BayObLG* NJW 1974, 418.

412 *BGH* NJW 1978, 1114 (1115).

413 So *Zöller/Geimer*[25] Rdnr. 156; *Musielak/Musielak*[4] Rdnr. 27; *W.Gerhardt* ZZP 114 (2001) 249; offengelassen von *BGH* NJW 1994, 1413 (1415); a.A. → *Voraufl.* Rdnr. 141.

414 Überblick bei *Vagts/Murray* ZZPInt 7 (2002) 333 (353ff.); *Heß* AG 1999, 145 (146 zu Zwangsarbeiterklagen), *ders.* AG 2005, 897; *Kenneth S.Rivlin & Jamaica D.Potts* 27 Harv. Envtl. Rev. 519 (2003); zu der Neufassung 2003 und dem Class Action Fairness Act of 2005, Pub.L.No.109–2, 119 Stat.4 (2005) eingehend *Hohl* Die US-Sammelklage im Wandel (2006) (im Erscheinen); *Krätzschmar* in: Liber amicorum Hay (2005) 241 (245).

415 MünchKommZPO/*Gottwald*[2] Rdnr. 101, 150; *Mann* NJW 1994, 1187; differenzierend *Mark* EuZW 1994, 238; *Greiner* 175ff. (keine Bindung bei nachteiligen Urteilen); *Fadlalla* 85ff. (keine Bindung bei nachteiligen Urteilen); *Schneider* 104 (keine Bindung bei fehlender Benachrichtigung); für eine Anerkennung eintretend *Völker* 183f.; *Heß* AG 2005, 897 (900 Fn. 45): Verstoß gegen § 328 Abs. 1 Nr. 4 bei massiver Beeinträchtigung individueller Verteidigung.

416 *BVerfG* NJW 2003, 2598; dazu *Prütting* in: Festschr. für Jayme (2004) 709 (715).

417 *OLG Nürnberg* FamRZ 1996, 353.

418 *BGH* FamRZ 1997, 490 (491); *KG* FamRZ 2004, 275; *OLG Hamburg* NJW-RR 1991, 390; *LG Hamburg* IPRsp 1981, 429 Nr. 182; MünchKommZPO/*Gottwald*[2] Rdnr. 103; *Ferid/Kegel/Zweigert* (Hrsg.) Gutachten zum internationalen und ausländischen Privatrecht (1984) 454f.

419 *BGHZ* 141, 286 (297); *KG* FamRZ 2004, 275 (277).

420 *BGH* NJW 1978, 1114 (1115).

daß die ausländische Entscheidung möglicherweise auf der Gehörsverletzung beruht[421]. Der Schutzbereich erstreckt sich aber nicht auf eine bestimmte verfahrensrechtliche Ausgestaltung, vor allem nicht auf eine **Terminladung**[422]. Auch wird nur die ungehinderte und **zumutbare Gelegenheit** des Betroffenen gewährleistet, sich am Verfahren zu beteiligen. Wird sie nicht wahrgenommen, so liegt kein Versagungsgrund vor[423]. In der Sache ergibt sich daraus eine **Prozeßförderungslast** des Beklagten, sobald er von dem verfahrenseinleitenden, ordnungsgemäß zugestellten Schriftstück Kenntnis erlangt hat. Erkennbaren Verfahrensfehlern des ausländischen Gerichts muß er im Rahmen der Zumutbarkeit entgegenwirken. Da im Zusammenhang von §328 Abs.1 Nr.2 das verfahrenseinleitende Schriftstück keinen bestimmten Klageantrag enthalten muß (→ Rdnr. 92), soll eine **Klageerweiterung** nicht dem Benachrichtigungszwang unterliegen, weil sich der Beklagte durch Verfahrensteilnahme hätte das rechtliche Gehör sichern können[424]. Das führt zu einer problematischen weltweiten Prozeßführungslast. Deshalb müssen Klageerweiterungen, die eine wesentliche Änderung des Streitgegenstandes enthalten, erneut zugestellt werden[425]. So wurde ein Verstoß bejaht, wenn **entscheidungserheblichen Behauptungen** einer Partei wie der Einrede des Mehrverkehrs und der Zeugungsunfähigkeit nicht nachgegangen wurde[426], oder sie keine Gelegenheit hatte, zu einem Beweisergebnis Stellung zu nehmen[427]. Die Anerkennung scheitert auch, wenn der Beklagte an dem ausländischen **Verfahren nicht beteiligt** worden ist, obwohl dem Kläger sein inländischer Aufenthaltsort bekannt war[428]. Nicht anerkennungsfähig ist ein im Adhäsionsverfahren ergangenes Urteil, wenn es dem nicht anwesenden Angeklagten versagt wird, sich durch einen für ihn **auftretenden Rechtsanwalt** vertreten zu lassen[429].

115 Mit dem ordre public vereinbar sind **summarische Verfahren**, die zu einer endgültigen Entscheidung führen, z.B. nach RSC Order 14 mit einer beschleunigten endgültigen Entscheidung ohne Hauptverhandlung, wenn der Beklagte keine Einwendungen oder Streitpunkte darlegen kann, die ein ordentliches Verfahren rechtfertigen[430].

XI. Gegenseitigkeit (Abs. 1 Nr. 5)

1. Normzweck

116 Das Gegenseitigkeitserfordernis will im internationalen Rechtsverkehr (außerhalb von Staatsvertragsrecht, → Rdnr. 41ff.) aus politischen Gründen ausländische Staaten zu einem **geordneten Zivilrechtsverkehr** mit Deutschland anhalten[431]. Daneben soll es nach den Vorstellungen des Gesetzgebers auch als Garantie für eine **Mindestqualität ausländischer Entscheidungen** wirken[432]. Die damit verfolgten staatlichen Interessen vernachlässigen mit Aus-

---

[421] *Zöller/Geimer*[25] Rdnr. 159b; offengelassen durch *KG* FamRZ 2004, 275 (277).
[422] *BGHZ* 141, 286 (297).
[423] *BGHZ* 141, 286 (297); *BGH* IPRax 2002, 395 (Bezeichnung eines nicht existierenden Tags als Verhandlungstermin) (zu Art. 27 Nr. 1 EuGVÜ) mit Besprechung *Geimer* IPRax 2002, 378.
[424] *BGHZ* 141, 286 (295f.)
[425] Im Anschluß an *Stürner* in: Festgabe BGH (2000) 677 (682); *Stürner/Bormann* JZ 2000, 81 (86).
[426] *AG Würzburg* FamRZ 1994, 1596.
[427] *OLG Celle* NdsRpfl 1961, 152.
[428] *OLG Koblenz* NJW-RR 1991, 521 (522); *AG Weilburg* NJW-RR 1999, 1382 (1383); zur Nichtbeteiligung auch *OLG Hamm* FamRZ 1996, 178 (179); *OLG Frankfurt a.M.* OLGZ 1985, 257.
[429] *BGH* NJW 2000, 3289 (Verurteilung zu 350 000 FF) mit Anm. *Gross* JZ 2000, 1068 (ergangen zu Art. 27 Nr. 1 EuGVÜ).
[430] *BGHZ* 53, 357 (359ff.); → Rdnr. 56.
[431] *BGHZ* 134, 79 (91) (ausländischer Zwangsvergleich); *OLG Koblenz* NJOZ 2004, 3369; *Schütze* in: Festschr. für Geimer (2002) 1026.
[432] Insoweit mit Recht zweifelnd *BGHZ* 134, 79 (91); MünchKommZPO/*Gottwald*[2] Rdnr. 105.

nahme von Abs. 2 die legitimen **Parteiinteressen**. So kommt es zu einer Schlechterstellung eines im Ausland erfolgreichen deutschen Klägers, der nur deshalb nicht in Deutschland gegen den ausländischen Schuldner vollstrecken kann, weil deutsche Urteile durch den Urteilsstaat nicht anerkannt werden. Vergleichbar widerstreitet das Erfordernis aber auch dem Interesse eines ausländischen Klägers, dem aus den gleichen Gründen die Vollstreckung in Deutschland verwehrt bleibt. Nr. 5 stellt daher ein Erfordernis auf, das mit dem anzuerkennenden fremden Urteil nicht einmal mittelbar in Verbindung steht, wogegen alle anderen Anerkennungsvoraussetzungen des §328 mit der **konkreten Streitigkeit** zusammenhängen. Eine Abschaffung des Gegenseitigkeitserfordernisses wäre daher **rechtspolitisch** sinnvoll[433]. Gleichwohl hat der Gesetzgeber des IPR-Gesetzes (→ Gesetzesgeschichte) das Erfordernis nicht aufgegeben, weil die Streichung als verfrüht angesehen wurde[434]. Trotz der vorgetragenen Bedenken ist die gesetzliche Lösung **verfassungskonform**[435].

2. Voraussetzungen

a) Selbständigkeit

117 Das Gegenseitigkeitserfordernis ist neben den Nrn. 1 bis 4 eine **selbständige Voraussetzung** für die Anerkennung der fremden Entscheidung, so daß die Anerkennung bei fehlender Gegenseitigkeit ohne Rücksicht darauf ausgeschlossen ist, ob sich auch aus den Nrn. 1 bis 4 Bedenken ergeben[436]. Das deutsche Anerkennungsgericht hat die Verbürgung der Gegenseitigkeit **von Amts wegen** festzustellen (→ Rdnr. 31). Da Nr. 5 eine **Anerkennungsvoraussetzung** und kein Anerkennungshindernis ist, scheitert eine Anerkennung, wenn die Rechtslage unaufklärbar bleibt, was bei kleineren Staaten nicht eben selten der Fall ist[437]. Im Ergebnis trägt der Kläger die **Beweislast** (→ Rdnr. 31). Über das Vorliegen der Gegenseitigkeit entscheidet das jeweils befaßte Gericht selbständig und ohne Bindung an etwaige Feststellungen der Bundesregierung oder der Landesjustizverwaltung. Das Gesagte gilt selbst dann, wenn auf den Streitfall materiell das Recht desjenigen Staates anzuwenden ist, dem dieses Gericht angehört, dieses Gericht für die Entscheidung zuständig war und eine Verletzung des ordre public nicht vorliegt[438].

b) Einfluß von Staatsverträgen

118 Ordnet bereits ein bilateraler oder ein multilateraler Staatsvertrag oder eine europäische Verordnung die Anerkennung an (→ Rdnr. 41ff.), so ergibt sich die Gegenseitigkeit im Verhältnis zu den Partnern der Staatsverträge oder der Mitgliedstaaten aus dem Inhalt dieser Rechtsquellen. In diesen Fällen ist die Gegenseitigkeit durch das deutsche Anerkennungsgericht nicht zu prüfen. Gegenstand der Prüfung ist auch nicht, ob der andere Staat seine Pflichten erfüllt, soweit ein Vertrag das nicht ausdrücklich vorsieht. Außerhalb derartiger Verträge

---

[433] Kritisch *Doser* 172ff.; *Hepting* 225ff.; MünchKommZPO/*Gottwald*² Rdnr. 105; *Schack* IZVR⁴ Rdnr. 877; *Beitzke* in: Festschr. für Nipperdey (1965) Band 1, 855 (858); *Bülck* JbIntR 5 (1955) 92; *Cohn* JbIntR 6 (1956) 215; *Einmahl* NJW 1971, 1487; *Satter* ZZP 55 (1930) 459; *Süß* in: Festgabe für Rosenberg (1949) 229 (232ff.); *Wittmaack* BöhmsZ 22 (1912) 1 (8ff.); vor allem schon *Mittermaier* AcP 14 (1831) 84 (108).

[434] Bundesregierung BT-Drucks. 10/504 S. 88: »Die Auswirkungen einer Streichung im vermögensrechtlichen Bereich sind bislang nicht ausreichend geprüft. Andere, vermittelnde Lösungen wie Bereitstellung angemessener Mittel zur Feststellung der Voraussetzungen einer Verbürgung der Gegenseitigkeit sind bisher nicht versucht worden«.

[435] Anders *Puttfarken* RIW 1976, 149.

[436] *Beitzke* RabelsZ 30 (1966) 642 (649).

[437] A.A. *Pfeiffer* RabelsZ 55 (1991) 734.

[438] *BGH* LM §328 ZPO Nr. 14 (Türkei); zustimmend *Schütze* NJW 1969, 293 (296).

oder Verordnungen kann ein in der Hauptsache nicht anerkennungsfähiges Urteil grundsätzlich auch im **Kostenausspruch** nicht für vollstreckbar erklärt werden[439]. Allerdings können wegen der Kostenentscheidung möglicherweise Art. 18, 19 des Haager Übereinkommens 1954 eingreifen (→ Rdnr. 45). Dann sind Kostenentscheidungen der Urteile von Gerichten der Mitgliedstaaten[440] durch die zuständige deutsche Instanz für vollstreckbar zu erklären, so daß unter Umständen für die Anerkennung der Hauptsacheentscheidung die Gegenseitigkeit zu prüfen ist, nicht aber für den Kostenausspruch.

c) Keine Gegenseitigkeitsprüfung (Abs. 2)

119 Abs. 2 enthält ebenso wie Art. 7 §1 Abs. 1 S. 2 FamRÄndG (→ Rdnr. 175) eine Ausnahme vom Erfordernis der Gegenseitigkeit. Mit dieser Norm verfolgt Deutschland auch eigene Belange im Hinblick auf die Anerkennung zur Gewährleistung einer geordneten Rechtspflege[441]. Abs. 2 Alt.2 umfaßt die **Kindschaftssachen** des §640 sowie die **Lebenspartnerschaftssachen** des §661 Abs. 1 Nr. 1 und 2, und Abs. 2 Alt.1 gilt für die Anerkennung von Urteilen über **nichtvermögensrechtliche Ansprüche** (Begriff → *H.Roth*[22] §1 Rdnr. 52), für die ein deutscher Gerichtsstand nicht besteht. In den von Abs. 2 umfaßten Fällen gilt auch die **Kostenentscheidung** als nichtvermögensrechtliche Angelegenheit[442]. Abs. 2 findet auch auf die **vorgreifliche Statusentscheidung** Anwendung, die etwa im Rahmen der Anerkennung eines Unterhaltsurteils inzident anerkannt werden muß[443].

3. Inhalt

a) Begriff der Gegenseitigkeit

120 Gegenseitigkeit ist verbürgt, wenn die Anerkennung und Vollstreckung eines vergleichbaren deutschen Urteils in dem betreffenden Urteilsstaat auf **keine wesentlich größeren Schwierigkeiten** stößt als die Anerkennung und Vollstreckung des betreffenden fremden Urteils in Deutschland[444]. Dafür reicht es aus, wenn die jeweiligen Anerkennungsrechte des fremden Urteilsstaates wie des deutschen Anerkennungsstaates und die beiderseits geübte Anerkennungspraxis bei einer **Gesamtwürdigung** »im wesentlichen gleichwertige Bedingungen für die Vollstreckung eines Urteils gleicher Art im Ausland schaffen«[445]. In diesem Sinne müssen die Urteile deutscher Gerichte in dem fremden Staat als bindend angesehen werden (Einzelheiten → Rdnr. 122). Für die Bejahung der Gegenseitigkeit ist kein bilaterales oder multilaterales Vollstreckungsabkommen erforderlich, das sie sichert. Vielmehr muß die Gegenseitigkeit nur im **materiellen Sinn** bestehen[446]. Deshalb besteht z.B. keine Gegenseitigkeit, wenn der ausländische Staat die Gerichtsbarkeit in einem solchen Umfang für sich in Anspruch nimmt, daß für die Anerkennung deutscher Urteile kaum mehr Raum besteht[447]. Bei **Mehrrechtsstaaten** kommt es für die Verbürgung der Gegenseitigkeit auf das Recht des betreffenden Gliedstaates an, wenn sich die Anerkennungsvoraussetzungen nach dem Recht dieses Teilstaates richt-

---

439 *BGH* LM §328 ZPO Nr. 2 deutsch-österreichischer Anerkennungsvertrag mit Anm. *Geimer*.
440 Nachgewiesen bei *Jayme/Hausmann*[12] Nr. 210 (S. 526 Fn. 1).
441 *BGHZ* 134, 79 (91) mit Anm. *Stadler* IPRax 1998, 91.
442 *RGZ* 109, 387.
443 Z.B. *OLG Hamm* FamRZ 2004, 719; 2006, 967; 2006, 968; *Geimer* IPRax 2004, 419.
444 *BGH* NJW 2001, 524 (525).
445 *BGHZ* 141, 286 (299: US-Bundesstaat Wisconsin); 59, 116 (121: Frankreich); 42, 194 (196: Südafrika); *BGH* NJW 2001, 524 (525: kanadische Provinz Columbia); *Musielak/Musielak*[4] Rdnr. 30.
446 *BGH* NJW 2001, 524 (525).
447 *RGZ* 107, 308; 115, 103.

en[448]. Die Rechtsprechung hat zur **Erleichterung** der Anerkennung und Vollstreckung das Gegenseitigkeitserfordernis in mehrfacher Hinsicht **gelockert** (sogleich → Rdnr. 121ff.).

b) Partielle Gegenseitigkeit

121 Nach der beifallswerten höchstrichterlichen Rechtsprechung genügt auch eine auf bestimmte Gebiete beschränkte (partielle) Gegenseitigkeit (»**Prinzip der Teilbarkeit der Gegenseitigkeit**«)[449]. In einem ersten Prüfungsschritt wird eine Gesamtschau des fremden und deutschen Anerkennungsrechts und der -praxis angestellt. Wird die Gegenseitigkeit als generell verbürgt oder nicht verbürgt angesehen, kommt es in einem nachfolgenden zweiten Prüfungsschritt zu der Untersuchung, ob die Verbürgung der Gegenseitigkeit partiell verneint werden muß oder partiell gewährleistet ist. Vor allem kann die Gegenseitigkeit nur im Hinblick auf **bestimmte Urteilsgattungen** verbürgt sein[450]. So genügt bei einem ausländischen Zahlungsurteil die Gegenseitigkeit bei der Anerkennung und Vollstreckung von Leistungsurteilen über eine Geldsumme[451]. Vergleichbar reicht es aus, wenn die Gegenseitigkeit für das anzuerkennende Versäumnisurteil verbürgt ist[452], oder es werden umgekehrt lediglich kontradiktorische Urteile anerkannt, nicht aber Versäumnisurteile. Auch kann die Rechtskraftwirkung klageabweisender Entscheidungen anerkannt werden, wenn der Urteilsstaat deutsche Entscheidungen zwar nicht zur Vollstreckung zuläßt, wohl aber die Rechtskraft anerkennt[453]. Eine partielle Verbürgung der Gegenseitigkeit ist auch für **teilbare Urteilspositionen** möglich[454]. In vergleichbarer Weise kann die Gegenseitigkeit nur im Hinblick auf **bestimmte Gerichtsstände** verbürgt sein, z.B. den allgemeinen Gerichtsstand des Beklagten[455]. Die Gegenseitigkeit ist etwa auch dann partiell als nicht verbürgt anzusehen, wenn der Urteilsstaat exorbitante internationale Zuständigkeiten nur für sich selbst in Anspruch nimmt, sie aber Deutschland nicht gewährt. Das führt im Ergebnis dazu, daß die aus deutscher Sicht spiegelbildlich bejahte internationale Zuständigkeit des fremden Gerichts nach §328 Abs. 1 Nr. 1 aus den Gründen der fehlenden Gegenseitigkeit nach Nr. 5 doch nicht anerkannt wird (→ Rdnr. 73)[456]. Es gilt: »wie gewonnen, so zerronnen«. Die Anerkennung scheitert dann nicht an der fehlenden internationalen Zuständigkeit, sondern an der Gegenseitigkeit. Doch reicht es aus, wenn das betreffende fremde Recht eine deutsche internationale Zuständigkeit unter einem anderen, wenngleich dem deutschen Recht an sich fremden Gesichtspunkt, anerkennen würde[457]. Stets unzulässig ist aber eine **punktuelle Betrachtungsweise**. So kann partielle Nichtverbürgung nicht etwa angenommen werden für im voraus nicht bestimmbare **Kosten der Vollstreckbarerklärung**, obwohl der deutsche Titelgläubiger wegen der »American rule of costs« in den USA im Verfahren der Vollstreckbarerklärung schlechter steht als der amerikanische Gläubiger im deutschen Verfahren der §§722f. (→ »Gegenseitigkeitsschlüssel« Vereinigte Staaten von

---

448 *BGHZ* 141, 286 (299); *H.Roth* ZZP 112 (1999) 483 (486).

449 *H.Roth* ZZP 112 (1999) 483 (487); a.A. und für eine bloße Gesamtschau *Geimer* NJW 1968, 2199f. und öfter.

450 *Geimer* NJW 1968, 2198 (2200).

451 *BGHZ* 42, 194 (196: Südafrika) mit Anm. *E.Schneider* LM §328 ZPO Nr. 16; zustimmend *Schütze* NJW 1969, 293 (294); *BGH* WM 1968, 797 (Frankreich); dazu *Geimer* NJW 1968, 2198 (2200).

452 Z.B. *BGHZ* 141, 286 (299).

453 *Schack* IZVR^4 Rdnr. 875; *Milleker* NJW 1971, 303 (306); a.A. *Schütze* IZVR 145.

454 *BGHZ* 118, 312.

455 *BGHZ* 42, 194 (199: Südafrika); 52, 251 (255: Südafrika).

456 *BGHZ* 141, 286 (300); *H.Roth* ZZP 112 (1999) 483 (487).

457 *BGHZ* 141, 286 (300); *H.Roth* ZZP 112 (1999) 483 (487).

Amerika [Rdnr. 148])[458]. Auf diese Weise würde die die Anerkennung und Vollstreckung fördernde partielle Gegenseitigkeit in ihr Gegenteil verkehrt.

c) Einzelheiten

122 Bei der Prüfung der Gegenseitigkeit darf kein formaler und kleinlicher Maßstab angelegt werden. Es reicht aus, wenn die bindende Kraft eines deutschen Urteils im ausländischen Staat wenigstens annähernd im gleichen Umfang anerkannt wird wie die eines nach §328 in Deutschland anerkannten ausländischen Urteils. Entscheidend ist die **Gleichstellung** der deutschen Urteile mit den eigenen Urteilen des Urteilsstaats. Mehr gewährt auch Deutschland nicht und kann kein Staat gewähren. Bei dem anzustellenden Vergleich der Urteilswirkungen des deutschen Urteils im Ausland mit den Wirkungen des ausländischen Urteils im Ausland schadet es nicht, wenn etwa der ausländische Staat seinerseits die »Kumulationstheorie« anwendet (→ Rdnr. 8ff.) und weiter reichende deutsche Urteilswirkungen nach seiner eigenen lex fori begrenzt. Doch müssen die **Bedingungen der Anerkennung** der deutschen Urteile im fremden Staat im wesentlichen denselben Grundsätzen folgen, wie sie §328 aufstellt[459].

123 Die beiderseitigen Anerkennungsgesetzgebungen müssen nicht genau übereinstimmen, da ansonsten jede gegenseitige Urteilsanerkennung ausgeschlossen wäre[460]. Die bei der Prüfung anzustellende **Gesamtwürdigung** erlaubt es, Erschwerungen der Anerkennung durch Erleichterungen auszugleichen[461]. Deshalb fehlt die Gegenseitigkeit nur bei **wesentlichen Erschwerungen** der Anerkennung. Das ist etwa der Fall, wenn das ausländische Recht eine Nachprüfung der Gesetzmäßigkeit der deutschen Entscheidung vorschreibt, deutsche Urteile also einer Nachprüfung der tatsächlichen Feststellungen, des Verfahrens oder der Rechtsanwendung unterworfen werden (»**révision au fond**«)[462]. Ebenso liegt es, wenn das ausländische Recht eine neue Klage aufgrund des ursprünglichen Sachverhalts fordert oder dem Beklagten gestattet, Einreden auch dann vorzubringen, wenn sie nach deutschem Recht präkludiert werden (vgl. §767)[463].

124 Unschädlich sind Abweichungen des ausländischen Anerkennungsrechts, die in der Mehrzahl der Fälle zu **keiner abweichenden Praxis** führen. Unerheblich ist es z.B., wenn das ausländische Recht zwar die Prüfung der konkreten Zuständigkeit des erkennenden Gerichts vorschreibt, dieses Erfordernis in der ausländischen Anerkennungspraxis aber nur geringe Bedeutung hat[464]. Die Gegenseitigkeit entfällt auch dann nicht, wenn das ausländische Recht die Wiederaufnahme in weiterem Umfang zuläßt als die §§578ff. oder trotz der Rechtskraft Schadensersatzansprüche gewährt[465]. Voraussetzung ist, daß es hierbei nicht zu Lasten deutscher Urteile zwischen innerstaatlichen und anerkannten ausländischen Urteilen unterscheidet.

---

458 *OLG Koblenz* NJOZ 2004, 3369 (3376f.); a.A. *Schütze* ZVglRWiss 98 (1999) 131 (138): keine Verbürgung der Gegenseitigkeit für US-amerikanische Titel mit einem Wert unter 100000 Dollar, bei Titeln mit einem höheren Betrag keine partielle Verbürgung für einen Sockelbetrag von 100000 Dollar.

459 *RGZ* 38, 377 (378f.).

460 *BGHZ* 42, 194 (Südafrika); *RGZ* 70, 434 (438f.); *OLG Köln* FamRZ 1995, 306.

461 Etwa *Schütze* 144.

462 *RGZ* 7, 406 (409).

463 *RGZ* 7, 406 (410).

464 *BGHZ* 49, 50 (Syrien); *BGH* WM 1968, 707 (Frankreich); zustimmend *Geimer* NJW 1968, 2198 (2199); *Wittmaack* BöhmsZ 22 (1912) 1; *Nußbaum* 437 Fn. 2; *Süß* in: Festgabe für Rosenberg (1949) 229 (240 Fn. 17); a.A. *RGZ* 70, 434 (435: Kalifornien); 107, 308 (311: Kanton Zürich).

465 Dazu *Mendelssohn-Bartholdy* BöhmsZ 22 (1912) 357; a.A. *RGZ* 70, 434 (Kalifornien); *Kißkalt* LZ 1907, 689 (696).

4. Prüfung der Gegenseitigkeit

a) Anerkennungsrecht, -praxis, -bereitschaft

125 Es besteht **keine gesetzliche Vermutung** für das Bestehen der Gegenseitigkeit. Vielmehr muß die Gegenseitigkeit der tatsächlichen Übung entsprechen. Es kommt entscheidend auf die **Anerkennungspraxis** des ausländischen Staates an[466]. Deshalb können anerkennungsfreundliche ausländische Rechtsnormen, die in Widerspruch zur Anerkennungspraxis des gleichen Staates stehen, die Gegenseitigkeit nicht verbürgen[467]. Das **Anerkennungsrecht** des Urteilsstaates ist erst dann entscheidend, wenn eine bestimmte (vor allem richterliche) Anerkennungspraxis nicht festgestellt werden kann[468]. »Jedenfalls für Kulturstaaten« ist anzunehmen, daß ihre Gerichte entsprechend ihrem Recht verfahren[469]. Es braucht **kein erster Anwendungsfall** abgewartet zu werden. Wird in beiden Staaten auf die tatsächliche Verbürgung abgestellt, so scheitert die Gegenseitigkeit nicht daran, daß ein ausländisches Urteil fehlt, dem die Anerkennungspraxis zu entnehmen ist. Es genügt die **Anerkennungsbereitschaft**, die auch durch eine Erklärung der ausländischen Staatsgewalt nachgewiesen werden kann[470]. Man wird die Gegenseitigkeit also selbst dann bejahen können, wenn die Anerkennungsvoraussetzungen gleichwertig sind, wegen des Gegenseitigkeitserfordernisses aber bisher kein Anerkennungsfall vorgekommen ist[471]. Die ausländische Gerichtspraxis und Gesetzgebung zur Gegenseitigkeit sind nach **§293** festzustellen (→ *Leipold*[21] §293 Rdnr. 36ff.).

b) Zeitpunkt

126 Da der **nachträgliche Eintritt** der Gegenseitigkeit genügt, sind auch Urteile anerkennungsfähig, bei denen keine Gegenseitigkeit verbürgt war, als sie erlassen wurden (→ Rdnr. 35). In der umgekehrten Richtung schadet ein **späterer Wegfall** der Gegenseitigkeit nicht (→ Rdnr. 33). Stehen einem ausländischen Titel keine Anerkennungshindernisse entgegen, so wird er dem Grundsatz nach wie ein inländischer Titel behandelt. Da einem inländischen Titel vorbehaltlich einer abweichenden gesetzlichen Regelung die ihm zukommende Rechtskraft nicht genommen werden kann, kann für einen ausländischen Titel bei Wegfall der Gegenseitigkeit nichts anderes gelten. Der deutsche Gesetzgeber hat auch nicht etwa eine auflösend bedingte Rechtskraft ausländischer Titel vorgesehen, die an die fortdauernde Gegenseitigkeit geknüpft ist. Außenpolitische Belange (→ Rdnr. 116) werden durch diese Auffassung nicht vernachlässigt. Wenn wirklich im Einzelfall die Rechtspflegebeziehungen zu einem fremden Staat aus grundlegenden Gerechtigkeitsvorstellungen des deutschen Rechts eingeschränkt werden müssen, so steht zur Bekämpfung von Mißbräuchen immer noch der **verfahrensrechtliche ordre public** zur Verfügung (→ Rdnr. 105).

---

466 *BGH* NJW 2001, 524 (525: kanadische Provinz British Columbia); *OLG Hamm* IPRax 1986, 234 mit zustimmender Anm. *Böhmer*; *Musielak/Musielak*[4] Rdnr. 30; AK-ZPO/*Koch* Rdnr. 39.

467 *Peters* Der sogenannte Freibeweis im Zivilprozeßrecht (1962) 182; *Kißkalt* LZ 1907, 689 (702f.); *Laband* DJZ 1907, 871f.

468 *BGHZ* 49, 50 (52)(Syrien).

469 *BGHZ* 49, 50 (52: bis zum Beweis des Gegenteils).

470 *Beitzke* RabelsZ 30 (1966) 642.

471 MünchKommZPO/*Gottwald*[2] Rdnr. 109; *Nagel* in: Feschr. für Waseda-Universität (Tokio 1988) 757 (763: Japan).

5. Gegenseitigkeitsschlüssel

127 Die nachfolgende Übersicht über die Gegenseitigkeit (→ Rdnr. 128ff.) gibt nur Auskunft über die Gegenseitigkeit bei der Anerkennung **vermögensrechtlicher Urteile**. Die Anerkennung ausländischer Eheurteile findet sich dargestellt bei der Kommentierung von Art. 7 §1 FamRÄndG, → Rdnr. 150ff. Der Gegenseitigkeitsschlüssel bezieht sich grundsätzlich auf die Anerkennungssituation bei dem Fehlen von Anerkennungs- und Vollstreckungsverträgen oder einer entsprechenden europäischen Verordnung. Dagegen richtet sich die Beurteilung der Gegenseitigkeit nach den betreffenden völkerrechtlichen Verträgen, wenn Deutschland und ein anderer Staat Mitglied eines bilateralen oder multilateralen Anerkennungs- und Vollstreckungsvertrages sind. Es ergibt sich in erster Linie aus der jeweiligen systematischen Stelle dieser Kommentierung, ob mit dem Ausland solche Verträge bestehen oder der betreffende Staat Mitglied einer europäischen Verordnung ist. So sind daraus z.B. die Mitgliedstaaten der Haager Übereinkommen zur Anerkennung von Unterhaltsentscheidungen ersichtlich (→ Rdnr. 52f.). Wegen ihrer herausragenden Bedeutung für den gesamten internationalen Zivilrechtsverkehr sind aber im Gegenseitigkeitsschlüssel einige Abkommen, Übereinkommen und Verordnungen zusätzlich erwähnt: So ist stets vermerkt, wenn die **EuGVO** (→ Rdnr. 41), das **EuGVÜ** (→ Rdnr. 41) und das **LugÜ** (→ Rdnr. 41) eingreifen und es deshalb zu keiner Prüfung der Gegenseitigkeit kommt. **Bilaterale** Anerkennungs- und Vollstreckungsverträge (→ Rdnr. 42) sind ebenfalls angegeben. Ist der betreffende Staat Mitglied des **Haager Übereinkommens über den Zivilprozeß 1954** (→ Rdnr. 45), so wird das durch »Übk.1954« kenntlich gemacht. Die Mitgliedschaft in diesem Übereinkommen ist für die Kostenentscheidung von Bedeutung. Angegeben ist ferner die Mitgliedschaft im **Haager Unterhaltsübereinkommen 1973** (HUVÜ 1973) (→ Rdnr. 52) und im **Haager Unterhaltsübereinkommen 1958** (HUVÜ 1958) (→ Rdnr. 53). Name und Schreibweise der Staaten richten sich nach dem vom Auswärtigen Amt herausgegeben »Verzeichnis der Staatennamen für den amtlichen Gebrauch in der Bundesrepublik Deutschland« nach dem Stand vom 4.1. 2005. Ältere und andere Bezeichnungen finden sich in erster Linie im »Staatenverzeichnis« eingangs der Kommentierung. »**Ja**« bedeutet, daß die Gegenseitigkeit bei der Anerkennung vermögensrechtlicher Urteile wohl als verbürgt anzusehen ist. »**Nein**« bedeutet, daß es an der Gegenseitigkeit wohl insoweit fehlt. Bei in der Übersicht nicht enthaltenen Staaten konnten bis zur Drucklegung Nachweise nicht ermittelt werden. Eine gewisse Vorsicht ist stets angebracht, da sich die Verhältnisse »undokumentiert« verändern können[472].

128 **Afghanistan** nein[473]
Ägypten ja[474], Übk.1954
Albanien nein[475]
Algerien nein[476]
Andorra nein[477]
Angola nein[478]

---

472 *Soergel/Kronke*[12] (1996) Anh.IV Art. 38 EGBGB Rdnr. 144.

473 *Martiny* Hdb.IZVR III/1 Kap. I (im folgenden abgekürzt »*Martiny* Hdb.«) Rdnr. 1309; *Krüger* IPRax 1985, 151 (152); *Geimer/Schütze* EuZVR[2] E.1 Rdnr. 130 (Stillstand der Rechtspflege).

474 *OLG Frankfurt a.M.* WM 1987, 276; *Martiny* Hdb. Rdnr. 1310; IPG 1970 Nr. 34 (Heidelberg); *Geimer/Schütze* EuZVR[2] E.1 Rdnr. 128 (einschränkend).

475 *Martiny* Hdb. Rdnr. 1311; *Zöller/Geimer*[25] Anhang IV (S. 2844).

476 *OLG Zweibrücken* FamRZ 1997, 93 (94); *Schütze* RIW 1997, 761 (762); *Krüger* in: Böckstiegel (Hrsg.) Vertragspraxis und Streiterledigung im Wirtschaftsverkehr mit den arabischen Staaten (1981) 17 (59) (für ausländische Schiedssprüche); *Rauscher* in: Bülow/Böckstiegel/Geimer/Schütze 1004.4ff.; *Geimer/Schütze* EuZVR[2] E.1 Rdnr. 133; a.A. *Martiny* Hdb. Rdnr. 1312 (partielle Gegenseitigkeit).

477 *Geimer/Schütze* EuZVR[2] E.1 Rdnr. 134; *Maus* RIW 1981, 151; a.A. *Martiny* Hdb. Rdnr. 1313 (partiell).

478 *Zöller/Geimer*[25] Anhang IV (S. 2844); für ungeklärt haltend *Martiny* Hdb. Rdnr. 1314.

Antigua und Barbuda ja[479]
Äquatorialguinea ja[480]
Argentinien ja[481], Übk.1954
Armenien nein[482], Übk.1954
Aserbaidschan nein[483]
Äthiopien nein[484]
Australien ja für alle Einzelstaaten und Territorien[485], HUVÜ 1973

129 **Bahamas** ja[486]
Bahrain ja[487]
Bangladesch nein[488]
Barbados ja[489]
Belarus nein[490], Übk.1954
Belgien ja, EuGVO, Vertrag vom 30. 6. 1958 (→ Rdnr. 42), Übk.1954, HUVÜ 1958
Belize ja[491]
Benin nein[492]
Bhutan nein[493]
Bolivien nein[494]
Bosnien und Herzegowina ja[495], Übk.1954
Botsuana ja[496]
Brasilien ja[497]
Brunei Darussalam ja[498]
Bulgarien ja[499]
Burkina Faso ja[500]
Burundi ja[501]

130 **Chile** ja[502]
China ja[503]
Cookinseln ungeklärt

---

[479] Verbürgt für Urteile auf Geldzahlungen *Martiny* Hdb. Rdnr. 1315; *Geimer/Schütze* EuZVR² E.1 Rdnr. 135.
[480] *Martiny* Hdb. Rdnr. 1316.
[481] *Geimer/Schütze* EuZVR² E.1 Rdnr. 136; *Piltz* in: Bülow/Böckstiegel/Geimer/Schütze 1009.11; MünchKommZPO/*Gottwald*² Rdnr. 112; *Weinberg* IPRax 1986, 316 (318).
[482] *Zöller/Geimer*²⁵ Anhang IV (S. 2844).
[483] *Zöller/Geimer*²⁵ Anhang IV (S. 2844).
[484] *Geimer/Schütze* EuZVR² E.1 Rdnr. 129; *Arnold* AWD 1968, 309; für ungeklärt haltend *Martiny* Hdb. Rdnr. 1320; Gegenseitigkeit vorsichtig bejahend MünchKommZPO/*Gottwald*² Rdnr. 112.
[485] *Geimer/Schütze* EuZVR² E.1 Rdnr. 137 aufgrund des Foreign Judgments Act (ausführlich); *Nagel/Gottwald* IZVR⁵ § 11 Rdnr. 194.
[486] *Martiny* Hdb. Rdnr. 1331.
[487] *Martiny* Hdb. Rdnr. 1332.
[488] *Geimer/Schütze* EuZVR² E.1 Rdnr. 139; a.A. *Martiny* Hdb. Rdnr. 1333 (partielle Verbürgung für Nicht-Versäumnisurteile); *Otto* in: Bülow/Böckstiegel/Geimer/Schütze 1018.8 (partielle Verbürgung für Nicht-Versäumnisurteile); MünchKommZPO/*Gottwald*² Rdnr. 113 (partielle Verbürgung für Nicht-Versäumnisurteile).
[489] *Martiny* Hdb. Rdnr. 1334; *Geimer/Schütze* EuZVR² E.1 Rdnr. 140.
[490] *Geimer/Schütze* EuZVR² E.1 Rdnr. 141; *Linke/Shevtov* IPRax 2002, 311; zum Übk.1954 *Kondring* IPRax 1996, 161 (164).
[491] *Martiny* Hdb. Rdnr. 1336.
[492] *Martiny* Hdb. Rdnr. 1337.
[493] *Martiny* Hdb. Rdnr. 1338; *Schütze* JR 1981, 498f.
[494] *Geimer/Schütze* EuZVR² E.1 Rdnr. 145; für partielle Verbürgung *Martiny* Hdb. Rdnr. 1340; MünchKommZPO/*Gottwald*² Rdnr. 113 (ohne dingliche Rechte).
[495] *AG München* FamRZ 2003, 463; auch *OLG Zweibrücken* OLGR 2005, 534; *Geimer/ Schütze* EuZVR² E.1 Rdnr. 146; *Saula* IPRax 2004, 361; während der Kriegswirren noch anders *OLG Köln* IPRax 1996, 268 mit kritischer Anm. *Schütze* 254; zum Übereinkommen 1954 *Kondring* IPRax 1996, 161 (163).
[496] *Martiny* Hdb. Rdnr. 1341; *Schütze* JR 1978, 54.
[497] *Martiny* Hdb. Rdnr. 1342; *Samtleben* in: Bülow/Böckstiegel/Geimer/Schütze 1023.22.
[498] *Geimer/Schütze* EuZVR² E.1 Rdnr. 149.
[499] *Geimer/Schütze* EuZVR² E.1 Rdnr. 150; *Jessel-Holst* in: Bülow/Böckstiegel/Geimer/Schütze 1025.13; *Cipev* WGO 1991, 109 (112f.); zweifelnd MünchKommZPO/*Gottwald*² Rdnr. 113.
[500] *Martiny* Hdb. Rdnr. 1453; *Geimer/Schütze* EuZVR² E.1 Rdnr. 151 (mit Einschränkungen zu Status und Geschäftsfähigkeit).
[501] *Martiny* Hdb. Rdnr. 1344; *Schütze* IZVR 147.
[502] *Geimer/Schütze* EuZVR² E.1 Rdnr. 153; MünchKommZPO/*Gottwald*² Rdnr. 114; IPG 1975 Nr. 42 (Hamburg); *Martiny* Hdb. Rdnr. 1345 (mit Einschränkungen).
[503] *Geimer/Schütze* EuZVR² E.1 Rdnr. 154; MünchKommZPO/*Gottwald*² Rdnr. 114; *Czernich* RIW 1995, 650 (651); *Daentzer* ZZPInt 2 (1997) 367 (375); *Martiny* Hdb. Rdnr. 1347 (ungeklärt); a.A. *Boh-*

Costa Rica ja[504]
Côte d'Ivoire ja[505]

131 **Dänemark** ja, EuGVÜ (→ Rdnr. 41), Übk.1954, HUVÜ 1973
Dominica ja[506]
Dominikanische Republik nein[507]
Dschibuti ungeklärt[508]

132 **Ecuador** ja[509]
El Salvador ja (ohne Versäumnisurteile)[510]
Eritrea ungeklärt[511]
Estland ja, EuGVO, HUVÜ 1973

133 **Fidschi** ja[512]
Finnland ja, EuGVO, Übk.1954, HUVÜ 1973
Frankreich ja, EuGVO, Übk.1954, HUVÜ 1973

134 **Gabun** nein[513]
Gambia ungeklärt[514]
Georgien ja[515]
Ghana nein[516]
Grenada ja[517]
Griechenland ja, EuGVO, Vertrag vom 4.11. 1961 (→ Rdnr. 42), HUVÜ 1973
Guatemala nein[518]
Guinea nein[519]
Guinea-Bissau ungeklärt[520]
Guyana ja[521]

135 **Haiti** nein[522]
Honduras ja (ohne Versäumnisurteile)[523]
Hongkong → **China**

136 **Indien** partiell ja[524]

---

net RIW 1996 Beilage Heft 2, 17 (19); *Münzel* RIW 1997, 73. – Für die Sonderverwaltungsregion (vgl. die Bekanntmachung vom 31.5. 2003, BGBl. II 583) **Hongkong** gilt: Das deutsch-britische Abkommen vom 14.7. 1960 (→ Rdnr. 42) gilt seit der Eingliederung von Hongkong in China am 1.7. 1997 nicht mehr (*Luthra* RIW 1997, 625; das Abkommen ist auch nicht aufgeführt in der Bekanntmachung vom 31.5. 2003, BGBl. 583 sub II Anlage II). Die Gegenseitigkeit ist jedoch wenigstens für Zahlungsurteile aufgrund der weiter geltenden »Foreign Judgments (Reciprocal Enforcement) Ordonance« weiterhin verbürgt, *Geimer/Schütze* EuZVR[2] E.1 Rdnr. 169; MünchKommZPO/*Gottwald*[2] Rdnr. 119; *Baumbach/Lauterbach/Hartmann* ZPO[64] Anhang §328 »Hongkong«. – Für **Taiwan** ist die Gegenseitigkeit verbürgt (*Geimer/Schütze* EuZVR[2] E.1 Rdnr. 240; *Etgen* RIW 1995, 205 [206]).

504 *Martiny* Hdb. Rdnr. 1348; *Geimer/Schütze* EuZVR[2] E.1 Rdnr. 155.

505 *Martiny* Hdb. Rdnr. 1354; *Schütze* AWD 1974, 498.

506 *Martiny* Hdb. Rdnr. 1350.

507 *Martiny* Hdb. Rdnr. 1351.

508 *Martiny* Hdb. Rdnr. 1352.

509 Partielle Verbürgung: *Geimer/Schütze* EuZVR[2] E.1 Rdnr. 158 (für Urteile aufgrund persönlicher Klagen); *Martiny* Hdb. Rdnr. 1353; a.A. *Kadner* Das internationale Privatrecht von Ecuador (1999) 178 (keine Gegenseitigkeit).

510 Partielle Verbürgung ohne Versäumnisurteile *Martiny* Hdb. Rdnr. 1355; uneingeschränkte Verbürgung *Zöller/Geimer*[25] Anhang IV (S. 2845).

511 Vorsichtig für Gegenseitigkeit MünchKommZPO/*Gottwald*[2] Rdnr. 116.

512 *Martiny* Hdb. Rdnr. 1356; *Geimer/Schütze* EuZVR[2] E.1 Rdnr. 160.

513 *Martiny* Hdb. Rdnr. 1361.

514 Vorsichtig bejahend *Martiny* Hdb. Rdnr. 1362; bejahend MünchKommZPO/*Gottwald*[2] Rdnr. 118; a.A. *Zöller/Geimer*[25] Anhang IV (S. 2845) (keine Gegenseitigkeit).

515 *Geimer/Schütze* EuZVR[2] E.1 Rdnr. 164; *Knieper* in: Bülow/Böckstiegel/Geimer/Schütze 1041.5.

516 *Geimer/Schütze* EuZVR[2] E.1 Rdnr. 165; a.A. für Zahlungsurteile *Martiny* Hdb. Rdnr. 1363.

517 *Martiny* Hdb. Rdnr. 1364.

518 *Zöller/Geimer*[25] Anhang IV (S. 2845); a.A. *Martiny* Hdb. Rdnr. 1372; MünchKommZPO/*Gottwald*[2] Rdnr. 118 (ohne Versäumnisurteile).

519 *Zöller/Geimer*[25] Anhang IV (S. 2845).

520 *Martiny* Hdb. Rdnr. 1374.

521 *Martiny* Hdb. Rdnr. 1375; MünchKommZPO/*Gottwald*[2] Rdnr. 118; a.A. IPG 1973 Nr. 40 (Hamburg); *Geimer/Schütze* EuZVR[2] E.1 Rdnr. 168.

522 *Martiny* Hdb. Rdnr. 1376; zweifelnd *Zöller/Geimer*[25] Anhang IV (S. 2845).

523 *Martiny* Hdb. Rdnr. 1377; MünchKommZPO/*Gottwald*[2] Rdnr. 119; ohne Beschränkungen für Gegenseitigkeit *Zöller/Geimer*[25] Anhang IV (S. 2845); a.A. *Baumbach/Lauterbach/Hartmann*[64] Anhang §328 »Honduras«.

524 *Martiny* Hdb. Rdnr. 1379ff.; MünchKommZPO/*Gottwald*[2] Rdnr. 120; *Otto* in: Bülow/Böckstiegel/Geimer/Schütze 1046.10; a.A. *Geimer/Schütze* EuZVR[2] E.1 Rdnr. 170 (keine Verbürgung der Gegenseitigkeit wegen möglicher révision au fond); *Zöller/Geimer*[25] Anhang IV (S. 2845).

Indonesien nein[525]
Irak nein[526]
Iran, Islamische Republik nein[527]
Irland ja, EuGVO
Island ja, LuGÜ, Abk.1905 (→ Rdnr. 46)
Israel ja, Vertrag vom 20.7. 1977 (→ Rdnr. 42), Übk.1954
Italien ja, EuGVO, Vertrag vom 9.3. 1936 (→ Rdnr. 42), Übk.1954, HUVÜ 1973

137 **Jamaika** ja[528]
Japan ja[529], Übk.1954
Jemen nein[530]
Jordanien ja[531]

138 **Kambodscha** ungeklärt[532]
Kamerun nein[533]
Kanada Überwiegend ja, die Gegenseitigkeit ist für jede Provinz gesondert zu prüfen[534]. **Ja** für Zahlungsurteile in folgenden Provinzen und Territorien: Alberta, British Columbia[535], New Brunswick, New Foundland, North West Territory, Nova Scotia (ohne Versäumnisurteile), Ontario, Prince Edward Island (ohne Versäumnisurteile), Quebec[536], Saskatchewan, Yukon Territory; **nein** für Manitoba[537]. – Für die Geltendmachung von *Unterhalt* nach §1 Abs. 2 AUG (abgedruckt bei *Jayme/Hausmann*[12] Nr. 234) ist die Gegenseitigkeit aufgrund von Bekanntmachungen des Bundesministers der Justiz verbürgt mit Alberta, British Columbia, Manitoba, New Brunswick, New Foundland und Labrador, Nova Scotia, North West Territory, Ontario, Prince Edward Island, Saskatchewan, Yukon Territory (mitgeteilt bei *Jayme/Hausmann*[12] Nr. 234 Fn. 2).
Kap Verde ja, partiell verbürgt[538]
Kasachstan nein[539]
Katar nein[540]
Kenia ja für Zahlungsurteile (ohne Versäumnisurteile)[541]
Kirgisistan nein[542], Übk.1954
Kiribati ja[543]
Kolumbien ja[544]
Komoren ungeklärt[545]
Kongo (Republik) ungeklärt
Kongo (Demokratische Republik) ungeklärt
Korea (Demokratische Volksrepublik) nein

---

525 *OLG Karlsruhe* RIW 1997, 689; *Martiny* Hdb. Rdnr. 1385.
526 *Martiny* Hdb. Rdnr. 1386; *Krüger/Küppers* IPRax 1988, 180 (182); *Geimer/Schütze* EuZVR[2] E.1 Rdnr. 172.
527 *Geimer/Schütze* EuZVR[2] E.1 Rdnr. 173; zurückhaltend *Martiny* Hdb. Rdnr. 1387; für ungeklärt haltend MünchKommZPO/*Gottwald*[2] Rdnr. 120; a.A. *Wurmnest/Yassari* IPRax 2006, 217 (ja für Zahlungsurteile).
528 *Martiny* Hdb. Rdnr. 1392; *Geimer/Schütze* EuZVR[2] E.1 Rdnr. 179.
529 *Martiny* Hdb. Rdnr. 1393; *Thomas/Putzo/Hüßtege*[27] Rdnr. 23; *Petersen* in: Bülow/Böckstiegel/Geimer/Schütze 1058.11f.; *Geimer/Schütze* EuZVR[2] E.1 Rdnr. 180; *Münzel* RIW 1997, 73; *Nagata* RIW 1976, 208 (212); *Menkhaus* RIW 1988, 192f.; *Kono/Trunk* ZZP 102 (1989) 319; *Nagel* in: Festschr. für Waseda Universität (Tokio 1988) 757 (763).
530 *Geimer/Schütze* EuZVR[2] E.1 Rdnr. 181; vorsichtig für Gegenseitigkeit MünchKommZPO/*Gottwald*[2] Rdnr. 121; zweifelnd *Krüger* RIW 1993, 470 (471).
531 *Martiny* Hdb. Rdnr. 1396; *Geimer/Schütze* EuZVR[2] E.1 Rdnr. 183; *Krüger* IPRax 2005 Heft 1 Umschlagseite.
532 Gegenseitigkeit verneinend MünchKommZPO/*Gottwald*[2] Rdnr. 122.
533 *Zöller/Geimer*[25] Anhang IV (S. 2846).
534 Ausführlich *Geimer/Schütze* EuZVR[2] E.1 Rdnr. 185.
535 *BGH* NJW 2001, 524.
536 *Glenn* RabelsZ 60 (1996) 231 (262).
537 Insoweit a.A. *Zöller/Geimer*[25] Anhang IV (S. 2846): Gegenseitigkeit verbürgt für alle Provinzen.
538 *Martiny* Hdb. Rdnr. 1413; *Geimer/Schütze* EuZVR[2] E.1 Rdnr. 186.
539 *Geimer/Schütze* EuZVR[2] E.1 Rdrn.187; *Bassin* in: Säcker/Seiffert/Wolfrum (Hrsg.) Anerkennung und Vollstreckung ausländischer Entscheidungen in Osteuropa (1994) 51ff.; *Weishaupt* IPRax 1994, 311 (312).
540 *Martiny* Hdb. Rdnr. 1414.
541 *Martiny* Hdb. Rdnr. 1415f.; MünchKommZPO/*Gottwald*[2] Rdnr. 122; Gegenseitigkeit verneinend *Geimer/Schütze* EuZVR[2] E.1 Rdnr. 188.
542 *Geimer/Schütze* EuZVR[2] E.1 Rdnr. 189.
543 *Martiny* Hdb. Rdnr. 1417.
544 *Geimer/Schütze* EuZVR[2] E.1 Rdnr. 190; *Zöller/Geimer*[25] Anhang IV (S. 2846); *Martiny* Hdb. Rdnr. 1418.
545 *Martiny* Hdb. Rdnr. 1419.

Korea (Republik) ja[546]
Kroatien ja[547], Übk.1954
Kuba nein[548]
Kuwait ja[549]

139 **Laos, Demokratische Volksrepublik** ungeklärt[550]
Lesotho ungeklärt[551]
Lettland ja, EuGVO, Übk.1954
Libanon ja[552], Übk.1954
Liberia nein[553]
Libysch-Arabische Dschamahirija nein[554]
Liechtenstein nein[555], HUVÜ 1958
Litauen ja, EuGVO, Übk.1954, HUVÜ 1973
Luxemburg ja, EuGVO, Übk.1954, HUVÜ 1973

140 **Madagaskar** nein[556]
Malawi ja[557]
Malaysia ja[558]
Malediven nein[559]
Mali nein[560]
Malta ja, EuGVO
Marokko ja[561], Übk.1954
Marshallinseln ungeklärt
Mauretanien wohl ja[562]
Mauritius ja[563]
Mazedonien (ehemalige jugoslawische Republik) ja[564], Übk.1954
Mexiko ja[565]
Mikronesien, Föderierte Staaten von ungeklärt
Moldau, Republik nein[566], Übk.1954
Monaco partiell ja[567]
Mongolei nein[568]
Mosambik ungeklärt[569]
Myanmar nein[570]

141 **Namibia** ungeklärt
Nauru ungeklärt[571]
Nepal nein[572]
Neuseeland ja (für Zahlungsurteile)[573]
Nicaragua nein[574]
Niederlande ja, EuGVO, Vertrag vom 30. 8. 1962 (→ Rdnr. 42), Übk.1954, HUVÜ 1973

---

[546] *Geimer/Schütze* EuZVR[2] E.1 Rdnr. 191; *Stiller/Schleicher* in: Bülow/Böckstiegel/Geimer/Schütze 1073.
[547] *Geimer/Schütze* EuZVR[2] E.1 Rdnr. 192.
[548] *Zöller/Geimer*[25] Anhang IV (S. 2845); vorsichtig verneinend MünchKommZPO/*Gottwald*[2] Rdnr. 122.
[549] *Martiny* Hdb. Rdnr. 1424; *Geimer/Schütze* I/2 S. 1865.
[550] *Martiny* Hdb. Rdnr. 1425.
[551] Die Gegenseitigkeit verneinend *Zöller/Geimer*[25] Anhang IV (S. 2846); vorsichtig bejahend *Martiny* Hdb. Rdnr. 1426.
[552] *Geimer/Schütze* EuZVR[2] E.1 Rdnr. 193; a.A. *Martiny* Hdb. Rdnr. 1427.
[553] *Zöller/Geimer*[25] Anhang IV (S. 2846); a.A. *Schütze* RIW 1987, 598; *Martiny* Hdb. Rdnr. 1428.
[554] *Geimer/Schütze* EuZVR[2] E.1 Rdnr. 194; *Martiny* Hdb. Rdnr. 1429 (ungeklärt).
[555] *BGH* DB 1977, 718; *Geimer/Schütze* EuZVR[2] E.1 Rdnr. 195; *Martiny* Hdb. Rdnr. 1430.
[556] *Martiny* Hdb. Rdnr. 1432; MünchKommZPO/*Gottwald*[2] Rdnr. 124 (ungeklärt).
[557] *Martiny* Hdb. Rdnr. 1433; a.A. *Zöller/Geimer*[25] Anhang IV (S. 2847).
[558] *Martiny* Hdb. Rdnr. 1434; *Geimer/Schütze* EuZVR[2] E.1 Rdnr. 198.
[559] *Geimer/Schütze* EuZVR[2] E.1 Rdnr. 199.
[560] *Schütze* JR 1985, 456.
[561] *Geimer/Schütze* EuZVR[2] E.1 Rdnr. 201; *Rauscher* in: Bülow/Böckstiegel/Geimer/Schütze 1088.7.
[562] *Geimer/Schütze* EuZVR[2] E.1 Rdnr. 202; *Krüger* RIW 1990, 988 (990).
[563] *Otto* StAZ 1997, 219; *Martiny* Hdb. Rdnr. 1440; *Geimer/Schütze* EuZVR[2] E.1 Rdnr. 203.
[564] *Zöller/Geimer*[25] Anhang IV (S. 2847) (in der Nachfolge Jugoslawiens; dazu *Geimer/Schütze* EuZVR[2] E.1 Rdnr. 184).
[565] IPG 1977 Nr. 40 (Hamburg); für Bundesgerichte und Einzelstaaten *Geimer/Schütze* EuZVR[2] E.1 Rdnr. 204; *Martiny* Hdb. Rdnr. 1441; ausführlicher *Frisch Philipp/Flores Garduno* RIW 1994, 836.
[566] *Zöller/Geimer*[25] Anhang IV (S. 2847).
[567] *Martiny* Hdb. Rdnr. 1442; MünchKommZPO/*Gottwald*[2] Rdnr. 124; a.A. *Zöller/Geimer*[25] Anhang IV (S. 2847).
[568] *Geimer/Schütze* EuZVR[2] E.1 Rdnr. 205; *Nelle* in: Bülow/Böckstiegel/Geimer/Schütze 1092.
[569] *Martiny* Hdb. Rdnr. 1444.
[570] *Geimer/Schütze* EuZVR[2] E.1 Rdnr. 207.
[571] *Martiny* Hdb. Rdnr. 1445.
[572] *Zöller/Geimer*[25] Anhang IV (S. 2847).
[573] *Geimer/Schütze* EuZVR[2] E.1 Rdnr. 208; *Martiny* Hdb. Rdnr. 1447.
[574] *Geimer/Schütze* EuZVR[2] E.1 Rdnr. 209; a.A. *Martiny* Hdb. Rdnr. 1448; MünchKommZPO/*Gottwald*[2] Rdnr. 125.

Niger nein[575]
Nigeria ja (für Zahlungsurteile)[576]
Niue ungeklärt
Norwegen ja, LuGÜ, Vertrag vom 17. 6. 1977 (→ Rdnr. 42), Übk.1954, HUVÜ 1973

142 **Oman** nein[577]
Österreich ja, EuGVO, Vertrag vom 6. 6. 1959 (→ Rdnr. 42), Übk.1954, HUVÜ 1958

143 **Pakistan** nein[578]
Palau ungeklärt
Panama ja[579]
Papua-Neuguinea ja (für Zahlungsurteile)[580]
Paraguay nein[581]
Peru ja[582]
Philippinen nein[583]
Polen ja, EuGVO, Übk. 1954, HUVÜ 1973
Portugal ja, EuGVO, Übk.1954, HUVÜ 1973

144 **Ruanda** ja[584]
Rumänien ja[585], Übk.1954
Russische Föderation nein[586], Übk.1954

145 **Salomonen** ja[587]
Sambia ja[588]
Samoa ungeklärt[589]
San Marino ja[590]
Sao Tomé und Príncipe ungeklärt[591]
Saudi-Arabien nein[592]
Schweden ja, EuGVO, Übk.1954, HUVÜ 1973
Schweiz ja, LuGÜ, Vertrag vom 2.11. 1929 (→ Rdnr. 42), Übk.1954, HUVÜ 1973
Senegal ja[593]
Serbien und Montenegro ja[594], Übk.1954
Seychellen ja[595]
Sierra Leone nein[596]
Simbabwe wohl ja[597]
Singapur ja[598]
Slowakei ja, EuGVO, Übk.1954, HUVÜ 1973
Slowenien ja, EuGVO, Übk.1954
Somalia nein[599]

---

575 *Zöller/Geimer*[25] Anhang IV (S. 2846).
576 *Martiny* Hdb. Rdnr. 1451; MünchKommZPO/*Gottwald*[2] Rdnr. 125; a.A. *Zöller/Geimer*[25] Anhang IV (S. 2847).
577 *Geimer/Schütze* EuZVR[2] E.1 Rdnr. 214; *Krüger* IPRax 1998, 127 (128).
578 *Geimer/Schütze* EuZVR[2] E.1 Rdnr. 215; *Otto* IPRax 1997, 436 (439); a.A. *Martiny* Hdb. Rdnr. 1456 (partiell und zeitlich begrenzt).
579 *Geimer/Schütze* EuZVR[2] E.1 Rdnr. 216; *Martiny* Hdb. Rdnr. 1457; Dokumentation RabelsZ 51 (1987) 237.
580 *Geimer/Schütze* EuZVR[2] E.1 Rdnr. 217; *Martiny* Hdb. Rdnr. 1458.
581 *Geimer/Schütze* EuZVR[2] E.1 Rdnr. 218; a.A. *LG Hamburg* IPRsp 1981 Nr. 182; *Martiny* Hdb. Rdnr. 1459.
582 IPG 1973 Nr. 44 (Hamburg); *AG Hamburg* NJW-RR 1986, 374; *Geimer/Schütze* EuZVR[2] E.1 Rdnr. 219; *Samtleben* RabelsZ 49 (1985) 486 (515).
583 *Geimer/Schütze* EuZVR[2] E.1 Rdnr. 220; *Martiny* Hdb. Rdnr. 1461.
584 *Martiny* Hdb.1464; *Schütze* JR 1986, 98.
585 *OLG Nürnberg* FamRZ 1996, 353 (354); *OLG Hamm* IPRax 1986, 234 mit Anm. *Böhmer* 216 (217); *LG Heilbronn* DAVorm 1977, 462 (464); *AG Schwäbisch-Hall* DAVorm 1995, 1165; *Geimer/Schütze* EuZVR[2] E.1 Rdnr. 223; *Leonhardt* in: Bülow/Böckstiegel/Geimer/Schütze 1116.7.
586 *Geimer/Schütze* EuZVR[2] E.1 Rdnr. 224; *Breig/Schröder* IPRax 2003, 359 zu der Entscheidung des Obersten Gerichts der Russischen Föderation IPRax 2003, 356.
587 *Martiny* Hdb. Rdnr. 1466.
588 *Martiny* Hdb. Rdnr. 1467; a.A. *Zöller/Geimer*[25] Anhang IV (S. 2848).
589 *Martiny* Hdb. Rdnr. 1468.
590 *Martiny* Hdb. Rdnr. 1469; MünchKommZPO/*Gottwald*[2] Rdnr. 129; a.A. *Zöller/Geimer*[25] Anhang IV (S. 2848).
591 *Martiny* Hdb. Rdnr. 1470.
592 *Geimer/Schütze* EuZVR[2] E.1 Rdnr. 225; ausführlich *Krüger* RIW 1990, 113; *ders.* IPRax 2005, 386 (388).
593 *Martiny* Hdb. Rdnr. 1474; *Schütze* RIW 1985, 777.
594 IPG 2000/2001 Nr. 30 Rdnr. 21 (Hamburg); *Thomas/Putzo/Hüßtege*[27] Rdnr. 23; *AG Singen* FamRZ 2002, 113.
595 *Martiny* Hdb. Rdnr. 1475.
596 *Geimer/Schütze* EuZVR[2] E.1 Rdnr. 230; anders *Martiny* Hdb. Rdnr. 1476.
597 *Martiny* Hdb. Rdnr. 1477.
598 *Geimer/Schütze* EuZVR[2] E.1 Rdnr. 231; *Martiny* Hdb. Rdnr. 1478.
599 *Geimer/Schütze* EuZVR[2] E.1 Rdnr. 234 (wegen révision au fond und der politischen Lage).

Spanien ja, EuGVO, Vertrag vom 14. 11. 1983 (→ Rdnr. 42), Übk.1954, HUVÜ 1973
Sri Lanka ja (für Zahlungsurteile)[600]
St.Kitts und Nevis ja[601]
St.Lucia ja[602]
St.Vincent und die Grenadinen ja[603]
Südafrika ja[604]
Sudan nein[605]
Suriname nein[606], Übk.1954, HUVÜ 1958
Swasiland nein[607]
Syrien, Arabische Republik ja[608]

146 **Tadschikistan** nein
Taiwan → China
Tansania, Vereinigte Republik nein[609]
Thailand nein[610]
Timor-Leste ungeklärt
Togo nein[611]
Tonga ja[612]
Trinidad und Tobago nein[613]
Tschad nein[614]
Tschechische Republik ja, EuGVO, Übk.1954, HUVÜ 1973
Tunesien ja, Vertrag vom 19. 7. 1966 (→ Rdnr. 42)
Türkei ja[615], Übk.1954, HUVÜ 1973[616]
Turkmenistan ungeklärt
Tuvalu ja[617]

147 **Uganda** nein[618]
Ukraine nein[619], Übk.1954
Ungarn ja, EuGVO, Übk.1954, HUVÜ 1958
Uruguay ja[620]
Usbekistan nein[621], Übk.1954

148 **Vanuatu** ja[622]
Vatikanstadt ja[623], Übk.1954
Venezuela ja[624]
Vereinigte Arabische Emirate nein[625]
Vereinigte Staaten von Amerika: Ein bilateraler

600 *Geimer/Schütze* EuZVR² E.1 Rdnr. 236; *Martiny* Hdb. Rdnr. 1483; *Otto* in: Bülow/Böckstiegel/Geimer/Schütze 1131.7.
601 *Martiny* Hdb. Rdnr. 1484.
602 *Martiny* Hdb. Rdnr. 1485.
603 *Martiny* Hdb. Rdnr. 1486.
604 *BGHZ* 42, 194 mit Anm. *E.Schneider* LM §328 ZPO Nr. 16.; partiell verbürgt in *BGHZ* 52, 251 (nicht in Gerichtsständen des Erfüllungsorts und des Vermögens); eingehend zur Rechtslage *Doser* 363ff.; ganz ablehnend wegen der Genehmigungspflicht nach dem Protection of Businesses Act *Geimer/Schütze* EuZVR² E.1 Rdnr. 237 (m.E. nicht begründbar); *Zöller/Geimer*²⁵ Anhang IV (S. 2848).
605 *Geimer/Schütze* EuZVR² E.1 Rdnr. 238 (wegen der politischen Situation, sonst partielle Verbürgung).
606 *Martiny* Hdb. Rdnr. 1492.
607 *Zöller/Geimer*²⁵ Anhang IV (S. 2848); *Martiny* Hdb. Rdnr. 1493 (ungeklärt).
608 *BGHZ* 49, 50; *Börner* in: Bülow/Böckstiegel/Geimer/Schütze 1135.12; *Geimer/Schütze* EuZVR² E.1 Rdnr. 239.
609 *Geimer/Schütze* EuZVR² E.1 Rdnr. 241; anders *Martiny* Hdb. Rdnr. 1495.
610 *BGH* NJW 1971, 985; RIW AWD 1974, 221; *OLG Hamburg* IPRsp 1973 Nr. 123; *Falder* in: Bülow/Böckstiegel/Geimer/Schütze 1140.6.
611 *Martiny* Hdb. Rdnr. 1497.
612 *Martiny* Hdb. Rdnr. 1498; a.A. *Geimer/Schütze* Anerkennung I/2, 1906.
613 *Zöller/Geimer*²⁵ Anhang IV (S. 2849); a.A. *Martiny* Hdb. Rdnr. 1499.
614 *Zöller/Geimer*²⁵ Anhang IV (S. 2849).
615 *OLG Köln* IPRax 1988, 30; *OLG Nürnberg* IPRax 1984, 162; *OLG Oldenburg* NdsRpfl 1984, 145; *Geimer/Schütze* EuZVR² E.1 Rdnr. 244; *Henrich* IPRax 1991, 136; *Hök* JurBüro 1991, 625; *Tekinalp* in Jayme (Hrsg.) Ein internationales Zivilverfahrensrecht für Gesamteuropa (1992) 143; *Krüger* RIW 1986, 639 (641).
616 Dazu *Rumpf* IPRax 1998, 48.
617 *Martiny* Hdb. Rdnr. 1504.
618 *Geimer/Schütze* EuZVR² E.1 Rdnr. 246 (unsichere politische Lage); *Zöller/Geimer*²⁵ Anhang IV (S. 2849); bejahend für Urteile auf Geldzahlung *Knieper* in: Bülow/Böckstiegel/Geimer/Schütze 1150.5; *Martiny* Hdb. Rdnr. 1505 (ohne Versäumnisurteile).
619 *Geimer/Schütze* EuZVR E.1 Rdnr. 247; *Solotych* in: Bülow/Böckstiegel/Geimer/Schütze 1152.
620 *Martiny* Hdb. Rdnr. 1508.
621 *Zöller/Geimer*²⁵ Anhang IV (S. 2849).
622 *Geimer/Schütze* EuZVR² E.1 Rdnr. 250; *Martiny* Hdb. Rdnr. 1509.
623 *Martiny* Hdb. Rdnr. 1510.
624 *Geimer/Schütze* EuZVR² E.1 Rdnr. 251.
625 *Geimer/Schütze* EuZVR² E.1 Rdnr. 252; *Meyer-Reumann* RIW 1994, 780; *Krüger* IPRax 2001, 376

Vertrag fehlt; der deutsch-amerikanische Freundschafts-, Handels- und Schiffahrtsvertrag 1954 regelt die Frage nicht (abgedruckt bei *Jayme/Hausmann*[12] Nr. 22, 229, 243). Die Anerkennungsvoraussetzungen richten sich jeweils nach dem Recht der Teilstaaten. Auch US-amerikanische Bundesgerichte haben über die Anerkennung deutscher Urteile nach dem Recht des Teilstaates zu befinden, in dem sich ihr Sitz befindet[626]. Keineswegs ist also Gegenseitigkeit im Verhältnis zu US-amerikanischen Bundesgerichten stets anzunehmen[627]. Im einzelnen gilt: **Ja** im Verhältnis zu dem folgenden Einzelstaat (oder Gebiet)[628]: Alabama, Alaska, Arizona, Arkansas, California, Colorado, Connecticut, Delaware, District of Columbia, Florida, Georgia, Hawaii, Idaho, Illinois, Indiana, Iowa, Kansas, Kentucky, Louisiana, Maine, Maryland, Massachusetts, Michigan, Minnesota, Missouri, Montana[629], Nebraska, Nevada, New Hampshire, New Jersey, New Mexico, New York, North Carolina, North Dakota, Ohio, Oklahoma, Oregon, Pennsylvania, Puerto Rico[630], Rhode Island, South Carolina, South Dakota, Tennessee, Texas, Utah, Vermont, Virginia, Virgin Islands, Washington, West Virginia, Wisconsin und Wyoming. – **Nein** im Verhältnis zu Mississippi. – Für die Geltendmachung von **Unterhalt** nach § 1 Abs. 2 AUG (abgedruckt bei *Jayme/Hausmann*[12] Nr. 234 mit Angabe der Fundstellen in Fn. 2) ist die Gegenseitigkeit aufgrund von Bekanntmachungen des Bundesjustizministers verbürgt mit: Alaska, Arizona, Arkansas, California, Colorado (nur Kindesunterhalt), Connecticut, Delaware, Florida, Georgia, Hawaii, Idaho, Illinois, Indiana, Iowa (für Ehegattenunterhalt nur bei gleichzeitiger Geltendmachung des Kindesunterhalts), Kansas, Kentucky, Louisiana, Maine, Maryland, Massachusetts, Michigan, Minnesota, Missouri, Montana, Nebraska, Nevada, New Hampshire, New Jersey, New Mexico, New York, North Carolina, North Dakota, Ohio, Oklahoma, Oregon, Pennsylvania, Rhode Island, South Dakota, Tennessee, Texas, Utah, Vermont, Virginia, Washington, West Virginia, Wisconsin (für Ehegattenunterhalt nur bei gleichzeitiger Geltendmachung des Kindesunterhalts) und Wyoming.

Vereinigtes Königreich Großbritannien und Nordirland ja, EuGVO, Vertrag vom 14. 7. 1960 (→ Rdnr. 42), HUVÜ 1973 (a. Jersey)

Vietnam nein[631]

149

Zentralafrikanische Republik ja[632]

Zypern ja, EuGVO (für den griechischen Teil); für den türkischen Teil ebenfalls ja[633]

XII. Anerkennung ausländischer Entscheidungen in Ehesachen (Art. 7 § 1 FamRÄndG)

1. Abgrenzung zum europäischen Recht

150 Im Europäischen Rechtsraum wird das (vor allem) für **Auslandsscheidungen** erforderliche besondere Anerkennungsverfahren des Art. 7 § 1 FamRÄndG im Verhältnis Deutschlands zu den EU-Staaten (→ Rdnr. 41) (mit Ausnahme Dänemarks) **verdrängt** durch die seit 1. 3. 2005 anwendbare Verordnung (EG) Nr. 2201/2003 des Rates über die Zuständigkeit und die Anerkennung und Vollstreckung von Entscheidungen in Ehesachen und in Verfahren betreffend

---

(kein Vertrag); *ders.* RIW 1993, 384; *ders.* IPRax 2005, 472; wohl auch *Fadlalla* 72ff. – Die Vereinigten Arabischen Emirate sind ein Bundesstaat, der aus sieben Teilemiraten besteht.

[626] Dazu *BGHZ* 141, 286 (299); ausführlich mit Nachweisen zu allen Staaten *Geimer/Schütze* EuZVR[2] E.1 Rdnr. 253ff.

[627] *H.Roth* ZZP 112 (1999) 483 (497).

[628] Zur (abzulehnenden) abweichenden Auffassung von *Schütze* ZVglRWiss 98 (1999) 131 (138); *ders.* RIW 2004, 162 (166); *ders.* ZVglRWiss 100 (2001) 465, → Rdnr. 121, 111.

[629] *Geimer/Schütze* EuZVR[2] E.1 Rdnr. 281 (nach Übernahme des Mustergesetzes in das innerstaatliche Recht durch Mont.Code § 25–9-601 et seq.); vorher wurde Gegenseitigkeit verneint, *Martiny* Hdb. Rdnr. 1545.

[630] *Jayme* IPRax 1991, 262.

[631] *Martiny* Hdb. Rdnr. 1572.

[632] *Geimer/Schütze* EuZVR[2] E.1 Rdnr. 309; *Knieper* in: Bülow/Böckstiegel/Geimer/Schütze 1180.5.

[633] *Geimer/Schütze* EuZVR[2] E.1 Rdnr. 310; *Zöller/Geimer*[25] Anhang IV (S. 2850).

die elterliche Verantwortung und zur Aufhebung der Verordnung (EG) Nr. 1347/2000 vom 27.11. 2003 **(Brüssel-IIa-VO)** (Kommentierung → Band 10)[634]. Diese Verordnung ist **vorrangig** anzuwenden und erübrigt die Feststellung der Landesjustizverwaltung, daß die Voraussetzungen für die Anerkennung vorliegen[635]: Nach Art. 21 Abs. 1 VO werden die in einem Mitgliedstaat ergangenen Entscheidungen in Deutschland anerkannt, ohne daß es hierfür eines besonderen Verfahrens bedarf. Gerichte und Behörden beurteilen daher **inzident**, ob die Voraussetzungen für die Anerkennung einer Ehescheidung aus dem europäischen Justizraum vorliegen. Die möglichen Gründe für eine Nichtanerkennung finden sich in Art. 22 VO. Die VO erstreckt sich nicht auf die Anerkennung der Auflösung **nichtehelicher Lebensgemeinschaften (registrierte Partnerschaften)**, so daß es für die Anerkennung bei der Anwendung des autonomen Rechts des §328 ZPO bleibt[636]. Die aufgehobene Vorgängerregelung VO(EG) Nr. 1347/2000 war wegen deren Art. 42 nur auf Verfahren anwendbar, die nach dem 1.3. 2001 eingeleitet worden sind[637]. Eine vergleichbare intertemporale Regelung trifft Art. 64 Abs. 1 Brüssel-IIa-VO für Verfahren, die nach dem 1.3. 2005 eingeleitet worden sind. Eine Erweiterung findet sich in Art. 64 Abs. 2 Brüssel-IIa-VO[638].

2. Gesetzestext

151 In dem von der Brüssel-IIa-VO (→ Rdnr. 150) nicht erfaßten Bereich außerhalb des europäischen Rechtsraums besteht für die Anerkennung ausländischer Eheurteile in Deutschland seit dem Jahre 1961 eine Sondervorschrift mit Art. 7 §1 FamRÄndG vom 11.8. 1961 (BGBl. I 1221) mit mehrfachen Änderungen[639]. Die Norm gilt daher für die Anerkennung von Entscheidungen aus **Nicht-EU-Staaten und aus Dänemark**. Art. 7 §1 FamRÄndG soll künftig in einen §121 FamFG-E eingestellt werden (dazu *R. Wagner* FamRZ 2006, 744 [752]; *Andrae/Heidrich* FPR 2006, 222). Die Vorschrift lautet[640]:

Artikel 7 Anerkennung ausländischer Entscheidungen in Ehesachen

§1 Anerkennung ausländischer Entscheidungen in Ehesachen

(1) Entscheidungen, durch die im Ausland eine Ehe für nichtig erklärt, aufgehoben, dem Bande nach oder unter Aufrechterhaltung des Ehebandes geschieden oder durch die das Bestehen oder Nichtbestehen einer Ehe zwischen den Parteien festgestellt ist, werden nur anerkannt, wenn die Landesjustizverwaltung festgestellt hat, daß die Voraussetzungen für die An-

---

[634] ABl.L 338 S.1; abgedruckt im *Schönfelder* Ergänzungsband Nr. 103b und in *Jayme/Hausmann*[12] Nr. 162. Zur Ausführung: IntFamRVG vom 26.1. 2005 (BGBl. I 162); dazu *Schlauß* FPR 2004, 279. Die genannte VO hat die am 1.3. 2001 in Kraft getretene Vorgängerregelung VO (EG) Nr. 1347/2000, ABl.L 160/19 ersetzt (abgedruckt bei *Jayme/Hausmann*[12] Nr. 161; zu ihr *Helms* FamRZ 2001, 257; *Puszkajler* IPRax 2001, 81; *Schack* RabelsZ 65 [2001] 615; *R. Wagner* IPRax 2001, 73). – Zur Brüssel-IIa-VO: *M. Frank* in: Gebauer/Wiedmann (Hrsg.) Zivilrecht unter europäischem Einfluß (2005) 1185ff.; *Coester-Waltjen* Jura 2004, 839.

[635] *Jayme/Kohler* IPRax 2000, 454 (457); *Meyer-Götz/Noltemeier* FPR 2004, 296 (299); ausführlich *Andrae/Heidrich* FPR 2004, 292; *Andrae* IPRax 2006, 82 (88); *R. Wagner* FamRZ 2006, 744 (750 Fn. 104).

[636] *Helms* FamRZ 2001, 257 (258); *Kohler* NJW 2001, 10 (15); *R. Wagner* IPRax 2001, 281 (287); anders *Coester-Waltjen* Jura 2004, 839 (840).

[637] *OLG Bamberg* FamRZ 2003, 1567 (1569).

[638] *Andrae/Heidrich* FamRZ 2004, 1622 (1623).

[639] Gesetzesgeschichte bei *Martiny* Hdb.IZVR III/1 Kap. I Rdnr. 1635.

[640] §1 ist abgedruckt auch bei *Jayme/Hausmann*[12] Nr. 191.

erkennung vorliegen. Die Verbürgung der Gegenseitigkeit ist nicht Voraussetzung für die Anerkennung. Hat ein Gericht oder eine Behörde des Staates entschieden, dem beide Ehegatten zur Zeit der Entscheidung angehört haben, so hängt die Anerkennung nicht von einer Feststellung der Landesjustizverwaltung ab.

(2) Zuständig ist die Justizverwaltung des Landes, in dem ein Ehegatte seinen gewöhnlichen Aufenthalt hat. Hat keiner der Ehegatten seinen gewöhnlichen Aufenthalt im Inland, so ist die Justizverwaltung des Landes zuständig, in dem eine neue Ehe geschlossen werden soll; die Justizverwaltung kann den Nachweis verlangen, daß die Eheschließung angemeldet ist. Soweit eine Zuständigkeit nicht gegeben ist, ist die Justizverwaltung des Landes Berlin zuständig.

(2a) Die Landesregierungen können die den Landesjustizverwaltungen nach diesem Gesetz zustehenden Befugnisse durch Rechtsverordnung auf einen oder mehrere Präsidenten des Oberlandesgerichts übertragen. Die Landesregierungen können die Ermächtigung auf die Landesjustizverwaltungen übertragen.

(3) Die Entscheidung ergeht auf Antrag. Den Antrag kann stellen, wer ein rechtliches Interesse an der Anerkennung glaubhaft macht.

(4) Lehnt die Landesjustizverwaltung den Antrag ab, so kann der Antragsteller die Entscheidung des Oberlandesgerichts beantragen.

(5) Stellt die Landesjustizverwaltung fest, daß die Voraussetzungen für die Anerkennung vorliegen, so kann ein Ehegatte, der den Antrag nicht gestellt hat, die Entscheidung des Oberlandesgerichts beantragen. Die Entscheidung der Landesjustizverwaltung wird mit der Bekanntmachung an den Antragsteller wirksam. Die Landesjustizverwaltung kann jedoch in ihrer Entscheidung bestimmen, daß die Entscheidung erst nach Ablauf einer von ihr bestimmten Frist wirksam wird.

(6) Das Oberlandesgericht entscheidet im Verfahren der freiwilligen Gerichtsbarkeit. Zuständig ist das Oberlandesgericht, in dessen Bezirk die Landesjustizverwaltung ihren Sitz hat. Der Antrag auf gerichtliche Entscheidung hat keine aufschiebende Wirkung. § 21 Abs. 2, §§ 23, 24 Abs. 3, §§ 25, 28 Abs. 2, 3, § 30 Abs. 1 Satz 1 und § 199 Abs. 1 des Gesetzes über die Angelegenheiten der freiwilligen Gerichtsbarkeit gelten sinngemäß. Die Entscheidung des Oberlandesgerichts ist endgültig.

(7) Die vorstehenden Vorschriften sind sinngemäß anzuwenden, wenn die Feststellung begehrt wird, daß die Voraussetzungen für die Anerkennung einer Entscheidung nicht vorliegen.

(8) Die Feststellung, daß die Voraussetzungen für die Anerkennung vorliegen oder nicht vorliegen, ist für Gerichte und Verwaltungsbehörden bindend.

§ 2 Kosten

(1) Für die Feststellung, daß die Voraussetzungen für die Anerkennung einer ausländischen Entscheidung vorliegen oder nicht vorliegen (§ 1), wird eine Gebühr von 10 bis 310 Euro erhoben.

(2) Für das Verfahren des Oberlandesgerichts werden Kosten nach der Kostenordnung erhoben. Weist das Oberlandesgericht den Antrag nach § 1 Abs. 4, 5, 7 zurück, so wird eine Gebühr von 10 bis 310 Euro erhoben. Wird der Antrag zurückgenommen, so wird nur die Hälfte dieser Gebühr erhoben. Die Gebühr wird vom Oberlandesgericht bestimmt. Hebt das Oberlandesgericht die Entscheidung der Verwaltungsbehörde auf und entscheidet es in der Sache selbst, so bestimmt es auch die von der Verwaltungsbehörde zu erhebende Gebühr.

Gesetzesgeschichte: Eingefügt als Art. 7 § 1 FamRÄndG vom 11. 8. 1961 (BGBl. I 1221) in der Fassung des Ersten Gesetzes zur Reform des Ehe- und Familienrechts vom 14. 6. 1976 (BGBl. I 1421) mit Änderungen des § 2 durch das KostRÄndG vom 24. 6. 1994 (BGBl. I 1325). § 1 Abs. 2a eingefügt durch das Gesetz zur Änderung des Rechtspflegergesetzes und anderer Gesetze vom 24. 6. 1994 (BGBl. I 1374); § 1

Abs. 2 S. 2 geändert durch das EheschlRG vom 4. 5. 1998 (BGBl. I 833) als Folge der Abschaffung des Aufgebotsverfahrens; in § 1 Abs. 1 S. 3 wurden durch das BtÄndG vom 25. 6. 1998 (BGBl. I 1580) nach den Worten »ein Gericht« die Worte eingefügt »oder eine Behörde«. § 2 wurde angepaßt durch das KostREuroUG vom 27. 4. 2001 (BGBl. I 751).

Literatur

(außer den Angaben zu § 328): *Andrae/Heidrich* Aktuelle Fragen zum Anwendungsbereich des Verfahrens nach Art. 7 § 1 FamRÄndG FamRZ 2004, 1622; *dies.* Anerkennung ausländischer Entscheidungen in Ehe- und Lebenspartnerschaftssachen FPR 2004, 292; *Basedow* Die Anerkennung von Auslandsscheidungen (1980); *Beitzke* Anerkennung inländischer Privatscheidungen von Ausländern? IPRax 1981, 202; *Beule* Ein Verstoß gegen das Scheidungsmonopol der deutschen Gerichte? IPRax 1988, 150; *ders.* Die Anerkennung ausländischer Entscheidungen in Ehesachen, insbesondere bei Privatscheidungen StAZ 1979, 29; *Bolz* Verstoßung der Ehefrau nach islamischem Recht und deutscher ordre public NJW 1990, 620; *Fritsche* Kann das Anerkennungsverfahren für ausländische Scheidungsurteile gemäß Art. 7 § 1 FamRÄndG unter Berufung auf die §§ 68a und 69 PStG erzwungen werden? StAZ 1993, 363; *Geimer* IZVR[5] Rdnr. 3015–3050; *ders.* Das Anerkennungsverfahren für ausländische Entscheidungen in Ehesachen NJW 1967, 1398; *Habscheid* Zur Anerkennung klageabweisender ausländischer Eheurteile FamRZ 1973, 431; *Haecker* Die Anerkennung ausländischer Entscheidungen in Ehesachen 2. Aufl.(2000); *Henrich* Internationales Scheidungsrecht 2. Aufl.(2005) Rdnr. 27ff.; *Herfarth* Die Scheidung nach jüdischem Recht im internationalen Zivilverfahrensrecht (2000); *Kegel* Scheidung von Ausländern im Inland durch Rechtsgeschäft IPRax 1983, 22; *Kleinrahm* Die Anerkennung von Privatscheidungen FamRZ 1966, 10; *Kleinrahm/Partikel* Die Anerkennung ausländischer Entscheidungen in Ehesachen 2. Aufl.(1970); *Krzywon* Die Anerkennung ausländischer Entscheidungen in Ehesachen StAZ 1989, 93; *Lorbacher* Zur Anerkennungsfähigkeit von Privatscheidungen ausländischer Ehegatten durch die Landesjustizverwaltung FamRZ 1979, 771; *Lüderitz* »Talaq« vor deutschen Gerichten in: Festschr. für Baumgärtel (1990) 333; *Martiny* Handbuch des internationalen Zivilverfahrensrechts Band III/1 (1984) Kap. I Rdnr. 1630–1786; *Metje* Die Anerkennung ausländischer Entscheidungen in Ehesachen, insbes. bei Aussiedlern aus der ehemaligen UdSSR StAZ 1996, 374; *Nagel* Anerkennung ausländischer Ehescheidungsurteile bei Einverständniserklärung des deutschen Beklagten IPRax 1991, 172; *Nagel/Gottwald* IZVR[5] § 11 Rdnr. 224–245; *G. Otto* Zur Anerkennung der in Drittstaaten ergangenen Ehescheidungsurteile StAZ 1975, 183; *E. Peters* Vorlegung eidesstattlicher Erklärungen der Verlobten über ausländische Eheurteile bei der Landesjustizverwaltung StAZ 1966, 239; *Piltz* Internationales Scheidungsrecht (1988) 147ff.; *Prinz von Sachsen Gessaphe* Keine Anerkennung mexikanischer »Blitzscheidungen« StAZ 1992, 334; *Richter* Anerkennung ausländischer Entscheidungen in Ehesachen JR 1987, 98; *Richter/Krzywon* Das Antragsrecht im Verfahren nach Artikel 7 Familienrechtsänderungsgesetz IPRax 1988, 349; *Schack* IZVR[3] Rdnr. 890–901; *Schwenn* Anerkennung ausländischer Eheurteile in: *Beitzke* Vorschläge und Gutachten zur Reform des deutschen internationalen Personen-, Familien- und Erbrechts (1981 [Stand:1977]) 134; *Siehr* Privatscheidungen und Anerkennungsverfahren nach Art. 7 § 1 FamRÄndG FamRZ 1969, 184; *Staudinger/Spellenberg* EGBGB/IPR Internationales Verfahrensrecht in Ehesachen Artikel 7 FamRÄndG (Neubearbeitung 2005); *Tsai Pi-song* Ehescheidung, Anerkennung ausländischer Entscheidungen und Wiederverheiratung im internationalen Privatrecht (Zürich 1975); *R. Wagner* Anerkennung und Wirksamkeit ausländischer familienrechtlicher Rechtsakte nach autonomem deutschem Recht FamRZ 2006, 744.

3. Normzweck

152 Die Anerkennung ausländischer Urteile bedarf im Regelfall des § 328 keines besonderen Ausspruches im Sinne einer förmlichen Feststellung (→ Rdnr. 5). Es ist vielmehr im Einzelfall als präjudizielle Frage zu prüfen, ob ein ausländisches Urteil die Voraussetzungen des § 328 erfüllt. So liegt es etwa für die Überprüfung einer vorgreiflichen Statusentscheidung zur Vaterschaft nach § 328 im Rahmen der Vollstreckbarerklärung einer Unterhaltsentscheidung[641]. Dagegen ist mit Art. 7 § 1 FamRÄndG ein Anerkennungsverfahren für ausländische Ehescheidungen in der Form einer besonderen Feststellung bei den Landesjustizverwaltungen aus Gründen der **Rechtssicherheit** und des vorhandenen Expertenwissens konzentriert. Dadurch

[641] *OLG Hamm* IPRax 2004, 437 mit Besprechung *Geimer* 419.

soll die Gefahr einander widersprechender Entscheidungen über die Wirksamkeit einer ausländischen Ehescheidung in Deutschland vermieden werden, wie sie dem Grundsatz der automatischen Anerkennung fremder Urteile eigen ist[642]. Art. 7 § 1 FamRÄndG **monopolisiert** die Entscheidung über die Anerkennung bei der Justizverwaltung und entzieht den Gerichten die Beurteilung der Anerkennungsfrage. Das begründet für die deutschen Gerichte, für deren Entscheidung es auf die Frage der Anerkennung eines fremden Ehescheidungsurteils ankommt, ein **Verfahrenshindernis**[643]. Für eine selbständige Entscheidung des Gerichts ist kein Raum. Ist die Anerkennung der ausländischen Entscheidung **Streitgegenstand** des deutschen Verfahrens wie bei der Klage auf Feststellung der Wirksamkeit oder Unwirksamkeit der ausländischen Eheentscheidung, so muß die Klage als unzulässig abgewiesen werden[644]. Liegt ein Ehescheidungsurteil eines fremden Gerichts vor, so muß das deutsche Gericht, vor dem erneut Ehescheidungsklage erhoben wird, das Verfahren wegen des Verfahrenshindernisses aussetzen, bis eine Entscheidung der Justizverwaltung nach Art. 7 § 1 FamRÄndG vorliegt[645]. Es besteht stets eine **Aussetzungspflicht**, so daß es auf einen etwa gestellten Antrag der Parteien nicht ankommt. Taucht die Anerkennung der ausländischen Entscheidung im deutschen Verfahren als **Vorfrage** auf, z.B. in einem Unterhaltsprozeß, so muß das Verfahren ebenfalls von Amts wegen ausnahmslos unabhängig von einem Antrag der Parteien bis zur Entscheidung der Justizverwaltung in allen Instanzen ausgesetzt werden[646]. Ist ein ausländisches Scheidungsverfahren **anhängig**, ohne daß schon eine formell rechtskräftige Entscheidung ergangen ist, so kann die Justizverwaltung kein Feststellungsverfahren einleiten (→ Rdnr. 159). Das deutsche Gericht, vor dem ebenfalls die Scheidung beantragt wurde, kann daher selbständig entscheiden, ob die fremde Entscheidung voraussichtlich anerkannt werden kann[647]. Ist ein deutsches Scheidungsurteil dann ergangen, so wird das fremde Scheidungsurteil wegen § 328 Abs. 1 Nr. 3 Alt. 1 nicht anerkannt. Die Aussetzung von Amts wegen ist auch dann geboten, wenn die Nichtanerkennung der fremden Entscheidung **offensichtlich** ist[648]: Nach Art. 7 § 1 Abs. 8 FamRÄndG ist auch die negative Feststellung bei der Landesjustizverwaltung konzentriert.

153 Die Monopolisierung des Verfahrens bei der Landesjustizverwaltung ist **verfassungsgemäß**, obwohl die Anerkennung ausländischer Entscheidungen in Ehesachen dem Gebiet des Zivil- und Zivilverfahrensrechts angehört und damit dem materiellen Rechtsprechungsbegriff unterfällt. Ein Verstoß gegen Art. 92 GG ist deshalb nicht gegeben, weil die Verwaltungsentscheidung nach Art. 7 § 1 Abs. 4 FamRÄndG durch das OLG überprüft werden kann[649]. Auch verstößt die Regelung nicht gegen Art. 6 EMRK[650].

---

642 *BGHZ* 112, 127 (134); 82, 34 (43f.); *Martiny* Hdb.IZVR III/1 Kap. I Rdnr. 1657; *Soergel/Kronke* EGBGB[12] (1996) Anhang IV Art. 38 Rdnr. 146; *Musielak/Musielak*[4] Rdnr. 40; *Tsai* 118; *Andrae/Heidrich* FPR 2004, 292; *Beule* StAZ 1979, 29f.; *Geimer* NJW 1967, 1398 (1399); *Richter* JR 1987, 98f.

643 *BayObLG* NJW 1974, 1628 (1629); *OLG Koblenz* IPRax 2005, 354 (355) mit Anm. *Geimer* 325; *Geimer* NJW 1967, 1398 (1400); MünchKommZPO/*Gottwald*[2] Rdnr. 184.

644 *Zöller/Geimer*[25] Rdnr. 224.

645 *BayObLG* NJW 1974, 1628 (1629); grundsätzlich auch *OLG Köln* NJW-RR 1999, 81 (82) (aber von einer Ermessensentscheidung ausgehend); *OLG Karlsruhe* NJW-RR 2001, 5 (Prozeßkostenhilfe) (ebenfalls von Ermessensentscheidung ausgehend); *OLG Koblenz* FamRZ 2005, 1692 mit Anm. *Gottwald*; *Kleinrahm/Partikel* 38ff.; *Henrich*[2] Rdnr. 37 (Aussetzungspflicht).

646 *Zöller/Geimer*[25] Rdnr. 225; *OLG Köln* NJW-RR 1999, 81 (82); *Andrae/Heidrich* FPR 2004, 292 (294); a.A. *BGHZ* 64, 19 (23).

647 *OLG Düsseldorf* MDR 1974, 1023; *Martiny* Hdb.IZVR III/1 Kap. I Rdnr. 1665; *Hausmann* 319 Fn. 82; *Kleinrahm/Partikel* 47f.; *Thomas/Putzo/Hüßtege*[27] Rdnr. 25; MünchKommZPO/*Gottwald*[2] Rdnr. 185; a.A. *Zöller/Geimer*[25] Rdnr. 243.

648 *Thomas/Putzo/Hüßtege*[27] Rdnr. 25; *Zöller/Geimer*[25] Rdnr. 227; *Martiny* Hdb.IZVR III/1 Kap. I Rdnr. 1664; *Schack* IZVR[4] Rdnr. 898; *Henrich* IPRax 1999, 49; a.A. *BGH* NJW 1983, 51; *OLG Köln* NJW-RR 1999, 81 (82).

649 *BGHZ* 82, 34 (41); *BayObLGZ* 1977, 180 (186); HK-ZPO/*Dörner* (2006) Rdnr. 70; *Staudinger/*

4. Materielle Anerkennungsvoraussetzungen

154 Art. 7 § 1 FamRÄndG beansprucht nur Geltung für das **Anerkennungsverfahren**. Dagegen beziehen sich die darin enthaltenen Sonderregelungen nicht auf die **materiellen Anerkennungsvoraussetzungen** der fremden Entscheidung in Ehesachen. Vielmehr legt die Justizverwaltung ihrer Entscheidung in erster Linie die bestehenden **Staatsverträge** zugrunde, und prüft bei Fehlen die Voraussetzungen des § 328 ZPO. Von Bedeutung sind hier wegen Art. 59 Brüssel-IIa-VO (→ Rdnr. 150) im wesentlichen nur noch der auch Ehesachen betreffende deutsch-tunesische Vertrag von 1966 (Art. 27, 28 Abs. 1, → Rdnr. 42)[651] und wegen Art. 1 Abs. 2 Nr. 1 LugÜ der deutsch-schweizerische Vertrag (Art. 3, → Rdnr. 42). Da die bilateralen Abkommen nur die Anerkennungsvoraussetzungen regeln, müssen auch tunesische und schweizerische Ehescheidungsurteile im Verfahren des Art. 7 § 1 FamRÄndG förmlich anerkannt werden[652]. Der deutsch-israelische Vertrag (→ Rdnr. 42) erfaßt wegen Art. 4 Abs. 1 Nr. 1 keine Ehesachen. Wie Art. 26 Abs. 2 klarstellt, gelten für die vom Vertrag ausgeschlossenen Angelegenheiten für beide Vertragsstaaten die allgemeinen Anerkennungsvoraussetzungen, für Deutschland also § 328 ZPO. Außerhalb des Anwendungsbereichs von Staatsverträgen gelten die in **§ 328 ZPO** geregelten materiellen Anerkennungsvoraussetzungen, die auch im Bereich des Art. 7 § 1 FamRÄndG Anwendung finden[653]. Urteile, die nach der Rechtsordnung des Entscheidungsstaates **nichtig** sind, können nicht anerkannt werden[654]. Ehescheidungen sind stets nach § 328 ZPO zu prüfen, auch wenn sie im Entscheidungsstaat als Verfahren der FGG eingeordnet werden (→ Rdnr. 63)[655]. Im Verhältnis zu den anzuwendenden bilateralen Staatsverträgen gilt das **Günstigkeitsprinzip** (→ Rdnr. 2f.). Da für die Anerkennungszuständigkeit das autonome Recht des § 606a (→ Rdnr. 171) gegenüber den staatsvertraglichen Regelungen (Art. 3 deutsch-schweizerischer Vertrag; Art. 28 Abs. 1, 32 deutsch-tunesischer Vertrag) großzügiger ist, wird im Ergebnis meist das nationale Anerkennungsrecht des § 328 entscheidend sein[656]. Im Ergebnis sind die Staatsverträge damit ohne Bedeutung.

5. Erga-omnes-Wirkung

155 Die **Feststellungsentscheidung** der Justizverwaltung entfaltet nach Art. 7 § 1 Abs. 8 FamRÄndG erga-omnes-Wirkung, die nicht nur die Parteien, sondern alle Gerichte und Behörden bindet. Dadurch unterscheidet sich das Verfahren des Art. 7 § 1 FamRÄndG von der sonst im Rahmen des § 328 ZPO zulässigen Feststellungsklage (→ Rdnr. 38). Von Bedeutung ist das in erster Linie für den mit der Eintragung befaßten **Standesbeamten**. Ihm und den ihm übergeordneten Instanzen der Freiwilligen Gerichtsbarkeit ist eine selbständige Beurteilung der Anerkennung versagt. Vor der förmlichen Anerkennung durch besondere Feststellung der Be-

---

Spellenberg (2005) Art. 7 § 1 FamRÄndG Rdnr. 9; *Krzywon* StAZ 1989, 93; *Richter* JR 1987, 98 (99); *Otto* StAZ 1975, 183; *Lindacher* FamRZ 1991, 158; für Verfassungswidrigkeit *Geimer* IZVR[5] Rdnr. 264, 3015; *Linke* IZVR[4] Rdnr. 428 Fn. 241; *Kegel* IPRax 1983, 22 (24).

650 *JM Baden-Württemberg* IPRax 1990, 51 (52); a.A. *Zöller/Geimer*[25] Rdnr. 270.

651 Z.B. *JM Baden-Württemberg* FamRZ 2001, 1015.

652 Z.B. *JM Baden-Württemberg* FamRZ 2001, 1015 (Tunesien); *Staudinger/Spellenberg* (2005) § 328 ZPO Rdnr. 47.

653 *BGH* NJW 1990, 3090; *BayObLGZ* 1999, 211 (213); *BayObLG* FamRZ 2002, 1638; 2002, 1423 (1424); 1998, 1305 (1306); StAZ 2001, 174f.; *Martiny* Hdb.IZVR III/1 Kap. I Rdnr. 1683; *Staudinger/Spellenberg* (2005) § 328 ZPO Rdnr. 182; Art. 7 § 1 FamRÄndG Rdnr. 26; *Piltz* 147; *Andrae/Heidrich* FamRZ 2004, 1622 (1623); *Beule* StAZ 1979, 29; *Krzywon* StAZ 1989, 93 (98); *Prinz von Sachsen Gessaphe* StAZ 1992, 334 (340); *Richter* JR 1987, 98 (99).

654 *Prinz von Sachsen Gessaphe* StAZ 1992, 334 (440)(»Mexiko-Scheidung« mit Urteilsfälschung).

655 *KG* FamRZ 2004, 275 (276).

656 MünchKommZPO/*Gottwald*[2] Rdnr. 166; a.A. *Krzywon* StAZ 1989, 93 (97).

hörde entfaltet die fremde Entscheidung in der betreffenden Ehesache in Deutschland keine Wirkung. Erst die förmliche Feststellung verleiht der ausländischen Eheentscheidung für das Inland die Eigenschaft eines autoritativen Ausspruches und bewirkt eine **Erstreckung der Urteilswirkungen** auf das Inland (dazu → Rdnr. 13ff.)[657].

6. Nebenentscheidungen

156 Das Verfahren des Art. 7 § 1 FamRÄndG bezieht sich nicht auf die zugleich (Scheidungsverbund) oder im Zusammenhang mit dem ausländischen Urteil getroffenen Nebenentscheidungen wie etwa Sorgerechts- und **Unterhaltsentscheidungen**[658] oder **Kostenentscheidungen**. Vielmehr beschränkt sich die förmliche Anerkennung auf die **Statusentscheidung** im Sinne des Art. 7 § 1 Abs. 1 FamRÄndG. Wird etwa die Vollstreckbarerklärung eines ausländischen **Scheidungsverbundurteils** hinsichtlich des Unterhaltsausspruches begehrt, so ist die Anerkennung der fremden Unterhaltsentscheidung als Vorfrage in dem anhängigen Vollstreckbarerklärungsverfahren zu prüfen.

157 Gleichwohl ist eine Anerkennung der Unterhaltsentscheidung ohne **förmliche Anerkennung der Scheidung selbst** durch die Justizverwaltung nicht möglich[659]. In diesem Fall ist das Verfahren über die Anerkennung der fremden Entscheidung über die Ehescheidungsfolgen (z.B. Unterhalt) bis zur Anerkennung der Ehescheidung auszusetzen[660]. Das gilt in gleicher Weise für Sorgerechtsentscheidungen wie für den Scheidungsunterhalt des Ehegatten und den gesetzlichen Unterhaltsanspruch der Kinder. Auch der letztgenannte **gesetzliche Kindesunterhalt** ist regelmäßig mit der Scheidung materiellrechtlich verknüpft und daher nicht von ihr unabhängig[661]. Kann jedoch die Folgeentscheidung selbst schon nicht anerkannt werden, weil z.B. die Voraussetzungen des § 328 nicht vorliegen, so ist die Klage auf deren Anerkennung oder Vollstreckbarerklärung abzuweisen und es wird nicht ausgesetzt[662].

158 Als Ausnahme von dem Gesagten ist eine Anerkennung von Nebenentscheidungen dann geboten, wenn dies **Staatsverträge** ohne Rücksicht auf ein vorgeschaltetes Anerkennungsverfahren fordern. Das gilt im verbliebenen Bereich des Art. 7 § 1 FamRÄndG (→ Rdnr. 150) vor allem noch für die Anerkennung von **Unterhaltsentscheidungen** nach dem Haager Übereinkommen 1973 (→ Rdnr. 52). Das Problem ist entschärft, soweit die Vertragsstaaten auch Mitgliedstaaten der Brüssel-IIa-Verordnung sind, die ein förmliches Anerkennungsverfahren für die Ehescheidung nicht mehr vorsieht (→ Rdnr. 150). Im Verhältnis zu Australien (Art. 3 HUVÜ 1973), Dänemark (Art. 5 Nr. 2 EuGVÜ, Art. 3 HUVÜ 1973), Norwegen (Art. 5 Nr. 2 LugÜ, Art. 3 HUVÜ 1973) und der Schweiz (Art. 5 Nr. 2 LugÜ, Art. 3 HUVÜ 1973), die sämtlich nicht der Brüssel-IIa-VO unterfallen, stellt sich das Problem aber nach wie vor. Das gleiche gilt im Anwendungsbereich des Haager Übereinkommens 1958 (→ Rdnr. 53) für das Verhältnis

---

657 *BayObLGZ* 1967, 218 (227); *Schack* IZVR⁴ Rdnr. 892.

658 *BGHZ* 64, 19 (22); *BGH* FamRZ 1982, 1203 (1205); *BayObLG* IPRsp 1978 Nr. 175; *OLG Frankfurt a. M.* OLGZ 1977, 141; *OLG Hamm* IPRsp 1980 Nr. 96; *Geimer* IZVR⁵ Rdnr. 3018; MünchKommZPO/*Gottwald*² Rdnr. 187; *Martiny* Hdb.IZVR III/1 Kap. I Rdnr. 1667; *Andrae/Heidrich* FRP 2004, 292; *Kleinrahm* StAZ 1969, 62.

659 *BGHZ* 64, 19 (22); *OLG Celle* NJW 1991, 1428 (1429); offengelassen in *OLG Zweibrücken* OLGR 2005, 534; *Thomas/Putzo/Hüßtege*²⁷ Rdnr. 29; *Staudinger/Spellenberg* (2005) Art. 7 FamRÄndG § 1 Rdnr. 53; *Geimer* IZVR⁵ Rdnr. 3018; *Basedow* IPRax 1983, 279; *H. Roth* IPRax 1988, 75 (78); *Baumann* IPRax 1990, 28 (29).

660 *Geimer* NJW 1975, 2141; dagegen *BGH* NJW 1983, 514: Aussetzungsantrag.

661 *OLG Celle* FamRZ 1990, 1390 mit Anm. *Henrich* IPRax 1991, 62; *OLG Hamm* IPRax 1990, 59 mit ablehnender Anm. *Henrich*; *Schack* IZVR⁴ Rdnr. 892; *Martiny* Hdb.IZVR III/1 Kap. I Rdnr. 1669; *Baumann* IPRax 1994, 435 (436); a.A. *OLG München* IPRsp 1982 Nr. 173; *Zöller/Geimer*²⁵ Rdnr. 230; MünchKommZPO/*Gottwald*² Rdnr. 189.

662 *Schwenn* 134 (141); MünchKommZPO/*Gottwald*² Rdnr. 187.

zu Liechtenstein und Suriname. Allerdings setzt die Anerkennung einer Folgeentscheidung grundsätzlich die förmliche Anerkennung der Ehestatussache durch die Justizverwaltung voraus, weil deren Feststellungsmonopol auch zu respektieren ist, wenn die Frage der Anerkennung des Eheurteils lediglich als Vorfrage zu der Folgesache erscheint (→ Rdnr. 152, 157). Die wohl h.L. beachtet daher das Feststellungsmonopol der Landesjustizverwaltung auch dann, wenn es um die Anerkennung von Folgeentscheidungen aufgrund von **Staatsverträgen** geht[663]. Dagegen lösen aber die für Nebenentscheidungen anwendbaren staatsvertraglichen Regelungen den Zusammenhang mit der Statusentscheidung in der Ehesache, so daß deren förmliche Anerkennung nicht verlangt zu werden braucht. Insoweit wird die innerstaatliche Ordnung durch Völkervertragsrecht verdrängt[664].

7. Sachlicher Geltungsbereich

a) Ausländische Entscheidungen

159 Der in Art. 7 § 1 Abs. 1 S. 1 FamRÄndG gebrauchte Begriff »Entscheidung« wird **weit** ausgelegt (zu Nebenentscheidungen → Rdnr. 156 ff.)[665]. Neben dem streitigen Verfahren fallen darunter auch Erkenntnisse von **Gerichten** oder **Behörden** (arg. Abs. 1 S. 2) in außerstreitigen Verfahren. Neben Entscheidungen von Verwaltungsbehörden oder sonstigen Hoheitsträgern (Scheidung per rescriptum principis) zählen dazu auch solche von **geistlichen Behörden** (→ Rdnr. 61). Hat eine nichtstaatliche ausländische Instanz entschieden, so muß allerdings die Entscheidung von dem betreffenden ausländischen Staat als wirksam anerkannt werden[666]. Scheidungen von geistlichen Gerichten wie z.B. von griechisch-orthodoxen Gerichten oder von Rabbinatsgerichten fallen daher darunter, wenn die Gerichte vom Staat ermächtigt sind, Ehen mit zivilrechtlicher Wirkung zu scheiden. Es macht keinen Unterschied, ob es sich um einen feststellenden, rechtsgestaltenden oder bloß registrierenden Akt (→ Rdnr. 161) handelt. Auch kann die Entscheidung in Form eines Gesetzes ergehen[667]. Die ausländische Entscheidung muß alle nach dem fremden Recht erforderlichen Voraussetzungen erfüllen, wie z.B. eine behördliche **Registrierung**[668]. Zudem muß die Entscheidung diejenigen Eigenschaften aufweisen, die das deutsche Recht mit dem Begriff der **formellen Rechtskraft** verbindet[669]. Das wird durch die Möglichkeit der Wiederaufnahme nicht gehindert[670].

160 Die Entscheidung muß »im Ausland« ergangen sein. Der Begriff ist **territorial** zu verstehen und umfaßt nur Entscheidungen, die **vollständig im Ausland** ergangen sind. Nicht anerkennungsfähig sind daher Entscheidungen ausländischer Botschaften, Konsulate oder geistlicher

---

[663] So (wegen der Brüssel-IIa-VO aber teils überholt) dem Grundsatz nach *OLG Frankfurt a.M.* OLGZ 1977, 141; *Zöller/Geimer*[25] Rdnr. 230; MünchKommZPO/*Gottwald*[2] Rdnr. 188 ff.; *Baumann* IPRax 1994, 436; *Goerke* StAZ 1976, 267 (273).

[664] *OLG Karlsruhe* DAVorm 1981, 165 (166); *OLG Köln* FamRZ 1979, 718 (719); *Martiny* Hdb.IZVR III/1 Kap. I Rdnr. 1671 ff.; *Mitzkus* Internationale Zuständigkeit im Vormundschafts-, Pflegschafts- und Sorgerecht (1982) 359 ff.; *Schack* IZVR[4] Rdnr. 892; *Hohloch* FF 2001, 147 (155); *Hausmann* IPRax 1981, 5 (6); *Beitzke* ZfJ 1986, 481; für Unterhaltsentscheidungen im Anwendungsbereich der Haager Übereinkommen 1973 und 1958 (→ Rdnr. 52, 53) *Staudinger/Kropholler* EGBGB (Neubearbeitung 2003) Anhang III zu Art. 18 Rdnr. 20, 156.

[665] *Kleinrahm* FamRZ 1966, 10; HK-ZPO/*Dörner* (2006) Rdnr. 73; übersehen von *OLG Koblenz* FamRZ 2005, 1692 mit krit. Anm. *Gottwald.*

[666] *Kleinrahm/Partikel* 67; *Haecker*[2] 22.

[667] *Kleinrahm/Partikel* 67.

[668] *BayObLGZ* 1977, 71 mit Nachweisen; *Beule* StAZ 1979, 29 (30).

[669] H.L., *BayObLG* NJW-RR 1990, 842 (843); *OLG Koblenz* IPRax 2005, 354; MünchKommZPO/*Gottwald*[2] Rdnr. 171; *Thomas/Putzo/Hüßtege*[27] Rdnr. 25; a.A. → *Voraufl.* Rdnr. 196.

[670] *OLG Düsseldorf* StAZ 1975, 189.

Gerichte eines ausländischen Staates, die ganz oder in Teilakten in Deutschland ergangen sind, selbst wenn sie nach dem berufenen Scheidungsrecht wirksam sind (arg. Art. 17 Abs. 2 EGBGB)[671]. Eine Entscheidung der Landesjustizverwaltungsbehörde nach Art. 7 § 1 Abs. 7 FamRÄndG bleibt aber möglich (→ Rdnr. 161). Im übrigen wird der Begriff der ausländischen Entscheidung in dem gleichen Sinne verwendet wie auch sonst im Anwendungsbereich des § 328 (→ Rdnr. 54). Für Ehescheidungsurteile der **ehemaligen DDR** gelten die Ausführungen von → Rdnr. 44. Sie bleiben daher grundsätzlich wirksam, ohne daß es eines Anerkennungsverfahrens nach Art. 7 § 1 FamRÄndG bedarf. Hat allerdings ein Gericht der Bundesrepublik vor dem Beitritt rechtskräftig festgestellt, die Ehe bestehe trotz des in der DDR ergangenen Scheidungsurteils fort, so ist das Scheidungsurteil so zu behandeln, als sei es auf Rechtsmittel hin aufgehoben worden[672].

b) Privatscheidung

161 Das **Verfahrensrecht** des Art. 7 § 1 FamRÄndG findet auch auf Ehescheidungen Anwendung, die auf privater vertraglicher oder einseitiger Rechtsgestaltung beruhen (Privatscheidungen), sofern dabei eine ausländische Behörde in irgendeiner Weise mitgewirkt hat, sei es auch nur durch gerichtliche Beurkundung oder eine **deklaratorische Registrierung**[673]. Als Privatscheidungen eingeordnet werden vor allem die (einvernehmliche) »Al-Mukhalaa«[674] und die »talaq-Scheidung«[675] sowie die Scheidung nach israelischem Recht vor dem Rabbinatsgericht[676]. Sie unterliegen daher dem Feststellungsmonopol der Justizverwaltung. Das gilt in analoger Anwendung des Art. 7 § 1 FamRÄndG selbst dann, wenn die Privatscheidung unter Mitwirkung einer ausländischen Behörde in Deutschland vorgenommen wurde (→ Rdnr. 160)[677]. Bei einer **reinen Privatscheidung** ohne jegliche behördliche Mitwirkung findet dagegen nach h.L. das Verfahren des Art. 7 § 1 FamRÄndG nicht statt, und der Antrag auf Anerkennung wird als unzulässig zurückgewiesen. Hier wird die Unwirksamkeit von dem mit der Sache befaßten Gericht oder Behörde inzident festgestellt, weil es an einer anerkennungsfähigen Entscheidung nach dieser Norm überhaupt fehlt[678]. Vorzugswürdig ist die Gegenauffassung, wonach auch diese Entscheidungen dem Anerkennungsverfahren zu unterwerfen

---

[671] *Haecker*[2] 22; *Lorbacher* FamRZ 1979, 771 (772).

[672] *BGH* NJW 1999, 493; zu Altfällen *Leible* FamRZ 1991, 1245.

[673] *BGHZ* 110, 267 (270) (Registrierung durch thailändisches Standesamt); 82, 34 (41f.) (Thailand); *BayObLG* FamRZ 2003, 381 (382) (libanesische Privatscheidung vor einem Scharia-Gericht in Jordanien und Beurkundung durch den Richter [»Al Mukhalaa«]); 1998, 1594; IPRax 1995, 324 (325) (Syrien) mit Anm. *Börner* 309; *OLG Frankfurt a.M.* FamRZ 2005, 989 (Marokko); *OLG Düsseldorf* FamRZ 2003, 381 (LS) (libanesische Privatscheidung durch ein Scharia-Gericht und Eintragung durch den Standesbeamten); *KG* FamRZ 2002, 840 (Marokko mit Beurkundung durch das Gerichtsnotariat); *OLG Stuttgart* IPRax 2000, 427 mit Anm. *Rauscher* 391; *Präsident OLG Celle* FamRZ 1998, 757 (Ukraine); *OLG Frankfurt a.M.* NJW 1990, 646 (Iran); *Präsident OLG Celle* StAZ 1999, 80 (81); StAZ 1999, 146 (Japan); FamRZ 1998, 757; *LJV Baden-Württemberg* FamRZ 2001, 1018 (einvernehmliche Scheidung in Syrien mit Bestätigung durch das Scharia-Gericht); IPRax 1988, 170 (talaq-Scheidung in Pakistan); *Schack* IZVR[4] Rdnr. 895ff.; *Henrich*[2] Rdnr. 39; *Keidel/Kahl* FGG[15] (2003) Vor §§ 19–30 Rdnr. 45 Fn. 224; *Krzywon* StAZ 1989, 93 (102); *Metje* StAZ 1996, 374 (375); **a.A.** und für den Ausschluß von Privatscheidungen aus dem Anwendungsbereich des Art. 7 § 1 FamRÄndG etwa *Geimer* NJW 1967, 1401; *Beitzke* FamRZ 1974, 532.

[674] *BayObLG* FamRZ 2003, 381; *JV Baden-Württemberg* FamRZ 2001, 1018.

[675] *BayObLG* FamRZ 2003, 381 (382); 1998, 1594; 1985, 75 (76); *OLG Stuttgart* IPRax 2000, 427 mit Anm. *Rauscher*; zum Rechtsinstitut *Lüderitz* in: Festschr. für Baumgärtel (1990) 333.

[676] *BGH* NJW-RR 1994, 642; *Herfarth* 419ff.; *Siehr* in: Festschr. für Schlosser (2005) 877 (891).

[677] *BGHZ* 82, 34 (43f.) mit kritischer Anm. *Kegel* IPRax 1983, 22; gegen die Durchführung des Verfahrens auch *Bolz* NJW 1990, 620.

[678] *Präsident OLG Celle* FamRZ 1998, 686 (in Japan vollzogene Privatscheidung ohne nachgewiesene

sind, weil es entscheidend darauf ankommt, daß die Privatscheidung der Funktion nach ein fremdes Scheidungsurteil ersetzt und daher dem gleichen Verfahren wie dieses unterstellt sein soll[679].

162 Privatscheidungen unterliegen zwar dem Feststellungsmonopol der Justizverwaltung (→ Rdnr. 161), doch richtet sich ihre Anerkennung nicht nach § 328 ZPO, sondern nach **Kollisionsrecht**[680]. Maßgebend ist die von Art. 17, 14 EGBGB berufene **lex causae**[681]. Entscheidend ist der **Zeitpunkt** der Scheidungserklärung[682]. In diesem Sinne bedeutet Anerkennung die Entscheidung über die inländische Wirksamkeit der Scheidung. Anerkannt wird ein privates Rechtsgeschäft. Werden die Erklärungen vor einem Gericht abgegeben, ändert sich am Ausschluß des § 328 nichts, wenn die Statusänderung durch die rechtsgeschäftlichen Erklärungen der Beteiligten konstitutiv herbeigeführt wird[683]. Vergleichbar liegt es bei einer beurkundenden Tätigkeit des Gerichts, selbst wenn die Beurkundung Wirksamkeitserfordernis ist[684]. Eine im Ausland vollzogene Privatscheidung ist nicht anerkennungsfähig, wenn für die Scheidung der Ehe (auch) **deutsches Recht** anwendbar ist, weil das deutsche Recht nur gerichtliche Scheidungen zuläßt (§ 1564 S. 1 BGB)[685]. Im Ergebnis führt das trotz § 606 Abs. 1 S. 2 zwangsläufig zu einer ausschließlichen deutschen Scheidungszuständigkeit[686]. § 606a Abs. 1 S. 2 steht nicht entgegen[687]. Maßgebend ist das Ehescheidungsstatut nach dem Zeitpunkt der Scheidungsvereinbarung[688]. Umgekehrt ist das **Scheidungsmonopol** deutscher Gerichte (§ 1564 S. 1 BGB, Art. 17 Abs. 2 EGBGB) stets auch unabhängig vom anwendbaren materiellen Recht begründet, wenn eine **Privatscheidung in Deutschland** vorgenommen wurde[689]. In Deutschland vorgenommene Privatscheidungen können daher nicht anerkannt werden, selbst wenn sie nach dem als Scheidungsstatut berufenen ausländischen Recht wirksam sind[690]. Bloße Vorberei-

---

behördliche Registrierung); *Palandt/Heldrich*[65] Art. 17 EGBGB Rdnr. 12; *Schack* IZVR[4] Rdnr. 895; *Haekker*[2] 22; *Kleinrahm* FamRZ 1966, 10 (11); *Lorbacher* FamRZ 1979, 771 (772).

679 *Präsident OLG Frankfurt a. M.* StAZ 2003, 137 (talaq-Scheidung in Pakistan ohne behördliche Registrierung); *Herfarth* 425 (jüdische Scheidungen); *Martiny* Hdb.IZVR III/1 Kap. I Rdnr. 1753; *Staudinger/Spellenberg* (2005) Art. 7 § 1 FamRÄndG Rdnr. 39; MünchKommZPO/*Gottwald*[2] Rdnr. 175; *Keidel/Kahl* FGG[15] (2003) Vor §§ 19–30 Rdnr. 45 Fn. 224; *Andrae/Heidrich* FPR 2004, 292 (293); *Beule* StAZ 1979, 29 (33); *Lüderitz* in: Festschr. für Baumgärtel (1990) 333 (343); *Siehr* FamRZ 1969, 184 (186). – Dagegen halten *Gottwald/Nagel* IZVR[5] § 11 Rdnr. 232 dieses Ergebnis nur de lege ferenda für vorzugswürdig.

680 *BayObLG* FamRZ 2003, 381 (382)(vor einem Scharia-Gericht in Jordanien vollzogene Privatscheidung); *Präsident OLG Frankfurt a.M* StAZ 2003, 137 (Verstoßung der Ehefrau [talaq] nach pakistanischem Recht); *Präsident OLG Celle* FamRZ 1998, 757; *OLG Frankfurt a. M.* NJW 1990, 646; *JM Baden-Württemberg* FamRZ 2001, 1018 (Scheidung in Syrien mit Bestätigung des Scharia-Gerichts); *OLG Stuttgart* FamRZ 2000, 171 (Verstoßung der Ehefrau [talaq] nach jordanischem Recht); *Herfarth* 440 (Scheidung nach jüdischem Recht); *Siehr* in: Festschr. für Schlosser (2005) 877 (891)(Scheidung nach jüdischem Recht).

681 *BayObLG* FamRZ 2003, 381 (382); 1994, 1263; *Piltz* 148; *Henrich*[2] Rdnr. 42.

682 Etwa *BGHZ* 110, 267 (273); *KG* FamRZ 2002, 840 (841); *Präsident OLG Frankfurt a. M.* StAZ 2003, 137 (138); *Präsident OLG Celle* FamRZ 1998, 686; *Kissner* StAZ 2004, 116 (Libanon).

683 *BayObLG* FamRZ 2003, 381 (382); *Staudinger/Spellenberg* (2005) § 328 ZPO Rdnr. 222.

684 *BayObLG* FamRZ 2003, 381 (382).

685 *BGHZ* 110, 267 (273); *BGH* NJW-RR 1994, 642; *BayObLG* FamRZ 2003, 381 (382); *BayObLG* IPRax 1995, 324 (325); *KG* FamRZ 2002, 840 (Marokko); *OLG Braunschweig* FamRZ 2001, 561 mit kritischer Anm. *Gottwald* (in Syrien vollzogene Talaq-Scheidung); *JM Baden-Württemberg* FamRZ 2001, 1018 (Syrien); *Präsident OLG Celle* FamRZ 1998, 686 (Ukraine); 1998, 686 (Japan); *Präsident OLG Celle* StAZ 1999, 80 (81); *Krzywon* StAZ 1989, 93 (103).

686 Kritisch daher *Gottwald* FamRZ 2001, 1019.

687 *BayObLG* FamRZ 2003, 381 (382).

688 *BayObLG* FamRZ 2003, 381 (382); 1998, 1594.

689 Umfassend und kritisch *Herfarth* 81ff.

690 *BGHZ* 82, 34 (45ff.); *BayObLG* FamRZ 1985, 75f.; 1985, 1258 (1259); *OLG Stuttgart* IPRax 1988, 172; 1981, 213; *Beitzke* IPRax 1981, 202 (205); *LJV Baden-Württemberg* IPRax 1990, 51 (52); 1988,

tungshandlungen in Deutschland (z.B. Vollmachtserteilung) sind aber unschädlich, wenn nur der konstitutive Scheidungsakt im Ausland stattfindet[691]. Eine Inlandsscheidung liegt also nur vor, wenn der **konstitutive Akt** in Deutschland vorgenommen wurde. Ein Antrag nach Art. 7 § 1 Abs. 7 FamRÄndG auf **Feststellung der Unwirksamkeit** der inländischen Privatscheidung ist aber zulässig und begründet[692]. Die dadurch entstehende **hinkende Inlandsehe** muß also noch von einem deutschen Gericht geschieden werden.

c) Ehesachen

aa) Begriff

163 Abs. 1 S. 1 führt aus, was unter dem in der Überschrift »Ehesachen« gebrauchten Begriff zu verstehen ist. Unter die Norm fallen nur Verbindungen zwischen Mann und Frau, nicht aber die Aufhebung **registrierter Lebenspartnerschaften** (§ 661)[693]. Die weiter genannte **Nichtigerklärung** meint die Auflösung der Ehe ex tunc, die **Aufhebung** der Ehe die Lösung der Ehe mit Wirkung ex nunc. Dabei ist es unerheblich, ob das ausländische Urteil in den den deutschen Aufhebungsgründen entsprechenden Fällen (§§ 1313ff. BGB) eine Lösung ex nunc oder ex tunc vorsieht. Der Feststellungsbescheid des Art. 7 § 1 FamRÄndG hat sich bei einer Lösung der Ehe ex tunc auch nicht etwa auf eine solche ex nunc zu beschränken. Vielmehr wirkt auch die Feststellung auf den Zeitpunkt des Urteils zurück[694]. Zu den möglichen anerkennungsfähigen Verfahrensgegenständen zählt in erster Linie die **Scheidung**. Das meint die Formulierung des Art. 7 § 1 Abs. 1 S. 1 FamRÄndG mit der Scheidung einer Ehe »dem Bande nach«. Die nachfolgend aufgeführte Scheidung »unter Aufrechterhaltung des Ehebandes« betrifft in erster Linie die sogenannte »**Trennung von Tisch und Bett**« (→ Rdnr. 11). Der Anerkennung nach § 328 steht nicht entgegen, daß das deutsche Recht ein entsprechendes Rechtsinstitut nicht kennt[695]. Andere als die in Abs. 1 S. 1 aufgeführten **Statussachen** bedürfen der förmlichen Anerkennung nicht[696]. Sie werden im Wege der Vorfragenprüfung anerkannt.

164 Das Verständnis der in Art. 7 § 1 Abs. 1 S. 1 FamRÄndG weiter aufgeführten **positiven und negativen Ehefeststellungsklage** folgt den allgemeinen Grundsätzen. Diese Entscheidung muß zwischen den Ehegatten ergangen sein. Nicht ausreichend ist eine Entscheidung, die über Bestand oder Nichtbestand oder Auflösung einer Ehe als **Vorfrage** entschieden hat. Auch im Falle der Abweisung einer positiven oder negativen Feststellungsklage ist die Wirksamkeit der fremden Entscheidung ausschließlich der Überprüfung im Verfahren des Art. 7 § 1 FamRÄndG vorbehalten, wenn und soweit das jeweilige Gegenteil festgestellt ist[697]. Ein deutsches Gericht darf sich von sich aus mit der Frage nicht befassen und muß einen bei ihm anhängigen Rechtsstreit erforderlichenfalls bis zur Erledigung des Verfahrens nach Art. 7 § 1 FamRÄndG

170; *Geimer* IZVR[5] Rdnr. 2641a; MünchKommZPO/*Gottwald*[2] Rdnr. 176; *Henrich*[2] Rdnr. 43; kritisch *Schack* IZVR[4] Rdnr. 897; *Beule* IPRax 1988, 150 (151f.); *Kegel* IPRax 1983, 22.

[691] *BGHZ* 82, 34 (43); *BayObLG* FamRZ 1985, 1258 (1259); *OLG Stuttgart* IPRax 1988, 172 mit Anm. *Beule* 150f.; *Henrich*[2] Rdnr. 46f. (Bekanntmachung in Deutschland, aber kritisch). – Zur Scheidung durch deutsches Gestaltungsurteil durch talaq aufgrund afghanischen Rechts (ohne Mitwirkung einer ausländischen Behörde) *AG Kulmbach* IPRax 2004, 529 mit Anm. *Unberath* 515.

[692] *BGHZ* 82, 34; *OLG Stuttgart* IPRax 1981, 214; dazu *Beitzke* IPRax 1981, 202 (205); dagegen *Bolz* NJW 1990, 620 (ohne Begründung); *Kleinrahm* FamRZ 1966, 10 (12); *Herfarth* 430 (jüdische Scheidungen); *Lüderitz* in: Feschr. für Baumgärtel (1990) 333 (340 mit rechtspolitischen Bedenken).

[693] *Zöller/Geimer*[25] Rdnr. 234; a.A. *Andrae/Heidrich* FPR 2004, 292; *dies.* FamRZ 2004, 1622 (1624).

[694] Dazu *BGH* FamRZ 1961, 427; *Kleinrahm/Partikel* 35.

[695] *BayObLG* NJW-RR 1990, 842 (843).

[696] Z.B. *OLG Hamm* FamRZ 2004, 719 (Vaterschaftsfeststellung).

[697] *Rosenberg/Schwab/Gottwald*[16] § 156 Rdnr. 52; *LJV Baden-Württemberg* FamRZ 1990, 1015 (1016); *Krzywon* StAZ 1989, 93 (95); *Habscheid* FamRZ 1973, 431.

aussetzen. Es kann erst dann selbständig entscheiden, wenn die Landesjustizverwaltung die Anerkennung versagt hat.

bb) Nicht erfaßte Angelegenheiten

165 Entscheidungen, durch die die Scheidungsklage oder vergleichbare Anträge **sachlich abgewiesen** werden, fallen (mit Ausnahme von → Rdnr. 164) nach dem Wortlaut von S. 1 nicht unter das Verfahren des Art. 7 § 1 FamRÄndG[698]. Dafür besteht auch kein Bedürfnis, da der bestehende Zustand aufrechterhalten bleibt. Über die Anerkennung abweisender Entscheidungen ist ohne förmliches Verfahren nach § 328 im betreffenden Verfahren als Vorfrage zu entscheiden[699]. Die Frage ist von Bedeutung, da sachabweisende Entscheidungen von **EU-Staaten** auch nicht in den Anwendungsbereich der Brüssel-IIa-VO fallen und auch insoweit § 328 ZPO Anwendung findet[700]. Nicht von Art. 7 § 1 FamRÄndG erfaßt werden ausländische Entscheidungen, die zur **Herstellung des ehelichen Lebens** (vergleichbar dem § 606 Abs. 1 S. 1 ZPO) verurteilen. Auch fallen Urteile nicht darunter, die feststellen, daß die Ehe **ipso iure beendet** ist, z. B. durch Tod, Verschollenheit, Verurteilung zu einer lebenslangen Freiheitsstrafe oder einen Wechsel der Konfession[701].

8. Zeitlicher Geltungsbereich

a) Deutsches Anerkennungsrecht

166 Für die Anerkennung eines ausländischen Ehescheidungsurteils ist grundsätzlich das im **Zeitpunkt** des ausländischen Verfahrens geltende deutsche Anerkennungsrecht maßgebend, weil die Wirkungen des ausländischen Urteils im gleichen Zeitpunkt auf Deutschland erstreckt werden, zu dem sie im Urteilsstaat eintreten (→ Rdnr. 32 f.)[702]. Werden freilich die Anerkennungsvoraussetzungen (z. B. internationale Zuständigkeit) durch Gesetz **gemildert** und folgt erst daraus die Anerkennungsfähigkeit des ausländischen Ehescheidungsurteils, so wirkt eine Anerkennungsentscheidung auf den Zeitpunkt des Inkrafttretens der neuen gesetzlichen Regelung zurück (→ Rdnr. 35)[703].

b) Keine zeitliche Beschränkung

167 Die Feststellung nach Art. 7 § 1 FamRÄndG kennt keine zeitliche Beschränkung. Ohne Einfluß ist auch der **Tod** eines oder beider Ehegatten. Unter ganz besonderen Umständen kann die Befugnis, die Anerkennung eines ausländischen Scheidungsurteils zu beantragen, **verwirkt** werden[704]. Das Erfordernis der förmlichen Anerkennung gilt auch für die **vor Inkrafttre-**

---

[698] *Martiny* Hdb.IZVR III/1 Kap. I Rdnr. 1690; *Musielak/Musielak*[4] Rdnr. 41; HK-ZPO/*Dörner* (2006) Rdnr. 77; ausführlich *Andrae/Heidrich* FamRZ 2004, 1622 (1628).

[699] *Riezler* 515; *Beitzke* DRZ 1946, 172; *Geimer* NJW 1967, 1398; *Habscheid* FamRZ 1973, 431; gegen jede Anerkennung im Inland *Jonas* DR 1942, 55 (60).

[700] *Andrae/Heidrich* FamRZ 2004, 1622 (1628) mit Nachweisen des Streitstandes.

[701] MünchKommZPO/*Gottwald*[2] Rdnr. 168; *Martiny* Hdb.IZVR III/1 Kap. I Rdnr. 1683; *Beule* StAZ 1979, 29 (31).

[702] *BayObLG* FamRZ 1990, 1265 (1266); offengelassen von *BGHZ* 110, 267 (273).

[703] *BayObLG* NJW 1988, 2178 mit ablehnender Anm. *Geimer*; *Rosenberg/Schwab/Gottwald*[16] § 156 Rdnr. 61; *Haecker*[2] 32 f.; a. A. *Staudinger/Spellenberg* (2005) § 328 ZPO Rdnr. 61.

[704] *BayObLG* FamRZ 1985, 1258 (1259); *OLG Düsseldorf* FamRZ 1988, 198; a. A. *Zöller/Geimer*[25] Rdnr. 253; für Verwirkung nach materiellem Recht MünchKommZPO/*Gottwald*[2] Rdnr. 193; *Martiny* Hdb.IZVR III/1 Kap. I Rdnr. 1712.

ten des Art. 7 § 1 FamRÄndG (→ Gesetzesgeschichte) und der Vorgängerregelung des § 24 4.DVO-EheG[705] ergangenen ausländischen Entscheidungen[706]. Solange eine Feststellung nach Abs. 1 nicht ergangen ist, hat die Entscheidung in Deutschland keine Wirkung, auch wenn die **Beteiligten die Entscheidung schon seit langem für wirksam gehalten haben. – Zu Übergangsregelungen** und **Vermerken im Familienbuch** → *Voraufl.* Rdnr. 204.

9. Persönlicher Geltungsbereich

a) Heimatstaatentscheidungen (Abs. 1 S. 3)

168 Nach Art. 7 § 1 Abs. 1 S. 3 FamRÄndG hängt die Anerkennung der ausländischen Entscheidung nicht von der förmlichen Feststellung der Landesjustizverwaltung ab, wenn die Entscheidung in dem Staat ergangen ist, dem **beide Ehegatten** zur Zeit der Entscheidung angehört haben. Gesetzgeberischer Grund ist, daß die Anerkennung einer solchen Entscheidung regelmäßig keinen Bedenken unterliegt und keine Schwierigkeiten macht[707]. Braucht in diesem Fall ein Anerkennungsverfahren nicht durchgeführt zu werden und wird es auch nicht fakultativ durchgeführt (→ Rdnr. 169), so tritt die Anerkennung ipso iure ein. Die mit der Sache befaßten Gerichte oder Behörden (vor allem der Standesbeamte) müssen dann im betreffenden Verfahren (wie sonst auch) gleichwohl die materiellen Anerkennungsvoraussetzungen des **§ 328 Abs. 1 Nr. 1 bis 4** als **Vorfrage** (inzident) selbständig prüfen[708]. Eine Beschränkung der Prüfungsbefugnis auf Nr. 4 (ordre public) hat keine gesetzliche Grundlage[709]. Nicht etwa sind die deutschen Gerichte automatisch an die ausländische Entscheidung gebunden. Abs. 1 S. 3 erfaßt auch diejenigen Entscheidungen, die in jetzt nicht mehr bestehenden Staaten zwischen damaligen eigenen Angehörigen ergangen sind. Nach der Änderung von S. 3 im Jahre 1998 (→ Gesetzesgeschichte) kann es sich neben einer ausländischen gerichtlichen auch um eine ausländische **behördliche Entscheidung** handeln[710]. Auch wenn man mit der zutreffenden h.L. für die Anwendung des Art. 7 § 1 Abs. 1 S. 1 FamRÄndG auf **Privatscheidungen** die lediglich registrierende Mitwirkung einer Behörde genügen läßt (→ Rdnr. 161), ist Abs. 1 S. 3 auf derartige Privatscheidungen nicht anwendbar, weil das befaßte Gericht oder die befaßte Behörde gerade keine eigene Entscheidung getroffen haben[711]. Abs. 1 S. 3 kommt nicht zur Anwendung, wenn bei **Mehrstaatern** auch nur einer der Ehegatten die deutsche Staatsangehörigkeit besitzt[712]. Das folgt aus der in Art. 5 Abs. 1 S. 2 EGBGB enthaltenen, allgemeine Geltung beanspruchenden, gesetzgeberischen Entscheidung. Auf die Frage der **effektiven Staatsangehö-**

---

705 Vom 25. 10. 1941 (RGBl. I 654).

706 *Jansen* FGG I² (1969) 16 zu § 1.

707 *Präsident OLG Frankfurt a. M.* IPRax 2000, 124; *Siehr* FamRZ 1969, 184 (185).

708 *BGHZ* 112, 127 (131); *OLG Bremen* FamRZ 2004, 1975 (1976) mit kritischer Anm. *Gottwald*; *OLG Stuttgart* FamRZ 2003, 1019; *OLG Hamm* FamRZ 1998, 303; 1996, 178 (Unterhaltsprozeß); 1996, 951; *OLG Köln* FamRZ 1988, 1177; *AG Weilburg* NJW-RR 1999, 1382; *Martiny* Hdb. IZVR III/1 Kap. I Rdnr. 1696; *Zöller/Geimer*²⁵ Rdnr. 245; *Rosenberg/Schwab/Gottwald*¹⁶ § 156 Rdnr. 54; *Tsai* 119; *Kissner* StAZ 2004, 117 (Algerien); *Hohloch* IPRax 2000, 96 (97); *Neuhaus* FamRZ 1957, 394; *Raape* MDR 1949, 586; a. A. *OLG Frankfurt a. M.* NJW 1971, 1528 (1529); *KG* FamRZ 1958, 324.

709 A. A. *AG Weilburg* FamRZ 2000, 169 mit ablehnender Anm. *Gottwald.*

710 Die Gesetzesänderung wird übersehen von *Musielak/Musielak*⁴ Rdnr. 42; MünchKommZPO/*Gottwald*² Rdnr. 177 und *Geimer* IPRax 2005, 325; zutreffend dagegen *Andrae/Heidrich* FamRZ 2004, 1622 (1623).

711 *OLG Frankfurt a. M.* FamRZ 2005, 989; a. A. *Herfarth* 426.

712 *BayObLG* NJW-RR 1998, 1538; 1990, 842 (843); *OLG Koblenz* IPRax 2005, 354 (356); *LJV Baden-Württemberg* IPRax 1990, 51; *Thomas/Putzo/Hüßtege*²⁷ Rdnr. 25; *Börner* IPRax 1995, 309 (310); *Metje* StAZ 1996, 374 (zu Aussiedlern aus der ehemaligen UdSSR); *Richter* JR 1987, 98.

rigkeit kommt es also nicht an[713]. Doch wird die Anwendung des Art. 7 § 1 S. 3 FamRÄndG nicht dadurch ausgeschlossen, daß beide oder einer der Ehegatten nach der Entscheidung die deutsche Staatsangehörigkeit erworben haben. Abs. 1 S. 3 gilt auch, wenn ein Ehegatte neben der Staatsangehörigkeit des Entscheidungsstaates auch diejenige eines **dritten Staates** hat[714].

b) Fakultatives Anerkennungsverfahren

169 Auch im Fall der Heimatstaatentscheidung von S. 3 ist in Zweifelsfällen ein **fakultatives** Anerkennungsverfahren bei Zweifeln an der Anerkennungsfähigkeit aus Gründen der Rechtssicherheit zulässig[715]. Ansonsten könnte die Anerkennungsfähigkeit nur im Wege der Feststellungsklage mit Wirkung inter partes geklärt werden[716]. Wird es durchgeführt, so tritt die gleiche Bindungswirkung ein wie sonst auch.

c) Unsichere Heimatstaatentscheidung

170 Bestehen **Zweifel**, ob eine Heimatstaatentscheidung im Sinne des S. 3 vorliegt, so empfiehlt sich die Durchführung des förmlichen Anerkennungsverfahrens[717]. Die angerufene Justizverwaltung entscheidet stets mit Bindungswirkung, unabhängig davon, ob die Heimatstaatsangehörigkeit bejaht oder verneint wird. Nicht etwa wird bei Bejahung der Staatsangehörigkeit des Entscheidungsstaates der Antrag ohne Bindungswirkung als unzulässig abgewiesen[718]. Im übrigen ist die Frage der Staatsangehörigkeit des Entscheidungsstaates als **Vorfrage** in dem betreffenden gerichtlichen oder behördlichen Verfahren zu klären[719]. Verneint das Gericht die Voraussetzungen des Art. 7 § 1 Abs. 1 S. 3 FamRÄndG, so setzt es das Verfahren bis zur Entscheidung der Justizbehörde aus. Bejaht es das Vorliegen des Abs. 1 S. 3, so entscheidet es selbst (→ Rdnr. 168).

10. Materielle Voraussetzungen der Anerkennung

a) Internationale Zuständigkeit (§ 328 Abs. 1 Nr. 1)

171 Für die internationale Anerkennungszuständigkeit gelten die allgemeinen Grundsätze, wie sie für § 328 Abs. 1 Nr. 1 dargestellt worden sind (→ Rdnr. 73ff.). Das **Spiegelbildprinzip** gilt auch in Ehesachen[720]. Die maßgebenden **Anknüpfungspunkte** für die in § 606a Abs. 1 Nr. 1 bis

---

713 A.A. *OLG Bremen* IPRax 1985, 296; *Staudinger/Spellenberg* (2005) Art. 7 § 1 FamRÄndG Rdnr. 63.

714 *Kleinrahm/Partikel* 94; *Krzywon* StAZ 1989, 93 (95); für effektive Staatsangehörigkeit *Staudinger/Spellenberg* (2005) Art. 7 § 1 FamRÄndG Rdnr. 66.

715 *BGHZ* 112, 127 (130ff.); *BayObLG* FamRZ 2002, 1637 (1638); *LJV Nordrhein-Westfalen* IPRax 1986, 177 (179); *Staudinger/Spellenberg* (2005) Art. 7 § 1 FamRÄndG Rdnr. 70; MünchKommZPO/*Gottwald*[2] Rdnr. 177; *Musielak/Musielak*[4] Rdnr. 42; *Thomas/Putzo/Hüßtege*[27] Rdnr. 25; *Beule* StAZ 1979, 29 (31); *Richter* JR 1987, 98 (99); a.A. *OLG Bremen* FamRZ 2004, 1975 (1976 re.Sp.); *OLG Hamm* FamRZ 1998, 303; *OLG Frankfurt a.M.* FamRZ 1971, 373; *Zöller/Geimer*[25] Rdnr. 245; *Schack* IZVR[4] Rdnr. 893; *Andrae/Heidrich* FPR 2004, 292 (293); *Geimer* NJW 1967, 1398 (1401); offengelassen von *BayObLG* NJW-RR 1998, 842 (843).

716 Dafür *Schack* IZVR[4] Rdnr. 894.

717 *Metje* StAZ 1996, 374; *Präsident OLG Frankfurt a.M.* IPRax 2000, 124 (Entscheidung in derartigen Fällen erforderlich).

718 *BGHZ* 112, 127.

719 Vgl. auch *Jansen* FGG I[2] 17 zu § 1; a.A. *Jonas* DR 1942, 55; *Beitzke* DRZ 1946, 136.

720 Z.B. *KG* FamRZ 2004, 275 (276); *BayObLG* FamRZ 2005, 638 (Rumänien); 2002, 1637 (1638); StAZ 2001, 174 (175); *Präsident OLG Frankfurt a.M.* IPRax 2000, 124 (125)(Zerfall Ex-Jugoslawiens) mit Besprechung *Hohloch* 96. – Umfassend zur dogmengeschichtlichen Entwicklung *Basedow* 63ff.

4 geregelte deutsche (nicht ausschließliche: § 606a Abs. 1 S. 2) internationale Zuständigkeit in Ehesachen sind die deutsche Staatsangehörigkeit und der gewöhnliche Aufenthalt (Darstellung → *P. Schlosser*[21] § 606a Rdnr. 10ff.). Das Spiegelbildprinzip wird erweitert durch § 606a Abs. 2. Danach sind die ausländischen Gerichte selbst dann international zuständig, wenn nur ein Ehegatte seinen gewöhnlichen Aufenthalt im Urteilsstaat hatte. Die Zuständigkeitsprüfung kann nach § 606a Abs. 2 S. 2 sogar ganz **entfallen**, wenn die ausländische Entscheidung im gemeinsamen Heimatstaat der Ehegatten oder im jeweiligen Heimatstaat eines jeden Ehegatten anerkannt wird[721]. Wenn im Zeitpunkt der ausländischen Entscheidung beide Ehegatten die Staatsangehörigkeit des Urteilsstaates besessen haben, so ist wegen Art. 7 § 1 Abs. 1 S. 3 FamRÄndG kein förmliches Anerkennungsverfahren erforderlich (→ Rdnr. 168). Für den maßgebenden **Zeitpunkt** des Vorliegens der Zuständigkeit gelten die allgemeinen Grundsätze (→ Rdnr. 166, 32ff.). Im Anwendungsbereich des § 328 Abs. 1 Nr. 1 ZPO können die Bestimmungen der **Brüssel-IIa-VO** über die internationale Zuständigkeit (Art. 3ff.) nicht spiegelbildlich herangezogen werden[722]. Scheidungen in »**Scheidungsparadiesen**« erfüllen meist nicht die Voraussetzungen des § 606a, zumal der Aufenthalt zu Scheidungszwecken keinen gewöhnlichen Aufenthalt begründet[723].

b) Rechtliches Gehör (§ 328 Abs. 1 Nr. 2)

172 Für die Rechtsfolgen aus der **Nichteinlassung** auf das ausländische Verfahren gelten die allgemeinen Grundsätze (→ Rdnr. 86ff.)[724]. Der **Verzicht auf die Einrede** aus § 328 Abs. 1 Nr. 2 kann insbesondere anzunehmen sein, wenn die Partei erkennen läßt, daß sie das fremde Scheidungsurteil trotz möglicher Zustellungsmängel gegen sich gelten lassen will (→ Rdnr. 89). Dabei ist ausreichend, daß die Partei sich wieder verheiratet, die Anerkennung des Urteils im Zweitstaat betreibt oder sonst zum Ausdruck bringt, sie halte sich für geschieden[725].

c) Urteilskollisionen (§ 328 Abs. 1 Nr. 3)

173 Für Eheverfahren ergeben sich in der Frage der **Unvereinbarkeit** mit einem früheren Urteil oder Verfahren keine Unterschiede (→ Rdnr. 94ff.)[726].

d) Ordre public (§ 328 Abs. 1 Nr. 4)

174 Es gelten die allgemeinen Grundsätze (→ Rdnr. 100ff.). Ein ausländisches Scheidungsurteil verstößt nur dann gegen den materiellen oder den verfahrensrechtlichen ordre public, wenn sein **Ergebnis** für die deutsche Rechtsordnung schlechthin untragbar ist[727]. Im Hinblick auf die Vielgestaltigkeit der grundsätzlichen Anschauungen und der vorhandenen gesetzlichen Aus-

---

721 Beispiele bei → *P. Schlosser*[21] § 606a Rdnr. 21.

722 Mit Recht *Andrae/Heidrich* FPR 2004, 292 (295).

723 *Staudinger/Spellenberg* (2005) § 328 ZPO Rdnr. 499, 337; zu mexikanischen »Blitzscheidungen« *Prinz von Sachsen Gessaphe* StAZ 1992, 334 (341).

724 Z.B. *BayObLG* FamRZ 2005, 638 (639)(Rumänien); 2005, 923 (924)(Rumänien); 2002, 1423 (1424); 2000, 1170; *JM Baden-Württemberg* FamRZ 2001, 1379 (Kamerun: Zustellung an die nicht bevollmächtigte Mutter der Frau).

725 *BGH* IPRax 1991, 188 (Kanada) mit Anm. *Nagel* 172; *OLG Bremen* FamRZ 2004, 1975 (1976: Ghana); *OLG Stuttgart* FamRZ 2003, 1019 (verweigerte Prozeßkostenhilfe für ein erneutes Scheidungsverfahren in Deutschland).

726 Beispiel: *BayObLG* FamRZ 1998, 1305 (1306); *OLG Frankfurt a.M.* FamRZ 1997, 92 (93).

727 *BayObLG* StAZ 2001, 174 (175); FamRZ 1993, 452 (453); NJW 1974, 418; *KG* FamRZ 2004, 275 (277); eingehend *Kleinrahm/Partikel* 121ff.

gestaltungen vor allem der Scheidungsgründe ist in der Frage, ob ein die Anwendung der Nr. 4 rechtfertigender Widerstreit zwischen der fremden Regelung und den deutschen Anschauungen besteht, **besondere Zurückhaltung** zu üben[728]. Unvereinbar mit inländischen Anschauungen sind aber »pro-forma-Ehescheidungen« im Ausland (→ Rdnr. 110) oder die Ausübung von politischem oder staatlichem Druck auf einen oder beide Ehegatten (→ Rdnr. 110). Maßgebend für die Beurteilung ist der Zeitpunkt der Anerkennungsentscheidung (→ Rdnr. 34). Ein Verstoß bleibt (wie sonst auch) unbeachtlich, wenn der Beteiligte nicht alles ihm Zumutbare unternommen hat, um den angeblichen Verfahrensmangel zu beseitigen[729].

e) Gegenseitigkeit (Art. 7 § 1 Abs. 1 S. 2 FamRÄndG)

175 Die Verbürgung der Gegenseitigkeit ist nicht Voraussetzung für die Anerkennung des fremden Scheidungsurteils. Die Regelung ist **zwingend**. Daher steht der Behörde kein Ermessensspielraum zu, ob sie im Einzelfall von dem Erfordernis der Gegenseitigkeit absehen will oder nicht[730].

11. Verwaltungsverfahren

a) Justizverwaltung

176 Die Anerkennung ausländischer Eheentscheidungen ist in Art. 7 § 1 FamRÄndG als **Justizverwaltungsverfahren** ausgestaltet. Für das Feststellungsverfahren ist nach Abs. 1 die Landesjustizverwaltung **sachlich** zuständig mit der Möglichkeit der Ermächtigung nach Abs. 2a, die bestehenden Befugnisse auf die Präsidenten der Oberlandesgerichte zu übertragen. Von dieser Ermächtigung haben die Länder Baden-Württemberg[731], Bayern[732], Brandenburg[733], Bremen[734], Hessen[735], Niedersachsen[736], Nordrhein-Westfalen[737], das Saarland[738], Sachsen[739] und Sachsen-Anhalt[740] Gebrauch gemacht. Im übrigen sind die Landesjustizminister zuständig, in den Stadtstaaten die mit der Justizverwaltung beauftragten Behörden[741]. Nach Art. 7 § 1 Abs. 2 S. 1 FamRÄndG ist **örtlich** zuständig diejenige Landesjustizverwaltung (oder Präsident des OLG), in deren Gebiet einer der Ehegatten seinen **gewöhnlichen Aufenthalt** hat. Maßgebend ist die örtliche Zuständigkeit zur Zeit der Antragstellung, so daß der spätere Wegfall unschädlich ist (perpetuatio fori)[742]. Gemeint ist der tatsächliche Mittelpunkt des Daseins, der Lebensführung[743]. Sind zwei Landesjustizverwaltungen zuständig, weil sich die Ehegatten in verschiedenen Bundesländern aufhalten, so ist in analoger Anwendung des § 4 FGG diejenige

---

728 *BayObLG* FamRZ 1993, 451 (452); *Staudinger/Spellenberg* (2005) § 328 ZPO Rdnr. 498.
729 *BayObLG* FamRZ 2002, 1637 (1638).
730 A.A. lediglich *Jansen* FGG I² 19 zu § 1.
731 VO vom 15.6. 2000, GBl.499: **Präsidenten OLG Karlsruhe und Stuttgart.**
732 § 4a GZVJu, abgedruckt im *Ziegler/Tremel* Nr. 297: **Präsident OLG München.**
733 VO vom 9.1. 2003, GVBl.Teil II-Nr. 1, 18: **Präsident OLG Brandenburg.**
734 VO vom 3.2. 2004, GBl.37: **Präsident OLG Bremen.**
735 VO vom 3.11. 1994, GVBl.635: **Präsident OLG Frankfurt a.M.**
736 VO vom 25.7. 1995, GVBl.255: **Präsidenten OLGe Braunschweig, Celle und Oldenburg.**
737 VO vom 17.11. 1994, GVBl.1005: **Präsident OLG Düsseldorf.**
738 VO vom 18.11. 2003, ABl. 2995: **Präsident Saarländisches OLG.**
739 VO vom 29.12. 1997, GVBl.682: **Präsident OLG Dresden.**
740 VO vom 7.12. 2000, GVBl.672: **Präsident OLG Naumburg.**
741 Adressen bei *Haecker*² 107.
742 *Martiny* Hdb.IZVR III/1 Kap. I Rdnr. 1710; *Andrae/Heidrich* FPR 2004, 292 (294).
743 *BayObLG* FamRZ 1997, 423 (424); zum Begriff auch → *P.Schlosser*²¹ § 606 Rdnr. 7.

Behörde allein zuständig, die zuerst tätig geworden ist[744]. Hat kein Ehegatte seinen gewöhnlichen Aufenthalt in Deutschland, so ist nach Art. 7 § 1 Abs. 2 S. 2 FamRÄndG die Landesjustizverwaltung des Landes zuständig, in dem eine neue Ehe geschlossen werden soll. Nach S. 2 HS 2 kann der Nachweis verlangt werden, daß die **Eheschließung angemeldet** ist (→ Gesetzesbegründung). Ist nach Art. 7 § 1 Abs. 2 S. 1 und 2 FamRÄndG keine Landesjustizverwaltung zuständig, so ist nach S. 3 die Justizverwaltung des Landes **Berlin** zuständig.

b) Antrag und Antragsberechtigung

177 Nach Art. 7 § 1 Abs. 3 S. 1 FamRÄndG ergeht die Feststellung auf **Antrag**. Für ihn ist weder eine Frist noch eine Form vorgeschrieben. Er kann auch vor dem **Standesamt** gestellt werden, das den Antrag an die zuständige Behörde weiterleitet[745]. Eine **Rücknahme** ist bis zur Wirksamkeit der Feststellungsentscheidung möglich. Doch kann die Anerkennung wenigstens dann noch später zurückgenommen werden, wenn der Antragsteller die Entscheidung erschlichen hat (§ 48 VwVfG analog)[746]. Darüber noch hinausgehend wird man in Anlehnung an § 18 FGG die Abänderung eines früheren Bescheids zulassen müssen, wenn nachträglich Anerkennungshindernisse bekannt werden[747]. Nach Art. 7 § 1 Abs. 7 FamRÄndG kann der Antrag sowohl auf **positive** wie auf **negative Feststellung** gerichtet sein (→ Rdnr. 179f.). In seltenen Ausnahmefällen kann der Antrag auch **verwirkt** werden (→ Rdnr. 167). Nach S. 2 beschränkt sich die **Antragsberechtigung** nicht auf die Ehegatten. Vielmehr kann den Antrag ein jeder stellen, der ein **rechtliches Interesse** an der Antragstellung glaubhaft macht. Es liegt vor, wenn der Antragsteller mit einer anderen Person in einem Rechtsverhältnis verbunden ist, das durch die Anerkennung oder Nichtanerkennung der ausländischen Eheentscheidung berührt wird. Ohne Anerkennung steht der Status des antragstellenden Ehegatten als geschieden nicht fest[748]. Für ein rechtliches Interesse an der verbindlichen Feststellung des Status spricht vor allem ein Inlandsbezug wie das Wohnen in Deutschland und anhängige oder mögliche Verfahren, in denen die Wirksamkeit der Scheidung als Vorfrage eine Rolle spielt[749]. Es handelt sich daher regelmäßig um die **Ehegatten** der aufgelösten Ehe, den neuen Ehegatten eines der im Ausland geschiedenen Ehegatten sowie deren **Kinder**, sofern die Anerkennung darüber entscheidet, ob diese in Deutschland als ehelich oder als nichtehelich anzusehen sind. Nach dem Tode des geschiedenen Ehegatten sind dessen **Erben** antragsberechtigt, wenn das Erbrecht von der Anerkennung oder Nichtanerkennung der Scheidung abhängt oder sich ein größerer Erbteil ergeben kann[750]. Tritt der Tod während des gerichtlichen Verfahrens ein (→ Rdnr. 185ff.), so kann der Antrag weiterverfolgt werden, ohne daß ein neuer Antrag bei der Justizverwaltung gestellt werden müßte[751]. Antragsberechtigt ist auch der **Verlobte** des im Ausland Geschiedenen[752] sowie jede Stelle, für die das Bestehen oder Nichtbestehen der Ehe

---

[744] *Kleinrahm/Partikel* 169; *Musielak/Musielak*[4] Rdnr. 44.
[745] Formular bei *Haecker*[2] 103.
[746] *BayObLGZ* 1999, 211 (215, offengelassen, ob auf § 48 VwVfG oder auf § 18 FGG analog zu stützen).
[747] *Martiny* Hdb.IZVR III/1 Kap. I Rdnr. 1727; MünchKommZPO/*Gottwald*[2] Rdnr. 197; a.A. *Geimer* NJW 1974, 1630 (1631).
[748] Etwa *BayObLG* FamRZ 2002, 1637.
[749] *BayObLG* FamRZ 2002, 1637 (1638).
[750] *BGH* IPRax 1991, 188; *Kleinrahm/Partikel* 171; *Nagel* IPRax 1991, 172; *Richter/Krzywon* IPRax 1988, 349 (350).
[751] *BGH* IPRax 1991, 188.
[752] MünchKommZPO/*Gottwald*[2] Rdnr. 194; a.A. *Martiny* Hdb.IZVR III/1 Kap. I Rdnr. 1717.

eine rechtliche Bedeutung hat, z.B. ein **Sozialversicherungsträger**[753], **Finanzämter**[754], oder die **Verwaltungsbehörde** im Falle des § 1316 BGB. **Gerichte** und der **Standesbeamte** sind nicht antragsberechtigt[755]. Betrifft die anzuerkennende ausländische Entscheidung nach deutschem Verständnis eine **Nichtehe**, so ist nicht die verfahrensrechtliche Frage des rechtlichen Interesses betroffen. Vielmehr ist der Feststellungsantrag als unbegründet abzuweisen, da eine Nichtehe nicht geschieden werden und die ausländische Ehescheidung daher nicht anerkannt werden kann[756].

178 Zur Wahrung des **rechtlichen Gehörs** hat die Justizverwaltung stets diejenigen Personen am Verfahren zu beteiligen, deren Rechtsstellung durch die Entscheidung unmittelbar betroffen ist (Ehegatte)[757] und darüber hinaus diejenigen, die an der Abweisung des Antrags ein rechtliches Interesse haben. Es ist Sache des Einzelfalles, in welchem Umfang den Beteiligten Gelegenheit zur Äußerung zu geben ist und welche Unterlagen (z.B. Übersetzungen) beizubringen sind[758]. Das Recht auf ein **faires Verfahren** (→ *Brehm*[22] Einl.Rdnr. 296) fordert eine gebührende Rücksicht der Justizverwaltung auf die Schwierigkeiten, die sich im Verkehr mit dem Ausland ergeben[759]. Es gilt der Grundsatz der **Amtsermittlung,** wobei die erreichbaren Beweismittel auszuschöpfen sind. Die Landesjustizverwaltungen können aber weder Zeugniszwang ausüben noch Zeugen vereidigen oder eidesstattliche Versicherungen entgegennehmen[760].

c) Entscheidung

aa) Antrag auf positive Feststellung (Art. 7 § 1 Abs. 5 FamRÄndG)

179 Der Antrag auf Feststellung, daß die Voraussetzungen für die Anerkennung z.B. eines ausländischen Scheidungsurteils vorliegen[761], kann verbeschieden werden im Wege der (1) Zurückweisung als **unzulässig**, z.B. wegen fehlender Zuständigkeit oder fehlender Antragsberechtigung, (2) Zurückweisung als **unbegründet**, weil es an den materiellen Anerkennungsvoraussetzungen fehlt (→ Rdnr. 171ff.). Die selbständige Feststellung, es fehle an den Anerkennungsvoraussetzungen, darf die Behörde wegen Art. 7 § 1 Abs. 7 FamRÄndG nur auf einen entsprechenden Antrag hin treffen (sogleich → Rdnr. 189)[762]. Schließlich kann (3) antragsgemäß die **Feststellung getroffen** werden, daß die Voraussetzungen für die Anerkennung vorliegen (Art. 7 § 1 Abs. 5 FamRÄndG).

bb) Antrag auf negative Feststellung (Art. 7 § 1 Abs. 7 FamRÄndG)

180 Das vorhin Gesagte gilt wegen Abs. 7 für den Antrag auf einen negativen Feststellungsbescheid über die Eheentscheidung entsprechend[763]. So ist in diesem Fall der Antrag etwa als unbegründet zurückzuweisen, wenn die Anerkennungsvoraussetzungen vorliegen. Die Behörde kann nicht von Amts wegen feststellen, daß die Anerkennungsvoraussetzungen vorliegen,

---

[753] *KG* NJW 1970, 2169; *Richter/Krzywon* IPRax 1988, 349 (350); *Geimer* NJW 1967, 1398 (1402).
[754] *Richter* JR 1987, 98 (100); a.A. *Krzywon* StAZ 1989, 93 (96).
[755] *Fritsche* StAZ 1993, 363 (364); *Richter* JR 1987, 98 (99); *Staudinger/Spellenberg* (2005) Art. 7 § 1 FamRÄndG Rdnr. 135, 137.
[756] A.A. *BayObLG* IPRax 1982, 250 (*Henrich*); *Zöller/Geimer*[25] Rdnr. 254.
[757] *BayObLG* FamRZ 2000, 485 (486).
[758] *BVerfG* NJW 1997, 2040 (2041).
[759] *Lindacher* FamRZ 1991, 158.
[760] *Staudinger/Spellenberg* (2005) Art. 7 § 1 FamRÄndG Rdnr. 148; auch *Richter* JR 1987, 98 (99); *E. Peters* StAZ 1966, 239.
[761] Muster bei *Haecker*[2] 109.
[762] *Staudinger/Spellenberg* (2005) Art. 7 § 1 FamRÄndG Rdnr. 168.
[763] Z.B. *JM Baden-Württemberg* FamRZ 2001, 1015 (1016).

sondern ist auf einen entsprechenden Antrag eines Beteiligten nach Abs. 5 angewiesen (→ Rdnr. 179).

cc) Rechtsfolgen und Form der Feststellung

181 Der Feststellungsbescheid hat keine konstitutive, sondern nur **deklaratorische Bedeutung**[764]. Die Feststellung wirkt auf den Zeitpunkt des Wirksamwerdens (formelle Rechtskraft) der ausländischen Entscheidung zurück (**Wirkung ex tunc**)[765]. Daher ist eine zwischenzeitlich geschlossene neue Ehe nicht bigamisch. Auch die Anerkennung einer ausländischen Privatscheidung (→ Rdnr. 161) wird auf den Zeitpunkt der endgültigen und rechtswirksamen Auflösung zurückbezogen[766]. Allein das ausländische Recht bestimmt jedoch, ob die ausländische Entscheidung ihrerseits eine ex tunc oder eine ex nunc-Wirkung entfaltet (→ Rdnr. 163). Die Justizverwaltung darf die ausländische Entscheidung weder **ergänzen noch abändern.** Zulässig ist lediglich eine erläuternde Klarstellung ihres Inhalts etwa im Sinne der Wirkung ex tunc oder ex nunc[767]. Zulässig und geboten ist es, daß die Anerkennungsfeststellung der Justizverwaltung nur auf den Ausspruch der Eheauflösung erstreckt wird, nicht jedoch auf die in der fremden Entscheidung (z.B. Verbundentscheidung) etwa enthaltenen **Nebenentscheidungen** (→ Rdnr. 156), z.B. über den Unterhalt, die elterliche Sorge für Kinder oder die Namensführung der Ehegatten.

182 Eine **Begründung** der Feststellungsentscheidung ist nicht vorgeschrieben, aber ebenso wie bei gerichtlichen Beschlüssen (→ Rdnr. 190) meist notwendig. Stets erforderlich ist sie bei einer Ablehnung des Antrags oder bei einer antragsgemäßen Feststellung, wenn der Antragsgegner widersprochen hat. In diesen Fällen ist mit einer gerichtlichen Überprüfung zu rechnen, so daß das OLG (Art. 7 § 1 Abs. 4, 5 FamRÄndG) der Begründung als Entscheidungsgrundlage bedarf.

d) Wirksamkeit des Feststellungsbescheids

183 Nach Art. 7 § 1 Abs. 5 S. 2 FamRÄndG wird die Feststellung der Justizverwaltung mit der Bekanntmachung an den Antragsteller wirksam, wobei eine **formlose Bekanntmachung** genügt. Eine förmliche Zustellung ist nicht erforderlich, weil der Antrag auf gerichtliche Entscheidung (→ Rdnr. 189) nicht fristgebunden ist. Die Behörde kann nach Art. 7 § 1 Abs. 5 S. 3 FamRÄndG durch eine **Fristbestimmung,** die sie wiederum vor Ablauf verlängern oder verkürzen kann, den Zeitpunkt der Wirksamkeit hinausschieben[768]. Am besten geschieht das im Tenor des Bescheids. Von der Möglichkeit des Hinausschiebens wird Gebrauch gemacht werden, wenn zu erwarten ist, daß der andere Ehegatte den Antrag auf gerichtliche Entscheidung stellen wird. So wird verhindert, daß der Antragsteller eine neue Ehe eingeht, bevor der Antragsgegner die Möglichkeit hatte, das OLG anzurufen. Die **Nichtigkeit** des Justizverwaltungsakts wird nur in ganz seltenen Fällen in Betracht kommen. Dabei kann auf die dem § 44 VwVfG entsprechenden Regelungen der jeweiligen Landesverwaltungsverfahrensgesetze als

---

[764] *Martiny* Hdb.IZVR III/1 Kap. I Rdnr. 1674; *Riezler* 515; *Hausmann* 157; MünchKommZPO/*Gottwald*[2] Rdnr. 198.

[765] *BGH* NJW 1983, 514 (515); *BayObLGZ* 1976, 147 (149); *OLG Karlsruhe* NJW-RR 2001, 5; *OLG Hamm* FamRZ 1992, 673 (674); *Martiny* Hdb.IZVR III/1 Kap. I Rdnr. 1675; *Andrae/Heidrich* FamRZ 2004, 1622 (1623); *Beule* StAZ 1979, 29 (30); *Krzywon* StAZ 1989, 93 (96).

[766] *BayObLGZ* 1977, 180 (183); *OLG Hamm* NJW-RR 1992, 710; a. A. *Schütze* IZPR[2] Rdnr. 366: Zeitpunkt der Inlandsbeziehung.

[767] *Staudinger/Spellenberg* (2005) Art. 7 § 1 FamRÄndG Rdnr. 167.

[768] *Staudinger/Spellenberg* (2005) Art. 7 § 1 FamRÄndG Rdnr. 171.

Ausdruck der allgemeinen Grundsätze für das Verwaltungshandeln zurückgegriffen werden. Es handelt sich um eine entsprechende Anwendung, weil die Landesjustizverwaltung nicht der in dieser Norm vorausgesetzten Kontrolle durch die Verwaltungsgerichte unterliegt. Nach dem Gesagten kann etwa Nichtigkeit anzunehmen sein, wenn der Anerkennungsbescheid zwingende unverzichtbare Anerkennungsvoraussetzungen nicht beachtet hat[769].

e) Bindungswirkung

184 Der positive wie der negative Feststellungsbescheid bindet nach Art. 7 § 1 Abs. 8 FamRÄndG Gerichte und Verwaltungsbehörden. Er steht kraft gesetzlicher Anordnung einer für und gegen alle wirkenden rechtskräftigen Entscheidung gleich. Eine **Abänderung** durch ein Organ der Justizverwaltung ist daher unzulässig[770]. Bindungswirkungen entfaltet auch die **sachliche Ablehnung** des Antrags auf positive Feststellung[771]. Die Landesjustizverwaltung stellt hier ebenso wie bei einem stattgebenden negativen Bescheid nach Abs. 8 das Nichtvorliegen der Anerkennungsvoraussetzungen fest. Allerdings muß es aus Gründen des rechtlichen Gehörs bei der grundsätzlichen Zulässigkeit des Antrags eines anderen Antragsgegners bleiben. Auch können neue sachliche Erkenntisse berücksichtigt werden[772]. Der Behörde steht in diesem Rahmen eine Abänderungsbefugnis der zunächst ergangenen eigenen Feststellung zu, was nicht in Widerspruch zu Art. 7 § 1 Abs. 8 FamRÄndG steht. Eine Wiederholung eines **unvollständigen Antrags** ist möglich, wenn er wegen unzulänglicher Unterlagen, insbesondere wegen einer ungenügenden Aufklärung der Staatsangehörigkeit der Ehegatten, zunächst abgelehnt wurde. In bezug auf die ungeklärten Fragen besteht keine Bindungswirkung. Ist das formell rechtskräftig gewordene Scheidungsurteil durch ein zweites ausländisches Scheidungsurteil **gegenstandslos** geworden, so wird auch die formell rechtskräftig ausgesprochene Anerkennung des ersten Scheidungsurteils gegenstandslos[773].

12. Gerichtliches Verfahren

a) Verfahrensrecht und materielles Recht

185 Für das **Verfahren** vor dem **OLG** (Art. 7 § 1 Abs. 4, 5 FamRÄndG) sind in erster Linie Art. 7 § 1 Abs. 4 bis 6 und für die Kosten Art. 7 § 2 FamRÄndG maßgebend. Entschieden wird im Verfahren der **Freiwilligen Gerichtsbarkeit** (Art. 7 § 1 Abs. 6 S. 1 FamRÄndG, → Rdnr. 189). Das Verfahren der Justizbehörde über den Antrag auf Anerkennung einer ausländischen Eheentscheidung unterliegt der vollen gerichtlichen Nachprüfung in einem einstufigen zivilgerichtlichen Gerichtsverfahren, so daß die unangebrachte sachferne Entscheidung durch Verwaltungsgerichte vermieden bleibt. In der Sache handelt es sich um eine öffentlich-rechtliche Streitsache der FGG[774]. Für die **materiellen Voraussetzungen** der Anerkennung der ausländischen Eheentscheidung gelten dieselben Grundsätze wie für die Feststellung der Justizverwaltung (→ Rdnr. 171 ff.). In erster Linie kommt es also auf bestehende Staatsverträge an und –

---

[769] *BayObLG* IPRsp 1980 Nr. 173.

[770] *Entschließung des Bayer. StM der Justiz* BayJMBl.1951, 77; *Riezler* 515.

[771] *BayObLGZ* 1980, 352; 1973, 251; *BayObLG* FamRZ 1993, 451; *Zöller/Geimer*[25] Rdnr. 231; *Geimer* NJW 1967, 1398 (1400); a. A. *KG* FamRZ 1969, 96 (97); MünchKommZPO/*Gottwald*[2] Rdnr. 196.

[772] *BayObLGZ* 1980, 352 f.

[773] *BayObLGZ* 1987, 218 (»ex-parte-Verfahren« in den USA → Rdnr. 110 a. E.).

[774] *BayObLG* FamRZ 1999, 1588; *BayObLGZ* 1967, 218 (228); *Staudinger/Spellenberg* (2005) Art. 7 § 1 FamRÄndG Rdnr. 177; *Pawlowski/Smid* Freiwillige Gerichtsbarkeit (1993) Rdnr. 48; *Dunz* NJW 1961, 2137 (2141).

mit größerer praktischer Bedeutung – auf die Voraussetzungen des **§ 328** (→ Rdnr. 154)[775]. Wird im gerichtlichen Verfahren ein das Scheidungsurteil aufhebender rechtskräftiger Beschluß vorgelegt (z.B. aufgrund eines Wiederaufnahmeverfahrens), so ist die Grundlage für die Anerkennung des Scheidungsurteils entfallen[776]. In diesem Fall ist der Anerkennungsbescheid der Behörde aufzuheben und festzustellen, daß die Voraussetzungen für die Anerkennung einer Ehescheidung nicht vorliegen.

b) Antragsberechtigung

aa) Abgelehnter Antrag

186 Lehnt die Landesjustizverwaltung den Antrag ab, so kann nach dem Wortlaut des Art. 7 § 1 Abs. 4, 7 FamRÄndG der **Antragsteller** die Entscheidung des OLG beantragen, der bei der Behörde den Antrag auf Anerkennung oder Nichtanerkennung gestellt hat. Doch ist die Anerkennung nach dem Normzweck nicht auf diesen Personenkreis beschränkt. Vielmehr kann in analoger Anwendung des Art. 7 § 1 Abs. 3 S. 2 FamRÄndG den Antrag auf gerichtliche Entscheidung jeder stellen, der ein **rechtliches Interesse** an der Anerkennung oder Nichtanerkennung geltend macht, also jeder, der berechtigt gewesen wäre, den Erstantrag zu stellen[777]. So wird der Dritte nicht auf den umständlichen Weg verwiesen, einen Antrag bei der Behörde stellen zu müssen und gegen dessen Ablehnung die gerichtliche Entscheidung zu verlangen. Wurde der Antrag auf Aufhebung eines früheren Anerkennungsbescheides zurückgewiesen, so kann der Antragsteller in analoger Anwendung des Art. 7 § 1 Abs. 7 FamRÄndG in Verbindung mit Abs. 4 den Antrag auf gerichtliche Entscheidung stellen[778].

bb) Erfolgreicher Antrag

187 War der Antrag auf Anerkennung oder Nichtanerkennung der ausländischen Eheentscheidung erfolgreich, so ist nach Art. 7 § 1 Abs. 5 S. 1, Abs. 7 FamRÄndG jeder Ehegatte zur Anrufung des OLG befugt, der den **Antrag nicht gestellt** hat. Zudem kann dieser Ehegatte zusätzlich zur Aufhebung des Anerkennungsbescheids den Antrag auf Feststellung stellen, daß die Voraussetzungen für die Anerkennung der Ehescheidung nicht vorliegen[779]. Haben beide Ehegatten den erfolgreichen Anerkennungsantrag gestellt, so ermangelt es einem Antrag der Ehegatten auf gerichtliche Entscheidung mit dem Ziel der Aufhebung des Anerkennungsbescheids der erforderlichen **Beschwer**[780]. Art. 7 § 1 Abs. 5 S. 1 FamRÄndG schließt eine **Antragsberechtigung Dritter** nicht aus. Vielmehr kann in analoger Anwendung von Abs. 3 S. 2 jede Person das Gericht anrufen, die ein rechtliches Interesse an der Anerkennung oder Nichtanerkennung hat[781]. Ein Ausschluß des Anfechtungsrechts Dritter verstieße gegen das Gebot effektiven Rechtsschutzes (Art. 19 Abs. 4 GG, allgemein → *Brehm*[22] Einl.Rdnr. 295).

---

[775] Z.B. *BayObLG* FamRZ 1993, 452 (453).
[776] *BayObLG* FamRZ 1998, 1305 (1306).
[777] *KG* FamRZ 2004, 275 (276) (unter Aufgabe von *KG* FamRZ 1969, 96); *OLG Koblenz* NJW-RR 1988, 1159; *Richter/Krzywon* IPRax 1988, 349f.; *Reinl* FamRZ 1969, 453 (456).
[778] *BayObLGZ* 1975, 296.
[779] *BayObLG* FamRZ 1993, 451.
[780] *OLG Stuttgart* Die Justiz 1980, 334.
[781] *Jansen* FGG I[2] 50 zu § 1; *Finke* FamRZ 1958, 409 (410); a.A. *Massfeller* StAZ 1961, 301 (303).

c) Zuständigkeit

188 Nach Art. 7 § 1 Abs. 6 S. 1 FamRÄndG, § 30 Abs. 1 S. 1 FGG ist für die Entscheidung ein Zivilsenat des **Oberlandesgerichts** sachlich zuständig. Aufgrund der Abschaffung des (auf diesem Gebiet führenden) BayObLG[782] ist in Bayern jetzt das OLG München zuständig. **Örtlich** zuständig ist nach Art. 7 § 1 Abs. 6 S. 2 FamRÄndG das OLG, in dessen Bezirk die betreffende Landesjustizverwaltung ihren Sitz hat.

d) Verfahren der freiwilligen Gerichtsbarkeit

189 Das OLG entscheidet nach Art. 7 § 1 Abs. 6 S. 1 FamRÄndG im Verfahren der freiwilligen Gerichtsbarkeit[783]. Nicht zur Anwendung gelangen die §§ 23ff. EGGVG, die vor Inkrafttreten des FamRÄndG (→ Gesetzesgeschichte) einschlägig waren. Der **nicht fristgebundene Antrag**[784] wird nach Art. 7 § 1 Abs. 6 S. 4 FamRÄndG i.V. mit § 21 Abs. 2 FGG durch Erklärung zu **Protokoll** der Geschäftsstelle oder durch Einreichen einer **Antragsschrift** gestellt[785]. Ausnahmsweise kann das Recht auf gerichtliche Entscheidung **verwirkt** sein, wenn der Antrag nicht innerhalb eines angemessenen Zeitraums eingereicht wird und zum Zeitablauf noch zusätzliche Umstände hinzutreten, die das Zuwarten als unzulässige Rechtsausübung erscheinen lassen[786]. Der Antrag hat wegen Art. 7 § 1 Abs. 6 S. 3 FamRÄndG **keine aufschiebende Wirkung**. Das OLG kann aber nach Art. 7 § 1 Abs. 6 S. 4 FamRÄndG i.V. mit § 24 Abs. 3 FGG **einstweilige Anordnungen** erlassen, z.B. eine Aussetzung der Vollziehung des Feststellungsbescheids anordnen. Nach Art. 7 § 1 Abs. 6 S. 4 FamRÄndG i.V. mit § 23 FGG können **neue Tatsachen und Beweise** berücksichtigt werden[787]. Maßgebend ist der **Untersuchungsgrundsatz** des § 12 FGG. Das schließt nicht aus, daß dem Antragsteller des Verfahrens je nach Lage des Einzelfalles die Beibringung von Unterlagen aufgegeben wird[788]. Als **Verfahrensbeteiligte** sind die Landesjustizbehörde und diejenigen Personen beizuziehen, die an der Anerkennung oder Nichtanerkennung ein rechtliches Interesse haben (→ Rdnr. 177).

190 Das Gericht hat seinen Beschluß nach Art. 7 § 1 Abs. 6 S. 4 FamRÄndG, § 25 FGG zu **begründen**. Hält es den Antrag für begründet, so entscheidet es in der Sache selbst, weil die Anerkennung oder Nichtanerkennung keine Ermessensfrage ist[789]. Doch kann das OLG nach Zurückverweisung die Justizverwaltung zur **Neubescheidung** unter Beachtung seiner Rechtsauffassung verpflichten, wenn die Verwaltung den Antrag als unzulässig abgewiesen hat oder wenn zur Klärung der Begründetheit noch umfangreiche Ermittlungen erforderlich sind[790]. Die Entscheidung des OLG ist nach Art. 7 § 1 Abs. 6 S. 5 FamRÄndG **endgültig**. Sie erwächst in materielle Rechtskraft, deren Umfang sich nach den in → Rdnr. 9ff. aufgeführten Grundsätzen bestimmt. Die Verpflichtung zur **Vorlage** an den BGH ergibt sich aus Art. 7 § 1 Abs. 6 S. 4 FamRÄndG i.V. mit § 28 Abs. 2 FGG.

---

[782] Zu den verfassungsrechtlichen Bedenken *Kruis* NJW-Sonderheft BayObLG 2005, 12. – Verfassungsmäßigkeit jetzt bestätigt durch BayVerfGH NJW 2005, 3699; ferner *Lorbacher* Rpfleger 2006, 119.

[783] Etwa *BayObLG* FamRZ 1999, 1588.

[784] *BayObLG* FamRZ 1993, 451.

[785] Zur Form etwa *Bassenge* in: *Bassenge/Herbst/Roth* FGG[10] (2004) § 21 Rdnr. 5ff.; Antragsmuster bei *Haecker*[2] 113.

[786] *BayObLG* NJOZ 2004, 4290 (4294); FamRZ 1998, 1305; 1985, 1258 (1259); *BGH* IPRax 1991, 188 (keine Verwirkung bei einem Zeitablauf von vier Jahren).

[787] *BayObLG* FamRZ 1993, 451.

[788] *BayObLG* NJW-RR 1990, 842 (843).

[789] BT-Drucks. 3/530 S. 33; *Massfeller* StAZ 1961, 301 (303).

[790] *BayObLG* FamRZ 2000, 485 (486); *Staudinger/Spellenberg* (2005) Art. 7 § 1 FamRÄndG Rdnr. 202.

13. Kosten

a) Verwaltungsbehörde

191 Die Verwaltungsbehörde erhebt nach Art. 7 § 2 Abs. 1 FamRÄndG für die Feststellung, daß die Voraussetzungen für die Anerkennung einer ausländischen Entscheidung vorliegen oder nicht vorliegen, eine **Gebühr** von 10 bis 310 Euro. Die Anerkennung erspart damit ein sehr viel teuereres erneutes Scheidungsverfahren vor einem deutschen Gericht. Bei Ablehnung oder Zurücknahme des Antrags kann die Behörde nach § 3 JVKostO dem Antragsteller eine Gebühr bis zur Hälfte der für die Vornahme der Amtshandlung bestimmten Gebühr auferlegen, jedoch nicht weniger als den **Mindestbetrag** der Rahmengebühr von 10 Euro. Die einschlägigen **landesrechtlichen Justizverwaltungskostengesetze** stimmen in Art. 1 jeweils mit dieser Regelung überein[791].

b) Gerichtliche Entscheidung

192 Für das Verfahren vor dem OLG werden nach Art. 7 § 2 Abs. 2 S. 1 FamRÄndG Gerichtskosten nach der **Kostenordnung** erhoben. Ist der Antrag vor dem OLG **erfolgreich**, so ist das gerichtliche Verfahren nach Art. 7 § 2 Abs. 2 S. 1 FamRÄndG i.V. mit § 131 Abs. 1 S. 2 KostO **gebührenfrei**[792]. Das gilt nicht, wenn im gerichtlichen Verfahren über einen Antrag des anderen Ehegatten zu entscheiden ist und dieser Antrag über den korrespondierenden entgegengesetzten Antrag des einen Ehegatten hinausgeht[793]. Wird der Antrag **zurückgewiesen**, so wird nach Art. 7 § 2 Abs. 2 S. 2 FamRÄndG eine Gebühr von 10 bis 310 Euro erhoben. Wird der Antrag **zurückgenommen**, so wird nach Art. 7 § 2 Abs. 2 S. 3 FamRÄndG nur die Hälfte dieser Gebühr erhoben. Die Gebühr wird durch das OLG bestimmt (Abs. 2 S. 4). Bei der Bestimmung der Gebühr sind die Bedeutung und Schwierigkeit der Sache sowie die Einkommens- und Vermögenslage des Schuldners zu berücksichtigen[794]. Verweist das Gericht an die Behörde zurück, so setzt es nur die Gerichtsgebühr fest. Hebt das OLG die Entscheidung der Justizbehörde auf und entscheidet es in der Sache selbst, so bestimmt es nach Art. 7 § 2 Abs. 2 S. 5 FamRÄndG auch die von der Verwaltungsbehörde zu erhebende Gebühr.

c) Kostenerstattung

193 Sie richtet sich nach § 13a FGG. In der Regel kommt eine Erstattung der den Beteiligten entstandenen außergerichtlichen Kosten nach § 13a Abs. 1 FGG nicht in Betracht[795].

---

[791] Nachgewiesen im *Schönfelder* Nr. 120 Fn. 2.

[792] *BayObLG* StAZ 1999, 144 (145); FamRZ 1997, 423 (424); IPRax 1995, 324; *OLG Düsseldorf* FamRZ 1975, 584 (585); *OLG Celle* NJW 1963, 2235.

[793] *BayObLGZ* 1992, 195 (200).

[794] Z.B. *BayObLGZ* 1992, 195 (200).

[795] *BayObLG* FGPRax 2001, 112; *BayObLGZ* 1999, 604; zu Ausnahmen *BayObLG* StAZ 1999, 144 (145).

§329 Beschlüsse und Verfügungen

(1) Die auf Grund einer mündlichen Verhandlung ergehenden Beschlüsse des Gerichts müssen verkündet werden. Die Vorschriften der §§309, 310 Abs. 1 und des §311 Abs. 4 sind auf Beschlüsse des Gerichts, die Vorschriften des §312 und des §317 Abs. 2 Satz 1, Abs. 3 bis 5 auf Beschlüsse des Gerichts und auf Verfügungen des Vorsitzenden sowie eines beauftragten oder ersuchten Richters entsprechend anzuwenden.

(2) Nicht verkündete Beschlüsse des Gerichts und nicht verkündete Verfügungen des Vorsitzenden oder eines beauftragten oder ersuchten Richters sind den Parteien formlos mitzuteilen. Enthält die Entscheidung eine Terminsbestimmung oder setzt sie eine Frist in Lauf, so ist sie zuzustellen.

(3) Entscheidungen, die einen Vollstreckungstitel bilden oder die der sofortigen Beschwerde oder der Erinnerung nach §573 Abs. 1 unterliegen, sind zuzustellen.

Gesetzesgeschichte: Bis 1900 §294 CPO. Änderungen durch die Novelle 1924, RGBl.1924 I 437 (→ *Brehm* Einl.Rdnr. 158ff.); VO zur Vereinfachung des Zustellungswesens vom 17.6. 1933 (RGBl.I 394); neugefaßt durch die Vereinfachungsnovelle vom 3.12. 1976, BGBl.I 3281 (→ *Brehm* Einl.Rdnr. 197); Abs. 3 geändert durch Art. 2 ZPO-RG (→ *Brehm* Einl.Rdnr. 202); eine weitere Änderung durch Art. 1 EG-Vollstreckungstitel-Durchführungsgesetz vom 18.8. 2005, BGBl.I 2477. Die beigefügte amtliche Überschrift beruht auf Art. 2 Abs. 2 ZPO-RG in Verbindung mit der dazu erlassenen Anlage.

Literatur:

Bull Erlebnisse mit Berichtigungsbeschlüssen Rpfleger 1957, 401; *Bürger* Die Wirkung der Zustellung von Beschlüssen gem. §329 Abs.3 ZPO NJW 1967, 615; *Elzer* Der Beschluss im Zivilprozess JuS 2004, 36; *Karstendiek* »Erlaß« von Beschluß, Verfügung oder Bescheid DRiZ 1977, 276; *Kischel* Die Begründung (2003); *Th.Krüger/Bütter* »Justitia goes online!« – Elektronischer Rechtsverkehr im Zivilprozess MDR 2003, 181; *Niemeyer* Nochmals zur Wirkung der Zustellung von Beschlüssen gem. §329 Abs.3 ZPO NJW 1968, 285; *Fraga Novelle* Die Wirkungen der Beschlüsse im Zivilprozeßrecht (2000); *Peters* Die Bestandskraft von Beschlüssen – ein Problem auch nach der Reform der ZPO in: Festschr. für Geimer (2002) 811; *Rasehorn* Die Unterschrift bei Beschlüssen von Kollegialgerichten (§329 ZPO) NJW 1957, 1866; *Reinberger* Zur »formlosen Mitteilung« nach §329 Abs.3 ZPO DGWR 1942, 234; *B.Werner* Rechtskraft und Innenbindung zivilprozessualer Beschlüsse im Erkenntnis- und summarischen Verfahren (1983); *Zwirner* »Formlose Mitteilung« statt Zustellung NJW 1954, 907.

I. Normzweck

1 §329 enthält eine **unvollständige Regelung** über die Verkündung, Zustellung oder Mitteilung von Beschlüssen des Gerichts und Verfügungen des Vorsitzenden sowie eines beauftragten oder ersuchten Richters, wobei einzelne Vorschriften des Titels 2 (§§300 bis 329) über das Urteil in Abs.1 S.2 für entsprechend anwendbar erklärt werden. **Abs.1** betrifft vor allem Vorschriften über Beschlüsse, die aufgrund freigestellter oder notwendiger mündlicher Verhandlung ergehen, **Abs.2** solche, die ohne mündliche Verhandlung ergehen, und **Abs.3** Entscheidungen, die einen Vollstreckungstitel bilden, oder mit einem befristeten Rechtsbehelf angefochten werden können. Trotz der Einzelaufzählung von gewissen Urteilsvorschriften sind auch weitere dort nicht genannte Paragraphen auf Beschlüsse und Verfügungen entsprechend anzuwenden, soweit sie nach ihrem Normzweck zur Lückenfüllung erforderlich und geeignet sind (Überblick → Rdnr.26)[1]. **Ob** durch Beschluß oder Verfügung zu entscheiden ist, folgt jeweils aus den Einzelvorschriften des Gesetzes (Aufzählung bei → *Leipold*[22] §128 Rdnr.109ff.). Nach §128 Abs.4 können Beschlüsse und Verfügungen **ohne mündliche Verhandlung** ergehen (freigestellte Mündlichkeit), soweit (in seltenen Fällen) nichts anderes bestimmt ist (z.B. §320 Abs.3, §1063 Abs.2). Das **Verfahren** bei freigestellter (fakultativer) Mündlichkeit ist dargestellt durch → *Leipold*[22] §128 Rdnr.115ff. Die **Bezeichnung** der verschiedenen Arten der gerichtlichen Entscheidungen findet sich aufgeführt bei → *Leipold*[21] Vor §300 Rdnr.6ff.

II. Verkündung; Zustellung; Mitteilung

1. Beschlüsse auf Grund mündlicher Verhandlung (Abs.1)

a) Verkündung

aa) Erfordernisse

2 Nach Abs.1 müssen die auf Grund einer mündlichen Verhandlung ergehenden **Beschlüsse** des Gerichts verkündet werden. Darunter fallen sowohl die häufigeren Beschlüsse, die auf Grund einer **freigestellten** mündlichen Verhandlung ergehen (§128 Abs.4, → Rdnr.1) als auch die seltenen Beschlüsse, die nach **notwendiger** mündlicher Verhandlung wegen einer anderweitigen Bestimmung des Gesetzes ergehen (§128 Abs.4, → Rdnr.1). Entscheidungen im **schriftlichen Verfahren** sind nach §128 Abs.2 S.2 ebenfalls zu verkünden, obgleich sie ohne mündliche Verhandlung ergangen sind (→ *Leipold*[22] §128 Rdnr.101). Für die **Beschlußfas-**

[1] Über diesen Grundsatz besteht Einigkeit: *Elzer* JuS 2004, 36; *Bürger* NJW 1967, 615 (noch zum alten Recht).

sung gelten die Vorschriften über Urteile (§§329 Abs. 1 S. 2, 309 ZPO, §§192ff. GVG). Für die **Verkündung** sind nach §329 Abs. 1 S. 2 wegen Zeitpunkt und Wirksamkeit die §§310 Abs. 1, 311 Abs. 4, 312 maßgebend, nicht dagegen der (dort auch nicht aufgeführte) §311 Abs. 1 bis 3 über die Form der Verkündung. Sie kann daher auch in einer mündlichen Eröffnung ohne Vorlesung des Beschlußtenors bestehen. Für die **Ausfertigung** gilt nach §329 Abs. 1 S. 2 der §317 Abs. 2 S. 1, Abs. 3 bis 5 entsprechend. Die Möglichkeit der Aufzeichnung als elektronisches Dokument gibt jetzt §130b, der auch für §329 Abs. 1 S. 2 gilt. Eine abgekürzte Ausfertigung nach §317 Abs. 2 S. 2 ist unzulässig. Demgemäß ist auf diese Norm auch nicht verwiesen[2]. Die **Protokollierung** richtet sich nach §160 Abs. 3 Nr. 6 und 7. Der verkündete Beschluß sollte nach §§160 Abs. 3 Nr. 6, 7, 165 mit dem vollen Wortlaut des Beschlußtenors in das Protokoll aufgenommen werden, wenn nicht nach §160 Abs. 5 verfahren wird. Allerdings ist das nicht zwingend, weil §311 Abs. 1 bis 3 nicht gilt. Es genügt die schriftliche Festlegung des Inhalts[3].

bb) Existenz und Wirksamkeit

3 Mit der Verkündung wird der Beschluß **existent,** weil er damit mit dem Willen des Gerichts aus dessen innerem Bereich herausgetreten ist und kein bloßes Internum mehr bildet[4]. Er kann daher bereits jetzt durch die Parteien angefochten werden, wenn er beschwerdefähig ist[5]. Muß der Beschluß nicht zugestellt werden, so fallen seine mit Verkündung eintretende Existenz und die Wirksamkeit gegenüber den Parteien zusammen. Ist dagegen noch zusätzlich die Amtszustellung nach §329 Abs. 3 erforderlich, so tritt die **Wirksamkeit** gegenüber den Parteien erst mit der Zustellung ein (→ Rdnr. 5)[6]. Mit dem Wirksamwerden des Beschlusses treten seine bestimmungsgemäßen Rechtsfolgen ein, wie z.B. im Aussetzungsfall die Unterbrechungswirkung nach §249 Abs. 1[7]. Die förmliche Zustellung nach Abs. 3 ist Voraussetzung für den **Fristbeginn**, nicht aber konstitutives Element der Beschlußexistenz. Abweichend von den allgemeinen Grundsätzen werden Entscheidungen in **Folgesachen** nach §629d vor der Rechtskraft des Scheidungsausspruches nicht wirksam.

cc) Fehlende Verkündung

4 Wurde der Beschluß entgegen Abs. 1 nicht verkündet, sondern lediglich (fälschlich) nach Abs. 3 **förmlich zugestellt,** so ist er existent und wirksam geworden[8]. Die **Notfristen** laufen aber wegen §329 Abs. 2 S. 2, Abs. 3 erst ab Zustellung. Der Verfahrensverstoß muß nicht notwendigerweise zur Aufhebung und Zurückverweisung führen. Wird der Beschluß anstatt der nach Abs. 1 vorgeschriebenen Verkündung lediglich nach Abs. 2 **formlos mitgeteilt**, so ist der Beschluß zwar mit Erlaß existent[9], aber nicht wirksam geworden. Die formlose Mitteilung löst

---

2 *LG Stade* Rpfleger 1987, 252; *Zöller/Vollkommer*[25] Rdnr. 25, 37; MünchKommZPO/*Musielak*[2] Rdnr. 13.

3 Anders *Zöller/Vollkommer*[25] Rdnr. 12; ähnlich wohl MünchKommZPO/*Musielak*[2] Rdnr. 13.

4 *BGH* NJW-RR 2004, 1575; abweichend *KG* Rpfleger 2006, 163 (164).

5 *BGH* VersR 1974, 365; *OLG Frankfurt a.M.* NJW 1974, 1389; MünchKommZPO/*Musielak*[2] Rdnr. 6.

6 *Musielak/Musielak*[4] Rdnr. 8; a.A. *Zöller/Vollkommer*[25] Rdnr. 8, 13, der bei verkündeten Beschlüssen stets ein Zusammenfallen von Existenz und Wirksamkeit annimmt; ebenso *Thomas/Putzo/Reichold*[27] Rdnr. 2.

7 *KG* NJW-RR 2000, 1239 (1240).

8 *OLG München* MDR 1962, 224 (LS); 1954, 424; *OLG Schleswig* SchlHA 1957, 158 (159); *OLG Bremen* FamRZ 1981, 1091; *OLG Köln* Rpfleger 1982, 113; *Zöller/Vollkommer*[25] Rdnr. 14; für Nichtexistenz dagegen treten ein *Rosenberg/Schwab/Gottwald*[16] §60 Rdnr. 45.

9 *BGH* FamRZ 2000, 813 (815).

den Lauf einer Notfrist nicht aus[10]. Die bloße Bekanntgabe der Entscheidung läßt aber in analoger Anwendung des §569 Abs.1 S.2 die **Fünfmonatsfrist** beginnen[11]. Eine Heilung nach §189 mit dem Zeitpunkt des tatsächlichen Zugangs des Beschlusses scheidet aus, weil es am erforderlichen Zustellungswillen fehlt, wenn nur formlos übersandt werden sollte (→ *H.Roth*[22] §189 Rdnr.5).

b) Zustellung

5 Nach Abs.1 verkündete Beschlüsse müssen unter den Voraussetzungen des Abs.3 zusätzlich **von Amts wegen** (§166 Abs.2) zugestellt werden, damit der mit der Verkündung existente Beschluß den Parteien gegenüber wirksam wird (→ Rdnr.3). Erst mit der Zustellung werden die **Rechtsbehelfsfristen** der §§569 Abs.1, 573 Abs.1, 575 Abs.1 in Lauf gesetzt. Im Falle der Beteiligung **mehrerer Parteien** am gerichtlichen Verfahren (→ Rdnr.11) beginnt die **Rechtsmittelfrist** für jede Partei mit der an sie gerichteten Zustellung zu laufen[12]. Lediglich zur Einleitung der Zwangsvollstreckung ist gemäß §§794 Abs.1 Nr.3, 795, 750 Abs.1 die Parteizustellung noch ausreichend. Doch ersetzt eine Zustellung im Parteibetrieb auch im übrigen die erforderliche Zustellung im Amtsbetrieb (→ *H.Roth*[22] §189 Rdnr.14)[13]. Ist eine Entscheidung zwar nach §329 Abs.1 zu verkünden, fällt sie aber nicht unter §329 Abs.3, wie z.B. eine richterliche Fristsetzung nach §221, so beginnt der Fristenlauf bereits mit der Verkündung, ohne daß es auf die Zusendung des Protokolls oder die Kenntnis der Parteien ankäme (→ *H.Roth*[22] §221 Rdnr.2). Wurde die Entscheidung zwar nach Abs.1 verkündet, aber nicht nach Abs.3 zugestellt oder nur fehlerhaft zugestellt, so wird der Beschluß **unanfechtbar** nach Ablauf von fünf Monaten ab Verkündung und der Notfrist (§569 Abs.1 S.2).

2. Beschlüsse ohne mündliche Verhandlung (Abs.2)

a) Existenz

6 Ordnet das Gericht bei freigestellter mündlicher Verhandlung (§128 Abs.4, → Rdnr.1) keine mündliche Verhandlung an, so wird der Beschluß nach §329 Abs.2 **nicht verkündet**. Vielmehr genügt nach Abs.2 S.1 regelmäßig die **formlose Mitteilung** als Form der Bekanntgabe[14]. Auch bei nicht verkündeten Beschlüssen muß zwischen **Existenz** (Erlaß des Beschlusses) und **Wirksamkeit** unterschieden werden (→ Rdnr.3, 8)[15]. Das Gericht ist vom Zeitpunkt des Existentwerdens an den Beschluß **gebunden** und kann ihn nicht als bloßes Internum abändern[16]. Auf das Existentwerden des Beschlusses kommt es etwa im Falle des §204 Abs.2 BGB für die Frage an, wann das eingeleitete Verfahren »beendet« wurde[17]. Nicht zu verkündende Beschlüsse werden in dem Zeitpunkt existent, in dem das Gericht sich ihrer in einer der Verkündung vergleichbaren Weise (→ Rdnr.3) **entäußert** hat. Auf das **Beschlußdatum** kommt es nicht

---

[10] *Musielak/Musielak*[4] Rdnr.11.
[11] Die Grundsätze von *OLG Koblenz* NJW-RR 2003, 1079 (1080) sind wohl auch auf diese Gestaltung anwendbar, wenngleich sie einen Beschluß betreffen, der wegen §329 Abs.2 nicht verkündet werden, aber nach Abs.3 förmlich zugestellt werden mußte.
[12] *KG* NJW-RR 2000, 1239 (1240); *Zöller/Vollkommer*[25] Rdnr.20.
[13] A.A. *Zöller/Vollkommer*[25] Rdnr.27.
[14] Etwa *Reinberger* DGWR 1942, 234.
[15] *Musielak/Musielak*[4] Rdnr.10; a.A. *Zöller/Vollkommer*[25] Rdnr.8: für Aufgabe der Unterscheidung zwischen Existenz und Wirksamwerden bei lediglich begünstigenden Entscheidungen mit dem Existentwerden auch als maßgeblichem Zeitpunkt für das Wirksamwerden.
[16] *BGH* NJW-RR 2004, 1575.
[17] *BGH* NJW-RR 2004, 1575 (zu §215 Abs.2 BGB a.F.).

an[18]. Entscheidend ist, wann der Beschluß mit dem Willen des Gerichts aus dem inneren Geschäftsbetrieb herausgetreten ist[19]. Das ist der Fall, wenn der Beschluß die Geschäftsstelle mit der unmittelbaren Zweckbestimmung verlassen hat, den Parteien bekannt gegeben zu werden. Das kann etwa angenommen werden, wenn eine Ausfertigung des Beschlusses in das Gerichtsfach des Prozeßbevollmächtigten eingelegt worden ist, oder der Gerichtswachtmeister eine Ausfertigung bei der Geschäftsstelle abgetragen hat, um sie zur Poststelle oder Post zu geben oder sie in das Gerichtsfach des Bevollmächtigten einzulegen[20]. Der **Zugang an die Partei** ist für die Existenz des Beschlusses nicht erforderlich. Umgekehrt reicht die Beratung oder die Übergabe der abgesetzten Entscheidung an die Geschäftsstelle genausowenig aus wie das Ablegen des Beschlusses durch den Geschäftsstellenbeamten auf den Abtrag oder das Abtragen des Beschlusses bei der Geschäftsstelle, damit in der Kanzlei die zu versendenden Ausfertigungen mit den Empfangsbekenntnissen vorbereitet werden[21]. Solange sich der Beschluß noch im inneren Geschäftsbetrieb befindet, kann und muß die beratene und abgesetzte Entscheidung von Geschäftsstelle oder Kanzlei zurückgefordert werden, damit ein nach Beschlußfassung eingegangener Schriftsatz mit entscheidungserheblichem Vorbringen noch **berücksichtigt** werden kann[22]. Vom Zeitpunkt des Existentwerdens an kann die Partei den Beschluß mit dem gegebenen **Rechtsbehelf anfechten**, auch wenn die formlose Mitteilung nach Abs. 2 S. 1 oder die vorgeschriebene Zustellung nach Abs. 2 S. 2 fehlen[23].

7 In **Erweiterung** des Angeführten wird die Existenz eines Beschlusses mit Bindungswirkung des Gerichts auch dann anzunehmen sein, wenn er sich zwar noch im inneren Geschäftsgang des Gerichts befindet, er aber einer Partei auf ihre Anfrage hin mit dem Willen des Gerichts nach §329 Abs. 2 S. 1 formlos (auch telefonisch) **bekanntgemacht** wurde[24]. Die formlose Bekanntmachung reicht selbst dann für den Erlaß des Beschlusses aus, wenn er an sich hätte nach §329 Abs. 2 S. 2, Abs. 3 zugestellt werden müssen oder die Entscheidung nach §329 Abs. 1 zu verkünden war[25]. Ausreichend für die Bejahung des Existentwerdens ist die Bekanntgabe an nur **eine der Parteien**[26].

b) Wirksamwerden durch formlose Mitteilung (Abs. 2 S. 1)

8 Der nicht verkündete Beschluß wird durch Heraustreten aus dem inneren Geschäftsgang des Gerichts existent (→ Rdnr. 7), aber der Partei gegenüber erst mit **Mitteilung** nach Abs. 2 S. 1 wirksam im Sinne des Eintretens der bestimmungsgemäßen Rechtsfolgen. Daher kann der Zeitpunkt der Wirksamkeit bei verschiedenen Parteien unterschiedlich sein. Mit der bloßen **Hinausgabe** aus dem inneren Geschäftsbetrieb tritt nicht schon die Wirksamkeit ein[27]. Die förmliche Zustellung von Amts wegen ist nur in den in Abs. 2 S. 2 und Abs. 3 genannten Fällen

---

18 *OLG Düsseldorf* NJW-RR 2002, 427 (428); a.A. *Karstendiek* DRiZ 1977, 276 (277).

19 *BGH* NJW 2005, 3724 (3726); NJW-RR 2004, 1575; 2000, 877 (878); *BGHZ* 12, 248 (252); 25, 62; 85, 361 (364); 133, 307 (310); *BayObLG* Rpfleger 1981, 145; *OLG Düsseldorf* NJW-RR 2002, 427 (428); auch *OLG Frankfurt a.M.* FamRZ 2001, 109 (110); *Karstendiek* DRiZ 1977, 277; a.A. *Reinberger* DGWR 1942, 234 (Zugang beim Empfänger).

20 *BGH* NJW-RR 2004, 1575.

21 *BGH* NJW-RR 2004, 1575.

22 *BVerfG* NJW 1993, 51; *OLG Köln* FamRZ 1993, 1226.

23 *OLG Frankfurt a.M.* NJW 1974, 1389.

24 *BGH* NJW-RR 2000, 877 (878); *Thomas/Putzo/Reichold*[27] Rdnr. 5; ausdrücklich offengelassen in *BGH* NJW-RR 2004, 1575.

25 *BGH* NJW-RR 2000, 877 (878); *Walsmann* JW 1935, 1769; a.A. *RAG* 15, 65.

26 *BGH* NJW-RR 2000, 877 (878).

27 Allgemein *BGH* NJW 2005, 3724f., a.A. *Zöller/Vollkommer*[25] Rdnr. 8 (begünstigende Entscheidungen); *Baumbach/Lauterbach/Hartmann*[64] Rdnr. 27.

erforderlich (→ Rdnr. 9). Die formlose Mitteilung nach Abs. 2 S. 1 ist die regelmäßige Form der Bekanntgabe. Ausreichend ist auch eine mündliche, insbesondere **fernmündliche Mitteilung**, wobei es noch nicht einmal eines (allerdings wünschenswerten) Aktenvermerks bedarf[28]. Auch die Mitteilung durch einfache (unverschlüsselte und unsignierte) **e-mail** reicht aus[29]. Mitgeteilt werden muß stets die **Entscheidung im ganzen,** da §329 Abs. 1 S. 2 nicht auf §317 Abs. 2 S. 2 verweist (→ Rdnr. 2). Nach **§321a Abs. 2 S. 3** gelten formlos mitgeteilte Entscheidungen mit dem dritten Tage nach Aufgabe zur Post als bekannt gegeben (→ §321a). Damit wird klargestellt, daß die Entscheidung nicht im Hinblick auf eine mögliche Anhörungsrüge zustellungspflichtig wird[30]. Eine (nicht vorgeschriebene) **förmliche Zustellung** ist aber stets zulässig und wirksam, selbst wenn die Partei von dem Beschluß keine Kenntnis erlangt, weil etwa im Wege der Ersatzzustellung oder durch öffentliche Zustellung zugestellt wurde.

c) Wirksamwerden durch Zustellung (Abs. 2 S. 2, Abs. 3)

9 Der förmlichen Zustellung bedarf es nach Abs. 2 S. 2, wenn der Beschluß eine **Terminsbestimmung** enthält (mit der Ausnahme des §497 Abs. 1 S. 1) oder eine **Frist in Lauf setzt.** Es muß sich um eine echte (eigentliche) Frist handeln (→ *H. Roth*[22] Vor §214 Rdnr. 15ff.), die sowohl eine gesetzliche als auch richterliche Frist sein kann[31]. Ferner bedarf es der Zustellung nach Abs. 3, wenn der Beschluß einen **Vollstreckungstitel** bildet oder der **sofortigen Beschwerde oder der Erinnerung** unterliegt. Zudem muß zugestellt werden, wenn der Beschluß ein **Gebot oder Verbot** an den Schuldner ausspricht[32]. Abs. 3 findet sowohl auf verkündete Beschlüsse nach Abs. 1 wie auf nicht verkündete Beschlüsse nach Abs. 2 Anwendung[33]. In den Fällen des Abs. 2 S. 2 und Abs. 3 wird die **Rechtsbehelfsfrist** nur durch die förmliche Zustellung in Lauf gesetzt. Eine formlose Mitteilung nach Abs. 1 S. 1 genügt dagegen nicht für den Anlauf der Rechtsbehelfsfrist. Der Beschluß ist zwar existent geworden (→ Rdnr. 6); doch wird lediglich die Fünfmonatsfrist in analoger Anwendung des §569 Abs. 1 S. 2 in Gang gesetzt, die mit der Bekanntgabe der (wegen Abs. 2) nicht verkündeten Entscheidung beginnt[34]. Zugestellt werden muß stets der **gesamte Beschluß,** also die Formel nebst Gründen[35]. Die Zustellung einer verkürzten Ausfertigung ist unzulässig, weil §329 Abs. 1 S. 2 nicht auf §317 Abs. 2 S. 2 verweist (auch → Rdnr. 2 und 8).

10 Als **Beispiele** seien erwähnt: Die auf Verfügung des Vorsitzenden beruhende Mitteilung vom Ablauf der Berufungsfrist ist nach Abs. 2 S. 2 zuzustellen, weil sie die Frist des §234 Abs. 1 in Lauf setzt[36]. Aussetzungsbeschlüsse nach §614 werden lediglich formlos mitgeteilt, weil §614 Abs. 4 S. 2 keine echte Frist regelt[37]. Ein nicht verkündeter Abkürzungsbeschluß nach §225 ist derjenigen Partei nach §329 Abs. 2 S. 2 förmlich zuzustellen, von der die Frist einzuhalten ist (→ *H. Roth*[22] §225 Rdnr. 7). Für eine Fristverlängerung genügt stets die formlose Mitteilung, auch soweit die Verlängerung das neue spätere Ende der Frist bestimmt (→

---

28 *BGH* NJW-RR 2000, 877 (878); *BGHZ* 14, 148 (152); 93, 300 (305); anders noch *RGZ* 144, 258; *Zwirner* NJW 1954, 907.

29 BT-Drucks.15/4067 vom 28.10. 2004 S.25 III 1 e (zum JKomG); *Th. Krüger/Bütter* MDR 2003, 181 (185ff. mit Aufzählung der geeigneten Beschlüsse).

30 Regierungsbegründung BR-Drucks.663/04 S.38.

31 *BGH* NJW 1977, 717 (718).

32 *BGH* Rpfleger 1982, 306 (zu §§936, 938).

33 *Zöller/Vollkommer*[25] Rdnr. 27.

34 *OLG Koblenz* NJW-RR 2003, 1079; a.A. *Zöller/Vollkommer*[25] Rdnr. 27: Erlaß der Entscheidung.

35 *OLG Nürnberg* MDR 1960, 235.

36 *BGH* VersR 1995, 317 (318).

37 *BGH* NJW 1977, 717.

H.Roth[22] §224 Rdnr.10)[38]. Für **nicht anfechtbare Beschlüsse** gilt Abs.2 S.1, weil sie keine Frist in Gang setzen[39]. Das gilt etwa für den Beschluß nach §321a Abs.4 S.4. Wegen §321a Abs.2 S.3 müssen Beschlüsse, die der **Anhörungsrüge** unterliegen, nicht zugestellt werden. **Verweisungsbeschlüsse** nach §17a GVG sind wegen §17a Abs.4 S.3 GVG zuzustellen.

3. Adressaten

11 §329 bestimmt nicht, ob ein Beschluß beiden oder nur einer Partei mitzuteilen oder zuzustellen ist, damit er im Sinne des Eintritts seiner bestimmungsgemäßen Rechtsfolgen **Wirksamkeit** entfaltet. Den Vorrang haben stets **gesetzliche Regelungen**: So muß etwa der einen Arrest anordnende Beschluß (§922 Abs.1) wegen §929 Abs.2 dem Antragsteller nach §329 Abs.2 S.2 zugestellt werden. Dieser hat ihn nach §929 Abs.2 im Parteibetrieb dem Gegner zuzustellen, womit der Beschluß wirksam wird[40]. Vergleichbar ist die Zustellung des Mahnbescheids an den Antragsgegner nach §693 Abs.1, anders als die Information des Antragstellers nach §693 Abs.2, Wirksamkeitsvoraussetzung. Außerhalb von ausdrücklichen gesetzlichen Rechtsfolgenanordnungen ist unstreitig, daß für den Beginn der **Rechtsmittelfrist** die jeweilige Zustellung an die betreffende Partei maßgebend ist, so daß unterschiedliche Fristen laufen können[41]. Auch für die Verletzung des **rechtlichen Gehörs** ist die konkrete Mitteilung des Gerichts an die davon betroffene Partei maßgebend[42]. In der umgekehrten Richtung wird ein **Verweisungsbeschluß** nach §281 Abs.1 S.1 erst mit der letzten Mitteilung an die Verfahrensbeteiligten wirksam (arg. §36 Abs.1 Nr.6)[43]. Der Schutzzweck einer Maßnahme kann auch erfordern, daß zur Wirksamkeit des Beschlusses bereits die Zustellung oder Bekanntgabe an einen **Dritten** genügt. So reicht für die einstweilige Einstellung der Zwangsvollstreckung die Zustellung oder Bekanntgabe an den Gerichtsvollzieher aus[44].

12 Im übrigen herrscht Streit. Nicht aus dem Gesetz begründen läßt sich die häufiger herangezogene »Faustregel«, wonach zum Wirksamwerden des Beschlusses grundsätzlich die **erste Zustellung** genügt[45]. Vorzugswürdig ist die Auffassung, wonach für die Wirksamkeit des (existenten) Beschlusses erforderlich, aber auch ausreichend ist, wenn er an die von der angeordneten Rechtsfolge **betroffene Partei** mitgeteilt oder zugestellt ist[46]. Wird daher eine einstweilige Verfügung ohne mündliche Verhandlung mit Kostenentscheidung gegen den Antragsgegner erlassen, so kann dieser als Gerichtskostenschuldner nach §29 Nr.1 GKG (§54 Nr.1 GKG a.F.) erst in Anspruch genommen werden, wenn ihm die einstweilige Verfügung zugestellt worden ist[47]. Betroffen ist häufig die Partei, deren Antrag (Gesuch) **abgelehnt oder zurückgewiesen** wird, wie z.B. Ablehnung des Antrags auf Prozeßkostenhilfe, Zurückweisung des Mahnantrags nach §691, des Antrags auf Vollstreckbarerklärung von Schiedssprüchen (§1060 Abs.2), des Kostenfestsetzungsgesuchs, des Antrags auf Erlaß eines Pfändungs- und Überweisungsbeschlusses und sonstiger Anträge im Vollstreckungsverfahren, der Erinnerung nach §766[48], die Zurückweisung des Gesuches auf Erlaß eines Arrestes oder einer einstweili-

---

[38] A.A. *Zöller/Vollkommer*[25] Rdnr.16.
[39] Z.B. *OLG Köln* NJW 2004, 619 (Beschluß des OLG ohne Zulassung der Rechtsbeschwerde).
[40] *BGHZ* 120, 73 (78).
[41] *BPatG* GRUR 1996, 872; *KG* NJW-RR 2000, 1239 (1240); *E.Schneider* NJW 1978, 833.
[42] *BVerfG* NJW-RR 1994, 254f.; *KG* NJW-RR 2000, 1239 (1240).
[43] *BGH* NJW-RR 1995, 641.
[44] *BGHZ* 25, 62.
[45] So aber *BGHReport* 2001, 218; *Zöller/Vollkommer*[25] Rdnr.20 im Anschluß an *E.Schneider* NJW 1978, 833.
[46] *KG* NJW-RR 2000, 1239 (1240).
[47] *KG* NJW-RR 2000, 1239.
[48] *RG* JW 1899, 340f.

gen Verfügung oder des Antrags nach §926, die Zurückweisung von Rechtsbehelfen (§§522, 552). Ferner ist ausreichend für die Wirksamkeit die Zustellung oder Mitteilung des Beschlusses an nur eine Partei, wenn diese durch den Beschluß betroffen ist, weil er nur ihr **einseitig Lasten oder Pflichten** auferlegt, wie diejenigen, durch die einer Partei eine richterliche Frist gesetzt wird, wie z.B. in §109. Umgekehrt kann nur eine Partei betroffen sein, weil sie **einseitig begünstigt** wird, wie im Falle des Gesuches nach §37 und dem Bestimmungsbeschluß vor Klageerhebung (→ *H.Roth*[22] §37 Rdnr.4), von Entscheidungen zur Verlängerung von Fristen (z.B. §§520 Abs.2[49], 551 Abs.2)[50], der Bewilligung der öffentlichen Zustellung nach §186 (→ *H.Roth*[22] §186 Rdnr.4) und der Mitteilung des stattgebenden Antrags auf Durchführung eines selbständigen Beweisverfahrens nach §490 Abs.2. In den aufgeführten Fällen ist es zweckmäßig und durchaus üblich, den Beschluß auch der **anderen Partei** bekanntzugeben. Dieser Bekanntgabe kommt aber nur die Funktion einer **Benachrichtigung** zu und sie ist für das Wirksamwerden des Beschlusses nicht erforderlich.

III. Form; Begründung

1. Aufbau

13 Die ZPO enthält keine Vorschriften über die **Form** des Beschlusses, so daß die Gerichte seine äußere Form nach ihrem Ermessen gestalten können. Obwohl §329 nicht auf §313 verweist, orientiert sich die Praxis mit Recht weitgehend an §313 und trennt bei zu begründenden Beschlüssen (→ Rdnr.14) zwischen **Tenor** und **Gründen** (→ Rdnr.16). Bei Beschlüssen, aus denen die **Zwangsvollstreckung** betrieben werden kann, wird §313 Abs.1 Nr.1 und Nr.4 analog herangezogen. Deshalb müssen **Rubrum** und **Tenor** unmittelbar aus dem Text der vom Richter unterzeichneten Urschrift selbst ersichtlich sein[51]. Verweisungen auf einen bestimmten, eindeutig bezeichneten Teil der Akten (»Einrücken wie Bl. ... d.A.«), sind unzulässig, ohne daß ein Verstoß zur Unwirksamkeit des Beschlusses führte. Die Angaben des §313 Abs.1 Nr.1 bis 3 müssen grundsätzlich auch im Beschluß enthalten sein, da ersichtlich sein muß, in welchem **Verfahren** er ergangen ist und welcher **Richter** ihn gefaßt hat[52]. Zudem müssen Streitgegenstand und die Anträge der Parteien aus ihm hervorgehen[53]. Bei instanzabschließenden Beschlüssen und Vollstreckungstiteln muß sich aus der Urschrift ergeben, zwischen **welchen Parteien** die Entscheidung ergehen soll. Deshalb reichen dort die Worte »In Sachen pp« für die Parteibezeichnung nicht aus[54]. Im übrigen begründet eine abweichende Handhabung als solche keinen Verstoß gegen gesetzliche Vorschriften[55].

2. Begründung

14 Beschlüsse bedürfen regelmäßig einer Begründung, wenn nicht das Gesetz ausnahmsweise das Absehen von einer Begründung erlaubt (z.B. §§544 Abs.4 S.2 HS 2, 522 Abs.2 S.3). Wie

---

49 *BGH* NJW 1990, 1797.

50 In der Sache *BGHZ* 14, 148 (154).

51 *BGH* NJW 2003, 3136 (3137)(einstweilige Verfügung); NJW-RR 2003, 842 (843)(keine Schuldnerbezeichnung im insolvenzrechtlichen Eröffnungsbeschluß); 2003, 697 (698)(insolvenzrechtlicher Eröffnungsbeschluß); *OLG Oldenburg* JurBüro 1997, 376 (377); *OLG Brandenburg* NJW-RR 1998, 862 (Kostenfestsetzungsbeschluß).

52 *BGH* NJW-RR 1994, 1406.

53 *BGH* NJW-RR 2005, 78.

54 *OLG Köln* WM 2002, 1244 (1245); *Elzer* JuS 2004, 36 (37).

55 *RGZ* 30, 339; *RG* JW 1900, 50; 1907, 840f.; *Huber* JuS 1984, 950 (952); *E.Schneider* MDR 1978, 89 (92); a.A. *OLG Köln* OLGRsp 2, 349.

sich aus dem Umkehrschluß zu §922 Abs.1 S.2 und vor allem der Möglichkeit des Widerspruches (§§924, 936) ergibt, bedürfen stattgebende Arrestbeschlüsse oder einstweilige Verfügungen keiner Begründung (→ *Grunsky*[22] §922 Rdnr.5). Die Begründungspflicht gilt im übrigen auch dann, wenn eine Begründung im Gesetz nicht ausdrücklich vorgeschrieben ist wie es z.B. in den §§321a Abs.4 S.5 (»soll«), 544 Abs.4 S.2[56], 620d, 922 Abs.1 S.2 der Fall ist. Mit einem Rechtsbehelf **anfechtbare Beschlüsse** müssen stets begründet werden, da sonst eine Nachprüfung durch das Beschwerdegericht und durch den Beschwerdeführer nach der tatsächlichen und rechtlichen Seite hin nicht möglich wäre[57]. Der **Rechtsbeschwerde** (§574) unterliegende Beschlüsse (z.B. §522 Abs.1 S.4) müssen den maßgeblichen Sachverhalt, über den entschieden wird, wiedergeben, weil das Rechtsbeschwerdegericht von dem Sachverhalt auszugehen hat, den das Beschwerdegericht festgestellt hat[58]. Eine Ausnahme von der Begründungspflicht wird nur angenommen, wenn die Gründe für den Beschluß unmittelbar dem Gesetz entnommen werden können, auf einer gefestigten Rechtsprechung beruhen oder sich ohne weiteres aus dem Verfahrensstoff ergeben[59]. Streitwertbeschlüsse müssen wenigstens dann begründet werden, wenn die Angaben der Parteien zur Streitwerthöhe erheblich auseinander gehen[60]. Ein isolierter **Verzicht** der Parteien auf die Beifügung von Gründen bei einer anfechtbaren Entscheidung ist unzulässig, wie ein Umkehrschluß zu §313a Abs.1 S.2 ergibt[61]. Mit ordentlichen Rechtsmitteln **nicht mehr anfechtbare letztinstanzliche** Entscheidungen müssen mit Rücksicht auf das Willkürverbot des Art.3 Abs.1 GG und die Bindung des Richters an Recht und Gesetz (Art.20 Abs.3 GG) (ausnahmsweise) dann begründet werden, wenn von dem eindeutigen Wortlaut einer Norm abgewichen werden soll und der Grund dafür sich nicht schon ohne weiteres erkennbar aus den Besonderheiten des Falles ergibt[62]. Das gleiche gilt, wenn das Gericht von der Auslegung einer Norm des einfachen Rechts abweicht, welche die höchstrichterliche Rechtsprechung ihr bisher gegeben hat und sich die Begründung dafür nicht aus den Umständen des Falles entnehmen läßt[63]. Von diesen Ausnahmefällen abgesehen ist von Verfassungs wegen bei unanfechtbaren letztinstanzlichen Entscheidungen eine Begründung nicht erforderlich[64]. Doch sollten unanfechtbare Beschlüsse schon aus Gründen der **richterlichen Selbstkontrolle** wenigstens mit einer knappen Begründung versehen werden. Ausnahmen sind denkbar, wenn der Beschlußinhalt den übereinstimmenden Parteianträgen entspricht[65], oder sich die Begründung ohne weiteres aus dem Wortlaut des Beschlusses ergibt, wie bei Beweisbeschlüssen[66].

15 Eine **nachträgliche Begründung** des Beschlusses ist möglich und muß im Falle der sofortigen Beschwerde spätestens im **Nichtabhilfebeschluß** des §572 Abs.1 S.1 HS 2 gegeben werden[67].

---

56 Dazu *BGH* NJW 2004, 1531 (keine ins einzelne gehende Begründung).

57 *BGH* NJW-RR 1995, 701; NJW 1983, 123; *OLG Düsseldorf* FamRZ 2002, 249; NJW 1971, 520; *OLG Frankfurt a.M.* MDR 1999, 504; *OLG Hamm* NJW-RR 2000, 212; FamRZ 1993, 719 (auch bei nur ausnahmsweise statthaftem Rechtsbehelf); HK-ZPO/*Saenger* (2006) Rdnr.6; *Rosenberg/Schwab/Gottwald*[16] §60 Rdnr.49; zur Entwicklung der Rechtsprechung *Brüggemann* Richterliche Begründungspflicht (1971) 94ff.; *E.Schneider* MDR 1974, 802; *Hornung* Rpfleger 1981, 490.

58 *BGH* NJW-RR 2005, 78; NJW 2002, 2648.

59 *BayObLG* NJW-RR 1991, 187 (188); *OLG Schleswig* JurBüro 1981, 1903; *OLG Frankfurt a.M.* Rpfleger 1984, 477; *KG* NJW 1974, 2010.

60 *OLG Nürnberg* MDR 2001, 893; → *H.Roth*[22] §2 Rdnr.72.

61 *OLG Hamm* NJW-RR 2000, 212; *Zöller/Vollkommer*[25] Rdnr.24 a.E.; *Musielak/Musielak*[4] Rdnr.6.

62 *BVerfG* NJW 2004, 1371 (1372); 1998, 3484 (3485); 1987, 1619 (1620).

63 *BVerfG* NJW 1994, 574.

64 *BVerfG* NJW 2004, 1371 (1372); *BVerfGE* 81, 97 (106); 50, 287 (289); dazu *Kischel* 182ff.

65 Z.B. *BGH* NJW 2003, 3201 (3202: Verweisungsbeschluß).

66 *Musielak/Musielak*[4] Rdnr.5.

67 *OLG Nürnberg* MDR 2001, 893 (Streitwertbeschluß); *KG* NJW 1974, 2010 (dort noch zur einfa-

Dieser Beschluß muß ohnehin stets begründet werden[68]. Die Begründung ist den Parteien mitzuteilen. Nicht ausreichend ist es, die Gründe erst im weiteren Verlauf des Beschwerdeverfahrens zu geben, da der Betroffene dann seine Rechte in der Beschwerdeinstanz regelmäßig nicht mehr hinreichend wird wahrnehmen können. In diesem Fall führt der in der fehlenden Begründung des Beschlusses liegende Verfahrensmangel regelmäßig zur Aufhebung und Zurückverweisung[69].

3. Inhalt der Gründe

16 Bei den regelmäßig zu begründenden Beschlüssen sollte die **Entscheidungsformel** nach dem Vorbild des §313 Abs. 1 Nr. 4 regelmäßig von den Gründen abgesetzt werden. Für die **Gründe** selbst ist eine Trennung nach Sachverhaltsdarstellung und rechtlichen Erwägungen zwar nicht vorgeschrieben, doch ist diese Trennung meistens empfehlenswert. Vergleichbar der Gliederung des Urteils nach Tatbestand und Entscheidungsgründen sollten daher zuerst Angaben zum **Sachverhalt** gemacht und erst anschließend die **rechtliche Begründung** gegeben werden. Eine Verschlingung von Tatsachendarstellung und Rechtsausführungen ist dann hinnehmbar, wenn sich die wesentlichen, der Rechtsverfolgung und Rechtsverteidigung dienenden Tatsachenbehauptungen, ohne weiteres der Rechtsbegründung entnehmen lassen[70]. Die **Bezugnahme** auf eine andere Entscheidung ist zulässig[71]. Nicht ausreichend ist aber die Bezugnahme auf einen nicht unterschriebenen, aus sich heraus für die Parteien nicht verständlichen, **Computerausdruck**[72]. Die Urschrift darf nicht aus einer **Vielzahl von Textbausteinen** und allgemeinen Kanzleianweisungen bestehen[73]. Eine Ausnahme wird gemacht, wenn die in der Urschrift niedergelegten Entscheidungsgründe auch ohne die angeordneten Textergänzungen ausreichend und aus sich heraus verständlich sind, so daß sich der wesentliche Inhalt des Beschlusses aus der unterzeichneten Urschrift selbst ergibt[74]. Die erforderliche Begründung fehlt, wenn **widersprüchliche Gründe** nicht mehr erkennen lassen, welche Überlegungen für die Entscheidung des Ausgangsgerichts maßgebend waren[75]. Fehlenden Gründen steht es gleich, wenn der Beschluß nur eine auf das Vorbringen der Partei nicht eingehende **formelhafte Begründung** enthält[76].

4. Unterzeichnung (§315)

17 §329 verweist nicht auf die entsprechende Anwendung von §315 Abs. 1, wonach ein Urteil von den Richtern zu unterschreiben ist, die bei der Entscheidung mitgewirkt haben. Einigkeit besteht darin, daß der Beschluß überhaupt **unterschrieben** sein muß, was schon aus §329 Abs. 1 S. 2 i.V. mit §317 Abs. 2 S. 1 hervorgeht[77]. Die Verweisung von §329 Abs. 1 S. 2 auf §317 Abs. 2 S. 1 ist jedoch in der Rechtsfolge, ob alle mitwirkenden Richter zu unterschreiben haben, eher undeutlich. Für die entsprechende Anwendung des §315 Abs. 1 mit dem Erfor-

---

chen Beschwerde alten Rechts); *Elzer* JuS 2004, 36 (38); *E.Schneider* MDR 1975, 805; a.A. → *Vorauf l.*Rdnr. 9.

[68] *OLG München* MDR 2004, 291; einschränkend *Zöller/Vollkommer*[25] Rdnr. 11.

[69] *OLG Nürnberg* MDR 2001, 893 (Streitwertbeschluß); → *H.Roth*[22] §2 Rdnr. 72.

[70] *Elzer* JuS 2004, 36 (37).

[71] *BGH* NJW 1983, 123.

[72] *OLG Hamm* FamRZ 1993, 719.

[73] *BGH* VersR 2002, 464; *OLG Düsseldorf* NJW-RR 1994, 383 (384).

[74] *BGH* VersR 2002, 464.

[75] *BGH* MDR 1978, 928.

[76] *OLG Hamm* JurBüro 1991, 682.

[77] *OLG Karlsruhe* FamRZ 1999, 452.

dernis der Unterschrift **aller mitwirkenden Richter** bei verkündeten wie nicht verkündeten Beschlüssen spricht, daß nur so die Übereinstimmung der beschlossenen mit der schriftlichen Fassung gewährleistet werden kann[78]. Prozeßordnungswidrig ist dagegen die verbreitete Übung, welche die alleinige Unterschrift des Vorsitzenden oder die des Vorsitzenden und des Berichterstatters genügen läßt[79]. Dadurch ist eine Überprüfung der ordnungsgemäßen Besetzung des Gerichts und der gesetzmäßigen Durchführung des Verfahrens nicht gesichert. Eine **Paraphe** erfüllt die Anforderungen an eine Unterschrift nicht[80]. **§130b** ist anwendbar und eröffnet für das Urteil die Aufzeichnung als elektronisches Dokument.

IV. Bindung (§318)

1. Existente Beschlüsse

18 Die Frage nach der Abänderbarkeit stellt sich nur für bereits existente Beschlüsse (→ Rdnr. 3, 6). Bis zu diesem Zeitpunkt kann das Gericht den »Beschluß« als **Internum** abändern[81], und es müssen bis dahin eingegangene Schriftsätze wegen Art. 103 Abs. 1 GG noch berücksichtigt werden[82]. Ab dem Zeitpunkt des Existentwerdens trifft das Gesetz keine generelle Regelung, ob das Gericht einen solchen Beschluß abändern darf, da §329 nicht auf §318 verweist. Jedenfalls ist das Gericht vom Zeitpunkt des Existentwerdens an im Rahmen der gesetzlichen Vorgaben an den Beschluß **gebunden** und kann ihn nicht mehr als bloßes Internum abändern[83]. Zu unterscheiden ist nach der jeweiligen gesetzlichen Regelung:

2. Prozeßleitende und -vorbereitende Beschlüsse

19 Für sie gilt als Regel die **freie Abänderbarkeit,** die von einem Parteiantrag nicht abhängig ist[84]. Diese Rechtsfolge läßt sich auf eine Gesamtanalogie zu den §§150, 155, 227, 360, 381 u.a. stützen und entspricht dem Willen des historischen Gesetzgebers[85]. So kann auch die bereits versagte Prozeßkostenhilfe auf Gegenvorstellung der Partei bewilligt werden (→ *Bork*[22] §127 Rdnr. 6)[86]. Auch kann das bestimmende Gericht seinen nach §37 erlassenen Bestimmungsbeschluß wieder aufheben (→ *H.Roth*[22] §37 Rdnr. 6) und eine Anordnung nach §272 Abs. 2 ändern (zur Streitfrage → *Leipold*[21] §272 Rdnr. 13). Die Abänderung ist nur solange zulässig, wie das Gericht noch mit dem Gegenstand befaßt ist, auf den sich der Beschluß bezieht. So dürfen z.B. der Beweisbeschluß oder die nach den §§141ff. zu erlassenden Anordnungen nicht bereits durch Zwischen- oder Teilurteil erledigt sein. Auch ist die Abänderung

---

78 Dafür treten ein *Rosenberg/Schwab/Gottwald*[16] §60 Rdnr. 49; *Musielak/Musielak*[4] Rdnr. 4; *Baumbach/Lauterbach/Hartmann*[64] Rdnr. 8; *Elzer* JuS 2004, 36 (37f.); *Rasehorn* NJW 1957, 1866; *E.Schneider* MDR 1989, 488; offengelassen von *BGH* NJW-RR 1994, 1406; NJW 1998, 609 und (für das arbeitsgerichtliche Verfahren) von *ArbG Berlin* EzA-SD 2005 Nr. 8 (LS 8).

79 Das lassen genügen *RGZ* 3, 400; *RG* JW 1897, 288; *OLG Düsseldorf* MDR 1980, 943; *Zöller/Vollkommer*[25] Rdnr. 36; HK-ZPO/*Saenger* (2006) Rdnr. 5; *Thomas/Putzo/Reichold*[27] Rdnr. 11; in diese Richtung auch *BGHZ* 148, 55 (59)(verwaltungsrechtliche Vergabekammer).

80 *OLG Karlsruhe* NJW-RR 2004, 1507 (Kostenfestsetzungsbeschluß).

81 *BGH* FamRZ 2004, 1368; *Fraga Novelle* 52.

82 *OLG Düsseldorf* NJW-RR 1988, 319.

83 *BGH* NJW-RR 2000, 877 (878).

84 *RGZ* 33, 337; 37, 383; *RG* JW 1902, 250; HRR 1930 Nr. 1765; *OLG Kassel* OLGRsp 9, 102; *KG* OLGRsp 10, 248; JW 1920, 1040; *OLG Naumburg* JW 1926, 1609; *Peters* in: Festschr. für Geimer (2002) 811 (813); a.A. *OLG Dresden* SächsAnn 29, 264; *OLG Colmar* OLGRsp 12, 192.- Insgesamt skeptisch zur Unterscheidung von prozeßleitenden und urteilsähnlichen Beschlüssen *Werner* 56.

85 *Hahn* 2.Band 1.Abt. S. 288 (zu §279 des Entwurfes).

86 *BVerfGE* 56, 139 (145); *Zöller/Vollkommer*[25] Rdnr. 38; auch *BGH* NJW 2004, 1805 (keine materielle Rechtskraft).

ausgeschlossen, wenn der prozeßleitende Beschluß durch das Beschwerdegericht aufrechterhalten worden ist[87]. Durch den Beschluß bereits **eingetretene Wirkungen**, wie z.B. eine schon teilweise vollzogene Beweisaufnahme, werden durch die Abänderung (Aufhebung des Beweisbeschlusses) nicht beseitigt.

3. Verfahrensabschließende Beschlüsse

a) Sofortige Beschwerde (§572 Abs. 1)

20 §572 Abs. 1 S. 1 HS 1 sieht für das Untergericht im Falle der sofortigen Beschwerde eine generelle **Abhilfemöglichkeit** vor. Das bedeutet aber nicht, daß das Untergericht von Amts wegen eine als unrichtig erkannte Entscheidung abändern (aufheben) dürfte. Vielmehr ist die Abhilfe daran gebunden, daß eine Partei den betreffenden Beschluß angefochten hat[88]. Die mögliche Lösung von der Bindungswirkung ist nach dem systematischen Zusammenhang des §572 an das Betreiben des Rechtsbehelfsverfahrens geknüpft.

b) Spezielle Abänderungsverfahren

21 Das Gericht ist auch gebunden, wenn der betreffende Beschluß nur in einem **besonderen Verfahren** abgeändert werden kann. Darunter fallen der Vollstreckungsbescheid (§§700, 338ff. ZPO, §11 Abs. 3 S. 2 RPflG)[89], die einstweilige Verfügung (§936), der Arrestbefehl (§§924, 926f.) und die Vollstreckbarerklärung von Schiedssprüchen oder Schiedsvergleichen in Form eines Schiedsspruches (§§1064 Abs. 2, 1065, 1053, 1060f.). Abänderbar ist dagegen der Mahnbescheid[90], nicht aber die Zurückweisung nach §691 Abs. 1, 3 mit der Ausnahme in S. 1 (unanfechtbar und unabänderlich).

c) Ende der Zuständigkeit

22 Im Falle eines **Verweisungsbeschlusses** nach den §§281, 506 liegt Unabänderlichkeit vor, weil die Zuständigkeit des Gerichts mit Erlaß des Verweisungsbeschlusses endet. Wegen §348a Abs. 2 kann auch die Entscheidung nach §348a Abs. 1, den Rechtsstreit dem **Einzelrichter** zu übertragen, nicht abgeändert werden.

d) Urteilsvertretende Beschlüsse

23 Eine Bindung ist insbesondere bei **Verwerfungsbeschlüssen** gegeben (§§522 Abs. 1 S. 3, 552 Abs. 2), weil diese Beschlüsse ein Urteil vertreten, so daß das Berufungs- oder Revisionsgericht nicht ändern oder aufheben kann[91]. Das gleiche gilt für einen **Zurückweisungsbeschluß** nach §522 Abs. 2[92] oder für ablehnende Beschlüsse über die **Nichtzulassungsbeschwerde** (§544 Abs. 5 S. 3). Anwendbar ist aber in den genannten Fällen §321a (sogleich → Rdnr. 24). Auch ist das Gericht an die durch Beschluß gewährte **Wiedereinsetzung** (§238 Abs. 3) in analoger Anwendung des §318 grundsätzlich gebunden[93]. Es liegt darin keine bloße

---

[87] *RGZ* 37, 384.
[88] *Musielak/Musielak*[4] Rdnr. 15; anders offenbar *Thomas/Putzo/Reichold*[27] Rdnr. 12.
[89] *Fraga Novelle* 71.
[90] *OLG Karlsruhe* Rpfleger 1987, 422; *Fraga Novelle* 72; *Vollkommer* Rpfleger 1975, 165; a.A. *Musielak/Musielak*[4] Rdnr. 13.
[91] *BAG* NJW 2004, 174; *BGH* NJW-RR 1995, 765; *Thomas/Putzo/Reichold*[27] Rdnr. 11; *Althammer/Löhnig* NJW 2004, 1567; *Musielak/Ball*[4] §552 Rdnr. 3; *Peters* in: Festschr. für Geimer (2002) 811 (814).
[92] *OLG München* MDR 2003, 522; *Musielak/Musielak*[4] Rdnr. 13; *Schilken* ZPR[4] Rdnr. 110.
[93] *BGHZ* 130, 97 mit Anm. *H.Roth* JZ 1996, 375.

prozeßleitende Anordnung, sondern eine unmittelbar wirkende Gestaltung des Prozeßverhältnisses zwischen den Parteien[94]. Der Funktion nach handelt es sich um ein Zwischenurteil nach §303. Unabänderlich sind auch **Kostenentscheidungen**, welche den Wert des Beschwerdegegenstandes nicht erreichen (§567 Abs.2).

e) Anhörungsrüge (§321a)

24 Im Anwendungsbereich des §321a kommt es bei einer begründeten Rüge zur Fortsetzung des Beschlußverfahrens nach Abs.5, soweit dies aufgrund der Rüge geboten ist. Die Norm ist seit 1.1. 2005 auch unmittelbar auf unanfechtbare und letztinstanzliche **Beschlüsse** anwendbar[95]. Insoweit ist für eine analoge Anwendung des §318 kein Raum.

V. Rechtskraft (§322)

25 Die Grundsätze über die **formelle Rechtskraft** (§705) sind auf Beschlüsse anzuwenden. Alle Beschlüsse, die mit befristeten Rechtsbehelfen angefochten werden können, erwachsen nach Fristablauf in formelle Rechtskraft, z.B. versagende Prozeßkostenhilfebeschlüsse (§127 Abs.2 S.2, 3)[96]. Die Regeln über die **materielle Rechtskraft** (§§322 bis 327) gelten dagegen nur insoweit, wie der Beschluß einen rechtskraftfähigen Inhalt hat (→ *Leipold*[22] §322 Rdnr.60)[97]. Diese Frage muß für jeden Beschluß gesondert entschieden werden und ist in diesem Kommentar jeweils bei der → Erläuterung des betreffenden Beschlusses dargestellt. Die Rechtsprechung hat Rechtskraftfähigkeit z.B. **bejaht** für Kostenfestsetzungsbeschlüsse[98], Verwerfungsbeschlüsse (§§522, 552)[99], Zuschlagsbeschlüsse (§§79ff. ZVG)[100], Beschlüsse im Richterablehnungsverfahren[101], die Ablehnung der Nichtzulassungsbeschwerde (§544 Abs.5 S.3)[102], anordnende oder ablehnende Beschlüsse im Zwangsvollstreckungsverfahren nach den §§887, 888[103] und §890[104], Beschlüsse nach §766[105] und nach §28 EGGVG[106], die Vollstreckbarerklärung eines Schiedsspruches[107], Beschlüsse im Arrestverfahren und im Verfahren der einstweiligen Verfügung sowie die Wiedereinsetzung in den vorigen Stand ablehnende Beschlüsse (§238, zu stattgebenden Beschlüssen → Rdnr.23). Die Rechtsprechung hat Rechtskraftfähigkeit z.B. **verneint** für Prozeßkostenhilfe versagende Beschlüsse[108] oder Pfändungs- und Überweisungsbeschlüsse[109].

---

94 *H.Roth* JZ 1996, 375 (376) zu *BGHZ* 130, 97.

95 Art.1 G.v.9.12. 2004 (BGBl.I 3220).

96 *BGH* NJW 2004, 1805 (1806).

97 *BGH* NJW 2004, 1805 (1806); *OLG Köln* NJW-RR 2005, 1227 (1228); ausführlich *Fraga Novelle* 72ff.

98 *BGHZ* 111, 158 (170); *BGH* NJW-RR 2006, 1006; *RGZ* (VZS) 27, 402; → *Bork*[22] §104 Rdnr.64; dagegen *Peters* in: Festschr. für Geimer (2002) 811 (815).

99 *OLG Köln* NJW-RR 2005, 1227 (1228); zum alten Recht *BGH* NJW 1991, 1116; 1981, 1962; für Bindungswirkung *BAG* NJW 2004, 174 (175).

100 *RGZ* 70, 401.

101 *BayObLGZ* 1987, 367; für Bindung → *Bork*[22] §46 Rdnr.8.

102 *BGH* MDR 2004, 768.

103 *RGZ* 167, 332; *OLG Celle* OLGR 2000, 59; *OLG Zweibrücken* JurBüro 1996, 443; *LG Wiesbaden* NJW 1986, 939; → *Brehm*[22] §887 Rdnr.27, 60; §888 Rdnr.48.

104 *OLG Hamm* OLGRsp 66, 52.

105 *OLG Kassel* HRR 1936 Nr.629; Streitstand bei → *Münzberg*[22] §766 Rdnr.55.

106 *BGH* WM 1994, 994.

107 *RGZ* 61, 143.

108 *BGH* NJW 2004, 1805; → *Bork*[22] §120 Rdnr.4; a.A. *OLG Nürnberg* MDR 2004, 410 (LS); *Gottwald* FamRZ 2004, 940.

109 *OLG Köln* Rpfleger 1994, 426.

VI. Analoge Anwendung sonstiger Urteilsvorschriften

26 Die in §329 enthaltenen Verweisungen auf einzelne Urteilsvorschriften sind nicht abschließend (→ Rdnr. 1). Weitere dort nicht genannte Normen sind analog anwendbar, soweit die Ausgestaltung der Entscheidungsform als Beschluß nicht entgegensteht. **§308** ist anwendbar, so daß der Beschluß nicht mehr zusprechen darf, als beantragt wurde[110]. Die Kostenentscheidung ergeht von Amts wegen, soweit sie bei selbständigen Verfahren veranlaßt ist. Die Mehrzahl der verfahrensbegleitenden Beschlüsse enthält wegen des Grundsatzes der Einheitlichkeit der Kostenentscheidung ohnehin keine eigenständige Kostenregelung. Die **§§ 309, 310 Abs. 1 und §311 Abs. 4** sowie **§312** sind kraft ausdrücklicher Verweisung anwendbar (→ Rdnr. 2), wogegen die **§§310 Abs. 2 und 3** sowie **§311 Abs. 1 bis 3** auf den Beschluß nicht passen[111]. Für die äußere Gestaltung des Beschlusses ist nicht auf **§313** verwiesen. Doch gelten die meisten Regeln jedenfalls für Vollstreckungstitel, verfahrensbeendende und urteilsvertretende Beschlüsse entsprechend (→ Rdnr. 13ff.). Auch die Erleichterungen der §§ **313a**[112], **313b**[113] gelten entsprechend. Zudem muß grundsätzlich jeder Beschluß eine Begründung enthalten (→ Rdnr. 14f.). Beschlüsse sind als solche zu bezeichnen und tragen ein Aktenzeichen, ohne daß es sich dabei um Wirksamkeitserfordernisse handelte[114]. **§314** kommt nicht zur Anwendung, da ein Tatbestand für den Beschluß nicht vorgeschrieben ist (→ Rdnr. 16)[115]. Doch gilt **§ 315 Abs. 1** mit dem Erfordernis aller richterlichen Unterschriften in vollem Umfang (→ Rdnr. 17). **§§317 Abs. 2 S. 1 und Abs. 3 bis 5** gelten kraft ausdrücklicher Verweisung (→ Gesetzesgeschichte). Dadurch wird die Angleichung an die Neufassung des §317 durch Art. 1 JKomG vom 22. 3. 2005 (BGBl.I 837) erreicht. Die dort eingeführten Regelungen über die Erteilung von Urteilsausfertigungen im elektronischen Rechtsverkehr finden auch auf Beschlüsse und Verfügungen des Vorsitzenden Anwendung[116]. Die übrigen Absätze und Sätze des §317 gelten nicht, so daß bei einer vollstreckbaren Ausfertigung des Beschlusses die vollständige Wiedergabe der Urschrift erforderlich ist (→ Rdnr. 2, 8 und 9).

27 Die Bindung durch **§318** gilt nur mit Einschränkungen (→ Rdnr. 18 bis 24). Die Berichtigungsvorschrift des **§319** ist auch auf bindende Beschlüsse anwendbar[117]. **§320** hängt mit der nicht für Beschlüsse geltenden Beweisregel des §314 zusammen und kann daher auf Beschlüsse keine Anwendung finden[118]. **§321** ist zur Ergänzung eines die Anträge nicht erschöpfenden oder über die Kostenentscheidung hinweggegangenen Beschlusses analog anzuwen-

---

[110] Allgemeine Meinung, z.B. *OLG Braunschweig* OLGRsp 40, 399.

[111] Für die Anwendung von §311 Abs. 2 und 3 dagegen *Musielak/Musielak*[4] Rdnr. 18.

[112] *OLG Brandenburg* NJW-RR 1995, 1212 (aber unter unzutreffender Annahme eines Rechtsmittelverzichtes, → Rdnr. 14).

[113] Für die Anwendung im Beschlußverfahren der stattgebenden einstweiligen Verfügung *OLG Hamm* MDR 1999, 316.

[114] *Elzer* JuS 2004, 16.

[115] *OLG Frankfurt a.M.* MDR 2004, 901; *Thomas/Putzo/Reichold*[27] Rdnr. 11; a.A. *OLG Frankfurt a.M.* NJW 1957, 1034; *Rosenberg/Schwab/Gottwald*[16] §60 Rdnr. 49; *BGHZ* 65, 30 (34: GWB-Verfahren).

[116] Empfehlung des Rechtsausschusses des Deutschen Bundestages, BT-Drucks.15/5482 S. 13.

[117] *BVerfGE* 29, 45 (50)(unrichtig bezeichnetes Adressatgericht im Verweisungsbeschluß); *BGH* NJW-RR 1995, 574 (Berichtigung des Rubrums); 1988, 407; *OLG Karlsruhe* OLGR 2000, 2001, 230 (Berichtigung des Rubrums); *OLG München* Rpfleger 1992, 217 (unrichtige Kostenquote); *OLG Hamm* Rpfleger 1977, 218 (Rechenfehler in Kostenfestsetzungsbeschluß); *OLG Düsseldorf* JMBlNRW 1951, 172 (Verwerfungsbeschluß); ferner *RGZ* 129, 155; vor Mißbrauchsgefahren warnend *Bull* Rpfleger 1957, 401.

[118] Grundsätzlich auch *OLG Frankfurt a.M.* MDR 2004, 901; *Musielak/Musielak*[4] Rdnr. 20; anders *BGH* NJW-RR 1988, 407 (für Endentscheidungen auf Grund mündlicher Verhandlung); *Zöller/Vollkommer*[25] Rdnr. 40; *Thomas/Putzo/Reichold*[27] Rdnr. 13; → *Voraufl.* Rdnr. 20.

den[119]. Es wird nicht von Amts wegen, sondern nur auf einen Antrag hin ergänzt, der innerhalb der Frist des §321 zu stellen ist. Die Frist beginnt mit dem Zugehen des Beschlusses an die betroffene Partei[120]. Ist eine förmliche Zustellung wie bei einem urteilsähnlichen Beschluß vorgeschrieben, so knüpft der Fristbeginn an die Zustellung an[121]. **§321a** findet in vollem Umfang Anwendung (→ Rdnr. 24). Die **§§322 bis 327** gelten, wenn der Beschluß einen rechtskraftfähigen Inhalt hat (→ Rdnr. 25). Auch **§328** ist analog anwendbar, soweit die ausländische Entscheidung einen rechtskraftfähigen Inhalt hat (→ *H.Roth*[22] §328 Rdnr. 54).

VII. Verfügungen des Vorsitzenden oder eines beauftragten oder ersuchten Richters

28 Es gelten grundsätzlich **dieselben Regeln** wie für die gerichtlichen Beschlüsse[122]. Die einzige bedeutsame Abweichung besteht darin, daß Verfügungen nicht verkündet werden müssen, auch wenn sie auf Grund einer mündlichen Verhandlung ergehen (Abs. 1 S. 1). Vielmehr werden sie nach Abs. 2 und 3 von Amts wegen zugestellt oder formlos mitgeteilt. **Nicht anwendbar** sind auf Verfügungen die §§308 bis 311, 313 bis 314, 317 Abs. 1 und Abs. 4, 318, 320–328. §308 ist auch dem Rechtsgedanken nach nicht einschlägig. Selbst wenn der Richter eine Fristverlängerung über den gestellten Antrag hinaus gewährt, bleibt sie gleichwohl wirksam, weil sie auch im übrigen nicht von einem wirksamen Antrag abhängt[123]. Obwohl §318 nicht gilt, können Verfügungen, die der Partei eine günstige verfahrensrechtliche Position einräumen, wie z.B. eine gewährte Fristverlängerung, nicht mehr einseitig durch den Vorsitzenden geändert werden[124]. **§312** gilt, wenn die Verfügung ausnahmsweise verkündet wird. Es kommt auch § **315 Abs. 1** zur Anwendung, wonach die fristsetzende Verfügung und die Zwischenverfügung vor Mitteilung oder Zustellung vom Richter zu unterschreiben ist, wobei eine Paraphe nicht genügt[125]. Die Einhaltung dieser Erfordernisse muß aus der Ausfertigung hervorgehen. Eine Paraphe wird man dagegen bei bloßen Terminsbestimmungen für ausreichend halten können[126]. Offenbare Unrichtigkeiten können nach **§ 319 Abs. 1 und 2** auch von Amts wegen berichtigt werden. Doch paßt die Regelung der Rechtsbehelfe in §319 Abs. 3 auf Verfügungen nicht.

---

119 *OLG München* MDR 2003, 522; Rpfleger 1987, 263; *OLG Hamm* NJW-RR 2000, 1524; Rpfleger 1973, 409; *OLG Stuttgart* MDR 1999, 116; ZZP 69 (1956) 428; *E.Schneider* MDR 1984, 461.

120 *OLG Hamm* Rpfleger 1973, 409; *OLG Stuttgart* ZZP 69 (1956) 428; *Zöller/Vollkommer*[25] Rdnr. 41.

121 *OLG München* MDR 2003, 522.

122 *RGZ* 83, 132; 96, 350; 109, 72.

123 *BGHZ* 93, 300 (304); bedenklich MünchKommZPO/*Musielak*[2] Rdnr. 16.

124 MünchKommZPO/*Musielak*[2] Rdnr. 15; *Zöller/Vollkommer*[25] Rdnr. 44; *Rimmelspacher* in: Festschr. für Gaul (1997) 564.

125 *BGHZ* 76, 241; *BayObLG* Rpfleger 1996, 148.

126 *BSG* MDR 1992, 685.

Titel 3
Versäumnisurteil

Vorbemerkungen[1]

Schlüssel zum Versäumnisverfahren (Stichwortverzeichnis)

Schlüssel zum Versäumnisverfahren (Stichwortverzeichnis zum Versäumnisverfahren)

[1] Literatur: *Bergerfurth* Das Versäumnisurteil im schriftlichen Vorverfahren JZ 1978, 298; *Boemke* Das einspruchsverwerfende Versäumnisurteil (§ 346 ZPO) ZZP 106 (1993), 371; *Fasching* Die Rechtsbehelfe gegen Versäumnisurteile im deutschen und im österreichischen Zivilprozess, Festschrift F. Baur (1981), 287; *Heinrichs* Säumnis im Zivil- und Arbeitsgerichtsprozess (2001); *Hoyer* Das technisch zweite Versäumnisurteil (1980); *Kargados* Die Probleme des Versäumnisverfahrens. Eine rechtsvergleichende Untersuchung anlässlich des neuen griechischen Versäumnisverfahrens (1970); *Linke* Die Versäumnisentscheidungen im deutschen, österreichischen, belgischen und englischen Recht (1972); *Münzberg* Die Wirkungen des Einspruchs im Versäumnisverfahren (1959); *ders.* Zum Begriff des Versäumnisurteils JuS 1963, 219; *Schubert* Zur Rechtsgeschichte des Versäumnisverfahrens, Festschrift E. Schneider (1997), 65; *Steinhauer* Versäumnisurteil in Europa (1996). Nachweise zum älteren Schrifttum s. Voraufl.

I. Allgemeines

1 Titel 3 behandelt die Folgen der Terminsversäumung, die im Gegensatz zur Versäumung einzelner Prozesshandlungen (§§ 230, 231) steht. Die **Notwendigkeit eines Versäumnisverfahrens** (nicht dagegen auch dessen konkrete Ausgestaltung) ergibt sich aus dem Mündlichkeitsprinzip sowie der Verhandlungsmaxime: Dadurch, dass das Gericht dem Urteil nur das in der mündlichen Verhandlung Vorgetragene zugrunde legen, → § 128 Rdnr. 29, und überdies den Sachverhalt nicht von Amts wegen aufklären darf, → vor § 128 Rdnr. 146ff., droht die Gefahr, dass das Verfahren dadurch blockiert werden kann, dass eine Partei in der mündlichen Verhandlung ausbleibt, womit es von ihrer Seite an einem entscheidungserheblichen Vortrag fehlen würde. Will man die Partei nicht zum Erscheinen und zu einem Vortrag zwingen, was mit der das Verfahren beherrschenden Parteiherrschaft nicht vereinbar wäre, so bleibt nur die Möglichkeit, an die Terminsversäumnis für die säumige Partei nachteilige Rechtsfolgen zu knüpfen und sie dadurch dazu veranlassen, in der mündlichen Verhandlung aufzutreten.

2 Die in den §§ 330f. getroffene Regelung differenziert danach, ob der Kläger oder der Beklagte säumig ist. Für den **Kläger** besteht die Säumnisfolge im Verlust des Rechtsstreits, § 330. Er wird so behandelt, als hätte er auf den mit der Klage geltend gemachten Anspruch verzichtet. Demgegenüber wird bei **Säumnis des Beklagten** an die Wirkungen eines Geständnisses angeknüpft, § 331 Abs. 1 Satz 1. Sowohl für den Kläger als auch für den Beklagten gilt, dass die Säumnisfolgen auch bei Säumnis in einem späteren Termin unter Beiseiteschieben der bisherigen Prozessergebnisse eintreten, § 332. Die säumige Partei hat mit dem **Einspruch gegen das Versäumnisurteil** jedoch ein einfaches Mittel zur Beseitigung der Säumnisfolge, das weder devolutiv wirkt noch eine Entschuldigung für die Säumnis verlangt, → Rdnr. 23. Das Versäumnisurteil hat danach nur eine vorläufige Bedeutung, § 342. Diese Regelung schließt die Gefahr in sich, dass die an einer Verzögerung des Rechtsstreits interessierte Partei (normalerweise der Beklagte) jederzeit, und zwar auch wiederholt, ohne nennenswertes Risiko den Fortgang des Rechtsstreits aufhält. Rechtspolitisch kann das Versäumnisverfahren in seiner derzeitigen Ausgestaltung demnach nicht befriedigen. Daran ändert sich auch dadurch nichts, dass dem an der sachlichen Förderung des Rechtsstreits interessierten nichtsäumigen Gegner neben dem Versäumnisurteil der Weg der Entscheidung nach Lage der Akten (§ 331 a i. V. mit § 251 a) offen steht, → Rdnr. 24. Weiter ist das Versäumnisurteil nach § 708 Nr. 2 ohne Sicherheitsleistung vorläufig vollstreckbar, → § 708 Rdnr. 29, doch reicht dies nicht aus, um dem Anreiz entgegenzuwirken, das Versäumnisverfahren als Mittel zum Zeitgewinn einzusetzen.

II. Voraussetzungen der Säumnis

1. Termin zur mündlichen Verhandlung

3 Der Termin muss vor dem Prozessgericht »zur mündlichen Verhandlung« (§§ 330, 331 Abs. 1) anberaumt sein. Gemeint ist damit eine **streitige mündliche Verhandlung**[2]. Dem steht der Gütetermin (§ 278 Abs. 2) nicht gleich[3]; in diesem kann kein Versäumnisurteil ergehen, wohl aber in einer sich unmittelbar anschließenden mündlichen Verhandlung (§ 279 Abs. 1 Satz 1). Kein Termin zur mündlichen Verhandlung sind weiter ein Verkündungstermin (§ 310), ein Termin zur Verhandlung über eine beantragte Tatbestandsberichtigung (§ 320 Abs. 3) oder zur Abgabe einer eidesstattlichen Versicherung nach § 889. Wegen des Verfahrens nach § 128 Abs. 2 → § 128 Rdnr. 92. Ein zur Beweisaufnahme vor dem Prozessgericht bestimmter Termin ist Verhandlungstermin erst vom Schluss der Beweisaufnahme an[4], → § 370 Rdnr. 3. Eine bloß fakultative mündliche Verhandlung genügt nicht, → § 128 Rdnr. 125, ausgenommen die Fälle des Arrestes, der einstweiligen Verfügung und der Vollstreckbarkeit von Schiedssprüchen sowie Anwaltsvergleichen[5]. Keine mündliche Verhandlung ist die mündliche Erörterung mit dem Antragsteller oder seinem Bevollmächtigten nach § 6 Abs. 2 Satz 2 AVAG. Dass die Verlegung des Termins, sei es auch aus erheblichen Gründen beantragt, aber noch nicht bewilligt war, steht der Säumnis nicht entgegen. Dagegen schließt die Unterbrechung, Aussetzung oder das Ruhen des Verfahrens die Säumnis aus. Unerheblich ist, ob die Partei im ersten oder in einem späteren Verhandlungstermin säumig ist, § 332, → § 332 Rdnr. 1.

4 Die mündliche Verhandlung ist nur vor dem »**erkennenden Gericht**« vorgeschrieben, § 128 Abs. 1, → dazu § 128 Rdnr. 26. Darunter fällt auch der Einzelrichter, → § 348 Rdnr. 3, nicht aber der beauftragte, § 361, oder der ersuchte, § 362, Richter[6].

---

[2] MünchKomm ZPO – *Prütting*[2] § 330 Rdnr. 10.
[3] *Zöller/Herget*[24] Rdnr. 2. A.A. *Reichold* in *Thomas/Putzo*[26] Rdnr. 2.
[4] MünchKomm ZPO – *Prütting*[2] § 330 Rdnr. 10.
[5] MünchKomm ZPO – *Prütting*[2] § 330 Rdnr. 10.
[6] MünchKomm ZPO – *Prütting*[2] § 330 Rdnr. 10; *Zöller/Herget*[24] Rdnr. 2.

2. Vorliegen der Sachurteilsvoraussetzungen

5 Die Klage bzw. Widerklage, → § 347 Rdnr. 1, muss erhoben sein und es müssen die von Amts wegen zu prüfenden Voraussetzungen eines Sachurteils gegeben sein, also in erster Instanz die unverzichtbaren Prozessvoraussetzungen (→ dazu näher § 330 Rdnr. 7 sowie → § 331 Rdnr. 4, 11), in den höheren Instanzen auch die Zulässigkeitsvoraussetzungen des Rechtsmittels, → für die Berufung § 542 Rdnr. 4 und 7 (21. Aufl.) sowie für die Revision → § 566 Rdnr. 12 (21. Aufl.). Zum Beweis für das Vorliegen der Sachurteilsvoraussetzungen → § 335 Rdnr. 2.

3. Säumnis

6 Eine Partei muss den Verhandlungstermin **versäumen**, indem sie nach ordnungsgemäßem Aufruf, → § 220 Rdnr. 5 und § 333 Rdnr. 2, bis zum Schluss des Termins, → § 220 Rdnr. 11, nicht erscheint oder nicht verhandelt, § 333.

7 Bei **unverschuldetem Nichterscheinen** darf kein Versäumnisurteil erlassen werden; die Verhandlung ist vielmehr zu vertagen, § 337 S. 1. Voraussetzung dafür ist allerdings, dass das Gericht konkrete Anhaltspunkte dafür hat, dass die Partei an dem Nichterscheinen kein Verschulden trifft. Fehlt es daran, so ist das Versäumnisurteil auf Antrag des Gegners hin zu erlassen. Das gilt auch für ein technisch zweites Versäumnisurteil, zu diesem Begriff → § 345 Rdnr. 1. Eine Parteivereinbarung dahin, dass das Ausbleiben einer Partei nicht als Säumnis zu gelten habe, ist ausgeschlossen, → aber Rdnr. 14.

8 Zum Erscheinen nur eines von mehreren **Streitgenossen** → § 61 Rdnr. 3, → § 62 Rdnr. 26ff. Das Erscheinen des **Streitgehilfen** schließt eine Säumnis der Partei aus, → § 67 Rdnr. 13. Zum **Anwaltsprozess** → § 333 Rdnr. 4. Zur Bedeutung des **anwaltlichen Berufsrechts** für die Erwirkung eines Versäumnisurteils → § 337 Rdnr. 4ff. Zum sachlich oder zeitlich **unvollständigen Verhandeln** → § 334 Rdnr. 1ff.

4. Ordnungsgemäße Ladung

9 Die nicht erschienene Partei muss zu dem Termin ordnungsgemäß geladen sein, soweit dies nach dem Gesetz erforderlich ist, → § 335 Rdnr. 3ff. Die erschienene, jedoch nicht verhandelnde Partei, § 333, kann sich dagegen nicht darauf berufen, sie sei nicht ordnungsgemäß geladen worden[7].

5. Säumnis des Beklagten im schriftlichen Vorverfahren

10 Zu den Voraussetzungen für den Erlass eines Versäumnisurteils im schriftlichen Vorverfahren → § 331 Rdnr. 29ff.

III. Versäumnisverfahren

1. Antrag auf Erlass des Versäumnisurteils

a) Der Antrag

11 Der im Termin erschienene Gegner der säumigen Partei muss einen Antrag auf Erlass des Versäumnisurteils stellen, §§ 330, 331 Abs. 1 S. 1. Geschieht dies nicht, so darf kein Versäumnisurteil ergehen; zum Verfahren in diesem Fall → Rdnr. 12f. Wird dagegen ein Versäumnisur-

---

[7] MünchKomm ZPO – *Prütting*[2] § 330 Rdnr. 12; *Zöller/Herget*[24] Rdnr. 3; *Musielak/Stadler*[4] Rdnr. 6.

teil beantragt, so ist das Gericht nach §308 Abs. 1 daran gehindert, ein kontradiktorisches Urteil zu erlassen[8]. Der Antrag auf Versäumnisurteil enthält nicht notwendigerweise auch den Antrag auf ein kontradiktorisches Urteil. Im schriftlichen Vorverfahren stellt der Antrag auf Versäumnisurteil nicht zugleich den Antrag auf Erlass eines Versäumnisurteils in der mündlichen Verhandlung dar, → §331 Rdnr. 38. Ebenso enthält der ursprüngliche Klageantrag (bei Säumnis des Klägers der Antrag des Beklagten auf Klageabweisung) nicht ohne weiteres den Antrag auf Erlass eines Versäumnisurteils. Fehlt es an gegenteiligen Anhaltspunkten, ist jedoch eine weite Auslegung des Klage- bzw. Klageabweisungsantrags geboten. Kann ihm nur im Versäumnisverfahren entsprochen werden, weil z.B. eine Entscheidung nach §331 a nicht in Betracht kommt, so ist anzunehmen, dass der Sachvortrag stillschweigend zugleich den Antrag auf Erlass eines Versäumnisurteils enthält[9] (anders im schriftlichen Vorverfahren, → §331 Rdnr. 38). Verbleibende Zweifel hat das Gericht nach §139 zu klären[10]. Der Antrag ist, soweit er lediglich die prozessuale Grundlage des Urteils bezeichnet, Prozessantrag. Hinsichtlich des Urteilsinhalts muss er aber den ursprünglichen Klage- bzw. Klageabweisungsantrag in sich aufnehmen. Für die Verlesung sowie die vorherige Mitteilung sind diese beiden Bestandteile getrennt zu behandeln, → §297 Rdnr. 10 (21. Aufl.) und → §335 Rdnr. 10f.

b) Folgen bei fehlendem Antrag – Vertagung

12 Wird weder ein Versäumnisurteil noch eine Entscheidung nach Lage der Akten, §331 a, beantragt, so hat das Gericht nach §251 a zu verfahren. Das bedeutet, es steht in seinem Ermessen, ob es **nach Lage der Akten entscheidet** (vorausgesetzt, es hat schon ein früherer Verhandlungstermin stattgefunden, §251 a Abs. 2 S. 1) oder einen **neuen Verhandlungstermin anberaumt** oder schließlich das **Ruhen des Verfahrens** (§251 a Abs. 3) anordnet, → §251 a Rdnr. 1.

13 **Vertagung** an Stelle der unter → Rdnr. 19 aufgezählten Möglichkeiten kann die erschienene Partei nur unter folgenden Voraussetzungen beantragen:

– Vorliegen erheblicher Gründe, die glaubhaft zu machen sind (§227 Abs. 1, 2), → dazu §227 Rdnr. 4ff.,

– Vorliegen eines der Gründe des §335 Abs. 1 Nr. 1–3 (→ §335 Rdnr. 19ff.),

– Im Falle des §337; hier hat das Gericht die Vertagung von Amts wegen auszusprechen, → §337 Rdnr. 1ff.

Lehnt das Gericht einen Antrag der erschienenen Partei auf Vertagung ab, weil die Voraussetzungen hierfür nicht vorliegen, so gilt für das weitere Verfahren das zu → Rdnr. 12 Ausgeführte.

c) Vereinbarung, kein Versäumnisurteil zu beantragen

14 Eine Vereinbarung, in einem bestimmten Termin oder, was vor allem im großstädtischen Gerichtsbetrieb praktisch wird, bis zu einem bestimmten Zeitpunkt der Sitzung kein Ver-

---

[8] *LAG Rheinland-Pfalz* LAGE §68 ArbGG Nr. 1; *OLG Koblenz* NJW-RR 1991, 1087; MünchKomm ZPO – *Prütting*[2] §331 Rdnr. 6.

[9] *BGHZ* 37, 79, 83 = NJW 1962, 1149 (kritisch dazu *Münzberg* JuS 1963, 219, 220); *OLG Koblenz* WM 1997, 1566. Mit den Situationen in BGHZ 10, 333 = NJW 1953, 1830 = JZ 1954, 242 (*Bötticher*) = LM §307 Nr. 1 (*Johannsen*) und *BGHZ* 49, 213 = NJW 1968, 503 lässt sich BGHZ 37, 79 insofern nicht vergleichen, als dort ausdrücklich ein streitiges Urteil beantragt war, obwohl die Voraussetzungen eines Anerkenntnis- bzw. Verzichtsurteils vorlagen; → dazu §307 Rdnr. 30 und → §306 Rdnr. 14 (beide 21. Aufl.).

[10] MünchKomm ZPO – *Prütting*[2] §331 Rdnr. 6.

säumnisurteil zu beantragen, ist zulässig[11], → vor § 128 Rdnr. 305. Ein entgegen der Vereinbarung erwirktes Versäumnisurteil ist, wenn auch durch die Abrede die Säumnis an sich nicht beseitigt wird, → Rdnr. 7, hinsichtlich der Kosten, § 344, und der Anfechtung (soweit es sich um ein zweites Versäumnisurteil handelt, § 514) deshalb wie ein gegen eine schuldlos säumige Partei, § 337, ergangenes Urteil zu behandeln[12], → § 513 Rdnr. 10 (21. Aufl.), weil die Partei mit dem Antrag auf Erlass eines Versäumnisurteils durch die Gegenpartei nicht zu rechnen brauchte. Durch eine derartige Vereinbarung wird das Gericht, wenn ihm die Vereinbarung bekannt ist, gehindert, ein Versäumnisurteil zu erlassen[13]. Dagegen ist es dem Gericht nicht verwehrt, die in den §§ 251 a, 331 a vorgesehenen Entscheidungen zu treffen. Eine Vereinbarung, auf unbegrenzte Zeit überhaupt kein Versäumnisurteil gegen den Gegner zu erwirken, würde als unzulässiger allgemeiner Verzicht auf Befugnisse der Prozessführung dagegen nichtig sein[14], da der Gegner durch dauernde Säumnis den Fortgang des Prozesses gänzlich verhindern könnte. Wirksam ist demgegenüber die Vereinbarung, für eine begrenzte Zeit, für mehrere Termine oder innerhalb einer gewissen Frist kein Versäumnisurteil zu beantragen.

2. Versäumnisurteil

15 Versäumnisurteil ist nur das gegen die säumige Partei **aufgrund der Säumnis ergehende Urteil**. Gleichgültig ist, ob die Voraussetzungen der Säumnis tatsächlich vorlagen oder vom Gericht nur fälschlicherweise angenommen wurden[15]. Versäumt der **Kläger** den Termin, so besteht die Folge in der Abweisung der Klage ohne sachliche Prüfung; die Säumnis hat also die gleiche Wirkung wie ein Verzicht nach § 306[16]. Bei **Säumnis des Beklagten** besteht die Rechtsfolge darin, dass die vom Kläger mündlich vorgetragenen Tatsachen als zugestanden gelten und aufgrund dieser Tatsachen das Urteil ergeht, § 331 Abs. 1, 2. Zur Säumnis im Berufungsverfahren → § 542 Rdnr. 3ff. (21. Aufl.) und im Revisionsverfahren → § 566 Rdnr. 11ff. (21. Aufl.).

16 Das Versäumnisurteil ist immer ein **in der Sache selbst entscheidendes Endurteil** und als solches der formellen, § 705, und der materiellen Rechtskraft, § 322, fähig[17], Näheres → § 330 Rdnr. 16ff. Ein Versäumniszwischenurteil ergeht nur ausnahmsweise in den Fällen des § 347 Abs. 2, → dazu § 347 Rdnr. 5. Zum Versäumnisurteil bei einer als Rechtsnachfolger geladenen Partei → § 239 Rdnr. 39ff. Zum Teilversäumnisurteil → § 331 Rdnr. 21.

17 Im Übrigen gelten für die Versäumnisurteile die **allgemeinen Vorschriften für Urteile**. Zur Verkündung s. aber § 311 Abs. 2 S. 3; zur abgekürzten Form s. §§ 313 b, 317 Abs. 4; zur Zustellung s. § 317 Abs. 1. S. 1; zur vorläufigen Vollstreckbarkeit s. § 708 Nr. 2 und zur Anfechtbarkeit mit der Berufung § 514.

---

[11] MünchKomm ZPO – *Prütting*[2] § 330 Rdnr. 27.
[12] MünchKomm ZPO – *Prütting*[2] § 330 Rdnr. 27.
[13] Näher (auch zum folgenden Text) mit weit. Nachw. *Schlosser* Einverständliches Parteihandeln im Zivilprozess (1968), 95.
[14] MünchKomm ZPO – *Prütting*[2] § 330 Rdnr. 27; *Baumbach/Lauterbach-Hartmann*[63] Rdnr. 9; *Musielak/Stadler*[4] Rdnr. 9.
[15] *BGH* WM 1981, 829.
[16] *Münzberg* JuS 1963, 222.
[17] *BGHZ* 35, 338 = LM § 330 Nr. 3 (*Johannsen*) = NJW 1961, 1969 = JZ 1962, 496 (*Zeuner*); *BGH* NJW-RR 1987, 831; MünchKomm ZPO – *Prütting*[2] § 330 Rdnr. 35.

3. Kontradiktorische Urteile im Versäumnisverfahren (sog. unechte Versäumnisurteile)

18 Andere Urteile, die zwar bei Säumnis einer Partei ergehen, aber nicht aufgrund der Säumnisfolgen, sondern trotz der Säumnis auf der Grundlage des vorgetragenen Streitstoffes, sind keine Versäumnisurteile, selbst wenn sie vom Gericht als solche bezeichnet werden[18].

19 Zu Versäumnisurteilen werden derartige Urteile auch nicht durch den Umstand, dass die nicht erschienene Partei mit ihrem Vorbringen ausgeschlossen wird; denn dies ist, wie § 230 beweist, gerade die Folge der Totalsäumnis. Solche Urteile werden häufig als **unechte Versäumnisurteile** bezeichnet[19]. Man sollte jedoch besser von **kontradiktorischen Urteilen im Versäumnisverfahren** sprechen[20], um bereits durch eine klare Abgrenzung in der Terminologie den grundlegenden Unterschied zwischen beiden Urteilen offen zu legen. Soweit in der folgenden Kommentierung von Versäumnisurteilen die Rede ist, sind deswegen stets Urteile gemeint, die aufgrund der gesetzlichen Folgen der Säumnis ergangen sind.

20 Zu den kontradiktorischen Urteilen im Versäumnisverfahren gehören außer der Klageabweisung nach § 331 Abs. 2 und der ihr entsprechenden Zurückweisung der Berufung bei Säumnis der Berufungsbeklagten, § 539 Abs. 2 S. 2, vor allem die Prozessabweisung wegen fehlender Prozessvoraussetzungen (→ § 330 Rdnr. 8 und → § 331 Rdnr. 15), die Verwerfung eines Rechtsmittels oder Rechtsbehelfs als unzulässig (§§ 341 Abs. 1, 522 Abs. 1 S. 1, 552 Abs. 1 S. 2, 572 Abs. 1 S. 2, 577 Abs. 1 S. 2), die nach § 113 (→ § 113 Rdnr. 3ff.) und § 269 (→ § 269 Rdnr. 41ff. – 21. Aufl.) sowie § 516 ergehenden Entscheidungen nach Zurücknahme der Klage oder eines Rechtsmittels. Die reichsgerichtliche Praxis behandelte derartige Urteile wie Versäumnisurteile[21]. Demgegenüber überwiegt inzwischen zutreffend die Auffassung, dass es sich um ein sog. unechtes Versäumnisurteil handelt[22], → auch § 307 Rdnr. 29 (21. Aufl.). Zum Problem des statthaften Rechtsmittels, wenn das Gericht statt eines Versäumnisurteils ein kontradiktorisches Urteil erlassen hat (oder umgekehrt) → Allg. Einl. vor § 511 Rdnr. 62 (21. Aufl.) und → § 338 Rdnr. 3. Das kontradiktorische Urteil im Versäumnisverfahren ist keine Entscheidung nach Lage der Akten, denn es ergeht ausschließlich aufgrund des vorgetragenen bzw. in Bezug genommenen Streitstoffs, also unter Außerachtlassung etwaiger schriftsätzlicher Äußerungen der säumigen Partei. Die in § 331 a S. 2 in Bezug genommene Vorschrift des § 251 a Abs. 2 findet daher hier keine Anwendung[23], → § 331 a Rdnr. 14f.

21 Gegen kontradiktorische Urteile im Versäumnisverfahren finden **Berufung und Revision** nach den allgemeinen Statthaftigkeitsgrundsätzen und nicht etwa der Einspruch nach § 338 Satz 1 statt[24], bzw. im Fall des § 99 Abs. 2 die sofortige Beschwerde. Wegen der **vorläufigen Vollstreckbarkeit** → § 708 Rdnr. 29.

22 Im **schriftlichen Vorverfahren** ist ein kontradiktorisches Urteil gegen den Kläger unzulässig, → § 331 Rdnr. 45ff.

---

18 *BGH* VersR 1974, 1099; 1976, 251; FamRZ 1988, 945.

19 So etwa *Rosenberg/Schwab/Gottwald*[16] § 104 Rdnr. 4; *Reichold* in *Thomas-Putzo*[26] Rdnr. 12; *Zöller/Herget*[25] Rdnr. 11.

20 So auch MünchKomm ZPO – *Prütting*[2] § 330 Rdnr. 21.

21 Z.B. *RGZ* 6, 364; 24, 433; 31, 411; 50, 384f.; 140, 77. So heute noch *Baumbach/Lauterbach/Hartmann*[63] Rdnr. 11; *A. Blomeyer*[2] § 54 III 2 a.

22 *BGH* NJW 1967, 2162; 1995, 1561 (zu unzulässigem Einspruch gegen Vollstreckungsbescheid); *Rosenberg/Schwab/Gottwald*[16] § 104 Rdnr. 4; MünchKomm ZPO – *Prütting*[2] § 330 Rdnr. 19; *Reichold* in *Thomas/Putzo*[26] Rdnr. 12; *Zöller/Herget*[25] Rdnr. 11; *Musielak/Stadler*[4] Rdnr. 17; *Münzberg* JuS 1963, 223; *ders.* AcP 159 (1960), 54ff.

23 So auch *Münzberg* AcP 159 (160), 54ff.

24 MünchKomm ZPO – *Prütting*[2] § 338 Rdnr. 7; *Reichold* in *Thomas/Putzo*[26] § 338 Rdnr. 3; *Musielak/Stadler*[4] Rdnr. 13.

4. Einspruch

23 Gegen alle Versäumnisurteile, → Rdnr. 23, mit Ausnahme eines Versäumnisurteils, durch das die Wiedereinsetzung in den vorigen Stand abgelehnt worden ist (§ 238 Abs. 2 S. 2, → § 238 Rdnr. 9) steht der säumigen Partei der Einspruch zu, → auch Rdnr. 2, der nicht wie ein Rechtsmittel die Nachprüfung des Urteils bezweckt, sondern nur die im Versäumnisurteil stillschweigend vorbehaltene kontradiktorische Verhandlung nunmehr herbeiführen soll. Er ist daher von der Angabe und dem Nachweis einer Verhinderungsursache oder gar eines Entschuldigungsgrundes unabhängig und seine Einlegung beseitigt die Wirkungen der Versäumnis ohne weiteres (ausgenommen die Verpflichtung im Kostenpunkt, § 344, und die vorläufige Vollstreckbarkeit, § 719 Abs. 1 S. 1). Wegen der kontradiktorischen Urteile im Versäumnisverfahren → Rdnr. 21.

IV. Entscheidung nach Lage der Akten, § 331 a

24 Dem Gegner der säumigen Partei ist mit der Erlangung eines Versäumnisurteils wegen dessen provisorischen Charakters, → Rdnr. 2, und des mit seiner Vollstreckung verbundenen Risikos, §§ 717, 719, dann in der Regel wenig gedient, wenn mit einem Einspruch zu rechnen ist. § 331 a bietet demgemäß dem an der sachlichen Förderung des Rechtsstreits interessierten Gegner die **Möglichkeit der sachlichen Entscheidung** mit instanzbeendender Wirkung. Der Grundsatz der Waffengleichheit erfordert es aber, dass diese Entscheidung nicht aufgrund einseitiger Verhandlung, sondern ebenso wie im Fall der beiderseitigen Säumnis ohne mündliche Verhandlung, § 251 a Abs. 1, aufgrund der Aktenlage ergeht. Der Unterschied zwischen den Fällen des § 251 a und des § 331 a besteht nur darin, dass das Gericht in ersterem Fall nach freiem Ermessen, → § 251 a Rdnr. 4, d.h. auch nach Zweckmäßigkeitserwägungen, über den Erlass der Entscheidung zu befinden hat, in letzterem Fall dagegen bei Vorliegen der gesetzlichen Voraussetzungen zu Erlass der Entscheidung nach Lage der Akten verpflichtet ist, → § 331 a Rdnr. 8.

V. Sonderfälle

1. Verfahren bei Zwischen-, Grund- und Vorbehaltsurteil, Rechtsmittelverfahren, schriftliches Verfahren

25 Über das Versäumnisverfahren in den Fällen der §§ 280, 304 → § 280 Rdnr. 35, → § 304 Rdnr. 11 (21. Aufl.), über das Versäumnisverfahren im Nachverfahren nach einem Vorbehaltsurteil → § 302 Rdnr. 26, → § 600 Rdnr. 27 ff. (21. Aufl.), bei der Prozesstrennung nach § 145 Abs. 3 → § 145 Rdnr. 78, in der Berufungsinstanz s. § 539, in der Revisionsinstanz → § 566 Rdnr. 11 (21. Aufl.), über den einem Versäumnisurteil gleichgestellten Vollstreckungsbescheid s. § 700. Im schriftlichen Verfahren nach § 128 Abs. 2 ist für ein Versäumnisurteil kein Raum, → § 128 Rdnr. 92. Zu den Folgen der Säumnis des Gläubigers im Verteilungsverfahren s. §§ 877, 881.

2. Ehe- und Kindschaftssachen

26 Zum Ausschluss eines Versäumnisurteils gegen den Beklagten in Ehe- und Kindschaftssachen s. § 612 Abs. 4 sowie §§ 640 Abs. 1, 612 Abs. 4. Wegen des Versäumnisurteils gegen den Kläger im Verfahren auf Feststellung des Bestehens oder Nichtbestehens einer Ehe sowie in Kindschaftssachen mit dem Inhalt, dass die Klage als zurückgenommen gilt s. §§ 632 Abs. 4, 640 Abs. 1.

3. Verfahren in Baulandsachen

27 In Baulandsachen darf nach §227 Abs. 3 S. 2 BauGB kein Versäumnisurteil ergehen. Ist der Beteiligte, der den Antrag auf gerichtliche Entscheidung gestellt hat, säumig, so kann jeder andere Beteiligte eine Entscheidung nach Lage der Akten beantragen, §227 Abs. 2 BauGB; die §§332–335, 336 Abs. 2, 337 gelten dabei entsprechend, §227 Abs. 3 S. 1 BauGB. Es kann mündlich verhandelt werden, wenn einer der anderen Beteiligten nicht erscheint, und auf dessen in einer früheren mündlichen Verhandlung gestellten Antrag kann nach Lage der Akten entschieden werden, §227 Abs. 1 BauGB.

4. Verfahren in Entschädigungssachen

28 Im Verfahren von Opfern der nationalsozialistischen Verfolgung vor den Entschädigungskammern sind Versäumnisurteile unzulässig, §209 Abs. 3 S. 1 BEG, und damit die §§330ff. nicht anwendbar. Im Falle der Säumnis kann aber von Amts wegen oder auf Antrag einer Partei eine Entscheidung ohne mündliche Verhandlung ergehen, §209 Abs. 3 S. 2 BEG.

5. Verfahren über die Entschädigungshöhe nach den Enteignungsgesetzen der Länder

29 Wegen der Höhe der Enteignungsentschädigung verweisen die meisten einschlägigen Landesgesetze auf das Verfahren in Baulandsachen, womit §227 BauGB (→ dazu Rdnr. 27) unmittelbar anwendbar ist; s. etwa §50 Abs. 1 S. 3 Landesenteignungs- und -entschädigungsG Nordrhein-Westfalen.

VI. Gebühren

30 Für ein Versäumnisurteil wird keine besondere Gebühr erhoben; es ist durch die Gebühr für das Verfahren im Allgemeinen (KV 1210, 1220, 1230) abgegolten. Dies gilt auch für das unechte Versäumnisurteil. Wegen der Anwaltsgebühren s. VV 3105, 3203.

§330 Versäumnisurteil gegen den Kläger

Erscheint der Kläger im Termin zur mündlichen Verhandlung nicht, so ist auf Antrag das Versäumnisurteil dahin zu erlassen, dass der Kläger mit der Klage abzuweisen sei.

Gesetzesgeschichte: Ursprünglich §295 CPO. Keine Änderungen.

Stichwortverzeichnis → »Schlüssel zum Versäumnisverfahren« zu Beginn der Vorbemerkungen vor §330

I. Allgemeines

1 Sind die Voraussetzungen der Säumnis, → dazu vor §330 Rdnr. 3ff., in der Person des Klägers gegeben, so tritt auf Antrag des Beklagten die Säumnisfolge dahin ein, dass der Kläger mit der **Klage abgewiesen wird**. Dies gilt nicht in den Fällen der §§632, 640, → vor §330 Rdnr. 26. Die Abweisung erfolgt ohne Prüfung der Schlüssigkeit und der tatsächlichen Begründetheit der Klage lediglich aufgrund der Säumnis. Es handelt sich dabei um eine Sachentscheidung, die ihre Begründung in reinen Zweckmäßigkeitserwägungen findet[1]. Die Rechtsfolge ist zwar insofern dieselbe wie bei einem Verzicht des Klägers, als die Klage ohne weiteres durch Sachurteil abgewiesen wird, doch bedeutet dies nicht, dass die Säumnisfolge auf der Fiktion eines Verzichts beruht[2].

2 Als Sachurteil kann das Versäumnisurteil nur ergehen, wenn die Prozessvoraussetzungen gegeben sind, → Rdnr. 7. Da es Rechtskraft schaffen soll, → Rdnr. 14, muss es über den durch die Klage erhobenen Anspruch, → §322 Rdnr. 99ff. (21. Aufl.), entscheiden. Dieser muss daher den Gegenstand der mündlichen Verhandlung bilden. Die Darlegung des Streitverhältnisses, d.h. die Bezeichnung des vom Kläger erhobenen Anspruchs nach Grund und Gegenstand, muss und kann der Beklagte übernehmen: Er muss es, weil das Gericht aus seinem Vortrag zu entnehmen hat, welchen Anspruch das Urteil abweisen soll, und er kann es, weil es einen Rechtssatz des Inhalts, dass Klagetatsachen nur vom Kläger vorgetragen werden können, nach der ZPO nicht gibt.

II. Verfahren

1. Antrag des Beklagten

3 Der Antrag auf Versäumnisurteil, → vor §330 Rdnr. 18, kann sich auf einen **Teil des Streitgegenstandes** bzw. bei mehreren Streitgegenständen auf einzelne von ihnen beschränken[3]. Nach übereinstimmender Erledigungserklärung kann der Antrag auf die Kosten beschränkt werden[4]. Der Beklagte hat den Antrag durch Darlegung des Streitverhältnisses, → Rdnr. 2, und der Säumnis des Klägers zu begründen, d.h. er hat die besonderen Voraussetzungen des Versäumnisverfahrens darzulegen, die eine Entscheidung in der Sache selbst durch Versäumnisurteil zu seinen Gunsten rechtfertigen. Des Nachweises der Unbegründetheit der Klage bedarf es dagegen nicht. Die Darlegung der Voraussetzungen eines Versäumnisurteils ist eine **Verhandlung zur Hauptsache** im Sinne der §§39, 76 Abs. 1, 269 Abs. 1, 282 Abs. 3 S. 1[5]. Diese Wirkung wird durch den Einspruch jedoch wieder beseitigt[6], → auch §269 Rdnr. 11 (21. Aufl.).

---

[1] *BGHZ* 35, 338, 341.
[2] So aber Mot. 169, 229f; wie hier *Rosenberg/Schwab/Gottwald*[16] §104 Rdnr. 27.
[3] *Musielak/Stadler*[4] Rdnr. 3; *Baumbach/Lauterbach/Hartmann*[63] Rdnr. 4.
[4] *Musielak/Stadler*[4] Rdnr. 3; *Baumbach/Lauterbach/Hartmann*[63] Rdnr. 4.
[5] MünchKomm ZPO – *Prütting*[2] Rdnr. 25. S. weiter *BGH* NJW 1967, 728 = ZZP 80 (1976), 482 (*Münzberg*): Verhandeln über die örtliche Zuständigkeit als ein Verhandeln zur Hauptsache im Sinne des §345.
[6] *BGHZ* 4, 328, 339f. = NJW 1952, 545; *Musielak/Stadler*[4] §342 Rdnr. 2; *Rosenberg/Schwab/Gottwald*[16] §104 Rdnr. 62. *A.M.* MünchKomm ZPO – *Prütting*[2] §342 Rdnr. 4.

4 Wenn nach Auffassung des Beklagten die Prozessvoraussetzungen fehlen, kann er anstatt des **Antrags** auf Versäumnisurteil denjenigen **auf Prozessabweisung** wegen fehlender Prozessvoraussetzungen stellen, → vor §330 Rdnr. 18ff. Dies wird er zweckmäßigerweise dann tun, wenn abzusehen ist, dass der Kläger Einspruch einlegen wird, weil dann die unter Umständen trotz des Prozessmangels ergangene Sachabweisung hinfällig wird und sich die Erledigung des Prozesses somit lediglich verzögert. Ebenso wie sonst auch erfordert die Prozessabweisung auch im Falle der Säumnis des Klägers keinen darauf abzielenden Antrag des Beklagten. Der Antrag auf Erlass eines Versäumnisurteils und der auf Prozessabweisung können auch als Haupt- und Hilfsantrag gestellt werden, wobei es keine Rolle spielt, welcher der Anträge als Haupt- und welcher als Hilfsantrag gestellt wird. Wegen des Antrags auf Entscheidung nach Lage der Akten bei unzulässiger Klage → §331a Rdnr. 11, → auch §88 Rdnr. 12. Vor dem Amtsgericht kann der allein erschienene Beklagte im Falle des §506 die Verweisung an das Landgericht beantragen; nicht aber auch im Falle des §281, weil hier nur der Kläger das Antragsrecht hat, → §281 Rdnr. 15 (21. Aufl.).

5 Eine Sachabweisung aus anderen Gründen als wegen der Säumnis des Klägers kann der Beklagte nur nach Maßgabe des §331a beantragen, sofern bereits in einem früheren Termin eine mündliche Verhandlung stattgefunden hat (§331a S. 2 in Verbindung mit §251a Abs. 2 S. 1); anderenfalls ist sie ausgeschlossen, → §331a Rdnr. 9.

6 Über die Vertagung sowie die Vereinbarung, ein Versäumnisurteil nicht zu erwirken, → vor §330 Rdnr. 13f.

2. Prüfung der Prozessvoraussetzungen und der Voraussetzungen eines Versäumnisurteils

7 Beantragt der Beklagte ein Versäumnisurteil, so ist zunächst wie bei jedem Sachurteil das **Vorliegen der Prozessvoraussetzungen** zu prüfen. Wegen §335 Abs. 1 Nr. 1 liegt die Beweislast dafür beim Beklagten[7]. Die Prüfung beschränkt sich aber auf die von Amts wegen zu prüfenden Prozessvoraussetzungen, da Mängel im Übrigen, namentlich die Unzuständigkeit, soweit rügelose Einlassung nach §39 statthaft ist und etwaige Mängel der Klageerhebung, → §253 Rdnr. 171ff. (21. Aufl.), gemäß §295 durch die Verhandlung des Beklagten zur Hauptsache, → Rdnr. 4, geheilt sind[8]. Anschließend prüft das Gericht, ob die übrigen Voraussetzungen für den Erlass eines Versäumnisurteils vorliegen, → vor §330 Rdnr. 3ff.

3. Entscheidung bei Fehlen einer Prozessvoraussetzung

a) Nichtbehebbare Mängel

8 Ergibt sich ein endgültiger, d.h. durch angebotene Nachweise des erschienenen und beweispflichtigen, → Rdnr. 9, Beklagten nicht zu behebender Mangel, → §335 Rdnr. 2, bei den unverzichtbaren Prozessvoraussetzungen, so ist der Rechtsstreit zur **Endentscheidung durch Prozessurteil** reif. Gleiches gilt, wenn der Beklagte sich bei einer verzichtbaren Prozessvoraussetzung auf eine Parteivereinbarung (Zuständigkeitsvereinbarung, Schiedsvertrag) beruft und deren Abschluss beweist; gelingt ihm der Beweis nicht, so kann kein Prozessurteil ergehen; insbesondere gilt die Behauptung des Beklagten nicht etwa als zugestanden[9]. Die Prozessabweisung erfolgt nach §300, → §300 Rdnr. 5 (21. Aufl.), nicht aber durch Versäumnisurteil (denn sie ergeht trotz und nicht etwa wegen der Säumnis) durch **kontradiktorisches Urteil**,

---

[7] MünchKomm ZPO – *Prütting*[2] Rdnr. 23; *Reichold* in *Thomas/Putzo*[26] Rdnr. 3.
[8] MünchKomm ZPO – *Prütting*[2] Rdnr. 22; *Rosenberg/Schwab/Gottwald*[16] §104 Rdnr. 29.
[9] A.A. *Münzberg* AcP 159 (1960), 41: Analogie zu §331 Abs. 1 S. 1.

→ vor §330 Rdnr. 20[10] Soweit allerdings lediglich bedingte Sachurteilsvoraussetzungen fehlen → dazu vor §253 Rdnr. 129f. (21. Aufl.), kann das Gericht ein Versäumnisurteil gegen den Kläger erlassen, ohne diese Rechtsschutzvoraussetzungen geprüft zu haben, → vor §253 Rdnr. 129f. (21. Aufl.) sowie speziell zum Feststellungsinteresse → §256 Rdnr. 62, 120 (21. Aufl.). Die Verweisung nach §506, → Rdnr. 5, ist durch Beschluss auszusprechen.

b) Behebbare Mängel

9 Ist der Mangel nicht endgültig, so ist lediglich der gestellte Antrag nach §335 zurückzuweisen.

4. Entscheidung bei Fehlen einer Säumnisvoraussetzung

10 Ist die Klage zwar zulässig, fehlt es aber an einer Voraussetzung für den Erlass eines Versäumnisurteils, → vor §330 Rdnr. 3ff., so ist der Antrag des Beklagten nach §335 zurückzuweisen.

5. Entscheidung bei Vorliegen der Voraussetzungen eines Versäumnisurteils

11 Liegt in prozessualer Beziehung kein Mangel vor und sind überdies die Voraussetzungen eines Versäumnisurteils gegeben, so ist dieses mit der sich aus §330 bzw. §§632 Abs. 4, 640 Abs. 1, 881 ergebenden Formel zu erlassen. Eine sachliche Prüfung der Klage findet nicht statt, → Rdnr. 1. Die Abweisung nach §330 erfolgt auch im Verfahren auf Scheidung bzw. Aufhebung einer Ehe sowie im Verfahren auf Herstellung des ehelichen Lebens, → §612 Rdnr. 2 (21. Aufl.).

6. Sonderfälle

12 Wegen des Falles der Klageerweiterung → §264 Rdnr. 71 a (21. Aufl.). Über das Versäumnisurteil gegen den Widerkläger → §347 Rdnr. 1; zur Erhebung einer Widerklage bei Säumnis des Klägers → §261 Rdnr. 36 (21. Aufl.). Wegen des Verfahrens vor dem Vorsitzenden der Kammer für Handelssachen → §349 Rdnr. 18ff. Beim klageabweisenden Versäumnisurteil im Räumungsrechtsstreit erfolgt kein Verlängerungsausspruch nach §308a Abs. 1 S. 1, weil die Abweisung auf der Säumnis des Klägers und nicht etwa auf einem begründeten Fortsetzungsverlangen des Mieters beruht, → auch §308a Rdnr. 14 (21. Aufl.). Zur Anwendbarkeit des §93b im Versäumnisverfahren → §93b Rdnr. 7.

III. Rechtskraft

13 Das Versäumnisurteil nach §330 ist eine der **materiellen Rechtskraft fähige Abweisung** in der Sache selbst[11]. Ausnahmen bestehen lediglich in §§632 Abs. 4, 640 Abs. 1, 881. Zur Ermittlung des Umfangs der Rechtskraft ist wegen §313b Abs. 1 S. 1 das Klagevorbringen des Klägers in der Klageschrift sowie in eventuellen weiteren Schriftsätzen des Klägers heranzuziehen[12], → §322 Rdnr. 193 (21. Aufl.).

---

[10] *BGH* NJW-RR 1986, 1041; MünchKomm ZPO – *Prütting*[2] Rdnr. 19; *Zöller/Herget*[25] vor §330 Rdnr. 11; *Rosenberg/Schwab/Gottwald*[16] §104 Rdnr. 29.

[11] MünchKomm ZPO – *Prütting*[2] Rdnr. 37; *Reichold* in *Thomas/Putzo*[26] Rdnr. 4.

[12] *Musielak/Stadler*[4] Rdnr. 4.

14 Hat der Kläger neben dem Hauptantrag noch einen **Hilfsantrag** gestellt, so erstreckt sich die Rechtskraft des Versäumnisurteils auch auf den Hilfsantrag[13]. Denn das Gericht hat bei Abweisung des Hauptantrags über den Hilfsantrag zu befinden, → §260 Rdnr. 22 (21. Aufl.). Für die Entscheidung nach §330 kann nichts anderes gelten. Wenn nämlich Termin zur mündlichen Verhandlung über die Klage, also über den Hauptantrag und den Hilfsantrag anberaumt ist, erstreckt sich die Säumnis des Klägers auch auf die Verhandlung über den Hilfsantrag.

15 Die Rechtskraft des klageabweisenden Versäumnisurteils steht – entgegen der Auffassung des BGH[14] – einer erneuten Klageerhebung nicht entgegen, wenn das Versäumnisurteil aufgrund einer **nachträglichen Veränderung der maßgeblichen Umstände**, die der Kläger zu beweisen hat, unrichtig geworden ist, → dazu §322 Rdnr. 253f. (21. Aufl.) Dies ergibt sich aus den zeitlichen Grenzen der Rechtskraft, → dazu §322 Rdnr. 236ff. (21. Aufl.). Ebenso wie bei jedem anderen Urteil muss auch beim Versäumnisurteil die Rechtskraft bei Eintritt neu entstandener entscheidungserheblicher Tatsachen weichen.

§331 Versäumnisurteil gegen den Beklagten

(1) Beantragt der Kläger gegen den im Termin zur mündlichen Verhandlung nicht erschienenen Beklagten das Versäumnisurteil, so ist das tatsächliche mündliche Vorbringen des Klägers als zugestanden anzunehmen. Dies gilt nicht für Vorbringen zur Zuständigkeit des Gerichts nach §29 Abs. 2, §38.

(2) Soweit es den Klageantrag rechtfertigt, ist nach dem Antrag zu erkennen; soweit dies nicht der Fall ist, ist die Klage abzuweisen.

(3) Hat der Beklagte entgegen §276 Abs. 1 Satz 1, Abs. 2 nicht rechtzeitig angezeigt, dass er sich gegen die Klage verteidigen wolle, so trifft auf Antrag des Klägers das Gericht die Entscheidung ohne mündliche Verhandlung; dies gilt nicht, wenn die Erklärung des Beklagten noch eingeht, bevor das von den Richtern unterschriebene Urteil der Geschäftsstelle übermittelt ist. Der Antrag kann schon in der Klageschrift gestellt werden. Eine Entscheidung ohne mündliche Verhandlung ist auch insoweit zulässig, als das Vorbringen des Klägers den Klageantrag in einer Nebenforderung nicht rechtfertigt, sofern der Kläger vor der Entscheidung auf diese Möglichkeit hingewiesen worden ist.

Gesetzesgeschichte: Ursprünglich §296 CPO. Durch Nov. 1898 inhaltlich unverändert §331 ZPO. Abs. 1 S. 2 angefügt durch Gerichtsstandsnovelle (G. v. 21. III. 1974, BGBl. I 753). Abs. 3 S. 1 und 2 angefügt durch die Vereinfachungsnovelle (G. v. 3. XII. 1976, BGBl. I 3281); S. 2 geändert durch G. v. 22.03. 2005 (BGBl. I 837); S. 3 angefügt durch 1. Justizmodernisierungsgesetz v. 24.08. 2004 (BGBl. I 2198).

Stichwortverzeichnis → »Schlüssel zum Versäumnisverfahren« zu Beginn der Vorbemerkungen vor §330.

---

[13] MünchKomm ZPO – *Prütting*[2] Rdnr. 37.

[14] BGHZ 35, 338 = LM Nr. 3 (*Johannsen*) = NJW 1961, 1969 = JZ 1962, 496 (*Zeuner*); 153, 239 = LMK 2003, 116 (*H. Roth*) = ZZP 116 (2003), 491 (*Reischl*) = NJW 2003, 1044; ebenso *Zöller/Herget*[25] Rdnr. 6.

I. Mögliche Anträge des Klägers bei Säumnis des Beklagten

1 Über die Voraussetzungen des Versäumnisurteils gegen den Beklagten und über den **Antrag des Klägers auf Erlass des Versäumnisurteils** → vor §330 Rdnr.3ff., 11. Der Antrag kann auch für einen zur Erledigung durch Teilurteil geeigneten Teil des Anspruchs, → §301 Rdnr.4ff. (21.Aufl.), oder für einen von mehreren Ansprüchen gestellt oder gemäß §264 Nr.2 beschränkt werden. Soweit dadurch infolge der Unzulässigkeit des Antrags für einen Teil ein Teilversäumnisurteil, → dazu Rdnr.21, zu erlassen wäre, gilt das Ermessen des §301 Abs.2, → §301 Rdnr.15 (21.Aufl.). Das Gericht ist also nicht gezwungen, ein Teilversäumnisurteil zu erlassen. Etwas anderes soll allerdings bei Säumnis eines von mehreren nicht notwendigen Streitgenossen auf der Beklagtenseite gelten[1]. Ein Grundurteil kann nicht als Versäumnisurteil ergehen, → §304 Rdnr.11 (21.Aufl.). Statt des Versäumnisurteils kann der Kläger **Ent-**

[1] *RGZ* 55, 310, 311; MünchKomm ZPO – *Musielak*[2] §301 Rdnr 19; *Reichold* in *Thomas/Putzo*[26] §301 Rdnr.4.

scheidung nach Lage der Akten beantragen, §331a (→ dort Rdnr. 1ff.) und in den Fällen der §§281, 506, 696 Abs. 5 auch **Verweisung an das zuständige Gericht**, wenn sich die Unzuständigkeit des angerufenen Gerichts ergibt, → Rdnr. 6ff. Das Gericht hat den Kläger gegebenenfalls auf die Sachdienlichkeit dieser Anträge hinzuweisen, §139. Ein Recht auf Vertagung steht dem Kläger nicht zu, → vor §330 Rdnr. 12 und §335 Rdnr. 10ff.

II. Säumnisfolgen des §331 (Geständnisfiktion)

1. Allgemeines

2 Die gesetzliche Folge der Säumnis des Beklagten ist nicht die Fiktion der Anerkennung des klägerischen Anspruchs, sondern nur die **Annahme eines Geständnisses der** zur Begründung des klägerischen Anspruchs **vorgetragenen Tatsachen**. Darin, wie diese rechtlich zu würdigen sind, bleibt das Gericht frei.[2] Insoweit gilt nichts anderes als wenn die Entscheidung nach einer streitigen mündlichen Verhandlung ergehen würde. Inwieweit Tatsachen, insbesondere bei bedingenden Rechtsverhältnissen, zu Rechtsbegriffen zusammengefasst sein können, ergibt sich aus dem zu → §284 Rdnr. 13f. (21. Aufl.) Ausgeführten. Das Vorbringen des Klägers ist, wie auch sonst (→ vor §128 Rdnr. 247ff.) der Auslegung fähig und bedürftig. Die Säumnisfolge ist unbedingt; eine richterliche Beweiswürdigung findet nicht statt, und zwar auch nicht in Schadensersatzprozessen; §287 ist nicht anwendbar, → §287 Rdnr. 39 (21. Aufl.). Ob das Gericht die vom Kläger vorgetragenen Tatsachen für wahrscheinlich hält oder nicht, ist unerheblich, → aber Rdnr. 5. Es braucht daher in der Klageschrift auch nicht Beweis angetreten zu sein.[3] Auch ein unter Beweisantritt erfolgtes Bestreiten der Tatsachen durch den Beklagten steht der Geständnisfiktion des §331 nicht entgegen. Selbst wenn bereits eine Beweisaufnahme mit einem für den Beklagten günstigen Ergebnis stattgefunden hat, muss das Gericht von den vom Kläger vorgetragenen Tatschen ausgehen, → Rdnr. 3 und → §332 Rdnr. 1. Zur Geständnisfiktion hinzu tritt noch die allgemeine Säumnisfolge, dass der Beklagte aller Einreden verlustig geht, die er in der Verhandlung hätte vorbringen können, §230. Das ist aber nicht Säumnisfolge im engeren Sinn des §331.

2. Anwendungsbereich der Geständnisfiktion

a) Tatsächliches Vorbringen des Klägers

3 Die Säumnisfolge erstreckt sich auf das **gesamte tatsächliche mündliche Vorbringen,** mag es zum Klagegrund gehören (→ §253 Rdnr. 123ff. (21. Aufl.), insbesondere Rdnr. 125) oder in Repliktatsachen bestehen, jedoch mit Einschränkungen auf das rechtzeitig Mitgeteilte, §335 Abs. 1 Nr. 3.Es hängt vom Kläger ab, ob er sich zu den Einreden des Beklagten erklären und seinen bisherigen Klagevortrag ändern will.[4] Wegen der rechtshindernden und rechtsvernichtenden Tatsachen sowie der Einreden → Rdnr. 12. Hat in einem früheren Termin eine Beweisaufnahme stattgefunden, so sind die hierbei gewonnenen Beweisergebnisse nicht verwertbar, → auch §332 Rdnr. 1. Es kommt allein auf die Schlüssigkeit des klägerischen Vorbringens an. Unvereinbar mit der ZPO ist daher die Auffassung, ein Gericht dürfe trotz Säumnis des Beklagten bereits erhobene Beweise und die hieraus gewonnene Überzeugung berücksichtigen

---

[2] Theoretisches darüber bei *Pagenstecher* Zur Lehre von der materiellen Rechtskraft (1905), 274; *Hegler* Beiträge zur Lehre vom prozessualen Anerkenntnis und Verzicht (1903), 244f.
[3] *Kellner* JR 1951, 259; MünchKomm ZPO – *Prütting*[2] Rdnr. 11.
[4] MünchKomm ZPO – *Prütting*[2] Rdnr. 15.

und ein Versäumnisurteil trotz Schlüssigkeit des klägerischen Vorbringens verweigern. [5] Eine Ausnahme hiervon gilt nur für Tatsachen, die von der Geständnisfiktion nicht erfasst werden, → dazu Rdnr. 4f.

b) Ausnahme bei von Amts wegen zu prüfenden Tatsachen

4 Ausgenommen von der Annahme eines Geständnisses sind alle Tatsachen, hinsichtlich derer die **Prüfung von Amts wegen** (→ dazu vor § 128 Rdnr. 162ff.) gilt, über die der Beklagte daher, auch wenn er erschienen wäre, ein das Gericht bindendes Geständnis nicht abgeben könnte, → § 288ff. Rdnr. 17 (21. Aufl.). Dahin gehören u.a. auch die von Amts wegen zu prüfenden Prozessfragen (§ 335 Abs. 1 Nr. 1)[6]. Bei ihnen wird das Gericht wie im Falle eines wirklichen Geständnisses von der Pflicht zur selbständigen Feststellung der Tatsachen nicht entbunden. Aus diesem Grund ist in Ehe- und Kindschaftssachen durch §§ 612 Abs. 4, 640 Abs. 1 ein Versäumnisurteil gegen den Beklagten für unzulässig erklärt.

c) Ausnahme bei unmöglichen oder wahrheitswidrigen Tatsachen, bei Erfahrungssätzen und bei Anerkenntnis

5 Weiter sind von der Geständniswirkung des § 331 Tatsachen ausgeschlossen, die nach der Lebenserfahrung **unmöglich** sind oder deren **Gegenteil offenkundig** ist[7] und ebenso Behauptungen des Klägers, die das Gericht für **subjektiv unwahr,** d.h. für eine Lüge hält. Insoweit gelten im Rahmen des § 331 dieselben Grenzen wie für ein Geständnis, → dazu § 288 Rdnr. 21ff. (21. Aufl.). Der Fall einer subjektiv unwahren Behauptung ist allerdings zumeist gleichzeitig ein solcher der ersten beiden Gruppen; denn die Annahme, dass eine Behauptung erlogen ist, wird sich praktisch regelmäßig darauf stützen, dass die Tatsache unmöglich oder das Gegenteil offenkundig ist; dazu, sowie wegen eines Versäumnisurteils nach bereits beendeter Beweisaufnahme → § 370 Rdnr. 6. Ausgenommen von der Geständnisfiktion sind **Erfahrungssätze**[8], sowie alle Rechtsfragen, und zwar auch zum Inhalt ausländischen Rechts, → unten Rdnr. 9 und § 293 Rdnr. 54 (21. Aufl.). Schließlich ist bei einem **Anerkenntnis** durch den Beklagten kein Raum mehr für die Geständnisfiktion nach Abs. 1 S. 1, → § 307 Rdnr. 29 (21. Aufl.).

d) Geständnisfiktion bei Zuständigkeitstatsachen

6 Die Geständnisfiktion des § 331 Abs. 1 S. 1 erfasst grundsätzlich auch die **zuständigkeitsbegründenden Tatsachen**[9]. Eine Ausnahme hierzu besteht nach Abs. 1 S. 2 nur für die Behauptung der sachlichen bzw. örtlichen Zuständigkeit aufgrund einer Vereinbarung über den Erfüllungsort, § 29 Abs. 2, oder den Gerichtsstand, § 38; zur Prorogation nach Art. 23 EuGVVO → Rdnr. 8. Auch wenn der Kläger die Tatsachen für das Zustandekommen einer derartigen Ver-

---

[5] So *Weyers* Festschrift J. Esser (1975), 193, 210f. Die ZPO lässt es nämlich durchaus zu, dass ein Versäumnisurteil gegen den Beklagten den bisherigen Prozessergebnissen widerspricht, wenn dieser nach einer Beweisaufnahme im folgenden Termin säumig ist (→ hierzu § 332 Rdnr. 1). De lege ferenda fordert *Jauernig* ZPO[28] § 68 III deshalb, das Versäumnisverfahren auf den ersten Verhandlungstermin zu beschränken.
[6] BAG AP § 56 Nr. 4 (zur Prozessfähigkeit); MünchKomm ZPO – *Prütting*[2] Rdnr. 13.
[7] MünchKomm ZPO – *Prütting*[2] Rdnr. 20; *Musielak/Stadler*[4] Rdnr. 9.
[8] MünchKomm ZPO – *Prütting*[2] Rdnr. 13.
[9] *Vollkommer* Rpfleger 1974, 129, 138f.; MünchKomm ZPO – *Prütting*[2] Rdnr. 13.

einbarung schlüssig vorgetragen hat, muss das Gericht von Amts wegen prüfen, ob eine solche Vereinbarung wirklich vorliegt und ob sie wirksam ist; → auch §38 Rdnr. 70.

7 Die **Beweislast** hierfür trägt der Kläger. Es kann sich dazu jedes beliebigen Beweismittels – auch im Urkunden- und Wechselprozess[10] – bedienen und ist nicht auf bestimmte Beweisarten beschränkt. So ist etwa für den Nachweis, dass die Parteien Kaufleute sind, §38 Abs. 1, nicht zwingend ein Auszug aus dem Handelsregister erforderlich.[11] Es reicht vielmehr aus, wenn der Kläger die Kaufmannseigenschaft der Parteien anderweitig nachweist (z.B. durch den Nachweis, dass der Beklagte ein Handelsgewerbe betreibt, durch Vorlage der Gewerbeanmeldung oder der vom Beklagten verwendeten Briefköpfe usw.)[12].

e) Internationale Zuständigkeit

8 Die Geständnisfiktion gilt auch für Tatsachen, die die internationale Zuständigkeit des Gerichts begründen[13], es sei denn, der Kläger behauptet eine **internationale Prorogation** (zu ihr → §38 Rdnr. 21ff.). Dann gelten die Ausführungen unter → Rdnr. 6f. entsprechend. Für eine Zuständigkeitsvereinbarung nach Art. 23 EuGVVO enthält Abs. 1 S. 2 zwar nicht wie für eine Vereinbarung nach §38, eine ausdrückliche Ausnahme von der Geständnisfiktion, doch kann insoweit nichts anderes gelten. Aus Art. 26 EuGVVO folgt für die Geständnisfiktion bei der internationalen Zuständigkeit nichts[14]. Diese Vorschrift bestimmt lediglich, dass die internationale Zuständigkeit als Prozessvoraussetzung von Amts wegen zu prüfen ist, erlegt dem Gericht aber keine Amtsermittlungspflicht bezüglich der die internationale Zuständigkeit begründenden Tatsachen i.S. des Untersuchungsgrundsatzes auf[15].

f) Bedeutung für die Anwendbarkeit und Anwendung ausländischen Rechts

9 Hat der Kläger Tatsachen vorgetragen, die die **freie Rechtswahl**, Art. 27 EGBGB, betreffen, so sind diese Tatsachen durch die Säumnis des Beklagten zugestanden[16]. Dasselbe gilt für sonstige Tatsachenbehauptungen, aus denen die Anwendbarkeit fremden Rechts folgt (z.B. nach Art. 28 EGBGB), sofern nicht zwingende Vorschriften (z.B. Art. 27 Abs. 3, Art. 34 EGBGB) entgegenstehen. In solchen Fällen ist das Gericht deshalb gehalten, die Schlüssigkeit des klägerischen Vortrags anhand des anwendbaren ausländischen materiellen Rechts zu überprüfen. Behauptet der Kläger in diesem Zusammenhang, sein Anspruch sei deshalb begründet, weil das anzuwendende ausländische Recht einen dahingehenden Rechtssatz enthalte, so gilt dies bei Säumnis des Beklagten nicht als zugestanden; insoweit handelt es sich nicht um Tatsachen, sondern um Rechtsbehauptungen, die einem Geständnis nicht zugänglich sind[17]. Das

---

[10] *OLG Frankfurt* MDR 1975, 232; *Musielak/Stadler*[4] Rdnr. 4; *Baumbach/Lauterbach/Hartmann*[63] Rdnr. 8.

[11] *Musielak/Stadler*[4] Rdnr. 4.

[12] *Reinelt* NJW 1974, 2310; *Unruh* NJW 1974, 111,113; *Baumbach/Lauterbach/Hartmann*[63] Rdnr. 8; *Zöller/Herget*[25] Rdnr. 6; *OLG Frankfurt* MDR 1975, 232; ZIP 1981, 664: **A.M.** *Vollkommer* RPfleger 1974, 129,139.

[13] *Schröder* Internationale Zuständigkeit (1971), 265; *Piltz* NJW 1981, 1876; MünchKomm ZPO – *Prütting*[2] Rdnr. 13. **A.M.** *Kropholler* Handbuch des Internationalen Zivilverfahrensrechts, Bd. I (1982) Kap. III Rdnr. 218.

[14] A.M. *Kropholler* (Fn. 13) Kap. III Rdnr. 218; *Schack* Internationales Zivilverfahrensrecht[3] (2002) Rdnr. 386.

[15] Wie hier MünchKomm ZPO – *Prütting*[2] Rdnr. 13; *Musielak/Stadler*[4] Rdnr. 4.

[16] *Musielak/Stadler*[4] Rdnr. 8.

[17] *Schack* (Fn. 14) Rdnr. 626; *Geimer* Internationales Zivilprozessrecht[5] (2004) Rdnr. 2592; *Spickhoff* ZZP 112 (1999), 265, 273; MünchKomm ZPO – *Prütting*[2] Rdnr. 13; *Musielak/Stadler*[4] Rdnr. 8. **A.M.** *OLG München* NJW 1976, 489 (abl. *Küppers*).

Gericht hat die **Rechtslage vielmehr selbstständig zu prüfen** und aufgrund seiner eigenen Erkenntnisse zu entscheiden, → auch § 293 Rdnr. 54 (21. Aufl.). Dabei spielt es auch keine Rolle, ob der Kläger für den Nachweis des behaupteten ausländischen Rechtssatzes Beweis angetreten hat.

g) Urkundenprozess

10 Zum Verfahren bei Säumnis des Beklagten im Urkundenprozess → § 597 Rdnr. 5 (21. Aufl.).

III. Prüfungsvorgehen des Gerichts in der mündlichen Verhandlung

1. Prüfung des Vorliegens der Prozessvoraussetzungen

11 Da ein Sachurteil erlassen werden soll, hat das Gericht zunächst zu prüfen, ob die Prozessvoraussetzungen, deren Mangel von Amts wegen zu beachten ist, gegeben sind. Das sind, da eine Heilung nach § 295 nicht in Betracht kommt, alle Prozessvoraussetzungen im engeren Sinne, mit Ausnahme der Vollmacht im Anwaltsprozess (§ 88 Abs. 2). Auch die Gerichtsunterworfenheit ist zu prüfen; gegen eine gerichtsfreie Person (z.B. einen Exterritorialen) darf kein Versäumnisurteil ergehen. Über die Prüfung der Zuständigkeit nach vorausgegangenem Mahnverfahren → § 696 Rdnr. 9f. (21. Aufl.). Zur Entscheidung bei Fehlen einer Prozessvoraussetzung → Rdnr. 19.

2. Prüfung der Schlüssigkeit des Klägervortrags

12 Liegen die Prozessvoraussetzungen vor, so hat das Gericht weiter zu prüfen, ob die zur Begründung des Klageantrags **vorgetragenen Tatsachen den Klageantrag** nach Maßgabe der einschlägigen gesetzlichen Bestimmungen **rechtfertigen**, d.h. ob die Klage schlüssig ist. Dazu müssen die vorgetragenen Tatsachen unter die Begriffe der anwendbaren Normen subsumiert werden. Erforderlichenfalls hat das Gericht dem Kläger gegenüber von seinem Hinweisrecht nach § 139 Gebrauch zu machen. Hat der Kläger zulässigerweise einen **unbestimmten Klageantrag** gestellt → dazu § 253 Rdnr. 18ff. (21. Aufl.), so hat das Gericht unter Zugrundelegung der vom Kläger vorgetragenen tatsächlichen Grundlagen den Anspruch seiner Höhe nach festzusetzen und ein entsprechendes Versäumnisurteil zu erlassen, Näheres → Rdnr. 17. Bei der Schlüssigkeitsprüfung sind auch diejenigen **rechtshindernden und rechtsvernichtenden Tatsachen** zu berücksichtigen, die der Kläger vorgetragen hat, → vor § 128 Rdnr. 156; dies gilt insbesondere auch, soweit sich daraus die Nichtigkeit eines Rechtsgeschäfts ergibt, (z.B. Sittenwidrigkeit des vorgelegten Vertrags). Dagegen bleiben Tatsachen, die wie die Verjährung ein **Einrederecht** im Sinne des BGB begründen, → vor § 128 Rdnr. 158, deshalb außer Betracht, weil die Einrede nur durch Abgabe einer Willenserklärung des dazu Berechtigten ausgeübt werden kann, woran es im Falle des Säumnis des Beklagten fehlt.[18] Ergibt sich aber aus dem Vortrag des Klägers, dass der Beklagte das Einrederecht bereits außerhalb des Prozesses wirksam ausgeübt hat, ist das zu berücksichtigen[19]. Ebenso, wenn der Beklagte die Einrede schon in einem früheren Verhandlungstermin ausgeübt hat[20]. Dagegen reicht es nicht aus, dass die

---

[18] MünchKomm ZPO – *Prütting*² Rdnr. 18, *Musielak/Stadler*⁴ Rdnr. 7.

[19] *OLG Düsseldorf* NJW 1991, 2089; *Nierwetberg* ZZP 98 (1985), 412ff.; MünchKomm ZPO – *Prütting*² Rdnr. 18; *Rosenberg/Schwab/Gottwald*¹⁶ § 104 Rdnr. 39; s. weiter *BGH* NJW 1999, 2120, 2123.

[20] A.A. *Rosenberg/Schwab/Gottwald*¹⁶ § 104 Rdnr. 34; MünchKomm ZPO – *Prütting*² Rdnr. 18.

Ausübung des Einrederechts in einem vorbereitenden Schriftsatz nur angekündigt worden ist[21]. Keine Besonderheiten gelten bei **Anwendbarkeit ausländischen Rechts** → auch Rdnr. 9.

13 Auch soweit das Gericht von Amts wegen **Nebenentscheidungen** treffen muss oder kann (z.B. nach §§308a, 721) kommt §331 zur Anwendung. Will der Kläger eine für ihn günstige Nebenentscheidung erlangen, so hat er die anspruchsbegründenden Tatsachen hierfür vorzutragen. In Folge der Säumnis des Beklagten gelten diese Tatsachen als zugestanden[22]. Zur Schlüssigkeit im Räumungsrechtsstreit → auch §308a Rdnr. 14f. (21. Aufl.) und wegen der Kosten in diesem Fall → § 93b Rdnr. 7 a.E. Zum Rechtsmittel gegen die Gewährung einer Räumungsfrist durch Versäumnisurteil → §721 Rdnr. 33f.

3. Prüfung der Voraussetzungen eines Versäumnisurteils

14 Weiter ist zu prüfen, ob die Voraussetzungen eines Versäumnisurteils → vor §330 Rdnr. 3ff. gegeben sind. Liegen sie nicht vor, so ist der Antrag nach §335 **durch Beschluss zurückzuweisen** soweit die Verhandlung nicht vertagt wird, §337. Der Antrag auf Erlass eines Versäumnisurteils ist insbesondere dann zurückzuweisen, wenn der Kläger die Schlüssigkeit der Klage erst im Termin herbeigeführt hat (§335 Abs. 1 Nr. 3, → auch Rdnr. 18). Wegen der Vereinbarung, ein Versäumnisurteil nicht zur erwirken → vor §330 Rdnr. 14.

IV. Entscheidung des Gerichts in der mündlichen Verhandlung

1. Bei Fehlen einer Prozessvoraussetzung

15 Ergibt sich, dass eine von Amts wegen zu berücksichtigende Prozessvoraussetzung fehlt, so hat das Gericht den Antrag dann nach §335 Abs. 1 Nr. 1 zurückzuweisen, wenn der **Mangel behebbar ist.** In diesem Fall hat das Gericht nach Eintritt der formellen Rechtskraft des Zurückweisungsbeschlusses, → dazu §336 Rdnr. 1, einen neuen Termin zur mündlichen Verhandlung festzusetzen, bis zu dem der Kläger den Mangel behoben haben und dadurch die Abweisung der Klage vermeiden kann. Ist dagegen der **Mangel endgültig,** so ist, sofern nicht eine Verweisung zu erfolgen hat, → Rdnr. 1, die Klage durch Endurteil als unzulässig abzuweisen, → §330 Rdnr. 8, und zwar auch in den Rechtsmittelinstanzen [23]. Bei dieser Entscheidung handelt es sich um ein **kontradiktorisches Urteil,** → vor §330 Rdnr. 18f., und nicht etwa um ein Versäumnisurteil.

2. Unschlüssigkeit des klägerischen Vorbringens

16 Kommt das Gericht zu dem Ergebnis, dass die vom Kläger vorgetragenen Tatsachen den **Klageantrag nicht rechtfertigen,** sei es, weil sie nicht schlüssig sind, sei es, weil eine rechtshindernde oder rechtsvernichtende Tatsache entgegensteht, → Rdnr. 12, so ist die Klage als **unbegründet abzuweisen** (nicht als unzulässig). Zu einer Realisierung der Säumnisfolgen kommt es dabei nicht, denn dass die von einer Partei behaupteten Tatsachen gegen diese Partei selbst wirken, ist keine Besonderheit des Versäumnisverfahrens (→ vor §128 Rdnr. 156 und → §288 Rdnr. 9 - 21. Aufl. -). Die Besonderheit von §331 besteht darin, dass die Tatsachen gegen den Gegner gelten; nur dann besteht die Säumnisfolge. Die dem Kläger ungünstigen Tatsachen fallen deshalb auch nicht unter §335 Abs. 1 Nr. 3, → §335 Rdnr. 10. Das klagabwei-

---

[21] *BGH* NJW 1999, 2120, 2123; *Baumbach/Lauterbach/Hartmann*[63] Rdnr. 12.

[22] *LG Mannheim* MDR 1966, 242 (Räumungsfrist nach §721).

[23] *BGH* NJW-RR 1986, 1041 für den Fall, dass das Revisionsgericht die Prozessfähigkeit des Klägers und Revisionsbeklagten verneint.

sende Urteil ist kein Versäumnisurteil, sondern eine **kontradiktorische Entscheidung**, → vor §330 Rdnr. 17f., die vom Kläger unter den allgemeinen Statthaftigkeitsvoraussetzungen mit der Berufung bzw. der Revision angefochten werden kann. Dem Kläger steht dagegen weder der Einspruch nach §338 noch die sofortige Beschwerde nach §336 zu[24]. Das Urteil erwächst in formelle und materielle Rechtskraft. Ob die Klage wegen des Eintritts neuer Tatsachen später erneuert werden kann, bestimmt sich nach den allgemeinen Grundsätzen über die zeitlichen Grenzen der Rechtskraft, → dazu §322 Rdnr. 236ff. (21. Aufl.). Wegen des Falls, dass das rechtzeitig vorgetragene Klagevorbringen zwar unschlüssig ist, die Schlüssigkeit inzwischen aber hergestellt wurde → Rdnr. 18.

3. Bei Schlüssigkeit des klägerischen Vorbringens

17 Kommt das Gericht zu dem Ergebnis, dass die rechtzeitig vorgetragenen (§335 Abs. 1 Nr. 3, → dort Rdnr. 14) Tatsachenbehauptungen den **Klageantrag rechtfertigen,** so hat es, weil die Tatsachen als zugestanden anzunehmen sind, durch Versäumnisurteil, → vor §330 Rdnr. 15ff., nach dem Antrag des Klägers zu erkennen. Dabei ist es nicht erforderlich, dass der Kläger für seine Behauptungen Beweis angetreten hat, → Rdnr. 2. Liegt bei einer Leistungsklage zulässigerweise ein **unbestimmter Klageantrag** vor, weil dem Kläger eine genaue Festlegung seiner Forderung nicht möglich oder nicht zumutbar ist, → §253 Rdnr. 81ff. (21. Aufl.), so muss das Gericht im Versäumnisurteil einen bestimmten Geldbetrag festsetzen[25]. Voraussetzung dabei ist allerdings, dass der Kläger die tatsächlichen Grundlagen für die Feststellung der Höhe seiner Forderung vorgetragen und die ungefähre Größenordnung des Anspruchs festgelegt hat, → §253 Rdnr. 81 (21. Aufl.). Anderenfalls ist die Klage unschlüssig und daher in vollem Umfang abzuweisen. Liegt die vom Kläger angegebene Größenordnung in dem Sinne über dem, was ihm nach Auffassung des Gerichts zusteht, dass die Klage teilweise abzuweisen ist, so hat dies bei Säumnis des Beklagten durch kontradiktorisches Urteil zu erfolgen, während in Höhe des zuzusprechenden Anspruchs ein Versäumnisurteil zu ergehen hat[26]. Näheres zum Teilversäumnisurteil → Rdnr. 21.

18 Ist die Klage zwar schlüssig, beruht dies aber auf einem **verspäteten Vorbringen des Klägers**, so steht §335 Abs. 1 Nr. 3 dem Erlass eines Versäumnisurteils entgegen, → §335 Rdnr. 11ff. Das Gericht hat in diesem Fall den Antrag auf Erlass eines Versäumnisurteils durch Beschluss zurückzuweisen. Die Klage kann hier nicht etwa durch kontradiktorisches Urteil abgewiesen werden; dies ist nach Abs. 2 Hs. 2 nur dann zulässig, wenn das tatsächliche mündliche Vorbringen des Klägers den Klageantrag nicht rechtfertigt, und an eben dieser Voraussetzung fehlt es[27].

4. Klagenhäufung

19 Bei **objektiver Klagenhäufung** ist die Schlüssigkeit für jeden Anspruch gesondert zu prüfen. Ist ein Anspruch unschlüssig, der andere dagegen schlüssig, so ist letzterer dem Kläger durch Teilversäumnisurteil, → Rdnr. 21, zuzusprechen, während der unschlüssige Anspruch durch kontradiktorisches Urteil abzuweisen ist. Bei einer **Eventualhäufung,** → §260 Rdnr. 15 (21. Aufl.), kann nicht sowohl dem Haupt- als auch dem Hilfsantrag durch Versäumnisurteil

---

[24] *LG Hannover* Nds Rpfl. 1968, 33 (keine sofortige Beschwerde nach §336).

[25] MünchKomm ZPO – *Prütting*[2] Rdnr. 22; *Zöller/Herget*[25] Rdnr. 7; *Musielak/Stadler*[4] Rdnr. 10; *Baumbach/Lauterbach/Hartmann*[63] Rdnr. 12.

[26] *Zöller/Herget*[25] Rdnr. 7.

[27] MünchKomm ZPO – *Prütting*[2] Rdnr. 26.

stattgegeben werden[28]. Ist der Hauptantrag schlüssig, so hat insoweit ein Versäumnisurteil zu ergehen, während der Hilfsantrag nicht beschieden wird. Bei Unschlüssigkeit beider Anträge sind beide durch kontradiktorisches Urteil zurückzuweisen. Ist schließlich der Hauptantrag unschlüssig, der Hilfsantrag dagegen schlüssig, so ist der Hauptantrag durch kontradiktorisches Urteil abzuweisen, dem Hilfsantrag dagegen durch Versäumnisurteil stattzugeben[29]. Den abgewiesenen Hauptantrag kann der Kläger mit Berufung bzw. Revision weiterverfolgen, während dem Beklagten gegen die Verurteilung durch das Versäumnisurteil nach dem Hilfsantrag der Einspruch zusteht[30]. Bei **subjektiver Klagehäufung** → §61 Rdnr.3 (nicht notwendige Streitgenossenschaft) und → §62 Rdnr.26ff. (notwendige Streitgenossenschaft).

5. Versäumniszwischenurteil und -grundurteil

20 Ein Versäumniszwischenurteil ist nur nach §347 Abs.2 möglich, → dazu §347 Rdnr.6. Ein Grundurteil kann im Versäumnisverfahren nicht ergehen, → §304 Rdnr.11 (21. Aufl.), da nach §331 über den Anspruch und nicht nur über einzelne präjudizielle Punkte entschieden wird[31].

6. Teilversäumnisurteil

21 Das Versäumnisurteil kann auch als Teilversäumnisurteil ergehen[32], → Rdnr.1. Bei einem einheitlichen Streitgegenstand ergibt sich diese Notwendigkeit etwa dann, wenn der Kläger einen zu hohen Betrag einklagt. Ein Teilversäumnisurteil kann ferner bei objektiver Klagenhäufung ergehen, wenn nicht alle geltend gemachten Ansprüche schlüssig sind, → Rdnr.19. Dazu, dass das Gericht das Teilversäumnisurteil nicht erlassen muss, sondern nach §301 Abs.2 einen Ermessensspielraum hat, → Rdnr.1. Erlässt das Gericht ein Teilversäumnisurteil, so muss es darauf achten, auch die übrigen geltend gemachten Ansprüche zu verbescheiden, d.h. sie entweder kontradiktorisch abzuweisen, → Rdnr.23, oder (weil etwa ein die Schlüssigkeit begründender Vortrag dem Beklagten hinsichtlich der übrigen Ansprüche nicht rechtzeitig mitgeteilt wurde, §335 Abs.1 Nr.3) den Antrag auf Erlass des Versäumnisurteils bezüglich des Restes zurückzuweisen. Im bloßen Erlass eines Teilversäumnisurteils ist hinsichtlich des Restes kein stillschweigender Zurückweisungsbeschluss nach §335 enthalten[33]. Dem steht schon entgegen, dass der Beschluss der Schriftform bedarf, → §329 Rdnr.2, und verkündet werden muss, → §335 Rdnr.17. Zumindest ist erforderlich, dass das Gericht im Versäumnisurteil auch die Zurückweisung des Antrags auf Versäumnisurteil verkündet. Zum Teilversäumnisurteil bei der Stufenklage → §254 Rdnr.34 (21. Aufl.). Beantragt der Kläger den Erlass eines Teilversäumnisurteils, so kann ein solches Urteil nicht auch hinsichtlich des Restes ergehen. In diesem Fall ist insoweit nach dem unter → vor §330 Rdnr.12f. Ausgeführten zu verfahren.

---

28 MünchKomm ZPO – *Prütting*[2] Rdnr.24.
29 MünchKomm ZPO – *Prütting*[2] Rdnr.24; *Musielak/Stadler*[4] Rdnr.14.
30 *Zöller/Herget*[25] Rdnr.10.
31 MünchKomm ZPO – *Prütting*[2] Rdnr.25; *Musielak/Stadler*[4] Rdnr.13.
32 MünchKomm ZPO – *Prütting*[2] Rdnr.36; *Rosenberg/Schwab/Gottwald*[16] §104 Rdnr.40.
33 Offenbar a.A. *OLG München* OLGRsp.19,108.

V. Änderung des klägerischen Vorbringens

1. Vortrag neuer Tatsachen

22 Weicht das tatsächliche mündliche Vorbringen des Klägers vom Inhalt der Klageschrift ab, so kann, soweit es sich um Tatsachen handelt, die die Klage im Sinne von §331 Abs.2 schlüssig machen, nur dann ein Versäumnisurteil ergehen, wenn die Änderung vorher mittels Schriftsatzes dem Beklagten rechtzeitig, §132, mitgeteilt worden ist. Ist dies nicht der Fall, so ist der Antrag auf Erlass des Versäumnisurteils nach §335 Abs.1 Nr.3 zurückzuweisen, → dazu §335 Rdnr.8ff. Für Tatsachen, die auf die Schlüssigkeit der Klage ohne Einfluss sind, gilt §335 Abs.1 Nr.3 dagegen nicht; sie stehen dem Erlass eines Versäumnisurteils nicht entgegen. Dies gilt sowohl für Tatsachen, die sich auf die Schlüssigkeit der Klage überhaupt nicht auswirken, als auch für Tatsachen, die die Klage zwar schlüssig machen könnten, wenn die Schlüssigkeit aber schon davor gegeben war[34].

2. Neue Anträge

23 Eine **Klageänderung** muss rechtzeitig mittels Schriftsatzes mitgeteilt werden, §335 Abs.1 Nr.3. Wenn eine Widerklage in Abwesenheit des Klägers erhoben werden kann, → §261 Rdnr.36f. (21.Aufl.), muss auch die Klageänderung in Abwesenheit des Beklagten zulässig sein. Aus der Säumnis des Beklagten kann nicht gefolgert werden, dass er in die Klageänderung einwilligt[35], → §267 Rdnr.1 (21.Aufl.). Insbesondere erfasst die Geständnisfunktion nach §331 Abs.1 S.1 nicht auch die für die Klageänderung erforderliche Einwilligung des Beklagten. Infolgedessen hat das Gericht die Klageänderung auf ihre Sachdienlichkeit hin zu prüfen, §263. Daran ändert sich durch die Säumnis des Beklagten nichts; vor allem kann aus der Säumnis nicht ohne weiteres die Sachdienlichkeit gefolgert werden. Eine **Zwischenfeststellungsklage** des Klägers nach §256 Abs.2 ist deshalb ausgeschlossen, weil es an einem Streit fehlt, → §256 Rdnr.139 (21.Aufl.). Zur Säumnis des Widerbeklagten → §347 Rdnr.1.

VI. Erledigung der Hauptsache

1. Säumnis keine Zustimmung zur Erledigungserklärung

24 Die Säumnis des Beklagten steht einer Entscheidung über die Erledigung der Hauptsache nicht entgegen. Soweit der Kläger eine derartige Erklärung im Laufe des Prozesses abgegeben hat, kann die Säumnis des Beklagten jedoch nicht als Zustimmung aufgefasst werden, so dass das Gericht nicht von einer übereinstimmenden Erledigungserklärung ausgehen kann[36]. Die Zustimmung des Beklagten ist Prozesshandlung, → §91a Rdnr.44. Als solche mag sie auch konkludent erklärt werden können, → §91a Rdnr.17, doch liegt sie nicht schon im bloßen Nichterscheinen. Bei Säumnis des Beklagten besteht deshalb nur die Möglichkeit, über die Rechtsfigur der einseitigen Erledigungserklärung zu einem Versäumnisurteil zu kommen.

2. Rechtzeitige Mitteilung der Erledigungserklärung

25 Hat der Kläger die Erklärung der Erledigung der Hauptsache rechtzeitig schriftsätzlich mitgeteilt, so erstreckt sich bei Säumnis des Beklagten die Geständnisfiktion auch auf die vom

---

[34] MünchKomm ZPO – *Prütting*² Rdnr.27.
[35] *RG* JW 1912, 200; MünchKomm ZPO – *Lüke*² §267 Rdnr.6
[36] *OLG Köln* JMBlNRW 1955, 88; *Göppinger.* Die Erledigung des Rechtsstreits in der Hauptsache (1958), 127; MünchKomm ZPO – *Prütting*² Rdnr.30; *Musielak/Stadler*⁴ Rdnr.15.

Kläger vorgetragenen Erledigungstatsachen[37]. Rechtfertigen diese, was das Gericht nachzuprüfen hat, → Rdnr. 12, die Annahme einer Erledigung der Hauptsache, so ergeht **Versäumnisurteil, das die Erledigung der Hauptsache feststellt** und dem Beklagten nach §91, → 91 a Rdnr. 50, die Kosten auferlegt. Dabei handelt es sich um ein Sachurteil, → §91a Rdnr. 53. Für den Fall, dass das Gericht der Auffassung ist, die vom Kläger vorgetragenen Tatsachen rechtfertigen den Ausspruch einer Erledigungserklärung nicht (näher zum erledigenden Ereignis → §91a Rdnr. 5ff.), kann der Kläger hilfsweise den Antrag auf Erlass eines Versäumnisurteils gemäß dem ursprünglichen Klageantrag stellen, über den dann nach den allgemeinen Grundsätzen zu befinden ist, → Rdnr. 11ff.

3. Erledigungserklärung im Termin

26 Häufig erklärt der Kläger die Erledigung der Hauptsache im Termin, in dem der Beklagte säumig ist. Die h. M. hat bei dieser Situation keine Bedenken, ebenfalls ein Versäumnisurteil auf Feststellung der Erledigung der Hauptsache zu erlassen[38]. Die Vorschrift des §335 Abs. 1 Nr. 3, die eine rechtzeitige Mitteilung insbesondere von Anträgen fordert, stehe nicht entgegen, denn der Kläger begehre mit seinem Erledigungsantrag weniger als er aufgrund seines rechtzeitig mitgeteilten Vorbringens beantragt habe und nunmehr im Wege eines Versäumnisurteils zugesprochen bekommen könne[39]. Ist man der Auffassung, in der Erledigungserklärung liege überhaupt kein Fall einer Klageänderung, sondern ausschließlich eine privilegierte Klagerücknahme, → dazu §91a Rdnr. 47 mit Nachweisen in Fn. 155, so würde §335 Abs. 1 Nr. 3 ohnehin nicht zur Anwendung kommen. Welcher dogmatischen Ansicht man auch folgen will, können jedenfalls **aus praktischen Erwägungen** keine Bedenken bestehen, ein **Versäumnisurteil auf Festestellung der Erledigung der Hauptsache** auch dann zu erlassen, wenn die Erledigungserklärung erst im Säumnistermin abgegeben worden ist. Wer diesen Weg nicht für gangbar hält, zwingt den Kläger, Antrag auf Erlass eines Versäumnisurteils aus dem Klageantrag zu stellen, also ein ersichtlich unrichtiges Urteil zu beantragen, gegen das dann der Einspruch des Beklagten praktisch unvermeidbar ist. Auf diese Weise wird der Prozess, der sich offensichtlich erledigt hat, nur unnütz verlängert[40]. Hat der Kläger das Erledigungsereignis vorgetragen, so könnte er mangels Schlüssigkeit der Klage gar kein Versäumnisurteil erwirken, weshalb das Gericht einen neuen Termin bestimmen müsste.

4. Inhalt des Versäumniserledigungsurteils

27 Ergeht in der dargestellten Weise ein Versäumnisurteil, dann darf sich dieses nicht auf die Kostenentscheidung beschränken[41]. Vielmehr ist erforderlich, dass das Versäumnisurteil die **Erledigung der Hauptsache im Tenor ausspricht.** Die Kostenentscheidung hat daher nach §91 und nicht etwa nach §91a zu ergehen, → §91a Rdnr. 50.

---

37 MünchKomm ZPO – *Prütting*[2] Rdnr. 31; *Musielak/Stadler*[4] Rdnr. 15.

38 AK-*Pieper* §335 Rdnr. 4, *Zöller/Herget*[25] Rdnr. 5; *Mertins* DRiZ 1989, 281, 289. Bedenken dagegen bei MünchKomm ZPO – *Prütting*[2] Rdnr. 32; *Musielak/Stadler*[4] Rdnr. 15.

39 *Göppinger* (Fn. 36), 128f.

40 Die Berechtigung dieser praktischen Erwägungen erkennt trotz dogmatischer Bedenken auch MünchKomm ZPO – *Prütting*[2] Rdnr. 31 an.

41 *Göppinger* (Fn. 36), 126; unrichtig *OLG Köln* (Fn. 36).

VII. Das Versäumnisurteil gegen den Beklagten im schriftlichen Vorverfahren, Abs. 3[42]

1. Allgemeines

28 Der durch die Vereinfachungsnovelle 1976 eingefügte Abs. 3 enthält einen zusätzlichen Säumnistatbestand. Die Regelung hat den **Zweck**, bereits im schriftlichen Vorverfahren die nicht wirklich streitigen Sachen mit möglichst geringem Arbeitsaufwand auszuscheiden[43] und eine Verzögerung der Erledigung des Rechtsstreits durch bloße Passivität des Beklagten zu verhindern (zum schriftlichen »Versäumnisurteil« gegen den Kläger → Rdnr. 43ff.).

2. Voraussetzungen[44]

29 Ein Versäumnisurteil nach Abs. 3 kann **nur im schriftlichen Vorverfahren**[45] und nicht auch bei Bestimmung eines frühen ersten Termins ergehen. Zur Möglichkeit der Anordnung eines schriftlichen Vorverfahrens, nachdem zunächst ein früher erster Termin bestimmt worden war → §272 Rdnr. 13 (21. Aufl.). Nach Anberaumung eines Haupttermins ist die Rückkehr ins schriftliche Vorverfahren, und damit der Erlass eines Versäumnisurteils nach Abs. 3 nicht mehr zulässig[46], → §272 Rdnr. 14 a (21. Aufl.). Im Übrigen müssen für den Erlass eines Versäumnisurteils im schriftlichen Vorverfahren folgende Voraussetzungen vorliegen:

a) Ordnungsgemäße Aufforderung des Beklagten nach §276 Abs. 1 S. 1

30 Der Beklagte muss gemäß §276 Abs. 1 S. 1 ordnungsgemäß aufgefordert worden sein, seine Verteidigungsabsicht innerhalb von zwei Wochen nach Zustellung der Klageschrift anzuzeigen. Ist dies nicht geschehen, so ist der Antrag auf Erlass eines Versäumnisurteils zurückzuweisen, §335 Abs. 1 Nr. 4, → §335 Rdnr. 14. Zum Inhalt der Aufforderung → §276 Rdnr. 10 (21. Aufl.); zu ihrer Form → §276 Rdnr. 22 (21. Aufl.).

b) Belehrung gemäß §276 Abs. 2

31 Weiter muss der Beklagte gemäß §276 Abs. 2 über die Folgen einer Versäumung der Frist für die Anzeige seiner Verteidigungsabsicht ordnungsgemäß belehrt worden sein; anderenfalls ist der Antrag auf Erlass eines Versäumnisurteils nach §335 Abs. 1 Nr. 4 zurückzuweisen, → §335 Rdnr. 15. Näheres zur Belehrung → §276 Rdnr. 15ff. (21. Aufl.).

c) Säumnis des Beklagten im schriftlichen Vorverfahren

32 Der Beklagte ist säumig, wenn er seine Absicht, sich gegen die Klage zu verteidigen, dem Gericht nicht innerhalb der ihm nach §276 Abs. 1 S. 1 gesetzten Frist von zwei Wochen **schriftlich anzeigt.** Zu Beginn und Ablauf der Frist → §276 Rdnr. 14 (21. Aufl.). Dabei ist es unerheblich, ob sich der Beklagte innerhalb der Frist gar nicht erklärt oder eine Erklärung dahingehend abgibt, er wolle sich nicht verteidigen → §276 Rdnr. 27 (21. Aufl.). Die Anzeige muss nicht ausdrücklich erfolgen. Es genügt z.B., wenn sich die Verteidigungsabsicht im Wege der Auslegung aus der Einreichung einer Klageerwiderungsschrift oder daraus ergibt, dass ein

---

42 Dazu *Kramer* NJW 1977, 1657; *Bergerfurth* JZ 1978,298.
43 So die amtliche Begründung des Regierungsentwurfs BT-Drucksache 7/2719, S. 80.
44 Weitere Einzelheiten → §276 Rdnr. 32ff. (21. Aufl.).
45 *Musielak/Stadler*[4] Rdnr. 17.
46 *OLG München* MDR 1983, 86; *KG* MDR 1985,416.

Rechtsanwalt mitteilt, er sei vom Beklagten für die Führung des Prozesses beauftragt worden. Weiter reicht es aus, dass durch einen Anwalt für den Beklagten ein Prozesskostenhilfeantrag gestellt worden ist[47]. Im Anwaltsprozess hat die Anzeige durch einen beim Prozessgericht postulationsfähigen Anwalt zu erfolgen. Im Parteiprozess kann die Erklärung auch mündlich zu Protokoll der Geschäftsstelle, §§129 Abs. 2, 129 a, abgegeben werden. Wegen weiterer Einzelheiten → §276 Rdnr. 26ff. (21. Aufl.).

33 Trotz Ablaufs der Frist darf ein Versäumnisurteil dann nicht erlassen werden, wenn die **Verteidigungsanzeige des Beklagten bei Gericht eingeht, bevor** das von den Richtern unterschriebene **Urteil der Geschäftsstelle übermittelt** (durch Übergabe oder elektronisch) worden ist, Abs. 3 S. 1 Hs. 2. Ob die Fristüberschreitung verschuldet war oder nicht, spielt dabei keine Rolle. Die Regelung soll der Verfahrensbeschleunigung dienen. Würde das Versäumnisurteil trotzdem erlassen, so würde dies in der Regel zu einer Verzögerung des Rechtsstreits führen. Wegen der Anzeige der Verteidigungsabsicht ist nämlich mit der Einlegung eines Einspruchs durch den Beklagten zu rechnen, so dass das Verfahren dann doch wieder in den Zeitpunkt vor Eintritt der Säumnis zurückversetzt wird, §342.

34 Im Einzelfall kann sich diese Bestimmung allerdings zum Nachteil des Beklagten auswirken. Ist nämlich die Klageerwiderungsfrist, §276 Abs. 1 S. 2, bereits abgelaufen, so kann der Beklagte mit seinem Vorbringen gemäß §296 Abs. 1 präkludiert werden, → §276 Rdnr. 47 (21. Aufl.). Bei Erlass eines Versäumnisurteils könnte er dagegen sein gesamtes Vorbringen in der Einspruchsbegründung vortragen, → §340 Rdnr. 12[48].

35 Hat der Beklagte innerhalb der Frist einen **Antrag auf Prozesskostenhilfe** gestellt, dann ist die Säumnis bis zur Entscheidung über den Prozesskostenhilfeantrag einschließlich einer gewissen Überlegungszeit gemäß §337 S. 1 unverschuldet[49], → §337 Rdnr. 8 und weiter → §119 Rdnr. 5 sowie → §276 Rdnr. 43 (21. Aufl.).

36 Zur **Wiedereinsetzung in den vorigen Stand** nach Versäumen der Frist → §276 Rdnr. 38ff. (21. Aufl.).

37 Hat das Gericht nach einem vorangegangenen **Mahnbescheid** ein schriftliches Vorverfahren nach §697 Abs. 2 angeordnet, so muss der Antragsgegner nach Zustellung der Anspruchsbegründung innerhalb der Frist des §276 Abs. 1 S. 1 seine Verteidigungsabsicht mitteilen; der Widerspruch gegen den Mahnbescheid reicht hierfür seit der Neufassung von §697 Abs. 2 durch das Rechtspflege-Vereinfachungsgesetz vom 17.12. 1990 (BGBl. I 2847) nicht mehr aus, → §697 Rdnr. 3 und → §276 Rdnr. 44 (beide 21. Aufl.). Erklärt der Beklagte seine Verteidigungsbereitschaft nicht rechtzeitig, so ist auch bei vorangegangenem Mahnbescheid ein Versäumnisurteil nach Abs. 3 zu erlassen[50]. War dagegen schon ein **Vollstreckungsbescheid** erlassen, so kann nach Einlegung des Einspruchs zwar noch eine schriftliches Vorverfahren angeordnet werden, §700 Abs. 4 S. 1, doch wird dem Beklagten dabei keine Frist zur Erklärung seiner Verteidigungsabsicht gesetzt, → §276 Rdnr. 44 a (21. Aufl.).

d) Antrag auf Versäumnisurteil

38 Das Versäumnisurteil im schriftlichen Vorverfahren setzt, anders als in der mündlichen Verhandlung, → vor §330 Rdnr. 11, einen **ausdrücklichen Antrag** auf Erlass eines Versäumnisurteils voraus. Der Antrag ist auf das schriftliche Vorverfahren beschränkt[51]. Er kann bereits in

---

[47] MünchKomm ZPO – *Prütting*[2] Rdnr. 43; *Musielak/Stadler*[4] Rdnr. 20.

[48] *Kramer* NJW 1977, 1661 hält es deshalb für zulässig, dem Beklagten eine unverzügliche Frist zur Klageerwiderung analog §340 Abs. 3 zu setzen.

[49] MünchKomm ZPO – *Prütting*[2] Rdnr. 43.

[50] MünchKomm ZPO – *Prütting*[2] Rdnr. 42; *Musielak/Stadler*[4] Rdnr. 21.

[51] *Bergerfurth* JZ 1978, 299; MünchKomm ZPO – *Prütting*[2] Rdnr. 48.

der Klageschrift, aber auch in einem weiteren Schriftsatz gestellt werden und ist dem Beklagten formlos mitzuteilen. Die Zulässigkeit des Versäumnisurteils hängt aber nicht davon ab, dass dem Beklagten der Antrag mitgeteilt oder dass ihm Gelegenheit zur Stellungnahme gegeben worden ist[52], → §276 Rdnr. 32 (21. Aufl.). Zur Rechtsnatur und zum Inhalt des Antrags → vor §330 Rdnr. 15.

39 Stellt der Kläger **keinen Antrag auf Versäumnisurteil,** so hat das Gericht für einen Zeitpunkt nach Ablauf der Klageerwiderungsfrist, §276 Abs. 1 S. 2, einen Termin zur mündlichen Verhandlung anzuberaumen, → §276 Rdnr. 45 (21. Aufl.). Nach Bestimmung des Termins kann ein Versäumnisurteil nach Abs. 3 nicht mehr ergehen[53], und zwar auch dann nicht, wenn der Termin wieder aufgehoben wird[54].

e) Zulässigkeit und Schlüssigkeit der Klage

40 Ebenso wie bei einem Versäumnisurteil wegen Säumnis des Beklagten in der mündlichen Verhandlung muss die Klage zulässig und schlüssig sein, → Rdnr. 11, 12.

41 Weil sich das Schweigen des Beklagten nur auf die Klageschrift bezieht, müssen Zulässigkeit und Schlüssigkeit bereits **in der ursprünglich eingereichten Klage** vorliegen, → §276 Rdnr. 35 (21. Aufl.). Bei erst nachträglicher Schlüssigmachung durch einen weiteren Schriftsatz kann demnach kein Versäumnisurteil nach Abs. 3 ergehen. Auf §335 Abs. 1 Nr. 3 kommt es deshalb hier nicht an. Das Gericht kann auch nicht etwa eine erneute Frist nach §276 Abs. 1 S. 1 setzen, → §276 Rdnr. 35 (21. Aufl.).

3. Entscheidung des Gerichts

a) Bei Vorliegen der Voraussetzungen

42 Liegen die genannten Voraussetzungen vor, so hat das Gericht der Klage ohne mündliche Verhandlung **durch Versäumnisurteil stattzugeben**, → Rdnr. 17. Die **Verkündung** des Versäumnisurteils wird gemäß §§310 Abs. 3, 317 Abs. 1 S. 1,3 durch **Zustellung an beide Parteien ersetzt**, Näheres → §310 Rdnr. 19ff. (21. Aufl.). Zum Beginn der Einspruchsfrist → §339 Rdnr. 1. Zur Bedeutung der Klageerwiderungsfrist, §276 Abs. 1 S. 2, im Einspruchsverfahren → §340 Rdnr. 12.

b) Bei unzulässiger oder unschlüssiger Klage

43 Bei Unzulässigkeit oder Unschlüssigkeit der Klage ist im schriftlichen Vorverfahren der **Erlass eines kontradiktorischen Urteils gegen den Kläger** (sog. unechtes Versäumnisurteil, → vor §330 Rdnr. 27ff.) **nicht zulässig**[55]. Das Gericht hat hier vielmehr einen Termin zur mündlichen Verhandlung anzuberaumen, → §276 Rdnr. 34 (21. Aufl.). Zur Entscheidung über Nebenforderungen → aber Rdnr. 49.

44 Für die Zulässigkeit eines kontradiktorischen Urteils im schriftlichen Vorverfahren wird neben dem Beschleunigungszweck der Vereinfachungsnovelle[56] die systematische Stellung von

---

[52] *KG* NJW-RR 1994, 1344; *Zöller/Herget*[25] Rdnr. 12; *Baumbach/Lauterbach/Hartmann*[63] Rdnr. 17; *Rosenberg/Schwab/Gottwald*[16] §104 Rdnr. 47; *A.M.; OLG München* MDR 1980, 235.

[53] *OLG München* MDR 1983, 324; MünchKomm ZPO – *Prütting*[2] Rdnr. 48; *Rosenberg/Schwab/Gottwald*[16] §104 Rdnr. 47.

[54] *OLG München* MDR 1983, 324.

[55] Sehr streitig; umfassende Nachweise zum Streitstand → §276 Rdnr. 34 Fn. 33 (21. Aufl.); s. zuletzt *Stieper* JR 2005, 397 (Zulässigkeit eines unechten Versäumnisurteils).

[56] *OLG Frankfurt* MDR 1984, 322.

§331 Abs.3 und der Wortlaut der Vorschrift angeführt: Aus der Anfügung des Abs.3 lasse sich folgern, dass die Regelung des Abs.2 auch im schriftlichen Vorverfahren gelte, so dass die Klage bei fehlender Schlüssigkeit abzuweisen sei[57]. Das Gericht habe ferner »die Entscheidung« zu treffen, nicht nur eine dem klägerischen Antrag stattgebende Entscheidung[58]. Diese Auffassung wird durch die Entstehungsgeschichte der Vereinfachungsnovelle gestützt[59]. Im Übrigen ging man auch im Gesetzgebungsverfahren von der Zulässigkeit eines kontradiktorischen Urteils gegen den Kläger im schriftlichen Vorverfahren aus[60].

45 Gleichwohl kann der genannten Auffassung **nicht gefolgt** werden. Sie verstößt gegen zentrale zivilprozessuale Grundsätze. Zunächst verletzt die Klageabweisung durch kontradiktorisches Urteil im schriftlichen Vorverfahren den Kläger in seinem **Recht auf rechtliches Gehör**, Art.103 Abs.1 GG[61], das in §139 Abs.2 eine spezielle zivilprozessuale Ausprägung erfahren hat, die auch im schriftlichen Vorverfahren gilt, → §139 Rdnr.61. Danach darf das Gericht seine Entscheidung auf rechtliche Gesichtspunkte, die eine Partei erkennbar übersehen oder für unerheblich gehalten hat, nur dann stützen, wenn es vorher Gelegenheit zur Äußerung gegeben hat. Gerade das ist aber beim kontradiktorischen Urteil gegen den Kläger im schriftlichen Vorverfahren der Fall. Denn dieser geht, wenn er Antrag auf Erlass eines Versäumnisurteils stellt, in aller Regel davon aus, dass seine Klage zulässig und schlüssig ist. Verschiedentlich wird deshalb ein kontradiktorisches Urteil gegen den Kläger erst nach einem entsprechenden Hinweis des Gerichts für zulässig gehalten[62], wodurch die praktische Bedeutung der hier abgelehnten Auffassung stark eingeschränkt wird.

46 Gegen die Zulässigkeit eines kontradiktorischen Urteils gegen den Kläger im schriftlichen Vorverfahren spricht weiter, dass die ZPO den Begriff »Versäumnisurteil« nur bei Verurteilung aufgrund der Säumnis verwendet, → vor §330 Rdnr.15, so dass es sich bei einem Urteil gegen die nicht säumige Partei keinesfalls um ein Versäumnisurteil, sondern stets um eine kontradiktorische Entscheidung handelt, → vor §330 Rdnr.18ff.

47 Für ein solches Urteil gilt aber der **Grundsatz der mündlichen Verhandlung**, §128 Abs.1. Beim schriftlichen Vorverfahren handelt es sich nämlich nur um ein funktional begrenztes schriftliches Verfahren, das die grundsätzliche Notwendigkeit einer mündlichen Verhandlung nicht berührt, → §276 Rdnr.5f. (21.Aufl.). Eine streitige Entscheidung ohne mündliche Verhandlung ist nach der ZPO nur unter den Voraussetzungen des §128 Abs.2, 3 zulässig, an denen es aber im schriftlichen Vorverfahren fehlt. Vor allem ist es nicht möglich, die Säumnis des Beklagten oder den Antrag des Klägers in der Klageschrift, bei Vorliegen der Voraussetzungen des §331 Abs.3 ohne mündliche Verhandlung durch Versäumnisurteil zu entscheiden, als Zustimmung zu einer Entscheidung ohne mündliche Verhandlung nach §128 Abs.2 auszulegen[63].

48 Zum Vorgehen des Gerichts im Falle des §335 Abs.1 Nr.4 → §335 Rdnr.18.

49 Abweichend von dem unter → Rdnr.64ff. Ausgeführten ermöglicht Abs.3 S.3 (angefügt durch G. v. 30.08.2004, BGBl. I 2198) den Erlass eines klageabweisenden unechten Versäumnisurteils hinsichtlich einer vom Kläger nicht schlüssig vorgetragenen **Nebenforderung**. Der Begriff »Nebenforderung« ist im selben Sinn zu verstehen wie bei §4 Abs.1 Hs.2; → dazu §4

---

57 *OLG Celle* NJW 1980, 2140 (zust. *Kniestedt*); *OLG Brandenburg* MDR 1997, 1158.

58 *OLG Frankfurt* MDR 1984, 322; *Baumbach/Lauterbach/Hartmann*[63] Rdnr.24.

59 Vgl. Bericht und Antrag des Rechtsausschusses des Bundestags, BT-Drucks. 7/5250, S.11.

60 Vgl. die amtliche Begründung des Regierungsentwurfs zur Vereinfachungsnovelle, BT-Drucks. 7/2729, S.80.

61 *OLG Nürnberg* NJW 1980, 460.

62 *Bergerfurth* JZ 1978, 300; *Kramer* NJW 1977, 1657f.; MünchKommZPO – *Prütting*[2] Rdnr.50; *Rosenberg/Schwab/Gottwald*[16] §104 Rdnr.48.

63 *Zöller/Herget*[25] Rdnr.13.

Rdnr. 16ff. Voraussetzung für die Abweisung der Nebenforderung ohne mündliche Verhandlung ist, dass der Kläger vor der Entscheidung auf diese Möglichkeit hingewiesen worden ist. In der Regel wird dies bei der Unterrichtung des Klägers von der Aufforderung an den Beklagten nach §276 Abs. 1 S. 1 erfolgen. Der Hinweis kann aber auch noch später gegeben werden. Im Hinblick auf Art. 6 der Europäischen Menschenrechtskonvention, → §128 Rdnr. 5, hat der Kläger aber die Möglichkeit, auf einer mündlichen Verhandlung zu bestehen[64]. In diesem Fall kann auch hinsichtlich einer Nebenforderung kein klageabweisendes Versäumnisurteil ergehen. Voraussetzung für ein solches Urteil ist im Übrigen, dass in der Hauptsache der Klage vollinhaltlich durch Versäumnisurteil nach Abs. 3 S. 1 stattgegeben wird. Ist die Klage in der Hauptsache teilweise unschlüssig, so kann eine Nebenforderung auch dann nicht ohne mündliche Verhandlung abgewiesen werden, wenn gegen den Beklagten ein Teilversäumnisurteil ergeht.

§331a Entscheidung nach Aktenlage

Beim Ausbleiben einer Partei im Termin zur mündlichen Verhandlung kann der Gegner statt eines Versäumnisurteils eine Entscheidung nach Lage der Akten beantragen; dem Antrag ist zu entsprechen, wenn der Sachverhalt für eine derartige Entscheidung hinreichend geklärt erscheint. §251a Abs. 2 gilt entsprechend.

Gesetzesgeschichte: Eingefügt durch Nov. 1924 (RGBl. I 135). S. 2 geändert durch Nov. 1950 (BGBl. S. 455) und Vereinfachungsnovelle (BGBl. 1976 I 3281).

Stichwortverzeichnis → »Schlüssel zum Versäumnisverfahren« zu Beginn der Vorbemerkungen vor §330.

I. Der Antrag auf Entscheidung nach Aktenlage[1]

1. Zweck der Vorschrift und Voraussetzungen für den Antrag

1 §331a gibt der erschienenen Partei unter bestimmten Voraussetzungen, → Rdnr. 8ff., die Möglichkeit, statt eines Versäumnisurteils eine **instanzbeendende Entscheidung nach Lage der Akten** zu beantragen. Anders als beim Versäumnisurteil, gegen das der Gegner Einspruch einlegen kann, §338 S. 1, stehen gegen die Entscheidung nach Lage der Akten – wenn über-

[64] *Knauer/Wolf* NJW 2004, 2857, 2861.
[1] Literatur → bei §251a.

haupt – nur die üblichen Rechtsmittel der Berufung und Revision offen. Auch ist zu beachten, dass der Einspruch gegen ein Versäumnisurteil keiner Entschuldigung der säumigen Partei bedarf, → §338 Rdnr. 1. Hingegen kann die säumige Partei den Erlass einer Entscheidung nach Lage der Akten nur verhindern, wenn sie ihr Ausbleiben im Termin genügend entschuldigt, §251a Abs. 2 S. 4, → §251a Rndr. 19. Mit der Entscheidung nach Lage der Akten wird deshalb der erschienenen Partei eine Möglichkeit der Prozessbeschleunigung gegeben (allgemein zur Entscheidung nach Lage der Akten → vor §330 Rdnr. 24). Der Antrag auf Erlass der Entscheidung nach Lage der Akten ist ebenso wie derjenige auf Erlass des Versäumnisurteils Prozessantrag[2], → vor §330 Rdnr. 18. In dem ursprünglichen Klageantrag ist er nicht schon mit enthalten[3]. Er kann auch noch in dem Termin gestellt werden, auf den die mündliche Verhandlung vertagt war, sofern die andere Partei in diesem Termin ausgeblieben ist[4].

2. Wirkung des Antrags

2 Der Antrag auf Entscheidung nach Lage der Akten leitet **keine Verhandlung zur Sache** ein[5], weshalb es keines Sachvortrags der erschienenen Partei bedarf (anders → §330 Rdnr. 2, → §331 Rdnr. 2). An den Antrag als solchen können sich demgemäß auch keinerlei Prorogations- oder Präklusionswirkungen knüpfen, → §251a Rdnr. 12. Erlässt aber das Gericht eine Entscheidung nach Lage der Akten, so ist das schriftsätzlich Angekündigte damit rückwirkend Prozessstoff geworden; es tritt also, wenn sich der Beklagte z.B. schriftsätzlich vorbehaltlos zur Hauptsache erklärt hatte, Prorogation nach §39 ein.

3. Eventualstellung von Anträgen

3 Eine **Eventualstellung von Anträgen** dergestalt, dass Entscheidung nach Lage der Akten und für den Fall ihrer Ablehnung Versäumnisurteil (oder umgekehrt) begehrt wird, **ist zulässig**[6]. Ausgeschlossen ist dagegen ein beschränkter Antrag für den Fall, dass die Entscheidung in einem bestimmten Sinne, z.B. nur zugunsten der Partei oder nur als Beweisbeschluss ergeht[7]; ein solcher Antrag ist als nicht gestellt zu behandeln. Beschränkt die erschienene Partei den Antrag auf Versäumnisurteil auf einen zur Erledigung durch Teilurteil geeigneten Teil des Anspruchs, → §330 Rdnr. 3 und → §331 Rdnr. 1, so kann hinsichtlich des anderen Teils Entscheidung nach Lage der Akten beantragt werden. Auch im Übrigen kann der Antrag auf einen Teil des Anspruchs beschränkt werden[8]. Eine Kumulation beider Anträge oder das Stellen beider Anträge wahlweise ist ausgeschlossen[9].

4. Zweckmäßigkeit des Antrags

4 Ob die erschienene Partei Versäumnisurteil oder Entscheidung nach Lage der Akten beantragen soll, ist eine reine **Zweckmäßigkeitsfrage**, für die einmal die konkrete Streitlage, andererseits aber auch die größere oder geringere Wahrscheinlichkeit des Einspruchs bei Erlass ei-

---

[2] MünchKomm ZPO – *Prütting*[2] Rdnr. 6.
[3] MünchKomm ZPO – *Prütting*[2] Rdnr. 6; *Musielak/Stadler*[4] Rdnr. 3.
[4] *BGH* NJW 1964, 658; *Zöller/Herget*[25] Rdnr. 2.
[5] MünchKomm ZPO – *Prütting*[2] Rdnr. 6.
[6] MünchKomm ZPO – *Prütting*[2] Rdnr. 69; *Musielak/Stadler*[4] Rdnr. 3; *Reichold* in *Thomas/Putzo*[26] Rdnr. 2.
[7] MünchKomm ZPO – *Prütting*[2] Rdnr. 8; *Musielak/Stadler*[4] Rdnr. 3; *Baumbach/Lauterbach/Hartmann*[63] Rdnr. 4; *Reichold* in *Thomas/Putzo*[26] Rdnr. 2.
[8] MünchKomm ZPO – *Prütting*[2] Rdnr. 8; *Musielak/Stadler*[4] Rdnr. 3.
[9] MünchKomm ZPO – *Prütting*[2] Rdnr. 9.

nes Versäumnisurteils von wesentlicher Bedeutung ist. Auch wird die erschienene Partei eher zum Antrag auf Erlass einer Entscheidung nach Aktenlage tendieren, wenn die säumige Partei ihr Ausbleiben nicht zu entschuldigen vermag, → Rdnr. 1 und → Rdnr. 10. Für das Gericht ergibt sich unter Umständen die Pflicht zur Belehrung aus § 139 über die weitere Verfahrensgestaltung.

5 Wegen des Falls, dass die erschienene Partei **gar keinen Antrag stellt** → vor § 330 Rdnr. 12.

II. Die Entscheidung nach Aktenlage

1. Allgemeines

6 Liegen die genannten Voraussetzungen, Säumnis und Antrag vor, so »**ist dem Antrag zu entsprechen**«, wenn der Sachverhalt für eine derartige Entscheidung hinreichend geklärt erscheint. Ob diese Entscheidungsreife, → § 251a Rdnr. 11ff., vorliegt, beurteilt das Gericht, ähnlich wie bei einem Teilurteil (→ § 301 Rdnr. 15–21. Aufl. –) nach seinem **sachgemäßen Ermessen**[10]. Dieses bezieht sich allerdings nur auf die Frage der Entscheidungsreife. Im Gegensatz zu § 251a, wo das Gericht in seinem Ermessen völlig frei ist, darf es also eine Entscheidung nach Lage der Akten nicht aus Gründen ablehnen, die außerhalb des abzuurteilenden Tatbestands liegen[11]. Eine Ablehnung, weil das Gericht etwa mit der Möglichkeit von Vergleichsverhandlungen rechnet oder annimmt, die säumige Partei werde sich entschuldigen, → Rdnr. 10, ist nicht möglich.

7 Ebenso wie bei § 251a, → § 251a Rdnr. 6, kann das Gericht **alle Entscheidungen** treffen, zu deren Erlass es aufgrund mündlicher Verhandlung befugt wäre[12]; wegen der für den Erlass eines Urteils bestehenden Beschränkungen → Rdnr. 8ff. Wegen des bei der Entscheidung **zu berücksichtigenden Prozessstoffs** gilt das gleiche wie im Fall des § 251a. Besondere Erfordernisse sind hier nicht aufgestellt. Es kann daher auf die Erläuterungen zu § 251a und die dort in Bezug genommenen Darlegungen zu § 128 Abs. 2 verwiesen werden, → § 251a Rdnr. 7, → § 128 Rdnr. 49ff. Zu berücksichtigen ist also insbesondere auch dasjenige, was die säumige Partei in vorbereitenden Schriftsätzen vorgetragen hat. Weiter sind die Ergebnisse früherer Verhandlungstermine und Beweisaufnahmen zu berücksichtigen[13]. Dagegen ist der mündliche Vortrag in dem Termin, in dem der Antrag auf Erlass eines Urteils nach Aktenlage gestellt wird, nicht zu berücksichtigen[14]. Gleiches gilt für die Ergebnisse einer erst in diesem Termin durchgeführten Beweiserhebung[15]. Zur Frage der rechtzeitigen Mitteilung des tatsächlichen Vorbringens und der Anträge → § 251a Rdnr. 7 und → § 335 Rdnr. 8ff. Wegen der Besetzung des Gerichts → § 309 Rdnr. 17 (21. Aufl.). Bei der Kammer für Handelssachen trifft der Vorsitzende die Entscheidung nach Lage der Akten allein, § 349 Abs. 2 Nr. 5.

---

[10] *Zöller/Herget*[25] Rdnr. 2; *Musielak/Stadler*[4] Rdnr. 3; *Reichold* in *Thomas/Putzo*[26] Rdnr. 3; *A.M.* MünchKomm ZPO – *Prütting*[2] Rdnr. 10 (Rechtsfrage).

[11] *Musielak/Stadler*[4] Rdnr. 3.

[12] MünchKomm ZPO – *Prütting*[2] Rdnr. 16.

[13] MünchKomm ZPO – *Prütting*[2] Rdnr. 2.

[14] MünchKomm ZPO – *Prütting*[2] Rdnr. 2.

[15] Bedenklich *BGH* NJW 2002, 310: Berücksichtigung der mündlichen Erläuterung eines nach § 411 Abs. 3 geladenen Sachverständigen, → aber § 251a Rdnr. 12.

2. Beschränkungen durch entsprechende Anwendung von §251a Abs. 2

8 Ein **Urteil** (nicht auch ein Beschluss oder eine Verfügung) nach Lage der Akten kann nur unter den Voraussetzungen des §251a Abs. 2 erlassen werden, S. 2. Dies gilt unabhängig davon, ob es sich um ein End- oder um ein Zwischenurteil handelt[16]. Im Einzelnen:

9 Es muss in der jeweiligen Instanz[17] bereits eine **mündliche Verhandlung stattgefunden** haben; Einzelheiten dazu → §251a Rdnr. 13ff. Wegen eines vorausgegangenen Verfahrens nach §128 Abs. 2 → §251a Rdnr. 15.

10 Die Entscheidung darf nur in einem auf **mindestens zwei Wochen hinaus anzusetzenden Termin** (§251a Abs. 2 S. 2), der der nicht erschienenen Partei formlos mitzuteilen ist, §251a Abs. 2 S. 3, verkündet werden. Bei einer anwaltlich vertretenen Partei hat die formlose Mitteilung nicht an die Partei persönlich, sondern nach §172 Abs. 1 S. 1 an ihren Prozessbevollmächtigten zu erfolgen, → §172 Rdnr. 6. Bis spätestens am 7. Tag vor dem Verkündungstermin hat die säumige Partei die Möglichkeit, ihr Ausbleiben zu entschuldigen; in diesem Fall ergeht kein Urteil nach Lage der Akten, sondern das Gericht hat einen neuen Termin zur mündlichen Verhandlung zu bestimmen, §251a Abs. 2 S. 4, Einzelheiten → §251a Rdnr. 19ff.

3. Entscheidung nach Aktenlage bei unzulässiger oder unschlüssiger Klage?

11 Nach dem Wortlaut von §331a müsste eine Entscheidung nach Lage der Akten auch in den Fällen möglich sein, in denen ein Versäumnisurteil deshalb nicht erlassen werden darf, weil die Klage unzulässig ist, → §330 Rdnr. 2 und 8f. sowie → §331 Rdnr. 11 und 15, oder weil es an der Schlüssigkeit des klägerischen Vorbringens fehlt, → §331 Rdnr. 16. In diesen Fällen ist jedoch eine **Entscheidung nach Lage der Akten nicht zulässig**, sondern das Gericht hat die Klage durch kontradiktorisches Urteil abzuweisen bzw. im Fall des §335 Abs. 1 Nr. 1 den Antrag durch Beschluss zurückzuweisen, → §335 Rdnr. 24 und 28. Demgegenüber will die h. M. auch bei Unzulässigkeit oder Unschlüssigkeit der Klage die Entscheidung nach Lage der Akten ergehen lassen, wobei jedoch die Voraussetzungen des §251a Abs. 2 nicht erforderlich sein sollen[18]. Im Ergebnis unterscheidet sich die h. M. damit von der hier vertretenen Auffassung nicht. Abzulehnen ist es dagegen, dass die Aktenlagenentscheidung auch bei Unzulässigkeit oder Unschlüssigkeit der Klage nur unter den Voraussetzungen von §251a Abs. 2 zulässig sein soll[19].

12 Die hier vertretene Auffassung ergibt sich zwar nicht aus dem Wortlaut der Vorschrift, wohl aber aus ihrer **Entstehungsgeschichte** und ihrem **Zweck**. Schon vor Einführung des §331a durch die Novelle 1924 wurde weithin vertreten, dass bei unzulässiger oder unschlüssiger Klage statt eines Versäumnisurteils Abweisung der Klage als unzulässig bzw. als unbegründet zu erfolgen habe; für den Fall der Unschlüssigkeit sprach dies auch damals schon §331 Abs. 2, 2. Halbs. aus. Das 1924 neu in die ZPO eingefügte Institut der Entscheidung nach Lage der Akten wollte die bisherigen Entscheidungsmöglichkeiten nicht abändern, sondern eine zusätzliche Entscheidungsmöglichkeit im Interesse der Prozessbeschleunigung einfügen. Noch mehr spricht der Zweck der Vorschrift gegen ihre Anwendung auf unzulässige oder unschlüssige Klagen: Der erschienenen Partei soll eine **zusätzliche Möglichkeit** gegeben werden, schnell zu einer prozessbeendenden Entscheidung in der jeweiligen Instanz zu gelangen, um

---

[16] *Musielak/Stadler*[4] Rdnr. 4.

[17] *BGHZ* 37, 79, 81 = NJW 1962, 1149; *RGZ* 149, 157; *Münzberg* JuS 1963, 219; MünchKomm ZPO – *Prütting*[2] Rdnr. 12.

[18] *BGH* NJW 1962, 1149; *Zöller/Herget*[25] Rdnr. 2; *Baumbach/Lauterbach/Hartmann*[63] Rdnr. 6.

[19] So MünchKomm ZPO – *Prütting*[2] Rdnr. 20; *Musielak/Stadler*[4] Rdnr. 7; *Reichold* in *Thomas/Putzo*[26] Rdnr. 4.

eine Prozessverschleppung durch bloße Terminsversäumung zu unterbinden[20]. Dieser Zweck wäre aber vereitelt, wenn §331a auch auf unzulässige oder unschlüssige Klagen angewandt würde. Dann könnte eine solche kontradiktorische Entscheidung wegen der Verweisung auf §251a Abs. 2, → Rdnr. 8ff., nur ergehen, wenn vorher mündlich verhandelt worden wäre. Auch stünde der säumigen Partei die Möglichkeit einer Entschuldigung zur Verfügung, → Rdnr. 10, so dass das Gericht die Prozessabweisung oder das abweisende Sachurteil nicht erlassen könnte, wenn der Gegner sich gemäß §251a Abs. 2 S. 4 entschuldigt. Es müsste dann neuer Termin anberaumt werden, statt dass das Gericht das kontradiktorische Urteil sofort erlässt. Bei Unzulässigkeit der Klage wird diese Auffassung schließlich auch noch durch §335 Abs. 1 Nr. 1, → dort Rdnr. 24 und 28, gestützt: Aus dieser Vorschrift folgt, dass auch die Entscheidung nach Lage der Akte eine zulässige Klage voraussetzt.

4. Zurückweisung des Antrags auf Entscheidung nach Aktenlage gemäß §§335, 337

13 Liegt einer der in §335 aufgeführten Mängel vor, → §335 Rdnr. 23ff., oder fehlt es an der Entscheidungsreife, sei es, dass etwa Zweifel hinsichtlich des zu berücksichtigenden Prozessstoffs bestehen oder Gegenerklärungen zu tatsächlichem Vorbringen noch ausstehen, so ist der **Antrag zurückzuweisen**, §335 Abs. 1. Das gleiche gilt, wenn der Rechtsstreit zwar entscheidungsreif ist, das Urteil aber mangels einer früheren mündlichen Verhandlung nicht erlassen werden kann, → dazu aber auch Rdnr. 12. Der zurückweisende Beschluss ist unanfechtbar, §336 Abs. 2, → dazu §335 Rdnr. 28. Bei Zurückweisung des Antrags ist ein neuer Verhandlungstermin zu bestimmen, und zwar auch ohne einen dahingehenden Antrag[21]. Eine Anordnung des Ruhens des Verfahrens in entsprechender Anwendung von §251a Abs. 3 scheidet deswegen aus, weil S. 2 nur §251a Abs. 2, und nicht auch Abs. 3 für entsprechend anwendbar erklärt[22]. Zu dem neuen Termin ist der säumige Gegner von Amts wegen zu laden, → §335 Rdnr. 28. Eine Entscheidung nach Lage der Akten darf ferner nicht ergehen, wenn die Voraussetzungen des §337 vorliegen. In diesem Fall muss das Gericht die Verhandlung vielmehr von Amts wegen vertagen.

III. Gebühren

14 Für die **Gerichtsgebühren** gelten bei Erlass des Urteils nach Lage der Akten keine Besonderheiten. Die Gebühren erwachsen nicht anders, als wenn nach mündlicher Verhandlung entschieden worden wäre. Der Beschluss, durch den der Antrag auf Erlass einer Entscheidung nach Lage der Akten zurückgewiesen wird, ist gebührenfrei. Wegen der **Anwaltsgebühren** s. VV Nr. 3104; der Anwalt erhält die volle Terminsgebühr; VV Nr. 3105 ist nicht anwendbar, da Antrag auf Erlass eines instanzbeendenden Sachurteils und nicht nur eines Versäumnisurteils gestellt worden ist.

---

[20] So die Begründung des Reichsjustizministeriums im »Entwurf einer Zivilprozessordnung« (Berlin 1931), 255.
[21] MünchKomm ZPO – *Prütting*[2] Rdnr. 22.
[22] *OLG Frankfurt* NJW-RR 1998, 1288; MünchKomm ZPO – *Prütting*[2] Rdnr. 22.

§332 Begriff des Verhandlungstermins

Als Verhandlungstermin im Sinne der vorstehenden Paragraphen sind auch diejenigen Termine anzusehen, auf welche die mündliche Verhandlung vertagt ist oder die zu ihrer Fortsetzung vor oder nach dem Erlass eines Beweisbeschlusses bestimmt sind.

Gesetzesgeschichte: Ursprünglich §297 CPO. Sprachliche Änderung durch Novelle 1950 (BGBl. S.455).

Stichwortverzeichnis → **»Schlüssel zum Versäumnisverfahren«** zu Beginn der Vorbemerkungen vor §330.

I. Begriff des Verhandlungstermins

1. Grundsatz

1 Die Bedeutung von §332 beschränkt sich nicht auf das Versäumnisverfahren nach §§330, 331. Die Vorschrift gilt vielmehr auch für eine Entscheidung nach Lage der Akten[1]. Aus dem Grundsatz der Einheitlichkeit der mündlichen Verhandlung (→ §128 Rdnr.39) folgt, dass in jedem späteren Termin immer wieder der ganze Streitstoff den Gegenstand der Entscheidung bildet. Deshalb treten, wenn eine Partei in einem späteren Termin nicht erscheint, die in §§330, 331 angeordneten Säumnisfolgen ebenso ein wie im ersten Termin, also **ohne Rücksicht auf den Inhalt der früheren kontradiktorischen Verhandlung**, → vor §330 Rdnr.2. Gerichtliche Geständnisse, Anerkenntnisse und Verzichte (es sei denn, es ist bereits ein Teilurteil nach §306 oder §307 ergangen[2]) und die Ergebnisse vorangegangener Beweisaufnahmen verlieren durch die Versäumung eines nachfolgenden Termins bzw. der sich anschließenden Verhandlung im Falle des §370 (→ dort Rdnr.6) ihre Bedeutung, → auch §331 Rdnr.3, und erlangen sie erst durch Einlegung des Einspruchs wieder, §342.

2 Zur Säumnis während eines Teils eines einheitlichen Termins → §334 Rdnr.4f. Zur Säumnis im Termin zur Beweisaufnahme s. §367 Abs.1.

2. Einschränkung durch §318

3 Eine Einschränkung erleidet der dargestellte Grundsatz, → Rdnr.1, durch §318, wonach das Gericht an die in seinen End- und Zwischenurteilen enthaltenen **Entscheidungen gebunden** ist. In einem späteren Verhandlungstermin binden damit auch die Vorbehaltsurteile nach §§302, 599 sowie ein Zwischenurteil nach §280, → §280 Rdnr.35 (21.Aufl.), oder nach §304 (bei Säumnis des Beklagten). Unerheblich wird dagegen bei Säumnis des Klägers ein Grundurteil nach §304 deshalb, weil es den nach §330 eintretenden Rechtsfolgen widerspricht[3]; → auch §347 Rdnr.2. Weiter wird die frühere Verhandlung des Beklagten zur Hauptsache in ihrer Bedeutung für die Zuständigkeit, → §39 Rdnr.6ff., und für die Heilung von Klagemängeln, → §253 Rdnr.181 (21.Aufl.), durch den Fortfall des Verhandlungsinhalts

---

[1] *BGH* NJW 1964, 658; MünchKomm ZPO – *Prütting*² Rdnr.1; *Zöller/Herget*²⁵ Rdnr.1; *Reichold* in *Thomas/Putzo*²⁶ Rdnr.1.

[2] MünchKomm ZPO – *Prütting*² Fn.2; *Musielak/Stadler*⁴ Rdnr.1.

[3] MünchKomm ZPO – *Prütting*² Rdnr.3; *Musielak/Stadler*⁴ Rdnr.3.

nicht beseitigt[4]. Die dadurch herbeigeführten Wirkungen bleiben auch bei Säumnis einer Partei bestehen[5]. Über die Berücksichtigung des früher Vorgetragenen → auch §335 Rdnr. 12.

II. Besondere Termine

4 §332 gilt für **jeden nachfolgenden Verhandlungstermin** vor Erlass des Endurteils, sofern der Termin nicht lediglich zur Verhandlung eines Zwischenstreits unter den Parteien bestimmt ist, → §347 Rdnr. 5. Über die Säumnis nach Beschränkung der Verhandlung gemäß §146 → dort Rdnr. 12 a.E.; über die Termine zur Beweisaufnahme und Fortsetzung der mündlichen Verhandlung → §370 Rdnr. 1ff. und → §334 Rdnr. 5; s. weiter §454 Abs. 2. §332 ist in der Berufungs- und Revisionsinstanz entsprechend anwendbar[6].

§333 Nichtverhandeln der erschienenen Partei

Als nicht erschienen ist auch die Partei anzusehen, die in dem Termin zwar erscheint, aber nicht verhandelt.

Gesetzesgeschichte: Ursprünglich §298 CPO. Sprachliche Änderung durch Novelle 1950 (BGBl. S. 455).

Stichwortverzeichnis → »Schlüssel zum Versäumnisverfahren« zu Beginn der Vorbemerkungen vor §330.

I. Begriff des Verhandelns

1. Allgemeines

1 »Verhandeln« ist **jede aktive Beteiligung einer Partei** an der Erörterung des Rechtsstreits vor **Gericht**[1], mag sie sich auf die Tat- oder die Rechtsfrage beziehen; dazu, ob ein Antrag gestellt werden muss → Rdnr. 7. Eine Verhandlung zur Hauptsache in einer der verschiedenen-

---

4 MünchKomm ZPO – *Prütting*[2] Rdnr. 3.
5 *OLG Bamberg* NJW-RR 1996, 317.
6 *Musielak/Stadler*[4] Rdnr. 2.
1 *Musielak/Stadler*[4] Rdnr. 2.

Bedeutungen dieses Begriffs, → dazu §39 Rdnr. 7, ist nicht erforderlich; es genügt also auch eine Verhandlung über prozessuale Vorfragen, insbesondere über prozessuale Einreden[2]. Das Verhandeln kann in jedem Augenblick des Termins erfolgen. Hat die Partei zunächst nicht verhandelt, sich im Laufe des Termins aber noch zum Verhandeln entschlossen, so wird dadurch die Säumnis beendet, weshalb kein Versäumnisurteil ergehen kann[3], → auch §220 Rdnr. 11. Ob ein Verhandeln anzunehmen ist, muss nach den besonderen Umständen des Einzelfalls, und zwar für jeden Termin selbständig, §332, beantwortet werden.

2 Ein Nichtverhandeln im Termin setzt allerdings stets einen **ordnungsgemäßen Aufruf der Sache** (→ dazu §220 Rdnr. 4) voraus. Art. 103 Abs. 1 GG gebietet es nämlich, den Termin, der nach §220 Abs. 1 mit dem Aufruf der Sache beginnt, so zu gestalten, dass es der Partei effektiv möglich ist, den Termin wahrzunehmen[4], → auch vor §128 Rdnr. 42ff.

3 Als nicht erschienen gilt eine Partei, wenn sie **im Termin überhaupt nicht verhandelt**. Auf den Beweggrund der Partei kommt es dabei nicht an. Außer dem Stummbleiben gehört dazu etwa auch der Fall, dass die Partei zunächst erscheint, sich aber vor Beginn der Verhandlung wieder entfernt[5]. Unerheblich ist, ob die erschienene Partei zu einer Verhandlung überhaupt in der Lage ist (z.B. fehlende Kenntnis der deutschen Sprache, §184 GVG, → aber §337 Rdnr. 9a). Das Nichtverhandeln steht dem Nichterscheinen in jeder Beziehung gleich, also namentlich auch für die Notwendigkeit der Prüfung der Zuständigkeit, → §39 Rdnr. 14, und die Zulässigkeit des Verfahrens nach §251 a, s. §251 a Abs. 1.

2. Einzelfälle

a) Anwaltsprozess

4 An einem Verhandeln fehlt es, wenn eine Partei in einem Prozess, für den **Anwaltszwang** besteht, nicht durch einen beim Prozessgericht zugelassenen Anwalt vertreten ist[6], weil sie selbst oder ein nicht beim Prozessgericht zugelassener Anwalt mangels Postulationsfähigkeit nicht wirksam verhandeln können, → §78 Rdnr. 19.

b) Vollmachtloser Rechtsanwalt

5 Tritt für die nicht erschienene Partei ein Anwalt auf, der **keine Prozessvollmacht** hat, so ist sie im Termin nicht vertreten und somit säumig. Wird der Mangel der Vollmacht erst gerügt, nachdem der vollmachtlose Anwalt bereits zur Sache verhandelt hat, so kann entgegen der Auffassung des BGH[7] auf Antrag noch im selben Termin ein Versäumnisurteil ergehen, weil auch das bisherige Verhandeln des vollmachtlosen Anwalts von der Rüge erfasst wird und deshalb nicht mehr als wirksam behandelt werden kann. Meistens wird es in derartigen Fällen allerdings auch an einer wirksamen Ladung der Partei oder (und) an einer wirksamen Klageerhebung fehlen, weshalb der Erlass eines Versäumnisurteils an §335 Abs. 1 Nr. 1, 2 scheitert, → §88 Rdnr. 12.

---

[2] *BGH* NJW 1967, 728 = ZZP 80 (1967), 482 *(Münzberg)*; *Zöller/Herget*[25] Rdnr. 2.
[3] *BGH* NJW 1993, 861; MünchKomm ZPO – *Prütting*[2] Rdnr. 4; *Musielak/Stadler*[4] §334 Rdnr. 3; *Zöller/Herget*[25] Rdnr. 2.
[4] *BVerfGE* 42, 364, 373 = NJW 1977, 1443.
[5] MünchKomm ZPO – *Prütting*[2] Rdnr. 4.
[6] MünchKomm ZPO – *Prütting*[2] Rdnr. 6.
[7] *BGH* WM 1977, 821; ebenso *Musielak/Stadler*[4] §334 Rdnr. 5.

c) Zwangsweise Entfernung oder Zurückweisung der Partei oder ihres Vertreters

6 Bei zwangsweise aus der Verhandlung entfernten oder nach §157 Abs. 2 wegen Unfähigkeit zum Vortrag zurückgewiesenen Personen kann (nicht muss) auf Antrag, §158 S. 1, Säumnis angenommen werden, → §158 Rdnr. 2. Während der einstweiligen Zulassung nach §89 ist ein Versäumnisurteil unzulässig, → §89 Rdnr. 4.

d) Stellen von Anträgen

7 Zur Annahme einer Verhandlung ist es erforderlich, dass in der Hauptsache **ein Antrag** gestellt wird[8], → einschränkend §297 Rdnr. 7 (21. Aufl.). Zumindest ist bei Einverständnis des Gegners gegen die in der Praxis verbreitete Übung nichts einzuwenden, dass sich ein Anwalt von Anfang an vorbehält, erst nach Erörterung der Sach- und Rechtslage zu entscheiden, ob er einen Antrag stellt oder lieber ein Versäumnisurteil in Kauf nimmt. Die **Antragstellung allein** reicht für die Annahme eines Verhandelns in der Regel nicht aus[9], sondern nur dann, wenn der Antrag über die bloße Bitte hinaus bereits ein, wenn auch unvollständiges, begründendes oder erläuterndes Vorbringen enthält. Insbesondere kann in der Antragstellung eine konkludente Bezugnahme auf früheres (vor allem schriftliches) Vorbringen liegen, was als Verhandeln genügt[10]. Dies bietet sich insbesondere beim Klageabweisungsantrag des Beklagten an, wobei es unerheblich ist, ob der Beklagte eine Sach- oder eine Prozessabweisung anstrebt. Wenn sich allerdings der Beklagte noch nicht schriftlich geäußert hat und im Termin ein Anwalt auftritt, der über den Gegenstand der Klage nicht unterrichtet ist und deshalb weder in tatsächlicher noch in rechtlicher Hinsicht Stellung nehmen kann, liegt kein Verhandeln vor, auch wenn er einen Klageabweisungsantrag stellt[11].

e) Stellen von Prozessanträgen

8 Keine Verhandlung bildet das Stellen eines nur **das Verfahren betreffenden Antrags**, der sich nicht auf die Sache bezieht. Dies ist bei der Mehrzahl der **Prozessanträge** (zu ihnen → §297 Rdnr. 9–21. Aufl. –) der Fall. Nicht verhandelt wird daher mit der Stellung eines Antrags auf Prozesskostenhilfe[12], auf Vertagung[13], auf Trennung, Verbindung oder Aussetzung der Verhandlung nach §§145ff.[14], auf Ablehnung eines Richters[15] oder bei der Erklärung, dass die Partei wegen eines der in §335 aufgeführten Mängel die Verhandlung ablehne. Dasselbe gilt für die mangels Einwilligung des Beklagten gemäß §269 Abs. 1 unwirksame Klagerücknahmeerklärung des Klägers[16]. Dagegen ist ein Verhandeln bei Stellung eines **Antrags auf Abwei-**

---

[8] *OLG Frankfurt* NJW-RR 1998, 280; MünchKomm ZPO – *Prütting*² Rdnr. 3; *Musielak/Stadler*⁴ §334 Rdnr. 2; *Zöller/Herget*²⁵ Rdnr. 1. A.A. *LAG Berlin* LAGE §333 Nr. 1 (bei Erörterung der Sach- und Rechtslage und anschließender Erklärung, keinen Antrag stellen zu wollen).

[9] *RGZ* 132, 330, 336; *Rosenberg/Schwab/Gottwald*¹⁶ §104 Rdnr. 14.

[10] MünchKomm ZPO – *Prütting*² Rdnr. 7; *Zöller/Herget*²⁵ Rdnr. 1; *Reichold* in *Thomas/Putzo*²⁶ Rdnr. 2; *Musielak/Stadler*⁴ §334 Rdnr. 2.

[11] *OLG Bamberg* OLGZ 1976, 351; *OLG Zweibrücken* OLGZ 1983, 329; *OLG Schleswig* SchlHA 1986, 91; *OLG Düsseldorf* MDR 1987, 852; *LG Tübingen* NJW-RR 1987, 1212; MünchKomm ZPO – *Prütting*² Rdnr. 7; *Reichold* in *Thomas/Putzo*²⁶ Rdnr. 2; *Musielak/Stadler*⁴, §334 Rdnr. 5.

[12] MünchKomm ZPO – *Prütting*² Rdnr. 8; *Musielak/Stadler*⁴ Rdnr. 3.

[13] MünchKomm ZPO – *Prütting*² Rdnr. 8; *Reichold* in *Thomas/Putzo*²⁶ Rdnr. 1.

[14] *BGH* NJW-RR 1986, 1252; *Reichold* in *Thomas/Putzo*²⁶ Rdnr. 1; *Rosenberg/Schwab/Gottwald*¹⁶ §104 Rdnr. 14.

[15] *BGH* NJW-RR 1986, 1252; MünchKomm ZPO – *Prütting*² Rdnr. 8; *Musielak/Stadler*⁴ §334 Rdnr. 3; *Reichold* in *Thomas/Putzo*²⁶ Rdnr. 1; *Rosenberg/Schwab/Gottwald*¹⁶ §104 Rdnr. 14.

[16] *LG Freiburg* MDR 1969, 850.

sung der Klage als unzulässig unter den in → Rdnr. 7 behandelten Voraussetzungen zu bejahen[17]. Ebenso bei Stellen eines Beweisantrags[18].

f) Verhandeln nur zu Teilen des Klageanspruchs

9 Hat die Partei nur über einen der Erledigung durch Teilurteil fähigen Teil des Anspruchs oder über einen von mehreren Ansprüchen verhandelt, so ist § 333 im Übrigen anwendbar, so dass ein **Teilversäumnisurteil** ergehen kann[19]. Praktische Bedeutung hat das insbesondere bei der (objektiven und subjektiven) Klagehäufung sowie bei einem Verhandeln allein über die Klage oder die Widerklage. Beschränkt sich die Verhandlung dagegen auf einen nicht teilurteilsfähigen Verfahrensteil, so handelt es sich um ein unvollständiges Verhandeln nach § 334[20]; hier scheidet ein Teilversäumnisurteil aus.

3. Unwiderruflichkeit des Verhandelns

10 Hat die Partei einmal verhandelt, so kann sie ihre Säumnis nicht nachträglich durch Zurücknahme ihres Antrags oder durch Widerruf ihres Verhandelns herbeiführen[21]. Würde man dies zulassen, so könnte die Partei den Prozess durch missbräuchliche Handhabung des Versäumnisverfahrens verzögern, indem sie je nach dem Gang der Verhandlung der Gegenpartei die Möglichkeit nimmt, ein instanzbeendendes streitiges Urteil zu erwirken. Zum Vorbehalt eines Anwalts, sich erst nach Erläuterung der Sach- und Rechtslage zu erklären, ob er einen Antrag stellt → Rdnr. 7.

II. Entscheidung des Gerichts

1. Bei Antrag auf Versäumnisurteil oder Aktenlageentscheidung trotz Verhandelns

11 Über die Frage, ob ein Verhandeln vorliegt oder nicht, hat erforderlichenfalls das Gericht zu entscheiden, wobei es die Umstände des Einzelfalls berücksichtigen muss, → Rdnr. 1. Stellt eine Partei Antrag auf Erlass eines Versäumnisurteils oder einer Entscheidung nach Lage der Akten, so hat das Gericht, wenn seiner Auffassung nach auf gegnerischer Seite eine (wenn vielleicht auch nur unvollständige, § 334) Verhandlung vorliegt, den **Antrag durch Beschluss zurückzuweisen,** → § 335 Rdnr. 17. Zuvor muss die Partei jedoch nach § 139 darauf hingewiesen werden, dass die Entscheidung in der begehrten Form nicht ergehen kann[22]. Bei Antrag auf Versäumnisurteil kann trotz Entscheidungsreife deshalb kein kontradiktorisches Endurteil ergehen, weil der Antrag auf Versäumnisurteil nicht zugleich den Sachantrag der erschienenen Partei enthält, → vor § 330 Rdnr. 11. Aus dem gleichen Grund kann das Gericht im Falle des Antrags auf Entscheidung nach Aktenlage nicht die sich aufgrund der Verhandlung ergebende Entscheidung erlassen.

---

[17] MünchKomm ZPO – *Prütting*[2] Rdnr. 8; *Musielak/Stadler*[4] § 334 Rdnr. 3.
[18] *Zöller/Herget*[25] Rdnr. 2; *Musielak/Stadler*[4] § 334 Rdnr. 3.
[19] *BGH* NJW 2002, 145; MünchKomm ZPO – *Prütting*[2] Rdnr. 10; *Musielak/Stadler*[4] § 334 Rdnr. 4; *Zöller/Herget*[25] Rdnr. 3.
[20] *BGH* NJW 2000, 145.
[21] *OLG Frankfurt* ZIP 1981, 1192; MünchKomm ZPO – *Prütting*[2] Rdnr. 9.
[22] MünchKomm ZPO – *Prütting*[2] Rdnr. 2; *Musielak/Stadler*[4] § 334 Rdnr. 6.

2. Bei Antrag auf kontradiktorisches Urteil trotz Nichtverhandelns

12 Beantragt die Partei ein kontradiktorisches Urteil und nimmt das Gericht an, dass nicht verhandelt worden ist, so kann es deshalb **kein Versäumnisurteil** erlassen, weil dazu stets ein hierauf gerichteter besonderer Antrag erforderlich ist[23], → vor §330 Rdnr. 11. Zum weiteren Verfahren in diesem Fall → vor §330 Rdnr. 12.

§334 Unvollständiges Verhandeln

Wenn eine Partei in dem Termin verhandelt, sich jedoch über Tatsachen, Urkunden oder Anträge auf Parteivernehmung nicht erklärt, so sind die Vorschriften dieses Titels nicht anzuwenden.

Gesetzesgeschichte: Ursprünglich §299 CPO. Geändert durch Novelle 1933 (RGBl. I 780). Sprachliche Änderung durch Novelle 1950 (BGBl. S. 455).

Stichwortverzeichnis → »Schlüssel zum Versäumnisverfahren« zu Beginn der Vorbemerkungen vor §330.

I. Sachlich unvollständiges Verhandeln

1 Die Vorschrift stellt klar, dass eine **Säumnis nicht vorliegt**, wenn eine Partei nur **unvollständig verhandelt**.

2 Die **Folgen des unvollständigen Verhandelns** im Termin, insbesondere der Nichterklärung über Tatsachen, Urkunden oder Anträge auf Parteivernehmung sind in den §§138 Abs. 3, 427, 439, 446, 453, 454, 510 geregelt. Daneben können nicht vorgebrachte Angriffs- und Verteidigungsmittel in einem späteren Termin unter den Voraussetzungen der §§296, 531 als verspätet zurückgewiesen werden. Im Übrigen unterliegen die Unterlassungen der Parteien der freien Würdigung des Gerichts nach §286, Näheres → dort Rdnr. 10 (21. Aufl.).

3 Wegen der Beschränkung der Verhandlung auf einen **Teil des Anspruchs** oder auf **einzelne von mehreren Ansprüchen** → §331 Rdnr. 1 und → §333 Rdnr. 9.

II. Zeitlich unvollständiges Verhandeln

4 Die Vorschriften über das Versäumnisverfahren sind ferner dann nicht anzuwenden, wenn die Partei **während eines Teils des Verhandlungstermins** nicht erschienen ist oder nicht verhandelt. War die Partei zu Beginn der mündlichen Verhandlung vertreten und hat sie auch verhandelt, dann hat sie nach §220 Abs. 2 den Termin auch dann nicht versäumt, wenn sie am Schluss der Verhandlung nicht mehr vertreten war[1].

5 Hat die Partei z. B. in einem Verhandlungstermin vor einer Beweisaufnahme einen Sachantrag gestellt und zur Hauptsache verhandelt, → §333 Rdnr. 1ff., und tritt sie danach nicht mehr auf, so ist sie nicht säumig (zur Säumnis im Termin zur Beweisaufnahme s. §367 Abs. 1). Dies ergibt sich daraus, dass die Beweisaufnahme den Termin nicht unterbricht, sondern lediglich ein Teil des einheitlichen Termins ist. Das Verhandeln zu Beginn des Termins wirkt

---

[23] *Musielak/Stadler*[4] §334 Rdnr. 6.

[1] *BGHZ* 63, 94 = NJW 1974, 2322; *OLG Celle* MDR 1961, 61; *OLG Hamm* NJW 1974, 1097; MünchKomm ZPO – *Prütting*[2] Rdnr. 2.

bis zu dessen Ende fort[2], → auch §285 Rdnr. 1 (21. Aufl.). Dasselbe gilt, wenn eine Partei, die bereits verhandelt hat, nach einer Verhandlungspause nicht mehr erscheint.

§335 Unzulässigkeit einer Versäumnisentscheidung

(1) Der Antrag auf Erlass eines Versäumnisurteils oder einer Entscheidung nach Lage der Akten ist zurückzuweisen,

1. wenn die erschienene Partei die vom Gericht wegen eines von Amts wegen zu berücksichtigenden Umstandes erforderte Nachweisung nicht zu beschaffen vermag;

2. wenn die nicht erschienene Partei nicht ordnungsmäßig, insbesondere nicht rechtzeitig geladen war;

3. wenn der nicht erschienenen Partei ein tatsächliches mündliches Vorbringen oder ein Antrag nicht rechtzeitig mittels Schriftsatzes mitgeteilt war;

4. wenn im Falle des §331 Abs. 3 dem Beklagten die Frist des §276 Abs. 1 Satz 1 nicht mitgeteilt oder er nicht gemäß §276 Abs. 2 belehrt worden ist.

(2) Wird die Verhandlung vertagt, so ist die nicht erschienene Partei zu dem neuen Termin zu laden.

Gesetzesgeschichte: Ursprünglich §300 CPO. Abs. 1, 1. Halbs. neu gefasst durch Novelle 1924 (RGBl. I 135). Abs. 1 Nr. 4 angefügt durch Vereinfachungsnovelle 1976 (BGBl. I 3281).

Stichwortverzeichnis → »Schlüssel zum Versäumnisverfahren« zu Beginn der Vorbemerkungen vor §330.

[2] *BGH* und *OLG Hamm* (beide wie Fn. 1).

I. Zurückweisung des Antrags auf Erlass eines Versäumnisurteils

1 §335 fasst vier **Fälle der Unzulässigkeit eines Versäumnisurteils** zusammen, von denen Nr. 2 eine Voraussetzung der Säumnis bildet, → vor §330 Rdnr. 9, während Nr. 3 eine Beschränkung der Säumnisfolgen des §331, → dort Rdnr. 2, enthält. Nr. 1 spricht dagegen nur eine selbstverständliche Folgerung der auch im Versäumnisverfahren geltenden Prüfung von Amts wegen aus. Nr. 4 schließlich betrifft das schriftliche Versäumnisurteil gegen den Beklagten gemäß §331 Abs. 3. In engem Zusammenhang mit §335 steht §337, der zwei weitere Fälle regelt, in denen der Erlass eines Versäumnisurteils unzulässig ist.

1. Fehlender Nachweis eines von Amts wegen zu berücksichtigenden Umstands, Abs. 1 Nr. 1

2 Von Amts wegen zu berücksichtigen, Nr. 1, sind zunächst alle **Prozesserfordernisse**, die nicht dem Parteiverzicht unterliegen, → §295 Rdnr. 4ff. (21. Aufl.), wozu im Parteiprozess auch der Mangel der schriftlichen Prozessvollmacht, §88 Abs. 2, gehört, sowie diejenigen sachlichen Erfordernisse, die von Amts wegen auch tatsächlich zu prüfen sind, wie z.B. das Erfordernis eines Vollstreckungsurteils nach §§723, 328. Die Zurückweisung nach Nr. 1 findet nur statt, wenn die erschienene Partei den geforderten Nachweis nicht zu beschaffen vermag. Auf die Notwendigkeit des Nachweises ist die Partei nach §139 vom Gericht hinzuweisen[1]. Voraussetzung für die Anwendbarkeit von Nr. 1 ist, dass der **Mangel noch behebbar** ist[2]. Dabei spielt es keine Rolle, wie hoch der Wahrscheinlichkeitsgrad dafür ist, dass es der Partei gelingt, den Nachweis einer Behebung des Mangels zu erbringen. Steht der Mangel dagegen endgültig fest oder erklärt die Partei, ihm nicht abhelfen zu wollen, oder könnte er nur durch die Einwilligung bzw. durch rügelose Einlassung des Beklagten zur Hauptsache beseitigt werden, wie bei fehlender örtlicher Zuständigkeit, so ist, falls keine Verweisung an ein anderes Gericht zu erfolgen hat, die Klage durch Endurteil abzuweisen[3], → §330 Rdnr. 8 und → §331 Rdnr. 15. Der Antrag auf Verweisung kann als Hilfsantrag neben dem Antrag auf Erlass eines Versäumnisurteils gestellt werden[4]. Das Gesetz unterscheidet nicht danach, ob die erschienene Partei Kläger oder Beklagter ist. Das folgt aus dem Grundsatz, dass derjenige die prozessualen Erfordernisse zu beweisen hat, der das Sachurteil anstrebt, im Falle des §330 also der Beklagte[5]. Im Übrigen zeigt gerade §335 Abs. 1 Nr. 1, dass die Prüfung von Amts wegen die Beweislast nicht ausschließt.

---

1 MünchKomm ZPO – *Prütting*[2] Rdnr. 5.

2 MünchKomm ZPO – *Prütting*[2] Rdnr. 4; *Zöller/Herget*[25] Rdnr. 2; *Musielak/Stadler*[4] Rdnr. 2; *Reichold* in *Thomas/Putzo*[26] Rdnr. 2; *Rosenberg/Schwab/Gottwald*[16] §104 Rdnr. 20.

3 MünchKomm ZPO – *Prütting*[2] Rdnr. 4; *Zöller/Herget*[25] Rdnr. 2; *Rosenberg/Schwab/Gottwald*[16] §104 Rdnr. 20.

4 MünchKomm ZPO – *Prütting*[2] Rdnr. 4.

5 Nachw. → §330 Fn. 7.

2. Mangel einer ordnungsgemäßen und rechtzeitigen Ladung, Abs. 1 Nr. 2

a) Erforderlichkeit der Ladung

3 Vorausgesetzt ist, dass die **Ladung** überhaupt **erforderlich** ist. Nr. 2 gilt daher nicht, wenn der Termin in einer Entscheidung verkündet war, §218, es sei denn, dass einer der Ausnahmefälle vorliegt, in denen auch hier die Bekanntgabe des Termins erforderlich ist, → §218 Rdnr. 2, und der Gegner zu dem früheren Termin ordnungsgemäß geladen war[6]. Der Ladung steht in jeder Hinsicht gleich die Bekanntmachung des Termins, → vor §214 Rdnr. 11ff., und im Amtgerichtsprozess die Mitteilung des Termins nach §497 Abs. 2. Ob die **Ladung ordnungsgemäß** ist, ergibt sich aus den §§214ff. und für die Zustellung aus den §§166ff., wobei hinsichtlich der Heilung von Mängeln §189 gilt. Ein verspäteter Terminsbeginn wird von §335 Abs. 1 Nr. 2 nicht erfasst; eine ordnungsgemäße Ladung deckt nämlich regelmäßig auch den verspäteten Aufruf der Sache, → auch §220 Rdnr. 6. Ob in einem solchen Fall ein Versäumnisurteil gegen eine nicht erschienene Partei ergehen darf, beurteilt sich vielmehr nach §337[7].

b) Ordnungsmäßige Zustellung

4 Mängel bei der Zustellung der Ladung sind von Amts wegen zu berücksichtigen, obwohl sie nach §295 geheilt werden könnten.

c) Rechtzeitigkeit der Ladung

5 Die Rechtzeitigkeit der Ladung setzt voraus, dass die jeweils vorgeschriebene Einlassungs- oder Ladungsfrist gewahrt oder abgekürzt ist. Zur Berechnung der Frist → §222 Rdnr. 4ff.

d) Erscheinen trotz mangelhafter Ladung

6 Eine erschienene, jedoch nicht verhandelnde Partei, §333, kann sich auf einen Mangel der Ladung nicht berufen; gegen sie ergeht bei entsprechendem Antrag des Gegners vielmehr Versäumnisurteil[8], → auch §274 Rdnr. 13 (21. Aufl.).

e) Mangel bei der säumigen Partei

7 Für den Erlass eines Versäumnisurteils erforderlich ist, dass die **säumige Partei ordnungsmäßig und rechtzeitig geladen** worden ist. Ob die Ladung der erschienenen Partei demgegenüber mit einem Mangel behaftet ist, bleibt außer Betracht[9]; dieser Mangel hat durch das Erscheinen der Partei seine Bedeutung verloren, → Rdnr. 6; mit Stellung des Antrags auf Versäumnisurteil entfällt das Rügerecht der erschienenen Partei, §295.

---

[6] *OLG München* OLGZ 1974, 241; *LG Tübingen* MDR 1956, 431.
[7] *LAG Hamm* NJW 1973, 1950; *Lent* NJW 1957, 305 (abl. zu *LG Koblenz* ebenda).
[8] MünchKomm ZPO – *Prütting*² Rdnr. 8; *Zöller/Herget*²⁵ Rdnr. 3; *Musielak/Stadler*⁴ Rdnr. 3.
[9] MünchKomm ZPO – *Prütting*² Rdnr. 9.

3. Keine schriftsätzliche Mitteilung von Tatsachen oder Anträgen, Abs. 1 Nr. 3

a) Zweck

8 Das Erfordernis vorheriger Mitteilung tatsächlichen Vorbringens und Anträge, Nr. 3, soll verhindern, dass der säumigen Partei durch die Säumnisfolgen Rechtsnachteile erwachsen, mit denen sie nach der Prozesslage, insbesondere der Ladung, nicht zu rechnen brauchte.

b) Nur bei Säumnis des Beklagten

9 Nr. 3 gilt grundsätzlich nur, wenn der **Beklagte den Termin versäumt**[10]. Die Bestimmung greift ferner in vergleichbaren Situationen ein, wenn der Gegner säumig ist, wie z.B. der Widerbeklagte oder der Gegner des Einspruchs-, Berufungs- oder Revisionsführers. Bleibt dagegen der Kläger, Widerkläger, Einspruchs-, Berufungs- oder Revisionsführer aus, so bedarf es, da das Versäumnisurteil unmittelbar auf der gesetzlichen Rechtswirkung beruht, zur Begründung des Antrags auf Erlass eines Versäumnisurteils überhaupt keines tatsächlichen Vorbringens und keines eigenen Sachantrags, → §330 Rdnr. 1, also auch keiner schriftlichen Mitteilung[11]. Trägt der erschienene Beklagte bei Säumnis des Klägers Tatsachen vor, die die Zulässigkeit der zunächst unzulässigen Klage ergeben, so ist die Klage ebenfalls durch Versäumnisurteil abzuweisen; nicht etwa greift hier ausnahmsweise Nr. 3 auch bei Säumnis des Klägers ein.

c) Sachanträge und Tatsachenvortrag

10 Nr. 3 bezieht sich ebenso wie §297, → dort Rdnr. 4 (21. Aufl.), nicht auf Prozessanträge, sondern nur auf **Anträge zur Sache**[12]. Der Antrag auf Erlass eines Versäumnisurteils selbst ist Prozessantrag und bedarf daher keiner vorherigen schriftsätzlichen Mitteilung[13]. Dies gilt auch für den Antrag nach §331 Abs. 3 im schriftlichen Vorverfahren[14], → auch §276 Rdnr. 32 (21. Aufl.). Die Mitteilung des Antrags kann im Übrigen unter Umständen schon in der Angabe des Zwecks der Ladung (z. B Aufnahme durch oder gegen den Rechtsnachfolger) gefunden werden[15]. Wird ein früher fallen gelassener Antrag wieder aufgenommen, so bedarf dies ebenfalls der Mitteilung. Eine Klageänderung muss dem Beklagten dann nicht mitgeteilt worden sein, wenn es sich um eine reine Beschränkung des Klageantrags, §264 Nr. 2 handelt[16]. Bei **Tatsachen** gilt Nr. 3 nur für solche Tatsachen, die sich auf die Säumnisfolge beziehen, → §331 Rdnr. 2ff., also nur für die zur Begründung des Klageantrags vorzutragenden, insbesondere im Falle einer Klageänderung, → §331 Rdnr. 22f. Nicht dagegen für Tatsachen, die dem Kläger nachteilig sind, oder für Tatsachen, deren Wahrheit das Gericht ohnehin von Amts wegen zu prüfen hat[17], wie z.B. die Behauptung ordnungsmäßiger Ladung oder die nach Nr. 1 und 2 zu fordernden Beweise. Dass der Kläger einzelne Tatsachen nicht mehr behaupten will, braucht

---

[10] MünchKomm ZPO – *Prütting*² Rdnr. 10; *Zöller/Herget*²⁵ Rdnr. 4; *Musielak/Stadler*⁴ Rdnr. 4; *Reichold* in *Thomas/Putzo*²⁶ Rdnr. 4; *Rosenberg/Schwab/Gottwald*¹⁶ §104 Fn. 24.

[11] Das übersieht *BGH* NJW 1980, 2313 = ZZP 94 (1981), 328 (abl. *Münzberg*).

[12] MünchKomm ZPO – *Prütting*² Rdnr. 11; *Musielak/Stadler*⁴ Rdnr. 4; *Zöller/Herget*²⁵ Rdnr. 4; *Baumbach/Lauterbach/Hartmann*⁶³ Rdnr. 6; *Reichold* in *Thomas/Putzo*²⁶ Rdnr. 4.

[13] MünchKomm ZPO – *Prütting*² Rdnr. 11; *Baumbach/Lauterbach/Hartmann*⁶³ Rdnr. 6.

[14] *KG* NJW-RR 1994, 1344; *Zöller/Herget*²⁵ Rdnr. 12; *Musielak/Stadler*⁴ §331 Rdnr. 22; A.A. *OLG München* MDR 1980, 235; MünchKomm ZPO – *Prütting*² Rdnr. 11.

[15] *RGZ* 68, 390, 392; *BGH* NJW 1957, 1840.

[16] MünchKomm ZPO – *Prütting*² Rdnr. 12.

[17] MünchKomm ZPO – *Prütting*² Rdnr. 12.

er nicht mitzuteilen, denn die Aussonderung unerheblicher Tatsachen könnte auch das Gericht vornehmen. Zur Erklärung der Erledigung der Hauptsache durch den Kläger im Termin → §331 Rdnr. 26.

d) Rechtzeitigkeit der Mitteilung

11 Die Mitteilung muss rechtzeitig erfolgt sein. Die Rechtzeitigkeit bestimmt sich nach §§132, 226, 274 Abs. 3. Dazu, dass §282 Abs. 2 dabei außer Betracht zu bleiben hat, → §282 Rdnr. 23 (21. Aufl.).

e) Nicht erforderliche schriftliche Mitteilung

12 Eine schriftliche Mitteilung ist dann nicht erforderlich, wenn die Tatsache oder der Antrag bereits in einem vorangegangenen Termin in Anwesenheit des Gegners[18] mündlich vorgetragen worden war und sich dies entweder aus dem Protokoll bzw. dessen Anlagen ergibt oder dem Gericht erinnerlich ist. Denn obwohl nach §332 die Voraussetzungen der Säumnis für den neuen Termin selbständig zu beurteilen sind, kann doch die fortgesetzte mündliche Verhandlung diesen ihren Charakter auch im Säumnisfall nicht verlieren[19], → §128 Rdnr. 39f. Im Falle des Nichtverhandelns steht dagegen das mündliche Vorbringen gegenüber einem Gegner, welcher nicht verhandelt, nach §333 einer Erklärung in Abwesenheit des Gegners gleich.

f) Mahnverfahren

13 Wegen des sich an das Mahnverfahren anschließenden gerichtlichen Verfahrens → die Erläuterungen zu §§696, 697. Die **nicht rechtzeitige Zustellung der Klagebegründungsschrift**, §697 Abs. 1, einschließlich eines Antrags auf Aufrechterhaltung des Vollstreckungsbescheids steht dem Erlass eines Versäumnisurteils deshalb entgegen, weil für das Mahnverfahren eine Begründung nicht erforderlich ist und der Beklagte den Tatsachenvortrag des Klägers daher erst aus der Klagebegründungsschrift erfahren kann. Zum Versäumnisurteil nach §331 Abs. 3 bei schriftlichem Vorverfahren nach Eingang der Anspruchsbegründung im Mahnverfahren → §697 Rdnr. 3 (21. Aufl.).

4. Fehlende Mitteilung oder Belehrung beim schriftlichen Versäumnisverfahren, Abs. 1 Nr. 4

a) Ordnungsmäßige Fristsetzung und Zustellung im schriftlichen Vorverfahren

14 Die erste Alternative von Nr. 4 setzt über ihren Wortlaut hinaus nicht nur die Mitteilung der Frist des §276 Abs. 1 S. 1 voraus, sondern erfordert die **Zustellung einer beglaubigten Ausfertigung** der vom Vorsitzenden unterschriebenen Verfügung, mit der dem Beklagten die Frist gesetzt wurde[20], → §275 Rdnr. 9 (21. Aufl.). Die Erforderlichkeit der Zustellung ergibt sich aus §329 Abs. 2 S. 2. Die Formgebundenheit beruht auf §§329 Abs. 1 S. 2, 317 Abs. 3. Die notwendige Form ist nicht gewahrt, wenn dem Beklagten eine Verfügung über die Fristsetzung

---

[18] *Reichold* in *Thomas/Putzo*[26] Rdnr. 5; *Musielak/Stadler*[4] Rdnr. 4. Nach *Zöller/Herget*[25] Rdnr. 4 kommt es auf die Anwesenheit des Gegners in der früheren Verhandlung nicht an.

[19] *Baumbach/Lauterbach/Hartmann*[63] Rdnr. 6; *Zöller/Herget*[25] Rdnr. 4.

[20] MünchKomm ZPO – *Prütting*[2] Rdnr. 15.

zugestellt wird, die lediglich von einem Urkundsbeamten unterschrieben, aber nicht mit dem Siegel der Geschäftsstelle versehen ist[21].

b) Ordnungsgemäße Belehrung über die Folgen der Fristversäumung

15 Die zweite Alternative von Nr. 4 betrifft die Belehrung über die Folgen der Fristversäumung: Zugleich mit der Fristsetzung muss der Beklagte gemäß §276 Abs. 2 ordnungsmäßig über die Folgen der Fristversäumung belehrt worden sein, Einzelheiten → §276 Rdnr. 15ff. (21. Aufl.). Die Belehrung ist vom Vorsitzenden zu erteilen. Sie muss demnach in der Verfügung des Vorsitzenden derart enthalten sein, dass die Unterschrift des Vorsitzenden auch die Belehrung deckt[22]. Die Verwendung eines Formblatts, bei dem der Vorsitzende auf der Vorderseite die Fristsetzung verfügt und die Belehrung gewissermaßen nur als Anhang auf der Rückseite angebracht ist, genügt daher den Anforderungen nicht[23].

5. Zurückweisung des Antrags

16 Für alle Fälle von §335 Abs. 1 sieht das Gesetz als Rechtsfolge die Zurückweisung des Antrags auf Erlass eines Versäumnisurteils vor. Gleichwohl müssen die Fälle der Säumnis im Termin und des dort gestellten Antrags auf Erlass eines Versäumnisurteils, Nr. 1 bis 3, von der ganz anderen Situation bei der »Säumnis« im schriftlichen Vorverfahren, Nr. 4, unterschieden werden. Offenbar waren dem Gesetzgeber der Vereinfachungsnovelle, der Nr. 4 anfügte, diese Unterschiede nicht deutlich.

a) Mängel bei Säumnis im Termin

17 In den Fällen Nr. 1 bis 3 des §335 Abs. 1 ist der **Antrag auf Erlass eines Versäumnisurteils zurückzuweisen**. Die Zurückweisung des Antrags enthält keine Abweisung der Klage und erfolgt nicht durch Urteil, sondern durch **Beschluss**, der zu verkünden ist. Nach §336 Abs. 1 S. 1 ist dagegen die sofortige Beschwerde gegeben, → dazu §336 Rdnr. 1. Zur Anfechtung eines unzulässigerweise erlassenen Urteils → Allg. Einleitung vor §511 Rdnr. 37ff. (21. Aufl.) (insbesondere Rdnr. 50). Der Ausspruch der Vertagung entgegen dem Antrag auf Versäumnisurteil stellt sich inhaltlich als Zurückweisung dar[24]. Die Sache bleibt weiter rechtshängig[25]. Wird mit der Zurückweisung keine Vertagung ausgesprochen, → Rdnr. 23f., so hat das Gericht nach §§216, 497 von Amts wegen Termin anzusetzen (unter Umständen erst nach Rechtskraft des Zurückweisungsbeschlusses, → Rdnr. 21). Zu dem Termin sind beide Parteien zu laden, §§214, 497.

b) Mängel bei Säumnis im schriftlichen Vorverfahren

18 Während ein Antrag auf Erlass eines Versäumnisurteils in einer mündlichen Verhandlung eine sofortige Entscheidung des Gerichts erfordert, ist die Situation im schriftlichen Vorverfahren, Abs. 1 Nr. 4, anders. Mängel bei der Fristsetzung, bei deren Zustellung oder bei der Belehrung, → Rdnr. 14, 15, können nachträglich behoben werden, solange sich das Verfahren im Stadium des schriftlichen Vorverfahrens befindet, → §276 Rdnr. 24 (21. Aufl.). Will das Ge-

---

[21] *BGH* NJW 1980, 1167 (für die in §296 Abs. 1 genannten Fristen); *OLG Nürnberg* NJW 1981, 2266; *OLG Celle* NdsRpfl. 1983, 185.
[22] *OLG Celle* (Fn. 21).
[23] *OLG Celle* (Fn. 21).
[24] MünchKomm ZPO – *Prütting*[2] Rdnr. 20.
[25] MünchKomm ZPO – *Prütting*[2] Rdnr. 18.

richt im Rahmen des schriftlichen Vorverfahrens also ein schriftliches Versäumnisurteil gegen den Beklagten gemäß §331 Abs. 3 erlassen und stellt es Mängel im Sinne von Abs. 1 Nr. 4 fest, so kann es die **unterlassenen Handlungen von Amts wegen nachholen**[26]. In diesem Fall kann kein Zurückweisungsbeschluss ergehen. Das Gericht kann aber auch von einer Nachholung der unterbliebenen Mitteilung oder Belehrung absehen; in diesem Fall erlässt es einen Zurückweisungsbeschluss und bestimmt einen Termin zur mündlichen Verhandlung. Der Sache nach handelt es sich dabei um eine Aufhebung der Anordnung des schriftlichen Vorverfahrens. Da das Gericht auch sonst ein angeordnetes schriftliches Vorverfahren aufheben und durch einen frühen ersten Termin ersetzen kann, → §272 Rdnr. 14 (21. Aufl.), bestehen gegen eine solche Verfahrensweise keine Bedenken, zumal der Kläger wegen der Mängel nach Abs. 1 Nr. 4 noch keine gefestigte verfahrensrechtliche Position auf Erlass eines Versäumnisurteils gegen den Beklagten erlangt hat, → auch §272 Rdnr. 14 (21. Aufl.).

6. Vertagung

19 Einen **Anspruch auf Vertagung** hat die erschienene Partei nur unter bestimmten Voraussetzungen, → dazu vor §330 Rdnr. 13.

a) Statt Zurückweisung des Antrags

20 Liegt einer der **Fälle des §335 Abs. 1 Nr. 1 bis 3** vor, so kann die erschienene Partei Vertagung der Verhandlung verlangen[27]. Es besteht kein Anlass, die Partei darauf zu verweisen, zunächst einen Antrag auf Erlass eines Versäumnisurteils oder Entscheidung nach Aktenlage zu stellen, wenn ein solcher Antrag gemäß §335 durch Beschluss zurückgewiesen werden müsste. Handelt es sich dagegen um einen **Mangel im schriftlichen Vorverfahren, Abs. 1 Nr. 4,** so steht die weitere Verfahrensgestaltung im Ermessen des Vorsitzenden, → §272 Rdnr. 8 und 14 (21. Aufl.). Der Kläger hat keinen Anspruch auf Nachholung der unterlassenen Verfahrenshandlung oder auf Terminbestimmung.

b) Bei Zurückweisung des Antrags

21 Ob das Gericht bei Zurückweisung des Antrags auf Versäumnisurteil die Verhandlung vertagen soll oder nicht, ist eine Zweckmäßigkeitsfrage[28]. Entscheidendes Kriterium für die Zweckmäßigkeit ist dabei, dass durch die Vertagung von Amts wegen nicht einer möglichen Beschwerdeentscheidung nach §336 vorgegriffen werden soll[29]. Das Gericht wird daher den Termin, auf den vertagt wird, entweder erst für einen Zeitpunkt nach Ablauf der Beschwerdefrist ansetzen, oder es wird von der Vertagung mit Rücksicht auf die Möglichkeit der Aufhebung der Zurückweisung in der Beschwerdeinstanz, §336, zunächst absehen, → auch Rdnr. 17; anders, wenn die erschienene Partei einen neuen Termin beantragt; darin liegt ein Verzicht auf die sofortige Beschwerde[30], weshalb ein neuer Termin ohne Rücksicht auf die Beschwerdefrist zu bestimmen ist.

---

26 MünchKomm ZPO – *Prütting*[2] Rdnr. 19; *Zöller/Herget*[25] Rdnr. 5; *Musielak/Stadler*[4] Rdnr. 5.

27 MünchKomm ZPO – *Prütting*[2] Rdnr. 21; eingeschränkt demgegenüber *Baumbach/Lauterbach/Hartmann*[63] Rdnr. 9; *Reichold* in *Thomas/Putzo*[26] Rdnr. 9; *Rosenberg/Schwab/Gottwald*[16] §104 Rdnr. 26: Vertagung nur unter den Voraussetzungen von §227.

28 *Musielak/Stadler*[4] Rdnr. 8. A. A. *Zöller/Herget*[25] (Amtspflicht zur Terminsbestimmung).

29 MünchKomm ZPO – *Prütting*[2] Rdnr. 22; *Musielak/Stadler*[4] Rdnr. 8.

30 *OLG Zweibrücken* JW 1930, 2069; MünchKomm ZPO – *Prütting*[2] Rdnr. 21; *Musielak/Stadler*[4] Rdnr. 8.; *Zöller/Herget*[25] Rdnr. 6.

c) Ladung der nicht erschienenen Partei, Abs. 2

Im Falle der Vertagung ist die nicht erschienene Partei nach Abs. 2 – abweichend von §218 und §§329 Abs. 1 S. 2, 312 Abs. 1 – zu dem neuen Termin zu laden, obwohl der Termin verkündet ist. Die Ladung hat sowohl im landgerichtlichen wie im amtsgerichtlichen Verfahren von Amts wegen zu erfolgen, §§214, 497. Die Ladungsfrist, §217, ist zu wahren[31]. Die Notwendigkeit einer Ladung der nicht erschienenen Partei gilt nur für die Fälle, in denen ein Antrag auf Erlass des Versäumnisurteils zurückgewiesen wurde und daraufhin Vertagung erfolgt ist, nicht dagegen auch dann, wenn die Vertagung aus anderen als in Abs. 1 genannten Gründen erfolgt ist[32]; in den übrigen Fällen bewendet es bei dem Grundsatz des §218. Im neuen Termin ist die frühere Versäumnis ohne jede Bedeutung. 22

II. Verfahren bei Entscheidung nach Aktenlage

Die durch die Novelle 1924 erfolgte Ausdehnung von §335 auf die Entscheidung nach Lage der Akten ist rechtspolitisch wenig glücklich. Es werden dabei zwei verschiedene Dinge – eine Entscheidung, die sich nur durch ein besonderes vorausgegangenes Verfahren auszeichnet, im Übrigen aber eine Entscheidung jeder Art sein kann, und eine inhaltlich ganz bestimmte Art von Endurteil – formell derselben Vorschrift unterstellt, ohne dass damit der Inhalt der Vorschrift für beide der gleiche geworden wäre. 23

1. Bedeutung von Abs. 1 für die Entscheidung nach Aktenlage

a) Nr. 1

Nr. 1 enthält für die Entscheidung nach Lage der Akten nur den selbstverständlichen Satz, dass sie, ebenso wie jede aufgrund mündlicher Verhandlung ergehende Entscheidung, nicht erlassen werden kann, wenn die von Amts wegen zu prüfenden Punkte nicht vorher geklärt sind. Welche Punkte dies sind, hängt von der Art der in Frage stehenden Entscheidung ab. Die unter → Rdnr. 2 aufgeführten Erfordernisse kommen nur in Frage, wenn es sich um den Erlass eines Urteils in der Hauptsache handelt, gelten also nicht etwa schlechthin bei allen Entscheidungen nach Lage der Akten (z.B. bei Beweisbeschlüssen). Steht etwa die Partei- oder Prozessfähigkeit oder die Zulässigkeit des Rechtswegs nicht fest, so kann das Gericht ebenso wie aufgrund streitiger Verhandlung nach Aktenlage Beweis wegen dieser Punkte beschließen[33]. Eine Zurückweisung des Antrags auf Entscheidung nach Lage der Akten kommt hier nicht in Betracht[34]. Steht dagegen das Fehlen einer Prozessvoraussetzung endgültig fest, so ist ebenso wie beim Antrag auf Versäumnisurteil, → Rdnr. 2, für eine Zurückweisung des Antrags kein Raum; die Klage ist hier vielmehr durch Prozessurteil abzuweisen. Hierbei handelt es sich um keine Entscheidung nach Lage der Akten, → §331a Rdnr. 11. 24

b) Nr. 2

Die Bedeutung von Nr. 2 ist hier die gleiche wie beim Versäumnisurteil. Das unter → Rdnr. 3ff. Ausgeführte gilt entsprechend. 25

---

[31] *Zöller/Herget*[25] Rdnr. 6; *Musielak/Stadler*[4] Rdnr. 8.
[32] *RGZ* 41, 355, 356; *Zöller/Herget*[25] Rdnr. 6.
[33] MünchKomm ZPO – *Prütting*[2] Rdnr. 23.
[34] MünchKomm ZPO – *Prütting*[2] Rdnr. 23; *Musielak/Stadler*[4] Rdnr. 7; *Reichold* in *Thomas/Putzo*[26] Rdnr. 7.

c) Nr. 3

26 Die Frage, inwieweit eine Entscheidung nach Lage der Akten die rechtzeitige Mitteilung von Anträgen und tatsächlichem mündlichen Vorbringen voraussetzt, ist unter → §251a Rdnr. 12 behandelt. Auf die dortigen Ausführungen wird verwiesen. Der Antrag auf Entscheidung nach Lage der Akten fällt als Prozessantrag nicht unter Nr. 3[35], → Rdnr. 10, weshalb er nicht schriftsätzlich mitgeteilt worden sein muss.

d) Nr. 4

27 Der Erlass einer Entscheidung nach Aktenlage kommt im Rahmen des schriftlichen Vorverfahrens nicht in Betracht, so dass Nr. 4 nicht einschlägig ist.

2. Zurückweisung

28 Ist hiernach eine Entscheidung nach Lage der Akten unzulässig, so hat das Gericht ebenso wie im Fall mangelnder Entscheidungsreife, → §251a Rdnr. 4, den Antrag zurückzuweisen. Dies geschieht durch einen zu verkündenden, nach §336 Abs. 2 unanfechtbaren Beschluss. Gleichzeitig hat das Gericht einen **neuen Verhandlungstermin anzuberaumen**, und zwar anders als bei Zurückweisung des Antrags auf Versäumnisurteil, → Rdnr. 24, immer[36]. Dies folgt daraus, dass hier wegen der Unanfechtbarkeit des Zurückweisungsbeschlusses, §336 Abs. 2, durch die Terminansetzung keiner Beschwerdeentscheidung vorgegriffen werden kann. Hinsichtlich der **Ladung der nicht erschienenen Partei** gilt auch hier das unter → Rdnr. 22 Ausgeführte. Die Ladungspflicht besteht, da sie ohne Beschränkung angeordnet ist, sowohl bei Ablehnung der Entscheidung nach Aktenlage wegen fehlender Voraussetzungen nach Abs. 1 wie wegen mangelnder Entscheidungsreife.

§336 Rechtsmittel bei Zurückweisung

(1) Gegen den Beschluss, durch den der Antrag auf Erlass des Versäumnisurteils zurückgewiesen wird, findet sofortige Beschwerde statt. Wird der Beschluss aufgehoben, so ist die nicht erschienene Partei zu dem neuen Termin nicht zu laden.

(2) Die Ablehnung eines Antrags auf Entscheidung nach Lage der Akten ist unanfechtbar.

Gesetzesgeschichte: Ursprünglich §301 CPO. Abs. 2 angefügt durch Nov. 1924 (RGBl. I 135). Sprachliche Änderung durch Nov. 1950 (BGBl. S. 455).

Stichwortverzeichnis → »Schlüssel zum Versäumnisverfahren« zu Beginn der Vorbemerkungen vor §330.

[35] MünchKomm ZPO – *Prütting*² Rdnr. 24.
[36] MünchKomm ZPO – *Prütting*² Rdnr. 25.

I. Rechtsmittel gegen Zurückweisung des Antrags auf Versäumnisurteil

1. Zulässigkeit und Begründetheit der sofortigen Beschwerde

1 Wird der Antrag auf Erlass des Versäumnisurteils nach §335 oder aus anderen Gründen[1] zurückgewiesen oder, was dem gleichsteht[2], → §335 Rdnr. 17, trotz dieses Antrags die Vertagung ausgesprochen, so findet gegen diesen Beschluss die sofortige Beschwerde statt, deren Notfrist nicht schon mit der Verkündung des Beschlusses, sondern erst mit seiner Zustellung zu laufen beginnt, §569 Abs. 1 S. 2. Dabei ist es unerheblich, dass die anwesende Partei den Beschluss schon seit seiner Verkündung kennt[3]. Hat das Gericht entgegen dem Antrag der erschienenen Partei nur ein Teilurteil erlassen und den Antrag im Übrigen zurückgewiesen, → §331 Rdnr. 25, so ist insoweit die sofortige Beschwerde gegeben[4]. Im Beschwerdeverfahren ist die säumige Partei nicht zu hören[5], denn die erschienene Partei verfolgt mit dem Beschwerdeverfahren dasselbe Ziel, das sie im Termin, in dem der Gegner säumig war, nicht erreichte; demselben Zweck dient auch im Fall der erfolgreichen Beschwerde die Nichtladung der säumigen Partei nach Abs. 1 S. 2, → Rdnr. 5. Erfährt die säumige Partei allerdings vom Beschwerdeverfahren und beteiligt sie sich daraufhin daran, so gilt das zu → Rdnr. 6 Ausgeführte entsprechend.

2 Durch den Vertagungsantrag wird die Beschwerde ausgeschlossen, weil darin ein Verzicht auf das Rechtsmittel liegt, → §335 Rdnr. 21. Die Beschwerde kann nur darauf gestützt werden, dass der Antrag auf Erlass eines Versäumnisurteils zu Unrecht abgelehnt worden ist[6], nicht dagegen darauf, dass das Gericht es nach §301 Abs. 2 abgelehnt hat, ein Teilversäumnisurteil zu erlassen[7]. Wird die Beschwerde nicht erhoben oder verworfen, so ruht der Prozess rein tatsächlich, → vor §239 Rdnr. 12 und → §251 Rdnr. 1 a.E.

3 Weist das Gericht den Antrag auf Erlass eines Versäumnisurteils zurück und erlässt es stattdessen ein **kontradiktorisches Urteil**, so ist für die sofortige Beschwerde kein Raum; der Partei bleibt nur das ordentliche Rechtsmittel (Berufung oder Revision) gegen das Urteil[8].

2. Rechtsfolgen der begründeten Beschwerde

a) Aufhebung des Zurückweisungsbeschlusses

4 Wird der Beschluss aufgehoben, so kann das Beschwerdegericht das Versäumnisurteil nicht selbst erlassen[9], sondern hat die Sache an die untere Instanz zurückzugeben.

---

[1] RGZ 63, 364, 365; *OLG Nürnberg* MDR 1963, 507; *OLG Hamm* NJW-RR 1991, 703; MünchKomm ZPO – *Prütting*[2] Rdnr. 1; *Musielak/Stadler*[4] Rdnr. 1; *Zöller/Herget*[25] Rdnr. 2.
[2] *OLG Nürnberg* MDR 1963, 507; MünchKomm ZPO – *Prütting*[2] Rdnr. 1.
[3] *Musielak/Stadler*[4] Rdnr. 1
[4] MünchKomm ZPO – *Prütting*[2] Rdnr. 2.
[5] *KG* MDR 1983, 412; *Reichold* in *Thomas/Putzo*[26] Rdnr. 1; MünchKomm ZPO – *Prütting*[2] Rdnr. 3 (mit Bedenken).
[6] MünchKomm ZPO – *Prütting*[2] Rdnr. 2; *Zöller/Herget*[25] Rdnr. 3; *Musielak/Stadler*[4] Rdnr. 1.
[7] *Baumbach/Lauterbach/Hartmann*[63] Rdnr. 2.
[8] MünchKomm ZPO – *Prütting*[2] Rdnr. 1.
[9] MünchKomm ZPO – *Prütting*[2] Rdnr. 3; *Musielak/Stadler*[4] Rdnr. 2; *Zöller/Herget*[25] Rdnr. 3.

b) Keine Ladung der säumigen Partei

5 Das Gericht der unteren Instanz hat nach Eingang der Akten von Amts wegen einen **neuen Termin** anzuberaumen. Dieser wird nur der im früheren Termin erschienenen Partei bekannt gemacht; zur Form, in der dies geschieht → vor §214 Rdnr. 12. Dagegen ist die **säumige Partei** zu dem neuen Termin **nicht zu laden**, Abs. 1 Satz 2. Darin liegt deswegen kein Verstoß gegen den Grundsatz des rechtlichen Gehörs, weil die Nichtladung das Ziel verfolgt, der früher erschienenen Partei dieselbe Prozesslage zu verschaffen, die sie schon einmal innehatte und in der ihr durch den rechtswidrigen Zurückweisungsbeschluss nach §335 der Erlass eines Versäumnisurteils oder einer Entscheidung nach Aktenlage verwehrt wurde.

c) Erscheinen der nicht geladenen Partei

6 Aus Abs. 1 S. 2 kann nicht gefolgert werden, dass die Partei, wenn sie gleichwohl erscheint, ohne Einwilligung des Gegners nicht zur Verhandlung zugelassen werden darf; dies würde den Grundsätzen einer vernünftigen Prozessökonomie widersprechen; die früher säumige Partei würde nämlich regelmäßig sogleich Einspruch einlegen, wenn trotz ihres Erscheinens ein Versäumnisurteil erginge. Daher ist der **Erlass des Versäumnisurteils unzulässig**, wenn die nicht geladene Partei im Termin erscheint und verhandelt[10]. Aus den gleichen Gründen ist einer Partei, die sich beim Gericht nach dem neuen Termin erkundigt, dieser mitzuteilen.

7 Handelt es sich bei der beantragten Entscheidung allerdings um ein technisch **zweites Versäumnisurteil**, so kann nicht wie unter → Rdnr. 6 dargelegt verfahren werden. Da in diesem Fall ein Einspruch nicht statthaft ist, §345, und die nur beschränkt zulässige Berufung, §514 Abs. 2, regelmäßig keinen Erfolg haben wird, gebietet gerade die Prozessökonomie, die nicht geladene aber dennoch erschienene Partei nicht mehr zur Verhandlung zuzulassen[11]. Dadurch gelangt man zu der vom Gesetz gewollten Rechtsfolge (Erlass des technisch zweiten Versäumnisurteils), die zunächst durch die fehlerhafte Zurückweisung des Antrags vereitelt worden war.

d) Nichterscheinen im neuen Termin

8 Bleibt die früher erschienene Partei im neuen Termin aus, so ist nach §251 a zu verfahren[12]; ebenso wenn die erschienene Partei diesmal kein Versäumnisurteil beantragt.

II. Rechtsmittel gegen Zurückweisung des Antrags auf Entscheidung nach Aktenlage

9 Zu Abs. 2 → 335 Rdnr. 28.

---

[10] MünchKomm ZPO – *Prütting*[2] Rdnr. 5; *Musielak/Stadler*[4] Rdnr. 2; *Zöller/Herget*[25] Rdnr. 3; *Reichold* in *Thomas/Putzo*[26] Rdnr. 1; *Rosenberg/Schwab/Gottwald*[16] §104 Rdnr. 24.

[11] MünchKomm ZPO – *Prütting*[2] Rdnr. 5; *Musielak/Stadler*[4] Rdnr. 2 Fn. 8.

[12] *Musielak/Stadler*[4] Rdnr. 2.

§ 337 Vertagung von Amts wegen

Das Gericht vertagt die Verhandlung über den Antrag auf Erlass des Versäumnisurteils oder einer Entscheidung nach Lage der Akten, wenn es dafür hält, dass die von dem Vorsitzenden bestimmte Einlassungs- oder Ladungsfrist zu kurz bemessen oder dass die Partei ohne ihr Verschulden am Erscheinen verhindert ist. Die nicht erschienene Partei ist zu dem neuen Termin zu laden.

Gesetzesgeschichte: Ursprünglich § 302 CPO. Satz 1 geändert durch Nov. 1924 (RGBl. I 135) und die Vereinfachungsnov. (BGBl. 1976 I 3281). Sprachliche Änderung durch Nov. 1950 (BGBl. S. 455).

Stichwortverzeichnis → »Schlüssel zum Versäumnisverfahren« zu Beginn der Vorbemerkungen vor § 330.

I. Vertagung bei Antrag auf Erlass eines Versäumnisurteils

1. Voraussetzungen des Vertagungsbeschlusses

1 Nur unter den Voraussetzungen von § 337 ist das Gericht, nachdem der Antrag auf Erlass des Versäumnisurteils gestellt ist, von Amts wegen zu einer Vertagung verpflichtet; → dazu auch vor § 330 Rdnr. 13. Diese **Voraussetzungen** sind:

a) Zu kurze richterliche Frist

2 Wenn nach Ansicht des Gerichts die Einlassungs- oder Ladungsfrist, soweit sie **vom Vorsitzenden bestimmt** war, zu kurz bemessen war, ist zu vertagen. Dies sind z.B. die Fälle der §§ 226, 239 Abs. 3 S. 2, 274 Abs. 3 S. 2, 339 Abs. 2. Bei gesetzlichen Fristen (z.B. §§ 217, 274 Abs. 3 S. 1) ist die Vorschrift dagegen nicht anwendbar[1]; diese können nicht zu kurz bemessen sein.

b) Schuldlose Säumnis

3 Das Gericht muss ferner dann von Amts wegen vertagen, wenn die Partei ohne ihr Verschulden am Erscheinen verhindert ist. Die Neufassung von § 337 durch die Vereinfachungsnovelle

[1] Einhellige Meinung; s. etwa MünchKomm ZPO – *Prütting*[2] Rdnr. 2; *Musielak/Stadler*[4] Rdnr. 2; *Zöller/Herget*[25] Rdnr. 2.

nennt in Anlehnung an die neue Fassung von §233 nicht mehr die Verhinderung am Erscheinen »durch Naturereignisse oder andere unabwendbare Zufälle«, sondern fehlendes Verschulden der Partei oder ihres Vertreters, §§51 Abs. 2, 85 Abs. 2, und hat damit die Voraussetzungen für eine Vertagung der Verhandlung über einen Antrag auf Erlass eines Versäumnisurteils oder einer Entscheidung nach Lage der Akten wesentlich erleichtert. Für den **Begriff des Verschuldens** kann auf die Ausführungen zu §233 verwiesen werden, → dort Rdnr. 21ff., sowie auf die Kasuistik im dortigen Wiedereinsetzungsschlüssel, → §233 Rdnr. 33ff., insbesondere auf die Stichworte »Abwesenheit«, → Rdnr. 33, »Anwaltverschulden«, → Rdnr. 27ff., »Krankheit«, → Rdnr. 45, und »Prozesskostenhilfe«, → §234 Rdnr. 8ff.

aa) Versäumnisurteil gegen eine anwaltlich vertretene Partei

4 In der Praxis haben vor allem Fälle eine Rolle gespielt, in denen ein Rechtsanwalt gegen eine anwaltlich vertretene Partei ein Versäumnisurteil beantragt hat. Es ging dabei darum, inwieweit **standes- bzw. berufsrechtliche Grundsätze** dem Antrag auf Erlass eines Versäumnisurteils entgegenstanden, weshalb der säumige Anwalt der Gegenpartei darauf vertrauen durfte, dass der Gegenanwalt diese Grundsätze einhält und kein Versäumnisurteil beantragen wird[2]. Zuletzt enthielt §13 der Berufsordnung für Rechtsanwälte v. 10.12. 1996[3] (BORA) eine Regelung, wonach ein Rechtsanwalt bei anwaltlicher Vertretung der Gegenseite ein Versäumnisurteil grundsätzlich (d.h. wenn die Interessen seines Mandanten nichts anderes erfordern) nur dann erwirken darf, wenn er dies zuvor dem Gegenanwalt angekündigt hat. Durch Entscheidung des BVerfG v. 14.12. 1999[4] ist diese Bestimmung für verfassungswidrig erklärt worden; der darin liegende Eingriff in die Berufsfreiheit des Rechtsanwalts sei durch die Ermächtigung zum Erlass einer Berufsordnung in §59b BRAO nicht gedeckt. Damit besteht nach geltendem Recht **kein berufsrechtliches Hindernis** zur Erwirkung eines Versäumnisurteils gegen eine anwaltlich vertretene Partei.

bb) Wartepflicht

5 Vor der Problematik einer berufsrechtlichen Pflicht, kein Versäumnisurteil gegen eine anwaltlich vertretene Partei zu erwirken, ist die Frage zu trennen, ob bei Säumnis des Gegenanwalts nicht eine kurze **Wartepflicht** anzuerkennen ist, bevor ein Antrag auf Erlass eines Versäumnisurteils gestellt wird. Ein derartiges Zuwarten von mindestens 15 Minuten ist üblich[5] und kann als gewohnheitsrechtlich anerkannt werden[6]. Wird der Antrag vor Ablauf der Wartefrist gestellt, ist das Gericht verpflichtet, die Entscheidung darüber erst nach Ablauf der Frist zu fällen. Angesichts der gravierenden Folgen eines technisch zweiten Versäumnisurteils für die säumige Partei muss die Wartefrist in diesem Fall länger bemessen werden, als wenn es um den Erlass eines jederzeit durch Einspruch zu beseitigenden ersten Versäumnisurteils geht[7].

6 Die Anerkennung einer Wartepflicht beruht auf der Erwägung, dass eine minutengenaue Zeitplanung vor allem aus verkehrstechnischen Gründen häufig nicht möglich ist. Dabei handelt es sich um kein anwaltsspezifisches Problem. Auch eine **anwaltlich nicht vertretene Partei**

---

[2] Zur Entwicklung der Problematik s. Voraufl. Rdnr. 4ff. sowie insbesondere MünchKomm ZPO – *Prütting*[2] Rdnr. 7ff.

[3] BRAK-Mitteilungen 1996, 241.

[4] BVerfGE 101, 312 = NJW 2000, 347.

[5] S. *BGH* NJW 1999, 724; *OLG Rostock* MDR 1999, 626, 627.

[6] MünchKomm ZPO – *Prütting*[2] Rdnr. 21.

[7] *OLG Rostock* MDR 1999, 626. A.A. MünchKomm ZPO – *Prütting*[2] Rdnr. 21 Fn. 37.

kann das Opfer verkehrsbedingter Schwierigkeiten werden. Ihr muss ebenso wie einer anwaltlich vertretenen Partei eine Wartefrist zugebilligt werden.

cc) Vereinbarung, kein Versäumnisurteil zu beantragen

7 Eine schuldlose Säumnis liegt vor, wenn eine Partei oder deren Anwalt entgegen einer zuvor getroffenen Vereinbarung, bis zu einem bestimmten Termin kein Versäumnisurteil zu beantragen, dennoch einen solchen Antrag stellt; die Gegenpartei darf hier auf die Einhaltung der Vereinbarung vertrauen[8]. Zur Zulässigkeit und den Rechtsfolgen einer solchen Vereinbarung → auch vor §330 Rdnr. 14.

dd) Prozesskostenhilfeantrag im schriftlichen Vorverfahren

8 Ist der Beklagte beim Anwaltsprozess im schriftlichen Vorverfahren durch seine Mittellosigkeit gehindert, einen Anwalt mit der Anzeige seiner Verteidigungsabsicht zu beauftragen, so ist die Säumnis unverschuldet, wenn er innerhalb der ihm nach §276 Abs. 1 S. 1 gesetzten Frist einen Antrag auf Gewährung von Prozesskostenhilfe stellt, → §276 Rdnr. 43 (21. Aufl.). Der Erlass des Versäumnisurteils ist in diesem Falle erst zulässig, wenn über den Prozesskostenhilfeantrag entschieden und nach einer gewissen Überlegungsfrist noch keine Verteidigungsanzeige bei Gericht eingegangen ist, → §119 Rdnr. 5. Ist die Partei, der die Prozesskostenhilfe versagt wurde, im Anwaltsprozess finanziell nicht in der Lage, einen Prozessvertreter zu bestellen, liegt keine unverschuldete Säumnis vor[9].

ee) Amtsbekannte Gründe

9 Da es sich bei §337 um von Amts wegen zu beachtende Umstände handelt, kann das Gericht sowohl offenkundige Ereignisse der bezeichneten Art als auch solche, die ihm aus den Akten (durch Schriftsätze, Eingaben usw.) bekannt sind, berücksichtigen.

ff) Mangelnde Sprachkenntnisse der Partei

10 Stellt sich im Termin heraus, dass eine erschienene Partei infolge unzureichender Kenntnis der deutschen Sprache (§184 GVG) nicht in der Lage ist, zur Hauptsache zu verhandeln, so ist ihre Säumnis, → §333 Rdnr. 3, unverschuldet[10]. Für das Gericht besteht nämlich in einem solchen Fall nach §185 Abs. 1 S. 1 GVG die Pflicht, durch eine verfahrensleitende Anordnung die Heranziehung eines Dolmetschers zu veranlassen, um der Partei die Wahrnehmung des Termins auch tatsächlich zu ermöglichen, → vor §128 Rdnr. 46. Dass die von Amts wegen zu erfolgende Hinzuziehung eines Dolmetschers bislang unterblieben ist, darf nicht zu Lasten der sprachunkundigen Partei gehen.

---

[8] *OLG Karlsruhe* NJW 1974, 1096; *LAG Köln* AnwBl. 1984, 159; *LG Mönchengladbach* NJW-RR 1998, 1287; *Musielak/Stadler*[4] Rdnr. 5; *Reichold* in *Thomas/Putzo*[26] Rdnr. 3.

[9] *BGH* VersR 1981, 1056.

[10] MünchKomm ZPO – *Prütting*[2] Rdnr. 4.

2. Anfechtung des Vertagungsbeschlusses

11 Der Vertagungsbeschluss kommt rechtlich und tatsächlich einer Zurückweisung des Antrags auf Erlass eines Versäumnisurteils gleich. Daher findet gegen ihn nach § 336 Abs. 1 S. 1 die **sofortige Beschwerde** statt[11].

3. Gleichwohl ergangenes Versäumnisurteil

12 Ein trotz Vorliegen der Voraussetzungen des § 337 ergangenes Versäumnisurteil ist i. S. des § 344 nicht »in gesetzlicher Weise« ergangen[12], → auch § 344 Rdnr. 5. Wenn der Einspruch an sich nicht statthaft ist, unterliegt es der Berufung nach § 514 Abs. 2, Näheres → § 513 Rdnr. 8 (21. Aufl.). Keine Rolle spielt, ob dem Gericht die Tatsachen, die zur Vertagung nach § 337 hätten Anlass geben müssen, bekannt gewesen sind oder nicht, → § 344 Rdnr. 5 und → § 513 Rdnr. 8 (21. Aufl.). War es der säumigen Partei zuzumuten, das Gericht noch rechtzeitig vor Erlass des Versäumnisurteils zu unterrichten, sie sei ohne ihr Verschulden am Erscheinen im Termin verhindert, so ist das Versäumnisurteil gesetzmäßig ergangen, → § 513 Rdnr. 9 (21. Aufl.).

4. Der neue Termin

13 Liegen die Voraussetzungen des § 337 vor, so hat das Gericht die mündliche Verhandlung **von Amts wegen zu vertagen**. Insoweit steht dem Gericht kein Ermessen zu[13]. Der neue Termin ist zu verkünden. Die ausgebliebene Partei ist hierzu ebenso wie im Fall des § 335, → dort Rdnr. 25 und 33, sowohl im landgerichtlichen wie im amtsgerichtlichen Verfahren von Amts wegen zu laden, Satz 2. Erscheint sie, so kann sie zur Sache verhandeln und damit die Säumnisfolgen abwenden[14]. Die Ladung erfolgt nämlich ohne Beschränkung, also zur Verhandlung der Sache insgesamt, und nicht etwa nur zur Verhandlung über den Antrag auf Erlass des Versäumnisurteils. Beim Ausbleiben des Gegners kann die im ersten Termin säumige Partei ihrerseits Versäumnisurteil beantragen. Erscheint die Partei erneut nicht, so ist das Versäumnisurteil aufgrund der Versäumung des neuen, nicht des früheren Termins zu erlassen. In den Fällen einer **zu kurzen Bestimmung der Einlassungs- oder Ladungsfrist**, → Rdnr. 2, muss die Frist vom Gericht neu festgesetzt werden; die Einlassungsfrist läuft jedoch nicht neu, sondern weiter ab Zustellung der Klage[15]. Erscheint die ausgebliebene Partei im neuen Termin unverschuldet nicht, so muss das Gericht die Verhandlung erneut vertagen.

II. Vertagung bei Antrag auf Entscheidung nach Aktenlage

14 Nach § 331a ist das Gericht bei Säumnis einer Partei verpflichtet, auf Antrag des erschienenen Gegners eine Entscheidung nach Lage der Akten zu erlassen, wenn der Sachverhalt dafür hinreichend geklärt erscheint. Das Gesetz sieht aber auch hier vor, dass unter den in § 337 bezeichneten Voraussetzungen von der Entscheidung abzusehen und die Verhandlung zu vertagen ist. Im Einzelnen gilt das unter → Rdnr. 1ff. Ausgeführte auch hier. Macht das Gericht von der Vertagungsmöglichkeit keinen Gebrauch, so kann die ausgebliebene Partei, wenn ein Termin zur Verkündung der Entscheidung nach Lage der Akten bestimmt wird, nach § 331a in Verbindung mit § 251a Abs. 2 S. 4 bis zum siebenten Tag vor dem Verkündungstermin die Un-

---

[11] *OLG München* MDR 1956, 684; *LAG Frankfurt* NJW 1963, 2046; MünchKomm ZPO – *Prütting*[2] Rdnr. 25; *Zöller/Herget*[25] Rdnr. 4; *Musielak/Stadler*[4] Rdnr. 7; *Reichold* in *Thomas/Putzo*[26] § 336 Rdnr. 1; *Rosenberg/Schwab/Gottwald*[16] § 104 Rdnr. 18. A. A: *LAG Düsseldorf* NJW 1961, 2371.

[12] MünchKomm ZPO – *Prütting*[2] Rdnr. 24; *Musielak/Stadler*[4] Rdnr. 7.

[13] MünchKomm ZPO – *Prütting*[2] Rdnr. 22.

[14] *Baumbach/Lauterbach/Hartmann*[63] Rdnr. 19.

[15] MünchKomm ZPO – *Prütting*[2] Rdnr. 23; *Zöller/Herget*[25] Rdnr. 4.

terlassung der Verkündung beantragen. Gibt das Gericht diesem Antrag statt, so bestimmt es einen neuen Verhandlungstermin, → dazu §251a Rdnr. 21.

§338 Einspruch

Der Partei, gegen die ein Versäumnisurteil erlassen ist, steht gegen das Urteil der Einspruch zu. Hierauf ist die Partei zugleich mit der Zustellung des Urteils schriftlich hinzuweisen; dabei sind das Gericht, bei dem der Einspruch einzulegen ist, und die einzuhaltende Frist und Form mitzuteilen.

Gesetzesgeschichte: Ursprünglich §303 CPO. Sprachliche Änderung durch Novelle 1950 (BGBl. S. 455).

Stichwortverzeichnis → »Schlüssel zum Versäumnisverfahren« zu Beginn der Vorbemerkungen vor §330.

I. Begriff des Einspruchs. Voraussetzungen und Umfang

1. Begriff und Statthaftigkeit

1 Der Einspruch ist der **Rechtsbehelf der säumigen Partei** gegen die nachteiligen Folgen der gesetzlichen Versäumung der Verhandlung. Er ist **kein Rechtsmittel**[1], und zwar weder im formellen Sinn der ZPO, die darunter nur die mit Devolutiveffekt ausgestatteten Rechtsbehelfe versteht, → Allg. Einl. vor §511 Rdnr. 1f. (21. Aufl.), noch der Sache nach, da er das Versäumnisurteil nicht als unrichtig bekämpft noch zu dessen Nachprüfung führen soll, sondern nur den provisorischen Charakter dieses Urteils durch die Erklärung zur Geltung bringt, dass die säumige Partei nunmehr in die Verhandlung eintreten will[2]. Er ist deshalb unabhängig von der Angabe und vom Nachweis einer Verhinderung am Erscheinen und davon, wie weit die Partei im weiteren Verfahren eine Abänderung erstreben will. Der Einspruch ist, abgesehen von den Fällen des §238 Abs. 2, → dort Rdnr. 9, und §345, gegen alle Versäumnisurteile (d.h. gegen solche Urteile, welche die Versäumnisfolgen gegen die säumige Partei aussprechen, → vor §330 Rdnr. 23), zulässig[3]. Zum Verhältnis von Einspruch und Wiedereinsetzung in den vorigen Stand beim schriftlichen Versäumnisurteil → §276 Rdnr. 40ff. (21. Aufl.).

[1] MünchKomm ZPO – *Prütting*[2] Rdnr. 3; *Musielak/Stadler*[4] Rdnr. 1; *Reichold* in *Thomas/Putzo*[26] Rdnr. 1.

[2] *Bettermann* ZZP 88 (1975), 365, 422ff.; anders mit beachtlichen Argumenten *Münzberg*, Die Wirkungen des Einspruchs im Versäumnisverfahren (1959), 80ff.; *Gilles* Rechtsmittel im Zivilprozess (1972), 136f.

[3] Wird in einem Versäumnisurteil von Amts wegen eine Räumungsfrist gewährt, §721 Abs. 1, und soll

2 Auf die Statthaftigkeit des Einspruchs einschließlich des zuständigen Gerichts sowie Frist und Form des Einspruchs *ist die Partei hinzuweisen* (Satz 2, angefügt durch G. v. 18. VIII. 2005, BGBl. I 2477). Unterbleibt der Hinweis, so hat dies auf die Einspruchsfrist keinen Einfluß. Diese verlängert sich nicht etwa. Für eine entsprechende Anwendung der Vorschriften, die bei einer unterbliebenen Rechtsmittelbelehrung einen späteren Beginn der Rechtsmittelfrist anordnen (insbesondere §§9 Abs.5 ArbGG, 58 Abs.2 VwGO) besteht schon deshalb kein Anlaß, weil es sich nach dem Wortlaut von Satz 2 nicht um eine »Belehrung« über die Einspruchsfrist, sonder um einen bloßen »Hinweis« darauf handelt.

2. Meistbegünstigung bei Verlautbarungsfehlern

3 Hat das Gericht einen Verlautbarungsfehler begangen, d.h. eine **inkorrekte Entscheidung erlassen**, indem es ein streitiges Urteil (z.B. ein trotz der Säumnis erlassenes kontradiktorisches Urteil, → vor §330 Rdnr. 18ff.) fälschlich als Versäumnisurteil bezeichnete (oder umgekehrt) oder bestehen Zweifel, ob ein Versäumnisurteil vorliegt, so gilt der Grundsatz der Meistbegünstigung[4], → dazu ausführlich Allg. Einl. vor §511 Rdnr. 37ff. (21. Aufl.) und weiter → §345 Rdnr. 16. Die Partei kann danach entweder den Rechtsbehelf, der gegen die verlautbarte Entscheidung statthaft ist, oder den Rechtsbehelf einlegen, der gegen die Entscheidung gegeben ist, die richtigerweise hätte ergehen müssen. Wäre allerdings gegen die korrekte Entscheidung kein Rechtsmittel statthaft (weil z.B. die Berufungssumme des §511 Abs.2 Nr.1 nicht erreicht ist), dann eröffnet auch die unrichtige Bezeichnung keine zusätzliche Rechtsmittelinstanz[5], → näher Allg. Einl. vor §511 Rdnr. 52 (21. Aufl.). Zum weiteren Verfahren des Rechtsmittelgerichts bei Anfechtung einer inkorrekten Entscheidung → Allg. Einl. vor §511 Rdnr. 49ff. (21. Aufl.).

3. Rechtsbehelfe bei nicht in gesetzlicher Weise erlassenem Versäumnisurteil und bei Teilversäumnisurteil

a) Ungesetzliches Versäumnisurteil

4 Gegen ein zutreffend als »Versäumnisurteil« bezeichnetes Urteil steht der säumigen Partei nur der Einspruch und nicht auch die Berufung oder Revision zu. Dabei ist es unerheblich, ob die gesetzlichen Voraussetzungen für den Erlass eines Versäumnisurteils vorlagen. War die Partei etwa entgegen der Annahme des Gerichts nicht säumig oder hat das Gericht in einem Fall des §337 die mündliche Verhandlung nicht vertagt, sondern ein Versäumnisurteil erlassen, so ist dagegen nur der Einspruch gegeben[6]; ebenso bei einem gegen den Beklagten auf der Grundlage einer unrichtigen Schlüssigkeitsprüfung ergangenen Versäumnisurteil[7]. Insoweit gilt der Grundsatz der Meistbegünstigung, → Rdnr. 3, nicht. Hat das Gericht ein Versäumnisurteil ohne darauf gerichteten Antrag erlassen, so kann dieses nur von der säumigen Partei mit Einspruch (bzw. in den Fällen der §§238, 345 mit der Berufung) angefochten werden, nicht aber von dem Gegner, zu dessen Gunsten es erlassen worden ist.

---

das Urteil nur in diesem Punkt angegriffen werden, so ist nicht der Einspruch, sondern die sofortige Beschwerde, §721 Abs.6 S.1, das statthafte Rechtsmittel (*LG Mannheim* ZMR 1966, 276; MünchKomm ZPO – *Krüger*[2] §721 Rdnr. 14, → auch §721 Rdnr. 34).

[4] Allgemeine Meinung; s. etwa MünchKomm ZPO – *Prütting*[2] Rdnr. 8; *Musielak/Stadler*[4] Rdnr. 2; *Rosenberg/Schwab/Gottwald*[16], §104 Rdnr. 55.

[5] *BVerwG* DÖV 1986, 248; MünchKomm ZPO – *Prütting*[2] Rdnr. 8; *Musielak/Stadler*[4] Rdnr. 2.

[6] *BGH* VersR 1973, 715; NJW 1994, 665; *OLG Düsseldorf* MDR 1985, 1034; MünchKomm ZPO – *Prütting*[2] Rdnr. 4; *Musielak/Stadler*[4] Rdnr. 2; *Zöller/Herget*[25] Rdnr. 1.

[7] MünchKomm ZPO – *Prütting*[2] Rdnr. 4.

b) Teilversäumnis- und streitiges Teilurteil

5 Erging die Entscheidung teils durch Versäumnisurteil und im Übrigen durch kontradiktorisches Urteil, → §331 Rdnr. 21, so ist sie teils mit Einspruch, teils mit Berufung, → vor §330 Rdnr. 21, anfechtbar[8]. Dabei besteht keine Möglichkeit, dass das Berufungsgericht über den Einspruch mitentscheidet. Beginn und Dauer der Rechtsbehelfsfristen sowie die sonstigen Zulässigkeitsvoraussetzungen (z.B. Erreichen der Berufungssumme) richten sich dabei unabhängig voneinander nach den für den jeweiligen Rechtsbehelf geltenden verfahrensrechtlichen Bestimmungen[9].

4. Beschränkung des Einspruchs

6 Der Einspruch kann auf einen zur Entscheidung durch Teilurteil geeigneten **Teil des Streitgegenstands beschränkt werden**, §340 Abs. 2 S. 2, → auch §340 Rdnr. 5. Die Beschränkung kann auch noch im Einspruchstermin, §341a, erklärt werden[10]. Soweit der Einspruch nur beschränkt eingelegt wird, tritt im Übrigen mit Ablauf der Einspruchsfrist formelle Rechtskraft des nicht angefochtenen Teils des Versäumnisurteils ein[11]; → weiter §340 Rdnr. 5.

7 Da der Einspruch kein Rechtsmittel ist, → Rdnr. 1, ist er auch nur wegen der **Kosten** zulässig, ohne dass dem §99 Abs. 1 entgegen steht[12].

5. Der Einspruch als Voraussetzung für den Wegfall der Bindungswirkung, §318

8 Ohne Einspruch kann das Gericht wegen seiner **Bindung nach §318** das Versäumnisurteil auch bei Einverständnis beider Parteien nicht zurücknehmen[13].

II. Ausschluss des Einspruchs

9 Bei unvollständigem Verhandeln ist der Einspruch nicht statthaft, §334. Hier ergeht kein Versäumnisurteil, sondern ein kontradiktorisches Urteil. Weiter ist der Einspruch nicht zur Beseitigung der Folgen versäumter Fristen gegeben; dazu dient allein die Wiedereinsetzung in den vorigen Stand, §§233ff. Ferner steht der Einspruch derjenigen Partei nicht zu, die das Versäumnisurteil beantragt hat. Diese hat vielmehr gegen die Zurückweisung des Antrags, §335, und die Vertagung gemäß §337 die sofortige Beschwerde, → §337 Rdnr. 11, und bei Abweisung der Klage durch sog. unechtes Versäumnisurteil die Berufung bzw. Revision, → vor §330 Rdnr. 21. Zu den sonstigen Zulässigkeitsvoraussetzungen des Einspruchs → §341 Rdnr. 1ff. Wegen des Verhältnisses des Einspruchs zur Berufung und Revision vgl. §§514, 565. Über den Einspruch gegen den Vollstreckungsbescheid s. §700 Abs. 3, Näheres → §700 Rdnr. 4ff. (21. Aufl.).

10 Gegen die **Entscheidung nach Aktenlage**, §331a, ist der Einspruch nicht statthaft. Das Urteil kann nur mit den allgemeinen Rechtsmitteln angegriffen werden.

---

[8] *BGH* NJW-RR 1986, 1326; FamRZ 1988, 945; MünchKomm ZPO – *Prütting*[2] Rdnr. 7; *Zöller/Herget*[25] Rdnr. 1.
[9] *BGH* NJW-RR 1986, 1326.
[10] *Donau* MDR 1955, 22; MünchKomm ZPO – *Prütting*[2] Rdnr. 12; *Musielak/Stadler*[4] §340 Rdnr. 3.
[11] MünchKomm ZPO – *Prütting*[2] Rdnr. 15; *Reichold* in *Thomas/Putzo*[26] Rdnr. 4.
[12] *OLG Brandenburg* NJW-RR 2000, 1668; MünchKomm ZPO – *Prütting*[2] Rdnr. 16; *Zöller/Herget*[25] Rdnr. 1.
[13] *Gilles* (Fn. 2), 134ff.

§339 Einspruchsfrist

(1) Die Einspruchsfrist beträgt zwei Wochen; sie ist eine Notfrist und beginnt mit der Zustellung des Versäumnisurteils.

(2) Muss die Zustellung im Ausland oder durch öffentliche Bekanntmachung erfolgen, so hat das Gericht die Einspruchsfrist im Versäumnisurteil oder nachträglich durch besonderen Beschluss zu bestimmen.

Gesetzesgeschichte: Ursprünglich §304 CPO. Sprachliche Änderung durch Nov. 1950 (BGBl. S. 455). Änderung von Abs. 2 durch ZPRG 2001 (BGBl. I 1887).

Stichwortverzeichnis → »Schlüssel zum Versäumnisverfahren« zu Beginn der Vorbemerkungen vor §330.

I. Einspruchsfrist, Abs. 1

1. Dauer und Beginn

1 Die Einspruchsfrist beträgt nach Abs. 1 **zwei Wochen**; dies gilt gleichermaßen für den Anwaltsprozess und den Parteiprozess. Sie beginnt mit der **Zustellung des Versäumnisurteils** bzw. des Vollstreckungsbescheids, §700 Abs. 1, an die unterliegende Partei, §317 Abs. 1 S. 1, bzw. an den Antragsgegner. Beim **Versäumnisurteil im schriftlichen Vorverfahren**, §331 Abs. 3, beginnt die Frist erst zu laufen, wenn das Urteil der letzten Partei, der es von Amts wegen zuzustellen ist, zugestellt worden ist; erst mit der zeitlich letzten Zustellung wird dieses Urteil nämlich nach §310 Abs. 3 rechtlich existent[1]. Auf die Einspruchsfrist ist die Partei hinzuweisen, §338 Satz 2 (→ dazu §338 Rdnr. 2).

2 Die Einspruchsfrist ist eine **Notfrist**. Bei **Verletzung zwingender Zustellungsvorschriften** beginnt die Einspruchsfrist nach §189 mit dem tatsächlichen Zugang des Versäumnisurteils zu laufen, → §189 Rdnr. 1. Über den Lauf der Einspruchsfrist bei Zustellung an eine **prozessunfähige Partei** → §170 Rdnr. 5.

3 Zur **Wahrung der Frist** ist das rechtzeitige Einreichen der Einspruchsschrift beim Prozessgericht erforderlich, → §340 Rdnr. 1. Bei Versäumung der Frist kann unter den Voraussetzungen des §233 **Wiedereinsetzung in den vorigen Stand** gewährt werden. Über den Wiedereinsetzungsantrag kann durch Beschluss entschieden werden, weil die mündliche Verhandlung über die Zulässigkeit des Einspruchs gemäß §341 Abs. 2 fakultativ ist, → §341 Rdnr. 7 und → §238 Rdnr. 6.

4 Ohne Zustellung des Versäumnisurteils wird die Einspruchsfrist nicht in Lauf gesetzt. Die **Fünfmonatsfrist** in den §§517, 548, 549 Abs. 1 S. 2 kann auf die Einspruchsfrist des §339 **nicht entsprechend angewandt** werden[2]. Anders als die Berufung, die Revision und die soforti-

---

[1] *BGH* NJW 1994, 3359; MünchKomm ZPO – *Prütting*[2] Rdnr. 6; *Zöller/Herget*[25] Rdnr. 4; *Rosenberg/Schwab/Gottwald*[16] §104 Rdnr. 57. A.A. *Rau* MDR 2001, 794 (Zustellung an den Beklagten reicht für den Fristbeginn aus).

[2] *BGHZ* 30, 299, 300; *BGH* NJW 1963, 154; 1976, 1940; *BAG* NJW 1957, 518; *OLG Celle* MDR 1957, 235; MünchKomm ZPO – *Prütting*[2] Rdnr. 3; *Musielak/Stadler*[4] Rdnr. 1; *Zöller/Herget*[25] Rdnr. 1; *Lüke* Festschrift Schiedermair (1976) 372, 382. A.A. *OLG Neustadt* MDR 1955, 747; *LG Stuttgart* MDR 1956, 110 und vor allem *Rimmelspacher* Festschrift Schwab (1990), 421, 427ff.

ge Beschwerde ist der Einspruch kein Rechtsmittel, → §338 Rdnr. 1; er ist in den §§338ff. abschließend geregelt. Vor allem fehlt es an einer vergleichbaren Prozesssituation. Bei den §§517, 548 liegt ein verkündetes oder der Partei bereits zugestelltes Urteil vor. Auch wenn sie im Verkündungstermin nicht anwesend war, wusste sie doch, dass die mündliche Verhandlung geschlossen ist und in dem zur Verkündung einer Entscheidung anberaumten Termin ein Urteil verkündet werden konnte. Demgegenüber ist es bei einem Versäumnisurteil ohne weiteres denkbar, dass die Partei von dem Termin und damit der Möglichkeit eines Versäumnisurteils keine Kenntnis hat. Für eine Lückenfüllung ist damit kein Raum[3]. Eine zeitliche Grenze für den Einspruch wird bei fehlender oder unwirksamer Zustellung des Versäumnisurteils nur durch die Verwirkung prozessualer Befugnisse gezogen[4], → Einl. Rdnr. 234.

2. Einlegung vor Zustellung

5 Eine Einlegung des Einspruchs vor Zustellung des Urteils ist wirksam, §312 Abs. 2. Insoweit kann nichts anderes gelten als für die Berufung und die Revision, → §516 Rdnr. 16 (21. Aufl.). Bei einem verfrühten, d.h. **vor Erlass des Versäumnisurteils** eingelegten Einspruch ist zu unterscheiden: Unzulässig ist es, »auf Vorrat« (allgemein hierzu → vor §128 Rdnr. 260ff.) gegen möglicherweise in künftigen Terminen ergehende Versäumnisurteile Einspruch einzulegen. Einem derartigen Einspruch fehlt es an der erforderlichen Bestimmtheit. Vor allem fehlt die konkrete Aktivität der säumigen Partei, den Prozess trotz ihrer Säumnis weiter zu betreiben. Ein derartiger Einspruch würde es erlauben, dass die säumige Partei auch weiter untätig bleibt und trotzdem Einspruchstermin nach §341a anberaumt werden müsste. Anders ist der vorgängige Einspruch jedoch dann zu behandeln, wenn eine Partei ihn eingelegt hat, weil sie nach Säumnis in einem Termin annahm, gegen sie sei ein Versäumnisurteil ergangen. Praktisch kann der Fall nur eintreten, wenn das Versäumnisurteil nicht, womit die säumige Partei normalerweise rechnen muss, in den Termin selbst, sondern ausnahmsweise in einem besonderen Verkündungstermin erlassen ist. Auch in diesem Fall den vor dem Erlass des Versäumnisurteils eingelegten Einspruch als wirkungslos anzusehen, ist nicht angebracht[5]. Im Gegensatz zum zuerst erörterten Fall des vorgängigen Einspruchs ist die Partei hier erst nach Säumnis tätig geworden. Allein dies muss maßgeblich sein.

6 Beim **Versäumnisurteil im schriftlichen Vorverfahren** ist die Einspruchseinlegung bereits von der ersten Zustellung an durch die Geschäftsstelle zulässig, um den dadurch entstandenen Rechtsschein eines wirksamen Urteils zu beseitigen[6] → auch Allg. Einl. vor §511 Rdnr. 44 (21. Aufl.).

II. Richterliche Bestimmung der Frist, Abs. 2

7 Der Fall der **Zustellung des Versäumnisurteils im Ausland,** §183, hat seit der Neufassung der §§166ff. durch Art. 1 ZustRG vom 25.VI.2001 (BGBl. I 1206) deshalb erheblich an praktischer Bedeutung gewonnen, weil eine im Ausland wohnende Partei nach §174 Abs. 2 a.F.

---

[3] Das Vorliegen einer durch Analogie zu schließenden Lücke verneint auch MünchKomm ZPO – *Prütting*[2] Rdnr. 3.
[4] *BGH* NJW 1963, 154.
[5] Zustimmend *Vollkommer* Formenstrenge und prozessuale Billigkeit (1973), 56, Fn. 20. Demgegenüber hält die h. M. einen vor Erlass des Versäumnisurteils eingelegten Einspruch generell für unwirksam (*RGZ* 110, 169, 170; MünchKomm ZPO – *Prütting*[2] Rdnr. 5; *Zöller/Herget*[25] Rdnr. 2; *Reichold* in *Thomas/Putzo*[26] Rdnr. 1; *Rosenberg/Schwab/Gottwald*[16] §104 Rdnr. 57; offen gelassen in *BGHZ* 105, 197, 199f.).
[6] *Reichold* in *Thomas/Putzo*[26] Rdnr. 1.

stets zur Benennung eines Zuständigkeitsbevollmächtigten im Inland verpflichtet war, womit die Zustellung durch Aufgabe zur Post erfolgen konnte. Durch das ZustRG ist die generelle Verpflichtung zur Benennung eines Zuständigkeitsbevollmächtigten entfallen. Eine solche Verpflichtung kann nach §184 Abs. 1 nur noch in gewissen Fällen durch Anordnung des Gerichts begründet werden, → dazu §184 Rdnr. 2ff. Erfolgt die Benennung nicht, so kann die Zustellung durch Aufgabe zur Post erfolgen, §184 Abs. 1 S. 2, → §184 Rdnr. 11; die Zustellung gilt dann zwei Wochen nach Aufgabe zur Post als erfolgt, §184 Abs. 2 S. 1, es sei denn, das Gericht hat eine längere Frist bestimmt, §184 Abs. 2 S. 2; wahlweise oder zusätzlich kann das Gericht auch die Einspruchsfrist nach §339 Abs. 2 verlängern[7].

8 Die **öffentliche Zustellung**, §§185–188, setzt eine Bewilligung durch das Prozessgericht speziell für das Versäumnisurteil voraus, → §186 Rdnr. 2.

9 Bei Vorliegen der Voraussetzungen von Abs. 2 hat das Gericht die **Einspruchsfrist** in jedem Fall **von Amts wegen zu bestimmen.** Zweckmäßigerweise geschieht dies schon im Versäumnisurteil, doch kann die Fristbestimmung auch nachträglich durch besonderen Beschluss erfolgen, der ohne mündliche Verhandlung erlassen werden kann (§128 Abs. 4) und, wenn er nicht verkündet ist, dem Antragsteller nach §329 Abs. 2 S. 1 mitzuteilen ist. Der Gegenpartei, gegen die das Versäumnisurteil ergangen ist, ist der Beschluss von Amts wegen zuzustellen, §§329 Abs. 2 S. 2, 270 Abs. 1. Der Beschluss wird nicht vom Vorsitzenden, sondern vom Gericht erlassen[8]. Die Notwendigkeit eines besonderen Beschlusses kann sich vor allem dann ergeben, wenn die Bestimmung der Frist im Versäumnisurteil versehentlich unterblieben ist, oder wenn sich die Notwendigkeit dazu erst nachträglich ergibt. Nimmt das Gericht keine Fristbestimmung vor, so läuft die Einspruchsfrist nicht[9]. Sie beginnt erst mit der Zustellung des Beschlusses.

10 Über die **Dauer der Frist** enthält Abs. 2 keine konkrete Aussage. Auf weniger als die gesetzliche Frist nach Abs. 1 (2 Wochen) darf die Frist nicht festgesetzt werden[10]. Geschieht dies doch, beträgt die Einspruchsfrist gleichwohl zwei Wochen. Andererseits lässt sich aus Abs. 2 nicht entnehmen, dass die Frist in jedem Fall länger als zwei Wochen betragen muss. Ebenso wie die gesetzliche Frist nach Abs. 1 ist die vom Gericht bestimmte Einspruchsfrist eine **Notfrist**. Gegen die im Urteil enthaltene Fristbestimmung ist ebenso wie gegen den besonderen Beschluss **kein Rechtsmittel** statthaft[11]. Ist die Frist bestimmt worden, ohne dass die Voraussetzungen dafür vorlagen, so läuft sie trotzdem nach Maßgabe der Bestimmung[12]; eine Nichtigkeit richterlicher Entscheidungen aus diesem Grund ist der ZPO fremd[13].

§340 Einspruchsschrift

(1) Der Einspruch wird durch Einreichung der Einspruchsschrift bei dem Prozessgericht eingelegt.

(2) Die Einspruchsschrift muss enthalten:

1. die Bezeichnung des Urteils, gegen das der Einspruch gerichtet wird;

2. die Erklärung, dass gegen dieses Urteil Einspruch eingelegt werde. Soll das Urteil nur zum Teil angefochten werden, so ist der Umfang der Anfechtung zu bezeichnen.

---

7 *Musielak/Stadler*[4] Rdnr. 2; → weiter §184 Rdnr. 12.
8 MünchKomm ZPO – *Prütting*[2] Rdnr. 8.
9 MünchKomm ZPO – *Prütting*[2] Rdnr. 7.
10 MünchKomm ZPO – *Prütting*[2] Rdnr. 8.
11 MünchKomm ZPO – *Prütting*[2] Rdnr. 9.
12 MünchKomm ZPO – *Prütting*[2] Rdnr. 7.
13 *RGZ* 98, 139.

(3) In der Einspruchsschrift hat die Partei ihre Angriffs- und Verteidigungsmittel, soweit es nach der Prozesslage einer sorgfältigen und auf Förderung des Verfahrens bedachten Prozessführung entspricht, sowie Rügen, die die Zulässigkeit der Klage betreffen, vorzubringen. Auf Antrag kann der Vorsitzende für die Begründung die Frist verlängern, wenn nach seiner freien Überzeugung der Rechtsstreit durch die Verlängerung nicht verzögert wird und wenn die Partei erhebliche Gründe darlegt. §296 Abs.1, 3, 4 ist entsprechend anzuwenden. Auf die Folgen einer Fristversäumung ist bei der Zustellung des Versäumnisurteils hinzuweisen.

Gesetzesgeschichte: Ursprünglich §305 CPO. Inhaltlich geändert durch Novelle 1909 (RGBl. S.475). Sprachliche Änderung durch Novelle 1950 (BGBl. S.455). Abs.2 S.2 angefügt und Abs.3 neu gefasst durch Vereinfachungsnovelle (BGBl. 1976 I 3281).

Stichwortverzeichnis → »Schlüssel zum Versäumnisverfahren« zu Beginn der Vorbemerkungen vor §330.

I. Einlegung des Einspruchs

1 Die Einlegung des Einspruchs geschieht ebenso wie die der Berufung und der Revision nicht durch Zustellung eines Schriftsatzes an den Einspruchsgegner, sondern durch **Einreichung der Einspruchsschrift beim Prozessgericht**, Abs.1. **Beim Landgericht** kann das Erfordernis der Einreichung einer Einspruchsschrift nicht durch eine von einem Rechtsanwalt abgegebene Erklärung zu Protokoll der Geschäftsstelle ersetzt werden[1]. Dagegen hat es der BGH als ausreichend angesehen, dass der Einspruch durch den Anwalt der säumigen Partei in der mündlichen Verhandlung unter Bezugnahme auf einen früher eingereichten Schriftsatz, der die Anforderungen einer Einspruchsschrift erfüllt, erklärt wird[2]. Die mündliche Ankündigung, gegen ein Versäumnisurteil werde Einspruch eingelegt werden, macht einen späteren Schriftsatz, der nicht als Einspruchsschrift gekennzeichnet ist, dagegen nicht zu einer solchen[3]. Im **amtsgerichtlichen Verfahren** ist auch die Erklärung zu Protokoll dieses Gerichts, §496, und im Übrigen jedes Amtsgerichts, §129a Abs.1, zulässig; im letztgenannten Fall muss das Protokoll jedoch rechtzeitig beim zuständigen Gericht eingehen, §129a Abs.2 S.2, → dazu §129a Rdnr.18. Wird der Einspruch bei einem **unzuständigen Gericht** eingelegt, so ist er nur fristgemäß, wenn er vor Ablauf der Einspruchsfrist beim Prozessgericht eingeht[4]. Zum Begriff der Einreichung → vor §128 Rdnr.241ff.

---

1 A.A. *OLG Zweibrücken* MDR 1992, 998. Dagegen zutreffend *Baumbach/Lauterbach/Hartmann*[63] Rdnr.3; *Reichold* in *Thomas/Putzo*[26] Rdnr.1; MünchKomm ZPO – *Prütting*[2] Rdnr.2; *Zöller/Herget*[25] Rdnr.1; *Musielak/Stadler*[4] Rdnr.1.

2 *BGHZ* 105, 197 = NJW 1989, 530; zustimmend MünchKomm ZPO – *Prütting*[2] Rdnr.2.

3 *BGH* NJW-RR 1994, 1213.

4 MünchKomm ZPO – *Prütting*[2] Rdnr.4.

II. Inhalt der Einspruchsschrift

2 Der **notwendige Inhalt** der Einspruchsschrift besteht nur in der **Bezeichnung des Urteils**, die so genau sein muss, dass die Identität des Rechtsstreits und des Urteils außer Zweifel steht, → zur entsprechenden Problematik bei der Berufung § 518 Rdnr. 14f. (21. Aufl.), und in der **Erklärung, Einspruch einzulegen**. Für letzteres genügt es, dass aus der Einspruchsschrift erkennbar ist, dass die Partei das Versäumnisurteil anfechten will und eine Fortsetzung des Verfahrens verlangt. Ist das Versäumnisurteil gegen mehrere Parteien ergangen, so muss zumindest durch Auslegung der Einspruchsschrift feststellbar sein, für welche Partei Einspruch eingelegt wird[5]. Bei notwendiger Streitgenossenschaft führt der von einem Streitgenossen eingelegte Einspruch dazu, dass auch die übrigen Streitgenossen an dem Verfahren beteiligt bleiben und das abschließende Urteil auch ihnen gegenüber wirkt, → § 62 Rdnr. 42. Die Verwendung des Begriffs »Einspruch« ist nicht erforderlich[6]. Vor allem (aber nicht nur) bei nicht anwaltlich vertretenen Parteien ist die Verwendung ähnlicher Ausdrücke (»Widerspruch«, »Antrag auf Aufhebung«, »Anfechtung«, »Berufung« usw.) nicht zu beanstanden. Der in § 300 StPO niedergelegte Grundsatz, dass ein Irrtum in der Bezeichnung des zulässigen Rechtsmittels unschädlich ist, gilt auch hier. Die **Umdeutung** eines Rechtsbehelfs in einen Einspruch ist möglich[7] (z.B. eines verspäteten Widerspruchs gegen einen Mahnbescheid in einen Einspruch gegen den Vollstreckungsbescheid, § 694 Abs. 2 S. 1), scheidet jedoch aus, wenn der Rechtsbehelf nicht beim Prozessgericht eingelegt worden ist[8].

3 Als bestimmender Schriftsatz, → § 129 Rdnr. 4ff., muss die Einspruchsschrift von der Partei bzw. ihrem Prozessbevollmächtigten **eigenhändig unterschrieben** sein[9]. Zur Notwendigkeit und zu den Anforderungen an eine Unterzeichnung sowie zu den Ausnahmen vom Unterschriftserfordernis im einzelnen → § 130 Rdnr. 14ff.

4 **Formmängel der Einspruchsschrift** haben die Unzulässigkeit des Einspruchs zur Folge, § 341 Abs. 1 S. 2. Da Mängel allerdings bis zum Ablauf der Einspruchsfrist geheilt werden können, kommt eine Verwerfung erst nach Fristablauf in Betracht. Sofern eine fristgerechte Behebung noch möglich erscheint, muss das Gericht im Rahmen seiner Hinweispflicht, § 139, auf eine Behebung hinwirken[10].

5 Seit der Vereinfachungsnovelle 1976 ist die **Beschränkbarkeit des Einspruchs** auf einen Teil des Urteils ausdrücklich im Gesetz vorgesehen, Abs. 2 S. 2. Der Einspruchsführer hat den Umfang der Anfechtung in der Einspruchsschrift zu bezeichnen, wenn er das Versäumnisurteil nur zum Teil anficht. Die teilweise Anfechtung kann nicht auf einzelne Urteilselemente, sondern nur auf zur Entscheidung durch Teilurteil geeignete Teile des Streitgegenstandes, → dazu § 301 Rdnr. 4ff. (21. Aufl.) beschränkt werden[11] (z.B. auf einen von mehreren einfachen Streitgenossen). Eine im Einzelfall unzulässige Beschränkung ist im Zweifel als unbeschränkte Einspruchseinlegung auszulegen[12]. Die Beschränkung kann auch noch im Einspruchstermin erklärt werden[13]; Abs. 2 S. 2 bedeutet also nicht, dass die Beschränkung notwendigerweise

---

[5] *BGH* VersR 1987, 989; *OLG München* VersR 1966, 42; MünchKomm ZPO – *Prütting*[2] Rdnr. 7.

[6] *BGH* NJW-RR 1994, 1213; MünchKomm ZPO – *Prütting*[2] Rdnr. 7; *Zöller/Herget*[25] Rdnr. 4; *Reichold* in *Thomas/Putzo*[26] Rdnr. 3; *Musielak/Stadler*[4] Rdnr. 3.

[7] MünchKomm ZPO – *Prütting*[2] Rdnr. 7; *Reichold* in *Thomas/Putzo*[26] Rdnr. 3.

[8] *BGH* VersR 1974, 1099. Allgemein zur Umdeutung von Prozesshandlungen → vor § 128 Rdnr. 253f.

[9] *BGHZ* 101, 134 = NJW 1987, 2588; MünchKomm ZPO – *Prütting*[2] Rdnr. 8; *Zöller/Herget*[25] Rdnr. 2; *Baumbach/Lauterbach/Hartmann*[63] Rdnr. 9; A.A. *LG Heidelberg* NJW-RR 1987, 1213.

[10] MünchKomm ZPO – *Prütting*[2] Rdnr. 11; *Zöller/Herget*[25] Rdnr. 6.

[11] *OLG Celle* NJW 1972, 1867; MünchKomm ZPO – *Prütting*[2] Rdnr. 10; *Rosenberg/Schwab/Gottwald*[16] § 104 Rdnr. 56.

[12] MünchKomm ZPO – *Prütting*[2] Rdnr. 10.

[13] *Donau* MDR 1955, 23; *Zöller/Herget*[25] § 338 Rdnr. 1.

schon in der Einspruchsschrift enthalten sein muss. Soweit das Urteil mit dem Einspruch innerhalb der Einspruchsfrist nicht angefochten wird, erwächst es in formelle Rechtskraft, → §338 Rdnr. 6. Bis zum Ablauf der Einspruchsfrist kann der Einspruchsführer eine zunächst vorgenommene Beschränkung zurücknehmen (ganz oder teilweise), den Umfang des Einspruchs also erweitern.

III. Einspruchsbegründung, Abs. 3

1. Allgemeines

6 §340 Abs. 3 erlegt der säumigen Partei die Last auf, in der Einspruchsschrift zum Zwecke der Förderung des Verfahrens ihre Angriffs- und Verteidigungsmittel sowie Zulässigkeitsrügen vorzubringen. Im Gegensatz zur Berufung und Revision, wo die fristgemäße Einreichung einer Begründungsschrift zu den Zulässigkeitsvoraussetzungen des Rechtsmittels zählt, §§522 Abs. 1, 552 Abs. 1, handelt es sich hier aber trotz des entgegenstehenden Wortlauts um keine Begründungspflicht im eigentlichen Sinne. Die durch die Vereinfachungsnovelle eingeführte Vorschrift normiert vielmehr entsprechend der Zielsetzung der Vereinfachungsnovelle lediglich eine weitere **Prozessförderungspflicht der säumigen Partei**[14]. Da sie bereits einen Termin versäumt hat, soll sie nunmehr im Einspruchsverfahren zu einer auf Förderung des Verfahrens bedachten Prozessführung angehalten werden. Kommt sie dieser Last nicht fristgerecht nach, so muss (nicht nur kann) sie mit ihrem verspäteten Vortrag unter den Voraussetzungen des Abs. 3 zurückgewiesen werden[15]. Dagegen hat das Unterlassen der Einspruchsbegründung oder deren verspätete Einreichung **keinen Einfluss auf die Zulässigkeit des Einspruchs**[16].

2. Begründungsinhalt

7 Die säumige Partei hat ihren Einspruch in der Einspruchsschrift zu begründen, d.h. sie hat ihre Angriffs- und Verteidigungsmittel (zu diesem Begriff → §146 Rdnr. 2) vorzubringen, soweit es nach der Prozesslage einer sorgfältigen und auf Förderung des Verfahrens bedachten Prozessführung entspricht. Zum Umfang der Prozessförderungspflicht im Hinblick auf die Prozesslage → §282 Rdnr. 15ff. (21. Aufl.). Soweit die Partei schon vor der Säumnis vorgetragen hat, reicht es aus, in der Einspruchsschrift darauf Bezug zu nehmen[17]. War das Versäumnisurteil dagegen gegen den Beklagten ergangen, ohne dass dieser bereits eine Klageerwiderung eingereicht hatte, so muss die Einspruchsschrift den Anforderungen einer vollständigen Klageerwiderung genügen. Daraus kann aber nicht gefolgert werden, dass anstelle der zweiwöchigen Einspruchsfrist die insgesamt mindestens vierwöchige Frist des §276 Abs. 1 S. 1, 2 tritt[18]. §340 Abs. 3 ist gegenüber §296 lex specialis, weshalb auch für die Einspruchsschrift mit Klageerwiderungscharakter die Zweiwochenfrist des §339 Abs. 1 gilt[19]. Da sich die Begründungsfrist aus der gesetzlichen Einspruchsfrist des §339 ergibt, besteht für das Gericht auch keine Möglichkeit, beim Einspruch gegen ein im schriftlichen Vorverfahren ergangenes Versäumnisurteil gemäß §276 Abs. 1 S. 2 eine weitere Frist von zwei Wochen zu setzen, →

---

14 Amtliche Begründung zum Regierungsentwurf, BT-Drucksache 7/2729, S. 81.
15 MünchKomm ZPO – *Prütting*[2] Rdnr. 12.
16 *BGHZ* 75, 138 = NJW 1979, 1988; *BGH* NJW-RR 1992, 957; *OLG München* NJW 1977, 1972; *OLG Nürnberg* NJW 1978, 2250; MünchKomm ZPO – *Prütting*[2] Rdnr. 12; *Reichold* in *Thomas/Putzo*[26] Rdnr. 5; *Zöller/Herget*[25] Rdnr. 7; *Musielak/Stadler*[4] Rdnr. 4.
17 MünchKomm ZPO – *Prütting*[2] Rdnr. 13; *Zöller/Herget*[25] Rdnr. 9.
18 So aber *OLG Nürnberg* NJW 1981, 2266.
19 MünchKomm ZPO – *Prütting*[2] Rdnr. 14; *Musielak/Stadler*[4] Rdnr. 8.

§276 Rdnr. 37 (21. Aufl.). In der Einspruchsschrift sind weiter alle Rügen, die die Zulässigkeit der Klage betreffen (zu diesem Begriff → §282 Rdnr. 32ff., 21. Aufl.) vorzutragen. Entgegen dem Wortlaut von Abs. 3 S. 1 muss die Begründung allerdings nicht notwendigerweise schon in der Einspruchsschrift enthalten sein. Vielmehr genügt auch die Begründung in einem gesonderten Schriftsatz, der **innerhalb der Einspruchsfrist** des §339 beim Prozessgericht eingeht[20].

3. Fristverlängerung

8 Die Frist zur Begründung des Einspruchs kann nach Abs. 3 S. 2 auf Antrag durch den Vorsitzenden verlängert werden, wenn dadurch nach seiner freien Überzeugung der Rechtsstreit nicht verzögert wird oder wenn die Partei erhebliche Gründe darlegt. Diese Regelung stimmt mit §520 Abs. 2 S. 3 überein, weshalb auf das dazu Ausgeführte verwiesen werden kann, → §519 Rdnr. 10ff. (21. Aufl.). Zum Begriff der Verzögerung des Rechtsstreits → §296 Rdnr. 48ff. (21. Aufl.). Die Frist zur Begründung des Einspruchs ist mangels ihrer Bezeichnung als solche, §224 Abs. 1 S. 2, **keine Notfrist**[21]; ebenso nicht die nach Abs. 3 S. 2 verlängerte Begründungsfrist[22]. Dazu, dass die Versäumung der Frist den Einspruch nicht unzulässig macht, → Rdnr. 6.

4. Belehrung über die Folgen der Fristversäumung

9 Nach Abs. 3 S. 4 ist die säumige Partei über die Folgen einer Fristversäumung bezüglich der ihr nach Abs. 3 S. 1 obliegenden Begründungsfrist zu belehren. An diese Belehrung sind dieselben Anforderungen zu stellen wie an die Belehrung über die Folgen einer Versäumung der Klageerwiderungsfrist, §277 Abs. 2[23]. Insoweit kann auf die Ausführungen unter → §277 Rdnr. 16ff. (21. Aufl.) verwiesen werden. Die Belehrung hat »bei der Zustellung des Versäumnisurteils« zu erfolgen; sie muss nicht im Versäumnisurteil selbst enthalten sein. Wird die Einspruchsfrist nachträglich durch einen besonderen Beschluss nach §339 Abs. 2 bestimmt, so hat die Belehrung bei dessen Zustellung zu erfolgen. Unterbleibt die Belehrung oder genügt sie nicht den Anforderungen, so beginnt die Frist zur Einspruchsbegründung nicht zu laufen. Eine Zurückweisung der Partei mit ihrem Vorbringen als verspätet ist dann im Einspruchstermin nicht möglich[24]. Der Lauf der Einspruchsfrist wird dagegen durch die Unterlassung der Belehrung nicht berührt[25].

5. Folgen der Fristversäumung

10 Geht die Einspruchsbegründung der säumigen Partei erst nach Ablauf der Einspruchsfrist bzw. der nach Abs. 3 S. 2 verlängerten Frist ein, so ist die Partei damit unter den Voraussetzungen des §296 Abs. 1 und 3 zurückzuweisen. Das bedeutet, Zulässigkeitsrügen sind nur noch zuzulassen, wenn der Einspruchsführer die Verspätung genügend entschuldigt, → hierzu

---

[20] *OLG München* NJW 1977, 1972; *Zöller/Herget*[25] Rdnr. 10; *Musielak/Stadler*[4] Rdnr. 7; *Baumbach/Lauterbach/Hartmann*[63] Rdnr. 12.

[21] *OLG Frankfurt* NJW-RR 1993, 1151; MünchKomm ZPO – *Prütting*[2] Rdnr. 17; *Zöller/Herget*[25] Rdnr. 11; *Musielak/Stadler*[4] Rdnr. 7; *Reichold* in *Thomas/Putzo*[26] Rdnr. 5. *A.A. Hartmann* NJW 1988, 2660; *Baumbach/Lauterbach/Hartmann*[63] Rdnr. 12.

[22] MünchKomm ZPO – *Prütting*[2] Rdnr. 17.

[23] *OLG Karlsruhe* Justiz 1983, 409; MünchKomm ZPO – *Prütting*[2] Rdnr. 18.

[24] MünchKomm ZPO – *Prütting*[2] Rdnr. 18.

[25] *OLG Karlsruhe* Justiz 1983, 409, 410.

§296 Rdnr. 115ff. (21. Aufl.); verspätete Angriffs- und Verteidigungsmittel sind nur zuzulassen, wenn ihre Zulassung nach der freien Überzeugung des Gerichts die Erledigung des Rechtsstreits nicht verzögern würde oder wenn die säumige Partei die Verspätung genügend entschuldigt. Näheres dazu → §296 Rdnr. 83ff. (21. Aufl.).

6. Flucht in die Säumnis

11 Nach dem Inkrafttreten der Vereinfachungsnovelle war zunächst umstritten[26], ob eine Partei eine bereits erfolgte oder eine drohende Zurückweisung ihrer Angriffs- und Verteidigungsmittel als verspätet nach §296 dadurch vermeiden kann, dass sie in die Säumnis flieht, d.h. zunächst ein Versäumnisurteil gegen sich ergehen läst und ihr verspätetes Vorbringen dann in der Einspruchsschrift gemäß §340 Abs. 3 vorträgt. Insoweit gilt folgendes: Ob ein in der fristgerecht eingereichten Einspruchsschrift vorgetragenes Angriffs- oder Verteidigungsmittel verspätet ist bzw. trotz der Verspätung zugelassen werden muss, bestimmt sich allein nach §342, d.h. es kommt darauf an, ob es im Zeitpunkt des Eintritts der Versäumnis verspätet war. Eine **Zurückweisung des verspäteten Vortrags** kann dagegen nur dann erfolgen, wenn die **Voraussetzungen des §296 im Einspruchstermin vorliegen.** Bei einer entsprechenden Vorbereitung des Termins durch die Partei bzw. das Gericht kommt es zu keiner Verzögerung der Erledigung des Rechtsstreits, womit das Vorbringen unabhängig davon zuzulassen ist, ob es in dem versäumten Termin als verspätet hätte zurückgewiesen werden müssen. Eine **bereits früher erfolgte Zurückweisung** als verspätet wird dagegen durch den Einspruchstermin nicht berührt. Wegen der Einzelheiten einer Zurückweisung nach Versäumnisurteil und Einspruch sowie zur Kritik der vertretenen Auffassungen → §296 Rdnr. 78ff. (21. Aufl.) mit umfassenden Nachweisen. Zur Terminbestimmung bei verspätetem Vortrag in der Einspruchsschrift → §341a Rdnr. 2.

12 Ist das **Versäumnisurteil im schriftlichen Vorverfahren** ergangen, so kann die säumige Partei innerhalb der Einspruchsfrist noch ihre **gesamte Klageerwiderung vortragen**, und zwar unabhängig davon, ob inzwischen bereits die nach §276 Abs. 1 S. 2 gesetzte Klageerwiderungsfrist abgelaufen ist. Diese ist wegen der Wirkung des Einspruchs nach §342 bedeutungslos geworden, Näheres → §276 Rdnr. 36f. (21. Aufl.).

7. Einspruch gegen Vollstreckungsbescheid

13 Richtet sich der Einspruch gegen einen Vollstreckungsbescheid, so findet §340 Abs. 3 keine Anwendung (§700 Abs. 3 S. 3). Dies beruht darauf, dass in diesem Fall noch keine erwiderungsfähige Klagebegründung des Antragstellers vorliegt, → §700 Rdnr. 4 (21. Aufl.).

---

[26] S. dazu *Deubner* NJW 1982, 289; *Fastrich* NJW 1979, 2598; *Prütting/Weth* ZZP 98 (1985), 131, 134ff.; MünchKomm ZPO – *Prütting*[2] Rdnr. 22ff.

§340a Zustellung der Einspruchsschrift

Die Einspruchsschrift ist der Gegenpartei zuzustellen. Dabei ist mitzuteilen, wann das Versäumnisurteil zugestellt und Einspruch eingelegt worden ist. Die erforderliche Zahl von Abschriften soll die Partei mit der Einspruchsschrift einreichen.

Gesetzesgeschichte: Eingefügt durch Novelle 1909 (RGBl. S.475). Neu gefasst durch die Vereinfachungsnovelle (BGBl. 1976 I 3281).

Stichwortverzeichnis → »Schlüssel zum Versäumnisverfahren« zu Beginn der Vorbemerkungen vor §330.

1 Die Einspruchsschrift ist »**der Gegenpartei**« von Amts wegen, §270 Abs.1, **zuzustellen**. Ist die Begründung ausnahmsweise in einem gesonderten Schriftsatz enthalten, → §340 Rdnr.7, so muss auch dieser der Gegenpartei zugestellt werden. Bei mehreren Gegnern sind dies alle gegnerischen Streitgenossen[1], und zwar unabhängig davon, ob es sich um einfache oder notwendige Streitgenossen handelt. Hat einer von mehreren notwendigen Streitgenossen Einspruch eingelegt, so bedarf es auch der Zustellung an alle anderen Streitgenossen, gegen die das Versäumnisurteil ergangen ist, → §63 Rdnr.2. Bei einfacher Streitgenossenschaft muss dagegen jeder Streitgenosse selbst Einspruch einlegen, weshalb ihm die Einspruchsschrift eines anderen Streitgenossen nicht zuzustellen ist. War auf der Gegenseite ein Streitgehilfe beteiligt, so ist die Einspruchsschrift auch ihm zuzustellen, → §67 Rdnr.19. Die Zustellung der Einspruchsschrift erfolgt, ohne dass der Einspruch auf seine Zulässigkeit hin überprüft wird[2], und zwar auch bei offenkundiger Unzulässigkeit des Einspruchs.

2 Die Zustellung der Einspruchsschrift einschließlich der Mitteilung nach S.2, → dazu Rdnr.3, wird gemäß §168 Abs.1 durch den **Urkundsbeamten der Geschäftsstelle** veranlasst, indem er die Einspruchsschrift dem Adressaten an der Amtsstelle aushändigt (§173 S.1), gegen Empfangsbekenntnis übermittelt (§174 Abs.1) oder durch Einschreiben mit Rückschein zustellt (§175), → §168 Rdnr.4.

3 Mit der Zustellung der Einspruchsschrift ist mitzuteilen, wann das Versäumnisurteil zugestellt und Einspruch eingelegt worden ist, S.2. Die Mitteilung dient der frühzeitigen Information des Einspruchsgegners hinsichtlich der Rechtzeitigkeit des Einspruchs und soll das Verfahren nach §341 erleichtern[3]. Für die Abfassung ist der Urkundsbeamte der Geschäftsstelle zuständig.

4 Hat die Partei gemäß der Sollvorschrift des S.3 die erforderliche Zahl von Abschriften eingereicht, so werden diese für die Zustellung verwendet; dies gilt auch im amtsgerichtlichen Verfahren. Wegen der Beglaubigung → §317 Rdnr.23 (21.Aufl.). Anderenfalls sind die Abschriften durch die Geschäftsstelle anfertigen zu lassen und zu beglaubigen. Wegen der Kosten dafür s. KV Nr.9000.

5 Unterbleibt die Zustellung oder ist sie mangelhaft, so berührt dies die Zulässigkeit und die Wirkung des Einspruchs nicht. Das Fehlen einer wirksamen Zustellung kann nach §189 und nach §295 geheilt werden[4].

---

[1] MünchKomm ZPO – *Prütting*[2] Rdnr.2.

[2] MünchKomm ZPO – *Prütting*[2] Rdnr.2; *Baumbach/Lauterbach/Hartmann*[63] Rdnr.4; *Zöller/Herget*[25] Rdnr.2.

[3] BT-Drucksache 7/2729, S.81.

[4] *BGHZ* 50, 397; 65, 114, 116 (für die unwirksame Zustellung einer Berufungsschrift).

§341 Einspruchsprüfung

(1) Das Gericht hat von Amts wegen zu prüfen, ob der Einspruch an sich statthaft und ob er in der gesetzlichen Form und Frist eingelegt ist. Fehlt es an einem dieser Erfordernisse, so ist der Einspruch als unzulässig zu verwerfen.

(2) Das Urteil kann ohne mündliche Verhandlung ergehen.

Gesetzesgeschichte: Ursprünglich §306 CPO. Sprachliche Änderung durch Novelle 1950 (BGBl. S.455). Abs.2 angefügt durch Vereinfachungsnovelle (BGBl. 1976 I 3281); geändert durch ZPO-RG 2001 (BGBl. I 1887).

Stichwortverzeichnis → »Schlüssel zum Versäumnisverfahren« zu Beginn der Vorbemerkungen vor §330.

I. Zulässigkeitsprüfung

1. Zulässigkeitsvoraussetzungen

1 Die **Zulässigkeit des Einspruchs** ist in allen Instanzen **von Amts wegen zu prüfen**, unabhängig davon, in welcher Instanz das Versäumnisurteil ergangen ist. Selbst das Revisionsgericht hat erforderlichenfalls Beweis darüber zu erheben, ob die Zulässigkeitsvoraussetzungen vorliegen[1]. Eine Heilung von Mängeln nach §295 ist ausgeschlossen, → §295 Rdnr.19 (21. Aufl.). Im Einzelnen sind zu prüfen:

a) Statthaftigkeit des Einspruchs

2 Dazu gehört die Frage, ob ein Versäumnisurteil vorliegt, → vor §330 Rdnr.15, oder ob es sich nicht um ein kontradiktorisches Urteil im Versäumnisverfahren (sog. unechtes Versäumnisurteil, → dazu vor §330 Rdnr.18ff. und speziell zu den dort gegebenen Rechtsbehelfen → vor §330 Rdnr.21) handelt. Weiter darf der Einspruch nicht nach §238 Abs.2 S.2, → §238 Rdnr.9, oder nach §345 ausgeschlossen sein.

[1] *BGH* NJW 1976, 1940; *BAG* AP §183 Nr.4; *OLG Braunschweig* MDR 1998, 621; *Gottwald* Die Revisionsinstanz als Tatsacheninstanz (1975), 335; MünchKomm ZPO – *Prütting*[2] Rdnr.1; *Zöller/Herget*[25] Rdnr.6.

b) Rechtzeitigkeit des Einspruchs

3 Der Einspruch muss rechtzeitig, §339, eingelegt worden sein. Dazu gehört insbesondere auch die Feststellung des Zeitpunkts der Zustellung des Versäumnisurteils an den Einspruchsführer.

c) Form

4 Die Wahrung der in §340 Abs. 1 und 2 vorgeschriebenen Form, d.h. der Einreichung der Einspruchsschrift beim Prozessgericht sowie des zwingend erforderlichen Inhalts der Einspruchsschrift. Demgegenüber ist die Begründung des Einspruchs gemäß §340 Abs. 3 keine Zulässigkeitsvoraussetzung, → §340 Rdnr. 6. Ebensowenig gehört die ordnungsgemäße und rechtzeitige Zustellung der Einspruchsschrift an die Gegenpartei hierher.

d) Verzicht, Zurücknahme

5 Ein Hindernis für die Zulässigkeit des Einspruchs stellt weiter der **Verzicht** (der ein nachträglicher Verzicht sein kann, wenn er nach Erlass des Versäumnisurteils erklärt wurde, der aber auch als vorgängiger Verzicht vor dessen Erlass wirksam ist, → §346 Rdnr. 2) und die Zurücknahme dar, §346. Die **Zurücknahme** führt allerdings genau genommen ebenso wenig zur Unzulässigkeit des Rechtsbehelfs wie bei Rechtsmitteln: Nicht anders als bei der Berufung, §516, besteht die Wirkung nur im Verlust des eingelegten Einspruchs; innerhalb der Einspruchsfrist kann erneut Einspruch eingelegt werden. Bei einem erst nach Fristablauf eingelegten neuen Einspruch folgt die Unzulässigkeit nicht aus der Zurücknahme des ersten Einspruchs, sondern ausschließlich daraus, dass der Einspruch nicht innerhalb der Einspruchsfrist eingelegt worden ist; → zur Zurücknahme des Einspruchs weiter §346 Rdnr. 1.

2. Beweislast

6 Die Partei, die den Einspruch eingelegt hat, trägt die Beweislast für dessen Zulässigkeit[2]. Soweit allerdings gerichtsinterne Vorgänge in Frage stehen, von denen der Einspruchsführer keine Kenntnis haben kann, dürfen daraus für ihn keine nachteiligen Beweislastfolgen hergeleitet werden[3]. Zeigt die säumige Partei etwa die Bestellung eines Anwalts am selben Tag an, an dem die Geschäftsstelle die Zustellung des Versäumnisurteils veranlasst, so kommt es für die Ordnungsmäßigkeit der Zustellung darauf an, ob der Geschäftsstelle die Bestellung des Anwalts vor Zustellungsbeginn bekannt war. Die entzieht sich aber regelmäßig der Kenntnis des Einspruchsführers.

3. Verfahren

7 Das Gericht befindet nach freiem Ermessen, ob es über die Zulässigkeit des Einspruchs **mündlich verhandelt**, Abs. 2. Der Einspruchsführer kann eine mündliche Verhandlung weder erzwingen, noch auf einer Entscheidung ohne mündliche Verhandlung bestehen, → §128 Rdnr. 116.

---

2 *BGH* VersR 1980, 90, 91; MünchKomm ZPO – *Prütting*[2] Rdnr. 6; *Zöller/Herget*[25] Rdnr. 5.
3 *BGH* NJW 1981, 1673; MünchKomm ZPO – *Prütting*[2] Rdnr. 6; *Zöller/Herget*[25] Rdnr. 5.

a) Entscheidung nach mündlicher Verhandlung

8 Das Gericht kann nach §146 anordnen, dass die Verhandlung zunächst auf die Zulässigkeit des Einspruchs beschränkt wird oder damit die Verhandlung der Hauptsache verbinden[4]. Hält das Gericht den **Einspruch** für **zulässig**, so kann dies durch **Zwischenurteil** nach §303 oder in den Entscheidungsgründen des späteren **Endurteils**, §343, ausgesprochen werden. Ergeht die Entscheidung im Endurteil, so kann dieses unter den allgemeinen Statthaftigkeitsvoraussetzungen mit der Berufung oder der Revision angefochten werden. Dagegen ist das Zwischenurteil nicht selbständig anfechtbar, → §303 Rdnr. 9 (21. Aufl.). Erachtet das Rechtsmittelgericht, unabhängig davon, ob der Mangel gerügt worden ist, → Rdnr. 1, den Einspruch entgegen dem Prozessgericht für unzulässig, so hat sein Urteil dahin zu lauten, dass das angefochtene Urteil aufgehoben und der Einspruch als unzulässig verworfen wird.

9 Ist dagegen der **Einspruch unzulässig**, so ist er sofort (§300 Abs. 1) **durch Endurteil als unzulässig zu verwerfen**. Eine Entscheidung »das Versäumnisurteil wird aufrechterhalten« (oder ähnlich) ist hingegen deshalb nicht statthaft[5], weil so nur bei zulässigem Einspruch tenoriert werden darf. Ein derartiger Tenor ist jedoch unschädlich, wenn sich aus den Urteilsgründen ergibt, dass damit der Einspruch als unzulässig verworfen werden sollte. Eine eventuell erfolgte Verhandlung auch zur Hauptsache wird mit der Verwerfung des Einspruchs gegenstandslos, → §300 Rdnr. 14 (21. Aufl.). Das den Einspruch verwerfende Urteil ist ohne Sicherheitsleistung für vorläufig vollstreckbar zu erklären, §708 Nr. 3. Hinsichtlich der Kosten gilt §97 Abs. 1 entsprechend[6]. Das den Einspruch als unzulässig verwerfende Urteil ist auch bei Ausbleiben des Gegners der den Einspruch erhebenden Partei kein Versäumnisurteil, sondern ein kontradiktorisches Urteil[7], gegen das die Berufung bzw. Revision stattfindet, → vor §330 Rdnr. 20f. Zur Entscheidung bei Säumnis des Einspruchsführers → Rdnr. 12. Das den Einspruch als unzulässig verwerfende Urteil steht einer neuen Einlegung des Einspruchs nicht entgegen, sofern die Einspruchsfrist noch nicht abgelaufen ist und der frühere Mangel vermieden wird[8].

b) Entscheidung ohne mündliche Verhandlung

10 Im Gegensatz zur Rechtslage vor dem ZPO-RG ergeht die Entscheidung auch dann durch **Urteil**, wenn das Gericht **keine mündliche Verhandlung** durchgeführt hat. Die Verkündung des Urteils wird durch dessen Zustellung ersetzt, §310 Abs. 3 Satz 1. Für den Inhalt und die Wirkungen des Urteils gilt dasselbe wie bei Durchführung einer mündlichen Verhandlung. Das Urteil kann auch als Zwischenurteil ergehen, durch das die Zulässigkeit des Einspruchs festgestellt wird, §303, → Rdnr. 8. Gegen das Urteil ist dasselbe **Rechtsmittel** (Berufung oder Revision) statthaft, wie bei Durchführung einer mündlichen Verhandlung.

11 Ergeht die Entscheidung entgegen Abs. 2 nicht als Urteil, sondern als Beschluss, so bestimmt sich das statthafte Rechtsmittel nach dem **Grundsatz der Meistbegünstigung**[9], d.h. es sind sowohl die sofortige Beschwerde wie auch die Berufung bzw. Revision statthaft; Einzelheiten zum Grundsatz der Meistbegünstigung → Allg. Einl. vor §511 Rdnr. 38ff. (21. Aufl.). Legt der Einspruchsführer gegen den den Einspruch verwerfenden Beschluss Beschwerde ein,

---

[4] *RG* Gruchot 45 (1901), 1130.

[5] *LAG Frankfurt* BB 1982, 1924; MünchKomm ZPO – *Prütting*[2] Rdnr. 12. A.A. *Baumbach/Lauterbach/Hartmann*[63] Rdnr. 9.

[6] MünchKomm ZPO – *Prütting*[2] Rdnr. 14; *Baumbach/Lauterbach/Hartmann*[63] Rdnr. 9; *Reichold* in *Thomas/Putzo*[26] Rdnr. 5.

[7] *LAG Hamburg* NJW 1975, 952; MünchKomm ZPO – *Prütting*[2] Rdnr. 13.

[8] *Baumbach/Lauterbach/Hartmann*[63] Rdnr. 11.

[9] *Schenkel* MDR 2003, 136; *OLG Celle* NJW-RR 2003, 647.

so ist das Verfahren in der richtigen Verfahrensart, d. h als Berufungs- oder Revisionsverfahren weiterzuführen[10], → Allg. Einl. vor §511 Rdnr. 49 (21. Aufl.). Soweit gegen ein Verwerfungsurteil kein Rechtsmittel statthaft wäre, ist auch der Beschluss unanfechtbar, → Allg. Einl. vor §511 Rdnr. 52 (21. Aufl.).

II. Säumnis des Einspruchsführers

12 Ist die Partei, die Einspruch eingelegt hat, im darauf folgenden nächsten Termin, → §345 Rdnr. 1, nicht erschienen, → §345 Rdnr. 4f., so ist, wie sich aus §345 ergibt, der Einspruch grundsätzlich durch Versäumnisurteil zu verwerfen, das – wie auch sonst – echtes Sachurteil ist, → §345 Rdnr. 7. Die Säumnisfolge besteht in diesem Fall also in der **sachlichen Verwerfung des Einspruchs** wegen doppelter aufeinander folgender Säumnis, → §345 Rdnr. 11. Wie die unverzichtbaren Voraussetzungen eines Sachurteils auch bei den anderen Versäumnisurteilen gegeben sein müssen, → §330 Rdnr. 7 und → §331 Rdnr. 11, so haben hier die Voraussetzungen des §341 (form- und fristgerechte Einlegung des Einspruchs) vorzuliegen. Ist der Einspruch unzulässig, so wird er durch kontradiktorisches Prozessurteil, → vor §330 Rdnr. 20, nach §341 Abs. 1 S. 2 als unzulässig verworfen[11]. Die praktische Bedeutung zeigt sich bei §514. Zum Fall der Säumnis des Gegners des Einspruchsführers im nächsten Termin → Rdnr. 9.

III. Einspruch und Berufung

13 Über den Fall, dass gegen dasselbe Urteil einer Partei der Einspruch, der anderen dagegen Berufung oder Revision zusteht → §513 Rdnr. 3 (21. Aufl.). Praktische Bedeutung hat dies, wenn die Klage teilweise durch unechtes Versäumnisurteil abgewiesen, und ihr im Übrigen durch Versäumnisurteil stattgegeben worden ist. Durch den Einspruch des Beklagten wird nur der Teil des Urteils beseitigt, der Versäumnisurteil ist.

§341a Einspruchstermin

Wird der Einspruch nicht als unzulässig verworfen, so ist der Termin zur mündlichen Verhandlung über den Einspruch und die Hauptsache zu bestimmen und den Parteien bekanntzumachen.

Gesetzesgeschichte: Eingefügt durch Vereinfachungsnovelle 1976 (BGBl. I 3281); inhaltlich entspricht die Vorschrift im wesentlichen §340a S. 1 a.F. Geändert durch ZPO-RG 2001 (BGBl. I 1887).

---

[10] *Schenkel* MDR 2003, 136. A.A. *OLG Celle* NJW-RR 2003, 647 für den Fall, dass der Beschluss vom Einzelrichter ergangen ist; hier müsse der Verwerfungsbeschluss aufgehoben und die Sache in entsprechender Anwendung von §538 Abs. 2 Nr. 2 zurückverwiesen werden. Dies deshalb, weil für die Entscheidung über die Beschwerde nach §568 S. 1 der Einzelrichter zuständig sei, während über eine Berufung der Senat zu entscheiden hätte. Bei richtiger Verfahrensweise hat aber der Senat zu entscheiden, weshalb die vom OLG Celle befürchtete Verschiebung der Zuständigkeit nicht droht.

[11] *BGH* NJW 1995, 1561; *LAG Hamburg* NJW 1975, 952; *LAG Berlin* LAGE §341 Nr. 1; MünchKomm ZPO – *Prütting*[2] Rdnr. 13; *Zöller/Herget*[25] Rdnr. 9; *Musielak/Stadler*[4] Rdnr. 2; *Reichold* in *Thomas/Putzo*[26] Rdnr. 5; *Rosenberg/Schwab/Gottwald*[16] §104 Rdnr. 59. A.A. *Baumbach/Lauterbach/Hartmann*[63] Rdnr. 9; *van der Hövel* NJW 1997, 2864 (zweites Versäumnisurteil nach §345).

Stichwortverzeichnis → »Schlüssel zum Versäumnisverfahren« zu Beginn der Vorbemerkungen vor §330.

I. Terminsbestimmung

1 Der Vorsitzende hat von Amts wegen, §216 Abs. 2, Termin zur mündlichen Verhandlung zu bestimmen, wenn das Gericht den Einspruch nicht als unzulässig verworfen hat. Der Termin ist zwar grundsätzlich zur Verhandlung über den Einspruch und außerdem die Hauptsache anzuberaumen; es bleibt dem Gericht aber unbenommen, gemäß §146 zu verfahren und die Verhandlung zunächst auf die Zulässigkeit des Einspruchs zu beschränken, → §341 Rdnr. 8.

2 Der Termin ist **unverzüglich zu bestimmen**, §216 Abs. 2. Die mündliche Verhandlung soll so früh wie möglich stattfinden, §272 Abs. 3. Hat die Partei in der Einspruchsschrift verspätet neue Tatsachen vorgetragen oder Beweismittel benannt, so hat das Gericht das **verspätete Vorbringen** bei der Terminsanberaumung insoweit zu berücksichtigen, als es nicht zu einer Verzögerung der Erledigung des Rechtsstreits führt. Sind beispielsweise aufgrund dieses Vorbringens zusätzlich Zeugen zu vernehmen, dann sind diese zum Termin zu laden und die hierfür erforderliche Zeitspanne bei der Terminsbestimmung einzuplanen (vorbereitende Maßnahme gemäß §273 Abs. 2 Nr. 4); zur dadurch ermöglichten sog. Flucht in die Säumnis → §340 Rdnr. 11f. Dagegen ist das Gericht nicht verpflichtet, den Termin soweit hinauszuschieben, dass das verspätete Vorbringen in vollem Umfang berücksichtigt werden kann (z.B. bei einem noch einzuholenden Sachverständigengutachten) und alle nachteiligen Folgen ausgeräumt werden[1], → §273 Rdnr. 8 und → §296 Rdnr. 80 (beide 21. Aufl.). Die Bestimmung des §296 wäre sonst überflüssig. Zur Berücksichtigung verspäteten Vorbringens in der Einspruchsschrift → auch §296 Rdnr. 78ff. (21. Aufl.).

II. Bekanntmachung

3 Die Terminsbestimmung ist von Amts wegen beiden Parteien durch Zustellung bekanntzumachen. Zuständig dafür ist der Urkundsbeamte der Geschäftsstelle, §274 Abs. 1. Im amtsgerichtlichen Verfahren genügt gegenüber der Partei, die den Einspruch eingelegt hat, im Falle des §497 Abs. 2 die mündliche Mitteilung. Da die Bekanntgabe der Ladung sachlich gleichgestellt ist, → vor §214 Rdnr. 11, ist gegenüber beiden Parteien die Ladungsfrist einzuhalten[2]. Standen der säumigen Partei Streitgenossen gegenüber, so muss die Bekanntmachung des Termins an alle Streitgenossen erfolgen, für die das Versäumnisurteil ergangen ist, d.h. für die, die im Termin erschienen oder gemäß §62 Abs. 1 vertreten waren. Richtet sich der Einspruch allerdings nicht gegen alle Streitgenossen, so sind nur die Einspruchsgegner zu laden[3]. Legt ein Streithelfer Einspruch ein, ist auch die Hauptpartei zu laden[4].

4 Weist die **Bekanntgabe Mängel** auf, so ist §335 Abs. 1 Nr. 2 anzuwenden[5], d.h. es darf kein Versäumnisurteil ergehen. Unschädlich ist es, wenn in der Terminsbestimmung keine Angaben zum Verhandlungsgegenstand (nur über den Einspruch oder auch zur Hauptsache?, →

---

[1] *BGH* NJW 1981, 286; MünchKomm ZPO – *Prütting*[2] Rdnr. 2; *Reichold* in *Thomas/Putzo*[26] Rdnr. 2. A.A. unter Berufung auf §273 *OLG Hamm* NJW 1980, 293 (abl. *Deubner*); *Zöller/Herget*[25] Rdnr. 2.

[2] *OLG München* OLGZ 1974, 241; MünchKomm ZPO – *Prütting*[2] Rdnr. 3; *Zöller/Herget*[25] Rdnr. 2. A.A. bezüglich der Partei, die Einspruch eingelegt hat, *RGZ* 86, 139.

[3] *Zöller/Herget*[25] Rdnr. 2.

[4] *Baumbach/Lauterbach/Hartmann*[63] Rdnr. 4.

[5] MünchKomm ZPO – *Prütting*[2] Rdnr. 4.

Rdnr.1) enthalten sind. In diesem Fall müssen die Parteien davon ausgehen, dass sich die Verhandlung auch auf die Hauptsache erstreckt[6].

III. Familiensachen

5 Zur zeitlichen Reihenfolge, wenn in Familiensachen gegen ein **Verbundurteil**, das zum Teil als Versäumnisurteil ergangen ist, Einspruch und Berufung eingelegt werden, s. §629 Abs.2 S.2; Näheres → §629 Rdnr.2 (21.Aufl.)

§342 Wirkung des zulässigen Einspruchs

Ist der Einspruch zulässig, so wird der Prozess, soweit der Einspruch reicht, in die Lage zurückversetzt, in der er sich vor Eintritt der Versäumnis befand.

Gesetzesgeschichte: Ursprünglich §307 CPO. Sprachliche Änderung durch Novelle 1950 (BGBl. S.455). Neu gefasst durch Vereinfachungsnovelle 1976 (BGBl. I 3281).

Stichwortverzeichnis → »Schlüssel zum Versäumnisverfahren« zu Beginn der Vorbemerkungen vor §330.

1 Ist der Einspruch zulässig, so hat dies zur Folge, dass der **Prozess in die Lage zurückversetzt** wird, in der er sich vor Eintritt der Säumnis befand, und dass der Eintritt der Rechtskraft des Versäumnisurteils gehemmt wird, §705 S.2; Näheres zum Eintritt der Rechtskraft des Versäumnisurteils → §705 Rdnr.17. Die Versäumung tritt, wie sich aus §§330, 331, 220 Abs.2 ergibt, mit dem **Schluss des Termins zur mündlichen Verhandlung** ein und nicht etwa schon in dem Augenblick, in dem die Partei nach dem Aufruf der Sache nicht auftritt bzw. nicht verhandelt[1]. Erst mit dem Schluss des Termins zur mündlichen Verhandlung kann dem Antrag auf Erlass eines Versäumnisurteils entsprochen werden und erst von diesem Zeitpunkt an treten die Wirkungen ein, die mit dem Antrag als einer Verhandlung zur Hauptsache, → §330 Rdnr.3, verknüpft sind, wenn auch der Antrag bereits vor Eintritt der Versäumnis gestellt werden kann[2]. Aus dem Gesagten folgt, dass die Erklärungen der im Termin erschienenen Partei, die in diesem Termin abgegeben wurden, auch nach dem Einspruch wirksam bleiben. Im schriftlichen Vorverfahren tritt die Versäumnis mit dem Ablauf der Frist des §276 Abs.1 S.1 zur Anzeige der Verteidigungsbereitschaft ein[3]. Voraussetzung für den Eintritt der Wirkung des §342 ist, dass es zu einer mündlichen Verhandlung in **Anwesenheit beider Parteien** kommt[4]. Ist in dem Termin der Einspruchsführer säumig, so ergeht gegen ihn ein zweites Versäumnisurteil (zur Notwendigkeit einer erneuten Zulässigkeits- und Schlüssigkeitsprüfung → aber §345 Rdnr.6ff.); bei Säumnis des Gegners ist das Versäumnisurteil aufzuheben und gegen diesen ein Versäumnisurteil nach §§330, 331 zu erlassen, → §345 Rdnr.18.

---

[6] *BGH* NJW 1982, 888; MünchKomm ZPO – *Prütting*[2] Rdnr.4.

[1] *Münzberg* Die Wirkungen des Einspruchs im Versäumnisverfahren (1959), 44ff.; *Göppinger* ZZP 66 (1953), 287; MünchKomm ZPO – *Prütting*[2] Rdnr.4; *Musielak/Stadler*[4] Rdnr.1; *Rosenberg/Schwab/Gottwald*[16] §104 Rdnr.62. A.A. *RGZ* 167, 293, 295; *BGHZ* 4, 329, 340; *BGH* NJW 1980, 2313 = ZZP 94 (1981), 328 (abl. *Münzberg*); *BGH* NJW 1993, 861.

[2] *Münzberg* (Fn.1), 38.

[3] MünchKomm ZPO – *Prütting*[2] Rdnr.5; *Rosenberg/Schwab/Gottwald*[16] §104 Rdnr.64.

[4] *BGHZ* 141, 351, 356 = NJW 1999, 2599, 2600; *Reichold* in *Thomas/Putzo*[26] Rdnr.2; *Rosenberg/Schwab/Gottwald*[16] §104 Rdnr.62.

2 Die Folge des §342 gilt **Kraft Gesetzes ohne richterlichen Ausspruch**[5]. Insbesondere wird der Einspruch nicht etwa auf seine Begründetheit hin überprüft; er muss nur zulässig sein[6]. Das Versäumnisurteil bleibt zunächst bis zur Entscheidung gemäß §343 bestehen[7] (wegen einstweiliger Anordnungen bezüglich der vorläufigen Vollstreckbarkeit s. jedoch §719), allerdings entfällt für das Gericht die Bindungswirkung nach §318[8]. Im Übrigen werden aber alle früheren Parteierklärungen, Geständnisse, Anerkenntnisse, Verzichte, Beweiserhebungen, Beweisbeschlüsse[9] und Zwischenurteile, soweit sie unerheblich geworden waren, wieder wirksam; ebenso die Folgen, die an eine frühere Verhandlung zur Hauptsache geknüpft waren. Umgekehrt werden die Folgen, die sich an den Antrag des Beklagten auf Erlass des Versäumnisurteils deshalb knüpften, weil er Verhandlung zur Hauptsache ist, → §330 Rdnr. 4, wieder hinfällig[10]; → weiter §282 Rdnr. 39 (21. Aufl.). Ferner kann der Kläger die Klage ohne Einwilligung des Beklagten zurücknehmen, wenn er dies vorher konnte[11]. Die Parteien können daher alle Angriffs- und Verteidigungsmittel in demselben Umfang geltend machen wie vor Eintritt der Säumnis → §340 Rdnr. 16f. und → §296 Rdnr. 78ff. (21. Aufl.). Zum sofortigen Anerkenntnis nach einem gegen den Beklagten ergangenen Versäumnisurteil → §93 Rdnr. 8. Über die eventuelle Zulassung der Verhandlung zur Hauptsache vor Prüfung der Zulässigkeit des Einspruchs → §341 Rdnr. 11.

3 Die Beseitigung der Säumnisfolgen tritt nur in dem **Umfang** ein, in dem der Säumige das Versäumnisurteil durch Einlegung des Einspruchs angefochten hat, §340 Abs. 1 S. 2, → dort Rdnr. 5; im Übrigen **erwächst** das Versäumnisurteil mit Ablauf der Einspruchsfrist **in Rechtskraft**. Erging das Versäumnisurteil zum Teil durch kontradiktorisches Prozess- oder Sachurteil, so wird dieser Teil der Entscheidung von der Einlegung des Einspruchs nicht berührt, → §338 Rdnr. 6[12].

§343 Entscheidung nach Einspruch

Insoweit die Entscheidung, die auf Grund der neuen Verhandlung zu erlassen ist, mit der in dem Versäumnisurteil enthaltenen Entscheidung übereinstimmt, ist auszusprechen, dass diese Entscheidung aufrechtzuerhalten sei. Insoweit diese Voraussetzung nicht zutrifft, wird das Versäumnisurteil in dem neuen Urteil aufgehoben.

Gesetzesgeschichte: Ursprünglich §308 CPO. Inhaltlich unverändert; sprachliche Änderung durch Novelle 1950 (BGBl. S. 455).

Stichwortverzeichnis → »Schlüssel zum Versäumnisverfahren« zu Beginn der Vorbemerkungen vor §330.

---

[5] MünchKomm ZPO – *Prütting*[2] Rdnr. 1.
[6] MünchKomm ZPO – *Prütting*[2] Rdnr. 1.
[7] *Münzberg* (Fn. 1), 25; MünchKomm ZPO – *Prütting*[2] Rdnr. 8; *Zöller/Herget*[25] Rdnr. 8; *Reichold* in *Thomas/Putzo*[26] Rdnr. 4; *Rosenberg/Schwab/Gottwald*[16] §104 Rdnr. 61.
[8] *Zöller/Herget*[25] Rdnr. 2; *Rosenberg/Schwab/Gottwald*[16] §104 Rdnr. 62.
[9] *OLG Hamm* NJW-RR 1986, 1508.
[10] *RGZ* 167, 293 (dazu *Bötticher* DR 1942, 346); s. weiter *Münzberg* (Fn. 1), 49ff.: Es muss zwischen den verschiedenen mit der Verhandlung zur Hauptsache verknüpften Präklusionswirkungen differenziert werden; s. dazu auch *Theuerkauf* MDR 1964, 467.
[11] *RGZ* 167, 293; *BGHZ* 4, 328, 329f.; *OLG Saarbrücken* MDR 2000, 722; *Münzberg* (Fn. 1), 56f.; *Zöller/Herget*[25] Rdnr. 2; *Rosenberg/Schwab/Gottwald*[16] §104 Rdnr. 64; *Musielak/Stadler*[4] Rdnr. 2.
[12] *BGH* NJW-RR 1986, 1326; MünchKomm ZPO – *Prütting*[2] Rdnr. 9.

I. Abfassung der neuen Entscheidung

1. Entscheidung in der Hauptsache

a) Vollständige Aufrechterhaltung bzw. Aufhebung des Versäumnisurteils

1 Wird der Rechtsstreit aufgrund eines zulässigen Einspruchs nach §342 von neuem verhandelt, so ist das **Gericht bei der Entscheidung** aufgrund dieser Verhandlung **völlig frei**. Soweit der Einspruch reicht, ist selbst eine reformatio in peius zulässig[1] (z.B. Verurteilung des Beklagten im Versäumnisurteil zur Leistung Zug um Zug; nach Einspruch kann Verurteilung zur unbedingten Leistung erfolgen). Bei einem gegen den Beklagten ergangenen Versäumnisurteil ist das Gericht auch nicht gehindert, jetzt die Schlüssigkeit der Klage zu verneinen. Nach §343 ist aber, ohne dass es dafür eines besonderen Antrags bedürfte, bei der Tenorierung des neuen Urteils auf das Versäumnisurteil zurückzugreifen.

2 Stimmt das neue Prozessergebnis inhaltlich mit dem Tenor des Versäumnisurteils vollständig überein, so ist das **Versäumnisurteil aufrechtzuerhalten** und nicht noch einmal dieselbe Verurteilung oder Klageabweisung auszusprechen, §343 S.1. Dies gilt auch dann, wenn die neue Entscheidung aus ganz anderen Erwägungen erfolgt, es sei denn, dass das neue Urteil trotz äußerlicher Übereinstimmung seines Tenors mit dem Tenor des Versäumnisurteils einen anderen Rechtskraftumfang hat (z.B. Versäumnisurteil gegen den Kläger, wenn nach Einspruch die Klage nur im Hinblick auf eine vom Beklagten erklärte Aufrechnung abgewiesen wird). In diesem Fall ist das Versäumnisurteil aufzuheben und eine neue Entscheidung zu erlassen. Ist der Einspruchsführer in einem späteren Termin erneut säumig, so lautet das Versäumnisurteil ebenfalls dahingehend, dass das erste Versäumnisurteil aufrechterhalten wird[2]. Zur Fassung des Urteils bei Säumnis des Einspruchsführers in dem nach §341a anberaumten Termin → §345 Rdnr.11.

3 Stimmt das neue Prozessergebnis dagegen mit dem Versäumnisurteil in vollem Umfang nicht überein (sei es nach kontradiktorischer Verhandlung oder als Versäumnisurteil gegen den Gegner des Einspruchsführers), so ist das **Versäumnisurteil aufzuheben** (kassatorischer Teil), §343 S.2, sowie die **neue Entscheidung auszusprechen** (reformatorischer Teil). Ist die Aufhebung in dem neuen Urteil übersehen worden, so kann das Urteil nach §319 berichtigt werden[3].

---

[1] *Kapsa* Das Verbot der reformatio in peius im Zivilprozess (1976), 81ff.; MünchKomm ZPO – *Prütting*[2] Rdnr.4.

[2] MünchKomm ZPO – *Prütting*[2] Rdnr.11.

[3] *Baumbach/Lauterbach/Hartmann*[63] Rdnr.6; MünchKomm ZPO – *Prütting*[2] Rdnr.13; *Zöller/Herget*[25] Rdnr.2; *Musielak/Stadler*[4] Rdnr.2.

b) **Teilweise Aufrechterhaltung und Aufhebung des Versäumnisurteils**

4 Stimmt das Versäumnisurteil nur teilweise mit dem neuen Prozessergebnis überein, so ist es **teilweise aufrechtzuerhalten und im Übrigen aufzuheben** sowie neu zu entscheiden (nämlich hinsichtlich des Teils, der aufgrund der neuen Prozessergebnisse anders als im Versäumnisurteil zu beurteilen ist). Als aufrechtzuerhaltender Teil des Versäumnisurteils kommt dabei nur ein solcher Teil in Betracht, über den ein Teilurteil ergehen könnte. Dagegen scheidet eine Aufrechterhaltung mit einem nur zwischenurteilsfähigen Teil (z.B. als Grundurteil nach §304) aus. Keinesfalls darf bei nur teilweise übereinstimmendem Prozessergebnis der Einfachheit halber das Versäumnisurteil ganz aufgehoben und neu tenoriert werden[4]. Bei §343 handelt es sich nämlich nicht um eine bloße Formvorschrift. Vor allem wegen der **vollstreckungsrechtlichen Folgen** ist die Vorschrift vielmehr genau einzuhalten. Hat nämlich die Partei aus dem Versäumnisurteil bereits vollstreckt, so läuft sie bei einer Aufhebung des Versäumnisurteils Gefahr, dass die Vollstreckungsmaßnahmen gemäß §776 i. V. mit §775 Nr. 1 aufgehoben werden, obwohl die neue Entscheidung mit dem Versäumnisurteil im Ergebnis übereinstimmt und deshalb die Aufrechterhaltung geboten war. Die Aufhebung der Vollstreckungsmaßnahmen kann wegen des im Vollstreckungsrecht geltenden Prioritätsgrundsatzes, §804 Abs. 3, überdies zu einem Rangverlust führen, wenn zwischenzeitlich andere Pfändungen erfolgt sind. Schließlich kann der Partei auch eine Schadensersatzpflicht aus §717 Abs. 2 drohen[5], → dazu §717 Rdnr. 7ff.

c) **Verstoß gegen §343 S. 1**

5 Bei einem Verstoß gegen §343 S. 1 (das Gericht hebt das Versäumnisurteil auf und tenoriert neu, obwohl die Prozessergebnisse mit dem Versäumnisurteil übereinstimmen) darf eine **Aufhebung von Vollstreckungsmaßnahmen** nach §776 i. V. mit §775 Nr. 1 deshalb trotzdem nicht erfolgen, weil für die Frage, in welchem Umfang das Versäumnisurteil aufgehoben worden ist, die Einspruchsentscheidung auszulegen ist, → §717 Rdnr. 2 und → §775 Rdnr. 12, und die Auslegung in einem solchen Fall ergibt, dass das Versäumnisurteil inhaltlich aufrechterhalten wurde[6]. In der Praxis wird eine solche Auslegung aber in der Regel daran scheitern, dass dem jeweiligen Vollstreckungsorgan nur eine Ausfertigung des Urteils zur Verfügung steht, die weder Tatbestand noch Entscheidungsgründe enthält[7], §317 Abs. 2 S. 2.

d) **Ausnahmen**

6 In Einzelfällen kann allerdings im Hinblick auf notwendige Ergänzungen eine neue Fassung des Urteilstenors unumgänglich sein. Hier hat das Gericht die Neufassung des Tenors unter Aufrechterhaltung des Versäumnisurteils und unter Einbeziehung des Ausspruchs im Versäumnisurteil vorzunehmen[8]. Die unter → Rdnr. 4 beschriebenen vollstreckungsrechtlichen Folgen drohen hier deswegen nicht, weil das Gericht nach §709 S. 3, → Rdnr. 7, auszusprechen hat, unter welchen Voraussetzungen die Vollstreckung aus dem Versäumnisurteil fortgesetzt werden darf.

---

[4] MünchKomm ZPO – *Prütting*[2] Rdnr. 14.
[5] *OLG Köln* NJW 1976, 113.
[6] MünchKomm ZPO – *Prütting*[2] Rdnr. 18.
[7] *OLG Köln* NJW 1976, 113, 114; MünchKomm ZPO – *Prütting*[2] Rdnr. 18.
[8] *OLG Köln* NJW 1976, 113; MünchKomm ZPO – *Prütting*[2] Rdnr. 12.

2. Vorläufige Vollstreckbarkeit

7 Wird das **Versäumnisurteil aufgehoben**, dann richtet sich die vorläufige Vollstreckbarkeit der neuen Entscheidung nach den allgemeinen Vorschriften der §§708ff. Wird es durch kontradiktorisches Urteil **aufrechterhalten**, so ist gemäß §709 S.3 auszusprechen, dass die Vollstreckung aus dem Versäumnisurteil nur gegen Sicherheitsleistung fortgesetzt werden darf. Für bereits bewirkte Vollstreckungsmaßnahmen ist keine Nachleistung von Sicherheit erforderlich[9]. Liegt allerdings einer der Fälle des §708 vor, ist §709 S.3 nicht anzuwenden und somit auch keine Sicherheit erforderlich[10]. Dies trifft insbesondere auch auf Entscheidungen zu, die nach §345 ergehen, §708 Nr.2. Wegen der Einzelheiten → §709 Rdnr.13ff.

3. Kosten

8 Zur Kostenentscheidung → §344 Rdnr.2f.

4. Abfassung des Urteils bei Unzulässigkeit des Einspruchs

9 Ist der Einspruch unzulässig, so ist das Versäumnisurteil weder aufrechtzuerhalten noch aufzuheben, sondern nur der Einspruch als unzulässig zu verwerfen; Näheres → §341 Rdnr.9.

II. Geltungsbereich des §343

10 §343 gilt nur für die **Endentscheidung** aufgrund der neuen Verhandlung einschließlich der Vorbehaltsurteile, §§302, 599. Auf Zwischenurteile, §§280, 303, und Verweisungsbeschlüsse, §§281, 506, 17 a Abs.2 GVG, ist §343 dagegen nicht anwendbar[11]. Der Ausspruch nach dieser Vorschrift bleibt vielmehr deshalb der Endentscheidung vorbehalten, weil das Gericht erst zu diesem Zeitpunkt darüber befinden kann, inwieweit es das Versäumnisurteil aufrechterhält oder aufhebt.

11 Beim **Grundurteil**, §304, nach einem gegen den Beklagten ergangenen Versäumnisurteil bleibt die Entscheidung nach §343 dem Betragsverfahren vorbehalten[12]. Dagegen kann das Gericht nach einem Versäumnisurteil gegen den Kläger das Grundurteil unter Aufhebung des Versäumnisurteils erlassen. Denn das Urteil, das den Klageanspruch dem Grunde nach für gerechtfertigt erklärt, stellt zugleich fest, dass keine klageabweisende Entscheidung ergeht.

III. Verfahrensabschluss ohne gerichtliche Entscheidung

12 Endet die weitere mündliche Verhandlung ohne Entscheidung des Gerichts (z.B. durch Vergleich, übereinstimmende Erledigungserklärung oder Klagerücknahme), so findet eine Aufhebung des Versäumnisurteils nur dann statt, wenn das Gericht infolge eines Streits über die Zurücknahme, → §269 Rdnr.41ff. (21.Aufl.) oder über die Erledigung oder über den Bestand des Vergleichs anderweitig zu entscheiden hat[13]. Im Übrigen wird das **Versäumnisurteil wirkungslos**, ohne dass es einer Aufhebung bedarf. §269 Abs.3 S.1, 2. Hs., der dies für den Fall

---

[9] MünchKomm ZPO – *Prütting*[2] Rdnr.16; *Zöller/Herget*[25] Rdnr.4; *Rosenberg/Schwab/Gottwald*[16] §104 Rdnr.67.
[10] MünchKomm ZPO – *Prütting*[2] Rdnr.16; *Zöller/Herget*[25] Rdnr.4.
[11] MünchKomm ZPO – *Prütting*[2] Rdnr.3; *Zöller/Herget*[25] Rdnr.1.
[12] MünchKomm ZPO – *Prütting*[2] Rdnr.2.
[13] *BGHZ* 4, 328, 341; *Münzberg* (§342 Fn.1), 111; MünchKomm ZPO – *Prütting*[2] Rdnr.19.

der Klagerücknahme ausdrücklich regelt, kann auf die übrigen Fallgestaltungen entsprechend angewandt werden[14], was in analoger Anwendung von §269 Abs. 4 auf Antrag durch Beschluss auszusprechen ist[15], → zur Erledigungserklärung auch 91 a Rdnr. 24 und zum Vergleich → §794 Rdnr. 37.

§344 Versäumniskosten

Ist das Versäumnisurteil in gesetzlicher Weise ergangen, so sind die durch die Versäumnis veranlassten Kosten, soweit sie nicht durch einen unbegründeten Widerspruch des Gegners entstanden sind, der säumigen Partei auch dann aufzuerlegen, wenn infolge des Einspruchs eine abändernde Entscheidung erlassen wird.

Gesetzesgeschichte: Ursprünglich §309 CPO. Keine Änderung

Stichwortverzeichnis → »Schlüssel zum Versäumnisverfahren« zu Beginn der Vorbemerkungen vor §330.

I. Voraussetzungen einer neuen Kostenentscheidung

1 §344 enthält als Ausnahme von §91, → dort Rdnr. 15, einen Fall der **Kostentrennung**[1]. Er setzt voraus, dass das Gericht in dem Verfahren nach Einspruch von neuem über die Kosten zu entscheiden hat und dass dabei der Gegner der säumigen Partei ganz oder zum Teil, §92, in die Kosten verurteilt wird, was regelmäßig auch eine Abänderung der Sachentscheidung voraussetzt.

1. Aufrechterhaltung des Versäumnisurteils

2 Wird das Versäumnisurteil aufrechterhalten, so gilt dies auch für die darin enthaltene Kostenentscheidung, die stets zu Ungunsten der säumigen Partei lauten muss; die Kosten des Versäumnisverfahrens bilden dann einen Teil der Kosten des Rechtsstreits[2]. Im Interesse der Klarheit empfiehlt sich stets der Ausspruch, dass die säumige Partei auch die Kosten des weiteren Verfahrens zu tragen hat. Enthält das Urteil keinen dahingehenden Kostenausspruch, so ist es dahin auszulegen, dass die Kostenentscheidung des Versäumnisurteils nunmehr für alle

[14] MünchKomm ZPO – *Prütting*[2] Rdnr. 19.
[15] MünchKomm ZPO – *Prütting*[2] Rdnr. 19; *Reichold* in *Thomas/Putzo*[26] Rdnr. 7.
[1] Zu §344 s. *Münzberg* (§342 Fn. 1), 112ff.
[2] *Zöller/Herget*[25] Rdnr. 1.

Kosten gilt[3]. Um auch die neu angefallenen Kosten zu erfassen, ist also **keine Urteilsergänzung** nach §321 **erforderlich.** Eine solche Ergänzung ist aber trotzdem zulässig und meistens auch angebracht, um keine Unklarheiten aufkommen zu lassen. Trotz Aufrechterhaltung des gegen den Beklagten ergangenen Versäumnisurteils kann der Kläger im Einzelfall die Kosten nach §93 zu tragen haben, → §93 Rdnr. 8.

2. Aufhebung des Versäumnisurteils

3 Bei Aufhebung des Versäumnisurteils, → §343 Rdnr. 3, ist über die Kosten stets **nach Maßgabe der §§91ff. neu zu entscheiden**. Dasselbe gilt, wenn der Rechtsstreit übereinstimmend für erledigt erklärt wird; hier hat die Kostenentscheidung nach §91a zu erfolgen. Bei nur **teilweiser Aufhebung des Versäumnisurteils** und Aufrechterhaltung im Übrigen, → §343 Rdnr. 3 a, ist über die Kosten insgesamt nach den Grundsätzen des §92 neu zu entscheiden. Eine teilweise Aufrechterhaltung auch der Kostenentscheidung des Versäumnisurteils ist wegen drohender Unklarheiten zumindest nicht zweckmäßig.

3. Klagerücknahme und Vergleich

4 Wird die **Klage zurückgenommen**, so beruht die Kostenentscheidung nicht auf dem Unterliegen, sondern auf der selbständigen Vorschrift des §269 Abs. 3 S. 2, die jede Kostentrennung, und zwar auch die des §344, ausschließt. Der Kläger hat also auch die Kosten der Säumnis des Beklagten zu tragen[4], → auch §269 Rdnr. 63 (21. Aufl.). Im Falle eines **Vergleichs**, §98, findet §344 ebenfalls keine Anwendung, sofern nicht bereits vor Abschluss des Vergleichs rechtskräftig über die Säumniskosten entschieden worden ist[5] oder die Parteien im Vergleich ausdrücklich eine dem §344 entsprechende Vereinbarung getroffen haben[6], → auch §98 Rdnr. 12.

II. Gesetzlichkeit des Versäumnisurteils

5 Ergeht nach dem unter → Rdnr. 3 Ausgeführten eine neue Kostenentscheidung, so hat das Gericht sein eigenes Verfahren von Amts wegen[7] daraufhin zu überprüfen, ob das Versäumnisurteil in gesetzlicher Weiser ergangen war. Dabei ist ein rein **objektiver Maßstab** anzulegen; es kommt nicht darauf an, ob das Gericht ein Verschulden trifft, sondern allein darauf, ob es für das Versäumnisurteil an einem Erfordernis fehlte oder ihm ein Hindernis entgegenstand, auch wenn dies dem Gericht damals unbekannt oder auch nicht erkennbar war[8]. Wegen der Erfordernisse und Hindernisse der Säumnis → vor §330 Rdnr. 3ff. Namentlich kann dem Gericht die Ordnungswidrigkeit der Ladung infolge falscher Anschriften unbekannt geblieben

---

[3] A. A. *Baumbach/Lauterbach/Hartmann*[63] Rdnr. 5; MünchKomm ZPO – *Prütting*[2] Rdnr. 6: Da die weiteren Kosten erst nach Erlass des Versäumnisurteils entstanden sind, könne sich dessen Kostenentscheidung darauf nicht beziehen.

[4] Str.; wie hier *OLG Düsseldorf* MDR 1983, 64; *OLG Rostock* NJW-RR 1996, 832; MünchKomm ZPO – *Prütting*[2] Rdnr. 8. *A. A. OLG Hamm* OLGZ 1989, 464; *OLG Karlsruhe* NJW-RR 1996, 383; *OLG München* MDR 2001, 533; *Habel* NJW 1997, 2357; *Zöller/Herget*[25] Rdnr. 2; *Reichold* in *Thomas/Putzo*[26] Rdnr. 3.

[5] *OLG Düsseldorf* MDR 1980, 233.

[6] *OLG München* Rpfleger 1979, 495; MünchKomm ZPO – *Prütting*[2] Rdnr. 8.

[7] *Münzberg* (§342 Fn. 1), 115; MünchKomm ZPO – *Prütting*[2] Rdnr. 14.

[8] *BGH* NJW 1961, 2207; *BAG* NJW 1971, 957; MünchKomm ZPO – *Prütting*[2] Rdnr. 14; *Musielak/Stadler*[4] Rdnr. 2; *Reichold* in *Thomas/Putzo*[26] Rdnr. 5.

sein. Ungesetzlich ist das Versäumnisurteil weiter dann, wenn die Vorschriften des §335 nicht beachtet worden sind[9] oder wenn das Vorbringen des Klägers nicht schlüssig war und deshalb §331 Abs.2 nicht genügte[10], und schließlich auch, wenn der Fall des §337 vorlag[11]. Dass das Vorbringen nicht erwiesen oder durch Einreden entkräftet ist, kommt dagegen nicht in Betracht, da es daraufhin nicht zu überprüfen war.

III. Entscheidung

1. In gesetzlicher Weise ergangenes Versäumnisurteil

6 Ist das **Versäumnisurteil in gesetzlicher Weise ergangen,** so hat das Urteil in seiner Formel ausdrücklich die durch die Versäumnis veranlassten **Kosten** einschließlich der des Einspruchsverfahrens **der säumigen Partei aufzuerlegen**. Derartige Kosten sind etwa die vergeblichen Reisekosten des Einspruchsgegners zur Wahrnehmung des ursprünglichen Termins (nicht des Einspruchstermins[12]) sowie Reisekosten und Verdienstausfall von Zeugen[13] oder eines geladenen Sachverständigen. Auszunehmen sind nur diejenigen Kosten, die der Gegner durch einen schließlich für unbegründet erkannten Widerspruch verursacht hat (z.B. Bestreiten der Zulässigkeit des Einspruchs, was eine Beweisaufnahme hierüber erforderlich machte)[14]. Auch über die zuletzt genannten Kosten ist deswegen im Urteil zu entscheiden, weil im Kostenfestsetzungsverfahren nicht mehr darüber befunden werden kann, ob die Kosten einer Beweisaufnahme tatsächlich durch die Versäumnis veranlasst worden sind[15]. Die Auferlegung der durch die Versäumnis veranlassten Kosten an die säumige Partei ist unabhängig davon auszusprechen, ob feststeht, dass derartige Kosten überhaupt entstanden sind; dies ist erst Gegenstand des Kostenfestsetzungsverfahrens[16].

7 Die Kosten der Vollstreckung des Versäumnisurteils sind nicht durch die Versäumnis veranlasst und daher im Fall der Aufhebung des Urteils nicht von der säumigen Partei zu tragen[17]. Wer die Vollstreckungskosten zu tragen hat, bestimmt sich vielmehr nach §§717 Abs.2, 788. Nicht zu den Säumniskosten gehört ferner die **Terminsgebühr des Anwalts** der nicht säumigen Partei[18]. Zu den **Kosten der Verweisung**, §281 Abs.3, → §281 Rdnr.40 a.E. (21. Aufl.).

2. Nicht in gesetzlicher Weise ergangenes Versäumnisurteil

8 War das Versäumnisurteil nicht in gesetzlicher Weise ergangen, so sind sämtliche Kosten des Verfahrens, einschließlich der durch die Versäumnis verursachten, als Ganzes nach Maß-

---

9 *RG* WarnRsp 23/24 Nr.179 (Nichteinhaltung der Einlassungsfrist); *BGH* NJW 1961, 2207 (fehlende Prozessfähigkeit); MünchKomm ZPO – *Prütting*[2] Rdnr.14.

10 *RGZ* 115, 310; *Reichel* AcP 104 (1909), 73; *Münzberg* (§342 Fn.1), 122f.; MünchKomm ZPO – *Prütting*[2] Rdnr.14; *Zöller/Herget*[25] Rdnr.1.

11 *RGZ* 166, 246.

12 *OLG Stuttgart* MDR 1989, 269.

13 MünchKomm ZPO – *Prütting*[2] Rdnr.13.

14 MünchKomm ZPO – *Prütting*[2] Rdnr.11; *Zöller/Herget*[25] Rdnr.2; *Reichold* in *Thomas/Putzo*[26] Rdnr.4; *Musielak/Stadler*[4] Rdnr.2.

15 *KG* MDR 1974, 149; MünchKomm ZPO – *Prütting*[2] Rdnr.11.

16 MünchKomm ZPO – *Prütting*[2] Rdnr.12; *Zöller/Herget*[25] Rdnr.2; *Baumbach/Lauterbach/Hartmann*[63] Rdnr.7.

17 *OLG Frankfurt* Rpfleger 1975, 260 (Zustellung und Vollstreckung eines Vollstreckungsbescheids); *OLG München* Rpfleger 1974, 368 (Kosten der einstweiligen Einstellung der Vollstreckung aus dem Versäumnisurteil gemäß §§707, 719); *Baumbach/Lauterbach/Hartmann*[63] Rdnr.8; MünchKomm ZPO – *Prütting*[2] Rdnr.13; *Musielak/Stadler*[4] Rdnr.1.

18 *OLG München* Rpfleger 1981, 495; MünchKomm ZPO – *Prütting*[2] Rdnr.13.

gabe der §§91, 92 zu behandeln. Die ausgebliebene Partei geht daher, wenn sie in der Hauptsache obliegt, kostenfrei aus. Die Kosten hat der unterliegende Gegner zu tragen.

3. Unterbliebene Kostenentscheidung

9 Ist der Ausspruch über die Kosten unterblieben, so ist eine **Ergänzung des Urteils** ebenso zulässig wie im Falle des §281, → dort Rdnr. 42 sowie → §321 Rdnr. 5 (beide 21. Aufl.).

IV. Gebühren

10 **Gerichtsgebühren** entstehen weder durch das Versäumnisurteil noch durch den Einspruch; das nach dem Einspruch fortgesetzte Verfahren stellt mit dem früheren zusammen eine Instanz dar. Ob das Versäumnisurteil in gesetzlicher Weise ergangen ist, spielt dabei keine Rolle. Wegen der **Anwaltsgebühren** s. VV 3105.

§345 Zweites Versäumnisurteil

Einer Partei, die den Einspruch eingelegt hat, aber in der zur mündlichen Verhandlung bestimmten Sitzung oder in derjenigen Sitzung, auf welche die Verhandlung vertagt ist, nicht erscheint oder zur Hauptsache verhandelt, steht gegen das Versäumnisurteil, durch das der Einspruch verworfen wird, ein weiterer Einspruch nicht zu.

Gesetzesgeschichte: Ursprünglich §310 CPO. Keine Änderung.

Stichwortverzeichnis → **»Schlüssel zum Versäumnisverfahren«** zu Beginn der Vorbemerkungen vor §330.

I. Terminologie und Zweck

§345 regelt den Erlass des »technisch zweiten« Versäumnisurteils. Damit ist dasjenige Versäumnisurteil gemeint, das **im Einspruchstermin gegen die abermals säumige Partei** ergeht. Dies zeigt deutlich, dass nicht jedes weitere Versäumnisurteil als ein technisch zweites Versäumnisurteil bezeichnet werden darf (mag es auch das im Laufe des Rechtsstreits zweite Versäumnisurteil gegen dieselbe Partei sein). §345 erfasst deshalb nur den Fall **unmittelbar aufeinander folgender doppelter Säumnis derselben Partei**. Die in §345 enthaltene Sonderregelung für das technisch zweite Versäumnisurteil will eine Prozessverschleppung verhindern[1]. Wenn eine Partei derartig beharrlich säumig ist, wird ihr die Möglichkeit abgeschnitten, in derselben Instanz weiterzuprozessieren. Zu der nur sehr eingeschränkten Möglichkeit, das technisch zweite Versäumnisurteil mit der Berufung anzufechten s. §514 Abs. 2. 1

II. Technisch zweites Versäumnisurteil[2]

1. Voraussetzungen

a) Vorliegen eines ersten Versäumnisurteils

Gegen die jetzt säumige Partei muss ein erstes Versäumnisurteil ergangen sein, und zwar über **denselben Streitgegenstand**, über den im Einspruchsverfahren verhandelt wird. Hat der Kläger im Einspruchsverfahren eine zulässige Klageerweiterung erklärt, so kann hinsichtlich des neu zur Entscheidung gestellten Teils des Anspruchs nur ein erstes Versäumnisurteil ergehen, gegen das der Einspruch gegeben ist. Über den Teil, der Gegenstand des ersten Versäumnisurteils ist, ergeht dagegen ein technisch zweites Versäumnisurteil[3]. Wegen der unterschiedlichen Rechtsbehelfe ist es zweckmäßig, im Urteil den unterschiedlichen Charakter der beiden Entscheidungsteile hervorzuheben; geschieht dies nicht, so ändert dies jedoch nichts daran, dass der Einspruch nur gegen den neu beschiedenen Anspruchsteil bzw. neuen Anspruch statthaft ist. Ändert der Kläger nach einem gegen den Beklagten ergangenen Versäumnisurteil die Klage im Einspruchstermin dahingehend, dass anstelle des bisherigen Streitgegenstandes ein neuer Streitgegenstand eingeführt wird, → §264 Rdnr. 26 (21. Aufl.), so ist das gegen den erneut säumigen Beklagten ergehende Versäumnisurteil vollinhaltlich ein erstes Versäumnisurteil. 2

b) Zulässigkeit des Einspruchs

Der Einspruch der säumigen Partei muss zulässig sein. Bei Unzulässigkeit ist der Einspruch durch kontradiktorisches Urteil als unzulässig zu verwerfen, → §341 Rdnr. 9, und nicht etwa ein technisch zweites Versäumnisurteil zu erlassen. 3

---

[1] *Hahn* 2, 298; s. auch *Braun* ZZP 93 (1980), 443, 444 (insbesondere Fn. 2); MünchKomm ZPO – *Prütting*[2] Rdnr. 4.

[2] Literatur: *Hoyer* Das technisch zweite Versäumnisurteil (1980); *Prütting* Das zweite Versäumnisurteil im technischen Sinn, JuS 1975, 150; *Boemke* Das einspruchsverwerfende Versäumnisurteil ZZP 106 (1993), 371.

[3] *OLG Köln* NJW-RR 1988, 701 (Klageerweiterung nach Einspruch gegen Vollstreckungsbescheid); MünchKomm ZPO – *Prütting*[2] Rdnr. 23; *Reichold* in *Thomas/Putzo*[26] Rdnr. 5.

c) Unmittelbar folgende Säumnis des Einspruchsführers

4 Der Einspruchsführer ist säumig, → auch § 341 Rdnr. 12, wenn er in dem nach § 341a zur mündlichen Verhandlung bestimmten Termin **nicht erscheint** oder **nicht zur Hauptsache verhandelt**. Dass § 345 entgegen dem sonstigen Sprachgebrauch der ZPO nicht von »Termin«, sondern von »Sitzung« spricht, ist unerheblich. Darin liegt keine inhaltliche Abweichung[4]. Eine Säumnis im Einspruchstermin liegt auch dann vor, wenn der Einspruchsführer denjenigen Termin versäumt, auf den die Verhandlung nach §§ 227, 335 Abs. 2, 337 vertagt worden ist, ohne dass inzwischen zur Hauptsache verhandelt worden ist[5]. Der Säumnis steht auch hier das Nichtverhandeln gleich, § 333. Zur **Hauptsache** ist nicht nur bei Verhandlung über die Begründetheit der Klage, sondern auch nur über ihre Zulässigkeit verhandelt worden[6]. Ebenso, wenn der Einspruchsführer inzwischen gegen den Gegner einen Antrag auf Erlass eines Versäumnisurteils gestellt hat[7]. Der Gegensatz zu einer Verhandlung zur Hauptsache ist hier, → § 39 Rdnr. 7, eine Verhandlung ausschließlich über die Zulässigkeit des Einspruchs[8]. Auch reine Prozessanträge (z. B. Ablehnungs-, Vertagungs- oder Aussetzungsanträge) sind keine Verhandlung zur Hauptsache[9], → auch § 333 Rdnr. 8. § 345 betrifft also nur solches Verhandeln, das die Entscheidungsreife des Rechtsstreits herbeizuführen geeignet ist.

5 Dass über den Einspruch schon verhandelt und seine Zulässigkeit bereits durch Zwischenurteil festgestellt worden ist, → § 341 Rdnr. 8, steht einer Verwerfung des Einspruchs durch ein technisch zweites Versäumnisurteil deshalb nicht entgegen, weil das Urteil nach § 345 überhaupt nur bei Zulässigkeit des Einspruchs ergehen kann, → § 341 Rdnr. 12, und es sich beim Verwerfen des Einspruchs um ein Sachurteil handelt.

d) Gesetzmäßigkeit des ersten Versäumnisurteils

6 Durch den zulässigen Einspruch wird das Verfahren gemäß § 342 in die **Lage vor Eintritt der Versäumnis** zurückversetzt. Ob dies auch bei Säumnis des Einspruchsführers im Einspruchstermin gilt, oder ob hier ohne Prüfung der Frage, ob die gesetzlichen Voraussetzungen für den Erlass des Versäumnisurteils, gegen das sich der Einspruch richtet, gegeben waren, ohne weiteres ein technisch zweites Versäumnisurteil zu ergehen hat, ist sehr umstritten[10]. Praktische Auswirkungen ergeben sich insoweit, als bei Bejahung einer **Verpflichtung des Gerichts, die Gesetzmäßigkeit des ersten Versäumnisurteils zu überprüfen** zunächst die Zulässigkeit der Klage erneut geprüft werden müsste. Bei einem gegen den Beklagten ergangenen Versäumnisurteil müsste weiter die Schlüssigkeit der Klage neu geprüft werden. Dass die **Zulässigkeit der Klage** erneut zu prüfen ist, folgt schon daraus, dass die unverzichtbaren Sachurteilsvoraussetzungen in jeder Lage des Verfahrens von Amts wegen zu prüfen sind, → vor § 1 Rdnr. 254. Da-

---

[4] *RG* SeuffArch 79 (1925), 206.

[5] *Baumbach/Lauterbach/Hartmann*[63] Rdnr. 4; MünchKomm ZPO – *Prütting*[2] Rdnr. 7; *Zöller/Herget*[25] Rdnr. 2; *Reichold* in *Thomas/Putzo*[26] Rdnr. 2.

[6] *BGH* NJW 1967, 728 = ZZP 80 (1967), 482 (*Münzberg*); *LG Kiel* NJW 1963, 661; MünchKomm ZPO – *Prütting*[2] Rdnr. 7.

[7] *LAG Bremen* NJW 1966, 1678; MünchKomm ZPO – *Prütting*[2] Rdnr. 7; *Zöller/Herget*[25] Rdnr. 2.

[8] *Münzberg* ZZP 80 (1967), 484; *Baumbach/Lauterbach/Hartmann*[63] Rdnr. 5; MünchKomm ZPO – *Prütting*[2] Rdnr. 7; *Zöller/Herget*[25] Rdnr. 2; *Musielak/Stadler*[4] Rdnr. 5.

[9] *BGH* NJW-RR 1986, 1252; MünchKomm ZPO – *Prütting*[2] Rdnr. 7; *Münzberg* ZZP 80 (1967), 487.

[10] Für die Notwendigkeit einer Prüfung der Gesetzmäßigkeit des ersten Versäumnisurteils *Hoyer* (Fn. 2), 124ff.; *Orlich* NJW 1980, 1783; *Schneider* MDR 1985, 377; *Vollkommer* Anm. zu BAG AP § 513 Nr. 6; *Zöller/Herget*[25] Rdnr. 3. *A.A. BGHZ* 141, 351, 353 = NJW 1999, 2599 = JZ 1999, 1174 (abl. *Braun* 1157) = ZZP 112 (1999), 491 (zust. *Greger*); MünchKomm ZPO – *Prütting*[2] Rdnr. 9ff.; *Prütting* JuS 1975, 150ff.

von im Fall des §345 eine Ausnahme machen zu wollen, ist kein Grund ersichtlich[11]. Die Zulässigkeit der Klage ist unabhängig davon zu prüfen, ob das Versäumnisurteil gegen den Kläger oder gegen den Beklagten ergangen ist; in beiden Fällen muss die Klage zulässig sein (→ zum Versäumnisurteil gegen den Kläger §330 Rdnr. 9 und → §331 Rdnr. 13 zum Versäumnisurteil gegen den Beklagten). Bei Unzulässigkeit der Klage ist diese durch kontradiktorisches Endurteil als unzulässig abzuweisen[12].

7 Entgegen der inzwischen wohl h. M.[13] kann ein technisch zweites Versäumungsurteil gegen den Beklagten weiter nur dann ergehen, wenn die **Klage schlüssig** ist, was im Einspruchstermin zu überprüfen ist[14]. Bei Unschlüssigkeit der Klage ist diese durch kontradiktorisches Endurteil abzuweisen, → §331 Rdnr. 16. Anderenfalls wäre das Gericht gezwungen, sehenden Auges ein Urteil zu erlassen, das mit der materiellen Rechtslage nicht übereinstimmt. Das kann auf jeden Fall dann nicht hingenommen werden, wenn die Schlüssigkeit der Klage erst nach Erlass des ersten Versäumnisurteils entfallen ist (z.B. durch neuen Klägervortrag über die Ausübung eines Gestaltungsrechts). Darüber hinaus spricht für eine erneute Schlüssigkeitskontrolle die Erwägung, dass die Säumnis unverschuldet sein kann; zwar ist das technisch zweite Versäumnisurteil in diesem Falle meistens mit der Berufung anfechtbar, → §513 Rdnr. 8 (21. Aufl.), doch gilt das nicht immer (z.B. Nichterreichen der erforderlichen Höhe der Beschwer). Schließlich passt ein Verweisen auf die Berufung auch nicht zu der vor allem mit dem ZPO-RG verfolgten Tendenz, Rechtsmittel einzuschränken und stattdessen verstärkt die endgültige Erledigung des Rechtsstreits in erster Linie anzustreben. Ist die Klage erst **nach Erlass des ersten Versäumnisurteils schlüssig geworden**, so hat im Einspruchstermin bei erneuter Säumnis des Beklagten zwar ein Versäumnisurteil zu ergehen, doch ist dieses als erstes Versäumnisurteil zu kennzeichnen, gegen das der Einspruch statthaft ist; der Einspruch kann hier nicht verworfen werden, → Rdnr. 13. Wegen der Nachprüfungskompetenz des Gerichts handelt es sich bei dem Verwerfungsurteil nach §345 stets um ein **Sachurteil** und nicht etwa um ein Prozessurteil[15]. Dass §345 davon spricht, der Einspruch werde »verworfen«, steht der Einordnung des technisch zweiten Versäumnisurteils als Sachurteil nicht entgegen; eine Verwerfung als unzulässig durch Prozessurteil ist nur im Falle des §341 Abs. 1 möglich.

8 Für das Einspruchsverfahren gegen einen **Vollstreckungsbescheid** wird durch §700 Abs. 6 die **Schlüssigkeitsprüfung ausdrücklich angeordnet**, → dazu §700 Rdnr. 7 (21. Aufl.). Aus dieser Regelung, die erst 1976 durch die Vereinfachungsnovelle in die ZPO eingefügt wurde, kann jedoch kein Umkehrschluss in dem Sinne gezogen werden, dass eine Schlüssigkeitsprü-

---

[11] Wie hier im Ergebnis *BAGE* 25, 475 = AP Nr. 4 (zust. *Grunsky*) = NJW 1974, 1103; *OLG Stuttgart* MDR 1976, 51; *Braun* ZZP 93 (1980), 443, 459ff.; *ders.* JZ 1995, 525; JZ 1999, 1157; *Rosenberg/Schwab/Gottwald*[16] §104 Rdnr. 73 sowie die in Fn. 10 für eine allgemeine Überprüfung der Gesetzmäßigkeit eintretenden Autoren. *A.A. BGHZ* 141, 351, 353 (Fn. 10); *Musielak/Stadler*[4] Rdnr. 4; *Boemke* ZZP 106 (1993), 371; *Reichold* in *Thomas/Putzo*[26] Rdnr. 4 sowie insbesondere MünchKomm ZPO – *Prütting*[2] Rdnr. 9ff.

[12] *Rosenberg/Schwab/Gottwald*[16] §104 Rdnr. 73.

[13] *BGHZ* 141, 351 (Fn. 10); MünchKomm ZPO – *Prütting*[2] Rdnr. 9ff.; *Musielak/Stadler*[4] Rdnr. 4; *Baumbach/Lauterbach/Hartmann*[63] Rdnr. 6; *Reichold* in *Thomas/Putzo*[26] Rdnr. 4 (allerdings mit der Bemerkung, das Ergebnis sei bedenklich und nicht wünschenswert); *Rosenberg/Schwab/Gottwald*[16] §104 Rdnr. 74; *Boemke* ZZP 106 (1993), 371.

[14] Wie hier im Ergebnis *BAGE* 23, 92 = AP Nr. 3 (zust. *Vollkommer*) = NJW 1971, 1198 (abl. *Blunck* 2040); 75, 343 = JZ 1995, 523 (zust. *Braun*); *Braun* ZZP 93 (1980), 443, 459ff.; *ders.* JZ 1999, 1157; *Zöller/Herget*[25] Rdnr. 4.

[15] *BAGE* 25, 475; *Vollkommer* Anm. zu BAG AP Nr. 13; *Hoyer* (Fn. 2), 127ff. *A.A. Löwe* ZZP 83 (1970), 266, 269 (Prozessurteil); MünchKomm ZPO – *Prütting*[2] Rdnr. 21 (weder Sach- noch Prozessurteil, sondern Entscheidung sui generis).

fung zu unterbleiben habe, wenn es um den Einspruch gegen ein Versäumnisurteil geht[16]. Die Vereinfachungsnovelle hat zwar das Mahnverfahren neu geregelt, sich aber nicht des Problemkreises des technisch zweiten Versäumnisurteils angenommen.

9 Durfte das erste Versäumnisurteil deswegen nicht ergehen, weil **kein Fall einer Säumnis** vorlag oder das Gericht dem Antrag auf Versäumnisurteil gemäß §§335, 337 nicht hätte stattgeben dürfen, so steht dies dem Erlass eines technisch zweiten Versäumnisurteils nicht entgegen[17]. Dies rechtfertigt sich damit, dass die Partei hier weiß, dass sie im Einspruchstermin erscheinen muss und sie es nicht zu einem zweiten Versäumnisurteil kommen lassen darf. Zur Statthaftigkeit der Berufung gegen ein zweites Versäumnisurteil in diesem Fall → §513 Rdnr. 14 (21. Aufl.).

e) Zulässigkeit und Schlüssigkeit der Klage bei Erlass des technisch zweiten Versäumnisurteils

10 Hat das Gericht die Gesetzmäßigkeit des ersten Versäumnisurteils bejaht, → Rdnr. 6ff., darf es ein technisch zweites Versäumnisurteil nur erlassen, wenn die **Klage im Einspruchstermin weiterhin zulässig** ist; anderenfalls ist die Klage durch kontradiktorisches Endurteil als unzulässig abzuweisen. Entsprechendes gilt beim Versäumnisurteil gegen den Beklagten, falls die **Klage inzwischen unschlüssig geworden** ist, → auch Rdnr. 7.

2. Tenorierung der Entscheidung

a) »Verwerfung« des Einspruchs

12 Im Falle des §345 ist das Versäumnisurteil dahin zu formulieren, dass »der Einspruch verworfen wird«. Dabei handelt es sich, anders als bei §341, nicht um eine Verwerfung des Einspruchs als unzulässig; §345 setzt vielmehr gerade einen zulässigen Einspruch voraus, → 341 Rdnr. 15. Anders als im Fall des §343 wird das frühere Versäumnisurteil nicht »aufrechterhalten«. Das Urteil muss als **zweites Versäumnisurteil bezeichnet** werden[18]; zum zulässigen Rechtsmittel bei unrichtiger Bezeichnung → Rdnr. 16.

b) Abweisung der Klage

12 Kommt das Gericht zu dem Ergebnis, die Klage sei **unzulässig oder unschlüssig**, so hat es das Versäumnisurteil aufzuheben, §343 S. 2, und die Klage abzuweisen, → auch §343 Rdnr. 3.

c) Aufrechterhaltung des Versäumnisurteils

13 Verneint das Gericht die Gesetzmäßigkeit des ersten Versäumnisurteils, → Rdnr. 6ff., sieht es aber die **Voraussetzungen für den Erlass eines Versäumnisurteils im Einspruchstermin** als gegeben an, weil eine Zulässigkeitsvoraussetzung der Klage inzwischen eingetreten ist oder der Kläger die Schlüssigkeit der Klage durch einen nachträglich eingereichten Schriftsatz herbeigeführt hat, so hat das Gericht das in nicht gesetzmäßiger Weise ergangene erste Versäum-

---

16 *Orlich* NJW 1980, 1782; *Hoyer* (Fn. 2), 140; *Vollkommer* JZ 1991, 830; a.A. MünchKomm ZPO – *Prütting*[2] Rdnr. 15 und wohl auch *BGHZ* 141, 151, 153.

17 *Braun* ZZP 93 (1980), 443, 467ff.

18 MünchKomm ZPO – *Prütting*[2] Rdnr. 22.

nisurteil durch Versäumnisurteil gemäß §343 S.1 aufrechtzuerhalten[19]. Hierbei handelt es sich um ein **technisch erstes Versäumnisurteil**, was das Gericht durch eine entsprechende Bezeichnung klarzustellen hat; gegen dieses Versäumnisurteil ist der Einspruch statthaft. §344 findet deshalb keine Anwendung, weil die ursprüngliche Entscheidung nicht in gesetzlicher Weise ergangen ist.

3. Rechtsmittel

a) Gegen das technisch zweite Versäumnisurteil

14 Gegen das technisch zweite Versäumnisurteil steht der säumigen Partei nur die beschränkte **Berufung bzw. Revision** nach §§514 Abs.2, 565 zu, sofern die Voraussetzungen dieser Rechtsmittel im Übrigen gegeben sind (abgesehen von der Erwachsenheitssumme bzw. Zulassung, §514 Abs.2 S.2). Das gleiche gilt dann, wenn das Versäumnisurteil nur wegen der Kosten ergangen ist, sei es schon das erste, sei es nur das zweite. Wegen der Anfechtung der Entscheidung bei Säumnis nur im zweiten, nicht aber im ersten Termin → §513 Rdnr.14 (21.Aufl.).

15 Im Gegensatz zu dem nach §341 ergehenden Urteil, → dort Rdnr.9, schließt das Urteil nach §345 eine **nochmalige Einlegung des Einspruchs** aus, da es zugleich seine Zulässigkeit bejaht, → §341 Rdnr.12. Wird gegen ein technisch zweites Versäumnisurteil Einspruch eingelegt, so ist dieser nach §341 durch kontradiktorisches Endurteil als unzulässig zu verwerfen[20]. Die Rechtsmittelfrist für das gegen das zweite Versäumnisurteil statthafte Rechtsmittel, → Rdnr.15, wird durch Einlegung des Einspruchs nicht gehemmt[21].

b) Gegen ein falsch bezeichnetes Urteil

16 Hat das Gericht ein Versäumnisurteil fälschlicherweise als »zweites Versäumnisurteil« bezeichnet, so gilt der **Grundsatz der Meistbegünstigung**, → §338 Rdnr.3, d.h. die Partei kann Berufung oder Einspruch einlegen[22]. Entsprechendes gilt im umgekehrten Fall, dass ein technisch zweites Versäumnisurteil durch falsche Überschrift oder Tenorierung als einfaches Versäumnisurteil ausgegeben wird[23].

III. Säumnis in späteren Terminen

17 Erscheint und verhandelt die Partei, die den Einspruch eingelegt hat, in den unter → Rdnr.4 bezeichneten Terminen, versäumt sie aber später im Laufe derselben Instanz einen weiteren zur Fortsetzung der mündlichen Verhandlung bestimmten Termin, so ist der Einspruch gegen das erste Versäumnisurteil nicht mehr zu verwerfen, sondern auf Antrag ein neues, dem Einspruch unterliegendes technisch erstes Versäumnisurteil zu erlassen[24]; wegen dessen Fassung

---

19 Nach *Hoyer* (Fn.2), 142, 152f. hat das Gericht das technisch erste Versäumnisurteil aufzuheben und erneut ein technisch erstes, inhaltlich gleich lautendes Versäumnisurteil zu erlassen.

20 MünchKomm ZPO – *Prütting*[2] Rdnr.26; *Zöller/Herget*[25] Rdnr.5.

21 *BAG* AP Nr.1; MünchKomm ZPO – *Prütting*[2] Rdnr.25; *Zöller/Herget*[25] Rdnr.5.

22 *BGH* VersR 1984, 287, 288; *OLG Köln* MDR 1969 225; *OLG Nürnberg* OLGZ 1982, 447, 448; *OLG Schleswig* SchlHA 1987, 171, 172; *OLG Frankfurt* NJW-RR 1992, 1468, 1469; *OLG Brandenburg* NJW-RR 1998, 1286; MünchKomm ZPO – *Prütting*[2] Rdnr.27; *Zöller/Herget*[25] Rdnr.5; *Musielak/Stadler*[4] Rdnr.7.

23 MünchKomm ZPO – *Prütting*[2] Rdnr.27; offengelassen in *BGH* NJW 1997, 1448.

24 Einhellige Meinung; s. etwa MünchKomm ZPO – *Prütting*[2] Rdnr.3; *Rosenberg/Schwab/Gottwald*[16] §104 Rdnr.72; *Musielak/Stadler*[4] Rdnr.2.

→ § 343 Rdnr. 1ff. Im weiteren Verlauf der Instanz können unter denselben Voraussetzungen weitere technisch erste Versäumnisurteile gegen die Partei ergehen. Dem Verhandeln im nächsten Termin steht es gleich, wenn die Partei in ihm zwar säumig ist, der Gegner aber eine Entscheidung nach Aktenlage, §§ 331a, 251, beantragt[25]. Gegen eine Verschleppung durch wiederholte Säumnis schützt die Möglichkeit einer Entscheidung nach Lage der Akten.

IV. Säumnis des Gegners des Einspruchsführers

18 Erscheint der Gegner der Partei, die den Einspruch eingelegt hat, in dem Termin zur mündlichen Verhandlung nicht, so ist unter Aufhebung des früheren Versäumnisurteils auf Antrag der jetzt erschienenen Partei das Versäumnisurteil gegen ihn nach §§ 330, 331 zu erlassen, wenn der Einspruch zulässig ist. Gegen dieses Versäumnisurteil steht der nunmehr säumigen Partei der Einspruch zu.

V. Gebühren

19 Ebenso wie für das erste, → vor § 330 Rdnr. 30, wird auch für das zweite Versäumnisurteil **keine Urteilsgebühr** fällig; es ist durch die Gebühr für das Verfahren im Allgemeinen (KV 1210, 1220, 1230) abgegolten.

§ 346 Verzicht und Zurücknahme des Einspruchs

Für den Verzicht auf den Einspruch und seine Zurücknahme gelten die Vorschriften über den Verzicht auf die Berufung und über ihre Zurücknahme entsprechend.

Gesetzesgeschichte: Ursprünglich § 311 CPO. Sprachliche Änderung durch Novelle 1950 (BGBl. S. 455).

Stichwortverzeichnis → »Schlüssel zum Versäumnisverfahren« zu Beginn der Vorbemerkungen vor § 330.

1 Zum **Verzicht** auf die Berufung s. § 515, zu ihrer **Zurücknahme** § 516. Zur Behandlung von Verzicht und Zurücknahme des Einspruchs → § 341 Rdnr. 5 Wegen der Protokollierung s. § 160 Abs. 3 Nr. 8, 9. Bis zum Ablauf der Einspruchsfrist kann der Einspruch allerdings trotz **Zurücknahme** eines früheren Einspruchs wiederholt werden[1], → auch § 341 Rdnr. 5; zur entsprechenden Rechtslage bei der Zurücknahme der Berufung → § 515 Rdnr. 19 (21. Aufl.). Nachdem die Berufung seit dem ZPO-RG bis zur Verkündung des Berufungsurteils ohne Einwilligung des Berufungsbeklagten jederzeit zurückgenommen werden kann, § 516 Abs. 1, gilt gleiches jetzt auch für den Einspruch. Anders als früher ist also auch nach Beginn der Verhandlung für die Zurücknahme nicht die Einwilligung des Gegners erforderlich. Im **amtsgerichtlichen Verfahren** kann die Zurücknahme zu Protokoll der Geschäftsstelle erklärt werden, § 496, und wird dann von Amts wegen zugestellt. Gemäß § 129a kann die Protokollerklärung bei jedem Amtsgericht abgegeben werden. Zum Eintritt der Wirksamkeit in diesem Fall → § 129a Rdnr. 18.

---

[25] *LAG Hamm* AP § 53 Nr. 255 (zust. *Wieczorek*).
[1] MünchKomm ZPO – *Prütting*[2] Rdnr. 5.

Der **Verzicht** kann formlos (auch stillschweigend) gegenüber dem Gegner oder dem Gericht erklärt werden[2]. Angesichts der prozessualen Vertragsfreiheit, → vor §128 Rdnr. 303ff., besteht kein Anlass, den vertragsmäßig im Voraus erklärten Verzicht auf den Einspruch für unwirksam zu halten[3]. Entgegen der h. M.[4] ist aber auch der einseitige Verzicht vor Erlass des Versäumnisurteils als zulässig anzusehen[5]; zur Begründung → §514 Rdnr. 4 (21. Aufl.). 2

§347 Verfahren bei Widerklage und Zwischenstreit

(1) Die Vorschriften dieses Titels gelten für das Verfahren, das eine Widerklage oder die Bestimmung des Betrages eines dem Grunde nach bereits festgestellten Anspruchs zum Gegenstand hat, entsprechend.

(2) War ein Termin lediglich zur Verhandlung über einen Zwischenstreit bestimmt, so beschränkt sich das Versäumnisverfahren und das Versäumnisurteil auf die Erledigung dieses Zwischenstreits. Die Vorschriften dieses Titels gelten entsprechend.

Gesetzesgeschichte: Ursprünglich §312 CPO. Sprachliche Änderung durch Novelle 1950 (BGBl. S. 455).

Stichwortverzeichnis → »Schlüssel zum Versäumnisverfahren« zu Beginn der Vorbemerkungen vor §330.

I. Entsprechende Anwendung der §§330ff., Abs. 1

1. Widerklage

Die Widerklage wird, ebenso wie bei den Prozessvoraussetzungen, → §33 Rdnr. 10ff., und der Rechtshängigkeit, → §261 Rdnr. 34ff. (21. Aufl.), auch im Versäumnisverfahren der Klage gleichgestellt. Über ihre Erhebung s. §261 Abs. 2. Wird die Widerklage erst in der mündlichen Verhandlung in Abwesenheit des Klägers erhoben, so könnte ein Versäumnisurteil nach §331 nur ergehen, wenn der Widerklageantrag nach §335 Abs. 1 Nr. 3 dem Kläger rechtzeitig mitgeteilt war; die Mitteilung bildet dann allerdings nach §261 Abs. 2 bereits die Erhebung der Widerklage. Praktische Bedeutung kommt Abs. 1 für die Widerklage nur dann zu, wenn diese schon vor dem Termin erhoben worden ist, in dem der Kläger säumig ist. Verhandelt eine Partei nur über die Klage oder die Widerklage, so ist ein Versäumnisurteil hinsichtlich der Widerklage bzw. der Klage möglich, → §333 Rdnr. 9. 1

[2] *BGH* NJW 1974, 1248, 1249.

[3] MünchKomm ZPO – *Prütting*[2] Rdnr. 4; *Zöller/Herget*[25] Rdnr. 1; *Rosenberg/Schwab/Gottwald*[16] §104 Rdnr. 58. *A.A. Häsemeyer* ZZP 85 (1972), 207, 225; *Habscheid* NJW 1965, 2375.

[4] MünchKomm ZPO – *Prütting*[2] Rdnr. 4; *Zöller/Herget*[25] Rdnr. 1.

[5] Ebenso *Baumbach/Lauterbach/Hartmann*[63] Rdnr. 3.

2. Verfahren über den Betrag

2 Wenn ein Anspruch gemäß §304 durch streitiges Urteil (nicht auch durch Versäumnisurteil, → §304 Rdnr. 11–21. Aufl. -) seinem Grunde nach festgestellt ist, so beschränkt sich die fernere Verhandlung formell auf die Berechnung des Betrags, in Wirklichkeit bildet aber die ganze Sache deshalb ihren Gegenstand, → auch §304 Rdnr. 41 (21. Aufl.), weil das Urteil nur ein Grundurteil ist, mithin der Anspruch des Klägers auch nicht teilweise erledigt ist. Demgemäß sind die Termine im Nachverfahren wie solche des §332 zu behandeln[1]. Bleibt also der **Kläger** aus, so ist die Klage nach §330 abzuweisen. Das Grundurteil verliert damit seine Bedeutung, ohne dass es ausdrücklich aufgehoben werden muss. Bei **Säumnis des Beklagten** kommt hinsichtlich der Höhe des Betrags §331 zur Anwendung; hinsichtlich des Grundes dagegen ist das Gericht gemäß §318 gebunden, → §332 Rdnr. 4.

3 Ist im Betragsverfahren Versäumnisurteil gegen den Beklagten ergangen und wird danach das Grundurteil im Rechtsmittelverfahren aufgehoben, so wird das rechtskräftige Versäumnisurteil nachträglich unwirksam, → §304 Rdnr. 55 und → §280 Rdnr. 35 (beide 21. Aufl.).

3. Weitere Fälle

4 Weitere Fälle einer entsprechenden Anwendung der §§330ff. finden sich bei der Stufenklage, → §254 Rdnr. 34 (21. Aufl.), sowie im Nachverfahren nach Erlass eines Vorbehaltsurteils, → §302 Rdnr. 26 und → §600 Rdnr. 27ff. (beide 21. Aufl.).

II. Zwischenurteil, Abs. 2

5 Versäumniszwischenurteile sind durch die Vorschriften der §§330ff. grundsätzlich ausgeschlossen, und zwar auch bei einer Beschränkung der Verhandlung auf einzelne selbständige Angriffs- und Verteidigungsmittel oder auf den Grund des Anspruchs, → §146 Rdnr. 12 und → §304 Rdnr. 11 (21. Aufl.). Auch in diesen Fällen ist bei Säumnis das Versäumnisurteil stets über den gesamten Streitstoff zu erlassen. Nur in dem kaum praktischen Fall, dass der versäumte Termin lediglich zur Verhandlung über einen Zwischenstreit unter den Parteien, → §303 Rdnr. 5 (21. Aufl.), ausdrücklich bestimmt war, ist ein Versäumnisurteil zulässig[2], → §280 Rdnr. 6 (21. Aufl.). In einem solchen Fall gelten die §§330ff. in der Weise, dass der Antragsteller als Kläger und sein Gegner als Beklagter behandelt wird[3]. Der Einspruch findet selbständig statt. Eine Verhandlung zur Hauptsache kann erst nach Eintritt der formellen Rechtskraft des Versäumniszwischenurteils stattfinden[4].

6 Bei einem **Zwischenstreit der Partei mit einem Dritten** kann das Zwischenurteil deshalb nicht als Versäumnisurteil ergehen, weil es lediglich der sofortigen Beschwerde und nicht dem Einspruch unterliegt, → §71 Rdnr. 6, → §135 Rdnr. 3, → §387 Rdnr. 6.

III. Entscheidung nach Aktenlage

7 §347 gilt auch für die Entscheidung nach Lage der Akten, §331a.

---

1 MünchKomm ZPO – *Prütting*² Rdnr. 6.
2 MünchKomm ZPO – *Prütting*² Rdnr. 8.
3 MünchKomm ZPO – *Prütting*² Rdnr. 10.
4 *Zöller/Herget*²⁵ Rdnr. 3.

Titel 4
Verfahren vor dem Einzelrichter

Vorbemerkungen vor § 348

Schlüssel zum Einzelrichterverfahren

I. Geschichtliche Entwicklung der §§348–350

1. Bis zur Einzelrichternovelle 1974

1 Bis zur Novelle 1924 enthielten die den Vierten Titel bildenden §§348–354 das vorbereitende Verfahren in Rechnungssachen, ein formelles schriftliches Verfahren vor dem beauftragten Richter zwecks endgültiger Feststellung der beiderseitigen Angriffs- und Verteidigungsmittel. Dieses vorbereitende Verfahren hat praktisch kaum eine Rolle gespielt. Das 1924 eingefügte Einzelrichterverfahren hatte mit dem vorbereitenden Verfahren des früheren Rechts kaum etwas gemein.

2 Durch die **Novelle 1924**, → Einleitung Rdnr. 159ff., wurde die Institution des Einzelrichters erstmals in die ZPO aufgenommen, allerdings nicht als allein entscheidender, sondern nur als vorbereitender Einzelrichter. Nach dem bis zur Einzelrichternovelle geltenden Recht durfte der Einzelrichter lediglich in den weniger bedeutsamen Fällen des §349 Abs. 1 Satz 2 Nr. 1–5 a.F. sowie gemäß §349 Abs. 3 a.F. bei Einverständnis der Parteien in Streitigkeiten über vermögensrechtliche Ansprüche allein entscheiden. Ein dem Kollegium zuarbeitender, es aber nicht ersetzender Richter findet sich heute nur noch in der Kammer für Handelssachen (in Gestalt des Vorsitzenden, §349 Abs. 1) und im Berufungsverfahren (§527).

2. Einzelrichternovelle 1974

3 Das **Gesetz zur Entlastung der Landgerichte und zur Vereinfachung des gerichtlichen Protokolls** v. 20. 12. 1974[1] hat die früheren Vorschriften der §§ 348–350 völlig neu gefasst. Die wesentliche Neuerung bestand dabei in der Einführung des allein **entscheidungsbefugten Einzelrichters** für das erstinstanzliche Verfahren vor den Landgerichten (daher auch die Bezeichnung des Gesetzes als »**Einzelrichternovelle**»). An die Stelle des nur vorbereitenden Einzelrichters hat die Einzelrichternovelle den allein entscheidenden Einzelrichter gesetzt. Gleichzeitig wurde in § 349 die Entscheidungsbefugnis des Vorsitzenden der Kammer für Handelssachen, §§ 93, 105 GVG, erweitert.

4 Das Ziel der Einzelrichternovelle bestand in einer **Entlastung und Beschleunigung** des landgerichtlichen Verfahrens erster Instanz[2]. Dieses Ziel sollte dadurch erreicht werden, dass der Kammer die Befugnis eingeräumt wurde, die Entscheidung des Prozesses – mit Ausnahme von besonders schwierigen Sachen sowie von Sachen mit grundsätzlicher Bedeutung – dem Einzelrichter zur Entscheidung zu übertragen. Gleichzeitig sollten die neuen Vorschriften eine stärkere Durchsetzung des Grundsatzes der **Unmittelbarkeit der Beweisaufnahme**, → § 355 Rdnr. 5ff., erreichen. Vor der Einzelrichternovelle wurde dieser Grundsatz dadurch weitgehend missachtet, dass es in zahlreichen Kammern Praxis war, die gesamte Beweisaufnahme vor dem Einzelrichter durchzuführen und erst die abschließende Verhandlung vor der Kammer durchzuführen. Wegen der besonderen Sachkunde der ehrenamtlichen Richter erweiterte die Einzelrichternovelle bei der Kammer für Handelssachen die Entscheidungsbefugnis des Vorsitzenden nur für solche Fälle, in denen eine Mitwirkung der ehrenamtlichen Richter nicht erforderlich erscheint[3].

3. Rechtspflegeentlastungsgesetz 1993

5 Von der durch die Einzelrichternovelle eröffneten Möglichkeit einer Übertragung des Rechtsstreits auf den Einzelrichter zur Entscheidung machte die Praxis sehr unterschiedlich Gebrauch. Während einzelne Kammern den ganz überwiegenden Teil der Rechtsstreitigkeiten durch den Einzelrichter entschieden, machten andere Kammern von der Übertragungsmöglichkeit so gut wie nie Gebrauch[4]. Um zu einer Vereinheitlichung der gerichtlichen Praxis zu kommen, wurde § 348 Abs. 1 durch das Gesetz zur Entlastung der Rechtspflege v. 11. 01. 1993[5] von einer Kann- in eine **Sollvorschrift** umgewandelt. Die Entscheidung durch den Einzelrichter sollte jetzt der Regelfall sein. Nach wie vor hatte der Einzelrichter aber keine originäre Zuständigkeit, sondern konnte den Rechtsstreit nur dann verhandeln und entscheiden, wenn er ihm von der Kammer zu diesem Zweck übertragen worden war. Ob die Übertragung erfolgte, stand auch nach der Neufassung weiterhin im Ermessen der Kammer, die davon in einem engeren oder weitherzigeren Sinn Gebrauch machen konnte, ohne dadurch gegen § 348 Abs. 1 a.F. zu verstoßen.

---

[1] BGBl. I S. 3651; amtliche Begründung BT-Drucks. 7/2769.

[2] S. BT-Drucks. 7/2729 S. 41.

[3] BT-Drucks. 7/2729 S. 42.

[4] Einzelheiten zur unterschiedlichen Handhabung der §§ 348ff. bei *Rottleuthner/Böhm/Gasterstätt* Rechtstatsächliche Untersuchung zum Einsatz des Einzelrichters in Zivilsachen (1992).

[5] BGBl. I S. 50.

4. Zivilprozessreformgesetz 2001

6 Der vorerst letzte Schritt in Richtung auf eine immer weitergehende Zuständigkeit des Einzelrichters hin ist durch das Gesetz zur Reform des Zivilprozesses v. 27.07. 2001[6] getan worden. Dadurch ist erstmalig eine **originäre Zuständigkeit des Einzelrichters** geschaffen worden, ohne dass es einer Übertragung durch die Kammer bedarf. Von der originären Zuständigkeit ausgenommen ist nach §348 Abs.1 Satz 2 Nr.1 zunächst der Fall, dass Einzelrichter ein Proberichter wäre, der bisher weniger als ein Jahr geschäftsverteilungsplanmäßig in bürgerlichen Rechtsstreitigkeiten tätig war, → dazu §348 Rdnr.13ff. Weiter ist eine originäre Zuständigkeit des Einzelrichters dann nicht gegeben, wenn der Rechtsstreit bestimmte Sachgebiete betrifft, die in §348 Abs.1 Satz 2 Nr.2 katalogmäßig aufgelistet sind, Einzelheiten → §348 Rdnr.19ff.; Voraussetzung für die Zuständigkeit der Kammer ist dabei allerdings, dass nach dem Geschäftsverteilungsplan des Gerichtes für das jeweilige Sachgebiet eine Kammerzuständigkeit gegeben ist, → §348 Rdnr.16ff.; ist dies nicht der Fall, so ist der Einzelrichter auch in den Katalogsachen originär zuständig.

7 Unabhängig davon, ob im Ausgangspunkt der Einzelrichter oder die Kammer zuständig ist, soll diese immer dann entscheiden, wenn die Sache **besondere Schwierigkeiten tatsächlicher oder rechtlicher Art** aufweist, oder wenn die Rechtssache **grundsätzliche Bedeutung** hat. Umgekehrt soll der Einzelrichter auch dann entscheiden, wenn er nicht originär zuständig ist, es aber an besonderen Schwierigkeiten oder einer grundsätzlichen Bedeutung fehlt. Rechtstechnisch wird dies dadurch erreicht, dass der Einzelrichter bei seiner originären Zuständigkeit die Sache der Kammer zur Übernahme vorlegen muss, wenn besondere Schwierigkeiten oder eine grundsätzliche Bedeutung vorhanden sind, §348 Abs.3, → dazu §348 Rdnr.35ff. Ob die Voraussetzungen für eine Übernahme durch die Kammer gegeben sind, entscheidet die Kammer. Eine einseitige Übertragung des Rechtsstreits durch den Einzelrichter auf die Kammer ist nicht möglich. Ist zunächst die Kammer zuständig, weil eine der Ausnahmen von der originären Zuständigkeit des Einzelrichters gegeben ist, so muss sie die Sache auf den Einzelrichter übertragen, wenn es an einer besonderen Schwierigkeit oder an einer grundsätzlichen Bedeutung fehlt, §348a Abs.1, → dazu §348a Rdnr.3ff. (**obligatorischer Einzelrichter**).

8 Inhaltlich kann die **Neuregelung** des Verfahrens vor dem Einzelrichter **nicht überzeugen**. Der Schwerpunkt des Zivilprozessreformgesetzes liegt auf einer Einschränkung des Rechtsschutzes im Rechtsmittelverfahren. Diese Einschränkung soll deswegen gerechtfertigt sein, weil das erstinstanzliche Verfahren durch die Reform gestärkt werde. Das ist zumindest für die Neuregelung der §§348ff. offenkundig falsch. Die weitgehende Ersetzung der Kammerzuständigkeit durch eine Zuständigkeit des Einzelrichters (und zwar ohne, dass sich die Parteien auf eine Kammerzuständigkeit einigen können, → §348 Rdnr.47) lässt sich keinesfalls als Stärkung des Rechtsschutzes in erster Instanz verkaufen. Dass der Rechtsschutz durch die Kammer gegenüber dem durch den Einzelrichter auch vom Gesetzgeber als höherwertig eingestuft wird, zeigt sich schon darin, dass in schwierigen oder rechtsgrundsätzlichen Sachen nach wie vor die Kammer entscheidet, womit für den Einzelrichter nur das »Alltagsgeschäft« übrig bleibt, bei dem ein »Rechtsschutz light« als ausreichend angesehen wird. Es bleibt abzuwarten, ob die damit in allen Instanzen erfolgte Einschränkung des Rechtsschutzes zu einer verstärkten Flucht in die Schiedsgerichtsbarkeit führt.

---

[6] BGBl. I S.1887.

II. Einzeln tätige Richter beim Landgericht

9 Im landgerichtlichen Verfahren sind als einzeln tätige Richter zu unterscheiden:
- der Einzelrichter bei der Zivilkammer, §§348, 348a,
- der Vorsitzende bei der Kammer für Handelssachen, §349,
- der Einzelrichter beim Berufungsgericht, und zwar als entscheidender (§526) oder als vorbereitender (§527) Einzelrichter,
- der beauftragte Richter, §361,
- der ersuchte Richter, §362.

Ausgeschlossen ist der Einzelrichter in Baulandsachen (§220 BauGB) sowie im Revisionsverfahren (§555 Abs. 2). Zum Beschwerdeverfahren s. §568 S. 1.

§348 Originärer Einzelrichter

(1) Die Zivilkammer entscheidet durch eines ihrer Mitglieder als Einzelrichter. Dies gilt nicht, wenn

1. das Mitglied Richter auf Probe ist und noch nicht über einen Zeitraum von einem Jahr geschäftsverteilungsplanmäßig Rechtsprechungsaufgaben in bürgerlichen Rechtsstreitigkeiten wahrzunehmen hatte oder

2. die Zuständigkeit der Kammer nach dem Geschäftsverteilungsplan des Gerichtes wegen der Zuordnung des Rechtsstreits zu den folgenden Sachgebieten begründet ist:

a) Streitigkeiten über Ansprüche aus Veröffentlichungen durch Druckerzeugnisse, Bild- und Tonträger jeder Art, insbesondere in Presse, Rundfunk, Film und Fernsehen;

b) Streitigkeiten aus Bank- und Finanzgeschäften;

c) Streitigkeiten aus Bau- und Architektenverträgen sowie aus Ingenieurverträgen, soweit sie im Zusammenhang mit Bauleistungen stehen;

d) Streitigkeiten aus der Berufstätigkeit der Rechtsanwälte, Patentanwälte, Notare, Steuerberater, Steuerbevollmächtigten, Wirtschaftsprüfer und vereidigter Buchprüfer;

e) Streitigkeiten über Ansprüche aus Heilbehandlungen;

f) Streitigkeiten aus Handelssachen im Sinne des §95 des Gerichtsverfassungsgesetzes;

g) Streitigkeiten über Ansprüche aus Fracht-, Speditions- und Lagergeschäften;

h) Streitigkeiten aus Versicherungsvertragsverhältnissen;

i) Streitigkeiten aus den Bereichen des Urheber- und Verlagsrechts;

j) Streitigkeiten aus den Bereichen der Kommunikations- und Informationstechnologie;

k) Streitigkeiten, die dem Landgericht ohne Rücksicht auf den Streitwert zugewiesen sind.

(2) Bei Zweifeln über das Vorliegen der Voraussetzungen des Absatzes 1 entscheidet die Kammer durch unanfechtbaren Beschluss.

(3) Der Einzelrichter legt den Rechtsstreit der Zivilkammer zur Entscheidung über eine Übernahme vor, wenn

1. die Sache besondere Schwierigkeiten tatsächlicher oder rechtlicher Art aufweist,

2. die Rechtssache grundsätzliche Bedeutung hat oder

3. die Parteien dies übereinstimmend beantragen.

Die Kammer übernimmt den Rechtsstreit, wenn die Voraussetzungen nach Satz 1 Nummer 1 oder 2 vorliegen. Sie entscheidet hierüber durch Beschluss. Eine Zurückübertragung auf den Einzelrichter ist ausgeschlossen.

(4) Auf eine erfolgte oder unterlassene Vorlage oder Übernahme kann ein Rechtsmittel nicht gestützt werden.

Gesetzesgeschichte → vor §348 Rdnr. 1f.

Stichwortverzeichnis → »Schlüssel zum Einzelrichterverfahren« zu Beginn der Vorbemerkungen vor §348.

I. Originäre Zuständigkeit des Einzelrichters

1 §348 Abs. 1 S. 1 i.d.F. des ZPO-RG sieht erstmals eine originäre Zuständigkeit des Einzelrichters im erstinstanzlichen Verfahren vor den Landgerichten vor. Anders als nach der früheren Rechtslage wird die Zuständigkeit des Einzelrichters also nicht erst durch einen Übertragungsakt seitens der Kammer begründet. Abgesehen von den Rechtsstreitigkeiten, die unter den Katalog des Abs. 1 S. 2 fallen, → dazu Rdnr. 19ff., ist das frühere Regel-Ausnahmeverhältnis umgekehrt worden: Regelfall ist nicht mehr die Zuständigkeit der Kammer, die von dieser auf den Einzelrichter übertragen werden kann bzw. soll, sondern umgekehrt die Zuständigkeit des Einzelrichters, der den Rechtsstreit unter den Voraussetzungen des Abs. 3, → dazu Rdnr. 35ff., der Kammer zur Entscheidung über eine Übernahme vorzulegen hat.

2 Der **Anwendungsbereich der originären Einzelrichterzuständigkeit** beschränkt sich auf das erstinstanzliche Verfahren vor dem Landgericht. Soweit das Landgericht als **Berufungsinstanz** entscheidet, § 72 GVG, ist eine Zuständigkeit des Einzelrichters nur bei einer von der Kammer vorgenommenen Übertragung gegeben (§ 526 Abs. 1). Zum **Beschwerdeverfahren** s. § 568 S. 1. § 348 gilt weiter nicht in **Baulandsachen** (§ 220 BauGB).

II. Der Einzelrichter als Prozessgericht

1. Gerichtsverfassungsmäßige Stellung des Einzelrichters

3 § 348 Abs. 1 S. 1 begründet die Zuständigkeit des Einzelrichters hinsichtlich der gesamten Tätigkeit des Gerichts im jeweiligen Rechtsstreit. Der Einzelrichter tritt **in vollem Umfang** an die Stelle der Kammer[1]. Er vereinigt – wie der Richter am Amtsgericht – in sich die Funktionen des Kollegiums und des Vorsitzenden, → § 136 Rdnr. 1. Damit ist der Einzelrichter erkennendes Gericht i. S. von § 128 Abs. 1 und Prozessgericht i. S. von § 355 Abs. 1 S. 1. Er ist weiter **gesetzlicher Richter** i. S. von Art. 101 Abs. 1 Satz 2 und § 16 Abs. 2 GVG[2]. Der Einzelrichter übt seine Befugnisse Kraft Gesetzes aus und hat damit eine grundlegend andere Stellung als der beauftragte Richter, § 355 Abs. 1 Satz 2. Für die Erteilung eines Auftrags durch die Kammer, in bestimmter Weise zu verfahren, ist kein Raum. Das Kollegium und der Vorsitzende sind demgemäß in dem Verfahren von der Prozessleitung und der Entscheidung so lange ausgeschaltet, als der Rechtsstreit nicht von der Kammer nach Abs. 3 S. 2 übernommen worden ist, → dazu Rdnr. 35ff. Der Einzelrichter leitet das Verfahren und entscheidet selbständig unter alleiniger Verantwortung; er ist der »Herr des Verfahrens«. Beeinflusst der Vorsitzende durch seine Autorität richterliche Handlungen des Einzelrichters maßgeblich, so liegt darin eine Verletzung des Grundrechts auf den gesetzlichen Richter nach Art. 101 Abs. 1 Satz 2 GG.

2. Zuständigkeitsumfang

a) Sachlicher Umfang

4 Der Einzelrichter hat eine **unbeschränkte und unteilbare Entscheidungskompetenz**. Diese umfasst neben der Entscheidung in der Hauptsache auch das Prozesskostenhilfe-, das Arrest- und das einstweilige Verfügungsverfahren sowie das selbständige Beweisverfahren. Werden derartige Verfahren schon vor dem Hauptverfahren anhängig, ist der Einzelrichter ebenfalls zuständig, sofern keine der Ausnahmen des Abs. 1 S. 2 vorliegen. Der Einzelrichter ist ferner zuständig für die Nachverfahren gemäß §§ 302, 600, für die Streitwertfestsetzung, für die Erinnerung im Kostenfestsetzungsverfahren[3] sowie für die Entscheidung über die Ablehnung eines Sachverständigen. Hingegen liegt die Entscheidung über eine Ablehnung des Einzelrichters bei der Kammer, → § 45 Rdnr. 1[4].

---

[1] MünchKomm ZPO/Aktualisierungsbd. – *Deubner* Rdnr. 6; *Zöller/Greger*[25] Rdnr. 2.
[2] MünchKomm ZPO – *Deubner*[2] Rdnr. 10.
[3] *OLG Hamm* MDR 1993, 384.
[4] *BGH* NJW 2006, 2492; *OLG Oldenburg* NJW-RR 2005, 1660. A.A. *KG* NJW 2004, 2104; *OLG Oldenburg* NJW-RR 2005, 931; *Vossler* MDR 2006, 304 (Zuständigkeit des geschäftsplanmäßigen Vertreters des abgelehnten Einzelrichters).

5 Der Einzelrichter ist in allen Fällen, in denen von ihm End-, Teil- oder Zwischenurteile erlassen worden sind, zuständig für die **Urteilsberichtigung** nach §319, die **Tatbestandsberichtigung** nach §320 sowie für ein **Ergänzungsurteil** nach §321. Dies gilt auch dann, wenn der Rechtsstreit inzwischen – etwa nach Erlass eines Teilurteils durch den Einzelrichter – von der Kammer übernommen worden ist (zur Möglichkeit einer nur teilweisen Übernahme des Rechtsstreits durch die Kammer → Rdnr. 48). Mit dem Erlass eines Teilurteils hat sich nämlich der Prozess in zwei voneinander unabhängige Teile gespalten, → §301 Rdnr. 2 (21. Aufl.), wodurch die gleiche Situation eintritt, wie wenn der Einzelrichter vor der Vorlage an die Kammer nach Abs. 3 eine Verfahrenstrennung beschlossen und den ihm verbleibenden Teil des Rechtsstreits durch Endurteil erledigt hätte. Umgekehrt ist die Kammer für Maßnahmen nach §§319ff. zuständig, soweit Entscheidungen betroffen sind, die nach der Übernahme des Rechtsstreits von ihr getroffen worden sind. Der Einzelrichter kann ferner von ihm zu entscheidende **Prozesse verbinden**, → §147 Rdnr. 3 (dort auch zu der Frage, ob eine Verbindung auch dann zulässig ist, wenn einer der Prozesse vor dem Einzelrichter, der andere dagegen vor der bzw. einer anderen Kammer anhängig ist).

6 Wird das von dem Einzelrichter erlassene Urteil im Berufungsverfahren aufgehoben und die Sache **nach §538 Abs. 2 zurückverwiesen**, so ist erneut der Einzelrichter zuständig[5]. Aus der Zurückverweisung wird sich freilich häufig ergeben, dass die Sache entgegen der früheren Auffassung des Einzelrichters besondere Schwierigkeiten aufweist und deshalb nach Abs. 3 S. 1 Nr. 1 der Kammer zur Entscheidung über eine Übernahme vorzulegen ist.

7 Im Falle einer **Verweisung an das Landgericht** (gleichgültig, ob durch ein Amtsgericht wegen sachlicher Unzuständigkeit oder durch ein anderes Landgericht wegen örtlicher Unzuständigkeit) bestimmt sich die Zuständigkeit des Einzelrichters nach dem Geschäftsverteilungsplan des Empfängergerichts. Ist dort für den Rechtsstreit die Zuständigkeit einer Kammer vorgesehen, so hat diese auch dann zu entscheiden, wenn die Verweisung durch den Einzelrichter erfolgt. Verweist dagegen eine nach Abs. 1 S. 2 lit. a)-k) zuständige Kammer den Rechtsstreit an ein anderes Landgericht, in dessen Geschäftsverteilungsplan keine entsprechende Kammerzuständigkeit vorgesehen ist, so fällt die Sache automatisch (d.h. ohne dass es einer Übertragung durch die Kammer bedarf) beim Einzelrichter an. Erfolgte die Verweisung durch die Kammer, die den Rechtsstreit auf Vorlage des Einzelrichters nach Abs. 3 bereits übernommen hatte, so ist auch beim Empfängergericht eine Kammer zuständig, und zwar unabhängig davon, ob im Geschäftsverteilungsplan eine Kammerzuständigkeit vorgesehen ist[6]

8 Im Bereich der **Zwangsvollstreckung** ist der Einzelrichter so lange für die **einstweilige Einstellung der Zwangsvollstreckung** zuständig, als das Verfahren noch vor ihm anhängig ist[7]; für die Zeit danach gilt das unter → Rdnr. 9 Ausgeführte. Soweit Zwangsvollstreckungsmaßnahmen in die **Zuständigkeit des Prozessgerichts** fallen (vor allem §767 Abs. 1 und §§887, 888, 890), bestimmt sich die Zuständigkeit des Einzelrichters jeweils nach den §§348ff., → §767 Rdnr. 46 und → §891 Rdnr. 3. Prozessgericht ist das Gericht als solches und nicht der jeweilige Spruchkörper. Daraus, dass der Vollstreckungstitel von der Kammer oder dem Einzelrichter erlassen worden ist, kann also nicht gefolgert werden, dass gleiches auch für die Zwangsvollstreckungsmaßnahme gilt[8].

---

5 MünchKomm ZPO – *Deubner*[2] Rdnr. 71; *Zöller/Greger*[25] Rdnr. 2.
6 MünchKomm ZPO / Aktualisierungsbd. – *Deubner* Rdnr. 10.
7 *OLG Schleswig* SchlHA 1975, 63.
8 A.A. *OLG Hamm* MDR 1993, 384; *Reichold* in *Thomas/Putzo*[26] Rdnr. 7 für Beschlüsse nach §§887, 888, 890.

b) Zeitlicher Umfang

9 Die **originäre Zuständigkeit des Einzelrichters** besteht für die Dauer der gesamten Instanz. Sie endet entweder mit der Übernahme des Rechtsstreits durch die Kammer nach Abs. 3, → Rdnr. 35ff., oder mit dem Abschluss des landgerichtlichen Verfahrens, also regelmäßig durch die die Instanz beendende Entscheidung. Bei **Übertragung des Rechtsstreits auf den Einzelrichter durch Beschluss der Kammer** (§348a Abs. 1) erhält der Einzelrichter seine Entscheidungskompetenz mit Wirksamwerden des Übertragungsbeschlusses, → §348a Rdnr. 13; außer durch Abschluss des landgerichtlichen Verfahrens endet die Zuständigkeit in diesem Fall weiter durch Übernahme des Rechtsstreits durch die Kammer nach §348a Abs. 2. Für **richterliche Maßnahmen »zwischen den Instanzen«** gelten die allgemeinen Grundsätze, → §172 Rdnr. 14ff., → §239 Rdnr. 28ff., → §919 Rdnr. 6. Danach bleibt der Einzelrichter so lange zuständig, als nicht das Rechtsmittelgericht angerufen wurde bzw. formelle Rechtskraft des Urteils eingetreten ist. Nach Ablauf dieses Schwebezustandes endet die Zuständigkeit des Einzelrichters.

3. Verhandlungsgrundsätze

10 Da der Einzelrichter an die Stelle des Kollegiums tritt, → Rdnr. 3, gelten vor ihm dieselben Verfahrensgrundsätze wie vor der Zivilkammer. Vor ihm ist vor seiner Entscheidung nach Maßgabe des §309 mündlich zu verhandeln, → §128 Rdnr. 42. Es besteht Anwaltszwang, → §78 Rdnr. 23, und zwar auch in der Güteverhandlung. Der Einzelrichter ist zuständig für vorbereitende Maßnahmen nach §273, → §273 Rdnr. 12 (21. Aufl.), die Anberaumung des Verhandlungstermins, die Entscheidungen über eine Terminsänderung nach §227 Abs. 4, → §227 Rdnr. 20, die Aussetzung des Verfahrens, → §148 Rdnr. 36, und die Bewilligung der öffentlichen Zustellung, → §186 Rdnr. 3. Er übt die Sitzungspolizei aus, erlässt die Ersuchen, §§362ff., unterzeichnet das Protokoll, → §163 Rdnr. 2, und verkündet das Urteil. Zu Verstößen bei der Urteilsverkündung im Verhältnis von Kollegium und Einzelrichter → §310 Rdnr. 14 (21. Aufl.). Zur Bezeichnung des Gerichts im Urteil, das der Einzelrichter erlassen hat, → §313 Rdnr. 15 (21. Aufl.). Zur Verhinderung des Einzelrichters an der Unterzeichnung des Urteils → §315 Rdnr. 9 (21. Aufl.).

11 Im Falle der Übertragung der Sache durch die Kammer auf den Einzelrichter nach §348a Abs. 1 bleiben **prozessleitende Anordnungen**, die vor der Übertragung vom Kollegium oder vom Vorsitzenden getroffen worden sind, wirksam. Sie können aber vom Einzelrichter nach den allgemeinen Grundsätzen, → §329 Rdnr. 18ff., abgeändert werden. Dies gilt insbesondere für einen von der Kammer erlassenen vorterminlichen **Beweisbeschluss** nach §358a, da auch ein solcher Beweisbeschluss in den Grenzen des §360, → dazu §360 Rdnr. 1ff., abänderbar ist; der Einzelrichter kann deshalb durch derartige Entscheidungen nicht in seiner selbständigen Verfahrensgestaltung durch die Kammer eingeschränkt werden. Haben die Parteien einem **schriftlichen Verfahren** vor der Kammer zugestimmt, wirkt diese Zustimmung nicht ohne weiteres auch für ein Verfahren vor dem Einzelrichter, wie umgekehrt ein Einverständnis mit einem schriftlichen Verfahren vor dem Einzelrichter hinfällig wird, wenn dieser die Sache nach Abs. 3 oder §348a Abs. 2 der Kammer zur Übernahme vorlegt und diese den Rechtsstreit übernimmt, → §128 Rdnr. 62ff.

III. Ausnahmen von der originären Zuständigkeit des Einzelrichters, Abs. 1 S. 2

12 Von der originären Zuständigkeit des Einzelrichters macht Abs. 1 S. 2 zwei Ausnahmen. Liegen deren Voraussetzungen vor, so ist der Rechtsstreit von der Kammer zu entscheiden.

Diese hat allerdings die Möglichkeit, die Sache nach §348a Abs.1 auf den Einzelrichter zu übertragen, → §348a Rdnr.3ff.

1. Richter auf Probe

13 Eine originäre Zuständigkeit des Einzelrichters scheidet dann aus, wenn das nach dem Geschäftsverteilungsplan zuständige Dezernat mit einem Richter auf Probe (§12 Abs.1 DRiG) besetzt ist, der noch nicht **mindestens ein Jahr** lang geschäftsverteilungsplanmäßig **Rechtsprechungsaufgaben in bürgerlichen Rechtsstreitigkeiten** wahrzunehmen hatte, Abs.1 S.2 Nr.1. Dadurch soll vor allem erreicht werden, dass im Interesse der Parteien eine qualifizierte Rechtsprechung gewährleistet ist und die Parteien nicht das Opfer von Anfängerfehlern werden. Darüber hinaus geht es weiter darum, den Proberichter innerhalb einer Kammer besser in die richterlichen Aufgaben einarbeiten zu können. Die Ausnahme gilt nur für Richter auf Probe, nicht dagegen auch für Richter auf Lebenszeit, die bisher ausschließlich in Strafsachen tätig waren[9].

14 In welchem **Umfang** der Proberichter Rechtsprechungsaufgaben in bürgerlichen Rechtsstreitigkeiten effektiv wahrgenommen hat, ist unerheblich; maßgeblich ist allein, dass er im **Geschäftsverteilungsplan** für solche Aufgaben eingeteilt war. Insbesondere werden persönliche Verhinderungszeiten (Krankheit, Mutterschutz, Urlaub, Dienstbefreiung) nicht abgezogen[10]; wohl dagegen die Zeit einer Beurlaubung ohne Bezüge. Nicht erforderlich ist, dass der Richter auf Probe ausschließlich Rechtsprechungsaufgaben in bürgerlichen Rechtsstreitigkeiten wahrzunehmen hatte; ein Anteil anderer Geschäftsaufgaben verlängert die Jahresfrist nicht[11]. Unerheblich ist es weiter, wenn der Proberichter nur teilzeitbeschäftigt war[12]. Keine Rolle spielt es ferner, wenn die Tätigkeit als Richter in bürgerlichen Rechtsstreitigkeiten nicht über einen zusammenhängenden Zeitraum von einem Jahr erbracht worden ist; mehrere kürzere Zeiträume werden addiert[13]. Insbesondere ist auch die Zeit bei einem Amtsgericht anzurechnen.

15 **Vollendet der Proberichter den Jahreszeitraum**, so bedeutet dies nur, dass er in künftigen Rechtsstreitigkeiten Einzelrichter sein kann. Dagegen werden solche Sachen, in denen er bisher innerhalb der Kammer Berichterstatter war, nicht automatisch Einzelrichtersachen[14]. In entsprechender Anwendung von §261 Abs.3 Nr.2 bleibt vielmehr weiter die Kammer zuständig. Entsprechendes gilt, wenn der **Proberichter** aus der Kammer **ausscheidet** und durch einen »einzelrichterfähigen« Richter ersetzt wird[15]. Tritt dagegen **an die Stelle eines Einzelrichters ein Proberichter**, der die Anforderungen von Abs.1 S.2 Nr.1 noch nicht erfüllt, so muss die Sache vom Zweck der Vorschrift her, → dazu Rdnr.13, automatisch in die Zuständigkeit der Kammer fallen[16], die sie unter den Voraussetzungen von §348a Abs.1 auf den Proberichter als Einzelrichter überträgt.

---

[9] MünchKomm ZPO / Aktualisierungsbd. – *Deubner* Rdnr.34.

[10] *Zöller/Greger*[25] Rdnr.6; MünchKomm ZPO / Aktualisierungsbd. – *Deubner* Rdnr.31; *Reichold* in *Thomas/Putzo*[26] Rdnr.2; *Baumbach/Lauterbach/Hartmann*[63] Rdnr.12.

[11] MünchKomm ZPO /Aktualisierungsbd. – *Deubner* Rdnr.30; *Zöller/Greger*[25] Rdnr.6.

[12] *Zöller/Greger*[25] Rdnr.6.

[13] *Zöller/Greger*[25] Rdnr.6; MünchKomm ZPO / Aktualisierungsbd. – *Deubner* Rdnr.35; *Baumbach/Lauterbach/Hartmann*[63] Rdnr.12.

[14] Str.; wie hier *Zöller/Greger*[25] Rdnr.6a. A.A. *Reichold* in *Thomas/Putzo*[26] Rdnr.2.

[15] Wie Fn.14.

[16] *Zöller/Greger*[25] Rdnr.6a.

2. Kammerzuständigkeit nach Sachgebieten

a) Bedeutung des Geschäftsverteilungsplans

16 Eine originäre Zuständigkeit des Einzelrichters besteht weiter für bestimmte in Abs. 1 S. 2 Nr. 2 **katalogmäßig aufgezählte Sachgebiete**. Voraussetzung für die Zuständigkeit der Kammer ist dabei allerdings, dass nach dem **Geschäftsverteilungsplan** des Gerichts die Zuständigkeit einer Kammer für das jeweilige Sachgebiet begründet ist. Fehlt es an einer derartigen geschäftsplanmäßigen Kammerzuständigkeit, so fällt der Rechtsstreit auch dann in die Zuständigkeit des Einzelrichters, wenn es sich um eine Katalogsache handelt. Ob und für welche Sachgebiete das Präsidium Spezialkammern bildet, steht ihm frei[17]. Insbesondere folgt aus Abs. 1 S. 2 Nr. 2 keine Verpflichtung, für die dort aufgelisteten Sachgebiete eine Spezialkammer zu bilden. Es können auch Spezialkammern gebildet werden, die nur für einen Teil einer Kataloggruppe zuständig sind[18]. Maßgeblich für das Bestehen einer Spezialkammer ist der **Augenblick der Klageerhebung**. Werden im nächsten Jahr neue Spezialkammern gebildet bzw. als solche aufgelöst, so hat das auf die Zuständigkeit des Einzelrichters bzw. der Kammer für bereits laufende Verfahren keinen Einfluss. Weder entfällt die Einzelrichterzuständigkeit wegen Bildung der Spezialkammer, noch entfällt die Kammerzuständigkeit, wenn für den betreffenden Rechtsstreit in Zukunft keine Spezialkammer mehr zuständig ist.

b) Allgemeine Grundsätze zur Zuständigkeit von Spezialkammern

17 Der Grund für die Kammerzuständigkeit in den Katalogsachen besteht darin, dass diese Sachen als besonders komplex angesehen werden, weshalb die Entscheidung durch einen Einzelrichter als stärker risikobehaftet als in anderen Sachgebieten eingeschätzt wird. Im Ansatz mag das einleuchten, doch ändert dies nichts daran, dass der Katalog des Abs. 1 S. 2 Nr. 2 reichlich willkürlich erscheint. Es gibt zahlreiche weitere Sachgebiete, die ebenso die Aufnahme in den Katalog verdient hätten (z.B. Erbrecht oder das Recht der BGB-Gesellschaft). Gleichwohl ist der **Katalog abschließend** und kann nicht durch Analogie auf andere Sachgebiete erweitert werden.

18 Ob die Sache unter den Katalog des Abs. 1 S. 2 Nr. 2 fällt, bestimmt sich nach dem **Vortrag des Klägers**[19]. Es gelten dieselben Grundsätze wie bei § 13 GVG für die Einordnung einer Rechtsstreitigkeit als bürgerlich rechtlich. Auf die Parteistellung desjenigen, der die vertragstypische Leistung zu erbringen hat, kommt es nicht an. Weiter ist es unerheblich, ob die erfassten Ansprüche vom Vertragspartner selbst oder von einem Rechtsnachfolger geltend gemacht werden. Bei Geltendmachung **mehrerer Ansprüche**, die nur teilweise von dem Katalog erfasst werden, ist die Kammer für den gesamten Rechtsstreit zuständig[20]. Das Verfahren wird also nicht aufgespalten und teilweise von der Kammer, im Übrigen aber vom Einzelrichter entschieden. Dies gilt gleichermaßen für die objektive wie für die subjektive **Klagenhäufung** (Streitgenossenschaft). Wird bei einem vor dem Einzelrichter anhängigen Verfahren nachträglich durch **Klageänderung** oder **Widerklage** ein Kataloganspruch eingeführt, so ist der Rechtsstreit insgesamt an die Kammer abzugeben[21]. Die Fortdauer der Zuständigkeit des Einzelrich-

---

[17] MünchKomm ZPO / Aktualisierungsbd. – *Deubner* Rdnr. 37; *Zöller/Greger*[25] Rdnr. 7; *Rosenberg/Schwab/Gottwald*[16] § 106 Rdnr. 10.
[18] MünchKomm ZPO / Aktualisierungsbd. – *Deubner* Rdnr. 37.
[19] *Zöller/Greger*[25] Rdnr. 8.
[20] MünchKomm ZPO / Aktualisierungsbd. – *Deubner* Rdnr. 45; *Zöller/Greger*[25] Rdnr. 8.
[21] *Zöller/Greger*[25] Rdnr. 8.

ters lässt sich insbesondere nicht mit §261 Abs.3 Nr.2 begründen[22]; diese Vorschrift ist bei Einführung eines neuen Streitgegenstandes nicht anwendbar, → §261 Rdnr.83 (21.Aufl.). Dagegen wird die Zuständigkeit des Einzelrichters nicht dadurch berührt, dass mit einer unter den Katalog fallenden Gegenforderung die **Aufrechnung** erklärt wird, → §145 Rdnr.34.

c) Die einzelnen Sachgebiete

aa) Ansprüche aus Veröffentlichungen, lit. a)

19 Hierunter fallen zunächst **Ansprüche aus rechtswidrigen Veröffentlichungen** (Ansprüche wegen Eingriffs in das Persönlichkeitsrecht oder den Gewerbebetrieb). Worauf der Anspruch inhaltlich gerichtet ist (Schadenersatz, Unterlassung, Gegendarstellung), ist unerheblich. Auch bei einer erstmals drohenden Veröffentlichung ist die Kammer für eine vorbeugende Unterlassungsklage zuständig. Der Anspruch muss sich aus einer **Veröffentlichung in den Medien** ergeben (»Druckerzeugnisse, Bild- und Tonträger jeder Art, insbesondere in Presse, Rundfunk, Film und Fernsehen«). Darunter fällt auch das Internet[23], nicht aber die private Verbreitung von Schriftstücken (z.B. durch weit gestreute postalische Versendung beleidigender Behauptungen oder Verteilen rechtswidriger Aufkleber).

20 Von lit. a) werden weiter **vertragliche Erfüllungsansprüche** (Honoraransprüche, Ansprüche auf Veröffentlichung) erfasst[24]; ebenso Ansprüche auf Rückzahlung von Honorarvorschüssen, wenn das letztlich geschuldete Honorar hinter dem Vorschuss zurückbleibt.

bb) Streitigkeiten aus Bank- und Finanzgeschäften, lit. b)

21 Hierbei handelt es sich um Geschäfte, an denen **Unternehmen i.S. von §1 KWG** beteiligt sind[25]. Neben den allgemeinen Bankverträgen werden auch Beratungsverträge erfasst; ebenso Ansprüche aus Prospekthaftung gegen ein Finanzunternehmen, und zwar unabhängig davon, wie man derartige Ansprüche dogmatisch einordnet. Weiter erfasst lit. b) auch Prozesse zwischen Bank und Sicherungsgeber[26], nicht dagegen ein von einem Privatmann gewährtes Darlehen (ausgenommen, Darlehensnehmer ist ein Finanzunternehmen, z.B. Sparbuch oder Termingeld) oder gewährte Sicherungsrechte (Bürgschaft; Grundpfandrecht für die Verbindlichkeit eines Dritten)[27].

cc) Bau-, Architekten- und baubezogene Ingenieurverträge, lit. c)

22 **Bauverträge** sind zunächst alle Verträge, die auf die Herstellung eines Bauwerks gerichtet sind. Darunter fallen auch Umbauten. Nicht erforderlich ist, dass der Vertrag wirksam ist (z.B. nichtiger Schwarzarbeitsvertrag). Unter den Begriff »Bauvertrag« fällt auch der Baubetreuungsvertrag[28]. Weiter erfasst die Vorschrift Reparaturverträge. Arbeiten, die an einem Grundstück ausgeführt werden, auf dem zwar ein Bauwerk steht, dieses aber nicht unmittelbar erfassen (Einzäunung, Anlegen eines zum Bauwerk führenden Wegs) sind keine Bauverträge

---

[22] So aber MünchKomm ZPO / Aktualisierungsbd. – *Deubner* Rdnr.46; *Rosenberg/Schwab/Gottwald*[16] §106 Rdnr.12.
[23] MünchKomm ZPO / Aktualisierungsbd. – *Deubner* Rdnr.47.
[24] Wie Fn.23.
[25] MünchKomm ZPO / Aktualisierungsbd. – *Deubner* Rdnr.48.
[26] *Zöller/Greger*[25] Rdnr.10.
[27] MünchKomm ZPO / Aktualisierungsbd. – *Deubner* Rdnr.48.
[28] *Zöller/Greger*[25] Rdnr.11.

i.S. von lit. c). Wegen weiterer Einzelheiten kann auf die Rechtsprechung zu § 638 Abs. 1 S. 1 BGB a.F. zurückgegriffen werden[29].

23 **Architektenverträge** fallen unabhängig davon unter lit. c), was der Architekt konkret schuldet, solange es sich nur um eine architektentypische Leistung handelt (Verschaffung einer Baugenehmigung, Planung, Ausschreibung und Vergabe von Leistungen, Bauüberwachung, Überprüfung der Abrechnung eines anderen Architekten). Unerheblich ist, ob der Verpflichtete die berufliche Qualifikation erfüllt[30]. Erbringt umgekehrt ein Architekt berufsfremde Leistungen, so fallen daraus resultierende Streitigkeiten nicht unter lit. c).

24 **Ingenieurverträge** werden nur dann von lit. c) erfasst, wenn sie im Zusammenhang mit Bauleistungen stehen. Dies ist vor allem beim Statiker der Fall. Weiter fallen darunter Verträge, die für ein konkretes Bauvorhaben bestimmte erforderliche Leistungsmengen errechnen (z.B. Wärmemengen oder den Energiebedarf). Ebenso wie bei Architektenverträgen, → Rdnr. 23, ist nicht erforderlich, dass der Verpflichtete eine abgeschlossene Ingenieurausbildung besitzt.

dd) Streitigkeiten aus der Berufstätigkeit rechts- und wirtschaftsberatender Berufe, lit. d)

25 Die erfassten Berufe sind in lit. d) abschließend aufgeführt. Die Berufsliste kann auf andere Berufe nicht erweitert werden (z.B. Mediator oder Unternehmensberater). Lit. d) umfasst lediglich »**Streitigkeiten aus der Berufstätigkeit**«. Konkret geht es neben Vergütungs- vor allem um Schadensersatzansprüche; außerdem Ansprüche auf Herausgabe von Unterlagen sowie Erstattung von Auslagen. Dagegen fallen Verträge, die lediglich die Berufsausübung ermöglichen sollen (Anmietung von Kanzleiräumen, Einstellung von Mitarbeitern) nicht unter lit. d).[31]

ee) Ansprüche aus Heilbehandlung, lit. e)

26 Anders als bei lit. d), → Rdnr. 25, werden die von der Vorschrift erfassten Berufe nicht im Einzelnen aufgezählt. Neben Ärzten und Zahnärzten gilt die Vorschrift weiter für Heilpraktiker, Psychologen, Psychotherapeuten und Physiotherapeuten. Bei Ärzten spielt es keine Rolle, ob sie zur echten Heilbehandlung oder zu rein ästhetischen Zwecken (Schönheitsoperation) tätig werden. Dagegen werden solche Tätigkeiten nicht erfasst, die allein der Körperpflege dienen (Kosmetiker, Friseur). Weiter gilt die Vorschrift nicht für Apotheker; auch wenn eine Beratung durch den Apotheker erfolgt, ist der mit ihm abgeschlossene Vertrag nicht auf Heilbehandlung gerichtet. Nicht erforderlich ist, dass die Heilbehandlung an einem Menschen erfolgt; der Tierarzt fällt ebenfalls unter lit. e).

27 Die Vorschrift umfasst neben allen **vertraglichen Ansprüchen** (einschließlich der Ansprüche, die der die Heilbehandlung ausübenden Person zustehen – insbesondere Honoraransprüche[32]) auch Ansprüche aus sonstigen Anspruchsgrundlagen (vor allem **deliktische Ansprüche**). Daraus ergibt sich insbesondere, dass auch Ansprüche gegen Mitarbeiter des Heilbehandelnden (Krankenhausarzt, Pflegepersonal) in die Zuständigkeit der Kammer fallen.

---

[29] MünchKomm ZPO / Aktualisierungsbd. – *Deubner* Rdnr. 49.
[30] MünchKomm ZPO / Aktualisierungsbd. – *Deubner* Rdnr. 50.
[31] MünchKomm ZPO / Aktualisierungsbd. – *Deubner* Rdnr. 52.
[32] MünchKomm ZPO / Aktualisierungsbd. – *Deubner* Rdnr. 53.

ff) Streitigkeiten aus Handelssachen, lit. f)

28 Es muss sich um Handelssachen i.S. des §95 GVG handeln[33]. Das Vorhandensein einer **Kammer für Handelssachen** schließt die Zuständigkeit des Einzelrichters deswegen nicht aus, weil es den Parteien frei steht, ob die Sache vor dieser Kammer oder vor einer Zivilkammer verhandelt wird (§§96, 98 GVG). Soll eine Kammerzuständigkeit begründet werden, muss deshalb eine Zivilkammer für Handelssachen eingerichtet werden, wogegen auch bei Vorhandensein einer Kammer für Handelssachen keine Bedenken bestehen[34]. Die Zuständigkeit einer solchen Zivilkammer kann auf einzelne Sachen aus dem Katalog des §95 GVG beschränkt werden; in diesem Fall ist der originäre Einzelrichter hinsichtlich der übrigen Handelssachen nicht ausgeschlossen[35].

gg) Fracht-, Speditions- und Lagergeschäfte, lit. g)

29 Lit. g) hat nur dann Bedeutung, wenn die genannten Geschäfte nicht für beide Parteien ein Handelsgeschäft sind. Andernfalls greift bereits lit. f) ein.

hh) Streitigkeiten aus Versicherungsverhältnissen, lit. h)

30 Lit. h) erfasst Streitigkeiten über Ansprüche des Versicherers und auf der anderen Seite des Versicherungsnehmers, des Versicherten sowie des Bezugsberechtigten. Dagegen umfasst die Vorschrift nicht auch Direktansprüche des Geschädigten gegen den Versicherer nach §3 Nr.1 PflVG[36].

ii) Urheber- und Verlagsrecht, lit. i)

31 Unter lit. i) fallen Streitigkeiten nach dem UrhG, dem WahrnG, dem KUG sowie dem VerlagsG. Auf die Art des geltend gemachten Anspruchs kommt es dabei nicht an[37].

jj) Kommunikations- und Informationstechnologie, lit. j)

32 Durch den ziemlich unbestimmten Begriff »Kommunikations- und Informationstechnologie« sollen der Begründung des Regierungsentwurfs zufolge[38] Streitigkeiten wegen Datenverarbeitungsprogrammen und Computer erfasst werden; außerdem sollen künftige gesetzliche Neuerungen im Bereich des telekommunikativen Geschäftsverkehrs erfasst werden[39].

kk) Streitwertunabhängige Zuständigkeit des Landgerichts, lit. k)

33 Lit. k) erfasst alle Streitigkeiten, bei denen das Landgericht in erster Instanz unabhängig vom Streitwert zuständig ist. Darunter fallen die §§71 Abs.2 GVG, 246 Abs.3 AktG, 61 Abs.3 GmbHG, 51 Abs.3 GenG. Der Sinn der Vorschrift liegt darin, dass die vom Gesetz vorgenommene Zuweisung an ein Kollegialgericht nicht dadurch konterkariert werden soll, dass

33 Einzelheiten s. MünchKomm ZPO – *M. Wolf*² §95 GVG Rdnr.4–23.
34 MünchKomm ZPO / Aktualisierungsbd. – *Deubner* Rdnr.54.
35 *Zöller/Greger*²⁵ Rdnr.14.
36 *Zöller/Greger*²⁵ Rdnr.16.
37 MünchKomm ZPO / Aktualisierungsbd. – *Deubner* Rdnr.57.
38 BT – Drucks. 14/4722, S.89.
39 Kritisch dazu im Hinblick auf den Wortlaut von lit. j) MünchKomm ZPO / Aktualisierungsbd. – *Deubner* Rdnr.58.

letztlich doch ein originärer Einzelrichter entscheidet. Damit verträgt es sich freilich schlecht, dass der originäre Einzelrichter nur dann ausgeschlossen ist, wenn eine entsprechende Spezialkammer gebildet worden ist[40].

3. Entscheidung der Kammer bei Zweifeln über die Zuständigkeit, Abs. 2

34 Zweifel darüber, ob nach Abs. 1 der Einzelrichter oder die Kammer zuständig ist, entscheidet die Kammer durch **unanfechtbaren Beschluss**. Wo die Zweifel herrühren, ist unerheblich; dies kann auf einem Hinweis einer Partei oder darauf beruhen, dass innerhalb der Kammer Zweifel auftauchen. Die Zweifel können sich auch noch im Laufe des Verfahrens ergeben. Der Beschluss ist unanfechtbar, d.h. gegen ihn ist weder die sofortige Beschwerde gegeben, noch kann er gemäß §512 im Berufungsverfahren überprüft werden[41]. Erlässt die Kammer keinen Beschluss, gibt die Sache aber nicht an den Einzelrichter weiter, sondern bearbeitet sie innerhalb der Kammer, so kann ebenfalls nicht mit einem Rechtsmittel geltend gemacht werden, die Sache hätte in die Zuständigkeit des Einzelrichters gehört[42].

IV. Übernahme des Rechtsstreits durch die Kammer, Abs. 3

1. Zweck der Übernahme

35 Sofern die Sache besondere Schwierigkeiten aufweist oder grundsätzliche Bedeutung hat oder soweit dies schließlich von den Parteien übereinstimmend beantragt wird, **legt der Einzelrichter den Rechtsstreit der Kammer zur Entscheidung über eine Übernahme vor,** Abs. 3 S. 1. Bei besonderer Schwierigkeit sowie bei grundsätzlicher Bedeutung muss die Kammer den Rechtsstreit übernehmen, Abs. 3 S. 1, d.h. hier darf die Entscheidung nicht durch den Einzelrichter ergehen. Dies stimmt voll inhaltlich mit der früheren Rechtslage überein. Lediglich rechtstechnisch wurde die Zuständigkeit der Kammer nach der früheren Rechtslage dadurch erreicht, dass bei den betroffenen Sachen eine Übertragung auf den Einzelrichter entfiel (§348 Abs. 1 a.F.), während der Einzelrichter jetzt in allen Sachen, die nicht unter Abs. 1 S. 2 fallen, → dazu Rdnr. 12ff., zunächst originär zuständig ist, womit die Zuständigkeit der Kammer nur durch eine Übertragung des Rechtsstreits erreicht werden kann.

2. Besondere Schwierigkeiten der Sache

36 Eine Vorlage des Rechtsstreits an die Kammer ist nach Abs. 3 Satz 1 Nr. 1 geboten, wenn »die Sache besondere Schwierigkeiten tatsächlicher oder rechtlicher Art aufweist«.

a) Prozessstoff

37 Nicht erforderlich ist, dass der gesamte Prozessstoff derartige Schwierigkeiten aufweist. Es reicht aus, wenn bei objektiver Anspruchshäufung, §260, oder bei Streitgenossenschaft einer der Streitgegenstände besonders schwierig erscheint oder bei mehrfacher Begründung eines einzigen prozessualen Anspruchs, → §260 Rdnr. 8 (21. Aufl.), einer der rechtlichen Gesichtspunkte erhebliche Probleme mit sich bringt. Zur Teilübernahme des Verfahrens durch die Kammer nach Trennung des Verfahrens → Rdnr. 48.

---

40 Darauf weist zutreffend *Zöller/Greger*[25] Rdnr. 19 hin.
41 MünchKomm ZPO / Aktualisierungsbd. – *Deubner* Rdnr. 61.
42 MünchKomm ZPO / Aktualisierungsbd. – *Deubner* Rdnr. 62.

b) »Besondere« Schwierigkeiten

38 Von »besonderen« Schwierigkeiten kann nur gesprochen werden, wenn eine erheblich **überdurchschnittliche Kompliziertheit** besteht[43]. Immer wieder einmal auftretende Probleme, Hindernisse oder Erschwernisse gebieten daher keine Vorlage an die Kammer. Bei gleichwohl erfolgter Vorlage muss die Kammer in solchen Fällen die Übernahme des Rechtsstreits ablehnen.

c) Qualitative Schwierigkeiten

39 Nur inhaltliche (qualitative) Schwierigkeiten zwingen zur Vorlage des Rechtsstreits an die Kammer. Sicher könnte man vom Wortlaut der Vorschrift her als besonders schwierig auch Prozesse ansehen, die rein quantitativ einen großen Arbeits- und Zeitaufwand erfordern. Mit dem Ziel der Einzelrichternovelle und der Neufassung der §§348ff. durch das ZPO-RG, nämlich der Entlastung des Kollegiums gerade in Routineangelegenheiten, wäre eine derartige Auslegung aber nicht zu vereinbaren. Der Umfang einer Sache sowie der zu erwartende richterliche Arbeits- und Zeitaufwand (quantitative besondere Schwierigkeiten) können daher nicht zu einer Übernahme durch die Kammer führen.

d) Art der Schwierigkeiten

40 Die Vorlage an die Kammer zwecks Übernahme des Rechtsstreits ist bei besonderen Schwierigkeiten **sowohl tatsächlicher als auch rechtlicher Art** geboten.

aa) Besondere tatsächliche Schwierigkeiten

41 Von besonderen tatsächlichen Schwierigkeiten kann nicht schon dann gesprochen werden, wenn eine Beweisaufnahme mit umfangreichem Arbeits- und Zeitaufwand verbunden ist, → Rdnr. 39. Es müssen vielmehr derartige Schwierigkeiten im tatsächlichen Bereich bestehen (vor allem bei der Beweiswürdigung), dass es sinnvoll erscheint, sie durch das Kollegium und nicht durch den Einzelrichter lösen zu lassen[44]. Hierzu zählen etwa neuartige medizinische, naturwissenschaftliche oder technische Vorgänge, seltene Geschehensabläufe oder sehr unübersichtliche Sachverhalte. Ebenso gehören hierher komplizierte politische oder wirtschaftliche Zusammenhänge. Als besonders schwierig ist häufig auch die Bewertung widersprüchlicher Zeugenaussagen oder Sachverständigengutachten anzusehen[45]. Dagegen kann nicht auf den jeweiligen Verfahrensgegenstand abgestellt werden. Auch auf Gebieten, die häufig mit besonderen Schwierigkeiten verbunden sind, ohne dass sie in den Katalog des Abs. 1 Satz 2 Nr. 2 aufgenommen worden sind, kann es Verfahren ohne besondere Schwierigkeiten geben, die damit vom originären Einzelrichter zu entscheiden sind.

bb) Besondere rechtliche Schwierigkeiten

42 Besondere rechtliche Schwierigkeiten treten vor allem bei erstmals aufgeworfenen Rechtsfragen sowie bei Anwendbarkeit ausländischen Rechts auf. Dass Rechtsfragen von Wissenschaft und Praxis vereinzelt kontrovers behandelt werden, führt meistens nicht zu einer »be-

---

[43] MünchKomm ZPO – *Deubner* Rdnr. 21; *Zöller/Greger*[25] Rdnr. 21; *Reichold* in *Thomas/Putzo*[26] Rdnr. 11.

[44] Vgl. BT-Drucks. 7/2769, S. 11f.

[45] Wie Fn. 44.

sonderen« Schwierigkeit. Wirft der Prozess das Problem auf, ob eine Vorlage an das Bundesverfassungsgericht wegen der Verfassungswidrigkeit einer entscheidungserheblichen Norm zu erfolgen hat, oder ob der Europäische Gerichtshof nach Art. 234 Abs. 2 und 3 EG angerufen werden muss, → § 148 Rdnr. 2, so ist das Vorliegen besonderer rechtlicher Schwierigkeiten regelmäßig zu bejahen. Die grundsätzliche Bedeutung einer Sache gehört jedoch an sich nicht hierher. Sie hat in Abs. 3 Satz 1 Nr. 2 eine eigene Regelung gefunden, → dazu Rdnr. 43 ff. In der Regel werden freilich Sachen mit grundsätzlicher Bedeutung auch besondere rechtliche Schwierigkeiten aufweisen. Eine exakte Grenzziehung zwischen den beiden Vorlagegeboten ist kaum möglich, wegen der übereinstimmenden Rechtsfolge aber auch nicht nötig.

3. Grundsätzliche Bedeutung der Rechtssache

43 Die Vorlage an die Kammer ist nach Abs. 3 Satz 1 Nr. 2 ferner dann geboten, wenn die Rechtssache grundsätzliche Bedeutung hat. Das Gesetz verwendet hier denselben Begriff wie im Rechtsmittelrecht, §§ 511 Abs. 4 Nr. 1, 543 Abs. 2 Nr. 1, 574 Abs. 2 Nr. 1. Soweit es um grundsätzliche **Rechtsfragen** geht, steht nichts im Wege, mit der überwiegenden Meinung[46] der Begriff genauso wie im Rechtsmittelrecht zu verstehen, Einzelheiten dazu → § 546 Rdnr. 4 ff. (21. Aufl.). Grundsätzliche Bedeutung kann ein Prozess darüber hinaus aber auch dann haben, wenn seine Bedeutung lediglich im **tatsächlichen Bereich** liegt[47]. Insoweit hat der Begriff der grundsätzlichen Bedeutung in Abs. 3 S. 1 Nr. 2 einen weitergehenden Inhalt als im Rechtsmittelrecht. Zu denken ist in diesem Zusammenhang etwa an einen Musterprozess oder allgemein an Verfahren mit wirtschaftlicher Grundsätzlichkeit.

44 Im Falle der **objektiven Anspruchshäufung**, § 260, oder der einfachen **Streitgenossenschaft**, §§ 59 f., reicht es aus, dass einer der Streitgegenstände grundsätzliche Bedeutung hat, → auch Rdnr. 37. Es besteht allerdings die Möglichkeit einer Trennung nach § 145, → dazu Rdnr. 48.

4. Übereinstimmender Antrag der Parteien, Abs. 3 Satz 1 Nr. 3

45 Stellen die Parteien übereinstimmend den Antrag, dass der Einzelrichter den Rechtsstreit der Kammer zur Entscheidung über eine Übernahme vorlegt, so ist der Einzelrichter **zur Vorlage an die Kammer verpflichtet**, Abs. 3 Satz 1 Nr. 3, ohne dass es darauf ankommt, ob die Sache besondere Schwierigkeiten aufweist oder grundsätzliche Bedeutung hat. Der Antrag kann von den Parteien gemeinsam gestellt werden, es reichen aber auch zwei unabhängig voneinander gestellte, inhaltlich übereinstimmende Anträge aus. Der Antrag kann bis zur Vorlage an die Kammer zurückgenommen werden[48]. Er kann jederzeit gestellt werden, also insbesondere auch dann, wenn bereits mündlich verhandelt worden ist. Bei mehreren Streitgegenständen kann der Antrag auf einzelne von ihnen beschränkt werden. Anders als bei der Vorlage nach Abs. 3 Satz 1 Nr. 1 und 2 ist die Kammer allerdings nicht verpflichtet, den Rechtsstreit zu übernehmen, → dazu Rdnr. 47. Die Parteien haben es also nicht in der Hand, durch einen gemeinsamen Antrag eine Kammerentscheidung zu erzwingen.

---

[46] *Reichold* in *Thomas/Putzo*[26] Rdnr. 12; *Baumbach/Lauterbach/Hartmann*[63] Rdnr. 10.

[47] MünchKomm ZPO – *Deubner*[2] Rdnr. 25; *Zöller/Greger*[25] Rdnr. 22; *Rosenberg/Schwab/Gottwald*[16] § 106 Rdnr. 19.

[48] MünchKomm ZPO / Aktualisierungsbd. – *Deubner* Rdnr. 18; *Zöller/Greger*[25] Rdnr. 20.

5. Das Übernahmeverfahren

a) Erfordernis einer Vorlage

46 Liegt nach Auffassung des Einzelrichters eine der Voraussetzungen des Abs. 3 Satz 1 vor, → dazu Rdnr. 36ff., so ist dieser zur **Vorlage an die Kammer verpflichtet**. Ohne eine Vorlage kann die Kammer den Rechtsstreit nicht übernehmen. Der Einzelrichter kann die Sache auch nicht einseitig an die Kammer abgeben[49]. Für die Vorlage besteht **keine zeitliche Begrenzung**[50]. Stellt sich erst im Laufe des Verfahrens heraus (z.B. nach einer Beweisaufnahme), dass eine Vorlagevoraussetzung vorliegt, so ist der Einzelrichter gleichwohl zur Vorlage verpflichtet. Dies gilt selbst dann, wenn die Sache bereits entscheidungsreif ist und der Einzelrichter z.B. bei der Formulierung des Urteils merkt, dass besondere rechtliche Schwierigkeiten bestehen. Die Vorlage muss hier auch dann erfolgen, wenn der Einzelrichter meint, er könne die Schwierigkeiten alleine bewältigen.

b) Entscheidung der Kammer

47 Die Kammer entscheidet über die Vorlag durch **Beschluss**, Abs. 3 Satz 3, gegen den kein Rechtsmittel gegeben ist, → Rdnr. 51. Vor Ergehen des Beschlusses ist den Parteien zur Frage der Übernahme **rechtliches Gehör** zu gewähren[51]. Wenn die Voraussetzungen für eine Übernahme vorliegen, ist die Kammer zur Übernahme verpflichtet[52]; sie hat insoweit keinen Ermessensspielraum. Entsprechendes gilt für den Fall, dass die Kammer das Vorliegen einer Übernahmevoraussetzung verneint; hier muss sie die Übernahme ablehnen. Für einen **Übernahmeantrag beider Parteien** (Abs. 3 Satz 1 Nr. 3, → Rdnr. 45) gilt insofern Besonderes, als dadurch keine Übernahmepflicht der Kammer begründet wird[53]. Voraussetzung für die Übernahme ist vielmehr auch hier, dass die Sache entweder besondere Schwierigkeiten aufweist oder grundsätzliche Bedeutung hat. Durch die Vorlagepflicht nach Abs. 3 Satz 1 Nr. 3 wird lediglich sichergestellt, dass der Einzelrichter nicht deshalb von einer Vorlage absehen kann, weil er selber meint, die Voraussetzungen der Nr. 1 und 2 lägen nicht vor. Auch hier steht der Kammer kein Übernahmeermessen zu.

c) Teilübernahme

48 Die Übernahme des Rechtsstreits durch die Kammer erfolgt zu dessen Entscheidung. Sie kann nicht nur zur Durchführung einzelner Verfahrensabschnitte (z.B. eine Beweisaufnahme) erfolgen. Unzulässig ist es ferner, dass nur **Teile des Prozesses** von der Kammer übernommen werden, wie z.B. die Erledigung von Zulässigkeitsrügen, einzelner Anspruchsgrundlagen oder einzelner Angriffs- und Verteidigungsmittel. Umfasst der Rechtsstreit allerdings **mehrere Streitgegenstände**, wie insbesondere im Fall einer objektiven Anspruchshäufung, §260, so spricht nichts dagegen, dass diejenigen Streitgegenstände, bei denen die Übernahmevoraussetzungen vorliegen durch Trennung des Verfahrens, §145, verselbständigt und von der Kammer übernommen werden, während der Rest beim Einzelrichter verbleibt. Die Trennung kann sowohl der Einzelrichter vor der Vorlage, als auch die Kammer anordnen, sofern ihr der

---

[49] *Rosenberg/Schwab/Gottwald*[16] §106 Rdnr. 15.

[50] MünchKomm ZPO / Aktualisierungsbd. – *Deubner* Rdnr. 16; *Zöller/Greger*[25] Rdnr. 20; *Baumbach/Lauterbach/Hartmann*[63] Rdnr. 38; *Rosenberg/Schwab/Gottwald*[16] §106 Rdnr. 15.

[51] MünchKomm ZPO / Aktualisierungsbd. – *Deubner* Rdnr. 23.

[52] MünchKomm ZPO / Aktualisierungsbd. – *Deubner* Rdnr. 21; *Reichold* in *Thomas/Putzo*[26] Rdnr. 10.

[53] MünchKomm ZPO / Aktualisierungsbd. – *Deubner* Rdnr. 22; *Musielak/Wittschier*[4] §348a Rdnr. 18.; *A.A. Baumbach/Lauterbach/Hartmann*[63] Rdnr. 44.

Rechtsstreit insgesamt zur Übernahme vorgelegt worden ist. Entsprechendes gilt bei **einfacher Streitgenossenschaft**, → vor §59 Rdnr.9 und → §145 Rdnr.19.

6. Folgen der Übernahmeentscheidung

49 Durch den Übernahmebeschluss tritt die Kammer an die Stelle des Einzelrichters. Eine **Zurückübertragung an den Einzelrichter** ist ausgeschlossen, Abs.3 Satz 4. Dies gilt auch dann, wenn sich die besonderen Schwierigkeiten, auf denen die Übernahme beruhte, inzwischen erledigt haben (z.B. durch eine Beweisaufnahme), so dass das weitere Verfahren keine besonderen Schwierigkeiten mehr macht. Auch im Einverständnis der Parteien ist eine Zurückübertragung nicht möglich.

50 Hat die Kammer die **Übernahme abgelehnt**, so steht damit die Zuständigkeit des Einzelrichters fest. Dieser hat das Verfahren fortzusetzen. Bei unveränderter Prozesslage kann er die Sache der Kammer nicht erneut zur Übernahme vorlegen. Ergeben sich dagegen durch eine **wesentliche Änderung der Prozesslage** nach Ablehnung der Übernahme besondere Schwierigkeiten oder eine grundsätzliche Bedeutung der Sache, so muss (nicht nur: kann) der Einzelrichter der Kammer die Sache erneut vorlegen[54]. Dagegen kann bei unveränderter Prozesslage eine erneute Vorlage nicht dadurch erzwungen werden, dass die Parteien nach Ablehnung der Übernahme durch die Kammer einen **übereinstimmenden Vorlageantrag** stellen[55]. Eine dadurch erzwungene Vorlage führt nur dann zur Übernahme durch die Kammer, wenn die Sache entweder besondere Schwierigkeiten aufweist oder grundsätzliche Bedeutung hat, → Rdnr.47. Dass es daran fehlt, hat die Kammer aber bereits durch die frühere Ablehnung der Übernahme ausgesprochen.

7. Ausschluss eines Rechtsmittels, Abs.4

51 Auf eine erfolgte oder nicht erfolgte Vorlage nach Abs.3 Satz 1 sowie auf die Fehlerhaftigkeit einer Übernahmeentscheidung der Kammer kann ein Rechtsmittel nicht gestützt werden, Abs.4. Zur Unanfechtbarkeit eines Beschlusses nach Abs.2 → Rdnr.34. Dadurch ist sowohl eine Überprüfung der Übernahmeentscheidung bzw. der unterlassenen Vorlage nach §512, als auch eine selbständige Anfechtbarkeit der Übernahmeentscheidung unabhängig davon ausgeschlossen, ob die Kammer die Sache übernommen oder die Übernahme abgelehnt hat[56]. Dagegen kann die Berufung darauf gestützt werden, dass entgegen Abs.3 Satz 4 eine Zurückübertragung stattgefunden hat[57]. Ebenso, wenn die Kammer die Übernahme unter Berufung auf einen Übernahmegrund ausgesprochen hat, den das Gesetz nicht kennt (z.B. Entlastung des Einzelrichters). Bei derartigen mit dem Gesetz von ihrem Inhalt her in keinem Fall vereinbaren Entscheidungen, greift Abs.4 nicht ein.

---

[54] MünchKomm ZPO / Aktualisierungsbd. – *Deubner* Rdnr.24; missverständlich *Zöller/Greger*[25] Rdnr.21 (erneute Vorlage ist »zulässig«).
[55] A.A. MünchKomm ZPO / Aktualisierungsbd. – *Deubner* Rdnr.24.
[56] MünchKomm ZPO / Aktualisierungsbd. – *Deubner* Rdnr.63.
[57] *Zöller/Greger*[25] Rdnr.23.

§348a Obligatorischer Einzelrichter

(1) Ist eine originäre Einzelrichterzuständigkeit nach §348 Abs. 1 nicht begründet, überträgt die Zivilkammer die Sache durch Beschluss einem ihrer Mitglieder als Einzelrichter zur Entscheidung, wenn

1. die Sache keine besonderen Schwierigkeiten tatsächlicher oder rechtlicher Art aufweist,

2. die Rechtssache keine grundsätzliche Bedeutung hat und

3. nicht bereits im Haupttermin vor der Zivilkammer zur Hauptsache verhandelt worden ist, es sei denn, dass inzwischen ein Vorbehalts-, Teil- oder Zwischenurteil ergangen ist.

(2) Der Einzelrichter legt den Rechtsstreit der Zivilkammer zur Entscheidung über eine Übernahme vor, wenn

1. sich aus einer wesentlichen Änderung der Prozesslage besondere tatsächliche oder rechtliche Schwierigkeiten der Sache oder die grundsätzliche Bedeutung der Rechtssache ergeben oder

2. die Parteien dies übereinstimmend beantragen.

Die Kammer übernimmt den Rechtsstreit, wenn die Voraussetzungen nach Satz 1 Nummer 1 vorliegen. Sie entscheidet hierüber nach Anhörung der Parteien durch Beschluss. Eine erneute Übertragung auf den Einzelrichter ist ausgeschlossen.

(3) Auf eine erfolgte oder unterlassene Übertragung, Vorlage oder Übernahme kann ein Rechtsmittel nicht gestützt werden.

Gesetzesgeschichte → vor §348 Rdnr. 1ff.

Stichwortverzeichnis → »Schlüssel zum Einzelrichterverfahren« zu Beginn der Vorbemerkungen vor §348.

I. Funktion und Anwendungsbereich der Vorschrift

1 Durch §348a soll erreicht werden, dass die **Aufgabenverteilung zwischen dem Einzelrichter und der Kammer** auch in solchen Fällen, in denen es an einer originären Zuständigkeit des Einzelrichters fehlt, **nach denselben Kriterien wie im Anwendungsbereich der originären Einzelrichterzuständigkeit** erfolgt. Ebenso wie bei §348 soll sich die Kammer nur mit Fällen be-

fassen müssen, die besondere Schwierigkeiten aufweisen oder grundsätzliche Bedeutung haben. Die Vorschrift entspricht inhaltlich weitgehend § 348 a.F. Da der Einzelrichter, anders als bei § 348, nicht originär zuständig ist, muss seine Zuständigkeit mittels einer Übertragung auf ihn durch die Kammer begründet werden. Die Voraussetzungen für die Übertragung entsprechen denen, die nach § 348 Abs. 3 einer Übernahme der Sache durch die Kammer entgegenstehen. Während es bei § 348 Abs. 3 darum geht, dass die Zuständigkeit beim Einzelrichter bleibt, wird durch § 348a erreicht, dass sie auf ihn übergeht.

2 Der **Anwendungsbereich von § 348a** erfasst sämtliche Rechtsstreitigkeiten, bei denen keine originäre Einzelrichterzuständigkeit nach § 348 Abs. 1 gegeben ist. Dies ist einmal dann der Fall, wenn der nach dem Geschäftsverteilungsplan zuständige Richter Richter auf Probe ist und noch nicht ein Jahr lang in bürgerlichen Rechtsstreitigkeiten tätig war (§ 348 Abs. 1 Satz 2 Nr. 1, → dazu § 348 Rdnr. 13ff.). Außerdem ist § 348a immer dann anwendbar, wenn es sich um einen Rechtsstreit handelt, der unter den Katalog des § 348 Abs. 1 Satz 2 Nr. 2 fällt, und nach dem Geschäftsverteilungsplan die Zuständigkeit einer Spezialkammer begründet ist, → dazu § 348 Rdnr. 16ff. Die beiden Vorschriften ergänzen sich dergestalt, dass jeder Rechtsstreit von einer von ihnen erfasst wird, sofern gesetzlich nicht ausdrücklich eine abweichende Regelung getroffen worden ist, wie z.B. in § 349 Abs. 4, → dazu § 349 Rdnr. 45.

II. Übertragung des Rechtsstreits auf den Einzelrichter, Abs. 1

1. Übertragungspflicht

3 Während § 348 Abs. 1 a.F. davon sprach, dass die Kammer den Rechtsstreit »in der Regel« einem ihrer Mitglieder als Einzelrichter übertragen »soll«, ordnet Abs. 1 jetzt an, dass die Kammer die Sache auf den Einzelrichter »überträgt«. Damit ist klargestellt, dass die Kammer zur Übertragung auf den Einzelrichter verpflichtet ist, und ihr nicht etwa ein Übertragungsermessen zusteht[1] Der Kammer bleibt hinsichtlich der Voraussetzungen einer Übertragungspflicht jedoch ein **Beurteilungsspielraum** (ob die Sache z.B. besondere Schwierigkeiten aufweist).

2. Übertragungsvoraussetzungen

4 Eine Übertragung auf den Einzelrichter hat dann zu erfolgen, wenn die Sache **keine besonderen Schwierigkeiten** tatsächlicher oder rechtlicher Art aufweist (Abs. 1 Nr. 1) oder wenn die Rechtssache **keine grundsätzliche Bedeutung** hat (Abs. 1 Nr. 2). Sind diese Voraussetzungen erfüllt, so scheidet eine Übertragung auf den Einzelrichter gleichwohl aus, sofern vor der Kammer bereits ein **Hapttermin zur Hauptsache stattgefunden** hat und inzwischen kein Vorbehalts-, Teil- oder Zwischenurteil ergangen ist (Abs. 1 Nr. 3, → dazu Rdnr. 6ff.). Anträge der Parteien (auch übereinstimmende) lösen keine Übertragungspflicht aus; sie stellen lediglich eine Anregung an die Kammer dar zu prüfen, ob die Übertragungsvoraussetzungen nach Abs. 1 gegeben sind.

a) Besondere Schwierigkeiten und grundsätzliche Bedeutung

5 Der Inhalt der Begriffe »besondere Schwierigkeiten tatsächlicher oder rechtlicher Art« sowie »grundsätzliche Bedeutung« bestimmt sich nach denselben Kriterien wie in § 348 Abs. 3 Satz 1 Nr. 1 und 2, → dazu § 348 Rdnr. 36ff.

---

[1] MünchKomm ZPO / Aktualisierungsbd. – *Deubner* Rdnr. 4; *Zöller/Greger*[25] Rdnr. 1; *Baumbach/Lauterbach/Hartmann*[63] Rdnr. 5; *Musielak/Wittschier*[4] Rdnr. 6.

b) Übertragungsverbot nach Verhandeln zur Hauptsache im Haupttermin

6 Ist vor der Kammer bereits im Haupttermin zur Hauptsache verhandelt worden und inzwischen kein Vorbehalts-, Teil- oder Zwischenurteil ergangen, so scheidet eine Übertragung auf den Einzelrichter aus, Abs. 1 Nr. 3. Damit entfällt nicht etwa nur eine Übertragungspflicht der Kammer. Die Abhaltung des Haupttermins mit Verhandlung zur Hauptsache bewirkt vielmehr ein **Übertragungsverbot**. Auch hier steht der Kammer demnach kein Ermessensspielraum zu. Abs. 1 Nr. 3 entspricht §348 Abs. 3 a.F.

aa) Zweck des Übertragungsverbots

7 Durch das Übertragungsverbot soll eine **Verzögerung** bei der Erledigung des Rechtsstreits **verhindert**[2] und die Erledigung in möglichst einer konzentrierten Verhandlung gefördert werden. Gleichzeitig wird damit aber auch die eigenverantwortliche und selbständige Stellung des Einzelrichters, → §348 Rdnr. 3, gewährleistet. Diese könnte erheblich eingeschränkt werden, wenn der Rechtsstreit erst dann übertragen würde, nachdem bereits eine auf umfassender Vorbereitung beruhende Verhandlung stattgefunden hat, durch welche die Weichen für den weiteren Verfahrensgang für die Parteien und das Gericht erkennbar gestellt sind. Die Durchführung eines **frühen ersten Termins** steht der Übertragung nach dem eindeutigen Gesetzeswortlaut nicht entgegen, es sei denn, er wurde wie ein Haupttermin gestaltet, → näher Rdnr. 8. Ein **Gütetermin**, ist auch dann kein Übertragungshindernis, wenn in dem Termin auf die Hauptsache eingegangen worden ist.

bb) Der Begriff »Haupttermin«

8 Soweit vom Vorsitzenden gemäß §272 Abs. 2 ein **schriftliches Vorverfahren** veranlasst wurde, ist der im Anschluss daran anberaumte Termin notwendigerweise »Haupttermin«[3], → §272 Rdnr. 49 (21. Aufl.). War in diesem Termin zur Hauptsache verhandelt worden, scheidet eine Übertragung auf den Einzelrichter aus. War dagegen ein **früher erster Termin** bestimmt, so ist die Übertragung danach grundsätzlich noch zulässig, auch wenn bereits zur Hauptsache verhandelt wurde. Etwas anderes gilt jedoch dann, wenn der Termin trotz der Bezeichnung als »früher erster Termin« wie ein Haupttermin vorbereitet und durchgeführt wurde[4] (vorausgesetzt, es wurde zur Hauptsache verhandelt). Wie der Termin vom Vorsitzenden bezeichnet worden ist, ist unerheblich[5]. Insbesondere kann die Übertragungsmöglichkeit nicht dadurch offen gehalten werden, dass der Termin gerade deshalb als »früher erster Termin« bezeichnet wird. Da der Haupttermin »vor der Zivilkammer« stattgefunden haben muss, steht der Übertragung nicht entgegen, dass bereits ein Haupttermin vor dem Amtsgericht durchgeführt und der Rechtsstreit anschließend an das Landgericht verwiesen wurde.[6]

9 Für die Bestellung des Einzelrichters im **schriftlichen Verfahren** nach §128 Abs. 2 legt das Gesetz keinen Zeitpunkt fest, von dem an die Übertragung unzulässig ist. Dem Haupttermin des mündlichen Verfahrens entspricht am ehesten der vom Gericht zwingend, → §128

---

[2] BT Drucks. 7/2769, S. 12; s. weiter *Putzo* NJW 1975, 187; MünchKomm ZPO – *Deubner*[2] §348 Rdnr. 26 (alle zu §348 Abs. 3 a.F.).

[3] *Seidel* ZZP 99 (1986), 64, 70; a.A. MünchKomm ZPO – *Deubner*[2] §348 Rdnr. 28.

[4] *OLG München* MDR 1985, 679; NJW 1986, 1001; MünchKomm ZPO – *Deubner*[2] §348 Rdnr. 34; *Zöller/Greger*[25] Rdnr. 3; *Baumbach/Lauterbach/Hartmann*[63] Rdnr. 9.

[5] *OLG Köln* NJW-RR 1995, 512; MünchKomm ZPO – *Deubner*[2] §348 Rdnr. 29; *Zöller/Greger*[25] Rdnr. 3; *Musielak/Wittschier*[4] Rdnr. 11.

[6] *Zöller/Greger*[25] Rdnr. 3.

Rdnr. 77, zu bestimmende Schlusszeitpunkt für das Einreichen der Schriftsätze[7], §128 Abs. 2 Satz 2. Dass davor bereits schriftlich zur Hauptsache verhandelt worden ist, steht der Übertragung nicht entgegen. Nach dem genannten Zeitpunkt ist eine Übertragung auf den Einzelrichter dagegen unzulässig. Eine Übertragung des schriftlichen Verfahrens auf den Einzelrichter setzt im Übrigen zusätzlich voraus, dass beide Parteien damit einverstanden sind; die Zustimmung zum schriftlichen Verfahren vor der Kammer reicht nicht aus, → §348 Rdnr. 11.

cc) Ausnahmen vom Übertragungsverbot

10 Trotz Verhandlung zur Hauptsache im Haupttermin ist gemäß Abs. 1 Nr. 3 eine Übertragung auf den Einzelrichter dann wieder zulässig, wenn das Verfahren durch ein **Vorbehalts-, Teil- oder Zwischenurteil** in eine neue Phase übergeleitet ist. Welcher Art ein Zwischenurteil ist (§303 oder §304), spielt keine Rolle. Bei einem Zwischenurteil nach §280 ist die Übertragung schon deshalb immer zulässig, weil hier noch nicht zur Hauptsache verhandelt worden ist. War nach einem Haupttermin mit Verhandlung zur Hauptsache in einem späteren Termin ein Versäumnisurteil ergangen, so kann die Sache nach Einlegung eines Einspruchs nicht mehr an den Einzelrichter übertragen werden; nach §342 befindet sich der Prozess in derselben Lage wie vor dem Versäumnisurteil, weshalb keine neue prozessuale Phase vorliegt.

c) Entscheidungsreife

11 Ist der Rechtsstreit entscheidungsreif, so hat das Gericht nach §300 Abs. 1 das Endurteil zu erlassen. Obwohl §348a insoweit kein ausdrückliches Übertragungsverbot enthält, besteht Einigkeit darüber, dass eine Übertragung auf den Einzelrichter hier nicht möglich ist[8]. Die allein zulässige Entscheidung ist hier das sofortige Endurteil, weshalb ein Übertragungsbeschluss ausscheidet. Dies gilt auch dann, wenn es sich bei dem Endurteil um ein Versäumnisurteil handelt; die Übertragung auf den Einzelrichter kann hier erst nach Einlegung des Einspruchs erfolgen. Steht der Erlass eines Urteils im Ermessen der Kammer (§§301 Abs. 2, 302 Abs. 1, 303, 304 Abs. 1), will diese das Urteil aber nicht erlassen, so kann die Sache trotz der teilweisen Entscheidungsreife insgesamt auf den Einzelrichter übertragen werden[9]. Zur Übertragung nach Erlass einer solchen Entscheidung auf den Einzelrichter → Rdnr. 12. Verkennt die Kammer, dass der Rechtsstreit entscheidungsreif ist, so kann eine Übertragung auf den Einzelrichter erfolgen; die Kammer hat dann zwar gegen §300, nicht aber gegen §348a verstoßen[10].

3. Der Übertragungsbeschluss

12 Die Übertragung erfolgt durch **Beschluss der Kammer**[11]. Fehlt ein Übertragungsbeschluss, so leidet das Verfahren vor dem Einzelrichter an einem unheilbaren Verfahrensmangel[12], → §295 Rdnr. 17 mit weit. Nachw. in Fn. 68 (21. Aufl.). Unzulässig ist eine Übertragung unter ei-

---

[7] *OLG München* NJW-RR 1986, 1512.

[8] MünchKomm ZPO – *Deubner*[2] §348 Rdnr. 36; *Zöller/Greger*[25] Rdnr. 3; *Musielak/Wittschier*[4] Rdnr. 10.

[9] MünchKomm ZPO – *Deubner*[2] §348 Rdnr. 36.

[10] MünchKomm ZPO – *Deubner*[2] §348 Rdnr. 37.

[11] Vgl. *OLG Frankfurt* NJW 1977, 301. Hat die Kammer den Beschluss gefasst, aber nur der Einzelrichter unterschrieben, handelt es sich um einen heilungsfähigen Formfehler, → 295 Rdnr. 27 bei Fn. 70 (21. Aufl.).

[12] *BGH* NJW 1993, 600.

nem Vorbehalt, einer Bedingung oder Befristung. In diesem Fall ist die Übertragung ohne die hinzugefügte Einschränkung erfolgt. Die Übertragung kann auf einen teilurteilsfähigen Teil des Verfahrens beschränkt werden (zur entsprechenden Problematik einer Teilübernahme nach §348 Abs.3 → 348 Rdnr.48). Der Beschluss kann ohne mündliche Verhandlung ergehen (§128 Abs.4). Eine **Begründung** ist nur dann erforderlich, wenn sich eine Partei gegen die Übertragung ausgesprochen hat[13]. Da die Entscheidung unanfechtbar ist, Abs.3, → dazu Rdnr.18, muss, soweit die Parteien nicht bereits gemäß §253 Abs.3, → §253 Rdnr.154 (21. Aufl.), bzw. §277 Abs.1 Satz 2, → §277 Rdnr.15 a (21. Aufl.), zur Übertragung Stellung genommen haben, in jedem Fall **rechtliches Gehör** gewährt werden[14], → §277 Rdnr.15 a (21. Aufl.). Die Möglichkeit einer Äußerung in der Klageschrift (§253 Abs.3) bzw. der Klageerwiderung (§277 Abs.1 Satz 2) reicht dazu nicht aus[15]. Dem Beklagten ist dabei nicht nur zur Übertragung, sondern möglichst auch zur Sache Gelegenheit zur Äußerung zu geben. Die schwierige Feststellung, ob der Rechtsstreit übertragungsfähig ist, ob er also keine besonderen Schwierigkeiten aufweist oder keine grundsätzliche Bedeutung hat, ist nämlich häufig erst dann zu beurteilen, wenn der Beklagte seine Sicht zu dem Verfahren dargelegt hat[16]. Daraus folgt, dass der Übertragungsbeschluss nicht vor Äußerung des Beklagten bzw. vor Ablauf einer ihm dafür gesetzten Erklärungsfrist ergehen darf[17], → §277 Rdnr.15 a (21. Aufl.). Die **Person des Einzelrichters** muss in dem Übertragungsbeschluss nicht bezeichnet werden[18]. Sie ergibt sich aus der nach §21g GVG getroffenen Geschäftsverteilung in der Kammer.

13 Die **Wirkung des Übertragungsbeschlusses** besteht darin, dass das Verfahren in vollem Umfang zur Entscheidung auf den Einzelrichter übergeht. Dieser hat dieselbe Stellung wie der originäre Einzelrichter nach §348[19]. Einzelheiten zu den Befugnissen des Einzelrichters → §348 Rdnr.4ff. Eine Übertragung nur zur Vorbereitung der Kammerentscheidung ist nicht möglich[20] (anders im Berufungsverfahren, §527). Eine derartige Übertragung wäre unwirksam und würde die Zuständigkeit der Kammer nicht berühren. Das Verfahren geht auf den Einzelrichter in dem Zustand über, in dem es sich bei Erlass des Übertragungsbeschlusses befand. Von der Kammer vor der Übertragung getroffene Maßnahmen (z.B. Fristsetzung) bleiben wirksam. Spätere **Änderungen des Streitgegenstandes** (Klageänderung, Widerklage) ändern an der Zuständigkeit des Einzelrichters nichts[21]. Hinsichtlich des neuen Streitgegenstands braucht also keine neue Übertragung zu erfolgen. Die Einführung eines neuen Streitgegenstands kann im Einzelfall jedoch eine wesentliche Änderung der Prozesslage darstellen, die den Einzelrichter nach Abs.2 Satz 1 Nr.2 zu einer Vorlage des Rechtsstreits an die Kammer zur Entscheidung über eine Übernahme verpflichtet.

---

[13] MünchKomm ZPO – *Deubner*[2] §348 Rdnr.45; *Zöller/Greger*[25] Rdnr.4. Ähnlich *Seidel* ZZP 99 (1986), 64, 67, der jedoch auch für diesen Fall keine zwingende Begründungspflicht annimmt. Das Erfordernis einer Begründung folgt aber aus den unter → §329 Rdnr.14ff. dargelegten Erwägungen.

[14] *Waldner* Aktuelle Probleme des rechtlichen Gehörs (1983), 175f.

[15] A.A. *Zöller/Greger*[25] Rdnr.4.

[16] *OLG Karlsruhe* VersR 1986, 662.

[17] *OLG Karlsruhe* VersR 1986, 662.

[18] MünchKomm ZPO – *Deubner*[2] §348 Rdnr.44; *Zöller/Greger*[25] Rdnr.4; *Musielak/Wittschier*[4] Rdnr.15; *A.A. Baumbach/Lauterbach/Hartmann*[63] Rdnr.10.

[19] MünchKomm ZPO / Aktualisierungsbd. – *Deubner* Rdnr.5.

[20] *Zöller/Greger*[25] Rdnr.6.

[21] MünchKomm ZPO – *Deubner*[2] §348 Rdnr.11; *Zöller/Greger*[25] Rdnr.7; *A.A.* für den Fall einer Parteierweiterung *OLG München* NJW-RR 1992, 123.

III. Übernahme des Rechtsstreits durch die Kammer, Abs. 2

1. Vorlagepflicht

14 Unter den Abs. 2 Satz 1 Nr. 1 und 2 geregelten Voraussetzungen, → dazu Rdnr. 15f., ist der Einzelrichter verpflichtet, den Rechtsstreit der Kammer zur Entscheidung über eine Übernahme vorzulegen. Die Vorschrift entspricht weitgehend §348 Abs. 3. Im Gegensatz zu §348 Abs. 4 a.F. kann der Einzelrichter den Rechtsstreit nicht durch einen von ihm zu erlassenden Beschluss auf die Kammer zurückübertragen. Die Entscheidung über eine Rückübernahme liegt vielmehr bei der Kammer, die darüber jedoch nur dann entscheiden kann, wenn ihr der Rechtsstreit vom Einzelrichter vorgelegt worden ist. Ohne eine Vorlage kann die Kammer den Rechtsstreit nicht übernehmen.

2. Vorlagevoraussetzungen

a) Wesentliche Änderung der Prozesslage

15 Eine Vorlagepflicht besteht nach Abs. 2 Satz 1 Nr. 1 zunächst dann, wenn sich aus einer wesentlichen Änderung der Prozesslage ergibt, dass die Sache entweder besondere tatsächliche oder rechtliche Schwierigkeiten aufweist, → dazu §348 Rdnr. 36ff., oder dass sie grundsätzliche Bedeutung hat, → dazu §348 Rdnr. 43f. Ohne wesentliche Änderung der Prozesslage darf der Einzelrichter weder die Sache der Kammer vorlegen noch diese (sofern doch eine Vorlage erfolgt ist) den Rechtsstreit übernehmen. Insbesondere reicht es nicht aus, dass die Kammer bei im Wesentlichen unveränderter Prozesslage die Frage nach besonderen Schwierigkeiten oder einer grundsätzlichen Bedeutung des Rechtsstreits jetzt anders als bei der Übertragung der Sache auf den Einzelrichter beurteilt[22]. Eine wesentliche Änderung der Prozesslage kann sich neben der Einführung neuer Verfahrensgegenstände (Klageänderung, Widerklage, Aufrechnung) auch aus dem Umfang des Prozessstoffes sowie aus neuem Parteivortrag ergeben, → auch §128 Rdnr. 69.

b) Übereinstimmender Antrag der Parteien

16 Der Einzelrichter muss den Rechtsstreit weiter dann der Kammer vorlegen, wenn die Parteien dies übereinstimmend beantragen, Abs. 2 Satz 1 Nr. 2, → dazu §348 Rdnr. 45. Anders als bei Nr. 1 spielt es dabei keine Rolle, ob sich die Prozesslage geändert hat. Auch wenn dies nicht der Fall ist, muss die Vorlage erfolgen. Allerdings darf die Kammer den Rechtsstreit auch bei übereinstimmendem Antrag der Parteien nur unter den Voraussetzungen von Nr. 1 übernehmen[23], → auch §348 Rdnr. 47. Die Parteien können die Rückübernahme durch die Kammer also nicht durch ihren übereinstimmenden Antrag erzwingen.

3. Entscheidung der Kammer

17 Zur Entscheidung der Kammer und den Rechtsfolgen der Entscheidung gilt entsprechendes wie bei §348 Abs. 3; wegen der Einzelheiten → §348 Rdnr. 47ff. Eine erneute Übertragung auf den Einzelrichter wird durch Abs. 2 Satz 4 ausdrücklich ausgeschlossen. Dies gilt insbesondere auch dann, wenn sich die besonderen Schwierigkeiten oder die grundsätzliche Be-

---

[22] *Zöller/Greger*[25] Rdnr. 8.
[23] MünchKomm ZPO / Aktualisierungsbd. – *Deubner* Rdnr. 9.

deutung der Sache inzwischen erledigt haben (z.B. durch ein Teil- oder Zwischenurteil oder durch eine Beweisaufnahme)[24]. Zur Teilübernahme → §348 Rdnr. 48.

IV. Ausschluss eines Rechtsmittels

18 Nach Abs. 3 kann auf eine erfolgte oder unterlassene Übertragung, Vorlage oder Übernahme ein Rechtsmittel nicht gestützt werden. Die Vorschrift entspricht §348 Abs. 4, näheres → §348 Rdnr. 51.

§349 Vorsitzender der Kammer für Handelssachen

(1) In der Kammer für Handelssachen hat der Vorsitzende die Sache so weit zu fördern, dass sie in einer mündlichen Verhandlung vor der Kammer erledigt werden kann. Beweise darf er nur insoweit erheben, als anzunehmen ist, dass es für die Beweiserhebung auf die besondere Sachkunde der ehrenamtlichen Richter nicht ankommt und die Kammer das Beweisergebnis auch ohne unmittelbaren Eindruck von dem Verlauf der Beweisaufnahme sachgemäß zu würdigen vermag.

(2) Der Vorsitzende entscheidet

1. über die Verweisung des Rechtsstreits;

2. über Rügen, die die Zulässigkeit der Klage betreffen, soweit über sie abgesondert verhandelt wird;

3. über die Aussetzung des Verfahrens;

4. bei Zurücknahme der Klage, Verzicht auf den geltend gemachten Anspruch oder Anerkenntnis des Anspruchs;

5. bei Säumnis einer Partei oder beider Parteien;

6. über die Kosten des Rechtsstreits nach §91a;

7. im Verfahren über die Bewilligung der Prozesskostenhilfe;

8. in Wechsel- und Scheckprozessen;

9. über die Art einer angeordneten Sicherheitsleistung;

10. über die einstweilige Einstellung der Zwangsvollstreckung;

11. über den Wert des Streitgegenstandes;

12. über Kosten, Gebühren und Auslagen.

(3) Im Einverständnis der Parteien kann der Vorsitzende auch im Übrigen an Stelle der Kammer entscheiden.

(4) Die §§348 und 348a sind nicht anzuwenden.

Stichwortverzeichnis → »Schlüssel zum Einzelrichterverfahren« zu Beginn der Vorbemerkungen vor §348.

[24] MünchKomm ZPO / Aktualisierungsbd. *Deubner* Rdnr. 11; *Zöller/Greger*[25] Rdnr. 11.

I. Stellung des Vorsitzenden der Kammer für Handelssachen

1 Für die Tätigkeit des Vorsitzenden der Kammer für Handelssachen, §§ 93ff. GVG, bleibt es auch nach der Einzelrichternovelle und dem ZPO-RG, → vor § 348 Rdnr. 2ff., bei der schon davor geltenden Regelung. Die umfassende **Vorbereitung des Prozesses,** → Rdnr. 2, und die **Tätigkeit in prozessualen Fragen,** → Rdnr. 5, stehen im Mittelpunkt der Befugnisse des Vorsitzenden. Ebenso wie beim allein entscheidenden Einzelrichter des § 348 Abs. 1 S. 1 sind die Befugnisse des Vorsitzenden der Kammer für Handelssachen **originär**, d.h. es bedarf keiner Übertragung der Befugnisse durch die Kammer. Soweit nicht eine Entscheidung im Einverständnis der Parteien erfolgt, → Rdnr. 33ff., sind die Kompetenzen des Vorsitzenden (vgl. Abs. 1 Satz 2 und den Katalog des Abs. 2) auf solche Fälle beschränkt, in denen es nicht auf die besondere Sachkenntnis der ehrenamtlichen Richter ankommt. Die Stellung des Vorsitzenden ist damit grundlegend anders als die des Einzelrichters nach §§ 348, 348a. Die Anwendbarkeit dieser Vorschriften ist deshalb durch Abs. 4 ausdrücklich ausgeschlossen, d.h. es

gibt weder eine originäre Entscheidungsbefugnis des Vorsitzenden oder eines ehrenamtlichen Richters, noch kann der Rechtsstreit einem Mitglied der Kammer zur Entscheidung übertragen werden, → Rdnr. 45. Um Verwechslungen zu vermeiden, wird in §349 die Bezeichnung »Einzelrichter« bewusst nicht verwendet[1]. Gleichwohl handelt der Vorsitzende, wie auch der Einzelrichter, → §348 Rdnr. 3, anstelle der Kammer. Er ist damit gleichfalls nicht bloßes Organ des Kollegiums oder beauftragter Richter im Sinne des §375, sondern das **Prozessgericht in anderer Besetzung**[2]. Entscheidet die Kammer für Handelssachen als **Berufungsgericht**, §100 GVG, so gilt nicht §349, sondern §§526, 527.

II. Das Verfahren vor dem Vorsitzenden

1. Prozessführung

2 Die Hauptaufgabe des Vorsitzenden der Kammer für Handelssachen ist die **Förderung der Sache**, Abs. 1 Satz 1. Zu diesem Zweck darf er Verhandlungstermine abhalten, in denen er mit den Parteien das Sach- und Streitverhältnis umfassend erörtert. Ob er den ersten Termin vor der Kammer oder vor sich allein abhält, unterliegt seinem Ermessen[3]. Auch wenn schon ein Termin vor der Kammer stattgefunden hat, steht es dem Vorsitzenden frei, einen für notwendig erachteten »Fördertermin« ohne Hinzuziehung der ehrenamtlichen Richter abzuhalten. Das Ziel der Förderung ist nicht unmittelbar die Sachentscheidung, sondern die Konzentration des Prozessstoffes dergestalt, dass der Rechtsstreit vor der Kammer in einem weiteren Verhandlungstermin erledigt werden kann, → auch Rdnr. 37 und 38. Auch wenn Abs. 1 Satz 1 nicht davon spricht, dass der Vorsitzende den »Haupttermin« vorzubereiten hat, handelt es sich bei der »einen mündlichen Verhandlung« der Sache nach gleichwohl um den Haupttermin i.S. des §272 Abs. 1[4].

2. Verfahrensgrundsätze

3 Das **Verfahren** vor dem Vorsitzenden bildet mit dem vor der Kammer eine **Einheit**. Es untersteht demgemäß in jeder Hinsicht den gleichen Grundsätzen, insbesondere dem Verhandlungsgrundsatz, → vor §128 Rdnr. 146ff.; für ein inquisitorisches Verfahren ist hier ebenso wenig Raum wie sonst. In einem vor dem Vorsitzenden stattfindenden Verhandlungstermin können die Parteien auch Dispositionsakte vornehmen (Klagerücknahme, s. Abs. 2 Nr. 4; Erledigungserklärung; Abschluss eines Prozessvergleichs). Die Funktionen des Vorsitzenden bei der **Prozessleitung** innerhalb und außerhalb der Verhandlung sind die gleichen wie sonst im Verfahren vor der Kammer. Daraus folgt, dass diejenigen prozessleitenden Anordnungen, die die Kammer aufgrund mündlicher Verhandlung treffen darf, auch der Vorsitzende nur aufgrund mündlicher Verhandlung vornehmen kann.

3. Einzelne Befugnisse des Vorsitzenden

4 Der Vorsitzende ist insbesondere befugt zu Anordnungen nach §§141, 144, 146, 273, zu Beschlüssen über Trennung und Verbindung von vor der Kammer schwebenden Prozessen, §§145, 147. Zur Wiedereröffnung einer geschlossenen Verhandlung, §156, ist er nur solange befugt, als die Sache noch nicht an die Kammer gelangt ist, d.h. bis zur Terminbestimmung.

---

1 Vgl. BT-Drucks. 7/2769 S. 13; *BGHZ* 156, 320, 326 = NJW 2004, 856.
2 *BGHZ* 40, 179, 182; *Bergerfurth* NJW 1975, 331, 335; MünchKomm ZPO – *Deubner*[2] Rdnr. 3.
3 *Reichold* in *Thomas/Putzo*[26] Rdnr. 1; MünchKomm ZPO – *Deubner*[2] Rdnr. 4.
4 MünchKomm ZPO – *Deubner*[2] Rdnr. 2; *Musielak/Wittschier*[4] Rdnr. 2.

Die Zurückweisung verspäteter Angriffs- und Verteidigungsmittel, § 296, geschieht im Endurteil bzw. im Zwischenurteil nach § 304, → § 296 Rdnr. 124 (21. Aufl.). Für den Vorsitzenden kommt sie demnach nur bei der Entscheidung nach Säumnis einer oder beider Parteien, Abs. 2 Nr. 5, und bei der Entscheidung im Einverständnis beider Parteien nach Abs. 3 in Betracht[5]. Wegen der Erledigung von Zwischenstreiten → Rdnr. 30. Wegen der Berichtigung des Urteils → § 319 Rdnr. 10 (21. Aufl.).

III. Beweiserhebung durch den Vorsitzenden, Abs. 1 Satz 2

1. Umfang

5 Nach Abs. 1 Satz 2 ist der Vorsitzende befugt, **einzelne Beweise** zu erheben, nicht jedoch die gesamte Beweisaufnahme durchzuführen[6]. Diese Befugnis ist dahin eingeschränkt, dass die Beweiserhebung durch den Vorsitzenden nur insoweit geschehen darf, als anzunehmen ist, dass es auf die **besondere Sachkunde der ehrenamtlichen Richter** nicht ankommt und außerdem die Kammer auf den unmittelbaren Eindruck vom Verlauf der Beweisaufnahme zu deren sachgemäßer Würdigung nicht angewiesen ist. Damit sind alle Beweisaufnahmen, bei denen es auf die besondere Sachkunde der ehrenamtlichen Richter ankommt, der Kammer zugewiesen. Ob die Voraussetzungen von Abs. 1 Satz 2 gegeben sind, entscheidet der Vorsitzende nach **pflichtgemäßem Ermessen**[7]. Zeigt sich erst während der Beweisaufnahme, dass es schon bei dieser und nicht erst später bei der Beweiswürdigung auf die besondere Sachkunde der ehrenamtlichen Richter ankommt, so ist die Beweisaufnahme gleichwohl vom Vorsitzenden allein durchzuführen und später erforderlichenfalls vor der Kammer nach § 398 zu wiederholen[8].

2. Überschreitung der Befugnisse des Vorsitzenden

6 Die Überschreitung der dem Vorsitzenden in Abs. 1 Satz 2 gezogenen Grenzen bedeutet als solche keinen Verfahrensverstoß, der selbständig gerügt werden könnte[9]. Wohl aber würde das Urteil der Kammer gegen den Grundsatz des § 286 verstoßen, wenn es nicht die in dem Protokoll niedergelegten persönlichen Eindrücke des Vorsitzenden bei seiner Entscheidung mitverwerten würde[10]. Weiter kann ein solches Verfahren eine Verletzung der formellen Unmittelbarkeit der Beweisaufnahme, → § 355 Rdnr. 5ff., bedeuten[11]. Die Vorschriftswidrigkeit eines Vorgehens des Vorsitzenden kann eine Partei in der betreffenden Instanz dadurch geltend machen, dass sie eine Wiederholung der Beweisaufnahme durch die Kammer beantragt, → § 398 Rdnr. 4, worüber diese nach pflichtgemäßem Ermessen zu entscheiden hat. In der Rechtsmittelinstanz kann der Fehler, soweit nicht eine Heilung eingetreten ist[12], nur zusammen mit dem Urteil angefochten werden. § 355 Abs. 2 steht dem nicht entgegen[13]; dadurch

---

5 S. auch *Rosenberg/Schwab/Gottwald*[16] § 106 Rdnr. 45.

6 Kritisch hierzu *Bergerfurth* NJW 1975, 331, 332f., der im Interesse einer Vereinfachung des Verfahrens für eine weitergehende Befugnis des Vorsitzenden zur Beweiserhebung eintritt; s. weiter MünchKomm ZPO – *Deubner*[2] Rdnr. 5.

7 *BGHZ* 40, 179, 182 = NJW 1964, 108, 109; *Musielak/Wittschier*[4] Rdnr. 3. Nach *Jauernig*[28] § 71 IV 1 sollte sich der Vorsitzende bei der Beweisaufnahme zurückhalten.

8 *Zöller/Greger*[25] Rdnr. 4.

9 MünchKomm ZPO – *Deubner*[2] Rdnr. 6.

10 Vgl. *RG* JW 1933, 2215.

11 Vgl. *BGHZ* 40, 179, 182.

12 Ein Verstoß gegen § 349 Abs. 1 Satz 2 ist heilbar (MünchKomm ZPO – *Deubner*[2] Rdnr. 6; *Baumbach/Lauterbach/Hartmann*[63] Rdnr. 8).

13 MünchKomm ZPO – *Deubner*[2] Rdnr. 6.

wird nur die selbständige Anfechtung des Beweisbeschlusses ausgeschlossen, → § 355 Rdnr. 29.

3. Verfahren

Soweit die Beweisaufnahme durch den Vorsitzenden erfolgt, erlässt er die erforderlichen Ersuchen, §§ 362ff. Ebenso trifft er die dem Prozessgericht obliegenden Entscheidungen, s. §§ 360, 366, 379, 391, 406 Abs. 4. Wegen eines Beweisbeschlusses → § 358a Rdnr. 22. Zum Zwischenstreit über eine Zeugnisverweigerung → Rdnr. 30. Wegen der Protokollierung → § 161 Rdnr. 2. 7

4. Beweisbeschluss

Der Vorsitzende hat erforderlichenfalls einen Beweisbeschluss zu erlassen. Im Rahmen seiner Befugnisse zur Vorbereitung des Haupttermins, → Rdnr. 2ff., kann er nach § 358a auch einen **vorterminlichen Beweisbeschluss** erlassen, dessen Ausführung ihm nach Abs. 1 Satz 2 verwehrt ist, weshalb die Beweisaufnahme vor der Kammer zu erfolgen hat[14]. Ist die besondere Sachkunde der ehrenamtlichen Richter allerdings schon für die Abfassung des Beweisbeschlusses erforderlich, so ist dieser von der Kammer zu erlassen[15]. 8

IV. Entscheidung durch den Vorsitzenden, Abs. 2

1. Zweck

In den Absätzen 2 und 3 ist dem Vorsitzenden in einigen Fällen auch die den Rechtsstreit abschließende **Entscheidung zugewiesen**. Dabei entscheidet er nicht als Einzelrichter, sondern in seiner **Funktion als Vorsitzender**, weshalb im Falle einer sofortigen Beschwerde das Beschwerdegericht nicht durch eines seiner Mitglieder als Einzelrichter (§ 568 Satz 1), sondern als Kollegium zu entscheiden hat[16]. Die Entscheidungsbefugnis des Vorsitzenden beruht in ihren Einzelheiten (was vor allem für die Frage der Auslegung der Vorschrift von Bedeutung ist) auf verschiedenen Grundgedanken. Wenn das Gesetz, von dem Regelfall der auf materieller Würdigung des Streitverhältnisses beruhenden Sachentscheidung ausgehend, deren Förderung dem Vorsitzenden zuweist und damit die Tätigkeit der ehrenamtlichen Richter grundsätzlich auf die sachkundige Würdigung des Streitstoffs beschränkt, → Rdnr. 15, so ergibt sich hieraus als Folgerung, dass dem Vorsitzenden auch diejenigen abschließenden Entscheidungen überlassen sind, bei denen eine derartige Würdigung nicht erforderlich ist. 9

Auf diesem Gedanken beruhen vor allem die Vorschriften der Nr. 1 bis 4. Nr. 5 enthält dagegen lediglich ein Druckmittel; die Parteien werden zur Anwesenheit im Termin vor dem Vorsitzenden angehalten, wenn sie wissen, dass sonst ein Versäumnisurteil ergehen kann. Nr. 6 und 7 sowie 9 bis 12 betreffen prozessuale Nebenentscheidungen, die im Interesse eines zügigen Verfahrens dem Vorsitzenden überantwortet sind. Die Kompetenz in Wechsel- und Scheckprozessen, Nr. 8, entspricht schließlich dem Bemühen des Gesetzes, in diesen Verfahren möglichst schnellen Rechtsschutz (vgl. § 604 Abs. 2 und 3) zu gewähren. 10

---

[14] MünchKomm ZPO – *Deubner*[2] Rdnr. 2.
[15] *Baumbach/Lauterbach/Hartmann*[63] Rdnr. 7.
[16] *BGHZ* 156, 320 = NJW 2004, 856; *Zöller/Gummer*[25] § 568 Rdnr. 3. **A.A.** *Feskorn* NJW 2003, 856; *Fölsch* MDR 2003, 308.

2. Form

11 Die Entscheidungen des Vorsitzenden ergehen in der gleichen Form wie die der Kammer. Zur Bezeichnung des Gerichts im Sinne des §313 Abs. 2 Nr. 2 gehört sowohl die Bezeichnung der Kammer – denn der Vorsitzende übt die Funktionen gerade dieser Kammer aus – wie auch die als Vorsitzender; sie bildet die Erklärung dafür, dass das Urteil nur von einem Richter unterschrieben ist. Ob die Fassung des Urteilskopfes lautet »anstelle der Kammer für Handelssachen« oder »die Kammer für Handelssachen durch den Vorsitzenden Richter am Landgericht Müller« ist eine reine Formfrage ohne sachliche Bedeutung.

3. Überschreitung der Befugnisse des Vorsitzenden

12 Zur **Anfechtbarkeit** der Entscheidungen des Vorsitzenden, wenn dieser die Grenzen des Abs. 2 nicht einhält → §350 Rdnr. 3.

4. Entscheidung der Kammer statt des Vorsitzenden

13 In allen Fällen des Abs. 2 ist der Vorsitzende zwar zur Entscheidung berechtigt, nicht aber verpflichtet; macht er von der ihm zustehenden Entscheidungsbefugnis keinen Gebrauch, kann die **Entscheidung** auch **von der Kammer** getroffen werden[17]. Dies gilt auch dann, wenn vor dem Vorsitzenden bereits eine mündliche Verhandlung stattgefunden hat, → Rdnr. 41. Die Regelungen des §349 sind nämlich nicht als abschließende Verteilung der funktionellen Zuständigkeit zu verstehen. Dem Vorsitzenden sind vielmehr Befugnisse übertragen, ohne dass es der Kammer im Einzelfall verwehrt wäre, selbst derartige Entscheidungen zu treffen. Zuzugeben ist allerdings, dass der Gesetzeswortlaut (»Der Vorsitzende entscheidet ...«) in eine andere Richtung weist. Dies erklärt sich aber aus der Entstehungsgeschichte. Einen ähnlichen Wortlaut (»... hat zu entscheiden«) hatte §349 Abs. 1 Satz 3 a.F. bezüglich des Einzelrichters. Solange die Sache bei diesem anhängig war, konnte das Kollegium nicht entscheiden. Nach Übergang des Rechtsstreits auf die Kammer war aber unbestritten, dass dieser nunmehr die Kompetenz für alle Entscheidungen zustand, und zwar einschließlich der ihr enumerativ übertragenen Materien. Die Einzelrichternovelle, → vor §348 Rdnr. 3f., hat bei ihrer mehr mechanischen Übernahme des alten §349 auf die Situation des Vorsitzenden der Kammer für Handelssachen übersehen, dass statt des früheren Hintereinander nunmehr ein Nebeneinander richterlicher Befugnisse getreten ist, weil Vorsitzender und Kammer gleichzeitig als Spruchkörper bestehen. Bei der Reform hätte deshalb formuliert werden müssen »... kann entscheiden ...«. Ausweislich der Materialien ging es nämlich nur um die Befugnisse des Vorsitzenden im Sinne der Befugnisse des früheren Einzelrichters. Die heutige Formulierung erscheint deshalb als ein Redaktionsversehen.

V. Die einzelnen Fälle der Entscheidung durch den Vorsitzenden

1. Verweisung des Rechtsstreits, Nr. 1

14 Erfasst werden die Verweisungen nach §§17a Abs. 2, 97, 99 GVG, §281 und §§696 Abs. 5, 700 Abs. 3, wenn im Mahnantrag gemäß §690 Abs. 1 Nr. 5 die Kammer für Handelssachen bezeichnet bzw. wenn der Antrag nach §96 Abs. 1 GVG mit demjenigen auf Durchführung des streitigen Verfahrens gestellt wurde. Ob die Verweisung mit oder ohne mündliche Ver-

[17] MünchKommZPO – *Deubner*[2] Rdnr. 28; *Zöller/Greger*[25] Rdnr. 5; *Reichold* in *Thomas/Putzo*[26] Rdnr. 5.

handlung erfolgt, ist unerheblich[18]. Auf die formale, abänderbare und nicht bindende Abgabe, → §281 Rdnr. 4 (21. Aufl.), ist Nr. 1 entsprechend anzuwenden.

2. Zulässigkeitsrügen, Nr. 2

15 Die Befugnis des Vorsitzenden umfasst sowohl das **Zwischenurteil nach §280** wie das **prozessabweisende** Endurteil. Voraussetzung ist, dass über die Zulässigkeit der Klage abgesondert verhandelt wird. Angesichts des insoweit eindeutigen Wortlauts von Nr. 2 kann von der abgesonderten Verhandlung nicht abgesehen werden[19]. Diese kann vom Vorsitzenden angeordnet werden[20]. Ob die Zulässigkeitsvoraussetzung von Amts wegen oder nur auf Rüge hin zu beachten ist, ist unerheblich[21].

3. Aussetzung des Verfahrens, Nr. 3

16 Dem Vorsitzenden obliegt die Entscheidung über eine Aussetzung des Verfahrens gemäß §§65, 148, 149, 246. Für die Anordnung des Ruhens des Verfahrens, §§251, 251a Abs. 3, kann nichts anderes gelten[22]. Auch über die Aufhebung der Aussetzung, §155, entscheidet der Vorsitzende allein[23]; ebenso über die Aufnahme des Verfahrens nach §250. Zu einer Aussetzung und Vorlage an das Bundesverfassungsgericht, Art. 100 Abs. 1 GG, an ein Landesverfassungsgericht oder an den Gerichtshof der Europäischen Union, zu diesen Vorlagen → §148 Rdnr. 15, 59, ist der Vorsitzende nur dann befugt, wenn er über die zu prüfende Norm allein zu entscheiden hat[24], so wenn er etwa bei Erlass eines Zwischenurteils nach §280, → Rdnr. 15, eine dabei entscheidungserhebliche Norm für verfassungswidrig hält, oder wenn ihn die Parteien nach Abs. 3 zur Entscheidung ermächtigt haben.

4. Klagerücknahme, Verzicht, Anerkenntnis, Nr. 4

17 Der Vorsitzende ist befugt, die Entscheidungen nach einer Klagerücknahme, §269 Abs. 4, → §269 Rdnr. 57, 66ff. (21. Aufl.), sowie Verzichts- und Anerkenntnisurteile, §§306, 307, zu erlassen. Bei einer Klagerücknahme umfasst die Entscheidungsbefugnis des Vorsitzenden auch die Frage, ob überhaupt eine Klagerücknahme erklärt worden ist[25]. Für die Rücknahme eines Einspruchs gegen ein Versäumnisurteil und den Verzicht auf den Einspruch, §346, gilt Nr. 4 entsprechend[26].

---

18 MünchKommZPO – *Deubner*[2] Rdnr. 9.
19 So aber MünchKommZPO – *Deubner*[2] Rdnr. 10.
20 *BGH* NJW-RR 2001, 930.
21 MünchKommZPO – *Deubner*[2] Rdnr. 10.
22 MünchKommZPO – *Deubner*[2] Rdnr. 11; *Zöller/Greger*[25] Rdnr. 7; *Musielak/Wittschier*[4] Rdnr. 8.
23 MünchKommZPO – *Deubner*[2] Rdnr. 11.
24 A.A. MünchKommZPO – Deubner[2] Rdnr. 11 (der Vorsitzende ist immer zur Vorlage befugt); *Musielak/Wittschier*[4] Rdnr. 8 und *Reichold* in *Thomas/Putzo*[26] Rdnr. 8 (Vorlage muss durch die Kammer erfolgen); *Zöller/Greger*[25] Rdnr. 7 (Vorlage durch den Vorsitzenden allein nur dann, wenn er nach Abs. 3 entscheidungsbefugt ist); s. weiter BVerfGE 98, 145, 151ff. = NJW 1999, 1095 (Vorlage nach Art. 100 Abs. 1 GG durch den Vorsitzenden allein bei dessen Entscheidungsbefugnis nach §349 Abs. 3).
25 MünchKommZPO – *Deubner*[2] Rdnr. 12.
26 *Musielak/Wittschier*[4] Rdnr. 9; *Zöller/Greger*[25] Rdnr. 8.

5. Säumnis, Nr. 5

a) Säumnis einer Partei

18 Die Befugnis des Vorsitzenden umfasst alle »bei Säumnis« einer Partei ergehenden Entscheidungen. Darunter fallen sowohl das eigentliche **Versäumnisurteil** als auch **kontradiktorische Entscheidungen**[27] (sog. unechtes Versäumnisurteil, → dazu vor §330 Rdnr. 18ff.). Unter Nr. 5 fallen weiter Entscheidungen nach Lage der Akten gemäß §331a sowie die Zurückweisung von Anträgen auf Erlass eines Versäumnisurteils bzw. einer Entscheidung nach Lage der Akten, §335.

b) Einspruch

19 Der Einspruch versetzt das Verfahren in die Lage zurück, in der es sich vor Eintritt der Säumnis befand, §342. Damit muss der Vorsitzende für befugt erachtet werden, den Einspruch als unzulässig zu verwerfen bzw. seine Zulässigkeit durch Zwischenurteil nach §303 auszusprechen, §341 Abs. 1. Diese weite Auslegung von Nr. 5 entspricht dem unter → Rdnr. 10 dargelegten Sinn und Zweck der Vorschrift und trägt allein den Bedürfnissen der Praxis Rechnung. Die Befugnis umfasst insoweit auch die Entscheidung über den Antrag auf **Wiedereinsetzung in den vorigen Stand** wegen Versäumnis der Einspruchsfrist, §§233, 238 Abs. 2[28]. Hält der Vorsitzende den Einspruch für zulässig, ohne die Zulässigkeit durch Zwischenurteil nach §303 auszusprechen, und tritt er demgemäß in die Sachverhandlung ein, so ergibt sich hieraus für die Kammer keinerlei Bindung. Schließlich darf der Vorsitzende bei erneuter Säumnis auch das technisch **zweite Versäumnisurteil** nach §345 erlassen[29].

c) Säumnis beider Parteien

20 Im Falle beiderseitiger Säumnis kann der Vorsitzende nach Nr. 5 eine **Entscheidung nach Lage der Akten**, §251a treffen.

6. Kostenentscheidung bei Erledigung der Hauptsache, Nr. 6

21 In Betracht kommt nur die Kostenentscheidung nach **übereinstimmenden Erledigungserklärungen**. Bei **einseitiger Erledigungserklärung** durch den Kläger hat dagegen nicht nur eine Kostenentscheidung zu ergehen, → §91a Rdnr. 48, weshalb nicht der Vorsitzende, sondern die Kammer zuständig ist[30], → §91a Rdnr. 49. Eine Befugnis des Vorsitzenden kann hier auch nicht über Nr. 4 begründet werden. Zwar mag man in der einseitigen Erledigungserklärung eine privilegierte Klagerücknahme sehen, → §91a Rdnr. 47 Fn. 155, doch verbietet die ausdrückliche Erwähnung nur der Kostenentscheidung nach beiderseitiger Erledigungserklärung in Nr. 6 die Ausdehnung der Vorschrift auch auf das Urteil nach nur einseitiger Erledigungserklärung. Eine Zuständigkeit des Vorsitzenden allein besteht jedoch dann, wenn der Beklagte der Erledigungserklärung zwar widerspricht, im Termin aber säumig ist, Nr. 5, in Wechsel- und Scheckprozessen, Nr. 8, sowie im Fall des Abs. 3.

---

27 MünchKommZPO – *Deubner*[2] Rdnr. 13; *Musielak/Wittschier*[4] Rdnr. 10.
28 MünchKommZPO – *Deubner*[2] Rdnr. 13; *Musielak/Wittschier*[4] Rdnr. 10.
29 *Musielak/Wittschier*[4] Rdnr. 10.
30 MünchKommZPO – *Deubner*[2] Rdnr. 14.

7. Prozesskostenhilfe, Nr. 7

22 Umfasst werden alle Entscheidungen im Prozesskostenhilfeverfahren, insbesondere auch die Beweiserhebung nach §118 Abs. 2 und die Aufhebung der Bewilligung gemäß §124[31].

8. Wechsel- und Scheckprozess, Nr. 8

23 Der Vorsitzende darf alle Entscheidungen im Wechsel- und Scheckprozess (§§602, 605a) fällen. Für den allgemeinen Urkundenprozess gilt Nr. 8 dagegen nicht. Hier muss die Kammer entscheiden. In deren Zuständigkeit fällt weiter die Entscheidung im Nachverfahren, §600[32]; ebenso die Entscheidung nach Abstandnahme vom Wechsel- bzw. Scheckprozess, §596[33].

9. Art der Sicherheitsleistung, Nr. 9

24 Die Befugnis umfasst nur die Entscheidung über die Art der Sicherheitsleistung, §108, → dort Rdnr. 3f. Die **Anordnung der Sicherheitsleistung** ist dagegen der Kammer vorbehalten, ebenso, da Nr. 9 nur von der »Art« spricht, auch die **Festlegung der Höhe**[34], §§108, 112, sowie die Entscheidung über die **Rückgabe**, §§109, 715. Sofern allerdings der Vorsitzende ohnehin die Entscheidung zu treffen hat, wie etwa beim unechten Versäumnisurteil, Nr. 5, im Wechsel- und Scheckprozess, Nr. 8, oder bei Einverständnis der Parteien, Abs. 3, darf er naturgemäß nicht nur über die Art der Sicherheitsleistung befinden, sondern sämtliche Entscheidungen über die Sicherheitsleistung treffen.

10. Einstweilige Einstellung der Zwangsvollstreckung, Nr. 10

25 Soweit nicht das Vollstreckungsgericht zuständig ist, entscheidet der Vorsitzende über die einstweilige Einstellung der Zwangsvollstreckung, z.B. nach §§707, 719, 769.

11. Wert des Streitgegenstandes, Nr. 11

26 Die Befugnis, den Wert des Streitgegenstandes festzusetzen, umfasst den **Zuständigkeitsstreitwert**, → §2 Rdnr. 49ff., und den **Gebührenstreitwert**, → §2 Rdnr. 59ff. Soweit über den **Rechtsmittelstreitwert** zu entscheiden ist, findet §527 Abs. 3 Nr. 4 Anwendung.

12. Kosten, Gebühren, Auslagen, Nr. 12

27 Soweit richterliche Entscheidungen zu treffen sind, darf der Vorsitzende über Kosten, Gebühren und Auslagen entscheiden; hierzu gehört auch die Erinnerung gegen den **Kostenfestsetzungsbeschluss** des Rechtspflegers[35], oder die Anordnung der öffentlichen Zustellung des Kostenfestsetzungsbeschlusses[36]. Die Befugnis gilt aber nur für erstinstanzliche Entscheidungen und soweit nicht ohnehin über die Kosten im Endurteil entschieden wird.

---

[31] *Musielak/Wittschier*[4] Rdnr. 12.
[32] MünchKommZPO – *Deubner*[2] Rdnr. 16; *Musielak/Wittschier*[4] Rdnr. 13.
[33] MünchKommZPO – *Deubner*[2] Rdnr. 16; *Musielak/Wittschier*[4] Rdnr. 13.
[34] A.A. *Zöller/Greger*[25] Rdnr. 13; *Musielak/Wittschier*[4] Rdnr. 14.
[35] *Musielak/Wittschier*[4] Rdnr. 17.
[36] *OLG Frankfurt* MDR 1987, 414; *Musielak/Wittschier*[4] Rdnr. 17.

13. Weitere Fälle

a) Keine abschließende Regelung durch Abs. 2

28 Die Vorschriften der Nr. 1 bis 12 beruhen auf unter → Rdnr. 12f. dargelegten Grundgedanken. Insoweit handelt es sich nicht um Ausnahmebestimmungen. Auch der Wortlaut des Abs. 2 zwingt nicht zu der Annahme einer abschließenden Aufzählung. Soweit es auf die besondere Sachkunde der Handelsrichter nicht ankommt, kann der Vorsitzende deshalb auch über den Katalog des Abs. 2 hinaus allein entscheiden[37].

b) Fehlen einer Prozessvoraussetzung

29 Unbedenklich erscheint die entsprechende Anwendung von Abs. 2 auf die Fälle der Prozessabweisung wegen Fehlens einer Prozessvoraussetzung, insbesondere die Abweisung wegen nicht ordnungsgemäß erhobener Klage, → §253 Rdnr. 171 (21. Aufl.), sowie auf das Entlassungsurteil nach §75 und das Urteil nach §§76f.[38], → auch §75 Rdnr. 9 und §76 Rdnr. 18.

c) Zwischenstreitigkeiten

30 Weiter muss der Vorsitzende für befugt erachtet werden, Zwischenstreitigkeiten zwischen den Parteien nach §303, → dort Rdnr. 4 (21. Aufl.), zu entscheiden. Weiter kann er **Zwischenurteile gegen Dritte** (§71[39], §135 Abs. 2, §387) deshalb erlassen, weil es sich dabei sachlich nicht um eine echte Streitentscheidung handelt.

d) Berichtigung, Ergänzung

31 Zur Berichtigung und Ergänzung einer von ihm erlassenen Entscheidung, §§319, 321, ist der Vorsitzende befugt. Die **Tatbestandsberichtigung**, §320, steht in allen Fällen einer von ihm erlassenen Entscheidung wegen §320 Abs. 4 S. 2 nur dem Vorsitzenden zu, → §320 Rdnr. 13 (21. Aufl.).

e) Beschluss über das Zustandekommen eines Vergleichs

32 Der Beschluss nach §278 Abs. 6 Satz 2, durch den das Zustandekommen eines vom Gericht vorgeschlagenen Vergleichs festgestellt wird, kann ebenfalls vom Vorsitzenden erlassen werden. Dazu bedarf es keiner speziellen Sachkunde der ehrenamtlichen Richter. Dies gilt unabhängig davon, ob der Vergleichsvorschlag den Parteien vom Vorsitzenden allein oder von der Kammer unterbreitet worden ist.

VI. Entscheidung im Einverständnis beider Parteien, Abs. 3

1. Das Einverständnis

33 Nach Absatz 3 kann der Vorsitzende im Einverständnis der Parteien anstelle der Kammer entscheiden, d.h. alle Entscheidungen erlassen, zu denen die Kammer befugt ist. Bei **Streitge-**

---

[37] Allgemeine Meinung; s. etwa *Bergerfurth* NJW 1975, 331, 334; MünchKommZPO – *Deubner*[2] Rdnr. 21; *Zöller/Greger*[25] Rdnr. 17; *Musielak/Wittschier*[4] Rdnr. 18; *Baumbach/Lauterbach/ Hartmann*[63] Rdnr. 14; *Reichold* in *Thomas/Putzo*[26] Rdnr. 5.

[38] *Baumbach/Lauterbach/Hartmann*[63] Rdnr. 16; *Reichold* in *Thomas/Putzo*[26] Rdnr. 5.

[39] *OLG Frankfurt* NJW 1970, 817.

nossen bedarf er des Einverständnisses sämtlicher Streitgenossen, → §61 Rdnr.14; dagegen muss der Streitgehilfe sein Einverständnis nicht erklären, → §67 Rdnr.2. Das Einverständnis der Parteien bindet den Vorsitzenden nicht; trotz des Einverständnisses kann demnach die Kammer entscheiden[40]. Die Einverständniserklärung, die auch konkludent erteilt werden kann[41], ist ebenso wie die nach §128 Abs.2 aus den unter → §128 Rdnr.67ff. dargelegten Gründen **widerruflich**[42], → auch §128 Rdnr.68, allerdings nur bis zum Schluss der mündlichen Verhandlung auf die die Entscheidung ergeht. Der Widerruf hat die Rückgabe des Rechtsstreits an die Kammer zur Folge, → Rdnr.41.

2. Dauer

34 Das Einverständnis gilt für das **gesamte Verfahren**, einschließlich der während dieser Zeit erforderlichen Entscheidungen im Rahmen der Zwangsvollstreckung[43]. Nach Beendigung der Instanz ist jedoch wieder die Kammer für vollstreckungsrechtliche Entscheidungen zuständig.

3. Umfang

35 Das Einverständnis umfasst den **Streitgegenstand zum Zeitpunkt der Erklärung.** Umfasst der Rechtsstreit – wie im Fall der objektiven Klagehäufung, §260 – **mehrere Streitgegenstände**, so ist für jeden einzelnen Streitgegenstand zu ermitteln, ob er von dem Einverständnis erfasst wird. Es ist nämlich nicht ausgeschlossen, dass die Parteien nicht für alle Streitgegenstände auf die Mitwirkung der ehrenamtlichen Richter verzichten wollen. Gegen die Wirksamkeit einer solchen eingeschränkten Einverständniserklärung bestehen keine Bedenken. Sollte das Verfahren dadurch zu kompliziert zu werden drohen, steht es dem Vorsitzenden frei, von der Möglichkeit einer Entscheidung durch ihn allein keinen Gebrauch zu machen, → Rdnr.33. Entsprechendes wie bei der objektiven Klagehäufung gilt bei der einfachen Streitgenossenschaft sowie bei der Widerklage.

36 Werden erst später, d.h. nach der Einverständniserklärung, neue Streitgegenstände anhängig (**Klageänderung, Widerklage**), so erstreckt sich das Einverständnis darauf nicht[44], es sei denn, dass sich durch Auslegung der Einverständniserklärungen etwas anderes ergibt. Für die Parteien wird es freilich häufig nahe liegen, ihr Einverständnis durch eine neue Erklärung auf den neuen Streitgegenstand zu erweitern. Geschieht dies nicht und will der Vorsitzende den Rechtsstreit nicht trotz der Einverständniserklärungen insgesamt von der Kammer entscheiden lassen, → Rdnr.33, so empfiehlt sich eine Verfahrenstrennung gemäß §145. Ist der von dem ursprünglichen Einverständnis umfasste Streitgegenstand bereits zur Entscheidung reif, so kann der Vorsitzende insoweit ein Teilurteil erlassen; das Schlussurteil bleibt dann der Kammer vorbehalten.

---

40 MünchKommZPO – *Deubner*[2] Rdnr.28; *Musielak/Wittschier*[4] Rdnr.19.

41 *OLG München* Justiz 1973, 320; *Zöller/Greger*[25] Rdnr.19.

42 *Reichold* in *Thomas/Putzo*[26] Rdnr.18; *Musielak/Wittschier*[4] Rdnr.19. **A.A.** MünchKommZPO – *Deubner*[2] Rdnr.25; *Baumbach/Lauterbach/Hartmann*[63] Rdnr.20 (unwiderruflich).

43 *OLG Karlsruhe* Justiz 1973, 320; *Zöller/Greger*[25] Rdnr.19; *Musielak/Wittschier*[4] Rdnr.19.

44 *OLG Nürnberg* MDR 1978, 323 (Widerklage); *Baumbach/Lauterbach/Hartmann*[63] Rdnr.19; *Musielak/Wittschier*[4] Rdnr.19. **A.A.** MünchKommZPO – *Deubner*[2] Rdnr.24.

VII. Das weitere Verfahren vor der Kammer

1. Abgabe an die Kammer nach abgeschlossener Vorbereitung

37 Hält der Vorsitzende die Sache zur Verhandlung vor der Kammer für reif, d.h. die Vorbereitung in dem unter → Rdnr. 2 dargelegten Umfang für abgeschlossen, so nimmt er die **Terminsbestimmung** für die Verhandlung vor der Kammer vor. Eine besondere Übertragung des Rechtsstreits auf die Kammer ist nicht erforderlich[45]. Der Zeitpunkt der Abgabe an die Kammer steht im pflichtgemäßen Ermessen des Vorsitzenden. Eine unmittelbar vorausgegangene mündliche Verhandlung vor dem Vorsitzenden setzt die Abgabe an die Kammer nicht voraus. Häufig wird die Verhandlungsreife im Sinne des Abs. 1 Satz 1 durch den Abschluss einer Beweisaufnahme oder den Eingang eines Schriftsatzes eintreten.

38 Zur Verhandlung vor der Kammer ist der Rechtsstreit weiter dann reif, wenn der Vorsitzende einen **Beweisbeschluss** erlassen hat, dessen Erledigung er durch die Kammer nach Abs. 1 Satz 2 für geboten hält, → Rdnr. 8.

39 Einem **Antrag**, die Sache an die Kammer abzugeben, kommt nur die Bedeutung einer Anregung zu. Bei Ablehnung des Antrags ist für eine sofortige Beschwerde nach §567 Abs. 1 kein Raum.

40 Nach außen tritt die Abgabe an die Kammer nicht selbst, sondern nur in ihrer Wirkung in der Bestimmung eines Termins vor der Kammer in Erscheinung, die den Parteien von Amts wegen nach §329 Abs. 2 bekannt zu geben ist.

2. Rückgabe an die Kammer wegen veränderter Umstände

41 §349 enthält keine dem §348a Abs. 2 Nr. 1 vergleichbare Regelung, die es dem Vorsitzenden gestattet, den **Rechtsstreit auf die Kammer zurück zu übertragen**, wenn er nach Abs. 2 oder 3 alleinentscheidungsbefugt ist. Im Falle des Abs. 3 ist eine Rückgabe an die Kammer jedoch nach einem **Widerruf der Einverständniserklärung**, → Rdnr. 33, erforderlich, da damit dem Vorsitzenden die Alleinentscheidungsbefugnis entzogen ist. Dabei bedarf es allerdings keiner ausdrücklichen Rückübertragung; die Zuständigkeit der Kammer folgt vielmehr automatisch aus der Wirksamkeit des Widerrufs.

42 Für eine Rückübertragung auf die Kammer besteht ferner dann ein Bedürfnis, wenn sich im Laufe des Verfahrens vor dem Vorsitzenden herausstellt, dass eine **Mitwirkung der ehrenamtlichen Richter** wegen ihrer Sachkunde **erforderlich** erscheint. So kann es Fälle geben, in denen der Vorsitzende sich erst durch Einholung eines Sachverständigengutachtens sachkundig machen müsste, die erforderliche Sachkunde bei den ehrenamtlichen Richtern aber vorhanden ist. Da die dem Vorsitzenden eingeräumte Entscheidungsbefugnis weder bei Abs. 2, → Rdnr. 13, noch bei Abs. 3, → Rdnr. 33, eine Entscheidung durch die Kammer ausschließt, ist es in diesen Fällen sachgerecht, dem Vorsitzenden die Rückgabe an die Kammer zu gestatten. Dass vor dem Vorsitzenden schon eine mündliche Verhandlung stattgefunden hat, steht der Zulässigkeit der Rückgabe nicht entgegen, ist aber im weiteren Verlauf zu berücksichtigen.

43 Mit der Rückgabe des Rechtsstreits an die Kammer findet ein **Wechsel in der Besetzung des Gerichts** statt, weshalb eine **erneute mündliche Verhandlung erforderlich** ist, → §128 Rdnr. 42. Zur Verwertbarkeit des bisher in der mündlichen Verhandlung vor dem Vorsitzenden in den Prozess eingeführten Prozessstoffs → §128 Rdnr. 43.

44 Die Rückgabe geschieht in derselben Form wie die Abgabe nach abgeschlossener Vorbereitung durch **Bestimmung eines Verhandlungstermins** vor der Kammer, → Rdnr. 37.

---

45 MünchKommZPO – *Deubner*[2] Rdnr. 29.

VIII. Unanwendbarkeit der §§ 348 und 348a, Abs. 4

45 Die ausdrücklich angeordnete Unanwendbarkeit der §§ 348 und 348a folgt aus der unterschiedlichen Stellung des Einzelrichters und des Vorsitzenden der Kammer für Handelssachen, → Rdnr. 1. Die Kammer für Handelssachen kann daher den Prozess weder auf den Vorsitzenden noch gar auf einen der ehrenamtlichen Richter zur Entscheidung übertragen. Dagegen kann jedes Mitglied der Kammer beauftragter Richter sein[46].

§ 350 Rechtsmittel

Für die Anfechtung der Entscheidungen des Einzelrichters (§§ 348, 348 a) und des Vorsitzenden der Kammer für Handelssachen (§ 349) gelten dieselben Vorschriften wie für die Anfechtung entsprechender Entscheidungen der Kammer.

Gesetzesgeschichte → vor § 348 Rdnr. 1ff.

Stichwortverzeichnis → »Schlüssel zum Einzelrichterverfahren« zu Beginn der Vorbemerkungen vor § 348.

I. Stellung des Einzelrichters im Rechtsmittelsystem

1 Die Entscheidungen (Urteile und Beschlüsse) des Einzelrichters und des Vorsitzenden der Kammer für Handelssachen stehen hinsichtlich der **Anfechtung** denjenigen der Kammer gleich. Eine Anfechtung an die Kammer findet demnach in keinem Fall statt[1]. Diese Regelung ergibt sich zwangsläufig aus der unter → § 348 Rdnr. 3 dargelegten Stellung des Einzelrichters und des Vorsitzenden der Kammer für Handelssachen. Ausgeschlossen ist demgemäß auch die Beanstandung einer auf Sachleitung bezüglichen Anordnung oder einer bei der Verhandlung gestellten oder zugelassenen Frage durch Herbeiführung einer Entscheidung der Kammer nach § 140, → § 140 Rdnr. 1. Aus der Stellung des Vorsitzenden der Kammer für Handelssachen folgt andererseits, dass die Kammer in gleichem Umfang wie ihre eigenen Entscheidungen und Anordnungen auch solche des Vorsitzenden aufheben und abändern kann, → § 329 Rdnr. 28. Hingegen bleiben im Falle einer Rückübernahme gemäß § 348a Abs. 2 vom Einzelrichter getroffene Zwischenentscheidungen und Beweisergebnisse wirksam.

II. Wirksamkeit der Entscheidung trotz fehlender Kompetenz

2 Eine Entscheidung des Einzelrichters oder des Vorsitzenden der Kammer für Handelssachen, zu deren Erlass er nicht befugt war, ist nicht nichtig[2]; der Mangel ist vielmehr als ein solcher der nicht vorschriftsmäßigen Besetzung des Gerichts mit den ordentlichen Rechtsmitteln nach Maßgabe der §§ 538 Abs. 2 Satz 1, 547 Nr. 1 oder der Nichtigkeitsklage nach § 579 Nr. 1 geltend zu machen. Entsprechendes gilt, wenn trotz Übertragung der Sache auf den Einzelrichter nach § 348a Abs. 1 die Kammer entscheidet. Zur Frage der Heilung → § 295 Rdnr. 17 (21. Aufl.).

---

46 *Musielak/Wittschier*[4] Rdnr. 20.
1 *Reichold* in *Thomas/Putzo*[26] Rdnr. 1.
2 *Reichold* in *Thomas/Putzo*[26] Rdnr. 1.

§§ 351–354 *(fortgefallen)*

Die §§ 351–354 wurden durch die Novelle 1924 aufgehoben, → vor § 348 Rdnr. 1.

Titel 5
Allgemeine Vorschriften über die Beweisaufnahme

Vorbemerkungen vor §355

Beweisaufnahmeschlüssel

Beweisaufnahmeschlüssel (Stichwortverzeichnis zu den allgemeinen Vorschriften über die Beweisaufnahme)

I. Beweisrecht in der ZPO

1 Das Beweisrecht ist in der ZPO an verschiedenen Stellen geregelt:

1. Allgemeine Vorschriften

2 Die §§ 282–294 enthalten allgemeine Vorschriften über Beweisantritt, Beweisbedürftigkeit und Beweiswürdigung. Zur Beweislast → § 286 Rdnr. 25ff. (21. Aufl.), zum Protokoll → §§ 159ff.

2. Beweisaufnahmerecht

3 In den §§ 355–484 ist das **Verfahren** bei der Aufnahme der Beweise geregelt. Das Gesetz behandelt dabei folgende *Beweismittel:* Augenschein (§§ 371ff.), Zeugen (§§ 373ff.), Sachverständige (§§ 402ff.), Urkunden (§§ 415ff.) und Parteivernehmung (§§ 445ff.). Allgemeine Vorschriften über die Beweisaufnahme, die für alle diese Beweismittel gelten, enthalten die §§ 355–370. Sie sind sowohl bei Beweisaufnahmen auf Parteiantrag wie bei solchen von Amts wegen anzuwenden. Die wichtigsten allgemeinen **Grundsätze des Beweisaufnahmerechts** sind:

a) die Unmittelbarkeit der Beweisaufnahme (§ 355),
b) die Parteiöffentlichkeit (§ 357),
c) die lediglich prozeßleitende Natur des Beweisbeschlusses (§ 359).

3. Selbständiges Beweisverfahren

Das selbständige Beweisverfahren regeln die §§ 485–494a. 4

II. Freibeweis

1. Strengbeweis – Glaubhaftmachung – Freibeweis

a) Beweisarten

Man unterscheidet **drei Arten des Beweises** (→ § 284 Rdnr. 22ff. [21. Aufl.]). (1) Das in den §§ 355–484 (→ Rdnr. 3) geregelte Verfahren der Beweiserhebung mit den dort aufgeführten Beweismitteln wird als **Strengbeweis** bezeichnet. Das Beweisziel ist der Vollbeweis (→ § 286 Rdnr. 4 [21. Aufl.]). (2) Der Text der ZPO sieht daneben die **Glaubhaftmachung** (§ 294 Abs. 1) als eine erleichterte Beweisführung vor. Die Glaubhaftmachung ist nicht an die Beweismittel und das -verfahren des Strengbeweises gebunden. Als Beweisergebnis erstrebt die Glaubhaftmachung einen geringeren Grad an Wahrscheinlichkeit (→ § 294 Rdnr. 6 [21. Aufl.]). (3) Daneben tritt mit dem **Freibeweis** eine dritte Form der Beweiserhebung[1] (zur Kritik → Rdnr. 16ff., 23ff.). Der Freibeweis wird mit dem Ziel der vollen richterlichen Überzeugung geführt, jedoch in einem formlosen Verfahren unter Rückgriff auf alle Erkenntnismittel. Der Freibeweis gleicht damit im Beweisergebnis dem Strengbeweis, im Beweisverfahren und den -mitteln der Glaubhaftmachung[2], freilich ohne Beschränkung auf präsente Beweismittel (§ 294 Abs. 2). 5

b) Der Freibeweis

Im Rahmen des Freibeweises ist das Gericht nicht an die Vorschriften der ZPO über die Beweismittel und das -verfahren gebunden, sondern gestaltet die Beweiserhebung nach »pflichtgemäßem Ermessen«[3]. Soweit der Freibeweis zur Anwendung kommt, gelten nicht die Grundsätze der Unmittelbarkeit und Parteiöffentlichkeit, ein Beweisantrag kann überflüssig sein, es muß kein Beweisbeschluß ergehen und ein Termin zur Beweisaufnahme ist nicht erforderlich[4]. Überdies entfällt die Beschränkung auf die in der ZPO genannten Beweismittel; das Gericht soll Erkenntnisquellen jeglicher Art verwerten dürfen, beispielsweise auch eidesstattliche Erklärungen[5], – über § 377 Abs. 3 hinaus – schriftliche Zeugenbekundungen[6] und telefonische oder per E-Mail erteilte Auskünfte[7]. Nicht jedoch senkt der Freibeweis die Anforderungen an 6

---

1 Insbesondere *BGH* NJW 1987, 2875, 2876 = ZZP 101 (1988) 294 (mit abl. Anm. *Peters*); ferner: *BGH* NJW 1951, 441; *BGH* NJW 1961, 410, 411; *BGH* NJW 1964, 108, 109; *BGH* NJW 1966, 296, 298; *BGH* VersR 1978, 155; *BGH* ZZP 103 (1990) 464, 467 (mit insoweit krit. Anm. *Bork*) (insoweit in *BGHZ* 110, 294 nicht abgedruckt); *BGH* NJW-RR 1992, 1338, 1339; *BGH* WM 1993, 109f.; *BGHZ* 125, 196, 202; *BGH* ZZP 110 (1997) 109, 110 (mit krit. Anm. *Oda*); *BAG* NJW 1971, 671, 672; *OLG Neustadt* ZZP 66 (1953) 58, 59; *KG* MDR 1986, 1032; *OLG Hamm* NJW-RR 1995, 223, 224; *Baumbach/Lauterbach/Hartmann*[64] Einf. vor § 284 Rdnr. 9; *A. Blomeyer* Zivilprozeßrecht[2], § 14 IV, § 66 II 3; *Jauernig* Zivilprozeßrecht[28] § 49 III; *Müller* Freibeweis im Zivilprozeßrecht (Diss. Halle 1936); *E. Schneider* Beweis und Beweiswürdigung[5] (1994) § 48; 18. Aufl. dieses Kommentars III vor § 355; *Thomas/Putzo/Reichold*[27] Rdnr. 6 vor § 284; *v. Weber* ZZP 57 (1932) 97; differenzierend nach dem Prozeßverhalten der Parteien *Koch/Steinmetz* MDR 1980, 901.

2 *Egbert Peters* Der sogenannte Freibeweis im Zivilprozeß (1962) 65f.

3 *BGH* ZZP 101 (1988) 294, 295 = NJW 1987, 2875, 2876; *BGH* NJW-RR 1992, 1338, 1339.

4 *E. Schneider* Beweis und Beweiswürdigung[5] Rdnr. 1542.

5 *BAG* NJW 1971, 671, 672; *BGH* VersR 1978, 155; *BGH* NJW 1992, 627.

6 Vgl. *BGH* NJW-RR 1992, 1338.

7 Vgl. *Thomas/Putzo/Reichold*[27] § 284 Rdnr. 11.

die richterliche Überzeugung. Auch im Rahmen des Freibeweises müssen die gewählten Beweismittel die volle Überzeugung des Gerichts begründen[8]. Ein geringerer Grad an Wahrscheinlichkeit genügt nicht[9].

c) Der Anwendungsbereich des Freibeweises

7 §284 Satz 2 erlaubt den Freibeweis, wenn die Parteien mit dieser Form der Beweisaufnahme einverstanden sind. Daneben gibt es Fallgruppen, in denen die Rechtsprechung den Freibeweis anwendet, wenn **prozessuale relevante Tatsachen** festzustellen sind:

8 aa) Bei der Feststellung der von Amts wegen zu prüfenden **Prozeßvoraussetzungen**[10], namentlich der Prozeßfähigkeit[11], der Wirksamkeit der erteilten Prozeßvollmacht[12] und der Prozeßführungsbefugnis[13].

9 bb) Bei der Feststellung des Vorliegens der **Zulässigkeitsvoraussetzungen von Rechtsmitteln**[14] und Rechtsbehelfen, insbesondere den Zeitpunkt der Zustellung des erstinstanzlichen Urteils[15], der rechtzeitigen Einlegung der Berufung[16] und der wirksamen Zustellung eines Vollstreckungsbescheids[17].

10 cc) Bei sonstigen **von Amts** wegen zu prüfenden prozessualen Tatsachen[18].

11 dd) Bei der **Mitteilung amtlicher Urkunden** (insbesondere Gerichts- und Behördenakten) gemäß §273 Abs. 2 Nr. 2 Alt. 1 und der **amtlichen Auskunft**[19] nach §§273 Abs. 2 Nr. 2 Alt. 2, 358 Nr. 2 (die aber ein dem Strengbeweis unterliegendes Beweismittel ist → Rdnr. 44 vor §373).

12 ee) Bei der Ermittlung von **Entschuldigungsgründen** im Rahmen von **§381**[20].

13 ff) In **besonderen Verfahrensarten und -abschnitten**, so im Revisionsverfahren[21], im Bagatellverfahren nach §495a ZPO[22], im Verfahren über die Bewilligung der Prozeßkostenhilfe[23], im Streitwertfestsetzungsverfahren[24], in Verfahrensabschnitten, in denen ohne mündliche Verhandlung entschieden werden kann[25], bei der Untersagung weiteren Vortrags nach §157 Abs. 2[26] sowie im Rahmen des §112[27].

---

[8] *BGH* ZZP 101 (1988) 294, 295 = NJW 1987, 2875, 2876; *BGH* NJW 2003, 1123, 1124.

[9] Entgegen einer immer noch verbreiteten Ansicht (z.B. *Kunze* DtZ 1994, 399, 401) hat der Freibeweis mit der freien Beweiswürdigung nichts zu tun.

[10] Vgl. *BGH ZZP* 101 (1988) 294 = NJW 1987, 2875; *BGH* NJW 1990, 1734, 1735 r. Sp.; *Baumbach/Lauterbach/Hartmann*[64] vor §284 Rdnr. 9; *A. Blomeyer* Zivilprozeßrecht[2], §14 IV; §66 II 3; ablehnend *Leipold* → vor §128 Rdnr. 174; *Rimmelspacher* Zur Prüfung von Amts wegen im Zivilprozeß (1966) 171ff.; differenzierend zwischen Zweifeln des Gerichts und Parteienstreit um Prozeßvoraussetzungen *Smid* Rechtsprechung (1990) 574f.

[11] *BGH* NJW 1951, 441.

[12] *BGH* NJW 1992, 627.

[13] *BGH* WM 1993, 109f.; *BGHZ* 125, 196, 202.

[14] *BAG* NJW 1971, 671; allgemein *BGH* ZZP 101 (1988) 294 = NJW 1987, 2875.

[15] *BGH* VersR 1978, 155.

[16] *BGH* NJW 2001, 2722.

[17] *OLG Hamm* NJW-RR 1995, 223.

[18] Vgl. die Analyse von *Peters* (Fn. 2) 136.

[19] *E. Schneider* (Fn. 1) Rdnr. 1547.

[20] MünchKommZPO/*Damrau*[2] §381 Rdnr. 5; *Zöller/Greger*[25] §381 Rdnr. 2.

[21] AK-ZPO/*Ankermann* §561 Rdnr. 11.

[22] MünchKommZPO/*Prütting*[2] §284 Rdnr. 31.

[23] MünchKommZPO/*Prütting*[2] §284 Rdnr. 31; AK-ZPO/*Rüßmann* vor §284 Rdnr. 28; ebenso noch *Schumann/Leipold* in der 19. Aufl. dieses Kommentars vor §355 III 2.

[24] AK-ZPO/*Röhl* §3 Rdnr. 2; *Thomas/Putzo/Hüßtege*[27] §3 Rdnr. 3.

[25] MünchKommZPO/*Prütting*[2] §284 Rdnr. 31.

[26] AK-ZPO/*Göring* §157 Rdnr. 8; ebenso noch *Schumann/Leipold* in der 19. Aufl. dieses Kommentars

gg) Bei der **Ermittlung ausländischen Rechts**[28]. **14**

hh) Bei der Feststellung eines Beweisverwertungsverbots[29]. **15**

d) Abgrenzung

16 Analysiert man den Anwendungsbereich des Freibeweises, wird offenbar, daß in vielen Fallgruppen die richterliche Tätigkeit zu Unrecht (und zuweilen floskelhaft) als Freibeweis qualifiziert wird, weil entweder gar keine Beweisaufnahme stattfindet, Verfahrensregeln nicht verletzt werden oder die Überzeugungsbildung unter ein anerkanntes Beweismittel fällt bzw. aufgrund der Würdigung des Verhandlungsstoffes erfolgt. Damit verliert der Streit um den Freibeweis (→ Rdnr. 23ff.) erheblich an Bedeutung.

aa) Keine Beweisaufnahme

17 (1) Der Begriff Freibeweis wird nicht selten für Aktivitäten des Richters verwendet, die mit der Beweisaufnahme nichts zu tun haben. Die Sammlung und Würdigung des Verfahrensstoffes ist von der Beweisaufnahme zu trennen[30]. Die Überzeugungsbildung im Rahmen des § 157 Abs. 2 über die mangelnde Fähigkeit der Partei zum geeigneten Vortrag ist ein Produkt der Stoffsammlung[31] (und Verhandlungswürdigung → sogleich Rdnr. 20). Die Sachverhaltsermittlung nach § 381 hat mit Freibeweis nichts zu tun (→ § 381 Rdnr. 11). Die informatorische Tätigkeit des Richters für die Güteverhandlung ist nicht Beweisaufnahme, da sie nicht auf die Erlangung der vollen Überzeugung gerichtet ist.

18 (2) Die Ermittlung ausländischen Rechts nach § 293 ist keine Beweisaufnahme, wenn der Richter sich die erforderliche Erkenntnis durch gerichtsinterne Erforschung der Rechtssätze beschafft (→ § 293 Rdnr. 37 [21. Aufl.]). Auch hier sollte man nicht von der Erhebung eines Freibeweises sprechen.

19 (3) Die eigenen Erhebungen von Sachverständigen zur Vorbereitung ihrer Gutachten sind keine *gerichtliche* Beweisaufnahme; auch insoweit handelt es sich nicht um einen Freibeweis[32]. Dies gilt auch, wenn ein Augenscheinsgehilfe tätig wird (→ Rdnr. 14f. vor § 371). Die gerichtliche Beweisaufnahme liegt erst in der Aussage des Augenscheinsgehilfen vor Gericht. Für die Feststellungen durch den Augenscheinsgehilfen kommt allenfalls eine entsprechende Anwendung einzelner Bestimmungen der ZPO über das gerichtliche Beweisverfahren in Betracht (→ Rdnr. 14ff. vor § 371).

---

vor § 355 III 2. Daß es sich hierbei aber nicht um einen Freibeweis handelt, betont MünchKommZPO/*Peters*[2] § 157 Rdnr. 18.

[27] AK-ZPO/*Röhl* §§ 110–113 Rdnr. 11.

[28] *BGH* NJW 1961, 410, 411 r. Sp.; *BGH* NJW 1966, 296, 298 l. Sp.; *Geimer* IZPR[5] Rdnr. 2275, 2583; *Gottwald/Nagel* IZPR[5] § 10 Rdnr. 24ff.; *Sommerlad/Schrey* NJW 1991, 1377, 1381; weit. Nachw. → § 293 Rdnr. 36ff. (21. Aufl.).

[29] *BGH* NJW 2003, 1123, 1124.

[30] *Brehm* Freiwillige Gerichtsbarkeit[3] Rdnr. 286ff.; *Pohlmann* ZZP 106 (1993) 181, 203. Nicht befolgt wird dies von *Koch/Steinmetz* MDR 1980, 901, 902 bei Fn. 32, die die Entscheidung *RGZ* 118, 196, 197f. zum Freibeweis zählen.

[31] Vgl. MünchKommZPO/*Peters*[2] § 157 Rdnr. 18.

[32] Vgl. aber *BGHZ* 23, 207, 214 (unter unzutreffender Bezugnahme auf *RG* JW 1903, 66 Nr. 9, wo die informatorische Tätigkeit des Sachverständigen gerade nicht der Beweisaufnahme zugerechnet wurde); gegen eine Qualifizierung als Freibeweis zutr. *Peters* (Fn. 2) 151ff.

bb) Keine Verfahrensrechtsverletzung

20 Vielfach spricht man von der Erhebung eines Freibeweises, obgleich bei der Beweisaufnahme keine Verfahrensvorschriften der ZPO verletzt werden. Zu verstehen ist dies vor dem Hintergrund, daß der **Freibeweis ursprünglich im Strafprozeß** entwickelt wurde[33], wo die Anforderungen an die Beweiserhebung mitunter strenger sind als im Beweisverfahren der ZPO.

Beispielsweise müssen Urkunden nach § 249 Abs. 1 StPO in der Hauptverhandlung verlesen werden. Solange eine Bezugnahme auf Schriftstücke durch § 124 Abs. 3 CPO von 1879[34] ausgeschlossen war, mußte früher auch im Zivilprozeß der Urkundenbeweis durch mündlichen Vortrag des Urkundeninhalts geführt werden[35]. Die (heutige) Einordnung der Verwertung amtlicher Urkunden, gerichtlicher und behördlicher Akten, protokollierter Aussagen, schriftlicher Erklärungen usw. zur richterlichen Überzeugungsbildung als Freibeweis (→ Rdnr. 6, 11) ist unzutreffend. In Wahrheit wird hier kein Freibeweis geführt, weil Verfahrensvorschriften nicht verletzt werden: Die Beweisaufnahme besteht bei Urkunden in der Einsichtnahme durch das Gericht (→ § 420 Rdnr. 7); ein wörtlicher Vortrag ist nicht (mehr) erforderlich (→ § 128 Rdnr. 35). Vielfach wird das Gericht auf eine förmliche Beweisaufnahme ganz verzichten; dann erfolgt die Überzeugungsbildung aufgrund der *Verhandlungswürdigung* (→ § 286 Rdnr. 10 [21. Aufl.]), worin ebenfalls keine Verletzung von Verfahrensrecht liegen muß[36].

21 Wird die **schriftliche Erklärung einer Auskunftsperson** verwertet, so erfolgt dies **nicht im Wege des Freibeweises**, sondern ist Urkundenbeweis. Daß man gleichwohl von Freibeweis spricht (→ Rdnr. 6), liegt daran, daß im Strafprozeß die Vernehmung einer Person nicht durch die Verlesung einer schriftlichen Erklärung ersetzt werden darf (§ 250 Satz 2 StPO). Im Zivilprozeß gilt der Grundsatz materieller Unmittelbarkeit jedoch nicht (→ § 355 Rdnr. 29; → ferner § 284 Rdnr. 34 und § 286 Rdnr. 33 [jew. 21. Aufl.]). Folglich liegt in der Aufnahme des Urkundenbeweises auch keine Verfahrensverletzung, die erst nach den »Regeln« des Freibeweises statthaft wäre. Allerdings darf eine von einer Partei beantragte Erhebung des unmittelbaren Beweismittels (z. B. eine Zeugenvernehmung) nicht unter Hinweis auf ein entfernteres Beweismittel (z. B. eine protokollierte Aussage in einem früheren Verfahren) abgelehnt werden (→ § 284 Rdnr. 37 [21. Aufl.]; → § 355 Rdnr. 29).

22 Die **amtliche Auskunft** ist **kein Instrument des Freibeweises**[37]. Abhängig von ihrem Inhalt fällt ihre Verwertung unter den Zeugen-, Sachverständigen- oder Urkundenbeweis[38]. Die engen Voraussetzungen, unter denen eine amtliche Auskunft eingeholt werden kann (→ Rdnr. 44 vor § 373), dürfen freilich nicht unter Rückgriff auf die Figur des Freibeweises unterlaufen werden. Schließlich ist die Bezugnahme auf eine dienstliche Äußerung eines abgelehnten Richters (§ 44 Abs. 3) kein Freibeweis[39], sondern nach § 44 Abs. 2 Satz 1 Glaubhaftmachung (zum Unterschied → Rdnr. 5).

---

33 *Peters* (Fn. 2) 16ff.

34 »Eine Bezugnahme auf Schriftstücke statt mündlicher Verhandlung ist unzulässig. Die Vorlesung von Schriftstücken findet nur insoweit statt, als es auf den wörtlichen Inhalt derselben ankommt.«

35 *RGZ* 4, 375, 379; *RGZ* 8, 325; *RG* JW 1890, 79 Nr. 2; *RG* JW 1899, 225 Nr. 9; *RG* JW 1903, 22 Nr. 4.

36 Augenfällig ist dies etwa bei *BGH* WM 1993, 309f.: Der *BGH* legt zunächst dar, daß die erforderlichen Voraussetzungen der Prozeßführungsbefugnis nach den Grundsätzen des Freibeweises ermittelt werden können. Die Überzeugung bildet er sich dann aber aus den vom Berufungsgericht beigezogenen Akten eines anderen Gerichtsverfahrens, also im Urkundenbeweis.

37 So aber *Schneider* (Fn. 1) Rdnr. 1547; differenzierend zwischen Einholung und Verwertung MünchKommZPO/*Prütting*[2] § 284 Rdnr. 29.

38 *Musielak/Stadler* Grundfragen des Beweisrechts Rdnr. 30.

39 So aber *Günther* NJW 1986, 281, 283 r. Sp.

2. Meinungsstand

23 Die Rechtsprechung stützt die Statthaftigkeit des Freibeweises auf prozeßökonomische Gründe[40]. Hingegen hält die weitaus herrschende Meinung in der Literatur den Freibeweis im Anschluß an die von *Egbert Peters* vorgetragenen Einwände grundsätzlich für unzulässig[41]. Allein soweit die ZPO in Ausnahmefällen Raum für freibeweisliche Tätigkeit eröffne, sei der Strengbeweis nicht erforderlich[42], ferner bei Nebenentscheidungen, beispielsweise im Verfahren nach §§36f. ZPO[43]. Der Freibeweis wird abgelehnt mit dem Argument, der Strengbeweis führe zu einem besseren Beweisergebnis[44] als der Freibeweis, der die Grundsätze formeller Unmittelbarkeit (§355) und Parteiöffentlichkeit (§357) verletze[45]. Die dem Freibeweis zugrunde liegende Differenzierung zwischen (dem Freibeweis zugänglichen) prozessualen und (für den Strengbeweis allein relevanten) materiell-rechtlichen Tatsachen sei willkürlich[46], zumal prozessuale Tatsachen nicht als minder bedeutsam qualifiziert werden könnten.

3. Stellungnahme

a) Freibeweis unzulässig

24 Der Kritik am Freibeweis ist vorbehaltlos zuzustimmen. Soweit wirklich ein Freibeweis erhoben (→ Rdnr. 17ff.) wird, ist er unzulässig, wenn nicht die Parteien zustimmen (§284 Satz 2). (1) Nach der Vorstellung des Gesetzgebers dienen der numerus clausus der Beweismittel und die Verfahrensbestimmungen der Beweiserhebung dazu, eine zuverlässige Tatsachenfeststellung zu gewährleisten. Ob der Strengbeweis in jedem Falle eine höhere Wahrscheinlichkeit für die Richtigkeit des Beweisergebnisses garantiert[47], mag dahinstehen[48]. Zweck der Beweisaufnahme ist nicht Ermittlung »der Wahrheit« um ihrer selbst willen, sondern nur als Mittel zum Zweck des Rechtsschutzes im Parteiinteresse[49]. Entscheidend gegen den Freibeweis spricht daher, daß er das Recht der Parteien verletzt, auf die Sachverhaltsfeststellung Einfluß zu nehmen[50], wenn eine Beweisaufnahme ohne die in §357 vorgesehene Parteiöffentlichkeit erfolgt. Zugleich kann das Recht auf richterliches Gehör verletzt sein[51], denn die Anwesenheit bei der Beweisaufnahme ist vielfach die Voraussetzung dafür, daß sich die Parteien zum Beweisergebnis qualifiziert äußern können. Dazu reicht es nicht, wenn nur das Beweis*er*-

---

40 *BGH* ZZP 101 (1988) 294, 295 = NJW 1987, 2875, 2876; *BGH* NJW 1990, 1734, 1736; *BGH* NJW-RR 1992, 1338, 1339.

41 *Blomeyer* ZPR² §66 II 3; *Bruns* ZPR² Rdnr. 172 b; *Gottwald* Die Revisionsinstanz als Tatsacheninstanz (1975) 256 (Bedenken gegen den Freibeweis bei den Prozeßvoraussetzungen), 267 (auch im Hinblick auf doppelrelevante Tatsachen); *Grunsky* Grundlagen des Verfahrensrechts² §42 I 2; *Rimmelspacher* Zur Prüfung von Amts wegen im Zivilprozeß (1966) 171ff. (kein Freibeweis bei Prozeßvoraussetzungen).

42 AK-ZPO/*Rüßmann* vor §284 Rdnr. 28 im Anschluß an *Schumann/Leipold* in der 19. Aufl. dieses Kommentars.

43 *Peters* (Fn. 2) 110f.

44 *Peters* (Fn. 2) 104.

45 *Schumann* Rdnr. 21 in der 20. Aufl. dieses Kommentars.

46 *Peters* (Fn. 2) 85ff.

47 *Peters* (Fn. 2) 104.

48 Zweifelnd auch *Smid* (Fn. 10) 568.

49 Vgl. *Wach* Grundfragen und Reform des Zivilprozesses (1914) 26; eingehend *Brehm* (Fn. 30) Rdnr. 188.

50 Die Bedeutung der Einbeziehung der Parteien in den Prozeß der Beweiserhebung für die Richtigkeit der Tatsachenfeststellung und die Akzeptanz auch ungünstiger Entscheidungen betont *Brehm* (Fn. 30) Rdnr. 240ff.

51 Den Zusammenhang zwischen Art. 103 GG und dem Strengbeweis hebt *Grunsky* (Fn. 41) §42 I 2 hervor.

gebnis mitgeteilt wird. (2) Eine Beweisaufnahme ohne Beweisantrag (→ Rdnr. 6) durchbricht den Beibringungsgrundsatz; daß dieser gerade bei der Beweiserhebung bereits von der ZPO eingeschränkt wird, rechtfertigt nicht seine weitere Aushöhlung. Beweiserhebung ohne Parteiantrag kann auch nicht mit dem bei prozessualen Tatsachen geltenden Amtsprüfungsgrundsatz gerechtfertigt werden[52]. Amtsprüfung (und -ermittlung) haben mit dem Freibeweis nichts zu tun[53]. Die Frage, ob der Richter an ein Geständnis gebunden ist bzw. wen die Initiativlast bei der Beweisführung trifft, besagt nichts darüber, welches Beweisverfahren anzuwenden ist[54]. (3) Der das Beweisrecht beherrschende Grundsatz der Unmittelbarkeit der Beweisaufnahme (§ 355) wird verletzt, wenn beispielsweise eine Auskunftsperson von nur *einem* Richter einer Kammer oder eines Senats telefonisch vernommen wird. (4) Die Grenzziehung zwischen prozessualen und materiell-rechtlichen Tatsachen ist nicht geeignet, den Anwendungsbereich des Freibeweises sinnvoll zu umgrenzen. Mitunter ist die Einordnung einer Tatsache als Prozeßvoraussetzung oder materiell-rechtlich erhebliche Tatsache nicht zwingend oder schwankend, etwa bei der materiellen Rechtskraft[55] oder der Verjährung[56]; überdies bereitet dieses Merkmal bei doppelrelevanten Tatsachen erhebliche Schwierigkeiten[57]; schließlich ist es verfehlt, prozessuale Umstände für weniger wichtig zu erachten als materiell-rechtliche Tatsachen, die teilweise sogar absolute Revisionsgründe bilden bzw. Grundlage des Wiederaufnahmeverfahrens sein können. Fragen der Partei- und Prozeßfähigkeit, der Prozeßführungsbefugnis, der ordnungsgemäßen Vertretung, entgegenstehender Rechtskraft sind nicht minder bedeutsam als materielle Rechtsverhältnisse. (5) Das pflichtgemäße Ermessen, das die Erhebung des Freibeweises und das dabei einzuschlagende Verfahren bestimmt[58], ist kein geeignetes Korrektiv, zumal damit erhebliche Rechtsunsicherheit bewirkt wird. (6) Prozeßökonomische Gründe erzwingen den Freibeweis nicht. Die Zuverlässigkeit der Tatsachenfeststellung vor Gericht steht nicht unter dem Vorbehalt der Prozeßökonomie. (Vermeintliche) Effizienzgesichtspunkte befreien nicht von der Gesetzesbindung. Denkt man dieses Argument zu Ende, könnte man Verfahrensvorschriften überhaupt zur Disposition stellen[59]. Effizienz kann erst dann eine Rolle spielen, wenn zwei Wege zum selben Ziel führen, nicht aber darf damit die Zielvorgabe beschnitten werden. Im übrigen ist es zweifelhaft, ob die Beweiserhebung nach den Regeln des Strengbeweises für das Gericht immer aufwendiger ist als ein Freibeweis. (7) Der Gesichtspunkt effektiven Rechtsschutzes zwingt nicht zur Anwendung des Freibeweises. Die Parteien können auf den *einstweiligen Rechtsschutz* zurückgreifen, wo mit der Glaubhaftmachung (§§ 920 Abs. 2, 936) eine Freistellung von den Fesseln des Strengbeweises vorgesehen ist; im Hauptsacheprozeß darf dies nicht anerkannt werden. (8) Schließlich dürfen die Grenzen des Strengbeweises nicht unter Hinweis auf ein »Recht zum Beweis« unterlaufen werden[60]. Das aus Art. 103 Abs. 1 GG abgeleitete »Recht zum Beweis«[61] rechtfertigt den Freibeweis nicht; es ist als Initiativrecht der Parteien zu verstehen, nicht aber kann daraus abgelei-

---

52 → *Leipold* vor § 128 Rdnr. 174.

53 *Schumann* in der 20. Aufl. Rdnr. 31 und Fn. 3; vgl. aber *Herschel* Anm. zu BAG AP Nr. 2 zu § 319, unter II 1 a und *Koch/Steinmetz* MDR 1980, 901, 902 bei Fn. 35, die *RGZ* 160, 338, 346f. falsch einordnen.

54 *Peters* (Fn. 2) 73.

55 Zu den Rechtskrafttheorien → *Leipold* § 322 Rdnr. 19ff. (21. Aufl.).

56 *Peters* (Fn. 2) 85f.

57 Eingehend *Schumann* in der 20. Aufl. Rdnr. 32.

58 → Rdnr. 6.

59 Vgl. *Peters* ZZP 101 (1993) 298.

60 Nicht in diesem Sinne ist – entgegen *Schwab* ZZP 106 (1993) 543 – *Kofel* Das Recht auf Beweis im Zivilverfahren (1992) 236ff. zu verstehen. *Kofel* geht es nur darum, alle rationalen Erkenntisquellen als Beweismittel im Prozeß ausschöpfen zu können. Das gewährleistet die deutsche ZPO.

61 *Habscheid* ZZP 96 (1983) 306ff.; *Schwab/Gottwald* Verfassung und Zivilprozeß (1984) 53.

tet werden, daß Verfahrensvorschriften über die Beweisaufnahme von vornherein unstatthaft sind[62].

b) Besondere Verfahrensarten

Ausnahmen vom Strengbeweis sind nur anzuerkennen, soweit das Gesetz sie zuläßt. **25**

aa) Freibeweis mit Zustimmung der Parteien (§284 Satz 2)

Eine gesetzliche Grundlage findet der Freibeweis in §284 Satz 2[63]. Voraussetzung des Freibeweises ist danach die Zustimmung beider Parteien. Das Zustimmungserfordernis gilt auch für die bislang von der Rechtsprechung anerkannten Fallgruppen des Freibeweises, also insbesondere für die Zulässigkeitstatsachen (→ Rdnr. 8ff.)[64]. Das folgt zwar weniger aus dem Mündlichkeitsgebot nach Art. 6 Abs. 1 EMRK[65]. Die Erstreckung des Zustimmungsvorbehalts auf alle beweiserheblichen Tatsachen entspricht aber dem Wortlaut des §284 Satz 2, der keinen Vorbehalt beispielsweise hinsichtlich der Zulässigkeitstatsachen enthält, für die der Freibeweis bislang praktiziert wurde. Auf diesem Wege wird auch der im Gesetzgebungsverfahren betonten Stärkung der Parteiherrschaft und der Entscheidungsakzeptanz[66] Rechnung getragen. **26**

bb) »Bagatellverfahren« nach §495a

Die Gestaltung des amtsgerichtlichen Verfahrens gemäß §495a nach billigem Ermessen eröffnet die Möglichkeit der Tatsachenfeststellung im Wege des Freibeweises[67]. Das Ermessen des Gerichts wird aber durch übereinstimmende Anträge der Parteien hinsichtlich des Beweisverfahrens eingeengt[68]. Insbesondere aber ist es durch Art. 103 Abs. 1 GG gebunden. Der freibeweisliche Gestaltungsspielraum des Richters wird damit erheblich eingeschränkt. Nach Art. 103 Abs. 1 GG müssen die Parteien Gelegenheit haben, zum Ergebnis der Beweisaufnahme Stellung zu beziehen[69]. Das Beweisergebnis muß ihnen dazu mitgeteilt werden[70]. Unabdingbar ist auch das Recht, Auskunftspersonen zu befragen[71]. **27**

Nicht geklärt ist die Frage, ob aus Art. 103 Abs. 1 GG das Recht der Parteien folgt, zur Beweisaufnahme hinzugezogen zu werden (Parteiöffentlichkeit)[72]. Über §495a Abs. 1 Satz 2 können sie nur eine mündliche Verhandlung über das Beweisergebnis, nicht die Teilnahme an **28**

---

[62] *Habscheid* ZZP 96 (1983) 306, 323f.
[63] Eingefügt mit Wirkung zum 1.9.2004 durch das 1. Justizmodernisierungsgesetz (BGBl I, S. 2198); dazu *Völzmann-Stickelbrock* ZZP 118 (2005) 359, 363ff.
[64] *Knauer/Wolf* NJW 2004, 2857, 2862; *Zöller/Greger*[25] §284 Rdnr. 1; a.A. *Fölsch* MDR 2004, 1029, wohl auch *Völzmann-Stickelbrock* ZZP 118 (2005) 359, 367 (»Anders als bei prozessual erheblichen Tatsachen ...«).
[65] So aber *Knauer/Wolf* NJW 2004, 2857, 2862.
[66] Vgl. BT-Drucks. 15/1508, S. 18.
[67] MünchKommZPO/*Deubner*[2] §495a Rdnr. 13; MünchKommZPO/*Prütting*[2] §284 Rdnr. 31; *Zöller/Herget*[25] §495a Rdnr. 10 (telefonische Beweisaufnahme).
[68] *Zöller/Herget*[25] §495a Rdnr. 11.
[69] MünchKommZPO/*Deubner*[2] §495a Rdnr. 18. Nicht nur zu den festgestellten Tatsachen, von denen das Gericht aufgrund der Beweiswürdigung überzeugt ist, *Peters* (Fn. 2) 186.
[70] Vgl. *Peters* (Fn. 2) 187.
[71] MünchKommZPO/*Deubner*[2] §495a Rdnr. 19.
[72] MünchKommZPO/*Musielak*[2] §357 Rdnr. 1; *A. Blomeyer*[2] §22 III; unentschieden *Schnapp* Festschrift Menger S. 557, 561.

einer Beweisaufnahme durchsetzen[73]. Auch wenn man bei der verfassungsrechtlichen Verankerung aller wünschenswerter Verfahrensgestaltungen zurückhaltend sein sollte[74], so darf nicht übersehen werden, daß das aus Art. 103 Abs. 1 GG abgeleitete »Recht auf Beweis«[75] vielfach leer liefe, wenn den Parteien nicht die Möglichkeit gegeben wird, durch ihre unmittelbare Beteiligung an der Beweiserhebung den Erkenntniswert des Beweismittels voll auszuschöpfen. Im Rahmen des Freibeweises nach §495a bleibt also der Grundsatz der Parteiöffentlichkeit unberührt[76].

cc) Verfahren zur Bewilligung der Prozeßkostenhilfe

29 Der Freibeweis wird ferner im Verfahren zur Bewilligung der Prozeßkostenhilfe für statthaft erachtet[77]. Wie jedoch §118 Abs. 2 Satz 1 und Satz 4 zeigen, handelt es sich im Prozeßkostenbewilligungsverfahren um Glaubhaftmachung (zum Unterschied → Rdnr. 5). Auch die Amtsermittlung nach §118 Abs. 2 Satz 2 darf nicht mit dem Freibeweis vermengt werden (→ §118 Rdnr. 25). Vernimmt der Richter nach §118 Abs. 2 Satz 3 (ausnahmsweise) Zeugen und Sachverständige, so ist er ebenfalls nicht von der Bindung an das Strengbeweisverfahren befreit.

dd) Streitwertfestsetzungsverfahren

30 Der Ansicht, im Streitwertfestsetzungsverfahren könne auf der Grundlage von §3 der Freibeweis erhoben werden[78], ist nicht zu folgen[79] (→ §3 Rdnr. 17). Das Gericht muß im Rahmen des §3 keinen Beweis erheben (→ §3 Rdnr. 17). Wenn es jedoch eine beantragte Beweisaufnahme durchführt, hat dies nach den Regeln des Strengbeweises zu erfolgen. Ordnet das Gericht von Amts wegen die Einnahme des Augenscheins oder die Begutachtung durch einen Sachverständigen an, so richtet sich das Verfahren ebenfalls nach den allgemeinen Beweiserhebungsvorschriften (arg. §142 Abs. 2).

ee) Kostenentscheidung nach §91a

31 Wird bei der Kostenentscheidung nach §91a ausnahmsweise (→ §91a Rdnr. 31) eine Beweisaufnahme vorgenommen, so gilt hierfür ebenfalls der Strengbeweis[80].

ff) Schiedsrichterliches Verfahren

32 Ein Schiedsgericht kann Beweis nach den Grundsätzen des Freibeweises erheben (→ §1042 Rdnr. 11).

---

73 MünchKommZPO/*Deubner*² §495a Rdnr. 41; *Zöller/Herget*²⁵ §495a Rdnr. 11. Oftmals mag es freilich ermessensfehlerhaft sein, wenn ein ohnehin erforderlicher Termin zur mündlichen Verhandlung nicht mit dem Termin zur Beweisaufnahme verbunden wird. Da ohnehin ein Termin erforderlich ist, bringt eine telefonische Vernehmung keinen Zeitgewinn.

74 Gerade bei Art. 103 Abs. 1 GG sind die Auswirkungen im Rahmen der §§1041 Abs. 1 Nr. 4, 1044 Satz 2 Nr. 4 ZPO zu bedenken.

75 → Fn. 60.

76 Abweichend für das Freibeweisverfahren allgemein *Peters* (Fn. 2) 187ff.

77 MünchKommZPO/*Prütting*² §284 Rdnr. 33; *Rosenberg/Schwab/Gottwald*¹⁶ §112 Rdnr. 8; AK-ZPO/*Rüßmann* vor §284 Rdnr. 28.

78 AK-ZPO/*Röhl* §3 Rdnr. 2; *Thomas/Putzo/Hüßtege*²⁷ §3 Rdnr. 3.

79 *Peters* (Fn. 2) 183f.

80 *Peters* (Fn. 2) 164ff.

III. Rechtswidrig erlangte Beweismittel

Zur Frage der Verwertbarkeit rechtswidrig erlangter Beweismittel → §284 Rdnr. 54ff. (21. Aufl.). 33

§355 Unmittelbarkeit der Beweisaufnahme

(1) [1]Die Beweisaufnahme erfolgt vor dem Prozessgericht. [2]Sie ist nur in den durch dieses Gesetz bestimmten Fällen einem Mitglied des Prozessgerichts oder einem anderen Gericht zu übertragen.

(2) Eine Anfechtung des Beschlusses, durch den die eine oder die andere Art der Beweisaufnahme angeordnet wird, findet nicht statt.

Gesetzesgeschichte: Bis 1900 §320 CPO. Aufgrund der Novelle 98 (→ Einl. Rdnr. 146) bei unverändertem Wortlaut zu §355 geworden. Die beigefügte amtliche Überschrift beruht auf Art. 2 Abs. 2 ZPO-RG (→ Einl. Rdnr. 202) in Verbindung mit der dazu erlassenen Anlage.

Stichwortverzeichnis → Beweisaufnahmeschlüssel zu Beginn der Vorbemerkungen vor §355.

I. Unmittelbarkeitsgrundsatz

1 Der Grundsatz der Unmittelbarkeit[1] kann in **dreifacher Richtung** verstanden werden (→ Rdnr. 203ff. vor §128).

1. Verhältnis von Verhandlung, Beweisaufnahme und Entscheidung

2 Die allgemeine Unmittelbarkeit im Verhältnis von Verhandlung und Entscheidung sichern die Bestimmungen des §309, wonach das Urteil nur von denjenigen Richtern gefällt werden darf, die in der dem Urteil zugrundeliegenden Verhandlung anwesend waren (persönliche Unmittelbarkeit), und des §310 Abs. 1, der eine zeitlich rasche Folge des Urteils auf die Verhandlung gewährleisten soll (zeitliche Unmittelbarkeit). §§279 Abs. 2, 285 Abs. 1 und §370 Abs. 1 dienen dazu, Verhandlung und Beweisaufnahme in einen unmittelbaren Zusammenhang zu stellen.

2. Formelle Unmittelbarkeit (Unmittelbarkeit der Beweisaufnahme)

3 Formelle Unmittelbarkeit des Beweises bedeutet, daß die **Beweisaufnahme** vor dem vollbesetzten Prozeßgericht stattfinden muß. Nur davon handelt §355 (→ Rdnr. 9).

3. Materielle Unmittelbarkeit (Unmittelbarkeit des Beweismittels)

4 Die materielle Unmittelbarkeit des Beweises bedeutet, daß nur diejenigen **Beweismittel** zulässig sind, die ihrem Inhalt nach der erheblichen Tatsache am nächsten stehen. Die materielle Unmittelbarkeit schließt Beweismittel aus, die nicht über das Beweisthema, sondern nur über andere Beweismittel berichten[2]. Der Grundsatz der materiellen Unmittelbarkeit des Beweismittels gilt nach der ZPO *nicht* (→ Rdnr. 29).

II. Formelle Unmittelbarkeit (Abs. 1 Satz 1)

1. Zweck und Bedeutung

5 Die formelle Unmittelbarkeit der Beweisaufnahme ist von großer Bedeutung für die **Tatsachenfeststellung im Prozeß**[3] und steht in engem Zusammenhang mit der **freien Beweiswürdigung**[4] (→ §286 Rdnr. 17 [21. Aufl.]). Zwischen dem Beweismittel und der richterlichen Erkenntnis sollen möglichst wenige Informationsmittler liegen, die immer auch Informationsfilter sind. Der eigene, nicht durch Protokolle oder mündlichen Bericht vermittelte Eindruck vom Ergebnis der Beweisaufnahme stellt eine tragfähigere Grundlage für eine gewissenhafte Tatsachenfeststellung dar. Wer bei der Vernehmung eines Zeugen oder einer Partei selbst zugegen war, kann sich über den Inhalt ihrer Aussage und über ihre Glaubwürdigkeit ein besse-

---

[1] *Bosch* Grundsatzfragen des Beweisrechts (1963) 105; *Goldschmidt* Der Prozeß als Rechtslage (1925) Fn. 2288; *Hegler* Der Rechtsgang 1, 192; 2, 276; *Pohle* zu BAG AP §402 Nr. 1; *Musielak/Stadler* Grundfragen des Beweisrechts (1984) 20; *Rosenberg* ZZP 57 (1933) 325; *Staud* DJ 34, 512; 35, 1379; *Volkmar* Gruchot 55 (1911) 277, 575; DJ 36, 70; *Wach* Grundfragen und Reform des Zivilprozesses (1914) 68.

[2] Vgl. *BVerfGE* 57, 250, 276.

[3] Eingehend *Wach* (Fn. 1) 68 (»Lebensprinzip« des heutigen Zivilprozesses); *Bosch* (Fn. 1) 111ff.; *Rosenberg* ZZP 57 (1933) 325ff.; *E. Peters* Der sogenannte Freibeweis im Zivilprozeß (1962) 103ff.; für eine »Idee aus einer vergangenen Zeit« hält hingegen *Geiger* ZRP 1998, 365, 367 r. Sp. den Unmittelbarkeitsgrundsatz.

[4] Vgl. *Hahn/Stegemann* Materialien zur Civilprozeßordnung[2] II/1, 304.

res Urteil bilden. Wer eine Urkunde selbst gesehen hat, kann deren Leserlichkeit, Unbeschädigtheit, Vollständigkeit und Echtheit sicherer beurteilen.

6 Das Unmittelbarkeitsprinzip dient ferner der **Prozeßbeschleunigung**[5]. Die Einschaltung eines beauftragten oder ersuchten Richters führt zu Verfahrensverzögerungen, wenn unklar formulierte Beweisbeschlüsse Rückfragen, Aktenbewegungen usw. erforderlich machen[6]. Unklar oder unvollständig gefaßte Niederschriften über die Beweisaufnahme erzwingen ihre Wiederholung. Verfahrensverzögernd wirkt die nachträgliche Vernehmung nach §398 Abs. 2.

7 Daraus wird deutlich, daß es sich beim formellen Unmittelbarkeitsprinzip um einen der **wichtigsten Beweisgrundsätze** überhaupt handelt. Seine Nichtbeachtung ist für die Qualität der Rechtspflege äußerst gefährlich. Eine gerichtliche Praxis, die Beweisaufnahme routinemäßig dem Berichterstatter zu übertragen[7] ist daher mit Nachdruck abzulehnen. Dieses Gewicht des Unmittelbarkeitsgrundsatzes ist bei der Gesetzesauslegung und -anwendung zu berücksichtigen[8], etwa bei der Frage der Wiederholung der Beweisaufnahme nach einem Richterwechsel (→ Rdnr. 11f.).

8 Die Haltung des Gesetzgebers zum Unmittelbarkeitsprinzip ist freilich schwankend: Das Prinzip der formellen Unmittelbarkeit der Beweisaufnahme wurde durch die Abschaffung des vorbereitenden Einzelrichters im erstinstanziellen Verfahren durch die Einzelrichternovelle des Jahres 1974 (→ Einl. Rdnr. 193) gestärkt (Einzelheiten → 20. Aufl. Rdnr. 8), ferner durch §358a (→ dort Rdnr. 3 a.E.). Das RechtspflegevereinfachungsG hat den Unmittelbarkeitsgrundsatz mit der Neufassung des §375 Abs. 1 gefestigt, mit der Einfügung des §375 Abs. 1 a freilich zugleich verwässert[9]. Das ZPO-RG modifizierte die Unmittelbarkeit der Beweisaufnahme durch Schaffung des §128a (→ Rdnr. 10).

2. Inhalt

a) »Vor dem Prozeßgericht«

9 Der Grundsatz der formellen Unmittelbarkeit des Beweises ist nur gewahrt, wenn die Beweisaufnahme vor dem Prozeßgericht durchgeführt wird[10]. Bei einem Kollegialgericht muß sie deshalb vor dem *vollbesetzten* Kollegium stattfinden[11]. Entscheidet der originäre Einzelrichter (§348) oder ist der Rechtsstreit dem Einzelrichter zur Entscheidung übertragen (§§348a, 526), dann ist *er* das Prozeßgericht und die Beweisaufnahme darf nicht etwa vor dem Kollegium oder einem anderen Mitglied des Kollegiums ablaufen.

10 Eine Beweisaufnahme »vor dem Prozeßgericht« verlangt grundsätzlich die gleichzeitige *körperliche* Anwesenheit der Richter und des Beweismittels am Ort der Beweiserhebung. Das Erfordernis unmittelbarer Präsenz wird durch die Möglichkeit der **audiovisuellen Einvernah-**

---

[5] *Rosenberg* ZZP 57 (1933) 326 (»unentbehrliches Mittel der Prozeßbeschleunigung«); *Bosch* (Fn. 1) 112; *Jauernig* ZPR[28], §51 IV.

[6] Vgl. die Begründung zum Entwurf eines RechtspflegevereinfachungsG, BT-Drucks 11/1631, 22.

[7] Vgl. *OLG Köln* NJW-RR 1998, 1143.

[8] Die Klagen über die unzureichende Beachtung des Unmittelbarkeitsprinzips in der Praxis sind freilich so alt wie das Prinzip selbst, vgl. die Ausführungen von *Bosch* (Fn. 1) 106f. unter Hinweis auf *Wach, Hellwig* und *Rosenberg*.

[9] Sehr kritisch *Zöller/Greger*[25] §375 Rdnr. 5.

[10] Nicht gegen den Grundsatz formeller Unmittelbarkeit verstößt eine Beweisführung mittels einer notariellen Erklärung, worin ein Notar seine Wahrnehmungen über unmittelbar beweiserhebliche Tatsachen »bescheinigt«; der Beweis über die Indiztatsache wird vor dem Prozeßgericht erhoben, nicht aber die Beweisaufnahme dem Notar überlassen, *BGH* NJW 1993, 612, 613 r. Sp.; *Grunsky* AuR 1990, 105, 111 r. Sp.; insoweit auch *Prütting/Weth* DB 1989, 2273, 2276 l. Sp. Dieses Vorgehen kann gegen den Grundsatz eines fairen Verfahrens verstoßen → §284 Rdnr. 33 bei Fn. 39.

[11] *BVerwG* DVBl. 73, 372f. = DÖV 277f.

me von Zeugen, Sachverständigen und Parteien nach §128a Abs. 2 gelockert. Nach §128a Abs. 2 kann sich die Beweisperson während ihrer Vernehmung an einem anderen Ort aufhalten, wenn das Prozeßrecht nicht Aussage in Bild und Ton unmittelbar verfolgen kann (»Video-Vernehmung«, → §128a Rdnr. 21ff.). Auch bei dieser räumlichen Distanz bleibt der Grundsatz der Unmittelbarkeit der Beweisaufnahme insoweit erhalten, als das Prozeßgericht selbst und nicht ein beauftragter oder ersuchter Richter die Einvernahme durchführt (→ §128a Rdnr. 4). Zwar ist die Einvernahme nach §128a Abs. 2 der Mittelung der Zeugenwahrnehmung durch schriftliche Aussage (§377 Abs. 3) überlegen. Doch ist der persönliche Eindruck des Prozeßgerichts bei der Video-Vernehmung begrenzt. Kommt es für die zutreffende Beurteilung des Aussageverhaltens der Beweisperson auf deren körperliche Gegenwart an, ist daher im Hinblick auf die Ziele der formellen Unmittelbarkeit die persönliche Ladung der audiovisuellen Einvernahme vorzuziehen[12]. – §128a Abs. 2 findet wegen des eindeutigen Wortlauts weder auf den Augenschein noch den Urkundenbeweis (§420) Anwendung (→ §128a Rdnr. 21). Wird jenseits der Einvernahme nach §128a Abs. 2 ein Gedankeninhalt am Bildschirm übermittelt, liegt ein Augenscheinsbeweis vor (→ Rdnr. 6 vor §371). Zur Zulässigkeit der Videovernehmung einer im Ausland weilenden Beweisperson → §363 Rdnr. 14.

b) Richterwechsel

11 Nach herrschender Meinung ist es mit dem Unmittelbarkeitsprinzip grundsätzlich vereinbar, wenn an der Urteilsfällung ein anderer Richter mitwirkt als an der Beweisaufnahme. Eine **Wiederholung** der Beweisaufnahme nach einem **Richterwechsel** ist danach **nicht zwingend** geboten; sie steht im **Ermessen** des neubesetzten Gerichts[13]. Freilich habe das Gericht bei der Beweiswürdigung nur das zu berücksichtigen, was von allen Richtern unmittelbar wahrgenommen wurde oder aktenkundig ist und wozu sich die Parteien erklären konnten. Der persönliche Eindruck eines Richters darf bei der Beweiswürdigung daher nur Berücksichtigung finden, wenn er in das Vernehmungsprotokoll aufgenommen wurde (→ §286 Rdnr. 17a [21. Aufl.]). Allein wenn das Gericht an der im Protokoll bejahten Glaubwürdigkeit eines Zeugen zweifelt oder davon abweichen will, ist eine Wiederholung der Beweisaufnahme zwingend erforderlich[14]. Wurde der persönliche Eindruck nicht protokolliert, so ist die Beweisaufnahme nur zu wiederholen, wenn es auf den persönlichen Eindruck »entscheidend« ankommt[15].

12 Diese Durchbrechung des Unmittelbarkeitsgrundsatzes ist **abzulehnen**. Die Überzeugungsbildung des neu hinzutretenden Richters beruht allein auf der Verwertung der Niederschrift. Damit mutiert der von der Partei beantragte und aufgenommene unmittelbare Beweis zum (bloß mittelbaren) *Urkunden*beweis[16]. Genau dies verbietet §355 Abs. 1 Satz 1. Eine Ausnahme läßt sich nicht mit dem Argument rechtfertigen, der ZPO sei beim beauftragten und ersuchten Richter die Trennung von Beweiserhebung und -würdigung nicht fremd[17], denn die

---

[12] *Musielak/Stadler*[4] Rdnr. 5; *Rosenberg/Gaul/Schilken*[16] §79 Rdnr. 57; *Schultzky* NJW 2003, 313, 316.

[13] Grundlegend *BGHZ* 53, 245, 256ff.; ferner *BGHZ* 32, 233, 234; *BGH* VersR 1967, 25, 26; *BGH* NJW 1972, 1202; *BGH* NJW 1979, 2518; *BGH* NJW 1991, 1180; *BGH* NVwZ 1992, 915, 916 l. Sp.; *BGH* NJW-RR 1997, 506; grundsätzlich auch *OLG Düsseldorf* NJW 1992, 187f.; aus der Literatur bereits *Wach* (Fn. 1) 71 mit Fn. 1; *Leipold* ZGR 1985, 113, 122f.; MünchKommZPO/*Musielak*[2] Rdnr. 5; im Grundsatz ebenso AK-ZPO/*Rüßmann* Rdnr. 1; Vorbehalte äußert *Grunsky* Grundlagen des Verfahrensrechts[2] §42 I 1, 436f.; ablehnend *Wax* Anm. zu *BGH* LM Nr. 3 zu §309 ZPO.

[14] *BGHZ* 53, 245, 257f.

[15] *OLG Naumburg* OLGR 2001, 249; *Leipold* ZGR 1985, 113, 123.

[16] Vgl. *BGHZ* 53, 245, 257; *BGH* NJW 1991, 1180; *BGH* NVwZ 1992, 915, 916 l. Sp.; *BGH* NJW-RR 1997, 506.

[17] So aber *BGHZ* 53, 245, 257; MünchKommZPO/*Musielak*[2] Rdnr. 5.

besonderen Voraussetzungen der Durchbrechung des Unmittelbarkeitsprinzips nach §355 Abs. 1 Satz 2 (→ Rdnr. 14ff.) sind beim Richterwechsel nicht gegeben. Insbesondere die Beurteilung der Glaubwürdigkeit eines Zeugen ist ein höchstpersönlicher Vorgang. Das Aussageverhalten eines Zeugen kann niemals erschöpfend und ohne Verlust an Lebendigkeit und Anschaulichkeit in einem Protokoll wiedergegeben werden. Der neue Richter konnte sein Fragerecht (§396 Abs. 2, 3) nicht ausüben. Verfehlt ist es daher, eine Wiederholung der Beweisaufnahme nur dann zwingend vorzusehen, wenn das neubesetzte Gericht zu einer *anderen* Beurteilung der Glaubwürdigkeit gelangt als das Gericht in der Besetzung bei der Beweisaufnahme. Das Ergebnis der Würdigung des Urkundenbeweises über die Aussage des Zeugen vor dem anders besetzten Gericht darf nicht die Erhebung des beantragten unmittelbaren Beweises bestimmen[18]. Im übrigen steht die herrschende Meinung in Widerspruch zu der Annahme, daß mit der Beweisaufnahme nicht *zwei* Richter desselben Spruchkörpers beauftragt werden dürfen, weil damit der dritte Richter von vornherein in eine Minderheitsposition gedrängt würde (→ Rdnr. 16); exakt dieselbe Rolle übernimmt (bei einem Kollegialgericht) der neue Richter, der an die Stelle des ausgeschiedenen Richters tritt. Im Sinne einer strengen Handhabung des Unmittelbarkeitprinzips (→ Rdnr. 7) muß bei einem Richterwechsel die Beweisaufnahme daher wiederholt werden, wenn eine Partei dies beantragt. Gleiches gilt, wenn der *Einzelrichter* den Rechtsstreit nach der Beweisaufnahme auf die Kammer *zurücküberträgt* (§§348 Abs. 3, 348a Abs. 2 und §526 Abs. 2). Nach Umgestaltung der Berufungsinstanz zu einer Instanz der Fehlerkontrolle und -behebung durch das ZPO-RG ist das Berufungsgericht grundsätzlich an die Ergebnisse der erstinstanzlichen Beweisaufnahme gebunden und erhebt eigene Beweise (§538 Abs. 1) nur unter den Voraussetzungen des §529 Abs. 1 Nr. 1.

3. Ausnahmen (Abs. 1 Satz 2)

13 Ausnahmen vom Prinzip der formellen Unmittelbarkeit der Beweisaufnahme sind nur in engen Grenzen gegeben. Nach Abs. 1 Satz 2 werden Durchbrechungen nur auf der Grundlage der ZPO anerkannt; sie sind begrenzt auf die Durchführung einer Beweisaufnahme durch ein Mitglied des Prozeßgerichts oder ein anderes Gericht. Unzulässig ist damit die Übertragung der Beweisaufnahme auf nichtrichterliche Personen sowie in denjenigen Fällen, in denen dies die ZPO nicht ausdrücklich bestimmt.

a) Übertragung der Beweisaufnahme auf den beauftragten oder den ersuchten Richter

aa) Gesetzliche Grundlagen

14 Eine Übertragung der Beweisaufnahme ist in folgenden Fällen gestattet: Beim **Augenschein** auf der Grundlage des §372 Abs. 2, beim **Zeugen-** und **Sachverständigenbeweis** gemäß §§375, 402, 405; beim **Urkundenbeweis** im Rahmen des §434 und bei der **Parteivernehmung** nach §451 mit §§375, 479 und §§613 Abs. 1 Satz 3 (→ §613 Rdnr. 8 [21. Aufl.]), 640 Abs. 1. Die Übertragung ist nur zulässig, wenn die in diesen Vorschriften genannten Voraussetzungen erfüllt sind. Strukturell lassen sich dabei drei Merkmalstypen unterscheiden: Richterliches Ermessen (z.B. §372 Abs. 2), tatsächliche Voraussetzungen (z.B. §375 Abs. 1 Nr. 2 [Verhinderung des Zeugen]) und Prognoseelemente (z.B. §375 Abs. 1 [Annahme sachgemäßer Beweiswürdigung]). Angesichts der Bedeutung des Unmittelbarkeitsgrundsatzes (→ Rdnr. 7) sind diese Bestimmungen eng auszulegen[19]; das Ermessen ist zurückhaltend auszuüben; bei der Prognose ist vorsichtig zu verfahren.

---

[18] Vgl. *Grunsky* → §526 Rdnr. 6 (21. Aufl.).
[19] MünchKommZPO/*Musielak*[2] Rdnr. 1.

bb) Beauftragter und ersuchter Richter

15 Soweit die Unmittelbarkeit der Beweisaufnahme nach den soeben genannten Vorschriften (→ Rdnr. 14) durchbrochen werden kann, darf sie gemäß Abs. 1 Satz 2 nur einem **Richter** übertragen werden. Das kann ein Mitglied des Prozeßgerichts (*beauftragter Richter*) oder ein anderes Gericht (*ersuchter Richter*) sein. In amtsgerichtlichen Verfahren und bei erstinstanziellen einzelrichterlichen Verfahren kommt nur die Übertragung auf ein ersuchtes (anderes) Gericht in Betracht.

16 Mitglieder des Prozeßgerichts sind nur die Mitglieder des erkennenden Spruchkörpers einschließlich der Handelsrichter (arg. § 122 GVG) und (bei Verhinderung) deren Vertreter. Nicht hierzu zählen andere Richter desselben Gerichts, ferner Rechtspfleger, zur Ausbildung zugeteilte Rechtsreferendare oder sonstige nichtrichterliche Personen. Die Übertragung kann immer nur an *ein* Mitglied des Prozeßgerichts erfolgen, also nicht zugleich an zwei Mitglieder eines Spruchkörpers[20].

17 Das »andere Gericht« (der ersuchte Richter) ist das nach § 157 GVG für die Rechtshilfe zuständige Amtsgericht. Über die Beweisaufnahme im Ausland → §§ 363f.

cc) Verfahren der Übertragung der Beweisaufnahme auf den beauftragten oder ersuchten Richter

18 Die Übertragung der Beweisaufnahme auf den beauftragten oder ersuchten Richter erfolgt im Beweisbeschluß[21]; zur Ausführung s. §§ 361f. Ist die Übertragung im Beweisbeschluß unterblieben, so ist eine entsprechende Ergänzung zulässig (→ § 360 Rdnr. 9)[22]. Ebenso kann die Übertragung nachträglich vorgenommen werden. In beiden Fällen ist eine vorherige mündliche Verhandlung nicht erforderlich[23] (→ § 360 Rdnr. 9). Angesichts der Bedeutung des formellen Unmittelbarkeitsgrundsatzes (→ Rdnr. 7) ist die vorherige Anhörung der Parteien »tunlich« im Sinne des § 360 Satz 4; ihre Benachrichtigung ist ohnehin immer erforderlich (→ § 360 Rdnr. 16). Der Beweisbeschluß bildet die Grenze für Recht und Pflicht des beauftragten oder ersuchten Richters zur Vornahme von Beweisaufnahmen, über die er nur in dem durch § 360 Satz 3 zugebilligten Umfang hinausgehen darf. Über den Vortrag des Beweisergebnisses → § 285 Rdnr. 7ff. (21. Aufl.); über die Benutzung bei der Entscheidung ohne mündliche Verhandlung oder nach Aktenlage → § 285 Rdnr. 9ff. (21. Aufl.); allgemein über die Verwertung der Beweisergebnisse des beauftragten oder ersuchten Richters → § 286 Rdnr. 17 a (21. Aufl.).

b) Beweisaufnahme durch den Vorsitzenden

19 Eine Durchbrechung der formellen Unmittelbarkeit der Beweisaufnahme ist nach § 349 Abs. 1 Satz 2 beim Vorsitzenden der Kammer für Handelssachen zugelassen. In engen Grenzen darf er selbst Beweise erheben (→ § 349 Rdnr. 7).

---

[20] *BGHZ* 32, 233, 236ff. im Anschluß an *Brüggemann* JZ 1952, 172f.; MünchKommZPO/*Musielak*[2] Rdnr. 14; *Zöller/Greger*[25] Rdnr. 5; a.A. *Wieczorek*[2] Anm. B II a 1.

[21] Das ersuchte Gericht braucht nicht namentlich bezeichnet zu werden; die Bezeichnung als das örtlich zuständige Amtsgericht genügt.

[22] *BGHZ* 86, 104, 111f.

[23] *RG* JW 1901, 304.

c) Beweisaufnahme durch den Einzelrichter

20 Entscheidet im landgerichtlichen Verfahren erster Instanz ausnahmsweise nicht der Einzelrichter (§§ 348, 348 a) sondern die Zivilkammer, ist es außerhalb der gesetzlich vorgesehenen Fälle (§§ 372 Abs. 2, 375, 402, 434, 451; → Rdnr. 14) nicht zulässig, einem Mitglied der Kammer als »vorbereitendem Einzelrichter« lediglich die Durchführung der Beweisaufnahme zu übertragen. Erfolgt eine solche Übertragung dennoch, liegt ein Verstoß gegen den Grundsatz formeller Unmittelbarkeit vor; das Ergebnis der Beweiserhebung ist nicht verwertbar[24].

21 Anders als im erstinstanzlichen Verfahren kann im Berufungsverfahren der vorbereitende Einzelrichter unter den Voraussetzungen des § 527 Abs. 2 Satz 2 »einzelne Beweise« erheben, wenn das Berufungsgericht davon absieht, den Rechtstreit dem Einzelrichter zu übertragen, § 526.

d) Tatsachenfeststellung durch Privatpersonen (insbesondere Sachverständige)

aa) Grundsatz

22 Von den wenigen gesetzlichen Ausnahmen (→ Rdnr. 14ff.) abgesehen, muß die gesamte Beweisaufnahme vor dem Prozeßgericht erfolgen. Das Prinzip der formellen Unmittelbarkeit steht insbesondere auch der Übertragung von Tatsachenfeststellungen auf eine *Privatperson* entgegen[25]. Das Prozeßgericht hat vielmehr die angebotenen oder von Amts wegen angeordneten Beweise selbst zu erheben. Nur im Falle der tatsächlichen oder rechtlichen Unmöglichkeit eines Augenscheins kann sich das Gericht eines Augenscheinsgehilfen bedienen (→ vor § 371 Rdnr. 14f.).

bb) Verhältnis zu §§ 404a, 411 a

23 Der Unmittelbarkeitsgrundsatz gilt auch im Verhältnis zum *Sachverständigen*. Das Prozeßgericht hat dem Sachverständigen diejenigen Tatsachen (»Anschlußtatsachen«[26]) mitzuteilen, die er seinem Gutachten zugrunde zu legen hat (§ 404a Abs. 1 und Abs. 3, → § 404a Rdnr. 6)[27]. Gegebenenfalls kann das Prozeßgericht den Sachverständigen zu einer Beweisaufnahme hinzuziehen, die der Ermittlung der Anschlußtatsachen dient[28]. Nicht jedoch darf das Prozeßgericht die beantragte Vernehmung eines Zeugen oder Sachverständigen oder die Einnahme eines Augenscheins allein dem Sachverständigen überlassen[29]. Ermittelt der Sachverständige aufgrund eigener Tätigkeit weitere Tatsachen[30] (→ Rdnr. 50ff. vor § 402), zu deren Feststel-

---

[24] *BGH* NJW 2000, 2024.

[25] Von »Beweisaufnahme« kann man dabei nur in einem *weiten* Sinne sprechen (so *Weth* JuS 1991, 34 r. Sp.; auch *Schumann* in der 20. Aufl. Rdnr. 15, im engeren Sinne Rdnr. 16 a.E.), denn erhoben wird der Beweis erst bei der *richterlichen* Vernehmung der Person, die eine Tatsache ermittelt hat.

[26] *BGHZ* 39, 389, 394; MünchKommZPO/*Damrau*[2] § 404 a Rdnr. 5; MünchKommZPO/*Musielak*[2] Rdnr. 10.

[27] *BGHZ* 23, 207, 213 = NJW 1957, 906 mit Anm. *Bruns; BGHZ* 37, 389, 394; *BGH* NJW 1970, 1919, 1921; MünchKommZPO/*Musielak*[2] Rdnr. 10; *Schnapp* Festschrift Menger (1985) 563f. Zu tatsächlichen Schwierigkeiten, die Anschlußtatsachen dem Sachverständigen exakt zu benennen, *Tropf* DRiZ 1985, 87f.

[28] Vgl. *BGHZ* 23, 207, 215.

[29] *BGHZ* 40, 239, 246 (»Vernehmung« eines Sachverständigen durch einen anderen Sachverständigen).

[30] Das kommt nicht selten vor, vgl. die Analyse von *Breunung* in: *Pieper/Breunung/Stahlmann* Der Sachverständige im Zivilprozeß (1982) 237. Danach wurden in mindestens 28% der Fälle vor dem AG und in mindestens 20% der erstinstanzlichen Sachen vor dem LG Zusatztatsachen durch Sachverständige festgestellt.

lung die Sachkunde nicht erforderlich ist (»Zusatztatsachen«), so darf der Richter diese bei der Würdigung des Gutachtens nicht zugrunde legen, wenn die Partei sie – gegebenenfalls nach einem richterlichen Hinweis[31] – bestreitet. In diesem Fall muß nachträglich Beweis erhoben werden[32].

24 Die gerichtlichen Vorgaben an den Sachverständigen über die Reichweite seiner Sachverhaltsaufklärung nach §404a Abs. 4 Halbsatz 1 müssen sich im Rahmen der aus dem Unmittelbarkeitsprinzip folgenden Grenzen (→ Rdnr. 13ff.) bewegen. Der Richter kann die Tatsachenfeststellung dem Sachverständigen nur insoweit übertragen, als dazu ein *besonderer Sachverstand* erforderlich ist (»Befundtatsachen«[33]; zu den dabei zu beachtenden Regeln → Rdnr. 26ff. vor §402). Darüber hinaus sind Tatsachenfeststellungen des Sachverständigen zulässig, sofern eine eigene Beweisaufnahme des Prozeßgerichts oder eines beauftragten oder ersuchten Richters *nicht möglich* ist[34]. Eine derartige Unmöglichkeit ist aber nicht schon dann anzunehmen, wenn das Gericht nur unter Mithilfe eines Sachverständigen die Beweisaufnahme durchführen kann; dann muß die Beweisaufnahme vor dem Prozeßgericht in Gegenwart und unter Mithilfe des Sachverständigen erfolgen (vgl. §372 Abs. 1). Im übrigen kann sich die Unmöglichkeit einer Beweisaufnahme aus tatsächlichen oder rechtlichen Gründen ergeben. *Tatsächliche* Hindernisse liegen beispielsweise vor, wenn der Ort einer Augenscheinseinnahme für den Richter unzugänglich ist, etwa bei der zur Feststellung der Unfallursache notwendigen Besichtigung eines Wracks unter Wasser durch Taucher oder der Feststellung des Zustands eines steilen Dachs. *Rechtliche* Gründe können einer richterlichen Beweisaufnahme entgegen stehen, wenn der Schutz der Persönlichkeit der zu untersuchenden Person die Untersuchung nur durch einen Arzt gebietet. In diesen Fällen liegt die von §355 geforderte gerichtliche Beweisaufnahme erst dann vor, wenn der Sachverständige vor dem Prozeßgericht aussagt. Diese Grundsätze gelten auch für den *Augenscheinsgehilfen* → Rdnr. 14f. vor §371. Zum Rügeverzicht → Rdnr. 32. Da die ZPO nicht dem Grundsatz materieller Unmittelbarkeit der Beweisaufnahme folgt (→ Rdnr. 29), können Sachverständigengutachten in anderen gerichtlichen Verfahren in der Form des Urkundenbeweises verwertet werden. Der durch das 1. JustizmodernisierungsG eingefügte §411a erlaubt es daneben, gerichtlich eingeholte Gutachten aus anderen Verfahren der schriftlichen Begutachtung im aktuellen Prozeß gleichzustellen (näher → §411a Rdnr. 4 ff.).

e) Selbständiges Beweisverfahren

25 Eine Ausnahme vom Unmittelbarkeitsgrundsatz bedeutet die in §493 Abs. 1 normierte Gleichstellung des im selbständigen Beweisverfahren gewonnenen Beweisergebnisses mit einer Beweisaufnahme vor dem Prozeßgericht. Die Verwertung des im Beweisverfahren erzielten Beweisergebnisses erfolgt nicht im Urkundenbeweis (→ §493 Rdnr. 4); je nach Beweismittel handelt es sich vielmehr um Augenschein, Zeugen- oder Sachverständigenbeweis. Die Frage, ob im Hauptsacheprozeß eine erneute Aufnahme des bereits im Beweisverfahren erhobenen Beweises stattfinden muß, richtet sich daher nicht nach allgemeinen Grundsätzen (→ §284 Rdnr. 51ff. [21. Aufl.]), sondern steht gemäß §§398, 412 im **Ermessen** des Prozeßgerichts (→ §493 Rdnr. 4). Die große Bedeutung des **Unmittelbarkeitsgrundsatzes** (→ Rdnr. 7) darf bei der Ermessensausübung nicht übergangen werden. Eine wiederholte Beweisaufnah-

---

31 *BGHZ* 40, 239, 247.

32 *BGHZ* 37, 389, 394; MünchKommZPO/*Musielak*[2] Rdnr. 12. Der Sachverständige kann insoweit als Zeuge vernommen werden, *Tropf* DRiZ 1985, 87, 89.

33 MünchKommZPO/*Damrau*[2] §404a Rdnr. 8.

34 MünchKommZPO/*Musielak*[2] Rdnr. 11; i. E. (trotz anderer Terminologie, → Fn. 25) auch *Weth* JuS 1991, 34.

me kann unter diesem Gesichtspunkt stets ermessensfehlerfrei abgelehnt werden, wenn das Gericht des Beweisverfahrens und des Hauptsacheverfahrens identisch ist (vgl. §486 Abs.1, 2). Ist ein anderes Gericht zuständig oder hat ein Wechsel in der Besetzung des Gerichts stattgefunden (→ Rdnr.11f.), darf eine zweite Einvernahme eines Zeugen unter der §375 Abs.1 zu entnehmenden Voraussetzung abgelehnt werden, daß die Aussage ohne unmittelbaren Eindruck von dem Verlauf der Beweisaufnahme sachgemäß gewürdigt werden kann.

26 Die davon zu unterscheidende Frage der Geltung des **Unmittelbarkeitsgrundsatzes** bei der Beweiserhebung im Rahmen des **selbständigen Beweisverfahrens** (→ auch §486 Rdnr.5) ist zu bejahen, wenn das Beweisverfahren vor dem Prozeßgericht (§486 Abs.1) oder vor einem Gericht, das möglicherweise Prozeßgericht werden wird (§486 Abs.2), stattfindet[35]; eine Übertragung der Zeugenvernehmung auf den beauftragten oder ersuchten Richter darf nur unter den Voraussetzungen des §375 stattfinden. Erfolgt die Beweisaufnahme hingegen nach §486 Abs.3 durch das Amtsgericht, ist der Unmittelbarkeitsgrundsatz ohnehin durchbrochen; eine Übertragung der Zeugenvernehmung ist daher nicht an §375 gebunden[36].

f) Beweisaufnahme im Ausland

27 Eine nicht ausdrücklich in §355 Abs.1 Satz 2 vorgesehene **Durchbrechung** des Grundsatzes der Unmittelbarkeit der Beweisaufnahme liegt ferner vor, wenn ein nach §363 im Wege der Rechtshilfe **im Ausland erhobener Beweis** (→ §363 Rdnr.18ff.) **verwertet** wird[37]. Die besonderen Voraussetzungen für eine Beweisaufnahme durch den inländischen ersuchten Richter (→ Rdnr.14ff.) müssen nicht vorliegen. Anders als bei inländischen Beweismitteln besteht die Alternative nicht in der unmittelbaren oder mittelbaren Beweiserhebung, sondern in einer mittelbaren Beweiserhebung oder einer mangels Zwangsmitteln Unerreichbarkeit des Beweismittels, worin ein größeres Übel liegt als in der Durchbrechung des Unmittelbarkeitsgedankens. Allerdings kann das Gericht im Interesse der Unmittelbarkeit verpflichtet sein, die Beschaffung des Beweismittels in das Inland zu versuchen. Zu den dazu erforderlichen Maßnahmen → §363 Rdnr.2 und 5. Soweit ein Beweismitteltransfer nicht möglich ist, wird die **Durchbrechung des Unmittelbarkeitsprinzips von §363 in Kauf genommen** und bedarf keiner zusätzlichen Rechtfertigung[38]. Sind auf der Grundlage von Art.8 HBÜ (→ Anh. §363 Rdnr.50ff.) bzw. Art.12 Abs.1 EuBVO (→ §363 Rdnr.64ff.) **Mitglieder des Prozeßgerichts bei der Beweisaufnahme im Ausland zugegen**, wird das Unmittelbarkeitsprinzip auch bei der Beweiserhebung im Ausland gewahrt. Freilich liegt die Teilnahme im **Ermessen** des Gerichts; eine Pflicht zur Teilnahme besteht nicht[39]. Art.17 HBÜ ermöglicht eine unmittelbare Beweisaufnahme durch Bestellung des Richters zum »Beauftragten« (→ Anh. §363 Rdnr.92). Im Geltungsbereich der EuBVO erlaubt deren Art.17 die unmittelbare Beweisaufnahme durch das Prozeßgericht. Nach Art.10 Abs.4 EuBVO kann das Gericht ferner die Durchführung der Beweisaufnahme im Ausland im Wege der Video- oder Telefonkonferenz beantragen (→ Anh. §363 Rdnr.55).

g) Einverständnis beider Parteien

28 Der Grundsatz der Unmittelbarkeit ist nach §284 Satz 2 der Parteidisposition unterworfen. Mit Einverständnis der Parteien kann das Gericht daher von der Unmittelbarkeit der Beweis-

---

35 MünchKommZPO/*Schreiber*[2] §492 Rdnr.1; a.A. *Zöller/Herget*[25] §492 Rdnr.1.
36 MünchKommZPO/*Schreiber*[2] §492 Rdnr.1.
37 *Leipold* ZZP 105 (1992) 507.
38 *Leipold* ZZP 105 (1992) 510.
39 *OLG Saarbrücken* NJW-RR 1998, 1685.

aufnahme abweichen[40]. Dem steht nicht entgegen, daß der Unmittelbarkeitsgrundsatz in engem Zusammenhang mit der freien Beweiswürdigkeit steht[41]. Da die Parteien auf den Beweisantritt ganz verzichten können, ist der Verzicht auf das Unmittelbarkeitsprinzip (etwa um die Kosten der Beweisaufnahme niedrig zu halten) erst recht möglich. Die Parteien können daher beispielsweise schon vor der eigentlichen Beweisaufnahme die Vernehmung durch einen beauftragten Richter beantragen. Ein Einverständnis der Parteien bindet das Gericht allerdings nicht (§ 284 Satz 2; »kann«). Das Prinzip der freien Beweiswürdigung ist der Parteibestimmung entzogen (→ § 286 Rdnr. 20 [21. Aufl.]). Ist das Gericht der Ansicht, daß es das Beweisergebnis nicht ohne unmittelbaren Eindruck von der Beweisaufnahme wird würdigen können, kann es trotz des einverständlichen Verzichts der Partein die Beweisaufnahme unmittelbar durchführen. Stellt sich dies erst nach mittelbarer Beweisaufnahme heraus, muß sie unter Beachtung der Unmittelbarkeit wiederholt werden. Zum Rügeverzicht → Rdnr. 32.

III. Materielle Unmittelbarkeit

29 Ein Grundsatz der *materiellen Unmittelbarkeit* (→ Rdnr. 4) ist der ZPO *nicht* zu entnehmen[42]. Der Verhandlungsgrundsatz (→ vor § 128 Rdnr. 146ff.) überläßt es vielmehr den Parteien, welche Beweismittel sie vorbringen wollen. Sie können also z.B. *Zeugen vom Hörensagen* (→ vor § 373 Rdnr. 11) benennen, ohne Antrag auf Vernehmung eines ebenfalls greifbaren Tatzeugen zu stellen. Sie dürfen die Verwertung eines Protokolls über eine frühere richterliche Vernehmung eines Zeugen, die Verwertung eines Sachverständigengutachtens aus einem anderen Verfahren[43] oder einer Niederschrift über einen Augenschein beantragen, ohne die unmittelbare Vernehmung, die erneute Begutachtung oder Augenscheinseinnahme zu wählen. Überhaupt können Beweisergebnisse anderer Verfahren im Wege des Urkundenbeweises in den Prozeß eingeführt werden (näher → § 284 Rdnr. 33ff. [21. Aufl.]). Daß der *Beweiswert* solcher mittelbarer Beweismittel *geringer* sein kann, ist bei der Beweiswürdigung zu berücksichtigen[44]. Der materielle Unmittelbarkeitsgrundsatz gilt auch dann nicht, wenn das Gericht *von Amts wegen* Beweise erhebt (→ vor § 128 Rdnr. 155). *Die Verwertung eines mittelbaren Beweismittels steht aber niemals der beantragten Heranziehung des unmittelbaren Beweises entgegen.* Insbesondere darf die beantragte Vernehmung eines Zeugen oder Sachverständigen nicht im Hinblick auf die vorliegenden Protokolle oder Gutachten in einem anderen Prozeß[45] abgelehnt werden[46] (→ § 284 Rdnr. 37 [21. Aufl.]; anders bei schriftlicher Begutachtung → Rdnr. 10). Verzichtet eine Partei auf die Erhebung des unmittelbaren Beweises, so ist dieser Verzicht im Zweifel als auf die Instanz beschränkt zu verstehen[47]. Allein in der Benennung eines mittelbaren Beweismittels liegt jedoch ein solcher Verzicht nicht[48].

---

[40] Dies war nach allerdings umstrittener Auffassung schon vor der Einführung des § 284 Satz 2 möglich, wenngleich ohne Bindung, → 21. Aufl. Rdnr. 32.

[41] A.A. *Völzmann-Stickelbrock* ZZP 118 (2005) 359, 375.

[42] MünchKommZPO/*Musielak*[2] Rdnr. 1; *Musielak/Stadler* (Fn. 1) Rdnr. 43; AK-ZPO/*Rüßmann* Rdnr. 6; *Prütting/Weth* DB 1989, 2273, 2276 l. Sp.; *Tropf* DRiZ 1985, 87, 88; a.A. *Bachmann* ZZP 118 (2005) 133, 140ff.; *Bruns*[2] Rdnr. 87; *BAG* AuR 1969, 61, 62 l. Sp.

[43] *OLG München* NJW 1986, 263 (insoweit zustimmend *Vollkommer*).

[44] *BGH* NJW 1995, 2856, 2857 (einer Urkunde über die frühere Vernehmung in einem anderen Verfahren komme im allgemeinen ein geringerer Beweiswert als dem unmittelbaren Zeugenbeweis zu); AK-ZPO/*Rüßmann* Rdnr. 6.

[45] Oder in einem vorausgegangenen Berufungsverfahren über ein Teilurteil, vgl. *BGH* LM Nr. 6 = MDR 1961, 312.

[46] *BGHZ* 7, 116, 121f.; *BGH* NJW 1983, 164, 165; *BGH* NJW-RR 1992, 1214, 1215 r. Sp.; *BGH* NJW 1997, 3096.

[47] *BGH* NJW 1960, 862, 864; *BGH* JR 1962, 183, 184.

[48] MünchKommZPO/*Musielak*[2] Rdnr. 9.

IV. Anfechtbarkeit

1. Beschwerde (Abs. 2)

30 Gemäß Abs. 2 ist der **Beschluß**, der die Beweisaufnahme durch das Prozeßgericht oder durch einen beauftragten oder ersuchten Richter anordnet, **nicht selbständig anfechtbar**. Ob überhaupt die Voraussetzungen einer der in Rdnr. 13ff. genannten Ausnahmevorschriften vorliegen und ob die Prognose über eine sachgemäße Beweiswürdigung (→ Rdnr. 14) zulässig war sowie die weitere Frage, ob das Ermessen des Gerichts richtig ausgeübt wurde, sind damit einer Nachprüfung auf die Beschwerde hin entzogen[49]. Eine selbständige Anfechtung des Beschlusses durch die Beschwerde ist auch dann unzulässig, wenn ein Gesuch um Übertragung oder ein Gesuch um Abänderung der beschlossenen Übertragung oder Nichtübertragung abgelehnt wurde[50] (→ §360 Rdnr. 17). In entsprechender Anwendung des §252 ist eine Beschwerde gegen den Beweisbeschluß allerdings dann statthaft, wenn mit der Beweisanordnung faktisch ein Verfahrensstillstand herbeigeführt wird (→ §359 Rdnr. 5).

2. Berufung oder Revision

31 Wird die Beweisaufnahme auf einen beauftragten oder ersuchten Richter übertragen, ohne daß die Voraussetzungen der in Rdnr. 13ff. erwähnten Ausnahmevorschriften gegeben sind, so liegt darin ein Verstoß gegen den Grundsatz der formellen Unmittelbarkeit. Die fehlerhafte Beweisaufnahme darf nicht verwertet werden, falls der Mangel nicht nach §295 geheilt ist (→ Rdnr. 32). Wird der Verstoß in derselben Instanz erkannt, so ist die Beweisaufnahme vor dem Prozeßgericht zu wiederholen[51]. Das gilt auch, wenn sich die Prognose, das Beweisergebnis sei trotz fehlender Unmittelbarkeit sachgemäß zu würdigen (→ Rdnr. 14), als unzutreffend erwiesen hat. Umstritten ist, ob auf die Verletzung des §355 Abs. 1 ein *Rechtsmittel* gegen das Urteil gestützt werden kann. Das *RG* hatte dies unter Hinweis auf den Wortlaut des §355 Abs. 2 in Verbindung mit §§512, 548 aF (§557 Abs. 2 nF) verneint[52]. Der *BGH* hat die Frage bislang offen gelassen[53]. Vergegenwärtigt man sich das Gewicht des formellen Unmittelbarkeitsgrundsatzes (→ Rdnr. 5ff.), so vermag die ablehnende Haltung nicht zu befriedigen, denn sie läßt eine Verletzung des §355 Abs. 1 weithin sanktionslos. Der herrschenden Literaturmeinung, die eine Überprüfung im Berufungs- und Revisionsverfahren zuläßt[54], ist grundsätzlich zuzustimmen. Zur Begründung kann freilich nicht auf eine Verletzung des §286 abgestellt werden, die vorliege, falls der Übertragungsbeschluß nach §355 Abs. 1 Satz 2 fehlerhaft war[55]; damit würde §355 Abs. 2 umgangen[56]. Vielmehr ist §355 Abs. 2 im Hinblick auf §§512, 557 Abs. 2 restriktiv zu interpretieren: Ausweislich der Materialien soll der Übertra-

---

[49] Enger MünchKommZPO/*Musielak*[2] Rdnr. 18: Nur auf die Ausübung des *Ermessens* beziehe sich §355 Abs. 2. *Rosenberg/Schwab/Gottwald*[16] §115 Rdnr. 24 lassen die Anfechtung des Beschlusses zu, wenn »jede gesetzliche Ermächtigung« fehlt.

[50] *RGZ* 54, 60.

[51] *Peters* ZZP 76 (1963) 158 in Fn. 59.

[52] *RGZ* 149, 287, 290f.; *RGZ* 159, 235, 241f. (offengelassen für offensichtlichen Ermessensmißbrauch); s. ferner *Deubner* AcP 167 (1967) 455, 460; *Hampel* FamRZ 1964, 125, 128.

[53] *BGHZ* 32, 233, 236; *BGHZ* 40, 179, 183; *BGH* NJW 1979, 2518; vgl. ferner *Saarbrücken* JBlSaar 1961, 103; für Überprüfbarkeit *OLG Düsseldorf* NJW 1976, 1103, 1104f.; *OLG Köln* NJW 1977, 249, 250 (jedenfalls wenn »unvertretbar«).

[54] Für eine Nachprüfung im Rechtsmittelverfahren sprechen sich aus *Schumann* 20. Aufl. Rdnr. 25; *Bosch* (Fn. 1) 113ff.; *Jauernig* ZPR[28] §51 IV; *Nikisch* S. 352; *Rosenberg/Schwab/Gottwald*[16] §119 Rdnr. 44 (bei Mißachtung zwingender Voraussetzungen); AK-ZPO/*Rüßmann* Rdnr. 4; *Zöller/Greger*[25] Rdnr. 8.

[55] *Zöller/Greger*[25] Rdnr. 8.

[56] Zutreffend MünchKommZPO/*Musielak*[2] Rdnr. 20.

gungsbeschluß des Prozeßgerichts nicht angefochten werden können, weil er vom »diskretionären Ermessen des Gerichts abhängig ist«[57]. §355 Abs. 2 steht folglich einer Überprüfung im Hinblick auf das Vorliegen der *tatsächlichen* Voraussetzungen der Anordnung der Beweisaufnahme durch einen beauftragten oder ersuchten Richter nicht entgegen[58] (etwa im Rahmen des §375 Abs. 1 Nr. 3: »Entfernung«)[59]. Ferner kann die Ausübung des richterlichen Ermessens (z.B. im Rahmen des §372 Abs. 2) auf einen eventuellen Ermessens*mißbrauch* hin überprüft werden[60]. Schließlich unterliegt die *Prognose* über die sachgemäße Beweiswürdigung (→ Rdnr. 14) der Nachprüfung durch das Rechtsmittelgericht. In allen Fällen hat das Rechtsmittel aber nur Erfolg, wenn die unzulässige Beweisaufnahme bei der Entscheidung auch verwertet wurde; um einen absoluten Revisionsgrund – etwa nach §547 Nr. 1 – handelt es sich nicht. Unerheblich ist auch, ob durch die fehlerhafte Anordnung eine Verfahrensverzögerung eingetreten ist. Ist in erster Instanz gegen §355 Abs. 1 verstoßen worden, so hat das Berufungsgericht unter den engen Voraussetzungen des §538 Abs. 2 Satz 1 Nr. 1 die Wahl, ob es den Rechtsstreit selbst erledigen oder zurückverweisen will. Beabsichtigt es, die Sache selbst zu erledigen, muß es den Fehler beseitigen, die Beweisaufnahme also unmittelbar vor dem Berufungsgericht wiederholen[61]. Begründet die Rechtsverletzung die Revision, so ist gemäß §§562, 563 das angefochtene Urteil aufzuheben und die Sache an das Berufungsgericht zurückzuverweisen.

3. Heilung nach §295 durch Rügeverzicht und -unterlassung

32 Ein Verstoß gegen die formelle Unmittelbarkeit unterliegt grundsätzlich dem Rügeverzicht und der Rügeunterlassung der Parteien gemäß §295 Abs. 1[62] (→ dort Rdnr. 17 [21. Aufl.]). Dafür spricht insbesondere der durch das 1. JustizmodernisierungsG eingefügte §284 Satz 2, wonach die Bindungen an die Bestimmungen der Beweisaufnahme gelockert sind, wenn die Parteien damit einverstanden sind. Können die Parteien aber vor der Beweisaufnahme (grundsätzlich) bindend (§284 Satz 4) über die Unmittelbarkeit disponieren, sind auch Rügeverzicht und Rügeunterlassung möglich. §295 Abs. 2 steht nicht entgegen, denn die Unmittelbarkeit der Beweisaufnahme dient nicht öffentlichen Belangen[63]. Da die Parteien über die Beweiserheblichkeit von Tatsachen disponieren können, ist die wirklichkeitsgetreue Sachverhaltsrekonstruktion, die »sichere Findung der Wahrheit«, nicht Ziel des Prozesses[64]; nach §295 Abs. 2 relevante überindividuelle Belange folgen daraus nicht[65]. Für die Verzichtbarkeit

---

[57] *Hahn/Stegemann* (Fn. 4) 305.

[58] Ordnet der Beschluß hingegen die Beweisaufnahme durch das *Prozeß*gericht an, so liegt eine Durchbrechung des §355 Abs. 1 Satz 1 ohnehin nicht vor.

[59] Insoweit ebenso MünchKommZPO/*Musielak*[2] Rdnr. 18.

[60] Enger MünchKommZPO/*Musielak*[2] Rdnr. 20, wonach jede Ermessensüberprüfung ausscheidet.

[61] *Bosch* (Fn. 1) 122.

[62] Grundlegend *BGHZ* 40, 179, 183f.; ferner: *BGH* NJW 1979, 2518; *BGHZ* 86, 105, 113ff.; *BGH* NJW 1991, 1180; *BGH* NVwZ 1992, 915, 916; *BGH* NJW-RR 1997, 506; *RAG* 22, 172, 174f.; *OLG Düsseldorf* NJW 1977, 2320; *OLG Frankfurt* NJW 1977, 301; *OLG Hamm* MDR 1978, 676; *KG* VersR 1980, 653; *OLG Köln* NJW 1976, 2218; *OLG Köln* MDR 1978, 321; *Bosch* (Fn. 1) 121; *Jauernig* ZPR[28] §51 IV; *Leipold* → §295 Rdnr. 17f. (21. Aufl.); *Lindacher* FamRZ 1967, 195; MünchKommZPO/*Musielak*[2] Rdnr. 17; *Rosenberg/Schwab/Gottwald*[16] §118 III; *Zöller/Greger*[25] Rdnr. 8; zurückhaltend *Seidel* ZZP 99 (1986) 64, 74ff.; a.A. *Koukouselis* Die Unmittelbarkeit der Beweisaufnahme im Zivilprozeß, insbesondere bei der Zeugenvernehmung (1990) 31; MünchKommZPO/*Prütting*[2] §295 Rdnr. 19.

[63] *Schlosser* Einverständliches Handeln im Zivilprozeß (1968) 42.

[64] Anders die Gewichtung dieses Gesichtspunkts bei *BGHZ* 40, 179, 183f.

[65] Abweichend *OLG Düsseldorf* NJW 1976, 1103, 1105; AK-ZPO/*Rüßmann* Rdnr. 5; *Weth* JuS 1991, 34, 36 l. Sp.

spricht ferner, daß der Grundsatz materieller Unmittelbarkeit nicht gilt[66] (→ Rdnr. 29); die Erhebung und Würdigung eines nur mittelbaren Beweismittels ist stets möglich, wenn die Parteien auf das tatsachennähere Beweismittel verzichten. So kann die Vernehmung eines Zeugen in einem anderen Prozeß im Urkundenbeweis verwertet werden. Dann aber ist es folgerichtig, daß ein Verstoß gegen die formelle Unmittelbarkeit dem Rügeverzicht nach §295 Abs. 1 unterfällt. Eine Verletzung des Art. 101 Abs. 1 Satz 2 GG liegt darin nicht[67], wenn nur der Übertragungsbeschluß nach Abs. 2 vom gesetzlichen Richter erlassen wurde. Dieses Ergebnis ist schließlich mit Art. 103 Abs. 1 GG vollauf vereinbar[68], der nur die *Möglichkeit* rechtlichen Gehörs gibt. In den Grenzen des §296 steht der Rügeverzicht einem späteren Antrag nicht entgegen, das Prozeßgericht möge den Beweis unmittelbar erheben. Die Heilung durch Rügeverzicht oder -unterlassung ist auch für das Eheverfahren zu bejahen[69].

§356 Beibringungsfrist

Steht der Aufnahme des Beweises ein Hindernis von ungewisser Dauer entgegen, so ist durch Beschluss eine Frist zu bestimmen, nach deren fruchtlosem Ablauf das Beweismittel nur benutzt werden kann, wenn nach der freien Überzeugung des Gerichts dadurch das Verfahren nicht verzögert wird.

Gesetzesgeschichte: Bis 1900 §321 CPO. Aufgrund der Novelle 98 (→ Einl. Rdnr. 146) bei unverändertem Wortlaut zu §356 geworden; geändert durch die Novelle 1924 (→ Einl. Rdnr. 159). Die Vereinfachungsnovelle 1976 (→ Einl. Rdnr. 197) fügte im Satz 1 ein: »nach der freien Überzeugung des Gerichts«. Durch Art.2 Abs.1 Nr.57 ZPO-RG (→ Einl. Rdnr. 202) wurden der frühere Satz 2 aufgehoben, der frühere Satz 1 zum einzigen Text der Vorschrift und um die Worte »durch Beschluss« ergänzt. Die beigefügte amtliche Überschrift beruht auf Art. 2 Abs. 2 ZPO-RG in Verbindung mit der dazu erlassenen Anlage.

Stichwortverzeichnis → Beweisaufnahmeschlüssel zu Beginn der Vorbemerkungen vor §355.

---

66 Vgl. *BGHZ* 40, 179, 184.

67 Zutr. MünchKommZPO/*Prütting*² §295 Rdnr. 19; *OLG Köln* MDR 1978, 321; abweichend *Schneider* DRiZ 1977, 13, 15.

68 A.A. *Weth* JuS 1991, 34, 36 l. Sp.

69 A.M. *Schleswig-Holstein* SchlHA 1967, 183 (mit Anm. *Hagen*). *Lindacher* FamRZ 1967, 195 bejaht die Verzichtbarkeit auch für den Eheprozeß, verneint aber die Heilung durch bloßes Unterlassen der Rüge.

I. Voraussetzungen der Beibringungsfrist

1. Grundgedanke

1 Die Fristsetzung nach §356 hat die **Funktion, den Rechtsstreit zur Entscheidungsreife zu führen**, obgleich noch nicht alle angebotenen Beweise erhoben worden sind. Ist die Beibringungsfrist abgelaufen, ohne daß das Hindernis beseitigt wurde, darf das Beweismittel als unerreichbar behandelt werden. §356 dient dem *Interessenausgleich*[1]: Kann eine beantragte Beweisaufnahme derzeit nicht erfolgen, so ergibt sich ein Widerstreit zwischen den Belangen der beweisführenden Partei an der Berücksichtigung des Beweismittels und dem Interesse des Gegners an einer raschen Erledigung des Rechtsstreits. Der beweisführenden Partei wird Gelegenheit gegeben, das Hindernis zu beseitigen; die Gegenpartei wird durch die Fristsetzung vor unzumutbarer Verzögerung geschützt[2]. Weder darf der Rechtsstreit sogleich entschieden werden, noch muß stets bis zur Behebung des Hindernisses zugewartet werden. Der Ausschluß des Beweismittels ist nicht die Folge der Verletzung einer Prozeßförderungspflicht[3]. Anders als die Präklusion nach §296 (→ dort Rdnr. 1 [21. Aufl.]) trägt er keinen Sanktionscharakter. Daher ist das nach §356 ausgeschlossene Beweismittel in der Berufungsinstanz zu berücksichtigen (→ Rdnr. 14) und ein Verschulden des Beweisführers spielt keine Rolle (→ Rdnr. 14).

2 Eine Fristsetzung nach §356 kommt nur in Betracht, wenn es ungewiß ist, ob oder wann das Hindernis für die Beweisaufnahme entfällt. Die **Beseitigung muß möglich und absehbar** sein[4]. Bei einem nicht behebbaren Hindernis ist der Beweisantrag wegen Unerreichbarkeit des Beweismittels zurückzuweisen[5] (→ Rdnr. 6). Das gilt auch, wenn die beweis*führende* Partei die Behebung von vornherein verweigert (zum Gegner → Rdnr. 7). §356 setzt ferner voraus, daß sich die beantragte Beweisaufnahme auf eine beweisbedürftige Tatsache bezieht und kein Beweisverwertungsverbot (→ §284 Rdnr. 56ff. [21. Aufl.]) besteht[6]. Überdies muß das Beweismittel rechtzeitig in den Prozeß eingeführt worden sein. Wurde der Beweisantrag verspätet gestellt, so ist für eine Fristsetzung nach §356 kein Raum (zum unvollständigen Beweisantrag → Rdnr. 5); vielmehr ist das verspätete Vorbringen unter den Voraussetzungen des §296 zurückzuweisen[7] (→ §296 Rdnr. 45 [21. Aufl.]).

2. Geltungsbereich

3 §356 bezieht sich auf **Beweismittel jeder Art**, einschließlich der Parteivernehmung. Beim **Sachverständigenbeweis** gilt §356 insoweit nicht, als das Gericht in der Auswahl des Sachverständigen nicht beschränkt ist, also Hindernisse, die nur einen bestimmten Sachverständigen betreffen, durch Heranziehung eines anderen umgehen kann[8]. Bei sonstigen Hindernissen gilt die Vorschrift auch für den Sachverständigenbeweis, etwa wenn die Partei nicht zur ärztlichen Untersuchung durch einen Sachverständigen erscheint[9], dem medizinischen Sachverständi-

---

1 *BGH* NJW 1972, 1133, 1134 = ZZP 86 (1973) 60, 62; *Gottschalk* NJW 2004, 2939, 2940; *Gerhardt* ZZP 86 (1973) 63f.; MünchKommZPO/*Musielak*² Rdnr. 1.

2 Vgl. *Hahn/Stegemann* Materialien zur Civilprozeßordnung² II/1, 305.

3 *Gerhardt* ZZP 86 (1973) 63, 65f.; grundlegend anders *Sass* MDR 1985, 96, 98f.

4 MünchKommZPO/*Musielak*² Rdnr. 3.

5 *Zöller/Greger*²⁵ Rdnr. 3.

6 MünchKommZPO/*Musielak*² Rdnr. 2.

7 *Zöller/Greger*²⁵ Rdnr. 1.

8 *Kreß* LeipZ 15, 423.

9 *BGH* NJW 1972, 1133, 1134 = ZZP 86 (1973) 60, 62 mit insoweit zust. Anm. *Gerhardt*; *OLG München* NJW 1967, 648.

gen eine durchgeführte Risikoaufklärung nicht bestätigen[10] oder nicht von der Schweigepflicht entbinden will[11]. Für den Streit um die Vorlage von **Augenscheinsobjekten** gelten §§371 Abs.2, 429 (→ §371 Rdnr.3ff.). Eine besondere Bestimmung für den **Urkundenbeweis**, die für ihren Geltungsbereich §356 ausschließt, enthält §431 (Frist zur Vorlage einer Urkunde, die sich in den Händen eines Dritten befindet). §356 gilt auch, wenn der vom Gericht für angemessen erachteten **Form** der Beweisaufnahme[12] ein Hindernis entgegensteht. Eine Fristsetzung entsprechend §356 kommt schließlich in Betracht, wenn die Parteien einen **Schiedsgutachtenvertrag** geschlossen haben, das Schiedsgutachten aber noch nicht vorliegt[13]. Dem Gegner entsteht dadurch kein Nachteil, denn selbst eine sofortige Abweisung (als zur Zeit unzulässig oder unbegründet) steht einer späteren Klage nicht entgegen[14].

3. »Hindernis« bezüglich der Beweisaufnahme

4 Die Frist des §356 kann z.B. gesetzt werden, um den Aufenthalt der zu vernehmenden Partei zu ermitteln oder um ein Augenscheinsobjekt ausfindig zu machen oder herbei zu schaffen. Auch liegt ein behebbares Hindernis vor, falls der Beweisführer sich weigert, einer zu Beweiszwecken angeordneten und zumutbaren ärztlichen Untersuchung nachzukommen[15] oder bei Widerruf der Zustimmung zur Verwertung ärztlicher Untersuchungsergebnisse[16].

5 Eine **Fristsetzung** ist ferner geboten, um den **(vollständigen) Namen** oder die **Anschrift eines Zeugen**[17] beizubringen (zur Hinweispflicht → §139 Rdnr.41). Es muß sich aber um einen wirksamen Beweisantritt handeln; andernfalls ist nicht §356, sondern §296 (→ dort Rdnr.45 [21. Aufl.]) einschlägig. Die Abgrenzung bereitet bei unvollständigen Beweisangeboten mitunter Schwierigkeiten. Ein Beweisantrag ohne Nennung des (vollständigen) Namens (Zeuge »N.N.«) oder der ladungsfähigen Anschrift des Zeugen ist erheblich[18], falls die Person des Zeugen bestimmbar ist[19]. Deshalb genügt es, wenn der Zeuge z.B. als Mitarbeiter des zuständigen Referats eines Kreditinstituts individualisiert werden kann[20]; ebenso ist die ladungsfähige Anschrift die Adresse des Arbeitsgebers oder bei der Benennung eines Beamten die Angabe seiner Dienststelle ausreichend[21]. Hält die Partei Namen oder Anschrift zurück, obwohl sie sie kennt, *kann* zwar ein Verstoß gegen die Prozeßförderungspflicht vorliegen, der nach §296 zu behandeln ist. Freilich muß der Richter nicht »klären«, weshalb das Beweisangebot unvoll-

---

[10] *OLG Hamm* MDR 2003, 1373, 1374.

[11] *LAG Köln* MDR 2003, 462, 463.

[12] Z.B. die Gegenüberstellung inländischer Zeugen mit einem im Ausland wohnenden Zeugen im Inland, *RG* JW 1911, 221 (ausländischer Zeuge erschien nicht).

[13] *BGH* JZ 1988, 1080, 1083 l. Sp.; *Schlosser* → vor §1025 Rdnr.40 mit Nachw. in Fn.314. Die Gegenansicht spricht dem Kläger jedes berechtigte Interesse an der Fristsetzung ab, weil er sich mit der Klageerhebung gegen den Zweck der Schiedsgutachtenvereinbarung verhalte, MünchKommZPO/*Musielak*[2] Rdnr.9; *Walchshöfer* Festschrift K.H. Schwab (1990) 521, 528; i. E. auch *OLG Düsseldorf* NJW-RR 1986, 1061.

[14] Bei Verzögerung des Schiedsgutachterverfahrens kommt eine Fristverlängerung nach §224 in Betracht, → ferner vor §1025 Rdnr.40.

[15] *BGH* NJW 1972, 1133, 1134 = ZZP 86 (1973) 60, 62 (mit insoweit zust. Anm. *Gerhardt); OLG München* NJW 1967, 684; *OLG Braunschweig* NJW-RR 1992, 124; ferner *LG Hamburg* NJW-RR 1994, 204 (Fristsetzung wegen endgültiger Verweigerung aber abgelehnt; dazu → Rdnr.7).

[16] *BGH* NJW 1981, 1319 = MDR 836.

[17] *BGH* NJW 1987, 893, 894; *BGH* NJW 1989, 227, 228 l. Sp.; *BGH* NJW 1998, 2368, 2369; *OLG Hamm* FamRZ 2003, 616, 617; *OLG Köln* NJW-RR 1998, 1143.

[18] Vgl. *BAG* AP Nr.1 zu §373 ZPO = NJW 1977, 727; *BGH* NJW 1989, 1732, 1733 (fehlende Zeugenanschrift); a.A. *BGH* NJW 1983, 1905, 1908 r. Sp.; *BGH* NJW 1987, 3077, 3080.

[19] *BVerfG* NJW 2000, 945, 946; *OLG Braunschweig* OLGR 2004, 60, 64; *Musielak/Stadler*[4] Rdnr.2.

[20] *BGH* NJW 1998, 2368, 2369.

[21] *KG* KGR 2004, 168; *LG Berlin* NJW-RR 2002, 284, 285.

ständig ist[22]. Der Prozeß wird nicht verschleppt, wenn er das unvollständige Beweisangebot als erheblich behandelt, aber *frühzeitig* im Verfahren – ggf. ohne mündliche Verhandlung (§356 Satz 2) – eine Frist nach §356 setzt. Hierzu ist nicht erforderlich, daß das Parteivorbringen den Grund der Unvollständigkeit[23] oder der Behebbarkeit des Hindernisses[24] erkennen läßt. Auch bei einem »schuldhaft« unvollständigen Beweisangebot ist Fristsetzung nach §356 geboten[25]. Vervollständigt der Beweisführer die Angaben erst in der Rechtsmittelinstanz, ist wegen der Kosten nach §97 Abs. 2 zu verfahren. Fehlt es am Kostenvorschuß für die Zeugeneinvernahme (→ §379 Rdnr. 6) oder für die (auf Parteiantrag erfolgte) Beauftragung eines Sachverständigen → §402 Rdnr. 2.

4. »Behebbares« Hindernis

6 Bei dem im Gesetz genannten »Hindernis von *ungewisser* Dauer« ist an Hemmnisse der Beweisaufnahme gedacht, die *behebbar* sind. Ist die Beseitigung unmöglich, scheidet die (dann zwecklose) Fristsetzung aus und der Beweisantrag ist wegen Unmöglichkeit der Beweisaufnahme abzulehnen (→ §284 Rdnr. 65 [21. Aufl.]). Unmöglichkeit liegt vor, wenn etwa der Augenscheinsgegenstand unauffindbar oder zerstört ist; wenn der Zeuge unauffindbar im Ausland untergetaucht ist oder ein ihm zustehendes Verweigerungsrecht wirksam ausgeübt hat (vgl. §386 Abs. 3).

7 Ein nicht behebbares Hemmnis ist ferner anzunehmen, wenn der **Beweisführer** sich endgültig **weigert**, das **Hindernis zu beseitigen**[26], (z.B. die Unterlagen dem Sachverständigen zu übergeben oder einer ärztlichen Untersuchung nachzukommen[27]). Zur Frage des Verschuldens → Rdnr. 10. Hängt die Beseitigung vom Verhalten einer **dritten Person** ab, kommt Fristsetzung in Betracht, wenn der Beweisführer rechtlich oder tatsächlich in der Lage ist, auf diese Person einzuwirken, das Hindernis zu beseitigen[28], ggf. im Klagewege[29] (für Urkunden → §431); aber auch ohne solche Einflußmöglichkeiten kann noch von einem »Hindernis von ungewisser Dauer« gesprochen werden, sofern die begründete, vom Beweisführer darzulegende Aussicht besteht, daß der Dritte das Hindernis beheben wird. Beruht hingegen das der Beweisaufnahme entgegenstehende Hindernis auf einem Verhalten des **Prozeßgegners** (also der nicht beweisführenden Gegenpartei), ist §356 nicht einschlägig[30]. Es ist vielmehr zu prüfen, ob ein Fall der Beweisvereitelung gegeben ist, der zur Umkehr der Beweislast führen kann (näher → §286 Rdnr. 120ff. [21. Aufl.]).

---

22 Vgl. aber MünchKommZPO/*Musielak*[2] Rdnr. 6; *Musielak/Stadler*[4] Rdnr. 4; *Gottschalk* NJW 2004, 2939, 2940.

23 So aber für den »unbenannten« Zeugen *Rixecker* NJW 1984, 2135, 2136.

24 In diesem Sinne *Zöller/Greger*[25] Rdnr. 4.

25 *BVerfG* NJW 2000, 945, 946; *BGH* NJW 1993, 1926, 1927f.; a.A. AK-ZPO/*Rüßmann* Rdnr. 2; ihm folgend *Reinicke* MDR 1990, 767, 768 unter der Prämisse, daß der Angabe »Zeugnis N.N.« häufig grobes Verschulden oder Verschleppungsabsicht zugrunde liege. Diese Sichtweise ist voreingenommen. Der Richter sollte auf Motivforschung verzichten und alsbald die Beibringungsfrist setzen.

26 *BGH* NJW 1993, 1391, 1393 r. Sp. (»nutzlose Förmelei«).

27 Vgl. *LG Hamburg* NJW-RR 1994, 204.

28 Enger MünchKommZPO/*Musielak*[2] Rdnr. 8 (Fristsetzung nur bei [vollstreckbarem?] Recht auf Mitwirkung).

29 *OLG Nürnberg* MDR 1983, 942 für den Fall, daß der Grundstücksnachbar des Klägers die Mitwirkung an der Beweisaufnahme im anhängigen Rechtsstreit verweigert und dem Kläger zur Beibringung des – nur im Klagewege durchsetzbaren – nachbarlichen Einverständnisses eine zu kurze Frist gesetzt wurde.

30 *OLG Braunschweig* NJW-RR 1992, 124.

5. Hindernis von bestimmter Dauer

8 §356 setzt ein »Hindernis von *ungewisser* Dauer« voraus. Bei Hindernissen von **bestimmter Dauer**, d.h. wenn feststeht, *wann* die Beweisaufnahme möglich sein wird, kommt eine **Fristsetzung** nach dieser Vorschrift **nicht** in Betracht. Dauert der Prozeß ohnehin (z.B. wegen anderer Beweisaufnahmen) bis zum Möglichwerden des Beweises an, so ergeben sich keine Schwierigkeiten; der Beweis ist dann zu erheben, sobald das Hindernis entfallen ist. Zweifelhaft ist aber, wie zu verfahren ist, wenn der Rechtsstreit – abgesehen von dem derzeit nicht möglichen Beweis – entscheidungsreif wäre. Eine Aussetzung nach §148 kommt nicht in Betracht, näher → §148 Rdnr. 18f. Man kann aber den Grundgedanken des §356 (Versuch eines Interessenausgleichs, → Rdnr. 1) für diese Fälle heranziehen: Wenn das Gesetz bei Hindernissen von ungewisser Dauer das Beweisangebot nicht von vornherein übergehen will, sondern dem Gegner durch die Fristsetzung eine Verzögerung zumutet, so ist bei einem Hindernis von bestimmter Dauer entsprechend zu verfahren. *Das Möglichwerden der Beweisaufnahme ist also abzuwarten, soweit das dem Gegner billigerweise zugemutet werden kann*[31]. Die Zumutbarkeit ist zu bejahen, wenn es sich um Zeitspannen handelt, die den nach §356 üblicherweise gesetzten Fristen vergleichbar sind.

9 Für *Kindschaftssachen* (§640 Abs. 2) regelt §640f zwingend die Aussetzung des Verfahrens von Amts wegen, wenn Sachverständigengutachten noch nicht erstellt werden können (→ §640f Rdnr. 1 [21. Aufl.]); für eine Anwendung des §356 ist dann kaum noch Raum. Wird eine Klage auf Vaterschaftsfeststellung nach §653 mit dem Antrag auf Verurteilung zur Zahlung des (keine Kindschaftssache darstellenden) Anspruchs auf Unterhalt in Höhe der Regelbeträge verbunden, hat wiederum eine Aussetzung nach §640f zu erfolgen. In den übrigen Nichtkindschaftssachen ist die Aussetzungsvorschrift des §640f nicht anwendbar; §356 kann aber eingreifen. Der Partei, die sich später z.B. auf ein erbbiologisches Gutachten stützen will, bleibt ferner die Möglichkeit einer Wiederaufnahme entsprechend §580 Nr. 7 b (→ §580 Rdnr. 38 [21. Aufl.], vgl. auch §641 i). Damit ergibt sich eine interessengerechte Lösung; lehnt man dagegen die Wiederaufnahmemöglichkeit ab, so muß an ein zumutbares Hinausschieben der Beweisaufnahme (→ Rdnr. 8) gedacht werden.

6. Verschulden des Beweisführers

10 Eine **Fristsetzung** ist auch dann **erforderlich**, falls der Beweisführer das Hindernis **schuldhaft** gesetzt hat[32], etwa bei einer für das Sachverständigengutachten erforderlichen ärztlichen Untersuchung nicht erscheint. Die Gegenmeinung lehnt die Anwendung des §356 ab, falls die Beweisaufnahme wegen eines vom Beweisführer verschuldeten Hindernisses unmöglich ist[33] oder jedenfalls der Beweisführer das Hindernis bewußt in der Absicht gesetzt hat, die Beweisaufnahme zu verhindern[34]. Diese Ansicht übersieht, daß §356 keine Prozeßförderungspflicht der Parteien zugrunde liegt (→ Rdnr. 1). Wenn also nur der Beweisantrag rechtzeitig gestellt wird, muß eine (u.U. kurze[35]) Frist nach §356 gesetzt werden, zumal damit der Richter von

---

[31] *OLG Braunschweig* JZ 1952, 531; im Ansatz auch *OLG Celle* NJW 1963, 991 (mit zustimmender Amn. *Rötelmann), OLG Celle* MDR 1967, 134; *LG Hamburg* NJW 1964, 848; *Guggumos* JZ 1952, 532; MünchKommZPO/*Musielak*[2] Rdnr. 4; *Zöller/Greger*[25] Rdnr. 3 (ohne Zumutbarkeitsvorbehalt); strenger *OLG Karlsruhe* OLGZ 1990, 241, 243.

[32] *BGH* NJW 1972, 1133, 1134; *BGH* NJW 1981, 1319; *OLG München* NJW 1967, 684; *OLG Braunschweig* NJW-RR 1992, 124; *Gerhardt* ZZP 86 (1973) 63, 66; *Thomas/Putzo/Reichold*[27] Rdnr. 3; *Zöller/Greger*[25] Rdnr. 2; bei Fahrlässigkeit auch MünchKommZPO/*Musielak*[2] Rdnr. 5.

[33] *Baumbach/Lauterbach/Hartmann*[64] Rdnr. 2.

[34] MünchKommZPO/*Musielak*[2] Rdnr. 5.

[35] *Gerhardt* ZZP 86 (1973) 63, 66.

der Prüfung enthoben wird, ob der Grund, aus dem das Hindernis gesetzt wird, ein schuldhaftes bzw. absichtliches Vereiteln der Beweisaufnahme bedeutet (→ Rdnr. 5). Verweigert der Beweisführer die erforderliche Mitwirkung freilich endgültig[36], so liegt ein Fall der *dauernden* Unmöglichkeit der Beweisaufnahme vor, der nicht zu einer Fristsetzung zwingt (→ Rdnr. 7). Zum Verschulden bei der Nichteinhaltung der gesetzten Frist → Rdnr. 14.

II. Fristsetzung

1. Verfahren

11 Die Fristsetzung nach §356 setzt **keinen Antrag** voraus. Sie erfolgt von Amts wegen. Zuständig ist das **Prozeßgericht,** nicht etwa allein der Vorsitzende, der Berichterstatter[37] oder gar die Geschäftsstelle; im Verfahren vor dem Einzelrichter (→ §348) dieser. Liegen die Voraussetzungen des §356 vor, dann »ist« die Beibringungsfrist zu setzen; ein **Ermessen** ist dem Gericht **nicht** eingeräumt[38]. Eine **mündliche Verhandlung** ist **nicht** erforderlich (§§356, 128 Abs. 4). Wegen ihrer verschuldensunabhängigen Ausschlußwirkung wird die Beibringungsfrist nur in Lauf gesetzt, wenn der – nicht verkündete – fristsetzende Beschluß **förmlich zugestellt** worden ist (§329 Abs. 2 Satz 2)[39]; eine Heilung von Zustellungsmängeln nach §187 Satz 1 scheidet aus[40].

2. Bestimmung der Frist

12 Die Frist ist der beweis*führenden* Partei zu setzen. Dem (das Hindernis verursachenden) Beweis*gegner* darf hingegen keine Frist gesetzt werden[41]; insoweit handelt es sich allein um eine Frage der Beweisvereitelung (→ §286 Rdnr. 120ff. [21. Aufl.]). Bei der Fristbemessung ist einerseits das Interesse der beweisbelasteten Partei zu berücksichtigen, den angebotenen Beweis auch zu führen. Die Frist ist daher so zu bestimmen, daß das Hindernis behoben werden kann. Andererseits ist auf das Interesse des Gegners Rücksicht zu nehmen, den Rechtsstreit nicht unzumutbar lange in der Schwebe zu halten. Verbindliche Maßstäbe der Interessenabwägung gibt es nicht; ein möglicher Orientierungspunkt könnten die materiell-rechtlichen Verjährungsfristen sein: Bei kurzer Verjährung des geltend gemachten Anspruchs kann auch eine dem Anspruchsteller gesetzte Frist entsprechend kürzer bestimmt werden. Ist die Beseitigung des Hindernisses innerhalb einer dem Gegner zumutbaren Frist unmöglich, so muß die Fristsetzung unterbleiben. Stets ist eine Frist von *bestimmter* Dauer zu setzen[42]. Als *richterliche* Frist kann sie nach §§224, 225 verkürzt oder verlängert werden. Eine gemäß §356 gesetzte Frist dient nur dazu, das der Benutzung des konkreten Beweismittels entgegenstehende Hindernis zu beseitigen. Benennt der Beweisführer innerhalb der Frist ein neues Beweismittel, beurteilt sich dessen Zuläsigkeit nach §§296, 296a[43].

---

36 Mit Recht zurückhaltend bei der Annahme der Entbehrlichkeit der Fristsetzung *OLG Braunschweig* NJW-RR 1992, 124, 125.
37 *BGH* NJW 1998, 2368, 2369 r. Sp.
38 *OLG Hamm* MDR 2003, 1373, 1374.
39 *BGH* NJW 1989, 227, 228 l. Sp.; MünchKommZPO/*Musielak*[2] Rdnr. 12; *Zöller/Greger*[25] Rdnr. 6.
40 Weil der Fristlauf nicht vom Ermessen des Gerichts abhängen darf, *BGH NJW* 1989, 227, 228 r. Sp. (→ auch §187 Rdnr. 23).
41 So aber *Zöller/Greger*[25] Rdnr. 6.
42 *OLG Hamburg* OLGRsp 33 (1916) 68.
43 *OLG Köln* OLRG 2004, 60.

III. Folge des Fristablaufs

13 Nach Ablauf der Beibringungsfrist ist die Partei grundsätzlich mit dem **Beweismittel ausgeschlossen**. Dabei kommt es auf die Beseitigung des *Hindernisses* innerhalb der Frist an, nicht muß die Beweisaufnahme innerhalb der Frist erfolgt sein. Läßt sich beispielsweise der Beweisführer innerhalb der gesetzten Frist ärztlich untersuchen, so ist das Hindernis behoben; daß das Sachverständigengutachten erst nach Fristablauf erstattet werden kann, schadet nicht. Das Beweismittel ist nach Fristablauf nur dann ausgeschlossen, wenn sich die Beweisaufnahme gerade infolge des im Beschluß genannten Hindernisses nicht durchführen läßt. Scheitert die Beweisaufnahme an einem anderen Hindernis, so muß erneut eine Frist gesetzt werden[44], wenn die übrigen Voraussetzungen des §356 erfüllt sind.

14 Ist die Beibringungsfrist abgelaufen, ohne daß das Hindernis beseitigt werden konnte, so kann das Beweismittel nur noch insoweit benutzt werden, als dadurch nach freier Überzeugung des Gerichts das **Verfahren nicht verzögert** wird. Das Gericht muß demgemäß dieselbe Prognose hinsichtlich des weiteren Verfahrensablaufs wie auch sonst bei verspätetem Vorbringen anstellen (vgl. §296, → dort vor allem Rdnr.48ff. [21. Aufl.]). Wird z.B. vor Schluß der Verhandlung die Urkunde vorgelegt oder der Zeuge gestellt, kann das Beweismittel noch berücksichtigt werden; andernfalls ist der Beweisführer damit ausgeschlossen. Diese Wirkung des Fristablaufs tritt gemäß §231 Abs.1 kraft Gesetzes ein, ohne daß es einer Androhung (etwa bei der Fristsetzung) bedürfte. Ob das Nichteinhalten der Frist auf einem **Verschulden** der Partei beruht, ist **unerheblich**[45]; die etwa in §296 (→ dort Rdnr.83ff., 121 [21. Aufl.]) mögliche Abwendung der Präklusionsfolgen bei fehlendem Verschulden scheidet hier aus; andernfalls bestünde die Gefahr, daß der Rechtsstreit niemals entscheidungsreif wird, wenn der Beweisführer das Hindernis schuldlos nicht beseitigen kann. Inwieweit in der ersten Instanz nach §356 ausgeschlossene Beweismittel noch in der *Berufungsinstanz* berücksichtigt werden, richtet sich nach §528 Abs.2; das Beweismittel ist *nicht* nach §528 *Abs.1* ausgeschlossen[46].

IV. Verstöße – Rechtsbehelfe

15 Gegen die *Ablehnung* eines auf Fristsetzung gerichteten Antrags findet die **sofortige Beschwerde** statt (§567 Abs.1 Nr.2)[47], nicht aber gegen die Bestimmung einer Frist und deren Bemessung[48]. In Analogie zu §252 ist die Beschwerde allerdings statthaft, wenn die Fristsetzung (z.B. bei Bestimmung einer überlangen oder unbestimmten Frist) auf eine Aussetzung hinausläuft[49]. Berücksichtigt das Gericht einen Beweisantritt nicht, obwohl es gemäß §356 verpflichtet gewesen wäre, zur Behebung von Hindernissen eine Frist zu setzen, liegt ein Verfahrensfehler vor, der mit dem ordentlichen **Rechtsmittel gegen das Endurteil** vom Beweisführer geltend gemacht werden kann[50]. Die Bestimmung einer unangemessen kurzen Frist kann

---

[44] Vgl. den Sachverhalt bei *BVerfG* NJW-RR 1994, 700f.

[45] *RGZ* 7, 391; *RG* LeipZ 14, 1536; MünchKommZPO/*Musielak*[2] Rdnr.12f.; *Rosenberg/Schwab/Gottwald*[16] §115 Rdnr.8; *Zöller/Greger*[25] Rdnr.7; a. *A. Sass* MDR 1985, 96, 99.

[46] *OLG Karlsruhe* NJW-RR 1994, 512; vgl. auch *BGH* ZZP 86 (1973) 60, 62 (»für diese Instanz«); *Weth* Die Zurückweisung verspäteten Vorbringens im Zivilprozeß (1988) 107f.

[47] *Musielak/Stadler*[4] Rdnr.9; *Thomas/Putzo/Reichold*[27] Rdnr.6; a.A. *OLG Celle* NJW-RR 2000, 1166; ihm folgend *Zöller/Greger*[25] Rdnr.6; *Baumbach/Lauterbach/Hartmann*[64] Rdnr.12; *Deubner* JuS 2000, 579, 582.

[48] *Hamburg* LeipZ 19, 396; *OLG Naumburg* JW 1935, 3322.

[49] *OLG Hamburg* OLGRsp 33 (1916) 68 = SeuffArch 71 (1916) 378; *OLG Stuttgart* ZZP 66 (1953) 60 (mit abl. Anm. von *Göppinger*).

[50] *BGH* NJW 1974, 188; *BGH* NJW 1989, 227, 228 l. Sp.

einen im Rechtsmittelverfahren beachtlichen Verfahrensfehler begründen[51]. Ferner stehen (wie bei der Verletzung des §296, → dort Rdnr. 127 [21. Aufl.]) die ordentlichen Rechtsmittel zur Verfügung, wenn das Gericht ein Vorbringen als verspätet behandelt hat, das nicht verspätet war (z.B. es hat innerhalb der Frist beseitigte Hindernisse irrtümlich als erst nach Fristablauf behoben angesehen und deshalb nicht mehr berücksichtigt). – Hat jedoch das Gericht (umgekehrt) eine *Frist bewilligt*, obwohl die Voraussetzungen des §356 nicht vorlagen, oder verspätetes Vorbringen nicht zurückgewiesen, so steht dem Gegner des Beweisführers kein begründetes Rechtsmittel zur Seite, falls es hierdurch dem Beweisführer gelang, das Beweismittel in den Prozeß einzuführen, denn in diesen Fällen war das Beweismittel noch erreichbar. Nach Erschöpfung des Rechtswegs (s. §321a) ist ferner – gestützt auf Art. 103 Abs. 1 GG[52] – die **Verfassungsbeschwerde** gegeben, z.B. wenn ein Gericht unter Verletzung des §356 ein Vorbringen nicht beachtet[53] (näher hierzu → §296 Rdnr. 128 [21. Aufl.]).

§357 Parteiöffentlichkeit

(1) Den Parteien ist gestattet, der Beweisaufnahme beizuwohnen.

(2) [1]Wird die Beweisaufnahme einem Mitglied des Prozessgerichts oder einem anderen Gericht übertragen, so ist dieTerminsbestimmung den Parteien ohne besondere Form mitzuteilen, sofern nicht das Gericht die Zustellung anordnet. [2]Bei Übersendung durch die Post gilt die Mitteilung, wenn die Wohnung der Partei im Bereich des Ortsbestellverkehrs liegt, an dem folgenden, im Übrigen an dem zweiten Werktage nach der Aufgabe zur Post als bewirkt, sofern nicht die Partei glaubhaft macht, dass ihr die Mitteilung nicht oder erst in einem späteren Zeitpunkt zugegangen ist.

Gesetzesgeschichte: Abs. 1 bis 1900 §322 CPO. Aufgrund der Novelle 98 (→ Einl. Rdnr. 146) unverändert zu §357 geworden. Durch VO vom 17. VI. 1933 (RGBI 1394) wurde Abs. 2 angefügt. Die beigefügte amtliche Überschrift beruht auf Art. 2 Abs. 2 ZPO-RG (→ Einl. Rdnr. 202) in Verbindung mit der dazu erlassenen Anlage.

Stichwortverzeichnis → Beweisaufnahmeschlüssel zu Beginn der Vorbemerkungen vor §355.

[51] *OLG Nürnberg* MDR 1983, 942.
[52] Vgl. *BVerfG* NJW-RR 1994, 700.
[53] *BVerfGE* 65, 305, 308 = NJW 1984, 1026; *BVerfGE* 69, 248, 255; *BVerfG* NJW 2000, 945; NJW-RR 2004, 1150; auch vor dem Landesverfassungsgericht: *BayVerfGH* NJW-RR 2001, 352.

I. Parteiöffentlichkeit der Beweisaufnahme (Abs. 1)[1]

1. Zweck

1 Das Recht der Parteien und ihrer Vertreter, bei der Beweisaufnahme anwesend zu sein, ist ein wichtiger Grundsatz, der das Beweisrecht der ZPO (entgegen früheren Prozeßordnungen[2]) beherrscht. §357 ist eine Ausprägung des (weitergehenden) Prinzips der Parteiöffentlichkeit des Verfahrens[3]. Die Vorschrift bildet daher *keinen* Ausschnitt aus dem allgemeinen Öffentlichkeitsprinzip der §§169ff. GVG[4], sondern soll **im Parteiinteresse** die Mitwirkung der Verfahrenssubjekte an der Beweisaufnahme sichern[5]; sie dient damit der Wahrnehmung des Grundrechts auf **rechtliches Gehör** (Art. 103 Abs. 1 GG)[6]. Die Anwesenheit der Parteien bei der Beweisaufnahme trägt wesentlich zur Tatsachenfeststellung bei[7]; §357 wird ergänzt beim Zeugen- und Sachverständigenbeweis sowie bei der Parteivernehmung durch das Fragerecht nach §§397, 402, 451, bei der Augenscheinseinnahme und dem Urkundenbeweis durch die Möglichkeit, dem Gericht Hinweise zu geben. Die Anwesenheit der Parteien ist ferner eine Voraussetzung dafür, daß sie über das **Ergebnis der Beweisaufnahme** *qualifiziert* **verhandeln** (§285) können. Der Grundsatz der Parteiöffentlichkeit der Beweisaufnahme bildet damit das **Seitenstück zum formellen Unmittelbarkeitsprinzip** nach §355: Richter *und* Parteien sollen dieselbe »Nähe« zum Beweismittel haben.

2. Bedeutung

a) Anwesenheit

2 Nach §357 Abs. 1 ist den Parteien die **Anwesenheit** bei der Beweisaufnahme zu ermöglichen. Die Parteien haben ein Recht darauf, am Ort der Beweisaufnahme *physisch* zugegen zu

---

1 *Schnapp* Parteiöffentlichkeit bei der Tatsachenfeststellung durch den Sachverständigen, in: Festschrift für Menger (1985) 557; *Höffmann* Die Grenzen der Parteiöffentlichkeit, insbesondere beim Sachverständigenbeweis (Diss. Bonn 1989).

2 Vgl. *Hahn/Stegemann* Materialien zur Civilprozeßordnung[2] II/1, 305; zur Geschichte *Höffmann* (Fn. 1) 3ff.

3 Vgl. *A. Blomeyer* ZPR Erkenntnisverfahren[2] §22 III; *Höffmann* (Fn. 1) 10ff.; MünchKommZPO/*Musielak*[2] Rdnr. 1; *Rosenberg/Schwab/Gottwald*[16] §21 Rdnr. 19.

4 *Schnapp* (Fn. 1) 562; a. A. *Bruns* ZPR[2] Rdnr. 80 b, der die Parteiöffentlichkeit als »Fernwirkung« des allgemeinen Öffentlichkeitsgrundsatzes deutet.

5 *Schnapp* (Fn. 1) 562.

6 *OLG München* NJW-RR 1988, 1534, 1535; *A. Blomeyer* (Fn. 3) 126; MünchKommZPO/*Musielak*[2] Rdnr. 1; *Schnapp* (Fn. 1) 561; *Schwartz* Gewährung und Gewährleistung des rechtlichen Gehörs ... (1977) 42; ähnlich *Grunsky* Grundlagen des Verfahrensrechts[2] §42 I 2.

7 *Hahn/Stegemann* (Fn. 2) 305.

sein; bloße mittelbare Präsenz genügt nur im Rahmen der **audiovisuellen Einvernahme** von Zeugen, Sachverständigen und Parteien nach §128a Abs.2 (vgl. → §355 Rdnr.10). Das Anwesenheitsrecht besteht auch dann, wenn der **Termin nicht an der Gerichtsstelle** (im Gerichtsgebäude) stattfindet. Versagt eine Partei oder ein Dritter als Inhaber des Raumes oder Grundstücks auf Grund seines Hausrechts der Gegenpartei den Zutritt (hierzu auch → §375 Rdnr.9), so hat das Gericht keine Möglichkeit, die Anwesenheit zu erzwingen. Liegt kein Verzicht auf das Anwesenheitsrecht vor (→ Rdnr.22), so muß die Beweisaufnahme in einem solchen Fall in anderer Form durchgeführt werden oder – falls das (z.B. beim Augenschein) nicht möglich ist – unterbleiben; unter den Voraussetzungen des §356 (→ dort Rdnr.7, 10) ist eine Frist zu setzen, wenn die *beweisführende Partei* den Zutritt versagt. Wird die Beweisaufnahme vom *Gegner* der beweisführenden Partei unmöglich gemacht, so stellt dieses Verhalten eine Beweisvereitelung dar[8]; zu den Rechtsfolgen → §286 Rdnr.120ff. (21. Aufl.) sowie zum Augenschein → §371 Rdnr.34ff.

b) Benachrichtigung

3 Aus dem Recht der Parteien auf Anwesenheit ergibt sich ein Anspruch auf rechtzeitige **Benachrichtigung von Beweisterminen**[9] und von ihrer Verlegung (→ Rdnr.11ff.). Das Ausbleiben einer Partei ist zwar kein Vertagungsgrund (§227 Abs.1 Satz 2 Nr.1), aber das entschuldigte Fernbleiben einer Partei kann gerade bei der Beweisaufnahme die **Vertagung rechtfertigen** (→ §227 Rdnr.5ff.)[10]. Wird nicht vertagt, so gilt §367. Die Aufwendungen für die Terminwahrnehmung[11] gehören zu den **erstattungsfähigen Kosten**, näher → §91 Rdnr.67, 140.

3. Anwesenheitsberechtigter Personenkreis

a) Parteien, Streitgehilfen und »sachkundige Berater«

4 Nach dem Wortlaut des §357 sind die **Parteien** zur Anwesenheit berechtigt. Zu den Anwesenheitsberechtigten zählen ferner nach Maßgabe des §71 Abs.3 die **Streitgehilfen**. Das Anwesenheitsrecht erstreckt sich ferner auf einen **sachkundigen Berater** einer Partei, wenn dies nach Ansicht der Partei erforderlich ist, damit sie sich qualifiziert beraten lassen kann, um ihre Mitwirkungsbefugnisse auszuüben[12].

b) Prozeßbevollmächtigte

5 Anwesenheitsberechtigt sind überdies die Prozeßbevollmächtigten der Parteien. Erfolgt die Beweisaufnahme **im Anwaltsprozeß** vor dem Prozeßgericht, so ist die Partei selbst, wenn sie prozeßfähig ist, zur Anwesenheit berechtigt, kann aber die Parteirechte (insbesondere das Recht zur Zeugenbefragung, §397) nur ausüben, wenn sie neben ihrem Anwalt erscheint[13], §137 Abs.4 (→ §78 Rdnr.53ff.). Für die Beweisaufnahme vor dem beauftragten oder ersuchten Richter besteht freilich kein Anwaltszwang (§78 Abs.5). Wegen der Patentanwälte →

---

8 *OLG Nürnberg* BayJMBl 1961, 9 = MDR 1961, 62 (Partei verweigert der Gegenpartei Betreten des Grundstücks, auf dem Augenschein eingenommen werden soll); *OLG München* NJW 1984, 807.
9 *RGZ* 6, 351; *RGZ* 76, 102; *RGZ* 100, 174; *RG* JW 1902, 17.
10 *OLG Bamberg* SeuffArch 60 (1905) 469.
11 Auch eines später aufgehobenen Termins; ob ein Anspruch aus §839 BGB besteht, ist eine andere Frage, vgl. *Colmar* Recht 1907 Nr.3309.
12 *OLG München* NJW 1984, 807, 808; *OLG München* NJW-RR 1988, 1534, 1535 (Augenschein im »Bauprozeß«); MünchKommZPO/*Musielak*² Rdnr.5; *Schnapp* (Fn.1) 568.
13 A.M. *Wieczorek*² §357 Anm. B I.

§90 Rdnr. 8. Über das Auftreten eines bei dem Prozeßgericht nicht zugelassenen Anwalts → §78 Rdnr. 44f.

6 Ein Geheimhaltungsgebot gemäß §174 Abs. 3 GVG verpflichtet die Personen, für die die Parteiöffentlichkeit besteht, *untereinander* **nicht zum Schweigen**; der Prozeßbevollmächtigte, der den Termin wahrgenommen hat, ist also nicht an der Information der Partei gehindert[14]. Zum beweisrechtlichen Geheimverfahren → Rdnr. 17ff.

4. Geltungsbereich des §357

7 §357 gilt auch bei Beweisaufnahmen im **Verfahren mit fakultativer mündlicherVerhandlung**, → §128 Rdnr. 44, insbesondere im Beschwerdeverfahren[15], im selbständigen **Beweisverfahren** (§492 Abs. 1), im »**Bagatellverfahren**« nach §495a (→ Rdnr. 26 vor §355) und bei der **vorterminlichen Beweisaufnahme** nach §358a Satz 2 (→ §358a Rdnr. 2). Wegen des Fortfalls der Parteiöffentlichkeit in dem Fall des §377 Abs. 3 → §377 Rdnr. 24. Beweisaufnahme ist auch die Parteivernehmung einschließlich der Beeidigung nach §452 (anders eine nach §§889, 900 zu leistende eidesstattliche Versicherung, s. aber §900 Abs. 3 Satz 2 und 3). Ob die Beweisaufnahme (z.B. Augenschein, Sachverständigengutachten, §144) von Amts wegen erfolgt oder nur auf Antrag, macht keinen Unterschied; stets herrscht Parteiöffentlichkeit.

5. Außergerichtliche »Beweisaufnahme« (vor allem Feststellungen durch Sachverständige)

a) Keine unmittelbare Anwendung des §357

8 §357 regelt nach seinem Wortlaut nur die Beweisaufnahme im engeren Sinne (→ §355 Rdnr. 22 Fn. 25), also die **gerichtliche Beweisaufnahme**, nicht dagegen die Tatsachenfeststellung durch Dritte, insbesondere den Sachverständigen zur Vorbereitung seines Gutachtens (→ dazu §355 Rdnr. 22ff.)[16]. Freilich sind die Parteien nicht gehindert, eine unmittelbare Tatsachenfeststellung durch das Gericht zu beantragen mit der Folge, daß §357 unmittelbar zur Anwendung kommt. Wenn eine Beweisaufnahme ausnahmsweise einer Hilfsperson außerhalb des Gerichts übertragen werden darf (→ §355 Rdnr. 13ff.), gilt §357 nicht unmittelbar, denn die gerichtliche Beweisaufnahme liegt erst in dem Vortrag des Beweisergebnisses durch die Hilfsperson vor Gericht.

b) Analoge Anwendung des §357

9 Eine **analoge Anwendung des §357** auf außergerichtliche Tatsachenfeststellungen des **Sachverständigen** und sonstiger Hilfspersonen (zum Augenscheinsgehilfen → Rdnr. 14 vor §371) ist im Sinne einer Stärkung der Parteimitwirkung bei der Beweisaufnahme zu **bejahen**[17]. Gerade auch bei der Tatsachenfeststellung durch Sachverständige haben die Parteien ein Interesse, die Richtigkeit und Vollständigkeit zu kontrollieren und die Tatsachenerhebung

---

[14] *Rosenberg/Schwab/Gottwald*[16] §21 Rdnr. 20; a.M. *OLG Rostock* JW 1928, 745; MünchKommZPO/*Musielak*[2] Rdnr. 6 (weil die Partei nicht nach §353d Nr. 2 StGB bestraft werden könne).

[15] *OLG Hamm* JMBlNRW 1955, 222.

[16] AK-ZPO/*Rüßmann* Rdnr. 3.

[17] *BGH* ZZP 67 (1954) 295, 297 (implizit); *BAG* AP §402 Nr. 1 (mit krit. Anmerkung von *Pohle*) und Nr. 2 (mit krit. Anmerkung *von Diederichsen*); *RG* JW 1927, 2416; *OLG München* OLGZ 1983, 355, 356; *OLG München* NJW 1984, 807; *OLG Düsseldorf* MDR 1979, 409; *OLG Köln* NJW-RR 1996, 1277; *Fasching* Festschrift Matscher (1993) 97, 104f.; *Höffmann* (Fn. 1) 71; MünchKommZPO/*Damrau*[2] §404a Rdnr. 11; MünchKommZPO/*Musielak*[2] Rdnr. 8; *Rosenberg/Schwab/Gottwald*[16] §120 Rdnr. 9; *Schnapp*

durch Hinweise in ihrem Sinne zu beeinflussen. Ferner würde das Anwesenheitsrecht der Parteien von der (unterschiedlichen) Reichweite der richterlichen Sachkunde im Hinblick auf das Beweisthema abhängen[18]; denn schaltet der sachkundige Richter keinen Sachverständigen ein, greift §357 vorbehaltlos ein. Die Zulassung der Partei zur außergerichtlichen »Beweisaufnahme« verhindert überdies in vielen Fällen eine anschließende förmliche Erhebung des Beweises vor Gericht, was die Parteien beanspruchen könnten (→ Rdnr. 8). Ein Recht der Parteien auf Anwesenheit und ihre vorherige Benachrichtigung muß deshalb anerkannt werden. Der Richter hat im Rahmen seiner Leitungsbefugnis (§404a Abs. 1) den Sachverständigen anzuweisen, den Parteien die Teilnahme zu gestatten, §404a Abs. 4 Fall 3. Allerdings genügt es, daß der Sachverständige beiden Parteien *Gelegenheit* zur Anwesenheit gibt; wer sie nicht nutzt, kann sich später auf die Abwesenheit nicht berufen[19].

c) Ausnahme

10 Das Recht zur Anwesenheit bei der Tatsachenerhebung durch Sachverständige (→ Rdnr. 9) ist freilich nicht schrankenlos. Soweit der Sachverständige nicht unmittelbar beweisbezogene Tatsachen, sondern allgemeine **Erfahrungstatsachen und Erfahrungssätze** seines Fachgebietes aus allgemein zugänglichen Quellen ermittelt, besteht ein Anwesenheitsrecht nicht; insoweit können die Parteien ihre Interessen bei der Beweisaufnahme vor Gericht wahrnehmen. Wohl aber ist das Anwesenheitsrecht zu bejahen bei der Analyse von beweiserheblichen Substanzen im Rahmen von Laboruntersuchungen[20]. Eine Ausnahme vom Anwesenheitsrecht bei der Tatsachenerhebung durch Sachverständige ist anzunehmen, falls **rechtliche Hindernisse** entgegenstehen. Beispielsweise kann das Persönlichkeitsrecht beteiligter Personen bei einer ärztlichen Untersuchung die Anwesenheit der Parteien verbieten[21]; erwägenswert bleibt aber, daß sie selbst einen Arzt als sachkundigen Berater (→ Rdnr. 4) zur Befunderhebung hinzuziehen. *Tatsächliche* Gründe bilden kein Hindernis[22]; im Schulfall der Untersuchung des Schiffswracks auf dem Meeresgrund kann die Partei einen sachkundigen Berater beiziehen. Keinesfalls schließt die bloße Erschwerung der Tatsachenfeststellung das Anwesenheitsrecht aus.

II. Benachrichtigung der Parteien vom Termin der Beweisaufnahme

11 Unabdingbare Voraussetzung für die Wahrnehmung des Anwesenheitsrechts ist, daß die Parteien vom Termin der Beweisaufnahme benachrichtigt werden. Die Benachrichtigung der Parteien – bzw., soweit Prozeßbevollmächtigte bestellt sind, die Benachrichtigung nur dieser[23], §172 – erfolgt in verschiedener Weise, je nach der Ausführung der Beweisaufnahme (→ auch §361 Rdnr. 2ff.):

(Fn. 1) 654ff.; einschränkend *OLG München* OLGZ 1983, 355, 356 (nur soweit sinnvoll); *Zöller/Greger*[25] §402 Rdnr. 5a (»nach Sachlage«); a.A. AK-ZPO/*Rüßmann* Rdnr. 3.

[18] *Schnapp* (Fn. 1) 566.

[19] *BGH ZZP* 67 (1954) 295, 297.

[20] A.A. MünchKommZPO/*Damrau*[2] §404a Rdnr. 11 (dies sei »untunlich«).

[21] *OLG München* NJW-RR 1991, 896; *OLG Köln* NJW 1992, 1568; *Fasching* (Fn. 17) 105; *Schnapp* (Fn. 1) 567.

[22] A.A. 20. Aufl. Rdnr. 7.

[23] *OLG Nürnberg* OLGZ 1976, 480, 481.

1. Beweisaufnahme vor dem Prozeßgericht

12 Erfolgt die Beweisaufnahme vor dem Prozeßgericht, so ist der Termin gemäß §370 zugleich Verhandlungstermin. Falls der Termin nicht verkündet wurde, §218, sind die Parteien gemäß §§274, 497 zu laden. Terminsbestimmung (und Ladung → §214 Rdnr. 4) müssen zugestellt werden, §329 Abs. 2 Satz 2. Die Ladungsfrist (§217) ist einzuhalten, auch wenn der Termin verkündet wurde (→ §217 Rdnr. 3).

2. Beweisaufnahme vor dem beauftragten oder ersuchten Richter (Abs. 2)

13 §357 Abs. 2 Satz 1 durchbricht das Zustellungserfordernis aus §329 Abs. 2 Satz 2. Vom (nicht verkündeten, §218) Termin einer Beweisaufnahme vor dem beauftragten oder ersuchten Richter sind die Parteien regelmäßig **formlos zu benachrichtigen**, d.h. praktisch durch einfachen Brief, sofern nicht das Gericht die förmliche Zustellung anordnet. Die **Ladungsfrist** muß eingehalten werden (→ §217 Rdnr. 2)[24], denn Abs. 2 Satz 1 entbindet nur von der Zustellung, nicht aber von der Wahrung der den Parteien zur Vorbereitung des Termins dienenden Ladungsfrist, die auch die Möglichkeit der Anwesenheit im Termin zur Beweisaufnahme eröffnen soll[25]. – Für den Zeitpunkt des Zugehens gilt nach Abs. 2 Satz 2 die gleiche durch Glaubhaftmachung widerlegbare Vermutung wie nach §270 Abs. 2 Satz 2. Zu den **Folgen eines Verstoßes** gegen Abs. 2 → Rdnr. 21. Zur Benachrichtigung bei der **Beweisaufnahme im Ausland** → §363 Rdnr. 58ff., → §364 Rdnr. 11ff.

III. Grenzen der Parteiöffentlichkeit

14 Zu Ausnahmen von der Parteiöffentlichkeit beim Sachverständigenbeweis vgl. bereits → Rdnr. 10.

1. Analog §247 StPO

15 Auch im Zivilprozeß sind Fälle denkbar, in denen die Besorgnis besteht, ein Zeuge werde in Gegenwart der Partei mit der Wahrheit zurückhalten. In entsprechender Anwendung des §247 Satz 1 StPO kann das Gericht in einem solchen Fall die betreffende Partei anweisen, das Sitzungszimmer während der Vernehmung zu verlassen[26]. Ein Ausschluß des Prozeßbevollmächtigten ist auf dieser Grundlage nicht zulässig. Im Anschluß an die Vernehmung ist die Partei wieder zuzulassen und vom Inhalt der Aussage zu unterrichten. Ihr ist Gelegenheit zur Ausübung des Befragungsrechts nach §397 zu geben.

2. §177 GVG

16 Das Gericht kann nach §177 GVG die Parteien aus dem Sitzungszimmer entfernen lassen, wenn sie Anordnungen, die der Aufrechterhaltung der Ordnung dienen, nicht Folge leisten. Auch in diesem Fall ist den Parteien das Beweisergebnis mitzuteilen.

---

[24] *OLG Köln* MDR 1973, 856 (LS); MünchKommZPO/*Musielak*² Rdnr. 11; *Teplitzky* NJW 1973, 1675; a.A. *RG* JW 1932, 1137; *Thomas/Putzo/Reichold*²⁷ §361 Rdnr. 1 und die 19. Aufl. dieses Kommentars.

[25] Überholt sind frühere Ansichten, die keine Rücksicht auf die Interessen der Parteien nahmen. So wurde vertreten, daß die Parteien schon auf Grund des Beweisbeschlusses Vorkehrungen für die Terminswahrnehmung treffen könnten, so daß auch bei einem auswärtigen Termin eine kurze Frist genüge, vgl. *RG* JW 1932, 1137 (Zugang der Benachrichtigung zwei Tage [!] vor dem Termin sei ausreichend).

[26] *OLG Frankfurt* OLGR 2003, 130.

3. Beweisrechtliches »Geheimverfahren« (»in camera«-Verfahren)

17 Abzulehnen ist ein **beweisrechtliches »Geheimverfahren«**[27], das eine Partei von der Beweisaufnahme und der Mitteilung des Beweisergebnisses ausschließt, um zu verhindern, daß sie von Betriebs- oder Geschäftsgeheimnissen des Prozeßgegners Kenntnis erlangt[28]. Kenntnis vom Beweisergebnis soll nur der Beweisführer und das Gericht haben, nicht der Prozeßgegner. Einem solchen **»in camera«-Verfahren** steht Art. 103 Abs. 1 GG entgegen, zu dessen Kernbereich es gehört, zu den tatsächlichen Entscheidungsgrundlagen Stellung beziehen zu können[29]. Die Anwesenheit bei der Beweiserhebung und die Kenntnisnahme vom Beweisergebnis ist dazu unabdingbare Voraussetzung.

18 Art. 103 Abs. 1 GG schließt ein »in camera«-Verfahren allerdings nicht aus, wenn die **Parteien einverstanden** sind[30]. Die Zustimmung zum »in camera«-Verfahren ist für eine beweisbelastete Partei von Bedeutung, falls sie auf die Mitwirkung des nicht beweisbelasteten Gegners bei der Beweisaufnahme angewiesen ist. Gibt das Gericht zu erkennen, daß es eine Mitwirkungsverweigerung der nicht beweisbelasteten Partei an der Beweisaufnahme wegen deren schützenswerten Geheimhaltungsinteressen *nicht* als *Beweisvereitelung* werten wird (→ §286 Rdnr. 120ff. [21. Aufl.]), erwächst für die sich sonst in Beweisnot befindende beweisbelastete Partei ein Anreiz, dem Geheimverfahren zuzustimmen. Immerhin erhält sie damit die Chance der Beweisführung, die andernfalls aufgrund berechtigter Verweigerung der Mitwirkung an der Beweisaufnahme nicht stattfinden würde. Der im Jahre 2004 eingeführte §284 Satz 2 ermöglicht den bindenden Verzicht einer Partei auf die Teilnahme an der Beweisaufnahme. Zweifelhaft ist allerdings, ob diese Vorschrift auch einen bindenden Verzicht auf die Mitteilung des Beweisergebnisses trägt. Damit ist ein fundamentaler Eingriff in die Mitwirkungsrechte am Verfahren verbunden. Das Bundesverfassungsgericht sieht indes keine Verletzung des Art. 103 Abs. 1 GG, wenn durch den begrenzten Verzicht auf das rechtliche Gehör der effektiven Rechtsschutz der betroffenen Partei ausnahmsweise verbessert wird[31]. Diese restriktive Interpretation des Art. 103 Abs. 1 GG dürfte auch ein »in camera«-Verfahren ermöglichen. Das Grundrecht auf rechtliches Gehör sichert die Subjektsqualität der Parteien. Betrachtet man isoliert die Beweisaufnahme, wird die vom »in camera«-Verfahren ausgeschlossene Partei zwar in ihrer verfahrensrechtlichen Subjektsstellung spürbar beeinträchtigt, weil sie weder das Verfahren beeinflussen kann noch die Gründe der Entscheidung mitgeteilt bekommt. Betrachtet man freilich nicht nur den Prozeß, sondern die Entscheidungssituation der beweisbelasteten Partei *vor* dem Verfahren, so fällt die Beurteilung anders aus: Der Ausschluß einer Zustimmung zum »in camera«-Verfahren führt dazu, daß die Partei auf die Klageerhebung verzichtet und Rechtsschutz überhaupt nicht erreichen kann. Damit würde das rechtliche Gehör *gegen* die rechtsschutzbedürftige Partei selbst gerichtet werden. Die Subjektsqualität der Partei wird denn auch gestärkt, wenn man *ihr* – und nicht dem Gesetzgeber – die Entscheidung überläßt, entweder das subjektive Recht oder das rechtliche Gehör partiell preiszugeben.

---

[27] Grundlegend *Stürner* Die Aufklärungspflicht der Parteien des Zivilprozesses (1976) 208ff.; *ders.* JZ 1985, 453, 458; ferner *Stadler* NJW 1989, 1202; *Wagner* ZZP 108 (1995) 193, 210ff.; ablehnend *OLG Köln* NJW-RR 1996, 1277; *Baumgärtel* Festschrift Habscheid (1989) 1; *Höffmann* (Fn. 1) 128ff.; *Lachmann* NJW 1987, 2206; MünchKommZPO/*Musielak*² Rdnr. 9; *Zeuner* Festschrift Gaul (1997) 845, 854f.

[28] Praktiziert wurde dies vom *OLG Nürnberg* BB 1984, 1252 = CR 1986, 197 (mit abl. Anm. *Ullmann*).

[29] Vgl. *BVerfGE* 89, 381, 392.

[30] *Stürner* Die Aufklärungspflicht der Parteien des Zivilprozesses (1976) 223ff.; ferner *Ploch-Kumpf* Der Schutz von Unternehmensgeheimnisse im Zivilprozeß ... (1996) 202ff.; anders die Voraufl.

[31] *BVerfG* NJW 2000, 1175, 1178. Unter Rückgriff auf diese Entscheidung hat der Gesetzgeber in §99 Abs. 2 VwGO ein verwaltungsgerichtliches »in camera«-Verfahren eingeführt.

19 Gleichwohl bleiben Bedenken: Es besteht die Gefahr, daß der Richter bei der Beweisaufnahme die durch nicht beteiligte Partei entstehende Lücken auszufüllen versucht, was mit seiner Neutralität unvereinbar ist. Überdies muß das *Urteil ohne Urteilsgründe* in den entscheidenden Punkten ergehen; es ist damit für die Partei in entscheidenden Punkten nicht nachvollziehbar und daher nicht sinnvoll mit Rechtsmitteln angreifbar. Ohnehin werden die Möglichkeiten des Geheimverfahrens überschätzt, da eine Beweisaufnahme ohne Mitwirkung der beweisbelasteten Partei allein unter der »Herrschaft« des Gegeners selten zu ihren Gunsten ausfallen wird. Der Prozeß dürfte daher im Ergebnis häufig nicht anders ausgehen, als wenn auf die Beweisaufnahme verzichet und eine Beweislastentscheidung getroffen worden wäre[32].

20 Im übrigen jedoch bleibt es bei der Verfahrensgarantie des Art. 103 Abs. 1 GG. Gegen ihren Willen darf eine Partei nicht von der Beweisaufnahme ausgeschlossen werden. Wer die Beweislast trägt, muß ggf. auch eigene Geheimnisse offenbaren und kann vom Gegner nicht den Verzicht auf rechtliches Gehör einfordern. Mit der Zuweisung der Beweislast verteilt der Gesetzgeber daher nicht nur das Risiko der Beweismittelbeschaffung und des Erfolgs der Überzeugungsbildung beim Richter. Er weist auch das Risiko zu, (Unternehmes-)Geheimnisse offenlegen zu müssen, wenn andere Beweismittel nicht verfügbar sind.

IV. Folgen eines Verstoßes gegen das Anwesenheitsrecht oder die Benachrichtigungsvorschriften

1. Wiederholung der Beweisaufnahme

21 Das Ergebnis einer Beweisaufnahme, das unter Verletzung der Parteiöffentlichkeit zustande kam, etwa weil den Parteien der Zutritt zum Ort der Beweisaufnahme nicht möglich war, die Benachrichtigung vom Termin der Beweisaufnahme unterblieben war oder unter Verletzung des Abs. 2 oder sonst nicht ordnungsgemäß (z.B. §172) oder unter Nichtbeachtung der Ladungsfrist (→ Rdnr. 13) erfolgte, darf bei der Beweiswürdigung nicht berücksichtigt werden (→ §286 Rdnr. 16f.)[33]. Die Beweisaufnahme muß wiederholt werden[34]. Nachdrücklich abzulehnen ist die Ansicht, die Beweisaufnahme müsse nicht wiederholt werden, wenn das Gericht der Überzeugung ist, die erneute Beweisaufnahme werde nicht zu einem anderen Ergebnis führen[35], denn die Frage, wie sich die Anwesenheit der Partei und ihre Einflußnahme auf die Beweisaufnahme (→ Rdnr. 1) auswirken wird, kann nicht im voraus bestimmt werden. Überdies setzt eine Verhandlung über die Beweisaufnahme voraus (zur Bedeutung des §357 insoweit → Rdnr. 1 a.E.), daß die Parteien selbst einen unmittelbaren Eindruck vom Verlauf der Beweiserhebung gewonnen haben. Es ist daher nicht Sache der ausgebliebenen Partei, darzulegen oder gar nachzuweisen, daß ein Zeuge in Anwesenheit der Partei anders ausgesagt hätte[36]. – War der **Termin nur zur Beeidigung** eines Zeugen oder einer Partei auf ihre bei einer früheren ordnungsgemäßen Vernehmung gemachten Aussage bestimmt, so ist eine Wiederho-

---

32 Vgl. *Baumgärtel* Festschrift Habscheid (1989) 7f., der auf den Gerechtigkeitsgehalt von Beweislastregeln hinweist.

33 *RGZ* 136, 299; *BPatG* GRUR 1981, 691f.; *Höffmann* (Fn. 1) 79ff.; MünchKommZPO/*Musielak*[2] Rdnr. 12; *Peters* ZZP 76 (1963) 158; AK-ZPO/*Rüßmann* Rdnr. 5; *Zöller/Greger*[25] Rdnr. 2.

34 Folgt man dem Grundsatz, daß eine fehlerhafte Beweisaufnahme verwertet werden kann, wenn eine Wiederholung *unmöglich* ist (→ §286 Rdnr. 17 a.E.), ist auch die Verletzung des §357 unbeachtlich, wenn eine Wiederholung der Beweisaufnahme ausscheidet, *RG* JW 1938, 3255.

35 *RGZ* 100, 174; im Grundsatz ebenso MünchKommZPO/*Musielak*[2] Rdnr. 12, wenn auch mit der Einschränkung, daß sich nur selten mit Sicherheit feststellen lasse, daß bei Anwesenheit der Parteien kein anderes Ergebnis erzielt worden wäre.

36 *RGZ* 136, 299; nur im Ergebnis MünchKommZPO/*Musielak*[2] Rdnr. 12.

lung nicht geboten[37], weil die (auch strafrechtliche) Gültigkeit des Eides nicht von der Benachrichtigung der Partei abhängt und daher eine zweite Eidesleistung nicht verlangt werden kann (→ auch §480 Rdnr. 1).

2. Verzicht

22 §355 eröffnet die *Möglichkeit* zur Anwesenheit bei der Beweisaufnahme im Parteiinteresse (→ Rdnr. 1), die nach Maßgabe des §367 Abs. 1 auch bei Nichterscheinen der Parteien durchgeführt wird. Auf die Ausübung der Parteiöffentlichkeit kann folglich nachträglich verzichtet werden. Daher ist auch die Heilung einer wegen der unterbliebenen Benachrichtigung fehlerhaften Beweisaufnahme nach §295 Abs. 1 möglich[38].

3. Rechtsmittel

23 Der Verstoß gegen §357 kann nicht mit der Beschwerde[39], sondern nur mit den gegen das Urteil statthaften Rechtsmitteln (§§512, 548) gerügt werden.

§357a (aufgehoben)

§357a war durch die Novelle 1924 (→ Einl. Rdnr. 159ff.) eingeführt worden (vgl. 19. Aufl. dieses Komm. I 1); er behandelte die sofortige Beweiserhebung, insbesondere die Einvernahme von Zeugen und Sachverständigen, die von den Parteien mitgebracht wurden oder die unverzüglich erreicht werden konnten. Die Vereinfachungsnovelle 1976 (→ Einl. Rdnr. 197) hob die Vorschrift auf.

§358 Notwendigkeit eines Beweisbeschlusses

Erfordert die Beweisaufnahme ein besonderes Verfahren, so ist es durch Beweisbeschluss anzuordnen.

Gesetzesgeschichte: Bis 1900 §323 CPO. Aufgrund der Novelle 98 (→ Einl. Rdnr. 146) unverändert zu §358 geworden. Die beigefügte amtliche Überschrift beruht auf Art. 2 Abs. 2 ZPO-RG (→ Einl. Rdnr. 202) in Verbindung mit der dazu erlassenen Anlage.

Stichwortverzeichnis → Beweisaufnahmeschlüssel zu Beginn der Vorbemerkungen vor §355.

[37] So (zum früheren Parteieid) *RGZ* 76, 101; *RG* SeuffArch 75 (1920) 245.
[38] *BGH* VersR 1984, 946, 947; *Höffmann* (Fn. 1) 81; MünchKommZPO/*Musielak*[2] Rdnr. 13; *Schnapp* (Fn. 1) 569; *Stürner* Die Aufklärungspflicht der Parteien des Zivilprozesses (1976) 225; *Zöller/Greger*[25] Rdnr. 2.
[39] *KG* OLGRsp 29 (1914) 135.

I. Anwendungsbereich

1. Notwendigkeit des Beweisbeschlusses

1 Der Beweiserhebung geht entweder eine formlose Beweisanordnung oder ein förmlicher Beweisbeschluß voraus (→ §284 Rdnr. 49 [21. Aufl.]). Eines **förmlichen Beweisbeschlusses** (also eines Beschlusses mit dem Inhalt nach §359) bedarf es nach §358 nur, wenn die Beweisaufnahme ein »besonderes Verfahren« erfordert. Der Gesetzeswortlaut ist mißverständlich. Ein Beweisbeschluß muß ergehen, wenn die Beweisaufnahme **nicht unmittelbar im Anschluß an die streitige Verhandlung** in demselben Termin erfolgen kann[1] und der Termin zum Zwecke der Beweisaufnahme daher vertagt wird (zum Begriff → §227 Rdnr. 3)[2], weil dann die Beteiligten *nicht mit dem Streitstoff* aufgrund unmittelbar vorangegangener streitiger Verhandlung (§279 Abs. 2) *vertraut* sind[3]. Ein Beweisbeschluß ist daher insbesondere erforderlich, wenn die Beweisaufnahme durch den **beauftragten oder ersuchten Richter** erfolgt (§§361f.). Ferner ist ein Beweisbeschluß notwendig bei einer vorterminlichen Beweisanordnung und Beweisdurchführung (§358a). Der gemäß §450 erforderliche Beweisbeschluß bei der **Parteivernehmung** dient überdies ihrer Abgrenzung zum Parteivortrag und zur Parteianhörung (zum Zweck des Beweisbeschlusses insoweit → §450 Rdnr. 1). Zum Verfahren → §359 Rdnr. 5.

2. Fakultativer Beweisbeschluß

2 Dagegen erfordert die Beweisaufnahme kein »besonderes Verfahren«, wenn sie in dem Termin, in dem sich ihre Notwendigkeit herausstellt, erfolgen kann. Es ist daher **kein förmlicher Beweisbeschluß erforderlich**, wenn die Zeugen *zur Stelle* sind oder *sofort* herbeigeschafft werden können. Ein Beweisbeschluß braucht weiter nicht zu ergehen, soweit Urkunden *sofort* herbeigeschafft und vorgelegt werden, §420, und soweit die Einnahme des Augenscheins oder die Vernehmung von Sachverständigen *sofort* erfolgen kann. Für einen Beweisbeschluß ist ferner in denjenigen Verfahren kein Raum, in denen der Nachweis nur durch *präsente Beweismittel* zu führen ist – wie bei *Arrest* und *einstweiliger* Verfügung, → §922 Rdnr. 22 – und überhaupt im Bereich der *Glaubhaftmachung*, da §294 Abs. 2 nur die sofortige Beweisaufnahme zuläßt (→ auch §294 Rdnr. 9 und 10ff. [21. Aufl.]). Kein Beweisbeschluß ist schließlich vorgesehen, wenn vor der Verhandlung eine *Anordnung nach §273* ergangen war (→ §273 Rdnr. 37, 38 [21. Aufl.]), sowie für die *Ermittlung von ausländischen Rechtsnormen* (→ §293 Rdnr. 31ff. [21. Aufl.]), bei gerichtsinternen Vorgängen (→ §293 Rdnr. 37f. [21. Aufl.]) und formlosen Verfahren (→ §293 Rdnr. 39ff. [21. Aufl.]), *nicht* aber beim förmlichen Beweisverfahren (→ §293 Rdnr. 43 [21. Aufl.]). Sofern man im *Freibeweis* (gegen ihn → Rdnr. 24ff. vor §355) ein zulässiges Vorgehen sieht, bedarf auch er keines Beweisbeschlusses[4]. In allen diesen Fällen genügt eine **formlose Anordnung** des Beweises durch das Prozeßgericht. Dagegen muß auch für die *Vernehmung* der im Termin anwesenden *Partei* ein förmlicher Beweisbeschluß erlassen werden, §450.

---

1 *Hahn/Stegemann* Materialien zur ZPO, Band 2/1, 266.
2 MünchKommZPO/*Musielak*[2] Rdnr. 4; AK-ZPO/*Rüßmann* Rdnr. 1; a.A. *Zöller/Greger*[25] Rdnr. 2.
3 *Engel* Beweisinterlokut und Beweisbeschluß im Zivilprozeß (1992) 147f.
4 *Schneider* Beweis und Beweiswürdigung[4] (1987) Rdnr. 1087.

II. Fakultativ mündliches Verfahren

3 §358 gilt auch im fakultativ mündlichen Verfahren (→ §128 Rdnr. 120f.).

III. Kosten

4 *Gerichtsgebühren* werden weder für den Beweisbeschluß noch für das Verfahren der Beweisaufnahme erhoben. Sie sind mit den gerichtlichen Kosten abgegolten, s. §27 GKG; wegen der Auslagen s. GKG Kostenverzeichnis Nr. 9000ff. Eine gesonderte Beweisgebühr des *Rechtsanwalts* fällt nach RVG nicht an.

IV. Rechtsbehelfe

5 **Unterbleibt** entgegen §358 ein förmlicher Beweisbeschluß, so kann dies nur im Rahmen des Rechtsmittels gegen das Endurteil geltend gemacht werden. Die Verletzung des §358 ist nach §295 heilbar[5]. **Ergeht** ein Beweisbeschluß, so ist er als prozeßleitende Anordnung nicht selbständig anfechtbar[6], sondern nur zusammen mit dem Endurteil. Eine Ausnahme besteht, falls der Beweisbeschluß einen Verfahrensstillstand herbeiführt. Entsprechend §252 ist dann die Anfechtung mit der sofortigen Beschwerde statthaft (→ §252 Rdnr. 4). Zur Anordnung der Erstellung eines erbbiologischen Gutachtens mit der Möglichkeit der Aussetzung eines Rechtsstreits → §640f Rdnr. 1 (21. Aufl.).

§358a Beweisbeschluß und Beweisaufnahme vor mündlicher Verhandlung

[1]Das Gericht kann schon vor der mündlichen Verhandlung einen Beweisbeschluss erlassen. [2]Der Beschluss kann vor der mündlichen Verhandlung ausgeführt werden, soweit er anordnet
1. eine Beweisaufnahme vor dem beauftragten oder ersuchten Richter,
2. die Einholung amtlicher Auskünfte,
3. eine schriftliche Beantwortung der Beweisfrage nach §377 Abs. 3,
4. die Begutachtung durch Sachverständige,
5. die Einnahme eines Augenscheins.

Gesetzesgeschichte: §358a wurde eingefügt durch die Vereinfachungsnovelle 1976 (→ Einl. Rdnr. 197). Die Vorschrift entspricht, soweit es um eine vorgezogene Beweisaufnahme geht, teilweise §272b aF (→ §273 Rdnr. 1 a.E. [21. Aufl.]). Satz 2 Nr. 3 wurde neu gefaßt durch Art. 1 Nr. 18 des Rechtspflege-Vereinfachungsgesetzes vom 17. XII. 1990, BGBl I 2847. Die beigefügte amtliche Überschrift beruht auf Art. 2 Abs. 2 ZPO-RG (→ Einl. Rdnr. 202) in Verbindung mit der dazu erlassenen Anlage.

Stichwortverzeichnis → Beweisaufnahmeschlüssel zu Beginn der Vorbemerkungen vor §355.

[5] *BGH* MDR 1959, 638.
[6] Mit der Zulassung einer selbständigen Anfechtung der Beweisanordnung würde durch die Beschwerdeinstanz unzulässig in die Sachentscheidungskompetenz des Prozeßgerichts eingegriffen, *OLG Köln* DAVorm 1972, 350; *OLG Karlsruhe* OLGR 2003, 225.

I. Inhalt und Zweck

1. Verhältnis zu §273

1 Wie §273 ermöglicht §358a Maßnahmen **vor der mündlichen Verhandlung**. Die Anordnungen des *Vorsitzenden* nach §273 sind aber auf die vorsorgliche Bereitstellung von Beweismitteln für den Verhandlungstermin beschränkt; hingegen gestattet es §358a der *Kammer*, Beweisbeschlüsse zu erlassen (Satz 1) und in manchen Fällen bereits vor der mündlichen Verhandlung auszuführen (Satz 2) (→ §273 Rdnr. 4 [21. Aufl.]).

2. Vorterminlicher Beweisbeschluß[1] – Vorterminliche Beweisaufnahme

2 §358a regelt zwei unterschiedliche Beweismaßnahmen. **Satz 1** enthält den *vorterminlichen Beweisbeschluß*, auf dessen Grundlage das Gericht in der Lage ist, bereits im ersten Termin eine Beweisaufnahme durchzuführen. Damit kann insbesondere das Ziel des §279 Abs. 2 verwirklicht werden, wonach im Haupttermin auf die streitige Verhandlung unmittelbar die Beweisaufnahme folgen soll (→ auch §278 Rdnr. 16 [21. Aufl.]). **Satz 2** geht noch weiter und erlaubt dem Gericht, in bestimmten Fällen eine *vorterminliche Beweisaufnahme* durchzuführen. Da die Prozeßparteien zur Anwesenheit bei der Beweiserhebung berechtigt sind (§357), müssen sie vorher rechtzeitig benachrichtigt werden.

[1] Die Bezeichnung »vorterminlicher« Beweisbeschluß stammt wohl von *Bender/Belz/Wax Das* Verfahren nach der Vereinfachungsnovelle und vor dem Familiengericht (1977) Rdnr. 11f. und ist am prägnantesten.

3. Zweck

3 §358a dient der **Beschleunigung und Konzentration** des Verfahrens[2]. **Satz 1** erlaubt den Erlaß eines Beweisbeschlusses ohne vorherige mündliche Verhandlung (→ §128 Rdnr. 61, 110) und durchbricht damit das Mündlichkeitsprinzip. Der vorterminliche Beweisbeschluß ermöglicht die Durchführung von Beweisaufnahmen im Haupttermin (§§272 Abs. 1, 279 Abs. 2) sowie im frühen ersten Termin (§275, → Rdnr. 10) und verhindert eine Vertagung allein zum Zweck der Beweiserhebung. In den Fällen des §358a **Satz 2** könnte die Beweisaufnahme (nicht vollständig) im Termin durchgeführt werden. Das Institut der vorterminlichen Beweisaufnahme eröffnet dem Gericht insoweit die Möglichkeit, über Tatsachen schon vor dem Termin Beweis zu erheben mit der Folge, daß das Beweisergebnis im Termin bereits vorliegt. §358a stärkt die formelle *Unmittelbarkeit* der Beweisaufnahme (→ §355 Rdnr. 5ff.), denn die *Kammer* und nicht nur der Vorsitzende erläßt den Beweisbeschluß und führt die Beweisaufnahme aus.

II. Vorterminlicher Beweisbeschluß (Satz 1)

1. Zeitpunkt des Erlasses

4 Einen Zeitpunkt, *vor* dem der Beweisbeschluß (noch) nicht erlassen werden soll, nennt die Vorschrift nicht. Wie bei den vorbereitenden Maßnahmen des Vorsitzenden sollte die **Klageerwiderung abgewartet** werden (vgl. §273 Abs. 3 S. 1, → dort Rdnr. 16 [21. Aufl.]), aus der ersichtlich ist, ob und wie sich der Beklagte verteidigen wird[3]. Zuvor ist völlig offen, welche Tatsachen bestritten werden und damit überhaupt beweisbedürftig sind[4]. Nur aufgrund der Klageschrift einen vorterminlichen Beweisbeschluß zu erlassen ist ferner deshalb unangebracht, weil der Beweisbeschluß nur nach Maßgabe des §360 aufgehoben oder geändert werden kann (→ §360 Rdnr. 3). Zur Folge, wenn angekündigte Behauptungen nicht vorgetragen werden → §276 Rdnr. 7 (21. Aufl.). Zum Abstammungsgutachten → §372a Rdnr. 5ff.

5 Ein Beweisbeschluß auf der Grundlage des §358a Satz 1 kann auch noch *nach* einem Termin zur mündlichen Verhandlung ergehen, wenn ein neuer Termin erforderlich wird, etwa ein Haupttermin nach einem frühen ersten Termin oder ein zweiter Haupttermin (§278 Abs. 4)[5]. Handelt es sich um eine Tatsache, die bereits in der mündlichen Verhandlung vorgetragen worden war, ergeht der Beweisbeschluß freilich schon nach der Grundnorm des §358. Für einen *vorterminlichen* Beweisbeschluß zwischen zwei Verhandlungsterminen auf der Grundlage des §358a Satz 1 besteht daher nur im Ausnahmefall ein Bedürfnis, etwa wenn eine Partei nach dem ersten Termin schriftsätzlich neue Tatsachen vorbringt, die bislang nicht Gegenstand einer mündlichen Verhandlung waren.

2. In allen Verfahrensgestaltungen

6 Ein vorterminlicher Beweisbeschluß ist in allen Gestaltungen des Prozesses statthaft.

7 a) Ein vorterminlicher Beweisbeschluß ist besonders geeignet, den im Anschluß an das **schriftliche Vorverfahren** (§276) notwendigen Haupttermin vorzubereiten (→ §276 Rdnr. 3 und vor allem Rdnr. 7 [21. Aufl.]).

---

[2] → Einl. Rdnr. 159; BT-Drucks 7/2729, 36f. In der Praxis spielt die Vorschrift keine große Rolle, *Engels* AnwBl 1979, 205, 206 r. Sp.; *Walchshöfer* ZZP 94 (1981) 179, 185.

[3] Vgl. *Hahn* Kooperationsmaxime im Zivilprozeß? (1983) 213.

[4] MünchKommZPO/*Musielak*[2] Rdnr. 5.

[5] A.A. MünchKommZPO/*Musielak*[2] Rdnr. 5; *Musielak/Stadler*[4] Rdnr. 2; wie hier *Leipold* → §275 Rdnr. 24 (21. Aufl.); *Thomas/Putzo/Reichold*[27] Rdnr. 1.

b) Hat sich das Gericht für den **frühen ersten Termin** (§ 275) entschieden, ist ein vorterminlicher Beweisbeschluß nicht weniger sinnvoll; denn im frühen ersten Termin sind Beweisaufnahmen zulässig (→ §275 Rdnr. 21 [21. Aufl.]). *Nach* einem frühen ersten Termin ist ein vorterminlicher Beweisbeschluß gemäß §358a Satz 1 nur im Ausnahmefall erforderlich (→ Rdnr. 7). 8

c) Haben die Parteien einverständlich das **schriftliche Verfahren** (§ 128 Abs. 2) gewählt und wurde die *Zustimmung* von einer Partei wirksam widerrufen (→ § 128 Rdnr. 67ff.), ist ebenfalls ein vorterminlicher Beweisbeschluß statthaft; dasselbe gilt, wenn das *Gericht von sich aus* die mündliche Verhandlung anordnet (→ § 128 Rdnr. 81). 9

3. Geltung der allgemeinen beweisrechtlichen Vorschriften

Da sich die Besonderheit des vorterminlichen Beweisbeschlusses in seinem Erlaß vor der mündlichen Verhandlung erschöpft, gelten für ihn im übrigen **dieselben Regelungen wie für den aufgrund der mündlichenVerhandlung verkündeten** (»normalen«) **Beweisbeschluß**. Das Gericht ist deshalb auch beim vorterminlichen Beweisbeschluß an die *Verhandlungsmaxime* gebunden (zum vergleichbaren Problem bei §273 → dort Rdnr. 16 [21. Aufl.]); es darf nicht Beweismittel verwenden, die nur auf Antrag einer Partei benutzt werden dürfen (vgl. §373), falls der Antrag fehlt, oder Beweis anordnen, wo nichts (mehr) bestritten ist, oder sonst die Beweisbedürftigkeit und die Entscheidungserheblichkeit (→ §284 Rdnr. 73ff. [21. Aufl.]) verkennen. Daß die Parteivorträge erst mit der (noch nicht durchgeführten) mündlichen Verhandlung wirksam werden, ändert daran nichts (→ §273 Rdnr. 17 [21. Aufl.]). Freilich besteht umgekehrt insbesondere beim vorterminlichen Beweisbeschluß nach einem *schriftlichen Vorverfahren* (→ Rdnr. 9) die Gefahr, daß überflüssige Beweise angeordnet wurden (→ §276 Rdnr. 7 [21. Aufl.]). 10

4. Inhalt und Form des vorterminlichen Beweisbeschlusses

Während die vorterminliche Beweis*aufnahme* (Satz 2, → Rdnr. 19) auf bestimmte Beweismittel beschränkt ist, kann sich der vorgezogene Beweis*beschluß* auf **alle Beweismittel** erstrecken, die auch sonst ein Beschluß hat (näher → §359 Rdnr. 7ff.). In der **Form** entspricht er dem üblichen **Beweisbeschluß**. 11

5. Ermessen

Ob das Gericht überhaupt den Weg des vorterminlichen Beweisbeschlusses wählt und auf welche Beweismittel es ihn erstreckt, steht in seinem **Ermessen**[6]. Es wird sich vor allem für den vorterminlichen Beweisbeschluß entschließen, wenn es ihn auch vorgezogen *durchführen* will (zur vorgezogenen Beweisaufnahme → Rdnr. 18ff.) oder wenn weitere Beweisbeschlüsse voraussichtlich nicht erlassen werden müssen, so daß der nächste Termin auch zur Durchführung der möglicherweise einzigen Beweisaufnahme dienen kann. Aber auch wenn schon feststeht, daß es zu mehreren Beweisaufnahmen kommt, vermag ein vorterminlicher Beweisbeschluß wesentlich zur Beschleunigung des Verfahrens beitragen. Daß der Erlaß des vorterminlichen Beweisbeschlusses im Ermessen des Gerichts steht, bedeutet im übrigen aber nicht etwa ein Freistellen von den sonst für Beweisbeschlüsse geltenden Vorschriften. An diese Vorschriften bleibt das Gericht auch bei vorherigem Erlaß gebunden (→ Rdnr. 10). 12

[6] *OLG Koblenz* NJW 1979, 374.

6. Zuständigkeit

13 a) Anders als bei den vorbereitenden Maßnahmen des §273 ist nicht der Vorsitzende, sondern die **Kammer zuständig**[7]. Da der vorterminliche Beweisbeschluß nicht nur eine *vorbereitende* Anordnung, sondern ein vollgültiger (»echter«) Beweisbeschluß ist (→ auch Rdnr. 10), wäre eine Kompetenz des *Vorsitzenden* untragbar. Schließlich müssen vor Erlaß eines Beweisbeschlusses die Erheblichkeit der Tatsachen, die Beweisbedürftigkeit und die sonstige Zulässigkeit des Beweisverfahrens geprüft werden (→ §273 Rdnr. 4 [21. Aufl.] mit Hinweis in Fn. 2).

14 b) Im **amtsgerichtlichen** und im **erstinstanziellen einzelrichterlichen Verfahren** ist zum Erlaß der **Amtsrichter** (»Richter beim Amtsgericht«) bzw. der **Einzelrichter** zuständig.

15 c) Der **Vorsitzende der Kammer für Handelssachen** kann im Rahmen der ihm zustehenden Beweiserhebungskompetenz (→ §349 Rdnr. 7, → auch §348 Rdnr. 4) auch einen vorterminlichen Beweisbeschluß erlassen.

16 d) Zum **Einzelrichter in der Berufungsinstanz** → §527.

7. Zustellung

17 Der vorterminliche Beweisbeschluß ist unter den Voraussetzungen des §329 Abs. 2 zuzustellen (→ §329 Rdnr. 9f.).

III. Vorterminliche Beweisaufnahme (Satz 2)

1. Allgemeines

18 Das **Ziel** der vorterminlichen Beweisaufnahme besteht darin, bereits im Termin zur mündlichen Verhandlung das **Beweisergebnis vorliegen zu haben.** Die vorterminliche Beweisaufnahme (Satz 2) setzt einen vorterminlichen Beweisbeschluß voraus. Für die vorterminliche Beweisaufnahme gelten im allgemeinen **dieselben Regeln** wie für den vorterminlichen Beweisbeschluß. Eine vorterminliche Beweisaufnahme kann daher im Ausnahmefall auch *nach* einer mündlichen Verhandlung erfolgen, wenn ihr ausnahmsweise ein vorterminlicher Beweisbeschluß zugrunde liegt (→ Rdnr. 5). Die vorterminliche Beweisaufnahme ist in allen Verfahrensgestaltungen (schriftliches Vorverfahren, früher erster Termin, nach schriftlichem Verfahren) möglich (→ Rdnr. 6–9) und steht im Ermessen (→ Rdnr. 12) der Kammer (→ Rdnr. 13) oder des sonst zuständigen Richters (→ Rdnr. 14ff.).

2. Inhalt

19 Während sich inhaltlich der vorterminliche Beweis*beschluß* vom Beweisbeschluß aufgrund mündlicher Verhandlung nicht unterscheidet (→ Rdnr. 11), ist die vorterminliche Beweis*aufnahme* nur in den in **Satz 2 Nr. 1–5 bestimmten Fällen zulässig** und darf vor der mündlichen Verhandlung ausgeführt werden. In den übrigen Fällen ist die Beweisaufnahme in einer mündlichen Verhandlung durchzuführen.

3. Ermessen

20 Auch die vorterminliche Beweisaufnahme steht im **Ermessen des Gerichts** (→ Rdnr. 12). Damit kommt es im Rahmen des §358a zu einer **doppelten Ermessensausübung**. Zuerst hat

---

[7] *BGHZ* 86, 104, 112; vgl. auch BVerfGE 63, 148, 151.

sich das Gericht zu entscheiden, ob es einen vorterminlichen Beweisbeschluß erlassen will (→ Rdnr. 12). Hat es dies bejaht, ist damit – auch bei den in Satz 2 Nr. 1–5 genannten Fällen – **nicht zugleich auch entschieden**, daß nunmehr eine **vorterminliche** Durchführung der **Beweisaufnahme** zu erfolgen hat. Vielmehr ist eine **gesonderte** Ermessensentscheidung notwendig, ob nun der vorterminliche Beweisbeschluß auch *vor* der mündlichen Verhandlung durchzuführen ist. Dies hängt von der Verfahrenslage ab und von der Art der durchzuführenden Beweisaufnahme. Nicht immer nämlich ist eine vorterminliche Beweisaufnahme beschleunigend.

4. Die einzelnen Fälle

a) Nr. 1: Beweisaufnahme vor dem beauftragten oder ersuchten Richter

21 Die vorterminliche Beweisaufnahme vor dem beauftragten (§361) oder ersuchten (§362, §§156ff. GVG) Richter ist zulässig, wenn die Voraussetzungen der §372 Abs. 2, §§375, 402, 434, 451 vorliegen (→ §355 Rdnr. 14). Gemäß §357 Abs. 2 ist den Parteien die Möglichkeit eröffnet, während der Beweisaufnahme vor dem ersuchten oder beauftragten Richter anwesend zu sein; die Parteien sind zu benachrichtigen (→ §357 Rdnr. 11).

b) Nr. 2: Einholung amtlicher Auskünfte

22 Im Gegensatz zu §273, der den *Vorsitzenden* ermächtigt, u.a. auch um die Erteilung amtlicher Auskünfte zu *ersuchen* (Abs. 2 Nr. 2, → §273 Rdnr. 26 [21. Aufl.]), handelt es sich hier um eine von der *Kammer* durchgeführte **Beweiserhebung**. Zur amtlichen Auskunft näher → Rdnr. 44 vor §373, → auch §273 Rdnr. 26 (21. Aufl.).

c) Nr. 3: Schriftliche Beantwortung der Beweisfrage nach §377 Abs. 3

23 Für die vorgezogene Einholung müssen ferner die Voraussetzungen des §377 (→ dort Rdnr. 25ff.) gegeben sein. Dazu gehört – wie auch sonst beim Zeugenbeweis –, daß der betreffende Zeuge benannt wurde (§373). Anders als bei dem vergleichbaren §273 Abs. 3 Satz 2 fehlt hier ein Hinweis auf das Einfordern eines *Auslagenvorschusses* gemäß §379. Da es sich bei §358a aber nur um eine schriftliche Beantwortung der Beweisfrage handelt und nicht um die Ladung von Zeugen, wird ein Auslagenvorschuß selten angebracht sein (→ auch §379 Rdnr. 1).

d) Nr. 4: Begutachtung durch Sachverständige

24 Keine Rolle spielt, ob ein Sachverständigengutachten *beantragt* oder *von Amts wegen* angeordnet (→ §144 Rdnr. 7 sowie → Rdnr. 26 vor §402) ist. Die vorgezogene Begutachtung wird vor allem dann angebracht sein, wenn erst aufgrund dieses Gutachtens die mündliche Verhandlung sinnvoll gestaltet werden kann. Für die Durchführung des vorgezogenen Sachverständigenbeweises gelten die einschlägigen Vorschriften (s. §§402ff.). Daher kann das Gericht z.B. *schriftliche* Begutachtung (§411) anordnen oder *mündliches* Gutachten bei einem gleichzeitig angeordneten vorgezogenen Augenschein (→ Rdnr. 35) veranlassen (§372 Abs. 2). Auch hier (→ Rdnr. 23) ist zu beachten, daß eine ausdrückliche Verweisung auf §379 (§402) fehlt. Ein *Auslagenvorschuß* könnte im übrigen nur angefordert werden, wenn ein Beweisantrag vorliegt (→ §273 Rdnr. 32 [21. Aufl.]).

e) Nr. 5: Einnahme eines Augenscheins

25 Auch hier (→ §144 Rdnr. 7) spielt es keine Rolle, ob der Augenschein *beantragt* wurde oder *von Amts wegen* als notwendig erscheint. Für die Durchführung des vorgezogenen Augenscheins gelten die allgemeinen Vorschriften (§§371ff.). Insbesondere haben die Parteien ein Anwesenheitsrecht; Sachverständige können hinzugezogen werden (§372 Abs. 2, → schon Rdnr. 24). Diese Anwesenheit der Parteien kann jedoch einen vorgezogenen Augenschein erheblich belasten, wenn die Parteien stark verfeindet sind; denn der vorgezogene Augenscheinstermin ist das erste Zusammentreffen vor Gericht. In solchen Fällen erscheint es daher ratsam, erst einmal die mündliche Verhandlung beginnen zu lassen.

5. Verfahren nach der vorterminlichen Beweisaufnahme

26 Wie das Ergebnis der vorterminlichen Beweisaufnahme zu behandeln ist, sagt §358a nicht; es gelten daher die allgemeinen Regeln: Im **Haupttermin** wird das Gericht hierüber berichten und das Ergebnis der vorterminlichen Beweisaufnahme mit den Parteien erörtern[8] (§§279 Abs. 3, 285 Abs. 1). Ähnlich ist es, falls zunächst ein **früher erster Termin** (§275) stattfindet. Nach vorterminlichen **Beweisaufnahmen** durch den **beauftragten** oder **ersuchten Richter** (Satz 2 Nr. 1) gilt §285 Abs. 2; das **Ergebnis** haben **die Parteien vorzutragen** (→ §285 Rdnr. 7 [21. Aufl.]).

IV. Verstöße – Anfechtbarkeit

27 **1. Zu später Erlaß:** Wird ein vorterminlicher Beweisbeschluß *nach* einem Termin erlassen, ist §358a verletzt, falls er sich nicht auf eine Tatsache bezieht, die erst nach der mündlichen Verhandlung vorgetragen wurde (→ Rdnr. 5); dasselbe gilt bei einer vorterminlichen Beweisaufnahme nach einer mündlichen Verhandlung (→ Rdnr. 18). Diese Verstöße sind heilbar (→ §295 Rdnr. 18 [21. Aufl.]). Wird nicht geheilt, muß ein neuer Beweisbeschluß erlassen bzw. die Beweisaufnahme wiederholt werden.

28 **2. Vorsitzender statt Kammer:** Hat der *Vorsitzende* statt der *Kammer* den **vorterminlichen Beweisbeschluß** erlassen, muß der Beschluß von der *Kammer* wiederholt werden. Einer *Heilung* gemäß §295 ist dieser Fehler *nicht* zugänglich[9], da ein Verstoß gegen die ordnungsgemäße Besetzung der Richterbank vorliegt (→ §295 Rdnr. 7 [21. Aufl.]). Entsprechendes gilt **bei vorterminlicher Beweisaufnahme**, falls also der vorterminliche Beweisbeschluß statt vor der *Kammer* nur vor dem *Vorsitzenden ausgeführt* wurde; dann liegt zugleich ein Verstoß gegen die formelle Unmittelbarkeit (→ §355 Rdnr. 5, 21) vor.

29 **3. Andere Beweismittel:** Ist eine **vorterminliche Beweisaufnahme** hinsichtlich *anderer Beweismittel*, als sie in S. 2 Nr. 1–5 genannt sind (→ Rdnr. 21ff.), *vor* der mündlichen Verhandlung *ausgeführt* worden, ist §358a verletzt, nicht aber die formelle Unmittelbarkeit (→ §355 Rdnr. 5); dieser Verstoß ist gemäß §295 heilbar (→ §355 Rdnr. 32). Fehlt es an der Heilung, muß das Gericht die betreffende Beweisaufnahme in einer mündlichen Verhandlung wiederholen.

30 **4. Rechtsbehelfe:** Der vorterminliche Beweisbeschluß ist ebensowenig wie der Beweisbeschluß nach §358 selbständig **anfechtbar** (→ §359 Rdnr. 5) und ferner als solcher von einer Überprüfung in der Rechtsmittelinstanz ausgenommen (§355 Abs. 2, → dort Rdnr. 31). Dies

---

[8] *Rosenberg/Schwab/Gottwald*[16] §115 Rdnr. 40.

[9] *Baumbach/Lauterbach/Hartmann*[64] §295 Rdnr. 3, 29f., a.A. MünchKommZPO/*Musielak*[2] Rdnr. 7; *Zöller/Greger*[25] Rdnr. 4.

schließt aber nicht aus, daß die durch den vorterminlichen Beweisbeschluß bewirkten sonstigen Verstöße (→ Rdnr. 27f.) **mit den allgemeinen Rechtsmitteln** geltend gemacht werden.

V. Kosten

31 Der vorterminliche Beweisbeschluß löst keine zusätzlichen *Gerichtsgebühren* aus. Auch eine gesonderte Beweisgebühr des *Rechtsanwalts* fällt nach RVG nicht an.

§359 Inhalt des Beweisbeschlusses

Der Beweisbeschluss enthält:
1. die Bezeichnung der streitigen Tatsachen, über die der Beweis zu erheben ist;
2. die Bezeichnung der Beweismittel unter Benennung der zu vernehmenden Zeugen und Sachverständigen oder der zu vernehmenden Partei;
3. die Bezeichnung der Partei, die sich auf das Beweismittel berufen hat.

Gesetzesgeschichte: Bis 1900 §324 CPO. Aufgrund der Novelle 98 (→ Einl. Rdnr. 146) unverändert zu §359 geworden. Die Novelle 1933 (→ Einl. Rdnr. 172) hat die Fassung inhaltlich geändert. Die beigefügte amtliche Überschrift beruht auf Art. 2 Abs. 2 ZPO-RG (→ Einl. Rdnr. 202) in Verbindung mit der dazu erlassenen Anlage.

Stichwortverzeichnis → Beweisaufnahmeschlüssel zu Beginn der Vorbemerkungen vor §355.

I. Rechtsnatur und Erlaß des Beweisbeschlusses[1]

1. Zweck

1 Der Beweisbeschluß ist *nicht* wie das gemeinrechtliche Beweisurteil (zum Beweisinterlokut → Einl. Rdnr. 127) eine bindende Entscheidung über Beweisthema und Beweislast und auch nicht dazu bestimmt, die Verhandlung in ein Stadium der Behauptungen und eines der Beweise zu gliedern. Der Beweisbeschluß ist vielmehr nur eine **prozeßleitende Anordnung**. Er beschränkt sich auf den Ausspruch, daß für bestimmte Tatsachen bestimmte von den Parteien angebotene oder von Amts wegen angeordnete Beweise zu erheben sind. Das Gericht ist daher an den Beweisbeschluß **nicht gebunden**. Der Beweisbeschluß kann nach Maßgabe des §360 geändert und aufgehoben werden; auch kann das Prozeßgericht von der Durchführung

---

[1] *Bull* DR 1941, 1976; *Krönig* Die Kunst der Beweiserhebung[3] (1959) 21ff.; *Engel* Beweisinterlokut und Beweisbeschluß im Zivilprozeß (1992) (rechtsgeschichtlich); *Kunke* DR 1940, 1979; *Levin* Prozeßleitung (1913) 141ff.; *Lindemann* DRiZ 1952, 201; *Mühl* ZZP 66 (1953) 165 (rechtsgeschichtlich und rechtspolitisch); *Musielak/Stadler* Grundfragen des Beweisrechts (1984) 1ff.

des Beweisbeschlusses absehen[2] (zur Bindung des beauftragten oder ersuchten Richters → §355 Rdnr. 18). Gleichwohl hat der Beweisbeschluß eine **wichtige Funktion**, denn aus ihm wird für die Parteien ersichtlich, wie das Gericht ihren Vortrag würdigt, insbesondere welche Tatsachen es für erheblich und beweisbedürftig erachtet. Sinnvoll ist er aber nur, wenn das Gericht den Streitstoff zuvor eingehend durchdringt[3] (→ Rdnr. 4). Richtig gehandhabt wirkt der Beweisbeschluß nicht verfahrensverzögernd[4].

2. Anzahl der Beweisbeschlüsse – Bedingte Beweisanordnungen

2 Die Zahl der Beweisbeschlüsse in der Instanz ist nicht beschränkt. Wegen der Klarstellungsfunktion des Beweisbeschlusses (→ Rdnr. 1) erscheint es indes wünschenswert, den (ersten) *Beweisbeschluß sogleich auf das gesamte streitige Tatsachenmaterial und auf alle Beweismittel* zu erstrecken[5]. Die Gefahr, daß überflüssige Beweise erhoben werden, besteht nicht, denn einzelne Anordnungen können geändert oder zurückgenommen werden (→ §360 Rdnr. 1), wenn sich z.B. nach einer ersten Beweiserhebung ergibt, daß die Aufnahme weiterer Beweise nicht (mehr) notwendig ist.

3 Im übrigen ist es zulässig, einzelne **Beweiserhebungen** nur »**eventuell**« *(»hilfsweise«, »bedingt«)* anzuordnen, d.h. für den Fall eines bestimmten Ergebnisses der zunächst zu erhebenden Beweise. Das Prozeßgericht kann ohnehin von der Erhebung weiterer Beweise absehen, wenn es diese nach dem Ergebnis der durchgeführten Beweisaufnahme nicht mehr für erforderlich hält (→ §360 Rdnr. 1, 11ff.). Durch den »eventuellen« Beweisbeschluß wird keine andere Rechtslage herbeigeführt. Der mündlichen Verhandlung über das Ergebnis der schon erhobenen Beweise wird durch die eventuelle Beweisanordnung oder die Nichtdurchführung nicht vorgegriffen, da die Nichterhebung der weiteren Beweise zunächst nur vorläufig ist und das Gericht aufgrund der weiteren mündlichen Verhandlung die Beweisaufnahme auch weiter durchführen kann. – Der Beweisbeschluß kann auch unter der *aufschiebenden Bedingung* erlassen werden, daß ein (etwa vom Gericht angeregter) Vergleich nicht zustande kommt[6].

3. Erlaß des Beweisbeschlusses

4 Da keine unnützen Beweise erhoben werden dürfen, hat das Gericht vor dem Erlaß des Beweisbeschlusses die **Erheblichkeit und Beweisbedürftigkeit** der Tatsachen zu prüfen. Ferner ist die **Zulässigkeit des Beweismittels** zu prüfen, ohne daß der Beweisbeschluß hierüber bindend entscheidet. Die bindende Entscheidung über Erheblichkeit, Beweisbedürftigkeit und Zulässigkeit des Beweismittels erfolgt erst im (End-)Urteil (zur Klärung der Zulässigkeit eines Beweismittels im Wege eines Zwischenurteils → Rdnr. 6; zur Ablehnung von Beweisanträgen → §284 Rdnr. 51ff. [21. Aufl.]). Beim Beweisbeschluß ist ferner die **Beweislast** *insofern* zu beachten, als ein Gegenbeweis (→ §284 Rdnr. 7 [21. Aufl.]) nicht zu erheben ist, falls die beweisbelastete Partei selbst keinen Beweis anbietet (→ §286 Rdnr. 29 [21. Aufl.]). – Nicht ausgeschlossen ist es, daß das Gericht zwar eine umfassende Beweisaufnahme anordnet (→

---

[2] MünchKommZPO/*Musielak*[2] Rdnr. 1; *Zöller/Greger*[25] §360 Rdnr. 1.

[3] Vgl. *Jauernig* ZPR[28] §51 II. Zur Klage über die »saloppe und lakonische« Abfassung der Beweisbeschlüsse s. schon *Hahn/Mugdan* Materialien (Band 8) 341.

[4] Vgl. *Greger* FamRZ 1994, 288, 289 (mit Kritik an der »Unsitte«, besondere Termine zur Verkündung des Beweisbeschlusses abzuhalten); *Hahn/Mugdan* Materialien (Band 8) 341; Bericht der Kommission für das Zivilprozeßrecht (1977) 127; a.A. *Bender* DRiZ 1972, 15ff.

[5] Den Wert eines umfassenden Beweisbeschlusses betonen *Kunke* (Fn. 1); *Lindemann* (Fn. 1).

[6] *OLG Hamburg* MDR 1965, 57, *OLG Celle* MDR 1965, 838, die freilich nur die gebührenrechtliche Folge erörtern.

Rdnr. 2), aber im Interesse der Prozeßbeschleunigung z.B. **zuerst** die **einfachere Beweisaufnahme** bezüglich des *Einrede*vorbringens vorsieht. Das gilt freilich nicht bei der Aufrechnung, da das Gericht durch die Entscheidung über sie nicht der Entscheidung über den Klageanspruch enthoben wird (→ §300 Rdnr. 18f. [21. Aufl.]).

4. Verfahren

5 Der Beweisbeschluß kann entweder *vor* der mündlichen Verhandlung (§358a) oder *aufgrund* mündlicher Verhandlung erlassen werden[7]. Der aufgrund einer mündlichen Verhandlung ergehende Beschluß ist zu **verkünden** (§329 Abs. 1 Satz 1). Der vorterminliche Beweisbeschluß (§358a Satz 1) ist nach §329 Abs. 2 Satz 1 formlos mitzuteilen; enthält er eine Terminsbestimmung, muß er zugestellt werden, §329 Abs. 2 Satz 2. Im schriftlichen Verfahren nach §128 Abs. 2 ergangene Beweisbeschlüsse (→ §128 Rdnr. 80) sind zu verkünden (→ §128 Rdnr. 80 und 101; nicht jedoch im Verfahren nach §128 Abs. 4 ergangene Beweisbeschlüsse[8]). – **Sofortige Beschwerde** findet **nicht** statt, §567[9], sondern nur die Anfechtung mit dem Endurteil, §§512, 548. Die sofortige Beschwerde ist aber entsprechend §252 zulässig, wenn die Beweisanordnung auf eine Aussetzung hinausläuft[10] (→ §252 Rdnr. 4).

6 Bei einem **Streit** über die **Zulässigkeit eines Beweismittels** (nicht über die Erheblichkeit einer Tatsache) kann durch **Zwischenurteil** (§303) entschieden werden (→ §303 Rdnr. 5 [21. Aufl.]), das nicht selbständig anfechtbar ist.

II. Inhalt des Beweisbeschlusses nach §359

1. Bezeichnung der streitigen Tatsachen gemäß Nr. 1

7 Der Beweisbeschluß hat die streitigen **Tatsachen**, über die Beweis erhoben werden soll, **bestimmt zu bezeichnen**. Eine bloß *allgemeine* Fassung des Beweisthemas (»Hergang des Verkehrsunfalls in ... am ...«) genügt anders als bei der Zeugenladung (§377 Abs. 2 Nr. 2) *nicht*[11]. Das folgt aus dem Zweck des Beweisbeschlusses, den Richter zu einer Durchdringung des Prozeßstoffs anzuhalten und den Parteien die richterliche Einschätzung davon zu vermitteln (→ Rdnr. 1). Die Gegenauffassung, die eine nur »globale« Fassung des Beweisthemas jeden-

---

[7] *LAG Düsseldorf* AP §158 GVG Nr. 1.

[8] A.A. *Musielak/Stadler*[4] Rdnr. 2.

[9] *RG* JW 1905, 115. Dies gilt auch für Beweisanordnungen im Verfahren mit fakultativ mündlicher Verhandlung (→ §128 Rdnr. 115ff.). Bei Beweisbeschlüssen im Vollstreckungsverfahren ist §793 nicht anzuwenden, denn der Beweisbeschluß ist keine Entscheidung.

[10] *OLG Bamberg* FamRZ 1955, 217; *OLG Köln* FamRZ 1960, 409; *Schiedermair* FamRZ 1955, 282. A.M. *OLG Frankfurt* NJW 1963, 912; *LG Berlin* JR 1964, 185 (sogar förmliche Aussetzungsandrohung sei unanfechtbar, wenn mit Beweisbeschluß verbunden). Daß der Beweisbeschluß zu einem faktischen Stillstand des Prozesses führt, wird also hinsichtlich der Anfechtbarkeit wie eine ausdrückliche Aussetzung behandelt. Die *Überprüfung* durch das *Beschwerdegericht* darf sich aber nur auf die *prozessuale Zulässigkeit* der ausdrücklichen bzw. faktischen Aussetzung erstrecken, nicht auf die sonstige Richtigkeit des Beweisbeschlusses (insbesondere nicht auf Fragen, ob der Rechtsstreit ohnehin schon entscheidungsreif ist, ob die Tatsachen rechtlich erheblich und beweisbedürftig sind), *OLG Hamm* FamRZ 1958, 379; *OLG Celle* MDR 1967, 134; *LG Hamburg* MDR 1964, 848; *LG Landau/Pf.* FamRZ 1969, 49. Für volle Überprüfung dagegen *OLG Bamberg* FamRZ 1955, 217; *OLG Köln* FamRZ 1960, 409; *Schiedermair* FamRZ 1955, 282. Eine vermittelnde Lösung versuchen *LG Bonn* NJW 1962, 1626 (auch auf sachliche Ermessensfehler zu überprüfen); *OLG Stuttgart* ZBlJR 54 (1967) 27 (überprüfbar, ob erbbiologisches Gutachten einziges Mittel zur abschließenden Klärung ist). Zur Anfechtbarkeit einer Beweisanordnung gem. §364, *OLG Köln* NJW 1975, 2349.

[11] A.M. *OLG Frankfurt* JurBüro 1982, 1575; *OLG Düsseldorf* OLGZ 1974, 492; *OLG Köln* OLGZ 1966, 40.

falls beim Zeugenbeweis und der Parteivernehmung verlangt[12], ist abzulehnen[13]. Die diese Ansicht leitende Befürchtung, durch eine exakte Fassung der beweisbedürftigen Tatsachen lege man dem Zeugen Antworten in den Mund (»Suggestivwirkung des Beweisbeschlusses«), ist unbegründet, wenn der Text des Beweisbeschlusses (entgegen einer verbreiteten Praxis[14], aber im Einklang mit den mit §377 Abs. 2 Nr. 2 verfolgten Zielen[15]) *nicht* unverändert in die Zeugenladung übernommen wird[16] und auch nicht den Einstieg in die Vernehmung bildet. Eine substantiierte Benennung der Beweisfragen ist ferner für den ersuchten Richter unabdingbar[17], denn es ist nicht seine Aufgabe, sich die erheblichen Tatsachen aus den Akten herauszusuchen[18]. Die *Verweisung* im Beweisbeschluß auf Schriftsätze und Protokolle ist nur ausreichend, wenn die Stellen bestimmt bezeichnet sind und sich hier eine genaue Angabe findet[19]. Fehlt es an der Bestimmtheit, kann der ersuchte Richter die Beweisaufnahme ablehnen. Die Angabe der *Rechtsfrage* genügt *nicht*[20]; inwieweit bei *Rechtsbegriffen* von einer Auflösung abgesehen werden kann, richtet sich nach den in → §284 Rdnr. 13ff. (21. Aufl.) dargestellten Grundsätzen. Beim Sachverständigenbeweis hat das Gericht die Anschlußtatsachen zu bestimmen (§404a Abs. 3).

2. Bezeichnung der Beweismittel gemäß Nr. 2

8 Der Beweisbeschluß hat die Beweismittel genau zu benennen. **Zeugen und Sachverständige** sind nach Namen, Beruf und ladungsfähiger Anschrift zu bezeichnen (liegen die Angaben dem Gericht nicht vor, ist nach §356 [→ dort Rdnr. 5] zu verfahren). Ausnahmsweise kann nach §§372 Abs. 2, 405 die Ernennung des Sachverständigen dem beauftragten oder ersuchten Richter überlassen werden. Im Beweisbeschluß muß aber festgelegt werden, ob die Vernehmung als Zeuge oder Sachverständiger erfolgen soll[21]. Bei der **Parteivernehmung** muß der Beweisbeschluß von mehreren Streitgenossen die zu vernehmenden *Streitgenossen* (§449) bestimmen und im Falle des §455 Abs. 1 den oder die zu vernehmenden *gesetzlichen Vertreter* bezeichnen. Unter den Voraussetzungen des §455 Abs. 2 enthält der Beweisbeschluß die Anordnung, daß die nicht prozeßfähige *Partei selbst* vernommen werden soll.

3. Bezeichnung der beweisführenden Partei gemäß Nr. 3

9 Im Beweisbeschluß ist die **Partei** zu bezeichnen, die den **Beweis führt**, denn ihr steht das Verzichtsrecht nach §399 zu. Der Beweisführer ist ferner Schuldner des Auslagenvorschusses (§379, §68 GKG). Beweisführer ist, wer das **Beweismittel benannt** hat; wer die Behauptung aufgestellt hat oder die Beweislast trägt, ist hier (→ aber §379 Rdnr. 2) unerheblich. Erfolgt

---

12 *Bruns* ZPR² Rdnr. 175 b.

13 *Engel* (Fn. 1) 154; *Zöller/Greger*²⁵ Rdnr. 3.

14 *Reinecke* MDR 1990, 1061.

15 Vgl. *Hahn/Mugdan* Materialien (Band 8) 342; s. ferner den Bericht der Kommission für das Zivilprozeßrecht, 128.

16 AK-ZPO/*Rüßmann* Rdnr. 3.

17 Vgl. *BAG* NJW 1991, 1252.

18 *BGHR* ZPO §359 Nr. 1 (Rechtshilfe 1). Allerdings muß das Beweisthema nicht so gefaßt sein, daß der ersuchte Richter ohne jede Aktenkenntnis die Beweisaufnahme durchführen kann, *OLG Koblenz* NJW 1975, 1036; *OLG Oldenburg* NJW-RR 1992, 64; *OLG Frankfurt* NJW-RR 1995, 637.

19 *OLG Hamburg* OLGRsp 35 (1917) 85; *KG* OLGRsp 40 (1920) 375; *Korwat* DRiZ 1972, 203. Die Grenze zum unzulässigen Ausforschungsbeweis (→ §284 Rdnr. 40ff. [21. Aufl.]) darf jedoch nicht überschritten werden.

20 *OLG Stuttgart* ZZP 68 (1955) 82.

21 Die Entscheidung darüber ist Sache des Prozeßgerichts, nicht des ersuchten Richters, *OLG Köln* OLGZ 1966, 188.

die Beweisaufnahme (z.B. die Parteivernehmung nach §448) von Amts wegen, so ist dies im Beweisbeschluß zum Ausdruck zu bringen.

III. Weiterer Inhalt

10 Der Beweisbeschluß enthält ferner die Bestimmung über die Art und Weise der Beweisaufnahme (§§355, 364), gegebenenfalls die Anordnung des Auslagenvorschusses (→ §379 Rdnr.3) und ob z.B. eine Ladung von seiner Einzahlung abhängig ist. Der Beweisbeschluß bezeichnet den beauftragten Richter durch den Vorsitzenden (§361) und bestimmt den Termin für die Beweisaufnahme bzw. zur Fortsetzung der mündlichen Verhandlung (→ §361 Rdnr.2, → §370 Rdnr.8). Eine Begründung des Beweisbeschlusses wird nicht verlangt.

§360 Änderung des Beweisbeschlusses

[1]Vor der Erledigung des Beweisbeschlusses kann keine Partei dessen Änderung auf Grund der früheren Verhandlungen verlangen. [2]Das Gericht kann jedoch auf Antrag einer Partei oder von Amts wegen den Beweisbeschluss auch ohne erneute mündliche Verhandlung insoweit ändern, als der Gegner zustimmt oder es sich nur um die Berichtigung oder Ergänzung der im Beschluss angegebenen Beweistatsachen oder um die Vernehmung anderer als der im Beschluss angegebenen Zeugen oder Sachverständigen handelt. [3]Die gleiche Befugnis hat der beauftragte oder ersuchte Richter. [4]Die Parteien sind tunlichst vorher zu hören und in jedem Fall von der Änderung unverzüglich zu benachrichtigen.

Gesetzesgeschichte: Bis 1900 §325 CPO. Aufgrund der Novelle 98 (→ Einl. Rdnr.113) unverändert §360 geworden. Die Novelle 1924 (→ Einl. Rdnr.159) hat die Fassung inhaltlich geändert. Die beigefügte amtliche Überschrift beruht auf Art.2 Abs.2 ZPO-RG (→ Einl. Rdnr.202) in Verbindung mit der dazu erlassenen Anlage.

Stichwortverzeichnis → Beweisaufnahmeschlüssel zu Beginn der Vorbemerkungen vor §355.

I. Aufhebung und Abänderung des Beweisbeschlusses

1. Abänderung aufgrund neuer mündlicher Verhandlung

a) Grundsatz

1 Der Beweisbeschluß ist prozeßleitende Anordnung (→ §359 Rdnr. 1); er bindet das Prozeßgericht weder hinsichtlich der Erheblichkeit und Beweisbedürftigkeit der Tatsachen noch der Zulässigkeit des Beweismittels. Daraus folgt, daß das Prozeßgericht den Beweisbeschluß **ändern** oder ganz oder teilweise **aufheben** kann[1] (zur Aufhebung → Rdnr. 11), ohne daß die Parteien ein Recht darauf haben (Satz 1, → Rdnr. 4). Änderung oder Aufhebung können grundsätzlich nur aufgrund mündlicher Verhandlung erfolgen[2]. In der Betonung des Mündlichkeitsprinzips kommt der besondere Stellenwert des Beweisbeschlusses für die Parteien (→ §359 Rdnr. 1) zum Ausdruck. Ausnahmsweise läßt Satz 2 eine Änderung des Beweisbeschlusses ohne mündliche Verhandlung unter Wahrung des rechtlichen Gehörs (Satz 4) zu.

2 Keineswegs ist der Grundsatz, daß ein Beweisbeschluß nur aufgrund mündlicher Verhandlung geändert werden kann, durch das Institut des vorterminlichen Beweisbeschlusses (§358a) überholt[3]. Der vorterminliche Beweisbeschluß soll eine Beweisaufnahme bereits im ersten Termin ermöglichen (→ §358a Rdnr. 3 und 8), nicht aber bildet er einen Maßstab für das Verfahren bei der *Änderung* eines regulären Beweisbeschlusses. Auch die Möglichkeit, einen *vorterminlichen* Beweisbeschluß ohne mündliche Verhandlung zu ändern (→ Rdnr. 3), zwingt nicht zu dem Schluß, auch ein aufgrund mündlicher Verhandlung ergangener Beweisbeschluß sei *ohne* mündliche Verhandlung abänderbar[4].

b) Vorterminlicher Beweisbeschluß

3 Der Grundsatz, daß ein Beweisbeschluß nur aufgrund einer mündlichen Verhandlung geändert werden kann, gilt **nicht** beim **vorterminlichen Beweisbeschluß** (§358a Satz 1)[5]. Vor dem Termin zur mündlichen Verhandlung kann der vorterminliche Beweisbeschluß unabhängig vom Vorliegen der Voraussetzungen des §360 Satz 2 geändert werden. Zwar ist auch der vorterminliche Beweisbeschluß (wie jeder Beweisbeschluß) ein wichtiger Bestandteil eines rechtsstaatlichen Beweisverfahrens[6] (→ §359 Rdnr. 1). Allerdings ist zu bedenken, daß ein Hindernis geschaffen würde, vom Instrument des vorterminlichen Beweisbeschlusses Gebrauch zu machen, wenn das Gericht damit rechnen müßte, im Falle eines Sinneswandels zunächst einen Termin zur mündlichen Verhandlung abzuhalten, um den Beweisbeschluß zu ändern. Damit könnte insbesondere das Institut der vorterminlichen Beweis*aufnahme* (§358a Satz 2) beeinträchtigt werden. Den Parteien ist aber vor der Änderung des vorterminlichen Beweisbeschlusses rechtliches Gehör zu gewähren.

2. Kein Recht der Parteien auf Änderung (Satz 1)

4 Nach §360 Satz 1 haben die Parteien **kein Recht** auf Änderung des Beweisbeschlusses. Darin kommt die Unanfechtbarkeit des Beweisbeschlusses zum Ausdruck. Insbesondere braucht

---

[1] *RGZ* 150, 336; *RG* HRR 27, 1347; HRR 30, 1765; *RAG* ArbRsp 1931, 66; *RAG* ArbRsp 1931, 376; *BayObLGZ* 1951, 35.

[2] *A. Blomeyer* ZPR[2] §74 III 2; MünchKommZPO/*Musielak*[2] Rdnr. 4; AK-ZPO/*Rüßmann* Rdnr. 1.

[3] AK-ZPO/*Rüßmann* Rdnr. 4; a.A. *Thomas/Putzo/Reichold*[27] Rdnr. 7.

[4] *Thomas/Putzo/Reichold*[27] Rdnr. 7.

[5] MünchKommZPO/*Musielak*[2] Rdnr. 11; AK-ZPO/*Rüßmann* Rdnr. 4; Zöller/Greger[25] Rdnr. 2; a.A. *Schumann* in der 20. Aufl.

[6] Insoweit zutr. *Schumann* in der 20. Aufl.

das Gericht aufgrund von Änderungsanträgen eine mündliche Verhandlung *nicht* anzuberaumen, um über sie zu entscheiden. Das Prozeßgericht *kann* jedoch dem Änderungsantrag Folge leisten und den Beweisbeschluß ändern, ohne mündliche Verhandlung freilich nur unter den Voraussetzungen des Satzes 2.

II. Inhaltliche Änderung ohne mündliche Verhandlung (Satz 2)

5 Eine Änderung des Beweisbeschlusses liegt insbesondere dann vor, wenn die Beweisaufnahme auf ein anderes Beweismittel gestützt wird oder Beweis über eine andere Tatsache erhoben wird. Sie kann auch **stillschweigend** erfolgen[7]. Zur Aufhebung und zur Nichtdurchführung eines Beweisbeschlusses → Rdnr. 11. Eine Änderung des Beweisbeschlusses ohne mündliche Verhandlung ist nach Satz 2 in **drei Fällen** zulässig:

1. Zustimmung der Parteien (1. Fallgruppe)

6 **Beantragt** eine Partei die Änderung, darf der Beweisbeschluß ohne mündliche Verhandlung geändert werden, wenn der **Gegner zustimmt.** Über den Wortlaut der Bestimmung hinaus kann das Gericht auch von sich aus die Initiative ergreifen und den Beweisbeschluß ohne mündliche Verhandlung ändern, wenn *beide* Parteien einverstanden sind (→ auch § 128 Rdnr. 51)[8]. Von dem Fall des § 128 Abs. 2 (Entscheidung ohne mündliche Verhandlung) unterscheidet sich § 360 dadurch, daß sich das Einverständnis hier nicht nur auf den Erlaß, sondern auch auf den *Inhalt* des zu erlassenden Beschlusses erstrecken muß.

2. Berichtigung und Ergänzung (2. Fallgruppe)

7 Eine Änderung des Beweisbeschlusses ohne mündliche Verhandlung ist ferner zulässig, wenn es sich um die **Berichtigung** oder **Ergänzung** von *Beweistatsachen* handelt. Des Einverständnisses der Parteien bedarf es hier nicht. Unter den Wortlaut der Bestimmung (»Ergänzung«) fällt nach herrschender Meinung nicht die nachträgliche Hinzufügung eines neuen Beweis*themas*[9], wohl aber die Präzisierung und Vervollständigung des bisherigen Beweisthemas durch neue Tatsachen[10]. Die schwierige Abgrenzungsfrage hat keine große Bedeutung, denn das Gericht kann jederzeit ein neues Beweisthema durch einen weiteren Beweisbeschluß erfassen (→ § 359 Rdnr. 2), gegebenenfalls nach § 358a sogar ohne mündliche Verhandlung. Stets ist darauf zu achten, daß die Ergänzung nicht den Beibringungsgrundsatz (→ vor § 128 Rdnr. 146) verletzt[11]. Bei sonstigen *offenbaren* Unrichtigkeiten und Auslassungen ist eine Berichtigung entsprechend § 319 zulässig (→ § 319 Rdnr. 25 [21. Aufl.]).

3. Andere Zeugen und Sachverständige (3. Fallgruppe)

8 Eine Änderung des Beweisbeschlusses ohne mündliche Verhandlung ist ferner zulässig, wenn es sich um die **Vernehmung** *anderer* **Zeugen** oder **Sachverständiger** zu dem im Beweisbeschluß genannten Beweisthema handelt. Auch hier ist das **Einverständnis** der Parteien **nicht** erforderlich. Es kommt hier nicht nur der Fall in Betracht, daß an die Stelle eines (z.B. infolge

---

[7] *BGH* VersR 1978, 1105, 1106 l. Sp. = MDR 1979, 126; *BGH* NJW 1985, 1399, 1400 r. Sp.
[8] MünchKommZPO/*Musielak*[2] Rdnr. 7; AK-ZPO/*Rüßmann* Rdnr. 2; *Thomas/Putzo/Reichold*[27] Rdnr. 2; *Zöller/Greger*[25] Rdnr. 4.
[9] MünchKommZPO/*Musielak*[2] Rdnr. 8; AK-ZPO/*Rüßmann* Rdnr. 2; *Mertens* MDR 2001, 666, 671.
[10] MünchKommZPO/*Musielak*[2] Rdnr. 8.
[11] Vgl. *Zöller/Greger*[25] Rdnr. 5.

Personenverwechslung) fälschlicherweise benannten Zeugen der richtige gesetzt wird, sondern auch der, daß das Gericht unter den von dem Beweisführer genannten zahlreichen Zeugen zunächst eine Auswahl getroffen hatte und nach dem Beweisergebnis die Beweistatsachen noch weiterer Klärung für bedürftig hält; eine unzulässige Vorwegnahme der Beweiswürdigung (→ § 359 Rdnr. 3) liegt darin nicht. Eine Änderung des Beweisbeschlusses ist analog Satz 2 ferner in den Fällen zulässig, in denen ein anderer Sachverständiger zum Augenschein *hinzugezogen* wird oder das Gericht zunächst nur die schriftliche Einholung eines Sachverständigengutachtens angeordnet hat und später die mündliche Erläuterung des Gutachtens durch den Sachverständigen für erforderlich hält[12]. – Wegen der Ernennung und Neuernennung von *Sachverständigen* → §§ 404 Rdnr. 1ff.; 405 Rdnr. 1; 408 Rdnr. 1ff.; 412 Rdnr. 12ff. Wegen der entsprechenden Anwendung des Satzes 2 auf die *Parteivernehmung* im Falle der *Streitgenossenschaft* → § 449 Rdnr. 4. Im übrigen wegen der Parteivernehmung → § 450 Rdnr. 10.

4. Analoge Anwendung des Satzes 2 auf weitere Fälle

9 Dem Satz 2 ist per argumentum a maiore ad minus zu entnehmen, daß das Gericht ohne mündliche Verhandlung und ohne Zustimmung der Parteien **befugt** ist, den Beweisbeschluß auch in sonstiger Beziehung hinsichtlich der **Art der Ausführung** der Beweisaufnahme zu berichtigen oder zu ergänzen. Wurde etwa die Beweisaufnahme einem beauftragten oder ersuchten Richter übertragen, kann im Wege der Änderung des Beweisbeschlusses die Beweisaufnahme durch das *Prozeß*gericht angeordnet werden. Auch ein Austausch des beauftragten oder ersuchten Richters gegen einen anderen ist analog Satz 2 möglich. Nach herrschender Meinung darf eine Änderung ferner dahin erfolgen, daß ein anderes Gericht ersucht wird, *statt* des *Prozeß*gerichts die Beweisaufnahme durchzuführen[13].

10 Die zuletzt genannte Auffassung ist **bedenklich**, denn es handelt sich hierbei nicht nur um eine Berichtigung oder Ergänzung des Beweisbeschlusses hinsichtlich der Art der Beweisaufnahme. Vielmehr wird über die Durchbrechung des Unmittelbarkeitsgrundsatzes entschieden. Angesichts der Bedeutung dieses Prinzips für die Beweisaufnahme (→ § 355 Rdnr. 5) darf eine Änderung des Beweisbeschlusses auf der Grundlage einer Analogie zu Satz 2 nur mit Zustimmung beider Parteien erfolgen. Eine Ausnahme kann nicht auf § 365 gestützt werden. Zwar darf danach das beauftragte oder ersuchte Gericht ein Beweisersuchen selbständig weiter geben. Daraus folgt aber *nicht*, daß das *Prozeß*gericht dazu (erst recht) befugt sein müsse; denn bei der Entscheidung des Prozeßgerichts ist auch der Unmittelbarkeitsgrundsatz zu berücksichigen, über dessen Durchbrechung im Falle des § 365 vom Prozeßgericht bereits entschieden wurde. Wegen der Anfechtung → § 355 Rdnr. 30.

III. Aufhebung und Nichtausführung des Beweisbeschlusses

1. Aufhebung

11 Da das Prozeßgericht *allein* aufgrund des *Beweisbeschlusses* nicht zur Beweisaufnahme verpflichtet ist, kann dieser jederzeit aufgehoben werden. Gründe hierfür können sein, daß das Gericht die zu beweisende Tatsache nicht mehr für erheblich hält, das Beweismittel für unzulässig erachtet oder eine Schadensermittlung nach § 287 vornimmt. Nicht ausdrücklich geregelt ist die Frage, ob für die Aufhebung eine mündliche Verhandlung erforderlich ist. Unmittelbar normiert § 360 nur die *Änderung* des Beweisbeschlusses. Die Bestimmung ist auf die

[12] *BGH* NJW 2002, 301, 302.

[13] *Schumann* in der 20. Aufl.; MünchKommZPO/*Musielak*² Rdnr. 9; AK-ZPO/*Rüßmann* Rdnr. 2; *Zöller/Greger*²⁵ Rdnr. 4.

Aufhebung des Beweisbeschlusses freilich **entsprechend anzuwenden**[14]. Das ist gerechtfertigt, weil die Aufhebung des Beweisbeschlusses nicht weniger als seine Änderung dem Prozeß eine neue Wendung geben kann. Der Beweisbeschluß darf daher vom Prozeßgericht (vollständig oder teilweise) **nur aufgrund mündlicher Verhandlung** aufgehoben werden, es sei denn, die Parteien stimmen der Aufhebung zu. Die Zustimmung kann auch im voraus erteilt werden.

12 Nicht immer ist ein ausdrücklicher Aufhebungsbeschluß erforderlich; der Beweisbeschluß darf auch **stillschweigend aufgehoben** werden, z.B. durch Bestimmung eines Termins zur Urteilsverkündung[15] oder durch die Ausführungen in den Urteilsgründen[16]. Auch im Falle stillschweigender Aufhebung ist mündlich zu verhandeln, schon um rechtliches Gehör zu gewähren. Unzulässig ist es daher, statt einer beschlossenen Beweisaufnahme unmittelbar einen Termin zur Urteilsverkündung anzusetzen[17].

13 § 360 **Satz 3** kommt bei der **Aufhebung nicht** zur Anwendung; der beauftragte oder ersuchte Richter hat den Beweisbeschluß auszuführen; er darf ihn nicht aufheben.

2. Nichtvollziehung

14 Mit der Aufhebung nicht zu verwechseln ist die Nichtvollziehung des Beweisbeschlusses. Das Prozeßgericht kann jederzeit den **Vollzug** des Beweisbeschlusses ganz oder teilweise **aussetzen**[18], etwa indem der Beweistermin aufgehoben wird oder Zeugen nicht geladen werden[19]; auch gegenüber dem beauftragten oder ersuchten Richter können entsprechende Anordnungen ergehen. In diesem Fall ist dies den Parteien mitzuteilen und Gelegenheit zu geben, zur Zulässigkeit und Notwendigkeit des Beweises Stellung zu beziehen[20]. Sind beide Parteien einverstanden, kann der Beweisbeschluß aufgehoben werden. Sonst muß ein Termin zur mündlichen Verhandlung anberaumt werden; erst aufgrund dieses Termins kann der Beweisbeschluß *förmlich* aufgehoben werden.

IV. Verfahren

1. Zuständigkeit (Satz 3)

15 Zur Änderung des Beweisbeschlusses in den dargelegten Grenzen ist das **Prozeßgericht** – bei einem Verfahren vor dem Einzelrichter dieser – berechtigt. Nach **Satz 3** hat auch der mit der Erledigung des Beweisbeschlusses befaßte **beauftragte oder ersuchte Richter** die Änderungsbefugnis. Dies ist nicht unbedenklich. Für den beauftragten oder ersuchten Richter wird sich besondere **Zurückhaltung** bei der Ausübung der Befugnis empfehlen. Die Änderung darf nicht faktisch zu einer Ablehnung der Beweisaufnahme führen (vgl. auch § 158 Abs. 1 GVG). Im wesentlichen beschränkt sich die *Änderungs*befugnis auf Irrtümer, etwa Verwechslungen bei der Bezeichnung von Zeugen und dergleichen. Auch eine Ausdehnung der Beweisaufnahme auf nicht im Beweisbeschluß genannte Tatsachen ist nur in diesen Grenzen zulässig; kei-

---

[14] AK-ZPO/*Rüßmann* Rdnr. 1; a.A. MünchKommZPO/*Musielak*² Rdnr. 3; *Musielak/Stadler*⁴ Rdnr. 2; *Mertens* MDR 2001, 666 (Aufhebung ohne mündliche Verhandlung möglich).

[15] *RG* HRR 30, 1765; *BayOblGZ* 1951, 35; *OLG Karlsruhe* DAVorm 74, 556.

[16] *RAG* ArbRsp 1931, 66; *RAG* ArbRsp 1931, 376, 378.

[17] Ob im Rechtsstreit *BayOblGZ* 1951, 35 in dieser Weise verfahren wurde, ist der Veröffentlichung nicht zu entnehmen.

[18] *RGZ* 97, 127; *RG* JW 1910, 191; *OLG Köln* NJW-RR 1992, 719; MünchKommZPO/*Musielak*² Rdnr. 2.

[19] *RGZ* 150, 336.

[20] *BVerwGE* 17, 172 = NJW 1964, 787; *BVerwG* NJW 1965, 413.

neswegs darf ein zusätzlicher Beweisbeschluß gefaßt werden[21]. Eine *Aufhebung* des Beweisbeschlusses ist *stets unzulässig* (→ Rdnr. 13). Wegen der Entschließung des beauftragten oder ersuchten Richters über die Beeidigung von Zeugen → §391 Rdnr. 15f. Wegen der *Weitergabe* des Ersuchens oder Auftrags → §365.

2. Anhörung und Benachrichtigung der Parteien (Satz 4)

16 Die **Parteien** sind **vorher zu hören**[22]. Die Einschränkung im Wortlaut der Bestimmung (»tunlichst«) ist restriktiv auszulegen; keinesfalls ist die Anhörung eine Zweckmäßigkeitsfrage. Allein bei der Berichtigung *offensichtlicher* Irrtümer kann von der vorherigen Anhörung abgesehen werden, ferner, wenn erst im Termin vor dem ersuchten Richter das Änderungsbedürfnis hervortritt. In keinem Falle darf von der nachträglichen **unverzüglichen Benachrichtigung** abgesehen werden. Der Mangel ist nach §295 heilbar (→ §295 Rdnr. 18 [21. Aufl.]). Der förmlichen Zustellung bedarf die Benachrichtigung nicht.

3. Anfechtung

17 Ebenso wie der Erlaß ist die *Änderung* oder *Aufhebung* des Beweisbeschlusses **nicht** selbständig **anfechtbar**; auf die Nichterschöpfung des Beweismittels kann aber ein Rechtsmittel gegen das Urteil gestützt werden[23]. Auch bei der *Ablehnung* eines Änderungs- oder Aufhebungsantrags ist eine **Beschwerde ausgeschlossen**, denn die Parteien haben kein Recht auf Änderung (Satz 1)[24]. Wegen der Fälle zu Rdnr. 9 → §355 Rdnr. 30.

§361 Beweisaufnahme durch beauftragten Richter

(1) Soll die Beweisaufnahme durch ein Mitglied des Prozessgerichts erfolgen, so wird bei der Verkündung des Beweisbeschlusses durch den Vorsitzenden der beauftragte Richter bezeichnet und der Termin zur Beweisaufnahme bestimmt.

(2) Ist die Terminsbestimmung unterblieben, so erfolgt sie durch den beauftragten Richter; wird er verhindert, den Auftrag zu vollziehen, so ernennt der Vorsitzende ein anderes Mitglied.

Gesetzesgeschichte: Bis 1900 §326 CPO. Aufgrund der Novelle 98 (→ Einl. Rdnr. 146) unverändert zu §361 geworden. Die beigefügte amtliche Überschrift beruht auf Art. 2 Abs. 2 ZPO-RG (→ Einl. Rdnr. 202) in Verbindung mit der dazu erlassenen Anlage.

Stichwortverzeichnis → Beweisaufnahmeschlüssel zu Beginn der Vorbemerkungen vor §355.

[21] Etwas großzügiger *Schumann* in der 20. Aufl. Rdnr. 13, wenn die Parteien zustimmen, freilich unter dem Vorbehalt eines korrigierenden Beweisbeschlusses durch das Prozeßgericht.

[22] *BGH* VersR 1978, 1105, 1106 = MDR 1979, 126. Das Gericht muß eindeutig zu erkennen geben, daß es einen Beweisbeschluß (stillschweigend) geändert hat; heimliche Änderungen verletzen das rechtliche Gehör und sind unzulässig, *BGH* NJW 1985, 1399, 1400.

[23] *OLG Braunschweig* FamRZ 2001, 294; *OLG Zweibrücken* OLGR 2005, 460.

[24] MünchKommZPO/*Musielak*[2] Rdnr. 15.

I. Amtsbetrieb

1 Die **Erledigung** des Beweisbeschlusses erfolgt **von Amts wegen** durch das Gericht; der Amtsbetrieb galt hier bereits vor der allgemeinen Durchführung dieses Grundsatzes (→ Rdnr. 2ff. vor §166); s. besonders §§362, 367, 368 und die Ausnahme in §364. §361 weist die Auswahl des beauftragten Richters dem Vorsitzenden zu und regelt die Frage der Terminsbestimmung.

II. Beweisaufnahme vor dem Prozeßgericht

2 Die **Beweisaufnahme** findet grundsätzlich **vor dem Prozeßgericht** statt (§355 Abs. 1 Satz 1). In diesem Fall ist in dem Beweisbeschluß sofort der Termin hierzu (§370) festzusetzen und zu verkünden; es bedarf dann keiner Ladung der Parteien (§218). Wird der Termin dagegen erst nachträglich bestimmt oder wird er verlegt, so ist der Termin, der stets zur Fortsetzung der mündlichen Verhandlung dient, den Parteien **unter Einhaltung der Ladungsfrist** von Amts wegen bekanntzumachen (→ Rdnr. 13 vor §214). Eine formlose Benachrichtigung genügt nicht.

III. Beweisaufnahme vor dem beauftragten Richter

1. Auswahl und Benennung des beauftragten Richters

3 Über die Frage, ob in einem der in → §355 Rdnr. 14ff. aufgeführten Sonderfälle die Beweisaufnahme vor dem beauftragten Richter stattfindet, entscheidet das **Prozeßgericht**[1]. §361 Abs. 1 überträgt dem **Vorsitzenden** allein die Bezeichnung und damit die *Auswahl des beauftragten Richters*[2]. Eine namentliche Bezeichnung ist nicht erforderlich[3]; es genügt die Beauftragung des »Berichterstatters« (→ §128 Rdnr. 38), falls dieser den Parteien bekannt ist. – Wird der beauftragte Richter verhindert, die Beweisaufnahme durchzuführen, so tritt der Vertreter oder Amtsnachfolger ohne weiteres an die Stelle des zunächst beauftragten Richters, soweit der Vorsitzende keine anderweitige Anordnung nach §361 Abs. 2 Halbsatz 2 trifft[4].

2. Terminsbestimmung

4 Der Termin zur Beweisaufnahme vor dem beauftragten Richter kann nach Abs. 1 sofort vom **Vorsitzenden** bestimmt und verkündet werden. Unterbleibt dies, was praktisch die Regel sein wird, so bestimmt den Termin später der **beauftragte Richter**. Die Bekanntgabe an die Parteien erfolgt dann **von Amts wegen** (→ Rdnr. 11ff. vor §214). Nach §357 Abs. 2 genügt re-

---

1 *BGHZ* 86, 104, 111f.
2 MünchKommZPO/*Musielak*[2] Rdnr. 4; *Thomas/Putzo/Reichold*[27] Rdnr. 1; AK-ZPO/*Rüßmann* Rdnr. 1.
3 MünchKommZPO/*Musielak*[2] Rdnr. 4; AK-ZPO/*Rüßmann* Rdnr. 1; a.A. *Baumbach/Lauterbach/Hartmann*[64] Rdnr. 4 (um eine gegen Art. 101 Abs. 1 Satz 2 GG verstoßende Auswechslung zu vermeiden); *Zöller/Greger*[25] Rdnr. 2.
4 *Baumbach/Lauterbach/Hartmann*[64] Rdnr. 4; a.A. MünchKommZPO/*Musielak*[2] Rdnr. 4 (stets Anordnung des Vorsitzenden erforderlich).

gelmäßig **formlose Mitteilung**, die gegebenenfalls an die Prozeßbevollmächtigten gerichtet sein muß, §176. Auch in diesem Fall muß die **Ladungsfrist** eingehalten werden[5], selbst wenn der Termin nicht zur Fortsetzung der Verhandlung bestimmt ist (→ §357 Rdnr. 11ff.). Dasselbe gilt bei Verlegung des Termins[6]. Zur Vertagung → §368. Anwaltszwang besteht nicht, §78 Abs. 5.

3. Befugnisse des beauftragten Richters

5 Im Rahmen der Beauftragung stehen dem Richter die Befugnisse und Pflichten sowohl des Prozeßgerichts als auch des Vorsitzenden zu (§229), ebenso die Sitzungsgewalt nach GVG. Über die Anordnung eines Auslagenvorschusses entscheidet nach §379 das Gericht, nicht der beauftragte Richter (→ §379 Rdnr. 3). Bei der Einvernahme von Zeugen und Sachverständigen stehen dem beauftragten Richter alle auf die Ausführung des Auftrags bezogenen Anordnungen zu (→ §366 Rdnr. 2; §400 Rdnr. 2ff.).

4. Weitergabe des Auftrags

6 Über die Weitergabe des Auftrags an ein anderes Gericht s. §365.

§362 Beweisaufnahme durch ersuchten Richter

(1) Soll die Beweisaufnahme durch ein anderes Gericht erfolgen, so ist das Ersuchungsschreiben von demVorsitzenden zu erlassen.

(2) Die auf die Beweisaufnahme sich beziehenden Verhandlungen übermittelt der ersuchte Richter der Geschäftsstelle des Prozessgerichts in Urschrift; die Geschäftsstelle benachrichtigt die Parteien von dem Eingang.

Gesetzesgeschichte: Bis 1900 §327 CPO. Aufgrund der Novelle 98 (→ Einl. Rdnr. 146) unverändert zu §362 geworden. Das Gesetz vom 9. VII. 1927 und die in dessen Ausführung ergangene VO vom 30. XI. 1927 faßte Abs. 2 neu. Die beigefügte amtliche Überschrift beruht auf Art. 2 Abs.2 ZPO-RG (→ Einl. Rdnr. 202) in Verbindung mit der dazu erlassenen Anlage. Abs. 2 geändert durch Art. 1 Nr. 28 JKomG vom 22. III. 2005; das Wort »übersendet« wurde durch das Wort »übermittelt« ersetzt.

Stichwortverzeichnis → Beweisaufnahmeschlüssel zu Beginn der Vorbemerkungen vor §355.

I. Beweisaufnahme durch den ersuchten Richter

1 Die **Beweisaufnahme** durch ein **anderes Gericht des Inlands** (→ zur Beweisaufnahme im Ausland §363) ist nach §355 Abs. 1 Satz 2 wegen der darin liegenden Durchbrechung des formellen Unmittelbarkeitsprinzips der Beweisaufnahme nur in den gesetzlich bestimmten Fäl-

---

[5] *OLG Köln* MDR 1973, 856; *Baumbach/Lauterbach/Hartmann*[64] Rdnr. 5; MünchKommZPO/*Musielak*[2] Rdnr. 5; AK-ZPO/*Rüßmann* Rdnr. 2; *Teplitzky* NJW 1983, 1675f.; *Zöller/Greger*[25] Rdnr. 1; a.A. die 19. Aufl. dieses Kommentars; *RG* JW 1932, 1137; *Thomas/Putzo/Reichold*[27] Rdnr. 1.

[6] *OLG Köln* OLGRsp 5 (1902) 66.

len zulässig (§372 Abs. 2, §375 Abs. 1, §§402, 434, 451, 613 Abs. 1). Die **Anordnung** einer Beweisaufnahme durch den ersuchten Richter erfolgt durch das Gericht, das Kollegium bzw. den Einzelrichter (→ §355 Rdnr. 14ff.). §362 Abs. 1 überträgt die **Ausführung** des Beschlusses durch *Ersuchungsschreiben* dem Vorsitzenden bzw. dem Einzelrichter (→ §348 Rdnr. 1). Ergeben sich *nach* dem Erlaß des Beweisbeschlusses Gründe, die eine Beweisaufnahme durch einen anderen ersuchten Richter sachgemäß erscheinen lassen, so kann der Vorsitzende das Ersuchungsschreiben unmittelbar an den anderen Richter richten. Einer vorherigen Änderung des Beweisbeschlusses nach Maßgabe des §360 bedarf es *nicht*, denn nach §365 kann sogar der ersuchte Richter selbständig das andere Gericht um Beweisaufnahme ersuchen.

2 Ob mit dem Ersuchen die *Prozeßakten* oder Auszüge daraus übersandt werden (was vielfach zweckmäßig ist), steht im Ermessen des Vorsitzenden. Der *Beweisbeschluß* kann in dem Ersuchungsschreiben näher *erläutert* werden. Ferner können darin *Anregungen* für die Durchführung der Vernehmung gegeben oder Fragen in bestimmter Formulierung vorgeschlagen werden[1].

3 Die **Terminsbestimmung** und die Benachrichtigung der Parteien, die nach §357 Abs. 2 der förmlichen Zustellung nicht bedarf (→ §357 Rdnr. 13), erfolgt von Amts wegen durch das **ersuchte Gericht**. Vor dem ersuchten Richter besteht kein Anwaltszwang, §78 Abs. 5.

4 Wegen des Ersuchens um Beeidigung von Zeugen → §391 Rdnr. 13ff.

5 Zur Weitergabe des Ersuchens s. §365. Für die Ausschließung des ersuchten Richters gelten die Gründe des §41 (→ §41 Rdnr. 1ff.). Verwandtschaft usw. mit dem zu vernehmenden Zeugen oder Sachverständigen begründen keinen Ausschluß.

II. Protokoll über die Beweisaufnahme

6 Das Protokoll über die Beweisaufnahme vor dem ersuchten Richter (§159 Abs. 2, §163) ist der Geschäftsstelle des Prozeßgerichts in Urschrift zu übermitteln. Die Geschäftsstelle hat die Parteien von dem Eingang unverzüglich zu benachrichtigen[2]; der förmlichen Zustellung bedarf es dabei nicht. Die Parteien können dann die Protokolle einsehen und sich Abschriften fertigen lassen, §299. Wegen der Bestimmung des Verhandlungstermins s. §370 Abs. 2.

III. Rechtsbehelfe

7 Lehnt der ersuchte Richter die Durchführung der Beweisaufnahme ab, entscheidet auf Antrag der Parteien oder des Prozeßgerichts das Oberlandesgericht (§159 GVG). Für die Beschwerde gegen sitzungspolizeiliche Ordnungsmittel gilt §181 GVG. Zu Rechtsbehelfen gegen Entscheidungen des ersuchten Richters, die keine sitzungspolizeilichen Maßnahmen sind, → §366 Rdnr. 4.

---

[1] *Krönig* Kunst der Beweiserhebung[3] (1959) 48.

[2] Weitergehend *Baumbach/Lauterbach/Hartmann*[64] Rdnr. 6 (Übersendung der Protokolle von Amts wegen).

§363 Beweisaufnahme im Ausland

(1) Soll die Beweisaufnahme im Ausland erfolgen, so hat der Vorsitzende die zuständige Behörde um Aufnahme des Beweises zu ersuchen.

(2) Kann die Beweisaufnahme durch einen Bundeskonsul erfolgen, so ist das Ersuchen an diesen zu richten.

Gesetzesgeschichte: Bis 1900 §328 CPO; aufgrund der Novelle 98 (→ Einl. Rdnr. 146) unverändert zu §363 geworden. Die Novelle 1950 (→ Einl. Rdnr. 190) änderte den Wortlaut von Absatz 2. Die beigefügte amtliche Überschrift beruht auf Art. 2 Abs. 2 ZPO-RG (→ Einl. Rdnr. 202) in Verbindung mit der dazu erlassenen Anlage. Abs. 3 eingefügt durch EG-BeweisaufnahmedurchführungsG vom 4. XI. 2003.

Stichwortverzeichnis → Beweisaufnahmeschlüssel zu Beginn der Vorbemerkungen vor §355.

Staatenverzeichnis

I. Internationale Beweisaufnahme[1]

1 §363 zählt – neben §§364, 369 und den Vorschriften zur Durchführung der Beweisaufnahme nach der Verordnung (EG) Nr. 1206/2001 in §§1072–1075 – zu den Bestimmungen über

[1] Lit.: *Bertele* Souveränität und Verfahrensrecht (1998); *Daoudi* Extraterritoriale Beweisbeschaffung im deutschen Zivilprozeß (2000); *Dörschner* Beweissicherung im Ausland (2000); *Eschenfelder* Beweiserhebung im Ausland und ihre Verwertung im inländischen Prozeß (2002); *Reinhold Geimer* IZPR[5] (2005) Rdnr. 436 b ff., Rdnr. 2346ff.; *ders.* Konsularische Beweisaufnahme, FS Matscher (1993) 133;

die **internationale Beweisaufnahme**. Fragen der internationalen Beweisaufnahme werden aufgeworfen, wenn sich ein Beweismittel im Ausland befindet. §363 sieht zwei Wege der **Beweisaufnahme im Ausland** vor: Nach Abs. 2 ist vorrangig die Beweisaufnahme durch den Konsul; nur wenn diese nicht möglich ist, hat nach Abs. 1 der Vorsitzende die zuständige ausländische Behörde im Wege der Rechtshilfe um Aufnahme des Beweises zu ersuchen. Nicht in §363 vorgesehen ist der Weg, daß sich der Richter ins Ausland begibt und dort die Beweisaufnahme durchführt, denn grundsätzlich verletzt es die völkerrechtliche Gebietshoheit des ausländischen Staates, wenn ein Gericht von fremdem Territorium aus eine Beweisaufnahme durchführt, selbst wenn es Zwang nicht anwendet[2]. Soweit allerdings völkerrechtliche Abkommen eine Tätigkeit auf fremdem Territorium vorsehen, etwa Art. 17 HBÜ (→ Anh. §363 Rdnr. 92) oder Art. 17 EuBVO (→ Rdnr. 64), verbietet §363 dieses Vorgehen nicht.

2 Befindet sich ein Beweismittel im Ausland, können das Gericht oder der Beweisführer auch versuchen, das Beweismittel ins Inland zu schaffen. Dieser Weg ist im Interesse des Unmittelbarkeitsgrundsatzes (§355) und der Parteiöffentlichkeit (§357) vorzugswürdig, denn die Beweisaufnahme findet dann nach den Regeln des Strengbeweises (→ Rdnr. 5 vor §355) vor dem inländischen Prozeßgericht statt. Diese **Beweisbeschaffung** aus dem Ausland (»Beweismitteltransfer«[3]) wird in §363 nicht geregelt (→ dazu Rdnr. 5ff.).

3 Nicht erfaßt §363 schließlich die Beweisaufnahme für einen ausländischen Prozeß im Inland im Wege der Rechtshilfe (»eingehende Rechtshilfeersuchen«, dazu → Rdnr. 69).

4 Zu beachten ist, daß der Begriff »internationale Beweisaufnahme« danach in einem weiteren Sinne verstanden wird als die Beweisaufnahme nach der ZPO, worunter nur die unmittelbare Erkenntnisverschaffung durch das Gericht fällt, nicht aber vorbereitende Maßnahmen wie die Beweismittelbeschaffung (→ §355 Fn. 25).

II. Beweismittelbeschaffung aus dem Ausland

1. Keine Pflicht zur Beweismittelbeschaffung

5 §363 regelt die Beweismittelbeschaffung aus dem Ausland (→ Rdnr. 2) nicht. Die Parteien haben kein Recht darauf, daß ein im Ausland weilender Zeuge oder Sachverständige vor das deutsche Gericht geladen (→ Rdnr. 11) wird[4]. Andererseits untersagt §363 die Beweismittelbeschaffung aus dem Ausland auch nicht. Ob sogleich der Weg des §363 beschritten oder zunächst eine Beweismittelbeschaffung ins Inland versucht wird, steht im **Ermessen** des Gerichts. Es hat zu berücksichtigen, daß die Beschaffung von Beweismitteln aus dem Ausland die Möglichkeit eröffnet, die Beweisaufnahme nach den Regeln des Strengbeweises unter Wahrung des Unmittelbarkeitsgrundsatzes (§355 → dort Rdnr. 5ff.) und der Parteiöffentlichkeit (§357) durchzuführen. Andererseits kann die Beschaffung des Beweismittels ins Inland nicht erzwungen werden. Gibt die Partei aber an, der Zeuge oder Sachverständige sei bereit, vor

---

Ewald Geimer Internationale Beweisaufnahme (1998); *Gottwald* Grenzen zivilgerichtlicher Maßnahmen mit Auslandswirkung, FS Habscheid (1989) 119; *Junker* Discovery im deutsch-amerikanischen Rechtsverkehr (1987); *Leipold* Lex fori, Souveränität, Discovery (1989); *Mössle* Extraterritoriale Beweisbeschaffung im internationalen Wirtschaftsrecht (1990); *Müller* Grenzüberschreitende Beweisaufnahme im Europäischen Justizraum (2004); *Musielak* Beweiserhebung bei auslandsbelegenen Beweismitteln, FS Geimer (2002) 761; *Nagel/Gottwald* IZPR[5] §8; *Schack* Internationales Zivilverfahrensrecht[3] Rdnr. 707ff.; *Schlosser* Der Justizkonflikt zwischen den USA und Europa (1985); *Stadler* Der Schutz des Unternehmensgeheimnisses im deutschen und U.S.-amerikanischen Zivilprozeß und im Rechtshilfeverfahren (1989).

[2] Allg. M., *Leipold* (Fn. 1) 40; *Schack* (Fn. 1) Rdnr. 709.

[3] *Leipold* (Fn. 1) 50.

[4] *BGH* IPRax 1981, 57, 58.

Gericht zu erscheinen, muß er geladen werden[5]. Schon bei der Auswahl des ausländischen Sachverständigen ist dessen Bereitschaft zu berücksichtigen, vor Gericht zu erscheinen. Kommt die Beweismittelbeschaffung gleichwohl nicht in Betracht oder scheitert sie, etwa weil der Zeuge nicht im Inland erscheint, muß nach §363 verfahren werden. Das Gericht darf die Beweisaufnahme im Ausland nicht deshalb ablehnen, weil es eine Beweiserhebung im Inland (etwa infolge der Unmittelbarkeit) für ergiebiger erachtet[6], wenn diese nicht möglich ist.

2. Völkerrechtliche Grenzen

6 Beweisaufnahme ist Teil der Gerichtsbarkeit und damit Ausübung hoheitlicher Gewalt[7]. Bei der Beweisaufnahme mit Auslandsbezug sind daher die allgemeinen Regeln des Völkerrechts zu beachten, die nach Art.25 Satz 1 GG Bestandteil des Bundesrechts sind[8]. Die Beweismittelbeschaffung darf die auf der Staatensouveränität beruhende **Gebietshoheit** anderer Staaten nicht verletzen. Welche Grenzen das völkerrechtliche Territorialitätsprinzip der Beweismittelbeschaffung nach der ZPO[9] zieht, ist umstritten[10].

a) Richterhandeln

aa) Handeln auf fremdem Staatsgebiet

7 Einigkeit herrscht freilich darüber, daß die **Tätigkeit des Richters** als unmittelbare Ausübung von Hoheitsgewalt den durch das Territorialitätsprinzip gezogenen völkerrechtlichen Grenzen unterworfen ist. Beweisaufnahme durch den Richter **vom Boden** eines anderen Staates ist ohne dessen Zustimmung **völkerrechtswidrig**[11].

bb) Handeln mit Wirkung in fremdes Staatsgebiet

(1) Leitlinien

8 Beim Handeln des Richters mit Wirkungen im fremden Staatsgebiet **unterscheidet** man danach, ob **Parteien oder Dritte** betroffen sind[12]; eine Partei mit Wohnsitz im Ausland wird hinsichtlich ihrer prozessualen Pflichten und Lasten wie eine inländische Partei behandelt (→ Rdnr.9), während die Möglichkeit, gegenüber Zeugen im Ausland Pflichten zu begründen, weitaus zurückhaltender gesehen wird. An der Unterscheidung zwischen Partei und Drittem ist trotz der von *Schlosser* geäußerten Kritik[13] festzuhalten. Die Befugnis ausländischer Gerichte, zwar gegenüber Parteien, nicht aber gegenüber Auskunftspersonen Pflichten zu begründen, läßt sich damit rechtfertigen, daß die **Regeln der internationalen Zuständigkeit**, die die Gerichtspflichtigkeit begründen, nur **Parteiinteressen**, nicht aber Belange von Auskunftspersonen berücksichtigen. Gegenüber Zeugen bleibt es daher beim formellen Territorialitätsprinzip. Der Ansatz, die Souveränitätsverletzung am Kriterium der »**Intensität** und des Aus-

5 Zu zurückhaltend *BGH* IPRax 1981, 57, 58 r. Sp. (für Sachverständigen).
6 *Leipold* ZZP 105 (1992) 507, 511.
7 Allg. M., vgl. *R. Geimer* (Fn.1) 2347.
8 Vgl. *Leipold* (Fn.1) 34.
9 Die Kommentierung behandelt die völkerrechtliche Zulässigkeit nur im Hinblick auf von der ZPO vorgesehene Beweisaufnahmen, nicht die Grenzen der Informationsgewinnung nach ausländischem Verfahrensrecht.
10 Eingehend dazu *Bertele* (Fn.1) 404ff.
11 *Leipold* (Fn.1) 40; *Mössle* (Fn.1) 319.
12 *Gottwald* (Fn.1) 125, 128; *Leipold* (Fn.1) 63ff.; *Schack* (Fn.1) 714ff.
13 *Schlosser* FS Lorenz (1991) 497ff.

maßes der Berührung fremden Territoriums«[14] auszurichten, beruht zwar auf einer begrüßenswerten Hinwendung zu einem an materiellen Interessen ausgerichteten Souveränitätsverständnis; da man sich freilich schon über die Reichweite des formellen Territorialitätsprinzips nicht verständigen kann[15], erscheint er im internationalen Verhältnis als nicht aussichtsreich. Gleiches gilt für den Versuch, die »**Beweiszuständigkeit**« nicht als Annexzuständigkeit der Gerichtsbarkeit anzusehen, sondern sie an einer »sachgerechten Anknüpfung« auszurichten, für die die Belegenheit eines Beweismittels nur *ein* Kriterium unter mehreren ist[16]. Danach soll beispielsweise die Beschaffung einer sich im Ausland befindenden Urkunde außerhalb des Rechtshilfeverfahrens nur zulässig sein, wenn der darin dokumentierte Inhalt einen »Inlandsbezug« aufweist[17]. Dabei bleibt offen, was gilt, wenn der Inhalt der Urkunde umstritten ist (reicht die Behauptung einer Partei aus?). Ferner kann bei einem vereinbarten Gerichtsstand jeder Inlandsbezug fehlen[18]. Allerdings können diese Ansätze für die Ausgestaltung der internationalen Beweisaufnahme auf der Grundlage völkerrechtlicher Verträge fruchtbar sein.

(2) Gegenüber Parteien

9 Der Grundsatz prozessualer Chancengleichheit verlangt, daß in- und ausländische **Parteien** hinsichtlich ihrer prozessualen Mitwirkungspflichten und -obliegenheiten gleich behandelt werden[19]. Es entspricht der Staatenpraxis, daß Gerichte im Ausland befindlichen Parteien die Vornahme von Handlungen oder Unterlassungen gebieten, gleich ob das Verhalten im Ausland oder im Inland abverlangt wird[20]. Die Gebietshoheit wird insoweit vom völkerrechtlich ebenfalls anerkannten Grundsatz der *lex fori*-Regel eingeschränkt[21]. Einer Partei kann daher nach §425 die **Vorlegung** einer **im Ausland befindlichen Urkunde** aufgegeben werden[22]; kommt sie dem nicht nach, ist nach §427 zu verfahren[23]. Einem Beklagten mit italienischer Staatsangehörigkeit und Aufenthalt in Italien kann aufgegeben werden, eine **Blutentnahme** nach §372a zu dulden[24]. Auch dürfen Sanktionen angedroht und verhängt werden, was nach der ZPO freilich nur in §372a vorgesehen ist[25]; vollzogen werden können sie aber nur im Inland[26].

10 Völkerrechtliche Grenzen der Mitwirkungspflicht einer Partei werden jedoch angenommen, wenn die **Mitwirkungshandlung im Ausland** durch Gesetz oder gerichtliche oder behördliche Anordnung **verboten** ist[27]. Bestehen im Ausland entsprechende Mitwirkungsverbote, darf die deshalb unterlassene Mitwirkungshandlung der Partei nicht vorbehaltlos als Beweisvereitelung (→ §286 Rdnr. 120ff. [21. Aufl.]) oder im Rahmen der §§427, 446 zu ihren Lasten gewürdigt werden.

---

[14] *Stürner* JZ 1987, 607, 610 r. Sp.
[15] Zusammenfassend *Leipold* (Fn. 1) 21ff.
[16] *Mössle* (Fn. 1) 330ff.; zustimmend *Kindler* ZZP 105 (1992) 375, 379; ablehnend *Schlosser* FS Lorenz (1991) 497, 509f.; *R. Geimer* (Fn. 1) Rdnr. 2383.
[17] *Mössle* (Fn. 1) 433ff.
[18] *Schlosser* FS Lorenz (1991) 497, 510.
[19] *Gottwald* (Fn. 1) 125.
[20] *Schlosser* (Fn. 1) 17ff. (mit zahlr. Beispielen).
[21] *Leipold* (Fn. 1) 55.
[22] *Schack* (Fn. 1) Rdnr. 711.
[23] *Schack* (Fn. 1) Rdnr. 714.
[24] *BGH* JZ 1987, 42 (Anm. *Stürner*).
[25] Vgl. *Schlosser* IPRax 1987, 153, 154.
[26] A.A. *Schlosser* (Fn. 1) 26 unter Hinweis auf den Grundsatz fairen Verfahrens.
[27] *Gottwald* (Fn. 1) 119, 126; a.A. *Mössle* (Fn. 1) 446f. US-amerikanische Gerichte sehen sich durch ausländische Verbotsgesetze im Regelfall nicht gehindert, entgegenstehende Beweisanordnungen zu erlassen, vgl. *Jander/Stubbe* WiB 1996, 201 m.z.N.

(3) Gegenüber Dritten, insbesondere Zeugen

11 Gegenüber **Dritten** dürfen ausländische Gerichte **Pflichten nicht begründen**[28]. Insoweit kommt nur eine **freiwillige Mitwirkung** in Betracht[29]. Unproblematisch ist die Anordnung der Vernehmung eines im Ausland weilenden **Zeugen** im *Beweisbeschluß*. Mit der Schutzfunktion der Gebietshoheit[30] des ausländischen Staates ist es jedoch unvereinbar, dem dort weilenden Zeugen Zeugnispflichten (→ Rdnr. 18f. vor §373) aufzuerlegen. Das gilt auch gegenüber deutschen Staatsangehörigen; auf die **Staatsangehörigkeit** des Zeugen kommt es **nicht** an[31]; die Gebietshoheit überlagert die Personalhoheit[32]. Freilich wäre es überzogen, die Zulässigkeit der **Ladung** des Zeugen völlig zu verneinen. Soweit man daran festhält, daß für den im Ausland weilenden Zeugen eine *Zeugnispflicht nicht begründet* wird und gegen ihn, auch wenn er sich später zur Aussage ins Inland begibt, nicht nach §§380, 390 ZPO vorgegangen werden darf, ist eine **Ladung möglich**. Diese darf freilich nicht die Anweisung nach §377 Abs. 2 *Nr. 3* enthalten und muß im Wege der **Rechtshilfe zugestellt** werden; das Gericht darf sich nicht direkt an den Zeugen wenden, auch nicht durch formlose Briefpost[33], Telefon oder elektronische Post (»e-mail«). – Erscheint der Zeuge aus dem Ausland nicht, kann der Beweisführer dem Prozeßgericht ein **privat errichtetes Protokoll** seiner Aussage vorlegen. Da die Initiative hierzu von der Partei ausgeht und auch für den »Zeugen« keine Pflicht zum Mitwirken besteht, verletzt ein solches Vorgehen die Souveränität eines fremden Staates nicht, auch wenn die Erklärung im Ausland aufgenommen wird. Die schriftliche Aussage ist freilich kein Zeugenbeweis, sondern Urkundenbeweis (→ §284 Rdnr. 35 [21. Aufl.]) und ersetzt eine – freilich nicht immer mögliche – Zeugeneinvernahme im Ausland (→ Rdnr. 18ff.) nicht (→ allgemein dazu §284 Rdnr. 36ff. [21. Aufl.]).

12 Falls die Zustellung im Wege der Rechtshilfe erfolgt, darf das Gericht einen im Ausland weilenden Zeugen oder Sachverständigen auch um die **schriftliche Beantwortung der Beweisfrage** (§§377 Abs. 3, 402, 411) ersuchen[34]. Die Gegenansicht verneint dies in Übereinstimmung mit §39 Abs. 1 Satz 3, 40 Abs. 1 Satz 1 ZRHO mit dem Argument, das Gericht könne nicht überblicken, ob der ausländische Staat darin einen Eingriff in seine Hoheitsrechte sieht[35]. Maßgeblich kann aber nicht die Ansicht des einzelnen Staats sein, sondern nur das Völkerrecht. Da der Zeuge oder Sachverständige durch die Anordnung nach §377 Abs. 3, 402, 411 nicht verpflichtet wird, schriftlich auszusagen und eine schriftliche Aussage weniger belastend ist als das Erscheinen im Ausland aufgrund (zulässiger) Ladung oder einer Vernehmung im Wege der Rechtshilfe, ist ein solches Vorgehen zulässig.

13 Hält sich der **Zeuge** mit Wohnsitz im Ausland auch nur vorübergehend und **kurzfristig im Inland** auf, etwa zur Durchreise, unterliegt er vorbehaltlos der Zeugnispflicht[36]. Kriterien, wann sich eine Person »längere«[37], die Zeugnispflicht begründende Zeit im Inland aufhält, sind nicht verfügbar. Indem der Zeuge den ausländischen Staat verlassen hat, verliert er den Schutz der fremden Gebietshoheit.

---

[28] A.A. (von seinem abweichenden Ausgangspunkt → Rdnr. 9 folgerichtig) *Schlosser* FS Lorenz (1991) 497, 511.
[29] *Gottwald* (Fn. 1) 119, 128.
[30] *Stürner* FS Nagel (1987) 446, 455; *ders.* JZ 1992, 331.
[31] A.A. *Schack* (Fn. 1) Rdnr. 715f.; *R. Geimer* (Fn. 1) Rdnr. 427.
[32] *Mössle* (Fn. 1) 319; a.A. *R. Geimer* (Fn. 1) Rdnr. 2388.
[33] *Stadler* (Fn. 1) 284f., 287; a.A. MünchKommZPO/*Damrau*² §377 Rdnr. 5.
[34] MünchKommZPO/*Damrau*² §377 Rdnr. 5; *R. Geimer* (Fn. 1) Rdnr. 2384; *Schack* (Fn. 1) Rdnr. 721; *Stadler* (Fn. 1) 301; *Schlosser* (Fn. 1) 28 (formlos); *Daoudi* (Fn. 1) 123ff., 126ff.; *Schulze* IPRax 2001, 527, 528; *Musielak* FS Geimer (2002) 761, 767ff.
[35] *BGH* NJW 1984, 2039; *Schumann* in der 20. Aufl. Rdnr. 5.
[36] A.A. *Schlosser* FS Lorenz (1991) 497, 511.
[37] *Schlosser* Eu-Zivilprozessrecht², HBÜ Art. 1 Rdnr. 7.

14 Keinen völkerrechtlichen Bedenken unterliegt die richterliche Einvernahme eines im Ausland weilenden Zeugen im Wege der **Videokonferenz** (abweichend → § 128a Rdnr. 37)[38]. Mit § 128a Abs. 2 wurde in Deutschland die Rechtsgrundlage geschaffen, den nicht körperlich präsenten Zeugen audio-visuell zu vernehmen, wenn das Prozeßgericht die Aussage in Bild und Ton unmittelbar verfolgen kann (»Video-Vernehmung«, → § 128a Rdnr. 21ff.). Die Videovernehmung ermöglicht es dem Prozeßgericht, einen persönlichen Eindruck vom Zeugen zu gewinnen und ist deshalb der Einvernahme durch den ersuchten Richter vorzuziehen (→ § 355 Rdnr. 10). Keinen Einschränkungen unterliegt auch die **Recherche im Internet** zum Zwecke richterlichen Augenscheins; ob die dabei abgerufenen Daten physisch im Inland oder im Ausland gespeichert sind, ist ohne Belang, zumal der Speicherort schwer zu bestimmen ist. – Zur *Aufnahme* des Zeugenbeweises im Ausland → Rdnr. 18ff.

b) Handlungen Privater

15 Gegenüber Handlungen **Privater**, der Parteien, ihrer Vertreter oder der von ihnen beauftragten Sachverständigen im Ausland, bestehen völkerrechtliche Vorbehalte nicht. Die Zulässigkeit wird allein durch die dortigen Gesetze bestimmt.

16 Nicht endgültig geklärt ist die völkerrechtliche Einordnung von **Privatpersonen, die im Auftrage des Gerichts** handeln, etwa ein gerichtlich bestellter Sachverständiger (→ Rdnr. 17). Ein vergleichbares Problem stellt sich hinsichtlich der Beurteilung von US-Anwälten im Rahmen der *discovery*, die im Ausland Beweis erheben[39]. Rückt man den **funktionalen Bezug** der Tätigkeit zum Gerichtsverfahren in den Vordergrund[40], liegt eine Verletzung der Territorialitätshoheit nahe[41]. Vorzugswürdig erscheint es indes, auf den **formalen Status** und damit auf die Frage abzustellen, ob die handelnde Person Richter ist oder nicht; dies verhindert, daß Strukturen und Details innerstaatlichen Beweiserhebungsrechts völkerrechtlich relevant werden.

17 Das Gericht kann einen *im Inland* weilenden Sachverständigen mit der Erstattung eines Gutachtens betrauen, selbst wenn dazu **Handlungen des Sachverständigen im Ausland** erforderlich sind[42]. Dem steht nicht entgegen, daß das Rechtsverhältnis zum Sachverständigen nach deutschem Recht öffentlich-rechtlich qualifiziert wird[43], denn der Sachverständige übt keine hoheitliche Gewalt aus[44]. Der Sachverständige kann folglich auch tatsächliche Feststellungen im Ausland treffen[45], also Gegenstände betrachten, vermessen, fotografieren, auch Auskunftspersonen befragen, soweit dies nach ausländischem Recht zulässig ist. Zwangsmittel stehen ihm dabei selbstverständlich – ebenso wie im Inland – nicht zur Verfügung. Darüber hinaus kann ein sich *im Ausland* aufhaltender Sachverständiger mit der Erstellung eines Gutachtens beauftragt werden[46], soweit daraus eine Pflicht (§ 407) für den Sachverständigen nicht erwächst; das Gericht hat ggf. entsprechend § 408 Abs. 1 Satz 2 zu verfahren. Das Ersuchen

---

[38] Vgl. den Hinweis von *Schack* (Fn. 1) Rdnr. 724.

[39] Vgl. *Leipold* (Fn. 1) 43ff.

[40] *Leipold* (Fn. 1) 43.

[41] *Böhmer* NJW 1990, 3049, 3054; auch *Junker* (Fn. 1) 372, soweit Gerichte die Beweisaufnahme anordnen.

[42] *R. Geimer* (Fn. 1) Rdnr. 445; *Schack* (Fn. 1) Rdnr. 710; zurückhaltender *Schlosser* Eu-Zivilprozessrecht[2], HBÜ Art. 1 Rdnr. 6 (nur falls ausländischer Staat darin keine Hoheitsverletzung sieht oder wenn beide Parteien einverstanden sind).

[43] Daraus leitet *Leipold* (Fn. 1) 47 die Souveränitätsverletzung bei Sachverständigenermittlungen im Ausland ab.

[44] *Thomas/Putzo/Reichold*[27] Rdnr. 6 vor § 402.

[45] *R. Geimer* (Fn. 1) Rdnr. 445; *Wussow* FS Korbion (1986) 493ff.; a.A. *Stadler* (Fn. 1) 276.

[46] *Schlosser* Eu-Zivilprozessrecht[2], HBÜ Art. 1 Rdnr. 9.

muß im Wege der Rechtshilfe zugestellt werden. Unmittelbar darf sich das Gericht nicht an den Sachverständigen wenden[47].

III. Beweisaufnahme im Ausland

1. Überblick

18 Ist eine Beweisbeschaffung ins Inland (→ Rdnr. 5ff.) nicht möglich, erfolgt die Beweisaufnahme nach §363 im Ausland im Wege der Rechtshilfe in erster Linie gemäß Abs. 2 durch den **Konsul** der Bundesrepublik Deutschland (→ Rdnr. 22ff.) und erst in zweiter Linie aufgrund Ersuchens des deutschen Gerichts durch **ausländische Behörden** (→ Rdnr. 41ff.). Beide Arten des Ersuchens um Beweisaufnahme im Ausland werden **von Amts wegen** vom **Vorsitzenden** des deutschen Gerichts betrieben. In den Fällen des Abs. 1 kann das *Gericht* nach §364 anordnen, daß der **Beweisführer** tätig wird.

19 §363 verbietet nicht, daß der deutsche **Richter** selbst **im Ausland Beweise erhebt**. Dafür in Betracht kommen die Mitglieder des Prozeßgerichts (auch der Richter beim Amtsgericht und der Einzelrichter nach §348) und ein beauftragter Richter. Zu erwägen ist darüber hinaus, einen (grenznahen) Richter nach §362 um Beweisaufnahme im nahegelegenen Ausland zu ersuchen, wobei freilich die örtliche Zuständigkeit des ersuchten Gerichts nur in Analogie zu §157 Abs. 1 GVG bestimmt werden könnte: zuständig ist das Amtsgericht, dessen Bezirk dem im Ausland gelegenen Ort der Beweisaufnahme am nächsten liegt.

20 Eine Beweisaufnahme durch den Richter im Ausland ist allerdings aus **völkerrechtlichen Gründen nur mit Einverständnis** des ausländischen Staates zulässig. Ermöglicht wird die unmittelbare Beweisaufnahme durch das ersuchende Gericht in Mitgliedsstaaten der Europäischen Union (mit Ausnahme Dänemarks) nach **Art. 17 EuBVO** (→ Rdnr. 64ff.); bei einem dahingehenden Beschluß des Gerichts ist §363 nicht mehr anwendbar[48]. Ferner kann die unmittelbare Beweisaufnahme durch den Richter nach **Art. 17 HBÜ** zulässig sein, wenn er gemäß §361 als »Beauftragter« bestellt wird (→ Anh. §363 Rdnr. 92). Innerstaatlich ist entsprechend §38a ZRHO eine **Genehmigung der Bundesregierung** erforderlich, die aber nur aus Gründen verweigert werden darf, die die Pflege der auswärtigen Beziehungen (Art. 32 Abs. 1 GG) betreffen. Andere Gesichtspunkte, etwa die Notwendigkeit der Beweisaufnahme im Ausland, fallen allein in die Entscheidungskompetenz des Gerichts (Art. 97 GG)[49].

21 **Andere Wege** der Beweisaufnahme im Ausland kennt das deutsche Zivilprozeßrecht **nicht.** Daher ist es nicht zulässig, andere als die in §363 genannten Stellen (einschließlich eines Richters, → Rdnr. 26) mit der Beweisaufnahme im Ausland zu betrauen. Es ist somit ausgeschlossen, deutsche oder ausländische Behörden oder private Personen, etwa einen Rechtsanwalt, zum »Beauftragten« für die Beweisaufnahme zu bestellen.

2. Beweiserhebung im Ausland durch den Konsul (Abs. 2)

a) Vorrang vor Rechtshilfeersuchen an ausländische Behörden

22 Ist die **Beweisaufnahme** durch einen **Konsul**[50] nach dem Recht des Empfangsstaates **zulässig** (Einzelheiten → Rdnr. 24ff.), **muß** das Gericht das Ersuchen an ihn richten. Voraussetzung ist,

---

[47] A.A. *R. Geimer* (Fn. 1) Rdnr. 441.

[48] *Heß/Müller* ZZPInt 6 (2001) 149, 162.

[49] Zum Verhältnis Art. 32 GG zu Art. 97 GG *Schlosser* FS Constantinesco (1983) 653, 659ff.

[50] **Hierzu Art. 5 des Wiener Übereinkommens vom 24. IV. 1963 über konsularische Beziehungen:** »Die konsularischen Aufgaben bestehen darin, … j) gerichtliche und außergerichtliche Urkunden zu übermitteln und Rechtshilfeersuchen zu erledigen, soweit dies geltenden internationalen Übereinkünften

daß der Konsul nach §19 Abs.1 KonsularG die Befähigung zum Richteramt besitzt oder nach §19 Abs.2 Satz 2 Nr.1 KonsularG vom Auswärtigen Amt zur Vernehmung ermächtigt wurde; andere Angehörige deutscher Auslandsvertretungen sind nicht zur Beweisaufnahme berufen. Soweit danach die Beweisaufnahme durch den Konsul möglich ist, genießt sie **Vorrang** gegenüber dem Rechtshilfeweg. Das Gericht hat **kein Ermessen**, welchen Weg es einschlägt. Zum Eventualersuchen → Rdnr.26.

23 Gemäß §15 KonsularG vom 11. IX.1974[51] sind die Konsularbeamten verpflichtet, gerichtliche Beweisersuchen auszuführen. Der deutsche Konsul leistet Rechtshilfe wie ein deutsches Gericht[52]. Er verfährt gemäß §15 Abs.3 KonsularG grundsätzlich nach deutschen Verfahrensvorschriften (→ Rdnr.38ff.).

b) Zulässigkeit der Beweisaufnahme durch den Konsul

aa) Wille des Empfangsstaats

24 Im **Grundsatz** sind Beweisaufnahmen durch den Konsul stets vom **Willen** des jeweiligen **Empfangsstaates** abhängig[53]. Das Einverständnis des Empfangsstaates ist auch dann erforderlich, wenn die Beweisaufnahme in den Amtsräumen der deutschen Auslandsvertretung erfolgt, Zwang nicht angewendet wird und die vernommene oder vereidigte Person die deutsche Staatsangehörigkeit besitzt. Die Ratifikation des Wiener Übereinkommens über konsularische Beziehungen (→ Fn.50) reicht hierzu nicht aus, wohl aber die Geltung der Art.15ff. des HBÜ (→ Anh. §363 Rdnr.85ff.) oder des HZPÜ (→ Anh. §363 Rdnr.125). Dabei sind Zusatzvereinbarungen (Art.31 HBÜ), Vorbehalte (Art.33 HBÜ) und einseitige Erklärungen (z.B. Art.15 Abs.2, 16 Abs.2, 17 Abs.2, 18 HBÜ) zu beachten. Neben multilateralen Abkommen und Verträgen spielen **bilaterale Verträge** eine große Rolle. Bestehen keine vertraglichen Beziehungen, schließt dies Rechtshilfebeziehungen nicht aus; Rechtshilfe wird dann im **vertragslosen Zustand** gewährt.

bb) Tatsächliche Unmöglichkeit der Beweisaufnahme durch den Konsul

25 Zuweilen hindern tatsächliche Gründe die Beweisaufnahme durch den Konsul. Hierzu zählen vor allem zu große Entfernungen zwischen dem Konsulat und dem Wohnort der zu vernehmenden oder zu vereidigenden Person, kriegerische Ereignisse, Unruhen, Witterungsverhältnisse usw. Tatsächlich unmöglich ist die Beweisaufnahme durch den Konsul, wenn das Konsulat nicht mit Beamten besetzt ist, die Vernehmungen und Beeidigungen durchführen

---

entspricht oder, in Ermangelung solcher, mit den Gesetzen und sonstigen Rechtsvorschriften des Empfangsstaates vereinbar ist;« vgl. hierzu auch Art.15, 16 Beweisaufnahmeübereinkommen, → Anh. §363 Rdnr.85ff.

[51] BGBl I 2317: §15 **Konsulargesetz** lautet: »(1) Die Konsularbeamten sind berufen, auf Ersuchen deutscher Gerichte und Behörden Vernehmungen durchzuführen. (2) Ersuchen um Vernehmungen, durch die eine richterliche Vernehmung ersetzt werden soll, können nur von einem Gericht oder von einer Behörde, die um richterliche Vernehmungen im Inland ersuchen kann, gestellt werden. Wird um eidliche Vernehmung ersucht, so ist der Konsularbeamte zur Abnahme des Eides befugt. (3) Die für die jeweilige Vernehmung geltenden deutschen verfahrensrechtlichen Vorschriften sind sinngemäß anzuwenden. Dolmetscher brauchen nicht vereidigt zu werden. Das Protokoll kann auch von dem vernehmenden Konsularbeamten geführt werden. Zwangsmittel darf der Konsularbeamte nicht anwenden. (4) Die Vernehmungen und die Vereidigungen und die über sie aufgenommenen Niederschriften stehen Vernehmungen und Vereidigungen sowie den darüber aufgenommenen Niederschriften inländischer Gerichte und Behörden gleich. (5) Die Vorschriften für Vernehmungen gelten für Anhörungen entsprechend.«

[52] Zu gesetzlichen Grundlagen s. *E. Geimer* (Fn.1) 127ff.

[53] *Musielak/Stadler*[4] Rdnr.2.

dürfen. In solchen Ausnahmefällen muß das Gericht von einem Ersuchen nach Abs. 2 absehen und gegebenenfalls nach Abs. 1 verfahren.

cc) Eventualersuchen

26 Nicht immer kann das Gericht übersehen, ob die rechtlichen oder tatsächlichen Voraussetzungen für eine Tätigkeit des Konsuls vorliegen. § 13 Abs. 4 ZRHO schlägt vor, in diesem Fall zugleich ein Ersuchen an die ausländische Behörde zu richten und den Konsul zu bitten, dieses an die ausländische Stelle weiter zu leiten, falls er die Beweisaufnahme nicht durchführen kann. Dieses Vorgehen ist **mit Abs. 2 vereinbar**, wenn deutlich wird, daß **vorrangig** (→ Rdnr. 22) um eine Beweisaufnahme durch den Konsul ersucht wird. Das Verfahren nach § 13 Abs. 4 ZRHO ist zweckmäßig, wenn der Zeitgewinn höher zu bewerten ist als anfallende, möglicherweise überflüssige Kosten.

27 Soweit das HBÜ eingreift (→ Anh. § 363 Rdnr. 7), bestehen gegen ein solches Verfahren **keine Bedenken aus Art. 2 Abs. 2 HBÜ**. Die Bestimmung regelt nicht den Gang des Rechtshilfeersuchens im ersuchenden Staat (→ Anh. § 363 Rdnr. 31). Da sich der Konsul nach Art. 2 Abs. 1 HBÜ nicht selbst an die Zentrale Behörde wenden kann, muß deutlich werden, daß er ein vom deutschen Gericht stammendes Rechtshilfeersuchen lediglich weiterleitet. Darüber hinaus müssen die in Art. 3 und 4 HBÜ vorgeschriebenen Formen gewahrt sein.

dd) Staatenpraxis

28 Die **Staatenpraxis** hat zu einer schwer zu übersehenden **Vielfalt der Voraussetzungen** geführt, unter denen ein **Konsul eine Beweisaufnahme** durchführen darf. Im Laufe der Zeit haben sich immerhin eine Reihe von Merkmalen herausgebildet, die eine typisierende Darstellung ermöglichen.

(1) Keine konsularische Beweisaufnahme

29 Von einem Beweisersuchen nach Abs. 2 muß das Gericht absehen, wenn der fremde Staat die **konsularische Beweisaufnahme ablehnt** (→ Rdnr. 24). Viele Staaten, mit denen Deutschland keine vertraglichen Beziehungen unterhält, gestatten eine konsularische Beweisaufnahme nicht. Außerdem gibt es Staaten, die trotz vertraglicher Beziehungen eine derartige Beweiserhebung nicht zulassen[54].

(2) Merkmal der Staatsangehörigkeit

30 Soweit die Beweisaufnahme durch den deutschen Konsul nicht ganz untersagt ist (→ Rdnr. 24), spielt die **Staatsangehörigkeit** des zu vernehmenden oder zu vereidigenden Zeugen in vielen Staaten eine maßgebliche Rolle. Vielfach gestatten die Empfangsstaaten eine konsularische Beweisaufnahme nur, wenn der Zustellungsempfänger oder die zu vernehmende Person[55] bzw. die zu vernehmende Person allein[56], d.h. ohne Berücksichtigung des Zustellungsempfängers, die deutsche Staatsangehörigkeit besitzt. Einige Staaten fordern, daß der Zustel-

---

[54] In folgenden Staaten darf der Konsul der Bundesrepublik Deutschland keinerlei Einvernahmen durchführen (Quelle → Fn. 73): Algerien, Andorra, Brasilien, Côte d'Ivoire, Haiti, Honduras, Jemen, Jordanien, Kuba, Liechtenstein (unmittelbarer Geschäftsverkehr, → Rdnr. 46), San Marino, Somalia, Sri Lanka (Mitgl. d. HBÜ), Thailand (→ Länderangaben Rdnr. 46), Vatikanstadt (→ Länderangaben Rdnr. 46), Venezuela, Vietnam, Zaire.

[55] Angola, Bolivien, Indonesien, Kamerun, Libyen, Marokko, Mauretanien, Mongolei, Mosambik, Ni-

lungsempfänger oder die zu vernehmende Person[57] bzw. die zu vernehmende Person allein[58] zumindest auch die deutsche Staatsangehörigkeit besitzt, was eine Beweisaufnahme bei Doppelstaatern ermöglicht. Teilweise wird die Beweisaufnahme gestattet, wenn der Zustellungsempfänger oder die zu vernehmende Person[59] bzw. die zu vernehmende Person allein[60] nicht Staatsangehöriger des Empfangsstaats ist. Andere Staaten verlangen, daß der Zustellungsempfänger oder die zu vernehmende Person[61] bzw. die zu vernehmende Person allein[62] nicht nur die Staatsangehörigkeit des Empfangsstaats besitzt. In den übrigen erfaßten Staaten ist die Beweisaufnahme ohne Rücksicht auf die Staatsangehörigkeit des Zustellungsempfängers oder der zu vernehmenden Person[63] bzw. der zu vernehmenden Person allein[64] gestattet. Bei Doppel- und Mehrstaatern entscheidet der Wille des Empfangsstaats. Mitunter ist die Genehmigung der ausländischen Behörden erforderlich (→ Rdnr. 31). Für die **Qualifikation** ist das Recht des Empfangsstaats maßgeblich.

(3) Genehmigungsvorbehalte

31 Neben der Staatsangehörigkeit spielen **Genehmigungsvorbehalte** eine wesentliche Rolle. Sie gelten teilweise bei jeder dem Konsul im Empfangsstaat möglichen Vernehmung[65], manchmal nur bei der Vernehmung von Personen, die nicht[66] die deutsche Staatsangehörigkeit besitzen. Die Genehmigung kann unter Auflagen erteilt werden, etwa nach Art. 19 HBÜ (→ Anh. §363 Rdnr. 97) oder unter dem Vorbehalt der Gegenseitigkeit entfallen.

(4) Keine Rechtswirkungen im Empfangsstaat

32 Die konsularische Beweisaufnahme ist in nicht wenigen Staaten nur gestattet, falls sie **keine Rechtswirkungen im Empfangsstaat** hervorruft. Dieses Erfordernis tritt bisweilen neben die Voraussetzungen deutscher[67] oder fehlender[68] bzw. nicht nur[69] eigener Staatsangehörigkeit des Empfangsstaats. Häufiger ist das Erfordernis bei denjenigen Staaten anzutreffen, die die Tätigkeit des Konsuls ohne Rücksicht auf die Staatsangehörigkeit des Zustellungsempfängers

---

ger, Pakistan, Peru, Philippinen, Russische Föderation, Senegal, Simbabwe, Tschad, Tunesien, Uganda, Vereinigte Arabische Emirate; Quelle → Fn. 73.

56 Bangladesch, China für Macau, Indien, Japan, Kuweit; Quelle → Fn. 73.

57 Ägypten, Burundi, Ghana, Kongo, Libanon, Norwegen (Mitgl. d. HBÜ), Saudi-Arabien, Suriname, Syrien; Quelle → Fn. 73.

58 Antigua und Barbuda, Botsuana, Papua-Neuguina; Quelle → Fn. 73.

59 Afghanistan, Jugoslawien (Serbien und Montenegro), Myanmar, Sudan; Quelle → Fn. 73.

60 China (Mitgl. d. HBÜ), Gabun, Liberia, Monaco (Mitgl. d. HBÜ); Quelle → Fn. 73.

61 Äthiopien, Dominikanische Republik, Uruguay; Quelle → Fn. 73.

62 Zentralafrikanische Republik; Quelle → Fn. 73.

63 Argentinien (Mitgl. d. HBÜ), Barbados (Mitgl. d. HBÜ), Chile, Costa Rica, Dänemark (Mitgl. d. HBÜ), Ecuador, El Salvador, Guatemala, Irak, Iran, Island, Kanada, Katar, Kenia, Kolumbien, Republik Korea, Madagaskar, Malawi, Mexico (Mitgl. d. HBÜ), Namibia, Nicaragua, Panama, Paraguay, Schweiz (Mitgl. d. HBÜ), Seychellen, Südafrika, Togo, Vereinigte Staaten (Mitgl. d. HBÜ); Quelle → Fn. 73.

64 Australien (Mitgl. d. HBÜ), Bahamas, Dominica, Fidschi, Gambia, Grenada, Guyana, Israel (Mitgl. d. HBÜ), Jamaika, Lesotho, Malaysia, Mauritius, Nauru, Neuseeland, Nigeria, Salomonen, Sambia, Sierra Leone, Singapur (Mitgl. d. HBÜ), St. Lucia, St. Vincent und die Grenadien, Swasiland, Tansania, Trinidad und Tobago; Quelle → Fn. 73.

65 Dänemark, Schweiz; Quelle → Fn. 73.

66 Israel; Quelle → Fn. 73.

67 Saudi-Arabien; Quelle → Fn. 73.

68 Liberia, Myanmar, Sudan; Quelle → Fn. 73.

69 Uruguay; Quelle → Fn. 73.

oder der zu vernehmenden Person zulassen[70]. Um zeitraubende Rückfragen zu vermeiden, sollte das Gericht in seinem Ersuchen ausdrücklich feststellen, daß Rechtswirkungen im Empfangsstaat nicht hervorgerufen werden. Wenn sie jedoch eintreten, scheidet ein Ersuchen nach Abs. 2 aus und es ist nach Abs. 1 (→ Rdnr. 41ff.) zu verfahren.

(5) Zwangsanwendung

33 Die Beweisaufnahme durch den deutschen Konsul ist vom **Grundsatz der Freiwilligkeit** beherrscht. Der Konsul darf keinerlei Zwangsmittel anwenden. Die Vernehmung und Eidesleistung des Zeugen muß freiwillig erfolgen. Ist das Prozeßgericht überzeugt, daß ein Zeuge an der konsularischen Beweisaufnahme nicht freiwillig mitwirken wird, muß es von einem Ersuchen um konsularische Beweisaufnahme absehen. Ist das Gericht unsicher, ob der Zeuge freiwillig vor dem Konsul erscheint und aussagt, sollte ein Eventualersuchen (→ Rdnr. 26) ins Auge gefaßt werden.

34 In einigen Staaten ist die Anwendung von **Zwang nicht ausgeschlossen**. Dann ist jedoch die Mitwirkung von staatlichen Stellen des Empfangsstaats erforderlich, um unter Anwendung von Zwang eine Beweisaufnahme durch den deutschen Konsul zu erreichen. So können nach Art. 18 HBÜ (→ Anh. §363 Rdnr. 94) die Mitgliedsstaaten eine Erklärung abgeben, daß diplomatische oder konsularische Vertreter die erforderliche Unterstützung durch Zwangsmittel erhalten.

(6) Blutentnahmen und erbbiologische Gutachten

35 Dem deutschen Konsul ist es in vielen Staaten auch gestattet, durch einen Vertrauensarzt **Blutentnahmen oder die für ein erbbiologisches Gutachten** erforderlichen Untersuchungen vornehmen zu lassen[71]. Erforderlich ist freilich, daß die zu untersuchende Person damit einverstanden ist. Ist unklar, ob das Einverständnis vorliegt oder erteilt werden wird, sollte auch hier im Wege des Eventualersuchens vorgegangen werden (→ Rdnr. 26). Ist das Gericht überzeugt, eine freiwillige Mitwirkung scheidet aus, muß es nach Abs. 1 die ausländische Behörde um Rechtshilfe ersuchen (→ Rdnr. 41ff.).

(7) Urkundenvorlage

36 Dem deutschen Konsul ist es vereinzelt gestattet, um **Vorlage von Urkunden** zu ersuchen[72].

ee) Staatenverzeichnis[73]

37 **Afghanistan:** Rechtshilfe wird vertragslos gegenseitig geleistet; dt. Botschaft kann (eidlich) ohne Zwang vernehmen, wenn Zustellungsempfänger oder die zu vernehmende Person nicht die afghanische Staatsangehörigkeit besitzt. **Ägypten:** dt. Auslandsvertretungen können (eidlich) ohne Zwang verneh-

[70] Chile, El Salvador, Guatemala, Irak, Iran, Republik Korea, Mexico, Namibia, Nicaragua, Südafrika; Quelle → Fn. 73.
[71] Australien, Botsuana, Namibia, Südafrika (vgl. Länderangaben → Rdnr. 46); Quelle → Fn. 73.
[72] Vereinigte Staaten (vgl. Länderangaben → Rdnr. 46); Quelle → Fn. 73.
[73] Die Staatenangaben beruhen auf dem Länderteil der ZRHO, abgedruckt bei *Piller/Herrmann* Justizverwaltungsvorschriften (Stand August 1998). Soweit andere Quellen benutzt werden, ist dies vermerkt. Wegen des Geltungsbereichs des HBÜ → Anh. §363 Rdnr. 7; wegen des Geltungsbereichs der EuBVO → Rdnr. 64. Es ist darauf hinzuweisen, daß die Rechtspraxis bisweilen anders verfährt als im Länderteil angegeben; z.B. werden trotz bestehender Rechtshilfeabkommen von einzelnen Staaten Beweisersuchen nicht erledigt, vgl. *OLG Hamm* NJW-RR 1988, 703 zum (damaligen) Verhältnis mit Polen.

men, falls Zustellungsempfänger oder die zu vernehmende Person die deutsche Staatsangehörigkeit besitzt. **Algerien:** Rechtshilfe wird vertragslos gegenseitig geleistet; stets müssen algerische Behörden in Anspruch genommen werden. **Andorra:** Rechtshilfe wird vertragslos gegenseitig geleistet; stets müssen andorranische Behörden in Anspruch genommen werden. **Angola:** Rechtshilfe wird vertragslos gegenseitig geleistet; dt. Botschaft kann (eidlich) ohne Zwang vernehmen, falls Zustellungsempfänger oder die zu vernehmende Person nur die deutsche Staatsangehörigkeit besitzt. **Antigua und Barbuda:** Rechtshilfe wird vertragslos geleistet; dt. Botschaft in Port-of-Spain/Trinidad und Tobago kann (eidlich) ohne Zwang vernehmen, falls die zu vernehmende Person die deutsche Staatsangehörigkeit besitzt. **Argentinien** ist Mitglied des HBÜ (→ Anh. §363 Rdnr. 1ff.). **Äthiopien:** Rechtshilfe wird von äthiopischen Behörden nicht geleistet; dt. Botschaft kann (eidlich) ohne Zwang vernehmen, falls der Zustellungsempfänger oder die zu vernehmende Person nicht nur die äthiopische Staatsangehörigkeit besitzt. **Australien** ist Mitglied des HBÜ (→ Anh. §363 Rdnr. 1ff.). **Bahamas:** dt. Botschaft in Kingston/Jamaika kann (eidlich) ohne Zwang vernehmen, ohne Rücksicht auf die Staatsangehörigkeit der zu vernehmenden Person. **Bangladesch:** dt. Botschaft kann (eidlich) ohne Zwang vernehmen, wenn die zu vernehmende Person nur die deutsche Staatsangehörigkeit besitzt. **Barbados** ist Mitglied des HBÜ (→ Anh. §363 Rdnr. 1ff.). **Belgien:** es gilt die EuBVO (→ Rdnr. 64ff.). **Bolivien:** Rechtshilfe wird vertragslos gegenseitig geleistet; dt. Botschaft kann (eidlich) ohne Zwang vernehmen, falls Zustellungsempfänger oder die zu vernehmende Person nur die deutsche Staatsangehörigkeit besitzt. **Botsuana:** Rechtshilfe wird vertragslos geleistet; dt. Botschaft kann (eidlich) ohne Zwang vernehmen, falls die zu vernehmende Person die deutsche Staatsangehörigkeit besitzt. Sie kann Blutentnahmen und für erbbiologische Gutachten erforderliche Untersuchungen mit Einwilligung des Betroffenen ohne Rücksicht auf dessen Staatsangehörigkeit von einem Vertrauensarzt durchführen lassen. **Brasilien:** Rechtshilfe wird vertragslos gegenseitig geleistet; stets müssen brasilianische Behörden in Anspruch genommen werden. **Bulgarien** ist Mitglied des HBÜ (→ Anh. §363 Rdnr. 1ff.). **Burundi:** Rechtshilfe wird vertragslos gegenseitig geleistet; dt. Botschaft kann (eidlich) ohne Zwang vernehmen, falls Zustellungsempfänger oder die zu vernehmende Person die deutsche Staatsangehörigkeit besitzt. **Chile:** Rechtshilfe wird vertragslos geleistet; dt. Auslandsvertretungen können (eidlich) ohne Zwang vernehmen, ohne Rücksicht auf die Staatsangehörigkeit des Zustellungsempfängers oder der zu vernehmenden Person, falls keine Rechtswirkungen in Chile hervorgerufen werden sollen. **China, Volksrepublik** ist Mitglied des HBÜ (→ Anh. §363 Rdnr. 1ff.). **Costa Rica:** Rechtshilfe wird vertragslos gegenseitig geleistet; dt. Botschaft kann (eidlich) ohne Zwang vernehmen, ohne Rücksicht auf die Staatsangehörigkeit des Zustellungsempfängers oder der zu vernehmenden Person. **Côte d'Ivoire:** Rechtshilfe wird vertragslos gegenseitig geleistet; es müssen ivorische Behörden in Anspruch genommen werden. **Dänemark** (einschließlich der *Faröerinseln* und *Grönland*) ist Mitglied des HBÜ (→ Anh. §363 Rdnr. 1ff.); trotz der Mitgliedschaft in der Europäischen Union gilt die EuBVO in Dänemark *nicht* (→ Rdnr. 64). **Dominica:** dt. Botschaft in Port-of-Spain/Trinidad und Tobago kann (eidlich) ohne Zwang vernehmen, ohne Rücksicht auf die Staatsangehörigkeit der zu vernehmenden Person. **Dominikanische Republik:** Rechtshilfe wird vertragslos gegenseitig geleistet; dt. Botschaft kann (eidlich) ohne Zwang vernehmen, falls Zustellungsempfänger oder die zu vernehmende Person nicht nur die dominikanische Staatsangehörigkeit besitzt. **Ecuador:** Rechtshilfe wird vertragslos gegenseitig geleistet; dt. Auslandsvertretungen können (eidlich) ohne Zwang vernehmen, ohne Rücksicht auf die Staatsangehörigkeit des Zustellungsempfängers oder der zu vernehmenden Person. **El Salvador:** Rechtshilfe wird vertragslos gegenseitig geleistet; dt. Botschaft kann (eidlich) ohne Zwang vernehmen, ohne Rücksicht auf die Staatsangehörigkeit des Zustellungsempfängers oder der zu vernehmenden Person, wenn Vernehmung keine Rechtswirkungen in EI Salvador hervorrufen soll. **Estland** ist Mitglied des HBÜ (→ Anh. §363 Rdnr. 1ff.); es gilt die EuBVO (→ Rdnr. 64ff.). **Fidschi:** dt. Botschaft in Wellington/Neuseeland kann (eidlich) ohne Zwang vernehmen, ohne Rücksicht auf die Staatsangehörigkeit der zu vernehmenden Person. **Finnland** ist Mitglied des HBÜ (→ Anh. §363 Rdnr. 1ff.); es gilt die EuBVO (→ Rdnr. 64ff.). **Frankreich** ist Mitglied des HBÜ (→ Anh. §363 Rdnr. 1ff.); es gilt die EUBVO (→ Rdnr. 64ff.) **Gabun:** Rechtshilfe wird vertragslos gegenseitig geleistet; dt. Botschaft kann (eidlich) ohne Zwang vernehmen, wenn die zu vernehmende Person nicht die gabunische Staatsangehörigkeit besitzt. **Gambia:** dt. Botschaft in Dakar/Senegal kann (eidlich) ohne Zwang vernehmen, ohne Rücksicht auf die Staatsangehörigkeit der zu vernehmenden Person. **Ghana:** Rechtshilfe wird vertragslos gegenseitig geleistet; dt. Botschaft kann (eidlich) ohne Zwang vernehmen, falls der Zustellungsempfänger oder die zu vernehmende Person die deutsche Staatsangehörigkeit besitzt. **Grenada:** dt. Botschaft in Port-of-Spain/Trinidad und Tobago kann (eidlich) ohne Zwang vernehmen, ohne Rücksicht auf die Staatsangehörigkeit der zu vernehmenden Person. **Griechenland:** ist Mitglied des HBÜ (→ Anh. §363 Rdnr. 1ff.); es gilt die EuBVO (→ Rdnr. 64ff.). **Guatemala:** Rechtshilfe wird vertragslos gegenseitig geleistet; dt. Botschaft kann (eidlich) ohne Zwang vernehmen, ohne Rücksicht auf die Staatsangehörigkeit des Zustellungsempfängers oder der zu vernehmenden Person, falls keine Rechtswirkungen in Guatemala hervorgerufen werden sollen. **Guyana:** dt. Botschaft in Port-of-Spain/Trinidad und Tobago kann (eidlich) ohne Zwang vernehmen, ohne Rücksicht auf die Staatsangehörigkeit der zu vernehmenden Person. **Haiti:** Rechtshilfe wird vertragslos gegenseitig geleistet; es müssen haitianische Behörden in Anspruch genommen werden. **Honduras:** Rechtshilfe wird vertragslos gegenseitig geleistet; stets müssen honduranische Behörden in Anspruch genommen werden. **Indien:** Rechtshilfe wird vertragslos gegenseitig geleistet; dt. Auslandsvertretungen können (eidlich) ohne Zwang vernehmen, wenn die zu vernehmende Person nur die deutsche Staatsangehörigkeit besitzt. **Indonesien:** Rechtshilfe wird vertragslos gegenseitig geleistet; dt. Botschaft kann (eidlich) ohne Zwang vernehmen, falls der Zustellungsempfänger oder die zu vernehmende Person nur die deutsche Staatsangehörigkeit besitzt. **Irak:** Rechtshilfe wird vertragslos gegenseitig geleistet; dt. Botschaft kann (eidlich) ohne Zwang vernehmen, ohne Rücksicht auf die Staatsangehörigkeit des Zustellungsempfängers oder der zu vernehmenden Person, falls Rechtswirkungen im Irak nicht hervorgerufen werden sollen. **Iran:** Rechtshilfe wird vertragslos gegenseitig geleistet; dt. Botschaft kann (eidlich) ohne Zwang vernehmen, ohne Rücksicht auf die Staatsangehörigkeit des Zustellungsempfängers oder der zu vernehmenden Person, falls keine Rechtswirkungen im Iran hervorgerufen werden sollen. In **Irland** gilt die EuBVO (→ Rdnr. 64ff.). **Island:** dt. Botschaft kann (eidlich) ohne Zwang vernehmen, ohne Rücksicht auf die Staatsangehörigkeit des Zustellungsempfängers oder der zu vernehmenden Person. **Israel** ist Mitglied des HBÜ (→ Anh. §363 Rdnr. 1ff.). **Italien** ist Mitglied des HBÜ (→ Anh. §363 Rdnr. 1ff.); es gilt die EuBVO (→ Rdnr. 64ff.). **Jamaika:** dt. Botschaft kann (eidlich) ohne Zwang vernehmen, ohne Rücksicht auf die Staatsangehörigkeit der zu vernehmenden Person. **Japan:** dt. Auslandsvertretungen können (eidlich) ohne Zwang vernehmen, wenn die zu vernehmende Person nur die deutsche Staatsangehörigkeit besitzt. **Jemen:** Rechtshilfe wird vertragslos gegenseitig geleistet; es müssen jemenitische Behörden in Anspruch genommen werden. **Jordanien:** Rechtshilfe wird vertragslos gegenseitig geleistet; stets müssen jordanische Behörden in Anspruch genommen werden. **Jugoslawien:** dt. Auslandsvertretungen können (eidlich) ohne Zwang vernehmen, falls der Zustellungsempfänger oder die zu vernehmende Person nicht die jugoslawische Staatsangehörigkeit besitzt. **Kamerun:** Rechtshilfe wird vertragslos gegenseitig geleistet; dt. Botschaft kann (eidlich) ohne Zwang vernehmen, falls der Zustellungsempfänger oder die zu vernehmende Person nur die deutsche Staatsangehörigkeit besitzt. **Kanada:** dt. Auslandsvertretungen können (eidlich) ohne Zwang vernehmen, ohne Rücksicht auf die Staatsangehörigkeit des Zustellungsempfängers oder der zu vernehmenden Person. **Katar:** Rechtshilfe wird vertragslos gegenseitig geleistet; dt. Botschaft kann (eidlich) ohne Zwang vernehmen, ohne Rücksicht auf die Staatsangehörigkeit des Zustellungsempfängers oder der zu vernehmenden Person. Die eidliche Vernehmung eines Muslims durch einen nichtmuslimischen Konsularbeamten ist nicht zugelassen. **Kenia:** dt. Botschaft kann (eidlich) ohne Zwang vernehmen, ohne Rücksicht auf die Staatsangehörigkeit des Zustellungsempfängers oder der zu vernehmenden Person. **Kolumbien:** Rechtshilfe wird vertragslos gegenseitig geleistet; dt. Auslandsvertretungen können (eidlich) ohne Zwang vernehmen, ohne Rücksicht auf die Staatsangehörigkeit des Zustellungsempfängers oder der zu vernehmenden Person. **Kongo:** Rechtshilfe wird vertragslos gegenseitig geleistet; dt. Botschaft kann (eidlich) ohne Zwang vernehmen, falls der Zustellungsempfänger oder die zu vernehmende Person die deutsche Staatsangehörigkeit besitzt. **Korea, Republik:** Rechtshilfe wird vertragslos gegenseitig geleistet; dt. Botschaft kann (eidlich) ohne Zwang vernehmen, ohne Rücksicht auf die Staatsangehörigkeit des Zustellungsempfängers oder der zu vernehmenden Person, falls Rechtswirkungen in Korea nicht hervorgerufen werden sollen. **Kuba:** Rechtshilfe wird vertragslos gegenseitig geleistet; stets müssen kubanische Behörden in Anspruch genommen werden. **Kuwait:** Rechtshilfe wird vertragslos gegenseitig geleistet; dt. Botschaft kann (eidlich) ohne Zwang vernehmen, falls die zu vernehmende Person nur die deutsche Staatsangehörigkeit besitzt. **Lesotho:** dt. Botschaft kann (eidlich) ohne Zwang vernehmen, ohne Rücksicht auf die Staatsangehörigkeit der zu vernehmenden Person. **Lettland** ist Mitglied des HBÜ (→ Anh. §363 Rdnr. 1ff.); es gilt die EuBVO (→ Rdnr. 64ff.). **Libanon:** dt. Botschaft kann (eidlich) ohne Zwang vernehmen, falls der Zustellungsempfänger oder die zu vernehmende Person die deutsche Staatsangehörigkeit besitzt. Von Antrag auf Beeidigung eines muslimischen Zeugen oder Sachverständigen ist möglichst abzusehen. **Liberia:** Rechtshilfe wird vertragslos gegenseitig geleistet; dt. Botschaft kann (eidlich) ohne Zwang vernehmen, wenn die zu vernehmende Person nicht die liberianische Staatsangehörigkeit besitzt und die Vernehmung keine Rechtswirkungen in Liberia hervorrufen soll. **Libyen:** Rechtshilfe wird vertragslos gegenseitig geleistet; dt. Botschaft kann (eidlich) ohne Zwang vernehmen, falls der Zustellungsempfänger oder die zu vernehmende Person nur die deutsche Staatsangehörigkeit besitzt. **Liechtenstein:** Rechtshilfe wird vertragslos gegenseitig geleistet; den beiderseitigen gerichtlichen Behörden ist für die Rechtshilfe der unmittelbare Geschäftsverkehr gestattet (Vereinbarung vom 17. Februar/29. Mai 1958; BAnz. Nr. 73 vom 17. April

1959). **Litauen** ist Mitglied des HBÜ (→ Anh. §363 Rdnr. 1ff.), es gilt die EuBVO (→ Rdnr. 64ff.). **Luxemburg** ist Mitglied des HBÜ (→ Anh. §363 Rdnr. 1ff.); es gilt die EUBVO (→ Rdnr. 64ff). **Madagaskar:** Rechtshilfe wird vertragslos gegenseitig geleistet; dt. Botschaft kann (eidlich) ohne Zwang vernehmen, ohne Rücksicht auf die Staatsangehörigkeit des Zustellungsempfängers oder der zu vernehmenden Person. **Malawi:** dt. Botschaft kann (eidlich) ohne Zwang vernehmen, ohne Rücksicht auf die Staatsangehörigkeit des Zustellungsempfängers oder der zu vernehmenden Person. **Malaysia:** dt. Botschaft kann (eidlich) ohne Zwang vernehmen, ohne Rücksicht auf die Staatsangehörigkeit der zu vernehmenden Person. In **Malta** gilt die EuBVO (→ Rdnr. 64ff.). **Marokko:** dt. Botschaft kann (eidlich) ohne Zwang vernehmen, falls der Zustellungsempfänger oder die zu vernehmende Person nur die deutsche Staatsangehörigkeit besitzt. **Mauretanien:** Rechtshilfe wird vertragslos gegenseitig geleistet; dt. Botschaft kann (eidlich) ohne Zwang vernehmen, falls der Zustellungsempfänger oder die zu vernehmende Person nur die deutsche Staatsangehörigkeit besitzt. **Mauritius:** dt. Botschaft in Antananarivo/Madagaskar kann (eidlich) ohne Zwang vernehmen, ohne Rücksicht auf die Staatsangehörigkeit der zu vernehmenden Person. **Mexico** ist Mitglied des HBÜ (→ Anh. §363 Rdnr. 1ff.). **Monaco** ist Mitglied des HBÜ (→ Anh. §363 Rdnr. 1ff.). **Mongolei:** Rechtshilfe wird vertragslos gegenseitig geleistet; dt. Botschaft kann (eidlich) ohne Zwang vernehmen, falls der Zustellungsempfänger oder die zu vernehmende Person nur die deutsche Staatsangehörigkeit besitzt. **Mosambik:** dt. Botschaft kann (eidlich) ohne Zwang vernehmen, falls der Zustellungsempfänger oder die zu vernehmende Person nur die deutsche Staatsangehörigkeit besitzt. **Myanmar:** Rechtshilfe wird vertragslos gegenseitig geleistet; dt. Botschaft kann (eidlich) ohne Zwang vernehmen, falls der Zustellungsempfänger oder die zu vernehmende Person nicht die myanmarische Staatsangehörigkeit besitzt. **Namibia:** Rechtshilfe wird vertragslos gegenseitig geleistet; dt. Botschaft kann (eidlich) ohne Zwang vernehmen, ohne Rücksicht auf die Staatsangehörigkeit des Zustellungsempfängers oder der zu vernehmenden Person, wenn die zu vernehmende Person in der Nähe der Auslandsvertretung wohnt und Rechtswirkungen in Namibia nicht hervorgerufen werden sollen. Sie kann Blutentnahmen und für erbbiologische Gutachten erforderliche Untersuchungen mit Einwilligung des Betroffenen von einem Vertrauensarzt durchführen lassen. **Nauru:** dt. Botschaft in Canberra/Australien kann (eidlich) ohne Zwang vernehmen, ohne Rücksicht auf die Staatsangehörigkeit der zu vernehmenden Person. **Neuseeland** (einschließlich der *Cookinseln):* dt. Botschaft kann (eidlich) ohne Zwang vernehmen, ohne Rücksicht auf die Staatsangehörigkeit der zu vernehmenden Person. **Nicaragua:** Rechtshilfe wird vertragslos gegenseitig geleistet; dt. Botschaft kann (eidlich) ohne Zwang vernehmen, ohne Rücksicht auf die Staatsangehörigkeit des Zustellungsempfängers oder der zu vernehmenden Person, falls die Zustellung oder Vernehmung keine Rechtswirkungen in Nicaragua hervorrufen soll. Die **Niederlande** sind Mitglied des HBÜ (→ Anh. §363 Rdnr. 1ff.); es gilt die EuBVO (→ Rdnr. 64ff.). **Niger:** Rechtshilfe wird vertragslos gegenseitig geleistet; dt. Botschaft kann (eidlich) ohne Zwang vernehmen, falls der Zustellungsempfänger oder die zu vernehmende Person nur die deutsche Staatsangehörigkeit besitzt. **Nigeria:** dt. Botschaft kann (eidlich) ohne Zwang vernehmen, ohne Rücksicht auf die Staatsangehörigkeit der zu vernehmenden Person. **Norwegen** ist Mitglied des HBÜ (→ Anh. §363 Rdnr. 1ff.). In **Österreich** gilt die EuBVO (→ Rdnr. 64ff.). **Pakistan:** Rechtshilfe wird vertragslos geleistet; dt. Auslandsvertretungen können (eidlich) ohne Zwang vernehmen, falls der Zustellungsempfänger oder die zu vernehmende Person nur die deutsche Staatsangehörigkeit besitzt. **Panama:** Rechtshilfe wird vertragslos gegenseitig geleistet; dt. Botschaft kann (eidlich) ohne Zwang vernehmen, ohne Rücksicht auf die Staatsangehörigkeit des Zustellungsempfängers oder der zu vernehmenden Person. **Papua-Neuguinea:** Rechtshilfe wird vertragslos gegenseitig geleistet; dt. Botschaft kann (eidlich) ohne Zwang vernehmen, wenn die zu vernehmende Person die deutsche Staatsangehörigkeit besitzt. **Paraguay:** Rechtshilfe wird vertragslos gegenseitig geleistet. Dt. Botschaft kann (eidlich) ohne Zwang vernehmen, ohne Rücksicht auf die Staatsangehörigkeit des Zustellungsempfängers oder der zu vernehmenden Person. **Peru:** Rechtshilfe wird vertragslos gegenseitig geleistet; dt. Botschaft kann (eidlich) ohne Zwang vernehmen, falls der Zustellungsempfänger oder die zu vernehmende Person nur die deutsche Staatsangehörigkeit besitzt. **Philippinen:** Rechtshilfe wird vertragslos gegenseitig geleistet; dt. Botschaft kann (eidlich) ohne Zwang vernehmen, falls der Zustellungsempfänger oder die zu vernehmende Person nur die deutsche Staatsangehörigkeit besitzt. **Polen** ist Mitglied des HBÜ (→ Anh. §363 Rdnr. 1ff.); es gilt die EuBVO (→ Rdnr. 64ff.). **Portugal** (einschließlich *Azoren* und *Madeira*) ist Mitglied des HBÜ (→ Anh. §363 Rdnr. 1ff.); es gilt die EuBVO (→ Rdnr. 64ff.). **Rumänien** ist Mitglied des HBÜ (→ Anh. §363 Rdnr. 1ff.). **Russische Föderation:** dt. Auslandsvertretungen können (eidlich) ohne Zwang vernehmen, falls der Zustellungsempfänger oder die zu vernehmende Person nur die deutsche Staatsangehörigkeit besitzt. **Salomonen:** dt. Botschaft in Port Moresby/Papua-Neuguinea kann (eidlich) ohne Zwang vernehmen, ohne Rücksicht auf die Staatsangehörigkeit der zu vernehmenden Person. **Sambia:** dt. Botschaft kann (eidlich) ohne Zwang vernehmen, ohne Rücksicht auf die Staatsangehörigkeit der zu vernehmenden Person. **San Marino:** Rechtshilfe wird vertragslos gegenseitig geleistet; es müssen Behörden der Republik San Marino in Anspruch genommen werden. **Saudi-Arabien:** Rechtshilfe wird vertragslos gegenseitig geleistet; dt. Botschaft kann (eidlich) ohne Zwang vernehmen, falls der Zustellungsempfänger oder die zu vernehmende Person die deutsche Staatsangehörigkeit besitzt und keine Rechtswirkungen in Saudi-Arabien hervorgerufen werden sollen. **Schweden** ist Mitglied des HBÜ (→ Anh. §363 Rdnr. 1ff.); es gilt die EuBVO (→ Rdnr. 64ff.). Die **Schweiz** ist Mitglied des HBÜ (Anh. §363 Rdnr. 1ff.). **Senegal:** Rechtshilfe wird vertragslos gegenseitig geleistet; dt. Botschaft kann (eidlich) ohne Zwang vernehmen, falls der Zustellungsempfänger oder die zu vernehmende Person nur die deutsche Staatsangehörigkeit besitzt. **Seychellen:** dt. Botschaft in Nairobi/Kenia kann (eidlich) ohne Zwang vernehmen, ohne Rücksicht auf die Staatsangehörigkeit des Zustellungsempfängers oder der zu vernehmenden Person. **Sierra Leone:** dt. Botschaft kann (eidlich) ohne Zwang vernehmen, ohne Rücksicht auf die Staatsangehörigkeit der zu vernehmenden Person. **Simbabwe:** Rechtshilfe wird vertragslos gegenseitig geleistet; dt. Botschaft kann (eidlich) ohne Zwang vernehmen, falls der Zustellungsempfänger oder die zu vernehmende Person nur die deutsche Staatsangehörigkeit besitzt. **Singapur** ist Mitglied des HBÜ (→ Anh. §363 Rdnr. 1ff.). Die **Slowakei** ist Mitglied des HBÜ (→ Anh. §363 Rdnr. 1ff.); es gilt die EuBVO (→ Rdnr. 64ff.). **Slowenien** ist Mitglied des HBÜ (→ Anh. §363 Rdnr. 1ff.); es gilt die EuBVO (→ Rdnr. 64ff.). **Somalia:** Rechtshilfe wird vertragslos gegenseitig geleistet; stets müssen somalische Behörden in Anspruch genommen werden. **Spanien** (einschließlich der *Kanarischen Inseln*) ist Mitglied des HBÜ (→ Anh. §363 Rdnr. 1ff.); es gilt die EuBVO (→ Rdnr. 64ff.). **Sri Lanka:** ist Mitglied des HBÜ (→ Anh. §363 Rdnr. 1ff.). **St. Lucia:** dt. Botschaft in Port-of-Spain/Trinidad und Tobago kann (eidlich) ohne Zwang vernehmen, ohne Rücksicht auf die Staatsangehörigkeit der zu vernehmenden Person. **St. Vincent und die Grenadinen:** dt. Botschaft in Port-of-Spain/Trinidad und Tobago kann (eidlich) ohne Zwang vernehmen, ohne Rücksicht auf die Staatsangehörigkeit der zu vernehmenden Person. **Südafrika:** ist Mitglied des HBÜ (→ Anh. §363 Rdnr. 1ff.). **Sudan:** Rechtshilfe wird vertragslos gegenseitig geleistet; dt. Botschaft kann (eidlich) ohne Zwang vernehmen, falls der Zustellungsempfänger oder die zu vernehmende Person nicht die sudanesische Staatsangehörigkeit besitzt und die Zustellung oder die Vernehmung keine Rechtswirkungen im Sudan hervorrufen soll. **Suriname:** dt. Botschaft in Port-of-Spain/Trinidad und Tobago kann (eidlich) ohne Zwang vernehmen, falls der Zustellungsempfänger oder die zu vernehmende Person die deutsche Staatsangehörigkeit besitzt. **Swasiland:** dt. Botschaft in Maputo/Mosambik kann (eidlich) ohne Zwang vernehmen, ohne Rücksicht auf die Staatsangehörigkeit der zu vernehmenden Person. **Syrien:** Rechtshilfe wird vertragslos gegenseitig geleistet; dt. Botschaft kann (eidlich) ohne Zwang vernehmen, falls der Zustellungsempfänger oder die zu vernehmende Person die deutsche Staatsangehörigkeit besitzt. **Tansania:** dt. Botschaft kann (eidlich) ohne Zwang vernehmen, ohne Rücksicht auf die Staatsangehörigkeit der zu vernehmenden Person. **Thailand:** Rechtshilfe wird vertragslos gegenseitig geleistet; stets müssen thailändische Behörden in Anspruch genommen werden. **Togo:** Rechtshilfe wird vertragslos gegenseitig geleistet; dt. Botschaft kann (eidlich) ohne Zwang vernehmen, ohne Rücksicht auf die Staatsangehörigkeit des Zustellungsempfängers oder der zu vernehmenden Person. **Trinidad und Tobago:** dt. Botschaft kann (eidlich) ohne Zwang vernehmen, ohne Rücksicht auf die Staatsangehörigkeit der zu vernehmenden Person. **Tschad:** Rechtshilfe wird vertragslos gegenseitig geleistet; dt. Botschaft kann (eidlich) ohne Zwang vernehmen, falls der Zustellungsempfänger oder die zu vernehmende Person nur die deutsche Staatsangehörigkeit besitzt. Die **Tschechische Republik** ist Mitglied des HBÜ (→ Anh. §363 Rdnr. 1ff.); es gilt die EuBVO (→ Rdnr. 64ff.). **Tunesien:** dt. Botschaft kann (eidlich) ohne Zwang vernehmen, falls der Zustellungsempfänger oder die zu vernehmende Person nur die deutsche Staatsangehörigkeit besitzt. Die **Türkei** ist Mitglied des HBÜ (→ Anh. §363 Rdnr. 1ff.). **Uganda:** Rechtshilfe wird vertragslos gegenseitig geleistet; dt. Botschaft kann (eidlich) ohne Zwang vernehmen, falls der Zustellungsempfänger oder die zu vernehmende Person nur die deutsche Staatsangehörigkeit besitzt. Die **Ukraine** ist Mitglied des HBÜ (→ Anh. §363 Rdnr. 1ff.). **Ungarn** ist Mitglied des HBÜ (→ Anh. §363 Rdnr. 1ff.); es gilt die EuBVO (→ Rdnr. 64ff.). **Uruguay:** Rechtshilfe wird vertragslos gegenseitig geleistet; dt. Botschaft kann (eidlich) ohne Zwang vernehmen, falls der Zustellungsempfänger oder die zu vernehmende Person nicht nur die uruguayische Staatsangehörigkeit besitzt und die Zustellung oder die Vernehmung keine Rechtswirkungen in Uruguay hervorrufen soll. **Vatikanstaat:** Es müssen vatikanische Behörden in Anspruch genommen werden. **Venezuela** ist Mitglied des HBÜ (→ Anh. §363 Rdnr. 1ff.). **Vereinigte Arabische Emirate:** Rechtshilfe wird vertragslos gegenseitig geleistet; dt. Botschaft kann (eidlich) ohne Zwang vernehmen, falls der Zustellungsempfänger oder die zu vernehmende Person nur die deutsche Staatsangehörigkeit besitzt. Das **Vereinigte Königreich von Großbritannien und Nordirland** ist Mitglied des HBÜ (→ Anh. §363 Rdnr. 1ff.); es gilt die EuBVO (→ Rdnr. 64ff.). Die **Vereinigten Staaten von Amerika** (einschließlich *Guam*, *Puerto Rico* und *Amerikanische Jungferninseln*) sind Mitglied des HBÜ (→ Anh. §363 Rdnr. 1ff.). **Vietnam:** Rechtshilfe wird vertragslos gegenseitig geleistet; stets müssen vietnamesische Behörden in Anspruch genommen werden. **Weißrußland** (Belarus) ist Mitglied des HBÜ (→ Anh. §363 Rdnr. 1ff.). **Zaire:** Rechtshilfe wird vertragslos gegenseitig geleistet; es müssen zairische Behörden in Anspruch genommen werden. **Zentralafrikanische Republik:** Rechtshilfe wird vertragslos gegenseitig geleistet; dt. Botschaft kann, sofern einer Vorladung auf die Botschaft Folge geleistet wird, (eidlich) ohne Zwang vernehmen, wenn die zu vernehmende Person die deutsche Staatsangehörigkeit besitzt. **Zypern** ist Mitglied des HBÜ (→ Anh. §363 Rdnr. 1ff.); es gilt die EuBVO (→ Rdnr. 64ff.).

ff) Rechtsstellung des Konsuls und das auf die konsularische Beweisaufnahme anzuwendende Recht

38 Die Durchführung der Beweisaufnahme durch den Konsul erfolgt gemäß § 15 Abs. 3 KonsularG (→ Fn. 50) nach **deutschem Recht** als der lex fori des Prozeßgerichts. Gegenüber Mitgliedsstaaten des Haager Beweisaufnahmeübereinkommens ist Art. 21 HBÜ zu beachten (→ Anh. §363 Rdnr. 99).

39 Der **Konsul** ist **Beamter** und genießt als solcher keine richterliche Unabhängigkeit. Die Übertragung der Beweisaufnahme auf den Konsul als nichtrichterliche Person ist mit dem **Richtervorbehalt** des Art. 92 GG gleichwohl **vereinbar**[74], da die Frage der Beweiserheblichkeit und Beweiswürdigung dem Richter überlassen bleibt. Allerdings stehen nach § 15 Abs. 4 KonsularG (→ Fn. 50) die Vernehmungen und die Vereidigungen sowie die darüber aufgenommenen Niederschriften des Konsuls entsprechenden richterlichen Handlungen und Niederschriften gleich (zum Unmittelbarkeitsgrundsatz bei Beweisaufnahme im Ausland → §355 Rdnr. 27). Daraus folgt, daß dem Konsul inhaltlich keine Weisungen über seine Tätigkeit bei der Beweisaufnahme erteilt werden dürfen. Insoweit genießt er **sachliche Unabhängigkeit**. Ferner folgt aus § 15 Abs. 4 KonsularG auch die Anwendung der §§ 41ff. über den Richterausschluß und die Richterablehnung[75]; über ein Ablehnungsgesuch entscheidet das ersuchende Prozeßgericht.

40 Die sachliche Unabhängigkeit bezieht sich nur auf die Durchführung der Beweisaufnahme aufgrund und im Rahmen des Ersuchens des Prozeßgerichts. Der **Konsul** darf **nicht** selbst eine **Beweisanordnung** erlassen oder das Ersuchen eigenmächtig ergänzen oder ändern. Wird eine Zeugenvernehmung angeordnet, darf nur das ersuchende Gericht darüber befinden, ob die prozessualen Voraussetzungen für die schriftliche Beantwortung der Beweisfrage nach **§377 Abs. 3** vorliegen. Das Prozeßgericht kann im Ersuchen an den Konsul darauf hinweisen, daß die schriftliche Beantwortung der Beweisfrage genügt. Ohne diesen Hinweis scheidet die schriftliche Befragung aus. Zur schriftlichen Befragung durch das Prozeßgericht selbst → Rdnr. 12. Soll ein unter Verstoß gegen diese Grundsätze gewonnenes Beweisergebnis im Prozeß verwertet werden, so muß das Prozeßgericht einen entsprechenden Beweisbeschluß erlassen, um das Beweisergebnis im Wege des Urkundenbeweises in den Prozeß einzuführen. Doch können auch die Parteien die **Heilung** über §295 (→ dort Rdnr. 18 [21. Aufl.]) herbeiführen.

3. Ersuchen an die ausländische Behörde (Abs. 1)

a) Anwendungsbereich

41 Ist die **Beweisaufnahme** durch den deutschen **Konsul nicht möglich**, weil hierfür die notwendigen Voraussetzungen (→ Rdnr. 24ff.) fehlen, und kann deshalb nicht nach Abs. 2 verfahren werden, so hat das **Gericht** nach Abs. 1 die **zuständige ausländische Behörde** im Wege

[74] *R. Geimer* (Fn. 1) 133, 134f.
[75] A.A. *R. Geimer* (Fn. 1) Rdnr. 260.

der **Rechtshilfe** um die Vornahme der **Beweisaufnahme** zu ersuchen. Das Gericht kann für den Fall des Beweisaufnahmeersuchens an eine ausländische Behörde aber auch nach **§364** verfahren und die Beweisaufnahme im Wege des **Parteibetriebs** veranlassen (→ §364 Rdnr. 5).

42 **Abs. 1** spricht von **ausländischer »Behörde«** und gibt damit zu erkennen, daß das Ersuchen nach der ZPO **nicht** durch einen **Richter** erledigt werden muß. Welche Behörde das Ersuchen erledigt, bestimmt der ersuchte Staat.

b) Die Wege des Ersuchens an die ausländische Behörde

aa) Grundsatz: Wille des ersuchten Staates

43 Die ZPO sagt nicht, auf welchem Wege das Ersuchen vorzunehmen ist. Es ist ausschließlich Angelegenheit des ausländischen Staates, in welcher Weise er die an ihn gerichteten Ersuchen erledigt. Auch hier gilt der Grundsatz, daß die Rechtshilfe vom **Willen des Empfangsstaates** abhängig ist (→ Rdnr. 24). Deshalb sind in erster Linie die bereits genannten **multilateralen Abkommen** einschlägig, insbesondere das Haager Beweisaufnahmeübereinkommen (→ Anh. §363 Rdnr. 1ff.) und Art. 7 des New Yorker UN-Übereinkommens über die Geltendmachung von Unterhaltsansprüchen im Ausland[76], daneben **bilaterale Verträge**, insbesondere Art. 8ff. des Deutsch-britischen Abkommens über den Rechtsverkehr[77], sowie einseitige **Vorbehalte** und **Erklärungen** und letztlich das Verhalten des ersuchten Staates im vertragslosen Zustand (dazu bereits → Rdnr. 24).

bb) Staatenpraxis

44 Dementsprechend haben sich in der **Staatenpraxis** verschiedene Wege herausgebildet, auf denen Beweisaufnahmeersuchen erledigt werden.

(1) Unmittelbarer Verkehr

45 Den einfachsten Weg stellt der **unmittelbare Verkehr**[78] vom deutschen zum für die Erledigung zuständigen ausländischen Gericht bzw. der zuständigen Staatsanwaltschaft dar. Er ist jedoch nur in wenigen Fällen gestattet[79]. Die jeweiligen Ersuchen sind unter vorheriger verwaltungsmäßiger Prüfung durch die Prüfungsstellen (§§ 27, 9 Abs. 2 ZRHO) unmittelbar an die örtlich zuständigen Stellen zu übersenden. Zu beachten ist stets der Vorrang des Abs. 2 (→ Rdnr. 22), denn viele Staaten, die einen unmittelbaren Verkehr gestatten, lassen auch die konsularische Beweisaufnahme zu.

(2) Ersuchen an die Zentrale Behörde

46 Eine zunehmend übliche Möglichkeit ist das Ersuchen an eine vom ersuchten Staat bestimmte **Zentrale Behörde**, die ihrerseits die innerstaatlich zuständige Stelle mit der Erledigung des Ersuchens beauftragt. Dieses Verfahren sieht beispielsweise Art. 2 HBÜ vor (→ Anh. §363 Rdnr. 29). Art. 8 HBÜ ermöglicht überdies die Anwesenheit von Mitgliedern des ersu-

---

[76] BGBl II 1959, 150.
[77] RGBl II 1928, 623.
[78] Andere Terminologie bei *Roth* → §183 Rdnr. 55.
[79] Das Verzeichnis der jeweiligen Gerichte und Staatsanwaltschaften, die Rechtshilfe leisten, ist im Länderteil der ZRHO enthalten oder liegt den Prüfungsstellen vor.

chenden Gerichts bei der Beweisaufnahme, sofern der betreffende Staat eine entsprechende Erklärung abgegeben hat (→ Anh. §363 Rdnr. 50).

(3) Der konsularische Weg des Rechtshilfeersuchens

47 Scheidet die Anwendung des Haager Beweisaufnahmeübereinkommens aus, bietet sich der **konsularische Weg** an. Das deutsche Gericht hat das Ersuchen an den deutschen Konsul zu übermitteln, der es seinerseits der zuständigen Stelle übersendet. Dieser Weg ist vorgesehen in Art. 9 HZPÜ (→ Anh. §363 Rdnr. 125). Der »konsularische Weg« der *Übermittlung* des Rechtshilfeersuchens ist zu **unterscheiden** von der eigenen *Erledigung* der Beweisaufnahme durch den Konsul (→ Rdnr. 24f.). Der konsularische Weg der Übermittlung setzt voraus (→ Rdnr. 30), daß eine eigene Erledigung durch den Konsul nicht möglich ist. Ist unklar, ob eine eigene Erledigung der Beweisaufnahme durch den Konsul möglich ist, empfiehlt sich die Form eines Eventualersuchens (→ Rdnr. 26).

(4) Der diplomatische Weg des Rechtshilfeersuchens

48 Einige Staaten lassen nicht den konsularischen, wohl aber den diplomatischen Weg zu. Hier wird das Ersuchen nicht vom Konsularbeamten, sondern von dem jeweiligen Diplomaten an die zuständige ausländische Stelle weitergeleitet. Eventualersuchen (→ Rdnr. 26) sind auch hier theoretisch möglich; nur lassen die meisten Staaten, die den diplomatischen Weg des Ersuchens vorschreiben, ohnehin nicht die eigene Erledigung von Ersuchen durch den Konsul zu.

49 Aus der Sicht des **deutschen Prozeßgerichts** ist die konkrete Erledigung des Beweisersuchens durch den konsularischen oder diplomatischen Vertreter **unerheblich**.

c) Das auf die Beweisaufnahme der ausländischen Behörde anzuwendende Recht

50 Die **Ausführung** der von einem deutschen Gericht veranlaßten Beweisaufnahme durch ausländische Behörden erfolgt gemäß dem Grundsatz der lex fori nach dem jeweiligen **Recht des ersuchten Staates**[80]. Diesem Prinzip folgt auch Art. 9 Abs. 1 HBÜ. Allerdings kann nach Art. 9 Abs. 2 HBÜ das Gericht beantragen, die Beweisaufnahme in einer »**besonderen Form**«, dem Recht des ersuchenden Staates, durchzuführen (→ Anh. §363 Rdnr. 53ff.).

51 Zur Frage der **Verwertbarkeit**, wenn die Beweisaufnahme im Ausland nach dem dortigen Recht nicht ordnungsgemäß durchgeführt wurde, aber dem deutschen Recht entspricht → §369 Rdnr. 2.

d) Ablehnung der Beweisaufnahme durch die ausländische Behörde

52 Ob der fremde Staat – etwa unter Berufung auf den eigenen *ordre public* (z.B. Art. 12 Abs. 1 lit. b] HBÜ, → Anh. §363 Rdnr. 68) – das Ersuchen ablehnt, ist dem deutschen Prozeßgericht häufig unbekannt. Nur wenn feststeht, daß der andere Staat das Beweisersuchen ablehnen wird, kann von einem Ersuchen abgesehen werden (→ aber §364 Rdnr. 2).

---

[80] *BGHZ* 33, 64.

4. Verfahren des Prozeßgerichts bei ausgehenden Beweisaufnahmeersuchen

a) Beweisbeschluß

53 Zuständig für die **Anordnung** der Beweisaufnahme im Ausland ist das **Prozeßgericht**. Der **Beweisbeschluß** hat zugleich zu bestimmen, auf welchem **Wege** die Beweisaufnahme herbeizuführen ist. Diese Bestimmung kann auch ohne mündliche Verhandlung geändert werden (→ §360 Rdnr. 9).

54 Der Beweisbeschluß, der eine Beweisaufnahme nach §363 anordnet, ist grundsätzlich **unanfechtbar**. Entsprechend §252 ist er ausnahmsweise jedoch mit der **Beschwerde** angreifbar, falls eine erst nach erheblicher Verzögerung durchführbare Beweisaufnahme faktisch einen **Verfahrensstillstand** herbeiführt[81].

55 Zur Entscheidung über die **schriftliche Beantwortung der Beweisfrage** → Rdnr. 40.

b) Ersuchungsschreiben

56 Das **Ersuchungsschreiben** gemäß §363 erläßt der **Vorsitzende** bzw. der Einzelrichter (→ §348 Rdnr. 1). Im Geltungsbereich des Haager Beweisaufnahmeübereinkommens sind die formellen Voraussetzungen der Art. 3 und 4 HBÜ zu beachten. Ferner gelten die umfassenden Rechtshilfevorschriften der Rechtshilfeordnung in Zivilsachen (ZRHO). Die **ZRHO** ist eine im Bund und in allen Bundesländern gleichlautend geltende Verwaltungsordnung des Bundes und der Länder vom 19. X. 1956[82]. Der Allgemeine Teil der ZRHO enthält Bestimmungen über Form, Übersetzung, Kosten usw. Der Länderteil der ZRHO gibt Aufschluß darüber, auf welchem Weg die Beweisaufnahme in den verschiedenen Staaten durchgeführt werden kann.

c) Verwaltungsmäßige Prüfung

57 Die Rechtshilfeersuchen sind nach §27 ZRHO stets den **Prüfungsstellen** vorzulegen, die deren Vereinbarkeit mit den Staatsverträgen und der ZRHO prüfen und die Weiterleitung übernehmen (→ näher §199 Rdnr. 58f.). Das **Prüfungsrecht** der Prüfungsstellen ist auf Gesichtspunkte **beschränkt**, die die **Pflege der auswärtigen Beziehungen** des Bundes (Art. 32 GG) betreffen[83]. Wird die Weiterleitung eines Ersuchens aus *diesen* Gründen abgelehnt, ist die richterliche Unabhängigkeit nicht unzulässig beeinträchtigt. Anders verhält es sich, wenn die Prüfungsstelle ihre Entscheidung auf Gesichtspunkte stützt, deren Beurteilung allein dem Richter obliegen. Die Weiterleitung darf daher nicht abgelehnt werden z.B. mit dem Argument, der zu erhebende Beweis sei nicht erheblich oder das Verfahren werde verzögert.

d) Benachrichtigung der Parteien

58 Wird die **Beweisaufnahme** nach Abs. 2 **durch den Konsul** vorgenommen, richtet sich das Verfahren nach deutschem Recht (→ Rdnr. 38). Für die Benachrichtigung der Parteien und ihre Anwesenheit bei der Beweiserhebung gilt §357. Der Konsul hat die Parteien von Zeit und Ort der Beweisaufnahme zu benachrichtigen.

---

[81] *LG Aachen* NJW-RR 1993, 1407.

[82] Abgedruckt bei *Piller/Hermann* Justizverwaltungsvorschriften (Stand: August 1998). Die geltende Fassung der ZRHO des Landes Nordrhein-Westfalen ist im Internet abrufbar unter *http://www.internationale-rechtshilfe.nrw.de* (April 2006).

[83] Zum Verhältnis Art. 97 GG zu Art. 32 GG bei ausgehenden Rechtshilfeersuchen *Schlosser* FS Constantinesco (1983) 653, 659ff.

59 Die Beweisaufnahme durch die ausländische Behörde gemäß Abs. 1 erfolgt nach deren Recht (→ Rdnr. 50). Die Benachrichtigung richtet sich folglich nach **ausländischem Recht**. Im Anwendungsbereich des Haager Beweisaufnahmeübereinkommens (→ Anh. §363 Rdnr. 7, 16ff.) ist Art. 7 HBÜ (→ Anh. §363 Rdnr. 48) zu beachten.

60 Da die Benachrichtigung zu einer erheblichen Verzögerung führen kann, soll nach **§38 ZRHO** (dazu → Rdnr. 56) bei der Vorbereitung des Ersuchens geklärt werden, ob die Parteien den Termin wahrnehmen wollen oder ob auf eine Benachrichtigung verzichtet wird. Erfolgt kein Verzicht, so ist bei unterbliebener Benachrichtigung §364 Abs. 4 Satz 2 entsprechend anzuwenden[84]; bei der Ermessensentscheidung über die Verwertung ist zu berücksichtigen, welche Fragen und Vorhalte die nicht benachrichtigte Partei an den Zeugen hätte richten können[85]. Von dem Eintreffen der auswärtigen Beweisverhandlungen werden die Parteien in entsprechender Anwendung des §362 Abs. 2 unterrichtet.

e) Fristsetzung an den Beweisführer

61 Nimmt die Durchführung des Beweisersuchens im Ausland einen zu langen Zeitraum in Anspruch und wird sie als aussichtslos erachtet (→ Rdnr. 52), so kann das **Prozeßgericht** unter den Voraussetzungen des §360 (→ dort Rdnr. 9) den Beweisbeschluß dahin ändern, daß nach §364 zu verfahren sei. Hierbei ist gemäß §364 Abs. 1 und 3 eine **Fristsetzung** zur Beibringung der angebotenen Beweismittel statthaft (→ §364 Rdnr. 6). Nach Fristablauf kann das angebotene Beweismittel unberücksichtigt bleiben, wenn dadurch eine Verzögerung des Verfahrens eintritt (§364 Abs. 3 Satz 2)[86].

f) Nach ausländischem Recht undurchführbare Beweisaufnahme bei Abstammungsprozessen

62 Haben bei Abstammungsprozessen Rechtshilfeersuchen um eine zwangsweise Blutentnahme keine Aussicht auf Erfolg, weil das **ausländische Recht dieses Beweisaufnahmeverfahren nicht kennt**, kann das Gericht davon ausgehen, daß das betreffende Beweismittel nicht zur Verfügung steht. Verhindert eine Prozeßpartei unter Inanspruchnahme des ausländischen Rechts die Durchführung der Beweisaufnahme, so ist der inländische Abstammungsprozeß nicht nach den Grundsätzen der Beweisvereitelung zu beurteilen, sondern nach allgemeinen Beweislastgrundsätzen (→ hierzu näher §372a Rdnr. 26f.).

g) Weiteres Verfahren vor dem Prozeßgericht

63 Vom Eingang der vom deutschen Konsul oder der ausländischen Behörde über die Beweisaufnahme im Ausland errichteten Urkunden beim Prozeßgericht sind die Parteien analog §362 Abs. 2 Halbsatz 2 zu **benachrichtigen**. Zum **Akteneinsichtsrecht** der Parteien → §299 Abs. 1. Nach §285 Abs. 2 (→ dort Rdnr. 7 [21. Aufl.]) haben die Parteien das **Beweisergebnis vorzutragen** und darüber zu **verhandeln**, §285 Abs. 1.

---

[84] *BGHZ* 33, 64 = ZZP 74 (1961) 86 (Anm. *Schneider*); RGZ 2, 372.
[85] *BGHZ* 33, 64, 65.
[86] *BGH* NJW 1984, 2039.

IV. Beweisaufnahme nach der Verordnung (EG) Nr. 1206/2001[87] (Abs. 3)

1. Überblick

64 Die Beweisaufnahme zwischen den Mitgliedsstaaten der Europäischen Union mit Ausnahme Dänemarks erfolgt seit 1. I. 2004 nach den Vorschriften der Verordnung (EG) Nr. 1206/2001 des Rates vom 28. V. 2001 über die Zusammenarbeit zwischen den Gerichten der Mitgliedsstaaten auf dem Gebiet der Beweisaufnahme in Zivil- und Handelssachen[88] (**Beweisaufnahmeverordnung, EuBVO**; Text → Anh. §363 Rdnr. 127). Die Verordnung hat nach Art. 21 Abs. 1 EuBVO Vorrang vor dem HBÜ (→ Anh. §363 Rdnr. 1ff.) und anderen bilateralen und multilateralen Abkommen.

65 Aufgrund der EuBVO wurden §§36ff. ZRHO (→ Rdnr. 56) geändert und §§1072–1075 neu in die ZPO eingefügt[89]. §§1072, 1073 regeln die Beweisaufnahme eines deutschen Gerichts im Geltungsbereich der Verordnung (Abs. 3 Satz 2). §§1074, 1075 erfassen die Beweisaufnahme des Gerichts eines Mitgliedsstaates in Deutschland (→ Rdnr. 69). Soll außerhalb der Europäischen Union oder in Dänemark Beweis erhoben werden oder richten die entsprechenden Staaten Beweisersuchen an deutsche Behörden, gelten die allgemeinen Vorschriften der internationalen Beweisaufnahme (→ Rdnr. 1ff.).

66 Soll ein im EU-Ausland belegenes Beweismittel ausgeschöpft werden, sieht die EuBVO neben der weiterhin möglichen[90] Beweismittelbeschaffung ins Inland (→ Rdnr. 2, 5; zum HBÜ → Anh. §363 Rdnr. 8) zwei Wege der Beweisaufnahme vor: Das Prozeßgericht kann das Gericht eines Mitgliedsstaates im Wege der **Rechtshilfe** um die Beweisaufnahme ersuchen (§1072 Nr. 1, Art. 1 lit. a EuBVO; → Rdnr. 65) oder den Beweis in dem anderen Mitgliedsstaat **unmittelbar erheben** (§1072 Nr. 2, Art. 1 lit. b EuBVO; → Rdnr. 66). Eine im HBÜ vorgesehene Möglichkeit der Beweisaufnahme durch diplomatische oder konsularische Vertreter (Art. 15, 16 HBÜ; → Anh. §363 Rdnr. 85ff.) oder durch einen Beauftragten (Art. 17 HBÜ; → Anh. §363 Rdnr. 89ff.) bietet die EuBVO nicht. Das Verfahren nach EuBVO ist erheblich formalisiert. Der Anhang der Verordnung enthält Formblätter, deren zwingende Benutzung den Rechtshilfeweg vereinfacht und beschleunigt.

2. Rechtshilfeersuchen

67 Das Prozeßgericht kann das Beweisaufnahmeersuchen unmittelbar an das zuständige Gericht des Mitgliedsstaates richten, Art. 2 Abs. 1 EuBVO (§1072 Nr. 1, §§36ff. ZRHO). Die Erledigung des Rechtshilfeersuchens richtet sich grundsätzlich nach dem Recht des ersuchten Gerichts (Art. 10 Abs. 2 EuBVO). Das schließt Zwangsmaßnahmen ein (Art. 13 EuBVO). Hinsichtlich der Aussageverweigerungsrechte folgt Art. 14 Abs. 1 EuBVO dem schon in Art. 11 Abs. 1 HBÜ normierten Meistbegünstigungsprinzip (→ Anh. §363 Rdnr. 62). Das ersuchende Gericht und dessen Beauftragte (Art. 12 EuBVO), die Parteien und ihre Vertreter (Art. 11 EuBVO) dürfen bei der Erledigung nach Maßgabe des Rechts des ersuchten Gerichts anwesend sein und sich beteiligen (zu den Teilnahmerechten s. ferner §1073).

---

[87] Hierzu *Chr. Berger* IPRax 2001, 522; *Schulze* IPRax 2001, 527; *Heß/Müller* ZZPInt 6 (2001) 149; *Jastrow* IPRax 2004, 11; *Alio* NJW 2004, 2706; *Stadler* FS Geimer (2002) 1281; *Müller* Grenzüberschreitende Beweisaufnahme im Europäischen Justizraum (2004).

[88] Abl EG Nr. L 174 vom 27. VI. 2001, S. 1.

[89] BGBl I 2003, 2166.

[90] *Chr. Berger* IPRax 2001, 522, 526f.

3. Unmittelbare Beweisaufnahme durch das Prozeßgericht

68 Wegen des damit verbunden Eingriffs in die völkerrechtliche Souveränität des fremden Staates ist ohne dessen Zustimmung die direkte Beweisaufnahme durch das Prozeßgericht im Ausland ausgeschlossen (→ Rdnr. 1, 7). Bereits das HBÜ erlaubt die unmittelbare Beweisaufnahme durch Beauftragte (Art. 17 HBÜ), zu denen auch Mitglieder des erkennenden Spruchkörpers ernannt werden können (→ Anh. § 363 Rdnr. 92). Ohne diesen Umweg der »Beauftragung« besteht nach Art. 17 EuBVO (§ 1072 Nr. 2, § 40a ZRHO) die Möglichkeit der direkten Beweiserhebung durch das Prozeßgericht im EU-Ausland. Sie erfolgt nach dem Recht des ersuchenden Gerichts (Art. 17 Abs. 6 EuBVO), jedoch auf freiwilliger Grundlage aller Beteiligter und ohne Zwangsmaßnahmen (Art. 17 Abs. 2 EuBVO).

V. Eingehende Rechtshilfeersuchen

69 § 363 regelt **nur ausgehende Rechtshilfeersuchen**, nicht den umgekehrten Fall, daß ausländische Gerichte um Rechtshilfe durch deutsche Stellen ersuchen **(eingehende Rechtshilfeersuchen)**. Maßgebend für eingehende Ersuchen aus Mitgliedsstaaten der Europäischen Union mit Ausnahme Dänemarks sind §§ 1074, 1075 und die Vorschriften der EuBVO (→ Rdnr. 64), im übrigen die Rechtshilfeverträge einschließlich der Ausführungsgesetze sowie die ZRHO. Zur Rechtshilfe im vertragslosen Zustand → § 183 Rdnr. 24. Zum Verfahren bei eingehenden Rechtshilfeersuchen nach dem HBÜ → Anh. § 363 Rdnr. 11ff.

Anhang zu § 363

Stichwortverzeichnis → Beweisaufnahmeschlüssel zu Beginn der Vorbemerkungen vor § 355.

Staatenverzeichnis → § 363 vor Rdnr. 1.

A. Haager Übereinkommen über die Beweisaufnahme im Ausland in Zivil- oder Handelssachen[1]

Vom 18. III. 1970

Vorbemerkungen

[1] Lit.: *Bertele* Souveränität und Verfahrensrecht (1998) 420ff.; *Blaschczok* Das Haager Übereinkommen über die Beweisaufnahme im Ausland in Zivil- oder Handelssachen (1986); *Böckstiegel/Schlafen* NJW 1978, 1073; *Junker* Discovery im deutsch-amerikanischen Rechtsverkehr (1987) insbes. S. 225ff.; *ders.* Der deutsch-amerikanische Rechtsverkehr in Zivilsachen – Zustellungen und Beweisaufnahmen, JZ 1989, 121ff.; *Nagel/Gottwald* IZPR[5] § 8 Rdnr. 25ff.; Paulus Discovery, deutsches Recht und das Haager Beweisübereinkommen ZZP 104 (1991) 397; *Pfeil/Kammerer* Deutsch-amerikanischer Rechtsverkehr in Zivilsachen (1987) 171ff.; *Schack* Internationales Zivilverfahrensrecht[3] Rdnr. 725ff.; *Schlosser* EU-Zivilprozessrecht[2] (2003) Kommentierung HBÜ S. 555–594; *Stadler* Der Schutz des Unternehmensgeheimnisses im deutschen und U.S.-amerikanischen Zivilprozeß und im Rechtshilfeverfahren (1989); *ders.* Grenzüberschreitende Beweisaufnahme in der Europäischen Union, Festschrift für Geimer (2002), S. 1281; *Stürner* Die Gerichte und Behörden der U.S.A. und die Beweisaufnahme in Deutschland, ZVglRWiss 81 (1982) 159, 197ff.; *Trittmann* Anwendungsprobleme des Haager Beweisaufnahmeübereinkommens im Rechtshilfeverkehr zwischen der Bundesrepublik und den Vereinigten Staaten von Amerika (1989). – Eine Zusammenstellung gerade auch der internationalen Literatur zum HBÜ findet sich im Internet unter *http://www.hcch.net/index_en.php?act=conventions.publications&dtid=1&cid=82.*

I. Bedeutung des Haager Beweisaufnahmeübereinkommens

1 Das Haager Beweisaufnahmeübereinkommen (HBÜ) tritt nach seinem Art. 29 (→ Rdrn. 111) zwischen den Staaten, die es ratifiziert haben, an die Stelle der Art. 8 bis 16 des Haager Übereinkommens über den Zivilprozeß von 1954 (HZPÜ; Text → Rdnr. 125). Gegenüber dem HZPÜ soll das HBÜ die internationale Beweisaufnahme erleichtern. Es bestimmt in Anlehnung an Art. 2 HZÜ einen neuen **Übermittlungsweg** für Rechtshilfeersuchen: Während nach Art. 9 HZPÜ Rechtshilfeersuchen auf dem diplomatischen oder konsularischen Weg übermittelt werden, sind Rechtshilfeersuchen nach Art. 2 HBÜ (→ Rdnr. 29) einer Zentralen Behörde zuzuleiten, die das Ersuchen an das zuständige Gericht zur Erledigung weiterleitet; zudem können nach Art. 8 HBÜ (→ Rdnr. 50) **Mitglieder des ersuchenden Gerichts** bei der Erledigung **anwesend** sein, falls der ersuchte Staat eine dahingehende Erklärung abgegeben hat. Art. 15 bis 17 HBÜ (→ Rdnr. 85 ff.) sehen die **direkte Methode der Beweisaufnahme** im Ausland **durch diplomatische oder konsularische Vertreter** bzw. einen »**Beauftragten**« ohne Beteiligung von Gerichten oder Behörden des Staates, in dem die Beweisaufnahme durchgeführt wird, vor. Damit soll die internationale Beweisaufnahme im Verhältnis zu den Ländern des anglo-amerikanischen Rechtskreises erleichtert werden[2]. Freilich haben sich die Erwartungen namentlich im Hinblick auf den Rechtshilfeverkehr zu den Vereinigten Staaten von Amerika nicht erfüllt (→ dazu Rdnr. 10, 20, 28, 55, 63, 70, 71, 100, 103).

Für den deutschen Zivilprozeß hat die konsularische Beweisaufnahme wegen § 363 Abs. 2 Vorrang vor Rechtshilfeersuchen nach Kapitel I HBÜ. Ungeklärt ist, inwieweit Mitglieder des erkennenden Gerichts nach § 361 auf der Grundlage des Art. 17 zu Beauftragten bestellt werden können, die die Beweisaufnahme im Ausland selbst durchführen; → Rdnr. 92.

2 Für den Rechtshilfeverkehr und die grenzüberschreitende Beweisaufnahme in den Mitgliedsstaaten der Europäischen Union kommt dem HBÜ keine Bedeutung mehr zu: Im Verhältnis zu den Mitgliedsstaaten (mit Ausnahme Dänemarks) wurde das **HBÜ am 1. 1. 2004 durch die Verordnung (EG) Nr. 1206/2001** des Rates vom 28. 5. 2001 über die Zusammenarbeit zwischen den Gerichten der Mitgliedsstaaten auf dem Gebiet der Beweisaufnahme in Zivil- oder Handelssachen (EuBVO; in Kraft seit 1. 7. 2001, Art. 24)[3] **ersetzt** (→ § 363 Rdnr. 64 ff.).

II. Überblick über das HBÜ

3 Das HBÜ gliedert sich in drei Abschnitte. **Kapitel I** (Art. 1 bis 14) regelt Übermittlung und Erledigung von Rechtshilfeersuchen in Zivil- oder Handelssachen (Art. 1): Die ersuchende gerichtliche Behörde richtet das Rechtshilfeersuchen (Art. 3 und 4) an die Zentrale Behörde (Art. 2) des anderen Vertragsstaats. Die Zentrale Behörde prüft die Ordnungsgemäßheit des Ersuchens (Art. 5) und leitet es an die zuständige Behörde weiter. Diese verfährt bei der Erledigung grundsätzlich nach ihrem Recht (Art. 9) unter Anwendung von **Zwangsmitteln**

[2] Denkschrift BT-Drucks 7/4892, 51 l. Sp.
[3] Abl. EG Nr. L 174, S. 1 vom 27. 6. 2001.

(Art. 10). Auskunftspersonen können sich auf **Aussageverweigerungsrechte** und -verbote (kumulativ) sowohl nach dem Recht der ersuchenden als auch der ersuchten Behörde berufen (Art. 11). Art. 12 Abs. 1 regelt abschließend die Ablehnungsgründe gegenüber Rechtshilfeersuchen; die in lit. b) enthaltene **ordre public-Klausel** wird in Abs. 2 eingeschränkt. Zum Verfahren → Rdnr. 11ff.

4 **Kapitel II** (Art. 15 bis 22) regelt die Beweisaufnahme durch diplomatische und konsularische Vertreter und Beauftragte (**»Direktmethode«**). Sie verfahren grundsätzlich nach dem **Recht des Forumstaates** (Art. 21 lit. d]). Darin liegt ein wesentlicher Vorteil gegenüber dem Rechtshilfeweg, weil das Ergebnis der Beweisaufnahme besser verwertbar ist. Nachteilig ist, daß die direkte Beweisaufnahme grundsätzlich **ohne Anwendung von Zwang** erfolgen muß (vgl. Art. 18). Nur wenige Vertragsstaaten (→ Rdnr. 95) haben eine Erklärung zur Unterstützung durch Zwangsmaßnahmen abgegeben.

5 **Kapitel III** (Art. 23 bis 42) enthält Allgemeine Bestimmungen sowie Übergangs- und Schlußvorschriften. Als besonders problematisch hat sich dabei das Verständnis des Art. 23 erwiesen (→ Rdnr. 103f.). Art. 31 sieht grundsätzlich die **Fortgeltung bilateraler Rechtshilfeabkommen** vor. Art. 33 ermöglicht den Ausschluß von Teilen des HBÜ durch einen **Vorbehalt**.

6 Zum HBÜ wurde ein Ausführungsgesetz erlassen (Text → Rdnr. 124).

III. Geltungsbereich des HBÜ

7 Für die Bundesrepublik Deutschland ist das HBÜ am 26. 6. 1979 im Verhältnis zu folgenden Staaten in Kraft getreten[4]: Dänemark, Finnland, Frankreich, Luxemburg, Norwegen, Portugal, Schweden, der ehemaligen Tschechoslowakei, dem Vereinigten Königreich[5] und den Vereinigten Staaten[6]. Das HBÜ gilt nach Art. 11 EinigungsV auch für die neuen Bundesländer. Darüber hinaus sind folgende Staaten Mitglied des Übereinkommens: Israel (seit 17. 9. 1979)[7], die Niederlande (seit 7. 6. 1981)[8], Singapur (seit 13. 9. 1981)[9], Barbados (seit 5. 4. 1982)[10], Italien (seit 21. 8. 1982)[11], Zypern (seit 27. 6. 1983)[12], Monaco (seit 12. 8. 1986)[13], Spanien (seit 21. 7. 1987)[14], Argentinien (seit 21. 6. 1988)[15], Mexiko (seit 23. 3. 1990)[16], die Tschechische Republik und die Slowakische Republik (seit 1. 1. 1993)[17], Australien (seit 3. 7. 1993)[18], Venezuela (seit 21. 10. 1994)[19], die Schweiz (seit 1. 1. 1995)[20], Lettland (seit 27. 11.

---

[4] BGBl II 1979, 780; II 1980, 1290. – Eine aktualisierte Zusammenstellung der Mitgliedsstaaten findet sich im Internet unter *http://www.hcch.net/index_en.php?act=conventions.status&cid=82* (1. 10. 2006).

[5] Mit Erstreckungen auf: Gibraltar (BGBl II 1980, 1298), Akrotiri und Dhekelia (BGBl II 1980, 1298), Falklandinseln und Nebengebiete (BGBl II 1980, 1299), Insel Man (BGBl II 1980, 1299), Kaimaninseln (BGBl II 1980, 1440), Guernsey (BGBl II 1986, 578) und Jersey (BGBl II 1987, 306).

[6] Mit Erstreckungen auf: Guam (BGBl II 1980, 1300), Puerto Rico (BGBl II 1980, 1300) und die Jungferninseln (BGBl II 1980, 1300).

[7] BGBl II 1980, 1290; II 1981, 374.

[8] BGBl II 1981, 573 mit Erstreckung auf: Aruba (BGBl II 1986, 1136).

[9] BGBl II 1981, 962.

[10] BGBl II 1982, 539.

[11] BGBl II 1982, 998.

[12] BGBl II 1984, 567.

[13] BGBl II 1986, 1135.

[14] BGBl II 1987, 615.

[15] BGBl II 1988, 823.

[16] BGBl II 1990, 298.

[17] BGBl II 1993, 2398.

[18] BGBl II 1993, 2398.

[19] BGBl II 1994, 3647.

[20] BGBl II 1995, 532.

1995)[21], Estland (seit 31.8. 1996)[22], Polen (seit 14.9. 1996)[23], Südafrika (seit 12.1. 1998)[24], China (seit 6.7. 1998)[25], Bulgarien (seit 30.4. 2001)[26], Litauen (seit 11.9. 2001)[27], Slowenien (seit 11.9. 2001)[28], Sri Lanka (seit 11.9. 2001)[29], die Ukraine (seit 13.11. 2001)[30], Weißrußland (seit 7.4. 2002)[31], Rumänien (seit 13.8. 2004)[32], die Türkei (seit 12.10. 2004)[33], Ungarn (seit 12.2. 2005)[34] und Griechenland (seit 11.5. 2005)[35]. Im Verhältnis zu den Mitgliedsstaaten der Europäischen Union (mit Ausnahme Dänemarks) ist am 1.1. 2004 an die Stelle des HBÜ die **Verordnung (EG) Nr. 1206/2001**[36] **(EuBVO)** getreten (→ Rdnr. 2 und §363 Rdnr. 64ff.).

IV. Keine Sperrwirkung des HBÜ gegenüber Beweismittelbeschaffung

8 Das HBÜ regelt nur die Beweisaufnahme im Ausland und schließt andere Wege der Informationsgewinnung, insbesondere die Beweismittelbeschaffung (»Direktzugriff«; »Beweismittelanforderung« → §363 Rdnr. 2) ins Inland nicht aus[37]. Die Pflicht, *ausschließlich* nach dem HBÜ zu verfahren, wenn sich ein Beweismittel in einem anderen Vertragsstaat befindet, besteht nicht. Wie der Wortlaut der Art. 1, 15, 16 und 17 HBÜ (»kann«) belegt, bildet die Beweisaufnahme im Ausland nach den Regeln des HBÜ (im Wege der Rechtshilfe, durch diplomatische oder konsularische Vertreter oder Beauftragte) eine zusätzliche Möglichkeit der Tatsachenfeststellung, sie entfaltet **keine Sperrwirkung** gegenüber anderen Wegen der Beweismittelbeschaffung, die nach dem Recht des Forumstaates zulässig sind. Dem HBÜ ist kein Verzicht der Vertragsstaaten auf Methoden der Tatsachenfeststellung zu entnehmen, die ihre nationalen Prozeßordnungen vorsehen[38]. Allerdings sind insbesondere bei Maßnahmen gegenüber Nichtparteien die allgemeinen völkerrechtlichen Grenzen der Beweismittelbeschaffung zu beachten (→ §363 Rdnr. 6ff.).

9 Auch besteht **kein Anwendungsvorrang** des HBÜ in dem Sinne, daß nach dem Grundsatz internationaler Rücksichtnahme (»comity«) zunächst ein Versuch unternommen werden muß, nach dem HBÜ zu verfahren, und erst wenn dieser gescheitert ist, auf die Wege der Be-

---

21 BGBl II 1996, 16.
22 BGBl II 1996, 2494.
23 BGBl II 1996, 2495.
24 BGBl II 1997, 2225.
25 BGBl II 1998, 1729; mit Erstreckungen auf Hong Kong (BGBl II 2003, 583) und Macau (BGBl II 2001, 1004).
26 BGBl II 2001, 1004.
27 BGBl II 2002, 153.
28 BGBl II 2002, 153.
29 BGBl II 2002, 153.
30 BGBl II 2002, 1161.
31 BGBl II 2002, 1161.
32 BGBl II 2005, 1277.
33 BGBl II 2005, 329.
34 BGBl II 2005, 329.
35 BGBl II 2005, 603.
36 Abl. EG Nr. L 174, S.1 vom 27.VI. 2001.
37 *Gottwald* FS Habscheid (1989) 119, 125; *Junker* (Fn. 1) 401f.; *Mössle* Extraterritoriale Beweisbeschaffung ... 433; *Schack* (Fn. 1) Rdnr. 725; *Schlosser* (Fn. 1) HBÜ Art. 1 Rdnr. 5; a.A. *Stadler* Der Schutz des Unternehmensgeheimnisses im deutschen und US-amerikanischen Zivilprozeß und im Rechtshilfeverfahren (1989) 319.
38 A.A. *Heck* ZVglRWiss 84 (1985) 208, 221; *Stadler* Der Schutz des Unternehmensgeheimnisses im deutschen und US-amerikanischen Zivilprozeß und im Rechtshilfeverfahren (1989) 317 (Einschränkung im Direktzugriff als Gegenleistung für Rechtshilfeverpflichtung).

weismittelbeschaffung ins Inland zurückgegriffen werden darf[39]. Sind die Parteien nicht mitwirkungswillig, ist der Versuch über das HBÜ zeitraubend und teuer, zumal etwa für die Urkundenvorlage durch Parteien in Deutschland keine Zwangsmittel zur Verfügung stehen, die nach Art. 10 oder 18 zur Anwendung kommen könnten. Aus deutscher Sicht ist erwähnenswert, daß das Prinzip der Unmittelbarkeit der Beweisaufnahme (§ 355 ZPO) durch ein Vorgehen nach dem HBÜ nur im Ausnahmefall (→ Rdnr. 92) gewahrt werden kann, ein Anwendungsvorrang also den Unmittelbarkeitsgrundsatz schwächt.

10 Die weitreichenden **Anordnungen US-amerikanischer Gerichte,** in anderen Vertragsstaaten belegene Urkunden vorzulegen oder Zeugen in den USA zur Vernehmung zu stellen, die eine maßgebliche Ursache für den **»Justizkonflikt« zwischen Europa und den USA**[40] bilden, verletzen daher das HBÜ nicht, zumal deutsche Gerichte nicht anders verfahren[41]. Daß gerichtliche Anordnungen nach US-amerikanischem Verfahrensrecht vielfach nicht nur innerprozessuale Konsequenzen haben (Unterliegen im Prozeß; Beweisnachteile), sondern sanktionsbewehrt sind (»*contempt of court*«), ändert an dieser Einschätzung nichts, denn vollzogen werden die Sanktionen auf europäischem Boden nicht. Ein Verstoß gegen Völkerrecht soll indes vorliegen, wenn ein **Beweismitteltransfer** nach europäischem Recht **verboten** ist, weil die Informationsweitergabe in ein ausländisches Verfahren allgemein gesetzlich untersagt ist oder gerichtlich oder behördlich untersagt wird[42] (→ auch § 363 Rdnr. 10).

V. Verfahren bei eingehenden Rechtshilfeersuchen

1. Zuständigkeiten

11 Nach Art. 2 Abs. 1 HBÜ sind Rechtshilfeersuchen an die **Zentrale Behörde** des ersuchten Staates zu richten, die das Ersuchen der zuständigen Behörde zur Erledigung zuleitet. Art. 5 HBÜ gibt der Zentralen Behörde darüber hinaus **Prüfungskompetenzen,** deren Reichweite freilich unscharf ist; insbesondere die Abgrenzung zu Prüfungsbefugnissen der ersuchten Behörde, die das Rechtshilfeersuchen erledigen soll, sind zweifelhaft. Für die Grenzziehung bietet sich folgende **Leitlinie** an: In die **Zuständigkeit der Zentralen Behörde** fallen alle Entscheidungen, die die Frage betreffen, **ob und wie das Rechtshilfeersuchen nach den Bestimmungen des HBÜ** zu erledigen ist; dazu zählen die Prüfung der Voraussetzungen nach Art. 1, insbesondere die Frage, ob eine Zivil- oder Handelssache vorliegt, die Prüfung der formellen Erfordernisse gemäß Art. 3[43] und 4 HBÜ, die Erteilung der Genehmigung nach Art. 8 Abs. 2 HBÜ i.V.m. § 10 AusfG zum HBÜ (Text → Rdnr. 124) und schließlich die Entscheidung über den Antrag nach Art. 9 Abs. 2 HBÜ, die Beweisaufnahme nach einer »besonderen Form« durchzuführen[44]. Ferner zählt zur Zuständigkeit der Zentralen Behörde die Entscheidung über die

---

[39] *Schlosser* (Fn. 1) HBÜ Art. 1 Rdnr. 5; sehr zurückhaltend insoweit auch die Mehrheitsmeinung des *Supreme Court* der USA JZ 1987, 984 (Anm. *Stürner).*

[40] Dazu eingehend *Habscheid* (Hrsg.), Der Justizkonflikt mit den Vereinigten Staaten von Amerika (1986); *Junker* (Fn. 1); *ders.*, in: *Heldrich/Kono* (Hrsg.) Herausforderungen des Internationalen Zivilverfahrensrechts (1994) 103; *Leipold* Lex fori, Souveränität, Discovery (1989); *Pfeil/Kammerer* (Fn. 1); *Schack* (Fn. 1) Rdnr. 734ff.; *Schlosser* Der Justizkonflikt zwischen den USA und Europa (1985); *Stadler* Der Schutz des Unternehmesgeheimnisses im deutschen und US-amerikanischen Zivilprozeß und im Rechtshilfeverfahren (1989); *Stürner* (Fn. 1); *Trittmann* (Fn. 1).

[41] Das hat besonders die Entscheidung *BGH* JZ 1987, 42 (Anm. *Stürner*) deutlich gemacht, *Schlosser* IPRax 1987, 153; zahlr. weit. Beispiele bei *Schlosser* Der Justizkonflikt zwischen den USA und Europa (1985) 17ff.

[42] Dazu *Stürner* in *Habscheid* (Hrsg.) Der Justizkonflikt mit den Vereinigten Staaten von Amerika (1986) 27ff.

[43] *OLG München* ZZP 94 (1981) 462, 464f.

[44] A.A. insoweit *Schlosser* (Fn. 1) HBÜ Art. 12 Rdnr. 3.

Ablehnungsgründe gemäß Art. 12 HBÜ[45] und Art. 23 HBÜ[46]. In die **Zuständigkeit des ersuchten Gerichts** fallen Maßnahmen und Entscheidungen, die bei der **Ausführung des Ersuchens** anfallen, etwa nach Art. 6 HBÜ die Weiterleitung bei Unzuständigkeit, nach Art. 7 HBÜ die Terminsbenachrichtigung, nach Art. 10 HBÜ die Entscheidung über geeignete Zwangsmaßnahmen und nach Art. 11 HBÜ über Aussageverweigerungsrechte[47].

12 **Entscheidungen der Zentralen Behörde** (→ Rdnr. 11) sind für das ersuchte Gericht (vorbehaltlich Art. 6 HBÜ) **bindend**[48]; es kann die Erledigung folglich nicht mit dem Argument verweigern, sie verletze den *ordre public* (→ Rdnr. 70) oder zähle zur *discovery* (→ Rdnr. 103). Soweit es sich um unter Art. 5 HBÜ fallende Erledigungsvoraussetzungen handelt, folgt die Bindung schon aus dem Beschleunigungszweck dieser Bestimmung[49] (→ Rdnr. 41). **§ 59 Abs. 6 ZRHO** (→ § 363 Rdnr. 56) geht zwar von einer Prüfungspflicht des ersuchten Gerichts aus, beschränkt diese aber auf die Frage, ob die Erledigung »noch« zulässig ist. Allein **neu auftretende** Erledigungshindernisse sind danach zu prüfen[50] und der Zentralen Behörde zur (wiederum bindenden) Entscheidung vorzulegen. Auf der Grundlage der hier entwickelten Grenzziehung zwischen den Befugnissen der Zentralen Behörde und dem ersuchten Gericht entfallen wohl auch die Bedenken, die gegen die Bindungswirkung der Entscheidungen der Zentralen Behörde unter Hinweis darauf vorgetragen werden, die Erledigung eingehender Ersuchen im Rahmen von Staatsverträgen sei »Rechtsprechung« und unterfalle damit der **richterlichen Unabhängigkeit**[51]. Soweit nämlich gegenüber den von der Beweisaufnahme Betroffenen Lasten, Pflichten, Bindungslagen und Zwangsmittel begründet bzw. angewendet werden sollen, ist allein das ersuchte *Gericht* tätig; eine bindende Entscheidung der Zentralen Behörde wird insoweit nicht getroffen.

2. Verfahren und Rechtsbehelfe

13 Liegt ein von der Zentralen Behörde zu beachtendes Erledigungshindernis vor, ist zu unterscheiden: Bei formellen, behebbaren Mängeln ist nach Art. 5 HBÜ zu verfahren und Gelegenheit zur **Hindernisbeseitigung** zu geben. Im übrigen ist das Rechtshilfegesuch nach Art. 13 Abs. 2 HBÜ unter Angabe der Gründe **abzulehnen**. Mangelfreie Rechtshilfeersuchen werden nach § 8 AusfG (Text → Rdnr. 124) zur Erledigung dem **Amtsgericht zugeleitet**, in dessen Bezirk die Amtshandlung vorzunehmen ist. Ist dieses Amtsgericht örtlich nicht zuständig, hat es das Ersuchen nach Art. 6 HBÜ an das zuständige Amtsgericht weiter zu leiten.

14 Die Entscheidungen der Zentralen Behörde (Ablehnung, Mängelmitteilung nach Art. 5 HBÜ; Weitergabe zur Erledigung) sind als **Justizverwaltungsakte** nach §§ 23ff. EGGVG anfechtbar[52]. Voraussetzung ist nach § 24 EGGVG die Geltendmachung einer Rechtsverletzung.

---

[45] *Schlosser* (Fn. 1) HBÜ Art. 12 Rdnr. 3.

[46] *OLG München* ZZP 94 (1981) 468, 470.

[47] A.A. insoweit *Schlosser* (Fn. 1) HBÜ Art. 12 Rdnr. 3.

[48] MünchKommZPO/*Musielak*² Art. 5 HBÜ Rdnr. 2; *Martens* RIW 1981, 725, 730 r. Sp. (freilich mit unscharfer Zuständigkeitsabgrenzung); gegen Bindung *Schlosser* FS Constantinesco (1983) 653, 655ff.

[49] Vgl. MünchKommZPO/*Musielak*² HBÜ Art. 5 Rdnr. 2.

[50] Ähnlich *Schlosser* FS Constantinesco (1983) 653, 659; a.A. MünchKommZPO/*Musielak*² HBÜ Art. 5 Rdnr. 2.

[51] *Schlosser* FS Constantinesco (1983) 653, 657f.

[52] *OLG München* ZZP 94 (1981) 462ff., 463, 469; MünchKommZPO/*Musielak*² HBÜ Art. 5 Rdnr. 3; *Schlosser* (Fn. 1) HBÜ Art. 12 Rdnr. 3; *ders.*, FS Constantinesco (1983) 653, 655.

VI. Verfahren bei ausgehenden Rechtshilfeersuchen

15 Zum Verfahren bei ausgehenden Rechtshilfeersuchen → § 363 Rdnr. 53ff.

Kapitel I – Rechtshilfeersuchen

Art. 1 [Rechtshilfeersuchen]

(1) In Zivil- oder Handelssachen kann die gerichtliche Behörde eines Vertragsstaats nach seinen innerstaatlichen Rechtsvorschriften die zuständige Behörde eines anderen Vertragsstaats ersuchen, eine Beweisaufnahme oder eine andere gerichtliche Handlung vorzunehmen.

(2) Um die Aufnahme von Beweisen, die nicht zur Verwendung in einem bereits anhängigen oder künftigen gerichtlichen Verfahren bestimmt sind, darf nicht ersucht werden.

(3) Der Ausdruck »andere gerichtliche Handlungen« umfaßt weder die Zustellung gerichtlicher Schriftstücke noch Maßnahmen der Sicherung oder der Vollstreckung.

I. Anwendungsbereich

1. Qualifikation

a) Maßgebliches Recht

16 Abs. 1 begründet die **Pflicht** der Vertragsstaaten, auf Rechtshilfeersuchen gerichtlicher Behörden anderer Vertragsstaaten in Zivil- oder Handelssachen eine **Beweisaufnahme** oder eine andere gerichtliche Handlung **vorzunehmen**. Das HBÜ definiert den Begriff »Zivil- oder Handelssachen« nicht und regelt nicht die Frage, nach welchem Recht zu bestimmen ist, ob eine »Zivil- oder Handelssache« vorliegt. Die Auslegung der Begriffe des HBÜ wird – zuweilen unausgesprochen – geleitet von der Erwägung, entweder dem HBÜ einen weiten Anwendungsbereich zu sichern oder den Schutz von Interessen des ersuchten Staates in den Vordergrund zu rücken. Beide Belange sind zu berücksichtigen. Bei der Auslegung des HBÜ sollte das Ziel verfolgt werden, dem Abkommen einen weiten Anwendungsbereich zu sichern, mögliche gegenläufige Interessen im ersuchten Staat aber dadurch zu wahren, daß Ablehnungsgründe (z.B. Art. 12 HBÜ) oder einschränkende Bestimmungen (z.B. die Staatsangehörigkeit in Art. 15 HBÜ) nach dessen Recht qualifiziert werden[53]. Der die Anwendung des Abkommens eröffnende Begriff »Zivil- oder Handelssachen« ist daher nach dem **Recht des ersuchenden Staates** zu bestimmen[54]. Bei Staaten, die privatrechtliche von öffentlich-rechtlichen Streitig-

[53] *Mössle* (Fn. 37) 469f.
[54] *Böckstiegel/Schlafen* NJW 1978, 1073, 1074 (zu HZÜ).

keiten nicht unterscheiden, ist das HBÜ anwendbar, wenn das streitige Rechtsverhältnis nach dem Recht irgend *eines* anderen Vertragsstaats zivilrechtlich qualifiziert wird[55].

17 Darüber hinaus ist das HBÜ anwendbar, wenn das streitige Rechtsverhältnis zwar nicht nach dem Recht des ersuchenden, wohl aber nach dem Recht des **ersuchten Staates** eine »Zivil- oder Handelssache« ist, denn insoweit sind keinerlei Interessen erkennbar, die gegen die Pflicht zur Rechtshilfe sprechen. Zugleich wird damit erreicht, daß die Anwendung des HBÜ im bilateralen Verhältnis ausgewogen ist[56].

b) Keine autonome Qualifikation

18 Eine **autonome Qualifikation** kommt danach für das HBÜ **nicht in Betracht**[57]. Anders als bei den Europäischen Verordnungen zum Zivilprozeß gibt es keine übergeordnete Instanz, die Auslegungsfragen für alle Vertragsstaaten verbindlich entscheidet[58]. Überdies werden die Ziele des HBÜ nicht gefördert, wenn ein Rechtshilfeersuchen nicht erledigt werden muß, weil aufgrund *autonomer* Qualifikation eine »Zivil- oder Handelssache« nicht vorliegt, obgleich nach dem Recht des ersuchenden *und* des ersuchten Staates eine Zivilsache gegeben ist.

2. Einzelfälle

a) Ausgehende Ersuchen

19 Bei ausgehenden Ersuchen richtet sich die Anwendung des HBÜ nach den klassischen Abgrenzungsformeln des öffentlichen vom privaten Rechtsverhältnis. Maßgeblich ist die Natur des Rechtsverhältnisses, aus dem das Begehren abgeleitet ist[59]. Auf den Gerichtszweig, in dem das Verfahren entschieden wird, kommt es auch hier nicht an (vgl. §2 Abs.1 Satz 4 a.E. ZRHO). So fallen die familien- und vormundschaftsgerichtlichen Verfahren etwa nach §§1666, 1896 BGB nicht unter Art.1 HBÜ, wohl aber die privatrechtlichen Streitverfahren der freiwilligen Gerichtsbarkeit und auch Nachlaß-, Register- und Urkundssachen als richterliche Hilfstätigkeit in Privatrechtsangelegenheiten. Hierzu zählen auch Insolvenzsachen[60].

b) Eingehende Ersuchen

20 Bei eingehenden Ersuchen wird Rechtshilfe nach dem HBÜ nicht geleistet für Straf-, Steuer- oder verwaltungsrechtliche Streitigkeiten. Hingegen sind Klagen auf **punitive damages** Zivilsachen[61]. Daß damit zugleich Strafzwecke verfolgt werden, steht nicht entgegen. Gleiches gilt nach herrschender Meinung für **treble damages** des US-amerikanischen Kartellrechts[62].

---

[55] A.A. *Schlosser* (Fn.1) HZÜ Art.1 Rdnr.3 (maßgeblich sei die »klar hoheitliche Beziehung«).
[56] *Schlosser* (Fn.1) HZÜ Art.1 Rdnr.2.
[57] *Junker* (Fn.1) 257; *Schlosser* (Fn.1) HZÜ Art.1 Rdnr.1; **a.A.** *Nagel/Gottwald* (Fn.1) §8 Rdnr.29 (für HZÜ); *Roth* → §183 Rdnr.10; *Schack* IZPR³ Rdnr.726 mit 605; vgl. auch Expertenkommission der Haager Konferenz für IPR, RabelsZ 54 (1990) 364, 366.
[58] *R. Geimer* IZPR⁵ Rdnr.2441; *Schlosser* (Fn.1) HZÜ Art.1 Rdnr.1.
[59] *BGHZ* 97, 312, 313f.; *BGHZ* 106, 134, 135.
[60] *Junker* (Fn.1) 260.
[61] *Junker* (Fn.1) 261f.; *Schlosser* (Fn.1) HZÜ Art.1 Rdnr.3; *Stürner* ZVglRWiss 81 (1982) 159, 197; → auch §183 Rdnr.60 zu Art.1 HZÜ; a.A. *Hollmann* RIW 1982, 784, 786.
[62] *OLG München* ZZP 94 (1981) 462, 463f.; *Junker* (Fn.1) 262f. mit Nachw.

II. Gerichtliche Behörde

21 Das Ersuchen muß von einer **gerichtlichen Behörde** ausgehen[63]. Der Begriff darf aber nicht mit »Gericht« gleichgesetzt werden[64], weil damit der Unterschied zu Art. 8 HZPÜ (Text → Rdnr. 125) eingeebnet würde. Der Kreis der gerichtlichen Behörden bestimmt sich nach dem Recht des **ersuchenden Staates**[65]. Zu den gerichtlichen Behörden zählen einmal die Gerichte, also Spruchkörper, die als neutrale Instanz eine Streitsache verbindlich entscheiden. Darüber hinaus handelt es sich um behördliche Stellen, die im Hinblick auf ein gerichtliches Verfahren Beweise aufnehmen[66]. Ein **Schiedsgericht** ist keine gerichtliche »Behörde«; nicht ausgeschlossen ist aber der Weg über § 1050[67]. **Verfahrensbeteiligte** sind nie gerichtliche Behörden, können aber als ihr **Bote** auftreten[68]. Auf dem Gebiet des Zivilrechts (zur Auslegung → Rdnr. 16f.) tätige **Verwaltungsstellen**, etwa Steuer- und Kartellverwaltungsbehörden[69], sind keine »gerichtlichen« Behörden, selbst wenn sie Inquisitionsbefugnisse in Anspruch nehmen und (vor Gericht überprüfbare) Entscheidungen treffen. Das gilt auch für **Organe der freiwilligen Gerichtsbarkeit,** soweit sie materiell *Verwaltungs*aufgaben erledigen; insoweit scheitert die Anwendung des HBÜ freilich schon an der Voraussetzung »Zivil- oder Handelssache«, → Rdnr. 19.

22 Art. 1 Abs. 1 HBÜ setzt ferner die Einhaltung der **innerstaatlichen Rechtsvorschriften** voraus. Die Bedeutung dieses Merkmals ist unklar. Man verweist auf die ZRHO[70] oder auf die nach innerstaatlichem Recht zuständige Behörde[71]. Freilich überprüft die ersuchte Behörde die Einhaltung innerstaatlicher Vorschriften grundsätzlich nicht, arg. Art. 12 HBÜ.

III. »Zuständige Behörde«

23 Die zuständige Behörde ist die **ersuchte Stelle** des anderen Vertragsstaats, die die Beweisaufnahme durchführen soll. Sie ist nicht identisch mit der »Zentralen Behörde« nach Art. 2 HBÜ. Die zuständige Behörde wird vom Recht des ersuchten Staates bestimmt; es muß sich dabei um eine »gerichtliche Behörde« handeln, wie Art. 9 Abs. 1 HBÜ zu entnehmen ist. Die gerichtliche Behörde kann die Ausführung des Ersuchens aber anderen Stellen übertragen, wenn innerstaatliche Rechtshilfeersuchen ebenfalls nicht von einem Gericht unmittelbar erledigt werden[72]. Beantragt das ersuchende Gericht in diesem Fall eine Beweiserhebung unmittelbar durch ein Gericht, handelt es sich um eine »besondere Form« nach Art. 9 Abs. 2 HBÜ. Zur Benennung der zuständigen Behörde → Art. 3 Abs. 1 lit. a) HBÜ.

24 Nach § 8 AusfG zum HBÜ (Text → Rdnr. 124) ist die zuständige Behörde das Amtsgericht, in dessen Bezirk die Amtshandlung vorzunehmen ist.

---

[63] Kritisch zu diesem Merkmal *Junker* (Fn. 1) 275ff.

[64] Abweichend Denkschrift BT-Drucks 7/4892, 53 l. Sp.; wohl auch MünchKommZPO/*Musielak*² HBÜ Art. 1 Rdnr. 3.

[65] A.A. *Junker* (Fn. 1) 275f.

[66] *Schlosser* (Fn. 1) HBÜ Art. 1 Rdnr. 2 nennt englische »officers of the court«.

[67] Denkschrift BT-Drucks 7/4892, 53 l. Sp. (vgl. aber *Junker* [Fn. 1] 276); *Schlosser* (Fn. 1) HBÜ Art. 1 Rdnr. 2.

[68] *OLG München* ZZP 94 (1981) 462, 464.

[69] US-amerikanische Spruchkörper in Wettbewerbs- und Kartellsachen fallen nicht unter das Haager Beweisaufnahmeübereinkommen, *Junker* (Fn. 1) 276; *Stürner* ZVglRWiss 81 (1982) 159, 180.

[70] *Schlosser* (Fn. 1) HBÜ Art. 1 Rdnr. 2.

[71] Denkschrift BT-Drucks DS 7/4892, 53 l. Sp.

[72] *Schlosser* (Fn. 1) HBÜ Art. 1 Rdnr. 2.

IV. Von der ersuchten Behörde vorzunehmende Handlungen

25 Nach dem HBÜ kann die innerstaatliche gerichtliche Behörde um die **Vornahme von Beweisaufnahmen** ersuchen. Hierunter fallen die Vernehmung von Auskunftspersonen (Zeugen und Parteien), die »Prüfung« (arg. Art. 3 lit. g] HBÜ) oder Beschaffung beglaubigter Kopien von Urkunden, aber auch die Augenscheinseinnahme[73].

26 Unter »**andere gerichtliche Handlungen**« fallen alle Maßnahmen, die ein gerichtliches Verfahren fördern, beispielsweise die Vornahme eines Sühnetermins, die Anhörung der Parteien, öffentliche Bekanntgaben, Ersuchen um behördliche Auskunft[74]. Um eine Überschneidung mit Sachgebieten anderer zivilprozessualer Übereinkommen zu vermeiden[75], grenzt **Abs. 3** den Begriff »andere gerichtliche Handlungen« negativ dahin ab, daß weder die Zustellung gerichtlicher Schriftstücke (hier gilt ausschließlich das HZÜ, → dazu § 183 Rdnr. 6ff.) noch Maßnahmen der Sicherung (gemeint ist einstweiliger Rechtsschutz[76]) oder Vollstreckung (s. Art. 31ff. EuGVÜ) darunter fallen. Maßnahmen im Rahmen eines selbständigen Beweisverfahrens (§§ 485ff.) zur vorsorglichen Beweissicherung werden daher nicht ausgeschlossen[77]. Zu beachten ist, daß die **Partei** sich vielfach *unmittelbar* an die *ausländische* Behörde wenden kann.

V. Verwendung im gerichtlichen Verfahren (Abs. 2)

27 Der Beweis, um dessen Erhebung ersucht wird, muß für ein **gerichtliches Verfahren in Zivil- oder Handelssachen** bestimmt sein. Dem HBÜ ist entgegen der herrschenden Meinung[78] **kein Verbot** zu entnehmen, die erlangten Beweise in einem gleichzeitig oder anschließend stattfindenden straf- oder verwaltungsgerichtlichen Verfahren **weiter zu verwenden**[79]. Etwas anderes folgt auch nicht aus Art. 1 HBÜ, der allein verlangt, daß das Ersuchen aus einer Zivil- oder Handelssache stammt; was mit den erlangten Informationen darüber hinaus im ersuchenden Vertragsstaat geschieht, berührt weder Interessen des ersuchten Staates noch eventueller Auskunftspersonen, die sich gegebenenfalls auf ein Zeugnisverweigerungsrecht nach Art. 11 HBÜ i.V. mit § 384 Nr. 2 berufen können (das auch bei ausländischen Strafverfahren gegeben ist[80] → § 384 Rdnr. 8). Rechtshilfe darf nur im **Mißbrauchsfall** verweigert bzw. von Spezialitätszusagen abhängig gemacht werden, etwa wenn das Zivilverfahren nur vorgeschoben ist und allein dazu dient, Beweismittel für ein Strafverfahren zu gewinnen.

28 Anders als nach Art. 15 HBÜ (→ Rdnr. 85) muß das gerichtliche **Verfahren nicht anhängig** sein; ein in Aussicht genommenes Verfahren genügt. Daher ist ein Rechtshilfeersuchen auch im Rahmen eines **selbständigen Beweisverfahrens** (§§ 485ff.) oder des **einstweiligen Rechtsschutzes**[81] möglich. Das amerikanische »**discovery**«**-Verfahren** setzt eine (wenn auch nach unseren Vorstellungen unsubstantiierte) Klageerhebung voraus[82]; Rechtshilfeersuchen im Stadi-

---

73 Vgl. *Schlosser* (Fn. 1) HBÜ Art. 1 Rdnr. 2.
74 Denkschrift BT-Drucks 7/4892, 52 l. Sp.
75 Denkschrift BT-Drucks 7/4892, 52 l. Sp.
76 *Schlosser* (Fn. 1) HBÜ Art. 1 Rdnr. 4.
77 *Schlosser* (Fn. 1) HBÜ Art. 1 Rdnr. 2.
78 *Junker* (Fn. 1) 273f.; *Stürner* ZVglRWiss 81 (1982) 159, 198 (Rechtshilfe nur auf Zusicherung, anderweitige Verwendung unterbleibe); wohl auch *Stiefel* RIW/AWD 1979, 509, 511f.
79 *Schlosser* (Fn. 1) HBÜ Art. 1 Rdnr. 2.
80 *Stürner* ZVglRWiss 81 (1982) 159, 203.
81 *Chr. Berger/Otte* Einstweiliger Rechtsschutz im Zivilrecht (2006) Kap. 18 Rdnr. 145; *Schlosser* (Fn. 1) HBÜ Art. 1 Rdnr. 2
82 *Schlosser* ZZP 94 (1981) 369, 391; zum discovery-Verfahren *Junker* ZZPInt 1 (1996) 235ff., ferner *S. Lorenz* ZZP 111 (1998) 35ff.

um der *discovery* sind mithin auf ein anhängiges Verfahren bezogen[83]. Zum Vorbehalt nach Art. 23 HBÜ → Rdnr. 103.

Art. 2 [Zentrale Behörde]

(1) Jeder Vertragsstaat bestimmt eine Zentrale Behörde, die von einer gerichtlichen Behörde eines anderen Vertragsstaats ausgehende Rechtshilfeersuchen entgegennimmt und sie der zuständigen Behörde zur Erledigung zuleitet. Jeder Staat richtet die Zentrale Behörde nach Maßgabe seines Rechts ein.

(2) Rechtshilfeersuchen werden der Zentralen Behörde des ersuchten Staates ohne Beteiligung einer weiteren Behörde dieses Staates übermittelt.

29 Nach Art. 9 Abs. 1 HZÜ werden Rechtshilfeersuchen durch den Konsul des ersuchenden Staats der Behörde übermittelt, die vom ersuchten Staat bezeichnet wird. Art. 2 HBÜ **vereinfacht** diesen komplizierten und langwierigen Weg. Die Vertragsstaaten sind verpflichtet, eine **Zentrale Behörde** zu benennen. Die ersuchende gerichtliche Behörde kann sich **unmittelbar** (vgl. Abs. 2) an diese Zentrale Behörde wenden, die das Ersuchen der zuständigen Behörde zur Erledigung zuleitet. Anders als nach Art. 9 HZÜ steht der konsularische Übermittlungsweg nur zur Verfügung, soweit der ersuchte Vertragsstaat eine Erklärung nach Art. 27 lit. a) HBÜ abgegeben hat.

30 Neben der Funktion als Anlaufstelle für eingehende Rechtshilfeersuchen hat die Zentrale Behörde nach Art. 5 HBÜ auch Entscheidungsaufgaben; zu sonstigen Kompetenzen nach deutschem Recht → §13 AusfG zum HBÜ, Text → Rdnr. 124. Nach Art. 24 Abs. 1 HBÜ können weitere Behörden bestimmt werden, die die Zuständigkeit der Zentralen Behörde jedoch nicht verdrängen. Bundesstaaten können mehrere Zentrale Behörden bestimmen (Art. 24 Abs. 2 HBÜ).

31 Über das Verfahren innerhalb des ersuchenden Staats besagt Art. 2 nichts[84]. Die ersuchende Behörde kann sich der Verfahrensbeteiligten oder ihrer Vertreter als Boten bedienen[85]. Für ausgehende Ersuchen sind §§ 11ff. ZRHO (→ §363 Rdnr. 56) zu beachten.

32 Folgende Zentrale Behörden sind errichtet worden: **Argentinien:** Ministerio de Relaciones y Culto – Dirección General de Asuntos Juridicos –, Reconquista 1088, Buenos Aires[86]; **Australien:** Secretary to the Attorney – General's Departement of the Commonwealth of Australia, Canberra, Robert Garran Offices, National Circuit, Barton Act, 2600, (i.ü. vgl. ZRHO – Australien Anlage 2.)[87]; **Barbados:** The Registrar of the Supreme Court of Barbados, Law Courts, Bridgetown, Barbados[88]; **Bulgarien:** Ministerium für Justiz und europäische Rechtsintegration[89]; **Bundesrepublik Deutschland:** (s. BGBl II 1995, 77) → Rdnr. 33; **China:** Büro für Internationale Rechtshilfe, Ministry of Justice of the People's republic of China, 10, Chaoyangmen Nandajie, Chaoyang District, Peking 100020, China[90]; **Dänemark:** Justitsministeriet, Slotsholmsgade 10, 1216 Kobenhavn K[91]; **Finnland:** Ministry of Justice, Eteläesplanadi 10, 00130 Helsinki[92]; **Frankreich:** Ministère de la Justice, Service des Affaires européenes et internationales, Bureau du Droit international et de l'entraide judiciaire internationale en matière civile et commerciale, 13, Place

---

[83] *OLG München* ZZP 94 (1981) 462, 466, 469f.; *Junker* (Fn. 1) 279.
[84] Denkschrift BT-Drucks 7/4892, S. 53 r. Sp.
[85] *OLG München* ZZP 94 (1981) 462, 464.
[86] Vgl. ZRHO (Argentinien).
[87] BGBl II 1993, 2398; ZRHO (Australien).
[88] BGBl II 1982, 998, 999.
[89] BGBl II 2001, 1004.
[90] BGBl II 1998, 1729.
[91] BGBl II 1980, 1290; ZRHO (Dänemark); *Schlosser* (Fn. 1) HBÜ Art. 2 Rdnr. 2, HZÜ Art. 2.
[92] BGBl II 1980, 1290, 1291; ZRHO (Finnland); *Schlosser* (Fn. 1) HBÜ Art. 2 Rdnr. 2, HZÜ Art. 2.

Vendôme, 75042 Paris Cedex 01[93]; **Griechenland:** Ministerium der Justiz[94]; **Israel:** Director of Courts, 19 Jaffa Road, PO Box 114, Jerusalem 91000[95]; **Italien:** Ministerium für Auswärtige Angelegenheiten[96]; **Lettland:** Ministry of Justice, Brivibas Boulevard 34, LV – 1536 Riga[97]; **Litauen:** Ministerium der Justiz der Republik Litauen[98]; **Luxemburg:** Parquet général près la Cour supérieure de Justice, 12 Côte d'Eich, Postbox 15, Luxembourg – Ville L-2010 Luxembourg[99]; **Mexiko:** Secretaria de Relaciones Exteriores, Dirección General de Asuntos Juridicos, Ricardo Flores Magón No. 1; Tlatelco, 06995 México, D.F.[100]; **Monaco:** Direction des Services judiciaires, MC 98025 Monaco Cedex[101]; **Niederlande:** Staatsanwalt beim Bezirksgericht Den Haag[102]; **Norwegen:** The Royal Ministry of Justice and Police, PO Box 8005 Dep, N-0030 Oslo[103]; **Polen:** Justizministerium[104]; **Portugal:** Dirreccao-Geral dos Servicos Judiciários, Ministério da Justica, Av. Casal Ribeiro 48 P-1000 Lisboa[105]; **Schweden:** Ministry of Justice, Division for Criminal Cases and International Judicial Co-operation, Central Authority, S-103 33 Stockholm[106]; **Schweiz:** Kantonal verschieden (vgl. BGBl II 1995, 532; BGBl II 2001, 1004); möglicher Adressat auch Eidgenössisches Justiz- und Polizeidepartement, Bern[107]; **Singapur:** Registrar of the Supreme Court[108]; **Slowakei:** Ministerstvo spravodlivosti Slovenskej republiky / Ministry of Justice of the Slovak Federal Republic, 813 11 Bratislava, Zupné námestie 13[109]; **Slowenien:** Ministry of Justice of the Republic of Slovenia, Župančičeva 3, 1000-Ljubljana, Slovenia[110]; **Spanien:** Secretaría General Técnica del Ministerio de Justicia, Calle San Bernardo No. 62, 28071 Madrid[111]; **Sri Lanka:** Ministerium für Justiz und Verfassungsangelegenheiten[112]; **Tschechische Republik:** Ministerstvo spravedlnosti Ceské federativni republiky / Ministry of Justice of the Czech Federal Republic 128 10 Praha 2, Vysehradskà 16[113]; **Türkei:** Ministerium der Justiz[114]; **Ukraine:** Ministerium der Justiz der Ukraine[115]; **Venezuela:** Ministerio de Relaciones Exteriores[116]; **Vereinigtes Königreich:** Her Majesty's Principal Secretary of State for Foreign and Commonwealth Affairs, London SW1A 2AL[117], für **Schottland**: The Scotish Executive, Justice Department, Civil Justice and International Division, Hayweight House, 23 Lauriston Street, Edinburgh EH3 9DQ[118]; **Vereinigte Staaten von Amerika** Departement of Justice, Office of International Judicial Assistance, Washington, D.C. 20530[119]; **Weißrußland** (Belarus): Oberstes Gericht der Republik Belarus und Oberstes Wirtschaftsgericht der Republik Belarus[120]; **Zypern:** Ministry of Justice[121].

33 In der Bundesrepublik Deutschland sind in den Ländern nach Art. 24 Abs. 2 HBÜ (→ Rdnr. 106) meh-

---

93 BGBl II 1980, 1290, 1292; ZRHO (Frankreich); *Schlosser* (Fn. 1) HBÜ Art. 2 Rdnr. 2, HZÜ Art. 2.
94 BGBl II 2005, 603.
95 BGBl II 1980, 1290, 1293; ZRHO (Israel); *Schlosser* (Fn. 1) HBÜ Art. 2 Rdnr. 2, HZÜ Art. 2.
96 BGBl II 1982, 998, 999.
97 BGBl II 1996, 16.
98 BGBl II 2002, 153.
99 BGBl II 1980, 1290, 1293; *Schlosser* (Fn. 1) HBÜ Art. 2 Rdnr. 2, HZÜ Art. 2.
100 BGBl II 1990, 298.
101 BGBl II 1986, 1135.
102 BGBl II 1981, 573.
103 BGBl II 1980, 1290, 1295; ZRHO (Norwegen).
104 BGBl II 1996, 2495.
105 BGBl II 1980, 1290, 1295; ZRHO (Portugal).
106 BGBl II 2001, 1004.
107 BGBl II 1995, 532, 533.
108 BGBl II 1981, 962.
109 BGBl II 1996, 2495.
110 BGBl II 2002, 153.
111 BGBl II 1999, 788.
112 BGBl II 2002, 153.
113 BGBl II 1980, 1290, 1296; ZRHO (Tschechische Republik).
114 BGBl II 2005, 329.
115 BGBl II 2002, 1161.
116 BGBl II 1996, 16.
117 BGBl II 1980, 1290, 1297; *Schlosser* (Fn. 1) HBÜ Art. 2 Rdnr. 2, HZÜ Art. 2.
118 BGBl II 2001, 1004.
119 BGBl II 1980, 1290, 1299.
120 BGBl II 2002, 1161.
121 BGBl II 1984, 919.

rere Zentrale Behörden bestimmt worden[122]: **Baden-Württemberg:** Präsident des Amtsgerichts Freiburg, 79095 Freiburg[123]; **Bayern:** Präsident des Oberlandesgerichts München, Prielmayerstraße 5, 80097 München; **Berlin:** Senatsverwaltung für Justiz von Berlin, Salzburger Straße 21–25, 10825 Berlin; **Brandenburg:** Ministerium der Justiz des Landes Brandenburg, Heinrich-Mann-Allee 107, 14460 Potsdam; **Bremen:** Der Präsident des Landgerichts, Domsheide 16, 28195 Bremen; **Hamburg:** Präsident des Amtsgerichts Hamburg, Sievekingplatz 1, 20355 Hamburg; **Hessen:** Hessisches Ministerium der Justiz, Luisenstraße 13, 65185 Wiesbaden; **Mecklenburg-Vorpommern:** Ministerium für Justiz, Bundes- und Europaangelegenheiten des Landes Mecklenburg-Vorpommern, Demmlerplatz 14, 19503 Schwerin; **Niedersachsen:** Niedersächsisches Justizministerium, Am Waterlooplatz 1, 30169 Hannover; **Nordrhein-Westfalen:** Präsident des Oberlandesgerichts Düsseldorf, Cecilienallee 3, 40474 Düsseldorf; **Rheinland-Pfalz:** Ministerium der Justiz, Ernst-Ludwig-Straße 3, 55166 Mainz; **Saarland:** Ministerium der Justiz, Zähringerstraße 12, 66119 Saarbrücken; **Sachsen:** Präsident des Oberlandesgerichts Dresden, Postfach 120732, 01008 Dresden[124]; **Sachsen-Anhalt:** Ministerium der Justiz des Landes Sachsen-Anhalt, Wilhelm-Höpfner-Ring 6, 39166 Magdeburg; **Schleswig-Holstein:** Justizminister des Landes Schleswig-Holstein, Lorentzendamm 35, 24103 Kiel; **Thüringen:** Thüringer Justizministerium, Alfred-Hess-Straße 8, 99094 Erfurt.

Art. 3 [Inhalt des Ersuchens]

(1) Ein Rechtshilfeersuchen enthält folgende Angaben:

a) die ersuchende, und soweit bekannt, die ersuchte Behörde;

b) den Namen und die Anschrift der Parteien und gegebenenfalls ihrer Vertreter;

c) die Art und den Gegenstand der Rechtssache sowie eine gedrängte Darstellung des Sachverhalts;

d) die Beweisaufnahme oder die andere gerichtliche Handlung, die vorgenommen werden soll.

(2) Das Rechtshilfeersuchen enthält außerdem je nach Sachlage

e) den Namen und die Anschrift der zu vernehmenden Personen;

f) die Fragen, welche an die zu vernehmenden Personen gerichtet werden sollen, oder die Tatsachen, über die sie vernommen werden sollen;

g) die Urkunden oder die anderen Gegenstände, die geprüft werden sollen;

h) den Antrag, dieVernehmung unter Eid oder Bekräftigung durchzuführen, und gegebenenfalls die dabei zu verwendende Formel;

i) den Antrag, eine besondere Form nach Artikel 9 einzuhalten.

(3) In das Rechtshilfeersuchen werden gegebenenfalls auch die für die Anwendung des Artikels 11 erforderlichen Erläuterungen aufgenommen.

(4) Eine Legalisation oder eine ähnliche Förmlichkeit darf nicht verlangt werden.

I. Der stets notwendige Inhalt eines Rechtshilfeersuchens

34 Art. 3 HBÜ regelt die **Anforderungen an den Inhalt des Rechtshilfeersuchens**. Anders als Art. 3 HZÜ kennt Art. 3 HBÜ ein Formblatt oder einen Mustertext für das Ersuchen nicht. Nach **Abs. 1** ist **unabdingbar**, daß die ersuchende Behörde, Namen und Anschrift der Parteien und gegebenenfalls ihrer (gesetzlichen oder gewillkürten) Vertreter, Art und Gegenstand der Rechtssache (d.h. die Rechtsschutzform und das konkrete Begehren), der Sachverhalt in gedrängter Darstellung sowie die vorzunehmende gerichtliche Handlung genannt werden. Die ersuchte Behörde muß nur aufgeführt werden, wenn sie bekannt ist. Über die für die Erledi-

---

[122] BGBl II 1995, 77.
[123] BGBl II 2001, 1004.
[124] BGBl II 2001, 1004.

gung zuständige Behörde entscheidet die Zentrale Behörde (→ Rdnr. 11), die an die Angabe der ersuchenden Behörde insoweit nicht gebunden ist (→ auch Rdnr. 47).

II. Variabler Inhalt eines Rechtshilfeersuchens

1. Grundsatz

35 Der weitere Inhalt des Rechtshilfeersuchens richtet sich gemäß Abs. 2 in erster Linie nach der gewünschten Beweiserhebung. Beweisthema und -mittel sind anzugeben. Welcher Grad an Bestimmtheit erforderlich ist, sagt Abs. 2 nicht. Die **Beweismittel** sind so **bestimmt** zu bezeichnen, daß die **ersuchte Behörde nach ihrem Recht** (Art. 9 Abs. 1 HBÜ) die Beweisaufnahme durchführen kann. Ist eine **Person** (Zeuge oder Partei) zu **vernehmen**, so muß deren Name und die (ladungsfähige) Anschrift mitgeteilt werden. Sollen Urkunden oder andere Gegenstände in Augenschein genommen werden, so sind sie genau zu bezeichnen. Im Hinblick auf das **Beweisthema** sind nach Art. 3 Abs. 2 lit. f) HBÜ die an die Auskunftsperson zu richtenden Fragen oder die Tatsachen, über die sie vernommen werden soll, bestimmt zu bezeichnen. Anders als nach Art. 3 Abs. 1 lit. c) HBÜ genügt die Sachverhaltsdarstellung nicht. Der deutsche Richter muß soviel an Informationen erhalten, daß er nach § 390 ZPO verfahren und Zusatzfragen stellen kann[125]. Die Bestimmtheitsanforderungen des Art. 3 Abs. 2 HBÜ bilden insoweit ein geeignetes Instrument zur **Abwehr von Ausforschungsbeweisen**[126].

36 Ferner muß die ersuchende Behörde nach Abs. 3 die erforderlichen Erläuterungen über in ihrem Staat bestehende Aussageverweigerungsrechte und -verbote aufnehmen (vgl. Art. 11 Abs. 1 lit. b] HBÜ). Zur Sprache → Art. 4; bei Mängeln im Ersuchen → Art. 5.

37 Bei **ausgehenden Rechtshilfeersuchen** sind §§ 37ff. ZRHO (→ dazu § 363 Rdnr. 56) zu beachten.

2. Besondere Form nach Art. 9 Abs. 2

Stellt die ersuchende Behörde den Antrag, nach einer besonderen Form zu verfahren (Art. 9 Abs. 2 HBÜ), so sind die Bestimmtheitsanforderungen weniger streng, wenn die besondere Form darauf verzichtet[127]. Das gilt insbesondere, wenn Zeugen im Kreuzverhör vernommen werden sollen.

Art. 4 [Sprache des Ersuchens]

(1) Das Rechtshilfeersuchen muß in der Sprache der ersuchten Behörde abgefaßt oder von einer Übersetzung in diese Sprache begleitet sein.

(2) Jeder Vertragsstaat muß jedoch, sofern er nicht den Vorbehalt nach Artikel 33 gemacht hat, ein Rechtshilfeersuchen entgegennehmen, das in französischer oder englischer Sprache abgefaßt oder von einer Übersetzung in eine dieser Sprachen begleitet ist.

(3) [1]Ein Vertragsstaat mit mehreren Amtssprachen, der aus Gründen seines innerstaatlichen Rechts Rechtshilfeersuchen nicht für sein gesamtes Hoheitsgebiet in einer dieser Sprachen entgegennehmen kann, muß durch eine Erklärung die Sprache bekanntgeben, in der ein Rechtshilfeersuchen abgefaßt oder in die es übersetzt sein muß, je nachdem, in welchem Teil seines Hoheitsgebiets es erledigt werden soll. [2]Wird dieser Erklärung ohne hinreichenden

---

[125] *Schlosser* ZZP 94 (1981) 369, 385.

[126] Eingehend *Junker* (Fn. 1) 307ff.; *Stürner* ZVglRWiss 81 (1982) 159, 199f.; ferner *Mann* JZ 1981, 840; *Paulus* (Fn. 1) 411f.

[127] Grundlegend *Schlosser* ZZP 94 (1981) 369, 388f.

Grund nicht entsprochen, so hat der ersuchende Staat die Kosten einer Übersetzung in die geforderte Sprache zu tragen.

(4) Neben den in den Absätzen 1 bis 3 vorgesehenen Sprachen kann jeder Vertragsstaat durch eine Erklärung eine oder mehrere weitere Sprachen bekanntgeben, in denen ein Rechtshilfeersuchen seiner Zentralen Behörde übermittelt werden kann.

(5) Die einem Rechtshilfeersuchen beigefügte Übersetzung muß von einem diplomatischen oder konsularischen Vertreter, von einem beeidigten Übersetzer oder von einer anderen hierzu befugten Person in einem der beiden Staaten beglaubigt sein.

38 Das Rechtshilfeersuchen muß in der **Amtssprache** der **ersuchten Behörde** abgefaßt oder jedenfalls von einer Übersetzung in diese Sprache begleitet sein. Die ersuchte Behörde soll sich nicht mit den Tücken fremder (Rechts-)Sprachen auseinandersetzen und nicht für die Kosten der Übersetzung aufkommen müssen. Auch Einwände (Art. 5 HBÜ), Benachrichtigungen (Art. 7 HBÜ) oder Rückfragen (Art. 11 Abs. 1 lit. b] HBÜ) können in der Sprache der ersuchten Behörde abgefaßt werden.

39 Nach Abs. 2 müssen die Vertragsstaaten grundsätzlich auch Rechtshilfeersuchen in französischer oder englischer Sprache erledigen. Deutschland hat die Anwendung des Abs. 2 ausgeschlossen (→ Rdnr. 40).

40 Für die Vertragsstaaten des HBÜ stellt sich die Sprachenfrage infolge von Vorbehalten oder Erklärungen (vgl. Art. 33, → Rdnr. 115) folgendermaßen dar: **Argentinien:** Rechtshilfeersuchen in französischer oder englischer Sprache werden nicht entgegengenommen[128]; **Australien:** Rechtshilfeersuchen in französischer Sprache werden nicht entgegengenommen[129]; **Barbados:** Kein Vorbehalt nach Art. 4 Abs. 2 HBÜ[130]; **Bulgarien:** Rechtshilfeersuchen in französischer oder englischer Sprache werden nicht entgegengenommen[131]; **Bundesrepublik Deutschland:** Rechtshilfeersuchen, die nach Kapitel I des HBÜ zu erledigen sind, müssen gemäß Art. 4 Abs. 1, 5 HBÜ in deutscher Sprache abgefaßt oder von einer Übersetzung in diese Sprache begleitet sein[132]; **Dänemark:** In französischer Sprache abgefaßte Rechtshilfeersuchen werden nicht entgegengenommen, wohl aber solche in englischer Sprache; Rechtshilfeersuchen können in norwegischer und schwedischer Sprache abgefaßt sein; Dänemark übernimmt keine Verpflichtung, in einer anderen Sprache als dänisch abgefaßte Beweisstücke zurückzusenden[133]; **Finnland:** Rechtshilfeersuchen in französischer Sprache werden nicht entgegengenommen; durch die Annahme der Rechtshilfeersuchen in englischer Sprache wird keine Verpflichtung eingegangen, das Ersuchen in englischer Sprache zu erledigen oder die Ergebnisse der Beweisaufnahme in dieser Sprache zu übermitteln oder die Erledigungsstücke übersetzen zu lassen; Rechtshilfeersuchen werden in schwedischer Sprache entgegengenommen, die Antwort wird in schwedischer Sprache abgefaßt, wenn dies im Zusammenhang mit dem Rechtshilfeersuchen ausdrücklich verlangt worden ist[134]; **Frankreich:** Es werden nur Rechtshilfeersuchen erledigt, die in französischer Sprache abgefaßt oder von einer Übersetzung in diese Sprache begleitet sind[135]; **Griechenland:** Es werden nur Rechtshilfeersuchen entgegengenommen, die in griechischer Sprache abgefaßt oder von einer Übersetzung in diese Sprache begleitet sind[136]; **Israel:** Kein Vorbehalt nach Art. 4 Abs. 2 HBÜ[137]; **Italien:** Kein Vorbehalt nach Art. 4 Abs. 2 HBÜ[138]; **Lettland:** Kein Vorbehalt nach Art. 4 Abs. 2 HBÜ[139]; **Litauen:** Entgegengenommen werden Rechtshilfeersuchen in litauischer, englischer, fran-

---

128 BGBl II 1988, 823.
129 BGBl II 1993, 2398.
130 BGBl II 1982, 539, 998.
131 BGBl II 2001, 1004.
132 BGBl II 1979, 780.
133 BGBl II 1980, 1290, 1440.
134 BGBl II 1980, 1290, 1291; II 1981, 123; II 1982, 682.
135 BGBl II 1980, 1290, 1291.
136 BGBl II 2005, 329.
137 BGBl II 1980, 1290; II 1981, 374.
138 BGBl II 1982, 998.
139 BGBl II 1996, 16.

zösischer und russischer Sprache[140]; **Luxemburg:** Kein Vorbehalt nach Art. 4 Abs. 2 HBÜ; zudem werden auch in deutscher Sprache abgefaßte Rechtshilfeersuchen entgegengenommen[141]; **Mexiko:** Rechtshilfeersuchen, die nicht in spanischer Sprache abgefaßt oder von einer Übersetzung in diese Sprache begleitet sind, werden nicht entgegengenommen[142]; **Monaco:** Es werden nur Rechtshilfeersuchen angenommen, die in französischer Sprache abgefaßt oder von einer Übersetzung in diese Sprache begleitet sind[143]; **Niederlande:** Entgegengenommen werden Rechtshilfeersuchen, die außer in niederländischer auch in deutscher, englischer, französischer Sprache abgefaßt oder von einer Übersetzung in eine dieser Sprachen begleitet sind; es besteht keine Verpflichtung, die Erledigungsstücke eines Rechtshilfeersuchens zu übersetzen[144]; **Norwegen:** Rechtshilfeersuchen in französischer Sprache werden nicht entgegengenommen[145]; **Polen:** Rechtshilfeersuchen in französischer oder englischer Sprache werden nicht entgegengenommen[146]; **Portugal:** Rechtshilfeersuchen in französischer oder englischer Sprache werden nicht entgegengenommen[147]; **Rumänien:** Kein Vorbehalt nach Art. 4 Abs. 2 HBÜ[148]; **Schweden:** Kein Vorbehalt nach Art. 4 Abs. 2 HBÜ. Rechtshilfeersuchen in dänischer und norwegischer Sprache werden ebenfalls entgegengenommen[149]; **Schweiz:** Rechtshilfeersuchen und ihre Anlagen müssen in der Sprache der ersuchten Behörde, das heißt in deutscher, französischer oder italienischer Sprache abgefaßt oder von einer Übersetzung in eine dieser Sprachen begleitet sein, je nachdem, in welchem Teil der Schweiz sie zu erledigen sind; die Erledigungsbestätigungen werden in der Amtssprache der ersuchten Behörde abgefaßt[150]; **Singapur:** Es werden nur in englischer Sprache abgefaßte Rechtshilfeersuchen entgegengenommen[151]; **Slowakei:** Kein Vorbehalt nach Art. 4 Abs. 2 HBÜ[152]; **Slowenien:** Kein Vorbehalt nach Art. 4 Abs. 2 HBÜ[153]; **Spanien:** Rechtshilfeersuchen, die nicht in spanischer Sprache abgefaßt oder von einer Übersetzung in diese Sprache begleitet sind, werden nicht entgegengenommen[154]; **Sri Lanka:** Entgegengenommen werden Rechtshilfeersuchen in englischer Sprache, in französischer Sprache nur dann, wenn sie von einer Übersetzung in die englische Sprache begleitet sind[155]; **Südafrika:** Rechtshilfeersuchen in französischer Sprache werden nicht entgegengenommen[156]; **Tschechische Republik:** Kein Vorbehalt nach Art. 4 Abs. 2 HBÜ[157]; **Türkei:** Es werden nur Rechtshilfeersuchen entgegengenommen, die in türkischer Sprache abgefaßt oder von einer Übersetzung in diese Sprache begleitet sind[158]; **Ukraine:** Es werden nur Rechtshilfeersuchen entgegengenommen, die in ukrainischer Sprache abgefaßt oder von einer Übersetzung in diese Sprache begleitet sind[159]; **Ungarn:** Kein Vorbehalt nach Art. 4 Abs. 2 HBÜ[160]; **Venezuela:** Rechtshilfeersuchen sowie die ihnen beigefügten Schriftstücke und anderen Beweismittel werden nur entgegengenommen, wenn diese ordnungsgemäß in die spanische Sprache übersetzt sind[161]; **Vereinigtes Königreich:** Rechtshilfeersuchen in französischer Sprache werden nicht entgegengenommen[162]; **Vereinigte Staaten:** In französischer Sprache abgefaßte Rechtshilfeersuchen werden entgegengenommen, jedoch werden sie wegen der notwendig werdenden Übersetzung nicht so schnell erledigt wie ein Rechtshilfeersuchen in englischer Sprache; Rechtshilfeersuchen, die in Puerto Rico zu erledigen sind, werden auch in spanischer Sprache entgegenge-

---

140 BGBl II 2002, 153.
141 BGBl II 1980, 1290, 1293, 1440.
142 BGBl II 1990, 298.
143 BGBl II 1986, 1135.
144 BGBl II 1981, 573.
145 BGBl II 1980, 1290, 1295, 1440.
146 BGBl II 1996, 2495.
147 BGBl II 1980, 1290, 1295.
148 BGBl II 2005, 1277.
149 BGBl II 1980, 1290, 1296, 1440.
150 BGBl II 1995, 532.
151 BGBl II 1981, 962.
152 BGBl II 1980, 1290, 1296; II 1993, 2398.
153 BGBl II 2002, 153.
154 BGBl II 1987, 615.
155 BGBl II 2002, 153.
156 BGBl II 1997, 2225.
157 BGBl II 1980, 1290, 1296; II 1993, 2398.
158 BGBl II 2005, 603.
159 BGBl II 2002, 1161.
160 BGBl II 2005, 329.
161 BGBl II 1994, 3647.
162 BGBl II 1980, 1290, 1297, 1440.

nommen[163]; **Weißrußland** (Belarus): Kein Vorbehalt nach Art.4 Abs.2 HBÜ[164]; **Zypern:** Rechtshilfeersuchen in französischer Sprache werden nicht entgegengenommen[165].

Art. 5 [Mängel des Ersuchens]

Ist die Zentrale Behörde der Ansicht, daß das Ersuchen nicht dem Übereinkommen entspricht, so unterrichtet sie unverzüglich die Behörde des ersuchenden Staates, die ihr das Rechtshilfeersuchen übermittelt hat, und führt dabei die Einwände gegen das Ersuchen einzeln an.

41 Fehlerhafte Rechtshilfeersuchen begründen keine Erledigungspflicht; ihre Ausführung wird grundsätzlich abgelehnt. Art. 5 HBÜ stellt eine Sondervorschrift dar für **behebbare formelle Mängel** nach Art. 3 und 4 HBÜ, denn nur insoweit ist eine Unterrichtung über die Einwände gegen das Ersuchen ohne gleichzeitige Ablehnung sinnvoll. Mit der Verlagerung der Entscheidungskompetenz auf die Zentrale Behörde und die Mängelmitteilung soll das Verfahren beschleunigt werden[166]. Pauschale Hinweise genügen nicht; die Einwände sind »einzeln« darzulegen. Erst dadurch wird die ersuchende Behörde in die Lage versetzt, behebbare Hindernisse zu beseitigen.

42 Zu sonstigen Entscheidungskompetenzen der Zentralen Behörde → Rdnr. 11; zur Bindungswirkung ihrer Entscheidungen gegenüber dem ersuchten Gericht → Rdnr. 12.

Art. 6 [Unzuständigkeit der ersuchten Behörde]

Ist die ersuchte Behörde nicht zuständig, so wird das Rechtshilfeersuchen von Amts wegen unverzüglich an die nach den Rechtsvorschriften ihres Staates zuständige Behörde weitergeleitet.

43 Art. 6 HBÜ dient der beschleunigten Erledigung des Rechtshilfeersuchens. Nach allgemeiner Ansicht betrifft die Bestimmung nur den Fall, daß die (innerstaatliche) **Zentrale Behörde** das Ersuchen an ein unzuständiges Gericht weitergeleitet hat[167]. In Deutschland ist nach § 8 AusfG (→ Rdnr. 124) das »Amtsgericht zuständig, in dessen Bezirk die Amtshandlung vorzunehmen ist«. Freilich gibt die Vorschrift der Zentralen Behörde kein freies Bestimmungsrecht. Vielmehr hat sie sich am Wohnsitz einer Auskunftsperson[168] oder der Belegenheit des sächlichen Beweismittels zu orientieren.

44 Art. 6 HBÜ ist anzuwenden bei einem **Irrtum über die örtliche oder sachliche Zuständigkeit**. Das unzuständige Gericht darf das Ersuchen der Zentralen Behörde nicht zurückgeben, sondern muß seinerseits das zuständige Gericht ermitteln und das Ersuchen an dieses weiterleiten. Daraus folgt zugleich, daß das ersuchte Gericht insoweit nicht an die Entscheidung der Zentralen Behörde gebunden ist (→ Rdnr. 12). Der Zentralen Behörde ist eine Abgabenachricht zu erteilen (§§ 58, 57 Abs. 4 ZRHO). Hinsichtlich der örtlichen Unzuständigkeit entspricht die Vorschrift § 158 Abs. 2 Satz 2 GVG.

45 Art. 6 HBÜ regelt nicht die Frage, ob das Gericht, an das das Ersuchen weitergeleitet wurde, an die Entscheidung des unzuständigen Gerichts gebunden ist. Eine **Bindung** ist zu verneinen, sodaß eine Weiterverweisung möglich ist. Bei einer Rückverweisung sollte nach § 36 Nr. 6 ZPO verfahren werden.

---

[163] BGBl II 1980, 1290, 1299.
[164] BGBl II 2002, 1161.
[165] BGBl II 1984, 567, 919.
[166] Denkschrift BT-Drucks 7/4892, 54 r. Sp.
[167] MünchKommZPO/*Musielak*² HBÜ Art. 6 Rdnr. 1; *Schlosser* (Fn. 1) HBÜ Art. 6 Rdnr. 1.
[168] *Stürner* JZ 1981, 521, 525 l. Sp.; inzident auch *Schlosser* (Fn. 1) HBÜ Art. 6 Rdnr. 1.

Nach Art. 6 HBÜ sollte auch verfahren werden, wenn sich die **zuständigkeitsbegründenden Merkmale** nach Weiterleitung des Rechtshilfeersuchens an das nach § 8 AusfG (Text → Rdnr. 124) zunächst zuständige Amtsgericht (→ Rdnr. 43) **geändert** haben, etwa der zu vernehmende Zeuge verzogen ist. 46

Nennt bereits das **ersuchende Gericht** eine unzuständige Behörde (vgl. Art. 3 Abs. 1 lit. a] Alt. 2 HBÜ), so ist die Zentrale Behörde daran nicht gebunden (→ Rdnr. 34), sondern leitet das Ersuchen an die ihrer Auffassung nach zuständige Behörde weiter. 47

Art. 7 [Terminsnachricht und Parteiöffentlichkeit]

[1]Die ersuchende Behörde wird auf ihr Verlangen von dem Zeitpunkt und dem Ort der vorzunehmenden Handlung benachrichtigt, damit die beteiligten Parteien und gegebenenfalls ihre Vertreter anwesend sein können. [2]Diese Mitteilung wird auf Verlangen der ersuchenden Behörde den Parteien oder ihrenVertretern unmittelbar übersandt.

Die Bestimmung dient der **Parteiöffentlichkeit** der Beweisaufnahme (→ § 357). Sie verpflichtet die Vertragsstaaten, der ersuchenden Behörde (Satz 1) auf Verlangen **Zeit und Ort** der vorzunehmenden Handlung, insbesondere der Beweisaufnahme, **mitzuteilen**. Auf Verlangen wird die Terminsnachricht den Parteien oder ihren Vertretern **unmittelbar** übersandt (Satz 2); das HZÜ kommt nicht zur Anwendung[169]. Welche innerstaatliche Behörde die Mitteilung erledigt, schreibt Art. 7 HBÜ nicht vor. Im Sinne der Beschleunigung kann dies die ersuchte Behörde (in ihrer Amtssprache → Rdnr. 45) vornehmen (→ Rdnr. 11). Bei ausgehenden Ersuchen ist § 38 ZRHO (→ § 363 Rdnr. 56) zu beachten. 48

Nach Art. 7 HBÜ haben die Vertragsstaaten den Parteien und ihren Vertretern die **Anwesenheit** bei der Beweisaufnahme zu **gestatten**[170]. Wird die Beweisaufnahme nach der ZPO durchgeführt (Art. 9 Abs. 1 HBÜ), so haben die Parteien die Rechte aus § 357 (→ § 357 Rdnr. 2ff.) und können einem Zeugen nach § 397 Fragen stellen (lassen)[171]. 49

Art. 8 [Anwesenheit des ausländischen Richters]

[1]Jeder Vertragsstaat kann erklären, daß Mitglieder der ersuchenden gerichtlichen Behörde eines anderen Vertragsstaats bei der Erledigung eines Rechtshilfeersuchens anwesend sein können. [2]Hierfür kann die vorherige Genehmigung durch die vom erklärenden Staat bestimmte Behörde verlangt werden.

Die Bestimmung dient der Stärkung des Prinzips der **formellen Unmittelbarkeit** der Beweisaufnahme (→ § 355 Rdnr. 5ff.) bei Beweiserhebungen im Ausland. Grundsätzlich verletzt bereits die dienstliche Anwesenheit eines ausländischen Richters auf dem Territorium des Staates, in dem die Beweisaufnahme durchgeführt wird, dessen Souveränität (→ § 363 Rdnr. 7). Art. 8 HBÜ gestattet die Teilnahme, wenn der ersuchte Staat eine entsprechende Erklärung abgegeben hat (Satz 1), die unter einem Genehmigungsvorbehalt stehen darf (Satz 2). *Zustimmungserklärungen ohne Genehmigungsvorbehalt* haben abgegeben: Frankreich[172], Is- 50

---

[169] *Schlosser* (Fn. 1) HBÜ Art. 7 Rdnr. 1.

[170] Denkschrift BT-Drucks 7/4892, 54f.; MünchKommZPO/*Musielak*[2] HBÜ Art. 6 Rdnr. 1; *Schlosser* (Fn. 1) HBÜ Art. 7 Rdnr. 1.

[171] Vgl. *Schlosser* (Fn. 1) HBÜ Art. 7 Rdnr. 1.

[172] BGBl II 1980, 1290, 1291.

rael[173], Luxemburg[174], Schweden[175], das Vereinigte Königreich[176] und Zypern[177]; *mit Genehmigungsvorbehalt:* Australien[178], Bulgarien[179], die Bundesrepublik Deutschland[180] (§ 10 AusfG, Text → Rdnr. 124), Dänemark[181], Estland[182], Finnland[183], Griechenland[184], Italien[185], Litauen[186], die Niederlande[187], Polen[188], die Schweiz[189], Slowenien[190], Spanien[191], Sri Lanka[192], Südafrika[193], die Ukraine[194], die Vereinigten Staaten[195] und Weißrußland[196].

51 Art. 8 HBÜ räumt dem ausländischen Richter **nicht** das Recht zur **aktiven Teilnahme** an der Beweisaufnahme ein[197]. Der anwesende Richter kann jedoch auch noch während der Beweisaufnahme in **Ergänzung** seiner Angaben nach Art. 3 Abs. 2 lit. f) HBÜ dem Gericht **Fragen vorschlagen**[198]. Ein eigenes Fragerecht steht ihm jedoch nur zu, falls die Beweisaufnahme in einer besonderen Form nach Maßgabe des Art. 9 Abs. 2 HBÜ vorgenommen wird[199]. Ein Antrag gemäß Art. 3 Abs. 2 lit. i) HBÜ auf Vornahme einer besonderen Form der Beweisaufnahme kann jedoch während der Beweisaufnahme nicht mehr gestellt werden, da dies nur gegenüber der Zentralen Behörde möglich ist.

52 Die **Teilnahme deutscher Richter** an einer Beweisaufnahme im Ausland bedarf nach § 38a Abs. 2 ZRHO (→ § 363 Rdnr. 56) der **Genehmigung der Bundesregierung**, wenn der ersuchte Staat eine Erklärung nach Art. 8 Satz 2 HBÜ abgegeben hat. Ungeklärt ist, nach welchen Kriterien die Bundesregierung zu entscheiden hat. § 38a Abs. 4 Satz 2 ZRHO (Darlegung der »Notwendigkeit« der Beweisaufnahme) deutet auf eine weite Prüfungskompetenz hin. Demgegenüber ist zu betonen, daß die Bundesregierung nur nach solchen Gesichtspunkten entscheiden darf, die die Pflege der auswärtigen Beziehungen (Art. 32 GG) betreffen; die richterliche Ermessensentscheidung, eine Beweisaufnahme im Ausland vorzunehmen (→ § 355 Rdnr. 27), kann nicht überprüft werden, da darin ein Eingriff in die richterliche Unabhängigkeit läge[200].

---

173 BGBl II 1981, 374.
174 BGBl II 1980, 1290, 1293.
175 BGBl II 1980, 1290, 1296, 1440.
176 BGBl II 1980, 1290, 1297, 1440.
177 BGBl II 1984, 567, 919.
178 BGBl II 1993, 2398.
179 BGBl II 2001, 1004.
180 BGBl II 1979, 780.
181 BGBl II 1980, 1290, 1440.
182 BGBl II 1996, 2494.
183 BGBl II 1980, 1290, 1291.
184 BGBl II 2005, 603.
185 BGBl II 1982, 998.
186 BGBl II 2002, 153.
187 BGBl II 1981, 573.
188 BGBl II 1997, 161 (inzident).
189 BGBl II 1995, 532.
190 BGBl II 2002, 153.
191 BGBl II 1987, 615.
192 BGBl II 2002, 153.
193 BGBl II 1997, 2225.
194 BGBl II 2002, 1161.
195 BGBl II 1980, 1290, 1299.
196 BGBl II 2002, 1161.
197 *Böckstiegel/Schlafen* NJW 1978, 1073, 1077; MünchKommZPO/*Musielak*² HBÜ Art. 8 Rdnr. 2; *Schlosser* (Fn. 1) HBÜ Erl. zu Art. 8; großzügiger *Junker* (Fn. 1) 342.
198 Ähnlich *Schlosser* (Fn. 1) HBÜ Erl. zu Art. 8.
199 *Schlosser* (Fn. 1) HBÜ Erl. zu Art. 8.
200 Zur richterlichen Unabhängigkeit bei ausgehenden Rechtshilfeersuchen *Schlosser* FS Constantinesco (1983) 653, 659ff.

Art. 9 [Form der Beweisaufnahme]

(1) Die gerichtliche Behörde verfährt bei der Erledigung eines Rechtshilfeersuchens nach den Formen, die ihr Recht vorsieht.

(2) Jedoch wird dem Antrag der ersuchenden Behörde, nach einer besonderen Form zu verfahren, entsprochen, es sei denn, daß diese Form mit dem Recht des ersuchten Staates unvereinbar oder ihre Einhaltung nach der gerichtlichen Übung im ersuchten Staat oder wegen tatsächlicher Schwierigkeiten unmöglich ist.

(3) Das Rechtshilfeersuchen muß rasch erledigt werden.

I. Verfahren bei der Erledigung des Rechtshilfeersuchens

53 Art. 9 HBÜ regelt die Frage, nach welchem **Verfahrensrecht** die **Beweisaufnahme durchzuführen** ist. Das Rechtshilfegericht verfährt nach seinem eigenen Recht (Abs. 1), das deutsche Gericht also grundsätzlich nach den Regeln der ZPO. Diese werden mitunter modifiziert. § 84 ZRHO (→ § 363 Rdnr. 56) beispielsweise setzt für eine schriftliche Zeugenbefragung nach § 377 Abs. 3 einen entsprechenden Antrag der ersuchenden Behörde oder eine Erklärung der Zulässigkeit dieser Form der Erledigung voraus. Ferner sind ein förmlicher Beweisantrag der Parteien im Ausgangsverfahren und ein Beweisbeschluß nicht erforderlich[201]. Beim Urkundenbeweis ist stets entsprechend § 434 zu verfahren, → § 434 Rdnr. 4.

II. »Besondere Form« der Erledigung (Abs. 2)

1. Reichweite

54 Einem Antrag (vgl. Art. 3 Abs. 2 lit. i] HBÜ) auf Vornahme der **Beweisaufnahme** nach dem **Recht der ersuchenden Behörde** ist jedoch grundsätzlich zu entsprechen, falls nicht ein **Ausschlußtatbestand** vorliegt (Abs. 2). Danach kann die fremdförmige Beweisaufnahme abgelehnt werden, wenn sie mit »dem Recht des ersuchten Staates unvereinbar« oder ihre Einhaltung »nach der gerichtlichen Übung im ersuchten Staat« oder aufgrund »tatsächlicher Schwierigkeiten« unmöglich ist. Weithin wird eine **enge Auslegung** der Ausschlußklausel befürwortet[202]. Dem ist bei *sächlichen Beweismitteln* zu folgen; nicht jedoch dürfen Rechte von *Auskunftspersonen* beeinträchtigt werden. Ein Antrag auf eine besondere Form der Beweisaufnahme darf nicht schon deshalb abgelehnt werden, weil diese im Recht des ersuchten Staates nicht vorgesehen ist; vielmehr muß sie von den Rechtsvorschriften im ersuchten Staat **verboten** werden (arg. Art. 21 lit. d] HBÜ; vgl. § 83 Abs. 1 ZRHO)[203]. Auch hinsichtlich der **Unmöglichkeit** der Beweisaufnahme nach fremdem Verfahrensrecht liegt die Ablehnungsschwelle hoch; bloße Mühen und Schwierigkeiten rechtfertigen die Ablehnung nicht[204].

55 Die gewünschte **Belehrung** des Zeugen über ein Zeugnisverweigerungsrecht ist stets vorzunehmen (→ auch Rdnr. 67). Einem Antrag auf ein **Wortprotokoll** über die Vernehmung ist ebenso zu entsprechen[205] wie dem Wunsch nach der Ablegung eines **Voreids**[206]. Mit Art. 4

---

[201] *Schlosser* (Fn. 1) HBÜ Art. 9/10 Rdnr. 1.

[202] Denkschrift BT-Drucks 7/4892, 55 l. Sp.; *Junker* (Fn. 1) 335f.; MünchKommZPO/*Musielak*² HBÜ Art. 9 Rdnr. 1.

[203] *Junker* (Fn. 1) 336f.; strenger *Schlosser* (Fn. 1) HBÜ Art. 9/10 Rdnr. 3 (»*ordre public* ähnlichem Gewicht«).

[204] *Junker* (Fn. 1) 336f. (unter Hinweis auf die Entstehungsgeschichte).

[205] *Junker* (Fn. 1) 341; MünchKommZPO/*Musielak*² HBÜ Art. 9 Rdnr. 1; *Stürner* JZ 1981, 521, 524 l. Sp.

[206] *Junker* (Fn. 1) 337.

Abs. 1 GG ist es jedoch unvereinbar, den Zeugen zu veranlassen, den Eid stets mit **religiöser Beteuerung** zu leisten[207]. Anders als Art. 10 Abs. 4 EuBVO sieht das HBÜ die Beweisaufnahme im Wege der **Videokonferenz** nicht vor. Doch kann die audiovisuelle Einvernahme der Beweisperson oder lediglich deren **Videoaufzeichnung** als besondere Vernehmungsform nach Art. 9 HBÜ beantragt werden. Wir die Vernehmung zeitgleich in Wort und Bild übertragen, ist die Erklärung bzw. Genehmigung des Vertragsstaates des ersuchten Gerichts nach Art. 8 HBÜ erforderlich; dem ersuchenden Gericht kann es dann auch gestattet werden, eigene Fragen zu stellen (→ § 128a Rdnr. 39). Eingehende Rechtshilfeersuchen um die audiovisuelle Einvernahme eines Zeugen können unter den Voraussetzungen des § 128a Abs. 2 erledigt werden; eine Aufzeichnung der Video-Vernehmung ist hier wegen § 128a Abs. 3 Satz 1 unzulässig (→ § 128a Rdnr. 21 ff.). Da das BVerfG keine grundsätzlichen Einwendungen gegen ein **in camera-Verfahren** hat (→ § 357 Rdnr. 17)[208], sind durch das deutsche Rechtshilfegericht auch Gesuche zu erledigen, in denen beantragt wird, die Kenntnisnahme der Akten unter Verpflichtung zur Geheimhaltung auf das Gericht zu beschränken. Das für den US-amerikanischen Prozeß besonders wichtige **Kreuzverhör**[209] ist mit Einschränkungen statthaft[210]. Diese Vernehmungsform ist in § 239 StPO ausdrücklich vorgesehen und verstößt damit nicht von vornherein gegen deutsches Recht; auch § 397 Abs. 2 ZPO sieht die Möglichkeit vor, daß Anwälte den Zeugen unmittelbar befragen[211]. Grenzen der Zulässigkeit ergeben sich (wie auch sonst bei der Zeugenvernehmung → Rdnr. 22 ff. vor § 373) aus den (Grund-)Rechten des Zeugen, der nicht einer entwürdigenden oder demütigenden Behandlung unterworfen werden darf. Bei Fragen zum Intimbereich und Glaubwürdigkeitsfragen (→ § 395 Rdnr. 3) ist auch im Rahmen eines Kreuzverhörs äußerste Zurückhaltung geboten. Das Kreuzverhör hat in deutscher Sprache zu erfolgen[212]. Zu Aussageverweigerungsrechten → Art. 11 HBÜ. Zu Zwangsmitteln → Art. 10 HBÜ. Zur Ablehnung → Art. 13 Abs. 2 HBÜ. Zu den Kosten → Art. 14 Abs. 2 HBÜ.

2. Deutscher Zivilprozeß

56 Für den deutschen Zivilprozeß besteht **keine Notwendigkeit**, einen Antrag nach Abs. 2 zu stellen, denn das Beweisergebnis kann verwertet werden, wenn es in einer dem ausländischen Recht entsprechenden Form erhoben wurde (→ § 369 Rdnr. 1). Auch besteht die Gefahr, daß das ersuchte Gericht deutsches Verfahrensrecht falsch anwendet mit der Folge, daß das Beweisergebnis nicht verwertet werden darf. Daher soll nach § 20 Satz 1 ZRHO (→ § 363 Rdnr. 56) ein Antrag auf Einhaltung deutscher Formvorschriften nicht gestellt werden.

Art. 10 [Zwangsmittel]

Bei der Erledigung des Rechtshilfeersuchens wendet die ersuchte Behörde geeignete Zwangsmaßnahmen in den Fällen und in dem Umfang an, wie sie das Recht des ersuchten Staates für die Erledigung eines Ersuchens inländischer Behörden oder eines zum gleichen Zweck gestellten Antrags einer beteiligten Partei vorsieht.

---

[207] *Junker* (Fn. 1) 337.
[208] *BVerfG* NJW 2000, 1175, 1178.
[209] Vgl. *Junker* (Fn. 1) 158 ff.
[210] Für Zulässigkeit des Kreuzverhörs *Nagel/Gottwald* (Fn. 1) § 8 Rdnr. 41; *Schlosser* ZZP 94 (1981) 369, 387; grundsätzlich auch *Junker* (Fn. 1) 338 ff.; *Stürner* JZ 1981, 521, 524 l. Sp.; ablehnend MünchKommZPO/*Musielak*² HBÜ Art. 9 Rdnr. 1.
[211] *Bruns* ZPR² Rdnr. 187 sieht auf der Grundlage des § 397 Abs. 2 ZPO sogar Raum für das Kreuzverhör im deutschen *Zivil*prozeß.
[212] *Junker* (Fn. 1) 338 f.

I. Zwangsmittel

57 Art. 10 HBÜ **verpflichtet** die Vertragsstaaten, bei der Erledigung eines Rechtshilfeersuchens **Zwangsmaßnahmen** in demselben Umfang wie im innerstaatlichen Rechtshilfeverkehr **anzuwenden**. Die Vertragsstaaten stellen mithin ihre Zwangsmittel einem ausländischen Gerichtsverfahren zur Verfügung und unterwerfen die auf ihrem Territorium sich befindenden Personen entsprechendem Zwang. Darin liegt ein einschneidender und bemerkenswerter Unterschied zum vertragslosen Rechtshilfeverkehr.

58 Die **Pflicht zur Zwangsanwendung** besteht nur, wenn die Beweisaufnahme nach den **Formen der ersuchten Behörde** (Art. 9 Abs. 1 HBÜ) verläuft. Wird die Beweisaufnahme nach einer **besonderen Form** einer ausländischen Rechtsordnung (Art. 9 Abs. 2 HBÜ) erledigt, etwa eine Zeugenvernehmung im Wege des Kreuzverhörs, besteht **keine Pflicht zum Einsatz von Zwangsmitteln**, weil Zwangsmittel nur angewendet werden müssen, wenn sie auch bei einem (stets nur nach dem Recht des ersuchten Staates erfolgenden) inländischen Rechtshilfeersuchen anzuwenden sind. Darüber hinaus fehlt es in Deutschland innerstaatlich an einer hinreichend bestimmten gesetzlichen Grundlage für die Anwendung von Zwang zur Durchsetzung einer ausländischen Beweiserhebungsform. Daß der ZPO **unbekannte Zwangsmittel nicht** angewendet werden dürfen, versteht sich von selbst[213].

59 Bei der Anwendung von Zwangsmitteln ist es unerheblich, ob die *ersuchende* Behörde nach ihrem Recht ein bestimmtes Zwangsmittel anwenden darf. Daher kann der deutsche Rechtshilferichter nach § 372a ZPO Zwangsmittel verhängen, obgleich sie in vielen ausländischen Verfahrensordnungen nicht vorgesehen sind. Umgekehrt scheidet die Anwendung von Zwangsmitteln aus, wenn nach Art. 11 Abs. 1 lit. b) HBÜ ein Aussageverweigerungsrecht nach dem Recht des ersuchenden Staates besteht, → Rdnr. 66.

60 Art. 10 HBÜ ist zu entnehmen, daß der **ersuchende Staat** zur Erzwingung der Mitwirkung eines Zeugen vor dem Rechtshilferichter im ersuchten Staat **keine Zwangsmittel** anwenden darf[214]. *Nicht* aber schließt die Bestimmung *prozessuale* Nachteile im Verfahren vor der ersuchenden gerichtlichen Behörde aus. Darüber hinaus kann sie im Rahmen der vom HBÜ nicht ausgeschlossenen Beweismittelbeschaffung (→ Rdnr. 8) Zwangsmittel anwenden.

II. Einzelheiten

61 Im Rahmen der Beweisaufnahme kennt die ZPO die Zwangsmittel nach §§ 378 Abs. 2, 380, 390 beim **Zeugenbeweis**, § 409 beim **Sachverständigenbeweis** und nach § 372a bei der **Abstammungsfeststellung**[215]. Andere Zwangsmittel kann das deutsche Gericht nicht anwenden, insbesondere die **Vorlage einer Urkunde** weder von einer Partei (vgl. § 427) noch von einem Dritten erzwingen (vgl. § 429)[216]; § 378 verpflichtet nur zur Einsichtnahme und zum Mitbringen, nicht zur Vorlage der Urkunde. Auch die Duldung eines **Augenscheins**, etwa eines Betriebsgrundstücks, kann nicht zwangsweise durchgesetzt werden. § 141 Abs. 3 ist nicht anzuwenden, da die Anordnung des **persönlichen Erscheinens der Partei** kein Beweismittel ist (→ § 141 Rdnr. 3).

---

[213] *Junker* (Fn. 1) 324f.
[214] *Stürner* ZVglRWiss 81 (1982) 159, 208; *Junker* (Fn. 1) 325; *Stadler* (Fn. 1) 334.
[215] *OLG Frankfurt* NJW-RR 1988, 714.
[216] *Junker* RIW 1986, 337, 347; MünchKommZPO/*Musielak*[2] HBÜ Art. 10 Rdnr. 2; *Stürner* JZ 1981, 521, 524.

Art. 11 [Aussageverweigerungsrecht und -verbot]

(1) Ein Rechtshilfeersuchen wird nicht erledigt, soweit die Person, die es betrifft, sich auf ein Recht zur Aussageverweigerung oder auf ein Aussageverbot beruft,

a) das nach dem Recht des ersuchten Staates vorgesehen ist oder

b) das nach dem Recht des ersuchenden Staates vorgesehen und im Rechtshilfeersuchen bezeichnet oder erforderlichenfalls auf Verlangen der ersuchten Behörde von der ersuchenden Behörde bestätigt worden ist.

(2) Jeder Vertragsstaat kann erklären, daß er außerdem Aussageverweigerungsrechte und Aussageverbote, die nach dem Recht anderer Staaten als des ersuchenden oder des ersuchten Staates bestehen, insoweit anerkennt, als dies in der Erklärung angegeben ist.

I. Bedeutung

62 Die Bestimmung sieht vor, daß sich eine Auskunftsperson **kumulativ** auf die **Aussageverweigerungsrechte und -verbote** sowohl des **ersuchenden als auch des ersuchten Staates** berufen kann. Nach Art. 14 HZPÜ (→ Rdnr. 125) und dem Grundsatz des Art. 9 Abs. 1 HBÜ würden allein die Aussageverweigerungsrechte und -verbote des Rechts des ersuchten Staates eingreifen. Art. 11 Abs. 1 lit. b) HBÜ eröffnet die Möglichkeit, darüber hinaus die Verweigerungsrechte nach dem Recht des ersuchenden Staates zu berücksichtigen. Andererseits bleiben die Aussageverweigerungsrechte des Rechts des ersuchten Staates auch dann bestehen, wenn nach Art. 9 Abs. 2 HBÜ in den besonderen Formen der ersuchenden Behörde verfahren wird.

Art. 11 HBÜ erfaßt über den engen Wortlaut der deutschen Übersetzung hinaus sämtliche Mitwirkungsverweigerungsrechte. Bleibt die Verweigerung der Mitwirkung der in Anspruch genommenen Person nach deutschem Prozeßrecht sanktionslos oder ist ihr nur im Klageweg zu begegnen (s. §429), kann das ersuchte deutsche Rechtshilfegesetz nicht über die Berechtigung zur Mitwirkungsverweigerung entscheiden[217].

II. Eingehende Rechtshilfeersuchen

63 Die Reichweite der Zeugnisverweigerungsrechte richtet sich nach §§383 bis 385 ZPO. Praktisch wichtig sind die im internationalen Vergleich sehr weitgehenden Zeugnisverweigerungsrechte zum Schutze von **Geschäfts- und Betriebsgeheimnissen** (§§383 Abs. 1 Nr. 6, 384 Nr. 3 ZPO). Diese gelten selbstverständlich auch bei US-amerikanischen Rechtshilfeersuchen im Rahmen des *discovery*-Verfahrens[218]. **Parteien** bedürfen keiner Aussageverweigerungsrechte, da sie nach deutschem Recht mangels Zwangsmittel (Art. 10 HBÜ) keine erzwingbare Mitwirkungspflicht trifft. Erscheint die Partei nicht oder sagt sie nicht aus, kann das Ersuchen nicht erledigt werden. Die daraus erwachsenden Rechtsfolgen richten sich nach dem Recht des ersuchenden Staates[219].

64 Über die Ablehnung des Rechtshilfeersuchens aufgrund von Zeugnisverweigerungsrechten entscheidet der **Rechtshilferichter**[220] und nicht die Zentrale Behörde (→ Rdnr. 11). Davon

[217] *Stadler* FS Geimer (Fn. 1) 1281, 1295f.; *Schlosser* (Fn. 1) HBÜ Art. 11 Rdnr. 1.

[218] *LG München I* ZZP 95 (1982) 362, 363f. (Anm. *Schlosser*); *Junker* (Fn. 1) 303f.; MünchKommZPO/*Musielak*² HBÜ Art. 11 Rdnr. 3; a. A. *Koch* IPRax 1985, 245, 248; zur US-amerikanischen Seite *Lowenfeld* IPRax 1984, 51, 53.

[219] *Schlosser* (Fn. 1) HBÜ Art. 11 Rdnr. 1.

[220] So *LG München I* ZZP 95 (1982) 362 (Anm. *Schlosser)* und im Grundsatz auch MünchKommZPO/*Musielak*² HBÜ Art. 11 Rdnr. 5; *Schlosser* (Fn. 1) HBÜ Art. 11 Rdnr. 2; a. A. *OLG Hamburg* RIW 2002, 717, 718: besteht nach verwaltungsmäßiger Prüfung das Verweigerungsrecht »zweifelsfrei«, kann Weiterleitung an das Rechtshilfegericht unterbleiben.

geht der Wortlaut des Art. 11 Abs. 1 lit. b) HBÜ aus, soweit die ersuchte Behörde (und nicht die Zentrale Behörde) die Bestätigung von Aussageverweigerungsrechten verlangen darf. Über die Rechtmäßigkeit der Zeugnisverweigerung kann im **Zwischenstreit** nach §§ 387ff. entschieden werden, soweit **Zeugnisverweigerungsrechte nach der ZPO** geltend gemacht werden. Abweichend von § 389 Abs. 2 entscheidet nicht das (ausländische) Prozeßgericht, sondern das **Rechtshilfegericht**[221].

65 Bei Unklarheiten über ein **Aussageverweigerungsrecht nach dem Recht des ersuchenden Staates** muß der Rechtshilferichter nicht eigene Ermittlungen anstellen, sondern kann unmittelbar eine **Bestätigung** der **ersuchenden Behörde** einholen (Art. 11 Abs. 1 lit. b] HBÜ). Besteht zwischen den Beteiligten Streit über das Zeugnisverweigerungsrecht nach dem Recht des Forumstaates, entscheidet verbindlich (auch für das ersuchte Gericht) allein die ersuchende gerichtliche Behörde.

66 Besteht ein Aussageverweigerungsrecht zwar nicht nach deutschem Recht, wohl aber nach dem Recht der ersuchenden Behörde, darf ein **Zwangsmittel** (z.B. §§ 380, 390 ZPO) nach Art. 10 HBÜ (→ Rdnr. 59) **nicht** angewendet werden.

III. Ausgehende Rechtshilfeersuchen

67 Bei ausgehenden Rechtshilfeersuchen ist § 37 ZRHO (→ § 363 Rdnr. 56) zu beachten, der die wörtliche Angabe der Aussageverweigerungsrechte vorschreibt.

Art. 12 [Ablehnung des Rechtshilfeersuchens]

(1) Die Erledigung eines Rechtshilfeersuchens kann nur insoweit abgelehnt werden, als

a) die Erledigung des Ersuchens im ersuchten Staat nicht in den Bereich der Gerichtsgewalt fällt oder

b) der ersuchte Staat die Erledigung für geeignet hält, seine Hoheitsrechte oder seine Sicherheit zu gefährden.

(2) Die Erledigung darf nicht allein aus dem Grund abgelehnt werden, daß der ersuchte Staat nach seinem Recht die ausschließliche Zuständigkeit seiner Gerichte für die Sache in Anspruch nimmt oder einVerfahren nicht kennt, das dem entspricht, für welches das Ersuchen gestellt wird.

I. Bedeutung

68 Abs. 1 regelt (*insoweit* abschließend) die Gründe, die die **Ablehnung eines Ersuchens** wegen **Unvereinbarkeit** seiner Ausführung mit **nationalen Interessen** der Vertragsstaaten rechtfertigen. Darüber hinaus kann die Erledigung eines Rechtshilfeersuchens bei Mängeln nach Art. 3 und 4 HBÜ (beachte aber Art. 5 HBÜ) sowie nach Art. 23 HBÜ abgelehnt werden, ferner, soweit ein Aussageverweigerungsrecht nach Art. 11 HBÜ besteht.

Abs. 2 normiert demgegenüber die **Pflicht zur Ausführung** des Rechtshilfeersuchens auch dann, wenn der ersuchte Staat eine ausschließliche Zuständigkeit für die Sache in Anspruch nimmt oder ein entsprechendes Verfahren nicht kennt; insoweit geht das Interesse des ersuchenden Staates an der Durchführung seines Verfahrens möglichen Interessen des ersuchten

[221] *LG München I* ZZP 95 (1982) 362, 363 (Anm. *Schlosser*); ferner *OLG Frankfurt* NJW-RR 1988, 714 (zu § 372a Abs. 2 Satz 1).

Staates vor. **Unberührt** bleibt freilich die Möglichkeit, die **Anerkennung** und **Vollstreckung** im ersuchten Staat zu versagen[222].

II. Ablehnungsgründe

1. Mangelnde Gerichtsgewalt (Abs. 1 lit. a])

69 Eine Pflicht zur Ausführung des Rechtshilfeersuchens besteht nicht, falls seine Erledigung nicht der Gerichtsgewalt des ersuchten Staates unterliegt, insbesondere wenn sich die innerstaatliche Gerichtsbarkeit nicht auf die Auskunftsperson oder das Beweismittel erstreckt.

2. Ordre public (Abs. 1 lit. b])

70 Die Auslegung des Abs. 1 lit. b) bereitet Schwierigkeiten, denn Hoheitsrechte werden nicht verletzt, weil und soweit deutsche Behörden das Rechtshilfeersuchen ausführen, selbst wenn nach Art. 8 HBÜ ausländische Behördenvertreter anwesend sind; auch beeinträchtigt die Ausführung von Rechtshilfeersuchen die nationale Sicherheit nur in Extremfällen[223]. Art. 12 Abs. 1 lit. b) HBÜ wird als **ordre public-Vorbehalt** gedeutet[224] , über dessen Reichweite bisher freilich keine Einigkeit erzielt werden konnte. Die Frage hat insbesondere bei US-amerikanischen Rechtshilfeersuchen eine Rolle gespielt. So wird erwogen, bei Klagen auf »*punitive damages*« Rechtshilfe unter bezug auf Art. 12 HBÜ zu verweigern[225]. Auch soll Art. 12 HBÜ gegenüber unsubstantiierten Ausforschungsbeweisen schützen und Geheimhaltung sichern[226]. Allerdings ist ein **Rückgriff auf den ordre public nicht erforderlich**, soweit bereits die Voraussetzungen eines Rechtshilfeersuchens nach dem HBÜ nicht gegeben sind oder Ablehnungsgründe vorliegen[227]: Art. 3 HBÜ sieht eine substantiierte Angabe von Beweismittel und -thema vor (→ Rdnr. 35); Ausforschungsbeweise können ferner mit Art. 23 HBÜ (→ Rdnr. 104) abgewehrt werden; bei Geschäftsgeheimnissen kann ein Aussageverweigerungsrecht gegeben sein (→ Rdnr. 63); die Frage der Strafbarkeit einer Aussage beispielsweise nach §203 StGB fällt unter Art. 11 HBÜ; die Vernehmung von Personen, die kraft Amtes zur Verschwiegenheit verpflichtet sind, richtet sich gemäß Art. 11 Abs. 1 lit. a) HBÜ nach §376. Jedenfalls soweit nach Art. 9 Abs. 1 HBÜ das Ersuchen nach deutschem Recht erledigt wird, ist ein Rückgriff auf den *ordre public* nur im Extremfall erforderlich.

71 Bei der **Prüfung**, ob Rechtshilfe gegen den *ordre public* verstößt, ist **nicht** auf den Inhalt des (zukünftigen und damit unbekannten) **Urteils** oder die Anhängigkeit eines Verfahrens (arg. Art. 12 Abs. 2 Alt. 2 HBÜ) abzustellen; diese Frage wird erst bei der Anerkennung und Vollstreckung relevant. Für Art. 12 Abs. 1 lit. b) HBÜ maßgeblich sind allein die **Folgen der Beweisaufnahme** für den ersuchten Staat. Eine Verletzung des *ordre public* kommt danach nur in besonders gelagerten Fällen in Betracht; bei US-amerikanischen »*class actions*« ist dies nicht der Fall[228].

---

[222] Denkschrift BT-Drucks 7/4892, 55 r. Sp.; *Junker* (Fn. 1) 271f.; *Stürner* ZVglRWiss 81 (1982) 159, 205f.

[223] Vgl. *Schlosser* ZZP 94 (1981) 369, 383; noch zurückhaltender *Junker* (Fn. 1) 269.

[224] *Coester-Waltjen* in: *Heldrich/Kono* (Hrsg.) Herausforderungen des Internationalen Zivilverfahrensrechts (1994) 24; *Junker* (Fn. 1) 268ff.; MünchKommZPO/*Musielak*² HBÜ Art. 12 Rdnr. 2; *Schlosser* ZZP 94 (1981) 369, 380ff.; *Stürner* ZVglRWiss 81 (1982) 159, 205.

[225] *Stiefel* RIW/AWD 1979, 509, 512; *v. Hülsen* RIW/AWD 1982, 537, 550.

[226] Vgl. *Schlosser* ZZP 94 (1981) 369, 383.

[227] *Junker* (Fn. 1) 322ff. sieht überhaupt keinen Anwendungsbereich für Art. 12 Abs. 1 lit. b) HBÜ.

[228] Vgl. *OLG Frankfurt* OLGZ 1992, 89, 94 (zu Art. 13 HZÜ).

Zum Ausforschungsbeweis bei der Beweisaufnahme durch diplomatische oder konsularische Vertreter sowie Beauftragte → Rdnr. 100. 72

III. Keine Ablehnungsgründe (Abs. 2)

Abs. 2 stellt bestimmte nationale Interessen des ersuchten Staates zurück gegenüber Interessen des ersuchenden Staates an der Durchführung einer Beweisaufnahme für sein Verfahren. Rechtshilfe darf nicht verweigert werden, weil der ersuchte Staat die ausschließliche internationale Zuständigkeit für die Streitsache beansprucht oder ein entsprechendes Verfahren nicht kennt; freilich muß es sich nach Art. 1 HBÜ überhaupt um eine Zivil- oder Handelssache handeln (→ Rdnr. 16ff.). Der Anerkennung wird durch die geleistete Rechtshilfe nicht vorgegriffen, die insbesondere an § 328 Abs. 1 Nr. 1 scheitern kann. 73

IV. Verfahren

Die Entscheidung über die Erledigung des Rechtshilfeersuchens nach Maßgabe des Art. 12 HBÜ trifft die **Zentrale Behörde** (→ Rdnr. 11). Die ersuchte Behörde ist daran gebunden (→ Rdnr. 12). Wird die Erledigung abgelehnt, ist nach Art. 13 Abs. 2 HBÜ zu verfahren. 74

Art. 13 [Übermittlung]

(1) Die ersuchte Behörde leitet Schriftstücke, aus denen sich die Erledigung eines Rechtshilfeersuchens ergibt, der ersuchenden Behörde auf demselben Weg zu, den diese für die Übermittlung des Ersuchens benutzt hat.

(2) Wird das Rechtshilfeersuchen ganz oder teilweise nicht erledigt, so wird dies der ersuchenden Behörde unverzüglich auf demselben Weg unter Angabe der Gründe für die Nichterledigung mitgeteilt.

Abs. 1 regelt den Weg der Übermittlung der Ergebnisse des Rechtshilfeverfahrens durch die ersuchte Behörde. Dabei darf sich die ersuchte Behörde nicht unmittelbar an die ersuchende Behörde wenden, sondern muß den Weg beschreiten, den diese gewählt hatte, im Regelfall also unter Einschaltung der Zentralen Behörde. 75

Nach Abs. 2 darf ein Rechtshilfeersuchen, das nicht erledigt wird, nicht einfach zurückgesendet werden; vielmehr sind die Gründe für die Nichterledigung substantiiert mitzuteilen. Die Bestimmung gilt auch, wenn bereits die Zentrale Behörde das Ersuchen zurückweist; freilich ist bei behebbaren formellen Hindernissen Art. 5 HBÜ (→ Rdnr. 41) zu beachten. 76

Zur Verwertung einer ausländischen Beweisaufnahme im innerstaatlichen Verfahren → § 363 Rdnr. 63. 77

Art. 14 [Kostenerstattung]

(1) Für die Erledigung eines Rechtshilfeersuchens darf die Erstattung von Gebühren und Auslagen irgendwelcher Art nicht verlangt werden.

(2) Der ersuchte Staat ist jedoch berechtigt, vom ersuchenden Staat die Erstattung der an Sachverständige und Dolmetscher gezahlten Entschädigungen sowie der Auslagen zu verlangen, die dadurch entstanden sind, daß auf Antrag des ersuchenden Staates nach Artikel 9 Absatz 2 eine besondere Form eingehalten worden ist.

(3) [1]Eine ersuchte Behörde, nach deren Recht die Parteien für die Aufnahme der Beweise zu sorgen haben und die das Rechtshilfeersuchen nicht selbst erledigen kann, darf eine hierzu

geeignete Person mit der Erledigung beauftragen, nachdem sie das Einverständnis der ersuchenden Behörde eingeholt hat. [2]Bei der Einholung dieses Einverständnisses gibt die ersuchte Behörde den ungefähren Betrag der Kosten an, die durch diese Art der Erledigung entstehen würden. [3]Durch ihr Einverständnis verpflichtet sich die ersuchende Behörde, die entstehenden Kosten zu erstatten. [4]Fehlt das Einverständnis, so ist die ersuchende Behörde zur Erstattung der Kosten nicht verpflichtet.

I. Grundsatz: Keine Kostenerstattung

78 Abs. 1 bestimmt das Prinzip, wonach jeder Vertragsstaat die bei ihm anfallenden **Kosten** für die Erledigung von Rechtshilfeersuchen **selbst zu tragen** hat; Ersatz für Gebühren und Auslagen kann nicht gefordert werden.

II. Ausnahmen

79 Der Grundsatz wird vielfach **durchbrochen**. Gemäß **Abs. 2** kann der ersuchte Staat die Erstattung von an Sachverständige und Dolmetscher geleisteten Entschädigungen vom ersuchenden Staat verlangen. Anders als nach Art. 16 Abs. 2 HZPÜ (→ Rdnr. 125) sind jedoch Entschädigungen für Zeugen (→ § 401 Rdnr. 1ff.) nicht zu erstatten. Der ersuchende Staat hat ferner die Auslagen zu ersetzen, die entstehen, weil auf seinen Antrag die Beweisaufnahme nach Art. 9 Abs. 2 HBÜ in einer besonderen Form durchgeführt wurde.

80 Mit Rücksicht auf *common law* Länder[229] sieht **Abs. 3** eine weitere Ausnahme vom Prinzip der Erstattungsfreiheit vor. Kann die ersuchte Behörde die Beweisaufnahme nicht selbst vornehmen, weil nach ihrem Recht die *Parteien* für die Aufnahme der Beweise zu sorgen haben, darf eine befähigte Person (examiner) mit der Erledigung des Ersuchens betraut werden, falls die ersuchende Behörde damit einverstanden ist. Bei der Einholung des Einverständnisses ist der ungefähre Betrag der zu erwartenden Kosten mitzuteilen. Hat die ersuchende Behörde ihr Einverständnis erklärt, trifft sie die Pflicht der Kostenerstattung. Nicht geregelt ist der Fall, daß die ersuchende Behörde die Zustimmung verweigert. Das Rechtshilfeersuchen darf dann abgelehnt werden[230]. Allerdings kann die ersuchende Behörde die Beweiserhebung durch den Richter als »besondere Form« nach Art. 9 Abs. 2 HBÜ beantragen; wird dem entsprochen, erwächst die Kostenerstattungspflicht aus Abs. 2.

81 Eine Ausnahme vom Prinzip der Erstattungsfreiheit sieht ferner Art. 26 HBÜ vor; sie kann sich ferner aus Abkommen nach Art. 28 lit. f) HBÜ sowie aus nach Art. 31 HBÜ fortgeltenden Zusatzabkommen ergeben. Solche Zusatzvereinbarungen bestehen zwischen der Bundesrepublik Deutschland und Dänemark[231], Norwegen[232] und der Schweiz[233]. Die Vereinbarungen mit Frankreich[234] und Luxemburg[235] sind wegen des Anwendungsvorranges der EuBVO vor dem HBÜ (Art. 21 Abs. 1 EuBVO; → § 363 Rdnr. 64) seit Inkrafttreten der Verordnung am 1. I. 2004 hinfällig. Die Zusatzvereinbarungen mit den Niederlanden[236] und Schweden[237] sehen einen Verzicht auf jegliche Erstattung entstehender Auslagen vor; sie dienen über Art. 18

229 Denkschrift BT-Drucks 7/4892, 56 l. Sp.
230 *Böckstiegel/Schlafen* NJW 1978, 1073, 1077 l. Sp.; *Schlosser* (Fn. 1) HBÜ Erl. zu Art. 14.
231 BGBl II 1953, 186.
232 BGBl II 1979, 1292.
233 RGBl 1910, 674; RGBl II 1930, 1.
234 BGBl II 1961, 1041.
235 RGBl 1909, 907.
236 BGBl II 1964, 468.
237 RGBl 1910, 455.

EuBVO hinausgehend der weiteren Vereinfachung der Beweisaufnahme und gelten deshalb nach Art. 21 Abs. 2 EuBVO fort.

82 In allen Fällen kann die ersuchte Behörde nur Kostenerstattung verlangen; die Vornahme der Rechtshilfehandlung darf **nicht** von der Leistung eines **Vorschusses** abhängig gemacht werden. Auch besteht kein unmittelbarer Anspruch der Vertragsstaaten gegen die inländische Prozeßpartei[238]. Gemäß Nr. 9013 Anlage 1 zum GKG zählen Beträge, die ausländischen Behörden zustehen, sowie die Kosten des Rechtshilfeverkehrs mit dem Ausland zu den Auslagen.

Kapitel II – Beweisaufnahme durch diplomatische oder konsularische Vertreter und durch Beauftragte

Vorbemerkungen zu Art. 15 bis 22

I. Überblick

83 Art. 15 HZPÜ (Text → Rdnr. 125) erlaubt die unmittelbare Beweisaufnahme durch diplomatische oder konsularische Vertreter nur, wenn sie in bilateralen Abkommen zwischen den beteiligten Staaten zugelassen war oder wenn der Staat, in dem die Beweisaufnahme vorgenommen werden sollte, dem nicht widersprach. Eine Beweisaufnahme durch Beauftragte ist nach dem HZPÜ nicht möglich. Art. 15 bis 22 HBÜ regeln die Reichweite der **Pflicht der Vertragsstaaten**, eine **direkte Beweisaufnahme** durch diplomatische oder konsularische Vertreter (Art. 15f. HBÜ) und durch »Beauftragte« (Art. 17 HBÜ) zu **dulden** (zur Bedeutung → Rdnr. 4). Art. 18 HBÜ sieht die Möglichkeit vor, die Beweisaufnahme durch **Zwangsmittel** zu unterstützen. Art. 19 bis 22 HBÜ bestimmen die Reichweite der Befugnisse bei der Beweisaufnahme. Dem verbreiteten Souveränitätsverständnis (→ § 363 Rdnr. 6), wonach die Beweisaufnahme durch Organe anderer Staaten die Gebietshoheit des Staates, in dem der Beweis erhoben wird, verletzt[239], wird in Art. 33 Abs. 1 HBÜ dahin entsprochen, daß jeder Vertragsstaat die Anwendung des Kapitels II ausschließen kann. Von dieser Möglichkeit haben Argentinien[240], Singapur[241], Sri Lanka[242] und – mit Einschränkungen – China[243], Polen[244], Südafrika[245], die Ukraine[246] und Venezuela[247] Gebrauch gemacht.

II. Verfassungsrechtliche Fragen

84 Die Beweisaufnahme durch diplomatische oder konsularische Vertreter ist vor dem Hintergrund des **Art. 24 Abs. 1 GG** verfassungsrechtlich **nicht unbedenklich**, weil man sie als hoheitliche Tätigkeit qualifiziert[248]. Sie läßt sich damit rechtfertigen, daß das Grundgesetz die lange geübte Zusammenarbeit der Staaten bei der Beweisaufnahme nicht habe beeinträchtigen wollen[249]. Dieser Gesichtspunkt trägt aber nicht mehr hinsichtlich der bislang unbekannten, von

---

238 *Schlosser* (Fn. 1) HBÜ Erl. zu Art. 14.
239 Vgl. Denkschrift BT-Drucks 7/4892, 56 l. Sp.
240 BGBl II 1988, 823.
241 BGBl II 1981, 962.
242 BGBl II 2002, 153.
243 BGBl II 1998, 1729.
244 BGBl II 1996, 2495.
245 BGBl II 1997, 2225.
246 BGBl II 2002, 1161.
247 BGBl II 1994, 3647.
248 Vgl. *Geimer* FS Matscher (1993) 133, 147 in Fn. 75.
249 *Geimer* FS Matscher (1993) 133, 147.

Art. 17 HBÜ eröffneten Möglichkeit, die Beweisaufnahme durch »Beauftragte« erledigen zu lassen.

Art. 15 [Beweisaufnahme durch diplomatische oder konsularische Vertreter bei eigenen Staatsangehörigen]

(1) In Zivil- oder Handelssachen kann ein diplomatischer oder konsularischer Vertreter eines Vertragsstaats im Hoheitsgebiet eines anderen Vertragsstaats und in dem Bezirk, in dem er sein Amt ausübt, ohne Anwendung von Zwang Beweis für ein Verfahren aufnehmen, das vor einem Gericht eines von ihm vertretenen Staates anhängig ist, wenn nur Angehörige desselben Staates betroffen sind.

(2) Jeder Vertragsstaat kann erklären, daß in dieser Art Beweis erst nach Vorliegen einer Genehmigung aufgenommen werden darf, welche die durch den erklärenden Staat bestimmte zuständige Behörde auf einen von dem Vertreter oder in seinem Namen gestellten Antrag erteilt.

85 Nach Abs. 1 können diplomatische oder konsularische Vertreter eines Vertragsstaates **ohne Genehmigung** des anderen Vertragsstaates **Beweise erheben**, wenn sie sich auf **Angehörige** eines von ihnen **vertretenen Staates** beziehen (zu Angehörigen anderer Staaten vgl. Art. 16 HBÜ, → Rdnr. 87). Das Recht des Staates, in dem eine Person vernommen werden soll, entscheidet über deren Staatsangehörigkeit[250]. Hat die Beweisperson neben der Angehörigkeit des vertretenen Staates zudem die Staatsangehörigkeit des Empfangsstaates oder eines Drittstaates, kann eine Vernehmung nicht nach Abs. 1 erfolgen[251], sondern nur nach Art. 16 HBÜ. Voraussetzung der Beweisaufnahme ist darüber hinaus, daß es sich um eine **Zivil- oder Handelssache** handelt (→ Rdnr. 16ff.) und daß das Verfahren bereits **anhängig** ist. Anders als nach Art. 1 Abs. 2 HBÜ (→ Rdnr. 28) genügt ein künftiges Verfahren nicht; für ein selbständiges Beweisverfahren nach §§485ff., das *außerhalb* eines Streitverfahrens durchgeführt wird, scheidet die Direktmethode aus[252]. »**Andere (gerichtliche) Handlungen**« als Beweisaufnahmen dürfen diplomatische oder konsularische Vertreter nicht vornehmen; hierzu ist der **Rechtshilfeweg** (Art. 1 HBÜ) einzuschlagen. Die Anwendung von **Zwangsmitteln** ist **nicht vorgesehen**; Zwang kann nur nach Maßgabe des Art. 18 HBÜ angewendet werden. Die Reichweite der Befugnisse richtet sich im übrigen nach Art. 19 bis 21 HBÜ.

86 Nach Abs. 2 kann jeder Vertragsstaat einen **Genehmigungsvorbehalt** erklären. Von dieser Möglichkeit haben Australien[253], Dänemark[254], Norwegen[255], Portugal[256], Schweden[257] und die Schweiz[258] Gebrauch gemacht. Zu Nebenbestimmungen der Genehmigung → Art. 19 HBÜ.

---

250 Denkschrift BT-Drucks 7/4892, 56 r. Sp.; a.A. MünchKommZPO/*Musielak*² HBÜ Art. 15–22 Rdnr. 3 (Recht des vertretenen Staates).
251 Denkschrift BT-Drucks 7/4892, 56 r. Sp.
252 *Böckstiegel/Schlafen* NJW 1978, 1073, 1076.
253 BGBl II 1993, 2398.
254 BGBl II 1980, 1290.
255 BGBl II 1980, 1290, 1295.
256 BGBl II 1980, 1290, 1295.
257 BGBl II 1980, 1290, 1296.
258 BGBl II 1995, 532.

Art. 16 [Beweisaufnahme durch diplomatische oder konsularische Vertreter bei sonstigen Staatsangehörigen]

(1) Ein diplomatischer oder konsularischer Vertreter eines Vertragsstaats kann außerdem im Hoheitsgebiet eines anderen Vertragsstaats und in dem Bezirk, in dem er sein Amt ausübt, ohne Anwendung von Zwang Beweis für ein Verfahren aufnehmen, das vor einem Gericht eines von ihm vertretenen Staates anhängig ist, sofern Angehörige des Empfangsstaats oder eines dritten Staates betroffen sind,

a) wenn eine durch den Empfangsstaat bestimmte zuständige Behörde ihre Genehmigung allgemein oder für den Einzelfall erteilt hat und

b) wenn der Vertreter die Auflagen erfüllt, welche die zuständige Behörde in der Genehmigung festgesetzt hat.

(2) Jeder Vertragsstaat kann erklären, daß Beweis nach dieser Bestimmung ohne seine vorherige Genehmigung aufgenommen werden darf.

87 Abs. 1 stellt die Beweisaufnahme durch diplomatische oder konsularische Vertreter unter einen **Genehmigungsvorbehalt**, wenn davon Personen betroffen sind, die die **Staatsangehörigkeit des Empfangsstaates** oder eines **Drittstaates** haben (bei Staatsangehörigkeit des Entsendestaates vgl. Art. 15 HBÜ, → Rdnr. 85). Auch die Vernehmung **Staatenloser** fällt unter diese Bestimmung[259]. Die Genehmigung kann generell hinsichtlich bestimmter Formen der Beweisaufnahme oder für den Einzelfall erteilt und mit **Auflagen** verbunden werden; → Art. 19 HBÜ. Im übrigen gelten für Voraussetzungen und Reichweite der Beweisaufnahme die Erläuterungen → Rdnr. 85.

88 Von der Möglichkeit, eine Erklärung nach Abs. 2 abzugeben, haben bisher Finnland[260], die Niederlande[261], die Slowakei[262], Spanien[263], die Tschechische Republik[264] und die Vereinigten Staaten[265] Gebrauch gemacht. Unter dem Vorbehalt der Gegenseitigkeit entfällt das Genehmigungserfordernis nach Art. 16 Abs. 1 HBÜ ferner im Vereinigten Königreich[266]. In Portugal ist eine Beweisaufnahme gemäß Art. 16 HBÜ unzulässig[267].

Art. 17 [Beweisaufnahme durch Beauftragte]

(1) In Zivil- oder Handelssachen kann jede Person, die zu diesem Zweck ordnungsgemäß zum Beauftragten bestellt worden ist, im Hoheitsgebiet eines Vertragsstaats ohne Anwendung von Zwang Beweis für ein Verfahren aufnehmen, das vor einem Gericht eines anderen Vertragsstaats anhängig ist,

a) wenn eine von dem Staat, in dem Beweis aufgenommen werden soll, bestimmte zuständige Behörde, ihre Genehmigung allgemein oder für den Einzelfall erteilt hat und

b) wenn die Person die Auflagen erfüllt, welche die zuständige Behörde in der Genehmigung festgesetzt hat.

(2) Jeder Vertragsstaat kann erklären, daß Beweis nach dieser Bestimmung ohne seine vorherige Genehmigung aufgenommen werden darf.

---

259 Vgl. Denkschrift BT-Drucks 7/4892, 57 l. Sp.
260 BGBl II 1980, 1290, 1291.
261 BGBl II 1981, 573.
262 BGBl II 1980, 1290, 1296; II 1993, 2398.
263 BGBl II 1987, 615.
264 BGBl II 1980, 1290, 1296; II 1993, 2398.
265 BGBl II 1980, 1290, 1299.
266 BGBl II 1980, 1290, 1297.
267 BGBl II 1980, 1290, 1295.

I. Beweisaufnahme durch Beauftragte

89 Die Bestimmung sieht die Möglichkeit der Beweisaufnahme durch einen Beauftragten (*commissioner*) vor, die eine im anglo-amerikanischen Rechtskreis gebräuchliche Methode der Beweisaufnahme im Ausland bildet[268]. Damit sollte den Vereinigten Staaten der Beitritt zum HBÜ erleichtert werden[269]. Zum *commissioner* wird vom Prozeßgericht im Regelfall ein Rechtsanwalt ernannt[270], der im Ausland Zeugen und Sachverständige vernimmt oder den Augenschein einnimmt. Der Beauftragte kann aber auch vom ersuchten Staat bestellt werden[271]. Er verfährt grundsätzlich nach dem Recht des Forumstaates (Art. 21 lit. d] HBÜ). **Zwangsanwendung** ist grundsätzlich **ausgeschlossen** und nur nach Maßgabe des Art. 18 HBÜ möglich; (mittelbarer) Zwang aufgrund von **Prozeßnachteilen** im Verfahren vor der ersuchenden gerichtlichen Behörde fallen **nicht** darunter[272]. Die Beweiserhebung durch den Beauftragten steht nach Abs. 1 unter einem Genehmigungsvorbehalt; von der Möglichkeit einer Erklärung nach Abs. 2 haben nur Finnland[273], Spanien[274] und die Vereinigten Staaten[275] Gebrauch gemacht.

90 Unter dem Vorbehalt der Gegenseitigkeit entfällt das Genehmigungserfordernis ferner im Vereinigten Königreich[276]. In Dänemark und Portugal ist eine Beweisaufnahme gemäß Art. 17 HBÜ unzulässig[277].

91 Zuständig für die Erteilung der Genehmigung ist in Deutschland die Zentrale Behörde (§ 12 AusfG, → Rdnr. 124).

II. Bedeutung für deutsche Zivilprozesse

92 Als Beauftragter kann auch ein **Mitglied des Prozeßgerichts** nach § 361 ZPO bestellt werden[278] (→ auch § 363 Rdnr. 19). Da Art. 17 HBÜ der Bestellung mehrerer Beauftragter nicht entgegensteht, sollte auch innerstaatlich die Möglichkeit anerkannt werden, **alle Mitglieder des Prozeßgerichts** zu Beauftragten zu bestellen. Voraussetzung ist freilich, die in § 363 genannten Wege der Beweisaufnahme im Ausland nicht länger als abschließend zu betrachten[279]. Auf diesem Weg wird im Ausland unter **Wahrung des Unmittelbarkeitsgrundsatzes** eine Beweisaufnahme durch das Gericht nach den Regeln der ZPO (Art. 21 lit. d] HBÜ) möglich, was insbesondere bei Beweisaufnahmen im grenznahen Ausland interessant ist, etwa einem Augenschein. Die Frage, ob so verfahren wird, steht aber im Ermessen des Prozeßgerichts. § 38a ZRHO ist zu beachten; zu dessen Reichweite → § 363 Rdnr. 19.

93 Ohne den Umweg einer »Beauftragung« ermöglicht Art. 17 EuBVO (§ 1072 Nr. 2, § 40a ZRHO) die direkte Beweiserhebung durch das Prozeßgericht in den Mitgliedstaaten der Europäischen Union mit Ausnahme Dänemarks (→ § 363 Rdnr. 64, 66).

---

[268] Denkschrift BT-Drucks 7/4892, 51 r. Sp.; Einzelheiten zu diesem Modell bei *Junker* (Fn. 1) 234f.

[269] Denkschrift BT-Drucks 7/4892, 50 l. Sp.

[270] Denkschrift BT-Drucks 7/4892, 51 r. Sp.; *Junker* (Fn. 1) 235.

[271] *Böckstiegel/Schlafen* NJW 1978, 1073, 1077 r. Sp.

[272] A.A. *Stürner* JZ 1981, 521, 523 l. Sp.

[273] BGBl II 1980, 1290, 1291.

[274] BGBl II 1987, 615.

[275] BGBl II 1980, 1290, 1299.

[276] BGBl II 1980, 1290, 1297.

[277] BGBl II 1980, 1290, 1295.

[278] Denkschrift BT-Drucks 7/4892, 51 r. Sp.; *Böckstiegel/Schlafen* NJW 1978, 1073, 1077 r. Sp.; *Schack* (Fn. 1) Rdnr. 732.

[279] Anders *Böckstiegel/Schlafen* NJW 1978, 1073, 1077 in Fn. 59 (dem Rechtshilfeersuchen sei eine Anregung zur Bestellung von Mitgliedern des ersuchenden Gerichts durch das *ersuchte* Gericht beizufügen).

Art. 18 [Zwangsmittel]

(1) [1]Jeder Vertragsstaat kann erklären, daß ein diplomatischer oder konsularischer Vertreter oder ein Beauftragter, der befugt ist, nach Artikel 15, 16 oder 17 Beweis aufzunehmen, sich an eine von diesem Staat bestimmte zuständige Behörde wenden kann, um die für diese Beweisaufnahme erforderliche Unterstützung durch Zwangsmaßnahmen zu erhalten. [2]In seiner Erklärung kann der Staat die Auflagen festlegen, die er für zweckmäßig hält.

(2) Gibt die zuständige Behörde dem Antrag statt, so wendet sie die in ihrem Recht vorgesehenen geeigneten Zwangsmaßnahmen an.

94 Die Beweisaufnahme durch diplomatische oder konsularische Vertreter sowie Beauftragte erfolgt nach Art. 15 bis 17 HBÜ **ohne Zwangsanwendung**. Scheitert die Beweisaufnahme daran, bleibt die Möglichkeit eines Rechtshilfeersuchens (Art. 22 HBÜ); die ersuchte Behörde kann im Rahmen des Art. 10 HBÜ Zwang anwenden. Nach **Art. 18 HBÜ** kann darüber hinaus jeder Vertragsstaat erklären, daß die Beweisaufnahme durch Vertreter oder Beauftragte von dem Staat, in dem die Beweisaufnahme stattfindet, durch **Zwangsmaßnahmen** unterstützt wird. Die Bestimmung des Art. 18 HBÜ geht sehr weit, denn danach stellen Vertragsstaaten Zwangsinstrumente zur Verfügung, um eine Beweisaufnahme nach ausländischem Recht (vgl. Art. 21 lit. d] HBÜ) im Inland zu unterstützen.

95 Eine solche Erklärung haben bisher Griechenland[280], Italien[281], Mexiko[282], die Slowakei[283], Südafrika (für »Beauftragte«)[284], die Tschechische Republik[285], das Vereinigte Königreich[286], die Vereinigten Staaten[287], Weißrußland[288] und Zypern[289] abgegeben.

Vorbemerkung zu Art. 19 bis 21

96 Art. 19 bis 21 HBÜ dienen dem **Schutz von Beweispersonen**, die einer Beweisaufnahme durch Vertreter oder Beauftragte eines anderen Staates unterworfen sind, die im Grundsatz nach für die Beweisperson fremdem Recht (Art. 21 lit. d] HBÜ) verläuft. Der Staat, auf dessen Territorium die Beweisaufnahme erfolgt, kann nach Art. 19 HBÜ Auflagen festsetzen. Art. 20 HBÜ garantiert das Recht, einen Rechtsberater beizuziehen. Art. 21 HBÜ zieht weitere Grenzen der Beweisaufnahme.

Art. 19 [Auflagen]

Die zuständige Behörde kann, wenn sie die Genehmigung nach Artikel 15, 16 oder 17 erteilt oder dem Antrag nach Artikel 18 stattgibt, von ihr für zweckmäßig erachtete Auflagen festsetzen, insbesondere hinsichtlich Zeit und Ort der Beweisaufnahme. Sie kann auch verlangen, daß sie rechtzeitig vorher von Zeitpunkt und Ort benachrichtigt wird; in diesem Fall ist ein Vertreter der Behörde zur Teilnahme an der Beweisaufnahme befugt.

---

[280] BGBl II 2005, 603.
[281] BGBl II 1982, 998.
[282] BGBl II 1990, 298.
[283] BGBl II 1980, 1290, 1296; II 1993, 2398.
[284] BGBl II 1997, 2226.
[285] BGBl II 1980, 1290, 1296; II 1993, 2398.
[286] BGBl II 1980, 1290, 1297.
[287] BGBl II 1980, 1290, 1299.
[288] BGBl II 2002, 1161.
[289] BGBl II 1984, 567, 919.

97 Die Beweisaufnahme durch einen diplomatischen oder konsularischen Vertreter oder einen Beauftragten nach Art. 15 bis 17 HBÜ auf dem Gebiet eines fremden Staates berührt dessen **Territorialitätshoheit** (→ §363 Rdnr. 6) und ist daher nur mit Einverständnis dieses Staates möglich. Art. 19 HBÜ stellt klar, daß eine erteilte Genehmigung mit **Auflagen** versehen werden kann und nennt dabei insbesondere Zeit und Ort der Beweisaufnahme, die Benachrichtigung von der Beweisaufnahme sowie das Anwesenheitsrecht von Vertretern des Staates, auf dessen Gebiet der Beweis erhoben wird. Damit soll die Einhaltung der allgemeinen Grenzen der Beweisaufnahme sowie die Erfüllung von Auflagen sichergestellt werden. Darüber hinaus können alle für zweckmäßig erachteten Auflagen festgesetzt werden, etwa ein Widerrufsvorbehalt oder in Ergänzung zu Art. 20 HBÜ dem Schutz von Beweispersonen dienende Vorbehalte, beispielsweise die Sprache, in der eine Vernehmung zu erfolgen hat.

Art. 20 [Rechtsberater]

Personen, die eine in diesem Kapitel vorgesehene Beweisaufnahme betrifft, können einen Rechtsberater beiziehen.

98 Die Form der Beweisaufnahme nach Art. 15 bis 17 HBÜ richtet sich grundsätzlich nach dem Recht des Forumstaates (Art. 21 lit. d] HBÜ), das der von der Beweisaufnahme betroffenen Person in der Regel nicht vertraut ist. Zu ihrem **Schutze** kann sie die Anwesenheit eines **Rechtsberaters** bei der Beweisaufnahme verlangen. Auf dieses Recht ist sie nach Art. 21 lit. c) HBÜ in der Ladung hinzuweisen. Die Frage, wer als Rechtsberater in Betracht kommt, richtet sich nach dem Recht des Staates, in dem die Beweisaufnahme stattfindet, in Deutschland nach §3 BRAO. Die **Kostenerstattung** ist nicht vorgesehen. Allerdings kann eine Erstattungspflicht als Auflage nach Art. 19 HBÜ angeordnet werden. Von dieser Möglichkeit sollte Gebrauch gemacht werden.

Art. 21 [Voraussetzungen und Grenzen der Beweisaufnahme]

Ist ein diplomatischer oder konsularischer Vertreter oder ein Beauftragter nach Artikel 15, 16 oder 17 befugt, Beweis aufzunehmen,

a) so kann er alle Beweise aufnehmen, soweit dies nicht mit dem Recht des Staates, in dem Beweis aufgenommen werden soll, unvereinbar ist oder der nach den angeführten Artikeln erteilten Genehmigung widerspricht, und unter denselben Bedingungen auch einen Eid abnehmen oder eine Bekräftigung entgegennehmen;

b) so ist jede Ladung zum Erscheinen oder zur Mitwirkung an einer Beweisaufnahme in der Sprache des Ortes der Beweisaufnahme abzufassen oder eine Übersetzung in diese Sprache beizufügen, es sei denn, daß die durch die Beweisaufnahme betroffene Person dem Staat angehört, in dem das Verfahren anhängig ist;

c) so ist in der Ladung anzugeben, daß die Person einen Rechtsberater beiziehen kann, sowie in einem Staat, der nicht die Erklärung nach Artikel 18 abgegeben hat, daß sie nicht verpflichtet ist, zu erscheinen oder sonst an der Beweisaufnahme mitzuwirken;

d) so können die Beweise in einer Form aufgenommen werden, die das Recht des Gerichts vorsieht, vor dem das Verfahren anhängig ist, es sei denn, daß das Recht des Staates, in dem Beweis aufgenommen wird, diese Form verbietet;

e) so kann sich die von der Beweisaufnahme betroffene Person auf die in Artikel 11 vorgesehenen Rechte zur Aussageverweigerung oder Aussageverbote berufen.

I. Bedeutung

99 Die Vorschrift regelt (recht unsystematisch) das **Verfahren**, die **Voraussetzungen** und die **Grenzen** der Beweisaufnahme durch diplomatische oder konsularische Vertreter sowie Beauftragte. Nicht geregelt wird die Frage der **Kosten**; soweit solche überhaupt entstehen, etwa bei der Bestellung eines Vertreters nach Art. 19 HBÜ, kann (und sollte) eine Erstattung im Rahmen von Auflagen vorgesehen werden[290].

II. Beweismittel und Form der Beweisaufnahme

100 Grundsätzlich kann der Vertreter oder Beauftragte alle **Beweise** des Staates, in dem das Verfahren anhängig ist, erheben und dabei auch einen Eid abnehmen oder eine Bekräftigung entgegennehmen (lit. a]); dabci wird nach dem **Recht des Forumstaates verfahren** (lit. d]), worin gerade der große Vorzug dieser Form der Beweisaufnahme liegt (→ Rdnr. 4). **Grenzen** der zulässigen Beweisaufnahme und des -verfahrens ergeben sich aus den der Genehmigung beigefügten **Auflagen** (Art. 19 HBÜ). Ferner ist die Beweisaufnahme unzulässig, wenn sie mit dem **Recht** des Staates, in dem die Beweisaufnahme stattfindet, »**unvereinbar**« ist. Damit wird sichergestellt, daß zwingende Vorschriften zum Schutze von Beweispersonen eingehalten werden. Insoweit gelten dieselben Grenzen wie nach Art. 9 Abs. 2 HBÜ (→ Rdnr. 54). Das ist namentlich beim **Ausforschungsbeweis** im Rahmen des US-amerikanischen *discovery*-Verfahrens zu beachten; die bei Rechtshilfeersuchen dem Art. 3 HBÜ entnommenen Substantiierungsobliegenheiten (→ Rdnr. 35) entfallen hier. Freilich empfiehlt es sich, diesen Aspekt bereits bei der Genehmigung nach Art. 15 bis 17 HBÜ zu beachten. Auch ein **Kreuzverhör** ist in den genannten Grenzen (→ Rdnr. 55) möglich. Beim Zeugenbeweis gelten die **Aussageverweigerungsrechte** und -verbote sowohl des Forumstaates als auch des Staates, in dem die Beweisaufnahme stattfindet (lit. e]). Die gerichtliche Übung in dem Staat, in dem die Beweisaufnahme durchgeführt werden soll, bildet anders als bei Art. 9 Abs. 2 HBÜ (→ Rdnr. 54) keine Grenze, da die Beweisaufnahme von Personen durchgeführt wird, die damit vertraut sind.

III. Ladung

101 Zum Schutze der von der Beweisaufnahme betroffenen Personen regelt Art. 21 HBÜ Form und Inhalt der Ladung. Die Ladung zum Erscheinen oder zur Mitwirkung ist grundsätzlich in der **Sprache** des Ortes der Beweisaufnahme abzufassen oder es ist eine Übersetzung in diese Sprache beizufügen (lit. b]). Davon kann nur dann abgesehen werden, wenn die Person dem Forumstaat angehört, also in den Fällen des Art. 15 HBÜ. Ferner ist die Beweisperson darüber zu belehren, daß sie einen **Rechtsberater** beiziehen kann (→ Art. 20 HBÜ) sowie darüber, daß sie **nicht zum Erscheinen oder Mitwirken verpflichtet** ist, falls nicht eine Erklärung nach Art. 18 HBÜ abgegeben wurde. Weitere Erfordernisse der Ladung können durch **Auflage** (Art. 19 HBÜ) festgelegt werden, insbesondere im Hinblick auf Aussageverweigerungsrechte (Art. 21 lit. e] HBÜ).

Art. 22 [Späteres Rechtshilfeersuchen]

Daß ein Beweis wegen der Weigerung einer Person, mitzuwirken, nicht nach diesem Kapitel aufgenommen werden konnte, schließt ein späteres Rechtshilfeersuchen nach Kapitel I mit demselben Gegenstand nicht aus.

---

[290] Denkschrift BT-Drucks 7/4892, 58 r. Sp.

102 Die Bestimmung dient nur der Klarstellung; zu ihrer Bedeutung → Rdnr. 94.

Kapitel III – Allgemeine Bestimmungen

Art. 23 [»Discovery«]

Jeder Vertragsstaat kann bei der Unterzeichnung, bei der Ratifikation oder beim Beitritt erklären, daß er Rechtshilfeersuchen nicht erledigt, die ein Verfahren zum Gegenstand haben, das in den Ländern des »Common Law« unter der Bezeichnung »pre-trial discovery of documents« bekannt ist.

103 Die Deutung der Vorschrift[291] ist schwierig und umstritten. Nach ihrem **Wortlaut** können sich die Vertragsstaaten vorbehalten, Rechtshilfeersuchen nicht zu erledigen, die von einem Verfahren ausgehen, das in *common law* Ländern unter der Bezeichnung »*pre-trial discovery of documents*« bekannt ist. Auf den ersten Blick richtet sich die Bestimmung daher allein gegen die Erledigung von Rechtshilfeersuchen hinsichtlich von *Schrift*stücken aller Art für *discovery*-Verfahren; andererseits ist ein Vorbehalt hinsichtlich sonstiger Beweismittel für *discovery*-Verfahren nicht möglich[292]. Freilich erweist sich die am Wortlaut orientierte Auslegung als **nicht sachgerecht**: Die Beschränkung auf »*documents*« ist unpraktikabel, da die Abgrenzung etwa im US-amerikanischen Recht zu Augenscheinsobjekten unscharf und bedeutungslos ist[293]. Überdies läuft der Schutz gegen Ausforschung leer, wenn Zeugen und Parteien über den Inhalt von Urkunden befragt werden können. Schließlich kennen auch *civil law* Länder umfassende Vorlagepflichten für Urkunden[294]; insoweit sieht Art. 23 HBÜ aber keinen Vorbehalt vor. Eine wortgetreue Auslegung würde daher zu **willkürlichen Ergebnissen** führen: Ein Rechtshilfeersuchen aus den Vereinigten Staaten, das auf die Vorlage von Urkunden gerichtet ist, würde aufgrund der Erklärung nach Art. 23 HBÜ nicht erledigt werden, da sich das Beweisverfahren dort notwendig im *discovery*-Stadium befindet; sehr wohl aber wird Rechtshilfe geleistet durch Vernehmung von Zeugen über »Entstehungsgrund, Inhalt, Zielsetzung und Tragweite« solcher Urkunden[295]. Aus einem Vorbehalt nach Art. 23 HBÜ erwächst ferner keine Abwehr umfassender Ausforschung mittels Augenscheins, etwa auf einem Betriebsgrundstück. Stammte das Ersuchen hingegen aus Frankreich, müßte es trotz einer Art. 23-Erklärung erledigt werden[296], während ein englisches Rechtshilfeersuchen wiederum nicht erledigt werden müßte, obgleich dessen *discovery*-Verfahren Beweis*ermittlung* nicht vorsieht[297]; bemerkenswerterweise hat das Vereinigte Königreich selbst den Vorbehalt nach Art. 23 HBÜ erklärt.

104 Zweckmäßigerweise deutet man Art. 23 HBÜ als **Vorbehalt** gegen den **Ausforschungsbeweis**. Er erstreckt sich daher auf **alle Beweismittel**; statt »*discovery of documents*« ist allein

---

[291] Sie verdankt ihre Existenz einer britischen Initiative und sollte in ihrer ursprünglichen Fassung »Industriespionage« abwehren. Die Vertreter der Vereinigten Staaten, gegen die die Bestimmung sich richtete, stimmten für den Vorbehalt, die Vertreter Deutschlands dagegen. Zur Entstehungsgeschichte eingehend *Junker* (Fn. 1) 287ff.

[292] MünchKommZPO/*Musielak*² HBÜ Art. 23 Rdnr. 4f.

[293] *Stürner* ZVglRWiss 81 (1982) 159, 200f.

[294] Etwa Frankreich, *Schlosser* ZZP 94 (1981) 369, 393.

[295] So *OLG München* ZZP 94 (1981) 462, 465f.

[296] Vgl. *Schlosser* (Fn. 1) HBÜ Art. 23 Rdnr. 3.

[297] Innerhalb der *common law* Länder ist das *discovery*-Verfahren keineswegs einheitlich ausgestaltet. Während das US-amerikanische *discovery*-Verfahren weitgehend auch der *Ermittlung* von Beweismitteln bei Parteien und *Dritten* dient, die nur einen ganz losen Zusammenhang zum Verfahren aufweisen, beschränkt sich das englische *discovery*-Verfahren grundsätzlich auf Parteien und die entscheidungserheblichen Streitfragen; Beweisermittlung ist ausgeschlossen. Näher *Junker* (Fn. 1) 60ff.

»*discovery*« zu lesen. Andererseits ist er nur **gegen ausforschende Beweisermittlung** gerichtet, nicht gegen eine Beweisaufnahme unter bestimmter Angabe des Beweismittels und substantiierter Benennung des Beweisthemas[298]. Die Abwehr von Ausforschungsbeweisen steht damit nicht nur auf der Säule des Art.3 HBÜ (→ Rdnr.35), sondern zugleich auf Art.23 HBÜ. Bei der Erledigung von Rechtshilfeersuchen in Deutschland kommen über Art.11 HBÜ überdies die umfassenden Aussageverweigerungsrechte der ZPO zum Tragen (→ Rdnr.63).

105 Einen **Vorbehalt** nach Art.23 HBÜ haben Argentinien[299], Australien[300], Bulgarien[301], Dänemark[302], Frankreich[303], Griechenland[304], Italien[305], Litauen[306], Luxemburg[307], Monaco[308], die Niederlande[309], Norwegen[310], Polen[311], Portugal[312], Schweden[313], Singapur[314], Spanien[315], Sri Lanka[316], Südafrika[317], die Türkei[318], die Ukraine[319] das Vereinigte Königreich[320], Zypern[321] und – **mit Einschränkungen** – die Bundesrepublik Deutschland[322] (§14 AusfG, → Rdnr.124), China[323], Estland[324], Finnland[325], Mexiko[326], die Schweiz[327] und Venezuela[328] erklärt. Frankreich hat die Erklärung insoweit eingeschränkt, als sie keine Anwendung findet, wenn »die angeforderten Urkunden in dem Rechtshilfeersuchen erschöpfend aufgezählt sind und mit dem Streitgegenstand in unmittelbarem und klarem Zusammenhang stehen«[329].

Art.24 [Weitere Behörden]

(1) [1]JederVertragsstaat kann außer der Zentralen Behörde weitere Behörden bestimmen, deren Zuständigkeit er festlegt. [2]Rechtshilfeersuchen können jedoch stets der Zentralen Behörde übermittelt werden.

---

298 *Stürner* ZVglRWiss 81 (1982) 159, 200f.; eingehend *Junker* (Fn.1) 295ff.; ihm zustimmend *Schlosser* ZZP 101 (1988) 327, 330f.; *Paulus* (Fn.1) 411f.
299 BGBl II 1988, 823.
300 BGBl II 1993, 2398.
301 BGBl II 2001, 1004.
302 BGBl II 1980, 1290, 1440.
303 BGBl II 1980, 1290, 1291.
304 BGBl II 2005, 603.
305 BGBl II 1982, 998.
306 BGBl II 2002, 153.
307 BGBl II 1980, 1290, 1293.
308 BGBl II 1986, 1135.
309 BGBl II 1981, 573.
310 BGBl II 1980, 1290, 1295, 1440.
311 BGBl II 1996, 2495.
312 BGBl II 1980, 1290, 1295.
313 BGBl II 1980, 1290, 1296, 1440.
314 BGBl II 1981, 962.
315 BGBl II 1987, 615.
316 BGBl II 2002, 153.
317 BGBl II 1997, 2226.
318 BGBl II 2005, 329.
319 BGBl II 2002, 1161.
320 BGBl II 1980, 1290, 1297, 1440.
321 BGBl II 1984, 567, 919.
322 BGBl II 1979, 780.
323 BGBl II 1998, 1729.
324 BGBl II 1996, 2494.
325 BGBl II 1980, 1290, 1291; II 1981, 123.
326 BGBl II 1990, 298.
327 BGBl II 1995, 532.
328 BGBl II 1994, 3647.
329 BGBl II 1987, 307.

(2) Bundesstaaten steht es frei, mehrere Zentrale Behörden zu bestimmen.

106 *Abs. 1* soll den besonderen Verhältnissen im Vereinigten Königreich Rechnung tragen[330], *Abs. 2* der bundesstaatlichen Struktur eines Vertragsstaates. Deutschland hat von der Möglichkeit des Abs. 2 Gebrauch gemacht (Übersicht → Rdnr. 33). Nach § 7 AusfG (→ Rdnr. 124) bestimmen die Landesregierungen eine Zentrale Behörde.

Art. 25 [Staaten mit mehreren Rechtssystemen]

107 **Jeder Vertragsstaat, in dem mehrere Rechtssysteme bestehen, kann bestimmen, daß die Behörden eines dieser Systeme für die Erledigung von Rechtshilfeersuchen nach diesem Übereinkommen ausschließlich zuständig sind.**

Art. 26 [Kostenerstattung]

108 **(1) Jeder Vertragsstaat kann, wenn sein Verfassungsrecht dies gebietet, vom ersuchenden Staat die Erstattung der Kosten verlangen, die bei der Erledigung eines Rechtshilfeersuchens durch die Zustellung der Ladung, die Entschädigung der vernommenen Person und die Anfertigung eines Protokolls über die Beweisaufnahme entstehen.**

(2) Hat ein Staat von den Bestimmungen des Absatzes 1 Gebrauch gemacht, so kann jeder andere Vertragsstaat von diesem Staat die Erstattung der entsprechenden Kosten verlangen.

Art. 27 [Besondere Regelungen in den Vertragsstaaten]

109 **Dieses Übereinkommen hindert einenVertragsstaat nicht,**

a) zu erklären, daß Rechtshilfeersuchen seinen gerichtlichen Behörden auch auf anderen als den in Artikel 2 vorgesehenen Wegen übermittelt werden können;

b) nach seinem innerstaatlichen Recht oder seiner innerstaatlichen Übung zuzulassen, daß Handlungen, auf die dieses Übereinkommen anwendbar ist, unter weniger einschränkenden Bedingungen vorgenommen werden;

c) nach seinem innerstaatlichen Recht oder seiner innerstaatlichen Übung andere als die in diesem Übereinkommen vorgesehenenVerfahren der Beweisaufnahme zuzulassen.

Art. 28 [Abweichende bilaterale Vereinbarungen]

110 **Dieses Übereinkommen schließt nicht aus, daß Vertragsstaaten vereinbaren, von folgenden Bestimmungen abzuweichen:**

a) Artikel 2 in bezug auf den Übermittlungsweg für Rechtshilfeersuchen;

b) Artikel 4 in bezug auf die Verwendung von Sprachen;

c) Artikel 8 in bezug auf die Anwesenheit von Mitgliedern der gerichtlichen Behörde bei der Erledigung von Rechtshilfeersuchen;

d) Artikel 11 in bezug auf die Aussageverweigerungsrechte und Aussageverbote;

e) Artikel 13 in bezug auf die Übermittlung von Erledigungsstücken;

f) Artikel 14 in bezug auf die Regelung der Kosten;

g) den Bestimmungen des Kapitels II.

---

[330] Denkschrift BT-Drucks 7/4892, 58 r. Sp.

Art. 29 [Verhältnis zu Haager Übereinkommen über den Zivilprozeß]

Dieses Übereinkommen tritt zwischen den Staaten, die es ratifiziert haben, an die Stelle der Artikel 8 bis 16 des am 17. Juli 1905 in Den Haag unterzeichneten Abkommens über den Zivilprozeß und des am 1. März 1954 in Den Haag unterzeichneten Übereinkommens über den Zivilprozeß, soweit diese Staaten Vertragsparteien jenes Abkommens oder jenes Übereinkommens sind. 111

Art. 30 [Unberührte Artikel]

Dieses Übereinkommen berührt weder die Anwendung des Artikels 23 des Abkommens von 1905 noch die Anwendung des Artikels 24 des Übereinkommens von 1954. 112

Art. 31 [Zusatzvereinbarungen]

Zusatzvereinbarungen zu dem Abkommen von 1905 und dem Übereinkommen von 1954, die Vertragsstaaten geschlossen haben, sind auch auf das vorliegende Übereinkommen anzuwenden, es sei denn, daß die beteiligten Staaten etwas anderes vereinbaren. 113

Die Zusatzvereinbarungen der Bundesrepublik Deutschland zur weiteren Vereinfachung des Rechtsverkehrs mit Dänemark[331], Norwegen[332] und der Schweiz[333] sind mangels abweichender Vereinbarung gemäß Art. 31 HBÜ auch auf das HBÜ anwendbar. Die Zusatzvereinbarungen mit Frankreich[334], Luxemburg[335], den Niederlanden[336] und Schweden[337] sind wegen des Anwendungsvorrangs der EuBVO (→ § 363 Rdnr. 64) nach deren Art. 21 Abs. 2 nur noch insofern anwendbar, als sie mit der Verordnung vereinbar sind und die Beweisaufnahme über deren Vorschriften hinausgehend weiter vereinfachen.

Art. 32 [Verhältnis zu sonstigen Übereinkommen]

Unbeschadet der Artikel 29 und 31 berührt dieses Übereinkommen nicht die Übereinkommen, denen die Vertragsstaaten angehören oder angehören werden und die Bestimmungen über Rechtsgebiete enthalten, die durch dieses Übereinkommen geregelt sind. 114

Art. 33 [Vorbehalte]

(1) [1]Jeder Staat kann bei der Unterzeichnung, bei der Ratifikation oder beim Beitritt die Anwendung des Artikels 4 Absatz 2 sowie des Kapitels II ganz oder teilweise ausschließen. [2]Ein anderer Vorbehalt ist nicht zulässig. 115

(2) Jeder Vertragsstaat kann einen Vorbehalt, den er gemacht hat, jederzeit zurücknehmen; der Vorbehalt wird am sechzigstenTag nach der Notifikation der Rücknahme unwirksam.

(3) Hat ein Staat einen Vorbehalt gemacht, so kann jeder andere Staat, der davon berührt wird, die gleiche Regelung gegenüber dem Staat anwenden, der den Vorbehalt gemacht hat.

---

331 BGBl II 1953, 186.
332 BGBl II 1979, 1292.
333 RGBl 1910, 634 und RGBl II 1930, 1.
334 BGBl II 1961, 1041.
335 RGBl 1909, 907.
336 BGBl II 1964, 468.
337 RGBl 1910, 455.

Zu den Vorbehalten bzgl. Art. 4 Abs. 2 HBÜ → Rdnr. 40; zum Vorbehalt bzgl. Kapitel II → Rdnr. 83.

Art. 34 [Rücknahme und Änderung]

116 **Jeder Staat kann eine Erklärung jederzeit zurücknehmen oder ändern.**

Art. 35 [Notifikation]

117 **(1) Jeder Vertragsstaat notifiziert dem Ministerium für Auswärtige Angelegenheiten der Niederlande bei der Hinterlegung seiner Ratifikations- oder Beitrittsurkunde oder zu einem späteren Zeitpunkt die nach den Artikeln 2, 8, 24 und 25 bestimmten Behörden.**

(2) Er notifiziert gegebenenfalls auf gleiche Weise

a) die Bezeichnung der Behörden, an die sich diplomatische oder konsularische Vertreter nach Artikel 16 wenden müssen, und derjenigen, die nach den Artikeln 15, 16 und 18 Genehmigungen erteilen oder Unterstützung gewähren können;

b) die Bezeichnung der Behörden, die den Beauftragten die in Artikel 17 vorgesehene Genehmigung erteilen oder die in Artikel 18 vorgesehene Unterstützung gewähren können;

c) die Erklärungen nach den Artikeln 4, 8, 11, 15, 16, 17, 18, 23 und 27;

d) jede Rücknahme oder Änderung der vorstehend erwähnten Behördenbezeichnungen und Erklärungen;

e) jede Rücknahme eines Vorbehalts.

Art. 36 [Beilegung von Schwierigkeiten]

Schwierigkeiten, die zwischen Vertragsstaaten bei der Anwendung dieses Übereinkommens entstehen, werden auf diplomatischem Weg beigelegt.

Art. 37 [Unterzeichnung; Ratifikation]

118 **(1) Dieses Übereinkommen liegt für die auf der Elften Tagung der Haager Konferenz für Internationales Privatrecht vertretenen Staaten zur Unterzeichnung auf.**

(2) Es bedarf der Ratifikation; die Ratifikationsurkunden werden beim Ministerium für Auswärtige Angelegenheiten der Niederlande hinterlegt.

Art. 38 [Inkrafttreten]

119 **(1) Dieses Übereinkommen tritt am sechzigsten Tag nach der gemäß Artikel 37 Abs. 2 vorgenommenen Hinterlegung der dritten Ratifikationsurkunde in Kraft.**

(2) Das Übereinkommen tritt für jeden Unterzeichnerstaat, der es später ratifiziert, am sechzigsten Tag nach Hinterlegung seiner Ratifikationsurkunde in Kraft.

Art. 39 [Beitritt]

120 **(1) Jeder auf der Elften Tagung der Haager Konferenz für Internationales Privatrecht nicht vertretene Staat, der Mitglied der Konferenz oder der Vereinten Nationen oder einer ihrer Sonderorganisationen oder Vertragspartei des Statuts des Internationalen Gerichtshofs ist, kann diesem Übereinkommen beitreten, nachdem es gemäß Artikel 38 Absatz 1 in Kraft getreten ist.**

(2) Die Beitrittsurkunde wird beim Ministerium für Auswärtige Angelegenheiten der Niederlande hinterlegt.

(3) Das Übereinkommen tritt für den beitretenden Staat am sechzigsten Tag nach Hinterlegung seiner Beitrittsurkunde in Kraft.

(4) [1]Der Beitritt wirkt nur für die Beziehungen zwischen dem beitretenden Staat und den Vertragsstaaten, die erklären, daß sie diesen Beitritt annehmen. [2]Diese Erklärung wird beim Ministerium für Auswärtige Angelegenheiten der Niederlande hinterlegt; dieses Ministerium übersendet jedem der Vertragsstaaten auf diplomatischem Weg eine beglaubigte Abschrift dieser Erklärung.

(5) Das Übereinkommen tritt zwischen dem beitretenden Staat und einem Staat, der erklärt hat, daß er den Beitritt annimmt, am sechzigsten Tag nach Hinterlegung der Annahmeerklärung in Kraft.

Art. 40 [Erstreckung]

121

(1) [1]Jeder Staat kann bei der Unterzeichnung, bei der Ratifikation oder beim Beitritt erklären, daß sich dieses Übereinkommen auf alle oder auf einzelne der Hoheitsgebiete erstreckt, deren internationale Beziehungen er wahrnimmt. [2]Eine solche Erklärung wird wirksam, sobald das Übereinkommen für den Staat in Kraft tritt, der sie abgegeben hat.

(2) Jede spätere Erstreckung dieser Art wird dem Ministerium für Auswärtige Angelegenheiten der Niederlande notifiziert.

(3) Das Übereinkommen tritt für die Hoheitsgebiete, auf die es erstreckt wird, am sechzigsten Tag nach der in Absatz 2 erwähnten Notifikation in Kraft.

Art. 41 [Geltungsdauer]

122

(1) Dieses Übereinkommen gilt für die Dauer von fünf Jahren, vom Tag seines Inkrafttretens nach Artikel 38 Abs. 1 an gerechnet, und zwar auch für die Staaten, die es später ratifizieren oder ihm später beitreten.

(2) Die Geltungsdauer des Übereinkommens verlängert sich, außer im Fall der Kündigung, stillschweigend um jeweils fünf Jahre.

(3) Die Kündigung wird spätestens sechs Monate vor Ablauf der fünf Jahre dem Ministerium für Auswärtige Angelegenheiten der Niederlande notifiziert.

(4) Sie kann sich auf bestimmte Hoheitsgebiete beschränken, für die das Übereinkommen gilt.

(5) [1]Die Kündigung wirkt nur für den Staat, der sie notifiziert hat. [2]Für die anderen Vertragsstaaten bleibt das Übereinkommen in Kraft.

Art. 42 [Notifikation]

123

Das Ministerium für Auswärtige Angelegenheiten der Niederlande notifiziert den in Artikel 37 bezeichneten Staaten sowie den Staaten, die nach Artikel 39 beigetreten sind,

a) jede Unterzeichnung und Ratifikation nach Artikel 37;
b) den Tag, an dem dieses Übereinkommen nach Artikel 38 Absatz 1 in Kraft tritt;
c) jeden Beitritt nach Artikel 39 und den Tag, an dem er wirksam wird;
d) jede Erstreckung nach Artikel 40 und den Tag, an dem sie wirksam wird;
e) jede Behördenbezeichnung, jeden Vorbehalt und jede Erklärung nach den Artikeln 33 und 35;
f) jede Kündigung nach Artikel 41 Absatz 3.

124 **B. Gesetz zur Ausführung des Haager Übereinkommens vom 15. November 1965 über die Zustellung gerichtlicher und außergerichtlicher Schriftstücke im Ausland in Zivil- oder Handelssachen und des Haager Übereinkommens vom 18. März 1970 über die Beweisaufnahme im Ausland in Zivil- oder Handelssachen**

vom 22. XII. 1977 (BGBl I 3105)

Erster Teil

Vorschriften zur Ausführung des Haager Übereinkommens vom 15. November 1965 über die Zustellung gerichtlicher und außergerichtlicher Schriftstücke im Ausland in Zivil- oder Handelssachen

§§ 1–6 (nicht abgedruckt)

Zweiter Teil

Vorschriften zur Ausführung des Haager Übereinkommens vom 18. März 1970 über die Beweisaufnahme im Ausland in Zivil- oder Handelssachen

§ 7. Die Aufgaben der Zentralen Behörde (Artikel 2, 24 Abs. 2 des Übereinkommens) nehmen die von den Landesregierungen bestimmten Stellen wahr. Jedes Land kann nur eine Zentrale Behörde einrichten.

§ 8. Für die Erledigung von Rechtshilfeersuchen ist das Amtsgericht zuständig, in dessen Bezirk die Amtshandlung vorzunehmen ist.

§ 9. Rechtshilfeersuchen, die durch das Amtsgericht zu erledigen sind (Kapitel I des Übereinkommens), müssen in deutscher Sprache abgefaßt oder von einer Übersetzung in diese Sprache begleitet sein (Artikel 4 Abs. 1, 5 des Übereinkommens).

§ 10. Mitglieder des ersuchenden ausländischen Gerichts können bei der Erledigung eines Rechtshilfeersuchens durch das Amtsgericht anwesend sein, wenn die Zentrale Behörde dies genehmigt hat.

§ 11. Eine Beweisaufnahme durch diplomatische oder konsularische Vertreter ist unzulässig, wenn sie deutsche Staatsangehörige betrifft. Betrifft sie Angehörige eines dritten Staates oder Staatenlose, so ist sie nur zulässig, wenn die Zentrale Behörde sie genehmigt hat (Artikel 16 Abs. 1 des Übereinkommens). Eine Genehmigung ist nicht erforderlich, wenn der Angehörige eines dritten Staates zugleich die Staatsangehörigkeit des Staates des ersuchenden Gerichts besitzt.

§ 12. (1) Ein Beauftragter des ersuchenden Gerichts (Artikel 17 des Übereinkommens) darf eine Beweisaufnahme nur durchführen, wenn die Zentrale Behörde sie genehmigt hat. Die Genehmigung kann mit Auflagen verbunden werden.

(2) Das Gericht, das für die Erledigung eines Rechtshilfeersuchens in derselben Angelegenheit nach § 8 zuständig wäre, ist befugt, die Vorbereitung und die Durchführung der Beweisaufnahme zu überwachen. Ein Mitglied dieses Gerichts kann an der Beweisaufnahme teilnehmen (Artikel 19 Satz 2 des Übereinkommens).

§ 13. Für die Erteilung der Genehmigung nach den §§ 10, 11 und 12 (Artikel 19 des Übereinkommens) ist die Zentrale Behörde des Landes zuständig, in dem die Beweisaufnahme durchgeführt werden soll.

§ 14. (1) Rechtshilfeersuchen, die ein Verfahren nach Artikel 23 des Übereinkommens zum Gegenstand haben, werden nicht erledigt.

(2) Jedoch können, soweit die tragenden Grundsätze des deutschen Verfahrensrechts nicht entgegenstehen, solche Ersuchen unter Berücksichtigung der schutzwürdigen Interessen der Betroffenen erledigt werden, nachdem die Voraussetzungen der Erledigung und das anzuwendende Verfahren durch Rechtsverordnung näher geregelt sind, die der Bundesminister der Justiz mit Zustimmung des Bundesrates erlassen kann.

Dritter Teil

§§ 15–17 (nicht abgedruckt)

C. Haager Übereinkommen über den Zivilprozeß **125**

vom 1. März 1954 (BGBl 1958 II 577)

I. Zustellung gerichtlicher und außergerichtlicher Schriftstücke

Art. 1–7 (nicht abgedruckt)

II. Rechtshilfeersuchen

Art. 8. In Zivil- oder Handelssachen kann das Gericht eines Vertragsstaates gemäß seinen innerstaatlichen Rechtsvorschriften die zuständige Behörde eines anderen Vertragsstaates ersuchen, eine Beweisaufnahme oder eine andere gerichtliche Handlung innerhalb ihrer Zuständigkeit vorzunehmen.

Art. 9. (1) Die Rechtshilfeersuchen werden durch den Konsul des ersuchenden Staates der Behörde übermittelt, die von dem ersuchten Staat bezeichnet wird. Diese Behörde hat dem Konsul die Urkunde zu übersenden, aus der sich die Erledigung des Ersuchens oder der Grund ergibt, aus dem das Ersuchen nicht hat erledigt werden können.

(2) Schwierigkeiten, die aus Anlaß der Übermittlung des Ersuchens entstehen, werden auf diplomatischem Weg geregelt.

(3) Jeder Vertragsstaat kann in einer an die anderen Vertragsstaaten gerichteten Mitteilung verlangen, daß die in seinem Hoheitsgebiet zu erledigenden Rechtshilfeersuchen ihm auf diplomatischem Wege übermittelt werden.

(4) Die vorstehenden Bestimmungen hindern nicht, daß zwei Vertragsstaaten vereinbaren, für die Übermittlung von Rechtshilfeersuchen den unmittelbaren Verkehr zwischen ihren Behörden zuzulassen.

Art. 10. Vorbehaltlich anderweitiger Vereinbarung muß das Rechtshilfeersuchen in der Sprache der ersuchten Behörde oder in der zwischen den beiden beteiligten Staaten vereinbarten Sprache abgefaßt oder aber von einer Übersetzung in eine dieser Sprachen begleitet sein, die durch einen diplomatischen oder konsularischen Vertreter des ersuchenden Staates oder einen beeidigten Übersetzer des ersuchten Staates beglaubigt ist.

Art. 11. (1) Das Gericht, an welches das Ersuchen gerichtet wird, ist verpflichtet, ihm zu entsprechen und dabei dieselben Zwangsmittel anzuwenden wie bei der Erledigung eines Ersuchens der Behörden des ersuchten Staates oder eines zum gleichen Zweck gestellten Antrags einer beteiligten Partei. Diese Zwangsmittel brauchen nicht angewendet zu werden, wenn es sich um das persönliche Erscheinen der Parteien des Rechtsstreits handelt.

(2) Die ersuchende Behörde ist auf ihr Verlangen von der Zeit und dem Ort der auf das Ersuchen vorzunehmenden Handlung zu benachrichtigen, damit die beteiligte Partei ihr beizuwohnen in der Lage ist.

(3) Die Erledigung des Rechtshilfeersuchens kann nur abgelehnt werden:
1. wenn die Echtheit des Ersuchens nicht feststeht;
2. wenn die Erledigung des Ersuchens in dem ersuchten Staat nicht in den Bereich der Gerichtsgewalt fällt;
3. wenn der Staat, in dessen Hoheitsgebiet das Ersuchen durchgeführt werden soll, die Erledigung für geeignet hält, seine Hoheitsrechte oder seine Sicherheit zu gefährden.

Art. 12. Ist die ersuchte Behörde nicht zuständig, so ist das Ersuchen von Amts wegen an das zuständige Gericht desselben Staates nach dessen Rechtsvorschriften abzugeben.

Art. 13. In allen Fällen, in denen das Ersuchen von der ersuchten Behörde nicht erledigt wird, hat diese die ersuchende Behörde hiervon unverzüglich zu benachrichtigen, und zwar im Falle des Artikels 11 unter Angabe der Gründe, aus denen die Erledigung des Ersuchens abgelehnt worden ist, und im Falle des Artikels 12 unter Bezeichnung der Behörde, an die das Ersuchen abgegeben wird.

Art. 14. (1) Das Gericht hat bei der Erledigung eines Ersuchens in den Formen zu verfahren, die nach seinen Rechtsvorschriften anzuwenden sind.

(2) Jedoch ist dem Antrag der ersuchenden Behörde, nach einer besonderen Form zu verfahren, zu entsprechen, sofern diese Form den Rechtsvorschriften des ersuchten Staates nicht zuwiderläuft.

Art. 15. Die vorstehenden Artikel schließen es nicht aus, daß jeder Staat Ersuchen unmittelbar durch seine diplomatischen oder konsularischen Vertreter erledigen lassen darf, wenn Abkommen zwischen den beteiligten Staaten dies zulassen oder wenn der Staat, in dessen Hoheitsgebiet das Ersuchen erledigt werden soll, dem nicht widerspricht.

Art. 16. (1) Für die Erledigung von Ersuchen dürfen Gebühren oder Auslagen irgendwelcher Art nicht erhoben werden.

(2) Der ersuchte Staat ist jedoch vorbehaltlich anderweitiger Vereinbarung berechtigt, von dem ersuchenden Staat die Erstattung der an Zeugen oder Sachverständige gezahlten Entschädigungen sowie der Auslagen zu verlangen, die dadurch entstanden sind, daß wegen Nichterscheinens von Zeugen die Mitwirkung eines Gerichtsbeamten erforderlich war oder daß nach Art. 14 Absatz 2 verfahren worden ist.

Art. 17–33 (nicht abgedruckt)

126

D. Gesetz zur Ausführung des Haager Übereinkommens vom 1. März 1954 über den Zivilprozeß

vom 18. Dezember 1958 (BGBl I 939)

Zustellungsanträge und Rechtshilfeersuchen

(Artikel 1 bis 16 des Übereinkommens)

§ 1. Für die Entgegennahme von Zustellungsanträgen (Artikel 1 Abs. 1 des Übereinkommens) oder von Rechtshilfeersuchen (Artikel 8, Artikel 9 Abs. 1), die von einem ausländischen Konsul innerhalb der Bundesrepublik Deutschland übermittelt werden, ist der Präsident des Landgerichts zuständig, in dessen Bezirk die Zustellung bewirkt oder das Rechtshilfeersuchen erledigt werden soll. An die Stelle des Landgerichtspräsidenten tritt der Amtsgerichtspräsident, wenn der Zustellungsantrag oder das Rechtshilfeersuchen in dem Bezirk des Amtsgerichts erledigt werden soll, das seiner Dienstaufsicht untersteht.

§ 2. (1) Für die Erledigung von Zustellungsanträgen oder von Rechtshilfeersuchen ist das Amtsgericht zuständig, in dessen Bezirk die Amtshandlung vorzunehmen ist.

(2) Die Zustellung wird durch die Geschäftsstelle des Amtsgerichts bewirkt. Diese hat auch den Zustellungsnachweis (Artikel 1 Abs. 1, Artikel 5 des Übereinkommens) zu erteilen.

§ 3 (weggefallen)

§§ 4–13 (nicht abgedruckt)

E. Verordnung (EG) Nr. 1206/2001 des Rates vom 28. Mai 2001 über die Zusammenarbeit zwischen den Gerichten der Mitgliedstaaten auf dem Gebiet der Beweisaufnahme in Zivil- oder Handelssachen

127

vom 27. Juni 2001 (Abl. EG Nr. L 175, S. 1) (Amtliche Erwägungen nicht abgedruckt)

Kapitel I. Allgemeine Bestimmungen

Artikel 1. Anwendungsbereich (1) Diese Verordnung ist in Zivil- oder Handelssachen anzuwenden, wenn das Gericht eines Mitgliedstaats nach seinen innerstaatlichen Rechtsvorschriften

a) das zuständige Gericht eines anderen Mitgliedstaats um Beweisaufnahme ersucht, oder

b) darum ersucht, in einem anderen Mitgliedstaat unmittelbar Beweis erheben zu dürfen.

(2) Um Beweisaufnahme darf nicht ersucht werden, wenn die Beweise nicht zur Verwendung in einem bereits eingeleiteten oder zu eröffnenden gerichtlichen Verfahren bestimmt sind.

(3) Im Sinne dieser Verordnung bezeichnet der Ausdruck »Mitgliedstaat« die Mitgliedstaaten mit Ausnahme Dänemarks.

Artikel 2. Unmittelbarer Geschäftsverkehr zwischen den Gerichten (1) Ersuchen nach Artikel 1 Absatz 1 Buchstabe a) (nachstehend »Ersuchen« genannt) sind von dem Gericht, bei dem das Verfahren eingeleitet wurde oder eröffnet werden soll (nachstehend »ersuchendes Gericht« genannt), unmittelbar dem zuständigen Gericht eines anderen Mitgliedstaats (nachstehend »ersuchtes Gericht« genannt) zur Durchführung der Beweisaufnahme zu übersenden.

(2) [1]Jeder Mitgliedstaat erstellt eine Liste der für die Durchführung von Beweisaufnahmen nach dieser Verordnung zuständigen Gerichte. [2]In dieser Liste ist auch der örtliche Zuständigkeitsbereich und gegebenenfalls die besondere fachliche Zuständigkeit dieser Gerichte anzugeben.

Artikel 3. Zentralstelle (1) Jeder Mitgliedstaat bestimmt eine Zentralstelle, die

a) den Gerichten Auskünfte erteilt;

b) nach Lösungswegen sucht, wenn bei einem Ersuchen Schwierigkeiten auftreten;

c) in Ausnahmefällen auf Ersuchen eines ersuchenden Gerichts ein Ersuchen an das zuständige Gericht weiterleitet;

(2) Bundesstaaten, Staaten mit mehreren Rechtssystemen oder Staaten mit autonomen Gebietskörperschaften können mehrere Zentralstellen bestimmen.

(3) Jeder Mitgliedstaat benennt ferner die in Absatz 1 genannte Zentralstelle oder eine oder mehrere zuständige Behörden als verantwortliche Stellen für Entscheidungen über Ersuchen nach Artikel 17.

Kapitel II. Übermittlung und Erledigung der Ersuchen

Abschnitt 1. Übermittlung des Ersuchens

Artikel 4. Form und Inhalt des Ersuchens (1) [1]Das Ersuchen wird unter Verwendung des im Anhang enthaltenen Formblattes A oder gegebenenfalls des Formblattes I gestellt. [2]Es enthält folgende Angaben:

a) das ersuchende und gegebenenfalls das ersuchte Gericht;

b) den Namen und die Anschrift der Parteien und gegebenenfalls ihrer Vertreter;

c) die Art und den Gegenstand der Rechtssache sowie eine gedrängte Darstellung des Sachverhalts;

d) die Bezeichnung der durchzuführenden Beweisaufnahme;

e) bei einem Ersuchen um Vernehmung einer Person:

– Name und Anschrift der zu vernehmenden Personen;

– die Fragen, welche an die zu vernehmenden Personen gerichtet werden sollen, oder den Sachverhalt, über den sie vernommen werden sollen;

– gegebenenfalls einen Hinweis auf ein nach dem Recht des Mitgliedstaats des ersuchenden Gerichts bestehendes Zeugnisverweigerungsrecht;

– gegebenenfalls den Antrag, die Vernehmung unter Eid oder eidesstattlicher Versicherung durchzuführen, und gegebenenfalls die dabei zu verwendende Formel;

– gegebenenfalls alle anderen Informationen, die das ersuchende Gericht für erforderlich hält;

f) bei einem Ersuchen um eine sonstige Beweisaufnahme die Urkunden oder die anderen Gegenstände, die geprüft werden sollen;

g) gegebenenfalls Anträge nach Artikel 10 Absätze 3 und 4, Artikel 11 und Artikel 12 und für die Anwendung dieser Bestimmungen erforderliche Erläuterungen.

(2) Die Ersuchen sowie alle dem Ersuchen beigefügten Unterlagen bedürfen weder der Beglaubigung noch einer anderen gleichwertigen Formalität.

(3) Schriftstücke, deren Beifügung das ersuchende Gericht für die Erledigung des Ersuchens für notwendig hält, sind mit einer Übersetzung in die Sprache zu versehen, in der das Ersuchen abgefasst wurde.

Artikel 5. Sprachen [1]Das Ersuchen und die aufgrund dieser Verordnung gemachten Mitteilungen sind in der Amtssprache des ersuchten Mitgliedstaats oder, wenn es in diesem Mitgliedstaat mehrere Amtssprachen gibt, in der Amtssprache oder einer der Amtssprachen des Ortes, an dem die beantragte Beweisaufnahme durchgeführt werden soll, oder in einer anderen Sprache, die der ersuchte Mitgliedstaat zugelassen hat, abzufassen. [2]Jeder Mitgliedstaat hat die Amtssprache bzw. die Amtssprachen der Organe der Europäischen Gemeinschaft anzugeben, die er außer seiner bzw. seinen eigenen für die Ausfuellung des Formblatts zulässt.

Artikel 6. Übermittlung der Ersuchen und der sonstigen Mitteilungen [1]Ersuchen und Mitteilungen nach dieser Verordnung werden auf dem schnellstmöglichen Wege übermittelt, mit dem der ersuchte Mitgliedstaat sich einverstanden erklärt hat. [2]Die Übermittlung kann auf jedem geeigneten Übermittlungsweg erfolgen, sofern das empfangene Dokument mit dem versandten Dokument inhaltlich genau übereinstimmt und alle darin enthaltenen Angaben lesbar sind.

Abschnitt 2. Entgegennahme des Ersuchens

Artikel 7. Entgegennahme des Ersuchens (1) Das ersuchte zuständige Gericht übersendet dem ersuchenden Gericht innerhalb von sieben Tagen nach Eingang des Ersuchens eine Empfangsbestätigung unter Verwendung des Formblatts B im Anhang; entspricht das Ersuchen nicht den Bedingungen der Artikel 5 und 6, so bringt das ersuchte Gericht einen entsprechenden Vermerk in der Empfangsbestätigung an.

(2) Fällt die Erledigung eines unter Verwendung des Formblatts A im Anhang gestellten Ersuchens, das die Bedingungen nach Artikel 5 erfuellt, nicht in die Zuständigkeit des Gerichts, an das es übermittelt wurde, so leitet dieses das Ersuchen an das zuständige Gericht seines Mitgliedstaats weiter und unterrichtet das ersuchende Gericht unter Verwendung des Formblatts A im Anhang hiervon.

Artikel 8. Unvollständiges Ersuchen (1) Kann ein Ersuchen nicht erledigt werden, weil es nicht alle erforderlichen Angaben gemäß Artikel 4 enthält, so setzt das ersuchte Gericht unverzüglich, spätestens aber innerhalb von 30 Tagen nach Eingang des Ersuchens das ersuchende Gericht unter Verwendung des Formblatts C im Anhang davon in Kenntnis und ersucht es, ihm die fehlenden Angaben, die in möglichst genauer Weise zu bezeichnen sind, zu übermitteln.

(2) [1]Kann ein Ersuchen nicht erledigt werden, weil eine Kaution oder ein Vorschuss nach Artikel 18 Absatz 3 erforderlich ist, teilt das ersuchte Gericht dem ersuchenden Gericht dies unverzüglich, spätestens 30 Tage nach Eingang des Ersuchens unter Verwendung des Formblatts C im Anhang mit; es teilt dem ersuchenden Gericht ferner mit, wie die Kaution oder der Vorschuss geleistet werden sollten. [2]Das ersuchte Gericht bestätigt den Eingang der Kaution oder des Vorschusses unverzüglich, spätestens innerhalb von 10 Tagen nach Erhalt der Kaution oder des Vorschusses unter Verwendung des Formblatts D.

Artikel 9. Vervollständigung des Ersuchens (1) Hat das ersuchte Gericht gemäß Artikel 7 Absatz 1 auf der Empfangsbestätigung vermerkt, dass das Ersuchen nicht die Bedingungen der Artikel 5 und Artikel 6 erfuellt, oder hat es das ersuchende Gericht gemäß Artikel 8 davon unterrichtet, dass das Ersuchen nicht erledigt werden kann, weil es nicht alle erforderlichen Angaben nach Artikel 4 enthält, beginnt die Frist nach Artikel 10 Absatz 1 erst mit dem Eingang des ordnungsgemäß ausgefuellten Ersuchens beim ersuchten Gericht zu laufen.

(2) Sofern das ersuchte Gericht gemäß Artikel 18 Absatz 3 um eine Kaution oder einen Vorschuss gebeten hat, beginnt diese Frist erst mit der Hinterlegung der Kaution oder dem Eingang des Vorschusses.

Abschnitt 3. Beweisaufnahme durch das ersuchte Gericht

Artikel 10. Allgemeine Bestimmungen über die Erledigung des Ersuchens (1) Das ersuchte Gericht erledigt das Ersuchen unverzüglich, spätestens aber innerhalb von 90 Tagen nach Eingang des Ersuchens.

(2) Das ersuchte Gericht erledigt das Ersuchen nach Maßgabe des Rechts seines Mitgliedstaats.

(3) [1]Das ersuchende Gericht kann unter Verwendung des Formblatts A im Anhang beantragen, dass das Ersuchen nach einer besonderen Form erledigt wird, die das Recht seines Mitgliedstaats vorsieht. [2]Das ersuchte Gericht entspricht einem solchen Antrag, es sei denn, dass diese Form mit dem Recht des Mitgliedstaats des ersuchten Gerichts unvereinbar oder wegen erheblicher tatsächlicher Schwierigkeiten unmöglich ist. [3]Entspricht das ersuchte Gericht aus einem der oben genannten Gründe nicht dem Antrag, so unterrichtet es das ersuchende Gericht unter Verwendung des Formblatts E im Anhang hiervon.

(4) [1]Das ersuchende Gericht kann das ersuchte Gericht bitten, die Beweisaufnahme unter Verwendung von Kommunikationstechnologien, insbesondere im Wege der Videokonferenz und der Telekonferenz, durchzuführen. [2]Das ersuchte Gericht entspricht einem solchen Antrag, es sei denn, dass dies mit dem Recht des Mitgliedstaats des ersuchten Gerichts unvereinbar oder wegen erheblicher tatsächlicher Schwierigkeiten unmöglich ist. [3]Entspricht das er-

suchte Gericht aus einem dieser Gründe dem Antrag nicht, so unterrichtet es das ersuchende Gericht unter Verwendung des Formblatts E im Anhang hiervon. [4]Hat das ersuchende oder das ersuchte Gericht keinen Zugang zu den oben genannten technischen Mitteln, können diese von den Gerichten im gegenseitigen Einvernehmen zur Verfügung gestellt werden.

Artikel 11. Erledigung in Anwesenheit und unter Beteiligung der Parteien (1) Sofern im Recht des Mitgliedstaats des ersuchenden Gerichts vorgesehen, haben die Parteien und gegebenenfalls ihre Vertreter das Recht, bei der Beweisaufnahme durch das ersuchte Gericht zugegen zu sein.

(2) [1]Das ersuchende Gericht teilt in seinem Ersuchen unter Verwendung des Formblatts A im Anhang dem ersuchten Gericht mit, dass die Parteien und gegebenenfalls ihre Vertreter zugegen sein werden und dass gegebenenfalls ihre Beteiligung beantragt wird. [2]Diese Mitteilung kann auch zu jedem anderen geeigneten Zeitpunkt erfolgen.

(3) Wird die Beteiligung der Parteien und gegebenenfalls ihrer Vertreter an der Durchführung der Beweisaufnahme beantragt, so legt das ersuchte Gericht nach Artikel 10 die Bedingungen für ihre Teilnahme fest.

(4) Das ersuchte Gericht teilt den Parteien und gegebenenfalls ihren Vertretern unter Verwendung des Formblatts F im Anhang Ort und Zeitpunkt der Verhandlung und gegebenenfalls die Bedingungen mit, unter denen sie teilnehmen können.

(5) Die Absätze 1 bis 4 lassen die Möglichkeit des ersuchten Gerichts unberührt, die Parteien und gegebenenfalls ihre Vertreter zu bitten, der Beweisaufnahme beizuwohnen oder sich daran zu beteiligen, wenn das Recht des Mitgliedstaats des ersuchenden Gerichts dies vorsieht.

Artikel 12. Erledigung in Anwesenheit und unter Beteiligung von Beauftragten des ersuchenden Gerichts (1) Sofern mit dem Recht des Mitgliedstaats des ersuchenden Gerichts vereinbar, haben die Beauftragten des ersuchenden Gerichts das Recht, bei der Beweisaufnahme durch das ersuchte Gericht zugegen zu sein.

(2) [1]Der Begriff »Beauftragte« im Sinne dieses Artikels umfasst vom ersuchenden Gericht nach Maßgabe des Rechts seines Mitgliedstaats bestimmte Gerichtsangehörige. [2]Das ersuchende Gericht kann nach Maßgabe des Rechts seines Mitgliedstaats auch andere Personen wie etwa Sachverständige bestimmen.

(3) [1]Das ersuchende Gericht teilt in seinem Ersuchen unter Verwendung des Formblatts A im Anhang dem ersuchten Gericht mit, dass seine Beauftragten zugegen sein werden und gegebenenfalls, dass ihre Beteiligung beantragt wird. [2]Diese Mitteilung kann auch zu jedem anderen geeigneten Zeitpunkt erfolgen.

(4) Wird die Beteiligung der Beauftragten des ersuchenden Gerichts an der Beweisaufnahme beantragt, legt das ersuchte Gericht nach Artikel 10 die Bedingungen für ihre Teilnahme fest.

(5) Das ersuchte Gericht teilt dem ersuchenden Gericht unter Verwendung des Formblatts F im Anhang Ort und Zeitpunkt der Verhandlung und gegebenenfalls die Bedingungen mit, unter denen die Beauftragten daran teilnehmen können.

Artikel 13. Zwangsmaßnahmen Soweit erforderlich, wendet das ersuchte Gericht bei der Erledigung des Ersuchens geeignete Zwangsmaßnahmen in den Fällen und in dem Umfang an, wie sie das Recht des Mitgliedstaats des ersuchten Gerichts für die Erledigung eines zum gleichen Zweck gestellten Ersuchens inländischer Behörden oder einer beteiligten Partei vorsieht.

Artikel 14. Ablehnung der Erledigung (1) Ein Ersuchen um Vernehmung einer Person wird nicht erledigt, wenn sich die betreffende Person auf ein Recht zur Aussageverweigerung oder auf ein Aussageverbot beruft,

a) das nach dem Recht des Mitgliedstaats des ersuchten Gerichts vorgesehen ist oder

b) das nach dem Recht des Mitgliedstaats des ersuchenden Gerichts vorgesehen und im Ersuchen bezeichnet oder erforderlichenfalls auf Verlangen des ersuchten Gerichts von dem ersuchenden Gericht bestätigt worden ist.

(2) Die Erledigung eines Ersuchens kann über die in Absatz 1 genannten Gründe hinaus nur insoweit abgelehnt werden, als

a) das Ersuchen nicht in den Anwendungsbereich dieser Verordnung nach Artikel 1 fällt oder

b) die Erledigung des Ersuchens nach dem Recht des Mitgliedstaats des ersuchten Gerichts nicht in den Bereich der Gerichtsgewalt fällt oder

c) das ersuchende Gericht der Aufforderung des ersuchten Gerichts auf Ergänzung des Ersuchens gemäß Artikel 8 nicht innerhalb von 30 Tagen, nachdem das ersuchte Gericht das ersuchende Gericht um Ergänzung des Ersuchens gebeten hat, nachkommt oder

d) eine Kaution oder ein Vorschuss, die gemäß Artikel 18 Absatz 3 verlangt wurden, nicht innerhalb von 60 Tagen nach dem entsprechenden Verlangen des ersuchenden Gerichts hinterlegt bzw. einbezahlt werden.

(3) Die Erledigung darf durch das ersuchte Gericht nicht allein aus dem Grund abgelehnt werden, dass nach dem Recht seines Mitgliedstaats ein Gericht dieses Mitgliedstaats eine ausschließliche Zuständigkeit für die Sache in Anspruch nimmt oder das Recht jenes Mitgliedstaats ein Verfahren nicht kennt, das dem entspricht, für welches das Ersuchen gestellt wird.

(4) Wird die Erledigung des Ersuchens aus einem der in Absatz 2 genannten Gründe abgelehnt, so setzt das ersuchte Gericht unter Verwendung des Formblatts H im Anhang das ersuchende Gericht innerhalb von 60 Tagen nach Eingang des Ersuchens bei dem ersuchten Gericht davon in Kenntnis.

Artikel 15. Mitteilung über Verzögerungen [1]Ist das ersuchte Gericht nicht in der Lage, das Ersuchen innerhalb von 90 Tagen nach Eingang zu erledigen, setzt es das ersuchende Gericht unter Verwendung des Formblatts G im Anhang hiervon in Kenntnis. [2]Dabei sind die Gründe für die Verzögerung anzugeben sowie der Zeitraum, der nach Einschätzung des ersuchten Gerichts für die Erledigung des Ersuchens voraussichtlich benötigt wird.

Artikel 16. Verfahren nach Erledigung des Ersuchens [1]Das ersuchte Gericht übermittelt dem ersuchenden Gericht unverzüglich die Schriftstücke, aus denen sich die Erledigung des Ersuchens ergibt, und sendet gegebenenfalls die Schriftstücke, die ihm von dem ersuchenden Gericht zugegangen sind, zurück. [2]Den Schriftstücken ist eine Erledigungsbestätigung unter Verwendung des Formblatts H im Anhang beizufügen.

Abschnitt 4. Unmittelbare Beweisaufnahme durch das ersuchende Gericht

Artikel 17 (1) Beauftragt ein Gericht eine unmittelbare Beweisaufnahme in einem anderen Mitgliedstaat, so übermittelt es der nach Artikel 3 Absatz 3 bestimmten Zentralstelle oder zuständigen Behörde in diesem Staat unter Verwendung des Formblatts I im Anhang ein entsprechendes Ersuchen.

(2) [1]Die unmittelbare Beweisaufnahme ist nur statthaft, wenn sie auf freiwilliger Grundlage und ohne Zwangsmaßnahmen erfolgen kann. [2]Macht die unmittelbare Beweisaufnahme die Vernehmung einer Person erforderlich, so teilt das ersuchende Gericht dieser Person mit, dass die Vernehmung auf freiwilliger Grundlage erfolgt.

(3) Die Beweisaufnahme wird von einem nach Maßgabe des Rechts des Mitgliedstaats des ersuchenden Gerichts bestimmten Gerichtsangehörigen oder von einer anderen Person wie etwa einem Sachverständigen durchgeführt.

(4) [1]Die genannte Zentralstelle oder die zuständige Behörde des ersuchten Mitgliedstaats teilt dem ersuchenden Gericht unter Verwendung des Formblatts J im Anhang innerhalb von

30 Tagen nach Eingang des Ersuchens mit, ob dem Ersuchen stattgegeben werden kann und, soweit erforderlich, unter welchen Bedingungen nach Maßgabe des Rechts ihres Mitgliedstaats die betreffende Handlung vorzunehmen ist. [2]Die Zentralstelle oder die zuständige Behörde kann insbesondere ein Gericht ihres Mitgliedstaats bestimmen, das an der Beweisaufnahme teilnimmt, um sicherzustellen, dass dieser Artikel ordnungsgemäß angewandt wird und die festgelegten Bedingungen eingehalten werden. [3]Die Zentralstelle oder die zuständige Behörde fördert den Einsatz von Kommunikationstechnologie, wie Video- und Telekonferenzen.

(5) Die Zentralstelle oder die zuständige Stelle kann die unmittelbare Beweisaufnahme nur insoweit ablehnen, als

a) das Ersuchen nicht in den Anwendungsbereich dieser Verordnung nach Artikel 1 fällt,

b) das Ersuchen nicht alle nach Artikel 4 erforderlichen Angaben enthält oder

c) die beantragte unmittelbare Beweisaufnahme wesentlichen Rechtsgrundsätzen ihres Mitgliedstaats zuwiderläuft.

(6) Unbeschadet der nach Absatz 4 festgelegten Bedingungen erledigt das ersuchende Gericht das Ersuchen nach Maßgabe des Rechts seines Mitgliedstaats.

Abschnitt 5. Kosten

Artikel 18 (1) Für die Erledigung des Ersuchens nach Artikel 10 darf die Erstattung von Gebühren oder Auslagen nicht verlangt werden.

(2) [1]Falls jedoch das ersuchte Gericht dies verlangt, stellt das ersuchende Gericht unverzüglich die Erstattung folgender Beträge sicher:

- der Aufwendungen für Sachverständige und Dolmetscher und
- der Auslagen, die durch die Anwendung von Artikel 10 Absätze 3 und 4 entstanden sind.

[2]Die Pflicht der Parteien, diese Aufwendungen und Auslagen zu tragen, unterliegt dem Recht des Mitgliedstaats des ersuchenden Gerichts.

(3) [1]Wird die Stellungnahme eines Sachverständigen verlangt, kann das ersuchte Gericht vor der Erledigung des Ersuchens das ersuchende Gericht um eine angemessene Kaution oder einen angemessenen Vorschuss für die Sachverständigenkosten bitten. [2]In allen übrigen Fällen darf die Erledigung eines Ersuchens nicht von einer Kaution oder einem Vorschuss abhängig gemacht werden. [3]Die Kaution oder der Vorschuss wird von den Parteien hinterlegt bzw. einbezahlt, falls dies im Recht des Mitgliedstaats des ersuchenden Gerichts vorgesehen ist.

Kapitel III. Schlußbestimmungen. Artikel 19–24 (nicht abgedruckt)

Anhang. Formblatt A–J (nicht abgedruckt)

§364 Parteimitwirkung bei Beweisaufnahme im Ausland

(1) Wird eine ausländische Behörde ersucht, den Beweis aufzunehmen, so kann das Gericht anordnen, dass der Beweisführer das Ersuchungsschreiben zu besorgen und die Erledigung des Ersuchens zu betreiben habe.

(2) Das Gericht kann sich auf die Anordnung beschränken, dass der Beweisführer eine den Gesetzen des fremden Staates entsprechende öffentliche Urkunde über die Beweisaufnahme beizubringen habe.

(3) [1]In beiden Fällen ist in dem Beweisbeschluss eine Frist zu bestimmen, binnen der von

dem Beweisführer die Urkunde auf der Geschäftsstelle niederzulegen ist. [2]Nach fruchtlosem Ablauf dieser Frist kann die Urkunde nur benutzt werden, wenn dadurch das Verfahren nicht verzögert wird.

(4) [1]Der Beweisführer hat den Gegner, wenn möglich, von dem Ort und der Zeit der Beweisaufnahme so zeitig in Kenntnis zu setzen, dass dieser seine Rechte in geeigneter Weise wahrzunehmen vermag. [2]Ist die Benachrichtigung unterblieben, so hat das Gericht zu ermessen, ob und inwieweit der Beweisführer zur Benutzung der Beweisverhandlung berechtigt ist.

Gesetzesgeschichte: Bis 1900 §329 CPO. Durch die Novelle 98 (→ Einl. Rdnr. 146) unverändert zu §364 geworden. Das Gesetz vom 9. VII. 1927 änderte den Wortlaut des Abs. 3 Satz 1. Die beigefügte amtliche Überschrift beruht auf Art. 2 Abs. 2 ZPO-RG (→ Einl. Rdnr. 202) in Verbindung mit der dazu erlassenen Anlage.

Stichwortverzeichnis → Beweisaufnahmeschlüssel zu Beginn der Vorbemerkungen vor §355.

I. Bedeutung

1 Nach dem Grundsatz des §363 wird die Beweisaufnahme im Ausland vom Vorsitzenden von Amts wegen betrieben. §364 ermöglicht es dem **Beweisführer**, die Beweisaufnahme in eigener Initiative im **Parteibetrieb** im Ausland durchführen zu lassen. Hierzu kann das Gericht anordnen, daß der Beweisführer das Ersuchungsschreiben und seine Erledigung selbst vorzunehmen habe (Abs. 1); das Gericht kann sich sogar auf die Anordnung beschränken, der Beweisführer solle eine nach den Gesetzen des Staates, in dem die Beweisaufnahme stattfindet, zu errichtende öffentliche Urkunde über die Beweisaufnahme vorlegen (Abs. 2).

2 Die Bestimmung war geschaffen worden, um den Beweisführer vor dem Verlust des Beweismittels zu schützen. Es sollte ihm ermöglicht werden, eine Beweisaufnahme auch dann durchzuführen, wenn für das Gericht Unklarheiten über die zuständige Behörde und damit das Verfahren nach §363 Abs. 1 bestehen[1]. Daneben wurde dem Umstand Rechnung getragen, daß in einigen Staaten die Beweisaufnahme nur durch die Partei betrieben werden kann[2]. Diese Gesichtspunkte spielen heute eine untergeordnete Rolle. Die Länderberichte der ZRHO (→ §363 Rdnr. 56) halten die erforderlichen Informationen auch für entfernte Länder bereit. Überdies sehen die internationalen Rechtshilfeabkommen den Parteibetrieb selten vor. Beispielsweise muß nach Art. 2 HBÜ das Rechtshilfeersuchen von einer gerichtlichen Behörde (→ Anh. §363 Rdnr. 21) stammen, soweit nicht die Voraussetzungen des Art. 27 HBÜ (→ Anh. §363 Rdnr. 109) vorliegen. Das Vorgehen nach §364 verspricht daher selten Erfolg. In den meisten Staaten stößt ein Parteiersuchen auf größere Schwierigkeiten als ein amtliches Ersuchen. §36 ZRHO empfiehlt, davon zurückhaltend Gebrauch zu machen. Andererseits wird der Weg über §364 im Hinblick auf die Beweisaufnahme in *common-law*-Staaten angeraten[3].

---

[1] *Hahn/Mugdan* II/1, 307. Die Begründung des Entwurfs geht davon aus, daß es sich »meistens um eine Beweisaufnahme in sehr entfernten und unkultivierten Ländern handeln wird«.

[2] *Hahn/Mugdan* II/1, 307; »Holland« wird als Beispiel genannt.

[3] *Cohn* ZZP 80 (1967) 230, 234; *R. Geimer* IZPR[5] Rdnr. 2393; *Pfeil/Kammerer* Deutsch-amerikanischer Rechtsverkehr in Zivilsachen (1987) 261.

3 Nicht in §364 geregelt wird die Beweisaufnahme durch die Partei im Ausland, etwa eine Zeugenvernehmung. Ein privatschriftliches Protokoll oder eine schriftliche Zeugenäußerung kann jedoch im Wege des Urkundenbeweises verwertbar sein[4].

4 §364 erfaßt auch nicht den Fall, daß die Parteien ein vom Gericht stammendes Ersuchen als **Boten** selbst übermitteln.

II. Voraussetzungen

5 Eine Anordnung nach §364 erfolgt im **Beweisbeschluß**. Sie darf nur ergehen, wenn die Voraussetzungen des **§363 Abs.1** gegeben sind. Stets **vorrangig** ist also auch hier die Beweisaufnahme durch den deutschen **Konsul** nach §363 Abs.2. Scheidet eine konsularische Beweisaufnahme aus (zu den Gründen → §363 Rdnr.24ff.), steht es im **Ermessen** des Gerichts, entweder selbst von Amts wegen die ausländische Behörde um die Vornahme der Beweisaufnahme zu ersuchen oder diese gemäß §364 dem Parteibetrieb zu überlassen. Das Gericht hat vor allem zu berücksichtigen, welcher Weg erfolgversprechender und schneller zum Ziel führt. Aus den genannten Gründen (→ Rdnr.2) wird regelmäßig nach §363 Abs.1 zu verfahren sein. Anordnungen nach §364 kommen nur ausnahmsweise in Betracht, etwa wenn zu dem ausländischen Staat keine diplomatischen Beziehungen bestehen oder Rechtshilfe nicht geleistet wird[5].

III. Fristsetzung (Abs.3)

6 In den Fällen des §364 Abs.1 und 2 hat das Gericht im Beweisbeschluß von Amts wegen eine Frist zur Beibringung der Urkunde zu bestimmen. Die Frist hat denselben Charakter wie die Frist des §356. Die Fristsetzung an den Beweisführer ist auch dann zulässig, wenn kaum Aussicht auf eine erfolgversprechende Durchführung der Beweisaufnahme besteht. Die Bestimmung des Verhandlungstermins und die Ladung erfolgen von Amts wegen, §§214, 216, 497.

IV. Abänderung des Beweisbeschlusses

7 Erweist sich der Weg über **§364** nachträglich für die Partei als **ungangbar**, so kann das Gericht den Beweisbeschluß dahin ändern, daß nach §363 Abs.1 verfahren werde. Die Änderung kann ohne mündliche Verhandlung erfolgen (→ §360 Rdnr.9).

8 Wurde im Beweisbeschluß zunächst eine Beweisaufnahme nach §363 Abs.1 angeordnet, wird das Rechtshilfeersuchen aber nicht in angemessener Frist erledigt, so kann das Gericht auch umgekehrt den Beweisbeschluß ändern, daß nach §364 Abs.1 oder Abs.2 mit Fristsetzung nach Abs.3 (nicht §356[6]) verfahren werde[7]. Eine Pflicht hierzu besteht aber nur dann, wenn dieser Weg Aussicht auf Erfolg verspricht.

9 Zur Abänderung der Frist → §356 Rdnr.12.

---

4 Vgl. *BGH* NJW 1984, 2039 r. Sp.
5 *BGH* NJW-RR 1989, 160, 161.
6 So aber *LG Aachen* NJW-RR 1993, 1407.
7 *BGH* NJW 1984, 2039.

V. Anfechtbarkeit

Der Beweisbeschluß, die Erledigung einer im Ausland durchzuführenden Beweisaufnahme durch den Beweisführer betreiben zu lassen, ist **unanfechtbar**. Gleiches gilt grundsätzlich für die Fristsetzung. Wird die Frist zu lange bemessen, ist analog §252 die sofortige Beschwerde statthaft, wenn damit faktisch eine Aussetzung des Verfahrens angeordnet ist (→ §252 Rdnr. 2)[8]. Wird die Frist zu kurz bemessen, kann das Urteil angefochten werden[9]. **10**

VI. Benachrichtigung (Abs. 4)

Abs. 4 dient der Verwirklichung der Parteiöffentlichkeit (→ §357 Rdnr. 1) auch dann, wenn die Beweisaufnahme im Ausland vom Beweisführer betrieben wird. Die Benachrichtigung kann **formlos** erfolgen (→ Rdnr. 7 vor §166). Wenn trotz unterbliebener rechtzeitiger Benachrichtigung der Gegner bei der Beweisaufnahme erscheint, etwa weil er von der ausländischen Stelle benachrichtigt worden war, ist der Zweck des Abs. 4 gewahrt. **11**

Ist die **Benachrichtigung unterblieben**, so steht es im Ermessen des Gerichts, ob und inwieweit die Beweisverhandlung zu benutzen ist. Gleiches gilt, wenn die Benachrichtigung **nicht rechtzeitig** erfolgte; ob sie rechtzeitig war, hat das Gericht nach freiem Ermessen zu beurteilen. **12**

Bei der Ermessensentscheidung muß das Gericht ermitteln, ob der Gegner voraussichtlich an der Beweisaufnahme teilgenommen hätte. Dazu ist er im Regelfall vor der Anordnung des Verfahrens nach §364 zu befragen. Ferner sind die Fragen und Vorhaltungen zu berücksichtigen, die die Partei dem Zeugen gestellt hätte[10]. War der Beweisführer selbst anwesend, kommt angesichts der Bedeutung des §357 und dem Grundsatz der Chancengleichheit der Parteien eine Verwertung nur in besonderen Fällen in Betracht[11]. Wenn die Beweisaufnahme unter Beachtung des Abs. 4 wiederholt werden kann, ist eine erneute Einvernahme anzuordnen. Die Entscheidung erfolgt durch Zwischenurteil nach §303 oder in den Gründen des Endurteils. **13**

Die Verletzung des Abs. 4 kann nach §295 (→ dort Rdnr. 18 [21. Aufl.]) geheilt werden.

§365 Abgabe durch beauftragten oder ersuchten Richter

[1]Der beauftragte oder ersuchte Richter ist ermächtigt, falls sich später Gründe ergeben, welche die Beweisaufnahme durch ein anderes Gericht sachgemäß erscheinen lassen, dieses Gericht um die Aufnahme des Beweises zu ersuchen. [2]Die Parteien sind von dieser Verfügung in Kenntnis zu setzen.

Gesetzesgeschichte: Bis 1900 §330 CPO. Aufgrund der Novelle 98 (→ Einl. Rdnr. 146) unverändert zu §365 geworden. Die beigefügte amtliche Überschrift beruht auf Art. 2 Abs. 2 ZPO-RG (→ Einl. Rdnr. 202) in Verbindung mit der dazu erlassenen Anlage.

Stichwortverzeichnis → Beweisaufnahmeschlüssel zu Beginn der Vorbemerkungen vor §355.

---

[8] *OLG Köln* NJW 1975, 2349f.
[9] MünchKommZPO/*Musielak*[2] Rdnr. 5.
[10] Vgl. *BGHZ* 33, 63, 65.
[11] Sehr zurückhaltend auch *Thomas/Putzo/Reichold*[27] Rdnr. 2; großzügiger MünchKommZPO/*Musielak*[2] Rdnr. 4.

I. Weitergabe im Inland

1 Haben sich später Gründe ergeben, die die Beweisaufnahme durch ein anderes Gericht sachgemäß erscheinen lassen, kann der beauftragte oder ersuchte Richter das andere Gericht um die Durchführung der Beweisaufnahme ersuchen. Eine Entscheidung des Prozeßgerichts ist nicht erforderlich. § 365 dient der Beschleunigung des Beweisaufnahmeverfahrens. Die Ermächtigung zur selbständigen **Weitergabe des Auftrags oder Ersuchens** nach § 365 gilt nur für den deutschen beauftragten oder ersuchten Richter. Auch er kann aber nur an ein anderes *deutsches* Gericht weitergeben: ein Ersuchen an eine ausländische Behörde[1] oder einen deutschen Konsul kann nur das Prozeßgericht erlassen (→ § 363 Rdnr. 53). – § 365 gilt nicht, wenn das *Prozeß*gericht zunächst beschlossen hatte, eine Beweisaufnahme selbst durchzuführen, sich aber später entschließt, ein anderes Gericht zu ersuchen, → § 360 Rdnr. 9.

II. Grund zur Weitergabe

2 Wenn Satz 1 eine Weitergabe zuläßt, »falls sich später Gründe ergeben«, so ist damit nicht gemeint, diese Gründe müßten erst nach Erlaß des Ersuchens eingetreten sein. Eine Weitergabe ist vielmehr auch dann zulässig, wenn schon früher bestehende Gründe erst *später offenbar* werden, z.B. sich das Prozeßgericht irrtümlich an das unzuständige Amtsgericht gewendet hat und sich dies erst nach dem Eintreffen der Akten bei ihm zeigt. Selbstverständlich reichen erst *später entstandene* Gründe aus, wenn etwa der zu vernehmende Zeuge den Wohnsitz gewechselt hat. In den Fällen der *Verhinderung* des zunächst angegangenen Gerichts ist nicht nach § 365, sondern nach § 36 Nr. 1, § 37 zu verfahren[2].

3 Das nach § 365 ersuchte Amtsgericht kann das Ersuchen nur aus den Gründen des § 158 GVG ablehnen. Zur Rückgabe an das weitergebende Gericht → Rdnr. 5.

III. Mitteilung an die Parteien (Satz 2)

4 Bei einer Mitteilung an die Parteien (Satz 2) bedarf es keiner förmlichen Zustellung (→ Rdnr. 7 vor § 166).

IV. Unzulässigkeit der Anfechtung

5 Eine **Anfechtung** der Weitergabe ist grundsätzlich nicht zulässig. Besteht aber das ersuchende Gericht auf der Durchführung der Beweisaufnahme durch das erste ersuchte Gericht, so liegt in der Weitergabe eine Ablehnung des Ersuchens, so daß aufgrund dieser Rechtshilfeverweigerung § 159 GVG anwendbar ist. § 159 GVG gilt ferner, wenn das nach § 365 ersuchte Gericht wieder an das erste ersuchte Gericht zurückgibt[3].

---

[1] Zur Abgabe des Gesuchs über die Durchführung der Beweisaufnahme seitens der ausländischen Behörde → Rdnr. 6.

[2] *RGZ* 44, 394; *Musielak/Stadler*[4] Rdnr. 1.

[3] Zur Anwendbarkeit des § 159 GVG *Löwe/Rosenberg/Boll* StPO[25] § 159 GVG Rdnr. 3f.; *Musielak/Stadler*[4] Rdnr. 3; *Kissel* GVG[3] § 159 Rdnr. 6.

V. Weitergabe im Ausland

Den ersuchten Behörden des **Auslandes** kann die ZPO weder Rechte verleihen noch Pflichten auferlegen. Ob sie weitergeben dürfen, entscheidet *ihr* Recht. Durch Art. 6 des Haager Beweisaufnahmeübereinkommens (→ Anh. §363 Rdnr. 43ff.) und Art. 12 des Haager Abkommens 1954 (→ Anh. §363 Rdnr. 125), ebenso durch die entsprechenden Bestimmungen der übrigen Rechtshilfeverträge (→ §183 Rdnr. 17ff.) ist den Gerichten im Falle der Unzuständigkeit die Weitergabe an ein anderes Gericht desselben Staates unter Benachrichtigung der ersuchenden Behörde zur Pflicht gemacht. 6

§366 Zwischenstreit

(1) Erhebt sich bei der Beweisaufnahme vor einem beauftragten oder ersuchten Richter ein Streit, von dessen Erledigung die Fortsetzung der Beweisaufnahme abhängig und zu dessen Entscheidung der Richter nicht berechtigt ist, so erfolgt die Erledigung durch das Prozessgericht.

(2) Der Termin zur mündlichenVerhandlung über den Zwischenstreit ist von Amts wegen zu bestimmen und den Parteien bekannt zu machen.

Gesetzesgeschichte: Bis 1900 §331 CPO. Seit der Novelle 98 (→ Einl. Rdnr. 146) unverändert §366. Die beigefügte amtliche Überschrift beruht auf Art. 2 Abs. 2 ZPO-RG (→ Einl. Rdnr. 202) in Verbindung mit der dazu erlassenen Anlage.

Stichwortverzeichnis → Beweisaufnahmeschlüssel zu Beginn der Vorbemerkungen vor §355.

I. Entscheidungszuständigkeit

1. Prozeßgericht

Entstehen bei der Beweisaufnahme vor einem beauftragten oder ersuchten Richter **Streitigkeiten** zwischen den Parteien oder Zwischenstreite mit Zeugen oder Sachverständigen oder Meinungsverschiedenheiten zwischen den Parteien und dem Richter, von deren Erledigung die Fortsetzung der Beweisaufnahme abhängt, so hat der Regel nach das **Prozeßgericht** (auch der Einzelrichter, → §348 Rdnr. 3) zu entscheiden. Ausdrücklich vorgeschrieben ist dies in den §§387, 389 Abs. 2, §§400, 402 (für den Streit über die Zeugnis- oder Gutachtenverweigerung); s. ferner §397 Abs. 3 und → §400 Rdnr. 5. 1

2. Beauftragter oder ersuchter Richter

Welche **Streitigkeiten** dagegen der **beauftragte oder ersuchte Richter** selbst **entscheiden** darf, läßt §366 offen. Gemäß §§400, 402 ist er zu Verfügungen bei Nichterscheinen von Zeugen und Sachverständigen, zur vorläufigen Entscheidung über die Zulässigkeit einer Frage und zur Anordnung der nochmaligen Vernehmung befugt, nach §406 Abs. 4 zur Entschei- 2 dung über die Ablehnung eines von ihm gemäß §405 ernannten Sachverständigen. Da dem beauftragten oder ersuchten Richter aber alle Anordnungen zustehen, die sich auf die Ausführung des Auftrags beziehen (→ §400 Rdnr. 2ff.), muß angenommen werden, daß ihm außer den genannten Entscheidungen auch alle sonstigen zustehen, die sich auf die **Art und Weise der Ausführung des Auftrags** beziehen, wie z.B. über die Vornahme eines Augenscheins, die Beseitigung tatsächlicher Hindernisse dabei, über Vertagung wegen mangelhafter Ladung des Zeugen usw. Auch Sitzungspolizei und Ordnungsstrafgewalt stehen dem beauftragten oder ersuchten Richter zu (§180 GVG). Wegen der Änderung des Beweisbeschlusses durch den beauftragten oder ersuchten Richter → §360 Rdnr. 15.

3. Erinnerung gegen die Entscheidung des beauftragten oder ersuchten Richters

3 Für die Beschwerde gegen sitzungspolizeiliche Ordnungsmittel §§178, 180 GVG) gilt unmittelbar §181 GVG.

4 Entscheidungen, die nicht zu den sitzungspolizeilichen Maßnahmen des ersuchten oder beauftragten Richters gehören, sind zunächst mit dem Rechtsbehelf der Erinnerung **zum Prozeßgericht** gemäß §573 Abs. 1 überprüfbar. Das Prozeßgericht kann dann die Änderung der Entscheidung verlangen. Erst gegen die Entscheidung des Prozeßgerichts über die Erinnerung ist gemäß §573 Abs. 2 die sofortige Beschwerde nach den allgemeinen Vorschriften zulässig.

II. Verfahren

5 Soll die **Entscheidung des Zwischenstreits durch das Prozeßgericht** erfolgen, so legt der beauftragte oder ersuchte Richter das Protokoll dem Prozeßgericht vor. Dieses bestimmt nach Abs. 2 den Termin und macht ihn den Parteien von Amts wegen bekannt (→ Rdnr. 11ff. vor §214). Zeugen und Sachverständige werden von Amts wegen geladen, im Falle des §389 Abs. 2 auch die Parteien. Im Termin haben die Parteien das Streitverhältnis vorzutragen, eine Berichterstattung erfolgt nur nach §§389, 402. Die Entscheidung ergeht aufgrund mündlicher Verhandlung (ohne diese in den Fällen der §128 Abs. 2, §251a) durch Zwischenurteil nach §303. Über die Versäumung eines lediglich zur Verhandlung eines Zwischenstreits bestimmten Termins: §347 Abs. 2, → auch §387 Rdnr. 4.

§367 Ausbleiben der Partei

(1) Erscheint eine Partei oder erscheinen beide Parteien in dem Termin zur Beweisaufnahme nicht, so ist die Beweisaufnahme gleichwohl insoweit zu bewirken, als dies nach Lage der Sache geschehen kann.

(2) Eine nachträgliche Beweisaufnahme oder eine Vervollständigung der Beweisaufnahme ist bis zum Schluss derjenigen mündlichen Verhandlung, auf die das Urteil ergeht, auf Antrag anzuordnen, wenn das Verfahren dadurch nicht verzögert wird oder wenn die Partei glaubhaft macht, dass sie ohne ihr Verschulden außerstande gewesen sei, in dem früheren Termin zu erscheinen, und im Falle des Antrags auf Vervollständigung, dass durch ihr Nichterscheinen eine wesentliche Unvollständigkeit der Beweisaufnahme veranlasst sei.

Gesetzesgeschichte: Bis 1900 §332 CPO. Aufgrund der Novelle 98 (→ Einl. Rdnr. 146) unverändert zu §367 geworden. Die beigefügte amtliche Überschrift beruht auf Art. 2 Abs. 2 ZPO-RG (→ Einl. Rdnr. 202) in Verbindung mit der dazu erlassenen Anlage.

Stichwortverzeichnis → Beweisaufnahmeschlüssel zu Beginn der Vorbemerkungen vor §355.

I. Beweisaufnahme bei Säumnis (Absatz 1)

1. Allgemeines

1 Da der Beweisbeschluß von Amts wegen auszuführen ist (→ §361 Rdnr. 1), findet die **Beweisaufnahme auch bei Säumnis einer und selbst beider Parteien** statt, soweit sie möglich ist. Die Beweisaufnahme darf daher **nicht** deshalb **unterbleiben**. weil die **Parteien nicht** (vollständig) **erschienen** sind. Die Durchführung der Beweisaufnahme ist aber nur dann zulässig, wenn der Termin beiden Parteien ordnungsgemäß (→ §361 Rdnr. 2) bekanntgemacht wurde[1]. §367 gilt nicht nur für die Beweisaufnahme vor dem beauftragten oder ersuchten Richter, sondern auch für die vor dem Prozeßgericht. Dadurch wird den Zeugen und Sachverständigen die Belästigung doppelten Erscheinens erspart; auch wenn anschließend ein Versäumnisurteil ergeht (→ §370 Rdnr. 6), so erlangt die Beweisaufnahme nach Einlegung des Einspruchs ihre Bedeutung wieder.

2. Bei Anordnungen nach §273

2 Im Fall einer Anordnung nach §273, von der die Parteien nach §273 Abs. 4 Satz 1 **benachrichtigt** wurden, darf auch bei Ausbleiben *beider* Parteien oder bei Säumnis nur *einer* Partei (zu diesem Fall → auch §331a Rdnr. 9) die Beweisaufnahme sofort stattfinden[2]. Der hierfür erforderliche Beweisbeschluß kann entweder ein *vorterminlicher Beweisbeschluß* (§358a) oder aber erst ein in dem Termin selbst verkündbarer *Beweisbeschluß nach Lage der Akten* (§§251a, 331a) sein; anders als das Aktenlage*urteil* verlangt ein Aktenlage*beweisbeschluß* keine vorherige mündliche Verhandlung (→ §251a Rdnr. 6), so daß ein **Beweisbeschluß nach Aktenlage** auch in der ersten mündlichen Verhandlung ergehen darf, selbst wenn bisher noch nicht mündlich verhandelt wurde. Eine derartige Beweisaufnahme ohne Anwesenheit einer der Parteien oder sämtlicher Parteien verstößt nicht gegen den Grundsatz der Parteiöffentlichkeit (§357), da die Parteien durch ihre Säumnis sich des Rechts auf Anwesenheit bei der Beweisaufnahme begeben haben. Die Durchführung einer Beweisaufnahme im Vollzug einer Anordnung nach §273 ist allerdings dann **nicht zulässig**, wenn die Anordnung den Parteien

[1] *RGZ* 6, 353; *RG* JW 1907, 392.

[2] *Zöller/Greger*[25] Rdnr. 1; *Baumbach/Lauterbach/Hartmann*[64] Rdnr. 4; MünchKommZPO/*Musielak*[2] Rdnr. 1.

entgegen §273 Abs. 4 Satz 1 (→ dort Rdnr. 34 [21. Aufl.]) *nicht* bekanntgegeben wurde; insoweit **hindert** das Ausbleiben einer oder beider Parteien die Beweisaufnahme. Ist nur *eine* der Parteien von der Anordnung nach §273 nicht benachrichtigt worden und ist *diese* Partei im Termin anwesend, kann sie gemäß §295 auf den Verfahrensfehler verzichten (→ §273 Rdnr. 36 [21. Aufl.]). Die Beweisaufnahme darf dann aufgrund des vorterminlichen Beweisbeschlusses bzw. eines Beweisbeschlusses nach Aktenlage durchgeführt werden.

3. Vorterminliche Beweisaufnahme (§358a Satz 2)

3 Keine Besonderheiten bestehen für die Situation bei einer vorterminlichen Beweisaufnahme (§358a Satz 2). Die Beweisaufnahme aufgrund eines vorterminlichen Beweisbeschlusses ist wie eine gewöhnliche Beweisaufnahme durchzuführen, wenn die rechtzeitig geladenen (→ §358a Rdnr. 2) Prozeßparteien nicht (vollständig) erschienen sind.

4. Aktenlageentscheidung

4 Wegen der **nach der Beweisaufnahme** möglichen Entscheidung nach Lage der Akten → §370 Rdnr. 7.

II. Beweisaufnahme bei Abwesenheit

5 **Erfolgt** die Beweisaufnahme **in Abwesenheit** einer oder beider Parteien, so wird die nicht erschienene Partei – vorbehaltlich des Abs. 2 – mit demjenigen ausgeschlossen, was sie bei der Beweisaufnahme in dieser Instanz hätte geltend machen können, wie z.B. mit der Fragestellung an Zeugen usw. Wird die Beweisaufnahme dagegen durch das Ausbleiben der Partei **verhindert**, z.B. weil eine Handlung des Beweisführers (Vorlegung) erforderlich ist, so wird die beweisführende Partei nach §230 mit dem Beweismittel ausgeschlossen (→ Rdnr. 6ff.). Bei dem erneuten Vorbringen des Beweismittels in der Berufungsinstanz ist §528 zu beachten. Verhindert das Ausbleiben des Gegners des Beweisführers die Beweisaufnahme, so ist dessen Nichterscheinen frei zu würdigen (→ §286 Rdnr. 10, 120ff. [21. Aufl.]). Die Rechtsnachteile treten jedoch nur ein, wenn der abwesenden Partei der Termin ordnungsmäßig durch Verkündung oder Mitteilung nach §357 Abs. 2 bekanntgemacht ist; andernfalls kann die Wiederholung unabhängig von den Voraussetzungen des Abs. 2 verlangt werden[3] (→ §357 Rdnr. 21). Über die Folgen des Ausbleibens der zur Parteivernehmung geladenen Partei s. §454.

III. Nachholung und Vervollständigung (Absatz 2)

1. Nachholung und Vervollständigung der Beweisaufnahme

6 **a) Keine Verzögerung:** Die Nachholung einer wegen Nichterscheinens unterbliebenen oder die Vervollständigung einer trotz Säumnis vorgenommenen Beweisaufnahme ist auf Antrag stets anzuordnen, wenn dadurch das Verfahren nicht verzögert wird. Ob eine Verzögerung des Verfahrens eintritt, richtet sich nach den allgemeinen Grundsätzen (→ §296 Rdnr. 48ff. [21. Aufl.]). Auch wenn die Vereinfachungsnovelle 1976 §367 insoweit nicht geändert hat, entscheidet das Gericht nach seiner »freien Überzeugung« (vgl. §296 Abs. 1 und 2), ob eine solche Verzögerung vorliegt.

---

3 *RG* JW 1907, 392. Hat aber die nicht geladene Partei ihr diesbezügliches Rügerecht gemäß §295 verloren, so kann nur die Vervollständigung unter den Voraussetzungen des §367 Abs. 2 verlangt werden, *BGH* LM §13 StVO Nr. 7.

b) Bei Verzögerung: Tritt jedoch eine Verzögerung des Verfahrens nach der freien Überzeugung des Gerichts ein, so ist eine Nachholung der Beweisaufnahme nur dann anzuordnen, wenn die säumige Partei glaubhaft macht (§294), daß sie ohne ihr Verschulden oder das ihres Vertreters (→ §233 Rdnr. 22ff.) außerstande gewesen ist, in dem Beweistermin zu erscheinen. Wird die **Vervollständigung der Beweisaufnahme** begehrt, muß ferner glaubhaft gemacht werden, daß durch das Nichterscheinen der Partei eine wesentliche Unvollständigkeit der Beweisaufnahme verursacht ist (Abs. 2 letzter Teil). 7

c) Bei Einwilligung des Gegners: Trotz der Beschleunigungstendenz der Vereinfachungsnovelle (→ Einl. Rdnr. 197) ist eine **Nachholung** der **Beweisaufnahme** auch dann **anzuordnen**, wenn trotz schuldhafter Säumnis einer Partei der *Gegner* in die Wiederholung der Beweisaufnahme *einwilligt*[4]. Anderenfalls hätte die Vereinfachungsnovelle den Text des §367 ändern müssen[5]. 8

d) Parteivernehmung: Wegen der Versäumung des Termins zur Parteivernehmung s. §454. 9

2. Verfahren

Der **Antrag** muß bis zum Schluß der mündlichen Verhandlung (§§282, 296a) bei dem Prozeßgericht gestellt werden, nicht bei dem beauftragten oder ersuchten Richter. Das schließt aber nicht aus, daß der **ersuchte Richter**, wenn er zu der Überzeugung gelangt, daß infolge des Ausbleibens der Partei die Beweisaufnahme nicht erschöpfend war, das Beweisersuchen also nicht sachgemäß erledigt worden ist, **von Amts wegen** einen nochmaligen Beweistermin abhält; eine Verpflichtung, einem dahingehenden Parteiantrag zu entsprechen, besteht aber nicht, und eine derartige Ergänzung der Beweisaufnahme kommt nur in Frage, solange die Akten noch nicht an das Prozeßgericht zurückgesandt sind. 10

3. Prozeßhandlung des Gerichts

Die Zulassung des Antrags nach §367 geschieht durch Beweisbeschluß. Im Falle eines Streites kann damit ein Zwischenurteil nach §303 verbunden werden. Die Zurückweisung kann durch Zwischenurteil oder in den Gründen des Endurteils erfolgen. Eine selbständige Anfechtung findet in keinem Fall statt. 11

IV. Nachholung und Vervollständigung der Beweisaufnahme von Amts wegen

§367 Abs. 2 betrifft die Pflicht des Gerichts, bei begründetem *Parteiantrag* die Beweisaufnahme nachzuholen oder zu vervollständigen. §367 Abs. 2 regelt jedoch nicht, unter welchen Voraussetzungen das Gericht **von Amts wegen verpflichtet** ist, eine Nachholung oder Vervollständigung der Beweisaufnahme anzuordnen, obwohl aufgrund schuldhafter Säumnis einer (oder beider) Parteien die Beweisaufnahme überhaupt nicht oder nur unvollständig durchgeführt werden konnte. Nach allgemeinen Grundsätzen sind diese Voraussetzungen dann erfüllt, wenn nicht zurückzuweisendes neues Parteivorbringen eine Beweisaufnahme deshalb erforderlich macht, weil es entscheidungserheblich ist (→ §284 Rdnr. 19 [21. Aufl.]). 12

---

4 *Zöller/Greger*[25] Rdnr. 2; *Thomas/Putzo/Reichold*[27] Rdnr. 3; a.A. MünchKommZPO/*Musielak*[2] Rdnr. 6.

5 Denn mit §367 wurde es auch schon *vor* der Vereinfachungsnovelle als vereinbar angesehen, eine Beweisaufnahme bei Einwilligung des Gegners nachzuholen, vgl. 19. Aufl. dieses Komm. III 1. Um diese Praxis zu beenden, hätte §367 geändert werden müssen.

§368 Neuer Beweistermin

Wird ein neuer Termin zur Beweisaufnahme oder zu ihrer Fortsetzung erforderlich, so ist dieser Termin, auch wenn der Beweisführer oder beide Parteien in dem früheren Termin nicht erschienen waren, von Amts wegen zu bestimmen.

Gesetzesgeschichte: Bis 1900 §333 CPO. Aufgrund der Novelle 98 (→ Einl. Rdnr. 146) unverändert zu §368 geworden. Die beigefügte amtliche Überschrift beruht auf Art. 2 Abs. 2 ZPO-RG (→ Einl. Rdnr. 202) in Verbindung mit der dazu erlassenen Anlage.

Stichwortverzeichnis → Beweisaufnahmeschlüssel zu Beginn der Vorbemerkungen vor §355.

Bestimmung des Termins zur Beweisaufnahme

1 Dem Grundsatz des Amtsbetriebes (→ §361 Rdnr. 1) entspricht es, daß sowohl das Prozeßgericht wie der beauftragte oder ersuchte Richter neue **Termine zur Beweisaufnahme** im Falle der Verhinderung (z.B. beim Ausbleiben eines Zeugen) oder zur Fortsetzung bei teilweiser Nichterledigung *von Amts wegen* zu bestimmen haben. Dies gilt so lange, bis die angeordnete Beweisaufnahme erledigt ist (→ §370 Rdnr. 4), auch wenn die Parteien oder eine von ihnen ausgeblieben ist. Der Termin ist zu verkünden (§218); ist dies unterblieben oder wird nachträglich eine Verlegung notwendig, so ist der neue Termin den Parteien von Amts wegen förmlich mitzuteilen, §329 Abs. 2 Satz 2 (→ Rdnr. 11ff. vor §214, → §329 Rdnr. 9f.). Beim Termin vor dem beauftragten oder ersuchten Richter genügt formlose Mitteilung, §357 Abs. 2. – Wegen des **Ausbleibens der Partei** in dem zu ihrer *Vernehmung* bestimmten Termin s. §454 Abs. 2.

§369 Ausländische Beweisaufnahme

Entspricht die von einer ausländischen Behörde vorgenommene Beweisaufnahme den für das Prozessgericht geltenden Gesetzen, so kann daraus, dass sie nach den ausländischen Gesetzen mangelhaft ist, kein Einwand entnommen werden.

Gesetzesgeschichte: Bis 1900 §334 CPO. Aufgrund der Nov. 98 (→ Einl. Rdnr. 146) unverändert zu §369 geworden. Die beigefügte amtliche Überschrift beruht auf Art. 2 Abs. 2 ZPO-RG (→ Einl. Rdnr. 202) in Verbindung mit der dazu erlassenen Anlage.

Stichwortverzeichnis → Beweisaufnahmeschlüssel zu Beginn der Vorbemerkungen vor §355.

I. Internationales Recht[1]

1 §369 geht von dem Grundsatz aus, daß jede Prozeßhandlung hinsichtlich ihrer *Förmlichkeit* nach dem **Recht des Orts der Vornahme** zu beurteilen ist; ein Satz, der in Art. 14 Abs. 1 Haager Zivilprozeßübereinkommen 1954 (*Text* → Anh. §363 Rdnr. 125) und Art. 9 Abs. 1

[1] Lit. zum Internationalen Beweisrecht → §363 Fn. 1.

Haager Beweisaufnahmeübereinkommen (*Text* → Anh. §363 Rdnr. 53) ausdrücklich anerkannt ist. Danach ist die **im Ausland vorgenommene Beweisaufnahme** ordnungsgemäß, wenn sie **dem am Ort der Beweisaufnahme geltenden Gesetz** entspricht, sollte sie auch den Vorschriften des inländischen (deutschen) Gesetzes zuwiderlaufen[2] (ebenso §364 Abs. 2). Dagegen bestimmt sich ihre *Wirkung*, also namentlich die Beweiskraft der Aussagen von Zeugen und Sachverständigen, der Parteivernehmung usw. nur nach dem Recht des inländischen Prozeßgerichts[3], also nach der deutschen ZPO.

II. Prinzip der Meistbegünstigung

2 §369 verankert ein **Meistbegünstigungsprinzip**[4] oder einen **Grundsatz des minderen Erfordernisses**[5]. Ähnlich §55 erklärt er die ausländische Beweisaufnahme **auch dann für gültig**, wenn sie zwar nach den Gesetzen des Auslandes nicht ordnungsgemäß ist, aber **dem inländischen (deutschen) Recht entspricht**. Genügt die Beweisaufnahme **weder den Vorschriften des inländischen noch des ausländischen Rechts** und wird der Mangel auch nicht nach §295 geheilt[6], so kann die Beweisaufnahme grundsätzlich **nicht verwertet** werden. Das ergibt schon ein Umkehrschluß aus §369. Die Beweisaufnahme im Ausland muß also in fehlerfreier (entweder dem deutschen *oder* dem ausländischen Gesetz genügender) Form **wiederholt** werden. Nur wenn dies unmöglich ist, kann das Ergebnis der fehlerhaften Beweisaufnahme im Wege der freien Beweiswürdigung verwertet werden (→ §286 Rdnr. 17 [21. Aufl.]). Der Verfahrensfehler kann aber den Beweiswert mindern oder ausschließen.

III. Rechtshilfe

3 Über die Rechtshilfe *deutscher Gerichte* gegenüber dem Ausland → §363 Rdnr. 69 und zum HBÜ → Anh. §363 Rdnr. 11ff.

§370 Fortsetzung der mündlichen Verhandlung

(1) Erfolgt die Beweisaufnahme vor dem Prozessgericht, so ist der Termin, in dem die Beweisaufnahme stattfindet, zugleich zur Fortsetzung der mündlichen Verhandlung bestimmt.

(2) [1]In dem Beweisbeschluss, der anordnet, daß die Beweisaufnahme vor einem beauftragten oder ersuchten Richter erfolgen solle, kann zugleich der Termin zur Fortsetzung der mündlichen Verhandlung vor dem Prozessgericht bestimmt werden. [2]Ist dies nicht geschehen, so wird nach Beendigung der Beweisaufnahme dieser Termin von Amts wegen bestimmt und den Parteien bekannt gemacht.

Gesetzesgeschichte: Bis 1900 §335 CPO. Aufgrund der Novelle 98 (→ Einl. Rdnr. 146) unverändert zu §370 geworden. Die beigefügte amtliche Überschrift beruht auf Art. 2 Abs. 2 ZPO-RG (→ Einl. Rdnr. 202) in Verbindung mit der dazu erlassenen Anlage.

---

2 *RGZ* 3, 373; *RG* JW 1891, 90; 1893, 135; 1903, 25; vgl. auch *BGHZ* 33, 63 (64f.); *RGSt* 11, 391; 12, 347; *LG Frankfurt a.M.* IPRax 1981, 218; *Grunsky* ZZP 89 (1976) 241; *Riezler* Internationales Zivilprozeßrecht (1949) 48; *E. Geimer* Internationale Beweisaufnahme (1998) 169.

3 Rechtsprechung → Fn. 2 sowie *Herrmann* Gruchot 50 (1906) 340.

4 *Goldschmidt* ZPR^2 23.

5 *Stein* seit der 10. Aufl. dieses Komm.

6 Die Heilung ist möglich, *RG* JW 1893, 135; → §295 Rdnr. 18 (21. Aufl).

Stichwortverzeichnis → Beweisaufnahmeschlüssel zu Beginn der Vorbemerkungen vor §355.

I. Verbindung von Beweis- und Verhandlungstermin

1. Doppelte Funktion des Termins

1 Jeder *zur Beweisaufnahme vor dem Prozeßgericht bestimmte Termin* ist kraft Gesetzes zugleich zur *Fortsetzung der mündlichen Verhandlung* bestimmt. Dies gilt auch für das *einzelrichterliche* Verfahren (→ §348 Rdnr.1). Damit ist aber nicht gesetzlich ausgeschlossen, daß das Prozeßgericht – in Betracht kommen vor allem der Einzelrichter und das Amtsgericht – einen Termin ausschließlich zur Beweisaufnahme bestimmt und den Verhandlungstermin von vornherein weiter hinaus ansetzt oder sich dessen Bestimmung bis zur Erledigung der Beweisaufnahme vorbehält; allerdings wird ein derartiges Vorgehen nur in Ausnahmefällen[1] zweckmäßig sein.

a) Unmittelbar folgende Verhandlung

2 Die gesetzliche Regel ist, daß **Beweis- und Verhandlungstermin zusammenfallen**. Daher hat sich unmittelbar an die Beweisaufnahme die **erschöpfende Verhandlung**[2] über das Beweisergebnis anzuschließen (§279 Abs.3 Satz 2). Es ist Sache der *energischen Verhandlungsleitung, auch nach längeren Beweisaufnahmen* vorgebrachten *Vertagungswünschen zu widerstehen.* Nur unter ganz besonderen Umständen, etwa wenn in einer verwickelten Sache die Beweisaufnahme ein von der bisherigen Sachdarstellung wesentlich abweichendes Bild ergeben hat, wird den Parteien eine Vertagung zu dem Zwecke, noch zu dem Beweisergebnis Stellung zu nehmen, zuzubilligen sein; gegebenenfalls kann die Ablehnung oder unzureichende Gewährung einer Vertagung sogar unter dem Gesichtspunkt einer unzureichenden Gewährung des rechtlichen Gehörs (→ Rdnr.50 vor §128) zu einer Aufhebung des Urteils Anlaß geben[3]. Zu den jeweils typischen Beispielen, die *keinen* erheblichen Grund für eine Vertagung darstellen, → §227 Rdnr.5ff. Von derartigen Ausnahmefällen abgesehen, muß die Regel sein, daß **aufgrund des unmittelbaren lebendigen Eindrucks der Beweisaufnahme verhandelt und auch entschieden** wird[4]. Wenn die Parteien damit rechnen müssen, daß das Gericht alsbald nach den von ihm selbst entgegengenommenen Beweisen zum Spruch kommt, so ist dies eines der wirksamsten Druckmittel für die Rechtzeitigkeit alles notwendigen Vorbringens.

---

[1] Z.B. bei besonders umfänglichen, sich voraussichtlich über viele Stunden erstreckenden Beweisaufnahmen in einer sog. Punktesache.

[2] Ausdrücklich zustimmend *BGH* Warn 1977 Nr.109 (383) = MDR 1978, 46.

[3] *BGH* (Fn.2) für den Fall der Vorlage einer schriftlichen Zeugenerklärung in einer Fremdsprache erst im Termin selbst; *RG* DJ 1876, 75; *Volkmar* DJ 1936, 70; → auch §548 Rdnr.3 a.E.

[4] Ebenfalls ausdrücklich zustimmend *BGH* (Fn.2).

b) Beginn der mündlichen Verhandlung

3 Die mündliche Verhandlung **beginnt** stets erst mit der *Erledigung der Beweisaufnahme.* Bleibt daher in einem solchen Termin eine Partei aus, so ist zunächst gemäß §367 die Beweisaufnahme so weit als möglich zu bewirken[5]; Anträge auf Versäumnisurteil sind erst nach der Beendigung oder sonstigen Erledigung der Beweisaufnahme zulässig (→ aber Rdnr.5).

c) Beendigung der Beweisaufnahme

4 Die *Beweisaufnahme* ist *erledigt*, wenn *alle* durch den Beweisbeschluß angeordneten Beweiserhebungen *vollständig ausgeführt* sind oder eine Beweisaufnahme tatsächlich unausführbar geworden ist, z.B. wegen des Ausbleibens einer Partei im Termin (§367 Abs.1), oder aus anderen Gründen[6] *überhaupt* nicht bewirkt werden kann oder das Gericht den Beweisbeschluß zurücknimmt (→ §360 Rdnr.1) oder endlich der Beweisführer auf das Beweismittel verzichtet[7]. Liegt dagegen ein Hindernis nur für einen *einzelnen Termin* vor, z.B. wenn ein Zeuge oder Sachverständiger nicht erschienen ist, so hat das Gericht bzw. der beauftragte Richter nach §368 unter Einhaltung der Ladungsfrist (→ auch §361 Rdnr.2) einen neuen Termin von Amts wegen zu bestimmen. Wegen der hiervon teilweise abweichenden Regelung beim Ausbleiben der *Partei* in dem zu ihrer *Vernehmung* nach §§445ff. bestimmten Termin → §454 Rdnr.6ff.

d) Verzicht auf Beweisaufnahme bei Säumnis des Gegners

5 Trotz Nichterscheinens einer Partei wird die Beweisaufnahme nach §367 durchgeführt. Der erschienene Beweisführer kann aber auf sein Beweismittel »verzichten« (§399) und damit die Beweisaufnahme beenden (→ Rdnr.4). Da nach Abs.1 der Termin zur Beweisaufnahme auch zur Fortsetzung der mündlichen Verhandlung bestimmt ist, kann er sofort ein **Versäumnisurteil herbeiführen** (§332). Wird hiergegen Einspruch (§338) eingelegt, so darf das fallengelassene Beweismittel **nicht nach §296 ZPO zurückgewiesen** werden. Der Einspruch versetzt den Prozeß in die Lage vor Eintritt der Säumnis zurück (§342). Nach der Rechtsprechung ist das der Zeitpunkt des *Nichtauftretens* in der mündlichen Verhandlung[8]. Folglich wird auch ein »Verzicht« auf das Beweismittel hinfällig. – Zum gleichen Ergebnis kommt, wer sich auf den Standpunkt stellt, die Versäumung trete erst mit dem *Schluß* des Termins zur mündlichen Verhandlung ein[9]. Eine Zurückweisung nach §296 Abs.2 setzt voraus, daß unter Verstoß gegen §282 ein Beweismittel nicht so zeitig vorgebracht wurde, wie es nach der *Prozeßlage* einer auf Förderung des Verfahrens bedachten Prozeßführung entspricht. »Prozeßlage« ist aber auch das Nichterscheinen des Gegners und die Geständnisfiktion des §331 Abs.2. Ein Verzicht auf die Durchführung der Beweisaufnahme begründet keinen Verstoß gegen die Prozeßförderungspflicht, wenn der Gegner nicht erscheint. Denn ob die Beweisaufnahme notwendig wird, hängt davon ab, ob der Gegner Einspruch einlegt, was niemand wissen kann. Man sollte in diesem Punkte von der erschienenen Partei auch keine Prognose verlangen und die Frage der Präklusion nach §296 Abs.2 allein auf Verschuldensebene lösen[10]. Es begründet

[5] Auch wenn anschließend ein Versäumnisurteil erlassen wird, kann eine vorherige Beweisaufnahme noch wichtig sein (→ §367 Rdnr.1).
[6] Z.B. wegen Nichtzahlung des Vorschusses (§379), *OLG Dresden* SächsAnn 15, 323.
[7] Zum Verzicht bei *Säumnis des Gegners* → sogleich Rdnr.5.
[8] *BGHZ* 4, 328, 340; *BGH* NJW 1993, 861, 862; → auch §220 Rdnr.10; a.A. → §342 Fn.1.
[9] Vgl. → §342 Rdnr.1 mwN.
[10] So aber *Schumann* in der 20. Aufl. Rdnr.5 (Verschulden, wenn die anwesende Partei wußte, der Gegner werde das Versäumnisurteil nicht hinnehmen).

schon keinen Verstoß gegen die allgemeine Prozeßförderungspflicht, wenn die Partei vorläufig auf eine möglicherweise nicht notwendige Beweisaufnahme »verzichtet«.

2. Versäumnisverfahren nach Abschluß der Beweisaufnahme

6 Erst wenn die **Beweisaufnahme** beendet ist, kann gemäß §332 in der nun beginnenden Fortsetzung der Verhandlung gegen die nicht erschienene Partei das **Versäumnisurteil** beantragt werden (zum *Verzicht* auf die Beweisaufnahme bei Säumnis des Gegners → Rdnr. 5). Vertagung ist dann nur nach Maßgabe des §335 bzw. §337 zulässig. Bei Erlaß eines Versäumnisurteils ist das **Ergebnis der Beweisaufnahme** *grundsätzlich* **unberücksichtigt** zu lassen; bei Ausbleiben des *Klägers*, weil nach §330 für eine Würdigung des Vorbringens überhaupt kein Raum ist, und bei Ausbleiben des *Beklagten*, weil nach §331 die Terminsversäumung Geständniswirkung hat und ein Geständnis durch ein dem Zugestehenden (dem Beklagten) günstiges Beweisergebnis in seiner Wirkung nicht berührt wird. Eine **Berücksichtigung** des Beweisergebnisses wird jedoch **befürwortet**, falls die Beweisaufnahme ergibt, daß die Behauptung des Klägers nicht nur objektiv unrichtig, sondern »*eindeutig im gegenteiligen Sinne klargestellt*« ist, weil das *Aufrechterhalten* der Behauptung dann gegen die subjektive Wahrheitspflicht verstoße[11]. Diese Auffassung findet in der ZPO keine Grundlage und ist daher **abzulehnen**. Das Aufrechterhalten einer Behauptung trotz gegenteiligen Beweisergebnisses muß nicht einen Verstoß gegen die subjektive Wahrheitspflicht bedeuten, denn die Kenntnis und Überzeugung der Partei von den von ihr vorgetragenen Tatsachen kann vom Beweisergebnis unberührt bleiben; auch ein noch so eindeutiges Beweisergebnis muß den Tatsachen nicht entsprechen. Überdies setzt die Feststellung, die Behauptung des Klägers sei nicht nur objektiv unrichtig, sondern »eindeutig« widerlegt, ein (weiteres) Beweismaß voraus, das höhere Anforderungen an die richterliche Überzeugung stellt als nach §286 erforderlich (→ §286 Rdnr. 4 [21. Aufl.]); damit wird vom Richter eine Grenzziehung verlangt, die er kaum nachvollziehbar begründen kann. Das **Ergebnis der Beweisaufnahme** ist allerdings dann zu **berücksichtigen**, wenn hierdurch feststeht, daß eine **von Amts wegen** zu prüfende Prozeßvoraussetzung nicht vorliegt und somit der Erlaß eines Versäumnisurteils nicht möglich ist (→ §330 Rdnr. 9f., → §331 Rdnr. 13). Ergeht das Versäumnisurteil, so verliert zwar die Beweisaufnahme zunächst ihre Bedeutung, sie kann sie aber durch den Einspruch wiedererlangen.

3. Entscheidung nach Aktenlage

7 Bei beiderseitiger oder einseitiger Säumnis kann nach Abschluß der Beweisaufnahme auch eine **Entscheidung nach Lage der Akten**, §§251a, 331a, ergehen (→ auch §367 Rdnr. 2), bei der das Ergebnis der Beweisaufnahme mit zu berücksichtigen ist[12] (→ §285 Rdnr. 9 [21. Aufl.]). Daß die Beweisaufnahme nicht Gegenstand der mündlichen Verhandlung gewesen ist, hindert die Entscheidung nicht, da sich ja die Parteien der Möglichkeit der Verhandlung freiwillig begeben haben; das Gericht wird aber gerade in diesem Fall besonders vorsichtig zu prüfen haben, ob der alsbaldige Erlaß einer endgültigen Entscheidung nach Aktenlage angebracht ist.

---

[11] *Schumann* in der 20. Aufl. Rdnr. 6; MünchKommZPO/*Musielak*[2] Rdnr. 5; *Henckel* JZ 1992, 645, 649 r. Sp. (Uneinsichtigkeit solle nicht prämiert werden); zurückhaltend *Leipold* → §138 Rdnr. 15 Fn. 27.

[12] *BGH* NJW 2002, 301, 302 für Beweisaufnahme bei Säumnis einer Partei vor Wiedereintritt in die mündliche Verhandlung; → §360 Rdnr. 8.

II. Terminsbestimmung zur Fortsetzung der mündlichen Verhandlung bei Beweisaufnahme nicht vor dem Prozeßgericht

8 Die **Bestimmung des Termins zur Fortsetzung der mündlichen Verhandlung** (Abs. 2) bei Anordnung der Beweisaufnahme durch den beauftragten oder ersuchten Richter erfolgt auch im Anwaltsprozeß von Amts wegen (→ Rdnr. 5ff. vor §214); entweder im Beweisbeschluß, mit dem sie zu verkünden ist, §218, oder durch den Vorsitzenden. Dann ist der Termin den Parteien von Amts wegen bekanntzumachen (→ Rdnr. 11ff. vor §214). Die Ladungsfrist (§217) ist einzuhalten[13].

---

[13] *RGZ* 81, 323.

Titel 6
Beweis durch Augenschein

Vorbemerkungen vor § 371

Schlüssel zum Augenscheinsbeweis

Schlüssel zum Augenscheinsbeweis (Stichwortverzeichnis zum Beweis durch Augenschein)

Das nachfolgende Stichwortverzeichnis erschließt die Kommentierung der Vorschriften über den Beweis durch Augenschein (Vorbemerkungen vor § 371, § 371–§ 372a). Soweit an anderen Stellen dieses Kommentars grundsätzliche Ausführungen zum Augenscheinsbeweis enthalten sind, ist auch darauf verwiesen worden.

I. Allgemeines

1. Augenscheinsbeweis[1]

1 Der Zweck des prozessualen Beweises, dem Richter eine auf Sinneswahrnehmungen gegründete Vorstellung von der Wahrheit der tatsächlichen Parteibehauptungen zu verschaffen (→ § 284 Rdnr. 9ff. [21. Aufl.] und § 286 Rdnr. 1ff. [21. Aufl.]), kann dadurch unmittelbar erreicht werden, daß dem Richter Gelegenheit gegeben wird, die **Tatsachen**, soweit sie in gegenwärtigen Zuständen bestehen, **selbst wahrzunehmen**, sei es, daß diese Zustände die unmittelbar erheblichen Tatsachen darstellen, oder daß sie Indizien für frühere Ereignisse sind. Die Gegenstände dieser Wahrnehmung, die nach ihrem häufigsten Fall (→ Rdnr. 4) Augenschein genannt wird, sind sonach Beweismittel (→ § 284 Rdnr. 26ff. [21. Aufl.]), während der richterliche Augenschein selbst, d.h. die Tätigkeit der Wahrnehmung, die Beweisaufnahme in bezug auf diese Beweismittel (in Parallele zur Zeugenvernehmung) darstellt[2]. Ohne Bedeutung für das Wesen dieser Tätigkeit und für die Natur der Augenscheinsobjekte als Beweismittel ist es, ob der Augenschein infolge eines darauf gerichteten Beweisantritts der Partei (§ 371) oder von Amts wegen (§ 144, s. auch § 358a Satz 2 Nr. 5, → dort Rdnr. 25) angeordnet wird. Der Augenscheinsbeweis wird mit Recht als besonders zuverlässiges Beweismittel bewertet[3] und sollte daher soweit möglich verwendet werden[4].

---

[1] Lit.: *Brüggemann* Judes statutor und judex investigator (1968) 363ff.; *Döhring* Die Erforschung des Sachverhalts im Prozeß (1964) 312; *Raschke* Edition von Augenscheinsobjekten (1913); *Weveld* Zur Lehre vom Gerichtlichen Augenschein (1877, Nachdruck 1970).

[2] *Stein* Das private Wissen des Richters (1893) 52, 62; *Wach* Vorträge über die Reichscivilprocessordnung[2] (1896) 200f. – A.M. *Heusler* AcP 62 (1879) 237.

[3] *Hellwig* System des deutschen Zivilprozeßrechts 1 § 210 I. Zum Wert des Augenscheins, aber auch zu den Fehlerquellen *R. Bruns*[2] § 34 Rdnr. 179; *Döhring* (Fn. 1) 314.

[4] Zum Wert eines Ortstermins *Bull* JR 1959, 410.

2. »Formlose« Besichtigung – Informatorische Besichtigung bei unstreitigen Tatsachen

2 Die Einnahme des Augenscheins ist Beweisaufnahme i.S.d. §§ 355ff.; es müssen daher auch die *Formen des gewöhnlichen Beweisverfahrens* eingehalten werden. Zum Problem des *Freibeweises*, bei dem diese Vorschriften nicht gelten sollen, → Rdnr. 5ff. vor § 355. Neben dem Augenschein zum Beweis streitiger Tatsachen wird auch eine sog. **formlose Besichtigung** von einigen Stimmen in Rechtsprechung und Lehre anerkannt[5], die der Information des Gerichts, d.h. der *Aufklärung unstreitiger Tatsachen* dient. Die »formlose« Besichtigung soll wie der Augenschein gemäß § 144 von Amts wegen angeordnet werden können. Die informatorische Besichtigung bei unstreitigen Tatsachen ist **zulässig**. Auf diesem Wege kann sich das Gericht selbst einen Eindruck von tatsächlichen Verhältnissen schaffen, ohne sich allein auf die übereinstimmende Darstellung der Parteien verlassen zu müssen, die auch im Rahmen der informatorischen Besichtigung bindend ist. Die informatorische Besichtigung läßt sich daher als **Seitenstück zum Unmittelbarkeitsgrundsatz** (§ 355) verstehen, denn auch bei unstreitigen Tatsachen (etwa dem Verlauf einer Straße im Verkehrsunfallprozeß) kann ein unmittelbarer Eindruck des Gerichts eine bessere Vorstellung von den tatsächlichen Verhältnissen vermitteln als Fotografien, Skizzen oder schriftliche Darlegungen.

3 Schwerwiegende Bedenken bestehen aber gegen die Freistellung der informatorischen Besichtigung von den Regeln des Beweisverfahrens[6]. Auch die informatorische Besichtigung ist daher den **Bestimmungen des Beweisaufnahmerechts** unterworfen. Nach § 355 haben alle Mitglieder des Prozeßgerichts an der Besichtigung teilzunehmen. Für eine Übertragung auf den beauftragten oder ersuchten Richter gilt § 372 Abs. 2 (→ § 372 Rdnr. 3). Insbesondere aber ist den Parteien Gelegenheit zur Anwesenheit (§ 357) zu geben. Dies ist auch bei der informatorischen Besichtigung vom Recht der Parteien auf Gehör zwingend gefordert. – Die bestehende Unklarheit (sonst wäre die Besichtigung überflüssig) trägt außerdem immer den Keim zu einem Parteistreit über die Tatsachenlage in sich; die Parteien sollten daher von Anfang an Gelegenheit haben, ihre Hinweise bei der Besichtigung zu geben und nicht genötigt sein, einer schon gefaßten Meinung des Gerichts begegnen zu müssen, wenn dieses in der mündlichen Verhandlung erklärt, es habe mittlerweile die Wohnung, den Unfallort usw. besichtigt und dabei dieses oder jenes festgestellt. Besonders bedenklich ist es auch, wenn bei der Besichtigung, von der die Parteien nicht unterrichtet wurden, nur eine der Parteien (etwa als Wohnungsinhaber) oder ein ihr nahestehender Zeuge zugegen ist und die eigene Ansicht darlegen kann; dies kann die Ablehnung des Richters wegen Besorgnis der Befangenheit begründen[7]. – Zur *Anregung* zu einer solchen informatorischen Besichtigung und deren *Ablehnung* → § 371 Rdnr. 32.

---

[5] *RGZ* 170, 264: Keine »Klärung und Feststellung bestimmter strittiger Punkte; vielmehr soll dem Gerichte lediglich seine Aufgabe erleichtert werden, auf Grund des unstreitigen Sachverhalts mit Rücksicht auf allgemeine Erfahrungstatsachen und Kenntnisse zu einer richtigen Beurteilung des Sach- und Streitstoffes zu gelangen.« *Prozeßrichterliche Vereinigung Berlin* JR 1951, 371 Nr. 5; *LG Berlin* MDR 1952, 558; *E. Peters* Der sogenannte Freibeweis im Zivilprozeß (1962) 157; MünchKommZPO/*Damrau*² § 371 Rdnr. 1. Die hier meist zitierte Entscheidung *RGZ* 170, 264 besagt nicht, daß die Besichtigung zur Unterrichtung von den Formvorschriften freigestellt wäre.

[6] So aber MünchKommZPO/*Damrau*² § 371 Rdnr. 1.

[7] *LG Berlin* MDR 1952, 558; zum Betreten einer Wohnung durch einen Sachverständigen *BVerfGE* 75, 318.

II. Die Augenscheinsobjekte

1. Umfang und Beispiele

4 Der Begriff des gerichtlichen Augenscheins umfaßt nicht nur Wahrnehmungen mit Hilfe der Augen, sondern **alle Sinneswahrnehmungen**. In Betracht kommen z.B. die Besichtigung eines Unfallorts, die Betrachtung von Bildern, **Fotografien**[8], die Wahrnehmung von Lochkarten und -streifen, Tonbändern (→ Rdnr. 6), Schallplatten, Speicherplatten, EDV-geführten Büchern, Computerspeichern[9], Bild- und audiovisuellen Bändern, aber auch die Prüfung des **Geruchs** und **Geschmacks** eines Nahrungsmittels, der Glätte oder Rauheit eines Werkstoffs oder die Wahrnehmung der **Lärmentwicklung** einer Maschine, eines Betriebs oder die Feststellungen über sonstige **Immissionen** sowie die Wahrnehmungen über **Hitze-** oder **Wärmeeinwirkungen** usw. Augenscheinsobjekte können alle Gegenstände sowie der Körper der Parteien oder Dritter sein. Zum Augenscheinsbeweis gehören auch Wahrnehmungen, die dem Richter nur mit Hilfe von Instrumenten (Mikroskop, Meßgeräte) möglich sind.

2. Abgrenzung von anderen Beweismitteln

5 Daß der Augenschein in einer sinnlichen Wahrnehmung von unmittelbar oder mittelbar erheblichen Tatsachen durch den Richter besteht, ermöglicht allein keine **Abgrenzung von den übrigen Beweismitteln**, denn auch beim Urkundenbeweis, bei der Vernehmung von Zeugen, Sachverständigen und Parteien erfolgt die Beweiserhebung mittels sinnlicher Wahrnehmung. Die mittelbar erheblichen Tatsachen sind hier der Inhalt der Urkunden oder die vor Gericht gemachten Aussagen. Die Abgrenzung ergibt sich aber aus den speziellen Merkmalen der anderen Beweisarten (Entgegennahme von Aussagen beim Personalbeweis, schriftlich verkörperte Gedankenäußerung beim Urkundenbeweis). Gegenüber dem allgemeinen Tatbestand des Augenscheins stellen die Vorschriften über die anderen Beweismittel *Sonderregeln* dar, die den Regeln über den Augenscheinsbeweis vorgehen. Die Sondervorschriften erfassen das jeweilige Beweismittel zur Gänze; die Annahme, mit dem Urkundenbeweis sei insoweit ein Augenscheinsbeweis verbunden, als es um die Unversehrtheit der Urkunde geht, mit dem Zeugenbeweis parallel laufe ein Augenscheinsbeweis hinsichtlich des äußeren Verhaltens des Zeugen, wird daher dem Verhältnis der Beweismittel nicht gerecht.

3. Technische Aufzeichnungen als Augenscheinsobjekte

a) Allgemeines

6 Die vielfach vertretene Auffassung, Augenschein liege dann nicht vor, wenn es um die *Vermittlung von Gedankeninhalten* gehe[10], ist durch die gesetzliche Regelung nicht veranlaßt; sie gibt dem Augenscheinsbeweis einen zu engen Inhalt. Das zeigt sich am Beispiel der **Tonband-**

---

[8] *BGH* MDR 1976, 304; *OLG Frankfurt* AnwBl 1980, 367 = JB 1524 = VersR 777 = WPM 1022 (LS). Eine **Fotokopie** eines *Schriftstückes* stellt dagegen eine Urkunde dar, *Zöller/Greger*[25] § 371 Rdnr. 2. Über die Verpflichtung zur Augenscheinseinnahme einer Örtlichkeit, wenn über sie eine Fotografie vorliegt, *BGH* NJW-RR 1987, 1237.

[9] *Redeker* NJW 1984, 2390. Zu den neuartigen technischen Aufzeichnungen und der Abgrenzung der Beweismittel *Jöstlein* DRiZ 1973, 409 (Besprechung von *Jessnitzer* DRiZ 1974, 98); *Baltzer* Gedschr. für Bruns (1980) 73 (EDV-geführte Handelsbücher).

[10] *Baumbach/Lauterbach/Hartmann*[64] Übers § 371 Rdnr. 4; *Rosenberg/Schwab/Gottwald*[16] § 117 Rdnr. 1; *Thomas/Putzo/Reichold*[27] Rdnr. 1; *Zöller/Greger*[25] § 371 Rdnr. 2. Gleichwohl rechnen alle diese Autoren Tonbandaufnahmen zu den Augenscheinsobjekten.

aufnahmen[11] und sonstiger **Schall-** und **Bild-** bzw. **Videoaufzeichnungen**, sowie der sonstigen Aufnahmen durch **elektronische Medien** (→ auch Rdnr. 4, 7). Da diese Aufnahmen keine schriftlich verkörperten Gedankenäußerungen darstellen, können sie nicht als Urkunde im Sinne der ZPO (→ Rdnr. 1 vor § 415) angesehen werden. Sie stellen vielmehr, nicht nur soweit sie Geräusche oder Bilder, sondern auch soweit sie *sprachliche* Äußerungen (Gedankeninhalte) oder auch *schriftliche* Formulierungen (z.B. ein in einer Videoaufnahme abgebildetes Schriftstück) enthalten, **Augenscheinsobjekte** dar[12]. Die Zulässigkeit von derartigen technischen Aufzeichnungen als Beweismittel wird mit Recht anerkannt. Zwar kann es besonders schwierig sein, die Identität der Aufnahme festzustellen, auch sind Verfälschungen besonders leicht auszuführen, doch ist all dies bei anderen Beweismitteln (z.B. den Urkunden) ebenfalls möglich[13]. Ist die Echtheit der Aufzeichnung bestritten, so ist allerdings bei der Beweiswürdigung besondere Sorgfalt geboten. Tonbandaufnahmen mit Aussagen (auch aus anderen Verfahren) sind im Zivilprozeß selbst dann als Beweismittel verwertbar, wenn der unmittelbare Zeugenbeweis möglich wäre[14]. Die *beantragte* Vernehmung eines Zeugen kann aber *nicht* unter Hinweis auf eine vorliegende Tonbandaufnahme einer früheren Aussage (zu derartigen Tonbandprotokollen → § 160a Rdnr. 3f.) außerhalb des Verfahrens abgelehnt werden. Insofern gilt dasselbe wie zur Heranziehung von Vernehmungs- oder Augenscheinsprotokollen *anstelle* eines Zeugen, dazu → §§ 284 Rdnr. 34ff. (21. Aufl.). Ist ein Zeugenbeweis *beantragt*, so kann die unmittelbare Vernehmung durch das Gericht nicht durch das Abspielen eines besprochenen Tonbandes ersetzt werden[15].

7 Zu den Augenscheinsobjekten zählen auch **elektronische Dokumente**[16], wie § 371 Abs. 1 Satz 2 klarstellt. Elektronische Dokumente sind (regelmäßig digital) gespeicherte Daten. Diese sind zu unterscheiden vom Datenträger[17]. Der Begriff des elektronischen Dokuments (im weiteren Sinne) umfaßt nicht nur Erklärungen in digitaler Form, sondern unabhängig von seinem Inhalt neben Schriftstücken auch Grafik-, Audio- und Videodateien[18]. Für das Beweisverfahren sind gemäß § 371 Abs. 1 Satz 2, Abs. 2 die Vorlegungspflichten nach §§ 422f. relevant (→ § 371 Rdnr. 7ff.). Für die Beweiskraft elektronischer Dokumente ist auf elektronische Dokumente im engeren Sinne abzustellen; davon erfaßt sind nur elektronische Dokumente, die Erklärungen enthalten (→ § 371a Rdnr. 7). – Enthält das elektronische Dokument einen gedanklichen Inhalt, bildet der **Ausdruck** auf Papier (schriftliche Verkörperung, → Rdnr. 1 vor

---

[11] *Brüggemann* (Fn. 1) 385; *Lang* Ton- und Bildträger (1960) 85; *Pleyer* ZZP 69 (1956) 320; *Roggemann* Das Tonband im Verfahrensrecht (1962) 5; *Siegert* NJW 1957, 689.

[12] *BGH* NJW 1982, 277; *BGHSt* 14, 341 = NJW 1960, 1582; *KG* JW 1924, 912; *Baumbach/Lauterbach/Hartmann*[64] Übers § 371 Rdnr. 4; *Bruns* JZ 1957, 493; *ders.* Lb[2] § 34 Fn. 6 (Augenscheinsqualität); MünchKommZPO/*Damrau*[2] § 371 Rdnr. 4; *Feldmann* NJW 1958, 1166; *Lang* (Fn. 11) 97; *Pleyer* ZZP 69 (1956) 322; *Roggemann* (Fn. 11) 66, 73; *Rosenberg/Schwab/Gottwald*[16] § 117 Rdnr. 5ff.; *Thomas/Putzo/Reichold*[27] Rdnr. 6; *Zöller/Greger*[25] § 371 Rdnr. 1 – **A.M.** (Urkundenbeweis, soweit es um den Inhalt des Tonbandes geht) *Kohlhaas* NJW 1957, 493; *Scupin* DÖV 1957, 554; *Siegert* NJW 1957, 691; (weder Augenscheinsobjekt noch Urkunde); *Henkel* in: Tonbandaufnahmen, Zulässigkeit und Grenzen ihrer Verwendung im Rechtsstaat (1957) 52. Differenzierend *Brüggemann* (Fn. 1) 390ff. – Im Strafprozeß steht die Einordnungsfrage im Zusammenhang mit der Anwendbarkeit der §§ 250ff. StPO, doch kommt diese auch bei einer Betrachtung als Augenscheinsobjekt in Betracht. Zu diesen Fragen *Roggemann* (Fn. 11) 34ff.

[13] *Pleyer* ZZP 69 (1956) 320. Hinweise zur Echtheitsprüfung bei *Roggemann* (Fn. 11) 83ff.

[14] *Pleyer* ZZP 69 (1956) 324; *Roggemann* (Fn. 11) 47.

[15] *Pleyer* ZZP 69 (1956) 326; *Roggemann* (Fn. 11) 47.

[16] *Rüßmann* in: *Schlosser* (Hrsg.) Die Informationsbeschaffung für den Zivilprozeß ... (1996) 156; MünchKommZPO/*Schreiber*[2] § 415 Rdnr. 6. – Trägt das elektronische Dokument nur eine »*elektronische* Unterschrift«, fällt es nicht unter § 416, *Rüßmann* aaO 153ff., der sich mit Recht gegen Bestrebungen wendet, dies *de lege ferenda* zu ändern.

[17] *Borges* Verträge im elektronischen Verkehr (2003) 460ff.

[18] *Chr. Berger* NJW 2005, 1016, 1017.

§415) hingegen eine Urkunde[19]. Für die Beweiskraft spielt die Frage freilich keine Rolle, wenn der Ausdruck mangels Unterschrift ohnehin vollauf der freien Beweiswürdigung unterliegt (→ dazu §416 Rdnr. 20; zur Beweiskraft des Ausdrucks eines öffentlichen elektronischen Dokuments → §416a). Ist Beweisthema der Inhalt des Datenspeichers (etwa wenn der »Originalausdruck« vernichtet wurde), so ist für die materielle Beweiskraft auch der unterschriebene Ausdruck als Indiz frei zu würdigen (→ §416 Rdnr. 13); der Sachverständigenbeweis über den Speicherinhalt wird dadurch nicht ausgeschlossen (→ allgemein §284 Rdnr. 36 [21. Aufl.]).

b) Heimliche Aufzeichnungen

aa) Tonträgeraufzeichnungen

8 Die heimliche Aufnahme des nichtöffentlich gesprochenen Wortes auf einen Tonträger verletzt das Persönlichkeitsrecht und ist **rechtswidrig** (§201 Abs. 1 Nr. 1 StGB). Sie darf daher nicht als Beweismittel verwertet werden[20], zumal damit gegen §201 Abs. 1 Nr. 2 StGB verstoßen werden kann[21]. Deshalb sind i.d.R. unverwertbar Tonbandaufnahmen bei geschäftlichen Konferenzen oder Aufnahmen von Telefongesprächen, es sei denn, sämtliche Teilnehmer haben der Aufzeichnung zugestimmt.

9 Die Rechtswidrigkeit entfällt, wenn der Betroffene der Aufnahme oder Verwertung **zustimmt**. Die Zustimmung muß grundsätzlich *ausdrücklich* erteilt werden. Ausnahmsweise kann eine *konkludente* Zustimmung genügen, wenn etwa bei früheren Gelegenheiten eine ausdrückliche Zustimmung gegeben wurde oder ein Anrufer auf einen automatischen »Anrufbeantworter« spricht. Eine allgemeine konkludente Zustimmung sollte man nicht deshalb bejahen, weil sich Tonträgeraufzeichnungen in bestimmten Kreisen eingebürgert haben und von den beteiligten Kreisen als üblich angesehen werden[22].

10 Ferner kann eine heimliche Tonaufzeichnung und ihre Verwertung als Beweismittel zulässig sein, »wenn unter den Umständen des konkreten Falls bei Abwägung der widerstreitenden Interessen sowie mit Rücksicht auf die generelle Bedeutung der betroffenen Schutzgüter die Rechtsverwirklichung, der dieses Beweismittel dienen soll, Vorrang vor dem Schutz des gesprochenen Wortes haben muß«[23]. Dabei muß das Interesse an der Wahrheitsfindung die Vertraulichkeit des gesprochenen Wortes deutlich übersteigen. Der Beweisführer muß sich in einer **notwehrähnlichen Lage** befinden.

bb) Sonstige Aufzeichnungen

11 Die für Tonträgeraufzeichnungen geltenden Grundsätze lassen sich auf andere technische Aufzeichnungen übertragen, etwa Fotografien oder Film- und Videoaufnahmen. Die Aufnahme und Zurschaustellung können ebenfalls das Persönlichkeitsrecht verletzen (§22 Kunst-

---

[19] A.A. *Bergmann/Streitz* CR 1994, 77, 78, die freilich die Frage des Vorliegens einer Urkunde und des Eingreifens der Beweisregel des §416 nicht trennen (→ dazu Rdnr. 3 vor §415).

[20] → §284 Rdnr. 56ff. (21. Aufl.); *BAG* NJW 1983, 1691, 1692; *LAG Berlin* DB 1988, 1024; *Roggemann* (Fn. 11) 87ff. – Gegen das Verwertungsverbot *Lang* (Fn. 11) 110ff. Übersicht bei *Werner* NJW 1988, 993.

[21] *BGH* NJW 1982, 277.

[22] *BGH* NJW 1988, 1016; *BGH* NJW 1982, 1397 hält das heimliche *Mithören* eines Telefongespräches nicht ohne weiteres für unzulässig; *BGH* NJW 1982, 277 verneint ein *absolutes* Verwertungsverbot heimlicher Tonbandaufnahmen. *BGH* NJW 1987, 2667 sieht in der ungenehmigten Weitergabe von – mit Zustimmung des Betroffenen – aufgenommenen Geschäftsgesprächen einen Verstoß gegen dessen Persönlichkeitsrecht. Vgl. auch *Roggemann* (Fn. 11) 104.

[23] *BGH* NJW 1982, 277, 278 l. Sp.; MünchKommZPO/*Damrau*[2] §371 Rdnr. 13.

UrhG). Soweit allerdings § 23 KunstUrhG eine Veröffentlichung gestattet, ist auch die Verwertung von Bildnissen als Augenscheinsobjekt möglich[24]. Ferner können technische Aufzeichnungen verwertet werden, wenn das Interesse an der Wahrheitsfindung das Persönlichkeitsrecht übersteigt[25].

III. Durchführung des Augenscheins

1. Ergebnis und Würdigung

12 Bei der Einnahme des Augenscheins bildet sich der Richter das Urteil über die Tatsache, die er wahrnimmt, selbst (→ § 284 Rdnr. 9ff. [21. Aufl.]). Dieses Tatsachenurteil ist das nach § 160 Abs. 3 Nr. 5 *zu protokollierende* (→ § 160 Rdnr. 24) oder im Falle des § 161 in den Tatbestand aufzunehmende (→ § 313 Rdnr. 42 [21. Aufl.]) »**Ergebnis**« des Augenscheins. Über die Durchführung der Augenscheinseinnahme durch einen beauftragten Richter (§ 372 Abs. 2) ist eine Niederschrift aufzunehmen[26]. Hat der Augenschein vor dem erkennenden Richter selbst stattgefunden, so besteht die **Beweiswürdigung**, die auch hier nur Überzeugung, nicht »absolute Gewißheit« ist (→ § 286 Rdnr. 1ff. [21. Aufl.]) nur noch in der Schlußfolgerung aus diesem Ergebnis. Hat ihn dagegen nicht das erkennende Gericht, sondern ein beauftragter oder ersuchter Richter oder der vorher mit der Sache befaßte Einzelrichter eingenommen, so ist auch das Ergebnis selbst nach § 286 frei zu würdigen. Steht der Augenscheinseinnahme ein Hindernis entgegen, ist § 356 anzuwenden[27].

2. Zuziehung von Sachverständigen

13 Das Gericht darf zur Augenscheinseinnahme Sachverständige hinzuziehen, § 372 Abs. 1. Dies kann geschehen, um dem Sachverständigen Kenntnis von dem zu begutachtenden Sachverhalt zu verschaffen oder um den Richter durch die besondere Sachkunde bei seiner Wahrnehmung zu unterstützen.

3. Augenscheinsmittler

14 Das Prozeßgericht bzw. der beauftragte oder ersuchte Richter (§ 372 Abs. 2) haben aber den Augenschein grundsätzlich selbst vorzunehmen. Der Grundsatz der Unmittelbarkeit der Beweisaufnahme verbietet es, die Augenscheinseinnahme etwa aus Gründen der Einfachheit oder Bequemlichkeit einer anderen Person (z.B. Referendar, Gerichtswachtmeister) zu übertragen, die dann dem Gericht über das Wahrgenommene berichten soll, → § 355 Rdnr. 5ff. Ebenso ist der Grundsatz der Unmittelbarkeit der Beweisaufnahme verletzt, wenn nicht sämtliche Mitglieder eines Kollegialgerichts die Augenscheinseinnahme durchführen[28] und die Voraussetzungen des § 372 Abs. 2 nicht vorliegen. § 372 Abs. 1 gestattet allein die *Zuziehung* eines oder mehrerer Sachverständiger. Nur wenn der Augenscheinseinnahme durch das Gericht unüberwindliche Hindernisse entgegenstehen, kann es sich eines **Augenscheinsgehilfen** (Augenscheinsmittlers) bedienen[29]. In Betracht kommen Fälle, in denen dem Gericht aus *tat-*

---

[24] MünchKommZPO/*Damrau*[2] § 371 Rdnr. 12.

[25] Bejaht von *OLG Düsseldorf* NJW-RR 1998, 241 (Videoaufzeichnung).

[26] *BayObLG* MDR 1984, 324 (für ein Verfahren der Freiwilligen Gerichtsbarkeit); *Zöller/Greger*[25] § 372 Rdnr. 2.

[27] *Baumbach/Lauterbach/Hartmann*[64] Übers § 371 Rdnr. 5.

[28] *BVerwG* ZMR 1974, 173 (mit der Möglichkeit eines Verzichtes).

[29] *Goldschmidt* Der Prozeß als Rechtslage (1925) 434 Fn. 2288; *Pohle* AP § 402 Nr. 1; *Rosenberg/Schwab/Gottwald*[16] § 117 Rdnr. 23f.

sächlichen Gründen der Zugang zu dem Augenscheinsobjekt unmöglich ist (Besichtigung eines Wracks nur durch einen Taucher, einer schwer zugänglichen Stelle im Gebirge nur durch einen geübten Bergsteiger), oder Wahrnehmungen, die nur bei besonderer Sachkunde möglich sind[30]. Auch *rechtliche* Schranken können die Übertragung der Augenscheinseinnahme rechtfertigen. So steht das allgemeine Persönlichkeitsrecht körperlichen Untersuchungen, insbesondere von Frauen, entgegen, bei denen das Schamgefühl verletzt werden kann (vgl. auch § 81d StPO). Sie sind einem Arzt zu übertragen.

15 Da die Hilfsperson keine richterlichen Funktionen übernimmt, sondern nur als Beweisperson eingeschaltet wird, ist es nicht angebracht, von einer *Vertretung* des Richters zu sprechen[31]. Die **Einordnung des Augenscheinsgehilfen** in das System der Beweismittel bereitet Schwierigkeiten[32]; zur Abgrenzung des Zeugen- und des Sachverständigenbeweises → Rdnr. 11 vor § 373, → Rdnr. 11 vor § 402. Entscheidend muß sein, welche Vorschriften ihrem Zweck nach am besten passen. Dabei ist zwischen verschiedenen Aspekten zu unterscheiden[33]:

a) Erhebung des Beweises

16 Für die Frage, ob der Beweis überhaupt zu erheben ist, bewendet es bei den Regeln des Augenscheinsbeweises. Die Beweisaufnahme kann (anders als der Zeugenbeweis) auch von Amts wegen angeordnet werden, § 144 Abs. 1.

b) Anwendung der Regeln über den Sachverständigenbeweis

17 Für die **Auswahl** und **Ablehnung** der Hilfsperson, für ihre **Pflichten** und den **gerichtlichen Zwang** sollten die Regeln über den Sachverständigenbeweis angewandt werden, da sie von der Ersetzbarkeit der Beweisperson ausgehen und der Augenscheinsgehilfe ebenfalls ersetzbar ist[34]. Dies gilt auch dann, wenn die Augenscheinshilfe keine besondere Sachkunde voraussetzt; an die Stelle der Sachkunde tritt hier die besondere Fähigkeit der Hilfsperson, die ihr die Augenscheinseinnahme ermöglicht. Eine Pflicht zur Übernahme des Auftrags wird man in diesen letzteren Fällen allerdings nicht annehmen können; das Gericht ist hier darauf angewiesen, freiwillige Helfer zu finden[35]. – Entfällt die Ersetzbarkeit (die vom Gehilfen wahrgenommenen Tatsachen sind mittlerweile nicht mehr wahrnehmbar), so gelten die Regeln des *Zeugenbeweises*[36].

---

30 *RG* JW 1937, 3325. Dies kann bei der Auswertung neuer technischer Aufzeichnungen in Frage stehen, *Jöstlein* (Fn. 9) 409, 411.

31 *Kisch* JW 1937, 3325; *Lent* ZZP 60 (1937) 35. – A.M. die 18. Aufl. dieses Komm. II 3; *Bruns*[2] § 34 Rdnr. 178; *RG* JW 1937, 3325.

32 Überblick (zur Abgrenzung von Zeugen- und Sachverständigenbeweis) bei *Schmidhäuser* ZZP 72 (1959) 368. Für die Behandlung als **Zeuge**, soweit *Tatsachen* berichtet werden (als *Sachverständiger*, soweit *Schlußfolgerungen* gezogen werden) 18. Aufl. dieses Komm. vor § 402 I; *Lent* ZZP 60 (1937) 23ff.; *Rosenberg/Schwab/Gottwald*[16] § 117 Rdnr. 24; *Thomas/Putzo/Reichold*[27] Rdnr. 3. Für die Behandlung als *Sachverständiger*, soweit zur Wahrnehmung besondere Sachkunde erforderlich ist, im übrigen wie ein *Zeuge Baumbach/Lauterbach/Hartmann*[64] § 372 Rdnr. 4; *Goldschmidt* (Fn. 28). Die Befundsmitteilung selbst bleibt aber nach *Goldschmidt* aaO u. *Bruns*[2] § 35 Rdnr. 182 c ein Augenscheinsbeweis. Nach *Hegler* AcP 104 (1909) 246ff., 260 ist der Augenscheinsgehilfe als *Sachverständiger* zu behandeln, da der Grund der Einführung als *Aussageperson* maßgebend ist (Zeuge: wer etwas wahrgenommen hat; Sachverständiger: wer etwas wahrnehmen kann).

33 In Anlehnung an *Schmidhäuser* ZZP 72 (1959) 380ff.

34 *Schmidhäuser* ZZP 72 (1959) 382, 395ff. Er beschränkt hier den Begriff des Augenscheinsgehilfen auf die nicht sachkundige ersetzbare Beweisperson.

35 *Lent* ZZP 60 (1937) 39; *Schmidhäuser* ZZP 72 (1959) 382, 397.

36 *Schmidhäuser* ZZP 72 (1959) 382, 386ff.

c) Vereidigung

18 Da der Augenscheinsgehilfe über die wahrgenommenen Tatsachen berichtet, nicht Schlüsse daraus zieht, passen für die Vereidigung die Regeln (Eidesnorm) des *Zeugenbeweises* besser als jene des Sachverständigenbeweises[37].

d) Verhältnis zum Sachverständigengutachten

19 Sehr häufig ist die Wahrnehmung auf Grund besonderer Sachkunde mit der Erstellung eines Sachverständigengutachtens verknüpft. So gehören bei den Methoden des Vaterschaftsbeweises (→ § 644 Anh I Rdnr. 1ff. [21. Aufl.]) zum Auftrag des Sachverständigen sowohl die Feststellung der Blutgruppen, der Ähnlichkeitsmerkmale usw. wie auch die Schlußfolgerung hieraus hinsichtlich der Vaterschaft. In diesen Fällen ist die Wahrnehmung mit zur Sachverständigentätigkeit zu rechnen, so daß (abgesehen von § 372a) nur die Regeln des Sachverständigenbeweises Geltung haben[38]. Zu den Ermittlungen des Sachverständigen → Rdnr. 53ff. vor § 402; § 404a Rdnr. 12f.

e) Parteiöffentlichkeit

20 Zur Frage der Parteiöffentlichkeit[39] bei den Ermittlungen der Hilfsperson → § 357 Rdnr. 7ff.

IV. Internationale Augenscheinseinnahme (Augenschein im Ausland)

1. Allgemeines

21 Die Zunahme von Rechtsstreitigkeiten mit Auslandsberührung hat auch die Zahl der Situationen vermehrt, in denen ein Richter vor die Frage gestellt ist, einen Augenschein im Ausland durchzuführen. Die Vorschriften **verbieten** in aller Regel, daß das betreffende Gericht **selbst im Ausland** die **Einnahme des Augenscheins** tätigt. Da Handlungen eines Gerichtes als hoheitliche Maßnahmen des betreffenden Staates gelten, sind sie nur innerhalb der eigenen Staatsgrenzen zulässig; als ein Verstoß gegen die *Souveränität* des fremden Staates wird es daher regelmäßig angesehen, wenn auf dessen Territorium Handlungen von Gerichten eines anderen Staates vorgenommen werden (→ § 363 Rdnr. 6ff.). Um im Ausland einen Augenschein durchführen zu können, muß deshalb das Gericht den Weg der **Internationalen Rechtshilfe** gehen. Der Gesamtbereich der Ersuchen um Beweisaufnahmen im Ausland gehört zum Gebiet der **Internationalen Beweisaufnahme**, die die ZPO in den §§ 363f. anspricht (umfassend zur Internationalen Beweisaufnahme → § 363 Rdnr. 1ff.). Wie auch sonst bei der Internationalen Beweisaufnahme (→ § 363 Rdnr. 1ff.) ist beim Internationalen Augenschein zwischen *ausgehenden Rechtshilfeersuchen um Augenschein* (→ sogleich Rdnr. 22) und *eingehenden Rechtshilfeersuchen um Augenschein* (→ sodann Rdnr. 23) zu unterscheiden. Zur *Abstammungsfeststellung* gegenüber Ausländern → § 372a Rdnr. 26f.

---

37 *Schmidhäuser* ZZP 72 (1959) 382, 400.

38 *Stein* (Fn. 2) 67.

39 *OLG Hamm* VRS 41 (1971) 123. Zum Anwesenheitsrecht einer Partei bei Inaugenscheinnahme durch einen Sachverständigen *OLG München* NJW 1984, 807.

2. Ausgehende Rechtshilfeersuchen um Augenschein

22 Muß ein von einem **Gericht der Bundesrepublik Deutschland** angeordneter Augenschein im **Ausland getätigt** werden, so ist es dem Gericht **verwehrt**, **selbst** den Augenschein **im Ausland durchzuführen** (→ schon Rdnr. 21). Hieran ändert auch der Umstand nichts, daß der Augenscheinsort vom Gericht nicht weit entfernt liegt oder leicht zu erreichen ist. Auch ein *Einverständnis der Parteien* mit einer Beweisaufnahme durch das deutsche Gericht oder durch ein Mitglied des Gerichts macht eine solche Beweisaufnahme nicht zulässig; da der fremde Staat die gerichtliche Tätigkeit eines deutschen Gerichts auf seinem Gebiet als Souveränitätsverletzung ansieht oder ansehen kann, bleibt eine eigene Augenscheinseinnahme durch ein deutsches Gericht im Ausland unzulässig. Dabei kommt es nicht darauf an, ob für die ausländischen Behörden überhaupt die gerichtliche Tätigkeit eines deutschen Gerichts als solche erkennbar ist, so daß auch »informelle Besichtigungen« (→ Rdnr. 2) durch Gericht und Prozeßparteien wegen ihrer **Völkerrechtswidrigkeit** untersagt sind. Das deutsche Gericht muß vielmehr **im Wege Internationaler Rechtshilfe vorgehen**. Entsprechend der allgemeinen Terminologie handelt es sich hierbei um **ausgehende Rechtshilfeersuchen**. Das Verfahren und die Einzelheiten sind im Rahmen der Internationalen Beweisaufnahme auch im Hinblick auf den Augenscheinsbeweis näher dargestellt (→ §363 Rdnr. 24–69).

3. Eingehende Rechtshilfeersuchen um Augenschein

23 Muß ein von einem *ausländischen Gericht* angeordneter Augenschein auf dem Gebiet der Bundesrepublik Deutschland durchgeführt werden, hat das ausländische Gericht ebenfalls den Weg der Internationalen Rechtshilfe zu beschreiten. Hierbei handelt es sich um **eingehende Rechtshilfeersuchen** um Internationalen Augenschein (zur Terminologie bei der Internationalen Beweisaufnahme → §363 Rdnr. 3). Verfahren und maßgebliche Einzelheiten für die Behandlung eingehender Rechtshilfeersuchen sind im Rahmen der Behandlung der Internationalen Beweisaufnahme näher dargelegt (→ Anh. §363 Rdnr. 11ff.).

§371 Beweis durch Augenschein

(1) [1]Der Beweis durch Augenschein wird durch Bezeichnung des Gegenstandes des Augenscheins und durch die Angabe der zu beweisenden Tatsachen angetreten. [2]Ist ein elektronisches Dokument Gegenstand des Beweises, wird der Beweis durch Vorlegung oder Übermittlung der Datei angetreten.

(2) [1]Befindet sich der Gegenstand nach der Behauptung des Beweisführers nicht in seinem Besitz, so wird der Beweis außerdem durch den Antrag angetreten, zur Herbeischaffung des Gegenstandes eine Frist zu setzen oder eine Anordnung nach §144 zu erlassen. [2]Die §§422 bis 432 gelten entsprechend.

(3) Vereitelt eine Partei die ihr zumutbare Einnahme des Augenscheins, so können die Behauptungen des Gegners über die Beschaffenheit des Gegenstandes als bewiesen angesehen werden.

Gesetzesgeschichte: Ursprünglich §336 CPO, durch Nov. 98, RGBl 256 (→ Einl. Rdnr. 146) inhaltlich unverändert zu §371 geworden. Sprachliche Änderung durch Bekanntmachung 1950, BGBl I 533 (→ Einl. Rdnr. 190). Abs. 2 und 3 eingefügt durch das ZPO-RG (→ Einl. Rdnr. 202); die beigefügte amtliche Überschrift beruht auf Art. 2 Abs. 2 ZPO-RG in Verbindung mit der dazu erlassenen Anlage. Abs. 1 Satz 2 angefügt und Abs. 2 geändert durch das Schuldrechtsmodernisierungsgesetz vom 26. XI. 2001, BGBl I 3138.

Stichwortverzeichnis → »Schlüssel zum Augenscheinsbeweis« zu Beginn der Vorbemerkungen vor §371.

I. Allgemeines

1 Die Vorschrift regelt in den beiden ersten Absätzen die Art und Weise des Beweisantritts beim Augenscheinsbeweis; sie unterscheidet danach, ob sich der Gegenstand des Augenscheins im Besitz des Beweisführers (§371 Abs. 1) oder eines anderen (Prozeßgegner oder Dritter) befindet (§371 Abs. 2 Satz 1). §371 Abs. 1 Satz 2 normiert Besonderheiten des Beweisantritts beim elektronischen Dokument. §371 Abs. 3 regelt den Fall der Beweisvereitelung.

II. Beweisantritt

1. Augenscheinsobjekt im Besitz des Beweisführers

2 Befindet sich der Gegenstand des Augenscheins im Besitz des Beweisführers, erfolgt der förmliche Beweisantritt nach §371 Abs. 1 Satz 1 dadurch, daß der Beweisführer die zu beweisende Tatsache und den Gegenstand des Augenscheins benennt. Mehr ist nicht erforderlich.

2. Augenscheinsobjekt nicht im Besitz des Beweisführers (Abs. 2)

3 Behauptet der Beweisführer, der Gegenstand des Augenscheins befinde sich nicht in seinem Besitz, muß er zusätzlich zu den Erfordernissen des §371 Abs. 1 (Benennung von Tatsache und Augenscheinsobjekt, → Rdnr. 2) entweder einen Antrag auf Fristsetzung (§371 Abs. 2 Satz 1 Fall 1) oder einen Antrag auf Erlaß einer Anordnung nach §144 (§371 Abs. 2 Satz 1 Fall 2) stellen.

a) Augenscheinsobjekt im Besitz des Prozeßgegners

4 Befindet sich das Augenscheinsobjekt im Besitz des Prozeßgegners, kann der Beweisführer entweder einen Antrag auf Fristsetzung (§371 Abs. 2 Satz 1 Fall 1) oder auf Erlaß einer Vorlageanordnung nach §144 (§371 Abs. 2 Satz 1 Fall 2) stellen.

aa) Antrag auf Fristsetzung

5 Das Gericht hat dem Beweisgegner eine Frist zu setzen, wenn die Voraussetzungen vorliegen, unter denen der Prozeßgegner eine Urkunde vorlegen muß (§371 Abs. 2 Satz 2, §§422ff.). Eine Pflicht zur Vorlage des Augenscheinsobjekts oder der Duldung der Augenscheinseinnahme besteht entsprechend §422, wenn der Prozeßgegner dem Beweisführer dazu materiell-rechtlich verpflichtet ist. Der Prozeßgegner ist ferner zur Vorlage bzw. Duldung verpflichtet, wenn er sich auf das Augenscheinsobjekt bezogen hat (§423).

6 Das weitere Verfahren richtet sich nach §§424–426. §371 Abs. 3 (→ Rdnr. 34ff.) verdrängt §427.

bb) Antrag auf Erlaß einer Vorlage- oder Duldungsanordnung nach §144

7 Stellt der Beweisführer einen Antrag nach §§371 Abs. 2 Satz 1 Fall 2, 144 Abs. 1, so ist die Vorlage oder Duldung unabhängig von §§422, 423 anzuordnen[1]. Eine materiell-rechtliche Verpflichtung des Prozeßgegners ist nicht erforderlich. Auch muß er auf das Augenscheinsobjekt nicht Bezug genommen haben (grundsätzlich abweichend → §144 Rdnr. 20).

8 Dies ist freilich nicht unzweifelhaft. §371 Abs. 2 Satz 2 verweist auf §§422–432. Daraus könnte folgen, daß auch bei einem Vorlageantrag nach §371 Abs. 2 Satz 1 Fall 2 die Gründe für eine Vorlagepflicht (materiell-rechtliche Verpflichtung bzw. Bezugnahme) gegeben sein müssen (→ §144 Rdnr. 20). Den Gesetzesmaterialien zum ZPO-RG ist unmittelbar zu dieser Frage nichts zu entnehmen (→ §144 Rdnr. 18ff.). Der Regierungsentwurf zu §371 Abs. 2 nF[2] behandelt nur den Fall der Vorlageanordnung gegenüber Dritten. Insoweit allerdings führt die amtliche Begründung aus, ein Vorlageantrag nach §144 wird »insbesondere in Betracht kommen, wenn eine materiell-rechtliche Verpflichtung des Dritten zur Vorlegung und Herausgabe des Augenscheinsobjekts dem Beweisführer gegenüber nicht besteht«[3]. Jedenfalls gegenüber Dritten sollte der Vorlageantrag nach §144 unabhängig von §§429, 422 ergehen können. Im weiteren Gesetzgebungsverfahren hat man die Möglichkeit des Vorlageantrags nach §144 auch auf Augenscheinsobjekte erstreckt, die sich im Besitz des Prozeßgegners befinden. Es ist anzunehmen, daß insoweit ebenfalls von einem Vorlageanspruch abgesehen werden sollte. Im Rahmen des Vorlageantrags nach §§371 Abs. 2 Satz 2, 144 ist daher davon auszugehen, daß eine Anordnung ohne Vorliegen der Voraussetzungen der §§422, 423 ergehen kann. Damit

---

[1] MünchKommZPO/*Damrau*[2] Aktualisierungsband Rdnr. 13.
[2] BT-Drucks 14/3750, S. 63.
[3] BT-Drucks 14/3750, S. 63 r. Sp.

ist keine schrankenlose Mitwirkungspflicht des Prozeßgegners verbunden: Nach §371 Abs.3 ist eine Beweisvereitelung nur gegeben, wenn die Einnahme des Augenscheins »zumutbar« ist (→ Rdnr.39ff.).

9 Die Verweisung in §371 Abs.2 Satz 2 ist also restriktiv zu interpretieren. Das **weitere Verfahren** richtet sich nach §§424–426. Bestreitet der Prozeßgegner den Besitz des Augenscheinsobjekts, ist er nach §426 zu vernehmen. §371 Abs.3 (→ Rdnr.34ff.) geht §427 vor.

b) Augenscheinsobjekt im Besitz eines Dritten

aa) Allgemeines

10 §371 Abs.2 ermöglicht einen Zugriff insbesondere auf Augenscheinsobjekte, die sich im Besitz Dritter befinden. Bis zur Einführung des §371 Abs.2 durch das ZPO-RG im Jahre 2001 bestand eine allgemeine Pflicht Dritter zur Duldung des Augenscheins oder gar zur Herbeischaffung des Gegenstands des Augenscheins nicht (→ vor §371 Rdnr.33ff. [21.Aufl.]). Verweigerte der Dritte die Duldung oder Mitwirkung am Augenschein, war das Beweismittel nicht verwertbar (→ vor §371 Rdnr.43 [21.Aufl.]).

11 Dem Beweisführer stehen zwei Wege offen, um auf Augenscheinsobjekte zuzugreifen, die sich im Besitz eines Dritten befinden:

bb) Antrag auf Fristsetzung

12 Nach §371 Abs.2 Satz 1 Fall 1 kann der Beweisführer zum einen beantragen, eine Frist zur Herbeischaffung des Gegenstands des Augenscheins zu setzen. Die Fristsetzung richtet sich nicht gegen den Dritten. Sie verschafft vielmehr dem Beweisführer Zeit, das Augenscheinsobjekt vom Dritten zu beschaffen bzw. die Duldung der Augenscheinseinnahme durchzusetzen (§371 Abs.2 Satz 2 iVm §§428, 431; → §431 Rdnr.3). Für die Vorlagepflicht des Dritten gilt (nach §371 Abs.2 Satz 2) §429. Der Beweisführer muß gegen den Dritten auf Vorlage des Augenscheinsobjekts bzw. Duldung der Einnahme des Augenscheins klagen. Der Dritte ist nach Maßgabe der §§429, 422 zur Duldung bzw. Vorlage verpflichtet, wenn der Beweisführer einen entsprechenden materiell-rechtlichen Anspruch darauf hat. §371 Abs.2 begründet hingegen keine besondere (den Zeugenpflichten vergleichbare) prozessuale Pflicht des Dritten zur Vorlage von Augenscheinsobjekten oder Duldung der Einnahme des Augenscheins.

cc) Antrag auf Erlaß einer Vorlage- oder Duldungsanordnung nach §144

(1) Mitwirkungspflichten des Dritten

13 Der Beweisführer kann nach §371 Abs.2 Satz 1 Fall 2 zum anderen den Antrag auf Erlaß einer gerichtlichen Vorlage- oder Duldungsanordnung nach §144 Abs.1 stellen. Die Anordnung steht nicht im Ermessen des Gerichts. Allerdings müssen die sonstigen Voraussetzungen des Augenscheinsbeweises gegeben sein (→ §144 Rdnr.15).

14 Der Dritte ist als Besitzer grundsätzlich zur Vorlage bzw. Duldung verpflichtet, wie der Umkehrschluß aus §144 Abs.2 (iVm §371 Abs.2 Satz 2) ergibt. Es handelt sich dabei um eine prozessuale Mitwirkungspflicht, die den Zeugenpflichten vergleichbar ist. Ein materiell-rechtlicher Vorlage- oder Duldungsanspruch ist (hier) nicht erforderlich. Der Dritte darf die Vorlegung des Augenscheinsobjekts bzw. die Duldung des Augenscheins allerdings verweigern, wenn ihm diese nicht zumutbar ist (§§371 Abs.2 Satz 1 Fall 2, 144 Abs.2 Satz 1 Fall 1; → Rdnr.39ff.) oder er sich auf ein Zeugnisverweigerungsrecht berufen kann (§§371 Abs.2 Satz 1 Fall 2, 144 Abs.2 Satz 1 Fall 2, 383–385; → §144 Rdnr.24).

15 Ist die Mitwirkung des Besitzers des Augenscheinobjekts unzumutbar oder steht ihm ein Zeugnisverweigerungsrecht zu, ist eine gerichtliche Anordnung ausgeschlossen. Eine Anordnung gegen den Dritten ist auch dann nicht zulässig, wenn der Beweisführer einen materiellrechtlichen Anspruch auf Vorlage bzw. Duldung gegen den Dritten hat. Der Beweisführer muß in diesem Fall einen Antrag nach §371 Abs. 2 Satz 1 Fall 1 auf Fristsetzung stellen und den Klageweg beschreiten (→ Rdnr. 12). Gleiches gilt, wenn die Vorlage bzw. Duldung dem Dritten unzumutbar ist. Die **Gegenansicht** hält eine Anordnung aus prozeßökonomischen Gründen für zulässig[4]. Dem Dritten sollte jedoch der Weg in einen ordentlichen Zivilprozeß mit allen Rechtsmitteln und Verfahrensgarantien nicht genommen werden. Überdies würde die Gegenansicht dazu führen, daß der Vorlage- bzw. Duldungsanspruch nicht nach §§883ff., sondern ggf. im Wege der Haft vollstreckt werden würde (→ Rdnr. 18). Könnte das Gericht im Rahmen des Antrags nach §§371 Abs. 2 Satz 1 Fall 2, 144 stets auch materiell-rechtliche Vorlage- bzw. Duldungsansprüche prüfen, wäre der im §371 Abs. 2 Satz 1 Fall 1 alternativ vorgesehene Antrag auf Fristsetzung weithin gegenstandslos. Damit ergibt sich eine klare Aufgabenverteilung: Das Gericht, in dessen Verfahren der Augenschein einzuholen ist, hat Zeugnisverweigerungsrechte zu prüfen, ferner ggf. über die Zumutbarkeit der Vorlage bzw. Duldung durch den Dritten zu entscheiden. Diese Prüfung erfolgt teilweise auch mit Bezug auf die Parteien und den Streitgegenstand des Rechtsstreits, in dem der Augenschein einzuholen ist; daher ist dieses Gericht zuständig. Nicht aber hat dieses Gericht materiell-rechtliche Ansprüche gegen den Dritten zu prüfen; dieser ist nicht Partei des Prozesses und behält hinsichtlich seiner behaupteten materiell-rechtlichen Mitwirkungspflichten sein Anrecht auf einen ordentlichen Prozeß.

16 Die Duldung des Augenscheins kann **nicht** angeordnet werden, wenn eine »**Wohnung betroffen**« ist. Der Begriff ist ebenso auszulegen wie in Art. 13 GG (→ §144 Rdnr. 25). Eine Wohnung ist nicht nur dann betroffen, wenn sie selbst unmittelbar Augenscheinsobjekt ist (beispielsweise Baumängelprozeß), sondern auch dann wenn sie nur betreten werden muß, um von dort einen anderen Gegenstand einzusehen. Die Wohnung als solche ist nicht »betroffen«, wenn sich das Augenscheinsobjekt in der Wohnung befindet, aber mit zumutbarem Aufwand herausgeschafft werden kann[5]. Dem Dritten ist aufzugeben, das Augenscheinsobjekt an dem Ort der Beweisaufnahme vorzulegen; es sollte ihm aber (insbesondere bei schwer beweglichen oder wertvollen Gegenständen [Konzertflügel]) freigestellt werden, seinerseits die Duldung der Beweisaufnahme in seiner Wohnung anzubieten.

(2) Verfahren und Durchsetzung

17 Das Verfahren richtet sich nach §§371 Abs. 2 Satz 1 Fall 2, 144 Abs. 3, der wiederum auf §§371 Abs. 2 Satz 2, 422–432 verweist. Maßgeblich sind die Bestimmungen über den Urkundenbeweis. Bestreitet der Dritte, im Besitz des Augenscheinsobjekts zu sein, ist er nach §426 zu vernehmen[6]. Das Gericht weist den Antrag des Beweisführers ab, wenn es nicht vom Besitz des Dritten überzeugt ist. Andernfalls ergeht die Vorlage- bzw. Duldungsanordnung. Beruft sich der Dritte auf Unzumutbarkeit oder auf ein Zeugnisverweigerungsrecht (§386), so entscheidet das Gericht nach Anhörung der Parteien durch Zwischenurteil, gegen das sofortige Beschwerde zulässig ist (§387).

18 Verweigert der Dritte zu Unrecht die Vorlage oder Duldung, so kann das Gericht Ordnungsgeld festsetzen (§§371 Abs. 2 Satz 1, 144 Abs. 2 Satz 2, 390 Abs. 1 Satz 2); bei wiederholter

---

[4] MünchKommZPO/*Damrau*[2] Aktualisierungsband Rdnr. 20.
[5] Ähnlich MünchKommZPO/*Damrau*[2] Aktualisierungsband Rdnr. 19.
[6] MünchKommZPO/*Damrau*[2] Aktualisierungsband Rdnr. 22.

Verweigerung kann auf Antrag Ordnungshaft angeordnet werden (§§371 Abs. 2 Satz 1, 144 Abs. 2 Satz 2, 390 Abs. 2). Unmittelbarer Zwang durch den Gerichtsvollzieher ist hier ausgeschlossen[7].

III. Beweisantritt bei elektronischem Dokument (Abs. 1 Satz 2)

1. Überblick

19 Der Begriff des »elektronischen Dokuments« umfaßt nicht nur elektronisch gespeicherte Erklärungen, sondern auch Audio- und Videodateien. Lange Zeit war umstritten, ob solche elektronischen Dokumente dem **Urkunden- oder dem Augenscheinsbeweis** unterliegen (→ vor §371 Rdnr. 7 [21. Aufl.]). Im Kern ging es um die Frage, ob die Vorlagepflichten des Urkundenbeweises und die Bestimmungen über den Beweiswert bei Urkunden zur Anwendung kommen. Mit der Einführung des §371 Abs. 1 Satz 2 durch das Formvorschriftenanpassungsgesetz vom 13. 7. 2001 hat der Gesetzgeber elektronische Dokumente beweisrechtlich als Augenscheinsobjekte qualifiziert. Zugleich hat er sie jedoch dem Urkundenbeweis angenähert, denn es wurde in §371 Abs. 1 Satz 2 Halbsatz 2 (in der Fassung des Formvorschriftenanpassungsgesetzes, aufgegangen in §371 Abs. 2) auf die Bestimmungen des Urkundenbeweises über Beweisantritt und Vorlegungspflichten verwiesen. Zugleich wurde in §292a (in der Fassung des Formvorschriftenanpassungsgesetzes, aufgegangen in §371a Abs. 1 Satz 2, → §371a Rdnr. 9) der Beweiswert von Willenserklärungen in elektronischer Form geregelt. Man kann insofern von einer »Konvergenz der Beweismittel« sprechen.

20 Hinsichtlich des Beweises bei elektronischen Dokumenten ist zu **unterscheiden nach dem Beweisthema**: Soll nur der Inhalt eines elektronischen Dokuments bewiesen werden, ist es allein das elektronische Dokument als solches; nur dieser Beweis fällt unter §371 Abs. 1 Satz 2. Soll hingegen der Zustand eines Datenträgers bewiesen werden, handelt es sich um einen gewöhnlichen Augenscheinsbeweis nach §371 Abs. 1 Satz 1. Ist Beweisthema indes die Behauptung, ein elektronisches Dokument (beispielsweise eine E-Mail) sei auf einem bestimmten Datenträger gespeichert (beispielsweise die Mailbox eines Empfängers), dann ist Gegenstand des Augenscheins der Datenträger *einschließlich* des darauf gespeicherten elektronischen Dokuments[8]. Dieser Beweis kann nicht nur nach §371 Abs. 1 Satz 2 geführt werden, denn eine drahtlose Übermittlung scheidet aus. Der Beweis richtet sich vielmehr nach §371 Abs. 1 Satz 1.

Zum Begriff des elektronischen Dokuments → vor §371 Rdnr. 7.

2. »Besitz« an elektronischen Dokumenten

a) Allgemeines

21 §371 Abs. 2 stellt allgemein für die Beweisführung beim Augenschein und damit auch für den Beweis mit elektronischen Dokumenten auf den »Besitz« am Augenscheinsobjekt ab (→ Rdnr. 22). Ist der Beweisführer im Besitz des elektronischen Dokuments, hat er es nach §371 Abs. 1 Satz 2 vorzulegen oder zu übermitteln; besitzt der Prozeßgegner oder ein Dritter das elektronische Dokument, treffen ihn die Vorlage- bzw. Übermittlungspflichten (→ Rdnr. 24ff.). Besitz i. S. d. §§854ff. BGB ist damit nicht gemeint, denn das elektronische Dokument ist keine Sache i. S. d. §90 BGB. Besitz ist möglich am körperlichen Datenträger, auf dem

---

[7] MünchKommZPO/*Damrau*[2] Aktualisierungsband Rdnr. 24.

[8] Vgl. *Borges* Verträge im elektronischen Verkehr (2003), S. 462.

das elektronische Dokument gespeichert ist. Besitz am Datenträger bedeutet aber nicht zugleich Besitz am darauf fixierten elektronischen Dokument[9].

b) Verfügungsmacht über Datenbestand

22 Besitzer eines elektronischen Dokuments i.S.d. §371 Abs. 1 Satz 2, Abs. 2 ist daher nicht derjenige, der die tatsächliche Sachherrschaft am Datenträger inne hat, sondern derjenige, der die Verfügungsmacht über den darauf gespeicherten Datenbestand ausübt. In diesem Sinne ist Besitzer des elektronischen Dokuments, wer über die technischen **Mittel zur Weitergabe des Datenbestands** verfügt. Das kann derjenige sein, der Besitzer des Datenträgers ist, auf dem sich das vorzulegende elektronische Dokument befindet. Aber auch derjenige, der die Übermittlung einer Datei über ein Netzwerk veranlassen kann, ist Besitzer des elektronischen Dokuments; wo die entsprechenden Daten physisch gespeichert sind, ist dabei unerheblich[10].

23 Unerheblich ist auch, ob der Besitzer das elektronische Dokument kopieren, ändern oder öffnen kann. »Besitzer« eines elektronischen Dokuments i.S.d. §371 ist daher auch derjenige, der beispielsweise über ein Paßwort oder einen anderen digitalen Schlüssel nicht verfügt. Zur Wahrnehmung des elektronischen Dokuments hat das Gericht nach §372 einen Sachverständigen beizuziehen.

3. Beweisantritt

a) Besitz des Beweisführers

24 Hat der Beweisführer selbst die Verfügungsmacht über das elektronische Dokument, erfolgt der Beweisantritt durch Bezeichnung der zu beweisenden Tatsache und Vorlegung oder Übermittlung der entsprechenden Datei (§371 Abs. 1 Satz 2). Anders als bei herkömmlichen Augenscheinsobjekten darf sich der Beweisführer also nicht damit begnügen, nur die Beweistatsache und den Gegenstand des Augenscheins zu benennen. Vielmehr muß das elektronische Dokument in die Verfügungsmacht des Gerichts gelangen.

b) Besitz des Beweisgegners

25 Hat der Beweisgegner die Verfügungsmacht über das elektronische Dokument, kann der Beweisführer nach §371 Abs. 2 Satz 1 (→ Rdnr. 12) entweder eine Frist oder die Anordnung der Vorlage bzw. Übermittlung der entsprechenden Datei beantragen. Leistet der Beweisgegner der Vorlageanordnung keine Folge, oder stellt er einen digitalen Zugangsschlüssel nicht zur Verfügung (→ Rdnr. 29), ist dies nach §371 Abs. 3 frei zu würdigen (→ Rdnr. 42).

c) Besitz eines Dritten

26 Ist das elektronische Dokument im Besitz eines Dritten, bestehen ebenfalls die beiden Möglichkeiten des §371 Abs. 2 (→ Rdnr. 11ff.). Eine besondere Bedeutung erlangen dabei die Verweigerungsrechte nach §144 Abs. 2 Satz 1 (→ §144 Rdnr. 24)[11].

---

9 *Chr. Berger* NJW 2005, 1016, 1017.

10 Zu mittelbarem Besitz, Besitzmittler und Organbesitz *Chr. Berger* NJW 2005, 1016, 1018.

11 Dazu *Chr. Berger* NJW 2005, 1016, 1019.

4. Übermittlung des elektronischen Dokuments

27 Der Weg, wie der Beweisführer, der Beweisgegner oder der Dritte das elektronische Dokument in den Besitz des Gerichts bringen, ist von §371 Abs. 1 Satz 2 nicht vorgegeben. Die Vorschrift nennt »Vorlegung« und »Übermittlung«. »**Vorlegung**« bezieht sich auf einen körperlichen Datenträger. Vorzulegen ist das körperliche Speichermedium, auf dem sich das elektronische Dokument befindet. Der Vorlegende kann das elektronische Dokument zuvor auf einen transportfähigen Datenträger kopieren. Die Vorlage einer »Original«-Datei ist nicht geboten[12].

28 »**Übermittlung**« meint das Zurverfügungstellen über ein Datenübertragungsnetz oder drahtlos. Letzteres scheidet aus, wenn ein elektronisches Dokument nicht nach §130a bei Gericht eingereicht werden kann (vgl. §130a Abs. 2).

29 Ist die Datei, die das elektronische Dokument enthält, gegen den Zugang durch ein Paßwort oder einen anderen **technischen Zugangsschlüssel** geschützt, so muß der Vorlegende dem Gericht auch den entsprechenden Zugangsschlüssel mitteilen, soweit dies zumutbar ist. Hard- und Standardsoftware ist dem Gericht jedoch nicht zur Verfügung zu stellen. Dieses hat ggf. einen Sachverständigen zuzuziehen (§372).

IV. Ablehnung

30 Voraussetzung der Erhebung des Augenscheins ist, daß der Beweis erheblich ist. *Besondere* Gründe für eine **Ablehnung** gibt es darüber hinaus nicht. Sie kann nur aus denselben Gründen wie bei den anderen Beweismitteln (→ §284 Rdnr. 51ff. [21. Aufl.]) erfolgen.

31 Die Einnahme des *beantragten* Augenscheins steht insbesondere **nicht im Ermessen des Gerichts**[13]. Das protokollierte Ergebnis des *Augenscheins in einem anderen Verfahren* kann im Wege des *Urkunden*beweises verwertet werden; wird aber die unmittelbare Augenscheinseinnahme beantragt, so darf sie nicht wegen der bereits durchgeführten früheren Besichtigung abgelehnt werden[14], → §284 Rdnr. 36 (21. Aufl.). Ein Antrag auf Ortsbesichtigung kann allerdings dann abgelehnt werden, wenn eine vom Beweisführer vorgelegte Fotografie die Örtlichkeit hinreichend deutlich erkennen läßt und der Beweisführer keine abweichenden Merkmale behauptet[15].

32 Der Antrag auf Vornahme eines Augenscheins (insbesondere einer Ortsbesichtigung) kann aber auch nur eine **Anregung** zu einer *informatorischen Besichtigung* (dazu → Rdnr. 2f. vor §371) darstellen, z.B. wenn die Angabe bestimmter Tatsachen und Gegenstände fehlt, weil es nur um einen allgemeinen Überblick des Gerichtes und nicht um die Klärung streitiger Tatsachen geht. Dann gelten nicht die Grundsätze über die Ablehnung eines Beweisantrags, vielmehr steht die Durchführung im Ermessen des Gerichts[16], das selbst am besten zu beurteilen vermag, ob es der Information bedarf.

V. Beweisaufnahme

33 Die Beweisaufnahme erfolgt nach Maßgabe der §§355ff. Die Identität des Augenscheinsobjektes ist Hilfstatsache des Beweises, → §284 Rdnr. 21 (21. Aufl.). Einen Streit darüber hat das Prozeßgericht zu entscheiden, §366.

---

12 Näher *Chr. Berger* NJW 2005, 1016, 1020.
13 *BGH* VersR 1961, 802; 1963, 193; *RG* JW 1911, 370; HRR 1925, 1814.
14 *BGH* LM §445 Nr. 3.
15 *BGH* NJW-RR 1987, 1237.
16 *RGZ* 170, 264.

VI. Beweisvereitelung (Abs. 3)

1. Allgemeines

34 Der Augenscheinsbeweis kann nicht erzwungen werden. Nur wenn sich das Augenscheinsobjekt im Besitz eines Dritten befindet, können diesem Zwangsmaßnahmen nach §§371 Abs. 1 Satz 2 Fall 2, 144 Abs. 2 Satz 2, 390 auferlegt werden. Gegenüber einer Partei bestehen diese Zwangsmittel nicht.

35 §371 Abs. 3 regelt die Vereitelung des Augenscheinsbeweises (allgemein zur Beweisvereitelung → §286 Rdnr. 121ff. [21. Aufl.]) durch den Beweisgegner. Danach kann das Gericht die Behauptungen des Beweisführers als bewiesen ansehen, wenn der Beweisgegner die Einnahme des Augenscheins vereitelt hat. Die Vorschrift entspricht §444.

36 Schon vor der Einführung des §371 Abs. 3 durch das ZPO-RG im Jahre 2001 ging die herrschende Meinung davon aus, daß die Weigerung des Prozeßgegners an der Mitwirkung der Erhebung des Augenscheins vom Gericht frei zu würdigen sei; eine Minderansicht sprach sich für eine Beweislastumkehr aus (Einzelheiten → vor §371 Rdnr. 39–41 [21. Aufl.]).

2. Anwendungsbereich

37 §371 Abs. 3 betrifft nur den Fall, daß der Gegner den von der **beweisführenden Partei** beantragten Augenschein vereitelt. Vereitelt die **beweisführende Partei** den Augenschein, bleibt sie beweisfällig. In der endgültigen Nichtvorlage eines Augenscheinsobjekts kann auch die Rücknahme des Beweisantritts liegen. Vereitelt ein **Dritter** den Augenschein, ist der Beweis nicht geführt; §371 Abs. 3 greift nur ein, wenn sich der Beweisführer die Beweisvereitelung des Dritten zurechnen lassen muß, beispielsweise weil der Dritte auf Weisung des Beweisführers handelt oder die Beteiligten sonst zusammen wirken[17]. Die Beweisvereitelung von organschaftlichen Vertretern müssen sich die vertretenen Verbände stets zurechnen lassen.

3. »Vereitelung« des Augenscheinsbeweises

38 Der Augenscheinsbeweis ist immer dann i.S.v. §371 Abs. 3 vereitelt, wenn es die Partei unterläßt, die gebotenen Mitwirkungshandlungen vorzunehmen. Das ist der Fall, wenn die Partei das sich in ihrem Besitz befindende Augenscheinsobjekt nicht vorlegt, ferner, wenn sie zur Duldung der Augenscheinseinnahme nicht bereit ist, beispielsweise dem Gericht und der Gegenpartei den Zutritt zu einem Grundstück verwehrt. Eine Vereitelung kann auch dann vorliegen, wenn das Augenscheinsobjekt zerstört oder beiseite geschafft wird.

4. Zumutbarkeit

39 Eine Beweisvereitelung ist nur anzunehmen, wenn der betroffenen Partei die Einnahme des Augenscheins zumutbar ist. Maßgeblich ist dabei, aus welchen Gründen die Weigerung erfolgt. Sofern **triftige Gründe** bestehen, verbietet sich der Schluß, die Weigerung sei erfolgt, weil der Augenschein zur Feststellung der behaupteten ungünstigen Tatsache geführt hätte. Erforderlich ist eine Abwägung zwischen der Bedeutung des Beweises für den Ausgang des Prozesses und der mit dem Augenschein verbundenen Schwere des Eingriffs in die Rechte und Rechtsgüter des Beweisgegners. Ferner besteht ein triftiger Grund, wenn die Offenbarung eines Betriebsgeheimnisses unvermeidlich wird. Ist der Augenscheinsbeweis mit Schäden ver-

[17] *Musielak/Huber*[4] Rdnr. 20.

bunden, kann er erhoben werden, wenn der Beweisführer Sicherheit leistet. Bei der Abwägung ist auch die Bedeutung des Streitgegenstands zu berücksichtigen.

40 Besondere Aufmerksamkeit verdient die Frage der Zumutbarkeit bei **körperlichen Eingriffen**. Ein triftiger Grund, der zur Verweigerung berechtigt, liegt vor, wenn der Eingriff unverhältnismäßig ist[18]. Danach sollen »kleine schmerzlose ambulante Untersuchungen fast immer« zu dulden sein, die Entnahme von Rückenmarksflüssigkeit immerhin noch bei »wichtigen Streitigkeiten«, falls nicht eine erwähnenswerte Wahrscheinlichkeit für einen Gesundheitsschaden besteht[19]. Prozeßnachteile werden auch an die Weigerung zur Untersuchung des Geisteszustands geknüpft[20].

41 Die Annahme solch weitreichender Mitwirkungsobliegenheiten ist bedenklich. Auf das aus Art. 103 GG abgeleitete »Recht zum Beweis«[21] kann sie nicht gestützt werden, denn dieses »Recht« steht nicht isoliert, sondern nur unter Berücksichtigung von Rechten des Gegners. Auch in § 81a StPO kann eine Grundlage nicht gefunden werden. Überdies sind handhabbare Kriterien für die Abwägung nicht ersichtlich; so bleibt unklar, wann die Bedeutung einer Streitsache ein solches Gewicht erreicht, daß der Gegner die Entnahme von Rückenmarksflüssigkeit dulden müßte. Folgt man gleichwohl der herrschenden Meinung, so darf bei der Abwägung nicht nur der Streitgegenstand berücksichtigt werden, sondern auch die Bedeutung der streitigen Tatsache und die Frage, ob die Beweisaufnahme *erforderlich* ist, was insbesondere nur dann der Fall ist, wenn andere Beweismittel erschöpft sind. Im übrigen hat der Richter die Parteien im voraus darauf hinzuweisen, wie er bei einer Weigerung entscheiden wird, damit der Gegner die Folgen einer Weigerung absehen kann.

5. Rechtsfolgen

42 § 371 Abs. 3 ist keine Beweisregel[22]. Das Verhalten der beweisvereitelnden Partei ist **frei zu würdigen**. Häufig wird das Gericht jedoch die Behauptung als bewiesen unterstellen.

§ 371a Beweiskraft elektronischer Dokumente

(1) [1]Auf private elektronische Dokumente, die mit einer qualifizierten elektronischen Signatur versehen sind, finden die Vorschriften über die Beweiskraft privater Urkunden entsprechende Anwendung. [2]Der Anschein der Echtheit einer in elektronischer Form vorliegenden Erklärung, der sich auf Grund der Prüfung nach dem Signaturgesetz ergibt, kann nur durch Tatsachen erschüttert werden, die ernstliche Zweifel daran begründen, dass die Erklärung vom Signaturschlüssel-Inhaber abgegeben worden ist.

(2) [1]Auf elektronische Dokumente, die von einer öffentlichen Behörde innerhalb der Grenzen ihrer Amtsbefugnisse oder von einer mit öffentlichem Glauben versehenen Person innerhalb des ihr zugewiesenen Geschäftskreises in der vorgeschriebenen Form erstellt worden sind (öffentliche elektronische Dokumente), finden die Vorschriften über die Beweiskraft öffentlicher Urkunden entsprechende Anwendung. [2]Ist das Dokument mit einer qualifizierten elektronischen Signatur versehen, gilt § 437 entsprechend.

---

18 MünchKommZPO/*Damrau*[2] Aktualisierungsband Rdnr. 9.
19 Vgl. dazu und zum folgenden MünchKommZPO/*Damrau*[2] Aktualisierungsband Rdnr. 9.
20 *BGH* NJW 1972, 1131.
21 Vgl. → vor § 355 Fn. 60.
22 So aber BT-Drucks 14/3750.

Gesetzesgeschichte: §371a wurde durch Art.1 Nr.29 JKomG vom 22.III. 2005 neu eingefügt.

Stichwortverzeichnis → »Schlüssel zum Augenscheinsbeweis« zu Beginn der Vorbemerkungen vor §371.

I. Allgemeines

1 Die Vorschrift regelt den **Beweiswert elektronischer Dokumente**[1]. Elektronische Dokumente sind Augenscheinsobjekte (§371 Abs.1 Satz 2) und keine Urkunden. Die für Urkunden geltenden Beweisregeln finden daher für elektronische Dokumente keine Anwendung. §371a erklärt freilich Bestimmungen über den Beweiswert von Urkunden auch bei elektronischen Dokumenten für anwendbar, wenn sie mit einer qualifizierten elektronischen Signatur nach dem SigG (dazu → Rdnr.11) versehen sind. Der Gesetzgeber befürchtete, daß ohne gesetzlich geregelte Beweiskraft die qualifizierte elektronische Signatur vom Rechtsverkehr nicht akzeptiert werden und insbesondere nicht an die Stelle der Schriftform treten könne, wie dies §§126 Abs.3, 126a BGB vorsehen. Durch §371a werde das Vertrauen in die Rechtssicherheit und die Verkehrsfähigkeit qualifizierter elektronischer Signaturen gewährleistet[2]. Freilich hätte man es insoweit beim Grundsatz freier Beweiswürdigung belassen können[3].

2 §371a **dient den Beweisführungsinteressen** desjenigen, der Empfänger einer von einem Privatrechtssubjekt oder von einer Behörde in einem elektronischen Dokument abgegeben Erklärung ist, das mit einer qualifizierten elektronischen Signatur versehen ist. §371a stellt die entsprechenden elektronischen Dokumente Privat- bzw. öffentlichen Urkunden gleich. Zur Beweiskraft des Ausdrucks eines öffentlichen elektronischen Dokuments → §416a.

3 Europarechtlich ist Art.5 Abs.1 b) und Abs.2 **Signatur-Richtlinie**[4] zu beachten: Die Mitgliedsstaaten müssen qualifizierte elektronische Signaturen als Beweismittel anerkennen. Zur Umsetzung dieser Vorgaben ist §371a freilich nicht erforderlich. Längst vor dem Inkrafttreten dieser Bestimmung war das elektronische Dokument als Beweismittel anerkannt. Wird eine qualifizierte elektronische Signatur hinzugefügt, ändert sich daran nichts. §371a hat hinsicht-

---

1 Literatur: *Ahrens* Elektronische Dokumente und technische Aufzeichnungen als Beweismittel ..., Festschrift Geimer (2002) 2; *Borges* Verträge im elektronischen Verkehr (2003) 353ff.; *Czeguhn* Beweiswert und Beweiskraft digitaler Dokumente im Zivilprozess, JuS 2004, 124; *Stadler* Der Zivilprozeß und neue Formen der Informationstechnik, ZZP 111 (2002) 413, 430ff.

2 BT-Drucks 15/4067, S.34.

3 Vgl. schon *Rüßmann* in: Schlosser (Hrsg.), Die Informationsbeschaffung für den Zivilprozeß, S.137, 143ff.

4 Richtlinie 1999/93/EG des Europäischen Parlaments und des Rates vom 13.12. 1999 über gemeinschaftliche Rahmenbedingungen für elektronische Signaturen (ABl. L 013 v. 19.1. 2000, S.12).

lich der Signatur-Richtlinie lediglich klarstellenden Charakter. Einen bestimmten Beweiswert verlangt die Signatur-Richtlinie nicht[5].

Zur Übermittlung elektronischer Dokumente → §371 Rdnr. 27ff.

II. Beweiskraft privater elektronischer Dokumente (Abs. 1)

1. Überblick

4 §371a Abs. 1 regelt den **Beweiswert** privater elektronischer Dokumente. Sind sie mit einer qualifizierten elektronischen Signatur nach §2 Nr. 3 SigG versehen, finden die Vorschriften über die Beweiskraft privater Urkunden entsprechende Anwendung. §371a Abs. 1 Satz 1 verweist damit auf §416. Danach wird vermutet, daß die in dem qualifiziert signierten elektronischen Dokument enthaltene Erklärung von dem Erklärenden abgegeben wurde (→ §416 Rdnr. 10).

5 Allerdings muß es sich (wie bei §416; → §416 Rdnr. 9) um eine »**echte**« qualifizierte elektronische Signatur handeln. Die in dem elektronischen Dokument enthaltene Erklärung muß vom Aussteller des elektronischen Dokuments stammen oder jedenfalls seinem Willen entsprechen (→ §416 Rdnr. 9). Den Beweis der Echtheit des elektronischen Dokuments erleichtert §371a Abs. 1 Satz 2: Ergibt sich aufgrund der Prüfung nach dem SigG, daß die in elektronischer Form vorliegende Erklärung vom Signaturschlüssel-Inhaber abgegeben wurde, kann dieser »Anschein« der Echtheit nur durch Tatsachen erschüttert werden, die ernstliche Zweifel daran begründen, daß die Erklärung nicht vom Signaturschlüssel-Inhaber stammt.

6 Die Vorschrift soll die Rechtsstellung des Empfängers eines mit einer qualifizierten elektronischen Signatur versehenen elektronischen Dokuments stärken, indem ihm die Beweisführung hinsichtlich der Person des Absenders und des Inhalts der Erklärung erleichtert wird (→ Rdnr. 14). Danach trägt der Inhaber des Signaturschlüssels das Risiko des Mißbrauchs der elektronischen Signatur.

2. Voraussetzungen

a) Privates elektronisches Dokument

7 Voraussetzung des §371a Abs. 1 ist das Vorliegen eines privaten elektronischen Dokuments. Der Begriff »elektronisches Dokument« im weiteren Sinne umfaßt nicht nur Erklärungen, sondern auch Audio- und Videodateien (→ vor §371 Rdnr. 7). Dieser weite Begriff liegt §371 Abs. 1 Satz 2 zugrunde (→ §371 Rdnr. 19). Für §371a Abs. 1 ist hingegen auf ein engeres Begriffverständnis abzustellen. Ein besonderer Beweiswert kann an ein elektronisches Dokument nur dann geknüpft werden, wenn es eine **Erklärung** enthält (elektronisches Dokument im engeren Sinne). Die Verweisung in §371a Abs. 1 auf §416 ist nur sinnvoll, wenn es sich um eine »Erklärung« handelt. Das enge Begriffsverständnis läßt sich ferner §371a Abs. 1 Satz 2 entnehmen, der auf »Erklärungen« abstellt.

8 Es muß sich um ein »**privates**« elektronisches Dokument handeln. Abzustellen ist dabei nicht auf den Erklärenden oder den Erklärungsempfänger; auch eine Behörde kann im Rahmen privatrechtlichen Handelns ein privates elektronisches Dokument errichten. Private elektronische Dokumente sind vielmehr alle elektronischen Dokumente mit einem Erklärungsgehalt (elektronische Dokumente im engeren Sinne, → Rdnr. 7), die keine öffentlichen elektronischen Dokumente sind und daher nicht unter §371a Abs. 2 fallen.

---

[5] *Borges* (Fn. 1) 357; *Stadler* ZZP 111 (2002) 413, 432.

Weitere Beschränkungen sind §371a Abs.1 nicht zu entnehmen. Insbesondere ist die Vorschrift – anders als der (durch das Formvorschriftenanpassungsgesetz 2001 in die ZPO eingefügte und modifiziert in §371a Abs.1 Satz 2 aufgegangene[6]) frühere §292a – **nicht auf Willenserklärungen** beschränkt. Vielmehr umfaßt die Vorschrift auch alle sonstigen Erklärungen, insbesondere geschäftsähnliche Handlungen (beispielsweise Mahnung und Fristsetzung) und Wissenserklärungen (beispielsweise eine Quittung). **9**

§371a Abs.1 setzt ferner nicht voraus, daß die Erklärung in elektronischer Form nach §126a BGB vorliegt. Der Erklärende muß daher der in dem elektronischen Dokument enthaltenen Erklärung seinen Namen nicht hinzugefügt haben[7]. Insofern unterscheidet sich §371a Abs.1 von §416 (→ §416 Rdnr.1); über die qualifizierte elektronische Signatur kann der Signaturschlüssel-Inhaber indes ohne weiteres bestimmt werden. **10**

b) Die qualifizierte elektronische Signatur

aa) Definition

Die formelle Beweiskraft des elektronischen Dokuments nach §§371a Abs.1, 416 setzt voraus, daß es mit einer qualifizierten elektronischen Signatur versehen ist. Die Merkmale der qualifizierten elektronischen Signatur ergeben sich aus dem SigG[8], auf das §371a Abs.1 Satz 2 (dynamisch) verweist. Nach §2 Nr.3 SigG ist eine qualifizierte elektronische Signatur eine fortgeschrittene elektronische Signatur (i.S.v. §2 Nr.2 SigG), die auf einem zum Zeitpunkt ihrer Erzeugung gültigen qualifizierten Zertifikat beruht und mit einer sicheren Signaturerstellungseinheit erzeugt wurde. Qualifizierte elektronische Signaturen sind ferner »qualifizierte elektronische Signaturen mit Anbieter-Akkreditierung« nach §15 Abs.1 Satz 4 SigG[9]. **11**

Eine (einfache) elektronische Signatur i.S.v. §2 Nr.1 SigG (beispielsweise eine eingescannte Unterschrift) erfüllt die Voraussetzungen des §371a Abs.1 nicht. Sie ist ohne weiteres fälschbar[10]. Insoweit bleibt es bei der freien Beweiswürdigung nach §286. **12**

bb) Prüfung der Echtheit des elektronischen Dokuments

Ist ein elektronisches Dokument mit einer qualifizierten elektronischen Signatur versehen, läßt sich unter Rückgriff auf den Signaturprüfschlüssel der Signaturschlüssel-Inhaber und die Unverfälschtheit der Erklärung feststellen[11]. Die qualifizierte elektronische Signatur ist eine Datenmenge, die (mittels kryptographischer Verfahren) unter Verwendung eines (einmaligen) privaten »Signaturschlüssels« (§2 Nr.4 SigG) erzeugt wird. Der Erklärende kann das elektronische Dokument mit einem geheimen digitalen »Schlüssel« versehen, der eine nachträgliche Änderung des elektronischen Dokuments erkennen läßt. Die Überprüfung der Echtheit einer qualifizierten elektronischen Signatur durch den Empfänger erfolgt unter Verwendung eines (einmaligen) Signaturprüfschlüssels (§2 Nr.5 SigG). Der Signaturprüfschlüssel wird dem Empfänger vom Erklärenden oder dem Zertifizierungsdiensteanbieter (§5 Nr.1 Satz 2 Halbsatz 2 SigG) zur Verfügung gestellt. Die Zuordnung und Bestätigung der Identität des Signa- **13**

---

[6] Dazu *Schemmann* ZZP 118 (2005) 161.

[7] Abweichend *Schemmann* ZZP 118 (2005) 161, 166.

[8] Einzelheiten bei *Roßnagel* NJW 2001, 1817, 1820ff.

[9] Hierauf dürfte sich in der Praxis die Anwendung des §371a beschränken, *Roßnagel* NJW 2001, 1817, 1821 (zu §292a ZPO); ähnlich *Stadler* ZZP 111 (2002) 413, 433f.

[10] *Roßnagel* NJW 2001, 1817, 1819.

[11] Vgl. die eingehende Darstellung des Ablaufs des Signierens und der Prüfung der Signatur bei *Borges* (Fn.1) 53f.; ferner MünchKommBGB/*Einsele*[4] §126a Rdnr.10.

turschlüssel-Inhabers bescheinigt ein »Zertifikat« (§2 Nr. 6 SigG). Das für die qualifizierte elektronische Signatur erforderliche (vgl. §2 Nr. 3 a] SigG) »qualifizierte Zertifikat« (§2 Nr. 7 SigG) wird von einem Zertifizierungsdiensteanbieter ausgestellt und nach §5 Abs. 1 SigG dem Signaturschlüssel-Inhaber zugeordnet. Qualifizierte elektronische Signaturen werden damit personenbezogen erteilt[12]. Das qualifizierte Zertifikat muß jederzeit für jeden über öffentliche Kommunikationsmittel (Internet) abruf- und nachprüfbar sein (§5 Abs. 1 SigG).

3. Beweiskraft

a) »Anschein« der Echtheit

14 §371a Abs. 1 stellt das mit einer qualifizierten elektronischen Signatur versehene elektronische Dokument hinsichtlich der Beweiskraft den Privaturkunden gleich. Liegt ein qualifiziert signiertes elektronisches Dokument vor, so begründet es nach §§371a Abs. 1, 416 vollen Beweis, daß die Erklärung vom Signaturschlüssel-Inhaber abgegeben worden ist. Voraussetzung ist allerdings (wie bei Urkunden → §416 Rdnr. 9) die »Echtheit« des qualifiziert signierten elektronischen Dokuments. Insofern schafft §371a Abs. 1 Satz 2 dem Beweisführer Beweiserleichterungen: Hat die Prüfung des qualifiziert signierten elektronischen Dokuments ergeben, daß es unverfälscht ist (→ Rdnr. 13), so begründet dies den »Anschein« der Echtheit. §371a Abs. 1 Satz 2 stellt eine Beweiserleichterung auf, die vom Gesetzgeber als Anscheinsbeweis konzipiert ist. Der Beweisgegner (regelmäßig der Signaturschlüssel-Inhaber) soll diesen Schluß nur durch Tatsachen erschüttern können, die es ernsthaft als möglich erscheinen lassen, daß die Erklärung nicht mit dem Willen des Signaturschlüssel-Inhabers abgegeben worden ist[13].

15 Ein echter Anscheinsbeweis ist in §371a Abs. 1 Satz 2 freilich nicht geregelt[14], denn es fehlt im Bereich der Erstellung, Übermittlung und (Ver-)Fälschung von elektronischen Signaturen an einem typischen Geschehensablauf, der Voraussetzung des Anscheinsbeweises ist (→ §286 Rdnr. 88 [21. Aufl.]). Auch eine Vermutung und damit eine Beweislastumkehr liegt nicht vor. §371a Abs. 1 Satz 1 schränkt die in §286 Abs. 1 normierte freie richterliche Beweiswürdigung ein. Die Vorschrift läßt sich daher als eine gesetzliche Beweisregel nach §286 Abs. 2 qualifizieren[15]. Die freie richterliche Beweiswürdigung würde allerdings kaum einmal zu einem anderen Ergebnis führen.

b) Erschütterung des Anscheins

16 Hat der Beweisführer die Unverfälschtheit des mit einer qualifizierten elektronischen Signatur versehenen elektronischen Dokuments dargetan, muß der Richter (zunächst) von der »Echtheit« ausgehen. Es obliegt dem Beweisgegner, den Anschein der Echtheit zu erschüttern. Er muß (gegenbeweislich) konkrete Tatsachen darlegen und beweisen, aus denen sich ernstliche Zweifel an der Urheberschaft des Signaturschlüssel-Inhabers ergeben[16].

17 Der Beweisgegner kann einwenden, nicht der Signaturschlüssel-Inhaber, sondern Mitarbeiter oder Familienangehörige, denen der Zugang zu dem Signaturschlüssel möglich war, haben

---

[12] *Dästner* NJW 2001, 3469.

[13] BT-Drucks 14/4987, S. 24f. (zum in §371 Abs. 1 Satz 2 aufgegangenen §292a ZPO)

[14] Vgl. *Borges* (Fn. 1) 505ff. (zum früheren §292a).

[15] MünchKommZPO/*Prütting*² Aktualisierungsband §292a Rdnr. 10.

[16] Vgl. MünchKommZPO/*Prütting*² Aktualisierungsband §292a Rdnr. 3; *Roßnagel/Fischer-Dieskau* NJW 2006, 806, 807.

die Erklärung errichtet[17]. Mögliche Einwendungen sind ferner der Diebstahl der Signaturkarte und das »Ausspähen« der dem Signaturschlüssel-Inhaber zugewiesenen Personenidentitätsnummer (PIN)[18]. Die Echtheit der qualifizierten elektronischen Signatur kann auch dann erschüttert sein, wenn der Signaturschlüssel-Inhaber die Karte und die persönliche Identifikationsnummer an einen Dritten weitergegeben hat. Verwendet der Dritte den Schlüssel unberechtigt, beispielsweise indem er Weisungen nicht einhält, ist die entsprechende qualifizierte elektronische Signatur nicht »echt«, denn sie stammt weder vom Signaturschlüssel-Inhaber noch ist sie von seinem Willen gedeckt. Möglich ist auch der Einwand technischer Mängel beim Zertifizierungsanbieter, bei der Zuordnung von Schlüsseln zu Personen und deren Identifizierung[19].

18 Der Beweisgegner kann nicht nur einwenden, das qualifiziert signierte elektronische Dokument stamme nicht von dem Inhaber des Signaturschlüssels; er kann insbesondere auch geltend machen, der Signaturschlüssel-Inhaber habe das elektronische Dokument **nicht abgegeben**[20]. Die Abgabe einer elektronischen Willenserklärung erfolgt gewöhnlich durch den »Senden«-Befehl des E-Mail-Programms. Hat der Erklärende die Willenserklärung in einer Datei gefertigt und schon qualifiziert elektronisch signiert, sendet sie jedoch nicht ab, sondern speichert sie bis zur endgültigen Entscheidung über das Absenden, liegt ein Entwurf einer Erklärung vor, der vom Inhaber des Signaturschlüssels stammt. Ist die Erklärung dem Empfänger zugegangen, kann der Erklärende einwenden, nicht er, sondern andere mit Zugangsmöglichkeit zum Rechner (Familienangehörige, Mitarbeiter) hätten die Erklärung versehentlich abgeschickt. Unberührt bleibt eine Haftung des Signaturschlüssel-Inhabers nach materiellem Recht[21].

19 Ist es dem Beweisgegner gelungen, den Anschein der Echtheit zu erschüttern, obliegt es dem Beweisführer, den Hauptbeweis zu führen. §371a Abs. 1 Satz 2 enthält keine Beweislastumkehr. Konnte der Anschein nicht erschüttert werden, hat der Richter von der Echtheit des elektronischen Dokuments auszugehen, auch wenn es (ausnahmsweise) nicht seiner Überzeugung entspricht.

c) Reichweite der Beweiskraft

20 Konnte der Anschein der Echtheit nicht erschüttert werden, greift nach §371a Abs. 1 Satz 1 die Beweisregel des §416 ein: Der Richter muß davon ausgehen, daß die in dem elektronischen Dokument enthaltene Erklärung von dem Erklärenden stammt und abgegeben wurde.

III. Beweiskraft öffentlicher elektronischer Dokumente (Abs. 2)

21 §371a Abs. 2 Satz 1 enthält eine Legaldefinition des öffentlichen elektronischen Dokuments und stellt es hinsichtlich der Beweiskraft entsprechenden öffentlichen Urkunden gleich. Die Verweisung bezieht sich auf §§415, 417, 418[22].

22 Die Merkmale des öffentlichen elektronischen Dokuments entsprechen hinsichtlich des Behördenbegriffs und der übrigen Voraussetzungen den Bestimmungen über öffentliche Urkunden (→ §415 Rdnr. 2ff.). §371a Abs. 1 Satz 1 bezieht sich auf behördliche elektronische Dokumente nach §§3a, 33, 37 VwVfG und auf gerichtliche elektronische Dokumente (§130b).

---

[17] *Dästner* NJW 2001, 3469.
[18] *Schemmann* ZZP 118 (2005) 161, 173f.
[19] *Schemmann* ZZP 118 (2005) 161, 172.
[20] *Schemmann* ZZP 118 (2005) 161, 177.
[21] *Schemmann* ZZP 118 (2005) 161, 174f.
[22] BT-Drucks 15/4067, S. 34 (RegEntw JKomG).

Ein in elektronischer Form vorliegendes Protokoll oder ein Urteilstatbestand genießen daher die Beweiskraft nach §§165, 314[23].

23 Bei Vorliegen einer qualifizierten elektronischen Signatur greift nach §371a Abs. 2 Satz 2 die Echtheitsvermutung des §437. Im Gegensatz zu dem bei privaten elektronischen Dokumenten nach §371a Abs. 1 begründeten »Anschein« der Echtheit (→ Rdnr. 14ff.) kann diese gesetzliche Vermutung nach §292 nur durch den Beweis des Gegenteils widerlegt werden: Der Signaturschlüssel-Inhaber muß daher beweisen, daß er die Erklärung nicht oder nicht mit diesem Inhalt signiert hat oder daß die qualifizierte Signatur mißbräuchlich für den Inhaber erzeugt wurde[24]. Zur Prüfung der qualifizierten elektronischen Signatur → Rdnr. 13. Das verwendete Zertifikat ermöglicht die Feststellung, welcher Mitarbeiter der Behörde das öffentliche elektronische Dokument mit welchem Inhalt erstellt hat. Auch Dienstsiegel können elektronisch dargestellt werden[25].

IV. Beweiskraft einfacher elektronischer Dokumente (E-Mail)

24 Bei einfachen elektronischen Dokumenten, die nicht die Voraussetzungen des §371a Abs. 1 erfüllen, scheidet ein Anscheinsbeweis aus[26]. Ein typischer Geschehensablauf, wonach eine E-Mail, die als Absender eine bestimmte E-Mail-Adresse aufweist, mit ihrem konkreten Inhalt auch vom Inhaber der entsprechenden E-Mail-Adresse stamme[27], besteht nicht. Der Gesetzgeber hat in §371a eine Beweiserleichterung für elektronische Dokumente geschaffen, freilich unter der Voraussetzung, daß sie eine qualifizierte elektronische Signatur tragen. Ausschlaggebend für die hohen Anforderungen an Beweiserleichterungen war die Erkenntnis, daß elektronisch übertragene oder gespeicherte Daten spurenlos und nicht nachweisbar durch Dritte oder den Empfänger verändert werden können[28]. Diese gesetzgeberische Bewertung schließt es aus, bei elektronischen Dokumenten, die die Voraussetzungen einer qualifizierten elektronischen Signatur nicht erfüllen, ebenfalls eine Beweiserleichterung durch einen Anscheinsbeweis anzuerkennen[29].

25 Mit der Verneinung des Anscheinsbeweises ist der Vertragsabschluß mittels elektronischer Kommunikation keineswegs unbeweisbar[30]. Der Richter kann nach §286 Abs. 1 im Wege freier Beweiswürdigung von der Echtheit eines einfachen elektronischen Dokuments überzeugt sein. In der Regel wird der Richter seine Überzeugung nur aufgrund weiterer Tatsachen bilden können, wie etwa die Plausibilität des Inhalts der Erklärungen, das Bestehen von Möglichkeiten zur Umgehung von Paßwortschutzsystemen, Übertragungsprotokolle[31] usw. Ausgeschlossen ist die richterliche Überzeugungsbildung aber keineswegs.

---

[23] BT-Drucks 15/4067, S. 34.

[24] *Roßnagel/Fischer-Dieskau* NJW 2006, 806, 807f.

[25] BT-Drucks 15/4067, S. 35.

[26] *OLG Köln* MMR 2002, 813, 814; *LG Bonn* CR 2002, 293, 294f. mit zust. Anm. *Hoeren*; *Roßnagel/Fischer-Dieskau* NJW 2006, 806; a.A. *Mankowski* CR 2003, 44ff.; *ders.* NJW 2002, 2822; bei paßwortgeschütztem Zugang auf eine Online-Plattform auch *Ernst* MDR 2003, 1091, 1093.

[27] *Mankowski* CR 2003, 44, 45.

[28] BR-Drucks 966/96, S. 28 (Begr. zum SigG).

[29] *Wiebe* MMR 2002, 257, 258; *Roßnagel/Pfitzmann* NJW 2003, 1209, 1213.

[30] Mißverständlich *Ernst* MDR 2003, 1091, 1093 (»... fast nie beweisen«).

[31] Eingehend *Roßnagel/Pfitzmann* NJW 2003, 1209, 1210f.

§372 Beweisaufnahme

(1) Das Prozessgericht kann anordnen, dass bei der Einnahme des Augenscheins ein oder mehrere Sachverständige zuzuziehen seien.

(2) Es kann einem Mitglied des Prozessgerichts oder einem anderen Gericht die Einnahme des Augenscheins übertragen, auch die Ernennung der zuzuziehenden Sachverständigen überlassen.

Gesetzesgeschichte: Ursprünglich §337 CPO, durch Nov. 98, RGBl 256 (→ Einl. Rdnr. 146) unverändert zu §372 geworden. Geringfügige sprachliche Änderung durch Nov. 50, BGBl I 455 (→ Einl. Rdnr. 190). Die beigefügte amtliche Überschrift beruht auf Art. 2 Abs. 2 ZPO-RG (→ Einl. Rdnr. 202) in Verbindung mit der dazu erlassenen Anlage.

Stichwortverzeichnis → »Schlüssel zum Augenscheinsbeweis« zu Beginn der Vorbemerkungen vor §371.

1 Über die Aufgabe der von Amts wegen zuzuziehenden **Sachverständigen** → Rdnr. 13 vor §371, über ihre Ernennung §§404, 405. Der *beauftragte oder ersuchte Richter*[1] kann auch ohne entsprechende Anordnung des Prozeßgerichts einen Sachverständigen hinzuziehen[2].

2 Das Gericht kann gemäß §219 (→ dort Rdnr. 4f.) den Augenschein auch *außerhalb der Gerichtsstelle* einnehmen; dies darf nach §166 GVG auch im Bezirk eines anderen Gerichts geschehen (→ §219 Rdnr. 4).

3 Grundsätzlich soll die Augenscheinseinnahme das **Prozeßgericht selbst** durchführen (§355). Nach pflichtgemäßem Ermessen des Gerichts kann die Augenscheinseinnahme aber auch durch einen beauftragten oder ersuchten Richter erfolgen, was insbesondere bei Besichtigungen an *Ort und Stelle* häufig der Fall ist; nach Abs. 2 bedarf es hier im Gegensatz zu anderen Beweismitteln (§375 usw.) keiner besonderen Gründe für die **Übertragung** an einen beauftragten oder ersuchten Richter.

4 §372 gilt auch für die Einnahme des Augenscheins von Amts wegen (§144 Abs. 2).

§372a Untersuchungen zur Feststellung der Abstammung

(1) Soweit es in den Fällen der §§1600c und 1600d des Bürgerlichen Gesetzbuchs oder in anderen Fällen zur Feststellung der Abstammung erforderlich ist, hat jede Person Untersuchungen, insbesondere die Entnahme von Blutproben zum Zwecke der Blutgruppenuntersuchung, zu dulden, soweit die Untersuchung nach den anerkannten Grundsätzen der Wissenschaft eine Aufklärung des Sachverhalts verspricht und dem zu Untersuchenden nach der Art der Untersuchung, nach den Folgen ihres Ergebnisses für ihn oder einen der im §383 Abs. 1 Nr. 1 bis 3 bezeichneten Angehörigen und ohne Nachteil für seine Gesundheit zugemutet werden kann.

(2) [1]Die Vorschriften der §§386 bis 390 sind entsprechend anzuwenden. [2]Bei wiederholter unberechtigter Verweigerung der Untersuchung kann auch unmittelbarer Zwang angewendet, insbesondere die zwangsweise Vorführung zum Zwecke der Untersuchung angeordnet werden.

---

[1] Zur *Niederschrift* des beauftragten Richters *BayObLG* MDR 1984, 324.

[2] *Wieczorek*[2] B I.

Gesetzesgeschichte: Eingefügt durch Nov. 50, BGBl I 455 (→ Einl. Rdnr. 190). Verweisung auf §1717 des Bürgerlichen Gesetzbuchs ersetzt durch die Verweisung auf §1600o des Bürgerlichen Gesetzbuchs durch das Nichtehelichengesetz vom 19. VIII. 1969, BGBl I 1243; Verweisung auf §§1600c und 1600d des Bürgerlichen Gesetzbuchs durch Kindschaftsreformgesetz vom 16. XII. 1997, BGBl I 2942 (→ Einl. Rdnr. 201). Die beigefügte amtliche Überschrift beruht auf Art. 2 Abs. 2 ZPO-RG (→ Einl. Rdnr. 202) in Verbindung mit der dazu erlassenen Anlage.

Stichwortverzeichnis → »Schlüssel zum Augenscheinsbeweis« zu Beginn der Vorbemerkungen vor §371.

I. Allgemeines[1]

1. Grund der Vorschrift

1 Die ZPO kennt keine allgemeine Pflicht der Parteien oder Dritter, Untersuchungen ihrer Person zu Beweiszwecken zu dulden. Daß für die Feststellung der Abstammung eine Duldungspflicht eingeführt wurde[2], war durch die unseligen Rassenideen des Nationalsozialismus (→ auch Einl. Rdnr. 180) zumindest mitverursacht. Die beibehaltene Untersuchungspflicht (i.d.F. der Nov. 50) **rechtfertigt** sich heute vor allem durch die **besondere Beweissituation** bei der Klärung der Erzeugerschaft: Ohne eines der Vaterschaftsgutachten (→ §644 Anh. I

[1] Lit.: *Bosch* DRiZ 1951, 107, 137; *Eichberger* Aktuelle Probleme der Feststellung der Abstammung (§372a ZPO), (Diss. Regensburg 1988); *Kretschmer* Eingriffe in die körperliche Integrität im Zivilprozeß, dargestellt an §372a ZPO (Diss. Würzburg 1976); *Meyer* DRiZ 1951, 34; *Niemeyer* MDR 1952, 199; *Pohle* MDR 1950, 644; *Sautter* AcP 161 (1962) 215.

[2] Zuerst durch Gesetz vom 12. IV. 1938, RGBl I 380, Art. 3 §9. Dazu auch *v. Dickhuth-Harrach* Gerechtigkeit statt Formalismus (1986) 206ff.

Rdnr. 1ff. [21. Aufl.]), die eine Blutentnahme oder Untersuchungen voraussetzen, läßt sich in den streitigen Fällen vielfach keine Tatsachenfeststellung treffen. Da das materielle Recht der natürlichen Abstammung entscheidende Bedeutung zumißt, ist es nur konsequent, wenn sich das Verfahrensrecht bemüht, auch die Beweisbarkeit zu sichern. § 372a ist **mit dem Grundgesetz vereinbar**[3]; immerhin sollte die Tatsache, daß die Vorschrift Eingriffe in das Grundrecht der körperlichen Unversehrtheit (Art. 2 Abs. 2 Satz 1 GG) rechtfertigt und unter Umständen auch die Menschenwürde (Art. 1 Abs. 1 GG) tangiert wird, **zu besonders vorsichtiger Anwendung der Bestimmung** führen.

2. Geltungsbereich. Erforderlichkeit

2 Die Pflicht, sich Untersuchungen zu unterziehen, besteht in jedem Rechtsstreit und in jedem Verfahren der freiwilligen Gerichtsbarkeit (§ 15 Abs. 1 Satz 1 FGG), soweit es **zur Feststellung der Abstammung erforderlich** ist. Im Vordergrund steht die Feststellung der *Vaterschaft* (§§ 1592 Nr. 3, 1599 BGB), doch deckt die Vorschrift auch die Ermittlung der wahren *Mutter* (§ 1591 BGB). Die Duldungspflicht ist nicht auf familienrechtliche Streitigkeiten beschränkt; die Fälle der §§ 1600c und 1600 d BGB sind nur als *Beispiele* genannt (»oder in anderen Fällen«). Die Pflicht kann z.B. auch in einem Erbschaftsprozeß oder in einem Rechtsstreit über die Führung des Namens in Betracht kommen[4]. Es macht keinen Unterschied, ob die Frage der Abstammung den Streitgegenstand selbst (z.B. bei Vaterschaftsanfechtungsklage, Klage auf Feststellung der Vaterschaft) oder nur eine **Vorfrage** (z.B. im Unterhaltsprozeß) bildet. Dagegen dürfte es zu weit gehen, die Vorschrift auch dann anzuwenden, wenn die Abstammung selbst nicht rechtserheblich ist, sondern nur als tatsächliches **Indiz** (z.B. für einen Ehebruch im Scheidungsprozeß nach altem Recht)[5] in Betracht kommt. Für andere Fragen als zur Feststellung der Abstammung (z.B. Beweis der Defloration) gilt die Vorschrift weder unmittelbar noch entsprechend[6].

II. Personenkreis und Anordnung

1. Duldungspflichtige Personen

3 Duldungspflichtig ist **jede Person**, die für die Abstammung in Betracht kommen kann. Duldungspflichtig sind somit vor allem Parteien und Zeugen[7], erforderlichenfalls deren Eltern[8] und Großeltern, weiter aber auch jede andere Person, z.B. ein Elternteil, der weder Partei noch Zeuge ist. Es handelt sich hier nicht um eine zusätzliche Pflicht dessen, der nach §§ 373ff. aussagepflichtig ist, sondern um eine *neben* der Aussagepflicht bestehende Dul-

---

[3] *BVerfGE* 5, 13 = NJW 1956, 986 = JZ 406 = FamRZ 215. Eine Überprüfung der *Anwendung* des § 372a lehnte das BVerfG mit Recht ab, vgl. *E. Schumann* Verfassungs- und Menschenrechtsbeschwerde gegen richterliche Entscheidungen (1963) 234, 240; a.M. *Henrichs* FamRZ 1956, 274.

[4] *Baumbach/Lauterbach/Hartmann*[64] Rdnr. 4; A. Blomeyer Lb[2] § 764b; *Sautter* (Fn. 1) 220. – A.M. *Bosch* (Fn. 1) 110. Keine Duldungspflicht besteht allerdings, wenn die Abstammungsfrage nicht entscheidungserheblich ist, *OLG Stuttgart* NJW 1972, 2226; *OLG Oldenburg* NJW 1973, 1419 = FamRZ 1974, 158.

[5] A.M. 18. Aufl. dieses Komm. I 2. – *BGH* NJW 1966, 1913 = FamRZ 502 verneint in diesem Fall die Zumutbarkeit; außerdem stand hier § 1593 BGB aF der Beweiserhebung entgegen.

[6] Zutreffend *OLG Celle* FamRZ 1971, 592: § 372a gelte nicht bei Einholung eines Gutachtens zur *Vorbereitung* einer Restitutionsklage gemäß § 641i, denn insoweit ist noch kein Rechtsstreit *anhängig*.

[7] *KG* NJW 1987, 2311: Wohngemeinschaftsmitglieder.

[8] *LG Göttingen* NdsRpfl 1953, 180 (Eltern eines Mehrverkehrszeugen). Die Mutter eines Kindes ist auch dann noch duldungspflichtig, wenn sie die Einwilligung zur Adoption erteilt hat, *OLG Köln* DAVorm 1977, 375. Zur Blutentnahme bei einem Toten *OLG Düsseldorf* FamRZ 1978, 206.

dungspflicht. Duldungspflichtig ist insbesondere das Kind, dessen Abstammung in Frage steht, auch wenn es nicht selbst Partei ist und bei der Beweisführung nur als Untersuchungsperson in Frage kommt.

2. Untersuchungsanordnung

4 Wie in den sonstigen Fällen der Einnahme eines Augenscheins bzw. der Einholung eines Sachverständigengutachtens wird die Untersuchung entweder **von Amts wegen** (§144 Abs. 1 Satz 1) oder **auf Antrag** einer Partei (§§371, 403) vom **Prozeßgericht**[9] durch Beweisbeschluß angeordnet. Zur Frage des Ausforschungsbeweises → §640 Rdnr. 33ff. (21. Aufl.). Die Untersuchung nach §372a muß erforderlich sein (zum Prüfungsumfang → Rdnr. 19); das ist nicht der Fall, wenn nicht zuerst alle in Betracht kommenden Beweismittel ausgeschöpft sind (keine »Beweisbedürftigkeit«)[10]. Sie wird daher meist erst dann angeordnet werden, wenn die Beweiserhebungsmöglichkeiten anderer Art – insbesondere durch Vernehmung der Kindesmutter als Zeugin – erschöpft worden sind[11]. Zur Frage, ob die Verweigerung der Untersuchung auf die fehlerhafte Anordnung des Beweises gestützt werden kann, → Rdnr. 19.

III. Duldungspflicht

1. Inhalt

5 Die Duldungspflicht umfaßt *Untersuchungen zur Feststellung der Abstammung*. Die Entnahme von **Blutproben** zum Zwecke der Bluteigenschaftsuntersuchung ist **nur beispielhaft** angeführt. Zur Feststellung der Abstammung ist jede Untersuchung bestimmt, die dem Zweck dient, aus der Betrachtung individueller Eigenschaften einer Person Schlüsse bezüglich der Abstammung dieser oder einer anderen Person zu ziehen. Um eine spezifisch medizinische Untersuchung braucht es sich nicht zu handeln. Zu den Beweismethoden der Feststellung der Vaterschaft → Anhang I zu §644 (21. Aufl.). Ergibt sich die begehrte Feststellung nicht aus der Untersuchung lebender Personen, ist gegebenenfalls die Exhumierung eines Verstorbenen (zur Gewebeprobeentnahme) anzuordnen[12].

6 Die Untersuchung kann sich, je nach Lage des Falles, auf körperliche, intellektuelle, charakterliche oder sonstige Eigenschaften erstrecken; auch Untersuchungen über die Zeugungs- oder Empfängnisfähigkeit fallen unter die Vorschrift. **Die erzwingbare Pflicht zur Duldung erschöpft sich aber darin, die Person zur Untersuchung zur Verfügung zu stellen**. Dazu gehört die Pflicht, Blutentnahmen, Messungen oder die Anfertigung von Fotografien und Fingerabdrücken zu *dulden*. Eine *aktive Mitwirkung* (z.B. die Beantwortung von Intelligenzfragen, die Mitwirkung an einem psychologischen Test) kann grundsätzlich nicht verlangt werden[13]. Allerdings muß sich der Duldungspflichtige zur Untersuchungsstelle begeben (arg. §372a Abs. 2

---

[9] *BGH* NJW 1990, 2936; die Durchführung der Beweisaufnahme soll auch hier (→ §372 Rdnr. 3) dem Rechtshilfegericht übertragen werden können. Mit Recht kritisch *Zender* NJW 1991, 2947.

[10] *OLG Oldenburg* NJW 1973, 1419 = DAVorm 492 (keine »Entscheidungserheblichkeit« und »Beweisbedürftigkeit« bei Versäumung der Anfechtungsfrist des §1594 BGB aF); *OLG Stuttgart* NJW 1972, 2226 (»Entscheidungserheblichkeit« unter dem Blickwinkel des Verhältnismäßigkeitsgrundsatzes, wozu auch die Erforderlichkeit gehöre). – *Sautter* (Fn. 1) 222ff. meint, die Wendung »erforderlich« stelle nur eine sprachliche Abrundung dar, was durch die Entstehungsgeschichte des §372a bestätigt werde. Doch etwas Selbstverständliches hätte nicht normiert werden müssen, *Eichberger* (Fn. 1) 24.

[11] *Bosch* (Fn. 1) 110; *OLG Köln* JMBlNRW 1951, 138; a.A. *Staudinger/Rauscher* (2004) Vorbem. zu §§1591ff., Rdnr. 66, der freilich allein die in der Tat harmlose Blutentnahme im Auge hat.

[12] *OLG München* NJW-RR 2000, 1603, 1604; *OLG Hamm* NJW-RR 2005, 231.

[13] *Sautter* (Fn. 1) 222. *OLG Schleswig* SchlHA 1953, 207: §372a verpflichtet nicht zur Herausgabe von Fotografien.

Satz 2) und sich etwa für eine Fotografie oder Vergleichsuntersuchung in die vom Untersuchungszweck geforderte Körperhaltung begeben. Darüber hinaus hält man ihn für verpflichtet, zum Zwecke der Identitätsprüfung Ausweispapiere vorzulegen oder Unterschriften zu leisten[14]. Diese Pflichten sind in §372a zwar nicht ausdrücklich niedergelegt; allerdings ist ein Untersuchungsergebnis ohne Sicherstellung und Überprüfung der Identität praktisch wertlos. Die Richtlinien des Bundesgesundheitsamtes für die Erstattung von Blutgruppengutachten (→ Anhang II zu §644 [21. Aufl.] unter 2.2 »Identitätsprüfung«) sehen zur Identitätssicherung Einsichtnahme in Ausweispapiere, Finger- bzw. Fußabdruck und Lichtbildanfertigung vor. Die daraus erwachsenden Pflichten fallen noch unter §372a. Nicht mehr jedoch dürfen Angaben über den Gesundheitszustand oder in der Familie aufgetretene Erbkrankheiten verlangt werden. Keinesfalls läßt sich aus §372a die Verpflichtung zu einem Klinikaufenthalt ableiten[15], denn Untersuchung heißt nicht Beobachtung.

2. Aufklärbarkeit

7 Voraussetzung der Duldungspflicht ist zunächst, daß die Untersuchung **nach den anerkannten Grundsätzen der Wissenschaft eine Aufklärung des Sachverhalts verspricht**. Dies bedeutet, daß die beabsichtigte Untersuchungsart überhaupt und im konkreten Fall zur Feststellung der Abstammung geeignet sein muß. Von allgemeiner Anerkennung kann man nicht sprechen, solange eine Reihe von Wissenschaftlern noch grundlegende Einwände erhebt[16]; eine auch hinsichtlich der Einzelfragen einheitliche Meinung ist dagegen nicht vorausgesetzt. Als anerkannte Methoden kommen vor allem die Blutgruppenuntersuchung und die Ähnlichkeitsuntersuchung (erbbiologisches Gutachten) in Betracht. Zu diesen und sonstigen Beweismethoden → Anhang I zu §644 (21. Aufl.). Es genügt, daß die Untersuchung nach den anerkannten wissenschaftlichen Grundsätzen einer Aufklärung der Tatsachenlage förderlich sein *kann*; daß diese Förderung in allen bisher untersuchten Fällen auch eingetreten ist, ist nicht erforderlich. Die Duldungspflicht trifft nur jene Personen, deren Einbeziehung in die Untersuchung nach den anerkannten Grundsätzen der Wissenschaft sinnvoll ist[17].

3. Zumutbarkeit

8 Die Pflicht zur Duldung der Untersuchung besteht ferner nur dann, wenn sie **dem zu Untersuchenden zuzumuten** ist. Damit hat der Gesetzgeber auf die Normierung festumrissener Weigerungsgründe zugunsten einer flexibleren Lösung verzichtet. Das Gericht muß daher die **Interessen** der Parteien an der Ermittlung der *materiellen Wahrheit* und das Interesse der Untersuchungsperson an der *Untersuchungsverweigerung* gegeneinander **abwägen**. Dabei ist beim konkreten Rechtsstreit und dem speziellen Beweisthema anzusetzen. Die Interessenabwägung muß aber von der *gesetzgeberischen Grundentscheidung* ausgehen, die in der Einführung der Untersuchungspflicht liegt: Dem Interesse an der Aufklärung der Abstammung wurde der **Vorrang** vor dem bloßen Verteidigungs- und Geheimhaltungsinteresse eingeräumt, um so im »Normalfall« die Durchführung der Untersuchung zu ermöglichen. Das Gesetz nennt **drei Gesichtspunkte**, die **bei der Prüfung der Zumutbarkeit** zu berücksichtigen sind:

---

14 MünchKommZPO/*Damrau*[2] Rdnr. 17.

15 *Stürner* Die Aufklärungspflicht der Parteien des Zivilprozesses (1976) 144 Fn. 64; *Sautter* (Fn. 1) 221 Fn. 37. – A.M. die 18. Aufl. dieses Komm. III 1; *Baumbach/Lauterbach/Hartmann*[64] Rdnr. 20.

16 *OLG Celle* NJW 1954, 1331 (abl. zur Blutuntersuchung nach *Löns*).

17 *Sautter* (Fn. 1) mwN. Vgl. *LG Göttingen* DAVorm 1985, 517.

a) Art der Untersuchung

9 Neben der allgemeinen Erforderlichkeit der Untersuchung überhaupt (→ Rdnr. 2, 4) muß auch die *Art der Untersuchung* **erforderlich** sein; das ist sie nicht, wenn eine weniger belastende Untersuchungsmethode mit vergleichbaren Erfolgsaussichten für die Abstammungsfeststellung zur Verfügung steht. Ist die Untersuchungsmethode danach unausweichlich, so muß in einem weiteren Schritt abwägend (→ Rdnr. 8) die Zumutbarkeit des konkreten Eingriffs im Verhältnis zum Interesse an der Wahrheitsfeststellung festgestellt werden. Während sich bei der Blutentnahme und der Ähnlichkeitsuntersuchung in aller Regel keine Bedenken ergeben[18], wird mit Recht die Pflicht zur Duldung von Untersuchungen der Zeugungsfähigkeit, soweit sie eine eiaculatio seminis voraussetzen, als nicht erzwingbar angesehen[19], weil hierin eine Verletzung der Menschenwürde (Art. 1 Abs. 1 GG) liegt. Die Untersuchung darf stets nur von einem Arzt vorgenommen werden (vgl. §81c Abs. 2 Satz 2 StPO). – Die Unzumutbarkeit muß sich aus der Art der Untersuchung ergeben. Daher darf die Unzumutbarkeit *nicht* begründet werden unter Hinweis auf den geringen Wert des *Streitgegenstandes*. Auch ist die Untersuchung nicht allein deshalb unzumutbar, weil die Abstammung bloße Vorfrage ist[20].

b) Folgen des Ergebnisses

10 Die Folgen des Ergebnisses der Untersuchung für den zu Untersuchenden oder einen der in §383 Abs. 1 Nr. 1–3 bezeichneten Angehörigen müssen **zumutbar** sein. Auch die möglichen Auswirkungen des Untersuchungsergebnisses sind also Bestandteil der Interessenabwägung. **Die Zeugnisverweigerungsrechte der §§383, 384 sind weder unmittelbar noch entsprechend anwendbar**. Das wird aus dem Zweck der Zeugnisverweigerungsrechte hergeleitet[21]: Das Gesetz will dem Zeugen einen inneren Konflikt ersparen und geht zudem davon aus, daß der Beweiswert der in Betracht kommenden Aussagen ohnehin zweifelhaft wäre. Bei den Untersuchungen des §372a bleibt dagegen der Beweiswert unbeeinflußt; auch die mögliche Konfliktsituation hat zumindest nicht dieselbe Schärfe, weil von dem zu Untersuchenden kein aktives Handeln verlangt werden kann (→ Rdnr. 6). Aus der grundsätzlichen Wertung des §372a folgt, daß die **unmittelbaren ungünstigen Folgen** der Untersuchung *kein Weigerungsrecht* begründen können[22]. Das gilt für die Gefahr des Prozeßverlustes[23] oder der Feststellung der Nichtabstammung vom Ehemann der Mutter[24], des Verlustes von Unterhaltsansprüchen oder Erbrechten[25] sowie umgekehrt für die Gefahr der Inanspruchnahme als Unterhaltsschuldner[26]. Auch derjenige, dessen Unterhaltspflicht bereits rechtskräftig verneint wurde, kann die Untersuchung im Prozeß gegen einen anderen Unterhaltsbeklagten nicht deshalb verweigern,

---

[18] Immerhin stellt auch die *Ähnlichkeitsuntersuchung* u.U. recht beträchtliche Anforderungen, *Sautter* (Fn. 1) 235 (z.B. Duldung genauester Betrachtung des Körpers, stundenlanges Sitzen des Ehemanns neben dem Ehebrecher). Eine Blutentnahme ist auch bei Personen zulässig, deren religiöse Überzeugung dies verbietet, *OLG Düsseldorf* FamRZ 1976, 51 (Zeugen Jehovas).

[19] *Bosch* (Fn. 1) 110; *Sautter* (Fn. 1) 235.

[20] MünchKommZPO/*Damrau*² §372a Rdnr. 14.

[21] *OLG Oldenburg* DAVorm 1968, 388; *OLG Karlsruhe* DAVorm 1983,147; *OLG Schleswig* SchlHA 1949, 345; *OLG Nürnberg* NJW 1953, 1874; *OLG Hamburg* NJW 1953, 1873 = MDR 1954, 46; *LG Köln* MDR 1951, 496; *LG Flensburg* MDR 1953, 114; *Pohle* (Fn. 1) 645. Gegen die Begründung der h.M. *Sautter* (Fn. 1) 243. – A.M. *Meyer* (Fn. 1) 34.

[22] *Bosch* (Fn. 1) 110.

[23] *OLG Nürnberg* NJW 1953, 1874; *OLG Stuttgart* MDR 1957, 553; *Jeschek* ZZP 65 (1952) 380.

[24] Vgl. *OLG Köln* NJW 1952, 149; *LG Köln* MDR 1951, 496.

[25] *OLG Köln* JMBlNRW 1951, 55.

[26] *OLG Nürnberg* FamRZ 1970, 597; *OLG Frankfurt* NJW 1979, 1258; *LG Flensburg* MDR 1953, 114.

weil sie doch wieder zu seiner Inanspruchnahme führen könne[27]. Die Gefahr *ehelicher Konflikte* und der Störung des Familienfriedens[28] muß gleichfalls meist in Kauf genommen werden[29]. Auch die Möglichkeit, daß die Untersuchung Tatsachen erweist, die der Untersuchungsperson oder den Angehörigen zur *Unehre* gereichen, gibt in aller Regel kein Verweigerungsrecht. Das Interesse an der Abstammungsfeststellung geht dem Geheimhaltungsinteresse hinsichtlich der in Betracht kommenden, als unehrenhaft angesehenen Geschehnisse (außerehelicher Geschlechtsverkehr, Inzestverbindung[30], Ehebruch) vor[31] und es überwiegt auch gegenüber dem Interesse der Familie an der Erhaltung eines unbeeinträchtigten Andenkens an Verstorbene[32].

11 Auch bei der **Gefahr strafrechtlicher Verfolgung** für den zu Untersuchenden oder seine Angehörigen hat eine **Zumutbarkeitsprüfung** zu erfolgen; eine Duldungspflicht ist nicht schon deshalb zu bejahen, weil §372a Abs. 2 nicht auf §384 verweist[33]. Dabei darf nicht danach unterschieden werden, ob der zu Untersuchende Partei oder Dritter ist; auch als Partei unterliegt er nicht einer gesteigerten Duldungspflicht[34]. Bei der Zumutbarkeitsprüfung sind die Interessen an der Feststellung der wahren Abstammungsverhältnisse, im Statusprozeß auch das Recht auf Kenntnis der Abstammung[35] abzuwägen mit den Interessen des zu Untersuchenden, sich nicht durch Duldung der Untersuchung selbst belasten zu müssen. Dabei kann nicht die Gefahr der Strafverfolgung wegen eines jeden Delikts zur Unzumutbarkeit führen, denn dann liefe §372a leer. Die Unzumutbarkeit kann aber zu bejahen sein, wenn die Untersuchung den Verdacht eines **Verbrechens** erhärten würde. Keine Rolle spielt der Gesichtspunkt, ein Beschuldigter müsse sich im Strafverfahren nach §81a StPO ohnehin eine Untersuchung gefallen lassen[36], denn damit stellte man die Duldungspflicht nach §372a in die Abhängigkeit strafprozessualer Wertungen. Soweit ein strafprozessuales Verwertungsverbot im Hinblick auf nach §372a gewonnene Erkenntnisse nicht besteht, kommt die Duldung einer Untersuchung bei der Gefahr strafgerichtlicher Verfolgung wegen eines Verbrechens nach §372a nur in Betracht, wenn im Strafverfahren eine Untersuchung nach §81a StPO bereits durchgeführt worden war oder unmittelbar bevorsteht[37].

12 Eine Sonderstellung nehmen **Aussagedelikte** ein. Würde man die Gefahr der Strafverfolgung wegen eines Aussagedelikts als Weigerungsgrund anerkennen, würde die von §372a bezweckte Beweisermöglichung in der Praxis weitgehend illusorisch, wenn der zu Untersuchende zuvor als Zeuge vernommen worden war. Der Rechtsprechung, die in diesen Fällen die Zu-

---

[27] *OLG Nürnberg* NJW 1955, 1883 (*Beitzke*). *OLG Düsseldorf* NJW 1958, 265 (keine Verweigerung wegen rechtskräftiger Feststellung, daß der Kläger nicht das Kind der Untersuchungsperson ist).

[28] *OLG Nürnberg* NJW-RR 1996, 645.

[29] *OLG Nürnberg* FamRZ 1961, 492 = BayJMBl 158; *LG Flensburg* MDR 1953, 114; *LG Stuttgart* MDR 1953, 370. – Nach *OLG Hamburg* NJW 1953, 1873 = MDR 1954, 46 kann die Gefahr der Zerstörung der Ehe die Unzumutbarkeit begründen.

[30] Nach *OLG Karlsruhe* FamRZ 1992, 334 begründet die mögliche Inzestverbindung kein Verweigerungsrecht.

[31] *OLG Hamburg* NJW 1953, 1873 = MDR 1954, 46; *OLG Köln* DAVorm 1972, 350 (die Wahrheitsfindung in Abstammungssachen soll durch §372a gefördert werden); *OLG Karlsruhe* DAVorm 1983, 147; *Bosch* (Fn. 1) 110; *Sautter* (Fn. 1) 240.

[32] *BVerfG* DAVorm 1983, 363 (Vorprüfungsausschuß).

[33] So aber MünchKommZPO/*Damrau*[2] Rdnr. 15.

[34] A. A. *BGH* NJW 1964, 1469, 1471 l. Sp.; *OLG Frankfurt* NJW 1979, 1257; *OLG Hamm* NJW 1993, 474, 475 r. Sp., weil die Partei grundsätzlich kein Verweigerungsrecht habe. Diese Prämisse ist zweifelhaft und mit Abs. 1 nicht vereinbar, der gerade nicht auf das Zeugnisverweigerungsrecht abstellt (→ Rdnr. 10).

[35] Als Bestandteil des allgemeinen Persönlichkeitsrechts nach Art. 2 Abs. 1 GG, *BVerfG* NJW 1989, 891.

[36] Vgl. *OLG Hamm* NJW 1993, 474, 476 l. Sp. im Anschluß an *Schumann* in der 20. Aufl. Rdnr. 14.

[37] Zu erwägen ist eine Aussetzung des Verfahrens analog §640f.

mutbarkeit regelmäßig bejaht, ist daher zuzustimmen[38]. Vielleicht ist es nicht zu optimistisch, umgekehrt darauf zu hoffen, daß die Gefahr einer späteren Widerlegung durch Vaterschaftsgutachten auch in den Vaterschaftsprozessen die Beteiligten zu größerer Wahrheitsliebe (oder zur Zeugnisverweigerung) veranlaßt. Das sollte vor allem dann möglich sein, wenn man davon ausgeht, daß entgegenstehende Aussagen der Parteien und der Zeugen in aller Regel die Gutachteneinholung nicht hindern können. Richter und Rechtsanwälte könnten durch entsprechende Hinweise zu einer solchen Entwicklung beitragen. Deshalb empfiehlt es sich, jedenfalls die *Vereidigung* eines Zeugen nicht vor der Einholung der Vaterschaftsgutachten durchzuführen[39].

c) Gefahr gesundheitlicher Schäden

13 Als **unzumutbar** kann die Untersuchung auch aus gesundheitlichen Gründen angesehen werden. »Ohne Nachteil für seine Gesundheit« hat nämlich die Untersuchung für den zu Untersuchenden zu sein. Hier ist nicht ein allgemeiner (überindividueller) Maßstab anzulegen, entscheidend sind vielmehr die besonderen Verhältnisse des zu Untersuchenden[40]. In Betracht kommen nicht nur körperliche, sondern auch psychische Schäden[41]. Blutentnahme und Ähnlichkeitsuntersuchung sind in aller Regel ohne gesundheitliche Nachteile durchführbar. Bedenken ergeben sich, soweit die Anwendung von Röntgenstrahlen erforderlich ist[42].

IV. Verweigerung der Untersuchung

1. Allgemeines

14 Das Gericht hat *von Amts wegen* zu prüfen, ob die Untersuchung zumutbar ist. Der zu Untersuchende kann eine Entscheidung über die Duldungspflicht dadurch herbeiführen, daß er die Untersuchung verweigert[43]. Bei Vorliegen der gesetzlichen Voraussetzungen steht einem Beteiligten jedoch kein Weigerungsrecht zu[44]. Eine Pflicht zur Belehrung über ein Verweigerungsrecht bei Nichtvorliegen der Voraussetzungen des §372a wird weithin abgelehnt; man sieht darin allein eine Frage der Zweckmäßigkeit[45]. Demgegenüber ist analog §383 Abs.2 ei-

---

[38] *OLG Schleswig* SchlHA 1949, 345; *OLG Köln* JMBlNRW 1951, 137; NJW 1952, 149; *OLG München* JZ 1952, 426; *OLG Stuttgart* ZZP 65 (1952) 157; DAVorm 1979, 356; *OLG Hamburg* NJW 1953, 1873 = MDR 1954, 46; *OLG Nürnberg* FamRZ 1970, 597; NJW 1953, 1874; *OLG Frankfurt* NJW 1979, 1257; *LG Köln* MDR 1951, 496; *LG Stuttgart* MDR 1953, 370; *Jeschek* ZZP 65 (1952) 380; *Niemeyer* (Fn.1) 199; *Pohle* (Fn.1) 645. – **A. M.** *Bosch* (Fn.1) 109; eingehend *Sautter* (Fn.1) 260ff. (bejahte Zumutbarkeit bei Gefahr der Strafverfolgung wegen Ehebruchs [der jetzt ohnehin nicht mehr strafbar ist], nicht aber hinsichtlich möglicher Aussagedelikte). – *BGHZ* 45, 356, 360 hält eine Untersuchung des Kindes für unzumutbar, wenn sie (im Scheidungsprozeß) *nur* dem Zweck dienen soll, die Mutter des Ehebruchs und des Meineids zu überführen. Eine Zusammenfassung von Rspr. und Lit. gibt *Stürner* (Fn.15) 176f. Nach der hier vertretenen Auffassung (→ Rdnr.2) ist §372a in diesem Fall ohnedies nicht anwendbar.

[39] *BGHSt* 12, 235 (241); *Raske* Anm. zu LM §1591 BGB Nr.4; *Sautter* (Fn.1) 223. – Bedenken dagegen äußern *Boennecke* NJW 1953, 1087; *Schwoerer* DJ 1937, 816.

[40] *Pohle* (Fn.1) 645.

[41] *OLG Koblenz* NJW 1976, 379 = JR 68 = FamRZ 288 = JB 250 (Spritzenphobie erheblichen Ausmaßes).

[42] *Sautter* (Fn.1) 234 (zum *Wirbelsäulenvergleich*). Gegen *gewöhnliche einzelne* Röntgenaufnahmen bestehen wohl keine Bedenken, jedoch – so auch *Stürner* (Fn.15) 143 – z.B. gegen Röntgenaufnahmen an empfindlichen Stellen.

[43] Vgl. *OLG Düsseldorf* DAVorm 1973, 162.

[44] *OLG Düsseldorf* DAVorm 1973, 162 für eine Blutgruppenuntersuchung.

[45] *Schumann* in der 20. Aufl.; MünchKommZPO/*Damrau*[2] Rdnr.22; *Bosch* (Fn.1) 139; *Meyer* DRiZ 1951, 34 Fn.3.

ne **Belehrungspflicht** zu bejahen. §372a gestattet erhebliche Eingriffe in das Grundrecht auf körperliche Unversehrtheit. Ein optimaler Grundrechtsschutz im Rechtsstaat verlangt die Aufklärung über mögliche Verweigerungsrechte[46].

15 Wenn ein **Minderjähriger** zur Feststellung der Abstammung **zu untersuchen** ist, stellt sich die Frage, ob *er selbst* eine Untersuchungsverweigerung zu erklären hat oder ob sein *gesetzlicher Vertreter* die Verweigerung aussprechen muß bzw. ob es auf die Verweigerung sowohl des Minderjährigen als auch seines gesetzlichen Vertreters ankommt. Eine ähnlich gelagerte Problematik ergibt sich beim *Zeugnisverweigerungsrecht eines Minderjährigen* (eingehend hierzu → §383 Rdnr. 2ff. mwN). Anders als beim Zeugnisverweigerungsrecht ist das Problem aber hier deshalb entschärft, weil das Gericht die Verweigerungsgründe an Hand der Tatbestandsmerkmale des §372a von sich aus überprüft und nicht ein Weigerungsrecht erst ausgeübt werden müßte. Eine Untersuchungsverweigerung, die ein Minderjähriger unter Angabe von Gründen geltend macht, kann somit nicht deshalb ungeprüft bleiben, weil es diesem an der Einsichtsfähigkeit mangele. Auf eine starre Grenze[47] sollte daher nicht abgestellt werden. Umgekehrt muß der *einsichtsfähige* Minderjährige die Weigerung selbst erklären; die vom gesetzlichen Vertreter erklärte Weigerung ist unwirksam[48].

2. Verweigerungsverfahren

16 Auf das Verfahren über die Verweigerung sind **nach Absatz 2 Satz 1** die Vorschriften über das *Zeugnisverweigerungsrecht*, §§386–390 entsprechend anzuwenden. Es ist zu unterscheiden, ob die Weigerung unter Angabe von Gründen (→ Rdnr. 18) oder ohne diese (→ Rdnr. 17) erfolgt. Jedoch kann vom Nichterscheinen zum angesetzten Untersuchungstermin nicht ohne weiteres auf eine Untersuchungsverweigerung geschlossen werden[49] (→ Rdnr. 22).

3. Weigerung ohne Angabe von Gründen

17 Werden entgegen dem entsprechend anzuwendenden (→ Rdnr. 16) §386 Abs. 1 **keine Gründe** für die Weigerung **angegeben**, so ist die Untersuchungsperson gemäß §390 Abs. 1 in die durch die Weigerung verursachten Kosten sowie zu einem Ordnungsgeld zu verurteilen, ohne daß vorher über die Weigerung zu entscheiden wäre[50]. Vor der Verhängung des Ordnungsmittels ist der Betroffene über die Pflichten aus §372a und die Folgen einer Weigerung ohne Angaben von Gründen zu **belehren**[51]. Dem Fehlen von Weigerungsgründen stellt man das Vorbringen völlig unsinniger Gründe gleich[52]; doch ist hier Vorsicht geboten, um der Untersuchungsperson nicht den gesetzlich eingeräumten Rechtsschutz zu rauben. Bei wiederholter Weigerung ist der **unmittelbare Zwang** nach §372a Abs. 2 Satz 2 zulässig.

---

46 Vor der Einführung der Duldungspflicht im Jahre 1938 ließen sich Parteien und Dritte untersuchen, weil sie die Anordnung als gerichtlichen Befehl mißverstanden; vgl. MünchKommZPO/*Damrau*² Rdnr. 1.
47 Wie sie *Bosch* Grundsatzfragen des Beweisrechtes (1963) 61ff. befürwortet – ab dem 14. Lebensjahr Ausübung durch den Minderjährigen selbst.
48 *OLG Karlsruhe* NJWE-FER 1998, 89.
49 *OLG Düsseldorf* FamRZ 1971, 666 = ZBlJR 1972, 134.
50 *OLG Hamm* JMBlNRW 1951, 172; *OLG Celle* MDR 1960, 679; *OLG Karlsruhe* FamRZ 1962, 395; *OLG Schleswig-Holstein* SchlHA 1963, 169; *OLG Düsseldorf* JMBlNRW 1964, 30; *OLG Zweibrücken* DAVorm 1973, 489; *Bosch* (Fn. 1) 139.
51 *OLG Schleswig* DAVorm 1973, 164; *OLG Koblenz* FamRZ 1974, 384; *OLG Köln* FamRZ 1976, 548; *OLG Zweibrücken* FamRZ 1979, 1072; MünchKommZPO/*Damrau*² Rdnr. 26.
52 *OLG Hamm, OLG Celle* (Fn. 50).

4. Weigerung unter Angabe von Gründen

18 Werden gemäß §386 Abs. 1 **Gründe** für die Weigerung **vorgebracht**, so ist über die Berechtigung zur Weigerung vom *Prozeßgericht*[53] durch *Zwischenurteil* (§303)[54] zu entscheiden. Eine Verpflichtung, mehrere Verweigerungsgründe gleichzeitig geltend zu machen, mit der Gefahr des Verlustes der nicht vorgebrachten, besteht hier ebensowenig wie für den Zeugen, → §386 Rdnr. 4[55]. Die Gründe sind dem Gericht gegenüber vorzubringen; werden sie **nur dem Sachverständigen** mitgeteilt, so hat sie dieser **an das Gericht weiterzugeben**. Dann wird es unter Umständen empfehlenswert sein, dem zu Untersuchenden noch Gelegenheit zur Äußerung gegenüber dem Gericht zu geben. Die Gründe der Weigerung sind glaubhaft zu machen, §386 Abs. 1. Anwaltszwang besteht für die zu untersuchende Person nicht, §387 Abs. 2. Die **Parteien** sind vor der Entscheidung über die Rechtmäßigkeit der Weigerung zu **hören**, §387 Abs. 1. Im übrigen zum Verfahren → Kommentierung zu §§386–390.

5. Prüfungsumfang beim Zwischenurteil

19 Das Zwischenurteil[56] hat sich **über die Rechtmäßigkeit der Weigerung** auszusprechen. Zu prüfen ist dabei, ob die Untersuchung zur Feststellung der Abstammung erfolgen soll (→ Rdnr. 2), ob die konkrete Untersuchung im Rahmen des §372a liegt (→ Rdnr. 5f.), ob die Untersuchung eine Aufklärung verspricht (→ Rdnr. 7) und ob sie der Untersuchungsperson zuzumuten ist (→ Rdnr. 8ff.). Umstritten ist, ob die **Erforderlichkeit** der Untersuchung zu den Punkten gehört, auf die die Weigerung gestützt werden kann und die daher ebenfalls Gegenstand des Zwischenstreits und des -urteils sein können. Die ablehnende Auffassung[57] stützt sich auf die lediglich prozeßleitende Natur des Beweisbeschlusses und seine durch §355 Abs. 2 ausgeschlossene Anfechtbarkeit. Freilich erweist sich der *Beweisbeschluß* gegenüber der zu untersuchenden Person nicht nur als ein Instrument der Prozeßleitung, sondern er bildet die *Grundlage eines erheblichen Grundrechtseingriffs*. Er muß daher überprüft werden können. Die Unanfechtbarkeit in §355 Abs. 2 gilt nur gegenüber den Parteien, die eine Rechtsverletzung mit den gegen das Urteil statthaften Rechtsmitteln rügen können. Allerdings führt eine volle Erforderlichkeitskontrolle dazu, daß schon im Beschwerdeverfahren die Rechtsansicht des Prozeßgerichts jedenfalls teilweise überprüft wird. Das Beschwerdeverfahren ist aber kein vorweggenommenes Rechtsmittelverfahren. Eine Erforderlichkeitsprüfung findet daher nur mit der Maßgabe statt, daß das Beschwerdegericht (ähnlich wie das Berufungsgericht nach §538 Abs. 2) bei seiner Entscheidung die Rechtsansicht des Prozeßgerichts zugrunde legen muß[58]. Das Weigerungsrecht kann folglich darauf gestützt werden, daß der Beweisbeschluß zu Unrecht ergangen ist, weil – auf der Grundlage der Rechtsansicht des Prozeßgerichts – die Untersuchung nicht erforderlich ist[59], die bisherigen Beweismittel fehlerhaft

---

[53] *BGH* NJW 1990, 2937.

[54] *OLG Frankfurt* OLGR 2002, 325; *OLG Saarbrücken* OLGR 2005, 297; a.A. *OLG Brandenburg* NJWE-FER 2001, 130 = FamRZ 2001, 1010: Entscheidung auch durch Beschluß.

[55] A.M. *Bosch* (Fn. 1) 139 insoweit, als er eine solche Pflicht für das zweite Vorbringen annimmt.

[56] Zum Inhalt des Zwischenurteils *OLG Oldenburg* NJW 1973, 1419.

[57] *Schumann* in der 20. Aufl.; MünchKommZPO/*Damrau*² Rdnr. 22; *OLG München* JZ 1952, 426; *OLG Celle* NJW 1955, 1037; *OLG Düsseldorf* NJW 1958, 265; *OLG Oldenburg* ZBlJR 1962, 212; *OLG Karlsruhe* FamRZ 1962, 395; *LG Kiel* SchlHA 1949, 345; *Haußer* NJW 1959, 1811; *Jeschek* ZZP 65 (1952) 379; *Niemeyer* (Fn. 1) 199; bejahend *Bosch* (Fn. 1) 110; *Esser* MDR 1952, 537; *Zöller/Greger*²⁵ Rdnr. 13; *OLG Schleswig* SchlHA 1955, 360; *OLG München* NJW 1977, 341; *BGHZ* 121, 266, 276 = NJW 1993, 1391, 1393 l. Sp. läßt die Frage offen.

[58] *OLG Stuttgart* FamRZ 1961, 490; *Niclas* ZBlJR 1962, 213; *Weber* NJW 1963, 574; *Baumbach/Lauterbach/Hartmann*⁶⁴ Rdnr. 27 a.E.

[59] Offen gelassen von *OLG Karlsruhe* NJWE-FER 1998, 89.

gewürdigt wurden, andere, weniger beeinträchtigende Untersuchungsmethoden zur Verfügung stehen, oder weil ein unzulässiger Ausforschungsbeweis vorliegt[60].

6. Sofortige Beschwerde

20 Das im ersten Rechtszug vor dem AG oder LG erlassene Zwischenurteil unterliegt der sofortigen Beschwerde (Abs. 2 Satz 1, § 387 Abs. 3). Hatten LG oder OLG als Berufungsgericht oder Beschwerdegericht entschieden (s. § 567 Abs. 1: »im ersten Rechtszug«), ist die Rechtsbeschwerde statthaft, wenn sie in der jeweiligen Entscheidung zugelassen wurde (§ 574 Abs. 1 Nr. 2, Abs. 3). Sie ist daher an den Beschwerdeberechtigten förmlich zuzustellen. Keine Rolle spielt es, daß im Hauptprozeß gegen die Endentscheidung kein Rechtsmittel mehr gegeben ist, denn es besteht kein allgemeiner Rechtssatz dahin, daß der Beschwerderechtszug nicht länger als der Rechtszug der Hauptsache sein dürfe[61] → § 567 Rdnr. 7f. (21. Aufl.). **Beschwerdeberechtigt** sind, wenn die Weigerung für unbegründet erklärt wird, nur der zu *Untersuchende*; wenn ihr stattgegeben wird, *jede der Parteien*, gleichviel ob sie oder der Gegner den Beweis angetreten hat.

7. Maßnahmen bei Verneinung einer berechtigten Weigerung

21 Wird die Rechtmäßigkeit der Weigerung verneint, so können die Maßnahmen des § 390 erst **nach Rechtskraft**[62] des Zwischenurteils getroffen werden[63]. Ist die Duldungspflicht eines **Minderjährigen** rechtskräftig festgestellt, so kann das Ordnungsmittel **nicht** gegen den **gesetzlichen Vertreter** festgesetzt werden[64], weil eine gesetzliche Grundlage nicht existiert (→ auch § 380 Rdnr. 14). Bei wiederholter unberechtigter Verweigerung ist die Anwendung des **unmittelbaren Zwanges** (auch gegen Minderjährige) zulässig, § 372a Abs. 2 Satz 2. Entschieden wird durch Beschluß, gegen den die sofortige Beschwerde stattfindet (§ 390 Abs. 3). In Frage kommt die zwangsweise Vorführung zu der Untersuchung und notfalls die Bereitstellung von Hilfskräften, um einem etwaigen Widerstand bei der Untersuchung zu begegnen. Das Gericht kann sich ebenso wie bei der Vorführung eines Zeugen, des Gerichtsvollziehers oder des Gerichtswachtmeisters bedienen; notfalls ist die Polizei zu ersuchen.

8. Nichterscheinen zum Untersuchungstermin

22 Im Nichterscheinen zum Untersuchungstermin *kann* die Verweigerung der Untersuchung zum Ausdruck kommen[65]. Dann gelten die eben dargelegten Grundsätze. Andernfalls[66] ist beim Nichterscheinen § 380 entsprechend anzuwenden. Das gilt aber nur für die *Verurteilung in die Kosten*, dagegen wird die Möglichkeit der Festsetzung eines *Ordnungsgeldes* mit Recht verneint, da einer Analogie insoweit Art. 103 Abs. 2 GG entgegensteht[67].

---

[60] *Sautter* (Fn. 1) 223, 228.
[61] *OLG Nürnberg* FamRZ 1970, 597.
[62] Das Zwischenurteil wird auch materiell rechtskräftig, → § 322 Rdnr. 59 (21. Aufl.), *Bosch* (Fn. 1) 138.
[63] S. die Entscheidungen in Fn. 50; *Düsseldorf* FamRZ 1986, 191.
[64] A.A. *OLG München* FamRZ 1997, 1170.
[65] *OLG Karlsruhe* FamRZ 1962, 395; *OLG Düsseldorf* JMBlNRW 1964, 30; *OLG Nürnberg* MDR 1964, 242; *OLG Zweibrücken* FamRZ 1986, 493; *Eichberger* (Fn. 1) 114.
[66] Entscheidend sind die Umstände des Einzelfalls, *OLG Neustadt* NJW 1957, 1155 (Schreiben ergibt, daß die Untersuchungsperson nur zu dem festgesetzten Termin nicht erscheint, nicht dagegen die Untersuchung überhaupt ablehnt); *OLG Karlsruhe* FamRZ 1962, 395; *OLG Zweibrücken* FamRZ 1986, 493. Gegebenenfalls ist eine gerichtliche Rückfrage zu empfehlen.
[67] *OLG Neustadt* NJW 1957, 1155; *OLG Schleswig* SchlHA 1963, 169; *LG Bonn* JMBlNRW 1965, 31 (anders noch JMBlNRW 1955, 245); a.A. MünchKommZPO/*Damrau*[2] Rdnr. 29.

9. Berücksichtigung der Weigerung bei Beweiswürdigung?

23 Die unberechtigte Verweigerung der Untersuchung kann bei der *Beweiswürdigung* berücksichtigt werden[68]. Verweigert ein als Vater in Anspruch genommener Mann unberechtigt die Untersuchung und kann diese auch (wegen Auslandsaufenthalt oder eintretender schwerer gesundheitlicher Schäden) nicht zwangsweise durchgesetzt werden, so wird er nach dem Rechtsgedanken der *Beweisvereitelung* so behandelt, als hätte die Untersuchung keine schwerwiegenden Zweifel an seiner Vaterschaft nach §1600d Abs.2 Satz 2 BGB erbracht[69]. Voraussetzung hierfür sind ein vorheriger Hinweis und Fristsetzung nach §356. Ein Rückgriff auf die Grundsätze der Beweisvereitelung erscheint allerdings *nicht erforderlich*, denn der beklagte Mann trägt ohnehin die objektive Beweislast für die Feststellung »schwerwiegender Zweifel« an seiner Vaterschaft[70].

24 Bei der berechtigten Weigerung (etwa wegen unzumutbarer Folgen des Ergebnisses) soll eine Berücksichtigung bei der Beweiswürdigung ebenfalls nicht völlig ausgeschlossen sein[71]; zum parallelen Problem bei der Zeugnisverweigerung → §384 Rdnr.19.

V. Beweisverfahren

25 Zum Beweisverfahren → Rdnr.12ff. vor §371.

VI. Abstammungsfeststellung gegenüber Ausländern und dem Ausland

1. Grundsätzliches

26 Da das Zivilprozeßrecht nicht auf die Staatsangehörigkeit abstellt, besteht die Duldungspflicht nach §372a unabhängig von der **Staatsangehörigkeit** der betreffenden Person, ergreift also auch **ausländische** Staatsangehörige oder Staatenlose, die sich im Gebiet der Bundesrepublik Deutschland aufhalten. Durch seinen Inlandsaufenthalt unterliegt der Ausländer der Territorialhoheit der Bundesrepublik Deutschland[72].

2. Personen mit Auslandsaufenthalt

27 Gegenüber Personen, die sich **im Ausland aufhalten**, versagt die Duldungspflicht des §372a; nicht entscheidend ist, ob es sich um einen deutschen Staatsangehörigen, einen Angehörigen des fremden Staates oder um Personen mit sonstiger Staatsangehörigkeit (bzw. Staatenlose) handelt. Auch wenn gemäß dem Prinzip der lex fori das deutsche Gericht deutsches Prozeßrecht anzuwenden hat[73], gilt im Beweisrecht (auch beim Augenscheinsbeweis) die lex fori mit *territorialer Begrenzung*[74], d.h. die Beweisaufnahme gemäß der ZPO muß im Inland erfolgen und beweisrechtliche Zwangsmaßnahmen (z.B. nach §372a) sind nur im Inland zulässig. Das bedeutet jedoch nicht, daß in solchen Fällen das Gericht der Bundesrepublik

---

[68] *LG Kassel* NJW 1957, 1193 (nicht erzwingbar, da zu untersuchende Person in der [ehemaligen] DDR wohnhaft).

[69] *BGH* NJW 1986, 2371 mit Anm. *Stürner* JZ 1987, 44; *BGHZ* 121, 266 = NJW 1993, 1391; im Ergebnis auch *KG* DAVorm 1985, 1001 und *Schlosser* IPRax 1987, 153; zustimmend MünchKommZPO/*Damrau*[2] Rdnr.32; *Zöller/Greger*[25] Rdnr.16.

[70] *Stürner* JZ 1987, 44; vgl. ferner *Schumann* in der 20. Aufl. in Fn.59.

[71] Vgl. *Bosch* (Fn.1) 139.

[72] *Riezler* Internationales Zivilprozeßrecht (1949) 473; *E. Geimer* Internationale Beweisaufnahme (1998) 249.

[73] Vgl. *BGH* NJW 1986, 2371ff.; *OLG Hamm* DAVorm 1976, 625.

[74] *Kegel* Internationales Privatrecht[7] (1995) §22 IV; *Nagel/Gottwald* IZPR[5] §9 Rdnr.2ff.

Deutschland auf die Feststellung der Abstammung verzichten muß. Da deren **Durchführung im Ausland** zu erfolgen hat, gelten hierfür die Grundsätze der Internationalen Beweisaufnahme[75] (→ Rdnr. 21ff. vor §371). Dementsprechend sind ausschlaggebend die im fremden Staat bestehende Rechtshilfesituation und die dort für eine Duldung der Untersuchung maßgebenden Vorschriften. Weil diese Vorschriften oftmals nicht (wie z.B. §372a) einen Zwang vorsehen[76], fehlt es häufig an einer Durchsetzungsmöglichkeit (z.B. hinsichtlich einer Blutentnahme), wenn sich der Proband nicht freiwillig der Untersuchung unterzieht. Zur Beweisvereitelung in diesem Fall → Rdnr. 23.

---

[75] Z.B. das Haager Beweisaufnahmeübereinkommen, → Anh. §363 Rdnr. 1ff.; *Hausmann* FamRZ 1977, 302; *Nagel* IPRax 1982, 138; *Schlosser* ZZP 94 (1981) 369; vgl. auch *OLG Frankfurt* NJW-RR 1988, 714 (Zwischenstreit vor einem *ersuchten* deutschen Gericht). – Zur englischen Rechtslage *Schaaf* Discovery und andere Mittel der Sachverhaltsaufklärung im englischen Pre-Trial-Verfahren im Vergleich zum deutschen Zivilprozeß (1983) 119; eingehend zur »discovery« → Anh. §363 Rdnr. 103.

[76] Überblick bei *Nagel/Gottwald* (Fn. 74) §9 Rdnr. 163ff.; *OLG Düsseldorf* FamRZ 1986, 191 (Dänemark); *KG* IPRax 2004, 255 (Italien) mit zust. Anm. *Decker* 229ff.; *AG Hamburg* FamRZ 2003, 45 (Portugal); *Jayme* FS Geimer (2002) 375, 376 (Italien).

Titel 7
Zeugenbeweis

Vorbemerkungen vor § 373

Schlüssel zum Zeugenbeweis

Schlüssel zum Zeugenbeweis (Stichwortverzeichnis zum Zeugenbeweis)

Das Stichwortverzeichnis erschließt den Titel 7 mit der Kommentierung des Zeugenbeweises. An einigen Stellen wurde darüber hinaus auch auf andere Teile der Kommentierung verwiesen, sofern dort unmittelbar zum Zeugenbeweis Stellung genommen wird.

I. Personenkreis

Zeugen[1] **sind Personen**, die im Prozeß über ihr Wissen von Tatsachen (→ Rdnr. 11) **aussagen** sollen. Die Parteien und die gesetzlichen Vertreter von Parteien kommen als Zeugen nicht in Betracht; ihre Angaben über Tatsachen sind, soweit sie nicht als Prozeßhandlungen (Geständnis, § 288) den Beweis ausschließen, im zehnten Titel über die Parteivernehmung besonders geregelt. Beide Regelungen ergänzen[2] sich in dem Sinne, daß **Zeugen alle Personen sein können, die im konkreten Prozeß nicht den Vorschriften über die Parteivernehmung unterstehen**. Andere zum Zeugnis unfähige Personen gibt es nicht. Der Richter und der Urkundsbeamte der Geschäftsstelle können als Zeugen vernommen werden, scheiden aber dann nach § 41 Nr. 5, § 49 aus ihren gerichtlichen Funktionen in dem konkreten Rechtsstreit aus. Der Prozeßbevollmächtigte und der Beistand können unbeschadet dieser Stellung Zeugen sein[3]. Für einen **Rechtsanwalt** können sich allenfalls *standesrechtliche* Beschränkungen ergeben, insbesondere unter dem Aspekt der Unabhängigkeit (§ 43a Abs. 1 BRAO) und der Gefahr von Interessenkonflikten[4]. 1

Die Entscheidung, ob hinsichtlich bestimmter Personen der **Zeugenbeweis oder die Parteivernehmung** Platz zu greifen hat, ist der Parteidisposition entzogen; die Heilung eines Verstoßes nach § 295 ist aber jetzt, da nach der Nov 33 Zeugenbeweis und Parteivernehmung nicht mehr wesensverschiedene Beweismittel sind, im Gegensatz zum früheren Recht (wo sich an den Parteieid zwingende Beweisfolgen knüpften[5]) möglich[6]. Wenn eine Person bei ihrer Vernehmung ausgesagt hat, so ist regelmäßig keine Partei dadurch verletzt, daß der Vernommene dabei als Zeuge statt als Partei oder umgekehrt bezeichnet worden ist[7], → auch Rdnr. 13 vor § 445. Ausnahmsweise kann deshalb auch *dahingestellt bleiben, ob eine Person als Zeuge oder als Partei vernommen wird*, wenn z.B. unklar bleibt, ob sie noch gesetzlicher Vertreter ist[8]. Dann muß allerdings das Beweisverfahren sowohl den Vorschriften über den Zeugenbeweis (z.B. Belehrung) als auch den Normen über die Parteivernehmung (z.B. beiderseitiges Einverständnis nach § 447, Voraussetzungen der amtswegigen Anordnung) entsprechen. Da seit der Nov 33 der Grundsatz der freien Beweiswürdigung (§ 286) auch für die Parteivernehmung gilt (→ § 453 Rdnr. 1) ergeben sich auch hinsichtlich der Würdigung der Aussage keine grundsätzlichen Schwierigkeiten[9]. Anders ist jedoch die Rechtslage, wenn die Person die Aussage verweigert, weil die sich an die Weigerung knüpfenden Folgen verschieden sind. 2

---

[1] Literatur → § 284 Fn. 1 (21. Aufl.) und → unten Fn. 35, 49; ferner *Bernhardt* Festgabe für Rosenberg (1949) 42ff.; *Bohne* SJZ 1949, 9; *Döhring* Die Erforschung des Sachverhalts im Prozeß, Beweiserhebung und Beweiswürdigung (1964); *Hauser* Der Zeugenbeweis im Strafprozeß mit Berücksichtigung des Zivilprozesses (1974); insbesondere zur **Technik der Zeugenvernehmung**: *Arntzen* Vernehmungspsychologie (1978); *Bender/Röder/Nack* Tatsachenfeststellung vor Gericht (1981); *Geerds* Vernehmungstechnik[5] (1976); *Hellwig* Psychologie und Vernehmungstechnik bei Tatsachenermittlungen[4] (1951); *Krönig* Die Kunst der Beweiserhebung[3] (1959); *Leim* Richterliche Prozeßleitung und Sitzungspolizei (1913) 164ff.; *Nagel* Die Grundzüge des Beweisrechts im europäischen Zivilprozeß (1967); *Neubauer* ZZP 19 (1894) 136 (Zusammenstellung der älteren Rsp. des RG); *Weigelin* JR 1949, 84.

[2] Vgl. *RGZ* 91, 38; *Jaeger/Henckel* KO[9] § 6 Rdnr. 70; *Jaeger* LeipZ 1910, 153f.

[3] Dies ist im Strafprozeß immer noch umstritten, *BVerfGE* 16, 218ff.; *BGH* NJW 1953, 1600; 1967, 404; *Peters* Strafprozeß[4] (1985) § 42 II 2; *Roxin* Strafverfahrensrecht[23] (1993) § 26 A III 5, Rdnr. 10. Im Regreßprozeß gegen einen Rechtsanwalt kann der Gegner des Vorprozesses als Zeuge vernommen werden, *BGH* JZ 1984, 391 = MDR 479.

[4] Vgl. *Bürck* NJW 1969, 906; *Hartung/Holl* Anwaltliche Berufsordnung[2] § 43a Rdnr. 14ff.

[5] Vgl. *RGZ* 91, 38.

[6] *BGH* LM § 27 Deutsches Beamtengesetz Nr. 2; *BGH* NJW 1965, 2253.

[7] *BGH* WM 1977, 1007; *BGH* (Fn. 6), wobei die zuletzt genannte Entscheidung die Frage ausdrücklich offenläßt.

[8] *BGH* LM § 373 Nr. 3 = WM 1957, 877 = ZZP 71 (1958) 114; *Zöller/Greger*[25] § 373 Rdnr. 7.

[9] *BGH* LM § 373 Nr. 3 (Fn. 8); *OLG Köln* VersR 1973, 285.

3 **Zeugnisfähig** und also auch **zeugnispflichtig** ist jede Person, die die Verständnisreife hat, um bestimmte Wahrnehmungen zu machen, sie im Gedächtnis zu behalten und gegebenenfalls auf Vorhaltungen und Fragen über diese Wahrnehmungen Aussagen zu machen. Diese Fähigkeit ist *unabhängig von bestimmten Altersstufen oder der Geschäftsfähigkeit* und kann je nach Gegenstand der Wahrnehmung oder Erkenntnis in den verschiedenen Altersstufen verschieden stark ausgeprägt sein. Zu trennen davon ist die *Eidesfähigkeit* (§ 393) und das *Einsichtsvermögen* in die eigenverantwortliche Ausübung des Zeugnisverweigerungsrechts (→ § 383 Rdnr. 2ff.). Das schließt jedoch nicht aus, daß zwischen Aussagefähigkeit und Einsichtsvermögen in das Wesen des Zeugnisverweigerungsrechts ein gewisser Zusammenhang besteht[10].

1. Parteien

4 Personen, die **Parteien** im Sinne des *formellen* Parteibegriffs (→ Rdnr. 2 vor § 50) sind, können in der Regel **nicht als Zeugen** vernommen werden. Aus dem bereits angegebenen Grund (→ Rdnr. 1) sind sie aber **zeugnisfähig, wenn sie nicht im Wege der Parteivernehmung vernommen werden können**. *Ausnahmsweise sind deshalb als Zeugen tauglich*: die *prozeßunfähige Partei*, die nicht zur Parteivernehmung nach § 455 Abs. 2 zugelassen wird (→ § 455 Rdnr. 1)[11], die *(einfachen) Streitgenossen*, sofern sie über Tatsachen vernommen werden, die ausschließlich für die Entscheidung den anderen Streitgenossen gegenüber maßgebend sind[12] (→ § 61 Rdnr. 11, → § 449 Rdnr. 1).

2. Dritte

5 Dritte können dagegen in der Regel als Zeugen vernommen werden, auch wenn der Prozeß um ihre Rechte und Pflichten geführt wird und das Urteil ihnen gegenüber Rechtskraft bewirkt. Zu den als **Zeugen** zu vernehmenden Personen gehören besonders der *Insolvenzschuldner* in den Prozessen des Insolvenzverwalters[13] und der Erbe in den Rechtsstreitigkeiten des *Testamentsvollstreckers*[14], wenn man diese Personen als Parteien kraft Amtes und nicht als gesetzliche Vertreter des Insolvenzschuldners bzw. der Erben ansieht (→ Rdnr. 27ff. vor § 50); zum Zeugnisverweigerungsrecht → § 383 Rdnr. 10. Ferner rechnen hierzu der

---

[10] *BGHSt* NJW 1967, 360; *Birkenmaier* Die Zeugnisfähigkeit in den schweizerischen Zivilprozeßordnungen, Zürich (1966); *Findeisen* Der minderjährige Zeuge im Zivilprozeß (1992) 31ff.; *Grundmann* Der Minderjährige im Zivilprozeß (1980) 89ff.; *Zöller/Greger*[25] § 373 Rdnr. 3.

[11] *OLG Stettin* ZZP 59 (1935) 218; *Bertram* VersR 1965, 219; zum früheren Eidesrecht: *Lent* ZZP 52 (1927) 14ff.

[12] Daher ist eine Zeugenvernehmung von einfachen Streitgenossen ausgeschlossen, wenn die gegen sie gerichteten unterschiedlichen Klageansprüche auf demselben Sachverhalt beruhen (*BGH* MDR 1984, 47) oder wenn noch eine streitige Kostenentscheidung, an der beide beteiligt sind, zu treffen ist, *KG* MDR 1981, 765; *E. Schneider* MDR 1982, 372; a.M. *OLG Düsseldorf* FamRZ 1975, 100. Wie hier auch *BAGE* 24, 355 = JZ 1973, 58 = BB 1972, 1455; *OLG Hamm* NJW-RR 1986, 391; *KG* OLGZ 1977, 244; *OLG Düsseldorf* MDR 1971, 56; *Rosenberg/Schwab/Gottwald*[16] § 119 Rdnr. 9; *Thomas/Putzo/Reichold*[27] Rdnr. 7; *Zöller/Greger*[25] § 373 Rdnr. 5a; a.M. *Wieczorek*[2] § 373 Anm. B II a 3.

[13] *RGZ* 8, 412; 29, 29; *RG* JW 1895, 264 u.a.; *Kilger/K. Schmidt* Insolvenzgesetze[17] § 6 KO Anm. 3; *Lent* Reichsgerichtspraxis im dt. Rechtsleben 6 (1929) 275 (277); *Uhlenbruck* InsO[12] § 80 Rdnr. 12; *Schönke/Kuchinke* ZPR[9] § 65 II; *Thomas/Putzo/Reichold*[27] Rdnr. 7; *Zöller/Greger*[25] § 373 Rdnr. 5; a.M. *Wieczorek*[2] § 373 Anm. B II a 1; B II c 4. Keine Zeugenvernehmung des Gemeinschuldners dagegen, wenn er als Prozeßstandschafter des Insolvenzverwalters auftritt (→ vgl. Rdnr. 59 vor § 50 und dazu *Bötticher* JZ 1963, 582).

[14] *RG* JW 1901, 760; *OLG Hamburg* OLGRsp. 4, 122; *Bruns* ZPR[2] (1979) Rdnr. 182; *Schönke/Kuchinke* ZPR[9] (1969) § 65 II; *Thomas/Putzo/Reichold*[27] Rdnr. 7; *Zöller/Greger*[25] § 373 Rdnr. 5.

Rechtsträger in Fällen zulässiger *gesetzlicher* oder *gewillkürter Prozeßstandschaft* (z.B. bei der Einziehungsermächtigung[15])[16], der *Ehegatte* bzw. *Lebenspartner* in den Prozessen des anderen Ehegatten bzw. Lebenspartners (davon gehen ersichtlich § 383 Abs. 1 Nr. 2, 2a aus), im Falle der Gütergemeinschaft aber nur dann, wenn *einer* der Ehegatten das Gesamtgut verwaltet (§§ 1421, 1422 BGB, → auch Rdnr. 72 vor § 50)[17] oder wenn er bei gemeinschaftlicher Verwaltung des Gesamtgutes der Prozeßführung des anderen Ehegatten (als gewillkürter Prozeßstandschafter) zugestimmt hat[18], der Prozeßbevollmächtigte[19], ebenso die Mitglieder einer *juristischen Person* oder eines *verklagten nichtrechtsfähigen Vereins*[20]. Die Mitglieder der *offenen Handelsgesellschaft* sind Dritte (→ § 50 Rdnr. 17), sofern sie nicht als vertretungsberechtigte Gesellschafter oder Liquidatoren ihre gesetzlichen Vertreter sind[21]. Dasselbe gilt vom *Kommanditisten*[22] und für die nicht vertretungsberechtigten Gesellschafter einer *Außengesellschaft bürgerlichen Rechts*, wenn man deren (Teil-)Rechtsfähigkeit und Parteienfähigkeit anerkennt[23] (krit. → § 50 Rdnr. 23f.). Bei der *Reederei* (→ § 50 Rdnr. 18) sind sämtliche Mitreeder Partei und kommen daher als Zeugen nicht in Betracht. Der gewöhnliche *Streitgehilfe* (→ § 67 Rdnr. 1, zum streitgenössischen Gehilfen → Rdnr. 6), der *Hauptintervenient* im Erstprozeß (→ § 64 Rdnr. 17) und der *Streitverkündete* als solcher (→ § 74 Rdnr. 1) sind taugliche Zeugen.

3. Gesetzliche Vertreter und streitgenössische Streitgehilfen (streitgenössische Nebenintervenienten)

6 Ausnahmsweise können **Dritte nicht als Zeugen** vernommen werden, wenn sie als *streitgenössische Streitgehilfen* nach § 449 oder als *gesetzliche* Vertreter nach § 455 den Vorschriften über die **Parteivernehmung** unterstehen. Dies ergibt sich aus dem dargelegten Verhältnis (→ Rdnr. 1) zwischen Parteivernehmung und Zeugenbeweis. **Zeugnisunfähig**[24] sind demgemäß insbesondere der *Vormund* oder die Inhaber des elterlichen Sorgerechts (Vater, Mutter, § 1626 BGB, → § 51 Rdnr. 41ff.), der *Beamte*, der die den Staat vertretende Behörde vertritt, der *Vorstand des Vereins* usw., der *Insolvenzverwalter*, sofern man ihn nicht als Partei kraft Amtes, sondern als gesetzlichen Vertreter ansieht (→ Fn. 13, Rdnr. 27ff. vor § 50), der *vertretungsberechtigte Gesellschafter* oder Liquidator einer offenen Handels- oder Kommanditgesellschaft (→ Fn. 21f.)[25], der vertretungsberechtigte Gesellschafter einer Gesellschaft bürgerlichen Rechts, sofern man deren Parteifähigkeit bejaht. Voraussetzung ist aber, daß die Prozeßführung in den Vertretungsbereich des betreffenden gesetzlichen Vertreters fällt. Es kann danach z.B. als Zeuge vernommen werden: der gesetzliche Vertreter oder Vormund in Sachen,

---

15 A.M. *Rüßmann* AcP 172 (1972) 542ff. (Rechtsträger als Partei zu vernehmen); dagegen *Frank* ZZP 92 (1979) 323.

16 Vgl. *Bruns* ZPR² (1979) Rdnr. 182; *Rosenberg/Schwab/Gottwald*[16] § 119 Rdnr. 5ff.

17 Zum früheren Rechtszustand: *RGZ* 67, 265f.; *RG* JW 1896, 371; JW 1898, 197 u.a.

18 Ansonsten liegt bei gemeinschaftlicher Verwaltung des Gesamtgutes ein Fall notwendiger Streitgenossenschaft vor (Notwendigkeit gemeinschaftlicher Klage, § 1450 BGB, → auch § 62 Rdnr. 18). Zur früheren Rechtslage: *RGZ* 60, 85; *RG* JW 1904, 69; *Gruchot* 50 (1906) 1090f.; JW 1908, 529 u.a.

19 *OLG Hamm* MDR 1977, 142.

20 *RG* WarnRsp. 1908 Nr. 679; *OLG Karlsruhe* BadRPr 1906, 121.

21 Wie hier *BGH* NJW 1965, 2253, 2254 = JZ 725; *Baumbach/Lauterbach/Hartmann*[64] Übersicht vor § 373 Rdnr. 16, 17; *Bruns* ZPR² Rdnr. 182; *Kämmerer* NJW 1966, 805; *Rosenberg/Schwab/Gottwald*[16] § 119 Rdnr. 9; *Thomas/Putzo/Reichold*[27] Rdnr. 7; *Zöller/Greger*[25] § 373 Rdnr. 5.

22 *BGH* NJW 1965, 2253; *BGHZ* 42, 230 = NJW 1965, 106; *BAG* BB 1980, 580 (auch wenn dem Kommanditisten Prokura erteilt ist); a.M. *RGZ* 32, 398; *RG* JW 1908, 748.

23 Grundlegend hierzu *BGHZ* 146, 341, 347ff.

24 *Zum Beamten: RGZ* 45, 427 (= 46, 318); zum *Vereinsvorstand*: RGZ 2, 400; *RG* JW 1892, 180 u.a.

25 A.M. *Barfuß* NJW 1977, 1273 für den satzungsmäßigen Vertreter, § 30 BGB.

für die ein Pfleger bestellt ist[26], der Pfleger des Prozeßfähigen, soweit nicht § 53 eingreift, ferner der Gegenvormund, der Vormund des minderjährigen Ausländers (→ § 55 Rdnr. 7)[27].

7 Bei Vertretung durch mehrere Personen (*Gesamtvertretung*) ist eine Zeugenvernehmung des nichttätigen Vertreters allerdings auch nicht insoweit zulässig, als nur einer der Vertreter im Prozeß auftritt; ähnlich können bei Vertretung durch einen aus mehreren Personen bestehenden Vorstand (eine Kollegialbehörde usw.) die anderen dem Organ angehörenden Personen nicht als Zeugen vernommen werden[28]. Dasselbe gilt, wenn nach der Verfassung der juristischen Person oder der Behörde die mehreren Mitglieder selbständig vertretungsbefugt sind, auch für diejenigen, die in dem Prozeß nicht auftreten[29]: In allen diesen Fällen kann weder von der Partei selbst, noch von dem Gegner dadurch, daß nur einer der mehreren als gesetzlicher Vertreter bezeichnet oder tätig wird, darüber disponiert werden, ob der eine oder andere als Zeuge oder als Partei zu vernehmen ist.

II. Wechsel der Partei

8 Hat im Laufe des Rechtsstreits ein **Wechsel in der Person der Parteien** oder der gesetzlichen Vertreter stattgefunden, so ist für die Zulässigkeit der Zeugenvernehmung deren Zeitpunkt maßgebend[30].

1. Ausscheiden einer Partei

9 Die frühere Parteistellung steht der Zeugnisfähigkeit der **ausgeschiedenen** Partei nicht entgegen, mag ihr Ausscheiden gemäß §§ 75, 76f. oder §§ 265f. eingetreten oder die Folge der Beendigung der Streitgenossenschaft (→ Rdnr. 11f. vor § 59, → dazu § 61 Rdnr. 11) oder einer Parteiänderung (→ § 264 Rdnr. 91ff. [21. Aufl.]) und die ausgeschiedene Partei wegen der einheitlich zu treffenden Kostenentscheidung auch noch Verfahrensbeteiligte sein[31]. Das gleiche gilt beim Ausscheiden aus der Stellung als *gesetzlicher Vertreter*; war das Ausscheiden zu dem Zweck erfolgt, die Vernehmung als Zeuge zu ermöglichen, so ist das ein Umstand, der nach Lage des Falles den Beweiswert der Aussage mehr oder weniger stark berührt, aber nicht die betreffende Person als Zeugen ausschließt[32]. War der Ausgeschiedene bereits als Partei vernommen, so wird seine nochmalige Vernehmung als Zeuge regelmäßig unnötig sein. Schied die Partei nach Anordnung der Parteivernehmung, aber vor ihrer Einvernahme aus, so ist die Vernehmung als Zeugenvernehmung durchzuführen[33].

---

[26] *OLG Karlsruhe* FamRZ 1973, 104; *KG* DAVorm 1977, 174.

[27] *RG* JW 1896, 4; SeuffArch 49 (1894) 470 (Aufsichtsrat einer *Genossenschaft*); *BayObLGZ* 1962, 361 (Gemeinderatsmitglied im Prozeß der Gemeinde).

[28] *RGZ* 45, 427; *OLG Celle* ZZP 36 (1907) 177. Daher kann z.B. der Bürgermeister einer Gemeinde, der diese gesetzlich vertritt, nicht als Zeuge vernommen werden. Anders dagegen das Gemeinderatsmitglied, das den Bürgermeister weder allgemein noch im Einzelfall vertritt: Es kann im Prozeß der Gemeinde als Zeuge vernommen werden (*BayObLGZ* 1962, 341, 361).

[29] A.M. *RG* JW 1894, 363.

[30] *RGZ* 45, 427 (= 46, 318). Wie hier MünchKommZPO/*Damrau*[2] § 373 Rdnr. 16; *Rosenberg/Schwab/Gottwald*[16] § 119 Rdnr. 5ff.; *Thomas/Putzo/Reichold*[27] Rdnr. 8.

[31] *OLG Koblenz* NJW-RR 2003, 283.

[32] Vgl. *BGH* WM 1976, 424: Abtretung einer Forderung, damit Zedent im Prozeß Zeuge sein kann.

[33] MünchKommZPO/*Damrau*[2] § 373 Rdnr. 16.

2. Eintreten des früheren Zeugen als Partei

10 Ist eine Person als Partei, Streitgenosse oder gesetzlicher Vertreter in den Prozeß **eingetreten**, nachdem sie vorher als Zeuge vernommen war, so ist das Zeugnis im Prozeß zu berücksichtigen[34]; denn das Zeugnis hört durch den eingetretenen Wechsel nicht auf, Beweismittel zu sein. Ob sich der Beweiswert der Aussage dadurch verringert, daß der Zeuge später Prozeßpartei geworden ist, ist eine andere Frage. Tritt der Zeuge nach Anordnung seiner Vernehmung, aber vor seiner Einvernahme in den Prozeß als Partei ein, ist er nur dann als Partei zu vernehmen, wenn die Voraussetzungen der §§ 445ff. gegeben sind. Allein ein weiterer Beweisbeschluß nach § 450 ist nicht erforderlich, denn aufgrund des vorherigen Beschlusses ihrer Einvernahme als Zeuge ist für die Partei erkennbar, daß ihre Aussage als Beweismittel (und nicht nur als persönliche Anhörung nach § 141, → § 450 Rdnr. 1) Bedeutung gewinnt.

III. Gegenstand des Zeugenbeweises

1. Wahrgenommene Tatsachen

11 Der Zeugenbeweis ist nur zulässig über **Tatsachen** in dem bereits (→ § 284 Rdnr. 9ff. [21. Aufl.]) dargestellten Sinne[35]. Danach ist die Zeugenaussage, vom logischen Standpunkt aus betrachtet, stets das Ergebnis einer *Urteilstätigkeit* (→ § 284 Rdnr. 9ff. [21. Aufl.]). Hypothetische Tatsachen (wie jemand in einer bestimmten Situation gehandelt haben würde) gehören nicht dazu[36], wohl aber die *innere* Tatsache, wie der Zeuge glaubt, in einer bestimmten Situation zu handeln oder gehandelt zu haben. Der Unterschied zwischen Zeugenaussagen und Sachverständigengutachten (→ auch Rdnr. 11f. vor § 402) besteht nicht darin, daß die Zeugenaussage nur einen Bericht und kein Urteil enthält[37] oder sich nur auf vergangene Tatsachen bezieht oder sich nur auf zufällige Wahrnehmungen stützt[38] oder lediglich Urteile enthalten darf, die ohne besondere Sachkunde möglich sind[39]. Der Zeuge ist, anders als der Sachverständige, *nicht auswechselbar*[40]: **Der Zeuge berichtet über seine (eigenen) konkreten Wahrnehmungen**, die er ohne Auftrag des Gerichts gemacht hat. Dadurch unterscheidet er sich vom Augenscheinsgehilfen, der *kraft gerichtlichen Auftrags* Tatsachen wahrnimmt (→ Rdnr. 14 vor § 371). Auch der *Zeuge vom Hörensagen* ist Zeuge, da er über seine eigene konkrete Wahrnehmung berichtet[41]. Zwar bezieht sich dessen Wahrnehmung nicht auf eine zum

---

[34] *OLG Karlsruhe* VersR 1979, 1033, im Fall des § 285 Abs. 2 (Beweisaufnahme nicht vor dem Prozeßgericht) bedarf es wie sonst des Vortrages.

[35] Vgl. zum folgenden besonders *Bruns* ZPR² Rdnr. 182; *Häberlein* Die Sachverständigen im deutschen Recht (1911); *Hegler* AcP 104 (1909) 151ff., 224ff.; *Laubhardt* ZZP 44 (1914) 49ff.; *Lent* ZZP 60 (1936/37) 9ff.; *Neubauer* ZZP 19 (1894) 137f.; *Schmidhäuser* ZZP 72 (1959) 365ff.; *Stein* Das private Wissen des Richters (1893) 7 Fn. 15, 9f., 54ff.; MünchKommZPO/*Damrau*² § 373 Rdnr. 2ff.

[36] A. *A. Leipold* → § 284 Rdnr. 12 (21. Aufl.) mit Nachw. in Fn. 7; MünchKommZPO/*Damrau*² § 373 Rdnr. 3; eine Wahrheitspflicht im Hinblick auf hypothetische Tatsachen ist nicht möglich, *LG Frankfurt* a.M. NJW-RR 1986, 551.

[37] A. M. *RG* JW 1899, 145.

[38] Obwohl dies die Regel ist, s. aber *Stein* (Fn. 35) 57, 70.

[39] § 414 beweist hier das direkte Gegenteil: Die sachverständigen Zeugen sind nur Zeugen. A.M. anscheinend *RG* JW 1896, 638 hinsichtlich der Zurechnungsfähigkeit, dagegen aber *RG* SeuffArch 47 (1892) 101; JW 1896, 432.

[40] *BGHSt* 22, 348. Zur Austauschbarkeit von Beweismitteln und zur Unauswechselbarkeit beim *Zeugen: Hanack* JZ 1970, 561.

[41] Zum »testis de auditu« s. *Bruns* ZPR² Rdnr. 87; *Heusler* AcP 62 (1879) 275ff.; *v. Kries* ZStrW 6 (1886) 88ff.; *Kulischer* Grünhut 34 (1907) 169ff. (grundlegend in der Ablehnung); *Neubauer* (Fn. 35); *Stein* (Fn. 35) 62; *Stelter* Die Hearsay Rule und ihre Ausnahmen im englischen Strafprozeß (1969). Inwieweit der Zeuge vom Hörensagen anstelle des unmittelbaren Zeugen vernommen werden darf, richtet sich nach allgemeinen Grundsätzen (→ § 355 Rdnr. 29, *BVerfGE* 57, 250, 292ff.; *BGHSt* 6, 210; 17, 383ff.;

gesetzlichen Tatbestand gehörende Tatsache; der Zeuge vom Hörensagen kann aber Beweiszeichen bekunden, die auf solche Tatsachen hindeuten können[42]. Der Sachverständige hingegen wird vom Gericht hinzugezogen, um die fehlende Sachkunde des Richters auszugleichen[43] (→ Rdnr. 8 vor § 402); er ist daher *austauschbar*[44]. Zeugenvernehmungen sind auch über innere (nicht aber über hypothetische, s. soeben) Tatsachen und über solche, deren Wahrnehmung besondere Sachkunde erfordert, zulässig. Im letzten Fall spricht man von *sachverständigen Zeugen*, § 414 (dort → Rdnr. 5)[45]. Eine Person kann in bezug auf dieselbe Tatsache sowohl Zeuge als auch Sachverständiger sein (→ § 414 Rdnr. 5). Die vom Zeugen aus den Tatsachen gezogenen und von ihm ausgesagten Schlußfolgerungen als solche bilden nicht einen Teil seiner Zeugenaussage, also z.B. der Schluß des Zeugen von dem beobachteten verkehrswidrigen Verhalten einer Partei auf die Ursächlichkeit dieses Verhaltens für einen Schaden oder die Folgerung eines Zeugen aus einem Sachmangel auf das Verschulden einer Partei. Die Angabe solcher Schlußfolgerungen genügt nicht als Beweisantritt[46]. Noch weniger ist es Aufgabe des Zeugenbeweises, den Zeugen zur Abgabe einer rechtsgeschäftlichen Willenserklärung zu bewegen[47].

2. Tatsachen jeder Art

12 Der Zeugenbeweis ist für Rechtsverhältnisse und **Tatsachen jeder Art zulässig**. Die früheren Beschränkungen sind aufgehoben, § 14 Abs. 2 Nr. 2 EGZPO[48], ebenso alle Beschränkungen bezüglich der Zahl der zu benennenden Zeugen. Nur kann das Gericht im Beweisbeschluß oder nach dessen teilweiser Erledigung die Beweisaufnahme auf einen Teil der Zeugen beschränken (→ § 359 Rdnr. 2, § 360 Rdnr. 1) und hinsichtlich der Kosten kommt die freie Würdigung der Notwendigkeit (§ 91 Abs. 1) zur Geltung.

IV. Die Würdigung der Zeugenaussage

13 Der Zeugenbeweis untersteht dem **Grundsatz der freien Beweiswürdigung** (§ 286). Bei der Fehlbarkeit menschlicher Wahrnehmung und Erinnerung und bei der (bewußten oder unbewußten) Voreingenommenheit beteiligter Zeugen ist stets eine mehr oder weniger große Zu-

---

zust. *Eb. Schmidt* JZ 1962, 761; *BGHSt* 22, 270ff.; 33, 178; NStZ 1988, 144; *OLG Stuttgart* NJW 1972, 66; *Grünwald* JZ 1966, 494; *Heissler* Die Unmittelbarkeit der Beweisaufnahme unter besonderer Berücksichtigung des Zeugnisses vom Hörensagen Diss. Tübingen [1973]; *Tiedemann* MDR 1963, 456). Dieser Beweisart haftet eine besondere Unsicherheit an, die über die allgemein gegebene Unzuverlässigkeit des Zeugenbeweises hinausgeht. Daher sind an die Beweiswürdigung strenge Anforderungen zu stellen. Falsch wäre es jedoch, den Zeugen vom Hörensagen als im Zivilprozeß unzulässiges Beweismittel anzusehen, so aber *BAG* AP § 626 BGB Nr. 57.

[42] *BVerfG* NJW 2001, 2245, 2246; *OLG Zweibrücken* OLGR 2005, 59.

[43] Der Verkehrswert eines Grundstücks kann daher nicht im Wege des Zeugenbeweises ermittelt werden, weil dessen Bestimmung Fachwissen voraussetzt, *BGH* NJW 1993, 1796, 1797 l. Sp.

[44] *RGZ* 20, 394; *RG* JW 1910, 1007; *OLG Hamm* MDR 1988, 418; *Stein* (Fn. 35) 59; *Wach* KVJS 14, 337; zustimmend *Vierhaus* ZZP 19 (1894) 188; a.M. *Hegler* AcP 104 (1909) 151, 224ff.

[45] *BGH* MDR 1974, 382; *RGZ* 91, 208 (ob gewisse Waren zu gewisser Zeit in Deutschland käuflich waren).

[46] Vgl. auch das Beispiel von *R. Bruns* JZ 1957, 490: »Wegen der Glätte ist der Kläger hingestürzt«; *RG* JW 1902, 166.

[47] *OLG Nürnberg* BayJMBl 1956, 19.

[48] Zu den Bestrebungen, den Zeugenbeweis nach französischem Vorbild (→ Einl. Rdnr. 131) zugunsten des Urkundenbeweises einzuschränken: *Abraham* ZZP 50 (1926) 21; *ders.* Vom Rechte, das mit uns geboren (1929) 29, 53ff.; *Hoeck* JW 1929, 2578; *Philippi* Jud. 1, 103; dagegen besonders *Rühl* ZZP 56 (1931) 2ff. (mit umfangreichen Literaturhinweisen).

rückhaltung geboten[49]. **Der Zeugenbeweis ist deshalb** – abgesehen von der Parteivernehmung – **die unsicherste Beweisart.** Ihm sind regelmäßig der Sachverständigen- und vor allem der Urkundenbeweis überlegen. Wenn sich das Gericht der Gefahren des Zeugenbeweises bewußt ist und demgemäß mit Geschick und Verständnis die Zeugeneinvernahme vornimmt, vermag aber auch der Zeugenbeweis eine sichere Grundlage der Sachverhaltsfeststellung zu sein.

14 Allseits gesicherte juristische oder psychologische Regeln über die Glaubwürdigkeit von Zeugen existieren nicht. Es gibt keine Person, die, abgesehen von ihrer Beziehung zur konkreten Streitsache (→ Rdnr. 1), zum Zeugnis unfähig wäre[50], und keine Person, die kraft Gesetzes verdächtig oder minder glaubwürdig wäre (→ auch Rdnr. 3). Auch an die Beeidigung der Aussage knüpfen sich keine gesetzlichen Beweisfolgen; die Würdigung der beeidigten Aussage ist ebenso frei wie die der unbeeidigten (→ § 391 Rdnr. 1).

V. Antritt und Aufnahme des Zeugenbeweises[51]

1. Zeugenbenennung

15 Der Zeugenbeweis setzt außer in den Fällen des Offizialverfahrens (→ Rdnr. 178ff. vor § 128) stets die **Benennung durch eine Partei** voraus, § 373. Hinsichtlich der **Ablehnung** von Beweisangeboten gelten die allgemeinen Grundsätze (→ § 284 Rdnr. 51ff. [21. Aufl.]). Über das Recht der Partei, vorhandene Zeugenaussagen im Wege des *Urkundenbeweises* zu verwerten → § 284 Rdnr. 33ff. (21. Aufl.); → auch § 363 Rdnr. 11.

2. Amtliche Auskunft

16 Über die amtliche Auskunft → Rdnr. 44.

---

[49] *E. Altavilla* Forensische Psychologie (Graz-Wien-Köln 1955) II 193ff.; *Arntzen* Psychologie der Zeugenaussage[3] (1993); *Baginsky* Die Kinderaussage vor Gericht (1910); *Bernhardt* (Fn. 1) 45ff.; *Bohne* Zur Psychologie der richterlichen Überzeugungsbildung (1948); *ders.* SJZ 1949, 9; *Bürkle* Richterliche Alltagstheorien im Bereich des Zivilrechts (1984); *Döhring* (Fn. 1) 23ff.; *Gmelin* Zur Psychologie der Aussage[2] (1909); *Groß* GoldtArch 49 (1903) 184; *Hellwig* NJ 1948, 15; *ders.* (Fn. 1) 88ff.; *Hetzer/Pfeiffer* NJW 1964, 441; *Knippel* MDR 1980, 112ff.; *Krönig* (Fn. 1) 13ff.; *Levin* (Fn. 1) 164ff. (m. weit. Lit.); *Lindemann* DJ 1942, 695; *Mayer* DRiZ 1958, 140; *Meinert/Geerds* Vernehmungstechnik[5] (1976) 189ff.; *Mönkemöller* Psychologie und Psychopathologie der Aussage (1930) 298ff.; *Müller-Luckmann* Aussagepsychologie in: *Ponsold* Lb. der gerichtlichen Medizin[3] (1967) 109ff. (bes. zu Kinderaussagen); *Niehuus* SchlHA 1969, 2; *Panhuysen* Die Untersuchung des Zeugen auf seine Glaubwürdigkeit (1964) (betrifft in erster Linie den Strafprozeß); *Peters* Strafprozeß[4] (1985) 374ff.; *Plaut* Der Zeuge und seine Aussage im Strafprozeß (1931); *Reinecke* MDR 1986, 630; *Römer* Recht der Jugend und des Bildungswesens 1971, 205ff. (zur Aussage von Kindern und Jugendlichen in Sittlichkeitsprozessen); *Rüßmann* DRiZ 1985, 41ff.; *ders.* KritV 1988, 361, 368ff.; *v. Schlotheim/Müller-Luckmann/Roestel* Recht der Jugend und des Bildungswesens 1971, 214ff. (zur Aussage von Kindern im *Straf*prozeß); *E. Schneider* Beweis und Beweiswürdigung[5] (1994) Rdnr. 872; *ders.* MDR 1965, 14, 181, 351, 535, 715; *Schumacher* DRiZ 1960, 286; dazu *Fleischmann* DRiZ 1961, 85; *Stein* (Fn. 35) 2, 9; *Stern* Zur Psychologie der Aussage (1903); ZStrW 22 (1902) 315; *Stöhr* Psychologie der Aussage (1911); *A. Trankell* Der Realitätsgehalt von Zeugenaussagen (1971); hierzu *Bruns* ZZP 86 (1973) 393; *Herren* JZ 1972, 512; *Weigelin* JR 1949, 84; zum Umgang mit Fehlern des Zeugen bei der Wahrnehmung, Erinnerung und Wiedergabe des Sachverhalts *Kirchhoff* MDR 1999, 1473; *ders.* MDR 2000, 186; *ders.* MDR 2001, 661; ferner *Einmahl* NJW 2001, 469.

[50] Auch *Kinder* sind nicht unfähig, arg. § 393. Zum Beweiswert der Aussage eines *Mitfahrers* bei einem *Verkehrsunfall* vgl. *BGH* NJW 1988, 566; *Greger* NZV 1988, 13.

[51] *Teplitzky* Der Beweisantrag im Zivilprozeß und seine Behandlung durch die Gerichte, JuS 1968, 71ff.

3. Aufnahme des Zeugenbeweises

17 Die **Aufnahme** des Zeugenbeweises besteht in der *richterlichen*[52] *Vernehmung* des Zeugen nach §§ 355, 375, 394ff., in gewissem Umfang auch in der Einreichung einer *schriftlichen Beantwortung* der Beweisfragen, § 377 Abs. 3. Auch in letzterem Fall ist der Beweis Zeugen-, nicht Urkundenbeweis (→ § 377 Rdnr. 24). Wegen der schriftlichen Äußerung bei der Glaubhaftmachung → § 294 Rdnr. 11ff. (21. Aufl.)[53].

VI. Zeugnispflicht

1. Zeugnispflicht als öffentlich-rechtliche Verpflichtung

a) Inhalt der Pflicht

18 Die Zeugnispflicht ist eine **öffentlich-rechtliche** Verpflichtung[54]; sie obliegt – ohne Rücksicht auf die Staatsangehörigkeit – jedem, der der deutschen Gerichtsbarkeit unterworfen ist (§§ 18–20 GVG)[55], und ist keine spezifische Staatsbürgerpflicht. Für die Exterritorialen besteht sie daher nicht (→ § 377 Rdnr. 10); wegen der Konsuln → § 377 Rdnr. 13ff. Sie **umfaßt die Pflicht zum Erscheinen** (§§ 380, 382), **zur wahrheitsgemäßen Aussage** (§§ 393ff., 376, 390) und endlich, auf gerichtliche Anordnung, **auch zur Beeidigung** der Aussage (§§ 391ff., 390). Eine Pflicht zur schriftlichen Äußerung besteht nicht (→ § 377 Rdnr. 27).

19 Die Zeugnispflicht umfaßt **keine Nachforschungspflicht**[56]. Der Zeuge ist nicht verpflichtet, sich durch Ermittlungen, Nachforschungen in Schriftstücken usw. die (erstmalige) Kenntnis bisher nicht wahrgenommener Tatsachen zu verschaffen[57]. Daran ändert weder § 377 Abs. 2 Nr. 2 etwas, der dem Zeugen allein Nachforschungen auf freiwilliger Basis ermöglicht, noch die dem Zeugen mit § 378 durch das Rechtspflege-Vereinfachungsgesetz 1990 auferlegte **beschränkte Vorbereitungspflicht** (→ § 378 Rdnr. 1). Für eine weitergehende Pflicht des Zeugen, die zur Gedächtnisauffrischung zur Verfügung stehenden Mittel vor der Aussage zu benutzen, ist daneben kein Raum[58]. Der Zeuge ist daher nicht verpflichtet, vor seiner Vernehmung etwa den Unfallort zur Gedächtnisauffrischung einzusehen oder Gespräche mit Dritten zu führen. Wenn Beamte solche Pflichten treffen, ist dies die Folge ihres Amtes, nicht ihrer Zeugenstellung.

b) Rechtsstellung und Rechtsschutz des Zeugen

aa) Rechtsschutzdefizite

20 Durch die Zeugnispflicht wird **dem Zeugen** als *einzigem* Beteiligten des Zivilprozesses eine nicht abwendbare **Pflicht zum Erscheinen**[59], **zur Aussage**[60] und zur **Beeidigung** auferlegt (zum

---

[52] Durch den Urkundsbeamten der Geschäftsstelle nur im Kostenfestsetzungsverfahren → § 104 Rdnr. 1, 4.

[53] Vgl. auch wegen der »dienstlichen Äußerung« von Richtern § 44 Abs. 3 (→ dort Rdnr. 7) sowie *Stein* (Fn. 35) 105 und → Rdnr. 44.

[54] *BGHZ* 41, 324; *RG* Gruchot 52 (1908) 446 (keine Ausschließung durch § 226 BGB).

[55] *Riezler* Internationales Zivilprozeßrecht und prozessuales Fremdenrecht (1949) 474.

[56] MünchKommZPO/*Damrau*² § 373 Rdnr. 25.

[57] So auch *RGZ* 48, 395; *OLG Köln* NJW 1973, 1983 = ZZP 87 (1974) 484 (*Peters*).

[58] A.A. *Schumann* in der 20. Aufl. (mit weit. Nachw. in Fn. 51); MünchKommZPO/*Damrau*² § 373 Rdnr. 25.

[59] Die Erscheinungspflicht verstößt nicht gegen Art. 2 Abs. 2 GG (*Dürig* in *Maunz/Dürig/Herzog* GG (Loseblattsammlung, Stand 1994) Art. 2 II Abs. 2 Rdnr. 50.

[60] *Löwe/Rosenberg/Dahs* StPO²⁵ Rdnr. 6f. vor § 48.

Unterschied zwischen prozessualen *Pflichten* und prozessualen *Lasten* → Einl. Rdnr. 209ff.). Die Parteien, deren Prozeßbevollmächtigte und am Prozeß beteiligte Dritte sind hingegen jederzeit berechtigt, dem Termin fernzubleiben und zu einzelnen Punkten oder überhaupt zu schweigen. Zwar knüpfen sich an solches Nichterscheinen, Nicht-Erklären oder Schweigen möglicherweise prozessuale Folgen, aber deren Eintritt ist nicht die Konsequenz aus einer Vernachlässigung einer Äußerungspflicht, sondern prozessuales Resultat der Untätigkeit. **Einzig der Zeuge** – und einzelne Arten von Sachverständigen (→ § 407 Rdnr. 1ff.) – **ist positiv zum Erscheinen und Reden verpflichtet**, und diese Pflicht kann mit **Zwangsmitteln** durchgesetzt werden (§§ 380, 390).

21 Gesetzgebung, Schrifttum und Praxis berücksichtigen diese Sonderstellung des Zeugen nicht ausreichend. Man ist nicht bereit, dem Zeugen einen umfangreichen Rechtsschutz angedeihen zu lassen[61]. Verbesserungen, etwa § 171b GVG, bleiben Stückwerk. Offensichtlich besteht die Sorge, das Beweismittel »Zeuge« zu schwächen, wenn ihm ein stärkerer Schutz gewährt wird. Im allgemeinen herrscht die Ansicht vor, die Regeln über das Zeugnisverweigerungsrecht (§§ 383ff.) reichten aus. Daran ist richtig, daß der Kernbereich des Rechtsschutzes des Zeugen im Zeugnisverweigerungsrecht enthalten ist. Nicht vom Schutz durch ein Zeugnisverweigerungsrecht erfaßt werden jedoch die Zeugenbehandlung in der mündlichen Verhandlung (→ Rdnr. 26) und die Verwertung der Zeugenaussage bei der gerichtlichen Entscheidung (→ Rdnr. 37); hinzu tritt die einem Zeugnisverweigerungsrecht vorgelagerte Frage, unter welchen Voraussetzungen die Zeugenpflichten überhaupt bestehen (→ Rdnr. 23ff.).

22 Ausgangspunkt der Frage nach der Rechtsstellung des Zeugen ist die Feststellung, daß der *Zeuge der Gerichtsgewalt unterworfen ist und deshalb Grundrechtsschutz* in derselben Weise wie bei sonstiger Unterordnung unter die staatliche Hoheitsgewalt genießt. Dabei ist zusätzlich noch zu beachten, daß er von allen Prozeßbeteiligten *am intensivsten* dieser Gewalt ausgesetzt ist, weil er vor Gericht erscheinen muß (und keinen Vertreter senden darf – was auch nicht sachgerecht wäre) und weil er zur wahrheitsgemäßen Aussage verpflichtet ist und dem Risiko schwerer strafrechtlicher Sanktionen unterworfen ist, wenn er der Wahrheit zuwider aussagt.

bb) Voraussetzungen der Zeugenpflichten

23 Die Zeugenpflicht ist eine öffentlich-rechtliche Verpflichtung. Daran ist grundsätzlich festzuhalten. Der Eintritt der Zeugenpflichten unterliegt aber keineswegs der Willkür des Richters, sondern ist an die Erfüllung bestimmter Voraussetzungen geknüpft. Aus dem **Verhältnismäßigkeitsgrundsatz** folgt insbesondere, daß die Zeugenpflichten nur bestehen, wenn die Einvernahme des Zeugen **erforderlich** ist, weil die Tatsache, die er bezeugen soll, beweisbedürftig ist. Das ist nicht der Fall, wenn die Klage schon nicht schlüssig ist oder der Zeuge gegenbeweislich benannt wurde, die beweisbelastete Partei aber kein Beweismittel angeboten hat. Damit ist die mitunter anzutreffende Praxis nicht vereinbar, ohne exakte Prüfung der Schlüssigkeit der Klage oder Erheblichkeit einer Einrede und der Beweisführungslast Zeugen einzubestellen und zu vernehmen. Eine Zeugnispflicht scheidet ferner aus, wenn bereits feststeht, daß das Beweisergebnis nicht verwertet werden kann.

24 Zweifelhaft ist, ob darüber hinaus eine Zeugnispflicht wegen Verletzung des Übermaßverbotes ausscheidet, wenn etwa wegen einer Bagatellforderung der Zeuge eine weite Anreise auf sich nehmen muß. Dieser Gesichtspunkt ist im Rahmen des § 375 Abs. 1 zu berücksichtigen, tritt allerdings mit dem Unmittelbarkeitsgrundsatz (→ § 355 Rdnr. 5ff.) in Konflikt.

---

[61] Vgl. aber *Kohlhaas* ZRP 1972, 52; *KG* JR 1971, 338 mit Anm. *Peters* = OLGSt § 51 StPO.

25 Problematisch erscheint, in welchem Verfahren der **Zeuge Rechtsschutz** suchen kann, wenn er unter Verstoß gegen die o.a. Voraussetzungen als Zeuge geladen wird. Die Unanfechtbarkeit des Beweisbeschlusses *für die Parteien* steht dem nicht entgegen (→ § 372a Rdnr. 19). Analog § 387 bietet sich ein **Zwischenstreit über die Zeugnispflicht** an. Das Prozeßgericht hat das Vorliegen der Voraussetzungen der Zeugenpflicht im Beweisbeschluß zu *begründen* und dem als Zeugen Benannten mitzuteilen, damit dieser prüfen kann, ob ihn die Zeugenpflicht trifft. Entschieden wird durch Zwischenurteil. Hiergegen ist analog § 387 Abs. 3 sofortige Beschwerde statthaft. Das Beschwerdegericht hat seine Entscheidung freilich auf der Grundlage der Rechtsansicht des Prozeßgerichts zu treffen (→ vgl. zum Problem § 372a Rdnr. 19).

cc) Zeugeneinvernahme

26 Oberstes Gebot verfassungskonformer Zeugeneinvernahme ist die **Wahrung der Menschenwürde** (Art. 1 Abs. 1 GG). Eine **erniedrigende**[62], **entwürdigende oder demütigende Zeugenbehandlung durch das Gericht**[63] **oder** (unter Zulassung durch das Gericht) **durch Prozeßbeteiligte** stößt auf verfassungsrechtliches Verdikt. Zwar kann der Zeuge entehrenden *Fragestellungen* durch Berufung auf das Zeugnisverweigerungsrecht nach § 384 Nr. 2 entgehen[64]. Aber einer die Menschenwürde verletzenden *Behandlung* vermag er dadurch nicht auszuweichen. Die Gefahr einer solchen Behandlung durch Prozeßbeteiligte ist vor allem dann gegeben, wenn sich *der Zeuge* in Gegensatz zu anderen Beweisergebnissen gesetzt, wenn er sich in *Widersprüche verwickelt oder die Unwahrheit ausgesagt hat.* So sehr der Zivilprozeß die Wahrheit aufklären will, so wenig darf dies unter Verletzung grundrechtlicher Garantien erfolgen. Deshalb sind auch Eingriffe in die **Intimsphäre des Zeugen** unter dem Gesichtspunkt des Übermaßverbots – des verfassungsrechtlichen Verhältnismäßigkeitsgrundsatzes – zu sehen. Eine verfassungsmäßige Beweisaufnahme hat deshalb Sorge zu tragen, die Eingriffe in den Intimbereich[65] des Zeugen auf das zwingend gebotene Minimum zu reduzieren. Dabei ist abermals zu beachten, daß die Vorschrift des § 384 Nr. 2 nur den Bereich des Unehrenhaften abgrenzt. Verfassungskonformer[66] Anwendung des Prozeßrechts entspricht es aber, auch bei anderen Fragen des Intimbereichs äußerste Zurückhaltung zu üben. Hierzu rechnen etwa Fragen

---

[62] Selbstverständlich sollte es sein, dem Zeugen eine Sitzgelegenheit anzubieten (*Zöller/Greger*[25] § 396 Rdnr. 4, unter Ablehnung der gegenteiligen Praxis), auch wenn dies (noch) keine Frage der »Menschenwürde« ist.

[63] Oder durch einen vom Gericht bestellten *Sachverständigen* (*Löwe/Rosenberg/Krause* StPO[25] § 81c Rdnr. 8ff.)

[64] Bei der Verwertung des strafprozessualen Schrifttums und der strafgerichtlichen Judikatur ist zu beachten, daß der Zeuge im Strafprozeß gemäß § 68a StPO *kein Zeugnisverweigerungsrecht* hat, wenn eine Fragestellung ihm oder seinen Angehörigen zur Unehre gereichen würde; solche Fragen dürfen aber nur gestellt werden, wenn sie unerläßlich sind (§ 68a Abs. 1 StPO). Insoweit genießt der Zeuge im Zivilprozeß eine deutlich *bessere* Rechtsstellung. Diese Wertung muß zugunsten des Zeugen auch bei den hier behandelten Konfliktslagen beachtet werden.

[65] Zum Schutz der Intimsphäre *di Fabio* in *Maunz/Dürig* GG (Loseblatt, Stand 2005) Art. 2 Abs. 1 Rdnr. 151ff.; *BVerfGE* 6, 41, 433; 27, 6, 350f.; 34, 245ff.; 44, 373ff.; *Dahs* NJW 1984, 1921. Beispiele aus der Praxis des Strafprozesses nennt *Kohler* Die Polizei 1970, 238.

[66] Zur verfassungskonformen Auslegung der ZPO → Einl. Rdnr. 68f.; → Rdnr. 81 vor § 253 (21. Aufl.). Soweit beim Schutz der Intimsphäre Fragen der Ehre eine Rolle spielen, läßt sich bei verfassungskonformer Auslegung des § 384 Nr. 2 tatsächlich ein weiter Bereich schützen. Dann steht dem Zeugen ein Zeugnisverweigerungsrecht zu. Soweit aber keine Fragen der Ehre involviert sind, läßt sich auch bei verfassungskonformer Auslegung des § 384 Nr. 2 kein Zeugnisverweigerungsrecht aus dieser Vorschrift zubilligen. Dann ist das Gericht jedenfalls verpflichtet, nur in unerläßlichen Fällen (vgl. § 68a Abs. 1 StPO, → Fn. 64) Fragen hinsichtlich des Intimbereichs zu stellen. Möglicherweise verstößt jedoch auch die Fragestellung so unmittelbar gegen das Verfassungsrecht, daß der Zeuge nicht verpflichtet ist, die Frage zu beantworten.

nach *geistigen (seelischen) Erkrankungen, nach intellektuellen Fähigkeiten oder körperlichen Schwächen.* Auch bei anderen seine Person betreffenden Tatsachen besteht sehr oft ein legitimes Interesse eines Zeugen an ihrer Geheimhaltung, ohne daß ihre Offenbarung für den Prozeß von Entscheidungserheblichkeit ist. So können Fragen nach *Lebens- und Berufsweg, Schicksal, Abstammung und Verwandtschaft* den Intimbereich der Persönlichkeit berühren. Ohne zwingenden Grund darf der staatliche Zeugniszwang nicht zur Offenlegung von Tatsachen aus der Persönlichkeitssphäre führen, an deren Nichtäußerung der Zeuge sichtlich ein Interesse hat.

dd) Qualifizierung der Zeugenaussage in der gerichtlichen Entscheidung

27 In den Gesamtzusammenhang der Bedrohung der Menschenwürde des Zeugen gehört schließlich auch die **Qualifizierung der Zeugenaussage in der gerichtlichen Entscheidung**[67]. Es ist selbstverständlich, daß ein Urteil im einzelnen anzugeben hat, aus welchen Gründen z.B. die Aussage eines Zeugen unglaubwürdig ist. Freie Beweiswürdigung (→ Rdnr. 13) bedeutet die Freiheit von gesetzlichen Beweisregeln, nicht aber die Befreiung von der präzisen Angabe der Gründe der richterlichen Überzeugungsbildung (→ § 286 Rdnr. 12ff. [21. Aufl.]). Deshalb ist der Richter gezwungen, genau anzugeben, weshalb er die Aussage des Zeugen für unglaubwürdig hält. Aber auch hierbei hat er sich vom Übermaßverbot (→ Rdnr. 26) leiten zu lassen. **Es ist nicht die Aufgabe des Richters, den Zeugen moralisch zu richten**. Daß er sich jeder beleidigenden Redewendung zu enthalten hat, ist selbstverständlich; daß er aber auch jeder demütigenden oder entehrenden Begründung absagt und **in den Vordergrund die Aussage** – *nicht den Zeugen* – stellt, muß betont werden. Denn entscheidend ist, aus welchen Gründen der Aussage – *nicht dem Zeugen* – nicht gefolgt werden konnte. Je sachlicher (auf die Aussage bezogen) die Begründung im Urteil ist, desto eher sind den Zeugen kränkende Wendungen in den Entscheidungsgründen vermeidbar.

c) Insbesondere: Glaubwürdigkeitsgutachten

28 Der Stand der modernen Psychologie und der zeitgenössischen Psychiatrie hat dazu geführt, daß in wissenschaftlich begründeter Weise die *Glaubwürdigkeit einer Person schlechthin* analysiert werden kann. Das **Gutachten über die Glaubwürdigkeit des Zeugen (Glaubwürdigkeitsgutachten)** ist deshalb von Bedeutung für die Rechtsstellung des Zeugen und für dessen Rechtsschutz, weil es die **Gefahr eines schweren Eingriffs in die Persönlichkeitssphäre des einzelnen Zeugen** in sich birgt. Im Gegensatz zu der soeben (→ Rdnr. 27) dargestellten Auseinandersetzung mit *der Aussage* steht im Mittelpunkt des Glaubwürdigkeitsgutachtens die *Persönlichkeit des Zeugen* und sein Verhältnis zu Wahrheit und Unwahrheit. Im Glaubwürdigkeitsgutachten sagt der Sachverständige über die Persönlichkeit des Zeugen aus; *der Zeuge wird selbst zum Gegenstand des Beweises.* Außerdem ist Sinn und Zweck des Gutachtens nicht die körperliche Erscheinung, sondern der seelisch-moralische oder medizinische Zustand des Zeugen[68]. Die allgemeine Zulässigkeit eines Sachverständigengutachtens über die Glaubwürdigkeit einer Person bemißt sich nach den Vorschriften über den Sachverständi-

---

[67] Vgl. auch *BVerfGE* 9, 7, 9f. zur Grundrechtsverletzung durch freisprechendes Strafurteil und 15, 283, 286 zur Grundrechtsverletzung eines Dritten durch ein Zivilurteil.

[68] In der Lit. zum Strafprozeß wird hierbei von manchen unterschieden zwischen Zweifeln an der Glaubwürdigkeit, die ihren Grund in einer möglicherweise bestehenden *Krankheit* des Zeugen haben, und solchen Zweifeln, die durch die *seelische Veranlagung* des Zeugen begründet sind (z.B. *Eb. Schmidt* StPO Nachträge I zu Teil II [1967] Vorb. §§ 52–56 Rdnr. 3). Diese Unterscheidung mag vielleicht für die Auswahl des zu bestellenden Sachverständigen bedeutsam sein (einerseits Psychiater, andererseits Psy-

genbeweis (→ Rdnr. 16 vor § 402). Hier ist lediglich die Problematik des Gutachtens aus der Sicht des Zeugen zu behandeln.

aa) Schutz vor vermeidbaren Eingriffen in die Intimsphäre

29 Leitlinie für **Anordnung und Durchführung des Glaubwürdigkeitsgutachtens muß der Schutz des Zeugen vor vermeidbaren Eingriffen in seine Intimsphäre sein**[69]. Deshalb ist das Gericht nicht schlechthin frei, ein solches Gutachten anzuordnen. *Sein Ermessen ist insoweit deutlich eingeengt.* Als ein Eingriff in die Intimsphäre erscheint das Glaubwürdigkeitsgutachten in jedem Fall, und zwar auch dann, wenn es sich lediglich auf die Beobachtung des Zeugen während seiner Aussage durch einen Sachverständigen gründet. Wenn auch nach der strafgerichtlichen Rechtsprechung eine solche Beobachtung nicht der Zustimmung des Zeugen bedarf[70], ist sie nur anzuordnen, *wenn auf keine andere Weise* über die allgemeine Glaubwürdigkeit des Zeugen Gewißheit zu erlangen ist. Dabei hat das Gericht zu beachten, daß es eine der richterlichen Aufgaben ist, *selbst* über die Glaubwürdigkeit von Zeugen zu entscheiden[71].

bb) Glaubwürdigkeitsgutachten als letztes Mittel im Rahmen der Wahrheitserforschung

30 Als zweite selbständige Voraussetzung für ein Glaubwürdigkeitsgutachten ist wegen seines Eingriffs in die Rechtssphäre eines *am Prozeß nicht beteiligten Dritten* zu fordern, *daß die Aussage dieses Zeugen von prozeßentscheidender Bedeutung ist, d.h. daß der Erfolg der Kla-*

---

chologe, *K. Peters* JR 1970, 152 und *BGHSt* 23, 12ff.); für den Rechtsschutz des Zeugen ist es aber gleichgültig, aus welchen Gründen er selbst zum Untersuchungsobjekt wird.

69 Zum Schutz der Menschenwürde und der Intimsphäre bei der Duldungspflicht des Zeugen gegenüber strafprozessualen Untersuchungen gemäß § 81c Abs. 1 StPO; *Kühne* Strafprozessuale Beweisverbote und Art. 1 Abs. 1 GG (1970) 64. Da im Zivilprozeß nur im Fall des Abstammungsgutachtens (§ 372a) eine Duldungspflicht des Zeugen besteht, sonst aber keinerlei Verpflichtungen des Zeugen existieren (→ § 371, Rdnr. 10ff., § 372a Rdnr. 1), fehlt eine dem § 81c Abs. 1 StPO vergleichbare Vorschrift.

70 *BGHSt* 23, 1f.; mit abl. Anm. *K. Peters* JR 1970, 68f.; *Löwe/Rosenberg/Dahs* StPO[25] § 81c Rdnr. 8ff.; *Panhuysen* (Fn. 49) 73ff. (zurückhaltend). Die Ansicht, der Zeuge habe es zu dulden, daß der Sachverständige ihn während seiner Aussage in der Hauptverhandlung beobachtet und dann über ihn ein Glaubwürdigkeitsgutachten abgibt, beruht auf der Vorstellung, ein »Eingriff« in die Persönlichkeitssphäre liege hier nicht vor. Der Eingriff besteht aber darin, daß der physische und psychische Zustand des Zeugen durch den Sachverständigen in der mündlichen Verhandlung offen dargelegt wird. Die Zeugnispflicht schließt zwar die Prüfung der Glaubwürdigkeit durch das Gericht ein. Ob deshalb aber, wie der *BGH* aaO meint, auch ein solches Glaubwürdigkeitsgutachten in jedem Fall gegen den Willen des Zeugen zulässig ist, begegnet ernsthaften verfassungsrechtlichen Zweifeln. Denn in der ZPO ist die ausdrückliche Legitimation zu solch einem staatlichen Vorgehen nicht enthalten. Daß dieses Vorgehen nicht ausdrücklich verboten ist, macht es nicht zulässig (anders allerdings *BGHSt* aaO). Für den Zivilprozeß sollte der Grundsatz gelten, daß der Zeuge eine solche Glaubwürdigkeitsbegutachtung in der mündlichen Verhandlung nur hinzunehmen hat, wenn sein Persönlichkeitsrecht hinter dem Interesse der Parteien an der Wahrheitsfindung eindeutig zurückzutreten hat. *Der Richter hat das Recht des Zeugen mit dem Gegenstand und der Bedeutung des Prozesses abzuwägen.* Soweit danach die Zuziehung des Sachverständigen gestattet ist, ist diesem *nicht erlaubt, dem Zeugen Fragen zu stellen*, wenn der Zeuge die Befragung nicht will (vgl. *Peters* aaO; *Panhuysen* [Fn. 49] 74f.). Die Zeugenvernehmung ist nicht psychiatrisch-psychologische Exploration (in diesem Sinne *RG* HRR 1928 Nr. 2330; *OLG Hamm* JZ 1957, 186; *Panhuysen* und *Peters* aaO).

71 *Eb. Schmidt* (Fn. 68) aaO. Es bedarf deshalb besonderer Begründung, wenn das Gericht den Sachverständigen hinzuzieht. Diese Folgerung wird von *Eb. Schmidt* jedoch nicht gezogen. Für den Strafprozeß gesteht *BGHSt* 23, 11f. (vgl. auch *OLG Hamm* NJW 1970, 908) dem Tatrichter zwar zu, letztlich selbst über die Glaubwürdigkeit eines Zeugen zu entscheiden. In Fällen, in denen die Beurteilung der Glaubwürdigkeit eines Zeugen aber besondere Sachkunde voraussetzt, *müsse* der Tatrichter jedoch einen Sachverständigen hinzuziehen.

ge gerade und nur von dieser einzelnen Aussage abhängt. Das Glaubwürdigkeitsgutachten muß das letzte Mittel im Rahmen der Wahrheitserforschung sein.

cc) Grenzen der Glaubwürdigkeitsuntersuchung

31 **Der Zeuge selbst hat allenfalls** (wenn deren Voraussetzungen gegeben sind, → Rdnr. 29) die Beobachtung in der mündlichen Verhandlung (in der Beweisaufnahme) zu dulden; er ist aber nicht verpflichtet, sich einer psychologischen, psychiatrischen oder einer sonstigen medizinischen oder anderen wissenschaftlichen Untersuchung zu unterziehen[72] (hinsichtlich der Ausnahme beim Gutachten in Abstammungsfragen → § 372a Rdnr. 5ff.). Auch besteht keine Verpflichtung des Zeugen, Fragen des Gerichts oder etwa des Sachverständigen zu beantworten, die ausschließlich zur Begründung eines Glaubwürdigkeitsgutachtens gestellt werden[73]. Das Gericht hat *jeden Druck auf den Zeugen* und auch jedes Handeln *zu unterlassen*, das als Druck gegenüber dem Zeugen erscheinen könnte. Vielmehr ist umgekehrt der Zeuge vom Gericht darüber zu belehren, daß er nicht verpflichtet ist, sich einer Glaubwürdigkeitsuntersuchung zu stellen[74]. Nur so wird die Freiwilligkeit möglichst wirksam garantiert. Ferner ist zu beachten, daß das Gericht eine Anordnung eines solchen Gutachtens nur nach den unter → Rdnr. 29, 30 dargestellten zwei Voraussetzungen vornehmen darf, auch wenn der Zeuge mit dieser Begutachtung einverstanden ist. *Die Freiwilligkeit enthebt das Gericht nicht der Prüfung der zwingenden Erforderlichkeit des Glaubwürdigkeitsgutachtens.*

dd) Öffentlichkeit

32 Gutachtenerstattung und Gutachtenverwertung in der gerichtlichen Entscheidung haben alles zu vermeiden, was einen nicht zwingend erforderlichen Eingriff in die Persönlichkeits- und Intimsphäre des Zeugen bedeutet. Dies gilt insbesondere hinsichtlich der **Öffentlichkeit**: Soweit bei der (freiwilligen) Erstellung sowie bei der Erstattung des Gutachtens nur Parteiöffentlichkeit (§ 357) besteht, kann einer unbeschränkten öffentlichen Erörterung insoweit begegnet werden. Bei der Beweisaufnahme vor dem Prozeßgericht ist zwar zugleich eine mündliche Verhandlung zu bestimmen (§ 370 Abs. 1). In dieser Verhandlung ist der Zeuge aber durch § 171b GVG geschützt.

---

[72] Derartige Untersuchungen sind daher nur mit seiner *Zustimmung* zulässig, *BGHSt* 14, 23; *BGH* NJW 1970, 1242; *Dzendzalowski* Die körperliche Untersuchung (1971) 29ff.; *Löwe/Rosenberg/Krause* StPO[25] § 81c Rdnr. 8ff. Hinsichtlich des minderjährigen Zeugen gelten die Ausführungen zum Zeugnisverweigerungsrecht (→ § 383 Rdnr. 2ff.) entsprechend. Die erteilte Einwilligung ist jederzeit widerruflich (*Panhuysen* [Fn. 49], 84; *Löwe/Rosenberg/Krause* aaO).

[73] Da es im Belieben des Zeugen steht, ob er dem hinzugezogenen Sachverständigen oder dem Gericht spezielle Fragen zur Begründung einer Glaubwürdigkeitsbeurteilung gestatten will (→ Fn. 70 a.E.; insbesondere *OLG Hamm* aaO), muß er berechtigt sein, Fragen, die ohne seine Einwilligung gestellt worden sind, nicht zu beantworten; a.M. MünchKommZPO/*Damrau*[2] § 395 Rdnr. 5; *Janetzke* NJW 1958, 534 (abl. zu *OLG Hamm* aaO); *Meyer-Goßner* StPO[48] § 81c Rdnr. 8; *Löwe/Rosenberg/Krause* StPO[25] § 81c Rdnr. 9; *Eb. Schmidt* StPO Nachträge I zu Bd. II § 81c Rdnr. 8. Nach der hier abgelehnten Auffassung soll sich für den Strafprozeß aus § 80 Abs. 2 StPO ein eigenes Fragerecht des Sachverständigen ergeben, wobei jedoch die Vernehmung durch den Sachverständigen nur dort anfangen dürfe, wo dem Richter die Sachkunde fehlt. Gegenüber den berechtigten speziellen Fragen des Sachverständigen oder des Gerichts kann es nach dieser Auffassung kein Recht des Zeugen auf Verweigerung der Antwort geben.

[74] So auch überwiegend das strafprozessuale Schrifttum, jedenfalls soweit es sich beim Zeugen um einen Angehörigen handelt.

d) Schutz vor sonstigen Grundrechtsverletzungen

33 Inwieweit beim Zeugenbeweis auch die **Verletzung anderer Grundrechte als der Würde des Menschen** (→ Rdnr. 26) zu befürchten ist, kann hier nicht im einzelnen dargelegt werden. Im Prinzip ist die Gefahr der Bedrohung des Zeugen in seinen Grundrechten nicht deshalb geringer, weil hier eine gerichtliche Instanz tätig wird. Vor allem ist zu beachten, daß durch die vom Gericht zugelassene Tätigkeit der Prozeßbeteiligten der Grundrechtsverstoß auch von einer Privatperson ausgehen kann. Doch handelt es sich hierbei nicht um eine Frage der *Drittwirkung der Grundrechte*, weil die Fürsorgepflicht des Gerichts und die Prozeßleitung des Vorsitzenden die Verpflichtung enthalten, derartige Verstöße zu unterbinden. Kommt das Gericht (der Vorsitzende) der Verpflichtung nicht nach, besteht die Grundrechtsverletzung im richterlichen Unterlassen. Als Beispiele möglicher Grundrechtsverletzungen durch das Gericht oder infolge gerichtlicher Unterlassung sind zu nennen: Anordnung der *zwangsweisen* psychiatrischen Untersuchung des Zeugen in einer Nervenklinik (Art. 2 Abs. 2 und 104 GG), Ablehnung der Glaubwürdigkeit eines Zeugen wegen seiner Rasse oder seiner Konfession (Art. 3 Abs. 3 GG), Zeugniszwang gegen zeugnisverweigernden Zeugen mit der Begründung, Geheimhaltung (§ 383 Abs. 1 Nr. 6 und § 384 Nr. 3) sei nicht erforderlich (Art. 12 Abs. 1 GG), Zeugniszwang gegen zeugnisverweigernden Presseangehörigen (Art. 5 Abs. 1 Satz 2 GG) oder Pflicht zur Eidesleistung entgegen der persönlichen Glaubensüberzeugung (Art. 4 Abs. 1 GG)[75].

e) Rechtsfolgen bei grundrechtsverletzenden Maßnahmen

34 **Wenn das Gericht unter Verletzung von Grundrechten gegenüber einem Zeugen handelt, ist sein Handeln rechtswidrig.** Hierbei ist allerdings scharf zu unterscheiden, inwieweit der einzelne Zeuge und inwieweit die Parteien befugt sind, **die Grundrechtsverletzung zu rügen**. Es ist ferner zu differenzieren, ob es sich um ein gerichtliches Verhalten handelt, das eine Zeugnisverweigerung des Zeugen zur Folge hat, oder ob erst nach seiner oder während seiner Aussage der Grundrechtsverstoß begangen wurde.

35 **aa) Zeugnisverweigerung:** Soweit der **Zeuge** wegen der Verletzung seiner Grundrechte das **Zeugnis verweigert**, sind die Vorschriften über den Zwischenstreit gemäß § 387 anzuwenden; gegebenenfalls hat der Zeuge sofortige Beschwerde und/oder Verfassungsbeschwerde zu erheben.

36 **bb) Verfassungsbeschwerde:** Soweit eine Zeugnisverweigerung deshalb prozessual überholt ist, weil das Zeugnis bereits abgelegt wurde, hat der **Zeuge** nur noch die Möglichkeit der **Verfassungsbeschwerde**. Selbst wenn die Ausführungen im Urteil oder Beschluß seine Grundrechte verletzen, ist er nicht befugt, gegen sie ein Rechtsmittel einzulegen, da der Zeuge keine Parteistellung hat. Wohl aber kann er derartige gerichtliche Entscheidungen mit der Verfassungsbeschwerde angreifen, da diese nicht voraussetzt, daß der Beschwerdeführer Partei des Ausgangsverfahrens war[76].

37 **cc) Rechtsbehelfe der Parteien:** Die **Parteien** haben keine *besonderen* **Rechtsbehelfe**, wenn gegenüber einem Zeugen eine Grundrechtsverletzung begangen wurde. Eine solche Verletzung ist aber nicht nur eine Kränkung des Zeugen, sondern auch ein Rechtsverstoß, auf den sich jede Partei berufen kann, soweit die sonstigen Voraussetzungen für die Einlegung eines

---

[75] *BVerfGE* 33, 23ff. (Dieser Beschluß führte zu einer Änderung von § 484 durch Gesetz vom 20.12.74, BGBl I 3686). Allgemein hierzu: *Glässing* Die Verfassungsproblematik des Eides, Diss. Tübingen (1976).

[76] *BVerfGE* 15, 283, 286; *Jakobs* JZ 1971, 279; *Schumann* Verfassungs- und Menschenrechtsbeschwerde gegen richterliche Entscheidungen (1963) 34.

Rechtsbehelfs, insbesondere die Beschwer der Partei, gegeben sind[77]. Möglicherweise begründet der Rechtsverstoß auch ein **Beweisverwertungsverbot** (→ §284 Rdnr. 56ff. [21. Aufl.])[78]. Eine Verfassungsbeschwerde der Parteien wegen eines sie nicht selbst betreffenden Grundrechtsverstoßes ist jedoch ausgeschlossen (s. §90 Abs. 1 BVerfGG).

f) Hinzuziehung rechtskundiger Personen

38 Da es zum Wesen des Zeugen gehört, nicht auswechselbar zu sein (→ Rdnr. 11) – weil er über sein *eigenes konkretes* Wissen berichten soll – scheidet folgerichtig die Möglichkeit aus, daß er sich vor Gericht durch eine andere Person vertreten läßt. Soweit er nicht zulässigerweise das Zeugnis verweigern und deshalb fernbleiben (§386 Abs. 3) darf, ist sein **persönliches Erscheinen** erforderlich. Hierbei darf sich der Zeuge der **Hilfe eines Rechtsanwalts** bedienen. Zwar vermag er die Zeugenaussage nicht auf den Anwalt zu übertragen[79]; zeugnispflichtig bleibt der Zeuge, und lediglich dieser wird einvernommen. Doch darf sich der Zeuge durch einen Anwalt beraten lassen. Dieses aus §3 Abs. 3 BRAO folgende Recht des Zeugen ist durch die ZPO nicht ausgeschlossen oder beschränkt worden. Die Befugnis ist nicht auf solche Zeugenaussagen beschränkt, in denen juristische Fragen aufgeworfen werden können. Es ist vielmehr das Recht jedes Zeugen, sich **durch einen Rechtsanwalt** beraten zu lassen, ohne daß das Gericht berechtigt wäre, die Notwendigkeit einer solchen Beratung nachzuprüfen. – In welcher Weise diese Beratung im Gerichtssaal stattfindet, ist Sache des Einzelfalls. Sie darf aus prozeßrechtlichen Gründen sicher nicht dazu führen, daß letzlich dann doch der Rechtsanwalt die Aussage formuliert; deshalb sind beständige Konsultationen während der Einvernahme in der Regel unzulässig, wenn auch bei schwierigen geschäftlichen Fragen, die eng mit den geschäftlichen Zeugnisverweigerungsrechten nach §383 Abs. 1 Nr. 6, §384 Nr. 3 zusammenhängen, solche Fälle denkbar sind. Stets ist dem Anwalt die Anwesenheit während der Vernehmung zu gestatten und zu ermöglichen. Ein eigenes Fragerecht hat er indes nicht[80]. Entstehende Kosten trägt der Zeuge, der den Rechtsanwalt ausschließlich im eigenen Interesse heranzieht[81] (→ aber Rdnr. 39 a.E.).

g) Rechtsstellung des Zeugen de lege ferenda

39 Die Rechtsstellung des Zeugen sollte gesetzlich verbessert werden[82]. De lege ferenda ist ein »Ablösungsrecht« des Zeugen in vermögensrechtlichen Streitigkeiten zu erwägen, wonach der Zeuge durch Zahlung des streitigen Geldbetrags an den Beweisführer seine Zeugnispflicht ablösen kann[83]. Ferner sollten die beschämend niedrigen Entschädigungssätze der §§19 Abs. 1, 22 JVEG (→ §401 Rdnr. 3) erhöht und ohne die Beschränkung in §22 Satz 1 a.E.

---

77 Soweit in der strafprozessualen Literatur Stellungnahmen zu den Folgen einer Verletzung des §68a StPO vorhanden sind, wird die Annahme eines Revisionsgrundes verneint, da §68a StPO lediglich eine Ordnungsvorschrift enthalte (*Löwe/Rosenberg/Dahs* StPO[25] §68a Rdnr. 10; KMR-*Neubeck* StPO [Loseblattausgabe Stand Mai 2004] §68a Rdnr. 7).

78 Vgl. neben der dort angegebenen Judikatur *BGH* WM 1985, 1481 zur Aussage eines Zeugen, der ein Telefongespräch mitgehört hat. Allgemein hierzu *K.H. Schwab* Festschr. für Hubmann (1985) 421ff.

79 *BVerfGE* 38, 105, 116 = NJW 1975, 104.

80 *Zöller/Greger*[25] §373 Rdnr. 12.

81 *BVerfGE* 38, 105, 116.

82 Die Verbesserung des Zeugenschutzes im Strafprozeß erfolgt vornehmlich unter Opferschutzgesichtspunkten, vgl. das ZeugenschutzG v. 30. 4. 1998, BGBl I 820; *Fischer* JZ 1998, 816; *Jung* GA 1998, 313; *Weigand* Gutachten C zum 62. DJT (1998).

83 Zugleich ist ihm ein Regreßanspruch gegen den Gegner einzuräumen; eine Legalzession des streitigen Anspruchs hilft wegen §265 Abs. 2 nicht weiter.

JVEG am tatsächlich eingetretenen Verdienstausfall ausgerichtet werden. Alle bürokratischen Hindernisse bei der Erlangung der Entschädigung sind beiseite zu räumen. Schließlich ist dem Zeugen ein Kostenerstattungsanspruch zu geben, wenn er einen Rechtsanwalt beizieht (→ Rdnr. 38).

2. Pflichten zur Auskunftserteilung und Unterlassen einer Aussage

40 Solche Pflichten enthalten z.B. §836 Abs. 3 ZPO; §§402, 413, 666, 716, 740 Abs. 2, 799 Abs. 2, 2027, 2057, 2127, 2314, 2362 Abs. 2 BGB. Danach bestehende Ansprüche auf Auskunftserteilung können von der berechtigten Partei im Wege der *Klage gegen den Dritten* geltend gemacht und nach §888 erzwungen werden, sind aber auf den Umfang der gesetzlichen, nach §§380, 390 zu erzwingenden Zeugnispflicht *ohne Einfluß*.

41 Aus diesen Bestimmungen erwächst aber kein Anspruch auf Vornahme einer bestimmten *Zeugen*aussage[84]; *vertragliche* Abreden, eine Zeugenaussage vorzunehmen oder zu unterlassen, sind *nichtig*, entweder nach §134 BGB, wenn sie auf die Vornahme einer falschen Aussage, nach §138 BGB, wenn die Abrede auf die Vornahme einer wahren Aussage gerichtet ist. Eine Klage auf Unterlassung oder Widerruf einer *Zeugen*aussage *ist* unzulässig[85], weil die Frage der Wahrheit der Aussage in dem Rechtsstreit überprüft wird, für den die Aussage als Beweismittel dient, oder im Strafverfahren. Zulässig ist aber eine Klage auf Unterlassung usw. einer mit der Aussage identischen Behauptung, etwa wenn die Aussage *außerhalb des Gerichtssaals* unabhängig von der Zeugenrolle wiederholt wird.

3. Pflicht zur Duldung von Untersuchungen

42 Wegen der Pflicht des Zeugen, **Untersuchungen**, insbesondere die Entnahme von *Blutproben* zu dulden → §372a; wegen seiner Begutachtung im Wege des Glaubwürdigkeitsgutachtens → Rdnr. 28ff.

4. Strafrechtliche Verantwortlichkeit und zivilrechtliche Haftung des Zeugen

43 Für die strafrechtliche Verantwortlichkeit und die zivilrechtliche Haftung des Zeugen[86] gelten entsprechend die Ausführungen zum Sachverständigen, → Rdnr. 67ff. vor §402.

VII. Amtliche Auskünfte

44 Das Gesetz erwähnt verschiedentlich die amtliche Auskunft (§118 Abs. 2, §273 Abs. 2 Nr. 2, §437 Abs. 2) sowie *die dienstliche Äußerung* (§44 Abs. 3 → Fn. 53). Eine allgemeine Vorschrift über die amtliche Auskunft ist in der ZPO aber nicht enthalten. Hieraus kann angesichts der genannten Regelungen sicher nicht gefolgert werden, die amtliche Auskunft als Beweismittel sei schlechthin unzulässig. Aber auch der umgekehrte Schluß wäre unzutreffend, daß nämlich die amtliche Auskunft ganz allgemein zulässig sei[87]. Die zutreffende Antwort

---

[84] MünchKommZPO/*Damrau*² §373 Rdnr. 24.

[85] *BGH* NJW 1981, 2117, 2118; *BGH* NJW 1986, 2502f.; *BGH* WM 1987, 1114; *BGH* WM 1987, 1524.

[86] Zum Schadenersatz- und Unterlassungsanspruch gegen Zeugen *RG* JW 1905, 81; *OLG München* OLGZ 1971, 144 = NJW 618; eingehend *J. Blomeyer* Schadensersatzansprüche des im Prozeß Unterlegenen wegen Fehlverhaltens Dritter (1972); *Hopt* Schadensersatz aus unberechtigter Verfahrenseinleitung (1968) 290ff.; *Helle* GRUR 1982, 207.

[87] So wohl 18. Auflage mwN vgl. auch *BGH* NJW 1979, 268. Zum früheren Streitstand und kritisch ge-

läßt sich nur finden, wenn man erkennt, daß die amtliche Auskunft für die in ihr mitgeteilte Tatsache Beweis erbringen soll. **Dann kann aber die amtliche Auskunft nicht in jedem Fall zulässig sein**, weil sonst die Vorschriften der ZPO über die einzelnen Beweisarten und über die Durchführung des Beweises beiseite geschoben würden. Eine amtliche Auskunft ist deshalb nur in den Fällen zulässig, in denen eine Umgehung der beweisrechtlichen Vorschriften der ZPO nicht zu besorgen ist. Dabei bietet die Regelung der schriftlichen Auskunft nach §377 Abs.3 einen wichtigen Hinweis: Wo die mündliche Zeugenaussage in der Wiederholung bereits schriftlich fixierter Gedankenäußerung bestünde, ist die schriftliche Beantwortung zulässig; die Zwischenschaltung der mündlichen Aussage erscheint entbehrlich. In Anlehnung an diese in der ZPO enthaltene Wertung ist eine **amtliche Auskunft zulässig, wenn sie in der Wiedergabe von amtlich geführten Büchern, Registern, Verzeichnissen, Karteien, elektronischen Dateien oder vergleichbaren[88] Aufzeichnungen besteht[89]**. In allen diesen Fällen erscheint es überflüssig, den betreffenden Beamten oder Bediensteten als Zeugen oder Sachverständigen zu hören. **Unzulässig** ist andererseits **eine amtliche Auskunft, wenn sie nicht dazu dient, bereits vorliegende Aufzeichnungen zu verwerten**. In solchen Fällen sind die betreffenden Personen als Zeugen oder Sachverständige zu vernehmen. Wie die schriftliche Beantwortung nach §377 Abs.3 trotzdem eine Zeugenaussage bleibt und dementsprechend den Vorschriften des siebenten Titels unterliegt, ist auch die amtliche Auskunft Zeugenaussage und, wenn sie gutachtliche Äußerungen enthält, (auch) Sachverständigengutachten[90]. Entsprechend gelten die Vorschriften des siebenten oder achten[91] Titels und damit auch die Erfordernisse des Strengbeweises und nicht etwa die Grundsätze des Freibeweises[92]. Die Vereinfachung bei der amtlichen Auskunft liegt in ihrer Schriftlichkeit; sie vom Strengbeweis auszunehmen, besteht kein praktischer Anlaß, vor allem fehlt es hierzu an der gesetzlichen Regelung (zum Freibeweis → auch Rdnr.6ff. vor §355).

§373 Beweisantritt

Der Zeugenbeweis wird durch die Benennung der Zeugen und die Bezeichnung der Tatsachen, über welche die Vernehmung der Zeugen stattfinden soll, angetreten.

Gesetzesgeschichte: Ursprünglich §338 CPO, durch Nov. 98, RGBl 256 (→ Einl. Rdnr.146), inhaltlich unverändert zu §373 geworden. Die beigefügte amtliche Überschrift beruht auf Art.2 Abs.2 ZPO-RG (→ Einl. Rdnr.202) in Verbindung mit der dazu erlassenen Anlage.

---

genüber der amtlichen Auskunft *E. Peters* Der sogenannte Freibeweis im Zivilprozeß (1962) 115ff., 122ff., 131f.; kritisch auch *Pieper* ZZP 84 (1971) 22; *E. Schneider* JurBüro 1969, 471.

[88] Hierzu zählen auch die mittels elektronischer Anlagen gespeicherten Daten.

[89] Ähnlich *Bruns* ZPR[2] Rdnr.184 b und JZ 1957, 493.

[90] *BGHZ* 89, 119 (Auskunft nach §53b Abs.2 Satz 2 FGG); 62, 95; *BGH* BB 1976, 480; *Musielak/Stadler* Grundfragen des Beweisrechts (1984) Rdnr.30.

[91] Einschränkend *BGHZ* 62, 95; *Pieper* ZZP 84 (1971) 22; *Baumbach/Lauterbach/Hartmann*[64] Rdnr.34: Vorschriften über den Sachverständigenbeweis, die auf den Sachverständigen als Einzelperson zugeschnitten sind, finden keine Anwendung.

[92] *BGHZ* 89, 119; 62, 95; anders die 18. Auflage mwN. Die früher herrschende Meinung unterstellte die amtliche Auskunft ohne nähere Differenzierung dem Freibeweis, z.B. *BGH* MDR 1964, 223 = LM §402 Nr.16; zurückhaltend *Rosenberg/Schwab/Gottwald*[16] §109 Rdnr.8. Auch im Verwaltungsprozeß sollen die Grundsätze des Freibeweises gelten, *BVerwG* InfAuslR 1985, 147.

Stichwortverzeichnis → »Schlüssel zum Zeugenbeweis« zu Beginn der Vorbemerkungen vor §373.

I. Antritt des Zeugenbeweises

1 Der Antritt des Zeugenbeweises (→ Rdnr. 15 vor §373) **verlangt die Benennung bestimmter Personen**[1] **und die Bezeichnung bestimmter Tatsachen**[2]. Wenn er sich auf ein zuvor ausformuliertes Beweisangebot stützt, kann die Formulierung »Beweis: a.a.O. « oder »Beweis: wie vor« genügen[3]. Unklarheiten sind nach §139 aufzuklären. Die Benennung der Personen muß so genau sein, daß eine Ladung möglich ist[4]; sind Namen oder Adressen unvollständig oder unbekannt, ist nach §356 zu verfahren[5] (→ §356 Rdnr. 5). Es muß nicht dargelegt werden, daß der Zeuge das behauptete Wissen wirklich besitzt.

2 Grundsätzlich darf auch keine Angabe darüber verlangt werden, *auf welchem Wege* der Zeuge die Tatsache erfahren haben will, deren Kenntnis behauptet wird[6]. Beim Zeugenbeweis über *innere* Tatsachen bei *Dritten* macht die Rechtsprechung davon eine Ausnahme[7].

3 Beweisantrage zu dem Zweck der **Ausforschung** (sogenannte **Beweisermittlungsanträge**), d.h. um erst aus der Vernehmung Prozeßstoff zu gewinnen, sind **unzulässig**[8], → §284 Rdnr. 40ff. (21. Aufl.), → §445 Rdnr. 28, → §640 Rdnr. 33ff. (21. Aufl.). Dabei ist aber zu beachten, daß ein Ausforschungsbeweis nicht schon dann vorliegt, wenn eine Tatsache unter Beweis gestellt wird, die die Partei zwar nicht unmittelbar weiß und auch nicht wissen kann, die sie aber auf Grund anderer ihr bekannter Tatsachen vermutet. Denn hier stellt der Beweisführer spezifizierte Tatsachenbehauptungen auf, die ihm beim Ausforschungsbeweis fehlen[9]. Unzulässig ist der Beweisantrag nur dann, wenn die Partei ohne greifbare Anhaltspunkte für das Vorliegen eines bestimmten Sachverhalts willkürlich Behauptungen »aufs Geratewohl« oder »ins Blaue hinein« unter Beweis stellen will[10].

4 **Unzulässig** ist ferner der Antrag auf Vernehmung eines Zeugen über Tatsachen, die der Beweisführer dem Zeugen unter **Verstoß** gegen eine **Verschwiegenheitspflicht** nach §203 StGB mitgeteilt hat[11]. Nicht stattzugeben ist auch dem Antrag auf Vernehmung eines Zeugen über Tatsachen, die er aus auf Veranlassung des Beweisführers **heimlich mitgehörten Gesprächen**

---

[1] *RG* WarnRsp 1908 Nr. 417.

[2] Unzulässig ist daher ein Beweisantrag, der jede Angabe von streitigen Tatsachen vermissen läßt (*BGH* VersR 1959, 758) oder »zum Hergang der Auseinandersetzung« (*OLG Köln* MDR 1976, 407). Im übrigen *BGH* JZ 1985, 184; NJW-RR 1987, 1469; *RG* SeuffArch 57 (1902) 211; WarnRsp 1908 Nr. 97; 1913 Nr. 345; 1917 Nr. 111; Gruchot 65 (1921/22) 495; HRR 1930 Nr. 1662 u.a.

[3] Vgl. *OLG Celle* NJW-RR 1992, 703 (Nach Antritt des Zeugenbeweises: »a.a.O.« hatte das Landgericht eine Ortsbesichtigung [!] durchgeführt).

[4] *RGZ* 97, 126; *OLG Düsseldorf* MDR 1969, 673.

[5] Vgl. *BVerfGE* 69, 248.

[6] *BGH* NJW-RR 1987, 1403; MünchKommZPO/*Damrau*[2] Rdnr. 19; im Grundsatz auch *BGH* NJW 1983, 2034, 2035 r. Sp.

[7] *BGH* NJW 1983, 2034, 2035 r. Sp.; NJW-RR 2004, 247, 248.

[8] *RG* HRR 1928 Nr. 1940; 1930 Nr. 258; WarnRsp 1935 Nr. 127; *BGH* NJW 1952, 1384. Weit. Nachw. → §284 Fn. 66.

[9] *BGH* JR 1965, 182 = LM §282 aF Nr. 1; NJW-RR 2002, 1419, 1420; NJW-RR 2004, 337, 338; *BAGE* 11, 225, 234.

[10] *BGH* NJW-RR 1991, 888, 891 mwN; NJW-RR 2003, 491; NJW-RR 2004, 337, 338; ferner *Huber* FS Gerhardt (2004) 379, 386ff.; *Kiethe* MDR 2003, 1325, 1326.

[11] *OLG Köln* NJW-RR 1993, 1073.

mit dem Prozeßgegner gewonnen hat[12]. In diesem Fall wird unter Verletzung des allgemeinen Persönlichkeitsrechts des Gesprächsteilnehmers (Art. 1 Abs. 1, 2 Abs. 1 GG) arglistig ein Beweismittel vom Beweisführer erst geschaffen; bei heimlich mitgehörten Telefongesprächen tritt ein Verstoß gegen das Fernmeldegeheimnis (Art. 10 GG) hinzu. Wurde der Gesprächspartner jedoch auf das Mithören eines Dritten hingewiesen, ist eine konkludente Einwilligung in das Mithören anzunehmen und die Vernehmung des Dritten als Zeuge nicht zu beanstanden[13]. Davon zu unterscheiden ist das zufällige Mithören eines Gesprächs (zu rechtswidrigen Tonaufzeichnungen → Rdnr. 8ff. vor § 371). Auf das Recht am gesprochenen Wort als Ausprägung des allgemeinen Persönlichkeitsrechts und auf das Fernmeldegeheimnis kann sich auch eine juristische Person des Privatrechts berufen (Art. 19 Abs. 3 GG)[14]. Unstatthaft ist ferner die Vernehmung eines Zeugen über den Inhalt einer **heimlichen Videoaufzeichnung**, die wegen der damit verbundenen Verletzung der Persönlichkeitsrechte der aufgezeichneten Personen rechtswidrig erlangt ist und selbst kein zulässiges Beweismittel wäre[15].

II. Tatsachen

5 Die Tatsachen (→ § 284 Rdnr. 9ff. [21. Aufl.]) brauchen zwar nicht bis ins einzelne spezifiziert und zerlegt zu sein, müssen aber doch so bestimmt angegeben werden, daß zunächst die Ladung und dann später die Vernehmung sachgemäß bewirkt werden können und für das Gericht und Gegner der Zusammenhang der Tatsachen mit dem Gegenstand des Rechtsstreits ohne weiteres ersichtlich ist. Bei zu *allgemeinen Angaben ist von § 139 Gebrauch zu machen*[16]. Die Zeugenbenennung für *widersprechende* Tatsachenangaben stellt ebenfalls keinen zulässigen Beweisantritt dar[17]; auch hier ist nach § 139 zu verfahren. – Die Bezeichnung einer bestimmten Tatsache bildet jedoch keine Schranke für die Vernehmung, → § 396 Rdnr. 6.

§ 374 (weggefallen)

Gesetzesgeschichte: Ursprünglich § 399 CPO, durch Nov. 98, RGBl 256 (→ Einl. Rdnr. 146), inhaltlich unverändert zu § 374 geworden; durch Nov. 24, RGBl I 135 (→ Einl. Rdnr. 159ff.) aufgehoben. § 374 betraf die Zurückweisung eines verspäteten Antrags auf Vernehmung von Zeugen. Die Vorschrift wurde durch den für alle Beweismittel geltenden § 283 aF ersetzt, dessen Regelung heute in den §§ 282, 296, 296a enthalten ist.

§ 375 Beweisaufnahme durch beauftragten oder ersuchten Richter

(1) Die Aufnahme des Zeugenbeweises darf einem Mitglied des Prozessgerichts oder einem anderen Gericht nur übertragen werden, wenn von vornherein anzunehmen ist, dass das Prozessgericht das Beweisergebnis auch ohne unmittelbaren Eindruck von dem Verlauf der Beweisaufnahme sachgemäß zu würdigen vermag, und

---

[12] *BVerfG* NJW 2002, 3619, 3621; *BGH* NJW 1991, 1180; *LG Frankfurt a.M.* NJW 1982, 1056; krit. *Helle* JR 2000, 353.
[13] *BVerfG* NJW 2003, 2375.
[14] *BVerfG* NJW 2000, 55, 56; NJW 2002, 3619, 3622 mit Anm. *Foerste* NJW 2004, 262.
[15] *OLG Karlsruhe* NJW 2002, 2799f.
[16] *BGH* NJW 1968, 1233; *BAG* AP § 139 Nr. 3 (*Schumann*).
[17] *BGH* NJW-RR 1987, 1469.

1. wenn zur Ausmittlung der Wahrheit die Vernehmung des Zeugen an Ort und Stelle dienlich erscheint oder nach gesetzlicher Vorschrift der Zeuge nicht an der Gerichtsstelle, sondern an einem anderen Ort zu vernehmen ist;

2. wenn der Zeuge verhindert ist, vor dem Prozessgericht zu erscheinen und eine Zeugenvernehmung nach §128a Abs. 2 nicht stattfindet;

3. wenn dem Zeugen das Erscheinen vor dem Prozessgericht wegen großer Entfernung unter Berücksichtigung der Bedeutung seiner Aussage nicht zugemutet werden kann und eine Zeugenvernehmung nach §128a Abs. 2 nicht stattfindet.

(1 a) Einem Mitglied des Prozessgerichts darf die Aufnahme des Zeugenbeweises auch dann übertragen werden, wenn dies zur Vereinfachung der Verhandlung vor dem Prozessgericht zweckmäßig erscheint und wenn von vornherein anzunehmen ist, dass das Prozessgericht das Beweisergebnis auch ohne unmittelbaren Eindruck von dem Verlauf der Beweisaufnahme sachgemäß zu würdigen vermag.

(2) Der Bundespräsident ist in seiner Wohnung zu vernehmen.

Gesetzesgeschichte: Ursprünglich §340 CPO, durch Nov. 98, RGBl 256 (→ Einl. Rdnr. 146), inhaltlich verändert zu §375 geworden. Änderungen durch Bek. 24, RGBl I 437 (→ Einl. Rdnr. 160ff.), Nov. 33, RGBl I 780 (→ Einl. Rdnr. 172f.), Nov. 50, BGBl I 455 (→ Einl. Rdnr. 190). Durch Art. 1 Nr. 19 des Rechtspflege-Vereinfachungsgesetzes v. 17. XII. 1990 (BGBl I 2847) wurden in Absatz 1 der einleitende Satzteil und Nr. 3 geändert und ergänzt; ferner wurde Absatz 1 a eingefügt. Durch das ZPO-RG (→ Einl. Rdnr. 202) wurde in Abs. 1 Nr. 2, 3 der Verweis auf §128a ergänzt. Die beigefügte amtliche Überschrift beruht auf Art. 2 Abs. 2 ZPO-RG in Verbindung mit der dazu erlassenen Anlage.

Stichwortverzeichnis → »Schlüssel zum Zeugenbeweis« zu Beginn der Vorbemerkungen vor §373.

I. Grundsatz der Unmittelbarkeit

1 Seinen konkreten Inhalt erhält der Grundsatz der Unmittelbarkeit (→ §355 Rdnr. 1ff.) erst durch die im §375 für die wichtigsten Beweismittel, den Zeugenbeweis, den Sachverständigenbeweis (§402) und die Parteivernehmung (§451), gezogenen Grenzen. §375 unterstreicht den **Unmittelbarkeitsgrundsatz** und **engt die Übertragung der Beweisaufnahme auf andere Richter sehr ein** (→ §355 Rdnr. 13). *Verstöße* gegen §375 können wirksam mit Rechtsmitteln gerügt werden (→ §355 Rdnr. 30f.), eine *Heilung* solcher Verstöße gemäß §295 ist jedoch möglich (→ §355 Rdnr. 32). Durch die Ergänzung des Einleitungssatzes in Abs. 1 durch das Rechtspflege-Vereinfachungsgesetz von 1990 wurden die Voraussetzungen einer Zeugenvernehmung durch den beauftragten oder ersuchten Richter verschärft und damit der **Unmittelbarkeitsgrundsatz betont**. Dies erfolgte unter dem Gesichtspunkt der **Verfahrensbeschleunigung**[1]. Daran ist zutreffend, daß der Unmittelbarkeitsgrundsatz einer raschen Erledigung der Prozesse nicht entgegen steht (→ §355 Rdnr. 6).

---

1 Vgl. BT-Drucks 11/3621, 22 l. Sp.

Mit dem Ziele einer Stärkung des Unmittelbarkeitsgrundsatzes nicht vereinbar ist allerdings der ebenfalls durch das Rechtspflege-Vereinfachungsgesetz eingefügte Abs. 1 a, der eine Zeugenvernehmung durch den beauftragten Richter auch unter bloßen Zweckmäßigkeitsgesichtspunkten erlaubt. Die Gefahr, daß sich die früher oft praktizierte, durch die Einzelrichternovelle 1974 abgeschaffte Übertragung der Beweisaufnahme auf den bloß vorbereitenden Einzelrichter (→ Rdnr. 3f. vor §348) wieder durchsetzt, wurde durch das ZPO-RG insofern entschärft, als nach §348 die Zivilkammer ohnehin durch den (originären) Einzelrichter entscheidet bzw. die Entscheidung nach §348a auf den (obligatorischen) Einzelrichter überträgt[2]. Im *einzelrichterlichen Verfahren* ist die Übertragung an einen beauftragten Richter ausgeschlossen; in Betracht kommt allenfalls das Ersuchen an ein anderes Gericht (→ §355 Rdnr. 15). Entscheidet die Kammer im *kollegialgerichtlichen Verfahren* kann sich der Unmittelbarkeitsgrundsatz nur dann voll auswirken, wenn das Gericht von der Möglichkeit des Abs. 1a nur im Ausnahmefall Gebrauch macht. 2

Eine Übertragung ist nach Abs. 1 Nr. 2, 3 dann ausgeschlossen, wenn der Zeuge zwar nicht körperlich präsent ist aber im Rahmen einer »Videokonferenz« nach §128a Abs. 2 audiovisuell vernommen werden kann (näher → §128a Rdnr. 21ff.). Der persönliche Eindruck, den das Prozeßgericht vom Zeugen gewinnt, mag wegen der räumlichen Distanz bei der Video-Vernehmung begrenzt sein. Sie wahrt gleichwohl die Unmittelbarkeit der Beweisaufnahme und ist deshalb der Einvernahme durch den beauftragten oder ersuchten Richter vorzuziehen (→ §355 Rdnr. 10). 3

II. Voraussetzungen der Durchbrechung des Unmittelbarkeitsprinzips

1. Absatz 1

Die Übertragung der Beweisaufnahme auf einen beauftragten oder ersuchten Richter nach Abs. 1 setzt neben dem Vorliegen einer der Voraussetzungen der Nrn. 1 bis 3 voraus, daß das Prozeßgericht aufgrund einer **Prognose** zu dem Ergebnis kommt, es werde das Beweisergebnis auch ohne unmittelbaren Eindruck vom Verlauf der Zeugenvernehmung sachgemäß würdigen können[3]. Diese Voraussetzung dient der Stärkung des Unmittelbarkeitsgrundsatzes (→ Rdnr. 1). Die Gesetzesfassung ist nicht geglückt, denn die Frage, ob das Beweisergebnis sachgemäß zu würdigen ist, kann oftmals erst anhand des Verlaufs der Beweisaufnahme entschieden werden. Stellt sich später heraus, daß eine sachgemäße Beweiswürdigung nicht möglich ist, ist nach §398 der Zeuge erneut vor dem Prozeßgericht zu vernehmen (→ §398 Rdnr. 4). 4

Zudem muß eine der Voraussetzungen der Nrn. 1 bis 3 erfüllt sein: 5

a) Nr. 1: Sachdienlichkeit bzw. Vernehmung an anderem Ort aufgrund gesetzlicher Vorschrift

Die Beweisaufnahme kann übertragen werden, wenn die Vernehmung des Zeugen an *Ort und Stelle der Wahrheitsfindung dienlich* ist, z.B. wenn der Zeuge seine Aussage durch Hinweis auf örtliche Verhältnisse zu erläutern hat oder einem verhinderten Zeugen (Nr. 2) gegenübergestellt werden soll oder wenn das Gericht ohnedies einen Augenschein vornimmt und es deshalb sinnvoll erscheint, die Zeugen (und Sachverständigen) an Ort und Stelle zu hören. 6

In diesen Fällen *darf* das Gericht von der unmittelbaren Beweisaufnahme absehen. Es kann aber auch statt der Übertragung selbst die Vernehmung an Ort und Stelle (§219) vornehmen (»Lokaltermin«). 7

---

[2] *Rosenberg/Schwab/Gottwald*[16] §80 Rdnr. 4; *Völzmann-Stickelbrock* ZZP 118 (2005) 359, 370.
[3] *OLG Jena* MDR 2000, 1095.

8 An anderer als der Gerichtsstelle sind außer in den Fällen des §382 der Bundespräsident nach Abs. 2 und die ausländischen Konsuln nach Maßgabe der einschlägigen Verträge zu vernehmen, → §377 Rdnr. 14ff.

b) Nr. 2: Verhinderung des Zeugen am Erscheinen

9 Die Verhinderung muß von *einiger Dauer* sein und darf sich nicht auf einen bestimmten Termin beschränken; sie kann in Krankheit, hohem Alter, dienstlicher oder geschäftlicher Inanspruchnahme usw. bestehen. Verfügt der Zeuge nicht über die erforderlichen Mittel für die Reise, so sind sie nach §3 JVEG vorzuschießen (→ §401 Rdnr. 10); ein Verhinderungsgrund liegt darin nicht.

Vielfach wird eine Vernehmung des Zeugen in seiner *Wohnung* in Betracht kommen. Dabei ist aber zu beachten, daß der **Zeuge nicht verpflichtet** ist, die **Anwesenheit der Gerichtspersonen** und **der Parteien** in seiner **Wohnung zu dulden** (→ §219 Rdnr. 8). Vielmehr steht ihm das Grundrecht der Unverletzlichkeit der Wohnung zu (Art. 13 GG). Es liegt keine der in Art. 13 Abs. 2 und 3 GG genannten Eingriffs- und Beschränkungsmöglichkeiten vor. Auch aus dem Gesichtspunkt der immanenten Schranken des Art. 13 GG[4] oder aufgrund der Zulässigkeit von Eingriffen und Beschränkungen über Art. 13 Abs. 2 und 3 GG hinaus[5] kommt man nicht zu einer Pflicht des Zeugen, die Anwesenheit des Gerichts in seiner Wohnung zu dulden. Hierfür fehlt es sowohl an der *verfassungsrechtlichen* Zulässigkeit als auch überhaupt an einer *gesetzlichen* Grundlage[6]; vgl. im übrigen → §357 Rdnr. 2.

Die Übertragung der Beweisaufnahme ist ausgeschlossen, wenn der am Erscheinen verhinderte Zeuge mittels »Videokonferenz« nach §128a Abs. 2 (näher → §128a Rdnr. 21ff.) audiovisuell vernommen werden kann (Abs. 1 Nr. 2 a.E.).

c) Nr. 3: Zu große Entfernung des Zeugen

10 Nr. 3 regelt den Fall der **Unverhältnismäßigkeit** des Erscheinens des Zeugen an der Gerichtsstelle. Vom Erscheinen kann abgesehen werden, wenn es wegen zu **großer Entfernung** angesichts der Bedeutung der Aussage nicht zumutbar ist. Welche Entfernung als »groß« anzusehen ist, läßt sich nur nach den konkreten Umständen unter Berücksichtigung der vorhandenen Verkehrsmöglichkeiten beurteilen; dabei kommt es weniger auf die Entfernung als auf die *Zeitdauer* der Reise an. Kann der Zeuge den Gerichtsort im Vorort- oder Nahverkehr erreichen, liegt ein Fall des Nr. 3 nicht vor. Aufgrund des Rechtspflege-Vereinfachungsgesetzes von 1990 ist zur Stärkung des Unmittelbarkeitsgrundsatzes zusätzlich die **Bedeutung der Aussage** zu berücksichtigen und zwischen den Belangen des Zeugen und der Bedeutung abzuwägen[7]. Voraussetzungen, unter denen eine erforderliche (→ Rdnr. 23 vor §373) Zeugenvernehmung weniger bedeutsam sein kann, sind kaum denkbar. Die Bedeutung mag geringer sein, wenn noch andere Zeugen zum selben Beweisthema gehört werden sollen[8], die nicht gegenbeweislich benannt wurden. Keinesfalls darf die Übertragung erfolgen, um dem Prozeßgericht

---

[4] *Sachs/Kühne*[4] (2003) Art. 13 Rdnr. 6: Unverletzlichkeitsformel in Art. 13 Abs. 1 GG als »grundsätzliches Verbot«.

[5] *BVerfGE* 32, 54, 76; 75, 318, 328.

[6] AK/*Ankermann* §219 Rdnr. 5. Demgegenüber geht die h.M. davon aus, das Hausrecht des Zeugen müsse zurücktreten. Sie setzt sich jedoch mit der Grundrechtsproblematik nicht auseinander, vgl. MünchKommZPO/*Damrau*[2] Rdnr. 4; *Zöller/Stöber*[25] §219 Rdnr. 4 und *Zöller/Greger*[25] §357 Rdnr. 1; *Thomas/Putzo/Reichold*[27] Rdnr. 4; AK/*Rüßmann* §357 Rdnr. 2; ebenso die 19. Aufl. dieses Kommentars.

[7] Vgl. BT-Drucks 11/3621, 38 l. Sp.

[8] MünchKommZPO/*Damrau*[2] Rdnr. 5.

die Mühe der Zeugenvernehmung zu ersparen. Hohe Arbeitsbelastung rechtfertigt die Übertragung nicht.

Wie bei Verhinderung des Zeugen (→ Rdnr. 9) kann auch bei zu großer Entfernung vom Gerichtsort von der Übertragung der Beweisaufnahme kein Gebrauch gemacht werden, wenn eine »Video-Vernehmung« nach §128a Abs. 2 (näher → §128a Rdnr. 21ff.) stattfindet (Abs. 1 Nr. 3 a.E.).

2. Absatz 1 a: Vereinfachungszweck

11 Die Beweisaufnahme kann einem *beauftragten* Richter (nicht einem ersuchten Richter) ferner dann übertragen werden, wenn dies zur Vereinfachung der Verhandlung zweckmäßig erscheint. Um den Unmittelbarkeitsgrundsatz nicht auszuhöhlen (→ §355 Rdnr. 5), darf eine Übertragung nur im Ausnahmefall stattfinden. Im Gesetzgebungsverfahren[9] hat man auf *umfangreiche* Beweisaufnahmen hingewiesen. Wurde von einer Übertragung des Rechtsstreits nach §348 Abs. 1 Nr. 1 wegen *tatsächlicher* Schwierigkeiten abgesehen, erscheint eine Übertragung der Beweisaufnahme nach Abs. 1 a als nicht angängig. Auch im Falle des Abs. 1 a ist Voraussetzung, daß das Prozeßgericht der Ansicht ist, es werde die Ergebnisse der Beweisaufnahme auch ohne unmittelbaren Eindruck würdigen können (→ Rdnr. 4). Die Voraussetzung ist nicht gegeben, wenn von vornherein mit widersprechenden Zeugenaussagen gerechnet werden muß[10].

3. Absatz 2: Vernehmung des Bundespräsidenten

12 Der Bundespräsident genießt das Vorrecht, in seiner Wohnung vernommen zu werden. Dieses Privileg ist in einem demokratischen Staat fragwürdig und heute überholt[11]. Vernünftige Gründe für die Bestimmung sind nicht erkennbar. Mit der Sicherung der ungestörten Amtsausübung läßt sich das Vorrecht, in der *Wohnung* vernommen zu werden, nicht rechtfertigen. Zeitgemäß wäre es, den Bundespräsidenten wie die in §382 genannten Verfassungsorgane zu behandeln, also an seinem *Amtssitz* oder *Aufenthaltsort* zu vernehmen (→ auch §219 Rdnr. 11).

13 Das Vorrecht gilt nur für den Bundespräsidenten, nicht für den verfassungsmäßigen Vertreter nach Art. 57 GG. Der Bundespräsident kann darauf verzichten. Im übrigen gelten sämtliche Bestimmungen über die Beweisaufnahme, insbesondere §§357, 397. Auch der Unmittelbarkeitsgrundsatz findet Anwendung. Ein Grund, die Vernehmung des Bundespräsidenten stets ohne Bindung an die Voraussetzungen des Abs. 1 einem beauftragten oder ersuchten Richter zu übertragen, ist trotz der systematischen Stellung der Vorschrift nicht ersichtlich.

---

[9] BT-Drucks 11/8283, 47.

[10] *OLG Köln* NJW-RR 1998, 1143.

[11] Ursprünglich hatte die Bestimmung, die jetzt in §375 Abs. 2 enthalten ist, die Aufgabe, die in den Landesgesetzen und den Hausverfassungen der Landesherren enthaltenen und als Ausfluß ihrer »souveränen Stellung« verstandenen Vorrechte in ganz Deutschland für verbindlich zu erklären (vgl. *Hahn/Stegemann* Materialien zu dem GVG[2], 184f.).

§376 Vernehmung bei Amtsverschwiegenheit

(1) Für die Vernehmung von Richtern, Beamten und anderen Personen des öffentlichen Dienstes als Zeugen über Umstände, auf die sich ihre Pflicht zur Amtsverschwiegenheit bezieht, und für die Genehmigung zur Aussage gelten die besonderen beamtenrechtlichen Vorschriften.

(2) Für die Mitglieder des Bundestages, eines Landtages, der Bundes- oder einer Landesregierung sowie für die Angestellten einer Fraktion des Bundestages oder eines Landtages gelten die für sie maßgebenden besonderen Vorschriften.

(3) Eine Genehmigung in den Fällen der Abs. 1, 2 ist durch das Prozessgericht einzuholen und dem Zeugen bekanntzumachen.

(4) Der Bundespräsident kann das Zeugnis verweigern, wenn die Ablegung des Zeugnisses dem Wohl des Bundes oder eines deutschen Landes Nachteile bereiten würde.

(5) Diese Vorschriften gelten auch, wenn die vorgenannten Personen nicht mehr im öffentlichen Dienst oder Angestellte einer Fraktion sind oder ihre Mandate beendet sind, soweit es sich um Tatsachen handelt, die sich während ihrer Dienst-, Beschäftigungs- oder Mandatszeit ereignet haben oder ihnen während ihrer Dienst-, Beschäftigungs- oder Mandatszeit zur Kenntnis gelangt sind.

Gesetzesgeschichte: Ursprünglich §341 CPO, durch Nov. 98, RGBl 256 (→ Einl. Rdnr. 146), inhaltlich unverändert zu §376 geworden. Inhaltliche Änderungen durch Bek. 24, RGBl I 437 (→ Einl. Rdnr. 160f.), Gesetz vom 27. III. 1930, RGBl I 96, Bek. 33, RGBl I 821 (→ Einl. Rdnr. 173), Nov. 50, BGBl I 455 (→ Einl. Rdnr. 190), Gesetz vom 4. XI. 1994, BGBl I 3346. Die beigefügte amtliche Überschrift beruht auf Art. 2 Abs. 2 ZPO-RG (→ Einl. Rdnr. 202) in Verbindung mit der dazu erlassenen Anlage.

Stichwortverzeichnis → »Schlüssel zum Zeugenbeweis« zu Beginn der Vorbemerkungen vor §373.

I. Verschwiegenheitspflicht und Aussagegenehmigung[1]

1. Vernehmungsverbot mit Aussagegenehmigungsvorbehalt

1 Die durch das Beamtenverhältnis begründete Pflicht zur *Amtsverschwiegenheit* umfaßt sachlich alle dem **Beamten in Ausübung seiner amtlichen Tätigkeit bekanntgewordenen Angelegenheiten**, deren Geheimhaltung durch Gesetz oder dienstliche Anordnung vorgeschrieben oder ihrer Natur nach erforderlich ist. Was dazu im einzelnen gehört, unterliegt der Entscheidung des Dienstvorgesetzten, → Rdnr. 6ff. Tatsachen, die *offenkundig* sind oder ihrer Bedeutung nach *keiner Geheimhaltung* bedürfen, gehören nicht hierher, § 61 Abs. 1 Satz 2 BBG (→ Rdnr. 48), § 39 Abs. 1 Satz 2 BRRG (→ Rdnr. 49) und die entsprechenden landesrechtlichen Vorschriften. Solche Umstände sind etwa bei Polizeibeamten gegeben, die zur Aufnahme eines Verkehrsunfalls gerufen werden (→ Rdnr. 6). Tatsachen, die der Beamte anläßlich, aber *nicht aufgrund* seiner Amtstätigkeit erfährt (Beobachtung eines Verkehrsunfalls vom Dienstzimmer aus), fallen ebenfalls dann nicht unter das Vernehmungsverbot, wenn kein schutzwürdiges Interesse an der Geheimhaltung besteht. Allerdings können sich auch bei solchen Tatsachen nahe Berührungspunkte zum Amtsgeheimnis ergeben, wenn nämlich die Zeugenaussage nur im Zusammenhang mit der Preisgabe amtlicher Tatsachen sinnvoll abgegeben werden kann (Fragen nach Dienststellung, Aufgabenkreis u.ä. des Beamten).

2 **Die Amtsverschwiegenheit umfaßt Aussagen und Erklärungen jeder Art, gerichtliche wie außergerichtliche. Das Fehlen der Aussagegenehmigung bewirkt ein Vernehmungsverbot**[2]. *Einem Parteiverzicht (§ 295) oder dem Verzicht durch den betreffenden Beamten ist dieses Verbot nicht zugänglich.* Jedoch ist das Verhältnis zwischen der Amtsverschwiegenheit und den im gerichtlichen Verfahren bestehenden Aufklärungspflichten und Erklärungsbefugnissen – in Anlehnung an die frühere Regelung in § 376 Abs. 2, § 408 Abs. 2 – durch die Beamtengesetze dahin geregelt, daß der Dienstvorgesetzte durch Erteilung der **Aussagegenehmigung** den Beamten von der Amtsverschwiegenheit entbinden kann und unter gewissen Voraussetzungen zu entbinden hat, → Rdnr. 11.

3 Neben der Amtsverschwiegenheit existieren noch eine Reihe von Verschwiegenheitspflichten, die *auch im Interesse des einzelnen Bürgers aufgestellt sind.* Zu denken ist etwa an das **Arztgeheimnis** des beamteten Arztes, das **Beichtgeheimnis** des beamteten Seelsorgers und auch an das **Steuergeheimnis** des § 30 AO. *Eine Aussagegenehmigung bei solchen Verschwiegenheitspflichten ist deshalb nur mit Zustimmung der geschützten Person zulässig*[3]. Wird die Genehmigung ohne deren Einverständnis erteilt, hat der betreffende Beamte gleichwohl ein Zeugnisverweigerungsrecht nach § 383 Abs. 1 Nr. 6 (→ § 383 Rdnr. 48), zu dessen Ausübung er kraft seiner Verschwiegenheitspflicht solange *verpflichtet* ist, als er nicht von ihr entbunden

---

1 Lit.: *Ziegler* Die Aussagegenehmigung im Beamtenrecht (1989).
2 MünchKommZPO/*Damrau*[2] Rdnr. 1.
3 So zum Steuergeheimnis *BFHE* 89, 113 = BStBl. III 67, 572; *Lohmeyer* GoltdArch 1968, 209; *Meyer-Goßner* StPO[48] § 161 Rdnr. 5; *Koch/Wolter* Das Steuergeheimnis (1958) 123ff.

(§385 Abs. 2) wurde. Ferner hat die durch das Geheimnis geschützte Person die Anfechtungsklage gegen die Aussagegenehmigung (→ Rdnr. 15).

2. Sämtliche Erklärungen

4 Im Gegensatz zu den früheren Vorschriften der §§376 Abs. 2, 408 Abs. 2 umfaßt die Regelung nach §61 Abs. 2 Satz 1 BBG, §39 Abs. 2 Satz 1 BRRG und den landesrechtlichen Bestimmungen (→ Rdnr. 50ff.) nicht nur Zeugen- und Sachverständigenaussagen, sondern **jede Art Erklärungen vor Gericht**, also auch Parteibehauptungen wie Aussagen bei der Parteivernehmung. Wegen *Sachverständigengutachten* → §408 Rdnr. 7ff., wegen der *Parteivernehmung* → §451 Rdnr. 3.

5 Soweit es sich um den Vortrag der zur Rechtsverfolgung oder Rechtsverteidigung erforderlichen Tatsachen, d.h. um *Parteibehauptungen* handelt, ist das Gericht allerdings mit der Frage nicht unmittelbar befaßt; inwieweit der Beamte im Prozeß rechtsverfolgend oder rechtsverteidigend dienstliche Angelegenheiten zum Gegenstand der Verhandlung machen darf, ist eine Frage, die er selbst mit seinen Dienstvorgesetzten auszutragen hat.

3. Erteilung der Aussagegenehmigung

6 **Für die Erteilung** (nicht für die Versagung → Rdnr. 11) **der Aussagegenehmigung ist grundsätzlich der Dienstvorgesetzte**, bei beendeten Dienstverhältnissen der letzte Dienstvorgesetzte zuständig, §61 Abs. 2 BBG (→ Rdnr. 48), §39 Abs. 2 Satz 2 BRRG (→ Rdnr. 49). Wer das im Einzelfall ist, bestimmt sich nach den jeweils einschlägigen beamtenrechtlichen Vorschriften. Bei **Polizeivollzugsbeamten**, die zur Aufnahme eines Verkehrsunfalls gerufen werden, ist regelmäßig keine Aussagegenehmigung notwendig, da es sich nicht um geheimhaltungsbedürftige Tatsachen handelt (→ Rdnr. 1). Sofern aber einmal bei ihnen eine Genehmigung erforderlich ist, ändert auch ihre Eigenschaft als Hilfsbeamte der Staatsanwaltschaft nichts an der Zuständigkeit der Polizeiverwaltungsbehörden für die Genehmigung[4].

7 Das Problem, inwieweit beim Übergang eines Beamten in ein Dienstverhältnis bei einem anderen Dienstherrn oder zu einem anderen Dienstvorgesetzten der nunmehr für die Aussagegenehmigung zuständige Dienstvorgesetzte (-herr) die frühere Dienstbehörde zu beteiligen hat, löst z.B. §39 Abs. 2 Satz 3 BRRG (→ Rdnr. 49) durch ein Zustimmungserfordernis des früheren Dienstherrn.

8 **Die Erteilung der Aussagegenehmigung ist ein Verwaltungsakt**[5] (→ auch Rdnr. 15); jedoch wird eine von einer Prozeßpartei oder einem Dritten angestrengte verwaltungsgerichtliche Anfechtungsklage nur dann erfolgreich sein, wenn die Amtsverschwiegenheit dem Interesse der einzelnen Partei dient, wie dies etwa bei den in → Rdnr. 3 aufgeführten Verschwiegenheitspflichten der Fall ist. Gerade bei diesen Pflichten, vor allem beim **Steuergeheimnis** ist deshalb bei der Erteilung der Genehmigung darauf zu achten, daß der einzelne geschützte Bürger (z.B. der Steuerpflichtige) der Genehmigung zustimmt (→ Rdnr. 3). Diese Zustimmung ersetzt aber nicht die eigene Prüfung der Behörde, ob sie genehmigen will.

9 Die **Genehmigung** zur Zeugenaussage kann auch auf bestimmte Tatbestände **umfangmäßig beschränkt werden**[6].

---

[4] *OLG Hamm* JMBlNRW 1956, 36; *Kohlhaas* JR 1957, 44.
[5] MünchKommZPO/*Damrau*² Rdnr. 14.
[6] *OLG Hamm* NJW 1970, 821; *OLG Celle* NiedersRPfl 1948, 252; *Woesner* NJW 1961, 536. Gegen die Beschränkung *v. Zezschwitz* NJW 1972, 796 (zum Strafprozeß).

10 Ob sich im konkreten Fall die Pflicht zur Amtsverschwiegenheit auf den Gegenstand der Vernehmung erstreckt, entscheidet der Dienstvorgesetzte anhand des Beweisbeschlusses, nicht aber das Gericht. Für dieses ergibt sich die Pflicht zur Einholung der Aussagegenehmigung in allen Fällen, in denen sich die Verschwiegenheitspflicht auf den konkreten Vernehmungsgegenstand beziehen *kann*. Da sich das Fehlen der Aussagegenehmigung im Prozeß als Vernehmungsverbot auswirkt (→ Rdnr. 2) und nicht lediglich ein Zeugnisverweigerungsrecht begründet (wie in §383 Abs. 1 Nr. 6), ist *die Aussagebereitschaft des Beamten unerheblich*. Jedoch besteht für die genehmigungslos gemachte Aussage **kein Verwertungsverbot**[7].

4. Versagung der Aussagegenehmigung

11 Der **Ausspruch der Versagung** wird (im Gegensatz zur Erteilung der Aussagegenehmigung) in den meisten Bundesländern und im Bund **nur von den obersten Behörden getroffen** (§62 Abs. 4 BBG, Art. 70 Abs. 3 BayBG, §27 Abs. 4 BerlBG usw. → Rdnr. 48ff.). Damit soll einem Mißbrauch der Versagung entgegengewirkt werden. Die **Genehmigung zur Zeugenaussage** darf **nur versagt werden**, wenn die Aussage dem Wohle des Bundes oder eines deutschen Landes Nachteile bereiten oder die Erfüllung öffentlicher Aufgaben ernstlich gefährden oder erheblich erschweren würde (§62 Abs. 1 BBG, §39 Abs. 3 Satz 1 BRRG und die landesrechtlichen Vorschriften, → Rdnr. 48ff.). Nachteile, die der Staatskasse aus der Aussage des Beamten in einem Fiskusprozeß erwachsen könnten, rechtfertigen dagegen die Verweigerung der Genehmigung nicht[8].

12 In welchem Ausmaß die Versagung zu **begründen** ist, richtet sich nach allgemeinem Verwaltungsrecht und Beamtenrecht[9].

13 Dem **Prozeßgericht** steht eine **Nachprüfung der Versagung nicht zu**[10]. Auch über die Rechtsfigur des nichtigen Verwaltungsaktes vermag das Gericht eine offensichtlich nichtige Versagung nicht beiseite zu schieben, weil selbst bei Nichtigkeit der Versagung eine positive Erteilung der Aussagegenehmigung aussteht. **Dem Gericht** ist grundsätzlich auch **kein Rechtsmittel** (Beschwerde o.ä.) bei der höheren Dienstbehörde **eingeräumt**. Wird aber eine Aussagegenehmigung ohne oder mit offensichtlich unzureichender oder fehlerhafter Begründung (→ Rdnr. 12) verweigert, so ist das Gericht berechtigt, *Gegenvorstellungen* zu unternehmen und notfalls auch die Aufsichtsbehörde anzurufen[11]. Die Tatsache der Versagung der Genehmigung ist bei der Beweiswürdigung verwertbar[12], wie etwa auch aus der Zeugnisverweigerung (→ §384 Rdnr. 19) und aus der Verweigerung der Eidesleistung (→ §392 Rdnr. 7) im Rahmen der freien Beweiswürdigung (→ §286 Rdnr. 10f. [21. Aufl.]) behutsame Schlüsse gezogen werden dürfen.

---

[7] *BGH* NJW 1952, 151; *RGSt* 44, 291; *Meyer-Goßner*[48] §54 Rdnr. 2; *Löwe/Rosenberg/Dahs* StPO[25] §54 Rdnr. 31; anders *Eb. Schmidt* StPO §54 Rdnr. 10.

[8] Vgl. auch *RGZ* 33, 362.

[9] Wegen der verwaltungsgerichtlichen Kontrollmöglichkeit (→ Rdnr. 15) ist eine Begründung unumgänglich, *Battis* BBG[2] (1997) §62 Rdnr. 7; vgl. auch §39 VwVfG. Dabei sind formelhafte Ausführungen ungenügend. Andererseits darf die Begründungspflicht nicht zu einer Durchkreuzung der Geheimhaltungspflicht führen. Ganz sicher aber kann die Verweigerung der Aussagegenehmigung nicht mit dem Zeugnisverweigerungsrecht nach §383 Abs. 1 Nr. 6 begründet werden, vgl. auch *OLG München* NJW 1958, 1240. Nur wenn es sich um eine Verschwiegenheitspflicht gegenüber einer bestimmten Person handelt, bedeutet deren fehlende Zustimmung zugleich die Notwendigkeit der Verweigerung der Aussagegenehmigung (näher → Rdnr. 3).

[10] *BGHSt* 17, 384; vgl. auch *RGSt* 7, 74; 44, 291f.; *OLG Celle* HESt 2, 79.

[11] *OLG Hamm* NJW 1970, 821f.

[12] *Zöller/Greger*[25] Rdnr. 9.

14 Eine Ausnahme im deutschen Prozeßrecht besteht hinsichtlich der Aussage von Beamten nur nach §28 Abs.2 Satz 2 BVerfGG, nach dem das Bundesverfassungsgericht mit Zweidrittelmehrheit in einem bei ihm anhängigen Verfahren die Verweigerung der Aussagegenehmigung für unbegründet erklären kann[13]. Diese Befugnis ist den Zivilgerichten verwehrt.

15 **Die Verweigerung der Aussagegenehmigung ist als Verwaltungsakt gegenüber den Parteien** zu werten und als solcher von ihnen gegebenenfalls durch Widerspruch und Anfechtungsklage nach der VwGO anzugreifen, die Erteilung der Genehmigung kann unter Umständen durch Verpflichtungsklage herbeigeführt werden[14]. Ist ein Verwaltungsrechtsstreit anhängig, so kann das Gericht bis zu dessen rechtskräftiger Entscheidung zweckmäßigerweise das Verfahren aussetzen[15]. Auch bei der Aussagegenehmigung für einen *Richter der ordentlichen Gerichtsbarkeit* handelt es sich nicht um einen Justizverwaltungsakt, bei dem der Rechtsweg nach §23 EGGVG gegeben wäre, sondern um einen Verwaltungsakt, dessen Nachprüfung in die Zuständigkeit der allgemeinen Verwaltungsgerichtsbarkeit fällt.

16 Ist der **Beamte seinerseits Partei** oder Beschuldigter, so darf die Genehmigung nur versagt werden, wenn die dienstlichen Rücksichten dies *unabweisbar* fordern, §62 Abs.3 BBG, §39 Abs.4 BRRG sowie die Landesgesetze (→ Rdnr. 50ff.). In diesem Fall ist die Versagung auch ihm gegenüber ein Verwaltungsakt.

II. Die der Regelung unterstehenden Personen

1. Richter

17 **a) Beratungsgeheimnis:** Unter den Personenkreis »Richter« fallen die in §1 DRiG aufgeführten Berufsrichter und ehrenamtlichen Richter des Bundes und der Länder (§3 DRiG). Das in §43 DRiG statuierte Beratungsgeheimnis für Berufsrichter ist im Hinblick auf §2 DRiG in §45 Abs.1 Satz 2 DRiG auf die ehrenamtlichen Richter ausgedehnt. Die Verschwiegenheitspflicht bezieht sich hier auf Beratung und Abstimmung nach §§192–194 GVG. Es ist **grundsätzlich verboten, Vorgänge bei Beratung und Abstimmung zum Gegenstand der Beweisaufnahme zu machen**. Ein Einverständnis der Beteiligten hilft hier im Prinzip genausowenig wie eine Aussagegenehmigung durch einen »Dienstvorgesetzten« → §309 Rdnr.7 (21.

---

[13] Entsprechende Bestimmungen finden sich in den Landesgesetzen für die Staats- und Verfassungsgerichtshöfe bzw. Landesverfassungsgerichte der Länder; *Baden-Württemberg*: §20 Abs.2 des Gesetzes vom 13. XII. 1954 (GBl 171); *Berlin*: §27 Abs.2 des Gesetzes vom 8. XI. 1990 (GVBl 2246); *Brandenburg:* §24 Abs.2 des Gesetzes in der Fassung der Bekanntmachung vom 22. XI. 1996 (GVBl I 344); *Hessen:* §22 Abs.3 des Gesetzes vom 30. XI. 1994 (GVBl I 684); *Mecklenburg-Vorpommern:* §24 Abs.2 des Gesetzes vom 19. VII. 1994 (GVOBl 734/GS M-V Gl. Nr.300–6); *Nordrhein-Westfalen:* §22 Abs.2 des Gesetzes vom 14. XII. 1989 (GV NW 708/SGVNW 1103); *Saarland:* §19 Abs.2 des Gesetzes Nr.645 über den Verfassungsgerichtshof in der Fassung der Bekanntmachung vom 6. II. 2001 (ABl 582); *Sachsen:* §10 Abs.1 des Gesetzes vom 18. II. 1993 (GVBl 177, 495) mit Pauschalverweisung auf das BVerfGG; *Sachsen-Anhalt*: §23 Abs.2 des Gesetzes vom 23. VIII. 1993 (GVBl 441); *Thüringen:* §22 Abs.2 des Gesetzes vom 28. VI. 1994 (GVBl 781); auf ZPO und StPO verweist in *Bayern* (subsidiär) Art.23 Abs.4 des Gesetzes vom 10. V. 1990 (GVBl 122, 231; BayRS 1103–1-S), in *Hamburg* §33 des Gesetzes vom 23. III. 1982 (GVBl 59), in *Niedersachsen* §18 des Gesetzes vom 1. VII. 1996 (GVBl 342) und in *Rheinland-Pfalz* §17 Abs.3 des Gesetzes vom 23. VII. 1949 (GVBl 285). Für *Bremen* existiert keine entsprechende Bestimmung.

[14] *BVerwGE* 34, 252 = NJW 1971, 160; *OVG Münster* MDR 1959, 1041 = DÖV 874 mit Anm. *Leiß*, DÖV 1960, 156; *OVG Berlin* NJW 1955, 1940; *VG Wiesbaden* NJW 1950, 799; *VG Freiburg* NJW 1956, 1941; *Evers* Privatsphäre und Verfassungsschutz (1960) 253; *Menzel* DÖV 1965, 8; *Schweitzer* ZBR 1956, 201; *Woesner* NJW 1961, 536.

[15] *OLG Hamm* MDR 1977, 849. Ein Anspruch auf Aussetzung besteht allerdings nicht, a.M. (für den Strafprozeß) *Schmid* JR 1978, 8.

Aufl.), → §383 Rdnr. 74. Für die seltenen Ausnahmefälle solcher Beweisaufnahmen sind folgende Besonderheiten zu beachten:

18 Zwar gelten für die Aussagegenehmigung hinsichtlich der Tatsachen, die dem Beratungsgeheimnis unterliegen, dieselben Vorschriften wie für die Aussagegenehmigung von Beamten[16]. Dabei ergeben sich jedoch in zweifacher Hinsicht Besonderheiten. Das Beratungsgeheimnis dient dem öffentlichen Interesse an der richterlichen Unabhängigkeit. Für eine Befreiung vom Beratungsgeheimnis müssen daher ganz überragend wichtige Gründe, z.B. die zivilrechtlichen Folgen einer strafbaren Rechtsbeugung vorliegen. Darüber hinaus hat der Richter in Rechtsprechungsangelegenheiten keinen Vorgesetzten. **Es besteht daher jedenfalls insofern Einigkeit, daß die Genehmigung für diese Aussage eines Richters nicht von der obersten Dienstbehörde zu erteilen ist**. Strittig ist, ob der Richter selbst[17] oder das zu vernehmende Gericht[18] über die Aussage zu entscheiden hat. Der ersten Auffassung ist zuzustimmen. Für eine Entscheidungszuständigkeit des vernehmenden Gerichts ergeben sich aus §376 ZPO ebensowenig wie aus dem DRiG und dem GVG Anhaltspunkte. Da *kein Vorgesetztenverhältnis vorliegt, tritt der Richter selbst an die Stelle des Dienstvorgesetzten*. Die erforderliche Güterabwägung kann außerdem von dem Richter in Kenntnis des Inhalts der Beratung sachgerechter vorgenommen werden.

19 Zum **Schiedsrichter** → §383 Rdnr. 74.

20 **b) Allgemeine Verschwiegenheitspflicht:** Über diesen Schutz des Beratungsgeheimnisses hinaus besteht jedoch eine der allgemeinen Verschwiegenheitspflicht für Beamte verwandte Pflicht zur Verschwiegenheit und zwar nach Maßgabe der Richtergesetze der Länder und des §46 DRiG. Dort werden für den allgemeinen Status des Richters die beamtenrechtlichen Vorschriften für entsprechend anwendbar erklärt, vgl. z.B. Art. 2 Abs. 1 BayRiG vom 11. I. 1977 (Bay. R 301-1-J). Diese Pauschalverweisung bedeutet auch eine Verweisung auf die allgemeine dienstliche Verschwiegenheitspflicht. Bei den allgemeinen Verschwiegenheitspflichten sind deshalb auf die Erklärungen eines Richters die beamtenrechtlichen Vorschriften anzuwenden, so daß *hier* von einem Vorgesetztenverhältnis gesprochen werden kann (→ Fn. 14 mit Entscheidung des BVerwG, die eine Aussagegenehmigung für einen Richter betraf).

2. Beamte

21 Die Regelungen des §39 BRRG (→ Rdnr. 49) und der ergänzenden bundes- und landesrechtlichen Vorschriften erstrecken sich auf alle Beamten im Sinne der Beamtengesetze: in erster Linie auf die zu Beamten auf Lebenszeit ernannten Personen, aber auch auf Widerrufsbeamte, auf Beamte auf Probe und auf Zeit; auf die **Beamten der Gemeinden**[19], **der Länder, des Bundes, der Gemeindeverbände und sonstigen Körperschaften, Stiftungen und Anstalten des öffentlichen Rechts**, denen die Dienstherrnfähigkeit beizumessen ist. Die Regelung erstreckt sich schließlich, soweit angeordnet (z.B. §176 BBG), auf die sogenannten *Sonderbeamten* des Bundestages oder der Landtage, des Bundesrates und des Bundesverfassungsgerichts, aber auch auf Ehrenbeamte, §177 BBG (für letztere gestattet §115 BRRG den Ländern abweichende Bestimmungen). Die landesrechtlichen Vorschriften sind entsprechend gefaßt und erstrecken sich gelegentlich auch auf die Beamten und Seelsorger der öffentlich-rechtlichen **Religionsgesellschaften** und deren Verbände (worauf sich das BRRG nicht erstreckt, §135 BRRG). Ob die beamtenrechtliche Schweigepflicht auch für die zuletzt genannte Beamtenka-

---

[16] Zu diesen Fragen: *Löwe/Rosenberg/Dahs* StPO[25] §54 Rdnr. 5; *Spendel* ZStW 65 (1953) 414ff.

[17] *Kohlhaas* NJW 1955, 402.

[18] *Schmidt-Räntsch* DRiG[5] (1995) §43 Rdnr. 13; *Spendel* ZStW 65 (1953) 414ff.

[19] Die Mitglieder einer *Gemeindevertretung* stehen hinsichtlich der Aussagepflicht nicht den Gemeindebeamten gleich, a.M. *Dernedde* DVBl 1951, 486.

tegorie zutrifft, muß daher jeweils für den Einzelfall anhand der einschlägigen Bestimmungen nachgeprüft werden[20].

22 Für *kommunale Wahlbeamte* halten die Ländergesetze im wesentlichen entsprechende Vorschriften bereit (vgl. z.B. Art. 40, 41 des BayG über kommunale Wahlbeamte in der Fassung der Bekanntmachung vom 19. XI. 1970, BayRS 2022–1-I).

23 Für Bedienstete der **Europäischen Gemeinschaften** (Art. 9 Abs. 3 des Amsterdamer Vertrages vom 2. X. 1997 BGBl II 1998, 386) gelten Art. 19 des Statuts der Beamten und Art. 11 der Beschäftigungsbedingungen für sonstige Bedienstete (VO Nr. 31 [EWG] bzw. Nr. 11 [EAG] vom 18. XII. 1961 [BGBl II 1962, 953, 959, 997] in der Fassung der VO [EG, Euratom] Nr. 2104/2005 des Rates vom 20. XII. 2005, Abl EG Nr. L 337, S. 7). Die Regelung entspricht inhaltlich im wesentlichen den Bestimmungen der deutschen Beamtengesetze.

3. Andere Personen des öffentlichen Dienstes[21]

a) Arbeiter und Angestellte

24 Hier ist vor allem an die zahlreichen **Arbeiter und Angestellten im öffentlichen Dienst** zu denken, die in Einzelfällen (Art. 33 Abs. 4 GG) auch mit hoheitlichen Aufgaben betraut werden können oder zumindest bei deren Erfüllung tätig werden. Das Bedürfnis zu einer Dienstverschwiegenheit besteht in jedem Fall gleichermaßen wie bei Beamten. Die *Grundlage* dieser Verschwiegenheitspflicht ist der *einzelne Dienstvertrag*. Der Umfang ergibt sich für die tarifgebundenen *Angestellten* des Bundes und der Länder aus § 9 des Bundesangestelltentarifvertrages vom 23. II. 1961 (MinBlFin 214), für Arbeiter des Bundes und der Länder aus § 11 Manteltarifvertrag für Arbeiterinnen und Arbeiter des Bundes und der Länder (MTArb) vom 6. XII. 1995.

25 Entgegen der h.M.[22] läßt sich aus dieser Verschwiegenheitspflicht jedoch **kein Genehmigungsvorbehalt des öffentlichen Arbeitgebers für Zeugenaussagen des Arbeitnehmers herleiten**. Der Wortlaut des § 376[23] stellt nicht auf das Bestehen der Verschwiegenheitspflicht des öffentlich-rechtlichen Arbeitnehmers ab, sondern auf besondere Vorschriften für diese Arbeitnehmer; solche Vorschriften existieren aber nicht. Die Besinnung auf den Zweck der Vorschrift rechtfertigt die h.M. nicht; denn § 376 sieht als Blankettgesetz einen solchen »Geneh-

---

[20] Bei den »kirchlichen Beamten« sind verschiedene Fragen auseinanderzuhalten. *Nicht* zu ihnen rechnen die staatlichen Beamten, die seelsorgerische Aufgaben haben (Militärpfarrer, Gefängnis-, Anstalts-, Krankenhausgeistliche). Sie fallen ohne weiteres unter § 376 (mit den dargestellten Besonderheiten, → Rdnr. 4). Kirchliche »Beamte« können allerdings Geistliche der Religionsgesellschaften sein, doch steht ihnen ohnehin § 383 Abs. 1 Nr. 4 zur Seite, so daß die Problematik wohl vor allem für diejenigen Bediensteten gilt, die nicht Seelsorge ausüben (z.B. Jurist im Kirchendienst). Ihnen über § 383 Abs. 1 Nr. 6 und § 384 Nr. 3 ZPO eine noch stärkere Rechtsstellung zu geben, erscheint sehr fraglich, so *Dallinger* JZ 1953, 436. Für eine Parallele zum Beamten, wenn öffentliche Funktionen ausgeübt wurden: *Löwe/Rosenberg/Dahs* StPO[25] § 54 Rdnr. 9; *Eb. Schmidt* Nachtrag I zu Bd. II § 54 Rdnr. 4. »Öffentliche Funktionen« nehmen aber viele nichtstaatliche Organisationen und Institutionen wahr, die politischen Parteien, die Presse, die Tarifvertragsparteien, ohne daß bei ihnen eine Gleichstellung mit dem Staat vorgenommen wird.

[21] Vgl. hierzu *Merkl* Die Zeugenaussage nichtbeamteter Personen des öffentlichen Dienstes vor Zivil- und Strafgerichten (Dissertation Regensburg 1973), insbes. S. 129ff.

[22] *LG Göttingen* NJW-RR 2003, 117, 118 mit zust. Anm. *Mitlehner* EWiR 2003, 279; *Baumbach/Lauterbach/Hartmann*[64] Rdnr. 5; *Uttlinger/Breier* Kommentar zum BAT (Loseblattausgabe, Stand Januar 2006) § 9 Anm. 2 (»Hinweise«); wie hier: *BayObLG* FamRZ 1990, 1012, 1013; *Thomas/ Putzo/Reichold*[27] Rdnr. 7. Für den *Strafprozeß*: *Meyer-Goßner* StPO[48] § 54 Rdnr. 9ff; *Löwe/Rosenberg/Dahs* StPO[25] § 54 Rdnr. 8ff.; KMR/*Neubeck* StPO (Loseblattausgabe, Stand März 2003) Rdnr. 5ff.; *Eb. Schmidt* Lehrkommentar zur StPO, Nachtragsband 1967, § 54 Rdnr. 3. Wie die h.M. auch *Düwel* Das Amtsgeheimnis (1965) 48f. Das Problem ist lediglich bei *Feller* JZ 1961, 628, 629 näher behandelt.

[23] Anders der ZPO-Entwurf 1931, der in seinem § 374 alle öffentlichen Bediensteten gleichstellte.

migungsvorbehalt« nur *nach Maßgabe besonderer (beamtenrechtlicher) Vorschriften vor.* Erstens enthalten aber die genannten Tarifverträge keine Vorschrift, daß die Aussage des öffentlich-rechtlichen Arbeitnehmers der Genehmigung des Arbeitgebers bedarf. Zweitens könnte auch in Tarifverträge eine Bestimmung dieses Inhalts mit der Wirkung eines allgemeinen Rechtssatzes nicht aufgenommen werden; das verbietet der Charakter von Tarifverträgen. Selbst eine Allgemeinverbindlicherklärung würde lediglich eine Erweiterung des persönlichen Geltungsumfanges bewirken, könnte aber nicht eine auch das Gericht bindende gesetzesvertretende Norm des Inhalts schaffen, daß Angestellte und Arbeiter im öffentlichen Dienst nur mit Genehmigung des Arbeitgebers vom Gericht vernommen werden dürfen und daß ohne diese Genehmigung ein Vernehmungsverbot bestünde. Ebensowenig wie Tarifverträge zwischen Sozialpartnern der Privatindustrie einen solchen Genehmigungsvorbehalt schaffen könnten, kann der Staat als Tarifpartner *auf diesem Weg* Genehmigungsvorbehalte für Zeugenaussagen seiner Arbeitnehmer einführen. Das ginge nur über die Gesetzgebung (bzw. Ermächtigungen zu untergesetzlichen Normen nach Art. 80 GG). Es müßte schon ausdrücklich in der ZPO gesagt sein, wenn außerhalb der parlamentarisch-demokratischen Gesetzgebung Rechtssätze mit Bedeutung und Wirkung für die Allgemeinheit durch die Tarifparteien gesetzt werden sollten. So fehlt denn jeder Anhalt, daß die Tarifverträge einen Genehmigungsvorbehalt *wirksam* verankern könnten, wenn sie dies in Zukunft einmal tun sollten. Daran ändert freilich nichts, daß dem einzelnen Arbeitnehmer sehr wohl eine privatrechtliche Verschwiegenheitspflicht tarifvertraglich auferlegt werden kann. Solche Pflichten wirken sich nur über §383 oder §384 aus (→ Rdnr. 28), nicht über §376.

26 Die h.M. übersieht auch, daß seit Außerkrafttreten der Tarifordnung A für Angestellte im öffentlichen Dienst (TOA) und der Allgemeinen Tarifordnung für Arbeitnehmer im öffentlichen Dienst (ATO), beide vom 1. IV. 1938, die Rechtsverhältnisse dieser Arbeitnehmer lediglich durch Einzelarbeitsverträge und Tarifverträge, nicht mehr dagegen durch Rechtsverordnungen (wie TOA und ATO)[24] bestimmt werden. Die jetzige Fassung des §376 beruht auf dem Vereinheitlichungsgesetz von 1950. Damals waren sowohl ATO wie auch TOA noch in Geltung und zwar bis zum 1. IV. 1961 (an diesem Tag trat der BAT in Kraft, vgl. auch §9 Abs. 1 TVG). Die h.M. hat diese Änderung der Rechtslage nicht beachtet.

27 *Landesrechtliche Regelungen*, die eine Gleichstellung der öffentlichen Bediensteten mit Beamten vorsehen, existieren nicht[25].

28 **Das Fehlen der Aussagegenehmigung des Arbeitgebers** begründet dementsprechend (anders als beim Fehlen der Aussagegenehmigung des Dienstvorgesetzten bei Beamten → Rdnr. 10) **kein Vernehmungsverbot**. Die genannten Verschwiegenheitspflichten haben danach nur Bedeutung insoweit, als sie unter Umständen ein **Zeugnisverweigerungsrecht** nach §383 Abs. 1 Nr. 6, §384 Nr. 3 begründen. Macht der Arbeitnehmer Aussagen über Gegenstände, auf die sich die Verschwiegenheitspflicht bezieht, während er insoweit ein Zeugnisverweigerungsrecht hat, dann liegt darin unter Umständen ein (zivilrechtlicher) Vertragsbruch, gegebenenfalls auch ein Vergehen nach §353b StGB. Über diese Strafdrohung, die auch für Angestellte und Arbeiter im öffentlichen Dienst gilt (§353b Abs. 1 Satz 1 Nr. 1–3 StGB), ist sicher-

[24] Durch das Gesetz zur Ordnung der nationalen Arbeit vom 20. I. 1934 (RGBl I 45) wurden die Tarifverträge durch die Tarifordnungen ersetzt. Sowohl TOA wie auch ATO beruhten auf diesem Gesetz und wurden allgemein als Rechtsverordnungen angesehen (*Hueck-Nipperdey* Lehrbuch des Arbeitsrechts Bd. II I[7] [1967], 219f.; *Nikisch* Arbeitsrecht Bd. II[2] [1959], 201f., 214 je mwN). §4 Abs. 2 ATO enthielt einen Genehmigungsvorbehalt des öffentlichen Arbeitgebers nach Art der beamtenrechtlichen Vorbehalte. Die ATO und TOA traten durch die neuen Tarifverträge außer Kraft (§9 TVG, *Feller* JZ 1961, 628, 629).

[25] Die *Hessische* Regelung dieser Art (§§2, 14, 15 G über die Rechtsstellung der Beamten, Fassung vom 11. XI. 1954, GVBl. 239) ist inzwischen wieder aufgehoben worden (Art. 16 Nr. 7 des Gesetzes vom 21. II. 1962, GVBl. 213).

gestellt, daß *dem Geheimhaltungsbedürfnis öffentlicher Arbeitgeber ausreichend Rechnung getragen* wird; denn die grundsätzlich bestehende Aussagepflicht (→ Rdnr. 18 vor §373) schafft nicht gleichzeitig auch die Befugnis zur Offenbarung von Vorgängen, die der Geheimhaltungspflicht unterliegen (→ §383 Rdnr. 17ff.). Die *Verpflichtung* zur Aussage und damit auch einen (materiell-rechtlichen) *Rechtfertigungsgrund* zur Offenbarung[26] begründet lediglich die *Entbindung von der Verschwiegenheitspflicht* nach §385 Abs. 2[27] (die jedoch von der Aussagegenehmigung nach §376 zu trennen ist, → §385 Rdnr. 10).

29 **b) Notare:** Notare sind zwar »Träger eines öffentlichen Amtes« (§1 BNotO vom 24. II. 1961, BGBl I 98). Sie sind aber *unabhängig* und unterstehen grundsätzlich nicht den Vorschriften des Beamtenrechts. Auf sie finden, soweit nichts anderes bestimmt ist, nur die Bestimmungen der BNotO Anwendung (§2 Satz 1 BNotO). Die Pflicht zur Amtsverschwiegenheit beurteilt sich beim Notar daher nach §18 BNotO. Die Verschwiegenheitspflicht entfällt danach nur, wenn die Beteiligten den Notar davon befreien. Unter Umständen erteilt aber auch die Aufsichtsbehörde eine solche Befreiung. Bei Zweifeln über die Pflicht zur Amtsverschwiegenheit kann um eine Entscheidung der Aufsichtsbehörde nachgesucht werden. *In jedem Falle unterliegt aber der Notar nicht den Regelungen des §376; vielmehr begründet §18 BNotO ein Zeugnisverweigerungsrecht nach §383 Abs. 1 Nr. 6* (→ §383 Rdnr. 50).

30 **c) Rechtsanwälte:** Wegen der **Rechtsanwälte**, die als unabhängige Organe der Rechtspflege (§1 BRAO vom 1. VIII. 1959, BGBl I 565) gleichfalls keine »anderen Personen des öffentlichen Dienstes« sind → §383 Rdnr. 51.

31 **d) Soldaten:** Für Soldaten enthält §14 des Gesetzes über die Rechtsstellung der Soldaten in der Fassung der Bekanntmachung vom 30. V. 2005 (BGBl I 1482) eine dem §39 BRRG (→ Rdnr. 49) im wesentlichen entsprechende Bestimmung.

32 **e) Beamte der Bundesbank:** Für die **Beamten** der **Deutschen Bundesbank** enthält §32 des Gesetzes über die Deutsche Bundesbank vom 26. VII. 1957, in der Fassung der Bekanntmachung vom 22. X. 1992 (BGBl I 1782) eine entsprechende Bestimmung. Danach erteilt die Aussagegenehmigung der Präsident; den Mitgliedern des Zentralbankrates wird die Aussagegenehmigung von diesem erteilt. Zu Aussagegenehmigungen für die **Mitarbeiter** der **Europäischen Zentralbank** s. Teil I Ziff. 5 b ii der Beschäftigungsbedingungen für das Personal der Europäischen Zentralbank (ABl EG Nr. L 125/32 vom 19. V. 1999).

33 **f) Angehörige von Selbstverwaltungsgremien:** Hinsichtlich der Angehörigen von Selbstverwaltungsgremien ist sicher, daß sie andere Personen des öffentlichen Dienstes im Sinne des §376 sind. Wie bei den öffentlichen Arbeitnehmern (→ Rdnr. 24ff.) muß aber in jedem Einzelfall eine Norm vorhanden sein, die ihre Aussage genehmigungspflichtig macht; anderenfalls steht dem einzelnen betroffenen Mitglied des Gremiums nur das Zeugnisverweigerungsrecht nach §383 Abs. 1 Nr. 6 oder §384 Nr. 3 zur Seite, um eine ihm auferlegte Verschwiegenheitspflicht zu realisieren.

34 Beschlußgremien von Selbstverwaltungskörperschaften werden tätig insbesondere im Kommunalrecht (**Gemeinderäte, Stadträte**)[28], bei den **Universitäten** und **Hochschulen** (Senate, Kuratorien, Konzile u.v.a.m.) und in Gestalt von **Rundfunkräten**. Die Pflicht zur Amtsverschwiegenheit und zur etwaigen Aussagegenehmigung richtet sich nach den Gesetzen dieser Bereiche (Gemeindeordnungen, Universitäts- oder Hochschulgesetze, Rundfunkgesetze). So-

---

[26] *Tröndle/Fischer* StGB[53] §353b Rdnr. 12; *Lenckner* NJW 1965, 321, 323; *Schönke/Schröder/Lenckner* StGB[27] §203 Rdnr. 28f. mwN.

[27] Zu einem weiteren derartigen Fall → §383 Rdnr. 17ff.

[28] Im Kommunalrecht gibt es teils die Regelung einer Genehmigungsbedürftigkeit (Gemeinderat muß Aussage seines Mitglieds genehmigen), teils die Aussagefreiheit (Aussage hängt nicht von Genehmigung ab), die erste Regelung gilt z.B. in Nordrhein-Westfalen (vgl. *OVG Münster* MDR 1955, 61) und Rheinland-Pfalz, die zweite in Bayern.

weit Beamte[29] Mitglieder dieser Gremien sind, kommt es dann für sie *ohne weiteres* zur Anwendung der beamtenrechtlichen Aussagegenehmigungsregelung, wenn sie gerade wegen ihrer Eigenschaft als Beamte dem Gremium angehören (berufsmäßiger Bürgermeister, Kanzler der Universität).

4. Mitglieder des Bundestags oder eines Landtags

35 Für die Abgeordneten des Bundestages besteht die Verschwiegenheitspflicht nach §44c Abs.1 AbgG (Text → Anh. Rdnr.66). Die Aussagegenehmigung erteilt der Bundestagspräsident, §44c Abs.2 Satz 1 AbgG. In den Ländern Mecklenburg-Vorpommern (→ Anh. Rdnr.67) und Thüringen (→ Anh. Rdnr.68) gibt es vergleichbare Bestimmungen.

5. Mitglieder der Bundes- oder einer Landesregierung

36 Inhalt und Umfang der Schweigepflicht der Mitglieder der Bundes- und der Landesregierungen sind im wesentlichen entsprechend der beamtenrechtlichen Schweigepflicht geregelt. Gesetzestexte → Anh. Rdnr.69ff.

37 Für die **parlamentarischen Staatssekretäre** gelten §§6, 7 BundesministerG entsprechend, §7 Gesetz über die Rechtsverhältnisse der parlamentarischen Staatssekretäre vom 24. VII. 1974 (BGBl I 1538, BGBl III 1103–2).

6. Fraktionsangestellte

38 Die gesetzlichen Bestimmungen des Bundes und der Länder über die Verschwiegenheitspflichten der Fraktionsmitarbeiter und die Erteilung der Aussagegenehmigung sind abgedruckt → Anh. Rdnr.86ff.

7. Ausländische Beamte

39 Auf **ausländische Beamte** ist §376 nicht anwendbar (→ aber auch §377 Rdnr.9ff.). Zu **supranationalen Beamten** → Rdnr.23.

8. Mitglieder der in der Bundesrepublik Deutschland stationierten Truppen

40 Angehörige der in der Bundesrepublik Deutschland stationierten Truppen unterliegen grundsätzlich insoweit dem Heimatrecht ihres Staates. Art.38 des Zusatzabkommens zu dem Abkommen zwischen den Parteien des Nordatlantikvertrages über die Rechtsstellung ihrer Truppen hinsichtlich der in der Bundesrepublik Deutschland stationierten ausländischen Truppen vom 3. VIII. 1959 (BGBl II 1961, 1218) enthält hier einige Bestimmungen für das gerichtliche Verfahren.

---

[29] In manchen Gremien können ohnehin nur Beamte tätig sein (z.B. Richtervertretungen, *Bundespersonalausschuß*, zu ihm *Hartmann* DÖV 1956, 400; *Löwe/Rosenberg/Dahs* StPO[25] §54 Rdnr.6). Dann finden die Vorschriften der Beamtengesetze stets Anwendung.

III. Das Verfahren

1. Einholung der Genehmigung durch das Gericht

41 In allen Fällen, in denen sich ein Konflikt mit der Verschwiegenheitspflicht ergeben *kann* (→ Rdnr. 1), hat das **Gericht** nach Abs. 3 die **Genehmigung seinerseits einzuholen**. Das Prozeßgericht, und zwar der Vorsitzende oder der Einzelrichter (→ §348 Rdnr. 3) – nicht der beauftragte oder ersuchte Richter – hat vor der Ladung (bzw. der Aufforderung zur schriftlichen Beantwortung der Beweisfragen → §377 Rdnr. 23ff.) um die Genehmigung des Dienstvorgesetzten nachzusuchen und dieses Gesuch dem Beamten mit der Ladung (bzw. der Aufforderung nach §377 Abs. 3) oder vor seiner Vernehmung mitzuteilen. Bezieht sich in einem *Prozeß des Fiskus* die diesen vertretende Behörde auf das Zeugnis eines Beamten ihrer Verwaltung, so mag darin wohl regelmäßig die Genehmigung liegen; gleichwohl hat das Gericht, da ihm im allgemeinen nicht genau bekannt sein wird, ob die den Fiskus vertretende Stelle zugleich der Dienstvorgesetzte des Beamten ist, zur Vermeidung von Weiterungen zweckmäßig stets um die Genehmigung nachzusuchen.

42 An die **Versagung der Aussagegenehmigung** ist das Prozeßgericht stets gebunden (→ Rdnr. 13); eine Überprüfung der Versagung findet nicht statt, wohl aber die Prüfung, ob die zuständige Behörde handelte. Die **Erteilung der Aussagegenehmigung** bindet das Gericht nur dann nicht, wenn sie nichtig ist oder von der unzuständigen Stelle ausgesprochen wurde. In beiden Fällen hat sich das Prozeßgericht um eine baldige fehlerfreie Entscheidung des zuständigen Verwaltungsorgans zu bemühen. Wurde die Aussagegenehmigung ohne ausdrückliche Beschränkung auf das gerade in der betreffenden Instanz anhängige Verfahren verweigert, so braucht das *Berufungsgericht* bei unverändertem Sachverhalt einem neuerlichen Beweisantrag nicht stattzugeben (anders wenn mit abweichender Beurteilung durch den Dienstvorgesetzten zu rechnen ist)[30].

2. Pflichten des Beamten

43 Durch §39 BRRG, §§61, 62 BBG (und die entsprechenden Ländergesetze → Rdnr. 50ff.) in Verbindung mit §376 wird weder die Erscheinungspflicht des Zeugen noch sein etwaiges *Verweigerungsrecht* nach §383 Abs. 1 Nr. 6 oder die Anwendung des §383 Abs. 3 beschränkt, mag die Genehmigung erteilt oder ihre Einholung unterblieben sein[31]. Umgekehrt ist die *Entbindung von der Schweigepflicht* (§385 Abs. 2) bei Beamten für sich nicht ausreichend; es bedarf daneben der Genehmigung.

44 Ist die Einholung der erforderlichen Genehmigung unterblieben oder die Vernehmung trotz ganz oder teilweise versagter Genehmigung erfolgt, ist die Aussage gleichwohl verwertbar[32]. Weder der Beweisführer noch der Gegner können daraus eine Revisionsrüge herleiten, denn die vorgeschriebene Aussagegenehmigung dient lediglich der Wahrung staatlicher Interessen[33].

3. Ersuchen eines ausländischen Gerichts

45 Soll ein Beamter auf *Ersuchen eines ausländischen Gerichts* als Zeuge vernommen werden, so kann §376 Abs. 3 nicht in dem Sinn unmittelbar Anwendung finden, daß das ausländische

---

30 *BGH* DB 1969, 703.

31 Vgl. *RGZ* 30, 355; 54, 1ff.

32 *OVG Lüneburg* NJW 2005, 171 = NVwZ 2004, 1381.

33 *BGH* und *RGSt* in Fn. 7; *Meyer-Goßner* StPO[48] §161 Rdnr. 2; *Löwe/Rosenberg/Dahs* StPO[25] §54 Rdnr. 31; anders *Eb. Schmidt* StPO §54 Rdnr. 10.

Gericht seinerseits um die Aussagegenehmigung nachzusuchen hätte. Die Genehmigung ist vielmehr im Verwaltungsweg einzuholen[34], und zwar beim Rechtshilfeverkehr im diplomatischen Wege durch die höhere Justizbehörde vor der Weitergabe des Ersuchens an das Gericht, während beim unmittelbaren Geschäftsverkehr der Amtsrichter das Ersuchen zwecks Beschaffung der Genehmigung zunächst der zuständigen Justizverwaltungsstelle vorzulegen hat.

4. Ausscheiden aus dem öffentlichen Dienst

46 Eine Genehmigung ist auch **nach dem Ausscheiden** der genannten Personen **aus dem öffentlichen Dienst** einzuholen, soweit es sich um Tatsachen handelt, die sich während der Dienstzeit dieser Personen ereignet haben oder ihnen während ihrer Dienstzeit zur Kenntnis gelangt sind, Abs. 5, vgl. dazu auch die in → Rdnr. 48ff. abgedruckten Bestimmungen.

IV. Zeugnisverweigerungsrecht des Staatsoberhaupts

47 Der **Bundespräsident** kann unter den Voraussetzungen des Abs. 4 sein *Zeugnis verweigern.* Dasselbe Recht steht dem Präsidenten des Bundesrates zu, soweit er nach Art. 57 GG die Befugnisse des Bundespräsidenten wahrnimmt. Das Zeugnisverweigerungsrecht dauert auch nach Beendigung der Amtsführung fort, Abs. 5. Eine Pflicht zur Begründung besteht an sich nach der ZPO nicht; das Zivilgericht kann die Rechtmäßigkeit der Zeugnisverweigerung nicht nachprüfen. Für den betroffenen Bürger ist aber die Aussageverweigerung **ein Verwaltungsakt** (→ Rdnr. 15), der nach allgemeinen Grundsätzen deshalb einer Begründung bedarf und der verwaltungsgerichtlichen Nachprüfung unterliegt. Das Gericht wird, wenn auch eine gesetzliche Pflicht hierzu nicht besteht, zweckmäßig vor der Terminsbestimmung nach §375 Abs. 2 bzw. der Ladung anfragen, ob von dem Zeugnisverweigerungsrecht Gebrauch gemacht wird.

V. Anhang

1. Bundesbeamtenrechtliche Vorschriften

48 **a)** Für **Bundesbeamte** bestimmen die §§61, 62 **Bundesbeamtengesetz** (BBG) (Fassung vom 31. III. 1999, BGBl I 675), zuletzt geändert durch Gesetz vom 12. VIII. 2005 (BGBl I 2354):

§61. (1) [1]Der Beamte hat, auch nach Beendigung des Beamtenverhältnisses, über die ihm bei seiner amtlichen Tätigkeit bekanntgewordenen Angelegenheiten Verschwiegenheit zu bewahren. [2]Dies gilt nicht für Mitteilungen im dienstlichen Verkehr oder über Tatsachen, die offenkundig sind oder ihrer Bedeutung nach keiner Geheimhaltung bedürfen.

(2) [1]Der Beamte darf ohne Genehmigung über solche Angelegenheiten weder vor Gericht noch außergerichtlich aussagen oder Erklärungen abgeben. [2]Die Genehmigung erteilt der Dienstvorgesetzte oder, wenn das Beamtenverhältnis beendet ist, der letzte Dienstvorgesetzte.

(3) …

(4) Unberührt bleibt die gesetzlich begründete Pflicht des Beamten, Straftaten anzuzeigen und bei Gefährdung der freiheitlichen demokratischen Grundordnung für deren Erhaltung einzutreten.

§62. (1) Die Genehmigung, als Zeuge auszusagen, darf nur versagt werden, wenn die Aussage dem Wohle des Bundes oder eines deutschen Landes Nachteile bereiten oder die Erfüllung öffentlicher Aufgaben ernstlich gefährden oder erheblich erschweren würde.

(2) …

(3) [1]Ist der Beamte Partei oder Beschuldigter in einem gerichtlichen Verfahren oder soll sein Vorbringen der Wahrnehmung seiner berechtigten Interessen dienen, so darf die Genehmigung auch dann, wenn die Voraussetzungen des Absatzes 1 erfüllt sind, nur versagt werden, wenn die dienstlichen Rücksichten

[34] Von Amts wegen, s. §87 Rechtshilfeordnung in Zivilsachen.

dies unabweisbar erfordern. [2]Wird sie versagt, so hat der Dienstvorgesetzte dem Beamten den Schutz zu gewähren, den die dienstlichen Rücksichten zulassen.

(4) Über die Versagung der Genehmigung entscheidet die oberste Aufsichtsbehörde.

49 **b)** Für die **Landesgesetzgebung** wird durch das **Beamtenrechtsrahmengesetz** (BRRG) in der Fassung vom 31. III. 1999 (BGBl I 654), zuletzt geändert durch Art. 5 Gesetz vom 21. VI. 2005 (BGBl I 1818) in §39 ein Rahmen gezogen:

§39. (1) [1]Der Beamte hat, auch nach Beendigung des Beamtenverhältnisses, über die ihm bei seiner amtlichen Tätigkeit bekanntgewordenen Angelegenheiten Verschwiegenheit zu bewahren. [2]Dies gilt nicht für Mitteilungen im dienstlichen Verkehr oder über Tatsachen, die offenkundig sind oder ihrer Bedeutung nach keiner Geheimhaltung bedürfen.

(2) [1]Der Beamte darf ohne Genehmigung über solche Angelegenheiten weder vor Gericht noch außergerichtlich aussagen oder Erklärungen abgeben. [2]Die Genehmigung erteilt der Dienstherr oder, wenn das Beamtenverhältnis beendet ist, der letzte Dienstherr. [3]Hat sich der Vorgang, der den Gegenstand der Äußerung bildet, bei einem früheren Dienstherrn ereignet, so darf die Genehmigung nur mit dessen Zustimmung erteilt werden. [4]Durch Gesetz kann bestimmt werden, daß an die Stelle des in den Sätzen 2 und 3 genannten jeweiligen Dienstherren eine andere Stelle tritt.

(3) [1]Die Genehmigung, als Zeuge auszusagen, darf nur versagt werden, wenn die Aussage dem Wohle des Bundes oder eines deutschen Landes Nachteile bereiten oder die Erfüllung öffentlicher Aufgaben ernstlich gefährden oder erheblich erschweren würde. [2]Durch Gesetz kann bestimmt werden, daß die Verweigerung der Genehmigung zur Aussage vor Untersuchungsausschüssen des Bundestages oder der Volksvertretung eines Landes einer Nachprüfung unterzogen werden kann. [3]Die Genehmigung, ein Gutachten zu erstatten, kann versagt werden, wenn die Erstattung den dienstlichen Interessen Nachteile bereiten würde.

(4) [1]Ist der Beamte Partei oder Beschuldigter in einem gerichtlichen Verfahren oder soll sein Vorbringen der Wahrnehmung seiner berechtigten Interessen dienen, so darf die Genehmigung auch dann, wenn die Voraussetzungen des Absatzes 3 Satz 1 erfüllt sind, nur versagt werden, wenn die dienstlichen Rücksichten dies unabweisbar erfordern. [2]Wird sie versagt, so ist dem Beamten der Schutz zu gewähren, den die dienstlichen Rücksichten zulassen.

2. Landesbeamtengesetze

50 **a)** Das Landesbeamtengesetz für **Baden-Württemberg** in der Fassung vom 19. III. 1996 (GBl 286), zuletzt geändert durch Gesetz vom 11. X. 2005 (GBl 670, 673) bestimmt:

§79. (1) [Text stimmt wörtlich mit §39 Abs. 1 BRRG (→ Rdnr. 49) überein].

(2) [1]Der Beamte darf ohne Genehmigung über Angelegenheiten im Sinne des Absatzes 1 Satz 1 weder vor Gericht noch außergerichtlich aussagen oder Erklärungen abgeben. [2]Die Genehmigung erteilt der Dienstvorgesetzte oder, wenn das Beamtenverhältnis beendet ist, der letzte Dienstvorgesetzte; ist der letzte Dientsvorgesetzte weggefallen, so wird die Genehmigung vom Innenministerium erteilt. [3]Hat sich der Vorgang, der den Gegenstand der Äußerung bildet, bei einem früheren Dienstherrn ereignet, so darf die Genehmigung nur mit dessen Zustimmung erteilt werden.

(3) …

(4) Unberührt bleibt die gesetzlich begründete Pflicht des Beamten, Straftaten anzuzeigen und bei Gefährdung der freiheitlichen demokratischen Grundordnung für deren Erhaltung einzutreten.

§80. (1) [Text stimmt wörtlich mit §39 Abs. 3 Satz 1 BRRG (→ Rdnr. 49) überein].

(2) [Text stimmt wörtlich mit §39 Abs. 3 Satz 3 BRRG (→ Rdnr. 49) überein].

(3) [1]Ist der Beamte Partei oder Beschuldigter in einem gerichtlichen Verfahren oder soll sein Vorbringen der Wahrnehmung seiner berechtigten Interessen dienen, so darf die Genehmigung auch dann, wenn die Voraussetzungen des Absatzes 1 erfüllt sind, nur versagt werden, wenn die dienstlichen Rücksichten dies unabweisbar erfordern. [2]Wird sie versagt, so ist dem Beamten der Schutz zu gewähren, den die dienstlichen Rücksichten zulassen.

51 **b)** Für **Bayern** bestimmt das **Bayerische Beamtengesetz** in der Fassung vom 27. VIII. 1998 (Bay. Rechtssammlung 2030–1-1-F), zuletzt geändert durch Gesetz vom 24. XII. 2005 (GVBl 665):

Art. 69. (1) [Text stimmt wörtlich mit §39 Abs. 1 BRRG (→ Rdnr. 49) überein].

(2) [1]Der Beamte darf ohne Genehmigung über Angelegenheiten, über die er Verschwiegenheit zu bewahren hat, weder vor Gericht noch außergerichtlich aussagen oder Erklärungen abgeben. [2]Die Genehmigung erteilt der Dienstvorgesetzte oder, wenn das Beamtenverhältnis beendet ist, der letzte Dienstvorge-

setzte. [3]Hat sich der Vorgang, den die Äußerung betrifft, bei einem früheren Dienstherrn ereignet, so darf die Genehmigung nur mit dessen Zustimmung erteilt werden.

(3) Unberührt bleibt die gesetzlich begründete Pflicht des Beamten, Straftaten anzuzeigen und bei Gefährdung der freiheitlichen demokratischen Grundordnung im Sinn des Grundgesetzes und der Verfassung für ihre Erhaltung einzutreten.

Art. 70. (1) [1]Die Genehmigung, als Zeuge auszusagen, darf nur versagt werden, wenn die Aussage dem Wohl des Bundes, des Freistaates Bayern oder eines anderen deutschen Landes Nachteile bereiten oder die Erfüllung öffentlicher Aufgaben ernstlich gefährden oder erheblich erschweren würde. [2]Die Genehmigung, ein Gutachten zu erstatten, kann versagt werden, wenn die Erstattung den dienstlichen Interessen nachteilig wäre.

(2) [1]Ist der Beamte Partei oder Beschuldigter in einem gerichtlichen Verfahren oder soll sein Vorbringen der Wahrnehmung seiner berechtigen Interessen dienen, so darf die Genehmigung auch dann, wenn die Voraussetzungen des Absatzes 1 Satz 1 erfüllt sind, nur versagt werden, wenn die dienstlichen Rücksichten dies unabweisbar erfordern. [2]Wird sie versagt, so ist dem Beamten der Schutz zu gewähren, den die dienstlichen Rücksichten zulassen.

(3) [1]Über die Versagung der Aussagegenehmigung entscheidet die oberste Dienstbehörde; für die Beamten der Gemeinden, der Gemeindeverbände und der sonstigen unter der Aufsicht des Staates stehenden Körperschaften, Anstalten und Stiftungen des öffentlichen Rechts tritt an die Stelle der obersten Dienstbehörden die oberste Aufsichtsbehörde oder die von ihr durch Rechtsverordnung bestimmte Behörde. [2]Für Polizeibeamte kann das Staatsministerium des Innern die Ausübung der Befugnis nach Satz 1 durch Rechtsverordnung auf unmittelbar nachgeordnete Behörden übertragen.

52

c) Für **Berlin** bestimmt das **Landesbeamtengesetz** in der Fassung vom 19. V. 2003 (GVBl 203), zuletzt geändert durch Art. 3 des 4. VerwaltungsreformG vom 3. XI. 2005 (GVBl 686):

§26. (1) [Text stimmt wörtlich mit §39 Abs. 1 BRRG (→ Rdnr. 49) überein].

(2) [1]Der Beamte darf ohne Genehmigung über solche Angelegenheiten weder vor Gericht noch außergerichtlich aussagen oder Erklärungen abgeben. [2]Die Genehmigung erteilt die Dienstbehörde oder, wenn das Beamtenverhältnis beendet ist, die letzte Dienstbehörde; die Dienstbehörde kann ihre Befugnis auf Dienstvorgesetzte übertragen. Hat sich der Vorgang, der den Gegenstand der Äußerung bildet, im Zuständigkeitsbereich einer anderen Dienstbehörde ereignet, so darf die Genehmigung nur mit deren Zustimmung erteilt werden.

(3) …

(4) Unberührt bleibt die gesetzlich begründete Pflicht des Beamten, Straftaten anzuzeigen und bei Gefährdung der freiheitlichen demokratischen Grundordnung für deren Erhaltung einzutreten.

§27. (1) [Text stimmt wörtlich mit §39 Abs. 3 Satz 1 BRRG (→ Rdnr. 49) überein].

(2) [Text stimmt wörtlich mit §39 Abs. 3 Satz 3 BRRG (→ Rdnr. 49) überein].

(3) [1]Ist der Beamte Partei oder Beschuldigter in einem gerichtlichen Verfahren oder soll sein Vorbringen der Wahrnehmung seiner berechtigen Interessen dienen, so darf die Genehmigung auch dann, wenn die Voraussetzungen des Absatzes 1 erfüllt sind, nur versagt werden, wenn die dienstlichen Rücksichten dies unabweisbar erfordern. [2]Wird sie versagt, so ist dem Beamten Schutz zu gewähren, soweit nicht zwingende dienstliche Rücksichten entgegenstehen.

(4) Über die Versagung der Genehmigung entscheidet die oberste Dienstbehörde.

53

d) Für **Brandenburg** bestimmt das **Beamtengesetz für das Land Brandenburg** vom 24. XII. 1992 (GVBl I 506), zuletzt geändert durch Art. 1 Gesetz vom 22. VI. 2005 (GVBl I 214):

§25. (1) [1]Der Beamte hat, auch nach Beendigung des Beamtenverhältnisses, über die ihm bei seiner amtlichen Tätigkeit bekanntgewordenen Angelegenheiten Verschwiegenheit zu bewahren. [2]Dies gilt nicht für Mitteilungen im dienstlichen Verkehr oder bei Tatsachen, die offenkundig sind oder ihrer Bedeutung nach keiner Geheimhaltung bedürfen.

(2) Der Beamte darf ohne vorherige Genehmigung über Angelegenheiten, über die er Verschwiegenheit zu bewahren hat, weder vor Gericht noch außergerichtlich aussagen oder Erklärungen abgeben.

(3) Die gesetzlich begründete Pflicht des Beamten, Straftaten anzuzeigen und bei Gefährdung der freiheitlichen demokratischen Grundordnung für deren Erhaltung einzutreten, bleibt unberührt.

§26. (1) [Text stimmt wörtlich mit §39 Abs. 3 Satz 1 BRRG (→ Rdnr. 49) überein].

(2) …

(3) [1]Ist der Beamte Partei oder Beschuldigter in einem gerichtlichen Verfahren oder soll sein Vorbringen der Wahrnehmung seiner berechtigten Interessen dienen, so darf die Genehmigung auch dann, wenn die Voraussetzungen des Absatzes 1 erfüllt sind, nur versagt werden, wenn die dienstlichen Rücksichten

dies unabweisbar erfordern. [2]Wird sie versagt, so ist dem Beamten der Schutz zu gewähren, den die dienstlichen Rücksichten zulassen.

54 e) Für **Bremen** bestimmt das **Bremische Beamtengesetz** in der Fassung vom 15. IX. 1995 (GBl 387), zuletzt geändert durch Gesetz vom 28. VI. 2005 (GVBl 308):

§61. (1) [Text stimmt wörtlich mit §39 Abs. 1 BRRG (→ Rdnr. 49) überein].

(2) [1]Der Beamte darf ohne Genehmigung über Angelegenheiten nach Absatz 1 Satz 1 weder vor Gericht noch außergerichtlich aussagen oder Erklärungen abgeben. [2]Die Genehmigung erteilt der Dienstvorgesetzte oder, wenn das Beamtenverhältnis beendet ist, der letzte Dienstvorgesetzte. [3]Hat sich der Vorgang, der den Gegenstand der Äußerung bildet, bei einem anderen Dienstherrn ereignet, so darf die Genehmigung nur mit dessen Zustimmung erteilt werden.

(3) …

(4) Unberührt bleibt die gesetzlich begründete Pflicht des Beamten, Straftaten anzuzeigen und bei Gefährdung der freiheitlichen demokratischen Grundordnung für deren Erhaltung einzutreten.

§62. (1) [Text stimmt wörtlich mit §39 Abs. 3 Satz 1 BRRG (→ Rdnr. 49) überein].

(2) [Text stimmt wörtlich mit §39 Abs. 3 Satz 3 BRRG (→ Rdnr. 49) überein].

(3) [1]Ist der Beamte Partei oder Beschuldigter in einem gerichtlichen Verfahren oder soll sein Vorbringen der Wahrnehmung seiner berechtigen Interessen dienen, so darf die Genehmigung auch dann, wenn die Voraussetzungen des Absatzes 1 erfüllt sind, nur versagt werden, wenn die dienstlichen Rücksichten dies unabweisbar erfordern. [2]Wird sie versagt, so ist dem Beamten der Schutz zu gewähren, den die dienstlichen Rücksichten zulassen.

(4) Über die Versagung der Genehmigung entscheidet die oberste Dienstbehörde.

55 f) Für **Hamburg** bestimmt das **Hamburgische Beamtengesetz** in der Fassung vom 29. XI. 1977 (GVBl 367), zuletzt geändert durch Gesetz vom 21. IX. 2005 (GVBl 400):

§65. (1) [Text stimmt wörtlich mit §39 Abs. 1 BRRG (→ Rdnr. 49) überein].

(2) [1]Der Beamte darf ohne Genehmigung über solche Angelegenheiten weder vor Gericht noch außergerichtlich aussagen oder Erklärungen abgeben. [2]Die Genehmigung erteilt der Dientsvorgesetzte oder, wenn das Beamtenverhältnis beendet ist, der letzte Dienstvorgesetzte. [3]Hat sich der Vorgang, der den Gegenstand der Äußerung bildet, bei einem anderen Dienstherrn ereignet, darf die Genehmigung nur mit dessen Zustimmung erteilt werden.

(3) …

(4) Unberührt bleibt die gesetzlich begründete Pflicht des Beamten, Straftaten anzuzeigen und bei Gefährdung der freiheitlichen demokratischen Grundordnung für deren Erhaltung einzutreten.

§66. (1) Die Genehmigung, als Zeuge auszusagen, darf nur versagt werden, wenn die Aussage dem Wohl des Bundes oder eines deutschen Landes Nachteile bereiten oder die Erfüllung öffentlicher Aufgaben ernstlich gefährden oder erheblich erschweren würde.

(2) [Text stimmt wörtlich mit §39 Abs. 3 Satz 3 BRRG (→ Rdnr. 49) überein].

(3) [1]Ist der Beamte Partei oder Beschuldigter in einem gerichtlichen Verfahren oder soll sein Vorbringen der Wahrnehmung seiner berechtigten Interessen dienen, darf die Genehmigung auch dann, wenn die Voraussetzungen des Absatzes 1 erfüllt sind, nur versagt werden, wenn die dienstlichen Rücksichten dies unabweisbar erfordern. [2]Wird sie versagt, hat der Dienstherr dem Beamten den Schutz zu gewähren den die dienstlichen Rücksichten zulassen.

56 g) Für **Hessen** bestimmt das **Hessische Beamtengesetz** in der Fassung vom 11. I. 1989 (GVBl I 26) zuletzt geändert durch Gesetz vom 17. X. 2005 (GVBl I 674):

§75. (1) [Text stimmt wörtlich mit §39 Abs. 1 BRRG (→ Rdnr. 49) überein].

(2) [1]Der Beamte darf ohne Genehmigung über Angelegenheiten nach Abs. 1 Satz 1 weder vor Gericht noch außergerichtlich aussagen oder Erklärungen abgeben. [2]Die Genehmigung erteilt der Dienstvorgesetzte oder, wenn das Beamtenverhältnis beendet ist, der letzte Dienstvorgesetzte. [3]Hat sich der Vorgang, der den Gegenstand der Äußerung bildet, bei einem anderen Dienstherrn ereignet, so darf die Genehmigung nur mit dessen Zustimmung erteilt werden.

(3) …

(4) Unberührt bleibt die gesetzlich begründete Pflicht des Beamten, Straftaten anzuzeigen und bei Gefährdung der freiheitlichen demokratischen Grundordnung für deren Erhaltung einzutreten.

§76. (1) [Text stimmt wörtlich mit §39 Abs. 3 Satz 1 BRRG (→ Rdnr. 49) überein].

(2) [Text stimmt wörtlich mit §39 Abs. 3 Satz 3 BRRG (→ Rdnr. 49) überein].

(3) [1]Ist der Beamte Partei oder Beschuldigter in einem gerichtlichen Verfahren oder soll sein Vorbringen der Wahrnehmung seiner berechtigten Interessen dienen, so darf die Genehmigung auch dann, wenn die Voraussetzungen des Abs. 1 erfüllt sind, nur versagt werden, wenn die dienstlichen Rücksichten dies

unabweisbar erfordern. [2]Wird sie versagt, so ist dem Beamten der Schutz zu gewähren, den die dienstlichen Rücksichten zulassen.

(4) Über die Versagung der Genehmigung entscheidet die oberste Dienstbehörde.

57 **h)** Für **Mecklenburg-Vorpommern** bestimmt das **Beamtengesetz für das Land Mecklenburg-Vorpommern** vom 12. VII. 1998 (GVBl 708), zuletzt geändert durch Gesetz vom 19. XII. 2005 (GVBl 612):

§64. (1) [1]Der Beamte hat, auch nach Beendigung des Beamtenverhältnisses, über die ihm bei seiner dienstlichen Tätigkeit bekanntgewordenen Angelegenheiten Verschwiegenheit zu bewahren. [2]Dies gilt nicht für Mitteilungen im dienstlichen Verkehr oder über Tatsachen, die offenkundig oder ihrer Bedeutung nach nicht vertraulich sind.

(2) [1]Der Beamte darf ohne Genehmigung über Angelegenheiten, über die er Verschwiegenheit zu bewahren hat, weder vor Gericht noch außergerichtlich aussagen oder Erklärungen abgeben. [2]Die Genehmigung erteilt der Dienstvorgesetzte oder, wenn das Beamtenverhältnis beendet ist, der letzte Dienstvorgesetzte. [3]Hat sich der Vorgang, der den Gegenstand der Äußerung bildet, bei einem früheren Dienstherrn ereignet, so darf die Genehmigung nur mit dessen Zustimmung erteilt werden.

(3) [1]Der Beamte hat, auch nach Beendigung des Beamtenverhältnisses, auf Verlangen des Dienstvorgesetzten oder des letzten Dienstvorgesetzten amtliche Schriftstücke, Zeichnungen, bildliche Darstellungen sowie Aufzeichnungen jeder Art über dienstliche Vorgänge, auch soweit es sich um Wiedergaben handelt, herauszugeben; dies gilt auch für elektronische und elektromagnetische Bild-, Ton- und Datenträger. [2]Sind Daten von Personen oder Gegenständen auf Bild-, Ton- oder Datenträgern im Sinne von Satz 1 gespeichert, die körperlich nicht herausgegeben werden können oder bei denen eine Herausgabe nicht zumutbar ist, so sind diese Daten auf Verlangen des Dienstvorgesetzten oder des letzten Dienstvorgesetzten zu löschen. [4]Der Beamte hat auf Verlangen über die nach Satz 1 und 2 herauszugebenden Gegenstände und zu löschenden Daten Auskunft zu geben.

(4) Die in Absatz 3 geregelte Verpflichtung des Beamten trifft auch seine Hinterbliebenen und seine Erben.

(5) Unberührt bleibt die gesetzlich begründete Pflicht des Beamten, Straftaten anzuzeigen und bei Gefährdung der freiheitlichen demokratischen Grundordnung für deren Erhaltung einzutreten.

§65. (1) [Text stimmt wörtlich mit §39 Abs. 3 Satz 1 BRRG (→ Rdnr. 49) überein].

(2) [1]Ist der Beamte Partei oder Beschuldigter in einem gerichtlichen Verfahren oder soll sein Vorbringen der Wahrnehmung seiner berechtigten Interessen dienen, so darf die Genehmigung auch dann, wenn die Voraussetzungen des Absatzes 1 erfüllt sind, nur versagt werden, wenn die dienstlichen Rücksichten dies unabweisbar erfordern. [2]Wird sie versagt, so hat der Dienstvorgesetzte dem Beamten den Schutz zu gewähren, den die dienstlichen Rücksichten zulassen.

(3) …

58 **i)** Für **Niedersachsen** bestimmt das **Niedersächsische Beamtengesetz** in der Fassung vom 19. II. 2001 (GVBl 33), zuletzt geändert durch Art. 1 HaushaltsbegleitG vom 15. XII. 2005 (GVBl 426):

§68. (1) [Text stimmt wörtlich mit §39 Abs. 1 Satz 1 BRRG (→ Rdnr. 49) überein]. [2]Dies gilt nicht für den dienstlichen Verkehr und für Mitteilungen von Tatsachen, die offenkundig sind oder ihrer Bedeutung nach keiner Geheimhaltung bedürfen.

(2) Der Beamte darf ohne vorherige Genehmigung über solche Angelegenheiten weder vor Gericht noch außergerichtlich aussagen oder Erklärungen abgeben.

(3) Die gesetzlich begründete Pflicht des Beamten, Straftaten anzuzeigen und bei Gefährdung der freiheitlichen demokratischen Grundordnung für deren Erhaltung einzutreten, bleibt unberührt.

§69. (1) [Text stimmt wörtlich mit §39 Abs. 3 Satz 1 BRRG (→ Rdnr. 49) überein].

(2) [Text stimmt wörtlich mit §39 Abs. 3 Satz 3 BRRG (→ Rdnr. 49) überein].

(3) [1]Ist der Beamte Partei oder Beschuldigter in einem gerichtlichen Verfahren oder, soll sein Verhalten der Wahrnehmung seiner berechtigten Interessen dienen, so darf die Genehmigung auch dann, wenn die Voraussetzungen des Absatzes 1 erfüllt sind, nur versagt werden, wenn die dienstlichen Rücksichten dies unabweisbar erfordern. [2]Wird sie versagt, so ist dem Beamten der Schutz zu gewähren, den die dienstlichen Rücksichten zulassen.

§70. (1) [1]Die Verweigerung der Genehmigung nach §68 Abs. 2 ist der obersten Dienstbehörde vorbehalten, wenn es sich um eine Aussage vor Gericht handelt oder das Vorbringen des Beamten der Wahrung seiner berechtigten Interessen dienen soll. [2]Nach Beendigung des Beamtenverhältnisses entscheidet in diesen Fällen die letzte oberste Dienstbehörde, wenn diese ersatzlos wegfällt, eine vom Landesministerium zu bestimmende Stelle. [3]Die Befugnis zur Entscheidung kann auf andere Behörden übertragen werden.

(2) Hat sich der Vorgang, der den Gegenstand der Äußerung bildet, bei einem früheren Dienstherrn ereignet, so darf die Genehmigung nur mit dessen Zustimmung erteilt werden.

59 **k)** Für **Nordrhein-Westfalen** bestimmt das **Landesbeamtengesetz** in der Fassung vom 1. V. 1981 (GVBl 234), zuletzt geändert durch Gesetz vom 3. V. 2005 (GVBl 498):

§64. (1) [Text stimmt wörtlich mit §39 Abs. 1 BRRG (→ Rdnr. 49) überein].

(2) [1]Der Beamte darf ohne Genehmigung über Angelegenheiten, über die er Verschwiegenheit zu bewahren hat, weder vor Gericht noch außergerichtlich aussagen oder Erklärungen abgeben. [2]Hat sich der Vorgang, der den Gegenstand der Äußerung bildet, bei einem früheren Dienstherrn ereignet, so darf die Genehmigung nur mit dessen Zustimmung erteilt werden.

(3) …

(4) Unberührt bleibt die gesetzlich begründete Pflicht des Beamten, Straftaten anzuzeigen und bei Gefährdung der freiheitlichen demokratischen Grundordnung für deren Erhaltung einzutreten.

§65. (1) [Text stimmt wörtlich mit §39 Abs. 3 Satz 1 BRRG (→ Rdnr. 49) überein].

(2) [Text stimmt wörtlich mit §39 Abs. 3 Satz 3 BRRG (→ Rdnr. 49) überein].

(3) [1]Ist der Beamte Partei oder Beschuldigter in einem gerichtlichen Verfahren oder soll sein Vorbringen der Wahrnehmung seiner berechtigten Interessen dienen, so darf die Genehmigung auch dann, wenn die Voraussetzungen des Absatzes 1 erfüllt sind, nur versagt werden, wenn die dienstlichen Rücksichten dies unabweisbar erfordern. [2]Wird sie versagt, so hat der Dienstvorgesetzte dem Beamten den Schutz zu gewähren, den die dienstlichen Rücksichten zulassen.

60 **l)** Für **Rheinland-Pfalz** bestimmt das **Landesbeamtengesetz** vom 14. VII. 1970 (GVBl 241), zuletzt geändert durch Gesetz vom 15. X. 2004 (GVBl 457):

§70. (1) [Text stimmt wörtlich mit §39 Abs. 1 BRRG (→ Rdnr. 49) überein].

(2) [1]Der Beamte darf ohne Genehmigung über Angelegenheiten, die nach Absatz 1 geheimzuhalten sind, weder vor Gericht noch außergerichtlich aussagen, oder Erklärungen abgeben. [2]Die Genehmigung erteilt der Dienstvorgesetzte oder, wenn das Beamtenverhältnis beendet ist, der letzte Dienstvorgesetzte. [3]Hat sich der Vorgang, der den Gegenstand der Äußerung bildet, bei einem früheren Dienstherrn ereignet, so darf die Genehmigung nur mit dessen Zustimmung erteilt werden.

(3) [Text stimmt wörtlich mit §39 Abs. 3 Satz 1, 3 BRRG (→ Rdnr. 49) überein].

(4) [Text stimmt wörtlich mit §39 Abs. 4 BRRG (→ Rdnr. 49) überein].

(5) Unberührt bleibt die gesetzlich begründete Pflicht des Beamten, Straftaten anzuzeigen und bei Gefährung der freiheitlichen demokratischen Grundordnung für deren Erhaltung einzutreten.

61 **m)** Für das **Saarland** bestimmt das **Saarländische Beamtengesetz** in der Fassung vom 27. XII. 1996 (ABl 301), zuletzt geändert durch Gesetz vom 13. XII. 2005 (ABl 2010):

§75. (1) [Text stimmt wörtlich mit §39 Abs. 1 BRRG (→ Rdnr. 49) überein].

(2) [1]Der Beamte darf ohne Genehmigung über solche Angelegenheiten weder vor Gericht noch außergerichtlich aussagen oder Erklärungen abgeben. [2]Die Genehmigung erteilt der Dienstvorgesetzte oder, wenn das Beamtenverhältnis beendet ist, der letzte Dienstvorgesetzte. [3]Hat sich der Vorgang, der den Gegenstand der Äußerung bildet, bei einem anderen Dienstvorgesetzten ereignet, so darf die Genehmigung nur mit dessen Zustimmung erteilt werden.

(3) …

(4) Unberührt bleibt die gesetzlich begründete Pflicht des Beamten, Straftaten anzuzeigen und bei Gefährdung der freiheitlichen demokratischen Grundordnung für deren Erhaltung einzutreten.

§76. (1) Die Genehmigung, als Zeuge auszusagen, darf nur versagt werden, wenn die Aussage dem Wohle des Landes, des Bundes oder eines anderen Bundeslandes Nachteile bereiten oder die Erfüllung öffentlicher Aufgaben ernstlich gefährden oder erheblich erschweren würde.

(2) [Text stimmt wörtlich mit §39 Abs. 3 Satz 3 BRRG (→ Rdnr. 49) überein].

(3) [1]Ist der Beamte Partei oder Beschuldigter in einem gerichtlichen Verfahren oder soll sein Vorbringen der Wahrnehmung seiner berechtigten Interessen dienen, so darf die Genehmigung auch dann, wenn die Voraussetzungen des Absatzes 1 erfüllt sind, nur versagt werden, wenn die dienstlichen Rücksichten dies unabweisbar erfordern. [2]Wird sie versagt, so hat der Dienstvorgesetzte dem Beamten den Schutz zu gewähren, den die dienstlichen Rücksichten zulassen.

(4) Über die Versagung der Genehmigung entscheidet die oberste Dienstbehörde.

62 **n)** Für **Sachsen** bestimmt das **Beamtengesetz für den Freistaat Sachsen** vom 14. VI. 1999 (GVBl 370), zuletzt geändert durch Gesetz vom 5. V. 2004 (GVBl 148):

§78. (1) [Text stimmt wörtlich mit §39 Abs. 1 BRRG (→ Rdnr. 49) überein].

(2) [1]Der Beamte darf ohne Genehmigung über Angelegenheiten im Sinne des Absatzes 1 Satz 1 weder vor Gericht noch außergerichtlich aussagen oder Erklärungen abgeben. [2]Die Genehmigung erteilt der

Dienstvorgesetzte oder, wenn das Beamtenverhältnis beendet ist, der letzte Dienstvorgesetzte; ist der letzte Dienstvorgesetzte weggefallen, so wird die Genehmigung vom Staatsministerium des Innern erteilt. [3]Hat sich der Vorgang, der den Gegenstand der Äußerung bildet, bei einem früheren Dienstherrn ereignet, so darf die Genehmigung nur mit dessen Zustimmung erteilt werden.

(3) [1]Der Beamte hat, auch nach Beendigung des Beamtenverhältnisses, auf Verlangen des Dienstvorgesetzten oder des letzten Dienstvorgesetzten amtliche Schriftstücke und sonstige amtliche Unterlagen sowie Aufzeichnungen über dienstliche Vorgänge herauszugeben. [2]Die gleiche Verpflichtung trifft seine Hinterbliebenen und seine Erben.

(4) Unberührt bleibt die gesetzlich begründete Pflicht des Beamten, Straftaten anzuzeigen und bei Gefährdung der freiheitlichen demokratischen Grundordnung für deren Erhaltung einzutreten.

§79. (1) Die Genehmigung, als Zeuge auszusagen, darf nur versagt werden, wenn die Aussage dem Wohle des Bundes, des Freistaates Sachsen oder eines anderen Bundeslandes Nachteile bereiten oder die Erfüllung öffentlicher Aufgaben ernstlich gefährden oder erheblich erschweren würde.

(2) …

(3) [1]Ist der Beamte Partei oder Beschuldigter in einem gerichtlichen Verfahren oder soll sein Vorbringen der Wahrnehmung seiner berechtigten Interessen dienen, so darf die Genehmigung auch dann, wenn die Voraussetzungen des Absatzes 1 erfüllt sind, nur versagt werden, wenn die dienstlichen Rücksichten dies unabweisbar erfordern. [2]Wird sie versagt, so ist dem Beamten der Schutz zu gewähren, den die dienstlichen Rücksichten zulassen.

63 **o)** Für **Sachsen-Anhalt** bestimmt das **Beamtengesetz Sachsen-Anhalt** in der Fassung der Bekanntmachung vom 9. II. 1998 (GVBl 50), zuletzt geändert durch Gesetz vom 20. XII. 2005 (GVBl 808, 815):

§61. (1) [Text stimmt wörtlich mit §39 Abs. 1 BRRG (→ Rdnr. 49) überein].

(2) [1]Der Beamte darf ohne Genehmigung über solche Angelegenheiten weder vor Gericht noch außergerichtlich aussagen oder Erklärungen abgeben.

(3) [2]Der Beamte hat, auch nach Beendigung des Beamtenverhältnisses, auf Verlangen amtliche Schriftstücke, Zeichnungen, bildliche Darstellungen sowie Aufzeichnungen jeder Art über dienstliche Vorgänge, auch soweit es sich um Wiedergaben handelt, herauszugeben. [2]Die gleiche Verpflichtung trifft seine Hinterbliebenen und seine Erben. [3]Bei einem ausgeschiedenen Beamten spricht der letzte Dienstvorgesetzte das Verlangen aus.

(4) Unberührt bleibt die gesetzlich begründete Pflicht des Beamten, Straftaten anzuzeigen und bei Gefährdung der freiheitlichen demokratischen Grundordnung für deren Erhaltung einzutreten.

§62. (1) Die Genehmigung, als Zeuge auszusagen, darf nur versagt werden, wenn die Aussage dem Wohle des Bundes, des Landes Sachsen-Anhalt oder eines anderen deutschen Landes Nachteile bereiten oder die Erfüllung öffentlicher Aufgaben ernstlich gefährden oder erheblich erschweren würde.

(2) Die Genehmigung, ein Gutachten zu erstatten, kann versagt werden, wenn die Erstattung den dienstlichen Interessen Nachteile bereiten würde.

(3) [1]Ist der Beamte Partei oder Beschuldigter in einem gerichtlichen Verfahren oder soll sein Vorbringen der Wahrnehmung seiner berechtigten Interessen dienen, so darf die Genehmigung auch dann, wenn die Voraussetzungen des Absatzes 1 erfüllt sind, nur versagt werden, wenn die dienstlichen Rücksichten dies unabweisbar erfordern. [2]Wird sie versagt, so ist dem Beamten der Schutz zu gewähren, den die dienstlichen Rücksichten zulassen.

§62a. (1) Abweichend von §10 ist die oberste Dienstbehörde, bei mittelbaren Landesbeamten die Aufsichtsbehörde, für die Erteilung der Genehmigung nach §61 Abs. 2 zuständig, wenn der Erfolg eines staatsanwaltschaftlichen Ermittlungsverfahrens gefährdet werden könnte.

(2) Über die Versagung der Aussagegenehmigung im Sinne von §62 entscheidet die oberste Dienstbehörde.

64 **p)** Für **Schleswig-Holstein** bestimmt das **Landesbeamtengesetz** in der Fassung vom 3. VIII. 2005 (GVBl 283), zuletzt geändert durch Gesetz vom 14. XII. 2005 (GVBl 541):

§77. (1) [1]Die Beamtin oder der Beamte hat auch nach Beendigung des Beamtenverhältnisses über die ihr oder ihm bei ihrer oder seiner amtlichen Tätigkeit bekanntgewordenen Angelegenheiten Verschwiegenheit zu bewahren. [2]Dies gilt nicht für Mitteilungen im dienstlichen Verkehr oder über Tatsachen, die offenkundig oder ihrer Bedeutung nach nicht vertraulich sind.

(2) [1]Die Beamtin oder der Beamte darf ohne Genehmigung über solche Angelegenheiten weder vor Gericht noch außergerichtlich aussagen oder Erklärungen abgeben. [2]Die Genehmigung erteilt die oder der Dienstvorgesetzte oder, wenn das Beamtenverhältnis beendet ist, die oder der letzte Dienstvorgesetzte. [3]Hat sich der Vorgang, der den Gegenstand der Äußerung bildet, bei einem anderen Dienstherrn ereignet, so darf die Genehmigung nur mit dessen Zustimmung erteilt werden.

(3) Über die Versagung der Genehmigung entscheidet die oberste Dienstbehörde.

(4) [1]Die Beamtin oder der Beamte hat auch nach Beendigung des Beamtenverhältnisses auf Verlangen der oder des Dienstvorgesetzten oder der oder des letzten Dienstvorgesetzten amtliche Schriftstücke, Zeichnungen, bildliche Darstellungen sowie Aufzeichnungen jeder Art über dienstliche Vorgänge, auch soweit es sich um Wiedergaben handelt, herauszugeben. [2]Die gleiche Verpflichtung trifft ihre oder seine Hinterbliebenen und ihre oder seine Erben.

(5) Unberührt bleibt die gesetzlich begründete Pflicht der Beamtin oder des Beamten, Straftaten anzuzeigen und bei Gefährdung der freiheitlichen demokratischen Grundordnung für deren Erhaltung einzutreten.

§78. (1) Die Genehmigung, als Zeugin oder Zeuge auszusagen, darf nur versagt werden, wenn die Aussage dem Wohle des Bundes oder eines deutschen Landes Nachteile bereiten oder die Erfüllung öffentlicher Aufgaben ernstlich gefährden oder erheblich erschweren würde.

(2) Die Genehmigung, ein Gutachten zu erstatten, kann versagt werden, wenn die Erstattung den dienstlichen Interessen Nachteile bereiten würde.

(3) [1]Ist die Beamtin oder der Beamte Partei oder Beschuldigte oder Beschuldigter in einem gerichtlichen Verfahren oder soll ihr oder sein Vorbringen der Wahrnehmung ihrer oder seiner berechtigten Interessen dienen, so darf die Genehmigung auch dann, wenn die Voraussetzungen des Absatzes 1 erfüllt sind, nur versagt werden, wenn die dienstlichen Rücksichten dies unabweisbar erfordern. [2]Wird sie versagt, so hat die oder der Dienstvorgesetzte der Beamtin oder dem Beamten den Schutz zu gewähren, den die dienstlichen Rücksichten zulassen.

65 q) Für **Thüringen** bestimmt das **Thüringer Beamtengesetz** vom 8. IX. 1999 (GVBl 525), zuletzt geändert durch Gesetz vom 23. IX. 2005 (GVBl 331):

§63. (1) [Text stimmt wörtlich mit §39 Abs. 1 BRRG; → Rdnr. 49 überein].

(2) [1]Der Beamte darf ohne Genehmigung über solche Angelegenheiten weder vor Gericht noch außergerichtlich aussagen oder Erklärungen abgeben. [2]Die Genehmigung erteilt der Dienstvorgesetzte oder, wenn das Beamtenverhältnis beendet ist, der letzte Dienstvorgesetzte. [3]Hat sich der Vorgang, der den Gegenstand der Äußerung bildet, bei einem früheren Dienstherrn ereignet, so darf die Genehmigung nur mit dessen Zustimmung erteilt werden.

(3) [1]Der Beamte hat, auch nach Beendigung des Beamtenverhältnisses, auf Verlangen des Dienstvorgesetzten oder des letzten Dienstvorgesetzten amtliche Schriftstücke, Zeichnungen, bildliche Darstellungen sowie Aufzeichnungen jeder Art über dienstliche Vorgänge, auch soweit es sich um Wiedergaben handelt, herauszugeben. [2]Die gleiche Verpflichtung trifft seine Hinterbliebenen und seine Erben.

(4) Unberührt bleibt die gesetzlich begründete Pflicht des Beamten, Straftaten anzuzeigen und bei Gefährdung der freiheitlichen demokratischen Grundordnung für deren Erhaltung einzutreten.

§64. (1) Die Genehmigung, als Zeuge auszusagen, darf nur versagt werden, wenn die Aussagen dem Wohle des Bundes oder eines deutschen Landes Nachteile bereiten oder die Erfüllung öffentlicher Aufgaben ernstlich gefährden oder erheblich erschweren würden.

(2) ...

(3) [1]Ist der Beamte Partei oder Beschuldigter in einem gerichtlichen Verfahren oder soll sein Vorbringen der Wahrnehmung seiner berechtigten Interessen dienen, so darf die Genehmigung auch dann, wenn die Voraussetzungen des Absatzes 1 erfüllt sind, nur versagt werden, wenn die dienstlichen Rücksichten dies unabweisbar erfordern. [2]Wird sie versagt, so hat der Dienstvorgesetzte dem Beamten den Schutz zu gewähren, den die dienstlichen Rücksichten zulassen.

(4) Über die Versagung der Genehmigung entscheidet die oberste Dienstbehörde. Für die Beamten der Gemeinden, der Landkreise und der anderen Gemeindeverbände und der sonstigen unter der Aufsicht des Landes stehenden Körperschaften, Anstalten und Stiftungen des öffentlichen Rechts tritt an die Stelle der obersten Dienstbehörde die oberste Aufsichtsbehörde.

3. Abgeordnete

66 **a) Gesetz über die Rechtsverhältnisse der Mitglieder des Deutschen Bundestages** (Abgeordnetengesetz) in der Fassung der Bekanntmachung vom 21. II. 1996, zuletzt geändert durch Art. 1 Gesetz vom 22. VIII. 2005 (BGBl I 2482) iVm der Bekanntmachung vom 18. X. 2005 (BGBl I 3007):

§44c Verschwiegenheitspflicht und Aussagegenehmigung.

(1) Die Abgeordneten des Deutschen Bundestages dürfen, auch nach Beendigung ihres Mandats, ohne

Genehmigung weder vor Gericht noch außergerichtlich aussagen oder Erklärungen abgeben über Angelegenheiten, die auf Grund eines Gesetzes oder nach den Bestimmungen der Geschäftsordnung des Deutschen Bundestages der Verschwiegenheit unterliegen.

(2) [1]Die Genehmigung erteilt der Präsident des Deutschen Bundestages. [2]Sind Stellen außerhalb des Deutschen Bundestages an der Entstehung der geheimzuhaltenden Angelegenheiten beteiligt gewesen, kann die Genehmigung nur im Einvernehmen mit ihnen erteilt werden.

(3) Die Genehmigung darf nur versagt werden, wenn die Aussage oder Erklärung dem Wohl des Bundes oder eines Landes Nachteile bereiten oder die Erfüllung öffentlicher Aufgaben ernstlich gefährden oder erheblich erschweren würde.

67 **b) Gesetz über die Rechtsverhältnisse der Mitglieder des Landtages von Mecklenburg-Vorpommern** (Abgeordnetengesetz) vom 20. XII. 1990 (GVOBl 1991, 3/GS M-V Gl. Nr. 1101–1), zuletzt geändert durch Gesetz vom 7. VII. 2005 (GVOBl 323):

§49 Verschwiegenheitspflicht und Aussagegenehmigungsrecht.

(1) Ein Mitglied des Landtages Mecklenburg-Vorpommern darf auch nach Beendigung seines Mandats ohne Genehmigung weder vor Gericht noch außergerichtlich aussagen oder Erklärungen abgeben über Angelegenheiten, die aufgrund eines Gesetzes oder nach den Bestimmungen der Geschäftsordnung des Landtages der Verschwiegenheit unterliegen.

(2) [1]Die Genehmigung erteilt der Präsident des Landtages. [2]Sind Stellen außerhalb des Landtages an der Entstehung der geheimzuhaltenden Angelegenheiten beteiligt gewesen, kann die Genehmigung nur im Einvernehmen mit ihnen erteilt werden.

(3) Die Genehmigung darf nur versagt werden, wenn die Aussage oder Erklärung dem Wohl des Landes Mecklenburg-Vorpommern, eines anderen Landes oder des Bundes Nachteile bereiten oder die Erfüllung öffentlicher Aufgaben ernstlich gefährden oder erheblich erschweren würde.

68 **c) Gesetz über die Rechtsverhältnisse der Abgeordneten des Thüringer Landtags** vom 9. III. 1995 (GVBl 129), zuletzt geändert durch Gesetz vom 2. V. 2005 (GVBl 169):

§43 Verschwiegenheitspflicht und Aussagegenehmigung (1) Die Abgeordneten dürfen, auch nach Beendigung ihres Mandats, ohne Genehmigung weder vor Gericht noch außergerichtlich aussagen oder Erklärungen abgeben über Angelegenheiten, die aufgrund eines Gesetzes oder nach den Bestimmungen der Geschäftsordnung des Landtags der Verschwiegenheit unterliegen.

(2) Die Genehmigung erteilt der Präsident des Landtags. Sind Stellen außerhalb des Landtags an der Entstehung der geheimzuhaltenden Angelegenheiten beteiligt gewesen, kann die Genehmigung nur im Einvernehmen mit ihnen erteilt werden.

(3) Die Genehmigung darf nur versagt werden, wenn die Aussage oder Erklärung dem Wohl des Landes, eines anderen Landes oder des Bundes Nachteile bereiten oder die Erfüllung öffentlicher Aufgaben ernstlich gefährden oder erheblich erschweren würde.

4. Regierungsmitglieder

69 **a)** Für die **Mitglieder der Bundesregierung** bestimmen §§6, 7 des **Gesetzes über die Rechtsverhältnisse der Mitglieder der Bundesregierung** in der Fassung vom 27. VII. 1971 (Neubekanntmachung des BundesministerG vom 17. VI. 1953 [BGBl I 407] aufgrund des Art. I §3 ÄndG vom 27. VII. 1971 [BGBl I 1164]), zuletzt geändert durch Art. 3 Gesetz vom 15. XII. 2004 (BGBl I 3390):

§6 [Geheimhaltungspflicht] (1) [1]Die Mitglieder der Bundesregierung sind, auch nach Beendigung ihres Amtsverhältnisses, verpflichtet, über die ihnen amtlich bekannt gewordenen Angelegenheiten Verschwiegenheit zu bewahren. [2]Dies gilt nicht für Mitteilungen im dienstlichen Verkehr oder über Tatsachen, die offenkundig sind oder ihrer Bedeutung nach keiner Geheimhaltung bedürfen.

(2) Die Mitglieder der Bundesregierung dürfen, auch wenn sie nicht mehr im Amt sind, über solche Angelegenheiten ohne Genehmigung der Bundesregierung weder vor Gericht noch außergerichtlich aussagen oder Erklärungen abgeben.

(3) Unberührt bleibt die gesetzlich begründete Pflicht, Straftaten anzuzeigen und bei Gefährdung der freiheitlichen demokratischen Grundordnung für deren Erhaltung einzutreten.

§7 [Genehmigung zur Zeugenaussage und Gutachtenerstattung]

(1) Die Genehmigung, als Zeuge auszusagen, soll nur versagt werden, wenn die Aussage dem Wohle des Bundes oder eines deutschen Landes Nachteile bereiten oder die Erfüllung öffentlicher Aufgaben ernstlich gefährden oder erheblich erschweren würde.

(2) Die Genehmigung, ein Gutachten zu erstatten, kann versagt werden, wenn die Erstattung den dienstlichen Interessen Nachteile bereiten würde.

(3) §28 des Gesetzes über das Bundesverfassungsgericht in der Fassung der Bekanntmachung vom 3. Februar 1971 (Bundesgesetzbl. I S.105) bleibt unberührt.

70 **b) Baden-Württemberg:** §§6, 7 des Gesetzes über die Rechtsverhältnisse der Mitglieder der Regierung in der Fassung vom 20. VIII. 1991 (GBl 533), zuletzt geändert durch Gesetz vom 9. XII. 2003 (GVBl 718):

§6 [Amtsverschwiegenheit] (1) [1]Die Mitglieder der Regierung sind, auch nach Beendigung ihres Amtsverhältnisses, verpflichtet, über die ihnen amtlich bekanntgewordenen Angelegenheiten Verschwiegenheit zu bewahren. [2]Dies gilt nicht für Mitteilungen im dienstlichen Verkehr oder über Tatsachen, die offenkundig sind oder ihrer Bedeutung nach keiner Geheimhaltung bedürfen.

(2) Die Mitglieder der Regierung dürfen, auch wenn sie nicht mehr im Amt sind, über solche Angelegenheiten ohne Genehmigung der Regierung weder vor Gericht noch außergerichtlich aussagen oder Erklärungen abgeben.

(3) Unberührt bleibt die gesetzlich begründete Pflicht, Straftaten anzuzeigen und bei Gefährdung der freiheitlichen demokratischen Grundordnung für deren Erhaltung einzutreten.

§7 [Genehmigung zur Zeugenaussage und Gutachtenerstattung] (1) Die Genehmigung, als Zeuge auszusagen, soll nur versagt werden, wenn die Aussage dem Wohle des Bundes oder eines deutschen Landes Nachteile bereiten oder die Erfüllung öffentlicher Aufgaben ernstlich gefährden oder erheblich erschweren würde.

(2) Die Genehmigung, ein gerichtliches Gutachten zu erstatten, kann versagt werden, wenn die Erstattung den dienstlichen Interessen Nachteile bereiten würde.

(3) §28 des Gesetzes über das Bundesverfassungsgericht vom 12. März 1951 (BGBl I S.243) bleibt unberührt.

71 **c) Bayern:** Art.5, 6 des Gesetzes über die Rechtsverhältnisse der Mitglieder der Staatsregierung vom 4. XII. 1961 (Bay. R 1102–1-S), zuletzt geändert am 7. XII. 2004 (GVBl 489):

Art.5 [Verschwiegenheitspflicht] (1) [1]Die Mitglieder der Staatsregierung sind, auch nach Beendigung ihres Amtsverhältnisses, verpflichtet, über die ihnen amtlich bekannt gewordenen Angelegenheiten Verschwiegenheit zu bewahren. [2]Dies gilt nicht für Mitteilungen im dienstlichen Verkehr oder über Tatsachen, die offenkundig sind oder ihrer Bedeutung nach keiner Geheimhaltung bedürfen.

(2) Die Mitglieder der Staatsregierung dürfen, auch nach Beendigung ihres Amtsverhältnisses, über die sie Verschwiegenheit zu bewahren haben, ohne Genehmigung der Staatsregierung weder vor Gericht noch außergerichtlich aussagen oder Erklärungen abgeben.

(3) Unberührt bleibt die gesetzlich begründete Pflicht, strafbare Handlungen anzuzeigen und bei Gefährdung der freiheitlich-demokratischen Grundordnung für deren Erhaltung einzutreten.

Art.6 [Aussagegenehmigung] (1) Die Genehmigung, als Zeuge auszusagen, darf nur versagt werden, wenn die Aussage dem Wohle des Bundes, des Freistaates Bayern oder eines anderen deutschen Landes Nachteile bereiten oder die Erfüllung öffentlicher Aufgaben ernstlich gefährden oder erheblich erschweren würde.

(2) Die Genehmigung, ein Gutachten zu erstatten, kann versagt werden, wenn die Erstattung den dienstlichen Interessen Nachteile bereiten würde.

(3) [1]Ist das Mitglieder der Staatsregierung Partei oder Beschuldigter in einem gerichtlichen Verfahren oder soll sein Vorbringen der Wahrnehmung seiner berechtigten Interessen dienen, so darf die Genehmigung auch dann, wenn die Voraussetzungen des Absatzes 1 erfüllt sind, nur versagt werden, wenn die dienstlichen Rücksichten dies unabweisbar erfordern. [2]Wird sie versagt, so ist dem Mitglied der Staatsregierung der Schutz zu gewähren, den die dienstlichen Rücksichten zulassen.

(4) Über die Versagung der Aussagegenehmigung entscheidet die Staatsregierung.

72 **d) Berlin:** §§8, 9 des Gesetzes über die Rechtsverhältnisse der Mitglieder des Senats in der Fassung vom 6. I. 2000 (GVBl 221), zuletzt geändert durch Gesetz vom 2. X. 2003 (GVBl 486):

§8 Amtsverschwiegenheit Die Mitglieder des Senats sind, auch nach Beendigung ihres Amtes, verpflichtet, Verschwiegenheit über solche ihnen amtlich bekanntgewordenen Angelegenheiten zu wahren, deren Geheimhaltung besonders vorgeschrieben, ihrer Natur nach erforderlich oder vom Senat beschlossen worden ist.

§9 Vernehmung als Zeuge oder Sachverständiger (1) [1]Die Mitglieder des Senats dürfen, auch wenn sie nicht mehr im Amte sind, über Umstände, auf die sich ihre Pflicht zur Amtsverschwiegenheit bezieht, als Zeugen oder Sachverständige in einem Zivilprozess, Strafprozess, Verwaltungsstreitverfahren oder in einem anderen Verfahren nur mit Genehmigung des Senats vernommen werden. [2]Die Genehmigung zur Vernehmung als Zeuge darf nur versagt werden, wenn die Ablegung des Zeugnisses dem Wohl der Bundesrepublik oder eines deutschen Landes Nachteile bereiten oder die Erfüllung öffentlicher Aufgaben ernstlich gefährden oder erheblich erschweren würde.

(2) Über andere Umstände dürfen die im Amte befindlichen Mitglieder des Senats als Sachverständige nicht vernommen werden, wenn der Senat erklärt, daß die Vernehmung den dienstlichen Interessen Nachteile bereiten würde.

73 **e) Brandenburg:** §5 des Gesetzes über die Rechtsverhältnisse der Mitglieder der Landesregierung Brandenburg in der Fassung der Bekanntmachung vom 22. II. 1999 (GVBl I 58), zuletzt geändert durch Artikel 2 des Gesetzes vom 16. VI. 2004 (GVBl I 254, 256):

§5 Amtsverschwiegenheit, Aussagegenehmigung (1) [1]Die Mitglieder der Landesregierung sind auch nach Beendigung ihres Amtsverhältnisses zur Amtsverschwiegenheit über solche amtlich bekanntgewordenen Angelegenheiten verpflichtet, deren Geheimhaltung ihrer Natur nach erforderlich, besonders vorschrieben oder von der Landesregierung beschlossen worden ist. [2]Ohne Genehmigung der Landesregierung dürfen über geheimzuhaltende Angelegenheiten keine Erklärungen abgegeben werden.

(2) [1]Die Mitglieder der Landesregierung dürfen auch nach Beendigung ihres Amtsverhältnisses über Umstände, auf die sich ihre Pflicht zur Amtsverschwiegenheit bezieht, als Zeugen oder Sachverständige in einem gerichtlichen oder sonstigen Verfahren nur mit Genehmigung der Landesregierung aussagen. [2]Die Genehmigung zur Aussage als Zeuge darf nur versagt werden, wenn die Aussage dem Wohl des Bundes oder eines deutschen Landes Nachteile bereiten oder die Erfüllung öffentlicher Aufgaben ernstlich gefährden oder erheblich erschweren würde.

(3) Über andere Umstände dürfen die im Amt befindlichen Mitglieder der Landesregierung als Sachverständige nicht vernommen werden, wenn die Landesregierung erklärt, daß die Vernehmung den dienstlichen Interessen Nachteile bereiten würde.

(4) Ein Mitglied der Landesregierung ist am Amtssitz oder Aufenthaltsort zu vernehmen. Die Landesregierung kann Ausnahmen zulassen.

74 **f) Bremen:** §§2, 3 des Senatsgesetzes vom 17. XII. 1968 (GBl 237):

§2 Amtsverschwiegenheit (1) [1]Die Mitglieder des Senats sind, auch nach Beendigung ihres Amtsverhältnisses, verpflichtet, über die ihnen amtlich bekannt gewordenen Angelegenheiten Verschwiegenheit zu bewahren. [2]Dies gilt nicht für Mitteilungen im dienstlichen Verkehr oder für Tatsachen, die offenkundig sind oder ihrer Bedeutung nach keiner Geheimhaltung bedürfen.

(2) Die Mitglieder des Senats dürfen, auch wenn sie nicht mehr im Amt sind, über solche Angelegenheiten ohne Genehmigung des Senats weder vor Gericht noch außergerichtlich aussagen oder Erklärungen abgeben.

(3) Unberührt bleibt die gesetzlich begründete Pflicht, strafbare Handlungen anzuzeigen und bei der Gefährdung der freiheitlichen demokratischen Grundordnung für deren Erhaltung einzutreten.

§3 Aussagegenehmigung (1) Die Genehmigung, als Zeuge auszusagen, soll nur versagt werden, wenn die Aussage dem Wohle des Bundes, der freien Hansestadt Bremen oder eines anderen deutschen Landes Nachteile bereiten oder die Erfüllung öffentlicher Aufgaben ernsthaft gefährden oder erheblich erschweren würde.

(2) Die Genehmigung, ein Gutachten zu erstatten, kann versagt werden, wenn die Erstattung den dienstlichen Interessen Nachteile bereiten würde.

75 **g) Hamburg:** §9 des Senatsgesetzes vom 18. II. 1971 (GVBl 23), zuletzt geändert durch Gesetz vom 18. VII. 2001 (GVBl 251):

§9 Verschwiegenheitspflicht (1) [1]Die Mitglieder des Senats sind, auch nach Beendigung ihres Amtsverhältnisses, verpflichtet, über die ihnen amtlich bekanntgewordenen Angelegenheiten Verschwiegenheit zu bewahren. [2]Dies gilt nicht für Mitteilungen im dienstlichen Verkehr oder über Tatsachen, die offenkundig sind oder ihrer Bedeutung nach keiner Geheimhaltung bedürfen.

(2) Die Mitglieder des Senats dürfen, auch nach Beendigung ihres Amtsverhältnisses, über Angelegenheiten, auf die sich ihre Pflicht zur Amtsverschwiegenheit bezieht, ohne Genehmigung des Senats weder vor Gericht noch außergerichtlich aussagen oder Erklärungen abgeben.

(3) Die Genehmigung, als Zeuge auszusagen, soll nur versagt werden, wenn die Aussage dem Wohle der Bundesrepublik Deutschland oder eines deutschen Landes Nachteile bereiten oder die Erfüllung öffentlicher Aufgaben ernsthaft gefährden oder erheblich erschweren würde.

76 **h) Hessen:** Es fehlt eine entsprechende Vorschrift. Die Beamtengesetze werden entsprechend angewandt.

77 **i) Mecklenburg-Vorpommern:** §§5, 6 des Gesetzes über die Rechtsverhältnisse des Ministerpräsidenten und der Minister des Landes Mecklenburg-Vorpommern vom 11. VI. 1991 (GVOBl 174/GS M-V Gl. Nr. 1133–1), zuletzt geändert durch Art. 1 Gesetz vom 22. XI. 2001 (GVOBl 438):

§5 Amtsverschwiegenheit. Die Mitglieder der Landesregierung sind, auch nach Beendigung ihres Amtsverhältnisses, verpflichtet, Verschwiegenheit über solche ihnen amtlich bekanntgewordenen Angelegenheiten zu wahren, deren Geheimhaltung ihrer Natur nach erforderlich oder besonders vorgeschrieben ist.

§6 Aussagegenehmigung. (1) [1]Die Mitglieder der Landesregierung dürfen, auch wenn sie nicht mehr im Amte sind, über Umstände, auf die sich ihre Pflicht zur Amtsverschwiegenheit bezieht, als Zeugen oder Sachverständige in einem gerichtlichen oder sonstigen Verfahren nur mit Genehmigung der Landesregierung aussagen. [2]Die Genehmigung zur Aussage als Zeuge darf nur versagt werden, wenn die Aussage dem Wohle des Bundes oder eines deutschen Landes Nachteile bereiten oder die Erfüllung öffentlicher Aufgaben ernsthaft gefährden oder erheblich erschweren würde.

(2) Über andere Umstände dürfen die im Amt befindlichen Mitglieder der Landesregierung als Sachverständige nicht vernommen werden, wenn die Landesregierung erklärt, daß die Vernehmung den dienstlichen Interessen Nachteile bereiten würde.

(3) [1]Ein Mitglied der Landesregierung ist an seinem Amtssitz zu vernehmen. [2]Die Landesregierung kann eine Ausnahmegenehmigung erteilen.

78 **k) Niedersachsen:** §§6, 7 des Gesetzes über die Rechtsverhältnisse der Mitglieder der Landesregierung in der Fassung vom 3. IV. 1979 (GVBl 105), zuletzt geändert durch Art. 3 Gesetz vom 15. XII. 2005 (GVBl 426):

§6 Die Mitglieder der Landesregierung sind, auch nach Beendigung ihres Amtsverhältnisses, verpflichtet, Verschwiegenheit über solche ihnen amtlich bekanntgewordene Angelegenheiten zu wahren, deren Geheimhaltung ihrer Natur nach erforderlich oder besonders vorgeschrieben ist.

§7 (1) [1]Die Mitglieder der Landesregierung dürfen, auch wenn sie nicht mehr im Amt sind, über Umstände, auf die sich ihre Pflicht zur Amtsverschwiegenheit bezieht, als Zeugen oder Sachverständige in einem gerichtlichen oder sonstigen Verfahren nur mit Genehmigung des Landesministeriums aussagen. [2]Die Genehmigung, als Zeuge auszusagen, soll nur versagt werden, wenn die Aussage dem Wohle des Bundes oder eines deutschen Landes Nachteile bereiten oder die Erfüllung öffentlicher Aufgaben ernsthaft gefährden oder erheblich erschweren würde.

(2) Über andere Umstände dürfen die im Amt befindlichen Mitglieder der Landesregierung als Sachverständige nicht vernommen werden, wenn das Landesministerium erklärt, daß die Vernehmung den dienstlichen Interessen Nachteile bereiten würde.

(3) §16 des Gesetzes über den Staatsgerichtshof in Verbindung mit §28 des Gesetzes über das Bundesverfassungsgericht bleibt unberührt.

79 **l) Nordrhein-Westfalen:** §§3, 4 des Gesetzes über die Rechtsverhältnisse der Mitglieder der Landesregierung Nordrhein-Westfalen in der Fassung der Bekanntmachung vom 2. VII. 1999 (GVBl 218), zuletzt geändert durch Gesetz vom 5. IV. 2005 (GVBl 332):

§3 [Amtsverschwiegenheit] Die Mitglieder der Landesregierung sind, auch nach Beendigung ihres Amtsverhältnisses, verpflichtet, Verschwiegenheit über solche ihnen amtlich bekannt gewordene Angelegenheiten zu wahren, deren Geheimhaltung ihrer Natur nach erforderlich oder besonders vorgeschrieben ist.

§4 [Aussagegenehmigung] (1) [1]Die Mitglieder der Landesregierung dürfen, auch wenn sie nicht mehr im Amte sind, über Umstände, auf die sich ihre Pflicht zur Amtsverschwiegenheit bezieht, als Zeugen oder Sachverständige in einem gerichtlichen oder sonstigen Verfahren nur mit Genehmigung der Landesregierung aussagen. [2]Die Genehmigung zur Aussage als Zeuge darf, unbeschadet der Vorschriften des Gesetzes über den Verfassungsgerichtshof, nur versagt werden, wenn die Aussage dem Wohle des Bundes oder eines deutschen Landes Nachteile bereiten oder die Erfüllung öffentlicher Aufgaben ernstlich gefährden oder erheblich erschweren würde.

(2) Über andere Umstände dürfen die im Amt befindlichen Mitglieder der Landesregierung als Sachverständige nicht vernommen werden, wenn die Landesregierung erklärt, daß die Vernehmung den dienstlichen Interessen Nachteile bereiten würde.

80 **m) Rheinland-Pfalz:** §§6, 7 des Landesgesetzes über die Rechtsverhältnisse der Mitglieder der Landesregierung Rheinland-Pfalz vom 12. VIII. 1993 (GVBl 455):

§6 Geheimhaltungspflicht (1) [1]Die Mitglieder der Landesregierung sind, auch nach Beendigung ihres Amtsverhältnisses, verpflichtet, über die ihnen amtlich bekanntgewordenen Angelegenheiten Verschwiegenheit zu bewahren. [2]Dies gilt nicht für Mitteilungen im dienstlichen Verkehr oder über Tatsachen, die offenkundig sind oder ihrer Bedeutung nach keiner Geheimhaltung bedürfen.

(2) Die Mitglieder der Landesregierung dürfen, auch wenn sie nicht mehr im Amt sind, über solche An-

gelegenheiten ohne Genehmigung der Landesregierung weder vor Gericht noch außergerichtlich aussagen oder Erklärungen abgeben.

(3) Unberührt bleibt die gesetzlich begründete Pflicht, Straftaten anzuzeigen und bei Gefährdung der freiheitlichen demokratischen Grundordnung für deren Erhaltung einzutreten.

§ 7 **Aussagegenehmigung** (1) Die Genehmigung, als Zeuge auszusagen, soll nur versagt werden, wenn die Aussage dem Wohle des Bundes oder eines deutschen Landes Nachteile bereiten oder die Erfüllung öffentlicher Aufgaben ernstlich gefährden oder erheblich erschweren würde.

(2) Die Genehmigung, ein Gutachten zu erstatten, ist zu versagen, wenn die Erstattung den dienstlichen Interessen Nachteile bereiten würde.

(3) § 28 des Gesetzes über das Bundesverfassungsgericht in der Fassung vom 11. VIII. 1993 (BGBl I 1473) in der jeweils geltenden Fassung bleibt unberührt.

81

n) Saarland: §§ 5, 6 des Gesetzes Nr. 784 über die Rechtsverhältnisse der Mitglieder der Landesregierung vom 17. VII. 1963 (ABl 435), zuletzt geändert durch Gesetz vom 25. V. 2005 (ABl 874):

§ 5 Geheimhaltungspflicht. (1) [1]Die Mitglieder der Landesregierung sind auch nach Beendigung ihres Amtsverhältnisses verpflichtet, über die ihnen amtlich bekannt gewordenen Angelegenheiten Verschwiegenheit zu bewahren. [2]Dies gilt nicht für Mitteilungen im dienstlichen Verkehr oder über Tatsachen, die offenkundig sind oder ihrer Bedeutung nach keiner Geheimhaltung bedürfen.

(2) Die Mitglieder der Landesregierung dürfen, auch wenn sie nicht mehr im Amt sind, über Angelegenheiten, über die sie Verschwiegenheit zu bewahren haben, ohne Genehmigung der Landesregierung weder vor Gericht noch außergerichtlich aussagen oder Erklärungen abgeben.

(3) Unberührt bleibt die gesetzlich begründete Pflicht, Straftaten anzuzeigen und bei Gefährdung der freiheitlichen demokratischen Grundordnung für deren Erhaltung einzutreten.

§ 6 Aussagegenehmigung. (1) Die Genehmigung, als Zeuge auszusagen, darf nur versagt werden, wenn die Aussage dem Wohle des Bundes, des Saarlandes oder eines anderen deutschen Landes Nachteile bereiten oder die Erfüllung öffentlicher Aufgaben ernstlich gefährden oder erheblich erschweren würde.

(2) Die Genehmigung, ein Gutachten zu erstatten, kann versagt werden, wenn die Erstattung den dienstlichen Interessen Nachteile bereiten würde.

(3) [1]Ist das Mitglied der Landesregierung Partei oder Beschuldigter in einem gerichtlichen Verfahren oder soll sein Vorbringen der Wahrnehmung seiner berechtigten Interessen dienen, so darf die Genehmigung auch dann, wenn die Voraussetzungen des Absatzes 1 erfüllt sind, nur versagt werden, wenn die dienstlichen Rücksichten dies unabweisbar erfordern. [2]Wird sie versagt, so ist dem Mitglied der Landesregierung der Schutz zu gewähren, den die dienstlichen Rücksichten zulassen.

(4) Über die Versagung der Aussagegenehmigung entscheidet die Landesregierung.

82

o) Sachsen: §§ 5, 6 des Gesetzes über die Rechtsverhältnisse der Mitglieder der Staatsregierung in der Fassung der Bekanntmachung vom 4. VII. 2000 (GVBl 322):

§ 5 Amtsverschwiegenheit, Verbot der Annahme von Belohnungen und Geschenken (1) [1]Die Mitglieder der Staatsregierung sind, auch nach Beendigung ihres Amtsverhältnisses, verpflichtet, über die ihnen amtlich bekanntgewordenen Angelegenheiten Verschwiegenheit zu bewahren. [2]Dies gilt nicht für Mitteilungen im dienstlichen Verkehr oder über Tatsachen, die offenkundig sind oder ihrer Bedeutung nach keiner Geheimhaltung bedürfen.

(2) Die Mitglieder der Staatsregierung dürfen, auch wenn sie nicht mehr im Amt sind, über solche Angelegenheiten ohne Genehmigung der Staatsregierung weder vor Gericht noch außergerichtlich aussagen oder Erklärungen abgeben.

(3) Unberührt bleibt die gesetzlich begründete Pflicht, Straftaten anzuzeigen und bei Gefährdung der freiheitlichen demokratischen Ordnung für deren Erhaltung einzutreten.

(4) Die Mitglieder der Staatsregierung dürfen, auch nach Beendigung ihres Amtsverhältnisses, Belohnungen oder Geschenke in bezug auf ihr Amt nur mit Zustimmung der Staatsregierung annehmen.

§ 6 Genehmigung zur Zeugenaussage und Gutachtenerstattung (1) Die Genehmigung, als Zeuge auszusagen, soll nur versagt werden, wenn die Aussage dem Wohle des Bundes oder eines Landes Nachteile bereiten oder die Erfüllung öffentlicher Aufgaben ernstlich gefährden oder erheblich erschweren würde.

(2) Die Genehmigung, ein gerichtliches Gutachten zu erstatten, kann versagt werden, wenn die Erstattung den dienstlichen Interessen Nachteile bereiten würde. § 28 des Gesetzes über das Bundesverfassungsgericht bleibt unberührt.

83

p) Sachsen-Anhalt: §§ 6, 7 des Gesetzes über die Rechtsverhältnisse der Mitglieder der Landesregierung in der Fassung der Bekanntmachung vom 28. I. 2000 (GVBl 128), zuletzt geändert durch Gesetz vom 18. XI. 2005 (GVBl 698):

§ 6 **Geheimhaltungspflicht** Die Mitglieder der Landesregierung sind, auch nach Beendigung ihres

Amtsverhältnisses, verpflichtet, Verschwiegenheit über solche ihnen amtlich bekanntgewordenen Angelegenheiten zu wahren, deren Geheimhaltung ihrer Natur nach erforderlich oder besonders vorgeschrieben ist.

§7 **Genehmigung zur Zeugenaussage und Gutachtenerstattung** (1) [1]Die Mitglieder der Landesregierung dürfen, auch wenn sie nicht mehr im Amt sind, über Umstände, auf die sich ihre Pflicht zur Amtsverschwiegenheit bezieht, als Zeugen oder Sachverständige in einem gerichtlichen oder sonstigen Verfahren nur mit Genehmigung der Landesregierung aussagen. [2]Die Genehmigung, als Zeuge auszusagen, soll nur versagt werden, wenn die Aussage dem Wohl des Bundes oder eines Landes Nachteile bereiten oder die Erfüllung öffentlicher Aufgaben ernstlich gefährden oder erheblich erschweren würde.

(2) Über andere Umstände dürfen die im Amt befindlichen Mitglieder der Landesregierung als Sachverständige nicht vernommen werden, wenn die Landesregierung erklärt, daß die Vernehmung den dienstlichen Interessen Nachteile bereiten würde.

84 **q) Schleswig-Holstein:** §4 des Gesetzes über die Rechtsverhältnisse des Ministerpräsidenten und der Landesminister in der Fassung der Bekanntmachung vom 1. X. 1990 (GVOBl 515), zuletzt geändert durch Gesetz vom 15. VI. 2004 (GVOBl 153):

§4 Amtsverschwiegenheit (1) [1]Eine Landesministerin oder ein Landesminister ist auch nach Beendigung des Amtsverhältnisses zur Amtsverschwiegenheit über solche ihr oder ihm amtlich bekanntgewordenen Angelegenheiten verpflichtet, deren Geheimhaltung ihrer Natur nach erforderlich, besonders vorgeschrieben oder von der Landesregierung beschlossen worden ist. [2]Sie oder er darf ohne Genehmigung der Landesregierung über geheimzuhaltende Angelegenheiten keine Erklärung abgeben.

(2) Eine Landesministerin oder ein Landesminister darf auch nach Beendigung des Arbeitsverhältnisses als Zeugin oder Zeuge oder Sachverständige oder Sachverständiger nicht vernommen werden, wenn die Landesregierung erklärt, daß die Vernehmung den öffentlichen oder dienstlichen Interessen Nachteile bereiten würde.

(3) [1]Eine Landesministerin oder ein Landesminister ist an ihrem oder seinem Amtssitz oder Aufenthaltsort zu vernehmen. [2]Die Landesregierung kann Ausnahmen genehmigen.

85 **r) Thüringen:** §§6, 7 des Landesgesetzes über die Rechtsverhältnisse der Mitglieder der Thüringer Landesregierung in der Fassung der Bekanntmachung vom 14. IV. 1998 (GVBl 104):

§6 Geheimhaltungspflicht. (1) [1]Die Mitglieder der Landesregierung sind, auch nach Beendigung ihres Amtsverhältnisses, verpflichtet, über die ihnen amtlich bekannt gewordenen Angelegenheiten Verschwiegenheit zu bewahren. [2]Dies gilt nicht für Mitteilungen im dienstlichen Verkehr oder über Tatsachen, die offenkundig sind oder ihrer Bedeutung nach keiner Geheimhaltung bedürfen.

(2) Die Mitglieder der Landesregierung dürfen, auch wenn sie nicht mehr im Amt sind, über solche Angelegenheiten ohne Genehmigung der Landesregierung weder vor Gericht noch außergerichtlich aussagen oder Erklärungen abgeben.

(3) Unberührt bleibt die gesetzlich begründete Pflicht, Straftaten anzuzeigen und bei Gefährdung der freiheitlichen demokratischen Grundordnung für deren Erhaltung einzutreten.

§7 Aussagegenehmigung. (1) Die Genehmigung, als Zeuge auszusagen, soll nur versagt werden, wenn die Aussage dem Wohle des Bundes oder eines deutschen Landes Nachteile bereiten oder die Erfüllung öffentlicher Aufgaben ernstlich gefährden oder erheblich erschweren würde.

(2) Die Genehmigung, ein gerichtliches Gutachten zu erstatten, kann versagt werden, wenn die Erstattung den dienstlichen Interessen Nachteile bereiten würde.

(3) §28 des Gesetzes über das Bundesverfassungsgericht in der Fassung vom 3. Februar 1971 (BGBl. I S.105) und §22 Abs.2 des Thüringer Verfassungsgerichtshofsgesetz vom 28. Juni 1994 (GVBl. S.781), geändert durch Gesetz vom 12. April 1995 (GVBl. S.161), bleiben unberührt.

5. Fraktionsangestellte

Folgende Regelungen sind vorhanden:

86 **a)** Für die **Fraktionsangestellten der Fraktionen im Bundestag** bestimmt §49 des Gesetzes über die Rechtsverhältnisse der Mitglieder des Deutschen Bundestages in der Fassung der Bekanntmachung vom 21. II. 1996, zuletzt geändert durch Gesetz vom 22. VIII. 2005 (BGBl I 2482) iVm der Bekanntmachung vom 18. X. 2005 (BGBl I 3007):

§49 Geheimhaltungspflicht der Fraktionsangestellten. (1) [1]Angestellte der Fraktionen sind, auch nach Beendigung ihres Beschäftigungsverhältnisses, verpflichtet, über die ihnen bei ihrer Tätigkeit bekanntgewordenen Angelegenheiten Verschwiegenheit zu bewahren. [2]Dies gilt nicht für Tatsachen, die offenkundig sind oder ihrer Bedeutung nach keiner Geheimhaltung bedürfen.

(2) [1]Angestellte der Fraktionen dürfen, auch nach Beendigung ihres Beschäftigungsverhältnisses, ohne Genehmigung über solche Angelegenheiten weder vor Gericht noch außergerichtlich aussagen oder Erklärungen abgeben. [2]Die Genehmigung erteilt der jeweilige Fraktionsvorsitzende.

(3) Unberührt bleibt die gesetzlich begründete Pflicht, Straftaten anzuzeigen und bei Gefährdung der freiheitlich demokratischen Grundordnung für deren Erhaltung einzutreten.

87 **b) Bayern:** Art. 9 des Bayerischen Fraktionsgesetzes vom 26. III. 1992 (GVBl 39), zuletzt geändert am 24. VII. 2001 (GVBl 347):

Art. 9 Verschwiegenheitspflicht der Fraktionsangestellten (1) [1]Angestellte der Fraktionen sind, auch nach Beendigung ihres Beschäftigungsverhältnisses, verpflichtet, über die ihnen bei ihrer Tätigkeit bekanntgewordenen Angelegenheiten Verschwiegenheit zu bewahren. [2]Dies gilt nicht für Tatsachen, die offenkundig sind oder ihrer Bedeutung nach keiner Geheimhaltung bedürfen.

(2) [1]Angestellte der Fraktionen dürfen, auch nach Beendigung ihres Beschäftigungsverhältnisses, ohne Genehmigung über solche Angelegenheiten weder vor Gericht noch außergerichtlich aussagen oder Erklärungen abgeben. [2]Die Genehmigung erteilen die jeweiligen Fraktionsvorsitzenden.

88 **c) Hamburg:** § 9 des Fraktionsgesetzes vom 20. VI. 1996 (GVBl 134), zuletzt geändert durch Gesetz vom 18. XI. 2004 (GVBl 413):

§ 9 Geheimhaltungspflicht der Mitarbeiterinnen und Mitarbeiter der Fraktionen (1) [1]Die Mitarbeiterinnen und Mitarbeiter der Fraktionen sind, auch nach Beendigung ihres Beschäftigungsverhältnisses, verpflichtet, über die ihnen bei ihrer Tätigkeit bekanntgewordenen Angelegenheiten Verschwiegenheit zu bewahren. [2]Dies gilt nicht für Tatsachen, die offenkundig sind oder ihrer Bedeutung nach keiner Geheimhaltung bedürfen.

(2) [1]Die Mitarbeiterinnen und Mitarbeiter der Fraktionen dürfen, auch nach Beendigung ihres Beschäftigungsverhältnisses, ohne Genehmigung über solche Angelegenheiten weder vor Gericht noch außergerichtlich aussagen oder Erklärungen abgeben. [2]Die Genehmigung erteilt die oder der jeweilige Fraktionsvorsitzende.

(3) Unberührt bleibt die gesetzlich begründete Pflicht, Straftaten anzuzeigen und bei Gefährdung der freiheitlich demokratischen Grundordnung für deren Erhaltung einzutreten.

89 **d) Mecklenburg-Vorpommern:** § 53 des Gesetzes über die Rechtsverhältnisse der Mitglieder des Landtags von Mecklenburg-Vorpommern vom 20. XII. 1990 (GVOBl 1991, 3/GS M-V Gl. Nr. 1101–1), zuletzt geändert durch Gesetz vom 7. VII. 2005 (GVOBl 323):

§ 53 Verschwiegenheitspflicht der Fraktionsangestellten. (1) [1]Angestellte der Fraktionen sind, auch nach Beendigung ihres Beschäftigungsverhältnisses verpflichtet, über die ihnen bei ihrer Tätigkeit bekanntgewordenen Angelegenheiten Verschwiegenheit zu bewahren. [2]Dies gilt nicht für Tatsachen, die offenkundig sind oder ihrer Bedeutung nach keiner Geheimhaltung bedürfen.

(2) [1]Angestellte der Fraktionen dürfen, auch nach Beendigung ihres Beschäftigungsverhältnisses, ohne Genehmigung über solche Angelegenheiten weder vor Gericht noch außergerichtlich aussagen oder Erklärungen abgeben. [2]Die Genehmigung erteilt der jeweilige Fraktionsvorsitzende.

90 **e) Rheinland-Pfalz:** § 12 des Landesgesetzes zur Rechtsstellung und Finanzierung der Fraktionen vom 21. XII. 1993 (GVBl 642), zuletzt geändert durch Gesetz vom 3. II. 2004 (GVBl 50):

§ 12 Geheimhaltungspflicht der Fraktionsangestellten (1) [1]Angestellte der Fraktionen sind, auch nach Beendigung ihres Beschäftigungsverhältnisses verpflichtet, über die ihnen bei ihrer Tätigkeit bekanntgewordenen Angelegenheiten Verschwiegenheit zu bewahren. [2]Die gilt nicht für Tatsachen, die offenkundig sind oder ihrer Bedeutung nach keiner Geheimhaltung bedürfen.

(2) [1]Angestellte der Fraktionen dürfen, auch nach Beendigung ihres Beschäftigungsverhältnisses, ohne Genehmigung über solche Angelegenheiten weder vor Gericht noch außergerichtlich aussagen oder Erklärungen abgeben. [2]Die Genehmigung erteilt der jeweilige Fraktionsvorsitzende.

(3) Unberührt bleibt die gesetzlich begründete Pflicht, Straftaten anzuzeigen und bei Gefährdung der freiheitlich demokratischen Grundordnung für deren Erhaltung einzutreten.

91 **f) Schleswig-Holstein:** § 5 des Gesetzes über die Rechtsstellung und Finanzierung der Fraktionen im Schleswig-Holsteinischen Landtag vom 18. XII. 1994 (GVOBl 1995, 4):

§ 5 Geheimhaltungspflicht der Fraktionsmitarbeiterinnen und -mitarbeiter (1) [1]Die Mitarbeiterinnen und Mitarbeiter der Fraktionen sind auch nach Beendigung ihres Beschäftigungsverhältnisses verpflichtet, über die ihnen bei ihrer Tätigkeit bekanntgewordenen Angelegenheiten Verschwiegenheit zu bewahren. [2]Dies gilt nicht für Tatsachen, die offenkundig sind oder ihrer Bedeutung nach keiner Geheimhaltung bedürfen.

(2) [1]Die Mitarbeiterinnen und Mitarbeiter der Fraktionen dürfen nach Beendigung ihres Beschäftigungsverhältnisses ohne Genehmigung über solche Angelegenheiten weder vor Gericht noch außergerichtlich aussagen oder Erklärungen abgeben. [2]Die Genehmigung erteilt die oder der jeweilige Fraktionsvorsitzende.

(3) Unberührt bleibt die gesetzlich begründete Pflicht, Straftaten anzuzeigen und bei Gefährdung der freiheitlich demokratischen Grundordnung für deren Erhaltung einzutreten.

92 **g) Thüringen:** §48 des Gesetzes über die Rechtsverhältnisse der Abgeordneten des Thüringer Landtags vom 9. III. 1995 (GVBl 121), zuletzt geändert durch Gesetz vom 2. V. 2005 (GVBl 169):

§48 Fraktionsmitarbeiter. (1) Die Fraktionen dürfen nur Mitarbeiter beschäftigen, die nicht wissentlich als hauptamtliche oder inoffizielle Mitarbeiter mit dem Ministerium für Staatssicherheit, dem Amt für Nationale Sicherheit oder Beauftragten dieser Einrichtungen zusammengearbeitet haben.

(2) [1]Mitarbeiter der Fraktionen sind, auch nach Beendigung ihres Beschäftigungsverhältnisses, verpflichtet, über die ihnen bei ihrer Tätigkeit bekanntgewordenen Angelegenheiten Verschwiegenheit zu bewahren. [2]Dies gilt nicht für Tatsachen, die offenkundig sind oder ihrer Bedeutung nach keiner Geheimhaltung bedürfen. [3]Die Mitarbeiter sind, sofern es sich nicht um Amtsträger oder für den öffentlichen Dienst besonders Verpflichtete handelt, zu Beginn des Beschäftigungsverhältnisses durch die Fraktion besonders zur Geheimhaltung zu verpflichten. [4]§1 Abs.2 und 3 des Verpflichtungsgesetzes vom 2. März 1974 (BGBl I S.469, 547) ist entsprechend anwendbar. [5]Personen, die nach Satz 3 besonders verpflichtet worden sind, stehen für die Anwendung der Vorschriften des Strafgesetzbuches für die Verletzung von Privatgeheimnissen (§203 Abs.2, 4 und 5, §§204 und 205) und des Dienstgeheimnisses (§353b Abs.1) den für den öffentlichen Dienst besonders Verpflichtetem gleich.

(3) [1]Mitarbeiter der Fraktionen dürfen, auch nach Beendigung ihres Beschäftigungsverhältnisses, ohne Genehmigung über Angelegenheiten nach Absatz 2 Satz 1 weder vor Gericht noch außergerichtlich Aussagen oder Erklärungen abgeben. [2]Die Genehmigung erteilt der jeweilige Fraktionsvorsitzende. [3]Die Genehmigung darf nur versagt werden, wenn die Aussage dem Wohle des Bundes oder der Länder Nachteile bereitet oder geeignet ist, der parlamentarischen Tätigkeit der Fraktion Nachteile zu bereiten.

§377 Zeugenladung

(1) [1]Die Ladung der Zeugen ist von der Geschäftsstelle unter Bezugnahme auf den Beweisbeschluss auszufertigen und von Amts wegen mitzuteilen. [2]Sie wird, sofern nicht das Gericht die Zustellung anordnet, formlos übermittelt.

(2) Die Ladung muss enthalten:

1. die Bezeichnung der Parteien;

2. den Gegenstand der Vernehmung;

3. die Anweisung, zur Ablegung des Zeugnisses bei Vermeidung der durch das Gesetz angedrohten Ordnungsmittel in dem nach Zeit und Ort zu bezeichnenden Termin zu erscheinen.

(3) [1]Das Gericht kann eine schriftliche Beantwortung der Beweisfrage anordnen, wenn es dies im Hinblick auf den Inhalt der Beweisfrage und die Person des Zeugen für ausreichend erachtet. [2]Der Zeuge ist darauf hinzuweisen, dass er zur Vernehmung geladen werden kann. [3]Das Gericht ordnet die Ladung des Zeugen an, wenn es dies zur weiteren Klärung der Beweisfrage für notwendig erachtet.

Gesetzesgeschichte: Ursprünglich §342 CPO, durch Nov. 98, RGBl. 256 (→ Einl. Rdnr. 146), inhaltlich verändert zu §377 geworden. Änderungen durch Nov. 24, RGBl. I 135 (→ Einl. Rdnr. 160f.), Gesetz vom 9. VII. 1927, RGBl. I 175, VO vom 30. XI. 1927, RGBl. I 334, VO vom 17. VI. 1933, RGBl. I 394 und Gesetz vom 2. III. 1974, BGBl I 469. Abs.3 neu gefaßt, früherer Abs.4 gestrichen durch Art.1 Nr.20 des Rechtspflege-Vereinfachungsgesetzes vom 17. XII. 1990 (BGBl I 2847). Die beigefügte amtliche Überschrift beruht auf Art.2 Abs.2 ZPO-RG (→ Einl. Rdnr. 202) in Verbindung mit der dazu erlassenen Anlage. Abs.1 Satz 2 geändert durch Art.1 Nr.30 JKomG vom 22. III. 2005; das Wort »übersandt« wurde durch das Wort »übermittelt« ersetzt.

Stichwortverzeichnis → »Schlüssel zum Zeugenbeweis« zu Beginn der Vorbemerkungen vor §373.

I. Ladung

1 Die Ladung der Zeugen geschieht von Amts wegen. Die Parteien dürfen zwar Zeugen zur Gerichtsverhandlung stellen, aber ein *eigenes Ladungsrecht* (wie nach §220 StPO) steht ihnen *nicht* zu. Es kann deshalb eine solche Gestellung von ihnen nicht verlangt werden[1].

2 Die Ausfertigung der Ladung geschieht durch den Urkundsbeamten der Geschäftsstelle des Prozeßgerichts oder des ersuchten Gerichts auf Grund des Beweisbeschlusses. Sie erfolgt ohne Rücksicht darauf, ob sich der Zeuge in einem anderen Gerichtsbezirk der Bundesrepublik Deutschland aufhält, §§160f. GVG. Es genügt formlose Mitteilung; das Gericht kann aber, um einen urkundlichen Beleg über das Zugehen der Ladung zu erhalten, die förmliche Zustellung nach §§166ff. anordnen. Die Einhaltung der in §217 genannten **Ladungsfrist** ist bei einem Zeugen nicht nötig; freilich muß dem Zeugen genügend Zeit verbleiben, um sich auf den Termin einzurichten[2]. Zweifelhaft ist, ob bei einer bereits anwesenden Person, die als Zeuge vernommen werden soll, stets auf die **Ladung verzichtet** werden kann; eine Vernehmung ohne Ladung ist jedenfalls dann *nicht* zulässig, wenn sich die zufällig anwesende Person nicht auf die Vernehmung vorbereiten konnte[3] (zu Abs. 2 Nr. 2 → Rdnr. 7), wohl aber, wenn die Partei selbst den Zeugen im Termin stellt und ihm das Beweisthema zuvor mitgeteilt hat. Bei der Ver-

[1] *RG* JW 1905, 28.
[2] *OLG Düsseldorf* OLG-Report 1994, 170.
[3] *OLG Schleswig* NJW 1991, 303 lehnt die Vernehmung eines Begleiters einer Partei als Zeuge ohne Ladung ab. – Ordnungsmittel nach §380 dürfen mangels »ordnungsgemäßer Ladung« nicht verhängt werden, → Rdnr. 5.

tagung des Beweistermins genügt die mündliche Aufforderung zum Wiedererscheinen. – *Eine öffentliche Zustellung* (→ §185 Rdnr. 2) der Ladung kommt *nicht* in Frage; sie ist nur bei der Ladung der *Partei* möglich.

3 Über die *Ladung des prozeßunfähigen Zeugen*, insbesondere also des **minderjährigen Zeugen**, enthält die ZPO keine Regelung. §170 Abs. 1 betrifft nur die Zustellungen an die nicht prozeßfähige Partei, sagt aber nichts allgemein über die Zustellungen an Prozeßunfähige. Aus dem Schweigen des Gesetzes läßt sich weder entnehmen, daß stets an den Zeugen zuzustellen sei[4], noch läßt sich eine undifferenzierte Analogie zu §170 Abs. 1 in der Weise ziehen, daß stets an den gesetzlichen Vertreter zuzustellen wäre[5]. Richtigerweise muß man darauf abstellen, ob der Zeuge imstande ist, aus eigenem Entschluß und ohne Begleitung seines gesetzlichen Vertreters der Zeugenladung Folge zu leisten, und ob er fähig ist, die Bedeutung der Zeugenladung zu erkennen. Hat er diese Eigenschaften, *ist die Ladung an ihn zu richten*; einen über 14 Jahre alten Zeugen wird man deshalb regelmäßig selbst laden. Anders ist es bei denjenigen Zeugen, die ohne Begleitung des gesetzlichen Vertreters nicht vor Gericht erscheinen können, also besonders bei den sehr jungen Zeugen; hier *ist die Ladung an den gesetzlichen Vertreter (die Eltern) zu richten*. In Grenzfällen wird sich zur Vermeidung von Fehlern empfehlen, die Ladung sowohl an den Zeugen, als auch an den gesetzlichen Vertreter zu richten (zum Ausbleiben des minderjährigen Zeugen → §380 Rdnr. 14; zum Zeugnisverweigerungsrecht des minderjährigen Zeugen → §383 Rdnr. 2ff.).

4 Auf die **Glaubhaftmachung** durch Zeugenaussagen ist §377 nicht anwendbar → §294 Rdnr. 11ff. (21. Aufl.).

II. Inhalt der Ladung

5 Die Vorschriften über den *Inhalt der Ladung* sind für Zwangsmaßnahmen gegen den Zeugen nach §380 wesentlich; denn nur der *ordnungsgemäß* geladene Zeuge kann mit den dort vorgesehenen Folgen belegt werden. Abs. 2 gilt auch bei Ladung nach §273 Abs. 2 Nr. 4.

6 **1. Nr. 1: Bezeichnung der Parteien:** Vgl. §130 Nr. 1, §253 Abs. 2 Nr. 1. Dabei gilt auch hier, daß die Parteien so genau zu bezeichnen sind, daß Identitätszweifel ausgeschlossen sind: Auch für den Zeugen muß klar ersichtlich sein, in welchem Verfahren er auszusagen hat, und ob ein Zeugnisverweigerungsrecht besteht.

7 **2. Nr. 2: Gegenstand der Vernehmung:** Die Mitteilung des Gegenstands der Vernehmung soll den Zeugen in den Stand setzen, sich auf die Aussage vorzubereiten, die sich gemäß §396 Abs. 1 (→ dort Rdnr. 1) auf den Gegenstand der Vernehmung zu beziehen hat. Über die Pflicht zur Vorbereitung → Rdnr. 19 vor §373 und §378 Rdnr. 1. Ferner soll der Zeuge in die Lage versetzt werden, zu entscheiden, ob er ein Verweigerungsrecht nach §§383 Nr. 4 bis 6, 384 hat. Oft wird ein Auszug aus dem Beweisbeschluß mitgeteilt. Zur Stärkung der Rechtsstellung des Zeugen (→ Rdnr. 25 vor §373) sollte dieser die Erforderlichkeit der Zeugeneinvernahme (→ Rdnr. 23 vor §373) erkennen lassen[6].

8 **3. Nr. 3: Anweisung zum Erscheinen:** Die Anweisung zum Erscheinen (oder zum Bereithalten in der Wohnung, §375 Abs. 2) geht von der Geschäftsstelle aus. Die Androhung einer Bestrafung braucht nur in einem Hinweis auf die durch das Gesetz (§380) im *allgemeinen angedrohten Strafen* zu bestehen. Wegen der Terminsstunde → §220 Rdnr. 1ff., wegen des Ortes der Vernehmung: §219.

---

[4] So allgemein zum Strafprozeß KMR/*Paulus* StPO (Loseblattausgabe Stand Feb. 2006) §37 Rdnr. 11.

[5] So zum Strafprozeß *Meyer-Goßner* StPO[48] §48 Rdnr. 7.

[6] *Schumann* empfahl in der 20. Aufl., dem Zeugen u.a. den Beweisführer nicht mitzuteilen, damit er nicht beeinflußt werde. Vielfach wird der Zeuge freilich ohnehin wissen, auf wessen Initiative er aussagen soll.

III. Exterritoriale und Konsuln

Nicht nach §377 sind **zu laden**[7]: 9

1. Exterritoriale

a) Ausländische Exterritoriale

10 Die im Inland befindlichen Ausländer, die in Deutschland das Recht der Immunität genießen (Exterritoriale, §§18–20 GVG; → §183 Rdnr. 38), können nicht geladen werden. Sie sind nicht verpflichtet, als Zeuge auszusagen[8]. Schon die Ladung an diese Personen und der in der Ladung enthaltene Befehl, vor Gericht zu erscheinen, stellt eine Verletzung der diplomatischen Vorrechte dar[9]. Die Exterritorialen können aber die Ladung ausdrücklich oder stillschweigend gestatten (näher → §183 Rdnr. 38). Wünscht ein Gericht die Zeugenaussage eines Diplomaten, so muß auf diplomatischem Wege zwischen den Staaten versucht werden, die Zeugenaussage zu erreichen[10]. Erscheint der Exterritoriale, so hängt es von seinem freien Willen ab, wieweit er sich der Vernehmung und Beeidigung unterwerfen will. Er kann seine Bereitschaft auch von der Vernehmung in seinen Räumen (Botschaft) abhängig machen[11]. Zwangsmittel stehen dem Gericht nicht zu. Die Aussage des Exterritorialen ist ohne weiteres verwertbar[12].

b) Exterritoriale Deutsche

11 Die im Ausland befindlichen Deutschen, die das Recht der Immunität genießen (Exterritoriale) und zur Mission des Bundes gehören, werden durch Ersuchen an das Auswärtige Amt geladen, §183 Abs. 1 Nr. 3 (näher → §183 Rdnr. 37f.).

c) Mitglieder internationaler Organisationen

12 Die Mitglieder internationaler Organisationen und von internationalen Tagungen dieser Organisationen sind in weitem Umfang von der deutschen Zivilgerichtsbarkeit befreit[13].

2. Konsularbeamte

13 Die in der Bundesrepublik Deutschland angestellten Konsularbeamten und die sonstigen konsularischen Bediensteten fremder Staaten sind *nicht exterritorial* und **können in einem Gerichtsverfahren ohne weiteres als Zeugen geladen werden**.

---

[7] Wegen des *Bundespräsidenten* s. §375 Abs. 2.

[8] Art. 31 Abs. 2 des Wiener Übereinkommen über diplomatische Beziehungen vom 18. IV. 1961 (BGBl II 1964, 957) Vertragsparteien sind fast alle Staaten der Welt (vgl. Übersicht im Fundstellennachweis B, Beilage zum BGBl II, Stand 31. XII. 1997, 413ff. mit der Angabe von fast 180 Mitgliedsstaaten).

[9] *Dahm/Delbrück/Wolfrum* Völkerrecht I² (1989) 279f.; *Jennings/Watts* Oppenheim's International Law⁹ I (1992) 1100f.; *Cl. Wilson* Diplomatic Privileges and Immunities (Tuscon 1967) 100f.; → auch §377 Rdnr. 33.

[10] Eine *öffentliche Zustellung* der Ladung kommt nicht in Betracht (a.M. die 19. Auflage dieses Kommentars), da sie einen völkerrechtswidrigen Zwang ausüben würde.

[11] *Wilson* (Fn. 9) 101.

[12] *Jennings/Watts* (Fn. 9) 1101.

[13] Vgl. die Aufstellung GMBl 1973, 199ff. sowie Fundstellennachweis B, Beilage zum BGBl II, Stand 31. XII. 2005, 807f.

a) Wiener Konsular-Abkommen

14 Hinsichtlich der meisten Staaten[14] gelten jetzt Art. 44 und 45 des Wiener Übereinkommens über konsularische Beziehungen vom 24. IV. 1963[15].

15 Im wesentlichen handelt es sich bei diesen Bestimmungen um die Kodifizierung geltenden Völkergewohnheitsrechts, so daß gegenüber Konsuln von Nicht-Vertragsstaaten entsprechend gehandelt werden kann[16].

16 Bei der Zeugenvernehmung ist eine **Beeinträchtigung der dienstlichen Tätigkeit zu vermeiden**, in der Regel dadurch, daß die Aussage in der Wohnung oder in den Räumlichkeiten der konsularischen Vertretung entgegengenommen oder schriftlich erstattet wird (so Art. 44 Abs. 2 aaO).

b) Bilaterale Konsularverträge

17 Mit folgenden Staaten sind Verträge in Kraft, die ähnliche Bestimmungen enthalten. Soweit dort weitergehende Regelungen vorgesehen sind, gehen sie dem Wiener Übereinkommen vor (Art. 73 Abs. 1): *Fidschi*[17], *Grenada*[18], *Jamaika*[19], *Malawi*[20], *Mauritius*[21], Mitglieder der *Gemeinschaft unabhängiger Staaten* (Staaten der ehemaligen Sowjetunion)[22], *Spanien*[23], *Türkei*[24],

---

[14] Vertragsparteien sind neben der Bundesrepublik Deutschland (Bekanntmachung BGBl II 1971, 1285) fast alle Staaten der Welt (vgl. Übersicht im Fundstellennachweis B, Beilage zum BGBl, Stand 31. XII. 2005, 507ff. mit der Angabe von fast 180 Mitgliedsstaaten).

[15] Ratifiziert durch Gesetz vom 26. VIII. 1969, (BGBl II 1585); zu ihr: *L. T. Lee* Vienna Convention on Consular Relations (Leyden 1966).

[16] *Herndl* ArchVöR 11 (1963/64) 450ff.; *Lee* (Fn. 15) 147f.; *Jennings/Watts* (Fn. 9) 1142ff.

[17] Art. 11 Abs. 3, Art. 10 Abs. 5 und Art. 10 Abs. 6 des Konsularvertrages zwischen der Bundesrepublik Deutschland und dem Vereinigten Königreich Großbritannien und Nordirland vom 30. VII. 1956 (Gesetz vom 27. V. 1957, BGBl II 284), in Kraft seit 28. XII. 1957 (Bekanntmachung vom 21. XII. 1957 [BGBl II 1958, 17] und Bekanntmachung über die Fortgeltung vom 22. X. 1975 [BGBl II 1739]).

[18] → Fn. 17, Bekanntmachung über die Weiteranwendung vom 12. III. 1975 (BGBl II 366).

[19] → Fn. 17, Bekanntmachung über die Fortgeltung vom 22. XII. 1972 (BGBl II 1973, 49).

[20] → Fn. 17, Bekanntmachung über die Weiteranwendung vom 13. II. 1967 (BGBl II 936).

[21] → Fn. 17, Bekanntmachung über die Fortgeltung vom 27. XII. 1972 (BGBl II 1973, 50).

[22] Die Sowjetunion wurde durch die Alma-Ata-Deklaration vom 21. XII. 1991 aufgelöst. Art. 13 des Konsularvertrages zwischen der Bundesrepublik Deutschland und der Union der Sozialistischen Sowjetrepubliken vom 25. IV. 1958 (Gesetz vom 17. III. 1959, BGBl II 232), in Kraft seit 24. V. 1959 (Bekanntmachung vom 30. IV. 1959, BGBl II 469) bleibt aber für die Mitglieder der **Gemeinschaft Unabhängiger Staaten** anwendbar, da diese für die Erfüllung der internationalen Verpflichtungen, die sich aus Verträgen und Vereinbarungen der früheren UdSSR ergeben, gemäß ihren verfassungsrechtlichen Vorschriften garantieren (vgl. Fundstellennachweis B, Beilage zum BGBl II, Stand 31. XII. 1997, 140f.). Im übrigen vgl. die Bekanntmachungen zu Armenien vom 18. I. 1993 (BGBl II 1993, 169), Aserbaidschan vom 13. VIII. 1996 (BGBl II 1996, 2471), Belarus vom 5. IX. 1994 (BGBl II 1994, 2533), Georgien vom 21. X. 1992 (BGBl II 1992, 1128), Kasachstan vom 19. X. 1992 (BGBl II 1992, 1120), Kirgisistan vom 14. VIII. 1992 (BGBl II 1992, 1015), Moldau vom 12. IV. 1996 (BGBl II 1996, 768), Russische Föderation vom 14. VIII. 1992 (BGBl II 1992, 1016), Tadschikistan vom 3. III. 1995 (BGBl II 1995, 255), Ukraine vom 30. VI. 1993 (BGBl II 1993, 1189), Usbekistan vom 26. X. 1993 (BGBl II 1993, 2038).

[23] »Persönliche Immunität« des Berufskonsuls, Art. 4, und Meistbegünstigungsklausel, Art. 20 der Konsular-Konvention vom 22. II. 1870 zwischen dem Norddeutschen Bund und Spanien (BGBl des Norddeutschen Bundes 1870, 99) sowie Konsular-Konvention vom 12. I. 1872 zwischen Deutschland und Spanien (RGBl 1872, 211).

[24] Regelung des Zeugenbeweises in Art. 12 des Konsularvertrages zwischen dem Deutschen Reich und der Türkischen Republik vom 28. V. 1929 (Gesetz vom 3. V. 1930, RGBl II 747), in Kraft seit 18. IX. 1931 (Bekanntmachung vom 19. VIII. 1931 [RGBl II 538] und Bekanntmachung über die Wiederanwendung vom 29. V. 1952 [BGBl II 608]).

Vereinigtes Königreich Großbritannien und Nordirland[25], *Vereinigte Staaten von Amerika*[26].

c) Meistbegünstigungsklausel

18 Vergleichbare Vorrechte ergeben sich aus der sogenannten »Meistbegünstigungsklausel«[27] in sonstigen (etwa Handels-)Verträgen. Eine solche Regelung besteht im Verhältnis zu folgenden Staaten: *Iran (Persien)*[28], *Irland*[29], *Japan*[30], *Saudi-Arabien*[31]. Auch hier gilt gemäß Art. 73 Abs. 1 der Vorrang der bilateralen Regelung.

d) Rechtslage bei vertragslosem Zustand

19 Auch soweit eine vertragliche Regelung nicht besteht, erscheint es mit Rücksicht auf die Gefahr diplomatischer Weiterungen in aller Regel **untunlich, Konsularbeamte, die Angehörige des ernennenden Staates sind, unter Strafandrohung zu laden oder sie ohne vorherige Mitteilung an die Justizverwaltung oder an das Auswärtige Amt in Haft zu nehmen**, da im allgemeinen die vertraglichen Regelungen nur das bestehende Völkergewohnheitsrecht wiederholen (→ Rdnr. 15).

3. Ausländische Zeugen im Inland

20 Für ausländische Zeugen, die sich im Inland befinden, gelten die allgemeinen Grundsätze des deutschen Rechts. Mitglieder der in der Bundesrepublik **stationierten Streitkräfte** unter-

---

25 → Fn. 17.

26 Art. XVIII Abs. 2 und XX Abs. 2 Satz 3 des Freundschafts-, Handels- und Konsularvertrages zwischen dem Deutschen Reich und den Vereinigten Staaten von Amerika vom 8. XII. 1923 (Gesetz vom 17. VIII. 1925, RGBl II 795), in Kraft seit 14. X. 1925 (RGBl II 967), aufgehoben mit Ausnahme der noch heute geltenden konsularischen Bestimmungen der Art. XVII–XXVIII (vgl. das Abkommen über den Freundschafts-, Handels- und Konsularvertrag vom 3. VI. 1953 [Gesetz vom 3. VIII. 1954, BGBl II 721], in Kraft seit 22. X. 1954, BGBl II 1051), sowie Art. XXVIII des Freundschafts-, Handels- und Schiffahrtsvertrages vom 29. X. 1954 (Gesetz vom 7. V. 1956, BGBl II 487), in Kraft seit 14. VII. 1956 (Bekanntmachung vom 28. VI. 1956 [BGBl II 763]).

27 Durch die Meistbegünstigungsklausel werden den jeweiligen Konsularbeamten der Vertragsstaaten dieselben Vorteile und Vorrechte gewährt, wie sie den Angehörigen der meistbegünstigten Nation jetzt oder in Zukunft gewährt werden.

28 Art. 2 des Freundschaftsvertrages zwischen dem Deutschen Reich und dem Kaiserreich Persien vom 17. II. 1929 (Gesetz vom 26. VII. 1930, RGBl II 1002), in Kraft am 11. XII. 1930 (Bekanntmachung vom 31. XII. 1930 [RGBl II 1931, 9]), Protokoll über Wiederanwendung vom 4. XI. 1954, in Kraft am 4. XI. 1954 (Bekanntmachung vom 15. VIII. 1955 [BGBl II 829]).

29 Art. 21 Abs. 2 des Handels- und Schiffahrtsvertrages zwischen dem Deutschen Reich und dem Irischen Freistaat vom 12. V. 1930 (Gesetz vom 27. III. 1931, RGBl II 115), in Kraft am 21. XII. 1931 (Bekanntmachung vom 22. XII. 1931 [RGBl II 692]).

30 Art. IV Abs. 2 des Handels- und Schiffahrtsvertrages zwischen dem Deutschen Reich und Japan vom 20. VII. 1927 (Gesetz vom 5. XI. 1927, RGBl II 1087), in Kraft am 17. IV. 1928 (Bekanntmachung vom 3. IV. 1928 [RGBl II 238], Bekanntmachung vom 23. VIII. 1951 über die Wiederanwendung, BAnz 1951 Nr. 168). Verlängerung des Vertrages gemäß Entscheidung des Rates der Europäischen Gemeinschaften vom 2. VI. 1997 (97/351) bis 30. IV. 2001 (ABlEG 1997 Nr. L 151/24).

31 Art. 3 des Freundschaftsvertrages zwischen dem Deutschen Reich und dem Königreich des Hedjas, Nedjd und den zugehörigen Gebieten vom 26. IV. 1929 (Gesetz vom 28. VII. 1930, RGBl II 1063), in Kraft seit 6. XI. 1930 (Bekanntmachung vom 4. XII. 1930 [RGBl II 1274]), Bekanntmachung über die Wiederanwendung vom 31. VII. 1952 (BGBl II 724). Verlängerung des Vertrages gemäß Entscheidung des Rates der Europäischen Gemeinschaften vom 2. VI. 1997 (97/351) bis 30. IV. 2001 (ABlEG 1997 Nr. L 151/24). Art. 3 dieses Vertrages enthält keine ausdrückliche Meistbegünstigungsklausel für die Konsularbeamten.

liegen in ihren Zeugenpflichten grundsätzlich keinem Sonderrecht mehr (Art. 39 des Zusatzabkommens zum Nato-Truppenstatut vom 3. VIII. 1959 [BGBl II 1961, 1218]). Gleiches gilt nach Art. 7 Streitkräfteaufenthaltsgesetz v. 20. VII. 1995 (BGBl II 554) für sonstige Streitkräfte.

IV. Zeugen im Ausland

21 Hält sich ein Zeuge im Ausland auf, so ist es an sich nicht ausgeschlossen, daß das Gericht seine Vernehmung im Inland – sei es unmittelbar durch das Prozeßgericht selbst, sei es durch das für den Zeugen am ehesten erreichbare Amtsgericht als ersuchtes Gericht – beschließt und dem Zeugen die gemäß §377 ergehende Ladung nach §183 im Ausland zustellen läßt[32] (→ §363 Rdnr. 11). Da aber tatsächlich jedes Zwangsmittel fehlt, ist dieser Weg nur ratsam, wenn die Bereitwilligkeit des Zeugen außer Zweifel steht. Eine **unmittelbare Zustellung** greift in die Souveränität des ausländischen Staates ein (→ auch den ähnlichen Fall in Rdnr. 10 bei Fn. 10) und ist daher nur dann zulässig, wenn entsprechende völkerrechtliche Vereinbarungen bestehen (§183 Abs. 1 Nr. 1). Hier ist vor allem auf die Verordnung (EG) Nr. 1348/2000 (Zustellungsverordnung) und das Haager Zustellungsübereinkommen hinzuweisen (näher → §183 Rdnr. 4ff.). Im übrigen ist auf Ersuchen des Vorsitzenden des Prozeßgerichts an die Behörden des fremden Staates oder die Vertretung des Bundes zuzustellen (§183 Abs. 1 Nr. 2). In der Regel wird jedoch die Vernehmung im Ausland erfolgen. Hierzu §363, → dort insbesondere Rdnr. 18ff., → sogleich auch Rdnr. 35 zur Zulässigkeit des Verfahrens nach Abs. 3. Wegen der *Abänderung des Beweisbeschlusses* hinsichtlich der Art der Ausführung → §360 Rdnr. 9.

22 Nur wenn der Zeuge ein *Deutscher* ist und an seinem ausländischen Aufenthaltsort als Angehöriger einer Mission des Bundes das Recht der *Immunität* (Exterritorialität) genießt, hat nach §183 Abs. 1 Nr. 3 der Vorsitzende des Prozeßgerichts das Auswärtige Amt um die Vernehmung zu ersuchen (→ Rdnr. 11; → §183 Rdnr. 37f.). Die Vernehmung kann im Ausland vorgenommen werden, oder es kann vom Auswärtigen Amt verfügt werden, daß der Zeuge vor dem Prozeßgericht oder einem anderen deutschen Gericht (etwa dem grenznächsten Amtsgericht → Rdnr. 21) zu dem von diesem bestimmten Termin zu erscheinen habe.

V. Schriftliche Beantwortung der Beweisfrage

1. Bedeutung

23 Durch die Nov. 24 war die schriftliche Beantwortung der Beweisfrage bei eidesstattlicher Versicherung ihrer Richtigkeit eingeführt worden unter der Voraussetzung, daß der Vernehmungsgegenstand eine Auskunft war, die der Zeuge voraussichtlich anhand seiner Aufzeichnungen zu geben hatte (Abs. 3 aF), oder daß das Gericht eine schriftliche Beantwortung nach Lage der Sache für ausreichend erachtete und die Parteien damit einverstanden waren (Abs. 4 aF). Durch das Rechtspflege-Vereinfachungsgesetz von 1990 wurde die schriftliche Beantwortung erleichtert. Die Zustimmung der Parteien, deren Einholung man im Gesetzgebungsverfahren als umständlich und zeitraubend betrachtete[33], ist nicht erforderlich, und eine eidesstattliche Versicherung der Richtigkeit der Beantwortung darf nicht mehr verlangt werden.

24 Bei der **schriftlichen Beantwortung der Beweisfrage** handelt es sich nicht um einen (unzulässigen → §284 Rdnr. 35 [21. Aufl.]) Ersatz des Zeugenbeweises durch einen Urkundenbe-

[32] Vgl. auch *RG* JW 1911, 221f.; a.M. *Wieczorek*[2] A I a 1: Zustellung im Ausland unzulässig.
[33] BT-Drucks 11/3621, 38 r. Sp.

weis, sondern um eine **vereinfachte Form** der Aufnahme des **Zeugenbeweises**. Der Beweisantritt erfolgt daher nur nach §373. Die schriftliche Beantwortung der Beweisfrage stellt sich als eine Zeugenvernehmung minderer Art dar[34]. Die Abweichung von der gewöhnlichen Beweisaufnahme liegt in dem *Verzicht auf die Unmittelbarkeit*[35] und in dem *Fortfall der Parteiöffentlichkeit*. Allerdings können die Parteien auch nach der schriftlichen Beantwortung auf ihrem Fragerecht (§397, → dort Rdnr.1) bestehen; dann muß das Gericht den Zeugen laden (→ Rdnr.33).

2. Voraussetzungen

25 Die Beweisfrage muß zur schriftlichen Beantwortung **geeignet** sein. Dies kann der Fall sein, wenn der Zeuge eine Auskunft *anhand von Aufzeichnungen* geben soll (vgl. Abs.3 aF) und Rück- oder Zusatzfragen voraussichtlich nicht in Betracht kommen; allerdings kann auch eine schriftliche Ergänzung einer bereits schriftlich beantworteten Frage verlangt werden[36]. Eine *umfangreiche oder komplizierte Frage* eignet sich *nicht* für die schriftliche Beantwortung[37]. Ferner kommt es auf die *Person des Zeugen* an, seinen Bildungsgrad, seine Beziehung zu den Parteien oder seine Sachkunde. Rücksichten auf den Geschäftsanfall bei Gericht haben auszuscheiden.

26 Das Einverständnis der Parteien wird anders als nach Abs.3 aF nicht mehr vorausgesetzt (→ Rdnr.23). Allerdings haben die Parteien die Möglichkeit, auf der Ausübung ihres Fragerechts zu bestehen (§397), das nicht durch schriftliche Beantwortung erledigt werden kann. Gegen den Willen der Parteien wird das Gericht also auch nach der Neufassung des Abs.3 eine schriftliche Beantwortung nicht ins Auge fassen. Auch eine ausdrückliche Zustimmung der Parteien zur schriftlichen Beantwortung hindert sie nicht, später die Ladung zum Zwecke der Ausübung des Fragerechts zu verlangen.

3. Schriftliche Beantwortung

27 Der Zeuge ist *nicht verpflichtet*, die Beweisfrage schriftlich zu beantworten[38] (anders beim Sachverständigenbeweis → §411). Die Nichtbeantwortung kann daher eine Bestrafung (§380) nicht nach sich ziehen, ebensowenig hat sie bei der nunmehr notwendigen persönlichen Vernehmung etwa eine Verwirkung der Zeugengebühren zur Folge. Der Zeuge muß darauf hingewiesen werden, daß er zur schriftlichen Beantwortung nicht verpflichtet ist. Das gebietet die Fürsorgepflicht des Gerichts.

28 Eine schriftliche Aussage, die der Zeuge (etwa auf Veranlassung einer Partei) bereits *vor der Anordnung* des Gerichts angefertigt hat, fällt nicht unter den Zeugenbeweis nach Abs.3, denn die Ermahnung zur Wahrheit, die auch bei der schriftlichen Zeugenaussage erforderlich ist (→ Rdnr.30), geht in diesem Fall ins Leere. Die Aussage kann nur im Wege des Urkundenbeweises verwertet werden[39], falls der Zeuge nicht deutlich macht, daß er an dem Inhalt des Schriftstücks festhält (etwa durch erneutes Unterzeichnen). Daher ist es auch nicht möglich, ein

---

34 Zu den Gefahren dieses Beweismittels *Pollak* Jud 3 (1931) Sp.304f. und 4 (1932) Sp.71f.

35 A.A. *Stadler* ZZP 110 (1997) 137, 144f.; wie hier *Völzmann-Stickelbrock* ZZP 118 (2005) 359, 371.

36 BT-Drucks 11/3621, 38 r. Sp.

37 A.A. *Stadler* ZZP 110 (1997) 137, 163ff.: Die schriftliche Beantwortung könne auch der bloßen Vorbereitung der Aussage des Zeugen dienen.

38 Das Gericht kann einem Zeugen auch nicht aufgeben, die Zeugenaussage schriftlich vorzubereiten und zum Beweistermin mitzubringen, *LG Aurich* NdsRpfl 1956, 212.

39 *Zöller/Greger*[25] Rdnr.11.

Schreiben des geladenen, aber nicht erschienenen Zeugen nachträglich durch eine Anordnung nach Abs. 3 zu einer Zeugenaussage zu machen[40].

4. Verfahren

a) Entscheidung durch das Prozeßgericht

29 Die Entschließung über die Art der Beweisaufnahme steht dem *Prozeßgericht* zu; denn nur dieses kann würdigen, ob die schriftliche Erklärung des Zeugen ausreicht, um seine Überzeugung zu stützen. Demgemäß muß, wenn das Gericht von der Befugnis des Abs. 3 Gebrauch machen will, dies im *Beweisbeschluß* ausgesprochen werden[41]. Das erfordert auch die Rücksicht auf die Parteien, die etwa bei auswärtigen Zeugen Klarheit besitzen müssen, ob sie für die Wahrnehmung des auswärtigen Beweistermins Sorge zu tragen haben. Eine Anordnung allein durch den Vorsitzenden als vorbereitende Maßnahme ist nach Wegfall des §272b nicht mehr möglich (→ §273 Rdnr. 30 [21. Aufl.]). Der Beweisbeschluß kann vor der mündlichen Verhandlung ergehen und ausgeführt werden, §358a Satz 2 Nr. 3, → dort Rdnr. 23.

b) Anordnung

30 Nach Abs. 3 Satz 2 ist der Zeuge darauf hinzuweisen, daß er bei Nichtbeantwortung oder trotz der schriftlichen Beantwortung der Beweisfrage zur Vernehmung geladen werden kann. Ferner ist der Zeuge darauf hinzuweisen, daß er nicht verpflichtet ist, die Frage schriftlich zu beantworten (→ Rdnr. 27). Schließlich ist der Zeuge über seine Pflicht zur wahrheitsgemäßen Beantwortung (§395) sowie über ein Zeugnisverweigerungsrecht (§383 Abs. 2) zu belehren (→ §383 Rdnr. 68)[42].

31 Zweckmäßig ist es, dem Zeugen eine Frist zu setzen. Eine Erläuterung der Fragen durch Beigabe eines kurzen Tatbestands wird sich häufig empfehlen.

32 Lehnt der Zeuge die schriftliche Beantwortung ab, geht sie nicht innerhalb der Frist ein oder ist sie unvollständig, ist er zum Termin zu laden.

c) Eingang der Antwort

33 Von dem Eingang der Antwort des Zeugen sind die Parteien durch die Geschäftsstelle zu benachrichtigen. Es ist ein Termin zur mündlichen Verhandlung und Beweiserörterung (§285) anzusetzen. Wenn dies zur weiteren Aufklärung erforderlich ist, kann das Gericht den Zeugen nach Abs. 3 Satz 3 laden. Das Gericht kann aber auch eine schriftliche Ergänzung der Aussage anordnen[43]. Verlangt eine Partei die Ladung des Zeugen, so muß die Ladung erfolgen, weil nur so die Partei von ihrem Fragerecht (§397) Gebrauch machen kann[44]. Um die Wiederholung der Vernehmung handelt es sich nicht; ein Ermessen nach §398 besteht daher nicht[45].

34 Wegen der Entschädigung des Zeugen s. §401. Wegen des Sachverständigenbeweises → §411 Rdnr. 3ff. Wegen des selbständigen Beweisverfahrens → §491 Rdnr. 2; → §492 Rdnr. 3.

---

[40] *Zöller/Greger*[25] Rdnr. 11; a.A. *OLG Koblenz* MDR 1994, 410.
[41] *LAG Baden-Württemberg* ArbuR 1964, 248.
[42] MünchKommZPO/*Damrau*[2] Rdnr. 11.
[43] MünchKommZPO/*Damrau*[2] Rdnr. 17.
[44] *OLG Hamburg* OLGR 2004, 99, 100.
[45] MünchKommZPO/*Damrau*[2] Rdnr. 17.

5. Zeugen im Ausland

35 An im Ausland befindliche Zeugen Beweisfragen zur schriftlichen Beantwortung gemäß §377 Abs. 3 zu richten, erscheint zulässig, hierzu → §363 Rdnr. 12, → auch oben Rdnr. 21 zum Verbot unmittelbarer Zeugenladung. Zum privaten Vernehmungsprotokoll → §363 Rdnr. 11.

§378 Aussageerleichternde Unterlagen

(1) [1]Soweit es die Aussage über seine Wahrnehmungen erleichtert, hat der Zeuge Aufzeichnungen und andere Unterlagen einzusehen und zu dem Termin mitzubringen, wenn ihm dies gestattet und zumutbar ist. Die §§142 und 429 bleiben unberührt.

(2) Kommt der Zeuge auf eine bestimmte Anordnung des Gerichts der Verpflichtung nach Absatz 1 nicht nach, so kann das Gericht die in §390 bezeichneten Maßnahmen treffen; hierauf ist der Zeuge vorher hinzuweisen.

Gesetzesgeschichte: Der frühere §378 (ursprünglich §343 CPO, durch Nov. 98, RGBl 256 [→ Einl. Rdnr. 146], inhaltlich unverändert zu §378 aF geworden. Änderungen durch Bek. 24, RGBl I 437 [→ Einl. Rdnr. 160f.], aufgehoben durch KontrRG Nr. 34 Art. III) betraf die Ladung von Soldaten (→ dazu Rdnr. 2 vor §214). – Der heutige §378 wurde eingefügt durch Art. 1 Nr. 21 des Rechtspflege-Vereinfachungsgesetzes vom 17. XII. 1990 (BGBl I 2847). Die beigefügte amtliche Überschrift beruht auf Art. 2 Abs. 2 ZPO-RG (→ Einl. Rdnr. 202) in Verbindung mit der dazu erlassenen Anlage; zugleich wurde Abs. 1 Satz 2 um den Verweis auf §142 ergänzt.

Stichwortverzeichnis → »Schlüssel zum Zeugenbeweis« zu Beginn der Vorbemerkungen vor §373.

I. Bedeutung

1 Die Bestimmung sieht eine **beschränkte Vorbereitungspflicht** des Zeugen vor (→ Rdnr. 19 vor §373). Die Vernehmung des Zeugen soll sich nicht dadurch verzögern, daß dieser seine Erinnerung zunächst anhand von Unterlagen auffrischen muß; insbesondere soll eine wiederholte Einvernahme vermieden werden. Soweit seine Aussage dadurch erleichtert wird, hat der Zeuge daher vor seiner Einvernahme Unterlagen einzusehen und zu dem Termin mitzubringen, wenn ihm dies gestattet und zumutbar ist. Die Regelung dient allein dazu, das Gedächtnis aufzufrischen. Eine Vorbereitungspflicht besteht nur hinsichtlich bereits erfolgter Wahrnehmungen. Der Zeuge ist **nicht verpflichtet**, selbst **Nachforschungen** hinsichtlich des Beweis-

themas anzustellen (zu Nachforschungen hinsichtlich der Unterlagen → Rdnr. 5) und sich Kenntnis bisher nicht wahrgenommener Tatsachen zu verschaffen[1].

II. Voraussetzungen

1. Unterlagen

2 Der Begriff der einzusehenden und mitzubringenden Unterlagen ist weiter als der Urkundenbegriff (zu ihm → Rdnr. 1ff. vor §415). Er umfaßt auch Geschäftsbücher, schriftliche Notizen, Akten, aber auch Skizzen, Photographien usw. Ferner zählen elektronisch oder magnetisch gespeicherte Daten hierzu, selbst wenn sie nicht auf Papier verkörpert sind. §378 verpflichtet den Zeugen nicht ausdrücklich, einen Ausdruck gespeicherter Daten oder eine Kopie auf einen tragbaren Datenträger anzufertigen. Im Rahmen der Zumutbarkeit (→ Rdnr. 5) ist eine dahingehende erweiternde Auslegung des §378 jedoch zu bejahen. Sie entspricht dem Zweck der Bestimmung und berücksichtigt neue technische Möglichkeiten der Informationsablage und -verwaltung.

3 Der Umfang der Vorbereitungspflicht ist begrenzt: Einzusehen und mitzubringen sind Unterlagen, soweit dadurch die Aussage erleichtert wird. Es muß sich also um Unterlagen handeln, die Informationen über das dem Zeugen mitgeteilte Beweisthema (→ §377 Rdnr. 7) enthalten.

2. Gestattung und Zumutbarkeit

4 Die Vorbereitungspflicht wird begrenzt; die Einsicht und das Mitbringen muß »**gestattet**«, darf also **nicht rechtswidrig** sein. Rechtswidrig ist es, wenn die Einsicht oder das Mitbringen fremdes Eigentum verletzt; in Betracht kommt ferner ein Verstoß gegen das Datenbankschutzrecht nach §§87a ff. UrhG. Vertragliche (Unterlassungs-)Pflichten des Zeugen begründen hingegen die Rechtswidrigkeit nicht. Eine Pflicht des Zeugen, um die Gestattung nachzusuchen, läßt sich §379 nicht entnehmen.

5 Die Einsicht und Mitnahme muß dem Zeugen ferner **zumutbar** sein. Das Gesetz bindet die Vorbereitungspflicht damit ausdrücklich an den **Verhältnismäßigkeitsgrundsatz**. Abzuwägen sind die Bedeutung des Rechtsstreits für die Parteien und die Bedeutung der Aussage für den Rechtsstreit gegen die Zeitaufwendungen, Mühen und Kosten, die mit der Einsicht verbunden sind. Anders als eine Pflicht zur Erforschung bisher unbekannter Tatsachen (→ Rdnr. 1) ist eine Nachforschungspflicht nach dem Verbleib von *Unterlagen*, etwa in Archiven, grundsätzlich zu bejahen, stößt jedoch schnell an die Zumutbarkeitsgrenze.

3. Zeugnisverweigerungsrecht

6 Das Recht zur Zeugnisverweigerung bleibt auch im Rahmen des §378 unberührt[2]. Daher sind auch Zwangsmaßnahmen unzulässig, falls der Zeuge von einem Zeugnisverweigerungsrecht Gebrauch macht. Die Ausübung des Zeugnisverweigerungsrechts kann aber nicht auf die Vorbereitung nach §378 beschränkt werden. Wenn der Zeuge sein Zeugnisverweigerungsrecht nicht ausübt, trifft ihn stets die volle Einseh- und Mitbringpflicht.

---

[1] BT-Drucks 11/3621, 39 l. Sp.; MünchKommZPO/*Damrau*[2] Rdnr. 2; *Zöller/Greger*[25] Rdnr. 1.
[2] BT-Drucks 11/3621, 39 l. Sp.

III. Vorlagepflicht

7 Abs. 1 Satz 2 stellt klar, daß der Zeuge grundsätzlich nicht verpflichtet ist, die eingesehenen oder mitgebrachten Unterlagen dem Gericht vorzulegen oder auszuhändigen[3]. Doch kann das Gericht seit der Neufassung des **§142** dem Zeugen und jedem anderen Dritten die Vorlage aufgeben, soweit sie nicht unzumutbar ist (§142 Abs. 1 Satz 1) oder ein Zeugnisverweigerungsrecht besteht (§142 Abs. 2 Satz 1). Ein materiell-rechtlicher Anspruch des Beweisführers auf Herausgabe der Unterlagen ist für die Vorlegungsanordnung nach §142 nicht erforderlich (näher → §142 Rdnr. 25ff.). Der einen solchen Anspruch voraussetzenden Klage des Beweisführeres nach §429 (→ §429 Rdnr. 1) kommt daher allenfalls dann noch Bedeutung zu, wenn eine Anordnung nach §142 nicht ergeht. Legt der Zeuge die Unterlagen freiwillig vor, greifen Abs. 1 Satz 2, §§142, 429 nicht ein[4].

IV. Verfahren

1. Anordnung

8 Die Einseh- und Mitbringpflicht setzt eine **Anordnung** voraus, die mit der Ladung verbunden werden kann. Sie kann auch als vorbereitende Anordnung nach §273 Abs. 2 Nr. 4 erfolgen. Die Aufzeichnungen und Unterlagen müssen **bestimmt** bezeichnet werden. Eine Aufforderung, etwa vorhandene Unterlagen einzusehen und/oder mitzubringen, genügt nicht. Eine (bedingte) Anordnung, die die Vorbereitungspflicht davon abhängig macht, daß der Zeuge über genau bestimmte Unterlagen verfügt, ist zulässig (»... falls Sie die Urkunde in Händen halten ...«)[5]. Gleiches gilt für die dem Zeugen nach Abs. 1 Satz 2 iVm §142 aufgegebene Vorlagepflicht (→ Rdnr. 7). Zwangsmittel dürfen aber nur dann verhängt werden, wenn das Gericht zur Überzeugung gelangt, der Zeuge besitze die Unterlagen und sei zur Einsicht und/oder zum Mitbringen bzw. zur Vorlage verpflichtet.

2. Ordnungs- und Zwangsmittel

9 Nach Abs. 2 kann das Gericht Ordnungs- und Zwangsmaßnahmen gemäß §390 verhängen. Dies steht in seinem **Ermessen**, und zwar auch im Falle von §390 Abs. 2 (Zwangshaft). Kann der Zeuge ohne die Einsicht usw. die Aussage nicht machen, kann das Gericht unter dem Gesichtspunkt der vollen Ausschöpfung des Beweismittels zur Anordnung und zur Durchsetzung mittels Zwangsmaßnahmen verpflichtet sein[6].

10 Voraussetzung des Ordnungs- oder Zwangsmittels ist neben einer wirksamen Anordnung (→ Rdnr. 8) der vorherige Hinweis, Abs. 2 Halbsatz 2, der schon mit der Anordnung verbunden werden kann. Die Zwangshaft setzt einen Antrag voraus (§390 Abs. 2). Vor der Anordnung ist dem Zeugen rechtliches Gehör zu geben. §381 ist analog anzuwenden[7].

3. Rechtsmittel

11 Gegen den **Beschluß**, worin dem Zeugen die Kosten auferlegt werden, das Ordnungsgeld festgesetzt oder die Haft angeordnet wird, findet nach §390 Abs. 3 die Beschwerde statt. Gegen die **Anordnung**, Unterlagen einzusehen und/oder mitzubringen sowie gegen die Vorle-

---

[3] MünchKommZPO/*Damrau*[2] Rdnr. 5.
[4] *Musielak/Huber*[4] Rdnr. 4.
[5] Einschränkend MünchKommZPO/*Damrau*[2] Rdnr. 6: keine Androhung von Zwangsmitteln.
[6] *Zöller/Greger*[25] Rdnr. 3.
[7] MünchKommZPO/*Damrau*[2] Rdnr. 8.

gungsanordnung nach Abs. 1 Satz 2 iVm §142 (→ Rdnr. 7), hat der Zeuge kein Rechtsmittel[8]. Das Bestehen und die Reichweite der Vorbereitungspflicht kann im Beschwerdeverfahren geprüft werden.

§379 Auslagenvorschuss

[1]Das Gericht kann die Ladung des Zeugen davon abhängig machen, dass der Beweisführer einen hinreichenden Vorschuss zur Deckung der Auslagen zahlt, die der Staatskasse durch die Vernehmung des Zeugen erwachsen. [2]Wird der Vorschuss nicht innerhalb der bestimmten Frist gezahlt, so unterbleibt die Ladung, wenn die Zahlung nicht so zeitig nachgeholt wird, dass die Vernehmung durchgeführt werden kann, ohne daß dadurch nach der freien Überzeugung des Gerichts das Verfahren verzögert wird.

Gesetzesgeschichte: Ursprünglich §344 CPO, durch Nov. 98, RGBl 256 (→ Einl. Rdnr. 146), inhaltlich unverändert zu §379 geworden. Änderungen durch Bek. 33, RGBl I 821 (→ Einl. Rdnr. 172f.) und durch die Vereinfachungsnovelle vom 3. XII. 1976, BGBl I 3281 (→ Einl. Rdnr. 197). Die beigefügte amtliche Überschrift beruht auf Art. 2 Abs. 2 ZPO-RG (→ Einl. Rdnr. 202) in Verbindung mit der dazu erlassenen Anlage.

Stichwortverzeichnis → »Schlüssel zum Zeugenbeweis« zu Beginn der Vorbemerkungen vor §373.

I. Auslagenvorschuß[1]

1. Befugnis des Gerichts

1 Die Befugnis, vom Beweisführer **einen Vorschuß zu fordern** und von dessen Hinterlegung die Ladung des Zeugen abhängig zu machen, ist in das **pflichtgemäße Ermessen** des Gerichts gestellt. Bis zur Vereinfachungsnovelle vom 3. XII. 1976 (→ Einl. Rdnr. 197) war die Bestimmung als **Sollvorschrift** ausgestaltet und ist dann bewußt zur **Kannvorschrift** umformuliert worden. §379 ist *lex specialis* zu §17 Abs. 1 Satz 2 GKG. Das Gericht hat bei seiner Ermessensausübung zum einen den Beschleunigungsgrundsatz zu berücksichtigen; daneben steht, insbesondere bei kostspieligen Beweisanträgen, das Interesse der Justizkasse und das Schutzbedürfnis des Klägers, das sich aus §22 Abs. 1 Satz 1 GKG ergeben kann. Hat das Gericht ohne eine entsprechende Aufforderung geladen, kann der Vorschuß nicht mehr verlangt wer-

---

[8] *Musielak/Huber*[4] Rdnr. 5; *Zöller/Greger*[25] Rdnr. 4.

[1] *Schmid* MDR 1982, 94; *Bachmann* DRiZ 1984, 401; *Sass* MDR 1985, 96; *Röbke* NJW 1986, 238; *Heistermann* MDR 2001, 1085. – Zu Fragen der Verrechnung des Vorschusses mit den späteren Gerichtskosten *OLG Oldenburg* JB 1987, 1197.

den[2]. Ist der Beweisführer zur Leistung des Vorschusses nicht in der Lage, so muß er um Gewährung von Prozeßkostenhilfe nachsuchen (→ Rdnr. 11). Soweit das Gericht den Beweis von Amts wegen angeordnet hat (→ Rdnr. 178ff. vor § 128), gilt § 379 nicht[3]. Der Ladung steht das Ersuchen nach §§ 362ff. gleich.

2. Person des Beweisführers

2 Beweisführer ist derjenige, der den Beweis angetreten hat, ohne Rücksicht darauf, ob ihn die Beweislast trifft oder nicht[4]. Nur wenn beide Parteien den Beweis angetreten haben, ist der Beweislastträger vorschußpflichtig[5]; von der nicht beweisbelasteten Partei darf ein Vorschuß nicht verlangt werden, weil sie nicht durch Nichtleistung des Vorschusses die Beweiserhebung verhindern können darf. Soll der von beiden Parteien benannte Zeuge zu anspruchsbegründenden Tatsachen *und* zu Einredetatsachen aussagen, so ist Vorschußschuldner nur die für die anspruchsbegründenden Tatsachen beweisbelastete Partei[6]. Tritt ein Streitgehilfe den Zeugenbeweis an, so wird die unterstützte Partei Vorschußschuldner[7].

3. Anordnung

3 Die Anordnung kann in dem Beweisbeschluß oder nachträglich – u.U., wenn dies die Sicherung der Staatskasse erforderlich macht, auch mehrmals[8] – getroffen werden. Die nichtverkündete Anordnung muß, damit die Verwirkungsfolgen des Satz 2 eintreten können, nach § 329 Abs. 2 Satz 2 dem Beweisführer förmlich zugestellt werden[9]; an den Gegner genügt einfache Mitteilung. Der beauftragte oder ersuchte Richter ist zu der Anordnung nicht berechtigt, wohl aber kann ihm das Prozeßgericht die Bestimmung des zu zahlenden Betrages überlassen[10]. Die **Höhe des Vorschusses** ist zu beziffern und richtet sich nach der voraussichtlichen Höhe der Zeugenentschädigung nach dem Justizvergütungs- und -entschädigungsgesetz (JVEG). In dem Beschluß ist zugleich die richterliche (§ 224 Abs. 2) **Frist für die Zahlung** zu bestimmen, die wenigstens zwei Wochen, in Anwaltsprozessen üblicherweise drei Wochen beträgt[11]. Eine Verlängerung der Frist durch Verfügung des Vorsitzenden allein dürfte nicht zu beanstanden sein[12]. Vgl. auch § 273 Abs. 3 Satz 2 (→ dort Rdnr. 32 [21. Aufl.]).

---

2 *OLG Frankfurt* OLGZ 1968, 437, 438.

3 *RGZ* 109, 66; vgl. *OLG Schleswig* SchlHA 1971, 88; *OLG Hamburg* FamRZ 1986, 195. *In Zwangsvollstreckungssachen* gilt § 379 ZPO für von der beweisführenden Partei benannte Zeugen, *KG* Rpfleger 1968, 328.

4 SeuffArch 87 (1933) 192 = LeipZ 1933 Sp. 946f. = ZZP 58 (1934) 70f. = HRR 1933, 1254; s. auch *RG* JW 1933, 1243; *Thomas/Putzo/Reichold*[27] Rdnr. 2.

5 *BGH* NJW 1999, 2823, 2824; NJW 2000, 1420, 1422; *OLG Stuttgart* NJW-RR 2002, 143; *Musielak/Huber*[4] Rdnr. 4; *Heistermann* MDR 2001, 1085f.; a.M. *OLG Düsseldorf* MDR 1974, 321 (beide Parteien als Gesamtschuldner); *Bachmann* DRiZ 1984, 401 (jede Partei uneingeschränkt vorschußpflichtig).

6 MünchKommZPO/*Damrau*[2] Rdnr. 3.

7 MünchKommZPO/*Damrau*[2] Rdnr. 3; *Zöller/Greger*[25] Rdnr. 4.

8 *RG* JR 1925, 1383; *OLG München* MDR 1978, 412.

9 *RG* aaO.

10 *Weber* BlfRA 73, 960.

11 *OLG Frankfurt* NJW 1986, 731; *Musielak/Huber*[4] Rdnr. 7; *Heistermann* MDR 2001, 1085, 1086.

12 A.M. *RG* JR 1925, 1383; *OLG Colmar* OLGRsp 29, 117.

4. Rechtsbehelfe

4 Gegen die Anordnung des §379 findet *keine Beschwerde* statt[13], auch nicht bei Ablehnung der Zurücknahme der Anordnung[14] (vgl. → §567 Rdnr. 16 [21. Aufl.]).

5. Vorschuß für einen Dolmetscher

5 §379 ist nicht anwendbar (§402), wenn es sich um die Anforderung eines Vorschusses für einen Dolmetscher handelt, der zur Verhandlung mit einer der deutschen Sprache nicht mächtigen **Prozeßpartei** erforderlich ist[15]. Der Dolmetscher ist auch kein Sachverständiger, er wird in diesen Fällen vielmehr von Amts wegen zugezogen (§185 GVG); die Gerichtssprache ist deutsch. Die Ausführung von Amtspflichten darf nicht von Kostenvorschüssen abhängig gemacht werden. Vielmehr hat die Staatskasse die Kosten zu übernehmen. §379 findet hingegen Anwendung, wenn die **Vernehmung des Zeugen** die Hinzuziehung eines Dolmetschers erfordert; dessen Entschädigung gehört zu den durch die Zeugenvernehmung entstandenen Auslagen[16].

II. Folgen der Nichtleistung

6 **Erfolgt** innerhalb der Frist **die Zahlung nicht**, so **unterbleibt die Ladung** (§230), ohne daß es einer Androhung dieser Folge bedürfte (§231)[17]; der Rechtsstreit wird ohne Rücksicht auf den Beweisantritt fortgesetzt[18]. Diese Rechtsfolgen ergeben sich unmittelbar aus dem Gesetz. Die Bezeichnung der Frist als »Ausschlußfrist« o.ä. ist ebensowenig erforderlich wie ein sonstiger Hinweis auf die gesetzlichen Rechtsfolgen[19]. Der nach §370 anberaumte **Termin bleibt** bei Nichtzahlung jedoch **bestehen**; das Gericht ist nicht etwa befugt, alsbald nach Ablauf der Frist den Beweisbeschluß zurückzunehmen[20]. Der Partei bleibt das Recht, den Zeugen im Termin zu stellen oder andere Beweismittel geltend zu machen. Wenn der Zeuge ohne Ladung im Termin erscheint, ist er zu vernehmen[21]. Erscheint er nicht, hält die Partei den Antrag auf Ladung des Zeugen aber aufrecht, so kann das Gericht den Beweisantrag unter den Voraussetzungen der §§296 Abs. 2, 296 a zurückweisen[22]. Dabei ist das Verschuldenserfordernis sorgfältig zu prüfen[23]. Die Zahlung kann auch noch nach Fristablauf erfolgen (**Nachholung**). Dann ist nach **Satz 2** der Zeuge zu laden, wenn eine Verfahrensverzögerung durch seine Vernehmung nicht eintritt. Unterbleibt die Ladung trotz rechtzeitiger Nachholung, so liegt darin eine

---

13 *OLG Zweibrücken* OLGR 2005, 460.
14 *RG* JW 1899, 829; *OLG Karlsruhe* BadRPr 1914, 23; *OLG Stuttgart* HRR 1930 Nr. 1969.
15 *LG Bonn* JMBlNRW 1965, 209; *Schmid* MDR 1982, 97. A.M. *KG* MDR 1973, 325; *Zöller/Greger*[25] Rdnr. 1.
16 MünchKommZPO/*Damrau*[2] Rdnr. 11; *Zöller/Greger*[25] Rdnr. 1.
17 *BVerfG* NJW-RR 2004, 1150, 1151; *BGH* NJW 1998, 761f.
18 Zur »Flucht in die Säumnis« bei versäumter Vorschußzahlung *OLG Hamm* NJW-RR 1995, 1038.
19 Vgl. *OLG Frankfurt* (Fn. 2) 437.
20 *BGHZ* 94, 97; *OLG Jena* JW 1938, 1271.
21 *OLG Frankfurt* (Fn. 2) 438.
22 *BVerfG* NJW 2000, 1327; NJW-RR 2004, 1150, 1151; *BGH* NJW 1998, 761 (Fristsetzung nach §356 nicht erforderlich); *BGHZ* 94, 92 (97: Kein Verlust des Beweismittels); *OLG München* BayJMBl 1955, 174; *OLG Düsseldorf* JB 1979, 1075; *OLG München* DR 1943, 96; *LG Berlin* DR 1942, 1030f.; *Heistermann* MDR 2001, 1085, 1086; a.M. *Weber* MDR 1979, 799 (Ausschluß des Beweismittels gemäß §230).
23 Allein die geringfügig verspätete Zahlung des Vorschusses rechtfertigt nicht die Anwendung des §296 Abs. 2, *BVerfG* NJW 2000, 1327; *OLG Hamm* NJW-RR 1995, 1151, 1152.

Verletzung des Anspruchs auf rechtliches Gehör[24]. §531 Abs.1 greift im Falle des §379 nicht ein[25]. Auch §296 Abs.1 ist nicht anwendbar, da §379 Satz 2 keine Ausschlußfrist meint.

7 Auch in der **Berufungsinstanz** ist die Nachholung möglich[26]. Anders als bei §356 wird der Beweisführer nach §379 nicht mit dem Beweismittel ausgeschlossen[27].

III. Keine Vorschußpflicht

8 Keine Vorschußpflicht besteht für die in §2 GKG genannten Parteien.

9 Die Vorschußpflicht entfällt ferner dann, wenn der Zeuge mit einer **Gebührenverzichtserklärung** auf jede Entschädigung verzichtet, selbst wenn die Vorschußleistung bereits angeordnet worden war[28]. Der Verzicht soll auch unter einer Bedingung erklärt werden können[29]. Der Verzicht ist grundsätzlich unwiderruflich; soweit man einen Widerruf bei Täuschung, Drohung, Irrtum oder Wegfall der Geschäftsgrundlage zuläßt[30], kann er nur *vor* der Zeugenvernehmung erfolgen[31].

10 »Verbürgt« sich der Rechtsanwalt für die Auslagen, wird das Gericht vielfach im Rahmen seiner Ermessensausübung (→ Rdnr. 1) von der Vorschußleistung absehen. Der Anwalt wird sonstiger Kostenschuldner analog §29 Nr. 2 GKG[32].

11 Ist dem Beweisführer **Prozeßkostenhilfe** gewährt worden, so ist §379 (wie §17 GKG) nicht anwendbar (→ §122 Rdnr. 4)[33], und wenn z.B. dem Kläger die Prozeßkostenhilfe bewilligt worden ist, gilt dies nach §122 Abs. 2 auch *für den Gegner der armen Partei als Beweisführer*[34]. Mit der nachträglichen Bewilligung von Prozeßkostenhilfe (→ Rdnr. 1) wird die Anordnung gegenstandslos. Ist die Prozeßkostenhilfe nur zu einem Bruchteil gewährt (→ §114 Rdnr. 44), so ist die Anordnung nach §379 nur bezüglich eines diesem *Bruchteil* entsprechenden Teiles der voraussichtlichen Auslagen zu treffen. Wird entgegen der bewilligten Prozeßkostenhilfe eine Anordnung nach §379 erlassen, so liegt darin eine teilweise *Entziehung der Prozeßkostenhilfe, die die sofortige Beschwerde* (§127) *eröffnet*[35].

12 Der Anspruch des Zeugen an die Staatskasse, §401, wird durch das Unterbleiben der Zahlung des Vorschusses nicht berührt.

---

24 *BVerfGE* 69, 141 = NJW 1986, 833.
25 Vgl. *BVerfG* NJW 1985, 1150 (zu §528 Abs. 3 aF).
26 *OLG Braunschweig* SeuffArch 41 (1886) 368.
27 *BGH* NJW 1980, 343; *BGH* NJW 1982, 2559, 2560.
28 Vgl. *BVerfG* NJW 1986, 833.
29 *OLG Düsseldorf* MDR 1991, 66 (Vernehmung bei einem bestimmten Gericht).
30 MünchKommZPO/*Damrau*[2] Rdnr. 5.
31 *Zöller/Greger*[25] Rdnr. 3.
32 *OLG Düsseldorf* MDR 1991, 161; *Zöller/Greger*[25] Rdnr. 2.
33 S. auch *RGZ* 42, 369; *RG* SeuffArch 54 (1899) 212.
34 Vgl. *RGZ* 55, 268; 109, 66.
35 *RGZ* 42, 369; 55, 268; *OLG Karlsruhe* BadRPr 1914, 23; *KG* OLGZ 1971, 424 (Beschwerdebefugnis auch für den Gegner).

§380 Folgen des Ausbleibens des Zeugen

(1) [1]Einem ordnungsgemäß geladenen Zeugen, der nicht erscheint, werden, ohne dass es eines Antrages bedarf, die durch das Ausbleiben verursachten Kosten auferlegt. [2]Zugleich wird gegen ihn ein Ordnungsgeld und für den Fall, dass dieses nicht beigetrieben werden kann, Ordnungshaft festgesetzt.

(2) Im Falle wiederholten Ausbleibens wird das Ordnungsmittel noch einmal festgesetzt; auch kann die zwangsweise Vorführung des Zeugen angeordnet werden.

(3) Gegen diese Beschlüsse findet die sofortige Beschwerde statt.

Gesetzesgeschichte: Ursprünglich §345 CPO, durch Nov. 98, RGBl 256 (→ Einl. Rdnr. 146), inhaltlich verändert zu §380 geworden. Änderungen durch Gesetz vom 17. VIII. 1920, RGBl I 1579, Bek. 24, RGBl I 437 (→ Einl. Rdnr. 160), KontrRG Nr. 34 und Gesetz vom 2. III. 1974, BGBl I 469. Die beigefügte amtliche Überschrift beruht auf Art. 2 Abs. 2 ZPO-RG (→ Einl. Rdnr. 202) in Verbindung mit der dazu erlassenen Anlage; zugleich wurde Abs. 3 geändert.

Stichwortverzeichnis → »Schlüssel zum Zeugenbeweis« zu Beginn der Vorbemerkungen vor §373.

I. Bedeutung

1 Nach Abs. 1 Satz 1 sind dem nicht erschienenen Zeugen (im Interesse der Parteien als Kostenschuldner) die durch sein Ausbleiben verursachten Kosten aufzuerlegen. Abs. 1 Satz 2 dient dazu, die öffentlich-rechtliche Zeugenpflicht (→ Rdnr. 18 vor §373) durchzusetzen. Zu diesem Zweck wird gegen den nicht erschienenen Zeugen ein Ordnungsmittel verhängt. Das Ordnungsmittel trägt repressiven Charakter[1]. Bei wiederholtem Ausbleiben kann der Zeuge

[1] In den Materialien wird von »Ungehorsamsstrafe« gesprochen, *Hahn* 310f.

auch zwangsweise vorgeführt werden (Abs. 2). Auf diesem Wege läßt sich die Erscheinenspflicht durchsetzen. Verweigert der vorgeführte Zeuge Aussage oder Eid, ist nach §390 zu verfahren.

II. Voraussetzungen

1. Ordnungsgemäße Ladung

2 Die formlose Benachrichtigung (z.B. nach §377 Abs. 1 Satz 2) genügt für eine ordnungsgemäße Ladung. Das Gericht hat in diesem Fall das Ordnungsmittel auch dann auszusprechen, wenn es einen Beleg über die Ladung (Aktenvermerk über die mündliche Mitteilung, die Übergabe des einfachen Briefes usw.) nicht hat, §381 Abs. 1 Satz 1. Ordnungsgemäß geladen ist der Zeuge auch dann, wenn er dem Gericht gegenüber auf eine Ladung verzichtet, nachdem er vom Termin Kenntnis erlangt hat. Die Einhaltung einer Ladungsfrist (§217) ist nicht vorgeschrieben; der Richter hat nach freiem Ermessen zu beurteilen, ob die Mitteilung so zeitig erfolgte, daß dem Zeugen rechtzeitiges Erscheinen zugemutet werden konnte[2]. Die Ladung muß inhaltlich §377 Abs. 2 genügen[3]. Gegen eine Person, die als Zeuge geladen worden ist, obwohl sie als Partei zu vernehmen wäre, können keine Maßnahmen nach §380 verhängt werden[4]. Wegen des Reisekostenvorschusses → §401 Rdnr. 13. Wird der Termin aufgehoben, so wird damit die Ladung auch dann hinfällig, wenn der Zeuge von der Aufhebung nichts wußte[5].

2. Nichterscheinen im Termin

3 Ein Zeuge ist nicht erschienen, wenn er beim Aufruf der Sache nicht anwesend ist (§220 Abs. 1) oder sich vor der Vernehmung entfernt[6] oder nach §158 entfernt wird (→ auch §390 Rdnr. 2). Während bei der Partei vom Gesetz (§220 Abs. 2) das Nicht-Verhandeln der Säumnis gleichgesetzt wird, ist das Schweigen des Zeugen nicht dem Nichterscheinen gleichgestellt; die gegenüber den Parteien unterschiedliche Beteiligung des Zeugen am Verfahren verlangt auch eine andere Sanktion bei der Aussageverweigerung (vgl. §390). Nicht erschienen im Sinne des §380 ist aber derjenige Zeuge, der in einem nicht vernehmungsfähigen Zustand (etwa betrunken) zur Vernehmung erscheint[7]. Erscheint der Zeuge verspätet, ehe das Ordnungsmittel verhängt ist, so kann es nicht »wegen verspäteten Erscheinens« auferlegt werden[8]. Ist dagegen in dem Zeitpunkt, wo er sich stellt, das Ordnungsmittel bereits ausgesprochen, so kommt es darauf an, ob das verspätete Erscheinen entschuldbar ist oder nicht, so daß nach §381 zu verfahren ist.

---

[2] *OLG Posen* SeuffArch 65 (1910) 294; *Bergerfurth* JZ 1971, 85.
[3] *OLG Frankfurt* MDR 1979, 236; *OLG Celle* NJW 1977, 540 = OLGZ 366.
[4] *OLG Karlsruhe* FamRZ 1973, 104.
[5] *KG* SeuffArch 56 (1901) 33.
[6] Vgl. *RG* JW 1901, 37; *Bergerfurth* JZ 1971, 85.
[7] *OLG Königsberg* JW 1930, 2598; *Bergerfurth* JZ 1971, 85; MünchKommZPO/*Damrau*² Rdnr. 2; *Kaiser* NJW 1968, 188; *Zöller/Greger*²⁵ Rdnr. 2.
[8] *VGH Baden-Württemberg* JR 1980, 162; *OLG Bremen* JB 1979, 1898; a.A. MünchKommZPO/*Damrau*² Rdnr. 2.

3. Nichtvorliegen einer Ausnahme von der Erscheinungspflicht; ausreichende Entschuldigung

4 Ausnahmen von der Erscheinungspflicht statuieren etwa §§382, 386 Abs.3 oder §375 Abs.2. Schließlich hat die Belastung des Zeugen mit einer Ungehorsamsfolge aber auch dann zu unterbleiben, wenn das Ausbleiben genügend *entschuldigt* ist (→ §381 Rdnr.2, 8). Daß der Zeuge über das Beweisthema nichts weiß oder glaubt, infolge eines Irrtums des Gerichts geladen zu sein, ändert an seiner Pflicht zum Erscheinen nichts[9]. Ebensowenig schützt die (sonstige) irrige Annahme, nicht erscheinen zu müssen, vor den Ungehorsamsfolgen nach §380[10], es sei denn, für den Zeugen war der Irrtum unvermeidbar. Bei der Verhängung von Ordnungsmitteln sind §153 StPO, §47 OWiG analog anzuwenden[11].

4. Sonstige Ausnahmen

5 Wegen der Besonderheiten hinsichtlich *Untersuchungen zur Feststellung der Abstammung* s. §372a. Die Nichtbeantwortung schriftlicher Beweisfragen nach §377 Abs.3 kann ein Ordnungsmittel *nicht* nach sich ziehen, → §377 Rdnr.27.

III. Folgendes Ausbleibens[12]

1. Ordnungsmittel beim prozeßfähigen Zeugen

a) Ahndung von Amts wegen

6 Trotz des vorrangigen Interesses des Beweisführers an der Zeugenaussage setzt die Verhängung des Ordnungsmittels einen Parteiantrag nicht voraus. Grundlage der Zeugenpflicht ist nicht der Beweisantritt, sondern die gerichtliche Ladung, die eine *öffentlich-rechtliche* Pflicht (→ Rdnr.18 vor §373) begründet, deren Nichterfüllung daher **von Amts wegen** geahndet wird (zum prozeßunfähigen Zeugen → Rdnr.14). Überdies würde ein Antrag den Zeugen in Gegnerschaft zum Beweisführer bringen[13].

7 Der Beweisführer kann auch nicht mittelbar über die Verhängung des Ordnungsmittels disponieren, etwa indem er auf den Zeugen verzichtet[14]. Selbst der Umstand, daß sich die Vernehmung als überflüssig erweist, schließt die Ahndung des Nichterscheinens nicht aus (anders bei der Vorführung → Rdnr.20). In diesen Fällen ist §153 StPO aber analog anzuwenden (→ Rdnr.4 a.E.).

b) Ordnungsgeld und Ordnungshaft

8 Die in §380 angedrohten Maßnahmen sind Ordnungsmittel. Das **Ordnungsgeld** beträgt nach Art.6 Abs.1 EGStGB 5 bis 1000 Euro. Bei der Festsetzung des Ordnungsmittels hat das Gericht den Grund des Nichterscheinens, die Bedeutung der Aussage und die persönlichen und wirtschaftlichen Verhältnisse des Zeugen zu berücksichtigen[15]. Die Festsetzung hat zu un-

---

[9] Vgl. *OLG Jena* ThürBl 45, 137; *LG Mannheim* WM 1967, 123.

[10] *OLG München* NJW 1957, 306 = BayJMBl 93.

[11] *OLG Hamm* JMBlNRW 1971, 282; *LG Trier* NJW 1975, 1044. Dies ändert aber nichts an der Auferlegung der Kosten gemäß Abs.1 Satz 1.

[12] Vgl. *Landau Gruchot* 42 (1898) 484ff., 494.

[13] *Hahn* 310f.

[14] *OLG Frankfurt* OLGZ 1983, 458; Münch-KommZPO/*Damrau*[2] Rdnr.5; *Zöller/Greger*[25] Rdnr.3; auch *Hahn* 311; a.A. *Thomas/Putzo/Reichold*[27] Rdnr.9.

[15] MünchKommZPO/*Damrau*[2] Rdnr.7.

terbleiben, wenn der Zeuge den verspäteten Zugang der Ladung glaubhaft macht oder sein Ausbleiben entschuldigt (→ §381 Rdnr. 1).

9 Die **Ersatzordnungshaft** beträgt nach Art. 6 Abs. 2 EGStGB zwischen einem Tag und sechs Wochen[16]. Zum Vollzug s. §171 StVollzG.

2. Verurteilung in die Kosten beim prozeßfähigen Zeugen

10 Der Zeuge ist schließlich auch zur **Kostentragung** zu verurteilen. Hier sind alle Kosten zu berücksichtigen, die dadurch entstehen, daß der Zeuge nochmals geladen und deshalb ein neuer Termin abgehalten werden muß (z.B. Reisekosten der Parteien oder anderer Zeugen; Zeugengebühren) und die zur zweckentsprechenden Rechtsverfolgung oder Rechtsverteidigung notwendig waren[17]. Ob solche Mehrkosten angefallen sind, prüft nicht der Richter, sondern der Rechtspfleger im Kostenfestsetzungsverfahren (→ Rdnr. 11f.)[18].

11 Eines Antrags der Parteien bedarf es nach dem Wortlaut des Gesetzes nicht. Allerdings besteht ein *Antragsrecht* und auch ein *Beschwerderecht* gegen die Ablehnung der Kostenauferlegung, denn die Parteien haben die Kosten zu tragen. Die Parteien können das Gericht auch nicht von der Kostenauferlegung freistellen, selbst wenn dies einverständlich erfolgt[19], denn die Staatskasse verliert damit einen Kostenschuldner aus §29 Nr. 1 GKG.

12 Der Beschluß nach §380 ist Vollstreckungstitel gemäß §§103, 794 Abs. 1 Nr. 2. Die Kosten sind nach §104 festzusetzen, der Kostenfestsetzungsbeschluß bildet einen Vollstreckungstitel, → Rdnr. 18.

13 Die unterlegene Partei hat die durch das Nichterscheinen des Zeugen entstandenen Mehrkosten erst dann zu tragen, wenn die obsiegende Partei dartut, daß die Beitreibung *gegen den Zeugen* erfolglos verlaufen ist[20]. Vorher ist auch eine Festsetzung gegen die *Partei* nach §§91, 104 nicht zulässig[21].

3. Ausbleiben des prozeßunfähigen (minderjährigen) Zeugen

14 Die fehlende Regelung der Situation des prozeßunfähigen Zeugen (→ Rdnr. 3 vor §373, → §377 Rdnr. 3, → §383 Rdnr. 2ff.) zeigt sich auch bei §380. Besonders beim **minderjährigen Zeugen** fragt es sich, wer die Folgen des Ausbleibens zu tragen hat. **Auch hier ist auf das Alter und die Einsichtsfähigkeit abzustellen**. Gegen ein schuldunfähiges Kind (unter 14 Jahre) ist eine Ordnungsmaßnahme ohnehin ausgeschlossen[22]. Die Eltern (der gesetzliche Vertreter des prozeßunfähigen Zeugen) können niemals verurteilt werden, da es insoweit an einer gesetzli-

---

16 Seit dem Einführungsgesetz zum Strafgesetzbuch vom 2. III. 1974 (BGBl I 469) ist die Anordnung einer Ersatz-Ordnungshaft wieder möglich, die durch Art. 7 des Ersten Gesetzes zur Reform des Strafrechts vom 25. VI. 1969 (BGBl I 645) unterbunden war. Hierzu näher 19. Aufl. dieses Komm. II 1 b mit Fn. 8. – *OLG Düsseldorf* MDR 1973, 592; *OLG Hamm* NJW 1973, 1133 ließen bereits vor 1974 eine Ersatz-Ordnungshaft zu.

17 Die Notwendigkeit bei der Zuziehung eines Rechtsanwalts zur Vernehmung eines Zeugen vor dem ersuchten Rechtshilfegericht bejahend *BGH* NJW-RR 2005, 725.

18 MünchKommZPO/*Damrau*[2] Rdnr. 6.

19 A.A. bei einverständlichem Handeln der Parteien MünchKommZPO/*Damrau*[2] Rdnr. 5.

20 *OLG München* NJW 1968, 1727 = JB 645 = Rpfleger 290. Denn der Anspruch der Partei geht in erster Linie auf Freistellung von den durch das Ausbleiben verursachten Kosten gegenüber dem Zeugen, vgl. *BayVerfGH* 18, 138; *RG* SeuffArch 46 (1891) 144.

21 *Zöller/Greger*[25] Rdnr. 4.

22 *LG Bremen* NJW 1970, 1430 (mN); *Löwe/Rosenberg/Dahs* StPO[25] Rdnr. 2; *Skupin* MDR 1965, 866f.

chen Vorschrift fehlt[23]; auch vormundschaftsgerichtliche Maßnahmen kommen nicht in Betracht[24]. – Dasselbe gilt für die Verurteilung zum Tragen der **Kosten**. Eine Verurteilung der Eltern scheidet auch insoweit mangels gesetzlicher Grundlage aus. Der *Minderjährige* kann nur verurteilt werden, wenn er die Einsicht besitzt, daß ihn durch sein Ausbleiben im Termin solche Folgen treffen würden. Hierbei kann es beim schuldfähigen Minderjährigen möglich sein, daß über ihn zwar das Ordnungsmittel verhängt wird, weil er das Wesen der Ladung sehr wohl erkannte, daß er aber nicht zur Kostentragung verurteilt wird, da ihm diese Einsicht fehlte. *Das Gericht ist deshalb bei prozeßunfähigen Zeugen zu einer sorgsamen Prüfung der individuellen Voraussetzungen von Ordnungsmaßnahme und Kostenverurteilung angehalten.*

4. Verfahren

15 Über die Verhängung des Ordnungsmittels und die Kostenauferlegung wird durch **Beschluß** entschieden. Zum Antrag der Parteien → Rdnr. 11. Eine mündliche Verhandlung ist nicht erforderlich[25]; im Hinblick auf die jederzeit mögliche Aufhebung gemäß §381 Abs. 1 Satz 2 auch *nicht vorgängiges* rechtliches Gehör des Zeugen. Der Beschluß wird dem Zeugen nach §329 Abs. 3 von Amts wegen zugestellt. Für die Parteien genügt einfache Mitteilung, §329 Abs. 2. Zur Vollstreckung → Rdnr. 17f.

IV. Sofortige Beschwerde

16 Die **sofortige Beschwerde**, die nach Abs. 3 dem **Zeugen** gegen diese Beschlüsse zusteht, hat nach §570 Abs. 1 aufschiebende Wirkung (→ auch §381 Rdnr. 22). Richtet sie sich gegen die Anordnung des beauftragten oder ersuchten Richters, so ist die befristete Erinnerung statthaft (§573), s. auch §400. Gegen den Beschluß von LG oder OLG im Beschwerde- oder im Berufungsverfahren findet die Rechtsbeschwerde statt, wenn sie in der Entscheidung zugelassen wurde (§574 Abs. 1 Nr. 2, Abs. 3). Das Verfahren ist **gebührenfrei** nur insoweit, als für den Beschluß keine Gebühr erhoben wird. Wird die Beschwerde als unzulässig verworfen oder als unbegründet zurückgewiesen, wird eine volle Gebühr erhoben (Anlage 1 zu §3 Abs. 2 GKG, Kostenverzeichnis Nr. 1811). Die erfolgreiche Beschwerde ist gebührenfrei, die außergerichtlichen Kosten des Zeugen fallen in analoger Anwendung von §467 Abs. 1 StPO, §46 Abs. 1 OWiG der Staatskasse zur Last[26]. Wegen der Anwaltsgebühren im Falle der Beschwerdeeinlegung s. RVG, Vergütungsverzeichnis Nr. 3500, 3513. Es besteht jedoch kein Anwaltszwang, → §569 Rdnr. 12 (21. Aufl.). Zum Beschwerderecht der **Parteien** → Rdnr. 11, wenn ein Antrag auf Kostenauferlegung zurückgewiesen wurde. Die sofortige Beschwerde ist auch statthaft, wenn das Gericht untätig bleibt oder den Beschluß, dem Zeugen die Kosten aufzuerlegen, aufhebt (→ §381 Rdnr. 20). Sie ist auch dann zulässig, wenn die Ordnungsmaßnahme schon vollzogen wurde, der Beschwerdeführer aber einen Grundrechtsverstoß geltend machen kann[27].

---

[23] *OLG Hamm* NJW 1965, 1613 = OLGSt §51 Nr. 1; *Meyer-Goßner* StPO[48] §51 Rdnr. 1; *Löwe/Rosenberg/Dahs* StPO[25] Rdnr. 4; *Skupin* MDR 1965, 865.

[24] A.A. MünchKommZPO/*Damrau*[2] Rdnr. 16.

[25] MünchKommZPO/*Damrau*[2] Rdnr. 8.

[26] *BFH* BB 1986, 587; *OLG Hamm* MDR 1980, 322; *OLG Bamberg* MDR 1982, 585; *Thomas/Putzo/Reichold*[27] Rdnr. 12; **a.M.** *OLG Frankfurt* MDR 1984, 322; *OLG Düsseldorf* MDR 1985, 60; *Zöller/Greger*[25] Rdnr. 10; *Baumbach/Lauterbach/Hartmann*[64] Rdnr. 18. Diese wollen die Kosten gemäß §7 JVEG der letztlich unterlegenen Partei auferlegen.

[27] *OLG Naumburg* OLGR 2005, 383 für den Fall der Vorführung mit Verweis auf Art. 104 GG.

V. Vollstreckung

1. Ordnungsmittel

17 Zuständig[28] für die Vollstreckung des Ordnungsgeldes ist grundsätzlich der Rechtspfleger, soweit sich nicht der Richter im Einzelfall die Vollstreckung ganz oder teilweise vorbehält, §31 Abs.3 RPflG. Das Ordnungsgeld wird nach §1 Abs.1 Nr.3 JBeitrO beigetrieben. Wegen der Ordnungshaft → Rdnr. 9.

2. Kosten

18 Der Beschluß über die Verurteilung des Zeugen in die *Kosten* bildet für jede Partei[29] einen Titel zur Kostenfestsetzung, §794 Abs.1 Nr.2 (→ Rdnr. 12).

VI. Wiederholtes Ausbleiben

19 Ein wiederholtes Ausbleiben (Abs.2) liegt nur vor, wenn gegen den Zeugen schon einmal eine Ordnungsmaßnahme wegen Ausbleibens *verhängt* (d.h. ausgesprochen und nicht etwa nach §381 Abs.1 Satz 2 wieder aufgehoben) ist. Ob die Ordnungsmaßnahme auch vollstreckt wurde, ist gleichgültig. Es muß alsdann neben der Verurteilung in die Kosten *noch einmal auf eine Ordnungsmaßnahme erkannt werden*. Gleiche Höhe der Ordnungsmaßnahme verlangt das Gesetz nicht. Eine **dritte** und öftere **Wiederholung** der Festsetzung von **Ordnungsmitteln ist ausgeschlossen**[30].

20 Die **zwangsweise Vorführung zum Zwecke der Vernehmung** steht dagegen im Ermessen des Gerichtes; sie wird gleichfalls von Amts wegen angeordnet und durch den Gerichtsvollzieher oder Gerichtswachtmeister bewirkt. Selbstverständlich kann die Vorführung auch erstmalig bei einem dritten oder späteren Ausbleiben angeordnet werden[31].

VII. Rechtshilfe im Verhältnis zum Ausland

1. Ausländische Rechtshilfeersuchen

21 Die Erledigung des aus dem Ausland in der Bundesrepublik eingehenden Rechtshilfeersuchens (→ §363 Rdnr. 69) richtet sich grundsätzlich nach deutschem Prozeßrecht. Eine Androhung oder Anwendung von Zwangsmitteln kommt hierbei nur dann in Betracht, wenn die

---

[28] *Mümmler* JB 1975, 579.

[29] Nicht aber für deren Prozeßbevollmächtigten, *LG Berlin* JB 1978, 927.

[30] Wie hier *OLG Karlsruhe* NJW 1967, 2166; *OLG Dresden* OLG-NL 2002, 114, 116; MünchKommZPO/*Damrau*[2] Rdnr. 10; *Rosenberg/Schwab/Gottwald*[16] §119 Rdnr. 13 (Fn. 14); *Löwe/Rosenberg/Dahs* StPO[25] §54 Rdnr. 18; *Eb. Schmidt* Lehrkomm. StPO §51 Rdnr. 10. **A.M.** (für mehrmalige Bestrafung) *Baumbach/Lauterbach/Hartmann*[64] Rdnr. 16; *Thomas/Putzo/Reichold*[27] Rdnr. 7; *Zöller/Greger*[25] Rdnr. 8; *KG* MDR 1960, 768 = NJW 1726 = JZ 446 mit Argumenten aus der Entstehungsgeschichte und dem Argument, daß sich der Zeuge sonst seinen Zeugenpflichten entziehen könnte. Angesichts des *eindeutigen* Wortlauts des Gesetzestextes (»noch einmal«) erscheint es unzulässig, für weitere Ordnungsmittel bei dritter und öfteren Wiederholungen einzutreten. Nachdem im Jahre 1974 §380 Abs.2 novelliert wurde und der Änderungsgesetzgeber trotz der Diskussion um die Bestimmung am Wortlaut »noch einmal« festgehalten hat, kann es nunmehr keinem Zweifel unterliegen, daß lediglich *eine nochmalige* Festsetzung der Ordnungsmittel zulässig ist, nicht aber etwa weitere Festsetzungen. Dem Gesetzgeber war die Diskussion zu dieser Zeit bekannt (vgl. 19. Aufl. dieses Komm.), so daß er den eindeutigen Wortlaut hätte ändern müssen, wenn er ihn für unzutreffend gehalten hätte.

[31] Wegen der insoweit anfallenden Gebühren des Gerichtsvollziehers vgl. *Hartmann* Kostengesetze[35] KVGv 270 Rdnr. 9, 13.

Rechtshilfe **auf der Grundlage bilateraler oder internationaler Übereinkommen** erfolgt (→ Rdnr. 23). §380 ist in diesem Fällen in demselben Umfang wie im innerstaatlichen Rechtshilfeverkehr anwendbar.

22 Wird Rechthilfe **ohne vertragliche Grundlage** gewährt, stehen die Zwangsmittel der ZPO dagegen *nicht* zur Verfügung. Gegen den ungehorsamen Zeugen können deshalb weder Ordnungsmittel verhängt noch kann er zwangsweise vorgeführt werden; §380 findet keine Anwendung[32].

2. Verordnung (EG) Nr. 1206/2001; Haager Übereinkommen von 1954 und 1970

23 Im Verhältnis der Mitgliedsstaaten der Europäischen Union mit Ausnahme Dänemarks gilt Art. 13 der Verordnung (EG) Nr. 1206/2001 des Rates vom 28. V. 2001 über die Zusammenarbeit zwischen den Gerichten der Mitgliedsstaaten auf dem Gebiet der Beweisaufnahme in Zivil- und Handelssachen (Beweisaufnahmeverordnung, EuBVO; näher hierzu → §363 Rdnr. 64ff.).

Art. 13 EuBVO ersetzt in seinem Anwendungsbereich die inhaltlich gleiche Bestimmung in Art. 10 des Haager Übereinkommens vom 18. III. 1970 über die Beweisaufnahme im Ausland in Zivil- und Handelssachen (näher hierzu → Anh. §363 Rdnr. 75ff.). Außerhalb des Anwendungsbereichs der EuBVO gilt die Vorschrift des Art. 10 des Übereinkommens, soweit keine zweiseitigen Abkommen bestehen oder in ihnen keine abschließende Regelung enthalten ist. Das Übereinkommen gilt im Verhältnis zu den → Anh. §363 Rdnr. 7 genannten Staaten; es trat gegenüber diesen Staaten an die Stelle des Haager Übereinkommens über den Zivilprozeß vom 1. III. 1954, *Text* → Anh. §363 Rdnr. 125.

VIII. Analoge Anwendungen

24 Wegen der Anwendung der §§380, 381 auf das persönliche Erscheinen der Parteien s. §141 Abs. 3, §273 Abs. 4 Satz 2 (→ §141 Rdnr. 50ff., → §273 Rdnr. 28 [21. Aufl.]), in Familiensachen s. §613 Abs. 2, in Kindschaftssachen s. §640 Abs. 1, §613 Abs. 2, → auch §279 Rdnr. 16 (21. Aufl.).

§381 Genügende Entschuldigung des Ausbleibens

(1) [1]Die Auferlegung der Kosten und die Festsetzung eines Ordnungsmittels unterbleiben, wenn das Ausbleiben des Zeugen rechtzeitig genügend entschuldigt wird. [2]Erfolgt die Entschuldigung nach Satz 1 nicht rechtzeitig, so unterbleiben die Auferlegung der Kosten und die Festsetzung eines Ordnungsmittels nur dann, wenn glaubhaft gemacht wird, dass den Zeugen an der Verspätung kein Verschulden trifft. [3]Erfolgt die genügende Entschuldigung oder die Glaubhaftmachung nachträglich, so werden die getroffenen Anordnungen unter den Voraussetzungen des Satzes 2 aufgehoben.

(2) Die Anzeigen und Gesuche des Zeugen können schriftlich oder zum Protokoll der Geschäftsstelle oder mündlich in dem zur Vernehmung bestimmten neuen Termin angebracht werden.

---

32 *Geimer* IZPR[5] Rdnr. 2445, 2513.

Gesetzesgeschichte: Ursprünglich §346 CPO, durch Nov. 98, RGBl 256 (→ Einl. Rdnr. 146), inhaltlich verändert zu §381 geworden. Änderungen durch Gesetz vom 9. VII. 1927, RGBl I 175, VO vom 30. XI. 1927, RGBl I 334, VO vom 17. VI. 1933, RGBl I 394 und Gesetz vom 2. III. 1974, BGBl I 469. Die beigefügte amtliche Überschrift beruht auf Art. 2 Abs. 2 ZPO-RG (→ Einl. Rdnr. 202) in Verbindung mit der dazu erlassenen Anlage; zugleich wurde Abs. 1 geändert.

Stichwortverzeichnis → »Schlüssel zum Zeugenbeweis« zu Beginn der Vorbemerkungen vor §373.

I. Bedeutung

1 *Materiell-rechtlich* darf ein Ordnungsmittel gegen den nicht erschienenen Zeugen nicht verhängt werden, wenn sein Ausbleiben nicht pflichtwidrig, weil entschuldigt ist. *Verfahrensrechtlich* setzt die Festsetzung von Ordnungsmitteln und die Kostenauferlegung gegen den ausgebliebenen Zeugen aber nicht voraus, daß die Gründe für das Nichterscheinen vor Verhängung dieser Maßnahmen vollständig festgestellt werden. Nach §380 kann das Gericht Ordnungsmaßnahmen gegen den ausgebliebenen Zeugen verhängen, wenn er ordnungsgemäß geladen worden war. Den *Zugang* der Ladung kann es regelmäßig nicht im Wege des Urkundenbeweises feststellen, wenn nach §377 Abs. 1 Satz 2 durch formlose Übersendung geladen wurde und eine Zustellungsurkunde daher nicht bei den Gerichtsakten ist (→ §380 Rdnr. 2). Aus der Fassung des §381 folgt, daß auch ohne Prüfung des Zugangs der Ladung ein Ordnungsmittel allein aufgrund des Ausbleibens des Zeugen verhängt werden darf[1]. Der Zeuge oder für diesen ein Dritter kann freilich nachträglich sein Ausbleiben genügend entschuldigen (Abs. 1 Satz 1) oder glaubhaft machen, daß ihn an der Verspätung der Entschuldigung kein Verschulden trifft (Abs. 1 Satz 1). In beiden Fällen ist der Beschluß nach Abs. 1 Satz 3 aufzuheben. Der Zeuge wird durch diese Regelung aber nicht daran gehindert, sein späteres Ausbleiben bereits vor der Verhängung des Ordnungsmittels und der Kostenauferlegung nach Abs. 1 Satz 1 zu entschuldigen.

2 Aus der Fassung des Abs. 1 Satz 2, 3 folgt, daß das Gericht Ordnungsmaßnahmen verhängen kann, ohne zuvor den Grund des Ausbleibens und die Verschuldensfrage vollständig aufzuklären. Es obliegt dem Zeugen, nachträglich Entschuldigungsgründe geltend zu machen, ohne daß ihn die Beweislast träfe (→ Rdnr. 12) oder aber glaubhaft zu machen, daß ihn an der verspäteten Entschuldigung ein Verschulden nicht trifft.

[1] So auch *RGZ* 54, 431 unten.

3 Die Vorschriften in Abs.1 wurden durch das ZPO-RG nach dem Vorbild des §51 Abs.2 StPO neu gefaßt[2]. Wie schon bislang erinnert das Verfahren zur Festsetzung des Ordnungsmittels und der Kostenauferlegung nach §§380f. in den Grundzügen an das **Amtsverfahren der freiwilligen Gerichtsbarkeit**. Das Gericht wird bei der Durchsetzung der Zeugenpflicht nicht als neutrale Instanz tätig, sondern verfolgt ein nicht von den Parteien abgeleitetes staatliches Eingriffsrecht[3]. Es gilt die Offizialmaxime (→ §380 Rdnr.11) und der Untersuchungsgrundsatz (vgl. §12 FGG); das Gericht ist nach Maßgabe des §381 Abs.1 Satz 2 an seine Entscheidung nicht gebunden (vgl. §18 FGG).

II. Voraussetzungen der Nichtfestsetzung und Aufhebung von Ordnungsmaßnahmen bzw. Kostenauferlegung

1. Entschuldigung des Ausbleibens

4 Maßnahmen nach §380 dürfen nicht ergehen, wenn der Zeuge oder für ihn ein Dritter das Ausbleiben des Zeugen rechtzeitig genügend entschuldigt (Abs.1 Satz 1) bzw. müssen wieder aufgehoben werden, wenn die genügende Entschuldigung nachträglich erfolgt (Abs.1 Satz 3 Fall 1).

5 **Rechtzeitig** ist die Entschuldigung, wenn sie so frühzeitig erfolgt, daß eine Aufhebung oder Verlegung der Termins allen übrigen Prozeßbeteiligten bekanntgegeben werden kann[4].

a) Nicht oder verspätet zugegangene Ladung

6 Wichtigster Fall der Entschuldigung des Ausbleibens ist die nicht oder verspätet zugegangene Ladung des Zeugen.

Die jetzige Regelung, nach der die formlose Mitteilung der Ladung genügt (→ §377 Rdnr.2), hat bewußt die Möglichkeit in Kauf genommen, daß der Zeuge erst spät oder gar erst durch die Zustellung des Beschlusses über die Festsetzung von Ordnungsmitteln von dem Termin seiner Vernehmung erfährt. Zum Ausgleich muß der Nichtzugang bzw. verspätete Zugang nicht bewiesen werden, sondern das Gesetz begnügt sich mit Glaubhaftmachung (s. §294). Obgleich im Verfahren der Untersuchungsgrundsatz gilt und es daher eine Beweisführungslast nicht gibt, wird dem Zeugen insbesondere mit der Versicherung an Eides statt (§294 Abs.1) ein Mittel in die Hand gegeben, aus eigener Initiative tätig zu werden. An die Glaubhaftmachung dürfen keine hohen Anforderungen gestellt werden. In der Regel genügt es, wenn der Zeuge eidesstattlich versichert, die Ladung nicht oder verspätet erhalten zu haben[5].

7 Nach dem Normzweck, die Feststellung des Ladungsmangels zu erleichtern, gilt die Glaubhaftmachung nicht nur für den Fall des verspäteten Zugangs der Ladung, sondern auch für den im Wortlaut nicht genannten Fall des Nichtzugangs[6].

---

[2] BT-Drucks 14/4722, 19.

[3] Zu diesem Merkmal der freiwilligen Gerichtsbarkeit *Brehm* Freiwillige Gerichtsbarkeit[3] Rdnr.32.

[4] *Baumbach/Lauterbach/Albers/Hartmann*[62] Rdnr.4; *Musielak/Huber*[4] Rdnr.4 mit Verweis auf die allg. M. in der strafprozessualen Lit. zum gleichlautenden §51 Abs.2 Satz 1 StPO.

[5] *Zöller/Greger*[25] Rdnr.3.

[6] Insoweit a.A. MünchKommZPO/*Damrau*[2] Rdnr.3 und Erg.-band Rdnr.6, der übersieht, daß die Glaubhaftmachung ein Privileg des Zeugen ist.

b) Weitere Entschuldigungsgründe

8 Ein Entschuldigungsgrund liegt ferner vor, wenn Umstände vorliegen, die auch eine Wiedereinsetzung in den vorigen Stand rechtfertigen würden[7] (zur Kasuistik → Wiedereinsetzungsschlüssel §233 Rdnr. 33ff.). Als Entschuldigungsgründe sind deshalb auch anzusehen: Unfälle oder Pannen auf der Fahrt zum Gericht[8], Störungen im Betrieb der öffentlichen Verkehrsmittel (z.B. Streik), Krankheit, unaufschiebbare Geschäfte[9], betriebsbedingte Unabkömmlichkeit eines Selbständigen[10], Abwesenheit vom Wohnort[11], religiöse Rücksichten (an Feiertagen). Auch die unverschuldete Unkenntnis der Ladung bei Ersatzzustellung[12] wird regelmäßig genügen; der Zeuge muß sich ein **Verschulden der Ersatzperson nicht zurechnen** lassen[13]. Entschuldigen kann ferner der Irrtum über die Erscheinenspflicht, etwa wenn ein Rechtsanwalt eine falsche Auskunft erteilt[14]. Der Urlaub muß nicht verschoben oder unterbrochen werden.

9 **Keine** Entschuldigungsgründe sind etwa Irrtum über oder Vergessen des Terminstags[15], die fehlende terminliche Abstimmung mit dem Zeugen[16], ebensowenig Arbeitsunfähigkeit, wenn der Zeuge reisen und aussagen kann.

10 Die Frage, ob die Entschuldigungsgründe als genügend anzusehen sind, ist eine Rechtsfrage[17]. Ein Ermessen besteht nicht.

c) Feststellung

11 Materiell-rechtlich ist das Ausbleiben des ordnungsgemäß geladenen Zeugen entschuldigt, wenn Umstände vorliegen, die sein Nichterscheinen nicht als pflichtwidrig erscheinen lassen. Wie der Vergleich zu Abs. 1 Satz 2, 3 verdeutlicht, ist die Glaubhaftmachung des Entschuldigungsgrundes nach Abs. 1 Satz 1 nicht erforderlich, aber ausreichend. Es gilt der **Untersuchungsgrundsatz**. Das schließt aber die im Gesetz vorgesehene Mitwirkung des Zeugen nicht aus[18]; dieser hat den Entschuldigungsgrund hinreichend substantiiert darzulegen, so daß das Gericht ggf. darüber Beweis erheben kann. Das Gericht hat nicht nur die vom Zeugen, sondern auch die von dritter Seite ihm zur Kenntnis gebrachten Gründe zu berücksichtigen; es kann auch Ermittlungen von Amts wegen anstellen[19]. Vielfach wird sich das Gericht schon aufgrund der Würdigung des Verfahrensstoffs vom Vorliegen eines Entschuldigungsgrundes

---

7 Gegen diesen Maßstab MünchKommZPO/*Damrau*[2] Rdnr. 6.

8 Eine geringe Verzögerung muß der Zeuge allerdings einplanen, *OLG Schleswig* MDR 1978, 323 (LS); *OLG Nürnberg* NJW-RR 1999, 788: Bei üblicher Reisedauer von sechs bis sieben Stunden genügen zwei Stunden *eingeplanter* Verspätung; aber der Zeuge muß das Gericht von sich abzeichnender Verspätung benachrichtigen.

9 *OLG Bamberg* SeuffArch 70 (1915) 211; *OLG Hamm* MDR 1974, 330 (LS) (stark einschränkend). Die Zeugenpflicht geht der Berufspflicht des Anwalts grundsätzlich vor, *BFH* NJW 1975, 1248; strenger MünchKommZPO/*Damrau*[2] Rdnr. 8.

10 *OLG Düsseldorf* OLGR 1994, 170.

11 *OLG Posen* OLGRsp 23, 180.

12 S. auch *KG* SeuffArch 56 (1901) 33 (Nichtbeantwortung des Gesuchs um Verlegung); *KG* OLGRsp 20, 322 und *OLG Köln* MDR 1975, 320 (Abbestellung durch den Anwalt).

13 *OLG Düsseldorf* NJW-RR 1995, 1341; auch zu Organisationspflichten.

14 MünchKommZPO/*Damrau*[2] Rdnr. 7; Beispiel: Der Rechtsanwalt verzichtet auf den Zeugen und teilt ihm mit, er müsse daher nicht erscheinen (→ §380 Rdnr. 7).

15 *Musielak/Huber*[4] Rdnr. 6; ferner *OLG Saarbrücken* NJW-RR 2005, 1661.

16 *BVerfG* NJW 2002, 955.

17 MünchKommZPO/*Damrau*[2] Rdnr. 11.

18 Zur Mitwirkung Beteiligter beim Untersuchungsgrundsatz *Brehm* Freiwillige Gerichtsbarkeit[3] Rdnr. 252; → auch Rdnr. 3.

19 *RGZ* 56, 79f.

überzeugen können. Ist dies nicht der Fall, ist der Zeuge auf die Möglichkeit der Glaubhaftmachung seines Entschuldigungsgrundes hinzuweisen[20]. Ein Freibeweises liegt darin aber nicht (→ Rdnr. 17 vor §355).

12 Den Zeugen trifft **nicht** die **Feststellungslast** für die Entschuldigungsgründe[21]. Läßt sich nicht klären, ob die tatsächlichen Voraussetzungen für die vom Zeugen vorgetragene Entschuldigung vorliegen, muß das Ordnungsmittel aufgehoben werden. Es ist rechtsstaatlich ausgeschlossen, einer Person Ordnungsmittel repressiven Charakters auf Dauer aufzuerlegen, wenn nicht alle Voraussetzungen feststehen. Verfassungsrechtlich verstößt eine Feststellungslast des Zeugen für die Entschuldigungsgründe gegen das Schuldprinzip. Rechtsstaatlich akzeptabel erscheint es noch, das Gericht ohne Prüfung aller Umstände allein aufgrund seines Nichterscheinens für berechtigt zu halten, gegen den Zeugen Ordnungsmittel zu verhängen. Spätestens im Aufhebungsverfahren müssen aber alle Voraussetzungen hierfür festgestellt werden.

2. Unverschuldete Verspätung der Entschuldigung

13 Erfolgt die Entschuldigung nach Abs. 1 Satz 1 nicht rechtzeitig, dürfen Maßnahmen nach §380 gleichwohl nicht ergehen, wenn glaubhaft gemacht wurde (§294), daß den Zeugen an der Verspätung der Entschuldigung kein Verschulen trifft (Abs. 1 Satz 2) bzw. müssen solche Maßnahmen wieder aufgehoben werden, wenn die Glaubhaftmachung nachträglich erfolgt (Abs. 1 Satz 3 Fall 2). Mit der Neufassung des Abs. 1 trifft den Zeugen damit im Zivilprozeß die gleiche Obliegenheit zur unverzüglichen Geltendmachung der Entschuldigungsgründe, wie sie im Strafprozeß besteht (s. §51 Abs. 2 StPO)[22].

14 Die **Entschuldigung der Verspätung setzt** zwingend die Geltendmachung einer genügenden **Entschuldigung des Ausbleibens voraus** (→ Rdnr. 5ff.). Kann das Ausbleiben nicht entschuldigt werden, ist eine Verspätung des Vorbringens des (nicht bestehenden) Entschuldigungsgrundes hinfällig[23].

III. Verfahren

1. Gesuche des Zeugen

15 Die Gesuche des Zeugen unterliegen nach Abs. 2 nicht dem Anwaltszwang, vgl. §78 Abs. 2. Sie können sowohl die Entschuldigung wie die Terminsverlegung bezwecken; §227 ist hier nicht anwendbar.

2. Rechtliches Gehör

16 Neben dem Zeugen ist auch den Parteien rechtliches Gehör zu gewähren[24]. Sie sind als Beteiligte von der Entscheidung unmittelbar betroffen, wenn dem Zeugen die Kosten nicht auferlegt werden. Eine mündliche Verhandlung ist nicht erforderlich.

---

20 *OLG Köln* OLGR 2004, 26f.

21 *RGZ* 56, 79; AK-ZPO/*Rüßmann* Rdnr. 1; wohl auch *Zöller/Greger*[25] Rdnr. 2; a.A. die 18. Aufl. dieses Kommentars; MünchKommZPO/*Damrau*[2] Rdnr. 5.

22 Zur früheren Rechtslage Voraufl. Rdnr. 12.

23 *Musielak/Huber*[4] Rdnr. 8 a.E.

24 MünchKommZPO/*Damrau*[2] Rdnr. 17.

3. Entscheidung

a) Verfahren vor der Ordnungsmittelfestsetzung bzw. Kostenauferlegung

17 Liegen genügende Entschuldigungsgründe nicht vor, werden das Ordnungsmittel festgesetzt und dem Zeugen die Kosten durch Beschluß auferlegt. Hiergegen ist die Beschwerde nach §380 Abs.3 statthaft. Ein Aufhebungsverfahren kann nicht beantragt werden, denn die Entschuldigung erfolgt nicht »nachträglich«.

18 Ist das Nichterscheinen entschuldigt, so unterbleibt die Festsetzung des Ordnungsmittels und die Auferlegung der Kosten. Hat eine Partei die Kostenauferlegung beantragt, ist durch (beschwerdefähigen → Rdnr. 22) Beschluß zu entscheiden. Zuständig ist das Prozeßgericht, nach §400 der beauftragte oder ersuchte Richter.

19 Wegen der Kosten des Entschuldigungsbeweises → §401 Rdnr. 3.

b) Aufhebungsverfahren

20 Ist der Zeuge als entschuldigt anzusehen (→ Rdnr. 5ff.), sind die getroffenen Anordnungen vom Prozeßgericht bzw. dem beauftragten oder ersuchten Richter (§§400, 576) wieder aufzuheben. Der Aufhebungsbeschluß ist dem Zeugen und, soweit es sich um die Prozeßkosten handelt, den Parteien von Amts wegen mitzuteilen, §329 Abs.2 (→ §380 Rdnr. 15). Ist ein Ordnungsmittel bereits bezahlt, so ist es infolge der Wiederaufhebung der Anordnung zurückzuzahlen[25].

21 Gegen die Zurückweisung des Aufhebungsgesuchs hat der Zeuge die sofortige Beschwerde nach §380 Abs.3. Der Aufhebungsbeschluß des Beschwerdegerichts ist unanfechtbar[26].

c) Verhältnis Aufhebungsverfahren zu sofortiger Beschwerde

22 Wurde gegen den Zeugen ein Ordnungsmittel festgesetzt bzw. wurden dem Zeugen die Kosten auferlegt, so kann der Zeuge zwischen dem Aufhebungsverfahren nach §381 Abs. 1 Satz 3 und der sofortigen Beschwerde nach §380 Abs.3 wählen. Auch im Beschwerdeverfahren können Entschuldigungsgründe geltend gemacht werden. Die aufschiebende Wirkung der Beschwerde (§570) gilt auch im Aufhebungsverfahren. Wird der Aufhebungsantrag zurückgewiesen, kann der Zeuge sofortige Beschwerde einlegen (→ Rdnr. 20).

§382 Vernehmung an bestimmten Orten

(1) Die Mitglieder der Bundesregierung oder einer Landesregierung sind an ihrem Amtssitz oder, wenn sie sich außerhalb ihres Amtssitzes aufhalten, an ihrem Aufenthaltsort zu vernehmen.

(2) Die Mitglieder des Bundestages, des Bundesrates, eines Landtages oder einer zweiten Kammer sind während ihres Aufenthaltes am Sitz der Versammlung dort zu vernehmen.

(3) Zu einer Abweichung von den vorstehenden Vorschriften bedarf es:
für die Mitglieder der Bundesregierung der Genehmigung der Bundesregierung,
für die Mitglieder einer Landesregierung der Genehmigung der Landesregierung,

---

[25] Aber darüber hinaus keine Erstattung von Zinsen und Schäden, *RG* Gruchot 40 (1896) 662. Prozeßzinsen (§291 BGB) müssen aber wohl erstattet werden.

[26] *LAG Hamburg* NZA-RR 2005, 213.

für die Mitglieder einer der im Abs. 2 genannten Versammlungen der Genehmigung dieser Versammlung.

Gesetzesgeschichte: Ursprünglich §347 CPO, durch Nov. 98, RGBl 256 (→ Einl. Rdnr. 146) inhaltlich unverändert zu §382 geworden. Änderungen durch Bek. 24, RGBl I 437 (→ Einl. Rdnr. 160ff.), Gesetz vom 27. III. 1930, RGBl I 96, Nov. 50, BGBl I 455 (→ Einl. Rdnr. 190). Die beigefügte amtliche Überschrift beruht auf Art. 2 Abs. 2 ZPO-RG (→ Einl. Rdnr. 202) in Verbindung mit der dazu erlassenen Anlage.

Stichwortverzeichnis → »Schlüssel zum Zeugenbeweis« zu Beginn der Vorbemerkungen vor §373.

I. Zweck

1 §382 dient nicht den einzelnen Mitgliedern der Regierungen, Parlamente und sonstigen in Abs. 2 genannten Organen, sondern dem **Schutze der Funktionsfähigkeit** dieser Verfassungsorgane. Die Erscheinungspflicht bei einem entfernten Gericht soll die politische Arbeit der Regierungen und Parlamente nicht beeinträchtigen. Organe der rechtsprechenden Gewalt (BVerfG und oberste Gerichtshöfe des Bundes [Art. 95 GG]) fallen nicht darunter. Die Vorschrift ist von Amts wegen zu beachten.

II. Vernehmung von Regierungsmitgliedern

2 Die in Abs. 1 aufgeführten Personen dürfen vorbehaltlich der Abweichung gemäß Abs. 3 nur an ihrem **Amtssitz** oder bei auch nur vorübergehender Abwesenheit an ihrem jeweiligen *Aufenthaltsort* vernommen werden. Zu dem Personenkreis zählen die der jeweiligen Regierung angehörenden Mitglieder; besteht sie auch aus anderen Personen als den Ministern (z.B. Staatssekretäre in Bayern oder Sachsen), so gehören sie dazu (selbstverständlich auch der Bundeskanzler und die Ministerpräsidenten), in den *Stadtstaaten* die (regierenden) Bürgermeister und Senatoren. Die Vernehmung kann an der Gerichtsstelle (→ §219 Rdnr. 2) erfolgen; Vernehmung in der Wohnung ist nicht vorgeschrieben (anders §375 Abs. 2).

III. Vernehmung von Mitgliedern gesetzgebender Versammlungen

3 *Mitglieder* der in Abs. 2 aufgeführten Organe müssen nicht nur dann am Ort der Versammlung vernommen werden, wenn ihr dortiger Aufenthalt in die Tagungszeit (Sitzungsperiode) fällt, sondern stets dann, wenn sie sich am Ort der Versammlung aufhalten[1]. Es kann jedoch schon während des Aufenthalts am Ort der Versammlung eine Ladung vor ein anderes Gericht auf die Zeit nach der Beendigung dieses Aufenthalts erlassen werden, wenn ein solcher Zeitpunkt feststeht. Dies ist freilich oft nicht abzusehen, zumal auch in den Parlamentsferien Ausschuß- und Sondersitzungen stattfinden oder sonstige Verpflichtungen des Parlamentariers bestehen (z.B. Besprechungen mit Ministerialbeamten, Sachverständigen, anderen Abgeordneten usw.). Zu den Mitgliedern gesetzgebender Versammlungen gehören die Mitglie-

[1] MünchKommZPO/*Damrau*[2] Rdnr. 4; a.A. *Zöller/Greger*[25] Rdnr. 3.

der der Bürgerschaften der *Stadtstaaten*, nicht aber sonstige Stadtrats-(Gemeinderats-)Mitglieder.

Seit der Abschaffung des Bayerischen Senats mit Wirkung zum 1. I. 2000[2] besteht in keinem Bundesland mehr eine **zweite Kammer**. 4

IV. Genehmigung

5 Ob die **Genehmigung** zu einer Abweichung von Abs. 1, 2 einzuholen ist, entscheidet *das Gericht nach freiem Ermessen*[3]. Sie kann aber auch vom Beweisführer eingeholt werden. Bei der Erteilung der Genehmigung hat der Beweisführer nur ein formelles subjektives öffentliches Recht, d.h. Anspruch auf fehlerfreie Ermessensausübung und auf Bescheid. Soweit Gesetzgebungsorgane die Genehmigung erteilen[4], handelt es sich dabei jedoch um keinen Verwaltungsakt im technischen Sinn, sondern um schlichte Parlamentsbeschlüsse, die allenfalls mit der Verfassungsbeschwerde angefochten werden können. Die Erteilung der Genehmigung durch ein Exekutivorgan (Regierung) ist dagegen als Verwaltungsakt zu qualifizieren (vgl. → §376 Rdnr. 15 zum Fall der Aussagegenehmigung des Beamten). Die Bereitschaft des Zeugen, sich am Gerichtsort vernehmen zu lassen, macht die Einholung der Genehmigung nicht entbehrlich[5]; §382 schützt nicht den einzelnen Abgeordneten, sondern die Funktionsfähigkeit des jeweiligen politischen Organs (→ Rdnr. 1). Das Fehlen der Genehmigung macht jedoch eine unter Verstoß gegen §382 zustandegekommene Aussage *prozessual nicht unverwertbar*[6]; denn die Bestimmung hat keine prozessuale Zwecksetzung, sondern dient nur den genannten Verfassungsorganen (→ Rdnr. 1).

§383 Zeugnisverweigerungsrecht aus persönlichen Gründen

(1) Zur Verweigerung des Zeugnisses sind berechtigt:

1. der Verlobte einer Partei oder derjenige, mit dem die Partei ein Versprechen eingegangen ist, eine Lebenspartnerschaft zu begründen;

2. der Ehegatte einer Partei, auch wenn die Ehe nicht mehr besteht;

2a. der Lebenspartner einer Partei, auch wenn die Lebenspartnerschaft nicht mehr besteht;

3. diejenigen, die mit einer Partei in gerader Linie verwandt oder verschwägert, in der Seitenlinie bis zum dritten Grad verwandt oder bis zum zweiten Grad verschwägert sind oder waren;

---

[2] Gesetz zur Abschaffung des Bayerischen Senats v. 20. II. 1998, BayGVOBl 42.

[3] Vgl. auch *RGSt* 26, 256.

[4] Vgl. Punkt C der »Grundsätze in Immunitätsangelegenheiten und in Fällen der Genehmigung gemäß §50 Abs. 3 StPO und §382 Abs. 3 ZPO sowie bei Ermächtigungen gemäß §90b Abs. 2, §194 Abs. 4 StGB« vom 15. VIII. 1980 (BGBl I 1261), für die 16. Wahlperiode übernommen am 15. XII. 2005 (BGBl I 2006 9): »Die Genehmigung zu einer Abweichung von §50 Abs. 1 StPO und §382 Abs. 2 ZPO, wonach die Mitglieder des Bundestages am Sitz der Versammlung zu vernehmen sind, kann **im Wege der Vorentscheidung** gemäß Nummer 13 der Grundsätze in Immunitätsangelegenheiten erteilt werden. Die Staatsanwaltschaften und Gerichte richten ihre Anträge unmittelbar an den Präsidenten des Bundestages. Einer Genehmigung bedarf es nicht, wenn der Termin zur Vernehmung außerhalb der Sitzungswochen des Bundestages liegt.« Nr. 13 lautet: »Hat der Ausschuß aufgrund der ihm erteilten Ermächtigung (Nr. 8, 11, 12 B und C) eine Vorentscheidung getroffen, wird diese dem Bundestag durch den Präsidenten schriftlich mitgeteilt, ohne auf die Tagesordnung gesetzt zu werden. Sie gilt als Entscheidung des Bundestages, wenn nicht innerhalb von sieben Tagen nach Mitteilung Widerspruch erhoben wird.«

[5] A.A. MünchKommZPO-*Damrau*[2] Rdnr. 6.

[6] *Thomas/Putzo/Reichold*[27] Rdnr. 1.

4. Geistliche in Ansehung desjenigen, was ihnen bei der Ausübung der Seelsorge anvertraut ist;

5. Personen, die bei der Vorbereitung, Herstellung oder Verbreitung von periodischen Druckwerken oder Rundfunksendungen berufsmäßig mitwirken oder mitgewirkt haben, über die Person des Verfassers, Einsenders oder Gewährsmanns von Beiträgen und Unterlagen sowie über die ihnen im Hinblick auf ihre Tätigkeit gemachten Mitteilungen, soweit es sich um Beiträge, Unterlagen und Mitteilungen für den redaktionellen Teil handelt;

6. Personen, denen kraft ihres Amtes, Standes oder Gewerbes Tatsachen anvertraut sind, deren Geheimhaltung durch ihre Natur oder durch gesetzliche Vorschrift geboten ist, in Betreff der Tatsachen, auf welche die Verpflichtung zur Verschwiegenheit sich bezieht.

(2) Die unter Nr. 1 bis 3 bezeichneten Personen sind vor der Vernehmung über ihr Recht zur Verweigerung des Zeugnisses zu belehren.

(3) Die Vernehmung der unter Nr. 4 bis 6 bezeichneten Personen ist, auch wenn das Zeugnis nicht verweigert wird, auf Tatsachen nicht zu richten, in Ansehung welcher erhellt, dass ohne Verletzung der Verpflichtung zur Verschwiegenheit ein Zeugnis nicht abgelegt werden kann.

Gesetzesgeschichte: Ursprünglich §348 CPO, durch Nov. 98, RGBl 256 (→ Einl. Rdnr. 146), inhaltlich unverändert zu §383 geworden. Änderungen durch Gesetz vom 25. VII. 1975, BGBl I 1973 (→ Einl. Rdnr. 194), und durch das Adoptionsgesetz vom 2. VII. 1976, BGBl I 1749. Abs. 1 Nr. 2a eingefügt durch Gesetz vom 16. II. 2001, BGBl I 266. Die beigefügte amtliche Überschrift beruht auf Art. 2 Abs. 2 ZPO-RG (→ Einl. Rdnr. 202) in Verbindung mit der dazu erlassenen Anlage. Abs. 1 Nr. 1 ergänzt durch Gesetz vom 15. XII. 2004, BGBl I 3396.

Stichwortverzeichnis → »Schlüssel zum Zeugenbeweis« zu Beginn der Vorbemerkungen vor §373.

I. Allgemeines zum Zeugnisverweigerungsrecht[1]

1. Grundgedanken der Regelung

1 In den §§383–385 wird die Befugnis zur Verweigerung des Zeugnisses als *Ausnahme* von der allgemeinen öffentlich-rechtlichen Zeugnispflicht geregelt (→ Rdnr. 18 vor §373). Die Regelung in §383 erhält ihre Rechtfertigung aus der Überlegung, daß den hier genannten **Personen Konfliktslagen erspart werden sollen.** Gerade in Fällen dieser Art würde die uneingeschränkte Durchführung des Prinzips der Zeugnispflicht infolge solcher Konfliktslagen zudem zu einer erheblichen Herabminderung des Beweiswerts der Aussagen führen. Die Befugnis zur Verweigerung des Zeugnisses umfaßt auch die Berechtigung zur Verweigerung der Eidesleistung (→ §392 Rdnr. 6).

2. Zeugnisverweigerungsrecht von Minderjährigen

2 Die soeben ausgesprochene Zweckbestimmung des §383 zeigt sich vor allem bei der Behandlung des Zeugnisverweigerungsrechts von **Minderjährigen**: Das Zeugnisverweigerungsrecht ist ein höchstpersönliches Recht, so daß der minderjährige Zeuge trotz seiner beschränkten Geschäftsfähigkeit das Zeugnis **selbständig verweigern** darf. Dieses Verweigerungsrecht steht ihm unabhängig von seinem Alter und seinem Einsichtsvermögen zu. Kein zur Aussageverweigerung berechtigter Zeuge ist gegen seinen Willen zur Aussage verpflichtet, mag er auch noch so jung und mag ihm auch das Wesen des Zeugnisverweigerungsrechts noch so unklar sein.

3 Da es im Gegensatz zur abstrakt festgelegten Eidesmündigkeit (§393) keine Norm über die Zeugnismündigkeit gibt, regelt sich die Fähigkeit, in einem Prozeß Zeuge zu sein, nach der konkreten Einsichtsfähigkeit des Kindes (→ Rdnr. 3 vor §373). Wegen dieser variablen Grenze der Zeugnismündigkeit ergeben sich *Schwierigkeiten hinsichtlich der Einsichtsfähigkeit in das Zeugnisverweigerungsrecht* und damit hinsichtlich der für die Ausübung dieses Rechts zuständigen Person. Angesichts der fehlenden gesetzlichen Regelung der Zeugenstellung des Minderjährigen und der Ausübung von prozessualen Befugnissen durch den minderjährigen Zeugen ist vieles auf diesem Gebiet noch streitig und ungeklärt. Vielfach erweisen sich die von

[1] Vgl. dazu im allg. *Kohlhaas* NJW 1967, 666; *Kühl* JuS 1986, 115; *Lenckner* NJW 1965, 321ff.; *E. Schneider* JurBüro 1970, 1021; *Wach* GerS 66, 1ff.; *BGHSt* NJW 1980, 794.

Lehre und Rechtsprechung für den Strafprozeß erarbeiteten Antworten als für den Zivilprozeß ohne weiteres verwertbar.

a) Einsichtsfähigkeit des Minderjährigen

4 Bejaht das Gericht die Einsichtsfähigkeit des minderjährigen Zeugen in die Bedeutung einer Aussage als Zeuge, ist dem betreffenden minderjährigen Zeugen regelmäßig[2] zugleich auch das Recht zuerkannt, das Zeugnis *selbst* zu verweigern. **Einer Zustimmung des oder der gesetzlichen Vertreter zur Ausübung des Zeugnisverweigerungsrechts bedarf es dann nicht**. Deshalb begründet auch die Zustimmung[3] des gesetzlichen Vertreters zur Aussage keine Zeugnispflicht des Minderjährigen. Denn was für den Strafprozeß anerkannt ist[4], hat insoweit wegen der Gleichheit der möglichen Konfliktslage auch im Zivilprozeß zu gelten: Das die Aussage verweigernde Kind ist im übrigen auch darüber zu belehren, daß es trotz Zustimmung des gesetzlichen Vertreters zur Zeugenaussage nicht auszusagen braucht (näher → Rdnr. 69ff.). **Gegen seinen Willen darf das das Zeugnis verweigernde Kind nicht in die hier auftretenden Konfliktslagen hineingebracht werden**. Dabei ist es, wie auch sonst beim Zeugnisverweigerungsrecht, unerheblich, ob vom Kind bei objektiv bestehendem Zeugnisverweigerungsrecht das Zeugnis subjektiv aus sachbezogenen Motiven verweigert wird.

b) Zustimmungsverweigerung durch den gesetzlichen Vertreter

5 Ist das minderjährige Kind zur Aussage bereit, verweigert aber der gesetzliche Vertreter die Zustimmung, **darf ebenfalls das Kind nicht als Zeuge vernommen werden**[5]. Die die Rechtsordnung durchziehende Tendenz zum Minderjährigenschutz gebietet, daß der Minderjährige hier vor einer von ihm selbst möglicherweise nicht gesehenen Konfliktslage bewahrt wird. Nur wenn *eindeutig* feststeht, daß der Minderjährige die geistige Reife besitzt, um die Tragweite des Verweigerungsrechts nach §383 selbständig umfassend beurteilen zu können, kann vertreten werden, daß ausnahmsweise eine Vernehmung des aussagewilligen Zeugen trotz verweigerter Zustimmung seines gesetzlichen Vertreters durchgeführt wird[6].

c) Fehlende Einsichtsfähigkeit in das Wesen des Zeugnisverweigerungsrechts

6 Bejaht das Gericht zwar die Einsichtsfähigkeit des Kindes hinsichtlich der Bedeutung einer Zeugenaussage, verneint es aber die Einsicht in das Wesen des Zeugnisverweigerungsrechts, kommt es an sich allein auf die Verweigerung durch den gesetzlichen Vertreter an. Aber auch bei solch fehlender Einsicht lediglich in das Wesen des Zeugnisverweigerungsrechts **vermag eine etwaige Weigerung des Kindes nicht durch die Zustimmung des gesetzlichen Vertreters überspielt werden**[7]. Denn die Konfliktslage des minderjährigen Zeugen bleibt erhalten, auch wenn er sich im einzelnen oder überhaupt nicht des Konfliktes bewußt ist. *Niemand von den in §383 Nr. 1–3 ZPO genannten Personen soll aussagen, wenn er es nicht will*[8]. Aus diesem

---

[2] *BGHSt* NJW 1967, 360.

[3] Zu ihr näher → Rdnr. 6.

[4] Die Einfügung des Abs. 2 von §52 StPO durch G vom 9. XII. 1974 (BGBl I 3393) bestätigt die bisherige Rspr., so *BGHSt* 14, 24, 159ff.; *BGHSt* NJW 1979, 1722; JR 1967, 468 = FamRZ 668 = RdJ 1968, 348 (LS) = LM §52 StPO Nr. 27 (LS; *Pelchen*). Anders noch *BGHSt* 12, 235 (zum Untersuchungsverweigerungsrecht). Eingehend zum ganzen *Bosch* Grundsatzfragen des Beweisrechts (1963) 25ff.

[5] *BGHSt* 21, 303 = NJW 1967, 2273; *Gernhuber/Coester-Waltjen* FamR[5] §57 Rdnr. 82.

[6] Für den Strafprozeß ergibt sich dies aus §52 Abs. 2 Satz 1 StPO.

[7] *BGHSt* 14, 159ff. = NJW 1960, 1396; *BGHSt* 23, 222; *BGHSt* StV 1983, 494.

[8] *E. Schneider* (Fn. 1) Sp. 1921.

Grunde gelten selbst bei den soeben genannten Situationen die Begründungen und Ergebnisse zu oben → Rdnr. 4.

d) Zustimmung beider Elternteile

7 Da die nach dem vorher Gesagten vielfach erforderliche Zustimmung[9] im Regelfall von *beiden* Elternteilen als den gesetzlichen Vertretern erteilt werden muß, **ist die Zustimmung solange nicht erteilt, als sich die Eltern nicht einigen können**. Seit der Beseitigung des Stichentscheids (§ 1628 BGB)[10] besteht für den Vater keine Prärogative mehr.

e) Ausschluß der Eltern von der gesetzlichen Vertretung

8 Von der Vertretung des Zeugen kann der gesetzliche Vertreter unter Umständen aber ausgeschlossen sein, vor allem wenn er selbst Partei des Rechtsstreits ist. Diese Frage spielt besonders im Ehescheidungsprozeß eine Rolle. Die Eltern sind dann von der gesetzlichen Vertretung des Kindes ausgeschlossen. Hinsichtlich der Zustimmung zur Aussage ist ein Pfleger vom Vormundschaftsgericht zu bestellen (§ 1909 BGB)[11]. Ist nur *ein* Elternteil Partei, ist die Zustimmung vom nichtbeteiligten Elternteil zu erteilen[12], es sei denn, auch für ihn liegen Ausschlußgründe vor.

3. Grenzen der Regelung des Zeugnisverweigerungsrechts

9 Als Ausnahme vom generellen Zeugniszwang erfährt die Regelung eine scharfe zweifache Begrenzung:

a) Persönliche Grenzen

10 In *persönlicher* Hinsicht ist die Ausnahme begrenzt. Das bedeutet, daß nur die in § 383 genannten Personen von dem hier statuierten Zeugnisverweigerungsrecht Gebrauch machen dürfen. Die Vorschriften sind aber *analog anwendbar* für diejenigen Personen, die als Zeugen zu vernehmen sind (→ Rdnr. 4f. vor § 373). Daher steht das Zeugnisverweigerungsrecht auch der **prozeßunfähigen Partei** zu[13], die nicht Zeugnis in eigener Sache ablegen muß. Ein Zeugnisverweigerungsrecht haben auch die **materielle Partei** bei der Prozeßstandschaft und der Insolvenzschuldner im Prozeß des Insolvenzverwalters[14]. Zu den Angehörigen usw. in diesen Fällen → Rdnr. 23ff.

---

[9] *BGHSt* NJW 1967, 360; *BGHSt* 21, 303f.; nehmen eine *Zustimmungsbedürftigkeit* der Aussage des minderjährigen Zeugen an, der ein Zeugnisverweigerungsrecht besitzt.

[10] *BVerfGE* 10, 59ff. = NJW 1959, 1483 = FamRZ 416; vgl. auch BGBl I 1959 633. Damit setzt sich der ablehnende Elternteil durch, *Bosch* (Fn. 4) 52f. Ob notfalls das Vormundschaftsgericht die Sperre der Ablehnung überwinden kann, ist sehr zweifelhaft, vgl. *Bosch* aaO.

[11] *OLG Stuttgart* MDR 1986, 58; *Schneider* (Fn. 1) Sp. 1022, der allerdings zutreffend betont, daß diese Bestellung nur dann notwendig ist, wenn überhaupt eine Zustimmungsbedürftigkeit gegeben ist, und daß beim einsichtsfähigen Zeugen deshalb keine Bestellung notwendig ist, weil er ja auch nicht der Zustimmung bedarf, vgl. auch *Bosch* (Fn. 4) 53ff. und sehr weit *LG Mannheim* MDR 1971, 663.

[12] *OLG Stuttgart* NJW 1971, 2237 (eingehend zum Strafprozeß mwN); ablehnend *Schoene* NJW 1972, 930: *beide* Elternteile seien dann ausgeschlossen.

[13] *Lent* ZZP 52 (1927) 14; MünchKommZPO/*Damrau*[2] Rdnr. 4; *Zöller/Greger*[25] Rdnr. 2.

[14] *Uhlenbruck* InsO[12] § 80 Rdnr. 73; a. *A. Häsemeyer* Insolvenzrecht[3] Rdnr. 13.24, der nur ein Verweigerungsrecht nach § 384 ZPO anerkennt.

11 **aa) Abgeordnete:** Ein spezielles Zeugnisverweigerungsrecht enthält Art. 47 GG für die **Abgeordneten des Deutschen Bundestags**. Danach dürfen diese über Personen, die ihnen in ihrer Eigenschaft als Abgeordnete oder denen sie in dieser Eigenschaft Tatsachen anvertraut haben, sowie über diese Tatsachen selbst das Zeugnis verweigern[15]. Die **Abgeordneten des Europarats** sind gemäß Art. 25 der Satzung des Europarats grundsätzlich Mitglieder des Parlaments des jeweiligen Mitgliedsstaates; damit steht den deutschen Europaratsmitgliedern das Zeugnisverweigerungsrecht gemäß Art. 47 GG zu. Entsprechendes gilt für die **Mitglieder des Europäischen Parlaments** gemäß §6 Europaabgeordnetengesetz vom 6. IV. 1979 (BGBl I 413) und für die **Abgeordneten der Landtage** nach Maßgabe der Länderverfassungen: Baden-Württemberg Art. 39; Bayern Art. 29; Berlin Art. 51 Abs. 2; Brandenburg Art. 59; Bremen Art. 96; Hamburg Art. 17; Hessen Art. 97; Mecklenburg-Vorpommern Art. 24 Abs. 3; Niedersachsen Art. 16; Nordrhein-Westfalen Art. 49; Rheinland-Pfalz Art. 95; Saarland Art. 83; Sachsen Art. 56; Sachsen-Anhalt Art. 59; Schleswig-Holstein Art. 24 Abs. 3; Thüringen Art. 56 der jeweiligen Landesverfassung.

12 **bb) Konsularbeamte:** Ein weiteres spezielles Zeugnisverweigerungsrecht steht den Konsularbeamten ausländischer Staaten zu, wenn sie über Umstände ihres dienstlichen Bereichs aussagen sollen (näher → §377 Rdnr. 13ff.).

b) Sachliche Grenzen

13 *In sachlicher* Hinsicht ist die Regelung der Zeugnisverweigerungsrechte grundsätzlich **ebenfalls abschließend**. Andere als die in §383 und in §384 aufgezählten Gründe können keine Berücksichtigung finden. Damit ist nicht gesagt, daß sonst keine Konfliktlagen auftreten, wenn vom Zeugen die Offenbarung seines Wissens gefordert wird. In der Abwägung zwischen der Erhellung der Wahrheit und der Respektierung solcher Konfliktsituationen hat sich das Gesetz zum Zeugniszwang entschieden. Im Interesse der Wahrheit muß deshalb der einzelne Zeuge solche Konfliktlagen in Kauf nehmen. Dies gilt insbesondere bei **vertraglich übernommenen Schweigepflichten**, die prozessual außer Betracht bleiben müssen, soweit es sich nicht um ein Kunst- oder Gewerbegeheimnis (→ §384 Rdnr. 10) handelt[16]. Das dem Schutz des **Adoptionsgeheimnisses** dienende Verbot, Adoptionen und ihre Umstände auszuforschen oder aufzudecken (§1758 BGB), begründet ebenfalls kein Zeugnisverweigerungsrecht; regelmäßig überwiegt das in §1758 Abs. 1 BGB einschränkend genannte öffentliche Interesse an der Zeugenaussage[17].

14 Ausnahmsweise kann ein Recht zur Zeugnisverweigerung unmittelbar auf die Verfassung gestützt werden. Es kann das Grundrecht aus Art. 4 Abs. 1 GG verletzen, wenn ein Zeuge in einem Gerichtssaal aussagen muß, der mit einem (christlichen) Kreuz ausgestattet ist[18]. Wird ein Zeuge durch Drohungen für den Fall seiner Aussage unter Druck gesetzt, kann aus Art. 2 Abs. 2 GG ein Zeugnisverweigerungsrecht folgen[19]. Zum Schutz der Pressefreiheit → Rdnr. 45. Zur *Eides*verweigerung aus Gewissensgründen → §392 Fn. 3.

---

[15] Ebenso die Gehilfen und Angestellten dieser Personen, so *Heitzer* NJW 1952, 89; *v. Mangoldt/Klein/Starck* GG[5] Art. 47 Rdnr. 4, 6f.

[16] *OLG Dresden* OLGRsp 31, 57; JW 1919, 939; *KG* KGBl 1920, 18; *OLG Nürnberg* BayJMBl 1954, 66.

[17] MünchKommBGB/*Maurer*[4] §1758 Rdnr. 7.

[18] Vgl. *BVerfGE* 35, 366 (allgemein zu mündlicher Verhandlung); a.A. *Zöller/Greger*[25] §383 Rdnr. 3 (Aussageverweigerungsrecht nur für Juden); *OLG Nürnberg* NJW 1966, 1926.

[19] *OLG Hamm* OLGZ 89, 468, 469 (im konkreten Fall verneint).

4. Verweigerung des Zeugnisses und Widerruf der Verweigerung

15 Der zur Verweigerung des Zeugnisses Berechtigte kann bis zum Abschluß der Vernehmung in jedem Zeitpunkt beliebig von diesem Recht Gebrauch machen[20]. Ein zuvor ausdrücklich erklärter *Verzicht auf das Verweigerungsrecht* steht dem nicht entgegen: Das Recht ist insoweit **unverzichtbar**. Daß für den Zivilprozeß eine dem §52 Abs. 3 Satz 2 StPO entsprechende Vorschrift fehlt, läßt keinen Gegenschluß zu: Die für die Schaffung des §52 Abs. 3 Satz 2 StPO maßgebliche Überlegung gilt gleichermaßen für das Zeugnisverweigerungsrecht im Zivilprozeß.

16 Die **Verweigerung des Zeugnisses** kann von dem Gericht **bei der Beweiswürdigung nur mit großer Vorsicht als Indiz** verwertet werden (→ §286 Rdnr. 10ff. [21. Aufl.], → §384 Rdnr. 19). Da die Zeugnisverweigerung in einem späteren Verfahrensstadium kein Verwertungsverbot für die früher erfolgte Aussage schafft[21] (grundsätzlich anders §252 StPO!), hindert sie eine Beweisaufnahme über etwaige frühere Äußerungen des Verschweigenden nicht[22]. Insbesondere können daher Protokolle über frühere Vernehmungen als Urkunden (→ §284 Rdnr. 34ff. [21. Aufl.]) verwertet und erst recht erforderlichenfalls Zeugen über die frühere Aussage vernommen werden[23].

5. Materiell-rechtliche Schweigepflicht und prozessuales Zeugnisverweigerungsrecht[24]

17 Scharf zu trennen ist das *prozessuale Zeugnisverweigerungsrecht* von der Frage nach einer eventuell bestehenden *materiell-rechtlichen Schweigepflicht*. Es handelt sich dabei nicht um zweierlei Aspekte eines einheitlichen Problems: Das materiell-rechtliche (evtl. strafrechtlich-sanktionierte, vgl. §§203, 353b StGB) Gebot der Schweigepflicht findet *nicht notwendig* eine Entsprechung in einem prozessualen Zeugnisverweigerungsrecht. Letzterem muß keineswegs immer eine materiell-rechtliche Verschwiegenheitspflicht gegenüber stehen. So sind beispielsweise Abgeordnete (→ Rdnr. 11) schweige*berechtigt*, *nicht* aber materiell auch dazu *verpflichtet* (gleiches gilt etwa für Geistliche, → Rdnr. 29). Umgekehrt sind Fälle denkbar, in denen der Schweigepflicht kein Zeugnisverweigerungsrecht korrespondiert (→ Rdnr. 13 zur vertraglich vereinbarten Schweigepflicht). Im Zivilprozeß erfaßt die Generalklausel des §383 Abs. 1 Nr. 6 regelmäßig alle Fälle einer materiell-rechtlichen gesetzlichen Schweigepflicht[25]. Im Strafprozeß liegen die Dinge dagegen anders, weil der Katalog des §53 StPO nur ganz bestimmten einzeln aufgeführten Berufsgruppen ein Zeugnisverweigerungsrecht gewährt.

18 **Die Frage nach der Berechtigung der Zeugnisverweigerung beantwortet sich allein nach prozessualen Gesichtspunkten**. So wenig wie die bloße Zeugenstellung eine Befugnis zum Bruch des Geheimnisses (§203 StGB!) schafft[26], so wenig könnte aus materiell-rechtlichen Erwägungen eine Pflicht zur Aussage hergeleitet werden. Der Konflikt ist in §383 Abs. 1 Nr. 6 gelöst: Er schafft die Möglichkeit, der Schweigepflicht nachzukommen. Der etwa wegen über-

---

[20] *RG* SeuffArch 56 (1901) 329; *BayObLGZ* 1956, 392; *OLG Hamburg* OLGRsp 17, 162; *OLG München* OLGRsp 20, 326; *OLG Nürnberg* BayJMBl 1954, 66 u.a.

[21] *OLG Braunschweig* NdsRpfl 1960, 162.

[22] *BayObLGZ* 1913, 253.

[23] Im Strafprozeß ist diese Verfahrensweise sehr eingeschränkt, vgl. *Roxin* Strafverfahrensrecht[25] §44 B III Rdnr. 21.

[24] Dazu vor allem *Lenckner* (Fn. 1) mwN.

[25] *Lenckner* (Fn. 1) 322; *Konzen* Rechtsverhältnisse zwischen Prozeßparteien (1976) 148.

[26] *Lenckner* (Fn. 1) 324; *Schönke/Schröder/Lenckner* StGB[27] §203 Rdnr. 29. Ob der Zeuge aussagen soll, hat er selbst zu entscheiden. Die Frage nach der Rechtfertigung beantwortet sich nach den Grundsätzen des übergesetzlichen Notstands (vgl. *Maurach/Schroeder/Maiwald* Strafrecht Besonderer Teil[9] §29 Rdnr. 48, 50).

gesetzlichen Notstandes[27] nicht strafbare Bruch des Berufsgeheimnisses begründet aber *nicht* gleichzeitig die prozessuale Zeugen*pflicht*. Die Grenze der Ausnahmeregelung des §383 zieht §385, nicht aber §203 StGB[28]. Nur in den – im Zivilprozeß in Hinblick auf §383 Abs. 1 Nr. 6 nur selten auftretenden – Fällen, in denen der Schweigepflicht kein Zeugnisverweigerungsrecht entspricht, wirkt die gerichtliche Aussagepflicht als Rechtfertigungsgrund bei einer an sich gegebenen Verletzung der Verschwiegenheitspflicht: Die Offenbarung der geheimzuhaltenden Tatsachen ist dann nicht mehr als unbefugt anzusehen[29].

19 Aus der strikten Trennung von materieller Schweigepflicht und prozessualen Zeugnisverweigerungsrecht folgt weiterhin, daß **Aussagen, die unter Bruch der Geheimhaltungspflicht infolge Nichtausübung des Verweigerungsrechts zustande kamen**, prozessual nicht etwa unzulässig oder unverwertbar wären[30]; denn §383 (ebenso §384) begründet lediglich ein Zeugnisverweigerungs*recht* (anders ist die Rechtslage bei Fehlen der Aussagegenehmigung in den Fällen des §376, → §385 Rdnr. 10 zum Unterschied von Aussagegenehmigung und Entbindung von der Schweigepflicht). Wegen Abs. 3 → Rdnr. 72ff.

II. Zeugnisverweigerungsrecht wegen persönlicher Beziehungen

20 Die Weigerungsgründe Nr. 1–3 beruhen auf einem **persönlichen** Verhältnis zwischen dem Zeugen und einer Partei und gelten für die Vernehmung als Ganzes, vorbehaltlich der Ausnahmen für einzelne Fragen, §385. Besteht das Verhältnis nur zu einem der Streitgenossen[31], so ist die Verweigerung berechtigt, es sei denn, daß der Gegenstand der Vernehmung ausschließlich für die Entscheidung den anderen gegenüber von Bedeutung ist, → dazu auch §61 Rdnr. 11[32]. Zum Zeugnisverweigerungsrecht der prozeßunfähigen Partei → Rdnr. 10.

1. Parteibegriff

a) Grundlagen

21 Der Parteibegriff in §383 Abs. 1 Nr. 1 bis 3 bedarf der Präzisierung für die Fälle der **Prozeßstandschaft**, insbesondere der Prozeßführung der **Partei kraft Amtes**. Der historische Gesetzgeber ging für §383 vom materiellen Parteibegriff aus. Der heute herrschende formelle Parteibegriff (→ Rdnr. 2 vor §50) hat die Funktion, die Prozeßführung über fremde Rechte im eigenen Namen dogmatisch zu bewältigen. Daraus folgt nicht, daß der formelle Parteibegriff für alle »Parteifunktionen« maßgeblich sein muß[33]. Vielmehr ist im Wege der Auslegung zu ermitteln, ob eine Bestimmung auf ein formelles oder ein materielles Parteiverständnis ausgerichtet

[27] *RGSt* 61, 242 und die strafrechtliche Literatur sowie: *RGSt* 38, 64; *BGHSt* 24, 72; *BGH* NJW 1968, 2288 (*Händel*); 1969, 555; *OLG München* MDR 1956, 565; *OLG Celle* NJW 1963, 406; *Kohlhaas* DAR 1957, 345; *Martin* DAR 1970, 302.

[28] So auch *OLG Hamburg* OLGRsp 6, 126ff.; *Lenckner* (Fn. 1) 327; für den Strafprozeß ebenso *Löwe/Rosenberg/Dahs* StPO[25] §53 Rdnr. 7ff.; anders früher *RGZ* 53, 316.

[29] *Lenckner* (Fn. 1) 323; → §376 Rdnr. 28.

[30] Für den Strafprozeß bereits entschieden in *BGHSt* 9, 59ff.; gleiches hat im Hinblick auf die Gleichheit der Interessenlage im Zivilprozeß zu gelten; kritisch aber *Lenckner* (Fn. 1) 326f. Die Frage hat im Strafprozeß größere Bedeutung, weil dort eine dem §383 Abs. 3 entsprechende Bestimmung fehlt. Da §383 Abs. 3 im allgemeinen als lex imperfecta verstanden wird, kann der Fall auch im Zivilprozeß auftreten.

[31] Oder zu einem streitgenössischen Streitgehilfen, *Walsmann* Die streitgenössische Nebenintervention (1905) 201.

[32] Im Ergebnis ebenso *RG* JW 1899, 257; *OLG Celle* OLGRsp 17, 160; *OLG München* OLGRsp 19, 113; s. auch *RGSt* 16, 154 (vgl. auch *RGSt* 3, 161).

[33] *Henckel* Parteilehre und Streitgegenstand im Zivilprozeß (1961) 125ff.

ist. Die formelle Anknüpfung der Parteilehre hat allein die Aufgabe, einem Rechtsfremden die Prozeßführung zu ermöglichen. Sie bezweckt keine andere Bestimmung der Subjekte des Zeugnisverweigerungsrechts. Für **§383** ist daher im Ausgangspunkt am **materiellen Parteibegriff** festzuhalten.

22 Diese Ansicht führt kaum zu anderen Ergebnissen als die **herrschende Meinung**, die auf der Basis der formellen Parteilehre im Wege der *Analogie* die Zeugnisverweigerungsrechte auf die Angehörigen der materiellen Partei erstreckt[34], andererseits im Wege der *einschränkenden Auslegung* den Angehörigen der formellen Partei ein Zeugnisverweigerungsrecht versagt[35].

b) Folgerungen

23 In den Fällen der gesetzlichen und gewillkürten **Prozeßstandschaft** entscheidet über das Zeugnisverweigerungsrecht die in §383 Abs. 1 Nr. 1 bis 3 genannte persönliche **Beziehung des Zeugen** zum **Inhaber** des geltend gemachten **materiellen Rechts**[36]. Ist der Zeuge Angehöriger des Prozeßstandschafters, scheidet ein Zeugnisverweigerungsrecht hingegen aus. Zwar mag auch hier eine Konfliktslage bestehen. Diese berechtigt aber nicht zur Verweigerung des Zeugnisses; die Prozeßführung über ein fremdes Recht im Wege der Prozeßstandschaft darf in diesem Punkte nicht anders als die Prozeßführung bei gewillkürter oder gesetzlicher Vertretung behandelt werden. Zum Zeugnisverweigerungsrecht des Rechtsträgers → Rdnr. 10.

24 An dieser Lösung ist auch in den Fällen der Prozeßführung einer **Partei kraft Amtes** (insbesondere des Insolvenzverwalters) festzuhalten. Die **Angehörigen der Partei kraft Amtes** haben **kein Zeugnisverweigerungsrecht** gemäß Nr. 1 bis 3[37].

25 Untermauern läßt sich dieses Ergebnis mit dem Hinweis, daß zwar die in Abs. 1 Nr. 1 bis 3 vorausgesetzte persönliche Beziehung zur formellen Partei besteht, diese Partei aber ein Recht verfolgt, das *nicht zu ihrem Privatvermögen* gehört. Dementsprechend ist der Vermögensverwalter auch nicht mit seinem Privatvermögen von der Rechtskraft betroffen. Da sein Prozeßinteresse in einem fremden Interessevermögen begründet ist, fehlt es an der für §383 Abs. 1 Nr. 1 bis 3 vom Gesetzgeber vorausgesetzten Konfliktslage (→ auch Rdnr. 3 vor §50). – Auf der → Rdnr. 21 vertretenen Basis haben die **Angehörigen der Inhaber der verwalteten Vermögen** (Gemeinschuldner usw.) hingegen ein **Zeugnisverweigerungsrecht**[38]. Auch hier spielt der Gesichtspunkt eine Rolle, daß das Prozeßinteresse im Vermögen des Rechtsträgers begründet ist. – Diese Ergebnisse stimmen überein mit den Folgerungen der **Vertretertheorie**[39].

---

34 *Schumann* in der 20. Aufl. für den Gemeinschuldner; AK-ZPO/*Rüßmann* Rdnr. 6; *Thomas/Putzo/Reichold*[27] Rdnr. 3.

35 MünchKommZPO/*Damrau*[2] Rdnr. 5; AK-ZPO/*Rüßmann* Rdnr. 6; *Zöller/Greger*[25] Rdnr. 2; *Thomas/Putzo/Reichold*[27] Rdnr. 3; insoweit a. A. *Schumann in* der 20. Aufl.

36 *BGHZ* 74, 379, 382 (für Angehörige des Gemeinschuldners).

37 A. A. *Schumann* in der 20. Aufl.; *Häsemeyer* Insolvenzrecht[3] Rdnr. 13.25; *Jaeger/Henckel* KO[9] §6 Rdnr. 68 f.; *Kilger/K. Schmidt* KO[17] §6 Anm. 7 e; wie hier im Ergebnis MünchKommZPO/*Damrau*[2] Rdnr. 5; AK-ZPO/*Rüßmann* Rdnr. 6; *Thomas/Putzo/Reichold*[27] Rdnr. 3; *Zöller/Greger*[25] Rdnr. 2.

38 MünchKommZPO/*Damrau*[2] Rdnr. 5; AK-ZPO/*Rüßmann* Rdnr. 6; *Zöller/Greger*[25] Rdnr. 2; vgl. daneben *Kisch* in: Die Reichsgerichtspraxis im deutschen Rechtsleben (1929) 6, 25; *Weber* KTS 1955, 102, 109; *Jaeger/Henckel* KO[9] §6 Rdnr. 69; *Kilger/K. Schmidt* KO[17] §6 Anm. 7 e.

39 Vgl. *Lent* ZZP 62 (1941) 129, 134.

2. Verlöbnis und Versprechen, eine Lebenspartnerschaft zu begründen

26 Unter Abs. 1 Nr. 1 fällt **jedes zivilrechtlich wirksame**[40] **Verlöbnis** (§1297 BGB). Bei unwirksamen Verlöbnissen ist zu unterscheiden: Ein Verlöbnis, das wegen §134 oder §138 BGB *nichtig* ist, berechtigt nicht zu einer Zeugnisverweigerung[41]. Dies gilt besonders dann, wenn ein Partner (oder beide) bereits anderweitig verheiratet ist[42]. Dagegen kann das Verlöbnis eines *Minderjährigen* auch dann zur Zeugnisverweigerung berechtigen, wenn die Zustimmung des gesetzlichen Vertreters fehlt[43]. Ausschlaggebend ist hier die Ernstlichkeit des Eheversprechens. Da es sich um eine gesetzlich anerkannte Konfliktslage handelt, muß die zivilrechtliche Unwirksamkeit nicht unbedingt die Versagung des Zeugnisverweigerungsrechts bewirken. Gefahren des Mißbrauchs dieses Zeugnisverweigerungsrechts werden durch solch eine prozessuale Betrachtungsweise nicht größer; die Möglichkeit des Ausweichens auf §384 Nr. 2 ist gerade in diesen Fällen ohnedies häufig gegeben. Die Unabhängigkeit des Prozeßrechts vom Zivilrecht geht freilich nicht soweit, daß zivilrechtlich gültige Verlöbnisse prozessual irrelevant sein können: sie gewähren auf jeden Fall ein Zeugnisverweigerungsrecht. Gleiches gilt für das **Versprechen, eine Lebenspartnerschaft zu begründen** (§1 Abs. 3 LPartG).

3. Ehegatten, Lebenspartner, Verwandte und Verschwägerte

27 Der in Abs. 1 Nr. 2, 2a und 3 angesprochene Personenkreis entspricht §41 Nr. 2, 2a und 3 (→ dort Rdnr. 10ff.). Die **Ehe** muß wirksam geschlossen bzw. die **Lebenspartnerschaft** wirksam begründet worden sein; spätere Scheidung (§1564 BGB) oder Aufhebung (§1313 BGB, §15 LPartG) lassen das Zeugnisverweigerungsrecht nicht entfallen. Eine im Ausland geschlossene, in Deutschland aber nicht wirksame (»hinkende«) Ehe wird einer nicht mehr bestehenden Ehe gleichgestellt[44]. Zwischen den nicht miteinander verheirateten Eltern (Mutter s. §1591 BGB; Vater s. §1592 Nr. 2 und 3 BGB) eines Kindes besteht hingegen kein Zeugnisverweigerungsrecht; das gilt auch für Partner einer »**nichtehelichen Lebensgemeinschaft**«[45]; mögliche Konflikte zwischen Aussagepflicht und persönlicher Beziehung müssen hingenommen werden (→ Rdnr. 10 und 13). – **Verwandtschaft und Schwägerschaft** richten sich nach §§1589f. BGB, §11 Abs. 2 LPartG (vgl. Art. 51 EGBGB). Ein Verwandtschaftsverhältnis besteht heute (zur Entwicklung → Voraufl. Rdnr. 30) zwischen dem (»nichtehelichen«) Kind und dem nicht mit der Mutter verheirateten Vater, falls die Voraussetzungen des §1592 Nr. 1 oder 2 BGB vorliegen. Die **Adoption** eines Minderjährigen begründet ein Verwandtschafts- und Schwägerschaftsverhältnis zum Annehmenden und dessen Verwandten und Verschwägerten (§1754 BGB), die Adoption Volljähriger nur zum Annehmenden (§1770 BGB). Das Erlöschen des Verwandtschaftsverhältnisses zu den bisherigen Verwandten (§1755 BGB) berührt das Zeugnisverweigerungsrecht des Angenommenen nicht, da frühere Verwandtschaft

---

[40] Allgemein dazu *H. J. Bruns* MDR 1953, 460 (»Verlöbnis« des Heiratsschwindlers); ferner *Gernhuber/Coester-Waltjen* FamR[5] §8 Rdnr. 5ff.; *D. Schwab* Familienrecht[13] Rdnr. 37. – Auch das nach *ausländischem* Recht wirksame Verlöbnis berechtigt zur Verweigerung.

[41] *Thomas/Putzo/Reichold*[27] Rdnr. 3. Zum Teil a.M. 19. Aufl. dieses Kommentars.

[42] *RGZ* 170, 72; 105, 245 (Verlöbnis eines anderweitig Verlobten). Ebenso für den Strafprozeß *BGH* NStZ 1983, 564; 1986, 206; *BayObLG* NJW 1983, 831 (auch wenn die Scheidung bereits betrieben wird). In seltenen Fällen sind Ausnahmen denkbar, so bei der Ehefrau eines Vermißten, die vom Tod ihres Mannes überzeugt ist, *OLG Schleswig* NJW 1950, 899 und SchlHA 1969, 198.

[43] *RGZ* 61, 267; *Zöller/Greger*[25] Rdnr. 8.

[44] MünchKommZPO/*Damrau*[2] Rdnr. 16.

[45] MünchKommZPO/*Damrau*[2] Rdnr. 15; *Zöller/Greger*[25] Rdnr. 9.

genügt. Gleiches gilt bei Aufhebung des Annahmeverhältnisses (§1764 BGB) und bei erfolgreicher Vaterschaftsanfechtung (§1599 BGB)[46].

III. Andere Zeugnisverweigerungsrechte

28 Unter Nr. 4 und 6 wird gewissen Personen **auf Grund der besonderen Vertrauensstellung**, die sie *Dritten* (nicht notwendig den Parteien, → Rdnr. 66) gegenüber einnehmen, ein Verweigerungsrecht *insoweit* gewährt, als die *Geheimhaltung* von ihnen *erwartet* werden darf[47]. Wegen der Entbindung von der Schweigepflicht → §385 Rdnr. 9.

1. Geistliche

a) Begriff des Geistlichen

29 Der unter §383 Abs. 1 Nr. 4 fallende Personenkreis der **Geistlichen** umfaßt alle Religionsdiener, die in einer Religionsgesellschaft die Funktionen der Seelsorge als Amt verrichten. Vgl. zu Nr. 4 auch Art. 9 des Reichskonkordats (→ §385 Rdnr. 11) mit dem Heiligen Stuhl vom 20. VII. 1933. Für nichtkatholische Geistliche vgl. etwa auch Art. 144 Abs. 3 der Bayerischen Verfassung (abgedruckt in → §385 Fn. 33). Ob die Religionsgesellschaft staatlich anerkannt ist, bleibt deshalb außer Betracht, weil hier nicht das Amt, sondern die Vertrauensstellung entscheidet[48] und anderenfalls der Geistliche unter Nr. 6 fiele (→ auch Rdnr. 58).

b) Umfang des Zeugnisverweigerungsrechts

30 Die geheimzuhaltenden Tatsachen setzen nicht etwa eine geheime oder auch nur vertrauliche Offenbarung an den Geistlichen voraus. Es muß sich auch nicht etwa um eine Tatsache handeln, die nicht anderen bekannt ist. Das Recht zur Zeugnisverweigerung knüpft an die Mitteilung bei Ausübung der Seelsorge an. Es wird darauf abgestellt, was die Geistlichen in *ihrer Eigenschaft*[49] *als Seelsorger* erfahren haben[50], → auch Rdnr. 61. Maßgeblich ist deshalb nicht die *Art der Mitteilung*, so daß es gleichgültig ist, ob die Mitteilung unter dem Siegel des Beichtgeheimnisses erfolgte und ob nach den Gesetzen der betreffenden kirchlichen Gemeinschaft oder nach den Strafgesetzen eine Verpflichtung zur Geheimhaltung überhaupt besteht. **Entscheidend ist vielmehr, ob der einzelne Gläubige darauf vertrauen konnte, daß die mitgeteilte Tatsache von dem betreffenden Geistlichen geheimgehalten werden würde**. Aus diesem

---

46 Einschränkend *Zöller/Greger*[25] Rdnr. 10 (Wegfall des Zeugnisverweigerungsrechts für die »die Folgezeit betreffenden Tatsachen«).

47 *RGZ* 53, 41. Vgl. auch juristisch ergiebig *Wiebel* Das Berufsgeheimnis in den freien Berufen – Untersuchungen zur Soziologie und Geschichte der Berufe des Arztes, Rechtsanwalts und Strafverteidigers (1970).

48 So auch *Baumbach/Lauterbach/Hartmann*[64] Rdnr. 5; *Kann* ZZP 37 (1908) 142; a.M. MünchKommZPO/*Damrau*[2] Rdnr. 22; *Zöller/Greger*[25] Rdnr. 11 und die im Strafverfahren vorherrschende Ansicht (*Leonhard* ZStW 26 [1906], 430f.; *Löwe/Rosenberg/Dahs* StPO[25] §53 Rdnr. 23 mwN). Nach dieser Ansicht sind nur Geistliche der staatlich anerkannten Religionsgemeinschaften zeugnisverweigerungsberechtigt.

49 So ausdrücklich §53 Abs. 1 Nr. 1–5 StPO.

50 Also was ihnen **anvertraut** oder **bekanntgeworden** ist, vgl. §53 Abs. 1 Nr. 1 StPO. Diese Vorschrift hatte ursprünglich denselben Wortlaut wie §383 Abs. 1 Nr. 4 ZPO. Die Änderung der StPO (durch Nov. v. 4. VIII. 1953, BGBl I 744) diente nur der Klarstellung. Es wäre verfehlt, hieraus ein argumentum e contrario herzuleiten. Trotz des verschiedenen Wortlauts umfaßt also das Zeugnisverweigerungsrecht sowohl im Zivil- als auch im Strafprozeß alle Tatsachen, die dem Geistlichen als solchem bekanntgeworden sind, z.B. die Frage, ob jemand gebeichtet hat oder nicht, *RG* HRR 1928, Nr. 1674.

Grunde gehört auch der Versuch des Geistlichen, eine Sühne in Ehesachen herbeizuführen, zur Seelsorge[51]. Andererseits ist rechtsgeschäftliches Handeln oder etwa der Vermögenserwerb für die Kirche[52] keine Tatsache, die dem Zeugnisverweigerungsrecht unterliegt. Auch auf Mitteilungen, die ein Geistlicher in Ausübung der Seelsorge einem Dritten gemacht haben soll, ist §383 Abs.1 Nr.4 nicht anwendbar[53].

2. Presseangehörige

31 Nr.5 ist eingefügt worden durch Gesetz vom 25. VII. 1975[54]; die Vorschrift ist wortgleich mit §53 Abs.1 Nr.5 StPO. Die Bestimmung dient vor dem Hintergrund der in Art.5 Abs.1 Satz 2 GG gewährleisteten Kontrollfunktion von Presse und Rundfunk dem **Schutz der Tätigkeit** von **Presse** und **Rundfunk** (»Redaktionsgeheimnis«) im Hinblick auf das **Vertrauensverhältnis zu Informanten**. Maßgeblich für die Auslegung der Bestimmung sind nicht die Landespressegesetze[55], sondern der *verfassungsrechtliche* Presse- und Rundfunkbegriff; den landesrechtlichen Definitionen kommt nur Indizwirkung zu[56]. Zu Zeugnisverweigerungsrechten in Landespressegesetzen → Rdnr.47.

32 a) Zur Verweigerung des Zeugnisses sind berechtigt die Mitarbeiter von »**periodischen Druckwerken** oder **Rundfunksendungen**«.

33 aa) »**Periodisch**« ist ein Druckwerk, das in Fortsetzungsabsicht und ständiger Folge erscheint, ohne daß eine regelmäßige Erscheinungsweise vorliegen muß. Als maßgeblicher Erscheinungsabstand werden *sechs Monate* genannt[57]. Hierzu rechnen deshalb vor allem *Zeitungen* und *Zeitschriften*, daneben aber auch Informationsblätter, Anzeigenblätter mit redaktionellem Inhalt, Vereinsmitteilungen, sofern sie in ständiger Folge erscheinen. Nicht unter die Vorschrift fallen *Flugblätter, Flugschriften* oder ähnliche Veröffentlichungen zu einem bestimmten Ereignis, selbst wenn sie in ihrem Titel eine auf ein Periodikum hinweisende Bezeichnung »Zeitung«, »Nachrichten« usw. verwenden, wie überhaupt der Name, unter dem das Druckwerk erscheint, für die Qualifizierung als »periodisches Druckwerk« nicht entscheidend ist. *Bücher* sind in aller Regel nicht als periodische Druckwerke anzusehen, selbst wenn Fortsetzungen geplant oder Neuauflagen vorgesehen sind; nur ausnahmsweise können Bücher als Periodika angesprochen werden[58], die in ständiger Folge, wenn auch in unregelmäßigen Abständen, erscheinen. Im Regelfall steht einem Journalisten daher kein Zeugnisverweigerungsrecht zu, wenn er über einen Vorfall in einem Buch berichtet, wohl aber, wenn derselbe Beitrag in einer Zeitung oder in einer Zeitschrift enthalten ist[59]. Dieses Ergebnis ist vor dem Hintergrund von Art.5 Abs.1 Satz 2 GG, der Pressefreiheit auch für nicht periodische Werke gewährt[60], und Art.3 GG nicht unproblematisch[61], denn es steht mitunter im Belieben des Journalisten oder mag während der Recherchen überhaupt noch nicht absehbar sein, ob der

---

[51] *LG Nürnberg-Fürth* FamRZ 1964, 513 = BayJMBl 142.
[52] A.M. *OLG Zweibrücken* SeuffArch 57 (1902) 475; s. dagegen *Sintenis* DJZ 1903, 120.
[53] *RG* SeuffArch 39 (1884) 91.
[54] Vgl. hierzu *Kunert* MDR 1975, 885; *Groß* NJW 1975, 1763; *ders.* in Festschrift für *Schiedermair* (1976) 223.
[55] So aber *Schumann* in der 20. Aufl., MünchKommZPO/*Damrau*² Rdnr.26.
[56] *Dreier/Schulz/Fielitz* GG² Art.5 Rdnr.90 (»Indikator«).
[57] *Schumann* in der 20. Aufl.; MünchKommZPO/*Damrau*² Rdnr.26, allerdings unter Hinweis auf Landespressegesetze.
[58] Vgl. *Skibbe* DRiZ 1976, 159.
[59] Kritisch hierzu *Löffler/Achenbach* PresseR⁴ §23 LPG Rdnr.40f.
[60] *Herzog* in *Maunz/Dürig* GG (Loseblatt, Stand 20. Erg.-Liefg., 1990) Art.5 I, II Rdnr.132.
[61] *Hennemann* Pressefreiheit und Zeugnisverweigerungsrecht (1978) 119ff. hält die Beschränkung auf periodische Druckwerke für verfassungswidrig.

Beitrag als Buch oder in einer Zeitschrift usw. erscheint. In diesen Fällen kann sich ein Zeugnisverweigerungsrecht ausnahmsweise unmittelbar aus Art. 5 Abs. 1 Satz 2 GG ergeben[62] (→ auch Rdnr. 45), wenn die Buchveröffentlichung ähnlich wie eine Veröffentlichung in Periodika eine Kontroll- und Meinungsbildungsfunktion erfüllt.

34 Für den Begriff »**Druckwerk**« sind die Legaldefinitionen in den Landespressegesetzen ebenfalls nicht abschließend, aber Indikator. Danach sind als Druckwerke anzusprechen alle mittels der Buchdruckerpresse oder eines sonstigen zur Massenherstellung geeigneten Vervielfältigungsverfahrens hergestellten oder zur Verbreitung bestimmten Schriften, besprochene Tonträger[63], bildliche Darstellungen mit und ohne Schrift, Bildträger und Musikalien mit Text oder Erläuterungen. Auch die vervielfältigten Mitteilungen von Nachrichtenagenturen gehören hierher[64]. Maßgeblich für den Begriff des Druckwerks ist lediglich die Massenherstellung, nicht der *Inhalt*. Daher spielt es keine Rolle, ob die betreffende Veröffentlichung aus der Sicht des Gerichts oder der Prozeßbeteiligten wertvoll oder nicht wertvoll ist. Das Zeugnisverweigerungsrecht haben daher die Mitarbeiter von wissenschaftlichen Zeitschriften genauso wie diejenigen von bloßen Anzeigenblättern mit redaktionellen Beiträgen, von Vereinsmitteilungsblättern usw.

35 Der Pressebegriff ist entwicklungsoffen[65]. Darunter fallen auch Presseerzeugnisse, die nicht als »Druckwerk«, sondern mittels moderner Informationstechnologie über **Datennetze** (»Internet«) usw. verbreitet werden[66]. Es kommt nicht darauf an, ob dieselben Beiträge auch in Printmedien publiziert werden. Ferner ist unerheblich die Form der Informationsvermittlung; ob der Beitrag individuell *abgerufen* werden kann oder ob er *zeitgleich* an mehrere Leser, Hörer usw. übermittelt wird, spielt keine Rolle.

36 bb) »**Rundfunksendungen**« sind alle unter Benutzung elektrischer Schwingungen für die Allgemeinheit verbreiteten Darstellungen. Es fallen darunter sowohl die durch *Kabel* verbreiteten Sendungen wie die von Sendern auf der Erde (*terrestrisch*) oder von *Satelliten* ausgestrahlten Beiträge, ohne daß zwischen Sender und Empfänger eine Verbindung besteht. Zum Rundfunk gehört sowohl der **Hörfunk** als auch das **Fernsehen**.

37 b) »**Berufsmäßige**« **Mitarbeiter** sind nicht nur Verleger, Journalisten und Redakteure, sondern auch Beschäftigte im technischen und verwaltungsmäßigen Bereich wie Sendeleiter, Kameraleute, Tontechniker, Drucker, Sekretärinnen, Boten, Grossisten[67] usw. Die Mitarbeit muß weder hauptberuflich noch entgeltlich sein[68].

38 c) Das Zeugnisverweigerungsrecht der Mitarbeiter bezieht sich auf den gesamten »**redaktionellen Teil**«. Welchen *Inhalt* er hat (Informationen, Unterhaltung usw.) spielt keine Rolle. **Nicht** hierher gehört der **Anzeigenteil**, → aber Rdnr. 45.

---

[62] *BVerfG* NJW 1990, 701 mwN (zu §102 Abs. 1 Nr. 4 AO) bejaht diese Möglichkeit grundsätzlich; zust. *Dreier/Schulze/Fielitz* GG² Art. 5 Rdnr. 181.

[63] Dieser Begriff ist *weit* auszulegen, vgl. *Löffler/Sedelmeier* PresseR⁴ §7 LPG Rdnr. 28. Entscheidend ist, daß es sich um eine Verkörperung mit geistigem Sinngehalt handelt. Daher fallen auch *digitale* Träger (z.B. *Disketten*) darunter.

[64] Dies ist in einigen Landespressegesetzen ausdrücklich bestimmt: §7 Abs. 2 in Baden-Württemberg, Brandenburg, Bremen, Hamburg, Niedersachsen und Nordrhein-Westfalen; §6 Abs. 2 in Berlin, Mecklenburg-Vorpommern, Sachsen-Anhalt, Schleswig-Holstein und Thüringen; §2 Abs. 2 Ziff. 1 in Rheinland-Pfalz; §3 Abs. 2 Ziff. 1a im Saarland; zu Sachsen vgl. §15 Abs. 1 SächsPresseG.

[65] Vgl. *Dreier/Schulze/Fielitz* GG² Art. 5 Rdnr. 90 zur verfassungsrechtlichen Ebene, die auf §383 ausstrahlt.

[66] Ablehnend zu Btx MünchKommZPO/*Damrau*² Rdnr. 26.

[67] *BVerfGE* 77, 346 = AfP 1988, 15 = NJW 1833.

[68] *Löffler* NJW 1978, 913; vgl. zum *Begriff der Presse* auch *Schmitt Glaeser* AöR 113 (1988) 52, 81f.

39 d) Das Zeugnisverweigerungsrecht erstreckt sich auf »**Person** des Verfassers, Einsenders oder Gewährsmanns von Beiträgen und Unterlagen« (»Informantenschutz«[69]) sowie **inhaltlich** auf die den Mitarbeitern »im Hinblick auf ihre Tätigkeit gemachten Mitteilungen«.

40 aa) Ist die **Person** des Gewährsmanns im Druckwerk namentlich genannt, bestehen hinsichtlich dieses Gewährsmanns keine weiteren personenbezogenen Zeugnisverweigerungsrechte. Gleiches gilt, wenn sich der Pressevertreter selbst als Autor eines Artikels bezeichnet und darin den Gewährsmann mit wörtlichen Zitaten bekannt gegeben hat[70]. Deshalb umfaßt nur ganz ausnahmsweise das Zeugnisverweigerungsrecht auch den **Aufenthaltsort** eines namentlich genannten Informanten[71]. Der Gewährsmann selbst hat kein Zeugnisverweigerungsrecht.

41 bb) **Inhaltlich** ist das Zeugnisverweigerungsrecht unbeschränkt. Es greift auch ein, wenn der Mitarbeiter des Druckwerks über Straftaten informiert ist. Das Zeugnisverweigerungsrecht erstreckt sich auch auf solche Mitteilungen, die von dem Presseorgan noch nicht veröffentlicht wurden und auch auf solche Mitteilungen, die es in Zukunft nicht veröffentlichen will.

42 Nur hinsichtlich solcher Mitteilungen besteht ein Zeugnisverweigerungsrecht, die die Mitarbeiter des Presseorgans »**im Hinblick auf ihre Tätigkeit**« erhalten haben. Es muß sich also gerade um eine Information handeln, die mit der beruflichen **Tätigkeit des Presseangehörigen zusammenhängt**. Damit sind in erster Linie alle Informationen geschützt, die dem Mitarbeiter des Presseorgans gezielt gerade in dieser seiner Eigenschaft gemacht werden. Geschützt sind aber auch solche Informationen, die der Presseangehörige zufällig bei seiner Pressearbeit erhält, also z.B. von einer Person, die nicht weiß, daß er Journalist ist. Das Zeugnisverweigerungsrecht erstreckt sich aber nicht auf Mitteilungen, die keinen Zusammenhang mit der Pressearbeit haben. Ob ein solcher Zusammenhang besteht, hängt von dem beruflichen Arbeitsgebiet des betreffenden Mitarbeiters ab. Das Zeugnisverweigerungsrecht besteht auch für auf Pressekonferenzen gewonnene Informationen. Vertraulichkeit wird bei §383 Abs.1 Nr.5 nicht vorausgesetzt[72] (zu Nr.6 → Rdnr.61).

43 cc) Das Zeugnisverweigerungsrecht bezieht sich **nicht** auf **selbstrecherchiertes** Material, da es insoweit an einem schützenswerten Vertrauensverhältnis zu Dritten (→ Rdnr.31) fehlt. Nur wenn die selbstrecherchierten Tatsachen in untrennbarem Zusammenhang mit von Dritten erteilten Informationen stehen oder zur Enttarnung des Informanten führen können, erstreckt sich das Zeugnisverweigerungsrecht auch auf eigene Wahrnehmungen[73].

44 e) Das Zeugnisverweigerungsrecht des Pressemitarbeiters **endet nicht**, wenn der **Informant** auf die Verschwiegenheit **verzichtet**; dies ergibt sich aus §385 Abs.2 (→ dort Rdnr.8).

45 f) Der in Art.5 Abs.1 Satz 1 GG enthaltene Schutz der Pressefreiheit kann es notwendig machen, ein **Zeugnisverweigerungsrecht über den Wortlaut von Nr.5 hinaus zu gewähren**[74]. So kann es sich auf den Auftraggeber einer Chiffreanzeige erstrecken, wenn diese einen Beitrag zur öffentlichen Meinungsbildung enthält oder mit Kontrollaufgaben der Presse zu tun hat[75].

46 g) **Daneben** kann sich ein Zeugnisverweigerungsrecht **auch aus Nr.6** sowie **aus §384 Nr.3 ergeben** (→ §384 Rdnr.10).

47 h) Früher war die Frage sehr umstritten, ob das Zeugnisverweigerungsrecht für Presseangehörige zum *Presserecht* gehört und damit in die Gesetzgebungskompetenz der Länder fällt (Art.75 Abs.1 Satz 1 Nr.2

---

69 *BGH* NJW 1990, 525 (zu §53 Abs.1 Nr.5 StPO).
70 *BVerfG* NJW 2002, 592; vorgehend *OLG Dresden* NJW-RR 2002, 342.
71 *BGH* NJW 1979, 1212.
72 *OLG München* NJW 1989, 1226.
73 *BGH* NJW 1990, 525f. (zu §53 Abs.1 Nr.5 StPO) im Hinblick auf Sprache, Dolmetscher und Honorar eines Interviews (zu §53 Abs.1 Nr.5 StPO).
74 *Löffler/Achenbach* PresseR[4] §23 LPG Rdnr.62f.
75 *BVerfGE* 64, 108ff.

GG aF) oder als Regelung des »*Strafrechts*« bzw. des »*gerichtlichen Verfahrens*« der konkurrierenden Gesetzgebung unterliegt[76] (Art. 74 Abs. 1 Nr. 1 GG). Dieser Streit ist vom Bundesverfassungsgericht im Sinne der letztgenannten Auffassung entschieden worden[77]. Damit ist klar, daß für den **Zivilprozeß allein §§ 383ff.** zur Anwendung kommen und **nicht** die Zeugnisverweigerungsrechte in den **Landespressegesetzen**. In einigen Ländern sind die Regelungen, die ein Zeugnisverweigerungsrecht enthielten, inzwischen aufgehoben worden[78]. Soweit sie in den anderen Ländern noch gelten[79], können sie nur in Verfahren Anwendung finden, die sich allein nach Landesrecht richten, so vor den Verfassungs-(Staats-)Gerichtshöfen der Länder, ferner für bestimmte Disziplinarverfahren (z.B. gegen Landesbeamte) oder für landesrechtlich geregelte berufsgerichtliche Verfahren (gegen Ärzte, Apotheker usw.).

3. Zeugnisverweigerung kraft Amtes, Standes oder Gewerbes

a) Beamte und andere Personen des öffentlichen Dienstes

aa) Beamte

48 Unter Nr. 6 fallen zunächst alle Personen in einer *durch* **Amt, Stand** *oder* **Gewerbe** begründeten Vertrauensstellung (→ Rdnr. 28), denen eine **gesetzliche Schweigepflicht** obliegt. Das sind besonders *Beamte* und *andere Personen des öffentlichen Dienstes* – nicht nur die Beamten i.S. des BBG (→ § 376), soweit sie während ihres Dienstes oder auch nach dessen Beendigung zur Verschwiegenheit verpflichtet sind. Die **Verschwiegenheitspflicht ist beim Beamten zweifach**: Sie besteht allgemein dem Dienstherrn gegenüber mit der Wirkung, daß eine Aussage nur mit Genehmigung des Dienstvorgesetzten zulässig ist, s. § 376: Daneben besteht sie gegenüber den Beteiligten, in deren Interesse die Geheimhaltungspflicht vorgeschrieben ist, mit der Wirkung, daß *der Beamte prozessual ein Zeugnisverweigerungsrecht hat*, das jedoch entfällt, wenn ihn der Beteiligte von der Verschwiegenheitspflicht entbunden hat, § 385 Abs. 2. Besonders beim **Steuergeheimnis** besteht diese Pflicht gegenüber dem Steuerpflichtigen, so daß selbst die Genehmigung nach § 376 nicht dazu führt, daß der Beamte kein Zeugnisverweigerungsrecht hat; im Gegenteil ist er (ohne Entbindung) zur Aussage*verweigerung* (öffentlich-rechtlich) sogar verpflichtet, → auch § 376 Rdnr. 3.

bb) Andere Personen des öffentlichen Dienstes

49 Ferner fallen unter § 383 Nr. 6 die (nichtbeamteten) **Arbeiter und Angestellten bei Behörden**, soweit sie nicht landesrechtlich hinsichtlich der Verschwiegenheitspflicht den Beamten gleichgestellt sind (→ § 376 Rdnr. 24ff.). Alles was unter die Amtsverschwiegenheit des Beamten fällt, muß hier als »anvertraut« gelten; der Aussagegenehmigung nach § 61 Abs. 2 BBG (→ § 376 Rdnr. 6ff.) entspricht hier die Entbindung nach § 385 Abs. 2, → § 385 Rdnr. 20.

b) Rechtspflegeberufe

50 Unter Nr. 6 fallen ferner die Rechtspflegeberufe. Zur Verschwiegenheitspflicht der **Richter** → § 376 Rdnr. 17ff. Die **Notare** sind im Verhältnis zu den Beteiligten gesetzlich zur Verschwiegenheit hinsichtlich des gesamten Inhalts der notariellen Verhandlung verpflichtet

---

[76] 19. Aufl. dieses Kommentars, Anm. III 6 c; *Gebhard* Das Zeugnisverweigerungsrecht der Presse im Zivilprozeß (1973) 73ff.
[77] *BVerfGE* 36, 193ff.
[78] Bayern, Bremen, Hamburg, Hessen, Niedersachsen, Nordrhein-Westfalen, Rheinland-Pfalz, Saarland und Schleswig-Holstein.
[79] § 23 in Baden-Württemberg; § 18 in Berlin.

(§18 BNotO)[80]. Von dieser Verschwiegenheitspflicht sind die Notare grundsätzlich nur durch die Beteiligten zu befreien, ausnahmsweise durch die Aufsichtsbehörde (→ auch §376 Rdnr.29).

51 Einer gesetzlichen Schweigepflicht unterliegen in derselben Weise nach §43a Abs.2 Satz 1 BRAO die **Rechtsanwälte** (zu den ausländischen Anwälten → Rdnr.59), die **Verteidiger** in Strafsachen – soweit sie keine Rechtsanwälte sind –, **Patentanwälte**, vereidigte **Buchprüfer** (vereidigte Bücherrevisoren), **Steuerberater**[81] (vgl. die Aufzählung in §203 Abs.1 Nr.3 StGB). Ferner unterliegen derselben Schweigepflicht die *Gehilfen dieser Berufsangehörigen* sowie die bei ihnen *zur Ausbildung beschäftigten Personen* (§203 Abs.3 StGB). Bei einer **Sozietät** unterliegen der Pflicht zur Verschwiegenheit alle zu dieser gemeinsamen Praxis verbundenen und in ihr tätigen Personen[82]. Nach §49b Abs.4 Satz 1 BRAO trifft die Verschwiegenheitspflicht auch einen Rechtsanwalt, der eine anwaltliche Gebührenforderung erwirbt.

52 Zu den anvertrauten Tatsachen bei den Rechtspflegeberufen → Rdnr.62 und Rdnr.64.

c) Heilberufe

53 Ein Zeugnisverweigerungsrecht kommt allen Angehörigen der Heilberufe zu, sofern es sich um einen Beruf handelt, der eine staatlich geregelte Ausbildung erfordert (vgl. §203 Abs.1 Nr.1 StGB). Als Heilberufe zählen **Ärzte**[83], **Zahnärzte, Apotheker, Hebammen**. Ein Zeugnisverweigerungsrecht kraft Natur der Sache haben aber auch diejenigen Personen, die nicht einem gesetzlichen Berufsgeheimnis unterliegen, aber einen Heilberuf ausüben, etwa die **Heilpraktiker und Psychologen**[84]. Wie bei den Rechtspflegeberufen steht den *Gehilfen*[85] und *Auszubildenden* ein Zeugnisverweigerungsrecht zu.

54 Zu den anvertrauten Tatsachen bei den Heilberufen → Rdnr.61 und → Rdnr.63.

55 Wegen der ähnlichen Interessenlage ist auch Sozialarbeitern ein Zeugnisverweigerungsrecht zuzubilligen[86].

---

[80] *BGH* NJW 2005, 1948, 1949; *OLG Frankfurt* OLGR 2004, 81, 83. Zur Verschwiegenheitspflicht aus §18 BNotO im Insolvenzverfahren *Bous/Solveen* BNotZ 2005, 261.

[81] *BGH* DB 1983, 1921 = MDR 1984, 48; *BGH* ZIP 1994, 1103, 1110 r. Sp.

[82] *OLG Frankfurt* SeuffArch 50 (1895) 102 Nr.53. Allgemein zu den Rechtspflegeberufen: *Schönke/Schröder/Lenckner*[27] §203 Rdnr.37; zu den Gehilfen (Notarbürovorsteher) *RGZ* 54, 360.

[83] Allgemein zu den Verschwiegenheitspflichten der Heilberufe *Schönke/Schröder/Lenckner*[27] §203 Rdnr.35. Siehe ferner §9 der (Muster-) Berufsordnung für die deutschen Ärztinnen und Ärzte in der vom 100. Ärztetag beschlossenen Fassung (NJW 1997, 3076). Da aber die Berufsausübungsregelung bei Ärzten eine Materie betrifft, die *ausschließlich* der Länderkompetenz unterliegt, haben die Landesärztekammern auf Grund der Landesgesetze über die Ärztekammern sogenannte Berufsordnungen erlassen, die für sämtliche Ärzte bindend sind und Bestimmungen über die ärztliche Schweigepflicht enthalten. Zum Zeugnisverweigerungsrecht der Ärzte: *K. Müller* in: *Mergen* Die juristische Problematik der Medizin 2 (1971) 63ff., 106 sowie weiterhin *Flor* JR 1953, 368; *Kallfelz* JW 1936, 1343ff.; *Nagel* DRiZ 1977, 33; *Porsch* JR 1956, 453ff.; *Schuegraf* NJW 1961, 961 dazu *Karstädt* NJW 1961, 2050 (betreffend die ärztliche Schweigepflicht gegenüber dem Dienstherrn); *Woesner* NJW 1957, 692. *Tierärzten* steht kein Zeugnisverweigerungsrecht zu, *BVerfGE* 38, 312 = NJW 1975, 588.

[84] *BVerfGE* 33, 367 = NJW 1972, 2214; *Blau* NJW 1973, 2234; *Kühne* NJW 1971, 491, 1438; zu *Erziehungsberatern Kühne* RdJ 1971, 178.

[85] *BGH* MDR 1985, 597; *OLG Dresden* OLGRsp 23, 180 (Ehefrau des Arztes als gelegentliche Gehilfin). S. auch *OLG Posen* OLGRsp 35, 86 (Testamentsvollstrecker hinsichtlich der Aufzeichnung des verstorbenen Arztes); *BVerfGE* 32, 373ff. = DVBl 1972, 383 (Nachfolger des Arztes, der Praxis übernommen hat, hinsichtlich des Inhalts der Krankenkartei).

[86] Zust. *OLG Hamm* NJW-RR 1992, 583; *Zöller/Greger*[25] Rdnr.18; a.A. *OLG Köln* FamRZ 1986, 709. – Im Strafprozeß haben sie kein solches Recht, da sie in der abschließenden Regelung (→ Rdnr.17) des §53 StPO nicht genannt sind, *BVerfGE* 33, 367 = NJW 1972, 2214. Daher steht auch *Drogenberatern* im *Strafprozeß* in der Regel kein solches Recht zu, *BVerfG* (Nichtannahmebeschluß der 3. Kammer des

d) Spezielle Geheimhaltungspflichten

56 In verschiedenen Spezialgesetzen[87] ist eine Verschwiegenheitspflicht statuiert. Wem gegenüber diese Pflicht besteht und ob sie zu einem Zeugnisverweigerungsrecht führt, bedarf in jedem Fall einer sorgfältigen Prüfung. Dabei muß beachtet werden, daß der Gesetzgeber bei seiner Regelung häufig nicht an das Zeugnisverweigerungsrecht dachte. Die Antwort wird danach zu finden sein, ob die Verschwiegenheitspflicht lediglich im Interesse der Beteiligten oder auch (oder nur) im öffentlichen Interesse ausgesprochen wurde. Danach beurteilt sich auch, ob eine Entbindung von der Schweigepflicht eine Bedeutung im Prozeß hat. Beispielsweise kann aus §17 UWG angesichts dessen wettbewerbsrechtlicher Ausrichtung ein Zeugnisverweigerungsrecht nicht abgeleitet werden.

57 Zum Zeugnisverweigerungsrecht der *Abgeordneten* und *Konsularbeamten* → Rdnr. 11 und → Rdnr. 12.

e) Verkehrsübliche Geheimhaltungspflichten

58 Auch ohne eine gesetzliche Schweigepflicht gehören ferner hierher alle Personen, die einen Beruf ausüben oder ein **Gewerbe** betreiben (→ auch §384 Rdnr. 10), vermöge dessen nach der **Verkehrssitte** eine gleichartige oder ähnliche Vertrauensstellung und Geheimhaltungspflicht geschaffen wird.

59 Zu diesen Personen sind namentlich auch die Mitglieder der Betriebsräte[88] und Personalräte zu rechnen (→ auch §384 Rdnr. 10). Ferner gehören hierher z.B. der **Bankier**[89], die Inhaber von *Auskunfteien* und *Inkassobüros* u.a.m.[90] sowie die *Gehilfen* und *Angestellten* dieser Personen[91]. Verkehrsüblichen Geheimhaltungspflichten unterliegen auch **Mediatoren**[92] (nicht aber andere Mediationsbeteiligte[93]), denn die Vertraulichkeit ist Wesensmerkmal der Mediation; entsprechende Tatsachen sind daher durch die »Natur« geboten. Zur Entbindung → §385 Rdnr. 14.

Zweiten Senats) NStZ 1988, 418 (zu *LG Mainz* NJW 1988, 1744). Im *Zivilprozeß* ist ihnen jedoch ein Zeugnisverweigerungsrecht zu gewähren.

[87] Wegen der *Schöffen* und ehrenamtlichen Richter (§43, §45 Abs. 1 Satz 2, §45a DRiG, §§20ff. ArbGG) gilt insoweit nichts Besonderes. Wegen der *Sachverständigen* siehe §§30, 96 AO 1977 u.a.m. Eine Zusammenstellung von gesetzlichen Verschwiegenheitspflichten findet sich bei *Schulz* GoltdArch 109 (1962) 274ff.

[88] Anders als im Strafprozeß, da sie in §53 StPO nicht genannt sind, *BVerfG* (Vorprüfungsausschuß) NJW 1979, 1286.

[89] *OLG Köln* MDR 1968, 931; *RG* JW 1915, 830; *BayObLG* NS 1, 290; *OLG Colmar* OLGRsp 13, 159; *OLG Dresden* OLGRsp 40, 377. Vgl. auch *KG* JW 1928, 120; *Müller* NJW 1963, 837; *Paul* Sparkasse 1960, 219; *Sichtermann* MDR 1952, 143 sowie *ders.* Bankgeheimnis und Bankauskunft[3] 37f.; *Wolff* DB 1968, 698.

[90] *OLG Darmstadt* LeipZ 1914, 503 *(Haftpflichtversicherungsunternehmen), KG* HRR 1931, Nr. 145 (Geschäftsführer einer *Kassenärzte-Vereinigung* hinsichtlich der Einnahmen eines Arztes aus der Kassenpraxis; insoweit enthalten die Landesgesetze über die Ärztekammern [→ Fn. 83] ausdrückliche Verschwiegenheitsgebote); *OLG Düsseldorf* JW 1930, 725; *LG Tübingen* JZ 1960, 493 *(Verbandssyndici* und *Verbandsgeschäftsführer); OLG Nürnberg* BB 1964, 827 (*Wirtschaftsprüfer*); zum *Konkurs-* und *Vergleichsverwalter* und zu sonstigen insolvenzrechtlichen Organen *Robrecht* KTS 1971, 139.

[91] S. auch *RG* JW 1928, 1344; *OLGColmar* OLGRsp 13, 159; *OLG Bamberg* OLGRsp 17, 160; *OLG Kiel* JW 1936, 2941 u.a. S. ferner *OLG Nürnberg* BayJMBl 1954, 66 (*Beauftragter eines Gewerbebetriebs*).

[92] *Eckardt/Dendorfer* MDR 2001, 786, 789f.; *Zöller/Greger*[25] Rdnr. 20; abl. *Groth/v. Bubnoff* NJW 2001, 338, 340 (es sei denn, er gehört einer zur Verschwiegenheit verpflichteten Berufsgruppe an); *Musielak/Huber*[4] Rdnr. 6 a.E. – §320 Nr. 4 der österreichischen ZPO enthält ein Vernehmungsverbot für (»eingetragene«) Mediatoren.

[93] *Wagner* NJW 2001, 1398 empfiehlt entsprechende Verschwiegenheitsvereinbarungen.

60 Der **Kaufmann**[94] (etwa Spediteur, Kommissionär usw.) als *solcher* **gehört hierher nicht**, wohl aber aus den → §384 Rdnr. 15 genannten Gründen der **kaufmännische Angestellte**[95], wenn ihm ein Gewerbegeheimnis anvertraut ist. Im übrigen ist unerheblich, ob die Betätigung *Haupt- oder Nebenberuf*[96] und ob sie staatlich erlaubt oder nur geduldet ist, ferner ob sie im Inland oder Ausland betrieben wird; demgemäß gehören hierher auch *ausländische Rechtsanwälte*[97], soweit sie nicht in Deutschland niedergelassen sind und damit gemäß §§206, 207 Abs. 2 BRAO ohnehin die Verschwiegenheitspflicht aus §43a Abs. 2 BRAO (→ Rdnr. 51) besteht. Denn nicht ein Vorrecht des Zeugen, sondern der Schutz des Anvertrauten steht in Frage, arg. §385 Abs. 2. Auch Geistliche können – über Nr. 4 hinaus – vermöge ihres Standes unter Nr. 6 fallen, sofern ihnen Tatsachen anvertraut sind[98]. Hierher gehören auch ehemalige Geschäftsführer einer GmbH und ehemalige Vorstandsmitglieder einer AG[99].

f) Anvertraute Tatsachen

61 In allen Fällen der Nr. 6 müssen die *Tatsachen* dem Zeugen **anvertraut** sein[100], wobei der Begriff des »Anvertrauens« weit zu fassen ist[101]. Der Zeuge muß die Tatsachenkenntnis *auf Grund seiner Vertrauensstellung* oder im Zusammenhang damit[102] erlangt haben und zwar mit der Erwartung der Geheimhaltung, gleichviel ob ihm das Vertrauen freiwillig oder unter gesetzlichem Zwang[103] entgegengebracht wurde. Dazu gehören aber nicht nur die Mitteilungen Dritter, sondern auch die *eigenen Wahrnehmungen und Handlungen des Zeugen*[104]. Beim Notar etwa Wahrnehmungen hinsichtlich der Geschäftsfähigkeit der Urkundsbeteiligten[105]. Folglich kann auch der Umstand, daß etwas *nicht geschehen* ist, darunter fallen[106]. Nicht anvertraut sind dagegen Tatsachen, die dem Zeugen zum Zwecke der Weitergabe an Dritte mitgeteilt sind, soweit diese Ermächtigung reicht[107], und solche, bei denen der Anvertrauende von vornherein wußte, daß der Zeuge die Mitteilung für einen Dritten empfing[108], ferner Mit-

---

94 *RGZ* 53, 40f.

95 A.A. *Schumann* in der 20. Aufl.

96 *Kohler* ZZP 26 (1899) 334ff.; *OLG Braunschweig* SeuffArch 53 (1898) 358 (*Rechtslehrer als Gutachter*).

97 *Kulischer* JW 1931, 122; a.M. *Sommer* LeipZ 1932, 85.

98 *OLG Zweibrücken* SeuffArch 57 (1902) 475 (→ auch Rdnr. 29); s. auch *OLG Dresden* SächsAnn 38, 351.

99 *OLG Koblenz* NJW-RR 1987, 809. Das Problem stellt sich erst nach dem Ausscheiden dieser Personen, da sie vorher nur als Partei vernommen werden können.

100 *RGZ* 67, 362f. S. auch *KG* KGBl 1915, 51 (Vertragsverhandlungen mit einem Anwalt als Vertragspartner kein Anvertrauen von Tatsachen), *KG* JW 1928, 120 (Kenntnisse auf Grund geschäftlicher Beteiligung fallen nicht unter Nr. 6); *OLG Düsseldorf* JW 1930, 725.

101 *BGH* NJW 1984, 2893; *LG Nürnberg-Fürth* FamRZ 1964, 513. *OLG Düsseldorf* MDR 1951, 681: Kenntnisse auf Grund gesellschaftlichen Verkehrs fallen nicht unter Nr. 6.

102 *BGH* DB 1983, 1921 = MDR 1984, 48; *RGZ* 30, 355; 53, 168; *KG* KGBl 1903, 56; a.M. *KG* OLGRsp 6, 128.

103 *RGZ* 54, 3.

104 So auch *RGZ* 53, 168f.; 54, 360f.; *RG* JW 1902, 167; 1903, 271; 1906, 174; *KG* OLGRsp 20, 323; *OLG Naumburg* OLGRsp 9, 137; *OLG Hamburg* OLGRsp 19, 109; *OLG Colmar* OLGRsp 20, 324; *OLG Düsseldorf* MDR 1951, 681; *OLG Köln* MDR 1968, 931 (LS) = DB 1533 u.a.m.; a.M. *RGZ* 35, 100; *OLG Stettin* OLGRsp 2, 11; *OLG München* MDR 1981, 853.

105 *OLG Schleswig* SchlHA 1950, 89 = DNotZ 170; *OLG Frankfurt* OLGR 2004, 81, 83.

106 A.M. *KG* OLGRsp 6, 128.

107 *OLG Colmar* OLGRsp 20, 324.

108 Ärztliche Untersuchung im Auftrage des *Gegners, OLG Hamburg* OLGRsp 19, 110. Ähnlich bei *Zuziehung eines Pfarrers zu Vertragsverhandlungen, OLG Nürnberg* MDR 1963, 508 = FamRZ 260 *(Bosch)*: Die Zuziehung des Pfarrers kann auch Beweisfunktionen haben.

teilungen, die sich jeder Dritte unter entsprechenden Aufwendungen ebenfalls verschaffen kann[109].

g) Geheimzuhaltende Tatsachen

62 Welche anvertrauten Tatsachen nach Nr. 6 **geheimzuhalten** sind, bestimmt sich bei *gesetzlicher Schweigepflicht*, z.B. des **Beamten**, nach den dafür maßgebenden Vorschriften, → auch Rdnr. 48. Die Pflicht des §203 StGB für **Rechtsanwälte** usw. bezeichnet als solche Tatsachen die *Privatgeheimnisse*, und dieser Begriff deckt sich mit den *ihrer Natur nach geheimzuhaltenden Tatsachen* bei den übrigen Personen. Was dazu gehört, hat der Richter nach seiner Lebenserfahrung zu beurteilen[110], wobei die Rücksicht auf die Verkehrssitte und auf die berechtigten Erwartungen der Parteien, der Zusammenhang der Tatsachen mit anderen[111] und der Zeitpunkt der Vernehmung[112] entscheiden, namentlich gegenüber *Auskunfteien*[113], *Kreditinstituten*[114], zu Rate gezogenen *Sach- und Rechtsverständigen*[115].

63 Der **Arzt** ist hinsichtlich lebender Personen[116] zur Geheimhaltung bei *jeder* Art der Behandlung und jeder Krankheit verpflichtet, weil der Zusammenhang mit den sonstigen persönlichen Verhältnissen niemals zu überblicken ist[117]. Dabei macht es grundsätzlich keinen Unterschied, ob dem Arzt die Tatsachen bei einer Untersuchung, der sich der Patient freiwillig unterzieht, bekannt wurden oder ob der Patient die Untersuchung zu dulden verpflichtet war. Letzteres kann etwa im Rahmen eines Strafverfahrens der Fall sein, wenn der Arzt im Auftrag des Gerichts tätig wurde. Das Nichtbestehen der Schweigepflicht bzw. des Zeugnisverweigerungsrechts in diesem Strafverfahren ändert nichts am Zeugnisverweigerungsrecht nach allgemeinen Vorschriften im nachfolgenden Zivilprozeß[118], weil die strafprozessuale Pflicht zur Duldung der Untersuchung sich aus dem dort zu klärenden Prozeßgegenstand ergab.

64 Beim **Anwalt** (und ebenso beim Rechtsbeistand) gehören hierher regelmäßig die Instruktion der Partei an ihren Vertreter, sowohl die Tatsache selbst, wie der Inhalt, ohne daß die Geheimhaltungspflicht besonders auferlegt oder begründet zu sein brauchte[119]. Ohne Bedeutung ist es dabei, ob eine Vertretung oder lediglich eine Beratung stattgefunden[120] oder der Angegangene seine Tätigkeit abgelehnt[121] oder sie aus anderem Grund nicht ausgeübt hat[122].

---

109 Z.B. Auskünfte von *Auskunfteien*, die gegen Bezahlung jedem erteilt werden, *OLG Colmar* OLGRsp 25, 108; s. auch *OLG Düsseldorf* JW 1930, 725 (Aussage des *Verbandsgeschäftsführers* über Eintragung in eine *Schwarze Liste*, die allen Verbandsangehörigen mitgeteilt ist).

110 *RGZ* 33, 362; *RG* SeuffArch 43 (1888) 359; JW 1893, 347; *OLG Naumburg* OLGRsp 9, 137 u.a.

111 *OLG Hamburg* OLGRsp 19, 109f.

112 *RGZ* 33, 362; 54, 325.

113 *RGZ* 53, 15f.; *OLG Bamberg* BayrZ 1908, 228 (Quelle der Auskunft); *OLG München* SeuffArch 66 (1911) 210 (Person des Auskunftsempfängers und Inhalt der Auskunft); → aber auch §384 Rdnr. 10.

114 *OLG Celle* SeuffArch 60 (1905) 210. S. auch wegen der *Verleger anonymer Werke OLG Dresden* SächsArch 7, 110.

115 A.M. *OLG Jena* ZZP 26 (1899) 518.

116 Die Schweigepflicht des Arztes endigt nicht mit dem *Tod des Patienten*, wie §203 Abs. 4 StGB klarstellt. Der Umfang kann jedoch nach dem Tod des Patienten abnehmen. Entscheidend ist der (mutmaßliche) Wille des Patienten, *BGH* NJW 1984, 2894. Vgl. dazu auch → §385 Rdnr. 19 wegen der Entbindung von der Schweigepflicht durch die Erben des Verstorbenen.

117 S. auch *Dassel* Recht 1909, 395; *KG* OLGRsp 20, 323; a.M. *OLG Dresden* OLGRsp 15, 137.

118 *BGHZ* 40, 288.

119 *RGZ* 30, 382; 50, 383; KGBl 1903, 56; 1920, 86; a.M. *OLG Dresden* SächsArch 7, 112.

120 *OLG Karlsruhe* OLGRsp 13, 158; *OLG München* BlfRA 71, 24; wohl a.M. *RG* Gruchot 43 (1899) 509.

121 *RGZ* 40, 253.

122 *RGZ* 54, 360f.

65 Tatsachen, die sich in **öffentlichen Verhandlungen** vollzogen haben[123] oder sonst der **Öffentlichkeit zugänglich** geworden sind[124], sind nicht mehr »ihrer Natur nach« geheimzuhalten. Wegen der Schweigepflicht *nach dem Tode* desjenigen, zu dessen Gunsten die Schweigepflicht besteht, → Fn. 116 und → §385 Rdnr. 19. Wegen des Verhältnisses von §383 Abs. 1 Nr. 6 und §384 Nr. 3 → §384 Rdnr. 15.

66 Ohne Bedeutung ist, ob die Geheimhaltungspflicht gegenüber *einer* oder *beiden Parteien* oder gegenüber einem Dritten besteht[125].

67 Kollidiert die gesetzliche Schweigepflicht mit einer auf einer anderen gesetzlichen Vorschrift beruhenden *Auskunftspflicht*, so ist es eine Frage abwägender Gesetzesauslegung, welche Vorschrift als die stärkere vorzugehen hat.

IV. Die Belehrung

1. Belehrung der Verlobten, Ehegatten, Lebenspartner und Angehörigen

68 Die *Belehrung* der Verlobten, Ehegatten, Lebenspartner und Angehörigen braucht erst bei der Vernehmung zu erfolgen und ist im Protokoll festzustellen; daß sie bei jeder Vernehmung wiederholt wird, ist abweichend von §52 Abs. 3 StPO nicht erforderlich. Bei der Anordnung der *schriftlichen Beantwortung* der Beweisfrage (→ §377 Rdnr. 30) ist die Belehrung in die Anordnung aufzunehmen; das Verfahren nach §377 Abs. 3 dürfte bei den aufgeführten Personen aber wohl kaum zweckmäßig sein. Die Unterlassung der Belehrung macht die Aussage unverwertbar, ein Verstoß kann Berufung und Revision begründen. Der Mangel heilt aber gemäß §295[126].

2. Belehrung von Minderjährigen

69 Hinsichtlich der Belehrung des **minderjährigen Zeugen** (→ Rdnr. 2ff.) ist auf dessen Verständnis vom Zeugnisverweigerungsrecht abzustellen. Hat er dieses Verständnis, ist es ausreichend, daß **allein er über das Zeugnisverweigerungsrecht belehrt wird**[127]. Eine Belehrung des gesetzlichen Vertreters ist dann nicht notwendig[128]. Wenn auch der gesetzliche Vertreter trotz des Aussagewillens des Minderjährigen die Verweigerung aussprechen kann (näher → Rdnr. 5), so muß gleichwohl nicht auch der Vertreter belehrt werden, es sei denn, dem Gericht erscheint es zweifelhaft, ob der Zeuge das volle Verständnis des Zeugnisverweigerungsrechts besitzt. Jedenfalls empfiehlt es sich angesichts der noch immer unklaren Rechtsstellung des minderjährigen Zeugen, den gesetzlichen Vertreter (die Eltern) nach Möglichkeit auch zu belehren, etwa bei ihrer Anwesenheit im Gerichtssaal oder bereits anläßlich der Ladung.

70 *Fehlt dem Minderjährigen die Verständnisfähigkeit gegenüber dem Zeugnisverweigerungsrecht,* **muß** *der gesetzliche Vertreter belehrt werden*[129], *in der Regel beide*[130] *Elternteile.* Regelmäßig wird dies schon deshalb nicht auf Schwierigkeiten stoßen, weil bei solchen Zeu-

---

123 *KG* OLGRsp 5, 69.

124 Eintragungen in die Patentrolle, *RG* Gruchot 52 (1908) 445f.; weiter *OLG Düsseldorf* MDR 1951, 681.

125 *RGZ* 53, 181; a.M. ansch. *RGZ* 67, 362f.

126 *BGH* NJW 1985, 1158 und 1470. Dies gilt auch in Ehesachen, *RG* WarnRsp 1911 Nr. 206.

127 *BGHSt* 14, 162; *BGH* VRS 1969, 23 (hinsichtlich eines 15 Jahre alten Zeugen); *Löwe/Rosenberg/Dahs* StPO[25] §52 Rdnr. 45. Nach *Bosch* (Fn. 4) ist der über 14 Jahre alte Zeuge stets selbst zu belehren.

128 *Löwe/Rosenberg/Dahs* StPO[25] §52 Rdnr. 45.

129 So für den Strafprozeß §52 Abs. 3 StPO. Nach der Lösung von *Bosch* (Fn. 4) 49 bedarf es bis zum Alter des Zeugen von 14 Jahren der Belehrung.

130 *Kohlhaas* NJW 1960, 4.

gen eine erwachsene Begleitperson anwesend sein wird. Zu beachten ist jedoch, daß selbst in diesem Fall **der Minderjährige darüber zu belehren ist, daß er nicht deshalb aussagen muß, weil sein gesetzlicher Vertreter in die Aussage eingewilligt hat**[131]. Wie in → Rdnr. 6 ausgeführt ist, kann auch derjenige minderjährige Zeuge seine Aussage verweigern, der nicht die Einsicht in das Zeugnisverweigerungsrecht besitzt.

3. Belehrung bei den übrigen Verweigerungsberechtigten

71 **In den Fällen der Nr. 4 bis 6** ist eine Belehrung wohl vorwiegend deshalb nicht vorgeschrieben, weil bei diesen Zeugen eine Kenntnis ihres Rechts im allgemeinen vorausgesetzt werden kann. Dies trifft aber nicht immer zu, und **eine Belehrung ist sicherlich oft angebracht und keinesfalls verboten**[132]. Auch wo sie sich empfiehlt, kann die Unterlassung aber nicht als Verfahrensverstoß behandelt werden, weil ein gesetzliches Gebot fehlt und offenbar bewußt nicht gegeben ist (→ auch Rdnr. 73).

V. Beschränkung der Vernehmung (Absatz 3)

72 Auch wenn die in Nr. 4 bis 6 aufgeführten Personen sich zur Ablegung des Zeugnisses bereit erklärt haben, darf der Richter **gemäß Abs. 3** die **Vernehmung nicht auf solche Tatsachen richten**, die »erhellen«, daß das Zeugnis ohne Verletzung jener Pflicht nicht abgelegt werden kann.

73 Er hat danach von Amts wegen darauf zu achten, daß seine Fragen den Zeugen nicht zu Aussagen über derartige Tatsachen veranlassen. Sagt der Zeuge ungefragt über sie aus, liegt es mindestens im Sinne der Vorschrift, *wenn der Richter ihn auf sein Verweigerungsrecht hinweist*, weil die Wahrung der berührten Schweigepflicht ein wesentlicher Bestandteil unserer Rechtsordnung ist, an der auch die Allgemeinheit interessiert ist, und das Gericht schon den Verdacht vermeiden sollte, eine u.U. strafbare Verletzung der Schweigepflicht zu fördern. Die Berücksichtigung einer gleichwohl erstatteten Aussage kann es jedoch nicht ablehnen[133].

74 Dem Wortlaut nach gilt Abs. 3 nur für solche Personen, denen etwas *anvertraut* ist. Er muß aber sinngemäß auch für die Fälle gelten, wo die Pflicht bzw. das Recht zur Geheimhaltung nicht zugunsten bestimmter Personen, sondern im *Allgemeininteresse* besteht. Dahin gehören das **Beratungs- und Abstimmungsgeheimnis der Richter** einschließlich der *Schöffen und ehrenamtlichen Richter*[134]. Der nicht nur im Interesse der Richter getroffene Schutz des Beratungsgeheimnisses rechtfertigt auch die Einbeziehung der *Schiedsrichter* in diesen Schutz[135]. Die Entbindung von der Schweigepflicht durch die am Prozeß Beteiligten gemäß §385 Abs. 2 berührt das Beratungs- und Abstimmungsgeheimnis nicht, ebensowenig die Genehmigung der vorgesetzten Dienstbehörde. Das Beratungs- und Abstimmungsgeheimnis findet aber da seine Grenzen, wo etwa *höhere Interessen der Rechtsverfolgung* oder *-verteidigung* bestehen, hinter denen das Interesse an der Geheimhaltung zurücktreten muß, → §309 Rdnr. 7[136] (21. Aufl.). In *entsprechender* Anwendung des Abs. 3 darf ferner das Gericht die Zeugenver-

---

131 *BGHSt* 21, 305f.; vgl. *BGHSt* 14, 160; *Schneider* (Fn. 1) Sp. 1021.

132 Für Belehrung im Strafverfahren *Henkel* Strafverfahrensrecht² 210; *Sauter* Das Berufsgeheimnis und sein strafrechtlicher Schutz (1910) 305; a.M. die h.L.

133 *BGH* NJW 1977, 1198; *BGH* NJW 1990, 1735; *BayObLG* NJW-RR 1991, 7; *Thomas/Putzo/Reichold*²⁷ Rdnr. 11; a.M. *Gießler* NJW 1977, 1185.

134 *Baumbach/Lauterbach/Hartmann*⁶⁴ Rdnr. 20; *Thomas/Putzo/Reichold*²⁷ Rdnr. 6. Vgl. ferner §376 Rdnr. 17ff. und §309 Rdnr. 7 (21. Aufl.).

135 *BGHZ* 23, 138, 141; *RGZ* 129, 15, 17.

136 *RGZ* 89, 13; s. hierzu *Kohlhaas* NJW 1953, 401.

nehmung nicht darauf erstrecken, wie der Zeuge bei einer auf gesetzlicher Vorschrift beruhenden *geheimen Wahl* oder *Abstimmung* sein Stimmrecht ausgeübt hat[137].

§384 Zeugnisverweigerungsrecht aus sachlichen Gründen

Das Zeugnis kann verweigert werden:

1. über Fragen, deren Beantwortung dem Zeugen oder einer Person, zu der er in einem der im §383 Nr. 1 bis 3 bezeichneten Verhältnisse steht, einen unmittelbaren vermögensrechtlichen Schaden verursachen würde;

2. über Fragen, deren Beantwortung dem Zeugen oder einem seiner im §383 Nr. 1 bis 3 bezeichneten Angehörigen zur Unehre gereichen oder die Gefahr zuziehen würde, wegen einer Straftat oder einer Ordnungswidrigkeit verfolgt zu werden;

3. über Fragen, die der Zeuge nicht würde beantworten können, ohne ein Kunst- oder Gewerbegeheimnis zu offenbaren.

Gesetzesgeschichte: Ursprünglich §349 CPO, durch Nov. 98, RGBl 256 (→ Einl. Rdnr. 146), inhaltlich verändert zu §384 geworden. Nr. 2 (→ Rdnr. 6) geändert durch EG zum Gesetz über Ordnungswidrigkeiten vom 24. V. 1968, BGBl I 503. Die beigefügte amtliche Überschrift beruht auf Art. 2 Abs. 2 ZPO-RG (→ Einl. Rdnr. 202) in Verbindung mit der dazu erlassenen Anlage.

Stichwortverzeichnis → »Schlüssel zum Zeugenbeweis« zu Beginn der Vorbemerkungen vor §373.

I. Bedeutung

1 Im Gegensatz zu §383 gründet sich das Zeugnisverweigerungsrecht nach §384 *nicht* auf die persönlichen Beziehungen oder die Stellung des Zeugen. Der Grund liegt vielmehr darin, daß die Antwort auf eine *einzelne Frage* die **Verhältnisse** des Zeugen oder seiner Angehörigen **beeinträchtigen kann.**

2 Daraus folgt, daß sich das Zeugnisverweigerungsrecht aus §384 immer nur auf eine **bestimmte Frage** bezieht; die Bestimmung gibt nicht das Recht, die Aussage insgesamt zu verweigern[1]. Eine gänzliche Verweigerung des Zeugnisses kommt nur in Betracht, wenn sämtliche Fragen unter §384 fallen. *Beweisverfahrensrechtlich* setzt dies voraus, daß dem Zeugen

---

[137] *RArbG* 9, 142 (Betriebsratswahl); offenlassend bezüglich Beschlußfassung des Betriebsrats in Kündigungseinspruchssachen *RArbG* 10, 158.

[1] *BGH* NJW 1994, 197f.

die Fragen zunächst einmal gestellt werden müssen[2]. Von der Vernehmung darf nicht abgesehen werden, weil sich der Zeuge vorab pauschal auf ein Zeugnisverweigerungsrecht nach §384 beruft.

II. Die drei Fälle des §384

1. Nr. 1: Unmittelbarer vermögensrechtlicher Schaden

a) Unmittelbarkeit des Schadens

3 Der *vermögensrechtliche* Schaden für den Zeugen oder seine Angehörigen muß eine unmittelbare Folge der *Beantwortung* der Frage (nicht der Entscheidung des Prozesses) sein[3]. Ein *unmittelbarer* Schaden droht, wenn durch die Beantwortung einer Frage die tatsächlichen Voraussetzungen für eine Haftung des Zeugen als Schuldner (auch Unterhaltsschuldner)[4], Mitschuldner, Bürge, Regreßschuldner begründet oder die Durchführung einer schon bestehenden Verpflichtung durch das Beweismittel der Aussage erleichtert[5] werden könnte (→ auch Rdnr. 7). Zu beachten ist, daß trotz eines drohenden unmittelbaren Schadens dann **kein Verweigerungsrecht** besteht, wenn die Voraussetzung der **Nr. 1 von §385 Abs. 1** vorliegt (Zuziehung als Zeuge zu Rechtsgeschäft).

b) Mittelbarer Schaden

4 **Kein Zeugnisverweigerungsrecht** besteht beim Drohen eines bloß *mittelbaren* Schadens, z.B. beim als Zeugen vernommenen Gläubiger einer der Parteien, wenn durch den Sieg der Gegenpartei die *Zahlungsfähigkeit* seines Schuldners gemindert wird. Kein Zeugnisverweigerungsrecht hat der Kaufmann, der infolge seiner Aussage *allgemeine geschäftliche Nachteile* zu befürchten hat[6], der Beamte, der eine mögliche Beförderung geschmälert sieht[7], oder der Steuerzahler, wenn die Gemeinde im Prozeß unterliegt usw.[8]. Kein unmittelbarer Schaden entsteht, wenn die Aussage einer vertraglichen Schweigepflicht widerspricht (→ §383 Rdnr. 13). Daß der Schaden eine von dem Zeugen vertretene Person, namentlich eine juristische Person trifft, genügt nicht[9]: Der etwaige Schaden trifft dann gerade nicht ihn, sondern eine Person, die nicht einvernommen ist. Gleiches gilt, wenn der Zeuge Gesellschafter ist, für den bei der juristischen Person eintretenden Schaden[10]. Anders wird hingegen entschieden,

---

2 *BGH* NJW 1994, 197f.

3 So auch *RG* SeuffArch 47 (1892) 241. – Beispiel: Durch die wahrheitsgemäße Aussage werden Tatsachen offenbart, die die Geltendmachung eines Anspruchs gegen den Zeugen erleichtern; *OLG Celle* NJW 1953, 426.

4 *OLG Karlsruhe* NJW 1990, 2758: Mehrverkehrszeuge im Ehelichkeitsanfechtungsprozeß.

5 *RG* JW 1899, 5; *OLG Celle* NJW 1953, 426; *OLG Stuttgart* NJW 1971, 945 = Justiz 216; a.M. *RGZ* 32, 381; *OLG Kassel* OLGRsp 21, 83; *OLG Rostock* OLGRsp 35, 87; *KG* KGBl 1925, 53; JW 1925, 1527 u.a.: Die Beantwortung müßte die *Grundlage* des Anspruchs schaffen (zu eng, weil die Antwort auf eine Frage im allgemeinen nicht anspruchsbegründend wirkt).

6 *OLG Dresden* OLGRsp 5, 69. Hier ist an den Fall zu denken, daß sich ein Kaufmann durch eine bestimmte Aussage über Geschäftspraktiken, politische oder weltanschauliche Handlungen oder Meinungen mißliebig machen würde und den Verlust von Kunden zu erwarten hätte.

7 *OLG Nürnberg* BayJMBl 1963, 10f.

8 Daß der *Anwalt* mit Rücksicht auf seinen durch das Zurückbehaltungsrecht an den Handakten (§50 Abs. 3 BRAO) gesicherten Gebührenanspruch das Zeugnis über den Inhalt der Handakten nicht verweigern kann, *OLG Frankfurt* JW 1933, 530.

9 Wie hier auch *Zöller/Greger*[25] Rdnr. 4; a.M. *Baumbach/Lauterbach/Hartmann*[64] Rdnr. 4: Danach reicht, daß der Schaden z.B. eine Körperschaft trifft, deren Vertreter der Zeuge ist.

10 MünchKommZPO/*Damrau*[2] Rdnr. 7.

wenn der Zeuge Gesellschafter einer OHG oder KG ist[11]. Ob diese Differenzierung gerechtfertigt ist, erscheint zweifelhaft.

2. Nr. 2: Unehre oder strafgerichtliche Verfolgung

5 Nr. 2 wurde durch das Einführungsgesetz zum Gesetz über Ordnungswidrigkeiten vom 24. V. 1968 (BGBl I 503) geändert.

6 Die Beantwortung einer Frage gereicht dem Zeugen oder seinen Angehörigen zur **Unehre**, wenn die kundzugebende Tatsache[12] eine Gefahr für die Ehre begründet[13]. »Erheblich« muß die Gefahr nicht sein[14]. Daß die Handlung selbst für den Zeugen unehrenhaft ist, wird nicht gefordert; es **genügt**, wenn sie nur **einen Schluß auf ein unehrenhaftes Verhalten gestattet**. Maßgeblich sind die aktuellen Wertvorstellungen, wobei die Wertordnung des Grundgesetzes und die örtlichen und gesellschaftlichen Verhältnisse des Zeugen berücksichtigt werden müssen[15]. Ob die tatsächlichen Voraussetzungen für die Anwendung des §384 Nr. 2 gegeben sind, entscheidet, wie auch bei allen anderen Weigerungsgründen, die richterliche Beweiswürdigung. Die im Gesetz enthaltenen Begriffe sind hingegen unbestimmte **Rechtsbegriffe**[16], die auch der Nachprüfung durch das Revisionsgericht eröffnet sind. Besonders bei Fragen aus der **Intimsphäre** kommt es jedoch sehr auf den Einzelfall an. Zielt die Frage auf einen *Ehebruch* des Zeugen, kann sie stets verweigert werden[17] (auch wenn der Zeuge keinen Ehebruch begangen hat, → Rdnr. 19); dasselbe gilt für den unverheirateten Partner bei der Frage nach einem Geschlechtsverkehr mit einem verheirateten Partner[18]. Sind beide Partner *unverheiratet*, so kann der inzwischen eingetretene Wandel der Moralauffassungen nicht übersehen werden. Meistens sind in diesem Fall geschlechtliche Beziehungen nicht als unehrenhaft anzusehen[19]. Dies gilt insbesondere, wenn die Partner offen eine nichteheliche Lebensgemeinschaft eingegangen sind. Andererseits darf das Gericht nicht vernachlässigen, daß auch heute noch außereheliche Geschlechtsbeziehungen gelegentlich als unehrenhaft betrachtet werden. Letztlich ist deshalb das Gericht in diesen Fragen aufgerufen, unter sorgsamer Beachtung der maßgeblichen Wertvorstellungen zu entscheiden, ob ihm die Beantwortung als unehrenhaft erscheint. Im Hinblick auf *homosexuelle Beziehungen* hat sich der Wandel der gesellschaftlichen Moral-

---

[11] MünchKommZPO/*Damrau*² Rdnr. 7.

[12] Nicht zur Unehre gereicht dem Zeugen, daß er überhaupt aussagt. Deshalb besteht kein Verweigerungsrecht z.B. bei ehrenwörtlicher Schweigepflicht, *OLG Dresden* OLGRsp 5, 69; bei Schweigepflicht des Redakteurs, *OLG Darmstadt* JW 1928, 822 (zur Verweigerung nach Nr. 3 → Rdnr. 10).

[13] Der bloße Widerspruch mit gegenteiligen Erzählungen des Zeugen genügt nicht, *RG* JW 1899, 74.

[14] *OLG Karlsruhe* NJW 1994, 528.

[15] *OLG Karlsruhe* NJW 1994, 528, s.a. *OVG Lüneburg* NJW 1978, 1493.

[16] Anders ältere Aufl. dieses Komm. mit Nachweisen, die ganz allgemein davon sprachen, daß richterliches Ermessen entscheide, ob ein unehrenhaftes Verhalten vorliegt.

[17] *OLG Celle* DAVorm 1980, 487; *OLG Nürnberg* MDR 1975, 937 (Zeugnisverweigerungsrecht für Witwe bezüglich ehebrecherischen Verhaltens ihres verstorbenen Ehemannes); *RG* JW 1913, 139; *Strutz* FamRZ 1967, 86f. Über die Glaubhaftmachung in diesem Falle → §386 Fn. 5; über die Würdigung der Verweigerung → Rdnr. 19 sowie → §286 Rdnr. 11 (21. Aufl.). Strafbar ist der Ehebruch nicht mehr (§172 StGB wurde durch das Erste StrRG vom 25. VI. 1969 [BGBl I 645] aufgehoben); allein die Abschaffung der Strafbarkeit macht ihn aber nicht ehrenhaft.

[18] *OLG Karlsruhe* NJW 1994, 528; zur Zeugenaussage einer Prostituierten im Strafprozeß *BayObLG* JR 1980, 432. Im *Strafprozeß* steht dem Zeugen allerdings *kein* vergleichbares Verweigerungsrecht zu; es besteht lediglich die Möglichkeit der Zurückweisung der Frage nach §68a StPO.

[19] Die frühere Judikatur nahm eine aus heutiger Sicht merkwürdige Differenzierung vor, indem sie dem *Mann* das Zeugnisverweigerungsrecht absprach (*RG* WarnRsp 1912 Nr. 280; *OLG Hamburg* OLGRsp 15, 138; *OLG Stuttgart* OLGRsp 40, 378; a.M. *RG* HRR 1931 Nr. 624), nicht aber der *Frau*.

auffassungen noch nicht in allen Lebensbereichen vollzogen. Die Antwort auf eine dahinlautende Frage kann verweigert werden.

Die Nichteinhaltung einer **Verschwiegenheitsabrede** kann dem Zeugen nicht nach Nr. 2 zur Unehre gereichen, könnte doch sonst der Zeuge durch Absprache mit einer Partei oder einem Dritten ein Zeugnisverweigerungsrecht begründen[20].

7 Die Gefahr **strafrechtlicher Verfolgung** besteht auch dann, wenn nicht ohne weiteres sicher ist, daß auch eine Verfolgung oder Verurteilung erfolgen werde[21] oder wenn nur die Durchführung eines möglichen Strafverfahrens durch das Beweismittel der Aussage erleichtert werden würde[22]. Grundsätzlich genügt auch die Gefahr der *Wiederaufnahme* eines Strafverfahrens, freilich nicht eine völlig entfernte, gleichsam theoretische Möglichkeit[23]. Gleichgestellt ist die Verfolgung aufgrund einer **Ordnungswidrigkeit**. Wegen der identischen Konfliktslage sind ebenso zu behandeln: *Verfahren vor den Jugendgerichten* (selbst wenn sie nicht mit Strafe, sondern mit Erziehungsmaßregeln oder Zuchtmitteln [§§ 9ff. JGG] enden[24]) und vor den *Verfassungsgerichten* (wegen quasistrafrechtlicher Angelegenheiten[25]). Auch die Gefahr einer anwaltsrechtlichen Maßnahme (§ 114 BRAO) oder disziplinarrechtlichen Verfolgung berechtigt zur Verweigerung des Zeugnisses[26]. Nach anderer Ansicht soll es hier darauf ankommen, ob die Beantwortung dem Zeugen zur Unehre gereichen würde[27] oder ob er im Gefolge eines solchen Verfahrens mit *unmittelbaren* Vermögensnachteilen (→ Rdnr. 3) zu rechnen hat.

8 Ein Zeugnisverweigerungsrecht ist auch den *ausländischen Zeugen* zuzubilligen, die in ihrer Heimat wegen der wahren Aussage möglicherweise einer **rechtsstaatswidrigen Strafverfolgung** ausgesetzt sind[28]. Freilich bedeutet bereits die Weigerung des Zeugen mit *dieser* Begründung für ihn die Gefahr späterer Verfolgung, selbst wenn zum Vortrag dieser Gründe die Öffentlichkeit ausgeschlossen werden kann. Je deutlicher die Gefahr solcher Verfolgungen für das Gericht ist, um so mehr wird es mit Vorsicht und Behutsamkeit das Sträuben des Zeugen behandeln müssen. Den Zeugen erst einmal aussagen zu lassen und die möglicherweise erzwungene Unwahrheit dann bei der Beweiswürdigung zu berücksichtigen, ist nur als letzter Ausweg gangbar[29].

9 Aus dem Verhältnis von materiell-rechtlicher Schweigepflicht und prozessualem Zeugnisverweigerungsrecht (→ § 383 Rdnr. 17) ergibt sich, daß sich die Gefahr strafgerichtlicher Verfolgung (entsprechendes gilt für ein Verfahren nach dem OWiG) lediglich auf **Lebensvorgänge** beziehen kann, die zeitlich bereits **vor der Aussage** liegen. Der Gefahr einer strafrechtlichen

---

[20] *OLG Hamm* FamRZ 1999, 939, 940.

[21] *RGZ* 23, 133; *RG* JW 1902, 168; vgl. auch *BHGSt* 10, 104. Wenn allerdings *unzweifelhaft* die Tat unter ein Straffreiheitsgesetz (Amnestie) fällt, besteht kein Zeugnisverweigerungsrecht, *BGHSt* 4, 131. Bei einer *verjährten* Straftat muß beachtet werden, daß die Verjährungsfrist zuungunsten des Täters durch Gesetz verlängert werden kann (*BVerfGE* 25, 269), so daß die Verjährung nicht in jedem Fall eine Sicherheit vor einer Strafverfolgung gibt.

[22] *RG* SeuffArch 64 (1909) 428.

[23] *OLG Celle* NJW-RR 1991, 62.

[24] *Geerds* Festschrift für Stock (1966) 174; *BGHSt* 9, 34.

[25] *BGHSt* 17, 135f. zur bayerischen Ministeranklage; *Hellmuth v. Weber* JZ 1953, 297 zur Grundrechtsverwirkung; *Löwe/Rosenberg/Dahs* StPO[25] § 55 Rdnr. 9. Nachweise zu den verfassungsrechtlichen Verfahren → § 322 Fn. 542 (21. Aufl.).

[26] *Zöller/Greger*[25] Rdnr. 6; *Baumann* Festschrift für Kleinknecht (1985) 19ff. Anders allerdings *Baumbach/Lauterbach/Hartmann*[64] Rdnr. 5 und (für den Strafprozeß) *OLG Hamburg* MDR 1984, 335 sowie alle Kommentare zu § 55 StPO. Diese meinen, die Regelung des § 55 StPO sei abschließend und keiner Analogie fähig. Dagegen spricht aber, daß für den Fall, daß die Gefahr einer Abgeordneten- oder Ministeranklage droht, eine analoge Anwendung zugelassen worden ist, *BGHSt* 17, 128, 135.

[27] Vgl. etwa *RG* JW 1895, 478.

[28] Vgl. *BGHSt* 17, 345ff.; *OLG Braunschweig* JZ 1953, 477.

[29] *Arndt* NJW 1963, 433f. empfiehlt diesen Weg als generelle Lösung. Damit zwingt man den Zeugen entweder zur Unwahrheit oder zum Heroismus.

(o.ä.) Verfolgung **durch die jeweilige Aussage** (d.h. weil der Zeuge aussagt, obwohl er schweigen müßte) kann sich der Zeuge in der Regel durch die Berufung auf sein Zeugnisverweigerungsrecht (§383 Abs.1 Nr.6) entziehen. Denn der (strafrechtlich sanktionierten) materiellrechtlichen Geheimhaltungspflicht entspricht – jedenfalls für den Bereich des Zivilprozesses (→ §383 Rdnr.17) – ein prozessuales Zeugnisverweigerungsrecht. Nur in den Fällen, in denen dem Zeugen ein Zeugnisverweigerungsrecht nicht zur Seite stehen sollte, muß er aussagen. Die Zeugnispflicht wirkt sich dann aber materiell-rechtlich als Rechtfertigungsgrund aus.

3. Nr.3: Geheimnisoffenbarung

a) Schutzbereich

10 Nr.3 schützt Kunst- und Gewerbegeheimnisse. Zu den Gewerbegeheimnissen zählen *technische* und *kaufmännische* Fertigkeiten, Methoden und Tatsachen, die *nicht allgemein bekannt* sind und an denen ein *Geheimhaltungswille* und *-interesse* besteht. Der Begriff »Geheimnis« deckt sich mit den ihrer Natur nach im geschäftlichen Verkehr geheimzuhaltenden Tatsachen gemäß §383 Abs.1 Nr.6[30]. Beispiele bilden Herstellungsverfahren, Arbeitsmittel, Kundenlisten, Informationsquellen[31], Bezugsquellen und Einkaufspreise von Waren[32], Gehälter, Kreditverhältnisse, Bedingungen von Vertragsschlüssen[33]; Preiskalkulationen usw.[34], nicht aber die Verkaufspreise[35]. Gewerbe ist hier wie auch sonst im Sinne jeder auf Erwerb gerichteter dauernder Tätigkeit zu verstehen, umfaßt also insbesondere auch das Handelsgewerbe[36], *nicht* aber die Tätigkeit als Betriebsrat; insoweit kommt nur die Möglichkeit eines Zeugnisverweigerungsrechts nach §383 (→ dort Rdnr.59) in Betracht.

11 Das **Kunstgeheimnis** bezieht sich auf urheberrechtsfähige Werke (§2 UrhG) und dient dem Schutze des Erstveröffentlichungsrechts (§12 UrhG); der Schöpfer soll nicht als Zeuge gezwungen werden, sein Werk vor der Veröffentlichung inhaltlich mitzuteilen oder zu beschreiben.

12 **Nicht** geschützt wird das **Wissenschaftsgeheimnis**. Wissenschaft ist auf Offenlegung der Resultate planmäßigen Forschens ausgerichtet. Das schließt es aber nicht aus, daß im Einzelfall ein Zeuge eine vorzeitige Veröffentlichung im Rahmen seiner Vernehmung verweigern darf, denn zur Forschungsfreiheit gehört auch die Bestimmung über den Zeitpunkt der Veröffentlichung der Ergebnisse. Für den Sachverständigen besteht diese Möglichkeit nicht.

---

[30] *RGZ* 53, 43; *RG* Gruchot 52 (1908) 445f.; *RGZ* 54, 324; *OLG Hamburg* OLGRsp 25, 109f.; MDR 1977, 761; *OLG Hamm* JMBlNRW 1952, 178.

[31] *RG* JW 1904, 69; *OLG Hamburg* OLGRsp 5, 67; *OLG München* OLGRsp 25, 108; JW 1926, 618; *OLG Stuttgart* HRR 1931 Nr.53; vgl. auch *OLGHamburg* OLGRsp 27, 97. Offengelassen von *RGZ* 53, 15; a.M. *OLG Colmar* OLGRsp 25, 108.

[32] *OLG Darmstadt* DJZ 1902, 32; *OLG Celle* OLGRsp 17, 162.

[33] *OLG Hamburg* OLGRsp 21, 83.

[34] *OLG Hamburg* OLGRsp 33, 69 (Umfang des Bezuges); SeuffArch 71 (1916) 172 (Makler über vermittelte Geschäfte); *OLG Hamm* JMBlNRW 1952, 178 (Schätzer eines Kraftfahrzeuges über Mängel); *OLG Düsseldorf* MDR 1978, 147 (steuerliche Verhältnisse); *Stürner* JZ 1985, 453. Bedenklich *OLG Hamburg* JW 1918, 108 (Umfang des Vermögens und der Einnahmen eines Gewerbetreibenden [verneinend]).

[35] *RGZ* 53, 43; ebensowenig Höhe der Miete oder Pacht *AG Frankfurt* WM 1959, 62.

[36] *RGZ* 53, 42; 54, 325; *RG* JW 1902, 21; 1905, 344; *OLG Stuttgart* WRP 1977, 127 (für extensive Auslegung, die auch einen Verband zur Förderung gewerblicher Interessen umfaßt); *OLG Hamburg* OLGRsp 13, 159; 21, 83; *OLG Karlsruhe* HRR 1932 Nr.170 u.a.; a.M. *OLG Dresden* OLGRsp 5, 69.

b) Geschützte Personen

13 Die Bestimmung bezieht sich auf diejenigen Fälle, in denen die Offenbarung eines **eigenen Geheimnisses des Zeugen** in Frage steht. Maßgeblich hierfür ist, ob Geheimhaltungswille und -interesse in der Person des Zeugen liegen. Auf ein »eigenes« Geheimnis kann sich auch der Lizenznehmer, etwa beim technischen Geheimnis, berufen.

14 Unter Nr. 3 fallen nach herrschender Meinung auch Kunst- und Gewerbegeheimnisse, zu deren Geheimhaltung der Zeuge **Dritten** gegenüber vertraglich oder gesetzlich verpflichtet ist[37], etwa der Zeuge als Arbeitnehmer aufgrund des Arbeitsvertrags dem Arbeitgeber[38] oder durch Vereinbarung anderen Gewerbetreibenden gegenüber[39]. Eine Entbindung von der Verschwiegenheitspflicht kommt danach nicht in Betracht, weil sich §385 Abs. 2 nur auf §383 Nr. 4 und 6, nicht aber auf §384 bezieht. Der Schutzberechtigte wird daher gezwungen, auf sein Schutzrecht zu verzichten[40]. Die herrschende Meinung sieht sich ferner gezwungen, §384 nicht anzuwenden, wenn der Zeuge Geheimnisträger einer Partei ist[41].

15 Vorzugswürdig ist daher die Lösung, unter §384 **nur eigene Geheimnisse des Zeugen** zu fassen, im übrigen aber den Kreis der von §383 Abs. 1 Nr. 6 geschützten Personen weit zu ziehen[42]. Das hat den Vorzug, daß eine Entbindung auf der Grundlage des §385 Abs. 2 erfolgen kann, ohne daß auf das Geheimnisschutzrecht insgesamt verzichtet werden muß. Nach der hier vertretenen Auffassung fällt daher der kaufmännische Angestellte, dem ein Geheimnis offenbart wurde, nicht unter §384, sondern unter §383 Abs. 1 Nr. 6[43].

16 Eine geheime Tatsache kann sowohl als eigenes Geheimnis unter §384 Nr. 3 als auch als fremdes Geheimnis unter §383 Abs. 1 fallen. Werden etwa einem Presseangehörigen vertrauliche Informationen gegeben, so können §384 Nr. 3 und §383 Abs. 1 Nr. 5 konkurrieren.

17 Die Entbindung von der Schweigepflicht nach §385 Abs. 2 berührt nicht das Zeugnisverweigerungsrecht aus §384[44]. Diese Feststellung ist wichtig, wenn ein Geheimnis vorliegt, das gegenüber einem Dritten besteht und das gleichzeitig ein *eigenes* Geheimnis des Zeugen ist. Die Entbindung des Dritten befreit nur von der Verpflichtung, ein *fremdes* Geheimnis zu wahren. Mit dieser Begrenzung der Gegenausnahme in §385 Abs. 2 auf die Fälle des §383 Abs. 1 Nr. 4 und 6 hat das Gesetz eine der Zweckbestimmung entsprechende Regelung getroffen: Die Geheimhaltung wegen besonderer persönlicher Beziehungen ist unangebracht, wenn der in den Geheimnisschutz Einbezogene kein Interesse an der Geheimhaltung mehr hat. Damit wird aber nicht berührt das Interesse an der Geheimhaltung um der *Sache* willen. Es soll niemand gezwungen werden, *eigene* Betriebs- oder Produktionsgeheimnisse zu offenbaren.

---

37 MünchKommZPO/*Damrau*[2] Rdnr. 13; *Schlosser* ZZP 95 (1982) 364, 365; *Zöller/Greger*[25] Rdnr. 7; a. A. *Rosenberg/Schwab/Gottwald*[16] §119 Rdnr. 23.

38 *RGZ* 53, 42; *Stürner* Die Aufklärungspflicht der Parteien des Zivilprozesses (1976) 229; *Gottwald* BB 1979, 1780; *OLG Dresden* SeuffArch 56 (1901) 330; *OLG Hamburg* OLGRsp 5, 67; *OLG Naumburg* NaumbZtg 1910, 7; *OLG Kassel* SeuffArch 69 (1914) 373; *OLG Braunschweig* OLGRsp 27, 97; *KG* JW 1920, 154.

39 *RG* SeuffArch 49 (1894) 365.

40 MünchKommZPO/*Damrau*[2] Rdnr. 13; weniger weit geht *Stürner* JZ 1985, 453, 454: §385 Abs. 2 analog.

41 MünchKommZPO/*Damrau*[2] Rdnr. 13; *Zöller/Greger*[25] Rdnr. 7; *Stürner* JZ 1985, 453, 454, 455ff.

42 *Gottwald* BB 1979, 1780, 1781 l. Sp.

43 A. A. *Schumann* in der 20. Aufl.

44 *Geerds* Festschrift für Stock (1966) 174; *BGHSt* 9, 34.

III. Umfang des Verweigerungsrechts

1. Recht des Zeugen, Belehrung

18 Da §384 nur ein Recht des Zeugen aufstellt, darf eine hierher fallende Frage nicht als unzulässig (§397 Abs.3) abgelehnt werden[45]. Eine Belehrung des Zeugen über sein Recht ist in §384 nicht vorgeschrieben[46], wenn sie auch, zum mindesten in den Fällen der Nr.1 und 2, angemessen erscheint, um unwahre Aussagen zu verhüten. Die unrichtige Belehrung stellt sich dagegen als ein Mangel des Verfahrens dar[47].

2. Umfang des Verweigerungsrechts

19 Wie in den Fällen des §384 die *Fragen zu beantworten* wären, ist gleichgültig. Der Zeuge hat das Recht, über Tatsachen, die unter eine dieser drei Kategorien fallen, **sich gar nicht zu äußern**; er kann also z.B. die Antwort ablehnen, wenn auch nur ihre Bejahung ihm zur Unehre gereichen würde, während er in der Lage ist, sie zu verneinen[48]. Deshalb bedarf es, wenn das Gericht (dazu → §286 Rdnr. 11 [21. Aufl.]) *aus der Zeugnisverweigerung Schlüsse ziehen will, besonderer Vorsicht.* Diese ist höchstens ein Indiz; entscheidend ist die Lage des Einzelfalls[49] und die möglichen Motive des Zeugen[50]. Es geht in aller Regel nicht an, etwa aus der Zeugnisverweigerung nach Nr.3, zumal beim Angestellten, auf eine bestimmte Fabrikationsart zu schließen[51]. Wegen des besonderen Schutzzweckes der Bestimmung braucht der Zeuge keine konkreten Angaben über den Weigerungsgrund zu machen (bereits das würde ihn möglicherweise strafgerichtlicher Verfolgung aussetzen oder das Betriebsgeheimnis lüften); eine allgemeine Angabe der Voraussetzungen reicht.

3. Verweigerung der Eidesleistung

20 Wegen der nachträglichen *Verweigerung der Eidesleistung* → §392 Rdnr.6.

§385 Ausnahmen vom Zeugnisverweigerungsrecht

(1) In den Fällen des §383 Nr.1 bis 3 und des §384 Nr.1 darf der Zeuge das Zeugnis nicht verweigern:

1. über die Errichtung und den Inhalt eines Rechtsgeschäfts, bei dessen Errichtung er als Zeuge zugezogen war;

2. über Geburten, Verheiratungen oder Sterbefälle von Familienmitgliedern;

---

[45] S. auch *RGSt* 9, 426.

[46] *RG* JW 1896, 398; *RGSt* 10, 154; *RAG* ArbRsp 1931, 320; *BayObLG* 1968, 178; *OLG Köln* Rpfleger 1985, 494.

[47] *RG* WarnRsp 1920 Nr.212.

[48] *BGHZ* 26, 391 = NJW 1958, 826.

[49] *OLG Hamm* VersR 1983, 870. Verwertbarkeit als Indiz z.B. bejaht bei Ehebruchszeugen, die das Zeugnis verweigern, von *RG* HRR 1933 Nr.539; *BayObLGZ* 1 Nr.18; *KG* FamRZ 1969, 421; ablehnend dagegen *RG* WarnRsp 1912 Nr.229. Kritisch *Jaeger* DRZ 1950, 105; *Weigelin* JR 1951, 71. Vgl. auch *Peters* ZZP 77 (1964) 444ff.

[50] Dazu *Buchwald* SJZ 1949, 361; *Proskauer* NJW 1953, 50; *Kohlhaas* JR 1955, 43. Keine Befragung des Zeugen über Motive *BGHSt* 6, 279 = NJW 1954, 1496.

[51] Vgl. *RG* JW 1936, 2921; *Gottwald* BB 1979, 1781.

3. über Tatsachen, welche die durch das Familienverhältnis bedingten Vermögensangelegenheiten betreffen;

4. über die auf das streitige Rechtsverhältnis sich beziehenden Handlungen, die von ihm selbst als Rechtsvorgänger oder Vertreter einer Partei vorgenommen sein sollen.

(2) Die im § 383 Nr. 4, 6 bezeichneten Personen dürfen das Zeugnis nicht verweigern, wenn sie von der Verpflichtung zur Verschwiegenheit entbunden sind.

Gesetzesgeschichte: Ursprünglich § 350 CPO, durch Nov. 98, RGBl 256 (→ Einl. Rdnr. 146), inhaltlich verändert zu § 385 geworden. Abs. 2 geändert durch Gesetz vom 25. VII. 1975, BGBl I 1973 (→ Einl. Rdnr. 194). Die beigefügte amtliche Überschrift beruht auf Art. 2 Abs. 2 ZPO-RG (→ Einl. Rdnr. 202) in Verbindung mit der dazu erlassenen Anlage.

Stichwortverzeichnis → »Schlüssel zum Zeugenbeweis« zu Beginn der Vorbemerkungen vor § 373.

I. Die einzelnen Fälle

1 § 385 enthält in Abs. 1 **Ausnahmen von dem Zeugnisverweigerungsrecht** nach §§ 383f., beschränkt sich aber auf die Fälle, in denen das *allgemeine* Verweigerungsrecht des Verlobten, Ehegatten, Lebenspartners oder Angehörigen (§ 383 Abs. 1 Nr. 1–3) oder das *besondere* Verweigerungsrecht wegen der *Gefahr vermögensrechtlichen Schadens* (§ 384 Nr. 1) *in Frage* steht. Wegen der Beeidigung in diesen Fällen → § 391 Rdnr. 10. Die übrigen Verweigerungsrechte (§ 383 Abs. 1 Nr. 4–6, § 384 Nr. 2, 3) bleiben auch im Falle des Abs. 1 unberührt[1] (→ aber Rdnr. 8ff.).

1. Zuziehung bei der Errichtung eines Rechtsgeschäfts (Nr. 1)

2 **Nr. 1** bezieht sich auf Zeugen, die zur **Errichtung eines Rechtsgeschäfts zugezogen**[2] wurden, und zwar nur auf den Akt der Errichtung selbst sowie auf den Inhalt des Rechtsgeschäfts, nicht jedoch auf andere damit in Verbindung stehende Vorgänge. Auf Vorverhandlungen bezieht sich Nr. 1 nicht[3], es sei denn, das Rechtsgeschäft kam nicht zustande; hier kann der Zeuge über die gescheiterte Errichtung vernommen werden[4]. Die Aussage kann hier dem Zeugen

[1] *RG* JW 1899, 536.
[2] Zufällige Anwesenheit genügt nicht, *Zöller/Greger*[25] Rdnr. 2.
[3] *RG* SeuffArch 56 (1901) 329.
[4] *Musielak/Huber*[4] Rdnr. 2.

zugemutet werden: Er hat sich beim Abschluß des Rechtsgeschäfts als *Zeuge* zur Verfügung gestellt. Könnte er nunmehr anerkanntermaßen das Zeugnis verweigern, so läge hierin die gesetzliche Anerkennung eines »venire contra factum proprium«.

2. Angelegenheiten des Familienstandes (Nr. 2)

3 Die Ausnahme vom Zeugnisverweigerungsrecht rechtfertigt sich bei Familienmitgliedern zum einen durch das Interesse an der Klärung statusrechtlicher Verhältnisse und an der Richtigkeit der Personenstandsbücher, wie aber auch aus der Erwägung, daß Konfliktsituationen hier selten sein werden. **Familienmitglieder** sind alle Personen, die durch Verwandtschaft, Schwägerschaft oder Ehe bzw. Lebenspartnerschaft in Rechtsbeziehung stehen[5]. Häusliche Gemeinschaft (Kleinfamilie) ist nicht erforderlich und nicht genügend (nichteheliche Lebensgemeinschaft). Ausgesagt werden muß über Geburten, Heiraten und Sterbefälle der Familienmitglieder, nicht über Scheidung. Die Bestimmung ist eng auszulegen. Über Ursachen oder Umstände der Ereignisse muß nicht ausgesagt werden. Ein Verweigerungsrecht besteht daher bei der Frage nach der Todesursache oder nach der eine Geburt bedingende Zeugung[6]. Die Mutter hat im Vaterschaftsfeststellungsprozeß des Kindes (§ 1600 d BGB) somit ein Zeugnisverweigerungsrecht nach § 383 Abs. 1 Nr. 3 (→ dort Rdnr. 27) im Hinblick auf Fragen nach Geschlechtsverkehr. Ein aus dem Recht des Kindes auf Kenntnis der eigenen Abstammung abgeleiteter materiell-rechtlicher **Anspruch auf Benennung des Vaters**[7] hebt ihr Zeugnisverweigerungsrecht nicht auf[8]. Die Voraussetzungen und die Rechtsfolgen dieses Anspruchs sind (noch) ungeklärt. Insbesondere besteht die Gefahr, daß auch die von seinen Befürwortern unter Hinweis auf § 888 Abs. 3 (analog) verneinte Vollstreckbarkeit[9] durch Zwangshaft nach § 390 Abs. 2 unterlaufen wird.

3. Durch das Familienverhältnis bedingte Vermögensangelegenheiten (Nr. 3)

4 Nr. 3 setzt voraus, daß die *Tatsachen*, über die ausgesagt werden soll, Vermögensangelegenheiten betreffen[10], die durch das Familienverhältnis des Zeugen bedingt sind oder zur Zeit ihres Bestehens bedingt waren, wogegen es nicht darauf ankommt, ob der *Rechtsstreit* selbst auf diesem Verhältnis beruht[11]. Vermögensangelegenheiten dieser Art sind: Annahme oder Ausschlagung von Erbschaften[12], erbrechtliche Ansprüche[13], Ansprüche aus ehelichem Güterrecht oder aus Vereinbarungen darüber[14], Unterhaltsansprüche[15], Gutsüberlassungsverträge zwischen Eltern und Kindern[16], Abfindungen erbberechtigter Kinder[17] usw.

---

[5] MünchKommZPO/*Damrau*[2] Rdnr. 3; *Zöller/Greger*[25] Rdnr. 3 nennt Ehegatten nicht.

[6] *RGZ* 169, 48; *LSG Hessen* NJW 1989, 2711; MünchKommZPO/*Damrau*[2] Rdnr. 3.

[7] Vgl. *BVerfGE* 96, 56; *LG Bremen* FamRZ 1998, 1039; je mwN.

[8] *Walker* JZ 2000, 316, 317; a.A. *Staudinger/Rauscher* (2004) Einl. §§ 1589ff. Rdnr. 107; wohl auch *AG Rastatt* FamRZ 1996, 1299, 1301 r. Sp., das aus diesem Grunde einem Auskunftsanspruch zurückhaltend gegenüber steht.

[9] *Frank* FamRZ 1988, 113, 116; MünchKommBGB/*Seidel*[4] § 1589 Rdnr. 36; a.A. *Staudinger/Rauscher* (2004) Einl. §§ 1589ff. Rdnr. 105f. mwN.

[10] D.h. in tatsächlicher Beziehung dazu stehen, *OLG Celle* OLGRsp 17, 330.

[11] *RG* JW 1903, 24f.; *BayObLG* NS 8, 490; *OLG Dresden* SächsAnn 24, 541f.

[12] *OLG Celle* SeuffArch 55 (1900) 469.

[13] *RG* JW 1895, 8.

[14] *BayObLG* NS 7, 205.

[15] *OLG Oldenburg* SeuffArch 47 (1892) 102; *OLG Düsseldorf* FamRZ 1980, 617.

[16] *RG* JW 1894, 416.

[17] *RG* SeuffArch 45 (1890) 101; *OLG Hamm* OLGRsp 37, 145.

5 Nach dem Zweck der Vorschrift gehören hierher auch *Rechtsgeschäfte allgemeiner Art* unter Angehörigen, sofern sie nur im *konkreten Fall durch das Familienverhältnis bedingt* waren[18], sie dürfen aber nicht bloß äußerlich damit zusammenhängen[19]. Nicht dagegen gehören zu diesen Vermögensverhältnissen die Vermögensangelegenheiten zur Zeit der Eingehung der Ehe[20] oder die Vaterschaft zu dem »nichtehelichen« Kinde, denn diese ist weder eine Vermögensangelegenheit der Mutter noch durch ihre Familienverhältnisse bedingt[21].

4. Rechtsvorgänger oder Vertreter (Nr. 4)

6 Die Zeugnispflicht des Rechtsvorgängers oder Vertreters umfaßt alle Fälle der Rechtsnachfolge (→ §325 Rdnr. 19ff. [21. Aufl.]) und der gesetzlichen oder sonstigen Vertretung (→ §455 Rdnr. 2ff.) im weitesten Sinne, auch die einer rein tatsächlichen Vertretung[22]. Sie erstreckt sich aber nur auf dasjenige Rechtsverhältnis, in dem die Vertretung oder Rechtsnachfolge stattfand[23], und auf die *eigenen Handlungen* des Vorgängers oder Vertreters, nicht auf ihre Wahrnehmungen[24], aber auch auf die vor der Rechtsnachfolge vorgenommenen Handlungen[25] und auf *alle Handlungen*, nicht nur diejenigen, die das Rechtsverhältnis begründen[26]. Ob der Rechtsnachfolger bzw. der Vertretene oder sein Gegner den Zeugen benannt hat, ist gleichgültig.

7 Zur Anwendung der Nr. 4 ist erforderlich und genügend, daß der Beweisführer die *Behauptung* aufstellt, der Zeuge habe als Rechtsvorgänger oder Vertreter gehandelt[27]. Ein Beweis dafür ist nicht nötig (arg. »sein sollen«)[28]. Ist aber die Vertretereigenschaft widerlegt, sei es durch die Aussage des Zeugen selbst, wenn das Gericht ihr Glauben schenkt (§286), oder durch andere Beweismittel, so besteht hinsichtlich der Handlung selbst das Verweigerungsrecht[29].

II. Entbindung von der Schweigepflicht

1. Allgemeines

8 **a) Verschwiegenheitspflicht im Interesse der Allgemeinheit**: Für eine Entbindung von der Schweigepflicht ist zunächst dort kein Raum, wo die *Pflicht nicht im Interesse bestimmter Personen*, sondern der Allgemeinheit besteht, wie namentlich bei dem gerichtlichen Beratungs- und Abstimmungsgeheimnis (dazu → §383 Rdnr. 74). Daher nennt Abs. 2 die Presseangehörigen (§383 Abs. 1 Nr. 5) nicht; deren Zeugnisverweigerungsrecht bezweckt nämlich nicht nur

---

18 *RGZ* 40, 345; *RG* SeuffArch 54 (1899) 222; JW 1899, 814f.; 1909, 319; Gruchot 56 (1912) 1059; *OLG Breslau* OLGRsp 21, 84 u.a.; a.M. *BayObLG* NS 4, 457; *OLG München* OLGRsp 21, 84.

19 *RG* JW 1902, 20; SeuffArch 64 (1909) 351.

20 *RG* SeuffArch 51 (1896) 227.

21 *RGSt* 36, 1; 61, 402; dazu auch *OLG München* BayrZ 1905, 320; *Maassen* Recht 1902, 369; *Brettner* Recht 1904, 494; *Seifarth* Recht 1904, 571f.; *Goldmann* DJZ 1903, 472; *Tebelmann* DJZ 1903, 570; *Sauerlandt* DJZ 1909, 1491f.; *Glaser* DJZ 1910, 250; *Hagen* BayrZ 1906, 471. Insoweit hat das Nichtehelichengesetz an der Rechtslage nichts geändert.

22 *OLG Hamm* OLGRsp 40, 377; a.M. *OLG Köln* NJW 1955, 1561 = ZZP 69 (1956) 56; *RG* JW 1911, 489; *OLG Dresden* OLGRsp 15, 138: Tätigkeit als Beistand, Berater oder dergleichen reicht nicht; erforderlich ist vielmehr Vertretereigenschaft im Rechtssinne.

23 *RG* JW 1899, 257.

24 *RGZ* 53, 112; *RG* OLGRsp 17, 162.

25 *OLG Celle* SeuffArch 36 (1881) 479.

26 *RGZ* 47, 430.

27 Nicht, wenn er gerade das Gegenteil behauptet, *RGZ* 53, 111f.; *RG* JW 1911, 489.

28 *OLG Marienwerder* SeuffArch 48 (1893) 353; *OLG Celle* SeuffArch 51 (1896) 358; *OLG Kassel* OLGRsp 21, 83.

29 *OLG Celle* aaO.

den Schutz des Informanten, sondern auch den der grundgesetzlich garantierten Pressefreiheit (→ §383 Rdnr. 31).

9 **b) Entbindung von der Pflicht zur Verschwiegenheit**: Bei den in §383 Abs. 1 Nr. 4 und 6 bezeichneten Personen, für die Abs. 1 nicht gilt (→ Rdnr. 1), **entfällt dagegen das Recht der Zeugnisverweigerung, wenn sie von der Verpflichtung zur Verschwiegenheit entbunden** sind, vorausgesetzt, daß dies nach dem für den einzelnen Fall zur Anwendung kommenden Recht wirksam geschehen kann. Die Folge der Entbindung ist, daß der Zeuge seiner dann wieder uneingeschränkt bestehenden Zeugnispflicht in vollem Umfang nachzukommen hat. **Die Entbindung kann aber ein eigenes Zeugnisverweigerungsrecht gemäß §384 nicht beseitigen** (→ §384 Rdnr. 17).

10 **c) Aussagegenehmigung für Beamte**: Zu unterscheiden sind *Entbindung* von der Schweigepflicht und Erteilung der *Aussagegenehmigung für Beamte* bei an sich bestehender Pflicht zur Amtsverschwiegenheit (→ §376 Rdnr. 2): Das Fehlen der Aussagegenehmigung schafft ein Verbot zur Vernehmung, gegebenenfalls ein Verwertungsverbot, wenn ungeachtet dieses Fehlens dennoch ausgesagt wurde. Die fehlende Entbindung von der Schweigepflicht bleibt prozessual ohne Bedeutung (→ aber Rdnr. 20), hat aber evtl. Konsequenzen auf materiell-rechtlichem Gebiet (§203 StGB).

2. Personenkreis

11 **Katholische Geistliche** können nach Art. 9 Reichskonkordat vom 20. VII. 1933 (RGBl II 679)[30] über alle Tatsachen, die ihnen bei der Ausübung der Seelsorge – nicht nur bei der Beichte – anvertraut worden sind, nicht um Auskunft angehalten werden; dies gilt auch dann, wenn sie von der Verschwiegenheitspflicht entbunden sind[31]. Art. 9 des Reichskonkordats gilt als innerstaatliches Recht und ist lex specialis zu Abs. 2.

12 Das gleiche ist für **evangelische Geistliche**[32] und aus Paritätsgründen, gemäß dem Grundsatz der Wahrung der religiösen Neutralität sowie im Hinblick darauf, daß die Vertrauensstellung entscheidet (und nicht die staatliche Anerkennung der Religionsgesellschaft → §383 Rdnr. 29), auch für **Geistliche anderer Religionsgesellschaften** anzunehmen[33].

13 Bei **Beamten** *konkurriert* die Entbindung von der Schweigepflicht durch die dazu berechtigte Privatperson in bestimmten Fällen mit der Genehmigung des Dienstvorgesetzten. Sie bedürfen dann außer der Aussagegenehmigung auch der Entbindung (→ auch Rdnr. 10 und → §376 Rdnr. 3).

14 Bei den **übrigen Personen** des §383 Nr. 6 bedarf es einer Erklärung desjenigen, demgegenüber die Pflicht besteht. Das ist beim *Rechtsanwalt* der Mandant, selbst wenn der Auftraggeber und Gebührenschuldner eine andere Person ist, z.B. der Arbeitgeber (zur Insolvenz des Mandanten → Rdnr. 18). Den *Mediator* (→ §383 Rdnr. 59) können nur alle an der Mediation

---

[30] Zur Fortgeltung: *BVerfGE* 6, 309f. = NJW 1957, 705 und *Pirson* Evangelisches Staatslexikon[3] Stichwort »Vertragsstaatskirchenrecht« Sp. 3818.

[31] Münsterischer Kommentar zum Codex Iuris Canonici (CIC)-Lüdicke Can. 983 Anm. 6 (vgl. für den Kanonischen Prozeß Can. 1548 §2, n. 1 und Can. 1550 §2, n. 2 Codex Iuris Canonici 1983); *LG Nürnberg-Fürth* FamRZ 1964, 513 = BayJMBl 142.

[32] *LG Fulda* SJZ 1950, 826; ebenso auch *Bosch* FamRZ 1963, 262; *Flor* JR 1953, 368, 372; *Rosenberg/Schwab/Gottwald*[16] §119 Rdnr. 21.

[33] *Obermayer* Evangelisches Staatslexikon[3] Stichwort »Beichtgeheimnis« Sp. 186f.; Art. 144 Abs. 3 der Bayerischen Verfassung (»Geistliche können vor Gerichten und anderen Behörden nicht um Auskunft über Tatsachen angehalten werden, die ihnen in ihrer Eigenschaft als Seelsorger anvertraut worden sind«) ist angesichts der vorrangigen bundesrechtlichen Regelung in der ZPO insoweit ohne Bedeutung; *Meder* Die Verfassung des Freistaates Bayern[4] Art. 144 Rdnr. 3.

sachlich betroffenen Beteiligten wirksam entbinden[34]. Beim *Notar* gilt die gesetzliche Regelung des §18 Abs. 1 Satz 2 BNotO. Beim *Arzt* ist es der Patient, nicht der Ehegatte, auch wenn dieser den Arzt zugezogen hat[35] (zur Entbindung nach dem Tode des Patienten → Rdnr. 19). Bei Angestellten (→ §383 Rdnr. 59) ist das der Dritte, z.B. der Bankkunde, nicht der Geschäftsherr[36]. Deshalb kommt es nicht immer auf das Vertragsverhältnis an, sondern auf die Person, zu deren Schutz die Schweigepflicht besteht. *Sie muß nicht Vertragspartner des Schweigepflichtigen sein.*

3. Entbindung von der Verschwiegenheitspflicht durch einen Vertreter

15 Berechtigt zur Entbindung ist grundsätzlich *die Person, gegenüber der die Verschwiegenheitspflicht besteht.* Da das Recht auf Verschwiegenheit aber kein schlechthin höchstpersönliches ist, sondern Ausfluß desjenigen Rechtsverhältnisses, dem die geheimzuhaltende Tatsache angehört[37], ist bei der Frage, ob ein *Vertreter* von der Schweigepflicht entbinden kann, zu differenzieren:

16 **a) Höchstpersönliche Rechte:** Soweit höchstpersönliche Rechte in Frage stehen, kann nur und ausschließlich derjenige von der Verschwiegenheitspflicht entbinden, in dessen Interesse der Geheimhaltungsschutz (mit)geschaffen wurde. Das bedeutet etwa, daß der Arzt grundsätzlich nur vom Patienten von seiner Schweigepflicht entbunden werden kann (→ Rdnr. 14).

17 *Vom gesetzlichen Vertreter* kann bei *höchstpersönlichen* Beziehungen (z.B. Arzt – Patient) allenfalls dann entbunden werden, wenn dem Geschützten die erforderliche Einsichtsfähigkeit fehlt (wobei Alter und Geschäftsfähigkeit allein erst in zweiter Linie zu beachten sind)[38]. Zu beachten ist in diesen Fällen, daß bei *voll einsichtsfähigen* **Minderjährigen** eine wirksame Entbindung von der Schweigepflicht nur bei *Gleichklang* zwischen gesetzlichem Vertreter und Minderjährigem vorliegt. Weder die Entbindung durch den Minderjährigen (ohne Zustimmung des gesetzlichen Vertreters), noch die Entbindung durch den gesetzlichen Vertreter (ohne die Zustimmung des Minderjährigen) sind für sich allein wirksam. Die Interessenlage entspricht hier im wesentlichen der bei der Frage der Ausübung des Zeugnisverweigerungsrechts durch Minderjährige (dazu → §383 Rdnr. 2ff.).

18 **b) Vermögenswerte Rechte:** Auf vermögensrechtlichem Gebiet kann das Recht der Entbindung allein vom gesetzlichen Vertreter (und damit auch gegen den Widerspruch des Minderjährigen) und etwa auch von einem **Generalbevollmächtigten** ausgeübt werden[39]. Es kann dann auch auf den **Erben** übergehen[40], und im Falle der Insolvenz steht es bezüglich der zur Masse gehörigen Rechtsverhältnisse dem *Insolvenzverwalter* zu[41], sofern nicht *daneben* noch

---

[34] Zur Frage entsprechender vertraglicher Entbindungsverbote mit dem Ziel, den Vorwurf der Beweisvereitelung auszuschließen, *Eckart/Dendorfer* MDR 2001, 786, 790.

[35] *OLG Karlsruhe* NJW 1960, 1392.

[36] *RG* HRR 1928 Nr. 1361; zur Entbindung des *Reporters* durch den Informanten *LG München* ArchPR XV (1970) 161 sowie → §384 Rdnr. 14f.

[37] Dazu *KG* OLGRsp 29, 120.

[38] Unzutreffend insoweit *OLG München* JW 1932, 2176, das offenbar schematisch auf die Geschäftsfähigkeit abstellen will.

[39] *OLG Celle* NJW 1955, 1844; a.M. *KG* KGBl 1907, 92. Die Prozeßvollmacht genügt nicht, um jemanden namens der Partei von der Schweigepflicht zu entbinden, *OLG München* SeuffArch 66 (1911) 332.

[40] *OLG Stuttgart* MDR 1983, 236; *OLG Dresden* SächsAnn 30, 331 (*Anwalt*); *OLG Colmar* OLGRsp 27, 98 (*Notar*); für Notar insoweit a.M. *OLG Jena* ThürBl 40, 236; zum *Anwalt* und *Notar* → auch Rdnr. 14.

[41] *RGZ* 59, 85; *BGHZ* 109, 260, 270; *BGH* ZIP 1994, 1103, 1110 r. Sp.; *OLG Düsseldorf* NJW-RR 1994, 958; *Uhlenbruck* InsO[12] §80 Rdnr. 93.

ein selbständiges Interesse des Insolvenzschuldners vorliegt[42]. Besteht die Pflicht mehreren Personen gegenüber, so müssen *sämtliche* Berechtigte entbinden[43].

4. Entbindung nach dem Tode desjenigen, dem gegenüber die Pflicht besteht

19 Die Schweigepflicht reicht **grundsätzlich über den Tod** des durch die Verschwiegenheitspflicht Geschützten **hinaus**. Daher endet die Schweigepflicht des Arztes nicht mit dem Tode des Patienten[44], die Verschwiegenheitspflicht des Rechtsanwalts oder Steuerberaters nicht mit dem Tode des Mandanten[45] usw. Die Frage, ob und inwieweit der Schweigepflichtige nach dem Tode des durch die Verschwiegenheitspflicht Geschützten von der Schweigepflicht freigestellt ist, richtet sich nach dem **erklärten oder mutmaßlichen Willen** des Patienten, Mandanten usw.[46]; dabei soll die Aufklärung von Zweifeln über seine *Testier*fähigkeit im wohlverstandenen Interesse des Erblassers liegen[47]. Ist der Schweigepflichtige von seiner Verschwiegenheitspflicht aufgrund des Erblasserwillens nicht freigestellt, so geht das Recht zur Entbindung bei auf **Vermögensinteressen** bezogenen Schweigepflichten auf die *Erben* über[48]. Im Hinblick auf **höchstpersönliche Angelegenheiten** scheidet ein Übergang auf die Erben, aber auch auf die Angehörigen aus, falls nicht ein anderer Erblasserwille erkennbar ist; insbesondere kann der Erblasser einen Dritten ermächtigen, nach seinem Tode das Entbindungsrecht wahrzunehmen.

5. Erklärung der Entbindung

20 Die Erklärung kann vor und im Prozeß, dem Zeugen[49], dem Gegner oder dem Gericht[50] gegenüber erfolgen, insbesondere auch durch die Benennung des Zeugen seitens des Berechtigten[51]. Bei den nichtbeamteten Behördenbediensteten (→ §383 Rdnr. 49) muß das Gericht die Behörde um eine Äußerung ersuchen, ob die Entbindung ausgesprochen wird, §376 Abs. 3; eine Aussagegenehmigung nach §376 ist bei diesen Personen nicht erforderlich (→ §376 Rdnr. 25). Wird die Erklärung nicht abgegeben und besteht nach bürgerlichem Recht eine Pflicht dazu, so bedarf es eines *besonderen* Prozesses und einer Verurteilung dazu gemäß §894. Dieses genügt aber, denn der Zeuge hat, wie Abs. 2 zeigt, kein Recht um seiner selbst willen (→ auch §383 Rdnr. 59)[52]. Der Nachweis für die Entbindung obliegt dem Beweisführer. Durch die Versagung der Entbindung wird die Beweisführung unmöglich; das Gericht kann die Ladung des Zeugen ablehnen[53]. Die Versagung kann von dem Gericht bei der Beweiswür-

---

[42] *RG* SeuffArch 61 (1906) 333; *OLG Nürnberg* MDR 1977, 144.
[43] *RGZ* 50, 353; *RG* JW 1906, 174; SeuffArch 61 (1906) 333; *OLG Dresden* SächsAnn 30, 331.
[44] *BGH* NJW 1984, 2893, 2894; *BayObLG* NJW-RR 1991, 1287.
[45] *OLG Stuttgart* NJW 1983, 1070 (LS).
[46] *BGH* NJW 1983, 2627; *BGH* NJW 1984, 2895; *BayObLG* NJW-RR 1991, 1287.
[47] *BGH* NJW 1984, 2895; *OLG Frankfurt* NJWE-FER 1998, 15, 16 r. Sp.; anders für die *Geschäfts*fähigkeit *LG Düsseldorf* NJW 1990, 2327.
[48] *OLG Stuttgart* NJW 1983, 1070 (LS).
[49] *OLG Hamburg* OLGRsp 19, 110.
[50] *RG* JW 1896, 586.
[51] *OLG Darmstadt* DJZ 1902, 396.
[52] *OLG Hamburg* OLGRsp 3, 245f.; 23, 168. Nicht ausreichend ist ein »Zwischenurteil« im Verfahren zwischen den Parteien, wonach der Zeuge für zeugnispflichtig erklärt wird, weil eine Partei einen Rechtsanspruch gegen die andere dahingehend habe, den Zeugen von der Schweigepflicht zu entbinden, *RGZ* 53, 315f.; *OLG Hamburg* OLGRsp 6, 126. Einen Anspruch auf Entbindung von der Verschwiegenheitspflicht unter den Parteien halten für möglich *Gottwald* BB 1979, 1781; *Stürner* JZ 1985, 459 im Rahmen eines Geheimverfahrens (→ §357 Rdnr. 17ff.).
[53] *RG* WarnRsp 1912 Nr. 130.

digung frei verwertet werden[54], wobei – wie auch sonst bei der Würdigung von Verweigerungen[55] – Vorsicht und Zurückhaltung am Platze ist.

21 Die Frage der **Widerruflichkeit der Entbindung** von der Verschwiegenheitspflicht wird *uneinheitlich* beantwortet. Man unterscheidet, ob es sich um eine Entbindung »im Prozeß« handelt, die als Prozeßhandlung unwiderruflich sei[56], oder um eine dem Zeugen gegenüber erklärte »außerprozessuale« Entbindung, die als frei widerruflich behandelt wird[57]; andere stützen die freie Widerruflichkeit auf eine Analogie zu §168 Satz 2 BGB[58]; auch wird die Widerruflichkeit bejaht, solange die Partei auf den Zeugen verzichten könne[59]. Danach entscheiden Zufälligkeiten der Entbindungserklärung über die Widerruflichkeit. Vielmehr sollte die **Entbindung stets als widerruflich** angesehen werden. Die Partei öffnet mit der Entbindung ihre Geheimnissphäre; ein Grund, sie an ihre Disposition zu binden, besteht nicht. Wird allerdings während der Aussage des Zeugen die Entbindung widerrufen, kann die bis dahin gemachte Aussage verwertet werden; überdies unterliegt der Widerruf der Entbindung (ebenso wie ihre Versagung, → Rdnr. 20) der freien Beweiswürdigung.

§386 Erklärung der Zeugnisverweigerung

(1) Der Zeuge, der das Zeugnis verweigert, hat vor dem zu seiner Vernehmung bestimmten Termin schriftlich oder zum Protokoll der Geschäftsstelle oder in diesem Termin die Tatsachen, auf die er die Weigerung gründet, anzugeben und glaubhaft zu machen.

(2) Zur Glaubhaftmachung genügt in den Fällen des §383 Nr. 4, 6 die mit Berufung auf einen geleisteten Dienstеid abgegebene Versicherung.

(3) Hat der Zeuge seine Weigerung schriftlich oder zum Protokoll der Geschäftsstelle erklärt, so ist er nicht verpflichtet, in dem zu seiner Vernehmung bestimmten Termin zu erscheinen.

(4) Von dem Eingang einer Erklärung des Zeugen oder von der Aufnahme einer solchen zum Protokoll hat die Geschäftsstelle die Parteien zu benachrichtigen.

Gesetzesgeschichte: Ursprünglich §351 CPO, durch Nov. 98, RGBl 256 (→ Einl. Rdnr. 146), inhaltlich verändert zu §386 geworden. Änderungen durch Gesetz vom 9. VII. 1927, RGBl I 175, VO vom 30. XI. 1927, RGBl I 334 und Gesetz vom 25. VII. 1975, BGBl I 1973 (→ Einl. Rdnr. 194). Die beigefügte amtliche Überschrift beruht auf Art. 2 Abs. 2 ZPO-RG (→ Einl. Rdnr. 202) in Verbindung mit der dazu erlassenen Anlage.

Stichwortverzeichnis → »Schlüssel zum Zeugenbeweis« zu Beginn der Vorbemerkungen vor §373.

---

[54] *RG* JW 1915, 1361. Im Einzelfall kann die Verweigerung eine Beweisvereitelung darstellen → §286 Rdnr. 123 (21. Aufl.) mwN; *Stürner* Die Aufklärungspflicht der Parteien des Zivilprozesses (1976) 202ff.

[55] Wegen der Beweiswürdigung der Verweigerung des Zeugnisses → §383 Rdnr. 16.

[56] *KG* JW 1916, 1144; OLGRsp 39, 57; *BayObLG* FamRZ 1990, 1012, 1013; *Schumann* in der 20. Aufl. Rdnr. 27; *Zöller/Greger*[25] Rdnr. 11; *Musielak/Huber*[4] Rdnr. 8; **a.A.** *OLG Hamburg* OLGRsp 19, 110; *OLG München* SeuffArch 66 (1911) 170; MünchKommZPO/*Damrau*[2] Rdnr. 11.

[57] *BGH* NJW 1986, 3077, 3079 r. Sp.

[58] MünchKommZPO/*Damrau*[2] Rdnr. 11.

[59] *OLG* Celle NdsRpfl 1962, 260.

I. Erklärung der Weigerung[1]

1. Angabe und Glaubhaftmachung der Tatsachen

1 *In allen Fällen* der **Zeugnisverweigerung** hat der Zeuge die Tatsachen anzugeben, auf die sich die Weigerung stützt, und das Gericht hat nur über diese Tatsachen zu entscheiden, s. auch §389 Abs.3[2]. Die Angaben müssen so weit ins einzelne gehen, daß dem Richter ein Urteil über den Weigerungsgrund, z.B. das Geschäftsgeheimnis, möglich ist[3]. Sagt der Zeuge in der mündlichen Verhandlung über seinen Weigerungsgrund aus, kann er sich bei unwahren Behauptungen nach §153 StGB strafbar machen[4]. Die vorgetragenen Tatsachen sind ferner nach §294 **glaubhaft zu machen**, soweit sie nicht schon nach den Umständen, insbesondere aus dem Inhalt der gestellten Fragen, ohne weiteres glaubhaft sind, wie z.B. bei der Frage nach dem Ehebruch (→ §384 Rdnr.6)[5]. Der Zeuge kann also auch die Wahrheit der von ihm zur Begründung seines Zeugnisverweigerungsrechts vorgetragenen Tatsachen an Eides Statt versichern und zwar auch bei schriftlicher Erklärung (→ Rdnr.5). Unwahre Behauptungen sind dann nach §156 StGB strafbar[6].

2 Die *Versicherung auf einen geleisteten Diensteid* (§155 Nr.2 StGB) in den Fällen des §383 Abs.1 Nr.4 und 6 steht neben den anderen Mitteln der Glaubhaftmachung.

2. Entscheidung über den Weigerungsgrund

3 Wird die Weigerung begründet, so ist darüber nach §387 zu entscheiden; also nicht nur dann, wenn der Zeuge die §§383f. oder §61 BBG (bzw. eine entsprechende landesrechtliche Bestimmung, → §376 Rdnr.50ff.) vorbringt, sondern auch dann, wenn er mit Rücksicht z.B. auf seine Eigenschaft als gesetzlicher Vertreter (→ Rdnr.6f. vor §373) das Zeugnis ablehnt[7] oder wenn er meint, daß die von ihm geforderte Antwort ein Gutachten enthalte[8] oder dgl. Auch wenn der angeführte Grund vom Gesetz nicht anerkannt ist (→ §383 Rdnr.13), ist nach §387 zu verfahren. Auch abwegige Gründe, die evident kein Verweigerungsrecht geben (Berufung auf Zeitmangel, Forderung der Verdoppelung der Zeugengebühr[9]), sollten nicht als »vorgeschützt« und damit unerheblich behandelt werden[10], denn eine Grenzziehung zwi-

---

[1] *H. Meyer* ZZP 17 (1892) 459ff.
[2] *RGZ* 54, 326.
[3] *OLG Hamburg* OLGRsp 13, 159.
[4] Die Unwahrheit der Aussage kann auch in der in einer Wertung (»Unehre« §384 Nr.2) oder in dem Gebrauch geläufiger Rechtsbegriffe (»Verlöbnis«, »Ehe« §383 Abs.1 Nr.1, 2) enthaltenen Tatsachenbehauptung liegen *Schönke/Schröder/Lenckner* StGB[27] Rdnr.11 vor §153). Die Umstände, aus denen sich ein Zeugnisverweigerungsrecht ergeben könnte, unterliegen jedenfalls dann der Wahrheitspflicht des Zeugen, wenn er von seinem Zeugnisverweigerungsrecht Gebrauch macht und sich auf diese Umstände beruft.
[5] S. auch *RG* JW 1903, 241; SeuffArch 64 (1909) 428; JW 1913, 139f.; HRR 1933 Nr.539; *OLG Bamberg* SeuffArch 60 (1905) 469; *OLG Hamburg* und *OLG München* OLGRsp 20, 325f.; *OLG Darmstadt* SeuffArch 66 (1911) 427. Sehr weitgehend *OLG Zweibrücken* SeuffArch 57 (1902) 475; hierzu weiter *Jaeger* DRZ 1950, 105.
[6] *BGHSt* 7, 1; *Schönke/Schröder/Lenckner* StGB[27] §156 Rdnr.14; einschränkend Leipziger Kommentar/*Ruß*[11] §156 Rdnr.7, 12.
[7] *LG Bochum* JW 1929, 1156.
[8] *OLG Naumburg* OLGRsp 29, 122.
[9] *OLG Bamberg* BayJMBl 1952, 237.
[10] A.A. *Schumann* in der 20. Aufl.; MünchKommZPO/*Damrau*[2] §387 Rdnr.1.

schen nicht anerkannten und evident unerheblichen Gründen ist nicht möglich. Vor Mißbrauch schützt die Kostentragungspflicht (→ §387 Rdnr. 6). Bei der Weigerung ohne Angabe von Gründen greift §390 Platz.

3. Keine Verwirkung nicht geltend gemachter Weigerungsgründe

4 Daß der Zeuge *mehrere* ihm zur Seite stehende Weigerungsgründe dergestalt gleichzeitig geltend zu machen hätte, daß mit dem Zwischenurteil eine Verwirkung hinsichtlich der nicht geltend gemachten Gründe einträte, ist dem Gesetz *nicht* zu entnehmen, → auch §390 Rdnr. 3[11]. Schon nach allgemeinen Grundsätzen über die innerprozessuale Bindungswirkung von gerichtlichen Entscheidungen ist der Zeuge selbst bei rechtskräftiger Verwerfung eines Weigerungsgrundes mit dem Vorbringen eines anderen Weigerungsgrundes dann nicht präkludiert, wenn er hierzu einen ganz anderen Tatsachenkomplex vorträgt[12]. Da sich, wie aus §389 Abs. 3 Satz 2, 2. HS. folgt, der Weigerungsstreit *eng an den vom Zeugen vorgetragenen Weigerungsgrund knüpft*, tritt bei der rechtskräftigen Verwerfung eines geltend gemachten Weigerungsgrundes auch nur **eine Bindung hinsichtlich gerade dieses einzelnen Weigerungsgrundes** ein, so daß dem Zeugen nicht verwehrt ist, etwa nach Rechtskraft der Weigerungsentscheidung nunmehr einen anderen im Gesetz enthaltenen Weigerungsgrund vorzutragen, *selbst wenn es sich um denselben Tatsachenkomplex handelt.* Demgemäß kann der als Mittäter möglicherweise in Betracht kommende Zeuge zunächst versuchen, ein Zeugnisverweigerungsrecht als Verlobter der beklagten Partei zu erlangen; bei Scheitern dieses Versuchs ist ihm nicht verwehrt, nunmehr aus §384 Nr. 1 ein Verweigerungsrecht herzuleiten, ohne daß er hierzu neue Tatsachen vorzutragen hätte. Aus dieser Situation folgt zugleich auch, daß der Zeuge nicht verpflichtet ist, ihm zustehende weitere Weigerungsgründe sogleich vorzutragen. Da er nicht mit weiteren Gründen präkludiert wird, kann er den Erfolg des zunächst vorgeschützten Weigerungsgrundes abwarten.

II. Schriftliche Erklärung

5 Die Weigerung kann **vor dem Termin schriftlich** oder zu Protokoll der Geschäftsstelle oder im Termin selbst erklärt werden. Die Erklärung vor dem Termin *befreit* den Zeugen von der *Pflicht zum Erscheinen* im Termin, wenn sie sich auf die *ganze Zeugenvernehmung* bezieht, sich also auf ein persönliches Verhältnis gründet, §383 Abs. 1 Nr. 1 – 3, oder den ganzen Gegenstand der Vernehmung, §377 Abs. 2 Nr. 2, umfaßt. Daß die Weigerung sich später als grundlos herausstellt (etwa weil der Zeuge im Termin von seiner Schweigepflicht entbunden wurde), ist unerheblich[13]. Bleibt der Zeuge dagegen aus, ohne in der Erklärung Gründe anzugeben[14], oder nach einer Weigerung, die sich nur auf einzelne Punkte bezieht, so treffen ihn die Folgen des §380[15].

---

[11] *RG* JW 1889, 169; *KG* OLGRsp 19, 112; MünchKommZPO/*Damrau*[2] §387 Rdnr. 3; *Rosenberg/Schwab/Gottwald*[16] §119 Rdnr. 24; a.M. *KG* JW 1928, 738 mit Anm. (im Sinne der hier vertretenen Ansicht) von *Striemer.*

[12] → §322 Rdnr. 103ff. (21. Aufl.); *Blomeyer*[2] §87 I 1 b, §89 V 1; *Thomas/Putzo/Reichold*[27] §322 Rdnr. 33f.; *Zöller/Vollkommer*[25] §318 Rdnr. 11.

[13] Anders, wenn der Zeuge schon *im Zeitpunkt der Ladung* von der Schweigepflicht entbunden war, *RG* JW 1896, 586. Der Zeuge hat dann zu erscheinen. Ebenso, wenn der Zeuge nach Erklärung der Weigerung, aber vor Terminsbeginn von der Schweigepflicht entbunden wurde.

[14] *OLG Hamburg* OLGRsp 20, 325.

[15] Ein Zeuge, der das Zeugnis verweigert hat, ist nur dann erneut zu laden, wenn anzunehmen ist, daß er jetzt aussagen werde, *BGH* NJW-RR 1987, 445.

III. Benachrichtigung der Parteien

6 Die **Benachrichtigung nach Abs. 4** soll es ermöglichen, daß die Partei sofort durch Verzicht auf den Zeugen (→ §387 Rdnr. 5) die Angelegenheit erledigt, anderenfalls dient sie zur Vorbereitung des Zwischenstreits nach §§387ff. Einer Zustellung der Benachrichtigung bedarf es nicht, → Rdnr. 7 vor §166. Unterbleibt die Benachrichtigung, knüpfen sich hieran in der Regel keine Folgen (→ §387 Rdnr. 4).

§387 Zwischenstreit über Zeugnisverweigerung

(1) Über die Rechtmäßigkeit der Weigerung wird von dem Prozessgericht nach Anhörung der Parteien entschieden.

(2) Der Zeuge ist nicht verpflichtet, sich durch einen Anwalt vertreten zu lassen.

(3) Gegen das Zwischenurteil findet sofortige Beschwerde statt.

Gesetzesgeschichte: Ursprünglich §352 CPO, durch Nov. 98, RGBl 256 (→ Einl. Rdnr. 146), inhaltlich unverändert zu §387 geworden. Die beigefügte amtliche Überschrift beruht auf Art. 2 Abs. 2 ZPO-RG (→ Einl. Rdnr. 202) in Verbindung mit der dazu erlassenen Anlage.

Stichwortverzeichnis → »Schlüssel zum Zeugenbeweis« zu Beginn der Vorbemerkungen vor §373.

I. Zwischenstreit

1. Zuständigkeit und Verfahren

1 Über die **Rechtmäßigkeit der Zeugnisverweigerung** kann nur das *Prozeßgericht* entscheiden. Das *Verfahren* regeln die §§387, 388 für den Fall der Vernehmung vor dem Prozeßgericht, §389 für den der Weigerung vor dem beauftragten oder ersuchten Richter.

2. Beteiligte Personen

2 Durch die Verweigerung entsteht **zwischen der beweisführenden Partei**, an deren Stelle im Falle des §399 der Gegner tritt (→ Rdnr. 7), **und dem Zeugen ein Zwischenstreit**[1] (zur Bedeu-

[1] *RGZ* 13, 414; 20, 378; 28, 437; *OLG Hamburg* MDR 1963, 852 = FamRZ 652; FamRZ 1965, 277;

tung des Parteiverhaltens → Rdnr. 5). Dieser Streit ist aber nicht als eigentlicher Parteienstreit aufzufassen, sondern als Teil des Beweisaufnahmeverfahrens, der **von Amts wegen**[2] erledigt wird (→ §361 Rdnr. 1). Für die Parteien gilt Anwaltszwang wie sonst, der Zeuge *kann* sich nach §79 vertreten lassen, Abs. 2. Hinsichtlich des **minderjährigen** (prozeßunfähigen) **Zeugen** fehlt es auch hier an einer Regelung (→ §383 Rdnr. 2ff. zum Zeugnisverweigerungsrecht, → §377 Rdnr. 3 zur Ladung, → §380 Rdnr. 14 zu den Ordnungsmitteln). In Anwendung der an diesen Stellen entwickelten Ansicht ist *der prozeßunfähige Zeuge in dem Zwischenstreit jedenfalls dann prozeßfähig*, wenn er das Wesen von Zeugnis und Zeugnisverweigerungsrecht voll zu erkennen vermag.

3. Mehrmalige Weigerung

3 Die §§387ff. sind bei jeder Weigerung anwendbar, unabhängig davon, ob ein im Gesetz vorgesehener oder unzulässiger Weigerungsgrund vorgebracht wird (→ §386 Rdnr. 3). Bei **mehrmaliger Weigerung** findet das Verfahren jeweils von neuem statt, sofern nicht über den konkreten Weigerungsgrund bereits rechtskräftig entschieden ist[3], → §386 Rdnr. 4.

II. Verhandlung

1. Ablauf

4 Findet die Vernehmung vor dem Prozeßgericht (auch dem Einzelrichter) statt und ist der *Zeuge erschienen* (über den Fall des Ausbleibens s. §388), so ist **sofort über den Zwischenstreit zu verhandeln**, auch wenn die Mitteilung nach §386 Abs. 4 unterblieben war. Der Zeuge hat seine Weigerung zu begründen und glaubhaft zu machen (→ §386 Rdnr. 1), soweit dies erforderlich und nicht bereits vorher geschehen ist. Sind die Parteien anwesend, so sind sie zu hören. Das Gericht hat aber auch dann auf Grund des ihm vorliegenden Materials zu entscheiden, wenn eine oder beide Parteien ausgeblieben sind[4]. Eine Versäumnisfolge zum Nachteil der Partei, etwa der Verzicht auf den Zeugen oder die Anerkennung des Weigerungsrechts, tritt nicht ein. Für die tatsächlichen Voraussetzungen etwaiger Ausnahmen vom Zeugnisverweigerungsrecht (z.B. §385 Abs. 1 Nr. 1 gegenüber §383 Abs. 1 Nr. 3) trägt die beweisbelastete Partei die Beweisführungslast[5]. Für diese Beweisführung genügt, wie beim Zeugen, Glaubhaftmachung. Unter Umständen ist – im Rahmen des Zwischenstreits – Beweis darüber zu erheben, ob die Voraussetzungen der Gegenausnahme vorliegen. Erst nach Erledigung des Zwischenstreits, der einen Teil des Beweisverfahrens bildet, ist der Termin zur mündlichen Verhandlung bestimmt, §370.

2. Verzicht auf das Zeugnis

5 *Erkennt der Beweisführer den Weigerungsgrund an*, so ist dies ein **Verzicht auf das Zeugnis**[6], und die gleiche Wirkung tritt ein, wenn er erschienen ist und der unrechtmäßigen Weige-

---

OLG Köln JMBlNRW 1973, 209; a.M. (für den Finanzprozeß) *BFH* BB 1978, 1052, wonach die Parteirolle des Hauptprozesses unverändert bleibt; der Zeuge wird »Nebenbeteiligter«.

2 Nach einer gegenteiligen Ansicht soll ein *Antrag des Beweisführers* erforderlich sein, *OLG Koblenz* DAVorm 1977, 646; *Zöller/Greger*[25] Rdnr. 2.

3 S. auch *OLG Marienwerder* SeuffArch 51 (1896) 228.

4 *OLG Koblenz* DAVorm 1977, 646.

5 *OLG Breslau* OLGRsp 20, 326.

6 *RGZ* 20, 378, 380; *RG* Gruchot 30 (1886) 1129; SächsArch 13, 567; *OLG Bamberg* SeuffArch 60 (1905) 469.

rung nicht widerspricht (§295)[7]. Jedoch kann nach §399 nunmehr der Gegner die Vernehmung beantragen und den Zwischenstreit mit dem Zeugen weiterführen[8].

III. Zwischenurteil

1. Besonderes Zwischenurteil

6 Die Entscheidung hat durch ein besonderes Zwischenurteil zu erfolgen. Eine Entscheidung in den Gründen des Endurteils ist insoweit unzulässig, als die sofortige Beschwerde stattfindet (→ Rdnr. 7), die sonst gegenstandslos wäre[9]. Über die *Kosten des Zwischenstreits* ist nach den Regeln der §§91ff. zu entscheiden. Der Zeuge gilt insoweit als Partei[10]. Es kommt daher für die Anfechtung auch §99 zur Anwendung.

2. Sofortige Beschwerde

7 Das im ersten Rechtszug vor dem AG oder LG erlassene Zwischenurteil unterliegt der **sofortigen Beschwerde** (Abs. 3, §567 Abs. 1 Nr. 1). Hatten LG oder OLG als Berufungsgericht oder Beschwerdegericht entschieden (s. §567 Abs. 1: »im ersten Rechtszug«), ist die **Rechtsbeschwerde** statthaft, wenn sie in der jeweiligen Entscheidung zugelassen wurde (§574 Abs. 1 Nr. 2, Abs. 3). Wird die Verweigerung für *begründet* erklärt, so steht die Beschwerde in der Regel nur dem Beweisführer[11], dem Gegner aber nur insoweit zu, als er von dem Recht des §399 Gebrauch gemacht hat (→ Rdnr. 2) oder jetzt Gebrauch macht[12]. Für die sofortig Beschwerde des Zeugen besteht kein Anwaltszwang (§§78 Abs. 5, 569 Abs. 3 Nr. 3).

8 Wird die Weigerung *verworfen*, so hat nur der Zeuge die Beschwerde; denn ein Recht einer Partei auf Nichtvernehmung eines Zeugen, außer im Falle des Verzichts nach §399, besteht nicht[13]. Wird auf die sofortige Beschwerde[14] des Zeugen die Verweigerung für rechtmäßig erklärt, so hat dagegen der Beweisführer und der Gegner (sofern er vom Recht des §399 Gebrauch gemacht hat, → Rdnr. 7 a.E.) die Rechtsbeschwerde und umgekehrt[15], wenn sie im Beschluß des Beschwerdegerichts zugelassen wurde (§574 Abs. 1 Nr. 2). Auch wenn sich das Hauptverfahren inzwischen erledigt hat, bleibt die Beschwerde zulässig[16].

IV. Weiteres Verfahren

9 Die Zustellung des Urteils von Amts wegen (§317) setzt die Notfrist für die Erhebung der sofortigen Beschwerde in Lauf (§569 Abs. 1). Die Beschwerde hat zwar keine aufschiebende Wirkung in Beziehung auf den Fortgang des Prozesses (§570 Abs. 1), wohl aber hinsichtlich

---

7 *RG* JW 1894, 82; Gruchot 40 (1896) 915; JW 1899, 534, 536 u.a.

8 *OLG Bamberg* SeuffArch 60 (1905) 469.

9 → §389 Rdnr. 2 a.E.

10 S. auch *RG* JW 1899, 141; *OLG Bamberg* SeuffArch 60 (1905) 469; *OLG Kiel* OLGRsp 17, 106; *OLG Hamburg* OLGRsp 19, 112; 25, 109; 33, 70; *OLG Frankfurt* NJW 1968, 1240 = OLGZ 290; a.M. *OLG Hamburg* OLGRsp 5, 67. Da im Falle des §387 (anders als in dem des §389) der Zeuge zu dem Termin *als Zeuge* geladen ist, hat er Anspruch auf Zeugengebühren.

11 *OLG Celle* OLGRsp 15, 270.

12 *OLG Hamburg* OLGRsp 15, 138; 25, 110; *OLG Kassel* SeuffArch 69 (1914) 373.

13 *RGZ* 20, 379; *RG* Gruchot 39 (1895) 1143 u.a.; *OLG Frankfurt* MDR 1983, 236; ähnlich *BFH* BB 1982, 1353; a.M. *Baumbach/Lauterbach/Hartmann*[64] Rdnr. 6.

14 Das Beschwerdegericht kann auch die prozeß- und materiell-rechtliche Zulässigkeit überprüfen, *OLG München* NJW 1977, 341.

15 *RGZ* 32, 381; 53, 40f.

16 *OLG Köln* FamRZ 1986, 708.

des weiteren Verfahrens gegen den Zeugen (§390 Abs.1 »rechtskräftig«) und dadurch mittelbar hinsichtlich der völligen Erledigung des Rechtsstreits in der Instanz.

1. Rechtmäßige Weigerung

10 Ist die Weigerung rechtmäßig erklärt, so ist die Beweisaufnahme zunächst erledigt, und es kann in demselben Termin (§370 Abs.1) weiter verhandelt werden. Will eine Partei Beschwerde einlegen, so muß die Verhandlung bis zu ihrer Erledigung vertagt werden. Ändert das Beschwerdegericht ab, so ist der Termin nach §368 von Amts wegen zu bestimmen und der Zeuge zu laden; bestätigt es, so ist, da nunmehr die Beweisaufnahme endgültig erledigt ist, der Termin zur Verhandlung gleichfalls von Amts wegen zu bestimmen.

2. Verworfene Weigerung

11 Wird die Weigerung verworfen, so kann gegen den Zeugen erst nach Rechtskraft des Zwischenurteils gemäß §390 vorgegangen werden. Wird die Rechtskraft nachgewiesen, so ist nunmehr der Termin nach §368 zu bestimmen und der Zeuge zu laden. Darüber, daß dem Zeugen durch das Zwischenurteil etwaige *weitere* Zeugnisverweigerungsgründe nicht abgeschnitten sind, → §386 Rdnr.4. Wird das Zwischenurteil aufgehoben, so ist, da die Beweisaufnahme jetzt erledigt ist, Termin zur mündlichen Verhandlung von Amts wegen (→ Rdnr.10) anzuberaumen.

3. Gebühren

12 Für das Zwischenurteil wird keine gesonderte Gebühr erhoben. Die Zurückweisung der Beschwerde ist nach KV Nr.1811 gebührenpflichtig. Für die Anwaltsgebühren ist davon auszugehen, daß der Zwischenstreit zur Instanz gehört, §19 Abs.1 Satz 2 Nr.3 RVG. Im Beschwerdeverfahren gilt Nr. 3500 VV RVG; neben die Verfahrensgebühr von 0,5 kann eine Terminsgebühr von 0,5 treten (Nr. 3513 VV RVG).

§388 Zwischenstreit über schriftliche Zeugnisverweigerung

Hat der Zeuge seine Weigerung schriftlich oder zum Protokoll der Geschäftsstelle erklärt und ist er in dem Termin nicht erschienen, so hat auf Grund seiner Erklärungen ein Mitglied des Prozessgerichts Bericht zu erstatten.

Gesetzesgeschichte: Ursprünglich §353 CPO, durch Nov. 98, RGBl 256 (→ Einl. Rdnr.146), inhaltlich unverändert zu §388 geworden. Änderungen durch Gesetz vom 9. VII. 1927, RGBl I 175 und VO vom 30. XI. 1927, RGBl I 334. Die beigefügte amtliche Überschrift beruht auf Art.2 Abs.2 ZPO-RG (→ Einl. Rdnr.202) in Verbindung mit der dazu erlassenen Anlage.

Stichwortverzeichnis → »Schlüssel zum Zeugenbeweis« zu Beginn der Vorbemerkungen vor §373.

1 Ist der Zeuge in dem *Termin vor dem Prozeßgericht* (→ §387 Rdnr.4) *nicht erschienen*, so bedarf es einer Entscheidung nach §387 nur dann, wenn er seine *Weigerung vor dem Termin ordnungsmäßig* nach §386 erklärt hat, → §386 Rdnr.5. Es findet aber kein Versäumnisver-

fahren statt, sondern Berichterstattung nach §388 und sodann Gehör der Parteien und Entscheidung nach §387. Zur Säumnis einer Partei → §387 Rdnr. 4.

§389 Zeugnisverweigerung vor beauftragtem oder ersuchtem Richter

(1) Erfolgt die Weigerung vor einem beauftragten oder ersuchten Richter, so sind die Erklärungen des Zeugen, wenn sie nicht schriftlich oder zum Protokoll der Geschäftsstelle abgegeben sind, nebst den Erklärungen der Parteien in das Protokoll aufzunehmen.

(2) Zur mündlichen Verhandlung vor dem Prozessgericht werden der Zeuge und die Parteien von Amts wegen geladen.

(3) [1]Auf Grund der von dem Zeugen und den Parteien abgegebenen Erklärungen hat ein Mitglied des Prozessgerichts Bericht zu erstatten. [2]Nach dem Vortrag des Berichterstatters können der Zeuge und die Parteien zur Begründung ihrer Anträge das Wort nehmen; neue Tatsachen oder Beweismittel dürfen nicht geltend gemacht werden.

Gesetzesgeschichte: Ursprünglich §354 CPO, durch Nov. 98, RGBl 256 (→ Einl. Rdnr. 146), inhaltlich unverändert zu §389 geworden. Änderungen durch Gesetz vom 9. VII. 1927, RGBl I 175 und VO vom 30. XI. 1927, RGBl I 334. Die beigefügte amtliche Überschrift beruht auf Art. 2 Abs. 2 ZPO-RG (→ Einl. Rdnr. 202) in Verbindung mit der dazu erlassenen Anlage.

Stichwortverzeichnis → »Schlüssel zum Zeugenbeweis« zu Beginn der Vorbemerkungen vor §373.

I. Verfahren vor beauftragtem oder ersuchtem Richter

1 Erfolgt die **Verweigerung des Zeugnisses vor dem beauftragten oder ersuchten Richter**, so hat in jedem Fall das *Prozeßgericht* über die Rechtmäßigkeit zu entscheiden, → §387 Rdnr. 1ff.[1], es sei denn, daß der Beweisführer vor diesem Richter *auf den Zeugen verzichtet*. Der beauftragte oder ersuchte Richter hat für diese Entscheidung die abschließende Grundlage zu schaffen. Erklärt der Zeuge seine Weigerung im Termin, so ist seine Weigerung nebst den Erklärungen der Parteien, soweit sie anwesend sind, in das Protokoll aufzunehmen, §160 Abs. 3 Nr. 3, 4, §162. Hat der Zeuge vor dem Termin eine ordnungsmäßige schriftliche Erklärung abgegeben (→ §386 Rdnr. 5), so sind etwaige Parteierklärungen zu protokollieren. Dagegen kann aus dem Unterbleiben solcher Erklärungen vor dem beauftragten oder ersuchten Richter (anders → §387 Rdnr. 5) kein Schluß auf den Verzicht (§399) gezogen werden[2].

II. Verfahren vor dem Prozeßgericht

2 Außer dem Fall des Verzichtes (→ Rdnr. 1) sendet der Richter das Protokoll an das **Prozeßgericht**; dieses lädt den Zeugen und die Parteien *von Amts wegen* durch die Geschäftsstelle »zur mündlichen Verhandlung«. Der Zeuge wird sonach nicht als solcher nach §377, sondern als *Partei im Zwischenstreit* geladen und hat deshalb auf Zeugengebühren keinen Anspruch,

---

[1] Wiederholtes Ersuchen ohne Entscheidung gemäß §389 ist unzulässig, *OLG Dresden* SächsAnn 22, 523; 25, 78; *OLG Braunschweig* OLGRsp 18, 380.

[2] *BayObLG* NS 8, 490f.

auch wenn er sich in der Verhandlung vernehmen läßt[3]. In der mündlichen Verhandlung erfolgt der Vortrag des Berichterstatters, Abs. 3. Sodann wird der Zwischenstreit nach Maßgabe des Abs. 3 verhandelt, auch wenn der Zeuge oder die Parteien nicht erschienen sind (→ §387 Rdnr. 4), sofern nur die Ladung ordnungsmäßig, nicht etwa eine Zeugenladung, war[4]. Durch das *Verbot, neue Tatsachen und Beweise* für die bisherige Weigerung geltend zu machen (Abs. 3 Satz 2, 2. HS.), ist nicht untersagt, daß der **Zeuge** die Zeugnisverweigerung unter einem anderen *rechtlichen* Gesichtspunkt begründet[5] oder die schon vorgebrachten Tatsachen näher erläutert[6] und daß die **Parteien** Umstände vortragen, die die Weigerung ausschließen sollen[7]; auch kann ein neues Zeugnisverweigerungsrecht geltend gemacht werden[8], → auch §387 Rdnr. 3. Die Entscheidung erfolgt durch ein Zwischenurteil, für das §387 (→ dort Rdnr. 6) gilt. Unzulässig wäre es, die Entscheidung ohne Ladung nach §389 in den Gründen des Endurteils zu treffen[9].

3 Ist die Ladung des Zeugen unterblieben und nur Termin nach §370 anberaumt, so verliert die Partei im Fall unterlassener Rüge (§295) das Recht, eine Entscheidung über die Verweigerung zu verlangen[10].

§390 Folgen der Zeugnisverweigerung

(1) [1]Wird das Zeugnis oder die Eidesleistung ohne Angabe eines Grundes oder aus einem rechtskräftig für unerheblich erklärten Grund verweigert, so werden dem Zeugen, ohne dass es eines Antrages bedarf, die durch die Weigerung verursachten Kosten auferlegt. [2]Zugleich wird gegen ihn ein Ordnungsgeld und für den Fall, dass dieses nicht beigetrieben werden kann, Ordnungshaft festgesetzt.

(2) [1]Im Falle wiederholter Weigerung ist auf Antrag zur Erzwingung des Zeugnisses die Haft anzuordnen, jedoch nicht über den Zeitpunkt der Beendigung des Prozesses in dem Rechtszug hinaus. [2]Die Vorschriften über die Haft im Zwangsvollstreckungsverfahren gelten entsprechend.

(3) Gegen die Beschlüsse findet die sofortige Beschwerde statt.

Gesetzesgeschichte: Ursprünglich §355 CPO, durch Nov. 98, RGBl 256 (→ Einl. Rdnr. 146), inhaltlich unverändert zu §390 geworden. Änderungen durch Gesetz vom 17. VIII. 1920, RGBl 1579, Bek. 24, RGBl I 437 (→ Einl. Rdnr. 160f.), und Gesetz vom 2. III. 1974, BGBl I 469. Die beigefügte amtliche Überschrift beruht auf Art. 2 Abs. 2 ZPO-RG (→ Einl. Rdnr. 202) in Verbindung mit der dazu erlassenen Anlage; zugleich wurde Abs. 3 geändert.

Stichwortverzeichnis → »Schlüssel zum Zeugenbeweis« zu Beginn der Vorbemerkungen vor §373.

---

[3] *RGZ* 28, 437; 43, 409. Dies gilt aber nur, wenn er ausdrücklich nach §389 geladen war, *RG* JW 1897, 233f.; a.M. *RG* JW 1899, 281.

[4] *RGZ* 67, 343; *RG* SeuffArch 54 (1899) 475. Anderenfalls ist die Entscheidung abzulehnen; dagegen gibt es keine Beschwerde *BayObLG* NS 2, 788f.

[5] *RG* JW 1889, 169; *OLG Kassel* OLGRsp 21, 83; *Zöller/Greger*[25] Rdnr. 2.

[6] *RG* JW 1902, 21; *Wieczorek*[2] B II b 2.

[7] *RGZ* 67, 362f.; a.M. *KG* OLGRsp 29, 121.

[8] MünchKommZPO/*Damrau*[2] Rdnr. 6.

[9] *RGZ* 13, 414; 43, 409 u.a.

[10] Vgl. die Entscheidungen in §387 Rdnr. 5 Fn. 6f.; a.M. *RG* Gruchot 41 (1897) 1175 und *RG* JW 1897, 208.

I. Ordnungsmaßnahmen[1]

1 Die Voraussetzungen einer Ordnungsmaßnahme[2] *wegen* **Verweigerung des Zeugnisses** oder der **Eidesleistung** (im Gegensatz zum Nichterscheinen, § 380) sind:

1. Verweigerung ohne Begründung

2 Eine Voraussetzung ist, daß das Zeugnis (→ § 386 Rdnr. 1ff.) *oder die Eidesleistung* (→ § 392 Rdnr. 5) *ohne Angabe eines Grundes*[3] verweigert wird, sei es im Termin oder nach § 386 vor dem Termin. Ein Mangel der Glaubhaftmachung genügt nicht. *Entfernt* sich der Zeuge vor seiner Vernehmung oder wird er entfernt (§ 158), so liegt ein Fall des § 380 vor; entfernt er sich *während* der Vernehmung, so liegt darin u. U. eine Zeugnisverweigerung.

2. Verworfener Verweigerungsgrund

3 Ebenfalls muß die Maßnahme ausgesprochen werden, wenn der geltend gemachte *Grund* der Verweigerung *rechtskräftig* nach §§ 387–389 *verworfen* worden ist und der Zeuge auf der Verweigerung beharrt. Macht der Zeuge jetzt *neue Gründe* der Weigerung geltend, so bedarf es, auch wenn der neue Grund schon früher vorhanden war, einer neuen Entscheidung, da die Rechtskraft sich nur auf den vorgebrachten Weigerungsgrund bezieht (→ § 389 Rdnr. 2)[4], → auch § 386 Rdnr. 4.

3. Ordnungsgeld und Ordnungshaft

4 **Das Gericht hat von Amts wegen die in Abs. 1 enthaltene Ordnungsmaßnahme durch Beschluß auszusprechen**, sofern nicht der Beweisführer vor der Festsetzung des Ordnungsmittels auf das Zeugnis verzichtet. Dagegen hat der nachträgliche Verzicht keinen Einfluß auf die

---

[1] *Landau* Gruchot 42 (1898) 484ff.

[2] Bei der nach Abs. 1 auszusprechenden Maßnahme handelt es sich um ein regelrechtes *Ordnungsmittel*, nicht um eine Beugemaßnahme; ebenso *Rosenberg/Schwab/Gottwald*[16] § 119 Rdnr. 13; *Zöller/Greger*[25] Rdnr. 1.

[3] Gleichbehandelt wird die Angabe eines *abwegigen Grundes*, z. B. *OLG Nürnberg* NJW 1966, 1926, oder eines nicht ernst gemeinten Grundes, *Baumbach/Lauterbach/Hartmann*[64] Rdnr. 4; *Thomas/Putzo/Reichold*[27] Rdnr. 1; → aber § 386 Rdnr. 3.

[4] *RG* JW 1889, 169; *KG* OLGRsp 19, 112; MünchKommZPO/*Damrau*[2] Rdnr. 3; *Zöller/Greger*[25] Rdnr. 2; a. M. *KG* JW 1928, 738.

erlassene Ordnungsmaßnahme. Ob gegen den Zeugen bereits wegen Nichterscheinens nach § 380 eine Ordnungsmaßnahme ergangen ist oder ob er vorgeführt wurde, ist für eine Ahndung nach § 390 ohne Bedeutung; die Ordnungsmittel sind unabhängig voneinander. Im übrigen gilt für die Ordnungsmaßnahme nach § 390 Abs. 1 dasselbe wie für die des § 380.

II. Wiederholte Zeugnisverweigerung, Zeugniszwang im engeren Sinn

1. Zwangshaft

5 Ist gegen den Zeugen eine Ordnungsmaßnahme nach Abs. 1 verhängt (vollzogen muß sie nicht sein), so hat das Gericht von Amts wegen einen *neuen Termin* zur Vernehmung anzuberaumen und den Zeugen hierzu zu laden, § 377 Abs. 1. Bleibt der Zeuge aus, so ist nach § 380 zu verfahren; beharrt er auf seiner grundlosen (→ Rdnr. 2f.) Weigerung, so kann von dem Beweisführer oder (im Falle des § 399) von der Gegenpartei **ein Antrag auf Erzwingung des Zeugnisses durch Zwangshaft gestellt werden**.

6 Das Erfordernis des Antrags in Abs. 2 (anders Abs. 1) und die zeitliche Begrenzung der Haft durch die Prozeßbeendigung zeigen, daß es sich bei der Zwangshaft um eine **Beugehaft** handelt. Wird kein Antrag gestellt, so liegt darin ein Verzicht auf das Zeugnis; sind die Parteien im Termin nicht erschienen, so ist § 367 anwendbar. Die Anordnung erfolgt ohne Angabe einer Zeitdauer durch Gerichtsbeschluß, der dem Zeugen, wenn nicht eine Verkündung stattgefunden haben sollte, von Amts wegen zuzustellen ist (§ 750 Abs. 1).

7 Die in § 911 aF geregelte **Vorschußpflicht des Antragstellers** ist nach der Neufassung dieser Vorschrift durch Gesetz vom 1. II. 1979 (BGBl I 127) **entfallen**.

2. Rechtsnatur der Zwangshaft

8 **Die Haft dient zur Erzwingung des Zeugnisses**[5] – nicht der Eidesleistung[6] (→ § 392 Rdnr. 5) –, ist also (anders als die Ordnungsmittel des § 380 und die des Abs. 1, → Rdnr. 2 und → § 380 Rdnr. 8) *kein Ordnungs-*, sondern ein **Zwangsmittel**, auf das dementsprechend die Bestimmungen über die Haft im Zwangsvollstreckungsverfahren (§§ 904–913) anzuwenden sind. Sie wird beendet, sobald der Zeuge das Zeugnis ablegt oder auf seine Vernehmung oder auf die Fortsetzung der Haft verzichtet wird. Das Recht zum Verzicht steht nur der Partei zu, die den Antrag auf Erzwingung des Zeugnisses gestellt hat; der Prozeßgegner hat kein Recht zum Widerspruch; denn § 399 ist insoweit in diesem Verfahrensstadium nicht anwendbar.

9 Die Vollstreckung der Haft gegen *Mitglieder des Bundestages*, eines *Landtages* oder einer *zweiten Kammer* ist während der Tagung unstatthaft, sofern nicht die Versammlung sie genehmigt, § 904 Nr. 1.

3. Dauer der Zwangshaft

10 Nach § 913 dauert die Haft längstens 6 Monate, sofern sie nicht nach Abs. 2 schon vorher durch die Beendigung des Prozesses in der Instanz aufhört. Dem steht es gleich, wenn das Gericht durch Teil- oder Zwischenurteil über den Streitpunkt entscheidet, für den der Zeuge benannt ist (§ 318). Das Gericht braucht mit dem Erlaß des Urteils nicht zu warten, bis alle Zwangsmittel gegen den Zeugen erschöpft sind.

11 Wird der Zeuge in der höheren Instanz wieder benannt, so kann er bei abermaliger Weigerung nochmals der Zwangshaft unterworfen werden; dies darf jedoch, *sofern das Zeugnis in*

---

[5] Nicht aber dazu, daß der Zeuge sein Erinnerungsbild auffrischt, *OLG Nürnberg* BayJMBl 1954, 66; zu § 378, → Rdnr. 16.

[6] A.A. *Schumann* in der 20. Aufl.

allen Instanzen über denselben Punkt gefordert und verweigert wird, in allen Instanzen *zusammen* nicht über 6 Monate dauern.

III. Zuständigkeit, sofortige Beschwerde

1. Beauftragter und ersuchter Richter

12 Sowohl die Festsetzung der Maßnahme (Abs. 1) wie der Beschluß über die Beugehaft können auch von dem *beauftragten* oder *ersuchten* Richter ausgehen (§400). Für die Ladung vor den letzteren nach Rechtskraft des Zwischenurteils über die Weigerung (→ Rdnr. 2f.) gilt das zu → §387 Rdnr. 11 Bemerkte.

2. Sofortige Beschwerde

13 Gegen Beschlüsse nach Abs. 1, 2 findet die sofortige Beschwerde statt (Abs. 3, §567 Abs. 1 Nr. 1); sie hat aufschiebende Wirkung (§570 Abs. 1); es gilt das zu → §380 Rdnr. 16 Bemerkte. Sie darf auf neue Tatsachen und Beweise gestützt werden (§571 Abs. 2 Satz 1); auch kann erst jetzt im Beschwerdeweg ein Grund der Weigerung angegeben oder nach der Verwerfung des geltend gemachten ein neuer Weigerungsgrund vorgetragen werden.

IV. Sonstige Folgen der Weigerung

14 Die Zeugnisverweigerung kann bei der Beweiswürdigung frei verwertet werden, → §286 Rdnr. 10ff. Ob sie den Zeugen *zum Schadensersatz* verpflichtet, bestimmt das bürgerliche Recht (→ Rdnr. 43 und Fn. 86 vor §373).

15 Für das Verfahren nach §390 werden **Gerichtsgebühren** nicht erhoben; die Zurückhaltung der Beschwerde ist nach KV 1811 gebührenpflichtig. Für die Anwaltsgebühren im Beschwerdeverfahren gilt Nr. 3500 VV RVG; neben der Verfahrensgebühr von 0,5 kann auch eine Terminsgebühr von 0,5 entstehen (Nr. 3513 VV RVG).

V. Entsprechende Anwendung

16 §390 ist bei Verweigerung der Untersuchung nach §372a entsprechend anwendbar (§372a Abs. 2 Satz 1)[7], ferner gemäß §378 Abs. 2 (dort Rdnr. 9f.).

VI. Rechtshilfe im Verkehr zum Ausland

17 Für die Geltung des §390 bei der Erledigung **ausländischer Rechtshilfeersuchen** gilt das bei §380 Gesagte → dort Rdnr. 21ff.

---

7 S. hierzu *OLG Zweibrücken* FamRZ 1979, 1072; 1986, 493; *OLG Düsseldorf* FamRZ 1986, 191.

§391 Zeugenbeeidigung

Ein Zeuge ist, vorbehaltlich der sich aus §393 ergebenden Ausnahmen, zu beeidigen, wenn das Gericht dies mit Rücksicht auf die Bedeutung der Aussage oder zur Herbeiführung einer wahrheitsgemäßen Aussage für geboten erachtet und die Parteien auf die Beeidigung nicht verzichten.

Gesetzesgeschichte: Ursprünglich §356 CPO, durch Nov. 98, RGBl 256 (→ Einl. Rdnr. 146), inhaltlich unverändert zu §391 geworden. Änderungen durch Nov. 09, RGBl 475 (→ Einl. Rdnr. 150ff.) und Nov. 33, RGBl I 780 (→ Einl. Rdnr. 172f.); → auch unten Rdnr. 1. Die beigefügte amtliche Überschrift beruht auf Art. 2 Abs. 2 ZPO-RG (→ Einl. Rdnr. 202) in Verbindung mit der dazu erlassenen Anlage.

Stichwortverzeichnis → »Schlüssel zum Zeugenbeweis« zu Beginn der Vorbemerkungen vor §373.

I. Beeidigung der Zeugen[1]

1. Grundsatz

1 Nach §391 früherer Fassung mußte, vorbehaltlich der gesetzlichen Ausnahmen (→ §377 Rdnr. 23, → §393) und des Verzichts beider Parteien, jeder im Streitverfahren vernommene Zeuge beeidet werden. Die Nov. 33 hat nach dem Vorbild des ArbGG (§58 Abs. 2) den gesetzlichen Zwang zur Beeidigung fallen lassen und **die Beeidigung** – soweit sie nicht nach §393 schlechthin unzulässig ist – **in das Ermessen des Gerichts gestellt**. Es ist damit eine der letzten formalen Regeln des Beweisrechts beseitigt. Dem Grundsatz der freien Beweiswürdigung (§286) entspricht es, wenn das Gericht befugt ist, auch der unbeeidigten Zeugenaussage Glauben zu schenken. Praktisch liegt die *rechtspolitische Bedeutung* der jetzigen Regelung vor allem darin, daß damit der oft beklagten Bagatellisierung des Eides wirksam entgegengewirkt wird. Sie trägt auch der Tatsache Rechnung, daß der Eid nicht mehr ein selbständiger, allgemein anerkannter Verpflichtungsgrund ist[2]. Über die **Verweigerung der Eidesleistung** → §392 Rdnr. 5f.

2. Voraussetzungen

2 Die beiden in §391 aufgeführten Tatbestände bilden keine Gegensätze.

---

[1] Lit.: *E. Schneider* MDR 1969, 429; *H. Schneider* NJW 1966, 333; *Schröder* ZZP 64 (1951) 216ff.
[2] *H. Schneider* (Fn. 1) aaO; *Schröder* (Fn. 1) 222f.

a) Erforderlichkeit der Beeidigung

3 Es soll nicht darauf ankommen, ob das Gericht vom Standpunkt mehr oder weniger rein gefühlsmäßiger Erwägungen den Eid für erforderlich hält. Es muß vielmehr darauf abgestellt werden, ob es der *Partei*, zu deren Ungunsten die Aussage geht, billigerweise zugemutet werden kann, sich der Aussage ohne eine besonders feierliche Bekräftigung innerlich zu unterwerfen: Gerade für die ehrliche Partei bedeutet es u.U. eine starke Belastung, wenn das Gericht nicht ihr, sondern dem einfachen Wort eines Dritten glaubt. Das Unterlassen einer ihrer Ansicht nach gebotenen Beeidigung müssen die Parteien gemäß §295 in der auf die Beweisaufnahme folgenden mündlichen Verhandlungen rügen[3].

b) Sinn der gesetzlichen Ausgestaltung

4 Das Gesetz will dem vorbeugen, daß der Zeuge die vom Gericht aus sachlichen Gründen für geboten erachtete Beeidigung in jedem Falle als Zweifel an seiner Glaubwürdigkeit und damit als einen gegen seine Person gerichteten Vorwurf empfindet.

5 Auf welchen der beiden Tatbestände das Gericht die Anordnung der Beeidigung stützt, ist ohne Bedeutung; einer Begründung bedarf die Anordnung nicht.

3. Ermessen

6 Wenn früher die Beeidigung zwingend vorgeschrieben war (→ Rdnr. 1), so darf jetzt nicht umgekehrt angenommen werden, daß das Gesetz grundsätzlich die unbeeidigte Aussage für ausreichend hält und die Beeidigung nur auf besondere Ausnahmefälle beschränkt wissen will. Das Gesetz hat vielmehr die Frage der Beeidigung unter bewußter Vermeidung einer für den Zweifelsfall geltenden Direktive in das Ermessen des Gerichts gestellt. Nachdem auch die falsche uneidliche Zeugenaussage mit Strafe bedroht ist (§153 StGB), sind aus dem Unterlassen der Beeidigung nicht mehr so große Gefahren für die Rechtspflege zu besorgen wie vorher.

7 Das in §391 gewährte Ermessen ist gebunden. Es erfährt seine Begrenzung durch den Inhalt der Vorschrift. Die für die Ermessensausübung des Gerichts **maßgebenden Gesichtspunkte** sind im wesentlichen folgende[4]:

a) Bedeutung des Rechtsstreits und der Aussage

8 Es muß ein grundsätzlicher Unterschied gemacht werden je nach der Bedeutung des Rechtsstreits überhaupt und ferner je nach der Bedeutung der konkreten Aussage: Ist die Aussage des Zeugen in einem wesentlichen Punkt für die Urteilsbildung von *entscheidender Bedeutung* – steht oder fällt insbesondere der Prozeß mit der Aussage eines einzelnen Zeugen –, so ist grundsätzlich Beeidigung geboten. Das Gericht muß sich in solchen Fällen, gerade auch wenn es dem Zeugen nach dem subjektiven Eindruck vollen Glauben schenkt, der Problematik der eigenen Menschenkenntnis bewußt sein. Anders ist es je nach Lage der Umstände in den Fällen, wo die Aussage des einzelnen Zeugen *nur ein Glied in der Kette* einer umfassenden Beweisführung ist.

---

[3] *BVerwG* NJW 1998, 3369; *Baumbach/Lauterbach/Hartmann*[64] Rdnr. 9; *Musielak/Huber*[4] Rdnr. 3.

[4] Eingehend die Entscheidung *BGHZ* 43, 368 = ZZP 79 (1966) 140 *(Grunsky)* = LM §391 Nr. 1 (LS; *Johannsen*). Ergänzend dazu *BGH* DRiZ 1967, 361 und NJW 1972, 584. Kritisch zu *BGHZ* 43, 368: *E. Schneider* (Fn. 1) aaO.

9 Ferner kann das Gericht unter dem Gesichtspunkt der *Glaubwürdigkeit* von der Beeidigung absehen, wenn es die Aussage für so *unglaubwürdig* hält, daß sich an dieser Bewertung durch die Beeidigung nichts ändern würde; denn dann ist die Beeidigung zur Herbeiführung einer wahrheitsgemäßen Aussage eben nicht »geboten«[5]. Erachtet das Gericht die Aussage ihrem Inhalt nach für *unerheblich*, so kommt die Beeidigung unter dem Glaubwürdigkeitsgesichtspunkt nur dann in Frage, wenn der Verdacht besteht, daß der Zeuge Erhebliches verschwiegen hat.

b) Abwägungskriterien

10 Besonders vorsichtiger Abwägung bedarf es in den im früheren §393 Nr.3 und 4 (→ dort Rdnr. 1) aufgeführten Fällen, wo der Zeuge nach altem Recht (bis zum Jahr 1933) regelmäßig unbeeidigt zu vernehmen war, seine Beeidigung aber besonders beschlossen werden konnte. Es sind dies die nach §383 Abs. 1 Nr. 1–3, §384 Nr. 1, 2 zur **Zeugnisverweigerung berechtigten Personen**, sowie diejenigen, die an dem **Obsiegen der einen oder anderen Partei ein rechtliches Interesse** haben, und der **Zedent des Anspruchs**. In diesen Fällen ist von der Beeidigung im allgemeinen nicht zu dem Zweck Gebrauch zu machen, um einen möglicherweise unter dem Verdacht der Befangenheit stehenden Zeugen nachträglich zur Angabe der Wahrheit zu bestimmen, sondern nur dann, wenn das **Gericht** die **Aussage für wahrheitsgemäß** hält und nach den Umständen des Falles und der Persönlichkeit des Zeugen auf seine **Aussage besonderen Wert** legt. Verneint z.B. der nach §384 Nr. 2 zeugnisverweigerungsberechtigte Zeuge die in sein Wissen gestellte *unehrenhafte* Handlung oder bestätigt der *Ehegatte* (vgl. §383 Abs. 1 Nr. 2) als Zeuge die Behauptungen der Partei, so wird es, wenn das Gericht den Aussagen Glauben schenken will, die Rücksicht auf die Gegenpartei (→ Rdnr. 3) grundsätzlich erfordern, den Zeugen zu beeidigen. Anders regelmäßig, wenn dieser Zeuge die ihm zur Unehre gereichende Handlung bestätigt oder zuungunsten der Partei aussagt, zu der er in verwandtschaftlichen oder wirtschaftlichen Beziehungen steht. Wegen der *nachträglichen Eidesverweigerung* der zur Zeugnisverweigerung berechtigten Personen → §392 Rdnr. 6; im übrigen wegen der Eidesverweigerung → §390 Rdnr. 2.

c) Beweiswürdigung

11 Die Anordnung oder Ablehnung der Beeidigung enthält *keine Bindung* hinsichtlich der *Beweiswürdigung*. Das Gericht ist in der Bewertung der beeidigten Aussage ebenso frei wie früher, wo alle Zeugenaussagen grundsätzlich beeidigt wurden[6].

d) Korrektur durch das Berufungsgericht

12 Das Ermessen des Gerichts unterliegt der Korrektur des Berufungsgerichts in dem Sinne, daß es die in erster Instanz unterbliebene Beeidigung seinerseits vornehmen kann oder die beeidigte Aussage abweichend vom vorinstanzlichen Urteil würdigt. Eine Nachprüfung des Ermessens in der **Revisionsinstanz** kommt wie sonst nur insoweit in Frage, als es sich um eine rechtsirrige Auffassung von seinen Grenzen handelt[7], z.B. wenn das Gericht beim Ehegatten

---

[5] Ebenso, wenn eine Aussage wegen eines Erinnerungsfehlers als unglaubwürdig angesehen wird, *OLG Köln* MDR 1971, 933 (LS).

[6] *Schröder* (Fn. 1) 217.

[7] *BGH* NJW 1952, 384 Nr. 12; *BGHZ* 43, 368, 370; *BVerwG* FamRZ 1977, 392 = NJW 1978, 388; *OGHZ* 1, 226 = NJW 1949, 146; *Rosenberg/Schwab/Gottwald*[16] §119 Rdnr. 29.

die Möglichkeit einer Beeidigung überhaupt nicht in Erwägung gezogen hat, oder etwa, wenn es geglaubt hat, an die eidliche Aussage gesetzlich gebunden zu sein.

4. Zeitpunkt der Entscheidung. Vernehmung vor dem Prozeßgericht und dem beauftragten oder ersuchten Richter

a) Zeitpunkt der Entscheidung

13 Eine sachgemäße Beurteilung der Frage, ob die Aussage der Beeidigung bedarf, ist in aller Regel erst **nach erfolgter Vernehmung** möglich.

b) Vernehmung durch das Prozeßgericht

14 Bei der Vernehmung vor dem **Prozeßgericht**, dem Kollegium wie dem Einzelrichter, ergeben sich in dieser Hinsicht keine Schwierigkeiten. Sachlich handelt es sich dabei um eine Ergänzung des Beweisbeschlusses[8], die in sinngemäßer Anwendung des §360 auch ohne mündliche Verhandlung erfolgen kann; die Beeidigung kann daher auch dann angeordnet werden, wenn die Parteien nicht anwesend sind.

c) Vernehmung durch den beauftragten oder ersuchten Richter

15 Hat die Vernehmung durch einen beauftragten oder ersuchten Richter stattzufinden, so empfiehlt es sich, zur Vermeidung einer mit einer zweimaligen Zeugenladung verbundenen unerwünschten Verzögerung und Verteuerung des Prozesses stets über die Frage der Beeidigung bereits in dem *Beweisbeschluß* zu befinden. Es ergibt sich hier eine gewisse Kollision zwischen dem Bestreben des Gesetzes nach Beschleunigung der Prozesse und dem nach möglicher Vermeidung entbehrlicher Eide. Da die Vernehmung durch den beauftragten oder ersuchten Richter nach Nov. 33 (§375) anders als früher die seltene Ausnahme bildet, wird praktisch der letzteren Tendenz des Gesetzes kein Abbruch getan, wenn das Prozeßgericht von vornherein um Beeidigung in allen den Fällen ersucht, in denen es mit der Wahrscheinlichkeit rechnet, daß es bei Bewertung der Aussage auf deren Beeidigung Gewicht legen wird. Dies gilt besonders dann, wenn die Vernehmung durch Ersuchen im *Ausland* erledigt werden muß. Zur Zulässigkeit der Eidesabnahme **im Ausland** → §363 Rdnr. 33.

16 Hat sich das *Prozeßgericht in dem Beweisbeschluß zu der Frage der Vereidigung nicht geäußert*, so hat sich der beauftragte oder ersuchte Richter grundsätzlich auf die unbeeidigte Vernehmung zu beschränken; es liegt aber im Rahmen seiner sich aus der sinngemäßen Anwendung des §360 ergebenden Befugnisse, die **Beeidigung des Zeugen von sich aus vorzunehmen**, wenn er sie auf Grund seines Eindrucks von dem Zeugen und der Art der Aussage für geboten erachtet[9].

d) Beweiswürdigung bei unterbliebener Beeidigung

17 Ist die Beeidigung des Zeugen bei seiner Vernehmung entsprechend der Entschließung des Gerichts oder versehentlich unterblieben und eine nachträgliche Beeidigung infolge Todes usw. nicht mehr möglich, so ist die unbeeidigte Aussage frei zu würdigen.

---

[8] *OLG Nürnberg* BayJMBl 1953, 36.

[9] So auch *Baumbach/Lauterbach/Hartmann*[64] Rdnr. 9; MünchKommZPO/*Damrau*[2] Rdnr. 7; nur zur Herbeiführung einer wahrheitsgemäßen Aussage: *Musielak/Huber*[4] Rdnr. 3; ablehnend *Rosenberg/Schwab/Gottwald*[16] §119 Rdnr. 29; *Thomas/Putzo/Reichold*[27] Rdnr. 2; *Zöller/Greger*[25] Rdnr. 6.

5. Beeidigung auf einen Teil der Aussage

18 Namentlich bei umfangreichen Aussagen kann es zweckmäßig sein, den Zeugen *nur auf* **bestimmte, wesentliche Punkte** seiner Aussage zu beeidigen. Das ist nach § 391 zulässig. Besonders, wenn der Zeuge nicht unmittelbar nach seiner Vernehmung, sondern nachträglich in einem besonderen Termin beeidigt wird, wird es sich empfehlen, die Beeidigung auf die wesentlichen Punkte zu beschränken[10]. Dabei ist es aber mit Rücksicht auf ein etwaiges späteres Strafverfahren wegen Verletzung der Eidespflicht unbedingt notwendig, eindeutig klarzustellen, *welche Teile der Aussage unter Eid gestellt sind*. In anderen Fällen wird es sich empfehlen, offensichtlich unerhebliche Einzelheiten vor der Beeidigung aus der Aussage zu entfernen, um die Gefahr unrichtiger Eide zu vermindern[11].

II. Der Verzicht beider Parteien

19 **Die Beeidigung hat zu unterbleiben, wenn beide Parteien darauf verzichten.** Der Beibehaltung dieser Vorschrift in der Nov. 33 liegt der Gedanke zugrunde, daß das Gericht der dargelegten (→ Rdnr. 2ff.) Erwägungen und Rücksichten auf die Parteien enthoben sein soll, *wenn keine der Parteien auf die Beeidigung Wert legt*. Ob in dem Verzicht die Anerkennung der Glaubwürdigkeit des Zeugen oder der Unerheblichkeit seiner Aussage oder endlich die Absicht liegt, den Zeugen vor der Leistung eines Meineides zu bewahren, macht keinen Unterschied.

20 In der Bewertung der infolge Parteiverzichts unbeeidigt gebliebenen Aussage ist das Gericht ebenso frei wie sonst; denn die Beweiswürdigung liegt grundsätzlich außerhalb des Verfügungsbereiches der Parteien.

21 Wegen der Unwirksamkeit des Verzichts auf Beeidigung im *Eheprozeß* s. § 617 und in *Kindschaftssachen* § 640 Abs. 1.

22 Der Verzicht deckt nur die konkrete einzelne Vernehmung, nicht etwa auch eine spätere nochmalige Vernehmung des Zeugen, selbst wenn sie dasselbe Beweisthema betrifft. Er erstreckt sich dementsprechend auch nur auf die Instanz. In der nächsten Instanz kann daher die Beeidigung der bereits früher erstatteten Aussage ohne nochmalige Vernehmung nachgeholt werden. Über die **Verweigerung** der Eidesleistung → § 392 Rdnr. 5.

§ 392 Nacheid; Eidesnorm

[1]Die Beeidigung erfolgt nach der Vernehmung. [2]Mehrere Zeugen können gleichzeitig beeidigt werden. [3]Die Eidesnorm geht dahin, dass der Zeuge nach bestem Wissen die reine Wahrheit gesagt und nichts verschwiegen habe.

Gesetzesgeschichte: Ursprünglich § 357 CPO, durch Nov. 98, RGBl 256 (→ Einl. Rdnr. 146), inhaltlich unverändert zu § 392 geworden. Änderungen durch Nov. 09, RGBl 475 (→ Einl. Rdnr. 150ff.). Die beigefügte amtliche Überschrift beruht auf Art. 2 Abs. 2 ZPO-RG (→ Einl. Rdnr. 202) in Verbindung mit der dazu erlassenen Anlage.

---

10 *Rosenberg/Schwab/Gottwald*[16] § 119 Rdnr. 29.
11 *BGHSt* 1, 151.

Stichwortverzeichnis → »Schlüssel zum Zeugenbeweis« zu Beginn der Vorbemerkungen vor §373.

I. Nacheid

1 Die Beeidigung erfolgt stets **als Nacheid** (sog. *assertorischer Eid*) *nach der Vernehmung*, d.h. wenn das Gericht die Vernehmung als beendigt erachtet. Der *Voreid* (sog. *promissorischer Eid*) ist unstatthaft und keine Beeidigung im Sinne des Gesetzes[1], auch nicht beim Einverständnis der Parteien. Zweckmäßig und üblich, aber nicht notwendig ist es, mit der Beeidigung bis zu dem Abschluß und der *Verlesung des Protokolls* zu warten. Wird der Zeuge nach der Beeidigung in derselben Sitzung *weiter befragt*, so muß, wenn die weiteren Antworten ebenfalls unter den Eid gestellt werden sollen, in entsprechender Anwendung des §398 Abs. 3 die *Versicherung der Richtigkeit der Aussage* abgegeben werden. Anderenfalls wäre die nachträgliche Aussage unbeeidigt im Sinne des §391.

2 *Mehrere Zeugen*, die in derselben Sache vernommen werden, können *gleichzeitig* vereidigt werden, vgl. aber §481 Abs. 5.

II. Eidesnorm

3 Die Eidesnorm enthält seit der Nov. 09 nicht mehr die Worte »und nichts hinzugesetzt«, weil die Bekundung der reinen Wahrheit ohnedies Zusätze verbietet. Wird das Zeugnis teilweise verweigert (§383 Abs. 1 Nr. 4–6, §384), so kann in die Norm ein entsprechender Vorbehalt aufgenommen werden[2]. Doch genügt auch ein Hinweis bei der Eidesbelehrung. Zum Verschweigen → auch §396 Rdnr. 2.

4 Über die Abnahme des Eides s. §481.

III. Verweigerung des Eides[3]

1. Grundsatz

5 Verweigert der Zeuge den Eid mit einer Begründung (insbesondere im Falle → Rdnr. 6), ist nach §387 zu verfahren[4]. Wird der Grund rechtskräftig für unerheblich erklärt oder verweigert der Zeuge den Eid ohne Angabe eines Grundes, so sind nach §390 Abs. 1 Ordnungsmittel

---

[1] *OLG Kassel* OLGRsp 23, 184; *Rosenberg/Schwab/Gottwald*[16] §119 Rdnr. 31. Die Frage, ob ein Voreid ein Meineid i.S.d. §154 StGB sein kann (bejahend *RGSt* 70, 366), ist von der hier zu behandelnden prozessualen Frage zu trennen, *Eb. Schmidt* Lehrkommentar zur StPO (1957) §59 Rdnr. 3.

[2] *RGZ* 23, 133.

[3] Als beachtlichen Grund für eine Eidesverweigerung sieht das Bundesverfassungsgericht die individuelle Glaubensfreiheit an, die die Ableistung des Eides verbietet (*BVerfGE* 33, 23 = NJW 1972, 1183 = DRiZ 210). In diesem Fall ist der Zeuge zur eidesgleichen Bekräftigung gemäß §484 verpflichtet; durch die Änderung dieser Vorschrift durch Gesetz vom 20. XII. 1974 (BGBl I 3686) wurde den Bedenken des Bundesverfassungsgerichts Rechnung getragen.

[4] MünchKommZPO/*Damrau*[2] §391 Rdnr. 2; a.A. *Zöller/Greger*[25] §391 Rdnr. 1 (Gericht entscheide nach §286).

festzusetzen. *Zwangs*haft zur Erzwingung des *Eides* kommt nicht in Betracht, da §390 Abs. 2 nur für die »Erzwingung des Zeugnisses« die Haft vorsieht[5].

2. Eidesverweigerung bei Zeugnisverweigerungsrecht

6 Nach der Fassung des Gesetzes ist es zweifelhaft, ob der Zeuge, der nach §§383ff. zur Verweigerung der Aussage berechtigt ist, nach und trotz erfolgter Aussage noch zur **Verweigerung der Eidesleistung** befugt ist. Überwiegende Gründe sprechen für die **Zulässigkeit einer Eidesverweigerung auch nach der Aussage**[6]: §390 Abs. 1 trennt zwischen Verweigerung des Zeugnisses und der Verweigerung des Eides. Auch die StPO regelt im §63 ausdrücklich die selbständige Eidesverweigerung. Das Gericht hat die in Betracht kommenden Personen **über das Eidesverweigerungsrecht ebenso zu belehren wie über das Zeugnisverweigerungsrecht**[7].

3. Beweiswert der Aussage bei Eidesverweigerung

7 Das Gericht hat die Aussage auch dann nach §286 frei zu würdigen, wenn der Zeuge den Eid verweigert[8]. Es kommt nicht darauf an, ob die Eidesverweigerung unberechtigt oder in den Fällen eines Zeugnisverweigerungsrechts (→ Rdnr. 6) berechtigt ist. Unrichtig ist es, die Eidesverweigerung *stets* dahin zu würdigen, daß dadurch die Aussage jeden Beweiswert verliere; freilich *kann* dieser Schluß unter Berücksichtigung der Einzelfallumstände gezogen werden[9].

§393 Uneidliche Vernehmung

Personen, die zur Zeit der Vernehmung das sechzehnte Lebensjahr noch nicht vollendet oder wegen mangelnder Verstandesreife oder wegen Verstandesschwäche von dem Wesen und der Bedeutung des Eides keine genügende Vorstellung haben, sind unbeeidigt zu vernehmen.

Gesetzesgeschichte: Ursprünglich §358 CPO, durch Nov. 98, RGBl 256 (→ Einl. Rdnr. 146), inhaltlich verändert zu §393 geworden. Änderungen durch Nov. 09, RGBl 475 (→ Einl. Rdnr. 150ff.), Nov. 33, RGBl I 780 (→ Einl. Rdnr. 172f.), und Erstes Gesetz zur Reform des Strafrechts vom 25. VI. 1969, BGBl I 645. Die beigefügte amtliche Überschrift beruht auf Art. 2 Abs. 2 ZPO-RG (→ Einl. Rdnr. 202) in Verbindung mit der dazu erlassenen Anlage.

Stichwortverzeichnis → »Schlüssel zum Zeugenbeweis« zu Beginn der Vorbemerkungen vor §373.

---

[5] A.A. *Schumann* in der 20. Aufl. §390 Rdnr. 11.
[6] Ebenso *BGHZ* 43, 374; *RG* JW 1901, 399f.; MünchKommZPO/*Damrau*[2] §391 Rdnr. 2; *Schoetensack* GerS 75, 234.
[7] A.A. MünchKommZPO/*Damrau*[2] §391 Rdnr. 2.
[8] MünchKommZPO/*Damrau*[2] §391 Rdnr. 2; a.A. *Zöller/Greger*[25] §391 Rdnr. 1.
[9] *OGHZ* 1, 227.

I. Allgemeines

1. Geschichtlicher Hintergrund

1 Die Neufassung der Bestimmung beruht auf Art. 40 des Ersten Gesetzes zur Reform des Strafrechts vom 25. VI. 1969 (BGBl I 645) und trat am 1. IV. 1970 in Kraft (Art. 105 Nr. 2 des StrRG). Die Streichung der früheren Nr. 2 (Uneidliche Vernehmung der zur eidlichen Vernehmung unfähigen Personen) war nötig geworden, weil §196 des Strafgesetzbuches ersatzlos gestrichen wurde (Art. 1 Nr. 45 des 1. StrRG). Die Nr. 3 und 4 (die nach §383 Abs. 1 Nr. 1–3, §384 Nr. 1, 2 zur Verweigerung des Zeugnisses berechtigten Personen sowie die am Obsiegen einer Partei rechtlich Interessierten und der Zedent), bei denen grundsätzlich die unbeeidigte Vernehmung, aber die Möglichkeit der Beeidigung nach Ermessen des Gerichts vorgesehen war, sind bereits durch Nov. 33 aufgehoben worden, da die Frage der Beeidigung im §391 allgemein in das Ermessen des Gerichts gestellt wurde, → §391 Rdnr. 6ff.

2. Unbeeidigte Vernehmung

2 Die Personen des §393 sind unter Ausschluß des richterlichen Ermessens stets **unbeeidigt** *zu vernehmen*. Die *Vernehmung* der in §393 genannten Zeugen selbst wird durch die Vorschrift nicht berührt. Sie darf nur wegen Zeugnisunfähigkeit (→ Rdnr. 3 vor §373) oder aus den in → §284 Rdnr. 51ff. (21. Aufl.) dargestellten Gründen abgelehnt werden.

3. Prüfung von Amts wegen

3 Ob einer der Fälle des §393 vorliegt, hat der vernehmende Richter von Amts wegen zu prüfen.

4. Würdigung der Aussagen

4 Die Würdigung der Aussagen von Zeugen, die nach §393 unbeeidigt zu vernehmen sind, ist wie sonst (→ §391 Rdnr. 11) dem freien richterlichen Ermessen anheimgestellt. Der Richter *kann* ihnen vollen Glauben schenken, hat aber im allgemeinen starke Vorsicht zu üben. Bei Verstoß[1] gegen §393 ist die Aussage zu würdigen, als wäre die Beeidigung unterblieben. Eine *Heilung* (§295) ist dagegen nicht möglich.

II. Eidesmündigkeit, fehlendes Einsichtsvermögen

5 Die **Eidesmündigkeit** beginnt für den *Zeugeneid* **mit dem vollendeten 16. Lebensjahr**. Wegen der Beeidigung als *Partei* s. §455 Abs. 2.

6 Ob eine Person wegen mangelnder Verstandesreife oder wegen Verstandesschwäche von dem Wesen und der Bedeutung des Eides keine genügende Vorstellung hat, ist von Fall zu Fall zu prüfen[2].

---

[1] Auf die gerichtliche Kenntnis der Umstände der Eidesunmündigkeit kommt es nicht an; es genügt die objektive Verletzung des §393, *BGHSt* 22, 266 (zu §60 StPO).

[2] Bloße Zweifel an der Verstandesreife genügen nicht, *RGSt* 47, 297. Die Auffassung, daß ein Chinese wegen der Verschiedenheit von asiatischem und europäischen Kulturkreis nicht eidesfähig sei, *RGZ* 85, 76, gehört der Vergangenheit an.

§394 Einzelvernehmung

(1) Jeder Zeuge ist einzeln und in Abwesenheit der später abzuhörenden Zeugen zu vernehmen.

(2) Zeugen, deren Aussagen sich widersprechen, können einander gegenübergestellt werden.

Gesetzesgeschichte: Ursprünglich §359 CPO, durch Nov. 98, RGBl 256 (→ Einl. Rdnr. 146), inhaltlich unverändert zu §394 geworden. Die beigefügte amtliche Überschrift beruht auf Art. 2 Abs. 2 ZPO-RG (→ Einl. Rdnr. 202) in Verbindung mit der dazu erlassenen Anlage.

Stichwortverzeichnis → »Schlüssel zum Zeugenbeweis« zu Beginn der Vorbemerkungen vor §373.

I. Einzelvernehmung[1]

1 Die Vernehmung erfolgt in Abwesenheit der noch nicht vernommenen Zeugen. Trotz der Fassung ist dies nur eine Ordnungsvorschrift, auf die die Revision nicht gestützt werden kann[2]. Da die Bestimmung die Unbefangenheit des Zeugen sichern soll, rechtfertigt sie auch seine Entfernung von der der Beweisaufnahme vorhergehenden *mündlichen Verhandlung*[3] und von der Erhebung anderer Beweismittel; eine Verletzung des Öffentlichkeitsprinzips (§169 GVG) liegt nicht vor. Die bereits gehörten Zeugen können, sofern nicht die Öffentlichkeit ausgeschlossen ist[4] oder das Gericht aus besonderen Gründen die Entfernung anordnet, der Vernehmung der späteren Zeugen beiwohnen; entfernen dürfen sie sich, auch wenn eine gemeinschaftliche Beeidigung (§392) nicht stattfindet, nur, wenn das Gericht sie entläßt[5] oder der Termin geschlossen ist. Auf Sachverständige und folglich auf Zeugen, die zugleich Sachverständige sind (→ §414 Rdnr. 5ff.), ist der Abs. 1 nicht anwendbar (→ §402 Rdnr. 8). Wegen der Parteien s. §§357, 397.

2 Wegen der *Parteivernehmung* → §451 Rdnr. 13.

II. Gegenüberstellung

3 Die Gegenüberstellung kann bei sich widersprechenden Aussagen von Amts wegen, auch von einem beauftragten oder ersuchten Richter, angeordnet werden. Es kann dazu die wiederholte Vernehmung eines Zeugen nötig sein, §398 Abs. 1. Sie bildet einen Teil der Vernehmung des Zeugen, auf die die Parteien jedoch keinen Anspruch haben[6].

---

1 Allgemein zur Behandlung von Zeugen *E. Schneider* Beweis und Beweiswürdigung[5] Rdnr. 872ff. mwN; *Rüßmann* DRiZ 1985, 41; *Berlit* DRiZ 1965, 91 und *Ostermeyer* DRiZ 1965, 162.

2 *RG* JW 1928, 1857; *BAGE* 6, 1ff.; *OLG Düsseldorf* MDR 1979, 409; *Rosenberg/Schwab/Gottwald*[16] §119 Rdnr. 46.

3 *BAG* AP 1988 §394 Nr. 1.

4 *Kurz* BlfRA ErgBd 15, 145f.

5 Dies nur mit *Zustimmung der Parteien*, wenn der Termin nicht geschlossen ist, *Baumbach/Lauterbach/Hartmann*[64] Rdnr. 4.

6 *BAG* NJW 1968, 566.

§395 Wahrheitsermahnung; Vernehmung zur Person

(1) Vor der Vernehmung wird der Zeuge zur Wahrheit ermahnt und darauf hingewiesen, dass er in den vom Gesetz vorgesehenen Fällen unter Umständen seine Aussage zu beeidigen habe.

(2) [1]Die Vernehmung beginnt damit, dass der Zeuge über Vornamen und Zunamen, Alter, Stand oder Gewerbe und Wohnort befragt wird. [2]Erforderlichenfalls sind ihm Fragen über solche Umstände, die seine Glaubwürdigkeit in der vorliegenden Sache betreffen, insbesondere über seine Beziehungen zu den Parteien vorzulegen.

Gesetzesgeschichte: Ursprünglich §360 CPO, durch Nov. 98, RGBl 256 (→ Einl. Rdnr. 146), inhaltlich unverändert zu §395 geworden. Änderungen durch Bek. 24, RGBl I 437 (→ Einl. Rdnr. 160) und Nov. 33, RGBl I 780 (→ Einl. Rdnr. 172f.); → auch Rdnr. 4. Die beigefügte amtliche Überschrift beruht auf Art. 2 Abs. 2 ZPO-RG (→ Einl. Rdnr. 202) in Verbindung mit der dazu erlassenen Anlage.

Stichwortverzeichnis → »Schlüssel zum Zeugenbeweis« zu Beginn der Vorbemerkungen vor §373.

I. Ablauf der Vernehmung

1 Die Zeugenvernehmung beginnt mit der **Vernehmung zur Person**. Ihr geht die Wahrheitsermahnung und der Hinweis auf eine mögliche Beeidigung voraus (Abs. 1). Die **Ermahnung zur Wahrheit** und der Hinweis auf die unter Umständen erfolgende Beeidigung ist durch die Nov. 33 eingeführt, da §480 die Fälle der unbeeidigten Aussage nicht deckt. Der Zeuge ist jetzt auch auf die Strafbarkeit einer falschen uneidlichen Aussage (§153 StGB) hinzuweisen, ohne daß der Richter den Zeugen im einzelnen über die Tatbestandsmodalitäten zu unterrichten hätte. Sachlich handelt es sich um eine Ordnungsvorschrift, auf die die Revision nicht gestützt werden kann[1].

II. General- und Glaubwürdigkeitsfragen

2 Die sog. **Generalfragen** (Abs. 2) dienen dazu, die Identität der Zeugen festzustellen und die Statthaftigkeit der Beeidigung zu prüfen. Die Vernehmung richtet sich insoweit nur auf Vor- und Zunamen, Alter[2], Stand (im Sinne der beruflichen Stellung, nicht des Familienstandes) oder Gewerbe und Wohnort (nicht -anschrift).

3 Die sog. **Glaubwürdigkeitsfragen**, auch die Frage nach der Verwandtschaft mit den Parteien, sind nur *erforderlichenfalls* nach richterlichem Ermessen zu stellen[3], wobei auf tunlichste Schonung der Zeugen, besonders bei Fragen nach Vorstrafen, Bedacht zu nehmen ist. Gerade auch bei den Generalfragen muß der Zeuge vor jeder Verletzung seitens des Gerichts oder Prozeßbeteiligter geschützt sein (→ auch Rdnr. 20ff. und 33 vor §373). Zu den Generalfragen gehören auch Fragen nach den Verhältnissen der §§383 Abs. 1 Nr. 1–3, 384 Nr. 1 und 2, 385 Abs. 1 Nr. 4.

---

[1] *BAGE* 6, 1ff.; *Zöller/Greger*[25] Rdnr. 1; *Thomas/Putzo/Reichold*[27] Rdnr. 1.

[2] Es ist dabei zulässig, nach dem Geburtsdatum zu fragen; dies ist in der Regel zweckmäßiger als die Frage nach dem Alter, *Herminghausen* DRiZ 1951, 225.

[3] *RGSt* 45, 405.

Die Frage nach dem *Religionsbekenntnis* ist seinerzeit auf Grund der Anpassungsvorschrift im Art. VIII Abs. 2 der Nov. 24 wegen Art. 136 der WeimRVerf gestrichen worden. Dieser Verfassungsartikel ist jetzt ein Bestandteil des Bonner Grundgesetzes, Art. 140 GG. 4

III. Wahrheitspflicht, Zeugeneid

Die Wahrheitspflicht und der Zeugeneid beziehen sich im Hinblick auf die Bedeutung der Identitätsfrage beim Zeugenbeweis auch auf die Beantwortung der Fragen des § 395; eine Beeidigung *nur* ihretwegen kommt aber nicht in Frage. Andererseits gilt ein Zeugnisverweigerungsrecht auch für die Fragen des § 395. 5

§ 396 Vernehmung zur Sache

(1) Der Zeuge ist zu veranlassen, dasjenige, was ihm von dem Gegenstand seiner Vernehmung bekannt ist, im Zusammenhang anzugeben.

(2) Zur Aufklärung und zur Vervollständigung der Aussage sowie zur Erforschung des Grundes, auf dem die Wissenschaft des Zeugen beruht, sind nötigenfalls weitere Fragen zu stellen.

(3) Der Vorsitzende hat jedem Mitglied des Gerichts auf Verlangen zu gestatten, Fragen zu stellen.

Gesetzesgeschichte: Ursprünglich § 361 CPO, durch Nov. 98, RGBl 256 (→ Einl. Rdnr. 146), inhaltlich unverändert zu § 396 geworden. Die beigefügte amtliche Überschrift beruht auf Art. 2 Abs. 2 ZPO-RG (→ Einl. Rdnr. 202) in Verbindung mit der dazu erlassenen Anlage.

Stichwortverzeichnis → »Schlüssel zum Zeugenbeweis« zu Beginn der Vorbemerkungen vor § 373.

I. Vernehmung zur Sache[1]

1. Ablauf der Vernehmung (Abs. 1)

Der Vernehmung zur Person (§ 395) folgt die hier geregelte Vernehmung zur Sache. Sie beginnt damit, daß der Zeuge dasjenige **im Zusammenhang** angibt, was er von dem **Gegenstand der Vernehmung** (§ 377 Abs. 1 Nr. 2) weiß. Um jede Beeinflussung oder auch nur den Anschein der Beeinflussung zu vermeiden, ist größter Wert darauf zu legen, daß der **Zeuge zunächst einmal ununterbrochen und ohne präzise Fragen über den Beweisgegenstand berich-** 1

[1] Zur Technik der Zeugenvernehmung: *Arntzen* Vernehmungspsychologie (1978); *Bender/Röder/Nack* Tatsachenfeststellung vor Gericht (1981); *Bernhardt* Festgabe für Rosenberg (1949) 42ff.; *Geerds* Vernehmungstechnik[5]; *Hellwig* Psychologie und Vernehmungstechnik[4] 204ff., 299ff.; *Krönig* Kunst der Beweiserhebung im Zivilprozeß[3]; *ders.* DRiZ 1960, 178; *Levin* Prozeßleitung (1913) 178ff.; *Lindemann* DJ 1942, 695; *Schaub* AuR 1968, 170; im übrigen die Hinweise → Fn. 1 vor § 373 und *E. Schneider* MDR 1965, 14, 181, 351, 535; *ders.* Beweis und Beweiswürdigung[5] Rdnr. 872ff.

tet. Je zurückhaltender die Vernehmung geleitet wird, desto unverfälschter ist die Zeugenaussage. Eine gewisse behutsame Führung ist allerdings bei vielen Zeugen notwendig, um das Beweisthema wirklich anklingen zu lassen und auch zu erschöpfen.

2 Bei der Vernehmung hat der Zeuge alles anzugeben, was erkennbar mit der Beweisfrage in untrennbarem Zusammenhang steht und für die Entscheidung des Rechtsstreits erheblich ist. *Der Beweisbeschluß (§ 359) umgrenzt das Beweisthema*. Ist z.B. eine Zeugin nach dem Beweisbeschluß zu befragen, ob sie mit A und B Geschlechtsverkehr gehabt habe, so braucht sie keine Angaben darüber zu machen, daß sie mit C geschlechtlich verkehrt hat[2]. Wegen des Rechts des Zeugen, einen **Rechtsbeistand** hinzuzuziehen → Rdnr. 38 vor § 373. – Über die Vernehmung tauber und stummer Zeugen § 186 GVG und zur Beeidigung § 483.

2. Verwendung von Aufzeichnungen

3 Es ist dem Zeugen nicht verwehrt, seine **etwaigen Notizen**[3] einzusehen, namentlich, wo es sich um Tabellen, Berechnungen, Statistiken, Bilanzen o. ä. handelt (→ auch § 377 Rdnr. 25). Zur Vorbereitungs*pflicht* → § 378. Auch ist es nicht ausgeschlossen, daß der Zeuge nach oder neben der mündlichen Darstellung dem Gericht eine hiermit übereinstimmende *Aufzeichnung übergibt*, die dann dem Zeugen vorgelesen, von ihm genehmigt und dem Protokoll als Anlage beigefügt wird[4]. Eine schriftliche Erklärung des Zeugen als *Ersatz* der Vernehmung (insbesondere die Nachreichung einer Aufzeichnung zur Ergänzung der Aussage) ist nur unter den Voraussetzungen des § 377 Abs. 3 zulässig[5] (dazu → § 377 Rdnr. 29).

3. Heilung

4 Ein Verstoß gegen § 396 ist – jedenfalls nach der Nov. 24 wegen § 377 – gemäß § 295 heilbar[6] und steht einer Bestrafung wegen Meineids nicht entgegen[7].

II. Weitere Fragen (Abs. 2 und 3)

5 **Erst wenn die zusammenhängende Aussage des Zeugen beendet ist, dürfen Fragen an ihn gestellt werden**[8]. Auch aus dieser Regelung ergibt sich die Notwendigkeit, den Zeugen zunächst (→ Rdnr. 1) ununterbrochen aussagen zu lassen. Bei den Fragen empfiehlt sich im übrigen, zunächst allgemeinere Fragen zu stellen, um dem Zeugen eine möglichst zusammenhängende Ergänzung seiner Aussage zu ermöglichen.

6 Die **Fragepflicht des Gerichts** ist in **Abs. 2** und **3** in Übereinstimmung mit §§ 136, 139 geregelt[9] (→ § 136 Rdnr. 9, → § 139 Rdnr. 97, → § 140 Rdnr. 6). Auch bei der Fragestellung ist jede

---

2 *BGHSt* 3, 221 = NJW 1952, 1384.

3 Aber nicht Schriftstücke, die die Parteien aufgesetzt haben, *RG* JW 1904, 363f.

4 *RGZ* 16, 116; *RG* JW 1928, 1857; *Silberschmidt* JW 1930, 110; 1931, 1066. Gegen *Ratz* AcP 133 (1931) 37ff., der die Übergabe einer schriftlichen Aufzeichnung erheblich weiter zulassen will. Unzulässig ist dagegen die Bezugnahme des Zeugen auf eine nach Diktat einer Partei niedergeschriebene Auslassung, *RG* Gruchot 62 (1918) 253.

5 *RGZ* 49, 374 (zu § 595); *RG* JW 1900, 71; 1904, 363.

6 Vgl. § 295 Rdnr. 18 (21. Aufl.) und auch *RG* JW 1896, 656.

7 *BGHSt* 16, 232 = NJW 1961, 2168; *RGSt* 62, 147; einschränkend 65, 273.

8 *BAG* NJW 1983, 1691, 1693; *BFHE* 91, 385: Unzulässigkeit des Vorhalts früherer Aussagen *vor* dem zusammenhängenden Bericht.

9 Die Verletzung der Fragepflicht kann einen wesentlichen Verfahrensmangel nach § 539 ZPO begründen, *OLG Koblenz* NJW-RR 1991, 1471.

Beeinflussung des Zeugen (→ Rdnr. 1) zu vermeiden. **Suggestive**[10] **Fragestellungen** dürfen nicht gewählt werden. Die Frage kann sich auch auf Tatsachen erstrecken, die in der Ladung oder dem Beweisbeschluß nicht ausdrücklich angeführt sind. Allerdings hat sich das Gericht bewußt zu sein, daß es nicht selbst Ermittlungen anstellen darf, wenn der Verhandlungsgrundsatz (→ Rdnr. 146ff. vor § 128) für sein Verfahren gilt. *Deshalb darf es den Rahmen des Beweisthemas nicht durch sein Fragerecht sprengen*[11]. Insbesondere ist ihm verwehrt, **Ausforschungsfragen** zu stellen (zum Ausforschungs*beweis* → § 284 Rdnr. 40ff. [21. Aufl.]).

7 Wegen der **Fragestellung durch die Parteien** s. § 397, wegen der Beanstandung der Fragestellung vor dem beauftragten oder ersuchten Richter s. § 400. Dazu, daß der Vorsitzende die Zeugenvernehmung einem Gerichtsmitglied übertragen kann, → § 136 Rdnr. 1ff.; bei ehrenamtlichen Richtern wird dies oft nicht zweckmäßig sein.

III. Protokollierung

8 Über die Protokollierung[12] s. § 160 Abs. 3 Nr. 4, §§ 161, 162, 159 Abs. 2. Wegen der Niederschrift in Kurzschrift s. § 160a.

9 Mit der Unterzeichnung des Protokolls bescheinigt der die Vernehmung leitende Richter, daß das Niedergeschriebene mit der Aussage übereinstimmt. Daraus folgt, daß es unzulässig ist, wenn sich der Richter auf die Anhörung der Protokollverlesung und einige Fragen beschränkt, ohne selbst bei der Aussage anwesend zu sein[13].

10 Inwieweit *Einwendungen* gegen die protokollarische Feststellung der Aussage im Protokoll zu vermerken sind, steht im Ermessen des vernehmenden Richters; eine Revisionsrüge gegen die Verwertung der Aussage kann aber aus der Unterlassung nicht hergeleitet werden[14].

§ 397 Fragerecht der Parteien

(1) Die Parteien sind berechtigt, dem Zeugen diejenigen Fragen vorlegen zu lassen, die sie zur Aufklärung der Sache oder der Verhältnisse des Zeugen für dienlich erachten.

(2) Der Vorsitzende kann den Parteien gestatten und hat ihren Anwälten auf Verlangen zu gestatten, an den Zeugen unmittelbar Fragen zu richten.

(3) Zweifel über die Zulässigkeit einer Frage entscheidet das Gericht.

Gesetzesgeschichte: Ursprünglich § 362 CPO, durch Nov. 98, RGBl 256 (→ Einl. Rdnr. 146), inhaltlich unverändert zu § 397 geworden. Die beigefügte amtliche Überschrift beruht auf Art. 2 Abs. 2 ZPO-RG (→ Einl. Rdnr. 202) in Verbindung mit der dazu erlassenen Anlage.

Stichwortverzeichnis → »Schlüssel zum Zeugenbeweis« zu Beginn der Vorbemerkungen vor § 373.

---

[10] *Baumbach/Lauterbach/Hartmann*[64] Rdnr. 5; *Bernhardt* (Fn. 1) 44; *Döhring* Erforschung des Sachverhalts im Prozeß (1964) 54f.; *Krönig* DRiZ 1960, 180; *E. Schneider* MDR 1965, 537.

[11] Bedenklich *Baumbach/Lauterbach/Hartmann*[64] Rdnr. 8: Weitherzige Fragestellung sei nötig.

[12] Dazu *Bernhardt* (Fn. 1) 44; *Levin* (Fn. 1) 195ff. Das Protokoll muß die Einhaltung des Abs. 1 ergeben, *RGZ* 142, 119; *RG* Recht 1917 Nr. 2060; *Thomas/Putzo/Reichold*[27] Rdnr. 3.

[13] Vgl. den Fall *RGSt* 65, 273, wo der Protokollführer eine Vernehmung selbst vornahm und protokollierte.

[14] *RAG* ArbRsp 1930, 331.

I. Fragerecht der Parteien[1]

1. Einzelne Fragen

1 Das Fragerecht gibt den Parteien die Möglichkeit, in ihrem Sinne auf die Zeugeneinvernahme Einfluß zu nehmen. Es ist allerdings gegenüber der richterlichen Vernehmung gemäß §396 nachrangig. Die Parteien, Streithelfer[2] und ihre Vertreter haben ein Recht nur auf die Vorlegung oder Stellung *einzelner Fragen*. Die Überlassung des Zeugenverhörs an die Parteien gestattet die ZPO weder als sog. Kreuzverhör des englisch-amerikanischen Prozesses, noch in der abgeschwächten Form des §239 StPO (→ aber zu Art. 9 Abs. 2 HBÜ Anh. §363 Rdnr. 55). Das Recht kann nur in der mündlichen Verhandlung ausgeübt werden; schriftliche sog. Fragestücke sind unzulässig[3]. Verlangen die Parteien, daß dem Zeugen Fragen *durch den Vorsitzenden vorgelegt* werden, so muß dieser die Frage stellen, sofern sie nicht nach Abs. 3 unzulässig erscheint. Ob er sie für sachdienlich erachtet, ist gleichgültig; das schließt aber nicht aus, daß ersichtlich nicht zur Sache gehörige Fragen zurückgewiesen werden (→ auch Rdnr. 6). Besondere Pflicht des Vorsitzenden ist es, darüber zu wachen, daß sich die Parteien bei der Stellung von Glaubwürdigkeitsfragen derselben Zurückhaltung befleißigen, die er selbst zu üben hat, → §395 Rdnr. 3.

2. Unmittelbare Stellung von Fragen

2 Um unmittelbar Fragen zu stellen (Abs. 2), haben die Parteien wie die Anwälte erst die Erlaubnis des Vorsitzenden nachzusuchen. Der Inhalt der Frage braucht aber nicht im einzelnen mitgeteilt zu werden. Dem Verlangen eines *Anwalts muß* der Vorsitzende entsprechen, auch im Parteiprozeß, während er gegenüber dem Verlangen der Partei freies Ermessen hat.

3 Ob der Richter die Fragestellung sofort oder erst nach Abschluß seiner Vernehmung zuläßt, steht in seinem Ermessen, u.U. kann aber die Zurückstellung der Frage eine Beeinträchtigung der Partei und damit einen mit der Revision angreifbaren Verstoß gegen §397 darstellen[4].

3. Pflicht der Parteien

4 Pflicht der Parteien und ihrer Vertreter und Beistände ist es, ohne Rücksicht auf ihre Interessen, das *Zustandekommen unwahrer Aussagen zu verhindern*; der Verstoß gegen diese Pflicht kann sich u.U. als Beihilfe zum Meineid darstellen[5].

---

[1] Vgl. die Lit. zu §396 Fn. 1 sowie *Haehling von Lanzenauer* DRiZ 1966, 223; *Rinsche* Prozeßtaktik[4] Rdnr. 162ff.

[2] *Zöller/Greger*[25] Rdnr. 1.

[3] Anders der Antrag, bestimmte Punkte in den Beweisbeschluß aufzunehmen, *OLG Hamburg* OLGRsp 23, 193.

[4] *Traumann* JW 1931, 2451; 1932, 99.

[5] *BGHSt* 17, 321: Strafbarkeit nur bei geheimem Einvernehmen mit dem Zeugen. Damit wurde die ältere Rspr. eingeschränkt, *BGHSt* 3, 18; *RGSt* 75, 273; *RG* JW 1936, 658.

4. Anregung durch Partei

5 Ist der Zeuge über bestimmte Behauptungen nicht befragt, so ist das kein Verfahrensverstoß, wenn die Partei, obwohl sie bei der Vernehmung zugegen war, die Stellung entsprechender Fragen nicht angeregt hat[6].

II. Entscheidung des Gerichts

6 *Weigert sich* der Vorsitzende, eine Frage zu stellen (Abs. 1) oder stellen zu lassen (Abs. 2) oder entstehen, von wem auch immer angeregt, **Zweifel über die Zulässigkeit** einer Frage, so **entscheidet das Gericht**. Unter unzulässigen Fragen sind sowohl gesetzlich unzulässige Fragen zu verstehen – also solche, die nach §§376, 383 Abs. 3 gesetzlich untersagt sind –, wie auch solche, die ersichtlich abwegig sind (→ Rdnr. 1). **Unzulässig sind** somit z.B. *Ausforschungs-* und *Suggestivfragen* (→ §396 Rdnr. 6) sowie Fragestellungen, die nicht auf Tatsachen gerichtet sind oder mit dem Gegenstand des Prozesses in keinem Zusammenhang stehen oder bereits beantwortet sind. Gegen die Entscheidung des Prozeßgerichts findet eine Beschwerde nicht statt.

7 Die Bestimmungen des §397 sind auch auf den *beauftragten oder ersuchten Richter* anwendbar (vgl. §398 Abs. 2, §400). *Lehnt* dieser Richter nach §400 die Stellung einer Frage ab, so ist der Beschluß nach §160 Abs. 3 Nr. 6 in dem Protokoll festzustellen. Ob dies in der Weise geschieht, daß zunächst die Frage und anschließend der Beschluß vermerkt oder der wesentliche Inhalt der Frage in den Beschluß aufgenommen wird, steht im Ermessen des Richters; ein Anrecht auf wörtliche Protokollierung ihrer Fragen haben die Parteien nicht.

8 Das Gericht oder auch der beauftragte oder ersuchte Richter sind befugt, ihre **Entscheidung abzuändern**, sofern die Sache noch bei ihnen anhängig ist[7].

§398 Wiederholte und nachträgliche Vernehmung

(1) Das Prozeßgericht kann nach seinem Ermessen die wiederholte Vernehmung eines Zeugen anordnen.

(2) Hat ein beauftragter oder ersuchter Richter bei der Vernehmung die Stellung der von einer Partei angeregten Frage verweigert, so kann das Prozessgericht die nachträgliche Vernehmung des Zeugen über diese Frage anordnen.

(3) Bei der wiederholten oder der nachträglichen Vernehmung kann der Richter statt der nochmaligen Beeidigung den Zeugen die Richtigkeit seiner Aussage unter Berufung auf den früher geleisteten Eid versichern lassen.

Gesetzesgeschichte: Ursprünglich §363 CPO, durch Nov. 98, RGBl 256 (→ Einl. Rdnr. 146), inhaltlich unverändert zu §398 geworden. Die beigefügte amtliche Überschrift beruht auf Art. 2 Abs. 2 ZPO-RG (→ Einl. Rdnr. 202) in Verbindung mit der dazu erlassenen Anlage.

Stichwortverzeichnis → »Schlüssel zum Zeugenbeweis« zu Beginn der Vorbemerkungen vor §373.

6 *RAG* ArbRS 1929, 218.
7 *Wieczorek*² B 1.

I. Wiederholte Vernehmung

1. Begriff

1 Die wiederholte Einvernahme eines Zeugen belastet diesen und ist daher nur bei begründetem Anlaß vorzunehmen. Der Begriff der »wiederholten Vernehmung« setzt voraus, daß **derselbe Zeuge** zu **derselben Tatsache** in **diesem Rechtsstreit** nochmals gehört wird. Darunter fällt nach herrschender Meinung auch die erneute Vernehmung in höherer Instanz (→ Rdnr. 14) und die Vernehmung nach einer Vernehmung im selbständigen Beweisverfahren[1].

2 Wird dagegen ein schon vernommener Zeuge über **neue Tatsachen** benannt, so steht eine »wiederholte« Vernehmung nicht in Frage; die Ablehnung seiner Vernehmung darf dann nur nach den allgemeinen Grundsätzen (→ §284 Rdnr. 51ff. [21. Aufl.]) erfolgen[2]; ein Ermessen nach §398 besteht nicht. Eine wiederholte Vernehmung liegt ferner nicht vor, wenn ein Zeuge erstmals vernommen werden soll, nachdem das Protokoll über eine frühere Aussage als Urkunde verwendet worden ist[3]. Keine wiederholte Vernehmung ist auch die Einvernahme eines Zeugen nach dessen schriftlicher Auskunft gemäß §377 Abs. 3[4] (→ §377 Rdnr. 33). Ebensowenig liegt eine wiederholte Vernehmung vor, wenn eine bislang vom beauftragten oder ersuchten Richter nicht gestellte Frage gestellt werden soll; dies ist eine *nachträgliche Vernehmung* (→ Rdnr. 8).

2. Ermessensentscheidung

3 Die ZPO stellt die **wiederholte Vernehmung** eines Zeugen über den Gegenstand seiner früheren Vernehmung (→ Rdnr. 1) auch bei einem darauf gerichteten Antrag in das *Ermessen*[5] des Prozeßgerichts (zum Berufungsgericht → Rdnr. 14) und des beauftragten oder ersuchten Richters bis zur Erledigung seines Auftrags (§400). Die Ausübung des Ermessens unterliegt grundsätzlich nicht der Nachprüfung des Revisionsgerichts[6]; freilich werden die Grenzen richterlichen Ermessens zunehmend enger gezogen (→ Rdnr. 5).

3. Ermessensleitende Gesichtspunkte

4 Anlaß für eine Wiederholung der Zeugenvernehmung kann sein: Die Aussage stellt sich als **unbestimmt oder zweideutig** dar; nachträglich wird eine **Gegenüberstellung** für notwendig erachtet; die Aussage steht **nicht** mehr genügend in der **Erinnerung der Richter** fest; das **Prozeß-**

---

[1] *BGH* NJW 1970, 1920; MünchKommZPO/*Damrau*[2] Rdnr. 2; *Zöller/Greger*[25] Rdnr. 1.

[2] *RGZ* 48, 386; *RG* SeuffArch 55 (1900) 356; JW 1913, 500 (bestimmt neue Einzelheiten eines Vorgangs, über den der Zeuge schon vernommen ist).

[3] *OGHZ* 1, 207; *BAGE* 20, 263; *BGHZ* 7, 122; → §284 Rdnr. 34ff. (21. Aufl.); a.M. *RG* JW 1908, 304.

[4] MünchKommZPO/*Damrau*[2] Rdnr. 2; *Zöller/Greger*[25] Rdnr. 2.

[5] Ein *Anspruch* der Prozeßpartei auf erneute Vernehmung besteht grundsätzlich nicht, *BAG* AP §179 BGB Nr. 1 (*Schnorr v. Carolsfeld*) = DB 1965, 296 (LS).

[6] *BGH* und *RG* oft, z.B. *BGHZ* 7, 122; 35, 370 und *RG* JW 1891, 120; 1892, 310; 1899, 339f.; 1900, 657; WarnRsp 1908 Nr. 98; RAG ArbRsp 1932, 272; *OGHZ* 1, 226 = NJW 1949, 146; *BAG* AP §398 Nr. 1 (*Pohle*); NJW 1968, 566.

gericht will nach der Vernehmung durch einen beauftragten oder ersuchten Richter (→ §355 Rdnr. 13) einen **unmittelbaren Eindruck** gewinnen; ebenso das Kollegium nach der Übernahme des Rechtsstreits (→ §348 Rdnr. 35ff.; → §348a Rdnr. 14ff.); nach der → §355 Rdnr. 11f. vertretenen Auffassung, wenn ein **Wechsel in der Besetzung des Gerichts** stattgefunden hat.

5 In der neueren Rechtsprechung ist die Tendenz zu beobachten, zunehmend eine **Pflicht** zur Wiederholung der Vernehmung anzunehmen (zur Berufungsinstanz → §526 Rdnr. 4ff. [21. Aufl.]): Die Zeugenvernehmung muß wiederholt werden, wenn die **erste Vernehmung** nicht ordnungsgemäß erfolgte und daher **nicht verwertet** werden kann[7], wenn das **Beweisthema nicht hinreichend differenziert benannt** wurde[8], wenn – nachdem der Zeuge durch einen Rechtshilferichter vernommen worden war – das Prozeßgericht dessen **Glaubwürdigkeit ohne persönlichen Eindruck nicht beurteilen** kann[9], wenn Anhaltspunkte für **neue Erkenntnisse** des Zeugen vorliegen.

6 Negativ läßt sich sagen, daß ohne besonderen Anlaß eine wiederholte Zeugenvernehmung unstatthaft ist. Ist nicht zu erwarten, daß die Zeugen ihre Aussage ändern, und bestehen auch im übrigen keine erheblichen Gründe, dann ist die wiederholte Vernehmung ein Mißbrauch der Zeugnispflicht[10].

4. Anordnung

7 Die Anordnung kann seitens des Prozeßgerichts auch ohne mündliche Verhandlung erfolgen (argumentum a maiore ad minus, §360 Satz 2, 2. HS.). Die Übertragung auf den beauftragten oder ersuchten Richter, §375, ist für die wiederholte Vernehmung selbständig zu beurteilen.

II. Nachträgliche Vernehmung

8 Die **nachträgliche Vernehmung** stellt zwar auch, wie die wiederholte Vernehmung (→ Rdnr. 1), die nochmalige Anhörung desselben Zeugen dar; sie setzt aber gerade voraus, daß **diese** Frage an diesen Zeugen nicht gestellt wurde. Sie kann nach Abs. 2 (→ §400 Rdnr. 2) sowohl auf Antrag als auch von Amts wegen angeordnet werden, wenn der *beauftragte oder ersuchte Richter* – in dem Sonderfall des §58 Abs. 1 Satz 2 ArbGG auch der Vorsitzende – eine nach §397 von einer Partei beantragte oder gestellte Frage *für unzulässig* erklärt hat. Die nachträgliche Vernehmung nach §398 darf aber nur *durch das Prozeßgericht* angeordnet werden; es ist zulässig, daß das Prozeßgericht die Vernehmung zu dieser Frage vor dem beauftragten oder ersuchten Richter anordnet. Solange dieser jedoch mit der Sache befaßt ist, kann er *von sich aus* die Frage zulassen (→ §400 Rdnr. 2). Die Vernehmung kann aber auch von dem Prozeßgericht selbst vorgenommen werden.

9 Sie beschränkt sich zunächst auf die verweigerte Frage, kann aber nach Bedarf auch auf andere erstreckt werden (→ auch §396 Rdnr. 5f.). Gegen die Entscheidung des Prozeßgerichts findet keine Beschwerde statt (§567)[11].

10 Wegen der Protokollierung abgelehnter Fragen → §397 Rdnr. 7. Wegen der Erforderlichkeit der mündlichen Verhandlung gilt das gleiche wie oben (→ Rdnr. 7).

---

[7] So auch, wenn der zur Zeugenvernehmung hinzugezogene Dolmetscher entgegen §189 GVG nicht vereidigt worden ist, *BGH* NJW 1987, 260.

[8] Vgl. *BGH* NJW-RR 1994, 511 (Berufungsinstanz).

[9] *BGH* NJW 1990, 3088.

[10] *BAG* AP §398 Fn. 1 (*Pohle*); *BGH* NJW 1970, 1181f., 2297.

[11] *RG* SeuffArch 44 (1899) 468; ebenso MünchKommZPO/*Damrau*[2] Rdnr. 8.

III. Berufung auf den früheren Eid

11 Für die wiederholte wie für die nachträgliche Vernehmung gelten die Vorschriften der §§ 394–397. In beiden Fällen steht es im Ermessen des Prozeßgerichts bzw. des mit der nochmaligen Vernehmung betrauten Richters, ob er im Falle eidlicher Vernehmung die *Beeidigung wiederholen* oder den Zeugen die Richtigkeit seiner Aussage **unter Berufung auf den früher geleisteten Eid** versichern lassen will. Die Versicherung hat entsprechend § 392 stets nach der späteren Vernehmung zu erfolgen. Der bloße Hinweis auf den früher geleisteten Eid ersetzt nicht die Versicherung. Ob der Eid, auf den die Berufung erfolgt, ein Voreid (beim Sachverständigen, § 410) oder ein Nacheid (beim Zeugen stets, § 392) ist, gilt gleich[12]. *Strafrechtlich* stellt § 155 Nr. 2 StGB die Versicherung unter Berufung auf den früheren Eid der Eidesleistung gleich.

12 Eine *schriftliche* Versicherung der Richtigkeit der Aussage unter Berufung auf den früher geleisteten Eid ist nicht statthaft; für eine entsprechende Anwendung der Sondervorschrift des § 410 Abs. 2, 2. HS. ist kein Raum, da die Abnahme der Versicherung nach § 398 Abs. 3 ebenso wie die des Zeugeneides in engstem Zusammenhang mit der Eidesbelehrung (→ § 480 Rdnr. 1 ff.) steht.

13 Bei erneuter Vernehmung über **andere Tatsachen** (→ Rdnr. 2) entfällt das Ermessen des Gerichts hinsichtlich der Eidesfrage; es **muß erforderlichenfalls von neuem vereidigt werden**[13].

IV. Berufungsinstanz

14 § 398 findet auch in der Berufungsinstanz Anwendung. Nach Umgestaltung des Berufungsrechts durch das ZPO-RG ist eine Wiederholung der Zeugenvernehmung hier auf Fälle beschränkt, in denen konkrete Anhaltspunkte Zweifel an der Richtigkeit oder Vollständigkeit der erstinstanzlichen Feststellungen begründen. Die Wiederholung der Vernehmung steht im **Ermessen** des Gerichts (Abs. 1), kann sich jedoch etwa dann zu einer Rechtspflicht verdichten, wenn das Berufungsgericht die Aussage **nicht verwerten**[14] oder **anders verwerten**[15] bzw. abweichend vom Wortsinn **auslegen** will[16] oder wenn es die protokollierten Aussagen des Zeugen für zu vage und präzisierungsbedürftig hält[17]. Das Berufungsgericht kann die Aussage des erstinstanzlich vernommenen Zeugen auch ohne dessen wiederholte Vernehmung entgegen der Würdigung des Erstrichters für nicht zur Beweisführung ausreichend erachten, hat dann jedoch darzulegen, weshalb es die angeführten Indizien, ohne die Zeugen hierzu befragen zu müssen, für aussagekräftiger hält (§ 286)[18]; nicht notwendig hierfür sind Zweifel an der Vollständigkeit und Richtigkeit der protokollierten Aussage[19].

15 Nicht anwendbar ist § 398 im Fall der **Nichtigkeits- oder Restitutionsklage**.

---

[12] *RGSt* 72, 201; a.M. *RG* HRR 1932, Nr. 1606, wo nur die Berufung auf einen Voreid für möglich gehalten wird. Es handelt sich aber nicht um eine Unterstellung der zweiten Aussage unter die frühere Beteuerung, sondern um eine neue Beteuerung, für die nur eine andere Form vorgesehen ist.

[13] *RGZ* 48, 386; *RG* JW 1902, 361.

[14] *BGH* NJW 2000, 2024, 2025; NJW 2000, 2508.

[15] *BGH* NJW-RR 2000, 432, 433; NJW 2001, 1430.

[16] *BGH* NJW 1998, 385, 386; NJW 1999, 2972.

[17] *BGH* NJW 2000, 3718, 3720; NJW-RR 2002, 1500; NJW-RR 2002, 1649, 1650.

[18] *BGH* NJW-RR 2002, 1649, 1650.

[19] *BGH* NJW-RR 2005, 609, 611.

§399 Verzicht auf Zeugen

Die Partei kann auf einen Zeugen, den sie vorgeschlagen hat, verzichten; der Gegner kann aber verlangen, dass der erschienene Zeuge vernommen und, wenn die Vernehmung bereits begonnen hat, dass sie fortgesetzt werde.

Gesetzesgeschichte: Ursprünglich §364 CPO, durch Nov. 98, RGBl 256 (→ Einl. Rdnr. 146), inhaltlich unverändert zu §399 geworden. Die beigefügte amtliche Überschrift beruht auf Art. 2 Abs. 2 ZPO-RG (→ Einl. Rdnr. 202) in Verbindung mit der dazu erlassenen Anlage.

Stichwortverzeichnis → »Schlüssel zum Zeugenbeweis« zu Beginn der Vorbemerkungen vor §373.

I. Verzicht durch den Beweisführer

1 Der Beweisführer kann bis zum Abschluß der Vernehmung jederzeit **auf den benannten Zeugen verzichten**. Der Verzicht ist, wie jede andere Prozeßhandlung (→ Rdnr. 207ff. vor §128), in der **mündlichen Verhandlung** oder zum Protokoll des beauftragten oder ersuchten Richters zu erklären; *die Erklärung im Schriftsatz* hat selbständige Bedeutung im Falle der Entscheidung ohne mündliche Verhandlung, §128 Abs. 2, → §128 Rdnr. 85f., oder nach Aktenlage, §§251a, 331a; sie ist aber auch darüber hinaus wirksam[1]. Der (in der Tatsacheninstanz widerrufliche) Verzicht[2] kann sich auf den Termin oder die Instanz beschränken, wobei aber die Partei die Gefahr späterer Zurückweisung nach §§282, 296, 296a, 532 läuft[3].

2 Die Möglichkeit eines **stillschweigenden Verzichts** durch schlüssige Handlung wird grundsätzlich anerkannt[4], etwa wenn eine Partei ihren Beweisantrag nicht wiederholt, nachdem sie die Aufklärungstätigkeit des Gerichts als erschöpft angesehen hat[5] oder nach der Zustimmung zur Verwertung von Akten aus einem anderen Verfahren[6]. Bei der Annahme eines stillschweigenden Verzichts ist **Zurückhaltung** zu üben[7]. Die Aufklärung nach §139 geht vor[8]. Eine Last der Partei, bereits angebotene Zeugen nochmals zu benennen, besteht grundsätzlich nicht. Keinesfalls darf der Verfahrensfehler, der im Übergehen eines Beweisangebots liegt, mit der Figur des stillschweigenden Verzichts »geheilt« werden.

3 Da aber der Gegner sich jederzeit desselben Beweismittels bedienen kann, so vereinfacht und beschleunigt es das Verfahren[9], wenn nach §399 (vgl. auch §436) der Gegner *die Vernehmung des erschienenen Zeugen*[10] oder, wenn sie bereits begonnen hat, ihre *Fortsetzung* verlangen kann, mag der Vernehmungstermin vor dem Prozeßgericht oder vor dem Richterkom-

---

[1] *Baumbach/Lauterbach/Hartmann*[64] Rdnr. 5. Andernfalls müßte das Gericht einen Zeugen laden, obwohl ihn unter Umständen beide Parteien nicht mehr hören wollen. A.M. 19. Aufl. dieses Kommentars.

[2] *BAG* NJW 1974, 1349.

[3] *RG* JW 1896, 333; *Schumann* Anm. AP §139 Nr. 3 sub I b.

[4] *BGH* NJW 1994, 329; *BGH* NJW-RR 1987, 1403; MünchKommZPO/*Damrau*[2] Rdnr. 3; *Zöller/Greger*[25] Rdnr. 2.

[5] *BGH* NJW 1994, 329, 330 (im konkreten Fall verneint).

[6] *OLG Hamm* NJW-RR 2002, 1653.

[7] Vgl. *BGH* NJW-RR 1987, 1403, 1404: Kein Verzicht, wenn die Partei um Überprüfung des Beweisbeschlusses bittet; *OLG Celle* NJW-RR 1995, 1407: Kein Verzicht (auf Sachverständigengutachten), wenn Kostenvorschuß unter Hinweis auf die fehlende Vorschußpflicht nicht bezahlt wird.

[8] Vgl. *BGH* NJW 1994, 329, 330.

[9] *Hahn* 316.

[10] *OLG Jena* OLGR 2004, 170.

missar stattfinden. *Nach der Vernehmung* des Zeugen[11] ist ein Verzicht auf seine Aussage nicht mehr möglich; durch Unterlassen des Vortrags des Beweisergebnisses können die Parteien die Aussage nicht wieder ausschalten, → §285 Rdnr.5ff. (21. Aufl.) und → §128 Rdnr.37. Wegen der Entscheidung nach Lage der Akten (§251a) und derjenigen ohne mündliche Verhandlung, §128 Abs.2, → jedoch §285 Rdnr.9ff. (21. Aufl.)

II. Rechte des Prozeßgegners

4 Macht der Prozeßgegner von der Befugnis des §399 *keinen Gebrauch*, so kann er den Zeugen selbständig benennen. Schlägt die verzichtende Partei ihn von neuem vor, so gelten §296 Abs.1, 2.

§400 Befugnisse des mit der Beweisaufnahme betrauten Richters

Der mit der Beweisaufnahme betraute Richter ist ermächtigt, im Falle des Nichterscheinens oder der Zeugnisverweigerung die gesetzlichen Verfügungen zu treffen, auch sie, soweit dies überhaupt zulässig ist, selbst nach Erledigung des Auftrages wieder aufzuheben, über die Zulässigkeit einer dem Zeugen vorgelegten Frage vorläufig zu entscheiden und die nochmalige Vernehmung eines Zeugen vorzunehmen.

Gesetzesgeschichte: Ursprünglich §365 CPO, durch Nov. 98, RGBl 256 (→ Einl. Rdnr.146), inhaltlich unverändert zu §400 geworden. Die beigefügte amtliche Überschrift beruht auf Art.2 Abs.2 ZPO-RG (→ Einl. Rdnr.202) in Verbindung mit der dazu erlassenen Anlage.

Stichwortverzeichnis → »Schlüssel zum Zeugenbeweis« zu Beginn der Vorbemerkungen vor §373.

I. Allgemeines

1 Der §400 will den **beauftragten oder ersuchten Richter** bei der Vollziehung des Auftrags nicht auf die hier aufgezählten Befugnisse *beschränken*. Er enthält nur eine **beispielhafte Aufzählung**, um bezüglich einzelner besonderer praktischer Fragen Zweifel zu verhindern; daher die Fassung »ist ermächtigt« (s. auch §366).

II. Anordnungen

2 Die auf das Zeugenverhör bezüglichen **Anordnungen** und Verfügungen stehen dem beauftragten oder ersuchten Richter unbedingt zu, soweit sie zur Erledigung des Auftrags gehören. Er hat also namentlich den *Termin* zu bestimmen, zu vertagen oder zu verlegen (§§361, 362,

[11] Aber nur, wenn sie ordnungsgemäß durchgeführt ist, *Pohle* Anm. zu *ArbG Stade* AP §163a Nr.1.

229), die *Ladung* nach §377 zu veranlassen. *Im Termin hat* er die *Sitzungspolizei* auszuüben, §§176ff., 180 GVG, den Zeugen *zu vernehmen* und entsprechend einem dahingehenden Auftrag zu beeidigen, die Gegenüberstellung der Zeugen zu bewirken (§394) und die *Wiederholung der Vernehmung* anzuordnen (→ §398 Rdnr. 1). Er ist auch befugt, eine *nachträgliche Vernehmung* (zum Begriff → §398 Rdnr. 2 und 8) dadurch vorzunehmen, daß er eine früher von ihm verweigerte Frage stellt. §398 Abs. 2 steht dem nicht entgegen, da diese Vorschrift nur dem *Prozeß*gericht die Befugnis überträgt, trotz der Verweigerung der Frage durch den beauftragten oder ersuchten Richter die Vernehmung über diese Frage vor dem Prozeßgericht anzuordnen. Ohne §398 Abs. 2 wäre es zweifelhaft, ob nicht das Prozeßgericht an diese Entscheidung des anderen Richters gebunden wäre. Wie auch das Prozeßgericht eine bisher nicht zugelassene Frage nachträglich gestatten darf (→ §397 Rdnr. 8), ist hierzu der beauftragte oder ersuchte Richter solange befugt, als er noch mit der Beweisaufnahme befaßt ist.

3 Wegen der selbständigen Entschließung über die Beeidigung → §391 Rdnr. 16. Er ist ferner befugt, beim *Ausbleiben* des Zeugen oder bei *Zeugnisverweigerung* alle nach §§380f. und §390 zulässigen Maßregeln nach eigenem Ermessen[1] anzuordnen und, soweit es zulässig ist, selbst nach Erledigung des Auftrages wieder *aufzuheben*. Endlich hat er nach §4 Abs. 1 JVEG (→ §401 Rdnr. 7) die *Zeugenentschädigung* festzusetzen.

4 Die *schriftliche Beantwortung* der Beweisfragen anzuordnen, ist er nicht befugt, → §377 Rdnr. 29.

III. Entscheidungen

1. Selbständige Streitigkeiten

5 Zur Entscheidung von selbständigen Streitigkeiten unter den Parteien oder mit dem Zeugen ist nur das Prozeßgericht (auch der Einzelrichter) auf Grund mündlicher Verhandlung oder was dem gleichsteht (§128 Abs. 2, §251a) berechtigt (§366), insbesondere zur Entscheidung über die *Verweigerung des Zeugnisses* oder des Zeugeneides → §392 Rdnr. 5), s. dazu §§386f., 389.

6 Dagegen wird durch den Widerspruch einer Partei gegen eine nach → Rdnr. 2 von dem beauftragten usw. Richter getroffene Anordnung oder Verfügung noch nicht ein Zwischenstreit nach §366 begründet.

2. Zulässigkeit einer von einer Partei angeregten Frage

7 Über die Zulässigkeit einer von einer Partei angeregten Frage an den Zeugen, §397 Abs. 2, §398 Abs. 2, hat nach §400 der beauftragte oder ersuchte Richter *vorläufig* zu entscheiden, während die endgültige Entscheidung dem Prozeßgericht zusteht. Wegen der *Protokollierung* → §397 Rdnr. 7. *Verweigert* er die Frage, so kann das Prozeßgericht nachträglich die Vernehmung des Zeugen auf Antrag (§576) oder von Amts wegen (§398 Abs. 2) auch ohne mündliche Verhandlung (→ §398 Rdnr. 7) anordnen; die Entscheidung unterliegt nicht der Beschwerde und kann erst mit dem Endurteil angefochten werden. Stellt dagegen der beauftragte oder ersuchte Richter die Frage, so unterbleibt die Entscheidung durch das Prozeßgericht als gegenstandslos, vgl. §575 Rdnr. 1f.; es ist aber dem Prozeßgericht überlassen, welchen Wert es der Beantwortung einer unzulässigen Frage beilegen will.

---

[1] Soweit die Maßregeln angeordnet werden *müssen*, z.B. §380 Abs. 1, ist er dazu verpflichtet, *OLG Hamm* OLGRsp 2, 237.

3. Festsetzung der Parteikosten

8 Zur Festsetzung der Parteikosten ist nur der Urkundsbeamte der Geschäftsstelle des Prozeßgerichts zuständig (→ § 103 Rdnr. 14ff.).

IV. Rechtsbehelfe

9 Das Prozeßgericht ist weder an die vorläufige Entscheidung noch an die Anordnungen und Verfügungen des beauftragten oder ersuchten Richters gebunden. Die einen wie die anderen fallen unter die Entscheidungen, die es nach § 573 abändern kann[2]. Ausgenommen sind nur die Maßregeln der *Sitzungspolizei*, § 181 GVG und die *Festsetzung der Entschädigung* von Zeugen und Sachverständigen (→ § 401 Rdnr. 10), gegen die Beschwerde statthaft ist (§ 181 GVG, § 4 Abs. 3 JVEG). Gegen die Entscheidung des Prozeßgerichts im ersten Rechtszug über die Erinnerung findet die sofortige Beschwerde statt (§§ 567, 573 Abs. 2).

§ 401 Zeugenentschädigung

Der Zeuge wird nach dem Justizvergütungs- und -entschädigungsgesetz entschädigt.

Gesetzesgeschichte: Ursprünglich § 366 CPO, durch Nov. 98, RGBl 256 (→ Einl. Rdnr. 146), inhaltlich unverändert zu § 401 geworden. Änderungen durch Nov. 24, RGBl I 135 (→ Einl. Rdnr. 159ff.) und Gesetz vom 26. VII. 1957, BGBl I 861. Die beigefügte amtliche Überschrift beruht auf Art. 2 Abs. 2 ZPO-RG (→ Einl. Rdnr. 202) in Verbindung mit der dazu erlassenen Anlage. Änderung durch Gesetz vom 5. V. 2004, BGBl I 718 (→ unten Rdnr. 1).

Stichwortverzeichnis → »Schlüssel zum Zeugenbeweis« zu Beginn der Vorbemerkungen vor § 373.

I. Allgemeines

1 § 401 Abs. 1 alter Fassung hatte neben einer allgemeinen Verweisung auf die Gebührenordnung für Zeugen und Sachverständige in der Fassung der Bekanntmachung vom 21. XII. 1925 (RGBl I 471) die Entschädigung des Zeugen bei schriftlicher Beantwortung der Beweisfrage geregelt; § 165 Abs. 2, 3 GVG hatte ein Recht auf Entschädigung nach dem Recht des Aufenthaltsorts und auf Vorschuß anerkannt. Das *KostenänderungsG* vom 26. VII. 1957 (BGBl I 861, 902, 932) hat in dem Gesetz über die Entschädigung von Zeugen und Sachverständigen (ZSEG) die einschlägigen Vorschriften in einigen Punkten geändert, sie alle zusammengefaßt und zugleich unter Aufhebung des § 165 GVG den Inhalt der §§ 401, 413 ZPO

[2] *RGZ* 68, 66f.; *OLG Bamberg* OLGRsp 1, 241.

auf eine allgemeine Verweisung auf das ZSEG beschränkt. Das ZSEG wurde im Rahmen der Änderungen durch Art. 2 des *KostenrechtsmodernisierungsG* vom 5. V. 2004 (BGBl I 718) mit Wirkung zum 1. VII. 2004 durch das **Justizvergütungs- und -entschädigungsgesetz (JVEG)**[1] ersetzt. Das JVEG umfaßt neben der Vergütungs- und Entschädigungsregelung für Zeugen, Sachverständige, Dolmetscher und Übersetzer auch den Regelungsgehalt des Gesetzes über die Entschädigung der ehrenamtlichen Richter (EhrRiG); ZVEG und EhrRiG wurden mit Inkrafttreten des JVEG aufgehoben.

Das JVEG regelt abschließend Grund und Höhe des öffentlich-rechtlichen Entschädigungsanspruchs des Zeugen. Der Anspruch richtet sich gegen den Bund bzw. das Land, dessen Gericht den Zeugen herangezogen hat.

II. Umfang der Entschädigung nach dem JVEG

2 Einen Anspruch auf Entschädigung erwirbt der Zeuge, wenn er von dem Gericht **herangezogen** wurde (§ 1 Abs. 1 Satz 1 Nr. 3 JVEG). Damit gemeint ist die hoheitliche Inanspruchnahme als Zeuge in einem laufenden Verfahren[2]. Sie liegt vor, wenn der Zeuge aufgrund eines Beweisbeschlusses (§ 358) bzw. einer Anordnung nach § 273 Abs. 2 Nr. 4 geladen oder nach § 377 Abs. 3 schriftlich befragt wurde (§ 19 Abs. 1 Satz 2 JVEG).

Der sachverständige Zeuge ist grundsätzlich wie ein Zeuge zu entschädigen, wie ein Sachverständiger zu vergüten nur dann, wenn er die in Anlage 2 zu § 10 JVEG bezeichneten (ärztlichen) Verrichtungen erbringt[3].

3 Dem Zeugen werden nach der Aufzählung in § 19 Abs. 1 JVEG die *Fahrtkosten* (§ 5 JVEG) ersetzt, ebenso der durch *Abwesenheit* vom Ort der Wohnung oder der Berufstätigkeit entstandene Aufwand (§ 6 JVEG) sowie *sonstige notwendige Auslagen* (§ 7 JVEG). Sonstige notwendige Auslagen sind auch die Kosten der genügenden Entschuldigung des Ausbleibens des Zeugen. Der Zeuge wird ferner für seinen *Verdienstausfall* (§ 22 JVEG) oder für *Nachteile bei der Haushaltsführung* entschädigt (§ 21 JVEG); hat er beides nicht erlitten, wird der Zeuge für *Zeitversäumnis* entschädigt (§ 20 JVEG). Zur Höhe der Entschädigung s. auch § 19 Abs. 2–4 JVEG. Der Anspruch besteht beim mündlich zu befragenden Zeugen nur soweit, als dieser in seiner Eigenschaft als solcher geladen ist, gleichviel ob er in dem Termin vernommen worden ist oder nicht. Ist *der Zeuge irrtümlich* geladen, so besteht der Anspruch gleichwohl, da für den Zeugen nicht zu erkennen ist, daß er nicht zu erscheinen braucht. Bei dem *mitgebrachten oder freiwillig erschienenen Zeugen* ist Voraussetzung des Anspruchs lediglich, daß der Zeuge vernommen worden ist. § 1 Abs. 1 Satz 1 Nr. 3 JVEG macht keinen Unterschied zwischen geladenem und gestelltem Zeugen, sondern verlangt lediglich die Heranziehung zu Beweiszwecken (→ Rdnr. 2). Bei schuldhafter Unterlassung der rechtzeitigen *Anzeige* vom Wechsel des Ortes der Wohnung oder der Berufstätigkeit verringert sich der Reisekostenanspruch, wenn der Zeuge andernfalls vor einem näheren Gericht vernommen worden wäre[4].

III. Geltendmachung

1. Antrag, Frist

4 Zeugen werden nur *auf Verlangen* entschädigt; Ansprüche erlöschen, wenn sie nicht **binnen drei Monaten** nach Beendigung der Vernehmung bei dem zuständigen Gericht geltend gemacht worden sind, § 2 Abs. 1 Satz 1, 2 Nr. 2 JVEG. Zur Verjährung s. § 2 Abs. 3 JVEG, §§ 194ff. BGB.

---

1 *Hartmann* Kostengesetze[35]; *Meyer/Höver/Bach* JVEG[23]; *Zimmermann* JVEG.
2 *Zimmermann* (Fn. 1) § 1 JVEG Rdnr. 4.
3 *Meyer/Höver/Bach* (Fn. 1) Rdnr. 1.20, 8.3.
4 *RG* JW 1898, 388; *Hartmann* (Fn. 1) § 5 JVEG Rdnr. 22ff.; *Meyer/Höver/Bach* (Fn. 1) Rdnr. 5.23.

5 *Zuständig* ist das Gericht, von dem der Zeuge herangezogen ist, §2 Abs.1 Satz 1 JVEG. Das Verlangen kann formlos an den Richter oder die anweisende Stelle gerichtet werden.

2. Gerichtliche Festsetzung

6 Eine gerichtliche Festsetzung erfolgt, wenn der Zeuge sie beantragt oder das Gericht sie für angemessen hält, §4 JVEG. Der Antrag ist an keine Form (→ Rdnr.11) oder Frist (→ jedoch Rdnr.4) gebunden. Die Festsetzung ist Sache des Gerichts, auch des Einzelrichters, des beauftragten oder des ersuchten Richters, der jeweils den Zeugen herangezogen hat. Der Rechtspfleger ist zuständig, wenn er den Zeugen zugezogen hat. Das Festsetzungsverfahren schließt den Klageweg aus[5], → Rdnr.13 vor §91, → §103 Rdnr.1. Bei der Festsetzung ist das Gericht in der Frage, ob eine Zeugen- oder Sachverständigenvernehmung vorliegt, nicht an den Beweisbeschluß oder gar an den Beweisantritt gebunden; es entscheidet vielmehr, wie die Beweisaufnahme tatsächlich verlaufen ist[6]. Die Festsetzung erfolgt durch Beschluß.

3. Änderung

7 Das Gericht kann seine Festsetzung nicht mehr von Amts wegen ändern, gleichgültig ob das Verfahren noch vor dem Gericht der Festsetzung oder bereits in der Rechtsmittelinstanz schwebt. Die diesbezügliche Regelung in Abs.1 Satz 4, 5 ist durch die Nov. 75 aufgehoben worden.

4. Beschwerde; weitere Beschwerde

8 Die Festsetzung unterliegt der **Beschwerde**, wenn der Wert des Beschwerdegegenstands 200 Euro überschreitet oder wenn das Gericht, das die Entschädigung festgesetzt hat, wegen der grundsätzlichen Bedeutung der zur Entscheidung stehenden Frage die Beschwerde in dem Festsetzungsbeschluß zugelassen hat. Das Beschwerdeverfahren ist in §4 Abs. 3–5 JVEG abschließend geregelt. Beschwerdeberechtigt sind der Zeuge und die Staatskasse, nicht etwa die Parteien. Das Rechtsmittel ist bei dem Gericht einzulegen, das die Entschädigung festgesetzt hat; dieses kann der Beschwerde abhelfen. §573 gilt nicht, so daß die Beschwerde gegen die Festsetzung eines *ersuchten* Richters an das diesem, gegen die Festsetzung eines *beauftragten* Richters an das dem Prozeßgericht im Instanzenzug übergeordnete Gericht geht[7]. Eine Beschwerde an einen obersten Gerichtshof des Bundes ist nicht zulässig, §4 Abs.4 Satz 3 JVEG.

Gegen Entscheidungen des Landesgerichts als Beschwerdegericht findet die **weitere Beschwerde** statt, wenn sie wegen der grundsätzlichen Bedeutung der zur Entscheidung stehenden Frage in dem Festsetzungsbeschluß zugelassen wurde, §4 Abs.5 JVEG. Die weitere Beschwerde kann nur auf eine Rechtsverletzung i.S.d. §§546, 547 gestützt werden; zuständig ist das OLG.

5. Form

9 Anträge, Erklärungen und Beschwerden können zu Protokoll der Geschäftsstelle gegeben oder schriftlich eingereicht werden, ohne daß es der Mitwirkung eines Rechtsanwalts bedürfte, §4 Abs.6 Satz 1 JVEG.

---

[5] *RGZ* 43, 47; 104, 118; *Hartmann* (Fn.1) Grdz JVEG Rdnr.9.
[6] *OLG München* BayrZ 1927, 82; *OLG Hamburg* JB 1985, 1218.
[7] *RGZ* 17, 352ff.; *RG* JW 1899, 771f.

IV. Vorschuß, Erstattung, Wiedereinziehung

1. Vorschuß

10 Zum Abhängigmachen der Vernehmung von einem Vorschuß *des Beweisführers* → §379 Rdnr. 1. Herangezogenen Zeugen ist auf Antrag ein Vorschuß *aus der Staatskasse* zu bewilligen, wenn ihnen erhebliche Fahrtkosten (§5 JVEG) oder sonstige Aufwendungen (§§6, 7 JVEG) entstanden sind oder entstehen werden, §3 JVEG[8]. Wird die gerichtliche Festsetzung des Vorschusses beantragt oder durch das Gericht für angemessen erachtet, ist nach §4 JVEG durch gerichtlichen Beschluß zu entscheiden, → Rdnr. 7. Die Zeugenpflicht besteht auch bei Ablehnung eines Vorschusses.

2. Erstattung

11 Der Staatskasse gegenüber haften die Parteien, soweit sie Kostenschuldner sind, → Rdnr. 29ff. vor §91, für die Erstattung der als Auslagen vom Gericht an den Zeugen gezahlten Entschädigung.

3. Wiedereinziehung

12 Dem Zeugen **zuviel gezahlte Beträge** kann die Gerichtskasse von diesem nach §1 Abs. 1 Nr. 8 JustizbeitreibungsO vom 11. III. 1937 (RGBl I 298, BGBl III 365–1) wieder einziehen.

---

[8] S. hierzu die bundeseinheitlichen Verwaltungsbestimmungen vom 1. VIII. 1977, abgedruckt bei *Hartmann* (Fn. 1) §25 JVEG Anhang I; auszugsweise bei *Zimmermann* (Fn. 1) §25 JVEG Anhang 2 Rdnr. 16ff.

Titel 8
Beweis durch Sachverständige

Vorbemerkungen vor § 402

Stichwortverzeichnis zum Sachverständigenbeweis (vor § 402 bis § 414)

Literatur: *Bayerlein* (Red.) Praxishandbuch Sachverständigenrecht, 3. Aufl. (2002) (zit.: *Bearbeiter* in PraxisHdb. SachverständigenR); *Bremer* Der Sachverständige, 2. Aufl. (1973); *Broß* Richter und Sachverständiger, dargestellt anhand ausgewählter Probleme des Zivilprozeßrechts, ZZP 102 (1989), 413; *Danner* Justizielle Risikoverteilung durch Richter und Sachverständige im Zivilprozeß (2001); *Daub* Die Tatsachenerhebung durch den Sachverständigen (1997); *Ehlers* Medizinisches Gutachten im Prozeß, 3. Aufl. (2005); *Franzki* Der Sachverständige – Diener oder Herr des Richters? DRiZ 1991, 314; *Hau* Gerichtssachverständige in Fällen mit Auslandsbezug, RIW 2003, 822; *Jessnitzer/Ulrich* Der gerichtliche Sachverständige, 11. Aufl. (2001); *Marburger* Wissenschaftlich-technischer Sachverstand und richterliche Entscheidung im Zivilprozeß (1986); *Klaus Müller* Der Sachverständige im gerichtlichen Verfahren, Handbuch des Sachverständigenbeweises, 3. Aufl. (1988); *Olzen* Das Verhältnis von Richtern und Sachverständigen im Zivilprozeß unter besonderer Berücksichtigung des Grundsatzes der freien Beweiswürdigung, ZZP 93 (1980), 66; *Pieper* Richter und Sachverständiger im Zivilprozeßrecht, ZZP 84 (1971), 1; *Pieper/Breunung/Stahlmann* Sachverständige im Zivilprozeß (1982); *Schmidhäuser* Zeuge, Sachverständiger und Augenscheinsgehilfe, ZZP 72 (1959), 365; *Schnapp* Parteiöffentlichkeit bei Tatsachenfeststellungen durch den Sachverständigen? Festschr. für Menger (1985), 557; *E. Schneider* Beweis und Beweiswürdigung[5] (1994), 307ff.; *Stein* Das private Wissen des Richters (1893); *Tiwisina* Sachverständigenbeweis im deutschen und englischen Zivilprozeß (2005); *Wellmann* (Hrsg.) Der Sachverständige in der Praxis, 6. Aufl. (1997). – Lit. zur **Sachverständigenhaftung** → Fn. 76.

I. Die gesetzliche Regelung des Sachverständigenbeweises

1 Der achte Titel regelt den Sachverständigenbeweis durch eine **Generalverweisung** auf die Vorschriften über den Zeugenbeweis (§ 402) sowie durch einige besondere Vorschriften, die im wesentlichen das Verfahren und die Mitwirkung der Parteien dabei betreffen. Der besonderen Stellung des Sachverständigen trägt vor allem die Möglichkeit der Ablehnung (§ 406) Rechnung. Die **jüngsten Änderungen dieser Vorschriften** erfolgten durch das 1. Justizmodernisierungsgesetz vom 24. 8. 2004, BGBl. I S. 2198 (Einfügung des § 411a – Verwertung von gerichtlichen Sachverständigengutachten aus früheren Verfahren; Neufassung der Überschrift zu § 413) und durch das Justizkommunikationsgesetz vom 22. 3. 2005, BGBl. I S. 837 (Anpassung des § 411 Abs. 1 S. 1 an die Zulässigkeit der elektronischen Übermittlung des Gutachtens).

2 Die §§ 402ff. gelten nicht nur dann, wenn ein **Beweisantrag** vorliegt (§ 403), sondern auch bei der Zuziehung von Sachverständigen **von Amts wegen** (§§ 144, 273 Abs. 2 Nr. 4, 372, 412, 442) und ebenso **im selbständigen Beweisverfahren,** §§ 485, 492. Die Zuziehung von **Dolmetschern** ist in §§ 185f. GVG besonders geregelt[1].

3 Zum Sachverständigenbeweis **im schiedsrichterlichen Verfahren** → §§ 1049f., zur Zuziehung von Sachverständigen durch den Rechtspfleger im **Kostenfestsetzungsverfahren**→ § 104 Rdnr. 4, durch den **Gerichtsvollzieher** und das **Vollstreckungsgericht** bei der Sachpfändung (Schätzung) → § 813.

[1] Wird in anderen Fällen (z.B. zur Übersetzung einer fremdsprachigen Urkunde) ein Sprachkundiger zugezogen, so gelten die allgemeinen Regeln über den Sachverständigenbeweis, → Rdnr. 9.

II. Rechtsnatur des Sachverständigenbeweises

1. Beweismittel

4 Der Sachverständige ist eines der fünf Beweismittel des sog. Strengbeweises. Die Funktion des Sachverständigenbeweises besteht ebenso wie diejenige der anderen Beweismittel darin, die Feststellung des entscheidungserheblichen Sachverhalts durch das Gericht zu ermöglichen.

2. Verhältnis zum Gericht

5 Der Sachverständige ist nicht Mitglied des Gerichts[2]. Man kann ihn nach seiner Funktion als Gehilfe[3], Helfer[4] oder Berater[5] des Gerichts bezeichnen. Das ändert aber nichts daran, daß sich das Verhältnis zwischen dem Gericht und dem Sachverständigen allein an den beweisrechtlichen Vorschriften zu orientieren hat. Dabei ist das Recht der Parteien auf Beweis besonders zu beachten.

6 Vom Sachverständigen zu unterscheiden sind Regelungen, die den Spruchkörper neben den juristisch ausgebildeten Berufsrichtern mit Richtern besonderer Sachkunde besetzen. Dazu können die ehrenamtlichen Richter in den Kammern für Handelssachen (§§ 105, 109 GVG) gerechnet werden. Hier braucht ein Sachverständiger nicht deshalb hinzugezogen zu werden, weil dem Vorsitzenden besondere kaufmännische Kenntnisse fehlen. Auch die höheren Instanzen können sich regelmäßig auf die Sachkunde der Kammern für Handelssachen auf kaufmännischem Gebiet stützen und deshalb von der Zuziehung entsprechender Sachverständiger absehen[6]. Ein weiteres Beispiel bieten die mit rechtskundigen und technischen Mitgliedern besetzten Senate des Bundespatentgerichts[7], §§ 65ff. PatG.

7 Es wäre denkbar, auch auf anderen Gebieten Spruchkörper mit (nichtjuristischen) Mitgliedern besonderer Sachkunde zu schaffen. Ob dies die Heranziehung von Sachverständigen in nennenswertem Maße entbehrlich machen würde, erscheint aber angesichts der heutigen Ausdifferenzierung von Wissenschaft und Technik zweifelhaft.

3. Besondere Sachkunde als Kennzeichen des Sachverständigen

8 Die Zuziehung von Sachverständigen ermöglicht es dem Gericht, sich bei der Feststellung des Sachverhalts auf die **besondere Sachkunde anderer Personen** zu stützen. Eine abstrakt-generelle Umschreibung des Begriffs Sachkunde läßt sich nicht geben; entscheidend ist, daß es sich um Kenntnisse und Fähigkeiten handelt, die zur Feststellung des entscheidungsrelevanten Sachverhalts beitragen können, die aber das Gericht nicht oder nicht in ausreichendem Maße besitzt. Diese Sachkunde kann in der Beherrschung bestimmter, allgemein anerkannter[8] Wissenschaften (z.B. der Medizin[9], Biologie, Chemie, Ingenieurwissenschaften bzw.

---

[2] Auch keine Gerichtsperson i.S.v. § 54 Abs. 1, § 146 Abs. 2 VwGO, *VGH München* NJW 2004, 90.
[3] So z.B. *BGHSt* 39, 291 = NJW 1993, 3081, 3082; *BVerwGE* 71, 38 = NJW 1986, 2268; *VGH München* NJW 2004, 90; Motive zur ZPO, 258 = *Hahn* Mat. Bd. I, 316; *Katzenmeier* (Fn. 9) 398.
[4] So z.B. *Jessnitzer/Ulrich*[11] (Lit.Verz.) Rdnr. 7.
[5] So *BGH* NJW 1998, 3355, 3356 (Berater des Tatrichters).
[6] *RGZ* 110, 49.
[7] Dazu *Sendler* NJW 1986, 2907, 2914.
[8] Ein parapsychologisches Gutachten ist dagegen kein geeignetes Beweismittel, *BGH(St)* NJW 1978, 1207; *Wimmer* NJW 1976, 1131.
[9] Zum medizinischen Sachverständigen im Arzthaftungsprozeß *Katzenmeier* Arzthaftung (2002), 395ff.

Technik, Informatik und EDV, Psychologie[10], Philologie, Geschichtswissenschaft) liegen oder in Erfahrungen und Kenntnissen auf bestimmten Gebieten des Erwerbslebens (z.B. des Bankgewerbes oder des Feinmechanikerhandwerks) oder auch der Kunst und des Sports. Aufgrund der Komplizierung der Lebensverhältnisse und der raschen Entwicklung von Wissenschaft und Technik kommt dem Sachverständigenbeweis im Zivilprozeß immer größere Bedeutung zu.

9 Die erforderliche **Übersetzung einer fremdsprachigen Urkunde** hat ebenfalls durch einen Sachverständigen zu erfolgen, also nach den Vorschriften des Sachverständigenbeweises[11], nicht durch einen Dolmetscher (§§ 185f. GVG), da dessen Aufgabe nur darin liegt, die Verständigung innerhalb des Prozesses zu ermöglichen.

10 Auch bei der Einholung eines **demoskopischen Gutachtens**[12] (Meinungsumfrage) handelt es sich um einen Sachverständigenbeweis[13]; die besondere Sachkunde liegt hier in der Beherrschung der Technik solcher Erhebungen.

4. Verhältnis zu den anderen Beweismitteln

11 Als Mittel des Beweises durch persönliche Vernehmung ist der **Begriff des Sachverständigen** vor allem von dem des Zeugen (dazu → vor § 373 Rdnr. 11) abzugrenzen[14]. Das entscheidende Kriterium ist, daß der Sachverständige vom Gericht wegen seiner besonderen Sachkunde mit der Erstattung eines Gutachtens beauftragt wird. Der **Zeuge** sagt dagegen über Wahrnehmungen aus, die er ohne gerichtlichen Auftrag gemacht hat. Zeuge ist daher auch, wer über Wahrnehmungen berichtet, die er nur aufgrund seiner besonderen Sachkunde, aber ohne gerichtlichen Auftrag gemacht hat (z.B. der an den Unfallort gerufene Arzt). Es handelt sich dann um einen **sachverständigen Zeugen** (§ 414), näher → § 414 Rdnr. 1f.

12 Dieselbe Person kann in einem Rechtsstreit **Zeuge und Sachverständiger** sein, → § 414 Rdnr. 5.

---

[10] Von besonderer Bedeutung ist dies im familiengerichtlichen Verfahren, dazu *Balloff* Begutachtung in der Familiengerichtsbarkeit – quo vadis Sachverständigentätigkeit? FPR 2003, 530; *Finke* Die rechtlichen Grundlagen der Sachverständigentätigkeit in der Familiengerichtsbarkeit nach der Kindschaftsrechtsreform vom 1.7. 1998, FPR 2003, 503; *Heumann* Das Sachverständigengutachten im familiengerichtlichen Verfahren, FuR 2001, 16; *Rakete-Dombek* Das familienpsychologische Gutachten aus anwaltlicher Sicht, FPR 2003, 508; *Salzgeber* Familienpsychologische Gutachten: rechtliche Vorgaben und sachverständiges Vorgehen[4] (2005); *Dettenborn/Walter* Familienrechtspsychologie[6] (2002).

[11] *BGH* NStZ 1998, 158 = NJW 1998, 1087 (LS); NJW 1965, 643 (beide zum Strafprozeß).

[12] Die Zulässigkeit solcher Beweiserhebungen wird mit Recht bejaht, *BGH* JZ 1963, 225 = MDR 1962, 963; *BGHZ* 21, 182, 195; GRUR 1957, 426, 428; *OLG München* GRUR 1956, 379; *OLG Hamburg* NJW 1959, 106; *OLG Hamm* GRUR 1991, 636 (LS) (auch als Gegenbeweis, wenn das Gericht aufgrund eigener Sachkunde die Gefahr der Irreführung durch Werbung bejaht). Zur Beweiswürdigung *BGH* LM § 286 (B) Nr. 65 = NJW-RR 1987, 350. → auch Rdnr. 48 u. 56. – Aus der Lit. *Böhm* Demoskopische Gutachten als Beweismittel in Wettbewerbsprozessen (1985); *Knaak* Demoskopische Umfragen in der Praxis des Wettbewerbs- und Warenzeichenrechts (1986); *Sauberschwarz* Gutachten von Markt- und Meinungsforschungsinstituten als Beweismittel im Wettbewerbs- und Warenzeichenprozeß (1969); *Baumbach/Hefermehl/Köhler* Wettbewerbsrecht[23] (2004) § 12 UWG Rdnr. 2.76ff.; *Fezer/Büscher* UWG (2005) § 12 Rdnr. 270ff.; *Harte-Bavendamm/Henning-Bodewig/Brüning* UWG (2004) vor § 12 Rdnr. 182ff. Auch das Europäische Recht schließt die Beweiserhebung durch Meinungsumfragen nicht aus, vgl. (auch zu einschränkenden Formulierungen des *EuGH*) *Baumbach/Hefermehl/Köhler* aaO Rdnr. 2.76; *Harte-Bavendamm/Henning-Bodewig/Brüning* aaO Rdnr. 183

[13] *OLG München* GRUR 1956, 379; *OLG Hamburg* NJW 1959, 106; *Sauberschwarz* (Fn. 12) 13. – A.M. *Brüggemann* Judex statutor und judex investigator (1968), 399.

[14] Dazu vor allem *Schmidhäuser* ZZP 72 (1959), 365, der eine differenzierende Begriffsbildung vorschlägt, je nachdem, um welche Rechtsfolge es geht.

Der sog. **Augenscheinsgehilfe** fällt nicht unmittelbar unter den Begriff des Sachverständigen: er berichtet zwar über Wahrnehmungen, die er im Auftrag des Gerichts gemacht hat, und ist ebenso ersetzbar wie der Sachverständige, doch fehlt bei ihm das Merkmal besonderer Sachkunde. Näher zum Augenscheinsgehilfen (Augenscheinsmittler) → vor § 371 Rdnr. 14. **13**

Vielfach ist es auch zweckmäßig, zur Erhebung eines anderen Beweises durch das Gericht einen **Sachverständigen hinzuzuziehen**. Dies gilt vor allem für die Einnahme des **Augenscheins**, § 372 Abs. 1, kann aber auch bei der Vernehmung von Zeugen und Parteien und bei Erhebung des Urkundenbeweises angebracht sein. Eine andere Frage ist, inwieweit dem Sachverständigen eigene Ermittlungen übertragen werden können, → Rdnr. 53. **14**

5. Freie Beweiswürdigung

An die Ausführungen des Sachverständigen ist das Gericht in keinem Fall gebunden. Das Gutachten ist vielmehr frei zu würdigen (§ 286), näher → § 286 Rdnr. 14 (21. Aufl.) und vor allem → § 412 Rdnr. 1ff. **15**

III. Die Aufgaben des Sachverständigen im allgemeinen

1. Tatsachenfeststellung

Wie aus der Einordnung als Beweismittel hervorgeht, hat der Sachverständige den Richter bei der **Feststellung von Tatsachen** zu unterstützen. Dabei kann es sich um die unmittelbar rechtserheblichen Tatsachen oder auch um Indizien für diese handeln. Auch Tatsachen, die für den Beweiswert anderer Beweismittel relevant sind, können Gegenstand des Sachverständigenbeweises sein. In Betracht kommen z.B. (bisher vor allem im Strafprozeß) Sachverständigengutachten von Psychologen und Psychiatern über die Glaubwürdigkeit von Zeugen. Zu den Schranken, die dabei zur Wahrung der Rechte des Zeugen eingehalten werden müssen, → vor § 373 Rdnr. 28ff. **16**

2. Feststellung der Rechtssätze

Die Kenntnis der einschlägigen **Rechtssätze** muß das Gericht grundsätzlich selbst besitzen bzw. sich durch das Studium der Gesetze und der Literatur aneignen. Ein **Rechtsgutachten** über das in Deutschland geltende Gesetzes- und Verordnungsrecht (einschließlich des Europäischen Gemeinschaftsrechts, → § 293 Rdnr. 7 [21. Aufl.]) darf das Gericht daher in aller Regel nicht einholen, → § 293 Rdnr. 12f. (21. Aufl.). Von den **Parteien** vorgelegte Rechtsgutachten[15] hat das Gericht in gleicher Weise zu beachten wie die Rechtsausführungen der Parteien bzw. ihrer Anwälte. Um einen Sachverständigenbeweis handelt es sich dabei nicht. **17**

Ausländisches Recht, Gewohnheitsrecht und Statuten sind dagegen gemäß § 293 Gegenstand des Beweises, so daß darüber auch ein Sachverständigengutachten eingeholt werden kann, für das die Regeln der §§ 402ff. gelten, → § 293 Rdnr. 43 (21. Aufl.). **18**

In entsprechender Anwendung des § 293 erscheint es zulässig, über das **früher im Inland geltende Recht** ein Sachverständigengutachten einzuholen, wenn die Feststellung dem Gericht ähnliche Schwierigkeiten bereitet wie die Ermittlung ausländischen Rechts, → § 293 Rdnr. 13 (21. Aufl.). **19**

---

[15] Zur Kostenerstattung → § 91 Rdnr. 83.

3. Abgrenzung von der rechtlichen Würdigung durch das Gericht

20 Das Gutachten des Sachverständigen hat sich auf Ausführungen zur Tatsachenfeststellung zu beschränken. Die **rechtliche Würdigung** der Tatsachen (Subsumtion unter die in den Rechtsnormen enthaltenen Begriffe) ist alleinige Aufgabe des Gerichts[16]. Besondere Vorsicht ist geboten, wenn in der Alltags- oder Fachsprache Wörter gebraucht werden, die mit Rechtsbegriffen gleichlauten (z.B. Ursächlichkeit, Sorgfalt, Fahrlässigkeit, Verschulden). Der Sachverständige muß klar dartun, welche *tatsächlichen* Feststellungen er jeweils meint, und das Gericht muß gegebenenfalls auf eine Präzisierung dringen.

21 Auch bei der Feststellung von **Handelsbräuchen, Verkehrssitten** usw. muß scharf unterschieden werden zwischen der – dem Sachverständigenbeweis zugänglichen – Frage, welche Handelsbräuche usw. *tatsächlich* befolgt bzw. artikuliert werden, und der allein dem Gericht vorbehaltenen Rechtsfrage, ob der Handelsbrauch usw. von der Rechtsordnung als solcher anzuerkennen ist. So kann die Frage, wie bestimmte Vertragsbedingungen generell (nach der Verkehrssitte) im Baugewerbe verstanden werden, durch einen Sachverständigen beantwortet werden, während die Auslegung des konkreten Vertrages eine dem Sachverständigenbeweis nicht zugängliche Frage darstellt[17].

4. Möglicher Inhalt des Gutachtens

22 Die **Aufgaben des Sachverständigen** und damit der **Inhalt** seines Gutachtens können verschieden gestaltet sein[18].

23 **a)** Das Gericht kann den Sachverständigen um Auskunft über das Bestehen von wissenschaftlichen Lehrsätzen, Erfahrungssätzen, Kunstregeln usw. ersuchen. Dann erschöpft sich die Tätigkeit des Sachverständigen in der **Vermittlung dieser generellen Sätze.**

24 **b)** In den meisten Fällen aber fordert das Gericht den Sachverständigen auf, kraft seiner Sachkunde zu konkreten, prozeßerheblichen **Tatsachen** Stellung zu nehmen. Das Gutachten hat dann einen *zweifachen Inhalt:* Es gibt Auskunft über Sätze der Wissenschaft usw., wendet sie aber gleichzeitig auf den konkreten Fall an und gelangt zu **Schlußfolgerungen** über das Vorliegen oder Nichtvorliegen konkreter Tatsachen[19].

25 **c)** Die Tätigkeit des Sachverständigen kann auch darin bestehen, (sinnliche) **Wahrnehmungen** zu machen, die *nur mit Hilfe besonderer Sachkunde möglich* sind (z.B. mikroskopische Untersuchungen), → Rdnr. 53. Die Wiedergabe dieser Wahrnehmungen im Rahmen des Gutachtens ist Bestandteil des Sachverständigenbeweises; der Sachverständige wird nicht etwa insoweit zum Zeugen, → § 414 Rdnr. 1, § 410 Rdnr. 6. Aus den Wahrnehmungen werden vom Sachverständigen meist konkrete Schlüsse auf die prozeßrelevanten Tatsachen gezogen, so daß das Gutachten den in Rdnr. 24 dargestellten Inhalt hat.

---

16 *BAG* AP § 412 Nr. 1, AP §§ 22, 23 BAT 1975 Nr. 29 (*Zängl*) = BlStSozArbR 1980, 311 (eine Frage der rechtlichen Würdigung, deren Beantwortung nicht dem Sachverständigen überlassen werden darf, ist auch, ob im Sinne der tarifvertraglichen Eingruppierungsmerkmale eine »entsprechende Tätigkeit« ausgeübt wird).

17 *BGH* NJW-RR 2004, 1248, 1249.

18 Vgl. *Jessnitzer/Ulrich*[11] (Lit.Verz.) Rdnr. 4ff.; *Pieper* ZZP 84 (1971), 8.

19 Übereinstimmend *BGH* NJW 1978, 751 (rechtlich handelt es sich aber um Werturteile, so daß in der Regel kein Anspruch auf Widerruf wegen Unwahrheit von Tatsachen in Betracht kommt).

IV. Die Zuziehung von Sachverständigen

1. Auf Antrag oder von Amts wegen

26 Das Gericht kann sowohl auf **Antrag** einer Partei als auch **von Amts wegen** (→ §§ 3, 144, 273 Abs. 2 Nr. 4, 287, 372, 412, 442) Sachverständige hinzuziehen.

2. Entscheidung über die Erhebung des Sachverständigenbeweises

27 Die allgemeine Formulierung, die Einholung des Sachverständigenbeweises liege im pflichtgemäßen Ermessen des Richters[20], ist mißverständlich. Es ist vielmehr zwischen verschiedenen Fragen zu unterscheiden.

a) Pflichtgemäßes Ermessen bei Anordnung von Amts wegen

28 Im pflichtgemäßen Ermessen des Gerichts steht es, ob eine Begutachtung von Amts wegen angeordnet wird. Das Gericht kann und wird es im Bereich der Verhandlungsmaxime im Regelfall den Parteien überlassen, den Sachverständigenbeweis anzutreten. Jedoch kann es erforderlich sein, die Parteien darauf hinzuweisen, dass die Einholung eines Gutachtens von Amts wegen nicht beabsichtigt ist. Näher → § 144 Rdnr. 9.

b) Kein Ermessen bei Parteiantrag

29 Wenn dagegen eine Partei einen Antrag auf Einholung eines Sachverständigengutachtens stellt, so steht es nicht im Ermessen des Gerichts (im Sinne einer Wahlmöglichkeit auf der Rechtsfolgeseite), ob es dem Antrag stattgibt. Vielmehr haben die Parteien ein **Recht auf Beweis** auch hinsichtlich des Sachverständigenbeweises. Dem Antrag muß daher stattgegeben werden, wenn die Voraussetzungen für die Einholung eines Gutachtens vorliegen. Es ist daher nicht richtig, in einem Parteiantrag eine bloße Anregung an das Gericht zu sehen, einen Sachverständigen zu ernennen.

30 Ob es im konkreten Fall zur Feststellung entscheidungsrelevanter Tatsachen besonderer Sachkunde bedarf und ob daher ein Sachverständigengutachten erforderlich ist, stellt einen Aspekt der freien richterlichen Beweiswürdigung dar. Ist besondere Sachkunde erforderlich, so ist das Gericht nur dann befugt, einen angebotenen Sachverständigenbeweis nicht zu erheben, wenn es über hinreichende eigene Sachkunde verfügt[21], → Rdnr. 32ff.

31 Im Anwendungsbereich des § 287 (insbesondere bei der **Schadensschätzung**) steht dagegen die Einholung eines Sachverständigengutachtens auch bei Parteiantrag im pflichtgemäßen richterlichen Ermessen, § 287 Abs. 1 S. 2, → § 287 Rdnr. 27, 31 (21. Aufl.).

3. Sachkunde des Gerichts und Notwendigkeit externer Sachkunde

32 Zunächst hat das Gericht zu erwägen, ob zur Beurteilung des Vorliegens von rechtserheblichen Tatsachen eine bestimmte **Sachkunde erforderlich** ist. Daß insoweit dem Gericht ein gewisser Spielraum der Beurteilung zukommt, ist eine Folge des Grundsatzes der freien Beweiswürdigung (§ 286).

33 Weiter muß sich das Gericht darüber klar werden, ob es die **erforderliche Sachkunde selbst besitzt.** Auch hier steht ihm notwendigerweise ein Beurteilungsspielraum zu. Es besteht kein

---

[20] So z.B. *BGH* NJW 1951, 481, 482.
[21] *BGH* NJW-RR 2000, 1547, 1548.

Verbot, ein über die allgemeine (durchschnittliche) Bildung hinausgehendes **Fachwissen der Richter** zu verwerten[22]. Das Gericht sollte aber in der Einschätzung seiner eigenen Sachkunde zurückhaltend sein.

34 Will das Gericht ein Wissen an Erfahrungssätzen usw. verwerten, das über die allgemeine Lebenserfahrung, die normalen Kenntnisse eines gebildeten Menschen, hinausgeht, so muß es davon den Parteien Mitteilung machen und ihnen **Gelegenheit zur Stellungnahme** geben[23]. Dessen bedarf es nicht schon, wenn der Richter das Fachwissen, das er durch die Behandlung ähnlicher Fälle erworben hat, bei der Würdigung von Sachverständigengutachten verwendet und den Gutachten folgt, wohl aber, wenn er sich *entscheidend* auf seine durch Gutachten in anderen Prozessen vermittelte eigene Sachkunde stützt[24].

35 Auch in der **Urteilsbegründung** muß in solchen Fällen näher dargelegt werden, wieso sich das Gericht die überdurchschnittliche Sachkunde zuschreiben durfte[25]. Dabei genügt der Hinweis auf medizinische Lehrbücher grundsätzlich nicht, um die erforderliche Sachkunde des Gerichts zu begründen[26].

36 Die Sachkunde braucht **nicht bei allen Mitgliedern des Gerichts** vorhanden zu sein[27]; es genügt, wenn einer der Richter sie besitzt. Er ist dann in der Lage, die sachkundigen Erwägungen anzustellen und sie den anderen Mitgliedern des Gerichts zur Kenntnis zu bringen. Für diese ergibt sich dann die gleiche Situation wie bei der Würdigung eines Sachverständigengutachtens.

37 Das Gericht kann auch – jedenfalls in einfacher gelagerten Fällen – durch Studium von Fachbüchern, Benutzung von Nachschlagewerken o.ä. die zur Beurteilung des Sachverhalts **erforderlichen Kenntnisse selbst erwerben.** Doch ist vor einer Überschätzung der Fähigkeit zu warnen, durch ein rasches Selbststudium in kompliziertere Wissenschaften einzudringen. Der Verzicht auf ein Sachverständigengutachten kommt im allgemeinen nur in Betracht, wenn die zu beurteilende Frage unmittelbar aus der Literatur beantwortet werden kann, in der Regel dagegen nicht, wenn dazu eine Auswertung nötig ist, die ihrerseits fachliche Kenntnisse voraussetzt[28].

38 **Technische Normen**[29] kann das Gericht ebenfalls unmittelbar heranziehen; auch hierzu ist

---

22 *RG* JR 1927 Nr. 965; *Stein* (Lit.Verz.) 74ff.; *Pieper* ZZP 84 (1971), 14; *Jessnitzer/Ulrich*[11] (Lit.Verz.) Rdnr. 98. Vgl. auch *BGH* VersR 1970, 566 (Schiffahrtsgericht). Daß eine Unterscheidung von allgemeiner Bildung und besonderer Sachkunde praktisch kaum durchführbar und innerlich unberechtigt ist, hob bereits *Stein* (Lit.Verz.) 83 besonders hervor.

23 *BGH* NJW-RR 2000, 1547, 1548; NJW-RR 1997, 1108; NJW 1996, 584, 586; NJW 1995, 1677, 1678; LM § 286 (B) Nr. 23 = JZ 1968, 670.

24 *BGH* NJW 1991, 2824, 2825.

25 *BGH* NJW-RR 2000, 1547, 1548; NJW-RR 1997, 1108; LM § 286 (E) Nr. 15 = MDR 1970, 321 (komplizierte technische Frage); *OLG Hamm* NJW 1970, 907 (zu § 244 Abs. 4 StPO, Glaubwürdigkeit eines epileptischen Zeugen); *BGHSt* 12, 18, 20; *OLG Hamm* JMBlNRW 1965, 58 (Strafprozeß). S. auch *BVerwG* NJW 1988, 925.

26 *BGH* NJW 1993, 2378.

27 Vgl. – zum Strafprozeß – *BGHSt* 2, 164, 165; 12, 18, 19f.; *OLG Köln* NJW 1958, 881 (verlangt aber dann Erörterung in der Hauptverhandlung). – A.M. *Pieper* ZZP 84 (1971), 18 (Mehrheit der Richter müsse besondere Fachkenntnisse haben).

28 *BGH* LM § 276 (Hb) BGB Nr. 22 = NJW 1977, 2120 (zu medizinischen Fragen). S. auch *BGH* LM § 286 (B) Nr. 52 = NJW 1984, 1408 (das Gericht darf nicht allein aufgrund des Studiums von Fachliteratur von den Ausführungen ärztlicher Sachverständiger abweichen; es muß zunächst die Gutachter mit seinen Bedenken konfrontieren).

29 Um Sachverständigengutachten im Sinne des Prozeßrechts handelt es sich dabei nicht, und es erscheint auch nicht förderlich, insoweit von »antizipierten Sachverständigengutachten« zu sprechen, *Nicklisch* NJW 1983, 841, 849; *Rittstieg* NJW 1983, 1098; *Marburger* (Lit.Verz.) 61. – A.M. jedoch *BVerwG* NJW 1978, 1450, 1451 im Anschluß an *Breuer* DVBl 1978, 34 (s. auch *Breuer* AöR 101 [1976] 46, 82);

den Parteien Gelegenheit zur Stellungnahme zu geben[30]. Eine Bindung des Gerichts an solche Regelwerke besteht nicht.

4. Nachprüfung durch höhere Instanzen

39 Daß es bei den Voraussetzungen der Zuziehung von Sachverständigen weitgehend um Fragen der Beweiswürdigung geht, hat vor allem für den Umfang der **Nachprüfung** durch höhere Instanzen Bedeutung.

a) Berufungsinstanz

40 Das Berufungsgericht hat seit der Reform durch das ZPRG 2001 gemäß § 529 Abs. 1 Nr. 1 die vom Gericht des ersten Rechtszuges getroffenen festgestellten Tatsachen zugrunde zu legen. Erst wenn durch konkrete Anhaltspunkte Zweifel an der Richtigkeit oder Vollständigkeit der entscheidungserheblichen Feststellungen begründet werden, ist eine erneute Feststellung geboten. Solche Zweifel liegen aber bereits dann vor, wenn aus der Sicht des Berufungsgerichts aufgrund objektivierbarer rechtlicher oder tatsächlicher Einwände gegen die erstinstanzlichen Feststellungen[31] eine gewisse Wahrscheinlichkeit (überwiegende Wahrscheinlichkeit ist nicht erforderlich) dafür besteht, daß sich die erstinstanzliche Feststellung im Falle einer Beweiserhebung als unrichtig herausstellen würde[32].

41 Bei Tatsachenfeststellungen, die auf einem Sachverständigengutachten beruhen, können sich für das Berufungsgericht Zweifel an der Richtigkeit oder Vollständigkeit des Gutachtens aus der Person des Gutachters oder aus dem Inhalt des Gutachtens ergeben, so wenn der Sachverständige erkennbar nicht sachkundig war, wenn das Gutachten in sich widersprüchlich oder unvollständig ist, wenn es neue wissenschaftliche Erkenntnismöglichkeiten gibt, aber auch, wenn sich die tatsächlichen Grundlagen des Gutachtens durch zulässigen neuen Tatsachenvortrag verändert haben[33].

42 Solche Zweifel können vor allem durch eine substantiierte Kritik der Partei an einem in erster Instanz eingeholten Gutachten begründet werden. Das Berufungsgericht muß aber, wenn die Tatsachenfeststellungen angegriffen werden, auch von sich aus prüfen, ob konkrete Anhaltspunkte gegen die Richtigkeit oder Vollständigkeit[34] des Gutachtens sprechen. Läßt das Berufungsgericht neuen Tatsachenvortrag fehlerhaft nicht zu, aus dem sich Zweifel an der Richtigkeit oder Vollständigkeit der Äußerungen des Sachverständigen ergeben hätten, so ist auch die Annahme einer Bindung an die tatsächlichen Feststellungen rechtsfehlerhaft[35].

43 Wenn Zweifel an den getroffenen Feststellungen begründet sind, hat das Berufungsgericht das Gutachten selbst zu würdigen. Gelangt es dabei zu einem anderen Ergebnis als das Gericht erster Instanz, so wird auf Antrag zumeist die Einholung eines weiteren Gutachtens erforderlich sein, näher → § 412 Rdnr. 12ff.

44 Im übrigen hat das Berufungsgericht gemäß § 513 Abs. 1 die Entscheidung auf Rechtsfehler zu überprüfen; insoweit gilt dasselbe wie für die Revisionsinstanz, → Rdnr. 45ff.

Vieweg NJW 1982, 2473. – Wie *Pieper* BB 1987, 273, 280 mit Recht betont, bedarf es keiner Zuordnung zum Beweisrecht, da der Richter Erfahrungssätze auch außerhalb des Prozesses ermitteln darf.

[30] *Marburger* (Lit.Verz.) 61f.; *Pieper* BB 1987, 273, 280.

[31] So die Umschreibung des »konkreten Anhaltspunkts« in BGHZ 159, 254, 258 = NJW 2004, 2828, 2829.

[32] *BGH* NJW 2003, 3480, 3481.

[33] *BGH* NJW 2003, 3480, 3481.

[34] Bei Unvollständigkeit des in erster Instanz erstellten Gutachtens hat das Berufunsgericht von Amts wegen auf eine Vervollständigung hinzuwirken, *BGHZ* 159, 254 = NJW 2004, 2828.

[35] *BGH* NJW 2004, 2825, 2827.

b) Revisionsinstanz

45 Das Revisionsgericht ist gemäß § 559 Abs. 2 an die tatsächlichen Feststellungen des Berufungsgerichts gebunden, soweit nicht die Grenzen der richterlichen Beweiswürdigung und des richterlichen Ermessens (soweit ein solches besteht) überschritten wurden und daher eine Rechtsverletzung iSv § 546 vorliegt.

46 Die **Nichteinholung** eines Sachverständigengutachtens ist vor allem dann **rechtsfehlerhaft,** wenn sich das Gericht eine Sachkunde zuschreibt, von der (unter Berücksichtigung der vom Gericht gegebenen Begründung) nicht ersichtlich ist, wieso sie dem Gericht zukommen kann[36]. Nicht selten stellt der Verzicht auf einen Sachverständigen bei medizinischen bzw. psychiatrischen Fragen[37] einen Rechtsfehler dar, aber auch, wenn es z.B. um eine wirtschaftliche Bewertung geht, wird ein Sachverständigengutachten oft unverzichtbar sein[38].

47 Auch im Bereich des § 287 darf das Gericht zur Beurteilung einer Frage, die Fachwissen voraussetzt, nur dann auf die Einholung eines Sachverständigengutachtens verzichten, wenn es entsprechende eigene Sachkunde darzulegen vermag[39]. Eine Rechtsverletzung liegt auch dann vor, wenn das Gericht von der Zuziehung eines Sachverständigen Abstand nimmt, weil es einem allgemein anerkannten Wissenschaftszweig ablehnend gegenübersteht. Die Zuziehung des Sachverständigen darf ferner nicht davon abhängig gemacht werden, ob das Gericht sich in der Lage sieht, die Richtigkeit der wissenschaftlichen Lehre und deren Anwendung auf den Einzelfall nachzuprüfen[40], → auch § 412 Rdnr. 4.

5. Bedeutung der Kostenfrage

48 Grundsätzlich ist es (abgesehen von der Regelung des § 287 Abs. 2 und vom Verfahren nach § 495a) nicht zulässig, die Einholung eines an sich notwendigen Gutachtens wegen der zu hohen **Kosten** abzulehnen. Dagegen ist es legitim, wenn das Gericht die Kostenfrage bei der Auswahl des Gutachters berücksichtigt und gegebenenfalls z.B. einem Gutachten der Industrie- und Handelskammer den Vorzug vor der Einholung eines sehr teuren demoskopischen Gutachtens gibt[41], vorausgesetzt freilich, daß der Beweiswert des Kammergutachtens ausreichend ist. Die Kosten sind dabei in Relation zum Wert des Streitgegenstands zu sehen. Auch wenn es keine andere ausreichende Beweismöglichkeit gibt, wird die Einholung eines ganz unverhältnismäßig teuren Gutachtens dann abgelehnt werden können, wenn die Prozeßführung der einen Partei darauf abzielt, den Gegner auf diese Weise wirtschaftlich zu ruinieren; denn zu schikanösem Verhalten darf das Gericht nicht die Hand reichen. – Zur Pflicht des Sachverständigen, auf unerwartet hohe Kosten hinzuweisen, → § 407a Rdnr. 10ff.

---

[36] Vgl. *BGH* NJW 1951, 481, LM § 286 (E) Nr. 6 = VersR 1954, 290 (Beurteilung ärztlicher Behandlung); VersR 1962, 662 sowie oben Fn. 25.

[37] Beispiele: *BGH* NJW 1994, 794 (Beurteilung der Suizidgefahr); *BGH* NJW 1997, 1640 (psychisch verursachte Folgeschäden); *BGH* NJW 1996, 1059 = ZZP 110 (1997), 109 (*Oda*) (Prozeßfähigkeit); *BGH* NJW-RR 1997, 664 (Freiheit der Willensbildung bei Suizid).

[38] Beispiele: *BGH* FamRZ 1989, 954, 956 (Bewertung von Vermögensgegenständen beim Zugewinnausgleich); *BGH* NJW 1993, 1796 (voraussichtlicher Erlös einer Grundstücksversteigerung; Zeugenbeweis ist dazu grundsätzlich ungeeignet).

[39] *BGH* NJW 1995, 1619; *BGH* NJW 1996, 584, 586 = EWiR § 287 ZPO 1/96, 235 (*Schiemann*).

[40] *OGHZ* 3 (1950), 124. – Bedenkl. *BAG* SAE 1972, 72, 75 (*Leipold*).

[41] Die Pflicht, eine solche Möglichkeit zu prüfen, betont *BGH* MDR 1962, 963 = JZ 1963, 225. – Eingehend zum Kostenproblem bei den demoskopischen Gutachten *Sauberschwarz* (Fn. 12) 19ff. S. auch *Vöge* NJW 1957, 1307.

6. Behördengutachten

49 Zur **Auswahl** des Sachverständigen → § 404. Auch wenn das **Gutachten einer Behörde** eingeholt wird, handelt es sich um einen Sachverständigenbeweis, → § 404 Rdnr. 14 mit Nachw. Die Betrachtung als *Urkundenbeweis* würde dem Charakter der Beweisführung nicht gerecht und birgt außerdem die Gefahr in sich, daß wichtige der Wahrheitsfindung und den Parteiinteressen dienende Verfahrensregeln außer acht gelassen werden. Zum Ablehnungsrecht → § 406 Rdnr. 3, zur Beeidigung → § 410 Rdnr. 3, zum Fragerecht der Parteien → § 411 Rdnr. 35ff. Zur sog. **amtlichen Auskunft,** die aber nur in engem Rahmen als Beweismittel zulässig ist, → vor § 373 Rdnr. 44.

V. Bestimmung des Ausgangssachverhalts und Ermittlungen des Sachverständigen[42]

1. Bestimmung des Ausgangssachverhalts durch das Gericht

50 Das Gericht hat dem Sachverständigen so klar wie möglich anzugeben, **von welchen Tatsachen** er bei seinem Gutachten **auszugehen** hat[43], § 404a Abs. 3. Es darf nicht dem Sachverständigen einfach die Gerichtsakte übersenden und ihm die Feststellung überlassen, welche Parteibehauptungen streitig oder nichtstreitig, welche Tatsachen bereits bewiesen oder noch unbewiesen sind. Die Feststellung des streitigen und unstreitigen Prozeßstoffes sowie die Würdigung der erhobenen Beweise ist allein Sache des Prozeßgerichts[44]. Das Gericht kann dem Sachverständigen *einen* bestimmten Ausgangssachverhalt oder eine *Sachverhaltsalternative*[45] unterbreiten.

2. Grundsätzlich keine Übertragung der Erhebung anderer Beweise auf den Sachverständigen

51 Das Prozeßgericht darf dem Sachverständigen grundsätzlich **nicht die Erledigung einer Beweisaufnahme** (z.B. die Vernehmung von Zeugen, die Einnahme eines Augenscheins) **übertragen.** Dem steht der Grundsatz der *Unmittelbarkeit* entgegen, → § 355 Rdnr. 22f. Die Praxis spricht allerdings geradezu von einer Übertragung des Augenscheins und einem Ortstermin des Sachverständigen[46], aber doch wohl unter der zumindest stillschweigenden Prämisse, daß es zur Einnahme des Augenscheins besonderer Sachkunde bedarf, so daß sie bereits zur Sachverständigentätigkeit (→ Rdnr. 25) zählt.

52 **Ausnahmen** sind anzuerkennen, wenn die Beweisaufnahme durch den Richter aus tatsächlichen oder rechtlichen Gründen unmöglich ist, → § 355 Rdnr. 24. Zur Beweisaufnahme durch einen Sachverständigen **im Ausland** → Rdnr. 62. Das Gericht kann bei der Einnahme des Augenscheins Sachverständige zuziehen, § 372, ebenso bei der Vernehmung von Zeugen[47], und

---

[42] Dazu *Jessnitzer/Ulrich*[11] (Lit.Verz.) Rdnr. 249ff.; *Bayerlein* in PraxisHdb. SachverständigenR[3] § 15; *Daub* (Lit.Verz.).

[43] *BGHZ* 23, 207, 213; LM § 402 Nr. 11; *BGHZ* 37, 389 = NJW 1962, 1770; *BFH* NJW 1982, 1608; *OLG Hamburg* MDR 1962, 414; *Jessnitzer/Ulrich*[11] (Lit.Verz.) Rdnr. 220ff.; *Friederichs* ZZP 83 (1970), 408.

[44] Vgl. *BGHZ* 23, 207, 213.

[45] Vgl. *Jessnitzer/Ulrich*[11] (Lit.Verz.) Rdnr. 222, 250.

[46] Vgl. *Bayerlein* in PraxisHdb. SachverständigenR[3] § 15 Rdnr. 54ff.; *Jessnitzer/Ulrich*[11] (Lit.Verz.), Rdnr. 263ff.

[47] Dies kann z.B. im Arzthaftungsprozeß empfehlenswert sein, vgl. *H. Franzki/D. Franzki* NJW 1975, 2224, 2228.

dem Sachverständigen auch gestatten, Fragen an die Zeugen zu stellen (vgl. § 80 StPO)[48]. Zum Augenscheinsgehilfen → Rdnr. 13.

3. Die Ermittlungen des Sachverständigen

53 Das Verbot einer *Übertragung* von Beweisaufnahmen auf den Sachverständigen bedeutet aber nicht, daß **Ermittlungen des Sachverständigen** überhaupt zu unterbleiben hätten. Zum einen gehört es vielfach zu seiner Aufgabe, Wahrnehmungen zu machen, die nur er kraft seiner Sachkunde überhaupt machen kann[49]. Aber auch sonst darf der Sachverständige tatsächliche Angaben sammeln, soweit er diese als **Material** für sein Gutachten für erforderlich hält. Er darf also Besichtigungen vornehmen[50], Urkunden, Pläne, Karteien einsehen, Personen befragen[51] usw. Soweit erforderlich, hat das Gericht nach § 404a Abs. 4 insoweit nähere Anordnungen zu treffen, → auch § 404a Rdnr. 12ff.

54 Zur Frage der **Parteiöffentlichkeit** → § 357 Rdnr. 8ff., zu richterlichen Anordnungen darüber (§ 404a Abs. 4) → § 404a Rdnr. 15. Der Grundsatz der **Unmittelbarkeit** steht den → Rdnr. 53 genannten Ermittlungen des Sachverständigen nicht entgegen, weil es sich hier nicht um eine gerichtliche Beweisaufnahme und auch nicht um einen Ersatz dafür handelt. Es wäre nicht sachgerecht, alle derartigen Hilfswahrnehmungen dem Gericht vorzubehalten. Denn erst aus der Sachkunde des Sachverständigen und aus seinen Überlegungen ergibt sich regelmäßig, *auf welche Umstände es ankommt*, mögen diese auch – wenn man weiß, daß sie von Bedeutung sind – für den Laien beobachtbar oder erfragbar sein.

55 Durch die Zulassung eigener Ermittlungen des Sachverständigen dürfen aber die **prozessualen Rechte der Parteien** in keiner Weise beschnitten werden. Wenn also der Sachverständige sich auf solche von ihm getroffene, aber auch dem Laien mögliche Feststellungen stützt und eine Partei deren Richtigkeit bestreitet, dann steht es ihr frei, darüber eine **Beweisaufnahme** (z.B. Augenscheinseinnahme, Zeugenvernehmung usw.) zu **beantragen**[52]. Diese Beweisaufnahme darf das Gericht *nicht deshalb ablehnen*, weil bereits der Sachverständige die Sache besichtigt bzw. die betreffende Person angehört habe.

56 Bei der Erstellung eines **demoskopischen Gutachtens** (z.B. über die Verkehrsgeltung eines Firmenbestandteils oder einer Warenausstattung) muß eine größere Zahl von Personen vom Gutachter (bzw. dessen Hilfskräften) befragt werden. Darin liegt *keine unzulässige Umge-*

[48] *MünchKommZPO/Damrau*[2] § 404a Rdnr. 5; *Zöller/Greger*[25] § 404a Rdnr. 4.

[49] *BGH* LM § 402 Nr. 11, § 144 Nr. 3; VersR 1958, 512; 1960, 998; FamRZ 1970, 17 (Schriftuntersuchung mit Stereomikroskop).

[50] Vgl. *BAG* AP § 402 Nr. 2.

[51] Das widerspricht wohl nicht der von der Rsp. gebrauchten Formulierung, es sei dem Sachverständigen grundsätzlich verwehrt, von sich aus Zeugen oder Parteien über wesentliche Streitpunkte zu vernehmen, so *BGH* VersR 1960, 998; NJW 1970, 1921; *OLG Nürnberg* BayJMBl 1953, 9. Fragen, die der Sachverständige zur Materialbeschaffung stellt, sind eben keine derartige Vernehmung von Zeugen und Parteien. Treffender aber *BGH* NJW 1955, 671: das Ergebnis einer solchen Anhörung *darf nicht so gewertet werden*, als sei die Vernehmung durch den Richter erfolgt. Man braucht dem Sachverständigen keine seine Tätigkeit u.U. behindernden Grenzen zu ziehen, wenn man beachtet, daß auf Antrag in jedem Fall eine gerichtliche Vernehmung der Zeugen oder Parteien stattfinden muß. Nicht entscheidend ist bei dieser Betrachtungsweise, ob die Parteien im voraus mit einer Tatsachenfeststellung durch den Sachverständigen einverstanden sind, a.M. *Tropf* DRiZ 1985, 87.

[52] Vgl. *BGHZ* 23, 207; 37, 389 = NJW 1962, 1770; LM § 144 Nr. 3; *OLG Nürnberg* BayJMBl 1953, 9. – Werden die betreffenden Tatsachen bestritten, aber keine Anträge auf gerichtliche Vernehmung von Zeugen usw. gestellt, so ist die Verwertung der vom Sachverständigen über seine Ermittlungen gemachten Angaben zulässig (vgl. *BGHZ* 23, 207), wie ja die ZPO auch sonst kein Verbot mittelbarer Beweise kennt (→ § 355 Rdnr. 29, vor § 373 Rdnr. 11 Fn. 41).

hung des Zeugenbeweises, für den der Unmittelbarkeitsgrundsatz gelten würde[53]. Die befragten Personen sind nicht Zeugen, da sie nicht über das Beweisthema aussagen, sondern nur Material für das Gutachten liefern sollen. Zudem kann die Befragung, bei der es vor allem auf die Auswahl der zu befragenden Personen, die Formulierung der entscheidenden Fragen und ihre Einbettung in einen größeren Fragenkatalog ankommt, nur durch den Sachverständigen bzw. durch die von ihm angeleiteten Hilfskräfte sachgerecht durchgeführt werden. Die **Grundlagen** eines solchen Gutachtens (bzw. einer Umfrage, die einer Auskunft der Industrie- und Handelskammer zugrundeliegt[54]) müssen so weit **offengelegt** werden, daß eine kritische Würdigung des Gutachtens möglich ist.

Zur Zuziehung von **Hilfskräften** → § 404 Rdnr. 10, → § 407a Rdnr. 4.

4. Duldungspflichten und Zwangsbefugnisse

57 Zwangsbefugnisse stehen dem Sachverständigen bei seinen Ermittlungen nicht zu Gebote. Hat die beweisführende Partei einen entsprechenden materiell-rechtlichen Anspruch, so kann aufgrund einer Klage bzw. einstweiligen Verfügung eine Verurteilung des Gegners oder eines Dritten zur Duldung der Besichtigung, des Betretens einer Wohnung durch den Sachverständigen[55] o.ä. erfolgen.

58 Das **Gericht** kann (seit der Rechtsänderung durch das ZPO-RG 2001) nach Maßgabe des § 144 Abs. 1 S. 2 u. 3 zum Zweck der Begutachtung die Vorlage von Gegenständen sowie die Duldung der Begutachtung durch eine Partei oder einen Dritten anordnen, soweit nicht eine Wohnung betroffen ist. Diese Regeln gelten unmittelbar nur bei einer Beweiserhebung von Amts wegen. Beim Augenscheinsbeweis wird aber durch § 371 Abs, 2 S. 1 eine Verbindung zum Beweisantritt einer Partei hergestellt, da der Augenscheinsbeweis auch durch den Antrag angetreten werden kann, das Gericht möge eine Anordnung nach § 144 treffen, näher → § 144 Rdnr. 15. Für den Sachverständigenbeweis besteht keine entsprechende Regelung. Die Partei, die einen Sachverständigenbeweis antritt, hat daher jedenfalls kein Recht darauf, daß das Gericht Anordnungen nach § 144 erläßt. Das Gericht kann aber nach seinem Ermessen solche Anordnungen treffen, so wie es dies auch bei einem von Amts wegen angeordneten Sachverständigenbeweis tun kann.

59 Zur Reichweite der Vorlage- oder Duldungspflicht bei solchen Anordnungen → § 144 Rdnr. 22f. (gegenüber einer Partei), Rdnr. 24 (gegenüber einem Dritten). Gerichtliche Zwangsmaßnahmen sind nur bei Anordnungen gegenüber Dritten möglich, § 144 Abs. 2 S. 2, näher → § 144 Rdnr. 32.

60 Eine **Verpflichtung** der Parteien oder Dritter, sich im Zusammenhang mit einem Sachverständigengutachten einer **ärztlichen Untersuchung** zu unterziehen, besteht grundsätzlich nicht[56], anders jedoch im Bereich des § 372a (Untersuchungen zur Feststellung der Abstammung). Das Gericht darf selbst bei Einwilligung der Partei keine Begutachtung anordnen, die mit einem erheblichen Eingriff in die körperliche Integrität oder gar mit Lebensgefahr verbunden wäre[57]. Wenn eine Verpflichtung zur Duldung der Untersuchung bestand (§ 372a) oder

---

53 Zutr. *OLG Hamburg* NJW 1959, 106; *Sauberschwarz* (Fn. 12) 15.

54 *BGH* LM § 346 (B) HGB Nr. 4 = NJW 1966, 502 (zur Feststellung eines Handelsbrauchs); LM § 402 Nr. 27 = MDR 1980, 308 (zur Feststellung der Nichtvoraussehbarkeit eines Schadens). S. auch *OLG Oldenburg* BB 1973, 19 (die Namen der Befragten brauchen nicht offengelegt zu werden).

55 Dazu *BVerfGE* 75, 318 = NJW 1987, 2500 (das Betreten einer Wohnung durch einen Sachverständigen darf grundsätzlich nur nach *vorheriger* Anhörung des Wohnungsinhabers angeordnet werden).

56 S. auch *BGHZ* 98, 32 = NJW 1986, 3077 (keine Pflicht eines Schiedsrichters, sich auf Verlangen einer Partei psychiatrisch untersuchen zu lassen).

57 *OLG Düsseldorf* NJW 1984, 2635.

der Betroffene mit der Untersuchung einverstanden war, besteht keine ärztliche Geheimhaltungspflicht für den Sachverständigen, soweit es um die Erstattung des Gutachtens im Prozeß geht[58].

61 Im **Insolvenzeröffnungsverfahren** kann das Insolvenzgericht nach Ansicht des *BGH*[59] einen gerichtlich ernannten Sachverständigen nicht ermächtigen, die Wohn- und Geschäftsräume des Schuldners gegen dessen Willen zu betreten und dort Nachforschungen anzustellen.

5. Tätigkeit des Sachverständigen im Ausland

a) Ermittlungen im Rahmen des Gutachtenauftrags

62 Ermittlungen des Sachverständigen im Rahmen seines Gutachtenauftrags (→ Rdnr. 53) im Ausland sind keine gerichtliche Beweisaufnahme i.S. des § 363 (näher → § 363 Rdnr. 15ff.). Ob solche Untersuchungen oder Besichtigungen des vom deutschen Gericht ernannten Sachverständigen im Ausland ohne Inanspruchnahme ausländischer Rechtshilfe oder Zustimmung des ausländischen Staates durchgeführt werden dürfen[60], erscheint gleichwohl zweifelhaft, da diese Tätigkeiten auf den gerichtlichen Auftrag zurückgehen und insofern eine Verletzung der Gebietshoheit angenommen werden kann. Grundsätzlich erscheint es angemessen, im Wege der Rechtshilfe (Ersuchen um Verfahrenshilfe, § 46 ZRHO) um Zustimmung des ausländischen Staates zu den geplanten Maßnahmen des Sachverständigen zu bitten[61]. Die Rechtslage ist auch im Bereich des Europäischen Zivilprozeßrechts unklar. Die EuBVO (Text → Anhang zu § 363, Rdnr. 127) regelt nur die Übertragung einer Beweisaufnahme auf einen Sachverständigen, zu deren Durchführung es der Zustimmung des anderen Mitgliedstaates bedarf, → Rdnr. 63. Hieraus zu schließen, daß eigene Ermittlungen des Sachverständigen auf dem Territorium eines anderen Mitgliedstaates ohne dessen Zustimmung nicht zulässig sind[62], erscheint zweifelhaft, da der Zweck der EuBVO darauf gerichtet ist, die grenzüberschreitende Beweisaufnahme zu erleichtern, während man bei einer solchen Auslegung die EuBVO gerade als Argument dafür verwenden würde, in einer bisher durchaus zweifelhaften Frage die strengere, auf Wahrung der Souveränität des anderen Staates bedachte Lösung zu wählen. Näher liegt es, die Frage als von der EuBVO weder unmittelbar noch mittelbar geregelt anzusehen. Angesichts des Zusammenwachsens der EG-Staaten zu einem einheitlichen Rechtsraum spricht umgekehrt einiges dafür, hier die großzügigere Antwort zu bevorzugen, also Sachverständigenermittlungen auch ohne eingeholte Zustimmung des anderen Mitgliedstaates für zulässig zu halten[63].

---

[58] *BayObLG* NJW 1973, 2251.

[59] *BGHZ* 158, 212, 217 = NJW 2004, 2015, 2017. – A.M. *AG Duisburg* NZI 2004, 388.

[60] So *Chr. Berger* → § 363 Rdnr. 17; *Wussow* Festschr. für Korbion (1986), 493ff.; *Musielak* Festschr. f. Geimer (2002), 761, 771f.; *Geimer* Internationales Zivilprozeßrecht[5] (2005) Rdnr. 445; *Zöller/Geimer*[25] § 363 Rdnr. 5e, 155; offenlassend *Meilicke* NJW 1984, 2017.

[61] So *Jessnitzer* BauR 1975, 73, 75; *Leipold* Lex fori, Souveränität, Discovery – Grundfragen des Internationalen Zivilprozeßrechts (1989), 46ff.; *Ahrens* Festschr. für Schütze (1999), 1, 5f.; *Linke* Internationales Zivilprozeßrecht[3] (2001) Rdnr. 330; *Musielak/Stadler*[4] § 363 Rdnr. 14, § 1073 Rdnr. 4; dazu tendierend auch *Hau* RIW 2003, 822, 824.

[62] So folgert *Musielak/Stadler*[4] § 363 Rdnr. 14, § 1073 Rdnr. 4 aus den Bestimmungen der EuBVO, daß Ermittlungen durch einen Sachverständigen in einem anderen Mitgliedstaat generell nicht ohne Genehmigung des anderen Staates erfolgen dürfen (und dann erst recht nicht außerhalb des Geltungsbereichs der EuBVO); für den Bereich der EuBVO ebenso *Hau* RIW 2003, 822, 824; *Stefan Huber* GPR 2003/04, 115, 118f. (beide unter Hinweis auf die Entstehungsgeschichte der EuBVO).

[63] *Leipold* Festschr. für Schlechtriem (2003), 90, 102ff. Dazu (aber letztlich offen lassend) *Stefan Huber* in *Gebauer/Wiedmann* (Hrsg.), Zivilrecht unter europäischem Einfluß (2005), Kap. 29 Rdnr. 44.

b) Übertragung einer Beweisaufnahme durch das Gericht auf den Sachverständigen

Von den eigenen Ermittlungen des Sachverständigen zur Erstellung des Gutachtens zu unterscheiden ist die Übertragung einer im Ausland durchzuführenden Beweisaufnahme durch das Gericht auf einen Sachverständigen. Dies ist im Bereich des Europäischen Zivilprozeßrechts möglich. Nach § 1073 Abs. 2 iVm Art. 17 Abs. 3 EuBVO dürfen vom deutschen Gericht beauftragte Sachverständige eine unmittelbare Beweisaufnahme in einem anderen Mitgliedstaat der Europäischen Gemeinschaft durchführen. Hier kann das Gericht insbesondere eine im Ausland durchzuführende **Zeugenvernehmung** auf einen Sachverständigen übertragen. Die unmittelbare Beweisaufnahme muß aber nach Art. 17 EuBVO bei der zuständigen ausländischen Stelle besonders beantragt werden. **63**

Außerhalb des Europäischen Beweisrechts ist dieser Weg nicht eröffnet. § 363 sieht keine Übertragung einer im Ausland durchzuführenden Beweiserhebung auf einen Sachverständigen vor. **64**

VI. Die Sachverständigenpflicht

Die Sachverständigenpflicht ist ebenso wie die Zeugnispflicht (→ vor § 373 Rdnr. 18ff.) eine **öffentlich-rechtliche Verpflichtung.** Sie umfaßt außer dem Erscheinen, der Abgabe des Gutachtens und der Eidesleistung auch die Pflicht zur sachgemäßen Vorbereitung des Gutachtens. Zu den Ermittlungen des Sachverständigen → Rdnr. 16ff. Weil der Sachverständige **ersetzbar** ist, sind der Sachverständigenpflicht **nur bestimmte Personen** unterworfen, → § 407. Auch diese Personen können nach richterlichem Ermessen von ihrer Verpflichtung entbunden werden, → § 408 Rdnr. 5. Zum Recht zur **Verweigerung der Gutachtenerstattung** → § 408 Rdnr. 2f. **65**

Der Sachverständige ist **nicht befugt,** den **Auftrag** von sich aus an eine andere Person **weiterzugeben**[64] oder, weil seine eigene Sachkunde nicht ausreicht, einen weiteren Sachverständigen um ein Gutachten zu bitten[65]. Dagegen ist es zulässig, zur Ausarbeitung des Gutachtens **Hilfskräfte** heranzuziehen, doch muß der vom Gericht ernannte Sachverständige die Verantwortung für das Gutachten tragen, näher → § 404 Rdnr. 10. Der Sachverständige ist befugt, zur Vervollständigung seines Wissens die Literatur zu Rate zu ziehen oder auch *Auskünfte anderer sachkundiger Personen* einzuholen[66]. Darauf darf er auch in seinem Gutachten Bezug nehmen, nur muß es sich insgesamt um ein aufgrund eigener sachkundiger Überlegungen erstelltes Gutachten handeln. **66**

VII. Rechtsstellung und Verantwortlichkeit des Sachverständigen

1. Strafrechtliche Verantwortung

Wird der Sachverständige **beeidigt** (§ 410 Abs. 1) oder gibt er die Versicherung auf den allgemein geleisteten Eid (§ 410 Abs. 2, § 155 Nr. 2 StGB) ab, so ist sowohl die **vorsätzliche** als auch die **fahrlässige Abgabe eines falschen Gutachtens** mit Strafe bedroht (§§ 154, 155, 163 StGB). Die **uneidliche** Abgabe eines falschen Gutachtens ist dagegen nur bei **Vorsatz** strafbar (§ 153 StGB). **67**

---

64 *BSG* NJW 1965, 368; *Friederichs* ZZP 83 (1970), 406.
65 *Friederichs* JZ 1974, 257 (krit. zu *BGHSt* 22, 268).
66 *BGH* VersR 1960, 998; *RGZ* 151, 349, 356; *OLG Köln* NJW 1962, 2161.

2. Rechtsstellung des Sachverständigen, keine öffentlich-rechtliche Haftung

68 Der vom Gericht ernannte Sachverständige steht **nicht in vertraglichen Beziehungen** zu den Parteien[67], auch dann nicht, wenn mit der Ernennung dem Vorschlag einer der Parteien (→ § 404 Rdnr. 34) oder einer Einigung der Parteien (→ § 404 Rdnr. 35) gefolgt wurde. Die Grundsätze über die Haftung des außergerichtlichen Sachverständigen, auch gegenüber Dritten[68], lassen sich daher nicht hierher übertragen. Durch die Ernennung wird vielmehr ein **öffentlich-rechtliches Verhältnis** zwischen dem Sachverständigen und dem Staat als Träger der Gerichtsbarkeit begründet. Von einem *öffentlich-rechtlichen Vertrag* zu sprechen[69], ist schon deshalb nicht angebracht, weil in den Fällen der Sachverständigenpflicht (→ § 407) das Rechtsverhältnis ohne Einverständniserklärung (Annahme) des Sachverständigen begründet wird[70]. Auch wenn keine Sachverständigenpflicht besteht, ist die Figur des Vertrags nicht sachgerecht, weil der Inhalt des Rechtsverhältnisses nicht auf gegenseitigen Vereinbarungen beruht, sondern ganz durch den vom Gericht aufgrund des Beweisbeschlusses erteilten Auftrag und durch die gesetzlichen Vorschriften bestimmt wird.

69 **Ansprüche der Parteien** (insbesondere auf Schadensersatz wegen Abgabe eines fehlerhaften Gutachtens) ergeben sich aus dem Rechtsverhältnis des öffentlichen Rechts **nicht**[71], da die Parteien daran nicht beteiligt und auch keine besonderen Schutzwirkungen dieses Rechtsverhältnisses zugunsten der Parteien erkennbar sind[72]. Da der Sachverständige nicht zum Träger hoheitlicher Gewalt wird[73], kommen auch Ansprüche aus Amtspflichtverletzung, insbesondere eine **Staatshaftung** (§ 839 BGB, Art. 34 GG) **nicht in Betracht**[74]. Anders ist es nur, wenn das Gutachten von einem *Beamten* erstellt wird, zu dessen Amtspflichten die Begutachtung gehört[75].

3. Die zivilrechtliche Haftung[76]

70 Unter welchen Voraussetzungen ein gerichtlich ernannter Sachverständiger den **Verfahrensbeteiligten** gegenüber auf **Schadensersatz wegen Erstattung eines unrichtigen Gutachtens** haftet, ist nunmehr[77] in § 839a BGB, eingefügt durch das Zweite Gesetz zur Änderung schadensersatzrechtlicher Vorschriften (vom 19. 7. 2002, BGBl. I S. 2674), ausdrücklich gere-

---

[67] *BGH* LM § 831 BGB (Fc) Nr. 1; *OGH* HEZ Bd. 2, 236, 238. Anders *BGHZ* 42, 313 = LM § 1035 Nr. 1 = NJW 1965, 298 für den vom *Schiedsgericht* beauftragten Sachverständigen, aber mit der Maßgabe, daß die Haftung nicht weiter reicht als beim vom staatlichen Gericht ernannten Sachverständigen. → auch § 1035 Rdnr. 3.

[68] *BGHZ* 127, 378 = NJW 1995, 392; *BGH* NJW 1998, 1059.

[69] So *OLG Hamm* MDR 1950, 221; *LG Stuttgart* NJW 1954, 1411; *LG Weimar* VersR 1955, 263. Offenlassend *BGH* LM § 831 BGB (Fc) Nr. 1. S. auch *OLG Zweibrücken* JurBüro 1965, 906 (kein Werkvertrag mit dem Fiskus).

[70] *OVG Berlin* JurBüro 2001, 485 (öffentlich-rechtliche Indienstnahme).

[71] *BGH* LM § 831 BGB (Fc) Nr. 1; *OLG Hamm* MDR 1950, 221; *LG Weimar* VersR 1955, 263.

[72] Daher besteht auch keine Haftung aus einem öffentlich-rechtlichen Vertrag mit Schutzwirkung für die betroffene Partei, zutreffend *OLG Düsseldorf* NJW 1986, 2891 entgegen *Wasner* NJW 1986, 119, 120.

[73] Ebenso *Rosenberg/Schwab/Gottwald*[16] § 120 Rdnr. 56.

[74] *BGHZ* 59, 310; *Friederichs* DRiZ 1973, 113, 114.

[75] Vgl. *Bremer* (Lit.Verz.) 69f.; *MünchKommBGB/Wagner*[4] § 839a Rdnr. 8f. (§ 839a BGB dann nicht anzuwenden).

[76] Dazu *Schöpflin* ZfS 2004, 241; *Thole* Die Haftung des gerichtlichen Sachverständigen nach § 839a BGB (2004); *Spickhoff* Die neue Sachverständigenhaftung und die Ermittlung ausländischen Rechts, Festschr. für Heldrich (2005), 418. Zu kollisionsrechtlichen Fragen der Sachverständigenhaftung *Hau* RIW 2003, 822, 826ff.

[77] Zur früheren, sehr umstrittenen Rechtslage s. 21. Aufl., vor § 402 Rdnr. 43ff. Noch zum früheren Recht *OLG Düsseldorf* MDR 2006, 92 (LS) = DS 2005, 311.

gelt. Der gerichtliche Sachverständige ist bei vorsätzlicher oder grob fahrlässiger Erstattung eines unrichtigen Gutachtens den Verfahrensbeteiligten[78] zum Ersatz des Schadens verpflichtet, der durch eine auf dem Gutachten beruhende gerichtliche Entscheidung entstanden ist. Ob der Sachverständige beeidigt wurde oder nicht, spielt dabei keine Rolle.

71 Gemäß § 839a Abs. 2 iVm § 839 Abs. 3 BGB, besteht keine Ersatzpflicht, wenn es der Geschädigte vorsätzlich oder fahrlässig unterlassen hat, den Schaden durch **Einlegung eines Rechtsmittels** abzuwenden. Unter Rechtsmittel ist dabei jeder Rechtsbehelf zu verstehen, mit dem die Aufhebung der gerichtlichen Entscheidung erreicht werden kann. Die Ablehnung des Sachverständigen (§ 406) wird man hierzu jedoch wegen ihrer anderen Zielrichtung nicht rechnen können[79].

72 Auch die der Partei im Verfahren zu Verfügung stehenden Möglichkeiten, auf die Begutachtung bzw. deren gerichtliche Verwertung Einfluß zu nehmen, etwa durch Erhebung von **Einwendungen** (§ 411 Abs. 4) oder durch Antrag auf persönliche Vernehmung des Sachverständigen (§§ 402, 397) sind nicht als Rechtsmittel iSv § 839a Abs. 2 iVm § 839 Abs. 2 anzusehen[80]. Die Unterlassung von Einwendungen gegen das Gutachten oder eines Antrags auf persönliche Vernehmung kann aber ein mitwirkendes Verschulden iSv § 254 BGB darstellen. – Zur Haftung bei Verwertung eines Gutachtens aus einem früheren Verfahren → § 411a Rdnr. 29.

73 § 839a BGB ist im Rahmen der deliktischen Haftung des Sachverständigen als lex specialis anzusehen. Eine Ersatzpflicht nach § 823 Abs. 2 BGB iVm §§ 154, 155, 163 StGB (→ Rdnr. 67) als Schutzgesetz, die bei Beeidigung des Sachverständigen auch zu einer Haftung bei leichter Fahrlässigkeit führen könnte, kommt daher nicht mehr in Betracht[81]. Wegen aller Einzelheiten ist auf die Kommentierungen des BGB zu verweisen.

VIII. Bedeutung von Privatgutachten

74 Den Parteien steht es frei, selbst Gutachten in Auftrag zu geben und diese **Privatgutachten** dem Gericht vorzulegen. Sie sind als **Bestandteil des Parteivorbringens** zu betrachten und zu würdigen[82]. Das gilt auch für das Gutachten eines öffentlich bestellten oder vereidigten Sachverständigen, auf das der Vermieter gemäß § 558a Abs. 2 Nr. 3 BGB zur Begründung seines Mieterhöhungsverlangens verweist[83].

75 Es macht insoweit keinen Unterschied, ob die Partei sich bei der Ausarbeitung der im eigenen Namen vorgetragenen Argumentation der Hilfe sachkundiger Personen bedient oder ob ein vom Parteischriftsatz gesondertes Gutachten vorgelegt wird. Die Ausführungen des Privatgutachters sind vor allem bei der gerichtlichen Überlegung zu berücksichtigen, ob zur Entscheidung des Rechtsstreits eine besondere Sachkunde nötig ist, die das Gericht selbst nicht besitzt. Wird diese Frage bejaht, so darf aber von der **Ernennung eines gerichtlichen Sachverständigen** nicht deswegen abgesehen werden, weil bereits ein überzeugendes Privatgutachten

---

[78] In bemerkenswert weiter Auslegung bejaht *BGH* NJW 2006, 1733 auch die Haftung eines Wertgutachters im Zwangsversteigerungsverfahren gegenüber dem Ersteigerer.

[79] Ebenso *Thole* (Fn. 76) 160ff.; *MünchKommBGB/Wagner*[4] § 839a Rdnr. 30. – A.M. *Schöpflin* ZfS 2004, 241, 245.

[80] A.M. *Schöpflin* ZfS 2004, 241, 245; *Thole* (Fn. 76) 157ff.

[81] *MünchKommBGB/Wagner*[4] § 839a Rdnr. 5.

[82] *BGH* VRS 26, 86 (1964); VersR 1963, 1188 (LS), VersR 1981, 576; VersR 1993, 899, 900; *OLG Oldenburg* NdsRpfl 1997, 29; *Gehrlein* VersR 2003, 574, 575. – *BGH* NJW 1982, 2874, 2875 = LM § 286 (A) Nr. 41 u. *BGHZ* 98, 32, 40 = NJW 1986, 3077, 3079 sprechen von »urkundlich belegtem Parteivortrag«.

[83] *BayObLGZ* 1987, 260, 265. – Näher zu diesen Gutachten *MünchKommBGB/Artz*[4] § 558a Rdnr. 23ff.

vorliege[84]. Sonst würden wichtige Richtigkeitsgarantien zugunsten der anderen Partei (Fragerecht, näher → § 411 Rdnr. 15, 34, Ablehnungsrecht, Beeidigung) entfallen.

76 Werden also die rechtserheblichen Tatsachen trotz Vorliegens eines Privatgutachtens bestritten, so ist es Sache der beweispflichtigen Partei, einen Antrag auf Einholung eines gerichtlichen Sachverständigengutachtens zu stellen[85]. Legen die Parteien Privatgutachten kompetenter Sachverständiger vor, die sich im Ergebnis widersprechen, so darf der Tatrichter grundsätzlich nicht ohne Erhebung eines gerichtlichen Sachverständigengutachtens einem der Privatgutachten den Vorzug geben[86].

77 Der Satz, das Gericht sei darin frei, ob es den Ausführungen eines Privatgutachters oder eines gerichtlich bestellten Gutachters folge[87], ist bedenklich, da das Privatgutachten **kein Beweismittel**[88] darstellt. Es kann aber – als Parteivorbringen – dem Gericht Anlaß geben, dem Gutachten **des gerichtlichen Sachverständigen nicht zu folgen** (zur Würdigung eines Gutachtens → § 412 Rdnr. 1ff.) und aufgrund eigener (u.U. auch erst erworbener) Sachkunde anders zu entscheiden bzw. ein zweites gerichtliches Gutachten einzuholen.

78 Das Gericht muß sich mit **Einwendungen gegen das Gutachten des gerichtlichen Sachverständigen,** die auf Privatgutachten gestützt werden, sorgfältig auseinandersetzen[89], nach Ansicht des *BGH*[90] nicht anders als bei sich widersprechenden Gutachten von gerichtlich bestellten Sachverständigen. Zur Klärung kann die mündliche Anhörung des gerichtlichen Sachverständigen (§ 411 Abs. 3) geboten sein[91]. Es verstößt gegen den Anspruch auf **rechtliches Gehör** (Art. 103 Abs. 1 GG, → vor § 128 Rdnr. 9ff.), wenn das Gericht unkritisch den Ausführungen eines gerichtlichen Sachverständigen folgt, ohne sich mit den substantiierten Ausführungen in einem Privatgutachten auseinanderzusetzen[92].

79 In gleicher Weise **wie ein vom Gericht eingeholtes Gutachten** kann das Privatgutachten nur dann behandelt werden, wenn **beide Parteien** damit **einverstanden** sind[93]. Dann bestehen keine Bedenken gegen die Verwertung (in der äußeren Form des Urkundenbeweises), da keine öffentlichen Interessen im Spiel sind. Dem Gericht steht es (ebenso wie im Fall des § 404 Abs. 4, → § 404 Rdnr. 38) frei, trotzdem noch andere Sachverständige zu beauftragen.

Zur Erstattung der **Kosten** für ein Privatgutachten → § 91 Rdnr. 79ff. Zur Vorlage von **Rechtsgutachten** → Rdnr. 8.

Zur Verwertung von **Gutachten aus anderen Verfahren** → § 411a.

---

84 *BGH* VersR 1981, 576.

85 *Gehrlein* VersR 2003, 574, 575.

86 *BGH* NJW 2002, 1498, 1499; VersR 1993, 899.

87 *BGH* VersR 1960, 470.

88 Sehr klar *RGZ* 9, 375, 380.

89 *BGH* NJW 1996, 1597; NJW 1998, 2735.

90 *BGH* NJW-RR 1994, 219, 220; LM § 609 BGB Nr. 6 = NJW 1986, 1928.

91 *BGH* NJW-RR 1994, 219, 221 (dabei ist auch Zuziehung der Privatgutachter zu erwägen); erst recht gilt dies bei einem Parteiantrag auf Ladung, *OLG Celle* VersR 1993, 629, 630; → auch § 411 Rdnr. 15ff.

92 *BVerfG* NJW 1997, 122 (betr. Unternehmensbewertung).

93 *BGHZ* 98, 32, 40 = NJW 1986, 3077; *BGH* NJW 1997, 3381, 3382; *BAG* AP § 412 Nr. 1 (zust. *Wieczorek*). – A.M. *BGH* VersR 1962, 450; LM § 286 (E) Nr. 7, wonach die Verwertung eines Privatgutachtens im Wege des Urkundenbeweises auch gegen den Widerspruch einer Partei zulässig sein soll; ebenso *LG Braunschweig* WuM 1977, 10; *Baumbach/Lauterbach/Hartmann*[63] vor § 402 Rdnr. 23. – Will sich das Gericht auf die Darlegungen des Privatgutachters stützen, so gibt *BGH* VersR 1967, 585 den Parteien einen Anspruch auf persönliche Anhörung, dazu → § 411 Rdnr. 34.

§ 402 Anwendbarkeit der Vorschriften für Zeugen

Für den Beweis durch Sachverständige gelten die Vorschriften über den Beweis durch Zeugen entsprechend, insoweit nicht in den nachfolgenden Paragraphen abweichende Vorschriften enthalten sind.

Gesetzesgeschichte: Bis 1900 § 367 CPO.

I. Anwendbare Vorschriften

1 Von den Vorschriften über den Zeugenbeweis sind folgende auch auf den Beweis durch Sachverständige **anwendbar:**

§ 375 (Beweisaufnahme durch einen beauftragten oder ersuchten Richter).

§ 376 (Vernehmung von Richtern und Beamten, dazu → § 408 Rdnr. 7ff.).

§ 377 Abs. 1 und 2 (Ladung).

2 **§ 379 (Auslagenvorschuß):** Die Beauftragung des Sachverständigen oder die Ladung zur Erläuterung eines schriftlichen Gutachtens[1] kann von der Zahlung eines **Auslagenvorschusses** durch den Beweisführer abhängig gemacht werden[2]. Dagegen kann die Weiterleitung eines bereits eingeholten Gutachtens an die Parteien nicht von der Zahlung eines Vorschusses abhängig gemacht werden[3]. Wird der Sachverständigenbeweis von beiden Parteien beantragt, so ist Schuldner der Vorauszahlung diejenige Partei, die für die unter Beweis gestellten Tatsachen die Beweislast trägt[4].

3 Die Vorschußpflicht besteht nur bei einer durch Parteiantrag veranlaßten Begutachtung bzw. Erläuterung, nicht bei von Amts wegen (§ 144) angeordnetem Sachverständigenbeweis[5]. Wird von der Erhebung eines Auslagenvorschusses (die im Ermessen des Gerichts steht) abgesehen, so kann nicht durch nachträgliche Anordnung des Kostenbeamten nach § 17 Abs. 1 S. 1 GKG eine Kostenschuld begründet werden[6].

4 Wird der Vorschuß bei einem auf Antrag angeordneten Sachverständigenbeweis nicht rechtzeitig bezahlt (zu den Rechtsfolgen → § 379 Rdnr. 6), so führt dies allein nicht zum Verlust des Beweismittels[7]; vielmehr ist bei nachträglicher Zahlung der Beweis zu erheben, soweit nicht nach § 296 wegen Verspätung zurückzuweisen ist. Auch bei Nichtzahlung des Vorschusses bleibt die Gutachteneinholung *von Amts* wegen zulässig und gegebenenfalls geboten[8], zum richterlichen Ermessen und dessen Grenzen → vor § 402 Rdnr. 27ff., 45ff. Dasselbe

---

1 *BGH* LM § 379 Nr. 1 = MDR 1964, 502; *BGH* NJW 1999, 2823, 2824.

2 Auch nach Erteilung des Gutachtenauftrags ist die Anforderung eines weiteren Auslagenvorschusses zulässig, *OLG München* OLGZ 1978, 484; → auch § 407a Rdnr. 14. – Zur gesamtschuldnerischen Haftung der anderen Partei *OLG Stuttgart* MDR 1987, 1035 (nur dann, wenn die Einholung des Gutachtens auch auf ihrem Beweisantrag beruht).

3 *OLG Frankfurt* MDR 2004, 1255 = NJOZ 2004, 2537.

4 *BGH* NJW 1999, 2823.

5 *OLG Hamburg* FamRZ 1986, 195; *RGZ* 109, 66; *KG* OLG Rsp 15 (1907), 138; *OLG Hamburg* HRR 1930 Nr. 64. – Auch bei der Anordnung des Sachverständigenbeweises von Amts wegen kann gemäß § 17 Abs. 3 GKG ein Auslagenvorschuß erhoben werden, aber die Beauftragung oder Ladung des Sachverständigen darf nicht von der Leistung des Vorschusses abhängig gemacht werden.

6 *OLG Bamberg* FamRZ 2001, 1387 (zu § 68 GKG aF).

7 *OLG Köln* NJW-RR 1997, 1291; *OLG Rostock* BauR 2004, 708.

8 *RGZ* 7, 389; 109, 66; 155, 39; WarnRsp 1908 Nr. 256. S. auch *BGH* LM § 114 GKG Nr. 1 = MDR 1976, 396 (zur Vorschußpflicht nach GKG).

gilt, wenn ein nach Ablauf der Vorschußfrist wiederholter Antrag auf Begutachtung gemäß §296 Abs. 1 oder 2[9] als verspätet zurückgewiesen wird[10], → auch §144 Rdnr. 12, → §296 Rdnr. 43 (21. Aufl.).

5 **§381** (Entschuldigung des Ausbleibens).

§382 (Vernehmung von Ministern und Abgeordneten).

§§383, 384 (Recht zur Verweigerung der Gutachtenerstattung, dazu → §408 Rdnr. 2f.).

§§386 bis 389 (Erklärung der Gutachtenverweigerung, Zwischenstreit, Gutachtenverweigerung vor verordnetem Richter)[11].

6 **§391** (Beeidigung, dazu → §410 Rdnr. 1).

§392 Satz 2 (Gleichzeitige Beeidigung mehrerer Sachverständiger, → §481 Rdnr. 11f.).

§393 (Unbeeidigte Vernehmung).

§394 Abs. 2 (Gegenüberstellung).

§§395, 396 (Vernehmung).

§397 (Fragerecht der Parteien, dazu → §411 Rdnr. 15).

§398 (Wiederholte Vernehmung). Zur erneuten Anhörung des Sachverständigen durch das **Berufungsgericht** → §411 Rdnr. 14.

§400 (Verfügungen des mit der Beweisaufnahme betrauten Richters).

II. Unanwendbare Vorschriften

7 Dagegen sind folgende Bestimmungen durch die §§403 bis 413 **ersetzt:**

§373 (Beweisantritt, → §403).

§377 Abs. 3 (Schriftliche Beantwortung der Beweisfrage, → §411 Rdnr. 3).

§380 (Sanktionen bei Nichterscheinen, → §409).

§385 (Ausnahme vom Zeugnisverweigerungsrecht, beim Sachverständigen dem Inhalt nach gegenstandslos).

§390 (Zeugniszwang, → §409).

§392 Sätze 1 und 3 (Nacheid, Eidesnorm, → §410).

8 **§394 Abs. 1** (Einzelvernehmung): Bei einem von mehreren Sachverständigen *gemeinschaftlich erstatteten* Gutachten können auch die mündlichen Ausführungen gemeinschaftlich erfolgen[12]. Aber auch bei *mehreren getrennten* Gutachten erscheint es nicht erforderlich, daß die Vernehmung des einen Gutachters unbedingt in Abwesenheit der übrigen Gutachter erfolgt, weil hier kaum die Gefahr der Beeinflussung besteht[13]. Die Art der Vernehmung liegt daher insoweit im Ermessen des Gerichts.

9 **§399** (Verzicht auf Zeugenvernehmung): Da der Sachverständigenbeweis gegebenenfalls von Amts wegen zu erheben ist, kann der Verzicht einer Partei nur die Bedeutung einer Anregung haben.

§401 (Entschädigung, → §413).

---

9 Dazu *OLG Köln* JMBlNRW 1984, 33 (Nichtzahlung beruht nicht immer auf grober Nachlässigkeit); *OLG Rostock* BauR 2004, 708 (Verzögerung des Rechtsstreits i.S.v. §296 Abs. 2 kann auch bei siebenwöchiger Verspätung der Vorschußzahlung zu verneinen sein).

10 Vgl. *LG Itzehoe* SchlHA 1963, 246.

11 *OLG Bamberg* BayJMBl 1952, 237.

12 *RGZ* 8, 344.

13 Vgl. *RGZ* 8, 346.

§ 403 Beweisantritt

Der Beweis wird durch die Bezeichnung der zu begutachtenden Punkte angetreten.

Gesetzesgeschichte: Bis 1900 § 368 CPO.

I. Bedeutung des Beweisantrags

1 Die Zuziehung von Sachverständigen kann auf Antrag oder von Amts wegen (§ 144 Abs. 1) erfolgen. Gleichwohl ist der Parteiantrag[1] mehr als eine bloße Anregung. Da die Parteien ein Recht auf Beweis haben, steht die Einholung eines Gutachtens bei Parteiantrag nicht im Ermessen des Gerichts, → vor § 402 Rdnr. 29. Da die Partei durch den Antrag zum Ausdruck bringt, daß sie zur Beurteilung der streitigen Tatsachen eine besondere, dem Gericht nicht zur Verfügung stehende Sachkunde für erforderlich hält, ist diese Voraussetzung sorgfältig zu prüfen und bei Bejahung im Regelfall dem Antrag stattzugeben. Nur ausnahmsweise kann das Gericht aufgrund besonderer eigener Sachkunde von der Gutachteneinholung absehen, näher → vor § 402 Rdnr. 30, 32ff.

II. Nicht notwendige Benennung des Sachverständigen

2 Die **Person des Sachverständigen** braucht im Beweisantritt (anders als beim Zeugenbeweis, § 373) nicht bezeichnet zu werden, da die Auswahl durch das Prozeßgericht erfolgt (§ 404 Abs. 1). Doch ist es zulässig und vielfach auch zweckmäßig, wenn die Partei geeignete Personen nennt. Das Gericht kann die Parteien dazu auffordern, § 404 Abs. 3. Die *Einigung* der Parteien über die Person des Sachverständigen bindet das Gericht, → § 404 Rdnr. 35.

III. Anknüpfungstatsachen

3 Die Angabe der zu begutachtenden Punkte erfordert nicht, daß die Partei im einzelnen darlegt, auf welchem wissenschaftlichen Weg der Sachverständige zu seinem Ergebnis kommen soll; es genügt, wenn die Partei das Ergebnis genügend konkret bezeichnet[2]. Der Antragsteller muß aber **hinreichende Anknüpfungstatsachen** darlegen, aufgrund derer sich das beantragte Sachverständigengutachten als geeignetes Beweismittel darstellt (keine Beweiserhebung ins Blaue hinein). Insbesondere sind zur Rekonstruktion eines Verkehrsunfalls[3] oder eines Skiunfalls[4] durch einen Sachverständigen geeignete konkrete Anknüpfungstatsachen vorzutragen. Wenn die vom Beweisführer vorgetragenen Tatsachen, die der Sachverständige seiner Beur-

---

[1] Im sozialgerichtlichen Verfahren wird wegen § 160 Abs. 2 Nr. 3 SGG zwischen Beweisantritt iS einer Parteianregung und Beweisantrag unterschieden, *BSG* SozR 3–1500 § 160 SGG Nr. 9 u. 20. Nach der Terminologie der ZPO sind Beweisantritt und Beweisantrag dagegen dasselbe.
[2] *BGH* NJW 1995, 130, 131.
[3] Dazu *OLG Köln* OLGR 2001, 149 = VersR 2002, 209.
[4] Dazu *OLG Hamm* NJW-RR 2001, 1537, 1539.

teilung zugrunde zu legen hätte, zu unbestimmt sind, ist die Gutachteneinholung nicht geboten[5]. Ein Gutachten über die Frage, ob eine Selbsttötung in einem die freie Willensbildung ausschließenden Zustand krankhafter Störung der Geistestätigkeit begangen wurde, ist nicht einzuholen, wenn keine hinreichend konkreten Anknüpfungstatsachen vorgetragen wurden[6].

4 Auf der anderen Seite dürfen an die **Substantiierung** der Behauptungen des Beweisführers gerade beim Sachverständigenbeweis **keine übertriebenen Anforderungen** gestellt werden, da schon zur Beurteilung dessen, was als Anknüpfungstatsache geeignet ist, oft besondere Sachkunde nötig ist, so daß auch diese Beurteilung bereits dem Sachverständigen zu überlassen ist[7], → auch §284 Rdnr. 48 (21. Aufl.). Ein Gutachten kann auch aufgrund eines **bestrittenen, aber für das Gutachten zu unterstellenden Sachverhalts** eingeholt werden, doch wird dies im allgemeinen unzweckmäßig sein, so daß einer Beweiserhebung bereits über den Ausgangssachverhalt, gegebenenfalls unter Zuziehung eines Sachverständigen, der Vorzug zu geben sein wird[8].

IV. Gegenstand der Begutachtung

5 Das **Beweisthema** ist im Beweisbeschluß und im Auftrag an den Sachverständigen so exakt wie möglich zu bezeichnen[9], → auch §404a Rdnr. 2ff. Da die Erhebung des Sachverständigenbeweises auch ohne Parteiantrag zulässig ist (§144 Abs. 1), kann das Gericht zusätzlich auch **andere** als die von der Partei bezeichneten **Punkte** in den Beweisbeschluß aufnehmen.

V. Ablehnung eines Beweisantrags

6 Für die **Ablehnung des Antrags** auf Einholung eines Sachverständigengutachtens gelten zunächst die bei §284 Rdnr. 54ff. (21. Aufl.) zusammengestellten Gründe. Darüber hinaus kann die Zuziehung eines Sachverständigen abgelehnt werden, wenn das Gericht die erforderliche Sachkunde selbst besitzt, näher → vor §402 Rdnr. 30, 32ff.

VI. Zeitpunkt des Beweisbeschlusses und der Ausführung

7 Der Beweisbeschluß, in dem die Begutachtung angeordnet wird, kann bereits **vor der mündlichen Verhandlung** erlassen (§358a S. 1) und ausgeführt (§358a S. 2 Nr. 4) werden, → §358a Rdnr. 24.

---

[5] *OLG München* OLGR 2000, 3 = DAR 1999, 456 (zur Tierhalterhaftung bei Unfall eines Radfahrers).

[6] *OLG Koblenz* NVersZ 2000, 422, 423 (psychiatrisches Gutachten ohne konkrete Anknüpfungstatsachen liefe auf unzulässige Ausforschung oder Amtsermittlung hinaus).

[7] *OLG Düsseldorf* VuR 1992, 109; zu strenge Anforderungen an die Anknüpfungstatsachen stellt dagegen *LG Heilbronn* VuR 1992, 111 (beide Entscheidungen zur Verursachung von Gesundheitsschäden durch Holzschutzmittel).

[8] Vgl. *OLG Oldenburg* NJW-RR 1999, 718 (zum Arzthaftungsprozeß; Gutachten zur Ursächlichkeit eines behaupteten Behandlungsfehlers im konkreten Fall aufgrund Abweichung von den Vorgaben nicht verwertbar).

[9] Vgl. *Tröndle* JZ 1969, 376; *Pieper* ZZP 84 (1971), 20.

§404 Sachverständigenauswahl

(1) [1]Die Auswahl der zuzuziehenden Sachverständigen und die Bestimmung ihrer Anzahl erfolgt durch das Prozessgericht. [2]Es kann sich auf die Ernennung eines einzigen Sachverständigen beschränken. [3]An Stelle der zuerst ernannten Sachverständigen kann es andere ernennen.

(2) Sind für gewisse Arten von Gutachten Sachverständige öffentlich bestellt, so sollen andere Personen nur dann gewählt werden, wenn besondere Umstände es erfordern.

(3) Das Gericht kann die Parteien auffordern, Personen zu bezeichnen, die geeignet sind, als Sachverständige vernommen zu werden.

(4) Einigen sich die Parteien über bestimmte Personen als Sachverständige, so hat das Gericht dieser Einigung Folge zu geben; das Gericht kann jedoch die Wahl der Parteien auf eine bestimmte Anzahl beschränken.

Gesetzesgeschichte: Bis 1900 §369 CPO.

I. Die Ernennung

1. Auswahl durch das Gericht

1 Die Ernennung der Sachverständigen erfolgt im **Beweisbeschluß.** Das Gericht bestimmt nach pflichtgemäßem **Ermessen** die **Anzahl** der Sachverständigen und die Abgabe gemeinschaftlicher oder getrennter Gutachten; es kann sich auch auf einen einzigen Gutachter beschränken. Ebenso steht ihm, da die Sachverständigen ersetzbare (fungible) Personen sind (→ vor §402 Rdnr. 11, 13, → vor §373 Rdnr. 11), vorbehaltlich des Abs. 4 die **Auswahl** der Personen nach seinem pflichtgemäßen **Ermessen** zu[1]. Dies gilt auch im Rahmen des **selbständigen Beweisverfahrens** (anders als im früheren Beweissicherungsverfahren)[2]. Das Gericht hat sehr sorgfältig zu prüfen, welches spezielle Fachwissen zur jeweiligen Begutachtung erforderlich ist[3] und welche konkrete Person über dieses Fachwissen verfügt[4]. Wenn sich die Sachkunde

[1] *BGHZ* 28, 303 = LM Nr. 4; LM Nr. 3; LM BEG 1956 §209 Nr. 37 = MDR 1961, 397 (auch in Entschädigungssachen).
[2] *OLG Düsseldorf* OLGZ 1994, 85.
[3] Vgl. *BGH* MDR 1998, 488 (Patentverletzungsstreit).
[4] Vgl. *BVerwG* NJW 1984, 2645 (Ermessensüberschreitung, wenn statt des ursprünglich bestellten lei-

nicht schon ohne weiteres aus der Berufsbezeichnung[5] oder der beruflichen Tätigkeit des Gutachters ergibt, hat das Gericht darüber in der Entscheidung nähere Angaben zu machen[6].

2 Bei der Auswahl hat das Gericht auch darauf zu achten, daß der Sachverständige bei den Parteien ein seiner Aufgabe entsprechendes Ansehen und Vertrauen genießt. Insoweit ist auf die **Auffassungen der Parteien** Rücksicht zu nehmen. Personen, an deren Neutralität und Objektivität gezweifelt werden kann, sollten von vornherein nicht als Gutachter bestellt werden. Es wird daher oft empfehlenswert sein, dem in Aussicht genommenen Sachverständigen entsprechende Fragen, etwa nach persönlichen und geschäftlichen Kontakten zu den Parteien, zu stellen[7]. Zum Ablehnungsrecht der Parteien → §406.

3 Das Recht des Gerichts, den Sachverständigen zu ernennen, kann nicht dadurch **umgangen** werden, daß die Partei die **Vernehmung eines sachverständigen Zeugen** (dazu → §414 Rdnr. 1) beantragt[8]; vielmehr liegt darin kein zulässiger Beweisantrag, wenn ein Sachverständigengutachten erforderlich ist.

4 Die Bestellung eines Sachverständigen, der **nicht in der Bundesrepublik Deutschland wohnt,** kommt im allgemeinen nicht in Betracht, weil er nicht der deutschen Gerichtsbarkeit und damit auch nicht dem Sachverständigenzwang nach der ZPO unterliegt[9].

2. Zuständigkeit

5 Die Ernennung der Sachverständigen ist Aufgabe des **Prozeßgerichts,** kann aber auch dem **beauftragten** oder **ersuchten Richter** übertragen werden, → §405.

3. Entlassung und Neuernennung, Gutachten durch andere Personen

6 Ebenso wie bei der Ernennung ist das Gericht bei der **Entlassung** (Entziehung des Auftrags)[10] und **Neuernennung** frei. Soll für einen bestellten Sachverständigen ein **anderer** ernannt werden, so bedarf es dazu keiner mündlichen Verhandlung, §360 S. 2. Gemäß §360 S. 4 sind aber die Parteien vorher tunlichst zu hören. Das Ablehnungsrecht (§406) rechtfertigt es nicht, von der vorherigen Anhörung eine Ausnahme zu machen. In jedem Fall ist die Partei von der Änderung unverzüglich zu benachrichtigen (§360 S. 4). Die Entziehung des Auftrags muß dem bisherigen Sachverständigen klar mitgeteilt werden, → §407a Rdnr. 3.

7 Wurde ein schriftliches Gutachten von einem **anderen als dem im Beweisbeschluß ernannten Sachverständigen** erstattet, und will das Gericht dieses Gutachten verwerten, so hat es diese Absicht den Parteien rechtzeitig mitzuteilen und Gelegenheit zur Stellungnahme zu geben[11]. Es ist zulässig, den Verfasser nachträglich zum gerichtlichen Sachverständigen zu ernennen[12]. Dies muß aber den Parteien eindeutig zu erkennen gegeben werden[13]. Eine Verwen-

---

tenden Arztes ein noch in der Weiterbildung zum Facharzt befindlicher Assistenzarzt zum Sachverständigen ernannt wird); *Friederichs* ZZP 83 (1970), 404.

5 Zur Frage, wer sich im Verkehr als Sachverständiger bezeichnen darf, *BGH* MDR 1997, 1049 = NJW-RR 1997, 1193.

6 *BayObLGZ* 1986, 214 = NJW 1986, 2892 (zur ärztlichen Begutachtung der Geschäftsfähigkeit).

7 Dazu *Franzki* DRiZ 1991, 314, 317f.

8 *OLG Hamm* VersR 2001, 249; *LG Frankfurt* VersR 1993, 1138.

9 *BSG* SozR Nr. 38 zu §109 SGG; *LSG Baden-Württemberg* MedR 1986, 85, 87. – Für Zulässigkeit einer formlosen Anfrage *Geimer* IZPR[5] Rdnr. 441.

10 *OLG Brandenburg* BauR 1996, 432, 433.

11 *BGH* LM §360 Nr. 1 = NJW 1978, 2602 (LS).

12 *BayObLGZ* 2002, 189, 200 = NJW 2003, 216, 218.

13 *BGH* LM §286 (B) Nr. 60 = NJW 1985, 1399 = JZ 1986, 241 (zust. *Giesen*).

dung im Wege des Urkundenbeweises ersetzt nicht die Ernennung eines Sachverständigen[14], → auch §411a Rdnr. 30ff.

4. Berufungsgericht

8 Die Auswahlfreiheit steht auch dem **Berufungsgericht** zu. Es kann die Sachverständigen der 1. Instanz oder andere Gutachter vernehmen. Zur Notwendigkeit erneuter Anhörung → §411 Rdnr. 14.

5. Anfechtung

9 Die **Beschwerde** ist weder gegen die Ernennung[15] noch gegen die Entlassung[16] eines Sachverständigen statthaft, da diese Anordnungen Teile des Beweisbeschlusses sind[17]. Eine **Ermessensüberschreitung** kann nur mit dem Rechtsmittel gegen das Endurteil (Berufung oder Revision) geltend gemacht werden[18]. Die Ermessensüberschreitung kann aber nicht damit begründet werden, es liege ein *Ablehnungsgrund* vor bzw. einem Ablehnungsgesuch sei zu Unrecht nicht stattgegeben worden[19]. Insoweit gilt *ausschließlich* die Regelung des §406.

6. Hilfspersonen, gemeinschaftliches Gutachten

10 Daß der beauftragte Gutachter **Hilfspersonen** zuzieht, ist vielfach zweckmäßig oder sogar unumgänglich und kollidiert auch nicht mit den Regeln der ZPO[20]. Sachverständiger i.S. der ZPO ist dann immer nur die leitende Person, → vor §402 Rdnr. 66. Wenn eine Einzelperson als Sachverständiger ernannt ist, kann diese die Begutachtung **nicht** auf andere Personen als verantwortliche Gutachter **übertragen**[21] oder, weil ihre eigene Sachkunde nicht ausreicht, einen **weiteren Sachverständigen** um ein Gutachten bitten[22]. Die Unterschrift unter einem schriftlichen Gutachten muß klar erkennen lassen, wer die Verantwortung dafür trägt[23]. Es genügt nicht, wenn der Sachverständige das von anderen Personen (Hilfskräften bzw. Mitarbeitern) erstellte Gutachten lediglich (sei es auch mit dem Vermerk »einverstanden«) **unterzeichnet**[24]. Zur nachträglichen Ernennung zum Sachverständigen → Rdnr. 7.

---

[14] *BGH* LM §286 (B) Nr. 60 (Fn. 13) (wenn die Parteien das schriftliche Gutachten angreifen); *BSG* NJW 1985, 1422.

[15] *LG Düsseldorf* DWW 1992, 26.

[16] Auch keine Beschwerde des Sachverständigen, *OLG Brandenburg* BauR 1996, 432, 433 (aber Beschwerde gegen Aberkennung der Entschädigung statthaft).

[17] *RG* JW 1900, 590; *OLG Dresden* SächsArch 11 (1901), 754.

[18] *BayObLGZ* 2002, 189, 200 = NJW 2003, 216, 218. Vgl. *BGH* LM Nr. 1 = NJW 1953, 659 (Wahl eines Sachverständigen, der nur für einen Teil der zu beurteilenden Umstände zuständig ist).

[19] *BGHZ* 28, 303 = NJW 1959, 434; *BGH* NJW 1959, 293; VRS 29 (1965), 430.

[20] Vgl. *BGH* VersR 1960, 998; VersR 1972, 927, 929; *BVerwG* NJW 1969, 1591; NJW 1984, 2645; *OLG Hamburg* VersR 1981, 787; *OLG Frankfurt* FamRZ 1981, 485 (zum psychologischen Gutachter; dieser muß angeben, wer die Hilfskräfte waren und welche Ausbildung sie genossen haben); *OLG Frankfurt* MDR 1983, 849; VersR 1994, 610 (Mitarbeit des Oberarztes bei Gutachten des Chefarztes); *OLG Düsseldorf* VersR 1981, 1147; *Hanack* NJW 1961, 2044; *Friederichs* ZZP 83 (1970), 406; *Bleutge* NJW 1985, 1185. – Auch die Zuziehung eines Dolmetschers zur Verständigung mit einer Untersuchungsperson ist zulässig, vgl. *BGH* NJW 1970, 1242 (Strafprozeß).

[21] *BSG* NJW 1965, 368; VersR 1990, 992; *Friederichs* ZZP 83 (1970), 406.

[22] *Friederichs* JZ 1974, 257 (krit. zu *BGHSt* 22, 268); s. auch *OLG Frankfurt* MDR 1983, 849.

[23] Vgl. *Hanack* NJW 1961, 2043f.

[24] *BVerwG* NJW 1984, 2645; *BSG* NJW 1973, 1438; 1985, 1422; VersR 1990, 992; *OLG Frankfurt* MDR 1983, 849. Auch eine Unterschrift mit dem Zusatz »einverstanden aufgrund eigener Untersuchung

11 Die ZPO gestattet es aber auch, ein **gemeinschaftliches Gutachten** durch mehrere Personen erstellen zu lassen, die dann sämtliche zu gerichtlichen Sachverständigen zu ernennen sind[25] und gemeinsam für das Gutachten verantwortlich zeichnen. Das Gericht kann einen bestellten Sachverständigen bitten, **Vorschläge für einen Mitgutachter** zu machen, dem Sachverständigen aber nicht die **Auswahl** des Mitgutachters nach dessen Belieben überlassen[26].

7. Behördengutachten, private Einrichtungen

12 Die ZPO geht, freilich ohne ausdrücklich einen solchen Grundsatz zu formulieren, davon aus, daß als Sachverständige *bestimmte natürliche Personen* bestellt werden. Daß **öffentliche Behörden** als solche Gutachten erstatten können, ist aber z.T. ausdrücklich bestimmt (z.B. Gutachten des Patentamts, §29 PatentG, §58 MarkenG, §21 GebrauchsmusterG, → auch Rdnr. 28). Darüber hinaus ist es allgemein zulässig, öffentliche Behörden (sog. Fachbehörden) als solche mit der Begutachtung zu beauftragen[27], soweit diese zu ihrem Aufgabenkreis gehört. Die StPO sieht das ausdrücklich vor (§§83 Abs. 3, 256 Abs. 1 StPO), und für den Zivilprozeß kann hier nichts anderes gelten. Daher kann z.B. die Gemeindeprüfungsanstalt Baden-Württemberg in Fragen der Organisation und Wirtschaftlichkeit der Verwaltung als Sachverständiger hinzugezogen werden[28].

13 Soweit ein Behördengutachten mangels entsprechender Aufgabe der Behörde nicht in Betracht kommt, können **Mitarbeiter der Behörde** zu Sachverständigen bestellt werden, z.B. Mitarbeiter des Bundesbeauftragten für die Unterlagen des Staatssicherheitsdienstes[29]. Wenn dagegen die Gutachtenerstattung zu den Aufgaben der Behörde gehört, erscheint eine unmittelbare Beauftragung einzelner Bediensteter in ihrer amtlichen Tätigkeit problematisch, weil damit das Gericht in den innerdienstlichen Organisationsablauf eingreift[30].

14 Das **Gutachten einer Fachbehörde** stellt (wovon auch §1 Abs. 2 S. 1 JVEG ausgeht) einen **Sachverständigenbeweis** dar[31]. Die vom Gesetz im Interesse der Parteien und der Wahrheitsfindung aufgestellten Regeln sind auch hier (gegebenenfalls modifiziert[32]) anzuwenden. Zur Ablehnung → §406 Rdnr. 3, zur Beeidigung → §410 Rdnr. 3, zur mündlichen Erläuterung (Fragerecht) → §411 Rdnr. 35ff. Auch bei den Gutachten der **Gutachterausschüsse** nach §§192ff. Baugesetzbuch handelt es sich um einen Sachverständigenbeweis[33], zur Ablehnung

und Urteilsbildung« lassen *BGH* VersR 1972, 927, 929; *BVerwG* NVwZ 1993, 771; *OLG Koblenz* NVersZ 2002, 315 genügen.

25 *Friederichs* NJW 1970, 1991; *ders.* ZZP 83 (1970), 407.

26 *OLG Stuttgart* Justiz 1975, 273 (LS).

27 Vgl. *BGH* MDR 1964, 223 = LM §402 Nr. 16; *RGZ* 44, 149; *OLG Köln* BauR 1980, 588; *VGH München* NVwZ-RR 1996, 328; *Jessnitzer/Ulrich*[11] (Lit.Verz. vor §402) Rdnr. 67; *Bremer*[2] (Lit.Verz. vor §402) 111f.; *Baumbach/Lauterbach/Hartmann*[63] vor §402 Rdnr. 10; *Behmer* MDR 1968, 766. – A.M. *K. Müller*[3] (Lit.Verz. vor §402) Rdnr. 146ff., wonach die prozessuale Funktion des Sachverständigen stets der natürlichen Person (dem Sachbearbeiter) zukommt.

28 *BGH* NJW 1998, 3355.

29 *ArbG Berlin* NZA 1992, 593, 596.

30 Ablehnend daher *VGH München* NVwZ-RR 1996, 328.

31 Ebenso *BGHZ* 62, 93, 95 = NJW 1974, 701 = LM §402 Nr. 23 (LS, *Johannsen*); *BGH* BB 1976, 480; *BGHZ* 89, 114, 119; *OLG Köln* BauR 1980, 588 (Bundesanstalt für Materialprüfung); *Hanack* NJW 1961, 2042; *E. Peters* Der sog. Freibeweis im Zivilprozeß (1962), 126; *Bremer*[2] (Lit.Verz. vor §402) 112; *Jessnitzer/Ulrich*[11] (Lit.Verz. vor §402) Rdnr. 67; *Rosenberg/Schwab/Gottwald*[16] §120 Rdnr. 17; *Baumbach/Lauterbach/Hartmann*[63] vor §402 Rdnr. 10. – Hinsichtlich des Gutachtens des Vorstands der Rechtsanwaltskammer im Gebührenrechtsstreit gegen eine Betrachtung als Sachverständigengutachten *OLG Celle* NJW 1973, 203 = AnwBl 1973, 144 (dagegen *Heinrich* AnwBl 1973, 124); *OLG München* NJW 1975, 884.

32 *BGHZ* 62, 93, 95 (Fn. 31).

33 Ebenso (zu §§136ff. BBauG) *BGHZ* 62, 93 (Fn. 31); *BFH/NV* 1997, 236, 237. – A.M. *OLG Düssel-*

→ aber § 406 Rdnr. 3. Zum Begriff der **amtlichen Auskunft** (die ihrem Inhalt nach ein Sachverständigengutachten darstellen kann) → vor § 373 Rdnr. 44. Bei der Erstattung des Behördengutachtens ist klarzustellen, **welche natürlichen Personen** dieses Gutachten verantwortlich erstellt haben.

15 Soweit zum Wirkungsbereich **privater Einrichtungen** (z.B. Privatkliniken, private Forschungsanstalten, Meinungsforschungsinstitute) auch die Gutachtenerstattung gehört, ist **nicht das Institut**[34], der Verein[35] oder die Gesellschaft[36] usw. als solche, sondern die **konkrete natürliche Person** (gegebenenfalls mehrere), die das Gutachten erstellen wird, als Sachverständiger zu ernennen[37]. Andernfalls würde die gerichtliche Auswahlpflicht vernachlässigt, → auch Rdnr. 16.

8. Keine Übertragung der Auswahl

16 Das **Gericht darf den Gutachtenauftrag nicht** der **Leitung** einer Klinik, eines Instituts usw. mit der Bitte **übersenden,** *die Leitung möge die geeignete Person auswählen und ihr den Auftrag übermitteln*[38]. Ebenso wenig darf dem ernannten Sachverständigen die Auswahl eines Mitgutachters überlassen werden, → Rdnr. 11.

17 Das Gericht könnte auf diesem Wege zwar u.U. die Schwierigkeiten und Verzögerungen vermeiden, die sich ergeben können, wenn es selbst die als Sachverständiger geeignete Person ausfindig machen muß. Ein etwaiges Ablehnungsrecht der Parteien würde bei diesem Verfahren nicht verkürzt: Die Ablehnung könnte gemäß § 406 Abs. 2 S. 2 noch nach Einreichung des schriftlichen Gutachtens erfolgen, wenn der Partei vorher die Person des Gutachters ohne ihr Verschulden nicht bekannt war. Eine solche nachträgliche Ablehnung würde allerdings eine Verzögerung bewirken, durch die der ursprüngliche Vorteil mehr als wettgemacht würde. *Unzulässig* ist das geschilderte Verfahren aber vor allem deswegen, weil die Auswahl des Sachverständigen **alleinige Aufgabe des Gerichts** ist. Das Gericht kann auch sonst nicht Teile seiner Befugnisse aus Zweckmäßigkeitsgründen auf andere Personen übertragen. Natürlich kann sich das Gericht bei der Auswahl des Rates einer Klinikleitung usw. bedienen (telefonische Anfrage!), → auch Rdnr. 11; es kann die getroffene Auswahl auch nachträglich ändern (→ Rdnr. 6).

---

dorf MDR 1968, 766 (krit. *Behmer*) = NJW 1968, 1095, 1482 (krit. *R. Meyer*); *KG* NJW 1971, 1848 sowie *OLG Stuttgart* BWNotZ 1987, 46 (behördliche Auskunft); *LG Berlin* NJW 1964, 672.

[34] *OLG Düsseldorf* FamRZ 1989, 1101.

[35] Vgl. *OLG Karlsruhe* MDR 1975, 670.

[36] Vgl. *OLG München* NJW 1974, 611 (GmbH).

[37] *Jessnitzer/Ulrich*[11] (Lit.Verz. vor § 402) Rdnr. 90; *Jessnitzer* NJW 1971, 1075.

[38] Ebenso *OLG München* NJW 1968, 202; *OLG Düsseldorf* FamRZ 1989, 1101; *Friederichs* NJW 1965, 1100; 1970, 1991; 1972, 1114; *ders.* ZZP 83 (1970), 404; *M. Stern* NJW 1969, 2262; *Pieper* ZZP 84 (1971), 21; *Laufs* NJW 1976, 1121, 1124; *Jessnitzer/Ulrich*[11] (Lit.Verz. vor § 402) Rdnr. 91. – A.M. *BVerwG* NJW 1969, 1591; *OVG Koblenz* VersR 1998, 897; *Hanack* NJW 1961, 2042f., die ein derartiges Verfahren billigen. Daß nicht selten *mehrere* Spezialisten an einem Gutachten mitwirken müssen (vgl. *Hanack* NJW 1961, 2043), ist kein ausreichender Grund, die Beauftragung der Klinikleitung zuzulassen und ihr die Einzelauswahl zu übertragen. Die Beteiligten sind entweder *Hilfskräfte* des persönlich verantwortlichen Gutachters oder sie sind *sämtlich* zu Gutachtern zu ernennen, → Rdnr. 10f.

II. Öffentlich bestellte Sachverständige[39]

1. Allgemeines

18 Die **öffentliche Bestellung** von Sachverständigen erleichtert es dem Gericht, sachkundige und zuverlässige Personen als Gutachter zu finden. Der Richter wird durch §404 Abs.2 **in erster Linie** auf die öffentlich bestellten Sachverständigen verwiesen, kann aber *nach seinem Ermessen* auch **andere Personen** wählen, wenn besondere Umstände dies erfordern. Bestellt das Gericht andere Personen, so liegt darin in der Regel kein Verfahrensfehler. §404 Abs.2 als reine Ordnungsvorschrift zu bezeichnen[40], erscheint indes zu weitgehend; es sind auch Fälle denkbar, in denen sich die Bestellung anderer als der öffentlich bestellten Sachverständigen als ermessensfehlerhaft darstellt.

19 **Welche Personen** als Sachverständige öffentlich bestellt werden können und wer sie bestellt, ist nur zum Teil bundesrechtlich geregelt; im übrigen gilt Landesrecht[41], → auch §410 Fn.11 zur allgemeinen Beeidigung. Es kommen sowohl **Einzelpersonen** als auch **Behörden** in Betracht. Die Bestellung deckt sich nicht immer mit der allgemeinen Vereidigung (dazu → §410 Rdnr.9ff.).

2. Überblick

20 **Öffentlich bestellte Sachverständige** i.S. des §404 Abs.2 sind u.a.:

A. Einzelpersonen

21 **a)** Nach §36 GewO **im Bereich der Wirtschaft** bestellte Sachverständige. Die Bestellung erfolgt durch die von den Landesregierungen bestimmten Stellen, zumeist durch die Industrie- und Handelskammern[42].

22 **b)** Nach der Wirtschaftsprüferordnung (v. 24.7. 1961, BGBl. I 1049 in der Fassung v. 5.11. 1975, BGBl. I 2803) bestellte **Wirtschaftsprüfer** und vereidigte Buchprüfer, vgl. §2 Abs.3 Nr.1, §129 Abs.3 Nr.1 Wirtschaftsprüferordnung.

23 **c)** Nach §91 Abs.1 Nr.8 HandwerksO **von den Handwerkskammern** bestellte Sachverständige. Diese erstatten Gutachten über die Qualität der von Handwerkern gelieferten Waren oder bewirkten Leistungen und über die Angemessenheit der Preise[43].

24 **d)** Nach dem Kraftfahrsachverständigengesetz (v. 22.12. 1971, BGBl. I 2086) amtlich anerkannte Sachverständige für den **Kraftfahrzeugverkehr.**

25 **e)** Die **Amtsärzte** (Ärzte der Gesundheitsämter), sofern ihnen durch Landesrecht die gerichtsärztliche Tätigkeit übertragen wurde (vgl. §3 Abs.1 Nr. III des Gesetzes v. 3.7. 1934, RGBl. I 531), sowie die **Landgerichtsärzte** bei den Landgerichten in Bayern gemäß §4 Abs.1 Nr.1 der Verordnung v. 9.9. 1986, GVBl 316 i.V. mit Art.5 Abs.2 und Art.11 des Gesetzes v. 24.7. 2003, GVBl 452 (Gutachtenerstattung in Gerichtssachen).

26 **f)** Die öffentlich bestellten **Vermessungsingenieure** (vgl. §1 Abs.1 Nr.4 der Berufsordnung v. 20.1. 1938, RGBl. I 40; die Länder haben überwiegend neue Berufsordnungen erlassen).

---

[39] Dazu *Stober* Der öffentlich bestellte Sachverständige zwischen beruflicher Bindung und Deregulierung (1991).

[40] *BayObLG* FamRZ 1991, 618, 619; *Zöller/Greger*[25] Rdnr.2; *MünchKommZPO/Damrau*[2] Rdnr.7.

[41] S. z.B. für Bayern G über öffentlich bestellte und beeidigte Sachverständige v. 11.10. 1950, BayRS 701-1-W. Dazu *Bock* in PraxisHdb. SachverständigenR[3] (Lit.Verz. vor §402) §4 Rdnr.22ff.

[42] Zu den Einzelheiten s. *Jessnitzer/Ulrich*[11] (Lit. Verz. vor §402) Rdnr.43ff.; *Bremer*[2] (Lit. Verz. vor §402) 79ff.; *Bock* (Fn.41) §3.

[43] Hierzu *Jessnitzer/Ulrich*[11] (Lit. Verz. vor §402) Rdnr.47; *Bock* (Fn.41) §4 Rdnr.2ff.

g) Die nach den Bestimmungen der Länder aufgrund der Ermächtigung in § 35 Bundesjagdgesetz (z.B. in Nordrhein-Westfalen § 36 des LandesjagdG in der Fassung v. 7.12. 1994, GVNW 1995, 2) bestellten **Wildschadensschätzer.** 27

B. Behörden

a) Das **Patentamt.** Es ist nach § 29 PatentG, § 58 Abs. 1 MarkenG, § 21 Abs. 1 GebrauchsmusterG verpflichtet, über Fragen, die Patente, Marken und Gebrauchsmuster betreffen, Gutachten abzugeben, wenn in dem Verfahren voneinander abweichende Gutachten mehrerer Sachverständiger vorliegen. 28

b) Die **Gutachterausschüsse** nach §§ 192ff. Baugesetzbuch (Gutachten über den Wert von Grundstücken und sonstige Wertermittlungen), dazu → Rdnr. 14. 29

c) Die **Notarkammern** (§ 67 Abs. 4 BNotO) und die Bundesnotarkammer (§ 78 Nr. 4 BNotO – Gutachten für Bundesgerichte). Sie erstatten Gutachten in Angelegenheiten der Notare. 30

d) Die **Vorstände der Rechtsanwaltskammern** (§ 73 Abs. 2 Nr. 8 BRAO) und die Bundesrechtsanwaltskammer (§ 177 Abs. 2 Nr. 5 BRAO – Gutachten für Bundesgerichte) sowie der **Vorstand der Patentanwaltskammer** (§ 69 Abs. 2 Nr. 7 PatAnwO). S. auch § 14 Abs. 2 S. 1 RVG (Gutachten des Vorstands der Rechtsanwaltskammer im Rechtsstreit über Rahmengebühren obligatorisch), dazu → Fn. 31. – Ferner die **Steuerberaterkammern** und die **Bundessteuerberaterkammer** (§ 76 Abs. 2 Nr. 7, § 86 Abs. 2 Nr. 6 SteuerberatungsG). 31

e) Die **Industrie- und Handelskammern** (vgl. § 1 Abs. 1 des Gesetzes zur vorläufigen Regelung des Rechts der Industrie- und Handelskammern v. 18.12. 1956, BGBl. I 920). 32

f) Die **Handwerksinnungen** (§ 54 Abs. 1 Nr. 8 HandwerksO), die **Kreishandwerkerschaft** (§ 87 Nr. 4 HandwerksO) und die **Handwerkskammern** (§ 91 Abs. 1 Nr. 2 HandwerksO). 33

III. Aufforderung der Parteien

Die **Aufforderung zur Bezeichnung geeigneter Personen** (Abs. 3) ist vielfach zweckmäßig. Eine Verpflichtung der Partei, dem Gericht Vorschläge zu unterbreiten, erwächst daraus nicht. Abgesehen von Abs. 4 (Einigung) sind die **Parteivorschläge nicht bindend.** 34

IV. Einigung der Parteien

Einigen sich die Parteien über bestimmte Personen als Sachverständige und teilen sie diese Einigung dem Prozeßgericht *vor* Erlaß des Beweisbeschlusses mit, so ist das Gericht daran **gebunden.** Die Einigung muß sich auf eine **bestimmte Person** beziehen; eine Vereinbarung, die Auswahl solle einer Klinikleitung o.ä. übertragen werden oder das Gericht solle den Sachverständigen aus dem Personal einer bestimmten Klinik oder Forschungsanstalt auswählen, ist nicht zulässig. Geht die Anzeige von der Einigung bei Gericht erst ein, nachdem im Beweisbeschluß bereits ein anderer Sachverständiger ernannt worden war, so *kann* das Gericht den Beschluß entsprechend ändern, ohne aber dazu verpflichtet zu sein. 35

Das Gericht kann die Wahl der Parteien im voraus (bei der Aufforderung nach Abs. 3) oder nachträglich **auf eine bestimmte Anzahl** beschränken. Nennen die Parteien dennoch eine größere Zahl von Sachverständigen, so tritt das freie Wahlrecht des Gerichts wieder in Kraft. Das Gericht ist in diesem Fall nicht auf die Auswahl aus den von den Parteien genannten Personen beschränkt[44]. 36

---

[44] *Baumbach/Lauterbach/Hartmann*[63] Rdnr. 8; *Thomas/Putzo/Reichold*[26] Rdnr. 2f.

37 Wieweit die **Bindung an die Einigung** reicht, ist zweifelhaft. Das Recht, die Bestellung der Sachverständigen, auf die sich die Parteien geeinigt haben, deswegen abzulehnen, weil diese Personen nicht sachkundig oder sonst ungeeignet wären, kann dem Gericht angesichts des klaren Gesetzeswortlauts nicht zugestanden werden[45]. Etwas anderes folgt auch nicht aus allgemeinen Prinzipien, zumal sonst die Gefahr einer unzulässigen Vorwegnahme der Beweiswürdigung (→ § 284 Rdnr. 67 [21. Aufl.]) bestünde. In extremen Fällen kann die Einigung aber wegen Rechtsmißbrauchs unbeachtlich sein, etwa wenn die gewählten Personen *ganz offensichtlich* nicht als Sachverständige geeignet sind.

38 Von § 404 Abs. 4 unberührt bleibt dagegen das Recht des Gerichts, **neben den von den Parteien gewählten Personen** noch **weitere**, vom Gericht ausgesuchte Sachverständige zu bestellen, sei es gleichzeitig[46] oder wenn sich das erstattete Gutachten als unzureichend erweist[47] (dazu → § 412 Rdnr. 12ff.). Würde man nur die *nachträgliche* Bestellung weiterer Sachverständiger zulassen, so könnten sich vermeidbare Verfahrensverzögerungen ergeben.

§ 404a Leitung der Tätigkeit des Sachverständigen

(1) Das Gericht hat die Tätigkeit des Sachverständigen zu leiten und kann ihm für Art und Umfang seiner Tätigkeit Weisungen erteilen.

(2) Soweit es die Besonderheit des Falles erfordert, soll das Gericht den Sachverständigen vor Abfassung der Beweisfrage hören, ihn in seine Aufgabe einweisen und ihm auf Verlangen den Auftrag erläutern.

(3) Bei streitigem Sachverhalt bestimmt das Gericht, welche Tatsachen der Sachverständige der Begutachtung zugrunde legen soll.

(4) Soweit es erforderlich ist, bestimmt das Gericht, in welchem Umfang der Sachverständige zur Aufklärung der Beweisfrage befugt ist, inwieweit er mit den Parteien in Verbindung treten darf und wann er ihnen die Teilnahme an seinen Ermittlungen zu gestatten hat.

(5) [1]Weisungen an den Sachverständigen sind den Parteien mitzuteilen. [2]Findet ein besonderer Termin zur Einweisung des Sachverständigen statt, so ist den Parteien die Teilnahme zu gestatten.

Gesetzesgeschichte: Eingefügt durch Rechtspflege-Vereinfachungsgesetz vom 17.12. 1990 (BGBl. I 2847).

---

45 Zutr. *Bremer*[2] (Lit.Verz. vor § 402) 119.

46 *Baumbach/Lauterbach/Hartmann*[63] Rdnr. 8; *Zöller/Greger*[25] Rdnr. 4; *Thomas/Putzo/Reichold*[26] Rdnr. 2. – A.M. *Bremer*[2] (Lit.Verz. vor § 402) 119; *MünchKommZPO/Damrau*[2] Rdnr. 10; *Musielak/Huber*[4] Rdnr. 6.

47 A.M. *Schlosser* Einverständliches Parteihandeln im Zivilprozeß (1968), 26 (keine Befugnis des Gerichts zur Zuziehung eines weiteren Sachverständigen, wenn Parteien einig, daß *nur* der von ihnen benannte Gutachter zu hören); ebenso *Wagner* Prozeßverträge (1998), 690. Nach der hier vertretetenen Ansicht (→ vor § 128 Rdnr. 237) kann dagegen die Befugnis des Gerichts, Beweise von Amts wegen zu erheben, nicht durch Parteidisposition eingeschränkt werden.

I. Normzweck[1]

Die durch das Rechtspflege-Vereinfachungsgesetz 1990 eingefügte Vorschrift[2] soll dazu dienen, sowohl die Aufgaben als auch die Befugnisse des Sachverständigen klar festzulegen und auf diese Weise die Verwertbarkeit des Gutachtens zu sichern. Zugleich soll möglichen Ablehnungsgründen vorgebeugt werden, die sich aus dem Verhalten des Sachverständigen ergeben könnten, wenn er die Grenzen seiner Befugnisse oder die Rechte der Parteien nicht genügend beachtet. Die Vorschrift unterstreicht insgesamt die Bedeutung einer effektiven Kooperation von Gericht und Sachverständigem, hat aber nicht den Zweck, die Eigenverantwortung und die wissenschaftliche Unabhängigkeit des Sachverständigen zu beschneiden. **1**

II. Richterliche Leitung

1. Zuständigkeit

Die Befugnisse und Pflichten nach §404a hat das Prozeßgericht, also der voll besetzte Spruchkörper, im Fall des §405 der mit der Ernennung des Sachverständigen betraute beauftragte oder ersuchte Richter, §405 S.2. **2**

2. Inhalt

Abs.1 ist dem §78 StPO nachgebildet. Bei der »Leitung«, insbesondere bei der Erteilung von Weisungen für Art und Umfang der Tätigkeit des Sachverständigen, wird die Abgrenzung des Auftrags, also die **Klärung der Beweisfrage** im Vordergrund stehen. Nicht zuletzt können Zweifel und Rückfragen des Sachverständigen Anlaß zu gerichtlichen Weisungen geben. Diese sind stets auch den Parteien mitzuteilen, Abs.5 S.1. Auch Weisungen hinsichtlich der **Art und Weise des Vorgehens** des Sachverständigen im einzelnen sind zulässig (→ Rdnr.12f.), doch ist dabei die Fachkunde des Sachverständigen zu respektieren. Auch Anordnungen für den Umgang des Sachverständigen mit den Prozeßbeteiligten sind möglich; insoweit ist vor allem Abs.4 von Bedeutung. **3**

III. Frühzeitige Zuziehung des Sachverständigen und Einweisung in seine Aufgabe

Abs.2 ist nichts anderes als eine nähere Erläuterung zu Abs.1. Es kann durchaus nützlich sein, den Sachverständigen schon vor dem Erlaß des Beweisbeschlusses hinzuzuziehen, um mit ihm über eine klare und den verfügbaren wissenschaftlichen Methoden gerecht werdende **4**

---

[1] Lit.: *Daub* Die Tatsachenerhebung durch den Sachverständigen (1997).
[2] Zur Entstehung *Daub* (Fn.1) 23ff.

Formulierung des Beweisthemas zu sprechen. Eine Einweisung in seine Aufgabe bzw. eine nähere Erläuterung des Auftrags wird dagegen vor allem nach dem Erlaß des Beweisbeschlusses in Frage kommen. Im Rahmen der Erläuterung können auch **rechtliche Hinweise** geboten sein[3].

5 Weisungen des Gerichts sind nach Abs. 5 S. 1 den Parteien mitzuteilen und daher **schriftlich festzuhalten,** mag auch zunächst eine telefonische Klärung zwischen Gericht und Sachverständigem[4] stattgefunden haben.

IV. Bestimmung des zugrunde liegenden Sachverhalts

1. Aufgabe des Gerichts

6 Die klare Angabe des vom Sachverständigen zugrunde zu legenden Sachverhalts (Abs. 3), sei es (am besten) im Beweisbeschluß oder in einem gesonderten, den Parteien mitzuteilenden (Abs. 5 S. 1) Beschluß[5], ist besonders wichtig, um Mißverständnisse und Unklarheiten in dem zu erstellenden Gutachten zu vermeiden, → auch vor §402 Rdnr. 50. Das Gericht kann auch **Alternativsachverhalte** vorgeben, zu denen sich der Sachverständige äußern soll[6].

7 Stellt der Tatrichter fest, daß der Sachverständige von **unzutreffenden Anknüpfungstatsachen** ausgegangen ist, so muß er eine Ergänzung des Gutachtens oder eine mündliche Erläuterung (§411 Abs. 3) aufgrund der zutreffenden Anknüpfungstatsachen einholen[7].

8 Die **Übersendung der Prozeßakten** genügt allein nicht, wird aber in der Regel zweckmäßig sein. Sie erscheint auch ohne Einwilligung der Parteien zulässig, auch wenn darin z.B. Krankenunterlagen enthalten sind[8]. Davon geht auch §407a Abs. 4 aus (Pflicht des Sachverständigen zur Herausgabe der Akten).

2. Offenlegung der zugrunde gelegten Tatsachen durch den Sachverständigen

9 Der Sachverständige muß die Tatsachen, die er bei seinem Gutachten verwertet hat (**Befundtatsachen**), offenlegen, soweit deren Kenntnis zur Würdigung des Gutachtens erforderlich ist; dies gebietet auch der Anspruch der Parteien auf rechtliches Gehör[9]. Eine etwaige Schweigepflicht des Sachverständigen gegenüber Dritten ändert daran grundsätzlich nichts[10]. Sieht sich der Sachverständige gleichwohl an der Offenlegung der Tatsache gehindert, so ist sein Gutachten nicht verwertbar.

10 **Einschränkungen der Offenlegungspflicht** sind aber nach Ansicht des BVerfG[11] denkbar, wenn die betreffenden Tatsachen generell geheimhaltungsbedürftig sind und nicht nur der konkrete Sachverständige an der Offenlegung gehindert ist. Diese Voraussetzung hat das *BVerfG*[12] jedoch bei Gutachten über die **ortsübliche Vergleichsmiete** nicht als gegeben angese-

---

[3] Vgl. *OLG Köln* VersR 1998, 1249 (Hinweis an medizinischen Sachverständigen, daß im Haftpflichtrecht andere Kausalitäts- und Beweisanforderungen gelten als im Sozialrecht).

[4] Dies empfiehlt *MünchKommZPO/Damrau*[2] Rdnr. 4.

[5] *MünchKommZPO/Damrau*[2] Rdnr. 5.

[6] *Baumbach/Lauterbach/Hartmann*[63] Rdnr. 7; *MünchKommZPO/Damrau*[2] Rdnr. 5; *Zöller/Greger*[25] Rdnr. 3.

[7] *BGH* NJW 1997, 1446.

[8] A.M. *OLG Hamm* VersR 2001, 249 (Einholung eines Gutachtens daher bei Nichtzustimmung einer Partei nicht möglich).

[9] *BVerfGE* 91, 176 = NJW 1995, 40; *BVerfG* NJW 1997, 1909.

[10] *BGH* NJW 1994, 2899 = LM §412 Nr. 9.

[11] *BVerfGE* 91, 176, 183 (Fn. 9).

[12] *BVerfGE* 91, 176, 184 (Fn. 9); *BVerfG* NJW 1997, 1909. – Die entgegengesetzte Rechtsprechung von Instanzgerichten (z.B. *LG Bonn* NJW-RR 1993, 1037, 1038) ist damit überholt.

hen und daher mit Recht hinreichend konkrete Angaben über die herangezogenen Vergleichsobjekte verlangt (Mietpreis, Adresse der Vergleichswohnung, Angaben über Beschaffenheit der Wohnung). Ebenso muß der Sachverständige die Vergleichsobjekte und Vergleichspreise nennen, wenn er im Rahmen eines Gutachtens über den Grundstückswert auf Vergleichsmieten abstellt[13].

11 Beruht ein Sachverständigengutachten auf **Geschäftsunterlagen**, die eine Partei zwar dem Sachverständigen zur Verfügung stellt, die aber dem Gericht und dem Gegner gegenüber **nicht offengelegt** werden, so ist das Gutachten nicht verwertbar[14].

V. Befugnisse des Sachverständigen und Teilnahme der Parteien

1. Bestimmung durch das Gericht

12 Nach Abs. 4 soll das Gericht, soweit dies nach Lage des Einzelfalles nötig ist, klarstellen, welche Untersuchungen der Sachverständige durchzuführen hat, auf welche Unterlagen er zurückgreifen soll und inwieweit er dabei von den Parteien direkt Auskünfte verlangen kann. Dem Sachverständigen sind zur Vorbereitung seines Gutachtens solche Fragen an Parteien oder Zeugen zu gestatten, die er nur aufgrund seiner besonderen Fachkunde stellen kann[15].

13 Das Gericht hat stets zu erwägen, ob es die Ermittlungen nicht besser selbst (als förmliche Beweiserhebung) in Anwesenheit des Sachverständigen durchzuführen hat[16]. Dabei muß beachtet werden, daß die Beweiserhebung als solche dem Sachverständigen nicht übertragen werden kann, → vor §402 Rdnr. 51. Daran hat Abs. 4 nichts geändert. Zulässig bleiben formlose Ermittlungen (Materialsammlung) durch den Sachverständigen, → vor §402 Rdnr. 53. Es kann auch die Einsicht bestimmter, für das Gutachten erforderlicher Unterlagen bei Behörden angeordnet werden[17]. Zwangsbefugnisse stehen dem Sachverständigen nicht zur Verfügung, → vor §402 Rdnr. 57.

2. Anordnungen über Eingriffe, insbesondere Bauöffnungen

14 Auch Anordnungen über **Eingriffe in eine zu untersuchende Sache** (z.B. **Konstruktionsöffnungen** bei einem Bauwerk) kommen in Betracht. Die Ausführung ist dann Aufgabe des Sachverständigen[18]. Das Gericht kann ihm die Weisung erteilen, eine erforderliche Bauöffnung selbst vorzunehmen oder durch Dritte vornehmen zulassen[19]. Ordnet das Gericht solche Maßnahmen an, so sind sie gleichwohl nur zulässig, wenn der hinsichtlich der betroffenen Sache Verfügungsberechtigte einwilligt[20]; eine Weigerung trotz Zumutbarkeit der Maßnahme kann aber eine Beweisvereitelung (→ §286 Rdnr. 121 [21. Aufl.], → §444 Rdnr. 6ff.) darstellen. Zulässig (nach Abs. 1) sind auch Weisungen an den Sachverständigen, die Folgen solcher Eingriffe wieder zu beseitigen[21].

---

13 *BGH* NJW 1994, 2899 (Fn. 10).
14 *BGHZ* 116, 47, 58 = NJW 1992, 1817, 1819.
15 *BGH* NJW 1997, 3096, 3097.
16 *Thomas/Putzo/Reichold*[26] Rdnr. 5.
17 *OLG München* BauR 1993, 768.
18 *OLG Frankfurt* NJW 1998, 2834 = BauR 1998, 1052 (krit. *Nittner*).
19 *OLG Celle* OLGR 2005, 154 = NdsRpfl 2005, 202 im Gegensatz zu *OLG Bamberg* BauR 2002, 829 u. *OLG Rostock* BauR 2003, 757.
20 *OLG Brandenburg* BauR 1996, 432, 434.
21 *OLG Celle* BauR 1998, 1281; *OLG Düsseldorf* NJW-RR 1997, 1360. S. auch *OLG Frankfurt* NJW 1998, 2834 = BauR 1998, 1052 (krit. *Nittner*).

3. Anordnungen über die Teilnahme der Parteien an den Ermittlungen des Sachverständigen

15 Gerichtliche Anordnungen über die **Gestattung der Teilnahme der Parteien** an den Ermittlungen des Sachverständigen sind sowohl auf Anfrage des Sachverständigen als auch aufgrund von Anregungen einer Partei denkbar. Abs. 4 enthält keinen inhaltlichen Maßstab darüber, wann die Teilnahme zu gestatten ist. Insoweit ist von einer, durch Abs. 4 der Sache nach bestätigten, analogen Anwendung des § 357 auszugehen, also grundsätzlich den Parteien (stets beiden) Gelegenheit zur Anwesenheit zu geben, soweit nicht die Art der Untersuchung oder Rechte der Beteiligten, insbesondere **Persönlichkeitsrechte,** entgegenstehen. Näher → § 357 Rdnr. 8ff. Das Interesse einer Partei an der Wahrung von **Betriebsgeheimnissen** rechtfertigt es nicht, der Gegenpartei die Einsicht in die vom Sachverständigen herangezogenen Geschäftsunterlagen zu versagen und ihr den Zutritt zu den Büroräumen zu verwehren, in denen der Sachverständige die Unterlagen prüft[22], → auch vor § 128 Rdnr. 61 zur Unzulässigkeit von Geheimverfahren. Zur Teilnahme an einem Termin zur Einweisung des Sachverständigen → Rdnr. 16.

VI. Information der Parteien über Weisungen; Teilnahme an einem Einweisungstermin

16 Daß nach Abs. 5 S. 1 Weisungen, die dem Sachverständigen erteilt werden, auch den Parteien mitzuteilen sind, entspricht dem Anspruch auf rechtliches Gehör[23] und erlaubt den Parteien, dazu Stellung zu nehmen. Unter einer Weisung ist dabei jede Äußerung des Gerichts gegenüber dem Sachverständigen zu verstehen, die sich auf den Inhalt und die Ausführung des Begutachtungsauftrags bezieht. Dem Recht auf Gehör dient auch das in Abs. 5 S. 2 ausdrücklich vorgesehene Recht der Parteien, an einem gerichtlichen Termin zur Einweisung des Sachverständigen teilzunehmen. Die Parteien können auf diese Weise frühzeitig in die Zusammenarbeit einbezogen werden. Wird gegen Abs. 5 verstoßen, so liegt ein Verfahrensfehler vor, der ein Rechtsmittel begründen kann[24].

VII. Rechtsbehelfe

17 Anordnungen nach § 404a sind Bestandteil des Beweisbeschlusses oder dienen zu dessen Ergänzung. Sie sind daher wie der Beweisbeschluß (→ § 358 Rdnr. 5) nicht selbständig anfechtbar, weder durch die Parteien noch durch den Sachverständigen. Dies gilt auch für Anordnungen über Ermittlungen des Sachverständigen nach Abs. 4[25].

§ 405 Auswahl durch den mit der Beweisaufnahme betrauten Richter

[1]Das Prozessgericht kann den mit der Beweisaufnahme betrauten Richter zur Ernennung der Sachverständigen ermächtigen. [2]Er hat in diesem Falle die Befugnisse und Pflichten des Prozessgerichts nach den §§ 404, 404a.

---

22 *OLG Köln* NJW-RR 1996, 1277. Ein eigenes Recht zur Suche nach Unterlagen beim Gegner (i.S. der discovery des US-amerikanischen Rechts) hat die Partei jedoch nicht, *OLG Köln* aaO.

23 Ebenso *Zöller/Greger*[25] Rdnr. 5.

24 *Thomas/Putzo/Reichold*[26] Rdnr. 7.

25 *OLG München* BauR 1993, 768.

Gesetzesgeschichte: Bis 1900 §370 CPO. S.2 neu gefaßt durch Rechtspflege-Vereinfachungsgesetz vom 17.12. 1990 (BGBl. I 2847).

I. Zweck und Inhalt der Ermächtigung

1 Die Übertragung der Aufnahme des Sachverständigenbeweises auf einen **beauftragten oder ersuchten** Richter darf, sofern es sich nicht um die Zuziehung zur Einnahme eines Augenscheins handelt (dazu s. §372 Abs.2), nur in den Grenzen des §375 erfolgen. Da eine geeignete Auswahl vielfach nur an Ort und Stelle möglich ist, gestattet es §405, auch die Ernennung der Sachverständigen mit zu übertragen. Damit gehen nach S.2 zugleich die **Auswahl** und die **Bestimmung der Zahl** auf den beauftragten oder ersuchten Richter über. Ebenso hat dieser die Leitungs- und Weisungsbefugnisse nach §404a, wobei allerdings (vor allem beim ersuchten Richter) eine Kooperation mit dem Prozeßgericht erforderlich werden kann, die S.2 nicht ausschließt.

2 Auch wenn im Beweisbeschluß bereits Sachverständige benannt sind, ist der beauftragte oder ersuchte Richter gemäß §360 S.2 u. 3 zur **Ernennung anderer Sachverständiger** befugt. Für die **weitere Übertragung** der Ermächtigung gilt §365.

II. Ausspruch der Ermächtigung

3 Die Ermächtigung ist **in dem Beweisbeschluß** oder einem **Ergänzungsbeschluß** nach §360 auszusprechen. Sie ist in beiden Fällen **unanfechtbar.** Die Ernennung des Sachverständigen bedarf keiner vorherigen mündlichen Verhandlung. Ob die Parteien vorher gehört werden (vgl. §360 S.4), ist eine Frage der Zweckmäßigkeit im Einzelfall. Analog §360 S.4 sind die **Parteien von der Ernennung unverzüglich zu benachrichtigen;** der förmlichen Zustellung bedarf die Anordnung nicht, → §360 Rdnr.16 a.E.

III. Einigung der Parteien über die Person des Sachverständigen

4 An eine dem *Prozeßgericht* mitgeteilte **Einigung** der Parteien über die Person des Sachverständigen (§404 Abs.4) ist auch der beauftragte oder ersuchte Richter gebunden. Die Vereinbarung gemäß §404 Abs.4 bleibt auch *nach Erteilung der Ermächtigung* gemäß §405 zulässig; sie bindet aber den beauftragten oder ersuchten Richter nur, wenn sie ihm vor Ernennung des Sachverständigen angezeigt ist. Auf eine ihm später mitgeteilte Vereinbarung hin *kann* der beauftragte oder ersuchte Richter seinen Beschluß nach §360 S.2, 3 ändern.

IV. Beweiserhebung im Ausland

1. Autonomes Recht

5 Entsprechend §405 kann die Auswahl auch der nach §363 Abs.1 u. 2 ersuchten **ausländischen Behörde** oder dem deutschen **Konsul**[1] überlassen werden, da auch in diesem Fall das Prozeßgericht oft nicht zur Ernennung in der Lage sein wird.

2. Haager Beweisübereinkommen

6 Bei einer Beweisaufnahme im Ausland, die auch in der Vernehmung eines Sachverständigen bestehen kann (→ Anhang zu §363, Rdnr.89), durch einen **Beauftragten des Gerichts** aufgrund Art.17 Haager Beweisübereinkommen kann die Auswahl des Sachverständigen dem Beauftragten übertragen werden. Dies wird insbesondere in Betracht kommen, wenn als Beauftragter ein Mitglied des Prozeßgerichts bestellt wird, zur Zulässigkeit → Anhang zu §363, Rdnr.92.

3. Europäische Beweisaufnahmeverordnung

7 Zur Ernennung des Sachverständigen kann auch ein ausländisches Gericht ermächtigt werden, das vom Prozeßgericht aufgrund der **EuBVO** unmittelbar um Durchführung der Beweiserhebung ersucht wird, §363 Abs.3, §1072 Nr.1. Das Teilnahmerecht nach §1073 Abs.1 S.2 kann sowohl durch einen vom Prozeßgericht als auch durch einen vom ausländischen Gericht ernannten Sachverständigen ausgeübt werden. Wenn dagegen das Prozeßgericht eine **unmittelbare Beweisaufnahme** in einem anderen EG-Mitgliedstaat **durch einen Sachverständigen** durchführen will (§1072 Nr.2, §1073 Abs.2), muß es den Sachverständigen selbst ernennen.

Zu **Ermittlungen des Sachverständigen im Ausland** → vor §402 Rdnr.62ff.

§406 Ablehnung eines Sachverständigen

(1) [1]Ein Sachverständiger kann aus denselben Gründen, die zur Ablehnung eines Richters berechtigen, abgelehnt werden. [2]Ein Ablehnungsgrund kann jedoch nicht daraus entnommen werden, dass der Sachverständige als Zeuge vernommen worden ist.

(2) [1]Der Ablehnungsantrag ist bei dem Gericht oder Richter, von dem der Sachverständige ernannt ist, vor seiner Vernehmung zu stellen, spätestens jedoch binnen zwei Wochen nach Verkündung oder Zustellung des Beschlusses über die Ernennung. [2]Zu einem späteren Zeitpunkt ist die Ablehnung nur zulässig, wenn der Antragsteller glaubhaft macht, dass er ohne sein Verschulden verhindert war, den Ablehnungsgrund früher geltend zu machen. [3]Der Antrag kann vor der Geschäftsstelle zu Protokoll erklärt werden.

(3) Der Ablehnungsgrund ist glaubhaft zu machen; zur Versicherung an Eides statt darf die Partei nicht zugelassen werden.

(4) Die Entscheidung ergeht von dem im zweiten Absatz bezeichneten Gericht oder Richter durch Beschluss.

(5) Gegen den Beschluss, durch den die Ablehnung für begründet erklärt wird, findet kein

---

[1] Vgl. *BGH* LM §209 BEG 1956 Nr.73 und 88 (Auswahl des Sachverständigen kann in Entschädigungssachen der zuständigen Auslandsvertretung überlassen werden).

Rechtsmittel, gegen den Beschluss, durch den sie für unbegründet erklärt wird, findet sofortige Beschwerde statt.

Gesetzesgeschichte: Bis 1900 §371 CPO. Abs.3 geändert durch die Novelle 1898. Abs.5 geändert durch die Novelle 1950. Abs.2 neu gefaßt durch Rechtspflege-Vereinfachungsgesetz vom 17.12. 1990 (BGBl. I 2847). Abs.4 geändert durch ZPO-RG 2001 (→ Einl. Rdnr.202).

I. Die Ablehnungsgründe

1. Allgemeines

1 Daß das Gesetz die **Ablehnung von Sachverständigen** gestattet, entspricht einerseits der Auswechselbarkeit des Sachverständigen und andererseits seiner Stellung als unabhängiger Helfer (Berater) des Richters. Schon der **Anschein der Parteilichkeit** oder **Unsachlichkeit** soll durch die Ablehnung vermieden werden[1]. Die Ablehnung ist sowohl bei den auf Parteiantrag wie auch bei den von Amts wegen zugezogenen Sachverständigen zulässig, auch im Verfahren der Bewilligung von Prozeßkostenhilfe (§118 Abs.2 S.3 ZPO)[2], ebenso bei **Dolmetschern**[3] (§191 GVG) und (da diese ebenfalls als Sachverständige hinzugezogen werden) Übersetzern[4]. Zur Ablehnung im selbständigen Beweisverfahren → Rdnr.51 sowie → §492 Rdnr.9f.

2 Die Ablehnung kann sowohl auf die **Ausschließungsgründe** des §41 wie auf die **Besorgnis der Befangenheit** (§42 Abs.2) gestützt werden.

2. Behördengutachten

3 Da die Ablehnungsgründe ihrer Natur nach auf natürliche Personen zugeschnitten sind, können **Behörden** oder **Kollegialorgane** nicht als solche als Sachverständige abgelehnt werden[5], wie ja auch die Richterablehnung nicht gegenüber dem Gericht als ganzem möglich ist (→ vor §41 Rdnr.4). Eine Behörde, zu deren Aufgabenbereich die Gutachtenerstattung gehört, ist auch nicht deshalb ablehnbar, weil der Träger der Behörde an dem Rechtsstreit als Partei beteiligt ist[6]. Dagegen ist die Ablehnung der **einzelnen für die Behörde handelnden Personen** zulässig[7]. Besondere Bestimmungen für die behördliche Gutachtertätigkeit können aber als Spezialregeln die Anwendbarkeit des §406 ausschließen; dies ist für die Gutachterausschüsse nach dem Baugesetzbuch wegen §192 Abs.3 S.1 Baugesetzbuch anzunehmen[8]. Bei berechtigten Einwendungen gegen die Unparteilichkeit des Vorgehens des Gutachterausschusses kann die Einholung eines anderen Gutachtens geboten sein[9].

4 **Hilfspersonen** des Sachverständigen (→ §404 Rdnr.10) können nicht abgelehnt werden[10],

---

[1] Sehr kritisch zum finanziellen Einfluß auf Gutachter *Lanz* ZRP 1998, 336 (für Gesetzesänderungen).

[2] *BGH* VRS 29 (1965), 430.

[3] Auch hier ist ein Ablehnungsantrag erforderlich, *BVerwG* NJW 1984, 2055 = JZ 1984, 681; *VG Köln* NJW 1986, 2207.

[4] *OLG Köln* NJW 1987, 1091 (zum Rechtshilfeverkehr mit dem Ausland; der Übersetzer darf nicht selbst Partei sein).

[5] Ebenso *OLG Köln* BauR 1980, 588; *OLG Nürnberg* NJW 1967, 401; *OLG München* MDR 1959, 667; *OLG Jena* OLG-NL 2005, 118 (zu Gutachterausschüssen der Steuerberaterkammer).

[6] *VGH München* NVwZ-RR 1996, 328 (städtisches Gesundheitsamt); → auch Fn.37.

[7] Vgl. *BVerwG* NJW 1969, 1591; *VGH München* NVwZ-RR 1996, 328, 329. – A.M. *OLG Köln* BauR 1980, 588 (statt dessen Berücksichtigung im Rahmen der Beweiswürdigung). Für Ablehnbarkeit bei einer amtlichen Auskunft, die inhaltlich einem Sachverständigengutachten entspricht, mit Recht *BVerwG* NJW 1988, 2491.

[8] *BGHZ* 62, 93, 94 = NJW 1974, 701 = LM §402 Nr.23 (LS, *Johannsen*) (zu §139 BBauG); *OLG Frankfurt* NJW 1965, 306 u. 542 (zust. *Hönn*); *OLG Stuttgart* NJW-RR 1987, 190; *OLG Hamm* NJW-RR 1990, 1471; *OLG Oldenburg* FamRZ 1992, 451; *BFH/NV* 1997, 236 (offenlassend, ob auch die Ablehnung einzelner Mitglieder stets ausgeschlossen ist).

[9] *OLG Oldenburg* FamRZ 1992, 451.

[10] *OLG Zweibrücken* MDR 1986, 417.

doch können Umstände in der Person des Gehilfen (z.B. Verhalten des Gehilfen) dazu führen, daß die Ablehnung des *Sachverständigen* berechtigt ist[11].

3. Ausschließungsgründe

5 Auch die **Ausschließungsgründe** (§41) müssen durch einen Ablehnungsantrag geltend gemacht werden, sind also nicht etwa von Amts wegen zu beachten.

6 Die **frühere Vernehmung als Zeuge** in derselben Sache (§41 Nr.5) rechtfertigt gemäß Abs.1 S.2 die Ablehnung eines Sachverständigen nicht, da sich daraus regelmäßig kein Anlaß zu Zweifeln an der Unparteilichkeit ergibt. Dasselbe gilt bei einer **früheren Vernehmung als Sachverständiger,** so daß – obwohl §406 Abs.1 S.2 nur die frühere Zeugenvernehmung nennt – §41 Nr.5 auch insoweit nicht anwendbar ist[12]. Die Tätigkeit als Sachverständiger in einer vorhergehenden Instanz in derselben Sache fällt auch nicht unter §41 Nr.6, weil es sich dabei nicht um die Mitwirkung bei dem *Erlaß* der angefochtenen Entscheidung handelt[13]. Vgl. auch §412 Abs.1, der die erneute Begutachtung durch denselben Sachverständigen besonders erwähnt. Auch die Gutachtertätigkeit in einem früheren[14] oder einem parallel laufenden[15] Strafverfahren rechtfertigt keine Ablehnung. Im Einzelfall kann die frühere Vernehmung als Sachverständiger die Besorgnis der Befangenheit (§42 Abs.2) begründen, doch wird das nur ausnahmsweise der Fall sein[16], → auch Rdnr.11f. Wurde dem Sachverständigen der **Streit verkündet** und tritt er daraufhin dem Rechtsstreit bei, ist er nicht kraft Gesetzes ausgeschlossen[17]. (Richtiger Ansicht nach ist die Streitverkündigung an den Sachverständigen ohnehin **unzulässig**)[18], → §72 Rdnr.3.

4. Besorgnis der Befangenheit – Grundsätze

7 Für die **Ablehnung wegen Besorgnis der Befangenheit** (§42 Abs.2) kommt es nicht darauf an, ob das Gericht selbst Zweifel an der Unparteilichkeit des Gutachters hat. Entscheidend ist vielmehr, ob **vom Standpunkt der ablehnenden Partei aus**[19] genügende objektive Gründe vorliegen, die in den Augen eines vernünftigen Menschen geeignet sind, Zweifel an der Unparteilichkeit und Objektivität des Sachverständigen zu erregen. Dazu → §42 Rdnr.2. Sowohl die Besorgnis der *bewußten* wie die der *unbewußten*[20] Voreingenommenheit rechtfertigt die Ablehnung.

---

[11] *OLG Karlsruhe* Justiz 1980, 79; *OLG Köln* OLGZ 1983, 121 (nicht aber verwandtschaftliche Beziehungen zwischen dem Sachverständigen und dem Gehilfen).

[12] *OLG Köln* MDR 1990, 1121; *Baumbach/Lauterbach/Hartmann*[63] Rdnr.5; *Thomas/Putzo/Reichold*[26] Rdnr.1.

[13] Ebenso *OLG Köln* MDR 1990, 1121, 1122; *Baumbach/Lauterbach/Hartmann*[63] Rdnr.5; s. auch *BGH* MDR 1961, 397 = LM §209 BEG Nr.37. – A.M. *Kahlke* ZZP 94 (1981), 50, 68.

[14] *OLG Köln* MDR 1990, 1121.

[15] *OLG Stuttgart* MDR 1964, 63.

[16] Verneinend *RG* SeuffArch 60 (1905), 124 und *BGH* LM BEG 1956 §209 Nr.37 (Vernehmung in früherer Instanz).

[17] *BGH* NZBau 2006, 239.

[18] So zuletzt *OLG Bamberg* OLGR 2006, 448; ebenso jetzt *BGH* NJW 2006, 3214. Nach dem Entwurf eines 2. Justizmodernisierungsgesetzes (Kabinettsbeschluß vom 19.7. 2006) soll die Zulässigkeit einer Streitverkündung an das Gericht oder einen gerichtlichen Sachverständigen durch einen neuen §72 Abs.2 ausdrücklich ausgeschlossen werden.

[19] *BGH* NJW 2005, 1869, 1870; LM Nr.5 = NJW 1975, 1363; *OLG Hamm* VersR 1980, 722; *OLG Stuttgart* NJW 1958, 2122; *OLG München* NJW 1963, 1682; VersR 1968, 207; *OLG Köln* OLGZ 1993, 341.

[20] *OLG Bamberg* OLG Rsp 9 (1904), 73f.; SeuffArch 64 (1909), 124.

8 Der Umstand, daß schon **Gegengutachten** vorliegen[21] oder ein angeblicher **Mangel an Sachkunde**[22] rechtfertigen die Ablehnung nicht. Hier kommt aber eine **Befreiung von der Gutachterpflicht** nach §408 Abs.1 S.2 in Betracht, → §408 Rdnr.5.

9 Auf diesem Wege werden auch zweckmäßig Konflikte bereinigt, bei denen es sich nicht eigentlich um Zweifel an der Objektivität des Sachverständigen handelt, sondern um **mangelndes Vertrauen aus weltanschaulichen und ähnlichen Gründen,** → auch §404 Rdnr.2.

10 **Privatgutachter** (→ vor §402 Rdnr.74ff.) können nicht abgelehnt werden.

II. Besorgnis der Befangenheit – Fallgruppen

1. Gutachten im Auftrag einer Partei in derselben Sache

11 Daß der Sachverständige[23] bereits früher in derselben Sache ein **außergerichtliches Gutachten** im Auftrag einer Partei oder ihrer Versicherung[24] abgegeben hat, wird die Ablehnung zumeist rechtfertigen[25], auch wenn der Gegner vorprozessual mit der Begutachtung einverstanden war[26]. Erst recht besteht die Besorgnis der Befangenheit, wenn der bereits ernannte gerichtliche Sachverständige einen entgeltlichen Auftrag der Partei (z.B. zur Erstellung einer Fotodokumentation) übernimmt[27]. Die Befangenheit kann aber zu verneinen sein, wenn die jeweiligen Verfahrensgegner nicht identisch sind[28]. Zur Befangenheit führt nicht, daß der Sachverständige im **selbständigen Beweisverfahren** von einer der Parteien als Gutachter benannt worden war[29], auch nicht die Erstattung eines Gutachtens im Auftrag einer vor dem Prozeß eingeschalteten Schlichtungsstelle für Arzthaftungsfragen[30].

2. Gutachten für eine Partei in einer anderen Sache

12 Gutachtenerstattung in anderen Fällen rechtfertigt die Ablehnung nicht ohne weiteres[31], z.B. nicht die Tätigkeit als Privatgutachter für die Versicherungswirtschaft und auch für das beklagte Versicherungsunternehmen[32], es sei denn, daß ein ständiges Auftragsverhältnis bestand[33]. Auch kann sich die Besorgnis der Befangenheit daraus ergeben, daß der Sachverständige wiederholt in anderen Fällen für eine der Parteien als Privatgutachter tätig war und diese Partei sowie der Sachverständige dies dem Gegner verschwiegen hatten[34].

---

[21] *RG* SeuffArch 60 (1905), 123; *OLG Karlsruhe* BadRPr 1905, 139; *OLG Breslau* OLG Rsp 19 (1909), 114.

[22] *OLG München* JurBüro 1977, 1782; *LG Mönchengladbach* WuM 1993, 415.

[23] Kein Ablehnungsgrund ist dagegen, daß ein Schüler des Sachverständigen bereits früher ein Gutachten erstattet hatte, *OLG Schleswig* SchlHA 1979, 23.

[24] *BGH* NJW 1972, 1133; *OLG Frankfurt* MDR 1969, 225. Anders *OLG Koblenz* MDR 1984, 675 (da der Versicherer am Rechtsstreit nicht beteiligt war). Daß der Sachverständige häufiger Gutachten für den Haftpflichtversicherer einer Partei erstattet, rechtfertigt die Ablehnung nicht, *OLG Köln* OLGZ 1993, 341. – A.M. *Musielak/Huber*[4] Rdnr.10; allg. krit. *Lanz* ZRP 1998, 337.

[25] Vgl. dazu *RG* JW 1896, 248; 1897, 345; 1902, 216, 545; 1906, 88; *OLG Hamburg* SeuffArch 70 (1915), 250; *OLG Frankfurt* JW 1931, 2042; VRS 51 (1976), 212, die die Ablehnung im Regelfall zulassen.

[26] *OLG Oldenburg* NdsRpfl 1997, 29.

[27] *OLG Düsseldorf* MDR 2005, 474.

[28] So *OLG Hamm* MDR 2000, 49 (ein für den Sachversicherer im Verhältnis zum Geschädigten tätig gewordener Sachverständiger ist im Hinblick auf die Interessenlage im Prozeß zwischen Sachversicherer und Schädiger nicht ohne weiters befangen).

[29] *OLG Köln* in *Schäfer/Finnern/Hochstein* Rechtsprechung zum privaten Baurecht, §406 ZPO Nr.1.

[30] *OLG Braunschweig* MDR 1990, 730.

[31] Verneinend z.B. *OLG Karlsruhe* VersR 1973, 865; *OLG Koblenz* NJW-RR 1992, 1470; *OLG Rostock* OLG-Report Brandenburg/Dresden/Jena/Naumburg/Rostock 2002, 79.

[32] *OLG Celle* NJW-RR 2003, 135.

[33] *OLG Nürnberg* JurBüro 1981, 776; *LG Kassel* VersR 1957, 726.

[34] *OLG Karlsruhe* Justiz 1986, 360 = BauR 1987, 599.

3. Schiedsgutachten

13 Die frühere Abgabe eines Schiedsgutachtens (→ vor §1025 Rdnr. 21ff.) begründet allein die Besorgnis der Befangenheit nicht, wenn sich beide Parteien auf den Schiedsgutachter geeinigt hatten[35].

4. Geschäftsbeziehungen mit einer Partei

14 Abgelehnt werden kann ein Gutachter, der in **ständigen Geschäftsbeziehungen** erheblichen Ausmaßes zu einer Partei[36] oder **im abhängigen Dienst einer Partei** steht[37] oder z.B. mit einem Versicherungsunternehmen in ständiger Verbindung steht, das einer Partei im Falle ihres Unterliegens Versicherungsschutz zu gewähren hat.

15 Ob es als Befangenheitsgrund ausreicht, wenn der Sachverständige Geschäftsführer eines Facharbeitskreises ist, dem auch die Partei angehört[38], erscheint zweifelhaft.

5. Tätigkeit für einen Dritten

16 Die Besorgnis der Befangenheit kann sich auch aus einer **früheren Tätigkeit** des Sachverständigen für einen am Prozeß nicht beteiligten **Dritten** ergeben, wenn es sich um einen gleichartigen Sachverhalt und einen parallelen Interessenkonflikt handelte[39], ebenso aus der Tätigkeit für die Gesamtheit der Wohnungseigentümer, von denen im Prozeß einer Partei ist[40].

6. Mandatsverhältnis zum Prozeßbevollmächtigten des Gegners

17 Auch ein Mandatsverhältnis zwischen dem Sachverständigen und dem **Prozeßbevollmächtigten** des Gegners kann die Ablehnung rechtfertigen[41].

7. Konkurrenzverhältnis zu einer Partei

18 Die Eigenschaft als **Konkurrent** in einem besonderen Handels- oder Fabrikationszweig[42] kann ebenfalls die Ablehnung begründen; ebenso kann wegen des Konkurrenzverhältnisses die Ablehnung eines im

---

35 *OLG Düsseldorf* NJW-RR 2000, 1335. S. auch *LG Bonn* BauR 1988, 632 (Befangenheit nicht schon wegen Erstattung des Schiedsgutachtens, aber wegen Honorarrechtsstreits mit einer Partei).

36 *OLG Celle* ZMR 1996, 211 = NJW-RR 1996, 1086. – S. auch *OLG München* MDR 1998, 858 (für bestimmte Artikel auf Belieferung durch die Partei angewiesen).

37 *RG* JW 1898, 220; 1899, 487; 1902, 608; s. auch *RGZ* 66, 53 (Stadtverordneter der beklagten Gemeinde). Vgl. auch *OLG München* ZZP 55 (1930), 164 (Beamter der beklagten Reichsbahn, verneinend); *OVG Berlin* NJW 1970, 1390 (Sachverständiger, der im Dienst des beklagten Landes steht, ist nicht befangen, wenn seine dienstliche Tätigkeit keine Berührungspunkte mit dem Gegenstand des Prozesses hat); ähnlich *OVG Lüneburg* NdsRpfl 1985, 285. Recht weitgehend *OLG Hamburg* MDR 1983, 412 (Befangenheit eines Hochschullehrers, weil dieser im Beamtenverhältnis zur Partei steht); ebenso *OLG München* MDR 2002, 291 (Befangenheit eines Hochschullehrers in Arzthaftungsprozeß, in dem es um Fehlerhaftigkeit der Tätigkeit eines anderen Beamten desselben Landes geht); *OLG Nürnberg* MDR 2006, 469 (Befangenheit eines wissenschaftlichen Mitarbeiters am medizinischen Fachbereich einer anderen Universität desselben – beklagten – Landes).

38 So *OLG Schleswig* SchlHA 1997, 42 (unter wenig überzeugender Berufung auf §41 Nr. 4 in entsprechender Anwendung).

39 *OLG Frankfurt* ZIP 1982, 1489 = NJW 1983, 581 (mehrere Erwerber von Eigentumswohnungen); *OLG Düsseldorf* NJW-RR 1997, 1428 (Privatgutachten für andere Erwerber desselben Haustyps im selben Baugebiet).

40 *OLG Frankfurt* BB 1987, 26 (LS) (aber nicht bei Einverständnis der Parteien mit dieser doppelten Tätigkeit).

41 *BGH* LM Nr. 7 = NJW-RR 1987, 893.

42 *OLG Koblenz* OLGR Koblenz/Saarbrücken/Zweibrücken 2001, 141. Die bloße Tätigkeit in derselben Branche wird aber nicht genügen, *BGH* MittdtschPatAnw 2004, 234 = Juris KORE592932004; *OLG Düsseldorf* JurBüro 1980, 284; *OLG München* MDR 1989, 828.

selben Amtsgerichtsbezirk tätigen Konkursverwalters begründet sein, der die Schlußrechnung eines anderen Konkursverwalters begutachten soll[43]. Auch die **Tätigkeit für einen Konkurrenten** kann die Besorgnis der Befangenheit begründen[44].

8. Berufliche Kontakte mit einer Partei

19 Die Besorgnis der Befangenheit ergibt sich nicht daraus, daß der Sachverständige (Klinikdirektor) von einer Partei Patienten überwiesen erhält[45], und auch nicht aus einer früheren gewerblichen Zusammenarbeit des Sachverständigen mit dem Privatgutachter der Gegenpartei[46].

9. Ärztliche Behandlung einer Partei

20 Daß ein zum Sachverständigen ernannter **Arzt** die **Partei selbst behandelt** hat, macht ihn nicht generell befangen[47], wohl aber dann, wenn er sich im Rahmen seines Gutachtens zu seiner eigenen früheren Diagnose oder zu seiner Behandlungsweise äußern müßte[48].

21 Die Ablehnung kann auch dann gerechtfertigt sein, wenn auf Grund längerer Behandlung ein **besonderes Vertrauensverhältnis** zwischen der Partei und dem Arzt besteht, so daß die Befürchtung begründet ist, der Arzt stehe dem prozessualen Anliegen der Partei nicht unbefangen gegenüber[49]. Auch ein **Vorgesetzter des behandelnden Arztes** ist nicht von vornherein als befangen anzusehen[50].

22 Der mit Erfolg abgelehnte Arzt kann als **sachverständiger Zeuge** über die Wahrnehmungen bei der Behandlung vernommen werden, → Rdnr. 66 sowie → §414 Rdnr. 2.

10. Feindschaft

23 Die Ablehnung ist begründet, wenn der Sachverständige mit einer Partei oder ihrem Anwalt in Feindschaft lebt[51], nicht aber, wenn er sich gegen ehrenrührige bzw. provokative Angriffe entschieden zur Wehr setzt[52].

11. Persönliche Beziehungen

24 Enge persönliche Beziehungen[53] des Sachverständigen können die Ablehnung rechtfertigen, so auch, wenn der Sachverständige (sei es auch vor längerer Zeit) bei dem Geschäftsführer einer Partei promoviert hat[54].

---

43 *OLG Köln* Rpfleger 1990, 88 = ZIP 1990, 58.

44 Nach *BGH* LM §110 PatG 1981 Nr. 10 = GRUR 2002, 369 (zum Patentnichtigkeits-Berufungsverfahren) genügt es jedoch nicht, wenn der Sachverständige für Schutzrechte eines Konkurrenten des Patentinhabers auf dem einschlägigen Gebiet als Erfinder benannt ist.

45 *OLG Karlsruhe* OLGZ 1984, 104 = Justiz 1984, 60.

46 *OLG Frankfurt* VersR 1981, 557 = ZIP 1981, 209.

47 *OLG Köln* VersR 1992, 517.

48 *OLG Celle* NdsRpfl 1966, 197; *LG Hildesheim* MDR 1963, 852. S. auch *LG Stuttgart* MDR 1962, 910.

49 *OLG Rostock* VersR 1996, 124; OLG Rsp 31 (1915), 70; *OLG Darmstadt* OLG Rsp 37 (1918), 146.

50 *OLG Karlsruhe* FamRZ 1991, 965.

51 *RG* JW 1903, 67. S. auch *OLG München* VersR 1968, 207 (Ablehnung gerechtfertigt bei Spannungen zwischen dem Sachverständigen und dem Versicherer der ablehnenden Partei); *OLG Stuttgart* Justiz 1965, 196 (Auseinandersetzung mit dem Prozeßbevollmächtigten der ablehnenden Partei); *OLG Celle* MDR 1970, 243 (Befangenheit nicht deshalb gegeben, weil sich der Sachverständige gegen Vorwürfe einer Partei verteidigt).

52 *OLG Düsseldorf* BB 1975, 627.

53 Aber nicht schon, daß der Sachverständige und eine Partei als Handwerker desselben Berufszweigs miteinander bekannt sind, *OLG Frankfurt* BauR 1998, 829.

54 *OLG Köln* VersR 1993, 72.

12. Eigenes Interesse des Sachverständigen

25 Die Ablehnung ist regelmäßig begründet, wenn der Sachverständige ein **eigenes Interesse** an der Sache hat[55].

26 Nicht ausreichend ist aber z.B. die einfache Mitgliedschaft des Sachverständigen in einem Hausbesitzer- oder Mieterverein, wenn es um die Erstellung eines Gutachtens über die örtliche Vergleichsmiete geht[56].

27 Daß der als Sachverständiger bestellte Arzt selbst in einen anderen Arzthaftpflichtprozeß auf Beklagtenseite verwickelt ist, wobei dieselben Prozeßbevollmächtigten tätig werden, kann die Besorgnis der Befangenheit begründet erscheinen lassen[57].

13. Ermittlungen des Sachverständigen (insbesondere Ortstermine) und Kontakte mit den Parteien

a) Besorgnis der Befangenheit begründet

28 Führt der Sachverständige eine Orts- und Sachbesichtigung **in Anwesenheit nur einer der Parteien** durch, ohne die andere zu benachrichtigen und ihr Gelegenheit zur Teilnahme zu geben (zum Anwesenheitsrecht → § 357 Rdnr. 9f.), so läßt ihn dies als befangen erscheinen[58].

29 Zur Besorgnis der Befangenheit führt auch die Weigerung, einen **Ortstermin in Gegenwart des technischen Beraters einer Partei** durchzuführen[59], oder die **Nichtwahrnehmung eines vereinbarten Ortstermins** allein aufgrund der Erklärungen einer Partei und ohne Rücksicht auf drohende Beweisvereitelung[60].

30 Läßt sich der Sachverständige zum Ortstermin von einer Partei **in deren Kraftwagen mitnehmen,** so kann sich daraus jedenfalls bei einer längeren Autofahrt die Besorgnis der Befangenheit ergeben[61].

31 Die Besorgnis der Befangenheit ist begründet, wenn sich der Sachverständige von einer Partei **Material für das Gutachten** geben läßt und dieses verwendet, ohne der anderen Partei Kenntnis zu geben[62]. Die Ablehnung ist auch begründet, wenn sich der Sachverständige über den Sachverhalt in einem **einseitigen Gespräch** mit Angestellten nur der einen Partei informiert hat[63].

b) Besorgnis der Befangenheit nicht begründet

32 Daß der Sachverständige **überhaupt eigene Ermittlungen** durchführt (dazu → vor § 402 Rdnr. 53ff.), z.B. Krankenunterlagen von anderen Ärzten beizieht, begründet nicht die Besorgnis der Befangenheit, wenn dies dem Gericht gegenüber und im Gutachten offengelegt wird[64].

33 Im allgemeinen besteht auch keine Besorgnis der Befangenheit, wenn der Sachverständige die **Hinzuziehung beider Parteien** zu einer vorbereitenden Ortsbesichtigung für **entbehrlich** hielt[65]. Nicht begrün-

---

[55] *RG* JW 1903, 272; *OLG Bamberg* OLG Rsp 9 (1904), 73; *KG* OLG Rsp 19 (1909), 113; *OLG Kiel* OLG Rsp 41 (1921), 271.

[56] *LG München I* WuM 1982, 303.

[57] *OLG Naumburg* MedR 1999, 183.

[58] *BGH* LM Nr. 5 = NJW 1975, 1363; *OLG Jena* MDR 2000, 169; *OLG München* NJW-RR 1998, 1687; *OLG Schleswig-Holstein* SchlHA 1957, 11; *OLG Celle* NdsRpfl 1959, 155; *OLG Köln* JMBlNRW 1968, 213; *OLG Hamburg* MDR 1969, 489; *OLG Bremen* MDR 1963, 768 (LS); *OLG Frankfurt* FamRZ 1986, 1021 (*Bosch*); *LG Wuppertal* MDR 1960, 1017. – A.M. *LG Berlin* MDR 1964, 423; im konkreten Fall *LG Bremen* MDR 1997, 502.

[59] *OLG Düsseldorf* MDR 1979, 409.

[60] *AG Kassel* WuM 1993, 415.

[61] *OLG Karlsruhe* Justiz 1980, 79.

[62] *KG* JurBüro 1969, 448 (zust. *Schalhorn*). – Ähnlich *OLG Koblenz* VersR 1977, 1133 = MDR 1978, 148 (einseitige Beschaffung des Untersuchungsgutes); *OLG Saarbrücken* MDR 2005, 233 (einseitige Beschaffung von Unterlagen und Informationsaustausch ohne Offenlegung gegenüber dem Gegner).

[63] *OLG Hamm* MDR 1973, 144; zu großzügig dagegen *OLG Düsseldorf* NJW-RR 1986, 740. Unschädlich ist es, wenn sich der Sachverständige mit dem Gutachterausschuß (BBauG) bei einer Stadt in Verbindung setzt, auch wenn die Stadt Partei ist, *OLG Düsseldorf* BB 1972, 1248.

[64] *OLG Brandenburg* OLG-NL 2003, 120.

[65] *OLG München* OLGZ 1983, 355; im Ergebnis ebenso *OLG Dresden* NJW-RR 1997, 1354 (das aber die Geltung der Parteiöffentlichkeit grundsätzlich ablehnt).

det ist die Besorgnis der Befangenheit bei einer vorbereitenden Besichtigung des Unfallorts ohne die Parteien zusammen mit dem sachbearbeitenden Polizisten[66]. Auch bei Besichtigungen im Rahmen langfristiger Reihenuntersuchungen und vereinzelter Nichtzuziehung einer Partei braucht die Besorgnis der Befangenheit nicht begründet zu sein[67]. Nicht zur Besorgnis der Befangenheit führt eine mit Genehmigung des Gerichts ohne vorherige Information der Partei durchgeführte Messung von Lärmbeeinträchtigungen[68].

34 Weist der Sachverständige bei einem Ortstermin eine Partei auf **gefahrträchtige Umstände** hin, so läßt ihn dies nicht als befangen erscheinen[69].

35 Besorgnis der Befangenheit ist nicht gegeben bei Nichtzuziehung der anderen Partei zu einer **ärztlichen**[70], auch **zahnärztlichen**[71], **Untersuchung des Gegners.** Auch die Einzelbefragung von Bezugspersonen des Kindes durch den Gutachter in einer Sorgerechtssache rechtfertigt nicht die Ablehnung[72].

36 Eine telefonische Bitte des Prozeßbevollmächtigten einer Partei (ohne Wissen der anderen Partei), der Sachverständige möge den **Besichtigungstermin** zur Vorbereitung des Gutachtens möglichst bald anberaumen, erscheint nicht geeignet, Zweifel an der Unparteilichkeit des Gutachters zu wecken[73], ebenso wenig eine telefonische Information durch den Sachverständigen über die Notwendigkeit eines weiteren Kostenvorschusses[74].

37 Besorgnis der Befangenheit besteht nicht, wenn der Sachverständige von beiden Parteien unmittelbar **Unterlagen anfordert** und lediglich deren Eintreffen nicht gesondert (wohl aber im Gutachten) mitteilt[75]; auch nicht allein schon deshalb, weil von einer Partei die Übersendung eines Arztberichts erbeten wurde[76]. Die Ablehnung ist auch nicht begründet, wenn das zu untersuchende **Beweisstück** zwar **von einer Partei überbracht,** aber erst später in Gegenwart des Gegners besichtigt wird[77].

14. Kontakte zwischen Sachverständigem und Gericht

38 Hört der Vorsitzende den Sachverständigen im Beratungszimmer unter Ausschluß der Parteien an, um dann einen Vergleichsvorschlag zu unterbreiten, so kann dies den Eindruck erwecken, Gericht und Sachverständiger wollten bestimmte Erkenntnisse geheimhalten, um die Vergleichsbereitschaft einer widerstrebenden Partei zu fördern; aus deren Sicht erscheint daher die Besorgnis der Befangenheit beim Richter wie beim Sachverständigen gegeben[78].

15. Äußerungen des Sachverständigen, insbesondere zum Parteivortrag

39 Die Besorgnis der Befangenheit kann sich aus einseitigen **Äußerungen** des Sachverständigen ergeben, etwa aus einer distanzlosen, verletzend wirkenden Bemerkung bei einer ärztlichen Untersuchung[79], oder aus der unbesehenen Abqualifizierung eines angekündigten Privatgutachtens als Gefälligkeitsgutachten[80]. Andererseits darf sich der Sachverständige gegen Angriffe gegen seine Sachkunde oder seine Vorgehensweise in sachlicher Weise zur Wehr setzen und gegenüber beleidigenden Angriffen auch eine Strafanzeige stellen bzw. ankündigen, ohne deshalb als befangen abgelehnt werden zu können[81].

40 Eine einseitige, herabsetzende Äußerung des Sachverständigen zu einem Parteivortrag außerhalb der

---

66 *OLG Stuttgart* NZV 1996, 323.
67 *OLG Koblenz* OLGZ 1977, 109.
68 *OLG Saarbrücken* JurBüro 1998, 499.
69 *OLG Köln* BauR 2002, 1284 (lebensbedrohende Mängel der Standsicherheit eines Gebäudes).
70 *OLG Saarbrücken* OLGZ 1980, 37.
71 *OLG Brandenburg* OLG-NL 2003, 120.
72 *OLG Stuttgart* FamRZ 2003, 316.
73 Zutreffend *Schultz* gegen *LG Aurich* MDR 1985, 853.
74 *OLG Frankfurt* FamRZ 1989, 410.
75 *OLG Köln* BauR 2002, 1284.
76 *OLG Zweibrücken* NJW-RR 2001, 1149.
77 *OLG Hamburg* MDR 1986, 153.
78 A.M. *OLG Stuttgart* NJW-RR 1996, 1469; dazu abl. *E. Schneider* NJW 1997, 1832 (zur Richterablehnung).
79 *OLG Schleswig* SchlHA 1997, 42.
80 *OLG Zweibrücken* NJW 1998, 912.
81 *LG Traunstein* NZV 2003, 241.

Beweisfrage kann die Besorgnis der Befangenheit begründen[82], ebenso einseitige Bewertung der Glaubwürdigkeit hinsichtlich streitigen Parteivortrags[83] oder eine sprachliche Abqualifizierung von Einwendungen gegen das Gutachten[84]. Im Rahmen seines Gutachtenauftrags ist es dem Sachverständigen nicht grundsätzlich verwehrt, auch Zweifel am Sachvortrag einer Partei zu äußern[85] bzw. seine Beantwortung der ihm gestellten Beweisfrage deutlich zu fomulieren, solange dies nicht in beleidigender Herabsetzung einer Partei geschieht[86].

16. Verzögerung des Gutachtens

41 Die Ablehnung kann nicht darauf gestützt werden, der Sachverständige habe die Erstellung des Gutachtens verzögert, da sich daraus allein kein Anhaltspunkt für Parteilichkeit ergibt[87].

17. Inhalt des Gutachtens

42 Behauptete **Fehler** im Gutachten oder mangelnde Sachkunde begründen in der Regel nicht die Besorgnis der Befangenheit, da sie nicht die Unparteilichkeit des Sachverständigen betreffen[88].

43 Ein für eine Partei **ungünstiges Ergebnis** des Gutachtens oder eine angeblich zu hohe Entschädigungsforderung des Sachverständigen rechtfertigen die Ablehnung nicht[89], ebensowenig der Umstand, daß der Gutachter im schriftlichen Gutachten von einer bei einer Ortsbesichtigung gemachten mündlichen Äußerung abweicht[90], auch nicht, daß das Gutachten (für die Partei ungünstige) Rechtsausführungen enthält[91] oder daß der Sachverständige im Zusammenhang mit der Auslegung des Gutachtenauftrags auch rechtliche Fragen anspricht[92]. Die Ablehnung kann auch nicht allein damit begründet werden, daß der Gutachter (angeblich) lediglich die Unfallbeschreibung durch die Gegenpartei zugrunde gelegt habe[93].

18. Überschreitung des Gutachtenauftrags

44 Dagegen kann sich die Besorgnis der Befangenheit daraus ergeben, daß der Gutachter, statt die ihm gestellte Beweisfrage zu beantworten, die Schlüssigkeit und Erheblichkeit des Parteivorbringens untersucht und feststellt, es komme auf die Beweisfrage nicht an[94], oder daß er eigenmächtig vom Gutachtenauftrag abweicht und sich dadurch auf die Seite einer Partei stellt[95], den Gutachtenauftrag eigenmächtig erweitert und dadurch Mißtrauen hervorruft[96] oder die im Beweisbeschluß vorgegebenen Beweisthemen umformuliert und den Parteivortrag gänzlich unberücksichtigt läßt[97].

---

[82] *OLG Schleswig* OLGReport Bremen/Hamburg/Schleswig 2002, 463 (Bezeichnung des streitigen Klagevortrags als »Märchenstunde«).
[83] *OLG Nürnberg* VersR 2001, 391, 392.
[84] *OLG Köln* MDR 2002, 53 (Bezeichnung kritischer Äußerungen als »rüpelhaft« oder »flegelhaft«).
[85] *OLG München* OLG-Report 2001, 352.
[86] Vgl. *LG Erfurt* BauR 1999, 1331 (Bezeichnung der Bauausführung als »Schande, die jeglicher Beschreibung spottet« usw. ergibt keine Besorgnis der Befangenheit, wenn mit exakten Messungen und Feststellungen begründet); *OLG Saarbrücken* OLG-Report 2005, 92 = MDR 2005, 648 (Feststellung im Gutachten, »kein seriöser Wirbensäulenchirurg« werde die Auffassung der Beklagten vertreten, rechtfertigt nicht die Ablehnung).
[87] *OLG Brandenburg* NJW-RR 2001, 1433.
[88] *BGH* NJW 2005, 1869, 1870.
[89] *OLG München* Rpfleger 1980, 303 = JurBüro 1980, 1055.
[90] *OLG Karlsruhe* AgrarR 1976, 75.
[91] *OLG Karlsruhe* MDR 1994, 725.
[92] *OLG Nürnberg* MDR 2002, 291.
[93] *OLG Celle* NJW-RR 2003, 135.
[94] *OLG Köln* NJW-RR 1987, 1198.
[95] *OLG Schleswig* SchlHA 1997, 43.
[96] *OLG Celle* NJW-RR 2003, 135.
[97] *OLG Bamberg* MedR 1993, 351.

19. Ablehnung im Verfahren über eine einstweilige Verfügung

45 Auch im Verfahren über eine **einstweilige Verfügung** kann ein von der Partei gestellter Gutachter, den das Gericht als Sachverständigen vernehmen will, aus den Gründen des Abs. 1 abgelehnt werden[98], jedoch kann es im Hinblick auf die Gegebenheiten des Eilverfahrens (Glaubhaftmachung nur durch präsente Beweismittel, → §294 Rdnr. 11 [21. Aufl.]) zur Begründung nicht genügen, daß der mitgebrachte Gutachter von der Partei ausgewählt und teilweise bezahlt wurde und ohne Anwesenheit des Gegners das Streitobjekt besichtigte[99] oder daß er zuvor ein schriftliches Gutachten zum Zwecke der Glaubhaftmachung erstellt hatte[100].

III. Rechtzeitigkeit der Ablehnung

1. Maßgeblicher Zeitpunkt

46 Die Ablehnung findet erst **nach der Ernennung** der Sachverständigen statt; die Parteien können aber auch schon vorher Einwände gegen die etwa vorgeschlagenen Sachverständigen erheben. Die Ablehnung muß gemäß Abs. 2 S. 1 **vor Beginn der Vernehmung** (§395), spätestens aber (gleich ob mündliche oder schriftliche Begutachtung angeordnet wurde[101]) binnen zwei Wochen nach Verkündung oder Zustellung des Beschlusses über die Ernennung (in diesem Prozeß[102]) erfolgen, unabhängig davon, ob etwa das schriftliche Gutachten bereits erstattet ist. Ein nach der Vernehmung erlassener Beweisbeschluß, der eine schriftliche Begutachtung anordnet und die Beweisfragen genauer formuliert, eröffnet keine neue Ablehnungsfrist[103]. Dabei ist aber vorausgesetzt, daß die Partei weiß, wer der verantwortliche Verfasser des Gutachtens ist[104]. Die Beeidigung oder die Berufung auf den im allgemeinen geleisteten Eid (§410) gehört, wenn sie vor Erstattung des Gutachtens erfolgt, noch nicht zur Vernehmung. – Zur Ablehnung im Verfahren über eine einstweilige Verfügung → Rdnr. 45.

2. Nachträgliche Ablehnung

47 Eine **nachträgliche Ablehnung** ist gemäß Abs. 2 S. 2 nur zulässig, wenn **glaubhaft gemacht** wird (§294)[105], daß der Antragsteller ohne sein Verschulden (einfache Fahrlässigkeit genügt) den Ablehnungsgrund nicht früher geltend machen konnte, sei es, daß der Ablehnungsgrund erst **später entstanden** oder der Partei **bekannt geworden** ist. Zur Glaubhaftmachung ist auch die Versicherung an Eides Statt durch die Partei zulässig, da Abs. 3 insoweit nicht gilt. Konkreten Anhaltspunkten für das Vorliegen eines Ablehnungsgrundes muß die Partei nachgehen und Erkundigungen einziehen; andernfalls ist die Verzögerung nicht unverschuldet[106].

48 Die nachträgliche Ablehnung ist nur dann zulässig, wenn der Ablehnungsantrag **unverzüglich** (d.h. ohne schuldhaftes Zögern, §121 Abs. 1 S. 1 BGB) nach der Erlangung der Kenntnis vom Ablehnungsgrund gestellt wird[107]. Der Antrag ist also zwar nicht sofort, aber innerhalb

---

98 *OLG Nürnberg* NJW 1978, 954.
99 *OLG Nürnberg* MDR 1977, 849.
100 *OLG Nürnberg* NJW 1978, 954.
101 Ebenso *Musielak*/Huber[4] Rdnr. 13.
102 Auf die Ernennung in einem Parallelverfahren kommt es dabei nicht an. Dies meint wohl *OLG Köln* VersR 1992, 517.
103 *OLG Oldenburg* JurBüro 1996, 491.
104 *OLG Köln* MDR 1975, 670.
105 *BGH* NJW 2005, 1869.
106 *OLG Celle*, B. vom 21.1. 2005, 3 W 6/05, Juris Nr. KORE409242005.
107 *OLG Brandenburg* OLG-NL 2003, 92; *OLG Frankfurt* 9 W 17/04 BeckRS 2004 Nr. 09002; *OLG Koblenz* NJW-RR 1992, 1470, 1471; NJW-RR 1999, 72, 73.

einer den konkreten Umständen angepaßten Prüfungs- und Überlegungsfrist anzubringen[108]. Dabei kann im Regelfall (im Einzelfall kann auch ein etwas längerer Zeitraum angemessen sein[109]) die Zwei-Wochenfrist des Abs. 2 S. 1 als Richtschnur dienen[110]. Dies gilt insbesondere, wenn sich die Ablehnungsgründe erst aus dem schriftlichen Gutachten ergeben[111].Wird eine **Frist zur Stellungnahme** nach §411a Abs. 4 gesetzt, so ist diese auch für die Rechtzeitigkeit der Ablehnung maßgebend, wenn sich der geltend gemachte Ablehnungsgrund aus dem Inhalt des Gutachtens ergibt, so daß sich die Partei zur Begründung ihres Antrags mit dem Inhalt des Gutachtens auseinandersetzen muß[112].

49 Eine verspätete Ablehnung wird auch nicht dadurch zulässig, daß die Partei ihre Ansicht über die Wichtigkeit der Ausführungen des Gutachters ändert[113]. Angesichts der gesetzlichen Regelung in Abs. 2 S. 2, die in der Regel zum selben Ergebnis führen wird, erscheint eine analoge Anwendung des §43 nicht veranlaßt[114]. Wenn bei der mündlichen Erörterung des Gutachtens ein eindeutiger Ablehnungsgrund bekannt wird, kann von der Partei die sofortige Ablehnung erwartet werden; es sollte aber dann genügen, wenn dies noch im Termin im unmittelbaren Anschluß an die Antragstellung erfolgt[115].

50 Die Verspätung in erster Instanz steht auch einem Vorbringen im **Beschwerdeverfahren** entgegen, → Rdnr. 69.

51 Die Ablehnung eines Sachverständigen ist bereits im **selbständigen Beweisverfahren** zulässig (→ §492 Rdnr. 9). Daher ist eine Ablehnung im späteren Hauptprozeß nur noch nach Maßgabe des Abs. 2 zulässig[116], also nur wenn der Antragsteller den Ablehnungsgrund ohne Verschulden nicht schon im selbständigen Beweisverfahren geltend machen konnte. Die Ablehnung muß auch dann zulässig bleiben, wenn das Gericht im selbständigen Beweisverfahren über die schon damals geltend gemachte Ablehnung nicht sachlich entschieden hat[117], sei es im Hinblick auf die Eilbedürftigkeit der Beweissicherung oder weil das Gericht der Auffassung folgte, im selbständigen Beweisverfahren gebe es keine Ablehnung. Soweit danach die nachträgliche Ablehnung noch zulässig ist, muß aber zusätzlich verlangt werden, daß jetzt noch eine Begutachtung durch einen Sachverständigen möglich ist. Andernfalls wäre es mit dem Zweck des selbständigen Beweisverfahrens nicht vereinbar, dem damals erstatteten Gutachten durch Ablehnung die Verwertbarkeit völlig zu nehmen. Es sollte vielmehr in solchen Fällen dabei bewenden, die geltend gemachten Bedenken gegen die Unparteilichkeit im Rahmen der Beweiswürdigung zu berücksichtigen. – Ein **Streitgehilfe**, der im selbständigen Beweisverfahren den Sachverständigen wegen Widerspruchs zur Hauptpartei (§67) nicht ablehnen kann, hat das Ablehnungsrecht als *Beklagter* des Hauptsacheverfahrens[118].

---

108 *BGH* NJW 2005, 1869.

109 So z.B. *OLG Nürnberg* VersR 2001, 391 (nach 20 Tagen noch nicht verspätet).

110 *OLG München* MDR 2004, 228; *OLG Brandenburg* NJW-RR 2001, 1433.

111 *OLG Düsseldorf* BauR 1998, 366 = NJW-RR 1998, 933 (Ablehnung mehr als einen Monat nach Erhalt des Gutachtens ist verspätet); *OLG Koblenz* NJW-RR 1999, 72 (nach einem Monat verspätet); *LG Kassel* FamRZ 1997, 889 (zwei Wochen nach Erhalt des Gutachtens genügt); *OLG Brandenburg* OLG-NL 2003, 92 (nach sechs Wochen verspätet, auch bei behaupteter Erkrankung des sachbearbeitenden Rechtsanwalts); *OLG Celle* MDR 2004, 709 (jedenfalls nach sieben Wochen verspätet); *LG München I* MDR 1998, 1434 (Ablehnungsantrag in der Regel innerhalb zwei bis drei Wochen zu stellen).

112 *BGH* NJW 2005, 1869. Dazu *Christopoulos/Weimann* MDR 2005, 1201.

113 *OLG München* VersR 1994, 746 (nach ursprünglicher Äußerung der Partei, den Sachverständigen nicht ablehnen zu wollen, obwohl sich aus dem Gutachten die Befangenheit ergebe).

114 *MünchKommZPO/Damrau*[2] Rdnr. 7. – A.M. *OLG Düsseldorf* MDR 1994, 620.

115 A.M. *OLG Naumburg* NJOZ 2001, 1192, das hier mangels Unverzüglichkeit Verspätung annimmt, während die entsprechende Anwendbarkeit von §43 offen gelassen wird.

116 Vgl. *OLG Köln* VersR 1993, 72, 73.

117 *OLG München* ZIP 1983, 1515 (zum früheren Beweissicherungsverfahren).

118 *BGH*, 23.5. 2006, VI ZB 29/05, BeckRS 2006 Nr. 08011.

52 Wird der Ablehnungsgrund erst **nach Beendigung der Instanz** bekannt, so kann der Ablehnungsantrag vor dem Gericht der abgeschlossenen Instanz nicht mehr gestellt werden[119] (ebensowenig wie ein Gesuch auf Ablehnung des Richters, → § 44 Rdnr. 11), da das Gericht aus der Ablehnung keine Folgerung mehr ziehen könnte. Wird aber Berufung eingelegt, so sollte man den Ablehnungsantrag *in der Berufungsinstanz* zulassen[120]. Bei erfolgreicher Ablehnung ist dann das Gutachten für das Berufungsgericht nicht verwertbar. Vor dem *Revisionsgericht* kann der Ablehnungsantrag dagegen nicht mehr gestellt werden, da die Tatsachenfeststellung vom Revisionsgericht grundsätzlich nicht zu überprüfen ist, so daß eine erfolgreiche Ablehnung ohne Konsequenzen bliebe.

3. Einigung der Parteien

53 Ist der Sachverständige auf Grund einer **Einigung der Parteien** nach § 404 Abs. 4 ernannt worden, so ist eine Ablehnung nur zulässig, wenn der Ablehnungsgrund erst *nach der Einigung* entstanden oder der Partei bekannt geworden ist[121].

4. Wiederholte Vernehmung

54 Die Ausschließung des Ablehnungsrechts nach Abs. 2 gilt auch im Falle **wiederholter Vernehmung**[122] oder schriftlicher Ergänzung des Gutachtens[123], nicht dagegen, wenn von dem Sachverständigen ein **neues** (zweites) Gutachten gefordert wird[124]. Wird er in der Berufungsinstanz von neuem vernommen, so wirkt der Verlust des Ablehnungsrechtes fort[125]; denn die bereits vor dem Schluß der mündlichen Verhandlung in erster Instanz eingetretenen Ausschlußwirkungen gelten auch in der Berufungsinstanz, → § 525 Rdnr. 3 (21. Aufl.). – Daß der Ablehnungsantrag nicht schon im Verfahren über die Bewilligung von Prozeßkostenhilfe gestellt wurde, steht der Ablehnung im streitigen Verfahren nicht entgegen[126].

5. Berücksichtigung bei der Beweiswürdigung

55 Bestehen Zweifel an der Unvoreingenommenheit des Sachverständigen, ohne daß ein Ablehnungsantrag gestellt wird, so sind diese Umstände bei der Beweiswürdigung zu berücksichtigen[127]. Auch ein ausgeschlossener Ablehnungsgrund kann zur Anfechtung des **Beweiswertes** des Gutachtens verwendet werden[128].

---

119 A.M. *OLG Düsseldorf* MDR 1956, 305; *OLG Hamburg* NJW 1960, 874; *Musielak/Huber*[4] Rdnr. 15; *Zöller/Greger*[25] Rdnr. 10; *MünchKommZPO/Damrau*[2] Rdnr. 12.

120 So auch *OLG Köln* MDR 1977, 57; *OLG Koblenz* OLGR 2000, 442.

121 *RG* JW 1903, 385.

122 *RGZ* 43, 399; *KG* HRR 1931, 1975.

123 *OLG Köln* MDR 1983, 412.

124 *RG* SächsArch 13 (1903), 571; *BayObLGZ* 1986, 186, 188. – Einschränkend *OLG Düsseldorf* WM 1970, 1305 (Ablehnung bei Anordnung der Begutachtung eines weiteren Punktes nur zulässig, soweit sich Ablehnungsgrund aus dieser Anordnung erstmals ergibt).

125 *OLG Düsseldorf* WM 1970, 1305; ebenso in der Beschwerdeinstanz, *BayObLGZ* 1986, 186, 188. – A.M. *RGZ* 66, 277.

126 *BGH* VRS 29 (1965), 430.

127 *BGH* LM § 286 (B) Nr. 43 = NJW 1981, 2009.

128 *RGZ* 43, 402; 64, 434.

IV. Verfahren

1. Ablehnungsantrag

56 Aus §406 Abs. 2 S. 1 ergibt sich, daß der **Ablehnungsantrag**[129] **beim Prozeßgericht anzubringen** ist, auch wenn die Vernehmung durch einen beauftragten oder ersuchten Richter erfolgt[130]; nur bei der *Ernennung* durch den beauftragten oder ersuchten Richter, §§360 S. 3, 405, ist der Antrag an diesen[131] zu richten, und zwar auch im Falle der Ablehnung nach Gutachtenerstattung, §412 Abs. 2. Er kann in der mündlichen Verhandlung oder schriftlich oder zu Protokoll der Geschäftsstelle erklärt werden, Abs. 2 S. 3, und unterliegt deshalb nicht dem Anwaltszwang, §78 Abs. 5.

57 Ablehnungsberechtigt sind die **Parteien,** bei **einfachen Streitgenossen** jeder einzeln, doch führt dann die Ablehnung wegen §61 auch nur im Prozeß des Ablehnenden zur Unzulässigkeit der Gutachtertätigkeit[132]. Bei **notwendigen Streitgenossen** wird man ebenfalls das Ablehnungsrecht dem einzelnen zugestehen müssen, aber die erfolgreiche Ablehnung durch einen Streitgenossen wirkt wegen der Notwendigkeit einheitlicher Entscheidung für den gesamten Prozeß.

58 Der **Streitgehilfe** kann (abgesehen vom Fall des §69) nur ablehnen, soweit nicht die unterstützte Partei die Gutachtenerstattung wünscht[133], → auch Rdnr. 51 sowie §67 Rdnr. 11. Im Insolvenzverfahren ist der **Insolvenzverwalter** ablehnungsberechtigt, soweit er in seiner eigenen Rechtsstellung betroffen ist[134].

2. Glaubhaftmachung des Ablehnungsgrundes

59 Der **Ablehnungsgrund** ist **glaubhaft zu machen,** §294. Die Versicherung an Eides Statt seitens der ablehnenden Partei ist jedoch ausgeschlossen, nicht dagegen der Antrag auf Vernehmung des (anwesenden, §294 Abs. 2) Gegners nach §445, → §294 Rdnr. 15 (21. Aufl.). Die Bezugnahme auf das Zeugnis des Sachverständigen genügt – anders als in §44 Abs. 2 S. 2 – nicht generell zur Glaubhaftmachung[135], doch kann die Aussage des anwesenden Sachverständigen im Einzelfall zur Glaubhaftmachung ausreichen (→ Rdnr. 62).

3. Rechtliches Gehör

60 Das Verfahren folgt, sofern nicht der Antrag in der mündlichen Verhandlung angebracht und erledigt wird, nach Abs. 4 den in → §128 Rdnr. 39ff. dargestellten Regeln der **fakultativen mündlichen Verhandlung.** Aus dem Anspruch auf rechtliches Gehör (Art. 103 Abs. 1 GG)

---

129 Bloßer Vortrag der Gründe ohne Antrag genügt nicht, *RG* JW 1910, 481f.
130 *RG* SeuffArch 51 (1896), 360.
131 *RG* JW 1903, 48.
132 Bei einer Ablehnung durch mehrere einfache Streitgenossen braucht über die Ablehnung nicht einheitlich entschieden zu werden, aber die Besorgnis der Befangenheit wird oft aus der Sicht aller Streitgenossen begründet sein, auch wenn sie in erster Linie das Verhältnis zu einem der Streitgenossen betrifft, vgl. *OLG Frankfurt* BauR 1982, 307 (die grundsätzliche Frage nach der Notwendigkeit einheitlicher Entscheidung wurde offengelassen).
133 Daher ist die Ablehnung durch den Streitgehilfen auch dann nicht wirksam, wenn die unterstützte Partei zwar erklärt, sie wolle der Ablehnung nicht entgegentreten, zugleich aber die Vernehmung des Sachverständigen beantragt, *OLG Frankfurt* MDR 1983, 232. Zweckmäßig sollte in solchen Fällen auf eine eindeutige Erklärung hingewirkt werden.
134 *OLG Köln* Rpfleger 1990, 88 = ZIP 1990, 58 (mit der Prüfung der Schlußrechnung beauftragter Sachverständiger).
135 *RG* SeuffArch 42 (1887), 230; *KG* OLGRsp 17 (1908), 331.

folgt, daß der **Gegner der ablehnenden Partei** vor der Entscheidung **zu hören** ist, zumal der dem Antrag stattgebende Beschluß unanfechtbar ist (→ Rdnr. 67), so daß der Gegner seinen Standpunkt auch nicht nachträglich geltend machen kann.

61 Zweifelhaft ist, ob auch der **Sachverständige** stets zu hören ist[136], oder ob dies, wie vielfach unter Ablehnung einer entsprechenden Anwendung des §44 Abs. 3[137] angenommen wird, nur nach Maßgabe der Umstände erforderlich ist[138]. Der Sachverständige ist nicht Partei des Prozesses und hat daher hinsichtlich des Prozeßgegenstands kein Recht auf Gehör, → vor §128 Rdnr. 25. Er wird aber durch eine erfolgreiche Ablehnung insoweit in seiner eigenen Rechtsstellung betroffen, als seine Eignung zur Sachverständigentätigkeit im konkreten Prozeß verneint wird. Auch wird die Behauptung der Besorgnis der Befangenheit häufig auf angebliche Pflichtverletzungen des Sachverständigen gestützt, so daß auch der Gesichtspunkt des Schutzes der Persönlichkeit bzw. der beruflichen Tätigkeit für die obligatorische Anhörung spricht. Im Hinblick auf Art. 103 Abs. 1 GG und in analoger Anwendung des §44 Abs. 3 erscheint es daher geboten, dem Sachverständigen **stets Gelegenheit zu geben,** sich zu dem Ablehnungsantrag zu äußern (abgesehen von den Fällen, in denen der Antrag als unzulässig zurückgewiesen wird). Nimmt der Sachverständige zu dem Ablehnungsantrag Stellung, so müssen die Parteien darüber unterrichtet werden und sich dazu äußern können[139].

62 Gesteht der Sachverständige den Ablehnungsgrund zu, so ist dies frei zu würdigen.

4. Entscheidung

63 Die **Entscheidung** hat in jedem Fall vor der Entscheidung in der Hauptsache durch einen **besonderen Beschluß** des Prozeßgerichts, im Falle der §§360 S. 3, 405 (→ Rdnr. 56) des beauftragten oder ersuchten Richters zu erfolgen[140], Abs. 5, und zwar auch dann, wenn das Gericht den Ablehnungsantrag für offensichtlich unzulässig hält[141]. Die bloße Anordnung der Vernehmung enthält keine Entscheidung über den Antrag, da die ZPO stillschweigende Beschlüsse nicht kennt[142]. Ebenso ist es unzulässig, die Entscheidung über das Gesuch abzulehnen und den Ablehnungsgrund der Beweiswürdigung vorzubehalten[143] oder die Entscheidung in das Endurteil aufzunehmen[144]. Zur **Anfechtung** bei einem derartigen Mangel → Rdnr. 74.

---

136 So *OLG Koblenz* NJW 1977, 395 (LS) (unter Hinweis auf §44 Abs. 3; Nachholung in der Beschwerdeinstanz möglich); *OLG Karlsruhe* OLGZ 1984, 104 (jedenfalls, wenn Ablehnung auf Umstände außerhalb des schriftlichen Gutachtens bzw. des Protokolls über die mündliche Vernehmung gestützt wird); *Schultz* MDR 1985, 854 (im Regelfall Gebot der Fairneß); *AK-ZPO/Wassermann* Rdnr. 10; *Musielak/Huber*[4] Rdnr. 17 (grundsätzlich).

137 *RG* JW 1899, 303; *KG* OLG Rsp 17 (1908), 331; *Zöller/Greger*[25] Rdnr. 12a; *MünchKommZPO/Damrau*[2] Rdnr. 11.

138 So *OLG München* WRP 1976, 396 (Anhörung nicht stets erforderlich); *OLG Schleswig* SchlHA 1979, 23; *Baumbach/Lauterbach/Hartmann*[63] Rdnr. 28 (grundsätzlich unnötig).

139 *OLG Koblenz* NJW 1977, 395 (LS); *OLGZ* 1977, 109 = VersR 1977, 231 (LS) (Nachholung in der Beschwerdeinstanz möglich).

140 *OLG Düsseldorf* JZ 1977, 564; *OLG Schleswig* SchlHA 1982, 30; *BayObLG* FamRZ 1982, 1136 (LS).

141 *BayObLG* FamRZ 1988, 213 (LS) (anders erst bei Rechtsmißbrauch).

142 A.M. *RG* JW 1911, 52f.

143 *RG* SeuffArch 52 (1897), 109.

144 *OLG Schleswig* MDR 2001, 711. – Weitergehend verlangt *OLG Düsseldorf* JMBlNRW 1970, 235, über den Ablehnungsantrag müsse so frühzeitig entschieden werden, daß vor der Verkündung eines Endurteils noch die 2-Wochen-Frist des §577 Abs. 2 für die Beschwerde nach §406 Abs. 5 genutzt werden könne. Dieses Erfordernis erscheint nicht gerechtfertigt, weil die *Entscheidung* über die Beschwerde doch nicht abgewartet werden müßte, → Rdnr. 75 bei Fn. 157.

Solange über den Ablehnungsantrag nicht entschieden ist, darf die gerichtliche Erhebung des Sachverständigenbeweises nicht durchgeführt bzw. fortgeführt und der Sachverständige nicht vereidigt werden[145]. **64**

Wird das Ablehnungsgesuch zurückgewiesen, so muß den Parteien Gelegenheit zur Weiterführung der noch nicht abgeschlossenen Befragung des Sachverständigen gegeben werden[146]. **65**

5. Rechtsfolgen der erfolgreichen Ablehnung

Der erfolgreich **abgelehnte Sachverständige** darf nicht als Gutachter vernommen und ein etwa bereits erstattetes Gutachten (oder – beim Dolmetscher – eine Übersetzung[147]) nicht verwertet werden. Dagegen ist es zulässig, ihn **als (sachverständigen) Zeugen** zu hören, und zwar auch über Tatsachen, die ihm bei der Vorbereitung oder Erstellung des Gutachtens bekannt geworden sind[148], → §414 Rdnr. 2. Zur Auswirkung der erfolgreichen Ablehnung auf den **Vergütungsanspruch** des Sachverständigen → §413 Rdnr. 16. **66**

V. Anfechtung

1. Rechtsbehelfe

a) Bei erfolgreicher Ablehnung

Gegen den **Beschluß**, der die Ablehnung für **begründet** erklärt, findet **kein Rechtsmittel** statt. Dies gilt angesichts des klaren Wortlauts des Abs. 5 auch bei einer Verletzung des Rechts des Gegners der ablehnenden Partei auf Gehör[149] (→ Rdnr. 60). Die **Anhörungsrüge** nach §321a (idF des Anhörungsrügengesetzes 2004) ist nach §321a Abs. 1 S. 2 nicht zulässig, da es sich um eine der Endentscheidung vorausgehende Entscheidung handelt. Aufgrund dieser gesetzlichen Regelung wird man auch eine ungeschriebene **Gegenvorstellung** wegen Verletzung des Rechts auf Gehör nicht mehr zulassen können. Jedoch kann der Verstoß gegen das Recht auf Gehör im Rahmen des zulässigen Rechtsmittels gegen die Endentscheidung gerügt werden, → Rdnr. 72. Ist die Endentscheidung unanfechtbar, kann gegen diese die Anhörungsrüge nach §321a erhoben werden. **67**

b) Bei erfolgloser Ablehnung

Gegen den vom AG oder LG in erster Instanz erlassenen **Beschluß,** der die Ablehnung für **unbegründet** oder den Ablehnungsantrag für **unzulässig** erklärt, findet die **sofortige Beschwerde** nach Abs. 5 iVm §567 Abs. 1 Nr. 1 statt. Die Beschwerde steht nur der ablehnenden Partei (auch deren Streithelfer[150]), nicht dem Sachverständigen zu. **68**

Ablehnungsgründe, die in erster Instanz nicht rechtzeitig vorgetragen wurden (→ Rdnr. 47ff.), können auch im Beschwerdeverfahren nicht nachgeschoben werden[151]. **69**

---

145 *OLG Köln* JMBlNRW 1968, 213.
146 *BGH* LM §34 GmbHG Nr. 21 (*M. Haas*).
147 *BVerwG* NJW 1985, 757.
148 *BGH* NJW 1965, 1492; *Stein* Das private Wissen (1893), 67f.
149 A.M. *OLG Frankfurt* MDR 1984, 323 unter Bezugnahme auf *OLG Frankfurt* MDR 1979, 940 (zu §46). – Gegen eine Erweiterung des Rechtsmittelzuges wegen Verletzung des rechtlichen Gehörs bei der Richterablehnung *BayObLG* NJW 1989, 44.
150 *OLG Frankfurt* BauR 2001, 991.
151 *OLG Düsseldorf* NJW-RR 2000, 1434; *OLG Frankfurt* BauR 2001, 991.

70 Über die Beschwerde gegen einen Beschluß des **Familiengerichts** hat das Oberlandesgericht zu entscheiden, § 119 Abs. 1 Nr. 1 a) GVG.

71 Gegen zurückweisende Entscheidungen der Landgerichte als Berufungsgerichte und der Oberlandesgerichte als Berufungsgerichte ist die **Rechtsbeschwerde** zum BGH statthaft, wenn sie in dem Beschluß zugelassen wurde, § 574 Abs. 1 Nr. 2. Wird die Rechtsbeschwerde nicht zugelassen, so ist kein Rechtsmittel statthaft (keine Nichtzulassungsbeschwerde, keine außerordentliche Beschwerde)[152].

c) Anfechtung des Beschlusses zusammen mit dem Endurteil

72 Eine Anfechtung der Entscheidung mit dem **Endurteil** ist in der Regel nach §§ 512, 557 Abs. 2 ausgeschlossen[153]. Dies kann jedoch nicht gelten, wenn ein Verletzung des Rechts auf Gehör geltend gemacht wird. Andernfalls wäre der vom *BVerfG* bejahten verfassungsrechtlichen Anforderung nicht entsprochen, wonach gegen eine erstmalige Verletzung des Rechts auf Gehör Rechtsschutz innerhalb der Fachgerichtsbarkeit gewährt werden muß, → vor § 128 Rdnr. 94ff., zur Rügbarkeit einer Gehörverletzung trotz an sich unanfechtbarer Zwischenentscheidungen → auch vor § 128 Rdnr. 103.

73 Hat das Gericht die Entscheidung über den Ablehnungsantrag überhaupt **unterlassen,** so liegt darin ein Verfahrensfehler, der mit dem Rechtsmittel gegen das Endurteil geltend gemacht werden kann.

d) Anfechtung bei Entscheidung im Endurteil

74 Wurde die Entscheidung über den Ablehnungsantrag unzulässigerweise **in das Endurteil aufgenommen,** so ist zu unterscheiden: Erklärte das Gericht die Ablehnung für **begründet,** so kann dies ebenso wenig wie ein entsprechender selbständiger Beschluß angegriffen werden. Die **Ablehnung** des Antrags in den Gründen des Endurteils kann dagegen mit dem gegen das Urteil zulässigen Rechtsmittel angefochten werden, da der Partei durch den Fehler des Gerichts nicht die Anfechtungsmöglichkeit genommen werden darf. Der Mangel führt auf Berufung zur Aufhebung des Urteils und Zurückverweisung[154]. Dies galt nach früherem Recht nicht in der Revisionsinstanz, d.h. gegenüber dem Urteil eines OLG, weil hier auch der gesonderte, den Antrag ablehnende Beschluß unanfechtbar gewesen wäre[155]. Da aber nunmehr gegen den Ablehnungsbeschluß des OLG bei Zulassung die Rechtsbeschwerde statthaft ist (§ 574 Abs. 1 Nr. 2), muß auch die Überprüfbarkeit im Rahmen der Revision bejaht werden[156].

2. Verfahren bei der sofortigen Beschwerde

75 Die sofortige Beschwerde folgt den §§ 567ff.; bei Entscheidungen des beauftragten oder ersuchten Richters ist nach § 573 zunächst befristete Erinnerung an das Prozeßgericht einzule-

---

[152] *BGH* FamRZ 2005, 261.

[153] *RG* JW 1896, 638; JW 1915, 592.

[154] *OLG Köln* MDR 1974, 761 = BB 1974, 717; *OLG Hamm* OLGZ 1974, 321 = Rpfleger 1974, 193; *OLG Karlsruhe* BB 1974, 1424 (anders bei einem wegen Verspätung unzulässigen Ablehnungsantrag); *OLG Schleswig* MDR 2001, 711 (anders bei eindeutiger Unzulässigkeit des Ablehnungsantrags); (*E. Schneider* JurBüro 1974, 439.

[155] *BGH* LM Nr. 6 = NJW 1979, 720 (LS) = MDR 1979, 398; LM § 404 Nr. 3 = NJW 1959, 293. – A.M. *BAG* AP § 406 Nr. 1 (zust. *Baumgärtel*) = JZ 1960, 606 (dagegen auch *E. Schneider* JurBüro 1974, 441), weil in der Unterlassung eines gesonderten Beschlusses ein *Verfahrensfehler* liege, der in der Revisionsinstanz gerügt werden könne.

[156] Ebenso *Musielak/Huber*[4] Rdnr. 20.

gen. Die sofortige Beschwerde hat keine aufschiebende Wirkung, §570 Abs. 1; es ist daher zulässig, wenn auch unangemessen, vor ihrer Erledigung den Sachverständigen zu vernehmen und das Endurteil zu erlassen[157]. Durch die Vernehmung allein wird die Beschwerde nicht berührt[158]. Sie wird durch den Erlaß des (berufungsfähigen) **Endurteils erster Instanz** nicht unzulässig, und die eingelegte Beschwerde wird dadurch nicht gegenstandslos[159]; denn dem Berufungsgericht wäre die Nachprüfung des Beschlusses durch §512 entzogen[160]. Anders ist es, sobald das **Endurteil in der Berufungsinstanz** ergangen ist, da sich dann aus einem Erfolg des Beschwerdeführers ein Rechtsbehelf für die Revisionsinstanz nicht ergeben würde[161]. Ein Versäumnisurteil steht der Beschwerde oder der Weiterbetreibung einer vorher eingelegten wegen §342 nicht entgegen[162]. Mit der **Rechtskraft** des Urteils wird die Beschwerde in jedem Fall unzulässig.

3. Rechtsbeschwerde

76 Gegen die Entscheidung über die sofortige Beschwerde ist bei Zulassung in dem Beschluß die Rechtsbeschwerde zum BGH statthaft, §574 Abs. 1 Nr. 2, Abs. 3.

4. Anfechtung des Endurteils

77 Das **Endurteil** kann mit der Begründung angefochten werden, das Gericht sei bei der **Auswahl** der Sachverständigen **ermessensfehlerhaft** verfahren. Der Ermessensfehler kann aber nicht aus einem zurückgewiesenen oder nicht durch Ablehnungsantrag geltend gemachten Ablehnungsgrund hergeleitet werden, da insoweit ausschließlich das Verfahren nach §406 zulässig ist, → §404 Rdnr. 9 mit Nachw.

VI. Kosten

78 Das Verfahren gehört zur Instanz und ist daher **gebührenfrei** (§19 Abs. 1 S. 2 Nr. 3 RVG). Zum Beschwerdeverfahren s. Nr. 3500 RVG VV (0,5 Gebühr), Nr. 8613 KV GKG (40 € Gebühr bei Verwerfung oder Zurückweisung der Beschwerde). Der **Streitwert** ist nach h.M. in der Regel mit 1/3 des Hauptsachewertes anzusetzen[163], → auch §3 Rdnr. 22 (*Roth*); a.M. *Bork* → §46 Rdnr. 11 zur Richterablehnung (Streitwert der Hauptsache). Zur Kostentragungspflicht und zur Kostenentscheidung → §46 Rdnr. 9f.

---

157 Vgl. *BGH* NJW 1972, 1133, 1134.

158 *OLG Breslau* OLG Rsp 5 (1902), 71.

159 *BGH* NJW 1972, 1133; *OLG Zweibrücken* MDR 1966, 423.

160 *BGH* NJW 1972, 1133; *KG* JW 1926, 1597; ZZP 52 (1927), 429.

161 *RGZ* 60, 110f.; 64, 431; SeuffArch 62 (1907), 166. – A.M. *Musielak/Huber*[4] Rdnr. 15, 22 (eine nach Erlaß des Berufungsurteils für begründet erklärte Ablehnung führe zur Aufhebung des Urteils im Rahmen einer zugelassenen Revision).

162 *RGZ* 64, 429ff.

163 *BGH*, B. v. 15.12. 2003, II ZB 32/03 BeckRS 2004 Nr. 01738; *OLG Düsseldorf* MDR 2004, 1083. – A.M. *OLG Düsseldorf* BauR 2001, 835 (Streitwert des Beschwerdeverfahrens bestimme sich nach den Kosten eines neuen Gutachters).

§407 Pflicht zur Erstattung des Gutachtens

(1) Der zum Sachverständigen Ernannte hat der Ernennung Folge zu leisten, wenn er zur Erstattung von Gutachten der erforderten Art öffentlich bestellt ist oder wenn er die Wissenschaft, die Kunst oder das Gewerbe, deren Kenntnis Voraussetzung der Begutachtung ist, öffentlich zum Erwerb ausübt oder wenn er zur Ausübung derselben öffentlich bestellt oder ermächtigt ist.

(2) Zur Erstattung des Gutachtens ist auch derjenige verpflichtet, der sich hierzu vor Gericht bereit erklärt hat.

Gesetzesgeschichte: Bis 1900 §372 CPO.

I. Gutachtenerstattungspflicht kraft beruflicher Stellung

1 Da der Sachverständige regelmäßig ersetzbar ist, stellt das Gesetz **keine allgemeine Pflicht zur Erstattung von Gutachten** auf. §407 beschränkt die Sachverständigenpflicht (dazu → vor §402 Rdnr. 65) vielmehr auf **bestimmte Personengruppen**.

1. Öffentliche Bestellung zur Erstattung von Gutachten

2 Die öffentliche Bestellung zur Erstattung von Gutachten bestimmter Art muß durch eine bundes- oder landesgesetzlich hierzu ermächtigte Behörde erfolgt sein. Die Bestellung kann sich auf Einzelpersonen, aber auch auf Behörden und Kollegialorgane beziehen. Zusammenstellung → §404 Rdnr. 20ff.

2. Öffentliche Ausübung einer Wissenschaft usw.

3 **Öffentlich ausgeübt** wird eine Wissenschaft, eine Kunst oder ein Gewerbe, wenn die Ausübung dem Publikum gegenüber erfolgt[1], und zwar muß dies **zum Erwerb,** nicht unentgeltlich aus Liebhaberei oder Idealismus geschehen. Das Wort **Gewerbe** umfaßt hier wie in §183 Abs. 1 aF (→ §183 Rdnr. 3ff. [21. Aufl.]) und in §383 Abs. 1 Nr. 6, §384 Nr. 3 jede dauernde Erwerbstätigkeit, auch die des Landwirts, Kaufmanns, Fabrikanten, Lehrers, Schriftstellers usw. Ob die Ausübung für eigene Rechnung oder gegen Entgelt in fremdem Geschäftsbetrieb erfolgt, spielt keine Rolle[2].

3. Öffentliche Bestellung zur Ausübung einer Wissenschaft usw.

4 Zur Ausübung einer Wissenschaft usw. **öffentlich bestellt oder ermächtigt** sind z.B. beamtete oder angestellte Lehrer, Professoren, Dozenten, ebenso Rechtsanwälte, approbierte Ärzte und alle, die zu einem einer Konzession bedürfenden Beruf ermächtigt sind. Öffentliche Ausübung zum Erwerb ist hier nicht erforderlich. Für Beamte und Richter sowie sonstige Personen des öffentlichen Dienstes gilt die Pflicht zur Gutachtenerstattung vorbehaltlich der nach §408 Abs. 2 zu beachtenden Sonderbestimmungen, → §408 Rdnr. 7ff.

---

[1] *RGZ* 50, 391.
[2] *RGZ* 50, 391.

II. Bereiterklärung

5 Andere Personen haben die Sachverständigenpflicht nur dann, wenn sie sich **vor Gericht zur Gutachtenerstattung bereit erklärt** haben, sei es allgemein[3] zur Abgabe von Gutachten einer gewissen Art oder im einzelnen Fall. Es genügt, daß der Sachverständige auf die Ladung hin erscheint, ohne zu widersprechen, oder daß er in sonstiger Weise ohne Widerspruch den Auftrag zur Begutachtung entgegennimmt[4]. Das bloße Schweigen auf einen schriftlichen Auftrag kann freilich nicht genügen. – Gericht ist auch der beauftragte oder ersuchte Richter.

III. Zum Verfahren bei **Verweigerung des Gutachtens** → § 408 Rdnr. 2f.

§ 407a Weitere Pflichten des Sachverständigen

(1) [1]Der Sachverständige hat unverzüglich zu prüfen, ob der Auftrag in sein Fachgebiet fällt und ohne die Hinzuziehung weiterer Sachverständiger erledigt werden kann. [2]Ist das nicht der Fall, so hat der Sachverständige das Gericht unverzüglich zu verständigen.

(2) [1]Der Sachverständige ist nicht befugt, den Auftrag auf einen anderen zu übertragen. [2]Soweit er sich der Mitarbeit einer anderen Person bedient, hat er diese namhaft zu machen und den Umfang ihrer Tätigkeit anzugeben, falls es sich nicht um Hilfsdienste von untergeordneter Bedeutung handelt.

(3) [1]Hat der Sachverständige Zweifel an Inhalt und Umfang des Auftrages, so hat er unverzüglich eine Klärung durch das Gericht herbeizuführen. [2]Erwachsen voraussichtlich Kosten, die erkennbar außer Verhältnis zum Wert des Streitgegenstandes stehen oder einen angeforderten Kostenvorschuss erheblich übersteigen, so hat der Sachverständige rechtzeitig hierauf hinzuweisen.

(4) [1]Der Sachverständige hat auf Verlangen des Gerichts die Akten und sonstige für die Begutachtung beigezogene Unterlagen sowie Untersuchungsergebnisse unverzüglich herauszugeben oder mitzuteilen. [2]Kommt er dieser Pflicht nicht nach, so ordnet das Gericht die Herausgabe an.

(5) Das Gericht soll den Sachverständigen auf seine Pflichten hinweisen.

Gesetzesgeschichte: Eingefügt durch Rechtspflege-Vereinfachungsgesetz vom 17.12. 1990 (BGBl. I 2847).

[3] Ebenso *Baumbach/Lauterbach/Hartmann*[63] Rdnr. 6. - A.M. *MünchKomm-ZPO/Damrau*[2] Rdnr. 3; *Musielak/Huber*[4] Rdnr. 2.

[4] Ebenso *Baumbach/Lauterbach/Hartmann*[63] Rdnr. 6; *Zöller/Greger*[25] Rdnr. 5. – *Zweifelnd Musielak/Huber*[4] Rdnr. 2.

I. Zweck

1 Die durch das Rechtspflege-Vereinfachungsgesetz 1990 eingefügte Vorschrift **konkretisiert die Pflichten des Sachverständigen** in einigen praktisch wichtigen Punkten. Durch die Hervorhebung dieser Pflichten soll vor allem vermeidbaren **Verzögerungen** entgegengewirkt werden. Außerdem sollen die Parteien nicht durch unerwartet hohe **Kosten** überrascht werden.

II. Prüfung der Durchführbarkeit

2 Die unverzügliche (§121 Abs. 1 S. 1 BGB: ohne schuldhaftes Zögern) Prüfung durch den Sachverständigen, ob er den Auftrag aufgrund seiner Fachkunde allein erledigen kann oder ob dies entweder überhaupt nicht oder nur zusammen mit anderen Sachverständigen möglich ist, soll verhindern, daß der beauftragte Sachverständige erst nach längerer Untätigkeit entsprechende Mitteilungen macht. Die rasche Information versetzt das Gericht in die Lage, weitere Sachverständige hinzuziehen oder einen anderen Sachverständigen zu bestellen (§404 Abs. 1 S. 1 und 3). Zur **Überprüfung der eigenen Fachkunde** kann, neben der Lektüre des Beweisbeschlusses, auch ein kursorisches Studium der Akten erforderlich sein[1]. Ein schuldhafter (einfache Fahrlässigkeit genügt[2]) Verstoß des Sachverständigen gegen Abs. 1 kann zum Wegfall seines Entschädigungsanspruchs führen, wenn das Gutachten nicht verwertbar ist (→ §413 Rdnr. 16) oder, weil die Fachkunde des ersten Gutachters nicht für den gesamten Gutachtenauftrag ausreicht, ein weiterer Gutachter bestellt werden muß[3].

3 Entschließt sich das Gericht, an Stelle des ursprünglich beauftragten einen **anderen Gutachter** zu bestellen, so ist dies dem ersten Gutachter mitzuteilen; eine kommentarlose Rückforderung der Akten genügt allein nicht[4].

III. Verbot der Übertragung des Auftrags und Benennung der Mitarbeiter

4 Daß der Sachverständige **nicht befugt** ist, von sich aus den Auftrag **auf eine andere Person zu übertragen**, ergibt sich an sich schon aus §404 Abs. 1 S. 1 (Auswahl durch das Gericht), wurde aber durch §407a Abs. 2 S. 1 besonders betont, da in dieser Hinsicht in der Praxis zum Teil Probleme aufgetreten waren. Im Gegensatz zur Übertragung des Auftrags ist die **Einschal-**

---

1 *BayVerfGH* BayVBl. 2004, 80.
2 *BayVerfGH* BayVBl. 2004, 80.
3 *MünchKommZPO/Damrau*[2] Rdnr. 4. – *BayVerfGH* BayVBl. 2004, 80 läßt es (unabhängig von der Verwertung des Gutachtens) genügen, daß durch die unterlassene Mitteilung das Vertrauen in die Fachkunde verletzt wurde. Dann wird aber regelmäßig auch die Bestellung eines anderen bzw. weiteren Gutachters erforderlich sein.
4 *OLG Koblenz*, 5 W 297/04 vom 27. 4. 2004, BeckRS 2004, Nr. 04526 = OLGR 2004, 443.

tung von Mitarbeitern[5] zulässig und in vielen Bereichen auch unumgänglich, → auch § 404 Rdnr. 10. Die Grenze liegt dort, wo es sich nicht mehr um Vorarbeiten handelt, sondern bereits um den Kern der Begutachtung[6]. Bei einer unzulässigen Übertragung ist (wenn keine spätere Heilung erfolgt, → Rdnr. 6) das Gutachten nicht verwertbar und kein Vergütungsanspruch gegeben[7].

5 Auch bei zulässiger Beteiligung von Mitarbeitern besteht die Gefahr, daß die Beurteilung der Sachkunde von außen her kaum mehr möglich ist und die Verantwortung für das Gutachten verwischt wird. Abs. 2 S. 2 will dem dadurch entgegenwirken, daß der Sachverständige die von ihm eingesetzten **Mitarbeiter benennen** muß, soweit es sich nicht nur um untergeordnete Hilfsdienste handelt, wie etwa Materialsammlung, Vermessungen oder Schreibarbeiten[8]. Die Benennung braucht nicht vor Beginn der Arbeiten des Sachverständigen und seiner Mitarbeiter zu erfolgen[9]. Es genügt also, wenn bei Abgabe des schriftlichen Gutachtens die Tätigkeit der Mitarbeiter deutlich gemacht wird. Die im schriftlichen Gutachten fehlenden Angaben können bei der mündlichen Anhörung des Sachverständigen nachgeholt werden[10].

6 Werden die erforderlichen Angaben nicht gemacht, so ist das **Gutachten nicht verwertbar.** Zur Unterzeichnung des Gutachtens → § 404 Rdnr. 10 Fn. 24. Es kann auch genügen, wenn sich der bestellte Gutachter das ursprünglich nicht von ihm selbst erstellte Gutachten aufgrund Auswertung der Feststellungen der Mitarbeiter zu eigen macht[11]. Im übrigen wird der Verfahrensfehler, der in einer Gutachtenerstattung durch Mitarbeiter liegt, durch rügelose Verhandlung in Kenntnis der Sachlage **geheilt** (§ 295)[12].

IV. Klärung des Auftrags

7 Abs. 3 S. 1 umschreibt eine eigentlich selbstverständliche Nebenpflicht des Sachverständigen. Wenn für den Sachverständigen der **Inhalt** oder der **Umfang** des ihm erteilten Auftrages **unklar** sind, so hat er sich unverzüglich um eine Klarstellung durch das Gericht zu bemühen. Dagegen braucht der Sachverständige, wenn er Angaben einer zu untersuchenden Person nicht für glaubwürdig hält, bei Gericht nicht anzuregen, ein interdisziplinäres Gutachten über die Glaubwürdigkeit einzuholen[13].

8 Eine Rückfrage kann auch deshalb erforderlich sein, weil der Sachverständige **Eingriffe in eine Sache** (z.B. Konstruktionsöffnungen bei einem Bauwerk) für erforderlich hält, näher dazu → § 404a Rdnr. 14.

9 Daß das Gericht verpflichtet ist, dem Sachverständigen die **nötigen Erläuterungen** zu geben, ergibt sich aus § 404a Abs. 1 und 2. Solche Weisungen (zwischen Erläuterungen und Weisungen ist kein Unterschied zu machen) sind jeweils den Parteien mitzuteilen, § 404a Abs. 5 S. 1.

---

[5] Z.B. eines Assistenzarztes zu einzelnen Untersuchungen, *OLG Koblenz* NVersZ 2002, 315.

[6] Vgl. *BSG* NZS 2004, 559 (ein mit der Erstattung eines psychiatrischen Gutachtens beauftragter Sachverständiger ist nicht befugt, seinen Mitarbeitern die persönliche Begegnung und das explorierende Gespräch mit dem Probanden vollständig zu übertragen).

[7] *LSG Erfurt*, B. v. 4.10. 2004, L 6 SF 584/04, Juris Nr. KSRE056301627.

[8] Zur Abgrenzung von Hilfsdiensten und Mitarbeit vgl. *Schikora* MDR 2002, 1033, 1034.

[9] Anders noch der Regierungsentwurf (BT-Drucks. 11/3621, S. 6), aus dem aber aufgrund einer Anregung des Bundesrates (BT-Drucks. 11/3621, S. 69; Gegenäußerung der Bundesregierung aaO S. 74) die Worte »vor Beginn ihrer Arbeiten« im Interesse der Praktikabilität gestrichen wurden.

[10] *OLG Frankfurt* VersR 1994, 610, 611. – Die unterlassene Mitteilung rechtfertigt nicht die Ablehnung wegen Befangenheit, *OLG Jena* MDR 2006, 1011.

[11] *OLG Zweibrücken* VersR 2000, 605, 607.

[12] *OLG Zweibrücken* NJW-RR 1999, 1368; VersR 2000, 605, 607.

[13] *OLG Hamm* MedR 1998, 27, 28 (betr. Gutachten zur Sehkraft).

V. Hinweis auf unerwartet hohe Kosten

1. Zweck

10 Die in Abs. 3 S. 2[14] vorgeschriebene Information über voraussichtlich entstehende Gutachterkosten in unerwarteter Höhe ist für die **Parteien** vor allem insofern wichtig, als sie möglicherweise durch das Kostenrisiko dazu veranlaßt werden, auf die Beweisaufnahme zu verzichten und sich gütlich zu einigen[15]. Denkbar ist auch, daß die Parteien (oder eine Partei) in einem solchen Fall ein **weniger aufwendiges Verfahren** (etwa unter Nutzung von § 287 Abs. 2 oder § 495a) anregen[16]. Bei einer **von Amts wegen angeordneten Begutachtung** können unerwartet hohe Kosten dem Gericht Anlaß geben, die Notwendigkeit eines Gutachtens zu überprüfen, u.U. auch den Gutachtenauftrag einzuschränken bzw. zu präzisieren.

2. Verhältnis zum Wert des Streitgegenstands

11 Die Mitteilungspflicht besteht, wenn die voraussichtlichen Kosten erkennbar außer Verhältnis zum Wert des Streitgegenstands stehen. Da in der Regel ein Kostenvorschuß angefordert wird (zur Hinweispflicht in diesem Fall → Rdnr. 13), kommt diese Alternative der Mitteilungspflicht praktisch seltener zur Anwendung. Sie kann aber bei von Amts wegen angeordneter Begutachtung durchaus in Betracht kommen, vor allem, wenn aufgrund besonderer Gegebenheiten der erforderliche Zeitaufwand des Sachverständigen weit höher ist als üblich bzw. durchschnittlich[17]. Dies kommt auch bei Rechtsgutachten in Betracht[18]. Ein abstrakter Maßstab läßt sich nicht angeben; aber jedenfalls wenn die Gutachtenkosten **mehr als die Hälfte des Streitgegenstandswerts** ausmachen (und dies nicht ohnehin allen Beteiligten klar war) wird man einen Hinweis verlangen können.

12 Daß die Beweiserhebung durch Sachverständigenbeweis **unzulässig** wäre, wenn die Kosten außer Verhältnis zum Wert des Streitgegenstands stehen, läßt sich aus Abs. 3 S. 2 **nicht entnehmen.** Zu dieser allgemeinen Frage → vor § 402 Rdnr. 48

3. Überschreiten des Kostenvorschusses

13 Eine Mitteilungspflicht des Sachverständigen besteht auch, wenn die voraussichtlichen Kosten einen angeforderten Kostenvorschuß erheblich überschreiten. Eine **erhebliche Überschreitung des Kostenvorschusses** nimmt die Rsp bereits an, wenn die voraussichtlichen Kosten 20 bis 25% höher liegen[19]. Daß der Sachverständige gleichwohl die Fortführung der Begutachtung für sinnvoll und im Interesse der Parteien liegend ansieht, ändert nichts an seiner Mitteilungspflicht[20]. Die Überschreitung des Kostenvorschusses kann auch dadurch zustande kommen, daß der Sachverständige kostspielige Eingriffe in ein Bauwerk (Konstruktionsöffnungen) für erforderlich hält[21], → auch Rdnr. 8. Die Mitteilung wird nicht dadurch ersetzt, daß

---

[14] Die Regelung gilt auch im FG-Verfahren, *BayObLGZ* 1997, 353, 355 = NJW-RR 1998, 1294.
[15] Vgl. Begr. BT-Drucks. 11/3621, S. 40.
[16] *LG Osnabrück* JurBüro 1996, 153, 154.
[17] Vgl. *AG Hannover* FamRZ 2000, 175, 177 (Überschreitung der durchschnittlichen Kosten für ein Gutachten im Sorgerechtsverfahren um mehr als 100%).
[18] Dazu *BayObLGZ* 2004, 55, 62 = Rpfleger 2004, 525 = FamRZ 2005, 225 (Zeitaufwand von über 200 Stunden für ein Gutachten zum niederländischen Erbrecht).
[19] *BayObLGZ* 1997, 353, 355 = NJW-RR 1998, 1294; *OLG Zweibrücken* JurBüro 1997, 96, 97; *OLG Schleswig* JurBüro 1997, 539. S. auch *OLG Nürnberg* NJW-RR 2003, 791 (Überschreitung des Vorschusses um 93% in jedem Fall erheblich).
[20] *OLG Nürnberg* NJW-RR 2003, 791
[21] *OLG Brandenburg* BauR 1996, 432.

der Sachverständige auf seine höheren Stundensätze hinweist, wenn nicht zugleich deutlich gemacht wird, daß aus diesem Grund der Kostenvorschuß nicht ausreichend sei[22].

14 Das Gericht kann, wenn der bisher angeforderte Kostenvorschuß überschritten wird und am Gutachtenauftrag unverändert festgehalten wird, die Beweisaufnahme von der Einzahlung eines **weiteren Vorschusses** durch den Beweisführer abhängig machen (§§379, 402).

4. Kürzung der Vergütung bei Verstößen

15 Verstößt der Sachverständige **schuldhaft** gegen die Anzeigepflicht, so hat er eine **Kürzung seiner Vergütung** hinzunehmen, wobei ihm aber die Rsp eine moderate Überschreitung des Vorschusses zubilligt[23]. Die Kürzung unterbleibt, wenn festgestellt werden kann, daß der Sachverständigenauftrag auch bei Hinweis auf die erhöhten Kosten uneingeschränkt geblieben wäre[24]. Ist eine gebotene Kürzung der Vergütung unterblieben, so kann vom Kostenschuldner gleichwohl nur der Betrag erhoben werden, der richtiger Weise an den Sachverständigen zu zahlen gewesen wäre[25].

VI. Pflicht zur Herausgabe von Akten, Unterlagen und Untersuchungsergebnissen

1. Gegenstand

16 Anlaß zu einem gerichtlichen Herausgabeverlangen kann nach Fertigstellung des Gutachtens, aber auch bei dessen Verzögerung oder aus sonstigen Gründen bestehen. Die Herausgabepflicht des Sachverständigen erstreckt sich nach Abs. 4 S. 1 nicht nur auf die ihm überlassenen **Gerichtsakten** (dazu → §404a Rdnr. 8), sondern auch auf **Unterlagen,** die er selbst für die Begutachtung beigezogen hat. Die Gesetzesbegründung nennt als Beispiele Krankengeschichten, Röntgenaufnahmen, Lichtbilder und sonstige medizinisch-technische Aufzeichnungen[26].

2. Verschwiegenheitspflicht

17 Ist der Sachverständige einem Informanten gegenüber hinsichtlich solcher Unterlagen **zur Verschwiegenheit verpflichtet,** so ist er auch dem Gericht gegenüber nicht zur Herausgabe verpflichtet und es kann dann auch keine Sanktion nach §409 verhängt werden[27]. Jedoch kann dieser Umstand zur Unverwertbarkeit des Gutachtens führen, → auch §404a Rdnr. 9.

3. Untersuchungsergebnisse

18 Daß auch die **Untersuchungsergebnisse** unverzüglich herauszugeben oder mitzuteilen sind, erscheint insofern nicht ganz unproblematisch, als es grundsätzlich in der Verantwortung des

---

22 *OLG Koblenz* MDR 2005, 1258.

23 *OLG Celle* NJW-RR 1997, 1295 (20 bis 25%); *OLG Nürnberg* NJW-RR 2003, 791 (20%); *LG Osnabrück* JurBüro 1996, 153 (20%); *LG Bückeburg* NdsRpfl 1996, 57, 58 (20%). – *LG Lüneburg* NdsRpfl 1995, 45 billigt sogar das Doppelte des Vorschusses zu.

24 *BayObLGZ* 1997, 353 = NJW-RR 1998, 1294 (das Feststellungsrisiko trägt insoweit aber der Sachverständige; ebenso *OLG Nürnberg* NJW-RR 2003, 791; *OLG Zweibrücken* JurBüro 1997, 96; *OLG Schleswig* JurBüro 1997, 539; *LG Osnabrück* JurBüro 1996, 322 (abl. *Paul*).

25 *BayObLGZ* 2004, 55, 62 (Fn. 18).

26 BT-Drucks. 11/3621, S. 40.

27 *LG Mönchengladbach* WuM 1998, 298 (betr. Vergleichsobjekte bei Gutachten zur ortsüblichen Vergleichsmiete).

Sachverständigen liegt, wie er sein Gutachten begründet und auf welche Ergebnisse er dabei Bezug nimmt. Dem Gesetzgeber schwebte sogar vor, daß Zwischenergebnisse herauszugeben oder mitzuteilen sind, damit gegebenenfalls ein anderer Sachverständiger die Arbeiten fortführen kann[28]. Es wird sich im wesentlichen um Meßergebnisse handeln, weniger dagegen um Zwischenschritte des Gutachtens, deren Isolierung problematisch sein könnte.

4. Handakten

19 Eine Herausgabepflicht hinsichtlich der gesamten **Handakten** des Sachverständigen statuiert das Gesetz dagegen nicht; sie läßt sich auch nicht mit dem Zweck rechtfertigen, auf diese Weise unmittelbar nachzuprüfen, in wieweit der Gutachter Mitarbeiter herangezogen hat[29]. Vielmehr ist insoweit der Gutachter gezielt zu befragen, soweit dazu im konkreten Fall Anlaß besteht.

5. Herausgabebeschluß

20 Abs. 1 S. 1 und 2 sind nicht so zu verstehen, daß das Gericht zuerst die Herausgabe zu *verlangen* hat und erst bei Erfolglosigkeit dieser Aufforderung die Herausgabe *anordnen* darf; vielmehr kann (je nach Sachlage) auch sogleich ein **Herausgabebeschluß** ergehen[30]. Der Herausgabebeschluß ist **nicht anfechtbar**[31]. Er kann aber auf Gegenvorstellung hin aufgehoben oder abgeändert werden.

6. Durchsetzung

21 Die angeordnete Herausgabe der Akten und der Unterlagen kann nach §409 mit **Ordnungsmitteln** erzwungen werden. Außerdem ermöglicht §1 Abs. 1 Nr. 2b JBeitrO die **zwangsweise Wegnahme** der Akten und sonstigen Unterlagen aufgrund einer gerichtlichen Herausgabeanordnung nach Abs. 4 S. 2. Zu den sonstigen Unterlagen iS dieser Vorschrift, die ausdrücklich auf §407a Abs. 4 S. 2 verweist, sind auch die in Abs. 4 S. 2 (neben den *beigezogenen* Unterlagen) genannten Untersuchungsergebnisse zu zählen[32].

VII. Gerichtlicher Hinweis

1. Inhalt

22 Der in Abs. 5 vorgesehene Hinweis auf die Pflichten des Sachverständigen kann in allgemeiner Form, auch durch Abdruck des Gesetzestextes[33], **mit dem Gutachtenauftrag verbunden** werden. Bei einem häufiger zugezogenen Sachverständigen wird dergleichen entbehrlich sein[34]. Es sind aber auch spätere Hinweise, vor allem aus konkretem Anlaß, zulässig.

---

[28] BT-Drucks. 11/3621, S. 40.
[29] A.M. *Schikora* MDR 2002, 1033, 1035.
[30] *MünchKommZPO/Damrau*[2] Rdnr. 16.
[31] *MünchKommZPO/Damrau*[2] Rdnr. 19; *Zöller/Greger*[25] Rdnr. 4.
[32] A.M. *MünchKommZPO/Damrau*[2] Rdnr. 20 u. §409 Rdnr. 5.
[33] *Zöller/Greger*[25] Rdnr. 5.
[34] Vgl. Begr. BT-Drucks. 11/3621, S. 40.

2. Verstöße

Eine **Nichtbeachtung** des Abs. 5 stellt keinen Verfahrensfehler dar, auf den sich etwa ein Rechtsmittel stützen ließe[35]. Selbst wenn der Hinweis nicht erfolgt ist, kann die Nichtbeachtung von Sachverständigenpflichten zur Aberkennung oder Kürzung der Sachverständigenvergütung führen[36]. In diesem Zusammenhang kann es in besonderen Fällen angezeigt sein, das Verhalten des Gerichts nach § 254 BGB zugunsten des Sachverständigen zu berücksichtigen[37]. **23**

§ 408 Gutachtenverweigerungsrecht

(1) [1]Dieselben Gründe, die einen Zeugen berechtigen, das Zeugnis zu verweigern, berechtigen einen Sachverständigen zur Verweigerung des Gutachtens. [2]Das Gericht kann auch aus anderen Gründen einen Sachverständigen von der Verpflichtung zur Erstattung des Gutachtens entbinden.

(2) [1]Für die Vernehmung eines Richters, Beamten oder einer anderen Person des öffentlichen Dienstes als Sachverständigen gelten die besonderen beamtenrechtlichen Vorschriften. [2]Für die Mitglieder der Bundes- oder einer Landesregierung gelten die für sie maßgebenden besonderen Vorschriften.

(3) Wer bei einer richterlichen Entscheidung mitgewirkt hat, soll über Fragen, die den Gegenstand der Entscheidung gebildet haben, nicht als Sachverständiger vernommen werden.

Gesetzesgeschichte: Bis 1900 § 373 CPO. Änderung des Abs. 3 durch die Novelle 1909, des Abs. 2 durch Gesetz vom 27. 3. 1930 und durch die Novelle 1950.

I. Die Verweigerung der Gutachtenerstattung

1. Ablehnung durch nicht verpflichtete Personen

Wer **nicht** nach § 407 zur Erstattung eines Gutachtens **verpflichtet** ist, kann die Begutachtung **ohne Angabe von Gründen** ablehnen. **1**

---

[35] *BSG*, B. v. 8. 4. 2004, B 9 SB 9/03 B, Juris Nr. KSRE014661709; *Thomas/Putzo/Reichold*[26] Rdnr. 1.
[36] *MünchKommZPO/Damrau*[2] Rdnr. 23.
[37] A.M. *MünchKommZPO/Damrau*[2] Rdnr. 23.

2. Verweigerungsrechte der an sich zur Gutachtenerstattung verpflichteten Personen

2 Die nach § 407 **zur Gutachtertätigkeit verpflichteten Personen** können gemäß § 408 Abs. 1 S. 1 das Gutachten verweigern, wenn einer der Gründe vorliegt, die nach §§ 383 bis 385 zur Zeugnisverweigerung berechtigen würden[1].

3 Wegen des **Verfahrens** s. die entsprechend anwendbaren[2] §§ 386 bis 389. Die Entscheidung erfolgt auch im Fall des § 405 durch das Prozeßgericht und erübrigt sich, sofern dieses oder der beauftragte oder ersuchte Richter den Sachverständigen nach § 360 S. 2 und 3, § 404 Abs. 1 S. 3, § 405 durch einen anderen ersetzt oder nach § 408 Abs. 1 S. 2 entläßt. Das Verfahren ist gebührenfrei; wegen der Anwaltsgebühren s. § 19 Abs. 1 S. 2 Nr. 3 RVG (zum Rechtszug gehörender Zwischenstreit).

3. Kein Verweigerungsrecht aus Abs. 1 S. 2 oder Abs. 3

4 Die Möglichkeit einer Entbindung von der Sachverständigenpflicht nach Abs. 1 S. 2 oder die Sollvorschrift des Abs. 3 geben **kein Recht** zur Verweigerung der Gutachtenerstattung.

II. Die Entbindung von der Sachverständigenpflicht

5 Das Gericht kann den Sachverständigen auch **aus anderen Gründen von der Verpflichtung entbinden,** um Härten des Sachverständigenzwangs[3] oder Konflikten mit Berufspflichten usw. abzuhelfen, aber auch um den Sachverständigen von der Pflicht zu befreien, wenn ihm die erforderlichen Fachkenntnisse fehlen oder er die Abgabe des schriftlichen Gutachtens verzögert (dazu auch → § 411). Erst durch die gerichtliche Entbindung endet die Sachverständigenpflicht, nicht schon durch dessen Weigerung, das Gutachten zu erstatten[4].

6 Das Gericht – auch der beauftragte oder ersuchte Richter, § 360 S. 3 – kann darüber ohne mündliche Verhandlung entscheiden; die §§ 386ff. sind hier nicht anwendbar.

III. Beamte und Richter als Sachverständige

7 Bei der **Sachverständigentätigkeit von Beamten und Richtern** (zu den der Regelung unterstehenden Personen → § 376 Rdnr. 17ff.) ist zu unterscheiden:

1. Bereich der Amtsverschwiegenheit

8 Soweit die Gutachtertätigkeit in das Gebiet der **Amtsverschwiegenheit** fällt, darf der **Beamte** als Sachverständiger nur mit Genehmigung seines Dienstvorgesetzten oder nach Beendigung des Beamtenverhältnisses mit Genehmigung seines letzten Dienstvorgesetzten aussagen. Die Genehmigung kann nach § 39 Abs. 3 S. 3 BRRG, § 62 Abs. 2 BBG und den entsprechenden Vorschriften der Landesbeamtengesetze[5] (z.B. § 80 Abs. 2 Baden-Württembergisches LBG i.d.F. vom 19.3. 1996, GBl. 286) versagt werden, wenn die Erstattung des Gutachtens *den dienstlichen Interessen Nachteile bereiten würde* (näher → § 376 Rdnr. 11ff.). – Diese Bestimmungen gelten über § 46 DRiG bzw. die entsprechenden Landesgesetze (z.B. § 8 Baden-Würt-

---

[1] Zum Aussageverweigerungsrecht des medizinischen Sachverständigen (§ 383 Abs. 1 Nr. 6, → dort Rdnr. 53, 61, 63) s. *K. Müller* Der medizinische Sachverständige (1975), 52; *H.H. Kühne* JZ 1981, 647 (zum Strafprozeß). → auch vor § 402 Rdnr. 60.

[2] Vgl. *OLG Bamberg* BayJMBl 1952, 237.

[3] Vgl. zur Unzumutbarkeit *LG Bochum* NJW 1986, 2890.

[4] *OVG Berlin* JurBüro 2001, 485, 486.

[5] Zusammenstellung der Vorschriften → § 376 Rdnr. 48ff.

tembergisches LRiG i.d.F. der Bekanntmachung vom 25.5.2000, GBl. 504) auch für die **Richter.** Ferner sind die Vorschriften über das Beratungsgeheimnis zu beachten (§43 DRiG).

9 Sinngemäß gilt auch hier die Regelung des §376 Abs.3, wonach das Prozeßgericht die **Genehmigung einzuholen** hat.

2. Nebentätigkeitsrecht

10 Zu beachten sind ferner die Vorschriften der §§64ff. BBG (auf Richter im Bundesdienst anwendbar über §46 DRiG) sowie der Ländergesetze über **Nebentätigkeiten.** Darunter können auch gerichtliche Gutachten fallen; eine Ausnahme von der Genehmigungspflicht besteht jedoch nach §66 Abs.1 Nr.4 BBG hinsichtlich der mit Lehr- oder Forschungsaufgaben zusammenhängenden selbständigen Gutachtertätigkeit von Lehrern an öffentlichen Hochschulen oder Hochschulen der Bundeswehr und von Beamten an wissenschaftlichen Instituten und Anstalten. Soweit der Beamte der Genehmigung bedarf, ist es *seine* Sache, sie einzuholen. Für die Erteilung sind die bundes- und landesrechtlichen Nebentätigkeitsverordnungen maßgebend.

11 Wird dem Beamten die **Genehmigung versagt,** so entfällt damit seine Pflicht zur Erstattung des Gutachtens.

IV. Frühere Mitwirkung bei einer richterlichen Entscheidung

12 Personen, die bei einer **richterlichen Entscheidung mitgewirkt** haben, sollen nach Abs.3 über Fragen, die den Gegenstand der Entscheidung gebildet haben, nicht als Sachverständige vernommen werden. Die Vorschrift ist namentlich im Interesse der Beisitzer der **Seeämter**[6] eingefügt und bedeutet eine Mahnung an die Gerichte, in solchen Fällen von der Bestellung zum Gutachter abzusehen bzw. den Abs.1 S.2 anzuwenden. Die Bestimmung gibt dem Sachverständigen kein Verweigerungsrecht und ihre Nichtbeachtung ist keine Gesetzesverletzung (Sollvorschrift). Richterliche Entscheidung im Sinne des §408 Abs.3 ist jede in einem staatlich geordneten oder anerkannten Verfahren ergangene Entscheidung, auch die von Ehren-, Disziplinar- und Schiedsgerichten.

§409 Folgen des Ausbleibens oder der Gutachtenverweigerung

(1) [1]Wenn ein Sachverständiger nicht erscheint oder sich weigert, ein Gutachten zu erstatten, obgleich er dazu verpflichtet ist, oder wenn er Akten oder sonstige Unterlagen zurückbehält, werden ihm die dadurch verursachten Kosten auferlegt. [2]Zugleich wird gegen ihn ein Ordnungsgeld festgesetzt. [3]Im Falle wiederholten Ungehorsams kann das Ordnungsgeld noch einmal festgesetzt werden.

(2) Gegen den Beschluss findet sofortige Beschwerde statt.

Gesetzesgeschichte: Bis 1900 §374 CPO. Abs.3 aF aufgehoben durch Gesetz vom 17.8.1920 (RGBl. 1579). Die Bezeichnung der Sanktion, die Abs.1 vorsieht, wurde geändert durch die Neubekanntmachung der ZPO nach der Novelle 1924 (»Geldstrafe« ersetzt durch »Ordnungsstrafe«) sowie durch das

[6] Die Anwendung des §408 Abs.3 ist auch dann gerechtfertigt, wenn man die Seeämter nicht als Gerichte ansieht (gegen die Gerichtsqualität des Bundesoberseeamts *BVerwG* JZ 1970, 137 [*Schick*]). (Das Bundesoberseeamt wurde durch das Seesicherheits-Untersuchungsgesetz vom 16.6.2002, BGBl. I 1815, in Bundesstelle für Seeunfalluntersuchung umbenannt). §408 Abs.3 will die Zuziehung von Personen verhindern, die sich in der Sache schon in einer Entscheidung festgelegt haben und denen es daher möglicherweise an der Unbefangenheit fehlt. Dieser sachliche Grund ist von der Gerichtseigenschaft unabhängig.

EinführungsG zum StGB vom 2.3. 1974 (BGBl. I 469) (»Ordnungsstrafe« ersetzt durch »Ordnungsgeld«). Abs. 1 S. 1 neu gefaßt durch Rechtspflege-Vereinfachungsgesetz vom 17.12. 1990 (BGBl. I 2847). Abs. 2 geändert durch ZPO-RG 2001 (→ Einl. Rdnr. 202).

I. Voraussetzungen der Sanktionen

1. Nichterscheinen

1 Die Verhängung von Sanktionen wegen Nichterscheinens setzt eine **Verpflichtung zur Gutachtenerstellung** voraus, sei es allgemein aufgrund §407 Abs. 1 oder nach §407 Abs. 2, weil sich der Sachverständige im konkreten Fall dem Gericht gegenüber zur Erstellung des Gutachtens bereit erklärt hat[1]. Voraussetzung ist weiter, daß der Sachverständige nach ordnungsgemäßer Ladung (§377 Abs. 1 und 2) **nicht erscheint,** ohne die Weigerung gemäß §386 Abs. 3 im voraus zu erklären. Dies gilt nicht bei (auch nachträglicher) hinreichender **Entschuldigung**[2], näher → §381.

2. Weigerung

2 Die Verhängung von Sanktionen wegen Weigerung tritt ein, wenn der nach §407 verpflichtete (→ Rdnr. 1) Sachverständige ohne Angabe eines Weigerungsgrundes oder nach rechtskräftiger Verwerfung des angegebenen Grundes (→ §408 Rdnr. 3) die **Abgabe des Gutachtens** oder die **Eidesleistung** (→ §410 Rdnr. 8) verweigert. Auch in der vollständigen Untätigkeit kann eine – konkludente – Weigerung liegen[3]. Zur Sanktion bei Verschleppung der Abgabe eines schriftlichen Gutachtens s. §411 Abs. 2. Die Verhängung des Ordnungsgeldes (nicht die Verwerfung der Verweigerung, → §408 Rdnr. 3) kann auch durch den mit der Beweisaufnahme betrauten Richter ausgesprochen werden, §400.

3. Nichtrückgabe von Akten oder sonstigen Unterlagen

3 Die Sanktionen des §409 gelten auch, wenn der Sachverständige einer gerichtlichen Anordnung, Akten sowie beigezogene Unterlagen oder auch Untersuchungsergebnisse[4] herauszugeben (→ §407a Rdnr. 16ff.), nicht rechtzeitig nachkommt.

---

[1] *OLG Dresden* OLG-NL 2002, 114, 116.

[2] *LG Bochum* NJW 1986, 2890. – Bei erheblichem Fehlverhalten genügt ein nachträglicher Hinweis auf Arbeitsüberlastung nicht als Entschuldigung, vgl. *OLG Schleswig* SchlHA 2002, 286.

[3] *OLG Dresden* OLG-NL 2002, 114, 115.

[4] Diese werden in der Gesetzesbegründung, BT-Drucks. 11/3621, S. 41, ausdrücklich genannt, sind also mit den »sonstigen Unterlagen« im Gesetzestext mitgemeint.

II. Festsetzung von Ordnungsgeld gegen Sachverständige

1. Höhe

Das Ordnungsgeld beträgt 5 bis 1000 €, Art. 6 Abs. 1 S. 1 EGStGB. 4

2. Besonderheiten

Gegenüber den für Zeugen geltenden Bestimmungen (§§ 380, 390) bestehen folgende Unterschiede: 5

a) Kann das Ordnungsgeld nicht beigetrieben werden, so ist **keine Verurteilung zur Ordnungshaft** zulässig.

b) Bei wiederholtem Ausbleiben oder wiederholter Weigerung ist **weder die zwangsweise Vorführung noch die Zwangshaft zulässig.**

III. Wiederholter Ungehorsam

Der wiederholte Ungehorsam umfaßt das wiederholte Nichterscheinen und die wiederholte Weigerung, aber auch die Weigerung nach Nichterscheinen und umgekehrt. Voraussetzung der erneuten Bestrafung ist, daß der Beschluß über das erste Ordnungsmittel durch Verkündung oder Zustellung *erlassen*, wenn auch nicht *vollzogen* ist, → § 411 Fn. 10. Die Sanktion kann dann aber nur »noch einmal«, also nicht zum dritten usw. Mal verhängt werden[5], → § 380 Rdnr. 19. Gleiche Höhe des Ordnungsgeldes wird nicht verlangt. Mit der zweiten Sanktion ist das Verfahren gegen den Sachverständigen im Fall des Ausbleibens wie in dem der Weigerung zu Ende. – Wegen wiederholter Fristversäumnis bei schriftlicher Begutachtung → § 411 Rdnr. 11. 6

IV. Anfechtung

Gegen den Beschluß findet nach Abs. 2 die sofortige Beschwerde statt; → auch § 411 Rdnr. 12. Die Beschwerde hat aufschiebende Wirkung gemäß § 570 Abs. 1. 7

Im übrigen ist auf die **Bemerkungen zu §§ 380, 381 und 390** zu verweisen.

§ 410 Sachverständigenbeeidigung

(1) [1]Der Sachverständige wird vor oder nach Erstattung des Gutachtens beeidigt. [2]Die Eidesnorm geht dahin, dass der Sachverständige das von ihm erforderte Gutachten unparteiisch und nach bestem Wissen und Gewissen erstatten werde oder erstattet habe.

(2) Ist der Sachverständige für die Erstattung von Gutachten der betreffenden Art im Allgemeinen beeidigt, so genügt die Berufung auf den geleisteten Eid; sie kann auch in einem schriftlichen Gutachten erklärt werden.

Gesetzesgeschichte: Bis 1900 § 375 CPO. Abs. 1 geändert durch die Novelle 1909, Abs. 2 geändert durch die Novelle 1924. Durch § 20 VO GVG (v. 20. 3. 1935, RGBl. I 403) war die Einrichtung der allgemeinen Beeidigung beseitigt worden. Durch die Novelle 1950 wurde diese Bestimmung aufgehoben und

---

[5] Ausführlich *OLG Celle* OLGZ 1975, 372 = NdsRpfl 1975, 242; *OLG Dresden* OLG-NL 2002, 114. – A.M. *K. Müller*[3] (Lit.Verz. vor § 402) Rdnr. 434, 443; *Zöller/Greger*[25] Rdnr. 2 iVm § 380 Rdnr. 8.

damit die allgemeine Beeidigung wieder zugelassen. Bei der Neubekanntmachung 1950 wurde Abs. 1 S. 1 ohne inhaltliche Änderung sprachlich neu gefaßt.

I. Die Notwendigkeit der Beeidigung

1. Gerichtliches Ermessen

1 Für die Frage, ob der Sachverständige zu beeidigen ist, gelten nach §402 iVm §391 die gleichen Regeln wie beim Zeugenbeweis. Danach ist der Sachverständige zu beeidigen, wenn das Prozeßgericht (das Kollegium oder der Einzelrichter) dies mit Rücksicht auf die Bedeutung des Gutachtens oder zur Herbeiführung einer wahrheitsgemäßen Äußerung für geboten erachtet. Die Beeidigung steht damit **im pflichtgemäßen Ermessen des Gerichts**[1].

2 Im **Regelfall** wird, da der Beweiswert des Gutachtens in der mehr oder weniger überzeugenden Kraft der Darlegung liegt, **kein Anlaß zur Beeidigung** bestehen[2]. Anders ist es, wenn das Gutachten zum wesentlichen Teil auf eigenen Beobachtungen des Sachverständigen aufbaut, → vor §402 Rdnr. 25; hier kann besonders die Rücksicht auf die betroffene Partei, → §391 Rdnr. 3, die Beeidigung als geboten erscheinen lassen. Auf die **Haftung des Sachverständigen** wirkt sich die Beeidigung nicht mehr entscheidend aus, → vor §402 Rdnr. 70. Bei beiderseitigem **Verzicht** der Parteien, s. §391 Schlußhalbs., hat die Beeidigung zu unterbleiben, auch soweit es sich um eine Beweisaufnahme von Amts wegen handelt. Zur Beeidigung durch den beauftragten oder ersuchten Richter → §391 Rdnr. 15f.

2. Behördengutachten

3 Soweit ein Behördengutachten von einem **einzelnen Beamten** im Namen der Behörde erstellt wurde, bestehen keine Bedenken, ihn auch zu beeidigen. Anders ist es, wenn das Gutachten einer **Kollegialbehörde** (vgl. §256 Abs. 2 StPO) von einem von der Behörde benannten Vertreter erläutert wird (→ §411 Rdnr. 37). Nach dem Sinn des Eides muß hier die Beeidigung des Vertreters unterbleiben[3], da es sich nicht um *sein* (d.h. um ein von ihm allein erstattetes) Gutachten handelt, so daß er als Einzelperson nicht die Verantwortung dafür trägt.

---

[1] *BGH* NJW 1998, 3355; *BayObLG* FamRZ 1991, 618, 619.

[2] *RG* HRR 1937, 868 (a.E.); HRR 1939, 385 = DR 1939, 185.

[3] Ebenso *Jessnitzer/Ulrich*[11] (Lit. Verz. vor §402) Rdnr. 88, 410; *Leineweber* MDR 1980, 7, 9. S. auch *Löwe/Rosenberg/Gollwitzer* StPO[25] §256 Rdnr. 60 (Eid nicht als Vertreter der Kollegialbehörde, jedoch dann, wenn über die Erläuterung des Inhalts hinaus als persönlicher Gutachter bestellt und tätig geworden). – A.M. *Meyer-Goßner* StPO[48] §83 Rdnr. 5; teils auch *KMR/Paulus* StPO[8] §256 Rdnr. 33.

II. Vor- und Nacheid, Verfahren

1. Wahlmöglichkeit des Gerichts

4 Während beim Zeugen nach §392 S.1 nur der Nacheid zulässig ist, läßt §410 Abs.1 S.1 dem Gericht die **freie Wahl zwischen Vor- und Nacheid** des Sachverständigen. Es bedarf insoweit keines besonderen Gerichtsbeschlusses. Wird die Vernehmung dem beauftragten oder ersuchten Richter übertragen, so kann das Prozeßgericht zugleich die Wahl der Eidesform treffen; anderenfalls steht sie dem beauftragten oder ersuchten Richter zu.

2. Eid bei schriftlicher Begutachtung

5 Wird **schriftliche Begutachtung angeordnet,** so ergibt sich die Form des Einzeleides von selbst dadurch, ob die persönliche Vernehmung (→ §411 Rdnr.1f., 3, 13ff.) vor oder (so im Regelfall) nach Erstattung des Gutachtens stattfindet. Der *vor* der mündlichen Vernehmung geleistete Voreid deckt auch das nachher erstattete schriftliche Gutachten[4]. Wird der Sachverständige zunächst mündlich ohne Beeidigung vernommen und dann erst eine schriftliche Gutachtenerstattung angeordnet, so muß die Eidesnorm sowohl auf das schon mündlich abgegebene als auch auf das noch zu erstattende Gutachten Bezug nehmen, wenn beide durch den Eid gedeckt sein sollen.

3. Eid bei Zeugen- und Sachverständigeneigenschaft

6 Ist eine Person **zugleich Zeuge und Sachverständiger** (→ §414 Rdnr.5), so ist zur Vermeidung doppelter Eidesleistung der Nacheid zu wählen. – Die **Wahrnehmungen**, die der Sachverständige als solcher gemacht hat, werden durch den Sachverständigeneid gedeckt[5], → auch vor §402 Rdnr.25. Dagegen erstreckt sich der Sachverständigeneid nicht auf die Antworten auf die **Generalfragen**[6] (Fragen zur Person usw., §395 Abs.2).

4. Verfahren bei Abnahme des Eides

7 Die **Form des Eides** ergibt sich aus §410 verbunden mit §481. Über das Verfahren bei Abnahme des Eides → §§478ff. Zum Dolmetschereid → §189 GVG. Bei **wiederholter Vernehmung** genügt die Berufung auf den geleisteten Eid nach §§398 Abs.3, 402, → §398 Rdnr.11ff.

5. Verweigerung der Eidesleistung

8 Bei einer nicht berechtigten **Verweigerung der Eidesleistung** gilt §409. Die Gleichstellung mit der Nichtabgabe des Gutachtens folgt aus §390 Abs.1, der durch §409 nur modifiziert wird.

---

[4] *OLG Jena* SeuffArch 66 (1911), 418.

[5] *RGZ* 9, 375, 379; Gruchot 34 (1890), 752; *RGSt* 30, 3; *Stein* Das private Wissen (1893), 67; *Hegler* AcP 104 (1909), 287. Soweit der Sachverständige dagegen über Wahrnehmungen berichtet, die er unabhängig von seinem Begutachtungsauftrag (z.B. schon vorher) gemacht hat, ist er Zeuge und gegebenenfalls als solcher zu beeidigen, *OLG Hamm* NJW 1954, 1820; *Löwe/Rosenberg/Krause* StPO[25] §79 Rdnr.20; *Schmidhäuser* ZZP 72 (1959), 400; *Karlsruher Komm.-StPO/Senge*[5] §79 Rdnr.7. – A.M. *RGSt* 43, 439; 44, 12.

[6] *RGSt* 12, 128; 20, 235; *Löwe/Rosenberg/Krause* StPO[25] §79 Rdnr.16; *Karlsruher Komm.-StPO/Senge*[5] §79 Rdnr.7.

III. Berufung auf den geleisteten Eid bei allgemeiner Beeidigung

1. Allgemeine Beeidigung

9 Ist ein Sachverständiger für die Erstattung von Gutachten der betreffenden Art allgemein beeidigt, so genügt gemäß Abs. 2 die **Berufung auf den geleisteten Eid** (nicht ein bloßer Hinweis des Gerichts darauf)[7] anstatt besonderer Beeidigung in demselben Umfang, wie sonst der Sachverständigeneid zu leisten ist[8]. Voraussetzung ist aber, daß das Gericht überhaupt die Beeidigung angeordnet hat[9]. Die Berufung auf den allgemeinen Dolmetschereid (§ 189 Abs. 2 GVG) genügt nicht, wenn eine Tätigkeit als Sachverständiger (→ vor § 402 Rdnr. 9) vorliegt[10].

10 Die **allgemeine Beeidigung** muß durch die hierzu landesgesetzlich[11] berufene Behörde, nicht notwendig durch ein Gericht, erfolgt sein. Sie ist mit der öffentlichen Bestellung (→ § 404 Rdnr. 18) nicht identisch, läuft aber vielfach damit parallel. Das Landesrecht hat auch zu bestimmen, ob die Beeidigung nur für einen bestimmten Bezirk oder für das ganze Land wirkt[12] und für welche Zeitdauer sie erfolgt[13].

2. Berufung auf die allgemeine Beeidigung

11 Die Berufung auf den geleisteten Eid kann nach Abs. 2, 2. HS auch in dem **schriftlichen Gutachten**[14] erklärt werden[15]. In strafrechtlicher Hinsicht ist die Berufung auf den allgemein geleisteten Eid der Ableistung eines Eides gleichgestellt, § 155 Nr. 2 StGB.

12 Eine **Verpflichtung,** statt der Beeidigung die Berufung auf den geleisteten Eid abzugeben, **besteht nicht;** wenn sich der Sachverständige weigert, kann er zu einem Gerichtstermin zur Vereidigung geladen werden, während die Festsetzung eines Ordnungsgeldes unzulässig ist[16].

IV. Verfahrensverstöße

13 Das Ermessen hinsichtlich der Beeidigung kommt auch dem Berufungsgericht zu; die Beeidigung kann also in der **Berufungsinstanz** nachträglich angeordnet werden. Das **Revisionsgericht** ist dagegen auf die Nachprüfung beschränkt, ob die untere Instanz die Grenzen ihres Ermessens verkannt hat[17]. – Hatte das Gericht die Beeidigung beschlossen, ist aber statt des Sachverständigeneides der Zeugeneid abgenommen worden, so gilt der Sachverständige als nicht vereidigt.

---

[7] *RGZ* 9, 377.

[8] Vgl. *RGSt* 30, 33.

[9] *Peters* NJW 1990, 1832. – A.M. *Jessnitzer* DS (Der Sachverständige) 1991, 38, 39; *K. Müller*[3] (Lit. Verz. vor § 402) Rdnr. 482.

[10] *BGH* NStZ 1998, 158, 159 = NJW 1998, 1087 (LS).

[11] Zur Zulässigkeit landesrechtlicher Bestimmungen vgl. *Jessnitzer/Frieling*[10] (Lit.Verz. vor § 402) 34 Fn. 37; *Wieczorek*[2] A III a. – S. z.B. das Bayerische G über öffentlich bestellte und beeidigte Sachverständige v. 11. 10. 1950, BayRS 701-1-W, dazu *Bock* in PraxisHdb. SachverständigenR[3] (Lit.Verz. vor § 402) § 4 Rdnr. 22f.

[12] *RGSt* 37, 364 nahm z.B. für das frühere Preußen Beschränkung auf den Gerichtsbezirk an.

[13] Vgl. *RGSt* 29, 300f. (Wirksamkeit des Eides endet mit Wegfall der öffentlichen Bestellung).

[14] Räumlicher Zusammenhang ist damit nicht gefordert; die Erklärung in einem besonderen Schriftstück genügt, sofern sich nur einwandfrei erkennen läßt, auf welches Gutachten sich die Erklärung bezieht.

[15] Ein Stempel »öffentl. best. u. vereid. Sachverständiger« bzw. ein entsprechender maschinenschriftlicher Zusatz unter der Unterschrift des Sachverständigen genügt dazu nicht, vgl. *OLG München* VersR 1984, 590.

[16] *LG Frankfurt* MDR 1989, 75.

[17] *RG* HRR 1939, 385 = DR 1939, 185.

§411 Schriftliches Gutachten

(1) [1]Wird schriftliche Begutachtung angeordnet, so hat der Sachverständige das von ihm unterschriebene Gutachten der Geschäftsstelle zu übermitteln. [2]Das Gericht kann ihm hierzu eine Frist bestimmen.

(2) [1]Versäumt ein zur Erstattung des Gutachtens verpflichteter Sachverständiger die Frist, so kann gegen ihn ein Ordnungsgeld festgesetzt werden. [2]Das Ordnungsgeld muss vorher unter Setzung einer Nachfrist angedroht werden. [3]Im Falle wiederholter Fristversäumnis kann das Ordnungsgeld in der gleichen Weise noch einmal festgesetzt werden. [4]§409 Abs.2 gilt entsprechend.

(3) Das Gericht kann das Erscheinen des Sachverständigen anordnen, damit er das schriftliche Gutachten erläutere.

(4) [1]Die Parteien haben dem Gericht innerhalb eines angemessenen Zeitraums ihre Einwendungen gegen das Gutachten, die Begutachtung betreffende Anträge und Ergänzungsfragen zu dem schriftlichen Gutachten mitzuteilen. [2]Das Gericht kann ihnen hierfür eine Frist setzen; §296 Abs.1, 4 gilt entsprechend.

Gesetzesgeschichte: Bis 1900 §376 CPO. Änderung des Abs.1 durch die Novelle 1924 und das Gesetz vom 9.7.1927 (RGBl. I 175). Abs.2 neu gefaßt durch das EinführungsG zum StGB vom 2.3.1974 (BGBl. I 469). Abs.4 angefügt durch Rechtspflege-Vereinfachungsgesetz vom 17.12.1990 (BGBl. I 2847). Abs.1 S.1 neu gefaßt durch das Justizkommunikationsgesetz vom 22.3.2005 (BGBl. I 837).

I. Mündliche Gutachtenerstattung

1. Zuständigkeit für die Vernehmung

1 Der Sachverständigenbeweis kann nach §402 iVm §§394ff. durch Vernehmung des Sachverständigen, also durch eine ausschließlich **mündliche Gutachtenerstattung,** erhoben werden. Praktisch kommt dies heute nur noch ausnahmsweise in Betracht. Die Vernehmung und

gegebenenfalls (§§391, 410) die Beeidigung obliegen dem **Prozeßgericht** (Kollegium oder Einzelrichter). Die Übertragung auf einen beauftragten oder ersuchten Richter ist nur nach Maßgabe des §375 zulässig. Zur zulässigen Anordnung und Durchführung der Begutachtung **vor der mündlichen Verhandlung** → §358a Rdnr. 24.

2. Durchführung

2 Für die Durchführung der mündlichen Gutachtenerstattung gelten die §§394ff. entsprechend; zur Nichtanwendbarkeit des §394 Abs. 1 → §402 Rdnr. 8. Die **Ladung** des Sachverständigen erfolgt nach §377 Abs. 1 und 2. Der geladene Sachverständige ist nicht berechtigt, einen Vertreter oder Mitarbeiter zu schicken[1]. Hat das Gericht eine **gemeinsame Begutachtung durch mehrere Sachverständige** angeordnet (→ §404 Rdnr. 11), so müssen **alle** Sachverständigen vor Gericht auftreten und das Gutachten erstatten[2]. Eine **gemeinsame Vernehmung** mehrerer Gutachter ist zulässig, → §402 Rdnr. 8.

II. Anordnung schriftlicher Begutachtung

3 Aufgrund des §411 *kann*[3] das Gericht (auch noch nach mündlicher Vernehmung) **ohne besondere Voraussetzungen** eine **schriftliche Begutachtung anordnen.** Die schriftliche Erstellung des Gutachtens wird in aller Regel angebracht sein. Die einschränkende Regelung in §377 Abs. 3 über die schriftliche Aussage eines Zeugen ist auf den Sachverständigenbeweis nicht anzuwenden. Für die Anordnung schriftlicher Begutachtung ist es unerheblich, ob die Parteien ihr Einverständnis dazu geben oder nicht. Zur Anordnung und Durchführung der Begutachtung bereits **vor der mündlichen Verhandlung** → §358a Rdnr. 24.

III. Verfahren bei schriftlicher Begutachtung

1. Übermittlung des Gutachtens, Fristsetzung

4 Das schriftliche Gutachten ist nach Abs. 1 S. 1 der **Geschäftsstelle** des Prozeßgerichts bzw. des ersuchten Richters zu übermitteln. Durch das JustizkommunikationsG 2005 wurde die jetzige Formulierung »der Geschäftsstelle zu übermitteln« statt des bisherigen Ausdrucks »auf der Geschäftsstelle niederzulegen« gewählt, um die nach Maßgabe des §130a auch für ein Sachverständigengutachten zulässige **elektronische Übermittlung** (→ §130a Rdnr. 7) mit zu umfassen. Zur Notwendigkeit einer Zulassung der elektronischen Form durch Verordnung → §130a Rdnr. 13. Ob der Sachverständige die Möglichkeit einer elektronischen Übermittlung nutzt, bleibt ihm überlassen; das Gericht ist nicht befugt, elektronische Übermittlung zu verlangen oder diese, obwohl die Voraussetzungen des §130a vorliegen, zu untersagen.

5 Schon bisher war trotz des Ausdrucks »Niederlegung« weder persönliche Übergabe erforderlich, noch auch Überreichung gerade an die Geschäftsstelle. Das Gutachten kann z.B. mit der Post übersandt werden. Erklärung zu Protokoll der Geschäftsstelle ist nicht zulässig.

6 Zur Unterzeichnung bei Einschaltung von Mitarbeitern → §404 Rdnr. 10. Einer Beglaubigung der **Unterschrift** bedarf es nicht; etwaige Zweifel an der Echtheit können nach Abs. 3

---

[1] Vgl. *Hanack* NJW 1961, 2044.

[2] *BGH* LM §355 Nr. 2.

[3] Die Justizverwaltungen können die schriftliche Begutachtung nicht vorschreiben, um Rechtshilfekosten (durch mündliche Gutachtenerstattung vor einem ersuchten Richter) zu ersparen, *RGZ* 69, 371; *RG* JW 1909, 22; *OLG Hamburg* OLG Rsp 9 (1904), 440.

oder in anderer Weise behoben werden[4]. Bei **elektronischer Übermittlung** soll die Datei nach § 130a Abs. 1 S. 2 mit einer qualifizierten elektronischen Signatur versehen werden; ein zwingendes Erfordernis ist dies auch im Fall des § 411 nicht. Sollte die Urheberschaft zweifelhaft sein, hat das Gericht eine Klärung herbeizuführen.

7 Das Gericht kann[5] nach Abs. 1 S. 2 eine **Frist** für die Übermittlung des Gutachtens bestimmen. Die Dauer muß angemessen sein und sich an Umfang und Schwierigkeit des Gutachtenauftrags orientieren.

2. Berufung auf den allgemein geleisteten Eid

8 Die Berufung des **allgemein beeidigten Sachverständigen** auf den geleisteten Eid kann nach § 410 Abs. 2 auch im schriftlichen Gutachten erklärt werden. Dagegen gibt es keine Rechtsgrundlage dafür, eine **eidesstattliche Versicherung** der Richtigkeit des Gutachtens zu verlangen[6]. Man kann nicht davon ausgehen, daß das Gericht immer dann, wenn es zur Vereidigung befugt ist, sich statt dessen mit einer eidesstattlichen Versicherung begnügen darf. Auch bei der schriftlichen Zeugenaussage ist seit der Neufassung des § 377 (1990) die eidesstattliche Versicherung nicht mehr vorgesehen, → § 377 Rdnr. 23.

3. Mündliche Verhandlung

9 Der **Inhalt** des schriftlichen Gutachtens ist im Termin von den Parteien **vorzutragen**[7] oder nach Maßgabe des § 137 Abs. 3 in Bezug zu nehmen, § 285. Zur Entscheidung nach Aktenlage (§ 251a) und derjenigen ohne mündliche Verhandlung (§ 128 Abs. 2) → § 285 Rdnr. 9ff. (21. Aufl.). Zum **Recht auf Gehör** → vor § 128 Rdnr. 61ff. (dort vor allem Fn. 177).

4. Ordnungsgeld bei nicht rechtzeitiger Erstattung

10 Daß bis zur Erstattung des Gutachtens häufig sehr viel Zeit vergeht, stellt eine wichtige Ursache der **Prozeßverzögerung** dar[8]. Das Gericht sollte daher von der Möglichkeit der Fristsetzung Gebrauch machen und sorgfältig auf die **Einhaltung der Frist** achten.

11 Nach Abs. 2 kann der zur schriftlichen Erstattung des Gutachtens aufgeforderte Sachverständige zur rechtzeitigen Erledigung durch **Ordnungsgeld** angehalten werden. Zum Sanktionsrahmen → § 409 Rdnr. 4. Die Festsetzung hat eine Androhung unter Setzung einer **Nachfrist** zur Voraussetzung; eine Fristsetzung bei Übermittlung des Auftrags genügt nicht. Die Verhängung eines Ordnungsgeldes ist nicht zulässig, wenn die Nichteinhaltung der Frist **entschuldigt** ist[9] (entsprechend § 381 Abs. 1). Die zweite Verhängung[10] setzt eine zweite Androhung mit Fristsetzung voraus (»in gleicher Weise«). Zum wiederholten Ungehorsam → § 409

---

[4] *RGZ* 9, 375.

[5] Im Entwurf eines 2. Justizmodernisierungsgesetzes (Kabinettsbeschluss vom 19.7.2006) ist eine Umwandlung in ein »soll« vorgesehen.

[6] *Jessnitzer* DS (Der Sachverständige) 1991, 38; *Jessnitzer/Frieling* Der gerichtliche Sachverständige[10] (1992) Rdnr. 480; *Zöller/Greger*[25] § 410 Rdnr. 3. – A.M. *Baumbach/Lauterbach/Hartmann*[63] Rdnr. 4; *Thomas/Putzo/Reichold*[26] Rdnr. 2; *Rosenberg/Schwab/Gottwald*[16] § 120 Rdnr. 51 (ohne aber die Neufassung des § 377 Abs. 3 zu beachten).

[7] *BGHZ* 35, 370, 373 (Fn. 23).

[8] Vgl. *Baumgärtel* JZ 1971, 446; *Mes* ZRP 1971, 93; *Henke* ZZP 83 (1970), 157.

[9] Zu den Anforderungen an die Entschuldigung *OLG Celle* NJW 1972, 1524.

[10] Ihre Verhängung setzt nicht voraus, daß das erste Ordnungsgeld *vollstreckt* worden ist. Ob die Vollstreckung erfolgt ist, sollte aber bei der Ermessensentscheidung über das zweite Ordnungsgeld berücksichtigt werden, *OLG Köln* JMBlNRW 1968, 272.

Rdnr. 6. Die Versäumung der Nachfrist steht der Weigerung und dem Nichterscheinen gleich; mehr als insgesamt 2 Ordnungsgelder können dem Sachverständigen nicht auferlegt werden. – Zur Befreiung von der Sachverständigenpflicht bei verzögerter Gutachtenerstattung → §408 Rdnr. 5.

12 Gegen die Verhängung des Ordnungsgeldes, aber auch bereits gegen die Nachfristsetzung und Androhung des Ordnungsgeldes[11] ist gemäß Abs. 2 S. 4 iVm §409 Abs. 2 die **sofortige Beschwerde** statthaft.

IV. Erläuterung des schriftlichen Gutachtens

1. Ermessen bei der Anordnung von Amts wegen

13 Das Prozeßgericht kann nach Abs. 3 das **Erscheinen des Sachverständigen**[12] anordnen, damit er das schriftliche Gutachten erläutere[13]. Die Anordnung kann ohne vorausgehende mündliche Verhandlung ergehen. Es steht im pflichtgemäßen Ermessen des Gerichts, ob es von sich aus von dieser Befugnis Gebrauch machen will[14]. Wenn aber der Sachverständige von einem anderen Sachverhalt ausgegangen ist als dem nach Ansicht des Gerichts zugrunde zu legenden, so ist entweder auf eine schriftliche Ergänzung des Gutachtens hinzuwirken oder der Sachverständige zur mündlichen Erläuterung zu laden[15]. Dasselbe gilt, wenn die Aussagen des Sachverständigen unvollständig sind[16] oder dem Gericht unklar erscheinen[17] oder wenn eine vom Sachverständigen zugrunde gelegte Tatsache aufgrund Parteivorbringens zweifelhaft erscheint[18]. Eine mündliche Anhörung kann insbesondere geboten sein, wenn Privatgutachten vorgelegt wurden, die zu einem anderen Ergebnis als der gerichtlich bestellte Sachverständige kommen[19].

14 Eine **erneute Anhörung** des Sachverständigen durch das **Berufungsgericht** ist geboten, wenn es dessen Ausführungen, auch die bei einer mündlichen Anhörung in der Vorinstanz[20], anders würdigen will als das Erstgericht[21], ebenso, wenn eine Partei (auch unter Bezugnahme auf Parteigutachten) auf Zweifel und Unklarheiten in den erstinstanzlichen Ausführungen des Sachverständigen hingewiesen hat[22]. – Zur Nachholung einer in erster Instanz unterbliebenen Anhörung → Rdnr. 29.

2. Fragerecht der Parteien, Pflicht des Gerichts zur Ladung des Sachverständigen auf Antrag

15 Neben der Vorschrift des §411 Abs. 3 sind gemäß §402 auch die Bestimmungen des §397 entsprechend anwendbar. Danach sind die **Parteien berechtigt, dem Gutachter Fragen vorlegen zu lassen,** die sie zur Aufklärung der Sache für dienlich halten. Dieses Recht darf den Par-

---

11 *OLG München* MDR 1980, 1029 = VersR 1980, 1078; *OLG Köln* VersR 2003, 1281. – A.M. *Zöller/Greger*[25] Rdnr. 8.

12 Nicht dagegen von Hilfskräften bzw. Mitarbeitern, *BVerwG* NJW 1984, 2645.

13 Wertvolle praktische Hinweise (insbesondere zur Gutachtenerstattung in Bauprozessen) gibt *Bender* DRiZ 1969, 105.

14 *BGHZ* 6, 398, 401 (Fn. 23); VRS 23 (1962), 334; *RG* HRR 1935 Nr. 1549.

15 *BGH* LM §286 (B) Nr. 43 = NJW 1981, 2009.

16 *BGH* NJW 1997, 803.

17 *BGH* LM §286 (B) Nr. 45 = MDR 1982, 212.

18 Vgl. *BGH* NJW-RR 1998, 1035.

19 *BGH* NJW-RR 1994, 219; NZV 1997, 72, 73; NJW-RR 1998, 1527; *OLG Köln* NJW 1994, 394.

20 *BGH* NJW 1994, 803.

21 *BGH* NJW 1993, 2380.

22 *BGH* NJW 2001, 3269.

teien auch bei schriftlicher Begutachtung nicht genommen werden. Die Rechtsprechung folgert daraus mit Recht, daß **Anträgen** der Parteien auf Ladung des Sachverständigen zum Zweck der Ausübung des Fragerechts **stattgegeben werden muß**[23]. Dies gilt auch im Verfahren der freiwilligen Gerichtsbarkeit[24].

16 Das Recht der Partei auf Befragung des Sachverständigen ist unabhängig davon, ob das Gericht nach pflichtgemäßem Ermessen gemäß §411 Abs. 3 das Erscheinen des Sachverständigen anzuordnen hat[25]. Es besteht auch, wenn zur Ermittlung **ausländischen Rechts** ein (förmliches) Sachverständigengutachten eingeholt wurde[26]. Ist der Sachverständige, der das schriftliche Gutachten erstattet hat, mittlerweile **verstorben,** so muß, wenn eine Partei den Antrag auf Ladung gestellt hat, ein neuer Sachverständiger ernannt werden, damit diesem Fragen zum Inhalt des Gutachtens gestellt werden können[27].

17 Die beantragte Anordnung des Erscheinens des Sachverständigen kann (soweit kein Rechtsmißbrauch vorliegt) nicht mit der Begründung **abgelehnt** werden, es sei davon keine weitere Klärung des Sachverhalts zu erwarten[28] bzw. das schriftliche Gutachten sei ausreichend und überzeugend[29]. Wird ein Antrag einer Partei auf mündliche Erläuterung des Gutachtens vom Gericht völlig übergangen oder kommt ihm das Gericht allein deshalb nicht nach, weil es das Gutachten für überzeugend und nicht erörterungsbedürftig hält, so ist der Anspruch auf rechtliches Gehör (Art. 103 Abs. 1 GG) verletzt[30]. Dasselbe gilt, wenn eine weitere Anhörung abgelehnt wird, obwohl noch nicht alle von der Partei schriftlich vorgelegten und nicht unzulässigen Fragen erörtert werden konnten[31], oder wenn der Antrag als verspätet abgelehnt wird, ohne daß eine wirksame Fristsetzung erfolgt ist[32]. Zur Nachholung in der Berufungsinstanz → Rdnr. 29.

18 **Zeitliche Schranken** für den Antrag auf mündliche Erläuterung und die Notwendigkeit, Ergänzungsfragen vorher rechtzeitig mitzuteilen, ergeben sich aus Abs. 4, → Rdnr. 23ff. Die Ladung des Sachverständigen kann von der Zahlung eines **Auslagenvorschusses** abhängig gemacht werden[33]. – Es kann auch eine **erneute mündliche Anhörung** geboten sein, so z.B. wenn gegen schriftliche Ergänzungen des Gutachtens neue Bedenken erhoben werden[34].

Zur mündlichen Erörterung im **selbständigen Beweisverfahren** → §492 Rdnr. 4ff.

---

[23] *BGHZ* 6, 398 = LM Nr. 1 (LS, *Johannsen*) = NJW 1952, 1214; *BGHZ* 24, 9 = LM Nr. 2 (LS, *Johannsen*) = FamRZ 1957, 16; *BGHZ* 35, 370 = NJW 1961, 2308; VersR 1957, 802; 1968, 257 (auch bei Beweisaufnahme im Rahmen des §287); *BAG* AP §§22, 23 BAT Nr. 16 = Betrieb 1968, 808 = MDR 1968, 529; AP §§22, 23 BAT 1975 Nr. 29 (*Zängl*) = BlStSozArbR 1980, 311 = RdA 1980, 181 (LS) (Ablehnung des Antrags kann auch Verstoß gegen Art. 103 Abs. 1 GG darstellen). – Zur Erläuterung des Gutachtens durch einen im Ausland wohnhaften Sachverständigen s. *BGH* LM Nr. 3, Nr. 13 = MDR 1980, 931 = IPRax 1981, 57 (das Gericht muß den Sachverständigen nicht zum Erscheinen zu bewegen versuchen, vielmehr Befragung auf einem der in §363 vorgesehenen Wege), dazu *Nagel* IPRax 1981, 47.

[24] *BVerfG* FamRZ 1992, 1043; *OLG Hamm* OLGZ 1992, 409 = FamRZ 1992, 1087.

[25] *BGH* NJW-RR 1997, 1487.

[26] *BGH* LM Nr. 11 = NJW 1975, 2142; NJW 1994, 2959; näher → §293 Rdnr. 43 (21. Aufl.).

[27] *BGH* LM Nr. 12 = NJW 1978, 1633 (LS) = MDR 1978, 829.

[28] *BGHZ* VersR 1961, 415; *BAG* AP §§22, 23 BAT Nr. 16 (Fn. 23).

[29] *BGH* NJW 1997, 802; NJW 1998, 162; NJW-RR 2001, 1431, 1432; MDR 2004, 699.

[30] *BVerfG* NJW 1998, 2273; s. auch *BVerfG* NJW-RR 1996, 183.

[31] *BGH* LM §315 BGB Nr. 52a.

[32] *BGH* NJW-RR 2006, 428.

[33] *BGH* NJW 1964, 658; *OLG Schleswig-Holstein* SchlHA 1954, 188 (Vorschußpflicht der Partei, die das persönliche Erscheinen verlangt).

[34] *BGH* LM Nr. 18 = NJW 1986, 2886.

3. Durchführung der mündlichen Erläuterung

19 Für die **Vernehmung** des Sachverständigen gilt das → Rdnr. 1f. Gesagte. Der Sachverständige kann die mündliche Erläuterung nicht auf einen Mitarbeiter übertragen; dessen Ausführungen sind nicht verwertbar[35]. Bei Nichterscheinen der Sachverständigen gilt § 409. – Wichtige Äußerungen des Sachverständigen, insbesondere eine Abweichung von seinem schriftlichen Gutachten, müssen im **Protokoll** festgehalten werden (§ 160 Abs. 3 Nr. 4)[36]. Geschieht dies im Einverständnis mit den Parteien nicht, so müssen die Aussagen in einem Vermerk des Berichterstatters hinreichend klar und vollständig niedergelegt werden, um eine revisionsgerichtliche Überprüfung zu ermöglichen, ob der Sachverständige richtig verstanden wurde[37]. Ist die erforderliche Protokollierung unterblieben, so muß die Anhörung in der Berufungsinstanz erneut erfolgen[38]. – Sind die Akten noch bei dem um die Einholung des Gutachtens ersuchten **auswärtigen Gericht,** so kann dieses den Termin zur Erläuterung des Gutachtens, sei es auf Antrag, sei es von Amts wegen, von sich aus abhalten.

20 Wurde die mündliche Befragung wegen eines **Ablehnungsantrags** abgebrochen, so muß nach Zurückweisung des Ablehnungsgesuchs Gelegenheit zur weiteren Befragung durch die Parteien gegeben werden[39].

21 Auch bei **Säumnis** der antragstellenden Partei kann die mündliche Anhörung des Sachverständigen durchgeführt und das Ergebnis bei einer Entscheidung nach Aktenlage verwertet werden[40].

4. Weiteres Verfahren

22 Die Parteien müssen zur Wahrung des Anspruchs auf rechtliches Gehör hinreichend Gelegenheit haben, sich zu den Ausführungen des Sachverständigen bei der mündlichen Erläuterung zu äußern, insbesondere, wenn der Sachverständige dabei neue Feststellungen getroffen hat. Wendet sich eine Partei in einem nachfolgenden Schriftsatz unter Vorlage eines Privatgutachtens gegen Beurteilungen des Gerichtsgutachters, die erstmals bei der mündlichen Erläuterung abgegeben wurden, so kann auch die Wiedereröffnung der bereits geschlossenen mündlichen Verhandlung geboten sein[41].

V. Zeitliche Schranken für Einwendungen und Anträge der Parteien

1. Anforderungen an die Parteien

23 Abs. 4 wurde durch das Rechtspflege-Vereinfachungsgesetz 1990 eingefügt, um Verzögerungen durch Parteieinwendungen und Anträge, vor allem auf Anhörung des Sachverständigen, zu vermeiden, die erst kurz vor dem Verhandlungstermin erfolgen. Die Parteien müssen Einwendungen und Anträge innerhalb eines angemessenen Zeitraums[42] nach Kenntnis von der Niederlegung des schriftlichen Gutachtens auf der Geschäftsstelle mitteilen, ebenso Ergänzungsfragen in hinreichend konkreter Form, wenn auch nicht bis ins einzelne vorformu-

[35] *KG* KGR 2004, 463.
[36] *OLG Schleswig* MDR 2001, 711.
[37] *BGH* NJW 1995, 779.
[38] *BGH* NJW 2001, 3269, 3270.
[39] *BGH* LM § 34 GmbHG Nr. 21 = NZG 2002, 176, 177.
[40] *BGH* NJW 2002, 301.
[41] *BGH* NJW 2001, 2796.
[42] Die Angemessenheit hat sich vor allem an der Schwierigkeit des Sachverhalts zu orientieren. Beispiele aus dem selbständigen Beweisverfahren → § 492 Fn. 5; im gewöhnlichen Prozeß sollte der Maßstab eher strenger sein.

liert[43], angeben, gleich ob diese schriftlich oder im Rahmen einer beantragten mündlichen Anhörung des Sachverständigen beantwortet werden sollen. Der *BGH*[44] erklärt weiterhin, die Partei müsse nicht die Fragen, die sie an den Sachverständigen richten will, im voraus konkret formulieren, sondern lässt es, eher großzügig, genügen, wenn die Partei angibt, in welcher Richtung sie durch ihre Fragen eine weitere Aufklärung herbeizuführen wünscht.

24 Wenn allerdings bereits ein oder sogar mehrere **schriftliche Ergänzungsgutachten** aufgrund der Einwendungen der Partei eingeholt wurden, kann von der Partei verlangt werden, daß sie einen erst jetzt gestellten Antrag auf mündliche Erläuterung mit einer konkreten Angabe der nach ihrer Ansicht noch klärungsbedürftigen Fragen verbindet[45].

25 **Zusatzfragen bei der Anhörung** werden durch die Pflicht zur vorherigen Mitteilung nicht von vornherein ausgeschlossen, vor allem nicht solche, zu denen erst die Äußerungen des Sachverständigen bei der Anhörung Anlaß geben[46]. Die besondere Mitteilung von Einwendungen ist entbehrlich, wenn die Angriffe gegen das Gutachten bereits aus den Schriftsätzen und aus vorgelegten Privatgutachten hervorgehen[47].

2. Fristsetzung und Zurückweisung

26 Das Gericht (nicht der Vorsitzende[48]) kann nach Abs. 4 S. 2 eine **Frist setzen**. Bei deren Bemessung muß auf den Umfang des Gutachtens und die Schwierigkeit der Materie Rücksicht genommen werden, um die Parteirechte nicht zu verkürzen. Nur wenn eine Frist gesetzt wurde, sind verspätete Einwendungen und Anträge, auch der Antrag auf mündliche Erläuterung des Gutachtens, unter den Voraussetzungen des § 296 Abs. 1 (Verzögerung des Rechtsstreits, keine angemessene Entschuldigung) zurückzuweisen. Die Frist muß in unmißverständlicher Form gesetzt werden[49]. Die Partei muß daher auf die Folgen einer Nichtbeachtung der Frist hingewiesen werden[50].

27 Auch ein **nach Ablauf der gesetzten Frist** und erst zwei Tage vor dem Verhandlungstermin gestellter Antrag kann nach Ansicht des BGH[51] (→ aber dagegen § 296 Rdnr. 60 [21. Aufl.]) nicht durch Teilurteil zurückgewiesen werden, wenn seine Zulassung nicht zur Verzögerung des Rechtsstreits im ganzen führt. Eine sonstige Verkürzung des Fragerechts, etwa allein wegen des Umfangs (zulässiger) Fragen, ist nicht zulässig[52].

28 Für die **Rechtzeitigkeit der Ablehnung** des Sachverständigen kann die Frist nach Abs. 4 S. 2 ebenfalls maßgebend sein, → § 406 Rdnr. 48.

3. Mündliche Erörterung in der Berufungsinstanz

29 Wurde einem in erster Instanz rechtzeitig gestellten Antrag auf Ladung des Sachverständigen zur mündlichen Anhörung zu Unrecht nicht entsprochen, so **muß** das **Berufungsgericht**

---

43 Vgl. *BVerwG* NJW 1996, 2318; *OLG Köln* BauR 1995, 885.

44 *BGH* NZV 2005, 463 = MDR 2005, 1308; *BGHZ* 159, 254, 261 = NJW 2004, 2828, 2830; *BGH* MDR 2003, 168, 169 = NJW-RR 2003, 208. Der *BGH* bleibt, ohne auf den 1990 eingefügten § 411 Abs. 4 einzugehen, bei der in BGHZ 24, 9, 15 geprägten Formulierung.

45 *OLG Saarbrücken* OLGR 2004, 379.

46 Vgl. Begr. BT-Drucks. 11/3621, S. 41.

47 *BGH* NZV 1997, 72, 73.

48 *BGH* MDR 2001, 1130 = NJW-RR 2001, 1431, 1432.

49 *BGH* MDR 2001, 1130 = NJW-RR 2001, 1431, 1432 (Hinweis des Vorsitzenden, es bestehe bis zu einem bestimmten Zeitpunkt Gelegenheit, zum Gutachten Stellung zu nehmen, genügt nicht).

50 *BGH* NJW-RR 2006, 428.

51 *BGH* NJW-RR 1997, 1487, 1488.

52 *BGH* LM § 315 BGB Nr. 50 a.

dem in zweiter Instanz wiederholten Antrag stattgeben[53]. Dies gilt auch nach dem durch das ZPO-RG 2001 geänderten Recht der Berufung, denn wenn die Anhörung in erster Instanz fehlerhaft unterblieben ist, so werden dadurch Zweifel an der Richtigkeit der getroffenen Tatsachenfeststellung iSv §529 Abs.1 Nr.1 begründet[54].

30 Einem **erstmals in der Berufungsinstanz gestellten Antrag** auf Anhörung eines Sachverständigen muß das Gericht stattgeben, wenn er entscheidungserhebliche Gesichtspunkte betrifft, die das Gericht erster Instanz aufgrund fehlerhafter Beurteilung der Rechtslage (z.B. Verkennung des anzuwendenden Beweismaßstabs) übersehen hat, denn unter dieser Voraussetzung handelt es sich bei dem Antrag um ein zulässiges neues Angriffs- oder Verteidigungsmittel i.S.v. §531 Abs.2 Nr.1[55].

31 Eine erstmals in der Berufungsinstanz beantragte Anhörung ist dagegen nicht geboten, wenn es um unerhebliche oder eindeutig beantwortete Fragen ohne jeden Erläuterungsbedarf geht[56].

32 Auch wenn eine Partei in erster Instanz das Recht auf Anordnung des Erscheinens des Sachverständigen verloren hat, muß das Gericht in zweiter Instanz prüfen, ob die Ladung des Sachverständigen **von Amts wegen** (§411 Abs.3) geboten ist[57]. Anlaß zu einer mündlichen Anhörung von Amts wegen kann – trotz Verlusts des Antragsrechts nach Abs.4 – neuer substantiierter Parteivortrag (soweit in der Berufungsinstanz zulässig), auch ein Privatgutachten, geben[58].

VI. Sonderfälle

33 Zur Befragung des Sachverständigen bei der Verwertung von **Gutachten aus einem anderen Verfahren** → §411a Rdnr.24f.

1. Privatgutachten

34 Von den Parteien vorgelegte **Privatgutachten** sind als Teil des Parteivorbringens zu behandeln, näher → vor §402 Rdnr.74ff. Um einen Sachverständigenbeweis im Sinne des Gesetzes handelt es sich dabei nicht. Daher haben die Parteien **kein Recht, die persönliche Vernehmung des Privatgutachters zu verlangen** und ihm Fragen zu stellen[59]. Der Privatgutachter kann, wenn er nicht etwa als sachverständiger Zeuge vernommen werden soll, auch nicht zur mündlichen Verhandlung geladen werden[60]. Nur bei *Einverständnis beider Parteien* ist das Privatgutachten ebenso wie das Gutachten eines gerichtlich ernannten Sachverständigen zu würdigen, → vor §402 Rdnr.79. In einem solchen Fall ist entsprechend dem → Rdnr.15 Gesagten ein Recht der Parteien auf Anordnung der persönlichen Vernehmung zu bejahen[61]. Der bisherige Privatgutachter sollte dann zum gerichtlichen Sachverständigen ernannt werden.

---

[53] *BGH* NJW 1996, 788 = LM §397 Nr.11; NJW 1997, 802, 803; MDR 2003, 168, 169; NZV 2005, 463 = MDR 2005, 1308; NJW-RR 2006, 428.

[54] *BGH* (Fn.53).

[55] *BGHZ* 159, 254, 261 = NJW 2004, 2828, 2830.

[56] *OLG Oldenburg* NJW-RR 1999, 178, 179.

[57] *BGH* NJW-RR 1997, 1487; NJW 1992, 1459.

[58] *BGH* NJW-RR 1998, 1527.

[59] *BGH* VRS 26 (1964), 86; VersR 1962, 231.

[60] *OLG Karlsruhe* NJOZ 2003, 768 = VersR 2003, 977.

[61] Ebenso *BGH* VersR 1967, 585, wenn sich das Gericht auf die Darlegungen des Privatgutachters stützen will. Nach der hier vertretenen Ansicht (→ vor §402 Rdnr.79) kann das Privatgutachten nur bei Einverständnis beider Parteien als Sachverständigengutachten verwertet werden.

2. Behördengutachten

35 Wird vom Gericht die Einholung eines **Behördengutachtens** angeordnet, so handelt es sich dabei um einen **echten Sachverständigenbeweis,** → §404 Rdnr. 14. Auch hier sind die oben dargestellten allgemeinen Regeln sachgerecht, wonach es im Ermessen des Gerichts liegt, ob die Begutachtung mündlich oder schriftlich durchgeführt wird.

36 Das **Fragerecht der Parteien** besteht auch bei einem Behördengutachten. Zur sog. amtlichen Auskunft → vor §373 Rdnr. 44. Soweit bei einem Behördengutachten die mündliche Erstattung bzw. die mündliche Erläuterung des schriftlichen Gutachtens angezeigt erscheint, ist diejenige natürliche Person zu laden, die das Gutachten erstellt hat[62].

37 Beim Gutachten einer **Kollegialbehörde** empfiehlt sich die entsprechende Anwendung des §256 Abs. 2 StPO (gerichtliches Ersuchen an die Behörde, eines ihrer Mitglieder mit der Vertretung zu beauftragen). Wegen der Besonderheiten eines solchen Gutachtens wird man aber mit dem *BGH*[63] nach gerichtlichem Ermessen statt einer Ladung auch eine gerichtliche Aufforderung zulassen müssen, schriftlich auf Fragen zu antworten, da dann eine Stellungnahme des Kollegialorgans erlangt werden kann. Die Partei hat also in solchen Fällen kein Recht auf Ladung; sie muß außerdem nach Kenntnis des Gutachtens ihre Einwände dem Gericht mitteilen[64]. – Zur Beeidigung → §410 Rdnr. 3.

§411a Verwertung von gerichtlichen Sachverständigengutachten

Die schriftliche Begutachtung kann durch die Verwertung eines gerichtlich eingeholten Sachverständigengutachtens aus einem anderen Verfahren ersetzt werden.

Gesetzesgeschichte: Eingefügt durch das 1. Justizmodernisierungsgesetz (JuMoG) vom 24.8. 2004, BGBl. I S. 2198.

[62] A.M. *OLG Celle* NJW 1973, 203 zum Kostengutachten des Vorstands der Rechtsanwaltskammer, weil es sich dabei nicht um ein Gutachten i.S. des Sachverständigenbeweises handle.
[63] *BGHZ* 62, 93, 95 = NJW 1974, 701 = LM §402 Nr. 23 (LS, *Johannsen*).
[64] *BGHZ* 62, 93, 95 (Fn. 63).

Literatur: *Engelbrecht* Die Auswirkungen des Ersten Gesetzes zur Modernisierung der Justiz (1. Justizmodernisierungsgesetz – JuMoG) auf das verkehrsrechtliche Mandat, DAR 2004, 494; *Fölsch* Das 1. Justizmodernisierungsgesetz 2004, MDR 2004, 1029; *Rath/Küppersbusch* Erstes Justizmodernisierungsgesetz – §411a ZPO und seine Auswirkungen auf den Personenschadensprozess, VersR 2005, 890; *Völzmann-Stickelbrock* Unmittelbarkeit der Beweisaufnahme und Parteiöffentlichkeit – Nicht mehr zeitgemäße oder unverzichtbare Elemente des Zivilprozesses?, ZZP 118 (2005), 359.

I. Normzweck

1 Auch vor der Einfügung des §411a durch das 1. JustizmodernisierungsG 2004 war die Verwertung eines Gutachtens aus einem anderen gerichtlichen Verfahren nach allgemeiner Auffassung möglich, da der Zivilprozeß nicht dem Grundsatz der materiellen Unmittelbarkeit der Beweiserhebung folgt, → Rdnr. 32. Der Form nach handelte es sich dabei aber nicht um einen Sachverständigen-, sondern um einen Urkundenbeweis[1]. Wurde von einer Partei beantragt, im jetzigen Verfahren einen Sachverständigenbeweis zu erheben, so konnte dies richtiger Ansicht nach nicht deswegen abgelehnt werden, weil bereits ein Gutachten aus einem anderen Verfahren vorlag[2]. Auch konnte eine beantragte unmittelbare Anhörung des Sachverständigen im jetzigen Prozeß nicht unter Hinweis auf dessen Aussage im früheren Verfahren abgelehnt werden[3].

2 Dagegen erlaubt es §411a, das in einem anderen Verfahren erstellte Gutachten in der Wirkung einem im jetzigen Prozeß eingeholten Gutachten gleichzustellen. Dadurch soll unnötiger Mehraufwand für das Gericht und die Parteien vermieden werden[4]. Durch die Verwertung des bereits vorhandenen Gutachtens können Zeit und Kosten eingespart werden. Die Rechte der Parteien werden insofern gewahrt, als es sich bei der Verwertung nach §411a um eine Form des Sachverständigenbeweises handelt, worauf insbesondere die Vorschriften über die Ablehnung des Sachverständigen (→ Rdnr. 22f.) und über das Recht auf Ladung zur mündlichen Erörterung (→ Rdnr. 25) anwendbar sind.

II. Zeitlicher Anwendungsbereich (Übergangsrecht)

3 Die Vorschrift ist seit 1. September 2004 in Kraft, Art. 14 JuMoG. Sie findet jedoch keine Anwendung auf Verfahren, die am 1. September 2004 bereits anhängig waren, §29 Nr. 3 EGZPO (eingefügt durch Art. 2 Nr. 2 JuMoG). Für diese Verfahren bleibt es bei dem bisherigen Recht, so daß die Verwertung eines Gutachtens aus einem anderen Prozeß nach den Regeln des Urkundenbeweises zulässig ist, aber ein Antrag auf Einholung eines Sachverständigengutachtens nicht mit der Begründung abgelehnt werden darf, es liege schon ein hinreichendes Gutachten vor.

---

[1] Vgl. Begr. zum Regierungsentwurf, BT-Drucks. 15/1508, S. 19 unter Hinweis auf die bisher unterschiedlichen Ansichten zur Verwertbarkeit und Beweiskraft des Gutachtens aus einem anderen Prozeß.

[2] *BGH* NJW 1983, 121, 122; *VGH Kassel* NVwZ 2000, 1428, – Nach *BGH* NJW 1997, 3381, 3382; NJW 2000, 3072; NJW 2002, 2324 konnte die beantragte Einholung eines Gutachtens dann nicht abgelehnt werden, wenn die urkundenbeweislich herangezogenen Gutachten nicht ausreichten, um die von einer Partei angesprochenen aufklärungsbedürftigen Fragen zu beantworten.

[3] *BGH* NJW 1997, 3096, 3097.

[4] Begr. zum Regierungsentwurf, BT-Drucks. 15/1508, S. 20.

III. Voraussetzungen

1. Sachverständigengutachten

4 §411a erfaßt nur Sachverständigengutachten, nicht Zeugen- oder Parteiaussagen in einem anderen Prozeß. Diese können, soweit protokolliert bzw. in sonstiger schriftlicher Form vorhanden, weiterhin im Wege des Urkundenbeweises herangezogen werden, doch darf ein Antrag auf Vernehmung im jetzigen Prozeß nicht wegen der Verwertung der Aussage aus dem früheren Verfahren abgelehnt werden, → §284 Rdnr. 37 (21. Aufl.). Auch Aussagen eines sachverständigen Zeugen iSv §414 fallen nicht unter §411a.

2. Gerichtlich eingeholtes Gutachten

5 Die Verwertung nach §411a ist auf Gutachten beschränkt, die das Gericht eingeholt hat, setzt also voraus, daß in dem früheren Verfahren das **Gericht** einen Sachverständigenbeweis angeordnet und einen Gutachter ernannt hat. Ein im strafrechtlichen Ermittlungsverfahren eingeholtes Sachverständigengutachten wird daher nicht erfaßt[5]. Für **Privatgutachten**, mögen sie auch vom Gericht im früheren Verfahren verwertet worden sein, gilt §411a nicht. Es bleibt aber die Möglichkeit der Verwertung im Wege des Urkundenbeweises.

6 §411a gilt in erster Linie für im früheren Verfahren **schriftlich vorgelegte Gutachten**, aber auch mündlich erstattete Gutachten können verwertet werden, soweit sie hinreichend protokolliert wurden. Unter derselben Voraussetzung können neben einem schriftlichen Gutachten mündliche Erläuterungen oder Ergänzungen verwendet werden, die der Sachverständige im damaligen Verfahren gegeben hat. Dagegen würde es nicht dem Zweck des §411a entsprechen, wenn mangels Protokollierung über den Inhalt der seinerzeit vom Sachverständigen gemachten Aussagen der Beweis in anderer Form (insbesondere durch Zeugenaussagen) geführt werden müßte.

3. Aus anderem gerichtlichen Verfahren

7 Da das Gutachten gerichtlich eingeholt sein muß, kann es nur aus einem Verfahren vor Gericht stammen, nicht etwa aus einem Verwaltungsverfahren. Das zu verwertende Gutachten kann nicht nur vor einem ordentlichen Gericht (gleich welcher Instanz), sondern auch in einem anderen Zweig der Gerichtsbarkeit erstattet worden sein. Nach welchem Verfahrensgesetz sich das damalige Verfahren richtete (ZPO, InsO, StPO, FGG, VwGO, SGG usw.), spielt keine Rolle. Es kann sich auch um Gutachten handeln, die im Verfahren vor dem Rechtspfleger (z.B. im Erbscheinsverfahren über die Testierfähigkeit) erstattet wurden.

8 Für die Verwertung von Gutachten aus einem selbständigen Beweisverfahren gilt §493 als Sonderregelung, soweit es um die Verwendung zwischen denselben Parteien geht, → §493 Rdnr. 5ff. Im übrigen besteht aber kein Grund, Gutachten aus einem selbständigen Beweisverfahren nicht dem §411a zu unterstellen[6].

9 Zweifelhaft erscheint, ob §411a auch auf Gutachten anzuwenden ist, die in einem **ausländischen gerichtlichen Verfahren** erstattet wurden. Der Wortlaut der Bestimmung enthält insoweit keine Einschränkung. Andererseits können die Bestimmungen, die für die Einholung des Gutachtens maßgebend waren, erheblich von den Regeln des Sachverständigenbeweises nach

---

[5] *OLG Koblenz* OLGR 2005, 552. – Im Entwurf eines 2. Justizmodernisierungsgesetzes (Kabinettsbeschluss vom 19.7. 2006) ist eine Änderung des §411a vorgesehen, durch die auch die Verwertung eines staatsanwaltschaftlich eingeholten Sachverständigengutachtens aus einem anderen Verfahren zugelassen wird.

[6] Generell verneinend jedoch *Musielak/Huber*[4] Rdnr. 6.

der ZPO abweichen. Auch die Abgrenzung zwischen Zeugen und Sachverständigen braucht z.B. nicht mit den Regeln der ZPO übereinzustimmen. Der Zweck des §411a, das bereits vorliegende Gutachten einem im jetzigen Prozeß eingeholten Gutachten vollständig gleichzustellen, spricht daher gegen die Erstreckung auf Gutachten aus einem ausländischen Prozeß. Unberührt bleibt auch hier die Verwertung im Wege des Urkundenbeweises.

4. Parteien; Gegenstand des Gutachtens

10 Die Parteien des jetzigen und des früheren Verfahrens brauchen ebensowenig identisch zu sein wie der Gegenstand der beiden Verfahren. Entscheidend ist allein, ob die im jetzigen Prozeß mit Hilfe eines Sachverständigengutachtens zu klärende **Beweisfrage durch das bereits vorliegende Gutachten beantwortet** wird. Im allgemeinen wird dies nur der Fall sein, wenn der in beiden Prozessen zu beurteilende Sachverhalt ganz oder jedenfalls in dem relevanten Teilbereich derselbe ist. Es ist aber auch denkbar, daß das vorliegende Gutachten auf einen vergleichbaren (parallelen) Sachverhalt übertragen werden kann, soweit es allgemeine Aussagen enthält (etwa über die Eignung eines Medikaments, Gesundheitsschäden einer bestimmten Art herbeizuführen). Dabei ist zu beachten, daß auch das Bestehen von Erfahrungssätzen als solchen (unabhängig von der Anwendung auf einen konkreten Sachverhalt) Gegenstand eines Sachverständigengutachtens sein kann, → vor §402 Rdnr. 23. Zu berücksichtigen ist, daß die im früheren Verfahren geltenden, uU vom Zivilprozeßrecht abweichenden Verfahrensregeln auf das Gutachten Einfluß haben können. Auch kann die Fragestellung wesentlich vom jeweils anzuwendenden materiellen Recht abhängen (etwa: unterschiedlicher Kausalitätsbegriff). Solche Umstände können z.B. der Verwertung des aus einem Strafprozeß oder aus einem sozialgerichtlichen Verfahren stammenden Gutachtens im Zivilprozeß entgegenstehen[7].

11 Soweit es zulässig ist, Sachverständigengutachten über Rechtsfragen einzuholen (→ vor §402 Rdnr. 17ff.), insbesondere über ausländisches Recht (§293), kann ebenfalls ein bereits in einem anderen Prozeß erstattetes Gutachten nach §411a verwertet werden[7a].

IV. Gerichtliches Ermessen

12 Ob im jetzigen Prozeß ein bereits vorliegendes Gutachten gemäß §411a verwertet oder eine neue Begutachtung angeordnet wird, liegt im pflichtgemäßen Ermessen des Gerichts[8]. Die Leitlinie muß sein, ob durch die Verwertung des vorhandenen Gutachtens der Zweck des Sachverständigenbeweises im jetzigen Verfahren ebenso erreicht wird wie durch die Anordnung einer neuen Begutachtung. Daher ist insbesondere die hinreichende Übereinstimmung der zu begutachtenden Fragen, aber auch die **Qualität** des seinerzeit erstatteten Gutachtens zu beachten. Das Gericht hat bei der Ermessensausübung die Stellungnahmen der Parteien (→ auch Rdnr. 23) zu berücksichtigen, ist aber auch dann nicht an der Anwendung des §411a gehindert, wenn beide Parteien eine neue Begutachtung beantragen[9].

13 Das Gericht wird ferner berücksichtigen, ob im damaligen Verfahren **Einwendungen** gegen die Person des Gutachters (zur Ablehnung, → Rdnr. 22f.) oder gegen den Inhalt des Gutachtens erhoben wurden und welche Bedeutung seinerzeit das Gericht dem Gutachten beigemessen hat. Es kann auch eine Rolle spielen, inwieweit in der Zeit seit Erstattung des früheren Gutachtens mit Änderungen, sei es in der Entwicklung des Sachverhalts, uU auch in den wissenschaftlichen Methoden der Begutachtung, zu rechnen ist.

---

[7] Dazu *Engelbrecht* DAR 2004, 494f.; *Rath/Küppersbusch* VersR 2005, 890, 891ff.
[7a] *AG Hohenschönhausen* IPrax 2006, 607. – A.M. *Jayme* IPrax 2006, 587.
[8] *Musielak/Huber*[4] Rdnr. 9; *Baumbach/Lauterbach/Hartmann*[63] Rdnr. 4.
[9] A.M. *Zöller/Greger*[25] Rdnr. 3; *Rath/Küppersbusch* VersR 2005, 890.

Besondere praktische Bedeutung dürfte die Verwendung von Gutachten aus einem früheren **Strafprozeß** haben, wenn es nunmehr um die zivilrechtlichen Folgen, vor allem um Schadensersatzansprüche, aus demselben Sachverhaltskomplex geht. Auch bei Regreßansprüchen gegen Versicherungen oder Lieferanten bzw. Produzenten wird die Anwendung des §411a in Betracht kommen. Auch Gutachten, die in einem **Insolvenzverfahren** über Zahlungsunfähigkeit oder Überschuldung eingeholt wurden, können für verschiedene Folgeprozesse eine Rolle spielen[10]. 14

V. Verfahren bei der Anordnung

1. Von Amts wegen oder auf Parteiantrag

§411a ist unabhängig davon anwendbar, ob der Sachverständigenbeweis von Amts wegen (§144 Abs. 1 S. 1) oder auf Parteiantrag (§403) angeordnet wurde. Auch die Anwendung des §411a kann sowohl von Amts wegen als auch auf Antrag einer Partei erfolgen[11]. 15

2. Rechtliches Gehör

Beantragt eine Partei die Verwertung des Gutachtens aus einem anderen Verfahren oder beabsichtigt das Gericht von sich aus, so vorzugehen, so wird in der Regel dem Gegner bzw. beiden Parteien das rechtliche Gehör gewährt, also Gelegenheit zur Stellungnahme gegeben werden müssen. Ob es dazu generell erforderlich erscheint, das Gutachten zu übersenden und die Parteien befristet zur Stellungnahme aufzufordern[12], erscheint zweifelhaft. Es sollte vermieden werden, den Streit über die inhaltliche Verwertbarkeit und die Qualität des Gutachtens bereits in dieses Stadium zu verlagern. 16

3. Freigestellte mündliche Verhandlung und Beschluß

Die Anordnung der Verwertung erfolgt durch einen Beweisbeschluß, dem keine mündliche Verhandlung vorauszugehen braucht. Einer Begründung bedarf der Beweisbeschluß nicht. Er muß aber konkret bezeichnen, welches Gutachten zur Klärung welcher Beweisfrage verwertet werden soll. Einer Bestellung zum Sachverständigen im jetzigen Prozess bedarf es neben der Anordnung der Verwertung nicht[13]. 17

4. Rechtsbehelfe

Die Anordnung ist nicht selbständig anfechtbar. Die Parteien können Gegenvorstellungen erheben, da der Beschluß abänderbar und aufhebbar bleibt. Bei der Anfechtung des Endurteils ist auch zu überprüfen, ob die Verwertung des Gutachtens zulässig war und ob die Grenzen des richterlichen Ermessens eingehalten wurden. 18

VI. Rechtsnatur des Beweises und Beweiskraft

Die Verwertung des Gutachtens stellt einen Sachverständigenbeweis, nicht einen Urkundenbeweis dar. Darin liegt der Unterschied zur Verwertung eines in einem früheren Verfahren 19

---

[10] *Musielak/Huber*[4] Rdnr. 7 nennt Anfechtungsprozesse oder Prozesse wegen Verletzung der Insolvenzantragspflicht.
[11] Begr. BT-Drucks. 15/1508, S. 20.
[12] So *Musielak/Huber*[4] Rdnr. 11.
[13] A.M. *Greger* BRAK-Mitt. 2005, 150, 152.

erstatteten Gutachtens ohne Anordnung nach §411a, → zur Zulässigkeit Rdnr. 30ff. Auf das weitere Verfahren sind die Regeln des Sachverständigenbeweises anzuwenden. Über die Beweiskraft des Gutachtens hat das Gericht in freier Beweiswürdigung zu befinden, näher → §412 Rdnr. 1ff.

VII. Verweigerungsrecht des Sachverständigen

20 Ein Recht des Sachverständigen zur Verweigerung der Gutachtenerstattung nach §408 Abs. 1 S. 1 wird man nicht anerkennen können[14], da das Gutachten bereits vorliegt und die Konfliktsituation, die dem Sachverständigen erspart werden soll, nicht mehr eintreten kann. Auch einer Verwertung im Wege des Urkundenbeweises könnte §408 Abs. 1 S. 1 nicht entgegengehalten werden.

21 Wenn allerdings der Sachverständige im jetzigen Verfahren um eine Erläuterung oder Ergänzung des Gutachtens gebeten wird, so stehen ihm auch die Verweigerungsrechte nach §408 Abs. 1 S. 1 zu. Die Verwertung des schriftlichen Gutachtens wird aber dadurch nicht ausgeschlossen[15], wie auch beim Zeugen die Berufung auf ein Zeugnisverweigerungsrecht nicht die Verwertung bereits früher erfolgter Vernehmungen hindert (→ §383 Rdnr. 16).

VIII. Ablehnungsrecht der Parteien

22 Wurde der Sachverständige bereits **im früheren Verfahren** mit Erfolg abgelehnt, auch nach Erstattung des Gutachtens, so liegt kein nach §411a verwertbares Gutachten vor. – Die Parteien können den Sachverständigen aber auch **im jetzigen Prozeß** nach §406 ablehnen[16]. Wird die Ablehnung für begründet erklärt, so darf das Gutachten nicht verwertet werden, auch nicht in Form des Urkundenbeweises. Für die **Rechtzeitigkeit** des Ablehnungsantrags nach §406 Abs. 2 S. 1 ist auf die Verkündung oder Zustellung des Beschlusses abzustellen, in dem das Gericht die Verwertung des Gutachtens im jetzigen Verfahren verfügt hat.

23 Ob eine Partei **im früheren Verfahren** den Sachverständigen bereits (erfolglos) abgelehnt hat oder ob sie dort das Ablehnungsrecht nicht ausgeübt und damit verloren hat, ist für das jetzige Verfahren nicht maßgebend[17]. Da die Erwägungen einer Partei über die Ablehnung eines Sachverständigen durchaus mit der Bedeutung des Gutachtens im Rahmen des konkreten Prozesses zusammenhängen können, würde eine Weiterwirkung des Verlusts des Ablehnungsrechts für einen Prozeß mit einem anderen Gegenstand und möglicherweise auch einem anderen Prozeßgegner nicht dem Zweck des Ablehnungsrechts entsprechen.

IX. Einwendungen der Parteien; mündliche Erläuterung; weiteres Gutachten

24 Für **Einwendungen** und **Ergänzungsfragen** der Parteien, einschließlich der möglichen Fristsetzung, gilt §411 Abs. 4. Ob eine oder auch beide Parteien im früheren Verfahren die Gelegenheit zu Einwendungen genutzt, insbesondere eine damals gesetzte Frist gewahrt haben, spielt im jetzigen Prozeß keine Rolle.

25 Das Gericht kann nach §411 Abs. 3 das **Erscheinen des Sachverständigen** in der mündlichen Verhandlung zur **Erläuterung des Gutachtens** anordnen. Geschieht dies, so wird dadurch der Verfasser des Gutachtens zum Sachverständigen im gegenwärtigen Verfahren ernannt,

---

14 *Fölsch* MDR 2004, 1029, 1030; *Völzmann-Stickelbrock* ZZP 118 (2005), 359, 382. – A.M. *Zöller/Greger*[25] Rdnr. 5.

15 Insoweit aM *Fölsch* MDR 2004, 1029, 1030; *Völzmann-Stickelbrock* ZZP 118 (2005), 359, 382.

16 Ebenso Begr. BT-Drucks. 15/1508, S. 20; *Musielak/Huber*[4] Rdnr. 12.

17 A.M. *Musielak/Huber*[4] Rdnr. 12.

gleich ob dies zugleich mit der Anordnung des Erscheinens ausdrücklich erfolgt oder sich stillschweigend aus dieser Anordnung ergibt. Wenn eine Partei die Ladung zur mündlichen Erörterung beantragt, um dem Sachverständigen Fragen zu stellen, so *hat* das Gericht diesem Antrag gemäß §402 iVm §397 stattzugeben[18], näher → §411 Rdnr. 15ff.

26 Das Gericht kann auch eine **schriftliche Ergänzung** des früheren Gutachtens durch denselben Sachverständigen anordnen; es gelten dann dieselben Regeln, wie sie bei einer erstmaligen Ernennung des Gutachters im jetzigen Prozeß anzuwenden wären.

27 Da das nach §411a verwertete Gutachten einem im jetzigen Verfahren erstatteten Gutachten gleichsteht, ist die **Einholung eines weiteren Gutachtens** durch einen anderen Sachverständigen nach §412 zu beurteilen[19].

X. Kosten

28 Wird lediglich das bereits früher erstellte Gutachten verwertet, so entsteht kein Gebührenanspruch des Sachverständigen im jetzigen Verfahren[20]. Wenn dagegen eine Ergänzung oder mündliche Erläuterung des Gutachtens im jetzigen Verfahren angeordnet wird, steht dem Sachverständigen auch die entsprechende Vergütung nach §413 iVm dem JVEG zu.

XI. Haftung des Sachverständigen

29 Die Haftung des Sachverständigen nach §839a BGB besteht nur gegenüber den *Verfahrensbeteiligten*. Ob dazu auch die Parteien des gegenwärtigen Prozesses gehören, in dem das Gutachten nach §411a verwertet wird, ist zweifelhaft und eher zu verneinen. Sonst könnte sich auf diese Weise eine beträchtliche Ausdehnung der Haftung des Sachverständigen auf andere Personen und möglicherweise auch hinsichtlich eines anderen Sachverhalts ergeben[21]. Man sollte daher eine Haftung gegenüber den Beteiligten des neuen Verfahrens für Schäden durch eine in diesem Verfahren ergehende, auf dem Gutachten beruhende Entscheidung nur bejahen, wenn zur Ergänzung des Gutachtens eine Ernennung zum Sachverständigen auch in diesem Prozeß erfolgt ist[22].

XII. Sonstige Verwertung eines vorliegenden Gutachtens

1. Zulässigkeit im Wege des Urkundenbeweises

30 Aufgrund des §411a kann die schriftliche Begutachtung im jetzigen Verfahren durch Verwertung des gerichtlich eingeholten Gutachtens aus einem anderen Verfahren **ersetzt** werden. Geschieht dies, so handelt es sich um einen Sachverständigenbeweis im jetzigen Verfahren. Darin liegt die entscheidende Neuerung durch §411a. Wenn keine solche Anordnung ergeht, sollte man es aber weiterhin als zulässig ansehen, Gutachten aus früheren Verfahren im Wege des Urkundenbeweises zu verwerten, ebenso wie dies bei Gutachten aus nicht gerichtlichen

---

[18] Ebenso *Fölsch* MDR 2004, 1029, 1030; *Völzmann-Stickelbrock* ZZP 118 (2005), 359, 382.

[19] Ebenso *Fölsch* MDR 2004, 1029, 1030; *Musielak/Huber*[4] Rdnr. 12.

[20] *Baumbach/Lauterbach/Hartmann*[63] Rdnr. 5; *Musielak/Huber*[4] Rdnr. 17.

[21] Vgl. *Schöpflin* ZfS 2004, 241, 243 (zur Verwertung im Wege des Urkundenbeweises, vor Einfügung des §411a).

[22] Dazu tendiert auch *Musielak/Huber*[4] Rdnr. 15f. Gegen eine Haftung (bei Verwertung im Wege des Urkundenbeweises) *Schöpflin* ZfS 2004, 241, 243; *Spickhoff* Festschr. für Heldrich (2005), 418, 425f. – A.M. *MünchKommBGB/Wagner*[4] §839a Rdnr. 29 (vor Einfügung des §411a; für Haftung nach §839a gegenüber den Parteien des zweiten Prozesses bei Verwertung des Gutachtens im Wege des Urkundenbeweises).

Verfahren geschehen kann, → Rdnr.5. Man kann den Parteien unter Beachtung des Beibringungsgrundsatzes und des Rechts auf Beweis nicht verwehren, solche Gutachten einzuführen, und das Gericht muß sie auch bei der Beweiswürdigung berücksichtigen. Auch wenn im jetzigen Verfahren eine neue Begutachtung erforderlich erscheint, kann daneben das früher eingeholte Gutachten Bedeutung besitzen, etwa um Veränderungen des Sachverhalts zu beurteilen oder auch, um das jetzt erstattete Gutachten kritisch würdigen zu können.

31 Die im Wege des Urkundenbeweises zulässige Verwertung des früheren Gutachtens rechtfertigt es aber nicht, einen im jetzigen Prozeß gestellten Antrag auf Einholung eines Sachverständigengutachtens abzulehnen, → Rdnr.1.

2. Voraussetzungen

32 Da die ZPO nicht dem Grundsatz der materiellen Beweisunmittelbarkeit folgt (→ §355 Rdnr.29) und auch keine den §§250ff. StPO entsprechende Beschränkung der Verwertung von Niederschriften enthält, ist, wie schon vor Einfügung des §411a anerkannt war, die Verwertung bereits vorhandener Sachverständigengutachten aus einem anderen Prozeß[23] (z.B. einem vorhergehenden Strafprozeß[24] oder einem Beweissicherungsverfahren zwischen anderen Parteien[25]) oder einem Verfahren über die Bestellung eines Pflegers[26] oder aus einem Vorverfahren bei einer Behörde[27] zulässig, → §284 Rdnr.34ff. (21. Aufl.). Ebenso kann im Arzthaftungsprozeß die Begutachtung durch eine Gutachter- und Schlichtungsstelle verwertet werden[28].

33 Will sich das Gericht auf Gutachten aus anderen Verfahren stützen, so muß es die Parteien darauf hinweisen und ihnen Gelegenheit zur Einsicht und zur Stellungnahme geben; andernfalls ist der Anspruch auf rechtliches Gehör (Art.103 Abs.1 GG, → vor §128 Rdnr.9ff.) verletzt[29].

3. Rechtsnatur und Beweiskraft

34 Wird ein Gutachten aus einem anderen Verfahren ohne Anordnung nach §411a verwertet, so liegt der Form nach kein Sachverständigenbeweis, sondern ein **Urkundenbeweis** vor. Die Vorschriften über den Sachverständigenbeweis sind hier (anders als bei einer Anordnung nach §411a, → Rdnr.19) nicht anwendbar. In der Regel wird das schriftliche Gutachten eine private Urkunde darstellen. Diese erbringt unter den Voraussetzungen des §416 den vollen Beweis dafür, daß die in der Urkunde enthaltenen Erklärungen vom Aussteller abgegeben wurden, d.h., daß das Gutachten von dem Aussteller stammt. Neben dieser formellen Beweiskraft (→ §416 Rdnr.10ff.) kann dem urkundlich eingeführten Gutachten aber auch materielle

---

23 *BGH* VersR 1956, 63; *OLG München* NJW 1986, 263; s. auch *BVerwG* NJW 1986, 3221 (betr. amtliche Auskünfte und Gutachten).

24 *BGH* VersR 1958, 340, 341; 1963, 195; NJW 1983, 121.

25 *OLG Frankfurt* MDR 1985, 853. – Zur Verwertung im Verfahren zwischen denselben Parteien → §493.

26 *BGH* NJW 1997, 3096.

27 *BGHZ* 44, 75 (der Entschädigungsbehörde erstattetes Gutachten). *BGH* RzW 1967, 426 = MDR 1967, 999 (LS) hält es für zulässig, ein Gutachten, das im behördlichen Entschädigungsverfahren von einem Angestellten oder Beamten der Entschädigungsbehörde erstattet wurde, wie ein bei Gericht erstattetes Gutachten zu verwerten. Dem kann nicht zugestimmt werden, vielmehr müßten in diesem Fall die im obigen Text (Rdnr.5) für Privatgutachten aufgestellten Regeln gelten.

28 *BGH* LM §402 Nr.31 = NJW 1987, 2300 (bei Zweifel an der Sachkunde muß das Gericht aber ein Gutachten durch einen Fachmann einholen).

29 *BGH* NJW 1991, 2824.

Beweiskraft hinsichtlich der vom Gutachter festgestellten Tatsachen zukommen. Darüber hat das Gericht im Wege der **freien Beweiswürdigung** zu entscheiden[30], → §416 Rdnr. 13ff.

§412 Neues Gutachten

(1) Das Gericht kann eine neue Begutachtung durch dieselben oder durch andere Sachverständige anordnen, wenn es das Gutachten für ungenügend erachtet.

(2) Das Gericht kann die Begutachtung durch einen anderen Sachverständigen anordnen, wenn ein Sachverständiger nach Erstattung des Gutachtens mit Erfolg abgelehnt ist.

Gesetzesgeschichte: Bis 1900 §377 CPO.

I. Freie Beweiswürdigung

1. Grundsatz

1 Nicht anders als die übrigen Beweismittel unterliegen auch Sachverständigengutachten der **freien Beweiswürdigung des Gerichts**[1], → §286 Rdnr. 6ff. (21. Aufl.). Es gibt auch keine Vermutung der Richtigkeit eines Sachverständigengutachtens[2]. Das gilt auch dann, wenn der Sachverständige aufgrund einer Einigung der Parteien (§404 Abs. 4) bestellt wurde, → §404 Rdnr. 38. Zwischen den Gutachten der öffentlich bestellten Sachverständigen (§404 Abs. 2) und anderen Gutachten besteht kein rechtlicher Unterschied. Auch an ein übereinstimmen-

[30] Vgl. *VGH Kassel* NVwZ 2000, 1428, 1429. Die Aussage in der Begründung zu §411a (BT-Drucks. 15/1508, 20), das im Wege des Urkundenbeweises verwertete Gutachten erbringe *nur* den Beweis für die Abgabe der darin enthaltenen Erklärungen des Sachverständigen, ist unrichtig bzw. unvollständig.

[1] Vgl. *BGH* LM §286 (B) Nr. 2 = NJW 1951, 566; *BGHZ* 12, 41 = LM §402 Nr. 3 (LS, *Johannsen*) = NJW 1954, 553; VersR 1956, 63; LM §411 Nr. 3; LM §286 (B) Nr. 15 = NJW 1961, 2061; LM §404 Nr. 8. – S. aber *Pieper* ZZP 84 (1971), 30, der die Auffassung, ein Sachverständigengutachten unterliege generell der freien gerichtlichen Würdigung, für unrealistisch und in dieser Allgemeinheit unrichtig hält. Auch *Olzen* ZZP 93 (1980), 66, 77ff. betont die faktischen Beschränkungen des Gerichts. – Hinweise zur Würdigung von Gutachten geben *Döhring* Die Erforschung des Sachverhalts im Prozeß (1964), 260; *E. Schneider* Beweis und Beweiswürdigung[5] (1994), Rdnr. 1426ff.

[2] *BGH* LM §286 (B) Nr. 45 = MDR 1982, 212.

des Gutachten einer Mehrheit von Sachverständigen ist das Gericht nicht gebunden; es kann bei einem Widerstreit der Meinungen seinem Urteil die Ansicht der Minderheit zugrunde legen. Zur Bedeutung der Ausführungen eines **Privatgutachters** → vor §402 Rdnr. 74ff. sowie → Rdnr. 5.

2. Anforderungen an die Beweiswürdigung

a) Inhalt der gerichtlichen Beurteilung

2 Da das Fehlen ausreichender eigener Sachkunde des Richters den Anlaß für die Gutachteneinholung bildet (→ vor §402 Rdnr. 8, 30), ist die Fähigkeit des Gerichts, das Gutachten zu prüfen, notwendigerweise beschränkt[3]. Der Richter darf aber keinesfalls blindlings einem Gutachten folgen. Der Grundsatz der freien Beweiswürdigung stellt dem Gericht die schwierige Aufgabe, einerseits auch gegenüber einem Sachverständigengutachten kritische Unbefangenheit zu bewahren, andererseits aber die **Grenzen der eigenen Sachkunde** nicht aus den Augen zu verlieren.

3 In jedem Fall ist **zu prüfen,** ob das Gutachten von zutreffenden und vollständigen tatsächlichen Grundlagen ausgeht[4], ob es in sich widerspruchsfrei ist, die Sätze der Logik sowie die Regeln der allgemeinen Erfahrung beachtet und zu einem klaren Ergebnis gelangt. Dabei ist darauf zu achten, ob etwa der Gutachter aus »kollegialer« Rücksichtnahme klare Aussagen vermieden hat; gegebenenfalls muß das Gericht den Sachverständigen zur Erläuterung veranlassen[5].

4 Das Gericht hat sich aber auch mit den **fachlichen** bzw. **wissenschaftlichen Darlegungen** des Gutachters auseinanderzusetzen, soweit es dazu in der Lage ist[6]. Der Richter darf nicht (umgekehrt) die Verwertung eines Gutachtens davon abhängig machen, ob er imstande ist, die Richtigkeit der wissenschaftlichen Lehre und deren Anwendung auf den Einzelfall nachzuprüfen[7]. Hat das Gericht Bedenken gegen die Feststellungen des Sachverständigen, so muß es (wenn nicht ein anderer Sachverständiger eingeschaltet wird) zunächst den Sachverständigen zur Erläuterung bzw. Ergänzung seiner Ausführungen veranlassen[8]. Das Gericht muß auch von Amts wegen Widersprüchen nachgehen, die sich aus mehreren gutachtlichen Stellungnahmen desselben Sachverständigen ergeben[9]. Zweifel und Unklarheiten aufgrund unterschiedlicher Bekundungen des gerichtlichen Sachverständigen müssen durch Befragung des Gutachters geklärt werden; das Gericht darf sich nicht mit einer eigenen Interpretation über solche Widersprüche hinwegsetzen[10]; → auch §411 Rdnr. 13 zur notwendigen Anordnung einer mündlichen Erläuterung.

---

[3] Vgl. *Arbab-Zadeh* NJW 1970, 1215 (zum Strafprozeß).

[4] Vgl. *BGH* LM §144 Nr. 4; *BGHZ* 44, 75; MDR 1968, 37; *BFH* NJW 1982, 1608. – Ein Gutachten, das auf *Geheimunterlagen* gestützt wird, darf nicht verwertet werden, *OLG Stuttgart* NJW 1981, 2581; *Herschel* ZZP 62 (1941), 317.

[5] Dies gilt nicht zuletzt im Arzthaftungsprozeß, auch im Hinblick auf das Gebot der Waffengleichheit der Parteien, *BGH* LM §286 (B) Nr. 42 = NJW 1980, 2751.

[6] Vgl. *BGHZ* 44, 75, 82.

[7] *OGHZ* 3 (1950), 124; *BGH* NJW 1951, 558 (betr. Blutgruppengutachten). S. auch *BGH* DB 1970, 1382 (Gutachten muß für den Richter nur im Gedankengang nachvollziehbar, dagegen für einen Fachmann in allen Schlußfolgerungen nachprüfbar sein).

[8] *BGH* LM §286 (B) Nr. 44 = NJW 1981, 2578; VersR 1982, 849; LM §286 (B) Nr. 52 = NJW 1984, 660.

[9] *BGH* NJW 1993, 269.

[10] *BGH* NJW 2001, 2791 (Arzthaftungsprozeß).

b) Berücksichtigung abweichender Stellungnahmen von Privatgutachtern

5 Auch mit von den Parteien vorgelegten **Privatgutachten**, die zu anderen Ergebnissen gelangen als der Gerichtsgutachter, muß sich das Gericht im Rahmen der Beweiswürdigung sorgfältig auseinandersetzen, näher → vor §402 Rdnr. 78. Zur Notwendigkeit, eine ergänzende Stellungnahme des Gerichtsgutachters einzuholen, → Rdnr. 14. Richten sich schriftsätzliche, auf ein Privatgutachten gestützte Einwendungen einer Partei gegen Beurteilungen des Gerichtsgutachters, die erst bei der mündlichen Erläuterung abgegeben wurden, so kann auch die Wiedereröffnung der bereits geschlossenen mündlichen Verhandlung geboten sein[11].

c) Anforderungen an die Begründung der Beweiswürdigung

6 Stets sind gemäß §286 Abs. 1 S. 2 die **Gründe** anzugeben, weshalb das Gericht dem Gutachten gefolgt oder nicht gefolgt ist, → §286 Rdnr. 12ff. (21. Aufl.). Darauf ist besondere Sorgfalt zu verwenden, wenn das Gericht zu anderen Feststellungen gelangt als der Gutachter. Es muß dann *die eigene Sachkunde darlegen*, seine Erkenntnisquellen offenlegen und sich mit den beachtlichen wissenschaftlichen Meinungen auseinandersetzen[12]. Zur Verwertung eigener Sachkunde und zur Heranziehung von Fachliteratur → auch vor §402 Rdnr. 32 bis 38. Zu sich widersprechenden Gutachten → Rdnr. 12, 17. – Zur Beweiswürdigung bei der **Vaterschaftsfeststellung** → §644 Anhang I (21. Aufl.).

3. Überprüfung in den Rechtsmittelinstanzen

a) Berufungsinstanz

7 Nach früherem Recht hatte das **Berufungsgericht** ein in erster Instanz erstattetes Gutachten ebenfalls frei zu würdigen (wobei es sich mit Widersprüchen zwischen einem erstinstanzlichen und einem zweitinstanzlichen Gutachten auseinandersetzen mußte[13]). Seit der Änderung des Rechtsmittelrechts durch das ZPO-RG 2001 hat das Berufungsgericht gemäß §529 Abs. 1 Nr. 1 die vom Gericht des ersten Rechtszuges festgestellten Tatsachen zugrunde zu legen, soweit nicht konkrete Anhaltspunkte Zweifel an der Richtigkeit oder Vollständigkeit der entscheidungserheblichen Feststellungen begründen. Erst unter dieser Voraussetzung hat das Berufungsgericht die Würdigung eines Sachverständigengutachtens erneut vorzunehmen. Zweifel an der Richtigkeit der erstinstanzlichen, einem Gerichtsgutachten folgenden Feststellungen können sich auch aus einem in zweiter Instanz vorgelegten **Privatgutachten** ergeben. Die Partei muß zwar ihre Einwendungen gegen das gerichtliche Gutachten schon in erster Instanz geltend machen, ist aber nicht verpflichtet, sie schon in erster Instanz auf ein Privatgutachten zu stützen[14].

8 Ist aber bei der Würdigung des Gutachtens durch das erstinstanzliche Gericht ein verfahrensrechtlicher Fehler unterlaufen, so sind damit auch Zweifel an der Richtigkeit der Feststellung gegeben, so daß das Berufungsgericht das Gutachten selbst zu würdigen hat. Für die Frage, wann ein Rechtsfehler vorliegt, gewinnen die für die Überprüfung durch das Revisionsgericht geltenden Regeln (→ Rdnr. 10) auch für die Berufungsinstanz Bedeutung.

---

[11] *BGH* NJW 2001, 2796.

[12] *BGH* LM §286 (B) Nr. 2 = NJW 1951, 566; LM §286 (D) Nr. 2 = VersR 1954, 531; LM §411 Nr. 3; LM §286 (B) Nr. 14; VersR 1956, 191; 1957, 247; 1960, 470; Betrieb 1970, 1382.

[13] *BGH* NJW 1992, 2291.

[14] *BGH* 159, 245, 253 = NJW 2004, 2825, 2827; *BGH* NJW 2006, 152, 154 (gilt auch außerhalb des Arzthaftungsprozesses).

9 Wenn sich das in erster Instanz eingeholte Gutachten nicht mit allen entscheidungserheblichen Punkten befaßt, hat das Berufungsgericht von Amts wegen eine **Vervollständigung** zu veranlassen[15]. Dazu kann es insbesondere dadurch kommen, daß das Gericht der ersten Instanz von einer fehlerhaften Rechtsanwendung ausgegangen ist. Hieraus ergeben sich Zweifel an der Richtigkeit oder Vollständigkeit der Feststellung i.S.v. §529 Abs.1 Nr.1.

b) Revisionsinstanz

10 Das Revisionsgericht ist auf die Prüfung beschränkt, ob der Begründungspflicht (§286 Abs.1 S.2) genügt ist und ob die **rechtlichen Grenzen** des Grundsatzes der freien Beweiswürdigung eingehalten wurden. Ein Rechtsfehler liegt z.B. vor, wenn das Gutachten mißverstanden wurde[16], wenn die auf das Gutachten gestützte Tatsachenfeststellung mit dem Inhalt des Gutachtens in Widerspruch steht[17] oder wenn das Gericht von einem Gutachten abwich, ohne seine eigene Sachkunde ausreichend darzulegen und sich mit den wissenschaftlichen Meinungen auseinanderzusetzen[18]. Geht der Tatrichter davon aus, daß der Sachverständige **unzutreffende Anknüpfungstatsachen** zugrundegelegt hat, so muß er ihn auf die richtigen Anknüpfungstatsachen hinweisen (§404a Abs.3) und eine Ergänzung des Gutachtens anfordern, darf aber nicht einfach seine eigene Wertung an die Stelle der Schlußfolgerungen des Sachverständigen setzen[19]. Soweit der Sachverständige Anknüpfungstatsachen zugrundelegt, die im Prozeß bestritten wurden, muß das Gericht hierzu eigene Feststellungen treffen und darf sich insoweit nicht mit der Ansicht des Gutachters begnügen[20]. Revisibel ist auch der Verstoß gegen allgemeine Erfahrungssätze (→ §§549, 550 Rdnr.25 [21. Aufl.]) bzw. gegen allgemein gültige wissenschaftliche Erkenntnisse[21].

11 Eine verfahrensfehlerhafte Würdigung liegt auch vor, wenn das Gericht der Tatsacheninstanz einen **groben ärztlichen Behandlungsfehler** bejaht, ohne daß sich dazu im medizinischen Gutachten eine ausreichende Grundlage findet[22].

II. Neue Begutachtung

1. Zweck

12 Das Gericht kann die *Ergänzung des Gutachtens* oder die *mündliche Erläuterung* (→ §411) anordnen, um Unklarheiten und Lücken zu beheben. Es kann aber auch eine **neue Begutachtung** durch dieselben oder andere Sachverständige anordnen, wenn das erste Gutachten nicht zur Bildung der richterlichen Überzeugung ausreicht, sei es, weil das Gutachten Mängel aufweist oder weil der Gutachter nicht zu eindeutigen, hinreichend beweiskräftigen Schlüssen gelangt ist. Auch bei einer nachträglichen Ablehnung des Sachverständigen (→ §406 Rdnr.47) kann eine neue Begutachtung angeordnet werden, desgleichen wenn zwischen mehreren Sachverständigen ein Widerspruch besteht (Einholung eines Obergutachtens[23]).

---

15 Ausführlich *BGHZ* 159, 254 = NJW 2004, 2828.

16 *BGH* LM §286 (B) Nr.14.

17 *BGH* VersR 1962, 49. – Ein Rechtsfehler liegt auch dann vor, wenn das Gericht von einem anderen Sachverhalt ausgeht als der Gutachter und sich dennoch auf das Gutachten stützt, *BGH* LM §286 (B) Nr.25 = MDR 1968, 37.

18 Nachw. → Fn.12.

19 *BGH* NJW 1997, 1446.

20 *OLG Köln* NJW 1994, 394.

21 *BGHZ* 12, 41 = NJW 1954, 553. Vgl. auch *BSG* VersR 1969, 1092 (Verwertung eines auf unzulänglichen Unterlagen beruhenden ärztlichen Gutachtens).

22 *BGH* NJW 2001, 2792 u. 2794 u. 2795.

2. Prüfung der Notwendigkeit

13 Die Anordnung der erneuten Begutachtung liegt **im pflichtgemäßen Ermessen** des Gerichts (auch des Berufungsgerichts, soweit es das in der ersten Instanz eingeholte Gutachten zu würdigen hat, → Rdnr. 7ff.)[24]. Das **Revisionsgericht**[25] ist auf die Überprüfung beschränkt, ob in der Ablehnung einer erneuten Begutachtung eine Ermessensüberschreitung liegt.

14 Das Gericht hat bei seiner Entscheidung über eine erneute Begutachtung **Einwendungen** einer Partei sorgfältig zu würdigen[26]. Dies gilt auch für Kritik am Gutachten des gerichtlichen Sachverständigen, die auf ein **Privatgutachten** gestützt wird. Wenn sich ein gerichtlich eingeholtes Gutachten und ein danach eingereichtes Privatgutachten in einem entscheidungserheblichen Punkt widersprechen, so muß das Gericht bei fehlender eigener Sachkunde zunächst eine ergänzende Stellungnahme des Gerichtsgutachters einholen[27]. Von deren Inhalt wird es dann abhängen, ob die Einholung eines erneuten gerichtlichen Gutachtens geboten ist.

3. Verpflichtung zur Einholung eines weiteren Gutachtens

15 Entsprechend §244 Abs. 4 S. 2 StPO[28] kann eine beantragte erneute Begutachtung abgelehnt werden, wenn durch das frühere Gutachten das Gegenteil der behaupteten Tatsache *bereits erwiesen* ist, doch besteht eine **Rechtspflicht zur Beauftragung** eines weiteren Gutachters, wenn an der Sachkunde des früheren Gutachters Zweifel bestehen, wenn das erste Gutachten von unzutreffenden tatsächlichen Voraussetzungen ausgeht oder Widersprüche enthält oder wenn der neue Sachverständige über bessere Forschungsmittel (Hilfsmittel, Verfahren) oder neuere Erkenntnisse verfügt[29].

16 Eine **Verpflichtung** zur Einholung eines weiteren Gutachtens besteht ferner, wenn sich das Erstgutachten als **unvollständig** erweist[30]. Das Gericht ist, da es sich sonst selbst widersprechen würde, auch dann zur Bestellung eines neuen Gutachters verpflichtet, wenn es das erhobene Gutachten inhaltlich für **mangelhaft** hält, sich aber selbst die erforderliche Sachkunde nicht zubilligt[31].

4. Umgang mit sich widersprechenden Gutachten

17 Es besteht keine generelle Pflicht, ein erneutes Gutachten einzuholen, wenn sich **widersprechende Gutachten** vorliegen[32] oder wenn das Gericht von einem Gutachten abweichen

---

23 Die Terminologie schwankt; teils wird als Obergutachten jedes weitere Gutachten angesehen, teils das weitere Gutachten bei sich widersprechenden Erstgutachten, teils nur das zusätzliche Gutachten eines besonders qualifizierten Sachverständigen. Vgl. *Broß* ZZP 102 (1989), 413, 434ff.; *Jessnitzer/Ulrich*[11] (Lit.Verz. vor §402) Rdnr. 423f.; *Bremer*[2] (Lit. Verz. vor §402) 130; *Walter/Küper* NJW 1968, 182, 183f.

24 *BGH* MDR 1953, 605; VersR 1958, 847; 1960, 998, 999; 1988, 801 (LS); *BGHZ* 53, 245, 258 = NJW 1970, 946; *BAGE* 7, 321, 325; AP §402 Nr. 2; AP §412 Nr. 1; *BVerwG* NJW 1986, 2268.

25 Ebenso das Gericht der weiteren Beschwerde im FG-Verfahren, *OLG Karlsruhe* FamRZ 1991, 965.

26 *BGH* LM §609 BGB Nr. 6 = NJW 1986, 1928; s. auch *BGH* VersR 1981, 752; *OLG Stuttgart* VersR 1988, 410 (LS).

27 *BGH* NJW 2002, 1651, 1654; NJW 2001, 77, 78.

28 *BGHZ* 53, 245, 258 (Fn. 24); *BayObLG* MDR 1971, 765; *Walter/Küper* NJW 1968, 183.

29 Vgl. *BGH* LM §402 Nr. 18 = NJW 1964, 1184 (neu entdeckte Blutgruppensysteme).

30 *BGH* NJW 1996, 730.

31 Vgl. *BAG* AP Nr. 1. – Eine Pflicht zur Einholung eines Obergutachtens kann auch dann bestehen, wenn die vorhandenen Gutachten *grobe Mängel* aufweisen oder wenn es sich um *besonders schwierige Fragen* handelt (*BGH* MDR 1953, 605 = LM §404 Nr. 2; VersR 1955, 280; 1958, 690, 847; 1959, 803; 1960, 596; 1962, 231; 1968, 901; 1970, 257; NJW 1962, 676; *BAGE* 7, 325).

32 Ein weiteres Gutachten ist aber erforderlich, wenn dem Gericht die Sachkunde fehlt, um einem von zwei sich widersprechenden Gutachten den Vorzug zu geben, vgl. *BGH* FamRZ 1962, 115.

will[33]. Bei einander widerstreitenden Gutachten muß aber das Gericht, ehe es einem der Gutachter folgt oder von einem non liquet ausgeht, zunächst versuchen, die Ursachen des Widerspruchs der Gutachter[34] zu klären, etwa durch Ladung zur mündlichen Erläuterung[35]. Zu Einwendungen in Privatgutachten → Rdnr. 5, 14.

5. Weiteres Vorgehen

18 Hält das Gericht ein neues Gutachten an sich für erforderlich, so darf es davon nicht deshalb absehen, weil keine geeignete Person zur Gutachtenerstattung bereit ist; es muß die **Erstattung** gegebenenfalls gemäß §§407, 409 **erzwingen**[36].

III. Verfahren bei Anordnung erneuter Begutachtung

19 Die Anordnungen nach §412 kann das Gericht **ohne mündliche Verhandlung** treffen, §128 Abs. 4, §358a S. 1. Hinsichtlich der Bestellung anderer Sachverständiger ergibt sich dies auch aus §360 S. 2.

20 Auch der *beauftragte oder ersuchte Richter* ist zu den Anordnungen befugt, §360 S. 3. Freilich ist für ihn in dieser Hinsicht Zurückhaltung am Platz, → §360 Rdnr. 15; er wird von der Befugnis zur Vernehmung weiterer Sachverständiger zweckmäßigerweise nur dann Gebrauch machen, wenn ihm die *Ernennung* des Sachverständigen übertragen war, §405, und er bei der Auswahl offensichtlich fehlgegriffen hatte. Im übrigen ist es nicht seine Aufgabe, das erstattete Gutachten auf seinen Beweiswert zu prüfen.

IV. Rechtsbehelfe

21 Gegen die Ablehnung eines Antrags auf Einholung eines weiteren Sachverständigengutachtens ist die **Beschwerde nicht gegeben**[37].

§413 Sachverständigenvergütung

Der Sachverständige erhält eine Vergütung nach dem Justizvergütungs- und -entschädigungsgesetz.

Gesetzesgeschichte: Bis 1900 §378 CPO. Neu gefaßt durch Gesetz vom 26. 7. 1957 (BGBl. I 861) und durch das Kostenrechtsmodernisierungsgesetz vom 5. 5. 2004 (BGBl. I 718). Überschrift neu gefaßt durch das 1. Justizmodernisierungsgesetz vom 24. 8. 2004 (BGBl. I 2198).

---

33 Vgl. *BGH* LM §286 (B) Nr. 15 = NJW 1961, 2061 (Abweichung von psychiatrischem Gutachten); *BGH* LM §402 Nr. 24 = NJW 1975, 1463 (Abweichung von medizinischem Gutachten).

34 Diese können in unterschiedlichen tatsächlichen Grundlagen oder in verschiedenen Wertungen liegen, *BGH* LM Nr. 5 = NJW 1987, 442.

35 *BGH* LM Nr. 2 = MDR 1980, 662.

36 *BAG* NJW 1965, 1876.

37 *OLG Düsseldorf* BauR 1998, 366 (auch im selbständigen Beweisverfahren).

Literatur zum JVEG: *Bleutge* Vor- und Nachteile des neuen Justizvergütungs- und Entschädigungsgesetzes GewArch 2004, 370; *Hartmann* Kostengesetze[36], JVEG; *Hespeler* Die Neuordnung der Vergütung für medizinische Sachverständige durch das Justizvergütungs- und Entschädigungsgesetz (JVEG) MedR 2004, 494; *Ley* Die neue Vergütung des Sachverständigen im Insolvenzverfahren nach dem Justizvergütungs- und Entschädigungsgesetz, ZIP 2004, 1391; *Meyer/Höver/Bach* Die Vergütung und Entschädigung von Sachverständigen, Zeugen, Dritten und von ehrenamtlichen Richtern nach dem JVEG[23] (2005); *Zimmermann* Justizvergütungs- und -entschädigungsgesetz, Kommentar (2005).

I. Die Vergütung

1. Rechtsquelle

1 Maßgebend ist das **Justizvergütungs- und -entschädigungsgesetz (JVEG)** vom 5.5. 2004 (BGBl. I 718) (mit späteren Änderungen), das an die Stelle des früheren Zeugen- und Sachverständigenentschädigungsgesetzes getreten ist. Eine Vergütung oder Entschädigung wird nur nach diesem Gesetz gewährt, §1 Abs. 1 S. 2 JVEG.

2 Bei der Geltung des früheren Rechts bleibt es, wenn der **Gutachtenauftrag vor dem 1. Juli 2004** erteilt wurde, §25 S. 1 JVEG, mag auch das Gutachten erst nach diesem Zeitpunkt erstattet worden sein.

2. Voraussetzungen

3 Ein vom Gericht herangezogener Sachverständiger hat nach §1 Abs. 1 S. 1 Nr. 1 JVEG Anspruch auf Vergütung gegen die Staatskasse. Maßgebend ist der Inhalt des erteilten Auftrags, so daß auch bei unrichtiger Bezeichnung als sachverständiger Zeuge ein Anspruch auf Sachverständigenvergütung bestehen kann, wenn inhaltlich eine Sachverständigentätigkeit übertragen wurde[1].

3. Begriff der Vergütung

4 Die Vergütung umfaßt in erster Linie das **Honorar** für die Leistungen des Sachverständigen, §8 Abs. 1 Nr. 1 JVEG. Zu dem Honorar können Fahrtkostenersatz, Entschädigung für Aufwand und Ersatz für sonstige und für besondere Aufwendungen hinzutreten, §8 Abs. 1 Nr. 2 bis 4 JVEG.

4. Bemessung des Honorars

5 Das Honorar wird im allgemeinen nach dem **Zeitaufwand**[2] mit einem bestimmten Stundensatz bemessen. Für die Vorprüfung, ob das Gutachten erstattet werden kann, wird in der Regel

[1] *OLG Koblenz* OLGR 2005, 228.
[2] Zur Bestimmung des erforderlichen Zeitaufwands *BGH* LM ZuSEntschG Nr. 7 = NJW-RR 1987, 1470.

keine Entschädigung gewährt[3], ebensowenig für eine Stellungnahme zu einem Ablehnungsgesuch[4].

6 Der **Stundensatz** (von 50 bis 85 €) bemißt sich gemäß §9 Abs.1 JVEG nach der **Honorargruppe,** der die Leistungen des Sachverständigen zuzuordnen sind. Die Honorargruppen sind in Anlage 1 zu §9 Abs.1 JVEG aufgelistet. Diese Aufstellung enthält 10 Honorargruppen (von »Abbruch« bis »Wasserversorgung und Abwässer«) sowie 3 Honorargruppen (M 1 bis M 3) für medizinische und psychologische Gutachten. Werden Leistungen auf einem Sachgebiet erbracht, das in keiner der Honorargruppen genannt ist, so sind sie nach billigem Ermessen (und unter Berücksichtigung der allgemein für Leistungen dieser Art außergerichtlich und außerbehördlich vereinbarten Stundensätze) einer der Honorargruppen zuzuordnen, §9 Abs.1 S.3 JVEG.

7 Die Stundensätze können, wenn die Honorargruppe bestimmt ist, **nicht nach individuellen Gegebenheiten** (z.B. Schwierigkeit der Angelegenheit, besondere Qualifikation des Gutachters) erhöht oder herabgesetzt werden[5].

8 Das Honorar eines Sachverständigen im **Insolvenzeröffnungsverfahren** ist in §9 Abs.2 JVEG besonders geregelt (Stundensatz 65 €)[6]. Für **Dolmetscher** gilt nach §9 Abs.3 JVEG ein Stundensatz von 55 €. Das Honorar für **Übersetzungen** beträgt nach §11 Abs.1 S.1 JVEG im Regelfall 1,25 € für jeweils angefangene 55 Anschläge des schriftlichen Textes[7].

9 Für eine Reihe **besonderer Leistungen** (vor allem im Bereich der **Medizin,** u.a. für Abstammungsgutachten) sieht eine Anlage zu §10 JVEG bestimmte Sätze vor[8].

5. Bestimmung der Vergütung aufgrund Zustimmung der Parteien

10 Ferner können Sachverständige eine abweichende Vergütung erhalten, wenn sich die **Parteien** dem Gericht gegenüber damit **einverstanden** erklärt haben und ein ausreichender Betrag an die Staatskasse gezahlt ist, §13 Abs.1 JVEG. Bei Zustimmung des Gerichts genügt unter den Voraussetzungen des §13 Abs.2 JVEG auch die **Erklärung einer Partei** über den maßgebenden Stundensatz (hier in der Regel nur bis zum Eineinhalbfachen des nach den §§9 bis 11 zulässigen Honorars), wenn die andere Partei vorher gehört ist; die Zustimmung oder Ablehnung sind unanfechtbar.

11 Kommt eine Vereinbarung nach §13 JVEG nicht zustande, so darf die Beweiserhebung nicht schon deshalb unterbleiben, weil der Sachverständige das Gutachten zu den gesetzlichen Sätzen nicht erstellen will; wenn keine Verpflichtung (§407) besteht, muß das Gericht einen anderen Sachverständigen beauftragen[9].

---

[3] *BGH* LM ZuSEntschG Nr.5 = NJW 1979, 1939; NJW 2002, 2253; *OLG Köln* Rpfleger 1993, 375.

[4] *OLG Köln* VersR 1995, 1508; *OLG Düsseldorf* MDR 1994, 1050; *OLG München* MDR 1994, 1050. – A.M. *OLG Frankfurt* MDR 1993, 485.

[5] Vgl.(auch krit.) *Hartmann* Kostengesetze[36] §9 JVEG Rdnr.6.

[6] Nach dem Wortlaut des §9 Abs.2 JVEG bezieht sich die Regelung nur auf den sog. starken vorläufigen Insolvenzverwalter (bei allgemeinem Verfügungsverbot für den Schuldner), den das Gericht zugleich als Sachverständigen beauftragt hat. Für Verallgemeinerung auch auf einen sog. schwachen vorläufigen Insolvenzverwalter oder einen »isolierten« Sachverständigen *OLG Frankfurt* NJW-RR 2006, 49; *OLG München* Rpfleger 2005, 571; *AG Hamburg* NZI 2004, 677. – A.M. *OLG Bamberg* NZI 2005, 503; *Ley* ZIP 2004, 1391, 1392.

[7] Dazu *OLG Hamburg* Rpfleger 2005, 111 (mit Anm. *Grau*) (Leerzeichen sind mitzuzählen).

[8] Vgl. *BVerfG* MDR 1993, 21 (krit. *Kamphausen*) zu einer Richtervorlage wegen zu niedriger (damaliger) Entschädigungssätze, die aber wegen Nichtbeachtung der Möglichkeit verfassungskonformer Auslegung für unzulässig erklärt wurde.

[9] *OLG Düsseldorf* DB 1997, 2371.

6. Vereinbarung mit der zuständigen Behörde

12 Mit Sachverständigen, die häufiger herangezogen werden, kann die oberste Landesbehörde oder die von ihr bestimmte Stelle eine Vereinbarung über die zu gewährende Vergütung treffen, deren Höhe aber die im JVEG vorgesehene Vergütung nicht überschreiten darf, §14 JVEG.

7. Fahrtkosten- und Aufwendungsersatz

13 Dem Sachverständigen werden neben dem Honorar die **Fahrtkosten** erstattet (§8 Abs.1 Nr.2, §5 JVEG) und eine **Aufwandsentschädigung** wegen Abwesenheit vom Aufenthaltsort zwecks Wahrnehmung eines Termins gewährt (§8 Abs.1 Nr.3, §6 JVEG). → auch §401 Rdnr.2.

14 Zu erstatten sind ferner **Aufwendungen** für die Vorbereitung und Erstattung des Gutachtens (auch der notwendigen Aufwendungen für **Hilfskräfte**[10]), für Lichtbilder und für Schreibaufwendungen für das Gutachten selbst sowie die auf die Vergütung entfallende Umsatzsteuer, §8 Abs.1 Nr.4, §12 JVEG). Ebenso sind besondere Aufwendungen i.S.v. §7 JVEG zu ersetzen, auch etwa für die Anfertigung von Kopien nach Maßgabe des §7 Abs.2 JVEG.

8. Bedeutung der Kostenfrage für die Gutachteneinholung

15 Zur Bedeutung der Kostenfrage bei der **Entscheidung, ob ein Gutachten eingeholt wird,** → vor §402 Rdnr.48.

II. Wegfall des Anspruchs

16 Ein **Wegfall des Vergütungsanspruchs** wird (die Frage ist auch im JVEG ungeregelt geblieben) dann angenommen, wenn der Sachverständige schuldhaft[11] ein nicht verwertbares Gutachten erstattet[12], wenn er durch Nichterscheinen zur mündlichen Erläuterung die Ernennung eines anderen Sachverständigen erforderlich macht[13] oder wenn er einen Ablehnungsgrund[14] bewußt oder grob fahrlässig verursacht[15], z.B. indem er einen Ortstermin in Anwesenheit nur ei-

---

[10] Dazu *OLG Hamm* Rpfleger 1989, 525 (Heranziehung und Bedingungen dafür obliegen dem Ermessen des Sachverständigen); *OLG München* NJW-RR 1999, 73 (der geltend gemachte Zeitaufwand für Mitarbeiter ist bei der Beurteilung des eigenen Zeitaufwands des Sachverständigen zu berücksichtigen); *Bleutge* JurBüro 1998, 340.

[11] *Hesse* NJW 1969, 2263, 2266; *Jessnitzer/Ulrich*[11] (Lit.Verz. vor §402) Rdnr.529. – A.M. *OLG Frankfurt* NJW 1963, 400.

[12] *Jessnitzer/Ulrich*[11] (Lit.Verz. vor §402) Rdnr.531; *OLG Frankfurt* MDR 1977, 761; Rpfleger 1977, 38; *LSG* Saarland JBl Saar 1965, 115 (dem gerichtlichen Auftrag nicht entsprechendes Gutachten); *OLG Hamburg* JurBüro 1975, 1349 (nicht im Rahmen des Beweisthemas liegende Tätigkeit); *OLG Koblenz* BB 1993, 1975 (schwerwiegende inhaltliche Mängel). Eine fahrlässig verursachte inhaltliche Unrichtigkeit läßt den Anspruch im allgemeinen nicht entfallen, *LG Bremen* NJW 1977, 2126.

[13] *OLG Brandenburg* MDR 2005, 1131.

[14] Der Ablehnungsgrund muß bewiesen sein, *OLG Hamm* MDR 1979, 942.

[15] Ausführlich für Beschränkung des Anspruchsverlusts auf vorsätzliche oder grob fahrlässige Herbeiführung eines Ablehnungsgrundes *OLG Frankfurt*, U. v. 6.5. 2004, 25 W 27/04, Juris Nr. KORE441982004 = BauR 2005, 158 (LS) im Anschluß an *BGH* LM ZuSEntschG Nr.4 = NJW 1976, 1154 (bei leichter Fahrlässigkeit kein Verlust des Entschädigungsanspruchs; die Beurteilung bei grober Fahrlässigkeit ließ der *BGH* offen). Gegen Wegfall bei leichter Fahrlässigkeit auch *OLG Düsseldorf* NJW-RR 1997, 1353; für Wegfall bei grob fahrlässig verschuldeter Ablehnung *OLG Hamm* FamRZ 1994, 974; *KG* MDR 1993, 289; *OLG Hamburg* MDR 1987, 333. Zur Beschränkung des Anspruchsverlusts auf Vorsatz und grobe Fahrlässigkeit s. auch *Jessnitzer/Ulrich*[11] (Lit.Verz. vor §402) Rdnr.534.

ner Partei ohne Benachrichtigung der Gegenseite durchführt[16] oder es unterläßt, auch einen Nebenintervenienten hierzu zu laden[17]. Eine grobe Fahrlässigkeit wurde aber bei einem erstmals für ein Gericht tätigen Sachverständigen verneint, der es versäumt hat, zu einem zweiten Ortstermin beide Parteien zu laden[18]. Auch die Unterlassung der Mitteilung eines Ablehnungsgrundes kann zum Wegfall des Entschädigungsanspruchs führen[19]. Hier wird bereits ein Übernahmeverschulden in Gestalt einfacher Fahrlässigkeit als Grund für den Wegfall des Anspruchs angesehen[20]. Der Entschädigungsanspruch entfällt aber nicht, wenn sich die Parteien gleichwohl (trotz Ablehnung) das Ergebnis des Gutachtens zu eigen gemacht haben[21]. – Zum Wegfall des Vergütungsanspruchs bei unzulässiger Übertragung der Gutachtenerstellung auf eine andere Person → §407a Rdnr. 4. – Zur Kürzung bei **unterlassenem Hinweis auf höhere Kosten** → §407a Rdnr. 15.

17 Eine Anwendung des §21 GKG (Nichterhebung von Kosten wegen unrichtiger Sachbehandlung) ist in diesen Fällen nicht gerechtfertigt, da es sich nicht um Fehler des Gerichts handelt[22].

18 Die durch die Sachverständigenkosten belastete Partei kann auch nicht unmittelbar vom Sachverständigen Ersatz verlangen, sondern muß ihr Interesse mit der Kostenerinnerung (§66 GKG) verfolgen[23].

III. Geltendmachung

19 Für **Vorschüsse** (§3 JVEG) und für die **Festsetzung der Vergütung** sowie deren Anfechtung (§4 JVEG) gilt nichts anderes als beim Zeugen, dazu → §401 Rdnr. 6ff.; 10.

20 Die Geltendmachung des Vergütungsanspruchs unterliegt einer **Ausschlußfrist** von drei Monaten, die mit Eingang des schriftlichen Gutachtens bei Gericht oder mit dem Abschluß der Vernehmung beginnt, §2 Abs. 1 JVEG.

Zur **Vorschußpflicht der Partei** → §402 Rdnr. 2ff.

§414 Sachverständige Zeugen

Insoweit zum Beweise vergangener Tatsachen oder Zustände, zu deren Wahrnehmung eine besondere Sachkunde erforderlich war, sachkundige Personen zu vernehmen sind, kommen die Vorschriften über den Zeugenbeweis zur Anwendung.

Gesetzesgeschichte: Bis 1900 §379 CPO.

---

16 *OLG München* NJW-RR 1998, 1687; anders im konkreten Fall *KG* MDR 1993, 289 bei unterlassener Ladung beider Parteien.

17 *OLG Saarbrücken* BauR 2003, 1436.

18 *OLG Koblenz* MDR 2004, 831.

19 *OLG Celle* ZMR 1996, 211.

20 *OLG Koblenz* MDR 2002, 1152; *OLG Frankfurt*, U. v. 28.4. 2005, 1 U 104/96, Juris Nr. KORE400642005.

21 *LG Bayreuth* JurBüro 1991, 437 (Vergleich auf der Grundlage des Gutachtens).

22 *OLG Stuttgart* Rpfleger 1976, 189; *OLG Koblenz* Rpfleger 1981, 37. – A.M. *OVG Lüneburg* JurBüro 1990, 614 (abl. *Mümmler*).

23 *BGH* NJW 1984, 870.

I. Sachverständige Zeugen[1]

1. Begriff

1 §414 soll außer Zweifel setzen, daß sachverständige Zeugen **wahre Zeugen,** nicht Sachverständige i.S. des Beweisrechts, sind, weil sie über ihre Wahrnehmungen von vergangenen Tatsachen und Zuständen aussagen sollen[2]. Von anderen Zeugen unterscheiden sie sich nur dadurch, daß zu der Bildung des Tatsachenurteils, das bei jeder Zeugenaussage notwendig ist (→ vor §373 Rdnr. 17, §284 Rdnr. 9ff. [21. Aufl.]) eine besondere Sachkunde nötig war. Dagegen macht die Aussage über die zum Zweck des Gutachtens[3] gemachten Wahrnehmungen den vom Gericht ernannten Sachverständigen nicht zum Zeugen, → vor §402 Rdnr. 25. Sie liegt vielmehr im Rahmen der Gutachtenerstattung und wird daher durch den Sachverständigeneid gedeckt, → §410 Rdnr. 6.

2 Die Regeln des Zeugenbeweises gelten aber wieder, wenn die **Sachverständigenstellung beendet** wird (z.B. durch erfolgreiche Ablehnung oder durch Befreiung von der Gutachterpflicht) und der bisherige Sachverständige im Rahmen seines Auftrags Tatsachen wahrgenommen hat. Der bisherige Sachverständige kann (was vor allem bei mittlerweile vergangenen, d.h. jetzt nicht mehr wahrnehmbaren Tatsachen wichtig ist) über diese Wahrnehmungen als Zeuge[4] vernommen werden (→ auch §406 Rdnr. 66). Das gilt auch für einen im **selbständigen Beweisverfahren** tätig gewordenen Sachverständigen, wenn er im späteren Prozeß nicht mehr zum Sachverständigen bestellt wird, oder in einem Prozeß zwischen anderen Parteien, in dem das Gutachten als solches nicht nach §493 verwertet werden darf[5].

3 Wer **für eine Partei** ein Gutachten erstattet und kraft seiner besonderen Sachkunde Feststellungen – z.B. bei der Besichtigung eines Gegenstands – getroffen hat, kann darüber als sachverständiger Zeuge vernommen werden[6].

2. Rechtliche Behandlung

4 Auf die sachverständigen Zeugen sind die **Regeln des Zeugenbeweises ohne Einschränkung** anzuwenden. Für den Beweisantritt gilt demnach §373, nicht §403[7]. Eine beantragte Vernehmung kann nicht wegen hinreichender eigener Sachkunde des Gerichts abgelehnt werden[8]. Die **Ablehnung** nach §406 ist nicht zulässig[9]. Das Gericht darf die Vernehmung nicht wegen mangelnder Sachkunde des Zeugen ablehnen, vielmehr ist letztere erst durch die Verneh-

1 Vgl. *Stein* Das private Wissen (1893), 9, 57f., 60; *Schmidhäuser* ZZP 72 (1959), 365ff.
2 Zur Abgrenzung *BVerwG* NJW 1986, 2268; *OLG Hamm* NJW 1972, 2003; *OLG Hamm* MDR 1988, 418 = Rpfleger 1988, 207; *VGH Kassel* MDR 1997, 97.
3 D.h. nach der Bestellung zum Sachverständigen. S. auch *BVerwG* NJW 1986, 2268.
4 *BGH* NJW 1965, 1492; *Stein* (Fn. 1) 67f.
5 *BGH* LM §493 Nr. 3 = NJW-RR 1991, 254 = MDR 1991, 236.
6 *BGH* LM Nr. 2 = MDR 1974, 382; *OLG Hamm* MDR 1988, 418 (Fn. 2).
7 Vgl. *RG* WarnRsp 1913 Nr. 345.
8 Vgl. *VGH Kassel* MDR 1997, 97.
9 *RGZ* 59, 169; JW 1905, 116. Umstände, die bei einem Sachverständigen die Ablehnung hätten rechtfertigen können, sind aber bei der Beurteilung des Beweiswerts der Aussage zu berücksichtigen, *BGH* LM Nr. 2 (Fn. 6).

mung, nötigenfalls unter Zuziehung von Sachverständigen, festzustellen[10]. Der sachverständige Zeuge hat, sofern von ihm ein **Eid** verlangt wird, §391, nur den in §392 normierten Eid zu leisten. Er hat nur Anspruch auf Zeugenentschädigung[11]; anders aber bei unrichtiger Bezeichnung, wenn inhaltlich eine Sachverständigentätigkeit übertragen wurde, → §413 Rdnr. 3. Die schriftliche Beantwortung der Beweisfragen ist nach §377 Abs. 3 zulässig.

II. Sachverständiger und Zeuge in einer Person

5 Soll jemand nicht nur über die (ohne gerichtlichen Auftrag erfolgte) **Wahrnehmung** vergangener tatsächlicher Zustände vernommen werden, sondern **außerdem auch ein Gutachten** aufgrund dieser Umstände oder der jetzigen Sachlage abgeben, so vereinigt er die Eigenschaft **eines Zeugen und eines Sachverständigen,** gleichviel in welcher Eigenschaft er geladen ist[12]. Auch wenn im Sitzungsprotokoll nur die Bezeichnung als sachverständiger Zeuge enthalten ist, darf die Aussage als Sachverständigenbeweis gewürdigt werden, wenn aus den Umständen (sei es aus dem Beweisbeschluß oder aus der Belehrung als Sachverständiger) hervorgeht, dass auch eine Vernehmung als Sachverständiger erfolgt ist[13].

6 Eine Verbindung von Sachverständigen- und Zeugenrolle liegt ebenso vor, wenn ein Sachverständiger auch über andere Tatsachen als die zum Zweck des Gutachtens gemachten Wahrnehmungen (→ Rdnr. 1 bei Fn. 3) aussagen soll.

7 In diesen Fällen kommen neben den Bestimmungen über den Zeugenbeweis auch die Vorschriften der §§403 bis 413 über den Sachverständigenbeweis zur Anwendung. Der Sachverständige hat dann gegebenenfalls, §391, wenn das Gericht seine gesamte Äußerung unter Eid stellen will, den Zeugen- und den Sachverständigeneid zu leisten, → §410 Fn. 5. Er kann dann auch die Vergütung eines Sachverständigen beanspruchen[14].

---

[10] *RG* Gruchot 30 (1886), 1028. – A.M. *RG* JW 1896, 657.

[11] *OLG Hamm* NJW 1972, 2003.

[12] *RG* JW 1898, 419f.; JW 1902, 531. – In der Wiedergabe der Wahrnehmungen durch den sachverständigen Zeugen sind Schlußfolgerungen enthalten, die der Zeuge kraft seiner Sachkunde gezogen hat. Dadurch allein wird er aber nicht zugleich zum Sachverständigen. Dazu ist vielmehr eine Begutachtung erforderlich, die neben der Wiedergabe der Wahrnehmungen eigenständiges Gewicht hat. Vgl. zur Abgrenzung auch *OLG Frankfurt* NJW 1952, 717.

[13] *OLG Celle* VersR 2000, 58.

[14] *RG* JW 1902, 531.

Titel 9
Beweis durch Urkunden

Vorbemerkungen vor § 415

Stichwortverzeichnis zum Urkundenbeweis (vor § 415 bis § 444)

Literatur: *Ahrens* Elektronische Dokumente und technische Aufzeichnungen als Beweismittel, Festschr. für Geimer (2002), 1; *Becker* Elektronische Dokumente als Beweismittel im Zivilprozeß (2004); *Britz* Urkundenbeweisrecht und Elektroniktechnologie (1996), 89ff.; *ders.* Beschränkung der freien Beweiswürdigung durch gesetzliche Beweisregeln? ZZP 110 (1997), 61; *Englisch* Elektronisch gestützte Beweisführung im Zivilprozeß (1999); *Reithmann* Allgemeines Urkundenrecht, Begriffe und Beweisregeln (1972); *Rüßmann* Moderne Elektroniktechnologie und Informationsbeschaffung im Zivilprozeß, in *Schlosser* (Hrsg.), Die Informationsbeschaffung für den Zivilprozeß – Die verfahrensmäßige Behandlung von Nachlässen, Ausländisches Recht und Internationales Zivilprozeßrecht (1996), 137ff.; *Schreiber* Die Urkunde im Zivilprozeß (1982). – Rechtsvergleichendes Material bei *Jakob* Die Beweiskraft von Privaturkunden im italienischen Zivilprozeß, ZZPInt 8 (2003), 245; *Nagel/Bajons* Beweis – Preuve – Evidence, Grundzüge des zivilprozessualen Beweisrechts in Europa (2003); *Teske* Der Urkundenbeweis im französischen und deutschen Zivil- und Zivilprozeßrecht (1990). – Weitere Lit. zur Beweisführung mit elektronischen Dokumenten → Lit.Verz. zu § 416a.

I. Begriff der Urkunde

1. Schriftlichkeit

1 Urkunde i.S. der ZPO ist nur eine **schriftlich verkörperte Gedankenäußerung**[1], d.h. eine Aufzeichnung von Gedanken[2] in üblichen oder vereinbarten Wortzeichen. Die Urkunde muß unmittelbar gelesen werden können, d.h. es darf nicht erst eine Umsetzung in Schriftzeichen mittels technischer Hilfsmittel erforderlich sein[3] wie bei Mikrofilmen oder Computer-Datenspeichern.

2 Die von der wohl hM des Strafrechts[4] ebenfalls als Urkunden i.S. des § 267 StGB angesehenen *nicht schriftlichen*, zum Beweis geeigneten und bestimmten Verkörperungen von Gedanken (sog. **Beweiszeichen**, z.B. das amtliche Kraftfahrzeugkennzeichen, bestimmte Plomben und Siegelabdrücke; technische Aufzeichnungen erfaßt § 268 StGB) werden von der ZPO unter den allgemeineren Begriff der *Augenscheinsgegenstände* gestellt, von dem die Urkunde eine besonders geregelte Unterart bildet, → vor § 371 Rdnr. 5. Auch **Fotografien, Tonbänder, Schallplatten, Filme, Disketten** u.ä. sind nicht als Urkunden, sondern als Augenscheinsobjekte anzusehen[5], → vor § 371 Rdnr. 6.

---

1 Übereinstimmend z.B. *BGHZ* 65, 300, 301 = LM § 580 Ziff. 7 b Nr. 23 (LS, *Hagen*) = NJW 1976, 294; *OLG Köln* DB 1983, 104, 105; *Rosenberg/Schwab/Gottwald*[16] § 118 Rdnr. 1; *R. Bruns* ZPR[2] Rdnr. 192; *Schreiber* (Lit.Verz.) S. 32.

2 Nicht etwa ein Granatsplitter, *BVerwG* ZfSH 1973, 80 (zu § 580 Nr. 7 b).

3 Dazu *Schreiber* (Lit.Verz.) 35ff. (der Sinn der Lautzeichen muß sich allein durch deren Wahrnehmung ermitteln lassen).

4 Dazu *Kienapfel* Urkunden im Strafrecht (1967); *Samson* Urkunden und Beweiszeichen (1968); *Schönke/Schröder/Cramer* StGB[26] (2001) § 267 Rdnr. 20ff.

5 *BGHZ* 65, 300, 302 (Fn. 1).

2. Elektronische Dokumente

a) Beweisrechtliche Einordnung

3 Elektronische Dokumente, auch elektronisch signierte Dateien i.S. des Signaturgesetzes vom 16.5.2001 (BGBl. I 876) sind **keine Urkunden** im herkömmlichen Sinne[6]. Dagegen stellt der Ausdruck einer Textdatei als Schriftstück eine Urkunde dar[7], die aber von der elektronischen Datei zu unterscheiden ist und nur unter besonderen Voraussetzungen (näher → § 416a) dazu geeignet ist, den Beweis mittels der elektronische Datei zu führen. Das elektronische Dokument selbst wird vom Gesetz als Mittel des Augenscheinsbeweises eingeordnet, § 371 Abs. 1 S. 2. Hinsichtlich der **Beweiskraft** verweist § 371a jedoch auf die Regeln des Urkundenbeweises. Insgesamt hat die Beweisführung mittels elektronischer Dokumente auf diese Weise eine eigentümliche Zwitterstellung erhalten.

b) Private elektronische Dokumente

4 Auf private elektronische Dokumente, die eine **qualifizierte elektronische Signatur** aufweisen, sind nach § 371a Abs. 1 die Vorschriften über die **Beweiskraft** privater Urkunden entsprechend anzuwenden. Insbesondere gilt hier § 416 entsprechend, → § 416 Rdnr. 21ff. Für die **Echtheit** der privaten elektronischen Dokumente mit qualifizierter elektronischer Signatur stellt § 371a Abs. 1 S. 2 eine besondere Vermutung auf. Näher → Kommentierung zu § 371a. Zur Beweisführung mittels öffentlich beglaubigten Ausdrucks → § 416a Rdnr. 15.

5 Die Beweiskraft privater elektronischer Dokumente **ohne qualifizierte elektronische Signatur** (insbesondere gewöhnliche e-mails) ist im Wege der freien Beweiswürdigung zu beurteilen. Auch eine Vermutung oder ein Anscheinsbeweis der Echtheit sind hier nicht anzuerkennen, → § 440 Rdnr. 14.

c) Öffentliche elektronische Dokumente

6 Öffentliche elektronische Dokumente werden in § 371a Abs. 2 entsprechend dem Begriff öffentlicher Urkunden in § 415 definiert. Die Bestimmungen über die **Beweiskraft** öffentlicher Urkunden finden nach § 371a Abs. 2 entsprechende Anwendung. Es gelten also, je nach dem Inhalt des öffentlichen elektronischen Dokuments, die §§ 415, 417 und 418 (→ § 415 Rdnr. 36ff., § 417 Rdnr. 6, § 418 Rdnr. 19), ferner besondere Vorschriften für öffentliche Urkunden bestimmten Inhalts wie § 165 für die Beweiskraft des gerichtlichen Protokolls und § 314 für die Beweiskraft des Urteilstatbestands[8]. Protokolle und Urteile in elektronischer Form werden damit beweisrechtlich den Papierformen gleichgestellt.

7 Wenn das öffentliche elektronische Dokument mit einer **qualifizierten elektronischen Signatur** versehen ist, gilt gemäß § 371a Abs. 2 S. 2 die **Echtheitsvermutung** des § 437 entsprechend, → § 437 Rdnr. 7. Die Möglichkeit der Beweisführung mittels eines **öffentlich beglaubigten Ausdrucks** oder eines Ausdrucks mit Gerichtsvermerk nach § 298 Abs. 2 wird durch § 416a eröffnet, näher → Kommentierung zu § 416a.

---

[6] *Britz* (Lit.Verz.) 99ff., 132ff.; *Rüßmann* (Lit.Verz.) 143ff.; *Heun* CR 1995, 2, 3; *Ahrens* (Lit.Verz.) 12; *Englisch* (Lit.Verz.) 19ff., 163. – A.M. *Becker* (Lit. Verz.) 119f.

[7] A.M. *Heun* CR 1995, 2, 5.

[8] Begr. zum JustizkommunikationsG, BT-Drucks. 15/4067, S. 34.

3. Absichts- und Zufallsurkunden, Inhalt der Urkunde

8 Für den Begriff der Urkunde spielt es keine Rolle, ob das Schriftstück schon bei seiner Errichtung *zum Beweis* der darin enthaltenen Gedankenäußerung *bestimmt* war (sog. **Absichtsurkunde**) oder ob es damals (z.B. als Brief) nur dem Zweck der Mitteilung diente (sog. **Zufallsurkunde**). Für den Prozeß ist Urkunde *jedes Schriftstück, mit dessen Inhalt* (→ Rdnr. 14) *etwas bewiesen werden soll*, gleichviel, ob es für diesen Beweis tauglich ist oder nicht. Auch wer wertlose Schriftstücke vorlegt, führt einen (mißlungenen) Urkundenbeweis.

9 Unerheblich für den Begriff der Urkunde ist ferner, ob der in der Urkunde verkörperte Gedanke eine rechtlich geregelte **Willenserklärung** (ein Rechtsgeschäft) ist oder ein **Geständnis, Zeugnis** oder **Gutachten** darstellt (zur Verwertung von Protokollen über Zeugenaussagen sowie von Sachverständigengutachten aus anderen Verfahren und von Privatgutachten im Wege des Urkundenbeweises → § 284 Rdnr. 34ff. [21. Aufl.], → § 411a Rdnr. 5, 30; im Fall des § 411a handelt es sich dagegen um einen Sachverständigenbeweis, → § 411a Rdnr. 2, 19) oder ob es sich um eine außerhalb des Rechtsverkehrs liegende Erklärung (z.B. einen Brief mit Angaben über das Zusammenleben mit einem neuen Partner) handelt, die als Indiz für rechtlich erhebliche Tatsachen in Betracht kommt. Diese Unterschiede haben jedoch für die Beweiskraft grundlegende Bedeutung.

4. Unterschrift, Herstellung, Fotokopien, Telefax

10 Unerheblich ist für den Begriff der Urkunde ferner, ob der Aussteller die Urkunde **unterschrieben** hat, sofern nur seine Urheberschaft sonst dargetan ist, vorbehaltlich einerseits der Formvorschriften für öffentliche Urkunden, → § 415, andererseits der zivilrechtlichen Notwendigkeit der Unterschrift. Zur Unterschrift als Voraussetzung der Beweiskraft von Privaturkunden, → § 416 Rdnr. 1ff. Ebenso unerheblich ist das **Material**, aus dem die Urkunde besteht, und die **Art der Herstellung**[9] (Handschrift, Schreibmaschine, Buchdruck, Fotokopie[10], Telefax[11], mechanische Vervielfältigung, computergefertigter Bescheid).

11 Mit der hier vertretenen Einordnung von Vervielfältigungen, insbesondere **Fotokopien**, in den Urkundenbegriff i.S. der ZPO[12] ist aber nicht mehr gesagt, als daß eine (versuchte) Beweisführung durch den Inhalt eines solchen Schriftstücks innerhalb der Beweismittelsystematik der ZPO als Urkundenbeweis zu betrachten ist. Davon zu unterscheiden ist die Frage, ob die Vervielfältigung (Fotokopie) im konkreten Fall zur Führung des Urkundenbeweises tauglich ist[13], d.h. ob durch Vorlage der Kopie usw. der Beweis ebenso wie durch Vorlage des Originals geführt werden kann. Die Unterscheidung dieser beiden Fragen erscheint sachgerechter als die Ansicht, eine Fotokopie sei zwar keine Urkunde, könne aber als solche behandelt wer-

---

[9] *OLG Köln* DB 1983, 104, 105. Vgl. *Stein* Der Urkunden- und Wechselprozeß (1887), 116ff. und → § 416 Rdnr. 3ff.

[10] *FG Berlin* NJW 1977, 2232.

[11] *OLG Köln* NJW 1992, 1774. – Offen lassend *OLG Frankfurt* MDR 2000, 1330.

[12] A.M. *BGH* NJW 1992, 829, 830. Auch im Strafrecht wird der Fotokopie bereits die Urkundeneigenschaft (i.S. des § 267 StGB) abgesprochen, es sei denn, daß die Kopie nach dem Willen des Ausstellers an die Stelle des Originals treten sollte bzw. der Anschein erweckt wurde, es handle sich um ein Original. Näher s. *BayObLG* NJW 1989, 2553; NJW 1990, 3221; NJW 1992, 3311; *Schönke/Schröder/Cramer* StGB[26] (2001) § 267 Rdnr. 42; *Tröndle/Fischer* StGB[52] (2004) § 267 Rdnr. 12b.

[13] Ebenso auch die Frage, ob die Fotokopie eine Urkunde i.S. des § 580 Nr. 7 b darstellt (bejahend *FG Berlin* NJW 1977, 2232; *Zoller* NJW 1993, 429, 435) und ob eine nicht beglaubigte Fotokopie den Anforderungen des Urkundenprozesses genügt (verneinend *OLG Düsseldorf* JZ 1988, 572 = MDR 1988, 504, mit Recht bejahend, wenn die Übereinstimmung der Ablichtung mit dem Original nicht bestritten wird, *OLG Köln* DB 1983, 104, 105; bejahend für Telefax *OLG Köln* MDR 1991, 900).

den, wenn die Existenz des Originals und die Übereinstimmung mit dem Original unstreitig seien[14].

Die **Tauglichkeit zur Führung des Urkundenbeweises** ist zu bejahen, wenn die **Fotokopie** usw. nach dem Willen des Ausstellers der Urkunde oder nach gesetzlichen Vorschriften dazu bestimmt ist, im Rechtsverkehr die Originalurkunde zu ersetzen[15]. Anderenfalls handelt es sich lediglich um Abschriften (→ § 435 Rdnr. 9) einer anderen Urkunde (der Urschrift), die – wenn sie nicht beglaubigt sind – den Beweis durch die Urschrift im allgemeinen nicht ersetzen können, näher → § 435 Rdnr. 1ff., 5. Jedoch ist, wenn Urkunden in Fotokopie vorgelegt werden, eine Beweiserhebung durch Vorlage oder Beiziehung der Originalurkunden nur geboten, wenn die Übereinstimmung mit dem Original **bestritten** bzw. bezweifelt wird[16]. Sind die Übereinstimmung der Kopie mit dem Original und die Echtheit des Originals unstreitig, so sind diejenigen Beweisregeln anzuwenden, die für das Original gelten. **12**

Beim **Telefax** ist dagegen, wenn es sich um eine darin enthaltene empfangsbedürftige Willenserklärung handelt, die beim Empfänger ankommende Urkunde das Original[17], so daß seine Vorlage den Anforderungen des Urkundenbeweises genügt[18]. Eine andere Frage ist, ob der bei Bestreiten notwendige Echtheitsbeweis[19] gelingt, der demjenigen obliegt, der aus der per Telefax abgegebenen Erklärung Rechtsfolgen herleiten will. Von der Beweiskraft zu unterscheiden ist, ob das Telefax den materiell-rechtlichen oder prozessualen Formvorschriften genügt, → auch § 416 Rdnr. 7. **13**

5. Beweis durch den Inhalt

Urkundenbeweis ist der **Beweis durch den Inhalt der Urkunde** im Gegensatz zum Augenscheinsbeweis durch ihre äußere Form, z.B. bei der Handschriftenvergleichung, → § 441. **14**

6. Fremdsprachige Urkunde

Daß die Urkunde in deutscher Sprache abgefaßt ist, ist weder für den Begriff der Urkunde noch für die prozessuale Verwertung erforderlich. § 184 GVG steht der Verwertung nicht entgegen[20]. Die Vorschrift schließt nicht aus, daß in fremder Sprache abgefaßte Beweisurkunden im Original vorgelegt werden, wie dies § 420 fordert[21]. Ob das Gericht eine **fremdsprachige Urkunde** unmittelbar benutzt oder die Beibringung einer Übersetzung anordnet (→ § 142 Rdnr. 49ff., → § 438 Rdnr. 9), steht in seinem Ermessen[22]. **15**

II. Formelle Beweiskraft

Der Urkunde kommt unter der Voraussetzung ihrer Echtheit, → § 437 Rdnr. 1f., zunächst eine formelle Beweiskraft zu: Die Urkunde beweist nur, aber auch immer, daß der **Aussteller** die in der Urkunde enthaltene **Erklärung** (im weiteren Sinn) **abgegeben** hat. Die ZPO regelt die formelle Beweiskraft für öffentliche Urkunden in § 417 und für Privaturkunden in § 416. **16**

---

[14] *OLG Düsseldorf* OLGR 2001, 466.

[15] *Schreiber* (Lit.Verz.) 28ff., 32.

[16] Vgl. *BGH* NJW 1990, 1170, 1171; *OLG Naumburg* OLG-NL 1995, 81 (Kopien des Grundbuchauszuges).

[17] Ebenso *OLG Köln* NJW 1992, 1774, 1775. Zutreffende Terminologie auch bei *LG Bonn* CR 1995, 35.

[18] *OLG Köln* NJW 1992, 1774.

[19] Dazu *OLG Frankfurt* MDR 2000, 1330; *LG Bonn* CR 1995, 35.

[20] *OLG Zweibrücken* FamRZ 1998, 1445, 1446.

[21] *BGH* FamRZ 1988, 827, 828; *RGZ* 9, 436; 162, 288.

[22] *RGZ* 162, 282, 287.

III. Materielle Beweiskraft

17 Von der formellen Beweiskraft ist die materielle Beweiskraft der Urkunde zu unterscheiden. Darunter ist die **Bedeutung** zu verstehen, welche die in der Urkunde enthaltene Erklärung **für das Beweisthema,** d.h. für die zu beweisende Tatsache, hat.

1. Beweis der Erklärung des Ausstellers

18 Wird der Urkundenbeweis geführt, um darzutun, daß der **Aussteller** die in der Urkunde enthaltene **Erklärung abgegeben** hat, so ist die Beweisaufnahme mit der Feststellung der Echtheit beendet, → Rdnr. 16. Der Urkundenbeweis ist in diesen Fällen das **zuverlässigste Beweismittel.** Was weiter folgt, ist die inhaltliche Würdigung (Auslegung) der Erklärung[23], ihre rechtliche Würdigung, gegebenenfalls ihre Anfechtung nach bürgerlichem Recht, → § 415 Rdnr. 31f., → § 416 Rdnr. 13, 18. Dies gilt sowohl dann, wenn die zu beweisende Erklärung eine **Willenserklärung** ist, z.B. das Angebot oder die Annahme beim Vertragsschluß, eine Kündigung usw., als auch dann, wenn sie ein Zeugnis oder Gutachten ist. Soll nachgewiesen werden, daß der Notar eine Parteierklärung falsch beurkundet habe[24], so ist die Frage, *was* er beurkundet hat, mit der Vorlegung der (echten) Urkunde erledigt. Eine Prüfung der Glaubwürdigkeit des Ausstellers kommt in allen diesen Fällen nicht in Betracht.

2. Beweis anderer Tatsachen

19 Anders ist es, wenn die in der Urkunde enthaltene Erklärung nicht selbst das Beweisthema ist, sondern ein **Indiz** für die zu beweisende Tatsache (z.B. Wechselausstellung als Indiz für kaufmännischen Verkehr) darstellt, insbesondere (→ § 288 Rdnr. 24 [21. Aufl.]) ein außergerichtliches Zugestehen (Quittung) oder Verneinen einer zu beweisenden Tatsache, oder ein Zeugnis (z.B. über den Ablauf eines Streits) oder Gutachten (z.B. über die Arbeitsunfähigkeit) über das Beweisthema. Auch solche in der Erklärung bezeugte tatsächliche Vorgänge können durch die Urkunde bewiesen werden, also z.B. regelmäßig[25] die Zahlung oder sonstige Leistung durch eine Quittung des Empfängers[26], jedoch hat das Gericht insoweit in **freier Beweiswürdigung**[27] zu erwägen, ob die Erklärung der Wahrheit entspricht[28] bzw. welche Schlußfolgerungen auf das Beweisthema aus der Abgabe der Erklärung zu ziehen sind. Dabei sind alle im Wege des Gegenbeweises vorgebrachten Momente gleichfalls zu würdigen. Der Urkunde kommt in diesen Fällen nicht etwa von vornherein ein besonders hoher Beweiswert zu. Soweit es sich dabei nicht um indizierende *Willenserklärungen* handelt, ist hier vor allem die **Glaubwürdigkeit des Ausstellers** maßgebend, z.B. die des Kaufmanns, der ein Geschäft in

---

23 Vgl. *Stein* Das private Wissen des Richters (1893), 44f.

24 Vgl. *RGZ* 61, 95f.

25 Vgl. *OLG Düsseldorf* OLGR 2001, 466 (Quittung ist gewichtiges Beweisanzeichen, begründet Vermutung für die tatsächliche Leistung).

26 Vgl. *BGH* NJW 1988, 2741 = JZ 1988, 934 (Quittung); WM 1988, 524 (gestempelter Einzahlungsbeleg); *OLG Saarbrücken* MDR 1997, 1107 (Quittung); *OLG Frankfurt* NJW-RR 1991, 172 (hoher Beweiswert einer Bankquittung über Einzahlung). – *LG Ingolstadt* WM 1996, 2145 gelangt im konkreten Fall zur Erschütterung des Beweiswerts einer Eintragung in einem Sparzertifikat (dazu *Harbeke* WuB I C 2. Sparkonto 1.97, der die Übereinstimmung mit der Rsp des BGH bezweifelt).

27 Hinweise dazu bei *Döhring* Die Erforschung des Sachverhalts im Prozeß (1964), 294ff.

28 Vgl. *BayObLG* SeuffArch 47 (1892), 211. – Frei zu würdigen sind auch ärztliche Zeugnisse und Krankengeschichten, vgl. *RG* HRR 1930, 1864. → aber § 286 Rdnr. 24a (21. Aufl.) zur Arbeitsunfähigkeitsbescheinigung.

seine Bücher[29] eingetragen hat, oder desjenigen, der das außergerichtliche Geständnis abgelegt hat.

20 Nur bei **öffentlichen Zeugnisurkunden,** bei denen der Aussteller Behörde oder Urkundsperson ist, wird die Glaubwürdigkeit des Ausstellers durch **gesetzliche Beweisregeln**[30] festgelegt, sowohl dann, wenn er eine vor ihm abgegebene *Erklärung* eines anderen (§ 415, → Rdnr. 21), wie dann, wenn er *andere Tatsachen* bezeugt, § 418, s. ferner § 165 (Sitzungsprotokoll), § 183 Abs. 2 (Nachweis der Auslandszustellung), § 314 (Beweiskraft des Urteilstatbestandes). Bei einem **privaten Aussteller** entscheidet dagegen grundsätzlich die freie Beweiswürdigung, die häufig negativ ausfallen wird, → § 284 Rdnr. 35 (21. Aufl.). *Sonderregeln* enthalten § 174 Abs. 4, § 195 Abs. 2 (Empfangsbekenntnis des Anwalts als Zustellungsnachweis), § 104 Abs. 2 S. 2 (Versicherung des Anwalts über das Entstehen von Postgebühren usw.).

3. Beweis einer anderen Erklärung

21 Von der in der Urkunde *enthaltenen* Erklärung des *Ausstellers* (z.B. des Notars im Fall des § 415) verschieden ist die **durch die Urkunde erwiesene Erklärung eines anderen,** z.B. im Fall des § 415 der vor der Behörde oder Urkundsperson erscheinenden Partei[31]. Diese erwiesene Erklärung kann das *Beweisthema* selbst sein (Klage auf Auflassung aus notariellem Kaufvertrag) oder ein *Indiz* dafür (vollstreckbare Urkunde als Indiz für Benachteiligung der Gläubiger), insbesondere ein außergerichtliches Geständnis (auch ein Protokoll über ein Geständnis in einem anderen Prozeß, → § 288 Rdnr. 24 [21. Aufl.]). Ihre materielle Beweiskraft ist stets ohne gesetzliche Bindung nach den soeben dargestellten Grundsätzen frei zu würdigen, → § 415 Rdnr. 25f.

4. Beweiskraft von Frachtbriefen

22 Die Sonderregeln für den Eisenbahnfrachtbrief[32] in § 61 Abs. 2 und 3 EVO wurden durch das Transportrechtsreformgesetz vom 25. 6. 1998 (BGBl. I 1588) aufgehoben. Die Beweiskraft des **Frachtbriefs** für den Inhalt des Frachtvertrags, den Zustand des übernommenen Gutes usw. richtet sich seither nach § 409 HGB.

23 Ferner befassen sich mit der **Beweiskraft des Frachtbriefs:**

– Art. 11 § 3 u. § 4 der Einheitlichen Rechtsvorschriften für den Vertrag über die **internationale Eisenbahnbeförderung** von Gütern (CIM), abgedruckt als Anhang B zum Übereinkommen über den internationalen Eisenbahnverkehr (COTIF) vom 9. 5. 1980 (BGBl. 1985 II 130, 224, 1001);

– Art. 9 des Übereinkommens über den Beförderungsvertrag im **internationalen Straßengüterverkehr** (CMR) vom 19. 5. 1956 (BGBl. 1961 II 1120);

– Art. 11 des Übereinkommens zur Vereinheitlichung bestimmter Vorschriften über die **Beförderung im internationalen Luftverkehr** (Montrealer Übereinkommen)[33] vom 28. 5. 1999 (BGBl. 2004 II 458), für die Bundesrepublik Deutschland in Kraft seit 28. 6. 2004 (BGBl. 2004 II 1371; 2004 I 1027).

---

[29] Zur freien Würdigung von Handelsbüchern s. *BGH* MDR 1955, 92 (kein Anscheinsbeweis) sowie → § 416 Rdnr. 20 Fn. 50. Zum Echtheitsbeweis → § 440 Fn. 1.

[30] Die Mot. 262 nahmen unzutreffend an, daß es sich hier um die formelle Beweiskraft handle.

[31] Zu weit geht *RGSt* 39, 346f., das zwei Urkunden annimmt.

[32] Vgl. dazu *BGHZ* 6, 304; zur Beweiskraft und zur Widerlegung des Gewichtsvermerks (Wiegestempel) s. *BGHZ* 16, 217 = NJW 1955, 625.

[33] Dazu *Schmid/Müller-Rostin* NJW 2003, 3516, 3520.

IV. Voraussetzungen der Beweiserhebung

1. Beweisantritt und Vorlageanordnung von Amts wegen

24 Der Urkundenbeweis ist regelmäßig **von den Parteien anzutreten.** Eine Befugnis des Gerichts, die Vorlegung von Urkunden **von Amts wegen** anzuordnen, besteht nach der ZPO in den Fällen der §§142, 143, 273 Abs.2 Nr.2, 5 und im Geltungsbereich der Untersuchungsmaxime (→ vor §128 Rdnr.178ff., vor allem in Ehe- und Kindschaftssachen). Zur Frage, inwieweit das Gericht bei den von Amts wegen zu prüfenden (prozessualen) Fragen von sich aus Beweis erheben kann, → vor §128 Rdnr.170ff. Will das Gericht von sich aus Urkunden verwerten, auch solche, die sich in beigezogenen Akten befinden, so müssen die Urkunden in den Prozeßstoff eingeführt und den **Parteien zur Kenntnis gegeben** (d.h. Gelegenheit zur Einsichtnahme gewährt) werden[34].

2. Vorlegung von Handelsbüchern

25 Außerdem kann das Gericht auf Antrag oder von Amts wegen die Vorlegung der **Handelsbücher** einer Partei und des **Tagebuchs der Handelsmakler** (auch wenn diese nicht Partei sind) anordnen, §§102, 258, 260 HGB, und zwar (arg. §7 HGB) auch in Nicht-Handelssachen[35]. Diese Regeln gelten auch für auf Datenträgern geführte bzw. aufbewahrte Handelsbücher (§239 Abs.4, §257 Abs.3 HGB). Mit der Vorlagepflicht ist die Verpflichtung verbunden, die zum Lesen der Daten erforderlichen Hilfsmittel zur Verfügung zu stellen und die nötigen Ausdrucke herzustellen, §261 HGB. Die Anordnung setzt voraus, daß die Partei bestimmte Streitpunkte angegeben hat, vgl. §259 HGB; lediglich zur Information des Beweisführers darf sie nicht erfolgen[36]. Die Pflicht dem Gegner gegenüber bleibt dabei unberührt, → §422 Rdnr.10, 15. Zur Nichtbefolgung der richterlichen Anordnung → §427 Rdnr.7.

3. Urkundenbeweis als Ersatz des Zeugen- oder Sachverständigenbeweises

26 Über den Urkundenbeweis als Ersatz des Zeugen- und Sachverständigenbeweises → §284 Rdnr.34ff. (21. Aufl.), → §411a Rdnr.5, 30ff. Dabei ist nunmehr §411a zu beachten, der die Verwertung eines schriftlichen Sachverständigengutachtens aus einem anderen Verfahren als Sachverständigenbeweis gestattet, → §411a Rdnr.2, 19.

V. Ersetzung zerstörter oder abhanden gekommener Urkunden

27 Zur **Ersetzung** zerstörter oder abhanden gekommener *gerichtlicher oder notarieller Urkunden* s. VO[37] v. 18.6. 1942, RGBl. I 395 sowie §6 ZuständigkeitsergänzungsG v. 7.8. 1952, BGBl. I 407 (Ersatzzuständigkeit für Gerichte, an deren Sitz deutsche Gerichtsbarkeit nicht mehr ausgeübt wird). Die genannte VO gilt aber gemäß §57 Abs.10 BeurkG *nicht* für Urkunden, die unter §§1, 68 BeurkG fallen, also nicht für **öffentliche Beurkundungen,** auch wenn sie vor Inkrafttreten des BeurkG erfolgt sind. Für die Ersetzung solcher Urkunden ist §46 BeurkG[38] maßgebend.

---

[34] *BSG* NZS 2005, 221.
[35] *RGZ* 69, 20f.
[36] *RG* JW 1900, 274; 1902, 545; *Siegel* Die Vorlegung von Urkunden im Prozeß (1904), 119 (zum früheren §46 HGB).
[37] Lit.: *Jansen* FGG[2] III §46 BeurkG Rdnr.11ff.; *Hornig* DJ 1942, 417; *Henne* Das Standesamt 1954, 278. – Zum Verhältnis zur materiellen Rechtskraft → §322 Rdnr.201 Fn.260 (21. Aufl.).
[38] Dazu *Jansen* (Fn.37) Rdnr.1ff.; *Huhn/v.Schuckmann/Preuß* BeurkG[4] (2003) §46.

§415 Beweiskraft öffentlicher Urkunden über Erklärungen

(1) Urkunden, die von einer öffentlichen Behörde innerhalb der Grenzen ihrer Amtsbefugnisse oder von einer mit öffentlichem Glauben versehenen Person innerhalb des ihr zugewiesenen Geschäftskreises in der vorgeschriebenen Form aufgenommen sind (öffentliche Urkunden), begründen, wenn sie über eine vor der Behörde oder der Urkundsperson abgegebene Erklärung errichtet sind, vollen Beweis des durch die Behörde oder die Urkundsperson beurkundeten Vorganges.

(2) Der Beweis, dass der Vorgang unrichtig beurkundet sei, ist zulässig.

Gesetzesgeschichte: Bis 1900 §380 CPO.

I. Begriff der öffentlichen Urkunde

1 §415 bestimmt den Begriff der öffentlichen Urkunde zunächst für das Gebiet des Zivilprozesses; dieser Legaldefinition kommt aber allgemeine Bedeutung für die gesamte Rechtsordnung zu[1]. Die Vorschrift stellt **drei Voraussetzungen** auf, die sich auf die **Behörde als Aussteller** (→ Rdnr. 2ff.), die Grenzen der **Amtsbefugnisse** (→ Rdnr. 9ff.) und die einzuhaltende **Form** (→ Rdnr. 13ff.) beziehen. Zu Urkunden, die diese Voraussetzungen nicht erfüllen, → Rdnr. 15.

[1] So für das Strafrecht *RGSt* 42, 234; 71, 102; *BGHSt* 19, 21; *Schönke/Schröder/Cramer* StGB[26] §271 Rdnr. 4; *Leipziger Kommentar/Gribbohm*[11] (39. Lieferung 2001), §271 Rdnr. 4; *Systematischer Kommentar/Hoyer*[6], Stand 1998, §271 Rdnr. 9; für das Grundbuchrecht *BGHZ* 25, 188; *Demharter* GBO[24] §29 Rdnr. 29.

1. Aussteller

2 Die Urkunde muß durch eine **öffentliche Behörde** oder durch eine mit **öffentlichem Glauben versehene Person** ausgestellt worden sein.

a) Öffentliche Behörden

3 **Für den Begriff der öffentlichen Behörde**[2] sind zwei Elemente wesentlich. Es muß sich um eine selbständige Stelle handeln, die durch ihre Organisation in den allgemeinen Organismus der Behörden in der Art eingefügt ist, daß ihr **Bestand von dem einzelnen Amtsträger unabhängig** ist. Ob die Stelle mit einem oder mehreren Beamten besetzt ist, ist unerheblich. Die zweite Voraussetzung ist, daß die Funktionen der Stelle ein **Ausfluß der Staatsgewalt** sind. Die Stelle muß also dazu berufen sein, unter öffentlicher Autorität für die Erreichung der Zwecke des Staates oder der von ihm geförderten Zwecke tätig zu sein.

4 **Welche Stellen** im einzelnen in Betracht kommen, bestimmt das (Bundes- oder Landes-) Verwaltungsrecht am Ort der Errichtung der Urkunde[3]. Zu Urkunden ausländischer Behörden → Rdnr. 17. Es gehören hierher alle *Bundesbehörden*, die *Länderbehörden*, die *Gerichte* des Bundes und der Länder, ferner die Behörden der *Gemeinden* und *Gemeindeverbände* sowie der *Anstalten* und *Körperschaften des öffentlichen Rechts*, insbesondere auch der gesetzlichen Berufsvertretungen[4] (Industrie- und Handelskammern u. dgl.) u.a.m. Privatrechtlich organisierte Verwaltungskörper (juristische Personen des Privatrechts) sind auch dann, wenn ihnen öffentliche Aufgaben übertragen sind, nur bei ausdrücklicher gesetzlicher Bestimmung den Behörden gleichzustellen[5]. Die *deutschen Konsuln* vereinigen die Eigenschaft einer öffentlichen Behörde mit der einer Urkundsperson, §8 Abs. 1, §§10ff., insbesondere §15 Abs. 4 KonsularG v. 11. 9. 1974, BGBl. I 2317 (→ auch §438 Rdnr. 14).

b) Personen mit öffentlichem Glauben

5 Zu den **mit öffentlichem Glauben versehenen Personen** gehören die **Notare,** BNotO v. 24. 2. 1961, BGBl. I 98, und solche Personen, denen die Bundes- oder Landesgesetzgebung die Befugnis übertragen hat, Tatsachen mit öffentlichem Glauben zu beurkunden, sei es allgemein oder nur mit Beschränkung auf gewisse Arten von Beurkundungen. Letzteres ist z.B. der Fall bei den Urkundsbeamten der Geschäftsstelle[6], den Gerichtsvollziehern[7] und den Gerichtswachtmeistern bezüglich der ihnen nach den Prozeßgesetzen und Geschäftsanweisun-

---

[2] S. die zusammenfassende Definition in *BGHZ* 25, 188. Danach ist eine öffentliche Behörde »ein in den allgemeinen Organismus der Behörden eingefügtes Organ der Staatsgewalt, das dazu berufen ist, unter öffentlicher Autorität für die Erreichung der Zwecke des Staates oder der von ihm geförderten Zwecke tätig zu sein, gleichviel ob das Organ unmittelbar vom Staate oder von einer dem Staate untergeordneten Körperschaft zunächst für deren Angelegenheiten bestellt ist, sofern die Angelegenheiten zugleich in den Bereich der bezeichneten Zwecke fallen, wobei es für den Begriff der Behörde nicht wesentlich ist, ob die ihr übertragenen Befugnisse Ausübung obrigkeitlicher Gewalt sind oder nicht«. – Grundlegend *RGSt* 18, 46, das vor allem das Erfordernis organisatorischer Selbständigkeit hervorhob. S. ferner *RGSt* 26, 193; *BGHZ* 3, 116; *BayObLGZ* 1954, 325.

[3] *RGSt* 8, 372.

[4] *BGH* LM Nr. 1.

[5] *BGHZ* 3, 121 (vom Staat zur Verwaltung von Umstellungsgrundschulden herangezogene Kreditinstitute sind keine Behörden). Hiergegen *Sprengel* JZ 1952, 138.

[6] Vgl. *OLG München* OLGZ 1980, 465, 468 (betr. Sitzungsprotokoll).

[7] Dazu *OLG Köln* NJW-RR 1986, 863 (Protokoll über Annahmeverzug); *LG Mannheim* Rpfleger 1989, 72 (Zustellungsurkunde).

gen zukommenden Beurkundungen[8], bei den Standesbeamten (z.B. Beurkundung von Erklärungen nach §§29 a, 29 b, 31 a PStG), bei den nach 59 Abs. 1 SGB VIII u.a. zur Beurkundung von Vaterschaftsanerkenntnissen, Zustimmungserklärungen, Sorgeerklärungen ermächtigten Urkundspersonen (Beamten oder Angestellten) des Jugendamts, bei den Konsuln nach §8 Abs. 1, §§10ff. KonsularG (→ §438 Rdnr. 14)[9] und bei den Markscheidern nach §64 Abs. 2 S. 2 BBergG v. 13. 8. 1980, BGBl. I 1310[10]. Die Handelsmakler, §§93ff. HGB, und die öffentlich bestellten Sachverständigen[11] gehören nicht hierher.

c) Zustellungsurkunden von Postbediensteten; andere Bescheinigungen der Post

6 Öffentliche Urkunden sind auch die von **Postbediensteten** ausgestellten **Zustellungsurkunden**. Dabei blieb es auch nach der Privatisierung der Post[12], da diese nach §16 Abs. 1 PostG damaliger Fassung insoweit mit hoheitlicher Gewalt beliehen war und die Bediensteten der Post als mit öffentlichem Glauben versehene Personen i.S. des §415 Abs. 1 anzusehen waren. Jetzt ergibt sich die Beleihung mit hoheitlicher Gewalt und die Befugnis zur Ausstellung öffentlicher Zustellungsurkunden aus §33 Abs. 1, §34 Abs. 1 S. 2 PostG vom 22. 12. 1997 (BGBl. I 3294). Durch §182 Abs. 1 S. 2 iVm §176 ist klargestellt, daß für Zustellungsurkunden der Post weiterhin §418 gilt, → auch §182 Rdnr. 1. Zur Beweiskraft von Zustellungsurkunden → §418 Rdnr. 7, 18 und ausführlich → §182 Rdnr. 15f.

7 Dagegen ist ein **Auslieferungsbeleg** der Deutschen Post über die Auslieferung eines Einwurf-Einschreibens keine öffentliche Urkunde, da insoweit keine Beleihung vorliegt[13]. Der **Rückschein** beim Übergabe-Einschreiben ist ebenfalls keine öffentliche Urkunde, genügt aber nach §175 S. 2 zum Nachweis der Zustellung, näher → *Roth* §175 Rdnr. 6. Auch für eine **Einlieferungsbescheinigung** der Deutschen Post gilt mangels Beleihung nicht §418, sondern §416 (wobei die materielle Beweiskraft frei zu würdigen ist, → §416 Rdnr. 15)[14].

8 Die Deutsche Post AG hat bis zum 31. 12. 2007 ein exklusives Beförderungsrecht für bestimmte Briefsendungen, §51 PostG. Die §§33, 34 PostG gelten jedoch auch für **andere Lizenznehmer,** die Briefzustellungsdienstleistungen erbringen, soweit sie nicht nach §33 Abs. 2 PostG auf Antrag von der Verpflichtung zur Ausführung förmlicher Zustellungen befreit sind. Wenn keine solche Befreiung vorliegt , sind auch die von anderen Lizenznehmern ausgestellten Urkunden über förmliche Zustellungen als öffentliche Urkunden anzusehen.

2. Amtsbefugnisse

a) Allgemeine Voraussetzungen

9 Die Aufnahme der Urkunde muß **innerhalb der gesetzlichen Grenzen der Amtsbefugnisse**[15] der Behörde (bzw. des gesetzlichen Geschäftskreises der Urkundsperson) liegen, also in-

---

8 *KG* OLG Rsp 10 (1905), 391.
9 S. dazu *KG* OLG Rsp 29 (1914), 305ff.
10 Vgl. *RG* JW 1888, 164.
11 *VGH Kassel* NVwZ-RR 2003, 806.
12 *BGH* NJW 1998, 1716; *OLG Frankfurt* NJW 1996, 3159; *BFH* NJW 1997, 3264; *OLG Düsseldorf* NJW 2000, 2831, 2832.
13 *LAG Hamm* LAG-Report 2003, 8 = ZInsO 2002, 1104; *Saenger/Gregoritza* JuS 2001, 899, 901; *Friedrich* VersR 2001, 1090, 1091. Ob ein Einwurfeinschreiben in Verbindung mit einem Auslieferungsbeleg einen Anscheinsbeweis für den Zugang begründet, ist streitig; verneinend *LG Potsdam* NJW 2000, 3722; *Friedrich* VersR 2001, 1090, 1092f.; bejahend *AG Paderborn* NJW 2000, 3722; *Reichert* NJW 2001, 3523; *Saenger/Gregoritza* JuS 2001, 899, 902f.
14 *OLG Hamm* TranspR 2000, 430.
15 Vgl. *BGH* LM Nr. 1.

nerhalb ihrer öffentlich-rechtlichen Zuständigkeit erfolgt sein. Soweit die Vornahme *privatrechtlicher* Geschäfte in diese Funktion einbezogen ist, sind auch die Urkunden über Verträge usw. solcher Behörden öffentliche Urkunden[16]. Dasselbe gilt für Erbausschlagungen durch das Jugendamt als Amtsvormund[17].

10 Durch Aufnahme in behördliche Akten oder ähnliches wird eine Privaturkunde niemals zu einer öffentlichen Urkunde[18]. Ein privatschriftlicher Gesellschaftsvertrag wird nicht dadurch zu einer öffentlichen Urkunde, daß er einer einstweiligen Verfügung gegen einen Gesellschafter beigeheftet wird[19].

11 Ob die Urkunde Tatsachen betrifft, die Dritte angehen, oder lediglich die inneren Verhältnisse der Behörde, macht keinen Unterschied. Auch die sog. **Eigenurkunden** von Notaren stellen öffentliche Urkunden dar[20]. Unter den Grenzen der Amtsbefugnisse sind nur die *sachlichen* zu verstehen; *örtliche* Unzuständigkeit kann die Ungültigkeit des Aktes zur Folge haben, berührt aber den Charakter der Urkunde nicht[21].

b) Neuere Beispiele

12 Zu den öffentlichen Urkunden zählen die notarielle Niederschrift über die Errichtung eines Testaments durch mündliche Erklärung[22], der Erledigungsvermerk der Geschäftsstelle des AG über die Benachrichtigung vom Widerspruch und Zusendung der Kostenanforderung[23], Bescheinigungen (Abmarkungsprotokolle) eines öffentlich bestellten Vermessungsingenieurs über vermessungstechnisch festgestellte Tatbestände (nicht dagegen über andere Tatsachen, z.B. darüber, wer Antragsteller für die Abmarkung war[24] oder ob Versorgungs- oder Entsorgungsleitungen durch ein Flurstück führen[25]), das Ergebnisprotokoll einer behördlichen Probenahme nach dem Abwasserabgabenrecht[26] (nicht aber der Untersuchungsbericht eines beauftragen privaten Instituts[27]), polizeiliche Einsatzberichte[28], nicht dagegen Verfassungsschutzberichte[29].

---

[16] *BGHZ* 6, 305, 307, 312 (Beförderungspapiere der Eisenbahn); 45, 362, 366 (Einwilligung des Jugendamts als Amtsvormund zur Adoption); NJW 1963, 1631 (Sparkassenbuch einer bayerischen öffentlichen Sparkasse); *BayObLGZ* 1954, 329; *LG Dresden* Rpfleger 1995, 67 (Vollmachterteilung durch Treuhandanstalt). S. auch *RGSt* 8, 409 (Eisenbahnfahrkarte); 24, 130 (Postanweisung); *OVG Hamburg* NJW 1993, 277 (Rückzahlungsschein des Postamts im Rahmen des Postsparkassendienstes); *BayObLG* NJW 1993, 2947 (Sparbuch der Deutschen Bundespost Postbank, auch nach dem damaligen Stand der Postreform). – Für zeitlich nach der Privatisierung von Bahn und Post errichtete Urkunden kann dies jedoch nicht mehr gelten, soweit nicht eine Beleihung mit öffentlicher Gewalt vorliegt, → zur Zustellung Rdnr. 6ff. – Dagegen liegt keine öffentliche Urkunde vor, wenn eine Behörde als Bevollmächtigte einer Privatperson gehandelt hat, *LG Kiel* DNotZ 1987, 48.

[17] *LG Kiel* Rpfleger 1990, 420; *LG Berlin* Rpfleger 1994, 167.

[18] *KG* OLG Rsp 26 (1913), 377 (eröffnetes privatschriftliches Testament).

[19] *OLG Brandenburg* OLG-NL 2003, 54.

[20] *BGHZ* 78, 39 = DNotZ 1981, 118; *BayObLG* DNotZ 1983, 434 (*Reithmann*). Es handelt sich dabei um die Beurkundung von Erklärungen des Notars, die dieser aufgrund Vollmacht eines Beteiligten zur Ergänzung oder Abänderung von ihm beurkundeter oder beglaubigter Erklärungen abgibt.

[21] S. auch *KG* OLG Rsp 17 (1908), 331.

[22] *BayObLG* ZEV 2000, 66 = FamRZ 2000, 1051.

[23] *OLG Düsseldorf* NVersZ 2000, 468, 469.

[24] *VG Gera*, Urt. v. 15.7. 2002, Az. 4 K 1929/00 GE, Juris Nr. MWRE107310300.

[25] *OLG Hamm* Rpfleger 2000, 157.

[26] *BVerwG* NVwZ 2002, 723, 725 = *BVerwGE* 115, 339; *BVerwG* NVwZ-RR 2005, 203.

[27] *VGH Kassel* NVwZ-RR 2003, 806.

[28] *OVG Lüneburg* NVwZ 2004, 1381.

[29] *OLG München* NJW-RR 2002, 1048.

3. Form

13 Die Urkunde muß **in der vorgeschriebenen Form** aufgenommen sein, d.h. allen *wesentlichen* Formvorschriften genügen[30], während die Nichtbefolgung bloßer Ordnungs- (»Soll-«) Vorschriften (→ aber § 419 Rdnr. 2 zur Form bei Ergänzung notarieller Urkunden) ebenso unerheblich ist[31] wie die der Vorschriften über den Inhalt der Urkunde[32]. Bundesgesetzliche Formvorschriften enthalten vor allem das BeurkundungsG, Art. 80f. WG, § 10 Abs. 3 KonsularG usw., ferner die ZPO für Protokolle, Zustellungsurkunden und vollstreckbare Ausfertigungen (→ §§ 159f., 182 Abs. 2, 193, 725, 762), für Urteile (→ §§ 313, 313a, 313b, 315, 317) und Beschlüsse (→ § 329 Rdnr. 13ff.), sowie entsprechend die StPO, InsO usw. Eine notarielle Urkunde, die den zwingenden Anforderungen des BeurkundungsG nicht genügt, vermag keinen Nachweis durch öffentliche Urkunde (§ 29 GBO) zu erbringen[33].

14 Ist die Einhaltung einer **besonderen Form nicht vorgeschrieben,** so entfällt dieses Erfordernis des Begriffs; es liegen aber auch dann öffentliche Urkunden vor, sofern die sonstigen Voraussetzungen gegeben sind.

15 Kann eine Urkunde wegen eines **Mangels der Erfordernisse** Nr. 1 bis 3 nicht als öffentliche gelten, so ist sie wie eine Privaturkunde zu behandeln[34] und ihr Beweiswert nach § 286 frei zu würdigen. Die formelle Beweiskraft einer Privaturkunde nach § 416 kommt ihr in diesem Fall nur zu, wenn sie den Voraussetzungen des § 416 entspricht[35]. Aber das Gericht *kann* ihr vollen Beweiswert beilegen[36].

4. Öffentlich beglaubigte Urkunden

16 Verschieden von den öffentlichen Urkunden über Erklärungen sind die **öffentlich beglaubigten Urkunden** (§§ 726f., 731, 750f., 756, 765; § 40 BeurkG). Das sind *Privaturkunden*[37], deren Unterschrift oder Handzeichen durch eine unter § 418[38] fallende *öffentliche Urkunde* in ihrer Echtheit beglaubigt ist. Vgl. § 129 BGB.

5. Ausländische Urkunden

17 Öffentliche Urkunden sind unter den Voraussetzungen des § 415 und mit der Beweiskraft dieser Vorschrift (bzw. der §§ 417, 418) auch die von den Behörden und Urkundspersonen des **Auslandes** errichteten Urkunden[39]. Ob die Urkunde von einer mit öffentlichem Glauben

---

[30] Vgl. z.B. *RGSt* 23, 205 (Unterschrift des Zahlungsbefehls).

[31] *OLG Celle* DNotZ 2006, 297, 299 (zu § 10 BeurkG). Auch § 44 BeurkG (Verbindung mehrerer Blätter mit Schnur und Prägesiegel) ist Sollvorschrift; ein Verstoß dagegen ist nach § 419 zu würdigen. Weitergehend *OLG Schleswig* DNotZ 1972, 556 (bei Verbindung mit Klebestreifen fehle es an der vorgeschriebenen Form i.S. des § 415).

[32] So auch *RGSt* 12, 331.

[33] *BayObLGZ* 2001, 14, 19 = NJW-RR 2001, 734, 736 (fehlende Unterschrift des Käufers bei Auflassung).

[34] *BGHZ* 37, 90 = NJW 1962, 1152.

[35] S. auch Mot. 261ff.; *OLG Königsberg* OLG Rsp 3 (1901), 349.

[36] *RG* SeuffArch 54 (1899), 224.

[37] *BayObLG* DNotZ 1985, 220, 222 (*Winkler*) = Rpfleger 1985, 105. S. auch *RGZ* 13, 330; 60, 223; JW 1901, 583; *RGSt* 38, 52.

[38] Ebenso *BayObLG* DNotZ 1985, 220, 222 (Fn. 37); *OLG Hamm* JMBlNRW 1964, 53 = DNotZ 1965, 46; NJW 1991, 365, 366; *Jansen* FGG² III § 40 BeurkG Rdnr. 11. Soweit bei einer öffentlichen Beglaubigung beurkundet ist, die Unterschrift sei vor dem Notar anerkannt worden, s. jetzt § 40 Abs. 3 BeurkG, fällt der Beglaubigungsvermerk unter § 415.

[39] So auch *BGH* LM § 418 Nr. 3; *OLG Düsseldorf* IPRax 1996, 423, 425; *BVerwG* NJW 1987, 1159; *LG Berlin* NZG 2004, 1014, 1016; *Nagel* Die Grundzüge des Beweisrechts im europäischen Zivilprozeß

versehenen Person innerhalb ihres Geschäftskreises und in der vorgeschriebenen Form errichtet wurde, richtet sich dann nach dem einschlägigen ausländischen Recht[40]. Voraussetzung der Beweiskraft ist die Echtheit der Urkunde. Zur *Legalisation* → § 438, zur Formwahrung durch ausländische Beurkundung → § 438 Rdnr. 10 Fn. 13. Die ausländische Urkunde hat keine Beweiskraft, wenn der Gegenbeweis der Falschbeurkundung erbracht ist[41].

6. Urkunden aus der ehemaligen DDR

18 In der ehemaligen DDR errichtete öffentliche Urkunden stehen den inländischen öffentlichen Urkunden grundsätzlich gleich, → § 438 Rdnr. 8. Die im Ministerium für Staatssicherheit angefertigten Dokumente über die Tätigkeit von Mitarbeitern oder auch Vernehmungsprotokolle sind aber schon aufgrund ihrer besonderen Zweckrichtung nicht als öffentliche Urkunden i.S. des § 415 anzusehen[42].

II. Beweiskraft

1. Abgabe einer Erklärung

19 Voraussetzung der Beweiskraft nach § 415 ist stets die *Echtheit* der Urkunde, dazu → § 437. § 415 regelt nur die Beweiskraft derjenigen öffentlichen Urkunden, die über eine **vor der Behörde oder Urkundsperson abgegebene Erklärung** errichtet sind, also ein amtliches Zeugnis über die Tatsache dieser Erklärung (z.B. Auflassung, letztwillige Verfügung, Eheschließung) enthalten.

20 Der **Begriff Erklärung** ist dabei im weitesten Sinn (→ auch vor § 415 Rdnr. 9) zu verstehen. Er umfaßt nicht nur rechtsgeschäftliche Erklärungen, sondern auch sonstige Willensäußerungen und Erklärungen über Tatsachen, soweit gerade deren Abgabe bezeugt werden soll (wobei aber von vornherein zu beachten ist, daß sich die Beweiskraft des § 415 Abs. 1 nur auf die Abgabe, nicht auf die inhaltliche Richtigkeit der Erklärung erstreckt, → Rdnr. 25). Hierher gehören auch die **Protokolle** der streitigen und freiwilligen Gerichtsbarkeit und der Urteilstatbestand (§ 313 Abs. 1 Nr. 5), soweit darin die Abgabe von Erklärungen bezeugt wird[43]. Auch die notarielle Niederschrift über die Hauptversammlung einer AG erbringt nach Abs. 1 vollen Beweis für die Abgabe und den Inhalt der beurkundeten Erklärungen, z.B. des Widerspruchs gegen Beschlüsse[44].

21 Die Erklärung ist auch dann vor der Behörde oder Urkundsperson abgegeben, wenn der Inhalt eines **als Anlage übergebenen** und beurkundeten **Schriftstücks** von dem Dritten als von ihm herrührend anerkannt wird (§ 160 Abs. 5, § 297, anders bei der öffentlich beglaubigten Unterschrift, § 40 Abs. 3 BeurkG, → Rdnr. 16).

22 Jede **Bezeugung eines anderen Vorgangs** als einer Erklärung, z.B. die einer Belehrung der Parteien, fällt unter § 418, selbst wenn sie in einer im übrigen unter § 415 fallenden Urkunde steht. Zu den Urkunden, die eine Anordnung, Verfügung oder Entscheidung der Behörde enthalten, → § 417.

(1967), 427; *Nagel/Gottwald* Internationales Zivilprozeßrecht[5] § 9 Rdnr. 124; *Schack* Internationales Zivilverfahrensrecht[3] Rdnr. 702. Offenlassend *BGHZ* 37, 395.

[40] *OLG Düsseldorf* IPRax 1996, 423, 425 (iranischer Notar).

[41] *OLG Hamm* NJW-RR 2000, 406, 407 (Urkunde über Eheschließung mit falschem Datum besitzt keine Beweiskraft).

[42] *VG Greifswald* DtZ 1995, 455; *VG Meiningen* NJ 1995, 158, 159. Zur Beweiswürdigung *BAG* DtZ 1994, 121, 122 (Verpflichtungserklärung begründet keinen Anscheinsbeweis für späteres Tätigwerden für das Ministerium für Staatssicherheit); *BAG* DtZ 1994, 190.

[43] Nicht dagegen hinsichtlich des Inhalts einer Zeugenaussage, *OLG Stuttgart* Justiz 2004, 213.

[44] *BGH* NJW 1994, 320 (auch zum Beweis der unrichtigen Beurkundung nach Abs. 2).

2. Beweis des Vorgangs

23 Eine dem §415 entsprechende Urkunde erbringt für und gegen jedermann »**vollen**«[45] **Beweis des beurkundeten Vorgangs**[46]; die freie Beweiswürdigung ist hinsichtlich der Glaubwürdigkeit des Ausstellers (→ vor §415 Rdnr. 20) ausgeschlossen[47]. Diese Wirkung erstreckt sich auf die **Abgabe der Erklärung** nach **Zeit, Ort** und **sonstigen Umständen** (auch: vor der genannten Urkundsperson[48]) und auf den **Inhalt der Erklärung**[49], also darauf, daß die Erklärung mit einem bestimmten Inhalt abgegeben wurde.

24 Ob sie sich auch auf die **Identität der erklärenden Person** erstreckt[50] oder nur darauf, daß der Erklärende sich einen bestimmten Namen beigelegt habe[51], hängt von ihrem Inhalt ab. Bei *notariellen* Urkunden gehört die Feststellung der Identität mit zu dem an der Beweiskraft teilnehmenden Inhalt der Urkunde[52], soweit nicht in der Urkunde vermerkt ist, daß sich der Notar keine Gewißheit über die Person verschaffen konnte, §10 Abs. 2 BeurkG.

3. Freie Würdigung des Erklärungsinhalts

25 Dagegen sagt das Gesetz absichtlich **nicht,** daß auch die **Richtigkeit** des Inhalts der Erklärung, also die **Wahrheit der Erklärung,** durch die Urkunde bewiesen werde[53]. Zwar spricht für die **Vollständigkeit und Richtigkeit notariell beurkundeter Vereinbarungen**[54] eine (gewohnheitsrechtliche) Vermutung, die vom Gegner widerlegt, nicht bloß erschüttert werden muß[55], → §286 Rdnr. 116 (21. Aufl.), doch folgt diese nicht aus §415.

26 Welche Bedeutung im übrigen der Tatsache beizulegen ist, daß eine Person eine Erklärung abgegeben hat, hängt davon ab, ob die **Abgabe der Erklärung selbst Beweisthema** oder Indiz für das Beweisthema oder Zeugnis (Aussage) darüber ist. Ob durch die **Erklärung über eine Tatsache** diese Tatsache selbst bewiesen wird, hat das Gericht im Wege der **freien Beweiswürdigung** zu entscheiden, → vor §415 Rdnr. 19[56]. Insbesondere wird durch die notarielle Beurkundung einer eidesstattlichen Versicherung zwar deren Abgabe nach Abs. 1 bewiesen, nicht aber die inhaltliche Richtigkeit der eidesstattlich versicherten Tatsachen[57].

---

[45] *Schreiber* (Lit. Verz. vor §415) 13 (dort Fn. 1) weist darauf hin, daß diese aus der Zeit gesetzlicher Regeln über halben und vollen Beweis stammende Formulierung heute überholt ist.

[46] Welcher Vorgang als beurkundet anzusehen ist, stellt eine Frage der Auslegung der Urkunde dar, *RGZ* 96, 181 (Erstreckung des Verlesungsvermerks auf Protokollanlagen).

[47] A.M. *Pagenstecher* Zur Lehre von der materiellen Rechtskraft (1905), 186.

[48] *BGH* (St) JZ 1987, 522 (*H. Schumann*); *BGH* (St) NJW 1975, 940 (die Beurkundung umfaßt auch das ständige Zugegensein des Notars bei der Vorlesung der Niederschrift).

[49] S. auch *KG* KGJ 44 (1913), 212; 45 (1914), 187.

[50] So für die Urkunde der FG *KG* OLG Rsp 17 (1908), 369f. Vgl. auch *KG* RJA 16 (1922), 342; KGJ 52 (1921), 112.

[51] So für das Protokoll der ZPO *RGSt* 39, 346f.

[52] *LG Berlin* DNotZ 1963, 250; *Keidel/Kuntze/Winkler* BeurkG[14] §10 Rdnr. 19f.; *Jansen* FGG[2] III §10 BeurkG Rdnr. 9. Zur öffentlichen Beglaubigung *OLG Hamm* JMBlNRW 1964, 53 (Fn. 38); *OLG Celle* DNotZ 2006, 297, 299.

[53] *BGH* LM Nr. 6 = MDR 1993, 1119 = NJW-RR 1993, 1379; *BGH* (St) JZ 1987, 522 (*H. Schumann*): Beurkundung eines Scheingeschäfts ist daher keine Falschbeurkundung. Vgl. auch *BGH* NJW 1980, 1000; *BayObLGZ* 1952, 52. Zur Beweiswürdigung *E. Schneider* JurBüro 1974, 165.

[54] Dazu *BGH* DNotZ 1986, 78 (*Reithmann*): die Vermutung erstreckt sich nur auf die getroffenen Vereinbarungen, nicht auf Hinweise, Informationen o.ä.

[55] *BGH* NJW-RR 1998, 1470.

[56] Vgl. *RGZ* 22, 298; SeuffArch 54 (1899), 224.

[57] *BayObLG* DNotZ 1993, 598.

III. Gegenbeweis

1. Zulässigkeit

27 Abs. 2 gestattet den **Beweis,** daß der Vorgang **unrichtig beurkundet** sei. Erforderlich ist der *Nachweis der Unrichtigkeit.* Durch den Beweis der *möglichen* Unrichtigkeit oder durch bloße Anzweifelung der Richtigkeit wird die Beweiskraft der Urkunde nicht beseitigt oder abgeschwächt[58]. Es muß vielmehr **jede Möglichkeit der Richtigkeit der Urkunde ausgeräumt** sein[59].

28 Der Gegenbeweis ist in demselben Umfang zulässig, den die Beweisregel des Abs. 1 hat, d.h. in der Beschränkung auf die Erklärung der Urkundsperson (→ auch Rdnr. 35). Der Gegenbeweis kann wegen § 445 Abs. 2 **nicht durch Parteivernehmung** geführt werden[60], → § 445 Rdnr. 20. Umgekehrt kommt zur Entkräftung eines gelungenen Beweises der unrichtigen Beurkundung auch keine Parteivernehmung nach § 448 in Betracht[61].

29 Vom Beweis der *Unrichtigkeit* der Beurkundung ist der Beweis der **Unechtheit der Urkunde** zu unterscheiden, → dazu § 437 Rdnr. 4ff.

2. Gegenstand der Beweisführung

30 Gegenstand der Beweisführung ist nur die **objektive Unrichtigkeit der Beurkundung** in bezug auf die Tatsache der Erklärung, die näheren Umstände (Ort, Zeit usw.) oder die Identität der beurkundenden Person oder des Erklärenden (→ Fn. 50ff.). Dazu gehört auch der Nachweis, daß die Erklärung ganz oder zum Teil *nicht* oder daß sie *anders* abgegeben worden sei.

31 Bei rechtsgeschäftlichen Erklärungen ist aber auf die Abgrenzung des *Unrichtigkeitsnachweises* vom Anwendungsbereich der Regeln über *Willensmängel* (vor allem über die **Anfechtung** wegen Irrtums oder arglistiger Täuschung, §§ 119, 123 BGB) zu achten. Die grundsätzliche Geltung des objektiv Erklärten kann nur nach den Regeln des BGB, nicht schlechthin durch Unrichtigkeitsnachweis (Beweis des Fehlens des subjektiven Erklärungswillens) beseitigt werden. Es kann also z.B. nachgewiesen werden, daß eine bestimmte beurkundete Erklärung weder *abgegeben* noch von der Urkundsperson *vorgelesen* wurde[62], so daß sich auch die Genehmigung und Unterzeichnung nicht darauf bezog; in diesem Fall wurde die Erklärung schon objektiv nicht abgegeben. Die Beurkundung ist also hier objektiv unrichtig.

32 Anders zu beurteilen ist das Vorbringen, die Erklärung sei zwar vorgelesen worden, aber die genehmigende Person habe sie **überhört.** Hier liegt der objektive Erklärungstatbestand vor; denn die Genehmigung und Unterzeichnung deckt nach ihrem objektiven Sinn die vorgelesene Niederschrift. Die Unwirksamkeit kann hier *nur nach den Vorschriften des bürgerlichen Rechts,* vor allem nach dessen *Anfechtungsregeln,* herbeigeführt werden[63]. Soweit es um den Beweis eines Anfechtungstatbestandes geht, ist der Nachweis des Überhörens ungeachtet der Beurkundung erheblich und zulässig.

---

[58] → auch § 418 Rdnr. 12.

[59] *BayObLG* ZEV 2000, 66, 68 = FamRZ 2000, 1051, 1052f.

[60] *BGH* LM Nr. 3 = MDR 1965, 818 = DNotZ 1965, 636; *RGZ* 15, 375.

[61] *BGH* NJW 1994, 320, 321.

[62] Vgl. *BGH* Rpfleger 1957, 110. Ist die Niederschrift von den Beteiligten eigenhändig unterschrieben worden, so wird nach § 13 Abs. 1 S. 3 BeurkG vermutet, daß sie in Gegenwart des Notars vorgelesen und von den Beteiligten genehmigt ist. Dies ist wichtig, wenn die Urkunde keine Feststellung der Verlesung und Genehmigung enthält.

[63] Ebenso *BGHZ* 71, 260 = LM Nr. 4 (LS, *Linden*) = NJW 1978, 1480 (unter Aufgabe der früheren Rsp); *Rosenberg/Schwab/Gottwald*[16] § 118 Rdnr. 19; *Baumbach/Lauterbach/Hartmann*[63] Rdnr. 11; *Zöller/Geimer*[25] Rdnr. 6.

33 Eine Aufklärung über die **Entstehung der unrichtigen Beurkundung** (z.B. durch Irrtum der Urkundsperson usw.) ist zwar nicht erforderlich, aber zum Gelingen des Beweises dienlich (§286).

3. Ausnahmen

34 Ausnahmen von Abs. 2 enthalten §165 S. 2 für das **gerichtliche Protokoll** (Gegenbeweis hinsichtlich der Förmlichkeiten nur durch den Nachweis der Fälschung) sowie §314 S. 2 für den **Tatbestand des Urteils** (Entkräftung der Beweiswirkung nur durch das Sitzungsprotokoll), s. ferner §80 ZVG (keine Berücksichtigung nicht protokollierter Terminsvorgänge bei der Entscheidung über den Zuschlag). Diese Beweisregeln gelten aber nur für dasjenige Verfahren (einschließlich der höheren Instanzen), dem die Protokolle bzw. der Tatbestand entstammen[64].

4. Nichtigkeit, Anfechtung

35 Unabhängig vom Gegenbeweis nach Abs. 2, der sich nur auf die *Erklärung* der Urkundsperson bezieht, ist die Entkräftung der durch die Urkunde erwiesenen Erklärung durch Darlegung ihrer **Nichtigkeit** nach bürgerlichem Recht, durch **Anfechtung** wegen Irrtums usw. (→ Rdnr. 31) oder durch Widerlegung ihres Beweiswertes als Indiz, → vor §415 Rdnr. 19 und → §416 Rdnr. 18. Damit wird die *Beweiswirkung* der Urkunde hinsichtlich des beurkundeten Vorgangs nicht beseitigt.

IV. Öffentliche elektronische Dokumente

1. Begriff

36 Elektronische Dokumente sind keine Urkunden im Sinne der ZPO und werden durch §371 Abs. 1 S. 2 dem Augenscheinsbeweis zugeordnet. Hinsichtlich der **Beweiskraft** werden aber elektronische Dokumente unter bestimmten Voraussetzungen den Urkunden gleichgestellt. Für elektronische Dokumente, die von einer öffentlichen Behörde (einschließlich der Gerichte) oder Urkundsperson (insbesondere einem Notar) erstellt wurden, geschieht dies durch §371a Abs. 2 S. 1. Diese Vorschrift definiert den **Begriff des öffentlichen elektronischen Dokuments** unter Übernahme der in §415 Abs. 1 enthaltenen Merkmale öffentlicher Urkunden und ordnet für die öffentlichen elektronischen Dokumente die entsprechende Anwendung der Vorschriften über die Beweiskraft öffentlicher Urkunden an.

2. Beweiskraft

37 Damit gilt auch §415 Abs. 1 für öffentliche elektronische Dokumente entsprechend. Wenn darin eine vor Behörde, Gericht oder Notar abgebene Erklärung dokumentiert wird, so erbringt das öffentliche elektronische Dokument hierfür vollen Beweis. Dies gilt gleichermaßen für materiell-rechtliche wie für verfahrensrechtliche Erklärungen und dabei jeweils sowohl für einseitige Erklärungen als auch für den dokumentierten (»elektronisch beurkundeten«) Abschluß von Verträgen.

38 Der Beweis, daß der Vorgang **unrichtig elektronisch dokumentiert** wurde, bleibt in entsprechender Anwendung des Abs. 2 zulässig.

---

[64] So (zu §80 ZVG) *BGH* LM §80 ZVG Nr. 1 = NJW 1963, 1060.

3. Echtheitsvermutung

39 Voraussetzung der Beweiskraft ist die Echtheit des öffentlichen elektronischen Dokuments. Die **Echtheitsvermutung** nach §437 Abs. 1 gilt dabei gemäß §371a Abs. 2 S. 2 entsprechend, sofern das öffentliche elektronische Dokument mit einer qualifizierten elektronischen Signatur versehen ist.

4. Beweisantritt

40 Der Beweis mittels des öffentlichen elektronischen Dokuments ist gemäß §371 Abs. 1 S. 1 durch **Vorlegung oder Übermittlung der Datei** anzutreten, näher → §371 Rdnr. 19ff. Jedoch kann der Beweis nach §416a auch durch Vorlage des **Ausdrucks eines öffentlichen elektronischen Dokuments** geführt werden, wenn dieser Ausdruck mit öffentlicher Beglaubigung oder mit einem Gerichtsvermerk iSv §298 Abs. 2 versehen ist, näher → Kommentierung zu §416a.

§416 Beweiskraft von Privaturkunden

Privaturkunden begründen, sofern sie von den Ausstellern unterschrieben oder mittels notariell beglaubigten Handzeichens unterzeichnet sind, vollen Beweis dafür, dass die in ihnen enthaltenen Erklärungen von den Ausstellern abgegeben sind.

Gesetzesgeschichte: Bis 1900 §381 CPO. Änderung durch das BeurkundungsG vom 28.8.1969 (BGBl. I 1513).

I. Unterschriebene Privaturkunden[1]

1. Begriff der Privaturkunde

Privaturkunden sind alle Urkunden (→ vor §415 Rdnr. 1), die nicht öffentliche Urkunden nach §415 sind. Zu den Privaturkunden gehört z.B. auch die Niederschrift über die Versammlung der Wohnungseigentümer[2] (sofern sie nicht etwa notariell beurkundet wurde). Private Urkunden sind auch solche, die als öffentliche Urkunden ausgestellt werden sollten, aber wegen eines Mangels an einem wesentlichen Erfordernis nicht als öffentliche gelten können[3], während sie doch Urkunden bleiben, → §415 Rdnr. 15. Die Namensunterschrift des Ausstellers ist an sich für den *Begriff* der Privaturkunde nicht wesentlich, → vor §415 Rdnr. 10[4]. Aber in §416 ist nur für diejenigen Privaturkunden, die **vom Aussteller unterschrieben oder unterzeichnet** sind, eine gesetzliche Beweisregel gegeben (bezüglich aller anderen → Rdnr. 20). 1

Eine (nicht ausgeführte) Zusage, eine **Vertragsurkunde zu vernichten**, hindert die spätere Verwertung im Rahmen des Urkundenbeweises und die Anwendung des §416 nicht[5]. 2

2. Anforderungen an die Unterschrift; Telegramm, Telefax

Unterschrieben ist die Urkunde, wenn der Name des Ausstellers *unter der Urkunde*, nicht nur im Text steht, gleichviel ob er *zeitlich* vor oder nach dem Text niedergeschrieben ist (→ Rdnr. 19). Die Unterschrift muß den Text der Urkunde räumlich abschließen; ein über dem Text stehender Namenszug (»**Oberschrift**«) genügt nicht[6], ebenso wenig ein Namenszug neben dem Text (»**Nebenschrift**«)[7]. 3

Die Unterschrift muß so bestimmt sein, daß sich die Person des Ausstellers daraus entnehmen läßt. Der *Familienname* genügt, auch ohne Beifügung des Vornamens. Gleichgültig ist auch, ob der Name dem Unterzeichner *gesetzlich* zukommt oder, wie z.B. der Künstlername, nur *tatsächlich* von ihm geführt wird[8]. Die Firma gilt im Handelsverkehr als Name des Kaufmanns (§17 Abs. 1 HGB). Der bloße *Vorname* genügt nur dann, wenn über die Identität des Unterzeichners und darüber, daß es sich nicht um eine noch unvollendete Unterzeichnung handelt, nach Lage der Sache kein Zweifel besteht, wie bei Urkunden, die von Bischöfen bloß mit Unterzeichnung des Vornamens ausgefertigt sind, oder bei Briefen von Familienangehörigen oder nahe Befreundeten[9]. Daß die **Unterschrift öffentlich beglaubigt** ist, ändert den Charakter der Urkunde als Privaturkunde nicht (→ §415 Fn. 37). – Zur **Blankounterschrift** → Rdnr. 19. 4

Die Unterschrift braucht **nicht eigenhändig** zu sein. Auch wenn der **Vertreter** mit dem Namen des Vertretenen unterschreibt, liegt selbst in dem strengen Sinn des §126 BGB eine Un- 5

[1] Dazu *Britz* Urkundenbeweisrecht und Elektroniktechnologie (1996) 136ff.; vgl. auch *Siegel* AcP 111 (1914), 1ff.
[2] Sie hat daher hinsichtlich der Richtigkeit ihres Inhalts keine gesetzliche Beweiskraft, *BayObLGZ* 1973, 68, 75; 1982, 445, 448; 1984, 213, 216; *BayObLG* NJW-RR 1990, 210, 211.
[3] *BGHZ* 37, 90 = NJW 1962, 1152.
[4] S. *RGZ* 2, 416; *RGSt* 11, 185.
[5] *OLG Köln* JMBlNRW 1997, 32.
[6] *BGHZ* 113, 48 = NJW 1991, 487 = JZ 1991, 406 (*Köhler*) = JR 1991, 287 (*Schubert*).
[7] *BGH* NJW 1992, 829.
[8] Auch bei Gewerbebetrieb unter anderem Namen, ohne daß eine Firma im Rechtssinne vorliegt; s. auch *RG* Gruchot 31 (1887), 904.
[9] Eine andere Frage ist, ob eine solche Unterschrift für die nach bürgerlichem Recht geforderte Schriftform genügt. S. *RGZ* 87, 109 (privatschriftliches Testament in Briefform [bejaht]).

terschrift des Vertretenen vor[10]. Ob die Urkunde dem Vertretenen als Aussteller zuzurechnen ist, hängt vom Bestehen der *Vertretungsmacht* ab. Der Beweis der Echtheit der Unterschrift (→ §440 Rdnr. 6) erfordert daher gegebenenfalls den Beweis der Vertretungsmacht, der unabhängig von der Urkunde zu führen ist.

6 Die Unterschrift braucht auch **nicht handschriftlich** zu sein. Ähnlich wie bei der Unterschrift des Vertreters ist nicht die mechanische Herstellung der Unterschrift durch den Aussteller, sondern die *Unterzeichnung mit Wissen und Willen des Ausstellers* das Entscheidende. Auch eine **gedruckte oder unterstempelte Urkunde** eignet sich zur Anerkennung nach §439; allerdings ist der Echtheitsbeweis etwas schwieriger ist als sonst. Außerdem lassen Verkehr und Gesetz die unterstempelte Urkunde und das ihr rechtlich gleichstehende **Telegramm** so allgemein zu, daß die Auslegung der ZPO dem Rechnung zu tragen hat. Vgl. auch §793 Abs. 2 S. 2 BGB; §408 Abs. 2 S. 3 HGB; §3 Abs. 1 S. 2 VVG usw.[11]. Gleichgültig ist dabei, ob das Ankunftstelegramm sich als die Nachbildung einer geschriebenen Aufgabedepesche darstellt oder ob das Telegramm mündlich (durch den Fernsprecher) aufgegeben, ebenso ob das Schriftstück an die Empfangsstelle durch Fernschreiber, Telefon oder Funkspruch übermittelt ist: Die Ursächlichkeit des Willens ist dieselbe. Unberührt von der Beweiskraft bleibt das **Formerfordernis** handschriftlicher Unterschrift gemäß §§126f., 2247 Abs. 1 BGB usw.[12]. Zur Unterzeichnung bestimmender Schriftsätze → §130 Rdnr. 14ff.

7 Ebenso genügt die Unterschrift auf einem **Telefax** (zur Tauglichkeit als Mittel des Urkundenbeweises → vor §415 Rdnr. 13), gleich ob der handschriftliche Namenszug (als Kopie oder als eingescannte Unterschrift) wiedergegeben ist oder eine maschinenschriftliche Unterzeichnung[13]. Voraussetzung der Beweiskraft ist die Echtheit des Telefax[14]. Wenn bei Bestreiten nicht bewiesen werden kann, daß die auf dem Telefax vorhandene Unterzeichnung (gleich ob maschinen- oder handschriftlich bzw. eingescannt) von dem Aussteller stammt, gilt weder die Echtheitsvermutung des §440 Abs. 2 noch die Beweisregel des §416[15]. Eine von der Beweiskraft zu unterscheidende Frage ist, ob eine Erklärung in Form des Telefax die **Formerfordernisse** des materiellen Rechts[16] oder des Prozeßrechts erfüllt. Dem Erfordernis, die Bevollmächtigung durch eine schriftliche Prozeßvollmacht nachzuweisen und diese zu den Gerichtsakten abzugeben (§80 Abs. 1), genügt eine Übermittlung der erteilten Vollmacht per Telefax nicht[17]. Zu den Anforderungen an die Unterzeichnung des Telefax und des Computerfax bei bestimmenden Schriftsätzen → §130 Rdnr. 16, 47ff. – Zu **elektronischen Dokumenten** → Rdnr. 21ff.

---

[10] *RGZ* 59, 51ff.; 74, 69ff. (VZS); 81, 1; *OLG Marienwerder* OLGRsp 2 (1901), 51; *OLG Königsberg* OLGRsp 4 (1902), 209; *Rosenberg* Stellvertretung im Prozeß (1908), 297ff.; *Leist* Recht 1909, 653ff. Gegen *RGZ* 58, 387 (s. auch *RGZ* 50, 55; 76, 100; 81, 1), das den Fall der sog. Schreibhilfe anders behandeln will, s. *Rosenberg* aaO. Das gleiche gilt bei Absendung eines mit dem Namen des Vertretenen unterzeichneten Telegramms, *RGZ* 87, 144.

[11] Vgl. *Stein* Der Urkunden- und Wechselprozeß (1887), 116ff.; *RGZ* 7, 383; 11, 416; 14, 335; s. auch *RGSt* 13, 168; 21, 183; 29, 358; 31, 61.

[12] Vgl. *RGZ* 47, 165; 74, 340f.

[13] Ebenso *Bork* JZ 1997, 256, 257. – A.M. *OLG Köln* NJW 1992, 1774, das eine nicht unterzeichnete und daher nicht unter §416 fallende Privaturkunde annimmt.

[14] Zum Beweis der Echtheit ausführlich *LG Bonn* CR 1995, 35.

[15] *OLG Frankfurt* MDR 2000, 1330 (zu Überweisungsauftrag).

[16] Verneinend für die Bürgschaftserklärung *BGHZ* 121, 224 = NJW 1993, 1126; ebenso für den Schuldbeitritt eines Verbrauchers *BGH* NJW 1997, 3169.

[17] *BGH* NJW 1994, 2298 (dazu krit. *Karst* NJW 1995, 3278); *BFH* JZ 1997, 255 (zust. *Bork*, anders aber *Bork* für den Fall, daß die Partei die Vollmacht durch Telefax erteilt).

3. Notariell beglaubigtes Handzeichen

8 Zur Unterzeichnung mittels **notariell beglaubigten Handzeichens** vgl. §126 Abs.1, §129 Abs.1 BGB, §§39f. BeurkG und §10 Abs.1 KonsularG.

4. Echtheit der Urkunde

9 Voraussetzung der Beweisregel des §416 ist, daß die Echtheit der Unterschrift und des Textes der Urkunde feststeht[18]. Es muß also die Unterschrift dem Aussteller zuzuordnen sein (→ Rdnr. 4ff.), und die darüber stehende Schrift muß vom Aussteller selbst stammen oder jedenfalls mit dessen Willen dort stehen[19]. Des Beweises (→ §440 Rdnr.1) bedarf die Echtheit, wenn sie vom Gegner des Beweisführers bestritten ist, näher → §439. Steht die Echtheit der Unterschrift fest, so wird die Echtheit der darüber stehenden Schrift (widerleglich) vermutet, → §440 Rdnr.2. Zum Gegenbeweis bei Mißbrauch eines Blanketts → Rdnr.19.

II. Formelle Beweiskraft

10 Die **formelle Beweiskraft** der unter §416 fallenden Privaturkunden bedeutet wie sonst (→ vor §415 Rdnr.16), daß die in der Urkunde enthaltene **Erklärung** – also nicht bloß die Namensunterschrift – **vom Aussteller abgegeben**, d.h. mit Willen des Erklärenden in Verkehr gebracht worden ist[20]. Dies gilt auch dann, wenn der Unterschreibende der Sprache, in der die Urkunde abgefaßt ist, nicht kundig ist[21]. Geschäftsunfähigkeit (→ auch Fn.25), beschränkte Geschäftsfähigkeit oder Gebrechlichkeit des Ausstellers ändern an der formellen Beweiskraft nichts[22].

11 Diese Beweiskraft bedarf nur dann der Ergänzung durch den Nachweis der **Begebung der Urkunde** (dazu → Rdnr.16), wenn das bürgerliche Recht die Aushändigung der Urkunde zur Voraussetzung der Rechtswirksamkeit macht[23]. Daß die Erklärung vom Aussteller stammt und auch *abgegeben* (gegebenenfalls an den Adressaten abgesandt) wurde (daß also nicht bloß ein Entwurf vorliegt), wird schon durch die Urkunde bewiesen. Dagegen bezieht sich die Beweiskraft nicht auf den **Zugang** der Erklärung.

12 Eine Unterscheidung nach dem **Inhalt** der Erklärung (insbesondere danach, ob es sich um eine Willenserklärung oder eine Erklärung über Tatsachen handelt, → vor §415 Rdnr. 9) wird hier nicht gemacht, weil der Inhalt nur für die materielle Beweiskraft (→ Rdnr.13) von Bedeutung ist. Dagegen erstreckt sich die formelle Beweiswirkung der Privaturkunde nicht – wie im Fall des §415 – auch auf die die Erklärung begleitenden Umstände, insbesondere nicht auf **Zeit** (→ auch Fn.27ff.) und **Ort.** Der Beweiswert dieser Angaben unterliegt vielmehr der freien Beweiswürdigung; ihre Richtigkeit kann durch Beweismittel jeder Art bewiesen und widerlegt werden[24]. Die formelle Beweiskraft erfaßt nur die Abgabe der Erklärung, nicht deren inhaltliche Wahrheit bzw. Richtigkeit, → Rdnr.13.

---

[18] *BGH* NJW 1988, 2741 = JZ 1988, 934.
[19] *BGH* NJW 1988, 2741 (Fn.18).
[20] *BGH* NJW-RR 2003, 384 = FamRZ 2003, 669.
[21] *RG* Gruchot 31 (1887), 905; SächsArch 10 (1900), 367.
[22] *OLG Köln* MDR 1964, 155.
[23] A.M. *Schultze* Grünhut 22 (1895), 84ff., 153ff.; ZZP 22 (1896), 106ff., → aber auch Fn.37.
[24] *BGH* LM §415 Nr.6 = MDR 1993, 1119 = NJW-RR 1993, 1379 (Zeitpunkt); *RGZ* 16, 438; 31, 337f.; im Ergebnis auch *RGZ* 73, 279f.

III. Materielle Beweiskraft

13 Die **materielle Beweiskraft** der nach §416 formell bewiesenen Erklärung (→ vor §415 Rdnr. 17ff.), also die Bedeutung für den zu führenden Beweis, hängt davon ab, ob die *Erklärung selbst* das Beweisthema ist oder ob sie nur ein *Zeugnis* über die zu beweisende Tatsache oder ein *Indiz* dafür darstellt. Im ersten Fall steht nur noch die *Auslegung* der Erklärung (→ auch Rdnr. 18) und ihre *rechtliche Wirksamkeit* (Gültigkeit gegenüber Formvorschriften, Zugang usw.) in Frage, die außerhalb der Beweiswürdigung liegen. Im zweiten Fall sind dagegen das Zeugnis (die in der Erklärung enthaltenen Angaben über tatsächliche Vorgänge, z.B. die Bestätigung der Zahlung durch eine **Quittung**) oder das Indiz nach §286 frei zu würdigen[25], → vor §415 Rdnr. 19.

14 Einer **Quittung** wird in vielen Fällen erheblicher Beweiswert zukommen[26]. Wer die Richtigkeit bestreitet, braucht aber nicht den vollen Beweis des Gegenteils zu führen, sondern es genügt, wenn der Beweiswert erschüttert wird. Eintragungen über Guthaben in einem **Sparbuch** sind jedoch nicht allein deshalb ohne Beweiswert, weil seit Jahrzehnten keine Eintragungen mehr vorgenommen wurden[27]; auch kann die Unrichtigkeit regelmäßig nicht allein mit bankinternen Unterlagen nachgewiesen werden[28]. Wenn aber die Angaben der Partei über die Umstände der von ihr behaupteten Leistung widersprüchlich und unklar sind, verliert die Quittung ihren Wert als Beweisindiz[29]. Ebenso wird der Beweiswert einer erst lange Zeit nach der behaupteten Leistung unterzeichneten Quittung regelmäßig gering sein[30].

15 Dieselben Regeln gelten auch für eine **Einlieferungsbescheinigung der Deutschen Post,** der nicht mehr die Qualität einer öffentlichen Urkunde zukommt[31], → auch §415 Rdnr. 7. Auch eine unterzeichnete **Empfangsbestätigung** (etwa über Erhalt einer Widerrufsbelehrung) unterliegt freier Beweiswürdigung[32]. Die Erteilung eines **Überweisungsauftrags** an eine Bank beweist z.B. nicht dessen Ausführung, auch nicht in Form eines Anscheinsbeweises[33]. Eine **Vertragsurkunde** hat im Verhältnis der Parteien[34] die **Vermutung der Vollständigkeit und Richtigkeit** für sich[35], auch hinsichtlich Datums- und Ortsangaben[36], → auch §286 Rdnr. 116 (21. Aufl.). Zur Zulässigkeit von beweisrechtlichen Parteivereinbarungen → §286 Rdnr. 132ff. (21. Aufl.). Hoher materieller Beweiswert kommt im Streit über Lohnfortzahlung einer **ärztlichen Arbeitsunfähigkeitsbescheinigung** zu, näher → §286 Rdnr. 24a (21. Aufl.).

---

[25] *BGH* LM §415 Nr. 6 (Fn. 24); NJW 1988, 2741 (Fn. 18); NJW 1986, 3086 = LM Nr. 4; *BGH* MDR 1978, 917 (zur ärztlichen Dokumentation); *BAG* NJW 2004, 2848, 2853 (Quittung); *OLG Saarbrücken* MDR 1997, 1107 (Quittung). Auch der Beweiswert der von einem Geschäftsunfähigen ausgestellten Quittung ist frei zu würdigen, *OLG Karlsruhe* MDR 1978, 667; dazu *Stötter* MDR 1978, 632.

[26] Mißverständlich ist daher die Formulierung, der Beweis könne nicht durch eine Quittung erbracht werden, so aber *OLG Dresden* InVo 2000, 302 = ZInSO 2000, 673 (zum Nachweis der Einzahlung einer Stammeinlage).

[27] *BGH* NJW 2002, 2707.

[28] *OLG Köln* WM 2004, 1475 (im konkreten Fall wurde aber Erschütterung der Beweiskraft des Sparbuchs durch das Kreditinstitut aufgrund der Begleitumstände bejaht).

[29] Vgl. *OLG Hamburg* MDR 1999, 375 (zur behaupteten Auszahlung eines Darlehens).

[30] *BFH/NV* 2001, 1135 (9 Jahre nach der behaupteten Geldübergabe erstellte Quittung).

[31] *OLG Hamm* TranspR 2000, 430.

[32] Vgl. *OLG Dresden* VuR 2000, 216 (zum wettbewerbsrechtlichen Unterlassungsanspruch).

[33] *BGH* NJW-RR 1997, 177.

[34] Dazu *KG* MDR 1977, 674 (die tatsächliche Vermutung für die Richtigkeit des in der Privaturkunde angegebenen Datums gilt nur zwischen den Vertragsparteien, nicht gegen Dritte). Anders ist es, wenn sich der Dritte gegenüber den Vertragsparteien auf die *Richtigkeit* des in der Urkunde angegebenen Datums beruft, *A. Mayer/M. Mayer* ZZP 105 (1992), 287, 292.

[35] *BGH* WM 1987, 938 (Nachweis der Rückdatierung reicht zur Widerlegung nicht aus). Zur Unterscheidung von der Beweiskraft nach §416, §440 Abs. 2 *BGH* NJW-RR 1989, 1323, 1324.

[36] *A. Mayer/M. Mayer* ZZP 105 (1992), 287, 291 entgegen *BGH* NJW-RR 1990, 737, 738.

16 Auch die Bedeutung der **Aushändigung** einer Urkunde und des *Besitzes* der Urkunde für die Vollendung oder die Aufhebung eines Rechtsgeschäfts sind frei zu würdigen. Der Beweis, daß die nach bürgerlichem Recht erforderliche Aushändigung erfolgt ist, wird jedoch durch die *tatsächliche Vermutung aus dem Besitz der Urkunde* unterstützt (§ 286)[37].

IV. Gegenbeweis

17 Ein **Gegenbeweis gegen die formelle Beweiskraft** des § 416 (→ Rdnr. 10ff.) ist in der Richtung möglich[38], daß die nur als Entwurf gedachte Urkunde dem Aussteller abhanden gekommen ist[39]. Die **Parteivernehmung** ist insoweit wegen § 445 Abs. 2 nicht als Beweismittel zulässig, → § 415 Rdnr. 28 und → § 445 Rdnr. 20. Im übrigen ist mit der Echtheit von selbst die Tatsache, daß die Erklärung abgegeben wurde, bewiesen[40].

18 Die Gegenbeweisführung kann sich sonst nur **gegen die Echtheit** (§ 440) oder **gegen die materielle Beweiskraft** der Urkunde (→ Rdnr. 13ff.), also gegen die **Richtigkeit** oder **Wirksamkeit** des Inhalts der Erklärung richten. Es ist dann frei zu würdigen, welche Bedeutung bei Willenserklärungen nach bürgerlichem Recht dem Umstand zukommt, daß der Aussteller die Urkunde nicht gelesen oder nicht verstanden hat; es gelten hier die Vorschriften über die **Anfechtung** wegen Irrtums und arglistiger Täuschung (§§ 119, 123 BGB)[41]. Die Erklärung kann auch nach § 116 S. 2 BGB (dem Gegner bekannter Vorbehalt, das Erklärte nicht zu wollen) oder nach § 117 Abs. 1 BGB (Scheingeschäft) **nichtig** sein. Ferner kann im Rahmen der **Auslegung** (§§ 133, 157 BGB) nachgewiesen werden, daß die Erklärung nach dem übereinstimmenden Willen der Parteien einen anderen Sinn haben sollte, als er an sich in den scheinbar klaren und eindeutigen Worten liegt[42]. Bei Erklärungen, die keine Willenserklärungen sind, z.B. außergerichtlichen Geständnissen, genügt der Nachweis der Unwahrheit oder der rechtswidrigen Art des Zustandekommens[43]. Ferner kann die **Unvollständigkeit** der Erklärung (mündliche Abreden neben schriftlichem Vertrag) geltend gemacht werden[44]. Zur Beweislast in diesen Fällen → Rdnr. 15 u. § 286 Rdnr. 116 (21. Aufl.) (Vermutung der Vollständigkeit). Als Beweismittel ist, da es in allen diesen Fällen nicht um eine Entkräftung der in § 416 festgelegten (formellen) Beweiskraft geht, auch der Antrag auf **Parteivernehmung,** § 445, zulässig.

19 Als **Gegenbeweis gegen die Echtheit** ist jedoch der Beweis anzusehen, daß die Urkunde durch **Mißbrauch eines Blanketts** entstanden sei. Dadurch, daß eine Urkunde von dem Aussteller in blanco oder mit Offenlassung wesentlicher Teile unterzeichnet ist, wird ihre Beweiskraft nach § 416 nicht berührt[45]; denn diese Vorschrift gilt nach Wortlaut und Absicht auch für solche Urkunden, die *nach der Unterzeichnung* niedergeschrieben sind, weil die Ausstellung

---

37 So auch *Schultze* Grünhut 22 (1895), 130, wodurch dessen Widerspruch gegen die h.L. (→ Fn. 23) die praktische Bedeutung fast völlig verliert.

38 A.M. *MünchKommZPO/Schreiber*[2] Rdnr. 10.

39 Offen lassend *BGH* NJW-RR 2003, 384, 385 = FamRZ 2003, 669. – Anders als hier *Britz* (Fn. 1) 136ff., 225ff., 265 (Ergebnis); s. auch *ders.* ZZP 110 (1997), 61, 83ff. Danach regelt § 416 den unwiderleglichen Beweis für die Abgabe einer Willenserklärung gemäß § 130 BGB, doch soll dies nicht die Tatsache umfassen, die Erklärung willentlich in den Verkehr gebracht zu haben, so daß bei einer darauf gestützten Anfechtung der Erklärung freie richterliche Beweiswürdigung gelte.

40 Vgl. *RG* JW 1903, 178 und die Entsch. in Fn. 41.

41 *RGZ* 5, 385f.; 57, 360; 77, 309; JW 1895, 42; 1897, 108, 418; 1899, 46, 574; *OLG Rostock* OLGRsp 1 (1900), 12; *OLG Bamberg* OLGRsp 13 (1906), 162; *OLG Karlsruhe* OLGRsp 13 (1906), 323; *OLG Braunschweig* OLGRsp 19 (1909), 55; SeuffArch 53 (1898), 106; *OLG Hamburg* OLGRsp 23 (1911), 85; SeuffArch 64 (1909), 294. – A.M. *Riezler* AcP 95 (1904), 357ff.

42 Vgl. *OLG Rostock* OLG-NL 2004, 282.

43 Vgl. *RG* Gruchot 48 (1904), 1128.

44 Vgl. *RGZ* 52, 23ff.; 68, 15 und dazu *RG* JW 1906, 226, 348.

45 *RGZ* 57, 66; *KG* OLGRsp 30 (1915), 333.

eines Blanketts dem Empfänger die Vollmacht erteilt, dem Schriftstück einen bestimmten Inhalt zu geben. Die Behauptung, daß die Urkunde durch Mißbrauch eines Blanketts entstanden sei, richtet sich hiernach nur gegen die Vermutung des §440 Abs. 2, die durch den Beweis der unbefugten Ausfüllung oder der Überschreitung der Vollmacht entkräftet werden kann[46]. – Zur Frage der Formwahrung bei Blankounterschrift → §440 Rdnr. 4.

V. Andere Privaturkunden

20 Privaturkunden, die den Erfordernissen des §416 nicht entsprechen, unterliegen der freien Würdigung des Gerichts (§286), das daher nicht verpflichtet, aber auch nicht gehindert ist, sie als vollbeweisend für oder gegen den Aussteller[47] anzusehen. Dahin gehören **nicht unterschriebene Urkunden**[48], Urkunden, die keine Erklärung enthalten wie z.B. Notizen, auch Zeitnotizen eines Rechtsanwalts[49], Eintragungen in Handelsbüchern[50], aber auch ein vor Zeugen errichtetes, nicht unterzeichnetes Nottestament[51]. Einer handschriftlichen, aber nicht unterzeichneten Quittung kann z.B. volle materielle Beweiskraft zugemessen werden, wenn die Echtheit unstreitig[52] oder bewiesen ist. – Zur Beweiskraft des *Eisenbahnfrachtbriefs* → vor §415 Rdnr. 22f.

IV. Private elektronische Dokumente

1. Mit qualifizierter elektronischer Signatur

a) Beweiskraft

21 Die Beweiskraft privater elektronischer Dokumente (dazu allgemein → vor §415 Rdnr. 4f.), die eine **qualifizierte elektronische Signatur** aufweisen, regelt §371a Abs. 1 S. 1 durch Verweisung auf die Vorschriften über die Beweiskraft privater Urkunden. Daher gilt für solche elektronischen Dokumente auch §416 entsprechend. Sie sind einer vom Aussteller unterschriebenen Privaturkunde im Sinn dieser Bestimmung gleichzustellen und erbringen somit **vollen Beweis für die Abgabe der im Dokument enthaltenen Erklärungen** durch den Aussteller. Davon zu unterscheiden ist auch hier die Frage, ob die inhaltliche Wahrheit bzw. Richtigkeit der Erklärung als bewiesen anzusehen ist. Für diese **materielle Beweiskraft** gilt nichts anderes als bei Urkunden, → Rdnr. 13ff.

b) Feststellung der Echtheit

22 Voraussetzung der Beweiskraft entsprechend §416 ist die **Echtheit** des privaten elektronischen Dokuments. Insoweit erscheint die entsprechende Anwendung des §439 geboten, wonach sich der Gegner des Beweisführers über die Echtheit zu erklären hat. Erkennt er die Echtheit des Dokuments an oder äußert er sich nicht (§439 Abs. 3), so ist von der Echtheit auszugehen. Wird die Echtheit bestritten, so ist der **gesetzliche Anschein der Echtheit** zu beachten,

---

46 *BGH* NJW 1986, 3086 (Fn. 25); NJW 1988, 2741 (Fn. 18); NJW-RR 1989, 1323; *RGZ* 23, 110ff.; 57, 68; *RG* JW 1896, 204. S. auch *Schultze* Grünhut 22 (1895), 164ff.; ZZP 22 (1896), 143ff.

47 *RG* WarnRsp 1911 Nr. 411.

48 *BGH* WM 1988, 524 (gestempelter Einzahlungsbeleg); *OLG Köln* DB 1983, 104, 105.

49 Zum (erheblichen) Beweiswert vgl. *OLG Hamburg* MDR 2000, 115.

50 *BGH* MDR 1955, 92 (kein Anscheinsbeweis); *OLG Hamm* NJW 1987, 964 (Bank-Kontoblätter); *RG* JW 1910, 154; *Baumbach/Hopt/Merkt* HGB[31] §238 Rdnr. 3.

51 *BGH* LM Nr. 1.

52 So im Fall *LAG Hamm*, U. v. 25. 2. 2004, 18 Sa 1594/03, Juris Nr. KARE600010199.

den §371a Abs. 1 S. 2 dem privaten elektronischen Dokument zuerkennt, wenn die Signaturprüfung zu einem positiven Ergebnis geführt hat. Näher → §371a Rdnr. 14ff.

2. Ohne qualifizierte elektronische Signatur

Die Beweiskraft von privaten elektronischen Dokumenten **ohne qualifizierte elektronische Signatur** ist gesetzlich ebensowenig geregelt wie die Beweiskraft nicht unterschriebener Privaturkunden. Ebenso wie bei diesen (→ Rdnr. 20) hat das Gericht auch über die Beweiskraft nicht signierter privater elektronischer Dokumente im Wege der freien Beweiswürdigung zu entscheiden. 23

3. Beweisführung

Die **Beweisführung** mittels eines elektronischen Dokuments erfolgt nach §371 Abs. 1 S. 2 durch Vorlegung oder Übermittlung der Datei. Zur Fragen, ob der Beweis auch durch einen Ausdruck des privaten elektronischen Dokuments geführt werden kann, → §416a Rdnr. 15ff. 24

§416a Beweiskraft des Ausdrucks eines öffentlichen elektronischen Dokuments

Der mit einem Beglaubigungsvermerk versehene Ausdruck eines öffentlichen elektronischen Dokuments gemäß §371a Abs. 2, den eine öffentliche Behörde innerhalb der Grenzen ihrer Amtsbefugnisse oder eine mit öffentlichem Glauben versehene Person innerhalb des ihr zugewiesenen Geschäftskreises in der vorgeschriebenen Form erstellt hat, sowie der Ausdruck eines gerichtlichen elektronischen Dokuments, der einen Vermerk des zuständigen Gerichts gemäß §298 Abs. 2 enthält, stehen einer öffentlichen Urkunde in beglaubigter Abschrift gleich.

Gesetzesgeschichte: Eingefügt durch das Justizkommunikationsgesetz vom 22. 3. 2005, BGBl. I 837, in Kraft getreten am 1. 4. 2005.

Literatur: *Chr. Berger* Beweisführung mit elektronischen Dokumenten, NJW 2005, 1016; *Czeguhn* Beweiswert und Beweiskraft digitaler Dokumente im Zivilprozess, JuS 2004, 124; Fischer Justiz-Kommunikation – »Reform der Form«? Zum Entwurf des Justizkommunikationsgesetzes, DRiZ 2005, 90; *Roßnagel/Fischer-Dieskau* Elektronische Dokumente als Beweismittel, NJW 2006, 806; *Roßnagel/Wilke* Die rechtliche Bedeutung gescannter Dokumente, NJW 2006, 2145; *Schemmann* Die Beweiswirkung elektronischer Signaturen und die Kodifizierung des Anscheinsbeweises in §371a Abs. 1 Satz 2 ZPO, ZZP 118 (2005), 161; *Schwoerer* Die elektronische Justiz (2005); *Viefhues* Das Gesetz über die Verwendung elektronischer Kommunikationsformen in der Justiz, NJW 2005, 1009. – Weitere Lit. zu elektronischen Dokumenten → Lit. Verz. vor §415.

I. Normzweck und Anwendungsbereich

1. Normzweck

1 Elektronische Dokumente (dazu allgemein → vor §415 Rdnr. 3ff.) gewinnen im Zivilprozeß zunehmend an Bedeutung. Das Justizkommunikationsgesetz (2005) gestattet in weitem Umfang die Verwendung elektronischer Dokumente anstelle der herkömmlichen schriftlichen Form. Da sich die bisherigen Vorschriften der ZPO über den Beweis mit Urkunden allein auf schriftliche Erklärungen bezogen, bedurfte es neuer Bestimmungen über die Beweisführung mit elektronischen Dokumenten. Dabei sind **zwei Wege der Beweisführung** zu unterscheiden. Der Beweis kann nach §371 Abs. 1 S. 2 unmittelbar durch Vorlegung oder Übermittlung der elektronischen Datei angetreten werden, näher → §371 Rdnr. 19ff. Der Gesetzgeber hatte aber auch zu berücksichtigen, daß viele Verfahren weiterhin in Papierform geführt werden und elektronische Dokumente auch in solchen Verfahren als Beweismittel erforderlich sein können. Es muß daher möglich sein, auch dann wenn das Originaldokument ein elektronisches Dokument ist, den Beweis mit Urkunden in Papierform zu führen. Diese **Beweisführung mittels eines Ausdrucks des elektronischen Dokuments** regelt §416a für öffentliche elektronische Dokumente und für gerichtliche elektronische Dokumente.

2 Die Vorschrift legt fest, unter welchen Voraussetzungen der **Beweis mittels des Ausdrucks** solcher Dokumente geführt werden kann. Sind die Voraussetzungen des §416a erfüllt, so ist der beglaubigte Ausdruck des elektronischen Dokuments mit der öffentlich beglaubigten Abschrift einer öffentlichen Urkunde gleichgestellt und genügt daher im allgemeinen gemäß §435 S. 1 zur Beweisführung.

3 Von dieser Frage der Beweisführung zu unterscheiden ist die **Beweiskraft** öffentlicher elektronischer Dokumente. Diese ist in §371a Abs. 2 geregelt, → Kommentierung zu §371a sowie → §415 Rdnr. 36ff.; → §437 Rdnr. 7f.

4 Nicht ausdrücklich von §416a erfaßt werden **private elektronische Dokumente**, dazu → Rdnr. 14ff.

2. Beschränkung auf originäre elektronische Dokumente

5 §416a setzt voraus, daß das **Originaldokument** ein elektronisches Dokument darstellt. Der Fall, daß eine ursprünglich schriftliche öffentliche Urkunde in ein elektronisches Dokument umgewandelt (eingescannt) wurde, wird von §416a nicht erfaßt[1]. Der Beweis muß in solchen Fällen nach den für Urkunden in Papierform geltenden Regeln geführt werden. Es gilt daher §435, wonach der Beweis durch Vorlage der Urschrift oder einer öffentlich beglaubigten Abschrift erfolgen kann.

II. Ausdruck eines öffentlichen elektronischen Dokuments mit Beglaubigungsvermerk

6 Der **Begriff des öffentlichen elektronischen Dokuments** wird durch §371a Abs. 2 festgelegt. §416a setzt voraus, daß die elektronische Datei die Voraussetzungen des §371a Abs. 2 erfüllt und regelt die zusätzlichen Voraussetzungen, von denen die Beweistauglichkeit eines Ausdrucks des öffentlichen elektronischen Dokuments abhängt.

---

[1] Begr. zum RegE BT-Drucks. 15/4067, S. 35.

Voraussetzung der Beweisführung mittels des Ausdrucks ist, daß dieser mit dem Vermerk der **öffentlichen Beglaubigung** versehen ist. Der Beglaubigungsvermerk muß von einer dafür zuständigen öffentlichen Behörde innerhalb der Grenzen ihrer Amtsbefugnisse oder von einer mit öffentlichem Glauben versehenen Person, insbesondere einem Notar, innerhalb des ihr zugewiesenen Geschäftskreises erstellt werden. Dabei kann es sich um dieselbe öffentliche Behörde oder Urkundsperson handeln, von der auch das öffentliche elektronische Dokument stammt, oder um eine andere Behörde oder Urkundsperson. 7

Der Beglaubigungsvermerk muß die vorgeschriebene **Form** erfüllen. Der Beglaubigungsvermerk stellt selbst eine öffentliche Urkunde dar. Er muß die Übereinstimmung des Ausdrucks mit dem elektronischen Dokument bestätigen. Für behördliche Beglaubigungsvermerke wird der Inhalt in §33 Abs.3 S.2 u. Abs.5 S.1 Nr.1 VwVfG näher bestimmt. 8

Da sich die Anforderungen an die beglaubigende Behörde oder Urkundsperson sowie an die Form der Beglaubigung mit den allgemeinen Voraussetzungen für öffentliche Urkunden in §415 decken, kann wegen der Einzelheiten auf §415 Rdnr.2ff. verwiesen werden. 9

III. Ausdruck eines gerichtlichen elektronischen Dokuments mit Gerichtsvermerk

Gerichtliche elektronische Dokumente sind gemäß §130b Dokumente, die elektronisch aufgezeichnet sind und am Ende mit dem Namen der verantwortenden Person sowie einer **qualifizierten elektronischen Signatur** versehen sind. Wenn hiervon ein Ausdruck für die Akten gefertigt wird, muß er die in §298 Abs.2 vorgeschriebenen **Vermerke über Integritätsprüfung und Signaturprüfung** (Gerichtsvermerk) enthalten. Ein Ausdruck, der diesen Anforderungen genügt, ist nach §416a zur Beweisführung geeignet. Durch Vorlage eines solchen Ausdrucks kann insbesondere der Beweis des Inhalts gerichtlicher Entscheidungen, die in elektronischer Form ergangen sind, innerhalb eines anderen, in Papierform geführten Verfahrens angetreten werden. 10

IV. Rechtsfolgen

Ein den Anforderungen des §416a genügender Ausdruck des elektronischen öffentlichen bzw. gerichtlichen Dokuments steht der beglaubigen Abschrift einer öffentlichen Urkunde gleich. Die Vorlage dieses Ausdrucks ist also entsprechend §435 S.1, 1. Halbs. zum Beweis geeignet. Jedoch kann das Gericht, wenn Zweifel an der Richtigkeit der beglaubigten Abschrift bestehen, entsprechend §435 S.1, 2. Halbs. auch anordnen, daß das elektronische Dokuments als solches, d.h., die »elektronische Urschrift des öffentlichen Dokuments« vorgelegt wird oder daß der Beweisführer Tatsachen angibt und glaubhaft macht, wonach ihm die Vorlage der »Urschrift« nicht möglich ist. Bei einer erfolglosen Anordnung dieser Art entscheidet das Gericht entsprechend §435 S.2 aufgrund freier Beweiswürdigung, ob es die beglaubigte Abschrift als beweiskräftig ansieht. 11

Die **Beweiskraft** selbst ergibt sich aus §371a Abs.2 S.1 iVm den Vorschriften über die Beweiskraft öffentlicher Urkunden. Es gelten also, je nach dem Inhalt des elektronischen Dokuments, die §§415, 417 und §418, aber auch besondere Vorschriften wie §165 (Beweiskraft des Protokolls) und §314 (Beweiskraft des Tatbestands)[2]. 12

Voraussetzung der Beweiskraft nach diesen Regeln ist die **Echtheit** des elektronischen Dokuments. Ist dieses mit einer qualifizierten elektronischen Signatur versehen, so wird nach §371a Abs.2 S.2 iVm §437 die Echtheit vermutet, → §437 Rdnr.7f. 13

[2] Begr. zum RegE BT-Drucks. 15/4067, S.35.

V. Öffentlich beglaubigter Ausdruck privater elektronischer Dokumente

1. Private elektronische Dokumente mit qualifizierter elektronischer Signatur

14 Der Beweis mittels eines privaten elektronischen Dokuments kann durch **Vorlegung oder Übermittlung der Datei** angetreten werden, §371 Abs.1 S.2. Die Beweiskraft privater elektronischer Dokumente, die mit einer **qualifizierten elektronischen Signatur** versehen sind, wird durch §371a Abs.1 S.1 durch Verweisung auf die für Urkunden geltenden Bestimmung geregelt, so daß insbesondere §416 anzuwenden ist, → §416 Rdnr.21. Für die **Echtheit** solcher elektronischer Dokumente stellt §371a Abs.1 S.2 eine besondere Vermutung auf, → §416 Rdnr.22.

15 Auch bei privaten elektronischen Dokumenten kann es aber im Rahmen eines in Papierform geführten Verfahrens erforderlich sein, den Beweis mittels eines **Ausdrucks des elektronischen Dokuments** zu führen. Eine ausdrückliche Regelung hierüber enthält das Gesetz nicht. Bei im Original schriftlichen Urkunden erscheint eine Beweisführung durch Vorlage einer öffentlich beglaubigten Abschrift zulässig, wenn der Gegner die Übereinstimmung mit dem Original und dessen Echtheit nicht bestreitet, darüber hinaus aber auch, wenn der Beweisführer glaubhaft macht, daß ihm die Vorlage der Urschrift nicht möglich ist, → §435 Rdnr.4f. Unter denselben Voraussetzungen sollte auch die Beweisführung mittels öffentlich beglaubigten Ausdrucks eines privaten elektronischen Dokuments (samt elektronischer Signatur) zugelassen werden. Weitergehend erscheint aber **analog §416a** die Zulassung einer Beweisführung mittels öffentlich beglaubigten Ausdrucks des elektronisch signierten Dokuments schon dann geboten, wenn das Verfahren, in dem die Beweisführung erfolgen soll, in Papierform geführt wird. Entsprechend §435 S.1, 2. Halbs. kann das Gericht aber nach Lage des Einzelfalls verlangen, daß die »Urschrift«, d.h. die elektronische Datei, vorgelegt wird.

2. Private elektronische Dokumente ohne qualifizierte elektronische Signatur

16 Bei einem **nicht elektronisch signierten** privaten elektronischen Dokument ist schon die Beweiskraft des Originals (also des elektronischen Dokuments selbst) zweifelhaft, wenn die Echtheit des Dokuments bestritten wird. §371a enthält dazu keine Regelung. Näher → §440 Rdnr.14. Soweit aber dem elektronischen Dokument Beweiskraft zugemessen werden kann, ist die Beweisführung durch Vorlage oder Übermittelung der elektronischen Datei (§371 Abs.1 S.2) oder – nach den → Rdnr.15 dargestellten Regeln – durch Vorlage eines öffentlich beglaubigten Ausdrucks zulässig.

3. Beglaubigungsvermerk

17 Soweit die Beweisführung mittels öffentlich beglaubigten Ausdrucks eines privaten elektronischen Dokuments zulässig ist, muß der **Beglaubigungsvermerk** die Anforderungen erfüllen, die nach §416a für die Beglaubigung von Ausdrucken elektronischer öffentlicher Dokumente gelten, → Rdnr.7ff.

§417 Beweiskraft öffentlicher Urkunden über amtliche Anordnung, Verfügung oder Entscheidung

Die von einer Behörde ausgestellten, eine amtliche Anordnung, Verfügung oder Entscheidung enthaltenden öffentlichen Urkunden begründen vollen Beweis ihres Inhalts.

Gesetzesgeschichte: Bis 1900 §382 CPO.

I. Beweiskraft

1 §417 erfaßt diejenigen **öffentlichen Urkunden** (zum Begriff der öffentlichen Urkunde → §415 Rdnr. 1ff.), die im Gegensatz zu den Urkunden über Erklärungen (→ §415 Rdnr. 19ff.) und den sog. Zeugnisurkunden (→ §418 Rdnr. 1) eine amtliche **Anordnung, Verfügung** oder **Entscheidung** enthalten. Die gilt z.B. für Urteile, Verwaltungsakte oder auch den Erbschein. Hier beweist die Urkunde, ihre Echtheit vorausgesetzt, gegenüber jedermann, daß die **Anordnung** usw. **ergangen ist,** und zwar mit demjenigen *Inhalt*, der sich aus der Urkunde ergibt, und unter den darin angegebenen *Umständen*[1] (Zeit[2], Ort, Teilnahme usw.). §417 gilt auch für Erbausschlagungen durch das Jugendamt als Amtsvormund[3].

2 Dagegen erstreckt sich die formelle Beweiskraft **nicht auf die sachliche Richtigkeit** der Anordnung, des Verwaltungsakts (z.B. einer Ausfuhrgenehmigung)[4] oder der Entscheidung, und folglich beim Urteil weder auf das entschiedene Rechtsverhältnis noch auf die Beurteilung rechtlicher Vorfragen[5] oder auf die Richtigkeit der getroffenen Tatsachenfeststellung (→ §322 Rdnr. 84ff. [21. Aufl.]). Ob der Urkunde auch insoweit Beweiskraft zukommt, ist in freier Beweiswürdigung zu beurteilen[6]. Dies gilt z.B. für die in einem Scheidungsurteil enthaltenen Feststellungen zum Trennungszeitpunkt[7].

3 Welche **Wirkung** einer Entscheidung zukommt, bestimmt sich ebenfalls nicht nach §417, sondern nach den Regeln über die materielle Rechtskraft usw. (zu den Urteilswirkungen → §322 Rdnr. 8ff. [21. Aufl.]). Daß z.B. aufgrund des Erbscheins das Bestehen des darin angegebenen Erbrechts[8] vermutet wird, ergibt sich aus §2365 BGB, nicht aus §417.

II. Gegenbeweis

4 Ein **Gegenbeweis** ist nur gegen die **Echtheit** möglich. Denn gegen die Tatsache, daß die Anordnung getroffen worden ist, wäre, *wenn die Echtheit der Urkunde feststeht*, ein Gegenbeweis nicht denkbar, da der Akt selbst Gegenstand der sinnlichen Wahrnehmung ist[9]. Hinsicht-

---

1 A.M. *Britz* ZZP 110 (1997) 61, 72, 81.

2 *OLG Köln* MDR 1985, 1048 = Rpfleger 1985, 442 (Beweiskraft erstreckt sich auch auf die Datumsangabe bei der Festsetzung der Vergütung für den Nachlaßpfleger).

3 *LG Kiel* Rpfleger 1990, 420; *LG Berlin* Rpfleger 1994, 167.

4 *OLG Frankfurt* NStZ 1996, 234.

5 Vgl. *OLG Neustadt* NJW 1964, 2163.

6 *BGH* NJW 1980, 1000; *OLG Naumburg* JMBl ST 2003, 141.

7 *OVG Hamburg* NVwZ-RR 2001, 339 (zur Bedeutung im ausländerrechtlichen Verfahren).

8 Nicht das Vorhandensein der zugrundeliegenden Tatsachen (Abstammung, Testament), *BGH* NJW 1964, 558.

9 Vgl. auch *RGZ* 146, 133 (kein Gegenbeweis nach §417 in der Richtung möglich, daß die Entscheidung in anderem Sinne verkündet worden sei).

lich der **begleitenden Umstände,** Ort, Zeit usw., wäre zwar ein Nachweis der Unrichtigkeit denkbar; er ist aber durch die absichtliche Nichtaufnahme einer dem Abs. 2 des § 415 entsprechenden Bestimmung ausgeschlossen[10].

5 § 417 regelt dagegen nicht, welche **Rechtsbehelfe** gegen die in der Urkunde enthaltene Anordnung nach Prozeß- oder Verwaltungsrecht zulässig sind. Sie bleiben von § 417 unberührt. Zur Entkräftung von *Ausfertigungen* und Abschriften → § 435 Rdnr. 6ff.

III. Öffentliche elektronische Dokumente

6 Für öffentliche elektronische Dokumente i. S. v. § 371a Abs. 2 S. 1 gilt die Vorschrift entsprechend, → auch 415 Rdnr. 36. Zur Beweisführung mittels eines öffentlich beglaubigten oder mit Gerichtsvermerk (§ 298 Abs. 2) versehenen Ausdrucks des öffentlichen elektronischen Dokuments → § 416a.

§ 418 Beweiskraft öffentlicher Urkunden mit anderem Inhalt

(1) Öffentliche Urkunden, die einen anderen als den in den §§ 415, 417 bezeichneten Inhalt haben, begründen vollen Beweis der darin bezeugten Tatsachen.

(2) Der Beweis der Unrichtigkeit der bezeugten Tatsachen ist zulässig, sofern nicht die Landesgesetze diesen Beweis ausschließen oder beschränken.

(3) Beruht das Zeugnis nicht auf eigener Wahrnehmung der Behörde oder der Urkundsperson, so ist die Vorschrift des ersten Absatzes nur dann anzuwenden, wenn sich aus den Landesgesetzen ergibt, dass die Beweiskraft des Zeugnisses von der eigenen Wahrnehmung unabhängig ist.

Gesetzesgeschichte: Bis 1900 § 383 CPO.

[10] Ebenso *Musielak/Huber*[4] Rdnr. 2; *Thomas/Putzo/Reichold*[26] Rdnr. 2. – A.M. *Baumbach/Lauterbach/Hartmann*[63] Rdnr. 3. Zweifelnd *Rosenberg/Schwab/Gottwald*[16] § 118 Rdnr. 21. *Britz* (Fn. 1) will die Beweiskraft nach § 417 von vornherein nicht auf die Begleitumstände erstrecken.

I. Öffentliche Zeugnisurkunden

1. Inhaltliche Voraussetzungen

1 §418 regelt die Beweiskraft der sog. Zeugnisurkunden, d.h. derjenigen öffentlichen Urkunden (→ §415 Rdnr. 1ff.), die weder Anordnungen, Verfügungen oder Entscheidungen einer Behörde (§417) enthalten noch Erklärungen eines Dritten bezeugen (§415), sondern **Zeugnisse über Wahrnehmungen anderer Art** oder über die **eigenen Handlungen** der öffentlichen Behörde oder Urkundsperson zum Inhalt haben. Hierher gehören z.B. die Protokolle über richterlichen Augenschein (§160 Abs. 3 Nr. 5), die Zustellungsurkunden (§182 Abs. 1 S. 2) (zu den Postzustellungsurkunden → Rdnr. 7ff.), das Empfangsbekenntnis des Rechtsanwalts[1] (näher zur Beweiskraft → *Roth* §174 Rdnr. 23ff.), die Protokolle der Gerichtsvollzieher[2] über Vollstreckungshandlungen (§762), Erledigungsvermerke des Urkundsbeamten der Geschäftsstelle[3], das Rechtskraftzeugnis (→ Fn. 12), die Wechselproteste (Art. 79ff. WG), Eingangsvermerke (Eingangsstempel)[4] (zur Widerlegung → Rdnr. 16), die Beurkundungen des Standesbeamten, aber auch etwa das Ergebnisprotokoll über eine behördliche Probenahme nach Abwasserabgabenrecht[5].

2 Außerdem gehören hierher die Zeugnisse der Grundbuchämter, Registerrichter usw., die notariellen Bescheinigungen und **Beglaubigungen** von Abschriften und Unterschriften nach §§39ff. BeurkG (→ §415 Rdnr. 16) sowie die amtliche Auskunft (→ vor §373 Rdnr. 44). S. auch die in §§1010f. vorgesehenen Zeugnisse über die Nichtvorlage von Wertpapieren.

2. Öffentliche Urkunden mit anderem Inhalt

3 Nicht hierher gehören öffentliche Urkunden, die eine **rechtliche Beurteilung** enthalten, wie z.B. die Feststellung des Notars über die Testierfähigkeit[6], Notarbestätigungen, die rechtliche Schlußfolgerungen ziehen[7], oder die Bescheinigung eines Konsularbeamten über die Staatsangehörigkeit einer Person[8]. Bei Schriftsätzen einer am Verfahren beteiligten Behörde in einem Verwaltungsverfahren oder einem gerichtlichen Verfahren wird es sich im allgemeinen um Meinungsäußerungen, nicht um eine Bezeugung von Tatsachen i.S. des Abs. 1 handeln[9]. Selbstverständlich kann ein und dieselbe Urkunde teils unter die Bestimmung des §415, teils unter diejenige des §418 fallen, wie z.B. die Protokolle, oder gleichzeitig Erklärungen Privater enthalten. – Zur Beweiskraft des Eisenbahnfrachtbriefs → vor §415 Rdnr. 22f.

---

1 *BVerfG* NJW 2001, 1563, 1564 (Beurteilung des datierten und unterschriebenen Empfangsbekenntnisses als öffentliche Urkunde mit Beweiskraft auch für den Zustellungszeitpunkt ist verfassungsrechtlich unbedenklich). – Die Beweiskraft ergibt sich aus §174 Abs. 4 auch unabhängig davon, ob man eine öffentliche Urkunde i.S.v. §418 annimmt; → *Roth* §174 Rdnr. 23.

2 *OLG Köln* NJW-RR 1986, 863 (Fn. 29).

3 *OLG Düsseldorf* NVersZ 2000, 468, 469 (Beweis der Zusendung einer Kostenanforderung).

4 *BGH* VersR 1998, 1439 (gerichtlicher Eingangsstempel beweist den Zeitpunkt des Eingangs).

5 *BVerwG* NVwZ 2002, 723, 725f.; NVwZ-RR 2005, 203.

6 *OGHZ* 2 (1949), 54 (bewiesen wird die Überzeugung des Notars und damit ein Indiz für die Testierfähigkeit).

7 *OLG Frankfurt* Rpfleger 1996, 151.

8 *RG* WarnRsp 1918 Nr. 145.

9 Vgl. *BVerwG* NJW 1984, 2962.

3. Ausländische öffentliche Urkunden

4 §418 gilt auch für Urkunden **ausländischer Behörden**[10], so daß z.B. dem Zeugnis einer ersuchten britischen Behörde über die Zustellung einer Klageschrift die Beweiskraft nach Abs. 1 zukommt[11]. Zu ausländischen Personenstandsurkunden → Rdnr. 11; zur Legalisation → §438.

II. Die Beweiskraft

1. Eigene Wahrnehmungen oder Handlungen

a) Reichweite der Beweiskraft

5 Wenn die bezeugten Tatsachen von der Behörde oder Urkundsperson **selbst wahrgenommen** wurden oder wenn **eigene Handlungen** der Behörde oder Urkundsperson bezeugt werden, erbringt die öffentliche Urkunde (wie im Fall des §415) vollen Beweis[12]. Die Beweiskraft erstreckt sich auf die *bezeugten Tatsachen*[13], *auf Ort und Zeit der Ausstellung der Urkunde* und auf die *Identität erschienener Parteien*, wenn die Urkunde ergibt, daß die Identität von der Behörde oder Urkundsperson festgestellt wurde (→ §415 Rdnr. 24).

6 Ob man bei einem im Auftrag der Krankenkasse erstellten **sozialmedizinischen Gutachten des medizinischen Dienstes** von einer Bezeugung selbst wahrgenommener Tatsachen und damit von der Geltung des §418 sprechen kann[14], erscheint zweifelhaft, wenn es sich weitgehend um Schlußfolgerungen aus den Befunden handelt. Näher liegt es, insoweit freie Beweiswürdigung anzunehmen, soweit nicht durch Gesetz dem Gutachten besondere Wirkungen beigemessen sind.

b) Postzustellungsurkunden

7 Die Postzustellungsurkunden sind auch nach der Privatisierung der Post öffentliche Urkunden, → §415 Rdnr. 6ff. Die Postzustellungsurkunde beweist die Übergabe an den Empfänger, wenn dies in der Urkunde vermerkt ist[15]. Sie vermag im Falle einer Ersatzzustellung durch Niederlegung (§181) bei entsprechendem Inhalt gemäß Abs. 1 zu beweisen, daß der Zustellungsbeamte den Empfänger nicht angetroffen und die Mitteilung über die Niederlegung in den Hausbriefkasten des Empfängers eingelegt hat[16]. Daraus ergibt sich in der Regel auch, daß der Adressat die Mitteilung erhalten hat und von ihr Kenntnis nehmen konnte[17].

8 Daß der Empfänger unter der angegebenen Anschrift tatsächlich eine **Wohnung** hatte, wird dagegen durch die Zustellungsurkunde nicht nach §418 bewiesen[18], doch kann sich daraus ein für den Beweis ausreichendes Indiz ergeben[19]. Dessen Entkräftung setzt eine plausible und

---

[10] *BGH* NJW 2002, 521; LM Nr. 3; *BVerwG* NJW 1987, 1159; *Nagel/Gottwald* Internationales Zivilprozeßrecht[6] §9 Rdnr. 123.

[11] *BGH* NJW 2002, 521.

[12] Das gilt auch für das Rechtskraftzeugnis nach §706, *BGH* LM §706 Nr. 1, → auch §706 Rdnr. 1f.

[13] Nicht auch Rechtsverhältnisse (z.B. Vertretungsmacht), vgl. *BayObLGZ* 1918, 122. S. auch *RGZ* 129, 37. Zur Beweiskraft eines Sparkassenbuchs einer bayerischen öffentlichen Sparkasse s. *BGH* NJW 1963, 1631.

[14] So *LAG Köln* MDR 2003, 462.

[15] Bei Namensgleichheit erstreckt sich die Beweiswirkung aber nicht auf die Identität von Adressat und Empfänger, so *BFH*, B. v. 8.6. 2005, X B 54/04, Juris Nr. STRE200550886.

[16] *BVerfG* NJW 1992, 224, 225; *BGH* NJW-RR 2000, 444; *OLG Düsseldorf* NJW 2000, 2831; *OLG Frankfurt* NJW 1996, 3159; *BVerwG* NJW 1986, 2127.

[17] *BGH* VersR 1984, 81, 82 (gegen *OLG Hamm* MDR 1982, 501); VersR 1986, 787.

[18] *BVerfG* NJW 1992, 224, 225 (aber Indizwirkung); *LG Berlin* MDR 1987, 503.

[19] *OLG Düsseldorf* MDR 1998, 1499.

schlüssige Darstellung des Zustellungsempfängers voraus, daß er die ursprüngliche Wohnung aufgegeben und an einem anderen Ort seinen Lebensmittelpunkt begründet hatte[20]. Wenn der Zustellungsempfänger bestreitet, jemals unter der Zustellanschrift gewohnt zu haben, genügt es, dieses Vorbringen substantiiert zu untermauern[21].

9 Die Beweiskraft einer Zustellungsurkunde, in der die Aushändigung an einen **Beschäftigten des Zustellungsadressaten** bescheinigt wird, erstreckt sich nicht darauf, ob die Person wirklich Bediensteter des Adressaten war, sondern nur darauf, daß sie sich als solcher bezeichnet bzw. sich wie ein solcher verhalten hat, woraus sich aber andererseits ein erhebliches Beweisanzeichen für die tatsächliche Beschäftigung ergibt[22].

Zum **Gegenbeweis** → Rdnr. 18. Ausführlich zur **Beweiskraft der Zustellungsurkunde** → *Roth* §178 Rdnr. 28f., §182 Rdnr. 15f.

2. Andere Urkunden

10 **Anderen Zeugnisurkunden**[23] kommt nur dann die gleiche Beweiskraft zu, wenn dies durch Bundes-[24] oder Landesgesetze[25] **bestimmt** ist. Soweit dies nicht der Fall ist, gilt die *freie Beweiswürdigung* (§286), so etwa bei bei einem behördlichen Untersuchungsbericht über Schadstoffwerte, der nicht auf eigenen Feststellungen, sondern auf denen eines beauftragten Sachverständigen beruht[26]. Die Beweiskraft der Eintragungen in die **Personenstandsbücher** und der **Personenstandsurkunden** ergibt sich aus §§60, 66 PStG idF v. 8. 8. 1957, BGBl I 1125.

11 Für **ausländische Personenstandsurkunden** gilt freie Beweiswürdigung[27]. Jedoch sind Personenstandsurkunden aus den Mitgliedstaaten der EG in Verfahren über sozialrechtliche Leistungsansprüche von Wanderarbeitnehmern nach EuGH[28] zu beachten, solange nicht die Richtigkeit durch konkrete Anhaltspunkte ernstlich in Frage gestellt ist. Zur Legalisation → §438 Rdnr. 37ff.

III. Gegenbeweis

1. Anforderungen im allgemeinen

12 Die Beweiswirkung der Abs. 1 und 3 kann nach Abs. 2 durch den **Beweis der Unrichtigkeit der bezeugten Tatsachen** entkräftet werden. Nachweis der Fälschung ist nicht erforderlich; andererseits ist der Gegenbeweis nicht schon damit erbracht, daß die *Möglichkeit* der Unrichtigkeit dargetan ist; es muß umgekehrt jede Möglichkeit der Richtigkeit ausgeschlossen werden, also die Unrichtigkeit zur **vollen Überzeugung des Gerichts** bewiesen werden[29]. Ein Ver-

---

[20] *BVerfG* NJW 1992, 224, 226; *BGH* BGHReport 2001, 484; *VerfGH Berlin* NStZ-RR 2001, 337, 338.

[21] *KG* MDR 2005, 107.

[22] *BGH* NJW 2004, 2386, 2387.

[23] Z.B. einer Bescheinigung des Sozialamts über Sozialhilfezahlungen der Stadtkasse, *OLG Hamburg* FamRZ 1981, 980, oder eine Bescheinigung des Trägers der Unterhaltsvorschußkasse über Leistungen durch diese Kasse, *OLG Hamburg* FamRZ 1982, 425. S. zum Nachweis derartiger Leistungen bzw. der Rechtsnachfolge (Überleitung von Ansprüchen) auch *OLG Karlsruhe* FamRZ 1981, 387; *OLG Stuttgart* FamRZ 1981, 696; *OLG Hamm* FamRZ 1981, 915.

[24] *BGH* LM Nr. 3.

[25] Z.B. für Gemeinderatsprotokolle, *BGH* LM BayGemeindeO Nr. 1.

[26] *VGH Kassel* NVwZ-RR 2003, 806.

[27] Vgl. *Hepting/Gaaz* Personenstandsrecht (Stand April 2003) §66 PStG Rdnr. 14ff.

[28] *EuGH*, Urteil vom 2.12.1997, Rs. C-336/94 (Dafeki/Landesversicherungsanstalt Württemberg), Slg. 1997 I 6771.

[29] *BGHZ* 16, 227 (zu §61 EVO); *BGH* NJW 1998, 461; NJW-RR 2001, 280; NJW-RR 2005, 75; *OLG*

stoß gegen Sollvorschriften bei der Beurkundung genügt nicht, um den Gegenbeweis als erbracht anzusehen[30]. Diese Regeln gelten auch für die Widerlegung der Beweiskraft **ausländischer öffentlicher Urkunden**[31].

2. Freibeweis

13 Die Praxis läßt zum Nachweis der Unrichtigkeit den **Freibeweis** zu[32], so daß auch eine eidesstattliche Versicherung als Beweismittel zulässig (wenn auch regelmäßig allein nicht ausreichend) ist. Hinsichtlich der generellen Bedenken gegen die Lehre vom Freibeweis, die auch hier gelten, → vor §128 Rdnr. 174, → vor §355 Rdnr. 24. Wenn es entscheidend auf die Aussage eines Zeugen ankommt, sollte dieser vernommen werden[33] und nicht lediglich die eidesstattliche Versicherung zugrunde gelegt werden. Gegenbeweise müssen inhaltlich gewürdigt und mit der Beweiskraft der Urkunde abgewogen werden[34].

3. Kein Gegenbeweis durch Parteivernehmung

14 Durch Parteivernehmung kann der Gegenbeweis wegen §445 Abs. 2 nicht geführt werden[35], → §415 Rdnr. 28, → §445 Rdnr. 20, erst recht nicht durch eidesstattliche Versicherung der Partei[36]. Soweit freilich die in der Urkunde bezeugten Tatsachen nur ein *Indiz* für das Beweisthema darstellen, bleibt die Parteivernehmung über das Beweisthema selbst zulässig.

4. Sonderregeln

15 Der Gegenbeweis kann durch die Bundesgesetzgebung **ausgeschlossen** oder beschränkt werden, s. z.B. zum Protokoll §165 sowie §80 ZVG, zum Urteilstatbestand §314, dazu → §415 Rdnr. 34. Soweit die Urkunden nicht aufgrund bundesgesetzlicher Vorschrift errichtet sind, können auch die Landesgesetze den Gegenbeweis ausschließen oder beschränken.

5. Wichtige Anwendungsfälle

a) Gerichtlicher Eingangsvermerk

16 Es genügt nicht die Glaubhaftmachung der Unrichtigkeit durch eidesstattliche Versicherung, um einem gerichtlichen[37] **Eingangsvermerk** (Eingangsstempel) die Beweiskraft zu nehmen, sondern es muß die volle richterliche Überzeugung von der Unrichtigkeit begründet werden[38]. Wenn aber konkrete Umstände dargelegt werden, die zu einer Fehlstempelung ge-

---

Hamm JurBüro 1966, 889; *OLG Köln* NJW-RR 1986, 863 = MDR 1986, 765 (zum Protokoll des Gerichtsvollziehers über den Annahmeverzug des Schuldners); *BVerwG* NJW 1969, 1730; NVwZ-RR 2005, 203.

[30] *OLG Celle* DNotZ 2006, 297, 300 (zu §10 BeurkG).

[31] Vgl. *BGH* NJW 2002, 521, 522 (Zeugnis über Zustellung im Ausland).

[32] *BGH* NJW 1987, 2875, 2876; NJW 1998, 461; NJW 2000, 1872, 1873; NJW-RR 2001, 280; NJW 2005, 3501; *OLG Naumburg* MDR 1999, 501.

[33] So auch (trotz Bejahung des Freibeweises) *BGH* NJW 2000, 1872, 1873; NJW-RR 2005, 75. – Zur Notwendigkeit der Zeugenvernehmung bei substantiierten Einwendungen gegenüber einer Zustellungsurkunde des Gerichtsvollziehers *OLG Zweibrücken* FGPrax 2005, 170, 171.

[34] *BGH* NJW-RR 2001, 571.

[35] *OLG Zweibrücken* FGPrax 2005, 170, 171 = ZEV 2005, 483, 484.

[36] S. auch (aber letztlich offenlassend) *OLG Düsseldorf* GRUR 1984, 78.

[37] Zum Eingangsstempel des Finanzamts *BFHE* 119, 368; 178, 303.

[38] *BGH* NJW 1998, 461; NJW-RR 2001, 280; NJW-RR 2005, 75; VersR 1973, 186; 1977, 721; 1984,

führt haben können, muß dem (auch durch Beweiserhebung) nachgegangen werden[39]. Bei hinreichend substantiiertem Vorbringen ist Beweis zu erheben, ohne daß es darauf ankommt, ob bereits eine gewisse Wahrscheinlichkeit für die Richtigkeit des Vorbringens spricht[40]. Da die Anforderungen an den Gegenbeweis mangels näherer Kenntnis der Partei von den innergerichtlichen Vorgängen auch nicht überspannt werden dürfen, muß bei substantiiertem Vorbringen der Partei zu möglichen Fehlern eine nähere Aufklärung durch das Gericht erfolgen[41]. Die Partei kann in erster Linie die Unrichtigkeit des Eingangsstempels behaupten und für den Fall, daß das Gericht den Gegenbeweis nach Abs. 2 als nicht geführt ansieht, Wiedereinsetzung in den vorigen Stand gegen die Fristversäumung beantragen[42].

b) Anwaltliches Empfangsbekenntnis

17 Auch der Nachweis eines falschen Datums auf einem **anwaltlichen Empfangsbekenntnis** ist nur erbracht, wenn jede Möglichkeit ausgeschlossen ist, daß die Angabe richtig sein könnte[43].

c) Postzustellungsurkunde

18 Der Beweis durch Postzustellungsurkunde, daß eine schriftliche Mitteilung über die Niederlegung in den Hausbriefkasten eingelegt wurde, wird nicht dadurch entkräftet, daß der Zustellungsadressat eidesstattlich versichert, den Benachrichtigungsschein nicht bemerkt zu haben[44]. Mit einem unsorgfältig geführten Posteingangsbuch kann der Gegenbeweis zu einer Postzustellungsurkunde nicht geführt werden[45]. Voraussetzung der Beweiserhebung ist substantiiertes Bestreiten (dazu allgemein → § 138 Rdnr. 36ff.). Zur Widerlegung des in der Postzustellungsurkunde bezeugten Zeitpunkts der Zustellung genügt daher nicht ein pauschales Bestreiten, sondern es müssen Tatsachen, aus denen sich die Unrichtigkeit der Zustellungsurkunde ergeben soll, substantiiert dargelegt[46] (und dann auch bewiesen) werden. Voraussetzung der Beweiserhebung ist aber nicht, daß bereits eine gewisse Wahrscheinlichkeit für die Unrichtigkeit der bezeugten Tatsachen dargelegt ist[47]. Auch dürfen zum Zwecke des Gegenbeweises angebotene Beweise (z.B. Zeugenvernehmungen) nicht mit der Begründung abgelehnt werden, das Gericht sei von der Richtigkeit der Urkunde bereits überzeugt[48]. Zum Gegenbeweis gegenüber Zustellungsurkunden → auch *Roth* § 182 Rdnr. 15f.

---

442. Glaubhaftmachung der Unrichtigkeit genügt jedoch wegen § 236 Abs. 2 S. 1, soweit es sich um Voraussetzungen der Wiedereinsetzung handelt, *BGH* LM § 236 (C) Nr. 8 = MDR 1983, 749 (betr. Eingang eines Fristverlängerungsantrags). S. zur Widerlegung eines Eingangsstempels auch *BGH* VersR 1982, 652; *BVerwG* NJW 1969, 1730; *KG* OLGZ 1976, 361 = VersR 1976, 886; *OLG Frankfurt* AnwBl 1978, 310 (zust. *Staehly*); *BFHE* 119, 368.

[39] *BGH* NJW 1998, 461.

[40] *BGH* NJW-RR 2005, 75.

[41] *BGH* NJW 2000, 1872, 1873; NJW-RR 2005, 75. – Gegenbeispiel: *BGH* NJW 2005, 3501.

[42] *BGH* NJW 2000, 2280.

[43] *BVerfG* NJW 2001, 1563, 1564; *BGH* NJW 2006, 1206, 1207 (jedoch ist eine Beweiswürdigung fehlerhaft, wonach es der allgemeinen Lebenserfahrung widerspricht, dass sich ein Rechtsanwalt am Sonntag zwecks Postdurchsicht in seine Kanzlei begibt).

[44] *BGH* NJW-RR 2000, 444, 445 (unter Abgrenzung von *BGH* NJW 1994, 2898); s. zu den Beweisanforderungen auch *OLG Düsseldorf* NJW 2000, 2831, 2832 (es müsen Umstände dargelegt werden, die ein Fehlverhalten der die Zustellung ausführenden Person – Falschbeurkundung – belegen können).

[45] *BGH* NJW-RR 2002, 1641.

[46] *BVerfG* NJW-RR 2002, 1008.

[47] Insofern zu weitgehend *BVerwG* NJW 1985, 1179; 1986, 2127, 2128.

[48] *BVerwG* NJW 1984, 2962. → § 284 Rdnr. 78 (21. Aufl.).

III. Öffentliche elektronische Dokumente

19 Die Vorschrift gilt gemäß §371a Abs. 2 S. 1 für öffentliche elektronische Dokumente entsprechend. Näher → 415 Rdnr. 36ff. Der Beweis der Unrichtigkeit der bezeugten Tatsachen bleibt im selben Umfang zulässig wie gegenüber öffentlichen Urkunden (→ Rdnr. 12ff.). Zur Beweisführung mittels eines öffentlich beglaubigten oder mit Gerichtsvermerk (§298 Abs. 2) versehenen Ausdrucks des öffentlichen elektronischen Dokuments → §416a Rdnr. 1ff.

§419 Beweiskraft mangelbehafteter Urkunden

Inwiefern Durchstreichungen, Radierungen, Einschaltungen oder sonstige äußere Mängel die Beweiskraft einer Urkunde ganz oder teilweise aufheben oder mindern, entscheidet das Gericht nach freier Überzeugung.

Gesetzesgeschichte: Bis 1900 §384 CPO.

I. Beweiskraft bei äußeren Mängeln

1 Ist eine öffentliche oder private Urkunde mit **äußeren Mängeln** (Durchstreichungen, Radierungen, Einschaltungen[1], Eintragungen mit verschiedenen Kugelschreibern[2], Überstempelung[3], Veränderungen im Anschriftenfeld einer Postzustellungsurkunde[4], Lücken, Rissen, Flecken, unleserlichen oder geklebten Stellen, auf Verfälschung hinweisende Anordnung des Textes[5], z.B. ungewöhnliche Zusammendrängung[6]) behaftet[7], die bei Errichtung der Urkunde selbst oder später entstanden sind, so besteht **keine Bindung an die Beweisregeln** der §§415 bis 418. Vielmehr unterliegt die Beweiskraft insgesamt der freien Würdigung durch das Gericht (§286)[8]. Das Gericht ist aber dadurch nicht gehindert, der Urkunde volle Beweiskraft zuzusprechen[9]. Zur Auswirkung auf die Echtheitsvermutung des §440 Abs. 2 → §440 Rdnr. 9.

---

1 Dies sind äußerlich erkennbare Einfügungen, wobei die Nachträglichkeit nicht feststehen, sondern nur möglich sein muß, *BGH* LM Nr. 1 = NJW 1966, 1657.

2 Vgl. *OLG Koblenz* NJW-RR 2003, 1607 (zu Urkunde über ärztliches Aufklärungsgespräch; im Ergebnis keine Beeinträchtigung der Beweiskraft).

3 *BGH* MDR 1987, 821; NJW 1992, 512 (beide zur Überstempelung des Eingangsdatums in einem anwaltlichen Empfangsbekenntnis; → auch Fn. 9).

4 *VGH Kassel* NJW 1990, 467 (Überklebung); NJW 1996, 1075 (Streichung und Neueinfügung).

5 *BGH* NJW 1980, 893 = JR 1980, 376 (*Olzen*) = LM Nr. 2 (in Verbindung mit auffälligem Schriftbild und einem auf nachträgliche Veränderung hinweisenden Format der Urkunde).

6 *OLG Köln* NJW-RR 1999, 1509 (in Verbindung mit wechselndem Schriftbild).

7 Ob das der Fall ist, ist nach §286 zu beurteilende Tatfrage, *BGH* NJW-RR 1989, 1323, 1324.

8 *BGH* MDR 1987, 915 = NJW 1988, 60; *BGH* NJW 1992, 829, 830.

9 *RG* SeuffArch 63 (1908), 294. Nur bedarf dies der Begründung nach §286, *RG* JW 1902, 128. So wird z.B. ein anwaltlicher Bürovermerk auf der vollstreckbaren Ausfertigung eines Schuldtitels (Vollstreckungsbescheid) weder dessen Beweiskraft noch die Fähigkeit beeinträchtigen, Grundlage der Zwangsvollstreckung zu sein (a.M. *LG Bremen* DGVZ 1982, 8). Vgl. auch *RGZ* 60, 426f. (Bleistiftvermerk auf einem Wechsel). S. auch *BGH* VersR 1968, 309: *anwaltliches Empfangsbekenntnis* beweist Zustellung an dem ursprünglich angegebenen Tag, auch wenn das Datum später geändert wurde (der Anwalt hatte das Empfangsbekenntnis zurückverlangt und ausgebessert), → auch Fn. 3. Zur Entkräftung ist Gegenbeweis nötig.

Die freie Würdigung erstreckt sich auf die Urkunde als Ganzes, nicht bloß auf die Frage, welcher Einfluß den Mängeln als solchen beizulegen ist[10], und wird dadurch nicht ausgeschlossen, daß die Änderungen von den Beteiligten genehmigt sind.

2 Die unter Beobachtung der gesetzlichen Vorschriften in **öffentlichen Urkunden** vermerkten Durchstreichungen, Zusätze und Abänderungen stellen jedoch keine äußeren Mängel i.S. des §419 dar[11]; sie sind vielmehr selbst vollwertige Teile der öffentlichen Urkunden. Bei notariellen Urkunden müssen z.B. Zusätze und nicht nur geringfügige Änderungen am Rande der Urkunde vom Notar gesondert unterzeichnet werden (s. §44a Abs.1 BeurkG idF vom 31.8.1998, BGBl I 2585)[12]; andernfalls entfällt insoweit die Beweiskraft nach §415 Abs.1, und es ist über den Beweiswert nach freier Überzeugung zu entscheiden[13]. Zu den Formanforderungen an die Berichtigung offensichtlicher Unrichtigkeiten durch Nachtragsvermerk des Notars s. §44a Abs.2 BeurkG. Zur Protokollberichtigung → §164 Rdnr.7ff., §165 Rdnr.6, 12; zur Urteilsberichtigung → §319 Rdnr.14 (21.Aufl.).

3 Ist auf einem **anwaltlichen Empfangsbekenntnis** zugleich ein gerichtlicher Eingangsstempel angebracht, der für den Rücklauf an das Gericht einen früheren Zeitpunkt angibt als das Empfangsbekenntnis für die Zustellung, so wird man dies zwar kaum als äußeren Mangel der Urkunde i.S.v. §419 ansehen können[14], sondern als zwei sich widersprechende öffentliche Urkunden; doch erscheint es im Ergebnis richtig, daß dann ebenso wie in den Fällen des §419 freie Beweiswürdigung zu gelten hat.

II. Auswirkungen auf die Gültigkeit

4 Inwieweit die hier bezeichneten Mängel die **Eigenschaft als öffentliche Urkunde** (→ §415 Rdnr.13ff.) oder die **Gültigkeit eines Rechtsgeschäfts** berühren, bestimmt sich nach den Formvorschriften des öffentlichen oder bürgerlichen Rechts.

§420 Vorlegung durch Beweisführer; Beweisantritt

Der Beweis wird durch die Vorlegung der Urkunde angetreten.

Gesetzesgeschichte: Bis 1900 §385 CPO.

---

10 S. auch *RGZ* 29, 430; WarnRsp 1909 Nr.428.
11 *BGH* DNotZ 1956, 643 = Rpfleger 1957, 110.
12 Dazu *Reithmann* Berichtigung notarieller Urkunden DNotZ 1999, 27; *Keidel/Winkler* BeurkG[14] §44a Rdnr.6ff.
13 *BGH* NJW 1994, 2768 = LM §415 Nr.8 (dazu *Wochner* DNotZ 1995, 31); *BGH* DNotZ 1956, 643 = Rpfleger 1956, 110; *Reithmann* DNotZ 1999, 27, 29. Dies entspricht dem Zweck dieser Formvorschrift, auch wenn sie im Gesetz (jetzt §44a BeurkG) als Sollvorschrift formuliert ist. Eine generelle Aussage, wonach ein Verstoß gegen Sollvorschriften stets der Beweiskraft nach §415 Abs.1 entgegensteht, erscheint jedoch problematisch.
14 So *VGH Mannheim* NVwZ-RR 2005, 364.

I. Beweisantritt

1 Der **Antritt des Urkundenbeweises** gestaltet sich verschieden, je nachdem, ob sich die Urkunde in den Händen des Beweisführers (§420), des Gegners (§421), eines Dritten (§428) oder einer öffentlichen Behörde oder eines öffentlichen Beamten (§432), auch des erkennenden Gerichts selbst (→ §432 Rdnr. 12), befindet.

II. Vorlegung der Urkunde

2 Hat der **Beweisführer** selbst die **Urkunde in Händen** oder kann er sie ohne Mitwirkung des Gerichts beschaffen (§432 Abs. 2), so erfolgt der Beweisantritt durch die Vorlegung der Urkunde, d.h. grundsätzlich der **Urschrift** (näher → §435 Rdnr. 1ff.), in der mündlichen Verhandlung, womit (als Teil der mündlichen Verhandlung) die Angabe des wesentlichen Inhalts der Urkunde (→ §128 Rdnr. 35) und die Bezeichnung der in Bezug genommenen Stelle zu verbinden ist[1].

3 Die Urkunde, mit der der Beweis erbracht werden soll, muß vom Beweisführer **konkret bezeichnet** werden; ein Angebot zur Vorlage »von Unterlagen« ist kein zulässiger Beweisantritt[2].

4 Das bloße **Erbieten zur Vorlegung** unter Bezeichnung der Urkunde genügt nur unter den Voraussetzungen des §434. Die Vorlegung vor einem **beauftragten oder ersuchten Richter** ohne Anordnung des Prozeßgerichts nach §434 ist keine Beweisantretung. Hat die Partei versäumt, die Urkunde mitzubringen, oder soll die Urkunde erst beschafft oder ausgestellt werden, so kann zwar die Verhandlung zu diesem Zweck nach §227 vertagt werden, aber ein Recht der Partei darauf besteht nicht, und für die Kosten der Vertagung gilt §95.

5 Die Vorlegung einer nicht beglaubigten **Abschrift** ist im allgemeinen (→ aber §435 Rdnr. 5) kein Beweisantritt, sondern lediglich Behauptung über das Vorhandensein und den Inhalt einer Urkunde, vgl. auch §427 S. 1 Schlußhalbsatz.

6 Über die **Vorlegung** → §435. Die Urkunde wird nicht Teil der Gerichtsakten, ausgenommen die Vollmacht, §80, und den Fall des §443. Zur Anordnung, daß die Schriftstücke eine bestimmte Zeit auf der Geschäftsstelle verbleiben, s. §142 Abs. 1 S. 2. Im übrigen kann die Partei, die die Urkunde vorgelegt hat[3], deren **Rückgabe** verlangen, → §142 Rdnr. 48.

III. Beweisaufnahme

7 Die **Beweisaufnahme** besteht in der **Einsichtnahme** in die vorgelegte Urkunde; wörtlicher mündlicher Vortrag des Inhalts ist hierzu nicht erforderlich, → §128 Rdnr. 35. Legt der Beweisführer die Urkunde nur zum Teil vor, so kann das Gericht eine vollständige Vorlegung, abgesehen von §142 Abs. 1, nicht von Amts wegen herbeiführen; es hat vielmehr den Beweiswert des vorgelegten Teiles frei zu würdigen.

8 Auch der **Gegner** hat ein **Recht** darauf, die dem Gericht vorgelegten Urkunden einzusehen. Dies wird auch durch den Anspruch auf rechtliches Gehör gefordert (→ auch vor §128 Rdnr. 60ff.). Bei der Vorlage von **Handelsbüchern** beschränkt sich aber das Einsichtsrecht auf

---

[1] Vgl. *RGZ* 130, 21. Das Gericht braucht nicht die in Betracht kommende Stelle aus einer Urkundensammlung oder aus Büchern herauszusuchen.

[2] Vgl. *ArbG Offenbach* NZA-RR 2004, 386, 388.

[3] Es ist nicht Aufgabe des Gerichts, einen etwaigen Streit der Parteien über die Berechtigung an der Urkunde zu entscheiden, vgl. *LG Bonn* FamRZ 1967, 678. Droht eine Beseitigung oder Vernichtung der Urkunde, so kann gegebenenfalls eine einstweilige Verfügung zur Sicherung des behaupteten Rechts an der Urkunde erwirkt werden.

die für den Streitpunkt relevanten Teile, von denen auch ein Auszug gefertigt werden kann, §259 S.1 HGB. Der übrige Inhalt der Bücher ist, soweit es zur Prüfung einer ordnungsgemäßen Führung notwendig ist, nur dem Gericht gegenüber offenzulegen, §259 S.2 HGB.

9 Die Aufnahme des Urkundenbeweises kann dadurch unzulässig werden, daß die Urkunde **rechtswidrig erlangt,** z.B. gestohlen worden ist, dazu → §284 Rdnr.56ff. (21. Aufl.).

IV. Vorbereitung des Urkundenbeweises

10 Zur **Vorbereitung des Urkundenbeweises** (Beifügung zu den vorbereitenden Schriftsätzen usw.) → §§131, 133 bis 135; zur Befugnis des Gerichts, **von Amts wegen** die Vorlegung von Urkunden anzuordnen, → vor §415 Rdnr.24f.

§421 Vorlegung durch den Gegner; Beweisantritt

Befindet sich die Urkunde nach der Behauptung des Beweisführers in den Händen des Gegners, so wird der Beweis durch den Antrag angetreten, dem Gegner die Vorlegung der Urkunde aufzugeben.

Gesetzesgeschichte: Bis 1900 §386 CPO.

I. Das Vorlegungsverfahren

1 §§421 bis 427 regeln die **Vorlegung** (Edition) einer Urkunde **durch den Prozeßgegner.** §§428 bis 432 beziehen sich auf die Vorlegung **durch Dritte.** §§422, 423, 429 bestimmen die **Vorlegungspflicht,** während sich die übrigen Paragraphen mit dem Verfahren befassen.

2 Die hier geregelte Vorlegung dient dem Urkundenbeweis, d.h. dem **Beweis durch den Inhalt** einer Urkunde. Zum Zweck des **Beweises des Besitzes** der Urkunde findet das Verfahren der §§421ff. nicht statt[1], ebenso wenig zum Beweis dafür, daß dem Gegner eine bestimmte Urkunde (Kündigung) zugegangen sei[2].

II. Gegner und Dritte[3]

3 Der Antrag, dem **Gegner** die Vorlegung aufzugeben, kann nur von der **Partei** gestellt werden, und zwar von einem (einfachen oder notwendigen) **Streitgenossen** nur dann, wenn ihm selbst ein Anspruch auf Vorlage gegen den Gegner zusteht[4]. Zur Würdigung der Nichtvorlage bei Streitgenossenschaft → §427 Rdnr.2. Der **Streitgehilfe** kann den Antrag sowohl auf einen Anspruch der Partei wie auf ein eigenes Recht gründen[5], vorbehaltlich des Widerspruchs der

---

[1] *RGZ* 44, 424f.; *Siegel* Die Vorlegung von Urkunden im Prozeß (1904), 194f.
[2] *Siegel* (Fn.1) 198f.
[3] Vgl. *Siegel* (Fn.1) 104ff.
[4] *RG* HRR 1933 Nr.1466; *Siegel* (Fn.1) 108; *Förster/Kann*[3] 2 a; *Seuffert/Walsmann*[12] 2 a.
[5] *Siegel* (Fn.1) 107; *Förster/Kann*[3] 2 b. – Abweichend *Walsmann* Streitgenössische Nebenintervention (1905), 228f.; *Seuffert/Walsmann*[12] 2 a (der *streitgenössische* Nebenintervenient könne die Vorlage auf-

Hauptpartei (→ §67 Rdnr. 11ff.). Bei dem *streitgenössischen* Streitgehilfen, §69, kann die Hauptpartei nicht widersprechen, sofern der Antrag auf einen eigenen Vorlegungsanspruch des Streitgehilfen gestützt wird[6].

4 **Gegner** ist, wer zur Zeit der Entscheidung über den Antrag dem Beweisführer als Partei (→ vor §50 Rdnr. 1ff.) gegenübersteht, also nicht die ausgeschiedene Partei in den Fällen der §§75ff., 265f. oder beim gewillkürten Parteiwechsel (→ allg. §264 Rdnr. 103ff. [21. Aufl.]). Besitzt der **gesetzliche Vertreter** die Urkunde in dieser Eigenschaft, so besitzt eben die Partei die Urkunde, → §426 Rdnr. 9, im übrigen ist er Dritter. **Streitgenossen auf der anderen Parteiseite** sind, solange die Streitgenossenschaft besteht, stets Gegner → §61 Rdnr. 11; ihre Vorlegungspflicht ist aber für jeden selbständig zu beurteilen. **Streitgehilfen auf der Seite des Gegners** sind Dritte, → §67 Rdnr. 21[7], sofern sie nicht nach §69 als Streitgenossen des Gegners gelten, → §69 Rdnr. 11[8]. **Streitgenossen des Beweisführers** und seine und seiner Streitgenossen Streitgehilfen sind stets Dritte.

5 Im **Insolvenzeröffnungsverfahren** ist ein etwaiger Schuldner des Insolvenzschuldners nicht Gegner, da die mögliche Forderung gegen ihn nicht Gegenstand dieses gerichtlichen Verfahrens ist. Eine Anwendung der §§421ff. iVm §4 InsO in dem Sinne, daß das Insolvenzgericht auf Antrag des vorläufigen Insolvenzverwalters eine Vorlegungsanordnung gegen den Drittschuldner erlassen könnte, ist daher nicht möglich[9].

III. Der Vorlegungsantrag

6 Der **Antrag,** dem *Gegner* die Vorlegung einer Urkunde aufzugeben[10], ist als **Beweisantrag** in der mündlichen Verhandlung möglichst frühzeitig zu stellen, → §282 Rdnr. 19 (21. Aufl.). Er fällt nicht unter §297[11]. Die *schriftsätzliche Mitteilung*, die im Anwaltsprozeß erfolgen soll, §§129, 130 Nr. 5, §§132, 282 Abs. 2, ist nur Ankündigung; sie hat jedoch die Wirkung des Beweisantritts selbst in den Fällen der Entscheidung nach Aktenlage, §§251a, 331a, und derjenigen ohne mündliche Verhandlung, §128 Abs. 2 , → §128 Rdnr. 85, 88. Zur Pflicht zur rechtzeitigen schriftsätzlichen Mitteilung → §282 Rdnr. 22ff. (21. Aufl.).

7 Die Urkunde muß sich nach der Behauptung des Beweisführers **in den Händen** des Gegners befinden. Der **unmittelbare Besitz** reicht auf jeden Fall aus. Da aber das Gesetz den Ausdruck unmittelbarer Besitz nicht verwendet (auch nicht in §§423, 424 S. 1 Nr. 4, §430), scheiden auch Fälle des **mittelbaren Besitzes** nicht generell aus. Nach dem Sinn des Gesetzes kommt es darauf an, ob der Gegner eine Zugriffsmöglichkeit auf die Urkunde besitzt, die ihm ohne weiteres die Vorlage im Prozeß ermöglicht. Der mittelbare Besitz genügt daher, wenn der Gegner aufgrund des Besitzmittlungsverhältnisses die Urkunde jederzeit an sich ziehen kann[12]. In Be-

---

grund eines Anspruchs der unterstützten Partei nur dann verlangen, wenn ihm der Anspruch abgetreten wurde oder er zur Ausübung des Anspruchs bevollmächtigt oder ermächtigt wurde). Die prozessualen Rechte des streitgenössischen Nebenintervenienten (§69) können aber doch nicht geringer sein als die des gewöhnlichen Nebenintervenienten.

6 *Seuffert/Walsmann*[12] 2 a.

7 *Siegel* (Fn. 1) 104.

8 *Walsmann* (Fn. 5).

9 A.M. *AG Mönchengladbach* NZI 2003, 103.

10 Über die klageweise Geltendmachung → §422 Rdnr. 1. Trotz falscher Bezeichnung als Widerklage kann ein solcher Antrag vorliegen, *RG* Gruchot 54 (1910), 437f. (gegen *OLG München* OLGRsp 19 [1909], 101); *OLG Frankfurt* DB 1979, 2476 = MDR 1980, 228 (Umdeutung).

11 *RG* HRR 1933 Nr. 1466 und → §297 Rdnr. 9 (21. Aufl.).

12 Ähnlich *Schreiber* (Lit. Verz. vor §415) 133; *Grimme* JA 1985, 320, 324; *Baumbach/Lauterbach/Hartmann*[63] Rdnr. 1; *Wieczorek*[2] A II; *Siegel* (Fn. 1) 142ff., 151; *Zöller/Geimer*[25] Rdnr. 1; *Thomas/Putzo/Reichold*[26] Rdnr. 1.

tracht kommen z.B. Urkunden, die der Gegner bei einer Bank in Verwahrung gegeben hat. Trotz eines Besitzmittlungsverhältnisses hat aber *auch* der unmittelbare Besitzer die Urkunde »in Händen«[13].

8 Am Erfordernis des Besitzes ist aber festzuhalten; es genügt daher nicht, daß der Gegner (ohne mittelbarer Besitzer zu sein) aus tatsächlichen oder rechtlichen Gründen die Möglichkeit hat, sich die Urkunde von einem Dritten zu beschaffen[14]. Bei **Besitzdienerschaft** (§855 BGB) hat der Besitzherr die Urkunde i.S. des §421 in Händen, nicht der Besitzdiener[15], da er nur nach den Weisungen des Besitzherrn mit der Urkunde verfahren darf.

9 Zu den einzelnen **Erfordernissen des Antrags** → §424. Die Aufforderung nach §134 ist kein Vorlegungsantrag, ebenso wenig der Antrag, die Vorlegung von Handelsbüchern gemäß §258 HGB anzuordnen, → dazu vor §415 Rdnr.25. – Im **Urkundenprozeß** sind Vorlegungsanträge ausgeschlossen (§595 Abs.3, → §595 Rdnr.3 [21.Aufl.]). Zur Anordnung der Vorlegung *von Amts wegen* → vor §415 Rdnr.24f., zur Anordnung zum Zweck der *Schriftvergleichung* → §441.

§422 Vorlegungspflicht des Gegners nach bürgerlichem Recht

Der Gegner ist zur Vorlegung der Urkunde verpflichtet, wenn der Beweisführer nach den Vorschriften des bürgerlichen Rechts die Herausgabe oder die Vorlegung der Urkunde verlangen kann.

Gesetzesgeschichte: Bis 1900 §387 CPO. Geändert durch die Novelle 1898.

Literatur: *Siegel* Die Vorlegung von Urkunden im Prozeß (1904); *Schreiber* Die Urkunde im Zivilprozeß (1982) ; *Grimme* Der Anspruch auf Einsichtnahme in (Vertrags-)Urkunden nach §810 BGB, JA 1985, 320.

I. Die Pflicht zur Vorlegung im Prozeß

1 Die **Verpflichtung des Gegners zur Vorlegung von Urkunden im Prozeß** regelt §422 im Anschluß an die **zivilrechtliche Vorlegungspflicht;** daneben besteht die rein prozessuale Vorlegungspflicht des §423, die durch die eigene *Bezugnahme auf die Urkunde* begründet wird.

[13] *Schreiber* (Lit.Verz. vor §415) 124ff.
[14] *RG* SeuffArch 58 (1903), 336.
[15] *Wieczorek*² §131 Anm. A I b. – A.M. *Schreiber* (Lit.Verz. vor §415) 133; *AK-ZPO/Rüßmann* Rdnr.1; *MünchKommZPO/Schreiber*² §420 Rdnr.2.

Die Regelung gilt nur für *Urkunden* in dem → vor §415 Rdnr. 1 dargelegten Sinn[1]. Die Vorlegungspflicht ist weder eine allgemeine öffentlich-rechtliche Pflicht nach Art der Zeugnispflicht[2], noch auch schlechthin eine privatrechtliche Pflicht[3], sondern in allen Fällen eine **prozessuale Last**[4] mit den in §427 geregelten Folgen. Durch Klage oder Widerklage kann die Pflicht des Gegners zur Vorlegung vor dem Prozeßgericht nicht durchgesetzt werden[5]. Wenn aber eine Urkunde von einer Partei bereits zu den Akten des Prozeßgerichts eingereicht ist, kann sie der Verwertung im Wege des Urkundenbeweises nicht widersprechen, sofern die andere Partei einen materiell-rechtlichen Anspruch auf Einsicht hat[6].

2 Das bürgerliche Recht enthält keine Regeln über die Vorlegung *im Prozeß*. Aus der Verweisung des §422 ergibt sich aber, daß die *Gründe* der prozessualen Vorlegungspflicht dem bürgerlichen Recht zu entnehmen sind, freilich mit nicht unerheblichen Abweichungen.

1. Besitz der Urkunde

3 Die prozessuale Pflicht setzt immer (§424 S. 1 Nr. 4, §430) voraus, daß sich der Gegner oder der Dritte im **Besitz** der Urkunde befindet[7]. Ausreichend ist stets der *unmittelbare* Besitz; der *mittelbare* Besitz genügt, wenn der Gegner oder der Dritte (§429) kraft des Besitzmittlungsverhältnisses die Urkunde jederzeit an sich bringen und vorlegen kann[8].

2. Rechtliches Interesse, Ausforschungsverbot

4 Vielfach sind die Ansprüche des BGB, insbesondere der des §810 BGB (→ Rdnr. 11ff.), abhängig von dem **rechtlichen Interesse** dessen, der die Vorlegung verlangt. Dieses Interesse ist aber dort ausschließlich das Interesse an der *Kenntnisnahme* von der Urkunde (Einsicht), nicht das an ihrer Vorlegung an Dritte[9]: Wer den Inhalt der Urkunde kennt, kann ihre Vorlegung nach §810 BGB nicht verlangen[10]. Die prozessuale Vorlegung aber bezweckt *Beweisführung*, Vorlegung an das Gericht (→ Rdnr. 7); sie hat ihre Hauptbedeutung bei Urkunden, die der Beweisführer gerade kennt, vielleicht selbst ausgestellt hat. Daher muß für die prozeßrechtliche Pflicht, und zwar sowohl des Gegners als des Dritten, das **Beweisinteresse** genügen[11].

5 Der Zweck der Vorlegungspflicht besteht darin, den Beweis der vom Beweisführer *behaupteten* Tatsachen zu ermöglichen. Dagegen ist der Vorlegungsantrag unzulässig, wenn er ganz ohne tatsächliche Behauptungen gestellt wird, um die Tatsachen erst zu ermitteln. Auch hier

---

1 Zur Vorlegungspflicht bei *Augenscheinsobjekten* → §371 Rdnr. 3ff.

2 Die Zeugnisverweigerungsrechte spielen daher als solche keine Rolle. Eine andere Frage ist, ob eine Konfliktsituation etwa zum Wegfall der in §422 vorausgesetzten materiellen Verpflichtung führt. Dazu *Schreiber* (Lit.Verz.) 177ff. (wegen eines schutzwürdigen Geheimhaltungsinteresses kann unzulässige Rechtsausübung vorliegen).

3 Vgl. *Klöppel* Gruchot 37 (1893), 448; *Siegel* (Lit.Verz.) 110.

4 Vgl. *Goldschmidt* Prozeß als Rechtslage (1925), 110. – A.M. *E. Peters* ZZP 82 (1969), 200, 210 mwN.

5 *OLG Frankfurt* DB 1979, 2476 = MDR 1980, 228; *Siegel* (Lit.Verz.) 136ff.; *Baumgärtel* Festschrift f. Schima (1969), 46; *Stürner* Die Aufklärungspflicht der Parteien des Zivilprozesses (1976) 257f.; *Grimme* JA 1985, 320, 323. Unberührt bleibt aber eine klageweise Geltendmachung des Anspruchs auf Vorlegung oder Herausgabe außerhalb des laufenden Prozesses, *Gottwald* ZZP 92 (1979), 365f.

6 *OLG Saarbrücken* NJW-RR 1999, 759 (zum Anspruch des Versicherungsnehmers aus §178m VVG).

7 Vgl. *Siegel* (Lit.Verz.) 142ff.

8 → §421 Rdnr. 7 mit Nachw.

9 *Siegel* (Lit.Verz.) 117ff.

10 *RG* WarnRsp 1912 Nr. 304. Vgl. auch *RG* Gruchot 49 (1905), 283f.

11 *OLG Frankfurt* JW 1933, 531. Vgl. auch *Siegel* (Lit.Verz.) 123, bei dem dieser wichtige Unterschied nicht genügend hervortritt. – A.M. *OLG Braunschweig* OLGRsp 27 (1913), 98.

gilt grundsätzlich das **Verbot des Ausforschungsbeweises**[12] (→ §284 Rdnr. 40ff. [21. Aufl.], → §373 Rdnr. 3). Das rechtliche Interesse i.S.v. §810 BGB ist zu verneinen, wenn durch die Einsicht erst die Grundlagen für die Rechtsverfolgung, z.B. Anhaltspunkte für ein pflichtwidriges Verhalten des Gegners, ermittelt werden sollen, während bei einem Auskunftsanspruch aus §666 BGB solche Schranken nicht bestehen[13]. Daß der Beweisführer zunächst allgemeine Behauptungen aufgestellt hat und sie anhand der vorzulegenden Urkunde näher bestimmen will, steht also der Vorlegungspflicht nicht entgegen, wenn der materielle Vorlegungsgrund dem Zweck dient, eine derartige nähere Ermittlung zu ermöglichen (z.B. die Ansprüche auf Rechnungslegung).

6 Ein ausgeschiedener Kommanditist hat, wenn konkrete Anhaltspunkte für ein Mißverhältnis zwischen dem für die Abfindung maßgebenden Buchwert und dem wirklichen Wert der Gesellschaft bestehen, Anspruch auf Einsicht in die für die Wertermittlung erforderlichen Unterlagen der Gesellschaft[14]. Ein Antrag auf Vorlage einer Vertragsurkunde verstößt nicht deshalb gegen das Ausforschungsverbot, weil der Antragsteller, der keine Vertragsurkunde mehr besitzt, dadurch Klarheit über die Einzelheiten des Vertragsinhalts gewinnen will[15]. Vielmehr kann eine Partei, die wegen Verlusts ihrer Vertragsurkunde über den Inhalt der vertraglichen Vereinbarungen im Unklaren ist, vom Gegner Auskunft und Einsicht in die Vertragsunterlagen, im Prozeß Vorlage der Vertragsurkunde verlangen[16]. Die Grenzziehung richtet sich insgesamt weniger nach prozessualen Gesichtspunkten als nach dem Umfang und dem Zweck der materiell-rechtlichen Pflicht zur Vorlegung und Einsichtsgewährung.

3. Inhalt der Pflicht, anzuwendendes Recht

7 Auch der *Inhalt der Verpflichtung* ist ein anderer als im materiellen Recht. Die prozeßrechtliche Pflicht geht immer auf **Vorlegung vor dem Prozeßgericht,** auch wenn die zivilrechtliche Pflicht auf Herausgabe oder auf Vorlegung an einem bestimmten Ort (§811 BGB) gerichtet ist[17]. Die Vorlegung vor einem anderen Gericht ist immer nur nach §434 ins Ermessen des Gerichts gestellt. Die Pflicht zur Vorschuß- und Sicherheitsleistung (§811 Abs. 2 BGB) besteht im Prozeß nicht[18]. Die **Folgen der Nichterfüllung** sind in §§426f. für alle Fälle gleichmäßig als rein prozessuale geordnet, ohne Rücksicht auf die nach bürgerlichem Recht etwa eintretenden Folgen (Schadensersatz, Rücktrittsrecht, Vertragsstrafe)[19]. Daraus folgt für das **anzuwendende Recht,** daß es immer nur das des Prozeßgerichts sein kann; nur für die Voraussetzungen der Verpflichtungsgründe kann, z.B. beim Miteigentum, das nach dem internationalen Privatrecht maßgebende fremde Recht in Betracht kommen[20].

---

12 *BGH* LM §810 BGB Nr. 3 und Nr. 5 = MDR 1971, 574; *OLG Naumburg* OLG-NL 2001, 124, 125; *OLG Köln* JMBlNRW 1966, 285; *OLG Hamm* NJW-RR 1987, 1395 = WM 1987, 1297; *LG Berlin* WuM 1986, 184.

13 *BGHZ* 109, 260, 267f. = NJW 1990, 510, 511.

14 *BGH* LM §810 BGB Nr. 13 = NJW 1989, 3272. S. auch *BGH* NJW 1989, 225 zum Anspruch eines ausgeschiedenen Gesellschafters bei einer GmbH u. Co. KG auf Herausgabe einer Abschrift des Prüfungsberichts für den Jahresabschluß.

15 *OLG Schleswig* NJW-RR 1991, 1338.

16 *BGH* LM §810 BGB Nr. 15 = WM 1992, 977 = ZIP 1992, 938.

17 Ebenso *Siegel* (Lit.Verz.) 112, 124f.

18 *Siegel* (Lit.Verz.) 127f.

19 *Siegel* (Lit.Verz.) 131f.

20 *Siegel* (Lit.Verz.) 242f.; *Riezler* Internationales Zivilprozeßrecht (1949), 485.

II. Die materiell-rechtlichen Vorlegungsgründe

8 Die Vorlegungspflicht nach §422 setzt stets einen Anspruch des *bürgerlichen* Rechts voraus; öffentlich-rechtliche Ansprüche auf Einsicht oder Erteilung von Abschriften usw., z.B. nach §299, §§915d ff.; §9 HGB usw. genügen nicht[21], dazu auch → §432 Rdnr. 4.

1. Herausgabeansprüche

9 Zunächst gehören hierher die Fälle, in denen der Beweisführer die **Herausgabe** der Urkunde als Sache verlangen kann. Darunter fallen privatrechtliche Ansprüche jeder Art, persönliche wie dingliche, also aus Eigentum (vgl. dazu §952 BGB), Miteigentum, Besitz, Pfandrecht, ferner obligatorische Ansprüche aus Kauf, Verwahrung, Geschäftsbesorgung, Auftrag usw., auch Ansprüche aus unerlaubten Handlungen usw. S. ferner die besonderen Vorschriften über die Herausgabe der Urkunde als Beweismittel für die Abtretung in §§402, 410, 413 BGB, für den Kauf von Sachen oder Rechten und ähnliche Verträge in §§444f. BGB aF[22], für die Tilgung (Rückgabe des Schuldscheins usw.) in §§371, 1144 BGB, §45 SchiffsRG, weiter Art. 50 WG, §836 Abs. 3 ZPO. Der Anspruch auf *Erteilung eines Auszugs*, §87c Abs. 2, §101 HGB, ist kein Anspruch auf Herausgabe oder Vorlegung, wohl aber der Anspruch des Handelsvertreters nach §87c Abs. 4 HGB (→ Fn. 35). Auch die Verpflichtung zur Ablieferung eines Testaments an das Nachlaßgericht, §2259 BGB, begründet keinen Anspruch auf Vorlegung, arg. §83 FGG.

2. Vorlegungs-, Einsichts- und Rechnungslegungsansprüche

10 Das Recht, die **Vorlegung** zu verlangen oder, was damit identisch ist[23], in die Urkunde **Einsicht** zu nehmen, gewährt das Privatrecht den Beteiligten bei *dauernden Rechtsverhältnissen*, namentlich bei der Gesellschaft und ähnlichen, s. §716 BGB, §§118, 157 Abs. 3, §§166, 233, 498 HGB, §111 Abs. 2, §175 Abs. 2 AktienG, §51a GmbHG, §24 VerlagsG; s. auch §178m VVG (→ Fn. 6). Dazu treten die sämtlichen → §254 Rdnr. 6 (21. Aufl.) aufgeführten Ansprüche auf **Rechnungslegung**, da diese nur durch Vorlegung der vorhandenen urkundlichen Beweisstücke erfüllt werden können[24], sodann die Ansprüche auf Vorlegung an eine Behörde, besonders das Grundbuchamt, §§896, 1145 BGB[25], sowie der allgemeine Vorlegungsanspruch nach §809 BGB[26]. Auch ein Anspruch des Patienten gegen den Arzt bzw. den Krankenhausträger auf Einsicht in die **Krankenunterlagen** wird heute grundsätzlich bejaht[27]. Durch §§102, 258, 260 HGB (→ vor §415 Rdnr. 25) werden Ansprüche der Partei weder begründet noch berührt, §258 Abs. 2 HGB[28].

---

21 *Siegel* (Lit.Verz.) 6f.

22 Die §§444f. BGB sind mit dem SchuldrechtsmodernisierungsG (2001) entfallen. Gleichwohl ist weiterhin anzunehmen, daß der Verkäufer dem Käufer die zum Beweis des Rechts dienenden Urkunden herauszugeben hat, *MünchKommBGB/H.P. Westermann*[4] §433 Rdnr. 68; *Palandt/Putzo*[65] §433 Rdnr. 26.

23 *Siegel* (Lit.Verz.) 10f.

24 Vgl. *RGZ* 20, 45.

25 A.M. *Siegel* (Lit.Verz.) 11f.

26 *RGZ* 69, 405f.; *Siegel* (Lit.Verz.) 71ff. Der Anspruch muß aber in Ansehung der Urkunde als solcher bestehen, *RG* HRR 1933 Nr. 1466.

27 *BGHZ* 85, 327 = NJW 1983, 328; *BGHZ* 85, 339 = NJW 1983, 330; *BGH* NJW 1983, 2627; NJW 1985, 674 = JZ 1985, 286 (mit Anm. *Giesen*); NJW 1989, 764 (jedoch können therapeutische Gründe entgegenstehen, insbesondere bei psychiatrischer Behandlung); *Ahrens* NJW 1983, 2609; *MünchKommBGB/Hüffer*[4] §810 Rdnr. 14ff.

28 *Siegel* (Lit.Verz.) 98, 101.

3. Vorlegungspflicht nach §810 BGB

11 Am wichtigsten ist die allgemeine, auf den Zweck oder den Inhalt der Urkunde gegründete **Vorlegungspflicht des §810 BGB**[29]. Das BGB gibt den Anspruch auf Einsicht (und damit auf Vorlegung) gegen den Besitzer als solchen (→ §26 Rdnr. 4f.)[30] in drei Fällen, ohne dadurch eine vorsichtige entsprechende Anwendung auf ähnliche Fälle auszuschließen[31]. §810 setzt stets ein **rechtliches Interesse** an der Einsichtnahme voraus, dazu → Rdnr. 4. Die **drei Fälle** des §810 sind:

a) Errichtung im Interesse des Vorlegungsberechtigten

12 Die Urkunde ist im Interesse des Vorlegungsberechtigten errichtet, sei es ausschließlich oder im gemeinsamen Interesse des Berechtigten und eines anderen, z.B. des Gegners[32]. Die Urkunde muß also schon bei der Errichtung nach ihrem Zweck dazu bestimmt gewesen sein, dem Beweisführer allein oder mit anderen zum Nachweis zu dienen oder seine rechtlichen Beziehungen zu fördern, insbesondere Rechte für ihn zu begründen[33], wie z.B. Zustellungsurkunden, Testamente, Vollmachten usw., → auch Rdnr. 16 bei Fn. 45, Rdnr. 17 bei Fn. 47.

b) Beurkundung eines Rechtsverhältnisses

13 In der Urkunde ist ein **zwischen dem Vorlegungsberechtigten und einem anderen bestehendes Rechtsverhältnis beurkundet.** Dieser andere braucht nicht der Besitzer der Urkunde zu sein; ebensowenig wird gemeinschaftliche Errichtung der Urkunde gefordert[34]. Wann und zwischen welchen Personen ein Rechtsverhältnis besteht, ist eine Frage des Privatrechts. Auch der pfändende Gläubiger tritt zum Drittschuldner in ein solches. Vgl. auch wegen des Kommissionärs §392 HGB[35].

14 Nicht notwendig ist, daß das beurkundete Rechtsverhältnis *noch* besteht[36] oder daß es *rechtswirksam* ist[37], ebensowenig, daß die Urkunde für sich allein das *ganze* Rechtsverhältnis beurkundet[38]; es genügt, daß die Urkunde eine objektive und unmittelbare Beziehung zu dem

---

[29] Eingehend darüber *Siegel* (Lit.Verz.) 12ff., sowie die Kommentare zum BGB. Zur Vorlegungspflicht des Haftpflichtversicherers s. *Wussow* NJW 1962, 420; *OLG Düsseldorf* VersR 1980, 270 (LS) (kein Anspruch des Geschädigten auf Vorlage einer Schadensmeldung des Schädigers).

[30] *BGH* NJW 1989, 225, 226 (der Anspruch richtet sich gegen jeden, der gegenwärtig Besitzer der Urkunde ist).

[31] *OLG Posen* OLG Rsp 4 (1902), 52; *Siegel* (Lit.Verz.) 39f. S. weiter auch *RG* HRR 1933 Nr. 1466. Grundsätzlich für weitere Auslegung des §810 BGB *BGH* LM §810 BGB Nr. 5 (Fn. 12).

[32] Vgl. darüber *Kohler* AcP 79 (1892), 925ff.

[33] *BGH* LM §810 BGB Nr. 5 = MDR 1971, 574 (kein Anspruch eines Vergleichsgaranten auf Einsicht in Protokolle des Gläubigerbeirats); LM §810 BGB Nr. 7 = NJW 1981, 1733 (kein Anspruch eines Stipendiaten auf Einsicht in die von einem Verein als Stipendiengeber geführte Personalakte). S. auch *RGZ* 69, 405f. (Nietzsche-Briefe); WarnRsp 1912 Nr. 304 (verneint hinsichtlich der Handakten des Prozeßbevollmächtigten); die wohl h.M. bejaht jedenfalls die 2. Alt. des §810 BGB, soweit der Inhalt der Handakten in unmittelbarer Beziehung zu dem Mandat und seinen einzelnen Rechtsfolgen steht, → Rdnr. 15 mit Fn. 43.

[34] *Siegel* (Lit.Verz.) 25.

[35] *Siegel* (Lit.Verz.) 35f., 45f.; s. ferner *RGZ* 56, 112 (Bürge); 87, 10 (Handlungsagent, s. jetzt §87c Abs. 4 HGB); *OLG Hamburg* OLG Rsp 2 (1901), 134 und *OLG Dresden* SächsAnn 21 (1900), 535 (Miterben).

[36] *Siegel* (Lit.Verz.) 49f.

[37] *Siegel* (Lit.Verz.) 62f.

[38] *BGH* LM §810 BGB Nr. 3; *RGZ* 56, 112; 87, 14; 117, 332, 333.

Rechtsverhältnis aufweist, an dem der Vorlegungsberechtigte beteiligt ist[39]. Es gehören hierher alle *Urkunden über Rechtsgeschäfte*, sowohl **Verträge** wie einseitige Willenserklärungen, sofern der Beweisführer im letzteren Fall die Erklärung abgegeben oder empfangen hat, einschließlich der dem anderen Teil übergebenen Urkunde bei Ausfertigung in mehreren Exemplaren (§ 126 Abs. 2 S. 2 BGB); ferner **Schuldscheine, Quittungen** (§ 368 BGB)[40], **Rechnungen;** die im Geschäftsverkehr zwischen Gewerbetreibenden usw. und ihren Abnehmern oder Arbeitern über wiederkehrende Leistungen geführten **Geschäftsbücher** (z.B. Lohnbücher), auch wenn sie nur von einem Vertragsteil geführt werden; ferner die Bücher von Sparkassen und ähnlichen Instituten, soweit sie die Beurkundung der auf den einzelnen Einleger usw. bezüglichen Rechtsverhältnisse enthalten.

15 Die **Handelsbücher** der Kaufleute, einschließlich des Tagebuchs des Handelsmaklers, gehören hierher, soweit sie Einträge enthalten, durch die gegenseitige Rechtsverhältnisse beurkundet werden[41], nicht aber die Bücher als Ganzes[42]. Die Pflicht nach § 810 BGB steht bei den Handelsbüchern *neben* der Anordnung der Vorlegung von Amts wegen nach §§ 258ff. HGB, → vor § 415 Rdnr. 25, und ist unabhängig davon, ob deren Voraussetzungen vorliegen. Auch die **Handakten** des Rechtsanwalts werden überwiegend hier eingeordnet[43]; man wird aber danach differenzieren müssen, um welche Urkunden es im konkreten Fall geht.

16 Hierher gehören auch die **Entscheidungen** von Gerichten und anderen Behörden. Dagegen fallen **nicht** unter § 810 Rechnungs- und Haushaltungsbücher, die der Besitzer **nur zu eigenem Gebrauch** führt[44], sowie Urkunden, die *nicht von vornherein zum Beweis bestimmt* sind (Zufallsurkunden, → vor § 415 Rdnr. 8), z.B. Briefe, aus denen sich ein Ehebruch (Scheidungsgrund nach früherem Recht) ergeben soll[45].

c) Urkunde über Verhandlungen

17 **c)** Die Urkunde enthält **Verhandlungen,** die **über ein Rechtsgeschäft** zwischen dem Vorlegungsberechtigten und einem anderen (nicht bloß dem Besitzer) oder einem von beiden und dem gemeinschaftlichen Vermittler geführt worden sind. Es muß sich aber um *die Verhandlungen selbst* handeln, also z.B. um Briefe und Entwürfe, die zwischen den verhandelnden Parteien gewechselt wurden. Hierher (oder zu den Urkunden über ein Rechtsverhältnis, → Rdnr. 13) wird man auch das Mieterhöhungsverlangen zu rechnen haben, so daß der Vermieter, der das Schreiben nicht mehr besitzt, Vorlage vom Mieter verlangen kann[46]. Nicht hierher gehören dagegen Aufzeichnungen, die ein Teil *über* die Verhandlungen für seinen privaten

---

[39] *BGH* LM § 810 BGB Nr. 3; s. auch *BGHZ* 55, 201, 203 (es genügt, wenn der beurkundete Vorgang in unmittelbarer rechtlicher Beziehung zu dem fraglichen Rechtsverhältnis steht).

[40] *OLG Hamburg* OLG Rsp 25 (1912), 30.

[41] Dazu *BGHZ* 55, 201, 203 (Einsichtsrecht, wenn von den in den Geschäftsbüchern verbuchten Geschäftsabschlüssen Provisionsansprüche abhängen); *BGH* MDR 1977, 820 (Einsichtsrecht des ausgeschiedenen GmbH-Gesellschafters, soweit zur Berechnung eines Abfindungsanspruchs notwendig); *RGZ* 20, 45; 56, 112f.; 117, 332 (Einsichtsrecht des ausgeschiedenen OHG-Gesellschafters); *RG* Gruchot 49 (1905), 832f.; vgl. auch *RGZ* 89, 1.

[42] Vgl. auch *RG* Gruchot 40 (1896), 960; *OLG Posen* OLGRsp 4 (1902), 52; *OLG Hamburg* OLGRsp 25 (1912), 30.

[43] So *Staudinger/Marburger* (2002), § 810 Rdnr. 21; *MünchKommBGB/Hüffer*[4] § 810 Rdnr. 8; *Palandt/Sprau*[64] Rdnr. 7. – A.M. bzw. einschränkend *Soergel/Mühl*[11] § 810 BGB Rdnr. 9. Offen lassend *AG Charlottenburg* NJW 1997, 1450 (im konkreten Fall unzulässige Ausforschung zur Vorbereitung eines Regreßprozesses).

[44] *Siegel* (Lit.Verz.) 18, 56f.; *RG* SeuffArch 49 (1894), 366 (Akten einer Behörde); *BayObLG* SeuffArch 60 (1905), 124 (Aufzeichnungen für den inneren Dienst).

[45] *RGZ* 32, 372. S. auch *RGZ* 69, 405.

[46] A.M. *AG München* WuM 1992, 136.

Gebrauch gemacht hat[47], und auch nicht die Korrespondenz zwischen einer Vertragspartei und dem von ihr mit dem Abschluß des Geschäfts Beauftragten[48].

§423 Vorlegungspflicht des Gegners bei Bezugnahme

Der Gegner ist auch zur Vorlegung der in seinen Händen befindlichen Urkunden verpflichtet, auf die er im Prozess zur Beweisführung Bezug genommen hat, selbst wenn es nur in einem vorbereitenden Schriftsatz geschehen ist.

Gesetzesgeschichte: Bis 1900 §388 CPO.

I. Vorlegungspflicht aufgrund Bezugnahme

1 Dadurch, daß eine Partei[1] in dem anhängigen Prozeß zum Beweis auf eine angeblich in ihren Händen befindliche Urkunde **Bezug nimmt,** entsteht für den Gegner (→ §421 Rdnr. 3) ein selbständiger **prozeßrechtlicher** (→ §422 Rdnr. 1) **Anspruch auf Vorlegung** dieser Urkunde[2]. Dieser Anspruch ist unabhängig von dem auf Niederlegung der Urkunde nach §134. Die Bezugnahme in einem vorbereitenden Schriftsatz genügt, aber immer muß die Urkunde **als Beweismittel** in Bezug genommen sein, nicht nur ihr Inhalt[3]. Späterer Verzicht des Gegners auf das Beweismittel ist unerheblich. Zur Anordnung der Vorlage → §425, zu den Folgen der Nichtvorlage → §427.

2 Aufgrund der Bezugnahme kann die Urkundenvorlegung auch **von Amts wegen** angeordnet werden, §142 Abs. 1. Dies ist bei Bezugnahme durch den Gegner (wie sie §423 ausschließlich regelt) unproblematisch, → §142 Rdnr. 19. §142 Abs. 1 läßt aber seit der Änderung durch das ZPO-RG 2001 dem Wortlaut nach auch eine Bezugnahme durch den Beweisführer auf Urkunden in den Händen des (nicht beweisbelasteten) Gegners genügen. Dies kann aber eine Vorlegungsanordnung von Amts wegen nur rechtfertigen, wenn der Gegner nach §422 oder §423 vorlegungspflichtig ist, näher → §142 Rdnr. 20f.

II. Nebenintervention

3 Die Pflicht entsteht im Fall der Nebenintervention (Streithilfe) nur für denjenigen, der selbst auf die Urkunde Bezug genommen hat[4].

---

47 *BGHZ* 60, 275, 292; *RGZ* 152, 213; *KG* NJW 1989, 532, 533.
48 Ebenso *MünchKommBGB/Hüffer*[4] §810 Rdnr. 9.
1 Vgl. auch *BayObLG* SeuffArch 60 (1905), 124 (Bezugnahme durch einen Zeugen genügt nicht).
2 Vgl. *Siegel* (Lit. Verz. zu §422) 91ff.
3 Vgl. *RGZ* 35, 109; 69, 405f.; HRR 1933 Nr. 1466.
4 S. auch *Siegel* (Lit.Verz. zu §422) 94f.

§424 Antrag bei Vorlegung durch Gegner

[1]Der Antrag soll enthalten:

1. die Bezeichnung der Urkunde;

2. die Bezeichnung der Tatsachen, die durch die Urkunde bewiesen werden sollen;

3. die möglichst vollständige Bezeichnung des Inhalts der Urkunde;

4. die Angabe der Umstände, auf welche die Behauptung sich stützt, dass die Urkunde sich in dem Besitz des Gegners befindet;

5. die Bezeichnung des Grundes, der die Verpflichtung zur Vorlegung der Urkunde ergibt. [2]Der Grund ist glaubhaft zu machen.

Gesetzesgeschichte: Bis 1900 §389 CPO.

I. Bedeutung der Vorschrift

1 Das **Vorlegungsverfahren gegen den Prozeßgegner** (§§424 bis 427) wird eingeleitet durch den **Antrag auf Vorlegung,** §424, dessen Erfordernisse in einer »Soll«-Vorschrift aufgezählt sind, aber nach den Motiven[1] dennoch *wesentlich* sein sollen. Die Frage ist kaum von praktischer Bedeutung, da das Gericht nach §139 verpflichtet ist, der Partei Gelegenheit zur Ergänzung zu geben, und einen Antrag, der auch dann den Erfordernissen des §424 nicht entspricht, wohl stets als nicht begründet im Sinne des §425 zurückweisen wird[2]. Dazu → §425 Rdnr. 1. Der Antrag, die Vorlegung von Handelsbüchern von Amts wegen anzuordnen, → vor §415 Rdnr. 25, unterliegt nicht dem §424[3].

II. Die einzelnen Erfordernisse

1. Bezeichnung der Urkunde (Nr. 1)

2 Die Bezeichnung der Urkunde besteht in der Angabe ihrer unterscheidenden Merkmale: Datum, Aussteller usw., bei umfangreichen Urkunden auch der maßgebenden Stellen. In der Bezeichnung liegt zugleich die Behauptung, daß die Urkunde *existiert.* Eines Beweises dafür bedarf es nicht, und ein Gegenbeweis ist ausgeschlossen; es ist dann der Besitz zu bestreiten und nach §426 zu verfahren[4]. Ist das Gericht dagegen davon überzeugt (§286, s. auch §291), daß die Urkunde *nicht existiert*, so erübrigt sich auch die Vernehmung nach §426[5].

---

[1] Mot. 268.
[2] *RG* HRR 1933 Nr. 1466.
[3] *RG* JW 1903, 100f.
[4] S. auch *RGZ* 92, 222.
[5] Vgl. *RGZ* 92, 222 (zum früheren Vorlegungseid).

2. Bezeichnung der zu beweisenden Tatsachen (Nr. 2)

Aufgrund der Bezeichnung der zu beweisenden Tatsachen hat der Richter die Erheblichkeit der Urkunde zu beurteilen (§425)[6]. Zum Verbot des Ausforschungsbeweises → §422 Rdnr. 5. 3

3. Bezeichnung des Inhalts der Urkunde (Nr. 3)

Die möglichst vollständige Bezeichnung des Inhalts[7] soll die Erklärung des Gegners ermöglichen und ist wegen der Regelung des §427 (bei Nichtvorlegung) erforderlich; sie kann durch Vorlegung einer Abschrift oder Kopie der Urkunde ersetzt werden. 4

4. Angabe der besitzbegründenden Umstände (Nr. 4)

Es muß behauptet werden, daß sich die Urkunde im Besitz des Gegners befindet. Zur Frage, ob der mittelbare Besitz ausreicht, → §421 Rdnr. 7. Außerdem müssen die konkreten Umstände angegeben werden, auf die sich die Behauptung des Besitzes stützt[8]. Vgl. dazu §§238, 257 HGB. Glaubhaftmachung dieser Umstände ist nicht erforderlich (arg. Nr. 5 und §430)[9], ebenso wenig ein Antrag auf Vernehmung nach §426. Die Angabe der näheren Umstände soll dem Gegner ermöglichen, sich über den Besitz zu erklären. 5

5. Bezeichnung des Grundes der Vorlegungspflicht (Nr. 5)

Der Vorlegungsgrund (§§422, 423) ist tatsächlich zu substantiieren und nach §294 glaubhaft zu machen. 6

§425 Anordnung der Vorlegung durch Gegner

Erachtet das Gericht die Tatsache, die durch die Urkunde bewiesen werden soll, für erheblich und den Antrag für begründet, so ordnet es, wenn der Gegner zugesteht, dass die Urkunde sich in seinen Händen befinde, oder wenn der Gegner sich über den Antrag nicht erklärt, die Vorlegung der Urkunde an.

Gesetzesgeschichte: Bis 1900 §390 CPO.

[6] S. auch *RG* JW 1911, 945.
[7] Dazu *BGHZ* 60, 275, 291.
[8] Vgl. *KG* NJW 1993, 2879 (Originalbelastungsbeleg bei Kreditkartengeschäft nicht im Besitz des Karteninhabers).
[9] *Siegel* (Lit.Verz. zu §422) 153f.

I. Gerichtliche Prüfung und Entscheidung

1. Prüfung der förmlichen Voraussetzungen und der Erheblichkeit der Tatsache

1 Das Gericht hat zu prüfen, ob der **Antrag** den Erfordernissen des § 424 genügt und ob die durch die Urkunde zu erweisende **Tatsache erheblich** ist. Das letztere gilt zwar bei allen Beweisanordnungen, ist aber hier besonders hervorgehoben, um lästige Zumutungen für den Gegner und Verzögerungen des Prozesses zu vermeiden. Im übrigen gelten die allgemeinen Regeln über die Ablehnung von Beweisanträgen, → § 284 Rdnr. 51 ff. (21. Aufl.). Zum Verbot eines Ausforschungsbeweises → § 422 Rdnr. 5. Anträge, die danach unbegründet sind, können sofort **zurückgewiesen** werden, → § 424 Rdnr. 1, und zwar durch Beschluß oder im Streitfall auch durch Zwischenurteil (§ 303) oder in den Gründen des Endurteils[1]. Weder ein zurückweisender Beschluß noch ein Zwischenurteil sind selbständig anfechtbar, → auch § 284 Rdnr. 85 (21. Aufl.).

2 Bestehen solche Bedenken gegen den Antrag nicht, so hat sich der **Gegner** über ihn **zu erklären.**

2. Zugestehen des Besitzes und der Vorlagepflicht

3 **Gesteht der Gegner den Besitz** und die seine **Pflicht** begründenden Tatsachen zu, so gilt § 288. Erklärt er sich in der mündlichen Verhandlung nicht oder nicht genügend, so ist beides als zugestanden anzusehen, § 138 Abs. 3. In beiden Fällen hat das Gericht die **Vorlegung** durch Beweisbeschluß **anzuordnen.**

3. Entscheidung bei Bestreiten der Vorlagepflicht

4 **Wenn die Vorlagepflicht** aus rechtlichen oder tatsächlichen Gründen[2] **bestritten** wird, muß das Gericht darüber entscheiden. Wird die Vorlagepflicht bejaht, so ist die *Vorlegung* durch Beweisbeschluß anzuordnen. Über den Zwischenstreit selbst ist nach Wahl des Gerichts (§ 303) durch *Zwischenurteil* oder erst *in den Gründen des Endurteils* zu entscheiden.

4. Bestreiten des Besitzes

5 **Bestreitet** dagegen der Gegner den **Besitz,** so ist nach § 426 zu verfahren; bestreitet er außerdem die *Pflicht zur Vorlegung*, so empfiehlt es sich jedenfalls, diese Pflicht durch Zwischenurteil (→ Rdnr. 4) festzustellen.

5. Säumnis

6 Eine auf die Vorlegungspflicht beschränkte **Versäumnisentscheidung** ist wegen § 332 nur dann zulässig, wenn der Termin *nur* zur Erledigung des Zwischenstreits bestimmt war (§ 347 Abs. 2).

II. Bedeutung des Zwischenurteils, Anfechtung

7 Das **Zwischenurteil** über die Vorlegungspflicht (→ Rdnr. 4 f.) bindet das Gericht nicht hinsichtlich der *Erheblichkeit* der unter Beweis gestellten Tatsache, weil diese nur einen Entschei-

---

[1] Dies gilt auch dann, wenn der Antrag sich als »Widerklage« bezeichnet, → § 421 Fn. 10.
[2] *Siegel* (Lit.Verz. zu § 422) 158.

dungsgrund für das lediglich über die Pflicht zur Vorlegung entscheidende Zwischenurteil bildet.

8 Das Zwischenurteil ist **nicht selbständig anfechtbar**[3], → §303 Rdnr. 9 (21. Aufl.); auch eine **Beschwerde** findet gegen die Entscheidung über den Vorlegungsantrag in keinem Fall statt.

§426 Vernehmung des Gegners über den Verbleib

[1]Bestreitet der Gegner, dass die Urkunde sich in seinem Besitz befinde, so ist er über ihren Verbleib zu vernehmen. [2]In der Ladung zum Vernehmungstermin ist ihm aufzugeben, nach dem Verbleib der Urkunde sorgfältig zu forschen. [3]Im Übrigen gelten die Vorschriften der §§449 bis 454 entsprechend. [4]Gelangt das Gericht zu der Überzeugung, dass sich die Urkunde im Besitz des Gegners befindet, so ordnet es die Vorlegung an.

Gesetzesgeschichte: Bis 1900 §391 CPO. Änderungen durch die Novelle 1898 und die Novelle 1933.

I. Vernehmung über den Verbleib der Urkunde

1. Voraussetzungen

1 §426 regelt den Fall, daß der **Gegner den Besitz der Urkunde bestreitet,** → §425 Rdnr. 5. Die Vorschrift setzt daneben voraus, daß der Antrag an sich begründet und die zu beweisende Tatsache erheblich ist (→ §425 Rdnr. 1). Andernfalls ist eine beantragte Vernehmung abzulehnen (durch Beschluß, Zwischenurteil nach §303 oder in den Gründen des Endurteils). Ist *auch die Pflicht zur Vorlegung bestritten*, so ist, wenn das Gericht einen alsbaldigen endgültigen Ausspruch darüber für geboten hält, → §425 Rdnr. 4f., mit dem Beschluß nach §426 ein Zwischenurteil darüber zu verbinden. Zur **Nichtexistenz** der Urkunde → §424 Rdnr. 2.

2. Vernehmung, Nachforschungspflicht

2 Wird der Besitz der Urkunde bestritten, so ist der Bestreitende, ohne daß es eines dahingehenden Antrags bedarf, **über den Verbleib der Urkunde zu vernehmen.** In der Ladung ist der

[3] Anders bei inkorrekter Entscheidung durch Teilurteil, aus dem möglicherweise vollstreckt werden könnte, *BGH* ZZP 92 (1979), 362 (*Gottwald*).

Partei die *Verpflichtung zur Nachforschung* aufzuerlegen, mit der Wirkung, daß sich die Vernehmung auch auf das zur Nachforschung Unternommene zu erstrecken hat und sich an die nicht ordnungsmäßige Erfüllung der Nachforschungspflicht die Beweisfolgen des §427 knüpfen, → §427 Rdnr. 8ff. Die Nachforschungspflicht beschränkt sich auf den Besitzbereich der Partei. Beachtet man dies, so besteht kein Grund, Satz 2 lediglich als Soll-Vorschrift zu betrachten[1].

II. Verfahren

3 Das **Verfahren** ist durch Verweisung auf die die Parteivernehmung betreffenden §§449ff. näher geregelt.

1. Anordnung der Vernehmung

4 Die Vernehmung ist **durch Beschluß anzuordnen,** §450 Abs. 1 S. 1. Für eine Ablehnung der Vernehmung entsprechend §446 ist kein Raum. Der Gegner ist, gleichviel, ob er sich zur Vernehmung bereit erklärt oder überhaupt nicht erklärt, nach §450 Abs. 1 S. 2 persönlich durch förmliche Zustellung von Amts wegen zu **laden.** Dabei ist ihm in der Ladung nach §426 S. 2 aufzugeben, nach dem Verbleib der Urkunde sorgfältig zu forschen. Nach §451 mit §375 kann unter den dort vorgesehenen Voraussetzungen die Vernehmung einem **beauftragten oder ersuchten Richter** übertragen werden.

5 Eine schriftliche Auskunft kann nicht angeordnet werden, da §451 nicht auf §377 Abs. 3 verweist. Ist der Gegner in dem Termin, in dem die Vernehmung beschlossen wird, **persönlich anwesend,** so kann die sofortige Vernehmung nur dann erfolgen, wenn er in der Lage ist, bestimmte Angaben über den Verbleib der Urkunde zu machen, wenn es also einer vorherigen Nachforschung nicht bedarf.

2. Gegenstand der Vernehmung, Beeidigung

6 Gegenstand der Vernehmung ist der **Verbleib der Urkunde.** Die Partei hat danach gegebenenfalls auch darüber auszusagen, bei welchem Dritten sich gegenwärtig die Urkunde befindet. Werden über den augenblicklichen Besitz der Urkunde keine Angaben gemacht, so ist die Vernehmung darauf zu erstrecken, welche Nachforschungen die Partei angestellt hat. Ob die **Beeidigung der Aussage** angeordnet wird, steht im Ermessen des Gerichts, §452 Abs. 1 S. 1.

3. Verweigerung der Aussage, Ausbleiben der Partei

7 Wird die Aussage im ganzen oder die Beantwortung bestimmter Fragen *verweigert*, so steht es dem Gericht frei, nach §453 daraus Schlüsse zu ziehen, → Rdnr. 11ff.; ebenso, wenn die Partei in dem zu ihrer Vernehmung bestimmten Termin ausbleibt, §454.

III. Streitgenossen, gesetzlicher Vertreter

8 Stehen dem Beweisführer **Streitgenossen** als Gegner gegenüber, so kommen für das Verfahren nach §426 nur diejenigen in Betracht, für die die Vorlegungspflicht besteht. Insoweit sind sie, ebenso wie für den Vorlegungsantrag, selbständig zu beurteilen, → §421 Rdnr. 3. Anders ist es, wenn sich der Vorlegungsantrag gegen die Streitgenossen gemeinsam richtet, z.B. gegen

---

1 A.M. *MünchKommZPO/Schreiber*[2] Rdnr. 3.

die auf der Gegenseite stehende Erbengemeinschaft wegen einer zum Nachlaß gehörenden Urkunde. In diesem Fall bestimmt das Gericht nach §449, ob alle oder nur einzelne und zwar welche der Streitgenossen nach §426 zu vernehmen sind. Zur Anwendung des §427 bei Streitgenossenschaft → §427 Rdnr. 2.

9 Ist der Gegner nicht prozeßfähig, so ist der **gesetzliche Vertreter** zu vernehmen bzw. bei mehreren gesetzlichen Vertretern nach Bestimmung des Gerichts alle oder nur einzelne. Wenn in §426 der §455 nicht mitangeführt ist, so besagt das nur, daß der Abs. 2 des §455 nicht gelten soll; denn die Nachforschungspflicht kann nur dem gesetzlichen Vertreter selbst auferlegt werden und über ihre Erfüllung kann nur er persönlich vernommen werden.

IV. Behörden

10 Bei **Behörden** ist der den Staat usw. *vertretende* Beamte zu vernehmen; die Sondervorschrift des §426 Abs. 4 früh. Fass., wonach der für die *Verwahrung* der Urkunde zuständige Beamte zu vernehmen war, ist mit der Änderung durch die Novelle 1933 gestrichen worden.

V. Würdigung der Aussage

11 Das Gesetz stellt ebenso wie bei der Parteivernehmung, §453, das Ergebnis der Vernehmung in die **freie Würdigung des Gerichts.** Danach ist zu unterscheiden:

1. Besitz der Urkunde

12 Gelangt das Gericht aufgrund der Aussage oder ihrer Verweigerung (§453 Abs. 2) zu der Überzeugung, daß der Gegner die Urkunde **besitzt,** so ordnet es nunmehr die Vorlegung an, §426 S. 4. Ebenso, wenn es das Ausbleiben im Vernehmungstermin als Aussageverweigerung würdigt, §454 Abs. 1. Kommt dann der Gegner der Vorlegungsanordnung nicht nach, so gilt §427.

2. Nichterfüllung der Nachforschungspflicht

13 Gelangt das Gericht zwar nicht zu der Überzeugung, daß der Gegner die Urkunde besitzt, wohl aber, daß er der ihm auferlegten **Nachforschungspflicht nicht sorgfältig nachgekommen** ist, so gilt ebenfalls §427.

3. Kein Besitz

14 Gewinnt das Gericht nicht die Überzeugung, daß der Gegner die Urkunde besitzt, erachtet es aber die **Nachforschungspflicht für erfüllt,** oder ist es überzeugt, daß der Gegner die Urkunde **nicht besitzt,** so ist der im Wege des Vorlegungsantrags angetretene Urkundenbeweis gescheitert. Ob das Gericht dies durch Beschluß (Ablehnung eines Antrags auf Vorlegung gemäß §426 S. 4) oder durch Zwischenurteil oder in den Gründen des Endurteils feststellt, ist gleich. Die Ablehnung der Vorlegungsanordnung nach S. 4 kann nicht selbständig mit der Beschwerde angefochten werden.

4. Beseitigung der Urkunde

15 Gelangt das Gericht zu der Überzeugung, daß der Gegner die Urkunde in doloser Absicht **beseitigt** hat, so liegt der Fall des §444 vor.

§427 Folgen der Nichtvorlegung durch den Gegner

[1]Kommt der Gegner der Anordnung, die Urkunde vorzulegen, nicht nach oder gelangt das Gericht im Falle des §426 zu der Überzeugung, dass er nach dem Verbleib der Urkunde nicht sorgfältig geforscht habe, so kann eine vom Beweisführer beigebrachte Abschrift der Urkunde als richtig angesehen werden. [2]Ist eine Abschrift der Urkunde nicht beigebracht, so können die Behauptungen des Beweisführers über die Beschaffenheit und den Inhalt der Urkunde als bewiesen angenommen werden.

Gesetzesgeschichte: Bis 1900 §392 CPO. Geändert durch die Novelle 1933.

I. Folgen der Nichtvorlegung und der unterlassenen Nachforschung

1. Voraussetzungen

1 §427 regelt die Folgen der Nichtvorlegung und der Nichterfüllung der Nachforschungspflicht (§426 S.2) durch den Gegner auf der Grundlage der **freien Beweiswürdigung.** Voraussetzung ist, daß der Vorlageanordnung nicht gefolgt wurde. Behauptet der Beweisführer, bei der vom Gegner vorgelegten Urkunde handle es sich nicht um das Original, so muß er dies beweisen, um zur Anwendbarkeit des §427 zu gelangen[1].

2 Bei einer (einfachen oder notwendigen) **Streitgenossenschaft** treten die Wirkungen des §427 auch im Verhältnis zu denjenigen Streitgenossen ein, die den Vorlegungsantrag nicht gestellt hatten oder gegen die sich die Vorlegungsanordnung nicht richtete (→ §421 Rdnr. 3f.). Das folgt daraus, daß es sich um Fragen der freien Beweiswürdigung handelt, die gegenüber allen Streitgenossen einheitlich erfolgt (→ §61 Rdnr. 10, → auch §449 Rdnr. 6).

2. Freie Beweiswürdigung; sonstige Rechtsfolgen

3 Im Ergebnis werden durch §427 **Beweiserleichterungen** ermöglicht, jedoch ohne starre Bindung des Gerichts. Andere Folgen als die in §427 bestimmten treten nicht ein. Insbesondere findet eine *Zwangsvollstreckung* zur Vorlegung der Urkunde nach §883 nicht statt; ebensowenig kommen Zwangsmittel wie bei der Zeugnisverweigerung in Frage. Hatte die Vorlegung oder die Vernehmung nach §426 vor einem beauftragten oder ersuchten Richter zu erfolgen, so bestimmt sich der weitere Verlauf des Verfahrens nach §370 Abs. 2. – *Materiell-rechtliche Ansprüche* aufgrund des gegnerischen Verhaltens bleiben unberührt.

4 In §427 kommt ebenso wie in §446 der Gedanke der **Beweisvereitelung** zum Ausdruck. Allgemein dazu → §286 Rdnr. 121 (21. Aufl.), §444 Rdnr. 6ff.

---

[1] *OLG Koblenz* OLGR 2000, 473.

3. Entscheidung im Endurteil

5 Die Folgen des §427 können nur durch **Endurteil** ausgesprochen werden. Sie können in der **zweiten Instanz** durch nachträgliche Vorlegung der Urkunde beseitigt werden, soweit diese nach §531 Abs. 2 zulässig ist. Die nachträgliche Vernehmung über den Verbleib der Urkunde ist nur nach §536 zulässig, → §533 aF Rdnr. 8 (21. Aufl.).

4. Gegenbeweis

6 Ein Beweis, daß die vorgelegte Abschrift unrichtig oder die Behauptungen über Beschaffenheit und Inhalt der Urkunde unwahr seien, ist, da die freie Beweiswürdigung gilt, als **Gegenbeweis** nicht ausgeschlossen. Die *Parteivernehmung* ist allerdings, wenn das Gericht die Beweiswirkung nach §427 bejaht, wegen §445 Abs. 2 nicht zulässig.

5. Von Amts wegen angeordnete Vorlegung

7 War die Vorlegung nicht auf Antrag des Beweisführers nach §§421ff., sondern nach §§142f.; §§102, 258 HGB usw. (→ vor §415 Rdnr. 25) **von Amts wegen** angeordnet, so hat die Nichtbefolgung der richterlichen Anordnung unterschiedliche Konsequenzen, je nachdem ob sie sich an die beweispflichtige Partei oder an den Gegner richtet. Die beweispflichtige Partei bleibt gegebenenfalls beweisfällig (→ §142 Rdnr. 36), während auf die Nichtvorlage durch den Gegner §427 analog anzuwenden ist, soweit eine Verpflichtung des Gegners zur Vorlage der Urkunde bestand, näher → §142 Rdnr. 37.

II. Beweiserleichterungen

1. Beigebrachte Abschrift

8 Das Gericht »kann« eine vom Beweisführer beigebrachte **Abschrift** der Urkunde als **richtig,** d.h. als mit der Urschrift übereinstimmend ansehen, was im Ergebnis auf die Feststellung der Echtheit der Urkunde hinausläuft. Die frühere dahingehende *zwingende* Beweisregel ist beseitigt, doch wird die Annahme der Richtigkeit sehr häufig gerechtfertigt sein. Wegen der *materiellen Beweiskraft* der Urkunde für das Beweisthema → vor §415 Rdnr. 17ff. Ob die Abschrift vor oder nach der Nichtvorlage der Urkunde vorgelegt wird, ist gleich; bei nachträglicher Vorlegung wird allerdings regelmäßig größere Skepsis geboten sein. Wegen des Gegenbeweises auf Unrichtigkeit der Abschrift → Rdnr. 6.

2. Behauptungen des Beweisführers

9 Ist keine Abschrift beigebracht, so stellt es S. 2 in das Ermessen des Gerichts, ob es die **Behauptungen** des Beweisführers über die Urkunde als bewiesen ansehen oder sonstigen Beweis verlangen will. Es müssen aber hinreichend substantiierte Behauptungen des Beweisführers vorliegen[2]. S. 2 erstreckt sich nur auf die **Beschaffenheit** der Urkunde (ob öffentliche oder private Urkunde, Hauptbuch oder Journal usw.) und auf ihren **Inhalt** (§424 S. 1 Nr. 3), nicht dagegen unmittelbar auf die Tatsache, die *durch die Urkunde* erwiesen werden soll (§424 S. 1 Nr. 2).

---

2 *BGH* LM §810 Nr. 15 = WM 1992, 977 = ZIP 1992, 938; *BAG* DB 1976, 1020 = AP Nr. 24 zu §1 TVG Tarifverträge Bau.

10 Welche **Schlüsse aus der Urkunde** auf das eigentliche Beweisthema zu ziehen sind, bestimmt sich nach den allgemeinen Grundsätzen, → §286 und → vor §415 Rdnr. 17ff. Nur wenn gerade der Inhalt der Urkunde das Beweisthema selbst ist (→ vor §415 Rdnr. 18), fällt der Inhalt mit der zu erweisenden Tatsache zusammen.

§428 Vorlegung durch Dritte; Beweisantritt

Befindet sich die Urkunde nach der Behauptung des Beweisführers in den Händen eines Dritten, so wird der Beweis durch den Antrag angetreten, zur Herbeischaffung der Urkunde eine Frist zu bestimmen oder eine Anordnung nach §142 zu erlassen.

Gesetzesgeschichte: Bis 1900 §393 CPO. Änderung durch ZPO-RG 2001 (→ Einl. Rdnr. 202).

I. Normzweck

1 Die §§428 bis 432 regeln das Verfahren, wenn die **Urkunde** sich **in den Händen eines Dritten** befindet. Zur Frage, wer Dritter ist, → §421 Rdnr. 3f. Ist der Dritte *zur Vorlegung im Prozeß bereit*, so wird der Beweis nach §420 durch die von dem Beweisführer veranlaßte Vorlegung angetreten. Anderenfalls findet auf Antrag des Beweisführers innerhalb des anhängigen Prozesses lediglich eine summarische Vorprüfung statt, die mit der **Fristsetzung** nach §431 abschließt. Die Durchsetzung des Anspruchs gegen den Dritten erfolgt dann außerhalb des Hauptprozesses, → §429 Rdnr. 5. Im *Urkundenprozeß* ist dieses Verfahren nicht anwendbar (§595 Abs. 3, → §595 Rdnr. 3 [21. Aufl.]).

2 Als weitere Form des Beweisantritts wurde durch das ZPRG 2001 die Möglichkeit hinzugefügt, den **Erlaß einer Anordnung nach §142 zu beantragen,** näher → Rdnr. 4ff.

II. Der Antrag auf Fristsetzung

3 Die **Fristsetzung** ist eine den Beweis vorbereitende Anordnung, die nach §431 Abs. 1 durch Beschluß ergeht und gemäß §128 Abs. 4 ohne vorherige mündliche Verhandlung getroffen werden kann. Dazu → §431 Rdnr. 3f. Die Fristsetzung kann daher auch **schriftlich** beantragt werden. Zum Verhältnis zur Fristsetzung nach §356 → §431 Rdnr. 3. Zur Fortsetzung des Verfahrens → §431 Rdnr. 8ff.

III. Der Antrag auf Erlaß einer Anordnung nach §142

1. Bedeutung der gesetzlichen Regelung

4 Die durch das ZPO-RG 2001 neu geschaffene Möglichkeit, den Beweis durch einen Antrag auf Erlaß einer Anordnung nach §142 anzutreten, verquickt in schwer verständlicher, auch in den Voraussetzungen unklarer Weise den Beweisantritt mit der in §142 geregelten Anord-

nung der Urkundenvorlegung von Amts wegen. Wenn es sich dabei um eine zusätzliche Variante für den Beweisantritt handelt, wird man daraus zu folgern haben, daß es anders als im unmittelbaren Anwendungsbereich des § 142 **nicht im Ermessen des Gerichts** steht, ob es dem Antrag folgt, sondern daß es die beantragte Anordnung zu erlassen hat, sofern die Voraussetzungen gegeben sind[1], → § 142 Rdnr. 33. Eine **Vorlagepflicht des Dritten nach § 429 S. 1** ist dafür **nicht Voraussetzung**[2], näher → § 142 Rdnr. 34. Vielmehr kommt es, wofür auch § 429 S. 2 spricht, darauf an, ob der Dritte nach § 142 Abs. 2 zur Vorlage verpflichtet ist, → § 142 Rdnr. 25ff. Versteht man die Regelung in dieser Weise, dann muß entgegen dem Wortlaut des § 430 für diese Variante des Beweisantritts auch das Erfordernis des § 424 Nr. 5 (Bezeichnung und Glaubhaftmachung des Grundes der Vorlegungspflicht) entfallen, → § 430 Rdnr. 3.

5 Der Wortlaut des § 428 läßt allerdings auch eine andere Auslegung zu. Man könnte die Regelung so verstehen, daß es sich lediglich um **einen Antrag** handelt, der darauf zu richten ist, das Gericht möge entweder eine Frist zur Herbeischaffung der Urkunde bestimmen *oder* eine Anordnung nach § 142 treffen. Dafür läßt sich anführen, daß auch § 430 nur von der Begründung *des* nach § 428 zu stellenden Antrages spricht, also nicht zwei verschiedene Antragsvarianten unterscheidet. Bei dieser Auslegung wäre am **Ermessen des Gerichts** festzuhalten, ob es eine Anordnung nach § 142 trifft oder ob es für den Beweisführer eine Frist bestimmt, innerhalb derer er sich selbst um die Herbeischaffung der Urkunde, gegebenenfalls durch Klage gegen den Dritten, zu bemühen hat. Sieht man aber das Ziel der Gesetzesreform vor allem darin, die Position des Beweisführers zu verstärken, so spricht mehr für die bei Rdnr. 4 dargelegte Auslegung[3].

2. Erfordernis konkreten Parteivortrags

6 Voraussetzung einer Vorlageanordnung nach § 428 iVm § 142 ist **substantiierter Tatsachenvortrag** und die **Bezeichnung einer konkreten Urkunde**[4], → § 142 Rdnr. 9ff. Es kann nicht in allgemeiner Form die Vorlage von Unterlagen, Protokollen oder Aktenordnern in einer bestimmten Angelegenheit o.ä. beantragt werden,

3. Durchsetzung der Anordnung

7 Die Erfüllung einer Vorlageanordnung nach § 142 ist vom Gericht bei unberechtigter Weigerung durch **Ordnungsgeld** oder **Ordnungshaft** zu erzwingen, → § 142 Rdnr. 30, 32. Für den Beweisführer bietet damit diese Art des Beweisantritts gegenüber dem Antrag auf Fristbestimmung erhebliche Vorteile, sofern nicht mit einer problemlosen freiwilligen Herausgabe der Urkunde durch den Dritten zu rechnen ist.

---

1 Näher *Leipold* Festschr. für Gerhardt (2004), 563, 574ff. Ebenso *Greger* DStR 2005, 479, 483.

2 *Leipold* (Fn. 1) 578f.; *Greger* DStR 2005, 479, 483; *Thomas/Putzo/Reichold*[26] Rdnr. 3; *Musielak/Huber*[4] Rdnr. 5.

3 Auch die Gesetzesbegründung BT-Drucks. 14/4722, S. 92 weist eher in diese Richtung.

4 *LAG Berlin* Urt. vom 13. 12. 2002, 6 Sa 1628/02, Juris Nr. KARE600007387; *Leipold* (Fn. 1) 569ff.; *Greger* DStR 2005, 479, 482.

§429 Vorlegungspflicht Dritter

[1]Der Dritte ist aus denselben Gründen wie der Gegner des Beweisführers zur Vorlegung einer Urkunde verpflichtet; er kann zur Vorlegung nur im Wege der Klage genötigt werden. [2]§ 142 bleibt unberührt.

Gesetzesgeschichte: Bis 1900 §394 CPO. Satz 2 angefügt durch ZPO-RG 2001 (→ Einl. Rdnr. 202)

I. Vorlegungspflicht dritter Personen

1 Die **Vorlegungspflicht Dritter** (zum Begriff → §421 Rdnr. 3f.) hat denselben Umfang wie die des Prozeßgegners, d.h. der Dritte ist insoweit zur Vorlegung verpflichtet, als er es wäre, wenn er Prozeßgegner wäre. Der Verpflichtungsgrund des §423 kann auf den Dritten nur dann sinngemäße Anwendung finden, wenn er als Streitgehilfe oder frühere Partei (§§75f., 265) am Prozeß beteiligt ist oder war und selbst auf die Urkunde **Bezug genommen** hat. Im übrigen gilt die Verweisung des §422 auf die **Gründe des bürgerlichen Rechts.**

2 **Aufgrund dieser Verweisung trifft auch den Dritten eine prozeßrechtliche Vorlegungspflicht,** → §422 Rdnr. 1f. Er ist daher zur Vorlegung *in einem Verhandlungstermin* vor dem Prozeßgericht (bzw. im Fall des §434 vor dem beauftragten oder ersuchten Richter) verpflichtet, auch wenn der Anspruch des Beweisführers nach bürgerlichem Recht auf Herausgabe oder auf Vorlegung an einem anderen Ort (§811 BGB) geht. Der Dritte muß sich ferner, auch wenn er sonst nur der Partei Einsicht gestatten müßte, die Kenntnisnahme durch den Gegner (→ §420 Rdnr. 8) gefallen lassen. Soweit die Vorlegungspflicht nach materiellem Recht ein rechtliches Interesse voraussetzt, genügt das *Beweisinteresse*, → §422 Rdnr. 4.

Zur Vorlegung der **Tagebücher eines Handelsmaklers** als Dritten → vor §415 Rdnr. 25.

II. Verhältnis zur Zeugenvernehmung

3 Die Vorlegung einer Urkunde durch einen Dritten ist von der Zeugenvernehmung strikt zu unterscheiden. Zwar kann einem **Zeugen** nach Maßgabe des §378 Abs. 1 S. 1 aufgegeben werden, Aufzeichnungen und Unterlagen mitzubringen, doch dienen diese nur seiner eigenen Aussage. Es erwächst daraus keine Verpflichtung, diese Anforderungen oder Unterlagen dem Gericht oder den Parteien vorzulegen. Wie §378 Abs. 1 S. 2 klarstellt, bleiben für die Vorlage von Beweisurkunden durch den Zeugen die Vorschriften des §429 und des §142 maßgebend.

4 Andererseits kann ein Antrag auf Zeugenvernehmung nicht deshalb abgelehnt werden, weil er sich auf Tatsachen bezieht, die auch den Inhalt von Urkunden betreffen, zu deren Vorlage der Dritte nicht verpflichtet ist. Insoweit greift die Zeugenpflicht weiter als die Vorlegungspflicht. Wenn aber die Vernehmung nur darauf abzielt, auf diese Weise den Inhalt von Urkunden zu ermitteln, zu deren Vorlage keine Verpflichtung besteht, während der Zeuge keine eigenen Kenntnisse über diese Tatsachen besitzt, liegt im Antrag auf Zeugenvernehmung eine unzulässige **Umgehung** der Grenzen der Vorlegungspflicht[1]. Angesichts der Erwei-

[1] *OLG Köln* JMBl NRW 1989, 188 (zur Vernehmung des Sachbearbeiters einer Versicherung über den Inhalt einer dort geführten Akte).

terung der Vorlagepflicht durch §142 (gegenüber §429 S. 1), wird dies aber nur noch selten anzunehmen sein.

III. Die Klage gegen den Dritten

5 Das **Verfahren gegen den Dritten** ist ein **selbständiger Prozeß,** für den weder ein besonderer Gerichtsstand noch ein besonderes Verfahren gilt. Der Vorlegungsanspruch kann nur durch die Partei geltend gemacht werden, die den Antrag nach §428 gestellt hat; hat ihn der *Streitgehilfe* gestellt, so muß die unterstützte Partei klagen[2], anders jedoch, wenn der Streitgehilfe selbst einen Anspruch auf Vorlegung hat[3]. Der Gegner des Beweisführers kann sowohl diesem wie dem Dritten als Streitgehilfe beitreten. Zum *Beweis des Besitzes* sind alle Beweismittel einschließlich des Antrags auf Parteivernehmung nach §445 zulässig. Das Verfahren nach §426 ist dagegen nicht anwendbar. Zur *Zwangsvollstreckung* → §883 Rdnr. 10[4]. Bleibt die Vollstreckung ohne Erfolg, so ist der im Hauptprozeß angetretene Urkundenbeweis gescheitert.

IV. Anordnung der Urkundenvorlage nach §142

6 Wie Satz 2 klarstellt, steht die Möglichkeit einer Anordnung der Urkundenvorlegung nach §142 neben dem Weg der Klage des Beweisführers gegen den Dritten. Bei einer Anordnung nach §142 ist keine Vorlegungspflicht nach §429 S. 1 erforderlich. Die Grenzen der Vorlegungspflicht werden in diesem Fall durch §142 Abs. 2 gezogen. Dies leuchtet ein, wenn von Amts wegen eine Anordnung nach §142 ergeht, gilt aber (eigentümlicher Weise) auch dann, wenn der Beweisführer den Beweis gemäß §428, zweite Alternative, durch den Antrag antritt, eine Anordnung nach §142 zu erlassen, → §428 Rdnr. 4f.

§430 Antrag bei Vorlegung durch Dritte

Zur Begründung des nach §428 zu stellenden Antrages hat der Beweisführer den Erfordernissen des §424 Nr. 1 bis 3, 5 zu genügen und außerdem glaubhaft zu machen, dass die Urkunde sich in den Händen des Dritten befinde.

Gesetzesgeschichte: Bis 1900 §395 CPO.

I. Antrag auf Fristsetzung

1. Anforderungen

1 **Form und Inhalt des Antrags** bestimmen sich nach §424; nur sind hier, über §424 S. 1 Nr. 4 hinausgehend, auch die Umstände, auf die der *Besitz* des Dritten gegründet wird, glaubhaft zu machen, sofern der Besitz des Dritten nicht unstreitig ist. Daß ein die Vorlegungspflicht des Dritten begründender Umstand (§424 S. 1 Nr. 5) erst später eintreten wird (z.B. zu erwarten-

---

2 Abw. *Wieczorek*[2] A, der die Klage des Streitgehilfen genügen lassen will.
3 *Baumbach/Lauterbach/Hartmann*[63] Rdnr. 4.
4 Zur Rechtskraft gegenüber einem späteren Besitzer der Urkunde vgl. *Siegel* (Lit.Verz. zu §422) 251ff.

de Abtretung des Vorlegungsanspruchs), rechtfertigt die Fristsetzung nach §431 nicht[1]. Zur *Prüfung* der Voraussetzungen der Fristsetzung → §431.

2. Antrag eines nichtrechtsfähigen Vereins

2 Daß der **nichtrechtsfähige Verein** (jedenfalls nach bisher h.M. mangels aktiver Parteifähigkeit) nicht selbst gegen den Dritten auf Vorlegung klagen kann[2], sondern die Mitglieder klagen müssen, → §50 Rdnr.30, 35ff., hindert die Fristsetzung nicht.

II. Anwendung auf den Antrag auf Erlaß einer Vorlegungsanordnung nach §142

3 Die Vorschrift ist durch das ZPO-RG 2001 nicht geändert worden. Nach dem Wortlaut bezieht sie sich uneingeschränkt auf einen nach §428 zu stellenden Antrag. Das würde bedeuten, daß alle ihre Anforderungen auch dann erfüllt sein müßten, wenn der Beweis, wie dies seit dem ZPO-RG 2001 möglich ist, durch den Antrag angetreten wird, das Gericht möge eine Vorlageanordnung nach §142 erlassen (näher → §428 Rdnr.4ff.). Geht man aber, wofür §429 S.2 spricht, davon aus, daß eine solche Vorlageanordnung nicht von einer Vorlegungspflicht des Dritten nach §429 S.1 abhängt, so wäre es sinnwidrig, gemäß §430 iVm §424 Nr.5 die Bezeichnung und die Glaubhaftmachung des Grundes zu verlangen, aus dem sich die Vorlagepflicht ergibt. Man wird also für diesen Antrag nur die Erfordernisse des §424 Nr.1 bis 3 verlangen können[3]. Allerdings erscheint es auch nicht völlig ausgeschlossen, gerade umgekehrt aus §430 zu folgern, daß die Anordnung nach §142 auf Parteiantrag nur zu ergehen hat, wenn eine Vorlegungspflicht des Dritten gemäß §429 S.1 besteht. Der Vorteil des Beweisantritts auf diese Weise würde dann immer noch darin bestehen, daß die gerichtliche Anordnung nach §142 vom Gericht mit Ordnungsmitteln erzwungen werden kann, so daß dem Beweisführer die Klage gegen den Dritten erspart bleibt.

§431 Vorlegungsfrist bei Vorlegung durch Dritte

(1) Ist die Tatsache, die durch die Urkunde bewiesen werden soll, erheblich und entspricht der Antrag den Vorschriften des vorstehenden Paragraphen, so hat das Gericht durch Beschluss eine Frist zur Vorlegung der Urkunde zu bestimmen.

(2) Der Gegner kann die Fortsetzung des Verfahrens vor dem Ablauf der Frist beantragen, wenn die Klage gegen den Dritten erledigt ist oder wenn der Beweisführer die Erhebung der Klage oder die Betreibung des Prozesses oder der Zwangsvollstreckung verzögert.

Gesetzesgeschichte: Bis 1900 §396 CPO. Änderung durch die Neubekanntmachung 1924. Abs.1 geändert durch ZPO-RG 2001 (→ Einl. Rdnr.202).

---

[1] *RGZ* 135, 131.
[2] A.M. *Jung* NJW 1986, 157, 160.
[3] *Leipold* Festschr. für Gerhardt (2004) 563, 578f. Ebenso *Greger* DStR 2005, 479, 483.

I. Die Entscheidung über den Antrag auf Fristsetzung

1. Prüfung

1 Das Gericht hat zu prüfen, ob der Antrag auf Fristsetzung den **Erfordernissen des §430** genügt und ob die unter Beweis gestellte **Tatsache erheblich** ist. Auf die Erklärung des Gegners über den Antrag kommt es (anders als bei §425) nicht an. Fehlt es an einer der genannten Voraussetzungen, so ist der Antrag sofort **zurückzuweisen** (→ §425 Rdnr. 1). Ist der Antrag begründet, so führt er zur Bestimmung der Frist nach Abs. 1 durch Beschluß. Stets muß eine *bestimmte* Frist festgesetzt werden.

2 Für die **Bemessung der Frist** ist entscheidend, welche Zeitspanne für den Prozeß gegen den Dritten voraussichtlich erforderlich sein wird. Die Frist kann als richterliche nach §§224f. verlängert werden.

2. Fristsetzung

3 Die **Fristsetzung** ist im Gegensatz zu der Anordnung der Vorlegung der in den Händen des Gegners befindlichen Urkunde, → §425 Rdnr. 3f., *kein Beweisbeschluß*; sie ordnet die Beweisaufnahme nicht an, sondern dient lediglich dazu, der beweisführenden Partei Gelegenheit zu geben, die Urkunde von sich aus zu beschaffen und sie dann nach §420 vorzulegen. Soweit §431 anwendbar ist, schließt die Vorschrift als Sonderregel eine Heranziehung des §356 aus, → §356 Rdnr. 3.

4 Da durch Beschluß entschieden wird, braucht keine mündliche Verhandlung vorauszugehen, §128 Abs. 4. Da die Fristsetzung zu einer Verzögerung des Verfahrens führt, wird es aber im Hinblick auf das Interesse des Gegners in der Regel angemessen sein, ihm in mündlicher Verhandlung oder in schriftlicher Form **Gelegenheit zur Stellungnahme** zu geben.

3. Rechtsmittel

a) Gegen die Ablehnung der Fristsetzung

5 Die Ablehnung der Fristbewilligung unterliegt der **sofortigen Beschwerde,** §567 Abs. 1 Nr. 2. Die Überprüfung durch das Beschwerdegericht wird sich aber auf die speziellen prozessualen Voraussetzungen der Fristbestimmung beschränken müssen. Wäre auf die Beschwerde hin auch zu prüfen, ob die unter Beweis gestellte Tatsache zu Recht als *unerheblich* angesprochen wurde, so würde die Entscheidung des Rechtsstreits ganz oder doch in wesentlichen Teilen auf das Beschwerdegericht verlagert. Das kann nicht der Sinn der Beschwerde sein, zumal die umfassende Begründung dafür, weshalb die Tatsache als nicht erheblich angesehen wurde, erst mit dem Endurteil gegeben wird. Das Problem ist das gleiche wie bei der Anfechtung eines Beweisbeschlusses, der auf eine Aussetzung hinausläuft. Dazu → §359 Rdnr. 5 Fn. 10 mit Nachw.

b) Gegen die Fristsetzung

6 Gegen die Fristsetzung ist grundsätzlich **kein Rechtsmittel** gegeben. Man wird aber die sofortige Beschwerde entsprechend §252 für zulässig ansehen müssen, wenn die Fristsetzung auf eine **Aussetzung** hinausläuft, weil unzulässigerweise eine unbestimmte Frist gesetzt wurde oder weil eine übermäßig lange Dauer der Frist bestimmt wurde[1].

II. Bedeutung der Fristsetzung und Fortsetzung des Verfahrens

1. Bedeutung

7 Die Bedeutung der Fristsetzung liegt, wenn dies im Wortlaut des Gesetzes auch nicht ganz klar zum Ausdruck kommt, darin, daß dem Beweisführer der *Zeitraum für die Beschaffung der Urkunde* frei bleiben muß. Daß er die Urkunde vor Ablauf der Frist etwa auf der Geschäftsstelle niederlegt, ist nicht erforderlich.

2. Fortsetzung des Verfahrens

a) Mitteilung des Beweisführers

8 Hat der Beweisführer innerhalb der Frist die **Verurteilung** oder die **Vorlegungsbereitschaft** des Dritten erreicht, so steht es bei ihm, durch eine Mitteilung an das Gericht bzw. einen Antrag (→ §216 Rdnr. 3) die Bestimmung eines Termins zur mündlichen Verhandlung vor dem Prozeßgericht gemäß §216 herbeizuführen und in diesem die Urkunde vorzulegen. Zur Vorlegung vor dem beauftragten oder ersuchten Richter → §434.

b) Fristablauf ohne Ergebnis

9 Ist die Frist ohne Ergebnis abgelaufen oder verzichtet der Beweisführer auf die Verfolgung des Vorlegungsanspruchs, so ist von Amts wegen[2] **Verhandlungstermin** nach §216 zu bestimmen.

c) Antrag des Gegners

10 Der Gegner ist vor Ablauf der Frist nur bei Erledigung oder Verzögerung des Prozesses gegen den Dritten (Abs. 2) berechtigt, die Fortsetzung des Verfahrens (d.h. die Bestimmung eines Verhandlungstermins, → vor §214 Rdnr. 8) zu beantragen. In dem fortgesetzten Verfahren kann sich dann der Beweisführer der Urkunde nur noch durch Vorlegung (§420) als Beweismittel bedienen.

III. Entsprechende Anwendung bei Schiedsgutachten

11 Wird eine Klage erhoben, ohne daß das kraft Vereinbarung erforderliche Schiedsgutachten vorliegt, so kann dem Kläger analog §§356, 431 eine Frist zur Beibringung des Schiedsgutachtens gesetzt werden[3]. Die Fristsetzung dient der Vermeidung einer frühzeitigen Klagab-

---

[1] Vgl. *Wieczorek*[2] B I; *Baumbach/Lauterbach/Hartmann*[63] Rdnr. 4; *Zöller/Geimer*[25] Rdnr. 1. Zur entsprechenden Frage bei der Fristsetzung nach §356 → §356 Rdnr. 15.

[2] Ebenso *Zöller/Geimer*[25] Rdnr. 2. – A.M. – stets nur auf Antrag – *Baumbach/Lauterbach/Hartmann*[63] Rdnr. 5; *Thomas/Putzo/Reichold*[26] Rdnr. 3.

[3] *BGH* LM §304 Nr. 49 = JZ 1988, 1080; *BGH* NJW 1994, 586, 588 (anders im konkreten Fall); → auch vor §1025 Rdnr. 40.

weisung und steht im Ermessen des Gerichts; eine Erstattungsfähigkeit der Kosten des Schiedsgutachtens[4] wird dadurch nicht begründet[5].

§432 Vorlegung durch Behörden oder Beamte; Beweisantritt

(1) Befindet sich die Urkunde nach der Behauptung des Beweisführers in den Händen einer öffentlichen Behörde oder eines öffentlichen Beamten, so wird der Beweis durch den Antrag angetreten, die Behörde oder den Beamten um die Mitteilung der Urkunde zu ersuchen.

(2) Diese Vorschrift ist auf Urkunden, welche die Parteien nach den gesetzlichen Vorschriften ohne Mitwirkung des Gerichts zu beschaffen imstande sind, nicht anzuwenden.

(3) Verweigert die Behörde oder der Beamte die Mitteilung der Urkunde in Fällen, in denen eine Verpflichtung zur Vorlegung auf §422 gestützt wird, so gelten die Vorschriften der §§428 bis 431.

Gesetzesgeschichte: Bis 1900 §397 CPO.

I. Der Antrag und seine Voraussetzungen[1]

1. Verschiedene Formen des Beweisantritts

1 Befindet sich die Urkunde (gleich ob es sich um eine öffentliche oder eine private Urkunde handelt) nach der Behauptung des Beweisführers **in den Händen einer öffentlichen Behörde** (Verwaltungsbehörde, Gericht usw., → §415 Rdnr. 3) oder eines öffentlichen Beamten[2] (→ §376 Rdnr. 21ff.), so bestehen verschiedene Möglichkeiten des Beweisantritts:

2 **a)** Ist die Behörde oder der Beamte **Prozeßgegner** (→ §421 Rdnr. 4), so sind auf das Vorlegungsverfahren und auf die Vorlegungspflicht die §§421 bis 427 anzuwenden.

3 **b)** Ist die Behörde oder der Beamte **Dritter** (→ §421 Rdnr. 4), so ist das Vorlegungsverfahren nach §§428 bis 431 zulässig. Das ergibt sich aus §432 Abs. 3.

4 **c)** Darüber hinaus kann nach §432 Abs. 1 der Beweis auch durch den Antrag angetreten werden, das Gericht möge die Behörde oder den Beamten um die Übersendung der Urkunde ersuchen. Diese Möglichkeit ist vor allem in den Fällen wichtig, in denen der Partei **kein Vorlegungsanspruch** i.S. des §422 zusteht. Die Heranziehung öffentlicher Akten wird also durch

4 Die Erstattungsfähigkeit ist nach h.M. zu verneinen, → §91 Rdnr. 79 Fn. 209.

5 *OLG Düsseldorf* NJW-RR 1999, 1667.

1 Lit.: *Arnold* NJW 1953, 1283.

2 Dazu sind i.S. des §432 Abs. 1 auch die Notare zu rechnen, *RG* JW 1898, 159; *MünchKommZPO/Schreiber*[2] Rdnr. 2.

die Einschaltung des Gerichts erleichtert. Zur Ausnahme nach Abs. 2 → Rdnr. 21f. Im Urkundenprozeß ist §432 nicht anwendbar, → §595 Rdnr. 3 (21. Aufl.).

2. Inhalt des Antrags

5 Zum **Antritt des Beweises** nach §432 Abs. 1 bedarf es keines den Erfordernissen des §430 bzw. §424 entsprechenden Antrags. Immerhin muß der (in mündlicher Verhandlung oder schriftlich zu stellende) Antrag die zu erweisenden Tatsachen so genau ersehen lassen, daß eine Prüfung ihrer Erheblichkeit möglich ist, und Anhaltspunkte dafür bieten, daß sich die Urkunde im Besitz der Behörde befindet. Die **Urkunden** müssen so **genau bezeichnet werden,** daß ein sachgemäßes Ersuchen an die Behörde gerichtet werden kann. Der Antrag auf Beiziehung ganzer Akten oder gar Aktenbündel genügt nicht, vielmehr müssen die einzelnen Urkunden (z.B. Protokolle, Gutachten, behördliche oder gerichtliche Anordnungen und Entscheidungen) bezeichnet werden, die als Beweismittel dienen sollen[3].

6 Freilich kann eine **völlig exakte Bezeichnung der Urkunde** (nach Ausstellungsdatum, Blatt der Akten) **nicht verlangt werden,** da die Partei davon vielfach keine Kenntnis hat. Es ist aber jedenfalls nicht der Sinn des §432, die Akten beizuziehen, um festzustellen, ob sich darin irgendwelche Urkunden befinden, die als Beweismittel dienen können. Wird ohne hinreichende Benennung der Urkunden dem Antrag auf Beiziehung von Akten stattgegeben, so wird deren Inhalt nicht generell zum Prozeßstoff, sondern nur, soweit er einen von den Parteien im gegenwärtigen Prozeß vorgetragenen Sachverhalt betrifft[4].

3. Entscheidung über den Antrag

7 Über den Antrag hat das Prozeßgericht ebenso wie über einen sonstigen Beweisantrag zu beschließen. Ordnet es die Beiziehung der Urkunde an, so geschieht dies durch **Beweisbeschluß,** §358. Nach Möglichkeit wird das Gericht die Beiziehung bereits vor der mündlichen Verhandlung im Wege vorbereitender Anordnung nach §273 Abs. 2 Nr. 2 veranlassen.

8 Ob die Behörde **verpflichtet** ist, dem Ersuchen zu entsprechen (→ Rdnr. 13ff.), braucht das Gericht nicht vor der Anordnung festzustellen; wohl aber ist der Antrag abzulehnen, wenn dem Gericht bekannt ist, daß die Urkunden nicht vorgelegt werden dürfen. Dabei geht es allein um das Verhältnis zwischen dem *Gericht* und der Behörde; darauf, inwieweit die Behörde die Urkunden, wie etwa Strafakten oder Strafregister, den *Parteien* zur Einsicht vorlegen würde, kommt es nicht an. Wenn aber die Urkunde nur zur **vertraulichen Kenntnisnahme** übermittelt wird, ist sie **unverwertbar** (→ Rdnr. 20 a.E.), und wenn dies bereits vorher feststeht, hat schon das Ersuchen um Übersendung der Urkunde zu unterbleiben.

9 Gibt das Gericht dem **Antrag nicht statt** (weil es den Beweisantritt für unerheblich hält oder aus sonstigen Gründen, → Rdnr. 5f.), so ist ebensowenig wie sonst, wenn das Gericht auf einen angebotenen Beweis nicht eingeht, ein ablehnender Beschluß nötig. Darüber, weshalb das Gericht den Beweis nicht erhebt, haben die Gründe des Endurteils Aufschluß zu geben. Gegen die Ablehnung des Antrags findet demgemäß (im Gegensatz zu §431, → §431 Rdnr. 5) **keine Beschwerde** statt.

10 Der Beweisbeschluß wird dadurch ausgeführt, daß der Vorsitzende, bzw. im Verfahren vor dem Einzelrichter dieser, das **Ersuchungsschreiben** von Amts wegen erläßt (entsprechend §§362f.). Dieses Ersuchen ist, auch wenn es an ein Gericht geht, *kein Rechtshilfeersuchen* i.S. der §§157ff. GVG (→ Rdnr. 17).

---

3 *BGH* NJW 1994, 3295, 3296; DRiZ 1963, 60; *Teplitzky* JuS 1968, 72. S. auch *BGHSt* 6, 128.
4 *BGH* NJW 1994, 3295, 3296.

4. Erst zu schaffende Urkunden

11 §432 geht davon aus, daß sich die Urkunde im Besitz der Behörde befindet. Die Bestimmung ist aber entsprechend anwendbar, wenn es sich um eine **erst zu schaffende Urkunde** (z.B. um Auszüge aus Registern und Büchern) handelt. Zur amtlichen Auskunft → vor §373 Rdnr. 44.

5. Urkunden beim Prozeßgericht

12 Befinden sich die Urkunden oder Akten **in der Verwahrung des Prozeßgerichts,** auch einer anderen Abteilung (Kammer) desselben Gerichts, so bedarf es keines Antrags nach §432. Es genügt die Berufung auf die Akten und ihre formlose Beiziehung[5].

II. Die Vorlagepflicht der Behörden und das weitere Verfahren

1. Vorlagepflicht

13 Die Behörde oder der Beamte haben nach den für sie maßgebenden Vorschriften (vgl. auch §168 GVG) zu prüfen, ob sie **dem Gericht gegenüber** (→ Rdnr. 8) zur Vorlegung verpflichtet sind und ob die Genehmigung der vorgesetzten Dienststelle erforderlich ist. Die Pflicht geht hier regelmäßig viel weiter als gegenüber den Parteien. Die ZPO enthält allerdings keine dem §99 Abs. 1 S. 1 VwGO entsprechende Bestimmung über eine Vorlagepflicht der Behörden[6]. Daß die Vorlegung nicht nach Belieben verweigert werden kann, ergibt sich aber aus der in Art. 35 Abs. 1 GG ausgesprochenen und in den Verwaltungsverfahrensgesetzen geregelten **Verpflichtung zur Amtshilfe.** Die Amtshilfe kann immer nur insoweit beansprucht werden, als die ersuchte Behörde zu der gewünschten Amtshandlung berechtigt ist[7], §5 Abs. 2 S. 1 Nr. 1 VwVfG. Eine Verpflichtung zur Urkundenvorlage besteht nicht, soweit es sich um Vorgänge handelt, die nach einem Gesetz oder ihrem Wesen nach geheimzuhalten sind, §5 Abs. 2 S. 2 VwVfG. So schließt das **Steuergeheimnis** (§30 AO) eine Vorlegung der darunter fallenden Urkunden aus. §432 Abs. 1 enthält nicht etwa eine Norm, aus der sich die Befugnis zur Durchbrechung des Steuergeheimnisses ergibt. Die Vorlegung ist aber zulässig, wenn die Betroffenen zustimmen.

14 Auf die Vorlegung von **Urkunden aus den Akten eines Zivilprozesses** wird man §299 Abs. 2 entsprechend anzuwenden haben. Diese Vorschrift gilt unmittelbar, wenn ein Gericht durch Gewährung von Akteneinsicht Amtshilfe leisten soll, → §299 Rdnr. 27 (21. Aufl.). Dann kann aber auch die *Vorlegung* von Urkunden aus den Prozeßakten nur im gleichen Umfang zulässig sein. Das ersuchende Gericht hat ein rechtliches Interesse im Sinne des §299 Abs. 2, wenn es in dem von ihm zu entscheidenden Prozeß auf die angeforderten Urkunden ankommt. Es bleibt aber zu prüfen, ob diesem Interesse nicht **höherrangige Interessen der Parteien des anderen Prozesses** entgegenstehen. → §299 Rdnr. 20ff., insbesondere Rdnr. 22 (21. Aufl.). Das Gericht wird daher z.B. die Akten eines Eheprozesses nicht ohne Einwilligung der Parteien zur Verwertung in einem Rechtsstreit herausgeben dürfen, in dem es um die Wirksamkeit einer mit angeblichen moralischen Verfehlungen begründeten Kündigung geht (→ auch §299 bei Fn. 51 [21. Aufl.] zur Vorlage an eine Verwaltungsbehörde).

---

[5] Vgl. *BGH* MDR 1998, 759 = BauR 1998, 634 (auch im Urkundenprozeß); *Stein* Urkunden- und Wechselprozeß (1887), 193.

[6] Gegen eine entsprechende Anwendung der §§99f. VwGO vor den Zivilgerichten *BVerwGE* 30, 154 = MDR 1969, 75.

[7] *Maunz* in *Maunz/Dürig* GG, Stand Februar 2004, Art. 35 Rdnr. 6; *Klein* in *Schmidt/Bleibtreu/Klein* GG[9] Art. 35 Rdnr. 1 und 3, → auch §299 Rdnr. 27 (21. Aufl.).

15 Soweit es um die **Übermittlung personenbezogener Daten** geht, sind die eingehenden Vorschriften des **Justizmitteilungsgesetzes** (JuMiG) vom 18.6. 1997 (BGBl. I S.1430) (mit späteren Änderungen) zu beachten.

16 Auch soweit der Vorlegung keine ausdrücklichen Rechtsnormen entgegenstehen, können **berechtigte private oder öffentliche Interessen** die Vorlage verbieten. Die ersuchte Behörde hat also stets zu beachten, aufgrund welchen Rechtsverhältnisses und zu welchem Zweck sie die Urkunde besitzt; sie muß gegebenenfalls eine *Interessenabwägung* vornehmen.

2. Ablehnung des Ersuchens

17 Wird das Ersuchen abgelehnt, so kann das ersuchende Gericht die **Dienstaufsichtsbeschwerde** zur vorgesetzten Behörde erheben[8]. Eine Beschwerde nach §159 GVG ist auch dann ausgeschlossen, wenn die ersuchte Behörde ein Gericht ist, da ein Fall der Rechtshilfe nicht vorliegt[9].

18 Das Gericht hat die Parteien von der Ablehnung des Ersuchens zu benachrichtigen. Dem **Beweisführer** steht es dann frei, nach dem einschlägigen Verwaltungsrecht einen **Rechtsbehelf** bei der vorgesetzten Behörde oder gegebenenfalls **Klage** bei den Verwaltungsgerichten zu erheben. Ob der Rechtsbehelf bzw. die Klage Erfolg hat, hängt davon ab, ob dem Beweisführer ein Anspruch gegen die Behörde auf Vorlegung der Urkunde im Prozeß zusteht. Aus der Verpflichtung zur Amtshilfe ergibt sich kein derartiger Anspruch der Partei[10]. Soweit keine besonderen Regeln eingreifen, entscheidet der Partei gegenüber das pflichtgemäße Ermessen der Behörde[11].

19 Ist die Behörde oder der Beamte **als Dritter zur Vorlegung nach §422 verpflichtet,** so kann der Beweisführer bei Ablehnung des Ersuchens gemäß Abs.3 den Beweis nach §428 antreten und die Vorlegung im ordentlichen Rechtsweg, soweit er zulässig ist[12], erzwingen. Die in §428 vorgesehene Variante, wonach der Beweisführer den Erlaß einer Vorlegungsanordnung nach §142 beantragen kann, wird hier nicht in Betracht kommen, da insoweit Abs.1 als Spezialregelung anzusehen ist.

3. Mitteilung der Urkunde

20 Teilt die Behörde die Urkunde mit, so hat die Geschäftsstelle die Parteien entsprechend §362 Abs.2 formlos zu benachrichtigen. Die **Beweisaufnahme** erfolgt durch Einsichtnahme in der mündlichen Verhandlung. Im Fall der Entscheidung ohne mündliche Verhandlung, §128 Abs.2, und derjenigen nach Lage der Akten, §§251a, 331 a, sowie im Verfahren ohne Mündlichkeit (→ §128 Rdnr.49ff.) kann das Gericht, sofern die Benachrichtigung nach §362 Abs.2 erfolgt ist, die Urkunde ohne weiteres als Beweismittel verwerten. Falls die Behörde die Akten nur **zur vertraulichen Kenntnisnahme** mitteilt, ist eine Verwertung im Prozeß stets ausgeschlossen, → näher §299 Rdnr.13 (21. Aufl.).

---

[8] *Maunz* in *Maunz/Dürig* GG (Fn.7) Art.35 Rdnr.10; *Klein* in *Schmidt/Bleibtreu/Klein* GG[9] Art.35 Rdnr.8.

[9] *OLG Augsburg* OLGRsp 9 (1904), 147.

[10] Vgl. *BVerwGE* 30, 154 (Fn.6); *Maunz* in *Maunz/Dürig* GG (Fn.7) Art.35 Rdnr.11.

[11] *BVerwGE* 30, 154 (Fn.6).

[12] §432 Abs.3 hat nicht den Sinn, den ordentlichen Rechtsweg über die einschlägigen Vorschriften hinaus für zulässig zu erklären. Anders seinerzeit *Siegel* Die Vorlegung von Urkunden im Prozeß (1904), 238.

III. Eigene Beschaffung durch die Parteien

21 Die Mitwirkung des Gerichts wird nach Abs. 2 als unnötig ausgeschlossen, wenn die Parteien sich die Urkunden nach gesetzlicher Vorschrift (§ 12 EGZPO) selbst verschaffen können; es ist dann der Beweis nach § 420 anzutreten oder ein Antrag auf Fristsetzung nach § 428 zu stellen. Hierher gehören insbesondere die Vorschriften, welche die öffentlichen Behörden oder Beamten **verpflichten**[13], Ausfertigungen, beglaubigte Abschriften (§ 435), Auszüge usw. aus öffentlichen Büchern, wie Grundbüchern, Personenstandsbüchern, Handelsregistern, an die Beteiligten oder an jedermann zu erteilen. Vgl. z.B. § 34 Abs. 1 S. 2, § 78 Abs. 2, §§ 85, 162 FGG, § 12 Abs. 2 GBO, §§ 43ff. Grundbuchverfügung, §§ 299, 792, 896 ZPO, § 9 Abs. 2 HGB, § 61a PersStG, § 179 Abs. 3 InsO. Daß den Parteien **Einsicht gestattet ist,** genügt nicht[14], → § 299 Rdnr. 25 (21. Aufl.), § 175 InsO (→ aber § 299 Rdnr. 17a [21. Aufl.]), § 42 ZVG, § 31 PatentG.

22 Hat die Behörde die **Erteilung der Urkunde verweigert** oder kann die Partei, z.B. bei Urteilen, die *Urschrift* (soweit diese erforderlich ist, → § 435) nicht erlangen, so liegt die Ausnahme des Abs. 2 nicht vor; es ist dann Abs. 1 anwendbar. Es würde dem Sinn des § 432 Abs. 2 nicht gerecht, die Partei auf die *Einlegung eines Rechtsbehelfs* gegen die Ablehnung der Urkundenerteilung zu verweisen[15]. Die Partei soll das Gericht nicht bemühen dürfen, wenn sie selbst in einfacher und rascher Weise die Urkunde beschaffen kann. Das ist nicht der Fall, wenn erst der zeitraubende und in den Erfolgsaussichten regelmäßig unsichere Weg eines Rechtsbehelfs beschritten werden müßte.

§ 433 [Aufgehoben]

Gesetzesgeschichte: Bis 1900 § 398 CPO. Aufgehoben durch Novelle 1924. Die Vorschrift regelte die Zurückweisung eines verspäteten Beweisantritts. An die Stelle des § 433 trat zunächst § 283 aF, seit der Vereinfachungsnovelle 1976 gelten §§ 296, 296 a.

§ 434 Vorlegung vor beauftragtem oder ersuchtem Richter

Wenn eine Urkunde bei der mündlichen Verhandlung wegen erheblicher Hindernisse nicht vorgelegt werden kann oder wenn es bedenklich erscheint, sie wegen ihrer Wichtigkeit und der Besorgnis ihres Verlustes oder ihrer Beschädigung vorzulegen, so kann das Prozessgericht anordnen, dass sie vor einem seiner Mitglieder oder vor einem anderen Gericht vorgelegt werde.

Gesetzesgeschichte: Bis 1900 § 399 CPO.

---

[13] § 432 Abs. 2 gilt nicht, wenn die Erteilung von Abschriften im *Ermessen* der Behörde steht, *RGZ* 84, 142.

[14] Vgl. *KG* AnwBl 1973, 305 (das Gericht darf die Beschaffung von Aktenauszügen aus einem vorangegangenen Straf- oder Bußgeldverfahren nicht den Parteien auferlegen).

[15] Ebenso *MünchKommZPO/Schreiber*² Rdnr. 4. – A.M. *Arnold* NJW 1953, 1283, wenn der Rechtsbehelf nach der Überzeugung des Gerichts sichere Aussicht auf Erfolg bietet.

I. Voraussetzungen

1 §434 enthält eine **Ausnahme vom Grundsatz der Unmittelbarkeit der Beweisaufnahme** (§355 Abs. 1 S. 1). Die Vorlegung vor dem beauftragten oder ersuchten Richter setzt stets eine besondere gerichtliche Anordnung voraus, → auch §420 Rdnr. 4. §434 ist sowohl dann anwendbar, wenn die beweisführende Partei die Urkunde besitzt, als auch dann, wenn ein Vorlegungsantrag nach §§421ff., 428ff., 432 gestellt wird.

2 Die Anordnung setzt **keinen förmlichen Antrag** voraus, doch müssen die Hindernisse, die der Vorlegung in der mündlichen Verhandlung vor dem Prozeßgericht entgegenstehen, geltend gemacht werden. Dies ist Sache des zur Vorlegung Verpflichteten, auch des Dritten im Fall der §§428ff. Als erhebliches Hindernis i.S. des §434 kommt z.B. bei Handelsbüchern ihre Unentbehrlichkeit für den Geschäftsbetrieb, bei Grundbüchern die Unzulässigkeit ihrer Herausgabe in Betracht.

II. Anordnung

3 Das Gericht hat die Wahl, ob es die Vorlegung vor einem beauftragten oder ersuchten Richter anordnen oder zur Vorlegung der Urkunde selbst einen Termin außerhalb der Gerichtsstelle abhalten will (§219). Die Anordnung der Vorlegung vor dem beauftragten oder ersuchten Richter erfolgt durch einen **Beweisbeschluß,** in dem gegebenenfalls zugleich die Anordnung der Vorlegung nach §425 oder die Fristsetzung nach §428 ausgesprochen wird. Liegt bereits ein Beweisbeschluß über die Aufnahme des Urkundenbeweises vor, so kann die Anordnung als **nachträgliche Ergänzung** über die Art der Ausführung der Beweisaufnahme ergehen. Die Anordnung nach §434 kann, da sie in Form eines Beschlusses erlassen wird, gemäß §128 Abs. 4 ohne obligatorische mündliche Verhandlung ergehen.

III. Verfahren bei der Vorlegung

4 Die **Beweisaufnahme vor dem beauftragten oder ersuchten Richter** erfolgt wie im Fall des §420 (→ §420 Rdnr. 7) durch Einsichtnahme in die Urkunde. Der beauftragte oder ersuchte Richter wird, um dem Prozeßgericht eine zuverlässige Kenntnis zu verschaffen, eine beglaubigte Abschrift der Urkunde oder der in Betracht kommenden Teile zurückbehalten und, soweit erforderlich, im Protokoll die Umstände feststellen, die für die Würdigung der Echtheit oder des Beweiswerts erheblich sind. Zwingend vorgeschrieben ist die Protokollierung jedoch nicht[1].

5 Der beauftragte oder ersuchte Richter ist auch befugt, **Parteierklärungen über die Echtheit** (→ §439 Rdnr. 2ff.) entgegenzunehmen. Die Rechtsfolge des §439 Abs. 3 tritt allerdings erst ein, wenn der Gegner auch vor dem Prozeßgericht keine Erklärung über die Echtheit der Urkunde abgibt. Zum weiteren Verfahren nach Erledigung der Beweisaufnahme → §370.

---

[1] *BGH* DB 1962, 1438.

§435 Vorlegung öffentlicher Urkunden in Urschrift oder beglaubigter Abschrift

[1]Eine öffentliche Urkunde kann in Urschrift oder in einer beglaubigten Abschrift, die hinsichtlich der Beglaubigung die Erfordernisse einer öffentlichen Urkunde an sich trägt, vorgelegt werden; das Gericht kann jedoch anordnen, dass der Beweisführer die Urschrift vorlege oder die Tatsachen angebe und glaubhaft mache, die ihn an der Vorlegung der Urschrift verhindern. [2]Bleibt die Anordnung erfolglos, so entscheidet das Gericht nach freier Überzeugung, welche Beweiskraft der beglaubigten Abschrift beizulegen sei.

Gesetzesgeschichte: Bis 1900 §400 CPO.

I. Durchführung der Vorlegung

1. Öffentliche Urkunden

1 Die Urkunden müssen in der Regel in der Urschrift vorgelegt werden. Bei **öffentlichen Urkunden** sollte eine Ausfertigung als Urschrift behandelt werden, → Rdnr. 6. Darüber hinaus läßt aber §435 auch die Vorlegung einer **öffentlich beglaubigten Abschrift** zu. Dies gilt auch für ausländische öffentliche Urkunden[1]. Aus dieser Regelung ergibt sich, daß den öffentlich beglaubigten Abschriften öffentlicher Urkunden **grundsätzlich dieselbe Beweiskraft** zukommt wie der Urschrift. Das gilt auch dann, wenn die Beglaubigung nicht von derselben Behörde ausgestellt ist, von der die Urschrift herrührt.

2 Hat aber das Gericht **Bedenken gegen die Richtigkeit der Abschrift,** so muß es dem Beweisführer alternativ aufgeben, entweder die Urschrift vorzulegen oder die Tatsachen anzugeben und glaubhaft zu machen, die ihn daran hindern. Ohne solche Anordnung darf der öffentlich beglaubigten Abschrift die Beweiskraft nicht versagt werden. Die Beweiskraft der öffentlich beglaubigten Abschrift muß aber auch dann bejaht werden, wenn der Beweisführer der Anordnung nachkommt und Umstände glaubhaft macht, die ihn an der Vorlegung der Urschrift hindern. Nur wenn die Anordnung (in ihren beiden Alternativen) erfolglos bleibt, hat das Gericht nach freier Überzeugung (§286) über den Beweiswert der vorgelegten beglaubigten Abschrift zu entscheiden.

3 Für die Anordnung nach §435 ist nur dann Raum, wenn der Beweisführer eine beglaubigte Abschrift vorlegt oder ihre Vorlegung ankündigt. Da sie durch **Beschluß** ergeht, kann sie gemäß §128 Abs. 4 auch **ohne vorausgehende mündliche Verhandlung** erlassen werden.

2. Privaturkunden

4 Bei **Privaturkunden** sieht das Gesetz wegen der Erklärung über die Echtheit (§439) und mit Rücksicht auf §419 keine Ausnahme von dem Grundsatz vor, daß die **Urschrift** (das Original)

[1] *BVerwG* NJW 1987, 1159 (auch bei Beglaubigung durch eine ausländische Behörde).

vorzulegen ist[2]. So ist etwa bei einer Quittung das vom Aussteller unterschriebene Original vorzulegen, während einer Kopie im allgemeinen kein Beweiswert zukommt[3]. Gegen die Vorlage einer Abschrift (oder Fotokopie) bestehen aber im Bereich der Verhandlungsmaxime keine Bedenken, wenn der Gegner die Übereinstimmung mit der Urschrift und die Echtheit der Urschrift **nicht bestreitet**[4].

5 Außerdem sollte die Vorlage einer **öffentlich beglaubigten Abschrift** gestattet werden, wenn der Beweisführer glaubhaft macht, daß er zur Vorlage der Urschrift nicht in der Lage ist. Der Beweiswert der beglaubigten Abschrift ist aber dann frei zu würdigen[5]. Eine **nicht beglaubigte Abschrift** (auch **Fotokopie,** → vor § 415 Rdnr. 10ff.) ist ebenfalls als zulässiges Mittel des Urkundenbeweises anzusehen, wenn weder Urschrift noch beglaubigte Abschrift vom Beweisführer vorgelegt werden können; ob und welcher Beweiswert ihr zukommt, ist eine Frage der freien Beweiswürdigung[6].

II. Urschrift, Ausfertigung und Abschrift

1. Urschrift, Ausfertigung

6 Der Begriff der **Urschrift** steht im Gegensatz zum Entwurf und zur Abschrift. **Ausfertigungen** einer Urkunde (→ auch § 169 Rdnr. 16), die im Rechtsverkehr die Urschrift ersetzen (z.B. nach § 47 BeurkG), wird man i.S.v. § 435 S. 1 als Urschrift anzusehen haben. Allerdings bleibt der Ausfertigung gegenüber der Beweis offen, daß sie mit der Urschrift in den Gerichts- oder Behördenakten nicht übereinstimme oder daß eine nicht erlassene Entscheidung (z.B. ein nicht verkündetes Urteil) ausgefertigt sei.

7 Die Beweiskraft der Ausfertigung einer notariellen Urkunde hängt nicht davon ab, **wem** die Ausfertigung nach dem Ausfertigungsvermerk **erteilt** wurde[7].

8 Der bloße **Auszug** aus einer öffentlichen Urkunde ist keine Abschrift i.S. des § 435, aber er kann eine selbständige öffentliche Urkunde darstellen, wie z.B. die Abschriften aus standesamtlichen Büchern. Auf **beglaubigte Abschriften von beglaubigten Abschriften** einer öffentlichen Urkunde ist § 435 nicht anwendbar[8]. Der Beweiswert solcher Urkunden ist frei zu würdigen.

2. Beglaubigte Abschrift

9 **Abschriften** sind Vervielfältigungen jeder Art, mag es sich um Schrift, Druck oder Fotokopie[9] handeln, und ohne Unterschied, ob die Abschrift nachträglich oder gleichzeitig (als Durchschlag) mit der Urschrift hergestellt ist. Der **Beglaubigungsvermerk** muß auf die Abschrift gesetzt werden; die Fotokopie einer mit Beglaubigungsvermerk versehenen Abschrift kann nicht ihrerseits die beglaubigte Abschrift ersetzen.

---

2 *BGH* LM Nr. 1 = NJW 1980, 1047 = JR 1980, 243 (zust. *Baumgärtel*); DB 1986, 798; *BGH* NJW 1992, 829, 830; *OLG Düsseldorf* NJW-RR 1995, 737.
3 *LAG Köln* MDR 2000, 462.
4 *BGH* NJW 1990, 1170; *OLG Köln* DB 1983, 104, 105; *LG Mainz* WuM 1979, 116.
5 *BGH* LM Nr. 1 (Fn. 2).
6 *BGH* DB 1986, 798 (zur Fotokopie).
7 So zu einer gegenseitigen Vollmacht *OLG Köln* Rpfleger 2002, 197 (*Waldner*) = RNotZ 2001, 407 (dazu *Helms* RNotZ 2002, 235).
8 A.M. *Wieczorek*[2] A I b.
9 *BGHZ* 36, 62; *BayObLGZ* 1969, 97, 104; → § 169 Rdnr. 8.

3. Befugnis zur Beglaubigung

10 Über die **Befugnis zur öffentlichen Beglaubigung** von Abschriften und über ihre **Form** entscheiden die Bundes- und Landesgesetze. Zur **notariellen Beglaubigung** von Abschriften s. §§39, 42 BeurkG. Außerdem ist in den → §432 Rdnr. 21 angeführten Vorschriften offenbar als selbstverständlich vorausgesetzt, daß der **Urkundsbeamte der Geschäftsstelle** zur Beglaubigung befugt ist. Besondere Bestimmungen enthalten die §169 Abs. 2, §192 Abs. 2 S. 2, 317 Abs. 4 S. 3, → auch §438 Rdnr. 41.

§436 Verzicht nach Vorlegung

Der Beweisführer kann nach der Vorlegung einer Urkunde nur mit Zustimmung des Gegners auf dieses Beweismittel verzichten.

Gesetzesgeschichte: Bis 1900 §401 CPO.

I. Kein einseitiger Verzicht nach Vorlegung

1 Der **Ausschluß des einseitigen Verzichts** auf eine Urkunde tritt nach §436 mit der **Vorlegung** (→ §420 Rdnr. 2ff.) ein, mag sie durch den Beweisführer, den Gegner oder einen Dritten erfolgen. Die Niederlegung auf der Geschäftsstelle ist keine Vorlegung.

II. Voraussetzungen und Wirkungen eines Verzichts

2 **Bis zur Vorlegung** ist ein Verzicht des Beweisführers zulässig, der jedoch den durch die Bezugnahme (§423) erworbenen Anspruch des Gegners auf Vorlegung nicht berührt. Nach §436 ist aber ein solcher Verzicht auch noch **nach der Vorlegung** zulässig, wenn der Prozeßgegner zustimmt. Das Gericht darf dann bei der Beweiswürdigung die Urkunde (trotz der Kenntnis davon) nicht berücksichtigen. Es kann aber auch jetzt noch **von Amts wegen** nach §§142, 143 die Verwertung der Urkunde als Beweismittel anordnen[1], soweit nicht die unter Beweis gestellte Tatsache bzw. ihr Nichtvorliegen unstreitig geworden ist.

§437 Echtheit inländischer öffentlicher Urkunden

(1) Urkunden, die nach Form und Inhalt als von einer öffentlichen Behörde oder von einer mit öffentlichem Glauben versehenen Person errichtet sich darstellen, haben die Vermutung der Echtheit für sich.

(2) Das Gericht kann, wenn es die Echtheit für zweifelhaft hält, auch von Amts wegen die Behörde oder die Person, von der die Urkunde errichtet sein soll, zu einer Erklärung über die Echtheit veranlassen.

Gesetzesgeschichte: Bis 1900 §402 CPO.

---

[1] Ebenso *Wieczorek*[2] B II; *Zöller/Geimer*[25] Rdnr. 1; *MünchKommZPO/Schreiber*[2] Rdnr. 2. – A.M. *Thomas/Putzo/Reichold*[26] Rdnr. 1 (unter fehlerhafter Berufung auf die hier vertretene Ansicht); einschränkend *Baumbach/Lauterbach/Hartmann*[63] Rdnr. 3.

I. Begriff und Feststellung der Echtheit

1. Begriff der Echtheit

1 Die Beweiskraft der Urkunden ist bedingt durch die Echtheit. → vor §415 Rdnr. 16, → §415 Rdnr. 19. Echt ist eine Urkunde im Sinne des Strafrechts (§267 StGB), wenn sie von demjenigen herrührt, den die Unterschrift oder der Text als Aussteller bezeichnet, im Sinne des Zivilprozeßrechts dagegen dann, wenn sie **von demjenigen herrührt, den der Beweisführer als den Aussteller bezeichnet.** Eigenhändige Niederschrift oder Unterschrift ist dazu nicht erforderlich; vielmehr ist die Zurückführung auf den Willen des Ausstellers entscheidend. Zur Unterschrift durch den Vertreter mit dem Namen des Vertretenen und zur gedruckten oder gestempelten Unterzeichnung → §416 Rdnr. 3ff.

2. Feststellung der Echtheit

2 Die Echtheit oder Unechtheit einer Urkunde kann nach §256 im Wege selbständiger Klage festgestellt werden, → §256 Rdnr. 51ff. (21. Aufl.); innerhalb des Prozesses kann sie Gegenstand eines Zwischenstreites werden, doch ist die Zwischenfeststellungsklage nach §256 Abs. 2 nicht zulässig (→ §256 Rdnr. 131 [21. Aufl.]). Die **Feststellung der Echtheit** erfolgt bei öffentlichen Urkunden nach §§437 und 438, bei Privaturkunden nach §§439 und 440; die §§441 bis 443 beziehen sich auf beide Arten von Urkunden. Der Beweis der Unverfälschtheit oder Veränderung kann durch jede Art von Beweismitteln, namentlich durch die Urkunde selbst, geführt werden.

II. Die Vermutung der Echtheit öffentlicher Urkunden

1. Voraussetzungen

3 **Inländische öffentliche Urkunden** (→ §415 Rdnr. 1ff.), die in Urschrift bzw. Ausfertigung (→ §435 Rdnr. 6) vorgelegt wurden, haben nach §437 die **Vermutung**[1] **der Echtheit** für sich, sofern sie, was das Gericht vor allem bei Durchstreichungen, Radierungen usw. (§419) zu prüfen und frei zu würdigen hat, die Merkmale der Echtheit nach Form und Inhalt an sich tragen. Für öffentlich beglaubigte Abschriften gilt dasselbe, wenn sie das Gericht nach §435 S. 1 für genügend hält. Inländische Urkunden, die keiner Legalisation bedürfen, sind auch solche Urkunden, die in denjenigen Gebieten des seinerzeitigen deutschen Reiches errichtet wurden,

[1] Vgl. *Hedemann* Die Vermutung (1904), 253f. – A.M. *Rosenberg* Beweislast[5] 221 Fn. 1, der die Vorschrift als *Beweisregel* ansieht, weil sie sich anders als die gesetzlichen Vermutungen nicht auf ein bestimmtes Beweisthema beziehe. Das überzeugt nicht; die bestimmte vermutete Tatsache ist die Echtheit der Urkunde, auf die es als Voraussetzung der Beweiskraft ankommt. Zum Begriff der gesetzlichen Vermutung → §292 Rdnr. 1ff. (21. Aufl.).

die nicht zur Bundesrepublik Deutschland gehören. Zu den ausländischen öffentlichen Urkunden → §438, zu öffentlichen Urkunden aus der ehemaligen DDR → §438 Rdnr. 8.

2. Wirkung

4 Die Vermutung der Echtheit (→ Rdnr. 1) erstreckt sich auf den **ganzen Inhalt der Urkunde,** jedoch nicht auf durchstrichene, radierte oder eingeschaltete Stellen (→ §419) und nicht auf die Zuständigkeit des Ausstellers. Die Vermutung kann gemäß §292 S. 1 durch den **Beweis der Unechtheit** entkräftet werden. Dieser Beweis kann auch durch den Antrag auf Parteivernehmung nach §445 geführt werden[2], §292 S. 2 (→ §292 Rdnr. 16 [21. Aufl.], → auch §440 Rdnr. 9).

III. Klärung von Zweifeln

5 Wenn dem Gericht bei Einsicht der Urkunde **Zweifel an der Echtheit** entstehen, so kann es auch ohne Bestreiten der Echtheit durch eine Partei von Amts wegen die **Aufklärung der entstandenen Zweifel** beschließen. An das Parteiverhalten (Anerkennen oder Bestreiten der Echtheit) ist das Gericht nicht gebunden, → §438 Rdnr. 1. Die Anordnung nach §437 Abs. 2 kann gemäß §273 Abs. 2 Nr. 2 auch von dem Vorsitzenden außerhalb der mündlichen Verhandlung getroffen werden. Die **Behörde** oder **Urkundsperson** ist nach Abs. 2 zur **Erklärung über die Echtheit** verpflichtet. Führt die Anwendung des Abs. 2 zu keinem Ergebnis, so ist das Gericht, solange nicht der Beweis der Unechtheit erbracht ist, trotz der bestehenden Zweifel an die Echtheitsvermutung des §437 gebunden.

6 Nach Abs. 2 kann auch vorgegangen werden, wenn Zweifel entstehen, ob eine **beglaubigte Abschrift** mit der Urschrift übereinstimmt[3].

IV. Öffentliche elektronische Dokumente

7 Nach §371a Abs. 2 S. 2 (eingefügt durch das Justizkommunikationsgesetz 2005, in Kraft seit 1. 4. 2005), gilt §437 entsprechend für öffentliche elektronische Dokumente, die mit einer **qualifizierten elektronischen Signatur** versehen sind. Der Begriff des öffentlichen elektronischen Dokuments wird durch §371a Abs. 2 S. 1 in entsprechender Übernahme der Begriffsmerkmale einer öffentlichen Urkunde nach §415 Abs. 1 bestimmt. Entsprechend §437 wird die **Echtheit vermutet,** doch ist der Beweis des Gegenteils (→ Rdnr. 4) zulässig.

8 Die **Beweisführung** mittels eines öffentlichen elektronischen Dokuments kann nach §371 Abs. 1 S. 2 durch Vorlegung oder Übermittlung der Datei erfolgen. Zur Beweisführung mittels öffentlich beglaubigten oder mit Gerichtsvermerk versehenen Ausdrucks eines öffentlichen elektronischen Dokuments → §416a.

---

2 A.M. *Rosenberg* (Fn. 1), der aufgrund der Betrachtung als Beweisregel §445 Abs. 2 anwenden will.
3 Vgl. *OLG Frankfurt* DNotZ 1993, 759 (*Kanzleiter*).

§438 Echtheit ausländischer öffentlicher Urkunden

(1) Ob eine Urkunde, die als von einer ausländischen Behörde oder von einer mit öffentlichem Glauben versehenen Person des Auslandes errichtet sich darstellt, ohne näheren Nachweis als echt anzusehen sei, hat das Gericht nach den Umständen des Falles zu ermessen.

(2) Zum Beweis der Echtheit einer solchen Urkunde genügt die Legalisation durch einen Konsul oder Gesandten des Bundes.

Gesetzesgeschichte: Bis 1900 §403 CPO.

I. Echtheit ausländischer Urkunden

1. Prüfung der Echtheit

1 Auf **ausländische öffentliche Urkunden** ist die Vermutung des §437 nicht anwendbar, weil ihre äußeren Merkmale und die sich hierauf beziehenden Einrichtungen des Auslandes dem inländischen Richter nicht immer bekannt sind. Das Gericht entscheidet daher nach den konkreten Umständen aufgrund **freier Beweiswürdigung**[1], ob die Urkunde – auch ohne eine Legalisation oder Apostille (→ Rdnr. 17) – als echt anzusehen ist[2], und zwar ohne Bindung an das Parteiverhalten[3]. Das ergibt sich im Wege eines Umkehrschlusses aus §§439f., die nur bei Privaturkunden auf das Anerkennen oder Bestreiten der Echtheit abstellen. Bei ausländischen öffentlichen Urkunden kann das Gericht also trotz des Geständnisses der Echtheit näheren Nachweis fordern, aber auch, obwohl die Echtheit bestritten ist, die Urkunde ohne weiteren Beweis als echt ansehen.

2 Wurde allerdings die **Legalisation** von der zuständigen deutschen Botschaft **verweigert**, so

---

[1] Vgl. *BVerwG* NJW 1987, 1159; *OLG Zweibrücken* OLGR 2002, 173; *LG Berlin* NZG 2004, 1014, 1016.

[2] So auch *KG* HRR 1931 Nr. 30; *LG Berlin* II JW 1926, 626 bezüglich Urkunden, die in nach dem ersten Weltkrieg abgetretenen Gebieten von dortigen, ehemals deutschen Notaren aufgenommen sind.

[3] Ebenso *Baumbach/Lauterbach/Hartmann*[63] Rdnr. 3; *Thomas/Putzo/Reichold*[26] Rdnr. 1. – A.M. *Wieczorek*[2] A I a (§439 Abs. 1 u. 2 analog).

wird sich die Annahme der Echtheit regelmäßig verbieten[4]. Fehlen dem Gericht hinreichende Informationen, um die Echtheit selbst beurteilen zu können, so ist es angezeigt, den Nachweis durch Legalisation bzw. Apostille (→ Rdnr. 17) verlangen[5]. Liegt keine Legalisation bzw. Apostille vor und sprechen Anhaltspunkte dafür, daß es sich bei der ausländischen Urkunde um eine Fälschung handelt, so kann nicht von der Echtheit der Urkunde ausgegangen werden[6].

3 Von der Frage der Echtheit ist diejenige der **Beweiskraft** ausländischer öffentlicher Urkunden zu unterscheiden, dazu → §415 Rdnr. 17, → §418 Rdnr. 4, 11. Bei Nachweis der **Falschbeurkundung** hat eine ausländische öffentliche Urkunde ebensowenig Beweiskraft wie eine deutsche[7].

4 Auch ausländische öffentliche Urkunden sind nach Maßgabe des §435 in **Urschrift** oder **beglaubigter Abschrift** vorzulegen. Eine unbeglaubigte Kopie genügt jedoch, wenn die Übereinstimmung mit der Urschrift sowie die Echtheit der Urschrift unstreitig und auch für das Gericht nicht zweifelhaft sind[8].

2. Begriff der ausländischen öffentlichen Urkunde

5 Ausländische öffentliche Urkunden sind alle von **ausländischen Behörden oder Urkundspersonen** errichteten Urkunden, auch wenn die Errichtung im Inland erfolgte (z.B. durch diplomatische oder konsularische Vertreter).

6 Auch Behörden **internationaler Organisationen** sind i.S. des §438 als ausländische Behörden anzusehen[9]. Dies gilt auf jeden Fall, wenn die Bundesrepublik Deutschland der Organisation nicht angehört. Ist die Bundesrepublik Deutschland dagegen Vertragsstaat des völkerrechtlichen Vertrags, auf dem die Errichtung der internationalen Behörde beruht, so könnte sich aus Bestimmungen des ratifizierten Vertrags eine Gleichstellung mit inländischen Urkunden ergeben. Doch sind, soweit ersichtlich, solche Bestimmungen nicht vorhanden.

7 Ausdrückliche Vorschriften fehlen auch für diejenigen Urkunden, die von **Behörden der Europäischen Gemeinschaften** (Europäischen Union) ausgestellt sind. Aus der inländischen *Verbindlichkeit* einer Entscheidung einer internationalen Behörde (zur Frage der Wirkung von Urteilen internationaler Gerichte → §328 Rdnr. 67ff.) folgt allein nicht, daß es sich i.S. des §437 um eine inländische Behörde handelt. Die Frage des Echtheitsnachweises ist von der Frage der Entscheidungswirkungen streng zu unterscheiden. So sind Urteile des Europäischen Gerichtshofs sowie auf Zahlung lautende Entscheidungen des Rates oder der Kommission der EG im Inland vollstreckbar, Art. 244, 256 EGV (Text → §723 Anh. Rdnr. 20), doch läßt Art. 256 Abs. 2 S. 2 EGV die Prüfung der Echtheit des Titels bei der Erteilung der Vollstreckungsklausel ohne Einschränkung zu. Dennoch dürfte nach dem heute erreichten Stand der Entwicklung mehr dafür sprechen, **Urkunden von Behörden der Europäischen Gemeinschaften** wie inländische öffentliche Urkunden zu behandeln. Beläßt man es dagegen bei der Anwendung des §438, so wird doch jedenfalls die freie Beweiswürdigung vielfach dazu führen, diese Urkunden ohne näheren Nachweis als echt anzusehen. – Zu Personenstandsurkunden aus der EG → §418 Rdnr. 11.

---

[4] Vgl. *OLG Bremen* FamRZ 1992, 1083.
[5] *OLG Zweibrücken* OLGR 2002, 173 (brasilianische Standesamtsurkunde).
[6] Vgl. *AG Tempelhof-Kreuzberg* FamRZ 2004, 1488 (angebliches Scheidungsurteil aus der Republik Guinea).
[7] *OLG Hamm* NJW-RR 2000, 406, 407 (türkische Urkunde über Eheschließung).
[8] Vgl. *OLG Düsseldorf* Schaden-Praxis 2002, 29 (freie Beweiswürdigung).
[9] A.M. *Wieczorek*[2] §415 Anm. C I b 1.

3. Urkunden aus der ehemaligen DDR

8 Von Behörden und Urkundspersonen der ehemaligen **DDR** ausgestellte öffentliche Urkunden sind als inländisch i.S. der §§437, 438 zu behandeln[10]. Zu Akten des Ministeriums für Staatssicherheit → §415 Rdnr. 18. Zu Urkunden aus ehemals deutschen Gebieten → §437 Rdnr. 3.

4. Übersetzungen

9 Zur Beweiskraft von **Übersetzungen** fremdsprachiger Urkunden vgl. §2 der VO v. 21.10. 1942, RGBl. I 609[11]. Zur Benutzung fremdsprachiger Urkunden → vor §415 Rdnr. 15.

II. Legalisation

1. Beweis der Echtheit durch Legalisation

10 Nach Abs. 2 genügt die Bestätigung der Herkunft der Urkunde, sog. **Legalisation**[12], durch einen Konsul oder Gesandten (Botschafter) des Bundes zum **Beweis der Echtheit**[13]. Das gleiche wird durch §2 des Gesetzes v. 1.5. 1878, RGBl. 89, allgemein (also über das Gebiet des Zivilprozesses hinaus) angeordnet. Daß dort von der »Annahme der Echtheit« gesprochen wird, bedeutet keinen sachlichen Unterschied.

2. Inhalt der Legalisation

11 Die Legalisation bestätigt in Form eines auf die Urkunde gesetzten Vermerks (§13 Abs. 3 KonsularG v. 11. 9. 1974, BGBl. I 2317) die Echtheit der Unterschrift, die Eigenschaft, in welcher der Unterzeichner der Urkunde gehandelt hat, sowie gegebenenfalls die Echtheit des Siegels, mit dem die Urkunde versehen ist (§13 Abs. 2 KonsularG; das Gesetz nennt dies **Legalisation im engeren Sinn**). Diese Angaben werden gemäß §438 Abs. 2 durch die Legalisation bewiesen. Dagegen beweist die Legalisation nicht die Zuständigkeit der ausländischen Behörde und die Einhaltung der Formvorschriften[14]. Eine stufenförmige Echtheitsbestätigung, indem die deutsche Botschaft die Echtheit der Unterschrift des ausländischen Außenministeri-

---

[10] Dies erschien auch vor der Wiedervereinigung zutreffend, s. 20. Aufl. Rdnr. 4. – Zur Legalisation von Urkunden aus der ehemaligen DDR zur Verwendung im Ausland *Bindseil* DNotZ 1992, 275, 288f.

[11] S. dazu *Jansen* FGG² III Einl. BeurkG Rdnr. 24f.

[12] Dazu *Bindseil* Internationaler Urkundenverkehr DNotZ 1992, 275; *Bülow/Böckstiegel/Geimer/Schütze* (*Schmidt*) Der Internationale Rechtsverkehr in Zivil- und Handelssachen (Stand Februar 2004) Bd. III Teil D; *Hecker* Handbuch der konsularischen Praxis² (2001); *Hoffmann/Glietsch* Konsularrecht; *Kierdorf* Die Legalisation von Urkunden (1975); *Langhein* Kollisionsrecht der Registerurkunden, Angloamerikanische notarielle Urkunden im deutschen Registerrecht Rpfleger 1996, 45; *Luther* Beglaubigungen und Legalisationen im zwischenstaatlichen vertraglosen Verkehr und nach Staatsvertragsrecht, MDR 1986, 10; *Jansen* (Fn. 11) Rdnr. 33ff.; *Höfer/Huhn* Allgemeines Urkundenrecht (1968), 100; *Keidel/Winkler* BeurkG¹⁴ Einl. Rdnr. 81ff.; ferner *Bülow* DNotZ 1955, 9, 40; *Bärmann* AcP 159 (1960/1961), 7; *Arnold* DNotZ 1975, 581; *Soergel/Kegel* BGB¹² Bd. 10, Anh. IV zu Art. 38 EGBGB Rdnr. 197ff.; *MünchKomm/Spellenberg*⁴ Art. 11 EGBGB Rdnr. 95ff.

[13] Davon zu unterscheiden ist die Frage, ob durch die ausländische Urkunde den jeweiligen (insbes. deutschen) Formvorschriften genügt wird, s. dazu *Soergel/Kegel* BGB¹² Art. 11 EGBGB Rdnr. 34f.; *MünchKomm/Spellenberg*⁴ Art. 11 EGBGB Rdnr. 44ff.; *Erman/Hohloch*¹¹ Art. 11 EGBGB Rdnr. 19ff. – Zur Legalisation und Apostille im Grundbuchverfahren *Roth* IPrax 1994, 86 (zu *BayObLG* IPRax 1994, 122).

[14] *Kierdorf* (Fn. 12) 14 mwN.

ums bestätigt, das seinerseits die Echtheit der Unterschrift des Notars bestätigt, stellt keine Legalisation dar[15].

12 Gemäß §13 Abs. 4 KonsularG kann, wenn die Rechtslage unzweifelhaft ist, auf Antrag in dem Vermerk auch bestätigt werden, daß der Aussteller zur Aufnahme der Urkunde zuständig war und daß die Urkunde in der den Gesetzen des Ausstellungsorts entsprechenden Form aufgenommen worden ist **(Legalisation im weiteren Sinn).** Diese Bestätigung wird in aller Regel genügen; sie fällt aber nicht unter §438 Abs. 2 und ist für das Gericht nicht bindend[16].

3. Unrichtigkeitsnachweis

13 Der **Nachweis der Unrichtigkeit** der Legalisation oder der **Unechtheit** der Urkunde ist niemals ausgeschlossen.

4. Zuständigkeit der deutschen Konsuln

14 Nach §13 Abs. 1 des KonsularG sind die deutschen **Konsularbeamten** zur Legalisation derjenigen öffentlichen Urkunden befugt, die in ihrem Amtsbezirk ausgestellt worden sind.

III. Sonderregelungen[17] durch Staatsverträge

1. Allgemeines, Regelung der EuGVO für ausländische Urteile

15 Mehrere **zweiseitige und mehrseitige völkerrechtliche Verträge** sehen vor, daß bestimmte ausländische öffentliche Urkunden nicht der Beglaubigung (Legalisation) bedürfen. Damit sind diese Urkunden den inländischen **gleichgestellt;** das durch §438 eingeräumte gerichtliche *Ermessen* besteht also hier nicht[18]. Soweit sich eine Befreiung von der Legalisation nur aus einem von der ehemaligen **DDR** geschlossenen Vertrag ergab, gilt dies auch für ausländische Alturkunden nicht weiter[19].

16 Geplant ist ein Übereinkommen zur Befreiung von Urkunden von der Legalisation in den Mitgliedstaaten der **Europäischen Gemeinschaften**[20]. Schon jetzt bedürfen Urteile und andere gerichtliche Entscheidungen der Mitgliedstaaten nach Art. 56 EuGVO (früher Art. 49 EuGVÜ) weder einer Legalisation noch einer sonstigen Förmlichkeit.

2. Das Haager Übereinkommen[21] zur Befreiung ausländischer öffentlicher Urkunden von der Legalisation vom 5. 10. 1961, BGBl. 1965 II 875

17 Durch dieses Abkommen werden die öffentlichen Urkunden aus den Vertragsstaaten von der Legalisation befreit. Zur Bestätigung der Echtheit darf nur die Anbringung einer **Apostille**

---

[15] *OLG Düsseldorf* IPRax 1996, 423, 426 (zur Urkunde eines iranischen Notars).
[16] *Kierdorf* (Fn. 12) 28.
[17] Dazu ausführlich *Bülow/Böckstiegel/Geimer/Schütze* (*Schmidt*) (Fn. 12); *Hoffmann/Glietsch* (Fn. 12) Anhang zu §13 KonsularG; Texte und Fundstellen auch bei *Jayme/Hausmann* Internationales Privat- und Verfahrensrecht[12] (2004), 3. Teil, G (S. 689ff.). Weitere Lit. → Fn. 12.
[18] Ebenso *RG* JW 1927, 1096.
[19] *Bindseil* DNotZ 1992, 275, 289.
[20] Das Übereinkommen wurde zwar am 25.5. 1987 geschlossen (näher s. *Jayme/Kohler* IPRax 1989, 337, 346), ist aber bislang mangels hinreichender Ratifizierung nicht in Kraft getreten, *Nagel/Gottwald* IZPR[5] §9 Rdnr. 120.
[21] Dazu *Ferid* RabelsZ 27 (1962), 413; *Weber* DNotZ 1967, 469; *Blumenwitz* DNotZ 1968, 728; *Höfer/Huhn* (Fn. 12) 113; *Kierdorf* (Fn. 12) 110ff.

verlangt werden[22]. Sie wird von der zuständigen Behörde des Staates ausgestellt, in dem die Urkunde errichtet worden ist[23]. Die Apostille erbringt den Nachweis der Echtheit[24], vorbehaltlich des auch hier möglichen Gegenbeweises der Unechtheit. Auch wenn keine Apostille vorliegt, kann aber nach freier Beweiswürdigung (→ Rdnr. 1) die Echtheit der Urkunde bejaht werden[25].

18 Das Übereinkommen ist für die Bundesrepublik Deutschland seit 13.2. 1966 in Kraft, s. die Bek. v. 12.2. 1966, BGBl. II 106, und zwar derzeit[26] im Verhältnis zu **Andorra** (BGBl. 1996 II 2802), **Antigua und Barbuda** (BGBl. 1986 II 542), **Argentinien** (BGBl. 1988 II 235), **Armenien** BGBl. 1994 II 2532), **Australien** (BGBl. 1995 II 222), **Bahamas** (BGBl. 1977 II 20), **Barbados** (BGBl. 1996 II 934), **Belarus** (Weißrussland) (BGBl. 1993 II 1005), **Belgien** (BGBl. 1976 II 199), **Belize** (BGBl. 1993 II 1005), **Bosnien-Herzegowina** (BGBl. 1994 II 82), **Botsuana** (BGBl. 1970 II 121), **Brunei Darussalam** (BGBl. 1988 II 154), **Bulgarien** (BGBl. 2001 II 801), **China** für das Territorium von Hongkong (BGBl. 2003 II 583, 590) und Macau (BGBl. 2003 II 789, 797), **Cookinseln** (BGBl. 2005 II 752), **Dominica** (BGBl. 2003 II 734), **Ecuador** (BGBl. 2005 II 752), **El Salvador** (BGBl. 1996 II 934), **Estland** (BGBl. 2002 II 626), **Fidschi** (BGBl. 1971 II 1016), **Finnland** (BGBl. 1985 II 1006), **Frankreich** (BGBl. 1966 II 106), **Grenada** (BGBl. 2002 II 1685), **Griechenland** (BGBl. 1985 II 1108), **Honduras** (BGBl. 2005 II 64), **Irland** (BGBl. 1999 II 142), **Island** (BGBl. 2005 II 64), **Israel** (BGBl. 1978 II 1198), **Italien** (BGBl. 1978 II 153), **Japan** (BGBl. 1970 II 752), **Kasachstan** (BGBl. 2001 II 298), **Kolumbien** (BGBl. 2001 II 298; s. auch BGBl. 2005 II 752), **Kroatien** (BGBl. 1994 II 82), **Lesotho** (BGBl. 1972 II 1466), **Lettland** (BGBl. 1996 II 223), **Liechtenstein** (BGBl. 1972 II 1466), **Litauen** (BGBl. 1997 II 1400), **Luxemburg** (BGBl. 1979 II 684), **Malawi** (BGBl. 1968 II 76), **Malta** (BGBl. 1968 II 131), **Marschallinseln** (BGBl. 1992 II 948), **Mauritius** (BGBl. 1970 II 121), **Mazedonien** (BGBl. 1994 II 1191), **Mexiko** (BGBl. 1995 II 694), **Monaco** (BGBl. 2003 II 63), **Namibia** (BGBl. 2001 II 298), **Neuseeland** (ohne Erstreckung auf Tokelau) (BGBl. 2002 II 626), **Niederlande** (BGBl. 1966 II 106, 1967 II 1811, 2082, 1987 II 255), **Niue** (BGBl. 1999 II 142), **Norwegen** (BGBl. 1983 II 478), **Österreich** (BGBl. 1968 II 76), **Panama** (BGBl. 1991 II 998), **Polen** (BGBl. 2006 II 132), **Portugal** (BGBl. 1969 II 120, 1970 II 121), **Rumänien** (BGBl. 2001 II 801), **Russische Föderation** (BGBl. 1992 II 948), **Samoa** (BGBl. 1999 II 794), **San Marino** (BGBl. 1995 II 222), **Schweden** (BGBl. 1999 II 420), **Schweiz** (BGBl. 1973 II 176), **Serbien und Montenegro** (BGBl. 2002 II 626), **Seychellen** (BGBl. 1979 II 417), **Slowakei** (BGBl. 2002 II 626), **Slowenien** (BGBl. 1993 II 1005), **Spanien** (BGBl. 1978 II 1330), **St. Kitts u. Nevis** (BGBl. 1994 II 3765), **St. Lucia** (BGBl. 2002 II 2503), **St. Vincent und Grenadinen** (BGBl. 2003 II 698), **Südafrika** (BGBl. 1995 II 326), **Suriname** (BGBl. 1977 II 593), **Swasiland** (BGBl. 1979 II 417), **Tonga** (BGBl. 1972 II 254), **Trinidad und Tobago** (BGBl. 2000 II 1362), **Tschechische Republik** (BGBl. 1999 II 142), **Türkei** (BGBl. 1985 II 1108), **Ungarn** (BGBl. 1973 II 65), **Venezuela** (BGBl. 1999 II 142), **Vereinigtes Königreich Großbritannien und Nordirland** (BGBl. 1966 II 106), **Vereinigte Staaten (USA)** (BGBl. 1981 II 903), **Zypern** (BGBl. 1973 II 391).

Kein Vertragsstaat ist z.B. **Brasilien**[27]

Text des Übereinkommens:

Art. 1 Haager Urkundenübereinkommen

19 (1) Dieses Übereinkommen ist auf öffentliche Urkunden anzuwenden, die in dem Hoheitsgebiet eines Vertragsstaates errichtet worden sind und die in dem Hoheitsgebiet eines anderen Vertragsstaates vorgelegt werden sollen.

(2) Als öffentliche Urkunden im Sinne dieses Übereinkommens werden angesehen:

a) Urkunden eines staatlichen Gerichts oder einer Amtsperson als Organ der Rechtspflege, einschließ-

---

[22] Soweit nicht aufgrund zwei- oder mehrseitiger Verträge (→ Rdnr. 37ff.) weitergehende Befreiungen vorgesehen sind, Art. 3 Abs. 2 des Übereink. S. dazu *Weber* DNotZ 1967, 471.

[23] Zur Ausstellung der Apostille für deutsche Urkunden s. die VO v. 23.2. 1966, BGBl. I 138.

[24] *OLG Zweibrücken* FamRZ 2004, 729 (russische Geburts- und Vaterschaftsanerkennungsurkunde).

[25] *BayObLG* IPRax 1994, 122; zust. *Roth* IPRax 1994, 86, 88.

[26] Zusammenfassend zuletzt BGBl.-Fundstellennachweis B 2005, S. 497.

[27] *OLG Zweibrücken* OLGR 2002, 173.

lich der Urkunden, die von der Staatsanwaltschaft oder einem Vertreter des öffentlichen Interesses, von einem Urkundsbeamten der Geschäftsstelle oder von einem Gerichtsvollzieher ausgestellt sind;

b) Urkunden der Verwaltungsbehörden;

c) notarielle Urkunden;

d) amtliche Bescheinigungen, die auf Privaturkunden angebracht sind, wie z.B. Vermerke über die Registrierung, Sichtvermerke zur Feststellung eines bestimmten Zeitpunktes und Beglaubigungen von Unterschriften.

(3) Dieses Übereinkommen ist jedoch nicht anzuwenden

a) auf Urkunden, die von diplomatischen oder konsularischen Vertretern errichtet sind;

b) auf Urkunden der Verwaltungsbehörden, die sich unmittelbar auf den Handelsverkehr oder auf das Zollverfahren beziehen.

Art. 2 Haager Urkundenübereinkommen

20

[1]Jeder Vertragsstaat befreit die Urkunden, auf die dieses Übereinkommen anzuwenden ist und die in seinem Hoheitsgebiet vorgelegt werden sollen, von der Legalisation. [2]Unter Legalisation im Sinne dieses Übereinkommens ist nur die Förmlichkeit zu verstehen, durch welche die diplomatischen oder konsularischen Vertreter des Landes, in dessen Hoheitsgebiet die Urkunde vorgelegt werden soll, die Echtheit der Unterschrift, die Eigenschaft, in welcher der Unterzeichner der Urkunde gehandelt hat, und gegebenenfalls die Echtheit des Siegels oder Stempels, mit dem die Urkunde versehen ist, bestätigen.

Art. 3 Haager Urkundenübereinkommen

21

(1) Zur Bestätigung der Echtheit der Unterschrift, der Eigenschaft, in welcher der Unterzeichner der Urkunde gehandelt hat, und gegebenenfalls der Echtheit des Siegels oder Stempels, mit dem die Urkunde versehen ist, darf als Förmlichkeit nur verlangt werden, daß die in Artikel 4 vorgesehene Apostille angebracht wird, welche die zuständige Behörde des Staates ausstellt, in dem die Urkunde errichtet worden ist.

(2) Die in Absatz 1 erwähnte Förmlichkeit darf jedoch nicht verlangt werden, wenn Gesetze oder andere Rechtsvorschriften des Staates, in dem die Urkunde vorgelegt wird, oder dort bestehende Gebräuche oder wenn Vereinbarungen zwischen zwei oder mehreren Vertragsstaaten sie entbehrlich machen, sie vereinfachen oder die Urkunde von der Legalisation befreien.

Art. 4 Haager Urkundenübereinkommen

22

(1) Die in Artikel 3 Absatz 1 vorgesehene Apostille wird auf der Urkunde selbst oder auf einem mit ihr verbundenen Blatt angebracht; sie muß dem Muster entsprechen, das diesem Übereinkommen als Anlage[28] beigefügt ist.

(2) [1]Die Apostille kann jedoch in der Amtssprache der Behörde, die sie ausstellt, abgefaßt werden. [2]Die gedruckten Teile des Musters können auch in einer zweiten Sprache wiedergegeben werden. [3]Die Überschrift »Apostille (Convention de la Haye du 5 octobre 1961)« muß in französischer Sprache abgefaßt sein.

Art. 5 Haager Urkundenübereinkommen

23

(1) Die Apostille wird auf Antrag des Unterzeichners oder eines Inhabers der Urkunde ausgestellt.

(2) Ist die Apostille ordnungsgemäß ausgefüllt, so wird durch sie die Echtheit der Unterschrift, die Eigenschaft, in welcher der Unterzeichner der Urkunde gehandelt hat, und gegebenenfalls die Echtheit des Siegels oder Stempels, mit dem die Urkunde versehen ist, nachgewiesen.

(3) Die Unterschrift und das Siegel oder der Stempel auf der Apostille bedürfen keiner Bestätigung.

---

[28] Hier nicht abgedruckt, s. BGBl. 1965 II 883f.

Art. 6 Haager Urkundenübereinkommen

24 (1) Jeder Vertragsstaat bestimmt die Behörden, die zuständig sind, die Apostille nach Artikel 3 Absatz 1 auszustellen.

(2) [1]Er notifiziert diese Bestimmung dem Ministerium für Auswärtige Angelegenheiten der Niederlande bei der Hinterlegung der Ratifikations- oder der Beitrittsurkunde oder bei der Erklärung über die Ausdehnung des Übereinkommens. [2]Er notifiziert ihm auch jede Änderung, die in der Bestimmung dieser Behörden eintritt.

Art. 7 Haager Urkundenübereinkommen

25 (1) Jede nach Artikel 6 bestimmte Behörde hat ein Register oder ein Verzeichnis in einer anderen Form zu führen, in das die Ausstellung der Apostillen eingetragen wird; dabei sind zu vermerken:

a) Die Geschäftsnummer und der Tag der Ausstellung der Apostille,

b) der Name des Unterzeichners der öffentlichen Urkunde und die Eigenschaft, in der er gehandelt hat, oder bei Urkunden ohne Unterschrift die Behörde, die das Siegel oder den Stempel beigefügt hat.

(2) Auf Antrag eines Beteiligten hat die Behörde, welche die Apostille ausgestellt hat, festzustellen, ob die Angaben, die in der Apostille enthalten sind, mit denen des Registers oder des Verzeichnisses übereinstimmen.

Art. 8 Haager Urkundenübereinkommen

26 Besteht zwischen zwei oder mehreren Vertragsstaaten ein Vertrag, ein Übereinkommen oder eine Vereinbarung des Inhalts, daß die Bestätigung der Unterschrift, des Siegels oder des Stempels gewissen Förmlichkeiten unterworfen ist, so greift dieses Übereinkommen nur ändernd ein, wenn jene Förmlichkeiten strenger sind als die in den Artikeln 3 und 4 vorgesehenen.

Art. 9 Haager Urkundenübereinkommen

27 Jeder Vertragsstaat trifft die notwendigen Maßnahmen, um zu vermeiden, daß seine diplomatischen oder konsularischen Vertreter die Legalisation in Fällen vornehmen, in denen dieses Übereinkommen von der Legalisation befreit.

Art. 10–15 Haager Urkundenübereinkommen

28 Enthalten Bestimmungen über *Ratifizierung, Inkrafttreten* und *Beitritt;* sie sind nicht abgedruckt.

3. Das Europäische Übereinkommen zur Befreiung der von diplomatischen oder konsularischen Vertretern errichteten Urkunden von der Legalisation[29] vom 7.6.1968, BGBl. 1971 II 85

29 Die von den diplomatischen oder konsularischen Vertretern der Vertragsstaaten in ihrer amtlichen Eigenschaft und in Wahrnehmung ihrer Aufgaben errichteten Urkunden werden durch das Abkommen von der Legalisation befreit. Anders als im Bereich des Haager Übereinkommens (→ Rdnr. 17ff.), das die von den diplomatischen oder konsularischen Vertretern errichteten Urkunden ausdrücklich ausnimmt, gibt es hier auch **keine Apostille** zum Nachweis der Echtheit. In Zweifelsfällen kann jedoch eine Stelle des Staates, dessen diplomatischer oder konsularischer Vertreter die Urkunde ausgestellt hat, um Überprüfung der Echtheit der Urkunde ersucht werden. Ein derartiges Ersuchen kann an die deutsche Botschaft in

[29] Dazu *Arnold* NJW 1971, 2109; *Kierdorf* (Fn. 12) 112.

dem ausländischen Staat zur Weiterleitung an das Außenministerium jenes Staates gerichtet werden[30].

30 Das Übereinkommen ist gemäß Bekanntmachung vom 27. 7. 1971, BGBl. II 1023 für die Bundesrepublik Deutschland seit 19. 9. 1971 in Kraft, und zwar derzeit[31] im Verhältnis zu **Frankreich** (BGBl. 1971 II 1023), **Griechenland** (BGBl. 1979 II 338), **Irland** (BGBl. 1999 II 762), **Italien** (BGBl. 1971 II 1313), **Liechtenstein** (BGBl. 1973 II 1248), **Luxemburg** (BGBl. 1979 II 938), **Moldau** (Republik) (BGBl. 2002 II 1872), **Niederlande** (BGBl. 1971 II 1023), **Norwegen** (BGBl. 1981 II 561), **Österreich** (BGBl. 1973 II 746), **Polen** (BGBl. 1995 II 251), **Portugal** (BGBl. 1983 II 116), **Schweden** (BGBl. 1973 II 1676), **Schweiz** (BGBl. 1971 II 1023), **Spanien** (BGBl. 1982 II 639), **Tschechische Republik** (BGBl. 1998 II 2373), **Türkei** (BGBl. 1987 II 427), **Vereinigtes Königreich Großbritannien und Nordirland** (BGBl. 1971 II 1023, 1972 II 48), **Zypern** (BGBl. 1971 II 1023).

Text des Übereinkommens:

Art. 1 Europäisches Übereinkommen

31 Unter Legalisation im Sinne dieses Übereinkommens ist nur die Förmlichkeit zu verstehen, die dazu bestimmt ist, die Echtheit der Unterschrift auf einer Urkunde, die Eigenschaft, in welcher der Unterzeichner der Urkunde gehandelt hat, und gegebenenfalls die Echtheit des Siegels oder Stempels, mit dem die Urkunde versehen ist, zu bestätigen.

Art. 2 Europäisches Übereinkommen

32 (1) Dieses Übereinkommen ist auf Urkunden anzuwenden, die von den diplomatischen oder konsularischen Vertretern einer Vertragspartei in ihrer amtlichen Eigenschaft und in Wahrnehmung ihrer Aufgaben in dem Hoheitsgebiet irgendeines Staates errichtet worden sind und die vorgelegt werden sollen:

a) in dem Hoheitsgebiet einer anderen Vertragspartei oder

b) vor diplomatischen oder konsularischen Vertretern einer anderen Vertragspartei, die ihre Aufgaben in dem Hoheitsgebiet eines Staates wahrnehmen, der nicht Vertragspartei dieses Übereinkommens ist.

(2) Dieses Übereinkommen ist auch auf amtliche Bescheinigungen wie z.B. Vermerke über die Registrierung, Sichtvermerke zur Feststellung eines bestimmten Zeitpunktes und Beglaubigungen von Unterschriften anzuwenden, die von den diplomatischen oder konsularischen Vertretern auf anderen als den in Absatz 1 genannten Urkunden angebracht sind.

Art. 3 Europäisches Übereinkommen

33 Jede Vertragspartei befreit die Urkunden, auf die dieses Übereinkommen anzuwenden ist, von der Legalisation.

Art. 4 Europäisches Übereinkommen

34 (1) Jede Vertragspartei trifft die notwendigen Maßnahmen, um zu vermeiden, daß ihre Behörden die Legalisation in Fällen vornehmen, in denen dieses Übereinkommen von der Legalisation befreit.

(2) [1]Jede Vertragspartei stellt, soweit erforderlich, die Prüfung der Echtheit der Urkunden sicher, auf die dieses Übereinkommen anzuwenden ist. [2]Für diese Prüfung werden Gebühren oder Auslagen irgendwelcher Art nicht erhoben; sie wird so schnell wie möglich vorgenommen.

Art. 5 Europäisches Übereinkommen

35 Dieses Übereinkommen geht im Verhältnis zwischen den Vertragsparteien den Bestimmungen von Verträgen, Übereinkommen oder Vereinbarungen vor, welche die Echtheit der Unterschrift diplomati-

[30] *Arnold* NJW 1971, 2111 (dort Fn. 19).
[31] Zusammenfassend zuletzt BGBl.-Fundstellennachweis B 2005, S. 553.

scher oder konsularischer Vertreter, die Eigenschaft, in welcher der Unterzeichner einer Urkunde gehandelt hat, und gegebenenfalls die Echtheit des Siegels oder Stempels, mit dem die Urkunde versehen ist, der Legalisation unterwerfen oder unterwerfen werden.

Art. 6–10 Europäisches Übereinkommen

36 Bestimmungen über *Ratifikation, Inkrafttreten, Beitritt* und *Kündigung*; nicht abgedruckt.

4. Multilaterale Übereinkommen[32] über ausländische Personenstandsurkunden[33]

37 Auszüge aus Personenstandsbüchern und Personenstandsurkunden, die nach Maßgabe der folgenden Abkommen erteilt werden, sind **von der Legalisation freigestellt.** Zur Beweiskraft ausländischer Personenstandsurkunden, die von der Echtheit zu unterscheiden ist, → §418 Rdnr. 11.

a) Übereinkommen über die Erteilung gewisser für das Ausland bestimmter Auszüge aus Personenstandsbüchern vom 27.9. 1956, BGBl. 1961 II 1055

38 Das Abkommen ist für die Bundesrepublik Deutschland seit 23.12. 1961 in Kraft, s. Bek. v. 8.1. 1962, BGBl. II 42. Es gilt derzeit[34] im Verhältnis zu **Belgien** (BGBl. 1975 II 1414), **Frankreich** (BGBl. 1962 II 42), **Italien** (BGBl. 1969 II 107), **Kroatien** (BGBl. 1994 II 402), **Luxemburg** (BGBl. 1962 II 42), **Mazedonien** (BGBl. 1994 II 974), **Niederlande** (BGBl. 1962 II 42, 1987 II 200), **Österreich** (BGBl. 1965 II 1953), **Portugal** (BGBl. 1982 II 276), **Schweiz** (BGBl. 1962 II 42), **Serbien und Montenegro** (BGBl. 2002 II 1440), **Türkei** (BGBl. 1962 II 42).

b) Übereinkommen über die kostenlose Erteilung von Personenstandsurkunden und den Verzicht auf ihre Legalisation vom 26.9. 1957, BGBl. 1961 II 1055, 1067

39 Das Abkommen ist für die Bundesrepublik Deutschland seit 24.12. 1961 in Kraft, s. Bek. v. 8.1. 1962, BGBl. II 43. Es gilt derzeit[35] im Verhältnis zu **Belgien** (BGBl. 1966 II 613), **Frankreich** (BGBl. 1962 II 43), **Italien** (BGBl. 1969 II 107, 1977 II 210), **Luxemburg** (BGBl. 1962 II 43), **Niederlande** (BGBl. 1962 II 43, 1987 II 255), **Österreich** (BGBl. 1965 II 1953, 1977 II 210), **Portugal** (BGBl. 1982 II 550), **Schweiz** (BGBl. 1962 II 43), **Türkei** (BGBl. 1963 II 314).

5. Bilaterale Verträge

40 Zweiseitige Abkommen[36], durch die **bestimmte ausländische Urkunden von der Legalisation befreit** werden, bestehen mit folgenden Staaten:

Belgien (Vertrag über die Befreiung öffentlicher Urkunden von der Legalisation v. 13.5. 1975, BGBl. 1980 II 815, 1981 II 142).

Dänemark (Beglaubigungsabkommen v. 17.6. 1936, RGBl. II 213, wieder anwendbar, BGBl. 1953 II 186).

---

[32] Weitere Übereinkommen für bestimmte Sachgebiete s. *Bülow/Böckstiegel/Geimer/Schütze* (*Schmidt*) (Fn. 12) Teil III D IV (788.1–12).

[33] Dazu *Maßfeller* Das Standesamt 1962, 148.

[34] Zusammenfassend zuletzt BGBl.-Fundstellennachweis B 2005, S. 402.

[35] Zusammenfassend zuletzt BGBl.-Fundstellennachweis B 2005, S. 427.

[36] Zu weiteren bilateralen Abkommen, die für ihren sachlichen Anwendungsbereich die Befreiung von der Legalisation vorsehen, s. *Bülow/Böckstiegel/Geimer/Schütze* (*Schmidt*) (Fn. 12) Teil III D IV (788.1–12).

Frankreich[37] (Abkommen über die Befreiung öffentlicher Urkunden von der Legalisation v. 13.9. 1971, BGBl. 1974 II 1074, 1100, 1975 II 353).

Griechenland (Art. 24 des Rechtshilfeabkommens v. 11.5. 1938, RGBl. 1939 II 848, AusfVO v. 31.5. 1939, RGBl. II 847, wieder anwendbar, BGBl. 1952 II 634).

Italien[38] (Vertrag über den Verzicht auf die Legalisation von Urkunden v. 7.6. 1969, BGBl. 1974 II 1069, 1975 II 660).

Luxemburg (Abkommen über den Verzicht auf die Beglaubigung und über den Austausch von Personenstandsurkunden sowie über die Beschaffung von Ehefähigkeitszeugnissen v. 3.6. 1982, BGBl. 1983 II 698, 1984 II 188, 498).

Österreich (Beglaubigungsvertrag v. 21.6. 1923, RGBl. 1924 II 55, 61, 91, wieder anwendbar, BGBl. 1952 II 436). Ferner Vertrag über den Verzicht auf die Beglaubigung und über den Austausch von Personenstandsurkunden sowie über die Beschaffung von Ehefähigkeitszeugnissen v. 18.11. 1980, BGBl. 1981 II 1050, 1982 II 207, 459, 1984 II 915.

Schweiz (Beglaubigungsvertrag[39] v. 14.2. 1907, RGBl. 411, 415, weiter in Kraft, vgl. BayJMBl 1952, 204). – Ferner Abkommen über den Verzicht auf die Beglaubigung und über den Austausch von Personenstandsurkunden und Zivilstandsurkunden sowie über die Beschaffung von Ehefähigkeitszeugnissen v. 4.11. 1985, BGBl. 1988 II 126. Mit dem Inkrafttreten dieses Abkommens am 1.7. 1988, Bek. v. 22.4. 1988, BGBl. II 467, 697, ist der Vertrag über den Verzicht auf die Beglaubigung von Personenstandsurkunden[40] v. 6.6. 1956, BGBl. 1960 II 454, 2123, außer Kraft getreten.

6. Konsularverträge

41 In mehreren Konsularverträgen (Fundstellen → §377 Rdnr. 17) ist bestimmt, daß gewisse von den **ausländischen Konsuln** aufgenommene oder beglaubigte Urkunden sowie Übersetzungen den inländischen öffentlichen Urkunden gleichgestellt sind, so daß **keine Legalisation** erforderlich ist. So etwa (im einzelnen unterschiedlich) in den Verträgen mit dem **Vereinigten Königreich Großbritannien und Nordirland, Fidschi, Grenada, Jamaika, Malawi, Mauritius, Sowjetunion** (jetzt Russische Föderation und sonstige Nachfolgestaaten), **Spanien, Türkei, USA.** Kraft der Meistbegünstigungsklausel gilt dies wohl auch im Verhältnis zu **Kolumbien, Iran (Persien), Irland, Japan.** Fundstellen dieser Verträge → §377 Rdnr. 18.

§439 Erklärung über Echtheit von Privaturkunden

(1) Über die Echtheit einer Privaturkunde hat sich der Gegner des Beweisführers nach der Vorschrift des §138 zu erklären.

(2) Befindet sich unter der Urkunde eine Namensunterschrift, so ist die Erklärung auf die Echtheit der Unterschrift zu richten.

(3) Wird die Erklärung nicht abgegeben, so ist die Urkunde als anerkannt anzusehen, wenn nicht die Absicht, die Echtheit bestreiten zu wollen, aus den übrigen Erklärungen der Partei hervorgeht.

Gesetzesgeschichte: Bis 1900 §404 CPO.

[37] Dazu *Arnold* DNotZ 1975, 581.
[38] Dazu *Arnold* DNotZ 1975, 581.
[39] Dazu *Vortisch* Das Standesamt 1966, 263.
[40] Dazu *Maßfeller* Das Standesamt 1956, 181, 209.

I. Die Erklärung über die Echtheit einer Privaturkunde

1 Wird eine **Privaturkunde** nach § 420 oder § 434 in *Urschrift* (→ § 435 Rdnr. 6) vorgelegt, so liegt darin zugleich die *Behauptung ihrer Echtheit*. Nach der Vorlegung hat sich der Gegner im landgerichtlichen Verfahren von sich aus **über die Echtheit** wie über andere Tatsachen nach § 138 **zu erklären;** die richterliche Aufklärungspflicht, § 139, gilt auch hier. Im **amtsgerichtlichen Verfahren** muß in jedem Fall eine *Aufforderung zu der Erklärung* erfolgen (§ 510). Bei einer Urkunde, die nach der Angabe des Beweisführers von dem Gegner selbst geschrieben oder unterschrieben sein soll, ist nach § 138 Abs. 4 eine Erklärung mit Nichtwissen unzulässig[1].

II. Gegenstand der Erklärung

2 Die Last der Erklärung (→ § 138 Rdnr. 32) erstreckt sich auf **alle Privaturkunden.**

1. Unterschriebene Urkunde

3 **Befindet sich unter der Urkunde eine Namensunterschrift,** so ist die Erklärung über die *Echtheit der Unterschrift* erforderlich (Abs. 2) und genügend (§ 440 Abs. 2), auch wenn die Unterschrift nicht eigenhändig, sondern auf mechanischem Weg oder mit Hilfe eines anderen erfolgt ist, → § 416 Rdnr. 5f.

2. Nicht unterschriebene Urkunde

4 Ist die Urkunde **nicht unterschrieben,** so ist die Erklärung nur auf die *Echtheit des Textes* zu richten. Dies gilt auch für die mit *Handzeichen* unterzeichnete Urkunde; denn die etwaige Beglaubigung hat nur Bedeutung für den *Beweis* der Echtheit (§ 440), nicht für die *Erklärung* darüber. Wird die Echtheit bestritten, so hat sich der Beweis, sofern das Handzeichen nicht beglaubigt ist (§ 440 Abs. 2), auf den ganzen Text der Urkunde zu erstrecken.

5 Soweit nach bürgerlichem Recht für die Gültigkeit von Rechtsgeschäften **eigenhändige Niederschrift** des ganzen Textes verlangt wird, vgl. § 2247 Abs. 1 BGB (eigenhändiges Testament), erstreckt sich zwar die Pflicht zur Erklärung auch auf die eigenhändige Niederschrift des Textes, aber das ist dann keine Frage der Echtheit i.S. der §§ 439f.

III. Wirkung der Anerkennung und der unterbliebenen Erklärung

1. Anerkennung

6 Wird die **Echtheit anerkannt,** so liegt ein *gerichtliches Geständnis* vor, auf das die §§ 288 bis 290 anwendbar sind[2]. Daher bleibt die Partei auch im Nachverfahren des Urkundenprozesses an die Anerkennung der Echtheit gebunden[3].

---

[1] Durch eine vorprozessuale Anerkennung wird das Bestreiten nicht ausgeschlossen. – A.M. *OLG Dresden* SeuffArch 64 (1909), 288. – Zum Beweiswert → § 440 Rdnr. 1.
[2] *OLG Saarbrücken* MDR 2002, 109; *RGZ* 97, 162.
[3] *OLG Saarbrücken* MDR 2002, 109.

2. Nichtbestreiten

Wird die Echtheit weder ausdrücklich noch nach dem Gesamtinhalt der Erklärungen bestritten, so **gilt** die Urkunde nach Abs. 3 **als anerkannt.** Diese Wirkung tritt aber im amtsgerichtlichen Verfahren nur dann ein, wenn die Partei durch das Gericht zur Erklärung über die Echtheit der Urkunde aufgefordert wurde, § 510. 7

Hat die Partei keine Erklärung über die Echtheit abgegeben, so kann sie – vorbehaltlich einer Zurückweisung wegen Verspätung, §§ 296, 530f. – die Echtheit noch bis zum Schluß der mündlichen Verhandlung, auch in der Berufungsinstanz, **bestreiten**[4], ebenso im **Nachverfahren,** wenn im Vorverfahren des Urkunden- bzw. Wechselprozesses keine Erklärung abgegeben wurde[5]. 8

Die Bestimmung des **Abs. 3** ist **in Ehe- und Kindschaftssachen nicht anwendbar** (§§ 617, 640 Abs. 1) und gilt nicht bezüglich der *von Amts wegen zu prüfenden Umstände* (→ vor § 128 Rdnr. 162, 169). 9

IV. Anwendung auf private elektronische Dokumente

Soweit private elektronische Dokumente mit einer qualifizierten elektronischen Signatur versehen sind, werden sie durch § 371a Abs. 1 S. 1 hinsichtlich der Beweiskraft mit unterschriebenen Privaturkunden gleichgestellt, → auch § 416 Rdnr. 21. Die Beweiskraft privater elektronischer Dokumente, die keine qualifizierte elektronische Signatur aufweisen, ist im Wege freier Beweiswürdigung zu beurteilen, → § 416 Rdnr. 23. In beiden Fällen erscheint die **entsprechende Anwendung des § 439** sachgerecht. Der Gegner hat sich also über die Echtheit des privaten elektronischen Dokuments zu äußern. Gesteht er sie zu oder gibt er keine Erklärung ab (Abs. 3), so ist die Echtheit zugrunde zu legen. 10

Eine Trennung zwischen dem Inhalt des elektronischen Dokuments und der elektronischen Signatur in dem Sinne, wie § 439 Abs. 2 zwischen Urkunde und Namensunterschrift unterscheidet, dürfte dabei nicht sinnvoll sein. Vielmehr ist die Erklärung auch bei einem elektronisch signierten Dokument auf die **Echtheit des gesamten Dokuments** zu richten. 11

Wird die **Echtheit bestritten,** so bedarf sie des Beweises. Dabei ist der gesetzliche Anschein der Echtheit zu beachten, der sich nach § 371a Abs. 1 S. 2 bei elektronisch signierten Erklärungen aufgrund einer Prüfung nach dem Signaturgesetz ergibt, näher → § 371a Rdnr. 14ff. 12

§ 440 Beweis der Echtheit von Privaturkunden

(1) Die Echtheit einer nicht anerkannten Privaturkunde ist zu beweisen.

(2) Steht die Echtheit der Namensunterschrift fest oder ist das unter einer Urkunde befindliche Handzeichen notariell beglaubigt, so hat die über der Unterschrift oder dem Handzeichen stehende Schrift die Vermutung der Echtheit für sich.

Gesetzesgeschichte: Bis 1900 § 405 CPO. Abs. 2 geändert durch das BeurkundungsG vom 28. 8. 1969 (BGBl. I 1513).

---

[4] *BGHZ* 82, 115, 119 = NJW 1982, 183 = JZ 1982, 71 = JR 1982, 333 (zust. *K. Schreiber*).
[5] *BGHZ* 82, 115 (Fn. 4).

I. Echtheitsbeweis

1 Der **Beweis der Echtheit einer nicht anerkannten** (→ § 439 Rdnr. 6f.) **Privaturkunde** kann, sofern nicht das Gericht unter besonderen Umständen trotz des Bestreitens die Echtheit als erwiesen ansieht (§ 286)[1], durch **alle Arten von Beweismitteln,** namentlich auch durch Antrag auf Parteivernehmung nach §§ 445ff. geführt werden. Auch Parteivernehmung von Amts wegen nach § 448 ist zulässig. Die Beweislast für die Echtheit trägt diejenige Partei, die sich als Beweisführer auf die Urkunde beruft[2]. Hat der Aussteller die Echtheit vor dem Prozeß anerkannt, so ist dies ein außergerichtliches Geständnis, → § 288 Rdnr. 24 (21. Aufl.), das regelmäßig als Indiz der Echtheit genügen wird. Eine Besonderheit bildet nur die **Schriftvergleichung** (§§ 441, 442).

II. Vermutung der Echtheit

1. Gegenstand der Vermutung

2 Abs. 2 enthält eine **gesetzliche Vermutung**[3] **für die Echtheit** des über der Unterschrift oder dem Handzeichen stehenden Textes der Urkunde, d.h. dafür, daß der Text eine Erklärung des Unterzeichners darstellt[4], nicht aber für die inhaltliche Richtigkeit des Textes (insoweit → vor § 415 Rdnr. 17ff.). Die Vermutung gilt, wenn entweder die Echtheit der Unterschrift durch Geständnis oder Beweis festgestellt oder das Handzeichen notariell beglaubigt ist (→ § 416 Rdnr. 8).

2. Blankounterschrift

3 Die Vermutung gilt auch, wenn es sich zunächst um eine **Blankounterschrift** handelte und der Text später darüber gesetzt wurde[5]; es wird dann vermutet, daß die Urkunde vereinba-

---

1 So *RGZ* 72, 292 = JW 1910, 154 für nach Form und Inhalt korrekte Handelsbücher, deren Echtheit nur unsubstantiiert bestritten worden war.

2 *BGH* NJW 1988, 2741; NJW 1995, 1683.

3 *Hedemann* Die Vermutung (1904), 253f. – A.M. *Rosenberg* Beweislast[5] 221 Fn. 1 (Beweisregel). → dazu § 437 Fn. 1.

4 Nicht etwa dafür, daß er von ihm selbst geschrieben ist, vgl. *RGZ* 64, 406f.

5 *BGH* DB 1965, 1665 = WM 1965, 1062; NJW 1986, 3086 = LM § 416 Nr. 4; *OLG Düsseldorf* VersR 1979, 626; *OLG Hamm* WM 1984, 829; *Wieczorek*[2] A II b 1.

rungsgemäß ausgefüllt wurde[6], → §416 Rdnr. 19. Die Vermutung aus §440 Abs. 2 greift also auch bei Blankounterschrift und behauptetem Blankettmißbrauch zugunsten desjenigen ein, der sich auf die Echtheit der Urkunde beruft. Dies gilt jedoch nicht, wenn eine Bürgschaftsurkunde ohne Angabe des Hauptschuldners vom Bürgen zunächst mit Blankounterschrift versehen, dann aber unstreitig widerrufen und erst danach hinsichtlich des Hauptschuldners ergänzt wurde, wobei sich der Gläubiger darauf beruft, die Ergänzung sei durch den Bürgen erfolgt[7].

4 Eine von der Anwendbarkeit des §440 Abs. 2 zu unterscheidende Frage ist, ob durch eine blanko unterschriebene Urkunde die **Formvorschriften** des materiellen Rechts gewahrt werden. Hinsichtlich der Schriftform für die Bürgschaftserklärung (§766 S. 1 BGB) ist die Frage zu verneinen, wenn dem Gläubiger durch lediglich mündlich erteilte Ermächtigung die Ausfüllung der vom Bürgen blanko unterschriebenen Bürgschaftserklärung überlassen blieb[8].

3. Keine Anwendung auf Text nach der Unterschrift

5 Für einen nicht *über* der Unterschrift stehenden, sondern erst *nachfolgenden* Text gilt die Vermutung nicht. §440 Abs. 2 kann weder bei einem über dem Text (»Oberschrift«)[9] noch bei einem am Rand daneben (»Nebenschrift«)[10] stehenden Namenszug angewendet werden.

4. Beweis der Echtheit der Unterschrift

6 Bei *unterschriebenen* Urkunden ist demnach der **Beweis** lediglich **auf die Echtheit der Unterschrift zu richten.** Die Beweiskraft einer *Beglaubigung der Unterschrift* richtet sich nach §415 oder §418, → §415 Fn. 38, → §418 Rdnr. 2. Die Unterschrift ist *echt*, wenn der Name des Ausstellers *mit seinem Willen* unter die Urkunde gesetzt ist, → §437 Rdnr. 1, §416 Rdnr. 5f. (insbesondere zu der durch den Vertreter mit dem Namen des Vertretenen unterzeichneten Urkunde und zur mechanisch hergestellten Unterzeichnung).

5. Anwendung auf Telefax

7 Bei einem **Telefax** kann es für die Anwendung der Vermutung des Abs. 2 nicht genügen, daß die kopierte oder eingescannte Unterschrift als solche (für sich betrachtet) vom (angeblichen) Aussteller der Urkunde stammt[11]. Vielmehr muß festgestellt (unstreitig oder bewiesen) sein, daß die Unterschrift vom Aussteller willentlich unter den Text des beim Empfänger eingetroffenen Telefax gesetzt wurde. Steht aber dies fest, so bedarf es der Vermutung des Abs. 2 nicht mehr.

---

[6] *BGH* NJW-RR 1989, 1323, 1324.

[7] *BGH* NJW 2000, 1179, 1181.

[8] *BGHZ* 132, 119 = NJW 1996, 1467; *BGH* NJW 2000, 1179, 1180; *OLG Köln* ZIP 1998, 150 (auch spätere Aushändigung der ausgefüllten Bürgschaftsurkunde an den Bürgen führt nicht zur Wirksamkeit). – *BGHZ* 132, 119 bejaht aber eine Haftung des Bürgen gegenüber dem Gläubiger, der eine vollständige Urkunde erhält und ihr nicht ansehen kann, daß sie durch einen anderen ohne formgerechte Ermächtigung ergänzt wurde.

[9] *BGHZ* 113, 48 = NJW 1991, 487.

[10] *BGH* NJW 1992, 829.

[11] Gegen eine Anwendung der Echtheitsvermutung des Abs. 2 *OLG Frankfurt* MDR 2000, 1330 (Überweisungsauftrag).

6. Unanwendbarkeit im Verfahren der Freiwilligen Gerichtsbarkeitz

8 Im Verfahren der **Freiwilligen Gerichtsbarkeit** gilt die Vermutung des Abs. 2 wegen des Grundsatzes der Prüfung von Amts wegen nicht; vielmehr ist freie Beweiswürdigung vorzunehmen[12].

III. Widerlegung der Vermutung

9 Die Vermutung des Abs. 2 kann nach §292 S. 1 durch **Beweis des Gegenteils,** also der Unechtheit, **widerlegt** werden. Dieser Beweis kann gemäß §292 S. 2 auch durch Antrag auf Parteivernehmung des Gegners geführt werden[13], → auch §445 Rdnr. 23. Inwieweit Mängel der Urkunde, Durchstreichungen, Radierungen, Einschaltungen usw. (§419)[14] die Vermutung entkräften, hat das Gericht frei zu würdigen, §419.

10 Zur Widerlegung der Vermutung ist insbesondere die Tatsache geeignet, daß der Text nicht mit Wissen und Willen desjenigen, von dem die Unterschrift herrührt, über diese gesetzt oder daß er nachträglich ohne seinen Willen verändert ist[15]. Hierher gehört also auch der Nachweis eines **Blankettmißbrauchs,** näher → §416 Rdnr. 19. Für diese Tatsachen trägt, da sie die Vermutung widerlegen sollen, der Gegner die Beweislast[16]. Steht jedoch fest, daß eine **Einfügung** *nach Fertigstellung und Unterzeichnung* der Urkunde erfolgt ist, so muß derjenige, der sich auf die Echtheit beruft, beweisen, daß die Einfügung mit Wissen und Willen des Unterzeichners erfolgt ist[17]. Die Vermutung des Abs. 2 gilt insoweit nicht[18].

IV. Private elektronische Dokumente

1. Notwendigkeit des Echtheitsbeweises bei Bestreiten

11 Auch für private elektronische Dokumente gilt, daß ihre Echtheit entsprechend Abs. 1 zu beweisen ist, wenn sie bestritten wird. Zur Anwendung von §439 → §439 Rdnr. 10ff.

2. Vermutung bzw. Anschein der Echtheit

a) Keine Anwendung von Abs. 2

12 Abs. 2 wird man dagegen auf elektronische Dokumente nicht anwenden können, da man hier von einer Unterschrift, deren Echtheit zur Vermutung der Echtheit eines räumlich darüber stehenden Textes führt, nicht sprechen kann. Eine solche räumliche Anordnung gibt es zwar auf einem Ausdruck des elektronischen Dokuments, aber nicht in dem Dokument selbst.

---

12 So jedenfalls *BayObLGZ* 2002, 78 = NJW-RR 2002, 1453. Das Gericht (*BayObLGZ* 2002, 81) weist aber darauf hin, daß im Rahmen der freien Beweiswürdigung der dem §440 Abs. 2 zugrundeliegende Erfahrungssatz zu berücksichtigen sei und man daher in der Regel nicht zu unterschiedlichen Ergebnissen gelangen werde.

13 *BGH* NJW 1988, 2741 = JZ 1988, 934.

14 *RG* SeuffArch 63 (1908), 294; JW 1917, 106.

15 Vgl. *RGZ* 64, 407.

16 *RGZ* 23, 110f.; 47, 66, 406f.

17 *BGH* DB 1965, 1665 (Fn. 5); *BayObLG* DNotZ 1985, 220, 222 (*Winkler*) = Rpfleger 1985, 105.

18 *LG Itzehoe* DNotZ 1990, 519 (zur nachträglichen Änderung im Text einer Erklärung, die durch beglaubigte Unterschrift abgeschlossen ist).

b) Gesetzlicher Anscheinsbeweis der Echtheit bei elektronischen Dokumenten mit qualifizierter elektronischer Signatur

13 Es besteht auch kein Anlaß, Abs. 2 entsprechend auf die **qualifizierte elektronische Signatur** eines privaten elektronischen Dokuments anzuwenden; denn hierfür ordnet ohnehin § 371a Abs. 1 Satz 2 einen **gesetzlichen Anschein der Echtheit** aufgrund einer Prüfung nach dem Signaturgesetz an, näher → § 371a Rdnr. 14ff.

c) Kein Anscheinsbeweis der Echtheit bei elektronischen Dokumenten ohne qualifizierte elektronische Signatur

14 Für private elektronische Dokumente **ohne qualifizierte elektronische Signatur** gibt es keine gesetzliche Regelung eines Anscheinsbeweises oder einer Vermutung der Echtheit. Dies gilt insbesondere für gewöhnliche e-mails. Wenn die Echtheit einer e-mail substantiiert bestritten ist, so ist auch bei Angabe der Absenderadresse oder eines Passwortes **kein Anscheinsbeweis nach allgemeinen Grundsätzen** anzuerkennen, da mit der Möglichkeit von Fälschungen und Manipulationen (z.B. mittels Computer-Viren, die e-mails unter einer bestimmten Absenderadresse generieren) zu rechnen ist[19]. Es gibt im übrigen auch bei schriftlichen Willenserklärungen, insbesondere Briefen, selbst wenn sie handschriftlich unterzeichnet sind, keinen Anscheinsbeweis der Echtheit, wenn die Echtheit der Unterzeichnung bestritten wird[20].

§ 441 Schriftvergleichung

(1) Der Beweis der Echtheit oder Unechtheit einer Urkunde kann auch durch Schriftvergleichung geführt werden.

(2) In diesem Fall hat der Beweisführer zur Vergleichung geeignete Schriften vorzulegen oder ihre Mitteilung nach der Vorschrift des § 432 zu beantragen und erforderlichenfalls den Beweis ihrer Echtheit anzutreten.

(3) [1]Befinden sich zur Vergleichung geeignete Schriften in den Händen des Gegners, so ist dieser auf Antrag des Beweisführers zur Vorlegung verpflichtet. [2]Die Vorschriften der §§ 421 bis 426 gelten entsprechend. [3]Kommt der Gegner der Anordnung, die zur Vergleichung geeigneten Schriften vorzulegen, nicht nach oder gelangt das Gericht im Falle des § 426 zu der Überzeugung, dass der Gegner nach dem Verbleib der Schriften nicht sorgfältig geforscht habe, so kann die Urkunde als echt angesehen werden.

(4) Macht der Beweisführer glaubhaft, dass in den Händen eines Dritten geeignete Vergleichungsschriften sich befinden, deren Vorlegung er im Wege der Klage zu erwirken imstande sei, so gelten die Vorschriften des § 431 entsprechend.

Gesetzesgeschichte: Bis 1900 § 406 CPO. Abs. 3 neu gefaßt durch die Novelle 1924.

---

[19] *OLG Köln* OLG-Report 2002, 396; *LG Bonn* CR 2002, 293; *AG Bonn* NJW-RR 2002, 1363; *AG Erfurt* CR 2002, 767. – A.M. *Mankowski* NJW 2002, 2822 (Anscheinsbeweis, daß die per e-mail versandte Erklärung von demjenigen stammt, unter dessen Adresse sie verschickt wurde). Aus elektronischen Eingangs- oder Lesebestätigungen will *Mankowski* NJW 2004, 1901 einen Anscheinsbeweis für den Zugang elektronischer Erklärungen herleiten.

[20] Insoweit geht *Mankowski* NJW 2002, 2822, 2824f. bei seiner Argumentation zugunsten eines Anscheinsbeweises bei e-mails von falschen Voraussetzungen aus. Bei Telefonabrechnungen, auf die *Mankowski* aaO ebenfalls Bezug nimmt, ist ein Anscheinsbeweis der Richtigkeit allenfalls anzuerkennen, wenn besondere Anforderungen an die Zähleinrichtung eingehalten sind, → § 286 Rdnr. 119b (21. Aufl.); im übrigen geht es insoweit auch inhaltlich um etwas anderes als die Echtheit einer Erklärung.

Literatur: *Deitigsmann* Der gerichtliche Schriftsachverständige, JZ 1953, 494; *ders.* Grundlagen und Praxis der gerichtlichen Handschriftenvergleichung (1954); *Hecker* Forensische Handschriftenuntersuchung: eine systematische Darstellung von Forschung, Begutachtung und Beweiswert (1993); *Michel* Gerichtliche Schriftvergleichung (1982); *Pfanne* Handschriftenvergleichung für Juristen und Kriminalisten (1971); *Seibt* Forensische Schriftgutachten, Einführung in Methoden und Praxis der forensischen Handschriftenuntersuchung (1999).

I. Schriftvergleichung

1. Zulässigkeit

1 Der Beweis der *Echtheit, Unechtheit und Veränderung* einer Urkunde (→ § 440 Rdnr. 1) kann auch durch Schriftvergleichung geführt werden, d.h. durch **Vergleich der Urkunde mit anderen erweislich von dem Aussteller herrührenden Schriftstücken.** Dies ist bei öffentlichen wie bei Privaturkunden möglich, sowohl hinsichtlich des Textes wie der Unterschrift (§ 440 Abs. 2).

2. Rechtsnatur; geeignete Schriftstücke

2 Dieser Beweis ist ein *Indizienbeweis mit Augenscheinsobjekten*[1], die jedoch hinsichtlich ihrer Herbeischaffung vom Gesetz ausnahmsweise wie Urkunden behandelt werden (→ Rdnr. 7f.). §§ 144 und 372 Abs. 2 sind daher nicht anwendbar.

3 Ob aus der Betrachtung als Augenscheinsbeweis folgt, daß der Echtheitsbeweis durch Schriftvergleichung im Urkundenprozeß ausgeschlossen ist (→ § 595 Rdnr. 2a [21. Aufl.]), erscheint zweifelhaft[2]. **Zur Schriftvergleichung geeignet** sind alle von der Hand des angeblichen Ausstellers herrührenden Schriften, ohne Unterscheidung, ob sie eine Unterschrift enthalten oder nicht, auch wenn es keine Urkunden im Rechtssinne sind. Bloße Handzeichen, auch wenn sie beglaubigt sein sollten, eignen sich dagegen kaum zur Vergleichung. Eine *Zustimmung* des Schrifturhebers ist weder zur Schriftvergleichung durch das Gericht noch zur Begutachtung durch einen Sachverständigen erforderlich[3].

3. Echtheit der Vergleichungsschriften

4 Die Vergleichsstücke müssen nach den allgemeinen Regeln zum Gegenstand der mündlichen Verhandlung gemacht werden[4]. In Beziehung auf die *Erklärung* über die **Echtheit der Vergleichungsschriften** und den *Beweis* der Echtheit sind die für Urkunden geltenden Regeln

[1] Ebenso *BAG* AP Nr. 1 (zust. *Walchshöfer*) = BB 1982, 117.
[2] Für Zulässigkeit *Becht* NJW 1991, 1993.
[3] *BAG* AP Nr. 1 (Fn. 1). Anders wäre es wohl bei einem graphologischen Gutachten (*BAG* aaO läßt dies offen).
[4] *RG* JW 1932, 944.

anwendbar. Es ist also zwischen öffentlichen und Privaturkunden zu unterscheiden. Für öffentliche Urkunden gelten die §§437f., für private Urkunden die §§138, 439, 510; die Echtheit einer Privaturkunde kann daher auch bei versäumter Erklärung des Gegners als zugestanden angenommen werden. Eine Ablehnung des Echtheitsbeweises hinsichtlich der Vergleichungsschriften ist nur in den → §284 Rdnr. 51ff., insbesondere Rdnr. 54ff. (21. Aufl.) dargestellten Grenzen statthaft[5].

4. Kein Zwang zur Herstellung von Vergleichungsschriften

5 Ein **Zwang,** zur Herstellung einer Vergleichungsschrift **eigenhändig etwas niederzuschreiben,** kann auf den Aussteller der Urkunde nicht ausgeübt werden. Das schließt aber nicht aus, daß, wenn eine Partei Aussteller der Urkunde sein soll, eine Weigerung im Wege freier Würdigung bei der Entscheidung verwertet wird.

6 **5.** Zur Heranziehung von **Schriftsachverständigen** → §442 Rdnr. 1f.

II. Beschaffung von Vergleichungsschriften

1. Schriften im Besitz des Beweisführers oder des Gegners

7 Befinden sich die geeigneten Vergleichungsschriften **in der Hand des Beweisführers,** so sind sie wie Urkunden nach §420 vorzulegen. Besitzt sie der **Gegner,** so kommen die §§421 bis 426 zur Anwendung. Kommt der Gegner der Vorlegungsanordnung nicht nach bzw. hat er nicht sorgfältig nach dem Verbleib des Schriftstücks geforscht, so kann das Gericht nach §441 Abs. 3 S. 3 den Echtheitsbeweis und, wenn die Vorlegung zum Zweck des Beweises der Unechtheit (Abs. 1) angeordnet ist, diesen Beweis als geführt ansehen. – Zur Frage der Zustimmung des Schrifturhebers → Rdnr. 3.

2. Schriften im Besitz Dritter

8 Befindet sich ein **Dritter im Besitz der Vergleichungsschriften,** so wird nach §431 (Bestimmung einer Frist für die Vorlegung) verfahren, mit der Maßgabe, daß der Antragsteller nicht nur den Grund der Vorlegungspflicht (§424 S. 1 Nr. 5) und den Besitz des Dritten (§430), sondern außerdem auch noch glaubhaft zu machen hat, daß die Schriften, die der Dritte besitzt, zur Vergleichung geeignet und somit i.S. der §424 S. 1 Nr. 2, §431 Abs. 1 erheblich sind. Im übrigen gelten die §§429 und 432.

9 Voraussetzung ist somit ein **Anspruch gegen den Dritten auf Vorlegung.** Der Weg des §428, 2. Alternative (Beweisantritt durch Antrag auf Erlaß einer Anordnung nach §142) ist hier nicht vorgesehen. Zu einer Vorlegungsanordnung von Amts wegen nach §142 dürfte im allgemeinen kein Anlaß bestehen.

10 Befinden sich **Vergleichungsschriften im Gewahrsam des Gerichts,** so werden diese formlos beigezogen, → §432 Rdnr. 12. Dies ist entsprechend §273 Abs. 2 Nr. 2 auch von Amts wegen möglich[6]. Die Vergleichungsschriften müssen auch hier zum Gegenstand der mündlichen Verhandlung gemacht werden[7].

---

[5] Vgl. auch *RG* JW 1892, 217.

[6] So auch *Zöller/Geimer*[25] Rdnr. 2. – A.M. *Wieczorek*[2] A I; *Baumbach/Lauterbach/Hartmann*[63] Rdnr. 5.

[7] *RG* JW 1916, 964.

§442 Würdigung der Schriftvergleichung

Über das Ergebnis der Schriftvergleichung hat das Gericht nach freier Überzeugung, geeignetenfalls nach Anhörung von Sachverständigen, zu entscheiden.

Gesetzesgeschichte: Bis 1900 §407 CPO.

I. Durchführung der Schriftvergleichung

1 Die **Schriftvergleichung** erfolgt als Einnahme eines Augenscheins **durch das Prozeßgericht.** Sie ist *Beweisaufnahme*, unterliegt also der Parteiöffentlichkeit, §357[1]. Ob das Gericht **Schriftsachverständige**[2] hören will, hängt wie auch sonst (→ vor §402 Rdnr. 26, 28ff.) von seinem pflichtgemäßen Ermessen bzw. von der Beurteilung der eigenen Sachkunde ab, auch wenn die Parteien sich ausdrücklich auf Sachverständige berufen haben[3]. Die Zuziehung eines Sachverständigen wird aber zumeist (insbesondere bei Parteiantrag) angemessen sein. Der Sachverständige muß, um die Begleitumstände würdigen zu können, über den Stand des Verfahrens und die bisherigen Beweiserhebungen informiert werden[4]. Hat der Sachverständige zuvor bereits ein Privatgutachten erstellt, so kann er in der Regel wegen Besorgnis der Befangenheit (→ §406 Rdnr. 11) abgelehnt werden[5].

2 Das Gericht hat nach **freier Überzeugung** zu entscheiden, ob es trotz der allgemein anerkannten Unsicherheit dieser Beweisführung die Echtheit oder Unechtheit als erwiesen annehmen will[6]. Das ergibt sich an sich bereits aus dem allgemeinen Grundsatz der **freien Beweiswürdigung** (§286), der in §442 für die Schriftvergleichung besonders wiederholt wird[7]. Folgt das Gericht den Ausführungen eines gerichtlich bestellten Sachverständigen nicht, so muß es dies begründen, und aus der Begründung muß sich ergeben, daß die Abweichung nicht durch den Mangel an Sachkunde beeinflußt ist[8], → auch §412 Rdnr. 2ff.

II. Beauftragter oder ersuchter Richter

3 Die Übertragung der Schriftvergleichung auf einen **beauftragten oder ersuchten Richter** nach §434 ist nicht ausgeschlossen, wenn auch regelmäßig nicht zweckmäßig.

---

1 S. auch *RG* JW 1916, 964.

2 Vgl. *Langenbruch* JR 1950, 212 sowie die Lit. zu §441. – Linguistische Gutachten, die sich auf einen Sprachvergleich stützen, kommen für den Echtheitsbeweis i.S. des §441 nicht in Betracht. Sehr skeptisch zu dieser Methode in anderem Zusammenhang (Ermittlung des Autors anonymer Briefe) *LAG Köln* VersR 1995, 1074.

3 *RG* JW 1892, 217; HRR 1929 Nr. 162.

4 *Pfanne* NJW 1974, 1439 gegen *OLG Celle* NJW 1974, 616.

5 *BAG* AP §441 Nr. 1 (zust. *Walchshöfer*) = BB 1982, 117 (es kann dagegen nicht lediglich der Bezugnahme auf das Privatgutachten widersprochen werden).

6 Bei sich widersprechenden Gutachten von Schriftsachverständigen wird auch das Gericht vielfach keine Klarheit gewinnen können, vgl. *OLG München* NJW 1970, 1924.

7 Ebenso *BGH* LM §286 (A) Nr. 41 = NJW 1982, 2874.

8 *BGH* LM §286 (A) Nr. 41 (Fn. 7).

§443 Verwahrung verdächtiger Urkunden

Urkunden, deren Echtheit bestritten ist oder deren Inhalt verändert sein soll, werden bis zur Erledigung des Rechtsstreits auf der Geschäftsstelle verwahrt, sofern nicht ihre Auslieferung an eine andere Behörde im Interesse der öffentlichen Ordnung erforderlich ist.

Gesetzesgeschichte: Bis 1900 §408 CPO. Änderung (»Geschäftsstelle« statt »Gerichtsschreiberei«) durch Gesetz vom 9.7. 1927 (RGBl. I 175).

I. Verwahrung bestrittener Urkunden

Die vorgelegten Urkunden werden grundsätzlich nicht Bestandteil der Gerichtsakten, → §420 Rdnr. 5. §443 ordnet aber die Verwahrung auf der Geschäftsstelle an, wenn die Echtheit der Urkunde bestritten ist oder ihr Inhalt verändert sein soll. Dadurch sollen die Urkunden **gegen Vernichtung oder Veränderung geschützt** werden. 1

Nach Erledigung des Prozesses sind auch diese Urkunden demjenigen, der sie vorgelegt hat, zurückzugeben, → auch §142 Rdnr. 48 sowie → §420 Fn. 3. Die Auslieferung an eine andere Behörde im Interesse der öffentlichen Ordnung kann z.B. zum Zweck der strafgerichtlichen Verfolgung oder der Berichtigung öffentlicher Bücher erfolgen. 2

II. §443 findet auch auf Urkunden Anwendung, die **von Dritten vorgelegt** wurden. 3

§444 Folgen der Beseitigung einer Urkunde

Ist eine Urkunde von einer Partei in der Absicht, ihre Benutzung dem Gegner zu entziehen, beseitigt oder zur Benutzung untauglich gemacht, so können die Behauptungen des Gegners über die Beschaffenheit und den Inhalt der Urkunde als bewiesen angesehen werden.

Gesetzesgeschichte: Bis 1900 §409 CPO.

I. Voraussetzungen

1. Erfordernisse

1 §444 setzt voraus, daß eine Urkunde, die eine Partei durch Vorlegung oder Vorlegungsantrag im Prozeß *hätte benutzen können*, vom Gegner[1] *beseitigt* (d.h. der Vorlegung entzogen, unzugänglich gemacht) oder zur Benutzung *untauglich gemacht* ist. Ob dies während des Prozesses oder vorher geschah, gilt gleich. Das Gesetz erfordert die **Absicht,** dem Beweisführer die Benutzung der Urkunde zu entziehen. Rechtswidrigkeit im zivilrechtlichen Sinn verlangt §444 dagegen nicht. §444 kann daher auch dann eingreifen, wenn die Urkunde, die von der Partei beseitigt wurde, in deren Eigentum stand.

§444 gilt aber nur, wenn die Partei bei einem Vorlegungsantrag nach §§422, 423 **zur Vorlegung verpflichtet** gewesen wäre[2]. Bestand im Zeitpunkt der Vernichtung keine Vorlegungspflicht, so ist auch keine Sanktion der Beseitigung der Urkunde gerechtfertigt. Man kann dann nicht von einer Entziehung der Benutzung sprechen.

2. Beweis

2 Der **Beweis** der Voraussetzungen des §444 folgt den allgemeinen Regeln. Der Tatbestand des §444 kann sich auch ohne weitere Beweismittel aus der Aussage der gemäß §426 über den Verbleib der Urkunde vernommenen Partei ergeben, → §426 Rdnr. 15.

II. Rechtsfolge

1. Beweiswirkung

3 Der Richter ist nach §444 berechtigt, die **Behauptungen** des Beweisführers über Beschaffenheit und Inhalt der Urkunde **als bewiesen anzusehen**[3]. Legt der Beweisführer eine Abschrift vor, so behauptet er damit, daß die Urkunde den Inhalt der Abschrift habe, → §427 Rdnr. 8. Die durch §444 eingeräumte Befugnis sollte nicht als bloße Wiederholung des Grundsatzes der freien Beweiswürdigung, sondern als *besondere Rechtsfolge eines arglistigen Verhaltens* angesehen und gehandhabt werden. In der Regel wird daher die Wirkung zugunsten des Beweisführers zu bejahen sein. Zu verneinen ist diese Wirkung allerdings, wenn der Beweisführer andere Behauptungen über den Inhalt der Urkunde aufstellt, nachdem die Vernichtung der Urkunde bekannt wurde. Dem Gegner des Beweisführers bleibt in jedem Fall die Möglichkeit, den von ihm behaupteten Urkundeninhalt durch andere Beweismittel nachzuweisen.

2. Anwendung bei Streitgenossen

4 Soweit die Rechtslage des §444 über die freie Beweiswürdigung hinausgeht, kann sie nur im Verhältnis zwischen dem Beweisführer und der Partei, die die Urkunde beseitigt hat, eintreten, nicht gegenüber **Streitgenossen,** die an diesem Prozeßrechtsverhältnis unbeteiligt sind (§61). Diesen Streitgenossen gegenüber ist das Verhalten aber im Wege freier Beweiswürdigung zu berücksichtigen. Sind bei **notwendiger Streitgenossenschaft** die Voraussetzungen des

---

[1] Das Verhalten eines Dritten ist ebenso zu bewerten, sofern die Partei nach allgemeinen Rechtsgrundsätzen dafür verantwortlich zu machen ist, *RGZ* 101, 197.

[2] Ebenso *Wieczorek*[2] B I; *Zöller/Geimer*[25] Rdnr. 2; *E. Peters* ZZP 82 (1969), 205. Zur Frage einer allgemeinen Vorlagepflicht → Fn. 8.

[3] Zur Anwendung im Verwaltungsprozeß vgl. *BVerwGE* 10, 270.

§444 nur gegenüber einem Teil der Streitgenossen erfüllt, so bleibt es wegen der Notwendigkeit einheitlicher Entscheidung generell bei der freien Beweiswürdigung.

3. Würdigung des angenommenen Inhalts

5 Die *Bedeutung* des angenommenen Inhalts der Urkunde für das *Beweisthema* ist gegebenenfalls noch besonders zu würdigen, → vor §415 Rdnr. 17ff.

III. Schuldhafte Beweisvereitelung in sonstigen Fällen

1. Grundsatz und Voraussetzungen

6 Über §444 hinausgehend wird generell angenommen, daß die schuldhafte (vorsätzliche oder fahrlässige) Beweisvereitelung[4] durch die nicht beweisbelastete Partei[5] nicht ohne Folgen bleiben kann. Aus §444 wird seit langem ein **allgemeiner beweisrechtlicher Grundsatz** entnommen. Wer entgegen einer ihm obliegenden Rechtspflicht dem Gegner die Benutzung von zur Beweisführung erforderlichen Unterlagen schuldhaft unmöglich macht, darf daraus im Prozeß keine beweisrechtlichen Vorteile ziehen[6].

7 Über die Voraussetzungen und die Rechtsfolgen bestehen freilich Unklarheiten. Nach der hier vertretenen Auffassung können die Folgen der Beweisvereitelung nur eintreten, wenn einer **besonderen materiellen oder prozessualen Pflicht zuwidergehandelt wurde,** ein Beweismittel aufzubewahren, seine Beeinträchtigung zu unterlassen, ein Beweismittel im Prozeß bereitzustellen usw., → §286 Rdnr. 121 bei Fn. 400 (21. Aufl.)[7]. Eine *allgemeine Mitwirkungspflicht* der nicht beweisbelasteten Partei bei der Stoffsammlung[8] liegt der ZPO *nicht* zugrunde.

8 Der *BGH* verlangt als **subjektiven Tatbestand** einer Beweisvereitelung einen doppelten Schuldvorwurf. Danach muß sich das Verschulden sowohl auf die Zerstörung oder Entziehung des Beweisobjekts als auch auf die Beseitigung seiner Beweisfunktion beziehen, d.h. darauf, die Beweislage des Gegners in einem gegenwärtigen oder künftigen Prozeß nachteilig zu beeinflussen[9]. Die mögliche Beweisfunktion muß also zumindest erkennbar sein[10].

2. Rechtsfolge

9 Als Rechtsfolge der Beweisvereitelung kommt in erster Linie eine **Umkehr der Beweislast** (→ §286 Rdnr. 121 bei Fn. 397f. [21. Aufl.]) zum Nachteil dessen in Betracht, der den Beweis vereitelt hat. Doch gehen die Auffassungen über die Rechtsfolgen der Beweisvereitelung auseinander[11]. Der *BGH* spricht bei Verletzungen der Dokumentationspflicht[12] und auch in son-

---

4 Dazu → §286 Rdnr. 120ff. (21. Aufl.) mit Nachw.; *Baumgärtel* Festschrift für Kralik (1986), 63; *Oberheim* JuS 1997, 61.

5 Verhindert der Beweisbelastete die Beweisführung, so trifft ihn der Nachteil ohnehin, vgl. *Michalski* NJW 1991, 2069. → auch Fn. 23.

6 *BGH* NJW 2002, 825, 827.

7 A.M. *Gerhardt* AcP 169 (1969), 289, 304 (s. aber 308ff.).

8 Dafür *E. Peters* ZZP 82 (1969), 200, 208; *Stürner* Die Aufklärungspflicht der Parteien des Zivilprozesses (1976), 134ff. (zur Urkundenvorlage 144ff.), 378 (Ergebnis). Dazu → §138 Rdnr. 25.

9 Zusammenfassend *BGH* NJW 2004, 222, 223; NJW 2006, 434, 436.

10 *BGH* NJW 2002, 825, 827.

11 Differenzierend *Baumgärtel* (Fn. 4) 73f. (teils Abstufung des Beweismaßes, teils Beweislastumkehr); *Rosenberg/Schwab/Gottwald*[16] §114 Rdnr. 21, 25. – Für Berücksichtigung bei der Beweiswürdigung *E. Schneider* MDR 1969, 7; *E. Peters* (Fn. 8) 221; *Gerhardt* (Fn. 7) 307. Ferner → §286 Fn. 399 (21. Aufl.).

12 So z.B. *BGH* DB 1985, 1020 = MDR 1985, 669. Eine Beweislastumkehr hält der *BGH* aaO nur dann

stigen Fällen[13] von »Beweiserleichterungen bis hin zur Beweislastumkehr«, sieht also die Beweislastumkehr nicht als regelmäßige Folge an, sondern überläßt die Bestimmung der Rechtsfolge den Tatsacheninstanzen nach Maßgabe des konkreten Falles. In den Fällen der Beweiserleichterung wegen *grober ärztlicher Behandlungsfehler* hat der *BGH*[14] nunmehr den Bedenken gegen diese Unbestimmtheit der Rechtsfolge Rechnung getragen und die Beweislastumkehr als *regelmäßige* Rechtsfolge anerkannt. Diese Betrachtungsweise erscheint auch bei der Beweisvereitelung sachgerecht[15].

3. Verallgemeinerung auch beim Urkundenbeweis

10 Die dargestellten allgemeinen Grundsätze müssen auch dann gelten, wenn es um den Beweis durch Urkunden geht. Daher kann (obwohl §444 nur den Fall *arglistigen* Verhaltens regelt) die **fahrlässige**[16] (und pflichtwidrige) **Entziehung, Vorenthaltung** oder **Untauglichmachung** einer Urkunde dazu führen, daß die *Beweislast* auf diejenige Partei übergeht, die durch ihr Verhalten die Benutzung der Urkunde unmöglich gemacht hat. So kann eine Beweisvereitelung etwa darin liegen, daß ein rechtlicher Berater dem Mandanten vertragswidrig die Rückgabe erhaltener Unterlagen verweigert[17]. Eine vorsätzliche Beweisvereitelung liegt auch dann vor, wenn eine Partei ihre eigenhändigen **Unterschriften** bewußt in so großer Vielfalt gestaltet, daß der später von ihr erhobene Einwand der Fälschung durch Sachverständigengutachten nicht widerlegt werden kann[18].

11 Entsprechend der Regelung, die das Gesetz für den Fall der arglistigen Urkundenbeseitigung getroffen hat (→ Rdnr. 3), wird man auch in diesen Fällen dem Gericht einen gewissen Spielraum zubilligen müssen: Die Beweislastumkehr ist als *regelmäßige* Folge anzusehen; sie tritt aber ausnahmsweise nicht ein, wenn sie den besonderen Umständen des Falles nicht gerecht würde.

4. Sonstige Anwendungsbeispiele (→ auch §286 Rdnr. 123ff. [21. Aufl.])

12 Eine erhebliche Rolle spielt die Beweisvereitelung bei möglicherweise fingierten Verkehrsunfällen[19], etwa durch sofortige Verschrottung des Unfallfahrzeugs. Andererseits gehören die Kosten für die Aufbewahrung eines PKW, wenn diese erforderlich ist, um den Einwand des fingierten Unfalls abwehren zu können, dann auch zu den erstattungsfähigen Prozeßkosten[20]. Wenn die Aufklärung vom Kläger, der Ersatz von der Haftpflichtversicherung verlangt, durch die unwahre Behauptung vereitelt wird, die beteiligten Unfallfahrzeuge seien an unbekannte Personen veräußert worden, so hat der Kläger die Folgen (Kla-

---

für angezeigt, »wenn dem Geschädigten nach tatrichterlichem Ermessen die auch nur teilweise Beweisführungslast für ein pflichtwidriges Verhalten des Gegners angesichts eines von diesem verschuldeten Aufklärungshindernisses billigerweise nicht mehr zugemutet werden kann.« → auch (zum Arzthaftungsprozeß) §286 Rdnr. 130 (21. Aufl.). Diese Lösung ist zwar flexibel, aber dafür auch kaum vorhersehbar und wegen der Vermengung von Beweislast und Beweiswürdigung bedenklich. Zur Kritik → §286 Rdnr. 130 (21. Aufl.); *Leipold* Beweismaß und Beweislast im Zivilprozeß, Schriftenreihe der juristischen Gesellschaft in Berlin, Heft 93 (1985), 21ff.

[13] So z.B. *BGH* NJW 1998, 79, 81; NJW 2004, 222.

[14] *BGHZ* 159, 48 = NJW 2004, 2011 = JZ 2004, 1029 (zust. *Katzenmeier*). Dazu *Spickhoff* NJW 2004, 2345.

[15] *BGH* NJW 2006, 434, 436 spricht jedoch weiterhin von Beweiserleichterungen, die unter Umständen bis zur Umkehr der Beweislast gehen können.

[16] *ArbG Regensburg* BB 1990, 1421. – Vgl. auch *Ordemann* NJW 1962, 1902.

[17] *BGH* NJW 2002, 825, 827.

[18] *BGH* NJW 2004, 222.

[19] Dazu *Kääb* NZV 1990, 5, 7.

[20] *OLG Koblenz* NJW-RR 1997, 640.

geabweisung) zu tragen[21]. – Eine fahrlässige Beweisvereitelung liegt vor, wenn der Käufer eines Gebrauchtwagens das angeblich mangelhafte Teil austauschen lässt, aber nicht für seine Aufbewahrung sorgt[22]. Geht es um Ansprüche aus einer Unfallzusatzversicherung und verzichtet der Versicherer vorprozessual auf eine (angebotene) Autopsie zur Klärung der Unfallursache, so ist aufgrund dieser Beweisvereitelung eine Beweislastumkehr zu Lasten der Versicherung anzunehmen, wenn diese im Prozeß bestreitet, daß der Tod durch den Unfall eingetreten ist[23]. Im Arzthaftungsprozeß geht es zu Lasten des Klägers (Angehöriger des Verstorbenen), wenn er ohne triftigen Grund die Zustimmung zu einer Sektion zwecks Klärung der Todesursache verweigert[24].

---

21 *OLG Stuttgart* NZV 1993, 73.

22 *BGH* NJW 2006, 434.

23 *LG Bautzen* VersR 1996, 366. – Die beweispflichtige Partei, die selbst eine Obduktion durchführen lassen könnte, kann sich dagegen nicht auf die Unterlassung der Obduktion durch den Gegner berufen, *BSG* NJW 1994, 1303.

24 *LG Köln* NJW 1991, 2974.

Titel 10
Beweis durch Parteivernehmung

Vorbemerkungen vor § 445

Stichwortverzeichnis zum Beweis durch Parteivernehmung (vor § 445 bis § 455)

Literatur: *Buß/Honert* Die »prozeßtaktische« Zession, JZ 1997, 694; *Coester-Waltjen* Parteiaussage und Parteivernehmung am Ende des 20. Jahrhunderts, ZZP 113 (2000), 269; *Gehrlein* Warum kaum Parteibeweis im Zivilprozeß? ZZP 110 (1997), 451ff.; *Kollhosser* Parteianhörung und Parteivernehmung im deutschen Zivilprozeß, Festschr. für Beys (Athen 2003), Bd. 1, 755; *Kwaschik* Die Parteivernehmung und der Grundsatz der Waffengleichheit im Zivilprozeß (2004); *Lange* Parteianhörung und Parteivernehmung, NJW 2002, 476; *Münks* Vom Parteieid zur Parteivernehmung in der Geschichte des Zivilprozesses (1992); *Nagel* Die Grundzüge des Beweisrechts im europäischen Zivilprozeß (1967), 222, 302 (rechtsvergleichend); *ders.* Kann die Subsidiarität der Parteivernehmung in der deutschen ZPO noch vertreten werden? Festschr. für Habscheid (1989), 195ff.; *Oberhammer* Parteiaussage, Parteivernehmung und freie Beweiswürdigung am Ende des 20. Jahrhunderts, ZZP 113 (2000), 295; *Oepen* Bericht über die Diskussion zum Thema »Parteiaussage und Parteivernehmung am Ende des 20. Jahrhunderts«, ZZP 113 (2000), 347; *Polyzogopoulos* Parteianhörung und Parteivernehmung in ihrem gegenseitigen Verhältnis (1976) (dazu Bespr. *Kollhosser* ZZP 91 [1978] 102); *Reinkenhof* Parteivernehmung und »Vier-Augen-Gespräche« (zu BVerfG, NJW 2001, 2531), JuS 2001, 645; *Rüßmann* Praktische Probleme des Zeugenbeweises im Zivilprozeß, KritV 1989, 361, 364f.; *Schlosser* EMRK und Waffengleichheit im Zivilprozeß, NJW 1995, 1405; *Burkhard Schmidt* Die Begründung der Ablehnung einer Parteivernehmung nach §448 ZPO, MDR 1992, 637; *J.P. Schmidt* Teilbarkeit und Unteilbarkeit des Geständnisses im Zivilprozeß (1972), 96ff.; *Schmidt-Schondorf* Menschenrechte im Zivilprozeß. Der Europäische Gerichtshof für Menschenrechte und das zivilprozessuale Beweisrecht, JR 1996, 268; *E. Schneider* Beweis und Beweiswürdigung[5] (1994) Rdnr. 1498ff.; *Schöpflin* Die Beweiserhebung von Amts wegen im Zivilprozeß (1992), 258ff.; *ders.* Die Parteianhörung als Beweismittel NJW 1996, 2134; *Sutter-Somm* Parteianhörung und Parteivernehmung am Ende des 20. Jahrhunderts aus schweizerischer Sicht, ZZP 113 (2000), 327; *Wittschier* Die Parteivernehmung in der zivilprozessualen Praxis (1989); *ders.* Die Parteivernehmung (§§447, 448 ZPO) im Lichte der Entscheidung des Europäischen Gerichtshofs für Menschenrechte vom 27.10. 1993, DRiZ 1997, 247.

I. Die Parteivernehmung als Beweismittel

1. Beweismittel

1 Der ursprünglich in §§410ff. CPO, seit 1900 in §§445ff. geregelte »gestabte« Eid wurde bereits durch die Novelle 1933 durch die Parteivernehmung ersetzt. Seither ist die Parteivernehmung zwar **reines Beweismittel,** weist aber gegenüber den anderen Beweismitteln wesentliche Besonderheiten auf, die sich unter dem Prinzip der **Subsidiarität** zusammenfassen lassen. Näher → §445 Rdnr. 12ff.

2. Freie Beweiswürdigung

2 Gesetzliche Beweisregeln bestehen nicht. Die Parteiaussage, gleichviel ob sie unbeeidigt oder beeidigt erfolgt, untersteht ebenso wie die Ablehnung der Vernehmung (§446) und die Verweigerung der Aussage (§453 Abs. 2) ausschließlich der **freien richterlichen Beweiswürdigung**, §286.

3. Abgrenzung von der persönlichen Anhörung der Parteien

3 Während die Parteivernehmung dem *Beweis* dient, hat die persönliche **Anhörung der Partei nach §141** den Zweck, den *Sachvortrag* der Partei, also ihre Tatsachenbehauptungen, zu klären. Zur Abgrenzung → §141 Rdnr. 3f. Die Parteianhörung kann dazu führen, daß bestimmte Tatsachen unstreitig werden oder nicht mehr behauptet werden; sie dient dagegen nicht dem Beweis streitiger Tatsachen[1] → auch §286 Fn. 21 (21. Aufl.).

4 Die Voraussetzungen und Rechtsfolgen der Anhörung nach §141 und der Parteivernehmung **unterscheiden** sich vor allem in folgenden wichtigen Punkten:

– Über die Parteianhörung ist stets **von Amts wegen** zu entscheiden, während die Parteivernehmung sowohl **auf Antrag** (§§445, 447) als auch **von Amts wegen** (§448) angeordnet werden kann.

– Für die Parteianhörung spielt die **Beweislast** keine Rolle, bei der Parteivernehmung auf Antrag kommt es dagegen auf die Beweislastverteilung an.

---

[1] Gegen den Einsatz der Parteianhörung zu Beweiszwecken *Brehm* Bindung des Richters an den Parteivortrag und Grenzen freier Verhandlungswürdigung (1982), 230ff. *Meyke* MDR 1987, 358, 360 sieht dagegen im Ergebnis von Anhörung und Parteivernehmung grundsätzlich gleichwertige Erkenntnisquellen für die Überzeugungsbildung des Gerichts, betont aber andererseits, die Darlegungen einer Partei bei ihrer Anhörung seien nur Parteivorbringen und nicht Beweismittel. Für Beweisfunktion der Parteianhörung *Rüßmann* (Lit.Verz.) 367; *Schöpflin* NJW 1996, 2134; *Terbille* VersR 1996, 408 (jedenfalls bei Streit über Diebstahlsversicherung).

– Das Erscheinen zur Anhörung kann mit **Ordnungsmitteln** erzwungen werden, während dies bei der Parteivernehmung nicht der Fall ist.

– Die zur Anhörung geladene Partei kann unter den Voraussetzungen des § 141 Abs. 3 S. 2 einen **Vertreter** entsenden; bei der Parteivernehmung ist dies keinesfalls zulässig.

– Bei der Parteianhörung ist keine **Vereidigung** möglich, anders dagegen bei der Parteivernehmung.

5 Nach geltendem Recht sollten Parteianhörung und Parteivernehmung daher **strikt auseinandergehalten** werden. Auch eine Reform mit dem Inhalt, beide Rechtsinstitute zusammenzufassen[2] oder gar die Vorschriften über die Parteivernehmung zu streichen[3], erscheint nicht empfehlenswert. Eine andere Frage ist, ob die Zulässigkeit der Parteivernehmung durch den Gesetzgeber erweitert werden sollte[4], wofür vieles spricht. Zur Frage, ob schon nach geltendem Recht eine Erweiterung durch **verfassungskonforme Auslegung** geboten ist, → § 448 Rdnr. 22ff.

6 Werden die von einer Partei im Rahmen der Anhörung nach § 141 gemachten Äußerungen als Beweismittel gewertet, so liegt darin ein Verfahrensfehler[5]. Nur die Aussage der Partei bei einer nach §§ 445ff. angeordneten Parteivernehmung stellt ein zulässiges Beweismittel dar. Daß nach § 286 bei der Beweiswürdigung der gesamte Inhalt der Verhandlung zu berücksichtigen ist, ändert daran nichts. Aus § 286 ergibt sich u.a., daß die Äußerungen der Parteien bei der Beurteilung der Bedeutung und des Beweiswerts anderer Beweismittel zu beachten sind. Auf die **Glaubwürdigkeit der Aussage einer Partei** kann die Tatsachenfeststellung dagegen nur dann gestützt werden, wenn eine Parteivernehmung nach §§ 445ff. erfolgt ist[6]. Das gilt auch dann, wenn die Parteiaussage neben anderen Beweismitteln als Grundlage der Tatsachenfeststellung dienen soll.

7 Die **Praxis** hat jedoch die Unterscheidung zwischen den Funktionen der Anhörung nach § 141 und der Parteivernehmung **mehr und mehr verwischt,** näher → § 141 Rdnr. 5ff. Auch im Zusammenhang mit dem Problem der Beweislage bei Vier-Augen-Gesprächen, meist unter dem Gesichtspunkt der Waffengleichheit erörtert, behandelt die Rsp unter der Führung des *BGH* Parteianhörung und Parteivernehmung weitgehend als austauschbar, → § 141 Rdnr. 6, → § 448 Rdnr. 24f. Zu dieser Grenzverwischung trägt die Aussage des *BGH*[7] bei, im Rahmen der Würdigung des gesamten Inhalts der Verhandlungen und des Ergebnisses der Beweisaufnahme dürfe einer Parteierklärung, auch wenn sie außerhalb einer förmlichen Parteivernehmung erfolgt sei, der Vorzug vor den Bekundungen eines Zeugen gegeben werden. Diese Formulierung ist zumindest mißverständlich. Wenn es darum geht, die Glaubwürdigkeit der Zeugen zu erschüttern, auf die sich der beweispflichtige Gegner stützt, erscheint die Aussage zutreffend und widerspricht dann auch nicht dem Satz, die Parteiäußerung dürfe nicht als Beweismittel gewertet werden. Dagegen wäre der Widerspruch offensichtlich, wenn eine beweispflichtige Partei den ihr obliegenden Beweis durch ihre Äußerung im Rahmen der Verhandlung oder bei einer Anhörung nach § 141 erbringen könnte. Hinsichtlich des Beweises des äu-

---

[2] Dafür in neuerer Zeit *Polyzogopoulos* (Lit.Verz.) 143. Zust. *Kollhosser* ZZP 91 (1978), 102, 106. S. auch *J.P. Schmidt* (Lit.Verz.) 123; *Wittschier* (Lit.Verz.) Rdnr. 30ff.

[3] Dies empfiehlt *AK-ZPO/Rüßmann*, vor § 445 Rdnr. 4; *ders.* KritV 1989, 361, 366.

[4] Dafür (vor allem durch Streichen der Subsidiarität) *Nagel* Festschr. für Habscheid (Lit.Verz.), 202f.

[5] *BGH* NJW 1992, 1558, 1559; NJW-RR 1988, 394; WM 1987, 1562; MDR 1967, 834 = LM § 445 Nr. 3; *BAGE* 14, 266 = AP § 448 Nr. 1 (*Pohle*). – A.M. *AK-ZPO/Rüßmann* vor § 445 Rdnr. 5; *Schöpflin* NJW 1996, 2134.

[6] Ebenso *MünchKommZPO/Peters*[2] § 141 Rdnr. 4. – Bedenklich *BGH* LM § 286 (B) Nr. 4 = ZZP 65 (1952), 270 (Verwertung der mit eidesstattlicher Versicherung versehenen Erklärung einer Partei, ohne daß Parteivernehmung angeordnet worden wäre).

[7] *BGH* NJW 2003, 3636; NJW 1999, 363, 364; NJW 1998, 306, 307; *BGHZ* 122, 115, 121 = NJW 1993, 1638, 1640; *BGH* NJW-RR 1990, 1061, 1063.

ßeren Bildes eines Fahrzeugdiebstahls ist der BGH[8] in der Tat so vorgegangen. Dem kann nicht gefolgt werden; vielmehr muß dann aufgrund des aus den Verhandlungen und der Parteianhörung gewonnenen »Anfangsbeweises« eine Parteivernehmung der beweispflichtigen Partei nach § 448 angeordnet werden, → § 448 Rdnr. 8.

4. Unterscheidung von den Prozeßhandlungen der Partei, insbesondere vom Geständnis

8 Die bei der Parteivernehmung gemachte Aussage dient *nur* dem Beweis; sie ist niemals darüber hinaus eine Prozeßhandlung der Partei. Insbesondere stellt die der Partei ungünstige Aussage **kein Geständnis** i.S. der §§ 288ff. dar[9], → § 288 Rdnr. 12 (21. Aufl.). Eine **Berichtigung** der bei der Parteivernehmung gemachten Aussage unterliegt daher nicht den Schranken des § 290.

5. Verwertung von Aussagen aus einem anderen Verfahren

9 Aussagen einer Partei, die in einem früheren Verfahren gemacht und dort protokolliert wurden, können an sich im Wege des **Urkundenbeweises** verwertet werden[10]. Dies darf aber nicht zu einer Umgehung der Regeln über die Parteivernehmung führen. Nur wenn die Partei unmittelbar durch das erkennende Gericht vernommen wird, kann die Glaubwürdigkeit richtig gewürdigt werden, da es dabei entscheidend auf den eigenen Eindruck des Gerichts ankommt. Auch darf dem Gegner das Recht, bei der Vernehmung anwesend zu sein (§ 357 Abs. 1) und gegebenenfalls Fragen zu stellen (§§ 451, 397), nicht genommen werden. Daher darf eine **beantragte Parteivernehmung nicht deshalb abgelehnt werden,** weil bereits eine Aussage der Partei aus einem früheren Verfahren vorliegt[11], → § 284 Rdnr. 36 (21. Aufl.). Der Antrag auf Vernehmung des Gegners darf auch nicht deshalb (unter Berufung auf § 445 Abs. 2) unberücksichtigt bleiben, weil das *Gegenteil der unter Beweis gestellten Tatsachen* schon durch die frühere Aussage des Gegners erwiesen sei[12].

10 Hält das Gericht eine **Parteivernehmung von Amts wegen** nach § 448 für geboten, so darf diese ebenfalls nicht durch Verwertung einer früheren Aussage ersetzt werden. Doch ist es in allen Fällen zulässig, *neben* der unmittelbaren Vernehmung der Partei auch ihre frühere Aussage bei der Beweiswürdigung zu berücksichtigen[13].

6. Lügendetektor

11 Auch bei Zustimmung der betreffenden Partei oder auch beider Parteien ist der sog. Lügendetektor (Polygraphentest) auch im Zivilprozeß **kein geeignetes Beweismittel**[14]. Die Gründe, die für eine Unzulässigkeit im Strafprozeß sprechen[15], insbesondere die ungesicherte Methode, gelten hier genauso.

---

8 *BGH* NJW-RR 1991, 983, 984 = VersR 1991, 917 = MDR 1992, 137.

9 *BGHZ* 129, 108 = NJW 1995, 1432 = LM § 288 Nr. 11 (abl. *Wax*) = JR 1996, 56 (*Preuß*) unter Aufgabe der entgegenstehenden früheren Rechtsprechung; *OLG Köln* OLGR 1999, 217 = VersR 2000, 1302. Dem *BGH* zust. *Lemcke* VersR 1995, 989; abl. *Hülsmann* NJW 1997, 617.

10 Vgl. *BGH* WM 1969, 1052 und → § 284 Rdnr. 34 u. 39 (21. Aufl.).

11 *BGH* LM § 445 Nr. 3; FamRZ 1966, 566.

12 *BGH* FamRZ 1966, 566.

13 *BGH* LM § 445 Nr. 3; FamRZ 1966, 566.

14 *LAG Rheinland-Pfalz* MDR 1998, 1119.

15 Dazu ausführlich *BGH* NJW 1999, 657 (völlig ungeeignetes Beweismittel). – Einen verfassungsrechtlichen Anspruch auf Zulassung dieses Beweismittels verneint *BVerfG* NJW 1998, 1938.

II. Parteivernehmung und Zeugenbeweis

12 Die **Abgrenzung zum Zeugenbeweis** richtet sich nach dem Satz, daß Zeugen alle Personen sein können, die im konkreten Prozeß **nicht den Vorschriften über die Parteivernehmung unterstehen,** → vor § 373 Rdnr. 1f. Zur Parteivernehmung bei Streitgenossenschaft → § 449, zur Vernehmung des gesetzlichen Vertreters und der prozeßunfähigen Partei → § 455.

13 Die Aussage einer Person kann auch dann verwertet werden, wenn **offen geblieben** ist, ob eine Partei- oder eine Zeugenvernehmung stattgefunden hat[16], → vor § 373 Rdnr. 2 bei Fn. 8. Wird eine Person **irrtümlich als Zeuge statt als Partei vernommen,** und hat sie ausgesagt, so braucht die Vernehmung nicht wiederholt zu werden, sondern die Aussage ist als Parteiaussage zu würdigen[17]. Im umgekehrten Fall liegt es dagegen näher, eine Wiederholung der Vernehmung für nötig zu erachten, da der Zeuge strengeren Sanktionen bei unwahrer Aussage unterliegt als die Partei. Soweit man (in beiden Fällen) einen an sich zur Wiederholung der Vernehmung nötigenden Verfahrensfehler bejaht, so wird dieser jedenfalls dann nach § 295 geheilt, wenn der Gegner den Mangel trotz Kenntnis nicht gerügt hat[18], → auch vor § 373 Rdnr. 2 bei Fn. 6.

14 Wenn die **Aussage verweigert** wurde, muß die Vernehmung in der korrekten Art wiederholt werden, weil die Weigerungsgründe und die Rechtsfolgen der Weigerung jeweils unterschiedlich sind. – Hat das Gericht im Urteil eine Parteiaussage fehlerhaft als Zeugenaussage behandelt (oder umgekehrt), so wird man im allgemeinen eine fehlerhafte Beweiswürdigung annehmen müssen[19].

III. Besondere Vorschriften

15 Die Parteivernehmung ist im **Eheprozeß** ebenso wie im gewöhnlichen Verfahren zulässig; das Verfahren ist jedoch in § 613 teilweise abweichend gestaltet (→ § 613 Rdnr. 6ff. [21. Aufl.]), und der Verzicht der Parteien auf die Beeidigung ist in § 617 ausgeschlossen. Zur Anhörung des Gegners im **Verfahren** über die Gewährung von **Prozeßkostenhilfe** → § 118 Rdnr. 13ff.; eine Parteivernehmung ist in diesem Verfahren unzulässig, → § 118 Rdnr. 26. Zur Frage, ob eine Parteivernehmung im **selbständigen Beweisverfahren** nach § 485 Abs. 1 zulässig ist, → § 485 Rdnr. 6.

16 Die Parteivernehmung *auf Antrag* ist nicht zulässig zum Beweis der Tatsachen, die eine **Restitutionsklage** begründen sollen (§ 581 Abs. 2), doch ist eine Parteivernehmung von Amts wegen nach § 448 möglich, → § 581 Rdnr. 7 (21. Aufl.). Im **Urkunden- und Wechselprozeß** ist die Parteivernehmung zum Beweis der anspruchsbegründenden Tatsachen nicht zulässig, § 592 S. 1. Sie ist aber zulässiges Beweismittel im Rahmen des § 595 Abs. 2 (→ § 595 Rdnr. 4 [21. Aufl.]) und des § 605 Abs. 1 (→ § 605 Rdnr. 1 [21. Aufl.]).

17 Zur Parteivernehmung bei der **Schadensermittlung** und der Feststellung der Höhe einer Forderung → § 287 Rdnr. 35ff. (21. Aufl.). Zur Parteivernehmung zum Zweck der **Glaubhaftmachung** → § 294 Rdnr. 8 (21. Aufl.). Zur Vernehmung des Gegners über den **Verbleib einer Urkunde** → § 426 Rdnr. 1ff.

---

[16] *BGH* LM § 373 Nr. 3 = ZZP 71 (1958), 114 = WM 1957, 877.

[17] *BGH* WM 1977, 1007; *Leipold* AP § 451 Nr. 1.

[18] *BGH* LM § 27 DBG Nr. 2.

[19] Recht großzügig *BGH* WM 1968, 1099: Die Behandlung einer Parteiaussage als Zeugenaussage schadet nicht, wenn kein Anhaltspunkt dafür vorliegt, daß das Gericht die Aussage höher bewertet als eine Parteiaussage. S. auch *BGH* WM 1977, 1007.

§445 Vernehmung des Gegners; Beweisantritt

(1) Eine Partei, die den ihr obliegenden Beweis mit anderen Beweismitteln nicht vollständig geführt oder andere Beweismittel nicht vorgebracht hat, kann den Beweis dadurch antreten, dass sie beantragt, den Gegner über die zu beweisenden Tatsachen zu vernehmen.

(2) Der Antrag ist nicht zu berücksichtigen, wenn er Tatsachen betrifft, deren Gegenteil das Gericht für erwiesen erachtet.

Gesetzesgeschichte: Bis 1900 §410 CPO. Geändert durch die Novelle 1933 (→ vor §445 Rdnr. 1).

I. Normzweck

1 Die Bestimmung umschreibt die Voraussetzungen, unter denen eine Partei die Parteivernehmung beantragen, also verlangen kann. Dafür zieht das Gesetz jedoch enge Grenzen. Den Antrag kann nur die beweispflichtige Partei stellen; sie kann nur die Vernehmung des Gegners beantragen, und dem Antrag ist nicht zu entsprechen, wenn das Gericht das Gegenteil der unter Beweis gestellten Tatsachen bereits für erwiesen erachtet (Abs. 2). Insgesamt behandelt die ZPO damit die Parteivernehmung nur als **subsidiäres Beweismittel**.

2 Die Regelung ist geprägt von dem nachvollziehbaren Mißtrauen gegenüber Aussagen in eigener Sache. Daher arbeitet das Gesetz mit **generell-abstrakten Schranken** und begnügt sich

nicht damit, Bedenken gegen die Tauglichkeit der Parteiaussage im Rahmen der freien Beweiswürdigung nach Maßgabe des konkreten Falles zu berücksichtigen. Allerdings erhält dadurch die Frage, wessen Vernehmung als *Partei* und damit nur unter den engen Voraussetzungen des §445 verlangt werden kann und wer als *Zeuge* zu benennen und dann stets zu vernehmen ist, eine nicht immer einleuchtende Bedeutung. So kann es eher zufällig sein, ob an Vertragsverhandlungen ein gesetzlicher Vertreter der Partei (nur als Partei vernehmbar, → §455 Rdnr.2) oder ein leitender Angestellter (der ohne weiteres Zeuge sein kann) beteiligt war. Auch daß man durch Abtretung einer Forderung dem bisherigen Gläubiger die Zeugenstellung verschaffen kann, ist wegen der für die Parteivernehmung geltenden Grenzen problematisch (→ auch §448 Rdnr.19). Während §445 kaum einen Auslegungsspielraum in dieser Richtung enthält, können die hier gezogenen Schranken immerhin durch die Anwendung des §448 gelockert werden. In Fällen der Beweisnot erscheint zudem eine **verfassungskonforme Auslegung des §448** geboten, die dem verfassungsrechtlich garantierten Recht auf Beweis gerecht wird, näher → §448 Rdnr.22ff.

II. Gegenstand der Parteivernehmung

1. Beweis von Tatsachen

3 Die Parteivernehmung ist als **Beweismittel** (→ vor §445 Rdnr.1) nur über **Tatsachen** (→ §284 Rdnr.9ff. [21. Aufl.]) zulässig. Soweit es sich bei der Angabe von Tatsachen um Subsumtionen unter schwierige tatsächliche Begriffe, insbesondere solche technischer Art oder unter rechtliche Begriffe (z.B. »ich habe gekauft«) handelt, muß der Richter soweit notwendig auf die rein tatsächlichen Grundlagen der in der Angabe enthaltenen Subsumtion zurückgehen. Wie weit dies erforderlich ist, ist von Fall zu Fall zu entscheiden, → §284 Rdnr.13f. (21. Aufl.). Die Parteivernehmung hat nicht den Zweck, *Erfahrungssätze* (→ §284 Rdnr.16 [21. Aufl.]) und *Fachwissen* zu vermitteln; dies ist Aufgabe des Sachverständigenbeweises (→ vor §402 Rdnr.22ff.). Über Wahrnehmungen, die eine besondere Sachkunde voraussetzen, kann die Partei dagegen ebenso berichten wie ein Zeuge, vgl. §414.

4 Ob die Tatsachen **äußere** sind, die mit den Sinnen wahrnehmbar waren, oder **innere** (Vorgänge und Zustände im Bewußtsein, im Seelenleben), ist gleichgültig. Der gute oder böse Glaube, die Überzeugung, das Wissen von Tatsachen sind ebenso Tatsachen wie eine bestimmte Absicht. Das gilt auch von hypothetischen inneren Tatsachen, d.h. von der Frage, wie eine Partei gehandelt haben würde (→ §284 Rdnr.12 [21. Aufl.]). Die Tatsachen können sowohl Handlungen als auch Unterlassungen sein. Auch über unehrenhafte oder strafbare Handlungen ist eine Parteivernehmung zulässig; zur Verweigerung der Aussage in solchen Fällen → §446 Rdnr.8.

2. Keine Beschränkung auf eigene Handlungen und Wahrnehmungen

5 Die Parteivernehmung kann sich sowohl auf **eigene** Handlungen oder Wahrnehmungen der zu vernehmenden Partei als auch auf **fremde** Tatsachen beziehen[1]. Die Partei ist nur gehalten, das zu bekunden, was sie über bestimmte Tatsachen weiß oder nicht weiß. Sie steht also im Fall des Nichtwissens nicht unter einem Gewissenszwang. Gegenstand des Beweises kann das Wissen von fremden Tatsachen (z.B. die Kenntnis von der Zahlungseinstellung) oder auch die fremde Tatsache selbst sein.

---

[1] *RG* JW 1936, 817.

6 Der Unterschied zwischen eigenen und fremden Tatsachen ist bei der Parteivernehmung nur insofern von tatsächlicher Bedeutung, als der **Beweiswert der Parteiaussage** wesentlich davon abhängt, ob die Partei unmittelbar über eigenes Erleben oder nur über Tatsachen aussagt, von denen sie durch Mitteilungen anderer Kenntnis erlangt hat (zum Zeugen vom Hörensagen → vor §373 Rdnr. 11 mit Fn. 41).

III. Bedeutung der Beweislast

1. Beweislast des Antragstellers

7 Nur die **beweispflichtige Partei** kann den Antrag auf Vernehmung des **Gegners** stellen[2]. Die antragstellende Partei muß also nach den → §286 Rdnr. 25ff. (21. Aufl.) dargestellten Regeln die **Beweislast** für die unter Beweis gestellten Tatsachen tragen. Es handelt sich dabei um eine Auswirkung der *subjektiven* Beweislast (Beweisführungslast), → §286 Rdnr. 29ff. (21. Aufl.), die im Verfahren mit Verhandlungsmaxime mit der objektiven Beweislast einhergeht. Beweispflichtig ist auch diejenige Partei, die eine *gesetzliche Vermutung* zu entkräften hat. Dabei geht es um einen Hauptbeweis, → §292 Rdnr. 15 (21. Aufl.). Dementsprechend läßt §292 S. 2 den Antrag auf Parteivernehmung ausdrücklich zu.

2. Gegenbeweis

8 Zum **Gegenbeweis** (→ §284 Rdnr. 7 [21. Aufl.]), also zur Entkräftung der von der beweispflichtigen Partei vorgebrachten Beweismittel, ist der Antrag auf Parteivernehmung dagegen *nicht zulässig*[3]. Diese Regelung, die sich aus §445 Abs. 1 ergibt, beruht auf demselben Grundgedanken wie §445 Abs. 2: Die Parteivernehmung ist nicht zulässig, um andere Beweismittel, die zur vollen Überzeugung des Gerichts ausreichen, zu entkräften. Hat die beweisbelastete Partei ihrerseits den Beweis nicht erbracht, so ist ein Gegenbeweis ohnehin überflüssig.

3. Abgeschwächte Bedeutung der Beweislast wegen §§447, 448

9 Die **Bedeutung der Beweislast** für den Beweis durch Parteivernehmung ist aber dadurch **wesentlich gemindert,** daß nach §447 bei Einverständnis beider Parteien auch die *beweispflichtige* Partei vernommen werden kann, → §447 Rdnr. 1. Außerdem kann die Vernehmung einer Partei nach §448 *von Amts wegen ohne Rücksicht auf die Beweislast* angeordnet werden. Die Vernehmung des Beweisführers von Amts wegen ist ferner im Fall des §287 (Ermittlung des Schadens bzw. der Höhe einer Forderung) zulässig, → §287 Rdnr. 35ff. (21. Aufl.).

4. Falsche Beurteilung der Beweislast

10 Beurteilt das Gericht die Beweislast falsch und ordnet es daher auf Antrag der nicht beweispflichtigen Partei die Vernehmung der beweispflichtigen Partei (ohne deren Zustimmung) an, so liegt darin ein **Verfahrensfehler,** der auch die Revision der beweispflichtigen Partei begründen kann[4]. Daß die beweispflichtige Partei durch die Anordnung in die Lage versetzt wird, über die ihr günstigen Tatsachen auszusagen, ändert am Vorliegen des Verfahrensfehlers nichts; denn das braucht nicht immer ein Vorteil zu sein. Der Verfahrensfehler kann allerdings

---

[2] Dazu krit. *J.P. Schmidt* (Lit.Verz. vor §445) 116ff.
[3] *OLG Düsseldorf* MDR 1995, 959.
[4] Ebenso *Baumbach/Lauterbach/Hartmann*[63] Rdnr. 6.

durch Unterlassung der Rüge nach § 295 geheilt werden[5]. Man wird aber auch einen Verfahrensfehler zum Nachteil der *nicht beweispflichtigen* Partei annehmen müssen[6], weil in dem Beweisantrag allein kein *Einverständnis* mit der Vernehmung des Gegners (auch für den Fall seiner Beweispflicht) zu sehen ist. Anders ist es, wenn sich eine Partei ohne Rücksicht auf die Beweislast mit der Vernehmung des Gegners einverstanden erklärt hat, → § 447 Rdnr. 3.

5. Beweiswürdigung und Beweislast

11 Bei der **Beweiswürdigung** (→ § 453 Rdnr. 1 bis 3) spielt die Frage der **Beweislast** keine Rolle. Was die vernommene Partei ausgesagt hat, ist zu berücksichtigen, gleich ob es zugunsten der beweisbelasteten oder der anderen Partei ausgefallen ist[7], → auch vor § 128 Rdnr. 156, § 286 Rdnr. 10 (21. Aufl.).

IV. Subsidiarität der Parteivernehmung

1. Grundsatz

12 Das Gesetz weist der Parteivernehmung eine **subsidiäre Stellung** zu: Die Parteivernehmung soll erst dann erfolgen, wenn der Beweisführer überhaupt keine anderen Beweismittel vorgebracht hat oder wenn die von ihm vorgebrachten und vom Gericht erhobenen Beweise nicht zur Begründung der notwendigen richterlichen Überzeugung von der Wahrheit der Tatsachen (§ 286) ausreichen. Zunächst sind also jeweils die sonstigen vom Beweisführer angebotenen Beweise zu erheben. Eine Vernehmung greifbarer Zeugen, die verspätet angeboten wurden, darf nicht deshalb wegen Verfahrensverzögerung (§ 296 Abs. 1 u. 2, § 530) abgelehnt werden, weil der Verhandlungstermin bereits durch eine Parteivernehmung zum selben Beweisthema ausgelastet sei[8].

13 Daß mit den anderen Beweismitteln bereits **Anhaltspunkte für die Wahrheit** der unter Beweis gestellten Tatsachen erbracht wurden, ist (anders als im Fall des § 448, → § 448 Rdnr. 5) **nicht erforderlich**[9]. Zur Aussetzung der Parteivernehmung, wenn *neue Beweismittel* vorgebracht wurden (§ 450 Abs. 2), → § 450 Rdnr. 9ff. Mit der Durchführung der Parteivernehmung sind, da sich formale Beweisfolgen an sie nicht knüpfen, **weitere Beweiserhebungen** über dieselbe Tatsache nicht ausgeschlossen, → § 453 Rdnr. 7.

2. Verhältnis zu anderen Beweismitteln der beweispflichtigen Partei

14 Hat das Gericht ohne Berücksichtigung vorher oder gleichzeitig vorgebrachter anderer Beweismittel die Parteivernehmung durchgeführt, so kann darauf eine Revisionsrüge nur dann gestützt werden, wenn das Gericht nach dem Ergebnis der Parteivernehmung **von der Erhebung der weiteren Beweise abgesehen** hat; der Verstoß liegt dann z.B. in der Nichtberücksichtigung des angetretenen Zeugenbeweises. Hat umgekehrt das Gericht zunächst den Zeugenbeweis erhoben, so folgt aus der subsidiären Stellung der Parteivernehmung, daß die Partei, wenn sie auch nach der Zeugenvernehmung an dem Antrag auf Parteivernehmung festhält, diesen **wiederholen** muß[10].

---

[5] Ebenso *Baumbach/Lauterbach/Hartmann*[57] Rdnr. 6. – A.M. *MünchKommZPO/Schreiber*[2] Rdnr. 9; *Musielak/Huber*[4] Rdnr. 7.
[6] *Born* JZ 1981, 775, 779; *Wieczorek*[2] D I a 1.
[7] Vgl. *OLG Stuttgart* VersR 1958, 649. → dazu auch § 447 Fn. 1.
[8] *BGH* NJW 1991, 1181.
[9] *BGHZ* 33, 63 = LM Nr. 4 = MDR 1960, 830.
[10] *RGZ* 154, 228 (nach Ansicht des RG ist der Antrag auf Parteivernehmung neben anderen Beweismit-

15 Eine Wiederholung des Antrags kann aber nicht erwartet werden, wenn das Gericht zu erkennen gab (insbesondere durch einen Aufklärungsbeschluß), daß es die andere Partei für beweispflichtig hält; wenn es diese Ansicht nach Erhebung der von der anderen Partei angebotenen Beweise ändert, muß es dem Antrag auf Parteivernehmung stattgeben[11], zumindest der Partei einen **Hinweis** (§ 139) und damit Gelegenheit zur Aufrechterhaltung des Antrags auf Parteivernehmung geben. Ein solcher Hinweis bzw. eine Frage des Gerichts an die beweispflichtige Partei, ob der Antrag aufrechterhalten wird, erscheint auch sonst geboten, wenn das Gericht nach Ausschöpfung der sonstigen Beweismittel den Beweis noch nicht als geführt betrachtet[12].

16 Sind sowohl der **Zeuge** als auch der **Gegner der Partei** vernommen worden, so ist dadurch, daß die Parteivernehmung zuerst stattgefunden hat, weder der Beweisführer noch der Gegner beschwert; denn die Reihenfolge, in der verschiedene Beweise erhoben werden, ist bei dem unter dem Grundsatz der freien Beweiswürdigung stehenden Verfahren ohne Belang.

3. Verhältnis zu Beweismitteln des Gegners der beweispflichtigen Partei

17 Hat die beweispflichtige Partei die Vernehmung des Gegners beantragt, dieser aber **Gegenbeweise** durch Benennung von Zeugen usw. angetreten, so steht es im Ermessen des Gerichts, ob es zunächst diese Gegenbeweise erheben will. Notwendig ist dies nicht[13]; das Gesetz gibt dem Gegner kein Anrecht darauf, mit dem eigenen Wissen bis zur Erhebung dieser Beweise zurückzuhalten.

V. Unzulässigkeit der Parteivernehmung nach Abs. 2

1. Bereits erbrachter Beweis zugunsten des Beweispflichtigen

18 Die Parteivernehmung des Gegners nach § 445 ist nur zulässig, solange die mit dem Antrag **unter Beweis gestellte Tatsache nicht erwiesen** (§ 286) ist. Wenn nämlich die Parteibehauptung bereits voll bewiesen ist, so ist die Vernehmung nach allgemeinen Grundsätzen überflüssig, → § 284 Rdnr. 77 (21. Aufl.).

2. Bereits erwiesenes Gegenteil

19 Hält das Gericht das Gegenteil, also die **Unwahrheit** der mit dem Antrag auf Parteivernehmung unter Beweis gestellten Tatsachenbehauptung, für erwiesen, so ist nach Abs. 2 (abweichend von anderen Beweismitteln, → § 284 Rdnr. 78 [21. Aufl.]), der Antrag auf Vernehmung des Gegners nicht mehr zu berücksichtigen. Diese Regelung beruht auf der subsidiären Stellung der Parteivernehmung.

20 Voraussetzung des § 445 Abs. 2 ist, daß das Gericht die **volle Überzeugung** (§ 286) vom Gegenteil hat, ohne Unterschied, ob es zu dieser Annahme auf Grund *freier Beweiswürdigung* nach vorgängiger Beweisaufnahme oder ohne solche auf Grund des Inhalts der mündlichen Verhandlung oder der Offenkundigkeit (§ 291) gelangt ist, oder kraft einer *gesetzlichen Be-*

---

teln unzulässig); *MünchKommZPO/Schreiber*[2] Rdnr. 7; *Thomas/Putzo/Reichold*[26] Rdnr. 2; offenlassend *BGH* NJW-RR 1993, 2 = FamRZ 1993, 413, 414. – A.M. *Wieczorek*[2] D III c. Krit. auch *Musielak/Huber*[4] § 450 Rdnr. 3 unter Hinweis auf § 450 Abs. 2 S. 2.

[11] *BGH* NJW 1991, 1290, 1291.

[12] *BGH* NJW-RR 1993, 2 = FamRZ 1993, 413, 414; *OLG Oldenburg* NJW-RR 1990, 125; *Wieczorek*[2] D III c.

[13] A.M. *Wieczorek*[2] D III b.

weisregel das Gegenteil einer Parteibehauptung für erwiesen erachtet, wie in den Fällen der §§ 165, 415 bis 418, 438. So ist z.B. die Parteivernehmung unzulässig, wenn die bestrittene Zustellung durch eine Zustellungsurkunde belegt und vom Gerichtsvollzieher als Zeugen bestätigt wurde[14]. Der Beweis der unrichtigen Beurkundung nach § 415 Abs. 2 kann nicht durch Parteivernehmung geführt werden[15]. Der Beweis gegen die *materielle* Beweiskraft (→ vor § 415 Rdnr. 17ff.) einer durch die Urkunde bewiesenen privaten Erklärung kann aber auch durch Parteivernehmung geführt werden, → § 416 Rdnr. 18 a.E.

21 Bei der Beweiswürdigung sind im Rahmen der Verhandlungswürdigung (§ 286 Abs. 1 S. 1) auch die **Angaben der beweispflichtigen Partei** zu berücksichtigen. Soweit sich daraus weiterhin Zweifel an der Wahrheit der gegenteiligen Behauptung ergeben, greift § 445 Abs. 2 nicht ein.

22 Die Vernehmung des Gegners darf nicht deshalb abgelehnt werden, weil sich schon aus dessen **Aussage in einem früheren Verfahren** der Beweis des Gegenteils ergebe, → vor § 445 Rdnr. 9.

3. Widerlegung einer gesetzlichen Vermutung; Erschütterung eines Anscheinsbeweises

23 Der Beweis des Gegenteils einer **gesetzlich vermuteten Tatsache** kann gemäß § 292 S. 2 auch durch den Antrag auf Parteivernehmung nach § 445 geführt werden, → § 292 Rdnr. 16 (21. Aufl.). Daher ist der Antrag auf Parteivernehmung des Gegners auch zulässig, um die Vermutung der Echtheit der Urkunde (§ 440 Abs. 2, → § 440 Rdnr. 9f.) zu widerlegen[16].

24 Entsprechend sollte man auch gegenüber einem für die beweispflichtige Partei sprechenden **Anscheinsbeweis** einen Antrag des Gegners auf Parteivernehmung der beweispflichtigen Partei zwecks Erschütterung des Anscheinsbeweises zulassen[17]; denn andernfalls bekäme der Anscheinsbeweis eine stärkere Wirkung als eine gesetzliche Vermutung. Dies steht auch mit der hier vertretenen Ansicht überein, wonach der Anscheinsbeweis auf eine Absenkung des Beweismaßes hinausläuft, → § 286 Rdnr. 92 (21. Aufl.). Daher ist es angebracht, diese Wirkung von der (vollen und abschließenden) Überzeugung des Gerichts vom Gegenteil im Sinne des Abs. 2 zu unterscheiden.

4. Beweis eines Indizes

25 Eine **Einschränkung** des Abs. 2 in dem Sinne, daß die Parteivernehmung zulässig sei, um ein behauptetes Indiz zu beweisen, das zur Erschütterung der gerichtlichen Überzeugung von der Wahrheit des Gegenteils führen könne[18], ist **nicht veranlaßt;** denn auch bei einem solchen mittelbaren Gegenbeweis gilt die Wertung, daß die Parteiaussage allein nicht hinreicht, um der auf sonstige Beweismittel gestützten (vollen!) Überzeugung des Gerichts die Grundlage zu entziehen. Wenn für das behauptete Indiz nach dem Parteivortrag einiges spricht, wird das Gericht ohnehin noch nicht vom Gegenteil der unter Beweis gestellten Tatsache überzeugt sein, so daß Abs. 2 der beantragten Parteivernehmung nicht entgegen steht.

---

14 *OLG Frankfurt* OLGR 2004, 12, 13.

15 *BGH* LM § 415 Nr. 3 = MDR 1965, 818 = DNotZ 1965, 636.

16 *BGH* WM 1988, 957.

17 Ebenso *AK-ZPO/Rüßmann* Rdnr. 2; *Baumbach/Lauterbach/Hartmann*[63] Rdnr. 9; *Kwaschik* (Lit.Verz. vor § 445), 38.

18 So *Rosenberg/Schwab/Gottwald*[16] § 109 Rdnr. 17; ebenso *Musielak/Huber*[4] Rdnr. 9, der als Beispiel die behauptete und mittels Parteivernehmung unter Beweis gestellte Abwesenheit vom Ort des Vertragsschlusses als Indiz gegen den streitigen Abschluß anführt.

26 Über die Beweisführung durch Antrag auf Parteivernehmung beim **Widerruf eines gerichtlichen Geständnisses** → §290 Rdnr. 3 (21. Aufl.).

VI. Beweisantritt

27 Der Beweisantritt erfordert die **Bezeichnung der zu beweisenden Tatsachen** und die **Erklärung,** daß der **Gegner** über sie vernommen werden soll. Zum Verhältnis des Antrags zu anderen Beweisangeboten → Rdnr. 12ff.

1. Bezeichnung der Tatsachen; Verbot des Ausforschungsbeweises

28 Die **Tatsachen** müssen **bestimmt bezeichnet werden.** Die Angabe des abstrakten gesetzlichen Tatbestandsmerkmals genügt nicht. Die Parteivernehmung darf nicht dazu benutzt werden, den Gegner über Verhältnisse auszuforschen, über die der Beweisführer bestimmte Behauptungen nicht aufzustellen vermag[19]. Für die Begrenzung der Bestimmtheit kommt es nicht darauf an, ob der zu vernehmende Gegner ein sicheres Wissen hat, sondern darauf, daß der die Vernehmung beantragende Beweisführer eine Behauptung aufgestellt hat, die soweit im einzelnen bestimmt ist, daß das Gericht sie in dieser Form zur Grundlage seines Urteils machen könnte. Daher genügt z.B. nicht die allgemeine Behauptung vertragswidrigen Handelns ohne Angabe einzelner konkreter Tatsachen über die Art und Weise der Vertragsverletzung. Es gelten hier die allgemeinen Grundsätze über das **Verbot des Ausforschungsbeweises,** → §284 Rdnr. 40ff. (21. Aufl.) (mit Nachw.), → §373 Rdnr. 3.

29 Die **Anforderungen** an die Konkretisierung der Tatsachen dürfen aber **nicht überspannt** werden, weil sich sonst allzu leicht Beweisschwierigkeiten für die beweisbelastete Partei ergeben. So darf in einem Anfechtungsprozeß bei behaupteter Kenntnis des Gegners von der Zahlungseinstellung des Insolvenzschuldners die Parteivernehmung nicht wegen unzulässiger Ausforschung abgelehnt werden, wenn Indizien für diese Kenntnis sprechen[20].

2. Nur Antrag auf Vernehmung

30 Der Antrag muß **auf Vernehmung der Gegenpartei** gerichtet sein, d.h. darauf, den Gegner nach seinem **Wissen** über die unter Beweis gestellte Tatsache zu befragen. Deshalb ist z.B. der Antrag unzulässig, der Gegner möge sich vor dem Prozeßgericht einer *Fachprüfung durch einen Sachverständigen* unterziehen[21]. Zur **Durchführung** der Vernehmung → §451 Rdnr. 4f.

3. Vernehmung der Gegenpartei

31 Nach §445 Abs. 1 kann nur die Vernehmung der **Gegenpartei** beantragt werden. Über den Begriff der Partei → vor §50 Rdnr. 1ff., über die Abgrenzung gegenüber den für die Zeugenvernehmung in Betracht kommenden Personen → vor §373 Rdnr. 1ff. Der *Prozeßbevollmächtigte* kann nur als Zeuge vernommen werden, ebenso der gewöhnliche *Streitgehilfe* des §67.

---

[19] *BGH* LM §109 HGB Nr. 3 = NJW 1958, 1491; *BGHZ* 33, 63 (Fn. 9); *BGH* LM §154 StGB Nr. 69 = *BGH* Warn 1968 Nr. 117 = JZ 1968, 570; *OLG Königsberg* HRR 1936 Nr. 1677. S. auch *A. Blomeyer* ZPR² §80 II 3, der auf die Zumutbarkeit für die zu vernehmende Partei abstellt.

[20] *BGH* NJW-RR 2002, 1419, 1421 = NZI 2002, 486, 488; *Musielak/Huber*⁴ Rdnr. 8a.

[21] *BGH* LM §109 HGB Nr. 3 (Fn. 19). – A.M. *E. Peters* Ausforschungsbeweis im Zivilprozeß (1966), 105.

Der Antrag auf Vernehmung des **gesetzlichen Vertreters** ist stets als Antrag auf Parteivernehmung gemäß §445 aufzufassen. Ob der gesetzliche Vertreter oder die prozeßunfähige Partei zu vernehmen ist, hat das Gericht nach §455 zu entscheiden, ohne an Parteianträge gebunden zu sein, → §455 Rdnr. 10. 32

Besteht die Gegenpartei aus **mehreren Streitgenossen,** so braucht die Partei keinen bestimmten zu benennen, §449. Wird jedoch die Vernehmung *bestimmter* Streitgenossen beantragt, so ist das Gericht daran gebunden, → §449 Rdnr. 4. Das gleiche gilt bei **mehreren gesetzlichen Vertretern,** → §455 Rdnr. 9. 33

4. Kein Erfordernis der Wahrscheinlichkeit

Weitere Angaben sind zum Beweisantritt **nicht erforderlich.** Insbesondere bedarf es keiner näheren Darlegung der Umstände, durch die die zu beweisende Tatsache dem Gegner bekannt geworden ist. Ebensowenig kann das Gericht von dem Beweisführer eine *Glaubhaftmachung* der Tatsache fordern[22] oder Angaben über die Grundlagen seiner Kenntnis verlangen. Wegen *Unwahrscheinlichkeit der Tatsache* kann das Gericht die Vernehmung nicht ablehnen[23]. Die Vernehmung darf auch nicht deshalb abgelehnt werden, weil sie *wahrscheinlich keine Klärung* erbringen werde, sondern nur bei völliger Ungeeignetheit des Beweismittels, → §446 Rdnr. 7 Fn. 2 sowie allgemein → §284 Rdnr. 67ff. (21. Aufl.) Zum Ausschluß der Parteivernehmung, wenn das *Gegenteil bereits erwiesen* ist, → Rdnr. 19ff. Die Nichtberücksichtigung objektiv und subjektiv unwahrer Behauptungen wegen Verstoßes gegen die Wahrheitspflicht spielt daneben keine Rolle (→ §138 Rdnr. 14f.); denn wenn die objektive Unwahrheit einer Behauptung feststeht, so ist eben das Gegenteil erwiesen. 34

5. Antragsberechtigung

Zum Antrag nach §445 sind **berechtigt** die Partei bzw. ihr gesetzlicher Vertreter, der Prozeßbevollmächtigte (§81)[24] und, vorbehaltlich des Widerspruchs der Partei, der Streitgehilfe, → §67 Rdnr. 16, ferner der streitgenössische Streitgehilfe, → §69 Rdnr. 8, und jeder Streitgenosse. 35

6. Rücknahme

Der Antrag auf Vernehmung des Gegners kann **bis zur Durchführung der Vernehmung** zurückgenommen werden[25]; dies schließt (vorbehaltlich der Zurückweisung wegen Verspätung) nicht aus, später den Antrag erneut zu stellen[26]. Anders ist es, wenn die Partei einen endgültigen Verzicht erklärt hat. Eine Rücknahme des Antrags kann auch durch schlüssiges Verhalten erfolgen, doch kann davon nicht ausgegangen werden, wenn die Partei mit der Antragstellung auf den Schriftsatz Bezug nimmt, in dem der Antrag auf Parteivernehmung angekündigt war, mag dieser Antrag auch in der mündlichen Verhandlung nicht ausdrücklich gestellt worden 36

---

[22] *BGHZ* 33, 63 (Fn. 9).

[23] Noch weniger deswegen, weil die zu beweisende Behauptung bestritten wird, *OLG Düsseldorf* NJW 1953, 307. – Zur Ablehnung der Vernehmung wegen schwerer gesundheitlicher Gefährdung durch die Vernehmung s. *BAG* NJW 1966, 2426.

[24] Stellt der Anwalt den Antrag auf Parteivernehmung nicht, so liegt darin keine Pflichtverletzung, wenn keine Anhaltspunkte dafür gegeben waren, daß die zu benennende Partei von ihrem bisherigen Sachvortrag abrücken werde, *OLG Köln* NJW 1986, 725.

[25] *BGH* NJW-RR 1996, 1459, 1460.

[26] *BAG* AP §451 Nr. 1 (zust. *Leipold*) = NJW 1974, 1349.

sein[27]. **Nach Durchführung der Beweisaufnahme** durch Vernehmung der Partei erscheint die Rücknahme des Antrags nicht mehr zulässig, es sei denn, es wäre bei der Vernehmung ein Verfahrensfehler unterlaufen[28]. → auch §451 Rdnr. 15.

VII. Entscheidung über den Antrag

37 Darüber, ob ein ordnungsgemäßer Beweisantritt (→ Rdnr. 27) vorliegt, insbesondere ob er Tatsachen i.S. des → Rdnr. 3 bis 6 Gesagten betrifft und ob die Parteivernehmung nach dem → Rdnr. 12ff., 18ff. Bemerkten zulässig ist, entscheidet das Gericht (gegebenenfalls nach Ausübung seiner Fragepflicht, §139), indem es die Parteivernehmung gemäß §450 Abs. 1 durch **Beweisbeschluß** anordnet oder sie durch Beschluß oder in den Gründen des Endurteils **ablehnt.** Die Entscheidung ist nur mit dem Endurteil anfechtbar.

VIII. Besondere Vorschriften

38 Zum Ausschluß der Parteivernehmung in **besonderen Verfahrensarten** und zu **Sonderregeln** → vor §445 Rdnr. 15ff.

§446 Weigerung des Gegners

Lehnt der Gegner ab, sich vernehmen zu lassen, oder gibt er auf Verlangen des Gerichts keine Erklärung ab, so hat das Gericht unter Berücksichtigung der gesamten Sachlage, insbesondere der für die Weigerung vorgebrachten Gründe, nach freier Überzeugung zu entscheiden, ob es die behauptete Tatsache als erwiesen ansehen will.

Gesetzesgeschichte: Bis 1900 §411 CPO. Geändert durch die Novelle 1933 (→ vor §445 Rdnr. 1).

I. Ablehnung der Parteivernehmung

1. Keine Aussagepflicht der Partei

1 Anders als für den Zeugen besteht für die Partei **keine Verpflichtung, sich vernehmen zu lassen** und dadurch zur Tatsachenfeststellung beizutragen. Das Gericht kann aber die Weigerung, sich vernehmen zu lassen, zum Nachteil der Partei würdigen. Insofern kann man von einer **prozessualen Last** der Partei sprechen. Auch wenn sich die Partei zunächst zur Vernehmung bereit erklärt hat, kann sie später die Aussage (ganz oder teilweise) oder die Eideslei-

[27] *BGH* NJW-RR 1996, 1459, 1460.
[28] *Leipold* Anm. zu *BAG* AP §451 Nr. 1.

stung verweigern. *Zwangsmittel* sind weder in diesem Fall noch beim Ausbleiben der Partei im Vernehmungstermin zulässig, → §453 Rdnr. 5, §454 Rdnr. 1.

2. Erklärung über die Bereitschaft zur Vernehmung

2 Der **Gegner,** dessen Parteivernehmung beantragt ist, hat sich darüber **zu erklären,** ob er bereit ist, sich vernehmen zu lassen, und zwar auch dann, wenn er Einwendungen gegen die *Zulässigkeit* der Vernehmung erhebt (→ Rdnr. 4). Die Erklärung muß in der mündlichen Verhandlung bis zu ihrem Schluß (§296a Rdnr. 8 [21. Aufl.]) abgegeben werden; im Fall der Entscheidung nach Aktenlage, §§251 a, 331 a, oder ohne mündliche Verhandlung, §128 Abs. 2, steht die schriftsätzliche Erklärung der mündlichen gleich, → §128 Rdnr. 85, 88, §251a Rdnr. 12; zum Schlußzeitpunkt → §128 Rdnr. 78f. Zur nachträglichen Erklärung → Rdnr. 10. Die Erklärung ist gemäß §160 Abs. 3 Nr. 3, §510a **zu protokollieren,** → §160 Rdnr. 18,

3. Unterlassung der Erklärung

3 Die Unterlassung der Erklärung steht der Ablehnung nur dann gleich, wenn das Gericht zur Erklärung **ausdrücklich aufgefordert** hat.

4. Inhalt der Erklärung

4 Die Erklärung des Gegners muß eindeutig (bejahend oder verneinend) und **unbedingt** sein; der Gegner kann nicht verlangen, daß zunächst über die gegen die *Zulässigkeit* der Vernehmung vorgebrachten Einwendungen entschieden wird, oder mit der Erklärung bis zur Erledigung sonstiger Beweise warten[1]. Andererseits steht es im Ermessen des Gerichts, ob es die Erklärung sofort oder erst nach Abschluß einer sonstigen Beweisaufnahme verlangen will.

5. Abgabe der Erklärung

5 Die Erklärung kann wie jede andere prozessuale Willenserklärung von dem Prozeßbevollmächtigten abgegeben werden; im Anwaltsprozeß untersteht sie dem **Anwaltszwang,** §78 Abs. 1. Die vom *Prozeßbevollmächtigten* erklärte Bereitwilligkeit zur Vernehmung steht einer späteren Aussageverweigerung (→ §453 Rdnr. 5) seitens der *Partei selbst* nicht entgegen.

Zur Erklärung bei **Streitgenossenschaft** → §449 Rdnr. 5.

II. Würdigung der Ablehnungsgründe

6 Lehnt eine Partei es ab, sich vernehmen zu lassen, so weigert sie sich damit, durch Offenlegung des eigenen Wissens zur Aufklärung der streitigen Tatsachen beizutragen. *Formelle Beweisfolgen* in dem Sinne, daß nunmehr die Behauptung des Beweisführers als erwiesen anzusehen ist, knüpft das Gesetz an die Ablehnung nicht. §446 stellt es vielmehr entsprechend dem allgemeinen Grundsatz der **freien Beweiswürdigung** (§286) in das pflichtgemäße Ermessen des Gerichts, welche Schlüsse es bezüglich der Wahrheit der zu erweisenden Behauptungen aus der Weigerung ziehen will.

7 Dabei sind die für die Weigerung etwa **vorgebrachten Gründe** mit zu würdigen. Die ohne Angabe von Gründen erklärte Weigerung rechtfertigt regelmäßig den Schluß auf die Wahrheit der unter Beweis gestellten Tatsachen. Dasselbe gilt in der Regel, wenn die Vernehmung mit

---

[1] Ebenso *MünchKommZPO/Schreiber*[2] Rdnr. 2. – A.M. *Wieczorek*[2] B I a.

der Begründung abgelehnt wird, die Partei wisse nichts über die betreffenden Tatsachen. Darin liegt eine eigenmächtige Vorwegnahme des Vernehmungsergebnisses, zu der die Partei nicht befugt ist. Anders ist es, wenn sich aus der Weigerungserklärung (in Verbindung mit den unstreitigen oder bewiesenen Umständen) unzweifelhaft ergibt, daß die zu vernehmende Partei über die zu beweisende Tatsache nichts aussagen kann[2]. Dabei ist aber zur berücksichtigen, daß die Parteivernehmung nicht auf eigene Wahrnehmungen der Partei beschränkt ist, → §445 Rdnr. 5.

8 Wird die Weigerung mit dem Hinweis auf **Betriebs-** oder **Geschäftsgeheimnisse**[3] begründet, oder damit, daß sich die Partei der Offenbarung **unehrenhafter** oder **strafbarer Handlungen** aussetzen würde, so kommt es ganz auf die Umstände des Einzelfalls an, ob sich daraus (gegebenenfalls in Verbindung mit anderen Beweismitteln) der Schluß auf die Wahrheit der unter Beweis gestellten Behauptungen ziehen läßt. Die bei der Würdigung einer entsprechenden Verweigerung der Zeugenaussage gebotene Zurückhaltung (→ §384 Rdnr. 19) wird hier allerdings nicht in gleichem Maße angebracht sein. Gibt die Partei der Wahrung anderer Interessen den Vorrang, so ist es im allgemeinen nicht unbillig, wenn ihr dadurch im konkreten Prozeß Nachteile erwachsen. Dies gilt vor allem dann, wenn die Partei aufgrund einer erhöhten Pflichtenstellung dem Gegner gegenüber zur Mitwirkung an der Aufklärung verpflichtet ist[4].

9 Das Gericht hat die Partei (vor allem wenn sie nicht durch einen Anwalt vertreten ist) nach §139 über die Tragweite der Ablehnung, insbesondere darüber zu **belehren**, daß durch die Bereiterklärung zur Vernehmung die Verweigerung der Aussage über bestimmte einzelne Fragen nicht ausgeschlossen wird.

III. Nachträgliche Bereiterklärung zur Vernehmung

10 Lehnt die Partei es ab, sich vernehmen zu lassen, oder gibt sie trotz Aufforderung keine Erklärung ab, so **unterbleibt die Anordnung der Vernehmung.** Die Erklärung ist nicht als Angriffs- oder Verteidigungsmittel, sondern als Erklärung der Partei in ihrer Eigenschaft als Beweisperson anzusehen. Die §§282, 296, 530f. (Zurückweisung wegen Verspätung) sind daher auf eine nachträgliche Bereiterklärung nicht anzuwenden[5]. Die Frage, ob das Gericht eine **nachträgliche Bereiterklärung,** sich vernehmen zu lassen, zu berücksichtigen hat, ist vielmehr aus der in §536 Abs. 1 für die Berufungsinstanz getroffenen Regelung zu beantworten[6]: Soweit das *Berufungsgericht* die Vernehmung trotz Weigerung in der 1. Instanz anordnen kann, muß auch das *Gericht derselben Instanz* die Vernehmung trotz vorheriger Ablehnung anordnen können. Das Gericht darf also die Vernehmung entgegen der ursprünglichen Ablehnung nur anordnen, wenn die Partei von ihrem Standpunkt aus für die Ablehnung genügende, d.h. *als berechtigt anzuerkennende Gründe hatte* und diese Gründe seitdem *fortgefallen* sind. Ob auf die nachträgliche Bereiterklärung hin die Vernehmung anzuordnen ist, hängt im übrigen davon ab, ob auf Grund der dazwischen liegenden Verhandlung und einer etwaigen anderwei-

---

[2] Dazu *OLG Düsseldorf* WM 1981, 369 sowie *LG Düsseldorf* WM 1973, 657 = DB 1973, 967 (zur Vernehmung des Vorstands einer Großbank über Hereinnahme eines Schecks durch eine Filiale). *Meyke* MDR 1987, 358, 361 meint hierzu, schon der Beweisbeschluß hätte nicht ergehen dürfen. In Betracht kommt eine Ablehnung wegen völliger Ungeeignetheit des Beweismittels, wobei aber Zurückhaltung geboten ist, näher → §284 Rdnr. 67ff. (21. Aufl.).

[3] Zum Zeugnisverweigerungsrecht → §384 Rdnr. 10ff.

[4] Vgl. *BGH* NJW-RR 1991, 888, 891 = WM 1991, 942 (zum Ausschluß eines Gewerkschaftsmitglieds wegen Mitgliedschaft in einer gegnerischen Organisation).

[5] A.M. *Zöller/Greger*[25] Rdnr. 2; *OLG Karlsruhe* NJW-RR 1991, 200 = FamRZ 1991, 191 (wendet §528 Abs. 1 aF an).

[6] Ebenso *Baumbach/Lauterbach/Hartmann*[63] Rdnr. 4. – A.M. *Wieczorek*[2] A I; *MünchKommZPO/Schreiber*[2] Rdnr. 2, die die Verweigerung der Vernehmung für frei widerruflich halten.

tigen Beweisaufnahme das Gericht die Beweisfrage nicht schon in positivem oder negativem Sinn für geklärt erachtet, → §445 Rdnr. 18ff.

§447 Vernehmung der beweispflichtigen Partei auf Antrag

Das Gericht kann über eine streitige Tatsache auch die beweispflichtige Partei vernehmen, wenn eine Partei es beantragt und die andere damit einverstanden ist.

Gesetzesgeschichte: Bis 1900 §412 CPO. Geändert durch die Novelle 1933 (→ vor §445 Rdnr. 1).

I. Parteivernehmung mit Zustimmung der beweispflichtigen Partei

1. Übereinstimmende Parteierklärungen

1 Während nach §445 einseitiges Beweismittel der *beweispflichtigen* Partei nur die Vernehmung des *Gegners* ist, gestattet §447 den Parteien, auch die **Vernehmung der beweispflichtigen Partei** als gemeinsames Beweismittel in den Prozeß einzuführen[1].

2 Ob der **Beweisführer** im Einverständnis mit dem Gegner beantragt, sich vernehmen zu lassen, oder der **Gegner** im Einverständnis mit der beweispflichtigen Partei den Antrag stellt, oder **beide Parteien** einen gemeinsamen Antrag stellen, ist gleich. Beantragt eine Partei ihre eigene Vernehmung, so genügt das **Schweigen** des Gegners nicht als Einverständnis[2]. Im Zweifel hat das Gericht nachzufragen (§139).

3 Liegt ein Einverständnis nach §447 vor, so verliert die Frage der **Beweislast** ihre Bedeutung für die Anordnung der Parteivernehmung; sie kann dann in diesem Zusammenhang offen bleiben[3].

4 Für die Erklärung gilt der **Anwaltszwang** nach §78 Abs. 1. Sie ist nach §160 Abs. 3 Nr. 3, §510a in das **Protokoll** aufzunehmen.

---

[1] Wird die Gegenpartei *auf Antrag der beweispflichtigen* Partei nach §445 vernommen, so ist ihre Aussage auch insoweit zu berücksichtigen, als sie zu ihren Gunsten ausfällt, → §445 Rdnr. 11. Das gilt auch dann, wenn sich die Gegenpartei über Tatsachen äußert, für die sie die Beweislast trägt, die aber in so engem Zusammenhang mit dem Beweisthema stehen, daß sie bei einer dem §396 entsprechenden Aussage (zusammenhängende Darstellung, → §451 Rdnr. 4f.), mit zu erwähnen sind. Im Antrag des Beweisführers auch ein *beschränktes Einverständnis* zur Vernehmung des Gegners über die von diesem zu beweisenden Tatsachen nach §447 zu sehen, entspricht dem Willen des Beweisführers in der Regel nicht und ist auch nicht erforderlich. S. dazu (im Ergebnis zutreffend) *OLG Stuttgart* VersR 1958, 649.

[2] *LG Krefeld* VersR 1979, 634; *VerfGH Berlin* JR 1994, 499, 500. S. auch *Schmitz* GmbHR 2000, 1140, 1142, der generell eine ausdrückliche Einverständniserklärung verlangt.

[3] A.M. *Born* JZ 1981, 775, 778; *Wieczorek*[2] A I; → auch §445 Rdnr. 10. – Daß in aller Regel eine umfängliche Belehrung über die Beweislast erforderlich sein soll – so *MünchKommZPO/Schreiber*[2] Rdnr. 2 – leuchtet nicht ein.

2. Bindung an die Erklärung

5 Sobald die übereinstimmenden Parteierklärungen abgegeben sind, sind die Parteien an sie **gebunden**; eine nachträgliche einseitige Rücknahme des Antrags ist ebenso unzulässig wie ein einseitiger Widerruf des Einverständnisses[4]. Ein **übereinstimmender Widerruf** der Erklärungen beider Parteien ist zuzulassen, solange die Vernehmung nicht erfolgt ist. Nach Durchführung der Vernehmung ist ein einseitiger[5] wie ein übereinstimmender Widerruf des Einverständnisses unzulässig. Zur Rechtsnatur des Einverständnisses (Gesamtakt) → vor §128 Rdnr.219.

3. Rechtsnatur und allgemeine Voraussetzungen

6 Seinen Charakter als echtes **Beweismittel** verliert die Parteivernehmung durch das Einverständnis der Parteien nicht. In der Würdigung der Aussage oder ihrer Verweigerung ist das Gericht ebenso frei wie im Fall des §445. Weiter hat das Gericht ebenso wie dort zu prüfen, ob es sich um Tatsachen handelt (→ §445 Rdnr.3 bis 6), ob diese erheblich sind, und ob die Vernehmung mit Rücksicht auf die bisherigen Verhandlungs- und Beweisergebnisse und andere vorgebrachte Beweismittel zulässig ist, → §445 Rdnr.12ff. (Subsidiarität), → §445 Rdnr.19ff. (Ausschluß der Parteivernehmung nach §445 Abs.2, wenn das Gegenteil bereits erwiesen ist).

II. Gerichtliches Ermessen

7 Ob das **Gericht** dem gemeinschaftlichen Verlangen der Parteien nach Vernehmung der beweispflichtigen Partei **stattgeben will,** steht in seinem **pflichtgemäßen Ermessen** (»kann«). Allerdings wird, sofern die beantragte Vernehmung zulässig ist, → Rdnr. 6, in der Regel kein Anlaß bestehen, sie abzulehnen. Anders ist es u.U., wenn außerdem ein Antrag auf Vernehmung des Gegners des Beweisführers nach §445 gestellt ist.

8 Das Ermessen des Gerichts ist der **Nachprüfung des Revisionsgerichts** entzogen; die Ablehnung eines Antrags nach §447 kann nach allgemeinen Grundsätzen mit der Revision nur insofern gerügt werden, als die Entscheidung ergibt, daß das Gericht hinsichtlich der Grenzen seines Ermessens von einer unrichtigen Rechtsauffassung ausgegangen ist.

III. Verweigerung der Aussage

9 Eine Ablehnung der Vernehmung nach §446 kommt im Fall des §447 nicht in Frage, da §447 das Einverständnis des zu Vernehmenden voraussetzt. Es bedarf daher auch **keiner weiteren Erklärung** über den Antrag. Wird, obwohl die Voraussetzungen des §447 gegeben sind, die Aussage oder der vom Gericht angeordnete Eid verweigert, so gelten gemäß §453 Abs.2 die Rechtsfolgen des §446 entsprechend.

---

[4] Für Unwiderruflichkeit des Einverständnisses auch *Rosenberg/Schwab/Gottwald*[16] §122 Rdnr.20; *Zöller/Greger*[25] Rdnr.3, die aber den Antrag für rücknehmbar halten. Dann kann aber die andere Partei den Antrag stellen und sich das Einverständnis zunutze machen. – Für Widerruflichkeit des Einverständnisses und Rücknehmbarkeit des Antrags vor der Beweisaufnahme *Gehrlein* ZZP 110 (1997), 451, 459; *MünchKommZPO-Schreiber*[2] Rdnr.2. Für entsprechende Anwendung des §290 *Wieczorek*[2] A II.

[5] Ebenso *OLG Hamburg* MDR 1964, 414; insoweit unstr.

§ 448 Vernehmung von Amts wegen

Auch ohne Antrag einer Partei und ohne Rücksicht auf die Beweislast kann das Gericht, wenn das Ergebnis der Verhandlungen und einer etwaigen Beweisaufnahme nicht ausreicht, um seine Überzeugung von der Wahrheit oder Unwahrheit einer zu erweisenden Tatsache zu begründen, die Vernehmung einer Partei oder beider Parteien über die Tatsache anordnen.

Gesetzesgeschichte: Bis 1900 § 413 CPO. Geändert durch die Novelle 1933 (→ vor § 445 Rdnr. 1).

Literatur: → vor § 445.

I. Normzweck

1 Während die §§ 445, 447 die Parteivernehmung auf Antrag regeln, erlaubt § 448 ergänzend eine Parteivernehmung **von Amts wegen.** Dies stellt eine Ausnahme vom Verhandlungsgrundsatz dar (→ vor § 128 Rdnr. 155), die insofern überrascht, als eine Vernehmung von Zeugen von Amts wegen im gewöhnlichen Zivilprozeß in keinem Fall zulässig ist. Der Widerspruch löst sich auf, wenn man den Hauptzweck des § 448 darin sieht, unter bestimmten Voraussetzungen auch Parteivernehmungen zu ermöglichen, die nach § 445 nicht erreicht werden können.

2 Bei der **Ermittlung der Höhe eines Schadens** bzw. einer Forderung kann nach § 287 Abs. 1 S. 3 unabhängig von den Voraussetzungen des § 448 die Vernehmung des Beweisführers angeordnet werden, → § 287 Rdnr. 35 ff. (21. Aufl.).

3 § 448 verdient in der Praxis **stärkere Beachtung.** Statt die Parteianhörung wie ein Beweismittel zu bewerten (dagegen → § 141 Rdnr. 3, → vor § 445 Rdnr. 3 ff.), sollte in geeigneten Fällen aufgrund des § 448 die Vernehmung einer oder beider Parteien (→ Rdnr. 19 f.) beschlossen werden[1].

[1] S. auch *Baumgärtel* MDR 1983, 478 (Parteivernehmung gemäß § 448 als wichtiges Mittel zur Vermei-

4 Nach dem Wortlaut und dem bisher vorherrschenden Verständnis der Norm betrifft sie nur die Befugnis des Gerichts, von sich aus die Parteivernehmung zur Vervollständigung bereits vorhandener Grundlagen für die richterliche Überzeugungsbildung anzuordnen. Dieser Normzweck rechtfertigt es, eine **Anfangswahrscheinlichkeit** zur Voraussetzung der Anordnung zu machen. Um aber verfassungsrechtlich bedenkliche Einschränkungen der Parteirechte, sich auf die Parteivernehmung als Beweismittel zu stützen, zu überwinden, erscheint eine **verfassungskonforme Auslegung** des §448 notwendig, die im Ergebnis auf eine zumindest begrenzte Korrektur der Schranken aus §445 hinausläuft. In diesem Bereich muß unter bestimmten Voraussetzungen auf das Erfordernis einer Anfangswahrscheinlichkeit verzichtet werden. Im folgenden wird zunächst (→ Rdnr. 5 bis 21) der herkömmliche Anwendungsbereich dargestellt und sodann auf die verfassungskonforme Auslegung eingegangen (→ Rdnr. 22ff.).

II. Voraussetzungen

1. Notwendige Wahrscheinlichkeit

5 Voraussetzung für die amtswegige Parteivernehmung ist, daß das **Ergebnis der Verhandlungen,** z.B. die Schlüsse aus unbestrittenen Indizien (→ §284 Rdnr. 19 [21. Aufl.]) oder aus dem Verhalten der Parteien (→ §286 Rdnr. 10 [21. Aufl.]), und das **Ergebnis der Beweisaufnahme nicht ausreichen,** um die richterliche Überzeugung zu begründen. Es muß also stets ein **gewisser, wenn auch geringer Grad**[2] **von Wahrscheinlichkeit** (ein sog. *Anfangsbeweis* bzw. eine *Anfangswahrscheinlichkeit*) für die Behauptung sprechen[3]: Stehen sich Behauptungen gänzlich beweislos gegenüber, so ist für eine Anordnung nach §448 kein Raum[4]. Die Wahrscheinlichkeit muß für die durch Parteivernehmung zu beweisende Tatsache vorliegen; daran fehlt es, wenn das *Gegenteil wahrscheinlicher* ist[5], ebenso, wenn für das Gegenteil ein Anscheinsbeweis spricht[6]. Erst recht ist die Parteivernehmung ausgeschlossen, wenn das Gericht aufgrund der erhobenen Beweise von der Unwahrheit der zu beweisenden Behauptung überzeugt ist[7].

6 Das Gericht muß von der Beweislage bei der *Anordnung* der Parteivernehmung ausgehen; es liegt aber kein Verfahrensfehler vor, wenn jedenfalls *zum Zeitpunkt der Vernehmung* die erforderliche Wahrscheinlichkeit gegeben ist[8]. Sind noch **Beweise angeboten,** die zur erforderlichen Wahrscheinlichkeit führen können, so darf die Parteivernehmung nicht abgelehnt werden, bevor diese Beweise erhoben wurden[9]. Ein Zeugenbeweis, der keinen Vollbeweis erbringen wird, muß daher schon dann erhoben werden, wenn sich daraus möglicherweise der nötige Anfangsbeweis für die (bereits angeregte) Parteivernehmung des Beweisführers ergibt[10]

---

dung einer non-liquet-Entscheidung). Für einen zurückhaltenden Gebrauch des §448 dagegen *OLG München* NJW-RR 1996, 958, 959; *Baumbach/Lauterbach/Hartmann*[63] Rdnr. 1; *MünchKommZPO/* Schreiber[2] Rdnr. 1.

[2] Es darf nicht fast schon Gewißheit verlangt werden, *BGH* NJW 1984, 721. Gegen zu hohe Anforderungen im konkreten Fall *BGH* NJW-RR 1994, 636.

[3] Gegen diese bislang h.M. mit guten Gründen *Wittschier* (Lit.Verz. vor §445), Rdnr. 124ff.; *ders.* DRiZ 1997, 247, 250; *Schöpflin* (Lit.Verz. vor §445), 269ff.; *ders.* NJW 1996, 2134, 2136. – Zur Frage einer verfassungskonformen Auslegung → Rdnr. 22ff.

[4] *BGH* NJW 1989, 3222, 3223 = LM Nr. 7; NJW 1999, 363, 364; *OLG München* NJW-RR 1996, 958.

[5] Vgl. *OLG Saarbrücken* OLGZ 1984, 122.

[6] *LG Krefeld* VersR 1979, 634.

[7] *BGH* NJW 2002, 2247, 2249.

[8] *BGH* LM Nr. 4 = MDR 1965, 287.

[9] *BGH* VersR 1984, 665 = VRS 67 (1984), 93.

[10] *OLG Koblenz* MDR 1998, 712.

(ganz abgesehen davon, daß eine Vorauswürdigung des angebotenen Zeugenbeweises in der Regel ohnehin unzulässig ist, → §284 Rdnr. 69f. [21. Aufl.]).

7 Die notwendige Wahrscheinlichkeit kann sich daraus ergeben, daß der als Partei vernommene Gegner des Beweisführers die *Eidesleistung verweigert hat*; es kann dann die Vernehmung des Beweisführers nach §448 angeordnet werden[11]. Die Wahrscheinlichkeit *kann* sich auch aus den in einem vorausgehenden Strafprozeß getroffenen Feststellungen ergeben[12]. Aus einer *Aussage*, die die zu vernehmende Partei *in einem früheren Prozeß* (auch etwa als Zeuge im Strafprozeß[13]) gemacht hat (→ vor §445 Rdnr. 9f.), kann die Wahrscheinlichkeit in Verbindung mit dem jetzigen Vortrag und dem Ergebnis der Verhandlung hergeleitet werden.

8 Die erforderliche Wahrscheinlichkeit kann auch ohne Beweisaufnahme aufgrund der **Lebenserfahrung** zu bejahen sein[14]. Eine **eidesstattliche Versicherung** der Partei kann nicht etwa regelmäßig die erforderliche Anfangswahrscheinlichkeit begründen[15], wohl aber in Verbindung mit weiteren, für die Darstellung der Partei sprechenden Umständen. Auch die größere Plausibilität des Parteivortrags sollte beim Fehlen anderer Beweismittel genügen; dies ist der bessere Weg, als in solchen Fällen auf die Parteianhörung nach §141 auszuweichen, → §141 Rdnr. 5ff., → vor §445 Rdnr. 3ff. Ebenso kann die Wahrscheinlichkeit aus den Angaben bei einer Parteianhörung nach §141 in Verbindung mit den sonstigen Umständen entnommen werden[16]. Wenn aber die beweispflichtige Partei Zeugen benannt hat (sich also nicht in Beweisnot befindet), sind auch bei Glaubwürdigkeit der Partei zunächst die Zeugen zu vernehmen[17]. Eine bloße vorprozessuale Behauptung der Partei (in deren Schreiben) genügt nicht[18].

9 Die vorhandenen Beweisanzeichen müssen erschöpfend gewürdigt werden, wobei auch eine bestehende **Beweisnot** der beweisbelasteten Partei zu berücksichtigen ist[19]. Die Beweisnot rechtfertigt es aber nach Ansicht des BGH[20] nicht, einen geminderten Wahrscheinlichkeitsmaßstab anzulegen. Zu den **Anforderungen an die Begründung** → Rdnr. 38.

10 Bei der Beurteilung des bisherigen Prozeßergebnisses spielt an sich die **Beweislast** keine Rolle, → Rdnr. 18; wenn aber zugunsten des Beweispflichtigen gar nichts bewiesen ist, wohl aber zugunsten des Gegners einiger Beweis erbracht ist und ein Antrag auf Parteivernehmung des Gegners vom Beweispflichtigen nach §445 nicht gestellt ist, so wäre die Parteivernehmung des Gegners zum mindesten unangemessen[21]; denn damit würde seine Lage sachlich dahin verschlechtert, daß er gegen eine unbewiesene Behauptung Gegenbeweise zu erbringen hätte.

---

[11] *ArbG Marburg* AP Nr. 2 = BB 1965, 988 (LS).

[12] Vgl. – jedoch im konkreten Fall offenlassend – *BGH* VersR 1984, 665 (Fn. 9).

[13] Vgl. *OLG Hamburg* MDR 1982, 340 (Strafsenat).

[14] *BGH* NJW-RR 1991, 983 = VersR 1991, 917 = MDR 1992, 137, 138; *Baumbach/Lauterbach/Hartmann*[63] Rdnr. 3.

[15] *OLG Düsseldorf* VersR 2004, 515, 516 (im konkreten Fall mangels glaubhaften Vortrags Anfangswahrscheinlichkeit nicht erbracht).

[16] *Zöller/Greger*[25] Rdnr. 4; *Baumbach/Lauterbach/Hartmann*[63] Rdnr. 4. Ebenso wohl *BGH* NJW-RR 1991, 983 (Fn. 14).

[17] *BGH* MDR 1997, 638.

[18] *BGH* NJW 1989, 3222, 3223.

[19] *BGHZ* 110, 363, 366 = NJW 1990, 1721, 1722. – Dagegen *Burkhard Schmidt* MDR 1992, 637.

[20] *BGHZ* 110, 363, 366 = NJW 1990, 1721, 1722; *BGH* NJW-RR 1992, 920 = VersR 1992, 867; NJW 1998, 814, 815.

[21] *BGHZ* 30, 60 = LM §581 Nr. 3 = NJW 1959, 1369 = MDR 1959, 647; *Krönig* MDR 1949, 735.

2. Voraussichtlicher Überzeugungswert; Besonderheiten in Versicherungsfällen

11 Weitere Voraussetzung ist, daß sich das Gericht **von der Parteivernehmung einen Überzeugungswert verspricht**[22], d.h. daß es annimmt, daß die Partei über die zu erweisende Tatsache etwas bekunden kann und ihrer unbeeidigten oder beeidigten Aussage Glauben beizumessen ist[23]. Im Sonderbereich der Ansprüche gegen eine Versicherung aufgrund eines behaupteten **Kfz-Diebstahls** (näher → §141 Rdnr. 8) macht die Praxis die Vernehmung (oder die Anhörung nach §141) des nicht über sonstige Beweismittel verfügenden Versicherungsnehmers von seiner Redlichkeit abhängig, wobei auch Verhaltensweisen außerhalb des konkreten Falles berücksichtigt werden[24]. Dem ist (abgesehen von der Grenzverwischung zwischen §141 und §448) grundsätzlich zuzustimmen.

12 Ähnliche Grundsätze gelten für einen behaupteten **Einbruchsdiebstahl**[25], während eine Ausdehnung der Rechtsprechung im Sinne einer erleichterten Parteivernehmung (oder beweiserbringenden Anhörung nach §141) etwa auf **Wildschadensfälle** im Straßenverkehr abgelehnt wird. Hier muß also, über die bloßen Parteiangaben hinaus, eine Anfangswahrscheinlichkeit begründet werden, bevor der Beweis des behaupteten Unfallhergangs durch Vernehmung des Kfz-Führers geführt werden kann[26].

3. Gerichtliches Ermessen

13 Ob die Parteivernehmung von Amts wegen angeordnet wird, steht im **pflichtgemäßen Ermessen** des Gerichts[27], zur Überprüfung in den Rechtsmittelinstanzen und den Anforderungen an die Begründung → Rdnr. 37ff. Sie darf aber, wenn das Gericht sie an sich für erforderlich hält, nicht durch die Verwertung der Aussage einer Partei aus einem früheren Verfahren ersetzt werden, → vor §445 Rdnr. 10. **Anträge** der Parteien haben nur die Bedeutung von Anregungen. Ein (unzulässiger) Antrag einer Partei auf Zeugenvernehmung ihres Geschäftsführers kann als Anregung zur Parteivernehmung auszulegen oder dahin umzudeuten sein[28].

14 Die Parteien können auch durch **Vereinbarung** die Befugnis des Gerichts zur Anordnung der Parteivernehmung nicht ausschließen[29].

---

22 *BGH* WM 1968, 406; FamRZ 1967, 473; *OLG Hamm* VersR 1991, 330; *Burkhard Schmidt* MDR 1992, 637, 638. – A.M. *Schöpflin* (Lit.Verz. vor §445), 279ff. (unzulässige vorweggenommene Beweiswürdigung); *Kollhosser* (Lit.Verz. vor §445), 759.

23 A.M. *BGH* VersR 1984, 665 (Fn. 9) (keine Ablehnung der Vernehmung wegen mangelnder Glaubwürdigkeit, wenn die sonstigen Voraussetzungen nach §448 vorlagen). – S. auch *BGH* VersR 1958, 601; *KG* VersR 1958, 385 (im konkreten Fall gegen Anzweifelung der Glaubwürdigkeit vor der Vernehmung).

24 Z.B. *OLG Schleswig* MDR 2003, 455 (Fälschung der Eintragungen im Kfz-Brief); *OLG Köln* RuS 2000, 277 (Ungereimtheiten und Widersprüchlichkeiten in der Sachverhaltsschilderung); *OLG Hamburg* OLGR 2003, 86 (nachhaltiges Verschweigen eines Vorschadens).

25 Vgl. *LG München I* VersR 2000, 98 (keine Parteivernehmung des Versicherungsnehmers bei mehrfachen bewußt unwahren Angaben und strafrechtlicher Verurteilung in früheren Fällen); *AG Friedberg* RuS 2001, 338 (gelungener Beweis durch Parteivernehmung des Geschädigten).

26 *OLG Jena* NJW-RR 2001, 1319; *OLG Düsseldorf* NVersZ 2000, 579; *OLG Frankfurt* RuS 2005, 102 (aber Zeugenbeweis dafür, daß nach dem Unfall Tierhaare am Fahrzeug vorhanden waren, kann die für die Parteivernehmung notwendige Anfangswahrscheinlichkeit erbringen).

27 *BGH* NJW 1999, 363, 364; LM Nr. 2; LM Nr. 4 = MDR 1965, 287; FamRZ 1967, 473; WM 1968, 406; NJW 1983, 2033; 1984, 721; FamRZ 1987, 152; *BAGE* 14, 266 = AP Nr. 1 (zust. *Pohle*) = NJW 1963, 2340; AP §138 BGB Nr. 27. – A.M. *E. Peters* Richterliche Hinweispflichten und Beweisinitiativen im Zivilprozeß (1983), 148 (Pflicht zur Ausschöpfung der Beweismittel, wenn die Voraussetzungen gegeben sind); *Schöpflin* (Lit.Verz. vor §445), 262ff.

28 *BGH* NJW-RR 1994, 1143.

29 Ebenso *Eickmann* Beweisverträge im Zivilprozeß (1987), 80f. – A.M. *Schlosser* Einverständliches Parteihandeln im Zivilprozeß (1968), 24ff.; *Wagner* Prozeßverträge (1998), 690.

Liegen die Voraussetzungen des §448 vor, so darf die **Erhebung weiterer angebotener Beweise** und Gegenbeweise vorerst zurückgestellt werden, wenn das Gericht der Überzeugung ist, daß ihr Ergebnis doch nicht hinreichend sein wird, um die Parteivernehmung überflüssig zu machen. Dies gilt auch dann, wenn die beweispflichtige Partei, sofern ihr das bisherige Ergebnis günstig ist (→ Rdnr. 5), den Antrag auf Parteivernehmung des Gegners gestellt hat; das Gericht kann in einem solchen Fall unter Beiseitelassung des Antrags nach §445 die Parteivernehmung des Beweisführers nach §448 anordnen. Nach der Durchführung der Vernehmung gelten für die **Ablehnung weiterer Beweisanträge** die allgemeinen Grundsätze (→ §284 Rdnr. 51ff. [21. Aufl.], → auch §453 Rdnr. 7). 15

4. Anwendungsbereich

Die Anordnung der Parteivernehmung nach §448 ist auch hinsichtlich der Tatsachen zulässig, auf die eine **Restitutionsklage** gestützt wird, → §581 Rdnr. 7 (21. Aufl.). Wegen der besonderen Regelung der Parteivernehmung im **Eheprozeß** → §613. – Bei der entsprechenden Anwendung des §448 im Verfahren der **Freiwilligen Gerichtsbarkeit** gilt das Erfordernis einer Anfangswahrscheinlichkeit (→ Rdnr. 5ff.) aufgrund des dort herrschenden Untersuchungsgrundsatzes nicht[30]. 16

III. Auswahl der Partei

1. Ermessen und maßgebliche Umstände

Auch über die Frage, **welche Partei** zu vernehmen ist, entscheidet das Gericht nach seinem **pflichtgemäßen Ermessen,** → Rdnr. 13. Dabei haben diejenigen Gründe den Ausschlag zu geben, die für die *Beweiskraft* der Aussage wesentlich sind. Neben der *persönlichen Vertrauenswürdigkeit* kommt vor allem die vermutlich bessere *Kenntnis* der zu erweisenden Tatsachen, vor allem aufgrund eigener Wahrnehmungen[31], in Betracht, ferner das bisherige Beweisergebnis und u.U. wesentlich auch das Verhalten im Prozeß, das je nach Lage des Falles Schlüsse hinsichtlich der Vertrauenswürdigkeit gestattet[32]. 17

Der Gesichtspunkt der **Beweislast** ist nicht entscheidend[33]; → aber Rdnr. 10. Unterläßt es die *beweispflichtige* Partei, *andere vorhandene und zulässige Beweismittel* zu verwenden, so ist die Anordnung ihrer Vernehmung nicht angebracht[34]. Bringt eine Partei Beweise für Tatsachen vor, die die Glaubwürdigkeit des Gegners erschüttern würden, so würde in deren Übergehung ein Verstoß gegen §286 liegen, wenn das Gericht gleichwohl seine Überzeugung auf der Aussage des Gegners aufbaut. 18

---

[30] *OLG Zweibrücken* MDR 1998, 1244; *BayObLGZ* 1970, 173, 176f.

[31] *BGH* NJW 1999, 363, 364; *BAGE* 100, 52, 59 = NZA 2002, 731.

[32] Vgl. *RGZ* 145, 271 (es wäre unrichtig, Verstöße gegen die Wahrheitspflicht und ähnliche Gesichtspunkte erst für die Würdigung der Parteiaussage zurückzustellen); *BGH* NJW 1952, 384. – Zum Absehen von der Vernehmung wegen gesundheitlicher Gefährdung der Partei s. *BAG* NJW 1966, 2426.

[33] *BGH* VersR 1958, 601; LM Nr. 3 = VersR 1959, 199; NJW 1999, 363, 364; *RGZ* 145, 271.

[34] *BGH* MDR 1997, 638; *OLG Hamburg* MDR 1970, 58 (keine Vernehmung der beweispflichtigen Partei, wenn sie ihren Anwalt nicht als Zeugen benennt, obwohl er bei der Besprechung, um die es geht, anwesend war). Jedoch anders, wenn die beweispflichtige Partei einen Zeugen nicht benennt, der aus ihrer Sicht mit der Gegenpartei zu identifizieren ist (Organ der Gegenpartei), *BAG* AP Nr. 3 = DB 1975, 1660 (LS) = RdA 1975, 270 (LS); zust. *E. Peters* (Fn. 27) 93 (dort Fn. 9).

2. Vernehmung beider Parteien

19 Wenn verschiedene **selbständige Tatsachenkomplexe** zur Beurteilung stehen (z.B. Klagetatbestand und selbständiger Einredetatbestand, oder etwa die den Grund des Anspruchs betreffenden Tatsachen und solche, die sich nur auf den Betrag beziehen), so kann das Gericht über den einen Tatbestand die *eine* und über den anderen die *andere* Partei vernehmen. Hat die eine Seite durch **Abtretung** die Zeugenstellung erlangt, so wird dies vielfach dafür sprechen, im Interesse der Waffengleichheit den Gegner als Partei zu vernehmen[35].

20 Zulässig und nicht selten zweckmäßig ist es aber auch, **beide Parteien** über ein und denselben Vorgang zu vernehmen[36]. In Frage kommt dies vor allem dann, wenn es sich für beide Parteien um eigene Handlungen oder Wahrnehmungen handelt, also derselbe Vorgang (z.B. eine zwischen den Parteien persönlich geführte Vertragsverhandlung) von beiden Parteien verschieden dargestellt wird. In derartigen Fällen wird die Vernehmung beider Parteien u.U. weniger unter dem Gesichtspunkt veranlaßt sein, welche Darstellung die *glaubwürdigere* ist, als zu dem Zweck, unter möglichster Zergliederung der Vorgänge genau zu ermitteln, welches die eigentlichen Differenzpunkte der beiderseitigen Darstellungen sind. Vielfach wird es allerdings in derartigen Fällen praktischer sein, die Parteien zunächst nach §141 zu Aufklärungszwecken zu hören und dann diejenige, deren Darstellung als die glaubwürdigere erscheint, zu vernehmen.

21 Von der Vernehmung der einen Partei abzusehen, weil die (ursprüngliche) Gegenpartei verstorben ist und daher nicht mehr vernommen werden kann[37], erscheint nicht gerechtfertigt. Bei einem Vier-Augen-Gespräch ist es ermessensfehlerhaft, wenn nur die eine Partei vernommen wird, obwohl die Sachdarstellung der anderen Partei eher der Lebenserfahrung entsprach[38].

IV. Die Auslegung des §448 im Hinblick auf verfassungs- und menschenrechtliche Anforderungen

1. Die Entscheidung des EGMR

22 Zu neuen Überlegungen über die beweisrechtliche Behandlung einer Parteiaussage führte eine Entscheidung des Europäischen Gerichtshofs für Menschenrechte (EGMR)[39], die zum niederländischen Zivilprozeßrecht erging. Der EGMR sah einen Verstoß gegen das Prinzip der **Waffengleichheit** und damit gegen Art.6 Abs.1 EMRK darin, daß es einer klagenden Gesellschaft verwehrt wurde, ihren Geschäftsführer als Zeugen für den Inhalt eines **Gesprächs unter vier Augen** zu benennen, während die Vernehmung des am Gespräch beteiligten Angestellten der Beklagten für zulässig erachtet wurde. Der EGMR betonte aber, er habe nicht allgemein darüber zu entscheiden, ob es zulässig sei, die Zeugenaussage einer als Partei beteiligten Person in einem Zivilprozeß auszuschließen.

---

[35] *BGH* WM 1980, 1071, 1073; s. auch *BGH* NJW 1998, 306, 307. *Buß/Honert* JZ 1997, 694 schlagen dagegen vor, bei einer »prozeßtaktischen« Zession den Zedenten nur dann als Zeugen zuzulassen, wenn die Voraussetzungen einer Parteivernehmung nach §§447, 448 vorliegen.

[36] Ebenso *Wittschier* (Lit.Verz. vor §445) Rdnr.181; *Zöller/Greger*[25] Rdnr.5; *Musielak/Huber*[4] Rdnr.8 (grundsätzlich beide Parteien zu vernehmen). – Einschränkend dagegen *Baumbach/Lauterbach/Hartmann*[63] Rdnr.10 (Vernehmung beider Parteien nur, wenn annähernd gleiche Bekundung zu erwarten).

[37] So *OLG Koblenz* OLGR 2004, 358.

[38] *BAG* NZA 2000, 208, 211f.

[39] *EGMR* NJW 1995, 1413 (mit abw. Meinung der Richter *Martens* u. *Pettiti*) = ZEuP 1996, 484 (*M. Roth*). In einer späteren Entscheidung vom 23.10.1996 (Ankerl v. Schweiz) stellte der *EGMR* klar, daß es nicht auf die formale Beweisposition, sondern auf die Berücksichtigung der Erkenntnisquellen ankommt, s. dazu *Coester-Waltjen* ZZP 113 (2000), 269, 270; *Reinkenhof* JuS 2002, 645, 647.

2. Folgerungen für das deutsche Recht

a) Innovative Vorschläge der Literatur

23 Aus dieser Entscheidung wurden auch für das deutsche Recht Konsequenzen gezogen. In der Literatur wurde alsbald vorgeschlagen, jedenfalls bei Vier-Augen-Gesprächen[40], nach manchen auch generell[41], **auf die Anfangswahrscheinlichkeit zu verzichten** und dem Gericht die Pflicht aufzuerlegen, auf Antrag[42] die Parteivernehmung anzuordnen.

b) Rechtsprechung des BGH

24 Nach der Rechtsprechung des *BGH*[43] müssen die Gerichte zur Wahrung der Waffengleichheit in Situationen, in denen nach Gesprächen unter vier Augen nur der einen Partei ein Zeuge zur Verfügung steht, der **Beweisnot** der anderen Seite Rechnung tragen. Eine solche Benachteiligung kann nach Ansicht des *BGH*[44] im Rahmen der Ermessensentscheidung nach §448 berücksichtigt werden. Ob aber in derartigen Fällen eine **Parteivernehmung** geboten ist, ließ der *BGH* offen. Nach seiner Auffassung kann die erforderliche Waffengleichheit entweder dadurch hergestellt werden, daß die ansonsten prozessual benachteiligte Partei nach §448 vernommen oder daß sie nach §141 angehört wird. Die **Anhörung** nach §141 soll genügen, weil das Gericht nicht gehindert sei, einer solchen Parteierklärung den Vorzug vor den Bekundungen eines Zeugen zu geben[45]. Der *BGH*[46] faßt seine Rechtsprechung dahin zusammen, er habe die Anforderungen an die Zulässigkeit der Parteivernehmung abgesenkt, ohne auf die Notwendigkeit der Anfangswahrscheinlichkeit (des »Anbewiesenseins«) ausdrücklich zu verzichten, und habe den Anwendungsbereich und den Beweiswert einer Parteianhörung erweitert. Immerhin darf auch nach Ansicht des *BGH*[47] in den Fällen, in denen der Grundsatz der Waffengleichheit eingreift, **nicht** sowohl die Vernehmung der Partei als auch ihre Anhörung nach §141 **von einer überwiegenden Wahrscheinlichkeit** für ihr Vorbringen **abhängig** gemacht werden.

25 Die **praktischen Konsequenzen** sind bislang sehr begrenzt geblieben. Auch wenn es um den Inhalt eines Vier-Augen-Gesprächs geht, bedarf es nach Ansicht des *BGH* keiner Anhörung nach §141 oder formellen Vernehmung, wenn über die dem Gegner günstige Zeugenaussage hinaus sonstige Beweismittel und Indizien vorliegen, die für die Richtigkeit der Zeugenangaben sprechen[48]. Versuchen, **außerhalb der Problematik von Vier-Augen-Gesprächen** aus dem Grundsatz der prozessualen Waffengleichheit die Notwendigkeit der Parteivernehmung herzuleiten, trat der *BGH* verschiedentlich entgegen. So erklärte er eine Parteivernehmung nach §448 oder Anhörung nach §141 für nicht geboten, wenn zwar eine Partei anders als der Geg-

---

40 *Schlosser* NJW 1995, 1404, 1405; s. auch *ders.* Anm. zu *OLG Hamm* EWiR §448 ZPO 1/94, 623; ebenso für das arbeitsgerichtliche Verfahren *Zwanziger* DB 1997, 776; ähnlich *M. Roth* ZEuP 1996, 484, 497f. (für Erweiterung der Parteivernehmung bei Vier-Augen-Gesprächen und auch sonst bei Beweisnot). – Gegen solche Folgerungen *Schmidt-Schondorf* JR 1996, 268; *Zöller/Greger*[25] Rdnr. 2a; *Baumbach/Lauterbach/Hartmann*[63] Rdnr. 7. Auch *Lange* NJW 2002, 476, 481f. sieht im Ergebnis keinen Anlaß zu einer Neuinterpretation des §448, betont aber, die notwendige Anfangswahrscheinlichkeit könne sich auch aus den Angaben einer Partei, insbesondere bei ihrer Anhörung nach §141, ergeben.

41 So bereits *Gehrlein* ZZP 110 (1997), 472ff.; weitere Nachweise → Fn. 3 und 59.

42 Das Antragserfordernis betont *Zwanziger* DB 1997, 776, 777.

43 Zusammenfassend *BGH* v. 30. 9. 2004, III ZR 369/03, Juris KORE605032004.

44 *BGH* NJW 2003, 3636.

45 *BGH* NJW 1999, 363, 364; NJW 2003, 3636.

46 *BGH* NJW 1999, 363. Der Linie des *BGH* zustimmend *Musielak/Huber*[4] Rdnr. 7. Auch *Kollhosser* (Lit.Verz. vor §445), 764ff. billigt die Handhabung der Parteianhörung durch die Rsp.

47 *BGH* NJW-RR 2006, 61.

48 *BGH* NJW 2003, 3636.

ner nicht über Zeugen verfügt, das Gericht aber seine Überzeugung nicht allein auf die Zeugenaussage gründete[49], oder wenn für den Vortrag der Partei aufgrund der bisherigen Beweisaufnahme keinerlei Wahrscheinlichkeit mehr sprach[50]. Die Anhörung nach §141 oder Vernehmung einer Partei (des Klägers) ist laut *BGH*[51] auch dann zur Wahrung der Waffengleichheit nicht geboten, wenn ein Zeuge vorhanden ist, der nicht ausschließlich im Lage des Beklagten steht, und wenn der Kläger seine Sicht der Dinge persönlich schildern konnte.

c) Beurteilung durch das BVerfG

26 Die Rechtsprechung des *BGH* (mit der bei Rdnr. 24 wiedergegebenen Formulierung) ist vom *BVerfG*[52] in dem Sinne gebilligt worden, daß sie den Anforderungen der Verfassung genügt. Nach Ansicht des *BVerfG* können es der Anspruch auf **rechtliches Gehör** und das Recht auf Gewährleistung eines **effektiven Rechtsschutzes** gebieten, daß das Gericht nicht nur den Zeugen der Gegenpartei, sondern auch die Partei gemäß §141 oder §448 ZPO zum umstrittenen Inhalt eines Vier-Augen-Gesprächs vernimmt (bzw., so im konkreten Fall, in der Berufungsinstanz noch einmal vernimmt). Das *BVerfG* verweist auf die Rechtsprechung des *BGH*, aber auch auf die Tendenz in der Literatur, dem §448 stärkere Beachtung zu schenken. Es nimmt einen Verfassungsverstoß an, wenn sich ein Gericht damit nicht auseinandersetzt und auf diese Weise die Bedeutung und Tragweite der Rechte einer Partei aus Art. 103 Abs. 1 GG und Art. 2 Abs. 1 GG iVm Art. 20 Abs. 3 GG verkennt.

d) Rechtsprechung der Instanzgerichte

27 Die Instanzgerichte folgen durchweg der Linie des *BGH*[53], betonen aber im allgemeinen noch stärker, eine Neuinterpretation des §448, insbesondere ein Verzicht auf die Anfangswahrscheinlichkeit, sei auch im Hinblick auf die Entscheidung des EGMR nicht geboten. Es bleibe also dabei, daß die Vernehmung einer beweispflichtigen Partei nach §448 nur angeordnet werden könne, wenn für die zu beweisenden Tatsachen eine gewisse Wahrscheinlichkeit spreche[54], nicht allein deshalb, weil der Partei kein Zeuge zur Verfügung stehe[55], und der Grundsatz der Waffengleichheit gebiete auch nicht, bei Anwendung des §448 jeweils beide Parteien zu vernehmen[56]. An der herkömmlichen Abneigung der Gerichte gegen eine Parteivernehmung von Amts wegen, wie sie sich etwa in der Formulierung zeigt, §448 stelle dem Gericht ein »wenn auch wichtiges, so aber auch gefährliches, verführerisches Machtmittel zur Verfügung«[57], hat sich somit kaum etwas geändert.

---

[49] *BGH* NJW-RR 2003, 1003.

[50] *BGH* NJW 2002, 2247, 2249.

[51] *BGH* Beschl. vom 30. 9. 2004, III ZR 369/03, Juris KORE605032004.

[52] *BVerfG* NJW 2001, 2531 (Kammerbeschluss). Dazu *Reinkenhof* Jus 2002, 645.

[53] So z.B. *OLG Koblenz* NJW-RR 2002, 630; NJW-RR 2004, 414, 415.

[54] *OLG München* NJW-RR 1996, 958; *OLG Frankfurt* OLGR 2003, 81; *OLG Brandenburg* VersR 2003, 344; *LAG Köln* MDR 2002, 590, 591; *LG Frankfurt* WM 2000, 1293, 1297f.

[55] *OLG Düsseldorf* VersR 1999, 205. Den Unterschied zu dem vom EGMR entschiedenen Fall sieht das Gericht darin, daß hier auf der Gegenseite neben dem Verhandlungspartner ein Zeuge zugegen war. *AG Herborn* VersR 1999, 47 erklärt eine Vernehmung der beweispflichtigen Partei nicht für geboten, wenn auch der Gegenseite kein Zeuge zur Verfügung steht.

[56] *LG Mönchengladbach* NJW-RR 1998, 501.

[57] *LG Frankfurt* WM 2000, 1293, 1297; *Baumbach/Lauterbach/Hartmann*[63] Rdnr. 1.

3. Notwendigkeit einer verfassungskonformen Auslegung des §448

28 Die Frage, ob es innerhalb der ZPO gesetzes- und interessengerecht ist, die förmliche Parteivernehmung und die Parteianhörung auf dieselbe Stufe zu stellen, hatte das *BVerfG*, als es die Linie des *BGH* aus verfassungsrechtlicher Sicht billigte (→ Rdnr. 26), nicht zu beantworten. Wenn man an dem grundlegenden Unterschied zwischen der Parteianhörung nach §141 als Mittel zur Klärung des Sachvortrags und der Parteivernehmung als Beweismittel festhält (→ näher §141 Rdnr. 3ff. sowie → vor §445 Rdnr. 3ff.), so hat dies auch im gegebenen Zusammenhang zu gelten. Es trifft nach der gesetzlichen Regelung keineswegs zu, daß die Anhörung gemäß §141 und die Parteivernehmung gleichwertig wären. Es ist daher sehr zu begrüßen, daß die Rechtsprechung des *BGH* (→ Rdnr. 24) immerhin die Tendenz erkennen läßt, die **Anforderungen an die Anfangswahrscheinlichkeit** im Rahmen des §448 gegebenenfalls **abzusenken,** wenn auch die Formulierung, dies geschehe ohne auf die Anfangswahrscheinlichkeit »ausdrücklich« zu verzichten, unklar erscheint.

29 Nach der hier vertretenen Ansicht sollte man grundsätzlich über die Beschränkungen, denen die Parteivernehmung als Beweismittel unterliegt, nachdenken, und dabei insbesondere die **bisherige Auslegung des §448 überprüfen.** Dies gilt nicht nur für die Fälle des Vier-Augen-Gesprächs und ist auch nicht nur ein Problem der Waffengleichheit.

30 Selbst im Fall des Vier-Augen-Gesprächs kann man darüber streiten, ob der Grundsatz der Waffengleichheit den richtigen oder jedenfalls den alleinigen Ausgangspunkt bildet[58]. Zutreffend wurde darauf hingewiesen[59], daß nach deutschem Recht die beweispflichtige Partei, die ihren Geschäftsführer nicht als Zeugen benennen kann und über keine anderen Beweismittel verfügt, beweisfällig bleibt, so daß es zu einer Vernehmung des vom Gegner als zulässigen Zeugen angebotenen Angestellten nicht erst kommt. Der Sitz des Problems ist nicht nur die konkrete Gleichbehandlung beider Parteien in einem Zivilprozeß, sondern es geht auch um die **grundsätzlichen Schranken des Beweises durch Parteivernehmung,** die dann besonders in Erscheinung treten, wenn eine Partei über keine anderen Beweismittel verfügt als über die Parteiaussage. Diese Schranken ergeben sich aus §445 vor allem in zweierlei Hinsicht. Zum einen kann die beweispflichtige Partei nicht ihre eigene Vernehmung beantragen, sondern nur die des Gegners. Zum anderen ist der nicht beweispflichtigen Partei der Antrag überhaupt nicht eröffnet, weder mit dem Ziel der eigenen Vernehmung noch mit dem der Vernehmung des Gegners. Diese Einschränkungen werden dadurch verstärkt, daß nach seit langem h.M. der gesetzliche Vertreter einer Partei nicht als Zeuge, sondern nur nach den Regeln der Parteivernehmung (und damit nur unter den einschränkenden Voraussetzungen der Parteivernehmung) vernommen werden kann, → §455 Rdnr. 2ff. Dies gilt insbesondere für die Organe juristischer Personen oder rechtsfähiger Gesellschaften, etwa für den Geschäftsführer der GmbH oder den Vorstand einer AG. Auf diese Weise gewinnt der Umstand, ob sich eine Partei auf die Aussage eines Mitarbeiters nach den Regeln des Zeugenbeweises berufen kann, oder ob dies, weil es sich um den gesetzlichen Vertreter handelt, nur nach den Regeln der Parteivernehmung möglich ist, entscheidendes Gewicht.

31 So stellt sich die generelle Frage, ob nicht eine weitergehende Zulassung der Partei als Zeuge in eigener Sache den besseren Weg darstellt, wobei an die Stelle genereller Schranken die Beurteilung des Beweiswerts im Rahmen der freien Beweiswürdigung treten würde[60]. Dies ist

---

[58] Dazu ausführlich *Kwaschik* (Lit.Verz. vor §445), insbes. S. 241, die auf die Waffengleichheit und auf das Recht auf Beweis zurückgreift

[59] *LG Mönchengladbach* NJW-RR 1998, 501, 502.

[60] De lege ferenda auf rechtsvergleichender Grundlage für volle Gleichstellung der Parteivernehmung mit dem Zeugenbeweis *Coester-Waltjen* ZZP 113 (2000), 269, 293; *Oberhammer* ZZP 113 (2000), 295, 321; *Sutter-Somm* ZZP 113 (2000), 327, 340; *Kwaschik* (Lit.Verz. vor §445), 293ff.

zum einen ein rechtspolitisches Problem, das mit einer gesetzlichen Neuregelung gelöst werden könnte. Zum anderen aber ergeben sich Zweifel, ob das **geltende Recht** den verfassungsrechtlichen Vorgaben gerecht wird[61]. Mit Recht hat das *BVerfG* (s. oben Fn. 51) im konkreten Zusammenhang auf die Anforderungen des Rechts auf Gehör und des Anspruchs auf effektiven Rechtsschutz verwiesen. Aus dem verfassungsrechtlichen Anspruch auf effektiven Rechtsschutz[62], der aus dem Rechtsstaatsprinzip folgt, ist auch ein **Recht der Parteien auf Beweis**[63] und damit grundsätzlich auf Nutzung aller Beweismittel[64] zu entnehmen. Gleichwohl kann die Erhebung von Beweisen, die völlig ungeeignet sind, vom Gesetzgeber ausgeschlossen werden, und auch Einschränkungen beim Beweis durch Parteivernehmung, die der besonderen Interessenlage Rechnung tragen, erscheinen nicht grundsätzlich ausgeschlossen. So wird man die Regel des § 415 Abs. 2, wonach die Parteivernehmung nicht mehr zulässig ist, wenn das Gericht das Gegenteil der unter Beweis gestellten Tatsachen bereits für erwiesen erachtet, auch unter verfassungsrechtlichen Gesichtspunkten hinzunehmen haben. Ebenso erscheint es im Rahmen des § 448 auch aus verfassungsrechtlicher Sicht akzeptabel, bei bereits erwiesenem Gegenteil keine Parteivernehmung anzuordnen[65] Ob es aber noch im Rahmen des gesetzgeberischen Ermessensspielraums liegt, dem Beweis durch Parteivernehmung auch bei ungeklärter Tatsachenlage die aufgezeigten Schranken zu setzen, erscheint sehr zweifelhaft[66]. Hier nun kann, will man nicht § 445 Abs. 1 wegen der darin gezogenen Grenzen des Beweisantragsrechts geradezu für verfassungswidrig erklären[67], eine **verfassungskonforme Auslegung** des § 448 weiterhelfen[68]. Die Vorschrift bekommt auf diese Weise die Funktion, die in § 445 gezogenen Schranken durchlässig zu machen, wenn dies im Einzelfall zur Wahrung des Rechts auf Beweis geboten erscheint.

32 Jedenfalls dann, wenn eine Partei über kein anderes Beweismittel verfügt als über ihre eigene Vernehmung und es nach den Umständen auch nicht möglich ist, eine Wahrscheinlichkeit der eigenen Sachdarstellung anders zu erbringen, als durch die eigenen Angaben, ergibt sich auf diese Weise eine **Pflicht des Gerichts,** die beantragte Vernehmung anzuordnen, ohne daß eine auf andere Umstände gestützte Anfangswahrscheinlichkeit verlangt werden darf und ohne daß ein gerichtliches Ermessen besteht[69]. So liegt es typischer Weise bei den Vier-Augen-

---

[61] Damit wird den verfassungsrechtlichen Bedenken von *Gehrlein* ZZP 110 (1997), 451, 466ff. gefolgt.

[62] Spricht man vom Justizanspruch oder Justizgewährungsanspruch (so *Walter*, nächste Fn.), so liegt darin nur ein terminologischer Unterschied.

[63] Grundlegend zum Recht auf Beweis *Walter* Freie Beweiswürdigung (1979), 296ff.; *ders.* NJW 1988, 567; *Habscheid* Das Recht auf Beweis ZZP 96 (1983), 306ff.

[64] *Walter* (Fn. 62), 303ff. folgert aus dem Recht auf Beweis, es dürfe weder einen numerus clausus der Beweismittel noch einen Vorwegausschluß fragwürdiger Beweismittel geben. – Der Aussage von *Zöller/Greger*[25] Rdnr. 2, es stehe dem Gesetzgeber frei, zu bestimmen, welche Erkenntnisquellen bei einer förmlichen Beweiserhebung zur Verfügung stehen, kann nicht gefolgt werden.

[65] A.M. *Kollhosser* (Lit. Verz. vor § 445), 761, der diese Einschränkung für verfassungswidrig hält.

[66] Kritisch, insbes. zur Subsidiarität der Parteivernehmung *Walter* (Fn. 62), 305f. Dagegen hält *Habscheid* ZZP 96 (1983), 306, 327f. die bestehenden Einschränkungen in §§ 445, 448 für gerechtfertigt.

[67] Dies hätte, da die ZPO insgesamt nachkonstitutionelles Recht ist, die Pflicht zur Vorlage an das *BVerfG* nach Art. 100 GG zur Folge.

[68] Dafür bereits *Gehrlein* ZZP 110 (1997), 451, 474f., der – über die hier vertretene Ansicht hinausgehend – vorschlägt, § 448 verfassungskonform dahin zu interpretieren, daß das Gericht ohne Erfordernis eines Anfangsbeweises der Anregung einer Partei nachkommen muß, sie selbst oder den Gegner zu vernehmen.

[69] Ähnlich wie hier, aber im Ergebnis noch weitergehend schon nach geltendem Recht für den Verzicht auf das Erfordernis der Anfangswahrscheinlichkeit *Coester-Waltjen* ZZP 113 (2000), 269, 291; *Oberhammer* ZZP 113 (2000), 295, 326ff.; *Kollhosser* (Lit. Verz. vor § 445), 759. Beachtenswert auch der Vorschlag von *Kwaschik* (Lit.Verz. vor § 445), 266f., in der Anfangswahrscheinlichkeit keine Anwendungsvoraussetzung des § 448 zu sehen, sondern sie als Kriterium im Rahmen der Ermessensausübung zu berücksichtigen.

Gesprächen. Aber auch sonst kann es sein, dass hinsichtlich eigener Wahrnehmungen oder eigener Handlungen der Partei (und insbesondere ihres gesetzlichen Vertreters) ein anderer Beweis nicht zur Verfügung steht und daher die Anordnung der Parteivernehmung allein aufgrund der Plausibilität der Parteiangaben geboten erscheint. Dies muß auch dann gelten, wenn die beweispflichtige Partei für ihre Behauptung Zeugenbeweis anbieten konnte, der Gegner aber abgesehen von der eigenen Vernehmung über keinerlei Beweismittel zur Erschütterung des Beweises verfügt. Selbst wenn aufgrund der bisherigen Beweiserhebungen (z.B. der Zeugenvernehmung) für die Behauptungen des Beweispflichtigen bereits eine gewisse Wahrscheinlichkeit spricht, kann es somit geboten sein, die andere Seite als Partei zu vernehmen. Wenn freilich den eigenen Behauptungen der Partei, die ihre Vernehmung beantragt, jegliche Plausibilität fehlt, erscheint eine Vernehmung nach §448 auch nach der hier vertretenen Ansicht nicht geboten.

V. Gegenstand der Vernehmung

33 Die Vernehmung kann sich ebenso wie nach §445 nur auf **Tatsachen**[70] (zum Begriff → §284 Rdnr. 9ff. [21. Aufl.]) beziehen, → §445 Rdnr. 3 bis 6. Auch die Vernehmung nach §448 soll nicht in erster Linie (→ aber Rdnr. 20) dazu dienen, den Inhalt der tatsächlichen Behauptungen zu klären oder dazu erforderliche genauere Angaben erst aus den Parteien herauszuholen, sondern **bestimmte Behauptungen zu beweisen oder zu widerlegen**[71]. Der Richter kann aber die Vernehmung nach seinem Ermessen auf Tatsachen (Indizien, → §284 Rdnr. 19f. [21. Aufl.]) erstrecken, die für das eigentliche Beweisthema nur *mittelbar* erheblich sind, wenn er sich dadurch die Überzeugung von der Wahrheit oder Unwahrheit der unmittelbar erheblichen Tatsache glaubt verschaffen zu können.

VI. Anordnung der Vernehmung

34 Die Vernehmung wird wie in den Fällen der §§445, 447 stets **durch Beschluß angeordnet,** §450 Abs. 1. Eine Anordnung durch den **Vorsitzenden der Kammer für Handelssachen** oder durch den **vorbereitenden Einzelrichter in der Berufungsinstanz** dürfte, abgesehen von den Fällen des §349 Abs. 3 und des §524 Abs. 4, stets unangemessen sein, da bereits die Anordnung eine weitgehende, wenn auch noch nicht abschließende Würdigung der gesamten bisherigen Verhandlung und Beweisaufnahme in sich schließt. Gelangt der Vorsitzende der Kammer für Handelssachen bzw. der vorbereitende Einzelrichter in der Berufungsinstanz bei Abschluß seines Verfahrens zum Ergebnis, daß die Vernehmung der einen oder beider Parteien nach §448 sachgemäß ist, so ist zweckmäßig so zu verfahren, daß die Parteien unter Hinweis auf die Möglichkeit der Parteivernehmung für den vor dem Kollegium stattfindenden Termin nach §273 Abs. 2 Nr. 3 mit §141 Abs. 2 zum persönlichen Erscheinen aufgefordert werden und die Anordnung erst in dem Termin beschlossen wird.

35 Zur **Beeidigung** der vernommenen Partei und der Unzulässigkeit der Beeidigung beider Parteien → §452 Rdnr. 4, 6. Zur **Würdigung** der Parteiaussage und der Aussage- oder Eidesverweigerung → §453.

---

[70] Die künftig zu erwartende Vereinstreue wird man hierzu kaum rechnen können, offenlassend *BGH* NJW 1985, 1216, 1217.

[71] *RG* WarnRsp 1935 Nr. 127.

VII. Verstöße

36 Erfolgte die Parteivernehmung, ohne daß die Voraussetzungen des §448 gegeben waren, so darf die Parteiaussage der Entscheidung nicht zugrunde gelegt werden[72]. Jedoch kann der Verfahrensfehler durch **Rügeverzicht** oder Unterlassung der Rüge gemäß §295 geheilt werden[73]. Es genügt aber grundsätzlich die Rüge in der Berufungsbegründung (ebenso wie dies bei Fehlern bei der Urteilsfällung anerkannt ist), weil erst die Entscheidungsgründe darüber Aufschluß geben, wie das Gericht das Parteivorbringen und die anderen Beweismittel würdigt und ob daher das Gericht vom Vorliegen der erforderlichen Wahrscheinlichkeit ausgehen konnte[74]. Wird auch in der Berufungsbegründung der Verstoß gegen §448 nicht gerügt, so ist auch das vom Gericht erster Instanz ausgeübte Ermessen in der Berufungsinstanz nicht mehr zu überprüfen[75].

VIII. Überprüfung in der Rechtsmittelinstanz

37 Die Ermessensentscheidung des Gerichts über die Parteivernehmung und die Beeidigung unterliegt (bei entsprechender Rüge, → Rdnr. 36) wie sonst der **Nachprüfung** des **Berufungsgerichts**[76]. Dieses kann auch die andere Partei vernehmen und in den Grenzen des §533 Abs. 2 auch beeidigen. Das Ergebnis einer in erster Instanz zu Recht durchgeführten Parteivernehmung muß das Berufungsgericht in seine Beweiswürdigung einbeziehen, ohne daß es darauf ankommt, ob auch in der Berufungsinstanz Anlaß für eine Parteivernehmung bestand[77]. Zur Nichtverwertbarkeit der Aussage bei fehlerhafter Anordnung der Parteivernehmung → Rdnr. 36. Zur Wiederholung der Parteivernehmung in der Berufungsinstanz → §451 Rdnr. 5.

38 Für eine Nachprüfung in der **Revisionsinstanz** ist nur insoweit Raum, als in Frage steht, ob die untere Instanz die Grenzen ihrer Befugnis außer acht gelassen (d.h. die rechtlichen Voraussetzungen verkannt) oder von ihrem Ermessen einen fehlerhaften Gebrauch gemacht hat[78]. Das ist z.B. der Fall, wenn das untere Gericht es erkennbar unterlassen hat, die Frage der Parteivernehmung nach §448 überhaupt zu erwägen[79]. Das Instanzgericht braucht aber nicht in jedem Fall im Endurteil ausdrücklich dazu Stellung zu nehmen, aus welchem Grund es von der Möglichkeit des §448 keinen Gebrauch gemacht hat[80]. Das Schweigen der Entscheidungsgründe kann jedoch in Verbindung mit besonderen Umständen den Schluß auf einen Ermessensfehler gestatten[81], so etwa, wenn sich die Anordnung der Parteivernehmung nach dem bisherigen Stand der Beweisaufnahme geradezu aufdrängt[82] oder wenn die beweisbelastete Partei, die sich in Beweisnot befindet, die Parteivernehmung beantragt hat und eine gewisse Wahrscheinlichkeit für die Richtigkeit ihrer Tatsachenbehauptungen spricht[83]. Bei **Beweisnot**

---

72 *BGH* NJW 1989, 3222, 3223.

73 *BGH* VersR 1981, 1175, 1176 (kein Fall des §295 Abs. 2).

74 *BGH* NJW 1999, 363.

75 *BGH* VersR 1981, 1175, 1176.

76 *OLG Saarbrücken* OLGZ 1984, 122, 123.

77 *BGH* NJW 1999, 363, 364.

78 *BGH* NJW 1984, 721, 722; NJW 1989, 3222; NJW 1997, 3230, 3231; NJW 1999, 363, 364.

79 *BGH* NJW-RR 1994, 1143, 1144.

80 *BGH* LM Nr. 2; NJW 1983, 2033; FamRZ 1987, 152; WM 1991, 150, 152; FamRZ 1988, 482, 485; *BAG* NJW 1966, 2426. Zum Schweigen eines Urteils über die Wahrscheinlichkeit (→ Rdnr. 5) als Voraussetzung einer angeordneten Parteivernehmung s. *BAG* AP §138 BGB Nr. 27. – Krit. zu den Anforderungen des BGH an die Begründung *Burkhard Schmidt* MDR 1992, 637, 638ff.

81 *BAGE* 14, 266 (Fn. 27) (Verwertung einer Parteiaussage, ohne daß ihre Parteivernehmung angeordnet war, und Übergehung des Antrags der anderen Partei, sie zu vernehmen).

82 *BGH* FamRZ 1987, 152; NZM 1998, 449 = Juris Nr. KORE529289800.

83 *BGH* NJW 1983, 2033; *Baumgärtel* MDR 1983, 478.

stellt der *BGH*[84] an die Gründe, aus denen der Tatrichter die Wahrscheinlichkeit verneint, hohe Anforderungen; sie müssen erkennen lassen, daß die Beweisnot berücksichtigt und alle Beweisanzeichen erschöpfend gewürdigt wurden.

39 Mit der Revision kann auch gerügt werden, das Gericht habe bei der **Auswahl** der zu vernehmenden oder zu beeidigenden Partei rechtlich fehlerhafte Erwägungen angestellt, also sich z.B. an die Beweislast gebunden geglaubt hat (→ Rdnr. 18).

§449 Vernehmung von Streitgenossen

Besteht die zu vernehmende Partei aus mehreren Streitgenossen, so bestimmt das Gericht nach Lage des Falles, ob alle oder nur einzelne Streitgenossen zu vernehmen sind.

Gesetzesgeschichte: Bis 1900 §414 CPO. Geändert durch die Novelle 1933 (→ vor §445 Rdnr. 1).

I. Anwendungsbereich

1 §449 gilt für **alle Fälle der Streitgenossenschaft,** sowohl für die *gewöhnliche* (§61) als auch für die *notwendige* (§62), und ebenso für die *streitgenössische Streithilfe* (§69). Ausnahmsweise gelten nicht die Vorschriften über die Parteivernehmung, sondern diejenigen über den **Zeugenbeweis,** wenn das Beweisthema Tatsachen betrifft, die ausschließlich für die Entscheidung den anderen Streitgenossen gegenüber maßgebend sind, näher → §61 Rdnr. 11. Ist in einem solchen Fall der *Antrag auf Parteivernehmung* gestellt, so ist er sinngemäß als Antritt des *Zeugenbeweises* aufzufassen. – Bei **mehreren gesetzlichen Vertretern** ist §449 gemäß §455 Abs. 1 S. 2 entsprechend anzuwenden, → §455 Rdnr. 9.

II. Ermessen des Gerichts, Parteianträge

2 Das Gericht hat nach **pflichtgemäßem Ermessen** zu entscheiden, ob es alle oder nur einzelne Streitgenossen vernehmen will. Dabei ist vor allem zu bedenken, bei welchem Streitgenossen die *sicherste Kenntnis* von der zu beweisenden Tatsache (z.B. auf Grund unmittelbarer Wahrnehmung) erwartet werden kann.

3 Bei einer Parteivernehmung **von Amts wegen** (§448) ist die Auswahl stets in das Ermessen des Gerichts gestellt. Handelt es sich um eine Parteivernehmung auf **Antrag** (§§445, 447), so gilt §449, wenn der Antrag nicht auf die Vernehmung bestimmter Streitgenossen gerichtet ist, wenn sich also z.B. (im Fall des §445) die beweisführende Partei darauf beschränkt, die Vernehmung der Gegenpartei zu beantragen. Gegen die Zulässigkeit eines solchen Antrags bestehen angesichts des §449 keine Bedenken.

4 Bezieht sich dagegen der **Antrag** auf die **Vernehmung bestimmter Streitgenossen,** so ist das Gericht nicht befugt, von der Vernehmung dieser Personen abzusehen und statt dessen andere

---

[84] *BGHZ* 110, 363, 366 = NJW 1990, 1721, 1722. – Gegen die Berücksichtigung der Beweisnot als Kriterium für den Umfang der Begründungspflicht *Burkhard Schmidt* MDR 1992, 637.

Streitgenossen zu vernehmen[1]. Die als Partei zu vernehmende Person soll über ihre eigene Tatsachenwahrnehmung aussagen und ist deshalb grundsätzlich ebensowenig austauschbar wie ein Zeuge[2]. Dem Sinn des Antragsrechts sowie dem Verhandlungsgrundsatz (→ vor §128 Rdnr. 146ff., 155) entspricht es daher, der Partei auch die Bestimmung der Beweisperson zuzubilligen. §449 ist insoweit einschränkend zu interpretieren und bei einem auf die Vernehmung bestimmter Streitgenossen gerichteten Beweisantrag nicht anzuwenden. Das Gericht kann aber, wenn die Voraussetzungen des §448 gegeben sind, *von Amts wegen zusätzlich* auch noch andere Streitgenossen vernehmen, auf die sich der Parteiantrag nicht bezog.

5 Die **Aufforderung**, sich über die beantragte Vernehmung zu **erklären** (§446), hat das Gericht nur an diejenigen Streitgenossen zu richten, deren Vernehmung es für sachgerecht hält bzw. (bei einem bestimmten Antrag) deren Vernehmung beantragt ist. Die **Weigerung**, sich vernehmen zu lassen, bzw. das Unterlassen einer Erklärung durch einzelne Streitgenossen schließen die Vernehmung anderer Streitgenossen nicht aus.

6 Das Gericht hat aber die Verweigerung der Aussage oder des Eides (§453 Abs. 2) bzw. das Unterlassen der Erklärung nach §446 **auch im Verhältnis zu den übrigen Streitgenossen frei zu würdigen**[3]. Dies gilt sowohl bei einfacher als auch bei notwendiger Streitgenossenschaft. §61, wonach bei der einfachen Streitgenossenschaft die Handlungen des einen Streitgenossen dem anderen weder zum Vorteil noch zum Nachteil gereichen, steht nicht entgegen, weil §446 an die Weigerung bzw. das Unterlassen der Erklärung keine bestimmten Folgen knüpft, sondern die Frage in den Bereich der freien Beweiswürdigung verweist, → §446 Rdnr. 6. Die freie Beweiswürdigung erfolgt (bei allen Formen der Streitgenossenschaft) **einheitlich** gegenüber allen Streitgenossen, → §61 Rdnr. 10. Das Gericht muß aber beachten, daß es nicht um Ungehorsamsfolgen, sondern ausschließlich um Überlegungen der Beweiswürdigung geht.

III. Änderung oder Ergänzung der Anordnung

7 Erweist es sich vor oder nach Vernehmung der vom Gericht zunächst ausgewählten Streitgenossen als geboten, statt dessen oder außerdem noch **andere zu vernehmen**, so bedarf die Anordnung in entsprechender Anwendung des §360 S. 2 *keiner vorherigen mündlichen Verhandlung.*

§450 Beweisbeschluss

(1) [1]Die Vernehmung einer Partei wird durch Beweisbeschluss angeordnet. [2]Die Partei ist, wenn sie bei der Verkündung des Beschlusses nicht persönlich anwesend ist, zu der Vernehmung unter Mitteilung des Beweisbeschlusses von Amts wegen zu laden. [3]Die Ladung ist der Partei selbst mitzuteilen, auch wenn sie einen Prozessbevollmächtigten bestellt hat; der Zustellung bedarf die Ladung nicht.

(2) [1]Die Ausführung des Beschlusses kann ausgesetzt werden, wenn nach seinem Erlass über die zu beweisende Tatsache neue Beweismittel vorgebracht werden. [2]Nach Erhebung der neuen Beweise ist von der Parteivernehmung abzusehen, wenn das Gericht die Beweisfrage für geklärt erachtet.

---

[1] Ebenso *Zöller/Greger*[25] Rdnr. 1; *MünchKommZPO/Schreiber*[2] Rdnr. 1; *Thomas/Putzo/Reichold*[26] Rdnr. 1.

[2] Zum Zeugen vgl. *BGHSt* 22, 347, 348 = NJW 1969, 1219 = JZ 1970, 585; *BGH* NJW 1983, 126 (Strafsache) sowie → vor §373 Rdnr. 11.

[3] Ebenso *Rosenberg/Schwab/Gottwald*[16] §48 Rdnr. 30.

Gesetzesgeschichte: Bis 1900 §415 CPO. Geändert durch die Novelle 1933 (→ vor §445 Rdnr. 1). Abs. 1 S. 2 geändert und Abs. 1 S. 3 eingefügt durch ZPO-RG 2001 (→ Einl. Rdnr. 202).

I. Beweisbeschluß

1. Notwendigkeit

1 Die Parteivernehmung ist **stets**[1] durch **Beweisbeschluß** anzuordnen. Das gilt auch dann, wenn die Partei im Termin anwesend ist und sofort vernommen werden kann. Die Ausnahme vom Grundsatz des §358 (Beweisbeschluß nur, wenn die Beweisaufnahme ein besonderes Verfahren erfordert) hat den Sinn, beiden Parteien Klarheit darüber zu verschaffen, daß eine Parteivernehmung erfolgt[2]. Das ist erforderlich, weil die Aussage der Partei bei der Vernehmung **Beweismittel** ist und damit eine ganz andere Bedeutung hat als das gewöhnliche Parteivorbringen und die Äußerung bei einer persönlichen Anhörung nach §141; → vor §445 Rdnr. 3ff. Zum Inhalt des Beweisbeschlusses → §359.

2 Wird eine Partei vernommen, ohne daß dies durch Beweisbeschluß angeordnet war, so liegt darin ein **Verfahrensfehler.** Dieser kann durch Unterlassen der Rüge gemäß §295 Abs. 1 geheilt werden[3], aber nur, wenn für die Parteien erkennbar war, daß eine Parteivernehmung stattgefunden hatte[4].

2. Befugnisse des Vorsitzenden der Kammer für Handelssachen bzw. des vorbereitenden Einzelrichters in der Berufungsinstanz

3 Die Parteivernehmung kann nach §349 Abs. 1 S. 1 bzw. §527 Abs. 2 S. 1 vom **Vorsitzenden der Kammer für Handelssachen** bzw. vom **vorbereitenden Einzelrichter in der Berufungsinstanz** angeordnet werden. Die Anordnung sollte aber (abgesehen von den Fällen des §349 Abs. 3 und des §527 Abs. 4) dem Kollegium vorbehalten werden, soweit sie eine Würdigung der bisher erhobenen Beweise voraussetzt. Das ist stets bei der Anordnung nach §448 (→ §448 Rdnr. 5ff., 34), zum Teil aber auch bei der Anordnung nach §445 oder §447 der Fall.

---

[1] Die durch §450 Abs. 1 angestrebte Klarheit ist auch dann erforderlich, wenn die Vernehmung einer anwesenden Partei im Verfahren über Arrest oder einstweilige Verfügung zur Glaubhaftmachung (→ §294 Rdnr. 15 [21. Aufl.]) erfolgt. Daher ist es nicht gerechtfertigt, hier eine Ausnahme von der Notwendigkeit des Beweisbeschlusses zu machen. A.M. *OLG Düsseldorf* MDR 1960, 850.

[2] Vgl. *BAGE* 14, 266 = AP §448 Nr. 1 (*Pohle*) = NJW 1963, 2340.

[3] *BGH* FamRZ 1965, 212. S. auch *BGH* WM 1987, 1562.

[4] *BGH* LM §516 BGB Nr. 3.

4 Die **Durchführung** der Parteivernehmung kann nach Maßgabe des §349 Abs.1 S.2 bzw. des §527 Abs.2 S.2 durch den Vorsitzenden der Kammer für Handelssachen bzw. den vorbereitenden Einzelrichter in der Berufungsinstanz erfolgen; sie sollte aber in aller Regel dem Kollegium vorbehalten werden[5], da es dabei entscheidend auf den unmittelbaren Eindruck ankommt, → auch §524 Rdnr.9 (21.Aufl.).

II. Ladung

1. Voraussetzungen

5 Die Ladung der zu vernehmenden Partei ist nur erforderlich, wenn diese bei Verkündung des Beweisbeschlusses **nicht persönlich anwesend** war. Doch ist die Partei gleichwohl zu laden, wenn in dem Beweisbeschluß die Terminsbestimmung vorbehalten war, z.B. wegen einer vorher zu erledigenden auswärtigen Beweisaufnahme oder bei einem vor dem Kollegium zu erledigenden Beweisbeschluß des Vorsitzenden der Kammer für Handelssachen (→ auch §349 Rdnr.8) bzw. des vorbereitenden Einzelrichters in der Berufungsinstanz).

2. Ausführung der Ladung

6 Die Ladung ist (neben der etwa erforderlichen Terminsbenachrichtigung an den Prozeßbevollmächtigten) **an die zu vernehmende Partei persönlich zu richten.** Einer **förmlichen Zustellung** bedarf es seit der Änderung des Abs.1 S.2 und der Einfügung des Abs.1 S.3 durch das ZPO-RG 2001 nicht mehr. Die Änderung erfolgte, um Zustellungskosten einzusparen. Allerdings können sich, wenn die Partei nicht zur Vernehmung erscheint, bei der Anwendung des §454 Abs.1 Schwierigkeiten ergeben, soweit das Gericht ohne Nachweis des Erhalts der Ladung die Aussage nicht als verweigert ansehen kann. In der Gesetzesbegründung[6] wird hierzu ausgeführt, der Richter könne im Einzelfall die Zustellung anordnen, wenn schon im Vorfeld Grund für die Annahme bestehe, daß die Partei nicht zum Termin erscheinen und sich, etwa zum Zweck der Prozeßverzögerung, darauf berufen werde, sie habe die Ladung nicht erhalten. Praktikabler wäre es wohl, umgekehrt nur dann von der Zustellung abzusehen, wenn aufgrund der Umstände, insbesondere der Angaben des Prozeßbevollmächtigten, davon ausgegangen werden kann, daß die Partei zur Aussage bereit ist.[7]

3. Mitteilung des Beweisbeschlusses

7 Mit der Ladung ist der **Beweisbeschluß** oder gegebenenfalls der sich auf die Vernehmung der Partei beziehende Teil des Beweisbeschlusses **mitzuteilen.** Ob der Ladung eine Abschrift oder ein Auszug aus dem Beweisbeschluß beigefügt wird oder bei einem kurzen Beschluß sein Inhalt von der Geschäftsstelle in die Ladung aufgenommen wird, ist sachlich gleich. Erforderlich ist nur, daß die Partei aus der ihr zugehenden Mitteilung ersieht, daß sie als Partei vernommen werden soll (im Gegensatz zu §141), worüber sie vernommen werden soll, und ob dies auf Antrag des Gegners (§445) oder von Amts wegen (§448) geschieht.

Zur **Durchführung der Vernehmung** → §451.

---

5 *BGH* FamRZ 1965, 212.

6 BT-Drucks. 14/4722, S.92.

7 Ähnlich *Zöller/Greger*[25] Rdnr.2 (Zustellung im Zweifel ratsam); *Musielak/Huber*[4] Rdnr.2 (Zustellung dringend zu empfehlen).

4. Sicheres Geleit

8 Die Erteilung sicheren Geleits für einen Beschuldigten (§295 StPO) ist auch zulässig, um seine Vernehmung als Partei in einem Zivilprozeß zu ermöglichen, wobei im Rahmen der Ermessensentscheidung die Interessen der Verfahrensbeteiligten gegen das Strafverfolgungsinteresse des Staates abzuwägen sind[8].

III. Aussetzung der Parteivernehmung nach Abs. 2

9 Abs. 2 S. 1 enthält eine Ergänzung des §360. Der Vorschrift liegt der Gedanke der **Subsidiarität der Parteivernehmung** zugrunde, → §445 Rdnr. 12. Die Parteivernehmung kann solange **zurückgestellt** werden, als Aussicht besteht, daß der streitige Sachverhalt durch andere Beweismittel aufgeklärt wird. Ob die Parteivernehmung auf Grund der §§445, 447 oder 448 angeordnet war, macht dabei keinen Unterschied.

1. Mündliche Verhandlung vor der Vernehmung

10 Findet der Termin zur Parteivernehmung vor dem Prozeßgericht statt, so liegt in der Regelung eine Abweichung von dem Grundsatz, daß die mündliche Verhandlung der Parteien erst *nach* Erledigung der Beweisaufnahme beginnt (→ §370 Rdnr. 3). Das Gericht muß den Parteien noch vor Eintritt in die Parteivernehmung das Wort zu etwaigen **neuen Beweisantritten** über das Thema der Parteivernehmung gestatten. Daß dann auch dem Gegner Gelegenheit zur Gegenäußerung zu gewähren ist, ist selbstverständlich. Es findet also in diesem Fall eine **partielle mündliche Verhandlung** vor der eventuellen weiteren Beweisaufnahme statt.

11 Die **Aussetzung der Parteivernehmung** steht im **pflichtgemäßen Ermessen** des Gerichts. Zunächst hat das Gericht zu prüfen, ob etwa der neue Beweisantritt als verspätet i.S. des §296 Abs. 1 oder 2 zurückzuweisen ist. Auch wenn dies nicht der Fall ist, hat das Gericht die Wahl, ob es die Parteivernehmung zunächst durchführen oder unter deren Aussetzung vorher den neu angetretenen Beweis erheben will. Letzteres wird wegen der damit verbundenen Verzögerung regelmäßig nur dann sachgemäß sein, wenn begründete Aussicht besteht, daß sich durch die Erhebung des neuen Beweises die Parteivernehmung erübrigen wird. Anders ist es, wenn der neue Beweis sofort erhoben werden kann, wenn es sich also um vorgelegte Urkunden oder vom Beweisführer gestellte Zeugen handelt.

2. Schriftsätzliche Beweisanträge

12 Sind nach Anordnung der Parteivernehmung vor dem Beweistermin über das Beweisthema **neue Beweismittel schriftsätzlich vorgebracht,** so kann das Gericht die Durchführung der Parteivernehmung auch *ohne vorherige mündliche Verhandlung aussetzen,* → §360 Rdnr. 14. Soweit die Erhebung der neuen Beweise einen Beweisbeschluß erfordert (→ §358 Rdnr. 1), kann dieser nach §128 Abs. 4 und §358a ebenfalls *ohne mündliche Verhandlung* erlassen werden

3. Verfahren nach Erhebung der neuen Beweise

13 Hat das Gericht zunächst die neu vorgebrachten Beweise erhoben, so ist nach Abs. 2 S. 2 entsprechend dem Grundsatz des §445 (→ §445 Rdnr. 12ff., 18ff.) von der Parteiverneh-

---

[8] *BGH* NJW 1991, 2500 (betr. DDR-Spionagechef Markus Wolf; im Ergebnis die Erteilung sicheren Geleits ablehnend).

mung nunmehr abzusehen, wenn das Gericht die **Beweisfrage für geklärt erachtet**[9]. Die Würdigung der Beweisaufnahme im Sinne der Entbehrlichkeit der Parteivernehmung setzt eine *mündliche Verhandlung über das Beweisergebnis* voraus. Die Beweiswürdigung erfolgt *endgültig* erst in den Gründen des Endurteils und ist nur mit diesem anfechtbar. Im Falle einseitiger oder beiderseitiger Säumnis kann nach §§251a, 331a eine Entscheidung nach Aktenlage ergehen, wobei auch das Ergebnis der inzwischen erhobenen Beweise zu berücksichtigen ist, → §370 Rdnr. 7.

14 Bejaht das Gericht die Voraussetzungen des Abs. 2 S. 2, so sollte es den **Beweisbeschluß,** in dem die Parteivernehmung angeordnet worden war, der Klarheit wegen durch (nicht selbständig anfechtbaren) Beschluß **aufheben.** Unterbleibt die förmliche Aufhebung, so liegt darin allerdings *kein Verfahrensfehler*[10], da die Parteien schon auf Grund der Aussetzung nicht mit einer Durchführung der Parteivernehmung rechnen konnten, solange das Gericht diese nicht positiv anordnet.

15 Erachtet das Gericht nach Abschluß der zwischengeschobenen Beweisaufnahme die **Beweisfrage noch nicht für geklärt,** so ist das Beweisverfahren durch Erledigung der Parteivernehmung fortzuführen.

§451 Ausführung der Vernehmung

Für die Vernehmung einer Partei gelten die Vorschriften der §§375, 376, 395 Abs. 1, Abs. 2 Satz 1 und der §§396, 397, 398 entsprechend.

Gesetzesgeschichte: Bis 1900 §416 CPO. Geändert durch die Novelle 1933 (→ vor §445 Rdnr. 1) und (nur sprachlich) das Rechtspflege-Vereinfachungsgesetz vom 17. 12. 1990 (BGBl. I 2847).

I. Anwendbare Vorschriften über die Zeugenvernehmung

1 Die Parteivernehmung vollzieht sich nach den in §451 genannten **Vorschriften über die Zeugenvernehmung.**

---

[9] Die Parteivernehmung ist dann unzulässig, *BGH* NJW 1974, 56 = LM §398 Nr. 7.
[10] Ähnlich *Zöller/Greger*[25] Rdnr. 4; *Thomas/Putzo/Reichold*[26] Rdnr. 2.

1. Unmittelbarkeit

2 **Es gilt der Grundsatz der Unmittelbarkeit. Die Übertragung der Vernehmung auf einen beauftragten oder ersuchten Richter** ist nur in denselben engen Grenzen wie beim Zeugenbeweis zulässig; im einzelnen → §375 und wegen der Rüge von Verstößen → §355 Rdnr. 31ff. Zum Verfahren vor dem **Vorsitzenden der Kammer für Handelssachen** und vor dem **vorbereitenden Einzelrichter in der Berufungsinstanz** → §450 Rdnr. 3, 4.

2. Aussagegenehmigung bei Beamten

3 Bei Beamten gelten die bei §376 wiedergegebenen Vorschriften über die Notwendigkeit der Aussagegenehmigung, und zwar ohne Unterschied, ob der Beamte als *Partei* oder in seiner Eigenschaft als *gesetzlicher Vertreter* des Staates vernommen wird. Welche Schlüsse das Gericht im Fall der **Versagung der Genehmigung** (→ §376 Rdnr. 11ff.) für das Beweisthema ziehen will, steht in seinem Ermessen. Es wird hier, da dem Gericht die Gründe, die für die Aufsichtsbehörde bei Versagung der Genehmigung maßgebend gewesen sind, im einzelnen zumeist nicht bekannt sein werden, besonders sorgfältige Abwägung geboten sein[1]; es geht jedenfalls nicht an, die Versagung der Genehmigung grundsätzlich ebenso wie die Verweigerung der Aussage, §453 Abs. 2, zu bewerten.

3. Durchführung der Vernehmung

4 Die Vernehmung selbst ist ebenso durchzuführen wie beim Zeugen. Zur Vernehmung als Zeuge statt als Partei → vor §445 Rdnr. 13. Die Partei hat, ebenso wie der Zeuge, alles lückenlos anzugeben, was mit den zum Beweis stehenden Tatsachen erkennbar im Zusammenhang steht. Der einzige Unterschied besteht darin, daß die Partei ihre Aussage überhaupt verweigern darf; macht sie von dieser Möglichkeit keinen Gebrauch, so darf sie auch nichts verschweigen[2]. Die Grenze wird durch das **Beweisthema** gezogen; die Partei ist nicht verpflichtet, ungefragt *neue* Tatsachen anzugeben, die zu einer weiteren Begründung der Klage dienen können[3]. Die Pflicht der Partei erstreckt sich nur auf die **Aussage,** d.h. auf die Angabe ihres *Wissens* über die unter Beweis gestellten Tatsachen. Sie ist nicht verpflichtet, sich etwa vor Gericht einer *fachlichen Prüfung durch einen Sachverständigen* zu unterziehen[4].

5 Im einzelnen vgl. §395 Abs. 1 (vorherige Ermahnung zur Wahrheit und Hinweis auf die unter Umständen zu erwartende Beeidigung), §395 Abs. 2 S. 1 (Beantwortung der Fragen zur Person, wegen S. 2 → Rdnr. 14), §396 (geschlossene Darstellung mit anschließender Fragestellung, Fragebefugnis der Beisitzer), §397 (Fragerecht der Parteien, unmittelbare Fragebefugnis der Anwälte, auch des Prozeßbevollmächtigten der zu vernehmenden Partei), §398 (Wiederholung und Ergänzung der Parteivernehmung), → auch §453 Rdnr. 2. Die **Wiederholung der Parteivernehmung** ist z.B. erforderlich, wenn das Berufungsgericht die Glaubwürdigkeit anders beurteilen will als die erste Instanz[5]. Zur Berichtigung der Aussage → vor §445 Rdnr. 8.

---

1 Anders *Wieczorek*² A II.
2 Vgl. *BGHSt* Warneyer 1968 Nr. 117 = LM §154 StGB Nr. 69 = JZ 1968, 570; *RG* JW 1936, 881.
3 *BGH* (Fn. 2); → auch §445 Rdnr. 28.
4 *BGH* LM §109 HGB Nr. 3 = NJW 1958, 1491 = JZ 1958, 541. – A.M. *E. Peters* Ausforschungsbeweis im Zivilprozeß (1966), 105.
5 *BGH* NJW 1999, 363; NJW 1974, 56 = LM §398 Nr. 7; *BAGE* 100, 52, 58 = NZA 2002, 731.

4. Protokollierung

6 Die Aussage der Partei[6] ist gemäß §160 Abs. 3 Nr. 4 zu protokollieren, → §160 Rdnr. 19ff. Die Parteien können auf die Protokollierung nicht im voraus verzichten, doch kann der in der unterlassenen Protokollierung liegende Verfahrensfehler durch nachträglichen Verzicht bzw. Nichtrüge (§295) bei hinreichender Feststellung im Urteilstatbestand **geheilt** werden[7], → §160 Rdnr. 22, → §295 Rdnr. 11 (21. Aufl.). Nach §161 Abs. 1 Nr. 1 kann die Protokollierung unterbleiben, wenn das Urteil nicht der Berufung oder Revision unterliegt. Dann muß aber der *wesentliche Inhalt* der Aussage in das *Urteil* aufgenommen werden[8]. Zur Protokollierung des *persönlichen Eindrucks* → §453 Rdnr. 2.

II. Nicht anwendbare Vorschriften

Keine Anwendung finden folgende Vorschriften:

1. Ladung; keine schriftliche Ausage

7 §377. Die Ladung ist in §450 Abs. 1 abweichend von §377 Abs. 1, 2 geregelt. Eine **schriftliche Äußerung** entsprechend §377 Abs. 3 ist bei der Parteivernehmung ausgeschlossen[9].

2. Keine Vorschußpflicht

8 Eine Vorschußpflicht des Beweisführers nach §379 kommt nicht in Frage, da die Partei keinen Anspruch auf Entschädigung gegen die Staatskasse nach §401 hat, → Rdnr. 16.

3. Keine Zwangsmittel

9 Zwangsmittel zur Erzwingung des Erscheinens, §§380f., sind nicht zulässig, → §454 Rdnr. 1; s. aber wegen der Vernehmung im **Eheprozeß** §613 Abs. 2.

4. Mitglieder der Bundesregierung

10 Die Vorschriften über die Vernehmung von Mitgliedern der Bundesregierung usw. an ihrem Amtssitz oder Aufenthaltsort, §382, gelten hier nicht. Maßgebend sind insoweit nur die Vorschriften des §375 Abs. 1 Nr. 2, 3.

5. Zeugnisverweigerungsrechte

11 Die §§383 bis 389 über das Zeugnisverweigerungsrecht sind nicht anwendbar, da eine Aussagepflicht für die Partei ohnehin nicht besteht, §453 Rdnr. 5.

---

[6] Vgl. *BGH* NJW 1951, 110 = LM §141 Nr. 2 = LM §1 HaftpflichtG Nr. 2; *RGZ* 149, 63 (nur die Parteiaussage, nicht auch die Äußerung bei einer Anhörung nach §§137, 141 ist zu protokollieren).

[7] *BVerwG* NVwZ 1986, 748; NJW 1988, 579.

[8] Näher → §161 Rdnr. 9, → §313 Rdnr. 42 mit Nachw. (21. Aufl.); ferner *BGH* VersR 1965, 1075 = VRS 29 (1965), 347.

[9] *BGH* NJW 2001, 1500, 1502.

6. Beeidigung

12 Die Beeidigung, §§391 bis 393, ist in §452 besonders geregelt. Zu §393 → §452 Rdnr. 15. Zur Zulässigkeit der gleichzeitigen Beeidigung mehrerer Personen → §481 Rdnr. 11.

7. Vernehmung

13 Die entsprechende Anwendung des §394 Abs. 1 (Einzelvernehmung) scheidet auch bei der Vernehmung beider Parteien (§448) angesichts des Grundsatzes der Parteiöffentlichkeit (§357 Abs. 1) aus. Ebenso wenig gilt §394 Abs. 1 im Verhältnis zu Zeugen; die zu vernehmende Partei braucht also nicht bei der Vernehmung von Zeugen abwesend zu sein bzw. vor diesen vernommen zu werden[10].

8. Glaubwürdigkeitsfragen

14 §395 Abs. 2 S. 2 ist nicht für anwendbar erklärt. Dies leuchtet insofern ein, als Fragen nach den Beziehungen zu den Parteien nicht in Betracht kommen. Im übrigen sollte man aber trotz der Nichterwähnung des §395 Abs. 2 in §451 Glaubwürdigkeitsfragen für **zulässig** halten[11]. Wenn das Gericht die Aussage frei würdigen soll, muß es auch berechtigt sein, nach Umständen zu fragen, die für die Beweiswürdigung relevant sind. Es kann auch danach gefragt werden, woher die Partei das Wissen über die Tatsachen hat; denn dies ist Bestandteil der Aussage.

9. Rücknahme des Antrags

15 Die §§399, 400 gelten bei der Parteivernehmung nicht. Zu §401 → Rdnr. 16. Der Antrag auf Parteivernehmung kann jedoch zurückgenommen werden, näher → §445 Rdnr. 36. Daß §399 nicht entsprechend anwendbar ist, steht dem nicht entgegen, vielmehr folgt daraus nur, daß die Rücknahme des Antrags nicht dem Gegner das Recht gibt, entgegen §445 seine eigene Vernehmung zu beantragen[12].

III. Anspruch auf Entschädigung

16 Einen **Anspruch auf Entschädigung** wegen Zeitversäumnis und auf Erstattung von Reisekosten (entsprechend §401) hat die vernommene Partei gegen die Staatskasse **nicht,** auch nicht, wenn ihr Prozeßkostenhilfe bewilligt wurde. Wohl aber kann einer **mittellosen Partei,** gleichviel ob ihr Prozeßkostenhilfe bewilligt wurde oder nicht, Reiseentschädigung[13] gewährt werden; diese Zuwendungen gehören dann zu den gerichtlichen Auslagen, GKG KV Nr. 9008 Ziff. 2.

17 Im Verhältnis zu dem **erstattungspflichtigen Gegner** gehören die Aufwendungen für die durch die Wahrnehmung des Vernehmungstermins entstandene Zeitversäumnis und die Reisekosten stets zu den **notwendigen Kosten** i.S. des §91 Abs. 1 S. 2, dazu → §91 Rdnr. 91.

---

[10] Vgl. *RAG* ArbRS 31 (1938), 291.

[11] *Baumbach/Lauterbach/Hartmann*[63] Rdnr. 3; *Zöller/Greger*[25] Rdnr. 1; *Musielak/Huber*[4] Rdnr. 1. – A.M. *Wieczorek*[2] B II a; Voraufl. dieses Komm. Rdnr. 15.

[12] *Leipold* Anm. zu BAG AP Nr. 1.

[13] Nach Maßgabe der bundeseinheitlich erlassenen Justizverwaltungsvorschriften, z.B. BayJMBl 1977, 199; für Baden-Württemberg Justiz 1988, 409; mit weiteren Fundstellen abgedruckt bei *Hartmann* Kostengesetze[35] Anhang I nach §25 JVEG.

§ 452 Beeidigung der Partei

(1) [1]Reicht das Ergebnis der unbeeidigten Aussage einer Partei nicht aus, um das Gericht von der Wahrheit oder Unwahrheit der zu erweisenden Tatsache zu überzeugen, so kann es anordnen, dass die Partei ihre Aussage zu beeidigen habe. [2]Waren beide Parteien vernommen, so kann die Beeidigung der Aussage über dieselben Tatsachen nur von einer Partei gefordert werden.

(2) Die Eidesnorm geht dahin, dass die Partei nach bestem Wissen die reine Wahrheit gesagt und nichts verschwiegen habe.

(3) Der Gegner kann auf die Beeidigung verzichten.

(4) Die Beeidigung einer Partei, die wegen wissentlicher Verletzung der Eidespflicht rechtskräftig verurteilt ist, ist unzulässig.

Gesetzesgeschichte: Bis 1900 § 417 CPO. Geändert durch die Novelle 1933 (→ vor § 445 Rdnr. 1).

I. Beeidigung der Partei

1 Die Frage der **Beeidigung der Parteiaussage** ist ebenso wie beim Zeugenbeweis in das pflichtgemäße **Ermessen des Prozeßgerichts** gestellt[1]; zur Nachprüfung → Rdnr. 11.

1. Grundsatz

2 Wenn in § 452 Abs. 1 S. 1 die Anordnung der Beeidigung lediglich davon abhängig gemacht ist, ob die unbeeidigte Parteiaussage hinreichende **Überzeugungskraft** für das Gericht besitzt oder nicht, und im Gegensatz zu § 391 die **Bedeutung** der Aussage daneben nicht erwähnt ist, so liegt darin keine bewußte sachliche Abweichung; denn die Erwägungen, die das Gericht bei der Zeugen- und der Parteiaussage anzustellen hat, sind inhaltlich die gleichen. Ebenso wie im Fall des § 391 (→ § 391 Rdnr. 3) hat daher das Gericht neben dem Gesichtspunkt der

[1] Ebenso *BGH* LM Nr. 1 = MDR 1964, 490 = FamRZ 1964, 250; *Zöller/Greger*[25] Rdnr. 2; *MünchKommZPO/Schreiber*[2] Rdnr. 1. – A.M. *E. Peters* Richterliche Hinweispflichten und Beweisinitiativen im Zivilprozeß (1983), 149 (der Richter sei zur Anordnung der Beeidigung verpflichtet, wenn die Voraussetzungen vorliegen).

Glaubwürdigkeit auch zu berücksichtigen, ob der *Gegenpartei*, zu deren Ungunsten die Aussage lautete, *zugemutet* werden kann, auf Grund der uneidlichen Aussage das Unterliegen im Prozeß hinzunehmen. Das Gericht muß sich dabei vor Augen halten, daß die Anerkennung der Glaubwürdigkeit der einen Partei bei sich widersprechenden Darstellungen desselben Vorgangs die Verneinung der Glaubwürdigkeit des Gegners enthält und die Beeidigung das eindrucksvollste Mittel ist, um der einen Darstellung gegenüber der anderen in sichtbarer Form das stärkere Gewicht zu verleihen.

3 Zu bedenken ist auch, daß eine vorsätzlich oder fahrlässig falsche Parteiaussage **nur bei Beeidigung unter Strafe** steht (§§153, 154, 163 StGB) und daß (abgesehen von §580 Nr. 4, sofern ein Prozeßbetrug vorliegt) nur die spätere Aufdeckung einer *beeidigten* Falschaussage eine Restitutionsklage begründen kann (§580 Nr. 1).

2. Ermessen des Gerichts

4 Für das **Ermessen** des Gerichts ist in erster Linie wesentlich, ob die Partei zu ihren *Gunsten* oder *Ungunsten* ausgesagt hat. Hat sie im Fall des §445 die in ihr Wissen gestellte gegnerische Behauptung bestätigt oder im Fall des §448 die ihr günstige Darstellung nicht bestätigt, so besteht *kein Anlaß* zur Beeidigung. Dasselbe gilt, wenn die Partei über eine ihr günstige Tatsache keine bestimmten Angaben gemacht hat. Grundsätzlich anders ist es dagegen, wenn die Partei eine *ihr günstige Tatsache bejaht* bzw. eine *ihr ungünstige Tatsache verneint* oder sich über eine solche mit *Nichtwissen* geäußert hat, obwohl ein bestimmtes Wissen nach Lage der Verhältnisse zu erwarten gewesen wäre. In derartigen Fällen steht die Aussage der Partei mit derjenigen eines am Ausgang des Rechtsstreits interessierten Zeugen auf gleicher Stufe, → §391 Rdnr. 10.

5 Die Beeidigung kann angebracht sein, wenn das Gericht bereits weitgehend von dem inneren Beweiswert der Aussage überzeugt ist und die Beeidigung somit den Zweck hat, den Beweiswert zur vervollständigen und der Aussage *im Verhältnis zum Gegner* Gewicht zu verleihen. Die Beeidigung kommt aber auch dann in Betracht, wenn das Gericht an der Glaubwürdigkeit Zweifel hat und die Partei durch die Verpflichtung zur Eidesleistung zur sorgfältigen Erforschung ihres Erinnerungsvermögens und zur wahrheitsgemäßen, gegebenenfalls korrigierten Aussage anhalten will[2]. Wenn allerdings das Gericht von der Unglaubwürdigkeit bereits überzeugt ist und eine Änderung der Aussage für ausgeschlossen hält, so kann von der Eidesleistung ebenso wie beim Zeugen (→ §391 Rdnr. 9) abgesehen werden.

Zur Beeidigung in **Ehesachen** → §613 Rdnr. 10 (21. Aufl.).

3. Keine Beeidigung beider Parteien

6 Dem Ermessen des Gerichts ist nur insoweit eine Schranke gezogen, als es nach Abs. 1 S. 2 im Fall der **Vernehmung beider Parteien** (§448) zur Vermeidung einander widersprechender Eide nur die **eine** beeiden darf. Bei übereinstimmenden Aussagen greift Abs. 1 S. 2 seinem Zweck nach nicht ein[3], doch wird in einem solchen Fall die Beeidigung ohnehin regelmäßig entbehrlich sein. Im übrigen muß das Gericht die gegenüberstehenden Aussagen auf ihren inneren Beweiswert, größere oder geringere Wahrscheinlichkeit der Darstellung und größere oder geringere persönliche Glaubwürdigkeit (vermutlich bessere Erinnerung usw.) genau prü-

---

[2] *BGH* LM Nr. 1 = MDR 1964, 490 (im konkreten Fall wurde aus dem Fehlen dieser Erwägung in den Urteilsgründen ein Ermessensfehler entnommen); *OLG Koblenz* NJW-RR 2002, 630..

[3] *OLG Düsseldorf* NStZ-RR 1996, 137, 138.

fen und abwägen. Der Gesichtspunkt der *Beweislast* ist auch hier nicht entscheidend, → §448 Rdnr. 18; → aber §448 Rdnr. 10[4].

7 Hat eine Partei die **Eidesleistung verweigert,** so kann die Beeidigung der anderen angeordnet werden[5]. Eine Vereidigung beider Parteien unter Verstoß gegen Abs. 1 S. 2 steht einer Bestrafung wegen Meineids nicht entgegen[6].

4. Zeitpunkt der Entscheidung

8 Grundsätzlich ist die Entschließung über die Beeidigung **nach Abschluß der Vernehmung** zu treffen. Das Gericht kann aber in den Ausnahmefällen, in denen die Parteivernehmung durch einen beauftragten oder ersuchten Richter stattzufinden hat, §451 mit §375, zur Vermeidung wiederholter Ersuchen sofort die eidliche Vernehmung anordnen. Im einzelnen → §391 Rdnr. 15f.; → auch Rdnr. 12ff.

5. Beschränkung auf wesentliche Punkte

9 Ebenso wie bei der Zeugenaussage ist es auch hier zulässig und vielfach zweckmäßig, die **Beeidigung auf die wesentlichen Punkte der Aussage zu beschränken,** dazu → §391 Rdnr. 18.

6. Verzicht

10 Der **Verzicht** des Gegners auf die Beeidigung bindet das Gericht in demselben Umfang wie beim Zeugenbeweis, dazu → §391 Rdnr. 19. Wegen der Ausnahme in *Ehesachen* → §617.

7. Nachprüfung

11 Das Gericht hat die Frage der Beeidigung stets *von Amts wegen* zu prüfen. Das Ermessen des Gerichts erster Instanz unterliegt der **Nachprüfung** des Berufungsgerichts, derjenigen des Revisionsgerichts jedoch, wie sonst, nur unter dem Gesichtspunkt, ob sich das Berufungsgericht seiner Prüfungsbefugnisse und der Grenzen seines Ermessens bewußt gewesen ist[7].

II. Verfahren

1. Anordnung

12 Die **Anordnung der Beeidigung** der Partei stellt sachlich eine Ergänzung des Beweisbeschlusses dar. Hat die Vernehmung vor dem Prozeßgericht in Anwesenheit der Gegenpartei stattgefunden, so ist den Parteien zunächst Gelegenheit zu geben, über die Frage der Beeidigung mündlich zu verhandeln. Ist der Gegner in dem Termin nicht vertreten, so kann die Anordnung entsprechend §360 **auch ohne mündliche Verhandlung** ergehen, → §391 Rdnr. 14.

---

[4] S. hierzu *Krönig* MDR 1949, 735.

[5] *ArbG Marburg* AP §448 Nr. 2 = BB 1965, 988 (LS). – A.M. *Wieczorek*[2] A II b 3.

[6] *OLG Düsseldorf* NStZ-RR 1996, 137.

[7] Vgl. auch *RG* JW 1937, 233. Recht weitgehend die Überprüfung durch *BGH* LM Nr. 1 (Fn. 2). → auch §448 Rdnr. 37ff.

2. Eidesnorm, Eidesleistung

13 Die **Eidesnorm** entspricht derjenigen beim Zeugeneid, §392 S.3. Aus §452 ergibt sich, daß der Eid nur als **Nacheid** abgenommen werden darf. Zur Leistung des Eides → §478ff. Der Eid kann mit oder ohne religiöse Beteuerung geleistet werden (näher → §481) oder durch die Bekräftigung gemäß §484 ersetzt werden.

3. Keine Eidespflicht

14 Eine **Pflicht zur Leistung des Eides** besteht **nicht.** Zur Würdigung der Eidesverweigerung, die der Aussageverweigerung gleichzustellen ist, → §453 Rdnr.5.

III. Unzulässigkeit der Beeidigung

1. Rechtskräftige Verurteilung wegen Verletzung der Eidespflicht

15 Der immer noch im Gesetz enthaltene Abs.4 erklärt die Beeidigung einer Partei für unzulässig, die **wegen wissentlicher Verletzung der Eidespflicht rechtskräftig verurteilt** ist[8]. Beim Zeugenbeweis gibt es, seit §161 StGB (Eidesunfähigkeit als strafrechtliche Nebenfolge) im Jahre 1969 aufgehoben wurde, kein derartiges Eidesverbot mehr, näher zur Aufhebung des §393 Nr.2 → §393 Rdnr.1. Dagegen ist Abs.4 vom Gesetzgeber vermutlich übersehen worden; sonst hätte er diese Bestimmung ebenfalls ausdrücklich aufgehoben. Da aber Abs.4 nur die für Zeugen und Sachverständige geltende Eidesunfähigkeit auf die Parteivernehmung ausdehnte, ist die Vorschrift mit der Aufhebung des §161 StGB und des §393 Nr.2 ebenfalls als **aufgehoben** bzw. **obsolet** geworden zu betrachten[9].

2. Eidesmündigkeit

16 Für die Parteivernehmung fehlt, da §451 hierauf nicht Bezug nimmt, eine dem §393 (Eidesmündigkeit des Zeugen) entsprechende Vorschrift. Praktisch bedeutet dies jedoch kaum einen Unterschied.

a) Mangelnde Verstandesreife oder Verstandesschwäche

17 Es wäre ein Ermessensfehler, wenn das Gericht eine Partei beeidigen würde, von der es annimmt, daß sie wegen mangelnder Verstandesreife oder wegen Verstandesschwäche von dem Wesen und der Bedeutung des Eides keine genügende Vorstellung hat. Zumeist wird in diesen Fällen Prozeßunfähigkeit gegeben sein und daher nach §455 Abs.1 ohnehin nicht die Partei, sondern deren gesetzlicher Vertreter als Partei zu vernehmen sein.

---

[8] Es kam hier lediglich die Verurteilung wegen Meineids oder falscher eidesgleicher Bekräftigung (§§154, 155 StGB) in Betracht. – A.M. *RGZ* 46, 395, das auch die Verurteilung wegen eines Unternehmens der Verleitung zum Meineid (jetzt §160 StGB) einbezog; *Wieczorek*[2] A I b; *Baumbach/Lauterbach/Hartmann*[63] Rdnr.9; *Zöller/Greger*[25] Rdnr.3. Dem Wortlaut des §452 Abs.4 wurde man besser gerecht, wenn man einen Verstoß gegen die *eigene* Eidespflicht verlangte; dann schieden die Fälle der (erfolgreichen oder erfolglosen) Anstiftung aus. Bei der Abgabe einer falschen eidesstattlichen Versicherung (§156 StGB) liegt keine Verletzung der *Eidespflicht* vor, weil ja gerade kein Eid geleistet wird. Dies wird von *Baumbach/Lauterbach/Hartmann*[63] Rdnr.9; *Zöller/Greger*[25] Rdnr.3 nicht beachtet.

[9] Für Weiteranwendbarkeit aber *Zöller/Greger*[25] Rdnr.3; *MünchKommZPO/Schreiber*[2] Rdnr.3; *Baumbach/Lauterbach/Hartmann*[63] Rdnr.9; *Thomas/Putzo/Reichold*[26] Rdnr.5; *Musielak/Huber*[4] Rdnr.3.

b) Prozeßfähige Minderjährige als Partei

18 Soweit ein Minderjähriger in den Fällen der §§ 112, 113 BGB partiell geschäftsfähig und damit in diesem Bereich auch prozeßfähig ist (→ § 52 Rdnr. 4ff.), ist er selbst, nicht sein gesetzlicher Vertreter, als Partei zu vernehmen, → § 455 Rdnr. 13. Insoweit folgt aus dem **Fehlen einer bestimmten Altersgrenze für die Eidesfähigkeit,** daß das Gericht **jede prozeßfähige Partei,** also auch den Minderjährigen unter 16 Jahren, beeidigen kann[10]. Die pflichtgemäße Ausübung des Ermessens wird aber hier regelmäßig zum Absehen von der Beeidigung führen.

c) Nicht prozeßfähige Minderjährige als Partei

19 Soweit eine **nicht prozeßfähige, über 16 Jahre alte Partei** nach Maßgabe des § 455 Abs. 2 S. 1 als Partei vernommen wird, kann sie nach der genannten ausdrücklichen Vorschrift auch beeidigt werden. Ob dies angemessen ist, hat das Gericht nach seinem pflichtgemäßen Ermessen zu beurteilen.

§ 453 Beweiswürdigung bei Parteivernehmung

(1) Das Gericht hat die Aussage der Partei nach § 286 frei zu würdigen.
(2) Verweigert die Partei die Aussage oder den Eid, so gilt § 446 entsprechend.

Gesetzesgeschichte: Bis 1900 § 418 CPO. Geändert durch die Novelle 1933 (→ vor § 445 Rdnr. 1).

I. Würdigung der Aussage

1 Die Aussage der Partei, gleichviel ob sie uneidlich oder nach § 452 eidlich erfolgt ist, unterliegt wie alle sonstigen Beweismittel der **freien Würdigung** des Prozeßgerichts. Im *Fortfall der formellen Beweisregeln*, denen der ehemalige Parteieid unterstellt war (§§ 463f. a.F.), lag eine der wesentlichsten Änderungen der Novelle 1933. Lediglich aus diesem Grund ist in § 453 der Grundsatz des § 286 für die Parteivernehmung wiederholt worden; sachlich handelt es sich nur um eine Klarstellung.

2 Da das erkennende Gericht **persönliche Eindrücke** nur insoweit verwerten kann, als es sie selbst gewonnen hat, muß die Parteivernehmung grundsätzlich vor dem Kollegium, nicht vor dem Vorsitzenden der Kammer für Handelssachen oder dem vorbereitenden Einzelrichter in der Berufungsinstanz, stattfinden, → § 450 Rdnr. 3f. Ist ein **Richterwechsel** eingetreten, so können die Aussage und der persönliche Eindruck nur verwertet werden, wenn sie *im Protokoll festgehalten* sind[1]. Ist keine Protokollierung erfolgt oder kommt es bei der Würdigung der Glaubwürdigkeit auf den unmittelbaren Eindruck an, so ist die Parteivernehmung zu wiederholen. Zur Wiederholung in der Berufungsinstanz → § 451 Rdnr. 5 bei Fn. 5.

3 Hat die Beweisaufnahme ausnahmsweise vor dem **Vorsitzenden der Kammer für Handelssachen** oder dem **vorbereitenden Einzelrichter in der Berufungsinstanz** oder dem **beauftrag-**

[10] A.M. *Wieczorek*[2] A I b 1.
[1] *BGH* VersR 1958, 256.

ten oder ersuchten Richter (§451 mit §375) stattgefunden, so können persönliche Eindrücke des vernehmenden Richters nur insoweit verwertet werden, als sie im Protokoll niedergelegt sind; eine Verwertung der *persönlichen Erinnerung* des im Kollegium mitwirkenden Vorsitzenden bzw. Einzelrichters ist ausgeschlossen[2].

Im übrigen ist auf die allgemeinen Ausführungen bei §286 zu verweisen. 4

II. Die Aussageverweigerung und ihre Würdigung

Die **Partei** ist – im Gegensatz zum Zeugen – **weder zur Aussage noch zur Eidesleistung verpflichtet.** Zwangsmittel zur Erzwingung der Aussage oder der Eidesleistung sind nicht zulässig, auch nicht im Eheprozeß gegenüber der erschienenen Partei (§613 Abs.2 erlaubt nur Sanktionen gegen die nicht erschienene Partei, → §613 Rdnr.13 [21.Aufl.]). Die Verweigerung der Aussage bedeutet ebenso wie die schon vor der Vernehmung erklärte Ablehnung, sich vernehmen zu lassen, die Weigerung, durch Offenlegung des eigenen Wissens zur Aufklärung der streitigen Tatsachen beizutragen. Abs.2 stellt klar, daß das Gericht diese **Weigerung frei zu würdigen** hat. Dazu → §446 Rdnr.6ff., zur nachträglichen Bereiterklärung → §446 Rdnr.10. 5

Aus Abs.2 läßt sich entnehmen, daß die **Verweigerung der Eidesleistung** der Verweigerung der Aussage gleichzustellen (und gemäß §446 frei zu würdigen) ist. Das Gericht darf also nicht trotz der Eidesverweigerung die *Aussage* der Partei zu ihren Gunsten würdigen. 6

III. Das weitere Verfahren

Aus der subsidiären Stellung des Beweismittels der Parteivernehmung, → §445 Rdnr.12ff. und §448 Rdnr.5, folgt, daß der Rechtsstreit nach der Parteivernehmung in aller Regel zur **Endentscheidung** reif sein wird, sei es, daß das Gericht die streitige Behauptung als erwiesen oder widerlegt oder die beweispflichtige Partei nunmehr als beweisfällig erachtet. Rechtlich notwendig ist dies aber nicht. Das **Vorbringen weiterer Beweismittel** zu demselben Beweisthema ist nicht ausgeschlossen, wenn auch gerade in diesem Fall die Voraussetzungen für die *Zurückweisung* nach §296 Abs.2 häufig vorliegen werden und dann die Ausübung des Ermessens im Sinne der Zurückweisung in der Regel sachgemäß sein wird. Anders ist es, wenn z.B. im Fall des §448 der Gegner mit der Anordnung der Parteivernehmung nicht rechnen konnte und demgemäß vorher keinen Anlaß hatte, gegen die Glaubwürdigkeit der vernommenen Partei Einwendungen zu erheben und die dazu erforderlichen Beweise anzutreten. 7

§454 Ausbleiben der Partei

(1) Bleibt die Partei in dem zu ihrer Vernehmung oder Beeidigung bestimmten Termin aus, so entscheidet das Gericht unter Berücksichtigung aller Umstände, insbesondere auch etwaiger von der Partei für ihr Ausbleiben angegebener Gründe, nach freiem Ermessen, ob die Aussage als verweigert anzusehen ist.

(2) War der Termin zur Vernehmung oder Beeidigung der Partei vor dem Prozessgericht bestimmt, so ist im Fall ihres Ausbleibens, wenn nicht das Gericht die Anberaumung eines neuen Vernehmungstermins für geboten erachtet, zur Hauptsache zu verhandeln.

---

[2] Vgl. *RG* JW 1933, 2215 (zur Zeugenvernehmung durch den Einzelrichter früheren Rechts).

Gesetzesgeschichte: Bis 1900 §419 CPO. Geändert durch die Novelle 1933 (→ vor §445 Rdnr. 1).

I. Keine Erzwingung des Erscheinens zur Parteivernehmung; Unterschied zur Ladung nach §141

1 **Zwangsmittel,** um die Partei zum Erscheinen im Vernehmungstermin anzuhalten, sind im Gesetz – abgesehen vom Eheprozeß, §613 Abs. 2 (→ §613 Rdnr. 13 [21. Aufl.]) – **nicht vorgesehen,** da die Partei ihre Aussage ohne weiteres verweigern kann, → §453 Rdnr. 5. Dagegen ist bei der Anordnung des *persönlichen Erscheinens zur Aufklärung des Sachverhalts* nach §141 eine Befugnis zur Festsetzung von Ordnungsgeld vorgesehen. Darin liegt keine Unstimmigkeit; der grundsätzliche Unterschied zwischen beiden Fällen besteht darin, daß es im Fall des §141 nicht um eine als Beweismittel dienende Aussage, sondern um eine nähere Darlegung der Parteibehauptungen geht. Diese kann das Gericht von der den Rechtsschutz begehrenden Partei verlangen und erforderlichenfalls auch durch Ordnungsgeld erzwingen. – Zur **Verzögerungsgebühr** nach §38 GKG → Rdnr. 9.

2 §454 setzt voraus, daß die Parteivernehmung angeordnet ist, gilt dagegen nicht bei Ladung zur persönlichen Anhörung nach §141. Das schließt aber nicht aus, auch dort aus dem unentschuldigten Ausbleiben im Rahmen der Beweiswürdigung Schlüsse zum Nachteil der Partei zu ziehen (→ §141 Rdnr. 48). Auch die allgemeinen Grundsätze über die Beweisvereitelung (→ §286 Rdnr. 121ff. [21. Aufl.]) können zu Rechtsfolgen zum Nachteil der ausgebliebenen Partei führen, so z.B. wenn aufgrund des Nichterscheines der nach §141 geladenen Partei ein Zeuge nicht bekräftigen konnte, daß er die Partei persönlich wieder erkenne[1].

II. Voraussetzungen des Ausbleibens

3 §454 setzt voraus, daß die zu vernehmende Partei (im Fall des §449 der zu vernehmende *Streitgenosse*, im Fall des §455 Abs. 1 der zu vernehmende *gesetzliche Vertreter*, im Fall des §455 Abs. 2 die zu vernehmende *prozeßunfähige Partei*) **nicht erscheint** (→ vor §330 Rdnr. 6ff.) auch wenn ein zur Verhandlung legitimierter Prozeßbevollmächtigter oder (im Fall des §455 Abs. 2) gesetzlicher Vertreter anwesend ist. Es kommt auf das persönliche Erscheinen der Partei an, das nicht durch eine schriftliche Stellungnahme ersetzt werden kann[2]. Bleibt ein **notwendiger Streitgenosse,** dessen Vernehmung angeordnet wurde, im Termin aus, so ändert die Anwesenheit eines anderen notwendigen Streitgenossen nichts an der Säumnis

---

[1] *LAG Berlin* LAGE §286 ZPO 2002 Nr. 2.
[2] *BGH* NJW 2001, 1500, 1502.

im Sinne des §454. Die Wirkung des §62 bezieht sich nur auf die Wahrnehmung des Termins, nicht auf die Parteiaussage.

4 Wenn die Partei erscheint, aber **nicht aussagt,** so liegt keine Säumnis, sondern eine Aussageverweigerung (§453 Abs.2) vor. Der **Termin** muß *zur Parteivernehmung bestimmt* sein; war das persönliche Erscheinen der Partei zur Aufklärung des Sachverhalts nach §141 oder §273 Abs.2 Nr.3 angeordnet, so genügt das nicht. Ferner ist erforderlich, daß die Partei selbst von Amts wegen **ordnungsgemäß geladen** (näher → §450 Rdnr.6)) oder der Vernehmungstermin im vorausgegangenen Verhandlungstermin in persönlicher Anwesenheit der Partei bekannt gegeben wurde (§450 Abs.1 S.2). Ist die zu vernehmende Person trotz unterbliebener oder mangelhafter persönlicher Ladung im Termin erschienen, so ist der Mangel unerheblich.

5 Ist die zu vernehmende Partei erschienen, aber der **Gegner** oder sein Anwalt **ausgeblieben,** so ist nach §367 Abs.1 zu verfahren.

III. Rechtsfolgen des Ausbleibens

1. Würdigung nach freiem Ermessen

6 Liegen die → Rdnr.3f. dargelegten Voraussetzungen vor, so entscheidet nach Abs.1 das Gericht unter Berücksichtigung aller Umstände, insbesondere auch etwaiger von der Partei für ihr Ausbleiben angegebener Gründe, **nach freiem Ermessen, ob die Aussage als verweigert anzusehen ist**[3]. Wird das bejaht, so tritt nach §453 Abs.2 i.V.m. §446 die weitere Würdigung hinzu, welche *Schlüsse aus der Weigerung* für das Beweisthema zu ziehen sind, → näher §446 Rdnr.6ff. sowie (bei Streitgenossenschaft) → §449 Rdnr.6.

7 Aus der Doppelstellung der Partei im Beweisverfahren als Beweisperson und als Prozeßsubjekt folgt, daß sie die **Gründe für ihr Ausbleiben** sowohl (ebenso wie der Zeuge) persönlich als auch durch ihren Prozeßbevollmächtigten vorbringen kann. Der **Anwaltszwang** gilt also insoweit **nicht.**

8 **Die Würdigung** erstreckt sich darauf, ob aus dem Nichterscheinen Schlüsse auf den **Willen** gezogen werden können, **nicht als Partei auszusagen.** Aus der bloßen Tatsache des *erstmaligen* Ausbleibens wird dieser Schluß im allgemeinen noch nicht gezogen werden können[4]. Ebenso wird das Gericht, wenn es einen von der Partei vorgebrachten Entschuldigungsgrund (z.B. anderweitige Inanspruchnahme, Erholungsreise) als nicht stichhaltig anerkennt, auf eine Weigerung nur schließen können, wenn es seine Auffassung über die Nichtstichhaltigkeit des Grundes durch Ablehnung eines Gesuches um Terminsverlegung, bei der Erörterung über den Terminstag in der mündlichen Verhandlung oder in anderer Weise der Partei gegenüber bereits zum Ausdruck gebracht hat. Ist eine Partei trotz Ladung zu mehreren Terminen unter Angabe jeweils neuer Verhinderungsgründe nicht erschienen und hat das Gericht auf die beabsichtigte Anwendung des §454 hingewiesen, so darf bei erneutem Ausbleiben ohne Ermessensfehler von einer Verweigerung der Aussage ausgegangen werden[5].

2. Sanktionen, Kosten

9 Das Nichterscheinen zieht **keine Straf- oder Ordnungsgeldfolgen** nach sich. Das Gericht darf, wenn die Partei ohne einen als berechtigt anzuerkennenden Grund im Vernehmungstermin ausgeblieben ist und um einen **neuen Termin** nachsucht oder sich bei der nächsten Verhandlung zur Vernehmung bereit erklärt, diese nicht unter dem Gesichtspunkt der Verwir-

---

[3] *BGH* NJW 2001, 1500, 1501.
[4] Anders im konkreten Fall *LG Kiel* SchlHA 1977, 117.
[5] *BGH* NJW 2001, 1500, 1502.

kung ablehnen. Die Partei ist aber, wenn sie schuldhaft gehandelt hat, im Endurteil[6] nach §95 mit den **Kosten des vergeblichen Termins,** z.B. mit den Reisekosten der Gegenpartei, zu belasten; ebenso kann im Fall des Verschuldens gegen sie die **Verzögerungsgebühr** nach §38 GKG beschlossen werden[7]. Dem steht nicht entgegen, daß die Partei weder zum Erscheinen noch zur Aussage verpflichtet ist. Es kann aber von ihr erwartet werden, daß sie ihren Entschluß, nicht zu erscheinen, rechtzeitig mitteilt, damit Mehrkosten durch einen vergeblichen Termin vermieden werden können.

3. Ausbleiben in weiterem Termin

10 Auch das **Ausbleiben in einem zweiten zur Vernehmung bestimmten Termin** ist frei zu würdigen. Das Gericht wird aber eine wiederholte Säumnis weit eher im Sinne einer Weigerung würdigen als die erste.

4. Zeitpunkt der Würdigung

11 Die dem Gericht in §454 zugewiesene Würdigung ist zunächst nur *vorläufig* in dem Sinn, daß es sich darüber schlüssig werden muß, ob es einen neuen Vernehmungstermin bestimmen oder zur Hauptsache verhandeln will. Die **endgültige Würdigung** des Ausbleibens als Weigerung erfolgt erst **in den Gründen der Endentscheidung,** wobei keine Bindung an eine vorher geäußerte Auffassung besteht.

IV. Verfahren vor dem Prozeßgericht

12 War der **Termin zur Vernehmung vor dem Prozeßgericht** bestimmt, so ist zu unterscheiden:

1. Ausbleiben der Partei, Erscheinen des Prozeßbevollmächtigten

13 Ist die zu vernehmende Partei ausgeblieben, ihr Prozeßbevollmächtigter aber erschienen, so wird das Gericht zumeist aus den Erklärungen des Prozeßbevollmächtigten Aufschlüsse über den Grund des Ausbleibens erhalten. Ergeben sich, zumal wenn der Prozeßbevollmächtigte durch das Ausbleiben ebenfalls überrascht ist, keine Anhaltspunkte für ein absichtliches Fernbleiben, so hat das Gericht nach §368 einen **neuen Vernehmungstermin** zu bestimmen. Andernfalls ist gemäß Abs.2 **zur Hauptsache zu verhandeln**, ohne daß es eines dahingehenden Antrags bedürfte. Im weiteren Verlauf des Prozesses kann ein neuer Vernehmungstermin bestimmt werden, → Rdnr.9.

14 Würdigt das Gericht das Ausbleiben als Aussageverweigerung und erachtet deshalb den Rechtsstreit zum Erlaß einer **Endentscheidung** für reif, rechnet es aber andererseits noch mit der Möglichkeit einer nachträglichen stichhaltigen Aufklärung des Ausbleibens, so ist zweckmäßig ein **Verkündungstermin** zu bestimmen. Geht bis zu dem Verkündungstermin eine Erklärung der ausgebliebenen Partei ein, die eine Würdigung des Ausbleibens im Sinne der Aussageverweigerung als nicht gerechtfertigt erscheinen läßt, so ist in dem Termin lediglich eine **neue Terminsbestimmung für die Parteivernehmung** zu verkünden. Daß das Gericht eine solche nachträgliche Erklärung berücksichtigen darf und zu berücksichtigen hat, ergibt sich dar-

[6] Die Auferlegung der durch das Ausbleiben verursachten Kosten durch Beschluß ist nicht zulässig, *OLG Oldenburg* Rpfleger 1965, 316 = NdsRpfl 1965, 82 (Beschwerde gegen einen solchen Beschluß ist statthaft), → auch §91 Rdnr.9.

[7] Ebenso *OLG Oldenburg* Rpfleger 1965, 316 (Fn.6); *Baumbach/Lauterbach/Hartmann*[63] Rdnr.4. – A.M. *MünchKommZPO/Schreiber*[2] Rdnr.1; *Zöller/Greger*[25] Rdnr.8; *Musielak/Huber*[4] Rdnr.4.

aus, daß es sich hier nicht um ein nachträgliches schriftsätzliches Prozeßvorbringen, sondern um eine Erklärung der Partei in ihrer Eigenschaft als Beweisperson handelt. Ist in Würdigung des Ausbleibens als Aussageverweigerung die **Entscheidung ergangen,** so kann die Partei diese Würdigung nur mit der **Berufung** gegen das Endurteil angreifen, und mit der **Revision** nur insoweit, als das Gericht die Grenzen seiner Würdigung verkannt hat (etwa, wenn es geglaubt hat, das Ausbleiben grundsätzlich als Aussageverweigerung würdigen zu müssen).

2. Ausbleiben der Partei und des Prozeßbevollmächtigten

15 Ist (im amtsgerichtlichen Verfahren) die nicht durch einen Prozeßbevollmächtigten vertretene Partei oder ist neben der Partei auch ihr Prozeßbevollmächtigter ausgeblieben, so muß sich das Gericht zunächst darüber schlüssig werden, ob es einen neuen Vernehmungstermin bestimmen oder in die Verhandlung zur Hauptsache eintreten will.

16 a) Zur **Bestimmung eines neuen Vernehmungstermins** wird nur dann Anlaß bestehen, wenn das Gericht mit einer Aufklärung der Gründe des Fernbleibens im Sinne einer unverschuldeten Verhinderung rechnet. Bestimmt das Gericht einen neuen Vernehmungstermin, so ist, da das Beweisverfahren nunmehr noch nicht abgeschlossen ist (→ §370 Rdnr. 4), **für ein Versäumnisurteil kein Raum.** Da nicht in die Verhandlung eingetreten wird, kann kein Antrag auf Versäumnisurteil gestellt werden. Die Terminsbestimmung stellt daher (anders als im Fall des §337, → dort Rdnr. 11) keine Zurückweisung eines Antrags auf Versäumnisurteil dar; es findet **keine Beschwerde** dagegen statt.

17 b) Der Regelfall wird der **Eintritt in die Verhandlung** sein, wodurch dem Gegner die Möglichkeit eröffnet wird, gegen die ausgebliebene Partei ein Versäumnisurteil zu erwirken. Statt des Versäumnisurteils kann der erschienene Gegner nach §331a auch Entscheidung nach Aktenlage beantragen.

3. Erscheinen der Partei, Ausbleiben des Prozeßbevollmächtigten

18 Ist im Anwaltsprozeß die zu vernehmende Partei persönlich erschienen, ihr Anwalt aber ausgeblieben, so ist zunächst die Vernehmung nach §367 Abs. 1 durchzuführen. Nach deren Abschluß steht es dem Gegner frei, Versäumnisurteil oder Entscheidung nach Aktenlage zu beantragen, dazu → §367 sowie → §370 Rdnr. 7.

V. Verfahren vor dem beauftragten oder ersuchten Richter

19 Findet der **Vernehmungstermin** ausnahmsweise nach §375 Abs. 1 Nr. 1 oder 2 vor einem **beauftragten oder ersuchten Richter** statt, so ist das Ausbleiben der zu vernehmenden Partei im Protokoll festzustellen. Ob alsbald ein neuer Termin von Amts wegen zu bestimmen[8] oder ob zunächst eine Erklärung der Partei abzuwarten ist, steht im Ermessen des beauftragten oder ersuchten Richters. Jedenfalls wird der ersuchte Richter zur Vermeidung von Verzögerungen durch erneute Aktenübersendung gut daran tun, mit der Rücksendung der Akten an das Prozeßgericht einige Tage zu warten. Sucht die Partei nach Versäumung des ersten Vernehmungstermins vor Rücksendung der Akten um die Anberaumung eines neuen Termins nach, so wird der ersuchte Richter im allgemeinen keinen Anlaß haben, diesem Gesuch nicht zu entsprechen, → auch Rdnr. 9.

---

[8] Für Zulässigkeit der Bestimmung eines neuen Termins auch *Thomas/Putzo/Reichold*[26] Rdnr. 8. – A.M. *Baumbach/Lauterbach/Hartmann*[63] Rdnr. 4.

§455 Prozessunfähige

(1) [1]Ist eine Partei nicht prozessfähig, so ist vorbehaltlich der Vorschrift im Absatz 2 ihr gesetzlicher Vertreter zu vernehmen. [2]Sind mehrere gesetzliche Vertreter vorhanden, so gilt §449 entsprechend.

(2) [1]Minderjährige, die das sechzehnte Lebensjahr vollendet haben, können über Tatsachen, die in ihren eigenen Handlungen bestehen oder Gegenstand ihrer Wahrnehmung gewesen sind, vernommen und auch nach §452 beeidigt werden, wenn das Gericht dies nach den Umständen des Falles für angemessen erachtet. [2]Das Gleiche gilt von einer prozessfähigen Person, die in dem Rechtsstreit durch einen Betreuer oder Pfleger vertreten wird.

Gesetzesgeschichte: Bis 1900 §420 CPO. Geändert durch die Novelle 1933 (→ vor §445 Rdnr. 1) und durch das Adoptionsgesetz vom 2.7.1976 (BGBl. I 1749); Abs. 2 S. 1 und 2 geändert durch Art. 4 Betreuungsgesetz vom 12.9. 1990 (BGBl. I 2002).

I. Stellung der prozeßunfähigen Partei

1 Die **nicht prozeßfähigen Parteien** (→ §51 Rdnr. 11ff.) und diejenigen prozeßfähigen Parteien, die einen gesetzlichen Vertreter haben (→ §53 Rdnr. 1ff.), namentlich also diejenigen, die in dem Rechtsstreit **durch einen Betreuer oder Pfleger vertreten werden,** dürfen – vorbehaltlich der Ermächtigung in Abs. 2 – **nicht als Partei vernommen werden.** Dagegen ist ihre **Vernehmung als Zeugen zulässig**[1]. Dies gilt insbesondere für Minderjährige unter 16 Jahren. Von der Zeugenstellung ausgeschlossen sind nicht etwa alle Personen, die Partei *sind*, sondern nur jene, die im konkreten Prozeß *als Partei zu vernehmen sind*; näher → vor §373 Rdnr. 1ff., 4. Stellt also der Gegner eine Tatsache gerade in das Wissen der prozeßunfähigen Partei, so kann er ihre Vernehmung durch Antritt des Zeugenbeweises erreichen; ebenso kann sich der gesetzliche Vertreter auf das Zeugnis der von ihm vertretenen prozeßunfähigen Partei berufen. Welcher Beweiswert der Zeugenaussage beizumessen ist, ist eine andere Frage. Ein Mindestalter ist für die Zeugnisfähigkeit nicht erforderlich, → vor §373 Rdnr. 3. Wird ein **Antrag auf Parteivernehmung eines Minderjährigen** unter 16 Jahren gestellt, so ist zu prüfen, ob eine Auslegung als Antrag auf Zeugenvernehmung möglich ist; bei Unklarheit ist ein Hinweis nach §139 zu geben[2].

---

1 *BGH* NJW 1965, 2253 = JZ 1965, 725 = LM §373 Nr. 4; *KG* r+s (Recht und Schaden) 2000, 482. – Zur Zeugenvernehmung einer Partei unter 16 Jahren s. *Bertram* VersR 1965, 219. – Eine »informatorische Anhörung« – erwogen von *OVG Münster* FamRZ 1981, 699, 700 – ist nicht zulässig.

2 *OLG Hamm* OLGR 2003, 181.

II. Vernehmung des gesetzlichen Vertreters als Partei

2 Für die Parteivernehmung tritt grundsätzlich (→ aber Rdnr. 10ff.) der **gesetzliche Vertreter** des Prozeßunfähigen (→ §51 Rdnr. 22ff.) an dessen Stelle. Er kann daher **nicht als Zeuge** vernommen werden, näher → vor §373 Rdnr. 6f. Demgemäß sind in Prozessen einer Aktiengesellschaft, GmbH oder Genossenschaft der Vorstand bzw. die Geschäftsführer als Partei zu vernehmen, in Prozessen der Offenen Handelsgesellschaft, der Kommanditgesellschaft und der (Außen-)Gesellschaft Bürgerlichen Rechts, wenn man sie als parteifähiges Gebilde auffaßt (hinsichtlich der BGB-Gesellschaft a.M. *Bork* → §50 Rdnr. 23f.), die nach §§125f., 149f. HGB, §§709, 714 BGB zur Vertretung der Gesellschaft berufenen Gesellschafter oder Liquidatoren, nicht alle Gesellschafter (→ vor §373 Rdnr. 5).

3 Auch wenn man die genannten Gesellschaften als prozeßfähig ansieht (→ §51 Rdnr. 12 mit Fn. 14f.), ändet sich nichts; denn §455 Abs. 1 ist auch auf prozeßfähige Personen anzuwenden, die im Prozeß durch einen gesetzlichen Vertreter vertreten werden.

4 Der Ausschluß der gesetzlichen Vertreter von der Zeugenvernehmung ist problematisch, wenn andererseits die Voraussetzungen für eine Parteivernehmung nicht gegeben sind. Durch verfassungskonforme Auslegung des §448 kann aber einer sonst entstehenden Beweisnot abgeholfen werden, näher → §448 Rdnr. 28ff. Zur Abberufung eines gesetzlichen Vertreters, um zur Zeugenvernehmung zu gelangen, → Rdnr. 7.

5 **Insolvenzverwalter, Testamentsvollstrecker, Nachlaßverwalter** und **Zwangsverwalter** sind nach h.M. im Prozeß als **Partei kraft Amtes** zu betrachten und daher als Partei, der Insolvenzschuldner, Erbe usw. dagegen als Zeuge zu vernehmen. Sieht man die genannten Personen als gesetzliche Vertreter des Insolvenzschuldners, Erben usw. an (zum Meinungsstreit → vor §50 Rdnr. 27ff.), so sind diese Personen gleichwohl nach §455 Abs. 1 **als Partei** zu vernehmen. Der **Insolvenzschuldner, Erbe** usw. kann **als Zeuge** vernommen werden, da er nach dieser Ansicht in den vom Insolvenzverwalter usw. geführten Prozessen entsprechend §53 prozeßunfähig ist und daher von den Regeln über die Parteivernehmung nicht erfaßt wird, → Rdnr. 1. Es ergibt sich also das gleiche Ergebnis wie bei der Betrachtung des Insolvenzverwalters als Partei kraft Amtes, → vor §373 Rdnr. 5ff. mit Nachw.

6 Wer zu vernehmen ist, bestimmt sich nach dem **Zeitpunkt der Vernehmung.** Tritt zwischen dem Beweisantritt und der Vernehmung ein Wechsel in der Person des gesetzlichen Vertreters ein, so kann, wenn es dem Beweisführer gerade auf die Kenntnis des Ausgeschiedenen ankommt, dieser als Zeuge benannt werden. Die Parteivernehmung kann dann nach §450 Abs. 2 ausgesetzt werden.

7 Problematisch ist der zuweilen in der Praxis versuchte Ausweg, z.B. einen GmbH-Geschäftsführer kurzfristig abzuberufen, damit er als Zeuge vernommen werden kann; jedenfalls dann, wenn dieselbe Person gleich anschließend wieder Geschäftsführer werden soll, liegt es nahe, darin eine unzulässige Umgehung des §455 oder einen Rechtsmißbrauch zu sehen und an der Anwendung der Regeln über die Parteivernehmung festzuhalten[3].

8 Zur **irrtümlichen Vernehmung** des gesetzlichen Vertreters **als Zeuge statt als Partei** und zum **Offenlassen** der Frage, ob eine Person gesetzlicher Vertreter ist und daher als Partei vernommen wird, → vor §445 Rdnr. 13.

III. Mehrere gesetzliche Vertreter

9 Hat die prozeßunfähige Partei, namentlich eine juristische Person, Gesellschaft usw., **mehrere gesetzliche Vertreter** (§51 Rdnr. 27, 29), so gilt nach Abs. 1 S. 2 §449 entsprechend, d.h.

[3] So ausführlich *R. Schmitz* GmbHR 2000, 1140 unter Hinweis auf eine Entscheidung des *LG Münster*.

das **Gericht bestimmt,** ob es alle oder nur einzelne vernehmen will. Dies gilt auch bei **Gesamtvertretung**[4]. Das Gericht ist aber **an einen Parteiantrag gebunden,** wenn es sich um eine Parteivernehmung auf Antrag handelt und dieser auf die Vernehmung *bestimmter* gesetzlicher Vertreter gerichtet ist, → §449 Rdnr. 4. – Das Gericht ist bei der Auswahl nicht auf diejenigen der mehreren gesetzlichen Vertreter beschränkt, die in dem Prozeß auftreten, → vor §373 Rdnr. 7. Unter Abs. 1 S. 2 gehören auch die zur Geschäftsführung berechtigten Mitglieder der Offenen Handelsgesellschaft und ihre Liquidatoren. – Abs. 1 S. 2, §449 gelten entsprechend bei der **eidesstattlichen Offenbarungsversicherung**[5].

IV. Parteivernehmung trotz Prozeßunfähigkeit

1. Voraussetzungen

10 Nach Abs. 2 kann das Gericht in bestimmten Fällen der Prozeßunfähigkeit die gemäß §445 oder §447 beantragte oder gemäß §448 von Amts wegen erfolgende Parteivernehmung in der Weise vornehmen, daß die **prozeßunfähige Partei** statt des gesetzlichen Vertreters **selbst vernommen** wird. Das Ermessen des Gerichts, das an Parteianträge nicht gebunden ist, ist insofern eingeschränkt, als es sich um Tatsachen handeln muß, die in *eigenen Handlungen* der prozeßunfähigen Partei bestehen oder *Gegenstand ihrer Wahrnehmung* gewesen sind. Das Gericht hat bei der Ausübung des Ermessens zu berücksichtigen, um welche Tatsachen es sich im konkreten Fall handelt und ob dazu eine verwertbare Aussage der prozeßunfähigen Partei erwartet werden kann. Auch die **Beeidigung** der prozeßunfähigen Partei ist zulässig, soweit das Gericht sie für notwendig hält (→ §452 Rdnr. 1ff., 10).

2. Vernehmung neben dem gesetzlichen Vertreter

11 Dem Gericht ist es auch unbenommen, in den vorbezeichneten Fällen die Vernehmung des Minderjährigen usw. **neben der des gesetzlichen Vertreters** (als Partei) zu beschließen. Ebenso kann nach der Vernehmung der einen **nachträglich** die der anderen Person in Ergänzung des Beweisbeschlusses nach §360 beschlossen werden.

3. Von Abs. 2 erfaßter Personenkreis

Unter §455 Abs. 2 fallen:

12 **a)** Die prozeßunfähigen **Minderjährigen,** die das 16. Lebensjahr vollendet haben.

13 Minderjährige, aber partiell *prozeßfähige* Parteien (§§112, 113 BGB, → §52 Rdnr. 4ff.) fallen (wie sich aus §455 Abs. 1 S. 1 entnehmen läßt) *nicht* unter §455 Abs. 2; sie sind stets als Partei zu vernehmen. Zur Beeidigung → §452 Rdnr. 18.

14 **b)** Diejenigen an sich prozeßfähigen Personen, die im Rechtsstreit durch einen **Pfleger** oder **Betreuer** vertreten werden und daher für diesen Prozeß gemäß §53 als prozeßunfähig gelten (näher → §53 Rdnr. 1ff.).

15 Eine entsprechende Anwendung des Abs. 2 auf *andere prozeßunfähige Parteien* scheidet aus, da die Vorschrift bewußt auf ganz bestimmte Arten prozeßunfähiger Personen beschränkt ist. Zur partiellen Prozeßfähigkeit → Rdnr. 13.

---

[4] *LG Frankfurt* Rpfleger 1993, 502.

[5] *LG Frankfurt* Rpfleger 1993, 502; *LG Mainz* Rpfleger 2000, 283; *AG Wilhemshaven* DGVZ 2005, 13; näher → §807 Rdnr. 52.

V. Hinweise

16 Zur **Parteivernehmung über den Verbleib von Urkunden** → §426 Rdnr. 9. Zur **eidesstattlichen Versicherung über das Vermögen** usw. → §807 Rdnr. 51ff., §889 Rdnr. 12.

§§456 bis 477 [Aufgehoben]

Gesetzesgeschichte: Durch die Novelle 1933 (→ vor §445 Rdnr. 1) wurden die §§456 bis 477 aufgehoben.

Titel 11
Abnahme von Eiden und Bekräftigungen

Vorbemerkungen vor § 478

I. Gesetzesgeschichte

1 Die heutige Fassung des elften Titels beruht im wesentlichen auf dem Gesetz zur Ergänzung des Ersten Gesetzes zur Reform des Strafverfahrens vom 20. 12. 1974 (BGBl. I 3686)[1]. Damals trat neben den herkömmlichen Eid die **Bekräftigung** gemäß § 484, näher → § 484 Rdnr. 1. Auch § 480 (Belehrung) und § 481 (Eidesleistung) erfuhren Änderungen.

II. Anwendungsbereich innerhalb der ZPO

2 Die Vorschriften des elften Titels gelten für alle in der ZPO vorgesehenen Eide, also

a) für die Eidesleistung der **Partei** (§ 452), deren Vernehmung angeordnet worden war (§§ 445, 447, 448, § 613 Abs. 1, § 287 Abs. 1 S. 3, § 426);

b) für den Eid des **Zeugen** (§ 391);

c) für den Eid des **Sachverständigen** (§ 410).

III. Weitere Anwendungsfälle

3 Die Bestimmungen gelten darüber hinaus für den Eid des **Dolmetschers** (§ 189 GVG). Sie sind auch im Bereich der **freiwilligen Gerichtsbarkeit** anzuwenden[2], § 15 Abs. 1 S. 1, § 79 S. 4 FGG.

4 Für die Vereidigung der *ehrenamtlichen Richter* (z.B. der Handelsrichter, Schöffen, ehrenamtlichen Richter in der Arbeitsgerichtsbarkeit, § 45 Abs. 2 ff. DRiG) und *Rechtsanwälte* (§ 26 BRAO) gelten die Vorschriften nicht.

IV. Die eidesstattliche Offenbarungsversicherung

5 Der frühere **Offenbarungseid** wurde durch Gesetz vom 27. 6. 1970 (BGBl. I 911) durch eine **eidesstattliche Versicherung** ersetzt. Die §§ 478 bis 480, 483 sind bei der Abgabe der eidesstattlichen Versicherung entsprechend anzuwenden, § 807 Abs. 3 S. 2, § 883 Abs. 4, § 889 Abs. 1 S. 2, ferner § 79 S. 4 FGG, § 98 Abs. 1 S. 2 InsO. Zum Verfahren bei Abnahme der eidesstattlichen Versicherung → §§ 899 ff.

---

1 Dazu Begr. BT-Drucks. 7/2526, 12 ff., 19 f., 26. Lit. zur damaligen Diskussion → § 484 Fn. 1.

2 Auch bei der Abnahme und Beurkundung von Affidavits durch den Notar (§ 22 Abs. 1 BNotO, § 38 BeurkG), dazu *Bambring* DNotZ 1976, 726, 728, 737.

§ 478 Eidesleistung in Person

Der Eid muss von dem Schwurpflichtigen in Person geleistet werden.

Gesetzesgeschichte: Bis 1900 § 440 CPO.

1 § 478 erklärt die **Eidesleistung durch Vertreter** schlechthin für **unzulässig**. Der gemäß § 455 Abs. 1 vernommene *gesetzliche Vertreter* ist *selbst* der Schwurpflichtige; es handelt sich also nicht um eine Ausnahme von § 478. Zur **Eidesunfähigkeit** → § 393 Rdnr. 1ff., 5f., → § 452 Rdnr. 16ff.

§ 479 Eidesleistung vor beauftragtem oder ersuchtem Richter

(1) Das Prozessgericht kann anordnen, dass der Eid vor einem seiner Mitglieder oder vor einem anderen Gericht geleistet werde, wenn der Schwurpflichtige am Erscheinen vor dem Prozessgericht verhindert ist oder sich in großer Entfernung von dessen Sitz aufhält und die Leistung des Eides nach § 128a Abs. 2 nicht stattfindet.

(2) Der Bundespräsident leistet den Eid in seiner Wohnung vor einem Mitglied des Prozessgerichts oder vor einem anderen Gericht.

Gesetzesgeschichte: Bis 1900 § 441 CPO. Abs. 2 hinsichtlich der Bezeichnung des Staatsoberhaupts geändert durch die Novelle 1898, durch die Neubekanntmachungen des Textes der ZPO nach der Novelle 1924 und nach der Novelle 1933 sowie durch die Novelle 1950. Abs. 1 geändert durch das ZPO-RG 2001 (→ Einl. Rdnr. 202).

I. Eidesleistung vor dem Prozeßgericht

1 Der Eid ist grundsätzlich **vor dem Prozeßgericht** zu leisten. Das entspricht dem Prinzip der Unmittelbarkeit, § 355 Abs. 1. Daher ist der Eid vor dem *Kollegium* oder dem zur Entscheidung berufenen Einzelrichter abzulegen, vor dem *vorbereitenden Einzelrichter* in der Berufungsinstanz bzw. dem *Vorsitzenden der Kammer für Handelssachen* aber dann, wenn dieser die Vernehmung durchgeführt hat, → § 349 Rdnr. 5ff., § 524 Rdnr. 9ff. (21. Aufl.).

2 Die Eidesleistung vor dem Prozeßgericht kann auch in Gestalt einer **Videokonferenz** nach Maßgabe des § 128a Abs. 2 erfolgen. Dies wird durch den Text des Abs. 1 bestätigt.

II. Übertragung der Abnahme des Eides

1. Voraussetzungen

3 §479 gestattet die **Übertragung auf einen beauftragten oder ersuchten Richter,** ähnlich wie nach §§375, 402, 451 die Vernehmung von Zeugen, Sachverständigen und Parteien übertragen werden kann. Die Eidesabnahme durch den beauftragten oder ersuchten Richter ist nach Abs. 1 nur bei **Verhinderung** des Schwurpflichtigen und bei **Aufenthalt in großer Entfernung** zulässig. Darüber → §375 Rdnr. 9ff.

4 Voraussetzung ist ferner, daß die Beeidigung **nicht im Rahmen einer Videokonferenz** nach §128a Abs. 2 stattfindet. Die besondere Erwähnung der Videokonferenz deutet, ebenso wie die Erwähnung in §375 Abs. 1 Nr. 2 u. 3, darauf hin, daß diese Möglichkeit den Vorrang vor einer Übertragung auf einen beauftragten oder ersuchten Richter genießen sollte. Das ist gerechtfertigt, da die Beeidigung im Wege der Videokonferenz den Grundsatz der Unmittelbarkeit verwirklicht, → §128a Rdnr. 4. Jedoch steht die Anordnung einer Videokonferenz, auch wenn deren Voraussetzungen nach §128a Abs. 2 gegeben sind, im pflichtgemäßen Ermessen des Gerichts (→ §128a Rdnr. 13). Damit bleibt auch die Wahl zwischen dem Weg der Videokonferenz und der Übertragung auf einen beauftragten oder ersuchten Richter dem gerichtlichen Ermessen anheim gestellt.

5 Die Bedeutung des §479 als selbständige Vorschrift ist gering, da die Beeidigung sich in aller Regel an die Vernehmung unmittelbar anschließen wird. In diesen Fällen ergibt sich die Befugnis, auch die Beeidigung zu übertragen, bereits aus §§375, 402, 451, da zur *Aufnahme* des Zeugenbeweises usw. auch die Beeidigung gehört. Daß sich §479 nicht völlig mit §375 deckt (es fehlt eine dem §375 Abs. 1 Nr. 1 entsprechende Bestimmung), ist daher ohne Bedeutung.

2. Verfahren bei der Übertragung

6 Die Übertragung erfolgt durch den **Beweisbeschluß** bzw. durch einen *besonderen Beschluß.* Die **Beschwerde** ist gegen die Anordnung nicht statthaft[1], vgl. §355 Abs. 2. Zur Geltendmachung eines Verstoßes gegen den Grundsatz der Unmittelbarkeit mit Rechtsmitteln → §355 Rdnr. 31. Der Beschluß kann *ohne mündliche Verhandlung* erlassen oder geändert werden (§128 Abs. 4), doch sind die Parteien entsprechend §360 S. 4 tunlichst vorher zu hören.

3. Verfahren vor dem beauftragten oder ersuchten Richter

7 Über die *Terminsbestimmung* vor dem beauftragten oder ersuchten Richter s. §§361f., über ihre *Bekanntmachung* (ohne Ladung i.e.S.) → vor §214 Rdnr. 11ff., über die *Benachrichtigung der Parteien* → §357 Rdnr. 13, über die Kosten → §91 Rdnr. 67, 140.

8 Erhebt sich vor dem beauftragten oder ersuchten Richter ein **Streit über die Eidesabnahme,** so entscheidet nach §366 Abs. 1 das Prozeßgericht. Über den Fall, daß die zu beeidigende **Partei** zur Eidesleistung **nicht erscheint,** → §454 Rdnr. 19.

4. Beeidigung im Ausland

9 Auch die Übertragung der Beeidigung auf ein **ausländisches Gericht** ist zulässig[2]; es gelten insoweit dieselben Regeln wie für die Beweisaufnahme selbst, d.h. die §§363, 364, 369 und

---

[1] *RGZ* 46, 366.
[2] Vgl. *RGZ* 46, 366 (zum früheren Parteieid).

das Haager Beweisaufnahmeübereinkommen bzw. die Regeln der EuBVO iVm §§1072f. Zur Frage, ob Anforderungen an die Beeidigung als »besondere Form« der Erledigung des Beweisersuchens gestellt werden können, → Anh. zu §363 A, Art. 9 Rdnr. 55.

III. Bundespräsident, Exterritoriale, ausländische Konsuln

10 Der **Bundespräsident** ist nach Abs. 2 in seiner Wohnung zu beeidigen, vgl. auch §219 Abs. 2, §375 Abs. 2. Dies ist vom Gesetz *zwingend* vorgeschrieben, so daß keine mündliche Verhandlung und keine besondere Entscheidung darüber erforderlich ist. Unter dem »anderen Gericht« ist, wie in Abs. 1 und in §375 Abs. 1 (vgl. auch §372 Abs. 2, §434), das *Amtsgericht* des Ortes zu verstehen, an dem die Eidesleistung erfolgen soll, §157 Abs. 1 GVG. Die Parteiöffentlichkeit (§357) ist auch hier einzuhalten, → auch §357 Rdnr. 2, §375 Rdnr. 13.

11 Ist der Eid von einem **Exterritorialen** oder von einem in Deutschland angestellten ausländischen **Konsul** zu leisten, so kann der Schwurpflichtige in entsprechender Anwendung der in §377 Rdnr. 13ff., 16 aufgeführten für die Zeugenvernehmung geltenden Bestimmungen verlangen, daß die Beeidigung in der Wohnung oder in den Räumen der Vertretung stattfindet.

§480 Eidesbelehrung

Vor der Leistung des Eides hat der Richter den Schwurpflichtigen in angemessener Weise über die Bedeutung des Eides sowie darüber zu belehren, dass er den Eid mit religiöser oder ohne religiöse Beteuerung leisten kann.

Gesetzesgeschichte: Bis 1900 §442 CPO. Änderung durch Gesetz vom 20.12. 1974 (BGBl. I 3651).

I. Richterliche Hinweise

1 Der **Hinweis auf die Bedeutung des Eides** erfolgt durch den Richter, d.h. den *Vorsitzenden* (§136) des Prozeßgerichts bzw. den beauftragten oder ersuchten Richter. Die **Parteien** haben zwar kein Recht darauf, dem Schwurpflichtigen unmittelbar Vorhalte zu machen, aber das Gericht kann es ihnen gestatten[1], und praktisch können gerade diese Vorhalte durchaus von besonderem Wert sein. Ihre Bedeutung ist allerdings nicht so hoch einzuschätzen, daß die Beeidigung etwa bei Unterlassung der Benachrichtigung einer Partei als unwirksam anzusehen wäre, → §357 Rdnr. 21 a.E. Soweit gemäß §§397, 402, 451 von den Parteien noch *Fragen* an den Zeugen usw. gerichtet werden, sind diese vor der Beeidigung zu beantworten.

2 Die Belehrung soll **in angemessener Weise** erfolgen, d.h. dem Bildungsstand und der Persönlichkeit des Schwurpflichtigen entsprechen. Sie umfaßt sowohl die Erläuterung der **allgemeinen Bedeutung** des Eides, also die Warnung vor einem Meineid und vor einem fahrlässigen Falscheid, als auch den Hinweis auf die Bedeutung und den vom Eid gedeckten Inhalt der **konkreten zu beeidigenden Aussage.** Ferner muß der Vorsitzende den Schwurpflichtigen stets darüber belehren, daß er den Eid **mit oder ohne religiöse Beteuerung** leisten kann. Es erscheint zweckmäßig (wenn auch nicht zwingend vorgeschrieben), damit den Hinweis zu verbinden, daß hinsichtlich der Strafbarkeit eines Meineids bzw. eines fahrlässigen Falscheids

---

[1] *RGZ* 76, 103f.; *OLG Colmar* OLGRsp 27 (1913), 99 (beide zum früheren Parteieid).

zwischen beiden Eidesformen kein Unterschied besteht. Eine Belehrung über die Zulässigkeit der **Bekräftigung** statt des Eides (§484) ist nicht vorgeschrieben, → §484 Rdnr. 3.

3 Die erfolgte Belehrung ist gemäß §160 Abs. 2 im **Protokoll** zu vermerken. Die **Verletzung** des §480 kann einen **Mangel des Verfahrens** begründen.

II. Befragung über die persönlichen Verhältnisse

4 Eine Befragung über die persönlichen Verhältnisse ist in §395 Abs. 2, §§402, 451 für die Vernehmung von Zeugen, Sachverständigen und Parteien vorgeschrieben. Im übrigen (bei der eidesstattlichen Offenbarungsversicherung, → vor §478 Rdnr. 5) ist sie insoweit angemessen, als die *Identität* des Schwurpflichtigen (§478) festgestellt werden muß.

§481 Eidesleistung; Eidesformel

(1) Der Eid mit religiöser Beteuerung wird in der Weise geleistet, dass der Richter die Eidesnorm mit der Eingangsformel:
»Sie schwören bei Gott dem Allmächtigen und Allwissenden«
vorspricht und der Schwurpflichtige darauf die Worte spricht (Eidesformel):
»Ich schwöre es, so wahr mir Gott helfe.«
(2) Der Eid ohne religiöse Beteuerung wird in der Weise geleistet, dass der Richter die Eidesnorm mit der Eingangsformel:
»Sie schwören«
vorspricht und der Schwurpflichtige darauf die Worte spricht (Eidesformel):
»Ich schwöre es.«
(3) Gibt der Schwurpflichtige an, dass er als Mitglied einer Religions- oder Bekenntnisgemeinschaft eine Beteuerungsformel dieser Gemeinschaft verwenden wolle, so kann er diese dem Eid anfügen.
(4) Der Schwörende soll bei der Eidesleistung die rechte Hand erheben.
(5) Sollen mehrere Personen gleichzeitig einen Eid leisten, so wird die Eidesformel von jedem Schwurpflichtigen einzeln gesprochen.

Gesetzesgeschichte: Bis 1900 §443 CPO. Eidesformel geändert durch die Novelle 1909. Durch die Novelle 1950 wurde Abs. 2 eingefügt. Abs. 2 und Abs. 3 aF wurden zu Abs. 3 und 4 nF. Durch das Gesetz vom 20. 12. 1974 (BGBl. I 3651) wurde der Wortlaut der Eidesformel für den Eid ohne religiöse Beteuerung in Abs. 2 genauer geregelt, Abs. 3 nF wurde eingefügt. Abs. 3 und 4 aF wurden Abs. 4 und 5 nF.

I. Form der Eidesleistung

1 §481 regelt die Form der Eidesleistung für alle nach der ZPO zu leistenden Eide der Parteien und Dritter (→ vor §478 Rdnr. 2f.). Der Schwurpflichtige hat nur die sog. **Eidesformel** »Ich schwöre es usw.« nachzusprechen, nachdem der Richter ihm die Eingangsformel und die Ei-

desnorm (→ Rdnr. 3) vorgesprochen hat. Ohne das Nachsprechen der Worte »Ich schwöre es« liegt kein gültiger Eid vor; die religiöse Beteuerungsformel allein genügt also nicht[1]. Zur Eidesleistung durch **sprach- oder hörbehinderte Personen** → §483.

2 Die Eidesleistung (bzw. die Abgabe der Bekräftigung nach §484) ist, da sie zur Aussage (§160 Abs. 3 Nr. 4) hinzugehört, im **Protokoll** zu vermerken. Eine Angabe der im Rahmen des §481 gewählten Form der Eidesleistung ist nicht erforderlich[2] und auch nicht empfehlenswert.

3 Die **Eidesnorm** ergibt sich für den Zeugen aus §392 S. 3, für den Sachverständigen aus §410 Abs. 1 S. 2, für die Partei aus §452 Abs. 2 und für den Dolmetscher aus §189 Abs. 1 S. 1 GVG.

4 Ist der Schwurpflichtige der deutschen Sprache nicht mächtig, so ist der Eid in der ihm geläufigen **Fremdsprache** zu leisten (§188 GVG), gegebenenfalls unter Zuziehung eines Dolmetschers[3] (§185 GVG).

5 Für die **eidesstattliche Offenbarungsversicherung** gilt §481 nicht, zu deren Text s. §807 Abs. 3 S. 1.

II. Eid ohne religiöse Beteuerung

6 Die Eidesleistung kann nach Abs. 2 auch **ohne religiöse Beteuerung** in der Weise erfolgen, daß sich der Schwörende auf die Worte »Ich schwöre es« beschränkt. Diese Regelung entspricht Art. 140 GG, Art. 136 Abs. 4, Art. 177 WeimRVerf. Die religiösen Schlußworte können also nicht erzwungen werden, und ihr Fehlen berührt die Gültigkeit des Eides weder in prozessualer noch in strafrechtlicher Hinsicht.

7 Bei Wahl der **Eidesform ohne religiöse Beteuerung**[4] hat der Richter gemäß Abs. 2 auch in der Eingangsformel den religiösen Bestandteil fortzulassen. Der Richter muß den Eidespflichtigen stets über die beiden Formen der Eidesleistung **belehren,** → §480 Rdnr. 2.

8 Die Beifügung weiterer konfessioneller Bekräftigungen ist nach Abs. 3 zulässig; die Eidesformel kann aber dadurch nicht ersetzt werden. Um eine solche **Beteuerungsformel** anfügen zu können, genügt die Angabe des Schwurpflichtigen, er gehöre einer bestimmten Religions- oder Bekenntnisgemeinschaft an und es handle sich um eine Beteuerungsformel dieser Gemeinschaft. Eine Nachprüfung dieser Angaben durch das Gericht erfolgt nicht[5].

9 Zur **Eidesverweigerung aus Glaubens- oder Gewissensgründen** und zur dann abzugebenden **Bekräftigung** → §484 Rdnr. 1.

---

[1] *RGSt* Recht 1933 Nr. 549.

[2] Vgl. zum Strafprozeß *Meyer-Goßner* StPO[48] §64 Rdnr. 1. *H. Maier* DRiZ 1988, 179 (zum Strafprozeß) hält es wegen Art. 3 Abs. 3, Art. 4 GG sogar für unzulässig, im Protokoll zu vermerken, ob der Eid mit oder ohne religiöse Beteuerung geleistet wurde.

[3] S. dazu *RGSt* 45, 304.

[4] Die Aussage oder der Eid in einem Gerichtssaal, in dem sich ein Kruzifix befindet, können unter Berufung auf das Grundrecht der Glaubens- und Bekenntnisfreiheit (Art. 4 Abs. 1 GG) verweigert werden. Dies folgt aus *BVerfGE* 35, 366 = NJW 1973, 2197. Anders noch *OLG Nürnberg* NJW 1966, 1926; *BayVerfGH* 20 (1967), 87, 95.

[5] So auch die Begr. zur Neuregelung, BT-Drucks. 7/2526, 19, 26. *Baumbach/Lauterbach/Hartmann*[63] Rdnr. 4 schließt eine Überprüfung bei begründeten Zweifeln nicht gänzlich aus, erklärt sie aber jedenfalls für untunlich.

III. Äußere Form

Die Vorschrift, daß der Schwörende die **rechte Hand** erheben *soll* (Abs. 4), hat diese Fassung erhalten, um auszudrücken, daß diese Form für die Gültigkeit des Eides nicht wesentlich ist. Andere Förmlichkeiten können nicht verlangt werden[6]. **10**

IV. Gleichzeitige Vereidigung mehrerer Personen

Die gleichzeitige Beeidigung mehrerer Personen ist durch §392 S. 2 bei **Zeugen** und (über §402) bei **Sachverständigen** zugelassen. Gegen eine entsprechende Anwendung dieser Bestimmung auf die Beeidigung von **Dolmetschern** und **Parteien** bestehen keine Bedenken[7]. **11**

Werden mehrere Personen gleichzeitig vereidigt, so braucht der Richter nach gemeinsamer Eidesbelehrung die **Eidesnorm** nur einmal vorzusprechen. Die **Eidesformel** hat dagegen jeder Schwurpflichtige einzeln nachzusprechen (Abs. 5). Soweit die Eidesnormen unterschiedlich sind (z.B. bei Zeugen und Sachverständigen), ist eine gemeinsame Beeidigung nicht möglich. **12**

V. Hinweise

Zur **Versicherung an Eides Statt** als Mittel der *Glaubhaftmachung* → §294 Rdnr. 16 (21. Aufl.), zur *Versicherung auf den Diensteid* → §386 Rdnr. 2, zur Berufung auf den *allgemein geleisteten Sachverständigeneid* → §410 Rdnr. 9ff. **13**

§482 [Aufgehoben]

Gesetzesgeschichte: Die Vorschrift (bis 1900 §444 CPO) wurde nach Änderungen durch die Novelle 1898 und durch die Novelle 1909 bei der Neubekanntmachung des Textes der ZPO nach der Novelle 1924 aufgehoben.

§483 Eidesleistung sprach- oder hörbehinderter Personen

(1) [1]Eine hör- oder sprachbehinderte Person leistet den Eid nach ihrer Wahl mittels Nachsprechens der Eidesformel, mittels Abschreibens und Unterschreibens der Eidesformel oder mit Hilfe einer die Verständigung ermöglichenden Person, die vom Gericht hinzuzuziehen ist. [2]Das Gericht hat die geeigneten technischen Hilfsmittel bereitzustellen. [3]Die hör- oder sprachbehinderte Person ist auf ihr Wahlrecht hinzuweisen.

(2) Das Gericht kann eine schriftliche Eidesleistung verlangen oder die Hinzuziehung einer die Verständigung ermöglichenden Person anordnen, wenn die hör- oder sprachbehinderte Person von ihrem Wahlrecht nach Absatz 1 keinen Gebrauch gemacht hat oder eine Eidesleistung in der nach Absatz 1 gewählten Form nicht oder nur mit unverhältnismäßigem Aufwand möglich ist.

---

[6] Die Bereitstellung eines Schwurkreuzes auf Verlangen des Eidespflichtigen ist zulässig, *BVerfGE* 35, 366, 373 (Fn. 4). – Sonstiges religiös motiviertes Verhalten des Schwurpflichtigen (vgl. *Jünemann* MDR 1970, 727) sollte das Gericht dulden, soweit dadurch nicht die Würde des Gerichts verletzt oder der Ablauf der Verhandlung gestört wird. – Zur Vereidigung von Mohammedanern vgl. *Jünemann* aaO; *Leisten* MDR 1980, 636.

[7] A.M. *MünchKommZPO/Schreiber*[2] Rdnr. 4.

Gesetzesgeschichte: Bis 1900 § 445 CPO. Vollständig neugefaßt durch OLG-Vertretungsänderungsgesetz v. 23.7. 2002, BGBl. I 2850.

I. Normzweck

1 Die Verständigung zwischen dem Gericht und sprach- oder hörbehinderten Personen wird durch § 186 GVG geregelt. § 483 tritt hinsichtlich der Durchführung einer Vereidigung ergänzend hinzu. Diese Regeln wurden auf Vorschlag des Rechtsausschusses des Deutschen Bundestages mit der allgemeinen Zielsetzung beschlossen, die Integration von sprach- und hörbehinderten Personen durch **gleichberechtigte Teilhabe am gerichtlichen Verfahren** zu fördern und zugleich den Interessen der Rechtspflege zu dienen[1].

2 Die Vorschrift regelt die Art und Weise der Eidesleistung in Fällen, in denen die Einhaltung der Form des § 481 aufgrund von Behinderungen der zu beeidigenden Person nicht möglich ist oder jedenfalls auf Schwierigkeiten stößt. Der Zweck der Vorschrift es, die Vereidigung behinderter Personen **im möglichst weitem Umfang** zu ermöglichen und bei der Ausgestaltung der Eidesleistung auf die Gegebenheiten des einzelnen Falles abzustellen. Durch die Einräumung eines Wahlrechts zwischen verschiedenen in Betracht kommenden Formen der Eidesleistung wird dabei auf den Willen der zu beeidigenden Person besonders Rücksicht genommen. Das Gericht hat aber darauf zu achten, daß eine hinreichend zuverlässige Kommunikation mit der zu beeidigenden Person erreicht wird.

II. Voraussetzungen in der Person des Eidesleistenden

1. Sprachbehinderte Personen

3 Während § 483 aF nur die Eidesleistung durch Stumme ausdrücklich regelte, umfaßt der Begriff der **Sprachbehinderung** neben gänzlich stummen Personen auch solche, die sich auf-

[1] Beschlußempfehlung des BT-Rechtsausschusses, BT-Drucks. 14/9266, S. 35.

grund körperlicher Gegebenheiten nur in eingeschränktem Maße oder unter Nutzung besonderer technischer Geräte durch Laute verständlich machen können. Dagegen betrifft §483 nicht die fehlende Kenntnis der deutschen Sprache; hierfür gilt vielmehr §188 GVG, der die Eidesleistung in einer dem Eidesleistenden geläufigen Sprache erlaubt.

2. Hörbehinderte Personen

Nicht nur völlig hörunfähige (taube) Personen, sondern auch solche, deren Gehör erheblich eingeschränkt ist, werden von §483 erfaßt. **4**

3. Sprach- und hörbehinderte Personen

Die Vorschrift gilt selbstverständlich auch für Personen, die sowohl sprach- als auch hörbehindert sind, gleich ob sie geradezu **taubstumm** sind oder über eine **eingeschränkte Sprech- und Hörfähigkeit** verfügen. **5**

4. Sonstige Behinderungen

Sehbehinderungen (Sehschwächen oder Blindheit) fallen nicht unter §483, da sie als solche die gewöhnliche Form der Eidesleistung gemäß §481 nicht hindern. Geht eine Sehbehinderung mit Sprach- oder Hörbehinderungen einher, so ist dem durch Wahl einer geeigneten Variante des §483 Rechnung zu tragen. **6**

Geistige Behinderungen werden nicht von §483 erfaßt. Die Eidesfähigkeit ist für Zeugen und Sachverständige nach §§393, 402 zu beurteilen; zur Parteivernehmung → §452 Rdnr. 16ff. **7**

III. Feststellung der Behinderung

Vorliegen und Ausmaß einer Sprach- oder Hörbehinderung der zu beeidigenden Person hat das Gericht, dem die Beeidigung obliegt, **von Amts wegen festzustellen.** Dabei wird regelmäßig neben dem unmittelbaren Eindruck des Gerichts den Angaben der zu beeidigenden Person entscheidendes Gewicht zukommen. Einer Beweiserhebung, etwa durch Anhörung eines Sachverständigen, wird es kaum jemals bedürfen. **8**

IV. Drei Möglichkeiten der Eidesleistung

1. Nachsprechen der Eidesformel

Die Eidesleistung durch Nachsprechen der Eidesformel entspricht im wesentlichen der regulären Form der Eidesleistung nach §481. Da deren Einhaltung ohnehin genügt, hat §483 insoweit im Grunde nur klarstellende Funktion. Allerdings ist in §481 nicht vom »Nachsprechen« die Rede, so daß dort der Richter die Eidesformel nicht notwendig vorzusprechen braucht. Für eine sprech- oder hörbehinderte Person kann es aber die Eidesleistung erleichtern, wenn der Richter die Eidesformel in einer für den Eidespflichtigen verständlichen Weise vorspricht, gegebenenfalls auch durch Nutzung technischer Vorkehrungen, die dem Eidespflichtigen das Hören dieser Worte ermöglichen. Das Nachsprechen bzw. überhaupt das Sprechen der Eidesformel muß soweit **artikuliert** sein, daß der Richter die Übereinstimmung mit der Eidesformel feststellen kann. **9**

Der Text der **Eidesformel** (mit oder ohne religiöse Beteuerung) ist aus §481 zu entnehmen. **10**

2. Abschreiben und Unterschreiben der Eidesformel

11 Der Eidespflichtige kann den Eid ohne akustische Äußerung leisten, indem er die Eidesformel abschreibt und unterschreibt. Das Gericht hat ihm zu diesem Zweck die Eidesformel **schriftlich vorzulegen.** Bloßes Unterschreiben genügt nicht. Wie die Abschrift und die Unterschrift erfolgen, schreibt das Gesetz nicht vor. Beides muß also nicht eigenhändig geschehen, sondern kann auch maschinen- oder computerschriftlich oder in Blindenschrift erfolgen.

12 Niederzuschreiben ist nach dem Text des Abs. 1 nur die **Eidesformel,** nicht auch die Eidesnorm. Darin liegt ein Unterschied zu § 483 aF, der von stummen schreibfähigen Personen die Eidesleistung durch Abschreiben und Unterschreiben der »die Eidesnorm enthaltenden Eidesformel« verlangte. Ob man sich bei der Neufassung dieses Unterschieds bewußt war, geht aus den Gesetzesmaterialien nicht hervor. Es könnte sein, daß man unter Eidesformel die Formel samt Eidesnorm verstand, sich also in Übereinstimmung mit § 483 aF glaubte. Andererseits wird durch die Beschränkung des Abschreibens und Unterschreibens auf die Eidesformel die Eidesleistung durch die behinderte Person erleichtert. Dies spricht dafür, die Vorschrift in Übereinstimmung mit dem Wortlaut nur auf die Eidesformel zu beziehen.

3. Eid mit Hilfe einer Verständigungsperson (eines Sprachmittlers)

13 Die Eidesleistung kann auch dadurch ermöglicht werden, daß eine Person hinzugezogen wird, die zur Verständigung mit dem Eidesleistenden in der Lage ist. Als solche **Sprachmittler** kommen Gebärden-, Schrift- oder Oraldolmetscher in Betracht, aber auch Personen, die im konkreten Fall mit dem Eidesleistenden besonders vertraut sind und sich daher, z.B. durch bestimmte Zeichen, mit ihm verständigen können[2]. Auf diese Weise sind auch Personen, die weder sprechen noch schreiben können, zur Eidesleistung in der Lage. Es muß aber eine Verständigung möglich sein, die auch den Sinn und die Bedeutung des Eides umfaßt. Der Eidesleistende muß den Willen, den Eid zu leisten, so äußern, daß die Hilfsperson diesen Willen verstehen und dem Gericht gegenüber bezeugen kann. Es genügt, wenn die an den Eidesleistenden gestellte Frage, ob er bereit sei, seine Aussage zu beschwören (also den Eid zu leisten), in einer für die Hilfsperson verständlichen Weise bejaht wird.

V. Wahlrecht der Partei

1. Inhalt und Ausübung

14 Kommen nach den Gegebenheiten des konkreten Falles mehrere der in Abs. 1 S. 1 eröffneten Formen der Eidesleistung in Betracht, so hat die sprach- oder hörbehinderte Person die **Wahl.** Eine sprachbehinderte Person, die sich nur mit großer Mühe artikulieren kann, kann z.B. der schriftlichen Eidesleistung den Vorzug geben. In dieser Wahl ist die eidespflichtige Person grundsätzlich frei, soweit nicht mit der gewählten Form ein unverhältnismäßiger Aufwand verbunden ist, → Rdnr. 19. Die Wahl kann schriftlich oder in der mündlichen Verhandlung erfolgen.

2. Gerichtliche Hinweispflicht

15 Nach Abs. 1 S. 3 hat das Gericht die hör- oder sprachbehinderte Person **auf ihr Wahlrecht hinzuweisen.** Dies setzt voraus, dass die Behinderung dem Gericht bekannt ist und daß nach

2 Beschlußempfehlung des BT-Rechtsausschusses, BT-Drucks. 14/9266, S. 40 (zu § 186 GVG).

Lage des Falles mehrere Formen der Eidesleistung in Betracht kommen. Der Hinweis kann schriftlich oder in der mündlichen Verhandlung erfolgen. Ist dem Gericht die Behinderung bekannt, so empfiehlt sich ein schriftlicher Hinweis vor der Vernehmung und Beeidigung, da aufgrund der getroffenen Wahl uU Vorbereitungen für die Durchführung der Beeidigung notwendig sein können.

VI. Bereitstellung technischer Hilfsmittel

16 Abs. 1 S. 2 verpflichtet das Gericht, die **geeigneten technischen Hilfsmittel** zur Verfügung zu stellen. Dies können z.B. besondere Tonübertragungseinrichtungen (Höranlagen) sein[3]. Nicht gemeint sind individuelle, auf die Person zugeschnittene Geräte wie etwa Hörgeräte. Die Kosten hat die Staatskasse zu tragen; eine Erstattung durch die Parteien (als Auslagen) ist nicht vorgesehen[4]. Bei unverhältnismäßigem Aufwand gilt Abs. 2, → Rdnr. 19.

VII. Gerichtliche Anordnung der Eidesform

1. Bei Nichtausübung des Wahlrechts durch die zu beeidigende Person

17 Wenn die zu beeidigende Person trotz gerichtlichen Hinweises **keinen Gebrauch** von einem bestehenden Wahlrecht macht, hat das Gericht eine Anordnung nach Abs. 2 zu treffen.

2. Bei Unmöglichkeit der gewählten Eidesform

18 Wählt die eidespflichtige Person eine **Eidesform,** deren Einhaltung jedoch **nicht möglich** ist, so ordnet das Gericht die Form der Vereidigung an. Es könnte beispielsweise sein, daß die behinderte Person den Eid durch Nachsprechen der Eidesformel leisten möchte, daß aber das Gericht die Äußerungen nicht hinreichend verstehen kann. Es kann dann Eidesleistung durch Abschreiben und Unterschreiben der Eidesformel angeordnet werden.

3. Bei unverhältnismäßigem Aufwand

19 Auch wenn die von der zu beeidigenden Person gewählte Eidesform nur mit unverhältnismäßigem Aufwand verwirklicht werden kann, hat das Gericht eine Bestimmung nach Abs. 2 zu treffen. Wenn etwa eine akustische Verständigung nur mithilfe kostspieliger Installationen ermöglicht werden könnte, kann das Gericht eine schriftliche Eidesleistung verlangen. Die **Verhältnismäßigkeit** wird dabei nicht auf den Streitwert des Prozesses, sondern auf den Vergleich der in Betracht kommenden Eidesformen zu beziehen sein[5].

4. Inhalt der gerichtlichen Anordnung

20 Das Gericht kann, je nach Lage des Einzelfalls, die schriftliche Eidesleistung oder die Eidesleistung unter Hinzuziehung einer Verständigungsperson anordnen. Wenn eine schriftliche Eidesleistung möglich ist, wird diese Form den Vorzug verdienen. Nicht erwähnt ist die Eidesleistung durch Nachsprechen der Eidesformel, aber wenn diese Form der Eidesleistung nach

---

[3] Vgl. Beschlußempfehlung des BT-Rechtsausschusses, BT-Drucks. 14/9266, S. 40 (zu § 186 GVG).
[4] *Zöller/Gummer*[25] § 186 GVG Rdnr. 4.
[5] A.M. *Zöller/Gummer*[25] § 186 GVG Rdnr. 3, der den Streitwert des Prozesses für ein wichtiges Kriterium hält.

der Überzeugung des Gerichts möglich ist, kann es nach dem Zweck der Vorschrift auch diese Anordnung treffen[6].

VIII. Protokollierung

21 Die Eidesleistung ist auch in den Fällen des §483 als Teil der Aussage (§160 Abs.2 Nr.4) zu protokollieren. Dabei ist (anders als hinsichtlich der religiösen Beteuerung, → §481 Rdnr.2) auch die **Art und Weise der Eidesleistung** anzugeben. Die gerichtliche Belehrung über das Wahlrecht, die erfolgte oder nicht erfolgte Ausübung des Wahlrechts sowie gerichtliche Anordnungen nach Abs.2 sind ebenfalls in das Protokoll aufzunehmen.

§484 Eidesgleiche Bekräftigung

(1) [1]Gibt der Schwurpflichtige an, dass er aus Glaubens- oder Gewissensgründen keinen Eid leisten wolle, so hat er eine Bekräftigung abzugeben. [2]Diese Bekräftigung steht dem Eid gleich; hierauf ist der Verpflichtete hinzuweisen.

(2) Die Bekräftigung wird in der Weise abgegeben, dass der Richter die Eidesnorm als Bekräftigungsnorm mit der Eingangsformel:
»Sie bekräftigen im Bewusstsein Ihrer Verantwortung vor Gericht«
vorspricht und der Verpflichtete darauf spricht:
»Ja«.

(3) §481 Abs.3, 5, §483 gelten entsprechend.

Gesetzesgeschichte: Bis 1900 §446 CPO. Änderung durch Gesetz vom 20.12. 1974 (BGBl. I 3686).

I. Zulässigkeit der Bekräftigung

1. Normzweck

1 Während §484 aF (in Verbindung mit landesrechtlichen Gesetzen) nur den Mitgliedern bestimmter Religionsgesellschaften den Gebrauch von Beteuerungsformeln anstelle des Eides gestattete, kann seit der Neufassung des §484 durch das Gesetz zur Ergänzung des Ersten Gesetzes zur Reform des Strafverfahrensrechts vom 20.12. 1974 (BGBl. I 3686) jeder Schwurpflichtige statt der Eidesleistung eine Bekräftigung abgeben. Anlaß zu dieser Regelung gab vor allem, daß das *BVerfG*[1] ein **Recht zur Verweigerung der Eidesleistung** – und zwar auch der Eidesleistung ohne religiöse Beteuerung – aus Glaubensgründen (Art.4 Abs.1 GG) bejahte.

---

[6] Ebenso *MünchKommZPO/Schreiber*[2], Aktualisierungsband (2002) Rdnr.8.

[1] *BVerfGE* 33, 23 = NJW 1972, 1183 (abw. *Schlabrendorff*). – Lit. zu dieser Entscheidung und der Problematik der Eidesleistung: *Baumann* ZRP 1975, 38, 39; *Ebert* JR 1973, 397; *Engelmann* MDR 1973, 365; *Lange* Festschr. f. Gallas (1973), 427; *Heimann-Trosien* JZ 1973, 609; *Knoche* DRiZ 1973, 55; *Nagel* JR 1972, 413; *ders.* Jahrbuch der Wittnau zu Bremen, Bd.XIII (1974), 61; *v. Schlotheim* DRiZ 1972, 391; *Stolleis* JuS 1974, 770; *Woesner* NJW 1973, 169.

Daher wurde – obwohl auch der Eid ohne religiöse Beteuerung bereits eine rein weltliche Versicherung der Wahrheit darstellt – mit der »Bekräftigung« eine weitere Form geschaffen, bei der auch die Worte »Eid« und »schwören« keine Verwendung finden[2].

2. Voraussetzungen

2 Der Schwurpflichtige braucht sich, um statt des Eides die Bekräftigung abgeben zu können, lediglich **auf Glaubens- oder Gewissensgründe zu berufen,** ohne diese näher erläutern zu müssen. Wie sich aus den Worten »gibt der Schwurpflichtige an« entnehmen läßt, findet eine Nachprüfung durch das Gericht nicht statt[3]. Die Bekräftigung darf nicht verweigert werden; es würde dann §390 bzw. §453 Abs. 2 gelten.

3. Gleichstellung mit dem Eid und gerichtliche Hinweispflicht

3 Nach Abs. 1 S. 2 steht die statt des Eides abgegebene Bekräftigung dem Eid gleich. Dies gilt auch in **strafrechtlicher Hinsicht,** §155 Nr. 1 StGB. Auf diese Bedeutung der Bekräftigung ist der Schwurpflichtige **hinzuweisen,** wenn er den Eid nicht leisten will. Dagegen ist eine generelle Belehrung über die Möglichkeit, den Eid zu verweigern, nicht vorgeschrieben[4]. Wenn aber der Schwurpflichtige den Eid verweigern will, ist ihm deutlich zu erklären, daß er dann statt des Eides die Bekräftigung abzugeben hat und diese nicht verweigern darf.

II. Abgabe der Bekräftigung

4 Der Richter hat die **Eingangsformel** des Abs. 2 zusammen mit der **Bekräftigungsnorm** vorzusprechen. Die Bekräftigungsnorm stimmt mit der Eidesnorm (§392 S. 3, §410 Abs. 1 S. 2, §452 Abs. 2, §189 Abs. 1 GVG) wörtlich überein. Der gesamte vom Richter vorzusprechende Text lautet also beim Zeugen: »Sie bekräftigen im Bewußtsein ihrer Verantwortung vor Gericht, daß Sie nach bestem Wissen und Gewissen die reine Wahrheit gesagt und nichts verschwiegen haben.« Die Worte Eid, Eidesnorm, schwören dürfen nicht verwendet werden. Man sollte auch nicht von einer »eidesgleichen Bekräftigung«, sondern in Übereinstimmung mit dem Gesetz nur von »Bekräftigung« sprechen.

5 Die Bekräftigung durch den Schwurpflichtigen besteht allein in dem **Wort »ja«.** Dieses ist jedoch unverzichtbar. Das Erheben der rechten Hand (§481 Abs. 4) darf nicht gefordert oder auch nur angeregt werden. Für **sprach- oder hörbehinderte Personen** gilt §483 entsprechend, Abs. 3. Der Schwurpflichtige kann gemäß Abs. 3 auch der Bekräftigung eine **Beteuerungsformel** nach §481 Abs. 3 anfügen.

6 Die **gleichzeitige Bekräftigung** durch mehrere Personen ist nach Abs. 3 mit §481 Abs. 5 zulässig, dazu → §481 Rdnr. 11f.

---

[2] Vgl. dazu die Begr. der Neuregelung, BT-Drucks. 7/2526, 12ff., 19f., 26.

[3] Begr., BT-Drucks. 7/2526, 19, 26. Ebenso *MünchKommZPO/Schreiber*[2] Rdnr. 1. Nach *Baumbach/Lauterbach/Hartmann*[63] Rdnr. 4 ist eine Überprüfung jedenfalls untunlich.

[4] So auch Begr., BT-Drucks. 7/2526, 19, 26; *Baumbach/Lauterbach/Hartmann*[63] §480 Rdnr. 3. Krit. dazu *Baumann* ZRP 1975, 38, 40.

Titel 12
Selbständiges Beweisverfahren

Vorbemerkungen vor § 485

Stichwortverzeichnis zum selbständigen Beweisverfahren (vor § 485 bis § 494a)

Literatur: *Ahrens* Grenzüberschreitende selbständige Beweisverfahren – eine Skizze, Festschr. für Schütze (1999), 1; *Bockey* Das selbständige Beweisverfahren im Arzthaftungsrecht, NJW 2003, 3453; *Cuypers* Das selbständige Beweisverfahren in der juristischen Praxis, NJW 1994, 1985; *ders.* Feststellungen im selbständigen Beweisverfahren in Bausachen – eine Bilanz nach 10 Jahren, MDR 2004, 244; *Dörschner* Beweissicherung im Ausland (2000); *Fischer* Selbständiges Beweisverfahren – Zuständigkeits- und Verweisungsfragen, MDR 2001, 608; *Kleine-Möller/Merl* Handbuch des privaten Baurechts[3] (2005) § 17 (zit. Hdb.priv.BauR); *Koeble* Gewährleistung und selbständiges Beweisverfahren bei Bausachen[2] (1993); *Mankowski* Selbständige Beweisverfahren und einstweiliger Rechtsschutz in Europa, JZ 2005, 1144; *G. Meyer* Selbständiges Beweisverfahren in der Insolvenz eines Verfahrensbeteiligten, NZI 2005, 9; *Mollenkopf* Selbständiges Beweisverfahren in Wohnungseigentumssachen?, ZMR 2000, 582; *Pauly* Das selbständige Beweisverfahren in Bausachen, JR 1996, 269; *ders.* Das selbständige Beweisverfahren in der Baurechtspraxis, MDR 1997, 1087; *Röthlein* Private Bausachen[2] (1995); *Schilken* Grundlagen des Beweissicherungsverfahrens, ZZP 92 (1979), 238; *Scholtissek* Sind im selbständigen Beweisverfahren Fragen bezüglich erforderlicher Maßnahmen zur Beseitigung der festgestellten Mängel und hierfür aufzuwendender Kosten zulässig? BauR 2000, 1118; *Schreiber* Das selbständige Beweisverfahren, NJW 1991, 2600; *Sturmberg* Die Beweissicherung (2004); *Stürner* Das ausländische Beweissicherungsverfahren, IPRax 1984, 299; *Ulrich* Selbständiges Beweisverfahren mit Sachverständigen (2004); *Weise* Selbständiges Beweisverfahren im Baurecht[2] (2002); *Werner/Pastor* Der Bauprozeß[11] (2005) Rdnr. 1ff. – Lit. zu **Streitwert- und Kostenfragen** → § 494a.

I. Inhalt und Zweck

1 Das selbständige Beweisverfahren in der heutigen Form wurde durch das **Rechtspflege-Vereinfachungsgesetz** vom 17. 12. 1990 (BGBl. 1990 I 2847) geschaffen. Gegenüber der früheren *Beweissicherung*, die auf eine Erhebung gefährdeter Beweise beschränkt war, wurde mit der Einführung des selbständigen Beweisverfahrens die Möglichkeit einer Beweisaufnahme, vor allem der Einholung von Sachverständigengutachten, außerhalb eines anhängigen Hauptsacheprozesses stark erweitert. Ein wichtiges Ziel der Reform lag darin, eine **gütliche Einigung** der Parteien zu fördern und dadurch zur Vermeidung von Prozessen beizutragen[1]. Das Gericht kann daher die Parteien zu einer mündlichen Erörterung laden, § 492 Abs. 3. Wird ein Vergleich protokolliert, so stellt dieser einen Vollstreckungstitel dar, § 794 Abs. 1 Nr. 1.

2 Das selbständige Beweisverfahren ist eine gerichtliche Beweisaufnahme, die entweder **vor Rechtshängigkeit** eines Prozesses erfolgt oder aber **während eines Prozesses** zu einer Zeit, zu der sie vom Prozeßgericht noch nicht angeordnet ist[2] (→ auch § 485 Rdnr. 11) oder (wegen

[1] Vgl. Begr. BT-Drucks. 11/3621, 23f.

[2] Die beschleunigte Erledigung einer schon angeordneten Beweisaufnahme gehört nicht hierher, *OLG Düsseldorf* MDR 1981, 324; JurBüro 1984, 280. Dagegen kommt ein selbständiges Beweisverfahren in

Unterbrechung usw., → Fn. 2 sowie → § 490 Rdnr. 5) nicht alsbald durchgeführt werden kann. Es handelt sich um ein besonderes Verfahren der streitigen Gerichtsbarkeit[3]. Eine *Beziehung auf einen bestimmten* Rechtsstreit ist zunächst nicht erforderlich, und eine Erklärung und Prüfung in dieser Hinsicht ist nicht geboten[4].

3 Notwendig ist aber, daß aus den Verhältnissen, die durch den Beweis festgestellt werden sollen, überhaupt ein **bürgerlicher Rechtsstreit entstehen kann**[5]. Beweise für ein Strafverfahren oder ein Verwaltungs- bzw. Verwaltungsgerichtsverfahren zu sichern, ist nicht Aufgabe des Verfahrens nach §§ 485ff. vor den ordentlichen Gerichten. Davon zu unterscheiden ist, daß die §§ 485ff. auch im arbeitsgerichtlichen Verfahren gelten[6] und vor den Gerichten der Verwaltungs-, Finanz-[7] und Sozialgerichtsbarkeit teilweise entsprechend anwendbar sind (§ 98 VwGO, § 82 FGO, § 76 Abs. 3 SGG). Eine entsprechende Anwendung der §§ 485ff. in den echten Streitverfahren der Freiwilligen Gerichtsbarkeit erscheint zulässig[8], soweit dort eine Lücke besteht. Zur Verwertbarkeit in anderen Rechtswegen → § 493 Fn. 2.

4 Das selbständige Beweisverfahren führt nicht zur Rechtshängigkeit des Anspruchs, aber gemäß § 204 Abs. 1 Nr. 7 BGB zur **Hemmung der Verjährung**, näher → § 486 Rdnr. 44ff.

II. Verwandte Verfahren

5 Der Beweissicherung dient auch das **Verfahren nach § 164 FGG** (gerichtliche Ernennung, Beeidigung und Vernehmung von Sachverständigen in den Fällen, in denen nach den Vorschriften des bürgerlichen Rechts jemand den Zustand oder den Wert einer Sache durch Sachverständige feststellen lassen kann). Da § 164 FGG nur die Erhebung des *Sachverständigenbeweises* zuläßt und eine entsprechende bürgerlich-rechtliche Bestimmung voraussetzt, ist sein Anwendungsbereich wesentlich enger als derjenige der §§ 485ff. Die Zulässigkeit des Verfahrens nach §§ 485ff. schließt das Verfahren nach § 164 FGG nicht aus, ebensowenig umgekehrt[9]. Soweit sich die Anwendungsbereiche überschneiden, hat der Antragsteller die **Wahl.** Hat er das eine Verfahren gewählt, so fehlt für das andere das *Rechtsschutzbedürfnis*, wenn die begehrte Beweiserhebung bereits in dem ersten Verfahren stattfindet. Wurde das selbständige Beweisverfahren nach der ZPO gewählt, so kommt eine Abgabe an das im Verfahren der freiwilligen Gerichtsbarkeit zuständige Gericht nicht in Betracht[10].

6 Selbständig geregelt ist das Verfahren zur **Feststellung von Schiffsunfällen**[11] in §§ 11ff. BinnenschiffahrtsG (i.d.F. v. 20.5. 1898, RGBl. 868).

Betracht, wenn die Beweisaufnahme im Hauptsacheprozeß zwar beschlossen ist, aber wegen Unterbrechung, Aussetzung oder Ruhen des Hauptprozesses nicht ausgeführt werden kann, *OLG Düsseldorf* aaO.

[3] So schon *Rosenberg* DRZ 1948, 312; ausführlich *Schilken* ZZP 92 (1979), 238, 239ff.; ebenso *Rosenberg/Schwab/Gottwald*[16] § 116 Rdnr. 1; *Thomas/Putzo/Reichold*[26] vor § 485 Rdnr. 2.

[4] Übereinstimmend *LG Berlin* MDR 1988, 322.

[5] Zust. *OLG Celle* NJW-RR 2000, 1100.

[6] Dazu *Zwanziger* ZZP 109 (1996), 79.

[7] *BFH* NJW 1970, 1392.

[8] *OLG Celle* NJW-RR 2000, 1100, 1101 (jedoch nicht zulässig im Fall des § 641i iVm § 1600e Abs. 2 BGB, dazu → § 485 Rdnr. 34); *BayObLG* MDR 1996, 144 = NJW-RR 1996, 528 (zu Wohnungseigentumssachen; auch § 494a ist entsprechend anwendbar; insoweit a.M. *AG Neukölln* ZMR 2005, 156). Gegen eine Anwendung in Wohnungseigentumssachen *Mollenkopf* ZMR 2000, 582,

[9] *OLG Frankfurt* NJW-RR 1997, 581, 582 (dies gilt auch im Verhältnis zu landesrechtlichen Verfahren im Bereich der Freiwilligen Gerichtsbarkeit).

[10] *LG Berlin* MDR 1988, 322.

[11] Zu diesem »Verklarungsverfahren« und der Kostenerstattung *OLG Karlsruhe* (Schiffahrtsobergericht) JurBüro 1994, 224 (keine entsprechende Anwendung von § 494a).

III. Kosten des selbständigen Beweisverfahrens

1. Gerichtskosten

7 Für die gerichtlichen Kosten des Verfahrens, also die **Gerichtsgebühr** (GKG KV Nr. 1610: 1,0 Gebühr) (zum Streitwert → Rdnr. 10) und die **Auslagen,** insbesondere für Zeugen und Sachverständige (GKG KV Nr. 9005), haftet der **Antragsteller,** § 22 Abs. 1 S. 1 GKG, soweit nicht die Kostenbefreiung für den Fiskus (§ 2 GKG) eingreift[12], → Rdnr. 36. Die Gebühr wird mit dem Antrag fällig, § 6 GKG, die Auslagen mit Beendigung des Verfahrens, § 9 Abs. 1 GKG (ausgenommen die Dokumentenpauschale und die Pauschale für die Aktenversendung, § 9 Abs. 2 GKG).

8 Zum **Auslagenvorschuß** und zur regelmäßigen Abhängigmachung der gerichtlichen Handlung von der Zahlung dieses Vorschusses s. § 17 Abs. 1 GKG, für den Zeugenbeweis § 379 (→ dort Rdnr. 1), für den Sachverständigenbeweis § 379 i.V. mit § 402 (→ dort Rdnr. 2). Beantragt der Gegner Erweiterungen der Beweisaufnahme, so wird er dadurch insoweit selbst zum Antragsteller[13]. Zur Beweisaufnahme nach dem BinnenschiffahrtsG (→ Rdnr. 6) s. § 50 Abs. 2 KostenO.

2. Anwaltsgebühren

9 Die Anwaltsgebühren richten sich nach RVG VV 3100ff., s. insbesondere 3100 (Verfahrensgebühr); 3104 (Terminsgebühr), Anders als früher sind Hauptsacheverfahren und selbständiges Beweisverfahren nach dem RVG zwei verschiedene Angelegenheiten. Es wird nur noch die Verfahrensgebühr des selbständigen Beweisverfahrens auf die Verfahrensgebühr des Hauptsacheprozesses angerechnet, RG VV Teil 3, Vorbem. 3 Abs. 5. – Zu den Kosten des nach § 494 Abs. 2 bestellten Vertreters eines unbekannten Gegners → § 494 Rdnr. 5.

3. Streitwert

10 Hierzu ausführlich → § 3 Rdnr. 48, Stichwort »Beweisverfahren«. Der Streitwert ist nach h.M.[14] grundsätzlich nach dem **vollen Hauptsachewert** zu bemessen, da sich das selbständige Beweisverfahren als vorweggenommener Teil des späteren Hauptsacheverfahrens darstellt.

11 **Zuständig** für die Festsetzung des Streitwerts ist das Gericht, bei dem das selbständige Beweisverfahren durchgeführt wurde, nicht das Gericht, bei dem die Beweisverhandlungen benutzt werden[15]. Der vom Antragsteller angegebene Wert ist nicht bindend. Bei der Bemessung des Werts ist auf den Zeitpunkt der Verfahrenseinleitung abzustellen, so daß z.B. die behaupteten Mängel maßgebend sind, auch wenn sie im eingeholten Sachverständigengutachten nur zum Teil bestätigt werden[16]. Die **Streitwertbeschwerde** ist in der Regel nur innerhalb von sechs Monaten nach Beendigung des selbständigen Beweisverfahrens zulässig[17].

---

12 Dazu krit. *Mugler* BB 1992, 797, 798, weil sich der Fiskus auf diese Weise die Kosten für Privatgutachten sparen könne.

13 *OLG Koblenz* NJW-RR 1997, 1024.

14 So auch *BGH* NJW 2004, 3488. Weitere Nachw. → § 3 Rdnr. 48, Stichwort »Beweisverfahren«.

15 *OLG Hamm* NJW 1976, 116.

16 *BGH* NJW 2004, 3488, 3489.

17 *OLG Nürnberg* MDR 2002, 538 (jedenfalls wenn sich kein Hauptsacheverfahren anschließt); *OLG Koblenz* MDR 2005, 826 (Beendigung des selbständigen Beweisverfahrens mit der Übersendung des Sachverständigengutachtens an die Parteien, wenn sich weder eine Sachverständigenanhörung noch ein Hauptsacheprozeß anschließt).

4. Prozeßkostenhilfe

12 Die Zulässigkeit der Gewährung von Prozeßkostenhilfe für das selbständige Beweisverfahren ist zwar im Gesetz nicht ausdrücklich geregelt, entspricht aber dem Zweck der Prozeßkostenhilfe, dem finanziell Schwächeren ebenfalls eine effektive Rechtsverfolgung bzw. Rechtsverteidigung zu ermöglichen[18]. Bei der Beurteilung der Erfolgsaussichten ist, soweit es um die Gewährung der Prozeßkostenhilfe an den Antragsteller geht, auf den voraussichtlichen Erfolg des Beweisantrags, nicht auf den in der Hauptsache abzustellen[19]. Bei der Gewährung von Prozeßkostenhilfe an den Antragsgegner wird man allein darauf abstellen müssen, ob eine Anwaltsbeiordnung nach § 121 Abs. 1 oder 2 angezeigt ist; die Gewährung der Prozeßkostenhilfe kommt daher auch dann noch in Betracht, wenn über den Antrag auf selbständige Beweisaufnahme bereits positiv entschieden ist[20]. Die für den Hauptsacheprozeß gewährte Prozeßkostenhilfe umfaßt als solche nicht auch die Kosten des selbständigen Beweisverfahrens (→ § 119 Rdnr. 11).

IV. Kostenentscheidung im selbständigen Beweisverfahren

1. Grundsätzlich keine Kostenentscheidung

13 Über die Kosten des selbständigen Beweisverfahrens wird innerhalb des Verfahrens nach §§ 485ff. grundsätzlich **nicht entschieden**[21], auch nicht in einer Beschwerdeentscheidung[22]. Hiervon bestehen jedoch eine Reihe wichtiger Ausnahmen, → Rdnr. 15ff.

14 Für den **Gegner** eröffnet ferner § 494a Abs. 2 einen Weg, um zu einer Kostenentscheidung zu seinen Gunsten zu gelangen. Diese wird erlassen, wenn der Antragsteller des selbständigen Beweisverfahrens nicht innerhalb einer ihm gesetzten Frist die Klage erhoben hat. Näher → § 494a.

2. Kostenentscheidung bei Antragszurückweisung

15 Bei Zurückweisung des Antrags auf selbständiges Beweisverfahren (auch bei gleichzeitiger Anhängigkeit des Hauptprozesses[23]) sind jedoch entsprechend § 91 Abs. 1 dem Antragsteller durch Beschluß die Kosten aufzuerlegen[24].

3. Kostentscheidung bei Rücknahme des Antrags

16 Ebenso ist bei Rücknahme des (ohne anhängigen Hauptsacheprozeß gestellten) Antrags auf selbständiges Beweisverfahren analog § 269 Abs. 3 S. 2 u. 3, Abs. 4 auf Antrag des Gegners die Kostentragungspflicht des Antragstellers durch Beschluß auszusprechen[25]; nicht aber, wenn

---

[18] Nachw. → § 119 Fn. 35f.
[19] *OLG Köln* Rpfleger 1995, 303; *OLG Hamm* IBR 2005, 182.
[20] *LG Freiburg* BauR 1998, 400. – A.M. *LG Karlsruhe* MDR 1993, 914.
[21] Vgl. – insbes. zu den Ausnahmen – *Altenmüller* NJW 1976, 92.
[22] *OLG Saarbrücken* VersR 2000, 891, 892.
[23] *OLG Frankfurt* MDR 1998, 128; *OLG München* BauR 1998, 1279.
[24] *OLG Frankfurt* OLGZ 1993, 441; BauR 1998, 891; *OLG Braunschweig* BauR 1993, 122; *OLG Brandenburg* BauR 1996, 584; *OLG Hamm* NJW-RR 1997, 959; *OLG Stuttgart* BauR 1995, 278; *LG Berlin* NJW-RR 1997, 585. Auch *BGH* NJW 1983, 284 neigt dieser Ansicht zu. – A.M. *OLG Köln* VersR 1992, 638; *OLG Düsseldorf* NJW 1972, 295, das die Kosten des Beweissicherungsverfahrens auch in einem solchen Fall zu den Kosten des Hauptprozesses zählt und auf die Anwendung des § 96 bei der Kostenentscheidung im Hauptsacheprozeß verweist; *Baumbach/Lauterbach/Hartmann*[63] § 91 Rdnr. 193.
[25] *BGH* NZBau 2005, 42; *OLG Nürnberg* JurBüro 2000, 589; *OLG Braunschweig* BauR 2001, 994;

die Beweisaufnahme jedenfalls teilweise durchgeführt und bereits ein Hauptsacheverfahren eingeleitet wurde[26]. Der Kostenbeschluss entsprechend § 269 Abs. 3 S. 2 ergeht nur dann im selbständigen Beweisverfahren, wenn **kein Hauptsacheverfahren anhängig** ist, während sonst diese Kostenfolge im Rahmen des Hauptsacheprozesses als Teil der dort ergehenden Kostenentscheidung auszusprechen ist[27]. Bei Rücknahme des Antrags hat der Antragsteller auch die Kosten eines Streithelfers[28] des Antragsgegners zu tragen[29].

17 Auch wenn ein **Wechsel des Antragstellers** stattfand, sind dem ausscheidenden Antragsteller entsprechend § 269 Abs. 3 die Kosten des Gegners aufzuerlegen[30].

4. Kostenentscheidung bei Nichtzahlung des Auslagenvorschusses und sonstigem Nichtbetreiben

18 Zahlt der Antragsteller den geforderten Auslagenvorschuß nicht und findet das selbständige Beweisverfahren dadurch sein faktisches Ende, so sollte auf Antrag des Gegners ebenfalls ein Kostenbeschluß analog § 269 Abs. 3 zu Lasten des Antragstellers ergehen[31]. Auch bei sonstigem Nichtbetreiben des Verfahrens durch den Antragsteller (vor Durchführung der Beweisaufnahme) erscheint diese Rechtsfolge angemessen[32].

5. Erledigungserklärung

a) Übereinstimmende Erledigungserklärung

19 Wird das selbständige Beweisverfahren **übereinstimmend für erledigt erklärt,** so sollte eine Kostenentscheidung entsprechend den zu § 91a entwickelten Regeln zugelassen werden[33].

b) Einseitige Erledigungserklärung

aa) Keine Kostenentscheidung nach Erledigungsgrundsätzen

20 Bei einseitiger Erledigungserklärung durch den Antragsteller ist dagegen weder eine Kostenentscheidung nach § 91a zulässig noch kann eine Kostenentscheidung gegen den Antragsgegner unter Anwendung der Regeln ergehen, die im Hauptsacheverfahren bei einseitiger Er-

---

OLG Frankfurt OLGZ 1993, 441; *KG* MDR 1996, 968; NJW-RR 1992, 1023; *OLG Celle* MDR 1993, 914; *OLG Karlsruhe* NJW-RR 1992, 1406 = MDR 1992, 911; *OLG Köln* FamRZ 1995, 1216 u. 1217 (LS). – A.M. *OLG Koblenz* MDR 1996, 101; *OLG Köln* FamRZ 1992, 1083; *Cuypers* NJW 1994, 1985, 1990.

[26] *OLG Thüringen* OLG-NL 1997, 283.

[27] *BGH* NZBau 2005, 42; *BGH* NJW-RR 2005, 1015.

[28] Zu den Kosten einer Nebenintervention im selbständigen Beweisverfahren ausführlich *Kießling* NJW 2001, 3668.

[29] *BGH* NZBau 2005, 42, 43; *OLG München* BauR 1998, 592 (zum beigetretenen Streitverkündungsempfänger).

[30] *OLG Frankfurt* BauR 1995, 426.

[31] *OLG Frankfurt* MDR 1995, 751; *OLG Celle* NJW-RR 1998, 1079.

[32] *OLG Koblenz* MDR 2005, 291. – A.M. *OLG Köln* BauR 2000, 1777; *LG Mainz* JurBüro 2000, 589.

[33] *OLG Frankfurt* OLGZ 1993, 441 (Erledigung des selbständigen Beweisverfahrens ohne Beweiserhebung durch Zugeständnis der unter Beweis gestellten Tatsachen); *OLG Koblenz* BauR 1998, 1045 (Erledigung durch Totalschaden an dem zu untersuchenden PKW); *LG Hannover* JurBüro 1998, 98 (Erledigung einer Beweisfrage durch Nachbesserung); *OLG Dresden* BauR 2003, 1608; *Notthoff/Buchholz* JurBüro 1997, 5, 8; *Notthoff* JurBüro 1998, 61, 62; *Thomas/Putzo/Reichold*[26] § 494a Rdnr. 6. – A.M. *OLG Hamburg* MDR 1998, 242; *OLG Stuttgart* BauR 2000, 445; *LG Bonn* BauR 1994, 141; BauR 1995, 427; *Lindacher* JR 1999, 278 (wenn das Beweisbegehren gegenstandslos geworden ist).

ledigungserklärung gelten[34]. Diese Regeln (→ § 91a Rdnr. 45ff.) passen nicht, da sie eine Prüfung der ursprünglichen Zulässigkeit und Begründetheit und der späteren Erledigung des Klageanspruchs (also der Hauptsache) voraussetzen, für die das selbständige Beweisverfahren nicht geeignet ist. Davon zu unterscheiden ist der Fall, dass sich nach Durchführung des selbständigen Beweisverfahrens der Hauptsacheanspruch durch Erfüllung »erledigt«, dazu → § 494a Rdnr. 12.

bb) Erledigungserklärung vor Durchführung der Beweisaufnahme

21 Wird daher das selbständige Beweisverfahren vor Durchführung der Beweisaufnahme vom Antragsteller für erledigt erklärt, ohne daß der Antragsgegner zustimmt, so ist durch Rückfrage zu klären, ob eine Antragsrücknahme gewollt ist[35], die auf Antrag des Gegners zum Kostenbeschluß entsprechend § 269 Abs. 3 S. 2, Abs. 4 (→ Rdnr. 16) führt[36]. Widerspricht der Antragsteller einer Auslegung als Rücknahme, so kann man eine Beendigung i. S. v. § 494a Abs. 1 annehmen, die dem Antragsgegner den Weg zu einer Kostenentscheidung über eine Fristsetzung zur Hauptsacheklage eröffnet[37].

22 Kein Fall der Erledigung ist es, wenn vor Beendigung des selbständigen Beweisverfahrens Hauptsacheklage erhoben wird, dazu → § 485 Rdnr. 10.

cc) Erledigungserklärung nach Durchführung der Beweisaufnahme

23 Wird das selbständige Beweisverfahren erst **nach Durchführung der Beweisaufnahme** vom Antragsteller einseitig für erledigt erklärt, z.B. bei Erfüllung des Hauptsacheanspruchs aufgrund der Beweisaufnahme[38] oder bei sonstigem Wegfall des Interesses des Antragstellers, so muß eine Kostenentscheidung im selbständigen Beweisverfahren unterbleiben. Auch eine entsprechende Anwendung von § 494a Abs. 2 zugunsten des *Antragstellers* ist nach Ansicht des *BGH*[39] nicht gerechtfertigt. Eine Antragsrücknahme ist in diesem Stadium nicht mehr möglich, → § 486 Rdnr. 42. Dem *Antragsgegner* steht der Weg über § 494a offen, soweit nicht etwa die Erfüllung des Anspruchs o.ä. entgegensteht, → § 494a Rdnr. 12. Nach Ansicht des *BGH*[40] kann der *Antragsteller* in einem solchen Fall auf Feststellung klagen, daß der Antragsgegner zu der von ihm vorgenommenen Handlung (durch die sich der Hauptsacheanspruch nach Erhebung des Beweises erledigt hat) verpflichtet war, und auf diese Weise eine Kostengrundentscheidung erlangen, die auch die Kosten des selbständigen Beweisverfahrens umfaßt. Im übrigen kommen materiell-rechtliche Kostenerstattungsansprüche in Betracht, → auch Rdnr. 37.

24 Ist der **Antragsteller** des selbständigen Beweisverfahrens **Gegner eines gegen ihn gerichteten Anspruchs** und wird dieser Anspruch nach dem Abschluß des selbständigen Beweisverfahrens nicht mehr geltend gemacht, so müßte man entsprechend eine negative Feststellungsklage zulassen, wonach der Anspruch von Anfang an nicht bestanden hat, um auf diese Weise dem Antragsteller den Weg zu einem Kostentitel auch hinsichtlich der Kosten des selbständigen Beweisverfahrens zu eröffnen. Erwägenswert ist aber auch, in dieser Situation dem An-

---

[34] *BGH* NJW-RR 2004, 1005; *BGH* NZBau 2005, 42; *LG Mönchengladbach* MDR 2006, 229. – A.M. *OLG München* BauR 2001, 1947.

[35] Nach *BGH* NZBau 2005, 42 ist dies regelmäßig anzunehmen.

[36] *BGH* NZBau 2005, 42.

[37] So *OLG Schleswig* BauR 2004, 1818.

[38] A.M. *Ende* MDR 1997, 123, 125; *Lindacher* JR 1999, 278, 279 (immer wenn sich das Hauptverfahren erübrigt). – Inwieweit *OLG Celle* MDR 1993, 914 eine Kostenentscheidung nach § 91a im selbständigen Beweisverfahren für zulässig hält, wird nicht recht klar.

[39] *BGH* NJW-RR 2004, 1005.

[40] *BGH* NJW-RR 2004, 1005; ebenso *LG Mönchengladbach* MDR 2006, 229.

spruchsgegner als Antragsteller des selbständigen Beweisverfahrens einen Kostenanspruch analog § 494a Abs. 2 zuzubilligen[41].

6. Vergleich

25 Eine Kostenentscheidung erscheint auch unzulässig, wenn es nach Einholung des Gutachtens zu einem **Vergleich** (ohne Kostenregelung) über die Hauptsache kommt[42], da der Hauptsacheanspruch als solcher nicht anhängig war bzw. ist und es auch an einer hinreichenden Grundlage für die Beurteilung der Kostenfrage fehlen wird, → auch § 494a Rdnr. 12. In diesen Fällen bleibt ebenfalls nur die Geltendmachung eines etwaigen materiell-rechtlichen Kostenerstattungsanspruchs (→ Rdnr. 37) in einem gesonderten Prozeß.

V. Kostenerstattung aufgrund der Kostenentscheidung im Hauptsacheprozeß

1. Zugehörigkeit zu den Kosten des Hauptsacheprozesses

26 Ist bereits während des selbständigen Beweisverfahrens ein Hauptsacheprozeß rechtshängig oder folgt dieser dem selbständigen Beweisverfahren, so bilden die Kosten des selbständigen Beweisverfahrens einen Teil der Kosten des Hauptprozesses und können aufgrund der Verurteilung in die »Kosten des Rechtsstreits« festgesetzt werden, ohne daß über sie besonders entschieden zu werden braucht[43]. Die im selbständigen Beweisverfahren entstandenen gerichtlichen Kosten (Gerichtsgebühren und Auslagen, insbesondere für Sachverständige) stellen gerichtliche Kosten des nachfolgenden Hauptsacheprozesses dar[44]. Ob die Kosten notwendig iS des § 91 waren, ist im Kostenfestsetzungsverfahren zu prüfen[45]. Es entscheidet sich wie sonst nach dem Zeitpunkt der vorzunehmenden Handlung (→ § 91 Rdnr. 48), d.h. hier des Antrags auf selbständige Beweiserhebung (näher → § 91 Rdnr. 21).

27 Die Erstattungsfähigkeit hängt nicht davon ab, ob die im selbständigen Beweisverfahren erhobenen Beweise im Hauptsacheprozeß verwertet wurden[46], → auch Rdnr. 32.

28 Die Kosten des selbständigen Beweisverfahrens sind aber nur dann Teil der Kosten des Hauptsacheprozesses, wenn dieser **dieselben Parteien** (→ Rdnr. 31) und **denselben Streitgegenstand** (→ Rdnr. 30) betrifft wie das selbständige Beweisverfahren[47]. Zur Behandlung der Kosten, wenn die Hauptsacheklage nur einen **Teil** des Gegenstands des selbständigen Beweisverfahrens umfaßt, → § 494a Rdnr. 25.

29 Eine besondere **Klage auf Erstattung der Kosten** ist, wenn es zum Hauptsacheprozeß kommt, in der Regel ausgeschlossen (→ vor § 91 Rdnr. 22), ebenso die Geltendmachung im Hauptsacheprozeß als besonderer Schadensposten[48] oder im Wege der Aufrechnung[49].

Zum **ausländischen Beweissicherungsverfahren** → § 493 Rdnr. 8.

---

[41] Dafür *Lenzen* BauR 2005, 303. *Lenzen* (aaO 305) weist mit Recht darauf hin, daß es in dieser Situation an einem materiell-rechtlichen Kostenerstattungsanspruch (an den man sonst als Ausweg denken könnte) meist fehlen wird.

[42] *LG Tübingen* MDR 1995, 638; *LG Stade* MDR 1995, 1270.

[43] *BGHZ* 132, 96, 104 = NJW 1996, 1749, 1750; *BGHZ* 20, 4, 15 = LM § 485 Nr. 1; *OLG Nürnberg* OLGZ 1994, 351; *OLG Frankfurt* MDR 1984, 238 = JurBüro 1984, 768.

[44] *BGH* NZBau 2005, 44; *BGH* NJW 2003, 1322.

[45] *BGHZ* 132, 96, 104 = NJW 1996, 1749, 1751.

[46] *BGH* NZBau 2005, 44. – A.M. noch *BGH* NJW 2003, 1322, 1323.

[47] *BGH* NJW-RR 2006, 810; *LG Köln* VRS Bd. 95 (1998), 350 (auch zur Bestimmung des Streitgegenstands).

[48] *OLG Düsseldorf* NJW-RR 1995, 1108, 1109.

[49] A.M. *OLG Dresden* NJW-RR 2003, 305 (Aufrechnung sei sowohl in einem anderen Prozeß als auch im Hauptsacheprozeß zulässig).

2. Hauptsacheprozeß

30 Hauptsacheprozeß ist der Prozeß, zu dessen Vorbereitung das selbständige Beweisverfahren betrieben wurde[50], aber auch ein Verfahren über eine einstweilige Verfügung hinsichtlich des Hauptsacheanspruchs[51]. Kommen als Hauptsacheprozeß mehrere Verfahren in Betracht, so sind die Kosten dem Verfahren zuzuordnen, in das die selbständige Beweisaufnahme zuerst eingeführt wurde[52]. Das selbständige Beweisverfahren muß sich inhaltlich auf den Gegenstand des Hauptprozesses beziehen[53], wobei es aber genügt, wenn die betroffene Forderung im Hauptsacheprozeß zur Aufrechnung gestellt und darüber entschieden wurde[54] oder wenn die Beweissicherung sich auf die Rechtsverteidigung des Beklagten bezog[55]. Zur **Teilidentität** → § 494a Rdnr. 25. Entfällt die zunächst gegebene Identität des Streitgegenstands durch eine Klageänderung im Hauptsacheprozeß, so können die Kosten des selbständigen Beweisverfahrens nicht als Kosten des Hauptsachprozesses festgesetzt werden[56]. → auch Rdnr. 33 zu Fällen der Kostenaufteilung.

3. Identität der Parteien

31 Die Parteien des Hauptprozesses müssen mit den Parteien des selbständigen Beweisverfahrens identisch[57] oder deren Rechtsnachfolger sein[58]. Die Kosten eines selbständigen Beweisverfahrens gegenüber dem Hauptschuldner gehören nicht zu den Kosten des Rechtsstreits gegen den Bürgen[59]. Wird die Klage wegen **fehlender Passivlegitimation** des Beklagten abgewiesen, so hat der Kläger die dem Beklagten im selbständigen Beweisverfahren erwachsenen Kosten zu tragen; über die übrigen Kosten des selbständigen Beweisverfahrens ist im Prozeß gegen den wirklichen Schuldner zu entscheiden[60]. Zu Fällen der Kostenaufteilung → Rdnr. 33.

4. Notwendigkeit der Kosten

32 Die Notwendigkeit der Kosten des selbständigen Beweisverfahrens kann auch dann bejaht werden, wenn die Beweisaufnahme im Hauptsacheprozeß **nicht benutzt** wurde, → Rdnr. 27. Wurde jedoch ein offensichtlich überflüssiges und nutzloses selbständiges Beweisverfahren veranlaßt, so kann das Prozeßgericht nach § 96 dem im Hauptsacheprozeß obsiegenden Antragsteller die Kosten auferlegen[61]. Auch muß ein hinreichender Zusammenhang zwischen dem selbständigen Beweisverfahren und dem Hauptsacheprozeß bestehen, woran es fehlen kann, wenn die Klage schon aus anderen Gründen abgewiesen wird[62].

---

50 *OLG Koblenz* JurBüro 1981, 1070.

51 *OLG Koblenz* JurBüro 1995, 481. – A.M. *OLG Schleswig* JurBüro 1987, 1223; *OLG München* MDR 1998, 1183.

52 *OLG Koblenz* JurBüro 1995, 481, 482.

53 *OLG Hamburg* JurBüro 1978, 239; *KG* JurBüro 1980, 1419; *OLG Stuttgart* JurBüro 1982, 1080; JurBüro 1982, 599; *KG* Rpfleger 1982, 195; *OLG Koblenz* JurBüro 1996, 375.

54 *OLG München* JurBüro 1982, 1254; *KG* JurBüro 1979, 408; *LG Berlin* JurBüro 1979, 1374; *OLG Schleswig* JurBüro 1988, 1524.

55 *OLG Hamm* JurBüro 1983, 1101.

56 *OLG Köln* BauR 2005, 900.

57 Nachw. → § 91 Fn. 32; ferner *OLG Koblenz* NJW-RR 1994, 574 (auch Abtretung eines etwaigen Erstattungsanspruchs durch eine Partei des selbständigen Beweisverfahrens genügt nicht).

58 So z.B. bei Zession durch den Antragsteller des Beweissicherungsverfahrens an den Kläger im Hauptsacheprozeß, *KG* JurBüro 1981, 1392; *OLG Düsseldorf* MDR 1985, 1032; ebenso bei Klage des Zwangsverwalters anstelle des im Beweissicherungsverfahren als Antragsgegner beteiligten Eigentümers, *OLG Hamburg* JurBüro 1983, 1257, oder bei Klage des Konkursverwalters anstelle des Antragsgegners im Beweissicherungsverfahren, *OLG Köln* JurBüro 1987, 433, auch bei Klage gegen den hinsichtlich des Beweissicherungsverfahrens nicht gutgläubigen Erwerber der Streitsache, jedenfalls wenn das Gutachten in den Hauptsacheprozeß eingeführt wurde, *OLG Frankfurt* MDR 1984, 238 = JurBüro 1984, 768; *LG Berlin* JurBüro 1985, 286.

59 *OLG Koblenz* MDR 2004, 840.

60 *BGHZ* 20, 4 = LM § 485 Nr. 1.

61 *OLG Schleswig* SchlHA 1975, 88; *OLG München* Rpfleger 1973, 446; *KG* Rpfleger 1979, 143, 144; *LG Frankenthal* MDR 1981, 940.

62 *OLG Koblenz* NJW-RR 1997, 1277.

5. Aufteilung von Kosten

33 Eine Kostenteilung im Hauptsacheprozeß gilt auch für die Kosten eines vorausgegangenen selbständigen Beweisverfahrens[63], so wie dies auch bei Kosten eines Sachverständigengutachtens im Hauptsacheprozeß der Fall wäre. Auch in anderen Fällen kommt eine **anteilige Kostenerstattung** in Betracht. So sind die Kosten eines einheitlichen selbständigen Beweisverfahrens, das für mehrere Rechtsstreitigkeiten durchgeführt wurde, auf die einzelnen Prozesse im Verhältnis ihrer Streitwerte aufzuteilen[64]. Falls von mehreren Antragsgegnern im selbständigen Beweisverfahren nur einer Beklagter im Hauptsacheprozeß ist, hat er bei Unterliegen im Hauptsacheprozeß und Verurteilung in die Kosten gleichwohl die vollen gerichtlichen Kosten des selbständigen Beweisverfahrens zu erstatten[65]. Nur wenn das selbständige Beweisverfahren, soweit es den nicht verklagten Antragsgegner betraf, einen anderen Gegenstand hatte als im Verhältnis zu dem verklagten Antragsgegner, hat eine Aufteilung der Kosten des selbständigen Beweisverfahrens im Rahmen der Kostenfestsetzung zu erfolgen[66].

6. Rücknahme der Hauptsacheklage; Prozeßvergleich; Kostenaufhebung

34 Wird im Hauptsacheprozeß die **Klage zurückgenommen**, so erstreckt sich der Kostenausspruch nach §269 Abs. 3 S. 2 u. 3, Abs. 4 nicht auf die Kosten des selbständigen Beweisverfahrens[67]. Der *BGH*[68] hat diese Frage allerdings offen gelassen und sich mit der Feststellung begnügt, die Kosten eines selbständigen Beweisverfahrens würden jedenfalls dann nicht von einer Kostenentscheidung nach §269 Abs. 3 S. 2 erfasst, wenn das selbständige Beweisverfahren nach der Rücknahme der damaligen Klage fortgesetzt werden sollte. – Wenn die zurückgenommene Klage vom Antragsteller des selbständigen Beweisverfahrens erhoben war, sollte man analog §494a Abs. 2 eine Entscheidung über die Kosten des selbständigen Beweisverfahrens zulassen[69], → auch §494a Rdnr. 27. In den übrigen Fällen wird man nach Rücknahme die Kostenerstattung so beurteilen müssen, als ob es nicht zu einem Hauptsacheprozeß gekommen wäre (→ Rdnr. 37).

35 Die in einem **Prozeßvergleich** im Hauptsacheprozeß getroffene Kostenregelung wird im allgemeinen auch die Kosten eines vorangegangenen selbständigen Beweisverfahrens erfassen[70], wenn nicht die Auslegung etwas anderes ergibt. Empfehlenswert ist eine ausdrückliche Vereinbarung[71]. In den Fällen der **Kostenaufhebung** (§92 Abs. 1, §98) sind die gerichtlichen Kosten des selbständigen Beweisverfahrens zu den (hälftig zu teilenden) Gerichtskosten zu rechnen, → Rdnr. 26. Kosten einer Partei für Arbeiten, die das Gutachten vorbereiten, werden aber, auch wenn sie erstattungsfähig sind, als außergerichtliche Kosten angesehen[72].

---

63 A.M. *OLG Düsseldorf* NJW-RR 1997, 856, 857 (vollständige Erstattung aufgrund eines »unselbständigen materiell-rechtlichen Kostenerstattungsanspruchs«).

64 Nachw. → §91 Fn. 34; ferner *OLG Hamburg* MDR 1986, 591 = JurBüro 1986, 1086.

65 *BGH* NJW-RR 2004, 1651.

66 *BGH* NJW-RR 2004, 1651.

67 *OLG München* MDR 1998, 307 = NJW-RR 1998, 1078; *OLG Schleswig* JurBüro 1995, 36; *OLG Köln* BauR 1994, 411; *OLG Köln* MDR 2002, 1391; *OLG Koblenz* NJW 2003, 3281 (auch nicht, wenn mit Verzicht auf den Klageanspruch verbunden); *OLG Düsseldorf* NJW-RR 2006, 1028; *Baumbach/Lauterbach/Hartmann*[63] §91 Rdnr. 198; *Zöller/Herget*[25] §91 Rdnr. 13 Selbständiges Beweisverfahren; *Zöller/Greger*[25] §269 Rdnr. 18 b (anders bei Beweissicherung nach §486 innerhalb des Hauptprozesses); *Thomas/Putzo/Reichold*[26] §494a Rdnr. 5. – A.M. *OLG Düsseldorf* BauR 1997, 349; *OLG Hamburg* MDR 1998, 1124 (wenn die Klagerücknahme erfolgte, um eine Klageabweisung zu verhindern); *OLG Frankfurt* NJW-RR 2004, 71; *MünchKommZPO/Belz*[2] §103 Rdnr. 37; *MünchKommZPO/Lüke*[2] §269 Rdnr. 51. Weitere Nachw. → §269 Fn. 102 (21. Aufl.).

68 *BGH*, B. v. 21. 7. 2005, VII ZB 44/05, BeckRS 2005 Nr. 09653.

69 Ähnlich *OLG Düsseldorf* NJW-RR 2006, 1028.

70 Bejahend *OLG Hamm* JurBüro 1975, 1214; *OLG Hamburg* MDR 1986, 591; bejahend bei entsprechender Auslegung *OLG Braunschweig* JurBüro 1979, 1382; *OLG Frankfurt* VersR 1981, 265; *OLG Oldenburg* MDR 1983, 1030. – Verneinend *OLG Hamm* MDR 1982, 326; *OLG Schleswig* SchlHA 1982, 173; *OLG Frankfurt* MDR 1983, 941; *OLG Bamberg* JurBüro 1986, 1090. – Zur Auslegung einer über die Kosten des selbständigen Beweisverfahrens getroffenen Regelung *OLG München* Rpfleger 1994, 227.

71 Werden darin die Kosten des selbständigen Beweisverfahrens gesondert verteilt, so ist der Einwand abgeschnitten, die Mehrkosten seien durch Bestellung desselben Anwalts wie für den Hauptsacheprozeß vermeidbar gewesen, *OLG Koblenz* JurBüro 1999, 33.

72 So *OLG Koblenz* MDR 2004, 1025.

7. Befreiung von der Zahlung von Gerichtskosten

36 Ist die im Hauptsacheprozeß unterlegene Partei von der Zahlung der Gerichtskosten befreit (§ 2 GKG), so können auch die Gerichtskosten des selbständigen Beweisverfahrens nicht gegen sie festgesetzt werden; der Gegner hat jedoch einen Rückzahlungsanspruch gegen die Staatskasse, soweit die Kosten nach dem Ausspruch im Hauptsachestreit nicht von ihm zu tragen sind[73].

VI. Kostenerstattung ohne nachfolgenden Hauptsacheprozeß

37 Ergeht keine Kostenentscheidung im selbständigen Beweisverfahren, kommt es nicht zum Hauptsacheprozeß und greift auch § 494a nicht ein (so von vornherein für die Kosten des Antragstellers), so kann Erstattung nur verlangt werden, wenn nach materiellem Recht ein Anspruch auf Ersatz der Kosten als **Schadensersatzanspruch**[74], z.B. als Verzugsschaden[75], o.ä. besteht, → vor § 91 Rdnr. 16ff. Die Abwehr unbegründeter Ansprüche mittels eines selbständigen Beweisverfahrens begründet allein keinen solchen Anspruch[76]. Ein materiell-rechtlicher Erstattungsanspruch ist in einem gesonderten Prozeß geltend zu machen. Dagegen läßt sich ein Erstattungsanspruch in diesen Fällen nicht auf eine analoge Anwendung des § 91 stützen[77]. Dieselben Regeln gelten für die **restlichen Kosten**, wenn aufgrund der Kostenentscheidung im Hauptsacheprozeß nur eine anteilige Erstattung verlangt werden kann[78] (→ Rdnr. 33).

§ 485 Zulässigkeit

(1) Während oder außerhalb eines Streitverfahrens kann auf Antrag einer Partei die Einnahme des Augenscheins, die Vernehmung von Zeugen oder die Begutachtung durch einen Sachverständigen angeordnet werden, wenn der Gegner zustimmt oder zu besorgen ist, dass das Beweismittel verloren geht oder seine Benutzung erschwert wird.

(2) [1]Ist ein Rechtsstreit noch nicht anhängig, kann eine Partei die schriftliche Begutachtung durch einen Sachverständigen beantragen, wenn sie ein rechtliches Interesse daran hat, dass

1. der Zustand einer Person oder der Zustand oder Wert einer Sache,

2. die Ursache eines Personenschadens, Sachschadens oder Sachmangels,

3. der Aufwand für die Beseitigung eines Personenschadens, Sachschadens oder Sachmangels festgestellt wird. [2]Ein rechtliches Interesse ist anzunehmen, wenn die Feststellung der Vermeidung eines Rechtsstreits dienen kann.

(3) Soweit eine Begutachtung bereits gerichtlich angeordnet worden ist, findet eine neue Begutachtung nur statt, wenn die Voraussetzungen des § 412 erfüllt sind.

---

73 *BGH* NJW-RR 2003, 1322.

74 *BGH* NJW 1983, 284 = LM § 91 Nr. 26; *OLG Köln* VersR 1971, 425; *OLG Düsseldorf* MDR 1983, 846; *LG Hannover* JurBüro 1987, 1250; *AG Mönchengladbach* NJW 1972, 1055; *AG Köln* WuM 1973, 107; *Steckel* JurBüro 1980, 648; *E. Schneider* MDR 1981, 361; *Bank* JurBüro 1982, 978. Der Erstattungsanspruch kann sich auch als Nebenpflicht aus VOB B ergeben, *LG Hannover* JurBüro 1987, 1250.

75 *AG Bonn* WuM 1992, 604 (Anspruch des Vermieters gegen den Mieter bei unberechtigter Mietminderung).

76 *KG* NJW-RR 1996, 846.

77 *BGH* NJW 1983, 284 = LM § 91 Nr. 26; NJW 1988, 2032 = ZZP 101 (1988), 298 (zust. *Becker-Eberhard*); *KG* NJW-RR 1996, 846, 847; *Bank* JurBüro 1982, 978, 980; allg. → vor § 91 Rdnr. 16.

78 Vgl. *LG Kiel* SchlHA 1988, 31 (Klage auf Kostenerstattung ist dann hinsichtlich der gesamten Kosten des Beweissicherungsverfahrens zulässig); *LG Berlin* ZMR 1988, 341; *Steckel* JurBüro 1980, 646.

Gesetzesgeschichte: Bis 1900 §447 CPO. Änderung durch die Novelle 1924. Die Überschrift des zwölften Titels und §485 wurden neugefaßt durch Rechtspflege-Vereinfachungsgesetz vom 17.12. 1990 (BGBl. I 2847).

Literatur: → vor §485

I. Normzweck

1 Das selbständige Beweisverfahren nach Abs. 1 dient der **Sicherung von Beweisen,** deren spätere Benutzung gefährdet erscheint. Abs. 2 geht wesentlich darüber hinaus und erlaubt hinsichtlich einer ganzen Reihe von Tatsachen bei Vorliegen eines rechtlichen Interesses die Einholung eines schriftliches Sachverständigengutachtens außerhalb eines anhängigen Rechtsstreits, unabhängig von einer Gefährdung der Beweise. Der Zweck des selbständigen Beweisverfahrens liegt hier in erster Linie in der **Vermeidung eines Rechtsstreits** in der Hauptsache.

II. Antrag und gerichtliche Verpflichtung (kein Ermessen)

2 Die Beweiserhebung nach Abs. 1 und 2 erfolgt nur auf **Antrag einer Partei,** der nicht dem Anwaltszwang unterliegt, §78 Abs. 5 iVm. §486 Abs. 4. Zur gerichtlichen Zuständigkeit → §486. Daß nach Abs. 1 die Beweisaufnahme angeordnet bzw. nach Abs. 2 beantragt werden *kann*, bedeutet nicht, daß dem Gericht hier ein Ermessen eingeräumt wäre. Das Gericht **muß** vielmehr **dem Antrag stattgeben,** wenn nach seiner pflichtgemäßen Beurteilung dessen Vor-

aussetzungen vorliegen. Es darf einen Antrag weder ganz noch teilweise aus Zweckmäßigkeitsgründen zurückweisen[1].

III. Zulässige Beweismittel

1. Augenschein, Zeugen, Sachverständige

3 Die Sicherung des Beweises wird durch Abs. 1 dem Beweismittel nach auf den **Augenschein,** den **Zeugenbeweis** und den Beweis durch **Sachverständige** in schriftlicher oder mündlicher Form[2], durch Abs. 2 auf schriftliche Sachverständigengutachten beschränkt. Die sachverständigen Zeugen sind Zeugen, § 414. Sachverständige können auch in Verbindung mit der Einnahme eines Augenscheins vernommen werden (§ 372). Bei einer Wiederholung der Vernehmung im nachfolgenden Prozeß können früher vernommene Sachverständige zu sachverständigen Zeugen werden, → § 414 Rdnr. 2.

2. Urkunden

4 Auf den **Urkundenbeweis** als solchen findet § 485 keine Anwendung. Es kann aber z. B. zur Feststellung der *Echtheit* eine Zeugenvernehmung nach § 485 Abs. 1 stattfinden. Auch bei einer Urkunde kann, z. B. wegen des Zustands des Papiers usw., die spätere Beweiserhebung gefährdet sein. Man sollte daher die Einnahme eines Augenscheins an der Urkunde (unter Protokollierung nicht nur des Zustands sondern auch des Inhalts der Urkunde) unter den Voraussetzungen des Abs. 1 zulassen. Zulässig ist auch eine *Handschriftenvergleichung* (§ 441), die nur ein Anwendungsfall des Augenscheins ist.

5 Voraussetzung ist, daß die Urkunde vom Antragsteller oder – freiwillig – vom Gegner oder einem Dritten vorgelegt wird; ein Vorlegungsverfahren nach §§ 421 ff. kann im Rahmen des selbständigen Beweisverfahrens nicht stattfinden.

3. Parteivernehmung

6 Eine Parteivernehmung im selbständigen Beweisverfahren ist im Wortlaut des Gesetzes nicht vorgesehen. Eine **analoge Anwendung** des § 485 Abs. 1 erscheint gleichwohl zulässig[3], da die Nichtaufnahme der Parteivernehmung in den Gesetzestext auf die Zeit zurückgeht, in der die Regeln über den förmlichen Parteieid galten (→ vor § 445 Rdnr. 1) und die Parteivernehmung noch nicht als der freien Beweiswürdigung unterstehendes Beweismittel anerkannt war[4]. Es entspricht auch der neueren Entwicklung, die das Recht der Parteien auf Parteivernehmung als Beweismittel stärker betont (näher zur Notwendigkeit einer verfassungskonformen Auslegung des Rechts der Parteivernehmung → § 448 Rdnr. 28 ff.), bei Gefährdung auch eine Sicherung der Parteiaussage zuzulassen.

---

[1] Ebenso *Schilken* ZZP 92 (1979), 238, 267. – A.M. *OLG Hamburg* OLGRsp 5 (1902), 75.
[2] Begr. BT-Drucks. 11/3621, S. 41.
[3] A.M. *OLG Hamm* MDR 1994, 307; *Baumbach/Lauterbach/Hartmann*[63] Rdnr. 3; *Zöller/Herget*[25] vor § 485 Rdnr. 5.
[4] Vgl. *Hahn* Materialien zur CPO, S. 342 f. Bei der Reform 1999 wurde die Frage, soweit erkennbar, nicht problematisiert.

IV. Selbständige Beweisaufnahme mit Zustimmung des Gegners (Abs. 1, 1. Alt.)

1. Bedeutung

7 Die hauptsächliche Bedeutung des selbständigen Beweisverfahrens mit Zustimmung des Gegners liegt in der **Beweisaufnahme vor Prozeßbeginn**, wenngleich die Anwendung auch während eines anhängigen Prozesses zulässig ist. Bei Zustimmung des Gegners braucht das Gericht nicht zu prüfen, ob Verlustgefahr usw. (→ Rdnr. 10ff.) vorliegt.

8 Hinsichtlich der **festzustellenden Tatsachen** besteht (im Rahmen der erteilten Zustimmung) keine Einschränkung; die Beweisaufnahme kann sich daher auch auf **Mängelursachen** und auf die Notwendigkeit und die **Kosten** von Maßnahmen zur Beseitigung von Mängeln beziehen[5]. Es muß sich jedoch um Tatsachen, nicht um Rechtsfragen, handeln[6].

2. Zustimmung

9 Die Zustimmung kann dem Antragsteller oder dem Gericht gegenüber erklärt werden. Sie muß, wenn nicht ein gemeinsamer Antrag gestellt ist, mit dem Antrag **glaubhaft** gemacht werden, §487 Nr. 4[7]; im Falle der mündlichen Verhandlung kann die Zustimmung hier erklärt werden. Die Zustimmung ist, da sie die Grundlage des Verfahrens bildet, regelmäßig **nicht widerruflich,** anders aber beim Vorliegen eines Restitutionsgrundes (→ vor §128 Rdnr. 286)[8]. Die Zustimmung stellt eine verfahrensrechtliche Erklärung (Prozeßhandlung) dar, so daß ihre Auslegung auch in der Revisionsinstanz voll überprüfbar ist[9].

V. Selbständige Beweisaufnahme bei Besorgnis des Verlustes oder der erschwerten Benutzung eines Beweismittels (Abs. 1, 2. Alt.)

10 Als zweiten Fall regelt Abs. 1 die Besorgnis des **Verlustes** oder der **erschwerten Benutzung** des Beweismittels, ohne daß in der Regel (→ aber Rdnr. 11 a.E.) die *Erheblichkeit* der zu beweisenden Tatsachen zu prüfen wäre[10] (→ auch §487 Rdnr. 3). Eine Ablehnung wegen völliger Ungeeignetheit eines Beweismittels, z.B. eines Zeugen, wird selten in Betracht kommen, da die Beweiswürdigung nicht vorweggenommen werden darf[11]. Die Gründe der Verlustgefahr können sowohl sachlicher als auch persönlicher Natur sein. Als **Beispiele** sind zu nennen: Gefährliche Erkrankung, hohes Alter eines Zeugen[12], Antritt einer größeren Reise[13], bevorstehende Auswanderung[14], drohende Veränderung des Zustandes des Augenscheinsobjektes

---

[5] *LG Stuttgart* BauR 1988, 250.

[6] Ebenso (trotz mißverständlichem Leitsatz) *LG Tübingen* BauR 1985, 359.

[7] Dies wurde durch die Neufassung des §487 Abs. 1 Nr. 4 klargestellt, s. Begr. BT-Drucks. 11/3621, S. 42.

[8] Ebenso *Wussow* NJW 1969, 1401; *Schilken* ZZP 92 (1979), 238, 260f.; *Schmitz* BauR 1981, 40; *Werner/Pastor*[11] (Lit.Verz. vor §485) Rdnr. 11. Für entsprechende Anwendung des §290 dagegen *Wieczorek*[2] B III b 1.

[9] *BGH* NJW 2003, 1741.

[10] *OLG München* OLGZ 1975, 52; *OLG Hamm* NJW-RR 1998, 68. – *OLG Hamm* NJW-RR 1998, 933 = BauR 1998, 828 nimmt unter dem Gesichtspunkt des Rechtsschutzbedürfnisses eine kursorische Überprüfung vor und läßt die mögliche Erheblichkeit genügen.

[11] Vgl. *OLG Hamm* NJW-RR 1989, 1464 (zum Zeugen).

[12] *OLG Nürnberg* MDR 1997, 594 = NJW-RR 1998, 575 (bei Alter von 84 Jahren auch ohne Glaubhaftmachung einer drohenden Verschlechterung des Gesundheitszustandes); *KG* JurBüro 1977, 1627.

[13] Nicht jeder Wechsel des Aufenthaltes, *OLG Hamburg* OLG Rsp 19 (1909), 118.

[14] Daß die Beweisaufnahme im Ausland durchgeführt werden müßte, wird meist als Erschwerung im Sinn des §485 anzusehen sein, *Riezler* Internationales ZPR (1949), 489; *Baumbach/Lauterbach/Hartmann*[63] Rdnr. 6. – A.M. *KG* OLGRsp 15 (1907), 145.

usw.[15], nicht aber die drohende Verjährung[16], nicht die Vernichtung der Kontounterlagen durch eine Bank, wenn diese in Form von Mikrofilmen weiter aufbewahrt werden[17]. Die Beweisaufnahme kann sich auch auf Mängelursachen erstrecken[18], ebenso auf Mängelbeseitigungsmaßnahmen und deren Kosten[19], sofern auch insoweit die Besorgnis des Beweisverlusts begründet ist.

11 **Im anhängigen Prozeß** kann die Verlustgefahr wegen des Aufschubs bis zu dem Zeitpunkt bestehen, in dem der Beweis nach §358 (s. aber auch §358a) angeordnet und aufgenommen werden kann. Hat daher das Gericht erster Instanz die Aufnahme einzelner Beweise nicht beschlossen, so ist das selbständige Beweisverfahren vor und nach dem Urteil zulässig, wenn der **Verlust bis zur Anordnung in der höheren Instanz** droht. Im Rahmen des anhängigen Hauptprozesses können die Parteien die Beweisaufnahme in der Instanz nicht erzwingen. Das Prozeßgericht darf den Antrag auf Beweiserhebung im selbständigen Beweisverfahren nicht deshalb zurückweisen, weil es nach seiner Ansicht auf die betreffenden Beweismittel nicht ankomme; denn die Beweismittel können durch eine andere Ansicht des Rechtsmittelgerichts Bedeutung gewinnen[20]. Wenn aber in der letzten Instanz die unter Beweis gestellten Tatsachen für nicht erheblich erachtet wurden, darf auch der Antrag auf Beweiserhebung im selbständigen Beweisverfahren abgelehnt werden[21].

12 Das selbständige Beweisverfahren ist nicht zu dem Zweck zulässig, die **Beeidigung** eines im Hauptprozeß unbeeidigt vernommenen Zeugen zu erzwingen; insoweit muß es bei der Entscheidung des Prozeßgerichts (§391) bleiben[22].

13 Der Umstand, daß der Antragsteller in der Lage ist, sich das **Beweismittel** durch geeignete Maßnahmen oder durch das Unterlassen von Veränderungen **zu erhalten,** macht den Antrag nur dann unzulässig, wenn dem Antragsteller nach Lage des Falles solche Maßnahmen **zugemutet** werden können[23]. Dabei sollte die Zumutbarkeit eng begrenzt werden; insbesondere wird man im allgemeinen nicht verlangen können, daß die Beseitigung von Baumängeln vorerst unterbleibt[24].

VI. Sachverständigengutachten bei rechtlichem Interesse (Abs. 2)

1. Beschränkung auf den Sachverständigenbeweis

14 Anders als nach Abs. 1 kann auf der Grundlage des Abs. 2 **nur die Begutachtung durch Sachverständige** angeordnet werden, nicht die Erhebung anderer Beweise. Die Einnahme eines Augenscheins oder die Vernehmung von Zeugen kann auch nicht dem Sachverständigen übertragen werden[25].

---

15 Zur Beweissicherung bezüglich eines Grundes zur Pflichtteilsentziehung vgl. *Pakuscher* JR 1960, 51.

16 *LG Amberg* BauR 1984, 93; *Pauly* JR 1996, 269, 272; *MünchKommZPO/Schreiber*[2] Rdnr. 11. – A.M. *Baumbach/Lauterbach/Hartmann*[63] Rdnr. 6.

17 *OLG Frankfurt* NJW 1992, 2837.

18 *LG Stuttgart* BauR 1988, 250; *Hesse* BauR 1984, 23.

19 *OLG Düsseldorf* BauR 1978, 506. – A.M. *LG Stuttgart* BauR 1988, 250.

20 *BGHZ* 17, 117 = NJW 1955, 908.

21 *OLG München* OLGZ 1975, 52.

22 *OLG Nürnberg* BayJMBl 1953, 36.

23 So auch *OLG Düsseldorf* BauR 1978, 506, 507; *Wussow* NJW 1969, 1402; *Locher* BauR 1979, 25; *Schmitz* BauR 1981, 40; *Schilken* ZZP 92 (1979), 263; *Werner/Pastor*[11] (Lit.Verz. vor §485) Rdnr. 19.

24 *OLG Köln* OLGZ 1994, 349 = MDR 1994, 94; *Weyer* BauR 1992, 313, 317.

25 *OLG München* BauR 2001, 447.

2. Nur vor Anhängigkeit eines Rechtsstreits

15 Das selbständige Beweisverfahren ist unter den Voraussetzungen des Abs. 2 nur zulässig, wenn noch kein Rechtsstreit über den Anspruch anhängig ist, auf den sich die Beweiserhebung beziehen soll. Damit wird eine Doppelbelastung des Gerichts und des Gegners vermieden. Daher steht die Anhängigkeit eines Prozesses einem zusätzlichen selbständigen Beweisverfahren dann entgegen, wenn der zu klärende Sachverhalt zum Streitgegenstand, d.h. zu dem **im Prozeß vorgetragenen Sachverhaltskomplex,** gehört. Ein selbständiges Beweisverfahren über die Höhe einer Schadensposition, die bereits im Prozeß geltend gemacht, wenn auch noch nicht beziffert wurde, ist daher unzulässig[26]. Die Anhängigkeit eines Rechtsstreits steht auch dann entgegen, wenn sich der Antragsteller des selbständigen Beweisverfahrens in jenem Prozeß mit dem Sachverhalt (z.B. dem Vorliegen von Mängeln gegenüber einer Werklohnforderung) verteidigt, der im selbständigen Beweisverfahren geklärt werden soll[27]; die **Anträge** im anhängigen und in dem gedachten, durch die selbständige Beweisaufnahme vorzubereitenden Rechtsstreit brauchen nicht identisch zu sein.

16 Zur Fortführung eines selbständigen Beweisverfahrens, wenn nach dessen Einleitung ein **Hauptsacheprozeß bei einem anderen Gericht** begonnen wird, → §486 Rdnr. 10.

3. Gegenstand der Begutachtung

17 Die Möglichkeit, bei Vorliegen eines rechtlichen Interesses eine schriftliche Begutachtung durch ein Sachverständigengutachten zu beantragen (Abs. 2), wurde bei der Reform im Jahre 1990 (→ vor §485 Rdnr. 1) **wesentlich erweitert.** Nicht nur der Zustand von Personen oder Sachen, sondern auch die Ursachen von Schäden und der zur Schadensbeseitigung erforderliche Aufwand können seither Gegenstand einer selbständigen Beweiserhebung sein. Dadurch sollte die Eignung des selbständigen Beweisverfahrens als **Mittel zur Prozeßvermeidung** verstärkt werden. Dieser Zweck darf nicht durch eine zu enge Auslegung der Voraussetzungen gefährdet werden.

a) Zustand einer Person, Zustand oder Wert einer Sache

18 Die selbständige Beweisaufnahme ist z.B. zulässig, um **Sachmängel** beim Kauf, **Baumängel**[28] (auch gegenüber einem Bürgen des Gewährleistungspflichtigen[29]), einschließlich der Frage, ob ein bestimmter Zustand den allgemein anerkannten Regeln der Technik widerspricht[30], den Zustand von Arbeitsräumen[31], die Beschädigung von Frachtgut, Mängel einer Mietwohnung[32] oder den Zustand der Wohnung bei Auszug des Mieters oder vor einer Wohnungsmodernisierung[33] feststellen zu lassen. Die Feststellung wird sich im allgemeinen auf den **gegenwärtigen,** kann sich aber auch auf einen **vergangenen Zustand** beziehen[34].

---

26 *OLG Düsseldorf* NJW-RR 1996, 510.

27 A.M. *OLG Düsseldorf* NJW-RR 1995, 1216, allerdings zur Ausdehnung eines bereit anhängigen selbständigen Beweisverfahrens auf einen weiteren Antragsgegner. Hier mag sich eine großzügigere Handhabung empfehlen.

28 Dazu *Pauly* JR 1996, 269.

29 *OLG Frankfurt* MDR 1991, 989.

30 *OLG München* BauR 1994, 275.

31 *LAG Hamm* NZA 1997, 103.

32 *LG Saarbrücken* WuM 1992, 144.

33 *LG Frankfurt* WuM 1982, 218.

34 *OLG Oldenburg* MDR 1995, 746 (unter Hinweis auf den veränderten Wortlaut der Bestimmung).

19 Von einem Gewerbebetrieb ausgehende **Lärmimmissionen** wird man jedenfalls dann nicht als »Zustand« des betroffenen Grundstücks oder Gebäudes ansehen können, wenn die Einwirkungen einem ständigen Wechsel unterliegen[35]; man könnte freilich auch den Begriff des Zustands weit fassen und, wenn die möglichen Feststellungen ersichtlich für einen künftigen Rechtsstreit nichts bringen können, das berechtigte Interesse verneinen. Die Feststellung der **Fehlerhaftigkeit eines früher erstatteten Gutachtens** und des dadurch verursachten Vermögensschadens fällt unter keinen der in Abs. 2 geregelten Fälle und ist daher unzulässig[36]. Der Antrag darf sich auch nicht auf die Klärung einer **Rechtsfrage** beziehen[37].

20 Nach wie vor nicht gedeckt sind Feststellungen über die **ortsübliche Vergleichsmiete**[38], da es dabei nicht um den Wert einer Sache geht, oder die Feststellung des Wertes von Anfangs- und Endvermögen in der Zugewinngemeinschaft[39].

21 Der Antragsteller muß hinreichend **bestimmte Behauptungen** über den Zustand der Sache aufstellen, da das Verfahren der Aufnahme des Beweises, nicht der Ausforschung dient[40]. Behauptete Baumängel müssen jedenfalls nach dem äußeren Erscheinungsbild und dem betroffenen Bauteil genau beschrieben werden[41]. Soll geklärt werden, ob gelieferte Hard- odr Software fehlerhaft ist, muß das aufgetretene Fehlerbild vom Antragsteller mitgeteilt werden[42]. Ob es bei der Feststellung eines Mangels oder Fehlers auf einen vertraglich festgelegten Standard oder auf den Standard der allgemeinen Regeln der Technik ankommen soll, hat das Gericht im Beweisbeschluß festzulegen[43].

b) Ursachen von Personenschäden, Sachschäden oder Sachmängeln

22 Wenn die behaupteten Mängel konkret angegeben sind (→ Rdnr. 21), kann die Begutachtung zur Feststellung der **Ursachen** und des zur Beseitigung nötigen **Aufwands** angeordnet werden, ohne daß der Antragsteller hinsichtlich dieser Punkte genauere, fachliches Wissen voraussetzende Angaben zu machen braucht[44]. Dagegen genügt es nicht, wenn ohne genaue Bezeichnung der Mängel gefragt wird, ob die Ausführung des Werks den Regeln der Technik entspreche o.ä.[45].

23 Die Durchführung eines selbständigen Beweisverfahrens nach Abs. 2 ist auch bei **Arzthaftungsansprüchen** keineswegs grundsätzlich ausgeschlossen[46], weder dadurch, daß sich das Er-

---

35 *OLG Düsseldorf* OLGZ 1992, 335 = MDR 1992, 807.
36 *OLG Hamm* VRS Bd. 84 (1993), 429.
37 *OLG Köln* BauR 1999, 195 (unzulässiger Antrag: festzustellen, daß bestimmte Mängel einem Handwerksmeister hätten auffallen müssen).
38 *LG Köln* WuM 1996, 484; *LG Braunschweig* WuM 1996, 291; *LG Freiburg* WuM 1997, 337; *LG Berlin* NJW-RR 1997, 585. – A.M. *LG Köln* WuM 1995, 490; *Scholl* WuM 1997, 307; *Zöller/Herget*[25] Rdnr. 9; im Hinblick auf die Bestimmung der Nutzungsentschädigung nach §557 Abs. 1 S. 1 BGB auch *AG Lörrach* WuM 1996, 31. – Zu weit geht es aber, bei Bejahung der Zulässigkeit eine sog. greifbare Gesetzwidrigkeit anzunehmen und deswegen entgegen §490 Abs. 2 S. 2 eine außerordentliche Beschwerde zuzulassen, so aber *LG Berlin* NJW-RR 1997, 585; anders jedenfalls im konkreten Fall *LG Mainz* WuM 1997, 631.
39 *LG Lüneburg* FamRZ 1984, 69 (auch keine analoge Anwendung der §§485ff., wenn die Voraussetzungen des §485 nicht erfüllt sind).
40 *OLG Düsseldorf* JurBüro 1992, 426; *KG* MDR 1999, 564. Ausführlich zu den Anforderungen an die Bestimmtheit Hdb.priv.BauR[3] (*Praun/Merl*) §16 Rdnr. 94ff.
41 *LG Köln* BauR 1992, 118; *KG* KGR 1999, 292.
42 *OLG Köln* MDR 2000, 226.
43 *OLG Köln* OLGR 2002, 264.
44 *KG* NJW-RR 1992, 575 = MDR 1992, 410.
45 *LG Köln* BauR 1992, 118.
46 Geklärt durch *BGHZ* 153, 302 = NJW 2003, 1741 (dazu *Bockey* NJW 2003, 3453); s. auch z.B. *OLG Koblenz* MDR 2002, 352; *OLG Saarbrücken* VersR 2000, 891; *OLG Düsseldorf* NJW 2000, 3438.

gebnis möglicherweise im Hauptsacheprozeß als ungenügend erweist, noch dadurch, daß auf diesem Gebiet auch außergerichtliche Schlichtungsverfahren vor den Gutachter- und Schlichtungsstellen der Ärztekammern zur Verfügung stehen. Allerdings ist besonders darauf zu achten, daß die Anknüpfungstatsachen, von denen der Gutachter auszugehen hat, klar umschrieben werden. Bezieht sich der Streit nur auf Anknüpfungstatsachen, die ihrerseits einer Feststellung durch Sachverständigengutachten nicht zugänglich sind, sondern gegebenenfalls mit anderen Beweismitteln geklärt werden müßten, wird das rechtliche Interesse für eine Begutachtung im selbständigen Beweisverfahren fehlen[47].

24 Es kann insbesondere beantragt werden, durch Gutachten zu klären, ob ein behaupteter **ärztlicher Behandlungsfehler vorliegt**[48], oder auch, ob eine bestimmte Verletzung durch einen ärztlichen Behandlungsfehler **verursacht** wurde[49]. Bei Verletzung einer Person können in einem selbständigen Beweisverfahren nach Abs. 2 jedenfalls der Zustand dieser Person, die dafür maßgeblichen Gründe und die Wege zur Beseitigung des Schadens festgestellt werden, auch wenn damit die entscheidenden rechtlichen Fragen wie Verschulden des Arztes und Kausalität der Verletzung für den Schaden möglicherweise noch nicht geklärt sind[50]. Auch bei **Zahnarzthaftungsstreitigkeiten** kann ein rechtliches Interesse an der Begutachtung im selbständigen Beweisverfahren bestehen, etwa zur Feststellung des gegenwärtigen Zustandes eines Gebisses[51], aber auch zur Klärung, ob ein fehlerhafter Zustand auf eine vom Standard abweichende Behandlung zurückzuführen ist[52].

25 Geht es dagegen um die medizinische Geeignetheit und Notwendigkeit einer bestimmten Behandlung als Voraussetzung der streitigen **Kostenübernahmepflicht einer Versicherung**, sind die Voraussetzungen des Abs. 2 nicht gegeben[53].

26 Zur zulässigen Klärung der Ursachen von **Baumängeln** gehört auch die Feststellung der für die Verantwortlichkeit beteiligter Personen maßgebenden Tatsachen[54]; der Antrag kann gegen alle Personen gerichtet werden, die ernsthaft als Verursacher in Betracht kommen[55]. Ein unzulässiger Ausforschungsbeweis liegt darin nicht[56]. Die Begutachtung kann sich auch auf die Zuordnung der Mängelursachen zu den verschiedenen Gewerken beziehen, so daß die Feststellung beantragt werden kann, ob es sich bei den Mängeln um Planungs- oder Bauüberwachungsfehler handelt[57]. Auch die Fehlerhaftigkeit einer Ausschreibung und ihre Ursächlichkeit für Mängel kann Gegenstand eines selbständigen Beweisverfahrens sein[58]. Die rechtliche Bewertung, insbesondere die Beurteilung des Verschuldens, ist nicht Aufgabe des Gutachters, weshalb sich die selbständige Beweisaufnahme auch nicht darauf beziehen kann, ob ein bestimmtes schädigendes Ereignis vorhersehbar war[59].

---

[47] Zu dieser Frage *OLG Karlsruhe* VersR 2003, 374, 375.

[48] *OLG Düsseldorf* MedR 1996, 132; MDR 1998, 1241; *OLG Stuttgart* NJW 1999, 874; *Mohr* MedR 1996, 454. – A.M. *OLG Köln* MDR 1998, 224 (zust. *Rehborn*) = NJW 1999, 875; *Rehborn* MDR 1998, 16.

[49] Hierauf war der Antrag in *BGHZ* 153, 302 (Fn. 46) gerichtet, den der *BGH* für begründet erklärte.

[50] *BGHZ* 153, 302, 307 (Fn. 46).

[51] *OLG Karlsruhe* VersR 2003, 374; *OLG Köln* VersR 2003, 375.

[52] *OLG Karlsruhe* VersR 2003, 374, 375.

[53] *LG Hannover* VersR 2001, 1099.

[54] *OLG Düsseldorf* NJW-RR 1997, 1312.

[55] *OLG Frankfurt* NJW-RR 1995, 831.

[56] *OLG Frankfurt* MDR 2003, 772.

[57] *OLG Frankfurt* BauR 2000, 1370.

[58] *OLG Jena* BauR 2001, 1945 (zust. *Lutz*).

[59] *OLG München* OLGZ 1992, 470.

c) Aufwand für die Beseitigung eines Personenschadens, Sachschadens oder Sachmangels

27 In erster Linie geht es hier um die Höhe des zur Schadens- oder Mängelbeseitigung erforderlichen **Aufwands.** Jedoch kann sich die Beweisaufnahme auch darauf erstrecken, **welche Maßnahmen** zur Beseitigung nötig und möglich sind, da davon der Aufwand abhängt[60]. Hier sind, insbesondere in Bausachen, an die Substantiierung der Behauptungen keine zu hohen Anforderungen zu stellen, so daß auch Fragen nach den Ursachen und nach den Beseitigungsmöglichkeiten und deren Kosten genügen[61], wenn hinreichend umrissen ist, um welche (behaupteten) Mängel es geht. Zulässig ist auch die Frage nach der **Höhe des Minderwerts,** für den Fall, daß eine Mängelbeseitigung nicht möglich oder unverhältnismäßig ist[62], sowie die Feststellung der Höhe einer mängelbedingten Mietminderung[63].

4. Rechtliches Interesse

a) Grundsatz

28 Anders als Abs. 1 setzt Abs. 2 keine Gefahr des Beweismittelverlustes voraus[64].

29 Antragsberechtigt ist jeder, der aus den zu begutachtenden Umständen ein **Recht herleiten will**[65], sowie derjenige, **gegen den** hieraus ein Anspruch hergeleitet werden kann.

30 Das erforderliche rechtliche Interesse ist grundsätzlich **weit zu verstehen**[66], um dem auf Prozeßvermeidung gerichteten Zweck des Gesetzes gerecht zu werden. Es genügt auch ein **mittelbares Interesse,** z.B. wenn der festzustellende gegenwärtige Zustand nur als Indiz für die Beweisführung wegen eines anderen Anspruchs von Bedeutung ist.

b) Erfolgsaussichten in der Hauptsache

31 Die **Erfolgsaussichten** eines künftigen Prozesses sind grundsätzlich nicht entscheidend. Der Hauptsacheanspruch ist daher **nicht** auf seine **Schlüssigkeit** zu prüfen[67]. Ebenso wenig ist die Erheblichkeit oder die Beweisbedürftigkeit der zu begutachtenden Umstände im Hinblick auf den Hauptsacheanspruch zu prüfen. Zur Offenkundigkeit → Rdnr. 35. Das rechtliche Interesse fehlt jedoch, wenn sich aus dem festzustellenden Zustand der Sache **offensichtlich keine Ansprüche** für den Antragsteller ergeben können[68], oder wenn kein Rechtsverhältnis und kein möglicher Prozeßgegner ersichtlich sind[69]. Dabei muß es sich aber um völlig eindeutige Fälle handeln, d.h. es muß evident sein, daß der vom Antragsteller behauptete Anspruch keinesfalls bestehen kann[70]. Es ist nicht die Aufgabe des Gerichts im selbständigen Beweisver-

---

[60] Die Erstellung eines Leistungsverzeichnisses für die Mängelbeseitigung kann jedoch nicht verlangt werden, *OLG Düsseldorf* JurBüro 1992, 426.

[61] *OLG Hamburg* WuM 2001, 345; *LG Ellwangen* WuM 1997, 300; *Scholtissek* BauR 2000, 1118 (unter Hinweis auf Entscheidungen des *OLG Hamburg*).

[62] *OLG Hamm* NJW-RR 2002, 1674.

[63] *KG* VersR 2001, 602.

[64] *OLG Düsseldorf* MedR 1996, 132, 133; *OLG Frankfurt* VersR 1992, 1151.

[65] Jeder einzelne Wohnungseigentümer ist berechtigt, hinsichtlich Mängel am gemeinschaftlichen Eigentum ein Beweissicherungsverfahren zu beantragen, *BGH* WM 1979, 1364 = MDR 1980, 222 = BauR 1980, 69.

[66] *BGH* NJW 2004, 3488.

[67] *BGH* NJW 2004, 3488.

[68] *LG Braunschweig* ZMR 1986, 171.

[69] *OLG Bamberg* NJW-RR 1995, 893; *LAG Hamm* NZA 1997, 103, 104.

[70] *BGH* NJW 2004, 3488; *OLG Stuttgart* MDR 2005, 347 (betr. Schäden durch Mobilfunkanlage).

fahren, zweifelhafte Rechtsfragen hinsichtlich des Hauptsacheanspruchs zu entscheiden; vielmehr ist dies dem Hauptsacheprozeß vorzubehalten[71].

32 Das selbständige Beweisverfahren ist daher auch dann zulässig, wenn der Antragsteller zwar keine eigenen originären Ansprüche gegen den Antragsgegner behauptete, aber in einer jedenfalls nicht von vornherein unbegründeten Weise die **Abtretung** von Ansprüchen gegen den Antragsgegner vorträgt[72]. Auch gegenüber dem **Haftpflichtversicherer** des Anspruchsgegners besteht das rechtliche Interesse, wenn eine unmittelbare Inanspruchnahme des Versicherers aufgrund späterer Pfändung und Überweisung des Befreiungsanspruchs jedenfalls nicht ausgeschlossen erscheint[73].

33 Auch die möglicherweise bereits eingetretene **Verjährung** des behaupteten Anspruchs ist dementsprechend nicht im selbständigen Beweisverfahren zu prüfen[74]. Umgekehrt kann sich aus der **drohenden Verjährung** (anders als bei Abs. 1, → Rdnr. 10) ein rechtliches Interesse (an rascher Klärung) ergeben[75].

c) Grenzen

34 Ein berechtigtes Interesse liegt jedoch nicht vor, wenn der Anspruch bereits **rechtskräftig abgewiesen** ist und eine Restitutionsklage offensichtlich nicht in Betracht kommt[76]. Ob überhaupt zur Vorbereitung einer Wiederaufnahmeklage das selbständige Beweisverfahren zur Verfügung steht, wird man unter Berücksichtigung des Zwecks des Wiederaufnahmeverfahrens entscheiden müssen. Im Fall des §641i ist das selbständige Beweisverfahren nicht eröffnet[77], da das neue Gutachten als Voraussetzung der Zulässigkeit der Restitutionsklage bereits vorliegen muß und nicht erst im gerichtlichen Verfahren beschafft werden darf[78].

35 Unzulässig ist ein Antrag, der auf die Erbringung des Gegenbeweises gegen eine **offenkundige Tatsache** (§291) abzielt[79].

36 **Schutzwürdige gegengerichtete Interessen** können dazu führen, die Zulässigkeit der selbständigen Beweisaufnahme zu verneinen. So ist eine Begutachtung der **Testierfähigkeit** eines Erblassers zu dessen Lebzeiten nicht zulässig[80], da hier ein überwiegendes Interesse des Erblassers besteht, nicht mit einem solchen Verfahren überzogen zu werden.

37 Das rechtliche Interesse kann auch deshalb zu verneinen sein, weil zunächst **andere sachgerechtere Wege** zur Klärung beschritten werden können, so wenn die anstehenden Fragen im Rahmen der Verwaltung der Wohnungseigentümergemeinschaft zu behandeln sind[81]. Das rechtliche Interesse fehlt auch, wenn ein von den Parteien zu denselben Fragen eingeleitetes Sachverständigenverfahren nach §14 AKB noch nicht beendet ist[82].

---

[71] *BGH* NJW 2004, 3488, 3489.

[72] Zweifelhaft erscheint daher *OLG Celle* BauR 2000, 601, das bei behaupteter Abtretung von Ansprüchen des Bauträgers gegen den Architekten an die Wohnungseigentümergemeinschaft, die das Objekt erworben hat, im Verhältnis zwischen Wohnungseigentümergemeinschaft und Architekt das rechtliche Interesse verneint, solange die Wohnungseigentümergemeinschaft nicht schlüssig vorträgt, daß gegenüber dem Bauträger erfolglos die Schadloshaltung versucht wurde.

[73] *OLG Düsseldorf* BauR 2001, 1290.

[74] *OLG Köln* NJW-RR 1996, 573, 574.

[75] *Pauly* JR 1996, 269, 273; *Zöller/Herget*[25] Rdnr. 7a; *MünchKommZPO/Schreiber*[2] Rdnr. 13.

[76] *LG Berlin* MDR 1993, 1015.

[77] *OLG Celle* NJW-RR 2000, 1100; *OLG Zweibrücken* MDR 2005, 400.

[78] *BGHZ* 156, 153, 159, 163 = NJW 2003, 3708, 3711, 3712; → §641i Rdnr. 2a (21. Aufl.).

[79] *OLG Schleswig* OLGR 2004, 41 = SchlHA 2004, 250.

[80] *OLG Frankfurt* NJW-RR 1997, 581 unter Bestätigung von *LG Frankfurt* Rpfleger 1997, 165.

[81] *AG Schwäbisch-Gmünd* WuM 1997, 299.

[82] *OLG Hamm* NJW 1998, 689.

d) Prozeßvermeidung

38 Als wichtigsten Fall des rechtlichen Interesses (ohne Ausschließlichkeit, d.h. das rechtliche Interesse kann auch anderweitig begründet werden[83]) hebt Abs. 2 S. 2 hervor, daß die Begutachtung der **Vermeidung eines Rechtsstreits** dienen kann. Nach dem Zweck der Vorschrift empfiehlt sich gerade hier eine **weite Auslegung**[84]. Daher ist die Eignung zur Vermeidung eines Rechtsstreits nicht schon deshalb zu verneinen, weil der Antragsgegner eine **gütliche Einigung ablehnt**[85], zumal das Ergebnis der Begutachtung auch dazu führen kann, daß der Antragsteller von der Hauptsacheklage absieht.

e) Glaubhaftmachung

39 Die tatsächlichen Voraussetzungen des rechtlichen Interesses sind nach §487 Nr. 4 **glaubhaft zu machen**. Keiner näheren Darlegung wird das Interesse in den Fällen bedürfen, in denen jemand nach den Vorschriften des bürgerlichen Rechts den Zustand oder den Wert einer Sache durch Sachverständige feststellen lassen kann, also z.B. in den Fällen der §§ 1034, 1067 Abs. 1, 2122 BGB, oder für den Beweis eines Zustandes zu sorgen hat, z.B. nach §388 Abs. 1 HGB. S. auch §§ 64, 184 VersicherungsvertragsG.

5. Verhältnis zu §164 FGG

40 In den Fällen, in denen nach den Vorschriften des Privatrechts jemand den Zustand oder den Wert einer Sache durch Sachverständige feststellen lassen kann (→ Rdnr. 39), steht neben dem Beweissicherungsverfahren wahlweise auch das **Verfahren nach §164 FGG** zur Verfügung, → vor §485 Rdnr. 5.

VII. Erneute Begutachtung (Abs. 3)

41 Die **Einschränkung** durch Abs. 3 gilt sowohl in den Fällen des Abs. 1 als auch in denjenigen des Abs. 2. Gemeint ist, daß bereits eine gerichtlich angeordnete Begutachtung erfolgt ist. Zu einer von diesem Gutachten umfaßten Beweisfrage ist eine erneute Begutachtung im Rahmen des selbständigen Beweisverfahrens nur zulässig, wenn sich entweder das Gutachten als ungenügend erweist (§412 Abs. 1) oder der Sachverständige nach Erstellung des Gutachtens mit Erfolg abgelehnt wurde (§412 Abs. 2, zur Ablehnung im selbständigen Beweisverfahren → §492 Rdnr. 9f.). Diese Einschränkungen gelten auch, wenn der Gegner des ersten selbständigen Beweisverfahrens ein neues Beweisverfahren zu denselben Beweisfragen einleitet[86].

42 Wird nach Erlaß des Beweisbeschlusses im selbständigen Beweisverfahren, ohne dass es zur Begutachtung kam, eine Neuherstellung des Werks durchgeführt und nunmehr beantragt, hinsichtlich Mängel dieser Werkleistung eine Begutachtung durchzuführen, so handelt es sich um ein **neues selbständiges Beweisverfahren**[87]. Abs. 3 ist hierbei nicht anzuwenden.

---

[83] *OLG Köln* NJW-RR 1996, 573; 574; *OLG Frankfurt* MDR 1991, 989; *Mugler* BB 1992, 797; *Zöller/Herget*[25] Rdnr. 7a.

[84] *KG* OLGZ 1992, 227, 229 = MDR 1992, 179; *OLG Zweibrücken* MDR 1992, 1178; *LG Ellwangen* WuM 1997, 301; *LG Saarbrücken* WuM 1992, 144; *Zöller/Herget*[25] Rdnr. 7a. – A.M. *Schreiber* WuM 1997, 301.

[85] *OLG Bamberg* NJW-RR 1995, 893, 894; *OLG Oldenburg* MDR 1995, 746; *OLG Zweibrücken* MDR 1992, 1178; *OLG Hamm* MDR 1999, 184; *OLG Saarbrücken* VersR 2000, 891; *OLG Koblenz* MDR 2005, 888.

[86] *OLG Düsseldorf* NJW-RR 1997, 1086.

[87] *LG Stuttgart* BauR 2000, 924.

43 Ist mittlerweile bereits ein **Hauptsacheprozeß anhängig,** in dem dasselbe Beweisthema relevant ist, so ist eine erneute Begutachtung im selbständigen Beweisverfahren nicht mehr zulässig[88].

§486 Zuständiges Gericht

(1) Ist ein Rechtsstreit anhängig, so ist der Antrag bei dem Prozessgericht zu stellen.

(2) [1]Ist ein Rechtsstreit noch nicht anhängig, so ist der Antrag bei dem Gericht zu stellen, das nach dem Vortrag des Antragstellers zur Entscheidung in der Hauptsache berufen wäre. [2]In dem nachfolgenden Streitverfahren kann sich der Antragsteller auf die Unzuständigkeit des Gerichts nicht berufen.

(3) In Fällen dringender Gefahr kann der Antrag auch bei dem Amtsgericht gestellt werden, in dessen Bezirk die zu vernehmende oder zu begutachtende Person sich aufhält oder die in Augenschein zu nehmende oder zu begutachtende Sache sich befindet.

(4) Der Antrag kann vor der Geschäftsstelle zu Protokoll erklärt werden.

Gesetzesgeschichte: Bis 1900 §448 CPO. Neu gefaßt durch Rechtspflege-Vereinfachungsgesetz vom 17.12. 1990 (BGBl. I 2847).

[88] *OLG Braunschweig* BauR 2001, 990, 991.

Literatur: → Lit.Verz. vor §485.

I. Zuständigkeit

1. Bei anhängigem Prozeß

1 Wenn der **Rechtsstreit bereits anhängig** ist, ist nach Abs. 1 das **Prozeßgericht** (gegebenenfalls das Familiengericht) zuständig, sollte auch das Thema des Beweises bisher im Prozeß nicht vorgebracht sein, und nur in Fällen **dringender Gefahr** das in Abs. 3 bezeichnete Amtsgericht, → Rdnr. 13. Dem Sinn der Vorschrift entspricht es, nicht auf den Eintritt der *Rechtshängigkeit* (Zustellung der Klage), sondern bereits auf die *Einreichung* der Klage abzustellen[1], nicht dagegen auf die Einreichung eines Mahnantrags[2] oder die Zustellung eines Mahn- oder Vollstreckungsbescheids, weil dadurch das Hauptsachegericht noch nicht bestimmt wird. Der Antrag kann auch zusammen mit der Klageeinreichung beim Prozeßgericht gestellt werden. Die Zuständigkeit besteht fort, auch wenn nach Stellung des Antrags die Klage zurückgenommen wird, doch kann dadurch das rechtliche Interesse i.S. des §485 Abs. 2 entfallen[3].

2 Mit dem Rechtsstreit im Sinne des Abs. 1 ist der **Prozeß in der Hauptsache** gemeint. Darunter fällt jeder Prozeß, für den Beweise, die im selbständigen Beweisverfahren erhoben werden sollen, nach dem Vortrag des Antragstellers erheblich sein sollen. Dies kann nicht nur bei einer anhängigen Hauptsacheklage des Antragstellers der Fall sein, sondern auch, wenn sich der Antragsteller als Beklagter eines anhängigen Prozesses mit Vorbringen verteidigt, das im selbständigen Beweisverfahren geklärt werden soll[4]. Entscheidend ist, ob es im Hauptsacheprozeß und im selbständigen Beweisverfahren um dieselbe Streitfrage, also um dieselbe Rechtsfolge aufgrund ein und desselben Lebenssachverhalts, geht[5].

3 **Prozeßgericht** ist das Gericht einer jeden Instanz bis zur Einlegung eines Rechtsmittels gegen sein Urteil[6]. Beim Rechtsmittelgericht kann der Antrag unter gleichzeitiger Einreichung des Rechtsmittels gestellt werden. Prozeßgericht i.S. des §486 Abs. 1 ist an sich auch das **Revisionsgericht.** Bezieht sich aber die Beweissicherung auf Tatsachen, deren Feststellung im Hauptprozeß nicht durch das Revisionsgericht erfolgen kann, so erscheint es dem Sinn des §486 Abs. 1 angemessen, die Zuständigkeit des *Berufungsgerichts* zu bejahen[7]. Das Gericht, bei dem ein Verfahren über Arrest oder **einstweilige Verfügung** anhängig ist, ist nicht Prozeßgericht i.S. des Abs. 1[8].

---

[1] *OLG Oldenburg* Rpfleger 1960, 417; *OLG Hamm* MDR 1967, 225.
[2] A.M. *OLG Jena* OLGR 2000, 59.
[3] Ebenso *Zöller/Herget*[25] Rdnr. 3.
[4] *OLG Hamm* OLGR 2004, 278.
[5] *OLG Schleswig* SchlHA 2003, 169.
[6] Vgl. *RG* VZS 68, 250ff.; *W. Müller* ZZP 31 (1903), 293ff., 307.
[7] *BGHZ* 17, 117 = LM Nr. 1 = NJW 1955, 908; *BVerwG* DVBl 1961, 383; *Schilken* JR 1984, 446, 449f.
[8] *OLG Frankfurt* NJW 1985, 811 = MDR 1984, 1034 = ZIP 1984, 1410.

4 Das Prozeßgericht muß über den Antrag entscheiden[9], kann aber die Beweisaufnahme unter den Voraussetzungen des §375 einem Mitglied des Prozeßgerichts **übertragen** oder ein anderes Gericht (bzw. im Fall des §363 eine **ausländische Behörde**, → auch Rdnr. 31), um die Beweisaufnahme **ersuchen.**

5 **Prozeßgericht ist auch der Einzelrichter** in der ersten Instanz, der nach §348 originär zuständig ist oder dem der Rechtsstreit nach §348a zur Entscheidung übertragen wurde[10]. Nur das selbständige Beweisverfahren auf den Einzelrichter zu übertragen, während der (bereits anhängige) Rechtsstreit bei der Kammer verbleibt, erscheint dagegen nicht angängig. In der **Berufungsinstanz** ist Prozeßgericht der Einzelrichter, dem der Rechtsstreit zur Entscheidung übertragen wurde (§526). Wurde die Sache dem Einzelrichter zur Vorbereitung der Entscheidung zugewiesen (§527), wird dieser im Rahmen des §527 Abs. 2 S. 2 auch über den Antrag auf selbständige Beweisaufnahme befinden und die Beweiserhebung durchführen können; im übrigen ist die Kammer bzw. der Senat zuständig.

2. Vor anhängigem Prozeß

a) Bestimmung der Hauptsachezuständigkeit

6 Vor Anhängigkeit des Rechtsstreits ist der Antrag beim künftigen Prozeßgericht zu stellen, genauer bei dem Gericht, das nach dem **Vortrag des Antragstellers** in der Hauptsache zuständig wäre, Abs. 2 S. 1. Soweit es hinsichtlich der sachlichen Zuständigkeit auf den **Streitwert** ankommt, ist auf den Zeitpunkt der Antragstellung abzustellen[11]. Dabei kommt den Angaben des Antragstellers besondere Bedeutung zu, ohne daß sie aber für das Gericht bindend wären. Übereinstimmende Angaben des Antragstellers und des Antragsgegners, etwa zur Höhe der voraussichtlichen Mängelbeseitigungskosten, wird das Gericht im allgemeinen zugrundelegen[12]. Eine spätere andere Einschätzung des Wertes wirkt sich auf die Zuständigkeit nicht aus; auch §506 gilt insoweit nicht entsprechend[13].

7 Eine auf das selbständige Beweisverfahren beschränkte **Zuständigkeitsvereinbarung** (§38) ist nicht wirksam, und auch rügelose Einlassung (§39) des Antragsgegners im selbständigen Beweisverfahren begründet nicht die Zuständigkeit[14].

8 Sind mehrere Gerichte **wahlweise** (§35) zuständig, so ist der Antragsteller innerhalb des selbständigen Beweisverfahrens an die mit dem Antrag getroffene Wahl gebunden[15]. Bei einem gegen **Streitgenossen** gerichteten Antrag kann nach Maßgabe des §36 Abs. 1 Nr. 3 ein für die Hauptsache und damit auch für das selbständige Beweisverfahren zuständiges Gericht bestimmt werden[16]; zur Eilzuständigkeit → Rdnr. 13.

9 Die Zivilkammer kann, wenn nicht ohnehin der Einzelrichter originär zuständig ist (§348), das Verfahren entsprechend §348a Abs. 1 dem **Einzelrichter** übertragen[17].

---

9 Zur Abänderbarkeit des Beschlusses bei fehlerhafter Beurteilung der Zuständigkeit → §490 Fn. 21.
10 *OLG Schleswig* SchlHA 2003, 169.
11 *OLG Frankfurt* NJW-RR 1998, 1610; *OLG Celle* NJW-RR 2004, 234.
12 *LG Dresden* BauR 1999, 1493 spricht sogar von einer Bindung, solange das Gericht die Behauptung nicht widerlegen könne.
13 *OLG Celle*, B. vom 8. 11. 2004, 4 AR 90/04, BeckRS 2004 Nr. 11829; *Fischer* MDR 2001, 608, 611.
14 Zu beidem *OLG Jena* OLGR 2000, 59.
15 *OLG Zweibrücken* BauR 1997, 885; *Baumbach/Lauterbach/Hartmann*[63] Rdnr. 11.
16 *BayObLG* NJW-RR 1998, 209; *OLG Zweibrücken* NJW-RR 2000, 1084.
17 *Geffert* NJW 1995, 506.

b) Spätere Anhängigkeit des Hauptsacheprozesses

10 Wie es sich auf die Zuständigkeit auswirkt, wenn zunächst das selbständige Beweisverfahren beantragt und danach (vor dessen Beendigung) der Hauptsacheprozeß bei einem anderen zuständigen Gericht anhängig gemacht wird, ist im Gesetz nicht ausdrücklich geregelt. Der *BGH*[18] verweist auf den Zweck des selbständigen Beweisverfahrens, die Vermeidung oder rasche Erledigung von Rechtsstreitigkeiten zu fördern und folgert hieraus, das Verfahren solle möglichst bei dem zuerst angerufenen Gericht abgeschlossen werden. Nach Ansicht des *BGH*[19] geht die Zuständigkeit erst dann auf das Gericht der Hauptsache über, wenn dieses Gericht seinerseits eine Beweisaufnahme für erforderlich hält und deshalb die Akten des selbständigen Beweisverfahrens beizieht.

c) Berufung auf Unzuständigkeit im Hauptsacheprozeß

11 In einem nachfolgenden Prozeß über den Streitgegenstand, auf den sich das selbständige Beweisverfahren bezieht, kann sich der *Antragsteller* als *Beklagter* des Hauptsacheprozesses nach Abs. 2 S. 2 nicht auf die **Unzuständigkeit** dieses Gerichts berufen. Dagegen hindert die Vorschrift den Antragsteller nicht, die Hauptsache als *Kläger* vor einem anderen zuständigen Gericht anhängig zu machen[20]. Für den *Antragsgegner* gilt Abs. 2 S. 2 in keinem Fall[21]; auch wenn er die Unzuständigkeit im selbständigen Beweisverfahren nicht gerügt hat, greift nicht § 39 ein[22].

12 Wenn mehrere Gerichte **wahlweise** zur Verfügung stehen, ist weder der Antragsteller noch der Gegner gehindert, die Klage bei einem anderen Gericht zu erheben als bei demjenigen, das das selbständige Beweisverfahren durchgeführt hat[23]. Auch bedeutet Abs. 2 S. 2 nicht, daß die Zuständigkeit verfestigt würde, wenn sich die maßgeblichen Umstände nachträglich geändert haben. Daher ist der Antragsteller nicht gehindert, die sachliche Unzuständigkeit zu rügen, wenn der **Streitwert** des jetzt geltend gemachten Hauptsacheanspruchs niedriger oder höher liegt als im selbständigen Beweisverfahren angenommen[24]. – Zur **Verweisung** des selbständigen Beweisverfahrens und den Folgen für das Hauptsacheverfahren → Rdnr. 34.

3. Eilzuständigkeit

13 Sowohl bei Anhängigkeit des Rechtsstreits als auch vor dieser kann der Antrag nach Abs. 3 in Fällen dringender Gefahr bei dem **Amtsgericht** gestellt werden, in dessen Bezirk sich eine zu vernehmende oder zu begutachtende Person aufhält (zum Begriff des Aufenthaltsortes → § 16 Rdnr. 4) oder sich die zu besichtigende oder zu begutachtende Sache befindet. Dies wird z. B. bei schwerer Erkrankung eines Zeugen oder bei drohendem Untergang einer Sache in Betracht kommen; aber auch, wenn ein einheitliches selbständiges Beweisverfahren gegenüber mehreren Antragsgegnern geboten erscheint und das Verfahren zur Bestimmung des zuständigen Gerichts (entsprechend § 36 Abs. 1 Nr. 3) eine zu lange Zeit in Anspruch nehmen würde[25].

---

[18] *BGH* NZBau 2004, 550 = MDR 2005, 45.
[19] *BGH* NZBau 2004, 550 = MDR 2005, 45. Ebenso *Fischer* MDR 2001, 608, 612.
[20] *OLG Celle* NJW-RR 2000, 1737.
[21] *OLG Frankfurt* NJW-RR 1998, 1610, 1611.
[22] *Zöller/Herget*[25] Rdnr. 4.
[23] Ebenso *Maier/Falk* BauR 2000, 1123, 1125; *Fischer* MDR 2001, 608, 612; *Musielak/Huber*[4] Rdnr. 4.
[24] *OLG Bamberg* IBR (Immobilien- und Baurecht) 1996, 528 (*Weinhardt*).
[25] *LG Kassel* BauR 1998, 1045.

14 **Sachverständige** sind nicht als zu vernehmende Person i.S. des Abs.3 anzusehen, da sie erst durch das Gericht innerhalb des selbständigen Beweisverfahrens zu bestellen sind[26].

15 Halten sich mehrere zu vernehmende Zeugen in **verschiedenen Amtsgerichtsbezirken** auf oder kann der Zeuge sachgemäß nur an Ort und Stelle in Verbindung mit einer Augenscheinseinnahme in einem anderen als dem Aufenthaltsbezirk vernommen werden, so entspricht es dem praktischen Bedürfnis, hier die **Bestimmung des zuständigen Gerichts** in entsprechender Anwendung des §36 Abs.1 Nr.3 zuzulassen[27], → §36 Rdnr.23.

16 Das bei dem Amtsgericht nach Abs.3 eingeleitete selbständige Beweisverfahren ist **keine Familiensache,** auch wenn der Rechtsstreit über den Anspruch Familiensache wäre[28].

17 Die Zuständigkeit nach Abs.3 **endet**, auch wenn der Hauptprozeß anhängig geworden ist, erst mit Wegfall der Verlustgefahr, bei durchgeführter Beweisaufnahme mit Anordnung der Aktenbeiziehung im Hauptprozeß[29].

4. Internationale Zuständigkeit des deutschen Gerichts

a) Prozeßgericht bei bereits anhängigem Rechtsstreit

18 Soweit das selbständige Beweisverfahren gemäß Abs.1 durch das Prozeßgericht, bei dem der Rechtsstreit bereits anhängig ist, durchgeführt werden soll, ist die internationale Zuständigkeit nicht gesondert zu prüfen. Vielmehr ist das Prozeßgericht auch international solange für die Beweiserhebung zuständig, als der Hauptsacheprozeß dort anhängig ist. Für diese Betrachtungsweise spricht, daß auch bei einer Beweisaufnahme im Hauptsacheprozeß nicht noch gesondert die internationale Zuständigkeit hierfür erforderlich ist.

b) Internationale Zuständigkeit nach autonomem deutschen Recht

aa) Für die Hauptsache zuständiges Gericht ohne bereits anhängigen Rechtsstreit

19 Ist noch kein Rechtsstreit anhängig und wird das selbständige Beweisverfahren nach Abs.2 bei dem Gericht beantragt, das nach dem Vortrag des Antragstellers in der Hauptsache zuständig wäre, so ist auch die internationale Zuständigkeit dieses Gerichts für die Hauptsache erforderlich. Diese ist nach den auch sonst geltenden Regeln zu beurteilen. Im Bereich des autonomen Rechts folgt aus der örtlichen Zuständigkeit regelmäßig auch die internationale Zuständigkeit. Es besteht kein Grund, hiervon für den Bereich des selbständigen Beweisverfahrens eine Ausnahme zu machen. Dasjenige Gericht, das für die Hauptsache örtlich (und damit international) zuständig wäre, ist somit gemäß Abs.2 für das selbständige Beweisverfahren örtlich und international zuständig.

bb) Eilzuständigkeit des Amtsgerichts des Aufenthalts oder der belegenen Sache

20 Auch die Eilzuständigkeit des Amtsgerichts nach Abs.3 ist auf die internationale Zuständigkeit zu erstrecken[30]. Dafür spricht der Zweck dieser Zuständigkeit, den Verlust von Beweismitteln zu vermeiden und damit die Effektivität des Rechtsschutzes für den Antragsteller zu sichern. Die internationale Zuständigkeit entsprechend Abs.3 besteht unabhängig davon, ob für den Hauptsacheprozeß ein deutsches Gericht international zuständig ist.

---

[26] Ebenso *Schreiber* NJW 1991, 2600, 2602. Dafür spricht auch die Begr. BT-Drucks. 11/3621, S.42.
[27] *RGZ* 164, 307; *BayObLG* MDR 1988, 60.
[28] *LG Lüneburg* FamRZ 1984, 69.
[29] → Rdnr.10.
[30] Ebenso *Ahrens* (Lit.Verz. vor §485) 10; *Geimer* IZPR[5] Rdnr.2540.

21 Die Beweissicherung im Rahmen des Abs. 3 durch das deutsche Gericht ist auch dann zulässig, wenn die Beweisaufnahme in einem ausländischen Prozeß benutzt werden soll, unabhängig davon, ob auch das ausländische Recht ein Beweissicherungsverfahren kennt[31].

c) Internationale Zuständigkeit bei Geltung des Europäischen Zivilprozeßrechts

aa) Internationale Zuständigkeit des nach Europäischem Zivilprozeßrecht für den Hauptsacheprozeß zuständigen Gerichts

22 Wenn nach den Regeln des Europäischen Zivilprozeßrechts, insbesondere der EuGVO, ein deutsches Gericht für den Hauptsacheprozeß zuständig ist, so besitzt es damit auch die Zuständigkeit für ein selbständiges Beweisverfahren, unabhängig davon, ob der Hauptsacheprozeß bereits anhängig ist. Dies gilt auch dann, wenn und soweit das selbständige Beweisverfahren dem Bereich der einstweiligen Maßnahmen iSv Art. 31 EuGVO zuzuordnen ist (dazu → Rdnr. 23ff.), denn mit der Zuständigkeit für die Hauptsache ist, wie der EuGH[32] bereits entschieden hat, generell zugleich die Zuständigkeit für einstweilige oder sichernde Maßnahmen gegeben.

bb) Internationale Zuständigkeit nach deutschem Recht

23 Die im Recht eines Mitgliedstaats vorgesehenen einstweiligen Maßnahmen, einschließlich solcher, die auf Sicherung gerichtet sind, können nach Art. 31 EuGVO bei den Gerichten dieses Staates auch dann beantragt werden, wenn für den Hauptsacheprozeß das Gericht eines anderen Mitgliedstaates zuständig ist. Ob dies auch für das selbständige Beweisverfahren gilt, hängt davon ab, ob dieses Verfahren zu den einstweiligen Maßnahmen iSv Art. 31 EuGVO gerechnet werden kann[33].

24 Obgleich im deutschen Recht das selbständige Beweisverfahren klar vom Verfahren des Arrests und der einstweiligen Verfügung unterschieden wird, könnte dafür sprechen, daß auch das selbständiges Beweisverfahren in vergleichbarer Weise der Sicherung der künftigen Rechtsdurchsetzung dient. Der *EuGH*[34] hat allerdings für den Fall einer »vorgezogenen Zeugenvernehmung vor Anhängigkeit einer Sache« nach niederländischem Recht die Anwendung des Art. 24 EuGVÜ (jetzt Art. 31 EuGVO) abgelehnt, soweit das wesentliche Ziel der Beweiserhebung darin liegt, dem Antragsteller zu ermöglichen, die Zweckmäßigkeit einer eventuellen Klage einzuschätzen, die Grundlage für eine solche Klage festzustellen und die Erheblichkeit der Klagegründe zu beurteilen. Ein selbständiges Beweisverfahren aufgrund rechtlichen Interesses, also die Fälle des § 485 Abs. 2, wird man auf der Grundlage dieser Entscheidung nicht zu den einstweiligen Maßnahmen nach Art. 31 EuGVO rechnen dürfen. Für ein solches Verfahren muß also eine Zuständigkeit nach den allgemeinen Regeln der EuGVO gegeben sein[35]. Dagegen ist das Urteil des EuGH wohl so zu verstehen, daß Maßnahmen, die dem drohenden Verlust von Beweismitteln entgegenwirken sollen, von Art. 31 EuGVO erfaßt

---

[31] *AG Frankfurt* und *Cohn* JZ 1960, 540. Nur wenn feststeht, daß die Beweisaufnahme lediglich für den ausländischen Prozeß in Betracht kommt, dort aber mit Sicherheit nicht verwertet werden kann, kommt eine Zurückweisung wegen offensichtlicher Zwecklosigkeit in Betracht (→ § 487 Rdnr. 3).

[32] *EuGH*, Urteil vom 17. 11. 1998, Rs. C-391/95 – van Uden Maritime BV/Deco-Line KG, IPRax 1999, 240, 242 (zu Nr. 19).

[33] Grundsätzlich bejahend *Ahrens* (Lit. Verz. vor § 485) 9; *Dörschner* (Lit. Verz. vor § 485) 163; *Mankowski* JZ 2005, 1144, 1149f.

[34] *EuGH*, Urteil vom 28.4. 2005, Rs C-104/03, St. Paul Dairy Industries/Unibel Exser, Slg. 2005, I-3481 = JZ 2005, 1166; abl. *Mankowski* JZ 2005, 1144.

[35] Die bisher verschiedentlich vertretene Ansicht, die EuGVO sei auf die internationale Zuständigkeit

werden. Für selbständige Beweisverfahren nach §485 Abs. 1 können also über Art. 31 EuGVO auch Zuständigkeiten nach nationalem Recht in Anspruch genommen werden.

25 Daraus ergibt sich als wichtigste Konsequenz, daß für solche Verfahren die Eilzuständigkeit des Amtsgerichts nach §486 Abs. 3 auch dann besteht, wenn die Zuständigkeit für den Hauptsacheprozeß nach Europäischem Recht zu beurteilen ist und danach für den Hauptsacheprozeß die Gerichte eines anderen Mitgliedstaates zuständig sind[36].

26 Zweifelhaft ist dagegen, ob sich für selbständige Beweisverfahren nach §485 Abs. 1 auch eine deutsche internationale Zuständigkeit aus §486 Abs. 2 mit der Begründung herleiten läßt, daß hier auf die Hauptsachezuständigkeit verwiesen wird und diese in dem von Art. 31 EuGVO eröffneten Rahmen nach dem deutschen autonomen Recht zu beurteilen ist. Es würde sich dann allerdings nur um eine **fiktive Hauptsachezuständigkeit** handeln, da im Hauptsacheprozeß die Zuständigkeit allein nach Europäischem Zivilprozeßrecht zu beurteilen wäre. Da der Zweck des selbständigen Beweisverfahrens nach §485 Abs. 1 in erster Linie darin besteht, einen Hauptsacheprozeß vorzubereiten, erscheint eine solche Auslegung des §486 Abs. 2 wenig sinnvoll, wenn ein Hauptsacheprozeß vor einem deutschen Gericht nicht stattfinden kann. Die Fälle, in denen aufgrund Dringlichkeit ein Bedürfnis nach einer deutschen Zuständigkeit unabhängig von der Hauptsachezuständigkeit besteht, werden ohnehin durch die Eilzuständigkeit nach §486 Abs. 3 abgedeckt.

27 Allerdings wird die entsprechende Frage für das Arrestverfahren wohl überwiegend anders beurteilt und dort eine deutsche internationale Zuständigkeit des Gerichts der Hauptsache nach §919 bejaht, wenn in der Hauptsache lediglich nach deutschem Recht, nicht nach Europäischem Recht eine Zuständigkeit in Deutschland besteht[37]. Dies kann dazu führen, daß eine fiktive deutsche Hauptsachezuständigkeit auch aus Zuständigkeitsregeln entnommen wird, die, wie insbesondere der Gerichtsstand des Vermögens (§23) im Anwendungsbereich des Europäischen Rechts nicht anwendbar sind. Der *EuGH* hat die Möglichkeit einer solchen Auslegung eröffnet, indem er entschied, daß das Verbot der sog. exorbitanten Zuständigkeiten (Art. 3 Abs. 2 EuGVO iVm Anhang I zur EuGVO) nicht im Bereich der Sonderregelung des Art. 31 EuGVO gilt[38]. Das bedeutet aber nicht, daß das nationale Recht in dem Sinne ausgelegt werden muß, daß es eine Zuständigkeit für Eilmaßnahmen an eine lediglich fiktive Hauptsachezuständigkeit anknüpft. Jedenfalls für den Bereich des selbständigen Beweisverfahrens erscheint eine solche Auslegung des §486 Abs. 2 aus den genannten Gründen nicht gerechtfertigt.

28 Im **Ergebnis** sollte man also im Bereich des Europäischen Zivilprozeßrechts eine deutsche internationale Zuständigkeit für selbständige Beweiverfahren nach §485 Abs. 1 dann bejahen, wenn entweder ein deutsches Gericht nach Europäischem Recht für die Hauptsache zuständig ist, oder wenn die Voraussetzungen der Eilzuständigkeit nach §486 Abs. 3 für ein deutsches Amtsgericht gegeben sind.

29 Für selbständige Beweisverfahren nach §485 Abs. 2 ist dagegen eine internationale Zuständigkeit in Deutschland nur gegeben, wenn das Gericht auch in der Hauptsache nach Maßgabe des Europäischen Rechts, insbesondere der EuGVO, zuständig ist.

---

für das selbständige Beweisverfahren nicht anzuwenden (so z.B. *Geimer* IZPR[5] Rdnr. 2540; *Schack* IZPR[3] Rdnr. 429), trifft auf der Grundlage des *EuGH*-Urteils nicht zu.

[36] Ebenso *Ahrens* (Lit. Verz. vor §485) 10; *Dörschner* (Lit. Verz. vor §485) 165.

[37] So bejaht *OLG Karlsruhe* MDR 2002, 231 (im Rahmen des Lugano-Übereinkommens) eine Zuständigkeit für den Arrest, indem es das Gericht des Vermögensgerichtsstandes (§23) als Hauptsachegericht iSv §919 ansieht. Ebenso *Kropholler* Europäisches Zivilprozeßrecht[8] Art. 31 EuGVO Rdnr. 17f.; *Nagel/Gottwald* IZPR[5] §15 Rdnr. 10ff. – A.M. *Schlosser* EU-Zivilprozeßrecht[2] Art. 31 EuGVVO Rdnr. 18.

[38] *EuGH*, Urteil vom 17. 11. 1998, Rs. C-391/95 – van Uden Maritime BV/Deco-Line KG, IPRax 1999, 240, 242 (zu Nr. 42).

5. Beweissicherung im Ausland

a) Antrag beim ausländischen Gericht

30 Soll die Beweiserhebung im Ausland stattfinden, so wird es sich aus Zeitgründen oft empfehlen, das ausländische Gericht nach Maßgabe des dortigen Rechts anzurufen. Zur Verwertbarkeit der im ausländischen Verfahren erhobenen Beweise vor dem deutschen Gericht → § 493 Rdnr. 8. Zur Wirkung hinsichtlich der Verjährung → Rdnr. 50.

b) Antrag beim inländischen Gericht

31 Wenn eine inländische internationale Zuständigkeit besteht (→ Rdnr. 18 bis 29), kann beim deutschen Gericht das selbständige Beweisverfahren beantragt werden, auch wenn die Beweiserhebung im Ausland erfolgen soll. Die Durchführung einer **Zeugenvernehmung** oder einer **Augenscheinseinnahme** im Ausland sowie die Einholung eines Sachverständigengutachtens durch einen **im Ausland zu ernennenden Sachverständigen** kann im Wege der Rechtshilfe erfolgen, → § 363 Rdnr. 18ff. Ein Rechtshilfeersuchen kann nach dem **Haager Beweisübereinkommen** (→ Anhang zu § 363, Rdnr. 1) gestellt werden. Dies gilt auch, wenn der Hauptsacheprozeß noch nicht anhängig ist, da dieses Übereinkommen nach Art. 1 Abs. 2 auch die Aufnahme von Beweisen für künftige gerichtliche Verfahren umfaßt[39], → Anhang zu § 363, Rdnr. 28.

32 Die Durchführung der Beweiserhebung im Rahmen eines deutschen selbständigen Beweisverfahrens **in einem anderen Mitgliedstaat der EG** kann nach Maßgabe der **EuBVO** iVm § 1072 erfolgen. Dies gilt auch, wenn noch wenn kein Hauptsacheprozeß anhängig ist; denn nach Art. 1 Abs. 2 bezieht sich die EuBVO (Text → Anhang zu § 363, Rdnr. 127) auch auf die Erhebung von Beweisen, die zur Verwendung in einem noch zu eröffnenden gerichtlichen Verfahren bestimmt sind.

33 Ob ein **vom deutschen Gericht ernannter Sachverständiger** ohne Zustimmung des ausländischen Staats im Ausland tätig werden darf, ist zweifelhaft und grundsätzlich eher abzulehnen. Auch die EuBVO gibt keine klare Antwort auf diese Frage. Da die EuBVO aber insgesamt auf eine Erleichterung der grenzüberschreitenden Beweisaufnahme abzielt und ein einheitlicher Europäischer Rechtsraum im Werden ist, sollte man die Sachverständigentätigkeit in einem anderen Mitgliedstaat der EG ohne besondere Formalitäten zulassen, → vor § 402 Rdnr. 62 mit Nachw.

6. Verweisung des Verfahrens; Zurückweisung des Antrags wegen Unzuständigkeit

34 Ist der Antrag beim örtlich oder sachlich unzuständigen Gericht gestellt, so sollte man auf Antrag des Antragstellers[40] eine **Verweisung an das zuständige Gericht** analog § 281 zulassen, und zwar mit für das selbständige Beweisverfahren bindender Wirkung[41]; denn auch hier sollten Zuständigkeitsfragen keine unverhältnismäßige Bedeutung gewinnen. Eine Verweisung des selbständigen Beweisverfahrens hindert aber den Antragsteller nicht, im Hauptsacheverfahren die Zuständigkeit des angewiesenen Gerichts zu rügen; denn der Sinn des Abs. 2 S. 2 ist

---

[39] Ebenso *Stürner* IPRax 1984, 299, 300; *Ahrens* (Lit.Verz. vor § 485) 4.

[40] Nicht des Antragsgegners; auch § 506 ist im selbständigen Beweisverfahren vor dem AG nicht anwendbar, *OLG Frankfurt* NJW-RR 1998, 1610.

[41] *OLG Frankfurt* NJW-RR 1998, 1610 (im konkreten Fall allerdings gegen eine Bindungswirkung des Verweisungsbeschlusses wegen schwerer Verfahrensverstöße; ebenso *OLG Dresden* BauR 2004, 1338 wegen Fehlens einer nachvollziehbaren Begründung) sowie *OLG Brandenburg* MDR 2006, 1184); *Fischer* MDR 2001, 608, 611. – A.M. *OLG Zweibrücken* BauR 1997, 885 (nur formlose Abgabe ohne Bindungswirkung); ebenso *OLG Celle* BeckRS 2004 Nr. 11829 = NJOZ 2005, 4362, 4363. *Zöller/Herget*[25] Rdnr. 2.

nur, daß sich der Antragsteller im Hauptsacheprozeß nicht mit seinem früheren Vorbringen in Widerspruch setzen darf. Das Hauptsacheverfahren kann also durch das Gericht 2 an das Gericht 1 verwiesen werden, das im selbständigen Beweisverfahren seine Zuständigkeit verneint und eine Verweisung ausgesprochen hat[42].

35 Wird der Antrag mangels Zuständigkeit **zurückgewiesen,** so sind dem Antragsteller entsprechend § 91 die Kosten des Verfahrens aufzuerlegen[43], → vor § 485 Rdnr. 15.

7. Verhältnis zu Schiedsgerichtsbarkeit, Schiedsgutachten und Schlichtung

36 Durch eine wirksame Schiedsvereinbarung wird das selbständige Beweisverfahren vor dem staatlichen Gericht nicht ausgeschlossen[44], da dieses Verfahren zu den sichernden Maßnahmen nach § 1033 zu rechnen ist[45]. Die Zuständigkeit des staatlichen Gerichts gemäß § 1033 besteht sowohl vor als auch nach Beginn des schiedsrichterlichen Verfahrens. Andererseits ist auch das Schiedsgericht, vorbehaltlich anderer Vereinbarung, nach § 1041 Abs. 1 S. 1 zum Erlaß sichernder Maßnahmen befugt. Der Antragsteller hat daher ein **Wahlrecht** zwischen staatlichem Gericht und Schiedsgericht[46].

37 Bei der Schiedsgutachterklausel[47] wird § 485 Abs. 1 in Betracht kommen[48], dagegen das rechtliche Interesse i. S. v. § 485 Abs. 2 eher zu verneinen sein[49].

38 Eine **Schlichtungsklausel**, wonach vor Anrufung der ordentlichen Gerichte zuerst eine bestimmte Schlichtungsstelle angerufen werden muß, wird einem selbständigen Beweisverfahren nach ihrem Sinn und Zweck im allgemeinen nicht entgegenstehen[50], weil die Schlichtung durch die im selbständigen Beweisverfahren möglichen tatsächlichen Feststellungen nicht gehindert, sondern gefördert wird.

II. Der Antrag

1. Form

39 Der **Antrag** (zum Inhalt → § 487) kann schriftlich oder im Laufe der mündlichen Verhandlung oder zum Protokoll der Geschäftsstelle angebracht werden. Der Antrag unterliegt nicht dem Anwaltszwang, § 78 Abs. 5. Dasselbe gilt für Ergänzungen des Antrags oder Gegenanträge[51] (→ Rdnr. 41). Für die etwaige mündliche Verhandlung über den Antrag gilt dagegen der Anwaltszwang, → § 78 Rdnr. 33. Zu den Anträgen nach § 494a → § 494a Rdnr. 11 u. 31.

---

42 *LG Köln* BauR 2000, 143.

43 *OLG Hamm* NJW-RR 1997, 959.

44 *Thomas/Putzo/Reichold*[27] Rdnr. 10. Ebenso schon nach früherem Recht *OLG Frankfurt* BauR 1993; 504; *OLG Koblenz* MDR 1999, 502.

45 → § 1033 Rdnr. 1 mwN. Dafür spricht auch die Begr. zu § 1033, BT-Drucks. 13/5274, S. 38 (einstweiliger Rechtsschutz zu Zwecken der Beweissicherung).

46 → § 1033 Rdnr. 1. Ebenso *Schwab/Walter* Schiedsgerichtsbarkeit[7] Kap. 15 Rdnr. 27.

47 Die Zulässigkeit eines selbständigen Beweisverfahrens bejahend *LG Hanau* MDR 1991, 989; *LG München I* NJW-RR 1994, 355 (zu § 14 AKB; → aber § 485 Rdnr. 37 zum Fall des bereits anhängigen Verfahrens nach § 14 AKB). – A. M. *OLG Düsseldorf* BauR 1998, 1111 (kein rechtliches Interesse i. S. v. § 485 Abs. 2); *Weise* (Lit. Verz. vor § 485) Rdnr. 236; *Zanner* BauR 1998, 1154, 1159.

48 Die Zulässigkeit bejahend *OLG Brandenburg* NJW-RR 2002, 1537 (jedenfalls wenn Wirksamkeit und Umfang der Schiedsgutachtenvereinbarung streitig sind); *von Bernuth* ZIP 1998, 2081, 2082 (wenn nicht die alsbaldige Feststellung im schiedsgutachterlichen Verfahren möglich ist).

49 Anders *von Bernuth* ZIP 1998, 2081, 2084, der ein selbständiges Beweisverfahren nach § 485 Abs. 2 generell zulassen will, um dem Antragsteller den Nachweis einer offenbaren Unrichtigkeit des (späteren) Schiedsgutachtens zu ermöglichen. Eine solche präventive Vorgehensweise entspricht aber nicht dem Sinn und Zweck einer Schiedsgutachtenabrede.

50 So auch *OLG Köln* OLGR 2002, 264.

51 *OLG Naumburg* OLG-NL 2002, 181.

2. Zustellung

40 Der Antrag ist dem vom Antragsteller bezeichneten Gegner (Ausnahme: §494) stets **von Amts wegen zuzustellen**[52]. Dies steht zwar nicht ausdrücklich in der ZPO, folgt aber mittelbar daraus, daß die Hemmung der Verjährung nach §204 Abs. 1 Nr. 7 BGB die Zustellung voraussetzt. Diese Auslegung des Gesetzes (oder Lückenfüllung) erscheint sinnvoller als den Antragsteller darauf zu verweisen, er möge auf Zustellung drängen, zumal dann doch eine Pflicht des Gerichts zur Zustellung bejaht werden müßte[53].

3. Gegenantrag

41 Solange die Beweisaufnahme nicht durchgeführt ist und unter der Voraussetzung, daß dadurch keine wesentliche Verzögerung eintritt, ist auch dem Gegner das Recht zu einem ergänzenden Antrag hinsichtlich desselben Sachkomplexes (und unter den Voraussetzungen des §485) zuzugestehen[54], → auch vor §485 Rdnr. 8. Ein Gegenantrag, der sich auf dieselben Fragen bezieht, ist dagegen ebenso unzulässig[55] wie ein Antrag auf ein erneutes selbständiges Beweisverfahren zum selben Beweisthema[56] (außer in den von §485 Abs. 3 erfaßten Fällen). Unzulässig ist auch ein ergänzender Antrag, der sich auf das Verhältnis des einen zum anderen Antragsgegner, nicht zum Antragsteller, bezieht[57].

4. Rücknahme und Änderung des Antrags

42 Der Antrag kann nachträglich zurückgenommen oder eingeschränkt werden, solange die Beweisaufnahme nicht erfolgt ist[58]. Unter derselben Voraussetzung sind Erweiterungen zuzulassen. Auch für solche Anträge gilt Abs. 4 iVm §78 Abs. 5, so daß außerhalb einer mündlichen Verhandlung dafür kein Anwaltszwang besteht[59]. Die Antragsrücknahme bedarf nicht der Einwilligung des Gegners.

III. Wirkungen des Antrags, insbesondere Hemmung der Verjährung

1. Keine Rechtshängigkeit hinsichtlich des Hauptsacheanspruchs

43 Durch den Antrag wird eine Rechtshängigkeit im prozessualen Sinn hinsichtlich des Hauptsacheanspruchs nicht begründet, ebenso wenig treten ihre materiell-rechtlichen Wirkungen (§262) ein. Jedoch steht die Rechtshängigkeit eines selbständigen Beweisverfahrens einem zweiten Verfahren desselben Antragstellers bzw. des Antragsgegners mit demselben Inhalt entgegen[60].

---

52 So auch Hdb.priv.BauR³ (*Praun/Merl*) §16 Rdnr. 68, 307.
53 So der Lösungsvorschlag von *Nierwetberg* NJW 2005, Heft 28, NJW-Editorial.
54 *OLG Frankfurt* BauR 1996, 585; *OLG Düsseldorf* BauR 1996, 896; *OLG Düsseldorf* ZMR 2000, 522; *OLG Nürnberg* NJW-RR 2001, 859; *OLG Rostock* BauR 2001, 11; *LG Konstanz* NJW-RR 2003, 1379; ausführlich Hdb.priv.BauR³ (*Praun/Merl*) §16 Rdnr. 61ff.; *Herget* NJW-Sonderheft BayObLG, 2005, 44. – Ein Gegenantrag ist dagegen unzulässig, wenn er eine andere Beweisfrage betrifft, ein anderer Sachverständiger beauftragt werden müßte und das Verfahren verzögert würde, *LG Münster* MDR 1998, 1500.
55 *OLG Frankfurt* BauR 1997, 167.
56 *OLG Köln* OLGZ 1992, 495.
57 *OLG Jena* OLG-NL 2000, 20.
58 *OLG Köln* VersR 1994, 1328.
59 *OLG Naumburg* JurBüro 1998, 267.
60 *Schilken* ZZP 92 (1979), 238, 251ff.

2. Unterbrechung der Verjährung nach früherem Recht nur bei Gewährleistungsansprüchen

44 Die Verjährung wurde nach früherem Recht nur bei der **Gewährleistung** nach §477 Abs. 2, §480 Abs. 1, §490 Abs. 1 S. 2, §493, §524 Abs. 2 S. 3, §639 Abs. 1 BGB aF **unterbrochen**, auch durch **Streitverkündung** im selbständigen Beweisverfahren, → §487 Rdnr. 11. Bei **Baumängeln** genügte es, wenn der Antragsteller bei Einleitung des selbständigen Beweisverfahrens die Schadstellen und die aufgetretenen Schäden bezeichnet; die Verjährung der Gewährleistungsansprüche wurde dann auch hinsichtlich solcher Ursachen unterbrochen, die der Antragsteller nicht benannt hat[61]. Die Verjährung wurde auch durch einen **unzulässigen Antrag** unterbrochen, solange er nicht abgewiesen wurde[62] (dann galt §212 BGB aF), nicht dagegen durch einen Antrag auf selbständige Beweisaufnahme gegen Unbekannt[63]. Zur Unterbrechung der Verjährung der Gewährleistungsansprüche von Wohnungserwerbern führte auch ein vom Verwalter aufgrund Ermächtigung in **Prozeßstandschaft** eingeleitetes selbständiges Beweisverfahren[64]. Ein Weiterbetreiben des in Stillstand geratenen Hauptsacheprozesses i.S.v. §211 Abs. 2 S. 2 BGB aF, das zur Fortdauer der Verjährungsunterbrechung kraft Hauptsacheprozeß geführt hätte, lag in der Einleitung eines selbständigen Beweisverfahrens nicht[65].

3. Allgemeine Hemmung der Verjährung nach jetzigem Recht

a) Voraussetzungen

45 Seit der Neuregelung des Verjährungsrechts durch das Schuldrechtsmodernisierungsgesetz 2001 führt die **Zustellung des Antrags** (zur Notwendigkeit → Rdnr. 40) auf Durchführung eines selbständigen Beweisverfahrens allgemein zur **Hemmung der Verjährung,** §204 Abs. 1 Nr. 7 BGB. Zur Rückwirkung auf den Zeitpunkt des Eingangs des Antrags → §167. Die Hemmung der Verjährung tritt für **alle Ansprüche** des Antragstellers gegen den Zustellungsempfänger ein, auf deren Voraussetzungen sich das beantragte Beweisverfahren nach dem Willen des Antragstellers beziehen sollte, wobei in Zweifelsfällen zu berücksichtigen ist, ob für den Antragsgegner der Zusammenhang mit den jeweiligen Ansprüchen erkennbar war. Durch einen Antrag auf selbständiges Beweisverfahren gegen einen **unbekannten Gegner** (§494) tritt keine Hemmung der Verjährung ein; insoweit gilt dasselbe wie nach früherem Recht (→ Rdnr. 44 mit Fn. 63).

b) Wirkung und Ende der Hemmung

46 Die Hemmung hat nach §209 BGB zur Folge, daß der Zeitraum, während dessen die Verjährung gehemmt ist, in die Verjährungsfrist **nicht eingerechnet** wird, d.h. die Verjährung läuft nach Beendigung der Hemmung weiter.

47 Die Hemmung **endet** gemäß §204 Abs. 2 S. 1 BGB **sechs Monate** nach rechtskräftiger Entscheidung oder der anderweitigen Beendigung des Verfahrens. Eine rechtskräftige Entscheidung liegt vor, wenn der Antrag abgelehnt wurde und dieser Beschluß nicht mehr anfechtbar ist (zur den Rechtsmitteln → §490 Rdnr. 9ff.). Auch durch Rücknahme des Antrags wird das selbständige Beweisverfahren beendet.

---

[61] *BGH* NJW-RR 1989, 148; NJW-RR 1992, 913 = MDR 1992, 780.
[62] *BGH* LM §212 BGB Nr. 5 = NJW 1983, 1901; *BGH* NJW 1998, 1305.
[63] *BGH* LM §485 Nr. 4 = NJW 1980, 1458.
[64] *BGH* NJW 2003, 3196.
[65] *BGH* NJW 2001, 218, 220.

48 Im übrigen endet das Verfahren mit seiner **sachlichen Erledigung**[66]. Bei mündlicher Erstattung des Gutachtens oder mündlicher Erläuterung (→ §492 Rdnr. 4) ist das selbständige Beweisverfahren jedenfalls mit dem Verlesen des Protokolls über die Vernehmung des Sachverständigen bzw. mit der Vorlage zur Durchsicht beendet[67]. Bei schriftlicher Gutachtenerstattung ist das Verfahren mit der gerichtlichen Mitteilung (genauer dem Zugang) des Gutachtens an beide Parteien[68] als beendet anzusehen, wenn nicht das Gericht eine Frist zur Stellungnahme gesetzt hat (dann Beendigung bei ungenutztem Ablauf dieser Frist). Ohne gerichtliche Fristsetzung endet das Verfahren mit dem Zugang des Gutachtens[69], wenn die Parteien nicht innerhalb eines angemessenen Zeitraums (→ §492 Rdnr. 4) Einwendungen erhoben und eine Ergänzung oder mündliche Erläuterung beantragt haben. Werden Einwendungen gegen das schriftliche Gutachten erhoben, sei es innerhalb einer gerichtlich gesetzten Frist oder innerhalb eines angemessenen Zeitraums, so endet das selbständige Beweisverfahren erst mit deren Erledigung, insbesondere mit einer mündlichen Erläuterung des Gutachtens durch den Sachverständigen.

49 Bei **Stillstand des Verfahrens** aufgrund Nichtbetreibens durch die Parteien wird durch §204 Abs. 2 S. 2 BGB die letzte Verfahrenshandlung des Gerichts oder einer Partei der Beendigung des Verfahrens gleichgesetzt. Dies gilt auch, wenn das selbständige Beweisverfahren mangels fristgemäßer Zahlung des angeforderten Kostenvorschusses nicht weitergeführt wird[70].

4. Wirkung ausländischer Beweissicherungsverfahren

50 Die Hemmung der Verjährung wird auch durch den **bei einem ausländischen Gericht** gestellten Beweissicherungsantrag herbeigeführt, wenn das dortige Verfahren im wesentlichen dem deutschen Verfahren entspricht[71]. Auf die internationale Zuständigkeit des ausländischen Gerichts kommt es dabei nicht an[72].

5. Versicherungsrechtliche Klagefrist

51 Die Frist zur gerichtlichen Geltendmachung eines Anspruchs gegen den Versicherer nach §12 Abs. 3 S. 1 VVG wird durch den Antrag auf ein selbständiges Beweisverfahren nicht gewahrt oder gehemmt[73].

IV. Kosten

52 Zu den **Kosten** des Verfahrens → vor §485 Rdnr. 7ff., 13ff., → §494a. Zur Zuständigkeit für die **Streitwertfestsetzung** → vor §485 Rdnr. 11.

---

66 *BGH* NJW 2002, 1640, 1641.
67 *BGHZ* 60, 212 = NJW 1973, 698 = LM §477 BGB Nr. 20 (LS, *Hoffmann*).
68 A.M. *LG Mönchengladbach* MDR 1984, 843 (Mitteilung an den Antragsteller maßgebend).
69 Nicht erst mit dem ungenutzten Verstreichen des angemessenen Zeitraums, *BGH* NJW 2002, 1640, 1641.
70 *OLG Frankfurt* OLGR 2004, 325.
71 *LG Hamburg* IPRax 2001, 45; *Spickhoff* IPRax 2001, 37, 39; *Rosenberg/Schwab/Gottwald*[16] §116 Rdnr. 4; *MünchKommBGB/Grothe*[4] Bd. 1a, §204 Rdnr. 42.
72 *Spickhoff* IPRax 2001, 37, 39; *MünchKommBGB/Grothe*[4] Bd. 1a, §204 Rdnr. 42. – A.M. *LG Hamburg* IPRax 2001, 45.
73 *LG Hannover* VersR 2001, 1099, 1100.

§487 Inhalt des Antrags

Der Antrag muss enthalten:
1. die Bezeichnung des Gegners;
2. die Bezeichnung der Tatsachen, über die Beweis erhoben werden soll;
3. die Benennung der Zeugen oder die Bezeichnung der übrigen nach §485 zulässigen Beweismittel;
4. die Glaubhaftmachung der Tatsachen, die die Zulässigkeit des selbständigen Beweisverfahrens und die Zuständigkeit des Gerichts begründen sollen.

Gesetzesgeschichte: Bis 1900 §449 CPO. Neu gefaßt durch Rechtspflege-Vereinfachungsgesetz vom 17.12. 1990 (BGBl. I 2847).

I. Bedeutung der Antragserfordernisse

1 **Sämtliche Bestandteile** des Antrags (Nr. 1 bis 4) sind **wesentlich;** fehlt es an einem dieser Erfordernisse und wird dem Mangel auf Rückfrage nach §139 nicht abgeholfen, so ist der Antrag zurückzuweisen.

II. Die einzelnen Erfordernisse des Antrags

1. Bezeichnung des Gegners

2 Ist die von Nr. 1 verlangte Bezeichnung des Gegners nicht möglich, so gilt §494. Es können **mehrere Gegner** nebeneinander bezeichnet werden[1]. Auch kann das bereits anhängige selbständige Beweisverfahren auf weitere Gegner erstreckt werden, soweit dies vom Verfahrensstand her zumutbar erscheint[2]. Ob es dazu ausreicht, daß zu dem bereits erstellten Sachverständigengutachten noch eine mündliche Anhörung unter Beteiligung des zusätzlichen Antragsgegners erfolgen kann[3], erscheint zweifelhaft.

Zu **Gegenanträgen** des Antragsgegners im selbständigen Beweisverfahren → §486 Rdnr. 41.

---

[1] Z.B. mehrere Personen, die als Verursacher von Baumängeln ernsthaft in Betracht kommen, *OLG Frankfurt* NJW-RR 1995, 831.

[2] Z.B. wenn noch ein schriftliches Teilgutachten aussteht, das den einzubeziehenden Subunternehmer betrifft, *OLG Thüringen* BauR 1997, 701 (LS). Nicht aber, wenn das Verfahren bereits mehrere Jahre andauert und bei Einbeziehung weiterer Antragsgegner eine erhebliche Verzögerung zu besorgen ist, *OLG Celle* BauR 2005, 1221 (LS).

[3] So *OLG Düsseldorf* NJW-RR 1995, 1216.

2. Bezeichnung der Tatsachen

3 Zu Nr. 2 vgl. §359 Nr. 1, §§371, 373, 377 Abs. 2 Nr. 2, §403. Zur Notwendigkeit einer bestimmten Tatsachenbehauptung → §485 Rdnr. 21. Die – mögliche – Erheblichkeit der Tatsachen ist nur insoweit darzulegen, als dies für die Beurteilung des Anordnungsgrundes, insbesondere des rechtlichen Interesses erforderlich ist, → auch §485 Rdnr. 10, 11 a.E. Bei offensichtlich zwecklosen Anträgen (z.B. wenn der Anspruch bereits rechtskräftig abgewiesen ist, → §485 Rdnr. 34) werden die Voraussetzungen des §485, insbesondere das rechtliche Interesse nach §485 Abs. 2, nicht gegeben sein; im übrigen ist eine Ablehnung wegen Rechtsmißbrauchs möglich.

3. Benennung der Zeugen und Bezeichnung der sonstigen Beweismittel

4 Zu Nr. 3 vgl. §130 Nr. 5. Das Erfordernis der Benennung der Zeugen entspricht dem §373. Die **Person des Sachverständigen** ist dagegen (seit der Reform 1990) nicht mehr vom Antragsteller, sondern vom Gericht zu bestimmen, §404. Benennt der Antragsteller einen Sachverständigen, so ist das Gericht daran nicht gebunden[4]. Bei übereinstimmender Benennung durch Antragsteller und Antragsgegner gilt §404 Abs. 4.

Zur **Ablehnung eines Sachverständigen** → §492 Rdnr. 9f.

4. Darlegung und Glaubhaftmachung der Voraussetzungen

5 Der Antragsteller hat die Voraussetzungen einer selbständigen Beweisaufnahme nach §485 dazulegen und glaubhaft zu machen, sei es die **Gefahr des Beweismittelverlustes,** die **Zustimmung des Gegners** oder das **rechtliche Interesse.** Dasselbe gilt für die Tatsachen, von denen die Zuständigkeit des Gerichts (§486) abhängt. Der Antragsteller muß – sowohl im Hinblick auf das rechtliche Interesse als auch wegen der Zuständigkeit – auch angeben, hinsichtlich **welchen Hauptsacheanspruchs** bzw. für welche Verteidigung gegen einen Anspruch die Beweisaufnahme beantragt wird[5].

6 Für die **Glaubhaftmachung** gilt §294. Eine **eidesstattliche Versicherung** sollte eine eigene Sachverhaltsdarstellung enthalten, → §294 Rdnr. 16 (21. Aufl.). Eine Verweisung auf einen Schriftsatz unter eidesstattlicher Versicherung der Richtigkeit der darin enthaltenen Angaben genügt aber, wenn der Schriftsatz nur tatsächliche Ausführungen enthält[6]. Soweit der Gegner die zur Begründung des Antrags vorgebrachten Tatsachen nicht bestreitet, ist eine Glaubhaftmachung entbehrlich[7].

III. Streitverkündung

1. Zulässigkeit

7 Die früher streitige Frage, ob im selbständigen Beweisverfahren eine **Streitverkündung** an einen Dritten entsprechend §72 erfolgen kann, hat der *BGH*[8] mit Recht bejaht.

8 Tatsachen, die nur im **Verhältnis des Antragstellers zum Streitverkündungsempfänger** relevant sind, können jedoch nicht Gegenstand des ursprünglichen selbständigen Beweisverfah-

---

4 *OLG Düsseldorf* OLGZ 1994, 85; *OLG München* MDR 1992, 520.
5 Dazu *Cuypers* NJW 1994, 1985, 1988.
6 *OLG Koblenz* MDR 2005, 827.
7 *OLG Oldenburg* IBR 1995, 320 (*Grimm*).
8 *BGHZ* 134, 190 = NJW 1997, 859 (zust. *Kunze* NJW 1997, 1290) = JZ 1998, 260 (zust. *Gottwald/Malterer*) = LM §209 BGB Nr. 86 (zust. *Schilken*).

rens sein[9]. Ein weiteres (gesondertes) selbständiges Beweisverfahren zwischen dem Streitverkündungsempfänger und dem Streitverkünder ist zulässig[10].

9 Die Verweigerung der Zustellung der Streitverkündungsschrift ist gemäß §567 Abs. 1 Nr. 2 mit der **sofortigen Beschwerde** anfechtbar[11].

2. Zeitliche Grenzen

10 Die Streitverkündung ist nicht mehr zulässig, wenn das **selbständige Beweisverfahren beendet** ist, so wenn nach Gutachtenerstattung innerhalb angemessener bzw. vom Gericht gesetzter Frist (§492 Abs. 1, §411 Abs. 4) keine Anträge auf Ergänzung des Gutachtens oder mündliche Anhörung des Sachverständigen gestellt wurden[12]. Mit der Beendigung des selbständigen Beweisverfahrens endet auch die Möglichkeit des Beitritts für einen Streitverkündungsempfänger[13].

3. Wirkungen der Streitverkündung

11 Die Streitverkündung hat zur Folge, daß sich die streitverkündende Partei (sei es der Antragsteller oder der Antragsgegner) auch dem Streitverkündungsempfänger gegenüber auf die **Beweisergebnisse** stützen kann. Außerdem führt die Zustellung der Streitverkündung nach §209 Abs. 1 Nr. 6 BGB auch zur **Hemmung der Verjährung** gegenüber dem Streitverkündungsempfänger[14], → §486 Rdnr. 45ff.

§§488, 489 [Aufgehoben]

Gesetzesgeschichte: §488 (eingefügt durch Novelle 1898) und §489 (bis 1900 §450 CPO) wurden durch die Novelle 1924 aufgehoben.

§490 Entscheidung über den Antrag

(1) Über den Antrag entscheidet das Gericht durch Beschluss.

(2) [1]In dem Beschluss, durch welchen dem Antrag stattgegeben wird, sind die Tatsachen, über die der Beweis zu erheben ist, und die Beweismittel unter Benennung der zu vernehmenden Zeugen und Sachverständigen zu bezeichnen. [2]Der Beschluss ist nicht anfechtbar.

Gesetzesgeschichte: Bis 1900 §451 CPO. Sprachlich geändert durch Rechtspflege-Vereinfachungsgesetz vom 17.12. 1990 (BGBl. I 2847). Abs. 1 geändert durch ZPO-RG 2001 (→ Einl. Rdnr. 202).

---

9 *KG* VersR 2001, 602.
10 *OLG Stuttgart* BauR 2000, 923.
11 *OLG Frankfurt* BauR 2001, 677 (zu §567 aF).
12 *OLG Karlsruhe* MDR 1998, 238.
13 *OLG Düsseldorf* BauR 2001, 675.
14 *BGHZ* 134, 190 (Fn. 8) (Unterbrechung der Verjährung nach früherem Recht).

I. Verfahren

1. Ohne obligatorische mündliche Verhandlung

1 Die **Entscheidung** ergeht nach Abs. 1 durch Beschluß und kann daher gemäß §128 Abs. 4 **ohne mündliche Verhandlung** erlassen werden. Im Einzelfall kann aber auch eine mündliche Verhandlung sinnvoll sein. etwa wenn dem Gericht Einzelheiten des Antrags klärungsbedürftig erscheinen. Allgemein zum Verfahren bei freigestellter mündlicher Verhandlung → §128 Rdnr. 105ff.

2 Der Gegner hat Anspruch auf **rechtliches Gehör** (mündlich oder schriftlich), doch kann bei Eilbedürftigkeit auf vorherige Anhörung verzichtet werden, da die Aufhebung des Beschlusses möglich ist[1] (→ Rdnr. 16).

2. Gegenstand der Prüfung

3 Gegenstand der Prüfung sind die Voraussetzungen des §485, die Zuständigkeit nach §486 und der Inhalt des Antrags nach §487, grundsätzlich dagegen nicht die Schlüssigkeit des Hauptsacheanspruchs bzw. der Hauptsacheverteidigung (→ §485 Rdnr. 31ff.) und die Erheblichkeit der Tatsachen (→ §487 Rdnr. 3).

3. Keine Unterbrechung oder Aussetzung

4 Für eine **Unterbrechung** oder **Aussetzung** des Verfahrens ist im selbständigen Beweisverfahren im allgemeinen nach seiner Zweckbestimmung **kein Raum**. Insbesondere führt die **Eröffnung des Insolvenzverfahrens** über das Vermögen einer der beiden Parteien nicht zur Unterbrechung des selbständigen Beweisverfahrens[2]. Mit der Eröffnung des Insolvenzverfahrens geht die Parteirolle kraft Gesetzes auf den Insolvenzverwalter über[3], → auch §494a Rdnr. 9.

5 Auch eine **Unterbrechung** usw. eines etwa **anhängigen Prozesses** berührt nicht das selbständige Beweisverfahren. Eine Anordnung des **Ruhens** des Verfahrens nach §251 Abs. 1 erscheint dagegen zulässig und kann in den Fällen des §485 Abs. 2 vor allem im Hinblick auf Vergleichsbemühungen zweckmäßig sein[4]. – Zur Aussetzung des Hauptsacheprozesses → §493 Rdnr. 15.

---

1 *OLG Karlsruhe* BauR 1983, 188 = MDR 1982, 1026; *LG München* II ZMR 1985, 417.
2 *BGH* NJW 2004, 1388; *OLG Hamm* NJW-RR 1997, 723; ausführlich *G. Meyer* NZI 2005, 9. – A.M. *Voit* Festschr. f. Thode (2005), 337, der davon ausgeht, daß nur durch Unterbrechung und Aufnahme eine Wechsel in der Parteirolle möglich ist.
3 *OLG Zweibrücken* ZInsO 2005, 383; *G. Meyer* NZI 2005, 9, 12, 14. Wenn in *BGH* NJW 2004, 1388, 1389 nebenbei davon die Rede ist, der Insolvenzverwalter sei am selbständigen Beweisverfahren nicht beteiligt, so dürfte es sich dabei um ein Versehen handeln. – A.M. *Voit* (→ Fn. 2).
4 *KG* NJW-RR 1996, 1086.

II. Beschluß

6 Das Gericht muß den Antrag entweder **zurückweisen** oder ihm **stattgeben;** es kann den Erlaß eines Beweisbeschlusses nicht mit der Begründung ablehnen, der erforderliche Beweis sei schon durch ein Gutachten zu anderen Beweisthemen erhoben[5].

7 **Inhaltlich** muß der stattgebende Beschluß nach Abs. 2 den Erfordernissen eines Beweisbeschlusses (§359 Nr. 1 und 2) entsprechen[6]. Mit dem Beschluß wird die **Bestimmung des Termins** durch den Vorsitzenden verbunden, sofern nicht nach §§361, 362 oder 363 verfahren wird. Der Beschluß ist, falls keine Verkündung stattfand, beiden Parteien von Amts wegen mitzuteilen, §329 Abs. 2, und zwar, soweit er die Terminsbestimmung enthält, durch **förmliche Zustellung.** Zur Ladung des Gegners → §491 Rdnr. 1.

8 Ein Antrag auf **Terminsverlegung** in der Zeit vom 1. Juli bis 31. August nach §227 Abs. 3 S. 1 ist nicht von vornherein ausgeschlossen, doch wird häufig das Verfahren besonderer Beschleunigung bedürfen und daher nach §227 Abs. 3 S. 3 der Antrag abzulehnen sein.

III. Anfechtung und Aufhebung des Beschlusses

1. Ablehnender Beschluß

9 Gegen den Beschluß des Amts- oder Landgerichts in erster Instanz, der den Antrag ganz oder durch eine vom Antrag abweichende Anordnung teilweise **ablehnt**[7], steht dem Antragsteller die **sofortige Beschwerde** nach §567 Abs. 1 Nr. 2 zu[8] (→ §567 Rdnr. 13 [21. Aufl.]). Dabei gilt §119 Abs. 1 Nr. 1 b GVG (Zuständigkeit des OLG), wenn Antragsteller oder Antragsgegner ihren allgemeinen Gerichtsstand im Ausland haben[9]. Auch eine Ablehnung der Einbeziehung von Beweisfragen des Antragsgegners ist anfechtbar[10].

10 Die **Beschwerde** ist dagegen **nicht gegeben,** wenn das Gericht einen anderen als den vom Antragsteller benannten Sachverständigen ernennt (→ §487 Rdnr. 4); darin liegt keine teilweise Ablehnung des Antrags[11]. Ebensowenig kann der Antragsgegner die Auswahl des Sachverständigen durch das Gericht anfechten[12]. Auch die Ablehnung des Antrags, ein weiteres Sachverständigengutachten (über dieselben Beweisfragen) einzuholen, ist nicht anfechtbar[13].

11 Ob dem ablehnenden Beschluß nach Erschöpfung der Rechtsmittel **materielle Rechtskraft** zukommt[14], erscheint zweifelhaft; jedenfalls kann der Antrag mit anderer oder ergänzter tatsächlicher Begründung oder auch nur mit verbesserter Glaubhaftmachung wiederholt werden[15]. Geht man ferner davon aus, daß eine Abänderung oder Aufhebung des bewilligenden Beschlusses aufgrund Gegenvorstellung zulässig bleibt (→ Rdnr. 16), so erscheint die Beja-

---

5 *BGH* NJW 2000, 960.

6 *LG Frankfurt* JR 1966, 182.

7 *OLG Dresden* OLG Rsp 13 (1906), 169. – Die sofortige Beschwerde ist auch gegeben, wenn in einer Verfügung des Vorsitzenden auf Bedenken der Kammer gegen die Zuständigkeit hingewiesen wird und trotz Erinnerung in angemessener Frist keine förmliche Entscheidung ergeht, *OLG Karlsruhe* OLGZ 1980, 62 = Justiz 1980, 80; zust. *Baumbach/Lauterbach/Hartmann*[63] Rdnr. 9; abl. *Zöller/Herget*[25] Rdnr. 4.

8 *OLG Düsseldorf* NJW-RR 1997, 1086. – Die Beschwerde ist auch bei Ablehnung eines Antrags auf Ergänzung eines Gutachtens zulässig, *LG Mannheim* ZMR 1970, 120; ebenso bei Ablehnung eines Antrags auf weitere Beweiserhebung, *OLG Hamburg* OLGZ 1993, 320 (auch im Verfahren nach WEG).

9 *OLG Köln* OLGR 2004, 316.

10 *OLG Frankfurt* OLGR 2000, 18.

11 *OLG München* MDR 1992, 520; *OLG Frankfurt* NJW-RR 1993, 1341.

12 *KG* KGR 2005, 557.

13 *OLG Düsseldorf* BauR 1998, 366 = NJW-RR 1998, 933.

14 Bejahend *Schilken* ZZP 92 (1979), 238, 258f.

15 So auch *Schilken* (Fn. 14).

hung einer materiellen Rechtskraft insgesamt dem Inhalt des selbständigen Beweisverfahrens nicht angemessen.

Eine Ablehnung durch Beschluß des Beschwerdegerichts, des Berufungsgerichts oder des OLG als erstinstanzliches Gericht kann mit der **Rechtsbeschwerde** angefochten werden, wenn diese im Beschluß zugelassen wurde, § 574 Abs. 1 Nr. 2. Die Zulassungsgründe ergeben sich aus § 574 Abs. 3 S. 1 iVm. Abs. 2. Eine Nichtzulassungsbeschwerde ist nicht statthaft. 12

Das Beschwerdegericht hat wie das Gericht der ersten Instanz nicht über die **Kosten** des selbständigen Beweisverfahrens zu entscheiden[16]. 13

2. Bewilligender Beschluß (Beweisbeschluß)

Gegen die **Bewilligung** findet kein Rechtsmittel statt. Auch wenn das Gericht einer Einschränkung des Antrags durch den Antragsteller Rechnung trägt, hat der Gegner kein Beschwerderecht. Eine Ausnahme von der Unanfechtbarkeit aufgrund »greifbarer Gesetzwidrigkeit« (dazu krit. *Grunsky* → § 567 Rdnr. 9f. [21. Aufl.]) wird selten in Betracht kommen[17]; eine Überschreitung des Antrags erscheint dazu allein nicht ausreichend[18]. Für eine Anhörungsrüge (§ 321a) ist kein Raum, da es sich nicht um eine Endentscheidung handelt und außerdem die Gegenvorstellung offen steht, → Rdnr. 16. 14

Nicht anfechtbar ist (schon nach allgemeinen Grundsätzen, → § 379 Rdnr. 4) die Anforderung eines **Kostenvorschusses**[19], während der Kostenansatz unter den Voraussetzungen des § 66 Abs. 1 u. 2 GKG mit Erinnerung und Beschwerde anfechtbar ist[20]. 15

3. Aufhebung des Beweisbeschlusses

Das Gericht kann, wenn sich nachträglich zeigt, daß die Voraussetzungen des Verfahrens fehlen (z. B. bei fehlerhafter Beurteilung der Zuständigkeit[21]) seinen **Beschluß aufheben** oder abändern, insbesondere auf **Gegenvorstellung** hin[22], → § 329 Rdnr. 19. Dagegen findet, da sich die Zurücknahme inhaltlich als eine nachträgliche Ablehnung darstellt, die sofortige Beschwerde statt. Die Ablehnung der Aufhebung des Beweisbeschlusses ist nicht anfechtbar[23]. Eine unzulässige Beschwerde gegen die Anordnung der Beweissicherung kann in einen Antrag auf Aufhebung der Beweisanordnung **umgedeutet** (allg. zur Umdeutung → vor § 128 Rdnr. 253) werden[24]. 16

4. Beschwerde von Zeugen und Sachverständigen

Das **Beschwerderecht der Zeugen und Sachverständigen** (§ 380 Abs. 3, § 390 Abs. 3, § 402) wird durch Abs. 2 nicht berührt. 17

---

[16] *OLG Saarbrücken* VersR 2000, 891, 892.

[17] Verneinend *OLG Brandenburg* BauR 2001, 1143; *LG Mainz* WuM 1997, 631; bejahend (aber nicht überzeugend) *LG Berlin* NJW-RR 1997, 585 (beide zur ortsüblichen Vergleichsmiete, → § 485 Rdnr. 20). Bejahend *OLG Celle* NdsRpfl 1992, 47, wenn das Gericht das ihm zustehende Auswahlermessen hinsichtlich der Person des Sachverständigen verkannt hat.

[18] A.M. *OLG Frankfurt* NJW-RR 1990, 1023.

[19] *OLG Frankfurt* MDR 2004, 1255.

[20] Vgl (zu § 5 GKG aF) *OLG Karlsruhe* OLGR 2004, 366 = BauR 2004, 1053 (LS).

[21] *LG Berlin* JR 1964, 146.

[22] *KG* MDR 1995, 564.

[23] *OLG Frankfurt* BauR 1996, 587.

[24] *OLG Karlsruhe* MDR 1982, 1026 = BauR 1983, 188; *LG München* II ZMR 1985, 417.

§491 Ladung des Gegners

(1) Der Gegner ist, sofern es nach den Umständen des Falles geschehen kann, unter Zustellung des Beschlusses und einer Abschrift des Antrags zu dem für die Beweisaufnahme bestimmten Termin so zeitig zu laden, dass er in diesem Termin seine Rechte wahrzunehmen vermag.

(2) Die Nichtbefolgung dieser Vorschrift steht der Beweisaufnahme nicht entgegen.

Gesetzesgeschichte: Bis 1900 §452 CPO. Abs. 1 geändert durch die Novelle 1950 und (sprachlich) durch das Rechtspflege-Vereinfachungsgesetz vom 17.12.1990 (BGBl. I 2847).

I. Ladung

1 Die **Ladung des Gegners** zu dem anberaumten Termin (→ §490 Rdnr. 7) erfolgt mit der Zustellung des Beschlusses von Amts wegen, §§214, 497. Der Antragsteller hat für die genaue Bezeichnung des Gegners zu sorgen, und soll nach §253 Abs. 5, §133 Abs. 1 S. 1 die erforderliche Abschrift des Antrags einreichen. Die Ladung muß, ohne daß eine bestimmte Ladungsfrist einzuhalten wäre, so zeitig geschehen, daß der Gegner im Termin seine Rechte wahrzunehmen vermag, d.h. die in den §§357, 397, 399, 402 enthaltenen Befugnisse und die Einwendungen gegen die Zulässigkeit der Beweisaufnahme (→ §492 Rdnr. 14f.).

2 Durch §491 wird nicht ausgeschlossen, daß das Gericht im Fall des §377 Abs. 3 S. 1 von der Anberaumung eines Termins absieht und dem Zeugen die Beweisfragen zur **schriftlichen Beantwortung** vorlegt bzw. nach §485 Abs. 2 oder nach §411 Abs. 1 ein **schriftliches Sachverständigengutachten** einholt, → §492 Rdnr. 3.

II. Säumnis

1. Des Gegners

3 Ist der **Gegner nicht erschienen,** so steht nach Abs. 2 der Umstand, daß er nicht geladen war, der Beweisaufnahme nicht entgegen. Die Bestellung eines Vertreters für den *bekannten* Gegner, dem die Ladung nicht zugestellt werden kann, ist nicht zulässig (§494). Die **Unterlassung der Ladung** hat aber nach §493 Abs. 2 zur Folge, daß das Beweisergebnis nicht einer Beweisaufnahme im Hauptprozeß gleichsteht (→ §493 Rdnr. 12f.).

2. Des Antragstellers

4 Bleibt der Beweisführer in dem Termin aus, so findet nach §367 Abs. 1 die Beweisaufnahme dennoch statt, soweit sie erfolgen kann. Zum Verfahren bei Einwendungen des Gegners gegen die Zulässigkeit der Beweisaufnahme → §492 Rdnr. 14f.

§492 Beweisaufnahme

(1) Die Beweisaufnahme erfolgt nach den für die Aufnahme des betreffenden Beweismittels überhaupt geltenden Vorschriften.

(2) Das Protokoll über die Beweisaufnahme ist bei dem Gericht, das sie angeordnet hat, aufzubewahren.

(3) Das Gericht kann die Parteien zur mündlichen Erörterung laden, wenn eine Einigung zu erwarten ist; ein Vergleich ist zu gerichtlichem Protokoll zu nehmen.

Gesetzesgeschichte: Bis 1900 §453 CPO. Abs. 3 angefügt durch Rechtspflege-Vereinfachungsgesetz vom 17.12. 1990 (BGBl. I 2847).

I. Die Durchführung der Beweisaufnahme

1. Anwendbare Vorschriften, Ladung zur Beweisaufnahme

1 Für die Beweisaufnahme gelten die **allgemeinen Vorschriften** der §§355–357, 361–369 neben den besonderen Bestimmungen über die Aufnahme der einzelnen Beweismittel (§§371ff.). Die **Ladung** der Zeugen und Sachverständigen erfolgt auch hier von Amts wegen, über die Ladung der Parteien zum Beweisaufnahmetermin → §§490 Rdnr. 7, 491 Rdnr. 1; zur Ladung zwecks Einigungsversuch → Rdnr. 17. Zur Übertragung der Vernehmung auf einen **beauftragten oder ersuchten Richter** → §486 Rdnr. 4.

2 Die Anforderung eines **Auslagenvorschusses** richtet sich nach §§402, 379, → auch Rdnr. 7 sowie → vor §485 Rdnr. 8. Die Weiterleitung eines bereits eingeholten Gutachtens an die Parteien kann nicht von der Einzahlung eines Vorschusses abhängig gemacht werden[1]. Wird der geforderte Vorschuß nicht bezahlt, so unterbleiben weitere Tätigkeiten des Gerichts, doch ist das Verfahren fortzusetzen, wenn in nahem zeitlichem Zusammenhang die Zahlung erfolgt[2].

2. Schriftliche Zeugenaussage, schriftliches Gutachten

3 Da §492 Abs. 1 generell auf die allgemeinen Vorschriften verweist, ist es auch zulässig, nach §377 Abs. 3 S. 1 dem Zeugen die **schriftliche Beantwortung der Beweisfragen** aufzugeben. Im Fall des §485 Abs. 2 ist **schriftliche Begutachtung** durch den Sachverständigen anzuordnen. Aber auch bei selbständiger Beweisaufnahme nach §485 Abs. 1 wird in der Regel die schriftliche Begutachtung angemessen sein, die nach §411 Abs. 1 ohne besondere Voraussetzungen und ohne Zustimmung der Parteien angeordnet werden kann. Aus §491 ergibt sich

---

[1] *OLG Frankfurt* MDR 2004, 1255.
[2] *OLG Frankfurt* OLGR 2004, 325; *OLG Koblenz* Bau-Rechts-Berater 2004, 135 (*Böckermann*).

nichts Gegenteiliges. Die Vorschrift geht davon aus, daß ein Termin zur Beweisaufnahme stattfindet, und gibt dafür die notwendigen Regeln. Die Bestimmung befaßt sich aber nicht mit der Frage, *ob* ein Termin zur Vernehmung von Zeugen oder Sachverständigen unumgänglich ist.

3. Mündliche Erörterung des Sachverständigengutachtens

4 Dem **Antrag** einer Partei, den Sachverständigen zur **mündlichen Erörterung des Gutachtens** zu laden, muß stattgegeben werden, → § 411 Rdnr. 15, und zwar bereits im selbständigen Beweisverfahren[3]. Dies gilt auch in den Fällen des § 485 Abs. 2; daß dort die schriftliche Begutachtung vorgeschrieben ist, bedeutet nicht, daß keine mündliche Erörterung stattfinden könnte (und auf Antrag müßte)[4]. Es ist also dazu gegebenenfalls ein Termin zu bestimmen. Der Antrag sowie Einwendungen und Ergänzungsfragen sind gemäß § 411 Abs. 4 innerhalb angemessener Frist[5] nach Übersendung des schriftlichen Gutachtens vorzubringen: das Gericht kann hierfür eine Frist setzen und sollte dies im Interesse der Rechtsklarheit auch regelmäßig tun. Wird ein Ablehnungsgesuch eingereicht, so kann die Entscheidung darüber abgewartet werden[6].

5 Das Gericht kann bei Ergänzungsfragen zunächst eine **schriftliche Äußerung** des Sachverständigen anfordern[7]; einem auch danach noch aufrechterhaltenen Antrag auf mündliche Anhörung muß aber (wenn nicht ein Rechtsmißbrauch vorliegt) stattgegeben werden[8]. Das Rechtsschutzbedürfnis für Anträge auf Erläuterung oder Ergänzung des Gutachtens kann fehlen, wenn im mittlerweile anhängigen Hauptsacheverfahren schon eine ergänzende Beweiserhebung angeordnet oder zu erwarten ist[9]

6 Gegen die Ablehnung des Antrags ist die **sofortige Beschwerde** nach § 567 Abs. 1 Nr. 2 gegeben[10]. Zum wiederholten Antrag → Rdnr. 8.

7 Die Zahlung des **Auslagenvorschusses** (§§ 402, 379, → § 402 Rdnr. 2) für die Anhörung obliegt der Partei, die die Anhörung beantragt hat[11].

4. Ergänzende oder erneute Begutachtung

8 Die Anordnung einer ergänzenden oder erneuten Begutachtung (§ 412) zur selben Beweisfrage innerhalb desselben Verfahrens steht im pflichtgemäßen Ermessen des Gerichts. Gegen

---

[3] *OLG Köln* VersR 1997, 511; BauR 1996, 754; *OLG München* BauR 1994, 663; *OLG Stuttgart* OLGR 2002, 418. – A.M. *OLG Düsseldorf* MDR 1994, 939 (Entscheidung nach pflichtgemäßem Ermessen); *LG Köln* WuM 1998, 110 (dazu *Scholl* WuM 1998, 77).

[4] *BGH* NZBau 2005, 688; *OLG Saarbrücken* NJW-RR 1994, 787. – A.M. *LG Köln* WuM 1998, 110.

[5] Zur Bemessung *OLG Celle* MDR 2001, 108 (drei Monate bei umfangreichem Gutachten noch angemessen); *OLG Düsseldorf* NJW-RR 1996, 1527 (zehn Wochen können bei nicht einfachem Sachverhalt noch angemessen sein); *OLG Düsseldorf* MDR 2004, 1200 (vier Monate ausnahmsweise noch angemessen); *OLG Köln* NJW-RR 1997, 1220 (bei umfangreichem Gutachten und Fehlen eines besonderen Beschleunigungsbedürfnisses sind sechs Wochen nach Übermittlung des Gutachtens noch angemessen); *OLG Köln* BauR 1997, 886 = NJW-RR 1998, 210 (vier Monate bei einfach gelagertem Sachverhalt zu lang); *OLG Frankfurt* BauR 1994, 139 (ein halbes Jahr auch bei sehr umfangreichem Gutachten zu lang); *OLG München* MDR 2001, 531 (vier Monate als Obergrenze).

[6] *OLG Köln* BauR 1995, 885, 886; *OLG Schleswig* OLGR 2002, 351.

[7] Dies empfiehlt *Scholl* WuM 1998, 77.

[8] A.M. *OLG Saarbrücken* IBR 2004, 664 (abl. *Ulrich*), das eine konkrete Begründung des Aufklärungsbedarfs verlangt.

[9] *OLG Braunschweig* BauR 2001, 990.

[10] *BGH* NZBau 2005, 688, 689; *OLG Stuttgart* OLGR 2002, 418.

[11] *LG Düsseldorf* JurBüro 1987, 1250 (Beschwerde gegen Vorschußanforderung ist unzulässig).

ihre Ablehnung ist die sofortige Beschwerde nicht statthaft[12]. Dasselbe gilt bei Ablehnung eines Antrags auf erneute mündliche Vernehmung des Sachverständigen[13]. Zu den entsprechenden Einschränkungen für ein neues selbständiges Beweisverfahren (§485 Abs. 3) → §485 Rdnr. 41ff.

5. Ablehnung von Sachverständigen

9 Die Ablehnung von Sachverständigen nach §406 ist schon im selbständigen Beweisverfahren zulässig[14]. Eine Ausnahme ist allerdings zu machen, wenn durch die damit verbundene Verzögerung der Zweck des Verfahrens gefährdet wird[15]; dies kommt insbesondere in den Fällen des §485 Abs. 1 in Betracht.

10 Für den **Ablehnungsantrag** gilt §406 Abs. 2; er ist im Regelfall innerhalb von zwei Wochen nach Zustellung des Beschlusses über die Ernennung zu stellen; bei erst später entstandenen oder bekannt gewordenen Ablehnungsgründen ist unverzügliche Antragstellung nötig[16], → §406 Rdnr. 47ff., 51. Konnte der Ablehnungsantrag schon im selbständigen Beweisverfahren gestellt werden, so ist eine Geltendmachung im Hauptprozeß unzulässig[17]. Die Zurückweisung des Ablehnungsantrags im selbständigen Beweisverfahren ist für den Hauptprozeß bindend[18]. Gegen einen Beschluß, der die Ablehnung für unbegründet erklärt, findet auch im selbständigen Beweisverfahren die **sofortige Beschwerde** nach §406 Abs. 5 statt[19].

6. Duldungs- und Vorlagenanordnungen; Weigerung des Gegners

11 Zweifelhaft ist, ob das Gericht auch im selbständigen Beweisverfahren die in §§142 bis 144 vorgesehenen Anordnungen, insbesondere auf **Vorlegung** von Urkunden und Augenscheinsgegenständen sowie auf **Duldung der Sachverständigenbegutachtung** gegenüber dem Antragsgegner und Dritten treffen kann. Dagegen könnte sprechen, dass die §§142 bis 144 das Vorgehen vom Amts wegen betreffen, während im selbständigen Beweisverfahren nur eine Beweiserhebung auf Parteiantrag stattfindet. Andererseits erscheinen im ordentlichen Verfahren neben einer Beweiserhebung auf Antrag auch Anordnungen nach §§142 bis 144 zulässig (→ vor §402 Rdnr. 58) und beim Augenscheinsbeweis kann, wenn der Beweisführer den Gegenstand nicht im Besitz hat, gemäß §371 Abs. 2 Satz 1 der Beweis durch den Antrag angetreten werden, das Gericht möge eine Anordnung nach §144 erlasssen. Da somit nicht von einer strikten Trennung zwischen der Beweiserhebung auf Antrag und den Anordnungen nach §§142 bis 144 ausgegangen werden kann, spricht mehr dafür, diese Anordnungen – nach gerichtlichem Ermessen – auch im selbständigen Beweisverfahren zuzulassen[20]. Die Schranken, die im Rahmen der §§142 bis 144 gelten, sind auch im selbständigen Beweisverfahren zu be-

---

12 *OLG Köln* OLGR 2004, 303.

13 *OLG Schleswig* OLGR 2001, 297.

14 *KG* NJW-RR 1998, 144; *OLG Düsseldorf* NJW-RR 1997, 1428 (wegen früherer Tätigkeit als Privatgutachter); *OLG Celle* NJW-RR 1996, 1086 = ZMR 1996, 211; *OLG Köln* OLGZ 1993, 127 = VersR 1993, 72.

15 *KG* NJW-RR 1998, 144; *AG Wiesbaden* DWW 2002, 234 (abl. *Isenmann*).

16 Vgl. *OLG Düsseldorf* BauR 1998, 366 = NJW-RR 1998, 933 (mehr als einen Monat nach Erhalt des Ergänzungsgutachtens, aus dem der Ablehnungsgrund folgen soll, ist zu spät).

17 *OLG Köln* VersR 1993, 1502; *OLG Düsseldorf* BauR 2001, 835.

18 *OlG Frankfurt* NJW-RR 1990, 768.

19 *OLG Frankfurt* NJW-RR 1993, 1341.

20 So *KG* NJW-RR 2006, 241, das auf der Grundlage des §144 Anordnung gegenüber einem Dritten zuläßt, die Besichtigung eines (dem Dritten gehörenden) Gebäudes durch den Sachverständigen sowie die Öffnung von Bauteilen zu dulden.

achten. – Ist die Beweiserhebung aufgrund des Verhaltens des Antragsgegners nicht möglich, so ist diese **Weigerung** im späteren Prozess **frei zu würdigen**[21]. Für den Augenscheinsbeweis ist dies nunmehr in § 371 Abs. 3 ausdrücklich geregelt, → § 371 Rdnr. 34 ff.

7. Einnahme des Augenscheins durch das Gericht

12 Abgesehen von den → vor § 371 Rdnr. 14 erörterten Sonderfällen (Augenscheinsmittler bei Unmöglichkeit des richterlichen Augenscheins) und abgesehen von Besichtigungen durch einen Sachverständigen im Rahmen der Gutachtenerstellung (→ vor § 402 Rdnr. 53 ff.) muß der Augenschein durch das **Gericht** eingenommen werden; es kann nicht etwa die Einnahme des Augenscheins durch den Antragsteller angeordnet werden[22].

8. Protokoll

13 Das Protokoll über die Beweisaufnahme, § 160 Abs. 3 Nr. 4, 5, verbleibt bei dem Gericht, das die Beweisaufnahme angeordnet hat, Abs. 2 und → § 362 Rdnr. 6.

II. Einwendungen gegen die Zulässigkeit der Beweisaufnahme

14 Erhebt im Termin zur Beweisaufnahme der Gegner **Einwendungen** gegen die Zulässigkeit der Beweisaufnahme, die aber auf die Unerheblichkeit der Tatsachen nicht gestützt werden können, → § 487 Rdnr. 3, so hat das Gericht darüber durch **Beschluß** zu entscheiden (→ § 128 Rdnr. 121, 127). Gegen die Verwerfung der Einwendungen findet entsprechend § 490 Abs. 2 S. 2 **kein Rechtsmittel** statt.

15 Wird dagegen jetzt der Beschluß, in dem die Beweisaufnahme angeordnet wurde, **aufgehoben,** so unterliegt dies der sofortigen Beschwerde (→ § 490 Rdnr. 16). Werden die Einwendungen vor dem beauftragten oder ersuchten Richter vorgebracht, so ist gemäß § 366 zu verfahren. Als *Prozeßgericht* gilt hierbei das Gericht, das die Beweisaufnahme beschlossen hat[23].

16 **Unterläßt** es der Gegner, **Einwendungen vorzubringen,** so wird dadurch die spätere Geltendmachung im Prozeß nicht ausgeschlossen[24]. Eine Verhandlung über das *Beweisergebnis* findet im Beweissicherungsverfahren nicht statt[25].

III. Ladung zur mündlichen Erörterung, Vergleich

17 Die Ladung zur mündlichen Erörterung, um den Rechtsstreit möglichst durch **Einigung der Parteien** der Parteien beizulegen (Abs. 3), steht im gerichtlichen Ermessen. Sie wird vor allem in den Fällen des § 485 Abs. 2 in Betracht kommen. Wie sich aus der systematischen Stellung des Abs. 3 ergibt, ist in erster Linie an eine Erörterung des Rechtsstreits auf der Grundlage der erfolgten Beweisaufnahme gedacht. Es ist aber auch zulässig, die Parteien bereits zuvor zur mündlichen Erörterung zu laden, und wenn eine mündliche Verhandlung zur Vorbereitung

---

[21] *RG* JW 1900, 838 f.; *Wussow* NJW 1969, 1406; *Werner/Pastor*[11] (Lit.Verz. vor § 485) Rdnr. 86.

[22] So aber der Antrag in *BayObLGZ* 1987, 289.

[23] Vgl. *RGZ* 97, 131.

[24] Anders bei Arglist, vgl. *Wussow* NJW 1969, 1406, der aber auch schon bei verschuldetem Nichtvorbringen den späteren Ausschluß der Einwendung annimmt. Im übrigen ist das Verhalten bei der Beweiswürdigung zu berücksichtigen, während eine Beweislastumkehr aufgrund unterlassener Einwendungen (gegen ein Sachverständigengutachten) zu weit geht, a. M. *OLG Düsseldorf* ZMR 1988, 174 = BB 1988, 721 (L).

[25] A. M. *Fricke* BauR 1977, 231, 234 (für analoge Anwendung des § 285, soweit nicht die Parteien darauf verzichten).

der Entscheidung über den Antrag auf selbständige Beweisaufnahme anberaumt wird (zur fakultativen mündlichen Verhandlung → §490 Rdnr. 1), kann dieser Termin auch für Bemühungen um eine gütliche Einigung genutzt werden.

18 In einem mündlichen Verhandlungstermin hat das Gericht stets einen **Vergleich** der Parteien zu Protokoll zu nehmen, unabhängig davon, ob die Ladung besonders auf Abs. 3 gestützt war. Der protokollierte Vergleich ist Vollstreckungstitel nach §794 Abs. 1 Nr. 1.

§493 Benutzung im Prozess

(1) Beruft sich eine Partei im Prozess auf Tatsachen, über die selbständig Beweis erhoben worden ist, so steht die selbständige Beweiserhebung einer Beweisaufnahme vor dem Prozessgericht gleich.

(2) War der Gegner in einem Termin im selbständigen Beweisverfahren nicht erschienen, so kann das Ergebnis nur benutzt werden, wenn der Gegner rechtzeitig geladen war.

Gesetzesgeschichte: Bis 1900 §454 CPO. Abs. 2 geändert durch die Novelle 1950. Neu gefaßt durch Rechtspflege-Vereinfachungsgesetz vom 17. 12. 1990 (BGBl. I 2847).

I. Die Bedeutung der selbständigen Beweisaufnahme im Hauptsacheprozeß

1. Gleichstellung mit einer Beweisaufnahme vor dem Prozeßgericht

1 Abs. 1 stellt die vor Gericht[1] erfolgte selbständige Beweisaufnahme einer vor dem Prozeßgericht[2] erfolgten Beweiserhebung gleich. Dies gilt auch für ein Verfahren über Arrest oder einstweilige Verfügung[3]. Die **Verwertung der Beweisergebnisse** ist nicht von einem Parteiantrag abhängig; es genügt, daß sich eine Partei auf die Tatsachen beruft, über die der Beweis erhoben wurde (und daß diese Tatsachen bestritten sind). Die Verwertung setzt keinen förmlichen Beweisbeschluß im Hauptsacheprozeß voraus. Der **Vortrag des Beweisergebnisses** erfolgt nach §285 Abs. 2, wenn die selbständige Beweisaufnahme nicht vor dem Gericht des Hauptprozesses stattfand.

2 Die **Zulässigkeit des selbständigen Beweisverfahrens** ist *nicht* Voraussetzung der späteren Verwertung der Beweise[4].

---

[1] Weitergehend stellt §97 Abs. 3 SachenRBerG die vom Notar im Vermittlungsverfahren eingeholten schriftlichen Gutachten für den nachfolgenden Rechtsstreit einer Beweisaufnahme vor dem Prozeßgericht gleich und erklärt §493 für entsprechend anwendbar.

[2] Auch die Verwertbarkeit in Verfahren der freiwilligen Gerichtsbarkeit oder in anderen Zweigen der Gerichtsbarkeit (z.B. im verwaltungsgerichtlichen Verfahren, dagegen nicht ohne weiteres im Strafprozeß) sollte bejaht werden, um die oft bestehende Unklarheit über den zulässigen Rechtsweg nicht zum Nachteil der Partei ausschlagen zu lassen. S. dazu *H. Müller* NJW 1966, 721. Beachtet man §493 Abs. 2, so ergeben sich auch für den Gegner keine unzumutbaren Nachteile.

[3] *OLG Koblenz* JurBüro 1995, 481.

[4] *Wussow* NJW 1969, 1403; *Thomas/Putzo/Reichold*[26] Rdnr. 1.

3 **Einwendungen** gegen die Art und Weise der Beweisaufnahme und gegen die Zulässigkeit der Beweismittel werden durch Abs. 1 nicht ausgeschlossen, → §492 Rdnr. 16.

4 Das Gericht kann auf Antrag oder von Amts wegen die **Wiederholung** oder **Ergänzung** des Beweises anordnen, §§144, 398. Die zur Sicherung aufgenommenen Beweise haben **dieselbe rechtliche Natur** wie die innerhalb des anhängigen Verfahrens aufgenommenen; ihre Verwendung ist **kein Urkundenbeweis**[5] (anders als bei der Verwertung von Beweiserhebungsprotokollen aus anderen Prozessen, → §284 Rdnr. 34 [21. Aufl.], zu Sachverständigengutachten aus anderen Prozessen s. jetzt §411a, → Rdnr. 6). Daher gilt für die Anordnung einer erneuten Vernehmung eines Zeugen §398[6], und für den Antrag auf erneute Begutachtung ist §412 maßgebend[7].

2. Bedeutung der Identität der Parteien

5 Die Gleichstellung mit einer Beweisaufnahme im Hauptsacheprozeß setzt voraus, daß das selbständige Beweisverfahren **zwischen denselben Parteien** anhängig war wie der Hauptsacheprozeß[8]. Waren einzelne Beklagte am selbständigen Beweisverfahren nicht beteiligt, so gilt §493 ihnen gegenüber nicht[9]. Auf die Parteistellung im Hauptsacheprozeß kommt es nicht an; §493 gilt sowohl, wenn sich der Kläger zur Begründung seines Anspruchs auf die Ergebnisse des selbständigen Beweisverfahrens stützt als auch dann, wenn der Beklagte sich mit entsprechenden Einwendungen verteidigt[10].

6 Vernehmungsprotokolle oder schriftliche Sachverständigengutachten aus einem selbständigen Beweisverfahren **zwischen anderen Parteien** konnten aber schon bisher im Wege des Urkundenbeweises eingeführt werden[11]. Dies rechtfertigte aber keine Ablehnung der Zeugenvernehmung oder der Einholung eines Sachverständigengutachtens im Hauptsacheprozeß. Nunmehr kann gemäß §411a die schriftliche Begutachtung durch Verwertung des Sachverständigengutachtens aus dem selbständigen Beweisverfahren ersetzt werden, auch wenn die Parteien nicht identisch sind. Zu den Rechtsfolgen → §411a Rdnr. 19ff.

7 Einem **Antrag auf Ladung des Sachverständigen** zur Erläuterung des Gutachtens, das in einem selbständigen Beweisverfahren zwischen anderen Parteien erstattet wurde, ist (auch wenn nicht nach §411a vorgegangen wurde) stattzugeben, wenn der Antrag als Antrag auf Vernehmung als sachverständiger Zeuge (§414) aufzufassen ist[12].

3. Ausländisches Beweissicherungsverfahren

8 Ausdrückliche Regeln über die Benutzung der Ergebnisse eines ausländischen Beweissicherungsverfahrens fehlen[13]. Es handelt sich dabei nicht um eine Frage der *Anerkennung ausländischer Entscheidungen* (zum Begriff → §328 Rdnr. 54ff.), da im Beweissicherungsverfahren nicht über die festzustellenden Tatsachen (und erst recht nicht über die Rechtslage) entschie-

---

5 *RG* JW 1912, 802.

6 Vgl. *BGH* NJW 1970, 1919; MDR 1965, 116 = LM §11 BinnenschiffahrtsG Nr. 1 (zur Beweiserhebung im Verklarungsverfahren).

7 *BGH* NJW 1970, 1919.

8 *OLG Dresden* NJW-RR 1998, 1101, 1102.

9 *BGH* NJW 2003, 3057.

10 *OLG Braunschweig* BauR 2001, 990.

11 *OLG Frankfurt* MDR 1985, 853.

12 *BGH* LM Nr. 3 = MDR 1991, 236.

13 Gegen Verwertbarkeit nach §493 *OLG Köln* NJW 1983, 2779 = IPRax 1984, 315; *OLG Hamburg* IPRax 2000, 530; *Weise* (Lit.Verz. vor §485) Rdnr. 604; *Baumbach/Lauterbach/Hartmann*[63] Rdnr. 2; *Thomas/Putzo/Reichold*[26] Rdnr. 1. – Bejahend *Stürner* IPRax 1984, 299, 301; *Meilicke* NJW 1984, 2017, 2018; *Stadler* Festschr. für Geimer (2002), 1281, 1303f.; *Dörschner* (Lit. Verz. vor §485) 189ff.

den wird. Jedoch spricht die Analogie zu den Bestimmungen über die Anerkennung ausländischer Urteile dafür, auch die Ergebnisse eines ausländischen Beweissicherungsverfahrens in gleicher Weise wie die Ergebnisse eines deutschen Beweissicherungsverfahrens für **verwertbar** zu halten, wenn die Voraussetzungen des §328 Nr. 1, 2, 4 und 5 in analoger Anwendung (Nr. 3 kommt hierfür wohl nicht in Betracht) gegeben sind und §493 Abs. 2 nicht entgegensteht. Eine weniger weitgehende Lösung bestünde darin, die Regeln über die Verwertung von Gutachten und Vernehmungsprotokollen aus einem anderen deutschen Prozeß (→ §284 Rdnr. 34 [21. Aufl.], §411a Rdnr. 30ff.) im Wege des *Urkundenbeweises*[14] entsprechend anzuwenden. Der Unterschied liegt darin, daß bei dieser Betrachtung eine erneute Vernehmung oder Begutachtung nicht unter Hinweis auf das Protokoll oder Gutachten aus dem früheren Verfahren abgelehnt werden darf (→ §284 Rdnr. 36 [21. Aufl.], §411a Rdnr. 1, 31). – Zur Nichtanwendbarkeit von §411a → §411a Rdnr. 9.

9 Zu weitgehend erscheint es, die **Kosten** des ausländischen Beweissicherungsverfahrens zu den Prozeßkosten des deutschen Hauptsacheprozesses zu rechnen[15]. Jedoch kommen materiell-rechtliche Erstattungsansprüche in Betracht, → vor §485 Rdnr. 37.

10 Zur **Hemmung der Verjährung** durch einen Beweissicherungsantrag im Ausland → §486 Rdnr. 50.

11 Wird ein deutsches **Beweissicherungsverfahren mit ausländischer Rechtshilfe** durchgeführt (→ §486 Rdnr. 4 u. 31), so gilt für die Benutzung der Ergebnisse unmittelbar §493.

II. Nichterscheinen des Gegners im selbständigen Beweisverfahren

12 Die Benutzung der Beweisergebnisse durch den Antragsteller ist nach Abs. 2 ausgeschlossen, wenn der **zum Termin nicht erschienene Gegner** Widerspruch dagegen erhebt (§295) und nicht die rechtzeitige (§491 Abs. 1) Ladung des Gegners festgestellt wird. Auf die Gründe, aus denen die Ladung unterblieben ist, kommt es seit der Reform von 1990 nicht mehr an.

13 Zweifelhaft ist, ob Abs. 2 nur die Gleichstellung der selbständigen Beweisaufnahme mit einer im Hauptprozeß vorgenommenen Beweisaufnahme ausschließt oder auch einer Benutzung der Beweisaufnahme im Wege des **Urkundenbeweises** (→ §284 Rdnr. 34 [21. Aufl.]) entgegensteht[16]. Bedenkt man, daß auch die Beweiserhebungsprotokolle oder schriftlichen Gutachten aus einem selbständigen Beweisverfahren zwischen anderen Parteien im Wege des Urkundenbeweises verwendet werden können (→ Rdnr. 6), so sollte auch Abs. 2 dem nicht entgegenstehen[17]. Jedoch darf wegen der selbständigen Beweisaufnahme nicht die beantragte Vernehmung des Zeugen oder die Einholung eines Gutachtens im Hauptsacheprozeß abgelehnt werden.

14 Abs. 2 bezieht sich auf den gerichtlichen Termin. Jedoch steht auch bei Tatsachenerhebungen (insbesondere Besichtigungen) durch einen **Sachverständigen** den Parteien grundsätzlich ein Recht auf Anwesenheit zu, näher → §357 Rdnr. 9f. Dies muß auch im selbständigen Beweisverfahren gelten. Ist der Antragsgegner vom **Ortstermin des Sachverständigen** nicht benachrichtigt worden und daher nicht anwesend gewesen, so ist das Gutachten im anschließenden Rechtstreit gegen den Willen des Antragsgegners nicht verwertbar[18]. Dagegen gilt Abs. 1,

---

[14] Dafür *Ahrens* (Lit. Verz. vor §485) 13; *Geimer* IZPR[5] Rdnr. 2541.

[15] Insoweit zutr. *OLG Köln* NJW 1983, 2779 = IPRax 1984, 315; *OLG Hamburg* IPRax 2000, 530. – A.M. *Stürner* IPRax 1984, 299, 301; *Meilicke* NJW 1984, 2017, 2018.

[16] So *KG* JW 1922, 498. – A.M. *RGZ* 28, 412.

[17] *Zöller/Herget*[25] Rdnr. 5.

[18] *OLG Köln* MDR 1974, 589 (LS) = JMBlNRW 1974, 137 = DB 1974, 1111; *OLG Frankfurt* IBR (Immobilien- und Baurecht) 1995, 85 (*Weber*); *E. Schneider* JurBüro 1974, 164; *Thomas/Putzo/Reichold*[25] Rdnr. 2. – Für freie Würdigung dagegen *Baumbach/Lauterbach/Hartmann*[63] Rdnr. 4.

wenn das Sachverständigengutachten zwar auf in einem früheren Beweissicherungsverfahren ohne Beteiligung des Gegners getroffenen Feststellungen aufbaut, diese aber unstreitig sind[19].

III. Noch nicht beendetes selbständiges Beweisverfahren

15 §493 setzt voraus, daß die Beweisaufnahme im selbständigen Beweisverfahren bereits erfolgt ist. Ist das selbständige Beweisverfahren noch nicht abgeschlossen, so kann im Hauptsacheprozeß jedenfalls bei Einverständnis der Parteien das **Beweisergebnis des selbständigen Beweisverfahrens abgewartet** werden[20]. Auch eine **Aussetzung** des Hauptsacheprozesses entsprechend §148 sollte man zulasen[21]. Sie wird vor allem zweckmäßig sein, wen die Beweiserhebung kurz vor dem Abschluß steht. Das Gesagte gilt sowohl, wenn das selbständige Beweisverfahren vor dem Hauptsachegericht anhängig ist, als auch dann, wenn ein anderes Gericht damit befaßt ist. Die Zuständigkeit nach §486 Abs.2 endet erst, wenn das Gericht, bei dem die Hauptsache anhängig ist, die Akten beizieht, → §486 Rdnr.10.

§494 Unbekannter Gegner

(1) Wird von dem Beweisführer ein Gegner nicht bezeichnet, so ist der Antrag nur dann zulässig, wenn der Beweisführer glaubhaft macht, dass er ohne sein Verschulden außerstande sei, den Gegner zu bezeichnen.

(2) Wird dem Antrag stattgegeben, so kann das Gericht dem unbekannten Gegner zur Wahrnehmung seiner Rechte bei der Beweisaufnahme einen Vertreter bestellen.

Gesetzesgeschichte: Bis 1900 §455 CPO. Sprachlich geändert durch Rechtspflege-Vereinfachungsgesetz vom 17.12. 1990 (BGBl. I 2847).

I. Selbständiges Beweisverfahren ohne Bezeichnung eines Gegners

1 Ein **Antrag ohne Bezeichnung eines Gegners,** z.B. bei der Feststellung eines Schadens, dessen Urheber nicht bekannt ist[1], beeinträchtigt die prozessualen Rechte des Gegners (Anwesenheit bei der Beweisaufnahme, §357, Fragerecht, §§397, 402, §411 Abs.3) und begründet die Gefahr, daß die Zeugen ihr Verweigerungsrecht wegen Verwandtschaft (§383 Abs.1 Nr.1 bis 3) verlieren oder der künftige Prozeßgegner selbst als Zeuge vernommen wird. Deshalb stellt die ZPO hier neben den allgemeinen Voraussetzungen des §485 (sei es Abs.1 oder

---

[19] *OLG Düsseldorf* NJW-RR 1994, 283.

[20] *BGH* NJW 2004, 2597.

[21] Dazu tendierend *BGH* NJW 2004, 2597; s. auch *BGH* NJW 2003, 3057 (keine Aussetzung, wenn nicht alle Beklagten am selbständigen Beweisverfahren beteiligt sind). Die Aussetzungsmöglichkeit bejahend *KG* BauR 2000, 1232; *OLG München* NJW-RR 1998, 576; verneinend *OLG Dresden* NJW-RR 2004, 527; *OLG Düsseldorf* NJW-RR 2000, 288; *OLG Düsseldorf* MDR 2004, 292; *Roth* → §148 Rdnr.24.

[1] *BGH* NJW 1980, 1458 = MDR 1980, 663 = LM §485 Nr.4 nennt als Beispiel den flüchtigen Verursacher eines Unfalls.

Abs. 2) das Erfordernis auf, daß der Antragsteller das **unverschuldete Unvermögen,** den Gegner zu bezeichnen, **glaubhaft macht** (§ 294). Sache des Richters ist es, durch strenge Handhabung des § 494 Mißbrauch zu verhindern. Zur Wirkung (keine Hemmung der Verjährung) → § 486 Rdnr. 45.

II. Vertreterbestellung

1. Voraussetzungen und Rechtsfolgen

2 Die Bestellung eines **Vertreters für den unbekannten**[2] **Gegner** steht im pflichtgemäßen Ermessen des Gerichts. Auf das Verfahren mit dem Vertreter, der die Stellung eines gesetzlichen Vertreters hat[3], → § 53 Rdnr. 11, sind die §§ 485 bis 493 anwendbar. Der Vertreter kann die Zustimmung nach § 485 Abs. 1 abgeben[4].

3 Einen **Antrag nach § 494a** kann der Vertreter nicht stellen; denn solange der Gegner unbekannt ist, kann auch nicht eine Frist zur Klageerhebung gegen ihn gesetzt werden. Der nach § 494 bestellte Vertreter ist für den Hauptsacheprozeß nicht vertretungsberechtigt.

2. Kosten

4 Die **Bestellung** erfolgt **kostenlos.** Besondere Anwaltsgebühren fallen nicht an, s. § 19 Abs. 1 Nr. 3 RVG. Eine Verpflichtung zur Übernahme des Amtes besteht nicht, vgl. den im wesentlichen gleichliegenden Fall des § 57, → § 57 Rdnr. 11.

5 Die **Kosten der Vertretung** hat einstweilen der Antragsteller zu tragen; sie bilden für den nachfolgenden Prozeß einen Teil der außergerichtlichen, nach Maßgabe des § 91 erstattungsfähigen Prozeßkosten, → § 57 Rdnr. 11. Die Staatskasse haftet dem Vertreter nicht; demgemäß kann auch § 17 Abs. 1 GKG (Vorschußpflicht) hinsichtlich dieser Kosten nicht gelten.

§ 494a Frist zur Klageerhebung

(1) Ist ein Rechtsstreit nicht anhängig, hat das Gericht nach Beendigung der Beweiserhebung auf Antrag ohne mündliche Verhandlung anzuordnen, dass der Antragsteller binnen einer zu bestimmenden Frist Klage zu erheben hat.

(2) [1]Kommt der Antragsteller dieser Anordnung nicht nach, hat das Gericht auf Antrag durch Beschluss auszusprechen, dass er die dem Gegner entstandenen Kosten zu tragen hat. [2]Die Entscheidung unterliegt der sofortigen Beschwerde.

Gesetzesgeschichte: Eingefügt durch Rechtspflege-Vereinfachungsgesetz vom 17.12. 1990 (BGBl. I 2847). Abs. 2 neu gefaßt durch ZPO-RG 2001 (→ Einl. Rdnr. 202).

---

[2] Wenn der Tod der Partei oder der Wegfall des gesetzlichen Vertreters zu Unklarheiten führt, ist § 494 Abs. 2 entsprechend anzuwenden, *OLG Stuttgart* OLGRsp 40 (1920), 379; *Zöller/Herget*[25] Rdnr. 2.

[3] *Rosenberg* Stellvertretung im Prozeß (1908), 544, 554.

[4] Ebenso *Schmitz* BauR 1981, 40. – A.M. *MünchKommZPO/Schreiber*[2] § 485 Rdnr. 6.

Literatur: *Bischof* Streitwert- und Kostenentscheidungsprobleme des neuen selbständigen Beweisverfahrens JurBüro 1992, 779; *Ende* Kostentragungspflicht im selbständigen Beweisverfahren bei nachträglicher Erfüllung des Hauptsacheanspruchs MDR 1997, 121; *Hansens* Selbständiges Beweisverfahren. Anwaltsvergütung, Gegenstandswert, Kostenerstattung Rpfleger 1997, 363; *Herget* Kostenentscheidung im »Selbständigen Beweisverfahren« MDR 1991, 314; *Kießling* Die Kosten der Nebenintervention im selbständigen Beweisverfahren der §§ 485ff. ZPO außerhalb des Hauptsacheverfahrens, NJW 2001, 2668; *Notthoff/Buchholz* Kostenlastentscheidungen im selbständigen Beweisverfahren JurBüro 1996, 5; *Notthoff* Kostenlastentscheidung im selbständigen Beweisverfahren JurBüro 1998, 61; *Wirges* Einzelprobleme der Streitwert- und Kostengrundentscheidung im selbständigen Beweisverfahren JurBüro 1997, 565.

Ferner → Lit. Verz. vor § 485.

I. Normzweck

1 Wird das selbständige Beweisverfahren durchgeführt, so wird über die **Kosten** im allgemeinen nicht innerhalb dieses Verfahrens entschieden. Zu den Ausnahmen, insbesondere bei Rücknahme des Antrags, → vor § 485 Rdnr. 15ff.; § 494a ist insoweit nicht als entgegenstehende abschließende Regelung aufzufassen[1]. Im übrigen gehören die Kosten des selbständigen Beweisverfahrens zu den Kosten eines späteren **Hauptsacheprozesses,** in dem die erhobenen Beweise nach § 493 verwertet werden. Soweit der Antragsgegner des selbständigen Beweisverfahrens im Hauptsacheprozeß obsiegt, kann er also eine ihm günstige Kostenentscheidung auch hinsichtlich der im selbständigen Beweisverfahren für ihn entstandenen Kosten erlangen, näher → vor § 485 Rdnr. 26ff.

2 Eine Lücke entsteht jedoch, wenn der Antragsteller des selbständigen Beweisverfahrens aufgrund der für ihn ungünstigen Ergebnisse der Beweisaufnahme **auf eine Hauptsacheklage verzichtet.** Diese Lücke soll zugunsten des Antragsgegners des selbständigen Beweisverfahrens durch § 494a geschlossen werden. Die Vorschrift bezweckt nicht, den Antragsteller besonders zur Klageerhebung anzuhalten; vielmehr ist es ein von der Zwecksetzung des selb-

[1] *OLG Hamm* NJW-RR 1997, 959. – A.M. *OLG Köln* FamRZ 1992, 1083. Weitere Nachw. zur Kostenentscheidung innerhalb des selbständigen Beweisverfahrens → vor § 485 Fn. 23ff.

ständigen Beweisverfahrens her durchaus erwünschtes Ergebnis, wenn der Hauptsacheprozeß entbehrlich geworden ist. Die **Fristsetzung** dient daher nur dazu, Klarheit darüber zu schaffen, ob eine Hauptsacheklage erfolgt. Der innere Grund für die nach Fristablauf auf Antrag auszusprechende **Kostentragungspflicht** ist nicht allein, daß der Antragsteller keine Hauptsacheklage erhoben hat. Vielmehr liegt der Kostentragungspflicht der Gedanke zugrunde, daß der Antragsteller nicht durch Unterlassen der Hauptsacheklage der Kostenpflicht entgehen soll, die sich bei Abweisung einer solchen Klage ergeben würde[2]. Die Kostentragungspflicht nach Abs. 2 wurzelt mit anderen Worten in einem **mutmaßlichen Unterliegen des Antragstellers in der Hauptsache**.

3 §494a regelt nicht den Fall, daß der Hauptsacheanspruch aufgrund des Ergebnisses des selbständigen Beweisverfahrens erfüllt wird oder daß aufgrund des vom Anspruchsgegner als Antragsteller betriebenen selbständigen Beweisverfahrens der Anspruch nicht mehr behauptet wird. In solchen Fällen erscheint die **analoge Anwendung des §494a** zugunsten des Antragstellers[3] erwägenswert, sofern man nicht den Weg zu einem Kostentitel über eine Feststellungsklage eröffnen will, → vor §485 Rdnr. 23f.

II. Voraussetzungen der Anordnung der Klageerhebung

1. Beendigung der Beweiserhebung

4 Die Anordnung kann erst nach Beendigung der Beweisaufnahme ergehen. Geschieht dies und wird sodann das selbständige Beweisverfahren dennoch fortgesetzt, so verliert die Anordnung ihre Wirkung[4].

5 Die Beweiserhebung ist beim Zeugenbeweis mit der Vernehmung der Zeugen beendet, beim Augenscheinsbeweis mit der Einnahme des Augenscheins durch den Richter. Bei schriftlichem Sachverständigengutachten ist eine Beendigung erst anzunehmen, wenn entweder eine mündliche Erläuterung erfolgt ist oder im Hinblick auf die zeitliche Begrenzung durch §411 Abs. 4 (also nach Ablauf einer für Einwendungen usw. gesetzten Frist bzw. nach Verstreichen eines angemessenen Zeitraums) nicht mehr verlangt werden kann.

6 §494a ist nicht unmittelbar anwendbar, wenn das selbständige Beweisverfahren ohne Beweiserhebung auf andere Weise beendet wurde. Zu den Rechtsfolgen in solchen Fällen, insbesondere bei Antragsrücknahme und Erledigungsklärung, → vor §485 Rdnr. 16ff.

2. Kein anhängiger Rechtsstreit; Aufrechnung in einem Rechtsstreit

7 Die Vorschrift kommt nicht in Betracht, wenn das selbständigen Beweisverfahren nach §485 Abs. 1 während eines anhängigen Prozesses durchgeführt wurde. In den anderen Fällen, also bei Verfahren nach §485 Abs. 1 außerhalb eines Streitverfahrens und nach §485 Abs. 2, ist entscheidend, ob bis zum Antrag auf Anordnung der Klageerhebung ein Rechtsstreit über denjenigen Streitgegenstand anhängig gemacht wurde, auf den sich die selbständige Beweisaufnahme nach dem Willen des Antragstellers bezog.

8 Hat der Antragsteller den Hauptsacheanspruch in einem Rechtsstreit zur **Aufrechnung** gestellt oder dort ein Zurückbehaltungsrecht auf den Anspruch gestützt, so fehlt das Rechtsschutzbedürfnis für den Antrag, wenn bereits feststeht, daß das Ergebnis des selbständigen

---

[2] Ebenso *BGH* NJW-RR 2003, 1240.

[3] Dafür *Lenzen* BauR 2005, 303 (zum selbständigen Beweisverfahren, das der Anspruchsgegner als Antragsteller betreibt).

[4] *OLG Düsseldorf* NJW-RR 2002, 1654.

Beweisverfahrens in diesem Prozeß Verwendung fand[5], aber auch bis geklärt ist, ob in dem Rechtsstreit über den Anspruch entschieden wird[6].

3. Antrag auf Anordnung der Klageerhebung

9 Zum Antrag nach §494a ist der **Antragsgegner** des selbständigen Beweisverfahrens berechtigt. Wurde über das Vermögen des Antragsgegners das Insolvenzverfahren eröffnet (keine Unterbrechung, → §490 Rdnr. 4), so kann der Antrag auf Fristsetzung nur vom **Insolvenzverwalter** gestellt werden[7]. Hat der Antragsgegner des selbständigen Beweisverfahrens eigenständige Beweisanträge gestellt, so ist er dadurch selbst zum Antragsteller geworden[8]. Es kann dann auch gegen ihn nach §494a vorgegangen werden.

10 Ein dem Antragsgegner beigetretener **Streithelfer** kann den Antrag (hinsichtlich einer Klage gegen den Antragsgegner, → Rdnr. 17 bei Fn. 22) stellen, jedoch gemäß §67 nicht gegen den erklärten Willen der unterstützten Partei[9]. Bei **mehreren Antragsgegnern** muß jeder den Antrag stellen, wenn er die Wirkungen des Abs. 2 S. 1 erzielen will. Ergeht die Anordnung nur auf Antrag eines der Antragsgegner, so kann auch nur dieser bei Unterbleiben der Klageerhebung eine Kostenentscheidung nach Abs. 2 S. 1 erlangen[10].

11 Der Antrag unterliegt analog §486 Abs. 4 iVm §78 Abs. 5 **nicht** dem **Anwaltszwang**[11]; es wäre wenig sinnvoll, gerade für diesen Antrag den Anwaltszwang zu bejahen, obgleich das selbständige Beweisverfahren selbst keine Einschaltung eines Anwalts verlangt, solange keine mündliche Verhandlung stattfindet.

4. Fehlendes Rechtsschutzbedürfnis bei Erfüllung des Anspruchs oder Parteieinigung

12 Wenn der Anspruch, dessen tatsächliche Voraussetzungen durch die selbständige Beweisaufnahme festgestellt werden sollten, vom Antragsgegner mittlerweile **erfüllt** wurde, wäre eine Anordnung der Klageerhebung sinnwidrig. Dasselbe gilt, wenn sich der Antragsgegner vorbehaltslos zur Erfüllung bereit erklärt hat oder wenn eine **Einigung** über den Anspruch (z.B. ein Vergleich über das Vorhandensein von Mängeln und die Mängelbeseitigung[12]) erzielt wurde. Ebenso ist es bei einem Vergleich des Antragstellers mit einem von mehreren Gesamtschuldnern, wenn dieser auch gegenüber den anderen Gesamtschuldnern befreiend wirkt[13]. Die Anordnung der Klageerhebung könnte in diesen Fällen nicht als Fundament für einen Kostenausspruch nach Abs. 2 dienen. Für den Antrag auf Anordnung der Klageerhebung fehlt daher das Rechtsschutzbedürfnis[14]. Dies gilt jedoch nicht, wenn lediglich ein geringer Teil der im selbständigen Beweisverfahren geltend gemachten Mängel beseitigt wurde[15]. Eine Behe-

---

[5] *OLG Nürnberg* BauR 2000, 442. Die Kosten des selbständigen Beweisverfahrens gehören dann zu den Kosten des Hauptsacheprozesses, → vor §485 Rdnr. 30.

[6] *BGH* NJW-RR 2005, 1688.

[7] *OLG Zweibrücken* ZInsO 2005, 383.

[8] *OLG Koblenz* NJW-RR 1997, 1024.

[9] *OLG Jena* IBR 2005, 1065; *OLG Karlsruhe* BauR 1999, 1210.

[10] *OLG Stuttgart* NJW-RR 2001, 863.

[11] *OLG Schleswig* BauR 1996, 590; *OLG Stuttgart* BauR 1995, 135; *OLG Düsseldorf* BauR 1999, 197; *OLG Jena* MDR 2000, 783; *Schmitz* BauR 1996, 340; *Baumbach/Lauterbach/Hartmann*[63] Rdnr. 5; *Zimmermann*[7] Rdnr. 2. – A.M. *OLG Zweibrücken* MDR 1995, 744 = NJW-RR 1996, 573; *MünchKommZPO/Schreiber*[2] Rdnr. 2; *Zöller/Herget*[25] Rdnr. 6; *Thomas/Putzo/Reichold*[26] Rdnr. 1.

[12] *LG Stade* MDR 1995, 1270 (§494a nicht anwendbar).

[13] *OLG Hamburg* BauR 2004, 1822.

[14] *BGH* NJW-RR 2003, 454; *OLG Düsseldorf* BauR 1995, 279, 280.

[15] *OLG Frankfurt* BauR 1999, 195.

bung des Mangels durch einen Dritten steht der Anordnung nach Abs. 1 nicht entgegen[16]; in einem solchen Fall kann der Antragsteller gegen den Antragsgegner Klage auf Feststellung erheben, daß ihm der Anspruch zustand[17].

Zur Erfüllung **nach Erlaß der Fristanordnung** → Rdnr. 33.

5. Verzicht auf die Klageerhebung

13 Gerade umgekehrt ist die Situation, wenn der Antragsteller des Beweisverfahrens nach der Beweisaufnahme verbindlich erklärt, er **verzichte** auf die Erhebung der Klage aus dem Hauptsacheanspruch. Hier hätte die Anordnung der Klageerhebung mit Fristsetzung keinen Sinn. Es fehlt daher insoweit das Rechtsschutzbedürfnis. Das bedeutet aber nicht, daß keine Kostenentscheidung nach Abs. 2 angemessen wäre. Vielmehr sind in diesen Fällen durch **Beschluß nach Abs. 2** dem Antragsteller des selbständigen Beweisverfahrens die **Kosten des Antragsgegners aufzuerlegen,** ohne daß eine Anordnung nach Abs. 1 vorausging[18].

III. Verfahren und Entscheidung über den Fristsetzungsantrag

1. Zuständigkeit

14 Der Antrag ist bei dem Gericht zu stellen, bei dem das selbständige Beweisverfahren durchgeführt wurde. Für die Entscheidung ist der Richter, nicht der Rechtspfleger zuständig[19] (anders als im Fall des §926, für den §20 Nr. 14 RpflG gilt).

2. Verfahren

15 Die Entscheidung ergeht gemäß Abs. 1 stets ohne mündliche Verhandlung, doch ist dem Gegner das rechtliche Gehör, d.h. die Gelegenheit zur schriftlichen Stellungnahme, zu gewähren.

3. Inhalt der gerichtlichen Anordnung

16 Es genügt, die Klageerhebung in allgemeiner Form anzuordnen[20]. Damit ist hinreichend zum Ausdruck gebracht, daß die Klage der Zielsetzung entsprechen muß, die der Antragsteller mit dem selbständigen Beweisverfahren verfolgte. Ein Hinweis auf die Folgen, wenn innerhalb der Frist keine Klage erhoben wird, erscheint zweckmäßig, insbesondere wenn der Antragsteller im selbständigen Beweisverfahren nicht anwaltlich vertreten war. Vorgeschrieben ist eine solche Belehrung jedoch nicht, so daß ihr Fehlen an der Wirksamkeit der Anordnung nichts ändert; etwas anderes folgt auch nicht aus §231 Abs. 1, 2. Halbs.[21].

---

[16] Offen lassend *BGH* NJW-RR 2004, 1580 (eine ergangene Anordnung habe aber jedenfalls die Wirkung nach Abs. 2).

[17] *BGH* NJW-RR 2004, 1580.

[18] *OLG Karlsruhe* MDR 1996, 1303 = NJW-RR 1996, 1343; *OLG Köln* MDR 1997, 105; *OLG München* JurBüro 2000, 589. – A.M. *LG Mainz* MDR 1995, 1271, allerdings für den Sonderfall, daß Kosten für den Antragsgegner erst durch die Bestellung des Anwalts für die Anträge nach §494a entstanden sind. Hier wird man die Kostenauferlegung wegen Rechtsmißbrauchs ablehnen können. *Zöller/Herget*[25] Rdnr. 4 betrachtet dies als Frage der Notwendigkeit der Kosten.

[19] *OLG Karlsruhe* NJW-RR 1992, 125.

[20] A.M. *OLG Düsseldorf* BauR 1995, 279, 280, das eine Präzisierung der zu erhebenden Klage verlangt.

[21] A.M. *OLG Köln* JMBl NRW 1997, 79; *Zöller/Herget*[25] Rdnr. 3; wohl auch *Thomas/Putzo/Reichold*[26] Rdnr. 2.

17 Die Anordnung muß den Inhalt haben, Klage gegen den **Antragsgegner**, nicht gegen dessen Streithelfer, zu erheben[22]. Ist der Antragsteller verstorben, so ergeht die Anordnung zur Klageerhebung gegenüber seinen Erben[23].

18 Die **Frist** für die Klageerhebung hat das Gericht nach den Umständen, vor allem nach der für die Klagevorbereitung erforderlichen Zeit, zu bestimmen. Eine Verlängerung ist auf Antrag nach §224 Abs.2 möglich.

19 Der Anordnungsbeschluß ist dem Antragsteller des selbständigen Beweisverfahrens **förmlich zuzustellen,** §329 Abs.2 S.2.

4. Anfechtung der Entscheidung

20 Die Zurückweisung des Antrags ist nach §567 Abs.1 Nr.2 mit der sofortigen Beschwerde anfechtbar, während gegen den Anordnungsbeschluß[24] und auch gegen einen Beschluß, der die Frist zur Klageerhebung verlängert[25], kein Rechtsmittel gegeben ist.

IV. Klageerhebung in der Hauptsache

1. Anforderungen an die Hauptsacheklage

21 Die Einleitung des **Mahnverfahrens** wird man wie bei §926 (→ §926 Rdnr.11) der Klageerhebung gleichzustellen haben. Auch muß die **Anmeldung der Forderung im Insolvenzverfahren** des Antragsgegners (§174 InsO) innerhalb der gesetzten Frist genügen, wenn es sich um eine Insolvenzforderung (§38 InsO) handelt, da hier zunächst eine Klage unzulässig wäre (§87 InsO). Zur Frage, ob in einem solchen Fall wegen wirtschaftlicher Aussichtslosigkeit die Klage ohne Kostenfolge nach Abs.2 unterbleiben kann, → Rdnr.35. – Hauptsacheklage i.S.v. §494a ist auch eine Klage vor dem **Schiedsgericht.**

22 **Als Hauptsacheklage genügt auch eine Widerklage** in einem vom Antragsgegner des selbständigen Beweisverfahrens begonnenen Rechtsstreit[26]. Dagegen stellt, wenn das selbständige Beweisverfahren auf die Feststellung von Werkmängeln gerichtet war, die Aufrechnung mit einer aus den Mängeln hergeleiteten Forderung oder die Geltendmachung eines Zurückbehaltungsrechts keine Klageerhebung dar[27], da in beiden Fällen auch vielfach offen ist, ob es zu einer Entscheidung über die Mängel und damit zu einem daran orientiertem Kostenausspruch kommen wird. Eine Klage auf Erstattung der Kosten des selbständigen Beweisverfahrens hindert die Anwendung des Abs.2 ebenfalls nicht[28].

23 Die Klage muß vom Antragsteller des selbständigen Beweisverfahrens **gegen den Antragsgegner** erhoben werden, und ihr **Streitgegenstand** muß sich zumindest zum Teil mit demjenigen des selbständigen Beweisverfahrens decken[29].

24 Wurde die Hauptsacheklage erhoben, so ergeht eine Kostenentscheidung nach Abs.2 S.1 auch dann nicht, wenn ein im selbständigen Beweisverfahren eingeholtes Gutachten im Hauptsacheprozeß **nicht verwertet** wurde[30].

---

22 *OLG Koblenz* NJW-RR 2003, 880. – A.M. *Kießling* NJW 2001, 3668, 3672ff.
23 *LG Saarbrücken* BauR 1999, 938.
24 *OLG Köln* BauR 1998, 591.
25 *OLG Düsseldorf* JurBüro 1993, 622.
26 *BGH* NJW-RR 2003, 1240.
27 *OLG Köln* NJW-RR 1997, 1295; *OLG Düsseldorf* OLGZ 1994, 583 = MDR 1994, 201.
28 *BGH* NJW-RR 2004, 1580; *OLG Nürnberg* OLGZ 1994, 240.
29 *OLG Zweibrücken* MDR 2002, 476.
30 *BGH* NJW-RR 2003, 1240.

2. Hauptsacheklage über einen Teil des Anspruchs

25 Wenn zwar eine Klage erhoben wurde, aber damit nur ein Teil des im selbständigen Beweisverfahren angestrebten Anspruchs bzw. ein Teil des dort behandelten Sachverhalts zum Gegenstand der Klage gemacht wurde, ergeht **keine Teilkostenentscheidung nach Abs. 2 S. 1**, sondern es ist über die gesamten Kosten des selbständigen Beweisverfahrens im Hauptsacheprozeß zu entscheiden[31]. Andernfalls entstünde die Gefahr divergierender Kostenentscheidungen. Soweit der Gegenstand der Hauptsacheklage hinter dem des selbständigen Beweisverfahrens zurückbleibt, können dem Kläger, wenn er im Hauptsacheprozeß obsiegt, die durch den überschießenden Teil des selbständigen Beweisverfahrens entstandenen Kosten entsprechend §96 auferlegt werden[32]. Diese Kostenauferlegung ist regelmäßig angezeigt, wenn sich der Anspruch hinsichtlich des im Hauptsacheprozeß nicht eingeklagten Teils im selbständigen Beweisverfahren als unbegründet erwiesen hat[33]. Ergeht keine Entscheidung nach §96, so erfaßt die Auferlegung der Kosten im Hauptsacheprozeß die gesamten Kosten des selbständigen Beweisverfahrens, auch wenn der Verfahrensgegenstand des Hauptsacheprozesses hinter dem des selbständigen Beweisverfahrens zurückbleibt[34].

3. Rücknahme der erhobenen Hauptsacheklage und Abweisung als unzulässig

26 Fraglich ist die Rechtslage, wenn zunächst die Hauptsacheklage innerhalb der gesetzten Frist erhoben, später aber zurückgenommen wurde, oder wenn die Hauptsacheklage als unzulässig abgewiesen wurde. Wenn in diesen Fällen die im Hauptsacheprozeß ergehende Kostenentscheidung die Kosten des selbständigen Beweisverfahrens nicht umfaßt (→ vor §485 Rdnr. 34), so entspricht es dem Zweck des §494a, auf Antrag eine Kostenentscheidung nach Abs. 2 zu erlassen[35].

27 War zwar **keine Anordnung nach Abs. 1** ergangen, aber die Hauptsacheklage erhoben und dann zurückgenommen worden, so sollte ebenfalls ein Kostenbeschluß nach Abs. 2 (analog) für zulässig erachtet werden[36], da es sinnwidrig wäre, hier zunächst noch eine Anordnung nach Abs. 1 zu erlassen.

28 Wird das anhängige Hauptsacheverfahren durch den Antragsteller **nicht betrieben** (Nichtzahlung des Kostenvorschusses), so erscheint ebenfalls eine Kostenauferlegung analog Abs. 2 angezeigt[37].

---

[31] *BGH* NJW 2004, 3121; NJW 2005, 294 (auch wenn mehrere voneinander unabhängige Eigentumsstörungen den Gegenstand des selbständigen Beweisverfahrens bildeten).

[32] *BGH* NJW 2004, 3121; NJW 2005, 294; NJW-RR 2006, 810.

[33] *BGH* NJW 2005, 294.

[34] *BGH* NJW-RR 2006, 810; *OLG Stuttgart* MDR 2005, 358.

[35] *OLG Karlsruhe* MDR 1996, 1303 = NJW-RR 1996, 1343, 1344; *OLG Düsseldorf* MDR 1997, 979 = NJW-RR 1998, 210; *OLG Frankfurt* NJW-RR 2004, 70; *Zöller/Herget*[25] Rdnr. 4a. Dies entspricht auch den Absichten des Gesetzgebers, genauer des Bundestags-Rechtsausschusses, BT-Drucks. 11/8283, S. 48, die in der Formulierung des Gesetzes allerdings nicht klar zum Ausdruck kamen. – A.M. *OLG Köln* MDR 2001, 1391 (erneute Fristsetzung zu beantragen).

[36] Ebenso *Zöller/Herget*[25] Rdnr. 4a. Vgl. auch *OLG Düsseldorf* NJW-RR 2006, 1028, das aber offen läßt, ob in solchen Fällen noch eine Fristsetzung nach Abs. 1 erforderlich ist.

[37] Anders *OLG Brandenburg* BauR 2001, 678 (zuerst Fristsetzung nach Abs. 1).

4. Fristwahrung

29 Hinsichtlich der Fristwahrung ist §167 zu beachten[38]. Aber auch eine Klageerhebung, die erst nach Fristablauf, jedoch vor einer Entscheidung nach Abs. 2 erfolgt, hindert in zumindest entsprechender Anwendung des §231 Abs. 2 (wie bei §926, → §926 Rdnr. 12) die Kostenauferlegung nach Abs. 2[39]. Dagegen geht es zu weit, die Frist auch dann noch als gewahrt anzusehen, wenn der Kläger den Kostenvorschuß innerhalb der Frist nicht bezahlt und dadurch die Zustellung verhindert hat, auch wenn er den Vorschuß noch vor der Entscheidung nach Abs. 2 bezahlt und die Klage bei korrektem Vorgehen noch vor dieser Entscheidung hätte zugestellt werden können[40]. Keinesfalls ist die Frist gewahrt, wenn die Klage erst nach Erlaß der Kostenentscheidung gemäß Abs. 2 eingereicht wurde[41].

30 Die Kostenauferlegung wird zu unterbleiben haben, wenn der Gegner glaubhaft macht, daß er die Frist **unverschuldet** nicht einhalten konnte; in solchen Fällen ist eine neue Frist zu setzen[42].

V. Antrag auf Kostenauferlegung und Entscheidung darüber

1. Antrag

31 Zur Frage des **Anwaltszwangs** gilt das → Rdnr. 11 Gesagte. Das Gesetz hindert nicht, den Antrag nach Abs. 2 bereits mit dem Antrag auf die Anordnung nach Abs. 1 zu **verbinden,** ihn also für den Fall der nicht rechtzeitig erfolgenden Hauptsacheklage zu stellen. Praktisch ist dies aber wenig bedeutsam, denn man wird vom Antragsteller des §494a verlangen müssen, daß er nach dem Ablauf der gesetzten Frist dem Gericht mitteilt, daß keine Klage erhoben wurde. Da auch andere Gerichte für die Hauptsache zuständig sein können, könnte sonst das Gericht des selbständigen Beweisverfahrens nicht wissen, ob mittlerweile Hauptsacheklage erhoben wurde.

2. Verfahren

32 Die mündliche Verhandlung ist hier fakultativ, §128 Abs. 4; bei streitigem Vortrag, etwa zur Erfüllung des Anspruchs (→ Rdnr. 33ff.), kann sie durchaus sinnvoll sein. In der mündlichen Verhandlung gilt der Anwaltszwang. Wird keine mündliche Verhandlung anberaumt, so ist vor der Entscheidung das rechtliche Gehör durch Ermöglichung einer schriftlichen Stellungnahme zu gewähren.

3. Keine Kostenauferlegung bei Erfüllung des Anspruchs

33 Wenn der Gegner mittlerweile den Hauptsacheanspruch erfüllt hat, oder sich jedenfalls vorbehaltslos zur Erfüllung bereit erklärt hat, wäre eine Klageerhebung sinnlos. In diesen Fällen kann daher kein Kostenausspruch nach Abs. 2 ergehen, obwohl die Klageerhebung trotz Anordnung nach Abs. 1 unterblieben ist[43]. Diese Einschränkung des Abs. 2 ergibt sich aus des-

---

[38] *OLG Düsseldorf* NJW-RR 1998, 359, *Zöller/Herget*[25] Rdnr. 3. – A.M. *OLG Köln* Schäfer/Finnern/Hochstein §494a Nr. 1.

[39] *OLG Köln* Schäfer/Finnern/Hochstein §494a Nr. 1 (analog §231); *OLG Düsseldorf* BauR 2001, 1292; *Zöller/Herget*[25] Rdnr. 4a; *Thomas/Putzo/Reichold*[26] Rdnr. 4, 8.

[40] A.M. *OLG Düsseldorf* NJW-RR 1998, 359.

[41] *OLG München* IBR (Immobilien- und Baurecht) 1997, 132 (*Weber*).

[42] *Zöller/Herget*[25] Rdnr. 5.

[43] *OLG Düsseldorf* OLGZ 1994, 464 = MDR 1994, 201; *OLG Düsseldorf* BauR 1995, 877; *OLG Hamm* OLGZ 1994, 585 (LS); *OLG Karlsruhe* BauR 1998, 1278; *OLG Frankfurt* BauR 1999, 435.

sen Zweck, dem Antragsgegner dann einen Kostenanspruch zu geben, wenn das selbständige Beweisverfahren für den Antragsteller ungünstig geendet hat. Davon kann aber in der beschriebenen Situation gerade nicht die Rede sein. Dasselbe gilt, wenn sich die Parteien außergerichtlich verglichen haben; für eine Kostenauferlegung nach Abs. 2 S. 1 ist dann kein Raum[44].

34 Wird der Anspruch **teilweise erfüllt** und unterbleibt im übrigen eine Klageerhebung trotz Anordnung nach Abs. 1, so ist der Kostenauferlegungsbeschluß zu einer dem Wertverhältnis der Anspruchsteile entsprechenden Quote zu erlassen[45].

35 Ausnahmsweise kann eine Kostenauferlegung nach Abs. 2 auch deswegen abzulehnen sein, weil eine Klage des Antragstellers in der Hauptsache aus wirtschaftlichen Gründen **sinnlos** wäre, während gleichzeitig nach dem Ergebnis des selbständigen Beweisverfahrens der Erfolg der Klage offensichtlich wäre[46].

4. Wirkung der Kostenauferlegung

36 Die Kostenauferlegung nach Abs. 2 bezieht sich nur auf die dem **Antragsgegner** (und dessen **Streithelfer**[47]) im selbständigen Beweisverfahren entstandenen Kosten. Sie ist insoweit aber als endgültig anzusehen, kann also weder in einem doch noch stattfindenden Hauptsacheprozeß[48] noch aufgrund eines materiell-rechtlichen Kostenerstattungsanspruchs geändert werden. Hinsichtlich der übrigen Kosten steht dagegen der Beschluß nach Abs. 2 einem materiell-rechtlichen Erstattungsanspruch des **Antragstellers** des selbständigen Beweisverfahrens gegen den Antragsgegner nicht entgegen[49]. Waren beide Parteien im selbständigen Beweisverfahren Beweisführer, ist eine Kostenquotelung nötig[50].

5. Anfechtung

37 Die über den Antrag ergehende Entscheidung, also sowohl die Auferlegung der Kosten als auch die Zurückweisung des Antrags, ist mit der sofortigen Beschwerde anfechtbar, Abs. 2 S. 2.

---

[44] *OLG Dresden* BauR 2000, 605. – Anders *OLG Koblenz* NJW-RR 2004, 1728 (LS) (danach kann es geboten sein, die Kosten analog § 98 als gegeneinander aufgehoben anzusehen).

[45] *OLG München* BauR 1997, 167; *OLG Koblenz* NJW-RR 1998, 68; *OLG Frankfurt* BauR 1999, 195, 197; *OLG Düsseldorf* MDR 2003, 534.

[46] *OLG Rostock* BauR 1997, 169. – A.M. *OLG Dresden* BauR 2000, 137; *LG Göttingen* BauR 1998, 590 (beide Entscheidungen zum Konkurs des Antragsgegners); *Zöller/Herget*[25] Rdnr. 5.

[47] *OLG Oldenburg* NJW-RR 1995, 829.

[48] Ebenso *Weise* (Lit.Verz. vor § 485) Rdnr. 583. – A.M. *LG Kleve* NJW-RR 1997, 1356, das der Kostenentscheidung nach Abs. 2 nur vorläufigen Charakter zubilligt. Diese (ausführlich begründete) Konzeption dürfte sich aber doch zu weit von Wortlaut und Zweck des Gesetzes entfernen.

[49] *OLG Nürnberg* OLGZ 1994, 240.

[50] *Zöller/Herget*[25] Rdnr. 4a.

Abschnitt 2

Verfahren vor den Amtsgerichten

Vorbemerkungen vor § 495

I. Zweck der Regelung[1]

1 Die **sachliche Zuständigkeit,** also die Zuständigkeit in erster Instanz, ist zwischen den Amtsgerichten und den Landgerichten aufgeteilt, näher → § 1 Rdnr. 45ff. Die ZPO widmet aber dem amtsgerichtlichen Verfahren *keine eigenständige Regelung*. Sie verweist vielmehr auf die Vorschriften über das landgerichtliche Verfahren (§ 495) und begnügt sich heute mit **wenigen Sonderbestimmungen**[2]. Im Laufe der Entwicklung wurden manche zunächst nur für das amtsgerichtliche Verfahren geltenden Regeln auch für das landgerichtliche Verfahren übernommen (z.B. der Amtsbetrieb). Die Unterschiede zwischen beiden Verfahren wurden dadurch abgebaut.

2 Mit den besonderen Regeln für das amtsgerichtliche Verfahren wurden und werden zwei verschiedene Ziele verfolgt: einmal die Erreichung einer größeren **Prozeßökonomie** (Vereinfachung, Beschleunigung und Verbilligung des Streitverfahrens) und andererseits die Verwirklichung des **Schlichtungsgedankens** (→ Rdnr. 9ff.). Eine zufriedenstellende gesetzgeberische Lösung bereitet vor allem deshalb Schwierigkeiten, weil im amtsgerichtlichen Verfahren einerseits geringfügige Streitigkeiten, andererseits aber auch größere und schwierigere, von Anwälten geführte Prozesse zu erledigen sind. Nicht zu verkennen ist auch, daß selbst Prozesse mit niedrigem Streitwert für die Betroffenen von großer Bedeutung sein können. Gegen eine zu weitgehende Vereinfachung des Verfahrens vor den Amtsgerichten bestehen daher Bedenken. Dagegen empfiehlt es sich, dem Richter bei **geringfügigem Streitwert** einen gewissen Spielraum in der Verfahrensgestaltung zuzugestehen. Dies erlaubt derzeit § 495a.

3 Da vor dem Amtsgericht im allgemeinen **kein Anwaltszwang** besteht, muß der Richter besonders darauf achten, daß auch unerfahrene Parteien ihre prozessualen Rechte nutzen können. Eine solche rechtsfürsorgliche, belehrende Tätigkeit des Richters ist in §§ 499, 504, 510 vorgesehen.

---

[1] Umfassende rechtstatsächliche Angaben bei *Steinbach/Kniffka* Strukturen des amtsgerichtlichen Zivilprozesses, Methoden und Ergebnisse einer rechtstatsächlichen Aktenuntersuchung (1982); s. auch *Kniffka* Der amtsgerichtliche Zivilprozeß – ein bürgernahes Verfahren? DRiZ 1982, 13.

[2] Den umgekehrten Weg ging der ZPO-Entwurf von 1931, → Einl. Rdnr. 167ff.

Zu den einzelnen Unterschieden des amtsgerichtlichen Prozesses vom landgerichtlichen Verfahren → § 495 Rdnr. 2ff. **4**

II. Überblick über die Entwicklung des Gesetzes[3]

1. Förderung der Prozeßökonomie

5 Die Novelle 1909 brachte eine größere Zahl wichtiger Abweichungen vom landgerichtlichen Verfahren. Diese Änderungen dienten der Erreichung einer größeren Prozeßökonomie. Die Abweichungen wurden später dadurch wieder wesentlich ausgeglichen, daß die weiteren Novellen, die EntlVO 1915 und die Novelle 1924, die Neuerungen auf den landgerichtlichen Prozeß ausgedehnt haben, vgl. §§ 139, 273, 281, § 313 Abs. 2.

2. Obligatorisches Mahnverfahren

6 Das seinerzeit aus Entlastungsgesichtspunkten eingeführte obligatorische Mahnverfahren für die zur amtsgerichtlichen Zuständigkeit gehörenden Geldansprüche (§ 1 der EntlVO 1915) bewährte sich auf die Dauer nicht; es wurde durch die VO vom 11. 12. 1924 (RGBl S. 772) zunächst für den Urkunden- und Wechselprozeß und dann durch die VO vom 19. 6. 1925 (RGBl S. 88) in vollem Umfang wieder **außer Kraft gesetzt**.

3. Verfahren bei niedrigem Streitwert

7 Durch die BeschleunigungsVO vom 22. 12. 1923 wurde das formfreie Bagatellverfahren (**Schiedsurteilsverfahren,** später § 510c) geschaffen. Es wurde jedoch durch die Vereinfachungsnovelle 1976 wieder aufgehoben. Das Rechtspflege-Vereinfachungsgesetz vom 17. 12. 1990 (BGBl. I 2847) brachte mit § 495a erneut die Möglichkeit zur Verfahrensgestaltung nach richterlichem Ermessen bei niedrigem Streitwert. Näher → Kommentierung des § 495a.

4. Amtsbetrieb

8 Die Novelle 1950 übernahm den Amtsbetrieb auch für das landgerichtliche Verfahren und trug dazu bei, die Unterschiede zwischen amtsgerichtlichem und landgerichtlichem Verfahren zu verringern.

5. Förderung der Schlichtung

9 **a) Früheres besonderes Güteverfahren.** – Der **Schlichtungsgedanke** (früher sprach man meist vom **Gütegedanken)** wurde nach gewissen Ansätzen in der EntlVO 1915 (§ 18 ursprünglicher Zählung) in der Novelle 1924 dergestalt verwirklicht, daß dem amtsgerichtlichen Streitverfahren ein besonderes Güteverfahren vorausgehen mußte. Die Novelle 1950 hat das besondere Güteverfahren wieder beseitigt.

10 **b) Richterliche Bemühung um gütliche Beilegung.** – § 495 Abs. 2 aF, der dem Richter aufgab, in jeder Lage des Verfahrens auf eine gütliche Beilegung des Rechtsstreits hinzuwirken, ging bei der Vereinfachungsnovelle 1976 in § 279 Abs. 1 S. 1 aF, jetzt § 278 Abs. 1 auf, der gleichermaßen im amts- und im landgerichtlichen Verfahren gilt.

11 **c) Vorprozessuale obligatorische Schlichtung nach Landesrecht.** – Durch das Gesetz zur Förderung der außergerichtlichen Streitbeilegung vom 15. 12. 1999 wurde in § 15a EGZPO eine Öffnungsklausel geschaffen, die dem **Landesgesetzgeber** für bestimmte Bereiche die Einführung eines **obligatorischen vorgerichtlichen Schlichtungsverfahrens** erlaubt. Dies gilt insbesondere für Streitigkeiten über vermögensrechtliche Ansprüche vor dem Amtsgericht, deren Gegenstandswert 750 Euro nicht übersteigt. Die Länder haben durch den Erlaß von Landesschlichtungsgesetzen durchweg von dieser Möglichkeit Gebrauch gemacht. Näher → Kommentierung (*Schlosser*) des § 15a EGZPO in Bd. 9, samt Abdruck von Landesgesetzen.

---

[3] Näher zu den Reformgesetzen → Einl. Rdnr. 146 bis 202 (mit Literaturangaben).

12 **d) Güteverhandlung vor der mündlichen Verhandlung.** – Das ZPO-RG 2001 griff erneut auf den Gedanken einer der streitigen Verhandlung vorgelagerten gerichtlichen Schlichtungsbemühung zurück und führte in §278 Abs. 2 bis 5 nF die **obligatorische Güteverhandlung** vor der mündlichen Verhandlung ein, und zwar sowohl für das amts- wie für das landgerichtliche Verfahren.

III. Anwendungsbereich der Vorschriften über das amtsgerichtliche Verfahren

13 In erstinstanzlichen Verfahren, die vor dem Amtsgericht als Familiengericht stattfinden, gelten zum Teil die Vorschriften über das Verfahren vor den Landgerichten entsprechend, so daß die §§495 bis 510b **keine Anwendung** finden. Dies gilt gemäß §608 in Ehesachen, gemäß §621b in Familiensachen nach §621 Abs. 1 Nr. 8 (Ansprüche aus dem ehelichen Güterrecht) und gemäß §624 Abs. 3 in Scheidungsfolgesachen. §661 Abs. 2 erstreckt diese Regeln auch auf Lebenspartnerschaftssachen. In diesen Verfahren besteht gemäß §78 Abs. 2 **Anwaltszwang.**

§495 Anzuwendende Vorschriften

Für das Verfahren vor den Amtsgerichten gelten die Vorschriften über das Verfahren vor den Landgerichten, soweit nicht aus den allgemeinen Vorschriften des ersten Buches, aus den nachfolgenden besonderen Bestimmungen und aus der Verfassung der Amtsgerichte sich Abweichungen ergeben.

Gesetzesgeschichte: Bis 1900 §456 CPO. Der durch die Novelle 1950 angefügte Abs. 2 aF wurde durch die Vereinfachungsnovelle 1976 aufgehoben, dazu → vor §495 Rdnr. 10.

I. Die Verfassung der Amtsgerichte

1 Den Amtsgerichten stehen **Einzelrichter** vor, §22 Abs. 1 GVG. Jeder Richter beim Amtsgericht erledigt die ihm obliegenden Dienstgeschäfte als Einzelrichter, §22 Abs. 4 GVG. Der Amtsrichter vereinigt in sich die Befugnisse des Vorsitzenden und des Gerichts. Wegen der sich daraus ergebenden Folgerungen → Rdnr. 5. In erheblichem Umfang werden Geschäfte des Amtsgerichts durch den **Rechtspfleger** erledigt. Sein Aufgabenbereich (u.a. Entscheidungen im Mahnverfahren, Kostenfestsetzungsverfahren, Zwangsvollstreckungsverfahren) ergibt sich aus dem RechtspflegerG v. 5. 11. 1969, BGBl. I 2065 (mit zahlreichen späteren Änderungen). Zur Rechtspflegererinnerung, → Anhang zu §576 (21. Aufl.); zu beachten ist die Neuregelung durch das Dritte Gesetz zur Änderung des Rechtspflegergesetzes und anderer Gesetze vom 6. 8. 1998 (BGBl. I 2030), durch das die einem Rechtsmittel vorgeschaltete Durchgriffserinnerung abgeschafft wurde.

II. Die Abweichungen vom landgerichtlichen Verfahren

Als wichtige Abweichung des amtsgerichtlichen Verfahrens vom Landgerichtsprozeß ist vor allem das **Fehlen des Anwaltszwangs** vor dem Amtsgericht (abgesehen von den in §78 Abs. 2 genannten Familiensachen) zu nennen. Außerdem gelten im einzelnen folgende Besonderheiten: 2

1. Besondere Regeln innerhalb der allgemeinen Vorschriften des ersten Buches

Von den allgemeinen Vorschriften des ersten Buches enthalten besondere Regeln für das amtsgerichtliche Verfahren: §45 Abs. 2 (Ablehnung des Richters); §79 (Vertretung der Partei); §83 Abs. 2 (Vollmacht für einzelne Prozeßhandlungen); §87 Abs. 1 (Erlöschen der Vollmacht); §88 Abs. 2 (Prüfung der Vollmacht); §90 (Beistand); §121 Abs. 2 (Prozeßkostenhilfe: Beiordnung eines Anwalts); §129 Abs. 2 (vorbereitende Schriftsätze); §192 Abs. 3 (Vermittlung der Geschäftsstelle bei Zustellungen auf Betreiben der Parteien); §217 (Ladungsfrist). – Eine vereinzelte Sondervorschrift enthält z.B. §924 Abs. 2 S. 3 (Erhebung des Widerspruchs im Arrestverfahren). 3

2. Besondere Vorschriften im zweiten Abschnitt des zweiten Buches

Die besonderen Bestimmungen der §§496ff. betreffen folgende Materien: 4
Verfahren nach billigem Ermessen bei niedrigem Streitwert (§495a);
Einreichung von Schriftsätzen und Erklärungen zu Protokoll (§496);
Terminsbestimmung und Ladung (§497);
Zustellung des Protokolls über die Klage (§498);
Belehrungen über Nichtbestehen des Anwaltszwangs und schriftliches Anerkenntnis (§499);
Hinweis bei Unzuständigkeit (§504);
Verweisung bei nachträglicher sachlicher Unzuständigkeit (§506);
Erklärung über Urkundenechtheit (§510);
Inhalt des Sitzungsprotokolls (§510a);
Verurteilung zur Entschädigung zugleich mit der Verurteilung zur Vornahme einer Handlung (§510b).

3. Folgerungen aus der Verfassung der Amtsgerichte

Aus der Verfassung der Amtsgerichte (→ Rdnr. 1) ergeben sich für das Verfahren insofern Abweichungen vom Landgerichtsprozeß, als die **Funktionen des Gerichts und die des Vorsitzenden zusammenfallen.** Die Übertragung der Beweisaufnahme auf einen anderen Richter beim Amtsgericht als beauftragten Richter (§355) ist ausgeschlossen, da als Prozeßgericht nur der Richter beim Amtsgericht als Einzelrichter anzusehen ist, nicht das Amtsgericht als Ganzes. 5

§495a Verfahren nach billigem Ermessen

[1]Das Gericht kann sein Verfahren nach billigem Ermessen bestimmen, wenn der Streitwert sechshundert Euro nicht übersteigt. [2]Auf Antrag muss mündlich verhandelt werden.

Gesetzesgeschichte: Eingefügt durch Rechtspflege-Vereinfachungsgesetz vom 17.12. 1990 (BGBl. I 2847). Abs. 1 S. 1 geändert durch Gesetz zur Entlastung der Rechtspflege vom 11.1. 1993 (BGBl. I 50). Unter Streichung des Abs. 2 aF neugefaßt durch ZPO-RG 2001 (→ Einl. Rdnr. 202).

Literatur: *Bartels* Verfahren nach §495a ZPO, DRiZ 1992, 106; *Bergerfurth* Das neue »Bagatellverfahren« nach §495a ZPO, NJW 1991, 961; *Fischer* §495a ZPO – eine Bestandsaufnahme des »Verfahrens nach billigem Ermessen«, MDR 1994, 978; *Hennrichs* Verfassungswidrigkeit des neuen §495a ZPO? NJW 1991, 2815; *Kunze* Das amtsgerichtliche Bagatellverfahren nach §495a (1995); *ders.* §495a ZPO – mehr Rechtsschutz ohne Zivilprozeßrecht? NJW 1995, 2750; *ders.* Das amtsgerichtliche Bagatellverfahren gemäß §495a ZPO und die Subsidiarität des BVerfG, NJW 1997, 2154; *Kuschel/Kunze* Minima (non) curat praetor – Das Bagatellverfahren in der amtsgerichtlichen Praxis, DRiZ 1996, 193; *Peglau* Säumnis einer Partei und kontradiktorisches Urteil, NJW 1997, 2222; *Rottleuthner* Entlastung durch Entformalisierung? Rechtstatsächliche Untersuchungen zur Praxis von §495a ZPO und §313 StPO (1997); *ders.* Umbau des Rechtsstaats? NJW 1996, 2473; *Städing* Anwendung des §495a in der Praxis, NJW 1996, 691; *ders.* Eine Empfehlung für das vereinfachte Verfahren nach §495a ZPO, DRiZ 1997, 209; *Stickelbrock* Inhalt und Grenzen richterlichen Ermessens im Zivilprozeß (2002), 622ff.; *Stollmann* Zur Verfassungsmäßigkeit des neuen §495a ZPO, NJW 1991, 1719; *Wollschläger* Bagatelljustiz? Eine rechtshistorische, rechtsvergleichende und empirische Untersuchung zur Einführung des vereinfachten Verfahrens am

Amtsgericht, in: *Blankenburg/Leipold/Wollschläger* (Hrsg.) Neue Methoden im Zivilverfahren (1991), 13ff.

I. Normzweck und Rechtspolitik

1. Zweck der Vorschrift

1 Die Frage, ob es sich empfiehlt, für Bagatellsachen ein vereinfachtes Verfahren vorzusehen, wurde vom neueren deutschen Gesetzgeber recht unterschiedlich beantwortet. Hatte man noch durch die Vereinfachungsnovelle 1976 das alte (und durchaus bewährte) Schiedsurteil (bis zu einem Streitwert von 50 DM) abgeschafft, kehrte mit dem Rechtspflege-Vereinfachungsgesetz[1] des Jahres 1990 in Form des §495a eine inhaltlich vergleichbare Vorschrift wieder, die aber mit einem Streitwert von derzeit bis zu 600 € nicht geradezu auf Bagatellfälle beschränkt ist. Ihr Zweck ist es, den **Verfahrensaufwand** für Gericht und Parteien in einem angemessenen Verhältnis zur wirtschaftlichen Bedeutung des Streits zu halten und dadurch auch ein unverhältnismäßiges **Kostenrisiko** der Parteien zu vermeiden[2]. Dies geschieht dadurch, daß das Gericht den **Verfahrensablauf** nach billigem Ermessen bestimmen und somit gegenüber dem ordentlichen Prozeß vereinfachen kann. Dagegen liegt der Zweck der Vorschrift nicht darin, die Richtermacht gegenüber dem Parteieinfluß zu verstärken.

2 Die weiteren, in §495a Abs. 2 aF enthaltenen **Vereinfachungen bei der Abfassung des Urteils** wurden durch das ZPO-RG 2001 allgemein zugelassen (§313a nF), so daß Abs. 2 aF gestrichen wurde.

3 Der mit dem Bagatellverfahren des §495a früher verbundene Ausschluß von **Rechtsmitteln** wurde durch die Neugestaltung des Rechtsmittelrechts durch das ZPO-RG und die Einführung der Anhörungsrüge (§321a) beseitigt, → Rdnr. 47–49.

2. Bewertung und Gefahren

4 Die **rechtspolitische Bewertung** der Vorschrift ist unterschiedlich[3]. Zum Teil wurde im Anschluß an rechtstatsächliche Untersuchungen[4] die Gefahr eines Mißbrauchs zu Lasten der Parteirechte und der rechtsstaatlichen Verfahrensgarantien stark betont. Daß diese Gefahr durchaus besteht, wird auch in nicht wenigen Entscheidungen der Zivilgerichte und der Verfassungsgerichte deutlich. Der Grundgedanke der Vorschrift, dem Richter bei niedrigem Streitwert eine prozeßökonomische Gestaltung des Verfahrens nach Lage des Einzelfalls zu ermöglichen, erscheint jedoch berechtigt. Es ist aber strikt darauf zu achten, daß auch ein unter Nutzung des §495a gestaltetes Verfahren den rechtsstaatlichen Anforderungen, insbesondere dem Anspruch auf rechtliches Gehör und auf faires Verfahren, genügt. Das Verfahren darf nicht zu einem »Verfahren zweiter Klasse«[5] werden.

---

[1] Die Vorschrift stammt aus dem Gesetzentwurf des Bundesrates, s. BT-Drucks. 11/4155, S. 4 (Text), 10f. (Begr.), den sich der Bundestags-Rechtsausschuß entgegen dem Votum der Bundesregierung zu eigen machte, s. BT-Drucks. 11/8283, S. 48.

[2] S. Begr. BT-Drucks. 11/4155, S. 10f.

[3] Krit. z.B. *Redeker* NJW 1996, 1870; *Huff* DRiZ 1996, 346; *Stickelbrock* (Lit.Verz.) 656ff. Sehr positiv *Baumbach/Lauterbach/Hartmann*[63] Rdnr. 3f.

[4] *Rottleuthner* (Lit.Verz.).

[5] So aber die Kennzeichnung durch *LG München I* NJW-RR 2002, 425, 426.

3. Das geplante Europäische Bagatellverfahren

5 Die Kommission der Europäischen Gemeinschaften hat am 15.3. 2005 den Vorschlag für eine »Verordnung des Europäischen Parlaments und des Rates zur Einführung eines europäischen Verfahrens für geringfügige Forderungen« beschlossen[6]. Dieses Verfahren soll in allen Mitgliedstaaten (mit Ausnahme Dänemarks) für Zivil- und Handelssachen zur Verfügung stehen, sofern eine Forderung im Wert von nicht mehr als 2 000 € geltend gemacht wird. Der Verordnungsvorschlag zieht damit die Grenze für geringfügige Forderungen erstaunlich hoch. Die Regelung zielt u.a. darauf ab, die grenzüberschreitende Anerkennung und Vollstreckung zu erleichtern (ohne Notwendigkeit einer Vollstreckbarerklärung), ist aber nicht auf Verfahren mit grenzüberschreitenden Bezügen beschränkt. In einem überarbeiteten Entwurf des Europäischen Rates[7] ist dagegen eine Begrenzung auf grenzüberschreitende Sachverhalte vorgesehen. Der deutsche Bundestag hat in einer Entschließung[8] dasselbe gefordert und eine Reduzierung der Wertgrenze auf höchstens 1000 € verlangt.

6 Das Verfahren soll **schriftlich** und unter Nutzung von **Formularen** ablaufen, sofern nicht das Gericht unter Berücksichtigung der Parteianträge eine mündliche Verhandlung für notwendig hält, und zu einer Entscheidung innerhalb von sechs Monaten führen. Das Gericht kann nach seinem Ermessen die **Beweismittel** und den Umfang der Beweisaufnahme bestimmen. Unterliegt eine natürliche Person, die nicht anwaltlich vertreten ist, so ist sie nicht verpflichtet, die Anwaltskosten der obsiegenden Partei zu erstatten. Ob gegen eine in diesem Verfahren erlassene Entscheidung ein Rechtsmittel gegeben ist, bleibt dem nationalen Verfahrensrecht überlassen. Jedoch darf im Rechtsmittelverfahren kein Anwaltszwang bestehen. Auch schließt die Verordnung ein zweites ordentliches Rechtsmittel aus.

7 Das Europäische Bagatellverfahren soll neben die nach nationalem Recht bestehenden Verfahren treten. Die Verordnung zwingt also nicht unmittelbar dazu, §495a aufzuheben. Ob ein Nebeneinander beider Verfahren sinnvoll ist, ist eine andere Frage.

II. Anwendungsbereich hinsichtlich der Verfahrensarten

1. Beschränkung auf das amtsgerichtliche Verfahren

8 Wie sich aus dem Standort der Vorschrift ergibt, ist §495a nur im Verfahren vor den **Amtsgerichten** anzuwenden[9]. Eine analoge Anwendung vor dem Landgericht, wenn der Streitwert nicht über 600 € liegt, erscheint angesichts des klar zum Ausdruck gekommenen Willens des Gesetzgebers nicht vertretbar[10].

2. Art des Verfahrensgegenstands

9 Ob es sich um einen **vermögensrechtlichen** oder einen **nicht vermögensrechtlichen** Rechtsstreit handelt, spielt keine Rolle[11]. In Ehesachen (§608), Folgesachen (§624 Abs.3) sowie den Familiensachen nach §621 Abs.1 Nr.8 (§621 b) und den entsprechenden Lebenspartnerschaftssachen (§661 Abs.2) sind die Vorschriften über das amtsgerichtliche Verfahren und da-

---

6 KOM(2005) 87 endgültig.

7 Vom 20.12. 2005, Rats-Dok. 15954/05.

8 Vom 1.6. 2006, BT-Drucks. 16/1684.

9 Ebenso *Bergerfurth* NJW 1991, 961; *MünchKomm-ZPO/Deubner*[2] Rdnr. 4. De lege ferenda für eine Ausdehnung auf das landgerichtliche Verfahren *Pasker* ZRP 1991, 417.

10 Ebenso *MünchKomm-ZPO/Deubner*[2] Rdnr. 4.

11 Ebenso *Bergerfurth* NJW 1991, 961; *Baumbach/Lauterbach/Hartmann*[63] Rdnr. 8.

mit auch §495a nicht anwendbar. Ebensowenig gilt §495a in den Familiensachen, für die sich gemäß §621a Abs. 1 das Verfahren nach dem FGG richtet.

10 Dagegen ist in den Familiensachen nach §621 Abs. 1 Nr. 4 und 5 (Unterhaltsklagen) sowie Nr. 10 (Kindschaftssachen) §495a an sich anwendbar; doch wird der Streitwert in aller Regel höher liegen.

3. Beschränkung auf das ordentliche Klageverfahren

11 Der Anwendungsbereich des §495a beschränkt sich auf das ordentliche Klageverfahren[12]. Die Vorschrift gilt dagegen nicht für das Verfahren über Arrest oder einstweilige Verfügungen, für das Mahnverfahren, das Prozeßkostenhilfeverfahren und den Urkunden-, Wechsel- und Scheckprozeß. Diese Verfahren sind durch besondere Regeln gekennzeichnet, die ohnehin auf Beschleunigung und Vereinfachung abzielen. Auch der frühere §510c wurde so verstanden[13], daß sich seine Anwendbarkeit auf das ordentliche Klageverfahren beschränkte. Weder der Wortlaut des §495a noch die Gesetzesmaterialien geben Hinweise darauf, daß der Gesetzgeber des Jahres 1990 insoweit etwas anderes anstrebte.

4. Verhältnis zu obligatorischem außergerichtlichem Güteversuch und zur Güteverhandlung

12 In vermögensrechtlichen Streitigkeiten mit Gegenstandswert bis einschließlich 750 € kann nach näherer Maßgabe der Landesschlichtungsgesetze die **vorherige Anrufung einer Gütestelle** erforderlich sein, näher → Kommentierung zu §15a EGZPO (*Schlosser*) in Bd. 9. Auswirkungen auf die Anwendbarkeit des §495a ergeben sich hieraus nicht. Selbstverständlich gehört es nicht zum verfahrensgestaltenden Ermessen nach §495a, von der Einhaltung des vorgeschriebenen Schlichtungsverfahrens zu entbinden.

13 Dagegen ist es dem gerichtlichen Ermessen überlassen, ob (wenn kein außergerichtlicher Güteversuch erfolgte) im Anwendungsbereich des §495a eine **Güteverhandlung** nach §278 Abs. 2 durchgeführt wird.

III. Die Streitwertgrenze

1. Bestimmung des Streitwerts

14 Das Verfahren nach §495a ist nur zulässig, wenn der Streitwert 600 € nicht übersteigt. Die Bemessung des Streitwerts richtet sich nach den §§2ff. Das Gericht ist nicht berechtigt, an Stelle der Anwendung einer Streitwertvorschrift den Wert nach freiem Ermessen festzusetzen und etwa auf diese Weise unter die Anwendungsgrenze des §495a zu gelangen[14]. Gemäß §4 Abs. 1 ist dabei hinsichtlich der Wertberechnung auf den **Zeitpunkt der Einreichung der Klage** abzustellen[15]. Anders ist es, wenn sich der **Streitgegenstand nachträglich ändert**, insbesondere durch teilweise Klagerücknahme oder durch Klageerweiterung, Klageänderung oder nach-

---

[12] *Bergerfurth* NJW 1991, 961, 962; *Kunze* (Lit.Verz.) 74ff.; *Baumbach/Lauterbach/Hartmann*[63] Rdnr. 7. – A.M. *Zöller/Herget*[25] Rdnr. 4; *Musielak/Wittschier*[4] Rdnr. 1; teils auch *MünchKomm-ZPO/Deubner*[2] Rdnr. 6.
[13] *Stein/Jonas/Schumann/Leipold*, 19. Aufl., §510 c Anm. II 1.
[14] *LG Hildesheim* WuM 1996, 716 (zu §9).
[15] Ebenso *Zöller/Herget*[25] Rdnr. 3. – A.M. *Bergerfurth* NJW 1991, 961, 962, der den Zeitpunkt der Klagezustellung für maßgebend hält.

trägliche Klagehäufung. In diesen Fällen kann das vereinfachte Verfahren nachträglich zulässig oder unzulässig werden[16].

15 Bei **Widerklage** findet keine Addition statt, § 5, 2. Halbs.; erst wenn die Widerklage für sich über der Streitwertgrenze liegt, ist § 495a unanwendbar[17]. Durch **Aufrechnung** wird der Streitwert nicht erhöht. In solchen Fällen kann es aber aufgrund des wirtschaftlich höheren Interesses der Parteien angezeigt sein, im Rahmen des eingeräumten Ermessens auf eine Anwendung des § 495a zu verzichten[18].

16 Einer richterlichen Prozeßtrennung (§ 145 Abs. 1 u. 2) oder Prozeßverbindung (§ 147) sollte man keine Auswirkungen auf die Überschreitung oder Nichtüberschreitung der Streitwertgrenze des § 495a zubilligen[19], ähnlich wie dies grundsätzlich auch hinsichtlich des Zuständigkeitsstreitwerts angemessen erscheint (→ § 145 Rdnr. 22; → § 147 Rdnr. 26).

2. Keine selbständige Anfechtbarkeit der Streitwertfestsetzung

17 Die Festsetzung des Streitwerts als Voraussetzung für die Anwendung des § 495a ist, auch wenn sie durch besonderen Beschluß erfolgt, ebenso wenig selbständig anfechtbar wie die Festsetzung des Zuständigkeitsstreitwerts (→ § 2 Rdnr. 53)[20]. Die gegenteilige Ansicht[21] ist mit der gesetzlichen Regelung (§ 567 Abs. 1) nicht vereinbar und läßt sich auch nicht mit der besonderen Bedeutung der Zuweisung zum Verfahren nach § 495a rechtfertigen, zumal auch dieses Verfahren den rechtsstaatlichen Verfahrensgarantien zu entsprechen hat (→ Rdnr. 24). Die Streitwertfestsetzung kann somit nur mit Rechtsmitteln gegen das Endurteil (→ Rdnr. 47f.) angefochten werden.

IV. Billiges Ermessen und richterliche Verfügung

18 Der Richter ist keinesfalls genötigt, bei niedrigen Streitwerten vom Normalverfahren abzuweichen. Bei sachgemäßer und an den Besonderheiten des Einzelfalles orientierter Anwendung bieten schon die allgemeinen Vorschriften über den frühen ersten Termin oder das schriftliche Vorverfahren in Verbindung mit den vielfältigen Möglichkeiten zur Fristsetzung erhebliche Gestaltungsspielräume.

19 Ob der Richter eine vom Regelprozeß abweichende Verfahrensgestaltung vornimmt, hängt nicht von einem Antrag der **Parteien** ab, doch können diese (z.B. der Kläger in der Klageschrift) **Anregungen** geben. Im Rahmen des ihm eingeräumten billigen Ermessens, das wie sonst als pflichtgemäßes Ermessen zu verstehen ist[22], hat der Richter zwischen dem Verfahrensaufwand sowohl für die Parteien als auch für das Gericht und dem zu erwartenden Nutzen der Verfahrensgestaltung **abzuwägen**. Dabei darf auch die Höhe des Streitwerts berücksichtigt werden, so daß sich z.B. bei »echten« Bagatellen eine vereinfachte Verfahrensgestaltung eher empfiehlt als bei höheren Werten.

20 Soweit das Gericht von seinem Ermessen Gebrauch macht und die gesetzlichen Verfahrensregeln (innerhalb der bestehenden Grenzen, → Rdnr. 21ff.) modifiziert, muß es die **Parteien darauf hinweisen**, am besten in einer gleich zu Beginn des Verfahrens zu erlassenden Verfü-

---

[16] Ebenso *Bergerfurth* NJW 1991, 961, 962; *Baumbach/Lauterbach/Hartmann*[63] Rdnr. 5; *Zöller/Herget*[25] Rdnr. 3.

[17] Ebenso *Baumbach/Lauterbach/Hartmann*[63] Rdnr. 8.

[18] Dies empfiehlt auch *Zöller/Herget*[25] Rdnr. 5.

[19] A.M. *MünchKomm-ZPO/Deubner*[2] Rdnr. 9.

[20] *LG Dortmund*, B. v. 24. 2. 2006, 2 T 1/06, BeckRS 2006 Nr. 03818.

[21] *LG München I* NJW-RR 2002, 425.

[22] Ebenso *Baumbach/Lauterbach/Hartmann*[63] Rdnr. 10.

gung[23]. Ob es sich empfiehlt, eine umfassende eigene »Verfahrensordnung« aufzustellen[24], erscheint zweifelhaft, denn im allgemeinen wird es für die Parteien klarer sein, wenn ihnen die im konkreten Fall beabsichtigten Abweichungen vom sonst geltenden Verfahrensrecht mitgeteilt werden. Die Verwendung einer in verschiedenen Punkten rechtlich unhaltbaren Verfahrensordnung kann die **Ablehnung** des Richters wegen Besorgnis der Befangenheit rechtfertigen[25].

V. Reichweite der Gestaltungsfreiheit

1. Beschränkung auf den Verfahrensablauf

21 Bei näherer Betrachtung erweist sich die dem Richter eingeräumte Gestaltungsfreiheit als auf einige (allerdings wichtige) Aspekte begrenzt. § 495a erlaubt nicht etwa, das Verfahrensrecht als ganzes zu modifizieren und durch andersartige Regeln zu ersetzen. Wie auch in der Formulierung »sein Verfahren … bestimmen« zum Ausdruck kommt, geht es um den **Verfahrensablauf in einem engeren Sinne**, also in erster Linie um die Art und Weise, wie die Verhandlung der Parteien und die Durchführung der Beweisaufnahme gestaltet wird. Dies sind auch die in der Gesetzesbegründung besonders angesprochenen Punkte[26].

22 Dagegen erlaubt es § 495a nicht, von den **Sachentscheidungsvoraussetzungen** oder den Prozeßhandlungsvoraussetzungen abzuweichen, und auch die Dispositionsmöglichkeiten der Parteien bleiben unberührt[27]. Dasselbe hat für die Entscheidungsformen zu gelten.

23 Erst recht gestattet § 495a **keine Abweichung vom materiellen Recht** oder von den **Beweislastregeln**[28].

2. Wahrung der rechtsstaatlichen Verfahrensgrundsätze, insbesondere des Rechts auf Gehör

24 Auch ein unter Anwendung des § 495a vereinfachtes und besonders prozeßökonomisch gestaltetes Verfahren muß den verfassungsrechtlichen Anforderungen an ein rechtsstaatliches Verfahren entsprechen. Es ist daher strikt auf die Gewährung des **rechtlichen Gehörs** (→ vor § 128 Rdnr. 9ff.), die **faire Gestaltung des Verfahrens** (→ vor § 128 Rdnr. 124ff.) und die Wahrung der **Waffengleichheit der Parteien** (→ vor § 128 Rdnr. 113ff.) zu achten.

25 Keinesfalls dürfen die Parteien durch vom Gericht geschaffene Verfahrensmodifizierungen **überrascht** werden; dies würde regelmäßig auf eine Verletzung des Rechts auf Gehör oder des Rechts auf faire Verfahrensgestaltung hinauslaufen; → auch Rdnr. 41. Wenn daher ein schriftliches Vorverfahren nach den allgemeinen Regeln angeordnet wurde, darf das Gericht nicht ohne vorherigen Hinweis ein Urteil ohne mündliche Verhandlung erlassen[29]. Dies gilt auch dann, wenn der Beklagte die ihm gesetzte Klageerwiderungsfrist nicht eingehalten hat[30]. Wird

---

[23] Praktische Empfehlungen für eine solche Verfügung bzw. Verfahrensordnung geben *Bartels* DRiZ 1992, 106; *Fischer* MDR 1994, 978, 983; *Kuschel/Kunze* DRiZ 1996, 193, 195; *Städing* DRiZ 1997, 209, 210f.

[24] Kritisch auch *Baumbach/Lauterbach/Hartmann*[63] Rdnr. 4.

[25] *KG* MDR 2001, 1435. – Zur Ablehnung im schriftlichen Verfahren nach § 495a s. auch *OLG Düsseldorf* AnwBl 2002, 119 (kein Verlust des Ablehnungsrecht nach § 43, wenn die Partei zugleich mit der Anbringung des Ablehnungsgesuchs schriftsätzlich Klageabweisung beantragt, weil für den Fall des nicht fristgerechten Eingangs einer Klageerwiderung eine Sachentscheidung angekündigt war).

[26] BT-Drucks. 11/4155, S. 10f.

[27] Ebenso *Stickelbrock* (Lit. Verz.) 637.

[28] Ebenso *Baumbach/Lauterbach/Hartmann*[63] Rdnr. 13.

[29] *LG Erfurt* WuM 2003, 38.

[30] *LG Wiesbaden* MDR 2002, 1212.

dagegen die Anordnung eines schriftlichen Vorverfahrens mit dem Hinweis verbunden, daß nach Ablauf der Klageerwiderungsfrist eine Entscheidung ohne mündliche Verhandlung nach § 495a ergehen könne, so ist den Anforderungen des Rechts auf Gehör und auf faires Verfahren genügt[31].

26 Wird **ohne mündliche Verhandlung** entschieden, obwohl der Beschluß über die Anordnung des schriftlichen Verfahrens einer Partei nicht zugegangen ist, so ist deren Anspruch auf rechtliches Gehör verletzt[32]. Ebenso ist gegen Art. 103 Abs. 1 GG verstoßen, wenn die Mitteilung über die Anordnung des schriftlichen Verfahrens erst nach Erlaß des Urteils erfolgt[33]. Die **rechtzeitige Information** darüber, daß das Gericht eine **Entscheidung ohne mündliche Verhandlung** beabsichtigt, erscheint in allen diesen Fällen auch deshalb geboten, damit die Parteien von dem Recht, nach S. 2 eine mündliche Verhandlung beantragen zu können, auch tatsächlich Gebrauch machen können.

27 Ferner ist das **Recht auf Gehör verletzt,** wenn eine Frist gesetzt und dann bereits vor deren Ablauf entschieden wird[34], wenn einer Partei keine Gelegenheit zur Stellungnahme zu einem Schriftsatz des Gegners mit relevantem Vorbringen gegeben wird[35], ebenso, wenn nach der Zustellung der Klageerwiderung nur ein Tag zur Stellungnahme verbleibt[36], wenn in rechtlich unhaltbarer Weise eine Zurückweisung von Vorbringen erfolgt[37] oder wenn sonst erheblicher Vortrag einer Partei vom Gericht nicht zur Kenntnis genommen wurde[38]. Auch die Ablehnung einer sachlich gebotenen Verlängerung der Klageerwiderungsfrist kann eine Verletzung des Rechts auf Gehör darstellen[39].

VI. Schriftliche und mündliche (auch telefonische) Verfahrenselemente

28 Im Bereich des § 495a ist der Richter über die sonst bestehenden Grenzen (§ 128 Abs. 2 bis 4) hinaus befugt, ein **schriftliches Verfahren** anzuordnen. Es besteht auch keine Verpflichtung, das Verfahren entweder mit frühem erstem Termin oder mit schriftlichem Vorverfahren zu beginnen.

29 Das Gericht kann den Parteien nach seinem Ermessen **Fristen** setzen, z. B. zur schriftlichen Klageerwiderung oder auch im späteren Verlauf des Verfahrens zur Stellungnahme zu einzelnen Punkten.

30 Stets muß aber den Parteien die Verfahrensgestaltung klar mitgeteilt werden (→ auch Rdnr. 25f.). Dabei erscheint es unumgänglich, bei Anordnung des schriftlichen Verfahrens ebenso wie in § 128 Abs. 2 S. 2 den **Zeitpunkt** festzusetzen, bis zu dem Schriftsätze eingereicht werden können und der dem **Schluß der mündlichen Verhandlung** entspricht. Der Anspruch auf rechtliches Gehör kann es gebieten, zu einem kurz vor dem festgesetzten Schlußzeitpunkt eingegangenen neuen Vorbringen der einen Partei auch dem Gegner noch Gelegenheit zur Stellungnahme zu geben[40], → auch § 128 Rdnr. 94. Bei Fristsetzungen ist auf einen mit der Versäumung der Frist verbundenen **Ausschluß von Vorbringen** besonders hinzuweisen; andernfalls wäre das Recht auf Gehör verletzt. Ein Ausschluß von Vorbringen, ohne daß die ge-

---

31 Vgl. *VerfGH Saarbrücken*, B. v. 5. 6. 2003, Lv 7/02; B. v. 26. 6. 2003, Lv 1/03.
32 *BVerfG* NJW 2006, 2248.
33 *BVerfG* NJW-RR 1994, 254.
34 *BVerfG* NJW-RR 1994, 254. S. auch *LG Paderborn* MDR 2000, 472 (*Laws*) (mangels Zustellung nicht in Lauf gesetzte Klageerwiderungsfrist).
35 *LG Duisburg* NJW-RR 1997, 1490, 1491.
36 *BayVerfGH* 55, 20.
37 *BVerfG* NJW 1993, 1319.
38 *LG Hildesheim* WuM 1996, 716.
39 *LG Mannheim* NJW-RR 2000, 515.
40 *BayVerfGH* 53, 162 = BayVBl 2001, 284.

setzlichen Voraussetzungen dafür vorliegen, ist auch im Verfahren nach §495a nicht zulässig[41]. Die Regelung in einer Verfahrensordnung, wonach – ohne Einschränkung – im Termin Schriftsätze und neuer mündlicher Vortrag nicht entgegengenommen werden, ist mit dem Anspruch auf rechtliches Gehör unvereinbar[42].

31 Wird schriftliches Verfahren angeordnet, so wird das schriftsätzliche Vorbringen der Parteien Prozeßstoff, → §128 Rdnr. 83ff. Für die Zulässigkeit einer **Klagerücknahme ohne Einwilligung des Beklagten** kommt es nicht auf den vom Gericht festgesetzten Schlußzeitpunkt an[43]; es kann aber auch nicht die Klagerücknahme generell einseitig zulässig bleiben, solange keine mündliche Verhandlung erfolgt[44]. Vielmehr endet die Zulässigkeit der einseitigen Rücknahme, sobald sich der Beklagte schriftsätzlich zur Hauptsache geäußert hat, → auch §128 Rdnr. 86. Dabei bleibt es auch, wenn danach noch mündlich verhandelt wird.

32 Zulässig ist (vor allem im unteren Streitwertbereich) auch eine **telefonische Verfahrensabwicklung,** wenn eine Konferenzschaltung unter Einbeziehung beider Parteien möglich ist oder etwa eine Partei vor Gericht anwesend ist und die andere telefonisch einbezogen werden kann. Bei einer Aufspaltung in bloße Zweier-Gespräche zwischen dem Richter und jeweils einer Partei kann die Wahrung des Rechts auf Gehör Schwierigkeiten bereiten. Werden, was denkbar erscheint, zu bestimmten Punkten Stellungnahmen der Parteien telefonisch eingeholt, so muß jeweils auf Information der anderen Seite geachtet werden, soweit die Äußerung etwas Neues enthält.

33 Eine **Verhandlung im Wege der Bild- und Tonübertragung (Videokonferenz)** gemäß §128a Abs. 1 kann im Bereich des §495a auch ohne Einverständnis der Parteien angeordnet werden.

VII. Pflicht zur Anberaumung einer mündlichen Verhandlung auf Antrag

34 Nach S. 2 ist das **Gericht verpflichtet**, eine mündliche Verhandlung anzuberaumen, wenn eine Partei dies **beantragt**. Diese Regelung wurde geschaffen, um der Garantie einer öffentlichen Verhandlung vor Gericht durch Art. 6 Abs. 1 der Europäischen Menschenrechtskonvention (→ §128 Rdnr. 5f.) Rechnung zu tragen[45]. Eine Verhandlung im Wege der Bild- und Tonübertragung (§128a) genügt bei Einverständnis der Parteien. Ohne Einverständnis ist sie zwar innerhalb des richterlichen Ermessens nach §495a ebenfalls möglich (→ Rdnr. 33), aber da S. 2 eine Einschränkung des Ermessens zum Inhalt hat, wird man im Fall eines Antrags auf mündliche Verhandlung die Videokonferenz ohne Zustimmung beider Parteien nicht als zulässig ansehen können.

35 Über den **Zeitpunkt des Antrags** sagt das Gesetz nichts aus. Das Gericht kann dafür eine Frist setzen oder bestimmen, daß der Antrag in der Klageerwiderung zu stellen ist. Wenn keine solche Verfahrensgestaltung erfolgt, ist der Antrag zu beachten, bis ein vom Gericht allgemein für das Parteivorbringen gesetzter Schlußzeitpunkt verstrichen oder (wenn auch dies nicht geschehen ist) bis das Urteil erlassen ist.

36 Wird trotz Antrags **keine mündliche Verhandlung anberaumt**, so liegt darin, wenn der Antragsteller auf diese Weise keine hinreichende Gelegenheit zur Äußerung erhält, eine **Verletzung des Rechts auf Gehör,** die nach früherem Recht auch ohne Erreichung der Berufungs-

---

41 *BVerfG* NJW 1993, 1319.
42 *KG* MDR 2001, 1435.
43 A.M. *AG Norden* JurBüro 2000, 370.
44 So *Warfsmann* JurBüro 2000, 343, 344.
45 Gegen den früheren §510c, der keine solche Regelung enthielt, waren im Hinblick auf Art. 6 EMRK Bedenken erhoben worden, die man nur mit Mühe im Hinblick auf den (damaligen) echten Bagatellcharakter überwinden konnte, s. *Stein/Jonas/Schumann/Leipold*, 19. Aufl., §510 c Anm. I 2.

summe zur Zulässigkeit der Berufung führte[46] und nunmehr bei Unzulässigkeit der Berufung mit der Anhörungsrüge (§ 321a) geltend gemacht werden kann, → Rdnr. 49.

VIII. Modifizierungen der Beweisaufnahme

37 Ein Hauptzweck der Vorschrift liegt darin, die **Beweiserhebung** zu **vereinfachen** und gerade dabei unverhältnismäßige Kosten zu vermeiden. Der Richter kann daher über die sonst bestehenden Möglichkeiten hinaus **schriftliche Zeugenaussagen** einholen und sich an andere Gerichte und Behörden mit der Bitte um Auskunft wenden. Auch eine **telefonische** Einholung von Auskünften oder eine telefonische Befragung eines Zeugen erscheint nicht ausgeschlossen, doch ergeben sich dabei die oben → Rdnr. 32 erwähnten Probleme bei der Wahrung des rechtlichen Gehörs[47]. Die Vernehmung eines Zeugen, eines Sachverständigen oder einer Partei im Wege der **Bild- und Tonübertragung (Videokonferenz)** gemäß § 128a Abs. 2 kann angeordnet werden, ohne daß es des Einverständnisses der Parteien bedarf.

38 Ob es zulässig ist, sich im Wege einer schriftlichen Vernehmung an Personen zu wenden, die von den Parteien nicht als Zeugen benannt wurden[48], und auf diese Weise von den durch den Beibringungsgrundsatz gezogenen Grenzen abzuweichen, erscheint dagegen zweifelhaft. Der Zweck der Vorschrift ist es **nicht** etwa, den **Untersuchungsgrundsatz** einzuführen[49], und derartiges Vorgehen würde auch kaum zu der angestrebten Vereinfachung des Verfahrens beitragen. Daher rechtfertigt es § 495a auch nicht, etwa Beweis über Tatsachen zu erheben, die vom Gegner nicht bestritten oder gar zugestanden wurden. Bei streitigen Tatsachen erscheint es dagegen zulässig, die Parteien unabhängig von den Regeln der Parteivernehmung zu Stellungnahmen aufzufordern und diese bei der Tatsachenfeststellung zu verwerten.

39 Zulässig erscheint die Einholung von Auskünften bei sachkundigen Privatpersonen wie bei Behörden, ohne die Befragten zu Sachverständigen im förmlichen Sinne zu ernennen. Dies kann der Beschleunigung und der Kostenersparnis (→ Rdnr. 40) dienen. Wird aber ein **Sachverständigengutachten** eingeholt, so gelten auch im vereinfachten Verfahren die Vorschriften über die Ablehnung wegen Besorgnis der Befangenheit, und bei der Entscheidung über die sofortige Beschwerde gegen die Zurückweisung eines Ablehnungsantrags (§ 406 Abs. 5) ist die Überprüfung nicht auf Ermessensfehler zu beschränken[50].

40 Neben der Gestaltungsfreiheit hinsichtlich der Art und Weise der Beweisaufnahme ist aber § 495a auch so zu verstehen, daß der **Umfang der Beweisaufnahme** stärker begrenzt werden kann als im Normalverfahren[51]. Vor allem erlaubt es die Vorschrift, auf eine aufwendige Beweisaufnahme, z.B. durch Sachverständigengutachten, zu verzichten, wenn deren Kosten außer Verhältnis zum Streitwert stehen, und statt dessen etwa aufgrund der vorliegenden Parteistellungnahmen und formlos eingeholter Auskünfte zu entscheiden. Dies wird vor allem bei echten Bagatellfällen in Betracht kommen. Am Erfordernis der richterlichen Überzeugung (§ 286 Abs. 1 S. 1) aufgrund freier Beweiswürdigung ist aber auch im Rahmen des § 495a festzuhalten. Eine bloße Glaubhaftmachung genügt nicht[52].

---

46 *LG Hannover* NJW-RR 1994, 1088.

47 Dies hebt *Zöller/Herget*[25] Rdnr. 10 unter Hinweis auf die Vorteile eines Termins zur Beweisaufnahme vor dem Prozeßgericht hervor.

48 Die Gesetzesbegründung (BT-Drucks. 11/4155, S. 11) spricht davon, das Gericht könne von den Parteien nicht benannte Auskunftspersonen befragen.

49 Gegen eine Berechtigung zur Amtsermittlung auch *Baumbach/Lauterbach/Hartmann*[63] Rdnr. 15.

50 A.M. *LG Baden-Baden* NJW-RR 1994, 1088.

51 A.M. *Stickelbrock* (Lit.Verz.) 647f.

52 Dies wird auch in der Gesetzesbegründung (BT-Drucks. 11/4155 S. 11) betont. Wenn es dort weiter heißt, das Gericht müsse »alle Erkenntnisquellen ausschöpfen, die zur Bildung seiner Überzeugung (§ 286

41 Es kann also nicht einfach die Beweisaufnahme unter Hinweis auf deren unverhältnismäßige Kosten unterbleiben und statt dessen etwa in Gestalt einer Billigkeitsentscheidung der Klage zur Hälfte stattgegeben werden. Eine Verfahrensordnung, wonach Umfang und Ausführung einer Beweisaufnahme im Ermessen des Gerichts stehen und nicht den §§355 bis 455 unterliegen, hat das *KG*[53] mit Recht als mit dem Anspruch auf rechtliches Gehör unvereinbar beurteilt. Gegen das verfassungsrechtliche **Willkürverbot** verstößt es, wenn durch Beweisbeschluß die Einholung eines Sachverständigengutachtens angeordnet und dann ohne Sachverständigengutachten entschieden wird (ohne daß sich die Beweisfrage etwa erledigt hätte)[54].

IX. Erlaß und Abfassung der Urteile

1. Erlaß des Urteils durch Zustellung

42 Für den Erlaß des Urteils enthält zwar §495a keine besondere Regel, doch kann das Gericht in Ausübung seines Ermessens nach S.1 die sonst (grundsätzlich auch bei schriftlichem Verfahren, → §128 Rdnr.101f.) erforderliche Verkündung des Urteils durch die Zustellung ersetzen[55], so wie dies §310 Abs.3 für Anerkenntnis- und Versäumnisurteile ohne mündliche Verhandlung vorsieht. Dies muß aber besonders zum Ausdruck gebracht werden, da über den Erlaß des Urteils Klarheit herrschen muß.

2. Vereinfachte Abfassung des Urteils

43 Hierfür gelten seit der Aufhebung des Abs.2 durch das ZPO-RG (2001) die **allgemeinen Bestimmungen des §313a.** Eine darüber hinausgehende oder von den in §313a genannten Voraussetzungen unabhängige Vereinfachung der Urteilsabfassung ist auch im Bereich des §495a nicht zulässig[56], da §313a als vorrangige Spezialvorschrift anzusehen ist.

44 Nach §313a Abs.1 kann bei unzweifelhafter Unzulässigkeit eines Rechtsmittels der **Tatbestand** weggelassen werden. Auch die **Entscheidungsgründe** können im Urteil entfallen, wenn die Parteien auf sie verzichten oder wenn der wesentliche Inhalt der Begründung in das Protokoll aufgenommen wurde. Ebenso wie nach §495a Abs.2 S.2 aF gehören zum **wesentlichen Inhalt** der Entscheidungsgründe i.S.v. §313a Abs.1 S.2 die maßgebenden Erwägungen sowohl in tatsächlicher als auch in rechtlicher Hinsicht, während bloß formelhafte Wendungen nicht genügen. Es muß, wie das *BVerfG*[57] formuliert, wie bei jedem Urteil eine **rational nachvollziehbare Begründung** gegeben werden, und wenn dies selbst bei Abweichung von der höchstrichterlichen Rechtsprechung nicht geschieht, so liegt darin ein Verstoß gegen das verfassungsrechtliche Willkürverbot. Die Begründung muß erkennen lassen, daß sich das Gericht mit den wesentlichen entscheidungsrelevanten Gesichtspunkten auseinandergesetzt hat[58]. Eine formelhafte Bezugnahme auf das Vorbringen einer Partei, etwa dahin, das Gericht schließe sich den überzeugenden Ausführungen des Klägers (oder Beklagten) an, genügt daher nicht[59]. Näher → Kommentierung §313a.

Abs.1) erforderlich sind«, bleibt von der zugleich angestrebten freieren Stellung (keine Bindung an die Beweisanträge der Parteien, so die Begr. aaO) wohl doch zu wenig übrig.

53 *KG* MDR 2001, 1435.

54 *BayVerfGH* NJW 2005, 3771, 3772.

55 Auch nach *Zöller/Herget*[25] Rdnr.12; *MünchKommZPO/Deubner*[2] Rdnr.46; *Fischer* MDR 1994, 982 muß das Urteil nicht verkündet werden.

56 Ebenso *BayVerfGH* NJW 2005, 3771, 3772 (keine Freistellung von der Begründungspflicht).

57 *BVerfG* NJW 1995, 2911,

58 *LG München I* NJW-RR 2004, 353.

59 *LG München I* NJW-RR 2004, 353.

3. Entscheidung bei Säumnis

45 Wird **schriftliches Verfahren** angeordnet, so ist für die Anwendung der §§ 330ff. kein Raum; vielmehr ergeht, auch wenn eine Partei sich nicht oder nicht fristgerecht äußert, kontradiktorisches Urteil[60], → § 128 Rdnr. 92. Wenn dagegen eine **mündliche Verhandlung** anberaumt wurde und eine Partei säumig ist, kann nach den allgemeinen Regeln nur Versäumnisurteil (§§ 330ff.) oder Entscheidung nach Aktenlage unter den Voraussetzungen des § 331a erlassen werden. Anders ist es nur, wenn das Gericht den Parteien zuvor **mitgeteilt** hat[61], daß es auch bei Säumnis einer oder beider Parteien ein kontradiktorisches Urteil zu erlassen beabsichtigt. Andernfalls würden die Parteien, die von der Statthaftigkeit des Einspruchs nach Versäumnisurteil ausgehen dürfen, unzulässig überrascht und das Recht auf Gehör verletzt[62].

46 Ergeht Versäumnisurteil, so richten sich die Zulässigkeit des Einspruchs sowie die Einspruchsfrist und die Einlegung des Einspruchs auch im Bereich des § 495a nach den allgemeinen Regeln (§§ 338ff.). Aus § 495a kann keine Kompetenz hergeleitet werden, etwa die Einspruchsfrist gegenüber § 339 zu verkürzen[63].

X. Anfechtung des Urteils

1. Rechtsmittel

47 Die Berufung gegen ein im vereinfachten Verfahren erlassenes Endurteil folgt den **allgemeinen Regeln.** § 495a erlaubt es nicht, etwa Modifizierungen hinsichtlich der Rechtsmittelfrist vorzunehmen. Zur Anfechtung der Streitwertfestsetzung → Rdnr. 17.

48 Die Berufung ist gemäß § 511 Abs. 2 Nr. 1 zulässig, wenn der Beschwerdegegenstand sechshundert Euro übersteigt. Dies kommt im Anwendungsbereich des § 495a im allgemeinen nicht in Betracht, es sei denn, daß das Berufungsgericht den Gegenstandswert anders bemißt als die erste Instanz. Seit dem ZPO-RG 2001 ist die Berufung auch ohne Erreichen der Berufungssumme gegeben, wenn sie das Gericht erster Instanz **zugelassen** hat, § 511 Abs. 2 Nr. 2. Eine Nichtzulassungsbeschwerde gibt es nicht. Zur früheren außerordentlichen Berufung → Rdnr. 36, 49.

2. Anhörungsrüge

49 Wenn das Urteil nicht mit der Berufung (oder dem Einspruch gegen ein Versäumnisurteil) anfechtbar ist, kann eine entscheidungserhebliche Verletzung des Anspruchs auf rechtliches Gehör mit der Anhörungsrüge geltend gemacht werden, § 321a Abs. 1 S. 1. Aufgrund dieser Rechtsänderung ist die frühere Rechtsprechung (→ 21. Aufl., § 495a Rdnr. 29), wonach bei Verletzung des rechtlichen Gehörs analog § 513 Abs. 2 aF eine Berufung auch ohne Erreichen der Berufungssumme zulässig war[64], als überholt anzusehen[65]. Zwar handelt es sich bei der

---

[60] Vgl. *LG Essen* NJW-RR 1993, 576.

[61] Dies verlangt auch *Zöller/Herget*[25] Rdnr. 12. Anders wohl *AG Ahrensburg* NJW 1996, 2516, das den Erlaß eines kontradiktorischen Urteils im Säumnisfall für zulässig hält, ohne auf eine vorherige Mitteilung dieser Verfahrensgestaltung abzustellen. – Generell gegen die Möglichkeit, im vereinfachten Verfahren statt eines Versäumnisurteils ein kontradiktorisches Urteil zu erlassen, *Peglau* NJW 1997, 2222; *Stickelbrock* (Lit. Verz.) 650f.

[62] A.M. BayVerfGH, v. 26. 4. 2002, Vf.21-VI-01, BayVBl 2003, 184 (sehr verkürzte Wiedergabe), das eine Verletzung des Rechts auf Gehör und einen Verstoß gegen das Willkürverbot verneint, da sich das Gericht durch das Unterlassen des Hinweises nicht außerhalb jeder Rechtsanwendung gestellt habe.

[63] Ebenso *MünchKommZPO/Deubner*[2] Rdnr. 50; *Musielak/Wittschier*[4] Rdnr. 5. – A.M. *Baumbach/Lauterbach/Hartmann*[63] Rdnr. 21.

[64] Diese Frage ist allerdings auch unter der Geltung des früheren Rechts stets umstritten geblieben. Die

Anhörungsrüge nicht um ein Rechtsmittel, das zur Überprüfung durch die höhere Instanz führt, doch erreicht sie das mit der Zulassung der außerordentlichen Berufung in erster Linie verfolgte Ziel, eine Geltendmachung der Gehörsverletzung innerhalb der Fachgerichtsbarkeit, nicht allein mit der Verfassungsbeschwerde, zu ermöglichen.

XI. Gebühren

50 Der Rechtsanwalt erhält nach RVG VV Nr. 3104 Abs. 1 Nr. 1 die **Terminsgebühr**, auch dann, wenn ohne mündliche Verhandlung entschieden oder ein schriftlicher Vergleich geschlossen wurde. Die **Gerichtsgebühr** ermäßigt sich auch dann nicht, wenn das Urteil gemäß § 313a Abs. 1 keinen Tatbestand und keine Entscheidungsgründe enthält (die Gebührenermäßigung nach GKG KV Nr. 1211 Ziff. 2 gilt nur im Fall des § 313a Abs. 2). Findet keine mündliche Verhandlung statt, so bestimmt sich die evtl. gebührenermäßigende Wirkung einer Klagerücknahme nach GKG KV Nr. 1211 Ziff. 1 c).

51 In einem **Rechtsstreit über Rahmengebühren des Rechtsanwalts** (§ 14 Abs. 1 RVG) ist nach ausdrücklicher Vorschrift des § 14 Abs. 2 S. 1, 2. Halbs. RVG ein Gutachten des Vorstands der Rechtsanwaltskammer einzuholen, auch wenn der Rechtsstreit über die Gebühr dem § 495a unterfällt.

§ 496 Einreichung von Schriftsätzen; Erklärungen zu Protokoll

Die Klage, die Klageerwiderung sowie sonstige Anträge und Erklärungen einer Partei, die zugestellt werden sollen, sind bei dem Gericht schriftlich einzureichen oder mündlich zum Protokoll der Geschäftsstelle anzubringen.

Gesetzesgeschichte: Bis 1900 § 457 CPO. Änderungen durch die Novelle 1909, die Novelle 1924 und das Gesetz vom 9. 7. 1927 bzw. die in dessen Ausführung ergangene VO vom 30. 11. 1927. Durch die Vereinfachungsnovelle 1976 wurden Abs. 1, 3 und 4 aF aufgehoben, Abs. 2 aF wurde zum einzigen Absatz.

I. Geltung der allgemeinen Vorschriften für Zustellungen, Mitteilungen und Fristwahrung

1 Während bis zur Vereinfachungsnovelle 1976 die Zustellung für das amtsgerichtliche Verfahren noch in § 496 Abs. 1, 3 u. 4 geregelt war, gelten seither dieselben Bestimmungen wie für das landgerichtliche Verfahren, nämlich für die **Zustellung von Amts wegen** § 166 Abs. 2, für die Frage, ob **Zustellung oder formlose Mitteilung** erforderlich ist, § 270 und für die **Fristwahrung** bzw. die **Hemmung der Verjährung** § 167.

Zulässigkeit der Berufung analog § 513 Abs. 2 aF bejahend z.B. *LG Wiesbaden* MDR 2002, 1212; *LG Mannheim* NJW-RR 2000, 515: verneinend *LG Paderborn* MDR 2000, 472 (*Laws*); *LG Duisburg* NJW-RR 2000, 447; *Stickelbrock* (Lit. Verz.) 655f.

[65] Ebenso Begr. zum ZPO-RG 2001, BT-Drucks. 14/4722, S. 94; *Musielak/Wittschier*[4] Rdnr. 11. – A.M. *E. Schneider* MDR 2004, 549; *Baumbach/Lauterbach/Hartmann*[63] Rdnr. 30.

II. Zulässigkeit der Erklärung zu Protokoll

2 Nach §496 hat die Partei bei der Klage und allen sonstigen Anträgen und Erklärungen, die zugestellt werden müssen, die **Wahl** zwischen der **Einreichung** (dazu → vor §128 Rdnr. 241ff.) **eines Schriftsatzes** (zur Beifügung von Abschriften → §133) und der **Erklärung zum Protokoll der Geschäftsstelle**. Beide Möglichkeiten hat das Gericht auch dann einzuräumen, wenn es gemäß §129 Abs. 2 den Parteien die Vorbereitung der mündlichen Verhandlung durch Schriftsätze aufgibt, → §129 Rdnr. 17.

3 Die Regelung ist zwar auf den Parteiprozeß zugeschnitten, gilt aber **auch bei anwaltlicher Vertretung**.

4 Bei den Schriftsätzen und Erklärungen, die nach §270 lediglich **formlos mitzuteilen** sind, gilt im amtsgerichtlichen Verfahren ebenfalls §496.

5 Näher über die **Erklärung zu Protokoll** → §129a sowie → §159 Rdnr. 4ff. Zum Mahnverfahren → §702. Klagen und Klageerwiderungen sollen durch den **Rechtspfleger**[1] aufgenommen werden, §24 Abs. 2 Nr. 2 RPflG, ebenso Rechtsbehelfe, sofern sie gleichzeitig begründet werden, §24 Abs. 2 Nr. 1 RPflG, sowie andere nach Schwierigkeit und Bedeutung vergleichbare Anträge und Erklärungen, §24 Abs. 2 Nr. 3 RPflG.

6 Eine Ablehnung der Protokollierung wegen **Unzuständigkeit** des Gerichts ist bei Klagen und Mahnanträgen schon deshalb ausgeschlossen, weil die Wirkung nach §167 dadurch vereitelt würde. Die Geschäftsstelle hat im übrigen die Parteien sachdienlich zu beraten. Gemäß §129a können die Erklärungen auch zu Protokoll eines **anderen Amtsgerichts** abgeben werden als desjenigen, an das sie gerichtet sind.

7 Eine Pflicht zur Aufnahme **telefonischer Erklärungen** besteht nicht (→ §129a Rdnr. 12); ein über die telefonische Erklärung aufgenommenes Protokoll wird sogar als unwirksam angesehen, → §159 Rdnr. 7 (*Herbert Roth*). Auch fristgebundene Erklärungen, wie z.B. der Einspruch, können nicht telefonisch zu Protokoll der Geschäftsstelle abgegeben werden[2]. Folgt man der Gegenansicht, so muß für solche Fälle auch eine Pflicht zur Protokollierung bejaht werden.

§497 Ladungen

(1) [1]Die Ladung des Klägers zu dem auf die Klage bestimmten Termin ist, sofern nicht das Gericht die Zustellung anordnet, ohne besondere Form mitzuteilen. [2]§270 Satz 2 gilt entsprechend.

(2) [1]Die Ladung einer Partei ist nicht erforderlich, wenn der Termin der Partei bei Einreichung oder Anbringung der Klage oder des Antrages, auf Grund dessen die Terminsbestimmung stattfindet, mitgeteilt worden ist. [2]Die Mitteilung ist zu den Akten zu vermerken.

Gesetzesgeschichte: Die Vorschrift wurde durch die Novelle 1909 in die ZPO eingefügt. Änderungen erfolgten durch das Gesetz vom 9.7. 1927 bzw. die in dessen Ausführung ergangene VO vom 30.11. 1927, durch die VO vom 17.6. 1933, durch die Vereinfachungsnovelle 1976 (→ Einl. Rdnr. 197) und durch das Zustellungsreformgesetz vom 15.6. 2001 (→ vor §166 Rdnr. 1, 6).

---

[1] Zur Aufnahme von Erklärungen durch den Rechtspfleger *Müller-Engelmann* Rechtspfleger-Jahrbuch 1988, 342.

[2] *OLG Schleswig* ZIP 1984, 1017 (rechtskräftig, ZIP 1985, 1229) (auch dann unwirksam, wenn Aktenvermerk angefertigt wurde); *Fischer* MDR 1998, 885, 887.

I. Bedeutung der Vorschrift

1. Terminsbestimmung und Ladung von Amts wegen nach denselben Vorschriften wie vor dem Landgericht

1 Terminsbestimmung und Ladung wurden durch die Novellengesetzgebung zunächst für das amtsgerichtliche Verfahren, später auch für das landgerichtliche Verfahren dem **Amtsbetrieb** unterstellt, näher → vor §166 Rdnr. 4. Seit der Vereinfachungsnovelle 1976, die den §497 auf den heutigen Text reduzierte, gelten in diesem Bereich für das amtsgerichtliche Verfahren grundsätzlich dieselben Bestimmungen wie für das Verfahren vor dem Landgericht. Die **Termine** werden von Amts wegen bestimmt (§216), näher → vor §214 Rdnr. 5ff., → §216 Rdnr. 2ff. Ein Parteiantrag ist hierzu nur ausnahmsweise erforderlich, → vor §214 Rdnr. 8. Die **Ladung** zu den Terminen erfolgt ebenfalls von Amts wegen, §214. Die Ladung ist gemäß §274 Abs. 1 durch die Geschäftsstelle zu veranlassen, näher → §274 Rdnr. 1ff. (21. Aufl.). Zum Teil tritt an die Stelle der Ladung die Terminsmitteilung, → vor §214 Rdnr. 11. Zu Terminen, die in **verkündeten Entscheidungen** bestimmt sind, bedarf es im allgemeinen keiner Ladung, näher → §218.

2. Aufrecht erhaltene Vereinfachungen im amtsgerichtlichen Verfahren

2 §496 enthält heute nur noch zwei Formerleichterungen für das amtsgerichtliche Verfahren. Abs. 1 gestattet dem Gericht, dem Kläger die Ladung zum ersten Verhandlungstermin **formlos mitzuteilen.** Weitergehend kann nach Abs. 2 eine **Ladung unterbleiben,** wenn der Termin bereits bei Einreichung der Klage (bzw. des Antrags, der zur Terminsbestimmung Anlaß gab) dem Kläger (bzw. dem Antragsteller) mitgeteilt wurde.

II. Formlose Mitteilung der Ladung an den Kläger (Abs. 1)

3 Die Ladung ist regelmäßig von Amts wegen zuzustellen. Im Interesse der Kostenersparnis ist jedoch im amtsgerichtlichen Verfahren die Zustellung der Ladung **an den Kläger** im Regelfall durch die **formlose Mitteilung** ersetzt, aber nur soweit es sich um den ersten auf die Klage bestimmten Termin handelt. Dies ist deshalb vertretbar, weil der Empfänger aufgrund seiner Klage mit der baldigen Ladung (soweit kein schriftliches Vorverfahren angeordnet wird) zu rechnen hat.

4 Die formlose Mitteilung der Ladung an den Kläger **gilt** nach Abs. 1 S. 2 i.V. mit §270 S. 2 am folgenden bzw. am zweiten Werktag nach Aufgabe zur Post **als bewirkt.** Dies hat Bedeutung für den Säumnisfall (§335 Abs. 1 Nr. 2), → §270 Rdnr. 34 (21. Aufl.), stellt dagegen **keine Vermutung des Zugangs** dar[1], bürdet also nicht etwa dem Kläger die Beweislast für den Nichterhalt bzw. den späteren Erhalt der Ladung auf, → §270 Rdnr. 33 (21. Aufl.). Wird ein Versäum-

[1] Vgl. *BVerfGE* 36, 85, 88 = NJW 1974, 133. S. auch die vergleichbaren Regelungen in §4 Abs. 1 VwZG, §122 Abs. 2 AO, wonach im Zweifel die Behörde den Zugang und dessen Zeitpunkt nachzuweisen hat.

nisurteil erlassen und bleibt nach Einspruch ungeklärt, ob der Einspruchsführer die formlose Mitteilung erhalten (bzw. rechtzeitig erhalten) hatte, so wird man das Versäumnisurteil iS des § 344 nicht als in gesetzlicher Weise ergangen auffassen dürfen, so daß dem Einspruchsführer keine Kostennachteile entstehen[2]. Um dergleichen zu vermeiden, empfiehlt es sich, eine rückgabepflichtige Empfangsbescheinigung beizufügen[3].

5 Soll im Verfahren nach § 495a bei Säumnis einer Partei ein kontradiktorisches Urteil ergehen (zur Notwendigkeit, eine solche Verfahrensgestaltung den Parteien vorher mitzuteilen, → § 495a Rdnr. 45), so muß das Gericht prüfen, ob die säumige Partei die Ladung tatsächlich erhalten hat[4]; der Erlaß eines Urteils gegenüber der nicht geladenen Partei wäre eine Verletzung des Rechts auf Gehör.

III. Sofortige Mitteilung des Termins (Abs. 2)

6 Nach Abs. 2 ist eine Ladung nicht erforderlich, wenn einer Partei bereits bei der Einreichung der Klage (oder bei der Erklärung der Klage zu Protokoll der Geschäftsstelle) oder eines sonstigen zur Terminsbestimmung führenden Antrags sogleich, d.h. bevor sie sich von der Gerichtsstelle entfernt hat, der Termin mitgeteilt wird.

7 Für den **Gegner** gilt § 497 Abs. 2 nicht[5]. Die Vorschrift kann auch nicht auf den Fall ausgedehnt werden, daß die Partei **bei späterer Gelegenheit** wieder an der Gerichtsstelle erscheint[6]. Die Zustellung der Ladung kann aber dann gemäß § 173 durch Aushändigung erfolgen. Die Mitteilung nach § 497 Abs. 2 kann auch **mündlich** erfolgen, wenngleich sich dies wenig empfiehlt. Sie muß aber **in den Akten vermerkt werden**, d.h. in einer Form beurkundet sein, die im Fall der Säumnis den Beweis der Mitteilung erbringt. Dies erfordert eine vom mitteilenden Richter oder Urkundsbeamten zu unterschreibende Notiz. Mit dem Termin ist die etwa verfügte Abkürzung der Ladungsfrist mitzuteilen, § 226 Abs. 3. Auch diese Mitteilung ist in den Akten zu vermerken.

8 Der Partei steht gleich derjenige gesetzliche oder bevollmächtigte **Vertreter**, an den die Ladung sonst nach §§ 170 bis 172 zuzustellen wäre, nicht aber ein *Bote* der Partei oder des Vertreters; denn die gerichtlichen Mitteilungen können auch formlos nur an dieselben Personen gerichtet werden, an die sie andernfalls zugestellt werden müßten[7]. Ist das **persönliche Erscheinen der Partei** angeordnet, so genügt die Mitteilung an den Prozeßbevollmächtigten nicht, § 141 Abs. 2 S. 2.

9 Abs. 2 gilt auch für den **Nebenintervenienten.** Wegen der Ladung von *Zeugen* s. § 377 Abs. 1 S. 2 und → § 377 Rdnr. 1ff.

---

[2] So *Zöller/Herget*[25] Rdnr. 3 (außerdem für Niederschlagung der Gerichtskosten nach § 21 GKG); ähnlich *Baumbach/Lauterbach/Hartmann*[63] Rdnr. 9 (§ 21 GKG anzuwenden, wenn der Einspruchsführer die Ladung glaubhaft nicht erhalten hat).

[3] *BVerfGE* 36, 85, 88 (Fn. 1).

[4] *BayVerfGH* NJW-RR 2001, 1647.

[5] *LG Tübingen* MDR 1956, 431. – A.M. *MünchKomm-ZPO/Deubner*[2] Rdnr. 5; *Musielak/Wittschier*[4] Rdnr. 3.

[6] Ebenso *Wieczorek*[2] C II. – A.M. *Baumbach/Lauterbach/Hartmann*[63] Rdnr. 8.

[7] Ebenso *Striemer* JW 1910, 138; *Laubhardt* Recht 1910, 281.

§498 Zustellung des Protokolls über die Klage

Ist die Klage zum Protokoll der Geschäftsstelle angebracht worden, so wird an Stelle der Klageschrift das Protokoll zugestellt.

Gesetzesgeschichte: Bis 1900 §460 CPO, dann durch die Novelle 1898 zu §499 geworden. Durch die Novelle 1909 wurde Abs. 2 geändert und die Vorschrift wurde zu §498. Weitere Änderungen durch die Novelle 1924, die Neubekanntmachung des Textes der ZPO nach der Novelle 1933, die Novelle 1950 sowie die Vereinfachungsnovelle 1976.

I. Die Klageerhebung durch schriftliche Einreichung bzw. Erklärung zu Protokoll

1 Die **Klage** kann schriftlich eingereicht oder zu Protokoll der Geschäftsstelle erklärt werden, §496. Zur Erklärung vor der Geschäftsstelle eines anderen Gerichts → §129a. **Inhaltlich** muß die Klage in beiden Fällen dem §253 entsprechen.

II. Zustellung

2 Die Klage wird durch die **Zustellung** der Klageschrift oder des Protokolls **erhoben**, §253 Abs. 1 iVm §§496, 498. Auch im amtsgerichtlichen Verfahren ist nach §272 Abs. 2 entweder ein **schriftliches Vorverfahren** anzuordnen oder ein **früher erster Termin**[1] anzuberaumen (zur Anordnung nach §129 Abs. 2, die auch stillschweigend erfolgen kann, → §129 Rdnr. 16), soweit nicht im Rahmen des §495a eine andere Verfahrensgestaltung gewählt wird.

III. Zeitpunkt der Rechtshängigkeit

3 Mit der Zustellung treten die **Wirkungen der Rechtshängigkeit,** §§261ff., ein. Nur für die Wahrung der Fristen und die Unterbrechung der Verjährung gilt die **Rückdatierung** auf die Einreichung bzw. die Anbringung der Erklärung gemäß §167. Wird die Klage gemäß §129a bei der Geschäftsstelle eines anderen Amtsgerichts als desjenigen, an das die Klage als Prozeßgericht gerichtet ist, zu Protokoll gegeben, so ist unter der Einreichung iS des §167 erst der Eingang des Protokolls beim Prozeßgericht zu verstehen, §129a Abs. 2 S. 2, → auch §129a Rdnr. 18.

---

[1] Auch in diesem Fall ist die Zustellung ohne Ladung eine wirksame Klageerhebung, → §253 Rdnr. 176 (21. Aufl.).

§ 499 Belehrungen

(1) Mit der Zustellung der Klageschrift oder des Protokolls über die Klage ist der Beklagte darüber zu belehren, dass eine Vertretung durch einen Rechtsanwalt nicht vorgeschrieben ist.
(2) Mit der Aufforderung nach § 276 ist der Beklagte auch über die Folgen eines schriftlich abgegebenen Anerkenntnisses zu belehren.

Gesetzesgeschichte: Die Vorschrift wurde durch die Vereinfachungsnovelle 1976 eingefügt. § 499 früherer Fassung regelte dagegen die Einlassungsfrist im amtsgerichtlichen Verfahren. Durch das EG-Vollstreckungstitel-Durchführungsgesetz vom 18. 8. 2005, BGBl. I 2477, wurden die Überschrift neu gefaßt, Abs. 1 eingefügt und der bisherige Text zu Abs. 2 gemacht.

A. Belehrung über die Vertretung (Abs. 1)

I. Normzweck

1 Die im Jahre 2005 als Abs. 1 neu eingefügte Belehrung darüber, daß der Beklagte im amtsgerichtlichen Verfahren nicht anwaltlich vertreten sein muß, geht auf das europäische Recht zurück. Die Verordnung (EG) Nr. 805/2004 der Europäischen Parlaments und des Rates vom 21. April 2004 zur Einführung eines **europäischen Vollstreckungstitels für unbestrittene Forderungen** (genauer: unbestrittene Geldforderungen, s. Art. 4 Nr. 2 der VO) stellt bestimmte Voraussetzungen auf, bei deren Vorliegen eine Entscheidung über unbestrittene Forderungen als Europäischer Vollstreckungstitel bestätigt und damit in erleichterter Form in einem anderen Mitgliedstaat der EG vollstreckt werden kann[1]. Durch das EG-Vollstreckungstitel-Durchführungsgesetz 2005 wurden der ZPO in den neuen §§ 1079 bis 1086 Ausführungsbestimmungen über die Bestätigung inländischer Titel als Europäische Vollstreckungstitel und über die Vollstreckung aus Europäischen Vollstreckungstiteln im Inland hinzugefügt.

2 Art. 17 der Europäischen Vollstreckungstitel-VO verlangt als Voraussetzung für die Bestätigung eines Versäumnisurteils als Europäischer Vollstreckungstitel u. a., daß in einem verfahrenseinleitenden Schriftstück, einer Ladung zu einer Gerichtsverhandlung oder in einer zusammen mit dieser Ladung zugestellten **Belehrung** deutlich auf die verfahrensrechtlichen Erfordernisse für das **Bestreiten der Forderung** hingewiesen wird und dabei auch eine Information darüber erteilt wird, ob die **Vertretung durch einen Rechtsanwalt** vorgeschrieben ist. Dies Formulierung ist so zu verstehen, daß sowohl eine die Notwendigkeit der anwaltlichen Vertre-

[1] Dazu *Wagner* NJW 2005, 1157.

tung bejahende als auch eine sie verneinende Belehrung erforderlich ist[2]. Die deutsche ZPO sah bisher nur vor, daß im Anwaltsprozeß auf die Notwendigkeit der anwaltlichen Vertretung besonders hinzuweisen ist (§215, §275 Abs. 1 S. 2, §276 Abs. 2, §277 Abs. 2), nicht dagegen im Parteiprozeß darauf, daß eine anwaltliche Vertretung *nicht* geboten ist. Es ist auch der Sinn dieser Belehrung nicht unmittelbar einsichtig. Er kann allenfalls darin liegen, einen Beklagten davor zu schützen, daß er im amtsgerichtlichen Verfahren die Rechtsverteidigung unterläßt, weil er irriger Weise meint, diese nicht ohne anwaltliche Vertretung vornehmen zu können und die Aufwendungen hierfür scheut oder nicht erbringen kann.

3 Jedenfalls war der deutsche Gesetzgeber, wollte er nicht die Anerkennung amtsgerichtlicher Versäumnisurteile (sei es im schriftlichen Vorverfahren oder aufgrund mündlicher Verhandlung) als Europäische Vollstreckungstitel ausschließen, genötigt, eine entsprechende Belehrung vorzuschreiben. Dies geschah durch das **EG-Vollstreckungstitel-Durchführungsgesetz 2005.** Weitere den europäischen Vorgaben folgende Belehrungen (über die Folgen einer Terminsversäumung und die Möglichkeit eines Einspruchs gegen ein Versäumnisurteil) wurden in §215 Abs. 1, §276 Abs. 2 Satz 2, §338 S. 2 aufgenommen.

II. Anwendungsbereich und Zeitpunkt der Belehrung

4 Soweit vor dem Amtsgericht (Familiengericht) Anwaltszwang besteht, ist die Vorschrift von vornherein nicht anwendbar[3], → Rdnr. 13.

5 In allen amtsgerichtlichen Zivilprozessen ohne Anwaltszwang ist die Belehrung nach Abs. 1 mit der **Zustellung der Klageschrift** oder des nach §498 an Stelle der Klageschrift zuzustellenden Protokolls zu verbinden. Dabei spielt es keine Rolle, ob ein früher erster Termin zur mündlichen Verhandlung (§275) anberaumt oder ein schriftliches Vorverfahren (§276) angeordnet wird. Eine erneute Belehrung bei späterer Ladung zur mündlichen Verhandlung ist nicht vorgeschrieben und auch durch die europäisch-rechtlichen Vorgaben nicht gefordert[4].

6 Sollte die Belehrung bei der Zustellung der Klageschrift oder des Protokolls **unterblieben** sein, so kann und muß sie noch mit der Ladung zur mündlichen Verhandlung nachgeholt werden. Unterbleibt auch dies, so ist eine Heilung nach Maßgabe des Art. 18 der Europäischen Vollstreckungstitel-VO möglich, insbesondere, wenn ein Versäumnisurteil dem Beklagten mit einer allen Anforderungen genügenden Belehrung über die Zulässigkeit und Einlegung eines Einspruchs zugestellt wurde und der Beklagte den Einspruch unterlassen hat.

III. Inhalt der Belehrung

7 Die Belehrung sollte lauten: »Eine Vertretung durch einen Rechtsanwalt ist nicht vorgeschrieben.« Sie wird zweckmäßigerweise in die bei den Amtsgerichten verwendeten Vordrukke aufzunehmen sein[5].

IV. Rechtsfolge von Verstößen

8 Ist die Belehrung unterblieben, so kann ein Versäumnisurteil nicht als Europäischer Vollstreckungstitel bestätigt werden (Art. 12 Abs. 1 der Europäischen Vollstreckungstitel-VO), es sei denn, daß eine Heilung gemäß Art. 18 der VO eingetreten ist, → Rdnr. 6.

---

[2] Davon ging der deutsche Gesetzgeber aus, s. Begr. BT-Drucks. 15/5222, S. 12.
[3] Begr. BT-Drucks. 15/5222, S. 12.
[4] Begr. BT-Drucks. 15/5222, S. 12.
[5] Vgl. Begr. BT-Drucks. 15/5222, S. 12.

B. Belehrung über die Folgen eines schriftlichen Anerkenntnisses (Abs. 2)

I. Normzweck

9 Auch im amtsgerichtlichen Verfahren hat der Richter vor der Zustellung der Klageschrift die Wahl zwischen der Anberaumung eines frühen ersten Termins oder der Anordnung eines schriftlichen Vorverfahrens, näher → §272 Rdnr. 3ff. (21. Aufl.). Für den Fall der **Anordnung eines schriftlichen Vorverfahrens** fügte §499 aF, jetzt §499 Abs. 2, für das amtsgerichtliche Verfahren zu den schon nach §276 Abs. 2, §277 Abs. 2 vorgeschriebenen Belehrungen des Beklagten eine weitere **Belehrung über die Folgen eines schriftlichen Anerkenntnisses** hinzu. Der Grund lag darin, daß nach §307 Abs. 2 damaliger Fassung im Rahmen des schriftlichen Vorverfahrens bereits aufgrund des schriftlichen Anerkenntnisses ein Anerkenntnisurteil ergehen konnte. Der Beklagte ist daher darauf hinzuweisen, daß er bei Abgabe einer Anerkenntniserklärung ohne mündliche Verhandlung dem Anerkenntnis gemäß verurteilt werden kann (näher zum **Anerkenntnisurteil im schriftlichen Vorverfahren** → §307 Rdnr. 46ff. [21. Aufl.]).

10 Diese Belehrung **bezweckte den Schutz des Beklagten,** der im amtsgerichtlichen Verfahren nicht anwaltlich vertreten sein muß und dem es daher an sachkundiger rechtlicher Beratung fehlen kann. Allerdings kann die Belehrung gemäß Abs. 2 dieses Defizit auch nur sehr bedingt ausgleichen. Der Hinweis auf die Folgen eines schriftlichen Anerkenntnisses vermag den Beklagten nur davor zu bewahren, eine Erklärung, die jedenfalls das Gericht als Anerkenntnis auffassen muß, abzugeben, obwohl er eine Verurteilung ohne mündliche Verhandlung gerade nicht wünscht. Um wirklich sachgerecht vorgehen zu können, müßte der Beklagte aber auch über die Vorteile Bescheid wissen, die ihm ein Anerkenntnis in bestimmten Fällen verschaffen kann, nämlich über die günstige Kostenregelung gemäß § 93 bei sofortigem Anerkenntnis. Eine Belehrung *darüber* ist im Gesetz jedoch nicht vorgesehen. Sie wäre auch wenig zweckmäßig, weil sie, um dem rechtsunkundigen Beklagten zu nützen, auch nähere Erläuterungen über die Voraussetzungen des § 93 einschließen müßte, die aber in abstrakter Form schwerlich griffig zu formulieren sind. Insgesamt erweist sich damit die Bestimmung schon im ursprünglichen Kontext als wenig durchdacht; sie belegt im Grunde nur, daß rechtliche Beratung nicht durch formularmäßige gerichtliche Hinweise ersetzt werden kann.

11 Die Vorschrift ist (abgesehen von der Umstellung zu Abs. 2) im Wortlaut unverändert geblieben, obwohl sich das **rechtliche Umfeld** in jüngster Zeit **entscheidend verändert** hat. Zunächst wurde durch das ZPO-RG 2001 (→ Einl. Rdnr. 202) in §307 Abs. 1 (allgemein) und Abs. 2 S. 1 (für das schriftliche Vorverfahren) das Erfordernis eines Antrags auf Anerkenntnisurteil gestrichen. Zugleich wurde konsequenter Weise §307 Abs. 2 S. 2 aF aufgehoben, der es im Rahmen des schriftlichen Vorverfahrens erlaubte, den Antrag schon in der Klageschrift zu stellen. Später wurde durch das 1. Justizmodernisierungsgesetz (vom 24. 8. 2004, BGBl. I 2198) §307 Abs. 1 durch einen 2. Satz ergänzt, wonach es vor dem Erlaß eines Anerkenntnisurteils keiner mündlichen Verhandlung bedarf. Zugleich wurde §307 Abs. 2 aF gestrichen, da die Zulässigkeit eines Anerkenntnisurteils im Rahmen des schriftlichen Vorverfahrens nun keine Besonderheit mehr darstellt. Zu den Folgerungen hieraus → Rdnr. 14.

II. Anwendungsbereich

1. Bei Anordnung des schriftlichen Vorverfahrens

12 Nach dem Wortlaut besteht die Belehrungspflicht immer dann, wenn vor dem Amtsgericht ein **schriftliches Vorverfahren angeordnet** wurde; denn nur in diesem Rahmen erfolgt eine Aufforderung nach §276. Ob der Beklagte bereits anwaltlich vertreten ist, spielt dabei keine

Rolle. Darauf, ob der Kläger etwa bereits in der Klageschrift einen *Antrag* auf schriftliches Anerkenntnisurteil gestellt hat (§307 Abs. 2 S. 2 aF), war schon früher nicht abzustellen. Nunmehr kommt es hierauf schon deshalb nicht an, weil es ohnehin keines Antrags des Klägers auf Anerkenntnisurteil bedarf.

13 Soweit vor dem Amtsgericht (Familiengericht) Anwaltszwang besteht, gilt die Vorschrift nicht, da in diesen Fällen die Vorschriften über das landgerichtliche Verfahren Anwendung finden, §608, §621b, §624 Abs. 3, §661 Abs. 2, → vor §495 Rdnr. 13

2. Bei Anberaumung eines frühen ersten Termins

14 Der Gesetzestext des Abs. 2 berücksichtigt nicht, daß auch wenn kein schriftliches Vorverfahren angeordnet wird, aufgrund eines schriftlichen Anerkenntnisses nach §307 S. 2 nF ein Anerkenntnisurteil ohne mündliche Verhandlung ergehen kann. Auch wenn der Beklagte zum frühen ersten Termin geladen ist, könnte das Gericht somit ein schriftliches Anerkenntnisurteil erlassen und den Termin aufheben. Geht man davon aus, so stellt sich die Frage, ob nicht eine Belehrung des Beklagten über die Möglichkeit eines Anerkenntnisurteils als Folge eines schriftlichen Anerkenntnisses hier genauso geboten ist wie im Rahmen eines schriftlichen Vorverfahrens. Aus den Gesetzesmaterialien gewinnt man den Eindruck, daß der Gesetzgeber[6] (ebenso wie bislang die Kommentarliteratur[7]) diese Frage übersehen hat. Es ist daher von einer **unbeabsichtigten Lücke des Gesetzes** auszugehen. Die Interessenlage, d.h. das Bedürfnis des (möglicherweise anwaltlich nicht vertretenen) Beklagten nach Information durch das Gericht, stellt sich aber bei Anberaumung eines frühen ersten Termins nicht anders dar als bei Anordnung des schriftlichen Vorverfahrens. Das gilt jedenfalls dann, wenn (wie dies §129 Abs. 2 zuläßt) mit der Ladung zum frühen ersten Termin eine Aufforderung zur schriftlichen Klageerwiderung (zulässig auch mit Fristsetzung, → §275 Rdnr. 6) oder zur unverzüglichen schriftsätzlichen Mitteilung von Verteidungsmitteln (→ §275 Rdnr. 14) verbunden ist. Aber auch ohne solche Aufforderung erscheint die Belehrung sachgerecht, wenn man von der Zulässigkeit eines Anerkenntnisurteils ohne mündliche Verhandlung unter Aufhebung des frühen ersten Termins ausgeht. Man kann sogar argumentieren, daß bei Anberaumung eines frühen ersten Termins der Erlaß eines Anerkenntnisurteils allein aufgrund schriftlichen Anerkenntnisses des Beklagten für diesen noch überraschender wäre als im Rahmen eines schriftlichen Vorverfahrens. Ein solches Vorgehen müßte geradezu als eine dem Anspruch auf rechtliches Gehör widersprechende Überraschungsentscheidung angesehen werden. Daher ist in **analoger Anwendung des Abs. 2** eine Belehrung des Beklagten über die Folgen eines schriftlichen Anerkenntnisses auch dann geboten, wenn der Beklagte zu einem frühen ersten Termin geladen wird. Folgt man dem nicht, so müßte in dieser Phase ein schriftliches Anerkenntnisurteil unterbleiben oder es müßte dem Beklagten, wenn er schriftlich anerkannt hat, erst noch die Aufhebung des Verhandlungstermins unter Hinweis auf die Möglichkeit eines schriftlichen Anerkenntnisurteils mitgeteilt und ihm Gelegenheit zur Stellungnahme eingeräumt werden.

---

[6] Die generelle Freistellung des Anerkenntnisurteils von einer obligatorischen mündlichen Verhandlung findet ihren Ursprung in einem Vorschlag des Bundesrates (BT-Drucks. 15/1508, S. 41), dem die Bundesregierung zustimmte (BT-Drucks. 15/1508, S. 50) und der daher vom Rechtsausschuß des Deutschen Bundestags im Text des Gesetzentwurfs verankert wurde (BT-Drucks. 15/3482, S. 17).

[7] *Baumbach/Lauterbach/Hartmann*[63] Rdnr. 3, 4; *Zöller/Herget*[25] Rdnr. 1; *Musielak/Wittschier*[4] Rdnr. 2 gehen nicht auf die Aufhebung des §307 Abs. 2 aF ein.

III. Inhalt der Belehrung

15 Die Folgen des Anerkenntnisses ergeben sich aus § 307. Der Beklagte ist daher darauf hinzuweisen, daß er, wenn er den Klageanspruch durch schriftliche Erklärung ganz oder teilweise anerkennt, **ohne mündliche Verhandlung** durch **Anerkenntnisurteil** gemäß dem Anerkenntnis verurteilt werden kann. Eine Belehrung über die *Form* der Anerkenntniserklärung (also etwa Hinweise auf die Möglichkeit der Abgabe zu Protokoll, § 496, und zwar auch bei einem anderen Amtsgericht, § 129a) ist nicht vorgeschrieben[8]. Auch ein Hinweis auf die *Kostenfolgen*, insbesondere auf die Regelung des § 93 ist nicht notwendig[9]. Belehrungen über diese Fragen hinzuzufügen[10], ist dem Gericht nicht verboten, im allgemeinen wird solches Vorgehen aber, da eine vollständige, auf den konkreten Fall zugeschnittene Belehrung doch nicht möglich ist, nicht zweckmäßig sein. Auch eine Belehrung dahingehend, daß das Anerkenntnisurteil nicht mehr angefochten werden könne[11], ist nicht vorgeschrieben und nicht angezeigt, da auch insoweit recht unterschiedliche Fragen auftauchen können (Beispiel: der Beklagte will gegen das Anerkenntnisurteil einwenden, er habe in Wirklichkeit kein Anerkenntnis erklärt oder habe es wirksam widerrufen [näher zu diesen Fragen und den Rechtsmitteln gegen Anerkenntnisurteile → § 307 Rdnr. 41f., 43ff. (21. Aufl.)]), bei denen ein solcher Hinweis sich dann als falsch oder zumindest als irreführend erweist.

16 Die Belehrung gemäß Abs. 2 erfolgt **neben** der Belehrung nach Abs. 1 und der Belehrung gemäß § 276 Abs. 2 über die Frist nach § 276 Abs. 1 S. 1 (dazu → § 276 Rdnr. 15 [21. Aufl.]) sowie der Belehrung gemäß § 277 Abs. 2 über die Klageerwiderungsfrist nach § 276 Abs. 1 S. 2 (→ § 276 Rdnr. 21 [21. Aufl.], → § 277 Rdnr. 17ff. [21. Aufl.]).

IV. Zeitpunkt der Belehrung

17 Die Belehrung nach Abs. 2 ist zusammen mit den Fristsetzungen gemäß § 276, also **bei Zustellung der Klage** samt Anordnung des schriftlichen Vorverfahrens, nach der hier vertretenen Auffassung (→ Rdnr. 14) auch bei Zustellung der Klage mit Ladung zum frühen ersten Termin, zu erteilen. Sollte die Belehrung zunächst unterblieben sein, so kann sie innerhalb des schriftlichen Vorverfahrens bzw. vor dem frühen ersten Termin **nachgeholt** werden.

V. Rechtsfolgen von Verstößen

18 Über die Rechtsfolgen, wenn die Belehrung nach Abs. 2 unterblieben ist, enthält das Gesetz keine ausdrückliche Aussage. Geht man davon aus, daß die Bestimmung den Beklagten vor einem in seinen Konsequenzen nicht durchschauten und daher letztlich nicht gewollten Anerkenntnis schützen will (→ Rdnr. 10), so ist beim Fehlen der Belehrung das Anerkenntnisurteil im schriftlichen Vorverfahren (bzw. vor dem frühen ersten Termin) **unzulässig**[12]. In der mündlichen Verhandlung kann ein Anerkenntnisurteil gemäß § 307 ergehen, wenn der Beklagte im

---

[8] Wie hier *Zöller/Herget*[25] Rdnr. 1.

[9] Ebenso *Zöller/Herget*[25] Rdnr. 1.

[10] *Baumbach/Lauterbach/Hartmann*[63] Rdnr. 3 empfiehlt die Mitteilung des Wortlauts von § 93; *Bischof* Der Zivilprozeß nach der Vereinfachungsnovelle (1980) Rdnr. 130 hält eine Belehrung über die Kostenfolge und über die Form der Erklärung für ratsam.

[11] So das von *Bischof* (Fn. 10) Rdnr. 136 (S. 91) mitgeteilte Muster.

[12] So auch *Zöller/Herget*[25] Rdnr. 2; *Pukall* Der Zivilprozeß in der gerichtlichen Praxis[5] (1992) Rdnr. 405; *Bender/Belz/Wax* Das Verfahren nach der Vereinfachungsnovelle und vor dem Familiengericht (1977) Rdnr. 156. – A.M. *Baumbach/Lauterbach/Hartmann*[63] Rdnr. 4; teils auch Ak-*ZPO/Menne* Rdnr. 2.

Verhandlungstermin (erneut) anerkennt; der Beklagte ist aber an seine wirkungslose schriftliche Anerkenntniserklärung nicht gebunden.

19 Probleme bereitet die **Anwendung des §93.** An sich erscheint es zutreffend, ein sofortiges Anerkenntnis nur zu bejahen, wenn das Anerkenntnis bereits innerhalb des schriftlichen Vorverfahrens mit dem ersten Erklärungsschriftsatz erklärt wurde, → §93 Rdnr. 6, → §276 Rdnr. 47a (21. Aufl.). Wenn aber die vorgeschriebene gerichtliche Belehrung über das schriftliche Anerkenntnis (also auch über dessen *Möglichkeit* im schriftlichen Vorverfahren) unterblieben ist, ist das Anerkenntnis in der ersten mündlichen Verhandlung als sofortiges Anerkenntnis iS des §93 zu betrachten, da ein Anerkenntnis im schriftlichen Vorverfahren bei dieser Fallgestaltung ohnehin unwirksam gewesen wäre (→ Rdnr. 18). Beim Verfahren mit frühem erstem Termin stellt sich das Problem nicht, wenn man das Anerkenntnis in diesem Termin generell als sofortiges iSv §93 betrachtet, → §93 Rdnr. 6.

§499a–g [Weggefallen]

Gesetzesgeschichte: Die Vorschriften wurden durch die Novelle 1924 eingefügt; sie betrafen das obligatorische Güteverfahren. Die Novelle 1950 hat diese Bestimmungen zusammen mit der Abschaffung des obligatorischen Güteverfahrens gestrichen.

§500 [Weggefallen]

Gesetzesgeschichte: Bis 1900 §461 CPO. Änderungen durch die Novellen 1909, 1924 und 1950. Die Vorschrift, die für das amtsgerichtliche Verfahren den Parteien die Möglichkeit einräumte, an ordentlichen Gerichtstagen ohne Terminsbestimmung vor Gericht zu erscheinen und Klage zu erheben, wurde durch die Vereinfachungsnovelle 1976 aufgehoben.

§500a [Weggefallen]

Gesetzesgeschichte: Die Vorschrift, die das obligatorische Güteverfahren betraf, wurde in die ZPO durch die Novelle 1924 eingefügt. Mit Abschaffung des obligatorischen Güteverfahrens durch die Novelle 1950 wurde sie aufgehoben (→ §279 Rdnr. 2ff.).

§501 [Weggefallen]

Gesetzesgeschichte: Die durch die Novelle 1909 eingefügte Bestimmung über die Vorbereitung der mündlichen Verhandlung wurde durch die Novelle 1924 aufgehoben. Näher → §273 Rdnr. 1 (21. Aufl.).

§502 [Weggefallen]

Die Vorschrift betraf die richterliche Hinweispflicht. Bis 1900 §464 CPO, dann §503, seit der Novelle 1909 mit Änderungen §502. Durch die Novelle 1924 wurde die Bestimmung zugunsten des §139 aufgehoben.

§503 [Weggefallen]

Eingefügt durch die Novelle 1909. Die Bestimmung sah entsprechend dem früheren §251 Abs.2 für den Fall beiderseitiger Terminsversäumnis das Ruhen des Verfahrens bis zur Ansetzung eines neuen Verhandlungstermins vor. Die Vorschrift wurde durch die Novelle 1924 in Zusammenhang mit der Änderung des §251 und der Einfügung des §251a aufgehoben.

§504 Hinweis bei Unzuständigkeit des Amtsgerichts

Ist das Amtsgericht sachlich oder örtlich unzuständig, so hat es den Beklagten vor der Verhandlung zur Hauptsache darauf und auf die Folgen einer rügelosen Einlassung zur Hauptsache hinzuweisen.

Gesetzesgeschichte: Bis 1900 §465 CPO. Änderungen durch die Novellen 1909 und 1924. Neufassung des Abs.2 durch Gesetz vom 21.3. 1974 (BGBl. I 753). Durch die Vereinfachungsnovelle 1976 (→Einl. Rdnr.197) wurde Abs.1 aF aufgehoben (er betraf den Zeitpunkt des Vorbringens prozeßhindernder Einreden, jetzt s. §282 Abs.3). Der vorherige Abs.2 wurde (mit wesentlichen Änderungen) einziger Absatz.

I. Normzweck

1 Die Pflicht des Gerichts, den Beklagten auf die sachliche oder örtliche Unzuständigkeit sowie auf die Folgen einer rügelosen Einlassung zur Hauptsache aufmerksam zu machen, ist eine Erweiterung der allgemeinen Hinweispflicht nach §139[1]. Der Hinweis auf die Unzuständigkeit soll vor allem verhindern, daß der Beklagte **unbeabsichtigt** durch rügelose Einlassung die Zuständigkeit des Gerichts nach §39 herbeiführt. Zugleich soll aber der Hinweis dem Beklagten auch die Möglichkeit der Zuständigkeitsbegründung (die ja auch in seinem Interesse

[1] Vgl. *Laumen* Das Rechtsgespräch im Zivilprozeß (1984) 65, 151ff., der in dem Hinweis auf die Unzuständigkeit ein vorgeschriebenes »Rechtsgespräch« sieht, während es sich bei dem Hinweis auf die Folgen der rügelosen Einlassung um eine bloße Rechtsbelehrung handle. Krit. zu dieser Unterscheidung *Häsemeyer* ZZP 98 (1985), 351, 353.

liegen kann) aufzeigen und ihm dadurch eine sachgerechte Entscheidung darüber ermöglichen[2].

Dabei ist in erster Linie an den anwaltlich nicht vertretenen Beklagten gedacht. Doch gilt §504 auch, wenn der Beklagte durch einen Rechtsanwalt vertreten ist[3]. §504 gilt auch vor dem Familiengericht[4], jedoch nur, soweit dort überhaupt die Vorschriften über das amtsgerichtliche Verfahren anwendbar sind (→ vor §495 Rdnr. 13). 2

II. Anwendungsbereich

1. Sachliche Unzuständigkeit

§504 gilt für die sachliche Unzuständigkeit (→ §1 Rdnr. 45ff.), unabhängig davon, ob es sich um eine anderweitige ausschließliche Zuständigkeit handelt, wie in den Fällen des §71 Abs. 2 GVG, oder nicht. Die Hinweispflicht besteht auch dann, wenn das Amtsgericht durch eine Klageerweiterung, eine Zwischenfeststellungsklage oder eine Widerklage unzuständig wird[5], dazu → §506. Dagegen bezieht sich §504 nicht auf die Zulässigkeit des Rechtswegs, auch nicht im Verhältnis zu den Arbeitsgerichten[6]. 3

2. Örtliche Unzuständigkeit

Ebenso ist der Beklagte auf die fehlende örtliche Zuständigkeit hinzuweisen, auch hier unabhängig davon, ob eine anderweitige ausschließliche Zuständigkeit vorliegt oder nicht. 4

3. Internationale Unzuständigkeit

Auch für die Frage der Internationalen Zuständigkeit ist von der Geltung des §504 **vor dem deutschen Gericht** auszugehen, so daß bei unterbliebenem Hinweis auch keine Begründung der Internationalen Zuständigkeit durch rügelose Einlassung des Beklagten erfolgen kann[7], §39 S. 2. Dies gilt auch im Bereich der EuGVO[8]. Zwar schreibt die EuGVO keine dem §504 entsprechende Belehrung vor, doch gilt insoweit, wie auch sonst bei allen nicht von der EuGVO geregelten Fragen, das nationale Verfahrensrecht. Das nationale Verfahrensrecht kann daher besondere Wirksamkeitsvoraussetzungen für die rügelose Einlassung als Prozeßhandlung aufstellen, so lange diese mit dem Zweck des europäischen Rechts nicht in Widerspruch ste- 5

[2] *BayObLG* NJW 2003, 366.
[3] *OLG Stuttgart* FamRZ 1980, 384, 385.
[4] Vgl. *OLG Stuttgart* FamRZ 1980, 384, 385.
[5] Ebenso *LG Hannover* MDR 1985, 772; *H. Müller* MDR 1981, 11; *ders.* JuS 1986, 135, 138; *Laumen* (Fn. 1) 152; *Zöller/Herget*[25] §506 Rdnr. 3; *Thomas/Putzo*[26] Rdnr. 1. – A.M. *LG Hamburg* MDR 1978, 940 (die vom *LG Hamburg* zitierte Stelle aus der 19. Aufl. dieses Kommentars stammte aus der Zeit vor Einfügung des §39 S. 2!); *AK-ZPO/Menne* §506 Rdnr. 1 (aber Hinweispflicht nach §278 Abs. 3 aF).
[6] *ArbG Passau* NZA 1992, 428 (LS).
[7] So auch *Geimer* WM 1977, 66, 67; *J. Schröder* NJW 1980, 473, 479; *Kropholler* in: Handbuch des Internationalen Zivilverfahrensrechts, Bd. I (1982) Rdnr. 600; *Nagel/Gottwald* Internationales Zivilprozeßrecht[5] (2002) §3 Rdnr. 289; *Schütze* Deutsches Internationales Zivilprozeßrecht (1985) 59; *Schack* Internationales Zivilverfahrensrecht[3] (2002) Rdnr. 485; *Laumen* (Fn. 1) 151 (dort Fn. 1). – A.M. *Katholnigg* BB 1974, 397.
[8] Ebenso *Beitzke* RIW 1976, 10; *Leipold* IPRax 1982, 224; *Bork* → §39 Rdnr. 15 (21. Aufl.); *MünchKomm-ZPO/Patzina*[2] §39 Rdnr. 15. – A.M. *Schack* Internationales Zivilverfahrensrecht[3] (2002) Rdnr. 487; *Schütze* (Fn. 7) 60; *Kropholler* Europäisches Zivilprozeßrecht[8] (2005) Art. 24 Rdnr. 5; *Schlosser* EU-Zivilprozeßrecht[2] Art. 24 Rdnr. 1; *MünchKomm-ZPO/Gottwald*[2] Art. 18 EuGVÜ Rdnr. 5; *Schulte-Beckhausen* Internationale Zuständigkeit durch rügelose Einlassung im Europäischen Zivilprozeßrecht (1994), 229 (jedoch für entsprechende Ergänzung des damaligen EuGVÜ).

hen. Davon aber kann bei dem Hinweiserfordernis, das eine Benachteiligung der nicht rechtskundigen Partei vermeiden will, keine Rede sein.

6 Für die Frage, ob ein **ausländisches Gericht** durch rügelose Einlassung des Beklagten i.S. des §328 Abs. 1 Nr. 1 international zuständig geworden ist (→ §328 Rdnr. 84), kommt es dagegen nicht auf §504 an[9].

III. Zeitpunkt des Hinweises

7 Die Belehrung hat vor der Verhandlung des Beklagten zur Hauptsache (dazu → §39 Rdnr. 6ff.) zu erfolgen. Bis zum Schluß der mündlichen Verhandlung kann die Belehrung nachgeholt werden. Wird die Unzuständigkeit erst nach Schluß der mündlichen Verhandlung bemerkt, so genügt nicht etwa ein schriftlicher Hinweis des Gerichts; vielmehr muß die Verhandlung (auch im Hinblick auf §139 Abs. 2) wieder eröffnet werden[10].

IV. Form und Inhalt des Hinweises

8 Der Hinweis auf die Unzuständigkeit erfolgt im Regelfall **in der mündlichen Verhandlung**, doch erscheint wegen §273 Abs. 1 auch ein schriftlicher Hinweis vor dem Termin[11] zulässig. Im Falle einer Entscheidung ohne mündliche Verhandlung (§128 Abs. 2 bis 4) ist der Hinweis schriftlich zu geben. – Erfolgt der Hinweis in der mündlichen Verhandlung, so ist er in das **Protokoll** aufzunehmen[12]; dafür spricht auch §139 Abs. 4 S. 1.

9 Die vorgeschriebene Belehrung über die **Rechtsfolgen einer rügelosen Einlassung** muß den Beklagten klar darauf hinweisen, daß durch die Unterlassung der Rüge das Gericht endgültig zuständig wird. Da der Beklagte sonst sein Verhalten nicht sachgerecht steuern kann, hat ihm das Gericht auch diejenigen Rechtsfolgen zu erläutern, die sich bei Geltendmachung der Unzuständigkeit ergeben (Abweisung der Klage als unzulässig bzw. Verweisung an das zuständige Gericht bei entsprechendem Antrag des Klägers).

10 Den Anforderungen des §504 ist nicht genügt, wenn das Gericht nur den Kläger auf Bedenken gegen die Zuständigkeit hinweist, der Kläger einen Verweisungsantrag stellt und der Beklagte lediglich Gelegenheit erhält, zum Verweisungantrag Stellung zu nehmen[13].

V. Rechtsfolgen bei unterbliebenem Hinweis

11 Die Unterlassung des Hinweises **hindert** gemäß §39 S. 2 den **Eintritt der Zuständigkeit** durch rügelose Einlassung. Es kann dann auch kein Rügeverlust gemäß §296 Abs. 3 eintreten[14], näher → §39 Rdnr. 17. Auch nach Teilanerkenntnisurteil kann noch eine Verweisung an das zuständige Gericht erfolgen[15]. Dieselben Rechtsfolgen gelten auch, wenn bei nachträglich eingetretener Unzuständigkeit der Hinweis unterblieben ist, → Rdnr. 3.

---

[9] *OLG Frankfurt* NJW 1979, 1787; *Schütze* ZZP 90 (1977), 67, 75; *Prütting* MDR 1980, 368; *J. Schröder* NJW 1980, 473, 479; *Laumen* (Fn. 1) 151 (dort Fn. 1); *Geimer* Internationales Zivilprozeßrecht[5] (2005) Rdnr. 1426.

[10] *LG Hannover* MDR 1985, 772.

[11] *Bender/Belz/Wax* Das Verfahren nach der Vereinfachungsnovelle und vor dem Familiengericht (1977) Rdnr. 220; *Zöller/Herget*[25] Rdnr. 2 sieht darin sogar den Regelfall. Für Zulässigkeit der schriftlichen Belehrung auch *Laumen* (Fn. 1) 153.

[12] Dafür auch *Baumbach/Lauterbach/Hartmann*[63] Rdnr. 6.

[13] *BayObLG* NJW 2003, 366.

[14] *AG Springe* NdsRpfl 1995, 65.

[15] *BGH* NJW-RR 1992, 1091.

12 Ob das Gericht zwar die Unzuständigkeit erkannt, aber den Hinweis unterlassen hat, oder ob es schon die Unzuständigkeit nicht bemerkt hat, spielt keine Rolle.

13 Ergeht ein Verweisungsbeschluß, obgleich der Beklagte nicht auf die Unzuständigkeit und die Folgen rügelosen Handelns (also auch nicht auf die Möglichkeit der Zuständigkeitsbegründung), hingewiesen wurde, so kommt dem Verweisungsbeschluß wegen Verletzung des Rechts auf Gehör (→ auch §281 Rdnr. 31ff. [21. Aufl.]) keine Bindungswirkung zu[16].

§505 [Weggefallen]

Gesetzesgeschichte: Die Vorschrift (bis 1900 §466 CPO) wurde durch die Novelle 1924 aufgehoben. Sie betraf das Verfahren bei Unzuständigkeit, jetzt → §281.

§506 Nachträgliche sachliche Unzuständigkeit

(1) Wird durch Widerklage oder durch Erweiterung des Klageantrages (§264 Nr. 2, 3) ein Anspruch erhoben, der zur Zuständigkeit der Landgerichte gehört, oder wird nach §256 Abs. 2 die Feststellung eines Rechtsverhältnisses beantragt, für das die Landgerichte zuständig sind, so hat das Amtsgericht, sofern eine Partei vor weiterer Verhandlung zur Hauptsache darauf anträgt, durch Beschluss sich für unzuständig zu erklären und den Rechtsstreit an das Landgericht zu verweisen.

(2) Die Vorschriften des §281 Abs. 2, Abs. 3 Satz 1 gelten entsprechend.

Gesetzesgeschichte: Bis 1900 §467 CPO. Änderungen durch die Novellen 1898, 1909, 1924 sowie die Vereinfachungsnovelle 1976.

[16] *BayObLG* NJW 2003, 366.

I. Voraussetzungen der Verweisung

1 Im Gegensatz zu §281 betrifft §506 nur den Fall, daß vor dem Amtsgericht im Laufe des Rechtsstreits ein Anspruch erhoben wird, für den im Fall der Klage das Landgericht zuständig wäre. Es wird dann auf Antrag der ganze Rechtsstreit an das Landgericht verwiesen. Im Verhältnis zu besonderen Gerichten (→ §281 Rdnr. 3 [21. Aufl.]) oder zu Gerichten eines anderen Rechtswegs (→ §281 Rdnr. 74ff. [21. Aufl.]) ist §506 nicht anwendbar.

Im einzelnen setzt die Verweisung voraus:

1. Widerklage, Klageerweiterung, Zwischenfeststellungsklage

2 Vor dem Amtsgericht muß eine **Widerklage** (§33) oder **Zwischenfeststellungsklage** (§256 Abs. 2) erhoben oder der **Klageantrag** nach §264 Nr. 2 oder 3 **erweitert** bzw. geändert worden sein. Der neue Anspruch muß durch Antragstellung in der mündlichen Verhandlung oder durch Zustellung eines Schriftsatzes **rechtshängig** geworden sein, §261 Abs. 2. Eine **Aufrechnung** führt nicht zu Veränderungen der sachlichen Zuständigkeit und fällt nicht unter §506.

3 Die **besonderen Zulässigkeitsvoraussetzungen** der Widerklage[1] (→ §33 Rdnr. 16ff.), der Zwischenfeststellungsklage (→ §256 Rdnr. 131ff. [21. Aufl.]) und der Klageerweiterung (→ §264 Rdnr. 69ff. [21. Aufl.]) müssen gegeben sein. Auch eine zulässige Widerklage gegen einen Dritten (→ §33 Rdnr. 40ff.) kann zur Anwendung des §506 führen. Fehlen die Zulässigkeitsvoraussetzungen[2], so ist die Widerklage oder die Zwischenfeststellungsklage unter Ablehnung des Verweisungsantrages abzuweisen[3]; im Falle der Klageerweiterung ist der neue Anspruch als unzulässig abzuweisen und gegebenenfalls über den ursprünglichen Anspruch zu entscheiden, → §264 Rdnr. 42f. (21. Aufl.).

4 Bei einer **Teilklage** ist die Zwischenfeststellungsklage oder die Widerklage auf negative Feststellung hinsichtlich des Ganzen zulässig, → §33 Rdnr. 7, §256 Rdnr. 137 (21. Aufl.), nicht nur hinsichtlich der den Klagebetrag übersteigenden Summe. Demgemäß ist die Verweisung auszusprechen, wenn der **Gesamtbetrag** die amtsgerichtliche Zuständigkeitsgrenze übersteigt[4].

5 In nicht von §264 Nr. 2 und 3 erfaßten Fällen der **Klageänderung** gilt nicht[5] §506, sondern §281, → §281 Rdnr. 11 (21. Aufl.), → §264 Rdnr. 40 (21. Aufl.). Bei **nachträglicher objektiver Klagehäufung** (die nach der in diesem Kommentar vertretenen Ansicht keine Klageänderung darstellt, → §264 Rdnr. 11 [21. Aufl.]) sowie bei **nachträglicher subjektiver Klagehäufung** (gewillkürter Parteierweiterung, → §264 Rdnr. 131ff. [21. Aufl.]) erscheint ebenfalls die Anwendung des §281, nicht des §506 angezeigt[6], vor allem im Hinblick auf die in diesen Fällen angemessene Kostenregelung in §281 Abs. 3 S. 2.

---

[1] Dazu gehört nicht das Erfordernis eines Zusammenhangs zwischen Klage- und Widerklageanspruch, → §33 Rdnr. 3ff. Für Beschränkung des §506 auf Fälle des Zusammenhangs (konnexe Widerklagen) *Frank* Anspruchsmehrheiten im Streitwertrecht (1986), 278ff.

[2] Vgl. *BayObLG* ZMR 2003, 123 (zur Bestimmung einer gemeinsamen örtlichen Zuständigkeit).

[3] *Förster/Kann* 2 a.

[4] S. auch *Strauß* DRiZ 1910, 498; *Dreyer* DRiZ 1911, 702.

[5] A.M. *Wieczorek*[2] B.

[6] Teils a.M. *Frank* (Fn. 1) 132ff. (für entsprechende Anwendung des §506, wenn der Beklagte in die nachträgliche objektive Klagehäufung einwilligt oder diese sachdienlich erscheint sowie bei gewillkürter Parteierweiterung). – Für Anwendung des §506 bei der Widerklage durch einen Dritten *Uhlmannsiek* JA 1996, 253, 258.

6 §506 gilt auch nicht[7] bei **Anträgen auf Schadensersatz** nach §717 Abs.2 (→ §717 Rdnr.38), §1065 Abs.2 S.2 oder §302 Abs.4, §600 Abs.2, da sich diese Anträge als »privilegierte Widerklagen« nicht auf die sachliche Zuständigkeit auswirken, → §33 Rdnr.34, und ebensowenig bei einem Antrag nach §510b, weil dieser keine für die sachliche Zuständigkeit relevante selbständige Klageerweiterung ist, → §510b Rdnr.6. Zur **Verbindung von Prozessen** → Rdnr.28f.

2. Sachliche Zuständigkeit des Landgerichts

7 Für den neu erhobenen oder den erweiterten Anspruch in seinem Gesamtbetrag muß die **sachliche Zuständigkeit des Landgerichts** nach §71 GVG iVm §23 GVG, gleichviel ob als ausschließliche oder nicht ausschließliche, begründet sein. Die **Widerklage** muß also, da gemäß §5 keine Zusammenrechnung der Streitwerte von Klage und Widerklage erfolgt, für sich gesehen in die landgerichtliche Zuständigkeit fallen.

3. Antrag, Hinweispflicht

8 Von **einer der Parteien** (nicht nur vom Kläger wie in §281) muß der **Antrag** gestellt werden, den Rechtsstreit an das Landgericht zu verweisen. Der Verweisungsantrag kann also sowohl von der Partei gestellt werden, die den neuen Sachantrag gestellt hat (z.B. vom Widerkläger), als auch vom Gegner (z.B. vom Widerbeklagten). Der Verweisungsantrag muß nach Abs.1 **vor weiterer Verhandlung zur Hauptsache** gestellt werden, d.h. bevor diese Partei nach der Erhebung der Widerklage usw. zur Hauptsache (→ §39 Rdnr.6ff.) mündlich verhandelt[8].

9 Davon zu unterscheiden ist die **Zuständigkeitsbegründung** nach §39 S.1. Diese Bestimmung ist auf neue Anträge und auf die Widerklage selbständig anzuwenden, → §39 Rdnr.13. Soweit daher nach §39 S.1 die sachliche Zuständigkeit durch rügeloses Verhandeln des Beklagten bzw. Widerbeklagten zur Hauptsache (hier: zu den neuen Anträgen) begründet wird, schließt dies einen Verweisungsantrag nach §506 für beide Parteien endgültig aus (→ §39 Rdnr.16).

10 Die **Hinweispflicht** des Gerichts nach §504 gilt auch für das Unzuständigwerden durch Widerklage, Zwischenfeststellungsklage oder Klageerweiterung, → §504 Rdnr.3. Das Unterbleiben des Hinweises schließt gemäß §39 S.2 die Zuständigkeitsbegründung durch rügelose Einlassung zur Hauptsache aus, → §504 Rdnr.11.

11 Der Verweisungsantrag kann **in der mündlichen Verhandlung** oder **schriftlich** gestellt werden, da nach §128 Abs.4 ohne mündliche Verhandlung entschieden werden kann. Nach Abs.2 iVm §281 Abs.2 S.1 kann der Antrag auch vor dem Urkundsbeamten der Geschäfsstelle gestellt werden. In der mündlichen Verhandlung kann der Antrag, auch in Abwesenheit des Gegners gestellt werden, → §330 Rdnr.4, §331 Rdnr.1.

12 Die Verweisung kann auch durch Entscheidung nach Lage der Akten, §251a, oder im Fall des §128 Abs.2 ohne mündliche Verhandlung erfolgen, wenn der Antrag schriftsätzlich gestellt (angekündigt) war (→ §251a Rdnr.7, → §128 Rdnr.85).

4. Bedeutung der Zuständigkeit für die ursprüngliche Klage; Diagonalverweisung

13 Die sachliche und örtliche Zuständigkeit des Amtsgerichts für die (ursprüngliche) Klage bildet **keine Voraussetzung der Verweisung.** Die Zuständigkeit für die Klage ist nicht Vorausset-

---

[7] *Förster/Kann* 2 a; *Wieczorek*[2] C II b. – A.M. *Seuffert* ZZP 40 (1910), 201.

[8] So auch *Förster/Kann* 2 b, bb.

zung der Zulässigkeit einer Widerklage, → § 33 Rdnr. 16. Auch die Zulässigkeit der Klageerweiterung hängt nicht davon ab, ob das Gericht für die Klage zuständig war.

14 War das Amtsgericht für die Klage (mit den ursprünglichen Anträgen) **sachlich** nicht zuständig, so ist gleichwohl, wenn die Voraussetzungen des § 506 erfüllt sind, der gesamte Rechtsstreit an das übergeordnete Landgericht zu verweisen.

15 War das Amtsgericht für die Klage **örtlich** nicht zuständig, so ist eine **Verbindung der beiden Verweisungen nach § 281 und § 506** möglich. Es kann also die Verweisung nach § 281 und § 506 unmittelbar an das Landgericht erfolgen, das dem für die Klage örtlich zuständigen Amtsgericht übergeordnet ist[9]. Jedoch muß zu einer solchen Doppelverweisung außer dem Antrag einer der Parteien nach § 506 auch der Antrag des Klägers nach § 281 vorliegen. Die Zulässigkeit einer solchen **»Diagonalverweisung«** war bei der Neufassung des § 506 durch die Vereinfachungsnovelle 1976 verdeutlicht worden, da es seither im Gesetzestext »an das zuständige Landgericht« statt zuvor »an das Landgericht« hieß[10]. Bei der Neubekanntmachung der ZPO vom 5. 12. 2005 (BGBl. I 3202) wurde das Wort »zuständige« gestrichen, vermutlich ohne Verständnis des rechtlichen Hintergrunds, aber jedenfalls nur aus redaktionellen Gründen und ohne die Absicht, inhaltlich etwas zu ändern. Hinsichtlich Voraussetzungen und Rechtsfolgen (→ auch Rdnr. 20 u. 24) erscheint nach wie vor die kumulative Anwendung von § 506 und § 281 angemessen[11]. Grob fehlerhaft ist es, den Rechtsstreit aufgrund einer Widerklage in Anwendung des § 506 und des § 281 an das nach dem Wohnsitz des Klägers zuständige Berufungsgericht zu verweisen; einer solchen Verweisung wurde wegen der damit verbundenen Entziehung der Widerklagezuständigkeit nach § 33 die Bindungswirkung abgesprochen[12].

II. Die Entscheidung

1. Verweisungsbeschluß bei begründetem Antrag

a) Vorheriges rechtliches Gehör

16 Der Verweisungsbeschluß setzt nach § 128 Abs. 4 keine mündliche Verhandlung voraus. Jedoch muß der Anspruch auf rechtliches Gehör beachtet und daher dem Gegner Gelegenheit zur Stellungnahme gegeben werden.

b) Unanfechtbarkeit

17 Der **Verweisungsbeschluß** ist nach Abs. 2 iVm § 281 Abs. 2 S. 2 **unanfechtbar.**

c) Bindungswirkung

aa) Sachliche Zuständigkeit

18 **Der Beschluß ist hinsichtlich der sachlichen Zuständigkeit** für das Landgericht und die höheren Instanzen **bindend**, Abs. 2 iVm § 281 Abs. 2 S. 3. Die Bindung besteht auch dann, wenn die Voraussetzungen der Verweisung fehlen oder die Widerklage sich als unzulässig erweist. Zur Frage eines Wegfalls der Bindungswirkung bei besonders schweren Fehlern → § 281

---

[9] *OLG Zweibrücken* NJW-RR 2000, 590; *Zöller/Herget*[25] Rdnr. 6; *Thomas/Putzo*[26] Rdnr. 2. Dagegen wollen *AK-ZPO/Menne* Rdnr. 7; *Musielak/Wittschier*[4] Rdnr. 3 die Verweisung schon aufgrund des § 506 an das örtlich zuständige Landgericht erfolgen lassen.

[10] Dazu Begr. BT-Drucks. 7/2729, 87.

[11] Die Begr. zur Neufassung 1976 (Fn. 10) enthielt dazu keine klare Aussage.

[12] *OLG Zweibrücken* NJW-RR 2000, 590.

Rdnr. 29ff. (21. Aufl.). Seine **sachliche Zuständigkeit** hat das Landgericht somit nicht zu prüfen. Auch eine nachträgliche Beschränkung der Anträge berührt die Zuständigkeit des Landgerichts nicht.

bb) Örtliche Zuständigkeit

19 Dagegen ändert der Verweisungsbeschluß nach § 506 nichts daran, daß das Landgericht seine **örtliche Zuständigkeit** nach den allgemeinen Grundsätzen, also vorbehaltlich einer rügelosen Einlassung (§ 39), zu prüfen[13] und darüber nach §§ 280, 281 zu entscheiden hat.

20 **Gebunden** ist das Landgericht jedoch, wenn das Amtsgericht schon seine örtliche Zuständigkeit durch Zwischenurteil nach § 280 bejaht hatte oder wenn die Verweisung gleichzeitig (→ Rdnr. 15) nach § 281 und § 506 ausgesprochen wurde, zum Umfang der Bindungswirkung → auch § 281 Rdnr. 27f. (21. Aufl.). Ist der Rechtsstreit zunächst von einem Amtsgericht wegen örtlicher Unzuständigkeit an ein anderes Amtsgericht verwiesen worden und später von diesem gemäß § 506 an das übergeordnete Landgericht, so ist dieses bezüglich der sachlichen *und* der örtlichen Zuständigkeit gebunden[14]. Die Bindungswirkung kann auch hier ausnahmsweise bei sehr gravierenden Mängeln zu verneinen sein.

2. Zurückweisung des Verweisungsantrags

21 Ist der Antrag auf Verweisung unzulässig oder unbegründet, so kann darüber nicht durch Beschluß entschieden werden. Vielmehr hat die **Zurückweisung des Antrags** durch Zwischenurteil oder in den Gründen des Endurteils zu erfolgen. Ein rechtsmittelfähiges Zwischenurteil nach § 280 Abs. 1 u. 2 kann ergehen, wenn der Verweisungsantrag vom Gegner der den neuen Anspruch erhebenden Partei ausgeht. Dagegen hängt die Anfechtbarkeit des Zwischenurteils nicht davon ab, ob abgesonderte Verhandlung angeordnet wurde, → § 280 Rdnr. 16 (21. Aufl.). Im übrigen kann die Entscheidung durch ein nicht selbständig anfechtbares Zwischenurteil nach § 303 oder in den Gründen des Endurteils ergehen.

3. Entscheidung ohne Verweisungsantrag

22 Wird die Unzuständigkeit gerügt oder nach § 40 von Amts wegen festgestellt, aber ein **Antrag auf Verweisung nicht gestellt**, so hat das Amtsgericht die Widerklage, den ganzen erweiterten Anspruch oder die Zwischenfeststellungsklage durch *Endurteil als unzulässig abzuweisen*. Eine Verweisung an das Landgericht von Amts wegen ist nicht gestattet.

III. Verfahren vor dem Landgericht nach Verweisungsbeschluß

23 Für das **weitere Verfahrens vor dem Landgericht** gilt das → § 281 Rdnr. 24ff., 35ff. (21. Aufl.) Ausgeführte, grundsätzlich auch hinsichtlich der Kosten und Gebühren, → § 281 Rdnr. 39ff. (21. Aufl.). Eine **Verurteilung des Klägers zu den Mehrkosten** ist jedoch im Fall des § 506 **nicht möglich**[15], da Abs. 2 nicht auf § 281 Abs. 3 S. 2 verweist. Es kann hier vielmehr nur beim Sieg des Klägers geprüft werden, ob diese Mehrkosten, besonders die Kosten mehrerer Anwälte, als *erstattungsfähig* gelten können, was bei einer vor der Erweiterung unzulässigen

---

[13] Ebenso *OLG München* OLGZ 1965, 189. – A.M. *Baumbach/Lauterbach/Hartmann*[63] Rdnr. 5 (Prüfung der sachlichen Zuständigkeit schließe die der örtlichen ein). Dazu auch → § 281 Fn. 81 (21. Aufl.).
[14] *OLG München* OLGZ 1965, 187.
[15] *OLG Stuttgart* WM 2001, 2206.

Teilklage bzw. einer von Anfang an zu erwartenden Verweisung (näher → § 91 Rdnr. 93, 149) zu verneinen ist.

24 Jedoch ist § 281 Abs. 3 S. 2 anwendbar, wenn zugleich mit der Verweisung nach § 506 (→ Rdnr. 15) nach § 281 wegen **örtlicher Unzuständigkeit** an ein anderes Landgericht als das dem Amtsgericht übergeordnete verwiesen wurde[16].

IV. Handelssachen

25 Die Verweisung hat **an die Kammer für Handelssachen** zu erfolgen, wenn der Kläger dies vor dem Amtsgericht beantragt, § 96 Abs. 2 GVG. Dies schließt eine spätere Verweisung an die Zivilkammer nicht aus, wenn es sich um keine Handelssache handelt und der Beklagte die Verweisung beantragt, § 97 Abs. 1 GVG. Eine Verweisung von der Kammer für Handelssachen an die Zivilkammer ist von Amts wegen möglich, wenn die Widerklage, derentwegen die Verweisung nach § 506 erfolgte, nicht vor die Kammer für Handelssachen gehört, § 96 Abs. 2 GVG. Hier wird aber die Widerklage, wenn § 145 Abs. 2 dies erlaubt, abzutrennen und nur sie an die Zivilkammer zu verweisen sein[17]. Umgekehrt kann auf Antrag des Beklagten noch von der Zivilkammer an die Kammer für Handelssachen zu verweisen sein, wenn die Klage eine Handelssache darstellt, § 98 Abs. 1 GVG. Dies gilt aber nach § 98 Abs. 2 GVG nicht, wenn die Widerklage, die zur Verweisung an das Landgericht nach § 506 geführt hat, nicht vor die Kammer für Handelssachen gehört.

V. Berufungsinstanz

26 Ist das Amtsgericht dem Verweisungsantrag zu Unrecht nicht gefolgt oder hat es sich trotz Zuständigkeit des Landgerichts für zuständig erklärt, so konnte nach früherem Recht noch in der **Berufungsinstanz** auf Antrag die Verweisung des Rechtsstreits an das Landgericht als Gericht erster Instanz ausgesprochen werden, und zwar durch Urteil unter Aufhebung des angefochtenen erstinstanzlichen Urteils, → § 281 Rdnr. 37 ff. (21. Aufl.). Dies ist jedoch seit dem ZPO-RG 2001 (→ Einl. Rdnr. 202) nicht mehr möglich, da nach § 513 Abs. 2 nF die Berufung nicht darauf gestützt werden kann, daß das Gericht des ersten Rechtszuges seine Zuständigkeit zu Unrecht angenommen hat. Dies gilt auch in den Fällen, in denen nachträglich die Voraussetzungen für eine Verweisung nach § 506 eingetreten waren.

27 Eine Verweisung wegen einer erst **in der Berufungsinstanz neu eingetretenen Widerklage, Erweiterung des Klageantrags oder Klagehäufung** war schon bisher richtiger Ansicht nach nicht möglich; denn das Amtsgericht war bis zum Urteil zuständig und die nachträgliche Häufung in der Berufungsinstanz kann keinen Grund zur Aufhebung des erstinstanzlichen Urteils und zur Verweisung an eine erstinstanzliche Kammer abgeben[18]. Das Landgericht als Beru-

---

16 Ebenso *Zöller/Herget*[25] Rdnr. 7.

17 Vgl. *Kissel* GVG[4] § 97 Rdnr. 5.

18 *RGZ* 119, 379; *KG* NJW-RR 2000, 804 = MDR 1999, 563; *KG* KGR 1999, 289; *LG Zweibrücken* NJW-RR 1994, 1087; *Butzer* NJW 1993, 2649; *E. Schneider* MDR 1997, 221; *Baumbach/Lauterbach/Hartmann*[63] Rdnr. 7; *Zöller/Herget*[25] § 506 Rdnr. 4; *Thomas/Putzo*[26] Rdnr. 5; *Musielak/Wittschier*[4] Rdnr. 1. – A.M. *OLG Oldenburg* NJW 1973, 810; *LG Hamburg* NJW-RR 2001, 932; *LG Aachen* NJW-RR 1990, 704; NJW-RR 1999, 143; *LG Stuttgart* NJW-RR 1990, 704; *LG Kassel* NJW-RR 1996, 1340; *LG Hannover* MDR 1985, 329; *Deubner* JuS 1996, 821, 822 f.; *MünchKommZPO/Deubner*[2] Rdnr. 17. Offenlassend *OLG Düsseldorf* MDR 1989, 74 (*E. Schneider*). – Wäre auch in diesem Fall das erstinstanzliche Urteil aufzuheben, so würde der siegreiche Kläger, der das Urteil vollstreckt hat, wegen § 717 Abs. 2 in eine unverdient ungünstige Lage kommen. Der wesentliche Unterschied zwischen diesem Fall und den bei → § 281 Rdnr. 37 ff. (21. Aufl.) behandelten Fällen ist der, daß dort das erstinstanzliche Urteil wegen Unzuständigkeit nicht hätte ergehen dürfen, hier aber die Zuständigkeit in erster Instanz begründet war.

fungsgericht ist aber für den bei ihm erhobenen Anspruch zuständig. Daher kommt auch eine Verweisung an das Oberlandesgericht als Berufungsgericht nicht in Betracht[19]. Diese Rechtslage hat nach der Reform des Rechtsmittelrechts durch das ZPO-RG 2001 erst recht zu gelten.

Zur Zulässigkeit einer Klageänderung in der Berufungsinstanz → §263 Rdnr. 24 (21. Aufl.).

VI. Verbindung von Prozessen

28 Durch die **Verbindung** mehrerer bei einem Amtsgericht anhängiger Prozesse nach §147 wird das Amtsgericht **nicht nachträglich unzuständig**[20], → §5 Rdnr. 4, §147 Rdnr. 26. Eine durch analoge Anwendung des §506 zu schließende Regelungslücke liegt nicht vor, da nicht davon ausgegangen werden kann, daß diese Frage vom Gesetzgeber übersehen worden ist. Im übrigen erscheint die Verschiedenbehandlung auch sachlich angemessen. Da die Verbindung von Prozessen von Amts wegen nach dem Ermessen des Gerichts stattfindet, wäre es nicht interessengerecht, ihr Auswirkungen auf die sachliche Zuständigkeit zuzusprechen. Insoweit hat dasselbe wie bei der Trennung von Klagen zu gelten (→ §145 Rdnr. 22).

29 Eine **Ausnahme** wird dann gelten müssen, wenn ein Anspruch in unzulässiger Weise zunächst in mehrere **gleichzeitig erhobene Teilklagen** aufgeteilt wurde[21]; denn sonst könnte der Kläger durch diese Teilklagen doch über die sachliche Zuständigkeit disponieren, → §147 Rdnr. 26; einschränkend → *Roth* §1 Rdnr. 14. Eine weitere Ausnahme gilt für *verbundene Anfechtungsprozesse* nach §112 GenG, wenn der Streitgegenstand eines Prozesses die sachliche Zuständigkeit des Amtsgerichts übersteigt. Hier findet jedoch gegen den Verweisungsbeschluß die sofortige Beschwerde statt und die Anhängigkeit beim Landgericht tritt erst nach Rechtskraft des Verweisungsbeschlusses ein.

§507 [Weggefallen]

Gesetzesgeschichte: Die Vorschrift (bis 1900 §469) betraf die Form der Antragstellung im amtsgerichtlichen Verfahren. Sie wurde durch die Novellen 1898, 1909 und 1924 geändert. Durch Gesetz vom 20.12. 1974 (BGBl. I 3651) wurde die Bestimmung aufgehoben.

§508 [Weggefallen]

Gesetzesgeschichte: Die Vorschrift, die durch die Novelle 1909 in die ZPO eingefügt wurde, betraf Besonderheiten des amtsgerichtlichen Versäumnisverfahrens. Sie wurde durch die Vereinfachungsnovelle 1976 aufgehoben.

---

[19] *BGH* LM §36 Ziff. 6 Nr. 42 = NJW 1996, 2378 (LS) = NJW-RR 1996, 891 = JZ 1996, 975 (abl. *Rimmelspacher*); *Baumbach/Lauterbach/Hartmann*[63] Rdnr. 7; *Zöller/Herget*[25] Rdnr. 4; *Thomas/Putzo*[26] Rdnr. 5; *Musielak/Wittschier*[4] Rdnr. 1. – A.M. *MünchKommZPO/Rimmelspacher*[2] §523 Rdnr. 12 (bei Klageänderung).

[20] Ebenso *Rosenberg/Schwab/Gottwald*[16] §39 Rdnr. 24. – A.M. *AG Neukölln* MDR 2005, 772; *Wieczorek*[2] D II.

[21] Ebenso wohl *Baumbach/Lauterbach/Hartmann*[63] Rdnr. 4. – A.M. *Musielak/Wittschier*[4] Rdnr. 1. – Für Anwendung von §281 *MünchKommZPO/Deubner*[2] Rdnr. 6.

§ 509 [Weggefallen]

Die Vorschrift, die den Zeitpunkt der Beweisaufnahme betraf, wurde durch die Novelle 1909 in die ZPO eingefügt. Durch die Novelle 1924 wurde die Regelung auf das landgerichtliche Verfahren als § 357a ausgedehnt und § 509 aufgehoben. Zur Aufhebung des § 357a → dort.

§ 510 Erklärung über Urkunden

Wegen unterbliebener Erklärung ist eine Urkunde nur dann als anerkannt anzusehen, wenn die Partei durch das Gericht zur Erklärung über die Echtheit der Urkunde aufgefordert ist.

Gesetzesgeschichte: Bis 1900 § 468 CPO; durch die Novelle 1898 zunächst zu § 507 geworden. Seit der Novelle 1909 § 510.

1 Gibt eine Partei keine Erklärung über die Echtheit einer Privaturkunde ab, so ist die Urkunde gemäß § 439 Abs. 3 im Regelfall als anerkannt anzusehen. § 510 schreibt in Erweiterung und Verschärfung der richterlichen Fragepflicht eine **Aufforderung zur Erklärung über die Echtheit** vor, um die Partei vor einer nicht gewollten Anerkennung der Urkunde zu bewahren. Eine Feststellung der Aufforderung im Protokoll ist empfehlenswert[1], auch im Hinblick auf § 139 Abs. 4 S. 1 (wenngleich diese Vorschrift hier nicht anwendbar ist). Es genügt aber auch die Feststellung im Tatbestand des Urteils.

2 Inwieweit das Gericht verpflichtet ist, eine Partei zur Erklärung über Tatsachen aufzufordern, bestimmt sich auch im amtsgerichtlichen Verfahren nach § 139 Abs. 1. Eine Verschärfung dieser Pflicht ist aus § 510 nicht herzuleiten[2]. – Zur Pflicht des Gerichts, auf die sachliche oder örtliche Unzuständigkeit hinzuweisen, → § 504.

§ 510a Inhalt des Protokolls

Andere Erklärungen einer Partei als Geständnisse und Erklärungen über einen Antrag auf Parteivernehmung sind im Protokoll festzustellen, soweit das Gericht es für erforderlich hält.

Gesetzesgeschichte: Bis 1900 § 470 CPO. Durch die Novelle 1898 in Abs. 2 aF geringfügig geändert, von 1900 bis zur Novelle 1909 § 509. Durch die Novelle 1933 wurde Abs. 1 aF an die Änderung der Parteivernehmung (→ vor § 445 Rdnr. 1) angepaßt. Durch Gesetz vom 20. 12. 1974 (BGBl. I 3651) erhielt die Vorschrift die heutige Fassung.

I. Anwendungsbereich

1 Für die Aufnahme und den Inhalt des gerichtlichen Protokolls gelten auch im amtsgerichtlichen Verfahren die §§ 159ff. Seit der Neuregelung durch das Gesetz vom 20. 12. 1974 erfaßt § 510a nur noch »sonstige Erklärungen« i. S. des § 160 Abs. 3 Nr. 3, d. h. solche Erklärungen ei-

---

[1] Weitergehend hält *MünchKommZPO/Deubner*[2] Rdnr. 3 die Aufnahme in das Protokoll für geboten.
[2] A.M. *MünchKommZPO/Deubner*[2] Rdnr. 1 (empfiehlt Aufforderung zur Erklärung über unbestrittenen Parteivortrag).

ner Partei, die weder ein Geständnis noch eine Erklärung über einen Antrag auf Parteivernehmung darstellen. Geständnisse sowie Erklärungen über einen Antrag auf Parteivernehmung sind nämlich nach §160 Abs. 3 Nr. 3 stets im Protokoll festzustellen. Dasselbe gilt für Erklärungen, die ein Anerkenntnis, einen Anspruchsverzicht oder einen Vergleichsabschluß enthalten (zu protokollieren nach §160 Abs. 3 Nr. 1), für die gestellten Anträge (zu protokollieren nach §160 Abs. 3 Nr. 2), für die Rücknahme der Klage oder eines Rechtsmittels (zu protokollieren nach §160 Abs. 3 Nr. 8) sowie für den Verzicht auf ein Rechtsmittel (zu protokollieren nach §160 Abs. 3 Nr. 9).

II. Protokollierung

2 Das Gericht hat **von Amts wegen** die von §510a erfaßten Erklärungen im Protokoll festzustellen, wenn es dies für erforderlich hält. Darüber entscheidet das Gericht nach pflichtgemäßem Ermessen[1]. In Betracht kommen z.B. Zulässigkeitsrügen oder wichtige Erklärungen über Tatsachen (Behauptungen, Bestreiten), wenn von der Partei kein vorbereitender Schriftsatz eingereicht wurde, in dem dieses Vorbringen enthalten ist. Die Aufnahme in das Protokoll kann gemäß §160 Abs. 5 durch Aufnahme in eine Schrift ersetzt werden, die dem Protokoll als Anlage beigefügt und im Protokoll als solche bezeichnet ist. Für einen **Antrag** einer Partei auf Protokollierung gilt auch im amtsgerichtlichen Verfahren §160 Abs. 4.

§510b Urteil auf Vornahme einer Handlung

Erfolgt die Verurteilung zur Vornahme einer Handlung, so kann der Beklagte zugleich auf Antrag des Klägers für den Fall, dass die Handlung nicht binnen einer zu bestimmenden Frist vorgenommen ist, zur Zahlung einer Entschädigung verurteilt werden; das Gericht hat die Entschädigung nach freiem Ermessen festzusetzen.

Gesetzesgeschichte: Eingefügt durch die Novelle 1909.

[1] Dazu *OLG Freiburg* ZZP 65 (1952), 291 (Angaben, die für den Klageanspruch von wesentlicher Bedeutung sind, müssen protokolliert werden).

I. Normzweck

1 Hat der Kläger nach materiellem Recht im Fall der Nichterfüllung seines Anspruchs oder im Fall der Unmöglichkeit der Vollstreckung einen Anspruch auf Schadensersatz, so ist er in der Regel auf die Geltendmachung dieser beiden Ansprüche in **getrennten Prozessen** verwiesen. Dabei ist, wenn der Hauptanspruch nach den §§ 883ff. zu vollstrecken ist, für den Schadensersatzanspruch das Prozeßgericht erster Instanz ausschließlich (§ 802) zuständig, § 893 Abs. 2. Die Verbindung beider Ansprüche in einer Klage ist nach den allgemeinen Regeln nur zulässig, wenn für den Schadensersatzanspruch die Voraussetzungen einer Klage auf künftige Leistung nach § 259 vorliegen[1], → § 260 Rdnr. 25 (21. Aufl.). Wegen der Fristsetzung für die Erfüllung s. § 255.

2 § 510b ermöglicht es aber, das **dreifache Ziel** der Verurteilung zur Vornahme einer Handlung, der Fristsetzung und der Verurteilung zur Zahlung einer Entschädigung durch einen einfachen **Inzidentantrag** zu erreichen, freilich nur nach richterlichem Ermessen (→ Rdnr. 9) und nur gegen den Verzicht auf die Vollstreckung des ersten Anspruchs (→ Rdnr. 17). Dadurch soll eine **beschleunigte und konzentrierte Rechtsverfolgung** ermöglicht werden.

3 Der Weg, über § 255 vorzugehen und unter den Voraussetzungen des § 259 damit die Schadensersatzklage zu verbinden, wird aber durch § 510b nicht ausgeschlossen[2]. Wegen der unterschiedlichen Rechtsfolgen muß der Kläger durch seine Anträge zum Ausdruck bringen, **welche Vorgehensweise** er anstrebt[3].

II. Voraussetzungen der Zulässigkeit des Antrags

1. Verurteilung zu einer Handlung

4 Die vor dem Amtsgericht anhängige **Klage** muß auf die Verurteilung zur **Vornahme einer Handlung** gerichtet sein, deren Erzwingung unter die §§ 887, 888 oder 889 fiele, sollte sie auch nach § 888 Abs. 3 unzulässig sein. Auf *Duldungen und Unterlassungen* (§ 890) kann § 510b schon deshalb keine Anwendung finden, weil sonst der Beklagte zur Abwendung der Vollstreckung (→ Rdnr. 21, 22) beweisen müßte, daß er seiner Unterlassungspflicht nachgekommen ist. Auch bei Ansprüchen auf *Herausgabe von Sachen* (§§ 883ff., 887 Abs. 3) ist § 510b nicht anwendbar[4], was sich auch aus § 888a entnehmen läßt.

2. Antrag

5 Der **Kläger** muß in der Klage oder im Lauf des Rechtsstreits vor dem Schluß der mündlichen Verhandlung (→ § 296a Rdnr. 8 [21. Aufl.]) die Verurteilung zur Entschädigung **beantragen,** sei es in der mündlichen Verhandlung, sei es mittels Schriftsatzes, § 261 Abs. 2. Zu den inhaltlichen Erfordernissen des Antrags → Rdnr. 8. Der Amtsrichter hat den Kläger gegebenenfalls

---

[1] Vgl. *OLG Köln* OLGZ 1976, 477, 478.
[2] *Kohler* JuS 1992, 58, 62.
[3] A.M. *MünchKommZPO/Deubner*² Rdnr. 9, wonach das Gericht die für den Kläger günstigere Norm anzuwenden habe.
[4] *OLG Köln* MDR 1950, 432 = JMBlNRW 1950, 38; *BAGE* 5, 78; *Wieczorek*² A II a; *Baumbach/Lauterbach/Hartmann*⁶³ Rdnr. 1; *Bunte* JuS 1967, 207.

darüber zu belehren, daß der Antrag wegen des darin liegenden Verzichts auf die Vollstreckung des ersten Anspruchs (§888a) nur bedingt sachdienlich ist. Der Antrag kann auch beim Ausbleiben des Beklagten gestellt werden, fällt aber als Sachantrag unter §335 Abs.1 Nr.3.

3. Bedeutung des Antrags, Streitwertfragen

6 Durch den Antrag wird der **Anspruch auf Schadensersatz geltend gemacht,** mit der Wirkung der **Rechtshängigkeit** nach §§261ff. und der der **Rechtskraft** nach §322, wenn im Urteil sachlich über den Anspruch entschieden wird (→ Rdnr.12ff.). Aber das Gesetz behandelt den Antrag, indem es ihn auch noch im Lauf des Verfahrens zuläßt, nicht als Klage wegen des zweiten Anspruchs, sondern als **einfachen Inzidentantrag,** ebenso wie es den Antrag auf Schadensersatz nach §717 Abs.2 usw. nicht als Widerklage behandelt, → §33 Rdnr.34. Daraus folgt, daß die Stellung des Antrags in der Klage **keine Klagenhäufung** nach §260 bildet (→ §260 Rdnr.25 [21. Aufl.]) und daß **keine Zusammenrechnung der Streitwerte** nach §5 stattfindet (→ §5 Rdnr.34)[5]. Wenn daher mit dem Schadensersatzantrag mehr als 5 000 € verlangt werden, so bleibt dies für die **Zuständigkeit** (§23 Nr.1 GVG) außer Betracht, sofern der Hauptanspruch diese Höhe nicht erreicht. Folgerichtig gilt bei der Erhebung im Laufe des Prozesses auch §506 nicht[6]. Ähnlich → §717 Rdnr.38.

7 Für den **Gebührenstreitwert** findet ebenfalls keine Zusammenrechnung statt (→ §5 Rdnr.38); vielmehr ist der Wert des Hauptanspruchs maßgeblich, und zwar auch dann, wenn der Schadensersatzanspruch einen höheren Wert aufweist[7].

4. Keine Notwendigkeit einer Begründung

8 Der Antrag bedarf **keiner prozessualen Begründung,** weder mit der Besorgnis des §259 noch mit der voraussichtlichen Erfolglosigkeit der Vollstreckung. Eine *Bezifferung der Entschädigung* ist zwar nicht notwendig, doch ist die Bezifferung oder die Angabe einer Mindestsumme wegen der Berufung unbedingt zu empfehlen; denn wer die Entschädigungshöhe ins richterliche Ermessen stellt, ist in aller Regel nicht beschwert, wenn er weniger erhält, als er erhofft hat, näher → §253 Rdnr.93 (21. Aufl.), → Allg. Einl. vor §511 Rdnr.80 (21. Aufl.).

III. Die Entscheidung über den Antrag

1. Ermessen

9 Die Entscheidung über den Entschädigungsantrag kann nur **zugleich** mit der Verurteilung zur Vornahme der Handlung erfolgen; ein **Teilurteil** über die Handlungspflicht ist **unzulässig.** Ob das Gericht auf den Entschädigungsantrag eingehen will, steht in seinem **Ermessen** (»kann«)[8]. Die Ablehnung ist besonders dann gerechtfertigt, wenn die Feststellung der Entschädigung umfangreiche Beweisaufnahmen erfordern würde. Auch in einem solchen Fall kann aber das Gericht über den Antrag entscheiden, wenn der Kläger darauf beharrt; denn zumeist ist nur er an der alsbaldigen Erledigung des Rechtsstreits interessiert. Die Ablehnung der Entscheidung über den Entschädigungsantrag erfolgt in den Gründen des Endurteils.

---

5 S. dazu (im Ergebnis übereinstimmend) *Frank* Anspruchsmehrheiten im Streitwertrecht (1986), 162, 195.

6 Ebenso *Baumbach/Lauterbach/Hartmann*[63] Rdnr.4; *Thomas/Putzo*[26] Rdnr.5; *Frank* (Fn.5) 163.

7 *E. Schneider* MDR 1984, 853; *Zöller/Herget*[25] Rdnr.9.

8 Ebenso *Kohler* JuS 1992, 58, 62; *MünchKommZPO/Deubner*[2] Rdnr.10; *Zöller/Herget*[25] Rdnr.4; *Thomas/Putzo*[26] Rdnr.6. – A.M. *Stickelbrock* Inhalt und Grenzen richterlichen Ermessens im Zivilprozeß (2002), 422ff.; *Baumbach/Lauterbach/Hartmann*[63] Rdnr.5.

2. Berufungsinstanz

10 Auf die Ablehnung der Entscheidung kann die **Berufung** gestützt werden, §512; die Nachprüfung der Ausübung des Ermessens ist dem Berufungsgericht nicht verschlossen. Da dem Berufungsgericht diese Überprüfungskompetenz zusteht, dürfte es dem Sinn der Regelung entsprechen, dem LG als **Berufungsgericht** auch die Befugnis zuzubilligen, **selbst die Entscheidung nach §510b zu treffen**[9], obwohl nach §525 S.1 im allgemeinen die Vorschriften über das landgerichtliche Verfahren anzuwenden sind. Auch über einen *erstmals in der Berufungsinstanz gestellten Entschädigungsantrag* sollte das Berufungsgericht entscheiden dürfen, sofern der Gegner einwilligt oder das Gericht den Antrag für sachdienlich hält (arg. §263)[10].

3. Verweisung

11 Wird, nachdem der Antrag nach §510b gestellt ist, der Rechtsstreit gemäß §506 **an das Landgericht verwiesen,** so wird der Antrag damit unzulässig und muß zurückgewiesen werden.

IV. Das Verfahren bei sachlicher Entscheidung

1. Materieller Anspruch

12 Das Gericht hat zu prüfen, ob dem Kläger **nach materiellem Recht** im Fall der Nichterfüllung des ersten Anspruchs ein **Anspruch auf Schadensersatz** zusteht, sei es auch erst nach Fristsetzung wie nach §281 BGB[11]. Als reine Verfahrensvorschrift gibt §510b nicht das Recht, eine Entschädigung zuzusprechen, wenn das materielle Recht sie nicht gewährt, aber die Vorschrift enthält auch keine Beschränkung des materiellen Anspruchs, etwa auf die Zeit nach dem Urteil.

2. Einwendungen

13 Der Beklagte kann und muß daher wegen §767 Abs.2 (→ Rdnr.21) alle **Einwendungen gegen den Schadensersatzanspruch** vorbringen, die ihm nach bürgerlichem Recht zustehen, insbesondere die ihn befreiende Unmöglichkeit der Erfüllung des ersten Anspruchs. Nur die **Aufrechnung** ist ausgeschlossen, weil der erste Anspruch auf die Vornahme einer Handlung gerichtet ist, der Entschädigungsanspruch aber erst im Fall der Nichterfüllung des ersten Anspruchs aufrechnungsfähig wird, → Rdnr.22.

3. Abweisung

14 Wird der Schadensersatzanspruch verneint, so ist der Antrag neben der Verurteilung auf den ersten Anspruch in der Urteilsformel abzuweisen. Wegen der Berufung gilt das zu Rdnr.10 Ausgeführte.

---

[9] Ebenso *MünchKommZPO/Deubner*[2] Rdnr.23; *Wieczorek*[2] A II b 2; *Zöller/Herget*[25] Rdnr.1; *Thomas/Putzo*[26] Rdnr.6.

[10] A.M. *Wieczorek*[2] A II b 2 (§268 Nr.3 aF [= §264 Nr.3 nF] entsprechend anwendbar).

[11] Dazu *Wieser* NJW 2003, 2432.

4. Verurteilung

15 Ist der **Antrag begründet,** so ist in der Urteilsformel die **Frist zu bestimmen,** innerhalb deren der Beklagte die Handlung noch mit befreiender Wirkung (→ Rdnr. 20) vornehmen kann. Es empfiehlt sich, das Fristende mit einem genauen Datum zu bestimmen. Die Fristsetzung kann, soweit nicht die Voraussetzungen des §255 vorliegen, nur in Verbindung mit der Verurteilung auf beide Ansprüche erfolgen. Die Verurteilung zur Zahlung der Entschädigung erfolgt für den Fall nicht fristgerechter Vornahme der Handlung. Etwaige Zuvielforderungen des Klägers sind in der Formel abzuweisen.

5. Festsetzung der Entschädigung

16 Daß das Gericht die **Entschädigung** nach freiem Ermessen (in bestimmter Höhe[12]) **festzusetzen** hat, bedeutet nichts anderes, als daß es die Grundsätze des §287 anzuwenden hat[13]. Das Gericht darf daher den Antrag nicht wegen mangelnder Substantiierung abweisen, sofern eine Schätzung der Höhe nach §287 möglich ist (→ §287 Rdnr. 25a [21. Aufl.]). Das Gericht darf auch hier nicht entgegen §308 Abs. 1 über den *Antrag* des Klägers hinausgehen, noch darf es, wenn die Entstehung oder die Höhe des Schadens *unstreitig* ist, die Entstehung verneinen oder die Höhe selbständig festsetzen. Dies gilt auch im Versäumnisverfahren nach §331, → §287 Rdnr. 39 (21. Aufl.).

V. Vorläufige Vollstreckbarkeit

1. Verurteilung zur Vornahme der Handlung

17 Die **Verurteilung zur Vornahme der Handlung** darf nach §888a nicht vollstreckt werden. Das hindert aber, wie in den Fällen des §888 Abs. 3, weder den Ausspruch der vorläufigen Vollstreckbarkeit[14] noch die Erteilung der vollstreckbaren Ausfertigung.

2. Fristsetzung und Verurteilung zur Zahlung

18 Die **Fristsetzung** kommt als unselbständiger Teil des Urteils für die Vollstreckbarkeit überhaupt nicht in Betracht.

19 Die **Verurteilung zur Zahlung** ist, wie in den Fällen der §§257ff., nach den allgemeinen Regeln der §§708ff. für vorläufig vollstreckbar zu erklären.

3. Erteilung der Vollstreckungsklausel

20 Es steht somit dem Ausspruch der **vorläufigen Vollstreckbarkeit des ganzen Urteils** kein Bedenken entgegen. Die **Vollstreckungsklausel** kann sofort erteilt werden, wenn die Frist kalendermäßig bestimmt ist, §751, aber auch bei der Bemessung von der Zustellung des Urteils an gilt §726 nicht, → §726 Rdnr. 8, → §751 Rdnr. 3. Denn in keinem Fall hat der Kläger vorher nachzuweisen, daß der Beklagte die Handlung nicht vorgenommen hat. Der Ablauf der Frist ist gemäß §751 Abs. 1 Voraussetzung für den Beginn der Zwangsvollstreckung des Schadensersatzanspruchs[15]; im übrigen aber hat die Fristsetzung nur die Bedeutung, daß der Beklagte

---

[12] *KG* HRR 1940 Nr. 902.
[13] Ebenso *Stickelbrock* (Fn. 8) 425.
[14] A.M. *MünchKommZPO/Deubner*² Rdnr. 21.
[15] *OLG Köln* MDR 1950, 432 (Fn. 4).

Gelegenheit erhält, die Geldvollstreckung durch Vornahme der Handlung abzuwenden, wie dies auch bei kassatorischen Klauseln (Verfallklauseln) jetzt allgemein angenommen wird, → §726 Rdnr.7. Der Beklagte hat gegebenenfalls die fristgerechte Erfüllung des Hauptanspruchs durch Vollstreckungsgegenklage nach §767 geltend zu machen[16].

VI. Vollstreckungsgegenklage

21 Für die Vollstreckungsgegenklage ist wegen §888a lediglich der Anspruch auf Zahlung der »durch das Urteil festgestellte Anspruch«. Aber die nach dem Urteil eingetretene Erfüllung (→ Rdnr.20) oder Unmöglichkeit der Erfüllung des Anspruchs auf die Handlung kann nach §767 geltend gemacht werden, weil und soweit sie die Entstehung der Entschädigungspflicht ausschließt.

22 Die **Aufrechnung** gegen den Schadensersatzanspruch kann hier auch geltend gemacht werden, wenn die Gegenforderung vor der letzten Verhandlung entstanden war. Dies gilt unabhängig von dem bei §767 Rdnr.32ff. behandelten Meinungsstreit; denn im Fall des §510b konnte im Erstprozeß gegen den Schadensersatzanspruch noch nicht aufgerechnet werden, → Rdnr.13.

§510c [Weggefallen]

Gesetzesgeschichte: Bis 1900 §471 CPO. Durch die Novelle 1898 bis zur Novelle 1909 §510, dann §510c. Die Vorschrift wurde durch die Novelle 1924 wegen der Regelung des Schiedsurteilverfahrens in der BeschleunigungsVO vom 22.12.1923 aufgehoben. Die Novelle 1950 fügte die Regelung des Schiedsurteils als §510c wieder in die ZPO ein. Durch die Vereinfachungsnovelle 1976 wurde §510c aufgehoben. – Zu Verfahren und Urteil bei niedrigem Streitwert → jetzt §495a.

---

[16] Dazu *Birmanns* DGVZ 1981, 147. S. auch *AG Friedberg* DGVZ 1991, 47.